PONS

W0410175

STANDARDWÖRTERBUCH

ENGLISCH

mit intelligentem Online-Wörterbuch

Englisch – Deutsch

Deutsch – Englisch

PONS GmbH
Stuttgart

J. Kolb

PONS

Standardwörterbuch
Englisch
mit intelligentem Online-Wörterbuch

Bearbeitet von: Anette Dralle und Christiane Mackenzie

Entwickelt auf der Basis des
PONS Standardwörterbuchs Englisch,
ISBN 978-3-12-517576-1

Online-Angebot
PONS verpflichtet sich, den Zugriff auf das Online-Angebot, das zu diesem Buch gehört, mindestens bis Ende 2018 kostenlos zu gewährleisten. Einen Anspruch auf Nutzung, der darüber hinausgeht, gibt es nicht.
Weitere Informationen entnehmen Sie bitte unseren AGBs.

Warenzeichen, Marken und gewerbliche Schutzrechte
Wörter, die unseres Wissens eingetragene Warenzeichen oder Marken oder sonstige gewerbliche Schutzrechte darstellen, sind als solche – soweit bekannt – gekennzeichnet. Die jeweiligen Berechtigten sind und bleiben Eigentümer dieser Rechte.
Es ist jedoch zu beachten, dass weder das Vorhandensein noch das Fehlen derartiger Kennzeichnungen die Rechtslage hinsichtlich dieser gewerblichen Schutzrechte berührt.

1. Auflage 2016 (1,01 - 2016)
© PONS GmbH, Stuttgart 2016
Alle Rechte vorbehalten

www.pons.de
E-Mail: info@pons.de

Projektleitung: Barbara Krüger
Online-Angebot: Anika Gebhardt
Sprachdatenverarbeitung: Andreas Lang, conTEXT AG
für Informatik und Kommunikation, Zürich
Gestaltung: Petra Michel, Essen
Umschlaggestaltung: Anne Helbich
Logoentwurf: Erwin Poell, Heidelberg
Logoüberarbeitung: Sabine Redlin, Ludwigsburg
Satz: Dörr + Schiller GmbH
Druck: Druckerei C.H. Beck, Nördlingen
Printed in Germany

ISBN 978-3-12-516031-6

Inhalt

Contents

Deutsche und englische Phonetik
German and English Phonetics

	[æ]	cat
matt	[a]	
	[ɑː]	father
	[ɒ] (BRIT)	pot, bottom
bitter, Mutter	[ɐ]	
Uhr	[ɐ̯]	
Chanson	[ã]	
Restaurant	[ãː]	
	[ɑ̃ː]	croissant
heiß	[ai]	
	[aɪ]	ride, my
Haus	[au]	
Browser	[aʊ]	house, about
Ball	[b]	big
ich	[ç]	
dicht	[d]	dad
Gin, Job	[dʒ]	edge, juice
egal	[e]	pet, best
Beet, Mehl	[eː]	
Nest, Wäsche	[ɛ]	
wählen	[ɛː]	
	[ɜː]	bird, berth
Fin de Siècle	[ɛ̃]	
Teint	[ɛ̃ː]	fin de siècle
	[ə]	sudden
halte	[ə]	Africa, potato
	[ʌ]	bust, multi
Wales	[eɪ]	rate
	[eə] (BRIT)	there, hair
Fett, viel	[f]	fast
Geld	[g]	gold
Hut	[h]	hello
Bitte	[ɪ]	sit
Zitat	[i]	
Bier	[iː]	read, meet
Studie	[i̯]	
	[ɪə] (BRIT)	here, beer
ja	[j]	yellow
Kohl, Computer	[k]	cat, king

Quadrat	[kv]	
	[kw]	**qu**een
Last	[l]	**l**ittle
Neb**el**	[l̩]	litt**le**
Meister	[m]	**m**o**m**
nett	[n]	**n**ice
sprech**en**	[n̩]	
Ri**ng**, bli**n**ken	[ŋ]	ri**ng**, ri**n**k, bi**n**go
Oase	[o]	
B**oo**t, dr**oh**en	[oː]	
l**o**yal	[o̯]	
P**o**st	[ɔ]	
	[ɔː]	c**au**ght, **ou**ght
	[əʊ] (BRIT)	b**oa**t, r**o**de
	[oʊ] (AM)	tuxed**o**
F**on**due	[õ]	
F**on**ds	[õː]	
	[ɔ̃ː]	restaur**ant**
Ökonomie	[ø]	
Öl	[øː]	
G**ö**tter	[œ]	
Parf**um**	[œ̃ː]	
	[ɔɪ]	b**oy**, n**oi**se
M**äu**se	[ɔy]	
Pa**p**st	[p]	**p**at
Pfeffer	[pf]	
Rad	[r]	**r**ight
	[ʳ] (BRIT)	bitte**r**
	[ɚ] (AM)	bitt**er**
Ra**s**t, be**ss**er, hei**ß**	[s]	**s**oft
Schaum, **s**prechen, **Ch**ef	[ʃ]	**sh**ift
Tes**t**, **t**reu	[t]	**t**ake
	[t̬] (AM)	be**tt**er
Zaun	[ts]	
Ma**tsch**, **tsch**üss	[tʃ]	**ch**ip, pa**tch**
	[θ]	**th**ink, ba**th**
	[ð]	fa**th**er, ba**the**
z**u**nächst	[u]	
H**u**t	[uː]	m**oo**se, l**o**se
aktu**e**ll	[u̯]	
M**u**tter	[ʊ]	b**oo**k, p**u**t
pf**ui**	[ui]	
	[ʊə] (BRIT)	m**oor**
wann	[v]	**v**itamin

	[w]	**w**ish, **wh**y
Schlau**ch**	[x]	lo**ch**
fi**x**, A**x**t, La**chs**	[ks]	
M**y**kene	[y]	
T**y**p	[yː]	
Et**ui**	[y̆]	
f**ü**llen	[ʏ]	
Ha**s**e, **s**auer	[z]	**z**ebra, ja**zz**
Genie	[ʒ]	plea**s**ure
Knacklaut	[ʔ]	glottal stop
Hauptbetonung	[ˈ]	primary stress
Nebenbetonung	[ˌ]	secondary stress

Zeichen und Abkürzungen
Symbols and Abbreviations

▶	phraseologischer Block	phrase block	
◆	Phrasal verb	phrasal verb	
|	trennbares Verb	separable verb	
=	Kontraktion	contraction	
*	Partizip ohne *ge-*	German past participle formed without *ge-*	
≈	entspricht etwa	comparable to	
–	Sprecherwechsel in einem Dialog	change of speaker in a dialogue	
ALT	alte Schreibung	unreformed German spelling	
RR	reformierte Schreibung	reformed German spelling	
↻	zeigt variable Stellung des Objektes und der Ergänzung bei Phrasal verbs an	indicates the variable position of the object in phrasal verb sentences	
®	Warenzeichen	trade mark	
a.	auch	also	*a.*
Abk	Abkürzung	abbreviation	*abbrev*
	Akronym	acronym	*acr*
Adj	Adjektiv	adjective	*adj*
ADMIN	Verwaltung	administration	ADMIN
Adv	Adverb	adverb	*adv*
	Raum- und Luftfahrt	aerospace	AEROSP
AGR	Landwirtschaft	agriculture	AGR
Akk	Akkusativ	accusative	
Akr	Akronym	acronym	
	amerikanisches Englisch	American English	AM
ANAT	Anatomie	anatomy	ANAT
	aufwertend	approving	*approv*
ARCHÄOL	Archäologie	archaeology	ARCHEOL
ARCHIT	Architektur	architecture	ARCHIT
	Kunst	art	ART
Art	Artikel	article	*art*
ASTRO	Astrologie	astrology	ASTRO
ASTRON	Astronomie	astronomy	ASTRON
attr	attributiv	attributive	*attr*
	australisches Englisch	Australian English	AUS
AUTO	Auto	automobile	AUTO
	Hilfsverb	auxiliary	*aux*
	Luftfahrt	aviation	AVIAT
BAHN	Eisenbahnwesen	railway	
BAU	Bauwesen	construction	
BERGB	Bergbau	mining	

bes	besonders	especially	
best.	bestimmte(r, s)	definite	
BIOL	Biologie	biology	BIOL
BÖRSE	Börse	stock exchange	
BOT	Botanik	botany	BOT
	Boxen	boxing	BOXING
BRD	Binnendeutsch	German of Germany	
	britisches Englisch	British English	BRIT
	kanadisches Englisch	Canadian English	CAN
	Karten	cards	CARDS
CHEM	Chemie	chemistry	CHEM
	Schach	chess	CHESS
	Kindersprache	language of children	*child-speak*
	Handel	commerce	COMM
	komparativ	comparative	*comp*
COMPUT	Computertechnik, Informatik	computing	COMPUT
	Konjunktion	conjunction	*conj*
Dat	Dativ	dative	
	veraltend	dated	*dated*
	bestimmte(r, s)	definite	*def*
dekl	dekliniert	declined	
	demonstrativ	demonstrative	*dem*
derb	derb	coarse language	
	Bestimmungswort	determiner	*det*
DIAL	dialektal	dialect	DIAL
Dim	Diminutiv	diminutive	
	Ökologie	ecology	ECOL
	Wirtschaft	economy	ECON
ELEK	Elektrizität	electricity	ELEC
emph	emphatisch	emphatic	*emph*
	besonders	especially	*esp*
etw	etwas	something	
EU	Europäische Union	European Union	EU
euph	euphemistisch	euphemistic	*euph*
f	Femininum	feminine	*f*
fachspr	fachsprachlich	specialist term	
fam	umgangssprachlich	informal	*fam*
fam!	stark umgangssprachlich	very informal	*fam!*
	feminine Form	feminine form	*fem*
	Mode	fashion	FASHION
FBALL	Fußball	football	FBALL
fig	bildlich	figurative	*fig*
FILM	Film, Kino	film, cinema	FILM
FIN	Finanzen	finance	FIN
	Kochkunst	food and cooking	FOOD

form	förmlicher Sprachgebrauch	formal	*form*
FOTO	Fotografie	photography	
geh	gehobener Sprachgebrauch	formal	
Gen	Genitiv	genitive	
GEOG	Geographie	geography	GEOG
GEOL	Geologie	geology	GEOL
HANDEL	Handel	commerce	
HIST	Geschichte	history	HIST
hist	historisch	historical	*hist*
HORT	Gartenbau	gardening	HORT
hum	scherzhaft	humorous	*hum*
	Jagd	hunting	HUNT
Imp	Imperfekt	imperfect	
	Imperativ	imperative	*imper*
	unpersönliches Verb	impersonal use	*impers*
	unbestimmt	indefinite	*indef*
INET	Internet	internet	INET
Infin	Infinitiv	infinitive	*infin*
Interj	Interjektion	interjection	*interj*
	fragend	interrogative	*interrog*
intr	intransitiv	intransitive	*intr*
iron	ironisch	ironic	*iron*
	unregelmäßig	irregular	*irreg*
JAGD	Jagd	hunting	
jd	jemand	somebody *(nominative)*	
jdm	jemandem	somebody *(dative)*	
jdn	jemanden	somebody *(accusative)*	
jds	jemandes	somebody's *(genitive)*	
JOURN	Journalismus	journalism	JOURN
JUR	Jura	law	
KARTEN	Karten	cards	
KOCHK	Kochkunst	food and cooking	
Konj	Konjunktion	conjunction	
KUNST	Kunst	art	
	Jura	law	LAW
LING	Linguistik	linguistics	LING
LIT	Literatur	literature	LIT
liter	literarisch	literary	*liter*
LUFT	Luftfahrt	aviation	
m	Maskulinum	masculine	*m*
	maskuline Form	masculine form	*masc*
MATH	Mathematik	mathematics	MATH
MECH	Mechanik	mechanics	MECH
MED	Medizin	medicine	MED
METEO	Meteorologie	meteorology	METEO
MIL	Militär	military	MIL
	Bergbau	mining	MIN

MITTELD	Mitteldeutsch	language of central Germany	
MODE	Mode	fashion	
MUS	Musik	music	MUS
	Substantiv	noun	*n*
NAUT	Seefahrt	navigation	NAUT
	Nordenglisch	Northern English	NBrit
	verneinend, Verneinung	negative, negation	*neg*
NORDD	Norddeutsch	Northern German	
nt	Neutrum	neuter	
NUKL	Kernphysik	nuclear science	NUCL
	Englisch aus Neuseeland	New Zealand English	NZ
o	oder	or	*o*
ÖKOL	Ökologie	ecology	
ÖKON	Wirtschaft	economics	
	veraltet	old	*old*
ORN	Vogelkunde	ornithology	ORN
ÖSTERR	österreichisches Deutsch	Austrian German	
	Partizip	participle	*part*
Part	Partikel	particle	
pej	abwertend	pejorative	*pej*
pej!	beleidigend	offensive	*pej!*
	Personal-	personal	*pers*
Pers.	Person	person	*pers.*
PHARM	Pharmazie	pharmacy	PHARM
PHILOS	Philosophie	philosophy	PHILOS
	Fotografie	photography	PHOT
PHYS	Physik	physics	PHYS
Pl	Plural	plural	*pl*
POL	Politik	politics	POL
	possessiv	possessive	*poss*
PP	Partizip Perfekt	past participle	*pp*
präd	prädikativ	predicative	*pred*
Präp	Präposition	preposition	*prep*
	Präsens	present	*pres*
Pron	Pronomen	pronoun	*pron*
prov	Sprichwort	proverb	*prov*
PSYCH	Psychologie	psychology	PSYCH
	erste Vergangenheit	past tense	*pt*
	Verlagswesen	publishing	PUBL
RADIO	Rundfunk	radio broadcasting	RADIO
	Eisenbahnwesen	railway	RAIL
	selten	rare	*rare*
RAUM	Raumfahrt	aerospace	
refl	reflexiv	reflexive	
REL	Religion	religion	REL
s.	siehe	see	
S.	Sache	thing	

	jemand/jemandem/ jemanden	somebody	sb
	jemandes	somebody's	sb's
SCH	Schach	chess	
SCHULE	Schule	school	SCHOOL
SCHWEIZ	schweizerisches Deutsch	Swiss German	
SCI	Naturwissenschaften	science	SCI
	schottisch	Scottish	SCOT
selten	selten	rare	
	trennbar	separable	*sep*
Sing	Singular	singular	*sing*
SKI	Skifahren	skiing	SKI
sl	salopp	slang	*sl*
SOZIOL	Soziologie	sociology	SOCIOL
	fachsprachlich	specialist term	*spec*
SPORT	Sport	sports	SPORTS
	etwas	something	sth
	Börse	stock exchange	STOCKEX
SÜDD	Süddeutsch	Southern German	
Superl	Superlativ	superlative	*superl*
TECH	Technik	technology	TECH
TELEK	Nachrichtentechnik	telecommunications	TELEC
TENNIS	Tennis	tennis	TENNIS
THEAT	Theater	theatre	THEAT
TOURISM	Tourismus	tourism	TOURISM
tr	transitiv	transitive	*tr*
TRANSP	Transport und Verkehr	transport	TRANSP
TV	Fernsehen	television	TV
TYPO	Buchdruck	typography	TYPO
unbest	unbestimmte(r, s)	indefinite	
UNIV	Universität	university	UNIV
unreg	unregelmäßig	irregular	
	gewöhnlich	usually	*usu*
veraltend	veraltend	dated	
veraltet	veraltet	old	
VERLAG	Verlagswesen	publishing	
V	Verb	verb	
vulg	vulgär	vulgar	*vulg*
ZOOL	Zoologie	zoology	ZOOL

Aa

A

A <*pl* -'s *or* -s>, **a** <*pl* -'s> [eɪ] *n* ① A *nt,* a *nt* ② MUS A *nt,* a *nt;* **A flat** As *nt,* as *nt;* **A sharp** Ais *nt,* ais *nt;* **A major** A-Dur *nt;* **A minor** a-Moll *nt* ③ (*school mark*) ≈ Eins *f;* (*in the Swiss system*) ≈ Sechs *f;* **to get** [**an**] ~ eine Eins schreiben; (*in the Swiss system*) eine Sechs schreiben ④ (*blood type*) A ▶ **from A to Z** von A bis Z

a [eɪ, ə], *before vowel* **an** [æn, ᵊn] *art indef* ① ein(e); **a thatched cottage** ein reetgedecktes [*o* strohgedecktes] Landhaus; **she's a teacher** sie ist Lehrerin; **this is a very mild cheese** dieser Käse ist sehr mild ② *after neg* **not a** kein(e); **there was not a person to be seen** es war niemand zu sehen ③ (*one*) ein(e); **can I have a knife and fork please?** kann ich bitte Messer und Gabel haben?; **for half a mile** eine halbe Meile ④ (*per*) **he earns $100,000 a year** er verdient im Jahr 100.000 Dollar; **three times a day** dreimal täglich; **twice a week** zweimal die Woche

A *n* ① *abbrev of* **ampere** A ② *abbrev of* **answer** Antw.

A4 [ˌeɪˈfɔːʳ] *n no pl* [DIN]A4

AA [ˌeɪˈeɪ] *n* ① + *sing or pl verb abbrev of* **Alcoholics Anonymous** Anonyme Alkoholiker *Pl* ② + *sing or pl verb* BRIT *abbrev of* **Automobile Association** *britischer Automobilklub*

AAA [ˌtrɪpļˈeɪ] *n* + *sing or pl verb* AM *abbrev of* **American Automobile Association** *amerikanischer Automobilklub*

aback [əˈbæk] *adv* **to be taken** ~ erstaunt sein

abacus <*pl* -es> [ˈæbəkəs] *n* MATH Abakus *m*

abandon [əˈbændən] **I.** *tr verb* ① (*leave*) verlassen; *baby* aussetzen; **to ~ sb to his/her fate** jdn seinem Schicksal überlassen ② (*leave behind*) zurücklassen; *car* stehen lassen **II.** *n no pl* **with** ~ mit Leib und Seele

abandoned [əˈbændənd] *adj* ① (*discarded*) verlassen; *baby* ausgesetzt; *car* stehen gelassen ② (*empty*) *building* leer stehend; *property* herrenlos

abase [əˈbeɪs] *tr verb* (*form*) erniedrigen

abattoir [ˈæbətwɑːʳ] *n* BRIT Schlachthof *m*

abbess <*pl* -es> [ˈæbes] *n* Äbtissin *f*

abbey [ˈæbi] *n* Abtei[kirche] *f*

abbot [ˈæbət] *n* Abt *m*

abbreviate [əˈbriːvieɪt] *tr verb* abkürzen

abbreviation [əˌbriːviˈeɪʃᵊn] *n* Abkürzung *f*

ABC¹ [ˌeɪbiːˈsiː] *n* ABC *nt;* **as easy as ~** kinderleicht

ABC² [ˌeɪbiːˈsiː] *n* ① *abbrev of* **American Broadcasting Corporation** *kommerzieller amerikanischer Rundfunk- und Fernsehsender* ② *abbrev of* **Australian Broadcasting Corporation** *öffentlich-rechtlicher australischer Rundfunk- und Fernsehsender*

abdicate [ˈæbdɪkeɪt] **I.** *intr verb* abdanken **II.** *tr verb* **to ~ the throne** auf den Thron verzichten

abdication [ˌæbdɪˈkeɪʃᵊn] *n* ① Abdankung *f* ② *no pl* (*renunciation*) Verzicht *m*

abdomen [ˈæbdəmən, æbˈdəʊ-] *n* ① MED Unterleib *m* ② ZOOL Hinterleib *m*

abdominal [æbˈdɒmɪnᵊl] *adj* Unterleibs-

abduct [əbˈdʌkt] *tr verb* entführen

abduction [əbˈdʌkʃᵊn] *n* Entführung *f*

abide [əˈbaɪd] **I.** *tr verb* (*like*) ausstehen; (*endure*) ertragen **II.** *intr verb* (*continue*) fortbestehen ◆ **abide by** *intr verb* befolgen; **to ~ by a law** sich an ein Gesetz halten

ability [əˈbɪləti] *n* ① Fähigkeit *f* ② (*talent*) Talent *nt;* **someone of her ~** jemand mit ihrer Begabung

ablaze [əˈbleɪz] *adj* ① (*burning*) **to be ~** in Flammen stehen; **to set ~** in Brand stecken ② (*bright*) **to be ~ with lights** hell erleuchtet sein ③ (*fig: impassioned*) **to be ~ with excitement** vor Aufregung leuchten

able [ˈeɪbļ] *adj* ① <more *or* better able, most *or* best able> **to be ~ to do sth** etw tun können ② <abler *or* more able, ablest *or* most able> (*clever*) talentiert; *mind* fähig

A

able-bodied [ˌeɪbl̩ˈbɒdɪd] *adj* gesund; MIL [wehr]tauglich

abnormal [æbˈnɔːməl] *adj* anormal; *weather* ungewöhnlich, nicht normal

abnormality [ˌæbnɔːˈmæləti] *n* ① MED Anomalie *f* ② *no pl* (*unusualness*) Abnormität *f*; *of a situation* Außergewöhnlichkeit *f*

aboard [əˈbɔːd] *adv, prep* (*on plane, ship*) an Bord; (*on train*) im Zug; **all ~!** (*on train, bus*) alles einsteigen!

abode [əˈbəʊd] *n* ① (*hum: home*) Wohnung *f* ② *no pl* (*residence*) Wohnsitz *m*

abolish [əˈbɒlɪʃ] *tr verb* abschaffen; *law* aufheben

abolition [ˌæbəˈlɪʃən] *n no pl* Abschaffung *f*; *of a law* Aufhebung *f*

A-bomb [ˈeɪˌbɒm] *n abbrev of* **atom bomb** Atombombe *f*

abominable [əˈbɒmɪnəbl̩] *adj* furchtbar

abomination [əˌbɒmɪˈneɪʃən] *n no pl* Abscheu *m* (**of** vor)

abort [əˈbɔːt] *tr verb* ① *baby, fetus* abtreiben; *pregnancy* abbrechen ② (*stop*) abbrechen

abortion [əˈbɔːʃən] *n* Abtreibung *f*

abortive [əˈbɔːtɪv] *adj attempt* gescheitert; *plan* misslungen

about [əˈbaʊt] **I.** *prep* ① über +*Akk;* **anxiety ~ the future** Angst *f* vor der Zukunft; **what's that book ~?** worum geht es in dem Buch?; **to ask sb ~ sth/sb** jdn nach etw/jdm fragen ② (*affecting*) gegen +*Akk;* **to do something ~ it** etwas dagegen machen ③ (*surrounding*) um +*Akk* ④ *after verb* (*expressing movement*) **to wander ~ the house** im Haus herumlaufen; **to look ~ the room** sich im Zimmer umsehen ⑤ BRIT (*fam: in the process of*) **while you're ~ it** wo Sie gerade dabei sind ▶ **how ~ sb/sth?** wie wäre es mit jdm/etw? **II.** *adv* ① (*approximately*) ungefähr; **~ eight [o'clock]** [so] gegen acht [Uhr] ② (*almost*) fast ③ (*barely*) **we just ~ made it** wir haben es gerade noch [so] geschafft ④ *esp* BRIT (*around*) herum; **there's a lot of flu ~ at the moment** im Moment geht die Grippe um; **up and ~** auf den Beinen ⑤ *esp* BRIT (*in the area*) hier; **is Cathy ~?** ist Cathy hier irgendwo? ⑥ (*intending*) **we're just ~ to have supper** wir wollen gerade zu Abend essen ▶ **that's ~ all** [*or* **it**] das wär's

above [əˈbʌv] **I.** *prep* ① (*over*) über +*Dat;* (*with movement*) über +*Akk;* **~ the trees** über den Bäumen; (*with movement*) über die Bäume ② (*greater than*) über +*Akk;* **to be ~ and beyond all expectation** weit über allen Erwartungen liegen ③ (*superior to*) **to be ~ criticism** über jede Kritik erhaben sein ④ (*more importantly than*) **~ all** vor allem ▶ **that's ~ me** das ist mir zu hoch **II.** *adv* ① (*on higher level*) oberhalb ② (*overhead*) **from ~** von oben ③ (*in the sky*) am Himmel; **he looked up to the stars ~** er blickte hinauf zu den Sternen ④ (*earlier in text*) oben; **see ~** siehe oben **III.** *adj* obige(r, s); **the ~ address** die oben genannte Adresse **IV.** *n* **the ~** (*thing, matter*) das Obengenannte

above board *adj pred* (*fam*) einwandfrei; **it's all ~!** es ist alles korrekt!

above-mentioned *adj* oben genannte(r, s)

abrasive [əˈbreɪsɪv] *adj* ① (*rubbing*) abreibend; **~ cleaner** Scheuermittel *nt* ② (*unpleasant*) aggressiv

abreast [əˈbrest] *adv* nebeneinander

abroad [əˈbrɔːd] *adv* im Ausland; **to go ~** ins Ausland fahren; **from ~** aus dem Ausland

abrupt [əˈbrʌpt] *adj* abrupt; **to come to an ~ end** ein jähes Ende finden

ABS [ˌeɪbiːˈes] *n no pl abbrev of* **antilock braking system** ABS *nt*

absence [ˈæbsən(t)s] *n* ① *no pl* (*non appearance*) Abwesenheit *f*; (*from school, work*) Fehlen *nt* ② *no pl* (*lack*) Fehlen *nt;* **in the ~ of sth** in Ermangelung einer S. *Gen*

absent[1] [ˈæbsənt] *adj* ① abwesend; **to be ~ from work/from school** auf der Arbeit/in der Schule fehlen ② (*distracted*) [geistes]abwesend

absent[2] [æbˈsent] *tr verb* **to ~ oneself** sich zurückziehen

absentee [ˌæbsənˈtiː] *n* Abwesende(r) *f(m)*, Fehlende(r) *f(m)*

absenteeism [ˌæbsənˈtiːɪzəm] *n no pl* häufiges Fernbleiben

absentee voting *n* AM Briefwahl *f*

absent-minded *adj* geistesabwesend

absolute [ˌæbsəˈluːt] *adj* absolut

absolutely [ˌæbsəˈluːtli] *adv* absolut; **you're ~ right** Sie haben vollkommen Recht; **~ no idea** überhaupt keine Ahnung; **~ not!** nein, überhaupt nicht!
absolution [ˌæbsəˈluːʃᵊn] *n no pl* Absolution *f*
absorb [əbˈzɔːb, -sɔːb] *tr verb* ❶ (*soak up*) aufnehmen ❷ (*reduce*) *blow* abfangen; *noise* dämpfen ❸ **to be ~ed in sth** in etw *Akk* vertieft sein
absorbed [əbˈzɔːbd, -ˈsɔːbd] *adj usu pred* vertieft; **to be ~ in sth** in etw *Akk* vertieft sein
absorbent [əbˈzɔːbənt, -ˈsɔː-] *adj* absorptionsfähig; *cotton, paper* saugfähig
absorbing [əbˈzɔːbɪŋ, -ˈsɔː-] *adj* fesselnd
absorption [əbˈzɔːpʃᵊn] *n no pl* ❶ (*absorbing*) Aufnahme *f* ❷ (*engrossment*) Vertieftsein *nt*
abstract [ˈæbstrækt] **I.** *adj* abstrakt; **~ noun** Abstraktum *nt* **II.** *n* ❶ (*summary*) Zusammenfassung *f* ❷ (*generalized form*) **the ~** das Abstrakte
abstracted [æbˈstræktɪd] *adj* gedankenverloren
absurd [əbˈzɜːd, -ˈsɜːd] *adj* absurd; **don't be ~!** sei nicht albern!
absurdity [əbˈzɜːdəti, -ˈsɜː-] *n* Absurdität *f*; **the ~ of the situation** das Absurde an der Situation
abundance [əˈbʌndən(t)s] *n no pl* Fülle *f*; **in ~** in Hülle und Fülle
abundant [əˈbʌndənt] *adj* reichlich; **~ evidence** jede Menge Beweise
abuse[1] *n* [əˈbjuːs] ❶ *no pl* (*affront*) [**verbal**] **~** Beschimpfung[en] *f[Pl]*; **term of ~** Schimpfwort *nt* ❷ *no pl* (*maltreatment*) Missbrauch *m*; **child ~** Kindesmissbrauch *m*; **mental/physical ~** psychische/körperliche Misshandlung ❸ *no pl* (*misuse*) Missbrauch *m*; **be open to ~** sich leicht missbrauchen lassen
abuse[2] *tr verb* [əˈbjuːz] ❶ (*verbally*) beschimpfen ❷ (*maltreat, exploit*) missbrauchen
abusive [əˈbjuːsɪv] *adj* ❶ (*insulting*) beleidigend ❷ (*maltreating*) misshandelnd
abysmal [əˈbɪzmᵊl] *adj* entsetzlich
acacia [əˈkeɪʃə] *n* Akazie *f*
academia [ˌækəˈdiːmiə] *n no pl, no art* die akademische Welt; (*more concrete*) die Universität
academic [ˌækəˈdemɪk] **I.** *adj* ❶ (*university*) akademisch; **~ year** Studienjahr *nt* ❷ (*not vocational*) wissenschaftlich ❸ (*theoretical*) akademisch **II.** *n* Lehrkraft *f* an der Universität
academy [əˈkædəmi] *n* ❶ Akademie *f* ❷ *esp* AM, SCOT [höhere] Schule
accelerate [əkˈseləreɪt] *intr verb* ❶ beschleunigen; *driver* Gas geben *fam* ❷ (*increase*) zunehmen
acceleration [əkˌseləˈreɪʃᵊn] *n no pl* Beschleunigung *f*
accelerator [əkˈseləreɪtəʳ] *n* Gas[pedal] *nt*
accent [ˈæksᵊnt] *n* ❶ LING Akzent *m* ❷ (*stress*) Betonung *f*
accentuate [əkˈsentʃueɪt] *tr verb* betonen
accept [əkˈsept] *tr verb* ❶ (*take*) annehmen; *award* entgegennehmen; **do you ~ credit cards?** kann man bei Ihnen mit Kreditkarte zahlen? ❷ (*acknowledge*) anerkennen ❸ (*include socially*) akzeptieren
acceptable [əkˈseptəbḷ] *adj* akzeptabel (**to** für)
acceptance [əkˈseptən(t)s] *n* ❶ *no pl* Annahme *f*; *of an idea* Zustimmung *f* ❷ (*positive answer*) Zusage *f* ❸ *no pl* (*recognition*) Anerkennung *f* ❹ *no pl* (*toleration*) Hinnahme *f*
access [ˈækses] **I.** *n no pl* ❶ (*to a room, building*) Zugang *m*, Zutritt *m* ❷ BRIT **'Access only'** „Anlieger frei" **II.** *tr verb* COMPUT *data* zugreifen auf *+Akk*
accessibility [əkˌsesəˈbɪləti] *n no pl* Zugänglichkeit *f*
accessible [əkˈsesəbḷ] *adj* [leicht] erreichbar
accession [əkˈseʃᵊn] *n no pl* ❶ (*attainment*) **~ to the throne** Thronbesteigung *f* ❷ POL Beitritt *m*; **~ to the EU** Beitritt zur EU; **~ talks** Beitrittsgespräche *Pl*
accessory [əkˈsesᵊri] *n* ❶ FASHION Accessoire *nt* ❷ (*equipment*) Zubehör *nt*
accident [ˈæksɪdᵊnt] *n* ❶ Unfall *m*; *of a train, a plane* Unglück *nt*; **~ and emergency unit** Notaufnahme *f* ❷ (*without intention*) **sorry, it was an ~** tut mir leid, es war keine Absicht; **by ~** aus Versehen ❸ (*chance*) Zufall *m*; **by ~** zufällig
accidental [ˌæksɪˈdentᵊl] *adj* ❶ (*unin-*

A

tentional) unbeabsichtigt; **it was ~** es war ein Versehen ② (*chance*) zufällig

acclimatize [ə'klaɪmətaɪz] *intr, tr verb* sich akklimatisieren (**to** an); (*to new conditions*) sich gewöhnen

accommodate [ə'kɒmədeɪt] *tr verb* ① (*have room for*) unterbringen ② (*help*) entgegenkommen

accommodation [əˌkɒmə'deɪʃᵊn] *n* ① *no pl* BRIT, AUS (*lodging*) Unterkunft *f* ② AM (*lodging*) **~s** Unterkunft *f* ③ AM (*space*) Platz *m*, [Sitz]plätze

accompany <-ie-> [ə'kʌmpəni] *tr verb* begleiten

accomplice [ə'kʌmplɪs] *n* Komplize *m*/ Komplizin *f*

accomplish [ə'kʌmplɪʃ] *tr verb* schaffen; *target* erreichen; *task* erledigen

accomplished [ə'kʌmplɪʃt] *adj* fähig; *performance* gelungen

accomplishment [ə'kʌmplɪʃmənt] *n* ① *no pl* (*completion*) Vollendung *f*; *of an aim* Erreichen *nt* ② *usu pl* (*skill*) Fähigkeit *f*

accord [ə'kɔːd] **I.** *n* ① (*treaty*) Vereinbarung *f* ② *no pl* (*agreement*) Übereinstimmung **II.** *tr verb* gewähren

accordance [ə'kɔːdᵊn(t)s] *prep* **in ~ with** gemäß +*Dat*

accordingly [ə'kɔːdɪŋli] *adv* [dem]entsprechend

according to [ə'kɔːdɪŋ] *prep* ① nach +*Dat*; **~ the laws of physics** nach den Regeln der Physik; **~ one's own principles** gemäß seinen eigenen Prinzipien; **did it all go ~ plan?** verlief alles nach Plan? ② (*depending on*) entsprechend +*Dat*; **~ season** der Jahreszeit entsprechend

account [ə'kaʊnt] *n* ① (*description*) Bericht *m*; **by all ~s** nach allem, was man so hört ② (*bank service*) Konto *nt* (**with** bei) ③ (*credit*) [Kunden]kredit *m*; **will that be cash or ~?** zahlen Sie bar oder geht das auf Rechnung? ④ (*records*) **the ~s** die [Geschäfts]bücher; **to keep the ~s** die Buchhaltung machen ⑤ *no pl* (*consideration*) **to take into ~** berücksichtigen ⑥ (*reason*) **on ~ of** aufgrund +*Gen*; **on my/her/his ~** meinet-/ihret-/seinetwegen ⑦ *no pl* (*importance*) **of little ~** von geringer Bedeutung ⑧ *no pl* (*responsibility*) **on one's own ~** auf sein eigenes Risiko

accountability [əˌkaʊntə'bɪləti] *n no pl* Verantwortlichkeit *f* (**to** gegenüber) **accountable** [ə'kaʊntəbḷ] *adj* verantwortlich **accountancy** [ə'kaʊntən(t)si] *n no pl* Buchhaltung *f* **accountant** [ə'kaʊntənt] *n* [Bilanz]buchhalter(in) *m(f)*

accumulate [ə'kjuːmjəleɪt] *tr, intr verb* [sich] ansammeln

accumulation [əˌkjuːmjə'leɪʃᵊn] *n* Ansammlung *f*

accuracy ['ækjərəsi] *n no pl* Genauigkeit *f*

accurate ['ækjərət] *adj* genau

accusation [ˌækjʊ'zeɪʃᵊn] *n* ① (*charge*) Anschuldigung *f*; LAW Anklage *f* (**of** wegen); **to make an ~ against sb** jdn beschuldigen ② *no pl* (*accusing*) Vorwurf *m*

accusative [ə'kjuːzətɪv] *n no pl* **~ [case]** Akkusativ *m*

accuse [ə'kjuːz] *tr verb* ① (*charge*) **to ~ sb [of sth]** jdn [wegen einer S. *Gen*] anklagen ② (*claim*) **to ~ sb of sth** jdn einer S. *Gen* beschuldigen

accused <*pl* -> [ə'kjuːzd] *n* **the ~** die/der Angeklagte

accustomed [ə'kʌstəmd] *adj* **to be ~ to sth** etw gewohnt sein; **to become ~ to sth** sich an etw *Akk* gewöhnen

AC/DC [ˌeisiː'diːsiː] *n abbrev of* **alternating current/direct current** WS/GS

ace [eɪs] **I.** *n* Ass *nt*; **~ of spades** Pikass *nt*; **~ reporter** Starreporter(in) *m(f)* **II.** *adj* (*fam*) klasse

ache [eɪk] **I.** *n* Schmerz[en] *m[Pl]*; **~s and pains** Wehwehchen *Pl* **II.** *intr verb* schmerzen; **I'm aching all over** mir tut alles weh

achieve [ə'tʃiːv] *tr verb* erreichen; *fame* erlangen; *success* erzielen; *victory* erringen

achievement [ə'tʃiːvmənt] *n* ① Leistung *f* ② *no pl* (*achieving*) Erreichen *nt*

Achilles heel [əˌkɪliːz'-] *n usu sing* (*fig*) Achillesferse *f*

acid ['æsɪd] **I.** *n* ① CHEM Säure *f* ② *no pl* (*sl: LSD*) Acid *nt* **II.** *adj* CHEM sauer; **~ soil** saurer Boden; **~ stomach** übersäuerter Magen

acid bath *n* Säurebad *nt* **acid drop** *n* BRIT saurer Drops, saures Bonbon **acid head** *n* (*sl*) LSD-Abhängige(r) *f(m)* **acid house** *n no pl* MUS Acid House *nt*

acidic [ə'sɪdɪk] *adj* CHEM säurehaltig **acidity** [ə'sɪdəti] *n no pl* CHEM Säuregehalt *m* **acid rain** *n no pl* saurer Regen **acid test** *n* ① CHEM Säureprobe *f* ② (*fig*) Feuerprobe *f*

acknowledge [ək'nɒlɪdʒ] *tr verb* ① (*admit*) zugeben ② (*respect*) anerkennen; **he was generally ~d to be an expert** er galt allgemein als Experte ③ (*reply to*) *greeting* erwidern; *receipt* bestätigen

acknowledg[e]ment [ək'nɒlɪdʒmənt] *n* ① *no pl* (*admission*) Bekenntnis (**of** zu); **~ of guilt** Schuldeingeständnis *nt* ② *no pl* (*respect*) Anerkennung *f* ③ PUBL **the ~s** die Danksagung

acquaint [ə'kweɪnt] *tr verb* vertraut machen

acquaintance [ə'kweɪntᵊn(t)s] *n* Bekannte(r) *f(m)*

acquire [ə'kwaɪəʳ] *tr verb* erwerben; *habit* annehmen; *knowledge* sich *Dat* aneignen; **to ~ a taste for sth** Geschmack *m* an etw *Dat* finden

acquisition [ˌækwɪ'zɪʃᵊn] *n* ① (*purchase*) Anschaffung *f* ② *no pl* (*acquiring*) Erwerb *m*

acquit <-tt-> [ə'kwɪt] *tr verb* ① (*free*) freisprechen ② (*perform*) **to ~ oneself well** seine Sache gut machen

acquittal [ə'kwɪtᵊl] *n* Freispruch *m* (**on** von)

acrobat ['ækrəbæt] *n* Akrobat(in) *m(f)*

acrobatic [ˌækrə'bætɪk] *adj* akrobatisch

across [ə'krɒs] **I.** *prep* ① über +*Dat;* **~ town** am anderen Ende der Stadt; **~ the street** auf der gegenüberliegenden Straßenseite ② (*from one side to other*) über +*Akk* **II.** *adv* ① (*to other side*) hinüber; (*from other side*) herüber ② (*on other side*) drüben ③ (*wide*) breit; *of a circle* im Durchmesser ④ (*diagonal*) querdurch

acrylic [ə'krɪlɪk] *n* ① *no pl* (*fibre*) Acryl *nt* ② (*paint*) Acrylfarbe *f*

act [ækt] **I.** *n* ① (*deed*) Tat *f;* **~ of aggression** Angriff *m;* **~ of kindness** Akt *m* der Güte; **~ of terrorism** Terrorakt *m;* **to catch sb in the ~** jdn auf frischer Tat ertappen ② (*of a play*) Akt *m* ③ *no pl* (*pretence*) Schau *f;* **to put on an ~** Theater spielen ④ LAW Gesetz *nt* **II.** *intr verb* ① (*take action*) handeln; (*proceed*) vorgehen; **to ~ [up]on sb's advice** jds Rat befolgen ② (*function*) fungieren ③ (*represent*) **to ~ on behalf of sb** jdn vertreten ④ (*behave*) **~ your age!** benimm dich gefälligst deinem Alter entsprechend! ⑤ (*be an actor*) Schauspieler/Schauspielerin sein ⑥ (*take effect*) **to ~ [on sth]** [auf etw *Akk*] wirken **III.** *tr verb* spielen ◆**act out** *tr verb* **to ~ out sth** ① (*realize*) etw ausleben ② (*perform*) etw nachspielen ◆**act up** *intr verb* (*fam*) ① *person* Theater machen; *child* ungezogen sein ② *thing* Ärger machen; *computer* verrückt spielen

acting ['æktɪŋ] **I.** *adj* stellvertretend **II.** *n no pl* Schauspielerei *f*

action ['ækʃᵊn] *n* ① *no pl* (*activeness*) Handeln *nt;* (*proceeding*) Vorgehen *nt;* (*measures*) Maßnahmen *Pl;* **we need ~** wir brauchen Taten; **let's see some ~!** legt euch ins Zeug!; **out of ~** außer Gefecht; **to spring into ~** in Aktion treten; **to put into ~** in die Tat umsetzen; **to take ~** etwas unternehmen ② (*act*) Handlung *f* ③ *no pl* (*combat*) Einsatz *m;* **to go into ~** ins Gefecht ziehen ④ (*movement*) Bewegung *f* ⑤ *no pl* (*function*) **in/out of ~** in/außer Betrieb

action-packed *adj* spannungsgeladen

active ['æktɪv] **I.** *adj* aktiv; *children* lebhaft **II.** *n no pl* LING **~ [voice]** Aktiv *nt*

activewear ['æktɪvweəʳ] *n no pl* Activewear *f*

activist ['æktɪvɪst] *n* Aktivist(in) *m(f)*

activity [æk'tɪvəti] *n* ① (*activeness*) Aktivität *f* ② *no pl* (*liveliness*) Lebhaftigkeit *f* ③ *usu pl* (*pastime*) Aktivität *f*

actor ['æktəʳ] *n* Schauspieler *m*

actress <*pl* -es> ['æktrəs] *n* Schauspielerin *f*

actual ['æktʃuəl] *adj* eigentlich; **in ~ fact** tatsächlich

actually ['æktʃuəli] *adv* ① (*in fact*) eigentlich ② (*really*) wirklich; **did you ~ say that?** hast du das tatsächlich gesagt?

actuary ['æktʃuəri] *n* FIN Versicherungsmathematiker(in) *m(f)*, Aktuar(in) *m(f) fachspr*

acupressure ['ækjʊpreʃəʳ] *n no pl* Akupressur *f*

acupuncture ['ækjʊpʌŋ(k)tʃəʳ] *n no pl* Akupunktur *f*

acute [ə'kju:t] *adj* ① (*serious*) akut; *difficulties* ernst; *pain* heftig; **to become**

A

more ~ sich verschärfen ❷ MATH *angle* spitz

ad [æd] *n* (*fam*) *short for* **advertisement** Anzeige *f;* (*on TV*) Werbespot *m*

AD [ˌeɪ'diː] *adj abbrev of* **Anno Domini** n. Chr.

adapt [ə'dæpt] **I.** *tr verb* anpassen (**to** an) **II.** *intr verb* **to** ~ [**to sth**] sich [einer S. *Dat*] anpassen

adaptability [əˌdæptə'bɪləti] *n no pl* Anpassungsfähigkeit *f* **adaptable** [ə'dæptəbl̩] *adj* anpassungsfähig **adaptation** [ˌædæp'teɪʃən] *n no pl* Anpassung *f* (**to** an) **adapter** *n,* **adaptor** [ə'dæptəʳ] *n* Adapter *m*

add [æd] *tr verb* ❶ hinzufügen ❷ MATH **to** ~ [**together**] addieren ❸ (*contribute*) beitragen

addict ['ædɪkt] *n* Süchtige(r) *f(m);* **drug** ~ Drogenabhängige(r) *f(m);* **to become an** ~ süchtig werden

addicted [ə'dɪktɪd] *adj* **to be** ~ **to sth** nach etw süchtig sein

addiction [ə'dɪkʃən] *n no pl* Sucht *f* (**to** nach)

addition [ə'dɪʃən] *n* ❶ *no pl* (*adding*) Addition *f* ❷ *no pl* (*attaching*) Hinzufügen *nt* (**to** an) ❸ (*extra*) Ergänzung *f* ❹ (*furthermore*) **in** ~ außerdem

additional [ə'dɪʃənəl] *adj* zusätzlich; ~ **charge** Aufpreis *m*

additive ['ædɪtɪv] *n* Zusatz *m*

add-on ['ædɒn] *n* COMPUT Zusatzgerät *f;* (*several*) Zubehör *nt*

address I. *n* <*pl* -es> [ə'dres] ❶ COMPUT *a.* Adresse *f* ❷ (*speech*) Rede *f* (**to** an) **II.** *tr verb* [ə'dres] ❶ (*write address*) adressieren (**to** an) ❷ (*direct*) *remark* richten (**to** an)

address book *n* Adressbuch *nt* **addressee** [ˌædres'iː] *n* Empfänger(in) *m(f)* **address label** *n* Adress[en]aufkleber *m*

adequate ['ædɪkwət] *adj* ausreichend

adhesion [əd'hiːʒən] *n no pl* ❶ (*sticking*) Haften *nt* (**to** an) ❷ (*stickiness*) Haftvermögen *nt*

adhesive [əd'hiːsɪv] **I.** *adj* haftend; ~ **plaster** Heftpflaster *nt* **II.** *n no pl* Klebstoff *m*

ad infinitum [ˌædɪnfɪ'naɪtəm] *adv* ad infinitum *geh,* endlos

adjacent [ə'dʒeɪsənt] *adj* angrenzend

adjective ['ædʒɪktɪv] *n* Adjektiv *nt,* Eigenschaftswort *nt*

adjoining [ə'dʒɔɪnɪŋ] *adj* angrenzend; ~ **room** Nebenzimmer *nt*

adjourn [ə'dʒɜːn] **I.** *tr verb* (*interrupt*) unterbrechen; LAW vertagen **II.** *intr verb* (*stop temporarily*) eine Pause einlegen; (*end*) aufhören

adjust [ə'dʒʌst] **I.** *tr verb* ❶ (*set*) einstellen ❷ (*tailor*) umändern **II.** *intr verb* **to** ~ **to sth** sich an etw *Akk* anpassen

adjustable [ə'dʒʌstəbl̩] *adj* verstellbar

adjustment [ə'dʒʌstmənt] *n* (*mental*) Anpassung *f;* (*mechanical*) Einstellung *f; of clothing* Änderung *f*

admin ['ædmɪn] *n short for* **administration**

administer [əd'mɪnɪstəʳ] *tr verb* ❶ (*manage*) verwalten ❷ (*dispense*) geben; (*issue*) ausgeben **administration** [ədˌmɪnɪ'streɪʃən] *n no pl* Verwaltung *f* **administrative** [əd'mɪnɪstrətɪv] *adj* administrativ **administrator** [əd'mɪnɪstreɪtəʳ] *n* ❶ (*person in charge*) Leiter(in) *m(f)* ❷ (*clerk*) Verwaltungsbeamte(r) *m* ❸ LAW Verwalter(in) *m(f)*

admirable ['ædmərəbl̩] *adj* bewundernswert

admiral ['ædmərəl] *n* Admiral(in) *m(f)*

admiration [ˌædmə'reɪʃən] *n no pl* ❶ (*respect*) Hochachtung *f* (**for** vor) ❷ (*wonderment*) Bewunderung *f*

admire [əd'maɪəʳ] *tr verb* bewundern

admirer [əd'maɪərəʳ] *n* ❶ (*with romantic interest*) Verehrer(in) *m(f)* ❷ (*supporter*) Anhänger(in) *m(f)*

admissible [əd'mɪsəbl̩] *adj* zulässig

admission [əd'mɪʃən] *n no pl* ❶ (*entering*) Eintritt *m;* (*acceptance*) Zutritt *m* ❷ (*acknowledgment*) Eingeständnis *nt*

admit <-tt-> [əd'mɪt] **I.** *tr verb* ❶ (*acknowledge*) zugeben ❷ (*allow entrance*) hineinlassen **II.** *intr verb* **to** ~ **to sth** etw zugeben

admittance [əd'mɪtən(t)s] *n no pl* Zutritt *m;* **'No** ~**'** „Betreten verboten“

admittedly [əd'mɪtɪdli] *adv* zugegebenermaßen

admixture [əd'mɪkstʃəʳ] *n usu sing* ❶ CHEM Beimischung *f,* Zusatz *m* ❷ (*form: additional element*) Zugabe *f,* Beigabe *f*

ado [ə'duː] *n no pl* großer Aufwand;

much ~ about nothing viel Lärm um nichts

adolescence [ˌædəˈlesᵊn(t)s] *n no pl* Jugend[zeit] *f*

adolescent [ˌædəˈlesᵊnt] **I.** *adj* jugendlich **II.** *n* Jugendliche(r) *f(m)*

adopt [əˈdɒpt] *tr verb* ① adoptieren; **to have one's child ~ed** sein Kind zur Adoption freigeben ② (*put into practice*) annehmen; **to ~ a pragmatic approach** pragmatisch herangehen ③ (*select*) auswählen

adoption [əˈdɒpʃᵊn] *n* ① Adoption *f* ② *no pl* (*taking on*) Annahme *f*; *of a technology* Übernahme *f*; *of a method* Aneignung *f*

adorable [əˈdɔːrəbl̩] *adj* entzückend

adoration [ˌædəˈreɪʃᵊn] *n no pl* ① Verehrung *f* ② REL Anbetung *f*

adore [əˈdɔːʳ] *tr verb* über alles lieben

adoring [əˈdɔːrɪŋ] *adj* (*loving*) liebend; (*devoted*) hingebungsvoll; *mother* liebevoll

adrenalin[e] [əˈdrenəlɪn] *n no pl* Adrenalin *nt*

Adriatic [ˌeɪdriˈætɪk] *n* **the ~ [Sea]** die Adria

adrift [əˈdrɪft] **I.** *adv* **to cut ~** losmachen **II.** *adj* **to be ~** treiben; **to be ~ of sth** (*fam*) SPORTS hinter etw *Dat* zurückliegen

adult [ˈædʌlt, əˈdʌlt] **I.** *n* ① Erwachsene(r) *f(m)* ② (*animal*) ausgewachsenes Tier **II.** *adj* (*grown-up*) erwachsen

adultery [əˈdʌltᵊri] *n no pl* Ehebruch *m*

adult film *n* nicht jugendfreier Film

advance [ədˈvɑːn(t)s] **I.** *intr verb* ① (*make progress*) Fortschritte machen ② (*move forward*) sich vorwärtsbewegen **II.** *tr verb* ① (*develop*) voranbringen; **to ~ one's career** seine Karriere vorantreiben ② (*make earlier*) vorverlegen **III.** *n* ① *no pl* (*forward movement*) Vorrücken *nt* ② (*progress*) Fortschritt *m* **IV.** *adj* vorherig; **~ booking** Reservierung *f*

advanced [ədˈvɑːn(t)st] *adj* ① (*in skills*) fortgeschritten; **~ mathematics** höhere Mathematik ② (*in development*) fortschrittlich

advantage [ədˈvɑːntɪdʒ] *n* Vorteil *m*; **to take ~ of sb** (*pej*) jdn ausnutzen; **to take ~ of sth** (*approv*) etw nutzen

adventure [ədˈventʃəʳ] *n* Abenteuer *nt*; **to have an ~** ein Abenteuer erleben

adventurous [ədˈventʃᵊrəs] *adj* abenteuerlich; (*daring*) abenteuerlustig

adverb [ˈædvɜːb] *n* Adverb *nt*

adversary [ˈædvəːsᵊri] *n* Gegner(in) *m(f)*

adverse [ˈædvɜːs] *adj* ungünstig; *criticism, effect* negativ; *conditions* widrig

adversity [ədˈvɜːsəti] *n no pl* Not *f*; **in ~** in der Not

advert [ˈædvɜːt] *n* BRIT (*fam*) *short for* **advertisement** (*in a newspaper*) Anzeige *f*; (*on TV*) Werbespot *m*

advertise [ˈædvətaɪz] **I.** *tr verb* Werbung machen für **II.** *intr verb* werben; (*in a newspaper*) inserieren

advertisement [ədˈvɜːtɪsmənt] *n* Werbung *f*; (*in a newspaper*) Anzeige *f*; **full-page ~** Werbeseite *f*, ganzseitige Anzeige; **TV ~** Werbespot *m*

advertiser [ˈædvətaɪzəʳ] *n* Werbungtreibende(r) *f(m)*; (*in a newspaper*) Inserent(in) *m(f)*

advertising [ˈædvətaɪzɪŋ] *n no pl* Werbung *f*

advertorial [ˌædvəˈtɔːriəl] *n* Textanzeige *f*

advice [ədˈvaɪs] *n no pl* (*recommendation*) Rat *m*; **some ~** ein Rat[schlag] *m*; **to take legal ~** sich juristisch beraten lassen; **to take sb's ~** jds Rat[schlag] *m* befolgen

advisable [ədˈvaɪzəbl̩] *adj* ratsam

advise [ədˈvaɪz] **I.** *tr verb* ① beraten ② (*inform*) informieren (**of** über) **II.** *intr verb* raten

adviser [ədˈvaɪzəʳ], **advisor** *n* Berater(in) *m(f)*

advocacy [ˈædvəkəsi] *n no pl* ① (*support*) Befürwortung *f* (**of** + *Gen*), Eintreten (**of** für); **the ~ of human rights** das Eintreten für die Menschenrechte ② LAW (*eloquence*) juristische Wortgewandtheit

advocacy group *n* POL Lobby *f*

advocate[1] [ˈædvəkeɪt] *tr verb* befürworten

advocate[2] [ˈædvəkət, -keɪt] *n* ① Befürworter(in) *m(f)* ② LAW Anwalt *m*/Anwältin *f*, Rechtsanwalt/-anwältin

AEC [ˌeɪiːˈsiː] *n* AM *abbrev of* **Atomic Energy Commission** Atomenergiekommission *f*

A

Aegean [iːˈdʒiːən] *n* **the ~** [**Sea**] die Ägäis

aerial [ˈeəriəl] **I.** *adj* Luft- **II.** *n* Antenne *f*

aerodynamics [ˌeərə(ʊ)daɪˈnæmɪks] *n* Aerodynamik *f*

aeronautic [ˌeərə(ʊ)ˈnɔːtɪk] *adj* Luftfahrt-, aeronautisch

aeronautics [ˌeərə(ʊ)ˈnɔːtɪks] *n + sing verb* Luftfahrt[technik] *f*

aeroplane [ˈeərə(ʊ)pleɪn] *n* Flugzeug *nt*

aerosol [ˈeərəsɒl] *n* Aerosol *nt*

aesthetics [iːsˈθetɪks] *n no pl* Ästhetik *f*

afar [əˈfɑːʳ] *adv* **from ~** aus der Ferne

affability [ˌæfəˈbɪləti] *n no pl* Freundlichkeit *f*, Umgänglichkeit *f*

affable [ˈæfəbl̩] *adj* freundlich

affair [əˈfeəʳ] *n* ① (*matter, event*) Angelegenheit *f*; **that's my own ~** das ist ganz allein meine Sache ② (*controversial situation, relationship*) Affäre *f*

affect [əˈfekt] *tr verb* **to ~ sb/sth** sich auf jdn/etw auswirken; (*concern*) jdn/etw betreffen

affected [əˈfektɪd] *adj* ① (*insincere*) affektiert ② (*influenced*) betroffen

affection [əˈfekʃᵊn] *n no pl* Zuneigung *f* (**for** zu)

affectionate [əˈfekʃᵊnət] *adj* liebevoll

affiliate¹ [əˈfɪlieɪt] *tr verb usu passive* ECON **to be ~d with sth** mit etw assoziiert sein

affiliate² [əˈfɪliət] *n* (*subsidiary*) Tochtergesellschaft *f*; (*branch*) Zweigfirma *f*

affirmative [əˈfɜːmətɪv] *adj* zustimmend; *answer* positiv

affix [əˈfɪks, ˈæfɪks] *tr verb* (*attach*) befestigen; (*stick on*) ankleben; (*clip on*) anheften

afflict [əˈflɪkt] *tr verb* plagen; **he is ~ed with severe rheumatism** er leidet an schwerem Rheumatismus

affluent [ˈæfluənt] *adj* reich; **~ society** Wohlstandsgesellschaft *f*

afford [əˈfɔːd] *tr verb* (*have money, time for*) sich *Dat* leisten

affordable [əˈfɔːdəbl̩] *adj* erschwinglich

afforest [əˈfɒrɪst] *tr verb* **to ~ land** Land wieder aufforsten

afield [əˈfiːld] *adv* entfernt

afloat [əˈfləʊt] *adj* (*a. fig*) über Wasser; **to be ~** schwimmen

afoot [əˈfʊt] **I.** *adj* im Gange **II.** *adv* AM zu Fuß

aforementioned [əˈfɔːmen(t)ʃᵊnd], **aforesaid** [əˈfɔːsed] *adj* oben erwähnt

afraid [əˈfreɪd] *adj* ① (*frightened*) verängstigt; **to** [**not**] **be ~** [**of**] [keine] Angst haben [vor *+Dat*]; **to be ~ that ...** befürchten, dass ...; **to be ~ of heights** Höhenangst haben ② (*expressing regret*) **I'm ~ so** leider ja, ja, leider; **I'm ~ not** [nein,] leider nicht

Africa [ˈæfrɪkə] *n* Afrika *nt*

African [ˈæfrɪkən] **I.** *n* Afrikaner(in) *m(f)* **II.** *adj* afrikanisch

after [ˈɑːftəʳ] **I.** *prep* ① (*later time*) nach *+Dat*; **~ lunch** nach dem Mittagessen; [**a**] **quarter ~ six** AM [um] Viertel nach Sechs ② (*in pursuit of*) **to be ~ sb/sth** hinter jdm/etw her sein ③ (*following*) nach *+Dat*; **~ you!** nach Ihnen! ④ (*result of*) nach *+Dat*; **~ what he did to me, ...** nach dem, was er mir angetan hat, ... ⑤ **~ all** (*in spite of*) trotz **II.** *conj* nachdem **III.** *adv* danach; **shortly ~** kurz darauf

aftercare *n no pl* (*after hospital stay*) Nachbehandlung *f* **after-effect** *n* Nachwirkung *f* **afterlife** *n no pl* Leben *nt* nach dem Tod **aftermarket** *n* ① COMM Verbrauchermarkt *m* ② STOCKEX Nachbörse *f* **aftermath** [-mɑːθ] *n no pl* Folgen *Pl*; **in the ~ of** infolge *+Gen* **afternoon** [ˌɑːftəˈnuːn] *n* Nachmittag *m*; **good ~!** guten Tag!; **early/late ~** am frühen/späten Nachmittag; **this ~** heute Nachmittag; **at 4.00 in the ~** um vier Uhr Nachmittag

afters [ˈɑːftəz] *n no pl* BRIT (*fam*) Nachtisch *m*

aftershock *n usu pl* GEOL Nachbeben *nt* **afterthought** *n* **as an ~** im Nachhinein **afterwards** [ˈɑːftəwədz] *adv* (*later*) später; (*after something*) danach; **shortly ~** kurz danach

again [əˈgen, əgeɪn] *adv* ① (*as a repetition*) wieder; (*one more time*) noch einmal; **~ and ~** immer wieder; **what's her name ~?** wie ist nochmal ihr Name? ② (*anew*) noch einmal

against [əˈgen(t)st] **I.** *prep* gegen *+Akk*; **~ one's better judgement** wider besseres Wissen **II.** *adv* gegen; **only 14 voted ~** es gab nur 14 Gegenstimmen

agape [əˈgeɪp] *adj pred* mit offenem Mund; **to be ~ with wonder** erstaunt [*o fam* baff] sein

A

age [eɪdʒ] **I.** *n* ① Alter *nt;* **he's about your ~** er ist ungefähr so alt wie du; **to be 45 years of ~** 45 [Jahre alt] sein; **at your ~** in deinem Alter ② (*era*) Zeitalter *nt;* **in this day and ~** heutzutage ③ (*long time*) **~s** Ewigkeiten *Pl* **II.** *intr verb* ① altern ② FOOD reifen **III.** *tr verb* ① FOOD reifen lassen; *wine* ablagern lassen ② (*make look older*) älter machen

age-banding *n no pl* Altersklasseneinteilung *f* **age bracket** *n* Altersgruppe *f,* Altersklasse *f*

aged[1] ['eɪdʒd] *adj* **a boy ~ 12** ein zwölfjähriger Junge; **children ~ 8 to 12** Kinder [im Alter] von 8 bis 12 Jahren

aged[2] ['eɪdʒɪd] **I.** *adj* alt **II.** *n* **the ~** *pl* die alten Menschen

ageing ['eɪdʒɪŋ] *adj person* alternd; *machinery* veraltend

agency ['eɪdʒᵊn(t)si] *n* ① (*private business*) Agentur *f;* **estate/travel ~** Makler-/Reisebüro *nt* ② (*of government*) Behörde *f;* (*of public administration*) Dienststelle *f*

agency bank *n* AM FIN Zweigniederlassung *f* (*die als Agent für eine andere Bank arbeitet*)

agenda [ə'dʒendə] *n* ① (*for a meeting*) Tagesordnung *f* ② (*for action*) Programm *nt;* **to have a hidden ~** geheime Pläne haben

agent ['eɪdʒᵊnt] *n* ① (*representative*) [Stell]vertreter(in) *m(f);* (*for artists*) Agent(in) *m(f)* ② (*of a secret service*) Agent(in) *m(f)*

age spot *n* Altersfleck *m*

aggravate ['ægrəveɪt] *tr verb* (*worsen*) verschlechtern

aggravating ['ægrəveɪtɪŋ] *adj* (*fam: annoying*) ärgerlich

aggravation [ˌægrə'veɪʃᵊn] *n no pl* ① (*worsening*) Verschlimmerung *f* ② (*fam: annoyance*) Ärger *m*

aggregate[1] ['ægrɪgət] *n* ① (*totality*) Gesamtmenge *f* ② SPORTS Gesamtergebnis *nt*

aggregate[2] ['ægrɪgeɪt] *adj* Gesamt-

aggression [ə'greʃᵊn] *n no pl* Aggression *f*

aggressive [ə'gresɪv] *adj* aggressiv

aggressor [ə'gresəʳ] *n* Angreifer(in) *m(f)*

aggro ['ægrəʊ] *n no pl* BRIT, AUS (*sl*) ① (*violence*) Zoff *m fam* ② (*trouble*) Ärger *m;* **the general ~ of life** die normalen Alltagsprobleme

agile ['ædʒaɪl] *adj* geschickt; **to have an ~ mind** geistig beweglich sein

agility [ə'dʒɪləti] *n no pl* Flinkheit *f;* **mental ~** geistige Beweglichkeit

aging *adj* AM, AUS *see* **ageing**

agitation [ˌædʒɪ'teɪʃᵊn] *n no pl* ① (*nervousness*) Aufregung *f* ② (*activism*) Agitation *f*

aglow [ə'gləʊ] *adj pred* (*liter*) **to be ~** *fire, light* brennen; *face* glühen; *eyes* strahlen

agnostic [æg'nɒstɪk] **I.** *n* Agnostiker(in) *m(f)* **II.** *adj* agnostisch

ago [ə'gəʊ] *adv* **a year ~** vor einem Jahr; [**not**] **long ~** vor [nicht] langer Zeit; **as long ~ as 1924** schon 1924; **how long ~ was that?** wie lange ist das her?

agog [ə'gɒg] *adj* gespannt; **to be ~ with curiosity** vor Neugierde fast platzen

agonizing ['ægənaɪzɪŋ] *adj* qualvoll; *pain* unerträglich

agony ['ægəni] *n* ① Todesqualen *Pl;* **to be in ~** große Schmerzen leiden ② (*fig*) **to be in an ~ of indecision/suspense** von qualvoller Unentschlossenheit/Ungewissheit geplagt werden; **oh, the ~ of defeat!** was für eine schmachvolle Niederlage!

agrarian [ə'greəriən] *adj* landwirtschaftlich, agrarisch, Agrar-

agree [ə'gri:] **I.** *intr verb* ① (*have same opinion*) zustimmen; **I don't ~** ich bin anderer Meinung; **to ~ with sb** mit jdm einer Meinung sein ② (*consent to*) zustimmen; **~d!** einverstanden! ③ *food* **to ~ with sb** jdm [gut] bekommen ④ (*match up*) übereinstimmen **II.** *tr verb* **to ~ sth** mit etw einverstanden sein

agreement [ə'gri:mənt] *n* ① *no pl* (*same opinion*) Übereinstimmung *f;* **to reach an ~** zu einer Einigung kommen; **to be in ~ with sb** mit jdm übereinstimmen ② (*arrangement*) Vereinbarung *f*

agriculture ['ægri'kʌltʃəʳ] *n no pl* Landwirtschaft *f*

agroterrorism *n no pl* Agroterrorismus *m* (*die mutwillige Verbreitung tödlicher Bakterien in allen Bestandteilen der menschlichen Nahrungskette*)

A

aground [ə'graʊnd] **I.** *adv* **to run ~** auf Grund laufen **II.** *adj* auf Grund gelaufen

ah [ɑː] *interj* (*in realization*) ach so; (*in happiness*) ah; (*in sympathy*) oh

aha [ɑː'hɑː] *interj* (*in understanding*) aha; (*in glee*) haha

AHA [ˌeɪeɪtʃ'eɪ] *n abbrev of* **alpha-hydroxy acid** AHA *f*

ahead [ə'hed] *adv* ❶ (*in front*) vorn; **the road ~** die Straße vor uns; **to put sb ~** jdn nach vorne bringen ❷ (*more advanced*) **to be way ~ of sb** jdm um einiges voraus sein

ahoy [ə'hɔɪ] *interj* ahoi

AI [ˌeɪ'aɪ] *n no pl* ❶ COMPUT *abbrev of* **artificial intelligence** ❷ SCI *abbrev of* **artificial insemination**

aid [eɪd] **I.** *n* ❶ *no pl* (*assistance*) Hilfe *f*; **in ~ of** zugunsten +*Gen* ❷ (*helpful tool*) [Hilfs]mittel *nt*; **hearing ~** Hörgerät *nt* **II.** *tr verb* helfen +*Dat*

AID [ˌeɪaɪ'diː] *n abbrev of* **Agency for International Development** ≈ DSE

aid convoy *n* Hilfskonvoi *m*

AIDS *n*, **Aids** [eɪdz] *n no pl abbrev of* **acquired immune deficiency syndrome** Aids *nt*

ailing ['eɪlɪŋ] *adj* kränkelnd

aim [eɪm] **I.** *intr verb* ❶ (*point*) zielen (**at** auf) ❷ (*try for a time*) **to ~ for 7.30/next week** 7.30 Uhr/nächste Woche anpeilen **II.** *tr verb* ❶ (*point*) **to ~ sth at sb/sth** mit etw auf jdn/etw zielen ❷ (*direct at*) *remark* richten (**at** an) **III.** *n* ❶ *no pl* (*skill*) Zielen *nt*; **her ~ is good/bad** sie kann gut/schlecht zielen ❷ (*goal*) Ziel *nt*

air [eəʳ] **I.** *n* ❶ *no pl* Luft *f*; **by ~** mit dem Flugzeug; **to be [up] in the ~** (*fig*) in der Schwebe sein ❷ *no pl* TV, RADIO Äther *m*; **to be taken off the ~** *programme* abgesetzt werden; *station* den Sendebetrieb einstellen; **on [the] ~** auf Sendung **II.** *tr verb* ❶ (*ventilate*) lüften; *clothes* auslüften [lassen] ❷ (*express*) äußern ❸ AM (*broadcast*) senden **III.** *intr verb* ❶ AM TV, RADIO gesendet werden ❷ (*ventilate*) auslüften

air ambulance *n* Rettungshubschrauber *m*

airborne *adj* ❶ (*transported by air*) in der Luft befindlich; *disease* durch die Luft übertragen ❷ (*flying*) **to be ~** in der Luft sein; **to get ~** *plane* abheben; *bird* losfliegen

airbrushed *adj* (*fig*) geschönt **air bubble** *n* Luftblase *f* **air-conditioned** *adj* klimatisiert **air conditioning** *n no pl* ❶ (*process*) Klimatisierung *f* ❷ (*plant*) Klimaanlage *f* **aircraft** <*pl* -> *n* Luftfahrzeug *nt* **airfield** *n* Flugplatz *m* **air hostess** *n* BRIT, AUS (*dated*) Stewardess *f*

airing ['eərɪŋ] *n* ❶ [Durch]lüften *nt*, Auslüften *nt* ❷ (*public exposure*) **to give sth an ~** etw an die Öffentlichkeit bringen

airing cupboard *n* BRIT [Wäsche]trockenschrank *m*

airline *n* Fluggesellschaft *f* **airmail I.** *n no pl* Luftpost *f* **II.** *tr verb* per Luftpost schicken **airmiles** *n pl* AVIAT Bonusmeilen *Pl* **airplane** *n* AM *see* **aeroplane** **air pollutant** *n* Luftschadstoff *m* **air pollution** *n* Luftverschmutzung *f* **airport** *n* Flughafen *m* **air quality** *n* Luftqualität *f* **airsick** *adj* luftkrank **airspace** *n no pl* Luftraum *m* **air steward** *n masc*, **air stewardess** *n fem* Flugbegleiter(in) *m(f)* **airstrip** *n* Start- und Landebahn *f* **air ticket** *n* Flugschein *m* **airtight** *adj* luftdicht; (*fig*) hieb- und stichfest **air traffic controller** *n* Fluglotse *m*/Fluglotsin *f*

airway *n* ANAT Luftröhre *f*

airworthy *adj* flugtüchtig

airy ['eəri] *adj* ❶ ARCHIT luftig ❷ (*lacking substance*) leichtfertig

aisle [aɪl] *n* Gang *m*; *of a church* Seitenschiff *nt*

ajar [ədʒɑːʳ] *adj* einen Spalt [*o* Spaltbreit] offen

akin [ə'kɪn] *adj* ähnlich

alabaster ['æləbæstəʳ] *n no pl* Alabaster *m*

alacrity [ə'lækrəti] *n no pl* Schnelligkeit *f*; **with ~** schnell

alarm [ə'lɑːm] **I.** *n* ❶ *no pl* (*worry*) Angst *f* ❷ (*signal*) Alarm *m* ❸ (*alarm clock*) Wecker *m* **II.** *tr verb* ❶ (*worry*) beunruhigen ❷ (*warn of danger*) alarmieren

alarming [ə'lɑːmɪŋ] *adj* beunruhigend

alas [ə'læs] *interj* (*dated*) leider [Gottes]

album ['ælbəm] *n* Album *nt*

alchemy ['ælkəmi] *n no pl* ❶ (*chemis-

A

try) Alchimie *f,* Alchemie *f* ② (*fig: magic*) Zauberei *f,* Magie *f*

alcohol ['ælkəhɒl] *n no pl* Alkohol *m*

alcoholic [ˌælkə'hɒlɪk] **I.** *n* Alkoholiker(in) *m(f)* **II.** *adj person* alkoholsüchtig; *drink* alkoholisch

ale [eɪl] *n* Ale *nt*

alert [ə'lɜ:t] **I.** *adj* ① (*mentally*) aufgeweckt ② (*watchful*) wachsam; (*attentive*) aufmerksam **II.** *n* ① (*alarm*) Alarmsignal *nt;* **red ~** höchste Alarmstufe ② *no pl* (*period of watchfulness*) Alarmbereitschaft *f* **III.** *tr verb* **to ~ sb to sth** ① (*notify*) jdn auf etw *Akk* aufmerksam machen ② (*warn*) jdn vor etw *Dat* warnen

A level ['eɪlevᵊl] *n* BRIT ≈ Abitur *nt,* ≈ Matura *f* ÖSTERR, SCHWEIZ; **to take one's ~s** das Abitur machen, die Matura machen ÖSTERR, SCHWEIZ

In England, Wales und Nordirland können Schüler etwa ab dem Alter von 16 Jahren die Abschlussprüfung **A level** (Advanced level) ablegen. Sie berechtigt zum Studium an einer Universität. Die Schüler können sie innerhalb von zwei Jahren absolvieren; im Schnitt belegen sie dabei drei Prüfungsfächer.
In den letzten Jahren ist das Schulsystem jedoch zunehmend in die Kritik geraten. Mit der Einführung der sogenannten Supernote A* wird versucht, zumindest dem inflationären Anstieg von Abschlüssen mit der Bestnote A entgegenzuwirken.

algebra ['ældʒɪbrə] *n no pl* Algebra *f*

algebraic [ˌældʒɪ'breɪɪk] *adj* algebraisch

algorithm ['ælgᵊrɪðᵊm] *n* Algorithmus *m*

alias ['eɪliəs] **I.** *n* Deckname *m* **II.** *adv* alias

alibi ['ælɪbaɪ] *n* Alibi *nt*

Alice band ['ælɪs-] *n* BRIT Haarband *nt*

alien ['eɪliən] **I.** *adj* ① (*foreign*) ausländisch ② (*strange*) fremd **II.** *n* ① (*foreigner*) Ausländer(in) *m(f)* ② (*from space*) Außerirdische(r) *f(m)*

alienate ['eɪliəneɪt] *tr verb* befremden; **to feel ~d** sich entfremdet fühlen (**from** +*Dat*)

alienation [ˌeɪliə'neɪʃᵊn] *n no pl* Entfremdung *f*

alight¹ [ə'laɪt] *adj* **to be ~** brennen; **to set ~** in Brand stecken

alight² [ə'laɪt] *intr verb* ① (*from train, bus etc.*) aussteigen (**from** aus) ② *bird, butterfly* landen ◆**alight on** *intr verb* (*fig*) **to ~ on sth** auf etw *Akk* stoßen

alignment [ə'laɪnmənt] *n* Ausrichten *nt;* **the wheels are out of ~** die Spur ist falsch eingestellt

alike [ə'laɪk] **I.** *adj* ① (*identical*) gleich ② (*similar*) ähnlich **II.** *adv* ① (*similarly*) gleich; **to look ~** sich *Dat* ähnlich sehen ② (*both*) gleichermaßen

alimentary canal [ælɪˌmentᵊrikə'-] *n* Verdauungstrakt *m*

alimony ['ælɪməni] *n no pl* Unterhalt *m*

A-lister ['eɪlɪstəʳ] *n* Promi *m fam,* Publikumsliebling *m*

alive [ə'laɪv] *adj* ① lebendig, lebend; **to be ~** leben, am Leben sein; **to keep sb ~** jdn am Leben erhalten ② (*aware*) **to be ~ to sth** sich *Dat* einer S. *Gen* bewusst sein

alkaline ['ælkᵊlaɪn] *adj* alkalisch

all [ɒ:l] **I.** *adj* ① + *pl noun* (*every one of*) alle; **~ her children** alle ihre Kinder; **of ~ the stupid things to do!** das ist ja wohl zu blöd!; **on ~ fours** auf allen Vieren; **~ the people** alle [Leute]; **why her, of ~ people?** warum ausgerechnet sie?; **~ the others** alle anderen ② + *sing noun* (*the whole* (*amount*) *of*) der/die/das ganze; **~ her life** ihr ganzes Leben; **~ the time** die ganze Zeit; **~ week** die ganze Woche; **for ~ her money** trotz ihres ganzen Geldes ③ + *sing noun* (*every type of*) jede(r, s); **people of ~ ages** Menschen jeden Alters ④ (*the greatest possible*) all; **in ~ honesty** ganz ehrlich; **with ~ due respect, ...** bei allem Respekt, ...; **in ~ probability** aller Wahrscheinlichkeit nach; **she denied ~ knowledge of him** sie stritt ab, irgendetwas über ihn zu wissen; **beyond ~ doubt** jenseits allen Zweifels **II.** *pron* ① (*every one*) alle; **we saw ~ of them** wir haben [sie] alle gesehen; **the best of ~** der Beste von allen; **~ but one of the pupils took part** bis auf einen Schüler nahmen alle teil ② (*everything*) alles; **tell me ~ about it** erzähl mir alles darüber; **first**

A

of ~ zuerst; **most of** ~ am meisten; **most of ~, I'd like to be ...** aber am liebsten wäre ich ...; ~ **in one** alles in einem; **to give one's** ~ alles geben; **and** ~ (*fam*) und all dem; **what with the fog and** ~ bei dem Nebel und so; ~ **I want is to be left alone** ich will nur in Ruhe gelassen werden; ~ **it takes is a bit of luck** man braucht nur etwas Glück; **that's** ~ **I need right now** das hat mir gerade noch gefehlt; **for** ~ **I care, ...** von mir aus ...; **for** ~ **I know, ...** soviel ich weiß ... ③ (*for emphasis*) **at** ~ überhaupt; **nothing at** ~ überhaupt nichts; **not at ~, it was a pleasure** keine Ursache, es war mir ein Vergnügen ▶ **and** ~ (*sl: as well*) auch; **get one for me and** ~ bring mir auch einen; ~ **in** ~ alles in allem; ~ **told** insgesamt; ~**'s well that ends well** (*prov*) Ende gut, alles gut **III.** *adv* ① (*entirely*) ganz; **it's** ~ **about money these days** heutzutage geht es nur ums Geld; **she's been** ~ **over the world** sie war schon überall auf der Welt; ~ **along** die ganze Zeit; **to be** ~ **over** aus und vorbei sein; **to be** ~ **for doing sth** ganz dafür sein, etw zu tun; **he's** ~ **talk** er ist nur ein Schwätzer; **to be** ~ **ears** ganz Ohr sein ② ~ **the ...** umso ...; ~ **the better!** umso besser!; **not** ~ **that ...: he's not** ~ **that important** so wichtig ist er nun auch wieder nicht; ~ **but** fast ③ (*for emphasis*) **now don't get** ~ **upset about it** nun reg dich doch nicht so [furchtbar] darüber auf; **that's** ~ **very well, but ...** das ist ja schön und gut, aber ...; ~ **too ...** nur zu ... ④ SPORTS (*to both sides*) **it's three** ~ es steht drei zu drei; **15** ~ 15 beide

all-American **I.** *adj* ① typisch amerikanisch ② (*fully American*) **cars of** ~ **manufacture** ausschließlich in den USA hergestellte Autos **II.** *n* AM amerikanischer Nationalspieler/amerikanische Nationalspielerin

all-clear *n* Entwarnung *f*

allegation [ælə'geɪʃən] *n* Behauptung *f*; **to make an** ~ **against sb** jdn beschuldigen

allege [ə'ledʒ] *tr verb* behaupten

alleged [ə'ledʒd] *adj* angeblich

allegedly [ə'ledʒɪdli] *adv* angeblich

allegiance [ə'li:dʒən(t)s] *n* Loyalität *f*; **oath of** ~ Fahneneid *m*; **to pledge** ~ **to sb** jdm Treue schwören

allegorical [ælə'gɒrɪkəl] *adj* allegorisch

allegory ['ælɪgəri] *n* Allegorie *f*

alleluia [ˌælɪ'lu:jə] **I.** *interj* halleluja **II.** *n* Halleluja *nt*

allergic [ə'lɜ:dʒɪk] *adj* allergisch (**to** gegen)

allergy ['ælədʒi] *n* Allergie *f* (**to** gegen)

alleviate [ə'li:vieɪt] *tr verb* *fears* abbauen; *pain* lindern; *stress* verringern

alley ['æli] *n* Gasse *f*

alliance [ə'laɪən(t)s] *n* Allianz *f*; **to form an** ~ ein Bündnis schließen

allied ['ælaɪd] *adj* verbündet; MIL alliiert

alligator ['ælɪgeɪtəʳ] *n* Alligator *m*

all-in *adj* alles inbegriffen

all-in wrestling *n* Freistilringen *nt*

alliteration [ˌəlɪtə'reɪʃən] *n no pl* Alliteration *f*, Stabreim *m*

all-news *adj attr* [reine(r, s)] Nachrichten-

allocate ['æləkeɪt] *tr verb* zuteilen

allocation [ˌælə'keɪʃən] *n usu sing* (*assignment*) Zuteilung *f*; (*distribution*) Verteilung *f*

allot <-tt-> [ə'lɒt] *tr verb* zuteilen; *time* vorsehen

allotment [ə'lɒtmənt] *n* (*assignment*) Zuteilung *f*; (*distribution*) Verteilung *f*

all-out *adj* umfassend; ~ **attack** Großangriff *m*

allow [ə'laʊ] **I.** *tr verb* (*permit*) erlauben; *access* gewähren; *goal* anerkennen; ~ **me** erlauben Sie ▶ **to** ~ **sb a free hand** jdm freie Hand lassen **II.** *intr verb* **if time** ~**s** wenn die Zeit es zulässt

allowance [ə'laʊən(t)s] *n* ① (*permitted amount*) Zuteilung *f*; **entertainment** ~ Aufwandsentschädigung *f* ② *no pl* (*for student*) Ausbildungsbeihilfe *f*; *esp* AM (*pocket money*) Taschengeld *nt*

all-purpose *adj* Allzweck-

all right **I.** *adj* (*OK*) in Ordnung; (*approv fam: very good*) nicht schlecht *präd* **II.** *interj* ① (*in agreement*) o.k., in Ordnung ② BRIT (*fam: greeting*) **~, John?** na wie geht's, John?

all-round *adj* Allround-

all-time *adj attr* Rekord-, unübertroffen; ~ **high/low** Höchst-/Tiefststand *m*

all-too-brief *adj* allzu [*o* viel zu] kurz

allude [ə'lu:d] *intr verb* **to** ~ **to sth** auf etw *Akk* anspielen

alluring [ə'ljʊəʳɪŋ] *adj* anziehend

all-weather *adj* Allwetter-
ally[1] ['ælaɪ] *n* Verbündete(r) *f(m);* HIST Alliierte(r) *m*
ally[2] [ə'laɪ, 'ælaɪ] *tr verb* <-ie-> **to ~ oneself with** sich verbünden mit
almighty [ɔːl'maɪti] *adj* ① REL allmächtig ② (*fam: huge*) Riesen-
almond ['ɑːmənd] *n* Mandel *f*
almost ['ɔːlməʊst] *adv* fast
aloe ['æləʊ] *n* Aloe *f*
aloe vera [ˌæləʊ'vɪərə] *n* Aloe Vera *f*
alone [ə'ləʊn] *adj, adv* allein; **to leave sb ~** jdn in Ruhe lassen
along [ə'lɒŋ] **I.** *prep* entlang; **the trees ~ the river** die Bäume entlang dem Fluss; **~ the way** unterwegs **II.** *adv* **to bring ~** mitbringen; **all ~** die ganze Zeit; **~ with** [zusammen] mit
alongside [əˌlɒŋ'saɪd] **I.** *prep* neben +*Dat* **II.** *adv* daneben
aloof [ə'luːf] *adj* zurückhaltend
aloud [ə'laʊd] *adv* laut
alphabet ['ælfəbet] *n* Alphabet *nt*
alphabetical [ælfə'betɪkᵊl] *adj* alphabetisch
alpha-hydroxy acid [ˌælfəhaɪˌdrɒksi'æsɪd] *n* CHEM AHA-Fruchtsäure *f*
alpine ['ælpaɪn] *adj* alpin
Alps [ælps] *npl* **the ~** die Alpen
al Qaeda, **al-Qaida** [æl'kʌaɪdə, ˌalkɑː'iːdə] *n no pl, no art* al Qaida *kein Art*
already [ɔːl'redi] *adv* schon, bereits
Alsatian [æl'seɪʃᵊn] **I.** *n* (*dog*) [deutscher] Schäferhund **II.** *adj* elsässisch
also ['ɔːlsəʊ] *adv* ① (*too*) auch ② (*furthermore*) außerdem
altar ['ɔːltəʳ] *n* Altar *m*
alter ['ɔːltəʳ] **I.** *tr verb* ändern **II.** *intr verb* sich ändern
alteration [ˌɔːltə'reɪʃᵊn] *n* Änderung *f*
altercation [ˌɔːltə'keɪʃᵊn] *n* heftige Auseinandersetzung
alternate[1] ['ɔːltəneɪt] *intr verb* abwechseln
alternate[2] [ɔːl'tɜːnət] *adj* ① (*by turns*) abwechselnd ② (*alternative*) alternativ
alternating ['ɔːltəneɪtɪŋ] *adj* alternierend
alternative [ɔːl'tɜːnətɪv] **I.** *n* Alternative *f* (**to** zu) **II.** *adj* alternativ; **~ date** Ausweichtermin *m*
alternatively [ɔːl'tɜːnətɪvli] *adv* statt dessen
alternator ['ɔːltəneɪtəʳ] *n* [Drehstrom]-generator *m*
although [ɔːl'ðəʊ] *conj* obwohl
altimeter ['æltɪmiːtəʳ] *n* Höhenmesser *m*
altitude ['æltɪtjuːd] *n* Höhe *f*
alto ['æltəʊ] **I.** *n* (*singer*) Altist(in) *m(f)* **II.** *adj* Alt-
altogether [ˌɔːltə'geθəʳ] *adv* ① (*completely*) völlig ② (*in total*) insgesamt
aluminium [ˌæljə'mɪniəm, -jʊ'mɪnjəm] *n no pl* Aluminium *nt*
aluminium oxide *n* Aluminiumoxid *nt*
aluminum [ə'luːmɪnəm] *n no pl* AM *see* **aluminium**
alumna <*pl* -nae> [ə'lʌmnə, *pl* -niː] *n esp* AM Absolventin *f*
alumnus <*pl* -ni> [ə'lʌmnəs, *pl* -naɪ] *n esp* AM Absolvent *m*
always ['ɔːlweɪz] *adv* ① (*at all times*) immer ② (*as last resort*) immer noch
am [æm, əm] *intr verb 1st pers sing of* **be**
a.m. [ˌeɪ'em] *abbrev of* **ante meridiem**: **at 6 ~** um sechs Uhr morgens
amaryllis [ˌæmə'rɪlɪs] *n* Amaryllis *f*
amateur ['æmətəʳ] **I.** *n* Amateur(in) *m(f);* (*pej*) Dilettant(in) *m(f)* **II.** *adj* Hobby-; SPORTS Amateur-
amateurish ['æmətᵊrɪʃ] *adj* (*pej*) dilettantisch
amaze [ə'meɪz] *tr verb* erstaunen; **to be ~d by sth** über etw *Akk* verblüfft sein
amazement [ə'meɪzmənt] *n no pl* Verwunderung *f*
amazing [ə'meɪzɪŋ] *adj* ① (*very surprising*) erstaunlich ② (*excellent*) toll
Amazon ['æməzᵊn] *n* ① (*female warrior*) Amazone *f* ② GEOG **the** [**River**] **~** der Amazonas
ambassador [æm'bæsədəʳ] *n* Botschafter(in) *m(f)* (**to** in)
ambassadress <*pl* -es> [æm'bæsədːrəs] *n* (*dated*) ① (*female ambassador*) Botschafterin *f* ② (*wife of ambassador*) Gattin *f* eines Botschafters
amber ['æmbəʳ] *n no pl* ① (*fossil*) Bernstein *m* ② (*colour*) Bernsteingelb *nt;* BRIT (*traffic light*) Gelb *nt*
ambidextrous [ˌæmbɪ'dekstrəs] *adj* beidhändig
ambiguity [ˌæmbɪ'gjuːəti] *n* Zweideutigkeit *f*
ambiguous [æm'bɪgjʊːəs] *adj* zweideu-

A

tig; *feelings* gemischt; **sexually ~** *person* geschlechtsunspezifisch
ambition [æm'bɪʃᵊn] *n* ❶ *no pl* (*wish to succeed*) Ehrgeiz *m* ❷ (*aim*) Ambition[en] *f[Pl]*
ambitious [æm'bɪʃəs] *adj* ehrgeizig; *target* hochgesteckt
ambulance ['æmbjələn(t)s] *n* Krankenwagen *m*
ambush ['æmbʊʃ] **I.** *tr verb* **to be ~ed** aus dem Hinterhalt überfallen werden **II.** *n* Überfall *m* aus dem Hinterhalt
amen [ˌɑː'men, ˌeɪ-] *interj* Amen; **~ to that!** Gott sei's gedankt!
amend [ə'mend] *tr verb* [ab]ändern
amendment [ə'men(d)mənt] *n* Änderung *f*; **the fifth ~** Am der Fünfte Zusatzartikel [zur Verfassung]
amenities [ə'miːnətiz] *n pl* Kultur- und Freizeiteinrichtungen *Pl*; **public ~** öffentliche Einrichtungen
America [ə'merɪkə] *n* Amerika *nt*
American [ə'merɪkən] **I.** *adj* amerikanisch **II.** *n* Amerikaner(in) *m(f)*
Americanism [ə'merɪkənɪzᵊm] *n* Amerikanismus *m*
amiable ['eɪmiəbl̩] *adj* freundlich
amicable ['æmikəbl̩] *adj* freundlich
amid [ə'mɪd] *prep*, **amidst** [ə'mɪdst] *prep* inmitten +*Gen*
amiss [ə'mɪs] **I.** *adj* **there's something ~** etwas stimmt nicht **II.** *adv* **to take sth ~** etw übel nehmen
ammonia [ə'məʊniə] *n* Ammoniak *nt*
ammunition [ˌæmjə'nɪʃᵊn] *n no pl* Munition *f*; **~ depot/dump** Munitionslager *nt*
amnesia [æm'niːzɪə] *n* Amnesie *f*
amnesty [æm'nəsti] *n* Amnestie *f*
amok [ə'mɒk] *adv* **to run ~** Amok laufen
among [ə'mʌŋ] *prep*, **amongst** [ə'mʌŋst] *prep* Brit ❶ (*between*) unter +*Dat*; **~ her talents are ...** zu ihren Talenten zählen ... ❷ (*in midst of*) inmitten +*Gen*
amorous ['æmᵊrəs] *adj* amourös
amount [ə'maʊnt] **I.** *n* Menge *f* **II.** *intr verb* ❶ (*add up to*) **to ~ to sth** sich auf etw *Akk* belaufen ❷ (*be successful*) **he'll never ~ to much** er wird es nie zu etwas bringen
amphibious [æm'fɪbiəs] *adj* amphibisch
ample <-r, -st> ['æmpl̩] *adj* ❶ (*plentiful*) reichlich ❷ (*large*) groß
amplifier ['æmplɪfaɪəʳ] *n* Verstärker *m*
amplify <-ie-> ['æmplɪfaɪ] *tr verb* verstärken
amputate ['æmpjəteɪt] *tr, intr verb* amputieren
amuck *adv see* **amok**
amuse [ə'mjuːz] **I.** *tr verb* amüsieren **II.** *intr verb* unterhalten
amusement [ə'mjuːzmənt] *n* Belustigung *f*
amusement park *n* Freizeitpark *m*
amusing [ə'mjuːzɪŋ] *adj* amüsant; **that's [not] very ~** das ist [nicht] sehr witzig
an [æn, ᵊn] *art indef* ein(e) (*unbestimmter Artikel vor Vokalen oder stimmlosem h*); *see also* **a**
anaemic [ə'niːmɪk] *adj* anämisch
anaesthetic [ˌænəs'θetɪk] **I.** *n* Betäubungsmittel *nt* **II.** *adj* betäubend
anaesthetize [ə'niːsθətaɪz] *tr verb* betäuben
anagram ['ænəgræm] *n* Anagramm *nt*
anal ['eɪnᵊl] *adj* ANAT anal
analog computer *n* COMPUT Analogcomputer *m*
analogy [ə'nælədʒi] *n* Analogie *f*
analyse ['ænᵊlaɪz] *tr verb* analysieren
analysis <*pl* -ses> [ə'næləsɪs, *pl* -siːz] *n* ❶ Analyse *f* ❷ PSYCH [Psycho]analyse *f* ▸ **in the final ~** letzten Endes
analyst ['ænəlɪst] *n* Analytiker(in) *m(f)*; FIN Analyst(in) *m(f)*
analyze *tr verb* Am *see* **analyse**
anarchist ['ænəkɪst] *n* Anarchist(in) *m(f)*
anarchy ['ænəki] *n* Anarchie *f*
anatomical [ˌænə'tɒmɪkᵊl] *adj* anatomisch
anatomy [ə'nætəmi] *n* Anatomie *f*
ancestor ['ænsestəʳ] *n* Vorfahr[e] *m*/Vorfahrin *f*
ancestral [æn'sestrᵊl] *adj* Ahnen-; *rights* angestammt
anchor ['æŋkəʳ] **I.** *n* Anker *m* **II.** *tr verb* verankern **III.** *intr verb* ankern
anchorage ['æŋkᵊrɪdʒ] *n* Ankerplatz *m*
anchorman *n* TV Moderator *m*
anchorwoman *n* TV Moderatorin *f*
anchovy ['æntʃəvi] *n* An[s]chovis *f*, Sardelle *f*
ancient ['eɪn(t)ʃᵊnt] *adj* alt; (*fam: very old*) uralt; **~ Rome** das antike Rom

A

and [ænd, ənd] *conj* und; **four hundred ~ twelve** vierhundert[und]zwölf; **more ~ more** immer mehr; **~ so on** und so weiter
AND gate *n* COMPUT UND-Gatter *nt*
Andorra [æn'dɔːrə] *n* Andorra *nt*
androgyne ['ændrə(ʊ)dʒaɪn] *n* androgyner Mensch
anemic *adj* AM *see* **anaemic**
anesthetic *n* AM *see* **anaesthetic**
anesthetize *tr verb* AM *see* **anaesthetize**
anew [ə'njuː] *adv* aufs Neue
angel ['eɪndʒəl] *n* Engel *m*
angelic [æn'dʒelɪk] *adj* engelhaft
anger ['æŋgəʳ] **I.** *n no pl* Ärger *m* (**at** über); (*fury*) Wut *f* (**at** auf) **II.** *tr verb* ärgern; (*more violently*) wütend machen
angle ['æŋgl̩] *n* ❶ Winkel *m;* **at an ~ of 20°** in einem Winkel von 20° ❷ (*perspective*) Blickwinkel *m*
angler ['æŋgləʳ] *n* Angler(in) *m(f)*
Anglican ['æŋglɪkən] **I.** *adj* anglikanisch **II.** *n* Anglikaner(in) *m(f)*
Anglican Church *n no pl* Anglikanische Kirche
anglicize ['æŋglɪsaɪz] *tr verb* anglisieren
Anglo ['æŋgləʊ] **I.** *n* ❶ AM Angloamerikaner(in) *m(f)* ❷ CAN Anglokanadier(in) *m(f)* **II.** *adj* englisch, Anglo-
Anglophile ['æŋglə(ʊ)faɪl] *n* Englandliebhaber(in) *m(f)*
Anglophobia ['æŋglə(ʊ)fəʊbiə] *n no pl* Anglophobie *f*
Anglo-Saxon **I.** *n* ❶ (*person*) Angelsachse *m*/Angelsächsin *f* ❷ (*language*) Angelsächsisch *nt* **II.** *adj* angelsächsisch
angry ['æŋgri] *adj* (*annoyed*) verärgert; (*stronger*) zornig
angst *intr verb* **to ~ over sth** sich über etw *Akk* allzu viele Gedanken machen
anguish ['æŋgwɪʃ] *n no pl* Qual *f;* **to cause sb ~** jdm Leid zufügen
angular ['æŋgjʊləʳ] *adj* kantig; (*bony*) knochig
animal ['ænɪməl] *n* Tier *nt*
animate¹ ['ænɪmət] *adj* belebt
animate² ['ænɪmeɪt] *tr verb* beleben
animated ['ænɪmeɪtɪd] *adj* ❶ *discussion* lebhaft ❷ FILM **~ cartoon** [Zeichen]trickfilm *m*
animation [ænɪ'meɪʃən] *n* ❶ (*energy*) Lebhaftigkeit *f* ❷ FILM Animation *f*
animosity [ˌænɪ'mɒsəti] *n* Feindseligkeit *f* (**towards** gegenüber)
aniseed [ænɪsiːd] *n* Anis[samen] *m*
ankle ['æŋkl̩] *n* [Fuß]knöchel *m*
ankle-deep *adj* knöcheltief
ankle sock *n* BRIT Söckchen *nt*
anklet ['æŋklət] *n* ❶ (*chain*) Fußkettchen *nt* ❷ AM (*sock*) Söckchen *nt*
annex¹ [æ'neks] *tr verb* annektieren
annex² ['æneks] *n* <*pl* -es> Anbau *m*
annexation [ˌænek'seɪʃən] *n* Annektierung *f*
annihilate [ə'naɪɪleɪt] *tr verb* vernichten
annihilation [əˌnaɪɪ'leɪʃən] *n* Vernichtung *f*
anniversary [ænɪ'vɜːsəri] *n* Jahrestag *m;* **~ party** Jubiläumsparty *f*
annotation [ˌænə(ʊ)'teɪʃən] *n* ❶ (*act*) Kommentierung *f* ❷ (*note*) Kommentar *m*
announce [ə'naʊn(t)s] *tr verb* bekannt geben; *result* verkünden
announcement [ə'naʊn(t)smənt] *n* Bekanntmachung *f;* (*on train, at airport*) Durchsage *f;* (*on radio*) Ansage *f;* **to make an ~ about sth** etw mitteilen
announcer [ə'naʊn(t)səʳ] *n* [Radio-/Fernseh]sprecher(in) *m(f)*
annoy [ə'nɔɪ] *tr verb* ärgern
annoyance [ə'nɔɪən(t)s] *n* ❶ Ärger *m;* (*weaker*) Verärgerung *f* ❷ (*pest*) Ärgernis *nt*
annoying [ə'nɔɪɪŋ] *adj* ärgerlich
annual ['ænjuəl] *adj* jährlich; **~ income** Jahreseinkommen *nt*
annually ['ænjuəli] *adv* [all]jährlich
annuity [ə'njuːəti] *n* Jahresrente *f*
annul <-ll-> [ə'nʌl] *tr verb* annullieren
anoint [ə'nɔɪnt] *tr verb* einölen
anointing *n* Salbung *f*
anomaly [ə'nɒməli] *n* Anomalie *f*
anonymity [ˌænə'nɪməti] *n* Anonymität *f*
anonymous [ə'nɒnɪməs] *adj* anonym
anorak ['ænəræk] *n* Anorak *m*
anorexia [ˌænə'reksɪə] *n,* **anorexia nervosa** [-nɜː'vəʊzə] *n no pl* Magersucht *f*
another [ə'nʌðəʳ] **I.** *adj* ❶ (*one more*) noch eine(r, s) ❷ (*similar to*) ein zweiter/ein zweites/eine zweite; **the Gulf War could have been ~ Vietnam** der Golfkrieg hätte ein zweites Vietnam sein können ❸ (*not the same*) ein anderer/

A

ein anderes/eine andere; **that's ~ story** das ist eine andere Geschichte **II.** *pron no pl* ① (*different one*) ein anderer/eine andere/ein anderes; **one way or ~** irgendwie ② (*additional one*) noch eine(r, s); **one piece after ~** ein Stück nach dem anderen ③ (*each other*) **one ~** einander

answer ['ɑːn(t)səʳ] **I.** *n* ① Antwort *f* (**to** auf); **there was no ~** (*telephone*) es ist keiner rangegangen ② MATH Ergebnis *nt;* **~ to a problem** Lösung *f* eines Problems **II.** *tr verb* beantworten; *door* öffnen; **to ~ the telephone** ans Telefon gehen; **to ~ sb** jdm antworten **III.** *intr verb* antworten; **nobody ~ed** (*telephone*) es ist keiner rangegangen ◆**answer back** *intr verb* widersprechen; **don't ~ back!** keine Widerrede! ◆**answer for** *intr verb* Verantwortung tragen für +*Akk*

answerable ['ɑːn(t)sᵊrəbl̩] *adj* ① (*responsible*) verantwortlich ② (*accountable*) haftbar

answerphone ['ɑːn(t)səfəʊn] *n* BRIT Anrufbeantworter *m*

ant [ænt] *n* Ameise *f*

antagonistic [æn,tægə'nɪstɪk] *adj* **to be ~ toward[s] sb** jdm gegenüber feindselig eingestellt sein

antagonize [æn'tægənaɪz] *tr verb* sich *Dat* zum Feind machen

Antarctic [æn'tɑːktɪk] **I.** *n* **the ~** die Antarktis **II.** *adj* antarktisch; *expedition, explorer* Antarktis-; **~ Ocean** südliches Eismeer

Antarctica [æn'tɑːktɪkə] *n* die Antarktis

anteater ['ænt,iːtəʳ] *n* Ameisenbär *m*

antelope <*pl* -s *or* -> ['æntɪləʊp] *n* Antilope *f*

antenatal [,æntɪ'neɪtᵊl] *adj* pränatal; **~ class** Geburtsvorbereitungskurs *m;* **~ clinic** Klinik *f* für Schwangere

antenna [æn'tenə] *n* ① <*pl* -nae> *of an insect* Fühler *m* ② <*pl* -s> (*aerial*) Antenne *f*

anteroom ['æntɪruːm] *n* Vorzimmer *nt*

anthem ['æn(t)θəm] *n* Hymne *f*

anthill ['ænthɪl] *n* Ameisenhaufen *m*

anthrax ['æn(t)θræks] *n no pl* MED Milzbrand *m,* Anthrax *m fachspr;* **~ attack** Milzbrandattentat *nt*

anthropology [,æn(t)θrə'pɒlədʒi] *n* Anthropologie *f*

anti ['ænti] **I.** *n* Gegner(in) *m(f)* **II.** *adj* **to be ~** dagegen sein **III.** *prep* gegen +*Akk*

anti-aircraft *adj* Flugabwehr- *f;* **~ gun** Flak *f* **anti-Americanism** *n no pl* Anti-Amerikanismus *m* **antibiotic** [-baɪ'ɔtɪk] **I.** *n* Antibiotikum *nt* **II.** *adj* antibiotisch **antibody** *n* Antikörper *m* **anti-caking agent** *n* Antiklumpmittel *nt* **anti-carcinogenic** [,æntɪ-,kɑːsɪnə(ʊ)'dʒenɪk] *adj* krebshemmend

anticipate [æn'tɪsɪpeɪt] *tr verb* ① (*expect*) erwarten; (*foresee*) vorhersehen ② (*act in advance*) vorgreifen

anticipation [æn,tɪsɪ'peɪʃᵊn] *n* Erwartung *f*

anticlimax *n* Enttäuschung *f* **anti-climb paint** *n* Anti-Kletter-Farbe *f* **anticlockwise** *adv* BRIT, AUS gegen den Uhrzeigersinn **anticyclone** *n* Hochdruckgebiet *nt* **antidazzle** *adj* blendfrei

antidote ['æntɪdəʊt] *n* Gegenmittel *nt*

antifreeze *n* Frostschutzmittel *nt*

antihistamine *n* Antihistamin *nt*

antimatter *n* Antimaterie *f*

antiperspirant [,æntɪ'pɜːspərənt] *n* Antitranspirant *nt*

antiquarian bookshop *n* Antiquariat *nt*

antiquated ['æntɪkweɪtɪd] *adj* antiquiert

antique [æn'tiːk] **I.** *n* Antiquität *f;* **~ dealer** Antiquitätenhändler(in) *m(f)* **II.** *adj* antik

antiquity [æn'tɪkwəti] *n* ① *no pl* (*ancient times*) Altertum *nt* ② **antiquities** *pl* Altertümer *Pl*

anti-rust *adj* Rostschutz- **anti-Semite** *n* Antisemit(in) *m(f)* **anti-Semitic** *adj* antisemitisch **anti-Semitism** *n* Antisemitismus *m* **antiseptic** *n* Antiseptikum *nt* **antisocial** *adj* unsozial **anti-spam** [,æntɪ'spæm] *adj attr* COMPUT, INET Anti-Spam- **anti-static** *adj* antistatisch **anti-tank** *adj attr* Panzerabwehr- **anti-virus** *adj* COMPUT **~ programme** Virenschutzprogramm *nt* **anti-war** *adj march, speech* Anti-Kriegs- **anti-wrinkle** *adj* Antifalten-; **~ cream** Faltencreme *f*

antler ['æntləʳ] *n* Geweihstange *f;* **pair of ~s** Geweih *nt*

anus ['eɪnəs] *n* Anus *m*

anvil ['ænvɪl] *n* Amboss *m*

anxiety [æŋ'zaɪəti] *n no pl* Sorge *f,* Angst *f*

anxious ['æŋ(k)ʃəs] *adj* ① (*concerned*) besorgt ② (*eager*) bestrebt; **to be ~ for sth** ungeduldig auf etw *Akk* warten

any [eni, əni] **I.** *adj* ① (*in questions, conditional*) [irgend]ein(e); **do you have ~ brothers and sisters?** haben Sie Geschwister?; **if it's of ~ help** [**at all**] wenn das irgendwie hilft ② (*with negative*) **I haven't** [**got**] **~ money** ich habe kein Geld ③ (*every*) jede(r, s); **~ time** jederzeit ④ (*with pl n*) irgendwelche; **~ number** beliebig viele; **~ old** jede(r, s) x-beliebige **II.** *pron* ① (*one of many*) eine(r, s); **do you have ~** [**at all**]? haben Sie [überhaupt] welche? ② (*some of a quantity*) welche(r, s); **hardly ~** kaum etwas ③ (*with negative*) **I haven't seen ~ of his films** ich habe keinen seiner Filme gesehen; **don't you have ~ at all** haben Sie denn überhaupt keine? ④ (*each*) jede(r, s); **~ of the cars** jedes der Autos ⑤ (*replacing pl n*) irgendwelche; **~ will do** egal welche **III.** *adv* ① (*at all*) überhaupt; **if I have to stay here ~ longer, ...** wenn ich noch länger hierbleiben muss, ...; **are you feeling ~ better?** fühlst du dich [denn] etwas besser? ② (*expressing termination*) **not ~ longer/more** nicht mehr

anybody ['eni,bɒdi] *pron* ① (*each person*) jede(r, s) ② (*someone*) jemand; **~ else for coffee?** möchte noch jemand Kaffee? ③ (*no one*) **not ~** niemand ④ (*unimportant person*) **he's not just ~** er ist nicht irgendwer **anyhow** ['enihaʊ] *adv* ① (*in any case*) sowieso ② (*in a disorderly way*) irgendwie **anyone** ['eniwʌn] *pron see* **anybody** **anything** ['eniθɪŋ] *pron* ① (*each thing*) alles ② (*something*) **is there ~ I can do to help?** kann ich irgendwie helfen?; **does it look ~ like an eagle?** sieht das einem Adler irgendwie ähnlich? ③ (*in shop*) **~ else?** darf es noch was sein? ④ (*nothing*) **not ~** nichts ▶ **not for ~** [**in the world**] um nichts in der Welt

anyway ['eniweɪ], AM *a.* **anyways** ['eniweɪz] *adv* (*fam*) ① (*in any case*) sowieso; **what's he doing there ~?** was macht er dort überhaupt? ② (*well*) jedenfalls; **~!** na ja!

anywhere ['eni(h)weəʳ] *adv* ① (*in any place*) überall; **~ else** irgendwo anders ② (*some place*) irgendwo; **I'm not getting ~** ich komme einfach nicht weiter

apart [ə'pɑːt] *adv* ① (*not together*) auseinander; **to live ~** getrennt leben ② *after noun* (*to one side*) **joking ~** Spaß beiseite ③ (*except for*) **~ from** abgesehen von

apartheid [ə'pɑːteɪt] *n no pl* Apartheid *f*

apartment [ə'pɑːtmənt] *n* Wohnung *f*

apathetic [,æpə'θetɪk] *adj* apathisch

apathy ['æpəθi] *n no pl* Apathie *f*

ape [eɪp] **I.** *n* [Menschen]affe *m* ▶ **to go ~** (*sl*) ausflippen **II.** *tr verb* nachahmen

aperture ['æpətʃəʳ] *n* [kleine] Öffnung; PHOT Blende *f*

apiculture ['eɪpɪkʌltʃəʳ] *n* Bienenzucht *f*

apiece [ə'piːs] *adv* das Stück

apologetic [ə,pɒlə'dʒetɪk] *adj* entschuldigend; **to be ~ about** sich entschuldigen für +*Akk*

apologetically [ə,pɒlə'dʒetɪkli] *adv* entschuldigend; **to smile ~** zaghaft lächeln

apologize [ə'pɒlədʒaɪz] *intr verb* sich entschuldigen (**to** bei)

apology [ə'pɒlədʒi] *n* Entschuldigung *f;* **to make an ~** um Entschuldigung bitten; **you owe him an ~** du musst dich bei ihm entschuldigen; **please accept our apologies** wir bitten vielmals um Entschuldigung

Apostle [ə'pɒsl̩] *n* Apostel *m*

apostrophe [ə'pɒstrəfi] *n* Apostroph *m*

app [æp] *n* INET App *f*

appal <-ll-> [ə'pɔːl], AM *usu* **appall** *tr verb* entsetzen; **to be ~led by sth** über etw *Akk* entsetzt sein

appalling [ə'pɔːlɪŋ] *adj* entsetzlich

appallingly [ə'pɔːlɪŋli] *adv* (*shockingly*) schockierend; (*terribly*) schrecklich

apparatus [,æpᵊr'eɪtəs] *n* ① *no pl* (*equipment*) [**piece of**] **~** Gerät *nt* ② (*system*) Apparat *m*

apparent [ə'pærᵊnt] *adj* offensichtlich; **for no ~ reason** aus keinem ersichtlichen Grund

apparently [ə'pærᵊntli] *adv* (*evidently*) offensichtlich; (*it seems*) anscheinend

appeal [ə'piːl] **I.** *intr verb* ① (*attract*) **to ~ to sb/sth** jdn/etw reizen; (*aim to please*) jdn/etw ansprechen ② (*protest formally*) Einspruch einlegen (**against**

gegen) **II.** *n* ① (*attraction*) Reiz *m* ② (*formal protest*) Einspruch *m;* **court of ~** Berufungsgericht *nt* ③ (*request*) Appell *m;* ~ **for donations** Spendenaufruf *m*

appealing [əˈpiːlɪŋ] *adj* attraktiv

appealingly [əˈpiːlɪŋli] *adv* ① (*attractively*) reizvoll ② (*beseechingly*) flehend

appear [əˈpɪəʳ] *intr verb* ① (*become visible*) erscheinen ② (*seem*) scheinen; **to ~ [to be] calm** ruhig erscheinen; **so it ~s** sieht ganz so aus

appearance [əˈpɪərᵊn(t)s] *n* ① (*instance of appearing*) Erscheinen *nt;* (*on TV, theatre*) Auftritt *m;* **to make an ~** auftreten ② *no pl* (*looks*) Aussehen *nt* ③ (*outward aspect*) **~s** äußerer [An]schein ▸**to all ~s** AM allem Anschein nach

append [əˈpend] *tr verb* hinzufügen

appendage [əˈpendɪdʒ] *n* Anhang *m*

appendicitis [əˌpendɪˈsaɪtɪs] *n* Blinddarmentzündung *f*

appendix [əˈpendɪks, *pl* -dɪsiːz] *n* ① <*pl* -es> (*body part*) Blinddarm *m* ② <*pl* -dices *or* -es> (*in book*) Anhang *m*

appetite [ˈæpɪtaɪt] *n* Appetit *m*

appetizer [ˈæpɪtaɪzəʳ] *n* ① (*before meal*) Appetithappen *m* ② *esp* AM (*first course*) Vorspeise *f*

appetizing [ˈæpɪtaɪzɪŋ] *adj* appetitlich

applaud [əˈplɔːd] **I.** *intr verb* Beifall klatschen **II.** *tr verb* **to ~ sb** jdm applaudieren

applause [əˈplɔːz] *n no pl* [**a round of**] ~ Applaus *m;* **loud ~** tosender Beifall

apple [ˈæpl̩] *n* Apfel *m*

apple cart *n* ▸**to upset the ~** alles über den Haufen werfen **apple juice** *n* Apfelsaft *m* **apple orchard** *n* [Obst]garten *m* mit Apfelbäumen **apple pie** *n* gedeckter Apfelkuchen **apple tart** *n* [ungedeckter] Apfelkuchen **apple tree** *n* Apfelbaum *m*

appliance [əˈplaɪən(t)s] *n* Gerät *nt*

applicable [əˈplɪkəbl̩] *adj* ① anwendbar (**to** auf +*Akk*) ② (*on application form*) **not ~** nicht zutreffend

applicant [ˈæplɪkənt] *n* Bewerber(in) *m(f)* (**for** für)

application [ˌæplɪˈkeɪʃᵊn] *n* ① *for a job* Bewerbung *f* (**for** um); *for a permit* Antrag *m* (**for** auf) ② *no pl* (*process of requesting*) Anfordern *nt;* **on ~ to** auf Anfrage bei +*Dat*

applied [əˈplaɪd] *adj* angewandt

apply <-ie-> [əˈplaɪ] **I.** *intr verb* ① (*formally request*) **to ~** [**to sb**] [**for sth**] (*for a job*) sich [bei jdm] [um etw] bewerben ② (*pertain*) gelten; **to ~ to** betreffen **II.** *tr verb* ① (*put on*) anwenden (**to** auf) ② (*use*) **to ~ the brakes** bremsen; **to ~ common sense** sich des gesunden Menschenverstands bedienen

appoint [əˈpɔɪnt] *tr verb* **to ~ sb** [**to do sth**] jdn [dazu] berufen[, etw zu tun]; **to ~ sb** [**as**] **sth** jdn zu etw ernennen; **to ~ sb as heir** jdn als Erben einsetzen

appointed [əˈpɔɪntɪd] *adj* ernannt

appointment [əˈpɔɪntmənt] *n* ① *no pl* (*being selected*) Ernennung *f* (**as** zu) ② (*official meeting*) Verabredung *f;* **dental ~** Zahnarzttermin *m;* **by ~ only** nur nach Absprache

appointment book *n* Terminbuch *nt*

appraisal [əˈpreɪzᵊl] *n* Bewertung *f*

appreciable [əˈpriːʃəbl̩] *adj* beträchtlich

appreciate [əˈpriːʃieɪt] **I.** *tr verb* ① (*value*) schätzen; **I'd ~ it if ...** könnten Sie ... ② (*understand*) Verständnis haben für; **to ~ that ...** verstehen, dass ... **II.** *intr verb* **to ~ in value** im Wert steigen

appreciation [əˌpriːʃiˈeɪʃᵊn] *n no pl* Anerkennung *f;* **a token of ~** ein Zeichen *nt* der Dankbarkeit

appreciative [əˈpriːʃiətɪv] *adj* ① (*grateful*) dankbar (**of** für) ② (*showing appreciation*) anerkennend

apprehend [ˌæprɪˈhend] *tr verb* festnehmen

apprehension [ˌæprɪˈhen(t)ʃᵊn] *n no pl* ① (*arrest*) Festnahme *f* ② (*anxiety*) Besorgnis *f;* **in a state of ~** voller Befürchtungen

apprehensive [ˌæprɪˈhen(t)sɪv] *adj* besorgt

apprentice [əˈprentɪs] **I.** *n* Auszubildende(r) *f(m);* ~ **carpenter** Tischlerlehrling *m* **II.** *tr verb* **to be ~d to sb** bei jdm in die Lehre gehen

approach [əˈprəʊtʃ] **I.** *tr verb* ① (*come closer*) **to ~ sb/sth** sich jdm/etw nähern; **it's ~ing lunchtime** es geht auf Mittag zu ② (*ask*) **to ~ sb** jdn ansprechen (**about** wegen) **II.** *intr verb* sich nähern **III.** *n* ① (*coming*) Nähern *nt;* **at**

the ~ of winter ... wenn der Winter naht, ... ② (*preparation to land*) [Lande]anflug *m* ③ (*appeal*) Herantreten *nt;* **to make an ~ to sb** an jdn herantreten ④ (*proposal*) Vorstoß *m;* **to make an ~ to sb** sich an jdn wenden
approachable [ə'prəʊtʃəbl̩] *adj person* umgänglich; *place* zugänglich
appropriate [ə'prəʊpriət] *adj* ① (*suitable*) angemessen, passend ② (*relevant*) entsprechend
approval [ə'pruːvᵊl] *n* ① (*praise*) Anerkennung *f* ② (*consent*) Zustimmung *f*
approve [ə'pruːv] **I.** *intr verb* ① (*agree with*) **to ~ of sth** einer S. *Dat* zustimmen ② (*like*) **to ~/not ~ of sb** etwas/nichts von jdm halten **II.** *tr verb* (*permit*) genehmigen; (*consent*) billigen
approvingly [ə'pruːvɪŋli] *adv* anerkennend
approximate *adj* [ə'prɒksɪmət] ungefähr; **the ~ cost will be about $600** die Kosten belaufen sich auf ca. 600 Dollar; **~ number** [An]näherungswert *m*
approximately [ə'prɒksɪmətli] *adv* ungefähr
apricot ['eɪprɪkɒt] *n* Aprikose *f,* Marille *f* ÖSTERR
April ['eɪprᵊl] *n* April *m; see also* **February**
apron ['eɪprən] *n* Schürze *f*
apron strings *npl* Schürzenbänder *Pl* ▶ **to be tied to sb's ~** (*pej*) an jds Rockzipfel hängen
apt [æpt] *adj* ① (*appropriate*) passend; *remark* treffend ② (*likely*) **to be ~ to do sth** dazu neigen, etw zu tun
APT [ˌeɪpiː'tiː] *n abbrev of* **advanced passenger train** Hochgeschwindigkeitszug *m*
aptitude ['æptɪtjuːd] *n* Begabung *f*
aqua jogging ['ækwədʒɒgɪŋ] *n no pl* Aquajogging *nt*
aquaplaning *n* ① SPORTS Skurfen *nt* ② AUTO Aquaplaning *nt*
aquarium <*pl* -s *or* -ria> [ə'kweəriəm, *pl* -riə] *n* Aquarium *nt*
Aquarius [ə'kweəriəs] *n* Wassermann *m*
aquarobics [ˌækwə'rəʊbɪks] *npl* Aquarobic *nt*
aquatic [ə'kwætɪk] *adj* Wasser-
aqueduct ['ækwɪdʌkt] *n* Aquädukt *m o nt*
Arab ['ærəb] **I.** *n* Araber(in) *m(f)* **II.** *adj* arabisch; **~ spring** POL arabischer Frühling
Arabian [ə'reibiən] *adj* arabisch
Arabic ['ærəbɪk] **I.** *n* Arabisch *nt* **II.** *adj* arabisch
arable ['ærəbl̩] *adj* anbaufähig; **~ land** Ackerland
arbitrary ['ɑːbɪtrᵊri] *adj* willkürlich
arbitrate ['ɑːbɪtreɪt] *tr verb* schlichten
arbitration [ˌɑːbɪ'treɪʃᵊn] *n no pl* Schlichtung *f*
arbitrator ['ɑːbɪtreɪtəʳ] *n* Schlichter(in) *m(f)*
arc [ɑːk] *n* Bogen *m*
arcade [ɑː'keɪd] *n* Arkade *f;* **[shopping] ~** [Einkaufs]Passage *f*
arch¹ [ɑːtʃ] **I.** *n* Bogen *m;* **~ of the foot** Fußgewölbe *nt* **II.** *intr verb* sich wölben
arch² [ɑːtʃ] *adj* verschmitzt
archaeologist [ˌɑːki'ɒlədʒɪst] *n* Archäologe *m*/Archäologin *f*
archaeology [ˌɑːki'ɒlədʒi] *n* Archäologie *f*
archangel ['ɑːkeɪndʒᵊl] *n* Erzengel *m*
archbishop *n* Erzbischof *m*
archduchess *n* Erzherzogin *f*
archeologist *n* AM *see* **archaeologist**
archeology *n* AM *see* **archaeology**
archer ['ɑːtʃəʳ] *n* Bogenschütze *m*/-schützin *f*
archery ['ɑːtʃtᵊri] *n* Bogenschießen *nt*
architect ['ɑːkɪtekt] *n* Architekt(in) *m(f)*
architecture ['ɑːkɪtektʃəʳ] *n* Architektur *f*
archive ['ɑːkaɪv] *n* Archiv *nt*
archway *n* Torbogen *m*
Arctic ['ɑːktɪk] *n* **the ~** die Arktis
ardent ['ɑːdᵊnt] *adj* leidenschaftlich
arduous ['ɑːdjuːəs] *adj* anstrengend
are [ɑːʳ] *intr verb, vt see* **be**
area ['eəriə] *n* ① (*region*) Gebiet *nt;* **~ of the brain** Hirnregion *f* ② (*surface measure*) Fläche *f;* **~ of a circle** Kreisfläche *f* ③ (*approximately*) **in the ~ of ...** ungefähr ...
arena [ə'riːnə] *n* Arena *f*
aren't [ɑːnt] = **are not** *see* **be**
arguably ['ɑːgjuəbli] *adv* wohl
argue ['ɑːgjuː] *intr verb* ① (*disagree*) [sich] streiten ② (*reason*) argumentieren; **to ~ against/for sth** sich gegen/für etw aussprechen
argument ['ɑːgjəmənt] *n* ① Auseinandersetzung *f* ② (*case*) Argument *nt*

A

argumentative [ˌɑːgjəˈmentətɪv] *adj* streitsüchtig
arid [ˈærɪd] *adj* dürr; ~ **climate** Trockenklima *nt*
Aries [ˈeəriːz] *n* ASTRO Widder *m*
arise <arose, arisen> [əˈraɪz] *intr verb* sich ergeben; **should the need ~, ...** sollte es notwendig werden, ...
arisen [əˈrɪzᵊn] *pp of* **arise**
aristocracy [ˌærɪˈstɒkrəsi] *n + sing/pl verb* Aristokratie *f*
aristocrat [ˈærɪstəkræt] *n* Aristokrat(in) *m(f)*
arithmetic¹ [əˈrɪθmətɪk] *n* Arithmetik *f*
arithmetic² [ˌærɪθˈmetɪk] *adj* arithmetisch
arithmetical [ˌærɪθˈmetɪkᵊl] *adj* Rechen-
ark [ɑːk] *n* (*boat*) Arche *f*; **Noah's ~** die Arche Noah
arm¹ [ɑːm] *n* ANAT, GEOG Arm *m*; **on one's ~** am Arm ▸ **to cost an ~ and a leg** Unsummen kosten
arm² [ɑːm] **I.** *tr verb* ❶ (*supply with weapons*) bewaffnen ❷ (*fig*) **to ~ oneself** sich wappnen ❸ (*prime*) *bomb* scharf machen **II.** *n* **~s** Waffen *Pl*; **under ~s** kampfbereit
armada [ɑːˈmɑːdə] *n* Kriegsflotte *f*
armament [ˈɑːməmənt] *n* ❶ *usu pl* (*weapons*) Waffen *Pl* ❷ *no pl* (*process of arming*) Bewaffnung *f*
arm candy *n* (*fam*) *gutaussehende(r) Begleiter(in) zum Vorzeigen bei gesellschaftlichen Anlässen*
armchair *n* Sessel *m*
armed [ɑːmd] *adj* bewaffnet
armful *n* Armvoll *m*
armhole *n* Armloch *nt*
arming *n* Bewaffnung *f*
armor *n no pl* AM *see* **armour**
armored *adj* AM, AUS *see* **armoured**
armour [ˈɑːməʳ] *n no pl* ❶ HIST Rüstung *f*; **suit of ~** Panzerkleid *nt* ❷ (*tanks*) Panzerfahrzeuge *Pl*; **~ plate** Panzerplatte *f*
armoured [ˈɑːməd] *adj* gepanzert; **~ car** Panzer[späh]wagen *m*
armpit *n* Achselhöhle *f*
armrest *n* Armlehne *f*
arms race *n* Wettrüsten *nt*
arms reduction *n* Rüstungsabbau *m*
army [ˈɑːmi] *n* Armee *f*; **the ~** das Heer; **in the ~** beim Militär
A-road [ˈeɪrəʊd] *n* Straße *f* erster Ordnung, Bundesstraße *f*
aroma [əˈrəʊmə] *n* Duft *m*
aromatherapy [əˌrəʊməˈθerəpi] *n* Aromatherapie *f*
aromatic [ˌærə(ʊ)ˈmætɪk] *adj* aromatisch
arose [əˈrəʊz] *pt of* **arise**
around [əˈraʊnd] **I.** *adv* ❶ (*round*) herum; **to get ~ to doing sth** endlich dazu kommen, etw zu tun; **to show sb ~** jdn herumführen ❷ (*round about*) rundum; **to [have a] look ~** sich umsehen ❸ (*in different directions*) umher; **to wave one's arms ~** mit den Armen [herum]fuchteln; **to get ~** herumkommen ❹ (*nearby*) in der Nähe; **will you be ~ next week?** bist du nächste Woche da? ▸ **see you ~** bis demnächst mal **II.** *prep* ❶ um +*Akk*; **all ~ the house** um das ganze Haus herum; **from all ~ the world** aus aller Welt; **to stand ~** herumstehen ❷ (*approximately*) ungefähr; **~ 12:15** um ungefähr 12.15 Uhr
arouse [əˈraʊz] *tr verb* ❶ (*stir*) erwecken ❷ (*sexually excite*) erregen
arrange [əˈreɪndʒ] **I.** *tr verb* ❶ (*organize*) arrangieren; *date* vereinbaren ❷ (*put in order*) ordnen **II.** *intr verb* festlegen; **to ~ to do sth** etw vereinbaren; **to ~ for sb to do/have sth** etw für jdn organisieren
arrangement [əˈreɪndʒmənt] *n* ❶ (*preparations*) **~s** Vorbereitungen *Pl* ❷ (*agreement*) Abmachung *f*; **to come to an ~** zu einer Übereinkunft kommen ❸ (*ordering, a. music*) Arrangement *nt*; **an ~ of dried flowers** ein Gesteck *nt* von Trockenblumen
arrears [əˈrɪəz] *npl* Rückstände *Pl*; **in ~** in Verzug
arrest [əˈrest] **I.** *tr verb* verhaften **II.** *n* Verhaftung *f*
arrival [əˈraɪvᵊl] *n* ❶ (*at a destination*) Ankunft *f* ❷ (*person*) Ankommende(r) *f(m)*; **new ~** Baby *nt*
arrive [əˈraɪv] *intr verb bus etc.* ankommen; *baby, mail, season* kommen; **to ~ at a town** in einer Stadt eintreffen
arrogance [ˈærəgən(t)s] *n* Arroganz *f*
arrogant [ˈærəgənt] *adj* arrogant
arrow [ˈærəʊ] *n* Pfeil *m*
arrowhead *n* Pfeilspitze *f*
arse [ɑːs] BRIT, AUS **I.** *n* (*vulg*) Arsch *m*

▸ **move your ~!** beweg dich! **II.** *intr verb* (*vulg*) **to ~ about** herumblödeln
arson ['ɑːsᵊn] *n* Brandstiftung *f*
art [ɑːt] *n* Kunst *f;* **~s and crafts** Kunsthandwerk *nt;* **the ~s** die Kunst
artery ['ɑːtᵊri] *n* ❶ ANAT Arterie *f* ❷ TRANSP Hauptverkehrsader *f*
art gallery *n* Kunsthalle *f*
arthritic [ɑː'θrɪtɪk] *adj* arthritisch
arthritis [ɑː'θraɪtɪs] *n* Gelenkentzündung *f*
artichoke ['ɑːtɪtʃəʊk] *n* Artischocke *f*
article ['ɑːtɪkḷ] *n* ❶ Artikel *m;* **~ of value** Wertgegenstand *m* ❷ LAW Paragraph *m*
articulate[1] [ɑː'tɪkjələt] *adj* ❶ *person* redegewandt ❷ *speech* verständlich
articulate[2] [ɑː'tɪkjʊleɪt] *tr verb* ❶ (*express*) aussprechen ❷ (*pronounce*) artikulieren
artificial [ˌɑːtɪ'fɪʃᵊl] *adj* künstlich; **~ colour[ing]** Farbstoff *m;* **~ flavouring** Geschmacksverstärker *m*
artificial insemination *n* künstliche Befruchtung **artificial intelligence** *n* künstliche Intelligenz
artillery [ɑː'tɪlᵊri] *n* Artillerie *f*
artist ['ɑːtɪst] *n* Künstler(in) *m(f)*
artiste [ɑː'tiːst] *n* THEAT, TV Artist(in) *m(f)*
artistic [ɑː'tɪstɪk] *adj* künstlerisch
artistry ['ɑːtɪstri] *n* Kunstfertigkeit *f*
artwork *n no pl* Illustrationen *Pl*
arty ['ɑːti], AM **artsy** ['ɑːrtsi] *adj* gewollt bohemienhaft
Aryan ['eəriən] **I.** *n* Arier(in) *m(f)* **II.** *adj* arisch
as [æz, əz] **I.** *conj* ❶ (*while*) während ❷ (*in the way that, like*) wie; **do ~ I say!** mach, was ich sage!; **~ it happens** rein zufällig; **~ if** als ob; **~ if!** wohl kaum! ❸ (*because*) weil ▸ **~ for ...** was ... betrifft; **~ to ...** was ... angeht **II.** *prep* als; **~ a child** als Kind; **speaking ~ a mother, ...** als Mutter ...; **the news came ~ no surprise** die Nachricht war keine Überraschung; **dressed ~ a banana** als Banane verkleidet **III.** *adv* ❶ (*in comparisons*) wie; **[just] ~ ... ~ ...** [genau]so ... wie ...; **if you play ~ well ~ that, ...** wenn du so gut spielst, ... ❷ (*indicating an extreme*) **~ tall ~ 8 ft** bis zu 8 Fuß hoch; **~ little ~** nur
asap [ˌeɪeseɪ'pi, 'eisæp] *adv abbrev of* **as soon as possible** baldmöglichst
asbestos [æs'bestɒs] *n* Asbest *m*
ascend [ə'send] **I.** *tr verb* hinaufsteigen **II.** *intr verb* aufsteigen; **Christ ~ed into heaven** Christus ist in den Himmel aufgefahren
ascent [ə'sent] *n* ❶ (*upward movement*) Aufstieg *m* ❷ (*slope*) Anstieg *m*
ascertain [ˌæsə'teɪn] *tr verb* feststellen
ascorbic acid [əˌskɔːbɪk'-] *n no pl* Askorbinsäure *f*
aseptic [ˌeɪ'septɪk] *adj* aseptisch *fachspr,* steril
ash[1] [æʃ] *n* Asche *f;* **the ~es** die Asche *kein Pl;* **to reduce to ~es** völlig niederbrennen
ash[2] [æʃ] *n* (*tree*) Esche *f*
ashamed [ə'ʃeɪmd] *adj* **to be ~ [of sb/sth]** sich [für jdn/etw] schämen; **to be ~ of oneself** sich schämen
ashen ['æʃᵊn] *adj* aschgrau; *face* kreidebleich
ashore [ə'ʃɔːʳ] *adv* an Land
ash pan *n* Aschenkasten *m*
ashtray *n* Aschenbecher *m*
Asia ['eɪʃə] *n* Asien *nt*
Asian ['eɪʃᵊn] **I.** *n* Asiate *m*/Asiatin *f* **II.** *adj* asiatisch
aside [ə'saɪd] **I.** *adv* zur Seite; **to take sb ~** jdn beiseitenehmen; **to leave sth ~** etw [weg]lassen; **to put ~ some money** etwas Geld beiseitelegen **II.** *n* Nebenbemerkung *f*
ask [ɑːsk] **I.** *tr verb* ❶ fragen; **to ~ a question** eine Frage stellen ❷ (*request*) *favour* bitten [um]; **she ~ed me for help** sie bat mich, ihr zu helfen ❸ (*demand a price*) verlangen; **how much are they ~ing for the car?** was wollen sie für das Auto haben? ❹ (*expect*) **that's ~ing a lot!** Sie verlangen eine ganze Menge! **II.** *intr verb* ❶ (*request information*) fragen; **you may well ~** gute Frage; **to ~ about sb** nach jdm fragen ❷ (*request*) bitten ❸ (*wish*) **to ~ for sth** sich *Dat* etw wünschen ❹ (*fig: take a risk*) **to be ~ing for sth** etw geradezu herausfordern ◆ **ask after** *intr verb* **to ~ after sb** sich nach jdm erkundigen ◆ **ask around** *intr verb* herumfragen *fam* ◆ **ask out** *tr verb* **to ~ sb out for dinner** jdn ins Restaurant einladen; **I'd like to ~ her out** ich würde gern mit ihr ausgehen ◆ **ask over** *tr verb*

(*fam*) **to ~ sb over** [*or* **round**] jdn [zu sich] einladen

asking ['ɑːskɪŋ] *n* **it's yours for the ~** du kannst es gerne haben

asleep [e'sliːp] *adj* **to be ~** schlafen; **to fall ~** einschlafen

asparagus [ə'spærəgəs] *n* Spargel *m*

aspect ['æspekt] *n* Aspekt *m*

aspersion [ə'spɜːʃᵊn] *n* **to cast ~s on sb** jdn verleumden

asphyxiation [əsˌfɪksi'eɪʃᵊn] *n* Erstickung *f*

aspic ['æspɪk] *n no pl* FOOD Aspik *m*

aspire [ə'spaɪər] *intr verb* **to ~ to sth** etw anstreben

aspirin ['æspᵊrɪn] *n* Aspirin® *nt*

aspiring [ə'spaɪərɪŋ] *adj* aufstrebend

ass¹ <*pl* -es> [æs] *n* Esel *m*

ass² <*pl* -es> [æs] *n* AM (*vulg*) Arsch *m;* **this film kicks ass!** dieser Film ist saustark!

assassinate [ə'sæsɪneɪt] *tr verb* **to ~ sb** ein Attentat auf jdn verüben

assassination [əˌsæsɪ'neɪʃᵊn] *n* Attentat *nt* (**of** auf)

assault [ə'sɔːlt] **I.** *n* Angriff *m* (**on** auf) **II.** *tr verb* angreifen

assemblage [ə'semblɪdʒ] *n* ❶ (*collection*) Ansammlung *f* ❷ *no pl* TECH Montage *f*

assemble [ə'sembl̩] **I.** *intr verb* sich versammeln **II.** *tr verb* zusammenbauen

assembly [ə'sembli] *n* ❶ (*gathering*) Versammlung *f* ❷ TECH Montage *f;* **~ line** Fließband *nt*

assent [ə'sent] *n* Zustimmung *f*

assert [ə'sɜːt] *tr verb* beteuern

assertion [ə'sɜːʃᵊn] *n* Behauptung *f*

assertive [ə'sɜːtɪv] *adj* **to be ~** Durchsetzungsvermögen zeigen

assess [ə'ses] *tr verb* ❶ (*evaluate*) einschätzen ❷ (*tax*) **to be ~ed** *person* steuerlich geschätzt werden

assessment [ə'sesmənt] *n* ❶ *of damages* Schätzung *f* ❷ *of taxes* Veranlagung *f* ❸ SCHOOL, UNIV Einstufung *f*

asset ['æset] *n* ❶ (*good quality*) Pluspunkt *m* ❷ (*valuable person*) Bereicherung *f;* (*useful thing*) Vorteil *m* ❸ COMM **~s** Vermögenswerte *Pl*

assiduity [ˌæsɪ'djuːəti] *n no pl* ❶ (*diligence*) Fleiß *m* ❷ (*perseverance*) Ausdauer *f,* Beharrlichkeit *f*

assignment [ə'saɪnmənt] *n* Aufgabe *f*

assimilate [ə'sɪmɪleɪt] **I.** *tr verb* integrieren **II.** *intr verb* sich eingliedern

assist [ə'sɪst] *tr, intr verb* helfen (**with** bei)

assistance [ə'sɪstᵊn(t)s] *n* Hilfe *f*

assistant [ə'sɪstᵊnt] **I.** *n* Assistent(in) *m(f);* (*in shop*) Verkäufer(in) *m(f)* **II.** *adj manager* stellvertretend

associate¹ [ə'səʊʃiət] *n* (*friend*) Gefährte *m*/Gefährtin *f;* **business ~** Geschäftspartner(in) *m(f)*

associate² [ə'səʊʃieɪt] *tr verb* in Verbindung bringen; **to be ~d with sth** mit etw in Zusammenhang stehen

association [əˌsəʊʃi'eɪʃᵊn] *n* ❶ (*organization*) Vereinigung *f* ❷ *no pl* (*involvement*) Verbundenheit *f;* **in ~ with** in Verbindung mit ❸ (*mental connection*) Assoziation *f*

assorted [ə'sɔːtɪd] *adj* gemischt

assortment [ə'sɔːtmənt] *n* Sortiment *nt*

assume [ə'sjuːm] *tr verb* ❶ (*regard as true*) annehmen ❷ (*adopt*) annehmen ❸ (*take on*) **to ~ office** sein Amt antreten

assumed [ə'sjuːmd] *adj* **under an ~ name** unter einem Decknamen

assumption [ə'sʌm(p)ʃᵊn] *n* Annahme *f;* **on the ~ that ...** wenn man davon ausgeht, dass ...

assurance [ə'ʃʊərᵊn(t)s] *n* ❶ (*self-confidence*) Selbstsicherheit *f* ❷ (*promise*) Zusicherung *f*

assure [ə'ʃʊəʳ] *tr verb* ❶ (*confirm certainty*) zusichern; **to ~ oneself of sth** sich *Dat* etw sichern ❷ (*promise*) **to ~ sb of sth** jdm etw zusichern

assuredly [ə'ʃʊəʳɪdli] *adv* selbstsicher

asterisk ['æstᵊrɪsk] **I.** *n* Sternchen *nt* **II.** *tr verb* mit einem Sternchen versehen

astern [ə'stɜːn] *adv* NAUT achtern

asteroid ['æstᵊrɔɪd] *n* Asteroid *m*

asthma ['æsθmə] *n* Asthma *nt*

asthmatic [æsθ'mætɪk] **I.** *n* Asthmatiker(in) *m(f)* **II.** *adj* asthmatisch

astonish [ə'stɒnɪʃ] *tr verb* erstaunen

astonishing [ə'stɒnɪʃɪŋ] *adj* erstaunlich

astonishment [ə'stɒnɪʃmənt] *n* Erstaunen *nt;* **to stare in ~** verblüfft starren

astound [ə'staʊnd] *tr verb* verblüffen

astray [ə'streɪ] *adv* verloren; **to lead sb ~** (*fig*) jdn auf Abwege bringen

astride [ə'straɪd] *prep* rittlings auf *+Dat*

astrologer [ə'strɒlədʒəʳ] *n* Astrologe *m*/ Astrologin *f*

astrology [ə'strɒlədʒi] *n* Astrologie *f*

astronaut ['æstrənɔːt] *n* Astronaut(in) *m(f)*

astronomer [ə'strɒnəməʳ] *n* Astronom(in) *m(f)*

astronomical [ˌæstrə'nɒmɪkᵊl] *adj* (*a. fig*) astronomisch

astronomy [ə'strɒnəmi] *n* Astronomie *f*

astute [ə'stjuːt] *adj* scharfsinnig

asylum [ə'saɪləm] *n* Asyl *nt;* ~ **seeker** Asylbewerber(in) *m(f)*

at [æt, ət] *prep* ① (*in location of*) an +*Dat;* ~ **the baker's** beim Bäcker; ~ **home** zu Hause; ~ **the museum** im Museum; **the man ~ number twelve** der Mann in Nummer zwölf; ~ **work** bei der Arbeit ② (*during time of*) ~ **the election** bei der Wahl; ~ **Christmas** an Weihnachten; ~ **the weekend** am Wochenende; ~ **10:00** um 10:00 Uhr; ~ **the moment** im Moment; ~ **this stage** bei diesem Stand; ~ **a/the time** zu diesem Zeitpunkt; ~ **the same time** (*simultaneously*) zur gleichen Zeit ③ (*to amount of*) ~ **a distance of 50 metres** auf eine Entfernung von 50 Metern; ~ **50 kilometres per hour** mit 50 km/h; ~ **a rough guess** grob geschätzt ④ (*in state of*) ~ **play** beim Spielen; ~ **war** im Krieg; ~ **his happiest** am glücklichsten ⑤ *after adj* (*in reaction to*) über +*Akk;* ~ **the thought of** bei dem Gedanken an +*Akk* ⑥ (*in response to*) ~ **that** daraufhin ⑦ (*in ability to*) bei +*Dat;* **good ~ maths** gut in Mathematik ⑧ *after verb* (*repeatedly do*) an +*Dat;* **to be ~ sth** mit etw beschäftigt sein ▶ ~ **all** überhaupt; **not ~ all** (*polite response*) gern geschehen; (*definitely not*) keineswegs; ~ **that** noch dazu

ATC [ˌeɪtiː'siː] *n* Brit *abbrev of* **Air Training Corps** *fliegerische Ausbildung der Royal Air Force*

ate [et, eɪt] *pt of* **eat**

atheist ['eɪθiɪst] **I.** *n* Atheist(in) *m(f)* **II.** *adj* atheistisch

athlete ['æθliːt] *n* Athlet(in) *m(f)*

athletic [æθ'letɪk] *adj* athletisch, sportlich; ~ **club** Sportclub *m;* ~ **shorts** kurze Sporthose

Atlantic [ət'læntɪk] *n* **the ~** [**Ocean**] der Atlantik

atlas <*pl* -es> ['ætləs] *n* Atlas *m*

atmosphere ['ætməsfɪəʳ] *n* Atmosphäre *f a. fig*

atmospheric [ˌætməs'ferɪk] *adj* atmosphärisch

atmospherics [ˌætməs'ferɪks] *npl* RADIO atmosphärische Störungen

atom ['ætəm] *n* PHYS Atom *nt*

atomic [ə'tɒmɪk] *adj* Atom-, atomar

atrocious [ə'trəʊʃəs] *adj* grässlich; *weather, food* scheußlich

atrocity [ə'trɒsəti] *n* Gräueltat *f*

attach [ə'tætʃ] **I.** *tr verb* ① (*fix*) befestigen (**to** an) ② (*connect*) verbinden (**to** mit) ③ (*send as enclosure*) **to ~ sth** [**to sth**] etw [einer S. *Dat*] beilegen ④ (*assign*) **to be ~ed to sth** einer S. *Dat* zugeteilt sein ⑤ (*associate*) *conditions* knüpfen (**to** an) **II.** *intr verb* **no blame ~es to you** dich trifft keine Schuld

attaché [ə'tæʃeɪ] *n* Attaché *m*

attachment [ə'tætʃmənt] *n* ① (*fondness*) Sympathie *f* ② *no pl* (*assignment*) **he is on ~ to the War Office** er ist dem Kriegsministerium unterstellt ③ COMPUT Anhang *m*

attack [ə'tæk] **I.** *n* ① (*assault*) Angriff *m* (**on** auf) ② (*bout*) Anfall *m* **II.** *tr verb* angreifen; *by criminal* überfallen **III.** *intr verb* angreifen

attain [ə'teɪn] *tr verb* erreichen

attainable [ə'teɪnəbḷ] *adj* erreichbar

attainment [ə'teɪnmənt] *n* ① (*achievement*) Leistung *f* ② *no pl* (*achieving*) Erreichen *nt*

attempt [ə'tem(p)t] **I.** *n* Versuch *m;* **make an ~** versuchen **II.** *tr verb* versuchen

attend [ə'tend] **I.** *tr verb* ① (*be present at*) besuchen; **to ~ a funeral/wedding** zu einer Beerdigung/Hochzeit gehen ② (*care for*) [ärztlich] behandeln **II.** *intr verb* (*be present*) teilnehmen

attendance [ə'tendᵊn(t)s] *n* ① (*being present*) Anwesenheit *f* ② (*number of people present*) Besucherzahl *f*

attendant [ə'tendᵊnt] *n* Aufseher(in) *m(f);* (*in swimming pool*) Bademeister(in) *m(f);* **flight ~** Flugbegleiter(in) *m(f);* **museum ~** Museumswärter(in) *m(f)*

attention [ə'ten(t)ʃᵊn] *n* ① (*notice*) Aufmerksamkeit *m;* ~! Achtung!; **may I have your ~, please?** dürfte ich um

A

Ihre Aufmerksamkeit bitten?; **to pay ~ to sb** jdm Aufmerksamkeit schenken ❷ (*care*) Pflege *f* ❸ (*in letters*) **for the ~ of** zu Händen von

attentive [ə'tentɪv] *adj* ❶ (*caring*) fürsorglich ❷ (*listening*) aufmerksam

attest [ə'test] **I.** *tr verb* ❶ (*demonstrate*) beweisen ❷ LAW bestätigen **II.** *intr verb* beweisen

attic ['ætɪk] *n* Dachboden *m;* **in the ~** auf dem Dachboden

attitude ['ætɪtju:d] *n* Haltung *f;* **to take the ~ that ...** die Meinung vertreten, dass ...

attorney [ə'tɜ:rni] *n* AM Anwalt *m*/Anwältin *f*

attract [ə'trækt] *tr verb* anziehen

attraction [ə'trækʃən] *n* ❶ *no pl* PHYS Anziehungskraft *f* ❷ *no pl* (*between people*) Anziehung *f;* **she felt an ~ to him** sie fühlte sich zu ihm hingezogen ❸ (*entertainment*) Attraktion *f*

attractive [ə'træktɪv] *adj* attraktiv

atypical [ˌeɪ'tɪpɪkəl] *adj* atypisch, untypisch

auction ['ɔ:kʃən] **I.** *n* Auktion *f,* Versteigerung *f;* **to put sth up for ~** etw zur Versteigerung anbieten; **to be sold at ~** versteigert werden **II.** *tr verb* **to ~** [**off**] versteigern

audacious [ɔ:'deɪʃəs] *adj* kühn

audible ['ɔ:dəbl̩] *adj* hörbar

audience ['ɔ:diən(t)s] *n + sing/pl verb* Publikum *nt;* THEAT *a.* Besucher *Pl;* TV Zuschauer *Pl*

audio ['ɔ:diəʊ] *adj* Audio-; **~ book** Hörbuch *nt;* **~ cassette** [Hör]kassette *f;* **~ frequency** Tonfrequenz *f,* Hörfrequenz; **~ tape** Tonband *nt;* **~ guide** Audioführer *m;* **~ tour** Audioführung *f*

audit ['ɔ:dɪt] **I.** *n* Rechnungsprüfung *f* **II.** *tr verb* [amtlich] prüfen

audition [ɔ:'dɪʃən] **I.** *n* (*for actor*) Vorsprechen *nt;* (*for singer*) Vorsingen *nt* **II.** *intr verb* (*for actor*) vorsprechen; (*for singer*) vorsingen **III.** *tr verb* vorsprechen/vorsingen lassen

auditor ['ɔ:dɪtəʳ] *n* Rechnungsprüfer(in) *m(f)*

auditorium <*pl* -s *or* -ria> [ˌɔ:dɪ'tɔ:riəm, *pl* -riə] *n* THEAT Zuschauerraum *m*

august [ɔ:'gʌst] *adj* erlaucht

August ['ɔ:gəst] *n* August *m; see also* **February**

aunt [ɑ:nt] *n* Tante *f*

aural ['ɔ:rəl] *adj* akustisch; MED aural

Aussie ['ɒzi] (*fam*) **I.** *n* Australier(in) *m(f)* **II.** *adj* australisch

austere [ɒs'tɪəʳ] *adj* (*without comfort*) karg; (*severely plain*) nüchtern

austerity [ɒs'terəti] *n* ❶ *no pl* (*absence of comfort*) Rauheit *f* ❷ *no pl* (*sparseness*) Kargheit *f;* **~ measures** POL, ECON Sparmaßnahmen *Pl*

Australia [ɒs'treɪliə] *n* Australien *nt*

> Der australische Nationalfeiertag, der **Australia Day**, wird am 26. Januar begangen. Man gedenkt dabei der Gründung der ersten britischen Siedlung in Sydney Cove im Jahre 1788. Fester Bestandteil dieses Feiertags sind Paraden, Strandpartys und zahlreiche kulturelle Veranstaltungen, die auch dazu dienen sollen, die schwarzen und weißen Australier weiter zusammenzubringen. Denn für die *Aborigines*, die Ureinwohner Australiens, stellt dieser Tag immer noch auch eine Erinnerung an den Beginn der Invasion ihres Landes dar.

Australian [ɒs'treɪliən] **I.** *n* Australier(in) *m(f)* **II.** *adj* australisch

Austria ['ɒstriə] *n* Österreich *nt*

Austrian ['ɒstriən] **I.** *n* ❶ (*person*) Österreicher(in) *m(f)* ❷ (*language*) Österreichisch *nt* **II.** *adj* österreichisch

authentic [ɔ:'θentɪk] *adj* authentisch

authenticity [ˌɔ:θen'tɪsəti] *n* Echtheit *f*

author ['ɔ:θəʳ] *n* Schriftsteller(in) *m(f)*

authoress <*pl* -es> ['ɔ:θəres] *n* Autorin *f*

authoritarian [ˌɔ:θɒrɪ'teəriən] **I.** *adj* autoritär **II.** *n* **to be an ~** autoritär sein

authoritative [ɔ:'θɒrɪtətɪv] *adj* ❶ (*definitive*) maßgebend ❷ (*commanding*) Respekt einflößend

authority [ɔ:'θɒrəti] *n* ❶ *no pl* (*right of control*) Autorität *f;* **in ~** verantwortlich ❷ *no pl* (*permission*) Befugnis *f;* **to have the ~ to do sth** befugt/bevollmächtigt sein, etw zu tun ❸ (*expert*) **an ~ on microbiology** eine Autorität auf dem Gebiet der Mikrobiologie ❹ (*organization*) Behörde *f;* **the authorities** die Behörden

A

authorization [ˌɔːθəraɪˈzeɪʃən] *n* Genehmigung *f*
authorize [ˈɔːθəraɪz] *tr verb* genehmigen; **to ~ sb** jdn bevollmächtigen
autism [ˈɔːtɪzəm] *n no pl* Autismus *m*
autobiography [ˌɔːtəbaɪˈɒgrəfi] *n* Autobiografie *f*
autocue® [ˈɔːtə(ʊ)kjuː] *n* BRIT TV Teleprompter® *m*
autograph [ˈɔːtəgrɑːf] *n* Autogramm *nt*
automated [ˈɔːtəmeɪtɪd] *adj* automatisiert
automated teller machine *n* AM Geldautomat *m*
automatic [ˌɔːtəˈmætɪk] *adj* automatisch; **~ rifle** Selbstladegewehr *nt;* **~ washing machine** Waschautomat *m*
automobile [ˈɔːtəmə(ʊ)biːl] *n esp* AM Auto *nt*
automotive [ˌɔːtəˈməʊtɪv] *adj* Auto-
autonomous [ɔːˈtɒnəməs] *adj* autonom
autopilot [ˈɔːtəʊpaɪlət] *n* AVIAT Autopilot *m;* **to be on ~** mit Autopilot fliegen
autumn [ˈɔːtəm] *n* Herbst *m;* **in [the] ~** im Herbst; **~ term** Wintersemester *nt*
autumnal [ɔːˈtʌmnəl] *adj* herbstlich; **~ colours** Herbstfarben *Pl*
auxiliary [ɔːgˈzɪliəri] **I.** *n* ① Hilfskraft *f* ② LING Hilfsverb *nt* **II.** *adj* Hilfs-; (*additional*) Zusatz-
avail [əˈveɪl] **I.** *n* Nutzen *m;* **to no ~** vergeblich **II.** *tr verb* **to ~ oneself of the opportunity ...** die Gelegenheit nutzen ...
available [əˈveɪləbl̩] *adj* ① (*free for use*) verfügbar; **to make ~** zur Verfügung stellen ② ECON erhältlich; (*in stock*) lieferbar
avalanche [ˈævəlɑːn(t)ʃ] *n* Lawine *f*
Av[e]. *abbrev of* **avenue** Ave.
avenge [əˈvendʒ] *tr verb* rächen
avenue [ˈævənjuː] *n* Avenue *f*
average [ˈævərɪdʒ] **I.** *n* Durchschnitt *m;* **on ~** im Durchschnitt; **[to be] [well] above/below ~** [weit] über/unter dem Durchschnitt [liegen] **II.** *adj* durchschnittlich; **~ income** Durchschnittseinkommen *nt;* **~ person** Otto Normalverbraucher *m* **III.** *tr verb* im Durchschnitt betragen; **to ~ 40 hours a week** durchschnittlich 40 Stunden pro Woche arbeiten
aversion [əˈvɜːʃən] *n* Abneigung *f*
avert [əˈvɜːt] *tr verb* abwenden
aviary [ˈeɪviəri] *n* Vogelhaus *nt*
aviation [ˌeɪviˈeɪʃən] *n* Luftfahrt *f;* **~ industry** Flugzeugindustrie *f*
avid [ˈævɪd] *adj* begeistert
avocado <*pl* -s *or* -es> [ˌævəˈkɑːdəʊ] *n* Avocado *f*
avoid [əˈvɔɪd] *tr verb* vermeiden
avoidable [əˈvɔɪdəbl̩] *adj* vermeidbar
avoidance [əˈvɔɪdən(t)s] *n* Vermeidung *f; of taxes* Umgehung *f*
AWACS [ˈeɪwæks] *n acr for* **airborne warning and control system** AWACS *nt*
await [əˈweɪt] *tr verb* erwarten; **long ~ed** lang ersehnt
awake [əˈweɪk] **I.** *intr verb* <awoke *or* AM *a.* awaked, awoken *or* AM *a.* awaked> aufwachen, erwachen **II.** *tr verb* <awoke *or* AM *a.* awaked, awoken *or* AM *a.* awaked> ① [auf]wecken ② (*fig: rekindle*) wieder erwecken **III.** *adj* wach; **wide ~** hellwach
awakening [əˈweɪkənɪŋ] *n* Erwachen *nt* ▶ **rude ~** böses Erwachen
award [əˈwɔːd] **I.** *tr verb damages* zusprechen; *grant* gewähren **II.** *n* Auszeichnung *f*
award-winning [əˈwɔːdwɪnɪŋ] *adj attr* preisgekrönt
aware [əˈweəʳ] *adj* ① (*knowing*) **to be ~ of sth** sich *Dat* einer S. *Gen* bewusst sein; **not that I'm ~ of** nicht, dass ich wüsste ② (*physically sensing*) **to be ~ of sb/sth** jdn/etw [be]merken
awareness [əˈweəʳnəs] *n* Bewusstsein *nt*
away [əˈweɪ] **I.** *adv* ① weg; **to be ~ on business** geschäftlich unterwegs sein; **five miles ~ [from here]** fünf Meilen [von hier] entfernt; **~ from each other** voneinander entfernt ② (*all the time*) **we danced the night ~** wir tanzten die ganze Nacht durch; **to be laughing ~** ständig am Lachen sein **II.** *adj* SPORTS auswärts; **~ game** Auswärtsspiel *nt;* **~ team** Gastmannschaft *f*
awe-inspiring *adj* Ehrfurcht gebietend
awesome [ˈɔːsəm] *adj* ① (*impressive*) beeindruckend ② AM (*sl: very good*) spitze
awestruck [ˈɔːˌstrʌk] *adj* [von Ehrfurcht] ergriffen
awful [ˈɔːfəl] *adj* ① furchtbar; **what an ~ thing to say!** das war aber gemein von

dir! ❷ (*great*) außerordentlich; **an ~ lot** eine riesige Menge

B

awfully ['ɔːfᵊli] *adv* furchtbar; **not ~ good** nicht besonders gut

awkward ['ɔːkwəd] *adj* ❶ (*difficult*) schwierig ❷ (*embarrassing*) peinlich; **to feel ~** sich unbehaglich fühlen

awning ['ɔːnɪŋ] *n* (*on house*) Markise *f;* (*on caravan*) Vorzelt *nt*

awoke [ə'wəʊk] *pt of* **awake**

ax *n* AM *see* **axe**

axe [æks] *n* Axt *f*

axis <*pl* axes> ['æksɪs, *pl* -siːz] *n* Achse *f*

axle ['æksḷ] *n* Achse *f*

aye [aɪ] *interj* SCOT, NBRIT (*yes*) ja

Azerbaijan *n* [ˌæzəbaɪ'dʒɑːn] *no pl* Aserbaidschan *nt*

Bb

B <*pl* -'s *or* -s>, **b** <*pl* -'s> [biː] *n* ❶ B *nt,* b *nt; see also* **A 1** ❷ MUS H *nt,* h *nt;* **B flat** B *nt,* b *nt;* **B sharp** His *nt,* his *nt* ❸ (*school mark*) ≈ Zwei *f,* ≈ gut; (*in the Suiss system*) ≈ Fünf *f*

babble ['bæbḷ] **I.** *n* ❶ (*speech*) Geplapper *nt* ❷ *of water* Plätschern *nt* **II.** *intr verb* ❶ (*to speak*) plappern ❷ *water* plätschern

babe [beɪb] *n* ❶ (*baby*) Kindlein *nt* ❷ (*fam*) Schatz *m*

baboon [bə'buːn] *n* Pavian *m*

baby ['beɪbi] **I.** *n* Baby *nt;* **to have a ~** ein Baby bekommen; **the ~ of the family** das Nesthäkchen **II.** *adj* klein; **~ carrots** Babymöhren *Pl;* **~ clothes** Babywäsche *f;* **~ food** Babynahrung *f*

baby carriage *n* AM Kinderwagen *m*

baby-minder *n* BRIT Tagesmutter *f;* (*profession*) Kinderpfleger(in) *m(f)*

babymoon ['beɪbimuːn] *n* (*fam*) *letzter gemeinsamer Urlaub werdender Eltern vor der Geburt ihres ersten Kindes* **babysitter** *n* Babysitter(in) *m(f)* **babysitting** *n* Babysitting *nt,* Babysitten *nt*

bachelor ['bætʃᵊləʳ] *n* Junggeselle *m*

Der erste Universitätsabschluss, den man im Vereinigten Königreich nach drei Jahren Studium (in einigen Fächern nach vier oder fünf) ablegen kann, ist der **Bachelor's degree.** (In Deutschland verhält es inzwischen durch die Bologna-Reform ähnlich.) Die wichtigsten Fachabschlüsse sind *BA (Bachelor of Arts)* für geisteswissenschaftliche Fächer, *BSc (Bachelor of Science)* für naturwissenschaftliche Fächer, *BEd (Bachelor of Education)* für die pädagogische Ausbildung, *LLB (Bachelor of Law)* für die Rechtswissenschaft und *BMus (Bachelor of Music)* für die Musikwissenschaft.

back [bæk] **I.** *n* ❶ (*of body*) Rücken *m;* **~ to ~** Rücken an Rücken ❷ (*not front*) *of a building, a page* Rückseite *f; of a car* Heck *nt; of a chair* Lehne *f;* (*seat[s] in car*) Rücksitz[e] *m[Pl]* ❸ FBALL Verteidiger(in) *m(f)* ▸ **to know sth like the ~ of one's hand** etw in- und auswendig kennen; **at the ~ of one's mind** im Hinterkopf; **to put one's ~ into sth** sich in etw *Akk* hineinknien **II.** *adj* ❶ <backmost> (*rear*) Hinter-; **~ pocket** Gesäßtasche *f;* **~ seat** Rücksitz *m* ❷ (*of body*) Rücken- **III.** *adv* ❶ (*to previous place*) [wieder] zurück; **I'll be ~** ich komme wieder ❷ (*to past*) **as far ~ as I can remember** so weit ich zurückdenken kann; **that was ~ in 1950** das war [schon] 1950 **IV.** *tr verb* ❶ (*support*) unterstützen; **to ~ a horse** auf ein Pferd setzen ❷ (*drive*) **she ~ed the car into the garage** sie fuhr rückwärts in die Garage **V.** *intr verb car* zurücksetzen ◆**back away** *intr verb* **to ~ away from sb/sth** vor jdm/etw zurückweichen ◆**back down** *intr verb* nachgeben ◆**back onto** *intr verb* **to ~ onto sth** hinten an etw *Akk* [an]grenzen ◆**back out** *intr verb* einen Rückzieher machen *fam;* **to ~ out of a contract**

von einem Vertrag zurücktreten ◆ **back up** *tr verb* ① (*support*) unterstützen; (*confirm*) bestätigen ② COMPUT *data, files* sichern ③ (*reverse*) *car, lorry* zurücksetzen

backache *n no pl* Rückenschmerzen *Pl*

back boiler *n* Boiler *m* (*hinter dem Gasofen eingebaut, mit dem der Kamin beheizt wird*) ▸ **to put sth on the ~** (*fam*) etw auf die lange Bank schieben

backbone *n* Rückgrat *nt a. fig*

back door *n* Hintertür *f*

backfire *intr verb* ① AUTO frühzünden ② (*go wrong*) fehlschlagen; **it ~d on us** es erwies sich als Eigentor

background ['bækgraʊnd] *n* ① Hintergrund *m;* **~ noise** Geräuschkulisse *f* ② SOCIOL Herkunft *f* ③ **with a ~ in ...** mit Erfahrung in ...

backhand *n* Rückhand *f*

backhander *n* BRIT (*fam*) Schmiergeld *nt*

backing ['bækɪŋ] *n* Unterstützung *f*

backlash *n* Gegenreaktion *f*

backlog *n usu sing* Rückstand *m*

backpack **I.** *n* Rucksack *m* **II.** *intr verb* mit dem Rucksack reisen

backpacker *n* Rucksackreisende(r) *f(m)*

back pay *n* Lohnnachzahlung *f*

back seat *n* Rücksitz *m*

backside *n* (*fam*) Hintern *m*

backstage **I.** *n* Garderobe *f* **II.** *adj, adv* hinter der Bühne

backstroke *n* Rückenschwimmen *nt;* **to swim ~** rückenschwimmen

backward ['bækwəd] **I.** *adj* ① (*facing rear*) rückwärtsgewandt; (*reversed*) Rück[wärts]-; **a ~ step** ein Schritt nach hinten ② (*slow in learning*) zurückgeblieben **II.** *adv see* **backwards**

backwards ['bækwədz] *adv* ① (*towards the back*) nach hinten; **to walk ~ and forwards** hin- und hergehen ② (*into past*) zurück

backwash *n* Rückströmung *f*

backyard *n* ① BRIT (*courtyard*) Hinterhof *m* ② AM (*back garden*) Garten *m* hinter dem Haus

bacon ['beɪk(ə)n] *n* [Schinken]speck *m;* **~ and eggs** Eier *Pl* mit Speck

bacteria [bæk'tɪəriə] *n pl of* **bacterium** Bakterien *Pl*

bacterial [bæk'tɪəri(ə)l] *adj* bakteriell

bad <worse, worst> [bæd] **I.** *adj* schlecht; *dream* böse; *smell* übel; *cold* schlimm; **~ at maths** schlecht in Mathe; **things are going from ~ to worse** es wird immer schlimmer; **nowhere near as ~ as ...** nicht halb so schlimm wie ...; **~ language** Kraftausdrücke *Pl;* **~ luck** Pech *nt;* **too ~** zu schade **II.** *n no pl* **to take the ~ with the good** auch das Schlechte in Kauf nehmen

bade [bæd, beɪd] *tr verb* (*old*) *pt of* **bid**

badge [bædʒ] *n* Abzeichen *nt;* **police ~** Polizeimarke *f*

badger ['bædʒə(r)] *n* Dachs *m*

badly <worse, worst> ['bædli] *adv* schlecht; **~ hurt** schwer verletzt

badminton ['bædmɪntən] *n* Badminton *nt,* Federball *m*

bad-tempered *adj* (*easily irritated*) leicht aufbrausend; (*in a bad mood*) schlecht gelaunt

baffle ['bæfl̩] *tr verb* verwirren

baffling ['bæfl̩ɪŋ] *adj* verwirrend

bag [bæg] **I.** *n* ① Tasche *f;* (*sack*) Sack *m;* **paper/plastic ~** Papier-/Plastiktüte *f* ② (*handbag*) Handtasche *f;* (*travelling bag*) Reisetasche *f* ③ BRIT, AUS (*fam: lots*) **~s of ...** jede Menge ... ▸ **to have ~s under one's eyes** Tränensäcke haben **II.** *tr verb* <-gg-> eintüten

bagel [beɪg(ə)l] *n* Bagel *m*

baggage ['bægɪdʒ] *n no pl* Gepäck *nt;* **excess ~** Übergepäck *nt*

baggage car *n* AM, AUS Gepäckwagen *m* **baggage check** *n* Gepäckkontrolle *f* **baggage claim** *n* Gepäckausgabe *f* **baggage rack** *n* Gepäckablage *f* **baggage reclaim area** *n* Gepäckausgabe *f* **baggage room** *n* Gepäckaufbewahrung[sstelle] *f*

baggy ['bægi] *adj* [weit] geschnitten

bagpipes *npl* Dudelsack *m*

bail [beɪl] **I.** *n* Kaution *f;* **to grant ~** die Freilassung gegen Kaution gewähren; **to stand ~ for sb** für jdn [die] Kaution stellen **II.** *tr verb* **to ~ sb** jdn gegen Kaution freilassen

bait [beɪt] *n* Köder *m a. fig;* **to take the ~** anbeißen

bake [beɪk] **I.** *intr verb* ① (*cook*) backen ② (*fam*) **it's baking outside** draußen ist es wie im Backofen **II.** *tr verb* [im Ofen] backen

baker ['beɪkə(r)] *n* Bäcker(in) *m(f)*

B

bakery ['beɪkᵊri] *n* Bäckerei *f*
baking ['beɪkɪŋ] *n no pl* Backen *nt*
baking powder *n no pl* Backpulver *nt*
balance ['bælən(t)s] **I.** *n* ① *no pl* Gleichgewicht *nt a. fig;* **to hang in the ~** (*fig*) in der Schwebe sein ② FIN Kontostand *m;* **~ of trade** Handelsbilanz *f* ③ (*harmony*) Ausgewogenheit *f* **II.** *tr verb* ① (*compare*) abwägen ② (*keep steady*) balancieren **III.** *intr verb* ① (*a. fig: keep steady*) das Gleichgewicht halten; **she ~d on one foot** sie balancierte auf einem Fuß ② FIN ausgeglichen sein
balanced ['bæləntst] *adj* ausgewogen; *personality* ausgeglichen
balance sheet *n* Bilanz *f*
balancing act *n* Balanceakt *m a. fig*
balcony ['bælkəni] *n* Balkon *m*
bald [bɔːld] *adj* glatzköpfig; **to go ~** eine Glatze bekommen
balderdash ['bɔːldədæʃ] *n no pl* (*dated*) Blödsinn *m pej fam,* Quatsch *m fam*
bald-headed *adj* glatzköpfig *attr;* **a ~ man** ein Glatzkopf *m*
baldly ['bɔːldli] *adv* unumwunden
bale [beɪl] **I.** *n* Ballen *m* **II.** *tr verb* bündeln
Balkans ['bɔːlkənz] *npl* **the ~** der Balkan
ball [bɔːl] *n* ① Ball *m* ② (*ball-shaped*) *of wool* Knäuel *m o nt; of dough* Kugel *f;* **to crush paper into a ~** Papier zusammenknüllen ③ (*dance*) Ball *m*
ball-and-socket joint *n* ANAT Kugelgelenk *nt*
ballet ['bæleɪ] *n no pl* Ballett *nt*
ballet dancer *n* Balletttänzer(in) *m(f)*
ballistic [bə'lɪstɪk] *adj* ballistisch ▶ **to go ~** (*fam*) ausflippen
ballistics [bə'lɪstɪks] *n + sing verb* Ballistik *f*
balloon [bə'luːn] **I.** *n* Ballon *m* **II.** *intr verb* **to ~ out** sich aufblähen
balloonist [bə'luːnɪst] *n* Ballonfahrer(in) *m(f)*
ballot ['bælət] **I.** *n* (*election*) Geheimwahl *f;* **first/second ~** erster/zweiter Wahlgang *m* **II.** *intr verb* abstimmen **III.** *tr verb* abstimmen lassen (**on** über)
ballpoint *n,* **ballpoint pen** *n* Kugelschreiber *m*
ballroom *n* Ballsaal *m*
balls ['bɔːlz] *n pl* (*fam!*) Eier *Pl derb*
balls-up *n* BRIT (*fam!*) Scheiß *m*
baloney [bə'ləʊni] *n no pl* ① AM (*Bologna sausage*) ≈ Fleischwurst *f* ② (*fam: nonsense*) Quatsch *m*
bamboo [bæm'buː] *n* Bambus *m*
ban [bæn] **I.** *n* Verbot *nt;* **~ on smoking** Rauchverbot *nt* **II.** *tr verb* <-nn-> **to ~ sth** etw verbieten; **to ~ sb** jdn ausschließen
banal [bə'nɑːl] *adj* banal
banana [bə'nɑːnə] *n* Banane *f*
band [bænd] *n* ① *of metal, cloth* Band *nt* ② (*range*) Bereich *m;* **age ~** Altersgruppe *f* ③ MUS Band *f*
bandage ['bændɪdʒ] **I.** *n* Verband *m* **II.** *tr verb limb* bandagieren; *wound* verbinden
bandit ['bændɪt] *n* Bandit(in) *m(f)*
bandstand *n* Musikpavillon *m*
bandwagon *n* ▶ **to jump on the ~** auf den fahrenden Zug aufspringen
bandwidth ['bændwɪtθ] *n* Bandbreite *f*
bandy ['bændi] *adj* **~ legs** O-Beine *Pl*
bang [bæŋ] **I.** *n* ① (*loud sound*) Knall *m* ② (*blow*) Schlag *m* ③ *pl* AM **the ~s** (*fringe*) der [kurze] Pony **II.** *adv* ① (*make loud noise*) **to go ~** [mit einem lauten Knall] explodieren ② (*precisely*) genau; **~ in the middle of the road** mitten auf der Straße; **~ up-to-date** topaktuell **III.** *interj* **~!** Peng! **IV.** *intr verb* Krach machen; *door* knallen **V.** *tr verb* (*hit*) zuschlagen; **to ~ the phone down** den Hörer auf die Gabel knallen ◆ **bang about** *intr verb* (*fam*) Krach machen
bangle ['bæŋgl̩] *n* Armreif[en] *m*
banister ['bænɪstəʳ] *n usu pl* [Treppen]geländer *nt*
bank[1] [bæŋk] **I.** *n* ① *of a river* Ufer *nt* ② METEO **~ of fog** Nebelbank *f* **II.** *intr verb* AVIAT in die Querlage gehen
bank[2] [bæŋk] **I.** *n* FIN Bank *f;* **to break the ~** die Bank sprengen **II.** *intr verb* **to ~ with sb** bei jdm ein Konto haben
bank account *n* Bankkonto *nt* **bank balance** *n* Kontostand *m* **bank book** *n* Sparbuch *nt* **bank charges** *npl* Bankgebühren *Pl* **bank code** *n* BRIT Bankleitzahl *f* **bank holiday** *n* ① BRIT öffentlicher Feiertag ② AM Bankfeiertag *m*
banking ['bæŋkɪŋ] *n* Bankwesen *nt;* **to be in ~** bei einer Bank arbeiten **bank manager** *n* Filialleiter(in) *m(f)* einer

Bank **banknote** *n* Banknote *f* **bank robbery** *n* Banküberfall *m*
bankrupt ['bæŋkrʌpt] **I.** *adj* bankrott; **to go ~** in Konkurs gehen **II.** *tr verb* [finanziell] ruinieren
bankruptcy ['bæŋkrʌp(t)si] *n no pl* Konkurs *m*
bank sort code *n* BRIT Bankleitzahl *f* **bank statement** *n* Kontoauszug *m* **bank transfer** *n* Überweisung *f*
banner ['bænəʳ] *n* ① (*sign*) Transparent *nt* ② (*flag*) Banner *nt*
banner advert *n* INET Bannerwerbung *f*
baptism ['bæptɪzᵊm] *n* Taufe *f*
Baptist ['bæptɪst] *n* Baptist(in) *m(f)*; **the ~ Church** die Baptistengemeinde
baptize [bæp'taɪz] *tr verb* taufen
bar [bɑːʳ] **I.** *n* ① (*long rigid object*) Stange *f* ② (*in shape of bar*) *of chocolate* Riegel *m* ③ (*obstacle*) Hemmnis *nt* ④ (*for drinking*) Lokal *nt*, Bar *f*, Theke *f* **II.** *tr verb* <-rr-> ① (*fasten*) verriegeln ② (*obstruct*) blockieren
Bar [bɑːʳ] *n* LAW **to be called to the ~** als Anwalt/Anwältin [vor Gericht] zugelassen werden
barb [bɑːb] *n of a hook, an arrow* Widerhaken *m*
barbecue ['bɑːbɪkjuː] **I.** *n* Grillparty *f* **II.** *tr verb* grillen
barbed [bɑːbd] *adj* ① *hook, arrow* mit Widerhaken ② (*fig: hurtful*) bissig
barber ['bɑːbəʳ] *n* [Herren]friseur *m*
bar code *n* Strichcode *m*, Balkencode *m*
bare [beəʳ] **I.** *adj* ① (*unclothed*) nackt; **in ~ feet** barfuß ② (*uncovered*) *branch* kahl ③ (*empty*) leer ④ (*basic*) **the ~ essentials** das Allernotwendigste **II.** *tr verb* entblößen; **to ~ one's heart/soul to sb** jdm sein Herz ausschütten
barefoot, **barefooted** *adj, adv* barfuß
barely ['beəli] *adv* ① (*hardly*) kaum ② (*scantily*) karg
bargain ['bɑːgɪn] **I.** *n* ① (*agreement*) Handel *m* ② (*good buy*) guter Kauf; **a real ~** ein echtes Schnäppchen; **~ counter** Sonderangebotstisch *m* **II.** *intr verb* (*negotiate*) [ver]handeln; (*haggle*) feilschen (**for** um) ◆**bargain for** *intr verb* rechnen mit *+Dat;* **to get more than one ~ed for** eine unangenehme Überraschung erleben
bargain basement *n* AM Untergeschoss *nt* mit Sonderangeboten **bargain price** *n* Sonderpreis *m* **bargain sale** *n* Ausverkauf *m*
barge [bɑːdʒ] **I.** *n* Lastkahn *m* **II.** *intr verb* **to ~ into sb** jdn anrempeln
barhopping *n esp* AM *no pl* Kneipentour *f*
bark[1] [bɑːk] *n no pl* (*part of tree*) [Baum]rinde *f*
bark[2] [bɑːk] **I.** *n* (*animal cry*) Bellen *nt* **II.** *intr verb* bellen
barley ['bɑːli] *n no pl* Gerste *f*
barmaid *n* Bardame *f*
barman *n* Barkeeper *m*, Barmann *m*
barn [bɑːn] *n* Scheune *f*
barrack ['bærək] *tr verb* BRIT ausbuhen
barrage ['bærɑː(d)ʒ] *n* ① MIL Sperrfeuer *nt* ② **they received a ~ of criticism** es hagelte nur so an Kritik; **a ~ of questions** ein Schwall *m* von Fragen
barrel ['bærəl] *n* ① (*container*) Fass *nt* ② (*measure*) Barrel *nt* ③ *of a gun* Lauf *m*
barren ['bærᵊn] *adj* ① unfruchtbar; *landscape* karg ② (*fig*) unproduktiv
barrette *n* AM (*hair slide*) [Haar]spange *f*
barricade ['bærɪkeɪd, ˌbærə'keɪd] **I.** *n* Barrikade *f* **II.** *tr verb* verbarrikadieren
barrier ['bæriər] *n* Barriere *f*; (*man-made*) Absperrung *f*
barring ['bɑːrɪŋ] *prep* ausgenommen; **~ any unexpected delays** wenn es keine unerwarteten Verspätungen gibt
barrister ['bærɪstəʳ] *n* BRIT, AUS Rechtsanwalt *m*/Rechtsanwältin *f* [bei höheren Gerichten]
base[1] [beɪs] **I.** *n* ① (*bottom*) Fuß *m; of spine* Basis *f* ② (*main location*) Hauptsitz *m* ③ (*main ingredient*) Hauptbestandteil *m* ④ CHEM Base *f* **II.** *tr verb* **to be ~d on sth** auf etw *Dat* basieren
base[2] *adj* ① (*immoral*) niederträchtig ② (*menial*) niedrig
baseball *n* Baseball *m o nt*

Baseball ist der amerikanische Nationalsport. Zwei Teams aus je neun Spielern wechseln sich als Schlag- und Feldmannschaft ab. Der *pitcher* (Werfer) aus der Feldmannschaft *(defense)* wirft seinem *catcher* (Fänger) den Ball so zu, dass der *batter* (Schläger) aus der Schlagmannschaft diesen möglichst nicht oder nur schwach schlagen

B

kann. Gelingt dennoch ein Schlag, wird der *batter* zum *runner* und versucht, ähnlich wie beim Brennball, einen *run* zu machen, indem er nach und nach oder auf einmal über die drei Male *(first/second/third base)* zurück zum *home base* rennt, bevor die Feldmannschaft den Ball wieder unter Kontrolle bekommt.

baseless *adj* unbegründet

basement ['beɪsmənt] *n* (*living area*) Untergeschoss *nt;* (*cellar*) Keller *m;* ~ **flat** Souterrainwohnung *f*

baseness ['beɪsnəs] *n no pl* ① (*liter*) *of a person* Niederträchtigkeit *f; of a motive* Niedrigkeit *f* ② *of a task* Minderwertigkeit *f*

bases[1] ['beɪsiz] *n pl of* **base**

bases[2] ['beɪsi:z] *n pl of* **basis**

bash [bæʃ] **I.** *n* <*pl* -es> ① (*blow*) [heftiger] Schlag ② BRIT (*sl*) Versuch *m* **II.** *intr verb* **to ~ into sth** zusammenstoßen mit etw **III.** *tr verb* (*fam*) **to ~ sb** jdn verhauen ◆ **bash on** *intr verb* BRIT (*fam*) weitermachen (**with** mit) ◆ **bash out** *tr verb* **to ~ out a report** schnell mal einen Bericht zusammenschreiben *fam;* **to ~ out a tune on the piano** ein bisschen auf dem Klavier herumklimpern

bashful ['bæʃfəl] *adj* schüchtern

basic ['beɪsɪk] *adj* ① (*fundamental*) grundlegend; ~ **requirements** Grundvoraussetzungen *Pl;* ~ **vocabulary** Grundwortschatz *m;* **the ~s** die Grundlagen; **to go back to** [**the**] **~s** zum Wesentlichen zurückkehren ② (*very simple*) [sehr] einfach

basically ['beɪsɪkəli] *adv* im Grunde

basic vocabulary *n* Grundwortschatz *m*

basic wage[**s**] *n* Grundlohn *m*

basin ['beɪsən] *n* Schüssel *f;* (*washbasin*) Waschbecken *nt*

basis <*pl* bases> ['beɪsɪs, *pl* -si:z] *n* Basis *f;* **to be the ~ for sth** als Grundlage für etw dienen; **on a regular ~** regelmäßig

bask [bɑ:sk] *intr verb* **to ~ in the sun** sich in der Sonne aalen

basket ['bɑ:skɪt] *n* Korb *m*

basketball *n* Basketball *m*

bass[1] [beɪs] *n* MUS Bass *m*

bass[2] [bæs] *n* (*fish*) Barsch *m*

bassoon [bə'su:n] *n* Fagott *nt*

bastard ['bɑ:stəd] *n* (*pej fam!*) Dreckskerl *m*

bat[1] [bæt] *n* (*animal*) Fledermaus *f* ▶ [**as**] **blind as a ~** blind wie ein Maulwurf

bat[2] [bæt] *tr verb* **to ~ one's eyelashes** mit den Wimpern klimpern; **to not ~ an eyelid** (*fig*) nicht mal mit der Wimper zucken

bat[3] [bæt] **I.** *n* SPORTS Schläger *m* ▶ [**right**] **off the ~** AM prompt **II.** *intr verb, vt* <-tt-> SPORTS schlagen

batch [bætʃ] *n* <*pl* -es> Stapel *m*

bated ['beɪtɪd] *adj* **with ~ breath** mit angehaltenem Atem

bath [bɑ:θ] **I.** *n* ① (*tub*) [Bade]wanne *f* ② (*water*) Bad[ewasser] *nt;* **to run** [**sb**] **a ~** [jdm] ein Bad einlassen ③ (*washing*) Bad *nt;* **to give sb a ~** jdn baden; **to have** [*or esp* AM **take**] **a ~** ein Bad nehmen **II.** *intr verb, vt* [sich] baden

bathe [beɪð] **I.** *intr verb* ① BRIT (*swim*) schwimmen ② AM (*bath*) ein Bad nehmen **II.** *tr verb* MED baden; **to ~ one's eyes** ein Augenbad machen **III.** *n no pl* Bad *nt*

bathing ['beɪðɪŋ] *n no pl* Baden *nt;* **to go ~** baden gehen

bathing cap *n* Bademütze *f* **bathing costume** *n* BRIT, AUS (*dated*), AM **bathing suit** *n* Badeanzug *m* **bathing trunks** *npl* Badehose *f*

bathrobe *n* Bademantel *m*

bathroom *n* Bad[ezimmer] *nt;* **to go to the ~** AM, AUS auf die Toilette gehen

bath towel *n* Bade[hand]tuch *nt* **bathtub** *n esp* AM Badewanne *f*

baton ['bætən] *n* ① (*in conducting*) Taktstock *m* ② (*majorette*) [Kommando]stab *m* ③ (*in relay races*) Staffelholz *nt*

batsman *n* Schlagmann *m*

batter[1] ['bætəʳ] FOOD **I.** *n* [Back]teig *m* **II.** *tr verb* panieren

batter[2] ['bætəʳ] **I.** *n* SPORTS Schlagmann *m* **II.** *tr verb* **to ~ sb** jdn verprügeln **III.** *intr verb* schlagen

battered ['bætəd] *adj* ① (*beaten*) misshandelt ② (*damaged*) böse zugerichtet; *car* verbeult; *furniture, image* ramponiert ③ (*covered in batter*) paniert

battery ['bætəri] *n* Batterie *f;* **~-operated** batteriebetrieben
battery charger *n* [Batterie]ladegerät *nt*
battery hen *n* BRIT, AUS Batteriehuhn *nt*
battery-operated ['bætəri,ɒpəreɪtɪd] *adj,* **battery-powered** ['bætəri,paʊəd] *adj* batteriebetrieben
battle ['bætḷ] **I.** *n* Kampf *m;* **in ~** im Kampf; **~ of wills** Machtkampf *m* ▶ **to fight a losing ~** auf verlorenem Posten kämpfen **II.** *intr verb* kämpfen *a. fig*
battlefield *n,* **battleground** *n* ❶ Schlachtfeld *nt* ❷ (*fig*) Reizthema *nt*
battleship *n* Schlachtschiff *nt*
batty ['bæti] *adj* (*fam*) bekloppt
Bavaria [bə'veəriə] *n no pl* Bayern *nt*
Bavarian [bə'veəriən] **I.** *adj* bay[e]risch **II.** *n* Bayer(in) *m(f)*
bawl [bɔːl] **I.** *intr verb* brüllen **II.** *tr verb* schreien; *song* grölen
bazillion [bə'zɪljən] *n* AM (*fam*) jede Menge
BBC [,biːbiː'siː] *n* BRIT *abbrev of* **British Broadcasting Corporation** BBC *f* (*britische Rundfunkgesellschaft*)
be <was, been> [biː, bi] *intr verb + n/adj* ❶ (*describes*) sein; **what is that?** was ist das?; **she's a doctor** sie ist Ärztin; **to ~ from a country** aus einem Land kommen ❷ (*calculation*) **two and two is four** zwei und zwei ist vier; **these books are 50p each** diese Bücher kosten jeweils 50p ❸ (*timing*) **to ~ late/[right] on time** zu spät/[genau] rechtzeitig kommen ❹ (*location*) sein; *town, country* liegen; **the keys are in that box** die Schlüssel befinden sich in der Schachtel ❺ *pp* (*visit*) sein; **the postman hasn't been yet** der Briefträger war noch nicht da ❻ (*take place*) stattfinden; **the meeting is next Monday** die Konferenz findet am nächsten Montag statt ❼ (*do*) **to ~ on a diet** auf Diät sein; **to ~ on the pill** die Pille nehmen ❽ (*expresses future*) **we are [going] to visit Australia in the spring** im Frühling reisen wir nach Australien ❾ (*expresses future in past*) **she was never to see her brother again** sie sollte ihren Bruder nie mehr wiedersehen ❿ (*in conditionals*) **if I were you, I'd ...** an deiner Stelle würde ich ... ⓫ (*impersonal use*) **is it true that ...?** stimmt es, dass ...?; **as it were** sozusagen ⓬ (*expresses imperatives*) **~ quiet or I'll ...!** sei still oder ich ...!; **~ seated!** setzen Sie sich! ⓭ (*expresses continuation*) **while I'm eating** während ich esse [*o* beim Essen bin]; **it's raining** es regnet ⓮ (*expresses passive*) **to ~ asked** gefragt werden; **what is to ~ done?** was kann getan werden? ▶ **the ~-all and end-all** das Ein und Alles; **so ~ it** so sei es; **far ~ it from me to ...** nichts liegt mir ferner, als ...; **let her ~!** lass sie in Ruhe!
beach [biːtʃ] *n* <*pl* -es> Strand *m;* **on the ~** am Strand
bead [biːd] *n* ❶ Perle *f* ❷ REL **the ~s** der Rosenkranz; **to count one's ~s** den Rosenkranz beten
beady ['biːdi] *adj* **~ eyes** [glänzende] Knopfaugen; **to have one's ~ eye on** (*fig*) ein wachsames Auge haben auf
beak [biːk] *n* Schnabel *m*
beaker ['biːkər] *n* Becher *m*
beam [biːm] **I.** *n* ❶ (*light*) [Licht]strahl *m;* **full ~** Fernlicht *nt* ❷ (*timber*) Balken *m* **II.** *intr verb* strahlen; **to ~ at sb** jdn anstrahlen
beaming ['biːmɪŋ] *adj* strahlend
bean [biːn] *n* Bohne *f;* **baked ~s** Bohnen *Pl* in Tomatensoße, Baked Beans *Pl* ▶ **full of ~s** putzmunter
bear¹ [beər] *n* (*animal*) Bär *m*
bear² <bore, borne *or* AM *a.* born> [beər] **I.** *tr verb* ❶ (*carry*) tragen; *gifts* mitbringen; **to ~ the cost** die Kosten tragen ❷ (*endure*) ertragen; **to not be able to ~ the suspense** die Spannung nicht aushalten ❸ (*display*) **to ~ the scars** (*fig*) gezeichnet sein ❹ (*keep*) **I'll ~ that in mind** ich werde das berücksichtigen ❺ (*give birth to*) gebären; **his wife bore him a son** seine Frau schenkte ihm einen Sohn ❻ FIN **to ~ interest at 8%** 8 % Zinsen bringen ❼ (*testify*) **to ~ witness [to]** Zeugnis ablegen [von +*Dat*] **II.** *intr verb* ❶ (*tend*) **to ~ right** sich rechts halten ❷ (*be patient*) **to ~ with sb** mit jdm Geduld haben ◆**bear off** *tr verb* (*carry away*) wegtragen ◆**bear up** *intr verb* standhalten; **she's ~ing up** sie lässt sich nicht unterkriegen
bearable ['beərəbḷ] *adj* erträglich
beard [bɪəd] *n* Bart *m*
bearing ['beərɪŋ] *n* ❶ NAUT Peilung *f;* **~s**

Orientierung *f kein Pl;* (*position*) Lage *f kein Pl* ② *no pl* (*deportment*) Benehmen *nt* ③ (*relevance*) **to have no ~ on sth** für etw belanglos sein ▶ **to get one's ~s** sich zurechtfinden

beast [bi:st] *n* ① (*animal*) Tier *nt* ② (*fam: nasty person*) Biest *nt;* (*cruel person*) Bestie *f*

beastly ['bi:s(t)li] *adj* (*fam*) ① (*nasty*) scheußlich ② (*unfair, unpleasant*) gemein

beat [bi:t] **I.** *n* ① (*throb*) Schlag *m* ② (*act*) Schlagen *nt* ③ MUS Takt *m* ④ *usu sing* (*police patrol*) Runde *f* **II.** *tr verb* <beat, beaten *or fam* beat> ① (*hit*) schlagen; **to ~ sth** gegen/auf etw *Akk* schlagen; *carpet* [aus]klopfen; **to ~ sb to death** jdn totschlagen; **to ~ sb black and blue** jdn grün und blau schlagen ② FOOD schlagen ③ (*defeat*) besiegen; **to ~ sb to sth** jdm bei etw zuvorkommen; **it ~s me how/why ...** es ist mir ein Rätsel, wie/warum ... ▶ **if you can't ~ 'em, join 'em** (*prov*) verbünde dich mit ihnen, wenn du sie nicht besiegen kannst; **~ it!** hau ab! **III.** *intr verb* <beat, beaten *or fam* beat> ① (*throb,*) schlagen; *heart a.* klopfen ② (*strike*) **to ~ against/on sth** gegen etw schlagen ◆ **beat back** *tr verb* abwehren; MIL zurückschlagen ◆ **beat down** *intr verb rain* [her]niederprasseln ◆ **beat off** *tr verb* abwehren ◆ **beat up** *tr verb* verprügeln

beaten ['bi:tən] *adj* geschlagen

beating ['bi:tɪŋ] *n* ① (*smacking*) Prügel *Pl* ② (*defeat*) Niederlage *f*

beautician [bju:'tɪʃən] *n* Kosmetiker(in) *m(f)*

beautiful ['bju:tɪfəl] *adj* schön

beauty ['bju:ti] *n* ① *no pl* Schönheit *f* ② *no pl* (*attraction*) **the ~ of our plan ...** das Schöne an unserem Plan ... ▶ **~ is in the eye of the beholder** (*prov*) über Geschmack lässt sich [bekanntlich] streiten

beauty spot *n* ① (*on face*) Schönheitsfleck *m* ② (*in countryside*) schönes Fleckchen [Erde]; **local ~** örtliches Naturausflugsziel

beaver ['bi:vər] **I.** *n* Biber *m* **II.** *intr verb* (*fam*) **to ~ away** schuften

became [bɪ'keɪm] *pt of* **become**

because [bɪ'kɒz] **I.** *conj* ① weil, da; **that's ~ ...** es liegt daran, dass ... ② (*fam: for*) denn ▶ **just ~!** [einfach] nur so! **II.** *prep* **~ of** wegen +*Gen*

beckon ['bekən] *intr verb* winken *a. fig*

become <became, become> [bɪ'kʌm] **I.** *intr verb* werden; **this species almost became extinct** diese Art wäre fast ausgestorben; **what became of ...?** was ist aus ... geworden?; **to ~ interested in sb/sth** anfangen, sich für jdn/etw zu interessieren **II.** *tr verb* werden; **she wants to ~ an actress** sie will Schauspielerin werden

bed [bed] *n* ① (*furniture*) Bett *nt;* **to get out of ~** aufstehen; **to go to ~** zu [*o* ins] Bett gehen; **to put sb to ~** jdn ins Bett bringen ② (*flower patch*) Beet *nt*

BEd [bi:'ed] *n* BRIT *abbrev of* **Bachelor of Education** Bakkalaureus *m* der Erziehungswissenschaften

bed and breakfast *n* Übernachtung *f* mit Frühstück; **~ place** Frühstückspension *f*

bedclothes *npl* Bettzeug *nt kein Pl*

bedraggled [bɪ'drægḷd] *adj* durchnässt [und verdreckt]

bedridden *adj* bettlägerig

bedside rug *n* Bettvorleger *m*

bedside table *n* Nachttisch *m*

bedsitter *n* (*fam*), **bed-sitting room** *n esp* BRIT (*small flat*) Einzimmerappartement *nt;* (*room*) Wohnschlafzimmer *nt*

bedsore *n* MED Druckstelle *f,* Decubitus *m fachspr.*

bedspread *n* Tagesdecke *f*

bedtime *n* Schlafenszeit *f;* **it's ~** Zeit fürs Bett!; **it's long** [*or* **way**] **past your ~** du solltest schon längst im Bett sein

bee [bi:] *n* Biene *f* ▶ **to have a ~ in one's bonnet** einen Tick haben; **to be a busy ~** fleißig wie eine Biene sein

beech [bi:tʃ] *n* Buche *f*

beef [bi:f] *n* Rindfleisch *nt;* **minced** [*or* AM **ground**] **~** Rinderhack[fleisch] *nt*

beehive *n* ① (*of bees*) Bienenstock *m* ② (*hairstyle*) toupierte Hochfrisur

bee-keeper *n* Imker(in) *m(f)*

been [bi:n] *pp of* **be**

beer [bɪər] *n* Bier *nt*

beetle ['bi:tḷ] *n* Käfer *m*

beetroot ['bi:tru:t] *n* BRIT Rote Bete

before [bɪ'fɔ:r] **I.** *prep* ① (*earlier*) vor +*Dat;* **~ everything else** zuallererst; **~ long** in Kürze; **the day ~ yesterday**

vorgestern ② (*in front of*) vor *+Dat; with movement* vor *+Akk;* **the letter K comes ~ L** der Buchstabe K kommt vor dem L; **the task ~ us** die Aufgabe, vor der wir stehen **II.** *conj* ① (*at previous time*) bevor; **just ~ ...** kurz bevor ... ② (*rather than*) ehe ③ (*until*) bis; **not ~** erst wenn **III.** *adv* (*earlier*) zuvor, vorher; **I have never seen that ~** das habe ich noch nie gesehen; **have you been to Cologne ~?** waren Sie schon einmal in Köln?; **~ and after** davor und danach **IV.** *adj after noun* zuvor; **the day ~, it had rained** tags zuvor hatte es geregnet

beforehand [bɪ'fɔːhænd] *adv* vorher

beg <-gg-> [beg] **I.** *tr verb* ① (*request*) bitten; **I ~ your pardon** entschuldigen Sie bitte ② (*leave unresolved*) **to ~ the question** keine Antwort auf die [eigentliche] Frage geben **II.** *intr verb* ① (*seek charity*) betteln (**for** um) ② (*request*) **to ~ of sb** jdn anflehen; **I ~ to inform you that ...** (*form*) ich möchte Ihnen mitteilen, dass...; **I ~ to differ** (*form*) ich erlaube mir, anderer Meinung zu sein

began [bɪ'gæn] *pt of* **begin**

beggar ['begəʳ] **I.** *n* ① (*poor person*) Bettler(in) *m(f)* ② + *adj esp* Brit **little ~** kleiner Schlingel *m* **II.** *tr verb* ▶ **to ~ belief** [einfach] unglaublich sein

begin <-nn-, began, begun> [bɪ'gɪn] *tr, intr verb* anfangen, beginnen; **to ~ school** in die Schule kommen; **to ~ work** mit der Arbeit beginnen; **she began acting at fifteen** sie fing mit fünfzehn mit der Schauspielerei an; **he didn't even ~ to answer my questions** er hat keinerlei Anstalten gemacht, meine Fragen zu beantworten; **she was ~ning to get angry** sie wurde allmählich wütend; **I'll ~ by welcoming our guests** zuerst werde ich unsere Gäste begrüßen; **I don't know where to ~** ich weiß nicht, wo ich anfangen soll!; **~ning from September 1** ab dem ersten September; **to ~ again** neu anfangen

beginner [bɪ'gɪnəʳ] *n* Anfänger(in) *m(f)*

beginning [bɪ'gɪnɪŋ] *n* ① (*starting point*) Anfang *m;* (*in time*) Beginn *m;* **at the ~** am Anfang ② (*origin*) **~s** Anfänge *Pl*

begun [bɪ'gʌn] *pp of* **begin**

behalf [bɪ'hɑːf] *n no pl* **on ~ of sb** (*speaking for*) im Namen einer Person; (*as authorized by*) im Auftrag von jdm

behave [bɪ'heɪv] **I.** *intr verb people* sich verhalten; **to ~ badly/well** sich schlecht/gut benehmen **II.** *tr verb* **to ~ oneself** sich [anständig] benehmen

behavior *n* Am *see* **behaviour**

behaviour [bɪ'heɪvjəʳ] *n of a person* Benehmen *nt,* Verhalten *nt;* **to be on one's best ~** sich von seiner besten Seite zeigen

behind [bɪ'haɪnd] **I.** *prep* ① hinter *+Dat; with movement* hinter *+Akk;* **~ the wheel** hinterm Lenkrad; **to fall ~ sb** hinter jdn zurückfallen ② (*fig*) **I'm ~ you all the way** ich stehe voll hinter dir **II.** *adv* hinten; **to walk ~ [sb]** hinter [jdm] hergehen **III.** *adj* ① (*in arrears*) im Rückstand ② (*slow*) **to be [a long way] ~** [weit] zurück sein; **to be ~ in a subject** in einem Fach hinterherhinken

behindhand [bɪ'haɪndhænd] *adj* im Rückstand

being ['biːɪŋ] **I.** *n* ① (*creature*) Wesen *nt* ② (*existence*) Dasein *nt* **II.** *adj* **for the time ~** vorerst

Belarus *n* [belə'ruːs] Weißrussland *nt*

belated [bɪ'leɪtɪd] *adj* verspätet

Belfast sink [ˌbelfɑːst'sɪŋk] *n* Brit *altmodisches Keramikspülbecken*

belfry ['belfriː] *n* Glockenturm *m*

Belgian ['beldʒən] **I.** *n* Belgier(in) *m(f)* **II.** *adj* belgisch

Belgium ['beldʒəm] *n* Belgien *nt*

belief [bɪ'liːf] *n* ① (*faith*) Glaube *m kein Pl* (**in** an); **to be beyond ~** [einfach] unglaublich sein ② (*view*) Überzeugung *f;* **it is my firm ~ that ...** ich bin der festen Überzeugung, dass ...

believable [bɪ'liːvəbl̩] *adj* glaubwürdig

believe [bɪ'liːv] **I.** *tr verb* ① (*presume true*) glauben; **~ [you] me!** du kannst mir glauben!; **would you ~ it?** kannst du dir das vorstellen?; **she couldn't ~ her eyes** sie traute ihren Augen nicht; **~ it or not** ob du es glaubst oder nicht ② (*pretend*) **to make ~ [that] ...** (*pretend*) so tun, als ob ... **II.** *intr verb* ① (*be certain of*) glauben (**in** an) ② (*have confidence*) **to ~ in sb/sth** auf jdn/etw vertrauen ③ (*think*) glauben; **we have [every] reason to ~ that ...** wir haben [allen] Grund zu der Annahme, dass ...

Belisha beacon [bɪˌliːʃəˈ-] *n* BRIT [*gelbes*] *Blinklicht an brit. Zebrastreifen*

bell [bel] *n* ❶ (*for ringing*) Glocke *f* ❷ (*signal*) Läuten *nt kein Pl,* Klingeln *nt kein Pl* ▸ [**as**] **clear as a ~** (*pure*) glasklar; **sth rings a ~** [**with sb**] etw kommt jdm bekannt vor

bellboy *n* [Hotel]page *m*

bellow [ˈbeləʊ] **I.** *tr, intr verb* brüllen **II.** *n* Gebrüll *nt*

bell-push *n* BRIT Klingel *f*

belly [ˈbeli] *n* (*fam*) Bauch *m* ▸ **his eyes are bigger than his ~** bei ihm sind die Augen größer als der Magen

bellyache I. *n* (*fam*) Bauchschmerzen *Pl* **II.** *intr verb* (*fam*) jammern **belly bar** *n* Nabelstecker *m* **belly button** *n* (*fam*) [Bauch]nabel *m* **belly-dancer** *n* Bauchtänzerin *f* **bellyful** [ˈbelɪfʊl] *n no pl* (*fam*) **to have a ~** einen vollen Bauch haben; **to have a ~ of sth** (*fig*) die Nase von etw voll haben *fam* **belly landing** *n* AVIAT Bauchlandung *f*

belong [bɪˈlɒŋ] *intr verb* ❶ gehören; **who does this ~ to?** wem gehört das? ❷ (*should be*) **he ~s in jail** er gehört ins Gefängnis; **you don't ~ here** Sie haben hier nichts zu suchen

belongings [bɪˈlɒŋɪŋz] *npl* Hab und Gut *nt kein Pl*

Belorussian [ˌbelə(ʊ)ˈrʌʃən] **I.** *adj* weißrussisch **II.** *n* ❶ (*person*) Weißrusse *m*/Weißrussin *f* ❷ *no pl* LING Weißrussisch *nt*

below [bɪˈləʊ] **I.** *adv* ❶ (*lower*) unten ❷ (*on page*) unten; **see ~** siehe unten **II.** *prep* unter *+Dat; with movement* unter *+Akk;* **~ average** unter dem Durchschnitt

belt [belt] **I.** *n* ❶ (*for waist*) Gürtel *m* ❷ (*conveyor*) Band *nt* ❸ (*area*) **green ~** Grüngürtel *m* ▸ **to tighten one's ~** den Gürtel enger schnallen **II.** *tr verb* (*fam: hit*) hauen ◆**belt out** *tr verb* (*fam*) *song* schmettern ◆**belt up** *intr verb* AUTO sich anschnallen

bench <*pl* -es> [bentʃ] *n* ❶ Bank *f* ❷ BRIT POL Regierungsbank *f;* **the opposition ~es** die Oppositionsbank ❸ FBALL Ersatzbank *f*

bend [bend] **I.** *n* (*in a road*) Kurve *f;* (*in a pipe*) Krümmung *f* ▸ **to go round the ~** durchdrehen; **to drive sb round the ~** jdn zum Wahnsinn treiben **II.** *intr verb* <bent, bent> ❶ (*turn*) *road* biegen; **to ~ forwards** sich vorbeugen ❷ (*be flexible*) sich biegen; *tree* sich neigen; **be careful, that wire ~s easily** Vorsicht, der Draht verbiegt sich leicht **III.** *tr verb* verbiegen; **to ~ the rules** (*fig*) sich nicht ganz an die Regeln halten ◆**bend back I.** *tr verb* zurückbiegen **II.** *intr verb* sich nach hinten beugen ◆**bend down** *intr verb* sich niederbeugen

beneath [bɪˈniːθ] **I.** *prep* unter *+Dat; with movement* unter *+Akk;* **to be ~ sb** (*lower rank than*) unter jdm stehen; **~ contempt** verachtenswert **II.** *adv* unten

beneficial [ˌbenɪˈfɪʃᵊl] *adj* (*approv*) nützlich; **~ effect** positive Auswirkung, Nutzen *m*

beneficial interest *n* ECON Nießbrauch *m*

benefit [ˈbenɪfɪt] **I.** *n* ❶ (*advantage*) Vorteil *m;* (*profit*) Nutzen *m;* **to give sb the ~ of the doubt** im Zweifelsfall zu jds Gunsten entscheiden; **for the ~ of those who weren't listening, ...** für all diejenigen, die nicht zugehört haben, ... ❷ BRIT (*welfare payment*) Beihilfe *f;* **unemployment ~** Arbeitslosengeld *nt* **II.** *intr verb* <-t- *or* -tt-> **to ~ from sth** von etw profitieren **III.** *tr verb* <-t- *or* -tt-> **to ~ sb/sth** jdm/etw nützen

benevolence [bɪˈnevᵊlən(t)s] *n no pl* (*approv*) Wohlwollen *nt;* (*kindness*) Güte *f*

benign [bɪˈnaɪn] *adj* ❶ (*approv: kind*) gütig ❷ MED *tumour* gutartig

bent [bent] **I.** *pt, pp of* **bend II.** *n* (*inclination*) Neigung *f;* **a** [**natural**] **~ for sth** ein [natürlicher] Hang zu etw **III.** *adj* ❶ (*curved*) umgebogen; *wire* verbogen; *person* gekrümmt ❷ (*determined*) **to be** [**hell**] **~ on** [**doing**] **sth** zu etw [wild] entschlossen sein ❸ *esp* BRIT (*sl: corrupt*) korrupt

bereavement [bɪˈriːvmənt] *n* Trauerfall *m*

Bermuda [bəˈmjuːdə] *n* GEOG Bermuda *nt*

Bermuda shorts [bəˌmjuːdəˈʃɔːts] *npl* Bermudas *Pl*

berry [ˈberi] *n* Beere *f*

berserk [bəˈzɜːk] *adj* außer sich; **to go ~** [fuchsteufels]wild werden

berth [bɜːθ] **I.** *n* ❶ (*bed*) NAUT [Schlaf]koje *f* ❷ (*for ship*) Liegeplatz *m* **II.** *tr, intr verb* festmachen
beside [bɪˈsaɪd] *prep* ❶ (*next to*) neben +*Dat; with movement* neben +*Akk;* **right ~ sb** genau neben jdm ❷ (*irrelevant to*) **~ the point** nebensächlich
besides [bɪˈsaɪdz] **I.** *adv* außerdem; **many more ~** noch viele mehr **II.** *prep* (*in addition to*) außer +*Dat*
bespectacled [bɪˈspektək|d] *adj attr* bebrillt
best [best] **I.** *adj superl of* **good** ❶ (*finest*) **the ~ ...** der/die/das beste ...; **the ~ days of my life** die schönste Zeit meines Lebens; **~ regards** viele Grüße ❷ (*most favourable*) **he is acting in her ~ interests** er handelt nur zu ihrem Besten; **what's the ~ way to the station?** wie komme ich am besten zum Bahnhof? ❸ (*most*) **the ~ part of sth** der Großteil einer S. *Gen;* **it took the ~ part of an hour** es dauerte fast eine Stunde **II.** *adv superl of* **well** am besten; **to do as one thinks ~** tun, was man für richtig hält **III.** *n no pl* ❶ (*finest person, thing*) **the ~** der/die/das Beste; **and ~ of all** und allem voran; *people* und allen voran ❷ (*most favourable*) **all the ~!** (*fam*) alles Gute!; **~ of luck!** viel Glück! ▶ **to make the ~ of things** das Beste daraus machen; **to wear one's Sunday ~** seine Sonntagskleider tragen
best-seller *n* Bestseller *m*
bet [bet] **I.** *n* Wette *f;* **to place a ~ on sth** auf etw *Akk* wetten **II.** *tr, intr verb* <-tt-, bet *or* -ted, bet *or* -ted> wetten; **I ~ you £25 that ...** ich wette mit dir um 25 Pfund, dass ... ▶ **you ~!** (*fam*) das kannst du mir aber glauben!
beta testing *n* COMPUT Beta-Testing *nt*
beta version *n* COMPUT Betaversion *f*
betray [bɪˈtreɪ] *tr verb* verraten; **to ~ sb** jdn betrügen
better [ˈbetəʳ] **I.** *adj comp of* **good** ❶ (*superior*) besser; **~ luck next time** vielleicht klappt's ja beim nächsten Mal; **it's ~ that way** es ist besser so ❷ (*healthier*) besser; **I'm much ~ now** mir geht's schon viel besser **II.** *adv comp of* **well** ❶ besser; *like* lieber, mehr; **or ~ still ...** oder noch besser ... ❷ (*to a greater degree*) mehr; **she is much ~-looking** sie sieht viel besser aus **III.** *n no pl* **I have not seen ~** ich habe nichts Besseres gesehen; **to change for the ~** sich zum Guten wenden ▶ **to get the ~ of sb** über jdn die Oberhand gewinnen **IV.** *tr verb* verbessern; **to ~ oneself** (*improve social position*) sich verbessern
between [bɪˈtwiːn] **I.** *prep* zwischen +*Dat; with movement* zwischen +*Akk;* **~ times** in der Zwischenzeit; **~ you and me** unter uns gesagt **II.** *adv* [**in-**]**~** dazwischen
beware [bɪˈweəʳ] *intr, tr verb* sich in Acht nehmen (**of** vor); **~!** Vorsicht!
bewildered [bɪˈwɪldəd] *adj* verwirrt
bewildering [bɪˈwɪldᵊrɪŋ] *adj* verwirrend
beyond [biˈɒnd] **I.** *prep* ❶ (*on the other side of*) jenseits +*Gen* ❷ (*after*) nach +*Dat* ❸ (*further than*) über +*Akk;* **to see ~ sth** über etw *Akk* hinaussehen ❹ (*too difficult for*) **that's way ~ me** das ist mir viel zu hoch ❺ (*surpassing*) **to be ~ question** außer Frage stehen; **damaged ~ repair** irreparabel beschädigt **II.** *adv* (*in space*) jenseits; (*in time*) darüber hinaus; **to go far ~ sth** etw bei weitem übersteigen **III.** *n* **the ~** das Jenseits ▶ **at the back of ~** *esp* BRIT am Ende der Welt
bi- [baɪ] *in compounds* ❶ (*two times per*) **~-weekly** zweimal wöchentlich; **~-yearly** zweimal jährlich ❷ (*once every two*) **~-weekly** vierzehntägig; **~-yearly** halbjährlich ❸ (*with two*) zwei-
biannual [baɪˈænjuəl] *adj attr* (*twice a year*) zweimal jährlich; (*half-yearly*) halbjährlich
bias [ˈbaɪəs] **I.** *n usu sing* ❶ (*prejudice*) Vorurteil *nt* ❷ *no pl* (*one-sidedness*) Befangenheit *f* (**against** gegenüber) **II.** *tr verb* <BRIT -ss- *or* AM *usu* -s-> **to ~ sth** etw einseitig darstellen; **to ~ sb** jdn beeinflussen
biased [ˈbaɪəst] *adj,* BRIT *esp* **biassed** *adj* voreingenommen
Bible [ˈbaɪb|] *n* Bibel *f*
bibliography [ˌbɪbliˈɒgrəfi] *n* Bibliografie *f*
bicker [ˈbɪkəʳ] *intr verb* sich zanken
bickering [ˈbɪkᵊrɪŋ] *n no pl* Gezänk *nt*
bicycle [ˈbaɪsɪk|] *n* Fahrrad *nt;* **by ~** mit dem Fahrrad

bicycle lane *n* Fahrradweg *m*
bid[1] <-dd-, bid *or* bade, bid *or* bidden> [bɪd] *tr verb* (*form*) ① (*greet*) **to ~ sb farewell** jdm Lebewohl sagen ② (*old: command*) **to ~ sb [to] do sth** jdn etw tun heißen
bid[2] [bɪd] **I.** *n* ① (*offer*) Angebot *nt;* (*at an auction*) Gebot *nt* ② (*attempt*) Versuch *m* **II.** *intr verb, vt* <-dd-, bid, bid> bieten
biennale [biːɜ'nɑːleɪ] *n* Biennale *f*
biennial [baɪ'eniəl] **I.** *adj* zweijährlich **II.** *n* zweijährige Pflanze
big <-gg-> [bɪg] *adj* ① (*of size, amount*) groß; *meal* üppig; *tip* großzügig; **the ~ger the better** je größer, desto besser ② (*significant*) bedeutend; *decision* schwerwiegend; **when's the ~ day?** wann ist der große Tag? ◆ **big up** *tr verb* (*sl*) **to ~ up sb/sth** jdn/etw groß rausbringen
big-ass *adj attr* AM (*fig sl*) Riesen- *fam*
big bang *n* Urknall *m* **big-bucks** *adj* AM (*fam*) teuer
Big Easy *n* **the ~** New Orleans *nt*
bigoted ['bɪgətɪd] *adj* (*pej*) fanatisch
big shot *n* (*fam*) hohes Tier
bike [baɪk] **I.** *n* ① (*fam: bicycle*) [Fahr]rad *nt;* **by ~** mit dem [Fahr]rad ② (*motorcycle*) Motorrad *nt* **II.** *intr verb* mit dem Fahrrad fahren
bike lane *n,* **bikeway** *n* [Fahr]radweg *m*
bikini [bɪ'kiːni] *n* Bikini *m*
bilberry ['bɪlbᵊri] *n* Heidelbeere *f*
bilingual [baɪ'lɪŋgwᵊl] *adj* zweisprachig; **~ secretary** Fremdsprachensekretär(in) *m(f)*
bill[1] [bɪl] **I.** *n* ① (*invoice*) Rechnung *f;* **could we have the ~, please?** zahlen bitte! ② AM (*bank note*) Geldschein *m;* **[one-]dollar ~** Dollarschein *m* ③ (*placard*) Plakat *nt* **II.** *tr verb* **to ~ sb** jdm eine Rechnung ausstellen
bill[2] [bɪl] *n of a bird* Schnabel *m*
billboard *n* Reklamefläche *f*
billfold *n* AM Brieftasche *f*
billiards ['bɪliədz] *n no pl* Billard *nt*
billion ['bɪliən] *n* Milliarde *f*
bill posting *n no pl* Plakatkleben *nt*
bi-monthly *adj, adv* ① (*twice a month*) zweimal im Monat ② (*every two months*) zweimonatlich
bin [bɪn] *n* ① BRIT, AUS (*for waste*) Mülleimer *m* ② (*for storage*) Behälter *m*
bind [baɪnd] **I.** *n* (*fam*) ① **to be [a bit of] a ~** [ziemlich] lästig sein ② **to be in a bit of a ~** in der Klemme stecken **II.** *intr verb* <bound, bound> binden **III.** *tr verb* <bound, bound> ① **to ~ sb** jdn fesseln (**to** an); **to ~ sth** etw festbinden (**to** an) ② **to ~ sb to secrecy** jdn zum Stillschweigen verpflichten
binder ['baɪndəʳ] *n* Einband *m*
binding ['baɪndɪŋ] **I.** *n no pl* ① (*covering*) Einband *m* ② (*act*) Binden *nt* ③ (*on ski*) Bindung *f* **II.** *adj* verbindlich
bin diver *n* (*fam*) *jd, der Abfall nach Informationen* (*wie z.B. auf Kreditkartenquittungen*) *durchsucht*
binoculars [bɪ'nɒkjələz] *npl* **[a pair of] ~** [ein] Fernglas *nt*
bio-attack *n* Bioangriff *m*
bio-chem *adj short for* **biological-chemical** biochemisch
biochemistry *n no pl* Biochemie *f*
biodefence, AM **biodefense** *n* Gegenwehr *f* gegen Biowaffen
biodegradable *adj* biologisch abbaubar
biodiversity *n* Artenvielfalt *f*
bioengineered *adj* genmanipuliert
bioengineering *n* Biotechnik *f*
biography [baɪ'ɒgrəfi] *n* Biografie *f*
biological [ˌbaɪə'lɒdʒɪkᵊl] *adj* biologisch
biological control *n* biologische Schädlingsbekämpfung
biological indicator *n* biologischer Indikator
biologist [baɪ'ɒlədʒɪst] *n* Biologe *m*/Biologin *f*
biology [baɪ'ɒlədʒi] *n* Biologie *f*
biometric [baɪə(ʊ)metrɪk] *adj* biometrisch; **~ passport** biometrischer Reisepass
biometrics [baɪə(ʊ)metrɪks] *n + sing verb,* **biometry** [baɪə'ɒmɪtri] *n* Biometrie *f*
biophysics *n + sing verb* Biophysik *f*
biorhythm *n* Biorhythmus *m*
biosecurity *n no pl* Sicherheitsvorkehrungen *Pl* gegen Bioangriffe
biotechnology *n* Biotechnologie *f*
bioterrorist *n* Bioterrorist(in) *m(f)*
birch [bɜːtʃ] *n* <*pl* -es> Birke *f*
bird [bɜːd] *n* ① Vogel *m;* **~ life** Vogelwelt *f* ② (*fam: young female*) Biene *f* ▶ **to know about the ~s and bees** (*euph*) aufgeklärt sein
birdcage *n* Vogelkäfig *m*

bird's-eye view *n* Vogelperspektive *f*
bird's nest *n* Vogelnest *nt*
bird table *n* BRIT Futterplatz *m* (*für Vögel*)
birth [bɜːθ] *n* ① Geburt *f;* **date/place of ~** Geburtsdatum *nt*/-ort *m;* **to give ~ to a child** ein Kind zur Welt bringen ② *no pl* (*parentage*) Abstammung *f*
birth certificate *n* Geburtsurkunde *f*
birth control *n* Geburtenkontrolle *f;* **~ pill** Antibabypille *f*
birthday ['bɜːθdeɪ] *n* Geburtstag *m;* **happy ~ [to you]!** alles Gute zum Geburtstag!
birthday party *n* Geburtstagsparty *f*
birthday present *n* Geburtstagsgeschenk *nt*
birthmark *n* Muttermal *nt*
birthplace *n* Geburtsort *m*
birth rate *n* Geburtenrate *f*
biscuit ['bɪskɪt] *n* ① BRIT, AUS Keks *m* ② AM Brötchen *nt*
bishop ['bɪʃəp] *n* ① REL Bischof *m* ② CHESS Läufer *m*
bit[1] [bɪt] *n* (*fam*) ① (*small piece*) Stück *nt;* **~ by ~** Stück für Stück; **a ~ of advice** ein Rat *m;* **a ~ of news** eine Neuigkeit; **~s of glass** Glasscherben *Pl* ② (*part*) Teil *m; of a story, a film* Stelle *f* ③ (*a little*) **a ~** ein bisschen ④ (*rather*) **a ~** ziemlich; **he's put on a ~ of weight** er hat ziemlich zugenommen ⑤ (*short time*) **I'm just going out for a ~** ich gehe mal kurz raus; **I'll come along in a ~** ich komme gleich nach ⑥ *pl* BRIT **~s and pieces** Krimskrams *m*
bit[2] [bɪt] *tr verb, vi pt of* **bite**
bit[3] [bɪt] *n* (*for horses*) Trense *f* ► **to get the ~ between one's teeth** sich an die Arbeit machen
bit[4] [bɪt] *n* (*drill*) Bohrer[einsatz] *m*
bit[5] [bɪt] *n* COMPUT Bit *nt*
bitch [bɪtʃ] **I.** *n* ① (*female dog*) Hündin *f* ② (*pej sl*) Miststück *nt,* Oberzicke *f* ③ (*fig sl: bad situation*) Mist *m;* **what a ~!** so ein Mist! **II.** *intr verb* (*pej sl*) ① **to ~ about sb** über jdn ablästern ② (*complain*) herumzicken
bite [baɪt] **I.** *n* ① (*using teeth*) Biss *m;* **~ mark** Bisswunde *f;* **to have a ~ to eat** (*fam*) eine Kleinigkeit essen ② *no pl* (*pungency*) Schärfe *f* **II.** *tr verb, vi* <bit, bitten> beißen; **to ~ one's nails** an seinen Nägeln kauen
bite-sized *adj* mundgerecht
biting ['baɪtɪŋ] *adj* beißend *a. fig*
bit player *n* FILM, THEAT Charge *f,* Chargenspieler(in) *m(f)*
bitten ['bɪtən] *tr verb, vi pp of* **bite**
bitter ['bɪtər] *adj* <-er, -est> bitter
bitterly ['bɪtəli] *adv* bitter; **~ cold** bitterkalt; **~ disappointed** schwer enttäuscht
biweekly [baɪ'wiːkli] *adj, adv* ① (*every two weeks*) zweiwöchentlich ② (*twice a week*) zweimal wöchentlich
biz [bɪz] *n* (*sl*) *short for* **business: the music ~** das Musikgeschäft
bizarre [bɪ'zɑːr] *adj* bizarr
blab <-bb-> [blæb] (*fam*) **I.** *tr verb* ausplaudern **II.** *intr verb* plaudern
black [blæk] **I.** *adj* schwarz *a. fig;* **~ and blue** grün und blau **II.** *n* Schwarz *nt* **III.** *tr verb* (*darken*) schwarz färben
black and white I. *adj* ① (*documented*) **[down] in ~** schwarz auf weiß ② (*not in colour*) schwarzweiß ③ (*clear-cut*) sehr einfach [*o* klar] **II.** *n* ① (*in film, photography*) Schwarzweißtechnik *f* ② (*oversimplified view*) Vereinfachung *f*
blackberry ['blækbəri] *n* Brombeere *f*
blackbird *n* Amsel *f* **blackboard** *n* Tafel *f* **blackcurrant** [,blæk'kʌrənt] *n* schwarze Johannisbeere
blacken ['blækən] **I.** *tr verb* schwärzen **II.** *intr verb* schwarz werden
blackhead *n* Mitesser *m*
blackmail I. *n* Erpressung *f;* **open to ~** erpressbar **II.** *tr verb* erpressen
black mark *n* Tadel *m*
black market *n* Schwarzmarkt *m*
blackness ['blæknəs] *n no pl* Schwärze *f*
blackout ['blækaʊt] *n* ① (*unconsciousness*) Ohnmachtsanfall *m* ② ELEC [Strom]ausfall *m*
black pudding *n* BRIT Blutwurst *f*
Black Sea *n* Schwarzes Meer
black sheep *n* (*fig*) schwarzes Schaf
blacksmith *n* [Huf]schmied *m*
bladder ['blædər] *n* [Harn]blase *f*
blade [bleɪd] **I.** *n* Klinge *f;* **~ of grass** Grashalm *m;* **~ of an oar** Ruderblatt *nt* **II.** *intr verb* SPORTS (*fam*) bladen
blame [bleɪm] **I.** *tr verb* **to ~ sb/sth for sth** [*or* **sth on sb/sth**] jdm/etw die Schuld an etw *Dat* geben **II.** *n no pl* (*guilt*) Schuld *f;* **where does the ~ lie?**

B

B

wer hat Schuld?; **to take the ~** die Schuld auf sich nehmen

blameless ['bleɪmləs] *adj* schuldlos

bland [blænd] *adj* fade; (*fig*) vage; **~ diet** Schonkost *f*

blank [blæŋk] **I.** *adj* ❶ leer; **~ space** Leerraum *m;* **the screen went ~** das Bild fiel aus ❷ (*without emotion*) ausdruckslos ❸ (*complete*) **~ refusal** glatte Ablehnung **II.** *n* (*empty space*) Leerstelle *f* ▸ **to draw a ~** kein Glück haben **III.** *tr verb* **to ~ out** ausstreichen

blanket ['blæŋkɪt] **I.** *n* [Bett]decke *f;* (*fig*) Decke *f* **II.** *tr verb* bedecken **III.** *adj* umfassend; *coverage* ausführlich

blarney ['blɑːni] *n no pl* [plumpe] Schmeichelei ▸ **to have kissed the Blarney Stone** Leute beschwatzen können *fam*

blasé ['blɑːzeɪ] *adj* gelangweilt, gleichgültig

blasphemy ['blæsfəmi] *n no pl* Blasphemie *f*

blast [blɑːst] **I.** *n* ❶ (*explosion*) Explosion *f* ❷ (*noise*) **a ~ of music** ein Schwall *m* Musik; **~ of a whistle** Pfeifton *m;* **at full ~** in voller Lautstärke **II.** *interj* (*fam!*) verdammt! **III.** *tr verb* (*explode*) sprengen

blasted ['blɑːstɪd] *adj* (*fam!*) verdammt

blast-off ['blɑːstɒf] *n* [Raketen]start *m*

blaze [bleɪz] **I.** *n* ❶ (*fire*) Brand *m* ❷ (*light*) Glanz *m* ❸ (*fig*) **~ of colour** Farbenpracht *f* **II.** *intr verb* glühen; *fire* [hell] lodern; *sun* brennen ◆**blaze up** *intr verb* aufflammen

blazer ['bleɪzəʳ] *n* Blazer *m;* **school ~** Jacke *f* der Schuluniform

blazing ['bleɪzɪŋ] *adj fire* lodernd; **~ hot** glühend heiß

bleach [bliːtʃ] **I.** *tr verb* bleichen **II.** *n* <*pl* -es> (*chemical*) Bleichmittel *nt;* (*for hair*) Blondierungsmittel *nt*

bleak [bliːk] *adj* öde; (*fig*) trostlos

bleary ['blɪəri] *adj* ❶ (*sleepy*) verschlafen; **~ eyes** müde Augen ❷ (*blurred*) verschwommen

bleary-eyed *adj* **to look ~** verschlafen aussehen

bleat [bliːt] **I.** *intr verb sheep* blöken **II.** *n of sheep* Blöken *nt*

bled [bled] *pt, pp of* **bleed**

bleed [bliːd] **I.** *intr verb* <bled, bled> bluten ▸ **my heart ~s** (*iron*) mir blutet das Herz **II.** *tr verb* <bled, bled> **to ~ sb dry** (*fig*) jdn [finanziell] bluten lassen

bleeding ['bliːdɪŋ] *adj* Brit (*fam!*) verdammt

bleep [bliːp] Brit **I.** *n* TECH Piepton *m* **II.** *intr verb* piepsen **III.** *tr verb* **to ~ sb** jdn über einen Piepser rufen

bleeper ['bliːpəʳ] *n* Brit Piepser *m*

blemish ['blemɪʃ] *n* <*pl* -es> Makel *m*

blend [blend] **I.** *n* Mischung *f* **II.** *tr verb* [miteinander] vermischen **III.** *intr verb* ❶ **to ~ with sb/sth** zu jdm/etw passen ❷ **to ~ into sth** mit etw verschmelzen

blender ['blendəʳ] *n* Mixer *m*

bless <-ed *or liter* blest, -ed> [bles] *tr verb* segnen ▸ **~ him/her!** der/die Gute!; **~ you!** Gesundheit!

blessed ['blesɪd] *adj* ❶ gesegnet ❷ (*euph*) dumm; **not a ~ soul** keine Menschenseele

blessing ['blesɪŋ] *n* Segen *m* ▸ **to be a ~ in disguise** sich im Nachhinein als Segen erweisen

blest [blest] *pt, pp of* **bless**

blew [bluː] *pt of* **blow**

blighter ['blaɪtəʳ] *n* Brit (*fam*) Luder *nt*

blimey ['blaɪmi] *interj* Brit (*fam*) **~!** [ach] du liebe Zeit!

blind [blaɪnd] **I.** *n* ❶ (*for window*) Jalousie *f;* **roller ~** Rollo *nt* ❷ (*people*) **the ~** die Blinden **II.** *tr verb* ❶ **~ed by tears** blind vor Tränen ❷ (*fig*) **to ~ sb with science** jdn mit seinem Wissen beeindrucken **III.** *adj* ❶ (*sightless*) blind; **to go ~** blind werden ❷ (*fig*) blind; **to be ~ to sth** etw nicht bemerken **IV.** *adv* blind; **~ drunk** stockbetrunken

blindfold ['blaɪn(d)fəʊld] **I.** *n* Augenbinde *f* **II.** *tr verb* **to ~ sb** jdm die Augen verbinden **III.** *adv* ❶ (*eyes covered*) mit verbundenen Augen ❷ (*without thinking*) **to be able to do sth ~** etw im Schlaf tun können **blindness** ['blaɪndnəs] *n no pl* Blindheit *f* **blind spot** *n* ❶ MED blinder Fleck ❷ TRANSP toter Winkel

bling-bling ['blɪŋblɪŋ] *n* (*fam*) Klunker *m fam*

blink [blɪŋk] **I.** *tr verb* **to ~ one's eyes** mit den Augen zwinkern; **without ~ing an eye** ohne mit der Wimper zu zucken **II.** *intr verb* ❶ *eye* blinzeln ❷ *light* blinken; **to ~ left/right** links/rechts anzei-

gen **III.** *n* Blinzeln *nt* ▶ **to be on the ~** (*fam*) kaputt sein
blinking ['blɪŋkɪŋ] *adj esp* BRIT (*fam*) verflixt
blissful ['blɪsfəl] *adj* glückselig
blister ['blɪstəʳ] **I.** *n* Blase *f* **II.** *tr verb* Blasen hervorrufen auf +*Dat* **III.** *intr verb skin* Blasen bekommen
blithering ['blɪðərɪŋ] *adj* **~ idiot** [Voll]idiot(in) *m(f)*
blizzard ['blɪzəd] *n* Schneesturm *m*
bloater ['bləʊtəʳ] *n* ① FOOD Räucherhering *m* ② (*fam: fat person*) Pommespanzer *m*
blob [blɒb] *n* ① (*spot*) Klecks *m* ② (*vague mass*) Klümpchen *nt*
bloc [blɒk] *n* POL Block *m*
block [blɒk] **I.** *n* ① (*solid lump*) Block *m;* **~ of wood** Holzklotz *m* ② SPORTS **the ~s** der Startblock ③ BRIT (*building*) Hochhaus *nt;* **~ of flats** Wohnblock *m* ④ *esp* AM, AUS (*part of neighbourhood*) [Häuser]block *m* **II.** *tr verb* blockieren; *artery, pipeline* verstopfen; *exit, passage* versperren ◆**block off** *tr verb* [ver]sperren ◆**block out** *tr verb* ① (*ignore*) *emotions, thoughts* verdrängen; *noise, pain* ausschalten ② (*obscure*) **to ~ out the light** das Licht nicht durchlassen [*o* abhalten] ③ (*suppress*) unterdrücken ◆**block up** *tr verb* blockieren; (*clog*) verstopfen
blockage ['blɒkɪdʒ] *n* Verstopfung *f*
blockbuster **I.** *n book* Bestseller *m; film* Kassenschlager *m fam* **II.** *adj* sehr erfolgreich; **~ film** [*or* AM **movie**] Kassenschlager *m*
block letters *npl* Blockbuchstaben *Pl*
blog [blɒg] INET **I.** *n* Blog *nt o m,* Internettagebuch *nt* **II.** *tr, intr verb* bloggen
blogger ['blɒgəʳ] *n* INET Blogger(in) *m(f)*
blogging ['blɒgɪŋ] *n no pl, no art* INET Bloggen *nt*
blogosphere ['blɒgə(ʊ)sfɪəʳ] *n* INET Blogwelt *f,* Blogosphäre *f*
bloke [bləʊk] *n* Kerl *m*
blond[e] [blɒnd] **I.** *adj* blond **II.** *n* (*person*) Blonde(r) *f(m)*
blood [blʌd] **I.** *n no pl* Blut *nt* ▶ **~ is thicker than water** (*prov*) Blut ist dicker als Wasser; **in cold ~** kaltblütig **II.** *tr verb* [neu] einführen
blood clot *n* Blutgerinnsel *nt* **blood donor** *n* Blutspender(in) *m(f)* **blood group** *n* Blutgruppe *f* **blood orange** *n* Blutorange *f* **blood poisoning** *n no pl* Blutvergiftung *f* **blood pressure** *n no pl* Blutdruck *m* **blood product** *n* MED Blutprodukt *nt*
bloodshed *n no pl* Blutvergießen *nt*
bloodshot *adj* blutunterlaufen **bloodstained** *adj* blutbefleckt **bloodstream** *n* Blutkreislauf *m* **blood test** *n* Bluttest *m* **bloodthirsty** *adj* blutrünstig **blood transfusion** *n* [Blut]transfusion *f* **blood vessel** *n* Blutgefäß *nt*
bloody ['blʌdi] **I.** *adj* ① (*with blood*) blutig ② BRIT, AUS (*fam!: emphasis*) verdammt; **~ hell!** (*in surprise*) Wahnsinn!; (*in anger*) verdammt [nochmal]! **II.** *adv* BRIT, AUS (*fam!*) verdammt; **~ marvellous** großartig *a. iron;* **to be ~ useless** zu gar nichts taugen
bloody-minded *adj* stur
bloom [blu:m] **I.** *n no pl* Blüte *f;* **to come into ~** aufblühen **II.** *intr verb* blühen
bloomer ['blu:məʳ] *n* BRIT (*fam*) Fehler *m*
bloomin' ['blu:mɪn] *adj see* **blooming²**
blooming¹ ['blu:mɪŋ] *adj* blühend
blooming² ['blu:mɪŋ] *adj* BRIT (*fam*) verdammt
blossom ['blɒsəm] **I.** *n no pl* [Baum]blüte *f* **II.** *intr verb* blühen *a. fig*
blot [blɒt] *n* Klecks *m;* **ink ~** Tintenklecks *m;* **a ~ on the landscape** ein Schandfleck *m* in der Landschaft
blotchy ['blɒtʃi] *adj* fleckig
blotting paper *n no pl* Löschpapier *nt*
blouse [blaʊz] *n* Bluse *f*
blow¹ [bləʊ] **I.** *intr verb* <blew, blown> ① *wind* wehen; **an icy wind began to ~** ein eisiger Wind kam auf; **the window blew open/shut** das Fenster wurde auf-/zugeweht ② (*exhale*) blasen ③ (*break*) *fuse* durchbrennen ④ (*fam: leave*) abhauen **II.** *tr verb* <blew, blown> ① blasen; *wind* wehen; **to ~ one's nose** sich *Dat* die Nase putzen; **to ~ bubbles** [Seifen]blasen machen ② (*destroy*) **we blew a tyre** uns ist ein Reifen geplatzt; **I've ~n a fuse** mir ist eine Sicherung durchgebrannt ③ <blowed, blowed> BRIT (*fam: damn*) **~ [it]!** verflixt! ◆**blow away** *tr verb wind* wegwehen ◆**blow down** **I.** *intr verb* umgeweht werden **II.** *tr verb*

B

umwehen ◆**blow off** **I.** *tr verb* ① (*remove*) wegblasen ② (*rip off*) wegreißen **II.** *intr verb* weggeweht werden ◆**blow out** **I.** *tr verb* ① *extinguish* ausblasen ② (*stop*) **the storm had ~n itself out** der Sturm hatte sich ausgetobt ③ **to ~ out ⊂ one's brains** sich eine Kugel durch den Kopf jagen **II.** *intr verb candle* verlöschen ◆**blow over** **I.** *intr verb* ① (*fall*) umstürzen ② (*stop*) *storm* sich legen ③ (*fig*) *argument, trouble* sich beruhigen **II.** *tr verb* umwerfen ◆**blow up** **I.** *intr verb* ① (*come up*) *storm* [her]aufziehen ② (*explode*) explodieren **II.** *tr verb* ① (*inflate*) aufblasen ② (*enlarge*) vergrößern

blow² [bləʊ] *n* (*hit*) Schlag *m;* **to come to ~s over sth** sich wegen einer S. *Gen* prügeln

blowback *n* Rückstoß *m,* unerwarteter Rückschlag

blow-dry **I.** *tr verb* <-ie-> fönen **II.** *n* Fönen *nt*

blower ['bləʊəʳ] *n* BRIT, AUS (*fam*) Telefon *nt*

blown [bləʊn] *tr verb, vi pp of* **blow**

blowout ['bləʊaʊt] *n* ① BRIT (*fam: huge meal*) Schlemmerei *f* ② AM (*party*) Fete *f*

blowy ['bləʊi] *adj* windig

blubber¹ ['blʌbəʳ] *intr verb* (*fam*) flennen

blubber² ['blʌbəʳ] *n no pl* Speck *m a. fig*

blue [blu:] **I.** *adj* <-r, -st> ① (*colour*) blau ② (*fam*) **~ movie** Pornofilm *m* ▶ **once in a ~ moon** alle Jubeljahre einmal **II.** *n* Blau *nt*

> Die britische Kindersendung **Blue Peter** läuft bereits seit 1958 und wird inzwischen auf dem Kinderkanal CBBC ausgestrahlt. Sie berichtet für die kleinen Zuschauer über Abenteuer in der Natur, bietet Bastelstunden oder auch Tipps zur Tierpflege und veranstaltet Wettbewerbe und Sammelaktionen. Durch dieses breite Angebot möchte die Sendung den Kindern auch ein Gefühl für soziale Verantwortung vermitteln.

blueberry ['blu:bᵊri] *n* Heidelbeere *f* **bluebottle** *n* Schmeißfliege *f* **blue-rinse brigade** [ˌblu:'rɪn(t)sbrɪgeɪd] *n* (*fam or pej*) Omis *fpl* **blue whale** *n* Blauwal *m*

bluff¹ [blʌf] **I.** *intr verb* bluffen **II.** *tr verb* täuschen; **to ~ one's way into sth** sich in etw *Akk* hineinmogeln; **to ~ one's way out of sth** sich aus etw herausmogeln **III.** *n* (*pretence*) Bluff *m;* **to call sb's ~** jdn bloßstellen

bluff² [blʌf] **I.** *n* Steilhang *m,* Steilküste *f* **II.** *adj manner* direkt

bluffer's guide [blʌfəz'gaɪd] *n* Ratgeber *m* für Bluffer

bluish ['blu:ɪʃ] *adj* bläulich

blunder ['blʌndəʳ] **I.** *n* schwer[wiegend]er Fehler **II.** *intr verb* ① (*make a mistake*) einen groben Fehler machen ② (*act clumsily*) **to ~ [about]** [herum]tappen; **to ~ into sth** in etw *Akk* hineinplatzen

blunt [blʌnt] **I.** *adj* ① stumpf ② (*outspoken*) direkt **II.** *tr verb* ① stumpf machen ② (*fig*) *enthusiasm* dämpfen

bluntly ['blʌntli] *adv* direkt

blur [blɜ:ʳ] **I.** *intr verb* <-rr-> verschwimmen **II.** *tr verb* <-rr-> verschwimmen lassen **III.** *n no pl* undeutliches Bild

blurb [blɜ:b] *n* (*fam*) Klappentext *m*

blurred [blɜ:d] *adj* verschwommen

blurt [blɜ:t] *tr verb* **to ~ out ⊂ sth** mit etw herausplatzen *fam*

blush [blʌʃ] **I.** *intr verb* erröten **II.** *n* ① (*red face*) Erröten *nt kein Pl;* **to spare sb's ~es** jdn nicht verlegen machen ② AM (*blusher*) Rouge *nt*

BNP [ˌbi:en'pi:] *n* POL *abbrev of* **British National Party** Britische Nationalpartei (*rechtsradikal*)

board [bɔ:d] **I.** *n* ① Brett *nt;* (*blackboard*) Tafel *f;* (*notice board*) Schwarzes Brett ② + *sing/pl verb* ADMIN Behörde *f;* **~ of directors** Vorstand *m* ③ *no pl* **full ~** Vollpension *f;* **half ~** Halbpension *f* ④ TRANSP **on ~** an Bord *a. fig* ▶ **to let sth go by the ~** etw unter den Tisch fallen lassen; **to sweep the ~** alles gewinnen **II.** *tr verb* ① **to ~ up** mit Brettern vernageln ② *plane, ship* besteigen **III.** *intr verb* ① TOURISM wohnen (*als Pensionsgast*) ② AVIAT **flight BA 345 is now ~ing at Gate 2** Flug BA 345 ist zum Einstieg bereit – die Passagiere werden gebeten, sich zu Ausgang 2 zu begeben

boarder ['bɔːdəʳ] *n* SCHOOL Internatsschüler(in) *m(f)*
boarding ['bɔːdɪŋ] *n* Unterbringung *f* in einem Internat
boarding card *n* BRIT Bordkarte *f* **boarding fees** *npl* Internatsgebühren *Pl* **boarding house** *n* Pension *f* **boarding kennels** *npl* Tierpension *f* **boarding pass** *n* AM Bordkarte *f* **boarding school** *n* Internat *nt*
board meeting *n* Vorstandssitzung *f*
boardroom *n* Sitzungssaal *m*
boast [bəʊst] **I.** *intr verb* (*pej*) prahlen; **to ~ about sth** mit etw angeben **II.** *n* (*pej*) großspurige Behauptung
boastful ['bəʊstfᵊl] *adj* (*pej*) großspurig; **to be ~** prahlen
boat [bəʊt] *n* Boot *nt;* (*large*) Schiff *nt;* **to travel by ~** mit dem Schiff fahren ▸ **to be in the same ~** im selben Boot sitzen; **to miss the ~** den Anschluss verpassen; **to push the ~ out** BRIT ganz groß feiern

Zwischen den Universitäten Oxford und Cambridge wird alljährlich auf der Themse das **Boat Race** (Bootsrennen) ausgetragen. Es findet an einem Samstag im März oder April statt und wird von den zwei Achtern aus Oxford und Cambridge bestritten. Diese Regatta ist äußerst populär; allein vor Ort verfolgen rund 250.000 Zuschauer das Spektakel.

boating ['bəʊtɪŋ] *n no pl* Bootfahren *nt;* **~ lake** See *m* mit Wassersportmöglichkeiten
boat trip *n* Bootsfahrt *f*
bob¹ [bɒb] *n* BRIT (*hist*) Schilling *m*
bob² <-bb-> [bɒb] *intr verb* **to ~ [up and down]** sich auf und ab bewegen; **to ~ [up]** [plötzlich] auftauchen *a. fig*
bobble hat *n* BRIT Pudelmütze *f*
bobby ['bɒbi] *n* BRIT (*dated fam*) Polizist(in) *m(f)*
body ['bɒdi] *n* ❶ Körper *m;* **the ~ of Christ** der Leib Christi; **~ and soul** mit Leib und Seele ❷ + *sing/pl verb* (*organized group*) Gruppe *f;* **advisory ~** beratendes Gremium; **governing ~** Leitung *f* ❸ (*corpse*) Leiche *f;* (*of an animal*) Kadaver *m* ❹ (*substance*) *of hair* Fülle *f; of wine* Gehalt *m* ▸ **over my dead ~** nur über meine Leiche
bodyguard *n* Bodyguard *m*
body image *n* Körperwahrnehmung *f* **body jewellery** *n* Körperschmuck *m* **body lotion** *n* Körperlotion *f* **body sculpting** [-skʌlptɪŋ] *n no pl* Bodysculpting *nt*
bog [bɒg] *n* ❶ (*wet ground*) Sumpf *m* ❷ BRIT, AUS (*sl*) Klo *nt* ◆ **bog down** *tr verb* **to be ~ged down** stecken bleiben
bogey ['bəʊgi] *n* ❶ BRIT (*sl: snot*) Popel *m* ❷ (*golf score*) Bogey *nt*
boggle ['bɒgḷ] **I.** *intr verb* sprachlos sein; **the mind ~s** man fasst sich an den Kopf **II.** *tr verb* **to ~ the mind** unglaublich sein
boggy ['bɒgi] *adj* morastig
bohemian [bə(ʊ)'hiːmiən] **I.** *n* Bohemien *m* **II.** *adj* **~ life** Künstlerleben *nt*
boil [bɔɪl] **I.** *n no pl* kochen; **to let sth come to the** [*or* AM **a**] **~** etw aufkochen lassen ▸ **to go off the ~** BRIT das Interesse verlieren **II.** *intr verb* ❶ FOOD kochen; **to ~ dry** verkochen; **the kettle's ~ed!** das Wasser hat gekocht! ❷ CHEM den Siedepunkt erreichen ❸ (*fig fam: angry*) **to ~ with rage** vor Wut kochen ❹ (*fig fam*) **I'm ~ing** ich schwitze mich zu Tode **III.** *tr verb* ❶ (*heat*) kochen ❷ (*bring to boil*) zum Kochen bringen ◆ **boil away** *intr verb* verkochen ◆ **boil down I.** *intr verb sauce* einkochen ▸ **it all ~s down to ...** es läuft auf ... hinaus **II.** *tr verb* ❶ *sauce* einkochen ❷ (*fig: condense*) zusammenfassen ◆ **boil over** *intr verb* ❶ überkochen ❷ (*fig*) *person* ausrasten ◆ **boil up I.** *tr verb* **to ~ up** ⇄ **sth** etw aufkochen **II.** *intr verb trouble* sich *Akk* anstauen
boiled-down ['bɔɪlddaʊn] *adj* gekürzt
boiler ['bɔɪləʳ] *n* Boiler *m*
boiling ['bɔɪlɪŋ] *adj* ❶ (*100 °C*) kochend ❷ (*extremely hot*) sehr heiß; **I'm ~** ich komme um vor Hitze; **~ [hot] weather** unerträgliche Hitze
boisterous ['bɔɪstᵊrəs] *adj* ❶ (*rough*) wild ❷ (*exuberant*) übermütig
bold [bəʊld] *adj* ❶ (*brave*) mutig; **to take a ~ step** ein Wagnis eingehen ❷ *colour* kräftig; **~ brush strokes** kühne Pinselstriche; **printed in ~ type** fett gedruckt ▸ **as ~ as brass** frech wie Oskar

B

Bollywood [bɒliwʊd] *n* (*fam*) Bollywood *nt* (*in Bombay angesiedelte Unterhaltungsfilmindustrie*)

bolt [bəʊlt] **I.** *intr verb* ❶ (*move quickly*) rasen ❷ (*run away*) ausreißen **II.** *tr verb* ❶ (*gulp down*) **to ~ sth** ⇄ **[down]** etw hinunterschlingen ❷ (*fix*) **to ~ sth on[to] sth** etw mit etw verbolzen **III.** *n* ❶ **~ of lightning** Blitz[schlag] *m* ❷ (*screw*) Schraubenbolzen *m*

bolt upright *adv* aufrecht

bomb [bɒm] **I.** *n* Bombe *f;* **unexploded ~** Blindgänger *m* ▸ **to go like a ~** ein Bombenerfolg sein **II.** *tr verb* bombardieren

bomb crater *n* Bombentrichter *m*

bomber ['bɒməʳ] *n* Bombenflugzeug *nt*

bombing ['bɒmɪŋ] *n* ❶ MIL Bombardierung *f* ❷ (*terrorist attack*) Bombenanschlag *m*

bombproof *adj* bombensicher

bombshell *n* (*a. fig*) Bombe *f* ▸ **to come as a ~** wie eine Bombe einschlagen; **to drop a ~** die Bombe platzen lassen

bone [bəʊn] *n* ❶ ANAT Knochen *m; of a fish* Gräte *f* ❷ (*material*) Bein *nt;* **made of ~** aus Bein ▸ **to be a bag of ~s** nur noch Haut und Knochen sein; **to work one's fingers to the ~** sich abrackern

bone density *n* MED Knochendichte *f*

bone fracture *n* Knochenbruch *m*

bonehead *n* (*sl or pej*) Dumpfbacke *f*

bone idle *adj,* **bone lazy** *adj* (*pej*) stinkfaul

boneyard ['bəʊnjɑːd] *n* (*sl*) Friedhof *m*

bonfire ['bɒnfaɪəʳ] *n* Freudenfeuer *nt*

> Im Jahr 1605 sollten, nach den Komplottplänen katholischer Verschwörer, die *Houses of Parliament* (das englische Parlamentsgebäude) zusammen mit König Jakob I. und all seinen Ministern in die Luft gesprengt werden. Dieser Verschwörung, die als *Gunpowder Plot* (Schießpulverkomplott) in die Geschichtsbücher einging, gehörte auch *Guy Fawkes* an. Als er am 5. November in dem Keller Sprengstoff auslegte, wurde er festgenommen, gefoltert, vor Gericht gestellt und schließlich gehängt. An das Scheitern dieses Komplotts wird noch heute am Abend des 5. Novembers in der **Bonfire Night** erinnert, mit Fackelzügen, einem großen Feuerwerk und der Verbrennung einer Strohpuppe, die Guy Fawkes darstellt.
> Übrigens sind auch die Masken, die heute viele Anhänger der Widerstandsbewegung *Occupy* tragen, von Guy Fawkes inspiriert.

bonnet ['bɒnɪt] *n* ❶ (*hat*) Mütze *f* ❷ BRIT, AUS AUTO Motorhaube *f*

bonus ['bəʊnəs] *n* FIN Prämie *f;* **Christmas ~** Weihnachtsgratifikation *f;* **productivity ~** Ertragszulage *f;* **~ share** Gratisaktie *f*

bony ['bəʊni] *adj* knochig

boo [buː] **I.** *interj* (*fam*) ❶ (*to surprise*) huh ❷ (*to show disapproval*) buh **II.** *intr verb* buhen

boob [buːb] *n* ❶ *usu pl* (*sl: breast*) **big ~s** große Titten *Pl* ❷ (*fam: blunder*) Schnitzer *m* ❸ AM (*person*) Trottel *m*

boob job *n* MED (*fam*) Busen-OP *f fam*

booby prize *n* Trostpreis *m*

book [bʊk] **I.** *n* ❶ Buch *nt;* **to be in the ~** im Telefonbuch stehen ❷ *pl* FIN **the ~s** die [Geschäfts]bücher; **on the ~s** eingetragen ▸ **to be in sb's good/bad ~s** bei jdm gut/schlecht angeschrieben sein; **to be an open ~ [to sb]** ein aufgeschlagenes [*o* offenes] Buch [für jdn] sein; **to do sth by the ~** etw nach Vorschrift machen **II.** *tr verb* ❶ (*reserve*) buchen; **to ~ sth for sb** etw für jdn reservieren ❷ (*by policeman*) verwarnen; **to be ~ed for speeding** eine Verwarnung wegen erhöhter Geschwindigkeit bekommen **III.** *intr verb* buchen, reservieren; **to ~ into a hotel** in ein Hotel einchecken; **to be fully ~ed** ausgebucht sein

> Der **Booker Prize** (kurz für: Booker McConnell Prize for Fiction) wurde 1969 von der Maschinenbaufirma Booker McConnell ins Leben gerufen. Der angesehene Literaturpreis wird jedes Jahr im September für den besten im vorangegangenen Jahr auf Englisch erschienenen Roman vergeben.

◆**book in I.** *intr verb esp* BRIT einchecken **II.** *tr verb* **to ~ sb ◌ in** für jdn ein Hotel buchen ◆ **book up** *intr verb* buchen; **to be ~ed up** ausgebucht sein

bookie ['bʊki] *n (fam) short for* **bookmaker** Buchmacher(in) *m(f),* Wettannahme *f*

booking ['bʊkɪŋ] *n* Reservierung *f;* **advance ~s** Vorreservierung[en] *f[Pl];* **a block ~** eine Gruppenreservierung; **to make a ~** etw buchen

booking office *n* Theaterkasse *f*

bookkeeping *n no pl* Buchhaltung *f* **bookmaker** *n* Buchmacher(in) *m(f)* **bookmark** *n* Lesezeichen *nt* **book review** *n* Buchbesprechung *f* **book reviewer** *n* Buchkritiker(in) *m(f)* **bookseller** *n* Buchhändler(in) *m(f)* **bookshelf** *n* Bücherregal *nt* **bookshop** *n* Buchgeschäft *nt* **bookstall** *n* Bücherstand *m* **bookstore** *n* AM Buchgeschäft *nt* **book token** *n* Büchergutschein *m*

boom¹ [bu:m] ECON **I.** *intr verb* florieren **II.** *n* Boom *m,* Aufschwung *m*

boom² [bu:m] **I.** *n* Dröhnen *nt kein Pl* **II.** *intr verb* **to ~ [out]** dröhnen

boost [bu:st] **I.** *n* Auftrieb *m* **II.** *tr verb* ansteigen lassen

booster rocket *n* Trägerrakete *f*

booster seat *n* AUTO Kindersitz *m*

boot [bu:t] **I.** *n* ① *(footwear)* Stiefel *m* ② *(fam: kick)* Stoß *m;* **to get the ~** *(fig)* hinausfliegen; **to give sb the ~** *(fig)* jdn hinauswerfen ③ BRIT AUTO *(for luggage)* Kofferraum *m;* AM AUTO *(wheel clamp)* Wegfahrsperre *f* ▶ **the ~'s on the other foot** die Lage sieht anders aus; **to be/get too big for one's ~s** hochnäsig sein/werden **II.** *tr verb (fam)* **to ~ sb/sth** jdn/etw treten, jdm/einer S. einen Tritt versetzen; **to be ~ed off sth** achtkantig aus etw fliegen ◆ **boot out** *tr verb (fam)* rausschmeißen

booth [bu:ð, bu:θ] *n* Kabine *f;* *(in a restaurant)* Sitzecke *f*

bootlace *n* Schnürsenkel *m* **bootleg** *adj* ① *(sold illegally)* geschmuggelt ② *(illegally made)* illegal hergestellt; **~ alcohol** schwarz gebrannter Alkohol; **~ CDs** Raubpressungen *Pl* **bootlicker** *n (pej)* Kriecher(in) *m(f)*

booty call *n* AM *(sl) überraschender Besuch bei jdm mit sexuellen Absichten*

boo-yah [bu:'ja:] *interj* AM *(fam)* **~!** haha!

booze [bu:z] *n (fam)* ① *no pl (alcohol)* Alk *m;* **to be off the ~** nicht mehr trinken ② *(activity)* **to go out on the ~** auf Sauftour gehen

boozer ['bu:zəʳ] *n (fam)* ① BRIT *(pub)* Kneipe *f* ② *(person)* Säufer(in) *m(f)*

border ['bɔ:dəʳ] **I.** *n* ① *(frontier)* Grenze *f* ② *(edge)* Begrenzung *f* **II.** *tr verb* ① *(be or act as frontier)* grenzen an *+Akk* ② *(bound)* begrenzen

bordering ['bɔ:dᵊrɪŋ] *adj* angrenzend

borderline ['bɔ:dᵊlaɪn] **I.** *n usu sing* Grenze *f fig* **II.** *adj usu attr* Grenz-; **~ case** Grenzfall *m*

bore¹ [bɔ:ʳ] *pt of* **bear**

bore² [bɔ:ʳ] **I.** *n* ① *(thing)* langweilige Sache; **what a ~** wie langweilig ② *(person)* Langweiler(in) *m(f)* **II.** *tr verb* langweilen

bore³ [bɔ:ʳ] **I.** *tr verb* bohren **II.** *intr verb* **to ~ through/into** durchbohren

boredom ['bɔ:dəm] *n no pl* Langeweile *f*

boring ['bɔ:rɪŋ] *adj* langweilig

born [bɔ:n] *adj* geboren; **I was ~ in April** ich bin im April geboren; **she's a Dubliner ~ and bred** sie ist eine waschechte Dublinerin; **English-~** in England geboren

borne [bɔ:n] *intr verb pt of* **bear**

borough ['bʌrə] *n* Verwaltungsbezirk *m;* **the London ~ of Westminster** die Londoner Stadtgemeinde Westminster

borrow ['bɒrəʊ] **I.** *tr verb* leihen; **to ~ a book from a library** ein Buch aus einer Bibliothek ausleihen **II.** *intr verb* Geld leihen

bosom ['bʊzᵊm] *n usu sing* ① *(breasts)* Busen *m* ② *(fig)* **in the ~ of one's family** im Schoß der Familie

boss [bɒs] **I.** *n* Chef(in) *m(f);* **to be one's own ~** sein eigener Herr sein **II.** *tr verb (fam)* **to ~ sb [about]** jdn herumkommandieren

bossy ['bɒsi] *adj (pej)* herrschsüchtig

bot [bɒt] *n* COMPUT, INET *short for* **robot** Bot *nt*

botanical [bə'tænɪkᵊl] *adj* botanisch

botany ['bɒtᵊni] *n* Botanik *f*

botch [bɒtʃ] **I.** *n* Pfusch *m;* **to make a ~ of sth** etw verpfuschen **II.** *tr verb* **to ~ sth [up]** etw verpfuschen

B

both [bəʊθ] **I.** *adj, pron* beide; ~ **sexes** Männer und Frauen; **would you like milk or sugar or ~?** möchtest du Milch oder Zucker oder beides?; **a picture of ~ of us** ein Bild von uns beiden **II.** *adv* **I felt ~ happy and sad at the same time** ich war glücklich und traurig zugleich; ~ **men and women** sowohl Männer als auch Frauen

bother ['bɒðəʳ] **I.** *n no pl* ❶ (*effort*) Mühe *f;* (*work*) Aufwand *m;* **it is no ~ [at all]!** [überhaupt] kein Problem!; **I don't want to put you to any ~** ich will dir keine Umstände machen; **to not be worth the ~** kaum der Mühe wert sein; **to go to [all] the ~ of doing sth** sich die Mühe machen, etw zu tun ❷ (*trouble*) Ärger *m;* **to get oneself into a spot of ~** sich in Schwierigkeiten bringen ❸ BRIT (*nuisance*) **to be a ~** lästig sein **II.** *interj esp* BRIT **[oh] ~!** [so ein] Mist! **III.** *intr verb* **don't ~!** lass nur!; **shall I wait? — No, don't ~!** soll ich warten? – Nein, nicht nötig!; **why ~?** warum sich die Mühe machen?; **you needn't have ~ed** du hättest dir die Mühe sparen können; **don't ~ about [doing] the laundry** um die Wäsche brauchst du dich nicht zu kümmern; **he hasn't even ~ed to write** er hat sich nicht mal die Mühe gemacht zu schreiben **IV.** *tr verb* ❶ (*worry*) beunruhigen; **it ~ed me that I hadn't done anything** es ließ mir keine Ruhe, dass ich nichts getan hatte; **what's ~ing you?** was hast du?; **you shouldn't let that ~ you** du solltest dir darüber keine Gedanken machen ❷ (*concern*) **it doesn't ~ me** das macht mir nichts aus; **it doesn't ~ me if he doesn't turn up** es schert mich wenig, wenn er nicht kommt; **I'm not ~ed about what he thinks** es ist mir egal, was er denkt ❸ (*disturb*) stören; **don't ~ me [with that]!** verschone mich damit!; **stop ~ing me when I'm working** stör mich doch nicht immer, wenn ich arbeite; **I'm sorry to ~ you, but ...** entschuldigen Sie bitte [die Störung], aber ... ❹ (*annoy*) belästigen; **quit ~ing me!** lass mich in Ruhe!; **my tooth is ~ing me** mein Zahn macht mir zu schaffen

botheration [ˌbɒðəˈreɪʃən] *interj* (*dated*) verflixt! *fam*

Botox® ['bəʊtɒks] *n* Botox *nt*

Botoxed ['bəʊtɒkst] *adj* Botox-gespritzt

bottle ['bɒtl̩] **I.** *n* (*container*) Flasche *f;* **baby's ~** Fläschchen *nt;* **a ~ of milk** eine Flasche Milch **II.** *tr verb* (*put into bottles*) abfüllen

bottle bank *n* BRIT Altglascontainer *m*

bottled ['bɒtl̩d] *adj* in Flaschen abgefüllt; ~ **beer** Flaschenbier *nt*

bottle-feed *tr verb* **to ~ a baby** ein Baby mit der Flasche füttern

bottle-feeding *n no pl* Fütterung *f* mit der Flasche

bottleneck *n* Engpass *m a. fig*

bottom ['bɒtəm] **I.** *n* ❶ (*lowest part*) Boden *m;* **pyjama ~s** Pyjamahose *f;* **at the ~ of the page** am Seitenende; **rock ~** (*fig*) Tiefststand *m;* **the ~ of the sea** der Meeresgrund; **at the ~ of the stairs** am Fuß der Treppe; **from top to ~** von oben bis unten; **to sink to the ~** auf den Grund sinken; **to start at the ~** ganz unten anfangen ❷ (*end*) **at the ~ of the garden** im hinteren Teil des Gartens; **at the ~ of the street** am Ende der Straße ❸ ANAT Hinterteil *nt* **II.** *adj* untere(r, s); **in ~ gear** BRIT im ersten Gang; **the ~ shelf** das unterste Regal **III.** *intr verb* ECON **to ~ out** seinen Tiefstand erreichen

bottomless ['bɒtəmləs] *adj* ❶ (*without limit*) unerschöpflich ❷ (*very deep*) unendlich; **a ~ pit** ein Fass *nt* ohne Boden

bought [bɔːt] *tr verb pt of* **buy**

boulder ['bəʊldəʳ] *n* Felsbrocken *m*

bounce [baʊn(t)s] **I.** *n* ❶ *ball* Aufprall ❷ (*vitality*) Schwung *m* ❸ AM (*fam: eject, sack*) **to give sb the ~** jdn hinauswerfen **II.** *intr verb* ❶ *ball* aufspringen ❷ (*move up and down*) hüpfen ❸ FIN (*fam*) *cheque* platzen **III.** *tr verb* aufspringen lassen ◆**bounce back** *intr verb* ❶ (*rebound*) zurückspringen ❷ (*fig: recover*) wieder auf die Beine kommen

bouncer ['baʊn(t)səʳ] *n* Rausschmeißer *m*

bound[1] [baʊnd] **I.** *intr verb* (*leap*) springen **II.** *n* (*leap*) Sprung *m*

bound[2] [baʊnd] *tr verb usu passive* (*border*) **to be ~ed by sth** von etw begrenzt werden

bound[3] [baʊnd] *adj* **where is this ship ~ for?** wohin fährt dieses Schiff?; **to be**

~ **for success** (*fig*) auf dem besten Weg sein, erfolgreich zu sein

bound[4] [baʊnd] **I.** *pt, pp of* **bind II.** *adj* ① (*certain*) **she's ~ to come** sie kommt ganz bestimmt; **to be ~ to happen** zwangsläufig geschehen; **it was ~ to happen** das musste so kommen ② (*obliged*) verpflichtet

boundary [ˈbaʊndᵊri] *n* Grenze *f*

boundless [ˈbaʊndləs] *adj* grenzenlos

bout [baʊt] *n* Anfall *m;* **a ~ of coughing** ein Hustenanfall *m;* **drinking ~** Trinkgelage *nt*

bow[1] [bəʊ] *n* ① (*weapon*) Bogen *m;* **~ and arrow** Pfeil und Bogen ② (*knot*) Schleife *f*

bow[2] [baʊ] **I.** *intr verb* sich verbeugen (**to** vor); **to ~ to public pressure** (*fig*) sich öffentlichem Druck beugen **II.** *tr verb* **to ~ one's head** den Kopf senken **III.** *n* ① (*bending over*) Verbeugung *f;* **to take a ~** sich [unter Applaus] verbeugen ② NAUT Bug *m;* **in the ~[s]** im Bug ◆ **bow down** *intr verb* ① (*to show reverence*) sich verbeugen ② (*obey sb*) **to ~ down to sb** sich jdm fügen ◆ **bow out** *intr verb* sich verabschieden

bowl[1] [bəʊl] *n* ① (*dish*) Schüssel *f;* (*shallower*) Schale *f;* **a ~ of soup** eine Tasse Suppe ② AM **the Bowl** das Stadion

bowl[2] [bəʊl] SPORTS **I.** *intr verb* ① (*in cricket*) werfen ② (*tenpins*) bowlen; (*skittles*) kegeln **II.** *tr verb* SPORTS ① (*bowling, cricket*) werfen ② (*cricket: dismiss*) **to ~ sb** jdn ausschlagen **III.** *n* ① (*ball*) Kugel *f* ② BRIT **the ~s** + *sing verb* die Bowls

bow-legged [bəʊˈlegɪd] *adj* O-beinig

bowler [ˈbəʊləʳ] *n* ① (*cricket*) Werfer(in) *m(f)* ② (*bowls*) Bowlsspieler(in) *m(f)*

bowling [ˈbəʊlɪŋ] *n no pl* ① (*tenpins*) Bowling *nt* ② (*in cricket*) Werfen *nt;* **to open the ~** den ersten Wurf machen

bowling alley *n* (*tenpin*) Bowlingbahn *f;* (*skittles*) Kegelbahn *f*

bowling green *n* Rasenfläche *f* für Bowls

bow tie [bəʊˈtaɪ] *n* FASHION Fliege *f*

bow-wow[1] [ˌbaʊˈwaʊ] *interj* wauwau

bow-wow[2] [ˈbaʊˌwaʊ] *n* (*childspeak: dog*) Wauwau *m Kindersprache*

box[1] [bɒks] **I.** *n* ① (*container*) Kiste *f;* *out of cardboard* Karton *m;* *of cigars, matches* Schachtel *f* ② FBALL (*fam*) Strafraum *m* **II.** *tr verb* **to ~ sth [up]** etw [in einen Karton] verpacken

box[2] [bɒks] *n* (*tree*) Buchsbaum *m*

box[3] [bɒks] **I.** *intr verb* boxen **II.** *tr verb* **to ~ sb** gegen jdn boxen **III.** *n* **to give sb a ~ on the ears** jdm eine Ohrfeige geben ◆ **box in** *tr verb car* einparken; **to feel ~ed in** (*fig*) sich eingeengt fühlen ◆ **box up** *tr verb* [in Kartons] einpacken

boxer [ˈbɒksəʳ] *n* ① (*dog*) Boxer *m* ② (*person*) Boxer(in) *m(f)*

boxing [ˈbɒksɪŋ] *n no pl* Boxen *nt*

Boxing Day *n* BRIT, CAN zweiter Weihnachtsfeiertag, 26. Dezember

> Der 26. Dezember wird in Großbritannien **Boxing Day** genannt. Der Name stammt aus einer Zeit, als Lehrlinge am Tag nach Weihnachten – das in Großbritannien am 25. Dezember gefeiert wird – in *boxes* (Schachteln) Trinkgelder bei den Kunden ihrer Meister einsammelten. Auch das Geld, das man früher einem Lieferanten oder Angestellten zu Weihnachten schenkte, wurde als *Christmas box* bezeichnet.

boxing gloves *npl* Boxhandschuhe *Pl* **boxing match** *n* Boxkampf *m* **boxing ring** *n* Boxring *m*

box junction *n markierter Kreuzungsbereich, der bei Stau nicht befahren werden darf*

box number *n* Chiffre[nummer] *f*

box office *n* Kasse *f* (*im Kino, Theater*)

boy [bɔɪ] **I.** *n* Junge *m* ▶ **the big ~s** die Großen; **the ~s in blue** die Polizei; **~s will be ~s** Jungs sind nun mal so **II.** *interj* **[oh] ~!** Junge, Junge!

boyfriend *n* Freund *m*

boy scout *n* Pfadfinder *m*

bozo [ˈbəʊzəʊ] *n esp* AM (*sl*) dummer Kerl *fam*

BP [ˌbiːˈpiː] *n* MED *abbrev of* **blood pressure** Blutdruck *m*

bra [brɑː] *n* BH *m*

brace [breɪs] **I.** *n* ① (*for teeth*) Zahnspange *f* ② BRIT, AUS (*for trousers*) **the ~s** die Hosenträger ③ *esp* AM (*callipers*) **the ~s** der Stützapparat **II.** *tr verb* ① (*prepare for*) **to ~ oneself for sth**

sich auf etw *Akk* vorbereiten ② (*support*) [ab]stützen

bracelet ['breɪslət] *n* Armband *nt*

bracket ['brækɪt] **I.** *n* ① *usu pl* (*in writing*) **in** [**round/square/angle**] **~s** in [runden/eckigen/spitzen] Klammern ② (*category*) **age ~** Altersgruppe *f;* **income ~** Einkommensstufe *f;* **tax ~** Steuerklasse *f* **II.** *tr verb* **to ~ sth** etw in Klammern setzen

brag <-gg-> [bræg] *intr, tr verb* **to ~** [**about sth**] [mit etw] prahlen

braggart ['brægət] *n* (*pej dated*) Prahler(in) *m(f)*

Braille [breɪl] *n no pl* Blindenschrift *f*

brain [breɪn] *n* ① (*organ*) Gehirn *nt;* **~s** [Ge]hirn ② (*intelligence*) Verstand *m;* **~s** Intelligenz *f kein Pl;* **to have ~s** Grips haben ③ (*fam: intelligent person*) heller Kopf; **the best ~s** die fähigsten Köpfe ▶ **to have sth on the ~** immer nur an etw *Akk* denken

brain bucket *n* AM (*sl*) Helm *m* **brain-draining** *adj* (*fig: mentally exhausting*) nervig, stressig **brainpan** *n* (*fam*) Schädel *m fam*

brains trust *n* AM Braintrust *m,* politische/wirtschaftliche Beratergruppe

brain teaser *n* Rätsel *nt* **brainwashing** *n* Gehirnwäsche *f* **brainwave** *n* Geistesblitz *m*

brainy ['breɪni] *adj* gescheit

brake [breɪk] **I.** *n* Bremse *f* **II.** *intr verb* bremsen; **to ~ hard** scharf bremsen

braking ['breɪkɪŋ] *n no pl* Bremsen *nt*

braking distance *n* Bremsweg *m*

bran [bræn] *n no pl* Kleie *f*

branch [brɑːn(t)ʃ] **I.** *n* ① (*of a bough*) Zweig *m;* (*of the trunk*) Ast *m* ② *esp* AM **~ of a river** Flussarm *m* ③ (*local office*) Zweigstelle *f* **II.** *intr verb* (*fig*) sich gabeln ◆ **branch off I.** *intr verb* sich verzweigen **II.** *tr verb* **to ~ off a subject** vom Thema abkommen ◆ **branch out** *intr verb* (*enter a new field*) seine Aktivitäten ausdehnen; **to ~ out on one's own** sich *Akk* selbständig machen

branch office *n* Filiale *f*

brand [brænd] **I.** *n* ① (*product*) Marke *f;* **own** [*or* AM **store**] **~** Hausmarke *f* ② (*mark*) Brandzeichen *nt* **II.** *tr verb* (*fig, pej*) **to be ~ed** [**as**] **sth** als etw gebrandmarkt sein

brand new *adj* [funkel]nagelneu *fam*

brandy ['brændi] *n* Weinbrand *m*

brash [bræʃ] *adj* (*pej*) dreist

brass [brɑːs] *n* ① (*metal*) Messing *nt* ② (*engraving*) Gedenktafel *f* (*aus Messing*)

brass band *n* Blaskapelle *f*

brassiere ['bræsɪəʳ] *n* (*dated form*) Büstenhalter *m*

brat [bræt] *n* (*pej fam*) Balg *m o nt*

brattishness ['brætɪʃnəs] *n* kindisches Getue

brave [breɪv] **I.** *adj* mutig ▶ **to put on a ~ face** sich *Dat* nichts anmerken lassen **II.** *tr verb* trotzen

bravery ['breɪvᵊri] *n no pl* Tapferkeit *f,* Mut *m*

brawl [brɔːl] **I.** *n* [lautstarke] Schlägerei **II.** *intr verb* sich [lautstark] schlagen

brawling ['brɔːlɪŋ] *n no pl* Schlägereien *Pl*

bray [breɪ] **I.** *intr verb donkey* schreien **II.** *n* [Esels]schrei *m*

bread [bred] *n no pl* Brot *nt*

bread and butter *n* ① (*food*) Butterbrot *nt;* **~ pudding** Brotauflauf *m* ② (*fig*) Lebensunterhalt *m* **bread bin** *n* BRIT, AUS Brotkasten *m* **breadcrumb** *n* Brotkrume *f;* **~s** (*for coating food*) Paniermehl *nt kein Pl;* **to coat with ~s** panieren **breadmaker** *n* Brotbackautomat *m*

breadth [bretθ, bredθ] *n no pl* Breite *f*

breadwinner *n* Ernährer(in) *m(f)*

break [breɪk] **I.** *n* ① (*fracture*) Bruch *m* ② (*gap*) Lücke *f* ③ (*escape*) Ausbruch *m;* **to make a ~** ausbrechen ④ (*interruption*) Unterbrechung *f; esp* BRIT SCHOOL Pause *f;* TV Werbung *f;* **coffee/lunch ~** Kaffee-/Mittagspause *f;* **Easter/Christmas ~** Oster-/Weihnachtsferien *Pl;* **to take a ~** eine Pause machen; **a short ~ in Paris** ein Kurzurlaub in Paris ▶ **give me a ~!** hör auf [damit]! **II.** *tr verb* <broke, broken> ① (*shatter*) zerbrechen; (*damage*) kaputtmachen; **to ~ one's arm** sich *Dat* den Arm brechen; **to ~ sb's heart** (*fig*) jdm das Herz brechen; **to ~ a nail/tooth** sich *Dat* einen Nagel/Zahn abbrechen; **to ~ a window** ein Fenster einschlagen ② (*momentarily interrupt*) unterbrechen; *fall* abfangen ③ (*put an end to*) brechen; **to ~ a deadlock** einen toten Punkt überwinden; **to ~ sb's**

spirit jdn mutlos machen ④ (*violate*) *agreement* verletzen; **to ~ a treaty** gegen einen Vertrag verstoßen ⑤ (*tell*) *news* **to ~ sth to sb** jdm etw mitteilen **III.** *intr verb* <broke, broken> ① (*stop working*) kaputtgehen; (*collapse*) zusammenbrechen; (*shatter*) zerbrechen ② (*interrupt*) **shall we ~ [off] for lunch?** machen wir Mittagspause? ③ (*change in voice*) **her voice broke with emotion** vor Rührung versagte ihr die Stimme; **the boy's voice is ~ing** der Junge ist [gerade] im Stimmbruch ④ *dawn, day* anbrechen ⑤ *news* bekannt werden ⑥ MED [auf]platzen; **the waters have broken** die Fruchtblase ist geplatzt ▸ **to ~ even** kostendeckend arbeiten; **to ~ free** ausbrechen; **to ~ loose** sich losreißen ◆**break away** *intr verb* ① (*move away forcibly*) sich losreißen ② (*split off*) sich absetzen ◆**break down I.** *intr verb* ① (*stop working*) stehen bleiben ② *marriage* scheitern **II.** *tr verb* ① (*force open*) aufbrechen ② CHEM aufspalten ◆**break forth** *intr verb* **to ~ forth into song** ein Lied anstimmen ◆**break in I.** *intr verb* ① (*enter by force*) einbrechen ② (*interrupt*) unterbrechen **II.** *tr verb* ① (*condition*) *shoes* einlaufen ② (*tame*) zähmen ◆**break into** *intr verb* ① (*forcefully enter*) einbrechen in +*Akk* ② (*start doing sth*) **to ~ into applause/tears** in Beifall/Tränen ausbrechen ◆**break off I.** *tr verb* ① (*separate forcefully*) abbrechen ② *engagement* lösen **II.** *intr verb* abbrechen ◆**break out** *intr verb* ① (*escape*) ausbrechen ② (*begin*) ausbrechen; *storm* losbrechen ③ **to ~ out in a rash** einen Ausschlag bekommen; **I broke out in a cold sweat** mir brach der kalte Schweiß aus ◆**break through** *intr verb* ① (*make one's way*) sich durchdrängen ② (*be successful*) einschlagen ◆**break up I.** *tr verb* ① (*end*) beenden ② (*split up*) aufspalten; *gang, monopoly* zerschlagen **II.** *intr verb* ① (*end relationship*) sich trennen ② (*come to an end*) enden; *marriage* scheitern ③ (*fall apart*) auseinandergehen; *coalition* auseinanderbrechen ④ SCHOOL **when do you ~ up?** wann beginnen bei euch die Ferien? ⑤ (*laugh*) loslachen; *esp* AM (*be upset*) zusammenbrechen

breakable ['breɪkəbl̩] *adj* zerbrechlich

breakage ['breɪkɪdʒ] *n* Bruch *m;* **~s must be paid for** zerbrochene Ware muss bezahlt werden

breakaway I. *n* ① Lossagung *f;* (*splitting off*) Absplitterung *f* ② FBALL Konter *m* **II.** *adj* Splitter-

breakdown *n* ① (*collapse*) Zusammenbruch *m* ② AUTO Panne *f* ③ (*list*) Aufgliederung *f* ④ PSYCH [Nerven]zusammenbruch *m*

breakdown lorry *n* BRIT Abschleppwagen *m*

breakdown service *n* Abschleppdienst *m*

breakfast ['brekfəst] **I.** *n* Frühstück *nt;* **to have ~** frühstücken **II.** *intr verb* (*form*) frühstücken

breakfast bar *n* Frühstückstheke *f*

breakneck *adj* **at ~ speed** mit halsbrecherischer Geschwindigkeit

breakthrough *n* Durchbruch *m* (**in** bei)

breakup *n* Auseinanderbrechen *nt;* (*on rocks*) Zerschellen *nt;* (*of a marriage*) Scheitern *nt*

breast [brest] *n* Brust *f;* (*bust*) Busen *m* ▸ **to make a clean ~ of sth** etw gestehen

breastfeed <-fed, -fed> *intr, tr verb* stillen

breaststroke *n no pl* Brustschwimmen *nt;* **to do [the] ~** brustschwimmen

breath [breθ] *n* ① (*air*) Atem *m;* (*act of breathing in*) Atemzug *m;* **bad ~** Mundgeruch *m;* **out of ~** außer Atem; **to take sb's ~ away** jdm den Atem rauben; **to waste one's ~** in den Wind reden ② *no pl* (*wind*) **a ~ of air** ein Hauch *m*

breathalyse ['breθəlaɪz], *esp* AM **breathalyze** *tr verb* **to ~ sb** jdn pusten lassen

breathe [bri:ð] **I.** *intr verb* atmen; **to ~ again/more easily** (*fig*) [erleichtert] aufatmen ▸ **to ~ down sb's neck** jdm im Nacken sitzen **II.** *tr verb* (*exhale*) [aus]atmen; **to ~ a sigh of relief** erleichtert aufatmen

breather ['bri:ðəʳ] *n* [Verschnauf]pause *f*

breathing ['bri:ðɪŋ] *n no pl* Atmung *f*

breathing apparatus *n* Sauerstoffgerät *nt*

breathing space *n* (*fig*) Bewegungsfreiheit *f*

breathless ['breθləs] *adj* atemlos

B

breathtaking *adj* atemberaubend
bred [bred] *pt, pp of* **breed**
breed [bri:d] **I.** *tr verb* <bred, bred> züchten **II.** *intr verb* <bred, bred> sich fortpflanzen **III.** *n* ❶ (*of animal*) Rasse *f* ❷ (*fam: of person*) Sorte *f;* **to be a dying ~** einer aussterbenden Gattung angehören
breeding ['bri:dɪŋ] *n no pl* Zucht *f*
breeze [bri:z] **I.** *n* Brise *f* **II.** *intr verb* **to ~ through sth** etw spielend schaffen
brethren ['breðrən] *npl* REL (*dated*) Brüder *Pl*
brew [bru:] **I.** *n* Gebräu *nt* **II.** *intr verb tea* ziehen **III.** *tr verb* brauen
brewery ['bru:ᵊri] *n* Brauerei *f*
bribe [braɪb] **I.** *tr verb* bestechen **II.** *n* Bestechung *f;* **to take a ~** sich bestechen lassen
bribery ['braɪbᵊri] *n no pl* Bestechung *f*
brick [brɪk] *n* Backstein *m* ◆ **brick in** *tr verb* einmauern
bricklayer *n* Maurer(in) *m(f)*
bride [braɪd] *n* Braut *f*
bridegroom ['braɪdgrʊm, -gru:m] *n* Bräutigam *m*
bridesmaid *n* Brautjungfer *f*
bridge [brɪdʒ] **I.** *n* ❶ Brücke *f* ❷ (*of glasses*) Brillensteg *m* ❸ (*on ship*) Kommandobrücke *f* **II.** *tr verb* **to ~ sth** über etw *Akk* eine Brücke schlagen; (*fig*) *gap* etw überwinden
bridle ['braɪdl̩] **I.** *n* Zaumzeug *nt* **II.** *tr verb* aufzäumen **III.** *intr verb* **to ~ at sth** sich über etw *Akk* entrüsten
bridle path, bridleway *n* Reitweg *m*
brief [bri:f] **I.** *adj* kurz; **to be ~** sich kurz fassen; **in ~** kurz gesagt **II.** *n* ❶ BRIT, AUS (*instructions*) Anweisungen *Pl* ❷ (*underpants*) **~s** Slip *m* **III.** *tr verb* informieren
briefcase ['bri:fkeɪs] *n* Aktentasche *f*
briefing ['bri:fɪŋ] *n* [Einsatz]besprechung *f*
briefly ['bri:fli] *adv* kurz
bright [braɪt] **I.** *adj* ❶ (*shining*) *light* hell; (*blinding*) grell ❷ (*vivid*) **~ blue** strahlend blau ❸ (*intelligent*) intelligent; *child* aufgeweckt ❹ (*promising*) viel versprechend **II.** *n* AM AUTO **~s** Fernlicht *nt*
brill [brɪl] *adj* BRIT, AUS (*fam*) toll
brilliant ['brɪliənt] **I.** *adj* ❶ (*brightly shining*) *colour, eyes* leuchtend ❷ (*clever*) *person* hoch begabt ❸ BRIT (*fam: excellent*) hervorragend **II.** *interj* BRIT (*fam*) toll!
brim [brɪm] **I.** *n* ❶ (*of hat*) Krempe *f* ❷ (*top*) Rand *m;* **full to the ~** randvoll **II.** *intr verb* <-mm-> **her eyes ~med with tears** ihr standen die Tränen in den Augen; **to ~ with ideas** vor Ideen übersprudeln; **to be ~ming with confidence** vor Selbstbewusstsein nur so strotzen
brimful ['brɪmfʊl] *adj* **~ of ideas** voller Ideen
bring <brought, brought> [brɪŋ] *tr verb* ❶ (*convey*) mitbringen; **to ~ sth to sb's attention** jdn auf etw *Akk* aufmerksam machen; **to ~ news** Nachrichten überbringen ❷ (*cause to come/happen*) bringen; **her screams brought everyone running** durch ihre Schreie kamen alle zu ihr gerannt; **to ~ sb luck** jdm Glück bringen ❸ (*force*) **to ~ oneself to do sth** sich [dazu] durchringen, etw zu tun ◆ **bring about** *tr verb* ❶ (*cause*) verursachen ❷ (*achieve*) **to have been brought about by sth** durch etw zustande gekommen sein ◆ **bring along** *tr verb* mitbringen ◆ **bring back** *tr verb* zurückbringen ◆ **bring down** *tr verb* ❶ (*fetch down*) herunterbringen ❷ (*make fall over*) zu Fall bringen ❸ (*reduce*) senken ▶ **to ~ the house down** einen Beifallssturm auslösen ◆ **bring forward** *tr verb* vorverlegen ◆ **bring in** *tr verb* ❶ (*fetch in*) hereinbringen; *harvest* einbringen ❷ (*earn*) [ein]bringen ◆ **bring off** *tr verb* (*fam*) zustande bringen ◆ **bring on** *tr verb* (*cause to occur*) herbeiführen; MED verursachen; **you brought it on yourself** du bist selbst schuld ◆ **bring out** *tr verb* ❶ (*fetch out*) herausbringen ❷ BRIT, AUS (*encourage*) **to ~ sb out** jdm die Hemmungen nehmen ❸ (*reveal*) zum Vorschein bringen ◆ **bring over** *tr verb* herbeibringen ◆ **bring round** *tr verb esp* BRIT (*fetch round*) mitbringen ◆ **bring up** *tr verb* ❶ (*carry up*) heraufbringen ❷ (*rear*) großziehen; **a well brought-up child** ein gut erzogenes Kind ❸ (*mention*) zur Sprache bringen; **to ~ sth up for discussion** etw zur Diskussion stellen ▶ **to ~ up the rear** das Schlusslicht bilden
brink [brɪŋk] *n no pl* Rand *m a. fig*

brisk [brɪsk] *adj* ① (*quick*) zügig ② *wind* frisch

bristle ['brɪsl̩] **I.** *n* Borste *f;* (*on a face*) [Bart]stoppel *f meist Pl* **II.** *intr verb fur* sich sträuben

Britain ['brɪtᵊn] *n* Großbritannien *nt*

British ['brɪtɪʃ] **I.** *adj* britisch **II.** *npl* **the ~** die Briten *Pl*

British Broadcasting Corporation *n no pl, + sing/pl verb* britische Rundfunkgesellschaft (*die BBC*)

British National Party *n* POL Britische Nationalpartei (*rechtsradikal*)

Briton ['brɪtᵊn] *n* Brite *m*/Britin *f*

Brittany ['brɪtᵊni] *n* die Bretagne

broad [brɔːd] **I.** *adj* ① (*wide*) breit ② (*obvious*) **a ~ hint** ein Wink *m* mit dem Zaunpfahl ③ (*general*) allgemein ④ (*wide-ranging*) weitreichend ⑤ (*strong*) *accent, grin* breit **II.** *n* AM (*sl*) Tussi *f*

B-road ['biːrəʊd] *n* BRIT ≈ Landesstraße *f*

broad bean *n* dicke Bohne

broadcast ['brɔːdkɑːst] **I.** *n* Übertragung *f;* (*programme*) Sendung *f* **II.** *intr, tr verb* <broadcast *or* AM broadcasted, broadcast *or* AM broadcasted> senden

broadcasting ['brɔːdkɑːstɪŋ] *n no pl* (*radio*) Rundfunk *m;* (*TV*) Fernsehen *nt*

broadcasting station *n* Rundfunkstation *f*

broaden ['brɔːdᵊn] **I.** *intr verb* breiter werden **II.** *tr verb* ① (*make wider*) verbreitern ② (*fig*) vergrößern

broad jump *n no pl* AM (*long jump*) Weitsprung *m*

broadly ['brɔːdli] *adv* ① (*widely*) breit ② (*generally*) allgemein; **~ speaking, ...** ganz allgemein gesehen, ...

broadminded *adj* (*approv*) tolerant

broccoli ['brɒkᵊli] *n no pl* Brokkoli *m*

brochure ['brəʊʃəʳ] *n* Broschüre *f*

broke [brəʊk] **I.** *pt of* **break** **II.** *adj* (*fam*) pleite

broken ['brəʊkᵊn] **I.** *pp of* **break** **II.** *adj* ① *arm* gebrochen; *bottle* zerbrochen; **~ glass** Glasscherben *Pl* ② **in ~ English** in gebrochenem Englisch

broken-down *adj* kaputt

broken-hearted *adj* untröstlich

brolly ['brɒli] *n* BRIT, AUS (*fam*) Schirm *m*

bronze [brɒnz] *n* Bronze *f*

Bronze Age *n no pl* **the ~** die Bronzezeit

brooch <*pl* -es> [brəʊtʃ] *n* Brosche *f*

brood [bruːd] **I.** *n* Brut *f a. fig* **II.** *intr verb* **to ~ over sth** über etw *Dat* brüten

broody ['bruːdi] *adj* ZOOL brütig

brook [brʊk] *n* Bach *m*

broom [bruːm, brʊm] *n* Besen *m*

broomstick ['bruːmstɪk, 'brʊm-] *n* Besenstiel *m*

Bros. *npl* ECON *abbrev of* **brothers** Gebr.

broth [brɒθ] *n no pl* Brühe *f*

brotha ['brʌðə] *n* AM (*sl*) Digger *m* (*hauptsächlich von Schwarzafrikanern gebrauchte Anrede für einen Mann*)

brother ['brʌðəʳ] **I.** *n* Bruder *m;* **~s and sisters** Geschwister *Pl;* **~s in arms** Waffenbrüder *Pl* **II.** *interj* (*fam*) Mann!

brother-in-law <*pl* brothers-in-law> *n* Schwager *m*

brought [brɔːt] *pp, pt of* **bring**

brown [braʊn] **I.** *n* Braun *nt* **II.** *adj* braun

brown bread *n no pl locker gebackenes Brot aus dunklerem Mehl, etwa wie Mischbrot* **brownfield** *adj* **~ site** aus gewerblichen Brachflächen hervorgegangenes Bauland **brown-nose** *intr verb esp* AM (*pej sl*) katzbuckeln **brown-noser** *n esp* AM (*pej sl*) Arschkriecher(in) *m(f)* **brown paper** *n no pl* Packpapier *nt* **brown rice** *n no pl* ungeschälter Reis

browse [braʊz] **I.** *intr verb* ① **to ~ through a magazine** eine Zeitschrift durchblättern ② **to ~ [around a shop]** sich [in einem Geschäft] umsehen **II.** *n no pl* ① **to have a ~ around** sich umsehen ② **to have a ~ through a magazine** eine Zeitschrift durchblättern

browser ['braʊzəʳ] *n* COMPUT Browser *m*

bruise [bruːz] **I.** *n* ① blauer Fleck ② (*on fruit*) Druckstelle *f* **II.** *tr verb* **to ~ one's arm** sich am Arm stoßen **III.** *intr verb* einen blauen Fleck bekommen; *fruit* Druckstellen bekommen

Brummie, **Brummy** *adj* ['brʌmi] BRIT (*fam*) aus Birmingham *präd;* **~ culture** die für Birmingham typische Kultur

brunt [brʌnt] *n no pl* **to bear the ~ of sth** etw am stärksten zu spüren bekommen

brush [brʌʃ] **I.** *n* <*pl* -es> ① (*for hair, cleaning*) Bürste *f;* (*for painting*) Pin-

B

sel *m* ❷ (*act*) Bürsten *nt;* **to give sth a ~** etw abbürsten ❸ (*encounter*) Zusammenstoß *m;* **to have a ~ with the law** mit dem Gesetz in Konflikt geraten **II.** *tr verb* ❶ (*clean*) abbürsten; **to ~ one's hair** sich *Dat* die Haare bürsten ❷ (*touch lightly*) leicht berühren **III.** *intr verb* **to ~ against** streifen; **to ~ by** vorbeieilen an *+Dat* ◆**brush aside** *tr verb* ❶ (*move aside*) wegschieben ❷ *thing* abtun ◆**brush away** *tr verb* ❶ (*wipe*) wegwischen ❷ (*dismiss*) [aus seinen Gedanken] verbannen ◆**brush off** *tr verb* ❶ (*remove with brush*) abbürsten ❷ (*ignore*) *person* abblitzen lassen; *thing* zurückweisen ◆**brush up I.** *intr verb* **to ~ up on sth** etw auffrischen **II.** *tr verb* auffrischen

brush-off *n no pl* **to get the ~ from sb** von jdm einen Korb bekommen; **to give sb the ~** jdm eine Abfuhr erteilen

Brussels ['brʌsᵊlz] *n no pl* Brüssel *nt*

Brussel[s] sprout *n* Rosenkohl *m*

brutal ['bru:tᵊl] *adj* brutal

brute [bru:t] **I.** *n* Bestie *f* **II.** *adj* **~ force** rohe Gewalt

BSE [ˌbi:es'i:] *n no pl* Brit *abbrev of* **bovine spongiform encephalopathy** BSE *f*

BST *n no pl abbrev of* **British Summer Time** britische Sommerzeit

bubble ['bʌbl̩] **I.** *n* Blase *f;* **to blow a ~** eine Seifenblase machen **II.** *intr verb* kochen *a. fig; coffee, stew* brodeln; *boiling water, fountain* sprudeln; *champagne* perlen ◆**bubble over** *intr verb* **to ~ over with sth** vor etw *Dat* [über]sprudeln

bubble bath *n* Schaumbad *nt*

bubble gum *n* Bubble Gum® *m*

bubbly ['bʌbl̩i] **I.** *n no pl* (*fam*) Schampus *m* **II.** *adj* ❶ *drink* sprudelnd ❷ *person* temperamentvoll

buck¹ [bʌk] *n* Am, Aus (*fam*) Dollar *m*

buck² [bʌk] *n* <*pl* - *or* -s> (*male deer*) Bock *m*

bucket ['bʌkɪt] *n* ❶ (*pail*) Eimer *m* ❷ (*fam: large amounts*) **~s** Unmengen *Pl*

bucketful <*pl* -s *or* bucketsful> *n* Eimer *m*

bucket seat *n* auto, aviat Schalensitz *m*

buckle ['bʌkl̩] **I.** *n* Schnalle *f* **II.** *tr verb belt* [zu]schnallen ◆**buckle down** *intr verb* sich dahinterklemmen *fam* ◆**buckle in** *tr verb* anschnallen

Buck's Fizz [bʌks'fɪz] *n* Orangensaft *m* mit Sekt [*o* Champagner] *m*

bud [bʌd] *n* Knospe *f;* **to be in ~** Knospen haben

budding ['bʌdɪŋ] *adj* (*fig*) angehend

buddy ['bʌdi] *n* Am (*fam*) Kumpel *m*

buddy system *n Maßnahme zur Sicherung von gemeinsamen Unternehmen (z.B. von Ausflügen mit Kindern), bei denen die Teilnehmer sich in Paaren zusammentun, um aufeinander aufzupassen*

budge [bʌdʒ] **I.** *intr verb* ❶ (*move*) sich [vom Fleck] rühren ❷ (*change mind*) nachgeben; **to ~ from sth** von etw abrücken **II.** *tr verb* ❶ (*move*) [von der Stelle] bewegen ❷ (*cause to change mind*) umstimmen

budgerigar ['bʌdʒᵊrɪgɑ:ʳ] *n* Wellensittich *m*

budget ['bʌdʒɪt] **I.** *n* Budget *nt;* **the Budget** der öffentliche Haushalt[splan] **II.** *intr verb* **to ~ for sth** etw [im Budget] vorsehen **III.** *adj* preiswert; **~ travel** Billigreisen *Pl*

budget deficit *n* Haushaltsdefizit *nt*

buffalo <*pl* - *or* -oes> ['bʌfᵊləʊ] *n* Büffel *m*

buffer ['bʌfəʳ] *n* Puffer *m;* (*railway*) Prellbock *m*

buffet¹ ['bʊfeɪ, 'bʌ-] *n* Büfett *nt;* **~ car** *esp* Brit rail ≈ Speisewagen *m*

buffet² ['bʌfɪt] *tr verb* [heftig] hin und her bewegen

bug [bʌg] **I.** *n* ❶ (*insect*) **~s** Ungeziefer *nt kein Pl;* **bed ~** Bettwanze *f* ❷ comput Bug *m* ❸ (*listening device*) Wanze *f* **II.** *tr verb* <-gg-> ❶ (*install bugs*) verwanzen ❷ (*fam: annoy*) **to ~ sb [about sth]** jdm [mit etw] auf die Nerven gehen; **stop ~ging me!** hör auf zu nerven!

bugger ['bʌgəʳ] **I.** *n* Brit, Aus (*vulg*) Scheißkerl *m;* **poor ~** (*sl*) armes Schwein ▸ **it's got ~ all to do with you!** Brit, Aus (*vulg*) das geht dich einen Dreck an! **II.** *interj* Brit, Aus (*vulg*) **~!** Scheiße! **III.** *tr verb* Brit, Aus (*sl: ruin*) ruinieren ◆**bugger off** *intr verb* (*sl*) abhauen ◆**bugger up** *tr verb* (*sl*) versauen

buggy ['bʌgi] *n* ① BRIT (*pushchair*) Buggy *m* ② AM (*pram*) Kinderwagen *m*

build [bɪld] **I.** *n no pl* Körperbau *m* **II.** *tr verb* <built, built> ① (*construct*) bauen; *building a.* errichten ② (*fig*) aufbauen **III.** *intr verb* <built, built> ① (*construct*) bauen ② (*increase*) zunehmen ◆**build in** *tr verb* einbauen ◆**build on** *intr verb* ① (*take advantage of*) bauen auf +*Akk* ② (*add extension*) anbauen ◆**build up I.** *tr verb* aufbauen **II.** *intr verb* (*increase*) zunehmen; *traffic* sich verdichten

builder ['bɪldəʳ] *n* Bauarbeiter(in) *m(f)*

building ['bɪldɪŋ] *n* Gebäude *nt*

building regulations *npl* Baugesetze *Pl* **building site** *n* Baustelle *f* **building society** *n* BRIT, AUS Bausparkasse *f*

build quality *n no pl of a car, a computer* Verarbeitungsqualität *f*

build-up *n* ① (*increase*) Zunahme *f;* ~ **of pressure** Druckanstieg *m* ② (*hype*) Werbung *f*

built [bɪlt] *pp, pt of* **build**

built-in ['bɪltɪn] *adj* eingebaut; ~ **cupboard** Einbauschrank *m*

built-up ['bɪltʌp] *adj* ① *area* verbaut ② *shoes* erhöht

bulb [bʌlb] *n* ① BOT Zwiebel *f* ② ELEC [Glüh]birne *f*

bulge [bʌldʒ] **I.** *n* Wölbung *f* **II.** *intr verb* sich runden; *eyes* hervortreten

bulging ['bʌldʒɪŋ] *adj* ① (*full*) *container* zum Bersten voll ② (*protruding*) *eyes* hervorquellend

bulk [bʌlk] *n* ① *no pl* (*mass*) Masse *f* ② (*size*) Ausmaß *nt* ③ *no pl* (*largest part*) Großteil *m;* **the ~ of the work** die meiste Arbeit

bulky ['bʌlki] *adj person* massig; *object* sperrig

bull [bʊl] *n* Stier *m,* Bulle *m* ▶ **like a ~ in a china shop** wie ein Elefant im Porzellanladen; **to take the ~ by the horns** den Stier bei den Hörnern packen

bulldog *n* Bulldogge *f*

bulldoze ['bʊldəʊz] *tr verb* (*level off*) einebnen; (*clear*) räumen

bulldozer ['bʊldəʊzəʳ] *n* Bulldozer *m*

bullet ['bʊlɪt] *n* Kugel *f;* ~ **hole** Einschussloch *nt;* ~ **wound** Schusswunde *f* ▶ **to bite the ~** in den sauren Apfel beißen; **to give sb the ~** jdn feuern

bulletin board *n* schwarzes Brett

bulletproof *adj* kugelsicher

bullfight *n* Stierkampf *m*

bullish ['bʊlɪʃ] *adj* ① (*aggressive*) draufgängerisch ② (*obstinate*) dickköpfig

bullshit (*fam!*) **I.** *n no pl* Schwachsinn *m* **II.** *intr verb* <-tt-> Scheiß erzählen

bully ['bʊli] **I.** *n* Rabauke *m;* **you're a big ~** du bist ein ganz gemeiner Kerl **II.** *tr verb* <-ie-> tyrannisieren

bum [bʌm] **I.** *n* ① (*good-for-nothing*) Penner *m* ② *esp* BRIT, AUS (*fam: bottom*) Hintern *m* **II.** *adj* (*pej fam*) mies; ~ **rap** AM ungerechte Behandlung **III.** *tr verb* <-mm-> (*fam*) **to ~ sth off sb** etw von jdm schnorren

bumblebee ['bʌmb|bi:] *n* Hummel *f*

bump [bʌmp] **I.** *n* ① (*on head*) Beule *f;* (*in road*) Unebenheit *f* ② (*thud*) Bums *m;* **to go ~** rumsen **II.** *tr verb* ① AUTO zusammenstoßen mit +*Dat* ② **to ~ one's head** sich am Kopf stoßen **III.** *intr verb* **to ~ along** entlangrumpeln ◆**bump off** *tr verb* (*sl*) umlegen

bumper ['bʌmpəʳ] *n* Stoßstange *f*

bumper-to-bumper *adv attr* Haube an Haube

bumpy ['bʌmpi] *adj* holp[e]rig; *flight, ride* unruhig

bun [bʌn] *n* ① (*pastry*) [rundes] Gebäckstück ② *esp* AM (*bread roll*) Brötchen *nt*

bunch <*pl* -es> [bʌn(t)ʃ] **I.** *n* ① (*group*) *of flowers* Strauß *m; of people* Haufen *m;* ~ **of keys** Schlüsselbund *m;* **a whole ~ of problems** jede Menge Probleme ② (*wad*) **in a ~** aufgebauscht **II.** *tr verb* bündeln **III.** *intr verb* sich bauschen

bundle ['bʌnd|] **I.** *n* Bündel *nt;* **a ~ of nerves** (*fig*) ein Nervenbündel **II.** *tr verb* **to ~ sb into the car** jdn ins Auto verfrachten

bundt cake ['bʊndkeɪk] *n* Napfkuchen *m*

bung [bʌŋ] **I.** *n esp* BRIT Pfropfen *m* **II.** *tr verb* ① *esp* BRIT **to be ~ed up** verstopft sein ② *esp* BRIT, AUS (*fam: throw*) schmeißen

bunghole *n* Spundloch *nt*

bungle ['bʌŋg|] **I.** *tr verb* verpfuschen **II.** *intr verb* Mist bauen **III.** *n* **to make a ~ of sth** etw verpfuschen

bungling ['bʌŋglɪŋ] **I.** *n no pl* Stümperei *f* **II.** *adj* ungeschickt; ~ **idiot** ausgemachter Trottel

B

bunk [bʌŋk] **I.** *n* ① (*in boat*) Koje *f* ② (*part of bed*) **bottom/top** ~ unteres/oberes Bett (*eines Etagenbetts*) ▶ **to do a** ~ Brit, Aus [heimlich] abhauen **II.** *intr verb* (*fam*) **to** ~ **[down]** sich aufs Ohr legen

bunk bed *n* Etagenbett *nt*

bunny ['bʌni] *n* (*childspeak*) Häschen *nt*

burb [bɜːrb] *n* Am (*fam*) *short for* **suburb** Vorort *m*

Burberry® ['bɜːbᵊri] *n* ① (*coat*) Burberrymantel *m* ② *no pl* (*cloth*) Burberrymantelstoff *m*

burble ['bɜːbl̩] **I.** *intr verb* ① (*of water*) plätschern ② (*pej: babble*) plappern **II.** *tr verb* (*pej*) brabbeln ◆**burble away** *intr verb* drauflos plappern ◆**burble on** *intr verb* drauflos quasseln

burden ['bɜːdᵊn] **I.** *n* ① Last *f* ② (*fig*) Belastung *f* (**to** für); ~ **of proof** Beweislast *f* **II.** *tr verb* beladen

bureau <*pl* -x *or* Am, Aus *usu* -s> ['bjʊərəʊ] *n* ① (*government department*) Amt *nt*, Behörde *f* ② Am (*office*) [Informations]büro *nt* ③ Brit (*desk*) Sekretär *m* ④ Am (*chest of drawers*) Kommode *f*

burger ['bɜːgəʳ] *n* (*fam*) *short for* **hamburger** [Ham]burger *m*

burglar ['bɜːgləʳ] *n* Einbrecher(in) *m(f)*

burglarproof *adj* einbruchsicher

burglary ['bɜːglᵊri] *n* Einbruch[diebstahl] *m*

burgle ['bɜːgl̩] *tr verb* Brit, Aus einbrechen in; **they were** ~**d** bei ihnen wurde eingebrochen

burly ['bɜːli] *adj* kräftig [gebaut]

burn¹ [bɜːn] *n* Scot Bächlein *nt*

burn² [bɜːn] **I.** *n* ① (*injury*) Verbrennung *f* ② (*damage*) Brandfleck *m* **II.** *intr verb* <burnt *or* Am *usu* burned, burnt *or* Am *usu* burned> ① (*be in flames*) brennen; *house* in Flammen stehen; **to** ~ **to death** verbrennen ② Food anbrennen ③ (*sunburn*) einen Sonnenbrand bekommen ④ (*acid*) ätzen **III.** *tr verb* <burnt *or* Am *usu* burned, burnt *or* Am *usu* burned> ① (*damage with heat*) verbrennen ② Food anbrennen lassen ③ (*sunburn*) **to be** ~**t** einen Sonnenbrand haben ④ (*acid*) verätzen ◆**burn away I.** *intr verb* herunterbrennen; (*continuously*) vor sich hinbrennen **II.** *tr verb* abbrennen ◆**burn down I.** *tr verb* abbrennen **II.** *intr verb building* niederbrennen ◆**burn out I.** *intr verb* ① *fire, candle* herunterbrennen ② *rocket* ausbrennen ③ Am (*fam: reach saturation*) **to** ~ **out on sth** etw schnell überhaben **II.** *tr verb* ① (*stop burning*) **the candle** ~**t itself out** die Kerze brannte herunter ② (*person*) **to** ~ **[oneself] out** sich völlig verausgaben ◆**burn up I.** *intr verb* verbrennen **II.** *tr verb calories* verbrauchen

burning ['bɜːnɪŋ] **I.** *adj* ① (*on fire*) brennend; *face* glühend ② (*controversial*) *issue* heiß diskutiert; *question* brennend **II.** *n no pl* **there's a smell of** ~ es riecht verbrannt

burnout *n* ① *no pl* (*exhaustion*) Erschöpfung ② Am (*pej: person*) ausgebrannter Mensch

burnt [bɜːnt] **I.** *tr verb, vi pt, pp of* **burn** **II.** *adj* (*completely*) verbrannt; (*partly*) *food* angebrannt

burp [bɜːp] **I.** *n* Rülpser *m; of a baby* Bäuerchen *nt* **II.** *intr verb* rülpsen *fam; baby* ein Bäuerchen machen

burrow ['bʌrəʊ] **I.** *n* Bau *m* **II.** *tr verb* graben

bursary ['bɜːsᵊri] *n esp* Brit Stipendium *nt*

burst [bɜːst] **I.** *n* ~ **of activity** plötzliche Geschäftigkeit; ~ **of laughter** Lachsalve *f;* ~ **of speed** Spurt *m* **II.** *intr verb* <burst *or* Am *a.* bursted, burst *or* Am *a.* bursted> ① (*explode*) platzen ② (*fig*) **to be** ~**ing to do sth** darauf brennen, etw zu tun ③ (*be full*) *suitcase* zum Bersten voll sein; **to be** ~**ing with curiosity/pride** vor Neugier/Stolz platzen **III.** *tr verb* <burst *or* Am *a.* bursted, burst *or* Am *a.* bursted> zum Platzen bringen; **she** ~ **a blood vessel** ihr ist eine Ader geplatzt ◆**burst forth** *intr verb* (*liter*) *sunshine* hervorbrechen; *blossom* ausbrechen ◆**burst in** *intr verb* herein-/hineinstürzen; **to** ~ **in on sb** bei jdm hereinplatzen; **to** ~ **in on a meeting** in eine Versammlung hineinplatzen ◆**burst out** *intr verb* ① (*hurry out*) herausstürzen ② (*commence*) **to** ~ **out crying/laughing** in Tränen/Gelächter ausbrechen

bury <-ie-> ['beri] *tr verb person* begraben; *thing* vergraben

bus [bʌs] **I.** *n* <*pl* -es *or* AM *a.* -ses> [Omni]bus *m;* **to go by ~** mit dem Bus fahren **II.** *tr verb* <-ss- *or* AM *usu* -s-> mit dem Bus befördern **III.** *intr verb* <-ss- *or* AM *usu* -s-> mit dem Bus fahren

Wenn man in Großbritannien mit dem **bus** fährt, sollte man das passende Fahrgeld bereithalten. In vielen Städten heißt es nämlich: *Exact Fare Only* – man bekommt also kein Wechselgeld zurück. Wesentlich komfortabler sind da die neuen, wiederaufladbaren Plastikgeldkarten wie etwa die *Oyster Card* in London.
Auch beim Busfahren zeigt sich übrigens die sprichwörtliche Höflichkeit der Briten. An der Bushaltestelle wird nicht gedrängelt, und so mancher sagt, wenn er aussteigt, dem Fahrer ein freundliches *thank you!*

bus driver *n* Busfahrer(in) *m(f)*

bush <*pl* -es> [bʊʃ] *n* ① Busch *m;* **in the ~es** im Gebüsch ② (*fig*) **~ of hair** [dichtes] Haarbüschel ▶ **to beat about the ~** um den heißen Brei herumreden

bushy ['bʊʃi] *adj* buschig

busily ['bɪzɪli] *adv* eifrig; **~ engaged on sth** intensiv mit etw beschäftigt

business <*pl* -es> ['bɪznɪs] *n* ① *no pl* (*commerce*) Handel *m;* **to go out of ~** das Geschäft aufgeben; **to talk ~** zur Sache kommen; **on ~** beruflich ② *no pl* (*sales volume*) Geschäft *nt;* **how's ~?** was machen die Geschäfte? ③ (*profession*) Branche *f;* **what line of ~ are you in?** in welcher Branche sind Sie tätig? ④ *no pl* (*matter*) Angelegenheit *f;* **that's none of your ~** das geht dich nichts an ⑤ *no pl* **to mean ~** es [wirklich] ernst meinen ▶ **~ before pleasure** (*prov*) erst die Arbeit, dann das Vergnügen; **to be ~ as usual** den gewohnten Gang gehen; **to get down to ~** zur Sache kommen

business address *n* Geschäftsadresse *f* **business card** *n* Visitenkarte *f* **business hours** *npl* Geschäftszeiten *Pl* **business trip** *n* Dienstreise *f,* Geschäftsreise *f*

busker ['bʌskəʳ] *n* Straßenmusikant(in) *m(f)*

bus lane *n* Busspur *f*

busload *n* Busladung *f*

bus service *n* Busverbindung *f* **bus station** *n* Busbahnhof *m* **bus stop** *n* Bushaltestelle *f*

bust[1] [bʌst] *n* ① (*statue*) Büste *f* ② (*breasts*) Büste *f*

bust[2] [bʌst] **I.** *n* ① (*recession*) [wirtschaftlicher] Niedergang ② (*sl: police raid*) Razzia *f* **II.** *adj* (*fam*) ① (*broken*) kaputt ② (*bankrupt*) **to go ~** Pleite machen **III.** *tr verb* <bust *or* AM *usu* busted, bust *or* AM *usu* busted> (*fam*) kaputtmachen

bustle ['bʌsl̩] **I.** *n no pl* Getriebe *nt* **II.** *intr verb* **the street ~d with activity** auf der Straße herrschte reger Betrieb; **to ~ about** herumwuseln; **to ~ in/out** geschäftig hinein-/hinauseilen

bust-up ['bʌstʌp] *n* BRIT, AUS (*fam*) Krach *m*

busy ['bɪzi] **I.** *adj* ① (*occupied*) beschäftigt; **I'm very ~ this week** ich habe diese Woche viel zu tun; **to keep oneself ~** sich beschäftigen; **to keep sb ~** jdn in Atem halten ② (*active*) *day* arbeitsreich; **I've had a ~ day** ich hatte heute viel zu tun; **the busiest time of year** die Jahreszeit, in der am meisten los ist **II.** *tr verb* <-ie-> **to ~ oneself with sth** sich mit etw beschäftigen

but [bʌt, bət] **I.** *conj* ① (*although, however*) aber; **~ then I'm no expert** ich bin allerdings keine Expertin ② (*except*) als ③ (*rather*) sondern; **not only ... ~ also ...** [**too**] nicht nur[,] ... sondern auch ... **II.** *prep* außer +*Dat;* **last ~ one** vorletzte(r, s); **anything ~** alles außer; **nothing ~ trouble** nichts als Ärger **III.** *adv* (*form: only*) nur ▶ **~ for** bis auf; **~ then** [**again**] (*on the other hand*) andererseits; (*after all*) schließlich

butcher ['bʊtʃəʳ] **I.** *n* Metzger(in) *m(f)* **II.** *tr verb* schlachten

but'n'ben [ˌbʌtən'ben] *n* SCOT kleines Häuschen

butt [bʌt] **I.** *n* ① *of a rifle* Kolben *m; of a cigarette* Stummel *m* ② AM (*sl*) Hintern *m;* **to get off one's ~** seinen Hintern in Bewegung setzen **II.** *tr verb* **to ~**

sb/sth jdm/etw einen Stoß mit dem Kopf versetzen **III.** *intr verb person* mit dem Kopf stoßen

B

butt-baring ['bʌtbeərɪ-ŋ] *adj* AM ~ **panties** kaum das Hinterteil bedeckende Höschen

butter ['bʌtəʳ] **I.** *n no pl* Butter *f* **II.** *tr verb* mit Butter bestreichen

butter-dish *n* Butterdose *f*

butterfly ['bʌtəflaɪ] *n* Schmetterling *m*

buttock ['bʌtək] *n* [Hinter]backe *f;* ~**s** Gesäß *nt*

button ['bʌtᵊn] **I.** *n* ❶ (*on clothes*) Knopf *m* ❷ TECH Knopf *m;* **to push a ~** auf einen Knopf drücken ❸ AM (*badge*) Button *m* **II.** *tr verb* zuknöpfen ▸ **to ~ it** den Mund halten

buy [baɪ] **I.** *n* Kauf *m* **II.** *tr verb* <bought, bought> ❶ **to ~ sb sth** [*or* **sth for sb**] jdm etw kaufen; **to ~ sth from** [*or fam* **off**] **sb** jdm etw abkaufen ❷ (*fam: believe*) abkaufen ◆**buy back** *tr verb* zurückkaufen ◆**buy off** *tr verb* kaufen ◆**buy out** *tr verb company* aufkaufen; *person* auszahlen ◆**buy up** *tr verb* aufkaufen

buy-back *n* ECON Rückkauf *m*

buyer ['baɪəʳ] *n* Käufer(in) *m(f);* (*as job*) Einkäufer(in) *m(f)*

buzz [bʌz] **I.** *intr verb bee, buzzer* summen; **my head was ~ing** mir schwirrten alle möglichen Gedanken durch den Kopf; **the room was ~ing with conversation** das Zimmer war von Stimmengewirr erfüllt **II.** *tr verb* (*telephone*) anrufen **III.** *n* <*pl* -es> ❶ *of a bee, a buzzer* Summen *nt; of a fly* Brummen *nt;* ~ **of conversation** Stimmengewirr *nt* ❷ (*call*) **to give sb a ~** jdn anrufen ◆**buzz around** *intr verb* herumschwirren ◆**buzz off** *intr verb* (*fam!*) abzischen

buzz cut *n* Stoppelhaare *Pl*

buzzer ['bʌzəʳ] *n* Summer *m*

by [baɪ] **I.** *prep* ❶ (*beside*) bei +*Dat,* an +*Dat;* **come and sit ~ me** komm und setz dich zu mir ❷ ~ **the arm/hair** am Arm/Schopf; ~ **the hand** bei der Hand ❸ (*not later than*) bis; ~ **14 February** [spätestens] bis zum 14.02.; ~ **now** inzwischen; ~ **the time** [**that**] **this letter reaches you ...** wenn dieser Brief dich erreicht, ... ❹ (*during*) bei +*Dat;* ~ **candlelight** bei Kerzenlicht; ~ **day/night** tagsüber/nachts ❺ (*happening progressively*) **bit ~ bit** nach und nach; **day ~ day** Tag für Tag ❻ (*agent*) von +*Dat;* **a painting ~ Picasso** ein Gemälde von Picasso; **I swear ~ Almighty God that ...** ich schwöre bei dem allmächtigen Gott, dass ... ❼ (*by means of*) durch +*Akk,* mit +*Dat;* ~ **boat/bus/car/train** mit dem Schiff/Bus/Auto/Zug; ~ **chance** durch Zufall; ~ **cheque** mit Scheck; ~ **contrast** im Gegensatz ❽ (*according to*) nach +*Dat,* von +*Dat;* ~ **birth** von Geburt; ~ **law** dem Gesetz nach; ~ **profession** von Beruf ❾ (*quantity*) ~ **the day** tageweise; ~ **the hour** stundenweise; ~ **the metre** am Meter; ~ **the thousand** zu Tausenden ❿ (*margin*) um +*Akk;* **to go up ~ 20%** um 20 % steigen; **it would be better ~ far to ...** es wäre weitaus besser, ... ⓫ MATH **8 divided ~ 4 equals 2** 8 geteilt durch 4 ist 2; **8 multiplied ~ 3 equals 24** 8 mal 3 macht 24 **II.** *adv* ❶ (*past*) vorbei; **excuse me, I can't get ~** Entschuldigung, ich komme nicht vorbei; **time goes ~ so quickly** die Zeit vergeht so schnell ❷ **close ~** ganz in der Nähe ▸ ~ **and large** im Großen und Ganzen

bye [baɪ] *interj,* **bye-bye** [ˌbaɪ'baɪ] *interj* (*fam*) tschüs

by-election *n* BRIT, CAN Nachwahl *f*

bypass **I.** *n* ❶ TRANSP Umgehungsstraße *f* ❷ MED Bypass *m* **II.** *tr verb* (*detour*) umfahren

by-product *n* Nebenprodukt *nt;* (*fig*) Begleiterscheinung *f*

Cc

C <*pl* -'s *or* -s>, **c** <*pl* -'s> [siː] *n* ① C *nt*, c *nt*; *see also* **A 1** ② MUS C *nt*, c *nt*; **C flat** Ces *nt*, ces *nt*; **C sharp** Cis *nt*, cis *nt* ③ (*school mark*) ≈ Drei *f*, ≈ befriedigend; (*in the Suiss system*) ≈ Vier *f*
C ① *after noun abbrev of* **Celsius** C ② *abbrev of* **cancer**: **the Big ~** (*fam*) Krebs *m*
c. *abbrev of* **circa** ca.
cab [kæb] *n* ① (*of a truck*) Führerhaus *nt* ② (*taxi*) Taxi *nt*
cabbage ['kæbɪdʒ] *n* Kohl *m kein Pl*
cabbie *n*, **cabby** ['kæbi] *n*, *esp* AM **cab-driver** *n* Taxifahrer(in) *m(f)*
cabin ['kæbɪn] *n* ① (*on ship*) Kabine *f* ② (*wooden house*) Hütte *f*
cabin cruiser *n* Kajütboot *nt*
cabinet ['kæbɪnət] *n* ① (*storage place*) Schrank *m* ② + *sing/pl verb* POL Kabinett *nt*

> Das britische **Cabinet** (Kabinett) besteht aus einer Reihe von wichtigen Ministern, die sich regelmäßig mit dem *Prime Minister* treffen. Gemeinsam erarbeitet dieses Gremium die Richtlinien der Politik. Das Gegenstück, das *Shadow Cabinet* (Schattenkabinett), setzt sich aus den wichtigsten Mitgliedern der Opposition zusammen.

cable ['keɪbl̩] **I.** *n* ① ELEC [Leitungs]kabel *nt*, Leitung *f* ② *no pl* TV Kabelfernsehen *nt* **II.** *tr verb* TV **to be ~d** verkabelt sein
cable car *n* Seilbahn *f*
cable network *n* TV Kabelnetz *nt*
cable television *n no pl*, **cable TV** *n no pl* Kabelfernsehen *nt*
caboose [kəbuːs] *n* AM NAUT Kombüse *f*; RAIL Dienstwagen *m*
cab rank *n* Taxistand *m*
cackle ['kækl̩] **I.** *intr verb* gackern **II.** *n* ① (*chicken noise*) Gackern *nt kein Pl* ② (*laughter*) Gegacker *nt*
cactus <*pl* -es *or* cacti> ['kæktəs, *pl* -taɪ] *n* Kaktus *m*
cadaverous [kə'dævərəs] *adj* (*pale*) totenbleich; (*thin*) ausgemergelt; (*about to die*) vom Tode gezeichnet
cadge [kædʒ] *tr, intr verb* (*fam*) schnorren (**from/off** von)
Caesarean [sɪ'zeəriən] *n* MED Kaiserschnitt *m*
café *n*, **cafe** ['kæfeɪ] *n* Café *nt*
cafeteria [ˌkæfə'tɪəriə] *n* Cafeteria *f*
caffein[e] ['kæfiːn] *n no pl* Koffein *nt*
cage [keɪdʒ] *n* Käfig *m*
cagey ['keɪdʒi] *adj* (*fam*) verschlossen
cagoul[e] [kə'guːl] *n* BRIT Regenjacke *f* [mit Kapuze]
cake [keɪk] **I.** *n* Kuchen *m*; (*layered*) Torte *f*; **fish ~** Fischfrikadelle *f*; **potato ~** Kartoffelpuffer *m* ► **a piece of ~** (*fam*) ein Klacks *m* **II.** *tr verb* **~d with mud** dreckverkrustet
cal. *n abbrev of* **calorie** cal
calamitous [kə'læmɪtəs] *adj* verheerend, katastrophal
calcium ['kælsiəm] *n no pl* Kalzium *nt*
calculate ['kælkjəleɪt] **I.** *tr verb* berechnen **II.** *intr verb* **to ~ [on sth]** [mit etw] rechnen
calculated ['kælkjəleɪtɪd] *adj* beabsichtigt
calculating ['kælkjəleɪtɪŋ] *adj* berechnend
calculation [ˌkælkjə'leɪʃən] *n* MATH Berechnung *f*; (*estimate*) Schätzung *f*
calculator ['kælkjəleɪtər] *n* Rechner *m*
calendar ['kæləndər] *n* Kalender *m*
calf <*pl* calves> [kɑːf, *pl* kɑːvz] *n* ① (*animal*) Kalb *nt* ② ANAT Wade *f*
California [ˌkælɪ'fɔːniə] *n* Kalifornien *nt*
call [kɔːl] **I.** *n* ① (*on the telephone*) [Telefon]anruf *m*, [Telefon]gespräch *nt*; **to give sb a ~** jdn anrufen; **to make a ~** telefonieren; **to take a ~** ein Gespräch annehmen ② (*visit*) Besuch *m* ③ (*shout*) Ruf *m*; **a ~ for help** ein Hilferuf *m* ④ *no pl* (*form: need*) Grund *m*; **there was no ~ to shout** es war nicht nötig zu schreien ⑤ (*summoning*) Aufruf *m* (**for** zu) ⑥ (*decision*) Entscheidung *f* **II.** *tr verb* ① (*on the telephone*) anrufen; (*by radio*) rufen ② (*name*) nennen; **what's that actor ~ed again?** wie

C

heißt dieser Schauspieler nochmal?; **what's that ~ed in Spanish?** wie heißt das auf Spanisch? ❸ (*shout*) rufen; **to ~ sth to sb** jdm etw zurufen ❹ (*summon*) rufen; **to ~ a doctor/a taxi** einen Arzt/ein Taxi kommen lassen; **to ~ sb into a room** jdn in ein Zimmer bitten ❺ (*give orders for*) *meeting* einberufen; *strike* ausrufen; **to ~ an election** Wahlen ansetzen **III.** *intr verb* ❶ (*telephone*) anrufen; **who's ~ing, please?** wer ist am Apparat? ❷ (*drop by*) vorbeischauen ❸ (*shout*) rufen ◆**call at** *intr verb* ❶ (*visit*) **to ~ at sth** bei etw vorbeigehen ❷ *town, station* halten (**at** in) ◆**call away** *tr verb* wegrufen ◆**call back I.** *tr verb* zurückrufen **II.** *intr verb* (*phone*) zurückrufen ◆**call for** *intr verb* ❶ (*collect*) abholen ❷ (*shout*) **to ~ for sb** nach jdm rufen; **to ~ for help** um Hilfe rufen ◆**call in I.** *tr verb* (*ask to come*) [herein]rufen **II.** *intr verb* ❶ RADIO anrufen ❷ (*drop by*) **to ~ in on sb** bei jdm vorbeischauen ◆**call off** *tr verb* (*cancel*) absagen; (*stop*) abbrechen ◆**call on** *intr verb* ❶ (*appeal to*) **to ~ on sb to do sth** jdn dazu auffordern, etw zu tun ❷ (*visit*) **to ~ on sb** bei jdm vorbeischauen ◆**call out I.** *tr verb* ❶ (*shout*) rufen; **to ~ out ↻ sth to sb** jdm etw zurufen ❷ (*summon*) **to ~ out the fire brigade** die Feuerwehr alarmieren **II.** *intr verb* rufen ◆**call up** *tr verb* ❶ *esp* AM (*telephone*) anrufen ❷ COMPUT aufrufen

call box *n* BRIT Telefonzelle *f*

call diversion *n no pl* Rufumleitung *f*

caller ['kɔːləʳ] *n* ❶ (*on telephone*) Anrufer(in) *m(f)* ❷ (*visitor*) Besucher(in) *m(f)*

calling card *n* ❶ AM (*for telephone*) Telefon[kredit]karte *f* ❷ *esp* AM (*personal*) Visitenkarte *f*

call waiting *n no pl* Anklopfen *nt*

calm [kɑːm] **I.** *adj* ruhig **II.** *n* ❶ (*calmness*) Ruhe *f* ❷ METEO Windstille *f*; **the ~ before the storm** die Ruhe vor dem Sturm **III.** *tr verb* beruhigen

calorie ['kælᵊri] *n* Kalorie *f*; **high/low in ~s** kalorienreich/-arm; **~-reduced** brennwertvermindert

calves [kɑːvz] *n pl of* **calf**

camcorder ['kæmˌkɔːdəʳ] *n* Camcorder *m*

came [keɪm] *intr verb pt of* **come**

camel ['kæmᵊl] *n* Kamel *nt*; **~ hair** Kamelhaar *nt*

camera ['kæmᵊrə] *n* Kamera *f*; **to be on ~** vor der Kamera stehen

camera dock *n* PHOT, COMPUT Kamera-Dockingstation *f* **camera phone** *n* Fotohandy *nt*

cami ['kæmi] *n short for* **camisole** Mieder *nt*

camp[1] [kæmp] **I.** *n* ❶ (*encampment*) [Zelt]lager *nt*; **summer ~** Sommerlager *nt* ❷ MIL [Feld]lager *nt*; **prison/refugee ~** Gefangenen-/Flüchtlingslager *nt* **II.** *intr verb* **to ~ [out]** zelten

camp[2] [kæmp] **I.** *n no pl* Manieriertheit *f* **II.** *adj* ❶ (*pej: theatrical*) manieriert ❷ (*effeminate*) tuntenhaft **III.** *tr verb* **to ~ sth ↻ up** bei etw zu dick auftragen

campaign [kæm'peɪn] **I.** *n* Kampagne *f*; **advertising ~** Werbekampagne *f*; **~ of violence** Gewaltaktion *f*; **[election] ~** Wahlkampf *m* **II.** *intr verb* kämpfen, sich engagieren

camper ['kæmpəʳ] *n* ❶ (*person*) Camper(in) *m(f)* ❷ (*vehicle*) Wohnmobil *nt*

campfire *n* Lagerfeuer *nt*

camping ['kæmpɪŋ] *n no pl* Camping *nt*; **to go ~** zelten gehen

campsite *n* Campingplatz *m*

campus ['kæmpəs] *n* Campus *m*; **on ~** auf dem Campus

can[1] [kæn] **I.** *n* ❶ Dose *f*, Büchse *f* ❷ AM (*fam: toilet*) Klo *nt* ▸ **to have to carry the ~** BRIT die Sache ausbaden müssen; **in the ~** FILM im Kasten **II.** *tr verb* ❶ (*package*) eindosen ❷ AM (*fam: stop*) **~ it!** hör auf damit!

can[2] <could, could> [kæn, kən] *aux verb* (*be able to*) können; (*be allowed to*) dürfen; **~ you hear me?** hörst du mich?; **you can't park here** hier dürfen Sie nicht parken; **I couldn't see anything** ich konnte nichts sehen; **you could [always] try** du könntest es ja mal versuchen; **you can't [*or* cannot] be serious!** das ist nicht dein Ernst!; **who ~ blame her?** wer will es ihr verdenken?; **~ do** kein Problem; **no ~ do** tut mir leid

canal [kə'næl] *n* Kanal *m*

canapé ['kænəpeɪ] *n* Cocktailhappen *m*, Kanapee *nt meist Pl*

canard [ˈkænɑːd] *n* (*liter*) [Zeitungs]ente *f*, Falschmeldung *f*

cancel <BRIT -ll- *or* AM *usu* -l-> [ˈkæn(t)sᵊl] *tr verb* ① (*call off*) absagen ② (*remove from schedule*) streichen ③ (*undo*) stornieren

cancellation [ˌkæn(t)sᵊlˈeɪʃᵊn] *n* ① (*calling off*) Absage *f* ② (*from schedule*) Streichung *f* ③ (*undoing*) Stornierung *f*

cancer [ˈkæn(t)səʳ] *n no pl* Krebs *m*; **~ of the stomach** Magenkrebs; **~ of the throat** Kehlkopfkrebs; **~ check-up** Krebsvorsorgeuntersuchung *f*

Cancer [ˈkæn(t)səʳ] *n no art, no pl* ASTRO Krebs *m*

cancerous [ˈkæn(t)sᵊrəs] *adj* krebsartig

candid [ˈkændɪd] *adj* offen; **~ camera** versteckte Kamera

candidate [ˈkændɪdət] *n* POL, SCHOOL Kandidat(in) *m(f)*

candle [ˈkændl̩] *n* Kerze *f* ▸ **to burn the ~ at both ends** Raubbau mit seiner Gesundheit treiben

candlelight *n no pl* Kerzenlicht *nt*; **~ [*or* candlelit] dinner** Abendessen bei Kerzenschein *nt*

candlestick *n* Kerzenständer *m*

candy [ˈkændi] *n* ① *no pl* (*sugar*) Kandiszucker *m* ② AM (*sweets*) Süßigkeiten *Pl*

candyfloss *n no pl* BRIT Zuckerwatte *f*

candy store *n* AM Süßwarenladen *m*

cane [keɪn] **I.** *n* ① *no pl* (*of plant*) Rohr *nt*; **~ basket** Weidenkorb *m* ② (*stick*) Stock *m* **II.** *tr verb* [mit einem Stock] züchtigen

cane chair *n* Rohrstuhl *m*

cane sugar *n no pl* Rohrzucker *m*

canned [kænd] *adj* ① FOOD Dosen- ② MEDIA **~ music** Musik *f* aus der Konserve

cannon [ˈkænən] **I.** *n* MIL Kanone *f* **II.** *intr verb* **to ~ into sb/sth** mit jdm/etw zusammenprallen

cannot [ˈkænɒt] *aux verb, see* **can not**: **we ~ but succeed** wir können nur gewinnen

canny [ˈkæni] *adj* ① (*clever*) schlau ② NBRIT, SCOT (*approv: nice*) nett

canoe [kəˈnuː] *n* Kanu *nt*

canoeing [kəˈnuːɪŋ] *n no pl* Paddeln *nt*

canoeist [kəˈnuːɪst] *n* Kanufahrer(in) *m(f)*

canoodle [kəˈnuːdl̩] *intr verb* (*hum dated fam*) [rum]knutschen

can opener *n* Dosenöffner *m*

can't [kɑːnt] (*fam*) = **cannot**

canteen [kænˈtiːn] *n* Kantine *f*

canvass [ˈkænvəs] **I.** *tr verb* (*gather opinion*) befragen; POL werben **II.** *intr verb* POL um Stimmen werben

canyon [ˈkænjən] *n* Schlucht *f*

CAP [ˌsiːeɪˈpiː] *n* EU *abbrev of* **Common Agricultural Policy** GAP *f*

cap [kæp] **I.** *n* ① (*hat*) Mütze *f* ② (*top*) Verschlusskappe *f* ③ (*limit*) Obergrenze *f* ④ BRIT (*contraceptive*) Pessar *nt* ▸ **to put on one's thinking ~** scharf nachdenken **II.** *tr verb* <-pp-> ① (*limit*) begrenzen ② *usu passive esp* BRIT SPORTS für die Nationalmannschaft aufstellen ③ (*cover*) bedecken; *teeth* überkronen

capable [ˈkeɪpəbl̩] *adj* fähig; **to be ~ of doing sth** in der Lage sein, etw zu tun

capacity [kəˈpæsəti] *n* ① (*available space*) Fassungsvermögen *nt* ② *no pl* (*ability*) Fähigkeit *f*; **mental ~** geistige Fähigkeiten *Pl* ③ *no pl* (*maximum*) Kapazität *f*; **full to ~** absolut voll

cape[1] [keɪp] *n* Kap *nt*; **Cape Horn** Kap Hoorn; **Cape Town** Kapstadt *nt*; **the Cape [of Good Hope]** das Kap der Guten Hoffnung

cape[2] [keɪp] *n* Umhang *m*

capital [ˈkæpɪtᵊl] *n* ① (*city*) Hauptstadt *f* ② (*letter*) Großbuchstabe *m*

capital crime *n* Kapitalverbrechen *nt* **capital investment** *n* FIN Kapitalanlage *f*; **~ company** Kapitalanlagegesellschaft *f* **capitalism** [ˈkæpɪtᵊlɪzᵊm] *n no pl* Kapitalismus *m* **capitalist** [ˈkæpɪtᵊlɪst] **I.** *n* Kapitalist(in) *m(f)* **II.** *adj* kapitalistisch **capital letter** *n* Großbuchstabe *m* **capital market** *n* ECON Kapitalmarkt *m* **capital punishment** *n no pl* Todesstrafe *f*

Capitol [ˈkæpət̬ᵊl] *n* AM ① (*hill*) **on ~ Hill** im amerikanischen Kongress ② (*building*) **State ~** Parlamentsgebäude *nt*, Kapitol *nt*

Capricorn [ˈkæprɪkɔːn] *n no art, no pl* ASTRO Steinbock *m*

capsize [kæpˈsaɪz] *intr verb* NAUT kentern

capsule [ˈkæpsjuːl] *n* Kapsel *f*; (*individual dose or portion*) Dosierkapsel *f*

capsule wardrobe *n* Grundgarderobe *f*

C

captain ['kæptɪn] **I.** *n* Kapitän(in) *m(f)* **II.** *tr verb* anführen; MIL befehligen
caption ['kæpʃᵊn] *n* ❶ (*heading*) Überschrift *f* ❷ (*under illustration*) Bildunterschrift *f*
captive ['kæptɪv] **I.** *n* Gefangene(r) *f(m)* **II.** *adj* gefangen
captivity [kæp'tɪvəti] *n no pl* Gefangenschaft *f*
capture ['kæptʃəʳ] **I.** *tr verb* ❶ (*take prisoner*) gefangen nehmen; *police* festnehmen ❷ (*take possession*) einnehmen **II.** *n of a person* Gefangennahme *f;* (*by police*) Festnahme *f; of a city* Einnahme *f*
car [kɑːʳ] *n* ❶ (*vehicle*) Auto *nt,* Wagen *m;* **by ~** mit dem Auto; **~ rental service** Autovermietung *f* ❷ RAIL Waggon *m* ❸ (*in airship, balloon*) Gondel *f*
caravan ['kærəvæn] *n* BRIT Wohnwagen[anhänger] *m*
carbonated ['kɑːbᵊneɪtɪd] *adj* kohlensäurehaltig
carbon dioxide *n no pl* Kohlendioxid *nt* **carbon emissions** *n pl* AUTO, ECOL CO_2-Ausstoß **carbon footprint** *n* CO_2-Bilanz *f,* CO_2-Fußabdruck *m* **carbon monoxide** *n no pl* Kohlenmonoxid *nt*
car-boot sale *n* BRIT *privater Flohmarkt, bei dem der Kofferraum als Verkaufsfläche dient*
carburetor AM *see* **carburettor**
carburettor [ˌkɑːbjə'retəʳ] *n* BRIT AUTO Vergaser *m*
carcinogenic [ˌkɑːsɪnə(ʊ)'dʒenɪk] *adj* Krebs erregend
card [kɑːd] *n* ❶ (*material*) Pappe *f,* Karton *m* ❷ (*piece of paper*) Karte *f;* (*postcard*) [Post]karte *f,* Ansichtskarte *f;* **birthday ~** Geburtstagskarte *f* ❸ (*game*) [Spiel]karte *f;* **[game of] ~s** Kartenspiel *nt* ❹ (*for paying*) Karte *f;* **credit/phone ~** Kredit-/Telefonkarte *f* ❺ (*official document*) **identity ~** Personalausweis *m;* **membership ~** Mitgliedskarte *f* ▶ **to have a ~ up one's sleeve** noch etwas in petto haben; **to play one's ~s right** geschickt vorgehen
cardboard *n no pl* Pappe *f;* **~ box** [Papp]karton *m*
car deck *n* NAUT, TRANSP Wagendeck *nt*
cardiac ['kɑːdiæk] *adj* Herz-
cardigan ['kɑːdɪgən] *n* Strickjacke *f*
cardinal number *n* Kardinalzahl *f*
card index *n* Kartei *f*
cardio ['kɑːrdioʊ] *adj* AM (*fam*) *short for* **cardiovascular** Kardio-
card-key ID [ˌkɑːdkiːaɪ'diː] *n no pl* Schlüsselkarte *f*
car door *n* Autotür *f*
cardphone *n* Kartentelefon *nt*
card table *n* Kartentisch *m*
care [keəʳ] **I.** *n* ❶ *no pl* (*looking after*) Betreuung *f;* (*in hospital*) Versorgung *f;* **in ~** in Pflege; **to be taken into ~** in Pflege gegeben werden; **to take good ~ of sth** etw schonen; **take ~ [of yourself]!** pass auf dich auf!; **let me take ~ of it** lass mich das übernehmen; **~ of ...** zu Händen von ... ❷ *no pl* (*caution*) **take ~ you don't fall!** pass auf, dass du nicht hinfällst!; **to do sth with ~** etw sorgfältig machen; **to drive with ~** umsichtig fahren ❸ (*worry*) Sorge *f* **II.** *intr verb* ❶ (*be concerned*) betroffen sein; **I couldn't ~ less** das ist mir völlig egal; **as if I ~d** als ob mir das etwas ausmachen würde; **for all I ~** meinetwegen; **who ~s?** wen interessiert das schon? ❷ (*look after*) **to ~ for sb/sth** sich um jdn/etw kümmern **III.** *tr verb* **sb does not ~ what/who/whether ...** jdm ist es egal, was/wer/ob ...
career [kə'rɪəʳ] *n* ❶ (*profession*) Beruf *m;* **~s office** BRIT Berufsberatung *f* ❷ (*working life*) Karriere *f,* Laufbahn *f*
carefree *adj* sorgenfrei
careful ['keəfᵊl] *adj* ❶ (*cautious*) vorsichtig; **to be ~ with sth** mit etw vorsichtig umgehen; **to be ~ [that] ...** darauf achten, dass ... ❷ (*meticulous*) sorgfältig; *analysis* umfassend; **to pay ~ attention to sth** auf etw *Akk* genau achten
careless ['keələs] *adj* ❶ (*lacking attention*) unvorsichtig ❷ (*unthinking*) unbedacht ❸ (*not painstaking*) nachlässig
carelessness ['keələsnəs] *n no pl* ❶ (*lack of care*) Nachlässigkeit *f* ❷ (*thoughtlessness*) Gedankenlosigkeit *f*
caretaker *n* BRIT Hausmeister(in) *m(f)*
careworn *n* vergrämt
car ferry *n* Autofähre *f*
cargo ['kɑːgəʊ] *n no pl* Fracht *f;* **~ plane** Transportflugzeug *nt*

car hire *n no pl esp* Brit Autovermietung *f;* ~ **company** Autoverleih *m*
car insurance *n no pl* Kfz-Versicherung *f*
carmine ['kɑ:maɪn] **I.** *n* Karmin[rot] *nt* **II.** *adj* karminrot
carnival ['kɑ:nɪvᵊl] *n* ① (*festival*) Volksfest *nt* ② (*pre-Lent*) Karneval *m*

Auf den Straßen des Londoner Stadtteils Notting Hill findet jedes Jahr im August der **Notting Hill Carnival** statt. Den Höhepunkt bildet ein großer Umzug mit exotisch kostümierten Menschen und kunstvoll dekorierten Wagen. Begleitet wird das Ganze von lauter Livemusik, die größtenteils karibischen Ursprungs ist – entsprechend der multikulturellen Bevölkerung Londons und Großbritanniens.

carnivorous [kɑ:'nɪvᵊrəs] *adj* Fleisch fressend
carol ['kærᵊl] *n* [**Christmas**] ~ Weihnachtslied *nt*
carol singer *n* Sternsinger(in) *m(f)*
car owner *n* Autobesitzer(in) *m(f)*
car park *n* Brit, Aus Parkplatz *m*
carpenter ['kɑ:pᵊntəʳ] *n* ① (*in buildings*) Zimmermann *m*/Zimmerin *f* ② (*for furniture*) Tischler(in) *m(f),* Schreiner(in) *m(f)* SDEUTSCH, A
carpentry ['kɑ:pᵊntri] *n no pl* ① (*in buildings*) Zimmerhandwerk *nt* ② (*for furniture*) Tischlerhandwerk *nt,* Schreinerhandwerk SDEUTSCH, A
carpet ['kɑ:pɪt] *n* Teppich *m a. fig;* (*fitted*) Teppichboden *m*
carriage ['kærɪdʒ] *n* ① (*horse-drawn*) Kutsche *f* ② Brit RAIL Personenwagen *m*
carriageway *n* Brit Fahrbahn *f*
carrier ['kæriəʳ] *n* ① (*person*) Träger(in) *m(f)* ② MIL Transporter *m;* [**aircraft**] ~ Flugzeugträger *m* ③ (*transport company*) *of people* Personenbeförderungsunternehmen *nt; of goods* Spedition *f*
carrier bag *n* Brit [Plastik]tüte *f*
carrot ['kærət] *n* Karotte *f*
carry <-ie-> ['kæri] **I.** *tr verb* ① (*bear*) tragen *a. fig;* **to ~ sth around** etw mit sich herumtragen; **to be carried downstream** flussabwärts treiben ② (*transport*) transportieren ③ (*have, incur*) **all cigarette packets ~ a warning** auf allen Zigarettenpäckchen steht eine Warnung; **to ~ conviction** überzeugend sein; **to ~ weight with sb** Einfluss auf jdn haben ④ (*transmit*) MED übertragen; ELEC leiten **II.** *intr verb* (*reach*) *sound* zu hören sein ◆**carry along** *tr verb* mitnehmen; *water, food* bei sich haben ◆**carry forward** *tr verb* FIN übertragen ◆**carry off** *tr verb* ① (*take away*) wegtragen ② (*succeed*) hinbekommen ◆**carry on I.** *tr verb* ① (*continue*) fortführen; **~ on the good work!** weiter so! ② (*conduct*) führen; **to ~ on one's work** arbeiten **II.** *intr verb* (*continue*) weitermachen ◆**carry out** *tr verb* ① hinaus-/heraustragen ② (*perform*) durchführen ◆**carry over** *tr verb* ① (*postpone*) verschieben ② FIN vortragen ◆**carry through** *tr verb* ① (*sustain*) durchbringen ② (*complete*) durchführen
cart [kɑ:t] **I.** *n* ① (*pulled vehicle*) Wagen *m* ② Am (*supermarket trolley*) Einkaufswagen *m* **II.** *tr verb* (*fam*) schleppen
carton ['kɑ:tᵊn] *n* Karton *m*
cartoon [kɑ:'tu:n] *n* ① (*drawing*) Cartoon *m o nt* ② FILM Zeichentrickfilm *m*
cartridge ['kɑ:trɪdʒ] *n* (*for ink, ammunition*) Patrone *f*
cartwheel I. *n* ① (*wheel*) Wagenrad *nt* ② SPORTS Rad *nt* **II.** *intr verb* Rad schlagen
carve [kɑ:v] **I.** *tr verb* ① (*cut a figure*) schnitzen ② FOOD tranchieren **II.** *intr verb* tranchieren
carving ['kɑ:vɪŋ] *n no pl* ART (*art of cutting*) Bildhauerei *f; of wood* Schnitzen *nt*
carving knife *n* Tranchiermesser *nt*
car wash *n* Autowaschanlage *f*
case[1] [keɪs] *n* ① (*situation, instance*) Fall *m;* **in ~ of an emergency** im Notfall; **a ~ in point** ein [zu]treffendes Beispiel; **in most ~s** meistens; **as the ~ may be** wie auch immer; **in ~ ...** falls ...; **just in ~** für alle Fälle ② LAW [Rechts]fall *m;* **murder ~** Mordfall *m* ③ *usu sing* (*arguments*) **to make out a good ~** gute Argumente vorbringen ④ LING Fall *m;* **to be in the accusative ~** im Akkusativ stehen
case[2] [keɪs] *n* ① (*suitcase*) Koffer *m*

❷ (*packaging plus contents*) Kiste *f* ❸ (*small container*) Schatulle *f* ❹ TYPO Setzkasten *m;* **written in lower/upper ~** in Klein-/Großbuchstaben

C

case³ [keɪs] *tr verb* (*fam*) **to ~ the joint** sich *Dat* den Laden mal ansehen

casement [ˈkeɪsmənt] *n,* **casement window** *n* Flügelfenster *nt*

cash [kæʃ] *n no pl* Bargeld *nt* ◆ **cash in** *intr verb* **to ~ in on sth** von etw profitieren

cash card *n esp* BRIT Geldautomatenkarte *f*

cash dispenser *n* BRIT Geldautomat *m*

cash down *adv* COMM **to pay ~** bar bezahlen

cashier [kæʃˈɪəʳ] *n* Kassierer(in) *m(f)*

cash payment *n* Barzahlung *f* **cashpoint** *n* BRIT Geldautomat *m* **cash register** *n* Registrierkasse *f*

casing [ˈkeɪsɪŋ] *n* Hülle *f*

Caspian Sea [ˌkæspiənˈsiː] *n* das Kaspische Meer

casserole [ˈkæsᵊrəʊl] *n* ❶ (*pot*) Schmortopf *m* ❷ (*stew*) ≈ Eintopf *m*

cassette [kəˈset] *n* Kassette *f;* **~ player/recorder** Kassettenrecorder *m*

cast [kɑːst] **I.** *n* ❶ + *sing/pl verb* THEAT, FILM Besetzung *f* ❷ (*moulded object*) [Ab]guss *m* ❸ (*plaster*) Gips[verband] *m* **II.** *tr verb* <cast, cast> ❶ (*throw*) werfen *a. fig; fishing line* auswerfen ❷ (*allocate roles*) **to ~ sb in a role** jdm eine Rolle geben ◆ **cast aside** *tr verb* sich befreien von +*Dat* ◆ **cast off** NAUT **I.** *tr verb* losmachen **II.** *intr verb* ablegen ◆ **cast out** *tr verb* vertreiben

caster sugar *n* BRIT, AUS Streuzucker *m*

casting [ˈkɑːstɪŋ] *n* ❶ (*mould*) Guss *m* ❷ (*fishing*) Auswerfen *nt*

casting vote *n* entscheidende Stimme

castle [ˈkɑːsḷ] *n* ❶ (*fortress*) Burg *f;* (*mansion*) Schloss *nt* ❷ CHESS Turm *m*

cast-off **I.** *n* **~s** abgelegte Kleidung **II.** *adj* (*second-hand*) gebraucht

castor [ˈkɑːstəʳ] *n* (*wheel*) Laufrolle *f*

castor stand *n* AM *[Silber]gestell für Salz, Pfeffer und Öl oder Pickles*

castor sugar *n* Streuzucker *m*

casual [ˈkæʒjuəl] *adj* ❶ (*not planned*) zufällig ❷ (*offhand*) beiläufig ❸ (*informal*) lässig; *clothes* leger

casualty [ˈkæʒjuəlti] *n* ❶ (*accident victim*) [Unfall]opfer *nt;* (*dead person*) Todesfall *m* ❷ *no pl* BRIT (*hospital department*) Unfallstation *f*

cat [kæt] *n* Katze *f* ▶ **to let the ~ out of the bag** die Katze aus dem Sack lassen; **to rain ~s and dogs** wie aus Eimern schütten

CAT [kæt] *n no pl* MED *abbrev of* **computerized axial tomography** Computertomographie *f*

catalog AM *see* **catalogue**

catalogue [ˈkætᵊlɒg] **I.** *n* Katalog *m* **II.** *tr verb* katalogisieren

catalyst [ˈkætᵊlɪst] *n* Katalysator *m*

catalytic [ˌkætəˈlɪtɪk] *adj* katalytisch; **~ converter** Katalysator *m*

catastrophe [kəˈtæstrəfi] *n* Katastrophe *f*

catastrophic [ˌkætəˈstrɒfɪk] *adj* katastrophal

cat burglar *n* Fassadenkletterer *m*/-kletterin *f*

catcall **I.** *n* (*whistle*) Hinterherpfeifen *nt;* (*boo*) Buhruf *m* **II.** *intr verb* (*whistle*) pfeifen; (*hiss*) zischen

catch [kætʃ] **I.** *n* <*pl* -es> ❶ (*ball*) Fang *m;* **good ~!** gut gefangen! ❷ (*fish*) Fang *m kein Pl* ❸ *no pl* (*trick*) Haken *m;* **what's the ~?** wo ist der Haken? **II.** *tr verb* <caught, caught> ❶ (*intercept*) fangen; *person* auffangen ❷ (*grab*) ergreifen ❸ (*capture*) *person* ergreifen; (*arrest*) festnehmen; *animal* fangen ❹ (*surprise, get hold of*) erwischen; **have I caught you at a bad time?** komme ich ungelegen?; **to ~ sb in the act** jdn auf frischer Tat ertappen; **to ~ sb/oneself doing sth** jdn/sich bei etw ertappen ❺ MED **to ~ sth from sb** sich bei jdm mit etw anstecken; **to ~ a cold** sich erkälten ❻ **to ~ sth in sth** etw in etw *Akk* einklemmen; **to get caught on sth** an etw *Dat* hängen bleiben ❼ (*fig: become involved*) **to get caught in sth** in etw *Akk* verwickelt werden ❽ *bus, train* nehmen ❾ *attention* erregen ❿ (*hit*) **his head caught the edge of the table** er schlug mit dem Kopf auf die Tischkante auf; **to ~ sb on the arm** jdn am Arm treffen ⓫ (*burn*) **to ~ fire** [*or* **light**] Feuer fangen **III.** *intr verb* <caught, caught> ❶ BRIT, AUS (*grab*) **to ~ at sth** nach etw greifen ❷ (*entangle*) sich in etw *Dat* verfangen; **to ~ on sth** an etw *Dat* hängen bleiben ❸ (*ig-

nite) Feuer fangen; *engine* zünden ◆ **catch on** *intr verb* (*fam*) ❶ (*become popular*) sich durchsetzen ❷ (*understand*) kapieren ◆ **catch out** *tr verb* BRIT ❶ (*detect*) ertappen ❷ (*trick*) hereinlegen ◆ **catch up** **I.** *intr verb* **to ~ up with** einholen *a. fig;* **she's ~ing up!** sie holt auf! **II.** *tr verb* ❶ (*reach*) **to ~ sb up** jdn einholen ❷ *usu passive* **to get caught up [in sth]** sich [in etw *Dat*] verfangen

catcher ['kætʃəʳ] *n* Fänger(in) *m(f)*

catching ['kætʃɪŋ] *adj* ansteckend

catch question *n* Fangfrage *f*

catchup ['kætʃʌp, 'ketʃ-] *n* AM FOOD *see* **ketchup**

catchy ['kætʃi] *adj* eingängig; **~ tune** Ohrwurm *m*

category ['kætəgəri] *n* Kategorie *f*

cater ['keɪtəʳ] *intr verb* ❶ (*serve food, drink*) für Speise und Getränke sorgen ❷ (*provide for*) sich kümmern (**for** um)

catering ['keɪtərɪŋ] *n no pl* ❶ (*trade*) Catering *nt* ❷ (*service*) Cateringservice *m*

caterpillar ['kætəpɪləʳ] *n* Raupe *f*

cathedral [kə'θi:drəl] *n* Kathedrale *f,* Dom *m*

Catholic ['kæθəlɪk] **I.** *n* Katholik(in) *m(f)* **II.** *adj* katholisch

Catholicism [kə'θɒlɪsɪzəm] *n no pl* Katholizismus *m*

cattery ['kætəri] *n* ❶ (*for boarding*) Katzenheim *nt* ❷ (*for breeding*) Katzenzucht *f*

cattle ['kætl̩] *npl* Rinder *Pl;* **200 head of ~** 200 Stück Vieh

catty ['kæti] *adj* gehässig

caught [kɔ:t] *pt, pp of* **catch**

cauliflower ['kɒliflaʊəʳ] *n* Blumenkohl *m*

cause [kɔ:z] **I.** *n* ❶ (*of effect*) Ursache *f;* **~ of death** Todesursache *f* ❷ *no pl* (*reason*) Grund *m;* **~ for concern** Anlass *m* zur Sorge; **to be the ~ of sth** der Grund für etw sein ❸ (*object of support*) Sache *f;* **a good ~** ein guter Zweck **II.** *tr verb* verursachen; **to ~ trouble** Unruhe stiften

caution ['kɔ:ʃən] **I.** *n* ❶ *no pl* (*carefulness*) Vorsicht *f;* **with [great] ~** [sehr] umsichtig ❷ BRIT (*legal warning*) Verwarnung *f* **II.** *tr verb* (*form*) ❶ (*warn*) **to ~ sb [against sth]** jdn [vor etw *Dat*] warnen ❷ *esp* BRIT, AUS (*warn officially*) verwarnen

cautious ['kɔ:ʃəs] *adj* vorsichtig

cave [keɪv] **I.** *n* Höhle *f* **II.** *intr verb* BRIT, AUS Höhlen erforschen

cave art *n* HIST Höhlenmalereien *Pl*

cave-in *n* Einsturz *m*

caveman *n* Höhlenmensch *m*

cave painting *n* Höhlenmalerei *f*

cavern ['kævən] *n* Höhle *f*

cavity ['kævəti] *n* (*hole*) Loch *nt;* (*hollow space*) Hohlraum *m*

cavort [kə'vɔ:t] *intr verb* (*liter or hum*) [herum]toben *fam*

CBW [ˌsi:bi:'dʌblju:] *n abbrev of* **chemical and biological warfare** chemische und biologische Kriegführung

CCL [ˌsi:si:'el] *n* BRIT *abbrev of* **climate change levy** Klimaschutzabgabe *f*

CCTV [ˌsi:si:ti:'vi:] *n abbrev of* **closed-circuit television** Überwachungskamera *f*

CD [ˌsi:'di:] *n abbrev of* **compact disc** CD *f*

CDC [ˌsi:di:'si:] *n no pl* AM *abbrev of* **Centers for Disease Control and Prevention** Amerikanische Gesundheitsbehörde *f*

CD player *n* CD-Spieler *m*

CD-ROM [ˌsi:di:'rɒm] *n abbrev of* **compact disc read-only memory** CD-ROM *f;* **~ drive** CD-ROM-Laufwerk *nt*

cease [si:s] (*form*) **I.** *intr verb* aufhören **II.** *tr verb* beenden; *fire* einstellen

ceasefire *n* Waffenruhe *f*

ceiling ['si:lɪŋ] *n* [Zimmer]decke *f*

celeb [sə'leb] *n short for* **celebrity** Berühmtheit *f*

celebrate ['seləbreɪt] *intr, tr verb* feiern

celebrated ['seləbreɪtɪd] *adj* berühmt

celebration [ˌselə'breɪʃən] *n* Feier *f;* **cause for ~** Grund *m* zum Feiern; **in ~** zur Feier

celebrity [sə'lebrəti] *n* berühmte Persönlichkeit

celery ['seləri] *n no pl* [Stangen]sellerie *m o f*

cell [sel] *n* Zelle *f*

cellar ['seləʳ] *n* Keller *m*

cellist ['tʃelɪst] *n* Cellist(in) *m(f)*

cello <*pl* -s> ['tʃeləʊ] *n* Cello *nt*

cellophane® ['seləfeɪn] *n no pl* Cellophan® *nt*

cell phone *n* AM Mobiltelefon *nt*

C

C

cellular ['seljələʳ] **I.** *adj* zellular **II.** *n* AM Handy *nt*
cement [sɪ'ment] **I.** *n no pl* Zement *m* **II.** *tr verb* (*with concrete*) betonieren; (*with cement*) zementieren; **to ~ up** zumauern
cement mixer *n* Betonmischmaschine *f*
cemetery ['semətᵊri] *n* Friedhof *m*
censor ['sen(t)səʳ] **I.** *n* Zensor(in) *m(f)* **II.** *tr verb* zensieren
cent [sent] *n* Cent *m;* **to not be worth a ~** keinen Pfifferling wert sein
centenary [sen'ti:nᵊri] *n,* **centennial** [sen'teniəl] *n* AM Hundertjahrfeier *f;* **~ celebrations** Feierlichkeiten *Pl* zum hundertsten Jahrestag
center *n, tr verb* AM *see* **centre**
centigrade ['sentɪgreɪd] *n no pl* Celsius
centigram ['sentɪgræm], *esp* BRIT **centigramme** *n* Zentigramm *nt*
centimeter AM *see* **centimetre**
centimetre ['sentɪmi:təʳ] *n* Zentimeter *m*
central ['sentrᵊl] *adj* ① (*in the middle*) zentral ② (*paramount*) wesentlich
central locking *n no pl* Zentralverriegelung *f*
centre ['sentəʳ] **I.** *n* ① Zentrum *nt; of chocolates* Füllung *f;* **to be the ~ of attention** im Mittelpunkt der Aufmerksamkeit stehen ② POL Mitte *f;* **left/right of ~** Mitte links/rechts **II.** *intr verb* **to ~ upon sth** sich um etw drehen ◆ **centre around** *intr verb* **to ~ around sb/sth** sich um jdn/etw drehen ◆ **centre on** *intr verb* **to ~ on sb/sth** sich auf etw *Akk* konzentrieren
century ['sen(t)ʃᵊri] *n* (*period*) Jahrhundert *nt;* **turn of the ~** Jahrhundertwende *f*
CEO [ˌsi:i:'əʊ] *n abbrev of* **chief executive officer** Generaldirektor(in) *m(f)*
ceramic [sə'ræmɪk] *adj* keramisch
cereal ['sɪəriəl] *n* ① Getreide *nt* ② (*for breakfast*) Frühstückszerealien *Pl* (*Cornflakes ...*)
cereal bar *n* Müsliriegel *m*
ceremonial [ˌserɪ'məʊniəl] *adj* zeremoniell
ceremony ['serɪməni] *n* Zeremonie *f,* Feier *f*
cert [sɜ:t] *n usu sing* BRIT (*fam*) *short for* **certainty: to be a dead ~** eine todsichere Sache sein
certain ['sɜ:tᵊn] **I.** *adj* ① (*sure*) sicher; (*unavoidable*) bestimmt; **to feel ~** sicher sein; **to make ~ [that ...]** darauf achten[, dass ...]; **for ~** ganz sicher ② (*limited*) gewiss; **to a ~ extent** in gewissem Maße ③ (*particular*) **at a ~ age** in einem bestimmten Alter **II.** *pron* (*form*) einige
certainly ['sɜ:tᵊnli] *adv* ① (*surely*) sicher[lich]; (*without a doubt*) gewiss ② (*of course*) [aber] selbstverständlich; **~ not** auf [gar] keinen Fall
certainty ['sɜ:tᵊnti] *n* Gewissheit *f;* **with ~** mit Sicherheit
certificate [sə'tɪfɪkət] *n* (*official document*) Urkunde *f;* (*attestation*) Bescheinigung *f;* **medical ~** ärztliches Attest; **marriage ~** Trauschein *m*
certify <-ie-> ['sɜ:tɪfaɪ] *tr verb* bescheinigen; **to ~ sb [as] dead** jdn für tot erklären
cervical ['sɜ:vɪkᵊl] *adj* ANAT ① (*of neck*) zervikal; **~ vertebra** Halswirbel *m* ② (*of cervix*) Gebärmutterhals-
cession ['seʃᵊn] *n no pl* Abtretung *f;* LAW Zession *f*
CET [ˌsi:i:'ti:] *n abbrev of* **Central European Time** MEZ *f*
CFC [ˌsi:ef'si:] *n abbrev of* **chlorofluorocarbon** FCKW *nt*
CGI [ˌsi:gi:'aɪ] *n* FILM *abbrev of* **computer-generated image/imaging** CGI *nt*
chain [tʃeɪn] **I.** *n* ① Kette *f* ② (*fig: series*) Reihe *f; of mishaps* Verkettung *f;* **~ of shops** Ladenkette *f;* **fast food ~** [Schnell]imbisskette *f* **II.** *tr verb* **to ~ [up]** [an]ketten
chain-smoker *n* Kettenraucher(in) *m(f)*
chair [tʃeəʳ] **I.** *n* ① (*seat*) Stuhl *m;* **easy ~** Sessel *m* ② (*head*) Vorsitzende(r) *f(m)* ③ (*position*) **to take the ~** den Vorsitz übernehmen ④ AM **the ~** der elektrische Stuhl **II.** *tr verb* **to ~ sth** bei etw den Vorsitz führen
chair lift *n* Sessellift *m*
chairman *n* Vorsitzende(r) *m*
chairperson *n* Vorsitzende(r) *f(m)*
chairwoman *n* Vorsitzende *f*
chalice ['tʃælɪs] *n* (*liter*) Kelch *m;* REL Abendmahlskelch *m*
chalk [tʃɔ:k] **I.** *n no pl* ① (*type of stone*) Kalkstein *m* ② (*for writing*) Kreide *f* ▶ **as alike as ~ and cheese** grundver-

schieden; **as white as** ~ kreidebleich **II.** *tr verb* mit Kreide schreiben/zeichnen ◆ **chalk out** *tr verb design* entwerfen; *strategy* planen ◆ **chalk up** *tr verb* ❶ (*write*) [mit Kreide] aufschreiben ❷ (*fig: achieve*) verbuchen können

challenge ['tʃælɪndʒ] **I.** *n* Herausforderung *f;* **to find sth a** ~ etw schwierig finden; **to issue a** ~ **to sb** jdn herausfordern **II.** *tr verb* ❶ (*ask to compete*) herausfordern ❷ (*call into question*) in Frage stellen

challenging ['tʃælɪndʒɪŋ] *adj* [heraus]fordernd

champ [tʃæmp] **I.** *n short for* **champion** Champion *m* **II.** *intr verb, vt* [geräuschvoll] kauen ▸ **to** ~ **at the bit** vor Ungeduld fiebern

champagne [ʃæm'peɪn] *n* Champagner *m;* ~ **brunch** Sektfrühstück *nt*

champion ['tʃæmpiːən] **I.** *n* SPORTS Champion *m;* **world** ~ Weltmeister(in) *m(f);* ~ **boxer** Boxchampion *m* **II.** *tr verb* verfechten; **to** ~ **a cause** für eine Sache eintreten **III.** *adj* BRIT (*fam*) klasse **IV.** *adv* BRIT (*fam*) super

championship ['tʃæmpiːənʃɪp] *n* SPORTS Meisterschaft *f*

chance [tʃɑːn(t)s] **I.** *n* ❶ *no pl* (*luck*) Zufall *m;* **by** ~ zufällig ❷ (*prospect*) Chance *f;* [**the**] ~**s are ...** aller Wahrscheinlichkeit nach ...; ~**s of survival** Überlebenschancen *Pl;* **no** ~! BRIT (*fam*) niemals!; **the** ~ **of a lifetime** eine einmalige Chance ❸ (*risk*) Risiko *nt;* ~ **of injury** Verletzungsrisiko *nt;* **to take no** ~**s** kein Risiko eingehen **II.** *tr verb* (*fam*) riskieren ▸ **to** ~ **one's arm** es riskieren

chancellor ['tʃɑːn(t)sᵊləʳ] *n* Kanzler(in) *m(f);* (*of federal state*) [Bundes]kanzler(in) *m(f)*

chancy ['tʃɑːn(t)si] *adj* riskant

change [tʃeɪndʒ] **I.** *n* ❶ (*alteration*) [Ver]änderung *f;* ~ **of direction** Richtungsänderung *f;* ~ **of pace** Tempowechsel *m* ❷ *no pl* (*substitution*) Wechsel *m;* **a** ~ **of clothes** Kleidung *f* zum Wechseln; ~ **of government** Regierungswechsel *m* ❸ *no pl* (*variety*) Abwechslung *f* ❹ *no pl* (*coins*) Kleingeld *nt;* (*money returned*) Wechselgeld *nt;* **could you give me** ~ **for 50 dollars?** (*return all*) könnten Sie mir 50 Dollar wechseln?; **to have the correct** ~ es passend haben ❺ TRANSP **to have to make several** ~**s** mehrmals umsteigen müssen **II.** *intr verb* ❶ (*alter*) sich [ver]ändern; *traffic light* umspringen; **nothing [ever]** ~**s** alles bleibt beim Alten ❷ (*substitute, move*) **to** ~ **[over] to sth** zu etw wechseln; **to** ~ **to [driving] an automatic [car]** auf ein Auto mit Automatik umsteigen ❸ TRANSP umsteigen; **all** ~! alle aussteigen! ❹ (*dress*) sich umziehen **III.** *tr verb* ❶ (*make different*) [ver]ändern; (*transform*) verwandeln; **to** ~ **one's mind** seine Meinung ändern; **to** ~ **around** umstellen ❷ (*exchange, move*) wechseln; (*in a shop*) umtauschen (**for** gegen); **to** ~ **places with sb** mit jdm den Platz tauschen ❸ *baby* [frisch] wickeln; **the baby needs changing** das Baby braucht eine frische Windel; **to** ~ **one's clothes** sich umziehen ❹ (*money*) wechseln; **could you** ~ **a £20 note?** (*return all*) könnten Sie mir 20 Pfund wechseln? ❺ TRANSP **to** ~ **planes** das Flugzeug wechseln; **to** ~ **buses/trains** umsteigen

changeable ['tʃeɪndʒəbl̩] *adj* unbeständig; *moods* wechselnd

change machine *n* [Geld]wechselautomat *m*

changeover *n usu sing* Umstellung *f* (**to** auf)

changing ['tʃeɪndʒɪŋ] *adj* wechselnd

channel ['tʃænᵊl] **I.** *n* ❶ RADIO, TV Programm *nt,* Sender *m;* **on** ~ **five** im fünften Programm; **cable** ~ Kabelkanal *m;* **commercial** ~ kommerzieller Sender ❷ (*waterway*) [Fluss]bett *nt;* (*artificial*) Kanal *m;* **the [English] Channel** der Ärmelkanal ❸ (*means*) Weg *m;* **through the usual** ~**s** auf dem üblichen Weg **II.** *tr verb* <BRIT -ll- *or* AM *usu* -l-> (*direct*) leiten; **to** ~ **one's energies/money into sth** seine Energien/sein Geld in etw *Akk* stecken

Die **Channel Islands**, die Kanalinseln, liegen vor der französischen Küste, westlich der Halbinsel Cotentin. Da die Inseln zunächst den Herzogen der Normandie unterstanden, fielen sie infolge der Eroberung Englands durch die Normannen im Jahre 1066 unter britische Herrschaft. Auch heute noch

C

sind sie der britischen Krone unterstellt. Da sie jedoch, ähnlich wie die *Isle of Man,* nicht dem *United Kingdom* (Vereinigten Königreich) angehören, kommt ihnen ein Sonderstatus zu.
Die Kanalinseln sind unterteilt in die zwei Verwaltungseinheiten *Jersey* und *Guernsey;* ebenfalls einbezogen sind die Inseln Alderney und Sark. Sie verfügen über ihre eigene Rechtsprechung, erheben eigene Steuern und gelten als Steuerparadies *(tax haven).* Neben Englisch und Französisch hört man dort vereinzelt auch alte normannisch-französische Dialekte.

channel controller *n* Intendant(in) *m(f)* eines Fernsehsenders

Channel Tunnel *n no pl* **the ~** der [Ärmel]kanaltunnel

chaos ['keɪɒs] *n no pl* Chaos *nt*

chaotic [keɪ'ɒtɪk] *adj* chaotisch

chap[1] [tʃæp] *n* BRIT (*fam*) Typ *m*

chap[2] <-pp-> [tʃæp] *intr verb skin* aufspringen

chap[3] *n abbrev of* **chapter** Kap.

chapel ['tʃæpəl] *n* ① Kapelle *f* ② (*service*) Andacht *f*

chapped [tʃæpt] *adj* (*cracked*) aufgesprungen; (*rough*) spröde

chapter ['tʃæptəʳ] *n* Kapitel *nt;* **to quote ~ and verse** den genauen Wortlaut [einer S. *Gen*] wiedergeben

character ['kærəktəʳ] *n* ① *no pl* Charakter *m;* **to be similar in ~** sich *Dat* im Wesen ähnlich sein ② LIT [Roman]figur *f*

characteristic [ˌkærəktə'rɪstɪk] **I.** *n* charakteristisches Merkmal **II.** *adj* charakteristisch; **to be ~ of sth** typisch für etw sein

charge [tʃɑːdʒ] **I.** *n* ① (*cost*) Gebühr *f;* **for an extra ~** gegen Aufpreis; **free of ~** kostenlos ② LAW Anklage *f* (**of** wegen); **~s** Anklagepunkte *Pl;* **to press ~s against sb** gegen jdn Anzeige erstatten ③ *no pl* (*responsibility*) Verantwortung *f;* **to be in ~** die Verantwortung tragen; **she's in ~ of the department** sie leitet die Abteilung ④ *no pl* ELEC Ladung *f;* **to put on ~** BRIT aufladen **II.** *intr verb* ① FIN eine Gebühr verlangen; **to ~ for admission** Eintritt verlangen ② ELEC laden ③ (*attack*) [vorwärts]stürmen; **~!** vorwärts!; **to ~ at sb** auf jdn losgehen **III.** *tr verb* ① FIN berechnen; **to ~ sth to sb's account** etw auf jds Rechnung setzen; **we were not ~d [for it]** wir mussten nichts [dafür] bezahlen ② LAW **to ~ sb [with sth]** jdn [wegen einer S. *Gen*] anklagen ③ ELEC aufladen ④ (*tense, emotional*) **a highly ~d atmosphere** eine hochgradig geladene Atmosphäre

chargeable ['tʃɑːdʒəbl] *adj* ① LAW strafbar, anrechenbar ② *esp* BRIT (*taxable*) **~ income** zu versteuernde Einkünfte *Pl*

charge card *n* [Kunden]kreditkarte *f*

charged *adj* geladen

charger ['tʃɑːdʒəʳ] *n* ① ELEC Ladegerät *nt* ② (*liter: horse*) Ross *nt geh*

charger plate *n* Unterteller *m*

charity ['tʃærɪti] *n* ① *no pl* (*generosity*) Barmherzigkeit *f* ② *no pl* **to donate sth to ~** etw für wohltätige Zwecke spenden ③ (*organization*) Wohltätigkeitsorganisation *f*

charity organization *n* Hilfsorganisation *f*

charity shop *n* BRIT *Laden, in dem gespendete (und meist gebrauchte) Waren verkauft werden, damit Geld für wohltätige Zwecke zusammenkommt*

charm [tʃɑːm] **I.** *n no pl* Charme *m* **II.** *tr verb* bezaubern

charming ['tʃɑːmɪŋ] *adj* (*approv*) bezaubernd, charmant

chart [tʃɑːt] **I.** *n* ① (*visual*) Diagramm *nt;* NAUT Karte *f* ② *pl* **the ~s** die Charts; **to top the ~s** ein Nummer-eins-Hit sein **II.** *tr verb* (*plot*) aufzeichnen

charter flight *n* Charterflug *m*

chary ['tʃeəri] *adj* (*sparing*) zurückhaltend; (*wary*) vorsichtig

chase [tʃeɪs] **I.** *n* ① (*pursuit*) Verfolgungsjagd *f;* **to give ~ to sb** jdm hinterherrennen ② HUNT Jagd *f* **II.** *intr verb* **to ~ around** herumhetzen **III.** *tr verb* ① (*pursue*) verfolgen ② (*scare away*) **to ~ away** vertreiben

chat [tʃæt] **I.** *n* ① (*informal conversation*) Unterhaltung *f;* **to have a ~** plaudern ② *no pl* (*gossip*) Gerede *nt* ③ INET Chat *m* **II.** *intr verb* <-tt-> ① (*talk informally*) plaudern ② INET chatten

chatter ['tʃætəʳ] **I.** *n* Geschwätz *nt* **II.** *intr verb* ① (*converse*) plaudern; **to ~**

away endlos schwätzen; **to ~ on** unentwegt reden ② *teeth* klappern
chatty [ˈtʃæti] *adj* (*fam*) gesprächig
cheap [tʃiːp] *adj* billig *a. fig;* (*reduced*) ermäßigt ▶ **~ and cheerful** BRIT, AUS gut und preiswert; **~ and nasty** BRIT, AUS billig und schäbig
cheat [tʃiːt] **I.** *n* ① (*person*) Betrüger(in) *m(f)* ② (*fraud*) Täuschung *f* **II.** *intr verb* betrügen **III.** *tr verb* ① (*treat dishonestly*) täuschen ② (*liter*) **to ~ death** dem Tod entkommen
check¹ [tʃek] **I.** *n* ① (*inspection*) Kontrolle *f* ② (*look*) **to take a quick ~** schnell nachsehen ③ *no pl* (*restraint*) Kontrolle *f;* **to keep in ~** unter Kontrolle halten ④ (*pattern*) Karo[muster] *nt* ⑤ CHESS Schach *nt* **II.** *adj* Karo- **III.** *tr verb* ① (*inspect*) überprüfen ② (*prevent*) *attack* aufhalten ③ CHESS Schach bieten **IV.** *intr verb* ① (*examine*) nachsehen, nachschauen *bes* SÜDD, ÖSTERR, SCHWEIZ; **to ~ on sth** nach etw sehen ② (*consult*) **to ~ with sb** bei jdm nachfragen ◆ **check in I.** *intr verb* (*at airport*) einchecken; (*at hotel*) sich anmelden **II.** *tr verb* (*at airport*) abfertigen; (*at hotel*) anmelden ◆ **check off** *tr verb* abhaken ◆ **check out I.** *intr verb* sich abmelden **II.** *tr verb* ① (*investigate*) untersuchen ② (*sl: observe*) **~ it out!** schau dir bloß mal das an! ◆ **check up** *tr verb* **to ~ up on** ① (*monitor*) überprüfen ② (*research*) Nachforschungen anstellen über +*Akk*
check² [tʃek] *n* ① AM *see* **cheque** ② AM, SCOT (*bill*) Rechnung *f*
check-in counter *n,* **check-in desk** *n* Abfertigungsschalter *m*
checking [ˈtʃekɪŋ] *n no pl* AM gebührenfreie [Scheck]abbuchung
checking account *n* AM Girokonto *nt*
check-in time *n* Eincheckzeit *f*
checklist *n* Checkliste *f*
checkmate CHESS **I.** *n no pl* Schachmatt *nt* **II.** *tr verb* schachmatt setzen
checkout *n* Kasse *f*
checkpoint *n* Kontrollpunkt *m*
check room *n* AM ① (*for coats*) Garderobe *f* ② (*for luggage*) Gepäckaufbewahrung *f*
check-up *n* MED Untersuchung *f*
cheek [tʃiːk] *n* ① (*of face*) Backe *f;* **to dance ~ to ~** Wange an Wange tanzen ② *no pl* (*impertinence*) Frechheit *f;* **to give sb ~** frech zu jdm sein
cheeky [ˈtʃiːki] *adj* frech
cheer [tʃɪəʳ] **I.** *n* ① (*cheering*) Jubel *m* ② *no pl* (*joy*) Freude *f* **II.** *intr verb* **to ~ for sb** jdn anfeuern
cheerful [ˈtʃɪəfᵊl] *adj* (*happy, bright*) fröhlich; **in a ~ mood** gut gelaunt
cheerfulness [ˈtʃɪəfᵊlnəs] *n no pl* Fröhlichkeit *f*
cheering **I.** *n no pl* Jubel *m* **II.** *adj* jubelnd
cheerio [ˈtʃɪəriəʊ] *interj* BRIT (*fam*) tschüs[s]
cheerless [ˈtʃɪələs] *adj* (*gloomy*) düster, trüb; (*joyless*) freudlos
cheery [ˈtʃɪəri] *adj* fröhlich
cheese [tʃiːz] *n no pl* Käse *m;* **~ sandwich** Käsebrot *nt* ▶ **say ~** bitte [schön] lächeln!
cheesecake *n* Käsekuchen *m*
cheesed off [ˌtʃiːzdˈɒf] *adj* BRIT, AUS (*fam*) angeödet
cheese fries *npl* mit Käse überbackene Pommes frites *Pl*
cheesy [ˈtʃiːzi] *adj* ① käsig ② (*fam: smelly*) übel riechend; **~ feet** Käsefüße *Pl* ③ (*fam: not genuine*) **~ grin** Zahnpastalächeln *nt*
cheetah [ˈtʃiːtə] *n* Gepard *m*
chef [ʃef] *n* Koch *m*/Köchin *f*
chem-bio [ˌkemˈbaɪəʊ] *adj short for* **chemical-biological** bio-chemisch
chemical [ˈkemɪkᵊl] **I.** *n* Chemikalie *f* **II.** *adj* chemisch; **~ industry** Chemieindustrie *f*
chemist [ˈkemɪst] *n* ① (*student of chemistry*) Chemiker(in) *m(f)* ② (*pharmacist*) Apotheker(in) *m(f)* ③ BRIT, AUS (*shop*) **~'s** *Drogerie, in der man auch Medikamente erhält*
chemistry [ˈkemɪstri] *n no pl* ① Chemie *f a. fig;* **~ lab[oratory]** Chemiesaal *m* ② (*make-up*) chemische Zusammensetzung
chemopreventative [ˌkiːməʊprɪˈventətɪv] *adj* MED, CHEM chemopräventiv
chemotherapeutic [ˌkiːməʊθerəˈpjuːtɪk] *adj* MED, CHEM chemotherapeutisch
cheque [tʃek] *n* Scheck *m* (**for** über)
cheque account *n* Girokonto *nt,* Scheckkonto *nt* **chequebook** *n*

Scheckheft *nt* **cheque card** *n* Scheckkarte *f*
cherry ['tʃeri] *n* Kirsche *f*
cherry blossom *n* Kirschblüte *f* **cherry brandy** *n no pl* Kirschlikör *m* **cherry stone** *n* Kirschkern *m*

C

chess [tʃes] *n no pl* Schach[spiel] *nt*
chessboard *n* Schachbrett *nt*
chessman *n*, **chesspiece** *n* Schachfigur *f*
chest [tʃest] *n* ① ANAT Brust *f* ② (*furniture*) Truhe *f*
chestnut *n* Kastanie *f*; **hot ~** heiße [Ess]kastanie; **horse ~** Rosskastanie *f*
chesty ['tʃesti] *adj* erkältet; **~ cough** tief sitzender Husten
chew [tʃu:] **I.** *n* **to have a ~ on sth** auf etw *Dat* herumkauen **II.** *tr verb, vi* kauen; **to ~ one's fingernails** an den Nägeln kauen ▶ **to bite off more than one can ~** sich zu viel zumuten
chewing gum *n no pl* Kaugummi *m o nt*
chick [tʃɪk] *n* ① (*baby chicken*) Küken *nt*; (*young bird*) [Vogel]junge(s) *nt* ② (*sl: young woman*) Mieze *f*, Schnecke *f*
chicken ['tʃɪkɪn] **I.** *n* ① (*farm bird*) Huhn *nt* ② *no pl* (*meat*) Hähnchen *nt* ③ (*pej sl: coward*) Angsthase *m*; **to play ~** eine Mutprobe machen **II.** *adj* (*pej sl*) feige ◆**chicken out** *intr verb* (*pej sl*) **to ~ out of [doing] sth** vor etw *Dat* kneifen **chickenfeed** *n no pl* ① (*fodder*) Hühnerfutter *nt* ② (*of money*) Peanuts *Pl iron* **chickenpox** *n* Windpocken *Pl*
chick lit *n* (*fam*) Chick Lit *f* (*Frauenromane für trendige, erfolgreiche Mittzwanziger- bis Mittdreißigerinnen*)
chief [tʃi:f] **I.** *n* ① (*head of organization*) Chef(in) *m(f)* ② (*leader of people*) Führer(in) *m(f)* **II.** *adj* ① (*main*) Haupt- ② (*head*) **~ minister** Ministerpräsident(in) *m(f)*
chiefly ['tʃi:fli] *adv* hauptsächlich
child <*pl* -dren> [tʃaɪld, *pl* tʃɪldrᵊn] *n* Kind *nt*
child abuse *n no pl* Kindesmisshandlung *f*; (*sexually*) Kindesmissbrauch *m* **childbearing I.** *n no pl* [Kinder]gebären *nt* **II.** *adj* gebärfähig **childbirth** *n no pl* Geburt *f* **childhood** ['tʃaɪldhʊd] *n no pl* Kindheit *f*
childish ['tʃaɪldɪʃ] *adj* (*pej*) kindisch
childless ['tʃaɪldləs] *adj* kinderlos
childlike *adj* kindlich
childminder *n* Tagesmutter *f* **childproof** *adj* kindersicher
children ['tʃɪldrən] *n pl of* **child**
child's play *n* **to be ~** ein Kinderspiel sein
chili <*pl* -es> ['tʃɪli] *n esp* AM *see* **chilli**
chill [tʃɪl] **I.** *n* ① *no pl* (*coldness*) Kühle *f* ② (*illness*) **to catch a ~** sich erkälten **II.** *adj* (*liter: cold*) kalt ▶ **to take a ~ pill** AM (*sl*) sich abregen **III.** *intr verb* ① abkühlen; **~ed to the bone** ganz durchgefroren ② *esp* AM (*fam: relax*) chillen *sl* **IV.** *tr verb* [ab]kühlen [lassen] ◆**chill out** *intr verb esp* AM (*sl*) ① (*relax*) sich entspannen ② (*calm down*) chillen *sl*; **~ out!** reg dich doch mal ab! *fam*
chilli <*pl* -es> ['tʃɪli] *n* Chili *m*
chill-out ['tʃɪlaʊt] *adj attr room, area* Ruhe-
chilly ['tʃɪli] *adj* kühl *a. fig*; **to feel ~** frösteln
chime ['tʃaɪm] **I.** *n* Geläute *nt* **II.** *intr verb church bells* läuten **III.** *tr verb* **the clock ~d eleven** die Uhr schlug elf
chimney ['tʃɪmni] *n* Schornstein *m*; (*of factory*) Schlot *m*
chimneypot *n* Schornsteinaufsatz *m* **chimneystack** *n* BRIT Schornstein *m*; (*of factory*) Schlot *m* **chimneysweep[er]** *n* Schornsteinfeger(in) *m(f)*
chimpanzee [ˌtʃɪmpᵊn'zi:] *n* Schimpanse *m*
chin [tʃɪn] *n* Kinn *nt* ▶ **to keep one's ~ up** sich nicht unterkriegen lassen; **keep your ~ up!** Kopf hoch!
china ['tʃaɪnə] *n no pl* ① (*porcelain*) Porzellan *nt* ② (*tableware*) Geschirr *nt*
China ['tʃaɪnə] *n no pl* China *nt*
Chinese <*pl* -> [tʃaɪ'ni:z] **I.** *n* ① (*person*) Chinese *m*/Chinesin *f*; **the ~** *pl* die Chinesen ② *no pl* (*language*) Chinesisch *nt* ③ *no pl* (*food*) chinesisches Essen **II.** *adj* chinesisch
Chinese cabbage *n* Chinakohl *m*
Chinese restaurant *n* Chinarestaurant *nt*
chink [tʃiŋk] **I.** *n* ① (*opening*) Spalt *m* ② (*noise*) Klirren *nt* **II.** *intr verb* klirren
chinwag ['tʃɪnwæg] *n* (*dated fam*) Schwatz *m*
chip [tʃɪp] **I.** *n* ① (*broken-off piece*)

Splitter *m* ❷ (*crack*) ausgeschlagene Ecke; **this cup has got a ~ in it** diese Tasse ist angeschlagen ❸ BRIT (*fried potato*) **~s** Pommes [frites] *Pl;* **fish and ~s** Fisch und Chips, Fisch mit Pommes [frites] ❹ AM (*crisp*) Chip *m* ❺ COMPUT Chip *m* **II.** *tr verb* <-pp-> abschlagen; (*break off*) abbrechen **III.** *intr verb* <-pp-> [leicht] abbrechen ◆**chip away** *intr verb* **to ~ away at sth** an etw *Dat* nagen ◆**chip in** *intr verb* (*fam*) ❶ (*pay*) beisteuern ❷ (*help*) mithelfen ❸ BRIT (*interrupt*) dazwischenreden

chip-enhanced *adj* mit einem Mikrochip ausgestattet

chipped [tʃɪpt] *adj* abgeschlagen; *tooth* abgebrochen

chippy ['tʃɪpi] *n* BRIT (*fam*) Frittenbude *f*

chiropractor ['kaɪ(ə)rə(ʊ),præktəʳ] *n* Chiropraktiker(in) *m(f)*

chirpy ['tʃɜːpi] *adj* aufgekratzt

chit-chat ['tʃɪtʃæt] *n no pl* (*fam*) Geplauder *nt;* **idle ~** leeres Gerede

choc-ice ['tʃɒkaɪs] *n* BRIT *Eis[riegel] mit Schokoladenüberzug*

chock [tʃɒk] *n* Bremsklotz *m,* Bremskeil *m*

chock-a-block [,tʃɒkə'blɒk] *adj* (*fam*) voll gestopft

chocolate ['tʃɒkəlat] *n* ❶ *no pl* (*substance*) Schokolade *f;* **~ biscuit** Schokoladenkeks *m;* **~ mousse** Mousse *f* au chocolat ❷ (*sweet*) Praline *f*

choice [tʃɔɪs] **I.** *n* ❶ *no pl* (*selection*) Wahl *f;* **it's your choice!** du hast die Wahl! ❷ *no pl* **a wide ~ of sth** eine reiche Auswahl an etw *Dat* ▶ **to be <u>spoilt</u> for ~** die Qual der Wahl haben **II.** *adj* (*top quality*) erstklassig

choir [kwaɪəʳ] *n* Chor *m;* **~ stalls** Chorgestühl *nt*

choke [tʃəʊk] **I.** *n no pl* AUTO Choke *m* **II.** *tr verb* ❶ (*suffocate*) ersticken ❷ (*blocked*) **to be ~d** verstopft sein **III.** *intr verb* (*have problems breathing*) keine Luft bekommen; **to ~ to death** ersticken; **to ~ on sth** sich an etw *Dat* verschlucken ◆**choke back** *tr verb* unterdrücken ◆**choke down** *tr verb* hinunterschlucken ◆**choke off** *tr verb* drosseln ◆**choke up** *tr verb* (*fam*) überwältigen

choker ['tʃəʊkəʳ] *n* ❶ (*necklace*) eng anliegende Halskette; (*ribbon*) Halsband *nt* ❷ (*fam: disappointment*) harter Schlag

cholesterol [kə'lestərɒl] *n no pl* Cholesterin *nt;* **~ level** Cholesterinspiegel *m*

choose <chose, chosen> [tʃuːz] **I.** *tr verb* [aus]wählen **II.** *intr verb* (*select*) wählen, aussuchen; **to ~ to do sth** es vorziehen, etw zu tun

choos[e]y ['tʃuːzi] *adj* (*fam*) **to be ~ [about sth]** [bei etw] wählerisch sein

chop [tʃɒp] **I.** *tr verb* <-pp-> ❶ (*cut*) **to ~ sth** ⟲ **[up]** etw klein schneiden; *wood* etw hacken ❷ (*reduce*) kürzen **II.** *n* ❶ (*meat*) Kotelett *nt* ❷ (*hit*) Schlag *m* ❸ *esp* BRIT, AUS (*fam*) **to get the ~** gefeuert werden ◆**chop down** *tr verb* fällen ◆**chop off** *tr verb* abhacken

chop-chop [,tʃɒp'tʃɒp] *interj* (*fam*) hopphopp

chopper ['tʃɒpəʳ] *n* ❶ (*sl: helicopter*) Hubschrauber *m* ❷ BRIT (*for meat*) Hackmesser ❸ (*sl: motorcycle*) Chopper *m*

chopping ['tʃɒpɪŋ] *n no pl* (*wood*) Holzhacken *nt;* (*food*) Kleinhacken *nt*

chopstick *n usu pl* [Ess]stäbchen *nt*

chord [kɔːd] *n* Akkord *m* ▶ **to <u>strike</u> a ~ with sb** jdn berühren

chore [tʃɔːʳ] *n* **to do the ~s** die Hausarbeit erledigen

chorus ['kɔːrəs] *n* <*pl* -es> ❶ (*refrain*) Refrain *m* ❷ + *sing/pl verb* (*group of singers*) Chor *m*

chose [tʃəʊz] *pt of* **choose**

Christ [kraɪst] **I.** *n* Christus *m* **II.** *interj* (*sl*) **~ almighty!** Herrgott noch mal!

christen [krɪsən] *tr verb* ❶ (*give name to*) taufen ❷ (*use for first time*) einweihen

christening ['krɪsənɪŋ] *n,* **christening ceremony** *n* Taufe *f*

Christian ['krɪstʃən] **I.** *n* Christ(in) *m(f)* **II.** *adj* christlich

Christianity [,krɪsti'ænɪti] *n no pl* Christentum *nt*

Christian name *n esp* BRIT Vorname *m*

Christmas <*pl* -es *or* -ses> ['krɪs(t)məs] *n* Weihnachten *nt;* **Happy ~!** Frohe Weihnachten!

In Großbritannien fängt man bereits Anfang Dezember an, **Christmas cards** (Weihnachtskarten) zu verschi-

C

cken. Dieser Brauch wurde Mitte des 19. Jhs. eingeführt. Am *Christmas Eve* (Heiligabend), der in Großbritannien übrigens kein Feiertag ist, hängen Kinder vor dem Schlafengehen *Christmas stockings* (große Socken) oder auch Kopfkissenbezüge auf, die in der Nacht von *Father Christmas* mit Geschenken gefüllt werden. Am *Christmas Day*, dem 25. Dezember, gibt es bei den meisten Familien einen gefüllten Truthahn mit Röstkartoffeln und Preiselbeersoße. Danach isst man *Christmas pudding* oder *plum pudding*, einen gedämpften Kuchen mit Korinthen, Rosinen und Sultaninen. Auch die *Christmas crackers* dürfen auf keinen Fall fehlen: Die weihnachtlich verzierten Knallbonbons, die von jeweils zwei Personen auseinandergerissen werden, enthalten meist ein kleines Geschenk, einen witzigen Spruch und eine Papierkrone, die man während des gesamten *Christmas dinner* aufbehält.

Christmas carol *n* Weihnachtslied *nt* **Christmas Day** *n* erster Weihnachtsfeiertag **Christmas Eve** *n* Heiligabend *m;* **on ~** Heiligabend **Christmas pudding** *n* BRIT Plumpudding *m* **Christmas tree** *n* Weihnachtsbaum *m*

chronic ['krɒnɪk] *adj* ❶ (*continual*) chronisch ❷ BRIT, AUS (*fam: extremely bad*) furchtbar

chronological [ˌkrɒnə'lɒdʒɪkᵊl] *adj* chronologisch

chubby ['tʃʌbi] *adj* pummelig; **~ child** Pummelchen *nt*

chuck [tʃʌk] **I.** *n* NBRIT (*fam*) Schnucki *nt* **II.** *tr verb* (*fam*) ❶ (*throw*) schmeißen ❷ (*end a relationship*) **to ~ sb** mit jdm Schluss machen ◆**chuck away** *tr verb* (*fam*) wegschmeißen ◆**chuck out** *tr verb* (*fam*) wegschmeißen ◆**chuck up** (*fam*) **I.** *tr verb* hinschmeißen **II.** *intr verb* kotzen

chucker-out <*pl* **chuckers-out**> *n* BRIT (*fam*) Rausschmeißer *m*

chucking-out time [ˌtʃʌkɪŋ'aʊttaɪm] *n* (*fam*) *of a pub* Polizeistunde *f*

chuckle [tʃʌkḷ] **I.** *n* Gekicher *nt kein Pl* **II.** *intr verb* in sich *Akk* hineinlachen

chuffed [tʃʌft] *adj* BRIT, AUS (*fam*) froh

chug [tʃʌg] **I.** *intr verb* <-gg-> tuckern **II.** *n* Tuckern *nt* ◆**chug along** *intr verb* (*fam*) sich dahinschleppen

chum [tʃʌm] *n* (*fam*) Freund(in) *m(f)*

chummy ['tʃʌmi] *adj* (*fam*) freundlich

chump [tʃʌmp] *n* (*fam*) Trottel *m*

chunk [tʃʌŋk] *n* Brocken *m;* **~ of bread/cheese** [großes] Stück Brot/Käse

chunky ['tʃʌŋki] *adj garment* grob; *jewellery* klobig

Chunnel ['tʃʌnᵊl] *n* (*fam*) **the ~** der Kanaltunnel

church [tʃɜːtʃ] *n* <*pl* -es> Kirche *f;* **to go to ~** in die Kirche gehen; **~ wedding** kirchliche Trauung

churchgoer *n* Kirchgänger(in) *m(f)*

churchyard *n* Friedhof *m*

chute[1] [ʃuːt] *n* Rutsche *f;* **laundry ~** Wäscheschacht *m;* **rubbish ~** Müllschlucker *m*

chute[2] [ʃuːt] *n short for* **parachute** Fallschirm *m*

cider ['saɪdəʳ] *n no pl* Apfelwein *m;* (*from France*) Cidre *m*

cigar [sɪ'gɑːʳ] *n* Zigarre *f*

cigarette [ˌsɪgᵊr'et] *n* Zigarette *f;* **~ end** Zigarettenstummel *m*

ciggie [ˌsɪgi] *n* (*sl: cigarette*) Fluppe *f*

Cinderella [ˌsɪndᵊr'elə] *n* Aschenputtel *nt*

cine-camera *n* Filmkamera *f*

cinema ['sɪnəmə] *n* Kino *nt*

cinemagoer *n* Kinogänger(in) *m(f)*

cipher ['saɪfəʳ] *n* ❶ (*secret code*) [Geheim]code *m;* (*sign*) Chiffre *f* ❷ AM (*zero*) Null *f*

cipher code *n no pl* Geheimcode *m*

circle ['sɜːkḷ] **I.** *n* Kreis *m;* **to go round in ~s** sich im Kreis drehen *a. fig;* **~ of friends** Freundeskreis *m;* **vicious ~** Teufelskreis *m* **II.** *tr verb* ❶ (*draw*) umkringeln ❷ (*walk*) umkreisen **III.** *intr verb* kreisen

circuit ['sɜːkɪt] *n* ❶ ELEC Schaltsystem *nt* ❷ SPORTS Rennstrecke *f;* **to do a ~** eine Runde drehen ❸ (*circular route*) Rundgang *m* ❹ (*sequence of events*) Runde *f* ❺ LAW Gerichtsbezirk *m*

circuit board *n* Schaltbrett *nt*

circuit training *n* Zirkeltraining *nt*

circular ['sɜːkjələʳ] **I.** *adj* [kreis]rund **II.** *n* Rundschreiben *nt*

circular letter *n* Rundschreiben *nt*

circular saw *n* Kreissäge *f*
circulate ['sɜːkjəleɪt] **I.** *tr verb news* in Umlauf bringen **II.** *intr verb* zirkulieren
circulation [ˌsɜːkjə'leɪʃᵊn] *n no pl* MED [Blut]kreislauf *m,* Durchblutung *f*
circulatory [ˌsɜːkjə'leɪtᵊri] *adj attr* Kreislauf-
circumstance ['sɜːkəmstæn(t)s] *n* Umstände *Pl;* **to be a victim of ~[s]** ein Opfer der Verhältnisse sein; **in no/these ~s** unter keinen/diesen Umständen
circus ['sɜːkəs] *n* ❶ Zirkus *m a. fig* ❷ BRIT (*in city*) [runder] Platz; **Piccadilly Circus** Piccadilly Circus *m* (*großer Platz im Londoner West End, der gleichzeitig ein wichtiger Verkehrsknotenpunkt und sehr belebter Treffpunkt ist, denn hier kreuzen sich einige der bekanntesten Geschäftsstraßen*)
CIS [ˌsiːaɪ'es] *n no pl abbrev of* **Commonwealth of Independent States** HIST GUS *f*
citizen ['sɪtɪzᵊn] *n* [Staats]bürger(in) *m(f)*
citric acid *n* Zitronensäure *f*
citrus ['sɪtrəs] *n* <*pl* - *or* -es> Zitrusgewächs *nt;* ~ **fruit** Zitrusfrucht *f*
city ['sɪti] *n* ❶ [Groß]stadt *f* ❷ **the City** BRIT *das Londoner Banken- und Börsenviertel*

Viele amerikanische **cities** (Großstädte) haben Spitznamen. *New York* beispielsweise wird häufig *Gotham City* oder *The Big Apple* genannt. In Anlehnung daran bezeichnen manche *Los Angeles* auch als *The Big Orange;* die meisten bevorzugen jedoch den Namen *The City of Angels.* Wer in *The Windy City* wohnt, hat seine Bleibe in *Chicago* gefunden. Offensichtlich entspannt geht es in *The Big Easy* zu, also in *New Orleans.* Während der Name *The City of Brotherly Love* die Übersetzung des aus dem Griechischen stammenden Worts *Philadelphia* ist, wird *Denver* aufgrund seiner Höhenlage auch gerne *The Mile-High City* genannt. Und wer sich mit der amerikanischen Autoindustrie auskennt, weiß, dass es sich bei *The Motor City* nur um *Detroit* handeln kann.

city hall *n* AM Rathaus *nt;* **the City Hall** die Stadtverwaltung
civil ['sɪvᵊl] *adj* ❶ (*non-military*) zivil ❷ (*courteous*) höflich
civil court *n* Zivilgericht *nt*
civilian [sɪ'vɪliən] **I.** *n* Zivilist(in) *m(f)* **II.** *adj* Zivil-
civilization [ˌsɪvᵊlaɪ'zeɪʃᵊn] *n* Zivilisation *f*
civil marriage *n* Zivilehe *f;* (*ceremony*) Ziviltrauung *f* **civil rights** *npl* Bürgerrechte *Pl* **civil servant** *n* [Staats]beamte(r) *m/*[Staats]beamtin *f*
civil service *n* öffentlicher Dienst

Der **Civil Service** in Großbritannien ist Teil der Zentralverwaltung des Landes. Anders als in Deutschland beschränkt sich das Beamtentum jedoch auf Mitarbeiter, die direkt in der zentralen Staatsverwaltung tätig sind. Diese *civil servants* sind übrigens fest angestellt und daher von einem Regierungswechsel nicht betroffen.

civil war *n* Bürgerkrieg *m*
clad [klæd] *adj* gekleidet; (*covered*) bedeckt
claim [kleɪm] **I.** *n* ❶ (*assertion*) Behauptung *f* ❷ (*demand for money*) Forderung *f* ❸ LAW Klage *f* **II.** *tr verb* ❶ (*assert*) behaupten ❷ (*declare ownership*) auf etw *Akk* Anspruch erheben; *diplomatic immunity* sich berufen auf ❸ (*require*) in Anspruch nehmen ❹ (*demand in writing*) beantragen **III.** *intr verb* seine Ansprüche geltend machen; **to ~ for sth** etw fordern
claimant [kleɪmənt] *n* Anspruchsteller(in) *m(f);* ~ **to a throne** Thronanwärter(in) *m(f)*
clamber ['klæmbəʳ] **I.** *intr verb* klettern **II.** *n usu sing* Kletterei *f*
clammy ['klæmi] *adj* feuchtkalt
clamp [klæmp] **I.** *n* Klammer *f;* [**wheel**] ~ Parkkralle *f* **II.** *tr verb* ❶ (*fasten together*) **to ~ sth together** etw zusammenklammern ❷ *esp* BRIT **to ~ a car** eine Wegfahrsperre an einem Auto anbringen ◆**clamp down** *intr*

verb **to ~ down on sth** gegen etw scharf vorgehen

clang [klæŋ] **I.** *intr verb* scheppern; *bell* [laut] läuten **II.** *n usu sing* Scheppern *nt*; *bell* [lautes] Läuten

C

clank [klæŋk] **I.** *intr verb* klirren **II.** *n usu sing* Klirren *nt*

clap [klæp] **I.** *n* ① Klatschen *nt*; **to give sb a ~** jdm applaudieren ② (*noise*) Krachen *nt*; **~ of thunder** Donner[schlag] *m* **II.** *tr verb* <-pp-> **to ~ one's hands** in die Hände klatschen; **to ~ sb** jdm Beifall klatschen; **to ~ sb on the back** jdm auf die Schulter klopfen ▶ **to ~ eyes on** [erstmals] zu sehen bekommen **III.** *intr verb* <-pp-> [Beifall] klatschen; **to ~ along** mitklatschen

clapped-out ['klæptaʊt] *adj* BRIT, AUS (*fam*) klapprig

clapper ['klæpəʳ] *n* Klöppel *m* ▶ **like the ~s** BRIT (*fam*) mit einem Affenzahn

claptrap ['klæptræp] *n no pl* (*pej fam*) Unsinn *m*

clarify <-ie-> ['klærɪfaɪ] *tr verb* klarstellen

clarity ['klærəti] *n no pl* Klarheit *f*

clash [klæʃ] **I.** *intr verb* ① (*come into conflict*) zusammenstoßen ② (*compete against*) aufeinandertreffen ③ (*contradict*) im Widerspruch stehen **II.** *n* <*pl* -es> ① (*hostile encounter*) Zusammenstoß *m* ② (*contest*) Aufeinandertreffen *nt* ③ (*conflict*) Konflikt *m*

clasp [klɑːsp] **I.** *n* ① (*firm grip*) Griff *m* ② (*fastening device*) Verschluss *m* **II.** *tr verb* umklammern

•**class** [klɑːs] **I.** *n* <*pl* -es> ① + *sing/pl verb* (*pupils*) [Schul]klasse *f* ② (*lesson*) [Unterrichts]stunde *f*; SPORTS Kurs[us] *m* ③ + *sing/pl verb* AM (*graduates*) Jahrgang *m* **II.** *adj* erstklassig **III.** *tr verb* einstufen

class-action lawsuit *n* JUR Sammelklage *f*

classic ['klæsɪk] **I.** *adj* klassisch **II.** *n* Klassiker *m*

classical ['klæsɪkᵊl] *adj* klassisch

classics ['klæsɪks] *n + sing verb* Altphilologie *f*

classified ['klæsɪfaɪd] *adj* geheim; **to be ~** unter Verschluss stehen

classify <-ie-> ['klæsɪfaɪ] *tr verb* klassifizieren

classmate *n* Klassenkamerad(in) *m(f)*

classroom *n* Klassenzimmer *nt*

clatter ['klætəʳ] **I.** *tr verb* klappern mit **II.** *n no pl* Klappern *nt*

clause [klɔːz] *n* ① (*part of sentence*) Satzglied *nt* ② (*in a contract*) Klausel *f*

claw [klɔː] **I.** *n* Kralle *f* **II.** *tr verb* [zer]kratzen

clay [kleɪ] *n no pl* (*earth*) Lehm *m*; (*for pottery*) Ton *m*

clean [kliːn] **I.** *adj* ① (*not dirty*) sauber ② LAW **to have a ~ record** nicht vorbestraft sein ③ *joke* anständig **II.** *adv* glatt; **the thief got ~ away** der Dieb ist spurlos verschwunden **III.** *tr verb* (*remove dirt*) sauber machen; *car* waschen; *shoes, windows, teeth* putzen; *wound* reinigen; **to ~ sth off** etw abwischen **IV.** *intr verb* sich reinigen lassen **V.** *n* **to give sth a [good] ~** etw [gründlich] sauber machen ◆**clean down** *tr verb esp* BRIT waschen; *walls* abwaschen; *windows* putzen ◆**clean out** *tr verb* ① (*clean thoroughly*) [gründlich] sauber machen; (*with water*) auswaschen ② **to be completely ~ed out** (*fam*) völlig blank sein ◆**clean up I.** *tr verb* sauber machen; *building* reinigen; **to ~ up the mess** aufräumen **II.** *intr verb* ① (*tidy*) aufräumen; **to ~ up after sb** jdm hinterherräumen ② (*fam: make profit*) absahnen

cleaner ['kliːnəʳ] *n* ① (*person*) Reinigungskraft *f* ② *no pl* (*substance*) Reiniger *m*

cleaning ['kliːnɪŋ] *n no pl* Reinigung *f*; **to do the ~** sauber machen

cleaning lady *n*, **cleaning woman** *n* Putzfrau *f*

cleanly ['kliːnli] *adv* sauber

cleanness ['kliːnnəs] *n no pl* Sauberkeit *f*

clean room *n* Reinraum *m*

cleanse [klenz] *tr verb* reinigen

clean-shaven *adj* glatt rasiert

cleansing cream *n* Reinigungscreme *f*

cleansing tissue *n* Kosmetiktuch *nt*

clean-up *n* Reinigung *f*

clear [klɪəʳ] **I.** *adj* ① (*understandable*) klar; (*definite*) eindeutig; *signs* deutlich; **as ~ as a bell** glockenhell; **[as] ~ as day** eindeutig ② (*obvious*) klar; **he's got a ~ lead** er führt eindeutig; **to be ~ about sth** sich *Dat* über etw *Akk* im Klaren sein ③ *conscience* rein ④ *liquid* klar

⑤ (*pure*) rein ⑥ (*away from*) **to keep ~** sich fernhalten ▶ **all** ~ die Luft ist rein **II.** *n* **to be in the ~** außer Verdacht sein **III.** *adv* ① (*away from*) **stand ~ of the doors** (*in underground*) bitte zurückbleiben ② (*distinctly*) **loud and ~** klar und deutlich **IV.** *tr verb* ① (*remove doubts*) klären; **to ~ one's head** einen klaren Kopf bekommen ② (*remove obstruction*) [weg]räumen; **to ~ one's throat** sich räuspern ③ (*empty*) ausräumen; *building* räumen; *table* abräumen ④ (*complete*) erledigen ⑤ *debts* begleichen ⑥ (*give permission*) genehmigen; **to ~ a plane for take-off** ein Flugzeug zum Start freigeben ▶ **to ~ the decks** klar Schiff machen **V.** *intr verb* ① (*delete*) löschen ② (*become transparent*) sich klären ③ (*weather*) sich [auf]klären; *fog* sich auflösen ◆**clear away I.** *tr verb* wegräumen **II.** *intr verb* abräumen ◆**clear off** *intr verb* (*fam*) verschwinden ◆**clear out** *tr verb* ausräumen; *attic* entrümpeln ◆**clear up I.** *tr verb* ① (*explain*) klären ② (*clean*) aufräumen **II.** *intr verb* ① (*tidy*) aufräumen; **to ~ up after sb** hinter jdm herräumen ② (*stop raining*) aufhören zu regnen; (*brighten up*) sich aufklären

clearance ['klɪərᵊn(t)s] *n no pl* ① (*act of clearing*) Beseitigung *f*; **slum ~ programme** Slumsanierungsprogramm *nt* ② (*space*) Spielraum *m* ③ *of a debt* Tilgung *f*

clearance sale *n* Räumungsverkauf *m*

clearing ['klɪərɪŋ] *n* Lichtung *f*

clearly ['klɪəli] *adv* ① (*distinctly*) klar, deutlich ② (*obviously*) offensichtlich

clef [klef] *n* [Noten]schlüssel *m*

clementine ['kleməntiːn] *n* Klementine *f*

clench [klen(t)ʃ] *tr verb* [fest] umklammern; *fist* ballen

clergy ['klɜːdʒi] *n + pl verb* **the ~** die Geistlichkeit; **to join the ~** Geistliche(r) werden

cleric ['klerɪk] *n* Kleriker(in) *m(f)*

clerical ['klerɪkᵊl] *adj* ① (*of the clergy*) geistlich ② (*of offices*) Büro-; **~ error** Versehen *nt*; **~ staff** Büropersonal *nt*; **~ work** Büroarbeit *f*

clerk [klɑːk] *n* Büroangestellte(r) *f(m)*; AM (*hotel receptionist*) Empfangschef *m*/Empfangsdame *f*

clever <-er, -est> ['klevəʳ] *adj* ① (*intelligent*) klug, schlau *fam* ② (*skilful*) geschickt

clever clogs <*pl* -> *n* BRIT, **clever dick** *n* BRIT (*pej*) Klugscheißer *m*

cleverness ['klevənəs] *n no pl* ① (*quick-wittedness*) Schlauheit *f* ② (*skill*) Geschick *nt*

click [klɪk] **I.** *n* ① (*short, sharp sound*) Klicken *nt*; *of lock* Einschnappen *nt* ② COMPUT Klick *m* **II.** *intr verb* ① (*short, sharp sound*) klicken; *lock* einschnappen ② (*fam: become friendly*) sich auf Anhieb verstehen ③ COMPUT klicken; **to ~ on sth** etw anklicken **III.** *tr verb* ① (*make sound*) **to ~ one's tongue** mit der Zunge schnalzen ② COMPUT anklicken

client ['klaɪənt] *n* Kunde *m*/Kundin *f*; LAW Klient(in) *m(f)*

cliff [klɪf] *n* Klippe *f*

climactic [klaɪ'mæktɪk] *adj* sich steigernd

climate ['klaɪmət] *n* Klima *nt a. fig*; **change of ~** Klimawechsel *m*; **to move to a warmer ~** in wärmere Gegenden ziehen

climate change *n no pl* Klimaveränderung *f*

climate change levy *n* BRIT Klimaschutzabgabe *f* (*Abgabe auf den Stromverbrauch im nicht-privaten Sektor*)

climax ['klaɪmæks] **I.** *n* Höhepunkt *m* **II.** *intr verb* ① (*reach a high point*) einen Höhepunkt erreichen; **to ~ in sth** in etw *Dat* gipfeln ② (*achieve orgasm*) einen Orgasmus haben

climb [klaɪm] **I.** *n* ① (*ascent*) Aufstieg *m a. fig* ② AVIAT Steigflug *m* ③ (*increase*) Anstieg *m* (**in** +*Gen*) **II.** *tr verb* (*ascend*) **to ~ [up] a hill** auf einen Hügel [hinauf]steigen; **to ~ [up] a tree** auf einen Baum [hoch]klettern; **to ~ [up] the stairs** die Treppe hochgehen **III.** *intr verb* ① (*ascend*) [auf]steigen *a. fig* ② (*get into*) hineinklettern (**into** in); **he ~ed into his suit** er stieg in seinen Anzug ◆**climb down** *intr verb* (*descend*) heruntersteigen; (*from a tree*) herunterklettern (**from** von)

climber ['klaɪməʳ] *n* ① (*mountaineer*) Bergsteiger(in) *m(f)*; *of rock faces* Kletterer *m*/Kletterin *f* ② *social, professional* Aufsteiger(in) *m(f)*

climbing ['klaɪmɪŋ] *n no pl mountains* Bergsteigen *nt; rock faces* Klettern *nt*
clinch [klɪn(t)ʃ] **I.** *n* <*pl* -es> ❶ (*embrace*) Umschlingung *f* ❷ BOXING Clinch *m* **II.** *tr verb deal* perfekt machen
clincher [klɪn(t)ʃər] *n* (*fam*) entscheidender Faktor
cling <clung, clung> [klɪŋ] *intr verb* ❶ (*hold tightly*) [sich] klammern (**to** an); **~ on!** halt dich fest! ❷ (*stick*) kleben
clingfilm *n no pl* BRIT Frischhaltefolie *f*
clinging ['klɪŋɪŋ] *adj* ❶ (*close-fitting*) eng anliegend ❷ (*emotionally*) klammernd
clinic ['klɪnɪk] *n* Klinik *f*
clinical ['klɪnɪkəl] *adj* klinisch
clink [klɪŋk] **I.** *tr verb, vi* klirren [mit +*Dat*]; **to ~ glasses** die Gläser klingen lassen **II.** *n no pl* Klirren *nt*
clip[1] [klɪp] **I.** *n* (*fastener*) Klipp *m;* (*for wires*) Klemme *f;* **hair ~** [Haar]spange *f;* **paper ~** Büroklammer *f* **II.** *tr verb* <-pp-> **to ~ together** zusammenklammern
clip[2] [klɪp] **I.** *n* ❶ (*trim*) Schneiden *nt* ❷ FILM Ausschnitt *m* **II.** *tr verb* <-pp-> ❶ (*trim*) *dog* trimmen; *sheep* scheren; **to ~ one's nails** sich *Dat* die Nägel schneiden ❷ (*fig: reduce*) verkürzen
clipboard *n* Klemmbrett *nt*
clipper ['klɪpər] *n* ❶ NAUT (*hist*) Klipper *m* ❷ AVIAT Clipper *m*
cloak [kləʊk] **I.** *n* Umhang *m* **II.** *tr verb* verhüllen; **to be ~ed in secrecy** geheim gehalten werden
cloakroom *n* ❶ (*for coats*) Garderobe *f* ❷ BRIT (*public toilet*) Toilette *f*
clobber ['klɒbər] *tr verb* (*fam*) ❶ (*strike*) verprügeln ❷ (*defeat*) vernichtend schlagen
clock [klɒk] **I.** *n* Uhr *f;* **to run against the ~** auf Zeit laufen; **round the ~** rund um die Uhr **II.** *tr verb* ❶ (*measure speed*) **the police ~ed him doing 90 mph** die Polizei blitzte ihn mit 145 km/h ❷ (*fam: strike*) **to ~ sb [one]** jdm eine kleben ◆**clock in** *intr verb* (*record arrival time*) stechen *fam* ◆**clock out** *intr verb* (*record departure time*) stechen *fam* ◆**clock up** *tr verb* **to ~ up** ↻ **sth** ❶ (*travel a specific distance*) etw fahren ❷ *esp* BRIT (*attain*) *victory, medal* etw für sich verbuchen können
clock radio *n* Radiowecker *m*
clock timer *n* Zeitschaltuhr *f*
clockwork *n no pl* Uhrwerk *nt;* **everything is going like ~** alles läuft wie am Schnürchen; **~ toy** Spielzeug *nt* zum Aufziehen; **regular as ~** pünktlich wie ein Uhrwerk
clog [klɒg] **I.** *n* Holzschuh *m* **II.** *intr verb, vt* <-gg-> **to ~ [up]** verstopfen
clone [kləʊn] **I.** *n* Klon *m* **II.** *tr verb* klonen
close[1] [kləʊs] **I.** *adj* ❶ (*near*) nah[e]; **the ~st pub** die nächste Kneipe; **to be ~ to sth** in der Nähe einer S. *Gen* liegen; **to be ~ to tears** den Tränen nahe sein ❷ (*intimate*) eng; **to be ~ to sb** jdm [sehr] nahestehen ❸ (*almost equal*) knapp; **~ race** Kopf-an-Kopf-Rennen *nt* ❹ (*exact*) genau; **to pay ~ attention to sb** jdm gut zuhören; **to keep a ~ eye on sth** etw gut im Auge behalten ❺ (*almost*) **~ to ...** nahezu ...; **~ to midnight** kurz vor Mitternacht ▶ **that was a ~ call!** das war knapp! **II.** *adv* (*near*) nahe; **please come ~r** kommen Sie doch näher!; **to come ~ to tears** den Tränen nahekommen; **to get ~ to sb/sth** jdm/einer S. nahekommen; **to hold sb ~** jdn fest an sich drücken; **~ by** in der Nähe; **from ~ up** aus der Nähe; **~ together** dicht beieinander **III.** *n* BRIT Hof *m;* (*in street names*) *Straßenname für Sackgassen*
close[2] [kləʊz] **I.** *tr verb* ❶ (*shut*) schließen; *book, door, mouth* zumachen ❷ (*end*) abschließen; *bank account* auflösen **II.** *intr verb* ❶ (*shut*) *wound* sich schließen; *door, lid* zugehen ❷ (*shut down*) schließen ❸ (*end*) zu Ende gehen **III.** *n no pl* Ende *nt,* Schluss *m;* **to bring sth to a ~** etw beenden; **to come to a ~** zu Ende gehen ◆**close down** *intr verb* schließen ◆**close in** *intr verb darkness* hereinbrechen; **to ~ in on sb/sth** sich jdm/etw nähern ◆**close off** *tr verb* absperren ◆**close up I.** *intr verb* ❶ (*shut*) *flower, oyster, wound* sich schließen ❷ (*move nearer*) *people* zusammenrücken **II.** *tr verb* [ab]schließen
closed [kləʊzd] *adj* geschlossen, zu
closed-door *adj* geheim; **~ meeting** Besprechung *f* hinter verschlossenen Türen
close-down *n* [Geschäfts]schließung *f; of a factory* Stilllegung *f*

close-knit *adj* eng verbunden
closely ['kləʊsli] *adv* ❶ (*near*) dicht ❷ (*intimately*) eng ❸ (*carefully*) sorgfältig
close-up *n* Nahaufnahme *f*
closing ['kləʊzɪŋ] **I.** *adj* abschließend; ~ **phase** Endphase *f*; ~ **speech** Schlussrede *f* **II.** *n* ❶ (*bringing to an end*) Beenden *nt kein Pl* ❷ (*end of business hours*) Geschäftsschluss *m*
closing date *n* Schlusstermin *m*; (*for competition*) Einsendeschluss *m* **closing down** *n* Schließung *f* **closing-down sale** *n* Räumungsverkauf *m* **closing time** *n* (*for shop*) Ladenschluss *m*; (*of pub*) Sperrstunde *f*
closure ['kləʊʒəʳ] *n of an institution* Schließung *f*; *of a street* Sperrung *f*
clot [klɒt] **I.** *n* MED [**blood**] ~ [Blut]gerinnsel *nt* **II.** *intr verb* <-tt-> gerinnen
cloth [klɒθ] *n* ❶ (*material*) Tuch *nt* ❷ (*for cleaning*) Lappen *m*
clothe [kləʊð] *tr verb* [be]kleiden *a. fig*
clothes [kləʊ(ð)z] *n pl* Kleider *Pl*; (*collectively*) Kleidung *f kein Pl*
clothes-hanger *n* Kleiderbügel *m* **clothes horse** *n* Wäscheständer *m* **clothes line** *n* Wäscheleine *f* **clothes peg** *n* BRIT, **clothes pin** *n* AM Wäscheklammer *f*
clothing ['kləʊðɪŋ] *n no pl* Kleidung *f*
cloud [klaʊd] **I.** *n* Wolke *f*; *of insects* Schwarm *m* ▸ **every ~ has a silver lining** (*prov*) jedes Unglück hat auch sein Gutes; **to be under a ~** keinen guten Ruf haben **II.** *tr verb issue* verschleiern
cloudburst *n* Wolkenbruch *m*
cloud-cuckoo-land *n* BRIT (*iron*) Wolkenkuckucksheim *nt*
clouded ['klaʊdɪd] *adj* ❶ (*cloudy*) bewölkt ❷ *liquid* trüb
cloudless ['klaʊdləs] *adj* wolkenlos
cloudy ['klaʊdi] *adj weather* bewölkt; *liquid* trüb
clout [klaʊt] (*fam*) **I.** *n* (*hit*) Schlag *m*; **to give sb a ~** jdm eine runterhauen; **to give sth a ~** auf etw *Akk* schlagen **II.** *tr verb* **to ~ sb** jdm eine schmieren; **to ~ sth** auf etw *Akk* schlagen
clown [klaʊn] **I.** *n* ❶ (*entertainer*) Clown *m* ❷ (*funny person*) Kasper *m* **II.** *intr verb* **to ~ around** herumalbern
club [klʌb] **I.** *n* ❶ (*group*) Klub *m*, Verein *m* ❷ SPORTS (*implement*) Schläger *m* ❸ CARDS Kreuz *nt* ❹ (*disco*) Klub *m* **II.** *tr verb* <-bb-> einknüppeln auf +*Akk*; **to ~ sb to the ground** jdn niederknüppeln; **to ~ to death** erschlagen
clubbing ['klʌbɪŋ] *n no pl* **to go ~** in die Disko gehen, clubben gehen *sl*
clue [klu:] *n* ❶ (*evidence*) Hinweis *m*; (*hint*) Tipp *m* ❷ (*idea*) Ahnung *f*; **I haven't a ~!** [ich hab'] keine Ahnung!
◆**clue up** *tr verb* **to ~ sb up** [**on sth**] jdn [über etw *Akk*] informieren
clueless ['klu:ləs] *adj* (*fam*) ahnungslos; **to be ~ about sth** von etw keine Ahnung haben
clump [klʌmp] **I.** *n* ❶ (*group*) Gruppe *f*; *of bushes* Gebüsch *nt* ❷ (*lump*) Klumpen *m* **II.** *intr verb* **to ~ around** herumtrampeln
clumsy ['klʌmzi] *adj* (*bungling*) ungeschickt; (*ungainly*) klobig
clung [klʌŋ] *pp, pt of* **cling**
cluster ['klʌstəʳ] **I.** *n* Bündel *nt*; *of people* Traube *f*; *of gems* Büschel *nt*; **~ of stars** Sternhaufen *m* **II.** *intr verb* **to ~ around sth** sich um etw scharen
clutch [klʌtʃ] **I.** *intr verb* sich klammern (**at** an) **II.** *tr verb* umklammern **III.** *n* ❶ *usu sing* AUTO Kupplung *f*; **to let the ~ in/out** ein-/auskuppeln ❷ (*control*) **to fall into the ~es of sb** jdm in die Klauen fallen
clutter ['klʌtəʳ] **I.** *n no pl* Durcheinander *nt* **II.** *tr verb* durcheinanderbringen
coach [kəʊtʃ] **I.** *n* ❶ BRIT (*private bus*) Reisebus *m*; **by ~** mit dem Bus ❷ (*railway carriage*) [Eisenbahn]wagen *m* ❸ (*teacher*) SPORTS Trainer(in) *m(f)* **II.** *tr verb* SPORTS trainieren
coaching ['kəʊtʃɪŋ] *n no pl* SPORTS Training *nt*
coal [kəʊl] *n* Kohle *f* ▸ **to carry ~s to Newcastle** Eulen nach Athen tragen
coal face *n* MIN Streb *m* **coal-fired** *adj* kohlebeheizt
coalition [ˌkəʊə'lɪʃᵊn] *n* Koalition *f*
coal mine *n* Kohlenbergwerk *nt* **coal miner** *n* Bergmann *m* **coal mining** *n* Kohle[n]bergbau *m*
coarse [kɔ:s] *adj* ❶ (*rough*) grob ❷ (*vulgar*) derb
coast [kəʊst] **I.** *n* Küste *f*; **off the ~** vor der Küste; **on the west ~** an der Westküste ▸ **the ~ is clear** die Luft ist rein

II. *intr verb* dahinrollen; **to ~ [along]** mühelos vorankommen
coastal ['kəʊstəl] *adj* Küsten-
coaster ['kəʊstər] *n* Untersetzer *m*
coastguard *n* Küstenwache *f*
coastline *n no pl* Küste[nlinie] *f*
coat [kəʊt] **I.** *n* ❶ (*outer garment*) Mantel *m* ❷ (*animal's fur*) Fell *nt* **II.** *tr verb* überziehen; **to ~ with breadcrumbs** panieren
coated ['kəʊtɪd] *adj* überzogen; *tongue* belegt
coat hanger *n* Kleiderbügel *m*
coating ['kəʊtɪŋ] *n* Schicht *f*, Überzug *m*
coax [kəʊks] *tr verb* **to ~ sb into doing sth** jdn dazu bringen, etw zu tun
cob[1] [kɒb] *n short for* **corncob** Kolben *m*
cob[2] [kɒb] *n* Brit (*bread*) Laib *m*
cobble ['kɒbl̩] **I.** *n* Kopfstein *m* **II.** *tr verb* (*fam*) **to ~ sth together** etw zusammenschustern
cobbler ['kɒblər] *n* [Flick]schuster *m*
cobweb ['kɒbweb] *n* Spinnennetz *nt*
co-citizen [kəʊ'sɪtɪzən] *n* verantwortungsbewusste(r) Mitbürger(in) *m(f)*
cock [kɒk] **I.** *n* ❶ (*male chicken*) Hahn *m* ❷ (*vulg: penis*) Schwanz *m* **II.** *adj* ORN männlich **III.** *tr verb ears* spitzen
cock-a-doodle-doo [ˌkɒkəduːdl̩'duː] *n* Kikeriki *nt*
cockerel ['kɒkərəl] *n* junger Hahn
cocker spaniel *n* Cockerspaniel *m*
cockpit ['kɒkpɪt] *n* Cockpit *nt*
cocktail ['kɒkteɪl] *n* Cocktail *m*
cock-up ['kɒkʌp] *n* (*sl*) Schlamassel *m*; **what a ~!** so ein Mist!
cocky ['kɒki] *adj* (*fam*) großspurig
cocoa ['kəʊkəʊ] *n no pl* Kakao *m*
coconut ['kəʊkənʌt] *n* Kokosnuss *f*
coconut milk *n* Kokosmilch *f*
coconut shy *n* Brit Wurfbude *f*
cod <*pl* - *or* -s> [kɒd] *n* Kabeljau *m*
coddler ['kɒdl̩ər] *n Porzellangefäß mit Schraubdeckel zum Pochieren von Eiern*
code [kəʊd] **I.** *n* ❶ (*ciphered language*) Kode *m* ❷ LAW Kodex *m* **II.** *tr verb* chiffrieren
code name *n* Deckname *m* **code number** *n* Kodenummer *f* **code word** *n* Kennwort *nt*
codify ['kəʊdɪfaɪ] *tr verb* LAW kodifizieren; **to ~ grammar** LING Grammatikregeln festlegen
coding ['kəʊdɪŋ] *n* Kodierung *f*
co-ed [ˌkəʊ'ed] *adj* SCHOOL (*fam*) gemischt
co-education [ˌkəʊedʒuː'keɪʃən] *n no pl* Koedukation *f*
coerce [kəʊ'ɜːs] *tr verb* (*form*) **to ~ sb into doing sth** jdn dazu zwingen, etw zu tun
coexist [ˌkəʊɪg'zɪst] *intr verb* nebeneinander bestehen
coffee ['kɒfiː] *n* Kaffee *m*; **~ to go** Kaffee zum Mitnehmen
coffee bar *n* Café *nt* **coffee bean** *n* Kaffeebohne *f* **coffee break** *n* Kaffeepause *f* **coffee cup** *n* Kaffeetasse *f* **coffee-grinder** *n* Kaffeemühle *f* **coffee machine** *n* Kaffeemaschine *f*; **fully automatic ~** Kaffeevollautomat *m* **coffee maker** *n* Kaffeeautomat *m*; **bean to cup ~** Kaffeevollautomat **coffee pod** *n* (*Verpackung*) Kaffeepad *nt* **coffee pot** *n* Kaffeekanne *f* **coffee shop** *n* Café *nt*
coffin ['kɒfɪn] *n* Sarg *m*
cog [kɒg] *n* (*part of wheel*) Zahn *m*; (*wheel*) Zahnrad *nt*
cognac ['kɒnjæk] *n* Cognac *m*
cohabit [kəʊ'hæbɪt] *intr verb* (*form*) zusammenleben
cohabitation [kəʊˌhæbɪ'teɪʃən] *n no pl* (*form*) Zusammenleben *nt*
coherent [kə(ʊ)'hɪərənt] *adj* zusammenhängend
cohesive [kə(ʊ)'hiːsɪv] *adj* geschlossen
coil [kɔɪl] **I.** *n* ❶ (*wound spiral*) Rolle *f* ❷ (*contraceptive*) Spirale *f* **II.** *intr verb* sich winden
coin [kɔɪn] **I.** *n* Münze *f* **II.** *tr verb* ▶ **to ~ a phrase ...** ich will mal so sagen ...

Die einzelnen **coins** (Münzen) der USA werden üblicherweise nicht nach ihrem Geldwert benannt, sondern haben ganz eigene Namen. (Ein ähnlicher, aber vereinzelter Fall war der *Groschen* in Deutschland, das alte Zehn-Pfennig-Stück.) So nennt man die Ein-Cent-Münze *penny* und die Fünf-Cent-Münze *nickel*. Wer einen *dime* in der Tasche hat, kann sich über zehn Cent freuen, und bei einem *quarter* (Vierteldollar) sind es sogar 25 Cent. Schließlich gibt es noch den *half dollar*, also die 50-Cent-Münze, und die Dollarmünze *(dollar coin)* selbst.

coin-box telephone *n* Münzfernsprecher *m*
coincide [ˌkəʊɪn'saɪd] *intr verb subjects* übereinstimmen; *events* zusammenfallen
coincidence [kəʊ'ɪn(t)sɪdᵊn(t)s] *n* Zufall *m;* **by ~** durch Zufall
coincidental [kəʊˌɪn(t)sɪ'dᵊntᵊl] *adj* zufällig
coked-up [kəʊkt ʌp] *adj* (*sl: drug addict*) zugekokst
COL [ˌsiːəʊ'el] *n abbrev of* **computer-oriented language** COL *f*
colcannon [kəl'kænən] *n* FOOD *traditionelles irisches und schottisches Gericht, das aus gekochtem Kohl und gekochten Kartoffeln besteht, die zerstampft und vermischt werden*
cold [kəʊld] **I.** *adj* kalt; **as ~ as ice** eiskalt; **I'm ~** mir ist kalt ▸ **to get ~ feet** kalte Füße bekommen **II.** *n* ❶ (*low temperature*) Kälte *f* ❷ MED Erkältung *f*, Schnupfen *m*
cold-blooded [ˌkəʊld'blʌdɪd] *adj* kaltblütig
cold-hearted *adj* kaltherzig
coldish ['kəʊldɪʃ] *adj* kühl
coleslaw ['kəʊlslɔː] *n no pl* Krautsalat *m*
coley <-(s)> ['kəʊli] *n* BRIT Seelachs *m*
collaborate [kə'læbᵊreɪt] *intr verb* ❶ zusammenarbeiten (**on** an) ❷ (*with enemy*) kollaborieren
collaboration [kəˌlæbᵊ'reɪʃᵊn] *n* ❶ Zusammenarbeit *f* ❷ *no pl* (*with enemy*) Kollaboration *f*
collaborator [kə'læbəreɪtəʳ] *n* ❶ (*colleague*) Mitarbeiter(in) *m(f)* ❷ (*pej: traitor*) Kollaborateur(in) *m(f)*
collapse [kə'læps] **I.** *intr verb* ❶ (*fall down*) *things, buildings* einstürzen; *people* zusammenbrechen ❷ (*fail*) zusammenbrechen; *enterprise* zugrunde gehen; *government* stürzen; *talks* scheitern **II.** *n* ❶ (*act of falling down*) Einsturz *m* ❷ (*failure*) Zusammenbruch *m* ❸ MED Kollaps *m*
collapsible [kə'læpsɪbl] *adj* zusammenklappbar
collar ['kɒləʳ] *n* Kragen *m;* (*for animals*) Halsband *nt*
collar bone *n* Schlüsselbein *nt*
colleague ['kɒliːg] *n* Kollege *m*/Kollegin *f*, Arbeitskollege/-kollegin
collect ['kɒ'lekt] **I.** *adj* AM TELEC **~ call** R-Gespräch *nt* **II.** *intr verb* (*gather*) sich versammeln; (*accumulate*) sich ansammeln **III.** *tr verb* ❶ (*gather*) einsammeln; *money, stamps* sammeln ❷ (*pick up*) abholen
collect call *n* AM R-Gespräch *nt*
collected [kə'lektɪd] *adj* (*calm*) beherrscht
collection [kə'lekʃᵊn] *n* ❶ *of money, objects* Sammlung *f*; (*in church*) Kollekte *f* ❷ *of people* Ansammlung *f* ❸ FASHION Kollektion *f*
collective [kə'lektɪv] **I.** *adj* gemeinsam; *leadership* kollektiv; **~ interests** Gesamtinteressen *Pl* **II.** *n* Gemeinschaft *f*
collector [kə'lektəʳ] *n* Sammler(in) *m(f)*
college ['kɒlɪʤ] *n* ❶ (*school*) Gymnasium *nt;* (*privately funded*) Kolleg *nt* ❷ (*university*) Universität *f*, Hochschule *f;* **art ~** Kunstakademie *f;* **to go to ~** studieren

In den USA kann man in der Regel nur an echten *universities* höhere akademische Abschlüsse und Grade erwerben, also *higher degrees* wie etwa einen Master *(master's degree)* oder ein *doctorate*. Bildungseinrichtungen, die nur ein dreijähriges Studium mit Bachelorabschluss *(bachelor's degree)* anbieten, werden meistens **college** genannt, so wie auch viele Berufsschulen. An den so genannten *junior colleges* kann man die ersten beiden Collegejahre absolvieren oder einen technischen Beruf erlernen.

collide [kə'laɪd] *intr verb* zusammenstoßen
collision [kə'lɪʒᵊn] *n* Zusammenstoß *m*
colloquial [kə'ləʊkwiəl] *adj* umgangssprachlich; **~ language** Umgangssprache *f*
cologne [kə'ləʊn] *n no pl* Kölnischwasser *nt*
colon ['kəʊlɒn] *n* ANAT Dickdarm *m*
colonel ['kɜːnᵊl] *n* Oberst *m*

C

colonize ['kɒlənaɪz] *tr verb* kolonisieren
colonnade [ˌkɒlə'neɪd] *n* ARCHIT Säulengang *m,* Kolonnade *f geh*
colony ['kɒləni] *n* Kolonie *f*
color AM *see* **colour**
colored *adj* AM *see* **coloured**
colorful *adj* AM *see* **colourful**
coloring *n no pl* AM *see* **colouring**
colorless *adj* AM *see* **colourless**
colour ['kʌləʳ] **I.** *n* ① Farbe *f;* **what ~ is her hair?** was hat sie für eine Haarfarbe?; **to have ~ in one's cheeks** gerötete Wangen haben ② (*skin colour*) Hautfarbe *f* ▶ **to pass with flying ~s** glänzend abschneiden **II.** *tr verb* ① (*change colour of*) färben ② (*distort*) beeinflussen **III.** *intr verb face* rot werden
colour blind *adj* farbenblind
coloured ['kʌləd] *adj* farbig; **~ pencil** Buntstift *m*
colour-fast *adj* farbecht
colourful ['kʌləfᵊl] *adj* ① (*full of colour*) *paintings* farbenfroh; *clothing* bunt ② (*interesting*) [bunt] schillernd; *past* bewegt
colouring ['kʌlərɪŋ] *n no pl* ① (*complexion*) Gesichtsfarbe *f* ② (*chemical*) Farbstoff *m*
colourless ['kʌləlәs] *adj* farblos
coloursafe ['kʌləseɪf] *adj detergent, bleach* mit Farbschutz *nachgestellt;* **~ detergents** Colorwaschmittel *nt* **colour scheme** *n* Farbzusammenstellung *f* **colour slide** *n* Farbdia *nt* **colour television** *n* Farbfernseher *m* **colour-themed** *adj table-setting, window display* farblich aufeinander abgestimmt
column ['kɒləm] *n* ① (*pillar*) Säule *f* ② MIL Kolonne *f* ③ (*article*) Kolumne *f*
comb [kəʊm] **I.** *n* Kamm *m* **II.** *tr verb* ① *hair* kämmen ② (*search thoroughly*) durchkämmen
combat ['kɒmbæt] **I.** *n no pl* Kampf *m* **II.** *tr verb* <-tt- *or* -t-> bekämpfen
combination [ˌkɒmbɪ'neɪʃᵊn] *n* Kombination *f* (**of** aus)
combine [kəm'baɪn] **I.** *tr verb* verbinden **II.** *intr verb* sich verbinden
combined [kəm'baɪnd] *adj* vereint; **~ total** Gesamtsumme *f*
comb-over *n Männerfrisur, bei der die wenigen noch vorhandenen Haare quer über die Glatze auf die andere Seite gekämmt werden*
come [kʌm] *intr verb* <came, come> ① (*move towards*) kommen; **~ here a moment** kommst du mal einen Moment [her]?; **coming!** ich komme! ② (*arrive*) ankommen; **has she ~ yet?** ist sie schon da?; **Christmas is coming** bald ist Weihnachten; **I think the time has ~ to ...** ich denke, es ist an der Zeit, ...; **the year to ~** das kommende Jahr; **in years to ~** in der Zukunft ③ (*accompany someone*) mitkommen ④ (*originate from*) stammen ⑤ (*have priority*) **to ~ before sth** wichtiger als etw sein ⑥ (*happen*) geschehen; **~ to think of it ...** wenn ich es mir recht überlege, ...; **~ what may** komme, was wolle; **you could see it coming** das war ja zu erwarten; **how ~?** wieso? ⑦ (*be, become*) **to ~ under pressure** unter Druck geraten; **to ~ into money** zu Geld kommen; **to ~ loose** sich [ab]lösen; *door* aufgehen; **nothing came of it** daraus ist nichts geworden ▶ **~ again?** [wie] bitte?; **to be as stupid as they ~** dumm wie Stroh sein ◆**come about** *intr verb* passieren ◆**come across** **I.** *intr verb* ① *feelings* zum Ausdruck kommen ② (*create an impression*) wirken **II.** *tr verb* (*by chance*) **to ~ across sb** jdm [zufällig] begegnen; **to ~ across sth** [zufällig] auf etw *Akk* stoßen ◆**come along** *intr verb* ① (*hurry*) **~ along!** jetzt komm [endlich]! ② (*go too*) mitgehen, mitkommen; **I'll ~ along later** ich komme später nach ③ (*progress*) Fortschritte machen ◆**come apart** *intr verb* auseinanderfallen ◆**come around** *intr verb see* **come round** ◆**come at** *intr verb* **to ~ at sb** auf jdn losgehen; **the ball was coming straight at me** der Ball kam genau auf mich zu ◆**come away** *intr verb* ① (*leave*) weggehen ② (*become detached*) sich lösen ◆**come back** *intr verb* ① (*return*) zurückkommen ② (*be remembered*) wieder einfallen ③ *artist* ein Come-back haben ◆**come by** *intr verb* ① (*visit*) vorbeikommen ② (*obtain*) kriegen ◆**come down** *intr verb* ① (*fall*) fallen; *trousers* rutschen ② (*collapse*) einstürzen ③ (*become less*) sinken ④ (*amount to*) hinauslaufen (**to** auf)

5 Brit univ [von der Universität] abgehen 6 (*be taken ill*) **to ~ down with sth** sich *Dat* etw eingefangen haben ◆**come forward** *intr verb* sich melden ◆**come in** *intr verb* 1 (*enter*) hereinkommen; **do ~ in** komm doch rein; **~ in!** herein! 2 (*arrive*) ankommen; *ship* einlaufen; *train* einfahren; *plane* landen 3 (*become fashionable*) in Mode kommen 4 + *adj* (*be*) **to ~ in handy** gelegen kommen 5 (*play a part*) **where do I ~ in?** welche Rolle spiele ich dabei?; **and that's where you ~ in** und hier kommst du dann ins Spiel 6 (*be subjected to*) **to ~ in for sth** etw erregen; **to ~ in for criticism** Kritik hervorrufen ◆**come into** *intr verb* 1 (*inherit*) erben 2 (*be involved*) **where do I ~ into it?** was habe ich damit zu tun? ◆**come off** *intr verb* 1 (*fam: succeed*) klappen 2 (*take place*) stattfinden 3 (*end up*) abschneiden 4 (*stop taking*) **to ~ off sth** mit etw aufhören ▶ **~ off it!** (*fam*) nun mach mal halblang! ◆**come on** *intr verb* **~ on!** (*impatient*) komm jetzt!; (*encouraging*) komm schon!; (*annoyed*) jetzt hör aber auf! ◆**come out** *intr verb* 1 (*go outside*) herauskommen; (*go out socially*) ausgehen 2 *publication* herauskommen 3 (*end up*) herauskommen; **your painting has ~ out really well** Ihr Gemälde ist wirklich gut geworden 4 phot [gut] herauskommen; **damn, the photo hasn't ~ out** Mist, das Foto ist nichts geworden! 5 (*tell*) **to ~ out with sth** *truth* mit etw herausrücken; **to ~ out with a remark** eine Bemerkung loslassen 6 (*in contest*) **to ~ out top/the winner** Beste(r)/Sieger(in) werden 7 (*reveal homosexuality*) sich outen 8 (*remove itself*) *tooth* herausfallen 9 (*break out*) ausbrechen; **to ~ out in a rash/spots** einen Ausschlag/Pickel bekommen ◆**come over** *intr verb* 1 (*to a place*) [her]überkommen 2 + *adj* Brit, Aus (*feel*) **to ~ over dizzy** sich [plötzlich ganz] benommen fühlen 3 (*change point of view*) überwechseln ◆**come round** *intr verb esp* Brit, Aus 1 (*visit sb's home*) vorbeikommen 2 (*regain consciousness*) [wieder] zu sich kommen 3 (*change one's mind*) seine Meinung ändern; **to ~ round to sb's point of view** sich jds Standpunkt anschließen 4 (*recur, arrive*) kommen ◆**come through** *intr verb* 1 (*survive*) durchkommen 2 Brit, Aus *results, visa* eintreffen; *call* eingehen; **my divorce still hasn't ~ through** meine Scheidung ist noch nicht durch ◆**come to** *intr verb* 1 (*regain consciousness*) [wieder] zu sich kommen 2 (*amount to*) sich belaufen auf +*Akk;* **that ~s to £25** das macht 25 Pfund 3 (*reach*) **what is the world coming to?** wo soll das alles nur hinführen?; **writing ~s naturally to me** Schreiben fiel mir noch nie schwer; **it'll ~ to me later** es wird mir schon noch einfallen; **he won't ~ to any harm** ihm wird nichts passieren; **he will never ~ to much** er wird es nie zu viel bringen; **it ~s to the same thing** das läuft auf dasselbe raus; **to ~ to the conclusion ...** zu dem Schluss kommen, dass ...; **to have ~ to a decision** eine Entscheidung getroffen haben; **to ~ to an end** zu Ende gehen; **to ~ to nothing** zu nichts führen; **to ~ to the point** zum Punkt kommen; **to ~ to rest** zum Stehen kommen 4 (*concern*) **when it ~s to travelling ...** wenn's ums Reisen geht, ... ◆**come under** *intr verb* 1 (*be listed under*) stehen unter +*Dat;* **soups ~ under 'starters'** Suppen stehen unter „Vorspeisen“ 2 (*subject to*) **to ~ under fire/sb's influence** unter Beschuss/jds Einfluss geraten ◆**come up** *intr verb* 1 (*to higher place*) hochkommen; *sun, moon* aufgehen; **do you ~ up to Edinburgh often?** kommen Sie oft nach Edinburgh? 2 (*be mentioned*) aufkommen; *topic* angeschnitten werden; *name* erwähnt werden 3 law *case* verhandelt werden 4 (*happen*) passieren 5 **to ~ up for sale** zum Verkauf stehen 6 (*become vacant*) *job* frei werden 7 (*on TV*) **coming up next on BBC 2 ...** und auf BBC 2 sehen Sie als Nächstes ... 8 (*of plants*) herauskommen ◆**come upon** *intr verb* **to ~ upon sth** [zufällig] auf etw *Akk* stoßen; **to ~ upon sb** [zufällig] jdm begegnen

comeback ['kʌmbæk] *n* 1 (*return*) Come-back *nt* 2 (*retort*) Reaktion *f*

comedian [kə'miːdiən] *n* Komiker(in) *m(f)*

comedown ['kʌmdaʊn] *n no pl* (*fam*)

❶ (*anticlimax*) Enttäuschung *f* ❷ (*decline in status*) Abstieg *m*
comedy ['kɒmədi] *n* Komödie *f*
come-on ['kʌmɒn] *n* (*fam*) Anmache *f*
C
comer ['kʌmə^r] *n* junges Talent
comet ['kɒmɪt] *n* Komet *m*
comfort ['kʌm(p)fət] **I.** *n* ❶ *no pl* (*comfortable feeling*) Bequemlichkeit *f* ❷ *no pl* (*consolation*) Trost *m* ❸ (*pleasurable things in life*) **~s** Komfort *m kein Pl* **II.** *tr verb* trösten
comfortable ['kʌm(p)ftəbl̩] *adj* ❶ (*offering comfort*) bequem; *house, room* komfortabel ❷ (*at ease*) **to be** [*or* **feel**] **~** sich wohl fühlen; **are you ~?** sitzt du bequem?; **to feel ~ with sth** mit etw zufrieden sein
comfortably ['kʌm(p)ftəbli] *adv* ❶ (*in a comfortable manner*) bequem ❷ (*easily*) leicht ❸ FIN **they are ~ off** es geht ihnen [finanziell] gut; **to live ~** sorgenfrei leben
comforting ['kʌm(p)fətɪŋ] *adj word* tröstend
comfy ['kʌm(p)fi] *adj* (*fam*) bequem
comic ['kɒmɪk] **I.** *n* ❶ (*magazine*) Comicheft *nt* ❷ (*professional comedian*) Komiker(in) *m(f)* **II.** *adj* komisch
comical ['kɒmɪkəl] *adj* komisch
comic book *n* AM Comicbuch *nt*
comic strip *n* Comic *m* (*in einer Zeitung*)
coming ['kʌmɪŋ] **I.** *adj* (*next*) kommend; (*approaching*) herannahend; **this ~ Friday** nächsten Freitag **II.** *n no pl* (*arrival*) Ankunft *f*
comma [ˌkɒmə] *n* Komma *nt*
command [kə'mɑːnd] **I.** *tr verb* ❶ (*order*) **to ~ sb** jdm einen Befehl geben ❷ MIL **to ~ sth** den Oberbefehl über etw *Akk* haben; *company* leiten ❸ (*form: inspire*) gebieten; **to ~ sb's respect** jdm Respekt einflößen **II.** *intr verb* Befehle erteilen **III.** *n* ❶ (*order*) Befehl *m* ❷ *no pl* (*authority*) Kommando *nt;* **to be in ~ of** befehligen; **to be at sb's ~** (*hum*) jdm zur Verfügung stehen
commander [kə'mɑːndə^r] *n* MIL Kommandant(in) *m(f)*
commanding [kə'mɑːndɪŋ] *adj* ❶ (*authoritative*) gebieterisch ❷ (*dominant*) *position* beherrschend
command key *n* COMPUT Befehlstaste *f*
commandment [kə'mɑːn(d)mənt] *n* REL Gebot *nt;* **the Ten Commandments** die Zehn Gebote
command module *n* Kommandokapsel *f*
commando <*pl* -s *or* -es> [kə'mɑːndəʊ] *n* + *sing/pl verb* MIL Kommando *nt;* (*individual*) Angehörige(r) *m* eines Kommandotrupps
command prompt *n* COMPUT Befehlsaufforderung *f*
commemorate [kə'meməreɪt] *tr verb* gedenken + *Gen*
commemorative [kə'memərətɪv] *adj* **~ issue** Gedächtnisausgabe *f;* **~ plaque** Gedenktafel *f*
commence [kə'men(t)s] *intr verb* (*form*) beginnen
commend [kə'mend] *tr verb* ❶ (*praise*) loben ❷ (*recommend*) empfehlen
commendable [kə'mendəbl̩] *adj* lobenswert
comment ['kɒment] **I.** *n* Kommentar *m* **II.** *intr verb* einen Kommentar abgeben; **to ~ on sth** sich zu einer S. äußern
commentary ['kɒmentəri] *n* Kommentar *m* (**on** zu)
commentate ['kɒmənteɪt] *intr verb* TV, RADIO **to ~ on sth** etw kommentieren
commentator ['kɒmənteɪtə^r] *n* Kommentator(in) *m(f)*
commerce ['kɒmɜːs] *n* Handel *m*
commercial [kə'mɜːʃəl] **I.** *adj* ❶ (*relating to commerce*) kaufmännisch ❷ (*profit-orientated*) kommerziell **II.** *n* Werbespot *m*
commission [kə'mɪʃən] **I.** *tr verb* (*order*) **to ~ sth** etw in Auftrag geben; **to ~ sb** [**to do sth**] jdn beauftragen[, etw zu tun] **II.** *n* ❶ (*order*) Auftrag *m* ❷ + *sing/pl verb* (*investigative body*) Kommission *f* ❸ (*system of payment*) Provision *f* ❹ *no pl* **in/out of ~** *machine* in/außer Betrieb
commissioner [kə'mɪʃənə^r] *n* Beauftragte(r) *f(m);* **police ~** Polizeipräsident(in) *m(f)*
commit <-tt-> [kə'mɪt] **I.** *tr verb* ❶ (*carry out*) begehen ❷ (*bind*) *money* bereitstellen; **to ~ oneself to sth** sich einer S. *Dat* voll und ganz widmen ❸ (*entrust*) **to ~ sth to memory** sich *Dat* etw einprägen; **to ~ sth to paper** etw zu Papier bringen **II.** *intr verb* (*bind oneself*) **to ~ to sth** sich auf etw *Akk* festlegen

commitment [kəˈmɪtmənt] *n* ❶ *no pl* (*dedication*) Engagement *nt* ❷ (*obligation*) Verpflichtung *f* (**to** gegenüber); **with absolutely no ~ to buy!** es besteht keinerlei Kaufzwang!

committee [kəˈmɪti] *n + sing/pl verb* Ausschuss *m,* Komitee *nt*

common [ˈkɒmən] **I.** *adj* <-er, -est *or* more common, most common> ❶ (*often encountered*) üblich, gewöhnlich ❷ (*normal*) normal; **~ courtesy** ein Gebot *nt* der Höflichkeit ❸ (*shared*) gemeinsam; **by ~ consent** mit allgemeiner Einwilligung; **for the ~ good** für das Gemeinwohl; **in ~** gemeinsam ❹ ZOOL, BOT gemein **II.** *n* Gemeindeland *nt*

common land *n* Gemeindeland *nt*

commonly [ˈkɒmənli] *adv* (*often*) häufig; **a ~ held belief** eine weit verbreitete Annahme

commonplace I. *adj* (*normal*) alltäglich **II.** *n* Gemeinplatz *m*

common room *n* BRIT SCHOOL Gemeinschaftsraum *m*

Commons [ˈkɒmənz] *n + sing/pl verb* BRIT POL **the ~** das Unterhaus

common sense *n no pl* gesunder Menschenverstand; **a ~ approach** ein praktischer Ansatz

Commonwealth [ˈkɒmənwelθ] *n* **the ~** das Commonwealth

> Das **Commonwealth of Nations** (früher **British Commonwealth of Nations**) ist eine freiwillige Organisation unabhängiger Staaten, die sich nach und nach aus dem alten *British Empire* entwickelt hat. 1931 wurde es offiziell mit dem *Statute of Westminster* gegründet. Zu diesem Zeitpunkt waren Kanada, Australien, Südafrika und Neuseeland bereits selbstverwaltet. Gemeinsam mit dem Vereinigten Königreich wurden sie die ersten Mitglieder des neu gegründeten Verbands. Auch die meisten anderen, früher von Großbritannien regierten Länder entschieden sich mit ihrer Unabhängigkeit, dem **Commonwealth** beizutreten. Heutzutage verbindet die Organisation in erster Linie die kulturelle und wirtschaftliche Zusammenarbeit. Die Staatsoberhäupter der **Commonwealth**-Länder treffen sich zweimal im Jahr.

communal [ˈkɒmjʊnᵊl, kəˈmjuː-] *adj* ❶ (*shared*) gemeinsam; **~ bathroom** Gemeinschaftsbad *nt* ❷ (*of racial communities*) Rassen-

communicate [kəˈmjuːnɪkeɪt] **I.** *tr verb* (*pass on*) mitteilen; *feeling, message* rüberbringen **II.** *intr verb* (*give information*) kommunizieren; **to ~ with one's hands** sich mit den Händen verständigen

communication [kəˌmjuːnɪˈkeɪʃᵊn] *n no pl* ❶ (*being in touch*) Kommunikation *f;* **~ gap** Informationslücke *f* ❷ (*passing on*) *of ideas* Vermittlung *f* ❸ (*form: thing communicated*) Mitteilung *f*

communism [ˈkɒmjənɪzᵊm] *n no pl* Kommunismus *m*

communist [ˈkɒmjənɪst] **I.** *n* Kommunist(in) *m(f)* **II.** *adj* kommunistisch

community [kəˈmjuːnəti] *n* ❶ ADMIN Gemeinde *f;* **~ hospital** Kommunalkrankenhaus *nt* ❷ (*group*) **the business ~** die Geschäftswelt; **the scientific ~** die Wissenschaftler *Pl*

community center AM *see* **community centre**

community centre *n* Gemeindezentrum *nt* **community home** *n* Fürsorgeanstalt *f*

commute [kəˈmjuːt] **I.** *n* (*fam*) Pendelstrecke *f* **II.** *intr verb* pendeln **III.** *tr verb* (*form*) umwandeln

commuter [kəˈmjuːtəʳ] *n* Pendler(in) *m(f)*

compact[1] [kəmˈpækt] **I.** *adj* kompakt **II.** *tr verb* (*form: by a person*) festtreten

compact[2] [ˈkɒmpækt] *n* ❶ (*cosmetics*) Puderdose *f* ❷ AM, AUS AUTO Kompaktwagen *m*

compact disc, AM *a.* **compact disk** *n* Compactdisc *f*

companion [kəmˈpænjən] *n* Begleiter(in) *m(f);* (*associate*) Gefährte *m*/Gefährtin *f*

company [ˈkʌmpəni] *n* ❶ COMM Firma *f,* Unternehmen *nt;* **Adams and Company** Adams & Co. ❷ *no pl* (*companionship*) Gesellschaft *f;* **present ~ excepted** die Anwesenden ausgenommen; **to keep sb ~** jdm Gesellschaft leisten ③ THEAT Schauspieltruppe *f*

comparable ['kɒmpᵊrəbl̩] *adj* vergleichbar (**to/with** mit)

comparative [kəm'pærətɪv] **I.** *n* Komparativ *m* **II.** *adj* ① (*involving comparison*) vergleichend ② (*relative*) relativ

comparatively [kəm'pærətɪvli] *adv* ① (*relatively*) verhältnismäßig ② (*by comparison*) im Vergleich

compare [kəm'peəʳ] **I.** *tr verb* ① vergleichen (**to/with** mit); **to ~ notes on sth** (*fig*) Meinungen über etw *Akk* austauschen ② LING steigern **II.** *intr verb* vergleichbar sein; **to ~ favourably** vergleichsweise gut abschneiden **III.** *n no pl* (*liter*) **beyond ~** unvergleichlich

comparison [kəm'pærɪsᵊn] *n* Vergleich *m*; **by ~ with** verglichen mit; **to bear ~** einem Vergleich gewachsen sein; **to draw a ~** einen Vergleich anstellen; **there's no ~!** das ist gar kein Vergleich!

compartment [kəm'pɑːtmənt] *n* RAIL [Zug]abteil *nt*, Coupé *nt* ÖSTERR

compass <*pl* -es> ['kʌmpəs] *n* ① (*for showing direction*) Kompass *m* ② (*for drawing circles*) Zirkel *m*

compassion [kəm'pæʃᵊn] *n no pl* **to feel ~ for sb** Mitleid mit jdm haben; **with ~** voller Mitgefühl

compassionate [kəm'pæʃᵊnət] *adj* mitfühlend

compatible [kəm'pætɪbl̩] *adj* ① **to be ~** zusammenpassen ② COMPUT, MED kompatibel ③ (*consistent*) vereinbar

compel <-ll-> [kəm'pel] *tr verb* **to feel ~led** [**to do sth**] sich gezwungen sehen[, etw zu tun]

compelling [kəm'pelɪŋ] *adj reason* zwingend

compensate ['kɒmpənseɪt] **I.** *tr verb* [finanziell] entschädigen **II.** *intr verb* kompensieren

compensation [ˌkɒmpən'seɪʃᵊn] *n no pl* Entschädigung[sleistung] *f*

compete [kəm'piːt] *intr verb* **to ~** [**with sb**] [gegen jdn] kämpfen (**for** um)

competent ['kɒmpɪtᵊnt] *adj* (*capable*) fähig; (*qualified*) kompetent

competition [ˌkɒmpə'tɪʃᵊn] *n no pl* Konkurrenz *f*, Wettbewerb *m*

competitive [kəm'petɪtɪv] *adj* ① (*characterized by competition*) konkurrierend; (*eager to compete*) kampfbereit; **~ sports** Leistungssport *m* ② COMM konkurrenzfähig; **~ edge** Wettbewerbsvorteil *m*

competitiveness [kəm'petɪtɪvnəs] *n no pl* ① (*ambition*) Konkurrenzdenken *nt* ② COMM Wettbewerbsfähigkeit *f*

competitor [kəm'petɪtəʳ] *n* ① (*participant*) [Wettbewerbs]teilnehmer(in) *m(f)* ② COMM Konkurrent(in) *m(f)*

compile [kəm'paɪl] *tr verb list* erstellen; *facts* zusammentragen

complacent [kəm'pleɪsᵊnt] *adj* (*pej*) selbstzufrieden

complain [kəm'pleɪn] *intr verb* klagen, sich beklagen (**about/of** über); **stop ~ing!** hör auf zu jammern!

complaint [kəm'pleɪnt] *n* Klage *f*; MED *a.* Beschwerde *f*

complement ['kɒmplɪmənt] **I.** *tr verb* ergänzen; **to ~ each other** sich [gegenseitig] ergänzen **II.** *n* Ergänzung *f*

complementary [ˌkɒmplɪ'mentᵊri] *adj* [einander] ergänzend

complete [kəm'pliːt] **I.** *tr verb* ① (*add what is missing*) vervollständigen; *form* [vollständig] ausfüllen ② (*finish*) fertig stellen; *course* absolvieren **II.** *adj* ① (*with nothing missing*) vollständig; **the ~ works of Shakespeare** Shakespeares gesammelte Werke ② (*including*) **~ with** inklusive ③ (*total*) absolut; *stranger, surprise* völlig

completely [kəm'pliːtli] *adv* völlig; **~ certain** absolut sicher; **to be ~ convinced** der vollen Überzeugung sein

completion [kəm'pliːʃᵊn] *n no pl* Fertigstellung *f*; **on ~ of the project** nach Abschluss des Projekts

complex ['kɒmpleks] **I.** *adj* komplex; (*complicated*) kompliziert **II.** *n* <*pl* -es> ① ARCHIT Komplex *m*; **shopping ~** Einkaufszentrum *nt* ② PSYCH Komplex *m* (**about** wegen); **to give sb a ~** bei jdm Komplexe verursachen

complexion [kəm'plekʃᵊn] *n* Teint *m*; **clear/spotty ~** reine/unreine Haut; **healthy ~** gesunde Gesichtsfarbe ▶ **to put a different ~ on sth** etw in einem anderen Licht erscheinen lassen

complexity [kəm'pleksəti] *n* ① *no pl* (*intricacy*) Komplexität *f* ② (*complication*) Kompliziertheit *f*

complicate ['kɒmplɪkeɪt] *tr verb* [noch] komplizierter machen

complicated ['kɒmplɪkeɪtɪd] *adj* kompliziert

complication [ˌkɒmplɪ'keɪʃᵊn] *n* Komplikation *f*

compliment ['kɒmplɪmənt] **I.** *n* Kompliment *nt;* **my ~s to the chef!** mein Kompliment an die Köchin!; **to pay sb a ~** jdm ein Kompliment machen **II.** *tr verb* **to ~ sb** jdm ein Kompliment machen

complimentary [ˌkɒmplɪ'mentᵊri] *adj* ① (*expressing a compliment*) schmeichelhaft ② (*free*) Frei-

comply [kəm'plaɪ] *intr verb* sich fügen; **to ~ with the regulations** die Bestimmungen erfüllen

compo ['kɒmpəʊ] *n short for* **compensation** (*sl*) Entschädigung *f*

component [kəm'pəʊnənt] *n* [Bestand]teil *m*

compose [kəm'pəʊz] **I.** *intr verb* komponieren **II.** *tr verb* MUS komponieren; LIT verfassen; *letter* aufsetzen

composed [kəm'pəʊzd] *adj* (*calm*) gefasst

composer [kəm'pəʊzəʳ] *n* Komponist(in) *m(f)*

composition [ˌkɒmpə'zɪʃᵊn] *n* ① *no pl* (*act*) MUS Komponieren *nt;* LIT Verfassen *nt* ② (*piece*) Komposition *f* ③ *no pl* (*make-up*) Zusammenstellung *f*

composure [kəm'pəʊʒəʳ] *n no pl* Fassung *f*

compound¹ [kəm'paʊnd] *tr verb* verschlimmern

compound² ['kɒmpaʊnd] **I.** *n* ① (*combination*) Mischung *f* ② CHEM Verbindung *f* **II.** *adj* zusammengesetzt

comprehend [ˌkɒmprɪ'hend] *intr verb, vt* begreifen, verstehen

comprehensible [ˌkɒmprɪ'hen(t)səbl̩] *adj* verständlich (**to** für)

comprehension [ˌkɒmprɪ'hen(t)ʃᵊn] *n no pl* Verständnis *nt;* **to be beyond sb's ~** jdm unbegreiflich sein; **listening/reading ~ [test]** Hör-/Leseverständnistest *m*

comprehensive [ˌkɒmprɪ'hen(t)sɪv] **I.** *adj* umfassend; *answer* ausführlich **II.** *n* BRIT Gesamtschule *f*

compress [kəm'pres] *tr verb* ① (*squeeze together*) zusammendrücken ② (*condense*) zusammenfassen

comprise [kəm'praɪz] *tr verb* (*form*) **to ~ sth** aus etw bestehen

compromise ['kɒmprəmaɪz] **I.** *n* Kompromiss *m;* **to reach a ~** zu einem Kompromiss gelangen **II.** *intr verb* Kompromisse eingehen

compulsion [kəm'pʌlʃᵊn] *n no pl* Zwang *m*

compulsive [kəm'pʌlsɪv] *adj* ① (*obsessive*) zwanghaft; **~ eating disorder** krankhafte Essstörung ② (*captivating*) fesselnd; **~ viewing** TV Pflichttermin *m;* **utterly ~** überaus faszinierend

compulsory [kəm'pʌlsᵊri] *adj* obligatorisch; **~ retirement** Zwangspensionierung *f;* **~ subject** Pflichtfach *nt*

compute [kəm'pju:t] *tr verb* berechnen

computer [kəm'pju:təʳ] *n* Computer *m*

computer-aided *adj,* **computer-assisted** *adj* COMPUT computergestützt **computer game** *n* Computerspiel *nt* **computer graphics** *n + sing/pl verb* Computergrafik *f*

computerize [kəm'pju:tᵊraɪz] **I.** *tr verb* computerisieren **II.** *intr verb* auf EDV umstellen

computer network *n* Rechnernetz *nt* **computer programmer** *n* Programmierer(in) *m(f)* **computer science** *n no pl* Informatik *f* **computer scientist** *n* Informatiker(in) *m(f)* **computer virus** *n* Virus *m*

COMSAT ['kɑ:msæt] *n* AM *abbrev of* **communications satellite** Nachrichtensatellit *m*

con¹ [kɒn] (*fam*) **I.** *tr verb* <-nn-> **to ~ sb** jdn reinlegen; **to ~ sb out of sth** jdm etw abluchsen **II.** *n* Schwindel *m kein Pl*

con² [kɒn] *n usu pl* (*fam*) **the pros and ~s** das Pro und Kontra

concatenate [kən'kætəneɪt] *tr verb* COMPUT verketten

concave ['kɒnkeɪv] *adj* konkav

conceal [kən'si:l] *tr verb* verbergen (**from** vor)

concede [kən'si:d] **I.** *tr verb* ① (*acknowledge*) zugeben; **to ~ defeat** sich geschlagen geben ② SPORTS *goal* kassieren **II.** *intr verb* sich geschlagen geben

conceited [kən'si:tɪd] *adj* eingebildet

conceivable [kən'si:vəbl̩] *adj* vorstellbar; **by every ~ means** mit allen [nur] erdenklichen Mitteln

conceive [kən'si:v] *tr verb* ① (*concep-*

C

tualize) kommen auf +*Akk* ❷ (*create*) entwerfen ❸ (*imagine*) sich *Dat* vorstellen ❹ (*become pregnant*) empfangen

concentrate ['kɒn(t)sᵊntreɪt] **I.** *intr verb* ❶ (*focus one's thoughts*) sich konzentrieren ❷ (*come together*) sich sammeln **II.** *tr verb* konzentrieren; **to ~ one's mind on sth** sich auf etw *Akk* konzentrieren **III.** *n* Konzentrat *nt*

concentrated ['kɒn(t)sᵊntreɪtɪd] *adj* konzentriert

concentration [ˌkɒn(t)sᵊn'treɪʃᵊn] *n* ❶ *no pl* (*mental focus*) Konzentration *f* (**on** auf); **to lose [one's] ~** sich nicht mehr konzentrieren können ❷ (*accumulation*) Konzentrierung *f*

concept ['kɒnsept] *n* ❶ (*abstract idea*) Vorstellung *f* ❷ (*plan*) Entwurf *m*

concern [kən'sɜːn] **I.** *n* ❶ (*interest*) Anliegen *nt* ❷ (*worry*) Sorge *f*, Besorgnis *f* (**about** um); **my ~ is that ...** ich mache mir Sorgen, dass ... ❸ (*business*) Angelegenheit *f*; **it's no ~ of mine!** das ist nicht meine Angelegenheit!; **that's none of your ~** das geht dich nichts an ❹ COMM Unternehmen *nt*; **industrial ~** Industriekonzern *m* **II.** *tr verb* ❶ (*apply to*) angehen; **as far as I'm ~ed** was mich betrifft ❷ (*be sb's business*) angehen ❸ (*take an interest in*) **to ~ oneself with sth** sich mit etw befassen

concerned [kən'sɜːnd] *adj* ❶ *pred* (*involved*) betroffen ❷ (*worried*) **to be ~ [about sb]** [um jdn] besorgt sein; **to be ~ [about sth]** [wegen einer S. *Gen*] beunruhigt sein; **I'm a bit ~ about your health** ich mache mir Gedanken um deine Gesundheit

concerning [kən'sɜːnɪŋ] *prep* bezüglich +*Gen*

concert ['kɒnsət] *n* ❶ MUS Konzert *nt*; **in ~** live ❷ (*form*) **in ~** gemeinsam; **to act in ~** zusammenarbeiten

concerted [kən'sɜːtɪd] *adj* ❶ (*joint*) gemeinsam ❷ (*resolute*) entschlossen

concession [kən'seʃᵊn] *n* ❶ Zugeständnis *nt*; **as a ~** als Ausgleich ❷ (*admission of defeat*) Eingeständnis *nt* [einer Niederlage]

conch <*pl* -es> [kɒn(t)ʃ] *n* Trompetenschnecke *f*

conciliation board *n* Schlichtungskommission *f*

concise [kən'saɪs] *adj* präzise

conclude [kən'kluːd] **I.** *intr verb* enden, schließen **II.** *tr verb* ❶ (*finish*) [ab]schließen ❷ (*determine*) beschließen ❸ (*infer*) **to ~ [from sth] that ...** [aus etw] schließen, dass ...

concluding [kən'kluːdɪŋ] *adj* abschließend; **~ remark** Schlussbemerkung *f*

conclusion [kən'kluːʒᵊn] *n* ❶ (*end*) Abschluss *m*; *of a story* Schluss *m*; **in ~** zum Abschluss ❷ (*decision*) **to come to a ~** einen Beschluss fassen; **to reach a ~** zu einem Entschluss gelangen ❸ (*inference*) Schluss *m*, Schlussfolgerung *f*

conclusive [kən'kluːsɪv] *adj* ❶ (*convincing*) schlüssig ❷ (*decisive*) eindeutig

concrete ['kɒŋkriːt] **I.** *n no pl* Beton *m* **II.** *adj* ❶ *path* betoniert ❷ *proof* eindeutig **III.** *tr verb* betonieren; **to ~ over** zubetonieren

concrete mixer *n* Betonmischmaschine *f*

concur <-rr-> [kən'kɜːʳ] *intr verb* übereinstimmen

concurrent [kən'kʌrᵊnt] *adj* gleichzeitig

concussion [kən'kʌʃᵊn] *n no pl* Gehirnerschütterung *f*

condemn [kən'dem] *tr verb* ❶ verurteilen; (*fig*) verdammen ❷ (*declare unsafe*) für unbrauchbar erklären

condemnation [ˌkɒndem'neɪʃᵊn] *n* Verurteilung *f*; (*fig*) Verdammung *f*

condensation [ˌkɒnden'seɪʃᵊn] *n* ❶ *no pl* (*process*) Kondensation *f* ❷ *no pl* (*droplets*) Kondenswasser *nt*

condense [kən'den(t)s] **I.** *tr verb* ❶ (*concentrate*) *gas* komprimieren; **~d milk** Kondensmilch *f* ❷ (*form droplets from*) kondensieren **II.** *intr verb* kondensieren

condescend [ˌkɒndɪ'send] *intr verb* **to ~ to do sth** sich herablassen, etw zu tun

condescending [ˌkɒndɪ'sendɪŋ] *adj* herablassend

condition [kən'dɪʃᵊn] **I.** *n* ❶ (*state*) Zustand *m* ❷ MED Leiden *nt* ❸ (*circumstances*) **~s** Bedingungen *Pl* ❹ (*stipulation*) Bedingung *f*; **on the ~ that ...** unter der Bedingung, dass ... **II.** *tr verb* (*train*) konditionieren

conditional [kən'dɪʃᵊnᵊl] **I.** *adj* bedingt; **to be ~ [up]on sth** von etw abhängen **II.** *n* LING **the ~** der Konditional

conditionally [kən'dɪʃᵊnᵊli] *adv* unter Vorbehalt
conditioned [kən'dɪʃᵊnd] *adj* (*trained*) konditioniert; (*accustomed*) anerzogen
conditioner [kən'dɪʃᵊnəʳ] *n no pl* (*for hair*) Pflegespülung *f*
condom ['kɒndɒm] *n* Kondom *nt*
conduct[1] [kən'dʌkt] **I.** *tr verb* ① (*carry out*) durchführen; *negotiations* führen ② (*direct*) leiten; *orchestra* dirigieren ③ ELEC leiten ④ (*form: behave*) **to ~ oneself** sich benehmen **II.** *intr verb* MUS dirigieren
conduct[2] ['kɒndʌkt] *n no pl* ① (*behaviour*) Benehmen *nt* ② (*form: management*) Führung *f*
conductor [kən'dʌktəʳ] *n* ① MUS Dirigent(in) *m(f)* ② BRIT (*on bus*) Schaffner(in) *m(f)*
cone [kəʊn] *n* ① MATH Kegel *m;* **~ of light** Lichtkegel *m;* **traffic ~** Leitkegel *m* ② FOOD **ice cream ~** Eistüte *f*
confederation [kənˌfedəreɪʃᵊn] *n + sing/pl verb* ① POL Bund *m* ② ECON Verband *m*

> Der **Confederation Day** oder **Canada Day** ist der Nationalfeiertag Kanadas. Er wird am 1. Juli mit Paraden, Konzerten, Feuerwerk und vielen kulturellen Darbietungen gefeiert.

confer <-rr-> [kən'fɜːʳ] **I.** *tr verb* **to ~ sth [up]on sb** jdm etw verleihen **II.** *intr verb* **to ~ with sb** sich mit jdm beraten
conference ['kɒnfᵊrᵊn(t)s] *n* Konferenz *f,* Tagung *f* (**on** über); **in ~** in einer Besprechung
conference call *n* Konferenzschaltung *f*
confess [kən'fes] *intr verb, vt* ① (*admit*) zugeben; **to ~ to sth** etw gestehen ② REL beichten
confession [kən'feʃᵊn] *n* ① (*admission*) Geständnis *nt* ② REL Beichte *f*
confide [kən'faɪd] **I.** *tr verb* gestehen; **to ~ [to sb] that ...** jdm anvertrauen, dass ... **II.** *intr verb* **to ~ in sb** sich jdm anvertrauen
confidence ['kɒnfɪdᵊn(t)s] *n* ① *no pl* (*trust*) Vertrauen *nt;* **in ~** im Vertrauen ② (*secrets*) **~s** Vertraulichkeiten *Pl* ③ *no pl* (*self-assurance*) Selbstvertrauen *nt*
confident ['kɒnfɪdᵊnt] *adj* ① (*certain*) zuversichtlich ② (*self-assured*) selbstbewusst
confidential [ˌkɒnfɪ'dən(t)ʃᵊl] *adj* vertraulich; **to keep sth ~** etw für sich behalten
confidentially [ˌkɒnfɪ'dən(t)ʃᵊli] *adv* vertraulich
configure [kən'fɪgəʳ] *tr verb* COMPUT konfigurieren
confine *tr verb* [kən'faɪn] ① (*restrict*) beschränken (**to** auf) ② (*shut in*) einsperren; **he was ~d to the house** er war ans Haus gefesselt
confinement [kən'faɪnmənt] *n no pl* Einsperrung *f;* **solitary ~** Einzelhaft *f*
confines ['kɒnfaɪnz] *n pl* Grenzen *Pl*
confirm [kən'fɜːm] **I.** *tr verb* ① (*verify*) bestätigen ② (*strengthen*) **to ~ sb's faith** jdn in seinem Glauben bestärken ③ REL **to be ~ed** (*Catholic*) gefirmt werden; (*Protestant*) konfirmiert werden **II.** *intr verb* bestätigen
confirmation [ˌkɒnfə'meɪʃᵊn] *n* ① (*verification*) Bestätigung *f* ② REL (*Catholic*) Firmung *f;* (*Protestant*) Konfirmation *f*
confirmed [kən'fɜːmd] *adj* erklärt
confiscate ['kɒnfɪskeɪt] *tr verb* beschlagnahmen
conflict[1] ['kɒnflɪkt] *n* (*clash*) Konflikt *m;* **~ of interests** Interessenskonflikt *m*
conflict[2] [kən'flɪkt] *intr verb* **to ~ with sth** im Widerspruch zu einer S. stehen
conflicting [kən'flɪktɪŋ] *adj* widersprüchlich; *claims* entgegengesetzt
conform [kən'fɔːm] *intr verb* sich einfügen; (*agree*) übereinstimmen
confront [kən'frʌnt] *tr verb* ① (*face*) **to ~ sth** sich einer S. *Dat* stellen ② (*compel to deal with*) konfrontieren
confrontational [ˌkənfrʌn'teɪʃᵊnᵊl] *adj* konfrontativ
confuse [kən'fjuːz] *tr verb* ① (*perplex*) verwirren ② (*complicate*) [noch] verworrener machen
confused [kən'fjuːzd] *adj* ① *people* verwirrt, durcheinander ② *situation* verworren
confusing [kən'fjuːzɪŋ] *adj* verwirrend
confusion [kən'fjuːʒᵊn] *n no pl* ① (*perplexity*) Verwirrung *f* ② (*disorder*) Durcheinander *nt;* **to be in ~** durcheinander sein

C

congested [kən'dʒestɪd] *adj* ① TRANSP überfüllt ② MED verstopft
congestion [kən'dʒestʃən] *n no pl* Überfüllung *f;* (*on roads*) Stau *m*
congestion charge *n* City-Maut *f*
congratulate [kən'grætʃʊleɪt] *tr verb* **to ~ sb [on sth]** jdm [zu etw] gratulieren
congratulation [kənˌgrætʃʊ'leɪʃən] *n no pl* Gratulation *f;* **~s!** herzlichen Glückwunsch!
congregate ['kɒŋgrɪgeɪt] *intr verb* sich [ver]sammeln
congregation [ˌkɒŋgrɪ'geɪʃən] *n + sing/pl verb* REL [Kirchen]gemeinde *f*
congress ['kɒŋgres] *n* ① (*meeting, conference*) Kongress *m* ② AM (*legislature*) **Congress** der Kongress
congressman *n* [Kongress]abgeordnete(r) *m*
congresswoman *n* [Kongress]abgeordnete *f*
conical ['kɒnɪkəl] *adj* konisch; **~ section** Kegelschnitt *m*
conifer ['kɒnɪfəʳ] *n* Nadelbaum *m*
coniferous [kə(ʊ)'nɪfərəs] *adj* Nadel-
conjugate ['kɒndʒʊgeɪt] LING **I.** *intr verb* konjugiert werden **II.** *tr verb* konjugieren
conjunction [kən'dʒʊŋkʃən] *n* ① LING Bindewort *nt* ② (*combination*) **in ~ with sth** in Verbindung mit etw
conjunctivitis [kənˌdʒʊŋ(k)tɪ'vaɪtɪs] *n no pl* Bindehautentzündung *f*
conjure ['kʌndʒəʳ] **I.** *intr verb* zaubern **II.** *tr verb* hervorzaubern ◆**conjure up** *tr verb* (*fig: produce*) hervorzaubern; *meal* zaubern
conjurer ['kʌndʒərəʳ] *n* Zauberkünstler(in) *m(f)*
conjuring ['kʌndʒərɪŋ] *n no pl* Zauber *nt,* Zauberei *f;* **~ trick** Zaubertrick *m*
conjuror *n see* **conjurer**
conk [kɒŋk] **I.** *n* BRIT, AUS (*hum sl: nose*) Zinken *m* **II.** *tr verb* (*hum fam*) hauen ◆**conk out** *intr verb* (*fam*) den Geist aufgeben
conker ['kɒŋkəʳ] *n* BRIT Rosskastanie *f*
con man *n* (*pej*) Schwindler *m*
connect [kə'nekt] **I.** *intr verb* ① (*plug in*) **to ~ [up] to sth** an etw *Akk* angeschlossen werden ② (*form network*) **to ~ with sth** Anschluss an etw *Akk* haben ③ (*feel affinity*) **to ~ with sb** sich auf Anhieb gut mit jdm verstehen **II.** *tr verb* ① ELEC verbinden (**to/with** mit); (*plug in*) anschließen (**to/with** an) ② (*make accessible*) **to ~ sth** eine Verbindung zu etw herstellen
connected [kə'nektɪd] *adj pred* ① (*joined together*) verbunden (**to/with** mit); (*plugged in*) angeschlossen (**to/with** an) ② (*related, being family*) verwandt (**to** mit) ③ (*having to do with*) in Zusammenhang stehen, zusammenhängen (**to/with** mit)
connecting [kə'nektɪŋ] *adj* **~ door** Verbindungstür *f;* **~ flight** Anschlussflug *m*
connection [kə'nekʃən] *n* ① *no pl* (*joining, link*) Verbindung *f* (**to/with** mit); ELEC Anschluss *m* (**to** an); **to get a ~** TELEC [zu jdm] durchkommen ② TRANSP Verbindung *f* ③ (*reference*) **in that/this ~** in diesem Zusammenhang
connectivity [ˌkɒnek'tɪvəti] *n* COMPUT Netzwerkfähigkeit *f*
conquer ['kɒŋkəʳ] *tr verb land* erobern; *mountain* bezwingen; **to ~ sb** jdn besiegen ▸ **I came, I saw, I ~ed** (*prov*) ich kam, sah und siegte
conscience ['kɒn(t)ʃən(t)s] *n* Gewissen *nt;* **to do sth with a clear ~** ruhigen Gewissens etw tun
conscientious [ˌkɒn(t)ʃiː'en(t)ʃəs] *adj* ① (*thorough*) gewissenhaft ② (*moral*) **on ~ grounds** aus Gewissensgründen
conscious ['kɒn(t)ʃəs] *adj* ① MED **to be [fully] ~** bei [vollem] Bewusstsein sein ② (*deliberate*) bewusst ③ (*aware*) bewusst; **fashion ~** modebewusst
consciousness ['kɒn(t)ʃəsnəs] *n no pl* Bewusstsein *nt a. fig;* **to lose/regain ~** das Bewusstsein verlieren/wiedererlangen
conscription [kən'skrɪpʃən] *n no pl* MIL Wehrpflicht *f*
consecutive [kən'sekjʊtɪv] *adj days, months* aufeinanderfolgend; *numbers* fortlaufend
consent [kən'sent] (*form*) **I.** *n no pl* Zustimmung *f;* **age of ~** ≈ Ehemündigkeitsalter *nt;* **by common ~** nach allgemeiner Auffassung; **informed ~** erklärtes Einverständnis; **by mutual ~** im gegenseitigen Einverständnis **II.** *intr verb* **to ~ to sth** einer S. *Dat* zustimmen; **to ~ to do sth** einwilligen, etw zu tun

consequence ['kɒn(t)sɪkwən(t)s] *n* ❶ (*result*) Folge *f;* **as a ~** folglich; **in ~** folglich ❷ *no pl* (*significance*) Bedeutung *f;* **nothing of [any] ~** nichts Besonderes

consequently ['kɒn(t)sɪkwəntli] *adv* folglich

conservation [ˌkɒn(t)sə'veɪʃən] *n no pl* (*protection*) Schutz *m;* **~ area** Naturschutzgebiet *nt*

conservative [kən'sɜːvətɪv] *adj* ❶ (*in dress, opinion*) konservativ ❷ BRIT POL **the Conservative Party** die Konservative Partei; **did you vote Conservative?** haben Sie die Konservativen gewählt?

Conservative [kən'sɜːvətɪv] *n a.* POL Konservative(r) *f(m)*

conservatory [kən'sɜːvətri] *n* Wintergarten *m*

conserve [kən'sɜːv] **I.** *tr verb* ❶ (*save*) sparen ❷ (*maintain*) erhalten **II.** *n* Eingemachtes *nt kein Pl*

consider [kən'sɪdəʳ] *tr verb* ❶ (*contemplate*) sich *Dat* überlegen; **to ~ doing sth** daran denken, etw zu tun ❷ (*look at*) betrachten; (*think of*) denken an *+Akk;* **all things ~ed** alles in allem ❸ (*regard as*) **to ~ sb/sth [to be] sth** jdn/etw für etw halten; **~ it done!** schon erledigt!; **to be ~ed [to be] sth** als etw gelten; **to ~ that ...** denken, dass ...

considerable [kən'sɪdərəbl̩] *adj* erheblich, beträchtlich

considerate [kən'sɪdərət] *adj* rücksichtsvoll

consideration [kənˌsɪdər'eɪʃən] *n* ❶ *no pl* (*thought*) Überlegung *f;* **after careful ~** nach reiflicher Überlegung; **to be under ~** geprüft werden ❷ *no pl* (*account*) **to take into ~** berücksichtigen ❸ (*factor*) Gesichtspunkt *m*

considered [kən'sɪdəd] *adj opinion* wohl überlegt

considering [kən'sɪdərɪŋ] **I.** *prep* **~ how/what ...** wenn man bedenkt, wie/was ... **II.** *conj* **~ that ...** dafür, dass ...

consign [kən'saɪn] *tr verb* (*form*) senden; *goods, articles* verschicken

consist [kən'sɪst] *intr verb* (*comprise*) **to ~ of sth** aus etw bestehen

consistency [kən'sɪstən(t)si] *n no pl* ❶ (*firmness*) Konsistenz *f* ❷ *no pl* (*constancy*) Beständigkeit *f* ❸ *no pl* (*in principles*) Konsequenz *f*

consistent [kən'sɪstənt] *adj* ❶ (*steady*) beständig; *improvement* ständig ❷ *effort* konsequent

consolation prize *n* Trostpreis *m*

console¹ [kən'səʊl] *tr verb* trösten

console² ['kɒnsəʊl] *n* (*control desk*) Schaltpult *nt*

consolidate [kən'sɒlɪdeɪt] *intr, tr verb* [sich] festigen

consonant ['kɒn(t)sənənt] *n* Konsonant *m*

consortium <*pl* -s *or* -tia> [kənˌsɔːtiəm, *pl* -tiə] *n* Konsortium *nt*

constable ['kʌn(t)stəbl̩] *n* BRIT Polizist(in) *m(f)*

constant ['kɒn(t)stənt] **I.** *n* MATH Konstante *f* **II.** *adj* (*continuous*) ständig; (*unchanging*) gleich bleibend; MATH konstant

constantly ['kɒn(t)stəntli] *adv* ständig

constitution [ˌkɒn(t)stɪ'tjuːʃən] *n* ❶ (*structure*) Zusammensetzung *f* ❷ POL Verfassung *f*

constitutional [ˌkɒn(t)stɪ'tjuːʃənəl] *adj* konstitutionell; **~ right** Grundrecht *nt*

constrain [kən'streɪn] *tr verb* einschränken

constrict [kən'strɪkt] **I.** *tr verb* verengen **II.** *intr verb* sich zusammenziehen

construct *tr verb* [kən'strʌkt] ❶ (*build*) bauen; *dam* errichten ❷ (*develop*) *theory* entwickeln

construction [kən'strʌkʃən] *n* ❶ *no pl* (*act of building*) Bau *m;* **~ site** Baustelle *f;* **under ~** im Bau ❷ (*how sth is built*) Bauweise *f* ❸ (*object*) Konstruktion *f*

constructive [kən'strʌktɪv] *adj* konstruktiv

consul ['kɒn(t)səl] *n* Konsul(in) *m(f)*

consulate ['kɒn(t)sjulət] *n* Konsulat *nt*

consult [kən'sʌlt] **I.** *intr verb* sich beraten **II.** *tr verb* ❶ (*ask*) **to ~ sb [about sth]** jdn [bezüglich einer S. *Gen*] um Rat fragen; *doctor, lawyer, specialist* konsultieren ❷ (*look at*) *dictionary* nachschlagen in *+Dat; diary, list* nachsehen in *+Dat; oracle* befragen

consultant [kən'sʌltənt] *n* ❶ (*adviser*) Berater(in) *m(f)* ❷ BRIT MED Facharzt *m*/ Fachärztin *f*

C

consulting [kən'sʌltɪŋ] *adj* beratend

consume [kən'sjuːm] *tr verb* ❶ (*eat, drink*) konsumieren ❷ (*obsess*) **to be ~d by envy/jealousy** vor Neid/Eifersucht [fast] vergehen

consumer [kən'sjuːmə^r] *n* Verbraucher(in) *m(f)*

consumption [kən'sʌm(p)ʃᵊn] *n no pl* ❶ (*using up*) Verbrauch *m;* (*using*) Konsum *m* ❷ (*eating, drinking*) Konsum *m*

contact ['kɒntækt] **I.** *n* ❶ *no pl* (*communication*) Kontakt *m,* Verbindung *f;* **I'll get in ~ with him** ich melde mich bei ihm; **to be in ~ [with sb]** [mit jdm] in Verbindung stehen ❷ (*person*) **business ~s** Geschäftskontakte *Pl;* **to have ~s** Beziehungen haben ❸ *no pl* (*touch*) Kontakt *m* **II.** *tr verb* **to ~ sb** sich mit jdm in Verbindung setzen; **you can ~ me on 123 456** Sie erreichen mich unter der Nummer 123 456

contact lens *n* Kontaktlinse *f*

contagious [kən'teɪdʒəs] *adj* ansteckend *a. fig*

contain [kən'teɪn] *tr verb* ❶ (*hold, include*) enthalten ❷ (*limit*) in Grenzen halten

container [kən'teɪnə^r] *n* ❶ Behälter *m* ❷ TRANSP Container *m*

contaminate [kən'tæmɪneɪt] *tr verb* verunreinigen

contamination [kənˌtæmɪ'neɪʃᵊn] *n no pl* Verunreinigung *f*

contemplate ['kɒntəmpleɪt] **I.** *intr verb* nachdenken **II.** *tr verb* ❶ (*gaze at*) betrachten ❷ (*consider*) in Erwägung ziehen; **to ~ doing sth** daran denken, etw zu tun

contemplation [ˌkɒntəm'pleɪʃᵊn] *n no pl* ❶ (*gazing*) Betrachtung *f* ❷ (*thought*) Nachdenken *nt* (**of** über)

contemporary [kən'tempᵊrᵊri] **I.** *n* Zeitgenosse *m*/Zeitgenossin *f* **II.** *adj* zeitgenössisch

contempt [kən'tem(p)t] *n no pl* ❶ (*scorn*) Verachtung *f;* **beneath ~** unter aller Kritik ❷ LAW **~ [of court]** Missachtung *f* [des Gerichts]

contend [kən'tend] **I.** *intr verb* ❶ (*compete*) kämpfen (**for** um) ❷ (*cope*) **to ~ with sth** mit einer S. fertig werden müssen **II.** *tr verb* **to ~ that ...** behaupten, dass ...

content[1] ['kɒntent] *n* ❶ (*what is inside*) **~s** Inhalt *m kein Pl* ❷ (*amount contained*) Gehalt (**of** an)

content[2] [kən'tent] **I.** *adj* zufrieden; **to be [not] ~ to do sth** etw [nicht] gerne tun **II.** *tr verb* **to ~ oneself with sth** sich mit einer S. zufriedengeben **III.** *n no pl* **to one's heart's ~** nach Herzenslust

contented [kən'tentɪd] *adj* zufrieden

contentious [kən'ten(t)ʃəs] *adj* umstritten

contentment [kən'tentmənt] *n no pl* Zufriedenheit *f;* **with ~** zufrieden

contest[1] ['kɒntest] *n* ❶ (*event*) Wettbewerb *m* ❷ *a.* POL Wettstreit *m* (**for** um) ▶ **no ~** ungleicher Kampf

contest[2] [kən'test] *tr verb* ❶ (*compete for*) kämpfen um *+Akk* ❷ POL kandidieren für *+Akk;* **to ~ a seat** um einen Wahlkreis kämpfen ❸ (*dispute*) bestreiten

contestant [kən'testᵊnt] *n* ❶ (*in a competition*) Wettbewerbsteilnehmer(in) *m(f)* ❷ POL Kandidat(in) *m(f)*

context ['kɒntekst] *n* Kontext *m,* Zusammenhang *m*

continent ['kɒntɪnənt] *n* ❶ (*land*) Kontinent *m,* Erdteil *m* ❷ *no pl* **the Continent** Kontinentaleuropa *nt;* **on the Continent** in Europa, auf dem Kontinent

continental [ˌkɒntɪ'nentᵊl] **I.** *adj* ❶ kontinental; **~ breakfast** kontinentales Frühstück ❷ (*European*) europäisch **II.** *n* Europäer(in) *m(f)*

contingency [kən'tɪndʒᵊn(t)si] *n* (*form*) Eventualität *f*

continual [kən'tɪnjuəl] *adj* ständig, andauernd

continually [kən'tɪnjuəli] *adv* ständig, [an]dauernd

continuation [kənˌtɪnju'eɪʃᵊn] *n no pl* Fortsetzung *f*

continue [kən'tɪnju] **I.** *intr verb* ❶ (*persist*) andauern; (*go on*) weitergehen; (*in an activity*) weitermachen; **to ~ doing/to do sth** weiter[hin] etw tun; **to ~ talking** weiterreden; **to ~ with sth** mit etw weitermachen ❷ (*remain*) bleiben; **to ~ in office** weiter[hin] im Amt bleiben; **to ~ as sth** weiter als etw tätig sein ❸ (*resume*) weitergehen; **to ~ on one's way** seinen Weg fortsetzen; **to ~ with sth** mit etw weitermachen **II.** *tr verb*

(1) (*keep up, carry on*) fortführen; *an action* weitermachen mit *+Dat* (2) (*resume*) fortsetzen; **to be ~d on the next page** auf der nächsten Seite weitergehen

continuous [kən'tɪnjuəs] *adj* (1) (*permanent*) ununterbrochen; (*steady*) stetig (2) LING **~ form** Verlaufsform *f*

contour line *n* GEOG Höhenlinie *f*

contraception [ˌkɒntrə'sepʃᵊn] *n no pl* [Empfängnis]verhütung *f*

contraceptive [ˌkɒntrə'septɪv] **I.** *n* Verhütungsmittel *nt* **II.** *adj* empfängnisverhütend; **~ pill** [Antibaby]pille *f*

contract¹ ['kɒntrækt] **I.** *n* Vertrag *m;* **to be under ~ [to sb]** [bei jdm] unter Vertrag stehen **II.** *tr verb* vertraglich vereinbaren

contract² [kən'trækt] **I.** *intr verb* (1) (*shrink*) sich zusammenziehen (2) LING **to ~ to sth** zu etw verkürzt werden **II.** *tr verb* (1) (*tense*) zusammenziehen (2) LING verkürzen

contraction [kən'trækʃᵊn] *n* (1) *no pl of a muscle* Kontraktion *f* (2) *of the uterus* Wehe *f;* **she began having ~s** bei ihr setzten die Wehen ein

contradict [ˌkɒntrə'dɪkt] *tr verb* widersprechen

contradiction [ˌkɒntrə'dɪkʃᵊn] *n* Widerspruch *m* (**of** gegen); **a ~ in terms** ein Widerspruch in sich

contradictory [ˌkɒntrə'dɪktᵊri] *adj* widersprüchlich; **to be ~ to sth** einer S. *Dat* widersprechen

contrary¹ ['kɒntrᵊri] **I.** *n no pl* **the ~** das Gegenteil; **on the ~** ganz im Gegenteil **II.** *adj* (*opposite*) entgegengesetzt; **~ to my advice** entgegen meinem Rat; **~ to [all] expectations** wider Erwarten

contrary² [kən'treəri] *adj* (*argumentative*) widerspenstig

contrast¹ *n* ['kɒntrɑːst] (*difference*) Gegensatz *m,* Kontrast *m* (**to/with** zu); **by ~** im Gegensatz

contrast² [kən'trɑːst] **I.** *tr verb* **to ~ sth with sth** etw einer S. *Dat* gegenüberstellen **II.** *intr verb* kontrastieren

contribute [kən'trɪbjuːt, BRIT *a.* 'kɒntrɪbjuːt] **I.** *tr verb money, food* beisteuern; *ideas* beitragen **II.** *intr verb* (1) (*give*) etwas beisteuern (**towards** zu) (2) (*pay in*) einen Beitrag leisten, zuzahlen

contribution [ˌkɒntrɪ'bjuːʃᵊn] *n* Beitrag *m;* (*to charity*) Spende *f*

contributor [kən'trɪbjuːtəʳ] *n* (1) (*donor*) Spender(in) *m(f)* (2) (*writer*) Mitarbeiter(in) *m(f)*

contributory [kən'trɪbjuːtᵊri] *adj* (*causing*) **to be a ~ factor to sth** ein Faktor sein, der zu etw beiträgt

control [kən'trəʊl] **I.** *n* (1) *no pl* Kontrolle *f; of a country* Gewalt *f; of a company* Leitung *f;* **to be in ~ of sth** etw unter Kontrolle haben; **out of ~** außer Kontrolle; **to get out of ~** außer Kontrolle geraten; **ball ~** SPORTS Ballführung *f;* **birth ~** Geburtenkontrolle *f;* **passport ~** Passkontrolle *f;* **price ~s** Preiskontrollen *Pl* (2) TECH Schalter *m,* Regler *m;* **~ desk** Schaltpult *nt;* **volume ~** Lautstärkeregler *m* (3) (*steering*) **to take over the ~s** die Steuerung übernehmen; **~ column** Steuerknüppel *m* (4) (*person*) Kontrollperson *f;* **~ [group]** Kontrollgruppe *f* (5) (*base*) **~ [room]** Zentrale *f;* **~ tower** AVIAT Kontrollturm *m* **II.** *tr verb* <-ll-> (1) (*direct*) kontrollieren; *car* steuern (2) (*limit*) regulieren (3) *emotions* beherrschen (4) TECH regulieren

control desk *n* Schaltpult *nt*

controlled [kən'trəʊld] *adj* kontrolliert; *voice* beherrscht

controller [kən'trəʊləʳ] *n* (1) (*director*) Leiter(in) *m(f)* (2) AVIAT **air-traffic ~** Fluglotse *m*/Fluglotsin *f*

control lever *n* Schalthebel *m;* AVIAT Steuerknüppel *m* **control light** *n* Kontrolllampe *f* **control panel** *n* Schalttafel *f;* (*desk*) Schaltpult *nt;* COMPUT Bedienungspult *nt* **control point** *n* Kontrollpunkt *m* **control tower** *n* Kontrollturm *m* **control unit** *n* COMPUT Steuereinheit *f*

controversial [ˌkɒntrə'vɜːʃᵊl] *adj* umstritten

controversy [kən'trɒvəsi, 'kɒntrəvɜːsi] *n* Kontroverse *f*

convenience [kən'viːniən(t)s] *n* (1) *no pl* (*comfort*) Annehmlichkeit *f;* **at your ~** wenn es Ihnen passt (2) (*device*) Annehmlichkeit *f;* **with all modern ~s** mit allem Komfort

convenient [kən'viːniənt] *adj* (1) (*useful*) zweckmäßig; (*suitable*) günstig; **it is [very] ~ that ...** es ist [sehr] praktisch,

C

dass ... ② *date, time* passend; **if it's ~ for you** wenn es Ihnen passt ③ (*beneficial*) **to be ~ for sb** jdm gelegen kommen

C

convent ['kɒnvənt] *n* [Nonnen]kloster *nt*

convention [kən'ven(t)ʃᵊn] *n* ① (*custom*) Brauch *m;* (*social code*) Konvention *f;* **~ dictates that ...** es ist Brauch, dass ... ② (*agreement*) Abkommen *nt; of human rights* Konvention *f* ③ (*conference*) Konferenz *f;* **~ centre** Tagungszentrum *nt*

conventional [kən'ven(t)ʃᵊnᵊl] *adj* konventionell; **~ medicine** Schulmedizin *f*

converge [kən'vɜːdʒ] *intr verb* ① *lines* zusammenlaufen ② *people* **to ~ on a city** scharenweise in eine Stadt kommen

conversation [ˌkɒnvə'seɪʃᵊn] *n* Gespräch *nt,* Unterhaltung *f;* **telephone ~** Telefongespräch *nt;* **to get into ~ with sb** mit jdm ins Gespräch kommen; **to make ~** Konversation machen

converse¹ [kən'vɜːs] *intr verb* (*form*) sich unterhalten

converse² ['kɒnvɜːs] (*form*) **I.** *n* **the ~** das Gegenteil **II.** *adj* gegenteilig

conversion [kən'vɜːʃᵊn] *n* ① *no pl* (*change of form or function*) Umwandlung *f* (**into** in) ② REL Konversion *f* ③ (*changing beliefs or opinions*) Wandel *m*

convert¹ ['kɒnvɜːt] *n* REL Bekehrte(r) *f(m),* Konvertit(in) *m(f);* **to become a ~ to Islam** zum Islam übertreten

convert² [kən'vɜːt] **I.** *intr verb* ① REL übertreten ② (*change in function*) sich verwandeln lassen **II.** *tr verb* ① REL (*a. fig*) bekehren ② (*change in form or function*) **to ~ sth [into]** etw umwandeln [in +*Akk*]; ARCHIT etw umbauen [zu] ③ (*calculate*) umrechnen

convertible [kən'vɜːtɪbl̩] **I.** *n* Cabrio *nt,* Kabriolett *nt,* Kabriole *nt* ÖSTERR **II.** *adj* FIN konvertierbar

convex ['kɒnveks] *adj* konvex; **~ lens** Konvexlinse *f*

convey [kən'veɪ] *tr verb* ① (*transport*) befördern ② (*transmit*) überbringen

convict¹ *n* ['kɒnvɪkt] Strafgefangene(r) *f(m)*

convict² [kən'vɪkt] **I.** *intr verb* auf schuldig erkennen **II.** *tr verb* verurteilen

conviction [kən'vɪkʃᵊn] *n* ① (*judgement*) Verurteilung *f* (**for** wegen); **previous ~s** Vorstrafen *Pl* ② (*belief*) Überzeugung *f;* **sb/sth carries ~** jd/etw ist überzeugend; **he's a socialist by ~** er ist ein überzeugter Sozialist

convince [kən'vɪn(t)s] *tr verb* überzeugen (**of** von)

convincing [kən'vɪn(t)sɪŋ] *adj* überzeugend

cook [kʊk] **I.** *n* Koch *m*/Köchin *f* ▶ **too many ~s spoil the broth** (*prov*) viele Köche verderben den Brei **II.** *intr verb* ① (*make meals*) kochen ② (*in water*) kochen; *fish, meat* garen ③ AM (*fam: do well*) so richtig gut einschlagen; **now we're ~in'!** jetzt kann es losgehen! ▶ **what's ~ing?** (*sl*) was ist los? **III.** *tr verb* ① (*make*) kochen ② (*heat*) kochen

cookbook *n* Kochbuch *nt*

cooked-to-order *adj* nach Wunsch gekocht

cooker ['kʊkəʳ] *n* BRIT (*stove*) Herd *m*

cookery ['kʊkᵊri] **I.** *n no pl* (*cooking*) Kochen *nt* **II.** *adj* Koch-

cookery book *n* BRIT, AUS Kochbuch *nt*

cookie ['kʊki] *n esp* AM (*biscuit*) Keks *m* ▶ **tough ~s!** AM Pech gehabt!

cookie sandwich *n* AM *Sandwich aus Keksen mit süßem Belag, meist Eis*

cooking ['kʊkɪŋ] **I.** *n no pl* (*act*) Kochen *nt;* **to do the ~** kochen **II.** *adj* Koch-; **~ foil** BRIT Alufolie *f*

cool [kuːl] **I.** *adj* ① (*cold*) kühl ② (*clothing*) luftig ③ (*calm*) cool; **~, calm and collected** kühl, ruhig und besonnen ④ (*unfriendly, unfeeling*) kühl ⑤ (*trendy, great*) geil *sl* **II.** *interj* (*fam*) cool *sl,* geil *sl* **III.** *n no pl* ① (*cold*) Kühle *f;* **to stay in the ~** im Kühlen bleiben ② (*calm*) Ruhe *f* **IV.** *intr verb* (*lose heat*) abkühlen (**to** auf) **V.** *tr verb* ① (*make cold*) kühlen ② (*sl: calm down*) **[just] ~ it!** reg dich ab!

coolheaded *adj* besonnen

cooling ['kuːlɪŋ] *adj* [ab]kühlend

coolness ['kuːlnəs] *n no pl* ① (*low temperature*) Kühle *f* ② (*unfriendliness*) Kühle *f* ③ (*relaxed manner*) coole Art *sl*

coop [kuːp] **I.** *n* Hühnerstall *m* **II.** *tr verb* **to ~ up** einsperren

cooperate [kəʊ'ɒpᵊreɪt] *intr verb* ① (*help*) kooperieren ② (*act jointly*) zusammenarbeiten

cooperation [ˌkəʊɒpə'reɪʃᵊn] *n no pl*

❶ (*assistance*) Kooperation *f* ❷ (*joint work*) Zusammenarbeit *f*

cooperative [kəʊ'ɒpᵊrətɪv] **I.** *n* Genossenschaft *f,* Kooperative *f* **II.** *adj* ❶ *attr* ECON genossenschaftlich, kooperativ ❷ (*willing*) hilfsbereit, kooperativ

coordinate[1] [kəʊ'ɔːdɪnət] *n usu pl* MATH Koordinate *f*

coordinate[2] [kəʊ'ɔːdɪneɪt] **I.** *intr verb* ❶ (*act jointly*) zusammenarbeiten ❷ (*match*) zusammenpassen **II.** *tr verb* koordinieren *geh; operations, schedules* aufeinander abstimmen

coordination [kəʊˌɔːdɪn'eɪʃᵊn] *n* ❶ (*coordinating*) Koordination *f geh; of operations, schedules a.* Abstimmung *f* ❷ (*cooperation*) Zusammenarbeit *f* ❸ (*dexterity*) Sinn *m* für Koordination

cop [kɒp] **I.** *n* (*fam: police officer*) Bulle *m;* **to play ~s and robbers** Räuber und Gendarm spielen ▸ **to not be much** ~ BRIT (*sl*) nicht besonders gut sein **II.** *tr verb* <-pp-> BRIT, AUS **to ~ it** (*sl: be in trouble*) dran sein *fam*

co-parenting, **coparenting** *n* [ˌkəʊ'peərᵊntɪŋ] ❶ (*right*) gemeinsames Sorgerecht ❷ (*exercise of this right*) Ausübung *f* des gemeinsamen Sorgerechtes

cope [kəʊp] *intr verb* zurechtkommen; **to ~ with a problem** mit einem Problem zurande kommen

copier ['kɒpiəʳ] *n* (*machine*) Kopiergerät *nt,* Kopierer *m fam*

co-pilot [ˌkəʊ'paɪlət] *n* Kopilot(in) *m(f)*

copper ['kɒpəʳ] *n* ❶ (*metal*) Kupfer *nt* ❷ BRIT (*sl: coins*) **the ~s** das Kleingeld

cop show *n* Polizeiserie *f*

copulate ['kɒpjəleɪt] *intr verb* kopulieren

copulation [ˌkɒpjə'leɪʃᵊn] *n no pl* Kopulation *f*

copy ['kɒpi] **I.** *n* ❶ (*duplicate*) Kopie *f;* **a true ~** eine originalgetreue Kopie ❷ (*issue*) Exemplar *nt* ❸ COMPUT **hard ~** [Computer]ausdruck *m* ❹ *no pl* PUBL Manuskript *nt;* **clean ~** Reinschrift *f* **II.** *tr verb* <-ie-> ❶ (*duplicate*) kopieren; **to ~ sth from sb** etw von jdm abschreiben; **to ~ sth from a book** etw aus einem Buch abschreiben ❷ (*imitate*) *person* nachahmen, nachmachen
◆ **copy down** *tr verb text* abschreiben, *spoken words* niederschreiben

copycat I. *n* (*pej fam*) Nachmacher(in) *m(f)* **II.** *adj* ~ **crime** Nachahmungstat *f*

copying machine *n* Kopiergerät *nt*

copying paper *n* Kopierpapier *nt*

copy reader *n* ❶ (*in a press company*) Redakteur(in) *m(f)* ❷ (*in a publishing house*) Lektor(in) *m(f)*

C

copyright ['kɒpiraɪt] **I.** *n* Copyright *nt,* Urheberrecht *nt* **II.** *tr verb* urheberrechtlich schützen

coral ['kɒrəl] *n no pl* Koralle *f;* ~ **reef** Korallenriff *nt*

cord [kɔːd] **I.** *n* ❶ (*for a parcel*) Schnur *f* ❷ ANAT (*umbilical cord*) Nabelschnur *f* ❸ (*trousers*) **the ~s** die Cordhose ❹ (*flex*) Kabel *nt* **II.** *adj* Cord-

cordless ['kɔːdləs] *adj* schnurlos

cordon ['kɔːdᵊn] **I.** *n* Kordon *m* **II.** *tr verb* **to ~ off** ⇄ **sth** etw absperren

corduroy ['kɔːdjərɔɪ] *n* ❶ (*material*) Cordsamt *m;* ~ **jacket** Cordjacke *f* ❷ (*trousers*) **the ~s** die Cordhose

core [kɔːʳ] **I.** *n* ❶ *of an apple* Kerngehäuse *nt* ❷ (*fig*) Kern *m* ❸ GEOL ~ [**sample**] Bohrkern *m* ❹ ELEC *of a cable* Seele *f* ▸ **rotten to the ~** *fruit* völlig verfault; *system, society* völlig verrottet, bis ins Mark verdorben; **shocked to the ~** bis ins Mark erschüttert **II.** *adj* zentral **III.** *tr verb* entkernen

core subject *n* SCHOOL Hauptfach *nt*

core time *n* Kernzeit *f*

cork [kɔːk] **I.** *n* ❶ (*material*) Kork *m* ❷ (*stopper*) Korken *m* **II.** *tr verb* zukorken

corkscrew *n* Korkenzieher *m*

corn[1] [kɔːn] *n* ❶ BRIT (*cereal in general*) Getreide *nt;* **field of ~** Kornfeld *nt* ❷ AM, AUS (*maize*) Mais *m;* ~ **on the cob** Maiskolben *m*

corn[2] [kɔːn] *n* MED Hühnerauge *nt*

corn bread *n no pl* AM Maisbrot *nt*

corncob *n* Maiskolben *m*

corner ['kɔːnəʳ] **I.** *n* ❶ Ecke *f;* **she hit her leg on the ~ of the table** sie ist mit dem Bein gegen die Tischkante gestoßen ❷ *of a street* Ecke *f;* (*curve, bend*) Kurve *f;* **on the ~** an der Ecke; **to turn the ~** um die Ecke biegen; **to cut a ~** eine Kurve schneiden ❸ ANAT ~ **of one's mouth** Mundwinkel *m* ❹ SPORTS Eckball *m* ▸ **at every ~** überall; **to be in a tight ~** in der Klemme stecken; **to cut ~s** (*financially*) Kosten sparen; (*in a *procedure*) das Verfahren abkürzen; **I've turned the ~ now** ich bin jetzt über den Berg *fam* **II.** *adj* Eck- **III.** *tr verb* ❶ (*trap*) in die Enge treiben ❷ COMM monopolisieren; *market* beherrschen

C

cornered *adj attr* in die Enge getrieben

corner house *n* Eckhaus *nt* **corner kick** *n* SPORTS Eckball *m* **corner seat** *n* Eckplatz *m*

cornfield *n* ❶ BRIT Getreidefeld *nt* ❷ AM Maisfeld *nt* **cornflakes** *npl* Cornflakes *Pl* **cornflour** *n no pl* BRIT, AUS (*cornstarch*) Maisstärke *f* **cornflower** *n* Kornblume *f*

Cornish ['kɔːnɪʃ] **I.** *adj* aus Cornwall **II.** *n pl* **the ~** die Bewohner von Cornwall

Cornish cream *n no pl* BRIT *sehr fetter Rahm* **Cornish hen** *n kleines Brathuhn* **Cornish pasty** *n* BRIT *mit einer Mischung aus Fleisch, Kartoffeln und Zwiebeln gefüllte Blätterteigtasche* **Cornishware** ['kɔːnɪʃweəʳ] *n no pl traditionelles Steingutgeschirr mit breiten blau-weißen Streifen, das für den täglichen Gebrauch geeignet ist*

Cornwall ['kɔːnwɔːl] *n* Cornwall *nt*

corny ['kɔːni] *adj* (*fam: sentimental*) kitschig

coronary ['kɒrənᵊri] MED **I.** *n* Herzinfarkt *m* **II.** *adj* koronar

coronation [ˌkɒrə'neɪʃᵊn] *n* Krönung *f;* (*ceremony*) Krönungszeremonie *f*

Die Serie **Coronation Street** ist der Dauerbrenner im britischen Fernsehen. Sie läuft bereits seit 1960, wurde zeitweise mehrmals wöchentlich ausgestrahlt und gilt als Vorlage für die *Lindenstraße* in der ARD, die ebenfalls seit Jahrzehnten treue Zuschauer hat. In der fiktiven Stadt *Weatherfield* gelegen, ist die **Coronation Street** der Schauplatz vieler mitunter haarsträubender Ereignisse.

coroner ['kɒrənəʳ] *n* Coroner *m* (*Beamter, der unter verdächtigen Umständen eingetretene Todesfälle untersucht*)

corporal ['kɔːpᵊrᵊl] *n* Unteroffizier *m*

corporate ['kɔːpᵊrət] *adj* ❶ (*shared*) gemeinsam ❷ (*of a corporation*) körperschaftlich; **~ body** Körperschaft *f* ❸ (*of a company*) Firmen-, Unternehmens-; **~ policy** Firmenpolitik *f*

corporation [ˌkɔːpᵊr'eɪʃᵊn] *n* ❶ BRIT öffentlich-rechtliche Körperschaft; **public ~** wirtschaftliche Unternehmung der öffentlichen Hand ❷ AM [Kapital]gesellschaft *f*

corpse [kɔːps] *n* Leiche *f*

corpulence ['kɔːpjʊlən(t)s] *n no pl* Korpulenz *f*

correct [kə'rekt] **I.** *tr verb* korrigieren **II.** *adj* (*accurate, proper*) korrekt; **that is ~** das stimmt

correction [kə'rekʃᵊn] *n* ❶ (*change*) Korrektur *f;* **subject to ~** ohne Gewähr ❷ *no pl* (*improvement*) Verbesserung *f*

correction fluid *n no pl* Korrekturflüssigkeit *f*

correctly [kə'rektli] *adv* korrekt, richtig

correspond [ˌkɒrɪ'spɒnd] *intr verb* ❶ (*be equivalent of*) entsprechen (**to** +*Dat*) ❷ (*write*) korrespondieren

correspondence [ˌkɒrɪ'spɒndən(t)s] *n no pl* (*letter-writing*) Korrespondenz *f;* **to be in ~ with sb** mit jdm in Briefwechsel stehen

correspondent [ˌkɒrɪ'spɒndənt] *n* ❶ (*of letters*) Briefeschreiber(in) *m(f)* ❷ (*journalist*) Berichterstatter(in) *m(f)*

corresponding [ˌkɒrɪ'spɒndɪŋ] *adj* (*same*) entsprechend

corridor ['kɒrɪdɔːʳ] *n* Flur *m,* Gang *m;* AVIAT, GEOG *a.* Korridor *m*

corrosion [kə'rəʊʒᵊn] *n no pl* Korrosion *f*

corrosive [kə'rəʊsɪv] **I.** *adj* korrosiv; *acid* ätzend **II.** *n* korrodierender Stoff

corrugated ['kɒrəgeɪtɪd] *adj iron, cardboard* gewellt

corrupt [kə'rʌpt] **I.** *adj* (*dishonest*) korrupt; **with ~ morals** verdorbener Charakter **II.** *tr verb* ❶ (*debase ethically*) korrumpieren ❷ (*change*) entstellen ❸ COMPUT **~ed file** fehlerhafte Datei

corruption [kə'rʌpʃᵊn] *n* ❶ *no pl* (*action*) *of moral standards* Korruption *f* ❷ *no pl* (*dishonesty*) Unehrenhaftigkeit *f*

cortisone ['kɔːtɪzəʊn] *n no pl* Kortison *nt*

cos[1] [kɒz] *n* MATH *abbrev of* **cosine** cos *m*

cos[2] [kəz, kɒz] *conj* Brit (*fam*) *abbrev of* **because**

cos[3] [kɒs, kɒz] *n* Brit, Aus Romagnasalat *m*

cosine ['kəʊsaɪn] *n* math Kosinus *m*

cosiness ['kəʊzɪnəs] *n no pl* Gemütlichkeit *f*

cos lettuce *n no pl esp* Brit, Aus Romagnasalat *m*

cosmetic [kɒz'metɪk] **I.** *n* Kosmetik *f;* **~s** Kosmetika *Pl* **II.** *adj* kosmetisch *a. fig*

cost [kɒst] **I.** *tr verb* ❶ <cost, cost> kosten; **drinking and driving ~s lives** Trunkenheit am Steuer fordert Menschenleben ❷ <-ed, -ed> fin **to ~ [out]** [durch]kalkulieren **II.** *n* ❶ (*price*) Preis *m,* Kosten *Pl* (**of** für); **at no ~ to** ohne Kosten für *+Akk;* **at huge ~** für Unsummen; **at ~** zum Selbstkostenpreis ❷ (*fig*) Aufwand *m kein Pl;* **at all ~[s]** um jeden Preis; **at great personal ~** unter großen persönlichen Opfern

co-star [,kəʊ'stɑ:r] **I.** *n* einer der Hauptdarsteller; **to be sb's ~** neben jdm die Hauptrolle spielen **II.** *tr, intr verb* <-rr-> **to ~ [with] sb** neben jdm die Hauptrolle spielen

costly ['kɒstli] *adj* kostspielig

cost of living *n no pl* Lebenshaltungskosten *Pl*

costume ['kɒstju:m] *n* ❶ (*national dress*) Tracht *f;* **historical ~** historisches Kostüm; **national ~** Landestracht *f* ❷ (*decorative dress*) Kostüm *nt;* **to wear a witch['s] ~** als Hexe verkleidet sein

cosy ['kəʊzi] **I.** *adj* gemütlich, behaglich; (*nice and warm*) mollig warm; *atmosphere* heimelig; *relationship* traut **II.** *n* **tea/egg ~** Tee-/Eierwärmer *m*

cot[1] [kɒt] *n* math *abbrev of* **cotangent** cot *m*

cot[2] [kɒt] *n* ❶ Brit (*baby's bed*) Kinderbett *nt* ❷ Am (*camp bed*) Feldbett *nt*

cotangent [,kəʊ'tændʒənt] *n* math Kotangens *m*

cottage ['kɒtɪdʒ] *n* Cottage *nt,* [kleines] Landhaus *nt;* **thatched ~** stroh- oder reetgedecktes [kleines] Landhaus

cottage cheese *n no pl* Hüttenkäse *m*

cotton ['kɒtən] **I.** *n* (*material, plant*) Baumwolle *f* **II.** *adj* Baumwoll- **III.** *intr verb* (*fam. understand*) **to ~ on [to sth]** [etw] kapieren

cotton bud *n* Brit Wattestäbchen *nt* **cotton swab** *n* ❶ Brit Tupfer *m* ❷ Am (*cotton bud*) Wattestäbchen *nt* **cotton wool** *n no pl* Brit Watte *f* ► **to wrap sb in ~** Brit jdn in Watte packen

couch [kaʊtʃ] **I.** *n* <*pl* -es> Couch *f* **II.** *tr verb* formulieren

couchette [ku:'ʃet] *n* Brit rail Liege *f* (*in einem Schlafwagen*)

couch potato *n* (*fam*) Fernsehglotzer(in) *m(f)*

cougar ['ku:gər] *n esp* Am Puma *m*

cough [kɒf] **I.** *n* Husten *m;* **to give a ~** (*as warning*) hüsteln **II.** *intr, tr verb* husten ◆ **cough up** *tr verb* husten

cough medicine *n no pl,* **cough mixture** *n* Brit Hustensaft *m*

cough sweet *n* Hustenbonbon *nt*

could [kʊd, kəd] *pt, subjunctive of* **can**

couldn't ['kʊdənt] = **could not** *see* **can**

council ['kaʊn(t)səl] *n + sing/pl verb* Rat *m;* **local/town ~** Gemeinde-/Stadtrat *m*

council estate *n* Brit Siedlung *f* mit Sozialwohnungen **council flat** *n* Brit, **council house** *n* Brit Sozialwohnung *f* **Council of Europe** *n* Europarat *m* **Council of Ministers** *n* Ministerrat *m*

counsel ['kaʊn(t)səl] **I.** *tr verb* <Brit -ll- *or* Am *usu* -l-> empfehlen; **to ~ sb against sth** jdm von etw abraten **II.** *n* ❶ *no pl* (*form: advice*) Rat *m,* Ratschlag *m* ❷ (*lawyer*) Anwalt *m*/Anwältin *f*

counseling Am *see* **counselling**

counselling ['kaʊn(t)səlɪŋ] **I.** *n no pl* psychologische Betreuung; **to be in ~** in Therapie sein **II.** *adj* Beratungs-

counsellor ['kaʊn(t)sələr], Am **counselor** *n* ❶ (*advisor*) Berater(in) *m(f)* ❷ Am (*lawyer*) Anwalt *m*/Anwältin *f*

count[1] [kaʊnt] *n* Graf *m*

count[2] [kaʊnt] **I.** *n* ❶ (*totalling up*) Zählung *f;* **on the ~ of three** bei drei ❷ (*measured amount*) [An]zahl *f,* Ergebnis *nt;* **final ~** Endstand *m* ❸ (*point*) Punkt *m;* law Anklagepunkt *m;* **on all ~s** in allen [Anklage]punkten **II.** *tr verb* ❶ (*number*) zählen; **~ [off]** abzählen ❷ (*consider*) **to ~ oneself lucky** sich glücklich schätzen; **to ~ sth against sb** jdm etw verübeln ► **to ~ the cost [of sth]** [etw] bereuen **III.** *intr verb* zählen; **to ~ against sb** gegen jdn sprechen; **that's what ~s** darauf kommt es an

C

◆**count out I.** *intr verb* ❶ BRIT (*number off aloud*) abzählen ❷ BOXING auszählen **II.** *tr verb* (*fam*) ~ **me out!** ohne mich!
countable ['kaʊntəbl̩] *adj* LING zählbar; ~ **noun** zählbares Substantiv
countdown ['kaʊntdaʊn] *n* Countdown *m* (**to** +*Gen*)
counter ['kaʊntəʳ] **I.** *n* ❶ (*service point*) Theke *f;* [**kitchen**] ~ AM [Küchen]arbeitsplatte *f;* **over the** ~ rezeptfrei ❷ (*person*) Zähler(in) *m(f)* **II.** *tr verb arguments* widersprechen **III.** *intr verb* kontern **IV.** *adv* entgegen; **to run** ~ **to sth** einer S. *Dat* zuwiderlaufen
counterattack I. *n* Gegenangriff *m* **II.** *tr verb* im Gegenzug angreifen **counterblast** *n* (*liter*) Gegenschlag *m* (**to** gegen) **counterclaim** ['kaʊntəkleɪm] LAW **I.** *n* ❶ (*against plaintiff*) Widerklage *f* ❷ (*for damages*) Gegenanspruch *m* **II.** *intr verb* eine Gegenforderung erheben; **to** ~ **that ...** dagegenhalten, dass ... **counterclockwise** *adj* AM (*anticlockwise*) gegen den Uhrzeigersinn
counterfeit ['kaʊntəfɪt] **I.** *adj* gefälscht; ~ **money** Falschgeld *nt* **II.** *tr verb* fälschen **III.** *n* Fälschung *f*
counterfoil *n* BRIT FIN [Kontroll]abschnitt *m*
counter-intelligence *n* Spionageabwehr *f* **countermeasure** *n* Gegenmaßnahme *f* **counteroffensive** *n* Gegenoffensive *f* **counterpane** *n* Tagesdecke *f* **counterpart** *n* Gegenstück *nt,* Pendant *nt* **counterproductive** *adj* kontraproduktiv **counterweight** *n* Gegengewicht *nt*
countess <*pl* -es> ['kaʊntɪs] *n* Gräfin *f*
countless ['kaʊntləs] *adj* zahllos
country ['kʌntri] **I.** *n* ❶ (*nation*) Land *nt;* ~ **of destination** Bestimmungsland *nt;* ~ **of origin** Herkunftsland *nt;* **native** ~ Heimat *f* ❷ *no pl* (*population*) **the** ~ das Volk; **the whole** ~ das ganze Land ❸ *no pl* (*rural areas*) **the** ~ das Land; **town and** ~ Stadt und Land; **in the** ~ auf dem Land ❹ *no pl* (*land*) Gebiet *nt;* **open** ~ freies Land; **rough** ~ urwüchsige Landschaft **II.** *adj cottage, lane* Land-; ~ **life** Landleben *nt*
countryside *n no pl* Land *nt;* (*scenery*) Landschaft *f*
county ['kaʊnti] *n* ❶ BRIT Grafschaft *f;* **County Antrim** die Grafschaft Antrim ❷ AM [Verwaltungs]bezirk *m*
county council *n* + *sing/pl verb* BRIT Grafschaftsrat *m* **county court** *n* + *sing/pl verb* ≈ Amtsgericht *nt*
county town *n* BRIT Hauptstadt *f* einer Grafschaft
coup d'état <*pl* coups d'état> [ˌkuːdeɪ'tɑː] *n* Staatsstreich *m*
coupé ['kuːpeɪ] *n* Coupé *nt*
couple ['kʌpl̩] **I.** *n* ❶ *no pl* (*a few*) **a** ~ **of ...** ein paar ...; **every** ~ **of days** alle paar Tage; **in a** ~ **more minutes** in wenigen Minuten; **the first** ~ **of weeks** die ersten Wochen; **another** ~ **of ...** noch ein paar ... ❷ + *sing/pl verb* (*two people*) Paar *nt;* **courting** [*or* AM **dating**] ~ Liebespaar *nt* **II.** *tr verb* ❶ RAIL kuppeln (**to** an) ❷ *usu passive* (*put together*) **to be** ~**d with sth** mit etw verbunden sein
couplet ['kʌplət] *n* Verspaar *nt;* **rhyming** ~ Reimpaar *nt*
coupon ['kuːpɒn] *n* ❶ (*voucher*) Coupon *m,* Gutschein *m* ❷ BRIT **football/pools** ~ Totoschein *m*
courage ['kʌrɪdʒ] *n no pl* Mut *m* ▸ **to get some <u>Dutch</u>** ~ sich *Dat* Mut antrinken
courageous [kə'reɪdʒəs] *adj* mutig
courgette [kɔː'ʒet] *n esp* BRIT Zucchino *m*
courier ['kʊriəʳ] *n* ❶ (*delivery person*) Kurier(in) *m(f)* ❷ (*tour guide*) Reiseführer(in) *m(f)*
course [kɔːs] **I.** *n* ❶ (*of aircraft, ship*) Kurs *m;* **off** ~ nicht auf Kurs; (*fig*) aus der Bahn geraten; **on** ~ auf Kurs; (*fig*) auf dem [richtigen] Weg ❷ (*of road*) Verlauf *m;* (*of river, history, justice*) Lauf *m* ❸ (*way of acting*) ~ [**of action**] Vorgehen *nt;* **the best/wisest** ~ das Beste/Vernünftigste ❹ **in the** ~ **of sth** (*during*) im Verlauf einer S. *Gen;* **in the** ~ **of time** im Lauf[e] der Zeit ❺ (*certainly*) **of** ~ natürlich ❻ (*series of classes*) Kurs *m;* **to go on a** ~ BRIT einen Kurs besuchen; **to go away on a training** ~ einen Lehrgang machen ❼ MED ~ [**of treatment**] Behandlung *f;* ~ **of iron tablets** Eisenkur *f;* **to put sb on a** ~ **of sth** jdn mit etw behandeln ❽ SPORTS Bahn *f,* Strecke *f;* [**golf**] ~ Golfplatz *m* ❾ (*part of meal*) Gang *m* ▸ **in <u>due</u>** ~ zu

gegebener Zeit; **to stay the ~** [bis zum Ende] durchhalten; **to take its ~** seinen Weg gehen **II.** *intr verb* (*flow*) strömen

court [kɔːt] **I.** *n* ❶ (*judicial body*) Gericht *nt;* **in a ~ of law** vor Gericht; **by order of the ~** durch Gerichtsbeschluss; **to go to ~** vor Gericht gehen ❷ (*room*) Gerichtssaal *m;* **to appear in ~** vor Gericht erscheinen ❸ (*playing area*) [Spiel]platz *m;* **badminton/squash ~** Badminton-/Squashcourt *m;* **grass ~** Rasenplatz *m* ❹ (*of king, queen*) Hof *m;* **at ~** bei Hof ❺ (*yard*) Hof *m;* **in the ~** auf dem Hof **II.** *tr verb* ❶ (*dated: woo*) umwerben ❷ (*ingratiate oneself*) hofieren **III.** *intr verb* ein Liebespaar sein

courtesy [ˈkɜːtəsi] *n no pl* (*politeness*) Höflichkeit *f;* **to have the [common] ~ to do sth** so höflich sein, etw zu tun ▶ **[by] ~ of sb/sth** (*thanks to*) dank jdm/etw

courtesy bus *n* BRIT kostenfreier Bus

court hearing *n* [Gerichts]verhandlung *f*

courthouse *n* AM Gerichtsgebäude *nt* **courtroom** *n* Gerichtssaal *m* **courtyard** *n* Hof *m;* (*walled-in*) Innenhof *m;* **in the ~** auf dem Hof

cousin [ˈkʌzᵊn] *n* Vetter *m,* Cousin *m,* Cousine *f*

cover [ˈkʌvəʳ] **I.** *n* ❶ (*covering*) Abdeckung *f;* (*of flexible plastic*) Plane *f;* (*for bed*) [Bett]decke *f;* **quilt ~** Bettdeckenbezug *m* ❷ (*sheets*) **~s** Bettzeug *nt* ❸ (*of a book*) Einband *m; of a magazine* Titelseite *f,* Cover *nt* ❹ (*envelope*) **under plain ~** in neutralem Umschlag; **under separate ~** mit getrennter Post ❺ *no pl* (*shelter*) Schutz *m;* **under ~** überdacht; **under ~ of darkness** im Schutz der Dunkelheit ❻ *no pl* (*for animals to hide*) Dickicht *nt* ❼ (*concealing true identity*) Tarnung *f;* **under ~** getarnt; **to blow sb's ~** jdn enttarnen ❽ *no pl* MIL Deckung *f* ❾ *no pl* (*substitute*) Vertretung *f;* **to provide ~ for sb** jdn vertreten **II.** *tr verb* ❶ (*put over*) bedecken; **to be ~ed [in sth]** [mit etw] bedeckt sein; **~ed in ink/mud** voller Tinte/Schlamm; **~ed with blood** voll Blut ❷ (*to protect*) abdecken; **they ~ed him with a blanket** sie deckten ihn mit einer Decke zu ❸ (*to hide*) verdecken ❹ (*travel*) fahren; **to ~ a lot of ground** eine große Strecke zurücklegen ❺ (*be enough for*) decken; **will that ~ it?** wird das reichen? ❻ (*insure*) versichern (**against/for** gegen) ❼ (*protect*) **to ~ oneself** sich absichern ❽ MIL **I've got you ~ed!** meine Waffe ist auf Sie gerichtet!; **~ me!** gib mir Deckung! ▶ **to ~ one's back** sich absichern; **to ~ one's tracks** seine Spuren verwischen

◆ **cover for** *intr verb* **to ~ for sb** ❶ (*do sb's job*) jds Arbeit übernehmen ❷ (*make excuses*) jdn decken ◆ **cover up I.** *tr verb* ❶ (*protect*) **to ~ [oneself] up** sich bedecken ❷ (*hide*) verdecken **II.** *intr verb* alles vertuschen; **to ~ up for sb** jdn decken

coverage [ˈkʌvᵊrɪdʒ] *n no pl* ❶ (*reporting*) Berichterstattung *f* (**of** über); **a lot of media ~** ein großes Medienecho ❷ (*dealing with*) Behandlung *f*

cover charge *n* (*in a restaurant*) Kosten *Pl* für das Gedeck

covered [ˈkʌvəd] *adj* ❶ (*roofed over*) überdacht; **~ wagon** Planwagen *m* ❷ (*insured*) versichert

covering [ˈkʌvᵊrɪŋ] *n* Bedeckung *f;* **floor ~** Bodenbelag *m*

covering letter *n* BRIT Begleitbrief *m*

cover note *n* ❶ BRIT (*insurance*) vorläufige Deckungskarte ❷ AM, AUS (*letter*) Begleitschreiben *nt*

cover-up *n* Vertuschung *f*

covetous [ˈkʌvɪtəs] *adj* begehrlich

cow [kaʊ] *n* Kuh *f a. pej;* **herd of ~s** Kuhherde *f* ▶ **until/till the ~s come home** bis in alle Ewigkeit

coward [ˈkaʊəd] *n* Feigling *m;* **moral ~** Duckmäuser *m*

cowboy *n* Cowboy *m*

cowgirl *n* Cowgirl *nt*

cowpat *n* BRIT Kuhfladen *m*

cowshed *n* Kuhstall *m*

cozy *adj* AM *see* **cosy**

CPU [ˌsiːpiːˈjuː] *n abbrev of* **central processing unit** COMPUT CPU *f*

crab [kræb] *n* Krebs *m*

crack [kræk] **I.** *n* ❶ (*fissure*) Riss *m* ❷ (*narrow space*) Ritze *f;* **to open sth [just] a ~** etw [nur] einen Spalt öffnen ❸ (*sharp noise*) *of a breaking branch* Knacken *nt; of a rifle* Knall *m; of thunder* Donnerkrachen *nt* ❹ (*sharp blow*) Schlag *m;* **to give sb a ~ over**

the head jdm eins überziehen ⑤ (*joke*) **a cheap ~** ein schlechter Witz ⑥ (*fam: attempt*) Versuch *m;* **to have a ~ at sth** etw [aus]probieren ▸ **at the ~ of dawn** im Morgengrauen; **to get/have a fair ~ of the whip** Brit eine [echte] Chance bekommen/haben **II.** *tr verb* ① (*break*) **to ~ sth** einen Sprung in etw *Akk* machen ② (*open*) **to ~ sth** [**open**] etw aufbrechen; *bottle* aufmachen ③ (*solve*) knacken; **I've ~ed it!** ich hab's! ④ (*hit*) **to ~ one's head on sth** sich *Dat* den Kopf an etw *Dat* anschlagen ⑤ (*make noise*) **to ~ one's knuckles** mit den Fingern knacken ▸ **to ~ a joke** einen Witz reißen; **to ~ the whip** ein strengeres Regiment aufziehen **III.** *intr verb* ① (*break*) [zer]brechen ② (*break down*) zusammenbrechen; *relationship* zerbrechen ③ (*make noise*) *ice, thunder* krachen ▸ **to get ~ing** (*fam*) loslegen ◆**crack down** *intr verb* hart vorgehen (**on** gegen) ◆**crack up I.** *intr verb* (*fam: find sth hilarious*) lachen müssen **II.** *tr verb* ① (*assert*) **to ~ sth up to be sth** etw als etw herausstellen ② (*fam: amuse*) zum Lachen bringen; **it ~s me up** ich könnte mich kaputtlachen

crackdown *n* scharfes Vorgehen (**on** gegen)

cracked [krækt] *adj* rissig; *cup, glass* gesprungen

cracker ['krækəʳ] *n* ① (*biscuit*) Kräcker *m* ② (*firework*) Kracher *m* ③ Brit (*fam: attractive person*) [s]**he's a real ~** er/sie ist einfach umwerfend

crackers ['krækəz] *adj* (*fam*) verrückt

crackle ['krækl̩] **I.** *intr verb* knistern *a. fig; telephone line* knacken **II.** *n* (*on a telephone line*) Knacken *nt; of fire a.* Prasseln *nt*

crackling ['kræklɪŋ] *n* ① *no pl of paper* Knistern *nt; of fire* Prasseln *nt* ② (*pork skin*) [Braten]kruste *f*

cradle ['kreɪdl̩] **I.** *n* ① (*baby's bed*) Wiege *f a. fig;* **from the ~ to the grave** von der Wiege bis zur Bahre ② (*framework*) Gerüst *nt* (*für Reparaturarbeiten*) **II.** *tr verb* [sanft] halten

craft [krɑːft] **I.** *n* ① <*pl* -> (*ship*) Schiff *nt* ② (*trade*) Handwerk *nt kein Pl* ③ (*handmade objects*) **~s** Kunsthandwerk *nt kein Pl* **II.** *tr verb* kunstvoll fertigen; **a cleverly ~ed poem** ein geschickt verfasstes Gedicht

craftsman *n* gelernter Handwerker; **master ~** Handwerksmeister *m*

crafty ['krɑːfti] *adj* schlau

cram <-mm-> [kræm] **I.** *tr verb* stopfen **II.** *intr verb* büffeln *fam*

cramming ['kræmɪŋ] *n* Büffeln *nt fam,* Pauken *nt fam*

cramp [kræmp] **I.** *n* [Muskel]krampf *m* **II.** *tr verb* einengen ▸ **to ~ sb's style** jdn nicht zum Zug kommen lassen

crane [kreɪn] **I.** *n* ① (*device*) Kran *m* ② (*bird*) Kranich *m* **II.** *tr verb* **to ~ one's neck** den Hals recken **III.** *intr verb* **to ~ forward** sich vorbeugen

crank [kræŋk] **I.** *n* (*fam: eccentric*) Spinner(in) *m(f);* **health-food ~** Gesundheitsapostel *m;* **~ call** Juxanruf *m* **II.** *tr verb* ankurbeln

cranky ['kræŋki] *adj* (*fam: eccentric*) verschroben

crap [kræp] **I.** *intr verb* <-pp-> (*fam!*) kacken **II.** *n usu sing* (*vulg*) Scheiße *f a. fig;* **to have** [*or* Am **take**] **a ~** kacken **III.** *adj* (*fam!*) mies

crappy ['kræpi] *adj* (*fam!*) Scheiß-

crash [kræʃ] **I.** *n* <*pl* -es> ① (*accident*) Unfall *m,* Absturz *m* ② (*noise*) Krach *m kein Pl;* **with a ~** mit Getöse **II.** *intr verb* ① (*accident*) *driver, car* verunglücken; *plane* abstürzen ② (*hit*) **to ~ into sth** auf etw *Akk* aufprallen ③ (*collide with*) **to ~ into sb/sth** mit etw/jdm zusammenstoßen ④ (*make loud noise*) *cymbals, thunder* donnern; **to come ~ing to the ground** auf den Boden knallen; **to ~ against sth** gegen etw knallen ⑤ COMPUT abstürzen **III.** *tr verb* ① (*damage in accident*) zu Bruch fahren; **to ~ a plane** [mit einem Flugzeug] eine Bruchlandung machen; **to ~ sth into sth** etw gegen etw fahren/in etw fliegen ② (*fam: gatecrash*) **to ~ a party** uneingeladen zu einer Party kommen

crash barrier *n* Brit, Aus Leitplanke *f* **crash course** *n* Intensivkurs *m,* Crashkurs *m* **crash diet** *n* radikale Abmagerungskur, Crashdiät *f* **crash helmet** *n* Sturzhelm *m*

crashing ['kræʃɪŋ] *adj* (*fam*) total

crash-land *intr verb* bruchlanden

crash-landing *n* Bruchlandung *f*

crash program Am, **crash programme** *n* Intensivkurs *m*
crate [kreɪt] **I.** *n* (*open box*) Kiste *f;* (*for bottles*) [Getränke]kasten *m* **II.** *tr verb* **to ~ [up]** in eine Kiste einpacken
crater ['kreɪtəʳ] *n* Krater *m*
crawl [krɔːl] **I.** *intr verb* ① (*go on all fours*) krabbeln ② (*move slowly*) kriechen ③ (*fam: be obsequious*) kriechen ④ (*be overrun*) **to be ~ing with sth** von etw wimmeln **II.** *n no pl* ① (*slow pace*) **to move at a ~** im Schneckentempo fahren ② (*style of swimming*) Kraulen *nt;* **to do the ~** kraulen
crawler ['krɔːləʳ] *n* ① (*very young child*) Krabbelkind *nt* ② (*pej fam: obsequious person*) Kriecher(in) *m(f)*
crawler lane *n* (*fam*) Kriechspur *f*
crayon ['kreɪɒn] **I.** *n* Buntstift *m;* **wax ~s** Malkreiden *Pl* **II.** *tr verb* **to ~ [in]** ↻ **sth** etw [mit Buntstift] ausmalen **III.** *intr verb* [mit Buntstift] malen
craze [kreɪz] *n* Mode[erscheinung] *f,* Fimmel *m pej;* **~ for sth** Begeisterung *f* für etw
crazy ['kreɪzi] **I.** *adj* verrückt (**about** nach) **II.** *n* Am (*sl*) Verrückte(r) *f(m)*
creak [kriːk] **I.** *intr verb furniture* knarren **II.** *n of furniture* Knarren *nt*
creaky ['kriːki] *adj* (*squeaky*) *door* quietschend; *furniture* knarrend
cream [kriːm] **I.** *n* ① *no pl* FOOD Sahne *f,* Obers *nt* ÖSTERR; **~ cake** Sahnetorte *f* ② (*cosmetic*) Creme *f* ③ *no pl* (*colour*) Creme *nt* **II.** *adj* cremefarben **III.** *tr verb* ① (*beat*) cremig rühren; **~ed potatoes** Kartoffelpüree *nt* ② (*apply lotion*) eincremen
cream cheese *n* [Doppelrahm]frischkäse *m* **cream-colored** *adj* Am, **cream-coloured** *adj* cremefarben
creamy ['kriːmi] *adj* ① (*smooth*) cremig ② (*off-white*) cremefarben
crease [kriːs] **I.** *n* (*fold*) [Bügel]falte *f; of a hat* Kniff *m* **II.** *tr verb* zerknittern
create [kri'eɪt] *tr verb* ① (*make*) erschaffen ② (*cause*) erzeugen; *impression* erwecken
creation [kri'eɪʃᵊn] *n* ① *no pl* (*making*) [Er]schaffung *f* ② (*product*) Erzeugnis *nt;* (*of arts a.*) Werk *nt* ③ *no pl* REL Schöpfung *f*
creative [kri'eɪtɪv] *adj* kreativ, schöpferisch; **~ ability** Kreativität *f*
creator [kri'eɪtəʳ] *n* Schöpfer(in) *m(f)*
creature ['kriːtʃəʳ] *n* ① (*being*) Kreatur *f,* Wesen *nt;* **living ~s** Lebewesen *Pl* ② (*person*) Kreatur *f,* Geschöpf *nt;* **~ of habit** Gewohnheitstier *nt*
crèche [kreʃ] *n* ① Brit, Aus (*nursery*) Kinderkrippe *f* ② Am (*for orphans*) Waisenhaus *nt*
credentials [krɪ'den(t)ʃᵊlz] *npl* (*letter of introduction*) Empfehlungsschreiben *nt*
credibility [ˌkredə'bɪləti] *n no pl* Glaubwürdigkeit *f*
credit ['kredɪt] **I.** *n* ① *no pl* (*recognition, praise*) Anerkennung *f;* (*respect*) Achtung *f;* **to be a ~ to sb/sth** jdm/etw Ehre machen; **it is to sb's ~ that ...** es ist jds Verdienst, dass ... ② *no pl* (*reliance*) Glaube[n] *m;* **to give sb ~ for sth** jdm etw zutrauen ③ *no pl* COMM Kredit *m;* **on ~** auf Kredit ④ FIN Haben *nt;* **in ~** im Plus ▶ **[give] ~ where ~'s due** (*prov*) Ehre, wem Ehre gebührt **II.** *tr verb* ① (*attribute*) zuschreiben ② (*believe*) glauben; **would you ~ it?!** ist das zu glauben?! ③ FIN gutschreiben
creditable ['kredɪtəbḷ] *adj* ehrenwert; *result* verdient
credit card *n* Kreditkarte *f* **credit limit** *n* Kredit[höchst]grenze *f* **credit note** *n* Brit, Aus Gutschrift *f* **creditworthy** *adj* kreditwürdig
creep [kriːp] **I.** *n* (*fam*) ① (*unpleasant person*) Mistkerl *m* ② (*unpleasant feeling*) **~s** Gruseln *nt kein Pl;* **I get the ~s when ...** es gruselt mich immer, wenn ... **II.** *intr verb* <crept, crept> ① kriechen; *water* steigen ② (*fig*) **tiredness crept over her** die Müdigkeit überkam sie ◆ **creep up** *intr verb* ① (*increase steadily*) [an]steigen ② (*sneak up on*) sich anschleichen *a. fig* (**behind/on** an)
creepy ['kriːpi] *adj* (*fam*) grus[e]lig, schaurig
cremate [krɪ'meɪt] *tr verb* verbrennen
cremation [krɪ'meɪʃᵊn] *n* Einäscherung *f*
crematorium <*pl* -s *or* -ria> [ˌkremə'tɔːriəm, *pl* -riə] *n,* **crematory** ['kriːmətɔːri] *n* Am Krematorium *nt*
crept [krept] *pp, pt of* **creep**
crest [krest] **I.** *n* ① (*peak*) Kamm *m;*

~ **of a mountain** Bergrücken *m;* ~ **of a roof** Dachfirst *m* ② ZOOL Kamm *m* ③ (*insignia*) Emblem *nt;* **family** ~ Familienwappen *nt* **II.** *tr verb hill* erklimmen

C

Creutzfeldt-Jakob disease [ˌkrɔɪtsfelt'jækɒb-] *n* Creutzfeldt-Jakob-Syndrom *nt*

crew [kru:] *n + sing/pl verb* AVIAT, NAUT Crew *f,* Besatzung *f;* **ambulance/lifeboat** ~ Rettungsmannschaft *f;* **ground** ~ Bodenpersonal *nt;* **train** ~ Zugpersonal *nt*

crew cut *n* Bürstenschnitt *m*

crib [krɪb] **I.** *n* ① AM (*cot*) Gitterbett *nt* ② (*fam: plagiarized work*) Plagiat *nt* **II.** *tr, intr verb* <-bb-> (*pej fam*) abschreiben

cricket[1] ['krɪkɪt] *n* ZOOL Grille *f*

cricket[2] ['krɪkɪt] *n no pl* SPORTS Kricket *nt*

Cricket entstand sehr wahrscheinlich im 16. Jh. als eine Sportart der Schäfer. Heute ist es vor allem in den Ländern des Commonwealth populär. Gespielt wird auf einem ovalem Spielfeld, in dessen Mitte sich der *pitch* (kleineres Spielfeld) befindet. An den Enden des Pitches stehen je zwei Holzmale *(wickets).* Zwei Teams aus je elf Spielern wechseln sich als *batsmen* (Schlagmänner) und *fielders* (Fänger) ab. Eine zentrale Rolle kommt dem *bowler* (Werfer) zu. Punkten kann immer nur die Mannschaft, die gerade am Schlagen ist.
Während eines Spiels befinden sich von der Schlagmannschaft nur zwei Spieler auf dem Feld, nämlich die beiden *batsmen,* die sich auf dem *pitch* vor den *wickets* gegenüberstehen. Der *bowler* der Feldmannschaft wirft nun den Ball in Richtung *wicket.* Gelingt es dem gegnerischen *batsman,* den Ball wegzuschlagen, können beide *batsmen* loslaufen und einen *run* (Punkt) erzielen, indem sie die Schlaglinie *(popping crease)* auf dem Feld erreichen, bevor die Feldmannschaft den Ball wieder zum *wicket* befördert hat. Gelingt ihnen das jedoch nicht, sind sie *out,* und es werden neue Schlagmänner eingewechselt. Ebenfalls keinen Punkt gibt es, wenn der *batsman* seinen Schlag verfehlt und der *bowler* so direkt das gegnerische *wicket* trifft.

crime [kraɪm] *n* ① (*illegal act*) Verbrechen *nt* ② *no art, no pl* (*criminality*) Kriminalität *f*

crime-busting ['kraɪmbʌstɪŋ] *n* Verbrechensbekämpfung *f*

criminal ['krɪmɪnᵊl] **I.** *n* Verbrecher(in) *m(f)* **II.** *adj* ① (*illegal*) verbrecherisch; *behaviour* kriminell; ~ **act** Straftat *f;* ~ **code** Strafgesetzbuch *nt;* ~ **court** Strafgericht *nt* ② (*fig*) schändlich

crimson ['krɪmzᵊn] **I.** *n no pl* Purpur[rot] *nt* **II.** *adj* purpurrot

cringe [krɪndʒ] *intr verb* (*feel uncomfortable*) schaudern; **to make sb** ~ jdn schaudern lassen; **to** ~ **with embarrassment** es furchtbar peinlich finden

cringeworthy ['krɪndʒwɜ:ði] *adj* (*fam*) oberpeinlich

crinkle ['krɪŋkl̩] **I.** *tr verb* [zer]knittern **II.** *intr verb dress, paper* knittern **III.** *n* [Knitter]falte *f*

cripple ['krɪpl̩] **I.** *n* Krüppel *m* **II.** *tr verb* **to** ~ **sb** jdn zum Krüppel machen; **to** ~ **sth** etw gefechtsunfähig machen

crisis <*pl* -ses> ['kraɪsɪs, *pl* -si:z] *n* Krise *f;* **to be in** ~ in einer Krise stecken; **energy** ~ Energiekrise *f;* **a** ~ **situation** eine Krisensituation

crisp [krɪsp] **I.** *adj* ① (*hard and brittle*) knusprig; *snow* knirschend ② (*firm and fresh*) *apple, lettuce* knackig ③ (*stiff and smooth*) *paper, tablecloth* steif **II.** *n* ① BRIT (*potato* ~) Chip *m;* **burnt to a** ~ verkohlt ② AM (*crumble*) Obstdessert *nt;* **cherry** ~**s** ≈ Kirschtörtchen *Pl*

crispbread *n* Knäckebrot *nt*

crispy ['krɪspi] *adj* knusprig

critic ['krɪtɪk] *n* Kritiker(in) *m(f)*

critical ['krɪtɪkᵊl] *adj* ① (*judgemental*) kritisch; **to be** ~ **of sb** an jdm etwas auszusetzen haben ② (*crucial*) entscheidend ③ MED kritisch

criticism ['krɪtɪsɪzᵊm] *n* Kritik *f*

criticize ['krɪtɪsaɪz] **I.** *tr verb* kritisch beurteilen; **to** ~ **sb/sth for sth** jdn/etw wegen einer S. *Gen* kritisieren **II.** *intr verb* kritisieren

croak [krəʊk] **I.** *intr verb crow, person* krächzen; *frog* quaken **II.** *tr verb* krächzen

crockery ['krɒkəri] *n no pl* Geschirr *nt*

crocodile *<pl - or -s>* ['krɒkədaɪl] *n* ZOOL Krokodil *nt;* ~ **skin** Krokodilleder *nt*

crook [krʊk] **I.** *n* ① (*fam: rogue*) Gauner *m* ② *usu sing* (*curve*) Beuge *f* **II.** *adj* AUS (*fam*) ① (*ill*) krank; **to be ~ with a cold** erkältet sein ② (*annoyed*) **to go ~ at sb** auf jdn wütend werden **III.** *tr verb arm* beugen

crooked ['krʊkɪd] *adj* ① (*fam: dishonest*) unehrlich ② (*not straight*) krumm; **the picture's** ~ das Bild hängt schief

crop [krɒp] **I.** *n* ① (*plant*) Feldfrucht *f;* (*harvest*) Ernte *f* ② (*fig: group*) Gruppe *f* **II.** *tr verb* <-pp-> ① AM (*plant*) bestellen ② *sheep, horses* abgrasen ◆**crop up** *intr verb* (*fam*) auftauchen; **something's ~ped up** es ist etwas dazwischengekommen

crop top *n* FASHION bauchfreies Top

cross [krɒs] **I.** *n* ① Kreuz *nt a. fig;* **to die on the** ~ am Kreuz sterben; **sign of the** ~ Kreuzzeichen *nt* ② (*hybrid*) Kreuzung *f;* (*fig*) Mittelding *nt* (**between** zwischen) ③ FBALL Flanke *f;* BOXING Cross *m* **II.** *adj* verärgert; **to be ~ with sb** auf jdn böse sein; **to get ~ with sb** sich über jdn ärgern **III.** *tr verb* ① (*cross over*) überqueren; (*a. on foot*) *bridge, road* gehen über +*Akk; border* passieren ② FBALL flanken ③ (*place crosswise*) [über]kreuzen ④ BRIT, AUS *cheque* zur Verrechnung ausstellen; **~ed cheque** Verrechnungsscheck *m* ⑤ REL **to ~ oneself** sich bekreuz[ig]en ▶ **~ my heart and hope to die** großes Ehrenwort; **to ~ one's mind** jdm einfallen; **to ~ swords with sb** mit jdm die Klinge kreuzen **IV.** *intr verb* ① (*intersect*) sich kreuzen ② (*traverse a road*) die Straße überqueren; (*on foot*) über die Straße gehen ◆**cross off** *tr verb* streichen [von +*Dat*] ◆**cross over I.** *intr verb* hinübergehen; (*on boat*) übersetzen **II.** *tr verb* überqueren

crossbar *n* Querlatte *f; of goal* Torlatte *f*

cross-channel *adj ferry* Kanal- **cross-country I.** *adj* Querfeldein-; ~ **race** Geländerennen *nt;* ~ **skiing** Langlauf *m;* ~ **skiing course** Loipe *f* **II.** *adv* ① (*across a country*) quer durchs Land ② (*across countryside*) querfeldein

cross-current *n* Gegenströmung *f*

cross-examination *n* Kreuzverhör *nt;* **under** ~ im Kreuzverhör **cross-examine** *tr verb* **to ~ sb** jdn ins Kreuzverhör nehmen *a. fig* **cross-eyed** *adj* schielend; **to be** ~ schielen

crossfade ['krɒsfeɪd] *n* MUS Kreuzblende *f*, Überblendung *f*

crossfire *n no pl* Kreuzfeuer *nt;* **to be caught in the** ~ ins Kreuzfeuer geraten

cross-generational [ˌkrɒsdʒenə'reɪʃənəl] *adj appeal, interest, event* für alle Altersgruppen; **will it have ~ appeal?** wird es alle Altersgruppen ansprechen?

crossing ['krɒsɪŋ] *n* (*place to cross*) Übergang *m;* (*crossroads*) [Straßen]kreuzung *f;* **pedestrian** ~ Zebrastreifen *m*

cross-legged [ˌkrɒs'legd, -'legɪd] **I.** *adj* **in a ~ position** mit gekreuzten Beinen **II.** *adv* **to sit** ~ im Schneidersitz [da]sitzen **crossover** *n* ① (*place*) Übergang *m;* RAIL Gleisverbindung *f* ② (*mixed styles*) [Stil]mix *m* **cross-purposes** *npl* ▶ **to be talking at** ~ aneinander vorbeireden **cross-reference** *n* Querverweis *m* (**to** auf) **crossroads** *<pl -> n* Kreuzung *f;* (*fig*) Wendepunkt *m;* **at a** ~ [*or* **the**] am Scheideweg **cross-shop** *intr verb* ECON auch online oder im Versandhandel kaufen **crosswalk** *n* AM Fußgängerübergang *m* **crossword** *n* Kreuzworträtsel *nt*

crotchet ['krɒtʃɪt] *n* MUS Viertelnote *f*

crouch [kraʊtʃ] **I.** *n usu sing* Hocke *f* **II.** *intr verb* sich kauern

crow [krəʊ] **I.** *n* Krähe *f* ▶ **as the ~ flies** [in der] Luftlinie **II.** *intr verb* <crowed, crowed> ① (*cry*) *cock* krähen ② (*exult*) *person* triumphieren

crowd [kraʊd] **I.** *n* + *sing/pl verb* ① (*throng*) [Menschen]menge *f;* SPORTS, MUS Zuschauermenge *f* ② (*fam: clique*) Clique *f;* **a bad** ~ ein übler Haufen ③ *no pl* (*fig*) **the** ~ die [breite] Masse; **to follow the** ~ mit der Masse gehen **II.** *tr verb* ① (*fill*) *stadium* füllen ② (*fam: pressure*) **to ~ sb** jdn [be]drängen **III.** *intr verb* **to ~ into sth** sich in etw *Akk* hineindrängen ◆**crowd out** *tr verb* herausdrängen

crowded ['kraʊdɪd] *adj* überfüllt; *timetable* übervoll; ~ **out** (*fam*) gerammelt voll

crown [kraʊn] **I.** *n* ① (*of a monarch, a.*

C

C

FIN) Krone *f*; ~ **of thorns** Dornenkrone *f* ② (*top of head*) Scheitel *m*; (*of hill*) Kuppe *f* **II.** *tr verb* ① krönen; **to ~ sb world champion** jdn zum Weltmeister krönen; *teeth* überkronen ② (*fam: hit on head*) **to ~ sb** jdm eins überziehen ▸ **to ~ it all** BRIT, AUS (*iron*) zur Krönung des Ganzen
crown prince *n* Kronprinz *m*
crow's feet *npl* (*wrinkles*) Krähenfüße *Pl*
crucial ['kru:ʃᵊl] *adj* (*decisive*) entscheidend (**to** für)
crucifix ['kru:sɪfɪks] *n* Kruzifix *nt*
crucifixion [ˌkru:sə'fɪkʃᵊn] *n* Kreuzigung *f*
crucify ['kru:sɪfaɪ] *tr verb* kreuzigen; (*fig fam*) verreißen
crude [kru:d] **I.** *adj* ① (*rudimentary*) primitiv ② (*unsophisticated*) plump ③ (*vulgar*) derb ④ (*unprocessed*) roh; ~ **oil** Rohöl *nt* **II.** *n* Rohöl *nt*
cruel ['kru:əl] *adj* (*deliberately mean*) grausam; *remark* gemein ▸ **to be ~ to be kind** (*prov*) jdm beinhart die Wahrheit sagen
cruelty ['kru:əlti] *n* Grausamkeit *f* (**to** gegen); **an act of ~** eine grausame Tat; ~ **to children** Kindesmisshandlung *f*
cruet ['kru:ɪt] *n* BRIT Essig-/Ölfläschchen *nt*
cruise [kru:z] **I.** *n* Kreuzfahrt *f*; **to go on a ~** eine Kreuzfahrt machen **II.** *intr verb* ① (*take a cruise*) eine Kreuzfahrt machen; *ship* kreuzen; **to ~ along the Danube** die Donau entlangschippern ② (*fam: drive around aimlessly*) herumfahren **III.** *tr verb* (*sl*) **to ~ the bars** in den Bars aufreißen gehen
cruising ['kru:zɪŋ] *n* AM Herumfahren *nt kein Pl fam*
crumb [krʌm] **I.** *n* ① Krümel *m*, Brösel *m* ÖSTERR *a. nt*; *of bread a.* Krume *f* ② (*fig*) **a small ~ of comfort** ein kleiner Trost; **a ~ of hope** ein Funke[n] *m* Hoffnung **II.** *interj* BRIT, AUS **~s!** ach du meine Güte! **III.** *tr verb* AM panieren
crumble ['krʌmbl̩] **I.** *tr verb* zerkrümeln; (*break into bits*) zerbröckeln **II.** *intr verb* ① (*disintegrate*) zerbröckeln ② (*fig*) *empire* zerfallen; *opposition* [allmählich] zerbrechen **III.** *n* BRIT *mit Streuseln überbackenes Obstdessert*
crumbly ['krʌmbli] *adj food* krümelig; *stone* bröckelig
crummy ['krʌmi] *adj* (*fam*) mies
crumple ['krʌmpl̩] **I.** *tr verb* zerknittern; *paper* zerknüllen **II.** *intr verb* (*become dented*) eingedrückt werden
crunch [krʌntʃ] **I.** *n* ① *usu sing* (*noise*) Knirschen *nt kein Pl* ② *no pl* (*fam: difficult situation*) Krise *f* ▸ **when it comes to the ~** wenn es darauf ankommt **II.** *intr verb* ① *gravel, snow* knirschen ② FOOD **to ~ on sth** geräuschvoll in etw *Akk* beißen
crush [krʌʃ] **I.** *tr verb* ① (*compress*) zusammendrücken; (*causing serious damage*) zerquetschen; MED [sich] etw quetschen ② FOOD zerdrücken ③ (*defeat*) vernichten; *hopes* zunichtemachen **II.** *n* ① (*fam: crowd*) Gedränge *nt* ② (*temporary infatuation*) **to have a ~ on sb** in jdn verknallt sein ③ *no pl* (*drink*) Fruchtsaft *m* mit zerstoßenem Eis ◆ **crush up** *tr verb* zusammenquetschen; *Gewürze* zerstoßen
crush barrier *n* BRIT Absperrung *f*
crusher ['krʌʃəʳ] *n* (*a machine for crushing old cars, scrap metal etc.*) Presse *f*
crushing ['krʌʃɪŋ] *adj* schrecklich; *blow* hart
crust [krʌst] *n* Kruste *f*
crusty ['krʌsti] *adj bread* knusprig
crutch [krʌtʃ] *n* ① MED Krücke *f* ② ANAT, FASHION Unterleib *m*; *of trousers* Schritt *m*
cry <-ie-> [kraɪ] **I.** *n* ① *no pl* (*act of shedding tears*) Weinen *nt* ② (*loud emotional utterance*) Schrei *m*; (*shout a.*) Ruf *m* ③ (*appeal*) Ruf *m* (**for** nach); ~ **for help** Hilferuf *m* ④ ZOOL, ORN Schreien *nt kein Pl* **II.** *intr verb* weinen (**for** nach) **III.** *tr verb* (*shed tears*) weinen; **to ~ oneself to sleep** sich in den Schlaf weinen ▸ **to ~ one's eyes out** sich *Dat* die Augen ausweinen ◆ **cry off** *intr verb* (*fam*) einen Rückzieher machen ◆ **cry out** **I.** *intr verb* ① (*shout*) aufschreien ② (*protest*) [lautstark] protestieren ▸ **for ~ing out loud** (*fam*) verdammt nochmal! **II.** *tr verb* rufen; (*scream*) schreien
crying ['kraɪɪŋ] **I.** *n no pl* Weinen *nt*; (*screaming*) Schreien *nt* **II.** *adj* dringend ▸ **it's a ~ shame that ...** es ist jammerschade, dass ...

crystal ['krɪstᵊl] **I.** *n* ① CHEM Kristall *m* ② *no pl* (*glass*) Kristallglas *nt* **II.** *adj* CHEM kristallin
ct. *abbrev of* **cent** ct
cub [kʌb] *n* ZOOL Junge[s] *nt*
cube [kju:b] **I.** *n* ① (*shape*) Würfel *m* ② MATH Kubikzahl *f* **II.** *tr verb* MATH hoch drei nehmen; **2 ~d equals 8** 2 hoch 3 ist 8
cubic ['kju:bɪk] *adj* ① MATH Kubik- ② (*cube-shaped*) würfelförmig
cubicle ['kju:bɪkl̩] *n* Kabine *f*
cuckoo ['kʊku:] **I.** *n* ORN Kuckuck *m* **II.** *adj* (*fam*) übergeschnappt
cuckoo clock *n* Kuckucksuhr *f*
cucumber ['kju:kʌmbəʳ] *n* [Salat]gurke *f* ▶ **to be** [**as**] **cool as a ~** immer einen kühlen Kopf behalten
cuddle ['kʌdl̩] **I.** *n* [liebevolle] Umarmung; **to give sb a ~** jdn umarmen **II.** *intr verb* kuscheln
cue [kju:] **I.** *n* ① THEAT Stichwort *nt;* (*fig a.*) Zeichen *nt* ② (*billiards*) Queue *nt* ÖSTERR *a. m,* Billardstock *m* ▶ [**right**] **on ~** wie gerufen **II.** *tr verb* **to ~ in** ↻ **sb** jdm das Stichwort geben
cuff [kʌf] **I.** *n* ① (*of sleeve*) Manschette *f* ② AM, AUS (*of trouser leg*) [Hosen]aufschlag *m* ③ (*fam: handcuffs*) **~s** Handschellen *Pl* **II.** *tr verb* **to ~ sb** ① (*strike*) jdm einen Klaps geben ② (*fam: handcuff*) jdm Handschellen anlegen
cuff link *n* Manschettenknopf *m*
cul-de-sac <*pl* -s *or* culs-de-sac> ['kʌldəsæk] *n* Sackgasse *f a. fig*
culprit ['kʌlprɪt] *n* Schuldige(r) *f(m);* (*hum*) Missetäter(in) *m(f)*
cultivate ['kʌltɪveɪt] *tr verb* ① AGR anbauen ② (*fig form*) entwickeln
cultural ['kʌltʃᵊrᵊl] *adj* kulturell; **~ backwater** Kulturwüste *f;* **~ exchange** Kulturaustausch *m*
culture ['kʌltʃəʳ] **I.** *n* Kultur *f* **II.** *tr verb* BIOL züchten
cultured ['kʌltʃəd] *adj* kultiviert
cumulative ['kju:mjələtɪv] *adj* kumulativ; **~ total** Gesamtbetrag *m*
cunning ['kʌnɪŋ] **I.** *adj idea* raffiniert; *person a.* schlau **II.** *n no pl* (*ingenuity*) Cleverness *f,* Gerissenheit *f*
cup [kʌp] **I.** *n* ① (*container*) Tasse *f;* (*of paper, plastic*) Becher *m* ② SPORTS Pokal *m;* **the World Cup** der Weltcup ③ (*part of bra*) Körbchen *nt;* (*size*) Körbchengröße *f* ▶ **that's** [**just**] **my ~ of tea** das ist genau mein Fall; **that's not my ~ of tea** das ist nicht gerade mein Fall **II.** *tr verb* <-pp-> **to ~ one's hands** mit den Händen eine Schale bilden
cupboard ['kʌbəd] *n* Schrank *m,* Kasten *m* ÖSTERR
cupcake *n* COOK Muffin *m*
cup final *n* SPORTS Pokalendspiel *nt,* Cupfinale *nt*
cupful <*pl* -s *or esp* AM cupsful> ['kʌpfʊl] *n* Tasse *f*
cuppa ['kʌpə] *n* BRIT (*fam*) Tasse *f* Tee
cup tie *n* Pokalspiel *nt*
cup winner *n* SPORTS Pokalsieger(in) *m(f)*
curable ['kjʊərəbl̩] *adj* heilbar
curb [kɜ:b] **I.** *tr verb* zügeln; *expenditure* senken; *inflation* bremsen **II.** *n* ① (*control*) Beschränkung *f;* **to keep a ~ on sth** etw im Zaum halten; **to put a ~ on sth** etw zügeln ② AM (*kerb*) Randstein *m*
curd cheese [ˌkɜ:d'-] *n no pl esp* BRIT Quark *m*
cure [kjʊəʳ] **I.** *tr verb* heilen *a. fig* (**of** von); *cancer* besiegen **II.** *n* ① (*remedy*) [Heil]mittel *nt* (**for** gegen) ② *no pl* (*recovery*) Heilung *f;* **she was beyond ~** ihr war nicht mehr zu helfen
curfew ['kɜ:fju:] *n* Ausgangssperre *f;* **what time is the ~?** wann ist Sperrstunde?
curio ['kjʊəriəʊ] *n* Kuriosität *f*
curiosity [ˌkjʊəri'ɒsəti] *n* ① *no pl* (*desire to know*) Neugier[de] *f* ② (*object*) Kuriosität *f*
curious ['kjʊəriəs] *adj* ① (*inquisitive*) neugierig ② (*peculiar*) seltsam
curl [kɜ:l] **I.** *n* ① (*loop of hair*) Locke *f* ② (*spiral*) Kringel *m* **II.** *intr verb* (*of hair*) sich locken; **does your hair ~ naturally?** hast du Naturlocken?; **to ~ up** sich zusammenrollen **III.** *tr verb* **to ~ oneself into a ball** sich zusammenrollen; **to ~ one's hair** sich *Dat* Locken drehen; **to ~ sth** [**round sth**] etw [um etw] herumwickeln
curler ['kɜ:ləʳ] *n* Lockenwickler *m*
curly ['kɜ:li] *adj leaves* gewellt, gekräuselt; *hair a.* lockig
currant ['kʌrᵊnt] *n* Korinthe *f;* **~ bun** Korinthenbrötchen *n*
currency ['kʌrᵊn(t)si] *n* ① (*money*) Währung *f;* [**foreign**] **~** Devisen *Pl*

② *no pl* (*acceptance*) [weite] Verbreitung *f;* **to gain ~** sich verbreiten

current ['kʌrᵊnt] **I.** *adj* gegenwärtig; *issue* aktuell; **in ~ use** gebräuchlich **II.** *n* ① (*of air, water*) Strömung *f* ② ELEC Strom *m*

current account *n* BRIT Girokonto *nt*

currently ['kʌrᵊntli] *adv* zur Zeit

curriculum <*pl* -la> [kə'rɪkjələm, *pl* -lə] *n* Lehrplan *m*

curriculum vitae <*pl* -s *or* curricula vitae> [-'viːtaɪ] *n* Lebenslauf *m*

curry ['kʌri] FOOD **I.** *n* Curry *nt o m;* **hot/medium/mild ~** scharfes/mittelscharfes/mildes Curry **II.** *tr verb* <-ie-> als Curry zubereiten

curse [kɜːs] **I.** *intr verb* fluchen **II.** *tr verb* verfluchen **III.** *n* Fluch *m;* **to put a ~ on sb** jdn verwünschen

cursor ['kɜːsəʳ] *n* COMPUT Cursor *m*

cursory ['kɜːsᵊri] *adj glance* flüchtig; *examination* oberflächlich

curt [kɜːt] *adj* (*pej*) schroff, barsch; **to be ~ with sb** zu jdm kurz angebunden sein

curtain ['kɜːtᵊn] *n* ① Vorhang *m;* [**net**] **~** Gardine *f* ② (*fig*) Schleier *m,* Vorhang *m*

curve [kɜːv] **I.** *n* ① *of a figure, vase* Rundung *f; of a road* Kurve *f* ② MATH Kurve *f* **II.** *intr verb river, road* eine Kurve machen **III.** *tr verb* biegen

cushion ['kʊʃᵊn] **I.** *n* ① (*pillow*) Kissen *nt,* Polster *m* ÖSTERR ② (*fig: buffer*) Polster *nt o* ÖSTERR *a. m;* **~ of air** Luftkissen *nt* **II.** *tr verb* dämpfen *a. fig*

cushy ['kʊʃi] *adj* (*pej fam*) bequem; *job* ruhig

cussword *n* AM (*sl*) Schimpfwort *nt*

custard ['kʌstəd] *n no pl* ≈ Vanillesoße *f*

custody ['kʌstədi] *n no pl* ① (*guardianship*) Obhut *f;* LAW Sorgerecht *nt* (**of** für) ② (*detention*) Haft *f*

custom ['kʌstəm] *n* ① (*tradition*) Brauch *m,* Sitte *f* ② *no pl* (*usual behaviour*) Gewohnheit *f* ③ *no pl* (*patronage*) Kundschaft *f*

customary ['kʌstəmᵊri] *adj* üblich

customer ['kʌstəməʳ] *n* ① (*buyer, patron*) Kunde *m*/Kundin *f;* **regular ~** Stammkunde/-kundin ② (*fam: person*) Typ *m*

customer service *n usu pl* Kundendienst *m kein Pl*

customs ['kʌstəmz] *npl* Zoll *m;* **~ declaration** Zollerklärung *f;* **~ documents** Zollpapiere *Pl;* **~ dues/duties** Zollabgaben *Pl;* **~ officer/official** Zollbeamte(r) *m*/Zollbeamtin *f*

cut [kʌt] **I.** *n* ① (*act*) Schnitt *m;* **my hair needs a ~** mein Haar muss geschnitten werden ② (*piece of meat*) Stück *nt;* **cold ~s** Aufschnitt *m* ③ (*fit*) [Zu]schnitt *m; of shirt, trousers* Schnitt *m* ④ (*wound*) Schnittwunde *f* ⑤ (*decrease*) Senkung *f;* **~ in interest rates** Zinssenkung *f* ⑥ *in film* Schnitt *m; in book* Streichung *f* ▶ **the ~ and thrust of sth** das Spannungsfeld einer S. *Gen* **II.** *adj* ① (*removed*) abgeschnitten; (*sliced*) *bread* [auf]geschnitten; **~ flowers** Schnittblumen *Pl* ② *glass, jewel* geschliffen **III.** *interj* FILM **~!** Schnitt! **IV.** *tr verb* <-tt-, cut, cut> ① (*slice*) schneiden (**in** in); *bread* aufschneiden; **to ~ open** aufschneiden ② (*sever*) durchschneiden ③ (*trim*) [ab]schneiden; **to ~ sb's hair** jdm die Haare schneiden ④ (*decrease*) *costs* senken; *prices* herabsetzen ⑤ *film* kürzen; *scene* herausschneiden; **to ~ short** abbrechen; **to ~ sb short** jdn unterbrechen ⑥ *corner* schneiden ⑦ COMPUT ausschneiden ⑧ SPORTS *ball* [an]schneiden ▶ **to ~ it** [**a bit**] **fine** [ein bisschen] knapp kalkulieren; **to ~ sb to the quick** jdn ins Mark treffen **V.** *intr verb* <-tt-, cut, cut> ① *knife* schneiden ② (*slice easily*) sich schneiden lassen ③ AM (*fam: push in*) **to ~** [**in line**] sich vordrängeln; **no ~ting!** nicht drängeln! ▶ **to ~ to the chase** AM (*fam*) auf den Punkt kommen; **to ~ and run** Reißaus nehmen

◆**cut across** *intr verb* ① (*to other side*) hinüberfahren ② (*take short cut*) durchqueren; **to ~ across country** querfeldein fahren

◆**cut away** *tr verb* wegschneiden

◆**cut back I.** *tr verb* ① HORT zurückschneiden ② FIN kürzen **II.** *intr verb* ① (*return*) zurückgehen ② (*reduce*) **to ~ back on sth** etw kürzen

◆**cut down I.** *tr verb* ① (*fell*) umhauen ② (*reduce*) einschränken; *labour force* abbauen ③ (*abridge*) kürzen ▶ **to ~ sb down to size** jdn in seine Schranken verweisen **II.** *intr verb* **to ~ down on smoking** das Rauchen einschränken

◆**cut in I.** *intr verb* ① (*interrupt*) unterbrechen ② AUTO einscheren; **to ~ in in front of sb** jdn schneiden **II.** *tr verb* **to ~**

sb in ❶ (*share with*) jdn [am Gewinn] beteiligen ❷ (*include*) jdn teilnehmen lassen; **shall we ~ you in?** willst du mitmachen? ◆**cut into** *intr verb* ❶ (*slice*) anschneiden ❷ (*interrupt*) unterbrechen ◆**cut off** *tr verb* ❶ (*remove*) abschneiden; **to ~ sth off sth** etw von etw abschneiden ❷ (*silence*) unterbrechen ❸ (*disconnect*) unterbinden; *electricity* abstellen ❹ (*isolate*) abschneiden; **to ~ oneself off** sich zurückziehen ◆**cut out I.** *tr verb* ❶ (*excise*) herausschneiden ❷ (*from paper*) ausschneiden ❸ (*fam: desist*) aufhören mit +*Dat;* **~ it out!** hör auf damit! ❹ (*block*) *light* abschirmen ❺ (*exclude*) ausschließen; **[you can] ~ me out!** ohne mich! ❻ (*disinherit*) **to ~ sb out of one's will** jdn aus seinem Testament streichen **II.** *intr verb* ❶ (*stop operating*) sich ausschalten; *plane's engine* aussetzen ❷ AM AUTO ausscheren; **to ~ out of traffic** plötzlich die Spur wechseln ❸ AM (*depart*) sich davonmachen; **he ~ out after dinner** nach dem Essen schwirrte er ab ◆**cut up** *tr verb* ❶ (*slice*) zerschneiden; *food for a child* klein schneiden ❷ (*injure*) **to ~ up** ↻ **sb** jdm Schnittwunden zufügen ❸ (*fig: sadden*) schwertreffen; **to be ~ up [about sth]** [über etw *Akk*] zutiefst betroffen sein

cut-and-dried *adj* ❶ (*fixed*) abgemacht; *decision* klar ❷ (*simple*) eindeutig; **~ solution** Patentlösung *f*

cutback ['kʌtbæk] *n* Kürzung *f*

cute <-r, -st> [kju:t] *adj* süß, niedlich

cut-glass *adj* (*fig*) *accent, voice* kristallklar

cutlery ['kʌtlᵊri] *n no pl* Besteck *nt*

cutlet ['kʌtlət] *n* Kotelett *nt*

cutoff ['kʌtɒf] **I.** *n* ❶ (*limit*) Obergrenze *f* ❷ (*stop*) Beendigung *f* **II.** *adj* **~ date** Endtermin *m*

cutout ['kʌtaʊt] **I.** *n* ❶ (*shape*) Ausschneidefigur *f* ❷ (*stereotype*) **cardboard ~** [Reklame]puppe *f* **II.** *adj* ausgeschnitten

cut-price I. *adj product, store* Billig-; *clothes* herabgesetzt **II.** *adv* zu Schleuderpreisen

cut-rate *adj attr* zu verbilligtem Tarif; **~ offer** Billigangebot *nt*

cutting ['kʌtɪŋ] **I.** *n* ❶ JOURN Ausschnitt *m;* **press ~** Zeitungsausschnitt *m* ❷ HORT Ableger *m* **II.** *adj comment* scharf

cuz [kəz] *conj* AM (*sl*) *short for* **because** weil

CV [ˌsi:'vi:] *n abbrev of* **curriculum vitae**

cyber- ['saɪbə, AM -ɚ] *in compounds* Cyber-, Internet-

cyberbegging *n no pl, no art* COMPUT, INET Betteln *nt* im Internet **cybercash** ['saɪbəkæʃ] *n no pl* Cybergeld *nt* **cybergrowth** *n no pl* Zunahme *f* an Internetbenutzern **cyber-response** *n* COMPUT, INET Internet-Nachfrage *f,* Internet-Response *f* **cyberversion** *n* COMPUT, INET Internet-Version *f*

cycle¹ ['saɪkl̩] *short for* **bicycle I.** *n* [Fahr]rad *nt* **II.** *intr verb* Rad fahren

cycle² ['saɪkl̩] *n* Zyklus *m;* **~ of life** Lebenskreislauf *m*

cycling ['saɪklɪŋ] *n no pl* Radfahren *nt;* SPORTS Radrennsport *m*

cyclist ['saɪklɪst] *n* Radfahrer(in) *m(f)*

cylinder ['sɪlɪndəʳ] *n* AUTO, MATH Zylinder *m*

cylindrical [sə'lɪndrɪkᵊl] *adj* zylindrisch

cymbal ['sɪmbᵊl] *n usu pl* Beckenteller *m;* **~s** Becken *Pl*

cypher *n see* **cipher**

Czech [tʃek] **I.** *n* ❶ (*person*) Tscheche *m*/Tschechin *f* ❷ *no pl* (*language*) Tschechisch *nt* **II.** *adj* tschechisch

Czechoslovakia [ˌtʃekə(ʊ)slə(ʊ)'vækiə] *n no pl* (*hist*) die Tschechoslowakei

Czech Republic *n no pl* **the ~** die Tschechische Republik

Dd

D

D <*pl* -'s *or* -s>, **d** <*pl* -'s> [diː] *n* ① D *nt*, d *nt; see also* **A 1** ② MUS D *nt*, d *nt;* **D flat** Des *nt*, des *nt;* **D sharp** Dis *nt*, dis *nt* ③ (*school mark*) ≈ Vier *f*, ≈ ausreichend; (*in the Suiss system*) ≈ Drei *f*

'd[1] [d] = **had** *see* **have**

'd[2] [d] = **would**

dab [dæb] *tr verb* <-bb-> betupfen; **to ~ one's eyes** sich *Dat* die Augen [trocken] tupfen

DAB [ˌdiːerˈbiː] *n abbrev of* **digital audio broadcasting** digitale Rundfunkübertragung

dachshund [ˈdæksᵊnd] *n* Dackel *m*, Dachshund *m*

daddy [ˈdædi] *n* (*fam*) Papi *m*

daffodil [ˈdæfədɪl] *n* Osterglocke *f*

daft [dɑːft] *adj* (*fam*) doof

dagger [ˈdægəʳ] *n* Dolch *m* ▸ **to look ~s at sb** jdn mit Blicken durchbohren

daily [ˈdeɪli] **I.** *adj, adv* täglich **II.** *n* Tageszeitung *f*

dairy [ˈdeəri] *n* (*company*) Molkerei *f*; **~ products** Molkereiprodukte *Pl*

dairy cattle *npl* Milchvieh *nt*

daisy [ˈdeɪziː] *n* Gänseblümchen *nt*

daisy cutter *n* ① (*in cricket*) Daisy-cutter *m* (*am Boden entlangrollender Ball*) ② MIL Flächenbombe *f*

dam [dæm] **I.** *n* [Stau]damm *m* **II.** *tr verb* <-mm-> stauen

damage [ˈdæmɪdʒ] **I.** *tr verb* **to ~ sth** ① (*wreck*) etw [be]schädigen ② (*blemish*) einer S. *Dat* schaden **II.** *n no pl* Schaden *m* (**to** an)

damn [dæm] **I.** *interj* (*sl*) **~ [it]!** verdammt! **II.** *adj* (*sl*) ① (*cursed*) Scheiß-; **~ fool** Vollidiot *m* ② (*emph*) verdammt **III.** *tr verb* ① (*sl: curse*) verfluchen ② (*punish*) verdammen **IV.** *adv* (*fam!*) verdammt

damnation [dæmˈneɪʃᵊn] *n no pl* Verdammnis *f*

damned [dæmd] **I.** *adj* (*fam!*) ① Scheiß- ② (*emph*) verdammt **II.** *adv* (*fam!*) verdammt **III.** *n* **the ~** *pl* die Verdammten

Damocles [ˈdæməkliːz] *n no pl* Damokles *m*

damp [dæmp] **I.** *adj* feucht **II.** *n no pl* BRIT, AUS Feuchtigkeit *f* **III.** *tr verb* befeuchten

dampen [ˈdæmpən] *tr verb* ① befeuchten ② (*suppress*) dämpfen

dance [dɑːn(t)s] **I.** *intr, tr verb* tanzen **II.** *n* Tanz *m*

dancer [ˈdɑːn(t)səʳ] *n* Tänzer(in) *m(f)*

dancing [ˈdɑːn(t)sɪŋ] *n no pl* Tanzen *nt*

dandelion [ˈdændɪlaɪən] *n* Löwenzahn *m*

dandruff [ˈdændrʌf] *n no pl* [Kopf]schuppen *Pl*

Dane [deɪn] *n* Däne *m*/Dänin *f*

danger [ˈdeɪndʒəʳ] *n* Gefahr *f*; **~! keep out!** Zutritt verboten! Lebensgefahr!

danger area *n* Gefahrenzone *f*

dangerous [ˈdeɪndʒᵊrəs] *adj* gefährlich

dangle [ˈdæŋgl] **I.** *intr verb* baumeln (**from** an) ▸ **to keep sb dangling** jdn zappeln lassen **II.** *tr verb* **to ~ one's feet** mit den Füßen baumeln

Danish [ˈdeɪnɪʃ] **I.** *n* ① *no pl* (*language*) Dänisch *nt* ② (*people*) **the ~** *pl* die Dänen **II.** *adj* dänisch

Danish pastry *n* Blätterteiggebäck *nt*

Danube [ˈdænjuːb] *n no pl* **the ~** die Donau

dare [deəʳ] **I.** *tr verb* herausfordern; **I ~ you!** trau dich! **II.** *intr verb* **to ~ [to] do sth** es wagen, etw zu tun ▸ **~ I say [it]** ... ich wage zu behaupten, ...; **who ~s wins** (*prov*) wer wagt, gewinnt **III.** *n* Mutprobe *f*; **it's a ~!** sei kein Frosch!

daring [ˈdeərɪŋ] **I.** *adj* ① (*brave*) kühn; *crime* dreist ② (*provocative*) verwegen **II.** *n no pl* Kühnheit *f*

dark [dɑːk] **I.** *adj* ① dunkel; (*gloomy*) düster; **~ blue** dunkelblau ② (*fig*) dunkel; **in ~est Peru** im tiefsten Peru **II.** *n no pl* **the ~** die Dunkelheit ▸ **to keep sb in the ~** jdn im Dunkeln lassen

darken [ˈdɑːkᵊn] **I.** *intr verb* dunkel werden **II.** *tr verb* abdunkeln

darkly [ˈdɑːkli] *adv* ① dunkel, finster ② (*sadly*) traurig

darkness [ˈdɑːknəs] *n no pl* ① Dunkelheit *f* ② (*night*) Finsternis *f*

darling [ˈdɑːlɪŋ] **I.** *n* Liebling *m*, Schatz *m* **II.** *adj attr* entzückend

darn¹ [dɑːn] **I.** *tr verb* stopfen **II.** *n* gestopfte Stelle

darn² [dɑːn] (*fam*) **I.** *interj* ~ [**it**]! verflixt noch mal! **II.** *adj* **a ~ sight younger** ein ganzes Stück jünger

dart [dɑːt] **I.** *n* ① (*weapon*) Pfeil *m* ② SPORTS Wurfpfeil *m*; **~s** + *sing verb* (*game*) Darts *nt* **II.** *intr verb* flitzen

dash [dæʃ] **I.** *n* <*pl* -es> ① (*rush*) Hetze *f*; **to make a ~ for the door** zur Tür stürzen ② AM SPORTS Kurzstreckenlauf *m* ③ (*bit*) kleiner Zusatz (**of** +*Gen*); ~ *of salt* eine Prise Salz ④ (*punctuation*) Gedankenstrich *m* **II.** *intr verb* ① (*hurry*) sausen; **I've got to ~** ich muss fort; **to ~ off** davonjagen ② (*hit*) schmettern **III.** *tr verb* schleudern

dashboard *n* Armaturenbrett *nt*

dashing ['dæʃɪŋ] *adj* schneidig

data ['deɪtə] *npl* + *sing/pl verb* Daten *Pl*

databank *n* Datenbank *f* **database** *n* Datenbestand *m* **data file** *n* Datei *f* **data mining** *n no pl* COMPUT Extrahieren *nt* von Informationen aus großen Datenbeständen **data processing** *n no pl* Datenverarbeitung *f*

date¹ [deɪt] **I.** *n* ① (*day*) Datum *nt*; **to be out of ~** überholt sein; *food* das Verfallsdatum überschritten haben; **to ~** bis heute ② (*appointment*) Termin *m*; **it's a ~!** abgemacht!; **to make a ~** sich verabreden ③ (*rendezvous*) Verabredung *f*; (*romantic*) Date *nt* **II.** *tr verb* ① (*go out with*) **to ~ sb** mit jdm gehen ② (*find age of*) datieren **III.** *intr verb* ① (*go out*) miteinander gehen ② (*originate*) **to ~ from sth** auf etw *Akk* zurückgehen; *tradition* aus etw stammen

date² [deɪt] *n* (*fruit*) Dattel *f*

dated ['deɪtɪd] *adj* überholt

dating agency ['deɪtɪŋ-] *n* BRIT, **dating service** *n* AM, AUS Partnervermittlungsagentur *f*

dative ['deɪtɪv] **I.** *n no pl* **the ~** der Dativ **II.** *adj* **the ~ case** der Dativ

daughter ['dɔːtəʳ] *n* Tochter *f a. fig*

daughter-in-law <*pl* daughters-> *n* Schwiegertochter *f*

dawn [dɔːn] **I.** *n no pl* [Morgen]dämmerung *f*; **at** [**the break of**] **~** im Morgengrauen **II.** *intr verb* anbrechen *a. fig*

day [deɪ] *n* Tag *m*; **ten ~s from now** heute in zehn Tagen; **any ~** [**now**] jeden Tag; **today of all ~s** ausgerechnet heute; **from one ~ to the next** (*suddenly*) von heute auf morgen; (*in advance*) im Voraus; **one ~** eines Tages; **the other ~** neulich; **some ~** irgendwann [einmal]; **~ in, ~ out** tagaus, tagein; **the ~ after tomorrow** übermorgen; **the ~ before yesterday** vorgestern; **to the ~** auf den Tag genau; **to this ~** bis heute; **these ~s** (*recently*) in letzter Zeit; (*nowadays*) heutzutage; (*at the moment*) zur Zeit; **one of these ~s** eines Tages; (*soon*) demnächst [einmal]; (*some time or other*) irgendwann [einmal]; **in those ~s** damals; **in this ~ and age** heutzutage; **of the ~** Tages- ► **any ~** jederzeit; **to call it a ~** Schluss machen [für heute]; **to carry the ~** den Sieg davontragen; **at the end of the ~** (*in the final analysis*) letzten Endes; (*eventually*) schließlich

daylight *n no pl* Tageslicht *nt*; **in broad ~** am helllichten Tag[e] ► **to see ~** [allmählich] klarsehen **day nursery** *n* Kindertagesstätte *f* **day return** *n* BRIT Tagesrückfahrkarte *f* **day shift** *n* Tagschicht *f* **daytime I.** *n no pl* Tag *m*; **in the ~** tagsüber **II.** *adj* Tages- **day trip** *n* Tagesausflug *m*

daze [deɪz] **I.** *n no pl* Betäubung *f*; **in a ~** ganz benommen **II.** *tr verb* **to be ~d** wie betäubt sein

dazzle ['dæzl] **I.** *tr verb* blenden **II.** *n no pl* Glanz *m*

dazzled *adj* geblendet *a. fig*, überwältigt *fig*

DD [ˌdiː'diː] *n abbrev of* **Doctor of Divinity** Dr. theol.

dead [ded] **I.** *adj* ① tot; **~ body** Leiche *f*; **to drop ~** tot umfallen; **to shoot sb ~** jdn erschießen ② (*extinct*) ausgestorben; *fire, match, volcano* erloschen ③ (*numb*) taub; **to go ~** einschlafen ④ (*dull*) tot; *party* öde ⑤ (*fig fam: tired*) schlapp; **to be ~ on one's feet** zum Umfallen müde sein ⑥ *telephone* tot **II.** *adv* ① (*fam: totally*) absolut; **'Dead slow'** „Schritttempo fahren"; **~ certain** todsicher; **~ drunk** stockbetrunken; **~ easy** kinderleicht; **~ good** BRIT (*fam*) super; **~ silent** totenstill; **~ still** regungslos ② (*exactly*) genau; **~ on five o'clock** Punkt fünf; **~ on target** genau im Ziel; **~ on time** auf die Minute genau ► **to stop ~ in one's tracks** auf der Stel-

D

le stehen bleiben **III.** *n* **the ~** *pl* die Toten

dead center Am, **dead centre** *n* Brit genaue Mitte **dead-end I.** *n* (*a. fig*) Sackgasse *f* ▸ **to come to a ~** in einer Sackgasse enden **II.** *adj* ① **~ street** Sackgasse *f* ② (*fig*) aussichtslos **dead heat** *n* totes Rennen; **to end in a ~** unentschieden ausgehen **deadline** *n* letzter Termin, Deadline *f* **deadlock** ['dedlɒk] *n no pl* toter Punkt

D

deadly ['dedli] *adj* ① tödlich ② (*total*) **~ enemies** Todfeinde *Pl;* **in ~ earnest** todernst ③ (*pej fam: dull*) todlangweilig ▸ **the seven ~ sins** die sieben Todsünden *Pl*

deaf [def] **I.** *adj* taub; (*partially*) schwerhörig; **to go ~** taub werden; **to be ~ to sth** (*fig*) für etw taub sein ▸ **[as] ~ as a post** stocktaub **II.** *n* **the ~** *pl* die Tauben **deaf aid** *n* Brit Hörgerät *nt*

deafen ['defᵊn] *tr verb* taub machen; (*fig*) betäuben

deafening ['defᵊnɪŋ] *adj* ohrenbetäubend

deaf-mute *n* Taubstumme(r) *f(m)*

deafness ['defnəs] *n no pl* Taubheit *f;* (*partial*) Schwerhörigkeit *f*

deal[1] [diːl] *n no pl* Menge *f;* **a great ~** eine Menge

deal[2] <-t, -t> [diːl] **I.** *n* ① (*business*) Geschäft *nt,* Deal *m sl;* **to do a ~ with sb** mit jdm ein Geschäft abschließen; **to make sb a ~** jdm ein Angebot machen ② (*agreement*) Abmachung *f;* **it's a ~** abgemacht ③ (*treatment*) **a fair/raw ~** eine faire/ungerechte Behandlung ④ cards Geben *nt;* **it's your ~** du gibst ▸ **big ~!**, **what's the big ~?** (*fam*) was soll's? **II.** *intr verb* ① cards geben ② (*sl: sell drugs*) dealen **III.** *tr verb* ① (*give*) **to ~ [out]** verteilen ② *esp* Am (*sell*) **to ~ sth** mit etw dealen ◆ **deal with** *intr verb* ① (*handle*) sich befassen mit, sich kümmern um ② (*treat*) handeln von ③ (*do business*) Geschäfte machen mit

dealer ['diːləʳ] *n* Händler(in) *m(f); of drugs* Dealer(in) *m(f)*

dealing ['diːlɪŋ] *n* ① (*transactions*) **~s** Geschäfte *Pl;* (*contact*) Umgang *m kein Pl* ② *no pl* (*behaviour*) Verhalten *nt*

dealt [delt] *pt, pp of* **deal**

dear [dɪəʳ] **I.** *adj* ① lieb; *baby, kitten* süß ② (*in letters*) **Dear Jane** Liebe Jane ③ (*form: costly*) teuer **II.** *interj* **~ me!** du liebe Zeit!; **oh ~!** du meine Güte! **III.** *n* ① (*person*) Schatz *m* ② (*term of endearment*) **my ~[est]** [mein] Liebling *m*

dearly ['dɪəli] *adv* ① von ganzem Herzen ② **to pay ~** teuer bezahlen

death [deθ] *n* ① der Tod; **to be bored to ~** sich zu Tode langweilen ② Tote(r) *f(m)* ▸ **to be at ~'s door** an der Schwelle des Todes stehen

deathbed *n* Totenbett *nt;* **to be on one's ~** auf dem Sterbebett liegen

death certificate *n* Sterbeurkunde *f*

deathly ['deθli] *adj, adv* tödlich; **~ hush** Totenstille *f;* **~ pale** totenbleich

death mask *n* Totenmaske *f* **death penalty** *n* Todesstrafe *f;* **to receive the ~** zum Tode verurteilt werden **death squad** *n* Todesschwadron *f* **death threat** *n* Morddrohung *f*

debatable [dɪ'beɪtəbl̩] *adj* umstritten; **it's ~ whether ...** es ist fraglich, ob ...

debate [dɪ'beɪt] **I.** *n* Debatte *f;* **to be open to ~** sich [erst] noch erweisen müssen **II.** *tr, intr verb* debattieren

debit ['debɪt] **I.** *n* Debet *nt,* Soll *nt;* **to be in ~** im Minus sein **II.** *tr verb* abbuchen

debrief [ˌdiː'briːf] *tr verb* [eingehend] befragen

debt [det] *n* Schuld *f;* **out of ~** schuldenfrei; **to be in sb's ~** (*fig*) in jds Schuld stehen

debug <-gg-> [ˌdiː'bʌg] *tr verb* **to ~ sth** ① comput bei etw die Fehler beseitigen; **to ~ a program** ein Programm auf Viren hin absuchen ② (*remove microphones*) etw entwanzen

decade ['dekeɪd, dɪ'keɪd] *n* Jahrzehnt *nt*

decaf ['diːkæf] *adj* (*fam*) *abbrev of* **decaffeinated**

decaffeinated [dɪ'kæfɪneɪtɪd] *adj* koffeinfrei; *coffee* entkoffeiniert

decal ['diːkæl] *n esp* Am, Aus Abziehbild *nt*

decathlon [dɪ'kæθlɒn] *n* Zehnkampf *m*

decay [dɪ'keɪ] **I.** *n no pl* ① (*deterioration*) Verfall *m;* **urban ~** Verfall *m* der Städte; **to fall into ~** verfallen ② biol Verwesung *f;* bot Fäulnis *f;* **dental ~** Zahnfäule *f* **II.** *intr verb* ① (*deteriorate*) verfallen ② biol verwesen

deceased [dɪ'siːst] *(form)* **I.** *n* <*pl* -> **the ~** *(one person)* der/die Verstorbene; *(several)* die Verstorbenen *Pl* **II.** *adj* verstorben

deceive [dɪ'siːv] *tr verb* betrügen; **to ~ oneself** sich [selbst] täuschen

December [dɪ'sembər] *n* Dezember *m; see also* **February**

decent ['diːsənt] *adj* ① *(acceptable)* anständig ② *(good)* nett ③ *(appropriate)* angemessen; **to do the ~ thing** das [einzig] Richtige tun

deceptive [dɪ'septɪv] *adj* täuschend

decide [dɪ'saɪd] **I.** *intr verb* sich entscheiden (**on** für); **to ~ to do sth** beschließen [*o* sich entschließen], etw zu tun **II.** *tr verb* entscheiden

deciding [dɪ'saɪdɪŋ] *adj* entscheidend

decimal ['desɪməl] *n* Dezimalzahl *f*, Dezimale *f;* **~ place** Dezimalstelle *f;* **~ point** Komma *nt*

decision [dɪ'sɪʒən] *n* Entscheidung *f* (**about/on** über), Entschluss *m;* **to make a ~** eine Entscheidung fällen

decisive [dɪ'saɪsɪv] *adj* ① *(determining)* bestimmend; *battle* entscheidend ② *(firm)* entschlossen

deck [dek] **I.** *n* ① *of a ship, a bus* Deck *nt;* **below ~s** unter Deck; **on ~** an Deck ② *esp* AM, AUS *(porch)* Veranda *f* ③ **~ of cards** Spiel *nt* Karten ▶ **to clear the ~s** klar Schiff machen **II.** *tr verb* **to ~ sth** [**out**] etw [aus]schmücken

deckchair *n* Liegestuhl *m;* *(on ship)* Deckchair *m*

declaration [ˌdeklə'reɪʃən] *n* Erklärung *f;* **~ of war** Kriegserklärung *f;* **to make a ~** eine Erklärung abgeben

declare [dɪ'kleər] *tr verb* ① *(announce)* verkünden; **to ~ one's love for sb** jdm eine Liebeserklärung machen ② *(state)* erklären; **to ~ war on sb** jdm den Krieg erklären ③ ECON deklarieren

declared [dɪ'kleəd] *adj* erklärt; **~ value** ECON, FIN angemeldeter Wert

declension [dɪ'klen(t)ʃən] *n* LING Fall *m*

decline [dɪ'klaɪn] **I.** *n* ① *(decrease)* Rückgang *m* ② *(deterioration)* Verschlechterung *f* **II.** *intr verb* ① *(diminish)* sinken, nachlassen ② *(drop)* abfallen **III.** *tr verb* ablehnen

declivity <*pl* -ies> [dɪ'klɪvəti] *n* abschüssige Stelle, Abhang *m*

decontaminate [ˌdiːkən'tæmɪneɪt] *tr verb* entseuchen

decontamination [ˌdiːkəntæmɪ'neɪʃən] *n no pl* Entseuchung *f*

decorate ['dekəreɪt] *tr verb* ① schmücken; *cake, window* dekorieren ② *(paint)* streichen; *(wallpaper)* tapezieren

decoration [ˌdekə'reɪʃən] *n* Dekoration *f;* *(for Christmas tree)* Schmuck *m kein Pl*

decorator ['dekəreɪtər] *n* BRIT Maler(in) *m(f)*

decrease[1] [dɪ'kriːs, 'diːkriːs] **I.** *intr verb* abnehmen, zurückgehen **II.** *tr verb* reduzieren

decrease[2] ['diːkriːs] *n* Abnahme *f;* *numbers* Rückgang *m;* **on the ~** rückläufig

dedicate ['dedɪkeɪt] *tr verb* widmen; **to ~ sth to sb** jdm etw widmen; **to ~ oneself to sth** sich einer S. *Dat* widmen

deduct [dɪ'dʌkt] *tr verb* abziehen

deductable AUS, **deductible** [dɪ'dʌktəbl̩] *adj* absetzbar

deduction [dɪ'dʌkʃən] *n* ① *(inference)* Schlussfolgerung *f* ② *(subtraction)* Abzug *m*

deed [diːd] *n* Tat *f;* **dirty ~s** Drecksarbeit *f;* **an evil ~** eine Untat

deejay ['diːdʒeɪ] *n* *(fam)* Discjockey *m*

deep [diːp] **I.** *adj, adv* tief; **the snow was 1 m ~** der Schnee lag einen Meter hoch; **to let out a ~ sigh** tief seufzen; **to take a ~ breath** tief Luft holen; **~ in debt** hoch verschuldet; **with ~ regret** mit großem Bedauern; **~ blue** tiefblau; **~ red** dunkelrot **II.** *n* *(liter)* **the ~** die Tiefe

deep-conditioning *adj shampoo* mit pflegender Tiefenwirkung *nachgestellt* **deep-freeze** *n* Tiefkühlschrank *m;* *(chest)* Tiefkühltruhe *f* **deep-frozen** *adj* tiefgefroren **deep-frozen foods** *n pl* Tiefkühlkost *f* **deep-fry** *tr verb* frittieren

deeply ['diːpli] *adv* ① *(very)* äußerst; **to be ~ appreciative of sth** etw sehr schätzen; **to be ~ insulted** zutiefst getroffen sein; **to ~ regret sth** etw sehr bereuen ② *(far down)* tief

deep-pocketed *adj* wohlhabend **deep-sea animal** *n* Tiefseetier *nt* **deep-**

D

D

seated *adj* tief sitzend **deep space** *n* der äußere Weltraum
deer <*pl* -> [dɪəʳ] *n* Hirsch *m;* (*roe* ~) Reh *nt*
defeat [dɪ'fiːt] **I.** *tr verb* besiegen; (*at games, sport*) schlagen; *hopes* zerschlagen **II.** *n* Niederlage *f*
defect[1] *n* ['diːfekt] Fehler *m;* (*flaw*) Defekt *m*
defect[2] [dɪ'fekt] *intr verb* POL überlaufen (**to** in)
defective [dɪ'fektɪv] *adj* fehlerhaft; (*flawed*) defekt
defector [dɪ'fektəʳ] *n* Überläufer(in) *m(f)*
defence [dɪ'fen(t)s] *n* ❶ Verteidigung *f a. fig;* **in my** ~ zu meiner Verteidigung; **ministry of** ~ Verteidigungsministerium *nt;* **witness for the** ~ Zeuge *m/* Zeugin *f* der Verteidigung ❷ SPORTS Abwehr *f* ❸ MED **~s** Abwehrkräfte *Pl*
defenceless [dɪ'fen(t)sləs] *adj* wehrlos
Defence Minister *n* Verteidigungsminister(in) *m(f)*
defend [dɪ'fend] *tr, intr verb* verteidigen; **to ~ oneself** sich wehren
defendant [dɪ'fendənt] *n* Angeklagte(r) *f(m)*
defender [dɪ'fendəʳ] *n* ❶ Beschützer(in) *m(f)* ❷ SPORTS Verteidiger(in) *m(f)*
defense *n esp* AM *see* **defence**
defensive [dɪ'fen(t)sɪv] **I.** *adj* defensiv **II.** *n* Defensive *f;* **to be on the** ~ in der Defensive sein; **to go on the** ~ in die Defensive gehen
defer <-rr-> [dɪ'fɜːʳ] **I.** *intr verb* (*form*) **to ~ to sb/sth** sich jdm/etw beugen **II.** *tr verb* verschieben
deferment [dɪ'fɜːmənt] *n,* **deferral** [dɪ'fɜːrəl] *n* Aufschub *m;* LAW Vertagung *f*
defiant [dɪ'faɪənt] *adj* aufsässig
define [dɪ'faɪn] *tr verb* definieren (**by** über); **to be ~d against sth** sich [deutlich] gegen etw abzeichnen
definite ['defɪnət] **I.** *adj* sicher; *answer* klar; *decision* definitiv; *improvement, increase* eindeutig; **there's nothing ~ yet** es steht noch nichts fest; **to be ~ about sth** sich *Dat* einer S. *Gen* sicher sein **II.** *n* (*fam*) **she's a ~ for the Olympic team** sie wird auf jeden Fall in der Olympiamannschaft dabei sein
definitely ['defɪnətli] *adv* ❶ (*obviously*) eindeutig ❷ (*firmly*) endgültig; **we're ~ going** wir gehen auf jeden Fall
definition [ˌdefɪ'nɪʃən] *n* ❶ Definition *f* ❷ *no pl* (*distinctness*) Schärfe *f;* **to lack ~** unscharf sein
deflect [dɪ'flekt] **I.** *tr verb* ablenken; *ball* abfälschen; **to ~ sb from doing sth** jdn davon abbringen, etw zu tun **II.** *intr verb* **to ~ off sth** von etw abprallen
deflection [dɪ'flekʃən] *n* Ablenkung *f*
defraud [dɪ'frɔːd] *tr verb* betrügen (**of** um)
defrost [diː'frɒst] *tr verb* auftauen; *fridge* abtauen
defuse [diː'fjuːz] *tr verb* entschärfen *a. fig*
defy <-ie-> [dɪ'faɪ] *tr verb* ❶ (*disobey*) **to ~ sb/sth** sich jdm/etw widersetzen; **to ~ description** jeder Beschreibung spotten ❷ (*challenge*) auffordern
degradation [ˌdegrə'deɪʃən] *n no pl* ❶ Erniedrigung *f* ❷ (*deterioration*) Verschlechterung *f*
degree [dɪ'griː] *n* ❶ (*amount*) Maß *nt;* (*extent*) Grad *m;* **to the last ~** im höchsten Grad; **by ~s** nach und nach ❷ UNIV Abschluss *m;* **to do a ~ in sth** etw studieren
degree course *n Studiengang, der mit einem „bachelor's degree" abschließt*
dehydrated [ˌdiːhaɪ'dreɪtɪd] *adj* ausgetrocknet
de-ice [ˌdiː'aɪs] *tr verb* enteisen
dejected [dɪ'dʒektɪd] *adj* niedergeschlagen
dejection [dɪ'dʒekʃən] *n no pl* Niedergeschlagenheit *f*
delay [dɪ'leɪ] **I.** *tr verb* ❶ (*postpone*) verschieben ❷ (*hold up*) aufhalten **II.** *intr verb* verschieben **III.** *n* Verzögerung *f;* TRANSP Verspätung *f;* **without ~** unverzüglich
delaying [dɪ'leɪɪŋ] *adj* verzögernd; **~ tactics** Verzögerungstaktiken *Pl*
delay timer *n* Zeitschaltuhr, *f*
delegate[1] ['delɪgət] *n* Delegierte(r) *f(m)*
delegate[2] ['delɪgeɪt] *tr verb* ❶ (*appoint*) als Vertreter/Vertreterin [aus]wählen ❷ (*assign*) **to ~ sth to sb** etw auf jdn übertragen
delegation [ˌdelɪ'geɪʃən] *n* Delegation *f*
delete [dɪ'liːt] *tr verb* ❶ streichen (**from** aus) ❷ COMPUT löschen
delete key *n* COMPUT Löschtaste *f*

deletion [dɪ'liːʃᵊn] *n* ❶ (*act*) Löschung *f; of a file* Löschen *nt* ❷ (*item*) Streichung *f;* **to make a ~** etw streichen
deli ['deli] *n* (*fam*) *short for* **delicatessen** Feinkostgeschäft *nt*
deliberate[1] [dɪ'lɪbᵊrət] *adj* ❶ absichtlich; *decision, lie* bewusst ❷ (*careful*) vorsichtig
deliberate[2] [dɪ'lɪbəreɪt] (*form*) **I.** *intr verb* [gründlich] nachdenken **II.** *tr verb* beraten
deliberation [dɪˌlɪbə'reɪʃᵊn] *n* ❶ *no pl* (*carefulness*) Bedächtigkeit *f* ❷ (*form: consideration*) Überlegung *f;* **after much ~** nach gründlicher Überlegung
delicacy ['delɪkəsi] *n* ❶ Delikatesse *f* ❷ *no pl* (*discretion*) Feingefühl *nt* ❸ *no pl of health* Zerbrechlichkeit *f*
delicate ['delɪkət] *adj* ❶ (*sensitive*) empfindlich; *china* zerbrechlich ❷ (*tricky*) heikel ❸ (*fine*) fein; **~ cycle** Feinwaschgang *m*
delicatessen [ˌdelɪkə'tesᵊn] *n* Feinkostgeschäft *nt*
delicious [de'lɪʃəs] *adj* köstlich
delight [dɪ'laɪt] **I.** *n* Freude *f;* **in ~** vor Freude **II.** *intr verb* **to ~ in sth** Vergnügen bei etw empfinden
delightful [dɪ'laɪtfᵊl] *adj* wunderbar, reizend
delirious [dɪ'lɪriəs] *adj* ❶ im Delirium *nachgestellt* ❷ (*happy*) **to be ~ [with sth]** außer sich [vor etw] sein
deliriously [dɪ'lɪriəsli] *adv* ❶ im Delirium ❷ (*extremely*) wahnsinnig
deliver [dɪ'lɪvəʳ] **I.** *tr verb* ❶ (*bring*) liefern; (*by post*) zustellen ❷ *speech* halten ❸ *blow* geben ❹ (*give birth*) zur Welt bringen; *midwife* entbinden **II.** *intr verb* ❶ (*supply*) liefern ❷ (*fulfil*) **to ~ on sth** etw einhalten
delivery [dɪ'lɪvᵊri] *n* ❶ Lieferung *f;* (*of mail*) Zustellung *f;* **~ time** Lieferzeit *f;* **on ~** bei Lieferung ❷ (*birth*) Entbindung *f*
delivery room *n* Kreißsaal *m* **delivery service** *n* Zustelldienst *m* **delivery suite** *n,* **delivery unit** *n* Kreißsaal *m*
delivery van *n* Lieferwagen *m*
delouse [diː'laʊs] *tr verb* entlausen
delude [dɪ'luːd] *tr verb* täuschen; **to ~ oneself** sich *Dat* etwas vormachen
deluge ['delјuːdʒ] **I.** *n* (*downpour*) Regenguss *m;* (*flood*) Flut *f* **II.** *tr verb* **to be ~d** überflutet werden
delusive [dɪ'luːsɪv] *adj* trügerisch
de luxe [dɪ'lʌks] *adj* Luxus-
demand [dɪ'mɑːnd] **I.** *tr verb* ❶ (*insist*) verlangen ❷ (*need*) erfordern **II.** *n* ❶ Forderung *f* (**for** nach); **to make ~s on sb** Anforderungen *Pl* an jdn stellen; **on ~** auf Verlangen ❷ (*requirement*) Bedarf *m;* COMM Nachfrage *f;* **in ~** gefragt
dementia [dɪmentʃə] *n* MED, PSYCH Demenz *f;* **to suffer from ~** an Demenz *Dat* erkrankt sein; **senile ~** Altersdemenz *f*
demerara [demᵊ'reərə] *n,* **demerara sugar** *n no pl* brauner Zucker, Farinzucker *m*
demist [dɪ'mɪst] *tr verb* BRIT *windscreen* frei machen
demister [dɪ'mɪstəʳ] *n* BRIT AUTO Gebläse *nt*
demo ['deməʊ] (*fam*) **I.** *n* Demo *f* **II.** *adj* Demo- **III.** *tr verb* <-'d, -'d> (*fam*) demonstrieren
democracy [dɪ'mɒkrəsi] *n* Demokratie *f*
democrat ['deməkræt] *n* Demokrat(in) *m(f)*
democratic [ˌdemə'krætɪk] *adj* demokratisch
demography [dɪ'mɒgrəfi] *n no pl* Demographie *f*
demolish [dɪ'mɒlɪʃ] *tr verb* ❶ *building* abreißen; *wall* einreißen ❷ (*defeat*) zunichtemachen
demolition [ˌdeməlɪʃᵊn] *n* Abriss *m;* (*fig*) Widerlegung *f*
demon ['diːmən] *n* Dämon *m*
demonstrate ['demənstreɪt] **I.** *tr verb* ❶ (*show*) zeigen; *operation* vorführen ❷ (*prove*) nachweisen **II.** *intr verb* demonstrieren
demonstration [ˌdemən'streɪʃᵊn] *n* ❶ Demonstration *f,* Vorführung *f* ❷ (*protest*) Demonstration *f*
demonstration model *n* Vorführmodell *nt,* SCHWEIZ *meist* Ausstellungsmodell *nt*
demonstrative [dɪ'mɒn(t)strətɪv] *adj* ❶ (*form*) schlüssig; **to be ~ of sth** etw veranschaulichen ❷ (*emotional*) offen
demonstrator ['demənstreɪtəʳ] *n* ❶ Vorführer(in) *m(f)* ❷ (*protester*) Demonstrant(in) *m(f)*

D

demoralize [dɪ'mɒrᵊlaɪz] *tr verb* demoralisieren

demote [dɪ'məʊt] *tr verb* zurückstufen; MIL degradieren

den [den] *n* ① (*lair*) Bau *m* ② (*playhouse*) Verschlag *m* ③ (*room*) Bude *f*

denial [di'naɪəl] *n* Dementi *nt;* (*action*) Leugnen *nt kein Pl*

denim ['denɪm] **I.** *n* ① *no pl* Denim® *m* ② (*fam*) **~s** Jeans *Pl* **II.** *adj* Jeans-

Denmark ['denmɑːk] *n* Dänemark *nt*

denominator [dɪ'nɒmɪneɪtəʳ] *n* MATH Nenner *m*

denounce [dɪ'naʊn(t)s] *tr verb* ① (*criticize*) anprangern ② (*accuse*) entlarven; **to ~ sb to sb** jdn bei jdm denunzieren

dense <-r, -st> [den(t)s] *adj* dicht

densely ['den(t)sli] *adv* dicht

denseness ['den(t)snəs] *n no pl* Dichte *f*

density ['den(t)sɪti] *n* Dichte *f*

dent [dent] **I.** *n* Delle *f* **II.** *tr verb* einbeulen

dental ['dentᵊl] *adj* Zahn-

dentist ['dentɪst] *n* Zahnarzt *m*/Zahnärztin *f*

dentistry ['dentɪstri] *n no pl* Zahnmedizin *f*

dentures ['den(t)ʃəz] *npl* [Zahn]prothese *f*

deny <-ie-> [dɪ'naɪ] *tr verb* ① (*negate*) abstreiten; *accusation* zurückweisen ② (*refuse*) **to ~ sth to sb** jdm etw verweigern ③ (*do without*) **to ~ oneself sth** sich *Dat* etw versagen

deodorant [di'əʊdᵊrᵊnt] *n* Deo[dorant] *nt*

depart [dɪ'pɑːt] **I.** *intr verb* fortgehen; *plane* abfliegen; *train* abfahren; *ship* ablegen **II.** *tr verb* **to ~ this life** aus diesem Leben scheiden

departed [dɪ'pɑːtɪd] (*form*) **I.** *adj* verstorben **II.** *n* <*pl* -> **the ~** (*one person*) der/die Verstorbene; (*several*) die Verstorbenen *Pl*

department [dɪ'pɑːtmənt] *n* ① UNIV Institut *nt* ② COMM Abteilung *f* ③ ADMIN Amt *nt*

departmental [ˌdɪpɑːt'mentᵊl] *adj* ① UNIV Instituts- ② COMM Abteilungs- ③ ADMIN Amts-

department store *n* Kaufhaus *nt*

departure [dɪ'pɑːtʃəʳ] *n* ① Abreise *f*; *plane* Abflug *m; ship* Ablegen *nt* ② (*leaving*) Abschied *m*

departure gate *n* Flugsteig *m* **departure lounge** *n* Abfahrthalle *f;* AVIAT Abflughalle *f* **departure time** *n* Abfahrtzeit *f;* AVIAT Abflugzeit *f*

depend [dɪ'pend] *intr verb* ① (*follow*) **to ~ on sth** von etw abhängen; **that ~s** kommt darauf an ② (*be helped*) **to ~ on sb/sth** von jdm/etw abhängig sein ③ (*rely*) **to ~ [up]on sb/sth** sich auf jdn/etw verlassen

dependable [dɪ'pendəbl̩] *adj* zuverlässig

dependant [dɪ'pendənt] *n* [finanziell] abhängige(r) Angehörige(r) *f(m)*

dependent [dɪ'pendənt] **I.** *adj* ① (*conditional*) **to be ~ [up]on sth** von etw abhängen ② (*relying*) abhängig (**on** von); (*for help, goodwill*) angewiesen (**on** auf) **II.** *n* AM *see* **dependant**

depict [dɪ'pɪkt] *tr verb* (*form*) darstellen

depiction [dɪ'pɪkʃᵊn] *n* Darstellung *f*

depleted [dɪ'pliːtɪd] *adj* verbraucht

deplorable [dɪ'plɔːrəbl̩] *adj* beklagenswert; *conditions* erbärmlich

deplore [dɪ'plɔːʳ] *tr verb* ① (*disapprove*) verurteilen ② (*regret*) beklagen

deploy [dɪ'plɔɪ] *tr verb* einsetzen

deployment [dɪ'plɔɪmənt] *n no pl* Einsatz *m*

deport [dɪ'pɔːt] *tr verb* ausweisen; *prisoner* deportieren

deportation [ˌdɪpɔː'teɪʃᵊn] *n* Ausweisung *f,* Abschiebung *f*

deportee [ˌdɪpɔː'tiː] *n* Abgeschobene(r) *f(m);* (*awaiting deportation*) Abzuschiebende(r) *f(m)*

depose [dɪ'pəʊz] *tr verb* absetzen; *monarch* entthronen

deposit [dɪ'pɒzɪt] **I.** *tr verb* ① (*leave*) absetzen ② (*pay*) einzahlen; (*as first instalment*) anzahlen ③ (*as security*) als Sicherheit hinterlegen **II.** *n* ① (*sediment*) Bodensatz *m; of coal* Vorkommen *nt* ② (*security*) Kaution *f;* (*on bottle*) Pfand *nt*

deposit account *n* BRIT Sparkonto *nt*

depositor [dɪ'pɒzɪtəʳ] *n* Anleger(in) *m(f)*

depreciate ['dɪpriːʃreɪt] **I.** *intr verb* an Wert verlieren **II.** *tr verb* entwerten

depreciation [ˌdɪpriːʃr'eɪʃᵊn] *n no pl*

Wertminderung *f; of currencies* Entwertung *f*

depress [dɪ'pres] *tr verb* ① (*deject*) deprimieren ② (*reduce*) drücken ③ (*form: press*) [nieder]drücken; **to ~ a pedal** auf ein Pedal treten

depressed [dɪ'prest] *adj* ① (*dejected*) deprimiert (**at/over** wegen) ② ECON heruntergekommen

depressing [dɪ'presɪŋ] *adj* deprimierend

depression [dɪ'preʃᵊn] *n* ① *no pl* Depression *f;* **to suffer from ~** unter Depressionen leiden ② ECON Wirtschaftskrise *f* ③ METEO Tiefdruckgebiet *nt*

deprive [dɪ'praɪv] *tr verb* **to ~ sb of sth** jdm etw entziehen

deprived [dɪ'praɪvd] *adj* sozial benachteiligt

depth [depθ] *n* Tiefe *f a. fig;* **in the ~ of winter** mitten im tiefsten Winter ▶ **to be out of one's ~** für jdn zu hoch sein

deputize ['depjətaɪz] *intr verb* **to ~ for sb** für jdn einspringen, jdn vertreten

deputy ['depjəti:] **I.** *n* Stellvertreter(in) *m(f)* **II.** *adj attr* stellvertretend

derailment [dɪ'reɪlmənt] *n* Entgleisung *f;* (*fig*) *of negotiation* Scheitern *nt*

deregulate [di:'regju:leɪt] *tr verb* deregulieren

derelict ['derəlɪkt] **I.** *adj* verlassen; **to lie ~** brachliegen **II.** *n* (*form*) Obdachlose(r) *f(m)*

derision [dɪ'rɪʒᵊn] *n no pl* Spott *m;* **to treat sth with ~** etw verhöhnen

derisory [dɪ'raɪsᵊri] *adj* ① spöttisch ② (*negligible*) lächerlich

derive [dɪ'raɪv] **I.** *tr verb* gewinnen; **sb ~s pleasure from doing sth** etw bereitet jdm Vergnügen **II.** *intr verb* **to ~ from sth** sich von etw ableiten [lassen]

derogatory [dɪ'rɒgətᵊri] *adj* abfällig

descale [di:'skeɪl] *tr verb* entkalken

descend [dɪ'send] **I.** *intr verb* ① (*go down*) herunterführen ② (*fall*) herabsinken ③ (*originate*) abstammen **II.** *tr verb* hinuntersteigen

descendant [dɪ'sendənt] *n* Nachkomme *m*

descent [dɪ'sent] *n* ① *of a plane* [Lande]anflug *m* ② (*way down*) Abstieg *m kein Pl* ③ *no pl* (*ancestry*) Abstammung *f*

describe [dɪ'skraɪb] *tr verb* beschreiben; *experience* schildern

description [dɪ'skrɪpʃᵊn] *n* Beschreibung *f;* **of every ~** jeglicher Art

descriptive [dɪ'skrɪptɪv] *adj* beschreibend; *statistics* deskriptiv

desert[1] [dɪ'zɜ:t] **I.** *intr verb* desertieren **II.** *tr verb* verlassen

desert[2] ['dezət] *n* Wüste *f a. fig;* **~ island** verlassene Insel

deserts [dɪ'zɜ:tz] *npl* **to get one's [just] ~** seine Quittung bekommen

deserve [dɪ'zɜ:v] *tr verb* verdienen; **what have I done to ~ [all] this?** womit habe ich das verdient?

deservedly [dɪ'zɜ:vɪdli] *adv* verdientermaßen; **~ so** zu Recht

deserving [dɪ'zɜ:vɪŋ] *adj* verdienstvoll; **a ~ cause** eine gute Sache

desiccated ['desɪkeɪtɪd] *adj* getrocknet; (*unwanted*) vertrocknet; **~ coconut** geraspelte Kokosnuss

design [dɪ'zaɪn] **I.** *tr verb* ① (*plan*) entwerfen; *books* gestalten ② (*intend*) **to be ~ed for sb** für jdn konzipiert sein **II.** *n* ① (*draft*) Entwurf *m* ② *no pl* (*art*) Design *nt; of a building* Bauart *f* ③ (*fam: intentions*) **~s** Absichten *Pl* **III.** *adj* Konstruktions-

designer [dɪ'zaɪnəʳ] *n* Designer(in) *m(f);* **~ jeans** Designerjeans *f*

desirable [dɪ'zaɪərəbl̩] *adj* ① erstrebenswert ② (*sexy*) begehrenswert

desire [dɪ'zaɪəʳ] **I.** *tr verb* ① (*want*) wünschen ② (*covet*) begehren **II.** *n* ① (*wish*) Verlangen *nt;* (*stronger*) Sehnsucht *f* ② (*sexual need*) Begierde *f*

desired *adj* erwünscht

desk [desk] *n* ① Schreibtisch *m* ② (*counter*) Schalter *m*

desk lamp *n* Schreibtischlampe *f*

desolate ['desᵊlət] **I.** *adj* ① trostlos ② (*unhappy*) niedergeschlagen **II.** *tr verb* **to be ~d** untröstlich sein

despair [dɪ'speəʳ] **I.** *n no pl* Verzweiflung *f;* **in ~** verzweifelt **II.** *intr verb* verzweifeln (**at** an)

despairing [dɪ'speərɪŋ] *adj* verzweifelt

desperate ['despᵊrət] *adj* verzweifelt; (*great*) dringend; **I'm in a ~ hurry** ich hab's wahnsinnig eilig

desperation [ˌdespᵊ'reɪʃᵊn] *n no pl* Verzweiflung *f;* **in ~** aus Verzweiflung

despise [dɪ'spaɪz] *tr verb* verachten

D

D

despite [dɪ'spaɪt] *prep* ~ **sth** trotz einer S. *Gen*
despondent [dɪ'spɒndənt] *adj* niedergeschlagen
dessert [dɪ'zɜ:t] *n* Nachtisch *m,* Dessert *nt*
dessertspoon *n* (*small*) Dessertlöffel *m;* (*larger*) Esslöffel *m*
destination [ˌdestɪ'neɪʃᵊn] *n* Ziel *nt; of a journey* Reiseziel *nt; of a letter* Bestimmungsort *m*
destined ['destɪnd] *adj pred* 1 (*intended*) bestimmt (**for** für) 2 (*heading towards*) vorherbestimmt (**for** für); ~ **to fail** zum Scheitern verurteilt 3 (*hum: meant to be*) vorherbestimmt
destiny ['destɪni:] *n* Schicksal *nt*
destitute ['destɪtju:t] **I.** *adj* mittellos **II.** *n* **the** ~ *pl* die Bedürftigen
de-stress [ˌdi:'stres] *intr verb* Stress abbauen
destroy [dɪ'strɔɪ] *tr verb* 1 zerstören 2 (*do away with*) vernichten 3 (*kill*) auslöschen; *pet* einschläfern 4 *reputation* ruinieren
destructible [dɪ'strʌktəbl̩] *adj* zerstörbar
destruction [dɪ'strʌkʃᵊn] *n no pl* Zerstörung *f;* **mass** ~ Massenvernichtung *f*
destructive [dɪ'strʌktɪv] *adj* zerstörerisch; *influence, person* destruktiv
Det *n abbrev of* **Detective** Kriminalbeamte(r) *m/*-beamtin *f*
detach [dɪ'tætʃ] *tr verb* abnehmen; (*permanently*) abtrennen
detachable [dɪ'tætʃəbl̩] *adj* abnehmbar
detached [dɪ'tætʃt] *adj* abgelöst; **to become** ~ sich ablösen
detail ['di:teɪl] **I.** *n* 1 (*information*) Detail *nt,* Einzelheit *f;* **further** ~**s** nähere Informationen; **to go into** ~ ins Detail gehen 2 (*triviality*) Kleinigkeit *f* **II.** *tr verb* 1 (*explain*) ausführlich erläutern 2 (*specify*) einzeln aufführen
detailed ['di:teɪld] *adj* detailliert; *description, report* ausführlich
detain [dɪ'teɪn] *tr verb* 1 LAW in Haft nehmen 2 (*form: delay*) aufhalten
detainee [ˌdɪteɪ'ni:] *n* Häftling *m*
detect [dɪ'tekt] *tr verb* 1 (*catch in act*) ertappen 2 (*discover*) entdecken; *disease* feststellen; *mine* aufspüren
detectable [dɪ'tektəbl̩] *adj* feststellbar; *change* wahrnehmbar
detection [dɪ'tekʃᵊn] *n no pl* 1 Entdeckung *f; of cancer* Feststellung *f* 2 (*by detective*) Ermittlungsarbeit *f*
detective [dɪ'tektɪv] *n* 1 (*in police*) Kriminalbeamte(r) *f(m),* Kriminalbeamte [*o* -in] *f* 2 (*private*) [Privat]detektiv(in) *m(f)*
detective novel *n* Kriminalroman *m,* Krimi *m fam*
detention [dɪ'ten(t)ʃᵊn] *n* 1 *no pl* (*state*) Haft *f* 2 (*act*) Festnahme *f* 3 *no pl* MIL Arrest *m*
detention centre *n* BRIT, **detention home** *n* AM Jugendstrafanstalt *f*
deter <-rr-> [dɪ'tɜ:ʳ] *tr verb* verhindern; **to** ~ **sb** jdn abschrecken
detergent [dɪ'tɜ:dʒᵊnt] *n* Reinigungsmittel *nt*
deteriorate [dɪ'tɪəriᵊreɪt] *intr verb* 1 sich verschlechtern; *sales* zurückgehen 2 (*disintegrate*) verfallen
determination [dɪˌtɜ:mɪ'neɪʃᵊn] *n no pl* 1 (*resolve*) Entschlossenheit *f* 2 (*determining*) Bestimmung *f*
determine [dɪ'tɜ:mɪn] *tr verb* 1 (*decide*) entscheiden; **to** ~ **that ...** beschließen, dass ... 2 (*find out*) ermitteln; **to** ~ **that ...** feststellen, dass ...
determined [dɪ'tɜ:mɪnd] *adj* entschlossen; **she is** ~ **that ...** sie hat es sich in den Kopf gesetzt, dass ...
deterrent [dɪ'terᵊnt] **I.** *n* Abschreckung *f,* Abschreckungsmittel *nt* **II.** *adj* abschreckend
detest [dɪ'test] *tr verb* verabscheuen
detestable [dɪ'testəbl̩] *adj* abscheulich
detonate ['detᵊneɪt] *intr verb, vt* detonieren
detonation [ˌdetᵊn'eɪʃᵊn] *n* Detonation *f*
detour ['di:tʊəʳ] *n* Umweg *m*
detox ['di:tɒks] **I.** *n short for* **detoxification** Entzug *m* **II.** *intr verb short for* **detoxify** Entzug machen
detoxification [di:ˌtɒksɪfɪ'keɪʃᵊn] *n no pl* 1 (*remove poison*) Entgiftung *f* 2 (*treatment for addiction*) Entzug *m fam*
detoxification centre *n* Entziehungsanstalt *f* **detoxification programme** *n* Entziehungskur *f*
detoxify <-ie-> [ˌdi:'tɒksɪfaɪ] *tr verb* entgiften
detractor [dɪ'træktəʳ] *n* Kritiker(in) *m(f)*

detrimental [ˌdetrɪˈmentᵊl] *adj* schädlich
deuce [dju:s] *n* ① AM (*cards, dice*) Zwei *f* ② TENNIS Einstand *m*
devalue [ˌdi:ˈvælju:] *tr verb* abwerten
devastate [ˈdevəsteɪt] *tr verb* vernichten; **to be utterly ~d** völlig am Boden zerstört sein
devastating [ˈdevəsteɪtɪŋ] *adj* ① verheerend, vernichtend *a. fig* ② (*fig fam: overwhelming*) umwerfend
devastation [ˌdevəˈsteɪʃᵊn] *n no pl* ① Verwüstung *f* ② (*despair*) Verzweiflung *f*
develop [dɪˈveləp] **I.** *intr verb* sich entwickeln (**into** zu); *abilities* sich entfalten **II.** *tr verb* ① entwickeln; *habit* annehmen ② PHOT entwickeln
developing [dɪˈveləpɪŋ] *adj* sich entwickelnd
development [dɪˈveləpmənt] *n* ① *no pl* Entwicklung *f* ② *no pl* ARCHIT (*work*) Bau *m*
deviate [ˈdi:vieɪt] *intr verb* abweichen; *from route* sich entfernen
device [dɪˈvaɪs] *n* ① (*machine*) Gerät *nt*, Vorrichtung *f* ② (*method*) Verfahren *nt*; **stylistic ~** Stilmittel *nt*; **literary ~** literarischer Kunstgriff ③ (*bomb*) **incendiary ~** Brandsatz *m*
devil [ˈdevᵊl] *n* ① (*Satan*) **the Devil** der Teufel ② (*evil spirit*) Teufel *m* ③ (*fig*) Teufel(in) *m(f)* ④ (*fam: sly person*) alter Fuchs ⑤ (*fam*) **cheeky ~** Frechdachs *m*; **lucky ~** Glückspilz *m*
devilish [ˈdevᵊlɪʃ] *adj* teuflisch; *situation* verteufelt; **~ job** Heidenarbeit *f*
devious [ˈdi:viəs] *adj* ① (*dishonest*) verschlagen; *scheme* krumm ② (*roundabout*) gewunden; **to take a ~ route** einen Umweg fahren
devise [dɪˈvaɪz] *tr verb* erdenken; *scheme* aushecken
devoid [dɪˈvɔɪd] *adj* **to be ~ of sth** ohne etw sein
devolution [ˌdi:vəˈlu:ʃᵊn] *n no pl* POL Dezentralisierung *f*

Devolution nennt man in Großbritannien den Prozess der Umverteilung der zentralen Staatsgewalt auf die einzelnen Teile des Landes. Inzwischen entscheiden sowohl das *Scottish Parliament* als auch die *Northern Ireland Assembly* und die *Welsh Assembly* regionale Angelegenheiten selbst. Nur England besitzt kein eigenes Parlament. Das *Parliament of the United Kingdom* in London ist die oberste gesetzgebende Gewalt für alle Teile des Landes, kümmert sich jedoch auch um die Belange von England und bestimmt die Außenpolitik sowie die Verteidigungs- und Wirtschaftspolitik. In Schottland geht man inzwischen jedoch einen Schritt weiter und denkt laut über die vollständige Unabhängigkeit von Großbritannien nach.

devote [dɪˈvəʊt] *tr verb* widmen; *time* opfern; **to ~ oneself to God** sein Leben Gott weihen
devoted [dɪˈvəʊtɪd] *adj admirer* begeistert; *follower, friend* treu; *servant* ergeben
devotion [dɪˈvəʊʃᵊn] *n no pl* ① (*loyalty*) Ergebenheit *f* ② (*dedication*) Hingabe *f* (**to** an) ③ (*affection*) Liebe *f*; (*admiration*) Verehrung *f*
devour [dɪˈvaʊəʳ] *tr verb* verschlingen *a. fig*
devout [dɪˈvaʊt] *adj* fromm; (*fig*) [sehr] engagiert; *hope, wish* sehnlich
dew [dju:] *n no pl* Tau *m*
diabetes [ˌdaɪəˈbi:ti:z] *n no pl* Zuckerkrankheit *f*
diabetic [ˌdaɪəˈbetɪk] **I.** *n* Diabetiker(in) *m(f)* **II.** *adj* ① zuckerkrank ② (*for diabetics*) Diabetiker-
diabolical [ˌdaɪəˈbɒlɪkᵊl] *adj* ① (*evil*) teuflisch ② (*bad*) schrecklich
diagnose [ˈdaɪəgnəʊz] *tr verb* ① MED diagnostizieren ② *fault* feststellen
diagnosis <*pl* -ses> [ˌdaɪəgˈnəʊsɪs, *pl* -si:z] *n* ① Diagnose *f*; **to make a ~** eine Diagnose stellen ② *of a problem* Beurteilung *f*
diagonal [daɪˈægᵊnᵊl] **I.** *adj* diagonal, schräg **II.** *n* Diagonale *f*
diagram [ˈdaɪəgræm] *n* schematische Darstellung; MATH Diagramm *nt*
dial [daɪəl] **I.** *n of a clock* Zifferblatt *nt*; *of an instrument, a radio* Skala *f*; *of a telephone* Wählscheibe *f* **II.** *intr, tr verb* <BRIT -ll- *or* AM *usu* -l-> wählen
dialect [ˈdaɪəlekt] *n* Dialekt *m*

D

dialer ['daɪəlɐ] *n* INET Einwahlprogramm *nt,* Dialer *m*
dialling ['daɪəlɪŋ] *n no pl* Wählen *nt*
dialling code *n* BRIT Vorwahl *f*
dialog AM *see* **dialogue**
dialogue ['daɪəlɒg] *n* Dialog *m*
dial-up number *n* INET Einwahlnummer *f*
diameter [daɪ'æmətəʳ] *n* Durchmesser *m*
diametrically [daɪə'metrɪkᵊli] *adv* ~ **opposed** völlig entgegengesetzt
diamond ['daɪəmənd] *n* ① (*stone*) Diamant *m* ② MATH Raute *f* ③ CARDS Karo *nt*
diamond wedding *n* diamantene Hochzeit
diaper ['daɪəpəʳ] *n* AM Windel *f*
diarrhea *esp* AM, **diarrhoea** [ˌdaɪə'rɪə] *n no pl* Durchfall *m*
diary ['daɪəri:] *n* ① Tagebuch *nt* ② (*schedule*) [Termin]kalender *m*
dice [daɪs] **I.** *n* <*pl* -> Würfel *m;* (*game*) Würfelspiel *nt;* **to roll the** ~ würfeln ▸ **no** ~**!** AM (*fam*) kommt [überhaupt] nicht in Frage! **II.** *intr verb* würfeln ▸ **to** ~ **with death** mit seinem Leben spielen
dicey ['daɪsi] *adj* (*fam*) riskant
dick [dɪk] *n* ① (*pej!: stupid man*) Idiot *m* ② (*vulg: penis*) Schwanz *m*
dickey bow *n* BRIT (*fam*) Fliege *f*
dicky ['dɪki] *adj* BRIT, AUS (*sl*) *heart* schwach
dictate [dɪk'teɪt] **I.** *tr verb* ① (*command*) befehlen ② (*recite*) diktieren **II.** *intr verb* **to** ~ **to sb** jdm Vorschriften machen
dictation [dɪk'teɪʃᵊn] *n* Diktat *nt*
dictator [dɪk'teɪtəʳ] *n* ① (*a. fig*) Diktator *m* ② (*reciter*) Diktierende(r) *f(m)*
dictatorship [dɪk'teɪtəʃɪp] *n* Diktatur *f*
dictionary ['dɪkʃᵊnᵊri] *n* Wörterbuch *nt*
did [dɪd] *pt of* **do**
didn't ['dɪdᵊnt] = **did not** *see* **do**
die[1] [daɪ] *n* <*pl* dice> Würfel *m* ▸ **the** ~ **is cast** die Würfel sind gefallen
die[2] <-y-> [daɪ] **I.** *intr verb* ① sterben (**of** an) ② (*end*) vergehen ③ (*fam: not work*) kaputtgehen; *battery* leer werden ▸ **to** ~ **hard** nicht totzukriegen sein **II.** *tr verb* sterben ◆ **die away** *intr verb* schwinden; *sobs* nachlassen; *sound* verhallen ◆ **die back** *intr verb* absterben ◆ **die down** *intr verb noise* leiser werden; *rain, wind* schwächer werden; *storm* sich legen ◆ **die off** *intr verb* aussterben; BOT absterben ◆ **die out** *intr verb* aussterben
dieback *n* [Ab]sterben *nt* [von Bäumen/Ästen]
diesel ['di:zᵊl] *n no pl* ① Diesel[kraftstoff] *m;* **to run on** ~ mit Diesel fahren ② (*vehicle*) Dieselfahrzeug *nt,* Diesel *m*
diesel engine *n* Dieselmotor *m*
diet [daɪət] **I.** *n* ① Nahrung *f;* (*controlled*) Diät *f;* **on a** ~ auf Diät ② (*scheme*) Diät *f,* Schlankheitskur *f* **II.** *intr verb* Diät halten **III.** *adj* Diät-
dietary ['daɪətᵊri] *adj* Ernährungs-, Ess-; (*controlled*) Diät-
dietary fibre *n no pl* Ballaststoffe *Pl*
differ ['dɪfəʳ] *intr verb* ① (*be unlike*) sich unterscheiden ② (*not agree*) verschiedener Meinung sein
difference ['dɪfᵊrᵊn(t)s] *n* ① Unterschied *m;* ~ **in quality** Qualitätsunterschied *m* ② (*margin*) Differenz *f;* (*remainder*) Rest *m* ③ (*disagreement*) Meinungsverschiedenheit *f*
different ['dɪfᵊrᵊnt] *adj* ① anders *präd,* andere(r, s) *attr;* **something** ~ etwas anderes; *opinions* unterschiedlich ② (*unusual*) ungewöhnlich
differentiate [ˌdɪfᵊ'ren(t)ʃieɪt] *intr verb, vt* unterscheiden
difficult ['dɪfɪkᵊlt] *adj* schwierig, schwer; *person* anspruchsvoll; *situation* heikel
difficulty ['dɪfɪkᵊlti] *n* ① *no pl* (*effort*) **with** ~ mit Mühe ② *no pl* (*problematic nature*) Schwierigkeit *f* ③ (*trouble*) Problem *nt,* Schwierigkeit *f*
diffract [dɪ'frækt] *tr verb* PHYS beugen
diffusion [dɪ'fju:ʒᵊn] *n no pl* Verbreitung *f;* SOCIOL Ausbreitung *f;* CHEM, PHYS Diffusion *f*
dig [dɪg] **I.** *n* ① ARCHEOL Ausgrabung *f* ② (*thrust*) Stoß *m;* ~ **in the ribs** Rippenstoß *m;* (*fig: cutting remark*) Seitenhieb *m* (**at** auf) ③ *esp* BRIT (*fam*) ~**s** [Studenten]bude *f* **II.** *intr verb* <-gg-, dug, dug> graben (**for** nach) **III.** *tr verb* <-gg-, dug, dug> ① graben ② ARCHEOL ausgraben ◆ **dig in I.** *intr verb* ① (*fam: begin eating*) zulangen ② MIL sich eingraben **II.** *tr verb* untergraben ◆ **dig out** *tr verb* ausgraben *a. fig* ◆ **dig up** *tr verb* ① (*turn over*) umgraben ② (*remove*) ausgraben; ARCHEOL freilegen

digest[1] [daɪˈdʒest] *tr verb* ① verdauen *a. fig* ② CHEM auflösen
digest[2] [ˈdaɪdʒest] *n* Auswahl *f* (**of** aus)
digestible [dɪˈdʒestəbl̩] *adj* verdaulich
digestion [dɪˈdʒestʃᵊn] *n* Verdauung *f*
digger [ˈdɪgəʳ] *n* Gräber(in) *m(f);* ARCHEOL Ausgräber(in) *m(f);* (*machine*) Bagger *m*
digicam [ˈdɪdʒɪkæm] *n short for* **digital camera** Digitalkamera *f*
digit [ˈdɪdʒɪt] *n* ① MATH Ziffer *f;* **three-~ number** dreistellige Zahl ② (*finger*) Finger *m;* (*toe*) Zehe *f*
digital [ˈdɪdʒɪtᵊl] *adj* digital, Digital-
digitalize [ˈdɪdʒɪtᵊlaɪz] *tr verb* digitalisieren
digital radio *n no pl* Digitalradio *nt*
digitizer [ˈdɪdʒɪtaɪzəʳ] *n* COMPUT Digitalisierer *m*
dignified [ˈdɪgnɪfaɪd] *adj* würdig, würdevoll
dignity [ˈdɪgnɪti] *n no pl* Würde *f;* **human ~** Menschenwürde *f*
digress [daɪˈgres] *intr verb* abschweifen
digression [daɪˈgreʃᵊn] *n* Abschweifung *f,* Exkurs *m*
dike *n see* **dyke**
dilapidated [dɪˈlæpɪdeɪtɪd] *adj* heruntergekommen; *house also* verfallen
dilate [daɪˈleɪt] **I.** *intr verb* sich weiten **II.** *tr verb* erweitern
diligent [ˈdɪlɪdʒᵊnt] *adj* ① fleißig ② (*painstaking*) sorgfältig
dilute [daɪˈluːt] **I.** *tr verb* ① verdünnen ② (*fig*) abschwächen **II.** *adj* verdünnt
dilution [daɪˈluːʃᵊn] *n* ① *no pl* Verdünnen *nt* ② (*liquid*) Verdünnung *f*
dim <-mm-> [dɪm] **I.** *adj* ① (*not bright*) schwach, trüb; (*poorly lit*) schumm[e]rig ② (*indistinct*) undeutlich ③ (*dull*) matt **II.** *tr verb* abdunkeln **III.** *intr verb* dunkler werden
dimension [ˌdaɪˈmen(t)ʃᵊn] *n* Dimension *f*
diminish [dɪˈmɪnɪʃ] **I.** *tr verb* vermindern **II.** *intr verb* sich vermindern; *pain* nachlassen
diminutive [dɪˈmɪnjətɪv] **I.** *adj* ① (*small*) winzig ② LING diminutiv **II.** *n* LING Verkleinerungsform *f*
dimmer [ˈdɪməʳ] *n,* **dimmer switch** *n* Dimmer *m,* Helligkeitsregler *m*
dim-witted *adj* dusselig *fam*
din [dɪn] **I.** *n no pl* Lärm *m;* **the ~ of the traffic** der Verkehrslärm **II.** *tr verb* **to ~ sth into sb** jdm etw einbläuen
dine [daɪn] *intr verb* (*form*) speisen
diner [ˈdaɪnəʳ] *n* ① Speisende(r) *f(m);* (*in restaurant*) Gast *m* ② AM *Restaurant am Straßenrand mit Theke und Tischen*
dinghy [ˈdɪŋgi] *n* Ding[h]i *nt*
dingy [ˈdɪndʒi] *adj* düster, schmuddelig; *colour* trüb
dining room *n* Esszimmer *nt;* (*larger*) Speisesaal *m*
dining table *n* Esstisch *m*
dinner [ˈdɪnəʳ] *n* ① Abendessen *nt;* (*warm lunch*) Mittagessen *nt;* **~'s ready!** das Essen ist fertig!; **to go out for ~** essen gehen; **to have ~** zu Abend/Mittag essen ② (*formal meal*) Diner *nt,* Festessen *nt*
dinner jacket *n* Smoking *m* **dinner party** *n* Abendgesellschaft *f* [mit Essen] **dinner service** *n,* **dinner set** *n* Tafelservice *nt* **dinner table** *n* (*in house*) Esstisch *m;* (*at formal event*) Tafel *f* **dinnertime** *n no pl* Essenszeit *f*
dinosaur [ˈdaɪnəsɔːʳ] *n* Dinosaurier *m a. fig*
diode [ˈdaɪəʊd] *n* Diode *f*
dip [dɪp] **I.** *n* ① [kurzes] Eintauchen *kein Pl* ② (*sauce*) Dip *m* ③ (*swim*) **to go for a ~** kurz reinspringen ④ *of a road* Vertiefung *f* **II.** *intr verb* <-pp-> ① (*go down*) [ver]sinken; (*lower*) sich senken ② (*decline*) fallen; *profits* zurückgehen ③ (*slope down*) abfallen **III.** *tr verb* <-pp-> ① (*immerse*) [ein]tauchen; (*in sauce*) [ein]tunken ② (*put into*) [hinein]stecken ③ (*lower*) senken; *flag* dippen ◆ **dip into** *intr verb* ① (*read*) **to ~ into sth** einen kurzen Blick auf etw *Akk* werfen ② *savings* angreifen; **to ~ into one's pocket** tief in die Tasche greifen
diploma [dɪˈpləʊmə] *n* Diplom *nt*
diplomacy [dɪˈpləʊməsi] *n no pl* Diplomatie *f a. fig*
diplomat [ˈdɪpləmæt] *n* Diplomat(in) *m(f) a. fig*
diplomatic [ˌdɪpləˈmætɪk] *adj* diplomatisch *a. fig*
dipper [ˈdɪpəʳ] *n* ① ORN Taucher *m* ② (*ladle*) Schöpflöffel *m*
dippy [ˈdɪpi] *adj* (*sl*) verrückt *fam*
dipstick *n* [Öl]messstab *m*
dip switch *n* BRIT Abblendschalter *m*

D

direct [dɪ'rekt] **I.** *adj, adv* direkt; ~ **flight** Direktflug *m;* ~ **route** kürzester Weg; **to dial** ~ durchwählen **II.** *tr verb* ① (*control*) leiten; *traffic* regeln ② (*order*) anweisen ③ (*aim*) richten (**at** an); *attention* lenken (**at** auf) ④ (*give directions*) **to** ~ **sb to sth** jdm den Weg zu etw zeigen **III.** *intr verb* THEAT, FILM Regie führen; MUS dirigieren

direct debit *n no pl* BRIT, CAN Einzugsermächtigung *f* **direct hit** *n* Volltreffer *m*

direction [dɪ'rekʃᵊn] *n* ① Richtung *f;* **sense of** ~ Orientierungssinn *m;* **to lack** ~ orientierungslos sein ② *no pl* (*supervision*) Leitung *f* ③ *no pl* FILM, TV, THEAT Regie *f* ④ (*instructions*) ~**s** Anweisungen *Pl*

directive [dɪ'rektɪv] *n* [An]weisung *f*

directly [dɪ'rektli] **I.** *adv* direkt; **I'll be with you** ~ ich bin gleich bei Ihnen; ~ **after/before** unmittelbar danach/davor **II.** *conj* sobald

director [dɪ'rektəʳ] *n* ① *of a company* Direktor(in) *m(f)* ② (*board member*) Mitglied *nt* des Verwaltungsrats ③ FILM, THEAT Regisseur(in) *m(f); of an orchestra* Dirigent(in) *m(f)*

directory [dɪ'rektᵊri] *n* Telefonbuch *nt;* (*list*) Verzeichnis *nt;* **business** ~ Branchenverzeichnis *nt*

directory assistance *n no pl* AM, AUS, **directory enquiries** *npl* BRIT [Telefon]auskunft *f kein Pl*

dirt [dɜːt] *n no pl* ① Schmutz *m,* Dreck *m;* **covered in** ~ ganz schmutzig ② (*soil*) Erde *f* ③ (*scandal*) **to dig for** ~ nach Skandalen suchen

dirt cheap *adj* (*fam*) spottbillig

dirty ['dɜːti] **I.** *adj* ① dreckig, schmutzig ② (*fam: nasty*) gemein; *liar* dreckig ③ (*fam: lewd*) schmutzig; *language* vulgär **II.** *adv* ① BRIT, AUS (*sl*) ~ **great** riesig ② (*dishonestly*) **to play** ~ unfair spielen ③ (*obscenely*) **to talk** ~ sich vulgär ausdrücken **III.** *tr verb* beschmutzen **IV.** *n no pl* BRIT, AUS (*fam*) ▶ **to do the** ~ **on sb** jdn [he]reinlegen

dirty bomb *n* schmutzige Bombe **dirty bomber** *n* Bombenattentäter(in) *m(f)* mit einer schmutzigen Bombe

disability [ˌdɪsə'bɪləti] *n* Behinderung *f;* ~ **benefit** Erwerbsunfähigkeitsrente *f*

disabled [dɪ'seɪbl̩d] **I.** *adj* ① (*handicapped*) behindert; **mentally** ~ geistig behindert ② (*for the handicapped*) Behinderten- **II.** *n* **the** ~ *pl* die Behinderten

disadvantage [ˌdɪsəd'vɑːntɪdʒ] **I.** *n* Nachteil *m;* (*state*) Benachteiligung *f;* **at a** ~ im Nachteil **II.** *tr verb* benachteiligen

disaffected [ˌdɪsə'fektɪd] *adj* (*dissatisfied*) unzufrieden; (*estranged*) entfremdet

disagree [ˌdɪsə'griː] *intr verb* ① (*dissent*) nicht übereinstimmen; (*with plan, decision*) nicht einverstanden sein; (*with sb*) uneinig sein ② (*quarrel*) eine Auseinandersetzung haben

disagreeable [ˌdɪsə'griːəbl̩] *adj* ① (*unpleasant*) unangenehm ② (*unfriendly*) unsympathisch

disagreement [ˌdɪsə'griːmənt] *n* ① *no pl* Uneinigkeit *f* ② (*argument*) Meinungsverschiedenheit *f* (**over** um/über) ③ *no pl* (*discrepancy*) Diskrepanz *f*

disallow [ˌdɪsə'laʊ] *tr verb* ① (*rule out*) nicht erlauben; SPORTS nicht anerkennen; *goal* annullieren ② LAW abweisen

disappear [ˌdɪsə'pɪəʳ] *intr verb* ① verschwinden; **to** ~ **into thin air** sich in Luft auflösen ② (*become extinct*) aussterben

disappearance [ˌdɪsə'pɪərᵊn(t)s] *n no pl* ① Verschwinden *nt* ② (*extinction*) Aussterben *nt*

disappoint [ˌdɪsə'pɔɪnt] *tr verb* enttäuschen

disappointed [ˌdɪsə'pɔɪntɪd] *adj* enttäuscht (**at/about** über, **in/with** mit)

disappointing [ˌdɪsə'pɔɪntɪŋ] *adj* enttäuschend; **how** ~**!** so eine Enttäuschung!

disappointment [ˌdɪsə'pɔɪntmənt] *n* Enttäuschung *f*

disapprove [ˌdɪsə'pruːv] *intr verb* dagegen sein; **to** ~ **of sth** etw missbilligen; **to** ~ **of sb** jdn ablehnen

disarray [ˌdɪsᵊ'reɪ] *n no pl* Unordnung *f;* **her hair was in** ~ ihr Haar war [ganz] zerzaust

disassemble [ˌdɪsə'sembl̩] *tr verb* zerlegen

disaster [dɪ'zɑːstəʳ] *n* Katastrophe *f a. fig;* **the evening was a complete** ~ der Abend war der totale Reinfall

disastrous [dɪ'zɑ:strəs] *adj* katastrophal; *decision, impact* verhängnisvoll
disbelief [ˌdɪsbɪ'li:f] *n no pl* Unglaube *m;* **in ~** ungläubig
disc [dɪsk] *n* ① Scheibe *f;* MED Bandscheibe *f* ② (*record*) [Schall]platte *f;* (*CD*) CD *f* ③ COMPUT Diskette *f*
discard[1] [dɪ'skɑ:d] *tr verb* wegwerfen; *coat, hat* ablegen
discard[2] ['dɪskɑ:d] *n* Ausschuss *m kein Pl*
discerning [dɪ'sɜ:nɪŋ] *adj* urteilsfähig; *palate* fein
discharge[1] [dɪs'tʃɑ:dʒ] **I.** *tr verb* ① (*release*) entlassen (**from** aus) ② *weapon* abfeuern ③ (*pay off*) begleichen ④ (*perform*) erfüllen **II.** *intr verb* sich ergießen; *wound* eitern
discharge[2] ['dɪstʃɑ:dʒ] *n* ① *no pl* Entlassung *f* ② (*firing*) Abfeuern *nt kein Pl* ③ *of a liquid* Ausströmen *nt kein Pl* ④ (*liquid*) Ausfluss *m kein Pl* ⑤ (*payment*) Begleichung *f*
disciple [dɪ'saɪpl̩] *n* Anhänger(in) *m(f);* (*of Jesus*) Jünger *m*
disciplinary [ˌdɪsə'plɪnᵊri] *adj* Disziplinar-; **~ problems** Disziplinprobleme *Pl*
discipline ['dɪsəplɪn] **I.** *n* Disziplin *f* **II.** *tr verb* ① **to ~ oneself** sich disziplinieren ② (*punish*) bestrafen
disc jockey *n* Diskjockey *m*
disclose [dɪs'kləʊz] *tr verb* ① (*reveal*) bekannt geben ② (*uncover*) enthüllen
disclosure [dɪs'kləʊʒəʳ] *n* (*form*) ① *no pl* Bekanntgabe *f* ② (*revelation*) Enthüllung *f*
disco ['dɪskəʊ] *n short for* **discotheque** Disco *f,* Disko *f*
discolor AM *see* **discolour**
discolour [dɪ'skʌləʳ] **I.** *intr verb* sich verfärben **II.** *tr verb* verfärben
discomfort [dɪ'skʌm(p)fət] *n* ① *no pl* Beschwerden *Pl* (**in** mit) ② *no pl* (*uneasiness*) Unbehagen *nt*
disconcert [ˌdɪskən'sɜ:t] *tr verb* beunruhigen
disconnect [ˌdɪskə'nekt] *tr verb* trennen; *electricity, gas, phone* abstellen
disconnected [ˌdɪskə'nektɪd] *adj* ① [ab]getrennt; (*without supply*) abgestellt ② (*incoherent*) zusammenhang[s]los
disconsolate [dɪ'skɒn(t)sᵊlət] *adj* niedergeschlagen
discontented [dɪskən'tentɪd] *adj* unzufrieden
discontinue [ˌdɪskən'tɪnju:] *tr verb* abbrechen; *product* auslaufen lassen; *service* einstellen
discotheque ['dɪskə:tek] *n* Diskothek *f*
discount[1] ['dɪskaʊnt] *n* Rabatt *m*
discount[2] [dɪ'skaʊnt] *tr verb* ① (*disregard*) unberücksichtigt lassen; *possibility* nicht berücksichtigen ② (*reduce*) reduzieren
discourage [dɪ'skʌrɪdʒ] *tr verb* ① (*dishearten*) entmutigen ② (*dissuade*) **to ~ sth** von etw abraten
discouraging [dɪ'skʌrɪdʒɪŋ] *adj* entmutigend
discourteous [dɪ'skɜ:tiəs] *adj* (*form*) unhöflich
discover [dɪ'skʌvəʳ] *tr verb* ① (*find out*) herausfinden ② (*find first*) entdecken *a. fig* ③ (*find*) finden
discovery [dɪ'skʌvᵊri] *n* Entdeckung *f a. fig*
Discovery Day *n* CAN *no pl Feiertag in Neufundland und Labrador*
discredit [dɪ'skredɪt] **I.** *tr verb* ① (*disgrace*) in Verruf bringen, diskreditieren ② (*cause to appear false*) unglaubwürdig machen **II.** *n no pl* Misskredit *m*
discreditable [dɪ'skredɪtəbl̩] *adj* schändlich
discreet [dɪ'skri:t] *adj* ① diskret; *colour, pattern* dezent ② (*tactful*) taktvoll
discrepancy [dɪ'skrepᵊn(t)si] *n* (*form*) Diskrepanz *f*
discretion [dɪ'skreʃᵊn] *n no pl* ① Diskretion *f* ② (*judgement*) **to leave sth to sb's ~** etw in jds Ermessen *Akk* stellen; **at sb's ~** nach jds Ermessen
discriminate [dɪ'skrɪmɪneɪt] **I.** *intr verb* ① (*differentiate*) unterscheiden ② (*be biassed*) diskriminieren **II.** *tr verb* unterscheiden
discriminating [dɪ'skrɪmɪneɪtɪŋ] *adj* (*approv*) kritisch; *palate* fein
discrimination [dɪˌskrɪmɪ'neɪʃᵊn] *n no pl* ① (*bias*) Diskriminierung *f* ② (*taste*) [kritisches] Urteilsvermögen ③ (*differentiation*) Unterscheidung *f*
discriminatory [dɪ'skrɪmɪnətᵊri] *adj* diskriminierend
discus <*pl* -es> ['dɪskəs] *n* Diskus *m;* (*event*) Diskuswerfen *nt*

D

discuss [dɪ'skʌs] *tr verb* ❶ besprechen ❷ (*debate*) erörtern, diskutieren
discussion [dɪ'skʌʃᵊn] *n* Diskussion *f;* **to be open to/under ~** zur Diskussion stehen; **~ group** Diskussionsrunde *f*
discussion board *n* COMPUT, INET Diskussionsforum *nt*
discus thrower *n* Diskuswerfer(in) *m(f)*
disdainful [dɪs'deɪnfᵊl] *adj* (*form*) verächtlich
disease [dɪ'ziːz] *n* Krankheit *f a. fig*
diseased [dɪ'ziːzd] *adj* krank
disembark [ˌdɪsɪm'bɑːk] *intr verb* von Bord gehen
disentangle [ˌdɪsɪn'tæŋgl̩] *tr verb* entwirren; **to ~ oneself** sich befreien
disfavor AM *see* **disfavour**
disfavour [ˌdɪs'fəʳ] *n no pl* Missfallen *nt;* **to be in/fall into ~ with sb** bei jdm in Ungnade stehen/fallen
disgrace [dɪs'greɪs] **I.** *n no pl* Schande *f;* **to bring ~ on sb/sth** Schande über jdn/etw bringen **II.** *tr verb* **to ~ sb** Schande über jdn bringen
disgraceful [dɪs'greɪsfᵊl] *adj* schändlich; *behaviour* skandalös
disgruntled [dɪs'grʌntl̩d] *adj* verstimmt (**with** über)
disguise [dɪs'gaɪz] **I.** *tr verb* verbergen; *voice* verstellen; **to ~ oneself** sich verkleiden **II.** *n* Verkleidung *f;* (*mask*) Maske *f*
disgust [dɪs'gʌst] **I.** *n no pl* ❶ Ekel *m* ❷ (*indignation*) Empörung *f* (**at** über); **in ~** empört **II.** *tr verb* anwidern
disgusting [dɪs'gʌstɪŋ] *adj* ❶ widerlich ❷ (*unacceptable*) empörend
dish [dɪʃ] *n* <*pl* -es> ❶ Schale *f;* AM (*plate*) Teller *m* ❷ (*crockery*) **the ~es** das Geschirr *kein Pl;* **to do the ~es** abwaschen ❸ (*meal*) Gericht *nt;* **side ~** Beilage *f* ❹ TELEC Schüssel *f* ◆ **dish out** *tr verb* ❶ (*give freely*) großzügig verteilen (**to** an); **to ~ out punishment to sb** jdn [be]strafen; **to ~ it out** austeilen ❷ (*serve*) servieren ◆ **dish up** (*fam*) **I.** *tr verb* auftischen **II.** *intr verb* anrichten
dish aerial *n* BRIT Satellitenschüssel *f*
dishcloth *n* Geschirrtuch *nt*
dishearten [dɪs'hɑːtᵊn] *tr verb* entmutigen
dishonest [dɪ'sɒnɪst] *adj* unehrlich
dishonesty [dɪ'sɒnɪsti] *n* ❶ *no pl* Unehrlichkeit *f* ❷ (*act*) Unredlichkeit *f*
dishonor AM *see* **dishonour**
dishonour [dɪ'sɒnəʳ] **I.** *n no pl* Schande *f* (**to** für); **to bring ~ on sb** jdm Schande bereiten **II.** *tr verb* ❶ (*disgrace*) **to ~ sb/sth** dem Ansehen einer Person/Sache schaden ❷ (*not respect*) verletzen
dishrag *n* AM *see* **dishcloth**
dishwasher *n* Geschirrspülmaschine *f;* (*person*) Tellerwäscher(in) *m(f)*
dishy ['dɪʃi] *adj* BRIT, AUS (*sl*) sexy *fam*
disillusioned [dɪsɪ'luːʒᵊnd] *adj* desillusioniert
disinclined [ˌdɪsɪn'klaɪnd] *adj* abgeneigt
disinfectant [ˌdɪsɪn'fektənt] *n* Desinfektionsmittel *nt*
disintegrate [dɪ'sɪntɪgreɪt] *intr verb* zerfallen; (*fig*) zerbrechen
disinterested [dɪˌsɪntrəstɪd, -trɪst-] *adj* ❶ (*impartial*) unparteiisch ❷ (*uninterested*) desinteressiert
disjointed [dɪs'dʒɔɪntɪd] *adj* zusammenhanglos
disk [dɪsk] *n* ❶ COMPUT Diskette *f;* **~ drive** Laufwerk *nt* ❷ AM *see* **disc**
disk drive *n* COMPUT Laufwerk *nt;* **floppy ~** Diskettenlaufwerk *nt*
diskette [dɪ'sket] *n* Diskette *f*
disk operating system *n* COMPUT Plattenbetriebssystem *nt*
dislike [dɪs'laɪk] **I.** *tr verb* nicht mögen; **to ~ doing sth** etw nicht gern tun **II.** *n* Abneigung *f* (**of** gegen)
dislocate ['dɪslə(ʊ)keɪt] *tr verb* **to ~ sth** sich *Dat* etw ausrenken
dislodge [dɪ'slɒdʒ] *tr verb* lösen; *person* verdrängen
disloyalty [dɪ'slɔɪəlti] *n no pl* Illoyalität *f* (**to** gegenüber)
dismal ['dɪzməl] *adj* ❶ (*gloomy*) düster ❷ (*dreary*) trostlos
dismantle [dɪs'mæntl̩] *tr verb* zerlegen; (*fig*) demontieren
dismay [dɪs'meɪ] **I.** *n no pl* Bestürzung *f* (**at/with** über) **II.** *tr verb* schockieren
dismiss [dɪs'mɪs] *tr verb* ❶ (*ignore*) abtun; *idea* aufgeben ❷ (*send away*) wegschicken ❸ (*sack*) entlassen ❹ LAW *case* einstellen
dismissal [dɪs'mɪsᵊl] *n* ❶ *no pl* (*disre-*

gard) Abtun *nt* ② (*the sack*) Entlassung *f* (**from** aus) ③ LAW *of a case* Abweisung *f*

dismount [dɪsˈmaʊnt] *intr verb* absteigen

disobedience [ˌdɪsə(ʊ)ˈbiːdiən(t)s] *n no pl* Ungehorsam *m* (**to** gegenüber)

disobedient [ˌdɪsə(ʊ)ˈbiːdiənt] *adj* ungehorsam; **to be ~ to[wards] sb** jdm nicht gehorchen

disobey [ˌdɪsə(ʊ)ˈbeɪ] **I.** *tr verb orders* nicht befolgen; **to ~ sb** jdm nicht gehorchen **II.** *intr verb* ungehorsam sein

disorder [dɪˈsɔːdəʳ] *n* ① *no pl* (*disarray*) Unordnung *f;* **to retreat in ~** sich ungeordnet zurückziehen ② MED [Funktions]störung *f;* **circulatory ~** Kreislaufstörung *f* ③ *no pl* (*riot*) Aufruhr *m;* **civil ~** Bürgerunruhen *Pl*

disordered [dɪsˈɔːdəd] *adj* unordentlich; *health* gestört

disorderly [dɪˈsɔːdəli] *adj* ① (*untidy*) unordentlich ② (*unruly*) aufrührerisch

disorganization [dɪˌsɔːgənaɪˈzeɪʃən] *n no pl* Durcheinander *nt*

disorganized [dɪˈsɔːgənaɪzd] *adj* schlecht organisiert; *person* unordentlich

disoriented *adj* desorientiert

disown [dɪˈsəʊn] *tr verb* verleugnen; (*hum a.*) nicht mehr kennen

dispassionate [dɪˈspæʃᵊnət] *adj* objektiv

dispatch [dɪˈspætʃ] **I.** *n* <*pl* -es> ① (*item sent*) Sendung *f* ② *no pl* (*sending*) Verschicken *nt; of a person* Entsendung *f* ③ (*report*) [Auslands]bericht *m;* MIL [Kriegs]bericht *m* **II.** *tr verb* senden

dispel <-ll-> [dɪˈspel] *tr verb* zerstreuen

dispensable [dɪˈspen(t)səbl̩] *adj* entbehrlich

dispense [dɪˈspens] **I.** *tr verb* austeilen (**to** an); *advice* erteilen **II.** *intr verb* **to ~ with sth** auf etw *Akk* verzichten

dispenser [dɪˈspensəʳ] *n* Automat *m*

dispensing chemist [dɪˌspen(t)sɪŋˈ-] *n* BRIT, AUS Apotheker(in) *m(f)* **dispensing machine** *n* Automat *m* **dispensing optician** *n* BRIT Optiker(in) *m(f)*

disperse [dɪˈspɜːs] **I.** *tr verb* ① (*dispel*) auflösen; *crowd* zerstreuen ② (*distribute*) verteilen **II.** *intr verb* auseinandergehen

dispirited [dɪˈspɪrɪtɪd] *adj* entmutigt

displace [dɪsˈpleɪs] *tr verb* ① (*oust*) vertreiben ② (*replace*) ersetzen ③ PHYS verdrängen

display [dɪˈspleɪ] **I.** *tr verb* ① (*on notice board*) aushängen; (*in shop window*) auslegen ② (*demonstrate*) zeigen ③ (*flaunt*) zur Schau stellen **II.** *n* ① (*in museum, shop*) Auslage *f* ② (*performance*) Vorführung ③ (*demonstration*) Demonstration *f* ④ COMPUT Display *nt*

display window *n* Schaufenster *nt*

displease [dɪsˈpliːz] *tr verb* **to ~ sb** jdm missfallen

displeasure [dɪsˈpleʒəʳ] *n no pl* Missfallen *nt* (**at** über)

disposable [dɪˈspəʊzəbl̩] **I.** *adj* ① *articles* Wegwerf-; **~ razor** Einwegrasierer *m;* **~ towel** Einmalhandtuch *nt* ② (*available*) verfügbar **II.** *n* **~s** Wegwerfartikel *Pl*

disposal [dɪˈspəʊzᵊl] *n* ① *no pl* Beseitigung *f; of waste* Entsorgung *f* ② AM Müllschlucker *m* ③ (*control*) Verfügung *f*

dispose [dɪˈspəʊz] *tr verb* (*form*) **to ~ sb to[wards] sth** jdn zu etw bewegen

disposed [dɪˈspəʊzd] *adj* (*form*) **to be ~ to do sth** geneigt sein, etw zu tun

dispossess [ˌdɪspəˈzes] *tr verb* enteignen

disproportionate [ˌdɪsprəˈpɔːʃᵊnət] *adj* unangemessen

disprove [dɪˈspruːv] *tr verb* widerlegen

disputable [dɪˈspjuːtəbl̩] *adj* strittig

dispute I. *tr verb* ① (*argue*) **to ~ sth** sich über etw *Akk* streiten ② (*oppose*) bestreiten **II.** *intr verb* streiten **III.** *n* Streit *m* (**over** über)

disqualification [dɪˌskwɒlɪfɪˈkeɪʃᵊn] *n* Ausschluss *m;* SPORTS Disqualifikation *f*

disqualify <-ie-> [dɪˈskwɒlɪfaɪ] *tr verb* ① (*expel*) ausschließen; SPORTS disqualifizieren ② LAW **to ~ sb from driving** jdm den Führerschein entziehen

disquieting [dɪˈskwaɪətɪŋ] *adj* (*form*) beunruhigend

disregard [ˌdɪsrɪˈgɑːd] **I.** *tr verb* ignorieren **II.** *n no pl* Gleichgültigkeit *f* (**for** gegenüber)

disrepair [ˌdɪsrɪˈpeəʳ] *n no pl* Baufälligkeit *f;* **to fall into ~** verfallen

disreputable [dɪsˈrepjətəbl̩] *adj* verrufen

D

disrepute [ˌdɪsrɪˈpju:t] *n* Verruf *m kein Pl*
disrespect [ˌdɪsrɪˈspekt] **I.** *n no pl* Respektlosigkeit *f* (**for** gegenüber) **II.** *tr verb* AM (*fam*) beleidigen
disrespectful [ˌdɪsrɪˈspektfᵊl] *adj* respektlos
disrupt [dɪsˈrʌpt] *tr verb* ❶ (*disturb*) stören ❷ (*form: destroy*) zerstören
disruption [dɪsˈrʌpʃᵊn] *n* ❶ (*interruption*) Unterbrechung *f* ❷ *no pl* (*disrupting*) Störung *f*
disruptive [dɪsˈrʌptɪv] *adj* störend; ~ **influence** Störelement *nt;* (*person*) Unruhestifter *m*
dissatisfaction [dɪsˌsætɪsˈfækʃᵊn] *n no pl* Unzufriedenheit *f*
dissatisfied [dɪsˈsætɪsfaɪd] *adj* unzufrieden
dissect [dɪˈsekt, daɪ-] *tr verb* ❶ (*cut open*) sezieren ❷ (*fig*) analysieren
dissection [dɪˈsekʃᵊn, daɪ-] *n* ❶ *no pl* (*dissecting*) Sezieren *nt* ❷ (*instance*) Sektion *f*
dissent [dɪˈsent] **I.** *n no pl* ❶ (*disagreement*) Meinungsverschiedenheit *f* ❷ (*protest*) Widerspruch *m* **II.** *intr verb* dagegen stimmen; (*disagree*) anderer Meinung sein
dissimilar [dɪsˈsɪmɪləʳ] *adj* unterschiedlich
dissolve [dɪˈzɒlv] **I.** *intr verb* ❶ (*be absorbed*) sich auflösen ❷ (*subside*) **to ~ in[to] giggles** loskichern ❸ (*dissipate*) verschwinden **II.** *tr verb* ❶ (*liquefy*) [auf]lösen ❷ (*annul*) auflösen
dissuade [dɪˈsweɪd] *tr verb* abbringen
distance [ˈdɪstᵊn(t)s] **I.** *n* ❶ (*route*) Strecke *f* ❷ (*measure*) Entfernung *f;* **[with]in shouting ~** in Rufweite ❸ *no pl* (*remoteness*) Ferne *f;* **from a ~** von weitem ❹ (*fig: aloofness*) Distanz *f kein Pl* **II.** *tr verb* **to ~ oneself** sich distanzieren
distant [ˈdɪstᵊnt] *adj* ❶ (*far*) fern ❷ (*aloof*) unnahbar
distantly [ˈdɪstᵊntli] *adv* ❶ (*far*) in der Ferne ❷ (*loftily*) distanziert ❸ (*absently*) abwesend
distasteful [dɪˈsteɪstfᵊl] *adj* abscheulich
distillery [dɪˈstɪlᵊri] *n* Brennerei *f*
distinct [dɪˈstɪŋ(k)t] *adj* ❶ (*different*) verschieden; **to be ~ from sth** sich von etw unterscheiden ❷ (*clear*) deutlich
distinction [dɪˈstɪŋ(k)ʃᵊn] *n* ❶ (*difference*) Unterschied *m* ❷ *no pl* (*eminence*) **of [great] ~** von hohem Rang ❸ *no pl* (*honour*) Ehre *f* ❹ (*award*) Auszeichnung *f;* **with ~** ausgezeichnet
distinctive [dɪˈstɪŋ(k)tɪv] *adj* charakteristisch
distinguish [dɪˈstɪŋgwɪʃ] **I.** *intr verb* unterscheiden **II.** *tr verb* ❶ (*tell apart*) unterscheiden; (*positively*) abheben ❷ (*discern*) ausmachen [können]
distinguishable [dɪˈstɪŋgwɪʃəbḷ] *adj* unterscheidbar; **to be clearly ~** leicht zu unterscheiden sein
distinguished [dɪˈstɪŋgwɪʃt] *adj* ❶ (*eminent*) *career* hervorragend; *person* von hohem Rang *nachgestellt;* **to be ~ for sth** sich durch etw auszeichnen ❷ (*stylish*) distinguiert
distort [dɪˈstɔ:t] *tr verb* ❶ verzerren ❷ (*fig*) verdrehen
distortion [dɪˈstɔ:ʃᵊn] *n* ❶ Verzerrung *f; of a face* Entstellung *f* ❷ (*fig*) Verdrehung *f*
distract [dɪˈstrækt] *tr verb* ablenken
distracted [dɪˈstræktɪd] *adj* verwirrt; (*worried*) besorgt
distraction [dɪˈstrækʃᵊn] *n* ❶ (*disturbance*) Störung *f;* **sb finds sth a ~** etw stört jdn ❷ (*diversion*) Ablenkung *f* ❸ (*entertainment*) Zerstreuung *f*
distress [dɪˈstres] **I.** *n no pl* ❶ (*pain*) Leid *nt;* (*anguish*) Kummer *m* ❷ (*despair*) Verzweiflung *f* ❸ (*exhaustion*) Erschöpfung *f* ❹ (*emergency*) Not *f* **II.** *tr verb* quälen
distressed [dɪˈstrest] *adj* ❶ (*unhappy*) bekümmert ❷ (*shocked*) erschüttert (**at** über) ❸ (*in difficulties*) **to be ~** in Not sein
distressful [dɪˈstresfᵊl] *adj* AM *see* **distressing**
distressing [dɪˈstresɪŋ] *adj* ❶ (*worrying*) erschreckend ❷ (*painful*) schmerzlich
distribute [dɪˈstrɪbju:t, BRIT *a.* ˈdɪstrɪ-] *tr verb* verteilen; *goods* vertreiben; **widely ~d** weit verbreitet
distribution [ˌdɪstrɪˈbju:ʃᵊn] *n no pl* ❶ (*sharing*) Verteilung *f* ❷ (*scattering*) Verbreitung *f* ❸ ECON Vertrieb *m*
distribution chain *n* Vertriebsnetz *nt*

district ['dɪstrɪkt] *n* Gebiet *nt;* (*in town/country*) Bezirk *m*

district attorney *n* Am Staatsanwalt *m*/Staatsanwältin *f* **district council** *n* Brit Bezirksamt *nt*

distrust [dɪ'strʌst] **I.** *tr verb* **to ~ sb/sth** jdm/etw misstrauen **II.** *n no pl* Misstrauen *nt* (**of** gegen)

distrustful [dɪ'strʌstfᵊl] *adj* misstrauisch (**of** gegen)

disturb [dɪ'stɜ:b] **I.** *tr verb* ① (*interrupt*) stören ② (*worry*) beunruhigen ③ (*disarrange*) durcheinanderbringen **II.** *intr verb* stören; **'Do not ~'** „Bitte nicht stören"

disturbance [dɪ'stɜ:bᵊn(t)s] *n* ① *no pl* (*annoyance*) Belästigung *f* ② (*distraction*) Störung *f*

disturbed [dɪ'stɜ:bd] *adj* ① beunruhigt ② psych [geistig] verwirrt

disturbing [dɪ'stɜ:bɪŋ] *adj* beunruhigend

disunity [dɪs'ju:nɪti] *n no pl* Uneinigkeit *f*

disuse [dɪs'ju:s] *n no pl* Nichtgebrauch *m;* **to fall into ~** nicht mehr benutzt werden

disused [dɪs'ju:zd] *adj* ungenutzt; *building* leer stehend; *warehouse* stillgelegt

ditch [dɪtʃ] **I.** *n* <*pl* -es> Graben *m* **II.** *tr verb* (*fam*) ① (*discard*) wegwerfen ② (*break off*) **to ~ sb** jdm den Laufpass geben

dither ['dɪðəʳ] **I.** *n no pl* **in a ~** ganz aufgeregt **II.** *intr verb* schwanken

ditto ['dɪtəʊ] *adv* (*likewise*) dito; (*me too*) ich auch

dive [daɪv] **I.** *n* ① [Kopf]sprung *m* ② *of a plane* Sturzflug *m* ③ (*dash*) **to make a ~ for sth** einen [Hecht]sprung nach etw machen ④ (*drop*) [Preis]sturz *m;* **to take a ~** fallen ⑤ (*setback*) **to take a ~** einen Schlag erleiden ⑥ fball Schwalbe *f* **II.** *intr verb* <dived *or* Am dove, dived *or* Am dove> ① einen Kopfsprung ins Wasser machen; (*underwater*) tauchen ② *plane, bird* einen Sturzflug machen

diver ['daɪvəʳ] *n* ① Taucher(in) *m(f)* ② (*bird*) Taucher *m*

diverge [daɪ'vɜ:dʒ] *intr verb* auseinandergehen; **to ~ from sth** von etw abweichen

diverse ['daɪvɜ:s] *adj* ① (*varied*) vielfältig ② (*unalike*) unterschiedlich

diversion [daɪ'vɜ:ʃᵊn] *n* ① *no pl* (*rerouting*) Verlegung *f* ② (*distraction*) Ablenkung *f*

diversity [daɪ'vɜ:səti] *n no pl* Vielfalt *f*

divert [daɪ'vɜ:t] *tr verb* ① (*reroute*) verlegen; *traffic* umleiten ② (*reallocate*) anders einsetzen ③ (*distract*) ablenken

diverting [daɪ'vɜ:tɪŋ] *adj* unterhaltsam

divide [dɪ'vaɪd] **I.** *n* ① (*gulf*) Kluft *f* ② (*boundary*) Grenze *f* ③ Am (*watershed*) Wasserscheide *f* **II.** *tr verb* ① (*split*) teilen ② (*share*) aufteilen ③ math teilen (**by** durch) ④ (*separate*) trennen ⑤ (*disunite*) spalten **III.** *intr verb* ① (*split*) sich teilen ② math dividieren ◆**divide off** *tr verb* [ab]teilen ◆**divide up I.** *tr verb* aufteilen **II.** *intr verb* sich teilen

divided [dɪ'vaɪdɪd] *adj* uneinig

divided highway *n* Am, Aus Schnellstraße *f*

dividend ['dɪvɪdend] *n* ① Dividende *f* ② (*fig*) **to pay ~s** sich bezahlt machen

dividers [dɪ'vaɪdəz] *npl* Stechzirkel *m*

dividing line *n* Trennlinie *f*

diving ['daɪvɪŋ] *n no pl* Tauchen *nt;* **to go ~** tauchen gehen

diving board *n* Sprungbrett *nt* **diving suit** *n* Taucheranzug *m*

divisible [dɪ'vɪzəbl̩] *adj* teilbar (**by** durch)

division [dɪ'vɪʒᵊn] *n* ① *no pl* (*sharing*) Verteilung *f* ② *no pl* (*breakup*) Teilung *f* ③ (*section*) Teil *m* ④ *no pl* math Division *f* ⑤ mil Division *f* ⑥ (*department*) Abteilung *f* ⑦ (*league*) Liga *f*

divisor [dɪ'vaɪzəʳ] *n* math Divisor *m;* (*of fraction*) Nenner *m*

divorce [dɪ'vɔ:s] **I.** *n* Scheidung *f;* **~ proceedings** Scheidungsprozess *m;* **~ settlement** Beilegung *f* der Scheidung **II.** *tr verb* ① (*annul marriage*) **to ~ sb** sich von jdm scheiden lassen ② (*distance*) **to ~ oneself from sth** sich von etw trennen

divorcee [dɪ'vɔ:si:] *n* Geschiedene(r) *f(m)*

DIY [ˌdi:aɪ'waɪ] *n no pl* Brit, Aus *abbrev of* **do-it-yourself** Heimwerken *nt*

dizzy ['dɪzi] *adj* ① (*unsteady*) schwindlig; **~ spells** Schwindelanfälle *Pl* ② (*ver-*

D

tiginous) Schwindel erregend ❸ (*fam: silly*) einfältig

DNA [ˌdiːenˈeɪ] *n no pl abbrev of* **deoxyribonucleic acid** DNS *f*

do [duː] **I.** *aux verb* <does, did, done> ❶ (*negating verb*) **Tony ~esn't like olives** Tony mag keine Oliven; **I ~n't want to go yet!** ich will noch nicht gehen!; **I ~n't smoke** ich rauche nicht; **it ~esn't matter** das macht nichts; **~n't** [**you**] **speak to me like that!** sprich nicht so mit mir!; **~n't be silly** sei nicht albern!; **~n't let's argue about it** Brit, Aus lasst uns deswegen nicht streiten ❷ (*forming question*) **~ you like children?** magst du Kinder?; **did he see you?** hat er dich gesehen?; **what did you say?** was hast du gesagt? ❸ (*for emphasis*) **~ come to our party** ach komm doch zu unserer Party; **can I come? — Please ~!** kann ich mitkommen? – Aber bitte! ❹ (*inverting verb*) **little ~es she know** sie hat echt keine Ahnung ❺ (*replacing verb*) **she runs much faster than he ~es** sie läuft viel schneller als er; **who ate the cake? — I did!/I didn't!** wer hat den Kuchen gegessen? – Ich!/Ich nicht! ❻ (*requesting affirmation*) **you don't understand the question, ~ you?** Sie verstehen die Frage nicht, stimmt's? **II.** *tr verb* <does, did, done> ❶ (*perform, undertake*) tun, machen; **just ~ it!** mach's einfach!; **what's the front door ~ing open?** warum steht die Haustür offen?; **that was a stupid thing to ~** das war dumm!; **what have you done with my coat?** wo hast du meinen Mantel hingetan?; **what does your father ~?** was macht dein Vater beruflich?; **don't just stand there, ~ something!** stehen Sie doch nicht nur so rum, tun Sie was!; **I found someone to ~ the garden wall** ich habe jemanden gefunden, der die Gartenmauer bauen wird; **can you ~ me 20 photocopies of this report?** kannst du mir diesen Bericht 20-mal abziehen?; **to ~ the cooking/shopping** kochen/einkaufen; **to ~ the dishes** das Geschirr abspülen; **to ~ the flowers** die Blumen arrangieren; **where do you get your hair done?** zu welchem Friseur gehst du? ❷ (*solve*) lösen; **can you ~ this sum for me?** kannst du das für mich zusammenrechnen? ❸ (*fam: finish*) **are you done?** bist du jetzt fertig? ❹ (*suffice*) **to ~ sb** jdm genügen; **that'll ~ me nicely, thank you** das reicht mir dicke, danke! ❺ (*impersonate*) nachmachen ❻ (*fam: cheat*) übers Ohr hauen ❼ (*euph fam: have sex*) **to ~ it with sb** mit jdm schlafen ▶ **it <u>isn't</u> done** Brit es ist nicht üblich; **<u>that</u> ~es it!** so, das war's jetzt!; **<u>that's</u> done it!** jetzt haben wir die Bescherung! **III.** *intr verb* <does, did, done> ❶ (*behave*) tun; **to ~ well to do sth** gut daran tun, etw zu tun; **~ as I ~** mach's wie ich; **~ as you're told** tu, was man dir sagt ❷ (*fare*) **sb is ~ing badly/fine** jdm geht es schlecht/gut; **mother and baby are ~ing well** Mutter und Kind sind wohlauf ❸ (*fam: finish*) **have you done?** bist du fertig?; **I haven't done with you yet** ich bin noch nicht fertig mit dir ❹ (*be acceptable, suffice*) **that'll ~** das ist o.k. so; **will £10 ~?** reichen 10 Pfund?; **this kind of behaviour just won't ~!** so ein Verhalten geht einfach nicht an! ▶ **<u>that</u> will ~** jetzt reicht's aber!; **<u>how</u> do you ~?** (*form: as introduction*) angenehm **IV.** *n* ❶ *esp* Brit, Aus (*fam: party*) Fete *f* ❷ Brit (*fam: treatment*) **fair ~s** gleiches Recht für alle ❸ (*allowed*) **the ~s and ~n'ts** was man tun und was man nicht tun sollte

◆**do away with** *intr verb* ❶ (*discard*) abschaffen ❷ (*fam: kill*) um die Ecke bringen ◆**do down** *tr verb* schlechtmachen ◆**do in** *tr verb* (*sl: kill*) kaltmachen; **to ~ oneself in** sich umbringen ◆**do out** *tr verb* dekorieren ◆**do over** *tr verb* (*fam*) ❶ Brit, Aus (*beat up*) zusammenschlagen ❷ Brit (*rob*) ausrauben ◆**do up I.** *tr verb* ❶ (*close*) zumachen; *shoes* zubinden; *zip* zuziehen ❷ (*adorn*) herrichten ❸ (*dress*) **to ~ oneself up** sich zurecht machen ❹ (*hair*) **to ~ up one's hair** sich *Dat* die Haare hochstecken **II.** *intr verb dress* zugehen ◆**do with** *intr verb* ❶ Brit (*fam: bear*) **sb can't ~ with sth** jd kann etw nicht ertragen ❷ Brit (*fam: need*) brauchen ❸ (*deal with*) **it's to ~ with sth** es handelt sich um etw ◆**do without** *intr verb* ❶ (*not have*) auskommen ohne ❷ (*prefer not to have*) verzichten auf +*Akk*

doc [dɒk, AM dɑ:k] *n* (*fam*) *short for* **doctor** Arzt *m*/Ärztin *f*

dock[1] [dɒk] **I.** *n* ① (*wharf*) Dock *nt;* **~s** Hafenanlagen *Pl* ② AM (*pier*) Kai *m* **II.** *intr verb* NAUT anlegen **III.** *tr verb* **to ~ sth** etw eindocken; AEROSP etw aneinanderkoppeln

dock[2] [dɒk] *n no pl esp* BRIT LAW **to be in the ~** auf der Anklagebank sitzen

dock[3] [dɒk] *tr verb* (*reduce*) kürzen (**by** um)

docking ['dɒkɪŋ] *n no pl* ① NAUT Eindocken *nt;* AEROSP Ankoppeln *nt* ② (*reducing*) Kürzung *f*

dockyard *n* Werft *f*

doctor ['dɒktəʳ] **I.** *n* ① (*medic*) Arzt *m*/Ärztin *f;* **at the ~'s** beim Arzt/bei der Ärztin ② (*academic*) Doktor *m* **II.** *tr verb* ① (*falsify*) fälschen ② (*poison*) vergiften ③ AM (*add alcohol to*) mit Alkohol versetzen

doctoral ['dɒktᵊrᵊl] *adj attr* Doktor-; **~ degree** Doktorgrad *m*

doctoral dissertation *n,* **doctoral thesis** *n* Doktorarbeit *f*

doctorate ['dɒktᵊrət] *n* Doktor[titel] *m*

> In den angelsächsischen Ländern ist, wie auch in Deutschland, ein **doctorate** (Doktorwürde) oder ein **doctor's degree** der höchste akademische Grad, den man an einer Universität erlangen kann. Man unterscheidet zwischen einem *PhD* bzw. einem *DPhil (Doctor of Philosophy)* für eine Doktorarbeit in geisteswissenschaftlichen Fächern, einem *DMus (Doctor of Music)*, *MD (Doctor of Medicine)*, *LLD (Doctor of Laws)* und einem *DD (Doctor of Divinity)*, einem Doktor der Theologie. Für langjährige, außerordentliche Leistungen – z. B. herausragende wissenschaftliche Veröffentlichungen – kann die Universität darüber hinaus einzelnen Kandidaten ein *higher doctorate* verleihen, nämlich den *DLitt (Doctor of Letters)* auf dem Gebiet der Geisteswissenschaften und den *DSc (Doctor of Science)* auf dem Gebiet der Naturwissenschaften.

doctor-recommended *adj* ärztlich empfohlen

document ['dɒkjəmənt] **I.** *n* Dokument *nt;* **travel ~s** Reisepapiere *Pl* **II.** *tr verb* dokumentieren

documentary [ˌdɒkjə'mentᵊri] **I.** *n* Dokumentation *f,* Dokumentarfilm *m* (**on** über) **II.** *adj* ① (*factual*) dokumentarisch, Dokumentar- ② (*official*) urkundlich, Urkunden-

docusoap ['dɒkju:səʊp, AM 'dɑ:kju:soʊp] *n* Doku-Soap *f*

dodder ['dɒdəʳ] *intr verb* (*fam*) wacklig gehen

dodge [dɒdʒ] **I.** *tr verb* ① (*duck*) ausweichen ② (*evade*) sich entziehen; *military service* sich drücken vor **II.** *intr verb* ausweichen **III.** *n* (*fam*) Trick *m*

Dodgem® ['dɒdʒəm] *n,* **Dodgem car®** *n* Autoskooter *m*

dodgy ['dɒdʒi] *adj* BRIT, AUS (*fam*) ① (*unreliable*) zweifelhaft; *weather* unbeständig ② (*dishonest*) unehrlich

dodo <*pl* -s *or* -es> ['dəʊdəʊ] *n* Dodo *m* ▸ **as dead as a ~** völlig überholt

doer ['du:əʳ] *n* (*approv*) Macher *m*

does [dʌz, dəz] *tr, intr aux verb, 3rd pers sing of* **do**

doesn't [dʌzᵊnt] = **does not** *see* **do I., II.**

dog [dɒg] **I.** *n* ① Hund *m;* **good ~!** braver Hund!; **~ food** Hundefutter *nt* ② *pl* (*fam: races*) **the ~s** das Hunderennen ③ (*pej sl*) **the [dirty] ~!** der [gemeine] Hund! **II.** *tr verb* <-gg-> ① (*follow*) ständig verfolgen ② (*beset*) begleiten

dog biscuit *n* Hundekuchen *m* **dog collar** *n* ① Hundehalsband *nt* ② (*fam: of vicar*) Halskragen *m* [eines Geistlichen] **dog-eared** *adj* mit Eselsohren *nachgestellt*

doggy bag *n Beutel für Speisereste*

doggy paddle *n hundeartige Schwimmbewegungen*

do-gooder *n* (*esp pej*) Weltverbesserer *m*/Weltverbesserin *f*

dog-tired *adj* (*fam*) hundemüde **dog walker** *n* Hundeausführer(in) *m(f)*

doily ['dɔɪli] *n* Zierdeckchen *nt,* Platzdeckchen *nt*

doing ['du:ɪŋ] *n* ① *no pl* **to be sb's ~** jds Werk sein ② *pl* (*activities*) **~s** Tätigkeiten *Pl*

do-it-yourself [ˌdu:ɪtjɔ:'self] *n no pl see* **DIY**

D

dole [dəʊl] **I.** *n* **the ~** das Arbeitslosengeld **II.** *tr verb* **to ~ out** sparsam austeilen (**to** an)

doll [dɒl] **I.** *n* ❶ Puppe *f* ❷ (*fam: attractive woman*) Puppe *f* **II.** *tr verb* **to ~ oneself up** sich herausputzen

dollar ['dɒləʳ] *n* Dollar *m*

dollar store *n* AM Ramschladen *m*

dollop ['dɒləp] *n* Klacks *m kein Pl*

dolly ['dɒli] *n* ❶ Püppchen *nt* ❷ FILM Dolly *m*

dolphin ['dɒlfɪn] *n* Delphin *m*

dome [dəʊm] *n* Kuppel *f*; **~ roof** Kuppeldach *nt*

domestic [də'mestɪk] *adj* ❶ (*household*) häuslich; **~ work** Hausarbeit *f* ❷ ECON, POL inländisch; **~ airline** Inlandsfluggesellschaft *f*; **~ market** Binnenmarkt *m*; **~ policy** Innenpolitik *f*; **~ product** einheimisches Produkt

domestic violence *n* Gewalt *f* in der Familie

domiciled ['dɒmɪsaɪld] *adj pred* (*form*) ansässig, domiziliert

dominant ['dɒmɪnənt] *adj* ❶ (*controlling*) vorherrschend ❷ BIOL, MUS dominant

dominate ['dɒmɪneɪt] **I.** *tr verb* ❶ (*control*) beherrschen; **they ~d the rest of the match** sie gingen für den Rest des Spieles in Führung ❷ PSYCH dominieren **II.** *intr verb* dominieren

Dominica [ˌdɒmɪ'niːkə] *n* Dominica *nt*

Dominican Republic *n* Dominikanische Republik

donate [də(ʊ)'neɪt] *tr, intr verb* spenden (**to** für)

donation [də(ʊ)'neɪʃᵊn] *n* ❶ (*contribution*) [Geld]spende *f*; (*endowment*) Stiftung *f*; **~s to political parties** Parteispenden *Pl* ❷ *no pl* (*act of donating*) Spenden *nt*

done [dʌn] *pp of* **do**

dongle ['dɒŋgl̩] *n* COMPUT Dongle *nt fachspr*

donkey ['dɒŋki] *n* Esel *m a. fig*

donkey work *n no pl* (*fam*) Dreck[s]arbeit *f*

donor ['dəʊnəʳ] *n* Spender(in) *m(f)*; (*for large sums*) Stifter(in) *m(f)*

don't [dəʊnt] *see* **do not** *see* **do I, II**

donut *n* AM, AUS *see* **doughnut**

doodah ['duːdɑː] *n* BRIT, AUS Dings[bums] *nt kein Pl fam*, Dingsda *nt kein Pl fam*

doodle ['duːdl̩] **I.** *intr verb* vor sich *Akk* hinkritzeln **II.** *n* Gekritzel *nt kein Pl*

doom [duːm] **I.** *n* ❶ (*fate*) Verhängnis *nt kein Pl*, [schlimmes] Schicksal ❷ (*disaster*) Unheil *nt* **II.** *tr verb* verdammen

door [dɔːʳ] *n* ❶ Tür *f*; **to be on the ~** Türsteher sein; **at the ~** an der Tür; **out of ~s** im Freien, draußen ❷ (*house*) **two ~s away** zwei Häuser weiter ❸ (*fig*) **to close the ~ on sth** etw ausschließen

doorbell *n* Türklingel *f* **doorknob** *n* Türknauf *m* **doorman** *n* Portier *m* **doormat** *n* ❶ Fußmatte *f*, Fußabstreifer *m bes* SÜDD ❷ (*fig, pej: person*) Waschlappen *m* **doorstep** *n* Türstufe *f*; **right on the ~** (*fig*) direkt vor der Haustür **doorway** *n* [Tür]eingang *m*; **to stand in the ~** in der Tür stehen

dope [dəʊp] **I.** *n* ❶ *no pl* (*fam: drug*) Rauschgift *nt* ❷ (*sl: idiot*) Trottel *m* **II.** *tr verb* dopen

dope dealer *n* (*fam*) Drogenhändler(in) *m(f)*

dopey ['dəʊpi] *adj* ❶ (*drowsy*) benebelt ❷ (*pej: silly*) blöd

dorm [dɔːm] *n short for* **dormitory** Schlafsaal *m*

dormitory ['dɔːmɪtᵊri] *n* Schlafsaal *m*

dorsal ['dɔːsᵊl] *adj* Rücken-

DOS [dɒs] *n no pl, no art* COMPUT *acr for* **disk operating system** DOS *nt*

dosage ['dəʊsɪdʒ] *n* Dosis *f*

dose [dəʊs] **I.** *n* Dosis *f a. fig*; **in small ~s** (*fig*) in kleinen Mengen, [nur] für kürze Zeit **II.** *tr verb* [medizinisch] behandeln

doss [dɒs] *intr verb* BRIT, AUS (*fam*) pennen

dosser ['dɒsəʳ] *n* BRIT (*pej sl*) ❶ (*homeless*) Penner(in) *m(f)* ❷ (*idle*) Faulenzer(in) *m(f)*

dosshouse *n* BRIT (*sl*) Penne *f*

dot [dɒt] **I.** *n* Punkt *m*; (*on material*) Tupfen *m*; **at eight o'clock on the ~** Punkt acht Uhr **II.** *tr verb* <-tt-> *usu passive* **to be ~ted with sth** mit etw übersät sein

doting ['dəʊtɪŋ] *adj* vernarrt

double ['dʌbl̩] **I.** *adj* ❶ (*twice*) doppelt; **his salary is ~ what I get** sein Gehalt ist doppelt so hoch wie meins; **~ the**

price doppelt so teuer ② (*two-part*) Doppel-; ~ **door[s]** Flügeltür *f* **II.** *adv* ① (*twice as much*) doppelt so viel; **to charge sb** ~ jdm das Doppelte berechnen ② (*two times*) **to see** ~ doppelt sehen ③ (*in the middle*) **to be bent** ~ sich niederbeugen; (*with laughter, pain*) sich krümmen; **bent** ~ in gebückter Haltung **III.** *n* ① *no pl* (*quantity*) **the** ~ das Doppelte ② (*whisky, gin*) Doppelte(r) *m* ③ (*doppelgänger*) Doppelgänger(in) *m(f)* ④ FILM Double *nt* ⑤ SPORTS **~s** Doppel *nt;* **mixed ~s** gemischtes Doppel ⑥ (*dice*) Pasch *m;* ~ **four** Viererpasch *m* ▶ ~ **or quits** doppelt oder nichts; **at the** ~ im Eiltempo **IV.** *tr verb* verdoppeln **V.** *intr verb* ① (*increase*) sich verdoppeln ② (*dual function*) eine Doppelfunktion haben ◆**double back** *intr verb* kehrtmachen ◆**double up** *intr verb* ① (*bend over*) sich krümmen ② (*share a room*) sich *Dat* ein Zimmer teilen

double-barreled AM *see* **double-barrelled**

double-barrelled *adj* ① *gun* doppelläufig ② AM, AUS (*dual-purpose*) zweideutig ③ *esp* BRIT (*hyphenated*) ~ **name** Doppelname *m*

double bass *n* Kontrabass *m* **double bed** *n* Doppelbett *nt* **double-breasted** *adj* zweireihig; ~ **suit** Zweireiher *m* **double-check** *tr verb* (*verify again*) noch einmal überprüfen; (*verify in two ways*) zweifach überprüfen **double-cross I.** *tr verb* **to** ~ **sb** mit jdm ein falsches Spiel treiben **II.** *n* <*pl* -es> Doppelspiel *nt* **double-decker** *n* Doppeldecker *m* **double Dutch** *n no pl* ① (*fam*) Kauderwelsch *nt* ② AM (*jump rope style*) Seilhüpfen *nt* mit zwei Seilen **double-edged** *adj* zweischneidig *a. fig* **double feature** *n* FILM Doppelprogramm *nt* **double-glazing** *n no pl* Doppelverglasung *f* **double-jointed** *adj* äußerst gelenkig **double-park** *tr, intr verb* in der zweiten Reihe parken **double-sided** *adj* doppelseitig **double time** *n no pl* ① **to be paid** ~ den doppelten Stundenlohn erhalten ② MIL Laufschritt *m*

doubt [daʊt] **I.** *n* ① *no pl* Zweifel *m* (**about** an); **to be in** ~ ungewiss sein; **no** ~ zweifellos; **open to** ~ fraglich; **without a** ~ ohne jeden Zweifel; **to cast** ~ **on sth** etw in Zweifel ziehen ② (*reservation*) Ungewissheit *f,* Bedenken *Pl* **II.** *tr verb* ① **to** ~ **sb** jdm misstrauen; **to** ~ **sth** Zweifel an etw *Dat* haben ② (*question*) anzweifeln; **to** ~ **sb** jdm nicht glauben ③ (*be unsure*) **to** ~ **that ...** bezweifeln, dass ...; **to** ~ **whether ...** zweifeln, ob ...

D

doubter ['daʊtəʳ] *n* Zweifler(in) *m(f),* Skeptiker(in) *m(f)*

doubtful ['daʊtfᵊl] *adj* ① (*expressing doubt*) zweifelnd ② (*uncertain*) unsicher, unschlüssig; **to be** ~ **about sth** über etw *Akk* im Zweifel sein ③ (*unlikely*) fraglich, ungewiss; **to be** ~ **whether ...** zweifelhaft sein, ob ...

doubtless ['daʊtləs] *adv* sicherlich

dough [dəʊ] *n* ① Teig *m* ② *no pl esp* AM (*sl: money*) Knete *f*

doughnut ['doʊnʌt] *n* [Berliner] Pfannkuchen *m*

dove[1] [dʌv] *n* Taube *f a. fig*

dove[2] [doʊv] *intr verb* AM *pt of* **dive**

Dover ['dəʊvəʳ] *n* Dover *nt*

down[1] [daʊn] **I.** *adv* ① (*to lower*) hinunter; (*to speaker*) herunter; **~!** (*to a dog*) leg dich! ② (*downwards*) nach unten; **head** ~ mit dem Kopf nach unten ③ (*in lower*) unten; ~ **here/there** hier/dort unten ④ (*in the south*) im Süden; (*towards the south*) in den Süden ⑤ (*away from centre*) außerhalb; **he has a house** ~ **by the harbour** er hat ein Haus draußen am Hafen ⑥ (*fam: badly off*) unten; **to be** ~ **on one's luck** eine Pechsträhne haben; **to kick sb when he's** ~ jdn treten, wenn er schon am Boden liegt ⑦ (*ill*) **to be** ~ **with sth** an etw *Dat* erkrankt sein; **she's** ~ **with flu** sie liegt mit einer Grippe im Bett; **to come** ~ **with sth** etw kriegen ⑧ SPORTS im Rückstand ⑨ (*at/to lower amount*) **he was only $50** ~ er hatte erst 50 Dollar verloren; **to get the price** ~ den Preis drücken ⑩ (*including*) **from the mayor** ~ angefangen beim Bürgermeister ⑪ (*on paper*) **to have sth** ~ **in writing** etw schriftlich haben; **to get sb** ~ **for sth** jdn für etw vormerken ⑫ (*as initial payment*) als Anzahlung; **to pay £100** ~ 100 Pfund anzahlen ⑬ (*attributable*) **to be** ~ **to sth** auf etw *Akk* zurückzuführen sein; **to be** ~ **to sb** jds

D

Sache sein; **it's all ~ to you now** nun ist es an Ihnen ⑭ **that suits me ~ to the ground** das ist genau das Richtige für mich **II.** *prep* ① (*in downward direction*) hinunter; (*towards the speaker*) herunter; **up and ~ the stairs** die Treppe rauf und runter; **she poured the milk ~ the sink** sie schüttete die Milch in den Abfluss ② **to come/go ~ the mountain** den Berg herunter-/hinuntersteigen ③ (*along*) entlang; **go ~ the street** gehen Sie die Straße entlang; **her hair reached ~ her back** ihre Haare bedeckten ihren ganzen Rücken; **~ the river** flussabwärts ④ (*through time*) **~ the centuries** die Jahrhunderte hindurch; **~ the generations** über Generationen hinweg ⑤ BRIT, AUS (*fam: to*) **we went ~ the pub** wir gingen in die Kneipe; **to go ~ the shops** einkaufen gehen **III.** *adj* <more down, most down> ① (*moving downward*) abwärtsführend ② (*fam: unhappy*) niedergeschlagen, down *fam* ③ (*fam: disapproving*) **to be ~ on sb** jdn auf dem Kieker haben **IV.** *tr verb* ① (*knock down*) **to ~ sb** jdn zu Fall bringen; BOXING jdn niederschlagen ② (*shoot down*) **to ~ sth** etw abschießen ③ *esp* BRIT **to ~ tools** die Arbeit niederlegen ④ AM, AUS SPORTS (*beat*) schlagen ⑤ (*drink quickly*) hinunterkippen **V.** *n* ① (*bad fortune*) **we've had our ups and ~s** wir haben schon Höhen und Tiefen durchgemacht ② *no pl* (*fam: dislike*) **to have a ~ on sb** jdn auf dem Kieker haben ③ AM FBALL Versuch *m* **VI.** *interj* **~ with taxes!** weg mit den Steuern!; **~ with the dictator!** nieder mit dem Diktator!

down² [daʊn] *n no pl* Daunen *Pl;* **~ quilt** Daunendecke *f*

down-and-out **I.** *adj* heruntergekommen **II.** *n* (*pej*) Penner(in) *m(f)*

downcast *adj* ① (*sad*) niedergeschlagen ② *eyes* gesenkt

downfall *n* ① (*ruin*) Untergang *m fig; of a government* Sturz *m* ② (*cause*) Ruin *m;* **drinking was his ~** das Trinken hat ihn ruiniert

downgrade **I.** *tr verb* herabstufen; **to ~ sb** jdn degradieren **II.** *n* ① (*demotion*) Degradierung *f* ② AM (*slope*) Gefälle *nt*

downhearted *adj* niedergeschlagen

downhill **I.** *adv* bergab, abwärts; **to go ~** heruntergehen; *road, path* bergab führen **II.** *adj* **it's all ~ from here** von hier geht es nur noch bergab; **to be ~ [all the way]** leichter werden

downlighter *n* Lampe *f* mit Lichtaustritt nach unten

download INET **I.** *tr, intr verb* herunterladen, downloaden (**to** auf +*Akk*) **II.** *n* Download *m*

down payment *n* Anzahlung *f;* **to make [*or* put] a ~ on sth** eine Anzahlung für etw leisten

downpour *n* Regenguss *m,* Platzregen *m*

downright **I.** *adj* völlig; *disgrace* ausgesprochen; *lie* glatt; *nonsense* komplett **II.** *adv* ausgesprochen; **~ dangerous** schlichtweg gefährlich

downshifter [ˈdaʊnʃɪftəʳ] *n* Aussteiger(in) *m(f)*

downstairs **I.** *adv* die Treppe hinunter, nach unten; **there's a man ~** unten steht ein Mann **II.** *adj* ① (*one floor down*) im unteren Stockwerk *nachgestellt;* **there's a ~ bathroom** unten gibt es ein Badezimmer ② (*on the ground floor*) im Erdgeschoss *nachgestellt* **III.** *n no pl* Erdgeschoss *nt*

downstream **I.** *adv* stromabwärts **II.** *adj* stromabwärts gelegen

downtime *n no pl* MECH Ausfallzeit *f*

down-to-earth *adj* nüchtern

downtown *n no pl, no art* AM die Innenstadt

downturn *n* ECON Rückgang *m;* **economic ~** Konjunkturabschwung *m*

downward [ˈdaʊnwəd] **I.** *adj* nach unten [gerichtet]; **to be on a ~ trend** sich im Abwärtstrend befinden **II.** *adv esp* AM *see* **downwards**

downwards [ˈdaʊnwədz] *adv* ① (*in/to lower*) abwärts, nach unten, hinunter ② (*to lower number*) nach unten

doz. *abbrev of* **dozen** Dtzd.

doze [dəʊz] **I.** *n* Nickerchen *nt;* **to have a ~** ein Nickerchen machen **II.** *intr verb* dösen

dozen [ˈdʌzᵊn] *n* Dutzend *nt;* **half a ~** ein halbes Dutzend; **two ~ people** zwei Dutzend Leute ▶ **to talk nineteen to the ~** reden wie ein Wasserfall

dozy [ˈdəʊzi] *adj* ① schläfrig ② BRIT (*fam: stupid*) dumm; **~ idiot** Trottel *m*

dp *n,* **DP** *n* COMPUT *abbrev of* **data processing** DV *f*

drab <-bb-> [dræb] *adj* trist; *colours* trüb

draft[1] [drɑːft] **I.** *n* ① (*sketch*) Entwurf *m,* Vorentwurf *m;* **rough ~** Rohentwurf *m* ② *no pl* (*conscript*) Einberufung *f;* **~ card** Einberufungsbescheid *m;* **~ order** Einberufungsbefehl *m* **II.** *adj* ① Entwurfs-; **~ contract** Vertragsentwurf *m* ② (*conscription*) Einberufungs-; **~ board** Wehrersatzbehörde *f;* **~ exemption** Befreiung *f* vom Wehrdienst **III.** *tr verb* ① (*prepare*) entwerfen; *bill* verfassen ② **to ~ sb into the army** jdn zum Wehrdienst einberufen

draft[2] [drɑːft] *n, adj* AM *see* **draught**

drafty *adj* AM *see* **draughty**

drag [dræg] **I.** *n* ① *no pl* PHYS Widerstand *m;* AVIAT Luftwiderstand *m;* NAUT Wasserwiderstand *m* ② *no pl* (*fig: impediment*) Hemmschuh *m;* **a ~ on sb** ein Klotz an jds Bein ③ *no pl* (*fam: bore*) langweilige Sache; **what a ~!** so'n Mist! *sl* ④ *no pl* (*fam: cross dress*) Fummel *m* **II.** *tr verb* <-gg-> ① (*tug*) ziehen; **to ~ one's heels** schlurfen; (*fig*) sich *Dat* Zeit lassen ② (*coerce*) schleifen; **I don't want to ~ you away** ich will dich hier nicht wegreißen ③ (*involve*) **to ~ sb into sth** jdn in etw *Akk* hineinziehen ④ (*force*) **to ~ sth out of sb** etw aus jdm herausbringen; **to ~ the truth out of sb** jdm die Wahrheit entlocken **III.** *intr verb* <-gg-> ① (*trail*) schleifen ② (*pej: proceed*) sich [da]hinziehen; **to ~ to a close** schleppend zu Ende gehen ◆**drag away** *tr verb* wegschleppen; **I can't ~ myself away from this view** ich kann mich von diesem Anblick nicht losreißen ◆**drag behind** *intr verb* trödeln, hinterherbummeln ◆**drag down** *tr verb* ① herunterziehen; **to ~ sb down with one** jdn mit sich reißen ② (*depress*) zermürben ◆**drag on** *intr verb* (*pej*) sich [da]hinziehen ◆**drag out** *tr verb* in die Länge ziehen ◆**drag up** *tr verb* (*fig*) wieder ausgraben

drag lift *n* Schlepplift *m*

dragon ['dræg(ə)n] *n* ① Drache *m* ② (*woman*) Drachen *m* ③ AUS (*lizard*) Eidechse *f*

dragonfly *n* Libelle *f*

drag queen *n* Transvestit *m,* Tunte *f pej sl*

drain [dreɪn] **I.** *n* ① (*pipe*) Rohr *nt;* (*under sink*) Abflussrohr *nt;* (*at roadside*) Gully *m;* **to be down the ~** (*fig*) für immer verloren sein ② (*plumbing*) **~s** Kanalisation *f* ③ (*strain*) Belastung *f;* **to be a ~ on sth** eine Belastung für etw darstellen **II.** *tr verb* ① entwässern; *vegetables* abgießen; *noodles/rice* abtropfen lassen ② (*tire*) [völlig] auslaugen **III.** *intr verb* ① (*flow away*) ablaufen ② (*become dry*) *food, washing-up* abtropfen ◆**drain away** *intr verb* ablaufen; (*fig*) [dahin]schwinden ◆**drain off** *tr verb water* abgießen; *noodles/rice* abtropfen lassen

draining board ['dreɪnɪŋ-] *n* Abtropfbrett *nt*

drainpipe *n* Regenrohr *nt;* (*for sewage*) Abflussrohr *nt*

drama ['drɑːmə] **I.** *n* ① *no pl* (*art*) Schauspielkunst *f* ② (*work*) Drama *nt a. fig;* **television ~** Fernsehspiel *nt* **II.** *adj* **~ critic** Theaterkritiker(in) *m(f);* **~ school** Schauspielschule *f*

dramatic [drə'mætɪk] *adj* ① dramatisch ② (*pej: theatrical*) theatralisch ③ **~ irony** tragische Ironie; **~ poetry** dramatische Dichtung

dramedy ['dræmədi] *n* AM *Film oder Fernsehserie, deren Handlung als Komödie angelegt ist*

drank [dræŋk] *pt of* **drink**

drastic ['dræstɪk] *adj* drastisch; *change* radikal

draught [drɑːft] **I.** *n* ① (*air*) [Luft]zug *m kein Pl;* **there's a ~** es zieht; **to sit in a ~** im Zug sitzen ② *no pl* **on ~** vom Fass ③ (*of ship*) Tiefgang *m* ④ BRIT, AUS (*game*) **~s** Damespiel *nt* **II.** *adj* ① **~ beer** Fassbier *nt* ② **~ animal** Zugtier *nt*

draughty ['drɑːfti] *adj* zugig

draw [drɔː] **I.** *n* ① (*contest*) Unentschieden *nt;* **to end in a ~** unentschieden enden ② *of lots* Verlosung *f* ③ *of a gun* Ziehen *nt* **II.** *tr verb* <drew, -n> ① (*sketch*) zeichnen; *line* ziehen; **I ~ the line there** (*fig*) da ist bei mir Schluss ② (*depict*) darstellen ③ (*pull*) ziehen; **to ~ the curtains** die Vorhänge zuziehen/aufziehen ④ (*attract*) **to ~ sb** jdn anlocken; **to ~ sth** etw auf sich *Akk* ziehen; **to ~ attention to oneself** Aufmerksamkeit erregen; **to feel ~n towards sb** sich zu jdm hingezogen fühlen ⑤ (*involve*) **to ~ sb into sth** jdn in etw *Akk* hineinziehen ⑥ (*elicit*) hervorrufen; **to ~ a confession from sb** jdm ein Geständnis entlocken ⑦ (*formulate*) *comparison* anstellen; *conclusion, parallel* ziehen ⑧ (*extract*) ziehen; **has it ~n blood?** blutet es? ⑨ CARDS ziehen ⑩ (*select*) ziehen; **to ~ lots for sth** um etw losen ⑪ *water* holen ⑫ FIN *money* abheben ⑬ (*inhale*) **to ~ a [deep] breath** [tief] Luft holen **III.** *intr verb* <drew, -n> ① (*sketch*) zeichnen ② (*proceed*) sich bewegen; *vehicle, ship* fahren; **to ~ alongside sth** mit etw gleichziehen ③ (*approach*) **to ~ to a close** zu Ende gehen; **to ~ near[er]** näher rücken ④ (*make use of*) **to ~ on sb** auf jdn zurückkommen; **to ~ on sth** auf etw *Akk* zurückgreifen ⑤ SPORTS unentschieden spielen; **they drew 1–1** sie trennten sich 1:1 unentschieden ◆**draw aside** *tr verb* zur Seite ziehen; **to ~ sb aside** jdn beiseitenehmen ◆**draw in** **I.** *intr verb* ① (*arrive*) *train* einfahren; *car* anhalten ② (*shorten*) *days* kürzer werden **II.** *tr verb* ① (*involve*) hineinziehen ② (*inhale*) **to ~ in a [deep] breath** [tief] Luft holen ◆**draw off** *tr verb* ① *liquid* ablassen ② *gloves* ausziehen ◆**draw on** **I.** *tr verb* anziehen **II.** *intr verb* ① (*pass slowly*) *evening, summer* vergehen ② (*form: approach*) **winter ~s on** der Winter naht ◆**draw out** **I.** *tr verb* ① (*prolong*) in die Länge ziehen; *vowels* dehnen ② (*pull out*) herausziehen ③ FIN (*withdraw*) abheben ④ (*persuade*) aus der Reserve locken **II.** *intr verb* ① (*depart*) ausfahren ② (*lengthen*) länger werden ◆**draw up** **I.** *tr verb* ① (*draft*) aufsetzen; *agenda, list, syllabus* aufstellen; *guidelines* festlegen; *plan* entwerfen ② (*pull up*) heranziehen; **~ up a chair!** hol dir doch einen Stuhl! **II.** *intr verb car* vorfahren; *train* einfahren

drawback *n* Nachteil *m*

drawer[1] ['drɔːʳ] *n* Schublade *f;* **chest of ~s** Kommode *f*

drawer[2] ['drɔːəʳ] *n* ① (*of cheque*) Aussteller(in) *m(f)* ② (*sb who draws*) Zeichner(in) *m(f)*

drawing ['drɔːɪŋ] *n* ① *no pl* (*art*) Zeichnen *nt* ② (*picture*) Zeichnung *f*

drawing board *n* Zeichenbrett *nt;* **to go back to the ~** (*fig*) noch einmal von vorn anfangen **drawing pin** *n* BRIT, AUS Reißzwecke *f* **drawing room** *n* (*form*) Wohnzimmer *nt*

drawn [drɔːn] **I.** *pp of* **draw** **II.** *adj* ① (*tired*) abgespannt ② SPORTS **~ game** Unentschieden *nt*

drawstring *n* Zugband *nt*

drawstring pants *npl* Tunnelzughose *f*

dread [dred] **I.** *tr verb* **to ~ sth** sich vor etw *Dat* [sehr] fürchten; **to ~ doing sth** [große] Angst haben, etw zu tun **II.** *n no pl* Furcht *f;* **to live in ~ of sth** in [ständiger] Angst vor etw *Dat* leben; **to fill sb with ~** jdn mit Angst und Schrecken erfüllen

dreadful ['dredfᵊl] *adj* ① schrecklich, furchtbar; **I feel ~** (*unwell*) ich fühle mich scheußlich ② (*bad quality*) miserabel

dreadfully ['dredfᵊli] *adv* ① schrecklich, entsetzlich ② (*very*) furchtbar; **he was ~ upset** er hat sich furchtbar aufgeregt; **I'm ~ sorry** es tut mir schrecklich leid

dream [driːm] **I.** *n* Traum *m a. fig;* **to have a ~ [about sth]** [von etw] träumen; **to be in a ~** vor sich *Akk* hinträumen; **to work like a ~** wie eine Eins funktionieren; **in your ~s!** du träumst wohl! **II.** *adj* Traum- **III.** *intr, tr verb* <dreamt *or* dreamed, dreamt *or* dreamed> träumen *a. fig;* **~ on!** (*iron*) träum [nur schön] weiter! ◆**dream up** *tr verb* sich *Dat* ausdenken

dreamt [drem(p)t] *pt, pp of* **dream**

dreary [drɪəri] *adj* ① (*depressing*) trostlos; *day* trüb ② (*monotonous*) eintönig

dredge [dredʒ] **I.** *n* [Schwimm]bagger *m* **II.** *tr verb* ausbaggern

drench [dren(t)ʃ] *tr verb* durchnässen; **to get ~ed to the skin** nass bis auf die Haut werden; **~ed in sweat** schweißgebadet

dress [dres] **I.** *n* <*pl* -es> ① (*garment*) Kleid *nt* ② *no pl* (*clothing*) Kleidung *f* **II.** *intr verb* ① (*put on*) **to ~** sich anziehen ② (*wear*) sich kleiden **III.** *tr verb* ① (*clothe*) **to ~ sb/oneself** jdn/sich anziehen ② *salad* anmachen ③ (*bandage*) verbinden ◆**dress down** **I.** *intr verb* sich leger anziehen **II.** *tr verb* zu-

rechtweisen ◆**dress up** **I.** *intr verb* ① sich fein anziehen ② (*disguise oneself*) sich verkleiden **II.** *tr verb* ① verkleiden ② (*improve*) verschönern
dress circle *n* erster Rang
dress code *n* Kleiderordnung *f;* (*strict*) Kleiderzwang *m*
dressing ['dresɪŋ] *n* ① *no pl* Anziehen *nt* ② (*for salad*) Dressing *nt* ③ (*bandage*) Verband *m*
dressing-down *n* (*fam*) Standpauke *f;* **to get a ~** zurechtgewiesen werden **dressing gown** *n* Bademantel *m* **dressing table** *n* Frisierkommode *f*
dressmaking *n no pl* Damenschneiderei *f*
dress rehearsal *n* THEAT Generalprobe *f*
drew [druː] *pt of* **draw**
dribble ['drɪbl̩] **I.** *intr verb* ① *baby* sabbern ② (*trickle*) tropfen ③ SPORTS dribbeln **II.** *tr verb* SPORTS dribbeln mit **III.** *n* ① *no pl* (*saliva*) Sabber *m* ② SPORTS Dribbling *nt kein Pl*
dribs [drɪbz] *npl* **in ~ and drabs** kleckerweise
dried [draɪd] **I.** *pt, pp of* **dry** **II.** *adj* getrocknet; **~ flowers** Trockenblumen *Pl;* **~ fruit** Dörrobst *nt*
dried up *adj pred,* **dried-up** *adj attr* ausgetrocknet
drift [drɪft] **I.** *intr verb* treiben; *balloon* schweben; *mist, fog, clouds* ziehen; *snow* angeweht werden; **to ~ out to sea** aufs offene Meer hinaustreiben; **to ~ along** (*fig*) sich treiben lassen; **to ~ away** *people* davonschlendern **II.** *n* ① (*movement*) Strömen *nt;* **~ from the land** Landflucht *f* ② (*trend*) Trend *m* ③ *of snow* Verwehung *f* ④ (*meaning*) **to catch** [*or* **get**] **sb's ~** verstehen, was jd sagen will ◆**drift apart** *intr verb* einander fremd werden ◆**drift off** *intr verb* einschlummern
drill¹ [drɪl] **I.** *n* Bohrer *m* **II.** *tr, intr verb* bohren; **to ~ through sth** etw durchbohren **III.** *adj* Bohr-
drill² [drɪl] **I.** *n* ① (*exercise*) Übung *f;* MIL Drill *m* ② (*fam: routine*) **what's the ~?** wie wird das gemacht?; **to know the ~** wissen, wie es geht **II.** *intr verb* exerzieren
drilling rig *n* (*on land*) Bohrturm *m;* (*offshore*) Bohrinsel *f*
drink [drɪŋk] **I.** *n* ① Getränk *nt;* **can I get you a ~?** kann ich Ihnen etwas zu trinken bringen?; **a ~ of juice** ein Schluck *m* Saft; **to have a ~** etw trinken ② (*alcoholic*) **~s** Getränke *Pl;* **whose turn is it to buy the ~s?** wer gibt die nächste Runde aus? ③ *no pl* (*alcohol*) **smelling of ~** mit einer [Alkohol]fahne **II.** *intr, tr verb* <drank, drunk> trinken; **to ~ and drive** unter Alkoholeinfluss fahren; **I'll ~ to that** darauf trinke ich; **he ~s like a fish** er säuft wie ein Loch; **to ~ oneself to death** sich zu Tode saufen; **my car ~s petrol** (*fig*) mein Auto schluckt viel Benzin ◆**drink in** *tr verb* [begierig] in sich *Akk* aufnehmen
drinkable ['drɪŋkəbl̩] *adj* trinkbar
drink-driving *n no pl* BRIT, AUS Trunkenheit *f* am Steuer
drinker ['drɪŋkəʳ] *n* Trinker(in) *m(f)*
drinking ['drɪŋkɪŋ] **I.** *n no pl* Trinken *nt;* **this water is not for ~** das ist kein Trinkwasser; **~ and driving is dangerous** Alkohol am Steuer ist gefährlich **II.** *adj* Trink-; **~ bout** Sauftour *f*
drinking fountain *n* Trinkbrunnen *m*

Drinking fountains findet man besonders häufig in Nordamerika und Australien, z. B. in Schulen, öffentlichen Gebäuden oder auch in Supermärkten. Oft sehen sie aus wie schlichte Waschbecken, manchmal sind es aber auch wahre Kunstwerke, und einige gleichen tatsächlich einem kleinen Springbrunnen. Drückt man auf einen Knopf oder tritt man auf einen Fußschalter, wird ein Wasserstrahl erzeugt, aus dem man dann trinken kann.

drinking water *n no pl* Trinkwasser *nt*
drip [drɪp] **I.** *intr verb* <-pp-> tropfen; (*in single drops*) tröpfeln **II.** *tr verb* <-pp-> [herunter]tropfen lassen; **to ~ blood** Blut verlieren **III.** *n* ① *no pl* (*act*) Tropfen *nt; of rain* Tröpfeln *nt* ② (*drop*) Tropfen *m* ③ MED Tropf *m;* **to be on a ~** am Tropf hängen
dripping ['drɪpɪŋ] **I.** *adj* ① tropfend; **to be ~** tropfen ② (*very wet*) klatschnass ③ (*hum, iron: covered*) **to be ~ with sth** über und über mit etw behängt

D

sein **II.** *adv* ~ **wet** klatschnass **III.** *n* Schmalz *nt*

drive [draɪv] **I.** *n* ① (*trip*) Fahrt *f;* **to go for a ~** eine Spazierfahrt machen; **a day's ~** eine Tagesfahrt; **an hour's ~ away** eine Autostunde entfernt ② *no pl* TECH Antrieb *m* ③ *no pl* (*steering*) **left-/right-hand ~** Links-/Rechtssteuerung *f* ④ *no pl* (*energy*) Tatkraft *f;* (*vigour*) Schwung *m* ⑤ *no pl* PSYCH Trieb *m* ⑥ (*campaign*) Aktion *f;* **economy ~** Sparmaßnahmen *Pl* ⑦ SPORTS Treibschlag *m,* Drive *m* ⑧ COMPUT Laufwerk *nt;* **hard ~** Festplatte *f* ⑨ (*of animals*) Treiben *nt kein Pl;* **cattle ~** Viehtrieb *m* **II.** *tr verb* <drove, -n> ① fahren; **to ~ a bus** einen Bus lenken; (*as a job*) Busfahrer(in) *m(f)* sein ② (*force on*) antreiben; **the wind drove the snow into my face** der Wind wehte mir den Schnee ins Gesicht; **to ~ sb from sth** jdn aus etw vertreiben ③ (*fig*) **to ~ oneself too hard** sich *Dat* zu viel zumuten; **he was ~n by greed** Gier bestimmte sein Handeln ④ (*power*) *engine* antreiben **III.** *intr verb* <drove, -n> ① fahren; **to learn to ~** den Führerschein machen ② *rain, snow* peitschen; *clouds* jagen ◆**drive at** *intr verb* **what are you driving at?** worauf wollen Sie [eigentlich] hinaus? ◆**drive off I.** *tr verb* ① (*expel*) vertreiben ② (*repel*) zurückschlagen **II.** *intr verb* wegfahren ◆**drive out I.** *tr verb* hinausjagen; (*fig*) austreiben **II.** *intr verb* hinausfahren; (*come out*) herausfahren ◆**drive up I.** *tr verb* *price* hochtreiben **II.** *intr verb* vorfahren; **to ~ up to a ramp** an eine Rampe heranfahren

driven ['drɪvᵊn] **I.** *pp of* **drive II.** *adj* ① (*ambitious*) ehrgeizig ② (*powered*) angetrieben ▶ **as pure as the ~ snow** so unschuldig wie ein Engel

driver ['draɪvəʳ] *n* ① Fahrer(in) *m(f); of a train* Führer(in) *m(f)* ② (*golf*) Driver *m*

driver's license *n* AM Führerschein *m*

driving ['draɪvɪŋ] **I.** *n no pl* (*of vehicle*) Fahren *nt;* **drunk ~** Trunkenheit *f* am Steuer **II.** *adj* ① (*on road*) Fahr-; **~ conditions** Straßenverhältnisse *Pl* ② *rain* peitschend ③ (*motivating*) treibend

driving ban *n* Fahrverbot *nt* **driving force** *n no pl* treibende Kraft **driving instructor** *n* Fahrlehrer(in) *m(f)* **driving lesson** *n* Fahrstunde *f;* **~s** Fahrunterricht *m,* Fahrstunden *Pl* **driving licence** *n* BRIT Führerschein *m* **driving test** *n* Fahrprüfung *f*

drizzle ['drɪzḷ] **I.** *n no pl* ① (*rain*) Nieselregen *m* ② (*small amount*) ein paar Spritzer **II.** *intr verb* nieseln

droop [dru:p] *intr verb* ① (*hang down*) schlaff herunterhängen; *flowers* die Köpfe hängen lassen ② (*lack energy*) schlapp sein

drop [drɒp] **I.** *n* ① (*vertical*) Gefälle *nt;* (*difference*) Höhenunterschied *m* ② (*decrease*) Rückgang *m;* **~ in temperature** Temperaturrückgang *m* ③ (*by aircraft*) Abwurf *m* ④ *of a liquid* Tropfen *m;* **~ of rain** Regentropfen; **~s of paint** Farbspritzer *Pl;* **~ by ~** tropfenweise ⑤ (*fam: drink*) Schluck *m* ⑥ (*sweet*) **fruit ~** Fruchtbonbon *nt* ⑦ (*collection point*) [Geheim]versteck *nt* ▶ **at the ~ of a hat** im Handumdrehen; **a ~ in the ocean** ein Tropfen *m* auf den heißen Stein **II.** *tr verb* <-pp-> ① fallen lassen; *anchor* [aus]werfen; *bomb, leaflets* abwerfen; **to ~ a bombshell** (*fig*) eine Bombe platzen lassen ② (*lower*) senken ③ (*fam: send*) **to ~ sb a line** jdm ein paar Zeilen schreiben ④ (*dismiss*) entlassen ⑤ (*give up*) aufgeben; **let's ~ the subject** lassen wir das Thema; **to ~ everything** alles stehen und liegen lassen ⑥ (*abandon*) fallen lassen ⑦ SPORTS ausschließen (**from** aus) ⑧ (*leave out*) weglassen ⑨ (*fam: hint*) **to ~ [sb] a hint** [jdm gegenüber] eine Anspielung machen ▶ **to ~ sb right in it** jdn [ganz schön] reinreiten; **to let it ~ that ...** beiläufig erwähnen, dass ... **III.** *intr verb* <-pp-> ① (*descend*) [herunter]fallen; *jaw* herunterklappen; *curtain* fallen *a. fig* ② (*lower*) sinken; *prices, level* fallen ③ (*fam: tire*) umfallen; **to be fit to ~** zum Umfallen müde sein; **to ~ [down] dead** tot umfallen; **~ dead!** (*fam*) scher dich zum Teufel! ◆**drop across** *intr verb* (*fam*) vorbeikommen ◆**drop behind** *intr verb* zurückfallen ◆**drop down** *intr verb* herunterfallen; **to ~ down dead** tot umfallen ◆**drop in** *intr verb* (*fam*) vorbeischauen (**on** bei) ◆**drop off I.** *tr verb* (*fam*) **to ~ sth off** etw abliefern; **to ~ sb**

off jdn absetzen **II.** *intr verb* ❶ (*fall off*) abfallen ❷ (*decrease*) zurückgehen; *support, interest* nachlassen ❸ (*fam: fall asleep*) einschlafen ◆**drop out** *intr verb* (*retire*) ausscheiden; (*from society*) aussteigen

drop-in center AM *see* **drop-in centre**

drop-in centre *n*, **drop-in facility** *n* Beratungsstelle *f*

dropout *n* ❶ [Studien]abbrecher(in) *m(f)*; (*from school*) Schulabgänger(in) *m(f)* ❷ (*nonconventional*) Aussteiger(in) *m(f)*

drought [draʊt] *n* Dürre[periode] *f*

drove [drəʊv] *pt of* **drive**

drown [draʊn] **I.** *tr verb* ertränken; **to be ~ed** ertrinken ▸ **to ~ one's sorrows** seinen Kummer ertränken **II.** *intr verb* ertrinken *a. fig*

drowning *n* Ertrinken *nt*

drowsy ['draʊzi] *adj* schläfrig; (*after waking*) verschlafen

drug [drʌg] **I.** *n* ❶ (*medicine*) Medikament *nt* ❷ (*narcotic*) Droge *f*, Rauschgift *nt*; **to be on ~s** Drogen nehmen ❸ (*fig*) Droge *f* **II.** *tr verb* <-gg-> **to ~ sb** jdm Beruhigungsmittel verabreichen; (*secretly*) jdn unter Drogen setzen

drug addict *n* Drogensüchtige(r) *f(m)* **drug addiction** *n no pl* Drogenabhängigkeit *f*

druggist ['drʌgɪst] *n* AM Apotheker(in) *m(f)*

drug pusher *n* (*pej fam*) Drogenhändler(in) *m(f)*

drum [drʌm] **I.** *n* ❶ Trommel *f*; **~s** *pl* (*kit*) Schlagzeug *nt* ❷ (*sound*) **~ of hooves** Pferdegetrappel *nt* ❸ (*vat*) Trommel *f*; **oil ~** Ölfass *nt* **II.** *intr verb* <-mm-> ❶ trommeln; (*on drum kit*) Schlagzeug spielen ❷ (*strike*) **to ~ on sth** auf etw *Akk* trommeln **III.** *tr verb* <-mm-> (*fam*) ❶ **to ~ one's fingers [on the table]** [mit den Fingern] auf den Tisch trommeln ❷ (*repeat*) **to ~ sth into sb** jdm etw einhämmern

drummer ['drʌməʳ] *n* Trommler(in) *m(f)*; (*on drum kit*) Schlagzeuger(in) *m(f)*

drumstick *n* ❶ Trommelstock *m* ❷ (*leg*) Keule *f*, Schlegel *m* SÜDD, ÖSTERR

drunk [drʌŋk] **I.** *adj* ❶ (*inebriated*) betrunken; **~ driving** Trunkenheit *f* am Steuer; **~ as a skunk** (*fam*) total blau; **blind ~** stockbetrunken; **to get ~** sich betrinken ❷ (*fig: overcome*) trunken **II.** *n* (*pej*) Betrunkene(r) *f(m)* **III.** *tr verb, vi pp of* **drink**

drunkard ['drʌŋkəd] *n* (*pej*) Trinker(in) *m(f)*

drunken ['drʌŋkᵊn] *adj* (*pej*) ❶ betrunken ❷ (*involving alcohol*) **~ brawl** Streit *m* zwischen Betrunkenen; **in a ~ stupor** im Vollrausch

dry [draɪ] **I.** *adj* <-ier, -iest *or* -er, -est> ❶ trocken; **as ~ as a bone** knochentrocken; **to go ~** austrocknen ❷ (*without alcohol*) alkoholfrei ▸ **to run ~** unproduktiv werden **II.** *tr verb* <-ie-> trocknen; *fruit, meat* dörren; (*dry out*) austrocknen; (*dry up*) abtrocknen; **to ~ oneself** sich abtrocknen **III.** *intr verb* <-ie-> ❶ trocknen ❷ (*dry up*) abtrocknen ◆**dry up I.** *intr verb* ❶ austrocknen; *spring, well* versiegen; *liquid* trocknen ❷ (*dry the dishes*) abtrocknen ❸ (*fig: stop talking*) den Faden verlieren ❹ (*fig*) *funds* schrumpfen **II.** *tr verb* ❶ *dishes* abtrocknen ❷ (*dry out*) austrocknen

dry cleaner's *n* Reinigung *f*

dryer ['draɪəʳ] *n* ❶ (*for laundry*) [Wäsche]trockner *m* ❷ (*for hair*) Fön *m*; (*overhead*) Trockenhaube *f*

dry ice *n no pl* Trockeneis *nt* **dry land** *no pl n* Festland *nt*

DS [ˌdiː'es] *n abbrev of* **Detective Sergeant** Kriminalmeister(in) *m(f)*

DSL [ˌdiːes'el] *n* INET, TELEC *acr for* **digital subscriber line** DSL *kein Art*

DTP [ˌdiːtiː'piː] *n abbrev of* **desktop publishing** DTP *nt*

dual ['djuːəl] *adj* (*double*) doppelt; (*two different*) zweierlei; **~ ownership** Miteigentümerschaft *f*; **~ role** Doppelrolle *f*

dual carriageway *n* BRIT ≈ Schnellstraße *f* **dual currency phase** *n* EU Doppelwährungsphase *f*

dub <-bb-> [dʌb] *tr verb* ❶ (*knight*) **to ~ sb a knight** jdn zum Ritter schlagen ❷ (*fig: call*) nennen ❸ synchronisieren; **to ~ into English** ins Englische übersetzen

dubbing ['dʌbɪŋ] *n* Synchronisation *f*

dubious ['djuːbiəs] *adj* ❶ zweifelhaft, fragwürdig ❷ (*unsure*) unsicher; **to be/**

D

feel ~ about whether ... bezweifeln, ob ...

Dubliner ['dʌblɪnəʳ] *n* Dubliner(in) *m(f)*

duchess <*pl* -es> ['dʌtʃɪs] *n* Herzogin *f*

duck[1] [dʌk] *n* ① Ente *f* ② *no pl* BRIT (*fam*) Schätzchen *nt* ▸ **to take to sth like a ~ to water** bei etw gleich in seinem Element sein

duck[2] [dʌk] **I.** *intr verb* ① **to ~ [down]** sich ducken ② **to ~ under water** [unter]tauchen ③ **to ~ out of sight** sich verstecken **II.** *tr verb* ① **to ~ one's head** den Kopf einziehen; **to ~ one's head under water** den Kopf unter Wasser tauchen ② (*avoid*) **to ~ sth** einer S. *Dat* ausweichen *a. fig*

ducky ['dʌki] *n* BRIT (*dated fam*) Schätzchen *nt*

due [dju:] **I.** *adj* ① (*payable*) fällig; **~ date** Fälligkeitstermin *m;* **to fall ~** fällig werden ② (*entitled*) **sb is ~ sth** jdm steht etw zu ③ (*appropriate*) gebührend; **without ~ care and attention** fahrlässig; **with ~ care** mit der nötigen Sorgfalt; **after ~ consideration** nach reiflicher Überlegung; **with [all] ~ respect** bei allem [gebotenen] Respekt ④ (*expected*) **what time is the next bus ~ [to arrive/leave]?** wann kommt/fährt der nächste Bus?; **their baby is ~ in January** sie erwarten ihr Baby im Januar; **when are you ~?** wann ist es denn so weit?; **in ~ course** zu gegebener Zeit ⑤ (*owing*) **~ to sth** wegen [*o* auf Grund] einer S. *Gen;* **to be ~ to sb/sth** jdm/etw zuzuschreiben sein **II.** *n* ① (*justice*) **to give sb his/her ~** jdm Gerechtigkeit widerfahren lassen ② (*fees*) **~s** Gebühren *Pl* ③ (*debts*) **~s** Schulden *Pl;* (*obligations*) Verpflichtungen *Pl* **III.** *adv* **~ north** genau nach Norden

dug [dʌg] *pt, pp of* **dig**

duke [dju:k] *n* Herzog *m*

dull [dʌl] **I.** *adj* ① (*pej: boring*) langweilig; **as ~ as ditchwater** stinklangweilig; **deadly ~** todlangweilig ② (*faded*) glanzlos; *weather* trüb ③ (*indistinct*) dumpf **II.** *tr verb* schwächen; *pain* betäuben

duly ['dju:li] *adv* ① (*appropriately*) gebührend ② (*expectedly*) wie erwartet

dumb [dʌm] *adj* ① (*mute*) stumm ② (*pej fam: stupid*) dumm

dumbed-down [ˌdʌmd'daʊn] *adj* vereinfacht

dumbstruck *adj* sprachlos

dummy ['dʌmi] **I.** *n* ① (*doll*) Schaufensterpuppe *f;* (*crash test ~*) Dummy *m;* **to stand there like a stuffed ~** (*fam*) wie ein Ölgötze dastehen ② (*substitute*) Attrappe *f* ③ BRIT, AUS (*for baby*) Schnuller *m* **II.** *adj* (*duplicate*) nachgemacht; (*false*) falsch; **~ run** Probelauf *m* **III.** *intr verb* AM (*fam*) **to ~ up** dichthalten

dump [dʌmp] **I.** *n* ① (*for rubbish*) Müll[ablade]platz *m;* (*fig, pej: messy place*) Dreckloch *nt;* (*badly run place*) Sauladen *m* ② (*storage place*) Lager *nt* **II.** *tr verb* ① (*offload*) abladen ② (*throw down*) hinknallen; **where can I ~ my coat?** wo kann ich meinen Mantel lassen? ③ (*fam: abandon*) fallen lassen; *sth unwanted* loswerden ④ (*fam: leave*) **to ~ sb** jdm den Laufpass geben **III.** *intr verb* AM (*fam*) **to ~ on sb** jdn fertigmachen

dumping ['dʌmpɪŋ] *n no pl* ECON Dumping *nt*

dumpling ['dʌmplɪŋ] *n* Knödel *m,* Kloß *m*

dumps [dʌmps] *npl* (*fam*) **to be [down] in the ~** niedergeschlagen sein

dune [dju:n] *n* Düne *f*

dungarees [ˌdʌŋgə'ri:z] *npl* BRIT Latzhose *f;* AM Jeans[hose] *f*

dungeon ['dʌndʒᵊn] *n* Verlies *nt*

dunk [dʌŋk] *tr verb* [ein]tunken

dup. *n abbrev of* **duplicate** Duplikat *nt*

duplicate[1] ['dju:plɪkeɪt] *tr verb* **to ~ sth** (*copy*) eine zweite Anfertigung von etw machen; (*repeat*) etw noch einmal machen

duplicate[2] ['dju:plɪkət] **I.** *adj* Zweit-; **~ key** Nachschlüssel *m* **II.** *n* Duplikat *nt; of a document* Zweitschrift *f;* **in ~** in zweifacher Ausfertigung

durable ['djʊərəbl̩] *adj* ① (*tough*) strapazierfähig ② (*long-lived*) dauerhaft

duration [ˌdjʊ(ə)'reɪʃᵊn] *n no pl* Dauer *f; of a film* Länge *f;* **for the ~** bis zum Ende

Durex® ['djʊəreks] *n* BRIT Gummi *m sl,* Kondom *nt*

during ['djʊərɪŋ] *prep* während +*Gen*

dusk [dʌsk] *n no pl* [Abend]dämmerung *f;* ~ **is falling** es dämmert; **after/at** ~ nach/bei Einbruch der Dunkelheit

dust [dʌst] **I.** *n no pl* Staub *m;* **covered in** ~ völlig verstaubt ▸ **to bite the** ~ ins Gras beißen; **to eat sb's** ~ Am von jdm abgehängt werden; **to turn to** ~ (*liter*) zu Staub werden **II.** *tr verb* ❶ (*clean*) *objects* abstauben ❷ (*spread over finely*) bestäuben **III.** *intr verb* Staub wischen

dustbin *n* Brit Mülltonne *f* **dustcart** *n* Brit Müllwagen *m* **dust cover** *n* (*for furniture*) Schonbezug *m;* (*for devices*) Abdeckhaube *f;* (*on book*) Schutzumschlag *m*

duster ['dʌstəʳ] *n* Staubtuch *nt;* **feather** ~ Staubwedel *m*

dust jacket *n* Schutzumschlag *m* **dustman** *n* Brit Müllmann *m* **dust mite** *n* Hausmilbe *f* **dustpan** *n* Schaufel *f;* ~ **and brush** Schaufel *f* und Besen *m*

dusty ['dʌsti] *adj* staubig; *objects* verstaubt

Dutch [dʌtʃ] **I.** *adj* holländisch, niederländisch **II.** *n* ❶ *no pl* (*language*) Holländisch *nt,* Niederländisch *nt* ❷ (*people*) **the** ~ *pl* die Holländer **III.** *adv* **to go** ~ getrennte Kasse machen

duty ['dju:ti] **I.** *n* ❶ *no pl* (*obligation*) Pflicht *f;* **to do sth out of** ~ etw aus Pflichtbewusstsein tun ❷ (*task*) Aufgabe *f,* Pflicht *f* ❸ *no pl* (*work*) Dienst *m;* **to do** ~ **for sb** jdn vertreten; **on/off** ~ im/nicht im Dienst ❹ (*revenue*) Zoll *m* (**on** auf); **customs duties** Zollabgaben *Pl;* **to be free of** ~ zollfrei sein **II.** *adj attr* diensthabend

duty-free I. *adj* zollfrei **II.** *n* ~**s** zollfreie Waren

duvet ['dju:veɪ, 'du:-] *n* Steppdecke *f,* Daunendecke

DVD [ˌdi:vi:'di:] *n abbrev of* **digital versatile disc** DVD *f*

DVD player *n* DVD-Player *m*

DVR [ˌdi:vi:'ɑ:ʳ] *n abbrev of* **digital video recorder** digitaler Videorecorder

DVT [ˌdi:vi:'ti:] *n no pl* med *abbrev of* **deep vein thrombosis** tiefe Venenthrombose

dwarf [dwɔ:f] **I.** *n* <*pl* -s *or* dwarves> Zwerg(in) *m(f)* **II.** *adj* Zwerg- **III.** *tr verb* überragen; (*fig*) in den Schatten stellen

dwarves [dwɔ:vz] *n pl of* **dwarf**

dwell <dwelt *or* -ed, dwelt *or* -ed> [dwel] *intr verb* (*form*) wohnen

dwelt [dwelt] *pp, pt of* **dwell**

dwindle ['dwɪndl̩] *intr verb* abnehmen; *numbers* zurückgehen

dye [daɪ] **I.** *tr verb* färben **II.** *n* Färbemittel *nt*

dying ['daɪɪŋ] *adj* sterbend; (*fig*) aussterbend

dyke [daɪk] *n* ❶ (*wall*) Deich *m* ❷ (*channel*) [Abfluss]graben *m* ❸ (*pej! sl: lesbian*) Lesbe *f*

dynamic [daɪ'næmɪk] *adj* dynamisch

dynamite ['daɪnəmaɪt] **I.** *n no pl* Dynamit *nt a. fig* **II.** *tr verb* mit Dynamit sprengen

d'you [dʒu:, dju:, dʒə, djə] (*fam*) = **do you** *see* **do**

Ee

E

E <*pl* -'s *or* -s>, **e** <*pl* -'s> [iː] *n* ❶ E *nt,* e *nt; see also* **A 1** ❷ MUS E *nt,* e *nt;* **E flat** Es *nt,* es *nt;* **E sharp** Eis *nt,* eis *nt* ❸ (*school mark*) ≈ Fünf *f,* ≈ mangelhaft; (*in the Suiss system*) ≈ Zwei *f*

E¹ *n no pl abbrev of* **east** O

E² *n* (*fam*) *abbrev of* **ecstasy** Ecstasy *f*

each [iːtʃ] *adj, pron* jede(r, s); **~ other** einander; **~ and every one** jede(r, s) Einzelne; **500 miles ~ way** 500 Meilen in eine Richtung; **give the kids one piece ~** gib jedem Kind ein Stück

eager <more eager, most eager> ['iːgəʳ] *adj* ❶ (*hungry*) begierig (**for** auf) ❷ (*enthusiastic*) eifrig; **to be ~ to do sth** etw unbedingt tun wollen

eagerness ['iːgənəs] *n no pl* Eifer *m;* **~ to learn** Lerneifer *m*

eagle ['iːgl̩] *n* Adler *m*

eagle-eyed *adj* scharfsichtig; **to be ~** Adleraugen haben

ear¹ [ɪəʳ] *n* Ohr *nt;* **~, nose and throat specialist** Hals-Nasen-Ohren-Arzt *m/* -Ärztin *f;* **from ~ to ~** von einem Ohr zum anderen ▸ **to be all ~s** ganz Ohr sein; **to keep one's ~s open** die Ohren offen halten; **sb's ~s are burning** jdm klingen die Ohren; **to close one's ~s to sth** etw ignorieren

ear² [ɪəʳ] *n* AGR Ähre *f*

earache *n no pl* Ohrenschmerzen *Pl* **eardrum** *n* Trommelfell *nt* **ear infection** *n* Ohrenentzündung *f*

earl [ɜːl] *n* Graf *m*

earlobe *n* Ohrläppchen *nt*

early <-ier, -iest *or* more early, most early> ['ɜːli] **I.** *adj* ❶ (*in the day*) früh; **~ edition** Morgenausgabe *f;* **the ~ hours** die frühen Morgenstunden; **in the ~ morning** am frühen Morgen ❷ (*of a period*) früh, Früh-; **she is in her ~ thirties** sie ist Anfang dreißig; **in the ~ afternoon** am frühen Nachmittag; **at an ~ age** in jungen Jahren; **from an ~ age** von klein auf ❸ (*prompt*) schnell; **~ payment appreciated** um baldige Zahlung wird gebeten ❹ (*before expected*) vorzeitig; (*comparatively early*) [früh]zeitig; **to have an ~ lunch** früh zu Mittag essen **II.** *adv* früh

earn [ɜːn] *tr verb* ❶ (*be given*) verdienen ❷ (*yield*) einbringen

earned autonomy *n* BRIT durch Verdienste erzielte Autonomie *f* (*gutgeführten Schulen, Stadtbezirken und Trusts des NHS wird auf bestimmten Gebieten größere Entscheidungsfreiheit gewährt*)

earnings ['ɜːnɪŋz] *npl* Einkommen *nt; of a business* Ertrag *m*

earphones *npl* Kopfhörer *m* **earpiece** *n* Hörer *m* **earplug** *n usu pl* Ohrenstöpsel *nt* **earring** *n* Ohrring *m* **earshot** *n no pl* [**with**]**in**/**out of ~** in/ außer Hörweite

earth [ɜːθ] **I.** *n* ❶ *no pl* die Erde; **how/ what/who/where/why on earth ...** wie/was/wer/wo/warum um alles in der Welt ... ❷ *no pl* (*soil*) Erde *f,* Boden *m* ❸ *no pl* BRIT, AUS ELEC Erdung *f* ▸ **to charge/cost/pay the ~** BRIT ein Vermögen verlangen/kosten/bezahlen **II.** *tr verb* BRIT erden

earthly ['ɜːθli] **I.** *adj* ❶ irdisch ❷ (*fam: possible*) möglich **II.** *n* BRIT (*fam*) **to not have an ~ chance** [**of doing sth**] nicht die geringste Chance haben[, etw zu tun]

earthquake *n* Erdbeben *nt*

ease [iːz] **I.** *n no pl* ❶ (*effortlessness*) Leichtigkeit *f* ❷ (*comfort*) **to be at ~** sich wohl fühlen; [**stand**] **at ~!** MIL rührt euch!; **to put sb at** [**their**] **~** jdm die Befangenheit nehmen **II.** *tr verb* ❶ *pain* lindern; **to ~ the tension** die Anspannung lösen ❷ (*move*) **she ~d the lid off** sie löste den Deckel behutsam ab **III.** *intr verb* nachlassen ◆ **ease off** *intr verb* ❶ (*decrease*) nachlassen ❷ (*work less*) **to ~ off** [**at work**] [auf der Arbeit] kürzertreten

easily ['iːzɪli] *adv* ❶ (*without difficulty*) leicht; (*effortlessly*) mühelos; **to win ~** spielend gewinnen ❷ (*by far*) **to be ~ the ...** + *superl* bei weitem der/die/ das ... sein

east [iːst] **I.** *n no pl* ❶ Osten *m;* **to the ~ of sth** östlich einer S. *Gen;* **from/to the ~** von/nach Osten ❷ (*part of region, town*) **the East** der Osten; **the**

Near/Middle/Far East der Nahe/Mittlere/Ferne Osten **II.** *adj* östlich, Ost-; ~ **wind** Ostwind *m* **III.** *adv* ostwärts, nach Osten; **to face** ~ nach Osten liegen

Easter ['iːstəʳ] *n no art* Ostern *nt;* **at** ~ an Ostern

Easter Day *n* Ostersonntag *m* **Easter egg** *n* Osterei *nt* **Easter holidays** *npl* Osterferien *Pl*

easterly ['iːstᵊli] **I.** *adj* östlich, Ost- **II.** *n* Ostwind *m*

Easter Monday *n* Ostermontag *m*

eastern ['iːstᵊn] *adj* ① östlich, Ost-; **the** ~ **seaboard** AM die Ostküste ② (*Asian*) orientalisch

Easter Sunday *n* Ostersonntag *m*

East Germany *n no pl* HIST Ostdeutschland *nt*

eastward ['iːstwəd] **I.** *adj* östlich, nach Osten *nachgestellt* **II.** *adv* ostwärts, nach Osten

eastwards ['iːstwədz] *adv* ostwärts, nach Osten

easy <-ier, -iest *or* more easy, most easy> ['iːzi] **I.** *adj* ① leicht, einfach; **as** ~ **as anything** kinderleicht; ~ **money** leicht verdientes Geld ② (*effortless*) leicht, mühelos ③ (*trouble-free*) angenehm; (*comfortable*) bequem ④ (*not worried*) *conscience* ruhig; **to not feel** ~ **about sth** sich bei etw nicht wohl fühlen ⑤ (*fam: indifferent*) **I'm** ~ mir ist es egal ⑥ (*pleasing*) ~ **on the ear/eye** angenehm für das Ohr/Auge **II.** *adv* ① (*cautiously*) vorsichtig; ~ **does it** immer langsam ② **take it** ~**!** immer mit der Ruhe! ► ~ **come,** ~ **go** (*fam*) wie gewonnen, so zerronnen **III.** *interj* (*fam*) locker

easy-going *adj* (*approv*) unkompliziert

eat <ate, eaten> [iːt] **I.** *tr verb* essen; *animal* fressen; **to** ~ **breakfast** frühstücken; **to** ~ **lunch/supper** zu Mittag/Abend essen ► **I'll** ~ **my hat if ...** ich fresse einen Besen, wenn ...; ~ **your heart out** platze ruhig vor Neid; **what's** ~**ing you?** was bedrückt dich? **II.** *intr verb* essen ► **you are what you** ~ (*prov*) der Mensch ist, was er isst

eaten ['iːtᵊn] *pp of* **eat**

eating disorder *n* Essstörung *f*

e-bike ['iːbaɪk] *n abbrev of* **electric bike** E-Bike *nt,* Elektrofahrrad *nt*

e-book ['iːbʊk] *n abbrev of* **electronic book** E-Book *nt*

e-book reader *n* E-Book-Reader *m,* E-Reader *m*

e-car ['iːkɑːʳ] *n abbrev of* **electric car** Elektroauto *nt*

echo ['ekəʊ] **I.** *n* <*pl* -es> ① Echo *nt* ② (*fig*) Anklang *m* (**of** an) **II.** *intr verb* [wider]hallen **III.** *tr verb* (*copy*) wiedergeben; (*reflect*) widerspiegeln

eclectic [ek'lektɪk] *adj* eklektisch

eclipse [ɪ'klɪps] **I.** *n* ① Finsternis *f;* ~ **of the sun** Sonnenfinsternis *f* ② *no pl* (*fig: decline*) Niedergang *m* **II.** *tr verb* verfinstern

eco-conscious *adj* umweltbewusst

eco-doom *n no pl* Öko-Pessimismus *m* **eco-drive** *adj attr* mit Eco-Drive-Antrieb *nachgestellt* **eco-friendly** <more eco-friendly, most eco-friendly> *adj* umweltfreundlich **eco-label** *n* Umweltetikett *nt,* Umweltgütesiegel *nt* ÖSTERR, SCHWEIZ

ecological [ˌiːkə'lɒdʒɪkᵊl] *adj* ökologisch; ~ **catastrophe** Umweltkatastrophe *f*

ecologically [ˌiːkə'lɒdʒɪkᵊli] *adv* ökologisch; ~ **friendly** umweltfreundlich; ~ **harmful** umweltschädlich

ecologist [iː'kɒlədʒɪst] *n* Ökologe *m/*Ökologin *f*

ecology [iː'kɒlədʒi] *n no pl* Ökologie *f*

ecology movement *n* Umweltbewegung *f* **ecology party** *n* Umweltpartei *f,* Öko-Partei *f*

economic [ˌiːkə'nɒmɪk] *adj* ökonomisch, wirtschaftlich; ~ **aid** Wirtschaftshilfe *f;* ~ **downturn** Konjunkturabschwächung *f;* ~ **forecast** Wirtschaftsprognose *f*

economical [ˌiːkə'nɒmɪkᵊl] *adj* ① (*cost-effective*) wirtschaftlich, ökonomisch ② (*thrifty*) sparsam; **to be** ~ **with the truth** mit der Wahrheit hinter dem Berg halten

economics [ˌiːkə'nɒmɪks] *npl* + *sing verb* (*science*) Wirtschaftswissenschaft[en] *f[Pl];* (*management studies*) Betriebswirtschaft *f*

economist [ɪ'kɒnəmɪst] *n* Wirtschaftswissenschaftler(in) *m(f);* (*in industrial management*) Betriebswirtschaftler(in) *m(f)*

E

economize [ɪ'kɒnəmaɪz] *intr verb* sparen (**on** an)
economy [ɪ'kɒnəmi] *n* ❶ Wirtschaft *f* ❷ (*thriftiness*) Sparsamkeit *f kein Pl;* **to make economies** Einsparungen machen
ecstasy ['ekstəsi] *n* Ekstase *f*
Ecstasy ['ekstəsi] *n no pl* (*drug*) Ecstasy *nt*

E

ECU ['ekju:, 'eɪkju:] *n abbrev of* **European Currency Unit** (*hist*) ECU *m o f*
Eden ['i:dᵊn] *n no pl* (*also fig*) Eden *nt;* **the garden of ~** der Garten Eden

In den Gewächshäusern des **Eden Project** in Cornwall kann man Pflanzen und zum Teil auch Tiere aus der ganzen Welt bewundern. Unter den futuristisch anmutenden Kuppeln werden die verschiedenen Klimazonen der Erde wie etwa der Regenwald oder die Tropen simuliert. Die besonderen Schwerpunkte des Projekts liegen auf seltenen, vom Aussterben bedrohten Arten und auf der Erhaltung einer intakten Umwelt. So vermitteln zahlreiche Lehrpfade die Beziehung zwischen Mensch und Natur.
Die Versorgung des gesamten Komplexes erfolgt weitestgehend aus alternativen Energiequellen. Darüber hinaus bietet das Projekt Raum für Konzerte und Ausstellungen sowie für verschiedene soziale Vorhaben.

edge [edʒ] **I.** *n* ❶ (*boundary*) Rand *m a. fig; of a lake* Ufer *nt;* **at the ~ of the road** am Straßenrand; **the ~ of the table** die Tischkante ❷ (*blade*) Schneide *f;* (*sharp side*) Kante *f* ❸ *no pl* (*sharpness*) Schärfe *f* ❹ (*nervousness*) **to be on ~** nervös sein **II.** *tr verb* **to ~ one's way forward** sich langsam vorwärtsbewegen **III.** *intr verb* **to ~ forward** langsam voranrücken
edgy ['edʒi] *adj* (*fam*) nervös
edible ['edɪbḷ] *adj* essbar; **~ mushroom** Speisepilz *m*
Edinburgh ['edɪnbᵊrə] *n* Edinburg[h] *nt*

Bereits seit 1947 findet in der Hauptstadt Schottlands jedes Jahr Mitte August das **Edinburgh International Festival** statt. Drei Wochen lang herrscht dann in Edinburgh der Ausnahmezustand, denn es gibt nicht nur unzählige Theater-, Musik-, Opern-, Tanz- und Kunstveranstaltungen, sondern es tummeln sich außerdem in der ganzen Stadt viele Straßenkünstler. Parallel dazu hat sich das sehr lebendige und innovative Kulturfestival *Festival Fringe* mit über tausend Veranstaltungen entwickelt. Und wer immer noch nicht genug hat, kann noch das *Film Festival*, das *Jazz Festival* oder das *Book Festival* besuchen. Den krönenden Abschluss dieses "Kultur-Marathons" bildet das prächtige Feuerwerk über der alten Burg.

edit ['edɪt] *tr verb* redigieren; COMPUT editieren
edition [ɪ'dɪʃᵊn] *n* ❶ (*issue*) Ausgabe *f* ❷ (*broadcast*) Folge *f*
editor ['edɪtəʳ] *n* ❶ (*of book, newspaper*) Herausgeber(in) *m(f)* ❷ (*of press or publishing department*) Redakteur(in) *m(f);* **sports ~** Sportredakteur(in) *m(f)*
editorial [ˌedɪ'tɔ:riəl] **I.** *n* Leitartikel *m* **II.** *adj* Redaktions-, redaktionell; **~ staff** + *sing/pl verb* Redaktion *f*
educate ['edʒʊkeɪt] *tr verb* unterrichten; (*train*) ausbilden
educated ['edʒʊkeɪtɪd] *adj* gebildet; **to make an ~ guess** eine fundierte Vermutung äußern
education [ˌedʒʊ'keɪʃᵊn] *n no pl* ❶ Bildung *f;* (*training*) Ausbildung *f* ❷ (*system*) Erziehungswesen *nt*
educational [ˌedʒʊ'keɪʃᵊnᵊl] *adj* Bildungs-, pädagogisch; **~ background** schulischer Werdegang; **~ film** Lehrfilm *m;* **~ psychology** Schulpsychologie *f;* **~ qualifications** schulische Qualifikationen
eerie <-r, -st> ['ɪəri] *adj* unheimlich
effect [ɪ'fekt] **I.** *n* ❶ (*consequence*) Auswirkung *f* ([**up**]**on** auf), Folge *f* ([**up**]**on** für) ❷ *no pl* (*influence*) Einfluss *m* (**on** auf) ❸ *no pl* (*force*) **to come into ~** in Kraft treten; **to take ~** *medicine* wirken ❹ (*result*) Wirkung *f;* (*success*) Erfolg *m;* **to good ~** mit Erfolg ❺ *no pl*

(*esp pej: attention-seeking*) **for ~** aus Effekthascherei **II.** *tr verb* bewirken

effective [ɪ'fektɪv] *adj* ❶ (*competent*) fähig ❷ (*efficacious*) wirksam, effektiv ❸ (*real*) tatsächlich ❹ (*operative*) gültig ❺ (*striking*) effektvoll, wirkungsvoll

efficiency [ɪ'fɪʃᵊn(t)si] *n no pl* Leistungsfähigkeit *f; of a machine* Wirkungsgrad *m*

efficient [ɪ'fɪʃᵊnt] *adj* ❶ (*productive*) leistungsfähig; *person* tüchtig ❷ (*economical*) wirtschaftlich

effort ['efət] *n* Mühe *f,* Anstrengung *f;* **to make an ~** (*physically*) sich anstrengen; (*mentally*) sich bemühen; **a poor ~** eine schwache Leistung

effortless ['efətləs] *adj* mühelos; *grace* natürlich

EFSF [ˌiːefes'ef] *n abbrev of* **European Financial Stability Facility** POL, FIN Eurorettungsschirm *m*

egg [eg] **I.** *n* ❶ Ei *nt;* **[half] a dozen ~s** ein [halbes] Dutzend Eier ❷ (*cell*) Eizelle *f* ▶ **to be left with ~ on one's face** dumm dastehen; **a bad ~** ein Gauner *m* **II.** *tr verb* **to ~ sb on** jdn anstacheln

egg cell *n* Eizelle *f* **egg cup** *n* Eierbecher *m* **eggshell** *n* Eierschale *f* **egg spoon** *n* Eierlöffel *m* **egg timer** *n* Eieruhr *f* **egg yolk** *n* Eigelb *nt*

e-gift ['iːgɪft] *n* INET Internet-Geschenk *nt*

ego ['iːgəʊ] *n* Ego *nt*

egoist ['iːgəʊɪst] *n* (*pej*) Egoist *m*

egoistic [ˌiːgəʊ'ɪstɪk] *adj* (*pej*) egoistisch

ego surf *intr verb* INET ego-surfen (*im Internet den eigenen Namen eingeben*)

ego surfing *n no pl, no art* INET Ego-Surfen *nt* (*Eingabe des eigenen Namens im Internet*)

eh [eɪ] *interj* (*fam*) **~?** (*confused*) was?, hä?; (*surprised*) wie bitte?; (*requesting*) was?

Eiffel Tower [ˌaɪfᵊl'taʊəʳ] *n* **the ~** der Eiffelturm

eight [eɪt] **I.** *adj* acht; **~ times three is 24** acht mal drei ist 24; **the score is ~ three** es steht acht zu drei; **there are ~ of us** wir sind [zu] acht; **in packets of ~** in einer Achterpackung; **~ times** achtmal; **a family of ~** eine achtköpfige Familie; **one in ~ [people]** jeder Achte; **a boy of ~** ein achtjähriger Junge; **at ~ [o'clock]** um acht [Uhr]; **[at] about ~ [o'clock]** gegen acht [Uhr]; **half past ~** halb neun; **at ~ thirty** um halb neun, um acht Uhr dreißig **II.** *n* Acht *f*

eighteen [eɪ'tiːn] **I.** *adj* achtzehn; *see also* **eight II.** *n* ❶ Achtzehn *f; see also* **eight** ❷ BRIT FILM **~ certificate** [Alters]freigabe *f* ab 18 Jahren

eighth [eɪtθ] **I.** *adj* achte(r, s); **the ~ person** der/die Achte; **every ~ person** jeder Achte; **in ~ place** an achter Stelle; **the ~ largest ...** der/die/das achtgrößte ... **II.** *n no pl* ❶ **the ~** der/die/das Achte; **~ [in line]** als Achter an der Reihe ❷ (*date*) **the ~ [of the month]** *spoken* der Achte [des Monats]; **the 8th [of the month]** *written* der 8. [des Monats] ❸ (*gear*) achter Gang, Achte(r) *m fam* ❹ MUS (*interval*) Oktave *f*

eight-hour *adj attr* achtstündig; **~ day** Achtstundentag *m*

eightieth ['eɪtiəθ] **I.** *adj* achtzigste(r, s); *see also* **eighth II.** *n* **the ~** der/die/das Achtzigste; *see also* **eighth**

eighty ['eɪti] **I.** *adj* achtzig; *see also* **eight II.** *n* ❶ Achtzig *f; see also* **eight** ❷ (*age*) **in one's eighties** in den Achtzigern ❸ (*decade*) **the eighties** die achtziger Jahre ❹ (*temperature*) **in the eighties** um die 30 Grad Celsius warm

Eire ['eərə] *n* Eire *nt,* Irland *nt*

either ['aɪðəʳ, 'iː-] **I.** *conj* **~ ... or ...** entweder ... oder ... **II.** *adv* ❶ + *neg* (*as well*) **she doesn't/hasn't ~** sie auch nicht ❷ + *neg* (*to boot*) **it's really good and not very expensive ~** es ist wirklich gut und nicht einmal sehr teuer **III.** *adj* ❶ (*both*) **on ~ side** auf beiden Seiten ❷ (*one*) eine(r, s) [von beiden]; **~ person** jede(r) der beiden; **~ way** so oder so **IV.** *pron no pl* **~ of you** eine(r) von euch beiden

eject [ɪ'dʒekt] **I.** *tr verb* auswerfen (**from** aus); **to ~ sb** jdn hinauswerfen (**from** aus) **II.** *intr verb* den Schleudersitz betätigen

elaborate[1] [ɪ'læbᵊrət] *adj* kompliziert; (*artistic*) kunstvoll [gearbeitet]

elaborate[2] [ɪ'læbᵊreɪt] *intr verb* ins Detail gehen; **to ~ on sth** etw näher ausführen

elastic [ɪ'læstɪk] **I.** *adj* elastisch **II.** *n* elastisches Material; (*rubber*) Gummi *m o nt*

elbow ['elbəʊ] **I.** *n* ❶ Ellbogen *m* ❷ *of a*

E

pipe Knie *nt*, Biegung *f*; *of a road, a river* Biegung *f* **II.** *tr verb* **to ~ sb** jdm mit dem Ellbogen einen Stoß versetzen

elbow room *n* ① Ellbogenfreiheit *f* ② (*fig*) Bewegungsfreiheit *f*

elder[1] ['eldəʳ] **I.** *n* Ältere(r) *f(m)*; **church/village ~** Kirchen-/Dorfälteste(r) *f(m)* **II.** *adj* ältere(r, s)

elder[2] ['eldəʳ] *n* (*tree*) Holunder *m*

E

elderly ['eldᵊli] **I.** *adj* ältere(r, s), ältlich **II.** *n* **the ~** *pl* die älteren Menschen

eldest ['eldɪst] **I.** *adj* älteste(r, s) **II.** *n no pl* **the ~** der/die Älteste

elect [ɪ'lekt] *tr verb* ① (*vote*) wählen (**to** in) ② (*choose*) **to ~ to do sth** sich [dafür] entscheiden, etw zu tun

election [ɪ'lekʃᵊn] *n* Wahl *f*

election campaign *n* Wahlkampf *m* **election day** *n* Wahltag *m* **election defeat** *n* Wahlniederlage *f*

electioneering [ɪˌlekʃə'nɪərɪŋ] *n no pl* (*pej*) Wahlpropaganda *f*

election manifesto *n* Wahlprogramm *nt* **election meeting** *n* Wahlversammlung *f* **election poster** *n* Wahlplakat *nt* **election result** *n usu pl* Wahlergebnis *nt meist Pl* **election speech** *n* Wahlrede *f*

electoral [ɪ'lektᵊrᵊl] *adj* Wahl-

electorate [ɪ'lektᵊrət] *n + sing/pl verb* Wählerschaft *f*

electric [ɪ'lektrɪk] *adj* elektrisch; **~ blanket** Heizdecke *f*; **~ guitar** E-Gitarre *f*; **~ motor/engine** Elektromotor *m*

electrical [ɪ'lektᵊrɪkᵊl] *adj* elektrisch; **~ device** Elektrogerät *nt*; **~ engineering** Elektrotechnik *f*

electrician [ˌelɪk'trɪʃᵊn, ˌiːlek'-] *n* Elektriker(in) *m(f)*

electricity [ˌelɪk'trɪsəti, ˌiːlek'-] *n no pl* Elektrizität *f*, [elektrischer] Strom; **heated/powered by ~** elektrisch beheizt/angetrieben

electricity board *n* Brit Stromanbieter *nt*

electrolysis [ˌelɪk'trɒləsɪs, ˌiːlek'-] *n no pl* Elektrolyse *f*

electromagnet *n* Elektromagnet *m*

electromagnetic *adj* elektromagnetisch

electron [ɪ'lektrɒn] *n* Elektron *nt*; **~ microscope** Elektronenmikroskop *nt*

electronic [ˌelek'trɒnɪk, ˌiːlek'-] *adj* elektronisch; **~ calculator** Elektronenrechner *m*

electronics [ˌelek'trɒnɪks, ˌiːlek'-] *n + sing/pl verb* Elektronik *f*

electron microscope *n* Elektronenmikroskop *nt*

elegant ['elɪgᵊnt] *adj* elegant

element ['elɪmənt] *n* Element *nt*

elementary [ˌelɪ'mentᵊri] *adj* elementar; *mistake* grob; **~ course** Grundkurs *m*; **~ education** Am Elementarunterricht *m*

elephant ['elɪfənt] *n* Elefant *m*

elevated ['elɪveɪtɪd] *adj* erhöht, höher liegend; **~ road** Hochstraße *f*

elevator ['elɪveɪt̬ɚ] *n* Am Aufzug *m*, Lift *m*

eleven [ɪ'levᵊn] **I.** *adj* elf; *see also* **eight** **II.** *n* Elf *f*; *see also* **eight**

eleventh [ɪ'levᵊnθ] **I.** *adj* elfte(r, s); *see also* **eighth** **II.** *n* **the ~** der/die/das Elfte; *see also* **eighth**

eligible ['elɪdʒəbl̩] *adj* ① **to be ~** in Frage kommen ② (*entitled*) berechtigt (**for** zu); **~ to vote** wahlberechtigt

eliminate [ɪ'lɪmɪneɪt] *tr verb* ① (*eradicate*) beseitigen ② (*exclude*) ausschließen ③ sports **to be ~d** ausscheiden

elimination contest *n* Wettbewerb *m* durch Ausscheidung

eloquence ['eləkwən(t)s] *n* Sprachgewandtheit *f*, Wortgewandtheit *f*

El Salvador [ˌel'sælvədɔːʳ] *n* El Salvador *nt*

else [els] *adv* ① (*other*) **anything ~ would be fine** alles andere wäre toll; **anywhere ~** irgendwo anders; **everybody ~** alle anderen; **everything ~** alles andere; **everywhere ~** überall sonst; **how/what/where/who/why ~ ...?** wie/was/wo/wer/warum sonst ...?; **why ~ would he come?** warum sollte er denn sonst kommen? ② (*more*) sonst noch; **anything ~?** sonst noch etwas?; **no, thank you, nothing ~** nein danke, das ist alles; **nobody/nothing ~** sonst niemand/nichts; **somewhere ~** noch woanders ③ (*otherwise*) sonst; **or ~!** (*fam*) sonst gibt's was!

elsewhere ['els(h)weəʳ] *adv* woanders

e-mail ['iːmeɪl] **I.** *n abbrev of* **electronic mail** E-Mail *f* **II.** *tr verb* **to ~ sb sth** jdm etw mailen

e-mail address *n* E-Mail-Adresse *f*

embark [ɪm'bɑːk, em'-] *intr verb* sich einschiffen

embarrass [ɪm'bærəs] *tr verb* in Verlegenheit bringen
embarrassed [ɪm'bærəst] *adj* verlegen; **to feel ~** verlegen sein; **I feel so ~ [about it]** das ist mir so peinlich; **to make sb feel ~** jdn verlegen machen
embarrassing [ɪm'bærəsɪŋ] *adj* peinlich
embarrassment [ɪm'bærəsmənt] *n* (*instance*) Peinlichkeit *f;* (*feeling*) Verlegenheit *f;* **to cause ~ to sb** jdn in Verlegenheit bringen
embassy ['embəsi] *n* Botschaft *f*
embed <-dd-> [ɪm'bed, em'-] *tr verb* einlassen; (*fig*) verankern
embedded *adj* eingebettet *a. fig*
embers ['embəz] *npl* Glut *f*
embrace [ɪm'breɪs, em'-] **I.** *tr verb* umarmen **II.** *n* Umarmung *f*
embroider [ɪm'brɔɪdəʳ, em'-] **I.** *intr verb* sticken **II.** *tr verb pattern* sticken; *cloth* besticken
embryo ['embriəʊ] *n* Embryo *m o* ÖSTERR *a. nt*
emerald ['emərəld] *n* Smaragd *m*
emerge [ɪ'mɜːdʒ, iː'-] *intr verb* ❶ (*exit*) herauskommen (**from** aus) ❷ (*surface*) auftauchen (**from** aus) ❸ (*fig: become known*) sich herausstellen
emergency [ɪ'mɜːdʒən(t)si, iː'-] *n* ❶ Notfall *m;* **in case of ~** im Notfall ❷ POL Notstand *m;* **state of ~** Ausnahmezustand *m* ❸ AM (*ER*) Notaufnahme *f*
emerging *adj attr problem* auftauchend; *market* aufstrebend
emigrant ['emɪgrənt] *n* Auswanderer *m/*Auswanderin *f;* (*refugee*) Emigrant(in) *m(f)*
emigrate ['emɪgreɪt] *intr verb* auswandern; *refugee* emigrieren
emigration [ˌemɪ'greɪʃən] *n* Auswanderung *f*
eminent ['emɪnənt] *adj* [hoch] angesehen
emission [ɪ'mɪʃən, iː'-] *n* Emission *f,* Abgabe *f; of a gas, a liquid, an odour* Ausströmen *nt; of heat, light* Ausstrahlen *nt*
emit <-tt-> [ɪ'mɪt, iː-] *tr verb* abgeben; *fumes, smoke, cry* ausstoßen; *gas, odour* verströmen
emote [ɪ'məʊt] *intr verb* Emotionen spielen lassen
emoticon [ɪ'məʊtɪkɒn] *n* INET Emoticon *nt*
emotion [ɪ'məʊʃən] *n* Gefühl *nt*
emotional [ɪ'məʊʃənəl] *adj* ❶ emotional; *decision* gefühlsmäßig ❷ PSYCH *development* seelisch
emotionless [ɪ'məʊʃənləs] *adj* emotionslos; *face* ausdruckslos
emotive [ɪ'məʊtɪv] *adj* emotional; **~ term** Reizwort *nt*
emperor ['empərəʳ] *n* Kaiser *m*
emphasis <*pl* -ses> ['em(p)fəsɪs] *n* Betonung *f*
emphasize ['em(p)fəsaɪz] *tr verb* betonen
emphatic [ɪm'fætɪk, em'-] *adj* nachdrücklich; *denial* entschieden
empire ['empaɪəʳ] *n* Imperium *nt a. fig*
employ [ɪm'plɔɪ] *tr verb* (*pay to do work*) beschäftigen; (*take into service*) einstellen; **to ~ sb to do sth** jdn beauftragen, etw zu tun
employee [ɪm'plɔɪiː] *n* Angestellte(r) *f(m);* (*vs employer*) Arbeitnehmer(in) *m(f);* **~s** *pl* (*in company*) Belegschaft *f;* (*vs employers*) Arbeitnehmer *Pl*
employer [ɪm'plɔɪəʳ] *n* Arbeitgeber(in) *m(f)*
employment [ɪm'plɔɪmənt] *n no pl* ❶ (*having work*) Beschäftigung *f;* (*taking on*) Anstellung *f;* **level of ~** Beschäftigungsgrad *m;* **in ~** erwerbstätig; **out of ~** erwerbslos ❷ (*profession*) Beruf *m*
empress <*pl* -es> ['emprəs] *n* Kaiserin *f*
emptiness ['em(p)tɪnəs] *n no pl* Leere *f*
empty ['em(p)ti] **I.** *adj* leer *a. fig; house* leer stehend; *castle* unbewohnt **II.** *tr verb* <-ie-> [ent]leeren; (*pour*) schütten **III.** *intr verb* <-ie-> sich leeren
empty-handed *adj* mit leeren Händen *nachgestellt* **empty weight** *n* Leergewicht *nt*
emu <*pl* - *or* -s> ['iːmjuː] *n* Emu *m*
EMU [ˌiːem'juː] *n no pl* ECON *abbrev of* **economic and monetary union** EWU *f*
emulate ['emjəleɪt] *tr verb* **to ~ sb** jdm nacheifern
emulsion [ɪ'mʌlʃən] *n* ❶ Emulsion *f* ❷ BRIT (*paint*) Dispersionsfarbe *f*
enable [ɪ'neɪbl] *tr verb* ❶ **to ~ sb to do**

sth jdm ermöglichen, etw zu tun ② COMPUT aktivieren

encase [ɪn'keɪs] *tr verb* **to be ~d** ummantelt sein; *waste* eingeschlossen sein; **~d in plaster** eingegipst

encash [ɪn'kæʃ] *tr verb* BRIT *cheque* einlösen

enchant [ɪn'tʃɑːnt] *tr verb* entzücken

E

enchanting [ɪn'tʃɑːntɪŋ] *adj* bezaubernd

encircle [ɪn'sɜːkl̩] *tr verb* umgeben

enclose [ɪn'kləʊz] *tr verb* ① (*surround*) umgeben ② (*in letter*) beilegen

enclosed [ɪn'kləʊzd] *adj* (*separated*) abgegrenzt; (*shut in*) eingeschlossen

enclosure [ɪn'kləʊʒəʳ] *n* ① eingezäuntes Grundstück; (*for animals*) Gehege *nt* ② (*in letter*) Anlage *f*

encode [ɪn'kəʊd] *tr verb* kodieren

encompass [ɪn'kʌmpəs] *tr verb* umfassen

encore ['ɒŋkɔːʳ] *n* Zugabe *f*; **for an ~** als Zugabe; (*fig*) obendrein

encounter [ɪn'kaʊntəʳ] **I.** *tr verb* ① (*experience*) **to ~ sb/sth** auf jdn/etw stoßen ② (*meet*) [unerwartet] treffen **II.** *n* Begegnung *f*

encourage [ɪn'kʌrɪdʒ] *tr verb* ① **to ~ sb** jdm Mut zusprechen; (*confidence*) jdn ermutigen ② (*urge*) **to ~ sb to do sth** jdn [dazu] ermuntern, etw zu tun

encouragement [ɪn'kʌrɪdʒmənt] *n no pl* Ermutigung *f*; (*urging*) Ermunterung *f*

encouraging [ɪn'kʌrɪdʒɪŋ] *adj* ermutigend

encyclop[a]edia [ɪnˌsaɪklə'piːdiə] *n* Lexikon *nt*

end [end] **I.** *n* ① Ende *nt*; (*completion*) Schluss *m*; **for hours on ~** stundenlang; **no ~ of trouble** reichlich Ärger; **to come to an ~** zu Ende gehen; **without ~** unaufhörlich; **~ to ~** der Länge nach ② *usu pl* (*aims*) Ziel *nt* ③ SPORTS [Spielfeld]hälfte *f* ▸ **to go off the deep ~** hochgehen; **the ~ justifies the means** (*prov*) der Zweck heiligt die Mittel; **to make ~s meet** mit seinem Geld zurechtkommen **II.** *tr verb* beenden ▸ **to ~ it all** Selbstmord begehen **III.** *intr verb* enden ◆**end up** *intr verb* enden; **to ~ up teaching** schließlich Lehrer/Lehrerin werden

endanger [ɪn'deɪndʒəʳ] *tr verb* gefährden; **~ed species** vom Aussterben bedrohte Art

endangered species [ɪnˌdeɪndʒəd'-] *n* vom Aussterben bedrohte Tierart

endeavor AM *see* **endeavour**

endeavour [ɪn'devəʳ] BRIT **I.** *intr verb* sich bemühen **II.** *n* Bemühung *f*

ending ['endɪŋ] *n* ① Ende *nt*, Schluss *m*; *of a day* Abschluss *m*; *of a story, a book* Ausgang *m*; **happy ~** Happyend *nt* ② LING Endung *f*

endless ['endləs] *adj* endlos; (*innumerable*) unzählig

endorphin [en'dɔːfɪn] *n* Endorphin *nt*; **~ rush** Endorphinausschüttung *f*

endorse [ɪn'dɔːs] *tr verb* unterstützen; FIN indossieren

endorsement [ɪn'dɔːsmənt] *n* ① Billigung *f* ② FIN Indossament *nt* ③ BRIT LAW Strafvermerk *m* (*im Führerschein*)

endurance [ɪn'djʊərᵊn(t)s] *n no pl* Ausdauer *f*, Durchhaltevermögen *nt*

endure [ɪn'djʊəʳ] **I.** *tr verb* ertragen; (*suffer*) erleiden **II.** *intr verb* fortdauern

end user *n* ① Endverbraucher(in) *m(f)* ② COMPUT Anwender(in) *m(f)*

ENE *abbrev of* **east-north-east** ONO

enemy ['enəmi] **I.** *n* Feind(in) *m(f)* **II.** *adj* feindlich; **~ action** Feindeinwirkung *f*

energetic [ˌenə'dʒetɪk] *adj* voller Energie *nachgestellt*, energiegeladen

energy ['enədʒi] *n* ① *no pl* Energie *f*, Kraft *f* ② SCI Energie *f*; **~ requirement** Energiebedarf *m*; **~ consumption** Energieverbrauch *m*; **Green ~** grüne [*o* erneuerbare] Energie; **sources of ~** Energiequellen *Pl*

energy resources *npl* Energieressourcen *Pl* **energy saving** *n* Energiesparen *nt* **energy-saving** *adj attr* energiesparend, Energiespar-; **~ bulb** Energiesparlampe

enforce [ɪn'fɔːs] *tr verb* durchsetzen; **to ~ the law** dem Gesetz Geltung verschaffen

engage [ɪn'geɪdʒ] **I.** *tr verb* ① anstellen; *actor* engagieren; **to ~ a lawyer** sich *Dat* einen Anwalt nehmen ② **to ~ sb in a conversation** jdn in ein Gespräch verwickeln ③ (*use*) einschalten; **to ~ the clutch** einkuppeln **II.** *intr verb* **to ~ in sth** sich an etw *Dat* beteiligen

engaged [ɪn'geɪdʒd] *adj* ① beschäftigt;

toilet, phone besetzt ② (*to marry*) verlobt (**to** mit); **the ~ couple** die Verlobten *Pl*

engagement [ɪn'geɪdʒmənt] *n* ① Verabredung *f* ② (*to marry*) Verlobung *f* (**to** mit)

engagement book *n,* **engagement diary** *n* Terminkalender *m* **engagement ring** *n* Verlobungsring *m*

engaging [ɪn'geɪdʒɪŋ] *adj* bezaubernd; *manner* einnehmend

engine ['endʒɪn] *n* Motor *m; of a plane* Triebwerk *nt; of a train* Lok[omotive] *f*

engineer [ˌendʒɪ'nɪəʳ] **I.** *n* ① Ingenieur(in) *m(f);* MIL Pionier *m* ② AM *of a train* Lok[omotiv]führer(in) *m(f)* **II.** *tr verb* konstruieren

engineering [ˌendʒɪ'nɪəʳɪŋ] *n no pl* Technik *f,* Ingenieurwissenschaft *f;* [**mechanical**] ~ Maschinenbau *m*

England ['ɪŋglənd] *n* England *nt*

English ['ɪŋglɪʃ] **I.** *n* ① *no pl* Englisch *nt;* **the King's/Queen's ~** die englische Hochsprache ② (*people*) **the ~** *pl* die Engländer **II.** *adj* englisch; **~ department** UNIV Institut *nt* für Anglistik

English Channel *n* **the ~** der Ärmelkanal **English speaker** *n* Englischsprachige(r) *f(m)* **English-speaking** *adj* englischsprachig

enjoy [ɪn'dʒɔɪ] *tr verb* genießen; **did you ~ the film?** hat dir der Film gefallen?; **to ~ good health** sich guter Gesundheit erfreuen; **to ~ oneself** sich amüsieren; **~ yourself!** viel Spaß!

enjoyable [ɪn'dʒɔɪəbl̩] *adj* angenehm, nett; (*entertaining*) unterhaltsam

enjoyment [ɪn'dʒɔɪmənt] *n no pl* Vergnügen *nt,* Spaß *m* (**of** an)

enlarge [ɪn'lɑːdʒ] **I.** *tr verb* vergrößern; (*expand*) erweitern **II.** *intr verb* ① sich vergrößern ② **to ~ [up]on sth** sich zu etw ausführlich äußern

enlargement [ɪn'lɑːdʒmənt] *n* Vergrößerung *f;* (*expanding*) Erweiterung *f*

enlist [ɪn'lɪst] **I.** *intr verb* sich melden; **to ~ in the army** in die Armee eintreten **II.** *tr verb* anwerben

enormous [ɪ'nɔːməs] *adj* enorm, riesig; (*overwhelming*) gewaltig

enough [ɪ'nʌf] **I.** *adj* genug, genügend; **that should be ~** das dürfte reichen; **just ~ room** gerade Platz genug **II.** *adv* ① (*adequately*) genug; **are you warm ~?** ist es dir warm genug? ② (*quite*) **he seems nice ~** er scheint so weit recht nett zu sein; **curiously ~** seltsamerweise **III.** *interj* **~!** jetzt reicht es aber! **IV.** *pron no pl* ① (*sufficient*) genug; **there's ~ for everybody** es ist für alle genug da; **there's not quite ~** es reicht nicht ganz ② (*too much*) **that is quite ~** das ist mehr als genug

enquire [ɪn'kwaɪəʳ] *intr verb* sich erkundigen (**about/after** nach); **to ~ into sth** etw untersuchen; **'Enquire within'** „Näheres im Geschäft"

enquiry [ɪn'kwaɪəri] *n* ① Anfrage *f,* Erkundigung *f;* **on ~** auf Anfrage ② (*investigation*) Untersuchung *f;* **to make enquiries** Nachforschungen anstellen

enraged [ɪn'reɪdʒd] *adj* wütend

enrol <-ll-> [ɪn'rəʊl] **I.** *intr verb* sich einschreiben; *for course* sich anmelden **II.** *tr verb* aufnehmen

enrollment AM *see* **enrolment**

enrolment [ɪn'rəʊl-] *n* Einschreibung *f;* (*for course*) Anmeldung *f*

en route [ˌɑ̃ː(n)'ruːt] *adv* unterwegs; **~ from London to Tokyo** auf dem Weg von London nach Tokyo

ensuing [ɪn'sjuːɪŋ] *adj* [darauf] folgend

en suite bathroom *n* angeschlossenes Badezimmer

ensure [ɪn'ʃɔːʳ] *tr verb* sicherstellen; (*warrant*) garantieren

entail [ɪn'teɪl] *tr verb* mit sich bringen

entangle [ɪn'tæŋgl̩] *tr verb* **to get ~d in sth** sich in etw *Dat* verfangen; (*fig*) sich in etw *Akk* verwickeln

enter ['entəʳ] **I.** *tr verb* ① (*go into*) hineingehen in *+Akk; building, room* betreten; *phase* eintreten in *+Akk;* (*penetrate*) eindringen in *+Akk* ② *data* eingeben ③ (*join*) beitreten *+Dat;* **to ~ the priesthood** Priester werden **II.** *intr verb* ① **to ~ for sth** sich für etw [an]melden ② THEAT auftreten

enter key *n* COMPUT Eingabetaste *f*

enterprise ['entəpraɪz] *n* ① Unternehmen *nt;* **private ~** Privatwirtschaft *f* ② *no pl* (*initiative*) Unternehmungsgeist *m*

enterprising ['entəpraɪzɪŋ] *adj* unternehmungslustig; (*ingenious*) einfallsreich

entertain [ˌentə'teɪn] **I.** *tr verb* ① unter-

E

halten ❷ (*invite*) zu sich einladen; (*to dine*) bewirten **II.** *intr verb* Gäste haben
entertaining [ˌentəˈteɪnɪŋ] **I.** *adj* unterhaltsam **II.** *n no pl* **to do a lot of ~** häufig jdn bewirten
entertainment [ˌentəˈteɪnmənt] *n* Unterhaltung *f*
enthusiasm [ɪnˈθjuːziæzᵊm] *n* Begeisterung *f*

E

enthusiastic [ɪnˈθjuːziæstɪk] *adj* begeistert (**about** von); **to become ~ about sth** sich für etw begeistern
enticing [ɪnˈtaɪsɪŋ] *adj* verlockend
entire [ɪnˈtaɪəʳ] *adj* ganz; (*complete*) vollständig
entirely [ɪnˈtaɪəʳli] *adv* ganz; **to agree ~** völlig übereinstimmen
entitle [ɪnˈtaɪtl̩] *tr verb usu passive* **he is ~d to a discount** er hat Anspruch auf Rabatt; **~d to vote** stimmberechtigt; **to ~ sb to do sth** jdn dazu berechtigen, etw zu tun
entrance¹ [ˈentrən(t)s] *n* ❶ Eingang *m;* (*road*) Einfahrt *f* ❷ (*entering*) Eintritt *m;* THEAT Auftritt *m*
entrance² [ɪnˈtrɑːn(t)s] *tr verb* entzücken
entrance examination *n* Aufnahmeprüfung *f* **entrance fee** *n* Eintritt *m,* ÖSTERR *a.* Entree *nt;* (*for competition*) Teilnahmegebühr *f* **entrance form** *n* Antragsformular *nt;* (*for competition*) Teilnahmeformular *nt* **entrance hall** *n* Eingangshalle *f* **entrance requirement** *n* Aufnahmebedingung *f*
entrant [ˈentrənt] *n* Teilnehmer(in) *m(f)*
entrée [ˈɑ̃ː(n)treɪ] *n* ❶ BRIT (*starter*) Vorspeise *f* ❷ AM (*main course*) Hauptgericht *nt*
entrepreneur [ˌɒntrəprəˈnɜːʳ] *n* Unternehmer(in) *m(f)*
entrepreneurship [ˌɒntrəprəˈnɜːrʃɪp] *n* Unternehmertum *nt*
entrust [ɪnˈtrʌst] *tr verb* **to ~ sth to sb** jdm etw anvertrauen
entry [ˈentri] *n* ❶ (*entering*) Eintritt *m;* (*by car*) Einfahrt *f;* (*into country*) Einreise *f;* (*into activity*) Aufnahme *f* ❷ (*entrance*) Eingang *m;* (*road*) Einfahrt *f*
entry fee *n* Eintritt *m,* ÖSTERR *a.* Entree *nt* **entry form** *n* Antragsformular *nt;* (*for competition*) Teilnahmeformular *nt* **entryphone** *n* BRIT [Tür]sprechanlage *f* **entry test** *n* Zulassungstest *m*
enunciate [ɪˈnʌn(t)sieɪt] **I.** *intr verb* sich artikulieren; **to ~ clearly** deutlich sprechen **II.** *tr verb* aussprechen
envelop [ɪnˈveləp, enˈ-] *tr verb* einhüllen
envelope [ˈenvələʊp] *n* [Brief]umschlag *m*
enviable [ˈenviəbl̩] *adj* beneidenswert
envious [ˈenviəs] *adj* neidisch (**of** auf)
environment [ɪnˈvaɪ(ə)rᵊnmənt] *n* ❶ *no pl* **the ~** die Umwelt ❷ (*surroundings*) Umgebung *f*
environmental [ɪnˌvaɪ(ə)rᵊnˈmentᵊl] *adj* Umwelt-; **negative ~ impact** Umweltbelastung *f*
envy [ˈenvi] **I.** *n no pl* Neid *m* (**of** auf) ▸ **to be green with ~** grün vor Neid sein **II.** *tr verb* <-ie-> **to ~ sb sth** jdn um etw beneiden
enzyme [ˈenzaɪm] *n* Enzym *nt*
epicenter AM *see* **epicentre**
epicentre [ˈepɪsentəʳ] *n* Epizentrum *nt*
epilog AM *see* **epilogue**
epilogue [ˈepɪlɒg] *n* Epilog *m*
episode [ˈepɪsəʊd] *n* ❶ Episode *f;* **unfortunate ~** bedauerlicher Vorfall ❷ *of a series* Folge *f*
equal [ˈiːkwəl] **I.** *adj* ❶ gleich; **of ~ size** gleich groß; **~ in volume** vom Umfang her gleich; **~ status** Gleichstellung *f* ❷ (*able*) **to be ~ to a task** einer Aufgabe gewachsen sein **II.** *n* Gleichgestellte(r) *f(m);* **to have no ~** unübertroffen sein
equality [ɪˈkwɒləti] *n no pl* Gleichberechtigung *f;* **racial ~** Rassengleichheit *f*
equalize [ˈiːkwᵊlaɪz] **I.** *tr verb* gleichmachen; *pressure* ausgleichen **II.** *intr verb* BRIT, AUS SPORTS den Ausgleich erzielen
equalizer [ˈiːkwəlaɪzəʳ] *n* BRIT, AUS Ausgleichstor *nt*
equally [ˈiːkwəli] *adv* ebenso; **~ good** gleich gut; **to contribute ~** gleichermaßen beitragen
equal opportunities *npl* BRIT, **equal opportunity** *n* AM Chancengleichheit *f*
equal[s] sign *n* MATH Gleichheitszeichen *nt*
equate [ɪˈkweɪt] **I.** *tr verb* gleichsetzen **II.** *intr verb* **to ~ to sth** einer S. *Dat* entsprechen
equation [ɪˈkweɪʒᵊn] *n* MATH Gleichung *f* ▸ **the other side of the ~** die Kehrseite der Medaille

equator [ɪ'kweɪtəʳ] *n no pl* [**on the**] ~ [am] Äquator *m*
equatorial [ˌekwe'tɔːriəl] *adj* äquatorial
equidistant [ˌiːkwɪ'dɪstᵊnt] *adj* gleich weit entfernt
equilateral [ˌiːkwɪ'lætᵊrᵊl] *adj* MATH gleichseitig
equip <-pp-> [ɪ'kwɪp] *tr verb* ausstatten; (*specialized*) ausrüsten
equipment [ɪ'kwɪpmənt] *n no pl* Ausrüstung *f*, Ausstattung *f*
equitable ['ekwɪtəbl̩] *adj* gerecht
equivalent [ɪ'kwɪvᵊlənt] **I.** *adj* äquivalent, entsprechend; **to be ~ to sth** einer S. *Dat* entsprechen **II.** *n* Äquivalent *nt* (**for/of** für), Entsprechung *f*
era ['ɪərə] *n* Ära *f*
eradicate [ɪ'rædɪkeɪt] *tr verb* ausrotten
erase [ɪ'reɪz] *tr verb* entfernen; *rubber* ausradieren
eraser [ɪ'reɪzəʳ] *n esp* AM Radiergummi *m*
e-reader ['iːriːdəʳ] *n abbrev of* **electronic reader** E-Reader *m*, E-Book-Reader *m*
erect [ɪ'rekt] **I.** *adj* ① aufrecht ② ANAT erigiert **II.** *tr verb* errichten
erode [ɪ'rəʊd] *tr verb, vi* erodieren
erosion [ɪ'rəʊʒᵊn] *n no pl* Erosion *f*
erotic [ɪ'rɒtɪk] *adj* erotisch
erratic [er'æːtɪk] *adj* sprunghaft, unregelmäßig
error ['erəʳ] *n* Fehler *m*, Irrtum *m;* **~ of judgment** Fehleinschätzung *f;* **in ~** aus Versehen
error message *n* COMPUT Fehlermeldung *f*
erupt [ɪ'rʌpt] *intr verb* ausbrechen; (*fig*) explodieren; **to ~ into violence** gewalttätig werden
eruption [ɪ'rʌpʃᵊn] *n* Ausbruch *m a. fig*
escalate ['eskəleɪt] **I.** *intr verb* eskalieren, sich ausweiten **II.** *tr verb* ausweiten
escalator ['eskəleɪtəʳ] *n* Rolltreppe *f*
e-scam ['iːskæm] *n* INET Internet-Betrügerei *f*
escape [ɪ'skeɪp, es'-] **I.** *intr verb* ① fliehen; (*successfully*) entkommen; (*from cage, prison*) ausbrechen; **to ~ from sb** vor jdm fliehen ② (*avoid harm*) [mit dem Leben] davonkommen; **to ~ unhurt** unverletzt bleiben ③ COMPUT **to ~ from a program** ein Programm verlassen **II.** *tr verb* ① **to ~ sth** aus etw fliehen; **to ~ sb** vor jdm fliehen ② (*avoid*) entgehen +*Dat* ③ **his address ~s me** seine Adresse ist mir entfallen ④ (*be emitted*) **to ~ sb** jdm entfahren **III.** *n* ① Flucht *f a. fig* (**from** aus); **~ route** Fluchtweg ② *no pl* (*avoidance*) Entkommen *nt;* **there's no ~** daran führt kein Weg vorbei; **to have a narrow ~** gerade noch davongekommen sein
escort[1] [ɪ'skɔːt, es'-] *tr verb* eskortieren; MIL Geleitschutz geben +*Dat;* **to ~ sb to safety** jdn in Sicherheit bringen
escort[2] ['eskɔːt] *n* ① Begleiter(in) *m(f)*, Begleitung *f* ② *no pl* (*guard*) Eskorte *f*, Begleitschutz *m;* **police ~** Polizeieskorte *f;* **under police ~** unter Polizeischutz
ESE *n abbrev of* **east-south-east** OSO
especially [ɪ'speʃᵊli, es'-] *adv* besonders; **I chose this ~ for you** ich habe das extra für dich ausgesucht
espionage ['espiənɑːʒ] *n no pl* Spionage *f*
espresso [es'presəʊ] *n* Espresso *m*
espresso machine *n* Espressomaschine *f*
essay ['eseɪ] *n* Essay *m o nt* (**on** über)
essence ['esᵊn(t)s] *n* ① Wesentliche(s) *nt; of a problem* Kern *m* ② **the** [**very**] **~ of stupidity** der Inbegriff der Dummheit
essential [ɪ'sen(t)ʃᵊl] **I.** *adj* ① unbedingt erforderlich; *vitamins* lebenswichtig ② (*basic*) essenziell; **~ component** Grundbestandteil *m* **II.** *n* **the ~s** das Wesentliche *kein Pl;* **the ~s of Spanish** die Grundzüge des Spanischen
essentially [ɪ'sen(t)ʃᵊli] *adv* im Grunde [genommen]
establish [ɪ'stæblɪʃ, es'-] *tr verb* ① gründen; *contact* aufnehmen ② **to ~ order** für Ordnung sorgen ③ **to ~ one's superiority** sich als überlegen erweisen
established [ɪ'stæblɪʃt, es'-] *adj* ① fest; **it is ~ practice ...** es ist üblich, ... ② (*proven*) nachgewiesen ③ (*founded*) gegründet
establishment [ɪ'stæblɪʃmənt, es'-] *n* ① Unternehmen *nt;* **educational ~** Bildungseinrichtung *f* ② *no pl* (*ruling group*) **the ~** das Establishment
estate [ɪ'steɪt, es'-] *n* ① (*land*) Gut *nt;* **country ~** Landgut *nt* ② BRIT (*build-*

E

ings) Siedlung *f*; **housing** ~ [Wohn]siedlung *f*

estate agent *n* BRIT Immobilienmakler(in) *m(f)* **estate car** *n* BRIT Kombi[wagen] *m*

esthetics *n* AM *see* **aesthetics**

estimate[1] ['estɪmeɪt] *tr verb* [ein]schätzen

estimate[2] ['estɪmət] *n* Schätzung *f*; ECON Kostenvoranschlag *m*; **conservative** ~ vorsichtige Einschätzung; **at a rough** ~ grob geschätzt

estimated ['estɪmeɪtɪd] *adj* geschätzt; (*expected*) voraussichtlich; ~ **figure** Schätzung *f*

estimation [ˌestɪ'meɪʃᵊn] *n no pl* Einschätzung *f*; **in my** ~ meiner Ansicht nach

Estonia [es'təʊniə] *n* Estland *nt*

Estonian [es'təʊniən] **I.** *adj* estnisch **II.** *n* ① Este *m*/Estin *f* ② (*language*) Estnisch *nt*

estuary ['estjʊəri] *n* Flussmündung *f*

> In den letzten Jahren hat sich im Südosten von Großbritannien mit dem **Estuary English** (von *Thames estuary*, dem Mündungsgebiet der Themse) eine Art neuer Modedialekt entwickelt. Dieser gilt, auch wenn er eine enge Verwandtschaft mit dem *Cockney* der unteren Klassen aus dem Londoner East End aufweist, inzwischen selbst bei den besser verdienenden Schichten als durchaus chic, verleiht er ihnen doch (vermeintlich) eine gewisse Authentizität.

e-tail ['iːteɪl] *n no pl* INET Internet-Handel *m*

e-tailer ['iːteɪləʳ] *n* Internethändler *m*

etc. *adv abbrev of* **et cetera** usw., etc.

et cetera [ɪt'setᵊrə] *adv* und so weiter

etch [etʃ] *tr verb* ätzen; **to be ~ed on sb's memory** in jds Gedächtnis eingebrannt sein

ETD [ˌiːtiː'diː] *abbrev of* **estimated time of departure** RAIL voraussichtliche Abfahrtszeit; AVIAT voraussichtliche Abflugzeit

eternal [ɪ'tɜːnᵊl] *adj* ewig *a. fig*; (*fam: persistent*) endlos; ~ **flame** ewiges Licht

eternally [ɪ'tɜːnᵊli] *adv* ewig; (*fam: persistently*) unaufhörlich

eternity [ɪ'tɜːnəti] *n no pl* Ewigkeit *f a. fig*; **for all** ~ bis in alle Ewigkeit

ethical ['eθɪkᵊl] *adj* ethisch

ethics ['eθɪks] *n + sing verb* Ethik *f*

ethnic ['eθnɪk] *adj* ethnisch; **the ~ Chinese** die Volkschinesen; ~ **costumes** Landestrachten *Pl*

EU *n no pl* **the** ~ die Europäische Union

Eucharist ['juːkᵊrɪst] *n no pl* REL Eucharistie *f*

EUR *n short for* **Euro** EUR

euro ['jʊərəʊ] *n* Euro *m*

Euro- *in compounds* Euro-; **~MP** Europaabgeordnete(r) *f(m)*

eurocent *n* Eurocent *m*

Eurocheque *n* Euroscheck *m*

euro coins *npl* Euromünzen *Pl*

euro crisis *n* Eurokrise *f* **Eurocurrency** *n* Euro-Währung *f* **Euroland** *n no pl* (*fam*) Eurozone *f*

Europe ['jʊərəp] *n no pl* Europa *nt*

European [ˌjʊərə'piən] **I.** *adj* europäisch **II.** *n* Europäer(in) *m(f)*

European Central Bank *n* Europäische Zentralbank **European Community** *n no pl* (*hist*) **the** ~ die Europäische Gemeinschaft **European Court of Justice** *n* Europäischer Gerichtshof **European Parliament** *n no pl* Europaparlament *nt* **European Union** *n no pl* Europäische Union

Eurovision ['jʊərəʊvɪʒᵊn] *n no pl* Eurovision *f*

eurosceptical ['jʊərəʊ'skeptɪkᵊl] *adj* europakritisch

eurozone *n* Eurozone *f*, Euroländer *Pl*

evacuate [ɪ'vækjueɪt] *tr verb* evakuieren; *area, building* räumen

evacuation [ɪˌvækju'eɪʃᵊn] *n* Evakuierung *f*; (*of area, building*) Räumung *f*

evacuee [ɪˌvækju'iː] *n* Evakuierte(r) *f(m)*

evade [ɪ'veɪd] *tr verb* ausweichen *+Dat*; (*shirk*) sich entziehen *+Dat*

evaluate [ɪ'væljueɪt] *tr verb* bewerten; *results* auswerten; *person* beurteilen

evaluation [ɪˌvælju'eɪʃᵊn] *n* Schätzung *f*; *of a treatment* Beurteilung *f*; *of a book* Bewertung *f*

evangelical [ˌiːvæn'dʒelɪkᵊl] *adj* evangelisch

evaporate [ɪ'væpᵊreɪt] **I.** *intr verb* verdampfen **II.** *tr verb* verdampfen lassen

evasion [ɪ'veɪʒᵊn] *n* Ausweichen *nt*
evasive [ɪ'veɪsɪv] *adj* ausweichend; **to take ~ action** ein Ausweichmanöver machen
eve [iːv] *n no pl* Vorabend *m*
Eve [iːv] *n no art* Eva *f*
even ['iːvᵊn] **I.** *adv* ❶ (*unexpectedly*) selbst; **~ Chris was there** selbst Chris war da ❷ (*indeed*) sogar; **not ~** [noch] nicht einmal ❸ (*despite*) **~ if ...** selbst wenn ...; **~ so** trotzdem ❹ + *comp* **~ colder** noch kälter **II.** *adj* ❶ (*level*) eben; *row* gerade; *in height* auf gleicher Höhe ❷ (*equal*) gleich [groß] **III.** *tr verb* ebnen ◆**even out I.** *tr verb* ausgleichen **II.** *intr verb* sich ausgleichen; *prices* sich einpendeln ◆**even up** *tr verb* ausgleichen
evening ['iːvnɪŋ] **I.** *n* Abend *m;* **have a nice ~** schönen Abend!; **all ~** den ganzen Abend; **on Friday ~s** freitagabends **II.** *adj attr* Abend-
evening class *n* Abendkurs *m* **evening dress** *n* ❶ Abendkleid *nt* ❷ *no pl* (*outfit*) **to wear ~** Abendkleidung tragen **evening paper** *n* Abendzeitung *f* **evening performance** *n* Abendvorstellung *f* **evening prayer** *n* Abendgebet *nt* **evening service** *n* Abendgottesdienst *m*
evenly ['iːvᵊnli] *adv* ❶ gleichmäßig; **to be ~ matched** einander ebenbürtig sein ❷ (*placidly*) gelassen
event [ɪ'vent] *n* ❶ Ereignis *nt;* **series of ~s** Reihe *f* von Vorfällen; **sporting ~** Sportveranstaltung *f* ❷ (*case*) Fall *m;* **in the ~ that ...** falls ...
even-tempered *adj* ausgeglichen
eventful [ɪ'ventfᵊl] *adj* ereignisreich
eventual [ɪ'ventʃuəl] *adj* **this led to her ~ dismissal** das führte schließlich [*o* letzten Endes] zu ihrer Entlassung; **nobody could guess the ~ outcome** niemand ahnte, wie es schließlich [*o* letzten Endes] ausgehen würde
eventuality [ɪˌventʃu'æləti] *n* Eventualität *f;* **in that ~** in diesem Fall
eventually [ɪ'ventʃuəli] *adv* ❶ schließlich, endlich ❷ (*some day*) irgendwann
ever ['evəʳ] *adv* ❶ (*at any time*) je[mals]; **nothing ~ happens here** hier ist nie was los; **to hardly ~ do sth** etw so gut wie nie tun; **as good as ~** so gut wie eh und je; **worse than ~** schlimmer als je zuvor ❷ (*always*) **happily ~ after** glücklich bis ans Ende ihrer Tage; **as ~** wie gewöhnlich; **~ since ...** seitdem ... ❸ (*of all time*) **the first performance ~** die allererste Darbietung ❹ (*stressing*) **how ~ could anyone ...?** wie kann jemand nur ...?; **what ~ have you done?** was hast du bloß getan?; **am I ~!** und wie!
every ['evri] *adj* ❶ jede(r, s) ❷ (*stressing*) ganz und gar; **~ bit as ... as ...** genauso ... wie ...; **to have ~ chance** die besten Chancen haben; **~ which way** AM in alle Richtungen
everybody ['evriˌbɒdi] *pron indef,* + *sing verb* jede(r); **~ in favour?** alle, die dafür sind?; **goodbye, ~** auf Wiedersehen alle miteinander; **~ but Jane** alle außer Jane; **~ else** alle anderen **everyday** *adj attr* alltäglich; **~ language** Alltagssprache *f;* **~ life** Alltagsleben *nt;* **a word in ~ use** ein umgangssprachlich verwendetes Wort **everyone** ['evriwʌn] *pron see* **everybody** **everything** ['evriθɪŋ] *pron indef* alles; **money isn't ~** Geld ist nicht alles; **how's ~?** wie steht's?; **to blame ~ on sth/sb** etw/jdm die ganze Schuld geben; **and ~** und allem drum und dran **everywhere** ['evri(h)weəʳ] *adv* überall; **~ else** überall sonst; **to travel ~** überallhin reisen
evict [ɪ'vɪkt] *tr verb* **to ~ sb** *tenant* jdm kündigen; *undesirable* jdn rausschmeißen
evidence ['evɪdᵊn(t)s] **I.** *n no pl* ❶ Beweis[e] *m[Pl];* **to find no ~ of sth** keinen Anhaltspunkt für etw haben; **on the ~ of** im Hinblick auf +*Akk* ❷ (*at court*) Beweisstück *nt;* **to turn Queen's/King's ~** BRIT als Kronzeuge auftreten; **written ~** schriftliches Beweismaterial; **to give ~** aussagen (**on** über, **against** gegen) **II.** *tr verb* **to be ~d by sth** sich in etw *Dat* ausdrücken
evidence-based ['evɪdᵊn(t)sbeɪst] *adj* belegbar, nachgewiesen
evident ['evɪdᵊnt] *adj* offensichtlich; **to be ~ to sb** jdm klar sein; **to be ~ in sth** in etw *Dat* zu erkennen sein
evil ['iːvᵊl] **I.** *adj* böse **II.** *n* Übel *nt;* (*personification*) das Böse; **good and ~** Gut und Böse, **the lesser of two ~s** das kleinere Übel

E

evocative [ɪ'vɒkətɪv] *adj* evokativ
evoke [ɪ'vəʊk] *tr verb* hervorrufen; (*recall*) an etw *Akk* erinnern
evolution [ˌiːvə'luːʃᵊn] *n no pl* Evolution *f;* (*fig*) Entwicklung *f*
evolve [ɪ'vɒlv] **I.** *intr verb* sich entwickeln **II.** *tr verb* entwickeln
ewe [juː] *n* Mutterschaf *nt;* **~'s milk** Schafsmilch *f*

E

ex <*pl* -es> [eks] *n* (*fam: lover*) Ex-Freund(in) *m(f);* (*spouse*) Ex-Mann *m/* Ex-Frau *f*
exact [ɪg'zækt] *adj* genau; **to be the ~ equivalent of sth** einer S. *Dat* genau entsprechen; **an ~ science** eine exakte Wissenschaft
exacting [ɪg'zæktɪŋ] *adj* (*demanding*) anstrengend; (*stringent*) hoch
exactly [ɪg'zæktli] *adv* ❶ genau; **~!** ganz genau!; **~ the same** genau dasselbe ❷ (*hardly*) **not ~** eigentlich nicht, nicht gerade
exaggerate [ɪg'zædʒᵊreɪt] *tr verb, vi* übertreiben
exaggerated [ɪg'zædʒᵊreɪtɪd] *adj* übertrieben
exaggeration [ɪgˌzædʒᵊr'eɪʃᵊn] *n* Übertreibung *f;* **a bit of an ~** ein bisschen übertrieben
exam [ɪg'zæm] *n* Prüfung *f*
examination [ɪgˌzæmɪ'neɪʃᵊn] *n* ❶ Prüfung *f;* UNIV Examen *nt;* **~ results** Prüfungs-/Examensergebnisse *Pl* ❷ (*investigation*) Untersuchung *f;* (*verification*) Überprüfung *f;* **to be under ~** untersucht werden ❸ (*check-up*) Untersuchung *f;* **to undergo a medical ~** sich ärztlich untersuchen lassen
examine [ɪg'zæmɪn] *tr verb* ❶ prüfen ❷ (*check up*) untersuchen
examinee [ɪgˌzæmɪ'niː] *n* Examenskandidat(in) *m(f)*
examiner [ɪg'zæmɪnəʳ] *n* ❶ Prüfer(in) *m(f)* ❷ (*medic*) **medical ~** Gerichtsmediziner(in) *m(f)*
examining board *n* Prüfungsausschuss *m*
example [ɪg'zɑːmpl̩] *n* Beispiel *nt;* **for ~** zum Beispiel; **to make an ~ of sb** an jdm ein Exempel statuieren
exasperating [ɪg'zæspᵊreɪtɪŋ] *adj* ärgerlich
exasperation [ɪgˌzæspə'reɪʃᵊn] *n no pl* Verzweiflung *f* (**at** über); **in ~** verärgert
excavate ['ekskəveɪt] **I.** *tr verb* ❶ ausheben ❷ ARCHEOL ausgraben **II.** *intr verb* Ausgrabungen machen
excavation [ˌekskə'veɪʃᵊn] *n* Ausheben *nt;* ARCHEOL Ausgrabung *f*
exceed [ɪk'siːd] *tr verb* überschreiten
exceedingly [ɪk'siːdɪŋli] *adv* äußerst
excel <-ll-> [ɪk'sel] **I.** *intr verb* sich auszeichnen; **to ~ at sth** sich bei etw *Dat* hervortun **II.** *tr verb* **to ~ oneself** sich selbst übertreffen
excellence ['eksᵊlᵊn(t)s] *n no pl* Vorzüglichkeit *f; of a performance* hervorragende Qualität
excellent ['eksᵊlᵊnt] *adj* ausgezeichnet; *quality, reputation* hervorragend; **taste** auserwählt
except [ɪk'sept] **I.** *prep* **~** [**for**] außer +*Dat* **II.** *conj* ❶ (*only*) doch, nur ❷ (*besides*) außer [dass] **III.** *tr verb* (*form*) ausschließen; **present company ~ed** Anwesende ausgenommen
excepting [ɪk'septɪŋ] *prep* außer +*Dat;* **not ~** nicht ausgenommen; **always ~** natürlich mit Ausnahme
exception [ɪk'sepʃᵊn] *n* Ausnahme *f;* **without ~** ausnahmslos; **to take ~** [**to sth**] Anstoß *m* [an etw *Dat*] nehmen; **with the ~ of ...** mit Ausnahme von ...
exceptional [ɪk'sepʃᵊnᵊl] *adj* außergewöhnlich
exceptionally [ɪk'sepʃᵊnᵊli] *adv* außergewöhnlich; (*outstandingly*) ungewöhnlich
excerpt ['eksɜːpt] *n* Auszug *m* (**from** aus)
excess [ɪk'ses, ek-] **I.** *n* <*pl* -es> ❶ *no pl* (*extreme*) Übermaß *nt* (**of** an) ❷ (*surplus*) Überschuss *m* (**of** an); **in ~ of ...** mehr als ... **II.** *adj attr* **~ amount** Mehrbetrag *m;* **~ charge** Zusatzgebühr *f;* **~ fare** Zuschlag *m;* **~ fat** überschüssiges Fett
excess baggage *n no pl* Übergepäck *nt*
excess expenditure *n* Mehrausgabe *f*
excessive [ɪk'sesɪv, ek-] *adj* übermäßig; *claim* übertrieben
excess luggage *n no pl* Übergepäck *nt*
exchange [ɪks'tʃeɪndʒ, eks-] **I.** *tr verb* austauschen; *in shop* umtauschen (**for** gegen); **to ~ words** einen Wortwechsel haben **II.** *n* ❶ (*trade*) Tausch *m;* **in ~** dafür ❷ FIN Währung *f;* **foreign ~** Devisen *Pl;* **rate of ~** Wechselkurs *m* ❸ (*inter-*

change) Wortwechsel *m;* ~ **of blows** Schlagabtausch *m;* ~ **of fire** Schusswechsel *m;* ~ **of letters** Briefwechsel *m*

exchangeable [ɪksˈtʃeɪndʒəbl̩, eks-] *adj* austauschbar

exchange control *n* FIN Devisenbewirtschaftung *f* **exchange course mechanism** *n* FIN Wechselkursmechanismus *m* **exchange rate** *n* Wechselkurs *m* **exchange regulations** *npl* FIN Devisenbestimmungen *Pl* **exchange student** *n* SCHOOL Austauschschüler(in) *m(f);* UNIV Austauschstudent(in) *m(f)*

Exchequer [ɪksˈtʃekəʳ, eks-] *n no pl* BRIT **the** ~ das Finanzministerium

excise[1] [ˈeksaɪz] *n* FIN ~ **duty** Verbrauchssteuer *f* (**on** für)

excise[2] [ekˈsaɪz] *tr verb* entfernen

excitable [ɪkˈsaɪtəbl̩, ek-] *adj* erregbar

excite [ɪkˈsaɪt, ek-] *tr verb* begeistern; (*stimulate*) erregen

excited [ɪkˈsaɪtɪd, ek-] *adj* aufgeregt; (*thrilled*) begeistert; **to be ~ about sth** von etw begeistert sein

excitement [ɪkˈsaɪtmənt, ek-] *n* Aufregung *f;* **what ~!** wie aufregend!; **in a state of** ~ in heller Aufregung

exciting [ɪkˈsaɪtɪŋ, ek-] *adj* aufregend; *development, story* spannend

exclaim [ɪksˈkleɪm, eks-] **I.** *intr verb* **to ~ in delight** vor Freude aufschreien **II.** *tr verb* ausrufen

exclamation [ˌekskləˈmeɪʃᵊn] *n* Ausruf *m;* **~s of happiness** Freudengeschrei *nt*

exclude [ɪksˈkluːd, eks-] *tr verb* ausschließen

excluding [ɪksˈkluːdɪŋ, eks-] *prep* ausgenommen +*Gen*

exclusion [ɪksˈkluːʒᵊn, eks-] *n* Ausschluss *m* (**from** von)

exclusive [ɪksˈkluːsɪv, eks-] **I.** *adj* ① (*excluding*) ausschließlich; (*limited to, select*) exklusiv; **for the ~ use of ...** nur für ... bestimmt; ~ **interview** Exklusivinterview *nt* ② (*sole*) einzig **II.** *n* MEDIA Exklusivbericht *m*

exclusively [ɪksˈkluːsɪvli, eks-] *adv* ausschließlich

excruciating [ɪkˈskruːʃieɪtɪŋ, ek-] *adj* ① schmerzhaft; **an ~ pain** fürchterliche Schmerzen ② (*fig*) qualvoll

excursion [ɪkˈskɜːʃᵊn, eks-] *n* Ausflug *m;* **to go on an ~** einen Ausflug machen

excusable [ɪkˈskjuːzəbl̩, ek-] *adj* verzeihlich, entschuldbar

excuse[1] *tr verb* [ɪkˈskjuːz, ek-] ① entschuldigen; (*make exception*) hinwegsehen über +*Akk;* **to ~ sb [for] sth** jdm etw entschuldigen; **to ~ sb from sth** jdn von etw befreien ② (*attract attention*) ~ **me!** entschuldigen Sie bitte!, Entschuldigung!; (*beg pardon*) [ich bitte vielmals um] Entschuldigung!; ~ **me?** wie bitte?

excuse[2] [ɪkˈskjuːs, ek-] *n* ① Entschuldigung *f* ② (*justification*) Ausrede *f;* **to make an** ~ sich entschuldigen

ex-directory [ˌeksdəˈrektᵊri] *adj* BRIT, AUS ~ **number** Geheimnummer *f;* **to be** ~ nicht im Telefonbuch stehen

execute [ˈeksɪkjuːt] *tr verb* ① (*form: perform*) durchführen ② (*kill*) hinrichten

execution [ˌeksɪˈkjuːʃᵊn] *n* ① *no pl* (*performance*) Durchführung *f;* **to put a plan into** ~ einen Plan ausführen ② (*killing*) Hinrichtung *f*

executive [ɪgˈzekjətɪv, eg-] **I.** *n* leitender Angestellter/leitende Angestellte; **advertising** ~ Werbemanager(in) *m(f);* **junior/senior** ~ untere/höhere Führungskraft **II.** *adj attr* Exekutiv-; ~ **car** Vorstandswagen *m;* ~ **committee** Führungsausschuss *m;* ~ **council** Ministerrat *m;* ~ **decisions** Führungsentscheidungen *Pl;* ~ **editor** Chefredakteur(in) *m(f)*

executive-produce *tr verb* FILM, TV **to ~ sth** etw als leitender Produzent/leitende Produzentin übernehmen

exempt [ɪgˈzempt, eg-] **I.** *tr verb* befreien; *conscript* freistellen **II.** *adj* befreit; ~ **from duty** zollfrei

exemption [ɪgˈzempʃᵊn, eg-] *n no pl* Befreiung *f; of a conscript* Freistellung *f;* ~ **from taxes** Steuerfreiheit *f*

exercise [ˈeksəsaɪz] **I.** *tr verb* ① trainieren ② (*form: use*) üben; *authority, control* ausüben **II.** *intr verb* trainieren **III.** *n* ① (*exertion*) Bewegung *f;* (*training*) Übung *f;* **outdoor** ~ Bewegung *f* im Freien; **to do ~s** Gymnastik machen; **to do leg ~s** Beinübungen machen; **to take** ~ sich bewegen ② (*practice*) Übung *f;* SCHOOL, UNIV Aufgabe *f* ③ *usu sing* (*act*) Aufgabe *f* **IV.** *adj attr* Trainings-; ~ **class** Fitnessklasse *f;* ~ **video** Übungsvideo *nt*

E

E

exercise book *n* Heft *nt*
exert [ɪg'zɜːt, eg-] *tr verb* ① *control* ausüben ② (*labour*) **to ~ oneself** sich anstrengen
exertion [ɪg'zɜːʃᵊn, eg-] *n no pl* Ausübung *f*
exhale [eks'heɪl] *tr, intr verb* ausatmen
exhaust [ɪg'zɔːst, eg-] **I.** *tr verb* ① ermüden; **to ~ oneself** sich strapazieren ② (*use up*) erschöpfen **II.** *n* ~ [**fumes**] Abgase *Pl*
exhausted [ɪg'zɔːstɪd, eg-] *adj* erschöpft
exhausting [ɪg'zɔːstɪŋ, eg-] *adj* anstrengend
exhaustion [ɪg'zɔːstʃᵊn, eg-] *n no pl* Erschöpfung *f*
exhaustive [ɪg'zɔːstɪv, eg-] *adj* erschöpfend; *list* vollständig
exhaust pipe *n* Auspuffrohr *nt*
exhaust system *n* Abgasanlage *f; of a car* Auspuff *m*
exhibit [ɪg'zɪbɪt, eg-] **I.** *n* ① Ausstellungsstück *nt* ② (*evidence*) Beweisstück *nt* **II.** *tr verb* ausstellen
exhibition [ˌeksɪ'bɪʃᵊn] *n* Ausstellung *f* (**about** über)
exhibitor [ɪg'zɪbɪtəʳ, eg-] *n* Aussteller(in) *m(f)*
exhilarating [ɪg'zɪlᵊreɪtɪŋ, eg'-] *adj* berauschend
exhilaration [ɪgˌzɪlᵊr'eɪʃᵊn, egˌ-] *n no pl* Hochgefühl *nt*
ex-husband *n* Exmann *m*
exile ['eksaɪl] **I.** *n no pl* Exil *nt*, Verbannung *f* (**from** aus) **II.** *tr verb* verbannen
exist [ɪg'zɪst, eg'-] *intr verb* ① existieren, bestehen; **if such a thing ~s** wenn es so etwas gibt ② (*live*) leben; **to ~ on sth** von etw leben
existence [ɪg'zɪstᵊn(t)s, eg'-] *n* ① *no pl* Existenz *f*, Bestehen *nt;* **to be in ~** existieren, bestehen; **to come into ~** entstehen; **to go out of ~** verschwinden ② (*life*) Leben *nt*
existing [ɪg'sɪstɪŋ, eg-] *adj* existierend, bestehend; *rules* gegenwärtig
exit ['eksɪt, 'egz-] **I.** *n* ① (*way out*) Ausgang *m* ② (*departure*) Weggehen *nt* ③ (*road*) Ausfahrt *f*, Abfahrt *f* **II.** *tr verb* verlassen **III.** *intr verb* hinausgehen
exit visa *n* Ausreisevisum *nt*
exorbitant [ɪg'zɔːbɪtᵊnt, eg-] *adj* überhöht
exotic [ɪg'zɒtɪk, eg-] *adj* exotisch; (*fig*) fremdländisch
expand [ɪk'spænd, ek-] **I.** *intr verb* ① zunehmen, expandieren ② ECON expandieren **II.** *tr verb* erweitern
expandable [ɪk'spændəbḷ, ek-] *adj* dehnbar; *business, project* entwicklungsfähig
expansion [ɪk'spæn(t)ʃᵊn, ek-] *n no pl* ① Erweiterung *f* ② ECON Expansion *f*
expatriate[1] [ɪk'spætriət, ek'-] *n* (*form*) Mensch, der [ständig] im Ausland lebt; **German ~** im Ausland lebende(r) Deutsche(r); **~ community** Ausländergemeinde *f*
expatriate[2] [ɪk'spætrieɪt, ek'-] *tr verb* ausbürgern
expect [ɪk'spekt, ek-] *tr verb* ① erwarten; **that was to be ~ed** das war zu erwarten; **I ~ed as much** damit habe ich gerechnet; **to ~ sb to do sth** erwarten, dass jd etw tut ② (*fam: suppose*) glauben; **I ~ so/not** ich denke schon/nicht
expectancy [ɪk'spektᵊn(t)si, ek-] *n no pl* Erwartung *f;* **air of ~** erwartungsvolle Atmosphäre
expectant [ɪk'spektᵊnt, ek-] *adj* erwartungsvoll; *mother* werdend
expectation [ˌekspek'teɪʃᵊn] *n* Erwartung *f;* **to have great ~s for sb/sth** große Erwartungen in jdn/etw setzen
expedition [ˌekspɪ'dɪʃᵊn] *n* Expedition *f;* MIL Feldzug *m;* **shopping ~** Einkaufstour *f*
expel <-ll-> [ɪk'spel, ek-] *tr verb* ① ausschließen (**from** aus); *from country* ausweisen (**from** aus) ② (*force out*) vertreiben (**from** aus)
expenditure [ɪk'spendɪtʃəʳ, ek-] *n* ① *no pl* (*spending*) Ausgabe *f;* **~ of time** Zeitaufwand *m* ② (*sum*) Ausgaben *Pl*, Aufwendungen *Pl* (**on** für)
expense [ɪk'spen(t)s, ek-] *n* ① [Un]kosten *Pl*, Ausgaben *Pl;* **at great ~** mit großen Kosten; **to go to great ~** sich in Unkosten stürzen; **at one's own ~** auf eigene Kosten; **to put sb to the ~ of sth** jdm die Kosten für etw zumuten ② (*fig*) **at sb's ~** auf jds Kosten *Pl;* **at the ~ of sth** auf Kosten einer S. *Gen*
expense account *n* Spesenrechnung *f*
expense allowance *n* Aufwandsentschädigung *f*, SCHWEIZ *a.* Umtriebsentschädigung *f*

expensive [ɪk'spen(t)sɪv, ek-] *adj* teuer; *hobby* kostspielig; **to be an ~ mistake for sb** jdn teuer zu stehen kommen

experience [ɪk'spɪəriən(t)s, ek-] **I.** *n* ① *no pl* Erfahrung *f;* **~ of life** Lebenserfahrung *f;* **driving ~** Fahrpraxis *f;* **to gain ~** Erfahrungen sammeln; **from my own ~** aus eigener Erfahrung; **to have ~ in/of sth** Erfahrung in etw *Dat* haben ② (*instance*) Erfahrung *f,* Erlebnis *nt;* **to have an ~** eine Erfahrung machen ▸ **to put sth down to ~** etw als Erfahrung abbuchen **II.** *tr verb* erleben; (*endure*) kennen lernen

experienced [ɪk'spɪəriən(t)st, ek-] *adj* erfahren; *eye* geschult; **more ~** mit mehr Erfahrung *nachgestellt*

experiment^1 *n* [ɪk'sperɪmənt, ek-] Experiment *nt,* Versuch *m;* **by ~** durch Ausprobieren

experiment^2 [ɪk'sperɪment] *intr verb* experimentieren; **to ~ on sb/sth** an jdm/etw Versuche machen

experimental [ɪkˌsperɪ'ment^{ə}l, ekˌ-] *adj* ① experimentell ② (*for experiments*) Versuchs-

expert ['ekspɜːt] **I.** *n* Experte *m*/Expertin *f,* Fachmann *m*/Fachfrau *f;* LAW Sachverständige(r) *f(m);* **gardening ~** Fachmann/Fachfrau für Gartenbau **II.** *adj* ① fachmännisch; (*skilled*) erfahren ② (*excellent*) ausgezeichnet; *liar* perfekt; **to be ~ at sth** sehr gut in etw *Dat* sein

expert advice *n no pl* fachmännischer Rat

expire [ɪk'spaɪə^{r}] **I.** *intr verb* ablaufen; *contract* auslaufen **II.** *tr verb* ausatmen

expiry [ɪk'spaɪ(ə)ri] *n no pl* Ablauf *m;* **before/on the ~ of sth** vor/nach Ablauf einer S. *Gen*

expiry date *n of drugs, food* Verfallsdatum *nt; of a credit card, a passport* Ablaufdatum *nt*

explain [ɪk'spleɪn, ek'-] **I.** *tr verb* ① erklären; *reason, motive* erläutern ② (*justify*) begründen **II.** *intr verb* eine Erklärung geben; **I just can't ~** ich kann es mir einfach nicht erklären; **let me ~** lassen Sie es mich erklären

explanation [ˌeksplə'neɪʃ^{ə}n, ek'-] *n* Erklärung *f; of a reason, a motive* Erläuterung *f;* **to give [sb] an ~ for sth** [jdm] etw erklären; **in ~ [of sth]** als Erklärung [für etw]

explanatory [ɪk'splænət^{ə}ri, ek'-] *adj* erklärend; *footnotes, statement* erläuternd; **~ diagram** Schaubild *nt* zur Erläuterung

explicit [ɪk'splɪsɪt, ek'-] *adj* (*precise*) klar, deutlich; *agreement, order* ausdrücklich

explode [ɪk'spləʊd, ek'-] **I.** *intr verb* explodieren *a. fig; tyre* platzen; **to ~ in anger** vor Wut platzen **II.** *tr verb* sprengen; *bomb* zünden

exploit^1 ['eksplɔɪt] *n* Heldentat *f*

exploit^2 [ɪk'splɔɪt, ek'-] *tr verb* ausbeuten

exploitation [ˌeksplɔɪ'teɪʃ^{ə}n] *n no pl* Ausbeutung *f*

exploration [ˌeksplə'reɪʃ^{ə}n] *n* ① Erforschung *f; of an enclosed space* Erkundung *f;* **voyage of ~** Entdeckungsreise *f* ② (*examination*) Untersuchung *f* (**of** von)

exploratory [ɪk'splɒrət^{ə}ri, ek-] *adj* Forschungs-; *drilling, well* Probe-; **~ talks** Sondierungsgespräche *Pl*

explore [ɪk'splɔː^{r}, ek'-] **I.** *tr verb* erforschen, erkunden **II.** *intr verb* sich umschauen; **to go exploring** auf Erkundung[stour] gehen

explorer [ɪk'splɔːrə^{r}, ek'-] *n* Forscher(in) *m(f)*

explosion [ɪk'spləʊʒ^{ə}n, ek'-] *n* Explosion *f a. fig;* **~ of anger** Wutausbruch *m*

explosive [ɪk'spləʊsɪv, ek'-] **I.** *adj* explosiv *a. fig; issue, situation* [hoch] brisant; **~ force** Sprengkraft *f;* **~ substance** Explosivstoff *m;* **to have an ~ temper** zu Wutausbrüchen neigen **II.** *n* Sprengstoff *m*

export^1 [ɪk'spɔːt, ek'-] *tr verb* exportieren

export^2 ['ekspɔːt, ek'-] *n* Export *m;* **for ~** für den Export

expose [ɪk'spəʊz, ek'-] *tr verb* ① freilegen ② (*subject to*) aussetzen (**to** +*Dat*); **to ~ sb to danger** jdn einer Gefahr aussetzen; **to ~ sb to ridicule** jdn dem Spott preisgeben; **to be ~d to sth** einer S. ausgesetzt sein ③ *scandal, plot* aufdecken; **to ~ sb** jdn entlarven; **to ~ oneself [to sb]** sich [vor jdm] entblößen

exposed [ɪk'spəʊzd, ek'-] *adj* ① freigelegt ② (*unprotected*) ungeschützt; *position* exponiert; **to be ~ to rain** dem Regen ausgesetzt sein

E

exposure [ɪk'spəʊʒəʳ, ek'-] *n* ① (*subjection to*) Aussetzung *f; to weather* Ausgesetztsein *nt;* ~ **to radiation** Bestrahlung *f* ② *no pl* (*contact*) Kontakt *m* (**to** mit) ③ *no pl of fraud* Entlarvung *f* ④ PHOT Belichtung *f*

exposure meter *n* PHOT Belichtungsmesser *m*

express [ɪk'spres, ek'-] **I.** *tr verb* ① ausdrücken; (*say*) aussprechen; **to ~ oneself** sich ausdrücken ② MATH darstellen **II.** *adj* ① express; **by ~ delivery** per Eilzustellung ② (*precise*) bestimmt; **for the ~ purpose** eigens zu dem Zweck **III.** *adv* per Express **IV.** *n* ① Express[zug] *m* ② *no pl* (*courier*) **by ~** per Eilboten

expression [ɪk'spreʃᵊn, ek'-] *n* ① Ausdruck *m,* Äußerung *f;* **to find ~ in sth** in etw *Dat* seinen Ausdruck finden; **freedom of ~** Freiheit *f* der Meinungsäußerung ② (*facial*) [Gesichts]ausdruck *m;* **to have a glum ~** ein mürrisches Gesicht machen

expressionless [ɪk'spreʃᵊnləs, ek'-] *adj* ausdruckslos

expressive [ɪk'spresɪv, ek'-] *adj* ausdrucksvoll; *voice* ausdrucksstark; **to be ~ of sth** etw ausdrücken

expressly [ɪk'spresli, ek'-] *adv* ausdrücklich

expressway *n* AM, AUS Schnellstraße *f*

ex-prisoner *n* ehemaliger Häftling

expulsion [ɪk'spʌlʃᵊn, ek'-] *n no pl* Ausschluss *m* (**from** aus); *from country* Ausweisung *f* (**from** aus)

exquisite [ɪk'skwɪzɪt, ek'-] *adj* erlesen, exquisit; ~ **timing** ein ausgeprägtes Zeitgefühl

extend [ɪk'stend, ek'-] **I.** *tr verb* ① (*stretch*) ausstrecken ② (*prolong*) verlängern ③ *aerial* verlängern ④ (*expand*) erweitern **II.** *intr verb* sich erstrecken; *over time* sich hinziehen; **to ~ beyond sth** über etw *Akk* hinausgehen

extended [ɪk'stendɪd, ek'-] *adj* verlängert; (*detailed*) umfassend

extension [ɪk'sten(t)ʃᵊn, ek'-] **I.** *n* ① *no pl* (*stretching*) Ausstrecken *nt* ② (*lengthening*) Verlängerung *f;* ~ **table** Ausziehtisch *m* ③ (*prolonging*) Verlängerung *f* ④ *no pl* (*expansion*) Erweiterung *f,* Vergrößerung *f* ⑤ (*annexe*) Erweiterungsbau *m* (**to** an) **II.** *adj* AM, AUS UNIV Fern-

extension cord *n* AM, AUS Verlängerungskabel *nt* **extension ladder** *n* Ausziehleiter *f* **extension lead** *n* BRIT Verlängerungskabel *nt*

extensive [ɪk'sten(t)sɪv, ek'-] *adj* ① ausgedehnt; *bombing* schwer ② (*far-reaching*) weitreichend; (*detailed*) ausführlich

extent [ɪk'stent, ek'-] *n* ① *no pl* (*size*) Größe *f,* Ausdehnung *f;* (*length*) Länge *f* ② *no pl* (*range*) Umfang *m* ③ *no pl* (*quantity*) Ausmaß *nt* ④ (*degree*) Grad *m kein Pl,* Maß *nt kein Pl;* **to a certain ~** in gewissem Maße; **to the same ~ as ...** in gleichem Maße wie ...; **to some ~** bis zu einem gewissen Grad; **to such an ~** dermaßen; **to that ~** in diesem Punkt, insofern

exterior [ɪk'stɪəriəʳ, ek'-] **I.** *n* ① Außenseite *f; of a building* Außenfront *f* ② (*appearance*) Äußere *nt* **II.** *adj* Außen-

exterminate [ɪk'stɜːmɪneɪt, ek'-] *tr verb* ausrotten, vernichten

external [ɪk'stɜːnᵊl, ek'-] *adj* ① (*exterior*) äußerlich; *angle, pressure, world* Außen-; ~ **appearance** Aussehen *nt* ② (*from outside*) äußere(r, s) ③ (*on surface*) äußerlich ④ (*foreign*) auswärtig; ~ **affairs** Außenpolitik *f*

extinct [ɪk'stɪŋkt, ek'-] *adj* ① ausgestorben; *custom, empire, people* untergegangen ② (*inactive*) erloschen; **to become ~** erlöschen

extinction [ɪk'stɪŋkʃᵊn, ek'-] *n no pl* ① Aussterben *nt; of a custom, an empire, a people* Untergang *m;* (*deliberate*) Ausrottung *f* ② (*inactivity*) Erlöschen *nt*

extinguish [ɪk'stɪŋgwɪʃ, ek'-] *tr verb* [aus]löschen

extort [ɪk'stɔːt, ek'-] *tr verb* erpressen (**out of/from** von)

extortion [ɪk'stɔːʃᵊn, ek'-] *n no pl* Erpressung *f;* **that's sheer ~!** das ist ja Wucher!

extortionate [ɪk'stɔːʃᵊnət, ek'-] *adj* ① übermäßig; **that's ~!** das ist ja Wucher!; ~ **prices** Wucherpreise *Pl* ② (*using force*) erpresserisch

extra ['ekstrə] **I.** *adj* zusätzlich; **some ~ time/money** etwas mehr Zeit/Geld; ~ **charge** Aufschlag *m;* **to take ~ care**

besonders vorsichtig sein; **to make an ~ effort** sich besonders anstrengen **II.** *adv* ① (*more*) mehr; **to charge/pay ~** einen Aufpreis verlangen/bezahlen; **to cost ~** gesondert berechnet werden ② (*especially*) besonders **III.** *n* ① (*perk*) Zusatzleistung *f* ② (*charge*) Aufschlag *m*

extra charge *n* Zuschlag *m*

extract¹ [ɪk'strækt, ek'-] *tr verb* ① [heraus]ziehen (**from** aus); *bullet* entfernen; *tooth* ziehen ② (*obtain*) gewinnen (**from** aus); *oil* fördern

extract² ['ekstrækt] *n* ① (*excerpt*) Auszug *m* (**from** aus) ② *no pl* (*concentrate*) Extrakt *m*

extraction [ɪk'strækʃᵊn, ek'-] *n* ① *no pl* Herausziehen *nt; of a bullet* Entfernen *nt; of a tooth* [Zahn]ziehen *nt* ② (*obtainment*) Gewinnung *f*

extracurricular [ˌekstrəkə'rɪkjələʳ] *adj* außerhalb des Stundenplans *nachgestellt;* (*fig*) außerplanmäßig

extradite ['ekstrədaɪt] *tr verb* ausliefern (**from** von, **to** an)

extradition [ˌekstrə'dɪʃᵊn] *n no pl* Auslieferung *f*

extramarital [ˌekstrə'mærɪtᵊl] *adj* außerehelich

extraordinary [ɪk'strɔːdᵊnᵊri] *adj* außerordentlich, außergewöhnlich

extra time *n no pl* BRIT, AUS SPORTS [Spiel]verlängerung *f;* **they had to play ~** sie mussten nachspielen

extravagant [ɪk'strævəgənt] *adj* ① (*flamboyant*) extravagant ② (*luxurious*) üppig

extreme [ɪk'striːm] **I.** *adj* ① (*utmost*) äußerste(r, s); *cold, difficulties, weather* extrem ② (*radical*) radikal, extrem **II.** *n* Extrem *nt;* **to drive sb to ~s** jdn zum Äußersten treiben; **in the ~** äußerst

extremely [ɪk'striːmli] *adv* äußerst; **~ unpleasant** höchst unangenehm; **I'm ~ sorry** es tut mir außerordentlich leid

extroverted ['ekstrəvɜːtɪd] *adj* extravertiert

exuberant [ɪg'zjuːbᵊrᵊnt] *adj* überschwänglich, ausgelassen

exultant [ɪg'zʌltᵊnt] *adj* jubelnd; (*triumphant*) triumphierend

ex-wife *n* Exfrau *f*

eye [aɪ] **I.** *n* ① Auge *nt;* **to give sb a black ~** jdm ein blaues Auge verpassen; **as far as the ~ can see** so weit das Auge reicht; **to roll one's ~s** mit den Augen rollen ② (*eyelet*) Öse *f; of a needle* Öhr *nt* ③ BOT, METEO Auge *nt* ▶ **to cry one's ~s out** sich *Dat* die Augen ausheulen; **she has ~s in the back of her head** sie hat ihre Augen überall; **an ~ for an ~, a tooth for a tooth** (*prov*) Auge um Auge, Zahn um Zahn; **to keep an ~ out for sb/sth** nach jdm/etw Ausschau halten; **to make ~s at sb** jdm [schöne] Augen machen; **to open sb's ~s [to sb/sth]** jdm die Augen [über jdn/für etw] öffnen; **to see ~ to ~ with sb on sth** mit jdm einer Meinung über etw *Akk* sein; **with one's ~s shut** mit geschlossenen Augen; **to turn a blind ~ [to sth]** [bei etw] beide Augen zudrücken **II.** *adj attr* Augen-; **~ specialist** Augenarzt *m/* Augenärztin *f* **III.** *tr verb* <-d, -d, -ing *or* eying> beäugen

Das **London Eye** kennt man auch unter seiner offiziellen Bezeichnung **Millennium Wheel**. Das Londoner Riesenrad am Südufer der Themse wurde ursprünglich für die Feier des Jahreswechsels 1999/2000 errichtet. Aufgrund technischer Probleme verzögerte sich die Eröffnung jedoch bis März 2000. Aber das Warten hat sich gelohnt: Während der 30-minütigen Fahrt in einem der 32 Abteile erreicht man eine maximale Höhe von 135 Metern und kann bei gutem Wetter bis zu 40 Kilometer weit blicken. Um die 800 Fahrgäste können das Spektakel pro Umdrehung genießen.

eyeball **I.** *n* Augapfel *m* ▶ **to be drugged to the ~s** völlig zu sein; **[to be] ~ to ~ [with sb]** [jdm] Auge in Auge [gegenüberstehen]; **to be up to one's ~s in work** bis über beide Ohren in Arbeit stecken **II.** *tr verb* (*fam*) ① mit einem durchdringenden Blick ansehen ② AM (*measure*) nach Augenmaß einschätzen

eyebrow *n* Augenbraue *f*

eyebrow pencil *n* Augenbrauenstift *m*

eye contact *n no pl* **to make ~ [with**

sb] Blickkontakt [mit jdm] aufnehmen **eyedrops** *npl* Augentropfen *Pl*
eyelash *n* Wimper *f*
eyelid *n* Augenlid *nt* **eyeliner** *n no pl* Eyeliner *m* **eye-opener** *n* (*fig*) **to be an ~ for sb** jdm die Augen öffnen; (*startling*) alarmierend für jdn sein **eye-opening** *adj* aufschlussreich, erhellend **eyepiece** *n* Okular *nt* **eye shadow** *n no pl* Lidschatten *m* **eyesight** *n no pl* Sehvermögen *nt,* Sehkraft *f;* **bad/good ~** schlechte/gute Augen; **failing ~** nachlassende Sehkraft **eyesore** *n* Schandfleck *m* **eyestrain** *n no pl* Überanstrengung *f* der Augen **eyetooth** *n* Augenzahn *m,* oberer Eckzahn ▸ **to cut one's eyeteeth** AM erwachsen werden; **I'd give my eyeteeth for that** ich würde alles darum geben **eyewitness** *n* Augenzeuge *m*/Augenzeugin *f*
e-zine ['i:zi:n] *n* Internet-Magazin *nt*

F

Ff

F <*pl* -'s *or* -s>, **f** <*pl* -'s> [ef] *n* ① F *nt,* f *nt; see also* **A 1** ② MUS F *nt,* f *nt;* **F flat** Fes *nt,* fes *nt;* **F sharp** Fis *nt,* fis *nt* ③ (*school mark*) ≈ Sechs *f,* ≈ ungenügend; (*in the Suiss system*) ≈ Eins *f*
fabric ['fæbrɪk] *n no pl* Stoff *m*
fabulous ['fæbjələs] *adj* fabelhaft, toll *fam*
face [feɪs] **I.** *n* ① Gesicht *nt a. fig;* **I don't want to see your ~ here again!** (*fam*) ich will dich hier nie wiedersehen!; **with a ~ like thunder** mit finsterer Miene; **with a happy/smiling ~** mit strahlender Miene; **~ down/up** mit dem Gesicht nach unten/oben ② **north ~** Nordseite *f* ③ *no pl* (*reputation*) **to lose/save ~** das Gesicht verlieren/wahren ④ *no pl* **in the ~ of sth** angesichts einer S. *Gen* ▸ **to disappear off the ~ of the earth** wie vom Erdboden verschluckt sein; **to put on a brave ~** gute Miene zum bösen Spiel machen **II.** *tr verb* ① (*look at*) **to ~ sb/sth** sich jdm/etw zuwenden ② (*point at*) **to ~ sth** zu etw [hin] zeigen; *room, window* auf etw *Akk* [hinaus]gehen ③ (*be confronted*) **to ~ sth** sich einer S. *Dat* gegenübersehen; **to ~ criticism** Kritik ausgesetzt sein; **to be ~d with the truth** mit der Wahrheit konfrontiert werden ④ (*deal with*) *criticism, fears* sich stellen +*Dat;* **let's ~ it** machen wir uns doch nichts vor ⑤ (*bear*) ertragen; **he can't ~ work today** er ist heute nicht imstande zu arbeiten ▸ **to ~ the music** für die Folgen geradestehen **III.** *intr verb* ① (*point*) **to ~ backwards/downwards/east/forwards** nach hinten/unten/Osten/vorne zeigen ② (*look to*) blicken; **to ~ south/west** *room, window* nach Süden/Westen [hinaus]gehen; **to sit facing away from sb/sth** mit dem Rücken zu jdm/etw sitzen ◆ **face up I.** *intr verb* **to ~ up to sth** einer S. *Dat* ins Auge sehen **II.** *intr verb* nach oben zeigen
facecloth *n* Waschlappen *m* **face cream** *n no pl* Gesichtscreme *f* **face-to-face** *adv* persönlich; **to come ~ with sth** direkt mit etw konfrontiert werden **face value** *n* Nennwert *m;* **to take sth at ~** etw für bare Münze nehmen
facility [fə'sɪlɪti] *n* ① *no pl* (*ease*) Leichtigkeit *f* ② (*extra*) **memory ~** TELEC Speicherfunktion *f;* **overdraft ~** Überziehungsmöglichkeit *f* ③ *esp* AM (*equipment*) Einrichtung *f;* **toilet facilities** Toiletten *Pl*
facsimile machine *n* Faxgerät *nt*
fact [fækt] *n* ① *no pl* (*reality*) Wirklichkeit *f* ② (*single truth*) Tatsache *f;* **the ~ [of the matter] is that ...** Tatsache ist, dass ... ▸ **~s and figures** Fakten und Zahlen
fact-finding *adj attr* Untersuchungs-; **~ mission** Erkundungsmission *f;* **~ tour** Informationsreise *f*
factor ['fæktəʳ] *n* Faktor *m;* **to be a contributing ~ in sth** zu etw beitragen;

two is a ~ of six sechs ist durch zwei teilbar ◆**factor in** *tr verb* **to ~ sth in** etw mitrechnen [*o* berücksichtigen]

factory ['fæktəri] *n* Fabrik *f;* (*plant*) Werk *nt*

factual ['fæktʃʊəl] *adj* sachlich; **~ account** Tatsachenbericht *m*

faculty ['fækəlti] *n* ① (*department*) Fakultät *f;* **the Faculty of Arts/of Law** die philosophische/juristische Fakultät ② (*ability*) Fähigkeit *f*

fad [fæd] *n* Modeerscheinung *f;* **the latest ~** der letzte Schrei

fade [feɪd] **I.** *intr verb* ① (*pale*) ausbleichen, verblassen ② (*abate*) nachlassen ③ (*disappear*) FILM, TV ausgeblendet werden **II.** *tr verb* ausbleichen ◆**fade away** *intr verb courage, hope* schwinden; *memories* verblassen; *beauty* verblühen ◆**fade in** FILM, TV **I.** *intr verb* eingeblendet werden **II.** *tr verb* einblenden ◆**fade out I.** *intr verb* ausgeblendet werden **II.** *tr verb* ausblenden

fag [fæg] *n* ① BRIT, AUS (*fam: cigarette*) Kippe *f* ② *esp* AM (*pej sl: homosexual*) Schwule(r) *m*

fail [feɪl] **I.** *intr verb* ① (*not succeed*) versagen; *attempt, plan* scheitern; **if all else ~s** zur Not ② (*not do*) **to ~ to do sth** versäumen, etw zu tun ③ SCHOOL, UNIV durchfallen ④ (*weaken*) nachlassen; **my courage ~ed** der Mut verließ mich; **to be ~ing fast** im Sterben liegen **II.** *tr verb* ① (*not pass*) durchfallen bei; **to ~ sb** jdn durchfallen lassen ② **my courage ~ed me** mich verließ der Mut; **words ~ me** mir fehlen die Worte **III.** *n* **without** ~ auf jeden Fall

failing ['feɪlɪŋ] **I.** *adj* **~ eyesight** Sehschwäche *f;* **to be in ~ health** eine angeschlagene Gesundheit haben; **in the ~ light** in der Dämmerung **II.** *n* Schwäche *f* **III.** *prep* mangels +*Gen;* **~ that** ansonsten

failure ['feɪljər] *n* ① *no pl* (*no success*) Scheitern *nt,* Versagen *nt;* **~ rate** Durchfallquote *f;* **to end in ~** scheitern ② (*flop*) Misserfolg *m;* **an utter ~** ein totaler Reinfall ③ MED, TECH Versagen *nt kein Pl* ④ AGR **crop ~** Missernte *f*

faint [feɪnt] **I.** *adj* ① (*slight*) *light, smile, voice* matt; *sound, suspicion, hope* leise; **to bear a ~ resemblance to sb** jdm ein wenig ähnlich sehen ② (*unclear*) undeutlich **II.** *intr verb* ohnmächtig werden

fair[1] [feər] **I.** *adj* ① (*reasonable*) fair; *wage* angemessen; (*legitimate*) berechtigt; **you're not being ~** das ist unfair; **~ enough!** (*fam: approved*) na schön!; (*agreed*) dagegen ist nichts einzuwenden! ② (*just*) gerecht, fair; **to get one's ~ share** seinen Anteil bekommen; **to be ~ to[wards] sb** jdm gegenüber gerecht sein ③ (*large*) ziemlich; **we've had a ~ amount of rain** es hat ziemlich viel geregnet ④ (*good*) ziemlich gut; **to have a ~ idea that ...** sich *Dat* ziemlich sicher sein, dass ... ⑤ *skin* hell; **to have ~ hair** blond sein **II.** *adv* fair

fair[2] [feər] *n* ① Jahrmarkt *m,* Rummel[platz] *m bes* NORDD ② (*trade, industry*) Messe *f;* **craft ~** Kunsthandwerkmarkt *m*

fairground *n* Rummelplatz *m*

fairly ['feəli] *adv* ① (*quite*) ziemlich; **~ recently** vor kurzem ② (*justly*) fair ▶ **~ and squarely** einzig und allein

fairness ['feənəs] *n no pl* ① (*justice*) Fairness *f,* Gerechtigkeit *f;* **sense of ~** Gerechtigkeitsempfinden *nt;* **in [all] ~** fairerweise ② *of hair, skin* Helligkeit *f*

fairy ['feəri] *n* Fee *f*

fairy-tale *adj attr* Märchen-

faith [feɪθ] *n* ① *no pl* Vertrauen *nt* (**in** zu); **to put one's ~ in sb/sth** auf jdn/etw vertrauen ② REL Glaube *m* (**in** an) ③ *no pl* (*promise*) **to keep ~ with sb/sth** jdm/etw gegenüber Wort halten

faithful ['feɪθfəl] **I.** *adj* ① treu ② REL gläubig **II.** *n* **the ~** *pl* die Gläubigen

faithfully ['feɪθfəli] *adv* ① treu; **to promise ~** hoch und heilig versprechen ② BRIT, AUS (*in a letter*) **Yours ~** Mit freundlichen Grüßen

fake [feɪk] **I.** *n* Fälschung *f;* (*of gun*) Attrappe *f* **II.** *adj* Kunst-; *antique* falsch; **~ tan** Solariumsbräune *f* **III.** *tr verb* ① fälschen ② (*pretend*) vortäuschen

fall [fɔːl] **I.** *n* ① (*tumble*) Fall *m;* (*harder*) Sturz *m;* **to have a nasty ~** schwer stürzen ② *no pl* (*descent*) Fallen *nt;* **the rise and ~ of the tide** Ebbe und Flut ③ **[heavy] ~s of rain/snow** [heftige] Regen-/Schneefälle ④ *no pl* (*decrease*) Rückgang *m* (**in** +*Gen*); **~ in value** Wertverlust *m* ⑤ *no pl* (*defeat*) *of a city*

Einnahme *f; of a dictator, a regime* Sturz *m* ⑥ AM (*autumn*) Herbst *m* ⑦ (*waterfall*) **~s** Wasserfall *m;* **[the] Niagara Falls** die Niagarafälle **II.** *adj attr* AM Herbst- **III.** *intr verb* <fell, fallen> ① (*tumble*) fallen; (*harder*) stürzen; **to ~ into sb's/each other's arms** jdm/sich in die Arme fallen; **to ~ under a bus** unter einen Bus geraten; **to ~ to one's death** in den Tod stürzen ② (*hang*) fallen; **his hair fell around his shoulders** sein Haar fiel ihm auf die Schulter ③ (*descend*) fallen ④ (*slope*) [steil] abfallen ⑤ (*decrease*) sinken ⑥ (*be defeated*) gestürzt werden; **to ~ to sb** jdm in die Hände fallen ⑦ (*become*) **to ~ asleep** einschlafen; **to ~ ill** krank werden ⑧ **to ~ into debt** sich verschulden; **to ~ in love** sich verlieben ◆ **fall about** *intr verb* BRIT, AUS (*fam*) **to ~ about [laughing]** sich vor Lachen schütteln ◆ **fall away** *intr verb* ① (*detach*) abfallen ② (*slope*) abfallen ◆ **fall back** *intr verb* ① (*retreat*) zurückweichen ② (*resort to*) **to ~ back [up]on sth/sb** auf etw *Akk* zurückgreifen/auf jdn zurückkommen ◆ **fall behind I.** *intr verb* ① (*slow*) zurückfallen ② (*achieve less*) zurückbleiben; (*at school*) hinterherhinken **II.** *tr verb* ① (*slow*) **to ~ behind sb/sth** hinter jdn/etw zurückfallen ② (*achieve less*) **to ~ behind sb/sth** hinter jdm/etw zurückbleiben ◆ **fall down** *intr verb* ① (*tumble*) hinunterfallen; (*topple*) hinfallen ② (*collapse*) einstürzen; **to be ~ing down** abbruchreif sein ③ (*fail*) **to ~ down on sth** mit etw scheitern ◆ **fall for** *tr verb* ① (*love*) **to ~ for sb** sich in jdn verlieben ② (*be deceived by*) **to ~ for sth** auf etw *Akk* hereinfallen ◆ **fall in** *intr verb* ① (*drop*) hineinfallen ② (*collapse*) einstürzen ③ (*join*) **to ~ in behind sb** hinter jdm herlaufen; **to ~ in with sb** sich jdm anschließen ◆ **fall off** *intr verb* ① **to ~ off sth** von etw fallen ② (*decrease*) zurückgehen ③ (*decline*) abfallen ◆ **fall on** *tr verb* ① (*attack*) **to ~ on sb** über jdn herfallen ② (*liter: embrace*) **they fell on each other** sie fielen sich in die Arme ③ (*be assigned to*) **to ~ on sb** jdm zufallen ◆ **fall out** *intr verb* ① herausfallen; *teeth, hair* ausfallen ② (*quarrel*) **to ~ out [with sb]** sich [mit jdm] [zer]streiten ◆ **fall over** *intr verb* hinfallen; (*harder*) stürzen; *object* umfallen; (*harder*) umstürzen ◆ **fall through** *intr verb* scheitern; *plan* ins Wasser fallen ◆ **fall to** *intr verb* ① (*liter: start*) **to ~ to doing sth** beginnen, etw zu tun ② (*be assigned to*) **to ~ to sb** jdm zufallen

fallen ['fɔ:lən] *adj* ① (*on ground*) abgefallen; *tree* umgestürzt; **~ leaves** Laub *nt* ② (*overthrown*) gestürzt

false [fɔ:ls] *adj* falsch; *imprisonment* unrechtmäßig; *optimism* trügerisch; **~ start** Fehlstart *m a. fig*

falsehood ['fɔ:ls(h)ʊd] *n* Unwahrheit *f*

falsify <-ie-> ['fɔ:lsɪfaɪ] *tr verb* fälschen

fame [feɪm] *n no pl* Ruhm *m*

familiar [fə'mɪliə^r] *adj* ① (*well-known*) vertraut; **this looks ~ to me** das kommt mir irgendwie bekannt vor ② (*acquainted*) **to be ~ with sth/sb** etw/jdn kennen; **yours is not a name I'm ~ with** Ihr Name kommt mir nicht bekannt vor ③ (*informal*) vertraulich; **to be on ~ terms [with sb]** [mit jdm] befreundet sein

family ['fæməli] **I.** *n* Familie *f;* **a ~ of four** eine vierköpfige Familie; **to be [like] one of the ~** [praktisch] zur Familie gehören **II.** *adj attr* Familien-

family allowance *n* BRIT ≈ Kindergeld *nt* **family doctor** *n* Hausarzt *m/* Hausärztin *f* **family man** *n* ① (*home-loving*) Familienmensch *m* ② (*father*) Familienvater *m* **family name** *n* Familienname *m* **family planning** *n no pl* Familienplanung *f* **family tree** *n* Familienstammbaum *m*

famine ['fæmɪn] *n* Hungersnot *f*

famous ['feɪməs] *adj* berühmt ▶ **~ last words** wer's glaubt, wird selig!

famously ['feɪməsli] *adv* ① (*well-known*) bekanntermaßen ② (*fam*) **to get on ~** sich blendend verstehen

fan¹ [fæn] *n* Fan *m;* (*admirer*) Bewunderer *m*/Bewunderin *f;* **I'm a great ~ of your work** ich schätze Ihre Arbeit sehr

fan² [fæn] **I.** *n* ① Fächer *m* ② (*electrical*) Ventilator *m* **II.** *tr verb* <-nn-> *flames* anfachen; **to ~ oneself** sich *Dat* Luft zufächeln

fanatic [fə'nætɪk] **I.** *n* ① (*pej*) Fanatiker(in) *m(f)* ② (*enthusiast*) **fellow ~** Mitbegeisterte(r) *f(m);* **fitness ~** ein Fitnessfan *m* **II.** *adj* fanatisch

fanatical [fə'nætɪkəl] *adj* besessen (**about** von)
fan belt *n* AUTO Keilriemen *m*
fan club *n + sing/pl verb* Fanclub *m*
fancy ['fæn(t)si] **I.** *tr verb* <-ie-> *esp* BRIT ① (*want*) wollen; **sb fancies sth** jdm gefällt etw ② **to ~ sb** jdn attraktiv finden; (*sexually*) etwas von jdm wollen ③ (*pej: be full of*) **to ~ oneself** sich *Dat* toll vorkommen ④ (*imagine*) **~ [that]!** stell dir das [mal] vor!; **~ seeing you here!** na, so was! du hier! **II.** *n no pl* ① (*liking*) Vorliebe *f;* **to take a ~ to sth/sb** Gefallen an etw/jdm finden ② (*whim*) Laune *f;* **when the ~ takes him** wenn ihm gerade danach ist **III.** *adj* ① (*elaborate*) aufwändig; *pattern* ausgefallen; *car* schick ② (*whimsical*) versponnen ③ (*fam: expensive*) Nobel-; **~ foods** Delikatessen *Pl*
fancy dress *n no pl esp* BRIT, AUS Kostüm *nt;* **to go/come in ~** verkleidet sein; **to wear ~** sich verkleiden **fancy-free** *adj* sorglos
fan mail *n no pl* Fanpost *f*
fantastic [fæn'tæstɪk] *adj* (*fam*) ① fantastisch, toll *fam;* **a ~ idea** eine Superidee *fam* ② (*huge*) enorm
fanzine ['fænzi:n] *n* Fanmagazin *nt*
FAO [ˌefer'əʊ] *n abbrev of* **Food and Agriculture Organization** Organisation *f* für Ernährung und Landwirtschaft der Vereinten Nationen
far <farther *or* further, farthest *or* furthest> [fɑ:ʳ] **I.** *adv* ① (*in place*) weit; **how much further is it?** wie weit ist es denn noch?; **have you come very ~?** kommen Sie von weit her?; **as ~ as the eye can see** so weit das Auge reicht; **to be ~ down the list** weit unten auf der Liste stehen ② (*in time*) weit; **some time ~ in the future** irgendwann in ferner Zukunft; **lunch isn't ~ off** wir essen bald zu Mittag; **he's not ~ off seventy** er geht auf die siebzig zu ③ (*in progress*) weit; **as ~ as I can** soweit es mir möglich ist; **as ~ as possible** so oft wie möglich; **to not get very ~ with sb** bei jdm nicht viel erreichen ④ (*much*) weit, viel; **I'd ~ rather ...** ich würde viel lieber ...; **~ better/nicer** viel besser/netter; **~ more difficult** viel schwieriger ▸ **~ and away** mit Abstand; **sb will go ~** jd wird es zu etwas bringen **II.** *adj* ① (*opposite*) **at the ~ end** am anderen Ende; **on the ~ bank** am gegenüberliegenden Ufer ② (*distant*) fern; **in the ~ distance** in weiter Ferne ▸ **so ~ so good** so weit, so gut
faraway [ˌfɑ:rə'weɪ] *adj* fern
fare [feəʳ] **I.** *n* Fahrpreis *m* **II.** *intr verb* (*form*) **how is she faring?** wie geht es ihr?; **he ~d badly there** dort ist es ihm schlecht ergangen
Far East *n no pl* **the ~** der Ferne Osten
farewell [ˌfeə'wel] **I.** *interj* (*form*) leb/lebt/leben Sie wohl **II.** *n* Abschied *m* **III.** *adj attr* Abschied[s]-
fare zone *n* Tarifzone *f* (*für öffentliche Verkehrsmittel*)
far-fetched *adj* weit hergeholt
farm [fɑ:m] **I.** *n* Bauernhof *m;* **chicken ~** Hühnerfarm *f;* **health ~** Schönheitsfarm *f;* **trout ~** Forellenzucht *f* **II.** *tr verb* bebauen
farmer ['fɑ:məʳ] *n* Bauer *m*/Bäuerin *f*
farmers' market *n* Bauernmarkt *m*
farmhand *n* Landarbeiter(in) *m(f)*
farmhouse *n* Bauernhaus *nt;* **~ cheese** Bauernkäse *m*
farming ['fɑ:mɪŋ] *n no pl* Ackerbau und Viehzucht
farmyard *n* Hof *m*
far-off *adj* fern; (*remote*) [weit] entfernt **far-reaching** *adj* weitreichend **far-right** *adj* rechtsextrem **far-sighted** *adj* weitsichtig
fart [fɑ:t] (*fam!*) **I.** *n* Furz *m;* **to let off a ~** furzen **II.** *intr verb* furzen
farther ['fɑ:ðəʳ] **I.** *adv comp of* **far** weiter; **how much ~ is it to the airport?** wie weit ist es noch zum Flughafen? **II.** *adj comp of* **far** ① **at the ~ end** am anderen Ende ② (*additional*) weitere(r, s)
farthest ['fɑ:ðɪst] **I.** *adv superl of* **far** am weitesten; **the ~ east** am weitesten östlich **II.** *adj superl of* **far** am weitesten; **the ~ place** der am weitesten entfernte Ort
fascinate ['fæsɪneɪt] *tr verb* faszinieren
fascinating ['fæsɪneɪtɪŋ] *adj* faszinierend
fascination [ˌfæsɪ'neɪʃən] *n no pl* Faszination *f;* **to watch in ~** fasziniert zusehen
fascism *n no pl* Faschismus *m*

F

fascist **I.** *n* Faschist(in) *m(f)* **II.** *adj* faschistisch

fashion ['fæʃᵊn] **I.** *n* ❶ Mode *f;* **in the latest ~** nach der neuesten Mode; **in ~** in Mode ❷ (*clothes*) **~s** Mode *f* ❸ *no pl* (*industry*) Modebranche *f* **II.** *tr verb* ausarbeiten

fashionable ['fæʃᵊnəbl̩] *adj* modisch, schick; **to be/become ~** in Mode sein/werden; **~ restaurant** Schickerialokal *nt*

F

fashion conscious *adj* modebewusst

fashion designer *n* Modedesigner(in) *m(f)*

fashionista [fæʃᵊn'iːstə] *n* (*sl: fan*) Modefreak *m;* (*designer*) Modepapst *m/* Modepäpstin *f;* (*journalist*) Trendjournalist(in) *m(f)*

fashion show *n* Modenschau *f*

fast[1] [fɑːst] **I.** *adj* ❶ schnell; **to be a ~ reader/runner** schnell lesen/laufen ❷ *clock* **to be ~** vorgehen ❸ (*firm*) fest; **to make sth ~ [to sth]** etw [an etw *Dat*] festmachen **II.** *adv* ❶ schnell ❷ (*firmly*) fest; **to be ~ asleep** tief schlafen

fast[2] [fɑːst] **I.** *intr verb* fasten **II.** *n* Fastenzeit *f;* **to break one's ~** das Fasten brechen

fasten ['fɑːsᵊn] **I.** *tr verb* ❶ (*close*) schließen; **to ~ one's seat belt** sich anschnallen ❷ (*secure*) befestigen (**to** an) ▶ **to ~ one's eyes** [*or* **gaze**] **on sb/sth** den Blick auf jdn/etw heften **II.** *intr verb* sich schließen lassen ◆ **fasten down** *tr verb* befestigen ◆ **fasten on** *tr verb* befestigen ◆ **fasten up** **I.** *tr verb* zumachen; *buttons* zuknöpfen **II.** *intr verb* zugemacht werden

fastener ['fɑːsᵊnəʳ] *n* Verschluss *m;* **snap ~** Druckknopf *m;* **zip ~** Reißverschluss *m*

fat [fæt] **I.** *adj* <-tt-> ❶ dick, fett ❷ (*thick*) dick ❸ (*fam: little*) **~ chance we've got** da haben wir ja Mordschancen *iron* **II.** *n* Fett *nt;* **layer of ~** Fettschicht *f*

fatal ['feɪtᵊl] *adj* ❶ tödlich; **~ blow** Todesstoß *m* ❷ (*disastrous*) fatal

fatality [fə'tæləti] *n* Todesopfer *nt*

fatally ['feɪtᵊli] *adv* tödlich; **~ ill** sterbenskrank

fat cat *n* (*fam*) Bonze *m*

fate [feɪt] *n* Schicksal *nt;* **to leave sb to his/her ~** jdn seinem Schicksal überlassen ▶ **a ~ worse than death** eine Unerfreulichkeit

fated ['feɪtɪd] *adj* vom Schicksal bestimmt

fathead *n* (*fam*) Schafskopf *m*

father ['fɑːðəʳ] **I.** *n* Vater *m;* **on one's ~'s side** väterlicherseits; **like ~, like son** wie der Vater, so der Sohn **II.** *tr verb* **to ~ a child** ein Kind zeugen

Father Christmas *n esp* Brit der Weihnachtsmann

fatherhood ['fɑːðəhʊd] *n no pl* Vaterschaft *f*

father-in-law <*pl* fathers- *or* Brit *a.* -s> *n* Schwiegervater *m*

fatherless ['fɑːðələs] *adj* vaterlos

fatherly ['fɑːðᵊli] *adj* väterlich

Father's Day *n no pl* Vatertag *m*

fatten ['fætᵊn] *tr verb animal* mästen; **to ~ sb up** jdn herausfüttern

fattening ['fætᵊnɪŋ] *adj* **to be ~** dick machen

fat transfer *n* Med Fettunterspritzung *f,* Lipotransfer *nt fachspr*

fatty ['fæti] **I.** *adj* ❶ *food* fett[haltig] ❷ Med Fett-; **~ tissue** Fettgewebe *nt* **II.** *n* (*pej fam*) Dickerchen *nt*

faucet ['fɑːsɪt] *n* Am (*tap*) Wasserhahn *m*

fault [fɔːlt] **I.** *n* ❶ *no pl* Schuld *f;* **it's all your ~** das ist ganz allein deine Schuld; **it's your own ~** du bist selbst schuld daran; **to find ~ with sb/sth** etwas an jdm/etw auszusetzen haben ❷ (*weakness*) Fehler *m;* **she was generous to a ~** sie war zu großzügig; **his/her main ~** seine/ihre größte Schwäche ❸ (*defect*) Fehler *m,* Defekt *m;* **a ~ on the line** eine Störung in der Leitung ❹ Tennis Fehler *m* **II.** *tr verb* **to ~ sb/sth** Fehler/einen Fehler an jdm/etw finden

faultless ['fɔːltləs] *adj* fehlerfrei; *performance a.* fehlerlos

faulty ['fɔːlti] *adj* ❶ (*unsound*) fehlerhaft ❷ (*defect*) defekt

favor Am *see* **favour**

favorable *adj* Am *see* **favourable**

favorite Am *see* **favourite**

favour ['feɪvəʳ] **I.** *n* ❶ *no pl* (*approval*) **in ~ of** für; **to be in ~** dafür sein; **all those in ~, ...** alle, die dafür sind, ...; **to show ~ to sb** jdn bevorzugen ❷ *no pl* (*advantage*) **in ~ of** für; **to have sth in**

one's ~ etw als Vorteil haben; **the wind was in our ~** der Wind war günstig für uns ❸ (*kind act*) Gefallen *m kein Pl;* **I'm not asking for ~s** ich bitte nicht um Gefälligkeiten ▶ **do me a ~!** BRIT (*fam*) tu mir einen Gefallen! **II.** *tr verb* ❶ (*prefer*) vorziehen ❷ (*approve*) gutheißen; **to ~ doing sth** es gutheißen, etw zu tun

favourable ['feɪvᵊrəbl̩] *adj* ❶ (*approving*) positiv, zustimmend; **in a ~ light** mit Wohlwollen ❷ (*advantageous*) günstig (**to** für)

favourite I. *adj attr* Lieblings- **II.** *n* ❶ Liebling *m;* **Elvis is a ~ of mine** Elvis ist einer meiner Lieblingsstars ❷ (*contestant*) Favorit(in) *m(f)*

fawning ['fɔːnɪŋ] *adj* kriecherisch

fax [fæks] **I.** *n* <*pl* -es> Fax *nt* **II.** *tr verb* faxen

fax machine *n* Fax[gerät] *nt*

fear [fɪəʳ] **I.** *n* ❶ *no pl* Angst *f,* Furcht *f;* **to have a ~ of sth** vor etw *Dat* Angst haben; **in ~ of one's life** in Todesangst ❷ (*worry*) **~s for sb's safety** Sorge *f* um jds Sicherheit; **sb's worst ~s** jds schlimmste Befürchtungen **II.** *tr verb* ❶ fürchten; **nothing to ~** nichts zu befürchten ❷ (*form: regret*) **to ~ [that] ...** [be]fürchten, dass ... **III.** *intr verb* **to ~ for sb/sth** sich *Dat* um jdn/etw Sorgen machen

fearful ['fɪəfᵊl] *adj* ängstlich; **~ of causing a scene, ...** aus Angst, eine Szene auszulösen, ...

feasible ['fiːzəbl̩] *adj* ❶ (*practicable*) durchführbar; **financially/politically ~** finanziell/politisch möglich; **technically ~** technisch machbar ❷ (*possible*) möglich

feast [fiːst] **I.** *n* Festessen *nt;* **~ for the ear/eye** Ohrenschmaus *m*/Augenweide *f;* **~ day** [kirchlicher] Festtag **II.** *intr verb* schlemmen; **to ~ on sth** sich an etw *Dat* gütlich tun

feat [fiːt] *n* ❶ (*deed*) Heldentat *f* ❷ (*skill*) [Meister]leistung *f;* **~ of engineering** technische Großtat

feather ['feðəʳ] *n* Feder *f* ▶ **a ~ in sb's cap** etwas, worauf jd stolz sein kann; **as light as a ~** federleicht

feature ['fiːtʃəʳ] **I.** *n* ❶ (*aspect*) Merkmal *nt,* Kennzeichen *nt;* **special ~** Besonderheit *f* ❷ (*trait*) **~s** Gesichtszüge *Pl* ❸ (*film*) Spielfilm *m;* **double ~** zwei Spielfilme *Pl* in einem **II.** *tr verb* ❶ (*show*) aufweisen ❷ (*star*) **featuring sb** mit jdm in der Hauptrolle ❸ (*report*) **to ~ sth** über etw *Akk* groß berichten **III.** *intr verb* vorkommen; **to ~ high on the list** ganz oben auf der Liste stehen

feature film *n* Spielfilm *m* **feature story** *n* Sonderbericht *m*

featurette [ˌfiːtʃər'et] *n* Extras *Pl,* Dokumentation *f* zu den Dreharbeiten (*auf DVDs*)

February ['februᵊri] *n* Februar *m,* Feber *m* ÖSTERR; **in the middle of ~** Mitte Februar; **last/next/this ~** vergangenen/kommenden/diesen Februar; **in/during ~** im Februar

Fed [fed] *n* AM (*fam*) ❶ (*police*) FBI-Agent(in) *m(f)* ❷ (*bank*) **the ~** der Zentralbankrat

federal ['fedᵊrᵊl] *adj* föderativ; **~ republic** Bundesrepublik *f;* **at ~ level** auf Bundesebene

federation [ˌfedᵊr'eɪʃᵊn] *n* Föderation *f*

fed up *adj* (*fam*) **to be ~** die Nase voll haben

fee [fiː] *n* Gebühr *f;* **lawyer's ~** Rechtsanwaltshonorar *nt;* **legal ~s** Rechtskosten *Pl*

feeble <-r, -st> ['fiːbl̩] *adj* schwach; *attempt* müde; *joke, excuse* lahm

feeble-minded *adj* schwachsinnig

feed [fiːd] **I.** *n* ❶ *no pl* (*fodder*) Futter *nt* ❷ *for baby* Mahlzeit *f* **II.** *tr verb* <fed, fed> ❶ **to ~ sb/oneself** jdm zu essen geben/allein essen; *animal, invalid, baby* füttern ❷ (*provide food for*) ernähren; **that's not going to ~ ten people** das reicht nicht für zehn Personen **III.** *intr verb* <fed, fed> ❶ *animal* weiden; *baby* gefüttert werden ❷ *river* **to ~ into sth** in etw *Akk* münden ◆ **feed in** *tr verb* COMPUT eingeben ◆ **feed off** *intr verb,* **feed on** *intr verb* **to ~ off** [*or* **on**] **sth** sich von etw ernähren ◆ **feed up** *tr verb animal* mästen; *person* aufpäppeln

feedback *n no pl* ❶ Feedback *nt* ❷ ELEC Rückkopplung *f*

feeding bottle *n* Fläschchen *nt*

feel [fiːl] **I.** *tr verb* <felt, felt> ❶ fühlen; *one's age* spüren; **to ~ the cold/heat** unter der Kälte/Hitze leiden; **to ~ nothing for sb** für jdn nichts empfinden ❷ (*think*) **to ~ that ...** der Meinung sein, dass ...; **how do you ~ about it?** was hältst du davon? **II.** *intr verb* <felt, felt> ❶ + *adj* (*sense*) **my eyes ~ sore** meine Augen brennen; **to ~ foolish** sich *Dat* dumm vorkommen; **to ~ ill** sich krank fühlen; **to ~ better** sich besser fühlen; **to ~ free to do sth** etw ruhig tun; **to ~ for sb** mit jdm fühlen ❷ + *adj* (*seem*) scheinen ❸ (*search*) tasten (**for** nach); **to ~ along sth** etw abtasten ❹ (*want*) **to ~ like sth** zu etw Lust haben; **to ~ like doing sth** Lust haben, etw zu tun **III.** *n no pl* ❶ (*texture*) **the ~ of wool** das Gefühl von Wolle ❷ (*touch*) Berühren *nt* ❸ (*talent*) Gespür *nt* ◆**feel about** *intr verb* **to ~ about for sth** nach etw tasten ◆**feel for** *tr verb* **to ~ for sb** mit jdm Mitleid haben

feeling ['fi:lɪŋ] *n* ❶ Gefühl *nt* (**of** +*Gen*); **dizzy ~** Schwindelgefühl *nt;* **to cause bad ~** [*or* Am **~s**] böses Blut verursachen; **~ for language** Sprachgefühl *nt* ❷ (*opinion*) Ansicht *f* (**about/on** über); **what are your ~s about ...?** wie denken Sie über ...?

feet [fi:t] *n pl of* **foot**

fell[1] [fel] *pt of* **fall**

fell[2] [fel] **I.** *tr verb* ❶ (*cut down*) fällen ❷ (*knock down*) niederstrecken **II.** *n* Hochmoor *nt* (*in Nordengland und Schottland*) **III.** *adj* ▸ **at** [*or* **with**] **one ~ swoop** auf einen Streich

fellow ['feləʊ] **I.** *n* ❶ (*fam*) Kerl *m* ❷ Brit (*scholar*) Fellow *m* **II.** *adj attr* **~ citizen** Mitbürger(in) *m(f);* **~ countrymen** Landsleute *Pl;* **~ student** Kommilitone *m*/Kommilitonin *f;* **~ sufferer** Leidensgenosse *m*/-genossin *f*

fellow member *n* POL Parteigenosse *m*/-genossin *f; of a club* Klubkamarad(in) *m(f)* **fellow passenger** *n* Mitreisende(r) *f(m)*

felt[1] [felt] *pt, pp of* **feel**

felt[2] [felt] *n no pl* Filz *m*

felt-tip *n,* **felt-tip pen** *n* Filzstift *m*

female ['fi:meɪl] **I.** *adj* weiblich **II.** *n* ❶ (*animal*) Weibchen *nt* ❷ (*woman*) Frau *f*

feminine ['femɪnɪn] **I.** *adj* feminin, weiblich **II.** *n* LING Femininum *nt*

feminist ['femɪnɪst] **I.** *n* Feminist(in) *m(f)* **II.** *adj* feministisch

fence [fen(t)s] **I.** *n* Zaun *m;* (*in horse race*) Hindernis *nt* ▸ **to sit on the ~** neutral bleiben **II.** *intr verb* fechten **III.** *tr verb* einzäunen

fencer ['fen(t)səʳ] *n* Fechter(in) *m(f)*

fencing ['fen(t)sɪŋ] *n no pl* ❶ SPORTS Fechten *nt* ❷ (*barrier*) Einzäunung *f*

fend [fend] **I.** *intr verb* **to ~ for oneself** für sich selbst sorgen **II.** *tr verb* **to ~ off sb/sth** jdn/etw abwehren

ferocious [fə'rəʊʃəs] *adj* wild; (*violent*) heftig

ferry ['feri] **I.** *n* Fähre *f;* **by ~** mit der Fähre **II.** *tr verb* <-ie-> **to ~ sb/sth** [**across**] jdn/etw übersetzen; **to ~ sb about** (*fig*) jdn herumfahren

ferry boat *n* Fährschiff *nt* **ferryman** *n* Fährmann *m*

fertile ['fɜ:taɪl] *adj* fruchtbar; (*fig*) *imagination* lebhaft

fertility [fə'tɪləti] *n no pl* Fruchtbarkeit *f*

fertility clinic *n* Befruchtungsklinik *f,* Fertilitätsklinik

fertilize ['fɜ:tɪlaɪz] *tr verb* ❶ AGR düngen ❷ BIOL befruchten

fertilizer ['fɜ:tɪlaɪzəʳ] *n* Dünger *m*

festival ['festɪvᵊl] *n* ❶ (*day*) Fest *nt* ❷ (*event*) Festival *nt,* Festspiele *Pl;* **the Salzburg Festival** die Salzburger Festspiele

festive ['festɪv] *adj* festlich; **~ mood** Feststimmung *f*

festivities [fes'tɪvətis] *n pl* Feierlichkeiten *Pl*

fetch [fetʃ] **I.** *tr verb* ❶ (*get*) holen ❷ (*sell for*) erzielen **II.** *intr verb* **~!** bring [es] her!

fetching ['fetʃɪŋ] *adj* schick

fetus *n* Am *see* **foetus**

fever ['fi:vəʳ] *n* ❶ Fieber *nt kein Pl;* **to have a ~** Fieber haben ❷ (*fig*) **election/football ~** Wahl-/Fußballfieber *nt;* **a ~ of excitement** fieberhafte Erregung; **at ~ pitch** fieberhaft

feverish ['fi:vᵊrɪʃ] *adj* ❶ (*ill*) fiebrig ❷ (*frantic*) fieberhaft

few [fju:] **I.** *adj* ❶ (*some*) **a ~** ein paar, einige; **every ~ days** alle paar Tage; **quite a ~** ziemlich viele ❷ (*not many*) wenige; **~ things in this world** nur weniges auf der Welt; **not a ~ readers** nicht wenige Leser; **as ~ as ...** nur ...

▶ **to be ~ and far between** dünn gesät sein **II.** *pron* ❶ *(some)* **a ~ of these apples** ein paar von diesen Äpfeln; **a ~ of us** einige von uns ❷ *(not many)* wenige; **~ can do that** nur wenige können das; **the ~ who came ...** die paar Leute, die kamen, ... **III.** *n* **the ~** *pl* ❶ *(elite)* die Auserwählten ❷ *(minority)* die Minderheit

fiancé [fiˈɑ̃ː(n)seɪ] *n* Verlobte(r) *m*

fiancée [fiˈɑ̃ː(n)seɪ] *n* Verlobte *f*

fib [fɪb] *(fam)* **I.** *intr verb* <-bb-> schwindeln; **to ~ to sb** jdn anschwindeln **II.** *n* Schwindelei *f;* **to tell a ~** schwindeln

fibber [ˈfɪbəʳ] *n (fam)* Schwindler(in) *m(f)*

fiber *n* AM *see* **fibre**

fiberglass *n* AM *see* **fibreglass**

fibre [ˈfaɪbəʳ] *n* ❶ Faden *m;* *(in cloth)* Faser *f* ❷ *no pl* FOOD Ballaststoffe *Pl*

fibreglass *n no pl* Glasfaser *f* **fibre optic cable** *n* Glasfaserkabel *nt*

fibrin [ˈfaɪbrɪn] *n* MED Fibrin *nt fachspr*

fibrinogen [faɪˈbrɪnə(ʊ)dʒᵊn] *n* MED Fibrinogen *nt*

fiction [ˈfɪkʃᵊn] *n no pl* Erzählliteratur *f;* **~ writer** Prosaschriftsteller(in) *m(f)*

fictional [ˈfɪkʃᵊnᵊl] *adj* erfunden; *character* fiktiv

fictitious [fɪkˈtɪʃəs] *adj* ❶ *(false)* falsch ❷ *(imaginary)* [frei] erfunden

fiddle [ˈfɪdl̩] **I.** *n (fam)* ❶ Fidel *f* ❷ BRIT *(fraud)* Betrug *m kein Pl;* **to be on the ~** krumme Dinger drehen ▶ **[as] fit as a ~** kerngesund; **to play second ~ to sb** in jds Schatten *m* stehen **II.** *tr verb (fam)* frisieren **III.** *intr verb* **to ~ with sth** ❶ *(finger)* an etw *Dat* herumfummeln ❷ *(tinker)* an etw *Dat* herumbasteln

fiddly <-ier, -iest *or* more fiddly, most fiddly> [ˈfɪdl̩i] *adj* BRIT *(fam)* kniff[e]lig

fidget [ˈfɪdʒɪt] **I.** *n* Zappelphilipp *m* ▶ **to get the ~s** zapp[e]lig werden; **to have the ~s** zapp[e]lig sein **II.** *intr verb* zappeln; **stop ~ing!** hör auf so rumzuzappeln!

fidgety [ˈfɪdʒəti] *adj* zapp[e]lig

fiefdom [ˈfiːfdəm] *n* HIST Lehnsgut *nt*

field [fiːld] **I.** *n* ❶ *(meadow)* Wiese *f;* *(pasture)* Weide *f;* *(for crops)* Feld *nt,* Acker *m* ❷ SPORTS Spielfeld *nt* ❸ *(expanse)* **gas ~** Gasfeld *nt* ❹ *(discipline)* Gebiet *nt* ▶ **to leave the ~ clear for sb** jdm das Feld überlassen **II.** *intr verb* SPORTS als Fänger(in) *m(f)* spielen **III.** *tr verb ball* fangen

fielder [ˈfiːldəʳ] *n* Feldspieler(in) *m(f)*

field events *npl* SPORTS Sprung- und Wurfdisziplinen *Pl* **field glasses** *npl* Feldstecher *m* **field mouse** *n* Feldmaus *f* **fieldsman** *n* SPORTS Fänger *m* **field sports** *npl* Sport *m* im Freien *(bes Jagen und Fischen)* **fieldwork** *n no pl* Feldforschung *f* **fieldworker** *n* Außendienstmitarbeiter(in) *m(f);* *(gathering data)* Feldforscher(in) *m(f)*

F

fierce [fɪəs] *adj* ❶ *animal* wild ❷ *attack, competition* scharf; *debate* hitzig; *fighting* erbittert; *winds* tobend

fiery [ˈfaɪ(ə)ri] *adj* ❶ glühend ❷ *(spicy)* feurig ❸ **he has a ~ temper** er ist ein Hitzkopf

fifteen [fɪfˈtiːn] **I.** *adj* fünfzehn; *see also* **eight II.** *n* Fünfzehn *f;* **to be given a ~ certificate** ab 15 [Jahren] freigegeben sein; *see also* **eight**

fifteenth [fɪfˈtiːnθ] **I.** *adj* fünfzehnte(r, s) **II.** *n* ❶ **the ~** der/die/das Fünfzehnte ❷ *(fraction)* Fünfzehntel *nt*

fifth [fɪfθ] **I.** *adj* fünfte(r, s); **every ~ person** jeder Fünfte; *see also* **eighth II.** *n* ❶ **the ~** der/die/das Fünfte ❷ *(fraction)* Fünftel *nt* ❸ AUTO *(gear)* fünfter Gang, Fünfte(r) *fam* ❹ MUS *(interval)* Quint *f* **III.** *adv* fünftens

fiftieth [ˈfɪftiəθ] **I.** *adj* fünfzigste(r, s); *see also* **eighth II.** *n* ❶ **the ~** der/die/das Fünfzigste; *see also* **eighth** ❷ *(fraction)* Fünfzigstel *nt; see also* **eighth III.** *adv* fünfzigstens; *see also* **eighth**

fifty [ˈfɪfti] **I.** *adj* fünfzig; *see also* **eight II.** *n* ❶ Fünfzig *f; see also* **eight** ❷ *(banknote)* Fünfziger *m*

fig[1] [fɪg] *n* Feige *f*

fig[2] [fɪg] **I.** *n abbrev of* **figure** Abb. *f* **II.** *adj abbrev of* **figurative** fig.

fight [faɪt] **I.** *n* ❶ Kampf *m* (**against** gegen, **for** um); *(brawl)* Rauferei *f;* *(with fists)* Schlägerei *f* ❷ BOXING Kampf *m,* Fight *m* **II.** *intr verb* <fought, fought> ❶ kämpfen; *children* sich raufen; **to ~ with sb** *(against)* gegen jdn kämpfen ❷ *(quarrel)* sich streiten (**about/over** um) **III.** *tr verb* <fought, fought> ❶ **to ~ sb/sth** gegen jdn/etw kämpfen; *battle* schlagen; *crime, fire* bekämpfen

2 (*in boxing*) **to ~ sb** gegen jdn boxen ◆**fight back** *intr verb* zurückschlagen; (*defend oneself*) sich zur Wehr setzen ◆**fight off** *tr verb* **to ~ off** ◯ **sb** jdn abwehren; *reporter* abwimmeln; **to ~ off** ◯ **sth** etw bekämpfen

fighter ['faɪtəʳ] *n* 1 Kämpfer(in) *m(f)* 2 (*plane*) Kampfflugzeug *nt*

fighting ['faɪtɪŋ] **I.** *n no pl* Schlägereien *Pl* **II.** *adj* kämpferisch

F

figurative ['fɪgjᵊrətɪv] *adj* bildlich; LING figurativ

figuratively ['fɪgjᵊrətɪvli] *adv* bildlich, figurativ; **~ speaking** bildlich gesprochen

figure ['fɪgəʳ] **I.** *n* 1 (*shape*) Figur *f* 2 (*person*) Gestalt *f* 3 MATH (*digit*) Ziffer *f;* (*numeral*) Zahl *f;* **he is good at ~s** er ist ein guter Rechner; **double/single ~s** zweistellige/einstellige Zahlen **II.** *tr verb* AM voraussehen **III.** *intr verb* 1 (*make sense*) **that ~s** das hätte ich mir denken können 2 AM (*count on*) **to ~ on sth** mit etw rechnen ◆**figure out** *tr verb* 1 (*work out*) herausfinden; MATH ausrechnen 2 (*understand*) begreifen

figure-skating *n no pl* Eiskunstlauf *m*

Fiji ['fi:dʒi:] *n* **the ~ Islands** die Fidschiinseln *Pl*

file[1] [faɪl] **I.** *n* 1 (*folder*) [Akten]hefter *m* 2 COMPUT Datei *f* 3 (*database*) Akte *f* (**on** über); **to keep a ~ on sb/sth** eine Akte über jdn/etw führen **II.** *tr verb* 1 (*put in folder*) ablegen, abheften 2 (*submit*) abgeben **III.** *intr verb* **to ~ for sth** auf etw *Akk* klagen; **to ~ for divorce** die Scheidung beantragen

file[2] [faɪl] **I.** *n* Reihe *f;* **in single ~** im Gänsemarsch **II.** *intr verb* nacheinander gehen ◆**file in** *intr verb* **they ~d in** nach und nach kamen sie herein ◆**file out** *intr verb* **the guests began to ~ out** ein Gast nach dem anderen ging

file[3] [faɪl] **I.** *n* (*tool*) Feile *f* **II.** *tr verb* feilen; **to ~ one's nails** sich *Dat* die Nägel feilen; **to ~ down** abfeilen

file name *n* COMPUT Dateiname *m*

filing ['faɪlɪŋ] *n no pl* 1 (*archiving*) Ablage *f* 2 *no pl* COMPUT Archivierung *f*

filing cabinet *n* Aktenschrank *m*

fill [fɪl] **I.** *n* **to drink/eat one's ~** seinen Durst stillen/sich satt essen; **to have one's ~ of sth** genug von etw haben **II.** *tr verb* 1 füllen; *tooth* plombieren; *vacuum, gap* schließen 2 (*pervade*) erfüllen **III.** *intr verb* sich füllen ◆**fill in I.** *tr verb* 1 (*inform*) informieren (**on** über) 2 (*seal*) [aus]füllen; *cracks* zuspachteln **II.** *intr verb* **to ~ in** [**for sb**] [für jdn] einspringen ◆**fill out I.** *tr verb* ausfüllen **II.** *intr verb* sich ausdehnen ◆**fill up I.** *tr verb* 1 vollfüllen; AUTO volltanken 2 (*sate*) **to ~ up** ◯ **sb** jdn satt bekommen; **to ~ oneself up** sich vollstopfen **II.** *intr verb* sich füllen; AUTO [voll] tanken

fillet ['fɪlɪt] **I.** *n* Filet *nt* **II.** *tr verb* filetieren; *fish* entgräten

filling ['fɪlɪŋ] **I.** *n* Füllmasse *f;* (*for teeth*) Füllung *f;* FOOD Füllung *f* **II.** *adj* sättigend

filling station *n* Tankstelle *f*

fill-in-the-bubble *adj attr* SCHOOL, UNIV **~ test** Test *m* mit auszufüllender Sprechblase

film [fɪlm] **I.** *n* 1 Film *m;* **to get into ~s** zum Film gehen 2 (*layer*) Schicht *f;* **~ of oil** Ölfilm *m* **II.** *adj attr* Film- **III.** *tr, intr verb* filmen, drehen

film camera *n* Filmkamera *f* **film speed** *n* 1 (*exposure*) Lichtempfindlichkeit *f* 2 (*pace*) Laufgeschwindigkeit *f* **film star** *n* Filmstar *m* **film studio** *n* Filmstudio *nt*

filter ['fɪltəʳ] **I.** *n* Filter *m* **II.** *tr verb* filtern; (*fig*) selektieren **III.** *intr verb* 1 (*pervade*) dringen (**into** in) 2 BRIT AUTO **to ~ left/right** sich links/rechts einordnen ◆**filter out I.** *intr verb* durchsickern **II.** *tr verb* herausfiltern (**from** aus) ◆**filter through** *intr verb light* durchscheinen; *sound* durchdringen

filter lane *n* BRIT Abbiegespur *f* **filter paper** *n* Filterpapier *nt* **filter tip** *n* 1 Filterzigarette *f* 2 (*filter*) Filter *m*

filthy ['fɪlθi] **I.** *adj* 1 schmutzig, dreckig *fam* 2 (*bad-tempered*) *look* vernichtend; **he was in a ~ mood** er hatte furchtbare Laune 3 BRIT scheußlich; **~ weather** Schmuddelwetter *nt* **II.** *adv* (*fam*) furchtbar; **~ rich** stinkreich

fin [fɪn] *n* Flosse *f*

final ['faɪnᵊl] **I.** *adj* 1 letzte(r, s); **in the ~ analysis** letzten Endes; **~ chapter** Schlusskapitel *nt;* **~ payment** Abschlusszahlung *f;* **~ result** Endergebnis *nt;* **in the ~ stages** in der Schlussphase 2 (*decisive*) endgültig; **that's ~!** und damit basta! **II.** *n* 1 Endspiel *nt,* Finale *nt* ② BRIT UNIV **~s** [Abschluss]examen *nt;* **to take one's ~s** Examen machen

finalist ['faɪnᵊlɪst] *n* Finalist(in) *m(f)*

finalize ['faɪnᵊlaɪz] *tr verb* ① (*end*) zum Abschluss bringen ② (*agree*) endgültig festlegen

finally ['faɪnᵊli] *adv* ① (*at long last*) schließlich; (*expressing relief*) endlich ② (*in conclusion*) abschließend, zum Schluss

finance ['faɪnæn(t)s] **I.** *n* ① *no pl* Finanzwirtschaft *f* ② (*money*) Geldmittel *Pl;* **~s** Finanzen *Pl* **II.** *tr verb* finanzieren

financial [faɪ'næn(t)ʃᵊl] *adj* finanziell, Finanz-; **~ resources** Geldmittel *Pl;* **European ~ crisis** europäische Finanzkrise

find [faɪnd] **I.** *n* Fund *m;* (*person*) Entdeckung *f* **II.** *tr verb* <found, found> finden; **to ~ what/where/who ...** herausfinden, was/wo/wer ...; **she was found unconscious** sie wurde bewusstlos aufgefunden; **to ~ oneself alone** auf einmal allein sein; **to ~ sb guilty** jdn für schuldig erklären; **to ~ that ...** feststellen, dass ...; (*realize*) sehen, dass ... **III.** *intr verb* ▸ **seek and you shall ~** (*prov*) wer such[e]t, der findet ◆ **find out I.** *tr verb* ① (*detect*) erwischen ② (*discover*) herausfinden **II.** *intr verb* dahinterkommen; **to ~ out about sb/sth** (*get information*) sich über jdn/etw informieren; (*learn*) über jdn/etw etwas erfahren

finder ['faɪndəʳ] *n* Finder(in) *m(f)* ▸ **~s keepers[, losers weepers]** wer's findet, dem gehört's

finding ['faɪndɪŋ] *n* ① (*discovery*) Entdeckung *f* ② (*result of inquiry*) [Urteils]spruch *m; usu pl* (*result of investigation*) Ergebnis *nt*

fine¹ [faɪn] **I.** *adj* ① (*acceptable*) in Ordnung *präd;* **seven's ~ by me** sieben [Uhr] passt mir gut ② (*excellent*) glänzend; *food* ausgezeichnet; **the ~st pianist** der/die beste Pianist(in); **the ~st wines** die erlesensten Weine ③ (*iron*) schön ④ **~r points** Feinheiten *Pl;* **not to put too ~ a point on it, ...** um ganz offen zu sein, ... **II.** *adv* fein, [sehr] gut

fine² [faɪn] **I.** *n* Geldstrafe *f;* **heavy/small ~** hohe/niedrige Geldstrafe **II.** *tr verb* zu einer Geldstrafe verurteilen

fine art *n no pl,* **fine arts** *npl* schöne Künste

fine-tooth[ed] comb *n* fein gezahnter Kamm ▸ **to examine sth with a ~** etw sorgfältig unter die Lupe nehmen *fam*

finger ['fɪŋgəʳ] **I.** *n* Finger *m* ▸ **the ~ of suspicion** die Verdachtsmomente *Pl;* **to be all ~s and thumbs** BRIT, AUS zwei linke Hände haben; **to give sb the ~** AM jdm den Stinkefinger zeigen; **to lay a ~ on sb** jdm ein Haar krümmen **II.** *tr verb* ① anfassen; **to ~ the strings** in die Saiten greifen ② AM (*choose*) aussuchen

fingernail *n* Fingernagel *m* **fingerprint I.** *n* Fingerabdruck *m* **II.** *tr verb* **to ~ sb** jdm die Fingerabdrücke abnehmen **fingertip** *n* Fingerspitze *f* ▸ **to have sth at one's ~s** etw perfekt beherrschen

finish ['fɪnɪʃ] **I.** *n* ① Ende *nt; of a race* Endspurt *m;* (*finishing line*) Ziel *nt;* **close ~** Kopf-an-Kopf-Rennen *nt;* **to be in at the ~** in der Endrunde sein ② (*treatment*) letzter Schliff ▸ **a fight to the ~** ein Kampf *m* bis zur Entscheidung **II.** *intr verb* enden, aufhören; (*conclude*) schließen; **have you quite ~ed?** (*iron*) bist du endlich fertig? **III.** *tr verb* ① (*end*) beenden; **to ~ doing sth** mit etw fertig sein ② (*complete*) fertig stellen ③ (*stop*) aufhören; **I ~ work at 5 p.m.** ich mache um 5 Uhr Feierabend ◆ **finish off I.** *tr verb* ① (*get done*) fertig stellen ② (*make nice*) den letzten Schliff geben ③ *food* aufessen; *drink* austrinken **II.** *intr verb* abschließen ◆ **finish up I.** *intr verb* ① (*stop work*) fertig werden ② **to ~ up drunk** am Ende betrunken sein; **to ~ up in hospital** im Krankenhaus landen **II.** *tr verb* aufessen ◆ **finish with** *tr verb* fertig sein mit; *person* Schluss machen mit

finished ['fɪnɪʃt] *adj* ① *pred* fertig (**with** mit); **the ~ product** das Endprodukt ② (*crafted*) **beautifully ~** wunderbar bearbeitet ③ (*used up*) verbraucht ④ (*tired*) erschöpft; (*ruined*) erledigt

finishing line *n,* **finishing post** *n* Ziellinie *f*

finite ['faɪnaɪt] *adj* begrenzt; MATH endlich

fir [fɜːʳ] *n* Tanne *f*

fir cone *n* BRIT Tannenzapfen *m*

fire ['faɪəʳ] **I.** *n* ① *no pl* Feuer *nt;* **to play with ~** mit dem Feuer spielen *a. fig;*

electric ~ Elektroofen *m;* **gas** ~ Gasofen *m;* **open** ~ offener Kamin ② *no pl* (*dangerous*) Brand *m;* ~ **damage** Brandschaden *m;* ~**!** Feuer!; **destroyed by** ~ völlig abgebrannt; **to be on** ~ brennen, in Flammen stehen ③ *no pl* MIL Feuer *nt,* Beschuss *m;* **to be/come under** ~ beschossen werden; (*fig*) unter Beschuss geraten ④ *no pl* (*fervour*) Feuer *nt* **II.** *tr verb* ① (*bake*) brennen ② (*shoot*) abfeuern; **to** ~ **a gun at sb/sth** auf jdn/etw schießen ③ (*fig*) **to** ~ **a salute** Salut schießen ④ (*sack*) feuern **III.** *intr verb* feuern, schießen (**at** auf) ◆ **fire away** *intr verb* losschießen *a. fig* ◆ **fire off** *tr verb* abfeuern

fire alarm *n* ① (*device*) Feuermelder *m* ② (*sound*) Feueralarm *m*

firearm *n* Schusswaffe *f* **fire brigade** *n* BRIT Feuerwehr *f* **firecracker** *n* Kracher *m* **fire department** *n* AM Feuerwehr *f* **fire engine** *n* Feuerwehrauto *nt* **fire escape** *n* (*stairs*) Feuertreppe *f;* (*ladder*) Feuerleiter *f* **fire extinguisher** *n* Feuerlöscher *m* **firefighter** *n* Feuerwehrmann *m*/Feuerwehrfrau *f* **fire hazard** *n* Brandrisiko *nt* **fire house** *n* AM Feuerwache *f* **fireman** *n* Feuerwehrmann *m* **fireplace** *n* Kamin *m* **fireproof I.** *adj* feuerfest **II.** *tr verb* feuerfest machen **fireside** *n* [offener] Kamin **firewoman** *n* Feuerwehrfrau *f* **firewood** *n no pl* Brennholz *nt* **firework** *n* Feuerwerkskörper *m;* ~**s** *pl* (*display*) Feuerwerk *nt*

firm[1] [fɜːm] *n* Firma *f,* Unternehmen *nt*

firm[2] [fɜːm] **I.** *adj* fest; COMM stabil; *basis* sicher; **to be** ~ **with sb** jdm gegenüber bestimmt auftreten; **to be a** ~ **believer in sth** fest an etw *Akk* glauben **II.** *adv* fest; **to stand** ~ standhaft bleiben **III.** *intr verb* sich stabilisieren

first [fɜːst] **I.** *adj* erste(r, s); ~ **thing tomorrow** morgen als Allererstes; **the** ~ **ever** (*fam*) der/die/das Allererste; **the** ~ **ever radio broadcast** die allererste Rundfunksendung ▶ ~ **among equals** Primus inter pares; ~ **things** ~ eins nach dem anderen **II.** *adv* ① (*firstly*) zuerst; ~ **of all** zu[aller]erst; ~ **off** (*fam*) erst [einmal] ② (*before others*) als Erste(r, s); **head** ~ mit dem Kopf voraus ▶ ~ **come** ~ **served** (*prov*) wer zuerst kommt, mahlt zuerst; ~ **and foremost** vor allem; ~ **and last** in erster Linie **III.** *n* ① **the** ~ der/die/das Erste ② (*start*) **at** ~ anfangs; **from the [very]** ~ von Anfang an ③ BRIT UNIV Eins *f* ④ *no pl* AUTO erste(r) Gang

first aid *n* erste Hilfe; **to give sb** ~ jdm erste Hilfe leisten; ~ **box** Verbandskasten *m;* ~ **certificate** Erste-Hilfe-Schein *m* **first class** *n* erste Klasse **first-class I.** *adj* ① (*best*) Erste[r]-Klasse-; ~ **mail** bevorzugt beförderte Post ② (*approv: wonderful*) erstklassig **II.** *adv* erster Klasse

firstly ['fɜːs(t)li] *adv* erstens

first name *n* Vorname *m* **first night** *n* THEAT Premiere *f* **first-rate** *adj* erstklassig

fiscal ['fɪskəl] *adj* POL, FIN fiskalisch, Finanz-; **European** ~ **compact** europäischer Fiskalpakt

fish [fɪʃ] **I.** *n* <*pl* -es *or* -> Fisch *m* ▶ **a big** ~ **in a small pond** der Hecht im Karpfenteich; **to be a small** ~ **in a big pond** nur einer von vielen sein; **like a** ~ **out of water** wie ein Fisch auf dem Trockenen; **to have bigger** ~ **to fry** Wichtigeres zu tun haben **II.** *intr verb* ① fischen; (*with rod*) angeln ② (*look for*) herumsuchen; **to** ~ **for sth** nach etw suchen **III.** *tr verb* befischen

> Ob am Strand oder noch schnell vor dem Clubbesuch, **fish and chips** passen eigentlich immer. In der Tat ist der in Bierteig frittierte Fisch – meist *cod* (Kabeljau) – mit den dicken Pommesstückchen aus der britischen Küche nicht wegzudenken. Auch Spitzenköche haben sich inzwischen dieses Gerichts angenommen. In Padstow in Cornwall beispielsweise serviert ein ambitionierter Koch aufgepeppte Variationen mit Edelfischen. Im Alltag tut es aber auch die herkömmliche Version mit etwas Malzessig *(vinegar)*. Und dann heißt es aufpassen auf die hungrigen Möwen!

fishbone *n* [Fisch]gräte *f* **fishcake** *n* Fischfrikadelle *f*

fisherman *n* Fischer *m;* (*hobbyist*) Angler *m*

fish finger *n* Fischstäbchen *nt*

fishing ['fɪʃɪŋ] *n no pl* ❶ Fischen *nt;* (*with rod*) Angeln *nt* ❷ (*looking for*) **~ for compliments** Suche *f* nach Komplimenten; **~ for information** Informationssuche *f*
fishing line *n* Angelleine *f* **fishing rod** *n* Angel[rute] *f*
fishmonger *n* BRIT Fischhändler(in) *m(f)*
fishpond *n* Fischteich *m*
fishy ['fɪʃi] *adj* ❶ fischig; **~ smell** Fischgeruch *m* ❷ (*pej fam*) verdächtig; **there is something ~ about that** daran ist irgendetwas faul
fist [fɪst] *n* Faust *f*
fit¹ [fɪt] *n* Anfall *m;* **to be in ~s of laughter** sich kaputtlachen; **in a ~ of generosity** in einer Anwandlung von Großzügigkeit ▶ **in ~s and starts** sporadisch
fit² [fɪt] **I.** *adj* <-tt-> ❶ (*suitable*) geeignet; **~ for human habitation** bewohnbar; **that's all he's ~ for** das ist alles, wozu er taugt ❷ (*able*) fähig; **~ to travel** reisetauglich; **~ to work** arbeitsfähig ❸ (*appropriate*) angebracht; **do what you think ~** tun Sie, was Sie für richtig halten ❹ (*worthy*) würdig; **to be not ~ to be seen** sich nicht sehen lassen können **II.** *n no pl* Sitz *m;* **these shoes are a good ~** diese Schuhe passen gut **III.** *tr verb* <fits, fitting, fitted *or* AM *a.* fit> ❶ (*be appropriate*) **to ~ sb/sth** sich für jdn/etw eignen ❷ (*correspond with*) entsprechen *+Dat;* **the punishment should always ~ the crime** die Strafe sollte immer dem Vergehen angemessen sein ❸ (*make correspond*) **to ~ sth to sth** etw einer S. anpassen ❹ FASHION **to ~ sb** jdm passen **IV.** *intr verb* <fits, fitting, fitted *or* AM *a.* fit> passen; FASHION sitzen; **to ~ into sth** in etw *Akk* hineinpassen ◆**fit in I.** *intr verb* ❶ (*get on well*) sich einfügen ❷ (*conform*) dazupassen **II.** *tr verb* einschieben ◆**fit out** *tr verb* ausstatten; (*for a purpose*) ausrüsten ◆**fit together** *intr verb* zusammenpassen ◆**fit up** *tr verb* ausstatten
fitness ['fɪtnəs] *n no pl* ❶ (*ability*) Eignung *f* ❷ (*health*) Fitness *f*
fitted ['fɪtɪd] *adj* (*adapted*) geeignet; (*tailor-made*) maßgeschneidert; **~ kitchen** BRIT Einbauküche *m*
fitting ['fɪtɪŋ] **I.** *n* ❶ **~s** Ausstattung *f,* Einrichtungsgegenstände *Pl;* **bathroom ~s** Badezimmereinrichtung *f* ❷ *of clothes* Anprobe *f* **II.** *adj* passend; **it is ~ that ...** es schickt sich, dass ...
five [faɪv] **I.** *adj* fünf; *see also* **eight** **II.** *n* ❶ Fünf *f;* **~ o'clock shadow** nachmittäglicher Stoppelbart; *see also* **eight** ❷ (*hand*) **gimme ~!** (*fam*) *Aufforderung zur Begrüßung o nach einem Erfolg die Hand hochzuheben, so dass man mit der eigenen Hand dagegenschlagen kann* ❸ (*fam*) **to take ~** sich *Dat* eine kurze Pause genehmigen
fiver ['faɪvəʳ] *n* BRIT (*fam*) Fünfpfundnote *f;* AM Fünfdollarschein *m*
fix [fɪks] **I.** *n* ❶ (*fam: dilemma*) Klemme *f;* **to be in a ~** in der Klemme sitzen ❷ (*sl: drugs*) Schuss *m,* Fix *m* **II.** *tr verb* ❶ (*fasten*) befestigen, festmachen; **to ~ sth to sth** etw an etw *Dat* anbringen ❷ (*decide*) festlegen; *rent, price* festsetzen ❸ (*repair*) reparieren, in Ordnung bringen ❹ (*concentrate*) richten (**on** auf) ❺ (*stare*) fixieren ◆**fix on** *tr verb* **to ~ on** [*or* **upon**] **sth** sich auf etw *Akk* festlegen ◆**fix up** *tr verb* ❶ (*supply*) **to ~ up** ↻ **sb** jdn versorgen ❷ (*arrange*) **to ~ up** ↻ **sth** etw arrangieren ❸ (*fam: mend*) in Ordnung bringen
fixed [fɪkst] *adj* fest; *gaze* starr; **~ charges** Fixkosten *Pl;* **how are you ~ for cash?** wie steht's bei dir mit Geld?
fixture ['fɪkstʃəʳ] *n* ❶ eingebautes Teil; **bath ~s** Badezimmerarmaturen *Pl;* **to be a permanent ~** (*fig, hum*) zum [lebenden] Inventar gehören ❷ BRIT, AUS SPORTS [Sport]veranstaltung *f;* **~ list** Spielplan *m*
fizz [fɪz] **I.** *intr verb* ❶ (*bubble*) sprudeln ❷ (*hiss*) zischen **II.** *n no pl* ❶ (*bubbles*) Sprudeln *nt* ❷ (*drink*) Sprudel *m*
fizzle ['fɪzl̩] *intr verb* zischen ◆**fizzle out** *intr verb fireworks, enthusiasm* verpuffen; *interest* stark nachlassen
fizzy ['fɪzi] *adj* sprudelnd; **to be ~** sprudeln; **~ drink** Getränk *nt* mit Kohlensäure
flabby ['flæbi] *adj* schwabbelig; (*fig*) schlapp
flag¹ [flæg] *n* (*paving*) [Stein]platte *f*
flag² [flæg] **I.** *n* Fahne *f;* (*national*) Flagge *f* **II.** *tr verb* <-gg-> ❶ (*mark*) markieren ❷ (*signal*) **to ~** [**down**] anhalten

F

F

III. *intr verb* <-gg-> *enthusiasm* abflauen; *interest* nachlassen
flagpole *n* Fahnenmast *m,* Flaggenmast *m*
flagrant ['fleɪgrənt] *adj* offenkundig
flair [fleəʳ] *n no pl* ❶ Talent *nt;* **to have a ~ for music** musikalisch veranlagt sein; **to have a ~ for languages** sprachbegabt sein ❷ (*style*) Stil *m*
flake [fleɪk] **I.** *n of chocolate* Raspel *f; of metal* Span *m; of pastry* Krümel *m; of wallpaper* Fetzen *m;* **~s of skin** [Haut]schuppen *Pl;* **~ of snow** Schneeflocke *f* **II.** *intr verb skin* sich schuppen; *paint* abblättern; *plaster* abbröckeln ◆ **flake out** *intr verb* BRIT (*fam*) zusammenklappen
flaky ['fleɪki] *adj* flockig; *pastry* blättrig; *paint* bröcklig; *skin* schuppig
flame [fleɪm] **I.** *n* Flamme *f a. fig;* **to be/go up in ~s** in Flammen stehen/aufgehen; **to burst into ~** in Brand geraten **II.** *intr verb* brennen; (*fig*) glühen
flaming ['fleɪmɪŋ] *adj* ❶ (*bright*) flammend ❷ (*fig*) **to be in a ~ temper** vor Wut kochen ❸ *attr* BRIT (*fam!: intensifier*) verdammt
flammable ['flæməbḷ] *adj* leicht entflammbar; **highly ~** feuergefährlich
flan [flæn] *n* Obsttorte *f;* (*savoury*) *Pastete mit Käse oder Schinken*
Flanders ['flɑːndəz] *n* Flandern *nt*
flannel ['flænᵊl] *n* ❶ (*fabric*) Flanell *m* ❷ BRIT (*facecloth*) Waschlappen *m* ❸ (*trousers*) **~s** Flanellhose *f*
flap [flæp] **I.** *tr verb* <-pp-> **to ~ one's wings** mit den Flügeln schlagen **II.** *intr verb* <-pp-> ❶ flattern; *wings* schlagen ❷ **to ~ about** nervös auf und ab laufen **III.** *n* ❶ Flattern *nt* ❷ (*overlap*) **pocket ~** Taschenklappe *f;* **~ of skin** Hautlappen *m* ❸ (*fam*) **to be in a ~** schrecklich aufgeregt sein
flare [fleəʳ] **I.** *n* ❶ (*signal*) Leuchtkugel *f* ❷ (*of trousers*) Schlag *m;* **~s** Schlaghose *f* **II.** *intr verb* ❶ (*burn*) aufflammen ❷ FASHION sich aufweiten **III.** *tr verb* **to ~ one's nostrils** die Nasenflügel aufblähen
flash [flæʃ] **I.** *n* <*pl* -es> ❶ [Licht]blitz *m;* (*glint*) [Auf]blitzen *nt kein Pl;* (*explosion*) Stichflamme *f;* **~ of lightning** Blitz *m* ❷ (*fig*) **~ of anger/temper** Wut-/Temperamentsausbruch *m;* **~ of inspiration** Geistesblitz *m* ❸ (*moment*) Augenblick *m* ❹ PHOT Blitz *m;* **to use [a] ~** mit Blitzlicht fotografieren ▸ **a ~ in the pan** ein Strohfeuer *nt;* **like a ~** blitzartig **II.** *adj* (*pej fam*) protzig **III.** *tr verb* ❶ *light* aufleuchten lassen; **to ~ sb** (*in car*) jdm die Lichthupe machen ❷ (*look*) zuwerfen **IV.** *intr verb* ❶ blitzen; AUTO die Lichthupe machen; **lightning ~ed** es blitzte ❷ (*fig: appear*) kurz auftauchen; *thought* schießen; **my whole life ~ed before me** mein ganzes Leben lief im Zeitraffer vor mir ab ❸ (*fam: expose genitals*) **to ~ [at] [sb]** sich [jdm] exhibitionistisch zeigen
flashback *n* Rückblende *f*
flasher ['flæʃəʳ] *n* ❶ AUTO Lichthupe *f* ❷ (*fam*) Exhibitionist *m*
flashgun *n* Blitzlicht *nt* **flashlight** *n* ❶ Blitzlicht *nt* ❷ AM (*torch*) Taschenlampe *f* **flashpoint** *n* CHEM Flammpunkt *m*
flashy ['flæʃi] *adj* protzig
flask [flɑːsk] *n* Flachmann *m;* (*thermos*) Thermosflasche; CHEM Kolben *m*
flat[1] [flæt] **I.** *adj* <-tt-> ❶ flach; *surface* eben ❷ (*stale*) schal ❸ BRIT, AUS *battery* leer ❹ *tyre* platt ▸ **and that's ~** und dabei bleibt es **II.** *adv* <-tt-> ❶ flach; **to fall ~ on one's face** der Länge nach hinfallen ❷ (*levelly*) platt ▸ **in no time ~** in Sekundenschnelle; **to fall ~** *attempt* scheitern; *performance* durchfallen; *joke* nicht ankommen **III.** *n* ❶ flache Seite ❷ (*ground*) Ebene *f;* **mud ~s** *pl* Sumpfebene *f;* **salt ~s** *pl* Salzwüste *f*
flat[2] [flæt] *n* BRIT, AUS [Etagen]wohnung *f;* **~s** Wohnblock *m*
flat-footed *adj* plattfüßig; **to be ~** Plattfüße haben **flat-pack** *adj attr furniture* zur Selbstmontage *nachgestellt,* im Flachkarton *nachgestellt* **flat panel** *n* Flachbildschirm *m*
flat rate [flæt'reɪt] *n* ❶ FIN Pauschalsatz *m* ❷ TELEK, INET Flatrate *f*
flatscreen *n* Flatscreen *m*
flatten ['flætᵊn] *tr verb* ❶ flach machen; *ground* eben machen ❷ (*knock down*) einebnen; *person* niederstrecken
flatter[1] ['flætəʳ] *tr verb* **to ~ sb** jdm schmeicheln; **don't ~ yourself!** bilde dir ja nichts ein!

flatter[2] ['flætəʳ] *adj comp of* **flat**
flattering ['flætᵊrɪŋ] *adj* schmeichelhaft; (*fawning*) schmeichlerisch
flattery ['flætᵊri] *n no pl* Schmeicheleien *Pl* ▶ **~ will get you nowhere** mit Schmeicheleien erreicht man nichts
flavonoid ['fleɪvənɔɪd] *n* CHEM Flavonoid *nt*
flavor AM *see* **flavour**
flavoring *n* AM *see* **flavouring**
flavour ['fleɪvəʳ] **I.** *n* ① [Wohl]geschmack *m,* Aroma *nt;* (*specific*) Geschmacksrichtung *f,* Sorte *f;* **to add ~ to sth** einer S. *Dat.* Geschmack verleihen ② (*fig*) Anflug *m* **II.** *tr verb* würzen
flavouring ['fleɪvᵊrɪŋ] *n* Aroma *nt,* Geschmacksstoff *m*
flea [fli:] *n* Floh *m* ▶ **to send sb away with a ~ in their ear** jdm eine Abfuhr erteilen
flea market *n* Flohmarkt *m*
fled [fled] *intr, tr verb, pp, pt of* **flee**
flee <fled, fled> [fli:] **I.** *intr verb* fliehen (**from** vor); (*seek safety*) flüchten; **to ~ abroad** [sich] ins Ausland flüchten **II.** *tr verb country* fliehen aus; *danger* fliehen vor
fleeting ['fli:tɪŋ] *adj* flüchtig; *beauty* vergänglich; **~ visit** Kurzbesuch *m*
flesh [fleʃ] *n no pl* Fleisch *nt; of fruit* [Frucht]fleisch *nt* ▶ **to be [only] ~ and blood** auch [nur] ein Mensch sein; **one's own ~ and blood** sein eigen[es] Fleisch und Blut; **to have one's pound of ~** seinen vollen Anteil bekommen
flew [flu:] *intr, tr verb, pp, pt of* **fly**
flex [fleks] **I.** *tr verb* beugen; *muscles* [an]spannen; **to ~ one's muscles** (*fig*) seine Muskeln spielen lassen **II.** *intr verb* sich beugen; *muscles* sich [an]spannen **III.** *n* [Anschluss]kabel *nt*
flexetarian [fleksɪ'teəriən] *n* (*fam*) Flexitarier(in) *m(f)* (*sich aus Gesundheitsgründen vorwiegend, aber nicht ausschließlich vegetarisch ernährender Mensch*)
flexible ['fleksɪbḷ] *adj* ① biegsam ② (*fig*) flexibel; **~ working hours** gleitende Arbeitszeit
flexitime ['fleksitaɪm] *n no pl* Gleitzeit *f;* **to work ~** gleitende Arbeitszeit haben
flick [flɪk] **I.** *n* ① (*blow*) [kurzer] Schlag ② (*movement*) kurze Bewegung; *of a switch* Klicken *nt* ③ BRIT (*fam: cinema*) **~s** Kino *nt* **II.** *tr verb* ① (*strike*) **to ~ sb/sth** jdm/etw einen [leichten] Schlag versetzen ② (*move*) *whip* schnalzen mit; **to ~ channels** (*fam*) durch die Kanäle zappen; **to ~ a knife open** ein Messer aufschnappen lassen; **to ~ the light switch on/off** das Licht an-/ausknipsen ◆ **flick through** *intr verb* (*fam*) [schnell] durchblättern
flicker ['flɪkəʳ] **I.** *intr verb* flackern; *TV* flimmern; (*fig*) aufflackern **II.** *n* Flackern *nt kein Pl; of TV* Flimmern *nt kein Pl;* (*fig*) Anflug *m;* **~ of hope** Hoffnungsschimmer *m*
flier ['flaɪəʳ] *n* ① Flieger(in) *m(f);* **frequent ~** Vielflieger(in) *m(f)* ② (*leaflet*) Flugblatt *nt*
flight[1] [flaɪt] *n* ① (*flying*) Flug *m;* **to take ~** auffliegen; **in ~** im Flug ② + *sing/pl verb* (*group*) Schwarm *m; of migrating birds* [Vogel]zug *m; of an aircraft* [Flieger]staffel *f* ③ **a ~ [of stairs]** eine Treppe; **we live three ~s up** wir wohnen drei Treppen hoch ④ (*fig: whim*) **a ~ of fancy** ein geistiger Höhenflug
flight[2] [flaɪt] *n* Flucht *f;* **to put sb to ~** jdn in die Flucht schlagen
flight attendant *n* Flugbegleiter(in) *m(f)* **flight deck** *n* ① (*on ship*) Flugdeck *nt* ② (*on plane*) Cockpit *nt* **flight number** *n* Flugnummer *f* **flight risk** *n* potentieller Überläufer *m*/potentielle Überläuferin *f*
flimflamming ['flɪmflæmɪŋ] *adj* (*fam*) intrigant, mauschelnd *attr fam*
flimsy ['flɪmzi] *adj* ① *structure* instabil, unsolide ② *clothing* dünn, leicht
fling [flɪŋ] **I.** *n* ① [mit Schwung ausgeführter] Wurf ② (*fig: good time*) ausgelassene Zeit; **to have a ~ with sb** mit jdm etwas haben **II.** *tr verb* <flung, flung> werfen; **to ~ open** aufreißen; **to ~ one's head back** den Kopf in den Nacken werfen; **to ~ oneself at sb/sth** sich auf jdn/etw stürzen; (*fig*) sich jdm an den Hals werfen; **to ~ oneself into sth** (*fig*) sich in etw *Akk* stürzen ◆ **fling off** *tr verb* abwerfen *a. fig; blanket* wegstoßen ◆ **fling out** *tr verb* (*fam*) ausrangieren; *person* rausschmeißen
flip [flɪp] **I.** *tr verb* <-pp-> ① *switch* drücken ② (*turn over*) umdrehen; *coin* werfen ▶ **to ~ one's lid** ausflippen

II. *intr verb* <-pp-> ① **to ~ [over]** sich [schnell] [um]drehen; *vehicle* sich überschlagen ② (*fig sl*) ausflippen **III.** *n* ① (*throw*) Werfen *nt* ② (*movement*) Ruck *m;* **to have a [quick] ~ through sth** etw im Schnellverfahren tun

flip-flop *n* ① (*shoe*) Badelatsche *f* ② AM SPORTS Flic[k]flac[k] *m*

flip-fold seat [ˌflɪpfəʊld'si:t] *n* umklappbarer [*o* hochfaltbarer] Sitz

F

flipper ['flɪpəʳ] *n* [Schwimm]flosse *f*

flirt [flɜ:t] **I.** *intr verb* flirten **II.** *n* [gern] flirtender Mann/flirtende Frau; **she's a dreadful ~** sie kann das Flirten nicht lassen

float [fləʊt] **I.** *n* ① (*for fishing*) [Kork]schwimmer *m* ② (*vehicle*) Festzugswagen *m;* **milk ~** Milch[auslieferer]wagen *m* ③ BRIT, AUS *in till* Wechselgeld *nt* **II.** *intr verb* ① (*not sink*) schwimmen, oben bleiben ② (*drift*) treiben ③ (*fig*) schweben; **to ~ through one's mind** jdm in den Sinn kommen **III.** *tr verb* ① ECON *business* gründen ② (*on water*) treiben lassen ◆ **float off** *intr verb* wegtreiben; (*in air*) davonschweben

floating islands *n + sing verb* *Baiser-Häubchen auf Vanillecreme*

flock [flɒk] **I.** *n + sing/pl verb* Herde *f; of birds* Schar *f,* Schwarm *m; of people* Schar *f* **II.** *intr verb* sich scharen; **to ~ to sth** zu etw in Scharen kommen

flokati rug [flə'kɑ:tirʌg] *n* Flokati *m*

flood [flʌd] **I.** *n* ① Überschwemmung *f,* Hochwasser *nt kein Pl* ② BIBL **the Flood** die Sintflut ③ (*fig*) Flut *f;* **to be in ~s of tears** von Tränen überströmt sein ④ (*tide*) **~ [tide]** Flut *f* **II.** *tr verb* ① überschwemmen *a. fig; room* unter Wasser setzen ② AUTO *engine* absaufen lassen **III.** *intr verb* überschwemmt werden, unter Wasser stehen

floodgate *n* Schleusentor *nt* ▸ **to open the ~s to sth** einer S. *Dat* Tür und Tor öffnen **floodlight** *n* Scheinwerfer *m;* (*light*) Flutlicht *nt;* **under ~s** bei Flutlicht

floor [flɔ:ʳ] *n* ① [Fuß]boden *m;* GEOG Boden *m* ② (*storey*) Stock *m,* Stockwerk *nt,* Etage *f;* **on the third ~** im dritten Stock ③ (*area*) Bereich *m;* **factory ~** Fabrikhalle *f;* **on the shop ~** im Betrieb

floorboard *n* Diele *f* **floorplate** *n* ARCHIT Netto-Grundfläche *f*

flop [flɒp] **I.** *intr verb* <-pp-> ① (*drop*) sich fallen lassen ② (*fail*) ein Flop sein; *performance* durchfallen **II.** *n* ① *no pl* Plumps *m* ② (*failure*) Flop *m*

floppy ['flɒpi] **I.** *adj* schlaff; *hair* [immer wieder] herabfallend; **~ ears** Schlappohren *Pl;* **~ hat** Schlapphut *m* **II.** *n* COMPUT (*fam*) Floppy [Disk] *f*

Florida ['flɒrɪdə] *n* Florida *nt*

florist ['flɒrɪst] *n* Florist(in) *m(f);* **~'s** Blumengeschäft *nt*

flour ['flaʊəʳ] *n no pl* Mehl *nt*

flourish ['flʌrɪʃ] *intr verb* blühen; COMM *a.* florieren

flourishing ['flʌrɪʃɪŋ] *adj* (*also fig*) blühend; COMM *a.* florierend

flow [fləʊ] **I.** *intr verb* fließen *a. fig; air, light, warmth* strömen; **the beer was ~ing** das Bier floss in Strömen; **the conversation began to ~** die Unterhaltung kam in Gang **II.** *n usu sing* Fluss *m a. fig;* (*volume*) Durchflussmenge *f;* **~ of goods** Güterverkehr *m;* **~ of ideas/information** Ideen-/Informationsfluss *m;* **~ of traffic** Verkehrsfluss *m* ▸ **in full ~** voll in Fahrt; **to go against/with the ~** gegen den/mit dem Strom schwimmen

flower ['flaʊəʳ] **I.** *n* Blume *f;* (*blossom*) Blüte *f;* **to be in ~** blühen **II.** *intr verb* blühen *a. fig*

flower arrangement *n* Blumengesteck *nt* **flowerbed** *n* Blumenbeet *nt* **flowerpot** *n* Blumentopf *m*

flown [fləʊn] *intr, tr verb, pp of* **fly**

flu [flu:] *n no pl short for* **influenza** Grippe *f*

fluent ['flu:ənt] *adj language* fließend; *rhetoric* gewandt; **to be ~ in a language** eine Sprache fließend beherrschen

fluffy ['flʌfi] *adj feathers* flaumig; *pillows* flaumig weich; *clouds* aufgelockert; **~ toy** Kuscheltier *nt*

fluid ['flu:ɪd] **I.** *n* Flüssigkeit *f;* **bodily ~s** Körpersäfte *Pl* **II.** *adj* ① flüssig ② (*fig: changeable*) veränderlich

flung [flʌŋ] *pp, pt of* **fling**

flunk [flʌŋk] *tr verb* (*fam*) durchfallen in *+Dat*

flurry ['flʌri] *n* ① Schauer *m;* **~ of snow**

Schneeschauer *m* ② **~ of excitement** große Aufregung
flush[1] [flʌʃ] *n* (*cards*) Flush *m*
flush[2] [flʌʃ] **I.** *intr verb* ① (*blush*) erröten (**with** vor) ② (*empty*) spülen; **the toilet won't ~** die Spülung geht nicht **II.** *tr verb* spülen
flushed [flʌʃt] *adj* rot im Gesicht *nachgestellt;* **~ with success** triumphierend
fluster ['flʌstəʳ] **I.** *tr verb* nervös machen **II.** *n no pl* **to be/get in a ~** nervös sein/werden
flute [flu:t] *n* Flöte *f*
flutter ['flʌtəʳ] **I.** *intr verb* flattern **II.** *tr verb* **the bird ~ed its wings** der Vogel schlug mit den Flügeln; **to ~ one's eyelashes** mit den Wimpern klimpern *hum* **III.** *n* ① Flattern *nt kein Pl* ② **all of a ~** völlig aus dem Häuschen
fly[1] [flaɪ] **I.** *intr verb* <flew, flown> ① fliegen; **we're ~ing at 9000 metres** wir fliegen in 9000 Meter Höhe; **he flew across the Atlantic** er überflog den Atlantik; **we flew from Heathrow** wir flogen von Heathrow ab ② **I must ~** ich muss mich sputen; **the door flew open** die Tür flog auf **II.** *tr verb* <flew, flown> fliegen ◆ **fly away** *intr verb plane, pilot* abfliegen; *bird, insect* wegfliegen ◆ **fly in** *intr, tr verb* einfliegen; **she's ~ing in from New York** sie kommt mit dem Flugzeug aus New York ◆ **fly off** *intr verb plane, pilot* abfliegen; *bird, insect, hat* wegfliegen; **she flew off to India** sie flog nach Indien ◆ **fly out** *intr verb* ausfliegen; **he's ~ing out to Australia** er fliegt nach Australien
fly[2] [flaɪ] *n* Fliege *f* ▶ **the ~ in the ointment** das Haar in der Suppe; **to be a ~ on the wall** Mäuschen sein [*o* spielen]
flyer *n see* **flier**
flying ['flaɪɪŋ] **I.** *n no pl* Fliegen *nt;* **to be scared of ~** Angst vorm Fliegen haben **II.** *adj attr* fliegend, Flug-

In Australien gibt es zahlreiche **flying doctors**, die per Flugzeug abgelegene ländliche Gebiete versorgen. Sie haben sogar die Möglichkeit, direkt über Funk Medikamente zu verschreiben. Für zwei Drittel der Bevölkerung Australiens stellen diese Ärzte oft die einzige verfügbare medizinische Versorgung dar.

flying saucer *n* fliegende Untertasse
flying visit *n* Stippvisite *f fam*
flyover *n* ① BRIT (*bridge*) Überführung *f* ② AM (*flight*) Luftparade *f*
foam [fəʊm] **I.** *n no pl* ① (*bubbles*) Schaum *m* ② (*plastic*) Schaumstoff *m* **II.** *intr verb* schäumen ▶ **to be ~ing at the mouth** vor Wut schäumen
focal ['fəʊkᵊl] *adj* im Brennpunkt stehend
focus <*pl* -es *or* -ci> ['fəʊkəs, *pl* -saɪ] **I.** *n* ① Mittelpunkt *m,* Brennpunkt *m;* **to be the ~ of attention** im Mittelpunkt stehen ② **in/out of ~** scharf/nicht scharf eingestellt **II.** *intr verb* <-s- *or* -ss-> ① sich konzentrieren ([**up**]**on** auf) ② (*see*) klar sehen **III.** *tr verb* <-s- *or* -ss-> ① konzentrieren (**on** auf) ② *camera, telescope* scharf stellen, scharf einstellen (**on** auf)
foetus ['fi:təs] *n* Fetus *m*
fog [fɒg] *n* Nebel *m*
foggy ['fɒgi] *adj* neblig ▶ **to not have the foggiest** [**idea**] keine blasse Ahnung haben
foil[1] [fɔɪl] *n* Folie *f*
foil[2] [fɔɪl] *tr verb* **to ~ sth** etw verhindern; **to ~ sb** jdn vereiteln; **~ed again!** (*hum*) wieder mal alles umsonst!
fold [fəʊld] **I.** *n* Falte *f* **II.** *tr verb* ① falten (**into** zu); *letter* zusammenfalten; *arms* verschränken ② (*wrap*) einwickeln **III.** *intr verb* zusammenklappen ◆ **fold up** *tr, intr verb* zusammenfalten
folder ['fəʊldəʳ] *n* ① (*holder*) Mappe *f* ② COMPUT Ordner *m*
folding ['fəʊldɪŋ] *adj attr* **~ bed** Klappbett *nt;* **~ door** Falttür *f*
folk [fəʊk] **I.** *n* ① *pl* Leute *Pl* ② *no pl* (*music*) Folk *m* **II.** *adj* ① (*traditional*) Volks- ② (*music*) Folk-
folk music *n no pl* Folk *m* **folk song** *n* Volkslied *nt*
follow ['fɒləʊ] **I.** *tr verb* ① (*take same route*) folgen *+Dat* ② (*pursue*) verfolgen ③ (*happen next*) **to ~ sth** auf etw *Akk* folgen ④ (*succeed*) **to ~ sb** jdm nachfolgen ⑤ (*imitate*) **to ~ sb** es jdm gleichtun; **to ~ sth** etw nachmachen; **~ that!** mach mir das erst mal nach! ⑥ (*obey*) befolgen; *guidelines* sich hal-

F

ten an +*Akk* **II.** *intr verb* ❶ (*happen next*) folgen ❷ (*result*) sich ergeben (**from** aus) ◆**follow on** *intr verb* ❶ *person* nachkommen ❷ *fact* sich [aus etw] ergeben ◆**follow through I.** *tr verb* zu Ende verfolgen **II.** *intr verb* SPORTS durchschwingen ◆**follow up I.** *tr verb* ❶ (*investigate*) weiterverfolgen ❷ (*do next*) **he ~ed up his act with** [*or* **by**] **a song** er schloss seine Nummer mit einem Lied ab **II.** *intr verb* **she ~ed up with a song** zum Schluss sang sie ein Lied

F

follower ['fɒləʊəʳ] *n* Anhänger(in) *m(f)*

following ['fɒləʊɪŋ] **I.** *adj attr* folgende(r, s); **we didn't arrive until the ~ day** wir kamen erst am nächsten Tag an **II.** *n* ❶ + *pl verb* **the ~** Folgendes; *persons* folgende Personen ❷ *usu sing,* + *sing/pl verb* (*fans*) Anhänger *Pl*

follow-up **I.** *n* Fortsetzung *f* (**to** von) **II.** *adj attr* Folge-; **~ treatment** Nachbehandlung *f*

fond [fɒnd] *adj* ❶ **to be ~ of sb/sth** jdn/etw gern mögen; **to be ~ of doing sth** etw gerne machen ❷ *attr* (*naive*) *hope* kühn; *belief* allzu zuversichtlich

food [fu:d] *n* ❶ *no pl* Essen *nt,* Nahrung *f;* **baby ~** Babynahrung *f* ❷ (*foodstuff*) Nahrungsmittel *Pl* ▶ **~ for thought** Stoff *m* zum Nachdenken

food chain *n* Nahrungskette *f* **food intolerance** *n* Lebensmittelunverträglichkeit *f* **food poisoning** *n no pl* Lebensmittelvergiftung *f* **food processor** *n* Küchenmaschine *f* **food scientist** *n* Lebensmittelwissenschaftler(in) *m(f)*

fool [fu:l] **I.** *n* ❶ Dummkopf *m;* **he's no ~** er ist nicht blöd; **to play the ~** herumalbern; **to make a ~ of sb/oneself** jdn/sich lächerlich machen; **to be nobody's ~** nicht blöd sein ❷ (*jester*) [Hof]narr *m* ▶ **more ~ you** BRIT selber schuld **II.** *adj attr* (*fam*) blöd **III.** *tr verb* täuschen; **to ~ sb into doing sth** jdn [durch einen Trick] dazu bringen, etw zu tun ▶ **you could have ~ed me** das kannst du mir nicht weismachen

foolish ['fu:lɪʃ] *adj* töricht; **she was afraid that she would look ~** sie hatte Angst, sich zu blamieren

foolproof *adj* idiotensicher

foot [fʊt] *n* <*pl* feet> ❶ Fuß *m;* **what size are your feet?** welche Schuhgröße haben Sie?; **to be [back/quick] on one's feet** [wieder/schnell] auf den Beinen sein; **to leap to one's feet** aufspringen; **to put one's feet up** die Füße hochlegen; **at sb's feet** zu jds Füßen; **on ~** zu Fuß ❷ <*pl* foot *or* feet> (*length*) Fuß *m* (= *0,348 Meter*) ❸ (*base*) Fuß *m;* **at the ~ of the bed** am Fußende des Betts; **at the ~ of the page** am Seitenende ▶ **to have a ~ in both camps** auf beiden Seiten beteiligt sein; **to put one's best ~ forward** sich anstrengen; **to never put a ~ wrong** nie einen Fehler machen; **to rush sb off his/her feet** jdn beschäftigen; **to think on one's feet** eine schnelle Entscheidung treffen; **to be under sb's feet** zwischen jds Füßen herumlaufen; **my ~** so ein Quatsch!

football ['fʊtbɔ:l] *n* ❶ *no pl* (*soccer*) Fußball *m* ❷ *no pl* AM (*American football*) Football *m* ❸ (*ball*) Fußball/Football *m*

football hooligan *n* Fußballrowdy *m*

footbridge *n* Fußgängerbrücke *f*

footing ['fʊtɪŋ] *n no pl* ❶ (*foothold*) Halt *m* ❷ (*basis*) **on an equal ~** auf gleicher Basis; **on a war ~** im Kriegszustand

footpath *n* Fußweg *m* **footprint** *n* Fußabdruck *m* **footrest** *n* Fußstütze *f* **footstep** *n* Schritt *m* ▶ **to follow in sb's ~** in jds Fußstapfen treten

for [fɔ:ʳ, fəʳ] **I.** *conj* denn **II.** *prep* ❶ (*intended*) für ❷ (*respecting*) **that's too strong ~ me** das ist mir zu stark; **luckily ~ me** zu meinem Glück; **that's children ~ you!** so sind Kinder eben!; **demand ~ money** Bedarf *m* an Geld; **to have a need ~ sth** etw brauchen; **a cheque ~ £100** ein Scheck über 100 Pfund; **~ rent/sale** zu vermieten/verkaufen; **to ask ~ sth** um etw bitten; **to feel ~ sb** mit jdm fühlen; **I feel sorry ~ her** sie tut mir leid; **to prepare ~ sth** sich auf etw *Akk* vorbereiten; **to wait ~ sb/sth** auf jdn/etw warten; **as ~ me** was mich betrifft ❸ (*with time, distance*) **he was jailed ~ twelve years** er musste für zwölf Jahre ins Gefängnis; **I'm just going out ~ a bit** ich gehe mal kurz raus; **~ Christmas** zu Weihnachten; **to practise ~ half an hour** eine halbe Stunde üben; **~ the moment** im

Augenblick; ~ **the time being** für den Augenblick; ~ **the first time** zum ersten Mal ❹ (*purpose*) **what's that ~?** wofür ist das?; **what did you do that ~?** wozu hast du das getan?; **that's not ~ eating** das ist nicht zum Essen; ~ **your information** zu Ihrer Information ❺ (*reason*) **he apologized ~ being late** er entschuldigte sich wegen seiner Verspätung; **he's only in it ~ the money** er tut es nur wegen des Geldes; **not ~ a million dollars** um nichts in der Welt; ~ **various reasons** aus verschiedenen Gründen

forbade [fəˈbæd] *pt of* **forbid**

forbid <-dd-, forbade, forbidden> [fəˈbɪd] *tr verb* **to ~ sb sth** jdm etw verbieten

forbidden [fəˈbɪdᵊn] **I.** *adj* verboten **II.** *pp of* **forbid**

forbidding [fəˈbɪdɪŋ] *adj* abschreckend

force [fɔːs] **I.** *n* ❶ *no pl* (*power*) Kraft *f;* (*intensity*) Stärke *f; of a blow* Wucht *f* ❷ *no pl* (*violence*) Gewalt *f;* **by ~** mit Gewalt; **to be in/come into ~** in Kraft sein/treten ❸ (*group*) Truppe *f;* **police ~** Polizei *f;* **air ~** Luftwaffe *f;* **to join ~s** sich zusammentun **II.** *tr verb* zwingen; **to ~ a smile** gezwungen lächeln; **to ~ one's way** sich *Dat* seinen Weg bahnen; **to ~ sth on sb** jdm etw aufzwingen; **to ~ sth into sth** etw in etw *Akk* [hinein]zwängen ◆**force off** *tr verb* **to ~ sth ⊂ off** etw gewaltsam abmachen ◆**force upon** *tr verb* **to ~ sth upon sb** jdm etw aufzwingen

forced [fɔːst] *adj* ❶ erzwungen; ~ **labour** Zwangsarbeit *f;* ~ **landing** Notlandung *f* ❷ *smile* gezwungen

forceful [ˈfɔːsfᵊl] *adj* kraftvoll; *personality* stark

forcibly [ˈfɔːsəbli] *adv* gewaltsam

forearm¹ [ˈfɔːʳɑːm] *n* Unterarm *m*

forearm² [fɔːʳˈɑːm] *tr verb* **to ~ oneself** sich wappnen

forecast [ˈfɔːʳkɑːst] **I.** *n* Prognose *f; of weather* [Wetter]vorhersage *f* **II.** *tr verb* <-cast *or* -casted, -cast *or* -casted> vorhersagen; ECON prognostizieren; **to ~ that/what/who ...** prophezeien, dass/was/wer ...

forecourt *n* ❶ (*yard*) Vorhof *m* ❷ TENNIS Halfcourt *m*

forefinger *n* Zeigefinger *m*

forefront *n no pl* **at the ~** an der Spitze

forego <-went, -gone> *tr verb see* **forgo**

foregone [fɔːˈgɒn] *pp of* **forego**

foreground *n* Vordergrund *m*

forehand *n* Vorhand *f;* **on the ~** mit der Vorhand

forehead [ˈfɒrɪd] *n* Stirn *f*

foreign [ˈfɒrɪn] *adj* ❶ (*from abroad*) ausländisch, fremd; ~ **countries** Ausland *nt kein Pl* ❷ (*with abroad*) ~ **policy** Außenpolitik *f;* ~ **travel** Auslandsreise *f* ❸ (*alien*) fremd; ~ **body** Fremdkörper *m*

foreign affairs *npl* Außenpolitik *f kein Pl* **foreign correspondent** *n* Auslandskorrespondent(in) *m(f)* **foreign currency** *n* Fremdwährung *f,* Valuta *f fachspr*

foreigner [ˈfɒrɪnəʳ] *n* Ausländer(in) *m(f)*

foreign exchange *n no pl* Devisen *Pl* **foreign language** *n* Fremdsprache *f* **Foreign Office** *n no pl* BRIT Außenministerium *nt* **Foreign Secretary** *n* BRIT Außenminister(in) *m(f)*

foreman *n* ❶ (*worker*) Vorarbeiter *m* ❷ LAW Sprecher *m* (*der Geschworenen*)

foremost [ˈfɔːməʊst] *adj* führend; **first and ~** zuallererst

forename *n* (*form*) Vorname *m*

forerunner *n* ❶ Vorläufer(in) *m(f)* ❷ (*sign*) Vorzeichen *nt*

foresee <-saw, -seen> [fɔːˈsiː] *tr verb* vorhersehen

foreseeable [fɔːˈsiːəbl̩] *adj* absehbar; **in the ~ future** in absehbarer Zeit

foreshadow *tr verb* **to be ~ed [by sth]** [durch etw] angedeutet werden

foresight *n no pl* Weitblick *m;* **to have the ~ to do sth** so vorausschauend sein, etw zu tun

forest [ˈfɒrɪst] *n* Wald *m a. fig;* **the Black Forest** der Schwarzwald

forestall [fɔːˈstɒl] *tr verb* zuvorkommen +*Dat*

forester [ˈfɒrɪstəʳ] *n* Förster(in) *m(f)*

forestry [ˈfɒrɪstri] *n no pl* Forstwirtschaft *f*

foretaste [ˈfɔːteɪst] *n usu sing* Vorgeschmack *m*

forever [fəˈrevəʳ] *adv* ❶ ewig *a. fig* ❷ (*fam: constantly*) ständig; **to be ~ doing sth** etw ständig machen

forewarn [fɔːˈwɔːn] *tr verb* vorwarnen

► **~ed is <u>forearmed</u>** (*prov*) bist du gewarnt, bist du gewappnet

forewent [fɔːˈwent] *pt of* **forego**

forewoman *n* ① (*worker*) Vorarbeiterin *f* ② *esp* AM LAW Vorsitzende *f*

foreword *n* Vorwort *nt*

forgave [fəˈgeɪv] *n pt of* **forgive**

forge [fɔːdʒ] **I.** *n* Schmiede *f* **II.** *tr verb* ① (*copy*) fälschen ② (*shape*) schmieden

forgery [ˈfɔːdʒᵊri] *n* ① (*copy*) Fälschung *f* ② *no pl* (*crime*) Fälschen *nt*

forget <-got, -gotten *or* AM *a.* -got> [fəˈget] *tr verb, vi* vergessen; **not ~ting** nicht zu vergessen; **to ~ the past** die Vergangenheit ruhen lassen

forgetful [fəˈgetfᵊl] *adj* vergesslich

forgive <-gave, -given> [fəˈgɪv] *tr verb* **to ~ sb [for] sth** jdm etw verzeihen, *geh* vergeben; **~ me, but ...** Entschuldigung, aber ...

forgiven [fəˈgɪvᵊn] *pp of* **forgive**

forgiving [fəˈgɪvɪŋ] *adj* versöhnlich

forgo <-went, -gone> [fɔːˈgəʊ] *tr verb* **to ~ sth** auf etw *Akk* verzichten

forgot [fəˈgɒt] *pt of* **forget**

forgotten [fəˈgɒtᵊn] **I.** *pp of* **forget** **II.** *adj* vergessen

fork [fɔːk] **I.** *n* ① Gabel *f* ② (*division*) Gabelung *f*; **take the left ~** nehmen Sie die linke Abzweigung ③ *of a bicycle* **~s** [Rad]gabel *f* **II.** *intr verb* ① (*divide*) sich gabeln ② (*turn*) **to ~ left** nach links abzweigen

forked [fɔːkt] *adj* gegabelt; *tongue* gespalten; **~ lightning** Linienblitz *m*

fork-lift truck *n* Gabelstapler *m*

form [fɔːm] **I.** *n* ① (*type*) Form *f*, Art *f*; *of a disease* Erscheinungsbild *nt*; *of energy* Typ *m*; **art ~** Kunstform *f*; **~ of exercise** Sportart *f*; **~ of government** Regierungsform *f*; **life ~** Lebensform *f* ② *no pl* (*manifestation*) Form *f*, Gestalt *f* ③ (*paper*) Formular *nt*; **application ~** Bewerbungsbogen *m*; **entry ~** Anmeldeformular *m* ④ (*shape*) Form *f*; *of a person* Gestalt *f* ⑤ *no pl* (*fitness*) Form *f*, Kondition *f*; **to be in good ~** [gut] in Form sein ⑥ BRIT SCHOOL (*class*) Klasse *f*; (*year*) Jahrgangsstufe *f* **II.** *tr verb* ① (*shape*) formen *a. fig* (**into** zu) ② (*arrange*) bilden ③ (*set up*) gründen; *committee, government* bilden; **to ~ an alliance with sb** sich mit jdm verbünden **III.** *intr verb* sich bilden; *idea* Gestalt annehmen; **to ~ into sth** sich zu etw formen

formal [ˈfɔːmᵊl] *adj* ① (*ceremonious*) formell; **~ dress** Gesellschaftskleidung *f* ② (*serious*) förmlich ③ (*official*) offiziell ④ (*nominal*) formal

formality [fɔːˈmæləti] *n* ① *no pl* (*decorum*) Förmlichkeit *f* ② (*convention*) Formalität *f*; **to be [just] a ~** [eine] [reine] Formsache sein

formalize [ˈfɔːmᵊlaɪz] *tr verb* formell bekräftigen

format [ˈfɔːmæt] **I.** *n* Format *nt* **II.** *tr verb* <-tt-> formatieren

formation [fɔːˈmeɪʃᵊn] *n* ① *no pl* Bildung *f* ② GEOL, MIL Formation *f*

formatting *n* COMPUT Formattierung *f*

former [ˈfɔːməʳ] **I.** *adj attr* ehemalig, früher **II.** *n* **the ~** der/die/das Erstere

formerly [ˈfɔːməʳli] *adv* früher

formidable [ˈfɔːmɪdəbl̩] *adj* (*difficult*) schwierig; (*huge*) kolossal

formula <*pl* -s *or* -e> [ˈfɔːmjələ, *pl* -liː] *n* ① MATH Formel *f* ② FOOD Babymilchpulver *nt*

forsake <forsook, -n> [fəˈseɪk] *tr verb* (*liter*) ① (*give up*) aufgeben ② (*old: abandon*) verlassen

forsaken [fəˈseɪkᵊn] **I.** *pp of* **forsake** **II.** *adj* verwahrlost

forsook [fəˈsʊk] *pt of* **forsake**

fort [fɔːt] *n* Fort *nt* ► **to <u>hold</u> the ~** die Stellung halten

forth [fɔːθ] *adv* **back and ~** vor und zurück; **to go ~** hinausgehen; **to pace back and ~** auf und ab gehen; **to ride ~** losreiten ► **[and so on] and <u>so</u> ~** und so weiter [und so fort]

forthcoming [ˌfɔːθˈkʌmɪŋ] *adj* ① (*planned*) bevorstehend ② *book, film* in Kürze erscheinend ③ (*available*) verfügbar; **to be ~** *money* zur Verfügung gestellt werden

forthright [ˈfɔːθraɪt] *adj* direkt

forthwith [ˌfɔːθˈwɪθ] *adv* (*form*) unverzüglich

fortieth [ˈfɔːtiəθ] **I.** *adj* vierzigste(r, s); *see also* **eighth** **II.** *n* ① **the ~** der/die/das Vierzigste; *see also* **eighth** ② (*fraction*) Vierzigstel *nt*; *see also* **eighth**

fortify <-ie-> [ˈfɔːtɪfaɪ] *tr verb* ① MIL befestigen ② **to ~ oneself** sich stärken ③ (*enrich*) anreichern

fortnight [ˈfɔːtnaɪt] *n* BRIT, AUS zwei

Wochen, vierzehn Tage; **a ~ on Monday** Montag in zwei Wochen; **in a ~['s time]** in zwei Wochen

fortnightly ['fɔːtnaɪtli] **I.** *adj* vierzehntägig **II.** *adv* alle zwei Wochen

fortunate ['fɔːtʃᵊnət] *adj* glücklich; **to be ~** Glück haben; **it is ~ [for sb] that ...** es ist [jds] Glück, dass ...

fortunately ['fɔːtʃᵊnətli] *adv* zum Glück; **~ for him** zu seinem Glück

fortune ['fɔːtʃuːn] *n* ❶ (*money*) Vermögen *nt* ❷ *no pl* (*form: luck*) Schicksal *nt;* **a stroke of good ~** ein Glücksfall *m;* **good/ill ~** Glück/Pech *nt;* **to tell sb's ~** jds Schicksal vorhersagen

fortune teller *n* Wahrsager(in) *m(f)*

forty ['fɔːti] **I.** *adj* vierzig; *see also* **eight II.** *n* Vierzig *f; see also* **eight**

forward ['fɔːwəd] **I.** *adv* (*to front*) nach vorn[e]; (*onwards*) vorwärts; **to lean ~** sich vorlehnen; **to be [no] further ~** (*fig*) [nicht] weiter sein **II.** *adj* ❶ (*to front*) Vorwärts-; **~ pass** SPORTS Vorpass *m* ❷ (*near front*) vordere(r, s) ❸ (*of future*) *planning* Voraus- *f* **III.** *n* Stürmer(in) *m(f)* **IV.** *tr verb* weiterleiten (**to** an); **'Please ~'** „Bitte nachsenden"

forward-looking *adj* vorausschauend

forwards ['fɔːwədz] *adv see* **forward**

forwent [fɔː'went] *pt of* **forgo**

foster ['fɒstəʳ] **I.** *tr verb child* aufziehen, in Pflege nehmen; *relations* pflegen **II.** *intr verb* ein Kind in Pflege nehmen **III.** *adj attr* Pflege-

foster brother *n* Pflegebruder *m* **foster child** *n* Pflegekind *nt* **foster father** *n* Pflegevater *m* **foster home** *n* Pflegefamilie *f* **foster mother** *n* Pflegemutter *f* **foster sister** *n* Pflegeschwester *f*

fought [fɔːt] *pt, pp of* **fight**

foul [faʊl] **I.** *adj* ❶ (*polluted*) verpestet; *air* stinkend ❷ (*disgusting*) abscheulich; *smell* faul ❸ (*unpleasant*) *mood* fürchterlich; **to be ~ to sb** fies zu jdm sein **II.** *n* Foul *nt* (**on** an) **III.** *tr verb* ❶ (*pollute*) verschmutzen ❷ SPORTS foulen

foul-mouthed *adj* unflätig

found[1] [faʊnd] *pt, pp of* **find**

found[2] [faʊnd] *tr verb* gründen

foundation [ˌfaʊn'deɪʃᵊn] *n* ❶ (*basis*) Fundament *nt a. fig;* **to be without ~** (*fig*) jeglicher Grundlage entbehren ❷ *no pl* (*establishing*) Gründung *f* ❸ (*organization*) Stiftung *f*

foundation subject *n* BRIT Pflichtfach *nt*

founder ['faʊndəʳ] *n* Gründer(in) *m(f)*

fountain ['faʊntɪn] *n* ❶ Brunnen *m* ❷ (*fig: spray*) Schwall *m;* **~ of water** Wasserstrahl *m*

fountain pen *n* Füllfederhalter *m,* Füllfeder *f bes* ÖSTERR, SÜDD, SCHWEIZ

four [fɔːʳ] **I.** *adj* vier; *see also* **eight II.** *n* ❶ Vier *f; see also* **eight** ❷ SPORTS (*rowers*) Vierer *m;* **to hit a ~** (*points*) vier Punkte erzielen

four-door *adj car* viertürig

fourteen [ˌfɔː'tiːn] **I.** *adj* vierzehn; *see also* **eight II.** *n* Vierzehn *f; see also* **eight**

fourteenth [ˌfɔː'tiːnθ] **I.** *adj* vierzehnte(r, s) **II.** *n* ❶ **the ~** der/die/das Vierzehnte ❷ (*date*) **the ~** der Vierzehnte ❸ (*fraction*) Vierzehntel *nt*

fourth [fɔːθ] **I.** *adj* vierte(r, s); *see also* **eighth II.** *n* ❶ **the ~** der/die/das Vierte ❷ (*date*) **the ~** der Vierte ❸ (*fraction*) Viertel *nt* ❹ AUTO (*gear*) vierter Gang, Vierte(r) *fam* ❺ MUS (*interval*) Quart *f* **III.** *adv* viertens

> Der **Fourth of July** oder **Independence Day** ist der höchste amerikanische Feiertag nichtkonfessionellen Ursprungs. Mit großen Paraden, Familientreffen, Picknicks und zahlreichen Baseballspielen gedenkt man am 4. Juli der *Declaration of Independence* (Unabhängigkeitserklärung) von 1776, in der die amerikanischen Kolonien ihre Unabhängigkeit von Großbritannien erklärten. Der Höhepunkt der Feierlichkeiten ist ein großes Feuerwerk.

four-wheel drive I. *n* Allradantrieb *m,* Vierradantrieb *m* **II.** *adj* mit Allradantrieb [*o* Vierradantrieb] *nachgestellt*

fox [fɒks] *n* Fuchs *m*

foyer ['fɔɪeɪ] *n* Foyer *nt*

fraction ['frækʃᵊn] *n* ❶ Bruchzahl *f,* Bruch *m* ❷ (*part*) Bruchteil *m* ❸ (*fig*) **a ~ of an inch** eine Spur; **by a ~** um Haaresbreite

fracture ['fræk(t)ʃəʳ] **I.** *tr, intr verb* brechen; **to ~ one's leg** sich *Dat* das Bein brechen **II.** *n* Bruch *m*

fragile ['frædʒaɪl] *adj* ❶ zerbrechlich ❷ (*ailing*) schwach

F

fragment¹ ['frægmənt] *n* ① *(shard)* Splitter *m* ② *(overheard)* Brocken *m fam*

fragment² [fræg'mənt] *intr verb* zerbrechen *a. fig; (burst)* zerbersten

fragrance ['freɪgrən(t)s] *n* Duft *m*

fragrant ['freɪgrənt] *adj* duftend

frame [freɪm] **I.** *n* ① Rahmen *m; of a door, a window* Rahmen, Zarge *f* ② *of glasses* **~s** [Brillen]gestell *nt* ③ *(body)* Körper *m* ▸ **to be in the ~** unter Verdacht stehen **II.** *tr verb* ① *(put in)* einrahmen ② *(enclose)* umrahmen

frame-up *n (fam)* abgekartetes Spiel **framework** *n* Gerüst *nt,* Gestell *nt; (fig)* Rahmen *m*

France [frɑːn(t)s] *n no pl* Frankreich *nt*

frank¹ [fræŋk] *adj* aufrichtig; **to be ~ [with you]** ehrlich gesagt

frank² [fræŋk] *tr verb (stamp)* frankieren

frankfurter ['fræŋkfɜːtəʳ] *n* Frankfurter *f,* Wienerli *nt* SCHWEIZ

frantic ['fræntɪk] *adj* ① *(distracted)* verrückt (**with** vor) ② *(hectic)* hektisch

frat-boy ['frætbɔɪ] *n* AM UNIV *(pej fam) Mitglied einer Studentenverbindung, der viel trinkt und sich vor allem für Mädchen interessiert*

fraud [frɔːd] *n* ① *no pl (deceit)* Betrug *m* ② LAW [arglistige] Täuschung

fraudulent ['frɔːdjələnt] *adj* betrügerisch

fray [freɪ] **I.** *intr verb* ausfransen; *(fig)* anspannen **II.** *n* Auseinandersetzung *f;* **to enter** [*or* **join**] **the ~** sich einmischen

freak [friːk] **I.** *n* etwas Außergewöhnliches; *(person)* Missgeburt *f;* **a ~ of nature** eine Laune der Natur **II.** *intr verb (fam)* ausflippen

freckle ['frekl̩] *n usu pl* Sommersprosse *f*

free [friː] **I.** *adj* frei; **~ of charge** kostenlos; **~ of pain/tax** schmerz-/steuerfrei; **~ copy/ticket** Freiexemplar *nt/* Freikarte *f;* **~ play** MECH Spielraum *m;* **~ speech** Redefreiheit *f;* **~ time** Freizeit *f;* **to be ~ of sb/sth** jdn/etw los sein; **to be ~ [to do sth]** Zeit haben[, etw zu tun]; **to work sth ~** etw lösen ▸ **~ and easy** locker **II.** *adv* frei, gratis; **~ of charge** kostenlos; **for ~** gratis, umsonst **III.** *tr verb* freilassen; **to ~ sb/an animal** jdn/ein Tier befreien (**from** von) ◆**free up** *tr verb* freimachen

freebie ['friːbi] *n (fam)* Werbegeschenk *nt*

freedom ['friːdəm] *n* Freiheit *f;* **~ of choice** Wahlfreiheit *f;* **~ of the city** Ehrenbürgerschaft *f;* **~ of information** freier Informationszugang

free enterprise *n no pl* freies Unternehmertum **freehold I.** *n* Eigentumsrecht *nt (an Grundbesitz)* **II.** *adj* Eigentums- **free kick** *n* Freistoß *m*

freelance ['friːlɑːn(t)s] **I.** *n* Freiberufler(in) *m(f)* **II.** *adj, adv* freiberuflich **III.** *intr verb* frei[beruflich] arbeiten

freely ['friːli] *adv* ① *(unrestrictedly)* frei ② *(unobstructedly)* ungehindert ③ *(frankly)* offen

free-range *adj* Freiland-; **~ eggs** Eier *Pl* aus Freilandhaltung **free speech** *n no pl* Redefreiheit *f* **freestyle** *n no pl* Freistil *m* **freeway** *n* AM, AUS Autobahn *f* **freewheel** *intr verb* **to ~ [downhill]** im Freilauf [den Hügel hinunter]fahren **free will** *n no pl* freier Wille; **to do sth of one's own ~** etw aus freien Stücken tun

freeze [friːz] **I.** *n* ① Frost *m;* **big ~** harter Frost ② *(block)* Einfrieren *nt* **II.** *intr verb* <froze, frozen> ① *water* gefrieren; **to ~ solid** festfrieren ② *(a. fig: feel cold)* [sehr] frieren; **to ~ to death** erfrieren ③ *impers* **it's freezing** es friert **III.** *tr verb* <froze, frozen> ① *(ice)* gefrieren lassen ② *(block)* einfrieren

freezer ['friːzəʳ] *n* Gefrierschrank *m;* **chest/upright ~** Gefriertruhe *f*/Gefrierschrank *m*

freezing ['friːzɪŋ] **I.** *adj* frostig; **it's ~** es ist eiskalt; **I'm ~** mir ist eiskalt **II.** *n no pl* ① *(0°C)* **above/below/near ~** über/unter/nahe dem Gefrierpunkt ② *(blocking)* Einfrieren *nt*

freight [freɪt] **I.** *n no pl* ① *(goods)* Frachtgut *nt* ② *(transport)* Fracht *f;* **to send sth by ~** etw als Fracht senden **II.** *adv* als Fracht **III.** *tr verb* als Frachtgut befördern

freight car *n* AM Güterwagen *m*

freighter ['freɪtəʳ] *n (ship)* Frachter *m; (plane)* Frachtflugzeug *nt*

freight train *n* Güterzug *m*

French [fren(t)ʃ] **I.** *adj* französisch; **~ people** [die] Franzosen *Pl* **II.** *n* ① *no pl* Französisch *nt;* **~ lesson** Französischstunde *f* ② *(people)* **the ~** *pl* die Franzosen

French dressing *n no pl* Vinaigrette *f* **French fried potatoes** *npl,* **French fries** *npl* Pommes frites *Pl* **French horn** *n* Waldhorn *nt* **Frenchman** *n* Franzose *m* **French window** *n usu pl* Verandatür *f* **Frenchwoman** *n* Französin *f*

frequency ['fri:kwən(t)si] *n* ❶ *no pl* Häufigkeit *f;* **with increasing ~** immer öfter ❷ (*Hz*) Frequenz *f*

frequent[1] ['fri:kwənt] *adj* häufig; **~ flyer** Vielflieger(in) *m(f)*

frequent[2] [frɪ'kwent] *tr verb* häufig besuchen

fresh [freʃ] *adj* frisch *a. fig;* **~ snow** Neuschnee *m;* **~ start** Neuanfang *m;* **~ water** Süßwasser *nt;* **~ from the oven** ofenfrisch; **to get a breath of ~ air** frische Luft schnappen

freshen ['freʃən] **I.** *tr verb drink* auffüllen; *make-up* auffrischen **II.** *intr verb* frischer werden; *wind* auffrischen

friction ['frɪkʃən] *n no pl* ❶ Reibung *f* ❷ (*disagreement*) Reiberei[en] *f[Pl]*

Friday ['fraɪdeɪ] *n* Freitag *m; see also* **Tuesday**

fridge [frɪdʒ] *n* (*fam*) Kühlschrank *m*

fried [fraɪd] *adj* gebraten; **~ chicken** Brathähnchen *nt;* **~ potatoes** Bratkartoffeln *Pl*

fried egg *n* Spiegelei *nt*

friend [frend] *n* Freund(in) *m(f);* **a ~ of mine** ein Freund *m*/eine Freundin von mir; **to be ~s [with sb]** [mit jdm] befreundet sein; **to make ~s [with sb]** sich [mit jdm] anfreunden

friendly ['frendli] **I.** *adj* ❶ freundlich; **to be ~ with sb** mit jdm befreundet sein ❷ (*pleasant*) angenehm ❸ (*uncompetitive*) freundschaftlich; **~ match** Freundschaftsspiel *nt* **II.** *n* BRIT Freundschaftsspiel *nt*

friendship ['fren(d)ʃɪp] *n* Freundschaft *f*

fright [fraɪt] *n* ❶ *no pl* Angst *f;* **to take ~ [at sth]** [vor etw *Dat*] Angst bekommen ❷ *usu sing* (*experience*) Schrecken *m;* **to get a ~** erschrecken; **to give sb a ~** jdn erschrecken

frighten ['fraɪtən] *tr verb* **to ~ sb** jdm Angst machen; **to ~ sb to death** jdn zu Tode erschrecken; **to ~ sb out of doing sth** jdn von etw abschrecken

frightful ['fraɪtfəl] *adj* ❶ (*bad*) entsetzlich ❷ (*extreme*) schrecklich, furchtbar; **to get into ~ trouble** furchtbaren Ärger bekommen

fringe [frɪndʒ] **I.** *n* ❶ (*edge*) Franse *f* ❷ BRIT, AUS (*hair*) Pony *m* ❸ BRIT ART **the ~** die Alternativszene **II.** *tr verb usu passive* umgeben **III.** *adj attr* **~ benefits** zusätzliche Leistungen *Pl;* **~ medicine/theatre** BRIT Alternativmedizin *f*/Alternativtheater *nt*

fringe group *n + sing/pl verb* Randgruppe *f*

frisk [frɪsk] **I.** *intr verb* **to ~ [about]** herumtollen **II.** *tr verb* abtasten (**for** nach)

fritter ['frɪtəʳ] **I.** *n* Fettgebackenes *nt* (*mit Obst-/Gemüsefüllung*) **II.** *tr verb* **to ~ away ⟲ sth** etw vergeuden; *money* verschleudern

frivolous ['frɪvələs] *adj* ❶ *carefree* leichtfertig ❷ (*not serious*) frivol

frizzy <-ie-> ['frɪzi] *adj* gekräuselt

fro [frəʊ] *adv* **to and ~** hin und her

frock [frɒk] *n* Kleid *nt;* **posh ~** BRIT (*hum*) Ausgehkleid *nt*

frog [frɒg] *n* Frosch *m* ▶ **to have a ~ in one's throat** einen Frosch im Hals haben

from [frɒm, frəm] *prep* ❶ (*off*) von; (*out of*) aus ❷ (*based on*) **~ here** von hier [aus]; **~ her own experience** aus eigener Erfahrung ❸ (*leaving*) **~ Washington to Florida** von Washington nach Florida ❹ (*after*) **~ 25 to 200** von 25 auf 200; **~ 10 a.m. to 2 p.m.** von 10.00 Uhr bis 14.00 Uhr; **~ tomorrow** ab morgen ❺ (*originating*) **I'm ~ New York** ich komme aus New York; **fresh ~ the States** gerade aus den USA; **~ the Latin** aus dem Lateinischen ❻ (*separated*) **a mile ~ home** eine Meile von zu Hause entfernt ❼ (*belonging*) **who is the card ~?** von wem ist die Karte? ❽ (*made of*) aus ❾ (*deducted*) **three ~ sixteen is thirteen** sechzehn minus drei ist dreizehn ❿ (*due to*) **he died ~ his injuries** er starb an seinen Verletzungen

front [frʌnt] **I.** *n* ❶ *usu sing* (*side*) Vorderseite *f; of a building* Front *f;* **to lie on one's ~** auf dem Bauch liegen; **from the ~** von vorne ❷ (*area*) **the ~** der vordere Bereich; **at the ~** vorn[e] ❸ (*ahead*) **in ~** vorn[e]; **in ~ of sth/sb** vor etw/jdm; **in the row in ~** in der

F

Reihe vor uns ④ (*advance*) **up** ~ im Voraus ⑤ **to put on a bold** ~ kühn auftreten ⑥ (*activity*) Front *f;* **on the domestic** ~ an der Heimfront **II.** *adj attr* ① vorder[st]e(r, s); ~ **garden** Vorgarten *m* ② (*concealing*) Deck- **III.** *tr verb* ① (*head*) vorstehen +*Dat* ② TV moderieren

front bench *n* BRIT POL vordere Sitzreihe (*für führende Regierungs- und Oppositionspolitiker*) **front door** *n* Vordertür *f;* *of a house* Haustür *f* **front-end** *adj attr* ① AUTO Vorder- ② COMPUT Frontend- ③ (*fam: of money*) Voraus-

frontier [frʌn'tɪəʳ] *n* ① Grenze *f* ② AM (*outliers*) **the** ~ das Grenzland

frontier station *n* Grenzstation *f*

front line *n* MIL Frontlinie *f;* (*fig*) vorderste Front **front page** *n* Titelseite *f;* **to make the** ~ auf die Titelseite kommen **front runner** *n* (*also fig*) Spitzenreiter(in) *m(f)* **front-wheel drive I.** *n* Vorderradantrieb *m* **II.** *adj* mit Vorderradantrieb *nachgestellt*

frost [frɒst] **I.** *n* Frost *m;* **12 degrees of** ~ 12 Grad minus **II.** *tr verb* AM *cake* glasieren

frosted ['frɒstɪd] *adj* ① ~ **glass** Milchglas *nt* ② AM *cake* glasiert

frosty ['frɒsti] *adj* ① (*cold*) frostig ② (*iced*) vereist

frothy ['frɒθi] *adj* schaumig

frown [fraʊn] **I.** *intr verb* die Stirn runzeln; (*in thought*) nachdenklich die Stirn runzeln; **to** ~ **at sb/sth** jdn/etw missbilligend ansehen **II.** *n* Stirnrunzeln *nt kein Pl;* ~ **of disapproval** missbilligender Blick

froze [frəʊz] *pt of* **freeze**

frozen [frəʊzᵊn] **I.** *pp of* **freeze** **II.** *adj* ① *water* gefroren ② *food* [tief]gefroren; ~ **food** Tiefkühlkost *f*

fruit [fru:t] **I.** *n* Frucht *f a. fig;* (*collectively*) Obst *nt* **II.** *intr verb* [Früchte] tragen

fruitcake *n no pl* Früchtebrot *nt*

fruiterer ['fru:tᵊrəʳ] *n esp* BRIT Obsthändler(in) *m(f)*

fruitful ['fru:tfᵊl] *adj* fruchtbar *a. fig*

fruition [fru'ɪʃᵊn] *n no pl* Verwirklichung *f;* **to come to** [*or* **reach**] ~ verwirklicht werden

fruit knife *n* Obstmesser *nt*

fruitless ['fru:tləs] *adj* fruchtlos

fruit salad *n no pl* Obstsalat *m*

fruity ['fru:ti] *adj* fruchtig

frustrate [frʌs'treɪt] *tr verb* frustrieren

frustrated [frʌs'treɪtɪd] *adj* frustriert

frustration [frʌs'treɪʃᵊn] *n* Frustration *f;* **to work off one's** ~ seinen Frust abreagieren

fry [fraɪ] **I.** *tr verb, vi* <-ie-> braten **II.** *npl* Brut *f* ▸ **small** ~ kleine Fische; (*person*) kleiner Fisch

frying pan ['fraɪɪŋ-] *n* Bratpfanne *f*

fry-up *n* BRIT (*fam*) Pfannengericht *nt*

ft *n abbrev of* **feet, foot** ft

F to F *adv abbrev of* **face-to-face** persönlich

fuck [fʌk] (*vulg*) **I.** *n* ① Fick *m* ② *no pl* **for** ~**'s sake!** zum Teufel!; **what/who/why/where the** ~ **...** was/wer/warum/wo zum Teufel ... **II.** *interj* Scheiße! **III.** *tr verb* ① (*sex*) vögeln; **go** ~ **yourself!** verpiss dich!, schleich dich! *bes* SÜDD, ÖSTERR ② (*damn*) ~ **that idea** scheiß auf diese Idee; [**oh**] ~ **it!** verdammte Scheiße!; ~ **me!** ich glaub, ich spinne!; ~ **you!** leck mich am Arsch! **IV.** *intr verb* ① (*sex*) ficken ② (*confuse*) **to** ~ **with sb** jdn verscheißern

fucker ['fʌkəʳ] *n* (*vulg*) Arsch *m*

fuck-up *n no pl* (*vulg*) Scheiße *f pej derb*

fudge [fʌdʒ] *n* weiches Karamellbonbon

Fudge findet man sowohl in Großbritannien als auch in den USA. Um die toffeeartigen Karamellstückchen herzustellen, werden Zucker, Butter und Milch erhitzt. Anders als bei den hierzulande erhältlichen, eher härteren Karamellbonbons reicht die Konsistenz von **fudge** von cremig bis mürbe. Einen Besuch in einem *fudge shop* sollte man sich nicht entgehen lassen, schon allein, um all die wunderbaren, pastellfarbenen Fudge-Brocken zu bewundern. Inzwischen gibt es die süße Verführung in allen erdenklichen Geschmacksrichtungen – ob nun Erdbeere, Pfefferminze oder Whisky, mit Nüssen oder ohne, hier wird garantiert jeder glücklich!

fuel ['fju:ᵊl] **I.** *n* Brennstoff *m;* (*for engines*) Kraftstoff *m,* Treibstoff *m* **II.** *tr verb* <BRIT -ll- *or* AM *usu* -l-> ① **to be**

~led [by sth] [mit etw] betrieben werden ② (*fig*) nähren; *resentment* schüren

fuel cell *n* Brennstoffzelle *f* **fuel consumption** *n no pl* Brennstoffverbrauch *m; of an engine* Treibstoffverbrauch **fuel gage** *n* AM *see* **fuel gauge**

fuel gauge *n* Tankanzeige *f* **fuel poverty** *n no pl Situation, in der Personen mit niedrigem Einkommen einen Großteil ihres Einkommens für Heizkosten u.ä. ausgeben müssen*

fulfil <-ll-> [fʊlˈfɪl], AM, AUS **fulfill** *tr verb* ① erfüllen; *ambition* erreichen ② (*perform*) nachkommen *+Dat; contract, promise* erfüllen

fulfillment *n* AM, AUS *see* **fulfilment**

fulfilment [fʊlˈfɪlmənt] *n no pl* Erfüllung *f*

full [fʊl] **I.** *adj* voll (**of** von); (*sated*) satt; *explanation* vollständig; *life* ausgefüllt; **~ of tears/surprises** voller Tränen/Überraschungen; **a look ~ of hatred** ein hasserfüllter Blick; **to be ~ of sth** (*keen*) von etw ganz begeistert sein; **to be ~ of oneself** eingebildet sein; **with one's mouth ~** mit vollem Mund; [at] **~ speed** mit voller Geschwindigkeit; **~ steam ahead** Volldampf voraus **II.** *adv* ① (*completely*) voll ② (*directly*) direkt **III.** *n* **in ~** zur Gänze; **to the ~** bis zum Äußersten

fullback *n* ① (*defender*) Außenverteidiger(in) *m(f)* ② (*at end of field*) Schlussspieler(in) *m(f)* **full-bodied** *adj food* voll; *wine* vollmundig **full-cream milk** *n no pl* Vollmilch *f* **full-grown** *adj* ausgewachsen **full moon** *n* Vollmond *m* **full-page** *adj attr* ganzseitig **full stop** *n* ① BRIT, AUS (*punctuation*) Punkt *m* ② (*halt*) **to come to a ~** zum Stillstand kommen ③ BRIT **I'm not going, ~** ich gehe nicht und damit Schluss **full time** *n* SPORTS Spielende *nt* **full-time I.** *adj* ① Ganztags-; **~ job** Vollzeitbeschäftigung *f* ② SPORTS End-; **~ score** Endstand *m* **II.** *adv* ganztags

fully [ˈfʊli] *adv* ① völlig; **~ intending to return** mit der vollen Absicht zurückzukommen; **~ booked** ausgebucht ② (*in detail*) detailliert

fumble [ˈfʌmbl̩] **I.** *intr verb* ① **to ~ around** [*or* **about**] **with sth** an etw *Dat* [herum]fingern; **to ~ for sth** nach etw tasten ② SPORTS den Ball fallen lassen **II.** *tr verb ball* fallen lassen **III.** *n* SPORTS [Ballannahme]fehler *m*

fume [fjuːm] **I.** *n usu pl* **~s** Abgase *Pl* **II.** *intr verb* vor Wut schäumen

fun [fʌn] **I.** *n no pl* Spaß *m;* **it was good ~** es hat viel Spaß gemacht; **that sounds like ~** das klingt gut; **what ~!** super!; **to be full of ~** immer unternehmungslustig sein; **to spoil sb's ~** jdm den Spaß verderben ▸ **~ and games** das reine Vergnügen **II.** *adj* <-nn-> (*fam*) lustig

function [ˈfʌŋ(k)ʃᵊn] **I.** *n* ① (*task*) Aufgabe *f;* (*purpose*) Funktion *f* ② (*event*) Veranstaltung *f* **II.** *intr verb* funktionieren; **to ~ as sth** als etw dienen; *person* als etw fungieren

functional [ˈfʌŋ(k)ʃᵊnᵊl] *adj* ① (*with purpose*) funktional ② (*operational*) funktionstüchtig; **to be ~** funktionieren

fund [fʌnd] **I.** *n* ① (*reserve*) Fonds *m;* **disaster ~** Notfonds *m* ② (*money*) **~s** [finanzielle] Mittel *Pl;* **to allocate ~s** Gelder bewilligen **II.** *tr verb* finanzieren; **privately ~ed** frei finanziert

fundamental [ˌfʌndəˈmentᵊl] *adj* grundlegend (**to** für); *difference* wesentlich; *question* entscheidend; **to be of ~ importance to sth** für etw von zentraler Bedeutung sein

fundamentally [ˌfʌndəˈmentᵊli] *adv* ① (*basically*) im Grunde ② (*essentially*) grundsätzlich

funeral [ˈfjuːnᵊrəl] *n* Beerdigung *f*

funeral parlor *n* AM *see* **funeral parlour**

funeral parlour *n* Bestattungsunternehmen *nt*

funfair *n* BRIT Vergnügungspark *m;* (*temporary*) Rummelplatz *m,* Kir[ch]tag *m* ÖSTERR

fungus <*pl* -es *or* -gi> [ˈfʌŋgəs, *pl* -gaɪ] *n* Pilz *m*

fun-loving *adj* lebenslustig

funnel [ˈfʌnᵊl] **I.** *n* Trichter *m;* (*on ship*) Schornstein *m* **II.** *tr verb* <BRIT -ll- *or* AM *usu* -l-> ① [mit einem Trichter] einfüllen ② (*fig: direct*) zuleiten **III.** *intr verb* fließen

funny [ˈfʌni] **I.** *adj* ① (*amusing*) lustig, witzig ② (*odd*) komisch, merkwürdig ③ (*shady*) verdächtig; **~ business** krumme Sachen **II.** *adv* (*fam*) komisch, merkwürdig

F

funny bone *n* (*fam*) Musikantenknochen *m*

fur [fɜːʳ] **I.** *n* ❶ *no pl* Fell *nt* ❷ (*processed*) Pelz *m* ▸ **the ~ flies** die Fetzen fliegen **II.** *intr verb* <-rr-> **to ~ up** *kettle* verkalken

furious [ˈfjʊəriəs] *adj* ❶ [sehr] wütend; *argument* heftig ❷ (*intense*) heftig; **at a ~ pace** in rasender Geschwindigkeit; **fast and ~** rasant

furl [fɜːl] *tr verb* einrollen

furnish [ˈfɜːnɪʃ] *tr verb* ❶ *room* einrichten ❷ (*supply*) liefern; **to ~ sb with sth** jdn mit etw versorgen

furniture [ˈfɜːnɪtʃəʳ] *n no pl* Möbel *Pl*; **piece of ~** Möbelstück *nt*; **to be part of the ~** (*fig*) zum Inventar gehören

furniture van *n* Möbelwagen *m*

furry [ˈfɜːri] *adj* pelzig; (*long fur*) wollig

further [ˈfɜːðəʳ] **I.** *adj comp of* **far** ❶ weiter [entfernt] ❷ (*additional*) weiter; **until ~ notice** bis auf weiteres **II.** *adv comp of* **far** ❶ weiter; **a bit ~ on** [noch] etwas weiter ❷ (*greater*) weiter; **~ and ~** [immer] weiter; **to take sth ~** mit etw weitermachen ❸ (*more*) [noch] weiter; **I have nothing ~ to say** ich habe nichts mehr zu sagen; **to not go any ~** nicht weitergehen **III.** *tr verb* fördern; **to ~ sb's interests** jds Interessen förderlich sein

furthermore [ˌfɜːðəˈmɔːʳ] *adv* außerdem

furthest [ˈfɜːðɪst] **I.** *adj superl of* **far** ❶ am weitesten entfernte(r, s) ❷ (*fig*) extremste(r, s) **II.** *adv superl of* **far** am weitesten; **that's the ~ I can see** weiter [entfernt] erkenne ich nichts mehr

fury [ˈfjʊəri] *n no pl* ❶ Wut *f*; **in a ~** wütend; **like ~** wie verrückt ❷ (*intensity*) Ungestüm *nt*

fuse [fjuːz] **I.** *n* ❶ Sicherung *f* ❷ *of a bomb* Zündvorrichtung *f* ▸ **sb has a short ~** jd wird schnell wütend **II.** *intr verb* ❶ BRIT **the lights have ~d** die Sicherungen der Lampen sind durchgebrannt ❷ (*join*) sich vereinigen; **to ~ together** miteinander verschmelzen **III.** *tr verb* BRIT die Sicherung einer S. *Gen* zum Durchbrennen bringen

fuse box *n* Sicherungskasten *m*

fusion food *n no pl* Fusion Food *f* (*Kombination von Zutaten und Zubereitungsarten aus den Küchen der Welt*)

fuss [fʌs] **I.** *n* ❶ [übertriebene] Aufregung ❷ (*attention*) [übertriebener] Aufwand, Getue *nt pej*; **to make a ~** einen Aufstand machen; **to make a ~ about sth** um etw viel Aufhebens machen; **to kick up a ~** [herum]zicken *sl* **II.** *intr verb* [sehr] aufgeregt sein; **to ~ with sth** [hektisch] an etw *Dat* herumhantieren **III.** *tr verb* **to ~ sb** jdm auf die Nerven gehen; **stop ~ing me!** lass mich doch in Ruhe!

fuss-free *adj* (*fam*) problemlos, unkompliziert

fussy [ˈfʌsi] *adj* ❶ pingelig, mäkelig *pej* ❷ (*overdone*) [zu] verspielt, überladen

futile [ˈfjuːtaɪl] *adj* sinnlos; (*pointless*) nutzlos; **to prove ~** vergebens sein

future [ˈfjuːtʃəʳ] **I.** *n usu sing* ❶ Zukunft *f*; **plans for the ~** Zukunftspläne *Pl*; **at some point in the ~** irgendwann einmal; **in the near ~** in naher Zukunft ❷ LING **~ tense** Futur *nt*; **to be in the ~ tense** im Futur stehen **II.** *adj attr* zukünftig; **for ~ reference** zur späteren Verwendung

fuze *n, tr verb* AM *see* **fuse**

fuzz [fʌz] *n no pl* ❶ (*fluff*) Fussel[n] *Pl* ❷ (*hair*) Flaum *m* ❸ + *sing/pl verb* BRIT, AM (*sl: police*) **the ~** die Bullen *Pl*

fuzzy [ˈfʌzi] *adj* ❶ (*fluffy*) flaumig ❷ (*frizzy*) wuschelig ❸ **my head is so ~** ich bin ganz benommen

Gg

G <*pl* -'s *or* -s>, **g** <*pl* -'s> [dʒiː] *n* ① G *nt*, g *nt*; *see also* **A 1** ② MUS G *nt*, g *nt*; **G flat** Ges *nt*, ges *nt*; **F sharp** Gis *nt*, gis *nt*

Gabon [gæb'ɒn] *n* Gabun *nt*

Gabonese [ˌgæbə'niːz] **I.** *adj* gabunisch **II.** *n* Gabuner(in) *m(f)*

gadget ['gædʒɪt] *n* [praktisches] Gerät

gage *n, tr verb* AM *see* **gauge**

gagging ['gægɪŋ] *pres part of* **gag**: **to be ~ for sth** (*sl*) etw dringend brauchen

gagging order ['gægɪŋ-] *n* (*fam*) Nachrichtensperre *f*

gaily ['geɪli] *adv* ① fröhlich ② (*brightly*) freundlich; **~ coloured** farbenfroh

gain [geɪn] **I.** *n* ① *no pl* Zunahme *f kein Pl*; *in speed* Erhöhung *f kein Pl*; **~ in weight** Gewichtszunahme *f* ② (*profit*) Gewinn *m* **II.** *tr verb* ① (*obtain*) gewinnen; *access, entry* sich *Dat* verschaffen ② **to ~ speed** an Tempo gewinnen **III.** *intr verb* ① zunehmen; *prices, numbers* [an]steigen ② (*profit*) profitieren

gala ['gɑːlə] *n* ① Gala *f* ② BRIT (*competition*) Sportfest *nt*

galaxy ['gæləksi] *n* Galaxie *f*

gale [geɪl] *n* Sturm *m*; **~-force wind** Wind *m* mit Sturmstärke

gale warning *n* Sturmwarnung *f*

gallerist ['gælərɪst] *n* Galerist(in) *m(f)*

gallery ['gælᵊri] *n* Galerie *f*

gallon ['gælən] *n* Gallone *f*; **imperial/US ~** britische/amerikanische Gallone; **~s of sth** (*fig*) Unmengen *Pl* von [*o* an] etw *Dat*

gallop ['gæləp] **I.** *intr verb* galoppieren **II.** *n usu sing* Galopp *m*; **to break into a ~** in Galopp verfallen

gamble ['gæmbl̩] **I.** *n usu sing* Risiko *nt*; **to take a ~** ein Risiko eingehen **II.** *intr verb* ① [um Geld] spielen; **to ~ on dogs/horses** auf Hunde/Pferde wetten ② (*risk*) **to ~ on sth** sich auf etw *Akk* verlassen; **to ~ that ...** sich darauf verlassen, dass ...

gambler ['gæmbl̩əʳ] *n* Spieler(in) *m(f)*

gambling ['gæmbl̩ɪŋ] *n no pl* das Glücksspiel

game[1] [geɪm] **I.** *n* Spiel *nt*; **let's have a ~ of tennis** lass uns Tennis spielen; **what's your ~?** (*fig fam*) was soll das?; **to play ~s with sb** (*fig*) mit jdm spielen; **~s** *pl* BRIT SCHOOL [Schul]sport *m kein Pl* ▶ **to be on the ~** BRIT (*fam*) auf den Strich gehen; **the ~'s up** das Spiel ist aus **II.** *adj* bereit

game[2] [geɪm] *n no pl* Wild *nt*; **big ~** Großwild *nt*

gammon ['gæmən] *n no pl* BRIT leicht geräucherter Schinken

gang [gæŋ] **I.** *n* Gruppe *f*; *of criminals* Bande *f* **II.** *intr verb* **to ~ up** sich zusammentun

gangly <-ier, -iest> ['gæŋgli] *adj* schlaksig

gangster ['gæŋ(k)stəʳ] *n* Gangster(in) *m(f)*

gangway **I.** *n* ① Landungsbrücke *f* ② BRIT (*aisle*) [Durch]gang *m* **II.** *interj* (*fam*) **~!** Platz da!

gaol [dʒeɪl] *n* BRIT (*dated*) *see* **jail**

gap [gæp] *n* ① Lücke *f a. fig* ② (*in time*) Pause *f* ③ (*difference*) Unterschied *m*; **age ~** Altersunterschied *m*

gape [geɪp] *intr verb* glotzen; **to ~ at sb/sth** jdn/etw [mit offenem Mund] anstarren

gaping ['geɪpɪŋ] *adj* weit geöffnet; *wound* klaffend; *hole* gähnend

gapper ['gæpəʳ] *n* (*fam*) *jd, der ein Jahr Auszeit nimmt* (*oft zwischen Schule und Studienantritt*)

gap year *n ein freies Jahr, oft zwischen Schule und Studienantritt*

garage ['gærɑːʒ] **I.** *n* ① Garage *f* ② (*repair*) [Kfz-]Werkstatt *f* ③ BRIT (*dealer*) Autohändler(in) *m(f)* **II.** *tr verb* in die Garage stellen

garbage ['gɑːbɪdʒ] *n no pl* AM, AUS (*rubbish*) Müll *m a. fig*

garbage can *n* AM, CAN (*dustbin*) Mülleimer *m* **garbage chute** *n esp* AM, CAN (*rubbish chute*) Müllschlucker *m* **garbage collector** *n* AM, CAN (*dustman*) Müllmann *m fam*, Kehrichtmann *m* SCHWEIZ **garbage dump** *n* AM, CAN (*rubbish dump*) Mülldeponie *f* **garbage truck** *n* AM, AUS, CAN (*dustbin* *lorry*) Müllwagen *m,* Kehrichtwagen *f* SCHWEIZ

garble ['gɑːbl̩] *tr verb* durcheinanderbringen; (*deliberately*) verdrehen

garden ['gɑːdᵊn] **I.** *n* Garten *m;* **back ~** Garten *m* hinter dem Haus; **front ~** Vorgarten *m;* **~s** Gartenanlage *f,* Gärten *Pl* **II.** *intr verb* im Garten arbeiten

gardener ['gɑːdᵊnəʳ] *n* Gärtner(in) *m(f)*

gardening ['gɑːdᵊnɪŋ] *n no pl* Gartenarbeit *f;* (*discipline*) Gartenpflege *f;* **~ tools** Gartengeräte *Pl*

garden party *n* [großes] Gartenfest

gargle ['gɑːgl̩] **I.** *intr verb* gurgeln **II.** *n no pl* Gurgeln *nt*

garlic ['gɑːlɪk] *n no pl* Knoblauch *m*

garment ['gɑːmənt] *n* Kleidungsstück *nt*

garrulity [gæ'ruːləti] *n no pl* Schwatzhaftigkeit *f pej,* Redseligkeit *f;* (*wordiness*) Langatmigkeit *f*

gas [gæs] **I.** *n* <*pl* -es *or* -sses> ❶ Gas *nt;* **natural ~** Erdgas *nt* ❷ *no pl* AM (*fam: petrol*) Benzin *nt;* **to get ~** tanken **II.** *tr verb* <-ss-> vergasen **III.** *intr verb* <-ss-> (*fam*) quatschen

gas cooker *n* BRIT Gasherd *m;* (*smaller*) Gaskocher *m*

gaseous ['gæsiəs] *adj* gasförmig

gas fire *n* BRIT Gaskaminofen *m* **gas fitter** *n* BRIT Gasinstallateur(in) *m(f)*

gash [gæʃ] **I.** *n* <*pl* -es> (*injury*) [tiefe] Schnittwunde; (*tear*) [tiefer] Schlitz **II.** *tr verb* aufschlitzen; **to ~ sth open** *leg, arm* sich *Dat* etw aufreißen; *head, knee, elbow* sich *Dat* etw aufschlagen

gas heat *n* AM *see* **gas heating** **gas heating** *n no pl* [zentrale] Gasheizung **gasman** *n* BRIT (*fam*) Gasableser(in) *m(f)* **gas mask** *n* Gasmaske *f* **gas meter** *n* Gaszähler *m*

gasoline ['gæsᵊliːn] *n* AM Benzin *nt;* **~ tax** Kraftstoffsteuer *f*

gasp [gɑːsp] **I.** *intr verb* ❶ (*pant*) keuchen; (*inhale*) tief einatmen ❷ (*speak*) nach Luft ringen ❸ BRIT (*fam*) **to be ~ing for sth** großes Verlangen nach etw haben; **I'm ~ing!** ich verdurste/will eine Zigarette! **II.** *n* **he gave a ~ of amazement** ihm blieb vor Überraschung die Luft weg

gas pipe *n* Gasleitung *f* **gas pump** *n* AM Zapfsäule *f* **gas ring** *n* BRIT Gaskocher *m* **gas station** *n* AM Tankstelle *f* **gas station operator** *n* AM, CAN Tankwart(in) *m(f)* **gas stove** *n* Gasherd *m;* (*smaller*) Gaskocher *m*

gassy ['gæsi] *adj* kohlensäurehaltig

gastroenteritis [ˌgæstrəʊˌentə'raɪtɪs] *n no pl* MED Magen-Darm-Katarrh *m*

gasworks *n + sing verb* Gaswerk *nt*

gate [geɪt] *n* ❶ Tor *nt;* (*at airport*) Flugsteig *m,* Gate *nt;* (*to garden, courtyard*) Pforte *f* ❷ (*spectators*) Zuschauerzahl *f* ❸ *no pl* (*money*) Einnahmen *Pl*

gatecrash *tr verb* (*fam*) **to ~ sb's party** bei jdm [he]reinplatzen *fam* **gatecrasher** *n* (*fam*) un[ein]geladener Gast **gatekeeper** *n* Pförtner(in) *m(f)* **gate money** *n no pl* BRIT, AUS Einnahmen *Pl* (*aus Eintrittskartenverkäufen*) **gatepost** *n* Torpfosten *m* ▶ **between you, me[,] and the ~** unter uns [gesagt]

gateway *n* ❶ Eingangstor *nt* ❷ (*fig*) Tor *nt*

gather ['gæðəʳ] **I.** *tr verb* ❶ (*collect*) sammeln; **we ~ed our things together** wir suchten unsere Sachen zusammen ❷ (*hold*) **to ~ sb in one's arms** jdn in die Arme nehmen ❸ (*pleat*) kräuseln ❹ (*gain*) **to ~ momentum** in Fahrt kommen; **to ~ speed** schneller werden ❺ (*understand*) verstehen **II.** *intr verb* sich sammeln; *crowd* sich versammeln

gathering ['gæðᵊrɪŋ] **I.** *n* Versammlung *f;* **family ~** Familientreffen *nt* **II.** *adj clouds, storm* heraufziehend; *darkness* zunehmend

gauge [geɪdʒ] **I.** *n* ❶ (*meter*) Messgerät *nt* ❷ (*bore*) Durchmesser *m* ❸ RAIL Spurweite *f* **II.** *tr verb* ❶ (*measure*) messen ❷ (*judge*) beurteilen; (*estimate*) [ab]schätzen

gauntlet ['gɔːntlət] *n* [Stulpen]handschuh *m* ▶ **to run the ~** Spießruten laufen

gauze [gɔːz] *n no pl* Gaze *f*

gave [geɪv] *pt of* **give**

gawk [gɔːk] *intr verb,* **gawp** [gɔːp] *intr verb* (*fam*) glotzen; **to ~ at sb/sth** jdn/etw anglotzen

gawky ['gɔːki] *adj* schlaksig, linkisch, unbeholfen

gawp [gɔːp] BRIT **I.** *n* (*fam*) langer Blick **II.** *intr verb* (*fam*) glotzen; **to ~ at sb** jdn anglotzen

gay [geɪ] *adj* schwul *fam,* gay; **~ bar** Schwulenlokal *nt;* **~ scene** Schwulenszene *f;* ~ **marriage** gleichgeschlechtliche Ehe, Homo-Ehe *f*

gaze [geɪz] **I.** *intr verb* starren; **to ~ at sb/sth** jdn/etw anstarren **II.** *n* Blick *m*

GB[1] [ˌdʒiːˈbiː] *n no pl abbrev of* **Great Britain** GB

GB[2] [ˌdʒiːˈbiː] *n <pl -> abbrev of* **Gigabyte** GB *nt*

GCHQ [ˌdʒiːsiːeɪtʃˈkjuː] *n* BRIT *abbrev of* **Government Communications Headquarters** *Zentrale des britischen Nachrichtendienstes*

Gdns *abbrev of* **Gardens** *bei Adressenangaben, z.B.: 25 Egerton Gdns*

GDR [ˌdʒiːdiːˈɑːʳ] *n (hist) abbrev of* **German Democratic Republic** DDR *f*

gear [ɡɪəʳ] **I.** *n* ① Gang *m;* **to change** [*or* AM **shift**] **~s** schalten; **~s** Getriebe *nt; of a bicycle* Gangschaltung *f* ② *no pl (fig)* **to step up a ~** einen Gang zulegen ③ *no pl (equipment)* Ausrüstung *f; (clothes)* Kleidung *f* **II.** *tr verb* ausrichten (**to** auf)

gearbox *n* Getriebe *nt* **gearshift** *n* AM, **gear stick** *n* Schalthebel *m,* Schaltknüppel *m*

geese [ɡiːs] *n pl of* **goose**

Geiger counter [ˈɡaɪɡəˌ-] *n* Geigerzähler *m*

gem [dʒem] *n* ① Edelstein *m* ② *(fig)* **~ of a car** Klasseauto, klasse Auto; **~ of a house** prunkvolles Haus

Gemini [ˈdʒemɪnaɪ, -niː] *n* ASTRO Zwillinge *Pl*

gen [dʒen] BRIT **I.** *n no pl (sl)* Informationen *Pl* **II.** *intr verb* <-nn-> *(sl)* **to ~ up on sth** sich über etw *Akk* informieren

gender [ˈdʒendəʳ] *n* Geschlecht *nt*

gender-bending [ˈdʒendəbendɪŋ] *adj attr (fam)* hormonell wirksam; **~ hormones** sich auf die Geschlechtsmerkmale auswirkende Hormone

gendered [ˈdʒendəd] *adj* geschlechtsspezifisch

gender stereotyping [-ˈsteriə(ʊ)taɪpɪŋ] *n no pl* geschlechtspezifische Rollenverteilung

gene [dʒiːn] *n* Gen *nt*

general [ˈdʒenᵊrᵊl] **I.** *adj* allgemein; **~ idea** ungefähre Vorstellung; **~ impression** Gesamteindruck *m;* **~ meeting** Vollversammlung *f;* **as a ~ rule** im Allgemeinen **II.** *n* General(in) *m(f)*

general anaesthetic *n no pl* Vollnarkose *f* **General Assembly** *n no pl* [UNO-]Vollversammlung *f* **general delivery** *n no pl* AM '~' „Postlagernd" **general director** *n* Generaldirektor(in) *m(f)* **general election** *n* Parlamentswahlen *Pl*

generalize [ˈdʒenᵊrᵊlaɪz] *intr, tr verb* **to ~** [**about sth**] [etw] verallgemeinern

generally [ˈdʒenᵊrᵊli] *adv* ① *(usually)* normalerweise, im Allgemeinen ② **to be ~ available** der Allgemeinheit zugänglich sein; **~ speaking** im Allgemeinen

general manager *n* Geschäftsführer(in) *m(f)* **General Post Office** *n* Hauptpost *f* **general practitioner** *n* Arzt *m*/Ärztin *f* für Allgemeinmedizin, praktischer Arzt/praktische Ärztin **general store** *n* AM Gemischtwarenladen *m* **general strike** *n* Generalstreik *m* **general view** *n no pl* **the ~** die allgemein verbreitete Meinung

generate [ˈdʒenᵊreɪt] *tr verb* erzeugen; *controversy, enthusiasm* hervorrufen

generation [ˌdʒenəˈreɪʃᵊn] *n* Generation *f*

generator [ˈdʒenᵊreɪtəʳ] *n* ① Generator *m* ② *(fig)* **~ of new ideas** Ideenlieferant(in) *m(f)*

generous [ˈdʒenᵊrəs] *adj* großzügig

gene therapy *n usu sing* Gentherapie *f*

genetic [dʒəˈnetɪk] *adj* genetisch; **~ disease** Erbkrankheit *f*

genetic bottleneck *n* BIOL genetischer Engpass

geneticist [dʒəˈnetɪsɪst] *n* Genetiker(in) *m(f)*

Geneva [dʒəˈniːvə] *n* Genf *nt*

Geneva Convention [ˈdʒəniːvə-] *n* **the ~** die Genfer Konvention

genitalia [ˌdʒenɪˈteɪliə] *npl,* **genitals** [ˈdʒenɪtᵊlz] *npl* Geschlechtsorgane *Pl*

genitive [ˈdʒenɪtɪv] *n* Genitiv *m;* **to be in the ~** im Genitiv stehen; **~ case** Genitiv *m*

genius *<pl -es or -nii>* [ˈdʒiːniəs, *pl* niaɪ] *n* ① Genie *nt* ② **to have a ~ for sth** eine [besondere] Gabe für etw haben

genocide [ˈdʒenəsaɪd] *n no pl* Völkermord *m*

gent [dʒent] *n (hum fam) short for* **gentleman** Gentleman *m*

gentle [ˈdʒentl̩] *adj* sanft; *(loving)* zart; **~ exercise** leichte sportliche Betätigung; **to be ~ with sb** behutsam mit jdm umgehen

gentleman ['dʒentḷmən] *n* ① Gentleman *m;* **a perfect ~** ein wahrer Gentleman ② (*man*) Herr *m;* **ladies and gentlemen** (*to audience*) meine Damen und Herren; **~'s club** Herrenklub *m*

gentleness ['dʒentḷnəs] *n no pl* Sanftheit *f*

genuine ['dʒenjuɪn] *adj* ① (*real*) echt ② (*sincere*) ehrlich

genus <*pl* -nera> ['dʒenəs, *pl* -ərə] *n* BIOL Gattung *f*

geographer [dʒiː'ɒgrəfəʳ] *n* Geograph(in) *m(f)*

geographic[al] [ˌdʒiːə(ʊ)'græfɪk(əl)] *adj* geographisch

Geographic Information System *n* Geographisches Informationssystem *nt*

geography [dʒiː'ɒgrəfi, 'dʒɒg-] *n no pl* Geographie *f;* SCHOOL Erdkunde *f;* **physical/political ~** Geophysik *f*/-politik *f*

geological [ˌdʒiːə(ʊ)'lɒdʒɪkəl] *adj* geologisch

geologist [dʒiː'ɒlədʒɪst] *n* Geologe *m*/Geologin *f*

geology [dʒiː'ɒlədʒi] *n no pl* Geologie *f*

geometric[al] [ˌdʒiːə(ʊ)'metrɪk(əl)] *adj* geometrisch

geometry [dʒiː'ɒmɪtri] *n no pl* Geometrie *f*

geriatric [dʒeri'ætɪk] *adj* MED, SOCIOL (*for old people*) Alten-, geriatrisch; **~ care** Altenpflege *f*

germ [dʒɜːm] *n* Keim *m,* Bakterie *f;* **to spread ~s** Keime verbreiten

German ['dʒɜːmən] **I.** *n* ① Deutsche(r) *f(m)* ② *no pl* (*language*) Deutsch *nt* **II.** *adj* deutsch

Germanic [dʒə'mænɪk] *adj* [indo]germanisch

German measles *n* + *sing verb* Röteln *Pl* **German shepherd** *n* Schäferhund *m*

Germany ['dʒɜːməni] *n* Deutschland

germ-free *adj* keimfrei; (*sterile*) steril

germinate ['dʒɜːmɪneɪt] **I.** *intr verb* keimen **II.** *tr verb* zum Keimen bringen

germination [ˌdʒɜːmɪ'neɪʃən] *n no pl* Keimen *nt*

germ warfare *n* Bakterienkrieg *m*

gerund ['dʒerənd] *n* LING Gerundium *nt*

gestation [dʒes'teɪʃən] *n no pl* ① Schwangerschaft *f; of animals* Trächtigkeit *f* ② (*fig*) Reifwerden *nt*

gesticulate [dʒes'tɪkjəleɪt] *intr verb* (*form*) gestikulieren

gesture ['dʒestʃəʳ] **I.** *n* Geste *f;* **a ~ of defiance** eine trotzige Geste **II.** *intr verb* deuten (**to** auf)

get <got, got *or* AM *usu* gotten> [get] **I.** *tr verb* ① (*obtain*) erhalten; **to ~ time off** frei bekommen ② (*receive*) bekommen ③ (*experience*) erleben; **we don't ~ much snow here** hier schneit es nicht sehr viel; **I got quite a surprise** ich war ganz schön überrascht ④ (*deliver*) **to ~ sth to sb** jdm etw bringen ⑤ (*fam: contract*) sich *Dat* holen; **to ~ the flu** sich *Dat* die Grippe einfangen ⑥ (*fetch*) **can I ~ you a drink?** möchtest du was trinken? ⑦ **to ~ a train** einen Zug nehmen; (*catch*) einen Zug erwischen *fam* ⑧ (*earn*) verdienen ⑨ (*fam: answer*) **to ~ the door** aufmachen; **to ~ the telephone** ans Telefon gehen ⑩ (*induce*) **to ~ sb/sth to do sth** jdn/etw dazu bringen, etw zu tun ⑪ + *pp* (*cause to be*) **to ~ sth confused** etw verwechseln; **to ~ sth finished** etw fertig machen ⑫ (*transfer*) **to ~ sb/sth somewhere** jdn/etw irgendwohin bringen ⑬ (*understand*) verstehen; **to ~ the message** [es] kapieren **II.** *intr verb* ① + *adj* (*become*) werden; **~ well soon!** gute Besserung!; **to ~ used to sth** sich an etw *Akk* gewöhnen ② + *adv* (*reach*) kommen ③ + *adv* (*progress*) **to ~ nowhere** es nicht weit bringen ④ (*have chance*) **to ~ to do sth** die Möglichkeit haben, etw zu tun ⑤ (*must*) **to have got to do sth** etw machen müssen ◆**get about** *intr verb* herumkommen ◆**get across** *tr verb* verständlich machen ◆**get ahead** *intr verb* vorwärtskommen ◆**get along** *intr verb* ① *see* **get on II. 1, 2** ② (*hurry*) weitermachen ◆**get around** *intr verb* ① *see* **get round I.** ② *see* **get about** ◆**get at** *intr verb* ① (*fam: imply*) **to ~ at sth** auf etw *Akk* hinauswollen *fam* ② BRIT, AUS (*fam: criticize*) **to ~ at sb** jdn kritisieren ③ (*reach*) **to ~ at sth** an etw *Akk* rankommen *fam* ◆**get away** *intr verb* ① (*leave*) fortkommen, wegkommen ② (*escape*) **to ~ away [from sb/sth]** [vor jdm] flüchten, jdm/etw entkommen ❸ (*fam*) ~ **away** [**with you**]! ach, hör auf! ❹ (*succeed*) **to ~ away with sth** mit etw durchkommen

◆ **get back I.** *tr verb* zurückholen; *strength* zurückgewinnen **II.** *intr verb* ❶ (*return*) zurückkommen ❷ **to ~ back into sth** wieder mit etw beginnen

◆ **get behind** *intr verb* ❶ (*support*) unterstützen ❷ (*be late*) in Rückstand geraten

◆ **get by** *intr verb* **to ~ by** [**on/with sth**] [mit etw] auskommen

◆ **get down I.** *tr verb* ❶ (*remove*) runternehmen (**from/off** von) ❷ (*depress*) fertigmachen **II.** *intr verb* ❶ (*descend*) herunterkommen (**from/off** von) ❷ (*bend down*) sich runterbeugen

◆ **get in I.** *tr verb* ❶ hereinholen ❷ *word* einwerfen ❸ (*fam: find time for*) reinschieben **II.** *intr verb* ❶ hineingehen ❷ (*arrive*) ankommen ❸ (*become elected*) an die Macht kommen

◆ **get into** *intr verb* ❶ **to ~ into sth** in etw *Akk* [ein]steigen ❷ (*be interested*) **to ~ into sb/sth** sich für jdn/etw interessieren ❸ (*affect*) **what's got into you?** was ist in dich gefahren?

◆ **get off I.** *intr verb* ❶ (*exit*) aussteigen ❷ (*dismount*) absteigen ❸ (*sleep*) **to ~ off** [**to sleep**] einschlafen ❹ (*unscathed*) davonkommen **II.** *tr verb* ❶ (*send*) versenden ❷ (*remove*) nehmen von ❸ (*to sleep*) in den Schlaf wiegen ❹ LAW freibekommen

◆ **get on I.** *tr verb* ❶ anziehen; *hat* aufsetzen ❷ **to ~ it on** [**with sb**] (*sl*) etwas mit jdm haben **II.** *intr verb* ❶ (*be friends*) sich verstehen ❷ BRIT (*manage*) vorankommen ❸ (*age*) alt werden; **to be ~ting on in years** an Jahren zunehmen

◆ **get out I.** *intr verb* ❶ *news* herauskommen ❷ AM ~ **out** [**of here**]! ach komm! **II.** *tr verb* ❶ (*fetch*) herausbringen (**of** aus) ❷ (*remove*) herausbekommen

◆ **get over I.** *intr verb* ❶ **to ~ over sb/sth** über jdn/etw hinwegkommen ❷ **to ~ sth over** [**with**] etw hinter sich *Akk* bringen **II.** *tr verb* *idea* rüberbringen

◆ **get round I.** *intr verb* ❶ *news* sich verbreiten ❷ (*do*) **to ~ round to** [**doing**] **sth** es schaffen, etw zu tun **II.** *tr verb* ❶ (*evade*) *the law* umgehen ❷ BRIT (*persuade*) **to ~ round sb to do sth** jdn dazu bringen, etw zu tun

◆ **get through I.** *intr verb* ❶ (*make understood*) **to ~ through to sb that/how ...** jdm klarmachen, dass/wie ... ❷ *on phone* zu jdm durchkommen **II.** *tr verb* ❶ (*use up*) aufbrauchen ❷ (*finish*) erledigen ❸ (*survive*) überstehen

◆ **get together I.** *intr verb* sich treffen **II.** *tr verb* **to ~ it together** es zu etwas bringen

◆ **get up I.** *tr verb* ❶ (*climb*) hinaufsteigen ❷ (*organize*) zusammenstellen **II.** *intr verb* ❶ aufstehen ❷ BRIT *wind* auffrischen

getaway *n* (*fam*) ❶ Flucht *f;* **to make a ~** entwischen ❷ (*trip*) Trip *m*

getaway car *n* Fluchtauto *nt*

get-together *n* (*fam*) Treffen *nt*

get-up *n* (*fam*) Kluft *f*

ghastly ['gɑːstli] *adj* ❶ (*fam: frightful*) schrecklich, fürchterlich ❷ (*unpleasant, unwell*) grässlich, scheußlich

Ghent [gent] *n* Gent *nt*

gherkin ['gɜːkɪn] *n* Essiggurke *f*

ghetto ['getəʊ] *n* <*pl* -s *or* -es> G[h]etto *nt*

ghost [gəʊst] *n* Geist *m;* ~ **of the past** Gespenst *nt* der Vergangenheit ▶ **to give up the ~** den Geist aufgeben

ghostly ['gəʊstli] *adj* ❶ geisterhaft ❷ (*eerie*) gespenstisch

ghost story *n* Gespenstergeschichte *f*

GI [ˌdʒiːˈaɪ] *n* (*fam*) GI *m*

giant ['dʒaɪənt] **I.** *n* Riese *m a. fig;* **industrial ~s** Industriegiganten **II.** *adj* riesig; **to make ~ strides** große Fortschritte machen

Gibraltar [dʒɪ'brɒltəʳ] *n* Gibraltar *nt*

giddily ['gɪdɪli] *adv* ❶ (*dizzily*) benommen ❷ (*frivolously*) leichtfertig

giddiness ['gɪdinəs] *n no pl* Schwindelgefühl *nt*

giddy ['gɪdi] *adj* schwind[e]lig

gift [gɪft] *n* ❶ Geschenk *nt a. fig* ❷ (*donation*) Spende *f* ❸ (*talent*) Talent *nt*

gifted ['gɪftɪd] *adj* begabt; (*artistic*) begnadet

gift shop *n* Geschenkartikelladen *m* **gift token** *n*, **gift voucher** *n* Geschenkgutschein *m*

gig [gɪg] **I.** *n* Gig *m* **II.** *intr verb* <-gg-> auftreten

gigantic [dʒaɪ'gæntɪk] *adj* gigantisch; ~ **bite** Riesenbissen *m*

giggle ['gɪgl̩] **I.** *intr verb* kichern (**at** über) **II.** *n* ❶ Gekicher *nt kein Pl;* **to get/have** [**a fit of**] **the ~s** einen Lachanfall bekommen ❷ *no pl* BRIT, AUS

(*fam*) **to do sth for a ~** etw zum Spaß machen
gimmick ['gɪmɪk] *n* ① (*trick*) Trick *m* ② (*attraction*) Attraktion *f*
gimmicky ['gɪmɪki] *adj* marktschreierisch
gin [dʒɪn] *n* Gin *m*
ginger ['dʒɪndʒəʳ] **I.** *n no pl* ① Ingwer *m* ② (*colour*) gelbliches Braun **II.** *adj* gelblich braun
gingerbread *n no pl* Lebkuchen *m*
ginger-haired *adj* dunkelblond
gingerly ['dʒɪndʒᵊli] *adv* behutsam
ginger nut *n* BRIT, AUS, *esp* AM **ginger snap** *n* Ingwerkeks *m o* ÖSTERR *a. nt*
gipsy *n esp* BRIT *see* **gypsy**
giraffe <*pl* -s *or* -> [dʒɪ'rɑːf] *n* Giraffe *f*
girl [gɜːl] *n* Mädchen *nt*
girlfriend *n* Freundin *f*
Girl Guide *n* BRIT (*dated*) Pfadfinderin *f*
girlhood ['gɜːlhʊd] *n no pl* (*dated*) Mädchenjahre *Pl*
girlie ['gɜːli], **girlish** ['gɜːlɪʃ] *adj* mädchenhaft
Girl Scout *n* Pfadfinderin *f*
girly ['gɜːli] *adj see* **girlie**
giro account *n* Girokonto *nt*
GIS [ˌdʒiːaɪ'es] *n abbrev of* **geographic information system** GIS *nt*
gist [dʒɪst] *n* **the ~** das Wesentliche; **to get the ~ of sth** den Sinn von etw verstehen
give [gɪv] **I.** *tr verb* <gave, given> ① **to ~ sb sth** jdm etw geben; (*as present*) jdm etw schenken; (*donate*) jdm etw spenden; **~n the choice** wenn ich die Wahl hätte; **what gave you that idea?** wie kommst du denn auf die Idee?; **to ~ sb a cold** jdn mit seiner Erkältung anstecken; **to ~ sb his/her due** jdm Ehre erweisen; **to ~ sb encouragement** jdn ermutigen; **to be ~n life imprisonment** lebenslang bekommen ② (*emit*) **to ~ a bark/cry/groan** bellen/aufschreien/aufstöhnen ③ (*produce*) *result, number* ergeben; *warmth* spenden ④ (*do*) **to ~ one's best** sein Bestes geben; **to ~ sb a [dirty] look** jdm einen vernichtenden Blick zuwerfen ⑤ (*admit*) **I'll ~ you that** das muss man dir lassen ⑥ **to be ~n to sth** zu etw neigen **II.** *intr verb* <gave, given> ① (*donate*) spenden (**to** für) ② (*yield*) nachgeben; *bed* federn **III.** *n no pl* Nachgiebigkeit *f*; **to [not] have much ~** [nicht] sehr nachgeben ◆**give away** *tr verb* ① *freebie* verschenken ② *bride* zum Altar führen ③ (*reveal*) **to ~ the game away** alles verraten ◆**give back** *tr verb* zurückgeben (**to** +*Dat*) ◆**give in** **I.** *intr verb* ① (*yield*) nachgeben (**to** +*Dat*); **to ~ in to blackmail** auf Erpressung eingehen; **to ~ in to temptation** der Versuchung erliegen ② (*surrender*) aufgeben **II.** *tr verb* abgeben; *document* einreichen ◆**give off** *tr verb* abgeben; *smell, smoke* ausströmen ◆**give out** **I.** *intr verb* ① (*run out*) ausgehen; *energy* zu Ende gehen ② (*fail*) versagen **II.** *tr verb* ① (*distribute*) verteilen (**to** an) ② (*announce*) verkünden ◆**give over** **I.** *tr verb* ① **to ~ sth over [to sb]** [jdm] etw übergeben ② **to be ~n over to sth** für etw beansprucht werden; **to ~ oneself over to sth** sich etw ganz hingeben **II.** *intr verb* BRIT (*fam*) ① (*stop*) aufhören ② (*doubt*) **they've doubled your salary? ~ over!** sie haben wirklich dein Gehalt verdoppelt?! ◆**give up** **I.** *intr verb* aufgeben **II.** *tr verb* ① (*quit*) aufgeben; *habit* ablegen; **to ~ up doing sth** mit etw aufhören ② (*surrender*) **to ~ up sth to sb** jdm etw überlassen; **to ~ oneself up [to the police]** sich [der Polizei] stellen ③ (*devote*) **to ~ oneself up to sth** sich einer S. *Dat* hingeben
give-and-take *n no pl* ① Geben und Nehmen *nt* ② AM (*debate*) Meinungsaustausch *m*
giveaway **I.** *n* ① *no pl* (*fam: telltale*) **to be a dead ~** alles verraten ② (*freebie*) Werbegeschenk *nt* **II.** *adj* (*low*) **~ price** Schleuderpreis *m*
given ['gɪvᵊn] **I.** *n* gegebene Tatsache; **to take sth as a ~** etw als gegeben annehmen **II.** *adj* ① (*certain*) gegeben ② (*specified*) festgelegt ③ (*tend*) **to be ~ to doing sth** gewöhnt sein, etw zu tun, zu etw neigen **III.** *pp of* **give** **IV.** *prep* **~ sth** angesichts einer S. *Gen*
giver ['gɪvəʳ] *n* Spender(in) *m(f)*
glacial ['gleɪsiəl] *adj* ① glazial; **~ lake** Gletschersee *m* ② (*freezing*) eisig *a. fig*
glacier ['glæsiəʳ] *n* Gletscher *m*
glad <-dd-> [glæd] *adj pred* froh; **to be ~ about sth** sich über etw *Akk* freuen; **to be ~ for sb** sich für jdn freuen
gladly ['glædli] *adv* gern[e]

glamorous ['glæmᵊrəs] *adj* glamourös
glance [glɑːn(t)s] **I.** *n* Blick *m;* **at first ~** auf den ersten Blick; **to see at a ~** mit einem Blick erfassen **II.** *intr verb* **to ~ at sth** auf etw *Akk* schauen; **to ~ up [from sth]** [von etw] aufblicken ◆**glance off** *intr verb* abprallen
glare [gleəʳ] **I.** *n* ❶ (*look*) wütender Blick ❷ *no pl* (*light*) grelles Licht; **~ of the sun** grelles Sonnenlicht **II.** *intr verb* ❶ (*look*) **to ~ [at sb]** [jdn an]starren ❷ (*shine*) blenden; **the sun is glaring in my eyes** die Sonne blendet mich in den Augen
glaring ['gleəʳɪŋ] *adj* ❶ (*staring*) stechend ❷ (*blinding*) blendend; *light* grell ❸ *mistake* eklatant
glass [glɑːs] *n* ❶ *no pl* Glas *nt;* **pane of ~** Glasscheibe *f;* **broken ~** Glasscherben *Pl* ❷ (*cup*) Glas *nt;* **a ~ of water** ein Glas *nt* Wasser ❸ *pl* (*spectacles*) **[a pair of] ~es** eine Brille; **to wear ~es** eine Brille tragen
glass fibre *n* Glasfasern *Pl*
glassful *n* Glas *nt* voll
glasshouse *n* Gewächshaus *nt*
glaze [gleɪz] **I.** *n* Glasur *f* **II.** *tr verb* ❶ glasieren ❷ *window* verglasen **III.** *intr verb* **to ~ [over]** *eyes* glasig werden
glazier ['gleɪziəʳ] *n* Glaser(in) *m(f)*
gleam [gliːm] **I.** *n* Schimmer *m* **II.** *intr verb* schimmern
glee [gliː] *n no pl* Entzücken *nt*
gleeful ['gliːfᵊl] *adj* ausgelassen
glide [glaɪd] **I.** *intr verb* ❶ hingleiten ❷ (*fly*) gleiten **II.** *n* Gleiten *nt kein Pl*
glider ['glaɪdəʳ] *n* Segelflugzeug *nt*
glider pilot *n* Segelflieger(in) *m(f)*
gliding ['glaɪdɪŋ] *n no pl* Segelfliegen *nt;* **to take sb ~** mit jdm Segelfliegen gehen
gliding club *n* Segelflugverein *m*
glimmer ['glɪməʳ] **I.** *intr verb* schimmern **II.** *n* Schimmer *m kein Pl;* **~ of hope/light** Hoffnungs-/Lichtschimmer *m*
glimpse [glɪm(p)s] **I.** *tr verb* flüchtig sehen **II.** *n* [kurzer/flüchtiger] Blick
glint [glɪnt] **I.** *intr verb* glitzern **II.** *n* Glitzern *nt*
glisten ['glɪsᵊn] *intr verb* glitzern, glänzen
glitter ['glɪtəʳ] **I.** *intr verb* glitzern; *eyes* funkeln ▶ **all that ~s is not gold** (*prov*) es ist nicht alles Gold, was glänzt **II.** *n no pl* ❶ (*sparkling*) Glitzern *nt;* (*fig*) Prunk *m* ❷ (*tinsel*) Glitzerwerk *nt*
glittering ['glɪtᵊrɪŋ] *adj* ❶ (*sparkling*) glitzernd ❷ (*impressive*) glanzvoll ❸ (*appealing*) prächtig
glitzy ['glɪtsi] *adj* glanzvoll
gloat [gləʊt] **I.** *intr verb* sich hämisch freuen; **to ~ over sth** sich an etw *Dat* weiden **II.** *n* **to have a ~ [over sth]** seine Schadenfreude über etw *Akk* zeigen
global ['gləʊbᵊl] *adj* ❶ global ❷ (*entire*) umfassend ▶ **to go ~** (*fam*) auf den Weltmarkt vorstoßen, weltweit Bedeutung erlangen
globalization [ˌgləʊbᵊlaɪ'zeɪʃᵊn] *n no pl* Globalisierung *f*
global warming *n* ECOL Erderwärmung *f*
globe [gləʊb] *n* ❶ **the ~** die Erde; **to circle the ~** die Welt umreisen ❷ (*map*) Globus *m*
globetrotter *n* Globetrotter(in) *m(f)*
globocop ['gləʊbəʊkɒp] *n* Weltpolizist(in) *m(f)*
gloom [gluːm] *n no pl* ❶ Düsterheit *f;* **to emerge from the ~** aus dem Dunkel auftauchen ❷ (*depression*) Hoffnungslosigkeit *f*
gloomy ['gluːmi] *adj* ❶ düster ❷ (*dismal*) trostlos; *thoughts* trübe; **to be ~ about sth** für etw schwarzsehen
glorious ['glɔːriəs] *adj* ❶ glorreich ❷ (*splendid*) prachtvoll
glory ['glɔːri] *n* ❶ *no pl* (*honour*) Ruhm *m;* **~ days** Blütezeit *f* ❷ (*splendour*) Herrlichkeit *f,* Pracht *f* ❸ *no pl* REL Ehre *f;* **~ to God in the highest** Ehre sei Gott in der Höhe ▶ **~ be!** Gott sei Dank!
glossy ['glɒsi] **I.** *adj* glänzend; **~ magazine/paper** Hochglanzmagazin *nt*/-papier *nt* **II.** *n* ❶ Hochglanzmagazin *nt* ❷ AM, AUS (*picture*) [Hoch]glanzabzug *m*
glove [glʌv] *n usu pl* Handschuh *m;* **rubber/woollen ~s** Gummi-/Wollhandschuhe *Pl;* **a pair of ~s** ein Paar *nt* Handschuhe; **to fit like a ~** wie angegossen passen
glove compartment *n* Handschuhfach *nt*
glow [gləʊ] **I.** *n no pl* Leuchten *nt; of a lamp, the sun* Scheinen *nt; of a ciga-*

rette, a sunset Glühen *nt* **II.** *intr verb* ① leuchten ② (*red hot*) glühen

glower ['glaʊəʳ] **I.** *intr verb* verärgert aussehen; **to ~ at sb** jdn zornig anstarren **II.** *n* finsterer Blick

glucose ['glu:kəʊs] *n no pl* Traubenzucker *m*

glue [glu:] **I.** *n* Klebstoff *m* **II.** *tr verb* kleben; **to ~ sth on** etw ankleben; **to ~ sth together** etw zusammenkleben

glue stick *n* Klebestift *m*

glum <-mm-> [glʌm] *adj* niedergeschlagen; *expression* mürrisch

GM[1] [ˌdʒi:'em] *adj* BRIT SCHOOL *abbrev of* **grant-maintained** öffentlich bezuschusst

GM[2] [ˌdʒi:'em] *n* ECON *abbrev of* **general manager** Hauptgeschäftsführer(in) *m(f)*

GM[3] [ˌdʒi:'em] *adj abbrev of* **genetically modified** gentechnisch behandelt

GMO [ˌdʒi:em'əʊ] *n abbrev of* **genetically modified organism** gentechnisch veränderter Organismus

gnashers ['næʃəz] *npl* BRIT (*fam: teeth*) Kauwerkzeuge *Pl*

gnaw [nɔ:] **I.** *intr verb* nagen *a. fig* (**on/** [**away**] **at** an) **II.** *tr verb* ① **to ~ sth** an etw *Dat* kauen ② (*fig*) **to be ~ed by guilt** von Schuld geplagt sein

gnawing ['nɔ:ɪŋ] **I.** *adj* nagend **II.** *n no pl* Nagen *nt*

go [gəʊ] **I.** *intr verb* <goes, went, gone> ① (*proceed*) gehen; *vehicle* fahren; *plane* fliegen; **you ~ first!** geh du zuerst!; **to ~ towards sb/sth** auf jdn/etw zugehen; **to ~ home** nach Hause gehen ② (*travel*) reisen; **to ~ by bike** mit dem Fahrrad fahren; **to ~ on a cruise** eine Kreuzfahrt machen; **to ~ on** [**a**] **holiday** in Urlaub gehen; **to ~ to Italy** nach Italien fahren; **last year I went to Spain** letztes Jahr war ich in Spanien; **to ~ on a journey** [*or* **trip**] verreisen, eine Reise machen; **to ~ by plane** fliegen; **to ~ abroad** ins Ausland gehen ③ (*disappear*) verschwinden; **where have my keys gone?** wo sind meine Schlüssel hin?; **my toothache's gone!** meine Zahnschmerzen sind weg!; **to ~ missing** verschwinden ④ (*leave*) gehen; **the bus has gone** der Bus ist schon weg; **let's ~!** los jetzt!; **to let ~ of sth/sb** etw/jdn loslassen ⑤ (*do*) **to ~ looking for sb/sth** jdn/etw suchen gehen ⑥ (*attend*) **to ~ to church/a concert** in die Kirche/ins Konzert gehen; **to ~ to the doctor** zum Arzt gehen ⑦ (*answer*) **I'll ~** (*phone*) ich geh ran ⑧ + *adj* (*become*) werden; **the line has gone dead** die Leitung ist tot; **the milk's gone sour** die Milch ist sauer; **I went cold** mir wurde kalt; **to ~ to sleep** einschlafen ⑨ + *adj* (*be*) **to ~ hungry/thirsty** hungern/dursten ⑩ (*turn out*) **how did your party ~?** und, wie war deine Party?; **how's your thesis ~ing?** was macht deine Doktorarbeit?; **how are things ~ing?** und, wie läuft's?; **things have gone well** es ist gut gelaufen; **to ~ according to plan** nach Plan laufen; **to ~ from bad to worse** vom Regen in die Traufe kommen; **to ~ wrong** schieflaufen ⑪ (*pass*) vergehen; **only two days to ~** nur noch zwei Tage ⑫ (*begin*) **one, two, three, ~!** eins, zwei, drei, los!; **here goes!** jetzt geht's los! ⑬ (*belong*) hingehören; **where do you want that to ~?** wo soll das hin? ⑭ (*be awarded*) **to ~ to sb** an jdn gehen; *property* auf jdn übergehen ⑮ (*extend*) gehen; **the meadow goes down to the stream** die Weide erstreckt sich bis hinunter zum Bach ⑯ (*function*) *watch* gehen; **to get sth ~ing** etw in Gang bringen; **come on! keep ~ing!** ja, weiter!; **to keep a fire ~ing** ein Feuer am Brennen halten ⑰ (*have recourse*) gehen; **to ~ to the police** zur Polizei gehen; **to ~ to war** in den Krieg ziehen ⑱ (*match*) **to ~ with sth** [zu etw] passen ⑲ (*fit*) **five goes into ten two times** fünf geht zweimal in zehn; **will that ~ into the suitcase?** wird das in den Koffer passen? ⑳ (*be sold*) weggehen; **to ~ to sb** an jdn gehen; **to be ~ing cheap** billig zu haben sein ㉑ (*sound*) machen; **there goes the bell** es klingelt; **ducks ~ 'quack'** Enten machen quak; **with sirens ~ing** mit heulender Sirene ㉒ (*accepted*) **anything goes** alles ist erlaubt; **that goes for all of you** das gilt für euch alle! ㉓ (*be told, sung*) gehen; *title, theory* lauten; **the story goes that ...** es heißt, dass ... ㉔ (*compared to*) **as things ~** verglichen mit anderen Dingen **II.** *aux verb, future tense* **to be ~ing to do sth** etw tun werden **III.** *tr verb* <goes,

went, gone> ① (*become*) **my mind went a complete blank** ich hatte voll ein Brett vorm Kopf! ② (*fam: say*) **she goes to me: I never want to see you again!** sie sagt zu mir: ich will dich nie wiedersehen! ③ AM *route* nehmen ▸ **sb will ~ a long way** jd wird es weit bringen **IV.** *n* <*pl* -es> ① (*turn*) **you've had your ~ already!** du warst schon dran!; **it's Stuart's ~ now** jetzt ist Stuart dran; **can I have a ~?** darf ich mal? ② (*attempt*) Versuch *m;* **have a ~!** versuch es doch einfach mal!; **at one ~** auf einen Schlag; **to give sth a ~** etw versuchen ③ *no pl* (*energy*) Antrieb *m;* **full of ~** voller Elan ④ (*fam: activity*) **it's all ~ here** hier ist immer was los ⑤ **to have a ~ at sb** (*criticize*) jdn runtermachen; (*attack*) über jdn herfallen ▸ **from the word ~** von Anfang an

◆**go about** **I.** *intr verb* ① herumlaufen; (*with car*) herumfahren; **to ~ about in groups** in Gruppen herumziehen ② NAUT wenden ③ (*be in circulation*) *rumour, illness* herumgehen **II.** *tr verb* ① (*treat*) *problem* angehen ② **to ~ about one's business** seinen Geschäften nachgehen

◆**go after** *intr verb* **to ~ after sb** ① (*follow*) nach jdm gehen ② (*chase*) jdn verfolgen

◆**go against** *intr verb* **to ~ against sb** ① (*disfavour*) zu jds Ungunsten *Pl* ausgehen ② (*disobey*) sich jdm widersetzen

◆**go ahead** *intr verb* ① vorgehen; (*in vehicle*) vorausfahren ② (*proceed*) vorangehen; (*speak*) losschießen

◆**go along** *intr verb* ① entlanggehen; (*in vehicle*) entlangfahren ② (*progress*) weitergehen ③ (*accompany*) mitgehen ④ (*agree*) **to ~ along with sth/sb** etw/jdm zustimmen

◆**go around** *intr verb* ① (*move around*) **they went around the room** sie liefen im Zimmer herum; **they went around Europe for two months** sie reisten zwei Monate lang durch Europa ② (*move in a curve*) herumgehen um +*Akk; vehicle* herumfahren um +*Akk* ③ (*be in circulation*) *rumour, illness* herumgehen ④ (*be enough*) **there won't be enough soup to ~ around** die Suppe wird nicht für alle reichen ▸ **what goes around, comes around** (*prov*) alles rächt sich früher oder später

◆**go at** *intr verb* ① (*attack*) **to ~ at sb** auf jdn losgehen ② (*fig: eat ravenously*) **to ~ at sth** über etw *Akk* herfallen ③ (*work*) **to ~ at sth** sich an etw *Akk* machen; **to ~ at it** loslegen

◆**go away** *intr verb* weggehen; (*in vehicle*) wegfahren; **~ away!** geh weg!

◆**go back** *intr verb* ① zurückgehen; **to ~ back to sb** zu jdm zurückkehren ② (*revert*) **to ~ back to sth** auf etw *Akk* zurückgreifen; **to ~ back to doing sth** wieder mit etw anfangen ③ (*reverse*) zurückgehen ④ (*dishonour*) **to ~ back on sth** von etw zurücktreten

◆**go beyond** *intr verb* **to ~ beyond sth** ① (*pass*) an etw *Dat* vorübergehen ② (*exceed*) über etw *Akk* hinausgehen

◆**go by** *intr verb* ① vorbeigehen ② (*of time*) vergehen; **in days ~ne by** (*form*) in früheren Tagen ③ AM (*visit*) **to ~ by sb** bei jdm vorbeischauen ④ (*refer to*) **to ~ by sth** nach etw gehen

◆**go down** *intr verb* ① (*descend*) hinuntergehen; (*follow*) entlanggehen; *sun, moon* untergehen ② (*lessen*) nachlassen ③ (*deteriorate*) nachlassen; **to ~ down in sb's opinion** in jds Ansehen sinken ④ (*beaten*) unterliegen; **to ~ down fighting/without a fight** kämpfend/kampflos untergehen ⑤ (*sicken*) **to ~ down with the flu** die Grippe bekommen ⑥ **to ~ down a list** eine Liste [von oben nach unten] durchgehen

◆**go for** *intr verb* ① (*fetch*) holen ② (*try*) **~ for it!** nichts wie ran! ③ (*attack*) **to ~ for sb** auf jdn losgehen ④ (*apply*) **that goes for me too** das gilt auch für mich ⑤ (*fam: like*) **to ~ for sth/sb** auf etw/jdn stehen ⑥ (*advantage*) **he has his experience abroad ~ing for him** seine Auslandserfahrung spricht für ihn

◆**go in** *intr verb* ① hineingehen ② (*fit*) hineinpassen ③ *worker* arbeiten gehen ④ (*hide*) **as soon as the sun goes in, ...** sobald es sich bewölkt, ... ⑤ (*cooperate*) **to ~ in with sb** sich mit jdm zusammentun

◆**go into** *intr verb* ① **to ~ into sth** in etw *Akk* gehen ② (*crash*) **to ~ into sth** in etw *Akk* hineinfahren ③ (*check*) **to ~ into sth** etw erörtern ④ (*join*) **to ~ into sth** einer S. *Dat* beitreten ⑤ **to ~ into action** in Aktion treten; **to ~ into a coma** ins Koma fallen; **to ~ into detail** ins Detail gehen; **to ~ into effect** in Kraft treten; **to ~ into hysterics** hysterisch werden; **to ~ into** journalism Journalist/Journalistin werden; **to ~ into mourning** trauern; **to ~ into reverse** in den Rückwärtsgang schalten; **to ~ into a trance** in Trance [ver]fallen ◆**go off** *intr verb* ❶ weggehen; THEAT abgehen ❷ *light* ausgehen; **to ~ off the air** den Sendebetrieb einstellen ❸ *alarm* losgehen ❹ *bomb* hochgehen ◆**go on** *intr verb* ❶ weitergehen; *vehicle* weiterfahren; **to ~ on ahead** vorausgehen ❷ (*extend*) sich erstrecken ❸ (*continue*) weitermachen; **I can't ~ on** ich kann nicht mehr; **he went on to say that …** dann sagte er, dass …; **to ~ on trying** es weiter versuchen; **to be always ~ing on [about sth]** andauernd [über etw *Akk*] reden ❹ (*criticize*) **to ~ on at sb** an jdm herumnörgeln ❺ (*happen*) passieren; **what's ~ing on here?** was geht denn hier vor? ❻ (*develop*) **he went on to become a teacher** später wurde er Lehrer ❼ (*start*) anfangen; **to ~ on a diet** auf Diät gehen; **to ~ on the dole** stempeln gehen; **to ~ on [a] holiday** in Urlaub gehen; **to ~ on the pill** die Pille nehmen; **to ~ on strike** in den Streik treten; **to ~ on tour** auf Tournee gehen ❽ *lights* angehen ❾ (*refer to*) **to ~ on sth** sich auf etw *Akk* stützen ❿ (*encouraging*) **~ on, have another drink** na komm, trink noch einen ◆**go out** *intr verb* ❶ [hinaus]gehen; **to ~ out to work** arbeiten gehen; **to ~ out jogging/shopping** joggen/einkaufen gehen ❷ (*emigrate*) auswandern ❸ (*visit*) ausgehen; **to ~ out for a meal** essen gehen ❹ (*date*) **to ~ out with sb** mit jdm gehen ❺ *fire* ausgehen ❻ (*be sent out*) verschickt werden; **word has gone out that …** es wurde bekannt, dass … ❼ (*sympathize*) **my heart goes out to him** ich fühle mit ihm ❽ *tide* zurückgehen; **when the tide goes out** bei Ebbe ◆**go over** *intr verb* ❶ (*cross*) hinübergehen; (*in vehicle*) hinüberfahren ❷ (*visit*) **to ~ over to sb** zu jdm rübergehen ❸ (*change*) **to ~ over to sth** zu etw übergehen; **to ~ over to the enemy** zum Feind überlaufen ❹ (*be received*) **to ~ over [badly/well]** [schlecht/gut] ankommen ◆**go round** *intr verb see* **go around** ◆**go through** *intr verb* ❶ durchgehen ❷ (*experience*) durchmachen ❸ (*discuss*) durchgehen ❹ (*be approved*) *plan* durchgehen ❺ (*use up*) aufbrauchen ❻ (*perform*) **to ~ through with sth** durchziehen ◆**go together** *intr verb* zusammenpassen ◆**go under** *intr verb* ❶ untergehen ❷ (*fail*) scheitern ◆**go up** *intr verb* ❶ hinaufgehen; (*climb*) hinaufsteigen ❷ (*increase*) steigen; **everything is ~ing up!** alles wird teurer!; **to ~ up 2%** um 2 % steigen ❸ (*approach*) **to ~ up to sb/sth** auf jdn/etw zugehen ❹ (*extend*) **to ~ up to sth** [bis] zu etw hingehen ◆**go with** *tr verb* ❶ (*accompany*) **to ~ with sb** mit jdm mitgehen; **to ~ with sth** zu etw gehören ❷ (*be associated with*) **to ~ with sth** mit etw einhergehen ◆**go without** *intr verb* **to ~ without sth** ohne etw auskommen

go-ahead ['gəʊəhed] **I.** *n no pl* Erlaubnis *f* (**for** zu); **to give/get the ~** grünes Licht geben/erhalten **II.** *adj* BRIT, AUS fortschrittlich

goal [gəʊl] *n* ❶ Ziel *nt* ❷ SPORTS Tor *nt;* **~ area** Torraum *m;* **to keep ~** das Tor hüten

goalie ['gəʊli] *n* (*fam*), **goalkeeper** *n* Tormann *m*/Torfrau *f*

goal line *n* Torlinie *f* **goal-oriented** *adj* zielorientiert **goalpost** *n* Torpfosten *m*, Goalpfosten *m* SCHWEIZ

goat [gəʊt] *n* Ziege *f;* **~'s milk** Ziegenmilch *f* ▶ **to get sb's ~** jdn auf die Palme bringen

goatee [gəʊ'tiː] *n* Spitzbart *m*

gob [gɒb] *n* BRIT, AUS (*sl: mouth*) Maul *nt;* **shut your ~!** halt's Maul!

gobble ['gɒbl] **I.** *intr verb turkey* kollern **II.** *tr verb* (*fam*) [hinunter]schlingen

go-between ['gəʊbɪˌtwiːn] *n* Vermittler(in) *m(f)*

go-cart *n* AM *see* **go-kart**

god [gɒd] *n* Gott *m;* **~ of war** Kriegsgott *m*

god-awful *adj* (*fam*) beschissen *sl* **godchild** *n* Patenkind *nt* **goddamned** *adj* (*pej!*) gottverdammt **goddaughter** *n* Patentochter *f*

goddess <*pl* -es> ['gɒdes] *n* Göttin *f;* **screen ~** [Film]diva *f*

godfather *n* ❶ (*godparent*) Patenonkel *m*, Pate *m* ❷ (*mafia*) Pate *m* **god-fearing** *adj* gottesfürchtig **godforsaken** *adj attr* gottverlassen *fam* **god-**

mother *n* Patentante *f,* Patin *f;* **fairy ~** gute Fee **godparent** *n* Pate *m*/Patin *f* **godsend** *n* (*fam*) Gottesgeschenk *nt* **godson** *n* Patensohn *m*

goer ['gəʊəʳ] *n* (*fam*) ❶ Geher *m;* **my car's not much of a ~** mein Auto ist nicht besonders schnell ❷ BRIT (*fig: woman*) Feger *m*

goes [gəʊz] *3rd pers sing of* **go**

go-getter *n* Tatmensch *m*

go-getting *adj* tatkräftig

goggle ['gɒgl] **I.** *intr verb* (*fam*) glotzen; **to ~ at sb/sth** jdn/etw anglotzen **II.** *n* [**a pair of**] **~s** eine [Schutz]brille

goggle-box *n* BRIT (*fam*) Glotze *f* **goggle-eyed** *adj* (*fam*) mit Kulleraugen *nachgestellt*

going ['gəʊɪŋ] **I.** *n* ❶ Gehen *nt* ❷ (*departure*) Weggang *m* ❸ (*conditions*) **easy/rough ~** günstige/ungünstige Bedingungen ❹ *of a track* Bahn *f* **II.** *adj* **to get/keep sth ~** etw in Gang bringen/halten

going price *n* (*market price*) Marktwert *m;* (*current price*) aktueller Preis

goings-on *npl* Vorfälle *Pl*

go-kart *n* Gokart *m*

gold [gəʊld] *n* Gold *nt* ▸ [**as**] **good as ~** mustergültig

golden ['gəʊldᵊn] *adj* golden *a. fig;* **~ brown** goldbraun

goldfish *n* Goldfisch *m* **gold medal** *n* Goldmedaille *f* **goldmine** *n* Goldmine *f;* (*fig*) Goldgrube *f fam*

golf [gɒlf] **I.** *n no pl* Golf *nt;* **a round of ~** eine Runde Golf; **~ cart** Golfwagen *m* **II.** *intr verb* Golf spielen

golf ball *n* Golfball *m* **golf club** *n* ❶ Golfschläger *m* ❷ + *sing/pl verb* (*members*) Golfclub *m* **golf course** *n* Golfplatz *m*

golfer ['gɒlfəʳ] *n* Golfer(in) *m(f)*

golf links *npl* AM Golfplatz *m;* BRIT Golfplatz *m* an der Küste

gone [gɒn] **I.** *pp of* **go** **II.** *prep* BRIT **it's just ~ ten o'clock** es ist kurz nach zehn Uhr **III.** *adj* ❶ (*missing*) weg ❷ (*dead*) tot; **to be pretty far ~** beinahe tot sein

goner ['gɒnəʳ] *n* (*fam*) **to be a ~** es nicht mehr lange machen

goo [gu:] *n no pl* (*fam*) Schmiere *f*

good [gʊd] **I.** *adj* <better, best> ❶ gut; *weather* schön; **~ morning/evening** guten Morgen/Abend; **have a ~ day!** schönen Tag noch!; **to have a ~ time** [viel] Spaß haben; **~ dog!** braver Hund!; **to do a ~ job** gute Arbeit leisten; **it's a ~ job** [**that**] ... zum Glück ...; **the ~ life** das süße Leben ❷ (*kind*) **it was very ~ of you to help us** es war sehr lieb von dir, uns zu helfen ❸ (*thorough*) gut; **to have a ~ laugh** ordentlich lachen ❹ (*substantial*) beträchtlich; **to make ~ money** gutes Geld verdienen; **a ~ deal** jede Menge ❺ (*reliable*) **to be** [**as**] **~ as one's word** vertrauenswürdig sein ❻ **as ~ as ...** (*almost*) so gut wie ... ❼ (*in exclamations*) **~ old Chris!** der gute alte Chris!; **~ gracious!** ach du liebe Zeit!; **~ grief!** du meine Güte! ▸ **it's as ~ as it gets** besser wird's nicht mehr **II.** *adv* ❶ AM, DIAL (*fam: well*) gut ❷ (*fam: thoroughly*) gründlich; **to do sth ~ and proper** etw richtig gründlich tun **III.** *n no pl* ❶ Gute *nt;* **~ and evil** Gut und Böse; **to be up to no ~** nichts Gutes im Schilde führen; **to do ~** Gutes tun; **the ~** *pl* die Guten ❷ (*benefit*) Wohl *nt;* **to do more harm than ~** mehr schaden als nützen; **for the ~ of his health** seiner Gesundheit zuliebe

goodby AM *see* **goodbye**

goodbye¹ [gʊ(d)'baɪ] *interj* auf Wiedersehen; **to wave ~** zum Abschied winken

goodbye² [gʊd'baɪ] *n* Abschied *m;* **to say one's ~s** sich verabschieden

good-for-nothing **I.** *n* Taugenichts *m* **II.** *adj* nichtsnutzig **Good Friday** *n* Karfreitag *m* **good-humored** *adj* AM *see* **good-humoured** **good-humoured** [ˌgʊd'hju:məd] *adj* ❶ (*cheerful*) fröhlich ❷ (*good-natured*) gutmütig **good-looking** *adj* <more good-looking *or* better-looking, most good-looking *or* best-looking> gut aussehend **good looks** *npl* gutes Aussehen

goodly ['gʊdli] *adj attr* (*old*) ansehnlich

good-natured *adj* gutmütig

goodness ['gʊdnəs] **I.** *n no pl* ❶ (*virtue*) Tugendhaftigkeit *f* ❷ (*kindness*) Freundlichkeit *f,* Güte *f* ❸ *of food* Wertvolle(s) *nt* ❹ (*for emphasis*) **for ~' sake** du liebe Güte; **~ knows** weiß der Himmel; **thank ~** Gott sei Dank **II.** *interj* **~** [**gracious**] [**me**]!, **my ~!** [ach du] meine Güte

goods [gʊdz] **I.** *npl* Waren *Pl,* Güter *Pl;*

sports ~ Sportartikel *Pl;* **manufactured** ~ Fertigprodukte *Pl;* **stolen** ~ Diebesgut *nt* **II.** *adj attr* BRIT Güter-; ~ **vehicle** Nutzfahrzeug *nt*
good-sized *adj attr* [recht] groß **good-tempered** *adj* gutmütig
goody ['gʊdi] **I.** *n* tolle Sache; (*titbit*) Leckerbissen *m* **II.** *interj* (*usu childspeak*) spitze
goody-two-shoes *n* (*pej fam*) Tugendbold *m*
gooey ['gu:i] *adj* (*fam*) klebrig; (*fig*) schmalzig

G

goof [gu:f] *esp* AM **I.** *n* (*fam*) Patzer *m* **II.** *intr verb* (*fam*) **to** ~ [**up**] Mist bauen
◆ **goof up** AM **I.** *tr verb* (*fam*) vermasseln **II.** *intr verb* (*fam*) Mist bauen
goofy ['gu:fi] *adj esp* AM (*fam*) doof
google ['gu:gl] INET **I.** *intr verb* googeln **II.** *tr verb* **to** ~ **sth** etw googeln
goose [gu:s] *n* <*pl* **geese**> Gans *f* ▶ **to cook sb's** ~ jdm die Suppe versalzen
gooseberry ['gʊzbəri] *n* Stachelbeere *f* ▶ **to play** ~ BRIT das fünfte Rad am Wagen sein
goosebumps *npl esp* AM, **gooseflesh** *n no pl,* **goose pimples** *npl* Gänsehaut *f kein Pl*
goosestep **I.** *intr verb* <-pp-> im Stechschritt marschieren **II.** *n no pl* Stechschritt *m*
gorge [gɔ:dʒ] **I.** *n* Schlucht *f* **II.** *intr verb* sich vollessen **III.** *tr verb* **to** ~ **oneself on sth** sich mit etw vollstopfen
gorgeous ['gɔ:dʒəs] *adj* ❶ herrlich, großartig; **the bride looked** ~ die Braut sah zauberhaft aus; **hello, Gorgeous!** hallo, du Schöne! ❷ (*fam: pleasant*) ausgezeichnet, fabelhaft
gorilla [gə'rɪlə] *n* Gorilla *m a. fig*
gorse [gɔ:s] *n no pl* Stechginster *m*
gory ['gɔ:ri] *adj* blutig; *film* blutrünstig
go-slow *n* BRIT Bummelstreik *m*
gospel ['gɒspəl] *n* ❶ BIBL Evangelium *nt;* **the Gospel according to Saint Mark** das Markus-Evangelium ❷ (*fig*) Grundsätze *Pl* ▶ **to take sth as** ~ etw für bare Münze nehmen
gossip ['gɒsɪp] **I.** *n* ❶ *no pl* Klatsch *m;* **idle** ~ leeres Geschwätz ❷ (*pej: person*) Tratschbase *f* **II.** *intr verb* ❶ (*chatter*) schwatzen ❷ (*rumours*) tratschen
gossip column *n* Klatschspalte *f*
got [gɒt] *pt, pp of* **get**
gotten ['gɒtən] AM, AUS *pp of* **got**
govern ['gʌvən] **I.** *tr verb* ❶ regieren ❷ **to be** ~**ed by sth** durch etw bestimmt werden **II.** *intr verb* regieren; **to be fit/unfit to** ~ regierungsfähig/-unfähig sein
governing ['gʌvənɪŋ] *adj* regierend; ~ **body** Vorstand *m;* **self-**~ autonom
government ['gʌvənmənt] *n* Regierung *f;* **local** ~ Kommunalverwaltung *f;* **in** ~ BRIT, AUS an der Regierung; ~ **agency** Behörde *f;* ~ **grant** staatlicher Zuschuss; ~ **intervention** Eingreifen *nt* der Regierung; ~ **policy** Regierungspolitik *f;* ~ **property** Staatseigentum *nt;* ~ **spending** Staatsausgaben *Pl;* ~ **securities** staatliche Wertpapiere *Pl;* ~ **subsidy** Subvention *f*
GP [ˌdʒi:'pi:] *n abbrev of* **general practitioner**
GPO [ˌdʒi:pi:'əʊ] *n* BRIT *abbrev of* **General Post Office** Hauptpostamt *nt*
GPU [ˌdʒi:pi:'ju:] *n* COMPUT *abbrev of* **graphics processing unit** GPU *f*
grab [græb] **I.** *n* ❶ Griff *m;* **to make a** ~ **for sth** nach etw greifen ❷ MECH, TECH Greifer *m* ▶ **to be up for** ~**s** zu haben sein **II.** *tr verb* <-bb-> ❶ [sich *Dat*] schnappen; **to** ~ **hold of sb/sth** jdn/etw festhalten ❷ **to** ~ **a bite** [**to eat**] schnell einen Happen essen; **to** ~ **some sleep** [ein wenig] schlafen **III.** *intr verb* <-bb-> grapschen; **to** ~ **at sb** jdn begrapschen
grab-and-go *adj* (*fam*) *meal* zum Mitnehmen *nachgestellt*
grace [greɪs] *n* ❶ *no pl of a movement* Grazie *f; of an appearance* Anmut *f* ❷ *of behaviour* Anstand *m kein Pl;* **social** ~**s** gesellschaftliche Umgangsformen ❸ *no pl* (*mercy*) Gnade *f* ❹ *no pl* (*favour*) Gnade *f;* **to fall from** ~ in Ungnade fallen ❺ *no pl* (*prayer*) Tischgebet *nt* ❻ *no pl* (*title*) **Your** ~ (*duke, duchess*) Eure Hoheit; (*archbishop*) Eure Exzellenz
gracious ['greɪʃəs] **I.** *adj* ❶ (*kind*) liebenswürdig ❷ (*merciful*) gnädig **II.** *interj* [**good**] ~ [**me**]! [du] meine Güte!
grade [greɪd] **I.** *n* ❶ (*rank*) Rang *m* ❷ *of salary* Gehaltsstufe *f* ❸ (*of quality*) Qualität *f* ❹ SCHOOL (*mark*) Note *f* ❺ AM (*gradient*) Neigung *f* **II.** *tr verb*

① SCHOOL, UNIV benoten ② (*categorize*) einteilen

grading *n* ① (*gradation*) Maßeinteilung *f* ② (*of colours etc.*) Abstufung *f* ③ (*classification*) Klassifizierung *f*; SCHOOL Benotung *f*

gradual ['grædʒuəl] *adj* ① (*not sudden*) allmählich ② (*not steep*) sanft

gradually ['grædʒuəli] *adv* ① (*not suddenly*) allmählich ② (*not steeply*) sanft

graduate[1] ['grædʒuət] *n* ① UNIV Absolvent(in) *m(f)*; ~ **student** Student(in) *m(f)* mit Universitätsabschluss; ~ **unemployment** Akademikerarbeitslosigkeit *f* ② AM SCHOOL Schulabgänger(in) *m(f)*

graduate[2] ['grædʒueɪt] **I.** *intr verb* ① UNIV einen akademischen Grad erwerben; **to ~ with honours** seinen Abschluss mit Auszeichnung machen ② AM SCHOOL die Abschlussprüfung bestehen **II.** *tr verb* ① (*calibrate*) einteilen ② AM (*award degree*) **to ~ sb** jdn graduieren

graduated ['grædʒueɪtɪd] *adj* FIN gestaffelt

graduation [ˌgrædʒu'eɪʃᵊn] *n* ① *no pl* SCHOOL, UNIV (*completion*) [Studien]abschluss *m* ② (*ceremony*) Abschlussfeier *f*

grain [greɪn] *n* ① Korn *nt*, Körnchen *nt*; **~ of sand/wheat** Sand-/Weizenkorn *nt* ② *no pl* (*texture*) Maserung *f*

grain export *n* Getreideexport *m* **grain market** *n* Getreidemarkt *m*

gram [græm] *n* Gramm *nt*

grammar ['græməʳ] *n* Grammatik *f*; **to be good/bad ~** grammatikalisch richtig/falsch sein

grammar book *n* Grammatik *f* **grammar school** *n* ① AM (*elementary school*) Grundschule *f* ② BRIT (*upper level school*) ≈ Gymnasium *nt*

grammatical [grə'mætɪkᵊl] *adj* grammati[kali]sch

gramme *n* BRIT *see* **gram**

gran [græn] *n* (*fam*) *short for* **grandmother** Oma *f*, Omi *f*

granary bread *n no pl* BRIT, **granary loaf** *n* BRIT ≈ Mehrkornbrot *nt*

grand [grænd] **I.** *adj* ① prächtig, großartig; **to make a ~ entrance** einen großen Auftritt haben ② (*fam: excellent*) großartig ③ **he lived to the ~ old age of 97** er erreichte das gesegnete Alter von 97 Jahren ④ (*far-reaching*) **~ ambitions/ideas** große Pläne/Ideen; **on a ~ scale** in großem Rahmen ⑤ (*total*) **~ total** Gesamtsumme *f* **II.** *n* ① <*pl* -> (*fam: $/£1000*) Mille *f* ② (*piano*) Flügel *m*

The Grand National zählt zu den bedeutendsten Pferderennen der Welt. Der britische Hindernislauf fand erstmals 1836 statt; seit 1839 wird er jedes Jahr in Aintree bei Liverpool ausgetragen. Auf der 7,2 Kilometer langen Rennstrecke müssen die Pferde 30 Hindernisse überwinden, davon einige sogar mehrmals. Der Parcours gilt als besonders schwierig und gefährlich, weshalb er immer wieder von Tierschützern kritisiert wird.

grandad ['grændæd] *n* (*fam: grandfather*) Opa *m*

grandchild *n* Enkelkind *nt* **granddad** *n* (*fam*) *see* **grandad** **granddaughter** *n* Enkeltochter *f* **grandfather** *n* Großvater *m*

grand jury *n + sing/pl verb* AM Anklagejury *f*

grandma *n* (*fam*) Oma *f*, Omi *f* **grandmaster** *n* ① Großmeister(in) *m(f)* ② (*Freemason*) Großmeister *m* **grandmother** *n* Großmutter *f* **grandpa** *n* (*fam*) Opa *m*, Opi *f* **grandparent** *n* Großvater *m*/Großmutter *f*; **the ~s** die Großeltern **grand piano** *n* [Konzert]flügel *m* **grandson** *n* Enkel[sohn] *m* **grandstand** *n* [Haupt]tribüne *f* **grand sum** *n*, **grand total** *n* Gesamtsumme *f*

granite ['grænɪt] *n no pl* Granit *m*

grannie, granny ['græni] *n* (*fam*) Oma *f*, Omi *f*

grant [grɑːnt] **I.** *n* ① Zuschuss *m oft Pl*; (*subsidy*) Subvention *f* ② UNIV Stipendium *nt*; [**government**] ~ ≈ Bafög *nt* **II.** *tr verb* ① (*allow*) **to ~ sb sth** jdm etw gewähren; *favour* jdm etw erweisen ② (*confess*) zugeben; **~ed, ...** zugegeben, ...

granulated ['grænjəleɪtɪd] *adj* granuliert; ~ **sugar** Kristallzucker *m*

grape [greɪp] **I.** *n* [Wein]traube *f*; **a**

G

bunch of ~s eine [ganze] Traube **II.** *adj attr* Trauben-

grapefruit <*pl* - *or* -s> ['greɪpfru:t] *n* Grapefruit *f* **grapevine** *n* Weinstock *m* ▶ **sb hears sth on** [*or* **through**] **the ~** etw kommt jdm zu Ohren; **I heard** [**it**] **on the ~ that ...** ich habe munkeln hören, dass ...

graph [grɑ:f] *n* Diagramm *nt,* Graph *m;* **bar** [*or* **block**] **~** Säulendiagramm *nt*

graphic ['græfɪk] *adj* ❶ grafisch ❷ (*vivid*) anschaulich; **in ~ detail** haarklein ❸ ART Grafik-; **~ design** Grafikdesign *nt*

G

graphics ['græfɪks] *npl* Grafik *f*

graphics card *n* Grafikkarte *f* **graphics screen** *n* Grafikbildschirm *m*

grapple ['græpl̩] *intr verb* **to ~ with sb** mit jdm; **to ~ for sth** um etw kämpfen; **to ~ with a problem** mit einem Problem zu kämpfen haben

grasp [grɑ:sp] **I.** *n no pl* ❶ Griff *m* ❷ (*fig*) **to be within sb's ~** zum Greifen nahe sein ❸ **to have a good ~ of a subject** ein Fach gut beherrschen **II.** *tr verb* [fest] [er]greifen; **to ~ sb by the arm/hand** jdn am Arm/an der Hand fassen **III.** *intr verb* ❶ **to ~ at sth** nach etw greifen ❷ (*fig*) **to ~ at the opportunity** die Gelegenheit beim Schopfe packen

grasping ['grɑ:spɪŋ] *adj* (*fig*) habgierig

grass <*pl* -es> [grɑ:s] **I.** *n* ❶ Gras *nt;* **to put cattle out to ~** [das] Vieh auf die Weide treiben ❷ *no pl* (*fam: dope*) Grass *nt sl* **II.** *adj* Gras-; **~ court** Rasenplatz *m;* **~ verges** BRIT Grünstreifen *Pl* **III.** *tr verb* mit Gras bepflanzen **IV.** *intr verb* BRIT, AUS (*sl*) singen; **to ~ on sb** jdn verpfeifen

grasshopper *n* Heuschrecke *f* **grass snake** *n* AM Grasnatter *f;* BRIT Ringelnatter *f*

grate¹ [greɪt] *n* ❶ Rost *m* ❷ (*hearth*) Kamin *m*

grate² [greɪt] **I.** *intr verb* ❶ kratzen ❷ *noise* in den Ohren wehtun; **to ~ on sb['s nerves]** jdm auf die Nerven gehen **II.** *tr verb* reiben

grateful ['greɪtfᵊl] *adj* dankbar

grater ['greɪtəʳ] *n* Reibe *f*

grating ['greɪtɪŋ] **I.** *n* Gitter *nt* **II.** *adj* knirschend

gratitude ['grætɪtju:d] *n no pl* Dankbarkeit *f*

gratuity [grə'tju:əti] *n* ❶ Trinkgeld *nt* ❷ AM (*bribe*) **illegal ~** Bestechungsgeld *nt*

grave¹ [greɪv] *n* Grab *nt* ▶ **to have one foot in the ~** mit einem Bein im Grab stehen

grave² [grɑ:v] *adj face, music* ernst; (*bad*) *news* schlimm; (*worrying*) *conditions* bedenklich; *decision* schwerwiegend; *mistake* gravierend

gravel ['grævᵊl] *n no pl* Kies *m;* **~ road** Schotterstraße *f*

gravel pit *n* Kiesgrube *f*

gravestone *n* Grabstein *m* **graveyard** *n* Friedhof *m*

graving dock *n* Trockendock *nt*

gravitational [ˌgrævɪ'teɪʃᵊnᵊl] *adj* Gravitations-

gravity ['grævəti] *n no pl* ❶ Schwerkraft *f;* **the force of ~** die Schwerkraft; **the law of ~** das Gesetz der Schwerkraft ❷ (*dignity*) Ernst *m*

gravy ['greɪvi] *n no pl* [Braten]soße *f*

gravy boat *n* Sauciere *f,* Soßenschüssel *f*

gray *adj* AM *see* **grey**

graze¹ [greɪz] **I.** *n* Schürfwunde *f* **II.** *tr verb* streifen

graze² [greɪz] **I.** *intr verb* grasen, weiden **II.** *tr verb animals* weiden lassen; *meadow* abgrasen

grease [gri:s] **I.** *n* Fett *nt;* **~ mark** Fettfleck *m* **II.** *tr verb* [ein]fetten; MECH schmieren ▶ **like ~d lightning** wie ein geölter Blitz

greasepaint *n* Fettschminke *f* **greaseproof paper** *n* Pergamentpapier *nt;* (*for oven*) Backpapier *nt* **grease spot** *n* Fettfleck *m*

greasy ['gri:si] *adj* ❶ fettig; *food* fett ❷ (*fig*) schmierig

greasy pole *n* (*fig*) mit Hindernissen gespickte Karriereleiter

great [greɪt] **I.** *adj* ❶ (*big*) groß; **a ~ deal of time/money** eine Menge Zeit/Geld; **to a ~ extent** im Großen und Ganzen ❷ (*famous*) groß ❸ (*wonderful*) großartig, hervorragend, toll *fam;* **to not feel all that ~** sich gar nicht gut fühlen; **~!** (*iron fam*) na prima! **II.** *adv* (*fam*) **~ big** riesengroß; **~ long** unheimlich lang **III.** *n* ❶ Größe *f* ❷ (*in titles*) **Alexander the Great** Alexander der

Große; **Catherine the Great** Katharina die Große
great-aunt *n* Großtante *f*
Great Britain *n* Großbritannien *nt*

> **Great Britain** besteht aus England, Schottland und Wales. Wer England als Synonym für Großbritannien verwendet, liegt also nicht ganz richtig. Gemeinsam mit Nordirland bilden die drei Länder das *United Kingdom* (das Vereinigte Königreich). Aufgrund der Unabhängigkeitsbestrebungen der einzelnen Länder geriet die politische Union in den letzten Jahren immer wieder unter Druck. Dem gegenüber steht der rein geografische Begriff *the British Isles* (die Britischen Inseln). Er bezieht sich auf die Hauptinseln Großbritannien und Irland einschließlich der Isle of Man und umfasst auch die Hebriden *(Hebrides)*, die Orkneys, die Shetland-Inseln, die Scilly Isles und die Kanalinseln *(Channel Islands)*.

greatcoat *n* BRIT [schwerer] Mantel, [schwerer] Wintermantel
great-grandchild *n* Urenkel(in) *m(f)* **great-granddaughter** *n* Urenkelin *f* **great-grandfather** *n* Urgroßvater *m* **great-grandmother** *n* Urgroßmutter *f* **great-grandson** *n* Urenkel *m*
greatly ['greɪtli] *adv* sehr; ~ **impressed** tief beeindruckt; **to ~ regret** zutiefst bedauern
greatness ['greɪtnəs] *n no pl* Bedeutsamkeit *f*
great-uncle *n* Großonkel *m*
Grecian ['griːʃᵊn] *adj* griechisch
Greece [griːs] *n* Griechenland *nt*
greed [griːd] *n no pl* Gier *f* (**for** nach)
greedy ['griːdi] *adj* gierig; (*covetous*) habgierig; **to be ~ for sth** (*fig*) gierig nach etw sein; **~-guts** + *sing verb* BRIT, AUS (*fam*) [kleiner] Vielfraß; ~ **pig** (*pej*) Vielfraß *m*
Greek [griːk] **I.** *n* ❶ Grieche *m*/Griechin *f* ❷ (*language*) Griechisch *nt;* **ancient ~** Altgriechisch *nt;* **modern ~** Neugriechisch *nt* **II.** *adj* griechisch
green [griːn] **I.** *n* ❶ *no pl* Grün *nt* ❷ (*food*) **~s** Blattgemüse *nt kein Pl* ❸ POL **Green** Grüne(r) *f(m);* **the Greens** die Grünen **II.** *adj* ❶ grün ❷ POL **Green** grün, ökologisch; **Green issues** Umweltschutzfragen *Pl*
greenback *n* (*fam*) ❶ AM Dollar[schein] *m* ❷ (*frog*) Laubfrosch *m* **green belt** *n* Grüngürtel *m* **green card** *n* ❶ BRIT [internationale] Grüne [Versicherungs]karte ❷ AM Greencard *f* (*Aufenthaltserlaubnis mit Arbeitsgenehmigung*)
greenery ['griːnᵊri] *n no pl* Grün *nt*
greengage *n* [grüne] Reneklode
greengrocer *n* BRIT Obst- und Gemüsehändler(in) *m(f);* **at the ~'s** im Obst- und Gemüseladen
greenhouse *n* Gewächshaus *nt*
greenhouse effect *n no pl* ~ Treibhauseffekt *m*
greenish ['griːnɪʃ] *adj* grünlich
greenness ['griːnnəs] *n no pl* Grün[e] *nt*
green pepper *n* grüne Paprikaschote
Greenwich ['grenɪdʒ] *n* Greenwich *nt* (*Stadtteil Groß-Londons*)
greet [griːt] *tr verb* ❶ [be]grüßen; (*receive*) empfangen ❷ (*react*) reagieren; **the unions ~ed his decision with delight/anger** die Gewerkschaften haben seine Entscheidung sehr begrüßt/mit Zorn aufgenommen
greeting ['griːtɪŋ] *n* Begrüßung *f;* **she smiled at me in ~** sie begrüßte mich mit einem Lächeln; **~s** Grüße *Pl;* **warm ~s to you all** herzliche Grüße an euch alle
Grenada [grə'neɪːdə] *n* Grenada *nt*
Grenadan [grə'neɪːdən] **I.** *adj* grenadisch **II.** *n* Grenader(in) *m(f)*
grenade [grə'neɪd] *n* Granate *f*
grew [gruː] *pt of* **grow**
grey [greɪ] **I.** *n no pl* Grau *nt* **II.** *adj* grau *a. fig; face* [asch]grau
greyhound *n* Windhund *m*
grey pound *n* BRIT Finanzkraft *f* der Senioren
grid [grɪd] *n* ❶ Gitter *nt* ❷ (*lines*) Gitternetz *nt*
grid square *n* Planquadrat *nt*
grief [griːf] *n no pl* ❶ tiefe Trauer, Kummer *m* ❷ (*bother*) **to cause ~** für Ärger sorgen; **to come to ~** (*fail*) scheitern; (*have an accident*) zu Schaden kommen ❸ **good ~!** du liebe Zeit!
grieve [griːv] **I.** *intr verb* bekümmert

G

sein; **to ~ for sb** um jdn trauern; **to ~ over sth** über etw *Akk* betrübt sein **II.** *tr verb* **to ~ sb** jdm Kummer bereiten

grill [grɪl] **I.** *n* Grill *m;* (*barbecue*) [Grill]rost *m* **II.** *tr verb* ① grillen ② (*fam: interrogate*) ausquetschen

grille [grɪl] *n* Gitter *nt*

grilling ['grɪlɪŋ] *n* (*fam*) strenges Verhör; **to give sb a [good] ~** jdn [ordentlich] in die Mangel nehmen

grim [grɪm] *adj* ① grimmig, verbissen ② (*unpleasant*) trostlos; **to feel ~** sich miserabel fühlen

G

grin [grɪn] **I.** *n* Grinsen *nt kein Pl* **II.** *intr verb* grinsen ▶ **to ~ and bear it** gute Miene zum bösen Spiel machen

grind [graɪnd] **I.** *n no pl* (*fam*) **the daily ~** der tägliche Trott; **to be a real ~** sehr mühsam sein **II.** *tr verb* <ground, ground> ① mahlen; AM, AUS *meat* fein hacken; **to ~ sth [in]to a powder** etw fein zermahlen ② *knife* schleifen ◆**grind down** *tr verb* ① abschleifen; *mill* zerkleinern; **to ~ sth down to flour** etw zermahlen ② (*wear*) abtragen ③ (*tire*) zermürben ◆**grind out** *tr verb* ① (*produce*) ununterbrochen produzieren ② *cigarette* ausdrücken

grindstone ['graɪn(d)stəʊn] *n* Schleifstein *m* ▶ **to keep one's nose to the ~** sich [bei der Arbeit] ranhalten

grip [grɪp] **I.** *n* Griff *m kein Pl a. fig;* **to keep a [firm] ~ on sth** etw festhalten **II.** *tr verb* <-pp-> ① packen ② (*fig*) packen; (*interest*) fesseln **III.** *intr verb* <-pp-> greifen

gripping ['grɪpɪŋ] *adj* packend, fesselnd

gristle ['grɪsl̩] *n no pl* Knorpel *m*

grit [grɪt] **I.** *n no pl* ① Splitt *m* ② (*fig: courage*) Schneid *m* **II.** *tr verb* <-tt-> ① streuen ② **to ~ one's teeth** die Zähne zusammenbeißen *a. fig*

grizzly ['grɪzli] **I.** *adj* BRIT quengelig **II.** *n* Grizzlybär(in) *m(f)*

groan [grəʊn] **I.** *n* Stöhnen *nt kein Pl* **II.** *intr verb* ① [auf]stöhnen; **to ~ inwardly** einen inneren Seufzer ausstoßen; **to ~ about sth** (*fig*) sich über etw *Akk* beklagen ② (*creak*) ächzen

grocer ['grəʊsəʳ] *n* Lebensmittelhändler(in) *m(f)*

grocery ['grəʊsᵊri] *n* Lebensmittelgeschäft *nt*

groggy ['grɒgi] *adj* angeschlagen

groin [grɔɪn] *n* Leiste *f*

groom [gru:m] **I.** *n* ① Bräutigam *m* ② (*keeper*) Pferdepfleger(in) *m(f)* **II.** *tr verb* **to ~ an animal** einem Tier das Fell pflegen

grooming *n* INET **internet ~** *Kontaktaufnahme mit sexuellen Absichten über das Internet mit Minderjährigen*

groove [gru:v] *n* Rille *f*

groovy <-ie-> ['gru:vi] *adj* (*dated sl*) doll

grope [grəʊp] **I.** *n* (*fam*) Befummeln *nt kein Pl* **II.** *intr verb* **to ~ about** herumtasten; **to ~ for sth** nach etw tasten **III.** *tr verb* ① **to ~ one's way** sich *Dat* tastend seinen Weg suchen ② (*fam*) **to ~ sb** jdn befummeln

gross[1] <*pl* - *or* -es> [grəʊs] *n* Gros *nt;* **by the ~** en gros

gross[2] [grəʊs] **I.** *adj* ① grob ② (*ugly*) abstoßend; (*revolting*) ekelhaft **II.** *adj* Brutto-; **~ domestic/national product** Bruttoinlands-/Bruttosozialprodukt *nt* **III.** *tr verb* FIN brutto einnehmen

gross income *n* ECON ① Bruttoeinkommen *nt* ② (*profit*) Bruttoerlös *m*

grossly ['grəʊsli] *adv* extrem

gross-out ['grəʊsaʊt] *adj attr esp* AM (*fam*) derb, widerlich

gross profit *n* FIN Bruttogewinn *m*

grotty <-ie-> ['grɒti] *adj* BRIT (*fam*) mies; (*soiled*) gammelig

grouch [graʊtʃ] **I.** *n* <*pl* -es> ① Griesgram *m pej* ② (*complaint*) Beschwerde *f* **II.** *intr verb* [herum]nörgeln (**about** an)

grouchy ['graʊtʃi] *adj* griesgrämig

ground[1] [graʊnd] **I.** *n no pl* ① [Erd]boden *m,* Erde *f;* **above/below ~** über/unter der Erde; **to fall to the ~** zu Boden fallen; **to go to ~** *animal* in Deckung gehen ② *no pl* (*area*) [ein Stück] Land *nt;* **level ~** flaches Gelände; **waste ~** brachliegendes Land; **to gain/lose ~** MIL Boden gewinnen/verlieren; (*fig*) an Boden gewinnen/verlieren ③ **~s** *pl* (*environs*) Anlagen *Pl* ④ SPORTS Platz *m,* [Spiel]feld *nt* ⑤ **common ~** Gemeinsame(s) *nt;* **in his lectures he covered a lot of ~** in seinen Vorträgen sprach er vieles an ⑥ **~s** *pl* (*reasons*) Grund *m;* **~s for divorce** Scheidungsgrund *m* ⑦ AM ELEC Erde *f* ▶ **to break**

new ~ bahnbrechend sein; *person* Neuland betreten **II.** *tr verb* ① **to be ~ed** *plane* nicht starten können; (*fig fam*) Hausarrest haben ② NAUT auf Grund setzen; **to be ~ed** auflaufen ③ (*base*) **to be ~ed [up]on sth** auf etw *Dat* basieren

ground² [graʊnd] **I.** *tr verb pt of* **grind** **II.** *adj* gemahlen **III.** *n* **~s** [Boden]satz *m kein Pl*

ground crew *n + sing/pl verb* AVIAT Bodenpersonal *nt kein Pl* **ground floor** *n* Erdgeschoss *nt,* Parterre *nt;* **to live on the ~** parterre [*o* im Erdgeschoss] wohnen **ground frost** *n* Bodenfrost *m*

grounding ['graʊndɪŋ] *n no pl* Grundlagen *Pl*

groundless ['graʊndləs] *adj* grundlos

ground personnel *n + pl verb* AVIAT Bodenpersonal *nt*

groundsheet *n* BRIT Bodenplane *f*

groundskeeper *n* AM *see* **groundsman**

groundsman *n* BRIT, AUS Platzwart *m*

ground staff *n no pl, + sing/pl verb* ① AVIAT Bodenpersonal *nt* ② SPORTS Wartungspersonal *nt* **groundwork** *n no pl* Vorarbeit *f*

group [gru:p] **I.** *n* ① *+ sing/pl verb* Gruppe *f;* **~s of four or five** Vierer- oder Fünfergruppen *Pl;* **~ of trees** Baumgruppe *f;* **to get into ~s** sich in Gruppen zusammentun ② ECON Konzern *m* **II.** *adj attr* Gruppen- **III.** *tr verb* gruppieren **IV.** *intr verb* sich gruppieren; **to ~ together** sich zusammentun

group practice *n* Gemeinschaftspraxis *f* **group therapy** *n no pl* Gruppentherapie *f* **group ticket** *n* Sammelfahrschein *m;* TOURISM Gruppenticket *nt*

grow <grew, grown> [grəʊ] **I.** *intr verb* wachsen; **to ~ taller/wiser** größer/weiser werden; **~ing old** das Älterwerden; **to ~ to like sth** langsam beginnen, etw zu mögen **II.** *tr verb* ① **to ~ sth from seed** etw aus Samen ziehen ② **the male deer ~s large antlers** dem Hirsch wächst ein mächtiges Geweih ◆ **grow into** *intr verb* **to ~ into sth** in etw *Akk* hineinwachsen; (*fig*) sich in etw *Akk* eingewöhnen ◆ **grow out** *intr verb* **to ~ out of sth** aus etw herauswachsen; *adult* für etw [schon] zu alt sein ◆ **grow up** *intr verb* ① erwachsen werden; **oh, ~ up!** wann wirst du endlich erwachsen? ② (*arise*) entstehen

growing ['grəʊɪŋ] **I.** *n no pl* Anbau *m* **II.** *adj attr* ① *see* **growing pains** ② (*increasing*) zunehmend

growing pains *npl* Wachstumsschmerzen *Pl;* (*adolescence*) Pubertätsprobleme *Pl;* (*fig*) Anfangsschwierigkeiten *Pl*

growl [graʊl] **I.** *n* Knurren *nt kein Pl* **II.** *intr verb* knurren; **to ~ at sb** jdn anknurren; **to ~ out sth** etw in einem knurrigen Ton sagen

grown [grəʊn] **I.** *adj attr* erwachsen; **fully ~** ausgewachsen **II.** *pp of* **grow**

grown-up ['grəʊnʌp] (*fam*) **I.** *n* Erwachsene(r) *f(m)* **II.** *adj* erwachsen

growth [grəʊθ] *n* ① *no pl* Wachstum *nt;* **~ industry** Wachstumsindustrie *f* ② (*plants*) Triebe *Pl*

grub [grʌb] **I.** *n* ① Larve *f* ② *no pl* (*fam: food*) Fressalien *Pl;* **~['s] up!** Essen fassen!; **pub ~** Kneipenessen *nt* **II.** *intr verb* <-bb-> **to ~ about** [*or* **around**] [**for sth**] [nach etw] wühlen **III.** *tr verb* <-bb-> AM (*fam: cadge*) schnorren

grubby <-ie-> ['grʌbi] *adj* (*fam*) schmudd[e]lig; *hands* schmutzig

grudge [grʌdʒ] **I.** *n* Groll *m kein Pl;* **to have** [*or* **bear**] **a ~ against sb** einen Groll gegen jdn hegen **II.** *tr verb* **to ~ sb sth** jdm etw missgönnen

grudgingly ['grʌdʒɪŋli] *adv* widerwillig

grueling *adj* AM *see* **gruelling**

gruelling ['grʊəlɪŋ] *adj* aufreibend, zermürbend

gruesome ['gru:səm] *adj* grausig, schauerlich

gruff [grʌf] *adj* barsch

grumble ['grʌmbl̩] **I.** *n* Gemurre *nt kein Pl* **II.** *intr verb* murren; **mustn't ~** ich kann nicht klagen

grump [grʌmp] *n* (*fam*) Griesgram *m pej*

grumpy <-ie-> ['grʌmpi] *adj* (*fam*) mürrisch, brummig, grantig

grunt [grʌnt] **I.** *n* Grunzen *nt kein Pl;* **to give a ~** grunzen **II.** *intr verb* grunzen

guarana [gwɑ:'rɑ:nə] *n* Guarana *nt*

guarantee [ˌgærᵊn'ti:] **I.** *n* Garantie *f;* **to give sb one's ~** jdm etw garantieren; **money-back ~** Rückerstattungsgarantie *f;* **two-year ~** Garantie *f* auf 2 Jahre; **to be [still] under ~** [noch] Garantie haben **II.** *tr verb* ① garantieren; **to ~ sb sth** jdm etw zusichern; **to ~ that ...** ga währleisten, dass ... ② LAW **to ~ sth** für etw bürgen

guaranteed [ˌgærᵊn'ti:d] *adj* garantiert

guarantor [ˌgærᵊn'tɔ:ʳ] *n* Garant(in) *m(f);* LAW Bürge *m/*Bürgin *f*

guard [gɑ:d] **I.** *n* ① Wache *f;* (*sentry*) Wach[t]posten *m;* **border ~** Grenzposten *m;* **prison ~** AM Gefängniswärter(in) *m(f)* ② (*stance*) Deckung *f;* **to be on one's ~ [against sth/sb]** (*fig*) [vor etw/jdm] auf der Hut sein ③ (*device*) Schutz *m* **II.** *tr verb* ① bewachen; **heavily ~ed** scharf bewacht ② (*not tell*) für sich behalten; **closely ~ed secret** sorgsam gehütetes Geheimnis **III.** *intr verb* **to ~ against sth** sich vor etw *Dat* schützen

guard dog *n* Wachhund *m* **guard duty** *n* Wachdienst *m;* **to be on ~ duty** Wachdienst haben

guarded ['gɑ:dɪd] *adj* zurückhaltend; (*cautious*) vorsichtig

guardian ['gɑ:diən] *n* ① LAW Vormund *m* ② (*form: protector*) Hüter(in) *m(f)*

guardian angel *n* Schutzengel *m a. fig*

guardianship ['gɑ:diənʃɪp] *n no pl* ① LAW Vormundschaft *f* ② (*form: care*) Obhut *f*

guard rail *n* [Schutz]geländer *nt*

Guatemala *n* [ˌgwɑ:tə'mɑ:lə] Guatemala *nt*

Guernsey ['gɜ:nzi:] *n* **[the island of] ~** Guernsey *nt*

gue[r]rilla [gə'rɪlə] *n* Guerillakämpfer(in) *m(f);* **~ warfare** Guerillakrieg *m*

guess [ges] **I.** *n* <*pl* -es> Vermutung *f;* (*estimate*) Schätzung *f;* **you've got three ~es** dreimal darfst du raten; **lucky ~** Glückstreffer *m;* **to have a ~** raten ▸ **it's anyone's ~** weiß der Himmel **II.** *intr verb* ① raten; **how did you ~?** wie bist du darauf gekommen? ② *esp* AM (*suppose*) denken; (*suspect*) annehmen; **I ~ you're right** du wirst wohl recht haben **III.** *tr verb* raten; (*estimate*) schätzen; **~ where I'm calling from** rate mal, woher ich anrufe; **~ what?** stell dir vor!

guesswork ['geswɜ:k] *n no pl* Spekulation *f oft Pl*

guest [gest] **I.** *n* Gast *m* ▸ **be my ~** nur zu! **II.** *intr verb* als Gaststar auftreten; **to ~ on an album** als Gaststar an einem Album mitwirken

guesthouse *n* Gästehaus *nt* **guestroom** *n* Gästezimmer *nt* **guest worker** *n* Gastarbeiter(in) *m(f)*

guidance ['gaɪdᵊn(t)s] *n no pl* ① Beratung *f;* (*direction*) [An]leitung *f;* **spiritual ~** geistiger Rat ② (*steering*) Steuerung *f*

guide [gaɪd] **I.** *n* ① Führer(in) *m(f);* TOURISM *a.* Fremdenführer(in) *m(f);* **tour ~** Reiseführer(in) *m(f)* ② (*book*) Reiseführer *m* ③ (*hint*) Anhaltspunkt *m* ④ BRIT **the Guides** die Pfadfinderinnen *fpl* **II.** *tr verb* ① **to ~ sb** jdn führen *a. fig* ② (*instruct*) anleiten ③ (*steer*) führen; **the plane was ~d in to land** das Flugzeug wurde zur Landung eingewiesen ④ (*affect*) leiten

guided ['gaɪdɪd] *adj* ① geführt; **~ tour** Führung *f* ② (*steered*) [fern]gelenkt; **~ missile** Lenkflugkörper *m*

guide dog *n* Blindenhund *m*

guideline *n usu pl* Richtlinie *f*

guiding hand [ˌgaɪdɪŋ'-] *n* (*fig*) leitende Hand

guiding principle *n* Richtschnur *f*

guild [gɪld] *n* + *sing/pl verb* Gilde *f;* *of craftsmen* Innung *f,* Zunft *f;* **writers' ~** Schriftstellerverband *m*

guilder ['gɪldəʳ] *n* Gulden *m*

guillotine ['gɪləti:n] *n* ① Guillotine *f,* Fallbeil *nt;* **to go to the ~** unter der Guillotine sterben ② BRIT, AUS (*for paper*) Papierschneidemaschine *f*

guilt [gɪlt] *n no pl* Schuld *f;* **feelings of ~** Schuldgefühle *Pl*

guiltless ['gɪltləs] *adj* schuldlos

guilty <-ie-> ['gɪlti] *adj* schuldig; **~ conscience** schlechtes Gewissen; **to prove sb ~** jds Schuld *f* beweisen; **until proven ~** bis die Schuld erwiesen ist

Guinean ['gɪniən] **I.** *adj* guinesisch **II.** *n* Guineer(in) *m(f)*

guinea pig *n* Meerschweinchen *nt*

guinea tee *n* (*sl*) ärmelloses T-Shirt

guitar [gɪ'tɑ:ʳ] *n* Gitarre *f*

guitarist [gɪ'tɑ:rɪst] *n* Gitarrist(in) *m(f)*

gulf [gʌlf] *n* ① Golf *m;* **the Gulf** der [Persische] Golf; **the Gulf of Mexico** der Golf von Mexiko; **the Gulf states** die Golfstaaten *Pl* ② (*gap*) [tiefe] Kluft

gull [gʌl] *n* Möwe *f*

gullible ['gʌlɪbl̩] *adj* leichtgläubig

gully ['gʌli] *n* [enge] Schlucht *f;* (*drain*) Rinne *f*

gulp [gʌlp] **I.** *n* [großer] Schluck; **to get a ~ of air** Luft holen; **in one** [*or* **at a**] **~** in einem Zug **II.** *tr verb* [hinunter]schlucken; *drink* hinunterstürzen **III.** *intr verb* ❶ (*sob*) schlucken ❷ (*breathe*) tief Luft holen; **to ~ for air** nach Luft schnappen

gum¹ [gʌm] *n* ~[s] Zahnfleisch *nt kein Pl;* **~ shield** Mundschutz *m*

gum² [gʌm] *n* ❶ *no pl* Gummi *nt;* (*on stamps etc.*) Gummierung *f* ❷ (*sweet*) **chewing ~** Kaugummi *m o nt;* **fruit/wine ~** Brit Fruchtgummi/Weingummi *m o nt* ❸ (*tree*) Gummibaum *m*
◆ **gum up** *tr verb* verkleben ▶ **to ~ up the works** [den Ablauf] blockieren

gun [gʌn] *n* ❶ [Schuss]waffe *f;* (*pistol*) Pistole *f;* (*rifle*) Gewehr *nt;* **big ~** Kanone *f;* (*fig*) hohes Tier; **with all ~s blazing** aus allen Rohren feuernd ❷ SPORTS Startpistole *f;* **to jump the ~** einen Frühstart verursachen ❸ Am (*person*) Bewaffnete(r) *f(m);* **hired ~** Auftragskiller(in) *m(f)*

gunfight *n* Schießerei *f* **gunfire** *n* Schießerei *f;* (*of cannons*) Geschützfeuer *nt*

gunky ['gʌŋki] *adj* (*fam*) pappig

gunman <*pl* -men> *n* Bewaffnete(r) *m* **gunpowder** *n no pl* Schießpulver *nt* **gun-running** *n no art, no pl* Waffenschmuggel *m* **gunshot** *n* [Gewehr]schuss *m;* **~ wound** Schusswunde *f*

gurgle ['gɜːgl̩] **I.** *n* Glucksen *nt kein Pl* **II.** *intr verb* glucksen

gush [gʌʃ] **I.** *n no pl* Schwall *m;* (*fig*) Erguss *m* **II.** *intr verb* ❶ [hervor]strömen ❷ (*praise*) [übertrieben] schwärmen; **to ~ over sth** über etw *Akk* ins Schwärmen geraten

gushing ['gʌʃɪŋ] *adj attr* schwärmerisch

gust [gʌst] **I.** *n* [Wind]stoß *m,* Bö[e] *f* **II.** *intr verb* böig wehen

gusty ['gʌsti] *adj* böig

gut [gʌt] **I.** *n* ❶ Darm[kanal] *m* ❷ (*string*) Darmsaite *f* ❸ (*sl: belly*) Bauch *m;* **beer ~** Bierbauch *m* ❹ (*fam: bowels*) **the ~s** die Eingeweide *Pl;* (*courage*) der Mumm ❺ (*fam or fig*) **~ feeling** Bauchgefühl *nt;* **~ decision** Bauchentscheidung *f* **II.** *tr verb* <-tt-> *animal* ausnehmen

gutbucket ['gʌtbʌkɪt] *n* Brit (*fam*) Vielfraß *m fam*

gutless ['gʌtləs] *adj* (*fam*) feige

gutsy <-ie-> ['gʌtsi] *adj* mutig

gutter ['gʌtəʳ] **I.** *n* Dachrinne *f;* (*on road*) Rinnstein *m* **II.** *intr verb flame* flackern

gutter press *n no pl* Brit Sensationspresse *f*

guy [gaɪ] *n* ❶ (*fam*) Kerl *m,* Typ *m* ❷ *pl* (*fam: people*) **hi ~s!** hallo Leute!; **are you ~s coming to lunch?** kommt ihr [mit] zum Essen?

guzzle ['gʌzl̩] (*fam*) **I.** *tr verb* in sich *Akk* hineinstopfen; *drink* in sich *Akk* hineinkippen **II.** *intr verb* schlingen

gym [dʒɪm] *n* ❶ *short for* **gymnastics** Turnen *nt kein Pl* ❷ *short for* **gymnasium** Turnhalle *f*

gym-goer *n* (*fam*) Besucher(in) *m(f)* eines Fitnesscenters

gymnasium <*pl* -s *or* -sia> [dʒɪm'neɪziəm, *pl* -ziə] *n* Turnhalle *f*

gymnast ['dʒɪmnæst] *n* Turner(in) *m(f)*

gymnastic [dʒɪm'næstɪk] *adj* turnerisch, Turn-

gymnastics [dʒɪm'næstɪks] *npl* Turnen *nt kein Pl;* **mental ~** Gehirnakrobatik *f*

gym shoes *npl* Turnschuhe *Pl* **gym shorts** *npl* Turnhose *f*

gypsy ['dʒɪpsi] *n* Zigeuner(in) *m(f) pej*

G

Hh

H <*pl* -'s *or* -s>, **h** <*pl* -'s> [eitʃ] *n* H *nt,* h *nt; see also* **A 1**

ha [hɑː] *interj* ha

habit ['hæbɪt] *n* ① Gewohnheit *f;* **a bad/good ~** eine schlechte/gute [An]gewohnheit ② (*fam: addiction*) **to have a heroin ~** heroinsüchtig sein ③ (*cloak*) Habit *m o nt*

habitable ['hæbɪtəbl̩] *adj* bewohnbar

habitual [hə'bɪtʃuəl] *adj* ① ständig ② (*usual*) gewohnt ③ (*due to habit*) gewohnheitsmäßig; **~ smoker** Gewohnheitsraucher(in) *m(f)*

hack [hæk] **I.** *tr verb* ① hacken; **to ~ sb/sth to pieces** jdn/etw zerstückeln ② COMPUT **to ~ sth** in etw *Akk* eindringen **II.** *intr verb* ① **to ~ [away] at sth** auf etw *Akk* einhacken ② COMPUT **to ~ into sth** in etw *Akk* eindringen

hacker ['hækəʳ] *n* COMPUT Hacker(in) *m(f)*

hacksaw *n* Bügelsäge *f*

had [hæd, həd] **I.** *tr verb* ① *pt, pp of* **have** ② (*fam*) **to have ~ it** (*stop*) genug haben; (*fail*) kaputt sein **II.** *adj* (*fam*) **to be ~** [he]reingelegt werden

haddock <*pl* -> ['hædək] *n* Schellfisch *m*

hadn't ['hædənt] = **had not** *see* **have**

haemophilia [ˌhiːmə'fɪliə] *n no pl* Bluterkrankheit *f,* Hämophilie *f fachspr*

haemophiliac [ˌhiːmə'fɪliæk] *n* Bluter(in) *m(f)*

haemorrhage ['hemərɪdʒ] **I.** *n* [starke] Blutung **II.** *intr verb* [stark] bluten

haemorrhoids ['hemərɔɪdz] *npl* Hämorrhoiden *Pl*

hag [hæg] *n* Hexe *f*

> Das schottische Nationalgericht **haggis** darf bei keiner traditionellen Feier fehlen. Den mit Innereien, Zwiebeln, verschiedenen Gewürzen und Hafermehl gefüllten und anschließend gekochten Schafsmagen isst man am liebsten mit Rüben und Kartoffelbrei *(neeps and tatties).*
> Nun sind die Schotten ja bekannt für außergewöhnliche Sportarten. Da wundert es dann auch nicht, wenn beim *haggis hurling* statt einem Baumstamm **haggis** durch die Lüfte fliegt. Übrigens, der Schafsmagen muss laut Regel nach der Landung noch essbar sein. Na dann – guten Appetit!

haggle ['hægl̩] **I.** *intr verb* ① **to ~ [over sth]** [um etw] feilschen ② (*argue*) **to ~ over sth** [sich] über etw *Akk* streiten **II.** *n* Gefeilsche *nt*

hail[1] [heɪl] *tr verb* ① [be]grüßen ② (*form: call*) zurufen; *taxi* rufen ③ (*acclaim*) **to ~ sb/sth** jdm/etw zujubeln

hail[2] [heɪl] **I.** *n no pl* Hagel *m;* **~ of bullets/stones** Kugel-/Steinhagel *m;* **~ of insults** Schwall *m* von Beschimpfungen **II.** *intr verb impers* **it's ~ing** es hagelt

hailstone *n* Hagelkorn *nt*

hair [heəʳ] *n* ① Haar *nt* ② *no pl* (*on head*) Haar *nt,* Haare *Pl;* (*on body*) Behaarung *f;* **to do sb's ~** jdn frisieren ▶ **keep your ~ on!** BRIT, AUS immer mit der Ruhe!; **to let one's ~ down** sich gehen lassen; **to make sb's ~ stand on end** jdm die Haare zu Berge stehen lassen

hairbrush *n* Haarbürste *f* **haircare** *n* Haarpflege *f* **hair conditioner** *n* Pflegespülung *f* **hair curler** *n* Lockenwickler *m* **haircut** *n* Haarschnitt *m,* Frisur *f;* **I need a ~** ich muss mal wieder zum Friseur; **to get a ~** sich *Dat* die Haare schneiden lassen

hairdo <*pl* -s> *n* [kunstvolle] Frisur

hairdresser *n* Friseur *m*/Friseurin, Friseuse *f;* **the ~'s** der Friseur[salon] **hairdressing salon** *n* Friseursalon *m* **hairdrier** *n,* **hairdryer** *n* Föhn *m;* (*hooded*) Trockenhaube *f* **hair gel** *n* Haargel *nt* **hairgrip** *n* BRIT Haarklammer *f*

hairless ['heələs] *adj* unbehaart; (*bald*) glatzköpfig

hairline *n* Haaransatz *m*

hairline crack *n* Haarriss *m*

hair mask *n* Haarmaske *f* (*Pflegespülung mit Tiefenwirkung zum Ausspülen*) **hairnet** *n* Haarnetz *nt* **hair perfume** *n* Duftspray *m* für die Haare

hairpiece *n* Haarteil *nt*

hairpin *n* Haarnadel *f*

hairpin bend *n* BRIT, AUS, **hairpin curve** *n*, **hairpin turn** *n* AM Haarnadelkurve *f*

hair-raising *adj* (*fam*) haarsträubend **hair remover** *n* Enthaarungsmittel *nt* **hair restorer** *n* Haarwuchsmittel *nt* **hairslide** *n* BRIT, AUS Haarspange *f* **hair-splitting I.** *n no pl* Haarspalterei *f* **II.** *adj* haarspalterisch **hairspray** *n* Haarspray *nt* **hairstyle** *n* Frisur *f*

hairy <-ie-> ['heəri] *adj* ① haarig ② (*of hair*) aus Haar *nachgestellt* ③ (*fig fam: risky*) haarig; *situation* brenzlig

haka ['hɑːkə] *n Kriegstanz der Maoris, der in abgewandelter Form von neuseeländischen Rugbymannschaften vor einem Spiel aufgeführt wird*

half [hɑːf] **I.** *n* <*pl* halves> ① Hälfte *f*; **a kilo and a ~** eineinhalb Kilo; **~ an apple** ein halber Apfel; **~ a dozen** ein halbes Dutzend; **~ the amount** der halbe Betrag; **by ~** um die Hälfte; **to cut sth in ~** etw halbieren; **to fold in ~** zur Mitte falten ② BRIT (*fam: beer*) kleines Bier (*entspricht ca. 1/4 Liter*) ③ FBALL Läufer(in) *m(f)* ▶ **given ~ a chance** wenn man die Möglichkeit hätte; **I'll go halves with you** ich mach mit dir halbe-halbe; **~ a second** BRIT einen Moment **II.** *adj* halbe(r, s); **~ [a] per cent** ein halbes Prozent; **a ~ pint of lager** ein kleines Helles **III.** *adv* ① **my little brother is ~ as tall as me** mein kleiner Bruder ist halb so groß wie ich; **he is ~ my weight** er wiegt halb so viel wie ich ② (*almost*) fast ③ (*partially*) **it wasn't ~ as good** das war bei weitem nicht so gut; **~ asleep** halb wach ④ (*time*) **[at] ~ past nine** [um] halb zehn; **at ~ past on the dot** um Punkt halb

half a dozen *n* ein halbes Dutzend

halfback *n* FBALL Läufer(in) *m(f)*; (*in rugby*) Halbspieler(in) *m(f)*

half-baked *adj* (*fig fam*) unausgereift **half-brother** *n* Halbbruder *m* **half-cock** *n* (*on pistol*) Vorderladerstellung *f* **half-dozen** *n* ein halbes Dutzend **half-empty** *adj* halb leer **half-full** *adj* halb voll **half-hearted** *adj* halbherzig **half-price** *adj, adv* zum halben Preis **half-sister** *n* Halbschwester *f* **half-time I.** *n* Halbzeit *f*; (*break*) Halbzeitpause *f* **II.** *adj attr* Halbzeit-

halfway I. *adj* **at the ~ point of the race** nach der Hälfte des Rennens **II.** *adv* in der Mitte; **~ through dinner** mitten beim Abendessen; **~ decent** (*fig fam*) halbwegs anständig; **~ down [sth]** in der Mitte [einer S. *Gen*]; **~ down page 27** mitten auf Seite 27; **~ up** auf halber Höhe

half-yearly *adj, adv* halbjährlich

hall [hɔːl] *n* ① (*lobby*) Korridor *m*, Diele *f*, Flur *m* ② (*building*) Halle *f*; (*public room*) Saal *m*; **school ~** Aula *f*; **town ~** Rathaus *nt* ③ UNIV **~ [of residence]** [Studenten]wohnheim *nt*

Halloween [ˌhæləʊ'wiːn] *n* Halloween *nt*

hall porter *n* BRIT Portier *m*

hallucinate [hə'luːsɪneɪt] *intr verb* halluzinieren

hallucination [həˌluːsɪ'neɪʃᵊn] *n* Halluzination *f*

hallucinogenic [həˌluːsɪnə(ʊ)'dʒenɪk] *adj* halluzinogen

halo <*pl* -s *or* -es> ['heɪləʊ] *n* Heiligenschein *m*; **~ of light** Lichtkranz *m*

halogen bulb *n* Halogenglühbirne *f*

halt [hɒlt] **I.** *n no pl* ① Stillstand *m*; **to come to a ~** zum Stehen kommen; **to grind to a ~** (*fig*) zum Erliegen kommen ② (*break*) Pause *f*; MIL Halt *m* **II.** *tr verb* zum Stillstand bringen; *fight* beenden **III.** *intr verb* ① zum Stillstand kommen ② (*break*) eine Pause machen; MIL Halt machen **IV.** *interj* halt

halve [hɑːv] **I.** *tr verb* halbieren **II.** *intr verb* sich halbieren

ham [hæm] **I.** *n no pl* Schinken *m* **II.** *adj attr* **~ sandwich** Schinkenbrot *nt* **III.** *tr verb* **to ~ it up** übertrieben spielen, übertreiben

hamburger ['hæmˌbɜːgəʳ] *n* Hamburger *m*

hammer ['hæməʳ] **I.** *n* ① Hammer *m* ② SPORTS [Wurf]hammer *m*; **[throwing] the ~** das Hammerwerfen **II.** *tr verb* ① *nail* einschlagen; **to ~ sth into sb** (*fig*) jdm etw einhämmern ② (*fam: defeat*) **Germany ~ed Holland 6-1** Deutschland war Holland mit 6:1 haushoch überlegen ◆**hammer in** *tr verb* einschlagen ◆**hammer out** *tr verb* ① *dent* ausbeulen ② *difficulties* bereinigen

hammock ['hæmək] *n* Hängematte *f*

H

hamper[1] ['hæmpəʳ] *n* [Deckel]korb *m;* (*for gifts*) Geschenkkorb *m*
hamper[2] ['hæmpəʳ] *tr verb* behindern
hamster ['hæm(p)stəʳ] *n* Hamster *m*
hamstring ['hæmstrɪŋ] *n* Kniesehne *f;* **to pull a ~** sich *Dat* eine Kniesehnenzerrung zuziehen
hand [hænd] **I.** *n* ① Hand *f;* **by ~** von Hand; **get your ~s off!** Hände weg!; **~s up!** Hände hoch!; **~ in ~** Hand in Hand; **on ~s and knees** auf allen vieren; **to hold sb's ~** jdm die Hand halten ② **at ~** (*present*) vorliegend; (*close*) in Reichweite; **to take sb/sth in ~** sich *Dat* jdn/etw vornehmen; **on ~** zur Verfügung ③ (*help*) **would you like a ~?** soll ich Ihnen helfen?; **to lend sb a ~** jdm helfen ④ (*worker*) Arbeiter(in) *m(f)* ⑤ (*expert*) **an old ~ at sth** ein alter Hase in etw *Dat* ⑥ (*on clock*) Zeiger *m* ⑦ CARDS **a ~ of poker** eine Runde Poker ▶ **many ~s make light work** (*prov*) viele Hände machen der Arbeit bald ein Ende; **to keep a firm ~ on sth** etw fest im Griff behalten; **to have one's ~s full** jede Menge zu tun haben **II.** *tr verb* **to ~ sb sth** jdm etw [über]geben ▶ **you've got to ~ it to sb** man muss es jdm lassen ◆**hand back** *tr verb* zurückgeben ◆**hand down** *tr verb* weitergeben ◆**hand in** *tr verb* einreichen; *homework* abgeben ◆**hand on** *tr verb* **to ~ sth ⊂ on [to sb]** etw [an jdn] weitergeben; (*bequeath*) [jdm] etw vererben ◆**hand out** *tr verb* austeilen (**to** an); *homework, advice* geben (**to** +*Dat*) ◆**hand over** *tr verb* ① herüber-/hinüberreichen; (*present*) übergeben ② **to ~ sb over [to sb]** jdn [jdm] übergeben ◆**hand round** *tr verb* BRIT herumreichen; (*distribute*) austeilen
handbag *n* Handtasche *f* **handbook** *n* Handbuch *nt;* **student ~** Vorlesungsverzeichnis *nt* **handbrake** *n* Handbremse *f*
handcuff **I.** *tr verb* **to ~ sb** jdm Handschellen anlegen **II.** *n* **~s** Handschellen *Pl*
handful ['hæn(d)fʊl] *n* ① Handvoll *f;* **a ~ of people** wenige Leute ② *no pl* (*person*) Nervensäge *f*
hand-geometry technology *n* Handgeometrie-Technologie *f*
hand grenade *n* Handgranate *f*
handicap ['hændɪkæp] **I.** *n* ① Handicap *nt* ② SPORTS Handicap *nt* ③ (*dated: disability*) Behinderung *f* **II.** *tr verb* <-pp-> benachteiligen
handkerchief ['hæŋkətʃiːf] *n* Taschentuch *nt,* Sacktuch ÖSTERR, SÜDD
handle ['hændḷ] **I.** *n* Griff *m;* (*curved also*) Henkel *m; of a door* Klinke *f* ▶ **to fly off the ~** hochgehen **II.** *tr verb* ① (*manage*) schaffen ② *goods* befördern ③ (*touch*) anfassen
handlebars *npl* Lenkstange *f*
handling ['hændḷɪŋ] *n no pl* ① (*touching*) Berühren *nt* ② (*treatment*) Handhabung *f* (**of** +*Gen*); *of a person* Behandlung *f* (**of** +*Gen*); (*of machine*) Umgang *m* (**of** mit) ③ AUTO Fahrverhalten *nt*
handling charge *n,* **handling fee** *n* Bearbeitungsgebühr *f;* FIN Kontoführungsgebühr *f*
hand luggage *n no pl* Handgepäck *nt* **handmade** *adj* handgearbeitet; *paper* handgeschöpft **hand-operated** *adj* handbetrieben **handout** *n* ① Almosen *nt;* **government ~** staatliche Unterstützung ② (*leaflet*) Flugblatt *nt; for students* Arbeitsblatt *nt* **hand-picked** *adj* handverlesen *a. fig* **handrail** *n* Geländer *nt* **handshake** *n* Händedruck *m* ▶ **golden ~** goldener Händedruck (*äußerst üppige Abfindung*)
handsome ['hæn(d)səm] *adj* ① gut aussehend ② (*generous*) **a ~ sum** eine stolze Summe
hands-on *adj attr* praktisch
handspring *n* Handstandüberschlag *m* **handstand** *n* Handstand *m kein Pl* **hand wipe** *n* Erfrischungstuch *nt* **handwriting** *n no pl* Handschrift *f* **handwritten** *adj* handgeschrieben
handy <-ie-> ['hændi] *adj* ① praktisch, geschickt SÜDD; (*easy to handle*) handlich ② (*useful*) nützlich; **to come in ~ [for sb/sth]** [jdm/etw] gelegen kommen ③ (*near*) griffbereit; *place* in der Nähe *nachgestellt*
handyman <*pl* -men> *n* Heimwerker(in) *m(f)*
hang [hæŋ] **I.** *n no pl* ① *of drapery* Fall *m; of clothes* Sitz *m* ② (*fig fam*) **to get the ~ of sth** bei etw den [richtigen] Dreh herausbekommen **II.** *tr verb* <hung, hung> ① (*mount*) aufhängen (**on** an) ② (*decorate*) behängen

③ <hung *or* hanged, hung *or* hanged> (*kill*) [auf]hängen; **to ~ oneself** sich aufhängen ④ (*droop*) **to ~ one's head** den Kopf hängen lassen **III.** *intr verb* ① <hung, hung> hängen (**from** an); **to ~ down** herunterhängen ② <hanged, hanged> (*die*) hängen ③ <hung, hung> (*persist*) *mist, smell* hängen ④ <hung, hung> (*rely*) **to ~ [up]on sb/sth** von jdm/etw abhängen ⑤ <hung, hung> (*keep*) **to ~ onto sth** etw behalten ⑥ <hung, hung> AM (*fam*) **he can go ~!** zum Henker mit ihm! ▸ **to ~ in there** am Ball bleiben ◆**hang about** *intr verb* ① (*fam: idle*) herumtrödeln ② (*wait*) warten ③ BRIT **~ about, ...** Moment mal, ... ④ BRIT (*fam*) **to ~ about with sb** [ständig] mit jdm zusammenstecken ◆**hang back** *intr verb* ① (*be slow*) sich zurückhalten ② (*stay behind*) zurückbleiben ◆**hang behind** *intr verb* hinterhertrödeln ◆**hang on** *intr verb* ① **to ~ on to sth** sich an etw *Dat* festhalten; **to ~ on tight** sich gut festhalten ② (*fam: persist*) durchhalten ③ **~ on [a minute]** wart mal, einen Augenblick; **~ on!** Moment! ◆**hang out I.** *tr verb* heraushängen; *washing* aufhängen **II.** *intr verb* ① heraushängen ② (*sl: idle*) rumhängen ▸ **to let it all ~ out** die Sau rauslassen ◆**hang together** *intr verb argument* schlüssig sein; *alibi* keine Widersprüche *Pl* aufweisen ◆**hang up I.** *intr verb* ① hängen ② (*end call*) auflegen **II.** *tr verb* aufhängen; *phone* auflegen

hanger ['hæŋəʳ] *n* [Kleider]bügel *m*

hang-gliding *n no pl* Drachenfliegen *nt*

hangover *n* Kater *m*

hang-up *n* (*fam*) Komplex *m* (**about** wegen)

hankie ['hæŋki] *n*, **hanky** *n* (*fam*) *short for* **handkerchief** Taschentuch *nt*

happen ['hæpᵊn] *intr verb* ① geschehen, passieren; *event* stattfinden; **what's ~ing?** was geht? ② (*by chance*) **to ~ to do sth** zufällig etw tun; **it just so ~s that ...** wie's der Zufall will, ... ③ (*liter: come across*) **to ~ [up]on sb/sth** jdm/etw zufällig begegnen ④ (*actually*) **as it ~s** tatsächlich

happily ['hæpɪli] *adv* ① glücklich; (*cheerfully*) fröhlich ② (*willingly*) gern

happiness ['hæpɪnəs] *n no pl* Glück *nt;* (*contentment*) Zufriedenheit *f;* (*cheerfulness*) Fröhlichkeit *f*

happy <-ie-> ['hæpi] *adj* ① glücklich; (*contented*) zufrieden; (*cheerful*) fröhlich ② (*willing*) **to be ~ to do sth** etw gerne tun ③ (*in greetings*) **~ birthday** alles Gute zum Geburtstag; **~ Easter** frohe Ostern; **a ~ New Year** ein glückliches neues Jahr

harbor AM *see* **harbour**

harbour ['hɑːbəʳ] **I.** *n* Hafen *m* **II.** *tr verb* ① **to ~ sb** jdm Unterschlupf gewähren ② *feelings* hegen

hard [hɑːd] **I.** *adj* ① hart; **frozen ~** hart gefroren; **[as] ~ as a rock** steinhart ② (*tough*) zäh, hart ③ (*difficult*) schwierig; **it's ~ to say** es ist schwer zu sagen ④ (*onerous*) anstrengend; **to be ~ work** harte Arbeit sein; **to be a ~ worker** fleißig sein ⑤ (*severe*) hart; **~ luck!** [so ein] Pech!; **[as] ~ as nails** knallhart ⑥ (*unlucky*) **to be ~ on sb** hart für jdn sein ⑦ (*potent*) stark; *drug* hart **II.** *adv* ① hart; **to set ~** hart werden; *concrete* fest werden ② (*strongly*) fest[e], kräftig; **to rain ~** stark regnen; **to try ~** sich sehr bemühen ③ (*severely*) schwer ▸ **to be ~ done by** BRIT unfair behandelt werden

hardback I. *adj* gebunden **II.** *n* gebundenes Buch; **in ~** gebunden

hard-boiled *adj* hart gekocht **hard copy** *n* COMPUT Ausdruck *m* **hard currency** *n* harte Währung **hard disk** *n* COMPUT Festplatte *f* **hard drug** *n* harte Droge **hard-earned** *adj* ehrlich verdient; *pay* hart verdient

harden ['hɑːdᵊn] **I.** *tr verb* ① härten ② (*toughen*) *attitude* verhärten; **to ~ sb [to sth]** jdn [gegen etw] abhärten **II.** *intr verb* ① sich verfestigen, hart werden ② (*toughen*) sich verhärten

hard feelings *npl* **no ~?** alles klar? **hard-hearted** *adj* hartherzig

hardly ['hɑːdli] *adv* kaum; **it's ~ my fault!** ich kann ja wohl kaum was dafür!; **~ ever** so gut wie nie

hardship ['hɑːdʃɪp] *n* Not *f*

hard shoulder *n* BRIT befestigter Seitenstreifen **hard target** *n* MIL, POL hartes Ziel **hard-wearing** *adj* strapazierfähig **hard-working** *adj* fleißig

hare [heəʳ] *n* <*pl* -s *or* -> [Feld]hase *m*

harm [hɑːm] **I.** *n no pl* Schaden *m;* **to**

H

mean no ~ es nicht böse meinen; **to come to** [**no**] ~ [nicht] zu Schaden kommen **II.** *tr verb* **to** ~ **sth** einer S. *Dat* Schaden zufügen; **to** ~ **sb** jdm schaden

harmful ['hɑːmfəl] *adj* schädlich; *words* verletzend

harmless ['hɑːmləs] *adj* harmlos

harmonium [hɑː'məʊniəm] *n* Harmonium *nt*

harsh [hɑːʃ] *adj* ❶ rau; *winter* streng ❷ (*severe*) hart; (*critical*) scharf; **to be** ~ **on sb** streng mit jdm sein

harvest ['hɑːvɪst] **I.** *n* Ernte *f;* (*season*) Erntezeit *f* **II.** *tr verb* ernten

harvest festival *n* BRIT Erntedankfest *nt*

H

has [hæz, həz] *3rd pers sing of* **have**

has-been ['hæzbiːn] *n* (*fam*) ehemalige Größe

hash [hæʃ] **I.** *n* ❶ AM FOOD Haschee *nt* ❷ *no pl* (*fam: shambles*) **to make a** ~ **of sth** etw vermasseln ❸ (*fam: hashish*) Hasch *nt* **II.** *tr verb* (*fam*) **to** ~ **up** ⊂ **sth** etw vermasseln

hashtag ['hæʃtæg] *n* INET Hashtag *m*

hasn't ['hæzənt] = **has not** *see* **have**

hassle ['hæsl] (*fam*) **I.** *n* Mühe *f kein Pl* **II.** *tr verb* schikanieren

haste [heɪst] *n no pl* Eile *f;* (*rush*) Hast *f;* **to make** ~ sich beeilen; **in** ~ hastig

hasty <-ie-> ['heɪsti] *adj* ❶ eilig, hastig ❷ (*rashly*) übereilt

hat [hæt] *n* Hut *m;* (*cap*) Mütze *f* ▸ ~**s off to sb/sth** Hut ab vor jdm/etw; **to eat one's** ~ **if ...** einen Besen fressen, wenn ...

hatch[1] <*pl* -es> [hætʃ] *n* ❶ Durchreiche *f* ❷ NAUT Luke *f* ▸ **down the** ~**!** runter damit!

hatch[2] [hætʃ] **I.** *intr verb* schlüpfen **II.** *tr verb* ausbrüten *a. fig*

hatchback ['hætʃbæk] *n* ❶ (*door*) Heckklappe *f* ❷ (*car*) Wagen *m* mit Heckklappe

hate [heɪt] **I.** *n* ❶ *no pl* Hass *m;* **feelings of** ~ Hassgefühle *Pl;* ~ **mail** hasserfüllte Briefe *Pl* ❷ (*thing*) **pet** ~ Gräuel *nt* **II.** *tr verb* hassen; **to** ~ **sb's guts** jdn wie die Pest hassen

hateful ['heɪtfəl] *adj* (*dated*) ❶ hasserfüllt; (*spiteful*) gemein ❷ (*unpleasant*) abscheulich; *person* unausstehlich; ~ **remarks** hässliche Bemerkungen

hatred ['heɪtrɪd] *n no pl* Hass *m* (**of/for** auf)

haul [hɔːl] **I.** *n* ❶ *usu sing* **to give a** ~ [kräftig] ziehen ❷ (*catch*) Ausbeute *f* (**of** von/an) ❸ (*distance*) Strecke *f;* **it was a long** ~ (*fig*) es hat sich lange hingezogen **II.** *tr verb* ❶ ziehen; (*lug*) schleppen ❷ *goods* befördern ◆**haul up** *tr verb* hochziehen; (*lug*) hochschleppen

haunt [hɔːnt] **I.** *tr verb* ❶ **to** ~ **sth** in etw *Dat* spuken; **to be** ~**ed by sb/sth** von jdm/etw heimgesucht werden ❷ *memories* heimsuchen **II.** *n* Treffpunkt *m;* (*pub*) Stammlokal *nt*

haunted ['hɔːntɪd] *adj* ❶ **this house is** ~**!** in diesem Haus spukt es!; ~ **castle** Spukschloss *nt;* ~ **house** Gespensterhaus *nt* ❷ *look* gehetzt

have [hæv, həv] **I.** *aux verb* <has, had, had> ❶ (*forming past tenses*) **he has never been to Scotland before** er war noch nie zuvor in Schottland; **we had been swimming** wir waren schwimmen gewesen ❷ **to** ~ **sth done** etw tun lassen; **to** ~ **one's hair cut** sich *Dat* die Haare schneiden lassen ❸ (*must*) **to** ~ [**got**] **to do sth** etw tun müssen; **what time** ~ **we got to be there?** wann müssen wir dort sein? ❹ (*form: if*) **had sb done sth, ...** hätte jd etw getan, ..., wenn jd etw getan hätte, ... **II.** *tr verb* <has, had, had> ❶ **to** ~ [**got**] **sth** etw haben; **he's got green eyes** er hat grüne Augen; **we're having a wonderful time in Venice** wir verbringen eine wundervolle Zeit in Venedig ❷ (*engage in*) *bath* nehmen; *nap, party, walk* machen; **to** ~ **a swim** schwimmen; **to** ~ **a try** es versuchen ❸ (*consume*) *food* essen; *cigarette* rauchen; **to** ~ **lunch/dinner** zu Mittag/Abend essen ❹ (*receive*) erhalten; **okay, let's** ~ **it!** okay, her damit! ❺ (*be obliged*) **to** ~ [**got**] **sth to do** etw tun müssen ❻ **to be having a baby** ein Baby bekommen ▸ **to** ~ **had it** (*be broken*) hinüber sein; (*be tired*) fix und fertig sein; (*be in trouble*) dran sein ◆**have back** *tr verb* zurückhaben; (*person*) wieder nehmen ◆**have in** *tr verb* ❶ **to** ~ **in** ⊂ **sb** [**to do sth**] jdn kommen lassen[, um etw zu tun] ❷ (*fam: be able*) **to** ~ [**got**] **it in one** das Zeug[s] zu etw haben ▸ **to** ~ [**got**] **it in for sb** jdn auf dem Kieker haben ◆**have off** *tr verb* BRIT, AUS (*vulg*) **to** ~ **it off** [**with sb**] es [mit jdm] treiben ◆**have on** *tr verb*

① *clothes* tragen ② Brit (*fam: trick*) **to ~ sb on** jdn auf den Arm nehmen ◆**have out** *tr verb* ① (*remove*) sich *Dat* herausnehmen lassen ② (*fam: argue*) **to ~ it out** [**with sb**] es [mit jdm] ausdiskutieren ◆**have over** *tr verb* **to ~ sb over** jdn zu sich einladen

haven't ['hævᵊnt] = **have not** *see* **have**

Havre ['(h)ɑːvrə] *n* **Le ~** Le Havre

hawk [hɔːk] *n* ① Habicht *m* ② (*fig*) **to have eyes like a ~** Adleraugen haben, Augen wie ein Luchs haben ③ POL Falke *m*

hay [heɪ] *n no pl* Heu *nt* ▸ **to hit the ~** sich in die Falle hauen

hay fever *n no pl* Heuschnupfen *m*

haystack *n* Heuhaufen *m*

haywire *adj* (*fam*) **to go ~** verrückt spielen

hazard ['hæzəd] **I.** *n* Gefahr *f;* **fire ~** Brandrisiko *nt;* **health ~** Gefährdung *f* der Gesundheit **II.** *tr verb* ① (*risk*) wagen ② (*endanger*) gefährden

hazard lights *npl* AUTO Warnblinkanlage *f*

hazardous ['hæzədəs] *adj* gefährlich; (*risky*) riskant; **~ to one's health** gesundheitsgefährdend

haze [heɪz] **I.** *n* ① Dunst[schleier] *m;* **heat ~** Hitzeflimmern *nt* ② (*fig*) Benommenheit *f* **II.** *tr verb* Am schikanieren

hazelnut *n* Haselnuss *f*

hazy ['heɪzi] *adj* ① dunstig, diesig ② **to be ~ about sth** sich nur vage an etw *Akk* erinnern [können]

HBO [ˌeɪtʃbiː'əʊ] *n abbrev of* **Home Box Office** *Kabelsender in den USA*

H-bomb ['eɪtʃbɒm] *n abbrev of* **hydrogen bomb** H-Bombe *f*

he [hiː, hi] **I.** *pron* er; (*some person*) er/sie/es **II.** *n* Er *m*

head [hed] **I.** *n* ① Kopf *m;* **from ~ to foot** von Kopf bis Fuß; **~ over heels** Kopf über Hals; **to use one's ~** seinen Verstand benutzen ② (*unit*) **a ~** pro Kopf ③ *no pl of a bed, a table* Kopfende *nt; of a nail* Kopf *m* ④ (*boss*) Chef(in) *m(f);* (*supervisor*) Leiter(in) *m(f);* **~ of state** Staatsoberhaupt *nt* ⑤ Brit SCHOOL Schulleiter(in) *m(f),* Rektor(in) *m(f)* ⑥ *usu pl* (*coin*) **~s or tails?** Kopf oder Zahl? ⑦ *of a pimple* Pfropf *m* ▸ **to have one's ~ in the clouds** in höheren Regionen schweben; **to do sb's ~ in** Brit (*fam*) jdm auf den Wecker gehen; **to be ~ over heels in love** bis über beide Ohren verliebt sein; **to laugh one's ~ off** sich halb totlachen **II.** *adj attr* leitend **III.** *tr verb* ① (*lead*) anführen ② (*supervise*) leiten ③ FBALL köpfen **IV.** *intr verb* gehen/fahren; **to ~ home** sich auf den Heimweg machen ◆**head back** *intr verb* zurückgehen; *in vehicle* zurückfahren ◆**head off I.** *tr verb* ① (*intercept*) abfangen ② (*fig: avoid*) abwenden **II.** *intr verb* **to ~ off to**[**wards**] **sth** sich zu etw begeben ◆**head up** *tr verb* leiten

headache *n* Kopfschmerzen *Pl;* (*fig*) Problem *nt* **headband** *n* Stirnband *nt* **head first** *adv* kopfüber

headlamp *n,* **headlight** *n* Scheinwerfer *m*

headline *n* Schlagzeile *f*

headliner *n* Hauptattraktion *f;* **the ~ is ...** der Star des Abends ist ...

headmaster *n* Schulleiter *m,* Rektor *m* **headmistress** *n* Schulleiterin *f,* Rektorin *f* **head office** *n* Zentrale *f*

head-on I. *adj* Frontal- **II.** *adv* frontal; (*fig*) direkt

headphones *npl* Kopfhörer *m*

headquarters *npl + sing/pl verb* Hauptsitz *m;* MIL Hauptquartier *nt*

headrest *n,* **head restraint** *n* Kopfstütze *f* **headroom** *n no pl* lichte Höhe; *for ceiling* Kopfhöhe *f;* (*in cars*) Kopffreiheit *f* **headscarf** *n* Kopftuch *nt* **headset** *n* Headset *nt*

head start *n* Vorsprung *m;* **to give sb a ~** jdm einen Vorsprung lassen

head waiter *n* Oberkellner *m*

headway *n no pl* **to make ~** [gut] vorankommen

heal [hiːl] **I.** *tr verb* heilen; *differences* beilegen **II.** *intr verb* heilen *a. fig*

healing ['hiːlɪŋ] **I.** *adj* heilsam **II.** *n no pl* Heilung *f; of cuts* Verheilen *nt*

health [helθ] *n no pl* Gesundheit *f;* **your ~!** Pros[i]t!

healthcare *n* MED Gesundheitsversorgung *f,* medizinische Versorgung

health center Am *see* **health centre** **health centre** *n* Ärztehaus *nt* **health certificate** *n* Gesundheitszeugnis *nt* **health club** *n* Fitnessclub *m* **health food shop** *n,* Am **health food store** *n*

H

Naturkostladen *m*, Bioladen *m;* (*more formal*) Reformhaus *nt* **health insurance** *n no pl* Krankenversicherung *f;* ~ **company** Krankenkasse *f* **Health Service** *n* BRIT **the** ~ der [staatliche] Gesundheitsdienst **health visitor** *n* BRIT Krankenpfleger(in) *m(f)* der Sozialstation

healthy ['helθi] *adj* gesund *a. fig;* (*ample*) ordentlich; (*salubrious*) gesundheitsfördernd

heap [hi:p] **I.** *n* ① Haufen *m a. fig;* ~ **of clothes** Kleiderhaufen *m;* **to collapse in a** ~ zu Boden sacken ② (*fam: lots*) ~**s** [**of**] jede Menge [+*Gen*] **II.** *tr verb* ① aufhäufen ② (*fig*) **to** ~ **criticism on sb** massive Kritik an jdm üben

hear <heard, heard> [hɪəʳ] **I.** *tr verb* ① hören; **to** ~ **sb do sth** hören, wie jd etw tut ② LAW *case* verhandeln **II.** *intr verb* hören (**about/of** von) ▶ **do you** ~**?** verstehst du/verstehen Sie?; ~**!** ~**!** hört, hört! *a. iron*

heard [hɜ:d] *pt, pp of* **hear**

hearing ['hɪərɪŋ] *n* ① *no pl* Gehör *nt;* **hard of** ~ schwerhörig ② *no pl* (*earshot*) [**with**]**in** [**sb's**] ~ in [jds] Hörweite *f* ③ (*examination*) Anhörung *f;* **disciplinary** ~ Disziplinarverfahren *nt*

hearing aid *n* Hörgerät *nt*

heart [hɑ:t] *n* ① Herz *nt a. fig;* **my** ~ **goes out to her** ich fühle mit ihr; **to come from the** ~ von Herzen kommen; **to one's** ~**'s content** nach Herzenslust; **to break sb's** ~ jdm das Herz brechen; **with all one's** ~ von ganzem Herzen ② *no pl* (*courage*) Mut *m;* **to lose** ~ den Mut verlieren; **sb's** ~ **sinks** jdm wird das Herz schwer ③ CARDS ~**s** Herz *nt kein Pl;* **queen of** ~**s** Herzdame *f* ▶ **at** ~ im Grunde seines Herzens; **by** ~ auswendig; **to have a change of** ~ sich anders besinnen

heart attack *n* Herzanfall *m;* (*fatal*) Herzinfarkt *m* **heartbreaking** *adj* herzzerreißend **heartbroken** *adj* todunglücklich, untröstlich **heartburn** *n no pl* Sodbrennen *nt*

hearten ['hɑ:tᵊn] *tr verb usu passive* ermutigen

heartening ['hɑ:tᵊnɪŋ] *adj* ermutigend

heartfelt *adj* tief empfunden; (*sincere*) aufrichtig

heart-lung machine *n* Herz-Lungen-Maschine *f*

heartrending *adj* herzzerreißend

heart-throb *n* (*fam*) Schwarm *m* **heart-to-heart** **I.** *adj attr* [ganz] offen **II.** *n* **to have a** ~ sich aussprechen **heart-warming** *adj* herzerfreuend

heat [hi:t] **I.** *n* ① *no pl* Wärme *f;* (*hotter*) Hitze *f* ② *no pl* (*fig*) **in the** ~ **of the moment** in der Hitze des Gefechts; **the** ~ **is on** es weht ein scharfer Wind ③ SPORTS Vorlauf *m* ④ *no pl* ZOOL **on** [*or* AM **in**] ~ brünstig **II.** *tr verb* erhitzen, heiß machen; *food* aufwärmen; *house, room* heizen **III.** *intr verb* warm werden

◆ **heat up** **I.** *tr verb* heiß machen; *food* aufwärmen **II.** *intr verb* warm werden

heated ['hi:tɪd] *adj* ① erhitzt; *room* geheizt ② (*emotional*) hitzig; **to get** ~ **about sth** sich über etw *Akk* aufregen

heater ['hi:təʳ] *n* [Heiz]ofen *m*, Heizgerät *nt;* (*in car*) Heizung *f;* **water** ~ Boiler *m*

heat gauge *n* Temperaturanzeiger *m*

heather ['heðəʳ] *n no pl* Heidekraut *nt*

heating ['hi:tɪŋ] *n no pl* ① Heizen *nt;* PHYS Erwärmung *f* ② (*device*) Heizung *f;* ~ **engineer** Heizungsmonteur(in) *m(f)*

heatproof *adj* hitzebeständig **heat rash** *n* Hitzeausschlag *m* **heat-resistant** *adj*, **heat-resisting** *adj* hitzebeständig; *ovenware* feuerfest

heatwave *n* Hitzewelle *f*

heaven ['hevᵊn] *n no pl* Himmel *m a. fig* ▶ ~ **forbid!** Gott bewahre!; **good** ~**s!** du lieber Himmel!; **to stink to high** ~ zum Himmel stinken; **in seventh** ~ im siebten Himmel; **thank** ~**s!** Gott sei Dank!

heavily ['hevɪli] *adv* ① (*very*) stark; ~ **armed/guarded** schwer bewaffnet/bewacht; **to sleep** ~ tief schlafen ② (*weighted*) schwer; ~ **built** kräftig gebaut ③ (*severely*) schwer; **to rain/snow** ~ stark regnen/schneien ④ (*with effort*) schwer

heavy ['hevi] *adj* ① schwer ② (*intense*) stark; **to be under** ~ **fire** unter schwerem Beschuss stehen ③ *drinker, smoker* stark ④ (*fig: oppressive*) drückend; *weather* schwül ⑤ (*hard*) schwierig; *breathing* schwer ⑥ (*thick*) dick; *cloud* schwer; *traffic* stark

heavy going *n no art, no pl* **to be** ~

schwierig [*o* eine Schinderei] sein

heavy-handed *adj* ungeschickt

heavyweight **I.** *n* Schwergewicht *nt a. fig* **II.** *adj* ❶ im Schwergewicht *nachgestellt* ❷ (*weighty*) schwer

he'd¹ [hi:d] = **he had** *see* **have**

he'd² [hi:d] = **he would** *see* **will**

hedge [hedʒ] **I.** *n* Hecke *f* **II.** *tr verb* **to ~ one's bets** nicht alles auf eine Karte setzen

hedgehog *n* Igel *m*

hedgerow *n* Hecke *f,* Knick *m* NORDD

heed [hi:d] (*form*) **I.** *tr verb* beachten **II.** *n no art, no pl* Beachtung *f;* **to pay ~/no ~ to sth** auf etw *Akk* achten/nicht achten

heel [hi:l] **I.** *n* ❶ Ferse *f* ❷ *of a shoe* Absatz *m;* [**high**] **~s** *pl* Stöckelschuhe *Pl* ▶ **down at ~** heruntergekommen **II.** *interj* **~!** bei Fuß! **III.** *tr verb* **to ~ a shoe** einen neuen Absatz auf einen Schuh machen ▶ **well ~ed** gut betucht

heel bar *n* Schuh[sofort]reparaturservice *m*

hefty ['hefti] *adj* ❶ (*strong*) kräftig ❷ (*large*) mächtig; **~ workload** hohe Arbeitsbelastung ❸ (*considerable*) deutlich, saftig *fam*

hegemony [hɪ'geməni] *n no pl* Hegemonie *f*

height [haɪt] *n* ❶ Höhe *f; of a person* [Körper]größe *f;* **at chest ~** in Brusthöhe; **to be three metres in ~** drei Meter hoch sein; **~s** Höhen *Pl;* **fear of ~s** Höhenangst *f* ❷ (*fig*) Höhepunkt *m;* **at the ~ of summer** im Hochsommer

heir [eəʳ] *n* Erbe *m*/Erbin *f;* **~ to the throne** Thronfolger(in) *m(f)*

heiress <*pl* -es> ['eəres] *n* Erbin *f*

heirloom ['eəlu:m] *n* Erbstück *nt*

held [held] *tr, intr verb, pt, pp of* **hold**

helicopter ['helɪkɒptəʳ] *n* Hubschrauber *m*

helipad ['helɪ-] *n* Hubschrauberlandeplatz *m*

heliport ['helɪ-] *n* Heliport *m,* Hubschrauberlandeplatz *m*

hell [hel] **I.** *n no pl* ❶ *no art* Hölle *f;* **to go to ~** in die Hölle kommen ❷ *no art* (*fig fam*) **to ~ with it!** ich hab's satt!; **to ~ with you!** du kannst mich mal!; **to make sb's life ~** jdm das Leben zur Hölle machen; **to raise ~** einen Höllenlärm machen ❸ (*fam: emphatic*) **he's one ~ of a guy!** er ist echt total in Ordnung!; **a ~ of a lot** verdammt viel; **as cold as ~** saukalt ▶ **come ~ or high water** komme, was wolle; **to do sth for the ~ of it** etw aus reinem Vergnügen machen; **like ~** wie verrückt **II.** *interj* **oh ~!** Scheiße! *sl;* **~ no!** bloß nicht!

he'll¹ [hi:l] = **he will¹** *see* **will**

he'll² [hi:l] = **he shall** *see* **shall**

hellish ['helɪʃ] **I.** *adj* höllisch *a. fig; cold, heat* mörderisch **II.** *adv* BRIT (*fam*) verdammt

hellishly ['helɪʃli] *adv* (*fam*) ❶ (*dreadfully*) höllisch ❷ (*very*) verdammt

hello [hel'əʊ] **I.** *n* Hallo *nt;* **to say ~ to sb** jdn [be]grüßen **II.** *interj* hallo!

helm [helm] **I.** *n* Ruder *nt a. fig* **II.** *tr verb* **to ~ sth** etw leiten

helmet ['helmət] *n* Helm *m*

help [help] **I.** *n no pl* Hilfe *f;* (*financial*) Unterstützung *f;* **to cry for ~** nach Hilfe schreien; **a great ~ you are!** (*iron*) eine tolle Hilfe bist du! **II.** *interj* **~!** Hilfe! **III.** *intr verb* helfen (**with** bei) **IV.** *tr verb* ❶ (*assist*) **to ~ sb** jdm helfen; **so ~ me God** so wahr mir Gott helfe ❷ (*improve*) verbessern; (*alleviate*) lindern ❸ (*contribute*) **to ~ sth** zu etw beitragen ❹ (*prevent*) **I can't ~ it!** ich kann nichts dagegen machen!; **I can't ~ thinking that ...** ich denke einfach, dass ... ❺ (*take*) **to ~ oneself** sich bedienen; **to ~ oneself to sth** sich *Dat* etw nehmen **V.** *adj attr* Hilfe- ◆ **help out I.** *tr verb* **to ~ out ⟲ sb** jdm [aus]helfen **II.** *intr verb* aushelfen; **to ~ out with sth** bei etw helfen

helper ['helpəʳ] *n* Helfer(in) *m(f);* (*assistant*) Gehilfe *m*/Gehilfin *f*

helpful ['helpfᵊl] *adj* hilfreich; *person* hilfsbereit; **to be ~** [**to sb**] [jdm] helfen; **I was only trying to be ~** ich wollte nur helfen

helping ['helpɪŋ] **I.** *n* Portion *f;* **to take a second ~** [**of sth**] sich *Dat* etw noch einmal nehmen **II.** *adj attr* hilfreich; **to give sb a ~ hand** jdm helfen

helpless ['helpləs] *adj* hilflos; (*impotent*) machtlos; **to be ~ with laughter** sich vor Lachen kaum noch halten können

helpline *n* Notruf *m*

hem [hem] *n* Saum *m*

hemophilia *n* AM *see* **haemophilia**

H

hemophiliac *n* AM *see* **haemophiliac**
hemorrhage *n, intr verb* AM *see* **haemorrhage**
hemorrhoids *n* AM *see* **haemorrhoids**
hen [hen] *n* Henne *f,* Huhn *nt*
hence [hen(t)s] *adv* ❶ *after noun* von jetzt an; **four weeks ~** in vier Wochen ❷ (*therefore*) daher
hencoop *n,* **henhouse** *n* Hühnerstall *m*
hen night *n Party am Abend vor der Hochzeit für die Braut und ihre Freundinnen*
heptathlon [hep'tæθlɒn] *n* Siebenkampf *m*
her [hɜːʳ, həʳ] **I.** *pron pers* sie *akk,* ihr *dat;* **it is/was ~** sie ist's/war's **II.** *adj poss* ihr(e, n); (*ship, country, boat, car*) sein(e, n); **what's ~ name?** wie heißt sie? **III.** *n* (*fam*) Sie *f;* **is it a him or a ~?** ist es ein Er oder eine Sie?
herb [hɜːb] *n* [Gewürz]kraut *nt meist Pl;* **~ garden** Kräutergarten *m*
herbal ['hɜːbᵊl] *adj* Kräuter-
herbivorous [hɜː'bɪvᵊrəs] *adj* Pflanzen fressend
herd [hɜːd] **I.** *n + sing/pl verb* Herde *f; of wild animals* Rudel *nt;* **~ of cattle** Viehherde *f* **II.** *tr verb* treiben
here [hɪəʳ] **I.** *adv* hier; (*with movement*) hierher/hierhin; **come ~!** komm [hier]her!; **give it ~!** (*fam*) gib mal her!; **~ I am!** hier bin ich!; **~ they are!** da sind sie!; **~ comes the train** da kommt der Zug; **~ goes!** (*fam*) los geht's!; **~'s to you!** auf Ihr/dein Wohl!; **~ and now** [jetzt] sofort; **from ~ on in** von jetzt an **II.** *interj* **~!** he!; **~, ...** na komm, ...
herewith *adv* (*form*) anbei, hiermit; **enclosed ~** beiliegend
heritable ['herɪtəbl̩] *adj* ❶ BIOL erblich, Erb- ❷ LAW vererblich, vererbbar
hero <*pl* -es> ['hɪərəʊ] *n* Held *m;* **to die a ~'s death** den Heldentod sterben
heroic [hɪ'rəʊɪk] **I.** *adj* ❶ heldenhaft; *try* kühn; **~ deed** Heldentat *f* ❷ LIT heroisch **II.** *n* **~s** Heldentaten *Pl*
heroin ['herəʊɪn] *n no pl* Heroin *nt*
heroin addict *n* Heroinsüchtige(r) *f(m)*
heroine ['herəʊɪn] *n* Heldin *f*
heroism ['herəʊɪzᵊm] *n no pl* Heldentum *nt;* **act of ~** heldenhafte Tat
heron <*pl* -s *or* -> ['herᵊn] *n* Reiher *m*
herring <*pl* -s *or* -> ['herɪŋ] *n* Hering *m*
hers [hɜːz] *pron pers* **it's ~** (*person or animal*) es gehört ihr; **a good friend of ~** eine gute Freundin von ihr
herself [hə'self] *pron refl* sich *dat o akk;* (*emph: personally*) selbst; **she told me ~** sie hat es mir selbst erzählt; [**all**] **by ~** ganz alleine; **all to ~** ganz für sich
he's[1] [hiːz] = **he is** *see* **be**
he's[2] [hiːz] = **he has** *see* **have**
hesitant ['hezɪtᵊnt] *adj* zögernd; *person* unschlüssig
hesitantly ['hezɪtᵊntli] *adv* unentschlossen; *smile* zögernd
hesitate ['hezɪteɪt] *intr verb* ❶ zögern; **don't ~ to call me** ruf mich einfach an ❷ (*falter*) stocken
hesitation [ˌhezɪ'teɪʃᵊn] *n no pl* Zögern *nt,* Unentschlossenheit *f*
heterosexual [ˌhetᵊrə(ʊ)'sekʃuᵊl] **I.** *adj* heterosexuell **II.** *n* Heterosexuelle(r) *f(m)*
het up [ˌhet'ʌp] *adj pred* (*fam*) aufgeregt; **to get ~ about sth** sich über etw *Akk* aufregen
hexagon ['heksəgən] *n* Sechseck *nt*
hexagonal [hek'sægᵊnᵊl] *adv* sechseckig
hey [heɪ] *interj* (*fam*) he!
hi [haɪ] *interj* hallo!
hibernate ['haɪbəneɪt] *intr verb* [seinen] Winterschlaf halten
hibernation [ˌhaɪbə'neɪʃᵊn] *n no pl* Winterschlaf *m;* **to go into ~** in den Winterschlaf verfallen
hiccup ['hɪkʌp] **I.** *n* Schluckauf *m;* **to have the ~s** den Schluckauf haben **II.** *intr verb* schlucksen
hick [hɪk] *n* AM, AUS (*pej fam*) Provinzler(in) *m(f)*
hick town *n* AM, AUS (*pej fam*) [Bauern]kaff *nt*
hid [hɪd] *tr verb pt of* **hide**
hidden ['hɪdᵊn] **I.** *tr verb pp of* **hide** **II.** *adj* versteckt; (*secret*) heimlich
hide[1] [haɪd] *n* Haut *f a. fig;* (*with fur*) Fell *nt*
hide[2] [haɪd] **I.** *n* BRIT, AUS Versteck *nt;* HUNT Ansitz *m* **II.** *tr verb* <hid, hidden> ❶ verstecken (**from** vor) ❷ (*keep secret*) verbergen (**from** vor) **III.** *intr verb* <hid, hidden> sich verstecken (**from** vor) ◆**hide away** **I.** *tr verb* verstecken **II.** *intr verb* sich verstecken ◆**hide out, hide up** *intr verb* sich versteckt halten

hide-and-seek *n no pl* Versteckspiel *nt;* **to play** ~ Verstecken spielen

hideaway *n* (*fam*) Versteck *nt a. fig*

hideous ['hɪdiəs] *adj* ❶ grässlich, scheußlich ❷ (*terrible*) schrecklich, furchtbar

hideout *n* Versteck *nt*

hiding[1] ['haɪdɪŋ] *n usu sing* (*fam*) ❶ (*beating*) Tracht *f* Prügel ❷ (*defeat*) Schlappe *f*

hiding[2] ['haɪdɪŋ] *n no pl* **to be in** ~ sich versteckt halten; **to go into** ~ untertauchen

hi-fi [ˌhaɪ'faɪ] *n* (*fam*) *short for* **high fidelity** Hi-Fi-Anlage *f*

high [haɪ] **I.** *adj* ❶ hoch *präd,* hohe(r, s) *attr;* ~ **marks** gute Noten; **of** ~ **rank** hochrangig; ~ **and mighty** (*fam*) herablassend; ~ **wind** starker Wind; ~ **in calories** kalorienreich ❷ (*drugged*) high ▶ ~ **time** höchste Zeit **II.** *adv* ~ **and low** überall **III.** *n* ❶ Höchststand *m* ❷ METEO Hoch *nt*

high chair *n* Hochstuhl *m*

high court *n* oberstes Gericht

high-density *adj* ❶ kompakt; ~ **housing** dicht bebautes Wohngebiet ❷ COMPUT mit hoher Dichte *nachgestellt;* ~ **disk** HD-Diskette *f*

higher-up *n* (*fam*) hohes Tier *fam*

high-flyer *n,* **high-flier** *n* Überflieger(in) *m(f)*

high frequency *n* Hochfrequenz *f*

high-handed *adj* selbstherrlich

high heels *npl* hohe Absätze; (*shoes*) hochhackige Schuhe

highjack *tr verb see* **hijack**

high jump *n no pl* Hochsprung *m* ▶ **to be for the** ~ BRIT in Teufels Küche kommen

Highland dress schottische Tracht

highlands ['haɪləndz] *npl* Hochland *nt kein Pl*

high-level *adj* auf höchster Ebene *nachgestellt*

highlight **I.** *n* ❶ Höhepunkt *m* ❷ (*streak*) ~**s** Strähnchen *Pl* **II.** *tr verb* ❶ hervorheben, unterstreichen ❷ (*dye*) **to have one's hair** ~**ed** sich *Dat* Strähnchen machen lassen

highlighter *n* Textmarker *m*

highly ['haɪli] *adv* ~ **amusing** ausgesprochen amüsant; ~ **educated** hochgebildet; ~ **skilled** hoch qualifiziert

high-necked *adj* hochgeschlossen

Highness ['haɪnəs] *n* **Her/His/Your** ~ Ihre/Seine/Eure Hoheit

high-performance *adj* Hochleistungs-

high-pitched *adj* ❶ *voice* hoch ❷ *roof* steil **high point** *n* Höhepunkt *m* **high-powered** *adj* ❶ Hochleistungs-; *car* stark ❷ (*influential*) einflussreich **high pressure** *n no pl* METEO Hochdruck *m* **high-pressure** **I.** *adj* ❶ Hochdruck-; ~ **cleaner** Hochdruckreiniger *m* ❷ (*fig*) ~ **sales techniques** aggressive Verkaufstechniken **II.** *tr verb* AM unter Druck setzen **high-protein** *adj* eiweißreich **high-ranking** <higher-ranking, highest-ranking> *adj* hochrangig

high-rise building *n,* **high-rise flats** *npl* BRIT Hochhaus *nt*

high-risk <higher-risk, highest-risk> *adj* hochriskant; **to be in a** ~ **category** einer Risikokategorie angehören

high school *n* ≈ Oberschule *f*

high season *n* Hochsaison *f* **high-speed train** *n* Hochgeschwindigkeitszug *m* **high-spirited** *adj* ausgelassen; *horse* temperamentvoll **high spirits** *npl* Hochstimmung *f kein Pl*

high street *n* BRIT Haupt[einkaufs]straße *f*

high tea *n* BRIT *frühes Abendessen, bestehend aus einem gekochten Essen, Brot und Tee*

high-tech *adj* Hightech- **high technology** *n no pl* Hightech *nt,* Hochtechnologie *f* **high-tension** *adj* Hochspannungs-

high tide *n no pl* Flut *f;* **at** ~ bei Flut **high water** *n no pl* Flut *f* **high-water mark** *n* Hochwassermarke *f*

highway **I.** *n* AM, AUS Highway *m;* BRIT (*form*) Bundesstraße *f* **II.** *adj attr* Straßen-; ~ **fatalities** Verkehrstote *Pl;* ~ **restaurant** Autobahnrestaurant *nt*

Highway Code *n* BRIT **the** ~ die Straßenverkehrsordnung

hijack ['haɪdʒæk] **I.** *tr verb* entführen; (*fig*) klauen *sl* **II.** *n* Entführung *f*

hijacker ['haɪdʒækəʳ] *n* Entführer(in) *m(f)*

hijacking ['haɪdʒækɪŋ] *n no pl* Entführung *f*

hike [haɪk] **I.** *n* ❶ Wanderung *f;* **to go on a** ~ wandern gehen; **to take a** ~

(*fam*) abhauen ② Am (*fam*) ~ **in prices** Preiserhöhung *f* **II.** *intr verb* wandern

hiker ['haɪkəʳ] *n* Wanderer *m*/Wanderin *f*

hiking ['haɪkɪŋ] *n no pl* Wandern *nt;* **to go** ~ wandern gehen

hill [hɪl] *n* ① Hügel *m;* (*higher*) Berg *m* ② (*slope*) Steigung *f*

hillside *n* Hang *m* **hilltop** *n* Hügelkuppe *f* **hillwalking** *n no pl* Brit Bergwandern *nt*

hilly ['hɪli] *adj* hügelig; (*steeper*) bergig

him [hɪm, ɪm] *pron object* ihn *Akk,* ihm *Dat;* **who? ~?** wer? der?; **that's ~ all right** das ist er in der Tat

H

Himalayas [ˌhɪmə'leɪjəz] *npl* **the** ~ der Himalaya

himself [hɪm'self] *pron refl* sich *dat o akk;* (*emph: personally*) selbst; [**all**] **by** ~ ganz alleine; **all to** ~ ganz für sich

hindrance ['hɪndrən(t)s] *n* Behinderung *f;* **you're more of a ~ than a help** du störst mehr, als dass du hilfst

hindsight *n no pl* **in ~, with** [**the benefit of**] ~ im Nachhinein

hinge [hɪndʒ] **I.** *n* Scharnier *nt; of a door, a window* Angel *f* **II.** *intr verb* **to** ~ [**up**]**on sb/sth** von jdm/etw abhängen

hint [hɪnt] **I.** *n* ① *usu sing* (*trace*) Spur *f* ② (*allusion*) Andeutung *f;* **he gave me no ~ that ...** er gab mir nicht den leisesten Wink, dass ...; **to drop a** ~ eine Andeutung machen ③ (*advice*) Hinweis *m,* Tipp *m* **II.** *tr verb* **to ~ that ...** andeuten, dass ... **III.** *intr verb* **to ~ at sth** auf etw *Akk* anspielen; **to ~ that ...** andeuten, dass ...

hip [hɪp] **I.** *n* ① Hüfte *f;* **with a 38-inch** ~ mit einer Hüftweite von 96 cm ② Bot Hagebutte *f* **II.** *adj* <-pp-> (*fam*) hip

hipbone *n* Hüftknochen *m* **hip flask** *n* Flachmann *m hum fam*

hippo ['hɪpəʊ] *n* (*fam*) *short for* **hippopotamus**

hippopotamus <*pl* -es *or* -mi> [ˌhɪpə'pɒtəməs, *pl* -maɪ] *n* Nilpferd *nt*

hippy ['hɪpi] *n* Hippie *m*

hire [haɪəʳ] **I.** *n no pl* Mieten *nt;* **car ~ business** Brit Autoverleih *m;* **'For ~'** „Zu vermieten" **II.** *tr verb* ① mieten; *dress* ausleihen ② (*employ*) einstellen

◆**hire out** *tr verb* vermieten; *bicycle, clothes* verleihen

hire purchase *n* Brit Ratenkauf *m;* **to buy something on** ~ etw auf Raten kaufen

his [hɪz, ɪz] **I.** *pron pers* **it's** ~ (*person or animal*) es gehört ihm, es ist seiner/seine/seins; **some friends of** ~ einige seiner Freunde **II.** *adj poss* sein(e); **what's ~ name?** wie heißt er?

hiss [hɪs] **I.** *intr verb* zischen; (*whisper*) fauchen; **to ~ at sb** jdn anfauchen **II.** *tr verb* ① (*utter*) fauchen ② (*disapprove*) **to ~ sb/sth** etw/jdn auszischen **III.** *n* <*pl* -es> Zischen *nt kein Pl*

historic [hɪ'stɒrɪk] *adj* historisch

historical [hɪ'stɒrɪkᵊl] *adj* geschichtlich, historisch; ~ **accuracy** Geschichtstreue *f*

history ['hɪstᵊri] **I.** *n* ① *no pl* Geschichte *f;* **to go down in** ~ in die Geschichte eingehen ② (*fig*) **sb is** ~ jd ist fertig; **ancient** ~ kalter Kaffee ③ *usu sing* (*background*) Vorgeschichte *f* **II.** *adj attr* Geschichts-

hit [hɪt] **I.** *n* ① Schlag *m* ② (*shot*) Treffer *m;* **to suffer a direct** ~ direkt getroffen werden ③ (*success*) Hit *m;* **to be a** [**big**] **~ with sb** bei jdm gut ankommen ④ Inet Besuch *m* einer Webseite ⑤ Comput (*match*) Treffer *m* **II.** *tr verb* <-tt-, hit, hit> ① schlagen ② *button* drücken ③ (*collide*) **to ~ sth** gegen etw stoßen; *car* gegen etw krachen *fam* ④ (*shoot*) **to be** ~ getroffen werden ⑤ (*fam: meet*) **we should ~ the main road soon** wir müssten bald auf die Hauptstraße stoßen; **to ~ rock bottom** einen historischen Tiefstand erreichen ⑥ (*fam: go to*) **let's ~ the dance floor** lass uns tanzen! ⑦ (*occur*) **to ~ sb** jdm auffallen **III.** *intr verb* ① **to ~ hard** kräftig zuschlagen; **to ~ at sb/sth** nach jdm/etw schlagen ② (*attack*) **to ~ at sb** jdn attackieren *a. fig* ◆**hit back** *intr verb* zurückschlagen; **to ~ back at sb** jdm Kontra geben ◆**hit off** *tr verb* **to ~ it off** [**with sb**] (*fam*) sich prächtig [mit jdm] verstehen ◆**hit on** *tr verb see* **hit upon** ◆**hit out** *intr verb* **to ~ out** [**at sb**] [auf jdn] einschlagen; (*fig*) [jdn] scharf attackieren ◆**hit upon** *intr verb* **to ~ upon sth** auf etw *Akk* kommen

hit-and-run **I.** *n no pl* Fahrerflucht *f;* mil

Überraschungsüberfall *m* **II.** *adj* unfallflüchtig; ~ **accident** Unfall *m* mit Fahrerflucht; ~ **attack** MIL Blitzangriff *m*

hitch [hɪtʃ] **I.** *n* <*pl* -es> Haken *m;* **to go off without a ~** reibungslos ablaufen **II.** *tr verb* ① festmachen (**to** an); *trailer* anhängen (**to** an) ② (*fam: hitch-hike*) **to ~ a lift** trampen, per Anhalter fahren **III.** *intr verb* (*fam*) trampen ◆ **hitch up** *tr verb* ① festmachen (**to** an); *trailer* anhängen (**to** an) ② (*pull up*) *trousers* hochziehen

hitcher ['hɪtʃəʳ] *n* Anhalter(in) *m(f),* Tramper(in) *m(f)*

hitch-hike *intr verb* per Anhalter fahren, trampen **hitch-hiker** *n* Anhalter(in) *m(f),* Tramper(in) *m(f)* **hitch-hiking** *n no pl* Trampen *nt*

HIV [ˌeɪtʃaɪ'viː] *n no pl abbrev of* **human immunodeficiency virus** HIV *nt*

hive [haɪv] *n* Bienenstock *m*

hl *abbrev of* **hectolitre** hl

ho [hoʊ] *n* AM (*pej! sl*) Schlampe *f*

hoard [hɔːd] **I.** *n* Vorrat *m* (**of** an) **II.** *tr verb* horten; *food a.* hamstern **III.** *intr verb* Vorräte anlegen

hoar frost *n no pl* [Rau]reif *m*

hoarse [hɔːs] *adj* heiser

hoax [həʊks] **I.** *n* Täuschung *f;* **bomb ~** vorgetäuschte Bombendrohung **II.** *adj attr* vorgetäuscht **III.** *tr verb* [he]reinlegen; **to ~ sb into believing sth** jdm etw weismachen

hob [hɒb] *n* BRIT Kochfeld *nt*

hobble ['hɒbl] **I.** *intr verb* hinken, humpeln **II.** *n* Hinken *nt kein Pl,* Humpeln *nt kein Pl*

hobby ['hɒbi] *n* Hobby *nt*

hockey ['hɒki] *n no pl* Hockey *nt;* ~ **stick** Hockeyschläger *m*

hog [hɒg] **I.** *n* AM Schwein *nt;* BRIT Mastschwein *nt* ▶ **to go the whole ~** Nägel mit Köpfen machen **II.** *tr verb* <-gg-> (*fam*) **to ~ sth** etw in Beschlag nehmen; **to ~ the bathroom** das Badezimmer mit Beschlag belegen; **to ~ the road** die ganze Straße [für sich] beanspruchen

Hogmanay ['hɒgməneɪ] *n* SCOT

> Schottland stand am *New Year's Eve,* also am 31. Dezember, schon immer im Zeichen von **Hogmanay,** während sich der Rest von Großbritannien an Silvester mit großen Feierlichkeiten und Feuerwerk lange Zeit eher zurückhielt. Die Schotten feiern den Jahreswechsel besonders ausgelassen. Die größte Straßenparty findet im Zentrum von Edinburgh statt, wo sich Tausende von Besuchern versammeln, um zu lauter Musik ins neue Jahr zu rocken. Einen weiteren Höhepunkt bildet das prachtvolle Feuerwerk über der alten Burg.
> Das Wort **Hogmanay** stammt übrigens ursprünglich aus dem Nordfranzösischen. *Hoginané* bedeutet sinngemäß: *Bitte ein Geschenk zum neuen Jahr!*

H

hoist [hɔɪst] **I.** *tr verb* hochheben; *flag, sail* hissen **II.** *n* Winde *f*

hold [həʊld] **I.** *n* ① Halt *m kein Pl;* **to keep ~ of sth** etw festhalten; **sb loses ~ of sth** jdm entgleitet etw; **to take ~** (*fig*) *fire, epidemic* übergreifen ② SPORTS Griff *m* (**on** an) ③ TELEC **to be on ~** in der Warteschleife sein ④ (*delay*) **to put sth on ~** etw auf Eis legen *fig* ⑤ (*control*) **get [a] ~ of yourself!** reiß dich zusammen! ⑥ NAUT, AVIAT Frachtraum *m* **II.** *tr verb* <held, held> ① **to ~ sb in one's arms** jdn in den Armen halten; **to ~ sth in place** etw halten ② (*carry*) [aus]halten, tragen ③ (*keep*) halten; **to ~ sb's attention** jdn fesseln; **to ~ sb [in custody]/hostage/prisoner** jdn in Haft/als Geisel/gefangen halten ④ **~ it [right there]!** stopp!; **to ~ one's breath** die Luft anhalten ⑤ (*contain*) fassen; **this room ~s 40 people** dieser Raum bietet 40 Personen Platz; **the rack ~s 100 CDs** in den Ständer passen 100 CDs ◆ **hold against** *tr verb* **to ~ sth against sb** jdm etw vorwerfen ◆ **hold back I.** *tr verb* (*stop*) aufhalten; (*impede*) hindern; *information* geheim halten; **to ~ back tears** Tränen zurückhalten **II.** *intr verb* **to ~ back from doing sth** etw unterlassen ◆ **hold down** *tr verb* niederhalten; *levels, prices* niedrighalten ◆ **hold forth** *intr verb* **to ~ forth [about sth]** sich [über etw *Akk*] auslassen ◆ **hold in** *tr verb* zurückhalten; **to ~ in one's fear** seine Angst unterdrücken; **to ~ one's stom-**

ach **in** seinen Bauch einziehen ◆ **hold off I.** *tr verb* ① MIL abwehren ② (*defer*) verschieben **II.** *intr verb* warten; **the rain held off all day** es hat den ganzen Tag nicht geregnet ◆ **hold on** *intr verb* ① *usu passive* **to be held on by/with sth** mit etw befestigt sein ② (*continue*) durchhalten ③ (*wait*) **~ on!** Moment bitte! ◆ **hold onto** *tr verb* ① festhalten ② (*keep*) behalten ◆ **hold out I.** *tr verb* ausstrecken; **to ~ out ↔ sth to sb** jdm etw hinhalten **II.** *intr verb* ① (*resist*) durchhalten; **to ~ out for sth** auf etw *Dat* bestehen ② (*not tell*) **to ~ out on sb** jdm etw verheimlichen ◆ **hold over** *tr verb* ① (*defer*) aufschieben ② AM (*extend*) verlängern ◆ **hold to** *intr verb* **can I ~ you to that?** bleibst du bei deinem Wort? ◆ **hold together** *intr verb, vt* zusammenhalten ◆ **hold under** *tr verb* unterdrücken ◆ **hold up** *tr verb* ① hochhalten; **to ~ up one's hand** die Hand heben; **to be held up by sth** von etw gestützt werden ② (*delay*) aufhalten; **held up in the post** bei der Post liegen geblieben ◆ **hold with** *intr verb* (*fam*) **to ~ with sth** mit etw einverstanden sein

holdall *n* BRIT Reisetasche *f*

holdback *n* Raffarm *m*

holder ['həʊldəʳ] *n* ① Halter *m;* **cigarette ~** Zigarettenspitze *f* ② (*owner*) Besitzer(in) *m(f);* **account ~** Kontoinhaber(in) *m(f);* **passport ~** Passinhaber(in) *m(f);* **record ~** Rekordhalter(in) *m(f)*

hold-up *n* ① (*crime*) Raubüberfall *m* ② (*delay*) Verzögerung *f* ③ (*stockings*) **~s** halterlose Strümpfe *Pl*

hole [həʊl] **I.** *n* ① Loch *nt a. fig;* (*den*) Bau *m;* **18-~ course** Golfplatz *m* mit 18 Löchern ② (*fig: fault*) Schwachstelle *f;* **to pick ~s [in sth]** [etw] kritisieren **II.** *tr verb* einlochen ◆ **hole up** *intr verb* (*fam*) sich verkriechen

holiday ['hɒlədeɪ] **I.** *n* ① BRIT, AUS Urlaub *m,* Ferien *Pl;* **school ~s** Ferien *Pl;* **to go on a skiing ~** Skiurlaub machen ② (*day*) Feiertag *m* **II.** *intr verb* BRIT, AUS Urlaub machen

holiday address *n* BRIT, AUS Urlaubsadresse *f,* Ferienadresse *f* SCHWEIZ **holiday camp** *n* BRIT, AUS Ferienlager *nt* **holiday course** *n* BRIT, AUS Ferienkurs *m* **holiday entitlement** *n* BRIT, AUS Urlaubsanspruch *m* **holiday flat** *n* BRIT, AUS Ferienwohnung *f* **holiday house** *n* BRIT, AUS Ferienhaus *nt* **holidaymaker** *n* BRIT, AUS Urlauber(in) *m(f)* **holiday resort** *n* BRIT, AUS Urlaubsort *m*

holiness ['həʊlɪnəs] *n no pl* Heiligkeit *f*

Holland ['hɒlənd] *n no pl* Holland *nt*

hollow ['hɒləʊ] **I.** *adj* ① hohl; *cheeks* eingefallen ② (*fig*) wertlos; *promise* leer **II.** *n* ① Senke *f* ② AM (*valley*) Tal *nt* **III.** *adv* hohl **IV.** *tr verb* **to ~ [out]** aushöhlen

holly ['hɒli] *n* Stechpalme *f*

hologram ['hɒləgræm] *n* Hologramm *nt*

holography [hɒl'ɒgrəfi] *n no pl* Holographie *f*

holy ['həʊli] *adj* heilig ▶ **~ cow** [*or fam!* **shit**]**!** du heilige Scheiße!

Holy Communion *n* ① heilige Kommunion ② (*bread and wine*) heiliges Abendmahl **Holy Father** *n* **the ~** der Heilige Vater

home [həʊm] **I.** *n* ① Zuhause *nt;* **to be away from ~** von zu Hause weg sein; **at ~** zu Hause, zuhause ÖSTERR, SCHWEIZ; **to leave ~** [von zu Hause] ausziehen; **to work from ~** zu Hause arbeiten ② (*house*) Haus *nt;* (*flat*) Wohnung *f;* **luxury ~** Luxusheim *nt;* **starter ~** erstes eigenes Heim ③ (*family*) Zuhause *nt kein Pl;* **to come from a broken ~** aus zerrütteten Familienverhältnissen stammen ④ (*institute*) Heim *nt;* **old people's ~** Altersheim *nt* ⑤ (*origin*) Heimat *f* ⑥ SPORTS **away from ~** auswärts; **at ~** zu Hause ▶ **~ sweet ~** (*prov*) trautes Heim, Glück allein **II.** *adv* ① (*at abode*) zu Hause, zuhause ÖSTERR, SCHWEIZ, daheim *bes* SÜDD, ÖSTERR, SCHWEIZ; (*to abode*) nach Hause, nachhause ÖSTERR, SCHWEIZ ② (*origin*) **to go/return ~** in seine Heimat zurückgehen/zurückkehren **III.** *intr verb* **to ~ in on sth** genau auf etw *Akk* zusteuern; (*fig*) [sich *Dat*] etw herausgreifen

home address *n* Heimatadresse *f,* Privatanschrift *f* **home affairs** *n pl* BRIT POL innere Angelegenheiten; **~ correspondent** Korrespondent(in) *m(f)* für Innenpolitik

homebody *n esp* AM (*fam*) häuslicher

Mensch; (*dull*) Stubenhocker(in) *m(f) pej fam*

home cooking *n no pl* Hausmannskost *f* **home economics** *n + sing verb* Hauswirtschaft[slehre] *f* **home-grown** *adj* aus dem eigenen Garten *nachgestellt,* aus eigenem Anbau *nachgestellt* **home help** *n* BRIT Haushaltshilfe *f*

homeland *n* Heimat *f,* Heimatland *nt*

homeless ['həʊmləs] **I.** *adj* obdachlos; (*uprooted*) heimatlos **II.** *n* **the ~** *pl* die Obdachlosen *Pl*

home-made *adj* hausgemacht; *cake* selbst gebacken; *jam* selbst gemacht

Home Office *n + sing/pl verb* BRIT **the ~** das Innenministerium

homeopath ['həʊmiə(ʊ)pæθ] *n* Homöopath(in) *m(f)*

homeopathic ['həʊmiə(ʊ)pæθɪk] *adj* homöopathisch

homeopathy [ˌhəʊmi'ɒpəθi] *n no pl* Homöopathie *f*

home page *n* INET Homepage *f*

Home Secretary *n* BRIT Innenminister(in) *m(f)*

homesick *adj* **to be ~** Heimweh haben

home straight *n,* **home stretch** *n* Zielgerade *f a. fig* **home team** *n + sing/pl verb* Heimmannschaft *f* **hometown** *n* AM Heimatstadt *f* **home truth** *n* bittere Wahrheit

homeward ['həʊmwəd] **I.** *adv* heimwärts, nach Hause **II.** *adj* **~ journey** Heimreise *f*

homework *n no pl* Hausaufgaben *Pl a. fig*

homeworker *n* Heimarbeiter(in) *m(f)*

homey <homier, homiest> ['həʊmi] *adj* AM, AUS heimelig

homicide ['hɒmɪsaɪd] *n* ① *no pl* Mord *m* ② (*death*) Mordfall *m;* **~ rate** Mordrate *f;* **~ squad** Mordkommission *f*

homo milk *n no pl* CAN [homogenisierte] Vollmilch *f*

Homo sapiens [ˌhəʊməʊ'sæpiənz] *n no pl* Homo sapiens *m*

homosexual [ˌhəʊmə(ʊ)'sekʃuəl] **I.** *adj* homosexuell **II.** *n* Homosexuelle(r) *f(m)*

Honduras [hɒn'djʊərəs] *n* Honduras *nt*

honest ['ɒnɪst] *adj* ① ehrlich ② (*trusty*) redlich ③ *attr* (*correct*) ehrlich, ordentlich

honestly ['ɒnɪstli] **I.** *adv* ehrlich **II.** *interj* ① [ganz] ehrlich! ② (*disapproving*) also ehrlich!

honesty ['ɒnɪsti] *n no pl* Ehrlichkeit *f;* **in all ~** ganz ehrlich ▶ **~ is the best policy** (*prov*) ehrlich währt am längsten

honey ['hʌni] *n* ① *no pl* Honig *m* ② *esp* AM (*fam*) Schatz *m*

honeybee *n* [Honig]biene *f* **honeycomb** *n* Honigwabe *f;* (*wax*) Bienenwabe *f;* **~ pattern** Wabenmuster *nt*

honeyed ['hʌnid] *adj* honigsüß

honeymoon *n* Flitterwochen *Pl*

honk [hɒŋk] *intr verb* ① hupen ② *goose* schreien

honor AM *see* **honour**

honorable *adj* AM *see* **honourable**

honorary ['ɒnᵊrəri] *adj* ehrenamtlich

honour ['ɒnəʳ] **I.** *n* ① *no pl* Ehre *f;* **in ~ of sb/sth** zu Ehren einer Person/S. *Gen* ② (*award*) Auszeichnung *f* ③ BRIT LAW **your Honour** Euer Ehren **II.** *tr verb* ① ehren ② (*fulfil*) erfüllen ③ FIN akzeptieren

honourable ['ɒnᵊrəbl̩] *adj* ① ehrenhaft; *agreement* ehrenvoll ② BRIT **the ~ member for Bristol West** der Herr Abgeordnete für West-Bristol

honours degree *n* BRIT UNIV Examen *nt* mit Auszeichnung **honours list** *n* BRIT *Liste von Personen, die öffentlich durch die Monarchin oder den Monarchen geehrt werden und einen Titel* (*z. B. MBE, OBE*) *erhalten*

hons *n short for* **honours** *höherer akademischer Grad*

hood¹ [hʊd] *n* ① (*cap*) Kapuze *f* ② (*mask*) Maske *f* ③ (*shield*) Haube *f* ④ AM (*bonnet*) [Motor]haube *f*

hood² [hʊd] *n* AM (*sl*) **the ~** die Nachbarschaft

hooded ['hʊdɪd] *adj* ① Kapuzen- ② (*masked*) maskiert

hoodie, hoody *n* ['hʊdi] Kapuzenjacke *f,* Kapuzenshirt *nt*

hoof [huːf] **I.** *n* <*pl* hooves *or* -s> Huf *m* **II.** *tr verb* (*fam*) **to ~ it** laufen

hook [hʊk] **I.** *n* Haken *m;* **to leave the phone off the ~** den Telefonhörer nicht auflegen ▶ **to be off the ~** aus dem Schneider sein; **to get the ~** AM entlassen werden; **to let sb off the ~** jdn herauspauken; **to sling one's ~** BRIT die Hufe schwingen **II.** *tr verb* ① **to ~ sth to sth** etw an etw *Dat* festhaken

❷ **to ~ a fish** einen Fisch an die Angel bekommen ◆ **hook up I.** *tr verb* ❶ aufhängen ❷ (*connect*) anschließen (**to** an) ❸ AM (*fam: supply*) **to ~ sb up with sth** jdm etw besorgen **II.** *intr verb* **to ~ up** [**to sth**] sich [an etw *Akk*] anschließen

hooked [hʊkt] *adj* ❶ hakenförmig; **~ nose** Hakennase *f* ❷ (*addicted*) abhängig; **~ on drugs** drogenabhängig ❸ (*interested*) **to be ~** total begeistert sein; **to be ~ on sth** völlig besessen von etw sein

hooker ['hʊkəʳ] *n* ❶ AM, AUS (*fam*) Nutte *f* ❷ (*rugby*) Hakler(in) *m(f)*

H

hooky ['hʊki] *n no pl* AM, AUS (*fam*) **to play ~** die Schule schwänzen

hooligan ['hu:lɪgᵊn] *n* Hooligan *m*

hooptie ['hu:pti] *n* AM (*sl: car*) Kiste *f fam*

hooray [hʊ'reɪ, hə-] *interj, n see* **hurray**

Hooray Henry <*pl* -s *or* -ries> *n* BRIT (*fam*) *lautstark auftretender junger Angehöriger der Oberschicht*

hoot [hu:t] **I.** *n* ❶ Hupen *nt kein Pl* ❷ *of an owl* Schrei *m* ❸ (*outburst*) **to give a ~ of laughter** losprusten ▸ **to be a** [**real**] **~** zum Brüllen sein **II.** *intr verb* ❶ hupen ❷ *owl* schreien ❸ **to ~ with laughter** in johlendes Gelächter ausbrechen **III.** *tr verb* **to ~ one's horn** auf die Hupe drücken; **to ~ one's horn at sb** jdn anhupen

hooter ['hu:təʳ] *n* ❶ Sirene *f* ❷ AM (*fam!: breasts*) **~s** Titten *Pl*

hoover® ['hu:vəʳ] BRIT, AUS **I.** *n* Staubsauger *m* **II.** *tr, intr verb* [staub]saugen

hooves [hu:vz] *n pl of* **hoof**

hop [hɒp] **I.** *intr verb* <-pp-> ❶ hüpfen; *hare* hoppeln ❷ SPORTS springen **II.** *tr verb* <-pp-> ❶ **to ~ sth** über etw *Akk* springen ❷ BRIT (*fam*) **to ~ it** abhauen **III.** *n* ❶ Hüpfer *m* ❷ (*fam: trip*) [**short**] **~** [Katzen]sprung *m*

hope [həʊp] **I.** *n* Hoffnung *f;* **to give up ~** die Hoffnung aufgeben; **to live in ~** hoffen; **in the ~ of doing sth** in der Hoffnung, etw zu tun **II.** *intr verb* hoffen (**for** auf); **it's good news, I ~** hoffentlich gute Nachrichten; **to ~ for the best** das Beste hoffen

hopeful ['həʊpfᵊl] **I.** *adj* zuversichtlich; **to be ~ of sth** auf etw *Akk* hoffen **II.** *n usu pl* viel versprechende Personen; **young ~s** viel versprechende junge Talente

hopefully ['həʊpfᵊli] *adv* ❶ (*in hope*) hoffnungsvoll ❷ (*it is hoped*) hoffentlich

hopeless ['həʊpləs] *adj* hoffnungslos; *situation* aussichtslos

hopelessly ['həʊpləsli] *adv* hoffnungslos; **he's ~ in love with her** er hat sich bis über beide Ohren in sie verliebt

hopping mad *adj* (*fam*) auf hundertachtzig; **to be ~ with sb** stinksauer auf jdn sein

horizon [hə'raɪzᵊn] *n* Horizont *m;* **on the ~** am Horizont; (*fig*) in Sicht

horizontal [ˌhɒrɪ'zɒntᵊl] **I.** *adj* horizontal, waag[e]recht **II.** *n no pl* **the ~** die Horizontale

hormone ['hɔ:məʊn] *n* Hormon *nt*

horn [hɔ:n] *n* ❶ Horn *nt* ❷ MUS Horn *nt* ❸ (*beeper*) Hupe *f;* **to sound one's ~** (*fam*) auf die Hupe drücken

hornet ['hɔ:nɪt] *n* Hornisse *f*

horoscope ['hɒrəskəʊp] *n* Horoskop *nt*

horrendous [hɒ'rendəs] *adj* schrecklich; *conditions* entsetzlich

horrible ['hɒrəbl̩] *adj* schrecklich; (*mean*) gemein

horrid ['hɒrɪd] *adj* (*fam*) fürchterlich; (*mean*) gemein

horrific [hɒr'ɪfɪk] *adj* ❶ entsetzlich, grausig ❷ (*fam: high*) *losses, prices* horrend

horrify <-ie-> ['hɒrɪfaɪ] *tr verb* entsetzen

horror ['hɒrəʳ] *n* Entsetzen *nt,* Grauen *nt* (**at** über); **in ~** entsetzt

horror-stricken *adj,* **horror-struck** *adj* von Entsetzen gepackt; **to watch ~** voller Entsetzen zusehen

hors d'œuvre <*pl* - *or* -s> [ˌɔ:'dɜ:v] *n* ❶ BRIT, AUS (*starter*) Hors d'œuvre *nt* ❷ AM (*canapés*) Appetithäppchen *nt*

horse [hɔ:s] *n* Pferd *nt;* **~ and carriage** Pferdekutsche *f;* **~ and cart** Pferdefuhrwerk *nt;* **to eat like a ~** fressen wie ein Scheunendrescher ▸ **to be a dark ~** BRIT sein Licht unter den Scheffel stellen; **to back the wrong ~** aufs falsche Pferd setzen; **to hold one's ~s** die Luft anhalten

horseback *n* **on ~** zu Pferd **horsebox** *n* BRIT, **horsecar** *n* AM Pferdetransporter *m* **horse chestnut** *n* Rosskastanie *f* **horseplay** *n no pl* wilde Ausgelassenheit **horsepower** *n* <*pl* -> Pferdestärke *f;* **10-~ engine** Motor *m* mit 10 PS **horse race** *n* Pferderennen *nt* **horse racing** *n* Pferderennsport *m;* **to go ~** zum Pferderennen gehen **horseshoe** *n* Hufeisen *nt* **horse van** *n* AM *see* **horsebox**

hose [həʊz] *n* ① Schlauch *m* ② *pl* FASHION Strumpfwaren *Pl*

hospice ['hɒspɪs] *n* Hospiz *nt*

hospitable [hɒs'pɪtəbl̩] *adj* ① gastfreundlich; **to be ~ to[wards] sb** jdn gastfreundlich aufnehmen ② (*pleasant*) angenehm

hospital ['hɒspɪtəl] *n* Krankenhaus *nt*, Spital *nt* SCHWEIZ; **to have to go to ~** ins Krankenhaus müssen

hospitality [ˌhɒspɪ'tæləti] **I.** *n no pl* ① Gastfreundschaft *f* ② (*food*) Bewirtung *f* **II.** *adj attr* **~ coach** kostenloser Zubringerbus; **~ suite** Gästelounge *f*

hospitalize ['hɒspɪtəlaɪz] *tr verb* **to be ~d** ins Krankenhaus eingewiesen werden

host[1] [həʊst] **I.** *n* ① Gastgeber(in) *m(f)* ② (*stager*) Veranstalter(in) *m(f)* ③ (*compère*) Showmaster(in) *m(f)* ④ COMPUT Hauptrechner *m* **II.** *adj attr* **~ country** Gastland *nt;* **~ family** Gastfamilie *f* **III.** *tr verb* ① (*stage*) ausrichten ② *compère* moderieren

host[2] [həʊst] *n usu sing* **a [whole] ~ of sth** jede Menge von etw

hostage ['hɒstɪdʒ] *n* Geisel *f;* **to hold/take sb ~** jdn als Geisel festhalten/nehmen

host country *n* Gastland *nt*

hostel ['hɒstəl] *n* Wohnheim *nt;* BRIT (*for homeless*) Obdachlosenheim *nt;* [**youth**] **~** Jugendherberge *f*

hostess [həʊstɪs] *n* <*pl* -es> Gastgeberin *f;* (*animator*) Animierdame *f;* (*on plane*) Stewardess *f*

hostile ['hɒstaɪl] *adj* ① feindselig ② (*difficult*) hart, widrig; *climate* rau ③ ECON, MIL feindlich

hostility [hɒs'tɪləti] *n* ① *no pl* Feindseligkeit *f;* **~ to foreigners/technology** Ausländer-/Technikfeindlichkeit *f* ② MIL **hostilities** Feindseligkeiten *Pl*

hot [hɒt] **I.** *adj* <-tt-> ① heiß; **she was ~** ihr war heiß ② (*spicy*) scharf ③ (*close*) **in ~ pursuit** dicht auf den Fersen; **you're getting ~** (*in guessing game*) wärmer ④ (*fam: good*) **to be ~ stuff** absolute Spitze sein; **~ tip** heißer Tipp ⑤ (*sl: sexy*) heiß ⑥ (*new*) heiß; **~ gossip** das Allerneueste **II.** *tr verb* <-tt-> **to ~ up** *engine* frisieren **III.** *intr verb* <-tt-> **to ~ up** *pace* sich steigern; *situation* sich verschärfen **IV.** *n* ▶ **to have the ~s for sb** scharf auf jdn sein

hotchpotch ['hɒtʃpɒtʃ] *n no pl* Mischmasch *m* (**of** aus)

hot dog *n* ① Wiener Würstchen *nt;* (*in roll*) Hotdog *m* ② AM, AUS (*fig fam: show-off*) Angeber(in) *m(f)*

hotel [hə(ʊ)'tel] *n* Hotel *nt*

hotel accommodation *n* ① *no pl* (*room*) Hotelzimmer *nt* ② AM **~s** Hotelunterkunft *f kein Pl* **hotel bill** *n* Hotelrechnung *f* **hotel register** *n* Gästebuch *nt* **hotel staff** *n* + *sing/pl verb* Hotelpersonal *nt*

hotfoot (*fam*) **I.** *tr verb* **to ~ it home** schnell nach Hause rennen **II.** *intr verb* AM eilen

hothead *n* Hitzkopf *m*

hot-headed *adj* hitzköpfig

hothouse *n* Treibhaus *nt*

hotly ['hɒtli] *adv* heftig; **~ contested** heiß umkämpft

hotplate *n* Kochplatte *f;* (*for plate*) Warmhalteplatte *f*

hot potato *n* POL (*fig*) heißes Eisen **hot seat** *n* ① (*focus*) **to be in the ~** im Rampenlicht stehen ② AM elektrischer Stuhl **hotshot** *n* (*fam*) Kanone *f* **hot spot** *n* ① (*disco*) heißer Schuppen ② (*conflict*) Krisenherd *m* ③ INET Zugangspunkt *m* zu einer drahtlosen Internetverbindung **hot stuff** *n no art, no pl* ① (*fam: skilful*) **to be ~** ein Ass sein ② (*sl: woman*) heiße Braut; (*man*) heißer Typ **hot-tempered** *adj* heißblütig

hottie ['hɒti] *n* (*sl*) scharfes Weib *fam*

hot-water bottle *n* Wärmflasche *f*

hound [haʊnd] **I.** *n* [Jagd]hund *m* **II.** *tr verb* jagen

hour [aʊəʳ] *n* Stunde *f;* **50 kilometres an ~** 50 Kilometer pro Stunde; **£10 an ~** 10 Pfund die Stunde; **24 ~s a day** 24 Stunden am Tag; **~ after ~** Stunde um Stunde; **to be paid by the ~** pro Stunde bezahlt werden; **for ~s** stundenlang; **at all ~s** zu jeder Tages- und

H

Nachtzeit; **till all ~s** bis früh in den Morgen; **opening ~s** Öffnungszeiten *Pl*

hour hand *n* Stundenzeiger *m*

hourly ['aʊəli] *adj, adv* stündlich; **~ rate** Stundensatz *m*

house¹ [haʊs] *n* ❶ (*dwelling*) Haus *nt;* **in the ~** im Hause; **on the ~** auf Kosten des Hauses; **to play to a full ~** THEAT vor vollem Haus spielen; **~ of cards** Kartenhaus *nt* ❷ (*family*) **the House of Windsor** das Haus Windsor ▶ **to go all around the ~s** umständlich vorgehen

house² [haʊz] *tr verb* **to ~ sb** jdn unterbringen; **to ~ sth** etw beherbergen

H

houseboat *n* Hausboot *nt*

house doctor *n* Wohnberater(in) *m(f)* (*in einer Fernsehserie, bei der es um Verbesserungen oder Reparaturen am Haus geht*)

household I. *n* Haushalt *m* **II.** *adj attr* Haushalts-; **~ goods** Hausrat *m*

householder *n* Hauseigentümer(in) *m(f)*

house-hunt *intr verb* nach einem Haus suchen **house husband** *n* Hausmann *m* **housekeeper** *n* Haushälter(in) *m(f)* **housekeeping** *n no pl* ❶ Haushalten *nt* ❷ (*money*) Haushaltsgeld *nt* **houseplant** *n* Zimmerpflanze *f* **house-proud** *adj* BRIT, AUS **to be ~** *sich sehr um sein Zuhause kümmern, weil man großen Wert auf Heimeligkeit etc. legt* **house-train** *tr verb* stubenrein machen **house-trained** *adj* BRIT, AUS stubenrein **house-warming party** *n* Einweihungsparty *f* **housewife** <*pl* -ves> *n* Hausfrau *f* **housework** *n no pl* Hausarbeit *f*

housing ['haʊzɪŋ] *n* ❶ *no pl* Wohnungen *Pl* ❷ (*case*) Gehäuse *nt*

housing benefit *n* BRIT Wohngeld *nt kein Pl* **housing conditions** *npl* Wohnbedingungen *Pl* **housing development** *n* AM *see* **housing estate** **housing estate** *n* BRIT Wohnsiedlung *f* **housing shortage** *n* Wohnungsnot *f kein Pl*

HOV [ˌeɪtʃoʊ'viː] *n* AM *abbrev of* **high occupancy vehicle** *Fahrzeug mit mindestens zwei Insassen*

hover ['hɒvəʳ] *intr verb* ❶ schweben; *hawk a.* stehen ❷ (*fig*) **to ~ in the background/near a door** sich im Hintergrund/in der Nähe einer Tür herumdrücken

hovercraft <*pl* - *or* -s> *n* Luftkissenboot *nt* **hoverport** *n* Anlegestelle *f* für Luftkissenboote

how [haʊ] **I.** *adv* wie; **~ far/long/many** wie weit/lange/viele; **~ much** wie viel; **~ are you?** wie geht es Ihnen?; **~'s work?** was macht die Arbeit?; **~ do you do?** (*greeting*) Guten Tag!; **~ come?** wie das?; **~ do you know that?** woher weißt du das?; **just do it any old ~** mach's wie du willst; **~ about it?** was meinst du?; **~ about a movie?** wie wäre es mit Kino?; **and ~!** und ob!; **~ about that!** was sagt man dazu! **II.** *n* **the ~[s] and why[s]** das Wie und Warum

however [haʊ'evəʳ] **I.** *adv* ❶ + *adj* egal wie ❷ (*but*) jedoch **II.** *conj* wie auch immer; **~ you do it, ...** wie auch immer du es machst, ...

howl [haʊl] **I.** *n of an animal, the wind* Heulen *nt kein Pl; of a person* Geschrei *nt kein Pl;* **~ of pain** Schmerzensschrei *m;* **~s of protest** Protestgeschrei *nt* **II.** *intr verb* heulen ◆**howl down** *tr verb* niederschreien

howler ['haʊləʳ] *n* (*error*) Schnitzer *m*

howling ['haʊlɪŋ] **I.** *adj* ❶ *animal, wind* heulend; *person* schreiend ❷ (*fam: great*) riesig; **~ success** Riesenerfolg *m* **II.** *n no pl* Heulen *nt*

hp *n abbrev of* **horsepower** PS; **4 ~ engine** Motor *m* mit 4 PS

HP [ˌeɪtʃ'piː] *n* BRIT (*fam*) *abbrev of* **hire purchase**

HTML *n no pl abbrev of* **Hypertext Mark-up Language** INET HTML

hub [hʌb] *n* ❶ Nabe *f* ❷ (*base*) Basis *f*

hubcap ['hʌbkæp] *n* Radkappe *f*

huddle ['hʌdl̩] **I.** *n* ❶ [wirrer] Haufen; *of people* Gruppe *f;* **to stand in a ~** dicht zusammengedrängt stehen ❷ AM (*in football*) **to make a ~** die Köpfe zusammenstecken **II.** *intr verb* sich [zusammen]drängen ◆**huddle down** *intr verb* sich niederkauern ◆**huddle together** *intr verb,* **huddle up** *intr verb* sich zusammenkauern

huff [hʌf] **I.** *intr verb* **to ~ and puff** schnaufen und keuchen **II.** *n* (*fam*) **to be in a ~** eingeschnappt sein; **to get**

into a ~ einschnappen; **to go off in a ~** beleidigt abziehen

hug [hʌg] **I.** *tr verb* <-gg-> ❶ umarmen; **to ~ one's knees** seine Knie umklammern ❷ (*fig*) **the dress ~ged her body** das Kleid lag eng an ihrem Körper an; **to ~ the shore** sich dicht an der Küste halten **II.** *intr verb* <-gg-> sich umarmen **III.** *n* Umarmung *f;* **to give sb a ~** jdn umarmen

huge [hju:dʒ] *adj* ❶ riesig; **~ success** Riesenerfolg *m* ❷ (*impressive*) gewaltig; *costs* immens

hugely ['hju:dʒli] *adv* ungeheuer

hugger-mugger ['hʌgəmʌgəʳ] *n no pl* Verwirrung *f*

hullo [hə'ləʊ] *interj* BRIT *see* **hello**

hum [hʌm] **I.** *intr verb* <-mm-> ❶ summen; **to ~ under one's breath** vor sich *Akk* hinsummen ❷ brausen; *engine* brummen; *machine* surren; *insect* summen **II.** *tr verb* <-mm-> summen **III.** *n* Brausen *nt; of a machine* Brummen *nt; of an insect* Summen *nt*

human ['hju:mən] **I.** *n* Mensch *m* **II.** *adj* menschlich; **~ chain** Menschenkette *f;* **~ relationships** die Beziehungen des Menschen

humane [hju:'meɪn] *adj* human

humanist ['hju:mənɪst] *n* Humanist(in) *m(f)*

humanitarian [hju:ˌmænɪ'teəriən] **I.** *n* Menschenfreund(in) *m(f)* **II.** *adj* humanitär

humanity [hju:'mænəti] *n no pl* ❶ die Menschheit ❷ (*quality*) Menschlichkeit *f;* **to treat sb with ~** jdn human behandeln

humankind *n no pl* die Menschheit

humanly ['hju:mənli] *adv* menschlich; **to do everything ~ possible** alles Menschenmögliche tun

humble ['hʌmbl̩] **I.** *adj* <-r, -st> ❶ bescheiden ❷ (*respectful*) demütig; **please accept our ~ apologies** wir bitten ergebenst um Verzeihung **II.** *tr verb* **to be ~d by sth** durch etw gedemütigt werden

humid ['hju:mɪd] *adj* feucht

humidifier [hju:'mɪdɪfaɪəʳ] *n* Luftbefeuchter *m*

humidity [hju:'mɪdəti] *n no pl* [Luft]feuchtigkeit *f*

humiliate [hju:'mɪlieɪt] *tr verb* ❶ demütigen ❷ (*embarrass*) blamieren

humiliation [hju:ˌmɪli'eɪʃᵊn] *n* Demütigung *f*

humility [hju:'mɪləti] *n no pl* Demut *f;* (*modesty*) Bescheidenheit *f*

Hummer® ['hʌmə˞] *n* Hummer® *m* (*Geländewagen, Jeepnachfolger der US-Armee*)

humor *n* AM *see* **humour**

humorous ['hju:mᵊrəs] *adj* lustig; *person* humorvoll

humour ['hju:məʳ] **I.** *n* ❶ *no pl* Humor *m;* **his speech was full of ~** seine Rede war voller Witz ❷ (*form: mood*) Laune *f* **II.** *tr verb* **to ~ sb** jdm seinen Willen lassen

hump [hʌmp] **I.** *n* ❶ kleiner Hügel; (*in road*) Buckel *m* ❷ (*on camel*) Höcker *m* ▸ **sb has got the ~** jd ist sauer **II.** *tr verb* (*fam*) schleppen

humpback *n* ❶ Buck[e]lige(r) *f(m)* ❷ (*back*) Buckel *m* **humpbacked** *adj* bucklig; *bridge* gewölbt

humus ['hju:məs] *n no pl* HORT Humus *m*

hunch [hʌntʃ] **I.** *n* <*pl* -es> ❶ (*hump*) Buckel *m* ❷ (*feeling*) Gefühl *nt;* **to act on a ~** nach Gefühl handeln; **to have a ~ that ...** das [leise] Gefühl haben, dass ... **II.** *intr verb* sich krümmen **III.** *tr verb* **to ~ one's back** einen Buckel machen; **to ~ one's shoulders** die Schultern hochziehen

hunchback *n* ❶ Bucklige(r) *f(m)* ❷ (*back*) Buckel *m*

hundred ['hʌndrəd] **I.** *n* ❶ <*pl* -> Hundert *f;* **a ~ to one** hundert zu eins; **eight ~** achthundert ❷ <*pl* -> (*speed*) **to drive a ~** hundert fahren ❸ (*century*) **the eighteen ~s** das achtzehnte Jahrhundert ❹ (*many*) **by the ~s** zu Hunderten; **~s and ~s** Hunderte und aber Hunderte; **~s of cars** Hunderte von Autos **II.** *adj* hundert; **a ~ miles** [ein]hundert Meilen; **a ~ and five** [ein]hundert[und]fünf; **a ~ per cent** hundert Prozent; (*adjective*) hundertprozentig

hundredth ['hʌndrədθ] **I.** *n* ❶ Hundertste(r) *f(m)* ❷ (*fraction*) Hundertstel *nt* **II.** *adj* ❶ hundertste(r, s); **for the ~ time** zum hundertsten Mal ❷ (*in fraction*) hundertstel

H

hung [hʌŋ] **I.** *pt, pp of* **hang** **II.** *adj* ~ **jury** *Jury, die zu keinem Mehrheitsurteil kommt*

Hungarian [hʌŋ'geəriən] **I.** *n* ① Ungar(in) *m(f)* ② *no pl* (*language*) Ungarisch *nt* **II.** *adj* ungarisch

Hungary ['hʌŋgᵊri] *n no pl* Ungarn *nt*

hunger ['hʌŋgəʳ] **I.** *n no pl* Hunger *m a. fig;* **to die of ~** verhungern **II.** *intr verb* **to ~ after sth** nach etw hungern

hungry ['hʌŋgri] *adj* hungrig *a. fig;* **to go ~** hungern; **to be ~** Hunger haben; **to be ~ for sth** hungrig nach etw sein

hunk [hʌŋk] *n* ① Stück *nt* ② (*fam: man*) **~ of a man** Bild *nt* von einem Mann

hunt [hʌnt] **I.** *n* ① Jagd *f* ② (*search*) Suche *f* **II.** *tr verb* ① jagen ② (*search*) **to ~ sb/sth** Jagd auf jdn/etw machen **III.** *intr verb* ① jagen ② (*search*) suchen; **to ~ through sth** etw durchsuchen

hunter ['hʌntəʳ] *n* ① Jäger(in) *m(f)* ② (*dog*) Jagdhund *m*

hunting ['hʌntɪŋ] *n no pl* das Jagen, die Jagd; **to go ~** auf die Jagd gehen

hunting season *n* Jagdzeit *f*

hurdle ['hɜːdl̩] **I.** *n* ① (*a. fig*) Hürde *f;* **to fall at the first ~** [bereits] an der ersten Hürde scheitern ② SPORTS **~s** Hürdenlauf *m;* (*horseracing*) Hürdenrennen *nt* **II.** *tr verb* überspringen

hurdler ['hɜːdləʳ] *n* Hürdenläufer(in) *m(f)*

hurdle race *n* Hürdenlauf *m;* (*for horses*) Hürdenrennen *nt*

hurl [hɜːl] *tr verb* schleudern; **to ~ oneself at sb/sth/into sth** sich auf jdn/etw/in etw *Akk* stürzen

> Beim irischen **hurling** versuchen zwei Mannschaften mit je 15 Spielern, möglichst viele Tore zu erzielen. Ähnlich wie beim Hockey verwendet man dazu einen Holzschläger *(hurley)* und einen kleinen Ball, den *sliotar.* Dieser darf zwar kurz mit der Hand gespielt werden, aber spätestens nach vier Schritten muss der Spieler ihn wieder abgeben.
> In Irland ist dieser Sport seit Jahrhunderten äußerst populär. Den Höhepunkt der Hurlingsaison bildet das Finale der *GAA Hurling All-Ireland Senior Championship*, das jeden September im *Croke Park* in Dublin ausgetragen wird.
> Da es beim **hurling** immer wieder zu schweren Unfällen kommt, herrscht für die Spieler seit Kurzem Helmpflicht.

hurrah [hə'rɑː], **hurray** [hə'reɪ] *interj* hurra; **~ for the Queen!** ein Hoch der Königin!

hurricane ['hʌrɪkən] *n* Orkan *m;* (*tropical*) Hurrikan *m;* **~-force wind** orkanartiger Wind

hurricane warning *n* Orkanwarnung *f*

hurried ['hʌrid] *adj* hastig; (*rash*) überstürzt

hurry ['hʌri] **I.** *n no pl* Eile *f;* **what's** [**all**] **the ~?** wozu die Eile?; **there's no** [**great**] **~** es hat keine Eile; **to leave in a ~** hastig aufbrechen; **to need sth in a ~** etw sofort brauchen **II.** *intr verb* <-ie-> sich beeilen; **there's no need to ~** lassen Sie sich ruhig Zeit **III.** *tr verb* <-ie-> **to ~ sb** jdn hetzen ◆ **hurry along** **I.** *intr verb* sich beeilen **II.** *tr verb* [zur Eile] antreiben; *process* beschleunigen ◆ **hurry away**, **hurry off** **I.** *intr verb* schnell weggehen **II.** *tr verb* schnell wegbringen ◆ **hurry on** *intr verb* weitereilen ◆ **hurry up** **I.** *intr verb* sich beeilen; **~ up!** beeil dich! **II.** *tr verb* zur Eile antreiben

hurt [hɜːt] **I.** *intr verb* <hurt, hurt> ① wehtun ② (*harm*) schaden *a. fig* **II.** *tr verb* <hurt, hurt> ① (*a. fig*) **to ~ sb** jdm wehtun; **to ~ oneself** sich verletzen ② (*harm*) **to ~ sb/sth** jdm/etw schaden; **to ~ sb's feelings/pride** jds Gefühle/Stolz verletzen **III.** *adj attr* ① verletzt ② *feelings* verletzt **IV.** *n* Schmerz *m;* (*injury*) Verletzung *f*

hurtful ['hɜːtfᵊl] *adj* verletzend

hurtle ['hɜːtl̩] **I.** *intr verb* rasen; **the boy came hurtling round the corner** der Junge kam um die Ecke geschossen **II.** *tr verb* **to ~ sb/sth against sth** jdn/etw gegen etw schleudern

husband ['hʌzbən(d)] *n* Ehemann *m;* **that's my ~** das ist mein Mann; **~ and wife** Mann und Frau

hush [hʌʃ] **I.** *n no pl* Stille *f;* **a bit of ~ now, please!** ein bisschen Ruhe jetzt, bitte!; **deathly** ~ Totenstille *f* **II.** *interj* **~!** pst! **III.** *tr verb* zum Schweigen bringen; (*soothe*) beruhigen ◆**hush up** *tr verb* vertuschen **hush-hush** *adj* (*fam*) [streng] geheim **hush money** *n no pl* (*fam*) Schweigegeld *nt*

husky[1] <-ie-> ['hʌski] *adj* ① *voice* rau ② (*strong*) kräftig [gebaut]

husky[2] ['hʌski] *n* (*dog*) Husky *m*

hustle ['hʌsḷ] **I.** *tr verb* ① treiben ② (*coerce*) **to ~ sb into doing sth** jdn [be]drängen, etw zu tun ③ AM (*fam: achieve*) [hartnäckig] erkämpfen **II.** *intr verb* unter Hochdruck arbeiten; **to ~ for business** sich fürs Geschäft abstrampeln **III.** *n* Gedränge *nt;* **~ and bustle** geschäftiges Treiben

hustler ['hʌsləʳ] *n* Betrüger(in) *m(f)*

hustling *n no pl* [Straßen]prostitution *f*

hut [hʌt] *n* Hütte *f*

hutch [hʌtʃ] *n* Käfig *m;* (*for rabbits*) Stall *m*

hybrid ['haɪbrɪd] *adj* Hybrid-; **~ engine** Hybridantrieb *m;* **~ car** Hybridfahrzeug *nt*

hydration pack *n kleiner Rucksack mit Wasserfach oder Trinkflaschentasche und Schlauchverbindung mit Mundstück*

hydroelectric [ˌhaɪdrəʊɪ'lektrɪk] *adj* hydroelektrisch; **~ power station** Wasserkraftwerk *nt*

hydrofoil ['haɪdrə(ʊ)fɔɪl] *n* Tragflächenboot *nt*

hydrogen ['haɪdrədʒən] *n no pl* Wasserstoff *m;* **~[-fueled] internal combustion engine** AUTO Wasserstoffverbrennungsmotor *m*

hydrogen bomb *n* Wasserstoffbombe *f*

hydrosensor ['haɪdrə(ʊ)sen(t)səʳ] *n* TECH Aquasensor *m*

hygiene ['haɪdʒi:n] *n no pl* Hygiene *f;* **personal ~** Körperpflege *f*

hygienic [haɪ'dʒi:nɪk] *adj* hygienisch

hymn [hɪm] *n* ① Kirchenlied *nt* ② (*praise*) Hymne *f*

hymnal ['hɪmnᵊl] *n,* **hymnbook** ['hɪmbʌk] *n* Gesangbuch *nt*

hype [haɪp] **I.** *n no pl* Reklameaufwand *m;* **media ~** Medienrummel *m* **II.** *tr verb* **to ~ sth** etw [in den Medien] hochjubeln

hyper ['haɪpəʳ] *adj* (*fam*) aufgedreht; **to go ~** ausrasten

hyperliberal [ˌhaɪpə'lɪbᵊrᵊl] *adj* extrem liberal **hypermarket** *n* Verbrauchermarkt *m* **hypertext** *n no pl* INET Hypertext *m fachspr* **hyperthyroidism** [ˌhaɪpə'θaɪrɔɪdɪzᵊm] *n no pl* MED Überfunktion *f* der Schilddrüse

hyphen ['haɪfᵊn] *n* Bindestrich *m*

hyphenate ['haɪfᵊneɪt] *tr verb* mit Bindestrich schreiben

hypnosis [hɪp'nəʊsɪs] *n no pl* Hypnose *f;* **to be under ~** sich in Hypnose befinden

hypnotherapy [ˌhɪpnə(ʊ)'θerəpi] *n no pl* MED Hypnotherapie *f*

hypnotist ['hɪpnətɪst] *n* Hypnotiseur(in) *m(f)*

hypnotize ['hɪpnətaɪz] *tr verb* hypnotisieren *a. fig*

hypocrite ['hɪpəkrɪt] *n* Heuchler(in) *m(f),* Scheinheilige(r) *f(m)*

hypotenuse [haɪ'pɒtᵊnju:z] *n* MATH Hypotenuse *f*

hypothetical [ˌhaɪpə(ʊ)'θetɪkᵊl] *adj* hypothetisch

hypothyroidism [ˌhaɪpə(ʊ)'θaɪrɔɪdɪzᵊm] *n* MED Unterfunktion *f* der Schilddrüse

hysterectomy [ˌhɪstə'rektəmi] *n* MED Hysterektomie *f*

hysteric [hɪ'sterɪk] *adj* hysterisch

hysterical [hɪ'sterɪkᵊl] *adj* ① hysterisch ② (*fam: funny*) ausgelassen heiter

I i

I <*pl* -'s *or* -s>, **i** <*pl* -'s> [aɪ] *n* I *nt*, i *nt*; *see also* **A 1**

I [aɪ] *pron pers* ich; **I for one ...** ich meinerseits ...; **accept me for what I am** nimm mich so, wie ich bin

IAEA [ˌaɪeɪiːˈəɪ] *n abbrev of* **International Atomic Energy Agency**: **the ~** die IAEO

IBS [ˌaɪbiːˈes] *n no pl* MED *abbrev of* **irritable bowel syndrome** Reizdarm *m*

ice [aɪs] **I.** *n no pl* Eis *nt* ▶ **to break the ~** das Eis zum Schmelzen bringen **II.** *tr verb* glasieren

Ice Age *n* Eiszeit *f* **iceberg** *n* Eisberg *m* **icebox** *n* ① BRIT (*freezer*) Eisfach *nt* ② AM (*fridge*) Kühlschrank *m* **icebreaker** *n* Eisbrecher *m*; (*fig*) *Spiele zur Auflockerung der Atmosphäre* **ice cap** *n* Eiskappe *f* (*an den Polen*) **ice-cold** *n* eiskalt **ice cream** *n* Eis *nt* **ice cube** *n* Eiswürfel *m*

iced [aɪst] *adj* eisgekühlt

ice hockey *n* Eishockey *nt* **ice lolly** *n* BRIT Eis *nt* am Stiel **ice pack** *n* Eisbeutel *m* **ice rink** *n* Schlittschuhbahn *f* **ice-skate** *intr verb* Schlittschuh laufen **ice skating** *n no pl* Schlittschuhlaufen *nt*

I Ching [ˌiːˈtʃɪŋ] *n* I Ging *nt*

icicle [ˈaɪsɪkl̩] *n* Eiszapfen *m*

iciness [ˈaɪsɪnəs] *n no pl* ① Vereisung *f* ② (*cold*) klirrende Kälte

icing [ˈaɪsɪŋ] *n* Zuckerguss *m* ▶ **to be the ~ on the cake** [bloß] schmückendes Beiwerk sein

icing sugar *n* Puderzucker *m*

icon [ˈaɪkɒn] *n* ① (*also fig*) Ikone *f* ② COMPUT Symbol *nt*

ICU [ˌaɪsiːˈjuː] *n abbrev of* **intensive care unit** Intensivstation *f*

icy [ˈaɪsi] *adj* ① vereist ② (*hostile*) frostig

I'd[1] [aɪd] = **I would** *see* **would**

I'd[2] [aɪd] = **I had** *see* **have**

ID [ˌaɪˈdiː] *n no pl abbrev of* **identification** ① *abbrev of* **ID card** ② COMPUT Kennzahl *f*

ID card *n* [Personal]ausweis *m*

idea [aɪˈdɪə, -ˈdiːə] *n* ① (*notion*) Vorstellung *f* ② (*purpose*) **the ~** der Zweck ③ (*suggestion*) Idee *f*; **that's an ~!** (*fam*) das ist eine gute Idee! ④ (*knowledge*) Begriff *m*; **to have an ~ of sth** eine Vorstellung von etw haben; **to have no ~** (*fam*) keine Ahnung haben ▶ **to blow an ~ on the head** BRIT, AUS einen Gedanken verwerfen; **to get ~s** (*fam*) auf dumme Gedanken kommen; **to give sb ~s** (*fam*) jdn auf dumme Gedanken bringen; **whatever gave you that ~?** wie kommst du denn [bloß] darauf?

ideal [aɪˈdɪəl, -ˈdiːəl] **I.** *adj* ideal **II.** *n* Ideal *nt*

identical [aɪˈdentɪkəl] *adj* identisch (**to** mit)

identifiable [aɪˌdentɪˈfaɪəbl̩] *adj* erkennbar; (*traceable*) nachweisbar

identification [aɪˌdentɪfɪˈkeɪʃən] *n no pl* ① *of a person* Identifizierung *f*; *of a problem, of aims* Identifikation *f* ② (*papers*) Ausweispapiere *Pl* ③ (*sympathy*) Identifikation *f* (**with** mit)

identification papers *npl* Ausweispapiere *Pl* **identification parade** *n* BRIT *Gegenüberstellung, um einen Täter zu identifizieren*

identify <-ie-> [aɪˈdentɪfaɪ] **I.** *tr verb* ① (*recognize*) identifizieren ② (*name*) **to ~ sb** jds Identität *f* feststellen ③ (*associate*) **to ~ sb with sb/sth** jdn mit jdm/etw assoziieren **II.** *intr verb* **to ~ with sb** sich mit jdm identifizieren

identikit® [aɪˈdentɪkɪt] **I.** *n* BRIT, AUS Phantombild *nt* **II.** *adj attr* Phantom-

identity [aɪˈdentɪti] *n* Identität *f*

identity card *n* [Personal]ausweis *m* **identity theft** *n* SOCIOL Identitätsdiebstahl *m* **identity thief** *n* SOCIOL Identitätsdieb(in) *m(f)*

idiom [ˈɪdiəm] *n* ① (*phrase*) [idiomatische] Redewendung ② (*language*) Idiom *nt*

idiomatic [ˌɪdiə(ʊ)ˈmætɪk] *adj* idiomatisch

idiot [ˈɪdiət] *n* (*fam*) Idiot *m*

idiotic [ˌɪdiˈɒtɪk] *adj* (*fam*) idiotisch; *idea* hirnverbrannt

idle [ˈaɪdl̩] **I.** *adj* faul **II.** *intr verb* ① (*laze*) faulenzen ② *engine* leerlaufen

if **I.** *conj* ① (*in case*) wenn, falls; **even ~ ...** selbst [dann,] wenn ...;

~ ..., **then** ... wenn ..., dann ... ② ~ **I had only known!** hätte ich es nur gewusst! ③ (*whether*) ob ④ (*although*) wenn auch ▶ ~ **anyone/anything/anywhere** wenn überhaupt; **barely/hardly/rarely** ... ~ **at all** kaum ..., wenn überhaupt; ~ **ever** wenn [überhaupt] je[mals]; **little/few** ~ **any** wenn [überhaupt], dann wenig/wenige; ... ~ **not** ... ..., wenn nicht [sogar] ... **II.** *n* Wenn *nt* ▶ **no** ~**s and buts** kein Wenn und Aber *fam*

iffy ['ɪfi] *adj* (*fam*) ungewiss

igloo ['ɪglu:] *n* Iglu *m o nt*

ignite [ɪg'naɪt] **I.** *intr verb* Feuer fangen; ELEC zünden **II.** *tr verb* (*form*) anzünden

ignition [ɪg'nɪʃᵊn] *n* ① AUTO Zündung *f* ② *no pl* (*form: igniting*) Entzünden *nt*

ignition key *n* Zündschlüssel *m* **ignition switch** *n* Zündschalter *m*

ignorance ['ɪgnᵊrᵊn(t)s] *n no pl* Unwissenheit *f*

ignorant ['ɪgnᵊrᵊnt] *adj* unwissend; **to be ~ about sth** sich in etw *Dat* nicht auskennen

ignorantly ['ɪgnᵊrᵊntli] *adv* unwissentlich

ignore [ɪg'nɔ:ʳ] *tr verb* ignorieren

ill [ɪl] **I.** *adj* ① krank; **I feel** ~ mir ist gar nicht gut; **to be critically** ~ in Lebensgefahr schweben; **to fall** ~ krank werden ② (*bad*) schlecht; (*harmful*) schädlich; **no ~ feeling!** Schwamm drüber!; ~ **fortune** Pech *nt;* ~ **health** angegriffene Gesundheit **II.** *n* ① ~**s** das Übel ② **the** ~ *pl* die Kranken

I'll [aɪl] = **I will** *see* **will**

ill-advised *adj* unklug

illegal [ɪ'li:gᵊl] **I.** *adj* illegal **II.** *n esp* AM (*fam*) Illegale(r) *f(m)*

illegible [ɪ'ledʒəbl̩] *adj* unleserlich

illegitimate [ˌɪlɪ'dʒɪtəmət] *adj* unehelich

ill-informed *adj* falsch informiert

illiterate [ɪ'lɪtᵊrət] **I.** *n* Analphabet(in) *m(f)* **II.** *adj* analphabetisch; (*ignorant*) ungebildet

ill-judged *adj* unüberlegt, verfehlt **ill-mannered** *adj* unhöflich; *child* ungezogen

illness ['ɪlnəs] *n* Krankheit *f*

illogical [ɪ'lɒdʒɪkᵊl] *adj* unlogisch

ill-tempered *adj* schlecht gelaunt **ill-timed** *adj* ungelegen

illuminate [ɪ'lu:mɪneɪt] *tr verb* erhellen; (*spotlight*) beleuchten

illuminating [ɪ'lu:mɪneɪtɪŋ] *adj* (*form*) aufschlussreich

illumination [ɪˌlu:mɪ'neɪʃᵊn] *n no pl* (*form*) Beleuchtung *f*

illusion [ɪ'lu:ʒᵊn] *n* Illusion *f;* **to create the ~ of sth** die Illusion erwecken, dass etw ist

illustrate ['ɪləstreɪt] *tr verb* ① veranschaulichen ② *book* illustrieren

illustration [ˌɪlə'streɪʃᵊn] *n* Illustration *f*

I'm [aɪm] = **I am** *see* **be**

image ['ɪmɪdʒ] **I.** *n* ① (*likeness*) Ebenbild *nt* ② (*picture*) Bild *nt* ③ (*reputation*) Image *nt* **II.** *tr verb* **to ~ sth** sich *Dat* etw vorstellen

imagery ['ɪmɪdʒᵊri] *n no pl* Bildersprache *f*

imaginable [ɪ'mædʒɪnəbl̩] *adj* erdenklich

imaginary [ɪ'mædʒɪnəri] *adj* imaginär

imagination [ɪˌmædʒɪ'neɪʃᵊn] *n* Fantasie *f;* **lack of** ~ Fantasielosigkeit *f;* **not by any stretch of the** ~ beim besten Willen nicht

imaginative [ɪ'mædʒɪnətɪv] *adj* fantasievoll

imagine [ɪ'mædʒɪn] *tr verb* ① **to ~ sb/sth** sich *Dat* jdn/etw vorstellen ② (*assume*) **to ~ sth** sich *Dat* etw denken

imaging *n no pl* COMPUT digitale Bildverarbeitung

imbalance [ɪm'bælən(t)s] *n* Ungleichgewicht *nt*

imbecile ['ɪmbəsi:l] **I.** *n* (*fam*) Idiot *m pej fam* **II.** *adj attr* schwachsinnig *pej fam*

IMF [ˌaɪem'ef] *n no pl abbrev of* **International Monetary Fund**: **the** ~ der IWF

imitate ['ɪmɪteɪt] *tr verb* imitieren

imitation [ˌɪmɪ'teɪʃᵊn] **I.** *n* ① *no pl* (*mimicry*) Imitation *f* ② (*act*) Imitieren *nt* **II.** *adj attr* (*plastic*) Kunst-; *jewel* unecht

immaculate [ɪ'mækjələt] *adj* makellos

immature [ˌɪmə'tjʊəʳˌ] *adj* ① unreif; (*childish*) kindisch *meist pej* ② (*unripe*) unreif; (*sexually*) nicht geschlechtsreif; *plan* unausgereift

immaturity [ˌɪmə'tjʊərəti] *n no pl* Unreife *f*

immeasurable [ɪ'meʒᵊrəbl̩] *adj* grenzenlos; *effect* gewaltig
immediacy [ɪ'mi:diəsi] *n no pl* Unmittelbarkeit *f;* (*topicality*) Aktualität *f*
immediate [ɪ'mi:diət] *adj* ❶ umgehend ❷ *attr* (*near*) unmittelbar; **sb's ~ family** jds nächste Angehörige; **sb's ~ friends** jds engste Freunde ❸ (*direct*) direkt
immediately [ɪ'mi:diətli] **I.** *adv* ❶ sofort, gleich ❷ (*closely*) direkt, unmittelbar **II.** *conj* BRIT sobald
immense [ɪ'men(t)s] *adj* riesig, enorm
immerse [ɪ'mɜ:s] *tr verb* ❶ eintauchen ❷ (*fig*) **to ~ oneself in sth** sich in etw *Akk* vertiefen
immersion heater *n* Tauchsieder *m*
immigrant ['ɪmɪgrənt] **I.** *n* Einwanderer *m*/Einwanderin *f* **II.** *adj attr* Immigranten-, Einwanderer-; **~ population** Einwanderer *Pl*
immigrate ['ɪmɪgreɪt] *intr verb* einwandern
immigration [ˌɪmɪ'greɪʃᵊn] *n no pl* ❶ Einwanderung *f;* **controlled ~** kontrollierte Einwanderung ❷ AM **the ~s** ≈ der Grenzschutz (*an Flughäfen*)
imminent ['ɪmɪnənt] *adj* bevorstehend *attr; danger* drohend
immobilize [ɪ'məʊbᵊlaɪz] *tr verb* ❶ lahmlegen; **to ~ a car/machine** einen Wagen/eine Maschine betriebsuntauglich machen ❷ **my leg was ~d in a plaster cast** mein Bein wurde mit einem Gipsverband ruhig gestellt
immoral [ɪ'mɒrᵊl] *adj* unmoralisch
immortal [ɪ'mɔ:tᵊl] **I.** *adj* unsterblich; *life* ewig **II.** *n* Unsterbliche(r) *f(m)*
immortality [ˌɪmɔ:'tæləti] *n no pl* Unsterblichkeit *f*
immovable [ɪ'mu:vəbl̩] **I.** *adj* ❶ unbeweglich ❷ (*fig*) unerschütterlich; *belief, opinion* fest **II.** *n* **~s** Immobilien *Pl*
immune [ɪ'mju:n] *adj pred* ❶ immun (**to** gegen/für) ❷ (*fig: safe*) sicher (**from** vor)
immunity [ɪ'mju:nəti] *n no pl* ❶ Immunität *f* ❷ (*fig*) Unempfindlichkeit *f*
immunize ['ɪmjənaɪz] *tr verb* immunisieren
immunodeficiency [ˌɪmjənə(ʊ)dɪ'fɪʃᵊn(t)si] *n* MED Immunschwäche *f*
impact¹ ['ɪmpækt] *n no pl* ❶ Aufprall *m;* (*force*) Wucht *f;* **on ~** beim Aufprall ❷ (*fig: effect*) Auswirkung[en] *f[Pl]*
impact² [ɪm'pækt] **I.** *tr verb esp* AM, AUS beeinflussen **II.** *intr verb* ❶ aufschlagen ❷ *esp* AM, AUS **to ~ on sb/sth** jdn/etw beeinflussen
impartial [ɪm'pɑ:ʃᵊl] *adj* unparteiisch
impartiality [ɪmˌpɑ:ʃi'æləti] *n no pl* Unvoreingenommenheit *f*
impassable [ɪm'pɑ:səbl̩] *adj* unpassierbar
impasse ['ɪmpɑ:s] *n* Sackgasse *f a. fig*
impassioned [ɪm'pæʃᵊnd] *adj* leidenschaftlich
impassive [ɪm'pæsɪv] *adj* ausdruckslos
impatience [ɪm'peɪʃᵊn(t)s] *n no pl* Ungeduld *f*
impatient [ɪm'peɪʃᵊnt] *adj* ungeduldig (**with** gegenüber)
impeach [ɪm'pi:tʃ] *tr verb* **to ~ sb for sth** jdn wegen einer S. *Gen* anklagen
impeachment [ɪm'pi:tʃmənt] *n* Amtsenthebungsverfahren *nt*
impede [ɪm'pi:d] *tr verb* behindern
imperative [ɪm'perətɪv] **I.** *adj* ❶ unbedingt erforderlich ❷ (*commanding*) gebieterisch **II.** *n* ❶ [Sach]zwang *m;* (*duty*) Verpflichtung *f* ❷ *no pl* LING **the ~** der Imperativ
imperceptible [ˌɪmpə'septəbl̩] *adj* unmerklich
imperfect [ɪm'pɜ:fɪkt] **I.** *adj* fehlerhaft; (*incomplete*) unvollkommen **II.** *n no pl* LING **the ~** das Imperfekt
imperfection [ˌɪmpə'fekʃᵊn] *n* ❶ Fehler *m,* Mangel *m* ❷ *no pl* (*state*) Unvollkommenheit *f*
imperial [ɪm'pɪəriəl] *adj* ❶ imperialistisch *oft pej;* (*of British empire*) Empire-, des Empires *nachgestellt* ❷ (*measure*) **the ~ system** das britische System der Maße und Gewichte
impersonal [ɪm'pɜ:sᵊnᵊl] *adj* unpersönlich
impersonate [ɪm'pɜ:sᵊneɪt] *tr verb* imitieren
impertinence [ɪm'pɜ:tɪnən(t)s] *n no pl* Unverschämtheit *f,* Frechheit *f*
impertinent [ɪm'pɜ:tɪnənt] *adj* unverschämt
impetuous [ɪm'petʃuəs] *adj* impulsiv; *nature* hitzig
impetus ['ɪmpɪtəs] *n no pl* Anstoß *m*
implacable [ɪm'plækəbəl] *adj* unnachgiebig
implant¹ ['ɪmplɑ:nt] *n* Implantat *nt*

implant[2] [ɪmˈplɑːnt] *tr verb* ❶ einpflanzen ❷ (*fig*) einprägen

implausible [ɪmˈplɔːzəbl̩] *adj* unglaubwürdig

implement[1] [ˈɪmplɪmənt] *n* Gerät *nt;* (*tool*) Werkzeug *nt*

implement[2] [ˈɪmplɪment] *tr verb* einführen; (*realize*) durchführen

implicate [ˈɪmplɪkeɪt] *tr verb* ❶ **to ~ sb in sth** jdn mit etw in Verbindung bringen ❷ (*imply*) andeuten

implication [ˌɪmplɪˈkeɪʃᵊn] *n* ❶ Verwicklung *f* ❷ *no pl* (*hint*) Implikation *f geh*

implicit [ɪmˈplɪsɪt] *adj* ❶ indirekt ❷ (*found*) **to be ~ in sth** mit etw verbunden sein ❸ (*full*) bedingungslos

implicitly [ɪmˈplɪsɪtli] *adv* ❶ implizit ❷ (*fully*) völlig, bedingungslos

implore [ɪmˈplɔːʳ] *tr verb* anflehen

imploring [ɪmˈplɔːʳɪŋ] *adj* flehend

imply <-ie-> [ɪmˈplaɪ] *tr verb* ❶ andeuten ❷ (*entail*) erfordern

impolite [ˌɪmpᵊˈlaɪt] *adj* unhöflich

impoliteness [ˌɪmpᵊˈlaɪtnəs] *n no pl* Unhöflichkeit *f*

import[1] [ɪmˈpɔːt] *tr verb, vi* importieren (**from** aus)

import[2] [ˈɪmpɔːt] *n* Import *m*

importance [ɪmˈpɔːtᵊn(t)s] *n no pl* ❶ Wichtigkeit *f* ❷ (*influence*) Bedeutung *f*

important [ɪmˈpɔːtᵊnt] *adj* ❶ wichtig ❷ (*influential*) bedeutend

importantly [ɪmˈpɔːtᵊntli] *adv* wichtig; (*self-importantly*) wichtigtuerisch

importer [ˈɪmpɔːtəʳ] *n* Importeur(in) *m(f);* (*company*) Importeur *m;* (*country*) Importnation *f*

impose [ɪmˈpəʊz] **I.** *tr verb* durchsetzen; (*order*) verhängen; *law* verfügen; **to ~ taxes on sb** jdm Steuern auferlegen **II.** *intr verb* **to ~ on sb** sich jdm aufdrängen

imposing [ɪmˈpəʊzɪŋ] *adj* beeindruckend, stattlich

imposition [ˌɪmpəˈzɪʃᵊn] *n* ❶ *no pl* Einführung *f* ❷ (*inconvenience*) Belastung *f*

impossibility [ɪmˌpɒsəˈbɪləti] *n* ❶ *no pl* Unmöglichkeit *f* ❷ (*thing*) Ding *nt* der Unmöglichkeit

impossible [ɪmˈpɒsəbl̩] **I.** *adj* ❶ unmöglich ❷ (*difficult*) ausweglos **II.** *n no pl* **the ~** das Unmögliche; **to ask the ~** Unmögliches verlangen

imposter *n,* **impostor** [ɪmˈpɒstəʳ] *n* Hochstapler(in) *m(f)*

impotence [ˈɪmpətən(t)s] *n no pl* ❶ Machtlosigkeit *f* ❷ (*sexual*) Impotenz *f*

impotent [ˈɪmpətənt] *adj* ❶ machtlos ❷ (*sterile*) impotent

impound [ɪmˈpaʊnd] *tr verb* beschlagnahmen

impoverish [ɪmˈpɒvᵊrɪʃ] *tr verb* arm machen

impracticable [ɪmˈpræktɪkəbl̩] *adj* undurchführbar

impractical [ɪmˈpræktɪkᵊl] *adj* unpraktisch; (*unfit*) untauglich

imprecise [ˌɪmprɪˈsaɪs] *adj* ungenau

impregnable [ɪmˈpregnəbl̩] *adj* ❶ uneinnehmbar ❷ BRIT, AUS (*fig: undefeatable*) unschlagbar

impregnate [ˈɪmpregneɪt] *tr verb usu passive* ❶ imprägnieren ❷ (*fertilize*) befruchten

impress [ɪmˈpres] **I.** *tr verb* ❶ beeindrucken; **to be ~ed [by sb/sth]** [von jdm/etw] beeindruckt sein ❷ (*convince*) **to ~ sth on sb** jdn von etw überzeugen **II.** *intr verb* Eindruck machen, imponieren

impression [ɪmˈpreʃᵊn] *n* ❶ (*opinion*) Eindruck *m;* **to be under the ~ that ...** den Eindruck haben, dass ...; **to have/get the ~ that ...** den Eindruck haben/bekommen, dass ... ❷ (*feeling*) Eindruck *m;* **to make an ~ on sb** auf jdn Eindruck machen ❸ (*copy*) Imitation *f*

impressionable [ɪmˈpreʃᵊnəbl̩] *adj* [leicht] beeinflussbar

impressive [ɪmˈpresɪv] *adj* beeindruckend

imprint[1] [ɪmˈprɪnt] *tr verb usu passive* ❶ (*mark*) prägen ❷ (*print*) drucken (**on** auf)

imprint[2] [ˈɪmprɪnt] *n* (*mark*) Abdruck *m; on coin, leather* Prägung *f*

imprison [ɪmˈprɪzᵊn] *tr verb usu passive* inhaftieren

imprisonment [ɪmˈprɪzᵊnmənt] *n no pl* Haft *f*

improbability [ɪmˌprɒbəˈbɪləti] *n no pl* Unwahrscheinlichkeit *f*

improbable [ɪmˈprɒbəbl̩] *adj* unwahrscheinlich

improper [ɪm'prɒpəʳ] *adj* ① falsch ② *inappropriate* unpassend

improve [ɪm'pru:v] **I.** *tr verb* verbessern **II.** *intr verb* besser werden, sich verbessern; **to ~ on sth** etw [noch] verbessern; **to ~ with age** mit dem Alter immer besser werden

improvement [ɪm'pru:vmənt] *n* ① (*instance*) Verbesserung *f* ② *no pl* (*activity*) Verbesserung *f;* **room for ~** Steigerungsmöglichkeiten *Pl*

improvisation [ˌɪmprəvaɪ'zeɪʃᵊn] *n* Improvisation *f*

improvise ['ɪmprəvaɪz] *tr verb, vi* improvisieren

imprudent [ɪm'pru:dᵊnt] *adj* leichtsinnig

impudence ['ɪmpjədᵊn(t)s] *n no pl* Unverschämtheit *f*

impudent ['ɪmpjədᵊnt] *adj* unverschämt

impulse ['ɪmpʌls] *n* ① (*urge*) *a.* ELEC Impuls *m* ② (*motive*) Antrieb *m*

impulsive [ɪm'pʌlsɪv] *adj* impulsiv; (*spontaneous*) spontan

impunity [ɪm'pju:nəti] *n no pl* Straflosigkeit *f*

impure [ɪm'pjʊəʳ] *adj* unrein; (*polluted*) verunreinigt

impurity [ɪm'pjʊərəti] *n no pl* Verunreinigung *f*

in [ɪn] **I.** *prep* ① (*located*) in; **~ a savings account** auf einem Sparkonto; **to ride ~ a car** [im] Auto fahren; **to be ~ hospital** im Krankenhaus sein; **~ the street** auf der Straße ② *after verb* (*into*) in; **to get ~ the car** ins Auto steigen ③ AM (*at*) auf; **Boris is ~ college** Boris ist auf dem College ④ (*part of*) in; **there are 31 days ~ March** der März hat 31 Tage ⑤ **he cried out ~ pain** er schrie vor Schmerzen; **he always drinks ~ excess** er trinkt immer zu viel; **~ anger** im Zorn; **difference ~ quality** Qualitätsunterschied *m;* **to be ~ [no] doubt** [nicht] zweifeln; **~ horror** voller Entsetzen; **~ all honesty** in aller Aufrichtigkeit; **to be ~ a hurry** es eilig haben; **to be ~ a good mood** guter Laune sein; **~ secret** heimlich ⑥ (*with*) **to pay ~ cash** [in] bar bezahlen; **~ writing** schriftlich ⑦ **~ E minor** in e-Moll; **~ English/French/German** auf Englisch/Französisch/Deutsch; **to speak ~ a loud/small voice** mit lauter/leiser Stimme sprechen ⑧ (*during*) **~ 1968** [im Jahre] 1968; **~ the end** am Ende; **~ March/May** im März/Mai; **~ the morning/afternoon/evening** morgens/nachmittags/abends ⑨ (*within*) in; **~ record time** in Rekordzeit ⑩ (*since*) seit; **I haven't seen her ~ years** ich habe sie seit Jahren nicht gesehen ⑪ (*active*) **he's ~ computers** er hat mit Computern zu tun; **she works ~ publishing** sie arbeitet bei einem Verlag ⑫ (*wearing*) **you look nice ~ green** Grün steht dir; **the woman ~ the hat** die Frau mit dem Hut; **to be ~ disguise** verkleidet sein; **~ the nude** nackt; **to be ~ uniform** Uniform tragen ⑬ (*result*) **~ conclusion** schließlich; **~ fact** tatsächlich ⑭ **~ doing so** dabei, damit ⑮ **he's about six foot ~ height** er ist ca. zwei Meter groß; **to be equal ~ weight** gleich viel wiegen; **~ total** insgesamt ⑯ (*comparing*) pro; **one ~ ten people** jeder zehnte ⑰ *after verb* **to be interested ~ sth** sich für etw interessieren ⑱ *after noun* **to have confidence ~ sb** jdm vertrauen **II.** *adv* ① herein; **come ~!** herein!; **she was locked ~** sie war eingesperrt; **she didn't ask me ~** sie hat mich nicht hereingebeten ② (*arrived*) **the train got ~ very late** der Zug ist sehr spät eingetroffen ③ **is the tide coming ~ or going out?** kommt oder geht die Flut? ④ **to hand sth ~** etw abgeben ▶ **day ~, day out** tagein, tagaus; **to let sb ~ on sth** jdn in etw *Akk* einweihen **III.** *adj* ① *pred* (*there*) da; (*at home*) zu Hause ② *after noun* (*entry*) Einwärts-; **door ~** Eingangstür *f* ③ (*trendy*) in ④ *pred* (*submitted*) **the application must be ~ by May 31** die Bewerbung muss bis zum 31. Mai eingegangen sein ▶ **to be ~ on sth** über etw *Akk* Bescheid wissen **IV.** *n* ▶ **to know the ~s and outs of sth** sich in einer S. genau auskennen

inability [ˌɪnə'bɪləti] *n no pl* Unfähigkeit *f*

inaccessible [ˌɪnək'sesəbl̩] *adj* unzugänglich

inaccurate [ɪn'ækjərət] *adj* ungenau

inaction [ɪn'ækʃᵊn] *n no pl* Untätigkeit *f*

inactive [ɪn'æktɪv] *adj* untätig, inaktiv

inadequate [ɪn'ædɪkwət] *adj* unangemessen; **woefully** ~ völlig unzulänglich; **to feel** ~ Minderwertigkeitsgefühle haben

inadvertent [ˌɪnədˈvɜːtᵊnt] *adj* unachtsam

inadvisable [ˌɪnədˈvaɪzəbl̩] *adj* nicht empfehlenswert

inanimate [ɪˈnænɪmət] *adj* leblos

inapplicable [ˌɪnəˈplɪkəbl̩] *adj* unanwendbar

inappropriate [ˌɪnəˈprəʊpriət] *adj* ungeeignet; (*inconvenient*) ungelegen

inarticulate [ˌɪnɑːˈtɪkjələt] *adj* ① (*unclear*) undeutlich; *speech* zusammenhangslos ② *fear, worry* unausgesprochen

inasmuch as [ɪnəzˈmʌtʃəz] *conj* (*form*) insofern [als]

inattentive [ˌɪnəˈtentɪv] *adj* unaufmerksam

inaudible [ɪˈnɔːdəbl̩] *adj* unhörbar

inauguration [ɪˌnɔːgjəˈreɪʃᵊn] *n* ① *no pl* Eröffnung *f* ② (*induction*) Amtseinführung *f*

inauspicious [ˌɪnɔːˈspɪʃəs] *adj* (*form*) ungünstig

inborn [ˌɪnˈbɔːn] *adj* angeboren

in-box *n* COMPUT Posteingangsordner *m*

inbuilt [ˌɪnˈbɪlt] *adj* BRIT eingebaut

incalculable [ɪnˈkælkjələbl̩] *adj* ① (*great*) unabsehbar; *costs* unüberschaubar ② (*inestimable*) nicht zu ermessen *präd*, unvorstellbar

incapable [ɪnˈkeɪpəbl̩] *adj* unfähig

incapacity [ˌɪnkəˈpæsəti] *n no pl* Unfähigkeit *f*

incendiary [ɪnˈsendiᵊri] *adj* ① *attr* Brand- ② (*fig: provocative*) aufstachelnd *attr*, aufrührerisch

incense[1] [ˈɪnsen(t)s] *n no pl* ① Räuchermittel *nt;* (*in church*) Weihrauch *m* ② (*smoke*) wohlriechender Rauch

incense[2] [ɪnˈsen(t)s] *tr verb* empören; **to be ~d by sb/sth** über jdn/etw erbost sein

incentive [ɪnˈsentɪv] **I.** *n* Anreiz *m* **II.** *adj attr* Vorteile bringend; **~ discount** Treuerabatt *m;* **~ offer** Gratisangebot *nt*

incentive scheme *n* Prämiensystem *nt*

inception [ɪnˈsepʃᵊn] *n no pl* Anfang *m;* (*of company*) Gründung *f*

incessant [ɪnˈsesᵊnt] *adj* ununterbrochen

inch [ɪn(t)ʃ] **I.** *n* <*pl* -es> ① Zoll *m* (*2,54 cm*) ② (*distance*) **just an ~/just ~es** ganz knapp **II.** *intr verb* sich [ganz] langsam bewegen ◆ **inch forward** *intr verb* sich stückchenweise vorwärtsbewegen

incidence [ˈɪn(t)sɪdᵊn(t)s] *n* Auftreten *nt*

incident [ˈɪn(t)sɪdᵊnt] *n* ① [Vor]fall *m;* **isolated ~** Einzelfall *m;* **minor ~** Bagatelle *f* ② (*story*) Begebenheit *f*

incidental [ˌɪn(t)sɪˈdentᵊl] *adj* ① zufällig; (*in passing*) beiläufig ② (*related*) begleitend *attr,* verbunden; **to be ~ to sth** mit etw einhergehen

incidentally [ˌɪn(t)sɪˈdentᵊli] *adv* ① (*by the way*) übrigens ② (*in passing*) nebenbei; (*accidentally*) zufällig

incinerate [ɪnˈsɪnᵊreɪt] *tr verb* verbrennen

incinerator [ɪnˈsɪnᵊreɪtəʳ] *n* Verbrennungsanlage *f*

incision [ɪnˈsɪʒᵊn] *n* [Ein]schnitt *m*

incisive [ɪnˈsaɪsɪv] *adj description* klar; *remark* schlüssig

incite [ɪnˈsaɪt] *tr verb* aufstacheln

inclination [ˌɪnklɪˈneɪʃᵊn] *n* ① Neigung *f,* Hang *m kein Pl* ② *no pl* (*preference*) [besondere] Neigung

incline[1] [ɪnˈklaɪn] **I.** *intr verb* ① (*tend*) tendieren (**towards** zu) ② (*lean*) sich neigen **II.** *tr verb* **to be ~d to do sth** dazu neigen, etw zu tun

incline[2] [ˈɪnklaɪn] *n* Neigung *f*

inclined [ɪnˈklaɪnd] *adj* ① *pred* bereit; **to be ~ to agree/disagree** eher zustimmen/nicht zustimmen ② (*sloped*) schief

inclose *tr verb see* **enclose**

include [ɪnˈkluːd] *tr verb* beinhalten; (*add*) beifügen; **to ~ sb/sth in sth** jdn/etw in etw *Akk* einbeziehen

including [ɪnˈkluːdɪŋ] *prep* einschließlich

inclusion [ɪnˈkluːʒᵊn] *n no pl* Einbeziehung *f*

inclusive [ɪnˈkluːsɪv] *adj* ① einschließlich; **all-~ rate** Pauschale *f* ② *after noun* **sth ~** [bis] einschließlich etw

incoherent [ˌɪnkə(ʊ)ˈhɪərᵊnt] *adj* zusammenhanglos; **sb is ~** jd redet wirr

income [ˈɪŋkʌm] *n* Einkommen *nt; of a company* Einnahmen *Pl*

income support *n no pl* BRIT ≈ Sozialhilfe *f;* **to be on ~** ≈ Sozialhilfe bekommen **income tax** *n* Einkommensteuer *f*

incoming [ˌɪŋˈkʌmɪŋ] *adj attr* ankommend; **~ call** [eingehender] Anruf; **~ tide** [ansteigende] Flut

incommensurable [ˌɪnkəˈmen(t)ʃᵊrəbḷ] *adj* inkommensurabel *geh,* nicht vergleichbar

incomparable [ɪnˈkɒmpᵊrəbḷ] *adj* unvergleichbar

incompatible [ˌɪnkəmˈpætəbḷ] *adj* unvereinbar; COMPUT inkompatibel; **to be ~** *persons* nicht zusammenpassen; **to be ~ with sth** mit etw unvereinbar sein

incompetent [ɪnˈkɒmpɪtᵊnt] **I.** *adj* inkompetent; **to be ~ for sth** für etw ungeeignet sein **II.** *n* Dilettant(in) *m(f)*

incomplete [ˌɪnkəmˈpliːt] *adj* unvollständig

incomprehensible [ɪnˌkɒmprɪˈhen(t)səbḷ] *adj* unverständlich; *act* unbegreiflich

incomprehensibly [ɪnˌkɒmprɪˈhen(t)səbli] *adv* unverständlicherweise, unbegreiflicherweise

incomprehension [ɪnˌkɒmprɪˈhen(t)ʃᵊn] *n no pl* Unverständnis *nt,* Verständnislosigkeit *f*

inconceivable [ˌɪnkənˈsiːvəbḷ] *adj* undenkbar; **it is ~ that ...** es ist unvorstellbar, dass ...

inconclusive [ˌɪnkənˈkluːsɪv] *adj* nicht überzeugend; *results, test* ergebnislos

inconsequential [ɪnˌkɒn(t)sɪˈkwen(t)ʃᵊl] *adj* unlogisch; (*unimportant*) unbedeutend

inconsiderate [ˌɪnkənˈsɪdᵊrət] *adj* rücksichtslos (**towards** gegenüber); *remark* taktlos

inconsistent [ˌɪnkənˈsɪstənt] *adj* ❶ widersprüchlich ❷ (*unsteady*) unbeständig

inconsolable [ˌɪnkənˈsəʊləbḷ] *adj* untröstlich

inconspicuous [ˌɪnkənˈspɪkjuəs] *adj* unauffällig

incontrovertible [ˌɪnˌkɒntrəˈvɜːtəbḷ] *adj* (*form*) unwiderlegbar

inconvenience [ˌɪnkənˈviːniən(t)s] **I.** *n no pl* Unannehmlichkeit[en] *f[Pl]* **II.** *tr verb* **to ~ sb** jdm Unannehmlichkeiten bereiten

inconvenient [ˌɪnkənˈviːniənt] *adj* ungelegen; *place* ungünstig [gelegen]; *things, doings* beschwerlich, lästig

incorrect [ˌɪnˈkᵊrekt] *adj* falsch; *calculation* fehlerhaft; (*improper*) unkorrekt

incorruptible [ˌɪnkəˈrʌptəbḷ] *adj* unbestechlich; (*virtuous*) integer

increase [ɪnˈkriːs] **I.** *intr verb* (*rise*) [an]steigen; (*intensify*) zunehmen **II.** *tr verb* (*raise*) erhöhen; (*enlarge*) vergrößern **III.** *n* Anstieg *m,* Zunahme *f;* **~ in production** Steigerung *f* der Produktion; **to be on the ~** ansteigen

increasing [ɪnˈkriːsɪŋ] *adj* steigend, zunehmend

incredible [ɪnˈkredɪbḷ] *adj* ❶ unglaublich ❷ (*fam: good*) fantastisch

incriminate [ɪnˈkrɪmɪneɪt] *tr verb* beschuldigen

incubation period *n* Brut[zeit] *f; of a disease* Inkubationszeit *f*

incur <-rr-> [ɪnˈkɜːʳ] *tr verb* ❶ hinnehmen müssen; *debt* machen; **to ~ costs** Kosten haben ❷ **to ~ the anger of sb** jdn verärgern

incurable [ɪnˈkjʊərəbḷ] *adj* unheilbar; *habit* nicht ablegbar

in-dash *adj* AUTO ins Armaturenbrett integriert

indebted [ɪnˈdetɪd] *adj pred* ❶ (*obliged*) [zu Dank] verpflichtet ❷ (*owing*) verschuldet

indecent [ɪnˈdiːsᵊnt] *adj* ungehörig; (*unseemly*) unschicklich; *proposal* unsittlich

indecipherable [ˌɪndɪˈsaɪfᵊrəbḷ] *adj* unlesbar; *handwriting* kaum zu entziffernd

indecision [ˌɪndɪˈsɪʒᵊn] *n no pl* Unentschlossenheit *f*

indecisive [ˌɪndɪˈsaɪsɪv] *adj* unentschlossen; (*inconclusive*) unschlüssig

indecisiveness [ˌɪndɪˈsaɪsɪvnəs] *n no pl* Unschlüssigkeit *f*

indeclinable [ˌɪndɪˈkleɪnəbḷ] *adj* LING undeklinierbar

indeed [ɪnˈdiːd] *adv* ❶ wirklich; (*actually*) tatsächlich ❷ (*affirming*) allerdings

indefensible [ˌɪndɪˈfen(t)səbḷ] *adj* unentschuldbar; (*untenable*) unhaltbar

indefinable [ˌɪndɪˈfaɪnəbḷ] *adj* undefinierbar

indefinite [ɪnˈdefɪnət] *adj* ❶ unbestimmt ❷ (*vague*) unklar; *answer* nicht eindeutig

indelible [ɪnˈdeləbl̩] *adj* (*staining*) unlöschbar; *ink* unlöslich
independence [ˌɪndɪˈpendən(t)s] *n no pl* Unabhängigkeit *f*
independent [ˌɪndɪˈpendənt] **I.** *adj* ① unabhängig (**from** von) ② (*uninfluenced*) unabhängig (**of** von) **II.** *n* POL Parteilose(r) *f(m)*
in-depth [ˌɪnˈdepθ] *adj* gründlich; *investigation* eingehend
indescribable [ˌɪndɪˈskraɪbəbl̩] *adj* unbeschreiblich
indestructible [ˌɪndɪˈstrʌktəbl̩] *adj* unzerstörbar
index [ˈɪndeks, *pl* -dɪsiːz] **I.** *n* ① <*pl* -es> Index *m; of sources* Quellenverzeichnis *nt* ② <*pl* -dices *or* -es> ECON Index *m fachspr* ③ <*pl* -dices *or* -es> (*measure*) Anzeichen *nt* (**of** für) **II.** *tr verb book* mit einem Verzeichnis versehen; *keyword* etw in ein Verzeichnis aufnehmen
indexer [ˈindeksəɐ] *n* Indexer *m*
index finger *n* Zeigefinger *m* **index-linked** *adj* BRIT ECON indexgebunden *fachspr*
indicate [ˈɪndɪkeɪt] **I.** *tr verb* ① zeigen; *gauge* anzeigen ② (*imply*) **to ~ sth** auf etw *Akk* hindeuten **II.** *intr verb* BRIT blinken
indication [ˌɪndɪˈkeɪʃən] *n* [An]zeichen *nt* (**of** für), Hinweis *m* (**of** auf); **early ~s** erste Anzeichen
indicative [ɪnˈdɪkətɪv] *adj* ① hinweisend *attr;* **to be ~ of sth** etw erkennen lassen ② LING indikativisch *fachspr*
indicator [ˈɪndɪkeɪtər] *n* ① (*evidence*) Indikator *m fachspr; of a fact, a trend* deutlicher Hinweis ② BRIT (*light*) Blinker *m,* [Fahrt]richtungsanzeiger *m bes* SCHWEIZ ③ (*gauge*) Anzeiger *m* ④ BRIT *at airport, station* Anzeigetafel *f*
indices [ˈɪndɪsiːz] *n pl of* **index I 2, 3**
indict [ɪnˈdaɪt] *tr verb* anklagen
Indies [ˈɪndiz] *npl* (*hist*) **the ~** der indische Subkontinent
indifference [ɪnˈdɪfərən(t)s] *n no pl* Gleichgültigkeit *f* (**to**[**wards**] gegenüber)
indifferent [ɪnˈdɪfərənt] *adj* ① gleichgültig (**to** gegenüber) ② (*middling*) [mittel]mäßig
indigenous [ɪnˈdɪdʒɪnəs] *adj* [ein]heimisch; **~ people** Einheimische *Pl*
indigestible [ˌɪndɪˈdʒestəbl̩] *adj* schwer verdaulich; (*bad*) ungenießbar
indigestion [ˌɪndɪˈdʒestʃən] *n no pl* Magenverstimmung *f*
indignant [ɪnˈdɪgnənt] *adj* empört (**at/about** über)
indignation [ˌɪndɪgˈneɪʃən] *n no pl* Empörung *f* (**at/about** über)
indignity [ɪnˈdɪgnəti] *n* Demütigung *f*
indirect [ˌɪndɪˈrekt] *adj* indirekt; (*fig*) *benefits* mittelbar; **by ~ means** auf Umwegen
indiscipline [ɪnˈdɪsəplɪn] *n no pl* (*form*) Disziplinlosigkeit *f*
indiscreet [ˌɪndɪˈskriːt] *adj* indiskret; (*tactless*) taktlos (**about** in Bezug auf)
indiscretion [ˌɪndɪˈskreʃən] *n no pl* Indiskretion *f;* (*tactlessness*) Taktlosigkeit *f*
indiscriminate [ˌɪndɪˈskrɪmɪnət] *adj* ① unüberlegt ② (*random*) wahllos
indispensable [ˌɪndɪˈspen(t)səbl̩] *adj* unentbehrlich (**for/to** für)
indistinct [ˌɪndɪˈstɪŋ(k)t] *adj* ① undeutlich; (*blurred*) verschwommen ② (*vague*) verschwommen
indistinguishable [ˌɪndɪˈstɪŋgwɪʃəbl̩] *adj* nicht unterscheidbar
individual [ˌɪndɪˈvɪdʒuəl] **I.** *n* ① Einzelne(r) *f(m),* Individuum *nt geh* ② (*special person*) [selbständige] Persönlichkeit **II.** *adj* ① *attr* einzeln ② (*particular*) individuell
individualism [ˌɪndɪˈvɪdʒuəlɪzəm] *n no pl* Individualismus *m*
individualist [ˌɪndɪˈvɪdʒuəlɪst] *n* Individualist(in) *m(f)*
indivisible [ˌɪndɪˈvɪzəbl̩] *adj* unteilbar
indolence [ˈɪndələn(t)s] *n no pl* Trägheit *f*
indoctrinate [ɪnˈdɒktrɪneɪt] *tr verb* POL **to ~ sb** jdn ideologisieren
indoor [ˌɪnˈdɔːr] *adj attr* ① Innen-; **~ plant** Zimmerpflanze *f* ② (*for use inside*) Haus-, für zu Hause *nachgestellt*
indoors [ˌɪnˈdɔːz] *adv* herein, nach drinnen
induce [ɪnˈdjuːs] *tr verb* ① **to ~ sb to do sth** jdn dazu bringen, etw zu tun ② (*cause*) hervorrufen ③ *abortion, birth, labour* einleiten
induction course *n* Einführungskurs *m*
indulge [ɪnˈdʌldʒ] **I.** *tr verb* ① (*satisfy*) **to ~ sth** einer S. *Dat* nachgeben; **to ~**

sb's every wish jdm jeden Wunsch erfüllen ❷ (*spoil*) verwöhnen **II.** *intr verb* ❶ (*euph: drink*) sich *Dat* einen genehmigen *fam o euph* ❷ (*commit*) **to ~ in sth** in etw *Dat* schwelgen

indulgent [ɪnˈdʌldʒənt] *adj* ❶ (*lenient*) nachgiebig (**towards** gegenüber) ❷ (*tolerant*) nachsichtig

industrial [ɪnˈdʌstriəl] *adj* ❶ industriell; **~ output** Industrieproduktion *f* ❷ *attr* (*not domestic*) Industrie-

industrialist [ɪnˈdʌstriəlɪst] *n* Industrielle(r) *f(m)*

industrialization [ɪnˌdʌstriəlaɪˈzeɪʃᵊn] *n no pl* Industrialisierung *f*

industrialize [ɪnˈdʌstriəlaɪz] **I.** *intr verb* eine Industrie ansiedeln; *nation* zum Industriestaat werden **II.** *tr verb* industrialisieren

industrious [ɪnˈdʌstriəs] *adj* fleißig; (*busy*) eifrig

industry [ˈɪndəstri] *n* ❶ *no pl* Industrie *f* ❷ (*sector*) Branche *f* ❸ *no pl* (*form: diligence*) Fleiß *m*

inedible [ɪˈnedɪbl̩] *adj* nicht essbar

ineffective [ˌɪnɪˈfektɪv] *adj* unwirksam

ineffectual [ˌɪnɪˈfektʃuᵊl] *adj* ineffektiv *geh*

inefficient [ˌɪnɪˈfɪʃᵊnt] *adj* ineffizient; (*person*) unfähig

ineligible [ɪˈnelɪdʒəbl̩] *adj* ❶ nicht berechtigt (**for** zu) ❷ **to be ~ for sth** *in character* für etw nicht geeignet sein

ineluctable [ˌɪnɪˈlʌktəbl̩] *adj* unbarmherzig; (*relentless*) unausweichlich

inept [ɪˈnept] *adj* unbeholfen (**at** in); (*unskilled*) ungeschickt (**at** in)

inequality [ˌɪnɪˈkwɒləti] *n* Ungleichheit *f*

inequitable [ɪˈnekwɪtəbl̩] *adj* (*form*) ungerecht

inescapable [ˌɪnɪˈskeɪpəbl̩] *adj* unvermeidlich; *fate* unentrinnbar

inevitable [ɪˈnevɪtəbl̩] **I.** *adj* ❶ unvermeidlich; *conclusion, result* zwangsläufig ❷ (*fam: predictable*) unvermeidlich **II.** *n no pl* **the ~** das Unvermeidbare *a. iron*

inexact [ˌɪnɪɡˈzækt] *adj* ungenau

inexcusable [ˌɪnɪkˈskjuːzəbl̩] *adj* unverzeihlich

inexhaustible [ˌɪnɪɡˈzɔːstəbl̩] *adj* unerschöpflich

inexpensive [ˌɪnɪkˈspen(t)sɪv] *adj* preisgünstig

inexperienced [ˌɪnɪkˈspɪəriən(t)st] *adj* unerfahren; **to be ~ in sth** mit etw nicht vertraut sein

inexplicable [ˌɪnɪkˈsplɪkəbl̩] **I.** *adj* unerklärlich **II.** *n no pl* **the ~** das Unerklärliche

inexpressible [ˌɪnɪkˈspresəbl̩] *adj* unbeschreiblich

infallibility [ɪnˌfæləˈbɪləti] *n no pl* Unfehlbarkeit *f*

infallible [ɪnˈfæləbl̩] *adj* unfehlbar

infallibly [ɪnˈfæləbli] *adv* ❶ fehlerfrei ❷ (*always*) immer

infamous [ˈɪnfəməs] *adj* ❶ berüchtigt ❷ *lie* infam *pej*

infancy [ˈɪnfən(t)si] *n* früh[est]e Kindheit

infant [ˈɪnfənt] **I.** *n* ❶ Säugling *m* ❷ BRIT, AUS (*child*) Kleinkind *nt* **II.** *adj attr* ❶ **~ daughter** kleines Töchterchen; **~ prodigy** Wunderkind *nt* ❷ BRIT, AUS SCHOOL **~ class** erste/zweite Grundschulklasse; **~ teacher** Grundschullehrer(in) *m(f)*

infantile [ˈɪnfəntaɪl] *adj* (*pej*) kindisch *meist pej*

infantry [ˈɪnfəntri] *n no pl, + sing/pl verb* **the ~** die Infanterie

infatuated [ɪnˈfætjueɪtɪd] *adj* vernarrt (**with** in)

infect [ɪnˈfekt] *tr verb* infizieren *a. fig*

infection [ɪnˈfekʃᵊn] *n* Infektion *f*

infectious [ɪnˈfekʃəs] *adj* ansteckend *a. fig*

infer <-rr-> [ɪnˈfɜːʳ] *tr verb* schließen (**from** aus)

inference [ɪnˈfᵊrᵊn(t)s] *n* (*form*) ❶ *no pl* [Schluss]folgern *nt*; **by ~** folglich ❷ (*conclusion*) Schluss *m*

inferior [ɪnˈfɪəriəʳ] **I.** *adj* ❶ minderwertig; *mind* unterlegen ❷ *rank* [rang]niedriger **II.** *n* **~s** Untergebene *Pl*

inferiority [ɪnˌfɪəriˈɒrəti] *n no pl* ❶ Minderwertigkeit *f*; *of workmanship* schlechte Qualität ❷ (*rank*) Unterlegenheit *f*

inferiority complex *n* Minderwertigkeitskomplex *m*

infernal [ɪnˈfɜːnᵊl] *adj* ❶ REL (*liter*) höllisch, Höllen- ❷ (*dreadful*) höllisch ❸ *attr* (*fam: annoying*) grässlich

inferno [ɪnˈfɜːnəʊ] *n* ① flammendes Inferno ② (*liter: hell*) Inferno *nt geh*

infertile [ɪnˈfɜːtaɪl] **I.** *adj* unfruchtbar **II.** *n* **the ~** *pl* die zeugungsunfähigen Personen

infertility [ˌɪnfəˈtɪləti] *n no pl* Unfruchtbarkeit *f*

infest [ɪnˈfest] *tr verb* befallen (**with** von)

infestation [ˌɪnfesˈteɪʃᵊn] *n* ① *no pl* (*state*) Verseuchung *f* ② (*instance*) Befall *m* (**of** durch); **~ of rats** Rattenplage *f*

infidelity [ˌɪnfɪˈdeləti] *n* ① *no pl* Verrat *m* (**to** gegenüber/an) ② (*sexual*) **infidelities** Seitensprünge *Pl*

infighting [ˈɪnfaɪtɪŋ] *n no pl* interne Machtkämpfe

infiltrate [ˈɪnfɪltreɪt] *tr verb* ① **to ~ sb/sth** jdn/etw unterwandern; *spy;* **to ~ sth** in etw *Akk* eingeschleust werden ② *idea, theory* **to ~ sth** etw durchdringen ③ *gas, liquid* **to ~ sth** in etw *Akk* eindringen

infinite [ˈɪnfɪnət] **I.** *adj* ① unendlich; *space* unbegrenzt ② (*great*) grenzenlos; **to take ~ care** ungeheuer vorsichtig sein ③ MATH unendlich **II.** *n* ① **the ~** die Unendlichkeit ② BIBL **the Infinite** Gott *m*

infinitesimal [ˌɪnfɪnɪˈtesɪmᵊl] *adj* (*form*) winzig; MATH infinitesimal *fachspr*

infinitive [ɪnˈfɪnɪtɪv] **I.** *n* LING Infinitiv *m;* **to be in the ~** im Infinitiv stehen **II.** *adj attr* Infinitiv-; **~ form** Grundform *f,* Infinitiv *m*

infinity [ɪnˈfɪnəti] *n no pl* ① MATH das Unendliche ② (*immeasurability*) die Unendlichkeit

infirm [ɪnˈfɜːm] **I.** *adj* ① (*ill*) gebrechlich ② (*form: weak*) schwach **II.** *n* **the ~** *pl* die Kranken und Pflegebedürftigen

infirmary [ɪnˈfɜːmᵊri] *n* ① (*dated: hospital*) Krankenhaus *nt* ② AM (*room*) Krankenzimmer *nt*

inflame [ɪnˈfleɪm] *tr verb* ① (*stir up*) entfachen ② (*anger*) aufbringen; (*stronger*) erzürnen

inflammable [ɪnˈflæməbl̩] *adj* ① [leicht] entzündbar ② (*fig: touchy*) explosiv

inflammation [ˌɪnfləˈmeɪʃᵊn] *n* Entzündung *f;* **~ of the ear/eye** Ohren-/Augenentzündung *f*

inflammatory [ɪnˈflæmətᵊri] *adj* ① MED entzündlich, Entzündungs- ② (*provoking*) hetzerisch

inflatable [ɪnˈfleɪtəbl̩] **I.** *adj* aufblasbar; **~ boat** Schlauchboot *nt* **II.** *n esp* BRIT Schlauchboot *nt*

inflate [ɪnˈfleɪt] **I.** *tr verb* ① aufblasen ② (*exaggerate*) aufblähen *fig, pej* **II.** *intr verb* sich mit Luft füllen

inflated [ɪnˈfleɪtɪd] *adj* ① aufgeblasen ② (*exaggerated*) aufgebläht *fig, pej;* **to have an ~ idea of sth** eine übertriebene Vorstellung von etw besitzen ③ ECON *price* überhöht

inflation [ɪnˈfleɪʃᵊn] *n no pl* ① ECON Inflation *f* ② (*filling*) Aufblasen *nt*

inflationary [ɪnˈfleɪʃᵊnᵊri] *adj* FIN inflationär, Inflations-

inflexible [ɪnˈfleksəbl̩] *adj* (*usu pej*) ① starr ② (*persistent*) unbeugsam

inflict [ɪnˈflɪkt] *tr verb* ① **to ~ sth on sb** jdm etw zufügen ② (*usu hum*) **to ~ oneself/one's company on sb** sich jdm aufdrängen

in-flight *adj attr* Bord-, während des Fluges *nachgestellt*

inflow [ˈɪnfləʊ] **I.** *n no pl* ① (*arrival*) Zustrom *m* ② (*supply*) **~ of air/fuel** Luft-/Benzinzufuhr *f* **II.** *adj attr* AUTO **~ pipe** Ansaugrohr *nt*

influence [ˈɪnfluən(t)s] **I.** *n* ① Einfluss *m;* **to fall under sb's ~** unter jds Einfluss geraten; (*stronger*) in jds Bann geraten ② *no pl* (*power*) Einfluss *m* (**on** auf) **II.** *tr verb* beeinflussen; **to be easily ~d** beeinflussbar sein

influential [ˌɪnfluˈen(t)ʃᵊl] *adj* einflussreich

influenza [ˌɪnfluˈenzə] *n no pl* (*form*) Grippe *f*

influx [ˈɪnflʌks] *n no pl* Zustrom *m* (**of** an); *of capital* Zufuhr *f* (**of** an)

info [ˈɪnfəʊ] *n* (*fam*) *short for* **information** Information[en] *f[Pl]*

inform [ɪnˈfɔːm] **I.** *tr verb* ① informieren ② *usu passive* (*affect*) **to be ~ed by sth** von etw geprägt sein **II.** *intr verb* **to ~ against/on sb** jdn anzeigen

informal [ɪnˈfɔːmᵊl] *adj* informell; *atmosphere, party* zwanglos; *meeting* inoffiziell

informant [ɪnˈfɔːmənt] *n* Informant(in) *m(f)*

informatics [ˌɪnfəˈmætɪks] *n + sing verb* Informatik *f kein Pl*

I

information [ˌɪnfəˈmeɪʃᵊn] *n* ❶ *no pl* Information *f;* **a piece of ~** eine Information; **a lot of/a little ~** viele/wenige Informationen; **for your ~** als Information; (*annoyed*) damit Sie es wissen ❷ (*enquiry desk*) Information *f* ❸ AM (*telephone operator*) Auskunft *f*

information science *n usu pl* Informatik *f kein Pl* **information superhighway** *n* **the ~** die Datenautobahn, das Internet **information technology** *n no pl* Informationstechnologie *f*

informative [ɪnˈfɔːmətɪv] *adj* informativ

informer [ɪnˈfɔːməʳ] *n* Informant(in) *m(f)*

infrared [ˌɪnfrəˈred] *adj* infrarot

infrequent [ɪnˈfriːkwənt] *adj* selten

infringe [ɪnˈfrɪnʤ] **I.** *tr verb* verletzen; **to ~ a law** gegen ein Gesetz verstoßen **II.** *intr verb* **to ~ [up]on sth** etw verletzen

infuriate [ɪnˈfjʊərieɪt] *tr verb* wütend machen

ingenious [ɪnˈʤiːniəs] *adj* ausgeklügelt

ingoing [ˈɪnˌgəʊɪŋ] *adj attr* eingehend

ingrained [ɪnˈgreɪnd] *adj* ❶ fest sitzend *attr;* **to be ~ with dirt** stark verschmutzt sein ❷ (*fig: deep*) tief sitzend *attr*

ingratitude [ɪnˈgrætɪtjuːd] *n no pl* Undankbarkeit *f*

ingredient [ɪnˈgriːdiənt] *n* Zutat *f*

ingrowing [ɪnˈgrəʊɪŋ] *adj,* **ingrown** [ɪnˈgrəʊn] *adj usu attr* eingewachsen

inhabit [ɪnˈhæbɪt] *tr verb* bewohnen

inhabitable [ɪnˈhæbɪtəbl̩] *adj* bewohnbar

inhabitant [ɪnˈhæbɪtᵊnt] *n* Einwohner(in) *m(f); of a building* Bewohner(in) *m(f)*

inhale [ɪnˈheɪl] **I.** *tr verb* einatmen; *smoker* inhalieren **II.** *intr verb* einatmen

inhaler [ɪnˈheɪləʳ] *n* MED Inhalationsapparat *m*

inherit [ɪnˈherɪt] **I.** *tr verb* erben (**from** von); (*fig*) übernehmen (**from** von) **II.** *intr verb* erben

inheritance [ɪnˈherɪtᵊn(t)s] *n* ❶ Erbe *nt kein Pl* ❷ *no pl* (*inheriting*) Erben *nt*

inhibition [ˌɪn(h)ɪˈbɪʃᵊn] *n* ❶ *usu pl* Hemmung *f* ❷ *no pl* (*inhibiting*) Einschränken *nt*

inhospitable [ˌɪnhɒsˈpɪtəbl̩] *adj* ❶ ungastlich ❷ (*unpleasant*) unwirtlich

in-house I. *adj attr* hauseigen **II.** *adv* intern, im Hause

inhuman [ɪnˈhjuːmən] *adj* unmenschlich

inhumane [ˌɪnhjuːˈmeɪn] *adj* inhuman; (*barbaric*) barbarisch

initial [ɪˈnɪʃᵊl] **I.** *adj attr* anfänglich, erste(r, s) **II.** *n* Initiale *f*

initially [ɪˈnɪʃᵊli] *adv* anfangs, zunächst

initiation [ɪˌnɪʃiˈeɪʃᵊn] *n* ❶ *no pl* Einleitung *f* ❷ (*introduction*) Einführung *f* (**into** in); *of a member* Aufnahme *f* (**into** in)

initiative [ɪˈnɪʃətɪv] *n no pl* ❶ [Eigen]initiative *f* ❷ (*power*) Initiative *f*

initiator [ɪˈnɪʃiəɪtəʳ] *n* Urheber(in) *m(f),* Initiator(in) *m(f)*

inject [ɪnˈʤekt] *tr verb* ❶ spritzen (**into** in); BRIT, AUS impfen (**against** gegen) ❷ (*fig*) **to ~ sth into sth** etw in etw *Akk* [hinein]bringen

injection [ɪnˈʤekʃᵊn] *n* ❶ Spritze *f* ❷ **~ of cash** Geldspritze *f fam* ❸ TECH Einspritzung *f*

injunction [ɪnˈʤʌŋ(k)ʃᵊn] *n* ❶ [gerichtliche] Verfügung ❷ (*warning*) Ermahnung *f*

injure [ˈɪnʤəʳ] *tr verb* ❶ (*hurt*) verletzen ❷ (*damage*) **to ~ sth** einer S. *Dat* schaden

injury [ˈɪnʤᵊri] *n* Verletzung *f*

injury time *n no pl* BRIT, AUS Nachspielzeit *f*

injustice [ɪnˈʤʌstɪs] *n* Ungerechtigkeit *f*

ink [ɪŋk] **I.** *n no pl* Tinte *f;* ART Tusche *f;* (*for pad*) Farbe *f* **II.** *tr verb* ❶ TYPO einfärben ❷ ECON unterschreiben

ink bottle *n* Tintenfass *nt* **inkjet printer** *n* Tintenstrahldrucker *m*

inkling [ˈɪŋklɪŋ] *n* ❶ (*suspicion*) Ahnung *f;* **to have an ~ of sth** etw ahnen ❷ (*hint*) Hinweis *m*

inland[1] [ˈɪnlənd] *adj usu attr* ❶ (*national*) Binnen- ❷ *esp* BRIT ADMIN, ECON inländisch

inland[2] [ˈɪnlænd] *adv* ins Landesinnere

Inland Revenue *n + sing/pl verb* BRIT, NZ **the ~** ≈ das Finanzamt

in-laws [ˈɪnlɔːz] *npl* Schwiegereltern *Pl*

inlet [ˈɪnlet] *n* ❶ [schmale] Bucht; *of the sea* Meeresarm *m* ❷ TECH *of a machine* Einlass[kanal] *m*

inmate [ˈɪnmeɪt] *n* Insasse *m*/Insassin *f;* **prison ~** Gefängnisinsasse/-insassin

inmost ['ɪnmə(ʊ)st] *adj* (*liter*) ❶ innerste(r, s) ❷ (*secret*) geheimste(r, s), intimste(r, s)
inn [ɪn] *n* Gasthaus *nt*
inner ['ɪnəʳ] *adj usu attr* ❶ Innen-, innere(r, s) ❷ (*emotional*) innere(r, s); ~ **feelings** tiefste Gefühle
innermost ['ɪnəmə(ʊ)st] *adj attr* ❶ innerste(r, s) ❷ (*secret*) geheimste(r, s), intimste(r, s)
inner tube *n* Schlauch *m*
inning ['ɪnɪŋ] *n* SPORTS ❶ AM (*baseball*) Inning *nt* ❷ BRIT (*cricket*) ~**s** + *sing verb* Durchgang *m,* Innings *nt fachspr*
innkeeper *n* (*old*) Gastwirt(in) *m(f)*
innocence ['ɪnəsᵊn(t)s] *n no pl* Unschuld *f*
innocent ['ɪnəsᵊnt] **I.** *adj* ❶ unschuldig ❷ (*artless*) unschuldig ❸ (*uninvolved*) unbeteiligt; **an** ~ **victim** ein unschuldiges Opfer **II.** *n* **to be an** ~ naiv sein
innovate ['ɪnə(ʊ)veɪt] **I.** *intr verb* sich erneuern **II.** *tr verb* **to** ~ **a product** ein neues Produkt einführen
innovation [ˌɪnə(ʊ)'veɪʃᵊn] *n* ❶ Neuerung *f;* (*product*) Innovation *f* ❷ *no pl* (*improving*) [Ver]änderung *f*
innuendo <*pl* -s *or* -es> [ˌɪnju'endəʊ] *n* ❶ (*insinuation*) Anspielung *f* (**about** auf) ❷ (*remark*) Zweideutigkeit *f*
innumerate [ɪ'nju:mᵊrət] *adj esp* BRIT **to be** ~ nicht rechnen können
inoculate [ɪ'nɒkjəleɪt] *tr verb* impfen (**against** gegen)
inoculation [ɪˌnɒkjə'leɪʃᵊn] *n* Impfung *f*
inoffensive [ɪnə'fen(t)sɪv] *adj* unauffällig
inoperable [ɪ'nɒpᵊrəbl̩] *adj* ❶ MED inoperabel ❷ (*not working*) nicht funktionsfähig
inoperative [ɪ'nɒpᵊrətɪv] *adj* (*form*) ❶ (*not in effect*) ungültig; **to be/become** ~ *rule* außer Kraft sein/treten ❷ (*not working*) nicht funktionsfähig
in-patient *n* stationärer Patient/stationäre Patientin
input ['ɪnpʊt] **I.** *n* ❶ *no pl* (*contribution*) Beitrag *m;* (*of work*) [Arbeits]aufwand *m* ❷ COMPUT, ELEC (*component*) Anschluss *m* ❸ *no pl* COMPUT (*data*) Input *m;* (*entering*) Eingabe *f* **II.** *adj attr* COMPUT Eingabe- **III.** *tr verb* <-tt-, input, input> COMPUT eingeben; (*with scanner*) einscannen
input data *n* + *sing/pl verb* COMPUT Eingabedaten *Pl*
inquest ['ɪŋkwest] *n* gerichtliche Untersuchung [der Todesursache]; (*fig*) Untersuchung *f*
inquire *tr, intr verb esp* AM *see* **enquire**
inquiry *n esp* AM *see* **enquiry**
inquisitive [ɪn'kwɪzətɪv] *adj* ❶ (*eager*) wissbegierig; (*curious*) neugierig ❷ (*prying*) neugierig
insane [ɪn'seɪn] *adj* ❶ geistesgestört ❷ (*fam: crazy*) verrückt
insanitary [ɪn'sænɪtᵊri] *adj* unhygienisch
insanity [ɪn'sænəti] *n no pl* Wahnsinn *a. fig*
inscription [ɪn'skrɪpʃᵊn] *n* Inschrift *f*
insect ['ɪnsekt] *n* Insekt *nt;* ~ **bite** Insektenstich *m*
insecticide [ɪn'sektɪsaɪd] *n* Insektenvernichtungsmittel *nt*
insecure [ˌɪnsɪ'kjʊəʳ] *adj* unsicher
insensitive [ɪn'sen(t)sətɪv] *adj* ❶ (*tactless*) gefühllos ❷ (*unappreciative*) gleichgültig (**to** gegenüber) ❸ *usu pred* (*physically*) unempfindlich (**to** gegen)
inseparable [ɪn'sepᵊrəbl̩] *adj* ❶ untrennbar [miteinander verbunden] ❷ (*emotionally*) unzertrennlich
insert[1] [ɪn'sɜ:t] *tr verb* **to** ~ **sth** [**into sth**] ❶ etw [in etw *Akk*] [hinein]stecken; *coins* etw [in etw *Akk*] einwerfen ❷ *words* etw [in etw *Akk*] einfügen
insert[2] ['ɪnsɜ:t] *n* ❶ (*pages*) Werbebeilage[n] *f[Pl]* ❷ (*shoe*) Einlage *f*
in-service *adj attr* ~ **course** [innerbetriebliche] Fortbildung
inside [ˌɪn'saɪd] **I.** *n* ❶ *no pl* Innere *nt;* **from the** ~ von innen ❷ *of a hand, a door* Innenseite *f* ❸ (*lane*) Innenspur *f* ❹ (*in an organization*) Innere(s) *nt;* **someone on the** ~ ein Insider *m*/eine Insiderin *f* **II.** *adv* ❶ (*in interior*) innen ❷ (*indoors*) innen; (*into*) hinein ❸ (*fig: in oneself*) im Inneren **III.** *adj attr* ❶ (*inner*) Innen-, innere(r, s) ❷ (*indoor*) Innen- **IV.** *prep* ~ **sth** (*into*) in etw *Akk* [hinein]; (*in*) in etw *Dat*
insider [ɪn'saɪdəʳ] *n* Insider(in) *m(f)*
insight ['ɪnsaɪt] *n* ❶ Einsicht *f,* Einblick *m* (**into** in); **to gain an** ~ **into sth/sb** jdn/etw verstehen lernen ❷ *no pl* (*perceptiveness*) Verständnis *nt;* **to have** ~ **into sth** etw verstehen

I

insignificant [ˌɪnsɪɡˈnɪfɪkᵊnt] *adj* ① (*trifling*) unbedeutend ② (*trivial*) belanglos ③ (*undistinguished*) unbedeutend

insincere [ˌɪnsɪnˈsɪəʳ] *adj* unaufrichtig; (*false*) falsch

insist [ɪnˈsɪst] **I.** *intr verb* ① (*demand*) bestehen ([**up**]**on** auf) ② **to ~ on doing sth** sich nicht von etw abbringen lassen **II.** *tr verb* **to ~ that ...** fest behaupten, dass ...

insistence [ɪnˈsɪstᵊn(t)s] *n no pl* Bestehen *nt* (**on** auf)

insistent [ɪnˈsɪstᵊnt] *adj* beharrlich; *appeals, demands* nachdrücklich

insofar as [ˌɪnsə(ʊ)ˈfɑːræz] *adv* (*form*) soweit

insole [ˈɪnsəʊl] *n* Innensohle *f;* (*insert*) Einlegesohle *f*

insolent [ˈɪn(t)sᵊlənt] *adj* unverschämt

insoluble [ɪnˈsɒljəbl̩] *adj* ① nicht löslich ② *puzzle* unlösbar

insomnia [ɪnˈsɒmniə] *n no pl* Schlaflosigkeit *f*

inspect [ɪnˈspekt] *tr verb* ① untersuchen ② (*officially*) kontrollieren

inspection [ɪnˈspekʃᵊn] *n* ① [Über]prüfung *f* ② (*official*) Kontrolle *f*

inspector [ɪnˈspektəʳ] *n* ① Inspektor(in) *m(f);* **tax ~** Steuerprüfer(in) *m(f)* ② (*police*) Inspektor(in) *m(f)*

inspiration [ˌɪn(t)spᵊrˈeɪʃᵊn] *n* ① *no pl* Inspiration *f* ② (*source*) Inspiration *f*

inspire [ɪnˈspaɪəʳ] *tr verb* ① inspirieren ② (*cause*) **to ~ sth** [**in sb**] etw [bei jdm] hervorrufen

instability [ˌɪnstəˈbɪləti] *n no pl* ① Instabilität *f a. fig* ② PSYCH Labilität *f*

instal <-ll-> [ɪnˈstɔːl], AM *usu* **install** *tr verb* ① *machinery* aufstellen; *heating, plumbing* installieren; *bathroom, kitchen* einbauen; *wiring, pipes* verlegen; *telephone, washing machine* anschließen ② COMPUT installieren

installation [ˌɪnstəˈleɪʃᵊn] *n* ① *no pl of machinery* Aufstellen *nt; of an appliance, a heating, a plumbing* Installation *f; of a kitchen, a bathroom* Einbau *m; of a telephone, a washing machine* Anschluss *m* ② (*facility*) Anlage *f* ③ (*in office*) Amtseinsetzung *f kein Pl*

installment *n* AM *see* **instalment**

instalment [ɪnˈstɔːlmənt] *n* ① (*part*) Folge *f* ② (*payment*) Rate *f*

instance [ˈɪn(t)stən(t)s] *n* ① Fall *m;* **in this ~** in diesem Fall ② **for ~** zum Beispiel ③ (*form*) **in the first ~** zunächst

instant [ˈɪn(t)stənt] **I.** *n* ① (*moment*) Moment *m,* Augenblick *m;* **the next ~** im nächsten Moment ② **the ~** sobald **II.** *adj* ① sofortige(r, s) ② (*in bags*) Tüten-; (*in tins*) Dosen-; **~ coffee** Pulverkaffee *m;* **~ soup** Tütensuppe *f*

instantly [ˈɪn(t)stəntli] *adv* sofort

instead [ɪnˈsted] **I.** *adv* stattdessen **II.** *prep* **~ of sth/sb** [an]statt einer S./einer Person *Gen*

instigate [ˈɪn(t)stɪɡeɪt] *tr verb* einleiten

instil, AM *usu* **instill** <-ll-> [ɪnˈstɪl] *tr verb* **to ~ sth into sb** jdm etw einflößen

instinct [ˈɪn(t)stɪŋ(k)t] *n* ① Instinkt *m;* **her first ~ was to shout** ihr erster Impuls war zu schreien ② *no pl* (*behaviour*) Instinkt *m*

instinctive [ɪnˈstɪŋ(k)tɪv] *adj* instinktiv; (*innate*) natürlich, angeboren

institute [ˈɪn(t)stɪtjuːt] **I.** *n* Institut *nt;* (*university*) Hochschule *f* **II.** *tr verb* ① (*set up*) einführen ② (*perform*) einleiten

institution [ˌɪn(t)stɪˈtjuːʃᵊn] *n* ① *no pl* (*setting up*) Einführung *f* ② (*building*) Heim *nt,* Anstalt *f* ③ (*custom*) Institution *f*

instruct [ɪnˈstrʌkt] *tr verb* ① **to ~ sb in sth** jdm etw beibringen ② (*order*) anweisen

instruction [ɪnˈstrʌkʃᵊn] *n* ① *usu pl* Anweisung *f* ② *no pl* (*teaching*) Unterweisung *f* ③ (*description*) **~s** Anleitung *f*

instruction book *n of a computer* Handbuch *nt; of a machine* Gebrauchsanweisung *f* **instruction leaflet** *n* Informationsblatt *nt;* (*for use*) Gebrauchsanweisung *f*

instructive [ɪnˈstrʌktɪv] *adj* lehrreich, aufschlussreich

instructor [ɪnˈstrʌktəʳ] *n* ① Lehrer(in) *m(f);* **driving ~** Fahrlehrer(in); **ski ~** Skilehrer(in) ② AM (*lecturer*) Dozent(in) *m(f)*

instructress <*pl* -es> [ɪnˈstrʌktrəs] *n* (*dated*) Lehrerin *f*

instrument [ˈɪnstrəmənt] *n* Instrument *nt*

instrumental [ˌɪn(t)strəˈmentᵊl] **I.** *adj*

❶ MUS instrumental ❷ (*influential*) förderlich **II.** *n* Instrumental[stück] *nt*

instrument board *n*, **instrument panel** *n* AUTO Armaturenbrett *nt;* AVIAT, NAUT Instrumententafel *f*

insufficient [ˌɪnsəˈfɪʃᵊnt] *adj* zu wenig *präd,* unzureichend

insular [ˈɪn(t)sjələʳ] *adj* ❶ (*parochial*) provinziell ❷ GEOG Insel-

insularity [ˌɪn(t)sjəˈlærəti] *n no pl* Provinzialität *f*

insulate [ˈɪn(t)sjəleɪt] *tr verb* ❶ isolieren ❷ (*fig: shield*) [be]schützen (**from** vor)

insulating [ˈɪn(t)sjəleɪtɪŋ] *adj attr* Isolier-

insulation [ˌɪn(t)sjəˈleɪʃᵊn] *n no pl* ❶ Isolierung *f* ❷ (*fig: protection*) Schutz *m*

insult¹ [ɪnˈsʌlt] *tr verb* beleidigen; **to feel/be ~ed** beleidigt sein

insult² [ˈɪnsʌlt] *n* Beleidigung *f;* **to be an ~ to sb/sth** für jdn/etw eine Beleidigung sein

insurance [ɪnˈʃʊərᵊn(t)s] *n no pl* ❶ Versicherung *f;* **to take out ~ [against sth]** sich [gegen etw] versichern ❷ (*payout*) Versicherungssumme *f* ❸ (*premium*) [Versicherungs]prämie *f*

insurance policy *n* ❶ Versicherungspolice *f* ❷ (*fig*) **as an ~** zur Sicherheit

insure [ɪnˈʃʊəʳ] **I.** *tr verb* versichern (**against** gegen) **II.** *intr verb* ❶ sich versichern (**with** bei) ❷ (*protect*) **to ~ against sth** sich gegen etw absichern

insured [ɪnˈʃʊəd] **I.** *adj* versichert **II.** *n* **the ~** der/die Versicherte/die Versicherten

insurer [ɪnˈʃʊərəʳ] *n* Versicherer *m*/Versicherin *f;* (*agent*) Versicherungsvertreter(in) *m(f)*

intact [ɪnˈtækt] *adj usu pred* intakt

intake [ˈɪnteɪk] **I.** *n* ❶ (*ingestion*) Aufnahme *f* ❷ (*amount*) aufgenommene Menge; **alcohol ~** Alkoholkonsum *m* ❸ (*people*) Aufnahmequote *f* **II.** *adj attr* Ansaug-, Saug-

integer [ˈɪntɪdʒəʳ] *n* MATH ganze Zahl

integral [ˈɪntɪgrəl] **I.** *adj* ❶ (*central*) wesentlich ❷ (*whole*) vollständig ❸ (*built-in*) eingebaut **II.** *n* MATH Integral *nt*

integrated [ˈɪntɪgreɪtɪd] *adj* einheitlich; **to be ~ into sth** in etw *Akk* integriert sein

intellect [ˈɪntᵊlekt] *n no pl* Verstand *m,* Intellekt *m*

intellectual [ˌɪntᵊlˈektjuəl] **I.** *n* Intellektuelle(r) *f(m)* **II.** *adj* intellektuell, geistig

intelligence [ɪnˈtelɪdʒᵊn(t)s] *n no pl* ❶ Intelligenz *f* ❷ + *sing/pl verb* (*department*) Geheimdienst *m;* **military ~** militärischer Geheimdienst ❸ + *sing/pl verb* (*information*) [nachrichtendienstliche] Informationen; **according to our latest ~** unseren letzten Meldungen zufolge

intelligence service *n* Geheimdienst *m*

intelligence test *n* Intelligenztest *m*

intelligent [ɪnˈtelɪdʒᵊnt] *adj* klug, intelligent

intend [ɪnˈtend] *tr verb* (*plan*) beabsichtigen; **what do you ~ to do about it?** was willst du in der Sache unternehmen?; **no disrespect ~ed** [das] war nicht böse gemeint; **to ~ no harm** nichts Böses wollen

intended [ɪnˈtendɪd] *adj* vorgesehen, beabsichtigt; LAW geplant

intense [ɪnˈten(t)s] *adj* ❶ intensiv; *odour* stechend; *cold* bitter; *desire, heat* glühend ❷ (*serious*) ernst

intensification [ɪnˌten(t)sɪfɪˈkeɪʃᵊn] *n no pl* Verstärkung *f*

intensify <-ie-> [ɪnˈten(t)sɪfaɪ] **I.** *tr verb* intensivieren; *conflict* verschärfen; *fears* verstärken **II.** *intr verb* stärker werden

intensity [ɪnˈten(t)səti] *n no pl* Stärke *f;* *of feelings* Intensität *f*

intensive [ɪnˈten(t)sɪv] *adj* intensiv

intent [ɪnˈtent] **I.** *n no pl* Absicht *f;* **with ~ to do sth** mit dem Vorsatz, etw zu tun **II.** *adj* ❶ (*absorbed*) aufmerksam; **~ look** forschender Blick ❷ *pred* **to be ~ on sth** auf etw *Akk* versessen sein; **to be ~ on doing sth** fest entschlossen sein, etw zu tun

intention [ɪnˈten(t)ʃᵊn] *n* Absicht *f;* **to be full of good ~s** voller guter Vorsätze sein

intentional [ɪnˈten(t)ʃᵊnᵊl] *adj* absichtlich

interaction [ˌɪntəʳˈækʃᵊn] *n* Interaktion *f*

interactive [ˌɪntəʳˈæktɪv] *adj* interaktiv; **~ TV** interaktives Fernsehen

interactivity [ˌɪntəʳækˈtɪvəti] *n* Interaktivität *f*

intercept [ˌɪntəˈsept] *tr verb* abfangen; **to ~ a call** eine Fangschaltung legen

I

interception [ˌɪntəˈsepʃᵊn] *n* Abfangen *nt*

interchange¹ [ˈɪntətʃeɪndʒ] *n* (*form*) Austausch *m;* ~ **of ideas** Gedankenaustausch *m*

interchange² [ˌɪntəˈtʃeɪndʒ] **I.** *tr verb* austauschen **II.** *intr verb* wechseln

interchangeable [ˌɪntəˈtʃeɪndʒəbl̩] *adj* austauschbar; *word* synonym

intercity [ˌɪntəˈsɪti] **I.** *n* Intercity *m* **II.** *adj attr* Intercity-

intercom [ˈɪntəkɒm] *n* [Gegen]sprechanlage *f*

intercourse [ˈɪntəkɔːs] *n no pl* [Geschlechts]verkehr *m*

interest [ˈɪntrəst] **I.** *n* ① Interesse *nt* (**in** an); (*hobby*) Hobby *nt;* **just out of** ~ (*fam*) nur interessehalber; **vested** ~ eigennütziges Interesse; **to lose** ~ **in sb/sth** das Interesse an jdm/etw verlieren; **to be in sb's** ~ in jds Interesse liegen ② *no pl* (*importance*) Interesse *nt;* **buildings of historical** ~ historisch interessante Gebäude; **to be of** ~ **to sb** für jdn von Interesse sein ③ *no pl* FIN Zinsen *Pl;* **rate of** ~ Zinssatz *m* **II.** *tr verb* interessieren

interested [ˈɪntrəstɪd] *adj* interessiert; **are you** ~ **in a game of tennis?** hast du Lust, mit mir Tennis zu spielen?; **to be** ~ **in sth/sb** sich für etw/jdn interessieren

interesting [ˈɪntrəstɪŋ] *adj* interessant

interfere [ˌɪntəˈfɪəʳ] *intr verb* ① (*meddle*) **to** ~ [**in sth**] sich [in etw *Akk*] einmischen ② (*disturb*) **to** ~ **with sb/sth** jdn/etw stören ③ RADIO, TECH **to** ~ **with sth** etw überlagern

interference [ˌɪntəˈfɪərᵊn(t)s] *n no pl* ① (*meddling*) Einmischung *f;* **free from** ~ ohne Beeinträchtigung ② RADIO, TECH Störung *f*

interior [ɪnˈtɪəriəʳ] **I.** *adj attr* ① Innen- ② (*country*) Inlands-, Binnen-; ~ **minister** Innenminister(in) *m(f)* **II.** *n* ① (*inner part*) Innere(s) *nt* ② POL **the Interior** das Innere; **the ministry of the** ~ das Innenministerium; **the US Interior Department** das Amerikanische Innenministerium

interior designer *n* Innenarchitekt(in) *m(f)*

intermarriage [ˌɪntəˈmærɪdʒ] *n no pl* Mischehe *f*

intermediate¹ [ˌɪntəˈmiːdiət] *adj* ① *level* mittel ② *skill* Mittel-

intermediate² [ˌɪntəˈmiːdieɪt] *intr verb* vermitteln

intermingle [ˌɪntəˈmɪŋgl̩] *intr verb* sich vermischen

intermission [ˌɪntəˈmɪʃᵊn] *n* Pause *f*

intermittent [ˌɪntəˈmɪtᵊnt] *adj* periodisch

intern¹ [ɪnˈtɜːn] **I.** *tr verb* internieren **II.** *intr verb esp* AM ein Praktikum absolvieren

intern² [ˈɪntɜːn] *n esp* AM Praktikant(in) *m(f)*

internal [ɪnˈtɜːnᵊl] *adj* innere(r, s); (*in company*) innerbetrieblich; (*in country*) Binnen-; *investigation, memo* intern; **for** ~ **use only** vertraulich

internalize [ɪnˈtɜːnᵊlaɪz] *tr verb* verinnerlichen

international [ˌɪntəˈnæʃᵊnᵊl] **I.** *adj* international; ~ **call/flight** Auslandsgespräch *nt*/-flug *m* **II.** *n* BRIT SPORTS Nationalspieler(in) *m(f)*

internationalize [ˌɪntəˈnæʃᵊnᵊlaɪz] *tr verb* internationalisieren

Internet [ˈɪntənet] **I.** *n* **the** ~ das Internet; **to browse** [*or* **surf**] **the** ~ im Internet surfen; **on the** ~ im Internet **II.** *adj attr* Internet-

Internet banking *n no pl* Internetbanking *nt* **Internet search engine** *n* Internet-Suchmaschine *f*

interphone *n* AM *see* **intercom**

interplay [ˈɪntəpleɪ] *n no pl* Zusammenspiel *nt* (**of** von)

Interpol [ˈɪntəpɒl] *n no art, + sing/pl verb* Interpol *f*

interpret [ɪnˈtɜːprɪt] **I.** *tr verb* ① interpretieren ② (*perform*) wiedergeben **II.** *intr verb* dolmetschen

interpreter [ɪnˈtɜːprɪtəʳ] *n* ① Interpret(in) *m(f)* ② (*translator*) Dolmetscher(in) *m(f)*

Inter-Rail® [ˌɪntəˈreɪl] **I.** *n* Interrail *nt* **II.** *intr verb* Interrail machen

interrelated [ˌɪntərɪˈleɪtɪd] *adj* zusammenhängend *attr;* ~ **problems** miteinander zusammenhängende Probleme

interrelation [ˌɪntərɪˈleɪʃᵊn] *n,* **interrelationship** [ˌɪntərɪˈleɪʃᵊnʃɪp] *n* Wechselbeziehung *f,* Zusammenhang *m*

interrogate [ɪnˈterəgeɪt] *tr verb* verhören

interrogation [ɪnˌterəˈgeɪʃᵊn] *n* Verhör *nt*
interrogative [ˌɪntəˈrɒgətɪv] LING **I.** *n* Interrogativ *nt fachspr* **II.** *adj* interrogativ *fachspr,* Frage-
interrupt [ˌɪntəˈrʌpt] *tr verb, vi* unterbrechen
interruption [ˌɪntəˈrʌpʃᵊn] *n* Unterbrechung *f*
intersection [ˌɪntəˈsekʃᵊn] *n* Schnittpunkt *m*
interval [ˈɪntəvᵊl] *n* ❶ Abstand *m* ❷ (*section*) Abschnitt *m*
intervene [ˌɪntəˈviːn] *intr verb* ❶ (*step in*) einschreiten ❷ (*interrupt*) sich einmischen
intervening [ˌɪntəˈviːnɪŋ] *adj attr* dazwischenliegend *attr*
intervention [ˌɪntəˈven(t)ʃᵊn] *n* Eingreifen *nt*
interview [ˈɪntəvjuː] **I.** *n* ❶ (*for job*) Vorstellungsgespräch *nt* ❷ (*on TV*) Interview *nt* (**with** mit) ❸ (*talk*) Unterredung *f* **II.** *intr verb* (*for job*) ein Vorstellungsgespräch führen; (*on TV*) ein Interview geben
interviewee [ˌɪntəvjuˈiː] *n* Interviewte(r) *f(m)*
interviewer [ˈɪntəvjuːəʳ] *n* Interviewer(in) *m(f)*
intestine [ɪnˈtestɪn] *n usu pl* Darm *m*
intimate¹ [ˈɪntɪmət] **I.** *adj* ❶ (*close*) eng, vertraut; *atmosphere* gemütlich ❷ (*detailed*) gründlich ❸ (*private*) intim **II.** *n* Vertraute(r) *f(m),* enger Freund/enge Freundin
intimate² [ˈɪntɪmeɪt] *tr verb* andeuten
intimidate [ɪnˈtɪmɪdeɪt] *tr verb* einschüchtern
intimidation [ɪnˌtɪmɪˈdeɪʃᵊn] *n no pl* Einschüchterung *f*
into [ˈɪntə, -tu] *prep* ❶ in; **to go ~ town** in die Stadt gehen ❷ (*toward*) **she looked ~ the mirror** sie sah in den Spiegel ❸ (*fam*) **to be ~ sth/sb** an etw/jdm interessiert sein; **what sort of music are you ~?** auf welche Art von Musik stehst du? ❹ (*involved in*) **he got ~ some trouble** er bekam einige Schwierigkeiten ❺ (*fam*) **to lay ~ sb for sth** jdn wegen etw *Dat* anschreien ❻ (*wear*) **I can't get ~ these trousers** ich komme nicht in diese Hose rein
intolerable [ɪnˈtɒlᵊrəbl̩] *adj* unerträglich
intolerant [ɪnˈtɒlᵊrᵊnt] *adj* intolerant
intoxicating [ɪnˈtɒksɪkeɪtɪŋ] *adj* berauschend *a. fig*
intoxication [ɪnˌtɒksɪˈkeɪʃᵊn] *n no pl* ❶ Rausch *m* ❷ MED Vergiftung *f*
intransitive [ɪnˈtræn(t)sətɪv] LING **I.** *adj* intransitiv **II.** *n* Intransitivum *nt fachspr*
intra-uterine device *n* MED Intrauterinpessar *nt*
in-tray [ˈɪntreɪ] *n* Ablage *f* für Eingänge
intricate [ˈɪntrɪkət] *adj* kompliziert; *plot* verschlungen; *question* verzwickt
intrigue¹ [ɪnˈtriːg] **I.** *tr verb* faszinieren; (*arouse curiosity*) neugierig machen; **to be ~d by sth** von etw fasziniert sein **II.** *intr verb* intrigieren
intrigue² [ˈɪntriːg] *n* Intrige *f* (**against** gegen)
intriguing [ɪnˈtriːgɪŋ] *adj* faszinierend
introduce [ˌɪntrəˈdjuːs] *tr verb* ❶ **to ~ sb [to sb]** jdn [jdm] vorstellen ❷ (*start*) einführen
introduction [ˌɪntrəˈdʌkʃᵊn] *n* ❶ (*contact*) Vorstellung *f* ❷ (*starting*) Einführung *f* ❸ (*preface*) Einleitung *f*
introductory [ˌɪntrəˈdʌktᵊri] *adj* ❶ (*preliminary*) einleitend ❷ (*starting*) einführend
intrude [ɪnˈtruːd] *intr verb* ❶ (*meddle*) stören; **to ~ into sth** sich in etw *Akk* einmischen ❷ (*encroach*) **am I intruding?** störe ich gerade?
intruder [ɪnˈtruːdəʳ] *n* Eindringling *m;* (*thief*) Einbrecher(in) *m(f)*
intrusion [ɪnˈtruːʒᵊn] *n* (*interruption*) Störung *f;* (*encroachment*) Verletzung *f;* MIL Einmarsch *m*
intrusive [ɪnˈtruːsɪv] *adj* aufdringlich
intuition [ˌɪntjuˈɪʃᵊn] *n* Intuition *f*
intuitive [ɪnˈtjuːɪtɪv] *adj* intuitiv
invade [ɪnˈveɪd] **I.** *tr verb* ❶ **to ~ a country** in ein Land einmarschieren ❷ (*fig*) **to ~ sb's privacy** jds Privatsphäre verletzen **II.** *intr verb* einfallen
invader [ɪnˈveɪdəʳ] *n* MIL Angreifer(in) *m(f)*
invalid¹ [ˈɪnvəlɪd] **I.** *n* Invalide(r) *f(m)* **II.** *adj* invalide, körperbehindert
invalid² [ɪnˈvælɪd] *adj* ungültig
invalidation [ɪnˌvælɪˈdeɪʃᵊn] *n no pl* (*annulment*) Ungültigkeitserklärung *f;* LAW Nichtigkeitsurteil *f*
invaluable [ɪnˈvæljuəbl̩] *adj* unbezahlbar

invariable [ɪn'veəriəbl̩] **I.** *adj* unveränderlich **II.** *n* ① LING *Substantiv, bei dem Singular und Plural gleich sind* ② MATH Konstante *f*

invasion [ɪn'veɪʒᵊn] *n* ① Invasion *f* ② (*interference*) Eindringen *nt kein Pl*

invent [ɪn'vent] *tr verb* erfinden

invention [ɪn'ven(t)ʃᵊn] *n* ① Erfindung *f* ② *no pl* (*creativity*) Einfallsreichtum *m*

inventive [ɪn'ventɪv] *adj* einfallsreich; *skill* schöpferisch

inventor [ɪn'ventəʳ] *n* Erfinder(in) *m(f)*

inventory ['ɪnvᵊntri] *n* ① ECON (*catalogue*) Inventar *nt* ② AM ECON (*stock*) [Lager]bestand *m* ③ ECON (*stock counting*) Inventur *f*; **to take ~** Inventur machen

inverse [ɪn'vɜːs] **I.** *adj attr* umgekehrt; **~ function** MATH Umkehrfunktion *f* **II.** *n no pl* Gegenteil *nt*

invert [ɪn'vɜːt] *tr verb* (*form*) umkehren

invest [ɪn'vest] **I.** *tr verb* ① FIN investieren ② (*form: install*) [in Amt und Würden] einsetzen **II.** *intr verb* **to ~ in sth** [sein Geld] in etw *Akk* investieren

investigate [ɪn'vestɪgeɪt] *tr verb* untersuchen; *explore* erforschen

investigation [ɪnˌvestɪ'geɪʃᵊn] *n* [Über]prüfung *f*; (*official*) Untersuchung *f*; (*by police*) Ermittlung *f*

investigator [ɪn'vestɪgeɪtəʳ] *n* Ermittler(in) *m(f)*

investment [ɪn'ves(t)mənt] **I.** *n* ① (*investing*) Investierung *f* ② FIN Investition *f* ③ FIN (*share*) Einlage *f* **II.** *adj* Anlage-, Investitions-, Investment-

investment trust *n* Investmentgesellschaft *f*

investor [ɪn'vestəʳ] *n* [Kapital]anleger(in) *m(f)*, Investor(in) *m(f) fachspr*

invigilate [ɪn'vɪdʒəleɪt] *tr verb* BRIT, AUS SCHOOL, UNIV **to ~ an examination** die Aufsicht bei einer Prüfung führen

invigilator [ɪn'vɪdʒəleɪtəʳ] *n* BRIT, AUS SCHOOL, UNIV Aufsicht *f*

invigorating [ɪn'vɪgᵊreɪtɪŋ] *adj* ① stärkend; *climate* kräftigend ② (*fig: stimulating*) belebend

invincible [ɪn'vɪn(t)səbl̩] *adj* ① unschlagbar ② (*inexorable*) unüberwindlich

invisible [ɪn'vɪzəbl̩] *adj* ① unsichtbar ② (*hidden*) verborgen

invitation [ˌɪnvɪ'teɪʃᵊn] *n* ① Einladung *f* (**to** zu) ② (*incitement*) Aufforderung *f* (**to** zu)

invite[1] ['ɪnvaɪt] *n* (*fam*) Einladung *f* (**to** zu)

invite[2] [ɪn'vaɪt] *tr verb* ① einladen; **to ~ sb to dinner** jdn zum Essen einladen ② (*request*) **to ~ sb to do sth** jdn auffordern, etw zu tun ③ ECON **to ~ applications** Stellen ausschreiben ④ (*fig: tempt*) herausfordern

inviting [ɪn'vaɪtɪŋ] *adj* ① einladend ② (*tempting*) verlockend

invoice ['ɪnvɔɪs] ECON **I.** *tr verb* **to ~ sb** jdm eine Rechnung ausstellen **II.** *n* [Waren]rechnung *f* (**for** für); **to submit an ~** eine Rechnung vorlegen

involuntary [ɪn'vɒləntᵊri] *adj* unfreiwillig; (*coerced*) erzwungen

involve [ɪn'vɒlv] *tr verb* ① (*include*) beinhalten; (*encompass*) umfassen ② (*affect*) betreffen ③ **sth ~s sb/sth** jd/etw ist an etw *Dat* beteiligt ④ **to ~ sb in sth** jdn an etw *Dat* beteiligen ⑤ **to ~ oneself in sth** sich in etw *Dat* engagieren ⑥ *usu passive* **to be ~d in sth** mit etw zu tun haben; **to be ~d with sb** mit jdm zu tun haben

involved [ɪn'vɒlvd] *adj* ① (*intricate*) kompliziert; *story* verworren ② *after noun* (*implicated*) **all persons ~** alle Beteiligten

inward ['ɪnwəd] **I.** *adj* ① (*in-going*) nach innen gehend ② (*incoming*) Eingangs-, eingehend **II.** *adv* einwärts, nach innen; **~ bound road** stadteinwärts führende Straße

inwardly ['ɪnwədli] *adv* ① (*to inside*) nach innen ② (*internally*) innerlich, im Innern

inwards ['ɪnwədz] *adv* ① (*to inside*) einwärts, nach innen ② (*spiritually*) im Innern

I/O COMPUT *abbrev of* **input/output** Input/Output *nt*

IOU [ˌaɪəʊ'juː] *n* (*fam*) *abbrev of* **I owe you** Schuldschein *m*

IOW *n abbrev of* **Isle of Wight** Isle of Wight *f*

IQ [ˌaɪ'kjuː] *n abbrev of* **intelligence quotient** IQ *m*

IRA [ˌaɪɑː'reɪ] *n* ① *no pl, + sing/pl verb abbrev of* **Irish Republican Army**: **the ~** die IRA ② AM FIN *abbrev of* **Indi-**

vidual Retirement Account [steuerbegünstigte] Altersvorsorge

IRBM [ˌaɪɑːbiːˈem] *n abbrev of* **intermediate-range ballistic missile** Mittelstreckenraketengeschoss *nt*

Ireland [ˈaɪələnd] *n* Irland *nt*

Irish [ˈaɪ(ə)rɪʃ] **I.** *adj* irisch **II.** *n pl* **the ~** die Iren *Pl*

Die unabhängige Republik südlich der nordirischen Grenze wird **the Irish Republic** oder **Republic of Ireland** (Republik Irland) genannt. Durch den *Anglo-Irish Treaty* (das Anglo-Irische Abkommen) von 1921 erhielt (ganz) Irland, ähnlich wie auch Kanada und Australien, zunächst als *Irish Free State* (Irischer Freistaat) den *dominion status* innerhalb des Commonwealth. Nordirland machte jedoch bereits kurze Zeit später von der Möglichkeit Gebrauch, sich von dem Freistaat abzuwenden. 1949 zog sich die verbleibende Republik aus dem Commonwealth zurück und schloss sich 1973 der Europäischen Gemeinschaft an.
Über Jahrzehnte hinweg herrschte bezüglich des Status von Nordirland zwischen den meist protestantischen Unionisten und den eher katholischen Republikanern Bürgerkrieg *(the Troubles)*, der erst 1998 mit dem *Good Friday Agreement* weitestgehend beendet werden konnte.
Das Staatsoberhaupt der Republik ist der für sieben Jahre gewählte *President.*

Irishman *n* Ire *m* **Irishwoman** *n* Irin *f*

iris recognition *n no pl* Iriserkennung *f* (*zur Identifizierung einer Person*)

Whisky verbindet jeder mit Schottland. Aber es gibt noch ein weiteres Getränk, das die Schotten über alles lieben: **Irn Bru**®. Der koffeinhaltige, grell orangefarbene Softdrink schmeckt süß und ein wenig nach Eisen; lange Zeit war er sogar beliebter als Cola. Und ähnlich wie beim amerikanischen Konkurrenten ist natürlich auch hier die genaue Rezeptur streng geheim. Bereits 1901 brachte die Firma *A.G. Barr plc* das Gebräu erstmals auf den Markt. Da auch die Schotten gesundheitsbewusster geworden sind, gibt es inzwischen sogar eine zuckerfreie Variante. Hartgesottene Fans lieben dagegen ihren *Irn Bru bar,* einen prickelnden Riegel, und in manchen Restaurants kann man sich sogar ein Irn-Bru-Sorbet bestellen!

iron [ˈaɪən] **I.** *n* ① *no pl* Eisen *nt* ② (*appliance*) [Bügel]eisen *nt* ③ (*golf*) Eisen *nt,* Eisenschläger *m* ④ (*fig*) **will of ~** eiserne Wille ▸ **to have [too] many/other ~s in the fire** [zu] viele/andere Eisen im Feuer haben **II.** *adj* ① Eisen- ② (*fig*) eisern **III.** *tr verb, vi* bügeln

Iron Age I. *n* Eisenzeit *f* **II.** *adj* eisenzeitlich; **~ settlement** Siedlung *f* aus der Eisenzeit

Iron Curtain *n* POL (*hist*) **the ~** der Eiserne Vorhang

ironic [aɪ(ə)ˈrɒnɪk] *adj* ironisch

ironing [ˈaɪənɪŋ] *n no pl* ① Bügeln *nt* ② (*laundry*) Bügelwäsche *f*

ironing board *n* Bügelbrett *nt*

irony [ˈaɪ(ə)rᵊni] *n no pl* Ironie *f*

irrational [ɪˈræʃᵊnᵊl] *adj* irrational

irregular [ɪˈregjələʳ] **I.** *adj* ① (*erratic*) unregelmäßig ② (*intermittent*) unregelmäßig ③ (*form*) *conduct* regelwidrig; *customs* sonderbar **II.** *n* MIL Partisan(in) *m(f)*

irrelevance [ɪˈreləvᵊn(t)s] *n,* **irrelevancy** [ɪˈreləvᵊn(t)si] *n* (*form*) Unerheblichkeit *f; of details* Bedeutungslosigkeit *f,* Irrelevanz *f form*

irrelevant [ɪˈreləvᵊnt] *adj* belanglos, unerheblich

irreparable [ɪˈrepərᵊbl̩] *adj* irreparabel; *loss* unersetzlich

irreplaceable [ˌɪrɪˈpleɪsəbl̩] *adj* unersetzlich; *resources* nicht erneuerbar

irresistible [ˌɪrɪˈzɪstəbl̩] *adj* ① unwiderstehlich; *argument* schlagend ② *appearance* äußerst anziehend

irrespective [ˌɪrɪˈspektɪv] *adv* (*form*) **~ of sth** ohne Rücksicht auf etw *Akk,* ungeachtet einer S. *Gen*

irresponsible [ˌɪrɪˈspɒn(t)səbl̩] *adj* unverantwortlich; *person* verantwortungslos

I

irreverent [ɪ'revᵊrᵊnt] *adj* respektlos
irreversible [ˌɪrɪ'vɜːsəbl̩] *adj* ① nicht umkehrbar ② *cushion* nicht doppelseitig wendbar
irrigation [ˌɪrɪ'geɪʃᵊn] *n no pl* Bewässerung *f; of crops* Berieselung *f*
irrigation plant *n* Bewässerungsanlage *f*
irritable ['ɪrɪtəbl̩] *adj* reizbar
irritant ['ɪrɪtᵊnt] *n* ① Reizstoff *m* ② (*annoyance*) Ärgernis *nt*
irritate ['ɪrɪteɪt] *tr verb* [ver]ärgern
irritation [ˌɪrɪ'teɪʃᵊn] *n* ① *no pl* Ärger *m* ② (*nuisance*) Ärgernis *nt* ③ (*inflammation*) Reizung *f;* ~ **of the eye** Augenreizung *f*
is [ɪz, z] *aux verb, 3rd pers sing of* **be**
ISD [ˌaɪes'diː] *n abbrev of* **international subscriber dialling** Ferngespräche *Pl* ohne Vermittlung
ISDN [ˌaɪesdiː'en] *n* TELEC *abbrev of* **integrated services digital network** ISDN *nt*
Islam ['ɪzlɑːm] *n no art, no pl* [der] Islam
Islamic [ɪz'lɑːmɪk] *adj* REL islamisch
Islamophobia [ˌɪslɑːmə'fəʊbiə] *n no pl* Anti-Islamismus *m*
island ['aɪlənd] *n* Insel *f a. fig*
islander ['aɪləndəʳ] *n* Insulaner(in) *m(f)*
Isle of Wight ['waɪt] *n* Isle of Wight *f*
isn't [ɪzᵊnt] = **is not** *see* **be**
isolate ['aɪsəleɪt] *tr verb* ① **to ~ sb/sth** [**from sb/sth**] jdn/etw [von jdm/etw] trennen ② **to ~ a substance** eine Substanz isolieren ③ **to ~ a problem** ein Problem gesondert betrachten
isolated ['aɪsəleɪtɪd] *adj* ① (*outlying*) abgelegen ② (*solitary*) einsam [gelegen] ③ *country* isoliert ④ (*lonely*) einsam; **to feel ~** sich einsam fühlen
isolation [ˌaɪsᵊl'eɪʃᵊn] *n no pl* ① (*separation*) Isolation *f* ② *of a village, a hotel, a lake* Abgelegenheit *f,* Einsamkeit *f* ③ (*loneliness*) Isolation *f*
isolation ward *n* Isolierstation *f*
isosceles triangle [aɪˌsɒsᵊliːz'-] *n* gleichschenkliges Dreieck
ISP [ˌaɪes'piː] *n* COMPUT, INET *abbrev of* **Internet service provider** ISP *m*
issue ['ɪʃuː] **I.** *n* ① (*topic*) Thema *nt;* (*question*) Frage *f;* **the point at ~** der strittige Punkt; **side ~** Nebensache *f;* **burning ~** brennende Frage; **to address an ~** ein Thema ansprechen; **to avoid the ~** [dem Thema] ausweichen; **to be** [**not**] **at ~** [nicht] zur Debatte stehen; **to confuse an ~** etwas durcheinanderbringen; **to make an ~ of sth** etw aufbauschen; **to raise an ~** eine Frage aufwerfen ② *of a periodical* Ausgabe *f* ③ *no pl* (*copies*) Auflage *f* ④ *no pl of goods, notes, stamps* Ausgabe *f;* **date of ~** *of a passport* Ausstellungsdatum *nt* **II.** *tr verb* ① *licence, permit* ausstellen; **to ~ an arrest warrant** AM einen Haftbefehl erlassen; **to ~ banknotes** Banknoten in Umlauf bringen ② **to ~ a call for sth** zu etw *Dat* aufrufen; **to ~ an order to sb** jdm einen Befehl erteilen ③ **to ~ sb with sth** jdn mit etw ausstatten **III.** *intr verb* (*form*) ① (*come out*) ausströmen; *smoke* hervorquellen; **to ~ from sth** aus etw dringen ② (*originate*) **to ~ from sth** einer S. *Gen* entspringen
it [ɪt] *pron* ① es *Nom, Akk,* ihm *Dat;* (*of unspecified sex*) er/sie/es *Nom,* ihn/sie/es *Akk,* ihm/ihr/ihm *Dat;* **a room with two beds in ~** ein Raum mit zwei Betten darin ② (*activity*) **stop ~!** hör auf [damit]! ③ (*in time phrases*) **what day is ~?** welchen Tag haben wir heute?; **what time is ~?** wie spät ist es? ④ (*in weather phrases*) **~'s raining/snowing** es regnet/schneit; **~'s beautiful weather** es ist schönes Wetter ⑤ *subject* (*former*) es; **~'s no use** es hat keinen Sinn; **~'s true** es stimmt; **~'s a shame** es ist schade; **~'s interesting** es ist interessant ⑥ (*emph*) **~ was Chris who said that, not Michael** Chris war es, der das gesagt hat, nicht Michael ⑦ (*situation*) es; **~ appears that we have lost** mir scheint, wir haben verloren; **~ sounds an absolutely awful situation** das klingt nach einer schrecklichen Situation; **if ~'s convenient** wenn es Ihnen/dir passt; **they made a mess of ~** sie versauten es *sl;* **we had a hard time of ~ during the drought** während der Dürre hatten wir es schwer ⑧ **that's ~!** das ist es! ⑨ **to get ~** Probleme kriegen; **that's not ~** das ist es nicht ⑩ **that's ~** das war's ⑪ (*fam*) **to do ~** es treiben ▸ **go for ~!** ran!; **go for ~, girl!** du schaffst es, Mädchen!; **to have ~ in for sb** es auf jdn abgesehen haben; **this is ~** jetzt geht's los; **to run**

for ~ davonlaufen; **that's** ~ das ist der Punkt

IT [ˌaɪ'tiː] *n no pl abbrev of* **Information Technology** COMPUT IT *f*

Italian [ɪ'tæliən] **I.** *n* ① Italiener(in) *m(f)* ② (*language*) Italienisch *nt* **II.** *adj* italienisch

italic [ɪ'tælɪk] *adj* kursiv

Italy ['ɪtəli] *n* Italien *nt*

itch [ɪtʃ] **I.** *n* <*pl* -es> ① Juckreiz *m;* **I've got an ~ on my back** es juckt mich am Rücken ② (*fig fam*) **to have an ~ for sth** wild auf etw *Akk* sein *sl* **II.** *intr verb* ① jucken ② (*fig fam*) **to be ~ing to do sth** ganz wild darauf sein, etw zu tun; **she was ~ing to hit him** es juckte ihr in den Fingern, ihm eine runterzuhauen; **to ~ for sth** ganz wild auf etw *Akk* sein; **to be ~ing for trouble/a fight** auf Ärger/Streit aus sein

itchy ['ɪtʃi] *adj* ① juckend; **I've got an ~ scalp** meine Kopfhaut juckt ② *clothes* kratzig

item ['aɪtəm] *n* ① Punkt *m;* (*in catalogue*) Artikel *m;* (*in account book*) Posten *m;* **~ of clothing** Kleidungsstück *nt;* **~ of furniture** Möbelstück *nt;* **~ in a list** Posten *m* auf einer Liste; **luxury ~** Luxusartikel *m;* **~ by ~** Punkt *m* für Punkt ② (*object of interest*) Anliegen *nt,* Gegenstand *m* ③ (*fig fam: couple*) **are you two an ~, or just friends?** habt ihr beiden etwas miteinander, oder seid ihr nur Freunde?

itinerary [aɪ'tɪnərəri] *n* ① (*course*) Reiseroute *f* ② (*outline*) Reiseplan *m*

it'll[1] ['ɪtəl] = **it will** *see* **will**[1]

it'll[2] ['ɪtəl] = **it shall** *see* **shall**

ITN [ˌaɪtiː'en] *n no pl* BRIT *abbrev of* **Independent Televison News** *britischer Fernsehsender*

its [ɪts] *pron poss* sein(e)

it's[1] [ɪts] = **it is** *see* **be**

it's[2] [ɪts] = **it has** *see* **have**

itself [ɪt'self] *pron refl* ① sich [selbst] ② (*specifically*) **the shop ~ started 15 years ago** das Geschäft selbst öffnete vor 15 Jahren; **to be punctuality ~** die Pünktlichkeit in Person sein ③ (*alone*) **to keep sth to ~** etw geheim halten; **[all] by ~** [ganz] allein

ITV [ˌaɪtiː'viː] *n no pl, no art* BRIT *abbrev of* **Independent Television** *englisches Privatfernsehen*

I've [aɪv] = **I have** *see* **have**

IVF-clinic [aɪvi'efklɪnɪk] *n* Befruchtungsklinik *f,* Fertilitätsklinik

ivory ['aɪvəri] **I.** *n* ① *no pl* Elfenbein *nt* ② (*tusk*) Stoßzahn *m* ③ (*article*) Elfenbeinarbeit *f* **II.** *adj* ① elfenbeinern, Elfenbein- ② (*colour*) elfenbeinfarben

Ivory Coast *n* **the ~** die Elfenbeinküste

ivory tower **I.** *n* (*form*) ① (*remote place*) weltabgeschiedener Ort, Elfenbeinturm *m* ② (*aloofness*) Weltabgeschiedenheit *f;* **to live in an ~** im Elfenbeinturm leben **II.** *adj* weltabgewandt

ivy ['aɪvi] *n* Efeu *m*

Die **Ivy League** umfasst die acht Elite-Universitäten im Nordosten der USA: Brown, Columbia, Cornell, Dartmouth, Harvard, Pennsylvania, Princeton und Yale. Ursprünglich stammt der Begriff aus dem Hochschulsport, inzwischen assoziiert man ihn aber in erster Linie mit der amerikanischen Juristenelite. Über den Ursprung des Namens gibt es verschiedene Theorien. Die gängigste greift die Tatsache auf, dass die oben genannten Universitäten zu den ältesten des Landes gehören und die Mauern der Gebäude daher häufig mit Efeu (*ivy*) bewachsen sind.

Jj

J

J <*pl* -'s *or* -s>, **j** <*pl* -'s> [dʒeɪ] *n* J *nt*, j *nt; see also* **A 1**

jab [dʒæb] **I.** *n* ① (*poke*) Stoß *m* ② BOXING Gerade *f* **II.** *tr verb* <-bb-> (*poke or prick*) stechen; **to ~ a finger at sb/sth** auf jdn/etw mit dem Finger tippen **III.** *intr verb* <-bb-> (*poke*) schlagen

jack [dʒæk] *n* ① AUTO Wagenheber *m* ② CARDS Bube *m* ◆ **jack in** *tr verb* BRIT (*fam*) *job* hinschmeißen ◆ **jack up I.** *tr verb* ① (*raise a heavy object*) hochheben ② (*fig fam: raise*) erhöhen **II.** *intr verb* (*sl*) fixen *fam*

Jack [dʒæk] *n* **~ the Lad** BRIT (*fam*) Prahlhans *m*

jacket ['dʒækɪt] *n* ① Jacke *f* ② (*of a book*) Schutzumschlag *m*

jacket potato *n* Folienkartoffel *f*

jack-in-the-box *n* Kastenteufel *m*, Springteufel *m*

jackpot *n* Hauptgewinn *m;* **to hit the ~** den Hauptgewinn ziehen

jacuzzi® *n*, **Jacuzzi®** [dʒə'ku:zi] *n* Whirlpool *m*

jaded ['dʒeɪdɪd] *adj* ① (*exhausted*) erschöpft ② (*dulled*) übersättigt

Jag [dʒæg] *n* AUTO (*fam*) *short for* **Jaguar®** Jag *m*

jagged ['dʒægɪd] *adj* gezackt; *cut, tear* ausgefranst; (*fig*) *nerves* angeschlagen

jail [dʒeɪl] **I.** *n* Gefängnis *nt* **II.** *tr verb* einsperren

jailbreak *n* Gefängnisausbruch *m*

jailer ['dʒeɪləʳ] *n* Gefängnisaufseher(in) *m(f)*

jailhouse *n esp* AM Gefängnis *nt*

jam¹ [dʒæm] *n* FOOD Marmelade *f*

jam² [dʒæm] **I.** *n* ① (*fam: awkward situation*) Klemme *f* ② *of the traffic* Stau *m* ③ MUS Jamsession *f* **II.** *tr verb* <-mm-> ① (*block*) verklemmen ② (*cram inside*) [hinein]zwängen (**into** in) **III.** *intr verb* <-mm-> ① (*become stuck*) sich verklemmen ② (*play music*) jammen

jam jar *n* Marmeladenglas *nt*

jam-packed *adj* (*fam*) *bus, shop* gerammelt voll

January ['dʒænjuəri] *n* Januar *m*, Jänner *m* ÖSTERR, SÜDD, SCHWEIZ; *see also* **February**

Japan [dʒə'pæn] *n* Japan *nt*

Japanese [ˌdʒæpən'i:z] **I.** *n* <*pl* -> ① (*person*) Japaner(in) *m(f)* ② (*language*) Japanisch *nt* **II.** *adj* japanisch

jar¹ [dʒɑ:ʳ] *n* (*of glass*) Glas[gefäß] *nt;* (*of clay, without handle*) Topf *m*

jar² [dʒɑ:ʳ] **I.** *tr verb* <-rr-> (*strike*) schleudern (**against** gegen) **II.** *intr verb* <-rr-> **to ~ on sb** jdm auf den Nerv gehen **III.** *n* (*sudden unpleasant shake*) Ruck *m*

javelin ['dʒævəlɪn] *n* Speer *m;* (*sport*) Speerwerfen *nt*

jaw [dʒɔ:] *n* Kiefer *m;* **lower/upper ~** Unter-/Oberkiefer *m*

jazz [dʒæz] **I.** *n no pl* (*music*) Jazz *m* ▸ **and all that ~** (*pej fam*) und all so was **II.** *tr verb* AM (*sl*) **to ~ sb** jdn für dumm verkaufen ◆ **jazz up** *tr verb* (*fig fam: brighten or enliven*) aufpeppen

jazzy ['dʒæzi] *adj* ① (*of or like jazz*) Jazz-, jazzartig ② (*approv fam*) *colours* knallig

JCB® [ˌdʒeɪsi:'bi:] *n* BRIT [Erdräum]bagger *m*

jealous ['dʒeləs] *adj* ① (*resentful*) eifersüchtig (**of** auf) ② (*envious*) neidisch; **to be ~ of sb** auf jdn neidisch sein

jealousy ['dʒeləsi] *n* ① (*resentment*) Eifersucht *f* ② *no pl* (*envy*) Neid *m*

jeans [dʒi:nz] *npl* Jeans[hose] *f*

jeep [dʒi:p] *n* Jeep *m*, Geländewagen *m*

jeer [dʒɪəʳ] **I.** *tr verb* ausbuhen *fam* **II.** *intr verb* (*comment*) spotten (**at** über) **III.** *n* höhnische Bemerkung

jelly ['dʒeli] *n* ① (*substance*) Gelee *nt* ② BRIT, AUS (*dessert*) Wackelpudding *m fam* ③ AM (*jam*) Gelee *m o nt*

jelly baby *n* BRIT Fruchtgummi *nt* (*in Form eines Babys*) **jelly bean** *n* [bohnenförmiges] Geleebonbon **jellyfish** *n* Qualle *f* **jelly wax** *n* Gelwachs *nt*

jeopardy ['dʒepədi] *n no pl* Gefahr *f*

jerk [dʒɜ:k] **I.** *n* ① (*sudden sharp movement*) Ruck *m* ② *esp* AM (*pej sl: a stupid person*) Trottel *m fam* ③ (*weightlifting*) Stoß *m* **II.** *intr verb* zucken; **to ~ upwards** hochschnellen **III.** *tr verb* ① (*move sharply*) **to ~ sb/sth** jdn/etw mit einem Ruck ziehen ② (*weightlifting*) stoßen

jerky ['dʒɜːki] **I.** *adj movement* ruckartig **II.** *n no pl* AM luftgetrocknetes Fleisch

jersey ['dʒɜːzi] *n* ① (*garment*) Pullover *m* ② (*sports team shirt*) Trikot *nt*

Jesus, Jesus Christ [ˌdʒiːzəs'kraɪst] **I.** *n no art, no pl* Jesus *m* **II.** *interj* (*pej sl*) Mensch! *fam*

jet¹ [dʒet] **I.** *n* ① AVIAT [Düsen]jet *m* ② (*thin stream*) Strahl *m* **II.** *intr verb* <-tt-> mit einem Jet fliegen, jetten *fam*

jet² [dʒet] *n no pl* (*gemstone*) Gagat *m*

jet engine *n* Düsentriebwerk *nt* **jet fighter** *n* Düsenjäger *m* **jetfoil** *n* Tragflügelboot *nt* **jet lag** *n no pl* Jetlag *m* **jet plane** *n* Düsenflugzeug *nt* **jet-propelled** *adj* mit Düsenantrieb *nachgestellt;* **to be ~** einen Düsenantrieb haben **jet set** *n no pl* (*fam*) Jetset *m*

jetty ['dʒeti] *n* Pier *m o f*

Jew [dʒuː] *n* Jude *m*/Jüdin *f*

jewel ['dʒuːəl] *n* ① (*precious stone*) Edelstein *m*, Juwel *m o nt* ② (*fig*) Kostbarkeit *f*

jeweler *n* AM *see* **jeweller**

jeweller ['dʒuːələʳ] *n* Juwelier(in) *m(f)*

jewellery ['dʒuːəlri] *n no pl* Schmuck *m*

jewelry *n* AM *see* **jewellery**

Jewess <*pl* -es> ['dʒuːəs] *n* (*pej!*) Jüdin *f*

Jewish ['dʒuːɪʃ] *adj* jüdisch

jiffy ['dʒɪfi] *n no pl* (*fam*) Augenblick *m;* **in a ~** gleich

Jiffy bag® *n* gepolsterte Versandtasche

jigsaw *n* ① (*mechanical*) Laubsäge *f* ② (*electric*) Stichsäge *f* ③ (*puzzle*) **~ [puzzle]** Puzzle[spiel] *nt*

jingle ['dʒɪŋgl̩] **I.** *tr verb bells* klingeln lassen; **to ~ coins** mit Münzen klimpern **II.** *intr verb bells* bimmeln **III.** *n* ① *no pl* (*metallic ringing*) *of bells* Bimmeln *nt* ② (*in advertisements*) Jingle *m*

job [dʒɒb] **I.** *n* ① (*employment*) Stelle *f;* **full-time/part-time ~** Vollzeit-/Teilzeitstelle *f;* **holiday/Saturday job** Ferien-/Samstagsjob *m;* **nine-to-five ~** Achtstundentag *m;* **steady ~** feste Stelle; **to be out of a ~** arbeitslos sein ② (*piece of work*) Arbeit *f;* (*task*) Aufgabe *f* ③ (*sl: crime*) Ding *nt fam;* **to do a ~** ein Ding drehen *fam* ④ *no pl* (*duty*) Aufgabe *f* ⑤ *no pl* (*problem*) **it was quite a ~** das war gar nicht so einfach ▶ **~ for the boys** BRIT (*pej fam*) unter der Hand vergebene Arbeit; **to do the ~** den Zweck erfüllen **II.** *tr verb* <-bb-> ① AM (*fam: cheat*) **to ~ sb** jdn übers Ohr hauen ② STOCKEX **to ~ stocks** mit Aktien handeln

job advertisement *n* Stellenanzeige *f* **job application** *n* Bewerbung *f* **job centre** *n* BRIT Arbeitsamt *nt* **job creation** *n no pl* Arbeitsbeschaffung *f;* **~ scheme** BRIT, AUS Arbeits[platz]beschaffungsprogramm *nt* **job cuts** *npl* Stellenabbau *m kein Pl* **job description** *n* Stellenbeschreibung *f* **job hunt** *n* (*fam*) Stellensuche *f* **job interview** *n* Bewerbungsgespräch *nt*

jobless ['dʒɒbləs] **I.** *adj* arbeitslos **II.** *n esp* BRIT **the ~** *pl* die Arbeitslosen

jobless figures *npl esp* BRIT Arbeitslosenzahlen *Pl*

job lot *n* [Waren]posten *m;* **I bought a ~ of children's books which were being sold off cheaply** ich habe eine ganze Sammlung Kinderbücher gekauft, die verramscht wurden **job market** *n* Arbeitsmarkt *m* **job rating** *n* Arbeitsbewertung *f* **jobseeker** *n* Arbeitssuchende(r) *f(m)* **jobshare** BRIT **I.** *n* Arbeitsplatzteilung *f* **II.** *intr verb* sich *Dat* einen Arbeitsplatz teilen **job title** *n* Berufsbezeichnung *f*

jock [dʒɒk] *n* (*sl*) SPORTS *short for* **jockstrap** Suspensorium *nt*

jockey ['dʒɒki] **I.** *n* Jockey *m* **II.** *intr verb* **to ~ for sth** um etw konkurrieren **III.** *tr verb* **to ~ sb into doing sth** jdn dazu drängen, etw zu tun

jockstrap *n* Suspensorium *nt*

jog [dʒɒg] **I.** *n no pl* (*run*) Dauerlauf *m;* **to go for a ~** joggen gehen *fam* **II.** *intr verb* <-gg-> joggen ◆ **jog along** *intr verb* (*fam*) *person* dahintrotten

jogger ['dʒɒgəʳ] *n* Jogger(in) *m(f)*

jogging ['dʒɒgɪŋ] *n no pl* Joggen *nt;* **to go [out] ~** joggen gehen

john [dʒɑːn] *n* AM, AUS (*fam: toilet*) Klo *nt fam*

johnnie *n*, **johnny** ['dʒɒni] *n* BRIT (*sl*) **[rubber] ~** Pariser *m*

join [dʒɔɪn] **I.** *tr verb* ① **to ~ sth [to sth]** etw [mit etw] verbinden; **to ~ sth together** etw zusammenfügen ② **to ~ sb** sich zu jdm gesellen ③ *club, party* beitreten, Mitglied werden; **to ~ the army** Soldat werden ④ **to ~ sth** bei etw mitmachen; **let's ~ the dancing** lass uns mittanzen ⑤ **to ~ sb in [doing] sth** jdm bei etw zur Seite stehen ⑥ **to ~ forces with sb** sich mit jdm zusammentun ⑦ **to ~ a plane/a train** in ein Flugzeug/einen Zug zusteigen **II.** *intr verb* ① **to ~ [with sth]** sich [mit etw] verbinden ② **to ~ with sb in doing sth** sich mit jdm zusammenschließen, um etw zu tun **III.** *n* (*seam*) Verbindung[sstelle] *f*, Fuge *f*

joiner ['dʒɔɪnəʳ] *n* (*skilled worker*) Tischler(in) *m(f)*

joint [dʒɔɪnt] **I.** *adj* gemeinsam; **~ undertaking** Gemeinschaftsunternehmen *nt* **II.** *n* ① (*connection*) Verbindungsstelle *f* ② ANAT Gelenk *nt;* **to put sth out of ~** etw ausrenken ③ (*cannabis cigarette*) Joint *m sl*

J

joint account *n* Gemeinschaftskonto *nt*

jointed ['dʒɔɪntɪd] *adj* (*having joints*) gegliedert; **double ~** extrem gelenkig

joint efforts *npl* gemeinsame Anstrengungen *Pl*

jointly ['dʒɔɪntli] *adv* gemeinsam

joint owner *n* Miteigentümer(in) *m(f); of a company* Mitinhaber(in) *m(f)*

joke [dʒəʊk] **I.** *n* ① (*action*) Spaß *m;* (*trick*) Streich *m;* (*amusing story*) Witz *m;* **dirty ~** Zote *f;* **to crack/tell ~s** Witze reißen *fam*/erzählen; **to get a ~** einen Witz kapieren; **to get beyond a ~** nicht mehr witzig sein ② (*fam: sth very easy*) Kinderspiel *nt* **II.** *intr verb* scherzen; **to be joking** Spaß machen; **you must be joking!** das meinst du doch nicht im Ernst!

joker ['dʒəʊkəʳ] *n* ① (*one who jokes*) Spaßvogel *m* ② CARDS Joker *m*

joking ['dʒəʊkɪŋ] **I.** *adj* scherzhaft **II.** *n no pl* Scherzen *nt;* **~ apart** Spaß beiseite

jokingly ['dʒəʊkɪŋli] *adv* im Scherz

jolly ['dʒɒli] **I.** *adj* (*happy, cheerful*) lustig; *evening* nett; *room* freundlich **II.** *adv* BRIT (*fam*) riesig; **I ~ well hope so!** das will ich doch hoffen!

jolt [dʒəʊlt] **I.** *n* ① (*sudden jerk*) Stoß *m,* Ruck *m* ② (*shock*) Schlag *m;* **his self-confidence took a sudden ~** sein Selbstvertrauen wurde plötzlich erschüttert; **to wake up with a ~** aus dem Schlaf hochschrecken **II.** *tr verb* ① (*jerk*) durchrütteln ② (*fig: shake*) wachrütteln ③ (*fig*) **to ~ sb into action** jdn zum Handeln veranlassen

jostle ['dʒɒsl̩] **I.** *tr verb* anrempeln; FBALL rempeln **II.** *intr verb* ① (*push*) [sich *Akk*] drängeln *fam* ② **to ~ for sth** *business, influence* um etw konkurrieren

jot [dʒɒt] **I.** *n no pl* ▶ **not a ~ of good** keinerlei Nutzen; **not a ~ of truth** nicht ein Körnchen Wahrheit **II.** *tr verb* <-tt-> notieren

jotter ['dʒɒtəʳ] *n* BRIT, AUS, **jotter pad** *n* BRIT, AUS Notizblock *m*

jottings ['dʒɒtɪŋz] *npl* Notizen *Pl*

journal ['dʒɜːnəl] *n* ① (*periodical*) Zeitschrift *f* ② **to keep a ~** Tagebuch führen

journalism ['dʒɜːnəlɪzəm] *n no pl* Journalismus *m*

journalist ['dʒɜːnəlɪst] *n* Journalist(in) *m(f)*

journey ['dʒɜːni] *n* Reise *f;* **car/train ~** Auto-/Zugfahrt *f*

joy [dʒɔɪ] *n* ① (*gladness*) Freude *f;* **to jump for ~** einen Freudensprung machen; **to weep with ~** vor Freude weinen ② (*liter: expression of gladness*) Fröhlichkeit *f*

joyful ['dʒɔɪfəl] *adj face, person* fröhlich

joyless ['dʒɔɪləs] *adj childhood, time* freudlos

joyous ['dʒɔɪəs] *adj* (*liter*) *event, news* freudig

joyride *n* [waghalsige] Spritztour (*in einem gestohlenen Auto*)

joystick *n* Joystick *m*

JP *n abbrev of* **Justice of the Peace** Friedensrichter(in) *m(f)*

jubilant ['dʒuːbɪlənt] *adj* glücklich; *crowd* jubelnd *attr*

jubilation [ˌdʒuːbɪ'leɪʃən] *n no pl* Jubel *m*

jubilee ['dʒuːbɪliː] *n* Jubiläum *nt*

judge [dʒʌdʒ] **I.** *n* ① LAW Richter(in) *m(f)* ② (*at a competition*) Preisrichter(in) *m(f);* SPORTS Punktrichter(in) *m(f),* Kampfrichter(in) *m(f)* **II.** *intr verb* ① (*decide*) urteilen ② (*estimate*) schätzen **III.** *tr verb* ① (*decide*) beurteilen ② (*estimate*) schätzen ③ (*rank*) einstufen

judg[e]ment ['dʒʌdʒmənt] *n* ① LAW Urteil *nt* ② (*opinion*) Urteil *nt;* **error of ~**

Fehleinschätzung *f* ③ (*discernment*) Urteilsvermögen *nt*

judicial [dʒuːˈdɪʃᵊl] *adj* gerichtlich; ~ **review** gerichtliche Überprüfung (*der Vorinstanzentscheidung*)

judiciary [dʒuːˈdɪʃᵊri] *n + sing/pl verb* the ~ (*people*) der Richterstand

judicious [dʒuːˈdɪʃəs] *adj choice, person* klug

judo [ˈdʒuːdəʊ] *n no pl* Judo *nt*

jug [dʒʌg] *n* Kanne *f*, Krug *m*

juggernaut [ˈdʒʌgənɔːt] *n* ① (*heavy lorry*) Schwerlastwagen *m* ② (*overpowering institution*) Gigant *m*

juggle [ˈdʒʌgl̩] **I.** *tr verb* **to ~ sth** mit etw jonglieren **II.** *intr verb* ① (*fig, pej: manipulate*) etw manipulieren ② (*pej*) **to ~ with sth** mit etw herumspielen

juggler [ˈdʒʌglər] *n* Jongleur(in) *m(f)*

Jugoslav [ˈjuːgə(ʊ)slɑːv] **I.** *adj* jugoslawisch **II.** *n* Jugoslawe *m*/Jugoslawin *f*

Jugoslavia [juːgə(ʊ)ˈslɑːvɪə] *n* Jugoslawien

Jugoslavian [juːgə(ʊ)ˈslɑːvɪən] **I.** *adj* ① (*of the country*) Jugoslawien- ② (*nationality*) jugoslawisch **II.** *n* Jugoslawe *m*/Jugoslawin *f*

juice [dʒuːs] *n* ① *no pl* (*of fruit, vegetable*) Saft *m*; **lemon ~** Zitronensaft *m* ② *pl* (*liquid in meat*) [Braten]saft *m kein Pl* ③ (*sl: petrol*) Sprit *m fam*

juiced-up *adj attr* aufgepeppt *fam*

juicy [ˈdʒuːsi] *adj* ① (*succulent*) saftig ② (*fam: bountiful*) saftig; *profit* fett ③ (*fam: interesting*) *role, task* reizvoll ④ (*fam: suggestive*) *details, scandal* pikant

juju [ˈdʒuːdʒuː] *n no pl* Karma *nt*

jukebox [ˈdʒuːkbɒks] *n* Jukebox *f*

July [dʒʊˈlaɪ] *n* Juli *m*; *see also* **February**

jumble [ˈdʒʌmbl̩] **I.** *n no pl* (*also fig: chaos*) Durcheinander *nt a. fig* **II.** *tr verb* **to ~ [up]** in Unordnung bringen

jumble sale *n* Brit Flohmarkt *m*; (*for charity*) Wohltätigkeitsbasar *m*

jumbo [ˈdʒʌmbəʊ] **I.** *adj attr* Riesen- **II.** *n* (*fam*) Koloss *m*; aviat Jumbo *m*

jump [dʒʌmp] **I.** *n* ① (*leap*) Sprung *m* ② (*fig: rise*) Sprung *m*; *of prices, temperatures, value* [sprunghafter] Anstieg ③ (*shock*) [nervöse] Zuckung; **to wake up with a ~** aus dem Schlaf hochfahren **II.** *intr verb* ① (*leap*) springen; **to ~ to sb's defence** (*fig*) jdm zur Seite springen; **to ~ to one's feet** aufspringen ② (*rise*) sprunghaft ansteigen ③ (*fig: change*) springen ④ (*be startled*) einen Satz machen; **to make sb ~** jdn erschrecken ▶ **to ~ to conclusions** voreilige Schlüsse ziehen; **to ~ for joy** einen Freudensprung machen; *heart* vor Freude hüpfen **III.** *tr verb* ① (*leap over*) überspringen ② (*skip*) *line, page, stage* überspringen ③ *esp* Am (*fam: attack*) überfallen

◆**jump at** *intr verb* ① (*attack*) **to ~ at sb** auf jdn losgehen ② (*accept*) **to ~ at sth** *idea, suggestion* sofort auf etw *Akk* anspringen *fam; offer* sich auf etw *Akk* stürzen

◆**jump in** *intr verb* hineinspringen; (*into vehicle*) einsteigen

◆**jump out** *intr verb* **to ~ out of sth** *bed, car, window* aus etw springen

◆**jump up** *intr verb* aufspringen

jumped-up [ˌdʒʌm(p)tˈʌp] *adj* Brit (*pej fam*) aufgeblasen

jumper [ˌdʒʌmpər] *n* ① (*person*) Springer(in) *m(f)* ② Brit, Aus (*pullover*) Pullover *m*

jumping jack *n* ① (*firework*) Knallfrosch *m* ② (*toy figure*) Hampelmann *m*

jump leads *npl* Brit Starthilfekabel *nt*, Überbrückungskabel *nt*

jump start I. *tr verb* Starthilfe geben **II.** *n* Starthilfe *f*

jumpsuit *n* Overall *m*

jumpy [ˈdʒʌmpi] *adj* (*fam*) ① (*nervous*) nervös ② (*easily frightened*) schreckhaft

junction [ˈdʒʌŋkʃᵊn] *n* (*road*) Kreuzung *f*; (*motorway*) Autobahnkreuz *nt*

June [dʒuːn] *n* Juni *m*; *see also* **February**

jungle [ˈdʒʌŋgl̩] *n* (*a. fig*) Dschungel *m*

junior [ˈdʒuːniər] **I.** *adj* ① (*younger*) junior *nachgestellt* ② *attr* sports Junioren-, Jugend- ③ *attr* school **~ college** Am Juniorencollege *nt* (*die ersten beiden Studienjahre umfassende Einrichtung*); **~ school** Brit Grundschule *f*; **~ high school** Am Aufbauschule *f* (*umfasst in der Regel die Klassenstufen 7–9*) **II.** *n* ① *no pl esp* Am (*son*) Sohn *m* ② (*younger*) Jüngere(r) *f(m)* ③ (*low-ranking person*) unterer Angestellter/untere Angestellte; **office ~** Bürogehilfe *m*/-gehilfin *f* ④ Brit school Grundschüler(in) *m(f)*

J

junk[1] [dʒʌŋk] *n no pl* (*worthless stuff*) Ramsch *m fam*

junk[2] [dʒʌŋk] *n* NAUT Dschunke *f*

junk food *n* Schnellgerichte *Pl;* (*pej*) ungesundes Essen

junkie ['dʒʌŋki] *n* (*sl*) Fixer(in) *m(f) fam;* **fitness ~** (*hum*) Fitnessfreak *m*

junk mail *n no pl* Wurfsendungen *Pl,* Reklame *f*

junk shop *n* Trödelladen *m*

juror ['dʒʊərəʳ] *n* Preisrichter(in) *m(f);* LAW Geschworene(r) *f(m)*

jury ['dʒʊəri] *n + sing/pl verb* ❶ LAW **the ~** die Geschworenen *Pl;* **member of the ~** Geschworene(r) *f(m);* **to be on a ~** Geschworene(r) *f(m)* sein ❷ (*competition*) Jury *f;* SPORTS Kampfgericht *nt*

J

just[1] [dʒʌst, dʒəst] *adv* ❶ (*in a moment*) gleich; **we're ~ about to leave** wir wollen gleich los ❷ (*directly*) direkt, gleich ❸ (*recently*) gerade [eben], [so]eben ❹ (*now*) gerade; **to be ~ doing sth** gerade dabei sein, etw zu tun ❺ (*exactly*) genau; **~ as I thought!** das habe ich mir schon gedacht!; **that's ~ it!** das ist es ja gerade!; **~ now** gerade; **~ then** gerade in diesem Augenblick; **~ as well** ebenso gut; **~ as/when ...** gerade in dem Augenblick als ... ❻ (*only*) nur, bloß *fam;* (*simply*) einfach; **~ for fun** nur [so] zum Spaß; [**not**] **~ anybody** [nicht] einfach irgendjemand ❼ (*barely*) gerade noch/mal; **the stone ~ missed me** der Stein hat mich nur knapp verfehlt; **~ in time** gerade noch rechtzeitig ❽ *with imper* **~ imagine!** stell dir das mal vor!; **~ listen!** hör mal!; **~ look at this!** schau dir das mal an!; **~ shut up!** halt mal den Mund! ▸ **that's ~ my luck** so etwas kann wirklich nur mir passieren; **~ a minute!** (*please wait*) einen Augenblick [bitte]!; (*as interruption*) Moment [mal]!; **it's ~ one of those things** (*prov*) so etwas passiert eben

just[2] [dʒʌst] **I.** *adj* ❶ (*fair*) gerecht (**to** gegenüber) ❷ (*justified*) *punishment* gerecht; **to have ~ cause to do sth** einen triftigen Grund haben, etw zu tun ▸ **to get one's ~ deserts** bekommen, was man verdient hat **II.** *n* **the ~** *pl* die Gerechten

justice ['dʒʌstɪs] *n* ❶ (*fairness*) Gerechtigkeit *f;* **~ has been done** der Gerechtigkeit wurde Genüge getan; **to do sth ~** einer S. *Dat* gerecht werden ❷ (*administration of the law*) Justiz *f;* **a miscarriage of ~** ein Justizirrtum *m;* **to bring sb to ~** jdn vor Gericht bringen

justifiable ['dʒʌstɪfaɪəbl̩] *adj* zu rechtfertigen *präd,* berechtigt

justification [ˌdʒʌstɪfɪ'keɪʃᵊn] *n no pl* Rechtfertigung *f*

justify <-ie-> ['dʒʌstɪfaɪ] *tr verb* rechtfertigen; **to ~ oneself to sb** sich jdm gegenüber rechtfertigen

justly ['dʒʌstli] *adv* zu Recht; **to act ~** gerecht handeln

jut <-tt-> [dʒʌt] **I.** *intr verb* **to ~** [**out**] herausragen **II.** *tr verb* vorschieben

juvenile ['dʒuːvᵊnaɪl] **I.** *adj* ❶ (*youth*) Jugend-, jugendlich; **~ detention** Jugendhaft *f* ❷ (*pej: childish*) kindisch **II.** *n* Jugendliche(r) *f(m)*

Kk

K *<pl -'s or -s>*, **k** *<pl -'s>* [keɪ] *n* K *nt,* k *nt; see also* **A 1**

K *<pl -> n* ❶ *abbrev of* **kilobyte** KB ❷ *after noun abbrev of* **kelvin** K

K *<pl -> n* BRIT (*fam*) 1000 Pfund; AM, AUS 1000 Dollar

kamikaze attack *n* Kamikazeangriff *m*

kangaroo *<pl -s or ->* [ˌkæŋgəˈruː] *n* Känguru *nt*

kangaroo court *n* selbst ernanntes Gericht

kangaroo pocket *n* Kängurutasche *f*

kaput [kəˈpʊt] *adj pred* (*fam*) kaputt *präd*

karate [kəˈrɑːti] *n no pl* Karate *nt;* **~ chop** Karateschlag *m*

kayak [ˈkaɪæk] *n* Kajak *m o selten a. nt*

kayaking *n no pl* Kajakfahren *nt*

KB *n abbrev of* **kilobyte** KB

kebab [kɪˈbæb] *n* Kebab *m*

kecks [keks] *npl* (*fam*) [Unter]hosen *f[Pl]*

keel [kiːl] **I.** *n* NAUT Kiel *m* ▶ **to be back on an even ~** *person* wieder obenauf sein; *matter* wieder im Lot sein **II.** *intr verb* **to ~ over** NAUT kentern

keen [kiːn] *adj* ❶ (*enthusiastic*) leidenschaftlich; *hunter* begeistert; **to be ~ on doing sth** etw leidenschaftlich gern tun; **to be ~ on sb** auf jdn scharf sein *sl* ❷ (*extreme*) *pain* stark; *competition* scharf; *desire* heftig; *interest* lebhaft ❸ (*sharp*) *blade* scharf; *wind* schneidend; *noise, voice* schrill

keep [kiːp] **I.** *n no pl* [Lebens]unterhalt *m* **II.** *tr verb* <kept, kept> ❶ (*hold onto*) behalten; *bills, receipts* aufheben; **to ~ one's sanity** sich geistig gesund halten ❷ (*have in particular place*) **he ~s a glass of water next to his bed** er hat immer ein Glas Wasser neben seinem Bett stehen ❸ (*store*) aufbewahren ❹ (*detain*) aufhalten; **to ~ sb waiting** jdn warten lassen ❺ (*prevent*) **to ~ sb from doing sth** jdn davon abhalten, etw zu tun ❻ (*maintain*) **to ~ one's balance** das Gleichgewicht halten; **to ~ sb/sth under control** jdn/etw unter Kontrolle halten; **to ~ count of sth** etw mitzählen; **to ~ house** den Haushalt führen; **to ~ sb/sth in mind** jdn/etw im Gedächtnis behalten; **to ~ one's mouth shut** den Mund halten; **to ~ track of sb/sth** jdn/etw im Auge behalten; **to ~ sb awake** jdn wach halten; **to ~ sth closed/open** etw geschlossen/geöffnet lassen; **to ~ sb/sth warm** jdn/etw warm halten ❼ (*own*) *animals* halten ❽ (*guard*) bewachen; **to ~ goal** im Tor stehen ❾ (*not reveal*) **to ~ sth from sb** jdm etw vorenthalten ❿ (*stick to*) *appointment, treaty* einhalten; **to ~ the faith** glaubensstark sein ⓫ (*make records*) **to ~ a record of sth** über etw *Akk* Buch führen ▶ **to ~ an eye out for sth** nach etw *Dat* Ausschau halten **III.** *intr verb* <kept, kept> ❶ (*stay fresh*) *food* sich halten ❷ (*wait*) Zeit haben; **your questions can ~ until later** deine Fragen können noch warten ❸ (*stay*) bleiben; **she's ill and has to ~ to her bed** sie ist krank und muss das Bett hüten; **to ~ quiet** still sein ❹ (*continue*) **don't stop, ~ walking** bleib nicht stehen, geh weiter; **don't ~ asking silly questions** stell nicht immer so dumme Fragen ❺ (*stop oneself*) **to ~ from doing sth** etw unterlassen ❻ (*adhere to*) **to ~ to sth** an etw *Dat* festhalten; (*not digress*) bei etw bleiben; **to ~ to a schedule** einen Zeitplan einhalten ▶ **how are you ~ing?** BRIT wie geht's dir so?
◆ **keep ahead** *intr verb* **to ~ ahead of sb** jdm vorausbleiben; **to ~ ahead of the others** den anderen voraus sein
◆ **keep away I.** *intr verb* **to ~ away [from sb/sth]** sich [von jdm/etw] fernhalten; **I just can't seem to ~ away from chocolate** (*hum*) irgendwie kann ich Schokolade einfach nicht widerstehen *fam* **II.** *tr verb* **to ~ sb/sth away** jdn/etw fernhalten
◆ **keep back I.** *intr verb* zurückbleiben; (*stay at distance*) Abstand halten **II.** *tr verb* ❶ (*hold away*) zurückhalten ❷ (*prevent advance*) **to ~ back** ↻ **sb** jdn aufhalten
◆ **keep down I.** *intr verb* unten bleiben **II.** *tr verb* (*suppress*) unterdrücken
◆ **keep in I.** *tr verb* ❶ (*detain*) dabehalten; (*at home*) jdn nicht aus dem Haus

K

[gehen] lassen ② (*not reveal*) **to ~ in one's emotions** seine Gefühle zurückhalten **II.** *intr verb* **to ~ in with sb** sich gut mit jdm stellen ◆ **keep off I.** *intr verb* wegbleiben; **'Wet cement, ~ off!'** „Frischer Zement, nicht betreten!"; **to ~ off alcohol** das Trinken lassen **II.** *tr verb* ① (*hold away*) **to ~ sb/sth off sth** jdn/etw von etw fernhalten ② (*protect from*) **to ~ off ↻ sth** etw abhalten ◆ **keep on I.** *intr verb* ① (*continue*) **to ~ on doing sth** etw weiter[hin] tun ② (*pester*) **to ~ on at sb** jdm keine Ruhe lassen; **~ on at him about the money he owes us** sprich ihn immer wieder auf das Geld an, das er uns schuldet **II.** *tr verb* **to ~ on ↻ sth** *clothes* etw anbehalten ◆ **keep out** *intr verb* draußen bleiben; **'Keep Out'** „Zutritt verboten"; **to ~ out of trouble** Ärger vermeiden ◆ **keep together** *intr verb* ① (*stay in a group*) zusammenbleiben; (*remain loyal*) zusammenhalten ② MUS Takt halten ◆ **keep up I.** *tr verb* ① (*hold up*) hoch halten; **these poles ~ the tent up** diese Stangen halten das Zelt aufrecht ② (*hold awake*) wach halten ③ (*continue doing*) fortführen; **~ it up!** [nur] weiter so! **II.** *intr verb* ① (*continue*) *noise, rain* andauern ② (*not fall behind*) **to ~ up with sb/sth** mit jdm/etw mithalten

keeper ['kiːpəʳ] *n of a shop* Inhaber(in) *m(f); of a zoo* Wärter(in) *m(f); of keys* Verwahrer(in) *m(f)*

keep-fit *n no pl* Fitnesstraining *nt*

keeping ['kiːpɪŋ] *n no pl* ① (*guarding*) Verwahrung *f* ② (*maintenance*) **the ~ of the law** das Hüten des Gesetzes ③ (*obeying*) Einhalten *nt;* **in ~ with an agreement** entsprechend einer Vereinbarung

keg beer *n no pl* Fassbier *nt*

kennel ['kenᵊl] *n* ① (*dog house*) Hundehütte *f* ② (*dog boarding*) Hundepension *f*

kept [kept] **I.** *tr, intr verb, pt, pp of* **keep II.** *adj attr* ausgehalten; **he is a ~ man** er lässt sich aushalten; **~ woman** Mätresse *f*

kerb [kɜːb] *n* BRIT, AUS Randstein *m*

ketchup ['ketʃʌp] *n no pl* Ketschup *m o nt*

kettle ['ketl̩] *n* ① (*to boil water*) [Wasser]kessel *m;* (*cauldron*) [großer] Kessel; **to put the ~ on** Wasser aufsetzen ② (*kettledrum*) [Kessel]pauke *f*

key¹ [kiː] *n* GEOG [Korallen]riff *nt*

key² [kiː] **I.** *n* ① (*a. fig: for a lock*) Schlüssel *m* ② (*button*) *of a computer, a piano* Taste *f; of a flute* Klappe *f* ③ (*to symbols*) Zeichenerklärung *f;* (*for solutions*) Lösungsschlüssel *m* ④ MUS Tonart *f;* **change of ~** Tonartwechsel *m;* **in/off ~** richtig/falsch **II.** *adj factor, industry, role* Schlüssel-; **~ contribution/ingredient** Hauptbeitrag *m*/-zutat *f;* **~ decision** wesentliche Entscheidung; **~ point** springender Punkt; **~ witness** Kronzeuge *m*/Kronzeugin *f* ◆ **key in** *tr verb* **to ~ in text** Text eingeben ◆ **key up** *tr verb a person* jdn aufregen; **to be ~ed up for sth** auf etw *Akk* eingestimmt sein; **to be all ~ed up** völlig überdreht sein

keyboard I. *n* ① (*of a computer*) Tastatur *f;* (*of a piano*) Klaviatur *f* ② (*musical instrument*) Keyboard *nt* **II.** *tr, intr verb* tippen

keyboarding *n no pl* Texteingabe *f*

keyboard instrument *n* Tasteninstrument *nt*

keyboardist *n* Keyboardspieler(in) *m(f)*

keyhole *n* Schlüsselloch *nt*

keyhole surgery *n* endoskopische Chirurgie

key money *n no pl* Abstandsgeld *nt*

keynote address *n,* **keynote speech** *n* programmatische Rede

keypad *n* Tastenfeld *nt*

key ring *n* Schlüsselring *m*

KIA [ˌkaɪaɪ'eɪ] *adj abbrev of* **killed in action** gef.

kick [kɪk] **I.** *n* ① (*with foot*) [Fuß]tritt *m,* Stoß *m;* (*in sports*) Schuss *m;* **to need a ~ up the arse** (*fig fam*) einen [kräftigen] Tritt in den Hintern nötig haben; **to give sth a ~** gegen etw treten ② (*exciting feeling*) Nervenkitzel *m;* **he gets a ~ out of that** das macht ihm einen Riesenspaß ③ (*trendy interest*) Tick *m fam;* **he's on a religious ~** er ist [gerade] auf dem religiösen Trip *fam* **II.** *tr verb* ① (*with foot*) treten; *a ball* schießen; **to ~ oneself** (*fig*) sich in den Hintern beißen *fam* ② (*put*) **to ~ sth into high gear** etw auf Hochtouren bringen ③ (*get rid of*) *accent* ablegen; *habit* aufgeben ▶ **to ~ sb's ass** Am (*fam!*) jdm eine Abreibung verpassen; **to ~ some ass** Am (*fam!*) Terror machen; **to ~ ass** Am (*fam!*) haushoch gewinnen; **to ~ the bucket** (*fam*) ins Gras beißen **III.** *intr verb* ❶ (*with foot*) treten (**at** nach) ❷ *esp* Am (*complain*) meckern *fam* (**about** über) ▶ **to be alive and ~ing** (*fam*) gesund und munter sein ◆ **kick about, kick around I.** *intr verb* (*fam*) [he]rumliegen **II.** *tr verb* (*with foot*) **to ~ sth around** etw [in der Gegend] herumkicken *fam* ◆ **kick away** *tr verb* wegstoßen ◆ **kick back I.** *tr verb* (*with foot*) zurücktreten; *ball* zurückschießen; **to ~ back the blanket** sich aufdecken **II.** *intr verb* Am (*fam: relax*) relaxen ◆ **kick in I.** *tr verb door, window* eintreten **II.** *intr verb* ❶ (*start*) *approach, drug, measure* wirken ❷ (*to contribute*) **to ~ in for sth** einen Beitrag zu etw leisten ◆ **kick off I.** *intr verb* beginnen; FBALL anstoßen **II.** *tr verb* beginnen ◆ **kick out I.** *tr verb* (*throw out*) hinauswerfen **II.** *intr verb* **to ~ out against sb/sth** sich mit Händen und Füßen gegen jdn/etw wehren ◆ **kick up** *intr verb* **to ~ up dust** (*a. fig*) Staub aufwirbeln ▶ **to ~ up a fuss** einen Wirbel machen *fam*

kick-off *n* FBALL Anstoß *m*

kicktail *adj* (*of skateboard*) nach oben gebogen

kid [kɪd] **I.** *n* (*child*) Kind *nt;* Am, Aus (*young person*) Jugendliche(r) *f(m);* (*male*) Bursche *m;* (*female*) Mädchen *nt;* **~ brother/sister** *esp* Am kleiner Bruder/kleine Schwester **II.** *intr verb* <-dd-> (*fam*) Spaß machen; **just ~ding!** war nur Spaß!; **no ~ding?** ohne Scherz? **III.** *tr verb* (*fam*) **to ~ sb** jdn verulken; **you're ~ding me!** das ist doch nicht dein Ernst!

kidnap ['kɪdnæp] **I.** *tr verb* <-pp-> entführen **II.** *n no pl* Entführung *f;* LAW Menschenraub *m*

kidnapper ['kɪdnæpəʳ] *n* Entführer(in) *m(f)*

kidnapping ['kɪdnæpɪŋ] *n* Entführung *f;* LAW Menschenraub *m*

kidney ['kɪdni] *n* Niere *f;* **~ donor** Nierenspender(in) *m(f);* **~ failure** Nierenversagen *nt;* **~ machine** künstliche Niere

kidney-shaped *adj* nierenförmig

kid-oriented [ˌkɪd'ɔːrienṱɪd] *adj* Am (*fam*) für Kinder [gemacht]

kill [kɪl] **I.** *n no pl* ❶ (*of animal*) **a fresh ~** eine frisch geschlagene Beute ❷ HUNT [Jagd]beute *f* ❸ MIL (*fam*) Zerstörung *f* ▶ **to go in for the ~** zum entscheidenden Schlag ausholen **II.** *intr verb* ❶ (*end life*) töten ❷ (*fig fam: hurt*) unheimlich wehtun ▶ **to be dressed to ~** todschick angezogen sein *fam* **III.** *tr verb* ❶ (*end life*) umbringen *a. fig;* **to ~ sb by drowning/strangling** jdn ertränken/erwürgen; **to be ~ed in an accident** bei einem Unfall ums Leben kommen ❷ (*destroy*) zerstören; **to ~ the smell/sound/taste of sth** einer S. *Dat* den Geruch/Klang/Geschmack [völlig] nehmen ❸ (*spoil*) *fun, joke* [gründlich] verderben ❹ (*stop*) **to ~ a bill** eine Gesetzesvorlage zu Fall bringen ❺ *esp* Am (*fam: consume*) vernichten; *food* verputzen; *drink* leer machen; **to ~ a bottle of whiskey** eine Flasche Whiskey köpfen ❻ (*fam: amuse*) **that story ~s me** diese Geschichte find ich zum Totlachen ❼ (*fig fam: hurt*) **to ~ sb** jdn umbringen; **my shoes/these stairs are ~ing me!** meine Schuhe/diese Treppen bringen mich noch mal um! ❽ (*fig fam: overtax*) **to ~ oneself doing sth** sich mit etw umbringen ▶ **to ~ time** die Zeit totschlagen; **to ~ two birds with one stone** (*prov*) zwei Fliegen mit einer Klappe schlagen ◆ **kill off** *tr verb* ❶ (*destroy*) *disease, species* ausrotten; **to ~ off ⊂ pests** Schädlinge vernichten ❷ *esp* Am (*fam: finish*) **to ~ off ⊂ a bottle** eine Flasche leeren

killer ['kɪləʳ] **I.** *n* ❶ (*person*) Mörder(in) *m(f);* (*thing*) Todesursache *f* ❷ (*agent*) Vertilgungsmittel *nt;* **weed ~** Unkrautvertilgungsmittel *nt* ❸ (*fam: difficult thing*) **to be a ~** ein harter Brocken sein ❹ (*good joke*) **to be a ~** zum Totlachen sein *fam;* **the ~** Am (*funniest part*) der Hammer *fig fam* **II.** *adj* ❶ *attr* (*deadly*) tödlich; *heat, hurricane* mörderisch ❷ Am, Aus (*fam: excellent*) *car, job, party* Wahnsinns-

killer instinct *n* ❶ (*in animals*) Tötungsinstinkt *m* ❷ (*fig: mean streak*) **to have the ~** bereit sein, über Leichen zu gehen

K

killer whale *n* Schwertwal *m*

killing ['kɪlɪŋ] **I.** *n* ① (*act*) Tötung *f;* (*case*) Mord[fall] *m* ② (*fig fam: lots of money*) **to make a ~** einen Mordsgewinn machen **II.** *adj attr* ① (*causing death*) tödlich ② (*fig: difficult*) mörderisch *fam*

kilo ['ki:ləʊ] *n* Kilo *nt*

kilobyte ['kɪləbaɪt] *n* Kilobyte *nt*

kilogram ['kɪləgræm], BRIT *a.* **kilogramme** *n* Kilogramm *nt*

kilometer AM *see* **kilometre**

kilometre [kɪ'lɒmɪtəʳ, 'kɪlə(ʊ)mi:təʳ] *n* Kilometer *m*

kilt [kɪlt] *n* Kilt *m*

> Der schottische **kilt** oder **Highland dress** stammt ursprünglich aus dem 16. Jh. Zu dieser Zeit bestand er noch aus einem einzigen Stück Stoff *(Great Kilt)*, das nicht nur als Rock, sondern auch mantelartig um die Schulter getragen wurde. Im 17. Jh. entstanden daraus zwei getrennte Kleidungsstücke: der **kilt** (Schottenrock) und das *plaid* (Umhangtuch aus Wolle). Aus dieser Zeit stammt auch der *sporran:* ein Beutel, der am Gürtel hängt. Die unterschiedlichen *tartans* (Schottenmuster) für einzelne Familien oder *clans* wurden übrigens erst im 18. Jh. entworfen. 1746 war nach der verlorenen Schlacht von *Culloden* das Tragen eines Kilts offiziell verboten. Doch das ist zum Glück längst Vergangenheit. Heutzutage sieht man den Kilt auf Hochzeiten, Tanzveranstaltungen und manchmal sogar im Pub. Nur was der Schotte darunter trägt, bleibt weiter ein Geheimnis!

kin [kɪn] *n + pl verb* [Bluts]verwandte *Pl;* **the next of ~** die nächsten Angehörigen

kind[1] [kaɪnd] *adj* ① (*generous, helpful*) nett; **to be ~ to sb** nett zu jdm sein; **with ~ regards** (*in a letter*) mit freundlichen Grüßen ② (*gentle*) **to be ~ to sb/sth** jdn/etw schonen; **this shampoo is ~ to your hair** dieses Shampoo pflegt dein Haar auf schonende Weise

kind[2] [kaɪnd] **I.** *n* ① (*group*) Art *f;* **I don't usually like that ~ of film** normalerweise mag ich solche Filme nicht; **he's not that ~ of person** so einer ist der nicht *fam;* **to stick with one's ~** unter sich *Dat* bleiben; **to be one of a ~** einzigartig sein ② (*limited*) **I guess you could call this success of a ~** man könnte das, glaube ich, als so etwas wie einen Erfolg bezeichnen ③ *no pl* (*similar way*) **nothing of the ~** nichts dergleichen **II.** *adv* **~ of** irgendwie

kind-hearted *adj* gütig

kindly ['kaɪndli] **I.** *adj person* freundlich; *smile, voice* sanft **II.** *adv* ① (*in a kind manner*) freundlich ② (*please*) freundlicherweise; **you are ~ requested to leave the building** Sie werden freundlich[st] gebeten, das Gebäude zu verlassen

kindness ['kaɪndnəs] *n* <*pl* -es> ① *no pl* (*attitude*) Freundlichkeit *f;* **to show sb ~** jdm Gutes tun; **out of ~** aus Gefälligkeit ② (*act*) Gefälligkeit *f*

king [kɪŋ] *n* König *m*

kingdom ['kɪŋdəm] *n* ① (*country*) Königreich *nt* ② (*area of control*) Reich *nt;* **the ~ of Heaven** das Reich Gottes; **animal/plant ~** Tier-/Pflanzenreich *nt*

kingfisher *n* Eisvogel *m*

king-size[d] *adj* extragroß

kink [kɪŋk] *n* ① (*twist*) *in hair* Welle *f; in a pipe* Knick *m* ② AM, AUS (*sore muscle*) [Muskel]krampf *m* ③ (*problem*) Haken *m fam*

kinky ['kɪŋki] *adj* ① *hair* gewellt ② (*unusual*) spleenig; **~ sex** Sex *m* der anderen Art

kiosk ['ki:ɒsk] *n* ① (*stand*) Kiosk *m* ② BRIT (*phone booth*) Telefonzelle *f*

kip [kɪp] *n no pl* BRIT, AUS (*fam*) Nickerchen *nt;* **to get some ~** sich mal eben aufs Ohr hauen

kipper ['kɪpəʳ] *n* Bückling *m*

kiss [kɪs] **I.** *n* <*pl* -es> (*with lips*) Kuss *m;* **French ~** Zungenkuss *m;* **to give sb a ~** jdm einen Kuss geben **II.** *intr verb* [sich *Akk*] küssen; **to ~ and make up** sich mit einem Kuss versöhnen; **to ~ and tell** mit intimen Enthüllungen an die Öffentlichkeit gehen **III.** *tr verb* (*with lips*) küssen (**on** auf); **to ~ sb goodbye/goodnight** jdm einen Abschiedskuss/Gutenachtkuss geben ▶ **~ my arse** [*or* AM **ass**] (*fam!*) du kannst mich mal!; **to ~ sb's ass** *esp* AM (*fam!*) jdm in den Arsch kriechen *derb*

kisser ['kɪsəʳ] *n* **to be a lousy ~** miserabel küssen

kiss-off *n* AM (*fam*) Laufpass *m*

kiss-proof *adj* kussecht

kit [kɪt] **I.** *n* ① (*set*) Ausrüstung *f;* (*for a model*) Bausatz *m;* **first aid ~** Verbandskasten *m;* **tool ~** Werkzeugkasten *m* ② (*outfit*) Ausrüstung *f* ③ *esp* BRIT (*uniform*) Montur *f;* (*sl: clothes*) Klamotten *Pl;* **to get one's ~ off** seine Klamotten ausziehen **II.** *tr verb* <-tt-> *usu passive esp* BRIT **to ~ out** ⟳ **sb** jdn ausrüsten

kitchen ['kɪtʃɪn] *n* Küche *f*

kitchenette [ˌkɪtʃɪ'net] *n* Kochnische *f*

kitchen foil *n no pl* Alufolie *f* **kitchen knife** *n* Küchenmesser *nt* **kitchen paper** *n no pl* Küchenpapier *nt* **kitchen sink** *n* Spüle *f* ▸ **everything but the ~** aller nur mögliche Krempel *fam* **kitchen table** *n* Küchentisch *m* **kitchen towel** *n* ① *no pl* Küchentuch *nt* ② AM (*tea towel*) Geschirrtuch *nt* **kitchen unit** *n* Küchenelement *nt* (*einer Einbauküche*)

kite [kaɪt] *n* Drachen *m;* **to fly a ~** einen Drachen steigen lassen

Kite mark *n* BRIT [amtliches] Qualitätssiegel

kitten ['kɪtᵊn] **I.** *n* Kätzchen *nt* **II.** *intr verb* [Junge] werfen

kitty ['kɪti] *n* ① (*childspeak: kitten or cat*) Miezekatze *f;* **~, ~!** Miez, Miez! ② (*money*) gemeinsame Kasse

kJ *abbrev of* **kilojoule** kJ

Kleenex® ['kli:neks] *n* Tempo[taschentuch]® *nt*

km/h *abbrev of* **kilometres per hour** km/h

knack [næk] *n no pl* ① (*trick*) Kniff *m fam;* **to get the ~ of sth** herausfinden, wie etw geht *fam* ② (*talent*) Geschick *nt*

knackered ['nækəd] *adj pred* BRIT, AUS (*fam*) [fix und] fertig

knave [neɪv] *n* CARDS Bube *m*

knee [ni:] **I.** *n* Knie *nt;* **on one's hands and ~s** auf allen vieren *fam;* **to get down on one's ~s** niederknien; **to put sb across one's ~** jdn übers Knie legen *fam;* **to put sb on one's ~** jdn auf den Schoß nehmen ▸ **to be/go weak at the ~s** weiche Knie haben/bekommen; **to bring sb to their ~s** jdn in die Knie zwingen **II.** *tr verb* **to ~ sb** jdn mit dem Knie stoßen

kneecap *n* ① (*patella*) Kniescheibe *f* ② (*covering*) Knieschützer *m*

kneel <knelt *or esp* AM kneeled, knelt> [ni:l] *intr verb* knien; **to ~ before sb** vor jdm niederknien

knee sock *n* Kniestrumpf *m*

knees-up *n* BRIT (*fam*) [ausgelassene] Party

knelt [nelt] *pt of* **kneel**

knew [nju:] *pt of* **know**

knickers ['nɪkəʳz] *npl* ① BRIT (*underwear*) [Damen]schlüpfer *m* ② AM (*knickerbockers*) Knickerbocker[s] *Pl* ▸ **to get one's ~ in a twist** BRIT, AUS (*hum fam: get angry*) sich aufregen; (*get worried*) den Kopf verlieren

knife [naɪf] **I.** *n* <*pl* knives> Messer *nt* ▸ **you could [have] cut the air with a ~** die Stimmung war zum Zerreißen gespannt; **to put the ~ into sb** jdm in den Rücken fallen; **to go under the ~** MED unters Messer kommen *fam* **II.** *tr verb* **to ~ sb** auf jdn einstechen

knife-edge I. *n* Messerschneide *f* **II.** *adj attr* ① (*narrow*) messerscharf ② (*fig: uncertain*) *situation* gefährlich

knife sharpener *n* Messerschleifer(in) *m(f)*

knifing ['naɪfɪŋ] *n* Messerstecherei *f*

knight [naɪt] **I.** *n* ① (*title*) Ritter *m* ② CHESS Springer *m* ▸ **[a] ~ in shining armour** [ein] Ritter ohne Furcht und Tadel **II.** *tr verb* **to ~ sb** jdn zum Ritter schlagen

knighthood ['naɪthʊd] *n* Ritterstand *m;* **to give sb a ~** jdn in den Ritterstand erheben *geh*

Wer sich durch außerordentliche Leistungen um das Land Großbritannien verdient macht, hat gute Chancen, von der Königin in den Ritter- oder Adelsstand (**knighthood**) erhoben zu werden. Männer führen dann den Titel *Sir* vor ihrem Namen, etwa *Sir Tom Jones* (Anrede: "Sir Tom Jones" oder "Sir Tom"). Die Frau eines *Sir* wird mit *Lady* angesprochen.
Seit 1917 wird der Titel *Dame* an herausragende Frauen verliehen. Die Schauspielerin *Dame Judy Dench* oder

die Verhaltensforscherin *Dame Jane Goodall* konnten sich zum Beispiel schon über diese Ehrung freuen.

knit [nɪt] **I.** *n* ① (*stitch*) Strickart *f* ② (*clothing*) **~s** Stricksachen *Pl* **II.** *intr verb* <knitted *or* knit, knitted *or* AM *a.* knit> ① (*with yarn*) stricken ② (*mend*) *broken bone* zusammenwachsen **III.** *tr verb* <knitted *or* knit, knitted *or* AM *a.* knit> (*with yarn*) stricken ▸ **to ~ one's brows** die Augenbrauen zusammenziehen, die Stirn runzeln ◆**knit together** *intr verb* ① (*combine*) sich zusammenfügen ② (*mend*) *broken bone* zusammenwachsen

knitting ['nɪtɪŋ] *n no pl* ① (*action*) Stricken *nt* ② (*product*) Gestrickte(s) *nt*

knitting-needle *n* Stricknadel *f*

knitwear *n no pl* Stricksachen *Pl*

K

knob [nɒb] *n* ① (*handle*) *of a cane* Knauf *m; of a door* Griff *m; of a bedhead* rundes Teil; (*dial*) Knopf *m;* **to twiddle a ~** an einem Knopf drehen ② (*small amount*) Klümpchen *nt;* **a ~ of butter** ein Stückchen *nt* Butter ③ *esp* AM (*hill*) Kuppe *f* ④ (*vulg: penis*) Schwanz *m*

knock [nɒk] **I.** *n* ① (*sound*) Klopfen *nt;* **there was a ~ on the door** es hat [an der Tür] geklopft ② (*blow*) Schlag *m;* **to be able to withstand ~s** stoßsicher sein ③ *no pl of an engine* Klopfen *nt* ④ (*fig: setback*) Schlag *m;* **to take a ~** (*fam*) einen Tiefschlag erleiden; (*in confidence*) einen Knacks bekommen ⑤ (*fam: critical comment*) Kritik *f* **II.** *intr verb* ① (*strike noisily*) klopfen; **to ~ at the door/on the window** an die Tür/ans Fenster klopfen ② (*collide with*) stoßen (**into/against** gegen) ③ *engine, pipes* klopfen ④ (*fam: be approaching*) **to be ~ing on 40/50/60** auf die 40/50/60 zugehen ▸ **to ~ on <u>wood</u>** AM, AUS dreimal auf Holz klopfen **III.** *tr verb* ① (*hit*) **to ~ sth** gegen etw stoßen; **she ~ed the glass off the table** sie stieß gegen das Glas und es fiel vom Tisch ② (*blow*) **to ~ sb** jdm einen Schlag versetzen; **to ~ sb to the ground** jdn zu Boden werfen; **to ~ sb unconscious** jdn bewusstlos schlagen ③ (*fig*) **to ~ sb's self-esteem** jds Selbstbewusstsein anschlagen ④ (*drive, demolish*) **to ~ sth out of sb** jdm etw austreiben; **to ~ some sense into sb** jdn zur Vernunft bringen ⑤ (*fam: criticize*) **to ~ sb/sth** jdn/etw schlechtmachen ▸ **to ~ 'em <u>dead</u>** AM (*fam*) es jdm zeigen; **to ~ sth on the <u>head</u>** BRIT, AUS (*stop sth*) einer S. *Dat* ein Ende bereiten; (*complete sth*) etw zu Ende bringen **IV.** *interj* **~ ~!** klopf, klopf! ◆**knock about, knock around I.** *intr verb* (*fam*) ① (*be present*) *person* [he]rumhängen; *object, thing* [he]rumliegen; **to ~ about with sb** *esp* BRIT sich mit jdm [he]rumtreiben ② BRIT (*have a sexual relationship*) **to ~ about with sb** es mit jdm treiben *euph fam* **II.** *tr verb* ① (*hit*) **to ~ sb about** jdn verprügeln ② (*play casually*) **to ~ a ball about** einen Ball hin- und herspielen ◆**knock back** *tr verb* (*fam*) ① (*drink quickly*) hinunterkippen; **to ~ a beer back** ein Bier zischen ② BRIT, AUS (*cost a lot*) **to ~ sb back** jdn eine [hübsche] Stange Geld kosten ③ (*surprise*) **to ~ sb back** jdn umhauen ◆**knock down** *tr verb* ① (*cause to fall*) umstoßen; (*with a car, motorbike, etc.*) umfahren ② (*demolish*) niederreißen ③ (*reduce*) *price* herunterhandeln ④ AM (*fam: earn*) **to ~ down a few thousand** ein paar Tausender kassieren ◆**knock off I.** *tr verb* ① (*cause to fall off*) hinunterstoßen; **to ~ sb off their pedestal** jdn von seinem Podest stoßen ② (*reduce a price*) [im Preis] herabsetzen ③ BRIT (*sl: steal*) klauen *fam* ④ (*fam: murder*) umlegen ⑤ (*produce quickly*) schnell erledigen; (*easily*) etw mit links machen *fam* ⑥ (*fam: stop*) aufhören ⑦ AM (*fam: rob*) **to ~ off a bank/a shop** eine Bank/einen Laden ausräumen **II.** *intr verb* (*fam*) Schluss machen ◆**knock out** *tr verb* ① (*render unconscious*) **to ~ out ⊂ sb** jdn bewusstlos werden lassen; (*in a fight*) jdn k.o. schlagen ② (*forcibly remove*) **to ~ out two teeth** sich *Dat* zwei Zähne ausschlagen ③ *pipe* ausklopfen ④ (*eliminate*) ausschalten; **to be ~ed out of a competition** aus einem Wettkampf ausscheiden ⑤ AUS, NZ (*fam: earn a specified sum of money*) **to ~ out £2000** 2000 Pfund kassieren ⑥ (*produce quickly*) hastig entwerfen; *draft, manuscript, story* [flott] runterschreiben *fam* ⑦ (*fam: astonish and *impress*) umhauen ◆**knock over** *tr verb* ❶ (*cause to fall*) umstoßen; (*with a bike, car*) etw/jdn umfahren ❷ AM (*rob a shop*) **to ~ over a shop** einen Laden ausräumen *fam* ◆**knock together** *tr verb* ❶ (*fam: complete quickly*) etw zusammenschustern ❷ BRIT (*remove wall*) **to ~ together two rooms/buildings** die Wand zwischen zwei Zimmern/Gebäuden einreißen ◆**knock up I.** *tr verb* ❶ (*make quickly*) zusammenschustern *fam* ❷ BRIT, AUS (*fam: awaken*) aus dem Schlaf trommeln ❸ (*sl: impregnate*) **to get ~ed up** sich schwängern lassen **II.** *intr verb* BRIT (*in a racket game*) ein paar Bälle schlagen

knockdown *adj attr* ❶ (*very cheap*) **~ price** Schleuderpreis *m fam* ❷ (*physically violent*) niederschmetternd; **~ blow** BOXING Niederschlag *m*

knocker ['nɒkəʳ] *n* Türklopfer *m*

knocking-off time *n no pl* Feierabend *m*

knockout I. *n* ❶ BRIT, AUS (*tournament*) Ausscheidungs[wett]kampf *m* ❷ BOXING Knock-out *m* **II.** *adj* ❶ BRIT, AUS (*elimination*) Ausscheidungs- ❷ BOXING **~ blow** Knock-out-Schlag *m*

knock-up *n usu sing* BRIT Einspielen *nt*

knot[1] [nɒt] **I.** *n* ❶ (*tied join*) Knoten *m;* **to untie a ~** einen Knoten lösen ❷ (*chignon*) [Haar]knoten *m* ▶ **to tie the ~** (*fam*) heiraten **II.** *tr verb* <-tt-> knoten; *a tie* binden **III.** *intr verb* <-tt-> *muscles* sich verspannen

knot[2] [nɒt] *n* NAUT Knoten *m*

know [nəʊ] **I.** *tr verb* <knew, known> ❶ (*have information, knowledge*) wissen; *facts, results* kennen; **do you ~ where the post office is?** können Sie mir bitte sagen, wo die Post ist?; **I ~ no fear** ich habe vor nichts Angst; **that's worth ~ing** das ist gut zu wissen; **that's what I'd like to ~ too** das würde ich auch gerne wissen!; **for all I ~** soweit ich weiß *fam;* **I knew it!** wusste ich's doch! *fam;* **but she's not to ~** aber sie soll nichts davon erfahren; **God ~s I've done my best** ich habe weiß Gott mein Bestes gegeben; **to ~ how to drive a car** Auto fahren können; **to ~ sth by heart** etw auswendig können; **to ~ what one is doing** wissen, was man tut; **to let sb ~ sth** jdn etw wissen lassen ❷ (*be certain*) **to not ~ whether ...** sich *Dat* nicht sicher sein, ob ... ❸ (*be acquainted with*) **to ~ sb** jdn kennen; **~ing Sarah, she'll have done a good job** wie ich Sarah kenne, hat sie ihre Sache bestimmt gut gemacht; **she ~s Paris well** sie kennt sich in Paris gut aus; **to ~ sb by name/by sight/personally** jdn dem Namen nach/vom Sehen/persönlich kennen; **to get to ~ sb/each other** jdn/sich kennen lernen ❹ (*have understanding*) verstehen; **do you ~ what I mean?** verstehst du, was ich meine? ❺ (*experience*) **I've never ~n anything like this** so etwas habe ich noch nicht erlebt ❻ (*recognize*) erkennen (**by** an); **I ~ a good thing when I see it** ich merke gleich, wenn was gut ist ❼ (*be able to differentiate*) **don't worry, she won't ~ the difference** keine Angst, sie wird den Unterschied [gar] nicht merken ❽ *passive* (*well-known*) **to be ~n for sth** für etw bekannt sein; **to make sth ~n** etw bekannt machen ▶ **to ~ no bounds** keine Grenzen kennen; **to ~ one's place** wissen, wo man steht; **to ~ the score** wissen, was gespielt wird; **to ~ one's stuff** sein Geschäft verstehen **II.** *intr verb* <knew, known> ❶ (*have knowledge*) [Bescheid] wissen; **I was not to ~ until years later** das sollte ich erst Jahre später erfahren; **you never ~** man kann nie wissen; **as far as I ~** so viel ich weiß; **who ~s?** wer weiß?; **how should I ~?** wie soll ich das wissen?; **she didn't want to ~** sie wollte nichts davon wissen; **just let me ~, OK?** sag' mir einfach Bescheid, okay? ❷ (*fam: understand*) begreifen; **"I don't ~," he said, "why can't you ever be on time?"** „ich begreife das einfach nicht", sagte er, „warum kannst du nie pünktlich sein?" ❸ (*said to agree with sb*) **I ~** ich weiß ❹ (*conversation filler*) **he's so boring and, you ~, sort of spooky** er ist so langweilig und, na ja, irgendwie unheimlich ▶ **you ought to ~ better** du solltest es eigentlich besser wissen

know-all *n* (*pej fam*) Besserwisser(in) *m(f)*

know-how *n no pl* Know-how *nt*

knowing ['nəʊɪŋ] **I.** *adj* wissend *attr;*

K

look, smile viel sagend **II.** *n no pl* Wissen *nt*

knowingly ['nəʊɪŋli] *adv* ❶ (*meaningfully*) viel sagend ❷ (*with full awareness*) bewusst

know-it-all ['noʊɪt̬ɔːl] *n* AM Besserwisser(in) *m(f) pej*

knowledge ['nɒlɪdʒ] *n no pl* ❶ (*body of learning*) Kenntnisse *Pl* (**of** in); **~ of French** Französischkenntnisse *Pl;* **to have [no/some] ~ of sth** [keine/gewisse] Kenntnisse über etw *Akk* besitzen; **to have a thorough ~ of sth** ein fundiertes Wissen in etw *Dat* besitzen ❷ (*acquired information*) Wissen *nt;* **to be common ~** allgemein bekannt sein ❸ (*awareness*) Wissen *nt;* **to deny all ~ [of sth]** jegliche Kenntnis [über etw *Akk*] abstreiten; **it has been brought to our ~ that ...** wir haben davon Kenntnis erhalten, dass ...

knowledg[e]able ['nɒlɪdʒəbl̩] *adj* (*well informed*) sachkundig; (*experienced*) bewandert

known [nəʊn] **I.** *tr, intr verb, pp of* **know II.** *adj* ❶ (*publicly recognized*) bekannt; **it is a little/well ~ fact that ...** es ist nur wenigen/allgemein bekannt, dass ... ❷ (*understood*) bekannt; **no ~ reason** kein erkennbarer Grund ❸ (*tell publicly*) **to make sth ~** etw bekannt machen

knuckle ['nʌkl̩] **I.** *n* ❶ ANAT [Finger]knöchel *m* ❷ (*cut of meat*) Hachse *f,* Haxe *f* SÜDD ❸ AM (*knuckleduster*) **~s** Schlagring *m* **II.** *intr verb* **to ~ down** sich dahinterklemmen

kohl [kəʊl] *n no pl* Kajal *nt*

kook [kuːk] *n esp* AM (*fam*) Ausgeflippte(r) *f(m),* Spinner(in) *m(f) pej*

Koran [kɒr'ɑːn] *n no pl* **the ~** der Koran

kph *abbrev of* **kilometres per hour** km/h

Kraut [kraʊt] *n* (*pej! fam*) Deutsche(r) *f(m)*

kumquat ['kʌmkwɒt] *n* Kumquat[orange] *f*

Kwanzaa ['kwænzə] *n no pl von Amerikanern afrikanischer Herkunft vom 26. Dezember bis 1. Januar gefeiertes, nicht-religiöses Fest*

L

L <*pl* -'s *or* -s>, **l** <*pl* -'s> [el] *n* L *nt,* l *nt; see also* **A 1**

l [el] *n* ❶ *abbrev of* **litre** l ❷ *abbrev of* **left** l.

L *n* ❶ *abbrev of* **lake** ❷ FASHION *abbrev of* **Large** L ❸ BRIT AUTO *abbrev of* **learner** Fahrschüler(in) *m(f)* (*zeigt an einem Auto an, dass hier ein Fahrschüler/eine Fahrschülerin in Begleitung eines erwachsenen Führerscheininhabers fährt*)

LA [ˌel'eɪ] *n abbrev of* **Los Angeles** Los Angeles *nt*

lab [læb] *n short for* **laboratory** Labor *nt*

label ['leɪbəl] **I.** *n* ❶ (*on bottles*) Etikett *nt;* (*in clothes*) Schild[chen] *nt* ❷ (*brand name*) Marke *f;* (*company*) Plattenfirma *f* ❸ (*set description*) Bezeichnung *f* **II.** *tr verb* <BRIT -ll- *or* AM *usu* -l-> (*affix labels*) etikettieren; (*mark*) kennzeichnen; (*write on*) beschriften

labial ['leibiəl] *adj* LING labial

labor *n* AM *see* **labour**

laboratory [lə'bɒrətəri] *n* Labor[atorium] *nt;* **~ assistant** Laborant(in) *m(f);* **~ test** Labortest *m*

laborer *n* AM *see* **labourer**

laborious [lə'bɔːriəs] *adj* ❶ (*onerous*) mühsam ❷ (*usu pej: strained*) umständlich

labor union *n* AM Gewerkschaft *f*

labour ['leɪbəʳ] **I.** *n* ❶ (*work*) Arbeit *f;* **division of ~** Arbeitsteilung *f;* **manual ~** körperliche Arbeit ❷ *no pl* (*workers*) Arbeitskräfte *Pl;* **skilled ~** ausgebildete Arbeitskräfte; **semi-skilled ~** angelernte Arbeitskräfte; **unskilled ~** ungelernte Arbeitskräfte ❸ *no pl* (*childbirth*) Wehen *Pl;* **to go into ~**

Wehen bekommen **II.** *intr verb* ❶ (*do physical work*) arbeiten; **to do ~ing work** körperlich arbeiten ❷ (*work hard*) sich abmühen; **to ~ on sth** hart an etw *Dat* arbeiten ❸ (*do sth with effort*) **to ~** sich [ab]quälen; **to ~ on sth** sich mit etw abplagen

labour camp *n* Arbeitslager *nt*

labourer ['leɪbərə(r)] *n* Hilfsarbeiter(in) *m(f)*

labour force *n + sing/pl verb* (*working population*) Arbeiterschaft *f;* (*a company's employees*) Belegschaft *f*

labour pains *npl* MED Wehen *Pl*

Labour Party *n no pl* BRIT POL **the ~** die Labour Party

labour relations *npl* Arbeitgeber-Arbeitnehmerverhältnis *nt*

labour-saving *adj* arbeitssparend

labour ward *n* Kreißsaal *m*

lace [leɪs] **I.** *n* ❶ *no pl* (*decorative cloth*) Spitze *f;* (*decorative edging*) Spitzenborte *f* ❷ (*cord*) Band *nt;* **shoe ~s** Schnürsenkel *Pl bes* NORDD, Schuhbänder *Pl* DIAL **II.** *tr verb* (*fasten*) *shoes* zubinden ◆ **lace up** *tr verb boots, shoes* zuschnüren

lace-ups *npl* Schnürschuhe *Pl*

lack [læk] **I.** *n no pl* Mangel *m* (**of** an); **~ of confidence** mangelndes Selbstvertrauen; **~ of money** Geldmangel *m* **II.** *tr verb* **to ~ sth** etw nicht haben; **what we ~ is ...** was uns fehlt, ist ...

lacking ['lækɪŋ] *adj pred* **to be ~ in sth** an etw *Dat* mangeln

lad [læd] *n* ❶ BRIT, SCOT (*boy*) Junge *m* ❷ BRIT, SCOT (*a man's male friends*) **the ~s** die Kumpels *Pl fam;* **come on, ~s, let's get started!** kommt, Jungs, lasst uns anfangen!

ladder ['lædə(r)] **I.** *n* ❶ (*device for climbing*) Leiter *f;* **to be up a ~** auf einer Leiter stehen; **to go up a ~** auf eine Leiter steigen ❷ (*hierarchy*) [Stufen]leiter *f* ❸ BRIT, AUS (*in stockings, tights*) Laufmasche *f* **II.** *tr verb* BRIT, AUS **to ~ tights** eine Laufmasche in eine Strumpfhose machen **III.** *intr verb* BRIT, AUS *stockings, tights* eine Laufmasche bekommen

laddish ['lædɪʃ] *adj* BRIT (*pej*) jungenhaft, spitzbübisch

laden ['leɪdən] *adj* beladen

ladle ['leɪdl̩] **I.** *n* [Schöpf]kelle *f* **II.** *tr verb* **to ~ out the soup** die Suppe austeilen

lady ['leɪdi] *n* ❶ (*woman*) Frau *f;* (*more polite*) Dame *f;* **a ~ doctor** eine Ärztin; **cleaning ~** Putzfrau *f;* **old/young ~** alte/junge Dame ❷ (*form: polite address*) **ladies and gentlemen!** meine [sehr verehrten] Damen und Herren!

ladybird *n* BRIT, AUS Marienkäfer *m*

ladyboy *n* junger Transvestit (*vor allem in Südostasien*)

lag[1] [læg] **I.** *n* (*lapse*) Rückstand *m;* (*falling behind*) Zurückbleiben *nt kein Pl;* **time ~** Zeitabstand *m* **II.** *intr verb* <-gg-> zurückbleiben; **sales are ~ging** der Verkauf läuft schleppend; **to ~ behind [sb/sth]** [hinter jdm/etw] zurückbleiben

lag[2] <-gg-> [læg] *tr verb* (*insulate*) isolieren

lager ['lɑːgə(r)] *n* ❶ *no pl* (*beer*) Lagerbier *nt* ❷ (*a portion of lager*) [helles] Bier; **a glass of ~** ein Helles *nt*

lager lout *n* BRIT (*fam*) betrunkener Rowdy *pej*

lagging ['lægɪŋ] *n* Isolierung *f*

laid [leɪd] *pt, pp of* **lay**

lain [leɪn] *pp of* **lie**

lake [leɪk] *n* See *m*

lamb [læm] **I.** *n* ❶ (*young sheep*) Lamm *nt;* (*fig*) Schatz *m fam* ❷ *no pl* (*meat*) Lamm[fleisch] *nt* **II.** *intr verb* lammen

lambswool *n no pl* Lammwolle *f*

lame [leɪm] *adj* ❶ (*crippled*) lahm ❷ (*fig: weak*) lahm *pej fam; argument* schwach

lament [lə'ment] **I.** *n* MUS, LIT Klagelied *nt* (**for** über) **II.** *tr verb* (*a. iron*) **to ~ sth** über etw *Akk* klagen; **to ~ sb** um jdn trauern **III.** *intr verb* **to ~ over sth** etw beklagen *geh*

lamentable [lə'mentəbl̩] *adj* beklagenswert; *piece of work* erbärmlich

lamp [læmp] *n* Lampe *f;* **street ~** Straßenlaterne *f*

lamppost *n* Laternenpfahl *m*

lampshade *n* Lampenschirm *m*

land [lænd] **I.** *n* ❶ *no pl* (*not water*) Land *nt;* **to travel by ~** auf dem Landweg reisen ❷ *no pl* (*ground*) Land *nt;* (*soil*) Boden *m;* **building ~** Bauland *nt;* **agricultural ~** Ackerland *nt;* **piece/plot of ~** (*for building*) Grundstück *nt;* (*for farming*) Stück *nt* Land;

L

waste ~ Brachland *nt* ③ *no pl* (*countryside*) **the** ~ das Land ④ (*particular area of ground*) Grundstück *nt;* **private** ~ Privatbesitz *m;* **state** ~[**s**] AM staatlicher Grundbesitz ⑤ (*country, region*) Land *nt* ⑥ AM (*euph: Lord*) **for** ~**'s sake** um Gottes Willen ▸ **to see how the** ~ **lies** die Lage peilen **II.** *intr verb* ① AVIAT, AEROSP landen (**on** auf) ② NAUT *vessel* anlegen; *people* an Land gehen ③ (*come down, fall*) landen; **to** ~ **on one's feet** auf den Füßen landen; (*fig*) [wieder] auf die Füße fallen ④ *blow, punch* sitzen ⑤ (*fam: end up, arrive*) landen **III.** *tr verb* ① (*bring onto land*) *plane* landen; *boat* an Land ziehen ② (*unload*) an Land bringen; *cargo* löschen; *passengers* von Bord [gehen] lassen; *troops* anlanden ③ (*fam: obtain*) *contract, offer, job* an Land ziehen *fig* ④ (*fam: burden*) **to** ~ **sb with sth** jdm etw aufhalsen; **to be** ~**ed with sb** jdn am Hals haben ⑤ (*fam: place*) **to** ~ **sb in sth** jdn in etw *Akk* bringen; **that could have** ~**ed you in jail** deswegen hättest du im Gefängnis landen können

landing ['lændɪŋ] *n* ① (*staircase space*) Treppenabsatz *m* ② (*aircraft touchdown*) Landung *f;* **to make an emergency** ~ notlanden ③ (*nautical landfall*) Landung *f* ④ SPORTS (*coming to rest*) Landung *f*

landing gear *n* Fahrgestell *nt* **landing stage** *n* Landungssteg *m* **landing strip** *n* Landebahn *f*

landlady *n* ① (*house owner*) Hausbesitzerin *f;* (*of rented property*) Vermieterin *f* ② (*of pub or hotel*) [Gast]wirtin *f* ③ (*of a boarding house*) Pensionswirtin *f*

landlocked *adj* von Land umgeben; ~ **country** Binnenstaat *m*

landlord *n* ① (*house owner*) Hausbesitzer *m;* (*of rented property*) Vermieter *m* ② (*of pub or hotel*) [Gast]wirt *m* ③ (*of boarding house*) Pensionswirt *m*

landmark *n* ① (*point of recognition*) Erkennungszeichen *nt* ② (*important event*) Meilenstein *m*

landowner *n* Grundbesitzer(in) *m(f)*

landscape I. *n* Landschaft *f* **II.** *adj attr* Landschafts- **III.** *tr verb* [landschafts]gärtnerisch gestalten

landslide *n* ① GEOL Erdrutsch *m* ② POL Erdrutsch[wahl]sieg *m*

lane [leɪn] *n* ① (*narrow road*) Gasse *f,* enge Straße; **country** ~ schmale Landstraße ② (*marked strip*) [Fahr]spur *f;* SPORTS Bahn *f;* **cycle** ~ Fahrradweg *m;* **in the fast/middle** ~ auf der Überholspur/mittleren Spur

language ['læŋgwɪdʒ] *n* ① (*of nation*) Sprache *f;* **a foreign** ~ eine Fremdsprache; **sb's native** ~ jds Muttersprache ② *no pl* (*words*) Sprache *f;* (*style of expression*) Ausdrucksweise *f,* Sprache *f;* **bad** ~ Schimpfwörter *Pl* ③ (*of specialist group*) Fachsprache *f*

lank [læŋk] *adj hair* strähnig

lanky ['læŋki] *adj* hoch aufgeschossen

lantern ['læntən] *n a.* ARCHIT Laterne *f*

lap¹ [læp] *n* Schoß *m* ▸ **to live in the** ~ **of luxury** ein Luxusleben führen

lap² [læp] **I.** *n* ① SPORTS Runde *f;* **to do a** ~ [**of honour**] BRIT eine Ehrenrunde drehen ② (*fig: stage*) Etappe *f* **II.** *tr verb* <-pp-> ① (*overtake*) überrunden ② *usu passive* (*liter: wrap*) **to be** ~**ped in sth** in etw *Akk* gehüllt sein **III.** *intr verb* ① (*in car racing*) eine Runde drehen ② (*project*) hängen (**over** über)

lap³ [læp] **I.** *tr verb* ① (*drink*) lecken, schlecken SÜDD, ÖSTERR ② (*hit gently*) *waves* [sanft] gegen etw schlagen **II.** *intr verb* **to** ~ **against sth** *waves* [sanft] gegen etw schlagen ◆ **lap up** *tr verb* (*drink*) [auf]lecken, [auf]schlecken SÜDD, ÖSTERR

lap belt *n* Beckengurt *m*

lapel [lə'pel] *n* Revers *nt*

lapse [læps] **I.** *n* ① (*mistake*) Versehen *nt;* (*moral*) Fehltritt *m;* ~ **of attention** Aufmerksamkeitsmangel *m;* ~ **of judgement** Fehleinschätzung *f* ② *no pl* (*of time*) Zeitspanne *f* **II.** *intr verb* ① (*fail*) *attention, concentration* abschweifen ② (*end*) ablaufen; *contract a.* erlöschen ③ (*pass into*) **to** ~ **into sth** in etw *Akk* verfallen; **to** ~ **into silence** in Schweigen verfallen

lapsed [læpst] *adj attr* ① (*no longer involved*) *member* ehemalig; ~ **Catholic** vom Glauben abgefallener Katholik ② (*discontinued*) *policy, subscription* abgelaufen

laptop *n,* **laptop computer** *n* Laptop *m*

larch <*pl* -es> [lɑːtʃ] *n* Lärche *f*

lard [lɑːd] **I.** *n no pl* Schweineschmalz *nt* **II.** *tr verb* (*a. fig*) spicken

larder ['lɑːdəʳ] *n* Speisekammer *f*

lardy ['lɑːdi] *adj* (*fam or pej*) fett

large [lɑːdʒ] **I.** *adj* ① (*in size*) groß ② (*in quantity, extent*) groß, beträchtlich; **a ~ number of people/things** viele Menschen/Dinge ③ (*hum o euph: fat*) wohlbeleibt ▶ **~r than life** (*fig*) *person* aufgeschlossen; **by and ~** im Großen und Ganzen **II.** *n* ① (*not caught*) **to be at ~** auf freiem Fuß sein ② (*in general*) **at ~** im Allgemeinen

largely ['lɑːdʒli] *adv* größtenteils

large-scale *adj esp attr* ① (*extensive*) umfangreich; **~ manufacturer/producer** Großerzeuger *m*/-produzent *m* ② (*made large*) **a ~ map** eine Karte mit großem Maßstab

lark[1] [lɑːk] *n* (*bird*) Lerche *f*

lark[2] [lɑːk] **I.** *n esp* BRIT (*fam: joke*) Spaß *m;* **for a ~** aus Jux *fam* **II.** *intr verb* (*fam*) **to ~ about** herumblödeln

laser ['leɪzəʳ] *n* Laser *m;* **~ beam** Laserstrahl *m;* **~ printer** Laserdrucker *m;* **~ show** Lasershow *f*

lash[1] <*pl* -es> [læʃ] *n* ANAT [Augen]wimper *f*

lash[2] [læʃ] **I.** *n* <*pl* -es> ① (*whip*) Peitsche *f* ② (*stroke of whip*) Peitschenhieb *m* **II.** *tr verb* ① (*whip*) auspeitschen ② (*strike violently*) **to ~ sth** gegen etw schlagen ③ (*strongly criticize*) **to ~ sb** heftige Kritik an jdm üben **III.** *intr verb* ① (*strike*) schlagen (**at** gegen); (*fig*) *rain, wave* peitschen (**at** gegen) ② (*move violently*) schlagen ◆ **lash about, lash around** *intr verb* [wild] um sich schlagen ◆ **lash down I.** *tr verb* festbinden **II.** *intr verb rain* niederprasseln ◆ **lash out I.** *intr verb* ① (*physically*) **to ~ out at sb** auf jdn einschlagen ② (*verbally*) **to ~ out at sb** jdn scharf kritisieren ③ BRIT, AUS (*fam: spend freely*) sich *Dat* etw leisten **II.** *tr verb* BRIT, AUS **to ~ out £500/$40** £500/$40 springen lassen *fam*

last[1] [lɑːst] *n* (*for shoemaker*) Leisten *m*

last[2] [lɑːst] **I.** *adj* ① *attr* (*after all the others*) **the ~ ...** der/die/das letzte ...; **to arrive/come ~** als Letzte(r) *f(m)* ankommen/kommen; **to do sth ~ thing** etw als Letztes tun; **the ~ one** der/die/das Letzte; **she was the ~ one to arrive** sie kam als Letzte an ② (*lowest in order, rank*) letzte(r, s); **to be ~** Letzte(r) *f(m)* sein; (*in a race, competition*) Letzte(r) *f(m)* werden ③ *attr* (*final, remaining*) letzte(r, s); **at the ~ minute/moment** in letzter Minute/im letzten Moment ④ *attr* (*most recent, previous*) letzte(r, s); **the week/year before ~** vorletzte Woche/vorletztes Jahr ⑤ *attr* (*most unlikely*) **she was the ~ person I expected to see** sie hätte ich am allerwenigsten erwartet ▶ **to have the ~ laugh** zuletzt lachen *fig;* (*show everybody*) es allen zeigen; **sth is on its ~ legs** (*fam*) etw macht es nicht mehr lange **II.** *adv* ① (*most recently*) das letzte Mal, zuletzt ② (*after the others*) als Letzte(r, s); **until ~** bis zuletzt ③ (*lastly*) zuletzt, zum Schluss; **~ but not least** nicht zuletzt **III.** *n* <*pl* -> ① (*one after all the others*) **the ~** der/die/das Letzte; **she was the ~ to arrive** sie kam als Letzte ② (*only one left, final one*) **the ~** der/die/das Letzte ③ (*remainder*) **the ~** der letzte Rest ④ (*most recent, previous one*) **the ~** der/die/das Letzte; **the ~ we heard from her, ...** als wir das letzte Mal von ihr hörten, ... ⑤ (*fam: end*) **you haven't heard the ~ of this!** das letzte Wort ist hier noch nicht gesprochen!; **to see the ~ of sth** (*fam*) etw nie wiedersehen müssen; **at ~** endlich

last[3] [lɑːst] **I.** *intr verb* ① (*go on for*) [an]dauern ② (*endure*) halten; *enthusiasm, intentions* anhalten **II.** *tr verb supplies* [aus]reichen; **to ~ [sb] a lifetime** ein Leben lang halten

lasting ['lɑːstɪŋ] *adj* dauerhaft, andauernd; *impression* nachhaltig

lastly ['lɑːstli] *adv* schließlich

last-minute *adj* in letzter Minute *nachgestellt;* **~ booking** Last-Minute-Buchung *f*

last name *n* Nachname *m,* Familienname *m*

latch [lætʃ] **I.** *n* Riegel *m* **II.** *intr verb* ① *esp* BRIT (*fam: understand*) **to ~ on [to sth]** [etw] kapieren ② (*fam: attach oneself to*) **to ~ on to sb/sth** sich an jdn/etw hängen

late [leɪt] **I.** *adj* <-r, -st> ① (*behind time*) verspätet *attr;* **to be ~** *bus, flight, train* Verspätung haben; *person* zu spät

L

kommen, sich verspäten; **sorry I'm ~** tut mir leid, dass ich zu spät komme; **to be ~ for sth** zu spät zu etw kommen ② (*in the day*) spät; **let's go home, it's getting ~** lass uns nach Hause gehen, es ist schon spät ③ *attr* (*towards the end*) spät; **in the ~ afternoon/evening** spät am Nachmittag/Abend; **~ October** Ende Oktober; **~ summer/autumn** der Spätsommer/-herbst ④ *attr* (*former*) früher, ehemalig ⑤ *attr* (*deceased*) verstorben **II.** *adv* <-r, -s> ① (*after the expected time*) spät; **the train arrived ~** der Zug hatte Verspätung; **can I stay up ~ tonight?** darf ich heute länger aufbleiben?; **Ann has to work ~ today** Ann muss heute Überstunden machen ② (*at an advanced time*) **~ in the afternoon/at night** am späten Nachmittag/Abend; **~ in the evening/night** spät am Abend/in der Nacht; **~ in the day** spät [am Tag]; **too ~ in the day** (*a. fig*) zu spät ③ (*recently*) **as ~ as** noch; **of ~** in letzter Zeit

L

latecomer *n* Nachzügler(in) *m(f)*

lately ['leɪtli] *adv* ① (*recently*) kürzlich, in letzter Zeit ② (*short time ago*) kürzlich, vor kurzer Zeit; **until ~** bis vor kurzem

later ['leɪtəʳ] **I.** *adj comp of* **late** ① *attr* (*at future time*) später ② *pred* (*less punctual*) später **II.** *adv comp of* **late** ① (*at later time*) später, anschließend; **no ~ than nine o'clock** nicht nach neun Uhr; **see you ~!** bis später! ② (*afterwards*) später, danach

latest ['leɪtɪst] **I.** *adj superl of* **late** (*most recent*) **the ~ ...** der/die/das jüngste [*o* letzte] ...; **her ~ movie** ihr neuester Film **II.** *n* **have you heard the ~?** hast du schon das Neueste gehört? **III.** *adv* **at the [very] ~** bis [aller]spätestens

Latin ['lætɪn] **I.** *n no pl* Latein *nt* **II.** *adj* ① LING lateinisch ② (*of Latin origin*) Latein-

latish ['leɪtɪʃ] (*fam*) **I.** *adj* ziemlich spät **II.** *adv* etwas spät

latitude ['lætɪtjuːd] *n* Breite *f*, Breitengrad *m*

latter ['lætəʳ] **I.** *adj attr* ① (*second of two*) zweite(r, s) ② (*near the end*) spätere(r, s); **in the ~ part of the year** in der zweiten Jahreshälfte **II.** *pron* **the ~** der/die/das Letztere

latterly ['lætəli] *adv* in letzter Zeit, neuerdings

laugh [lɑːf] **I.** *n* ① (*sound*) Lachen *nt kein Pl* ② (*fam: amusing activity*) Spaß *m;* **to do sth for a ~** etw [nur] aus Spaß tun **II.** *intr verb* ① (*express amusement*) lachen; **to make sb ~** jdn zum Lachen bringen; **to ~ at sb/sth** über jdn/etw lachen ② (*fig fam: scorn*) **to ~ at sb/sth** sich über jdn/etw lustig machen ▶ **to ~ in sb's face** jdn auslachen; **to ~ one's head off** (*fam*) sich totlachen; **no ~ing matter** nicht zum Lachen

laughable ['lɑːfəbl̩] *adj* lächerlich *pej,* lachhaft *pej*

laughing gas ['lɑːfɪŋ-] *n no pl* Lachgas *nt*

laughing stock *n* **to be a ~** die Zielscheibe des Spotts sein

laughter ['lɑːftəʳ] *n no pl* Gelächter *nt,* Lachen *nt*

launch [lɔːn(t)ʃ] **I.** *n* ① (*introductory event*) Präsentation *f* ② (*boat*) Barkasse *f* ③ (*of boat*) Stapellauf *m;* (*of rocket, spacecraft*) Start *m* **II.** *tr verb* ① *ship* vom Stapel lassen; *missile, torpedo* abschießen; *rocket, spacecraft* starten ② (*begin something*) beginnen; **to ~ an attack** zum Angriff übergehen ◆ **launch into** *intr verb* **to ~ into sth** sich [begeistert] in etw *Akk* stürzen *fig;* **to ~ into a verbal attack** eine Schimpfkanonade loslassen ◆ **launch out** *intr verb* anfangen, beginnen

launching pad *n,* **launch pad** *n* ① (*starting area*) Abschussrampe *f* ② (*fig: starting point*) Anfang *m*

laund[e]rette [ˌlɔːndəˈret] *n,* **laundromat®** ['lɔːndroʊmæt] *n* AM, AUS Waschsalon *m*

laundry ['lɔːndri] *n* ① *no pl* (*dirty clothes*) Schmutzwäsche *f;* **to do the ~** Wäsche waschen ② *no pl* (*washed clothes*) frische Wäsche ③ (*place*) Wäscherei *f*

laundry basket *n,* AM *a.* **laundry hamper** *n* Wäschekorb *m*

laundry service *n* Wäscheservice *m,* Wäscherei *f*

lavatory ['lævətəri] *n usu* BRIT Toilette *f;* **to go to the ~** auf die Toilette gehen

lavatory seat *n esp* BRIT Toilettensitz *m*

law [lɔː] *n* ① (*rule*) Gesetz *nt* ② *no pl*

(*legal system*) Recht *nt;* **to be above the ~** über dem Gesetz stehen; **to break/obey the ~** das Gesetz brechen/befolgen ③ *no pl* UNIV Jura *kein Art* ▶ **the ~ of the jungle** das Gesetz des Stärkeren

law-abiding *adj* gesetzestreu **law court** *n* Gericht *nt* **law enforcement** *n no pl esp* AM Gesetzesvollzug *m*

lawful ['lɔːfəl] *adj* (*form*) gesetzlich; *heir, owner* gesetzmäßig

lawless ['lɔːləs] *adj* ① (*without laws*) gesetzlos ② (*illegal*) gesetzwidrig

lawn [lɔːn] *n* Rasen *m*

lawnmower *n* Rasenmäher *m*

lawn tennis *n no pl* (*form*) Rasentennis *nt*

law school *n esp* AM juristische [*o* ÖSTERR juridische] Fakultät

law student *n* Jurastudent(in) *m(f)*, Jusstudent(in) *m(f)* ÖSTERR, SCHWEIZ

lawsuit *n* Klage *f*, Prozess *m*

lawyer ['lɔɪər] *n* Rechtsanwalt *m*, Rechtsanwältin *f*

laxative ['læksətɪv] **I.** *n* Abführmittel *nt* **II.** *adj attr* abführend

lay[1] [leɪ] *adj attr* ① (*not professional*) laienhaft ② (*not clergy*) weltlich, Laien-

lay[2] [leɪ] *pt of* **lie**

lay[3] [leɪ] **I.** *n* (*general appearance*) Lage *f* **II.** *tr verb* <laid, laid> ① (*spread*) legen (**on** auf) ② (*place*) **to ~ sth somewhere** etw irgendwohin legen ③ (*put down*) verlegen; **to ~ the foundations of a building** das Fundament für ein Gebäude legen ④ *the table* decken ⑤ (*render*) **to ~ sth bare** etw offenlegen; **to ~ sb bare** jdn bloßstellen ⑥ (*deposit*) **to ~ an egg** ein Ei legen ⑦ (*wager*) setzen; **to ~ a bet on sth** auf etw *Akk* wetten ⑧ (*assert*) **to ~ a charge against sb** gegen jdn Anklage erheben; **to ~ claim to sth** auf etw *Akk* Anspruch erheben ⑨ *usu passive* (*vulg: have sexual intercourse*) **to get laid** flachgelegt werden *sl* ▶ **to ~ hands on sb** Hand an jdn legen; **to ~ sth to rest** *fears, suspicions* etw beschwichtigen; **to ~ it on [a bit thick]** etw zu dick auftragen *fam* **III.** *intr verb* <laid, laid> *hen* [Eier] legen ◆**lay about** *intr verb* ① (*strike out wildly*) **to ~ about oneself** wild um sich schlagen ② (*fig: be indiscriminately critical*) zu einem Rundumschlag ausholen ◆**lay aside** *tr verb* ① (*put away*) beiseitelegen ② (*fig: stop*) *project, work* auf Eis legen *fam* ③ (*fig: forget*) *differences* beilegen ④ (*save*) beiseitelegen ◆**lay back** *tr verb* zurücklegen; **to ~ back one's ears** *animal* die Ohren anlegen ◆**lay by** *tr verb* ① (*save up*) beiseitelegen, sparen ② AM (*grow a last crop on*) **to ~ by a field** ein Feld ein letztes Mal bestellen ◆**lay down** *tr verb* ① (*place on a surface*) hinlegen (**on** auf) ② (*relinquish*) *weapons* niederlegen ③ (*decide on*) festlegen ▶ **to ~ down one's life for sb/sth** sein Leben für jdn/etw geben ◆**lay into** *intr verb* ① (*fam*) **to ~ into sb** (*physically*) jdn angreifen; (*verbally*) jdn zur Schnecke machen ② (*eat heartily*) **to ~ into sth** etw verschlingen ◆**lay off I.** *tr verb* ① **to ~ off ↻ sb** (*from work*) jdm kündigen ② **to ~ off sb** (*stop molesting*) jdn in Ruhe lassen **II.** *intr verb* aufhören; **to ~ off smoking** das Rauchen aufgeben ◆**lay on** *tr verb* ① (*make available*) **to ~ on ↻ sth** für etw sorgen ② (*install*) *electricity* anschließen ◆**lay out** *tr verb* ① (*arrange*) planen; *campaign* organisieren ② (*spread out*) *map* ausbreiten ③ *usu passive* (*design*) **to be laid out** angeordnet sein ◆**lay up** *tr verb usu passive* (*fam*) **to be laid up [in bed] with flu** mit einer Grippe im Bett liegen

layabout *n* (*pej fam*) Faulenzer(in) *m(f)*

lay-by *n* ① BRIT (*on road*) Haltebucht *f*, Rastplatz *m* ② *no pl* AUS (*form of purchasing*) Ratenkauf *m*

layer ['leɪər] **I.** *n* ① (*of substance*) Schicht *f* ② (*fig: level*) *of bureaucracy* Stufe *f* **II.** *tr verb* **to ~ sth [with sth]** etw [abwechselnd mit etw] in Schichten anordnen

layered ['leɪəd] *adj* Stufen-, Schicht-

lay-off *n* (*from work*) Entlassung *f*

layout *n* ① (*plan*) *of a building, a house* Raumaufteilung *f* ② (*of written material*) Layout *nt*

layover *n* AM (*stopover*) Aufenthalt *m;* (*of plane*) Zwischenlandung *f*

laziness ['leɪzɪnəs] *n no pl* Faulheit *f*

lazy ['leɪzi] *adj* ① (*pej: unwilling to work*) faul ② (*relaxed*) müßig *geh*

lead[1] [led] *n* ① (*metal*) Blei *nt;* **to con-**

tain ~ bleihaltig sein ② (*pencil filling*) Mine *f* ③ *no pl* (*graphite*) Graphit *m*

lead² [li:d] **I.** *n* ① THEAT, FILM Hauptrolle *f* ② *usu sing* (*guiding in dance*) Führung *f kein Pl* ③ *no pl* (*front position*) Führung *f*; **to be in the ~** führend sein ④ (*position in advance*) Vorsprung *m;* **to have a ~ of five metres/minutes [over sb]** einen Vorsprung von fünf Metern/Minuten [vor jdm] haben ⑤ (*connecting wire*) Kabel *nt* ⑥ BRIT, AUS (*rope for pet*) Leine *f;* **to be on a ~** angeleint sein **II.** *tr verb* <led, led> ① (*be in charge of*) führen; *delegation, discussion, inquiry* leiten ② (*guide*) führen ③ (*go in advance*) **to ~ the way** vorangehen ④ (*cause to have*) **to ~ sb into trouble** jdn in Schwierigkeiten bringen ⑤ (*pej: cause to do*) **to ~ sb to do sth** jdn dazu verleiten, etw zu tun ⑥ ECON, SPORTS (*be ahead of*) anführen **III.** *intr verb* <led, led> ① (*be in charge*) die Leitung innehaben ② (*be guide*) vorangehen; **to ~ from the front** (*fig*) den Ton angeben ③ (*be directed towards*) **to ~ somewhere** irgendwohin führen ④ (*implicate*) **to ~ to sth** auf etw *Akk* hinweisen ⑤ (*cause to develop, happen*) **to ~ to sth** zu etw führen ◆ **lead along** *tr verb* führen ◆ **lead aside** *tr verb* beiseitenehmen ◆ **lead astray** *tr verb* auf Abwege führen ◆ **lead away** *tr verb* wegbringen; **he was led away by the police** er wurde von der Polizei abgeführt ◆ **lead back** *tr verb* zurückführen ◆ **lead off I.** *tr verb* ① (*initiate*) **to ~ off** ⊂ **sth** etw eröffnen ② (*take away*) **to ~ sb off** jdn wegführen **II.** *intr verb* (*perform first*) beginnen ◆ **lead on I.** *intr verb* vorangehen; (*in a car*) voranfahren **II.** *tr verb* (*pej*) **to ~ sb on** ① (*deceive*) jdm etw vormachen ② (*raise false hopes, sexually*) jdm zum Spaß den Kopf verdrehen ◆ **lead up** *intr verb* hinführen (**to** zu); **what's this all ~ing up to?** was soll das Ganze?

leaded ['ledɪd] **I.** *adj* ① (*of fuel*) verbleit ② (*of windows*) bleiverglast **II.** *n no pl* verbleites Benzin

leader ['li:dəʳ] *n* ① (*head*) Leiter(in) *m(f)*, Führer(in) *m(f)* ② (*first in competition*) Erste(r) *f(m)* ③ (*most successful*) Führende(r) *f(m)* ④ BRIT MUS (*of orchestra*) erster Geiger/erste Geigerin

leadership ['li:dəʃɪp] *n no pl* ① (*action of leading*) Führung *f* ② (*position*) Leitung *f*, Führung *f*, Führerschaft *f* ③ + *sing/pl verb* (*people in charge*) **the ~** die Leitung

lead-free ['led-] *adj* bleifrei

leading¹ ['li:dɪŋ] **I.** *adj attr* führend; **~ article** BRIT JOURN Leitartikel *m;* **~ question** Suggestivfrage *f* **II.** *n no pl* (*guidance*) Führung *f*

leading² ['ledɪŋ] *n no pl* BRIT (*of roof*) Verbleiung *f*

lead pencil [led'-] *n* Bleistift *m*

lead singer [li:d'-] *n* Leadsänger(in) *m(f)*

lead story [li:d'-] *n* Aufmacher *m*

leaf [li:f] **I.** *n* <*pl* leaves> [li:vz] (*part of plant*) Blatt *nt;* **dead ~** verwelktes Blatt ▸ **to shake like a ~** wie Espenlaub zittern **II.** *intr verb* (*of book, periodical*) **to ~ through sth** etw durchblättern

leaflet ['li:flət] **I.** *n* (*for advertising*) Prospekt *m* ÖSTERR *a. nt;* (*for instructions*) Merkblatt *nt;* (*for political use*) Flugblatt *nt;* (*brochure*) Broschüre *f* **II.** *intr verb* (*in street*) auf der Straße Prospekte verteilen; (*by mail*) per Post Werbematerial verschicken **III.** *tr verb* <-t-> Handzettel verteilen; (*by mail*) Handzettel irgendwohin verschicken; (*for advertising*) Werbematerial verteilen

leafy ['li:fi] *adj* ① (*of place*) belaubt ② HORT Blatt-, blattartig

league [li:g] *n* ① (*group*) Bund *m* ② (*esp pej: agreement to cooperate*) **to be in ~ with sb** mit jdm gemeinsame Sache machen ③ (*in competitive sport*) Liga *f;* **to be bottom/top of the ~** den Tabellenschluss bilden/Tabellenführer sein ④ (*class*) Klasse *f*

leak [li:k] **I.** *n* Leck *nt;* **a gas ~** eine undichte Stelle in der Gasleitung **II.** *intr verb* (*of container, surface*) undicht sein; *bucket, hose* undicht sein; *tap* tropfen; *tyre* Luft verlieren **III.** *tr verb* **to ~ sth** ① (*of container, surface*) verlieren; *gas, liquid* austreten lassen ② (*fig*) *confidential information* durchsickern lassen

leaky ['li:ki] *adj* leck

lean¹ [li:n] **I.** *adj* ① *animal* mager; *person* schlank ② *meat* mager ③ (*of period of time*) mager **II.** *n no pl* mageres Fleisch

lean[2] [liːn] **I.** *intr verb* <leant *or* AM *usu* leaned, leant *or* AM *usu* leaned> ① (*incline*) sich beugen; (*prop*) sich lehnen; **to ~ to the left/right** sich nach links/rechts lehnen; **to ~ against sth** sich an etw *Akk* lehnen; **to ~ forward** sich nach vorne lehnen ② (*fig: opinion*) neigen; **I ~ towards the view that ...** ich neige zur Ansicht, dass ... **II.** *tr verb* <leant *or* AM *usu* leaned, leant *or* AM *usu* leaned> lehnen (**on** auf) ◆ **lean on** *intr verb* (*fig: rely*) **to ~ on sb/sth** sich auf jdn/etw verlassen ◆ **lean over** *intr verb* **to ~ over sb/sth** sich über jdn/etw beugen

leaning ['liːnɪŋ] *n esp pl* Neigung *f geh* (**towards** zu)

leant [lent] *tr, intr verb, pt, pp of* **lean**

leap [liːp] **I.** *n* ① (*jump*) Sprung *m;* (*bigger*) Satz *m* ② (*fig: increase*) Sprung *m* (**in** bei) ③ (*fig: change*) **a ~ of faith/imagination** ein Sinneswandel *m*/Gedankensprung *m* **II.** *intr verb* <leapt *or* AM *esp* leaped, leapt *or* AM *esp* leaped> ① (*jump*) springen; **to ~ forward** nach vorne springen; **to ~ on sb/sth** sich auf jdn/etw stürzen ② (*rush*) **to ~ to sb's defence** zu jds Verteidigung eilen ③ (*be enthusiastic*) **to ~ with joy** vor Freude einen Luftsprung machen **III.** *tr verb* <leapt *or* AM *usu* leaped, leapt *or* AM *usu* leaped> **to ~ sth** über etw *Akk* springen, etw überspringen ◆ **leap out** *intr verb* ① (*jump out*) herausspringen (**out of** aus) ② (*fig: grab attention*) **to ~ out at sb** jdm ins Auge springen ◆ **leap up** *intr verb* ① (*jump up*) aufspringen ② (*fig: increase*) in die Höhe schießen

leapt [lept] *tr, intr verb, pt, pp of* **leap**

learn [lɜːn] **I.** *tr verb* <learnt *or* AM *usu* learned, learnt *or* AM *usu* learned> lernen; **to ~ how to do sth** lernen, wie man etw tut ▶ **to ~ sth by heart** etw auswendig lernen **II.** *intr verb* <learnt *or* AM *usu* learned, learnt *or* AM *usu* learned> ① (*master*) lernen (**about** über); **to ~ by one's mistakes** aus seinen Fehlern lernen ② (*become aware of*) **to ~ about sth** von etw erfahren

learned[1] [lɜːnd] *adj* angelernt

learned[2] ['lɜːnɪd] *adj* (*form*) gelehrt

learner ['lɜːnə^r] *n* ① (*one who's learning, training*) Lernende(r) *f(m);* (*beginner*) Anfänger(in) *m(f);* (*pupil*) Schüler(in) *m(f)* ② BRIT (*learner driver*) Fahrschüler(in) *m(f)*

learning ['lɜːnɪŋ] *n no pl* ① (*acquisition of knowledge*) Lernen *nt* ② (*education*) Bildung *f*

learning disability *n* Lernstörung *f*

learnt [lɜːnt] *tr, intr verb, pt, pp of* **learn**

leaseholder *n of a flat, a house* Mieter(in) *m(f); of an equipment, a vehicle* Leasingnehmer(in) *m(f)*

leash [liːʃ] **I.** *n* (*lead*) Leine *f;* **pets must be on a ~** Haustiere müssen angeleint sein **II.** *tr verb dog* anleinen

least [liːst] **I.** *adv* am wenigsten; **the ~ little thing** die kleinste Kleinigkeit; **~ of all** am allerwenigsten **II.** *adj* geringste(r, s) **III.** *n* **the ~** das Geringste; **at ~** mindestens, wenigstens

leather ['leðə^r] *n* ① (*material*) Leder *nt* ② (*for polishing*) Lederlappen *m*

leathery ['leð^əri] *adj* ① ledrig ② (*pej*) *meat, pastry* zäh

leave [liːv] **I.** *n no pl* ① (*departure*) Abreise *f* ② (*farewell*) Abschied *m* ③ (*vacation time*) Urlaub *m;* **maternity ~** Mutterschaftsurlaub *m;* **to be/go on ~** in Urlaub sein/gehen **II.** *tr verb* <left, left> ① (*depart from*) *place* verlassen; (*of train, ferry*) abfahren; **to ~ Konstanz/the station** von Konstanz/aus dem Bahnhof abfahren ② (*go away permanently*) *one's husband/wife* verlassen; **to ~ home** von zu Hause weggehen; **to ~ school** die Schule beenden; **to ~ work** aufhören zu arbeiten ③ (*not take away with*) [zurück]lassen ④ (*forget to take*) vergessen ⑤ (*let traces remain*) *footprints, stains* hinterlassen ⑥ (*cause to remain in a certain state*) **to ~ sb alone** jdn alleine lassen; **to ~ sth on/open** etw eingeschaltet/offen lassen ⑦ (*not change*) lassen ⑧ (*not eat*) übrig lassen ⑨ (*be survived by*) *wife, children* hinterlassen ⑩ (*put off doing*) lassen; **don't ~ it too late!** schieb es nicht zu lange auf! ⑪ (*not discuss further*) **let's ~ it at that** lassen wir es dabei bewenden ⑫ (*assign*) **to ~ sth to sb** *decision* jdm etw überlassen ▶ **to ~ nothing/sth to chance** nichts/etw dem Zufall überlassen; **to ~ sb alone** jdn in Ruhe lassen; **~ well [enough] alone!** lass die Finger davon! **III.** *intr*

L

verb <left, left> [weg]gehen; *vehicle* abfahren; *plane* abfliegen ◆ **leave behind** *tr verb* ① (*not take along*) zurücklassen ② (*leave traces*) hinterlassen ◆ **leave off I.** *tr verb* ① (*omit*) auslassen; **to ~ sb/sb's name off a list** jdn/jds Namen nicht in eine Liste aufnehmen ② (*not wear*) **to ~ one's coat off** seinen Mantel nicht anziehen **II.** *intr verb* (*fam*) aufhören; **to ~ off sth** mit etw aufhören ◆ **leave on** *tr verb light, radio* anlassen ◆ **leave out** *tr verb* auslassen ◆ **leave over** *tr verb usu passive* **to be left over** übrig geblieben sein

leaving party *n* Abschiedsparty *f*

lecture ['lektʃəʳ] **I.** *n* (*formal speech*) Vortrag *m* (**on/about** über); UNIV Vorlesung *f* (**on** über) **II.** *intr verb* ① UNIV eine Vorlesung halten (**in/on** über) ② (*pej: criticize*) belehren (**about** über) **III.** *tr verb* **to ~ sb on sth** ① UNIV vor jdm über etw *Akk* eine Vorlesung halten ② (*criticize*) jdm wegen einer S. *Gen* eine Standpauke halten *fam;* (*advise*) jdm über etw *Akk* einen Vortrag halten *fam*

lecture notes *npl* Vorlesungsmitschrift *f*

lecturer ['lektʃᵊrəʳ] *n* ① (*speaker*) Redner(in) *m(f)* ② (*at university*) Dozent(in) *m(f)*

lecture room *n* UNIV Hörsaal *m*

lecture tour *n* Vortragsreise *f*

led [led] *pt, pp of* **lead**

LED [ˌeliː'diː] *n acr for* **light-emitting diode** LED *f*

ledge [ledʒ] *n* Sims *m o nt;* (*in rocks*) Felsvorsprung *m*

leek [liːk] *n* Lauch *m*

left[1] [left] *pt, pp of* **leave**

left[2] [left] **I.** *n* ① *no pl* (*direction*) **from ~ to right** von links nach rechts ② (*left turn*) **to make a ~** [nach] links abbiegen ③ (*street on the left*) **the first/second/third ~** die erste/zweite/dritte Straße links ④ *no pl* (*left side*) **the ~** die linke Seite; **on/to the ~** links ⑤ *no pl* (*political grouping*) **the ~** die Linke; **party on the ~** Linkspartei *f* **II.** *adj* ① (*position, direction*) linke(r, s) ② (*political direction*) linke(r, s), linksgerichtet **III.** *adv* (*direction*) nach links; (*side*) links

left-hand *adj attr* ① (*on sb's left side*) linke(r, s) ② SPORTS **~ catch/shot/volley** mit links gefangener Ball/ausgeführter Schuss/ausgeführter Volley **left-handed** *adj* ① (*of person*) linkshändig; **she is ~** sie ist Linkshänderin ② *attr* (*for left hand use*) Linkshänder- ③ (*turning to left*) *racetrack* linksläufig **left-hander** *n* ① (*person*) Linkshänder(in) *m(f)* ② (*curve in road*) Linkskurve *f* ③ (*hit*) Schlag *m* mit der Linken

left-luggage *n,* **left-luggage office** *n* BRIT Gepäckaufbewahrung *f*

leftovers *npl* ① (*food*) Reste *Pl* ② (*parts remaining*) Überreste *Pl*

left wing *n + sing/pl verb* **the ~** ① POL die Linke; **the ~ of the party** der linke Parteiflügel ② SPORTS der linke Flügel

left-wing *adj* linksgerichtet, links *präd*

left-winger *n* ① POL Linke(r) *f(m)* ② SPORTS Linksaußen *m*

leg [leg] *n* ① (*limb*) Bein *nt* ② (*meat*) Keule *f,* Schlegel *m* SÜDD, ÖSTERR ③ (*clothing part*) [Hosen]bein *nt* ④ (*support*) Bein *nt;* **chair/table ~** Stuhl-/Tischbein *nt* ⑤ (*segment*) Etappe *f* ⑥ AM (*fam*) **to have ~s** (*remain popular*) langfristig halten ▶ **to be on one's <u>last</u> ~s** auf dem letzten Loch pfeifen; **<u>break</u> a ~!** Hals- und Beinbruch!; **to <u>give</u> sb a ~ up** (*help to climb*) jdm hinaufhelfen

legal ['liːgᵊl] *adj* ① (*permissible by law*) legal ② (*required by law*) gesetzlich [vorgeschrieben] ③ (*concerning the law*) rechtlich; **~ system** Rechtssystem *nt* ④ (*of courts*) gerichtlich; (*of lawyers*) juristisch

legality [liː'gæləti] *n* ① *no pl* (*lawfulness*) Legalität *f,* Gesetzmäßigkeit *f* ② (*laws*) **legalities** *pl* gesetzliche Bestimmungen

legalize ['liːgᵊlaɪz] *tr verb* legalisieren *geh*

legally ['liːgᵊli] *adv* ① (*permissible by law*) legal ② (*required by law*) **~ obliged/required** gesetzlich verpflichtet/vorgeschrieben ③ (*according to the law*) rechtmäßig

legend ['ledʒənd] **I.** *n* ① (*old story*) Sage *f;* (*about saint*) Legende *f* ② (*famous person*) Legende *f,* legendäre Gestalt **II.** *adj pred* **to be ~** Legende sein

legendary ['ledʒəndᵊri] *adj* ① (*mythical*) sagenhaft ② (*extremely famous*) legendär

leggings ['legɪŋz] *npl* ① (*tight-fitting*)

Leggings *Pl* ② (*for protection*) Überhose *f*

leggy ['legi] *adj* ① (*of woman*) langbeinig, mit langen Beinen *nachgestellt* ② (*of young animal, child*) staksig

legible ['ledʒəbl̩] *adj* lesbar

legitimate[1] [lɪ'dʒɪtəmət] *adj* ① (*legal*) rechtmäßig ② (*reasonable*) *excuse, reason* gerechtfertigt

legitimate[2] [lɪ'dʒɪtəmeɪt] *tr verb* ① (*make legal*) für rechtsgültig erklären ② (*make acceptable*) anerkennen

legless ['legləs] *adj pred* BRIT (*sl: extremely drunk*) sternhagelvoll *fam*

legroom *n no pl* Beinfreiheit *f*

leisure ['leʒəʳ] **I.** *n no pl* Freizeit *f;* **to lead a life of ~** ein müßiges Leben führen ▸ **at** [**one's**] **~** in aller Ruhe **II.** *adj clothes* Freizeit-

leisure centre *n* BRIT, **leisure complex** *n* BRIT Freizeitcenter *nt*

leisurely ['leʒəli] **I.** *adj* ruhig, geruhsam; **at a ~ pace** gemessenen Schrittes **II.** *adv* gemächlich

lemon ['lemən] **I.** *n* ① (*fruit*) Zitrone *f* ② *no pl* (*colour*) Zitronengelb *nt* **II.** *adj* **~** [**yellow**] zitronengelb

lemonade [ˌlemə'neɪd] *n* Zitronenlimonade *f*

lemon juice *n* Zitronensaft *m* **lemon peel** *n,* **lemon rind** *n* Zitronenschale *f* **lemon squash** *n* BRIT, AUS ① *no pl* (*concentrate*) Zitronensirup *m* ② (*drink*) Zitronensaftgetränk *nt* **lemon tea** *n* Tee *m* mit Zitrone

lend <lent, lent> [lend] **I.** *tr verb* ① (*loan*) leihen ② (*impart*) **to ~ sth to sb** jdm etw verleihen ▸ **to ~ an ear to sb** jdm zuhören; **to ~ a hand** helfen **II.** *intr verb* **to ~ to sb** jdm Geld leihen; *bank* jdm Kredit gewähren

lender ['lendəʳ] *n* Verleiher(in) *m(f);* (*money lender*) Kreditgeber(in) *m(f)*

lending ['lendɪŋ] *n no pl* Leihen *nt*

length ['leŋ(k)θ] *n* ① *no pl* (*measurement*) Länge *f;* **to be two metres in ~** zwei Meter lang sein ② (*piece*) Stück *nt; of cloth, wallpaper* Bahn *f* ③ (*winning distance*) Länge *f* [Vorsprung] ④ *no pl* (*duration*) Dauer *f;* **at ~** (*finally*) nach langer Zeit; (*in detail*) ausführlich

lengthen ['leŋ(k)θən] **I.** *tr verb* verlängern; *clothes* länger machen **II.** *intr verb* [immer] länger werden

lengthways ['leŋ(k)θweɪz], **lengthwise** ['leŋ(k)θwaɪz] **I.** *adv* der Länge nach **II.** *adj* Längs-

lengthy ['leŋ(k)θi] *adj* (*lasting a long time*) [ziemlich] lange; *applause* anhaltend

lenient ['li:niənt] *adj* nachsichtig, milde

lens <*pl* -es> [lenz] *n* (*optical instrument, part of eye*) Linse *f;* (*in camera, telescope a.*) Objektiv *nt;* (*in glasses*) Glas *nt;* [**contact**] **~** Kontaktlinse *f*

lent [lent] *tr, intr verb, pt, pp of* **lend**

Lent [lent] *n no pl, no art* Fastenzeit *f*

lentil ['lentᵊl] *n* Linse *f*

Leo ['li:əʊ] *n* ASTRO ① *no art* Löwe *m;* **to be born under ~** im Zeichen des Löwen geboren sein ② (*person*) Löwe *m*

leopard ['lepəd] *n* Leopard(in) *m(f)*

leotard ['li:ətɑ:d] *n* Trikot *nt;* (*for gymnastics a.*) Turnanzug *m*

lesbian ['lezbiən] **I.** *n* Lesbierin *f,* Lesbe *f fam* **II.** *adj* lesbisch

less [les] **I.** *adv comp of* **little** ① (*to a smaller extent*) weniger; **the ~ ... the better** je weniger ..., umso besser; **much ~ complicated** viel einfacher; **~ expensive** billiger; **~ and ~** immer weniger ② (*not the least bit*) **~ than happy** nicht gerade glücklich **II.** *adj comp of* **little** (*smaller amount of*) weniger **III.** *pron indef* (*smaller amount*) weniger; **a little/lot ~** etwas/viel weniger; **~ of a problem** ein geringeres Problem **IV.** *prep* **~ sth** minus [*o* abzüglich] einer S. *Gen*

lessen ['lesᵊn] **I.** *intr verb* schwächer werden; *fever* sinken **II.** *tr verb* verringern

lesser ['lesəʳ] *adj attr* ① (*smaller in amount*) geringer; **the ~ of two evils** das kleinere Übel ② (*lower*) *work of art, artist* unbedeutend

less-is-more [lesɪzmɔ:ʳ] *adj* **a ~ attitude** eine neue Bescheidenheit

lesson ['lesᵊn] *n* ① (*teaching period*) Stunde *f;* **~s** Unterricht *m kein Pl;* **to take acting ~s** Schauspielunterricht nehmen ② (*from experience*) Lehre *f,* Lektion *f*

lest [lest] *conj* (*liter*) ① (*for fear that*) aus Furcht, dass ...; **~ we forget** wir mögen nicht vergessen *form* ❷ (*in case*) falls

let¹ [let] *n* SPORTS Netzball *m*

let² [let] **I.** *n no pl esp* BRIT (*rent*) Vermietung *f* **II.** *tr verb* <-tt-, let, let> ❶ (*allow*) **to ~ sb do sth** jdn etw tun lassen; **to ~ sb alone** jdn in Ruhe lassen ❷ (*give permission*) **to ~ sb do sth** jdn etw tun lassen ❸ (*in suggestions*) **~'s go out to dinner!** lass uns Essen gehen! ❹ (*when thinking, for examples*) **~'s see, ...** also, ...; **~ me think** Moment [mal], ... ❺ (*expressing defiance*) **~ it rain** von mir aus kann es ruhig regnen ❻ *esp* BRIT, AUS (*rent out*) vermieten ◆ **let by** *tr verb* vorbeilassen ◆ **let down** *tr verb* ❶ **to ~ down ↔ sb** (*disappoint*) jdn enttäuschen ❷ (*lower slowly*) **to ~ down ↔ sth** etw herunterlassen ▶ **to ~ one's hair down** sich gehen lassen; **to ~ the side down** BRIT, AUS die anderen im Stich lassen ◆ **let in** *tr verb* ❶ (*allow to enter*) hereinlassen; **to ~ oneself in** aufschließen ❷ (*allow to know*) **to ~ sb in on sth** jdn in etw *Akk* einweihen ◆ **let off** *tr verb* ❶ (*emit*) ausstoßen; *bad smell* verbreiten ❷ (*fire*) *gun* abfeuern; *bomb, fireworks* zünden ❸ (*not punish*) **you won't be ~ off next time** das nächste Mal wirst du nicht davonkommen ◆ **let on I.** *intr verb* (*fam*) **to ~ on about sth [to sb]** [jdm] etwas von etw verraten **II.** *tr verb* (*fam*) **to ~ on that ...** ❶ (*divulge*) verraten, dass ... ❷ (*pretend*) so tun, als ob ... ◆ **let out** *tr verb* ❶ (*release*) herauslassen; **I'll ~ myself out** ich finde selbst hinaus ❷ (*emit*) ausstoßen; **to ~ out a groan** [auf]stöhnen; **to ~ out a shriek** aufschreien ❸ (*make wider*) *clothes* weiter machen ❹ *esp* BRIT (*rent out*) **to ~ out ↔ sth [to sb]** [jdm] etw vermieten ◆ **let up** *intr verb* (*fam*) ❶ (*decrease*) aufhören; *rain a.* nachlassen ❷ (*release*) **to ~ up on the accelerator** den Fuß vom Gas nehmen ❸ (*give up*) lockerlassen *fam*

lethal ['li:θəl] *adj* tödlich

lethargic [lə'θɑ:dʒɪk] *adj* lethargisch

letter ['letəʳ] *n* ❶ (*message*) Brief *m* (**from** von, **to** an); **a business/love ~** ein Geschäfts-/Liebesbrief *m;* **to inform sb by ~** jdn schriftlich verständigen ❷ (*of alphabet*) Buchstabe *m;* **in capital ~s** in Großbuchstaben; **in small ~s** in Kleinbuchstaben

letter bomb *n* Briefbombe *f*

letterhead *n* ❶ (*at top of letter*) Briefkopf *m* ❷ *no pl* (*paper*) Geschäfts-/Firmenbriefpapier *nt*

lettering ['letərɪŋ] *n no pl* Beschriftung *f*

lettuce ['letɪs] *n* ❶ *no pl* BOT Lattich *m* ❷ FOOD Blattsalat *m;* (*with firm head*) Kopfsalat *m*

level ['levəl] **I.** *adj* ❶ (*horizontal*) horizontal, waag(e)recht ❷ (*flat*) eben ❸ *pred* (*at an equal height*) **to be ~ [with sth]** auf gleicher Höhe [mit etw] sein ❹ *pred esp* BRIT, AUS (*in a race*) gleichauf; (*equal on points*) punkt(e)gleich ❺ (*calm*) *voice* ruhig; **in a ~ voice** mit ruhiger Stimme **II.** *n* ❶ (*quantity*) Niveau *nt;* (*height*) Höhe *f;* **at eye ~** in Augenhöhe; **above/below sea ~** über/unter dem Meeresspiegel ❷ (*extent*) Ausmaß *nt* ❸ (*storey*) Stockwerk *nt;* **ground ~** Erdgeschoss *nt* ❹ *no pl* (*rank*) Ebene *f* ❺ (*social, intellectual, moral*) Niveau *nt* **III.** *tr verb* <BRIT -ll- *or* AM *usu* -l-> ❶ (*flatten*) *ground* [ein]ebnen; *wood* [ab]schmirgeln ❷ (*direct*) **to ~ accusations against sb** Beschuldigungen gegen jdn erheben ◆ **level off, level out** *intr verb* ❶ (*after dropping*) *plane* sich fangen; *pilot* das Flugzeug abfangen ❷ (*become equal*) sich angleichen ❸ *path, road* flach werden ◆ **level up I.** *tr verb* (*make equal*) angleichen; (*increase*) anheben **II.** *intr verb* AM (*confess*) gestehen ◆ **level with** *intr verb esp* AM (*fam*) **to ~ with sb** ehrlich zu jdm sein

level crossing *n* BRIT, AUS Bahnübergang *m*

level-headed *adj* ❶ (*sensible*) vernünftig ❷ (*calm*) ruhig

lever ['li:vəʳ] **I.** *n* ❶ TECH Hebel *m* ❷ (*fig: threat*) Druckmittel *nt* **II.** *tr verb* ❶ (*lift with a lever*) **to ~ sth up** etw aufstemmen ❷ (*move with effort*) **to ~ oneself [up]** sich hochstemmen

liability [ˌlaɪə'bɪləti] *n* ❶ *no pl* (*financial responsibility*) Haftung *f* ❷ FIN **liabilities** Verbindlichkeiten *Pl* ❸ (*handicap*) Belastung *f*

liable ['laɪəbl̩] *adj* ❶ (*likely*) **to be ~ to do sth** Gefahr laufen, etw zu tun

② (*prone*) **to be ~ to sth** anfällig für etw sein ③ LAW haftbar

liar ['laɪəʳ] *n* Lügner(in) *m(f)*

lib [lɪb] *n no pl* (*fam*) *short for* **liberation** Befreiungsbewegung *f*

libel ['laɪbᵊl] LAW **I.** *n no pl* Verleumdung *f* **II.** *tr verb* <BRIT -ll- *or* AM *usu* -l-> verleumden

libellous ['laɪbᵊləs], AM **libelous** *adj* verleumderisch

liberal ['lɪbᵊrᵊl] **I.** *adj* ① (*tolerant*) liberal; *attitude, church, person a.* tolerant, aufgeschlossen ② (*progressive*) liberal, fortschrittlich ③ (*generous*) großzügig; *portion* groß **II.** *n* Liberale(r) *f(m)*

liberate ['lɪbᵊreɪt] *tr verb* ① (*free*) befreien (**from** von) ② (*fig, hum fam: steal*) **to ~ sth** etw mitgehen lassen

liberation [ˌlɪbᵊ'reɪʃᵊn] *n no pl* Befreiung *f* (**from** von)

liberty ['lɪbəti] *n* ① *no pl* (*freedom*) Freiheit *f;* **to be at ~** frei sein; **to be at ~ to do sth** etw tun können ② (*incorrect behaviour*) **it's [a bit of] a ~** es ist [ein bisschen] unverschämt ③ (*form: legal rights*) **liberties** Grundrechte *Pl*

Libra ['li:brə] *n* ASTRO ① *no art* Waage *f;* **to be born under ~** im Zeichen der Waage geboren sein ② (*person*) Waage *f;* **she is a ~** sie ist Waage

librarian [laɪ'breəriən] *n* Bibliothekar(in) *m(f)*

library ['laɪbrᵊri] **I.** *n* ① (*public*) Bibliothek *f,* Bücherei *f;* **public ~** Leihbücherei *f* ② (*private*) Bibliothek *f* **II.** *adj software, visit* Bibliotheks-; **~ book** Leihbuch *nt*

licence ['laɪsᵊn(t)s] *n* ① (*permit*) Genehmigung *f,* Erlaubnis *f;* (*formal permission*) Lizenz *f;* **driving ~** Führerschein *m* ② *no pl* (*form*) Freiheit *f*

license ['laɪsᵊn(t)s] **I.** *n* AM *see* **licence** **II.** *tr verb* **to ~ sb to do sth** jdm die Lizenz erteilen, etw zu tun

licensed ['laɪsᵊn(t)st] *adj* ① (*with official approval*) zugelassen ② BRIT (*serving alcohol*) **a ~ restaurant** ein Restaurant *nt* mit Schankerlaubnis

lick [lɪk] **I.** *n* ① (*with tongue*) Lecken *nt kein Pl,* Schlecken *nt kein Pl* ② (*fam: small quantity*) **a ~ of** ein wenig **II.** *tr verb* ① (*with tongue*) lecken; *plate* ablecken ② *esp* AM (*fam: defeat*) **to ~ sb** jdn [doch glatt] in die Tasche stecken

lid [lɪd] *n* ① (*covering*) Deckel *m* ② (*eyelid*) Lid *nt*

lie[1] [laɪ] **I.** *intr verb* <-y-> (*tell untruth*) lügen; **to ~ about sth** *intentions, plans* falsche Angaben über etw *Akk* machen; **to ~ about sb** über jdn die Unwahrheit erzählen; **to ~ to sb** jdn belügen **II.** *n* Lüge *f;* **to tell ~s** Lügen erzählen

lie[2] [laɪ] **I.** *n* ① *no pl* (*position*) Lage *f* ② *no pl esp* BRIT, AUS (*shape*) **the ~ of the land** die Beschaffenheit des Geländes; (*fig*) die Lage; **to find out the ~ of the land** das Gelände erkunden; (*fig*) die Lage sondieren **II.** *intr verb* <-y-, lay, lain> ① (*be horizontal, resting*) liegen; **to ~ on one's back** auf dem Rücken liegen ② (*become horizontal*) sich hinlegen ③ (*be in a particular state*) **to ~ in wait** auf der Lauer liegen; **to ~ dying** im Sterben liegen ④ (*remain*) liegen bleiben ⑤ (*be situated*) liegen; **to ~ to the east of sth** im Osten einer S. *Gen* liegen ⑥ (*weigh*) **to ~ heavily on sb's mind** jdn schwer bedrücken ⑦ (*be the responsibility of*) **the decision ~s with you** die Entscheidung liegt bei dir ◆ **lie about** *intr verb,* **lie around** *intr verb* ① (*be situated*) herumliegen *fam* ② (*be lazy*) herumgammeln *fam* ◆ **lie back** *intr verb* ① (*recline*) sich zurücklegen ② (*fig: relax*) sich entspannen ◆ **lie behind** *intr verb* ① (*be cause of*) **to ~ behind sth** einer S. *Dat* zugrunde liegen ② (*be past*) **to ~ behind [sb]** hinter jdm liegen ◆ **lie down** *intr verb* sich hinlegen ◆ **lie in** *intr verb* BRIT (*fam: stay in bed*) im Bett bleiben

lieutenant [lef'tenənt] *n* ① (*deputy*) Stellvertreter(in) *m(f)* ② MIL Leutnant *m*

life <*pl* lives> [laɪf, *pl* laɪvz] *n* ① (*existence*) Leben *nt;* **it's a matter of ~ and death!** es geht um Leben und Tod!; **to lose one's ~** ums Leben kommen; **to save sb's ~** jdm das Leben retten; **to take one's own ~** sich *Dat* [selbst] das Leben nehmen ② *no pl* (*quality, force*) Leben *nt;* **I love ~** ich liebe das Leben ③ *no pl* (*living things collectively*) Leben *nt;* **plant ~** Pflanzenwelt *f* ④ *no pl* (*mode or aspect of existence*) Leben *nt;* **family ~** Familienleben *nt;* **love ~** Liebesleben *nt* ⑤ *no pl* (*energy*) Lebendigkeit *f;* **to be full of ~** vor Leben [nur so] sprühen; **to bring sth to ~** etw lebendiger machen; **to come to ~** lebendig werden *fig* ⑥ (*total circumstances of individual*) Leben *nt;* **she only wants two things in ~** sie wünscht sich nur zwei Dinge im Leben; **who's the man in your ~ now?** [und] wer ist der neue Mann in deinem Leben?; **to want sth out of ~** etw vom Leben erwarten ⑦ (*human activities*) Leben *nt* ⑧ (*biography*) Biografie *f* ⑨ (*time until death*) Leben *nt;* **for ~** *friendship* lebenslang; **a job for ~** eine Stelle auf Lebenszeit ⑩ (*duration*) *of a device, a battery* Lebensdauer *f; of a contract* Laufzeit *f* ⑪ *no pl* (*fam: prison sentence*) **to be doing/get ~** lebenslänglich sitzen *fam*/bekommen ⑫ (*reality*) **true to ~** wirklichkeitsgetreu ▸ **to frighten the ~ out of sb** jdn zu Tode erschrecken; **for the ~ of me** (*fam*) um alles in der Welt; **larger than ~** *car, house* riesig; *person* energiegeladen und charismatisch; **that's ~!** so ist das Leben [eben]!

L

lifebelt *n* BRIT Rettungsring *m* **lifeboat** *n* Rettungsboot *nt* **life cycle** *n* Lebenszyklus *m* **life drawing** *n* Aktzeichnung *f* **life expectancy** *n* Lebenserwartung *f* **life form** *n* Lebewesen *f* **lifeguard** *n* (*in baths*) Bademeister(in) *m(f);* (*on beach*) Rettungsschwimmer(in) *m(f)* **life imprisonment** *n no pl* lebenslängliche Freiheitsstrafe **life insurance** *n no pl* Lebensversicherung *f* **life jacket** *n* Schwimmweste *f*

lifeless ['laɪfləs] *adj* ① (*inanimate*) *body* leblos; *planet* unbelebt ② (*dull*) *game, story* langweilig; *person* teilnahmslos

lifelike *adj* lebensecht; *imitation a.* naturgetreu

lifelong *adj attr* lebenslang

life raft *n* Rettungsfloß *nt;* (*rubber dinghy*) Schlauchboot *nt* **lifesaver** *n* ① (*person*) [Lebens]retter(in) *m(f);* (*on beach*) Rettungsschwimmer(in) *m(f);* (*in baths*) Bademeister(in) *m(f)* ② (*fig fam: thing*) die Rettung **life sentence** *n* lebenslängliche Freiheitsstrafe **life-size[d]** *adj* in Lebensgröße *nachgestellt,* lebensgroß

lifespan *n* Lebenserwartung *f kein Pl; of a thing* Lebensdauer *f kein Pl*

lifestyle *n* Lebensstil *m*

life support system *n* MED (*machine*) lebenserhaltender Apparat **life-threatening** *adj disease, illness* lebensbedrohend; *situation* lebensgefährlich **lifetime** *n usu sing* ① (*time one is alive*) Lebenszeit *f;* **in one's ~** im Laufe seines Lebens; **once in a ~** einmal im Leben ② (*time sth exists*) Lebensdauer *f kein Pl* ③ (*fig: long time*) **it seems like a ~** es kommt mir vor wie eine Ewigkeit; **to last a ~** *objects, devices* ein Leben lang halten; *memories, good luck* das ganze Leben [lang] andauern ▸ **the chance of a ~** eine einmalige Chance

lift [lɪft] **I.** *n* ① BRIT (*elevator*) Aufzug *m;* **to take the ~** den Aufzug nehmen ② (*for skiers*) Skilift *m* ③ (*act of lifting*) [Hoch]heben *nt kein Pl* ④ (*increase*) Anstieg *m kein Pl;* (*increase in amount*) Erhöhung *f* [eines Betrags] ⑤ (*fam: plagiarizing*) *of ideas* Klauen *nt kein Pl* ⑥ *no pl* MECH Hubkraft *f* ⑦ (*weight*) [Hoch]heben *nt kein Pl* ⑧ (*ride*) Mitfahrgelegenheit *f;* **to give sb a ~** jdn [im Auto] mitnehmen **II.** *tr verb* ① (*raise*) [hoch]heben; (*slightly*) anheben ② (*direct upward*) *eyes* aufschlagen ③ (*increase*) *amount, prices, rates* erhöhen ④ (*airlift*) fliegen ⑤ *usu passive* (*in surgery*) *face, breasts* straffen lassen ⑥ (*dig up*) ausgraben ⑦ (*elevate*) **to ~ sb's confidence** jds Vertrauen stärken **III.** *intr verb* ① (*be raised*) sich heben ② (*disperse*) *cloud, fog* sich auflösen ③ (*become happier*) *mood* sich heben ◆**lift down** *tr verb* BRIT, AUS herunterheben ◆**lift off** *intr verb* ① (*leave the ground*) abheben ② (*come off*) sich hochheben lassen ◆**lift up** *tr verb* hochheben; **to ~ up a lid** einen Deckel hochklappen

light[1] [laɪt] **I.** *n* ① *no pl* (*brightness*) Licht *nt;* **is there enough ~?** ist es hell genug? ② (*light-giving thing*) Licht *nt;* (*lamp*) Lampe *f* ③ *no pl* (*fire*) Feuer *nt;* (*flame*) [Kerzen]flamme *f* ④ *no pl* (*daylight*) [Tages]licht *nt* ⑤ *usu pl* (*traffic light*) Ampel *f* ⑥ (*sparkle*) Strahlen *nt kein Pl* **II.** *adj* ① (*bright*) hell ② (*pale*) hell; (*stronger*) blass- **III.** *tr verb* <lit *or* lighted, lit *or* lighted> ① (*illuminate*) erhellen ② (*guide with light*) leuchten **IV.** *intr verb* <lit *or* lighted, lit *or* lighted> ① (*burn*) brennen ② (*fig: become animated*) *eyes* aufleuchten ◆**light up I.** *tr verb* ① *hall, room* erhellen ② *cigar, cigarette, pipe* anzünden ③ (*make animated*) **to ~ up** ↻ **sb's eyes** jds Augen aufleuchten lassen **II.** *intr verb* ① (*become illuminated*) aufleuchten ② (*start smoking*) sich *Dat* eine [Zigarette] anstecken *fam*

light[2] [laɪt] **I.** *adj* ① leicht ② (*for small loads*) Klein- ③ MIL **~ infantry** leichte Infanterie ④ (*of food and drink*) leicht ⑤ (*low in intensity*) **it's only ~ rain** es nieselt nur ⑥ (*easily disturbed*) **~ sleep** leichter Schlaf ⑦ (*easily done*) *sentence* mild ⑧ (*gentle*) leicht; *kiss* zart **II.** *adv* **to travel ~** mit leichtem Gepäck reisen

light bulb *n* Glühbirne *f*

lighten[1] ['laɪtᵊn] **I.** *tr verb* ① (*make less heavy*) leichter machen ② (*fig: make easier to bear*) erleichtern ③ (*fig: make less serious*) aufheitern **II.** *intr verb* ① (*become less heavy or severe*) leichter werden ② (*fig: cheer up*) bessere Laune bekommen

lighten[2] ['laɪtᵊn] **I.** *intr verb* (*become brighter*) heller werden, sich aufhellen **II.** *tr verb* **to ~ one's hair** sich *Dat* die Haare heller färben

lighter[1] ['laɪtəʳ] *n* Feuerzeug *nt*

lighter[2] ['laɪtəʳ] *n* NAUT Leichter *m*

light-headed *adj* (*faint*) benommen; (*dizzy*) schwind[e]lig

lighthouse *n* Leuchtturm *m*

lighting ['laɪtɪŋ] *n no pl* Beleuchtung *f*; (*equipment*) Beleuchtungsanlage *f*

lightly ['laɪtli] *adv* ① (*not seriously*) leichtfertig ② (*gently*) leicht; (*not much*) wenig ③ (*not deeply*) leicht; **to sleep ~** einen leichten Schlaf haben ④ (*slightly*) leicht; **~ cooked vegetables** Gemüse, das nur ganz kurz gegart wird

lightning ['laɪtnɪŋ] METEO **I.** *n no pl* Blitz *m*; **thunder and ~** Blitz und Donner; **to be struck by ~** vom Blitz getroffen werden **II.** *adj attr* **~ quick** blitzschnell

lightning conductor *n* BRIT, **lightning rod** *n* AM Blitzableiter *m a. fig*

lightweight **I.** *n* ① *no pl* SPORTS Leichtgewicht *nt* ② (*boxer*) Leichtgewichtler(in) *m(f)* ③ (*lightly built person*) Leichtgewicht *nt fam*; (*pej: lacking endurance*) Schwächling *m fam* **II.** *adj* ① (*weighing little*) leicht ② (*trivial*) trivial ③ (*pej: unimportant*) bedeutungslos

light year *n* ① ASTRON Lichtjahr *nt* ② (*fig*) **to be ~s away/ahead** Lichtjahre entfernt/voraus sein

likable *adj* AM, AUS *see* **likeable**

like[1] [laɪk] **I.** *prep* ① (*similar to*) wie; **~ most people** wie die meisten Leute; **~ father, ~ son** wie der Vater, so der Sohn; **what does it taste ~?** wie schmeckt es?; **he looks ~ his brother** er sieht seinem Bruder ähnlich ② *after noun* (*such as*) wie; **why are you talking to me ~ that?** warum sprichst du so mit mir? ▸ **it <u>looks</u> ~ rain/snow** es sieht nach Regen/Schnee aus; **that's <u>more</u> ~ it!** das ist schon besser! **II.** *conj* (*fam*) ① (*the same as*) wie; **let's go swimming in the lake ~ we used to** lass uns im See schwimmen gehen wie früher ② (*as if*) als ob; **she acts ~ she's the boss** sie tut so, als sei sie die Chefin **III.** *n* **have you ever seen the ~?** hast du so was schon gesehen? **IV.** *adj* ① *attr* (*similar*) ähnlich; **to be of [a] ~ mind** gleicher Meinung sein ② *pred true to original* ähnlich; *statue, painting* naturgetreu **V.** *adv* ① (*sl: somehow*) irgendwie; **it was kind of funny ~** es war irgendwie schon komisch, ne [*o* SÜDD gell] ② (*sl: in direct speech*) **I was ~, "What are you guys doing here?"** und ich so: „Was macht ihr hier eigentlich?"

like[2] [laɪk] **I.** *tr verb* ① (*enjoy*) mögen; **how do you ~ my new shoes?** wie gefallen dir meine neuen Schuhe?; **to ~ doing sth** etw gern tun ② (*want*) **whether you ~ it or not** ob es dir passt oder nicht; **would you ~ a drink?** möchten Sie etwas trinken? ③ (*prefer*) **I ~ to get up early** ich stehe gerne früh auf **II.** *intr verb* **as you ~** wie Sie wollen **III.** *n* **~s** Neigungen *Pl*

likeable ['laɪkəbl̩] *adj* liebenswert

likelihood ['laɪklihʊd] *n no pl* Wahrscheinlichkeit *f*; **there is a great ~ that ...** es ist sehr wahrscheinlich, dass ...; **in all ~** aller Wahrscheinlichkeit nach

likely ['laɪkli] **I.** *adj* <-ier, -iest *or* more likely, most likely> wahrscheinlich **II.** *adv* <more likely, most likely> **most/very ~** höchstwahrscheinlich/sehr wahrscheinlich; **not ~!** auf keinen Fall!

like-minded *adj* gleich gesinnt

liken ['laɪk^{ə}n] *tr verb* **to ~ sb/sth to sb/sth** jdn/etw mit jdm/etw vergleichen

likeness <*pl* -es> ['laɪknəs] *n* ① (*resemblance*) Ähnlichkeit *f* (**to** mit) ② (*semblance*) Gestalt *f* ③ (*portrait*) Abbild *nt*

likewise ['laɪkwaɪz] *adv* ebenfalls, gleichfalls; **to do ~** es genauso machen

liking ['laɪkɪŋ] *n no pl* Vorliebe *f;* (*for person*) Zuneigung *f;* **to develop/have a ~ for sth** eine Vorliebe für etw entwickeln/haben ▶ **for one's ~** für jds Geschmack

lilac ['laɪlək] **I.** *n* ① (*bush*) Flieder *m* ② *no pl* (*colour*) Lila *nt* **II.** *adj* lila

lily ['lɪli] *n* Lilie *f*

limb [lɪm] *n* ① ANAT Glied *nt;* **~s** Gliedmaßen *Pl* ② BOT Ast *m*

lime[1] [laɪm] **I.** *n no pl* GEOL Kalk *m* **II.** *tr verb* kalken

lime[2] [laɪm] *n* (*fruit*) Limette *f;* (*tree*) Limonenbaum *m*

lime[3] [laɪm] *n* (*linden tree*) Linde *f*

L

limit ['lɪmɪt] **I.** *n* ① (*utmost point*) [Höchst]grenze *f;* **to put a ~ on sth** etw begrenzen; **to overstep the ~** zu weit gehen ② (*boundary*) Grenze *f* ③ (*of a person*) Grenze[n] *f[Pl];* **to know one's/no ~s** seine/keine Grenzen kennen ④ (*restriction*) Beschränkung *f;* **age ~** Altersgrenze *f;* **weight ~** Gewichtsbeschränkung *f* ⑤ (*speed*) [zulässige] Höchstgeschwindigkeit ⑥ (*blood alcohol level*) Promillegrenze *f* ⑦ MATH (*value*) Grenzwert *m* **II.** *tr verb* ① (*reduce*) einschränken ② (*restrict*) **to ~ oneself to sth** sich auf etw *Akk* beschränken

limited ['lɪmɪtɪd] *adj* ① (*restricted*) *choice, intelligence* begrenzt ② (*having limits*) begrenzt (**to** auf) ③ BRIT **Smith and Jones Limited** Smith and Jones GmbH

limo ['lɪməʊ] *n* (*fam*) *short for* **limousine** [Luxus]limousine *f*

limp[1] [lɪmp] **I.** *intr verb* hinken; (*fig*) mit Müh und Not vorankommen **II.** *n no pl* Hinken *nt;* **to walk with a ~** hinken

limp[2] [lɪmp] *adj* ① (*not stiff*) schlaff; *cloth, material* weich ② (*weak*) schlapp; *efforts* halbherzig

line[1] [laɪn] **I.** *n* ① (*mark*) Linie *f;* **dividing ~** Trennungslinie *f;* **straight ~** gerade Linie ② SPORTS Linie *f* ③ (*wrinkle*) Falte *f* ④ (*contour*) Linie *f* ⑤ (*boundary*) Grenze *f* ⑥ (*cord*) Leine *f* ⑦ TELEC [Telefon]leitung *f;* **please hold the ~!** bitte bleiben Sie am Apparat! ⑧ COMPUT **to go on ~** online gehen ⑨ (*row of words*) Zeile *f* ⑩ (*row of things, people*) Reihe *f* ⑪ (*succession*) Linie *f* ⑫ *esp* AM (*queue*) Schlange *f* ⑬ (*product type*) Sortiment *nt* ⑭ (*course*) **~ of argument** Argumentation *f* ⑮ (*policy*) Linie *f;* **party ~** Parteilinie *f* ▶ **right down the ~** *esp* AM voll und ganz **II.** *tr verb* ① (*mark*) *paper* linieren ② (*stand at intervals*) **to ~ the streets** die Straßen säumen *geh* ◆ **line up I.** *tr verb* ① (*put in row*) **to ~ up ↻ sth** etw in einer Reihe aufstellen ② (*organize*) **have you got anyone ~d up to do the catering?** haben Sie jemanden für das Catering engagiert? **II.** *intr verb* ① (*stand in row*) sich [in einer Reihe] aufstellen ② AM (*wait*) sich anstellen

line[2] [laɪn] *tr verb* ① (*cover*) *clothing* füttern; *drawers* von innen auslegen ② (*fam: fill*) **to ~ one's pockets** [**with sth**] sich *Dat* die Taschen [mit etw] füllen

linen ['lɪnɪn] *n no pl* Leinen *nt;* **bed ~** Bettwäsche *f*

linen basket *n* Wäschekorb *m*

liner ['laɪnə^{r}] *n* ① (*lining*) Einsatz *m;* [**dust**]**bin** [*or* AM **garbage can**] **~** Müllsack *m* ② NAUT Liniendampfer *m;* **ocean ~** Ozeandampfer *m*

linguist ['lɪŋgwɪst] *n* ① LING (*specialist*) Linguist(in) *m(f)* ② (*sb who speaks different languages*) Sprachkundige(r) *f(m)*

lining ['laɪnɪŋ] *n* ① (*fabric*) Futter *nt; of a coat, a jacket* Innenfutter *nt; of a dress, a skirt* Unterrock *m* ② *of the stomach* Magenschleimhaut *f; of the digestive tract* Darmschleimhaut *f; of brakes* Bremsbelag *m*

link [lɪŋk] **I.** *n* ① (*connection*) Verbindung *f* (**between** zwischen); (*between people, nations*) Beziehung *f* (**between** zwischen) ② RADIO, TELEC Verbindung *f;* INET, COMPUT Link *m fachspr* ③ TRANSP **rail ~** Bahnverbindung *f* **II.** *tr verb* ① (*connect*) verbinden ② (*clasp*) **to ~ arms** sich unterhaken **III.** *intr verb* (*connect*) sich zusammenfügen lassen

link-up *n* Verbindung *f* (**between** zwischen)

lion ['laɪən] *n* ZOOL, ASTRO Löwe *m*

lioness <*pl* -es> ['laɪənes] *n* Löwin *f*
lip [lɪp] *n* ① ANAT Lippe *f* ② (*rim*) Rand *m; of a pitcher, a jug* Schnabel *m* ③ *no pl* (*fam: cheek*) Unverschämtheiten *Pl*
lip salve *n no pl* BRIT MED ① (*cream*) Lippenpflege *f* ② (*stick*) Lippenpomade *f*
lip service *n no pl* (*pej*) Lippenbekenntnis *nt*
lipstick *n no pl* Lippenstift *m*
liqueur [lɪ'kjʊəʳ] *n* Likör *m*
liquid ['lɪkwɪd] **I.** *adj* ① (*water-like*) flüssig, Flüssig- ② *attr* CHEM verflüssigt ③ FIN [frei] verfügbar **II.** *n* Flüssigkeit *f*
liquidate ['lɪkwɪdeɪt] **I.** *tr verb* ① ECON *company, firm* auflösen ② FIN **to ~ assets** Mittel verfügbar machen; **to ~ debts** Schulden tilgen ③ (*form: kill*) **to ~ sb** jdn liquidieren *geh* **II.** *intr verb* ECON liquidieren
liquidation [ˌlɪkwɪ'deɪʃᵊn] *n* ① FIN *of a company* Auflösung *f; of debts* Tilgung *f;* **to go into ~** in Liquidation gehen ② (*form: killing*) Liquidierung *f geh*
liquid bandage *n* MED Wundkleber *m*
liquid crystal television *n* Fernseher *m* mit LCD-Flachbildschirm
liquidize ['lɪkwɪdaɪz] *tr verb* **to ~ food** Nahrungsmittel pürieren
liquidizer ['lɪkwɪdaɪzəʳ] *n* Mixgerät *nt,* Mixer *m fam*
liquid soap *n no pl* Flüssigseife *f*
Lisbon ['lɪzbən] *n* Lissabon *nt*
lisp [lɪsp] **I.** *n no pl* Lispeln *nt* **II.** *intr, tr verb* lispeln
list[1] [lɪst] **I.** *n* Liste *f;* **~ of names** Namensliste *f;* (*in books*) Namensverzeichnis *nt;* **shopping ~** Einkaufszettel *m* **II.** *tr verb* auflisten; **to be ~ed in the phone book** im Telefonbuch stehen **III.** *intr verb* **to ~ at $700/£15** $700/£15 kosten
list[2] [lɪst] NAUT **I.** *intr verb* Schlagseite haben **II.** *n* Schlagseite *f*
listen ['lɪsᵊn] **I.** *intr verb* ① (*pay attention*) zuhören; **to ~ to sb/sth** jdm/etw zuhören; **~ to this!** hör dir das an! *fam;* **to ~ carefully** [ganz] genau zuhören; **to ~ to the news/radio** Nachrichten/Radio hören ② (*pay heed*) zuhören; **don't ~ to them** hör nicht auf sie **II.** *interj* hör mal!; **~, we really need to ...** [jetzt] hör mal, wir müssen ... **III.** *n no pl* **have a ~ to this!** hör dir das an!
◆**listen in** *intr verb* (*secretly*) mithören; (*without participating*) mitanhören; (*to radio*) hören
listener ['lɪsᵊnəʳ] *n* ① (*in a conversation*) Zuhörer(in) *m(f);* **to be a good ~** gut zuhören können ② (*to lecture, concert*) Hörer(in) *m(f)*
lit [lɪt] *intr, tr verb, pt, pp of* **light**
lite [laɪt] *adj* (*fig fam*) *literature, TV* leicht *pej,* anspruchslos *pej*
liter *n* AM *see* **litre**
literacy ['lɪtᵊrəsi] *n no pl* Lese- und Schreibfähigkeit *f;* **computer ~** Computerkenntnisse *Pl*
literal ['lɪtᵊrᵊl] *adj* ① (*not figurative*) wörtlich ② (*word-for-word*) *translation, transcript* wörtlich ③ (*not exaggerated*) buchstäblich, im wahrsten Sinne des Wortes *präd* ④ (*fam: for emphasis*) **fifteen years of ~ hell** fünfzehn Jahre lang die reinste Hölle
literally ['lɪtᵊrᵊli] *adv* ① (*in a literal manner*) [wort]wörtlich ② (*actually*) buchstäblich; **quite ~** in der Tat ③ (*fig fam: for emphasis*) echt
literary ['lɪtᵊrᵊri] *adj attr* (*of literature*) *criticism, prize* Literatur-
literate ['lɪtᵊrət] *adj* ① (*able to read and write*) **to be ~** lesen und schreiben können ② (*well-educated*) gebildet
literature ['lɪtrətʃəʳ] *n no pl* ① (*written works*) Literatur *f;* **nineteenth-century ~** die Literatur des 19. Jahrhunderts ② (*specialist texts*) Fachliteratur *f* (**on/about** über) ③ (*printed matter*) Informationsmaterial *nt*
Lithuania [ˌlɪθju'eɪniə] *n* Litauen *nt*
Lithuanian [ˌlɪθju'eɪniən] **I.** *n* ① (*person*) Litauer(in) *m(f)* ② *no pl* (*language*) Litauisch *nt* **II.** *adj* litauisch
litre ['li:təʳ] *n* Liter *m o nt;* **two ~s [of milk/beer]** zwei Liter [Milch/Bier]; **per ~** pro Liter
litter ['lɪtəʳ] **I.** *n* ① *no pl* (*rubbish*) Müll *m,* Abfall *m* ② *+ sing/pl verb* ZOOL Wurf *m* **II.** *tr verb* ① (*make untidy*) **dirty clothes ~ed the floor** dreckige Wäsche lag über den Boden verstreut ② *usu passive* (*fig: fill*) **to be ~ed with sth** mit etw übersät sein
little ['lɪtl̩] **I.** *adj* ① (*small*) klein; (*for emphasis*) richtige(r, s), kleine(r, s) ② (*young*) klein; **~ brother/sister** kleiner Bruder/kleine Schwester ③ *attr*

L

(*short in distance*) kurz ❹ *attr* (*unimportant*) klein **II.** *adv* ❶ (*somewhat*) **a ~ ...** ein wenig ... ❷ (*hardly*) wenig; **~ more than an hour ago** vor kaum einer Stunde **III.** *pron sing* ❶ (*small quantity*) **a ~** ein wenig (**of** von) ❷ (*not much*) wenig; **as ~ as possible** möglichst wenig; **the ~ ...** das wenige ... ❸ (*short time*) **it's a ~ after six** es ist kurz nach sechs

live[1] ['laɪv] **I.** *adj* ❶ *attr* (*living*) lebend; **~ animals** echte Tiere ❷ RADIO, TV live; **~ broadcast** Liveübertragung *f* ❸ ELEC geladen; **~ wire** Hochspannungskabel *nt* ❹ (*unexploded*) scharf **II.** *adv* RADIO, TV live

live[2] [lɪv] **I.** *intr verb* ❶ (*be alive*) leben; **will she ~?** wird sie überleben? ❷ (*spend life*) leben ❸ (*subsist*) leben (**by** von) ❹ (*fig: be remembered*) weiterleben ❺ (*have interesting life*) **to ~ a little** das Leben genießen ❻ (*reside*) wohnen **II.** *tr verb* **to ~ one's own life** sein eigenes Leben leben ▶ **to ~ a lie** mit einer Lebenslüge leben ◆ **live down** *tr verb* **to ~ down** ⊂ **sth** über etw *Akk* hinwegkommen ◆ **live in** *intr verb* [mit] im selben Haus wohnen; *student, nurse* im Wohnheim wohnen ◆ **live off**, AM *a.* **live off of** *intr verb* ❶ (*depend*) **to ~ off sb** auf jds Kosten leben ❷ **to ~ off sth** (*support oneself, eat*) von etw *Dat* leben ◆ **live on** *intr verb* ❶ (*continue*) weiterleben; *tradition* fortbestehen ❷ *see* **live off 2** ◆ **live out** *tr verb* **to ~ out** ⊂ **one's life** sein Leben verbringen ◆ **live through** *intr verb* überstehen; **to ~ through an experience** eine Erfahrung durchmachen ◆ **live together** *intr verb* zusammenleben; *residents* zusammenwohnen ◆ **live up to** *intr verb* **to ~ up to sb's expectations** jds Erwartungen gerecht werden

lively ['laɪvli] *adj* ❶ (*full of energy*) *city, child, street* lebhaft; *child, eyes, tune* munter ❷ (*bright*) *colour* hell ❸ (*lifelike*) lebendig ❹ (*enduring*) *tradition* lebendig ❺ (*brisk*) rege ❻ (*stimulating*) *discussion, style* lebhaft

liver ['lɪvəʳ] *n* FOOD, ANAT Leber *f*

liver complaint *n* Leberschaden *m*

liveried ['lɪvᵊrid] *adj* livriert

liver sausage *n no pl* Leberwurst *f*

livid ['lɪvɪd] *adj* (*fam: furious*) wütend

living ['lɪvɪŋ] **I.** *n* ❶ *usu sing* (*livelihood*) Lebensunterhalt *m* ❷ *no pl* (*lifestyle*) Lebensstil *m* ❸ *pl* **the ~** (*people*) die Lebenden *Pl* **II.** *adj* ❶ (*alive*) lebend *attr;* **~ creatures** Lebewesen *Pl* ❷ (*exact*) **to be the ~ image of sb** jdm wie aus dem Gesicht geschnitten sein ❸ (*still used*) lebendig; *language* lebend

living conditions *n* Lebensbedingungen *Pl* **living quarters** *npl* Wohnbereich *m;* MIL Quartier *nt* **living room** *n* Wohnzimmer *nt*

lizard ['lɪzəd] *n* Eidechse *f*

llama ['lɑːmə] *n* Lama *nt*

load [ləʊd] **I.** *n* ❶ (*amount carried*) Ladung *f;* **with a full ~ of passengers** mit Passagieren [voll] besetzt ❷ (*burden*) Last *f* ❸ (*fam: lots*) **a ~ of work** ein Riesenberg an Arbeit ❹ (*fam: plenty*) **~s** jede Menge ▶ **cop a ~ of that!** kuck dir das mal an! **II.** *adv* **~s** *pl* (*sl*), **~ better** tausendmal besser *fam* **III.** *tr verb* ❶ (*fill*) *gun a.* laden; *container* beladen ❷ (*fig: burden*) aufladen **IV.** *intr verb* [ver]laden ◆ **load down** *tr verb* **to ~ sth** ⊂ **down** etw schwer beladen ◆ **load up I.** *tr verb* aufladen; **to ~ up a container** einen Container beladen **II.** *intr verb* beladen

loaded ['ləʊdɪd] *adj* ❶ (*carrying sth*) beladen ❷ (*with ammunition*) geladen ❸ (*having excess*) überladen (**with** mit) ❹ *pred* (*fam: rich*) steinreich ❺ *pred esp* AM (*sl: drunk*) besoffen *fam*

loaf[1] <*pl* loaves> [ləʊf] *n* Brot *nt,* Brotlaib *m*

loaf[2] [ləʊf] *intr verb* faulenzen; **to ~ about** herumgammeln *fam*

loan [ləʊn] **I.** *n* ❶ (*money*) Kredit *m;* **to take out a ~** ein Darlehen aufnehmen ❷ (*object*) Leihgabe *f* ❸ (*act*) **to be on ~** geliehen sein **II.** *tr verb* leihen

loan shark *n* Kredithai *m*

lobby ['lɒbi] **I.** *n* ❶ ARCHIT Eingangshalle *f;* **hotel/theatre ~** Hotel-/Theaterfoyer *nt* ❷ POL Lobby *f;* **the anti-abortion ~** die Lobby der Abtreibungsgegner **II.** *intr verb* <-ie-> **to ~ for/against sth** seinen Einfluss [mittels eines Interessensverbandes] für/gegen etw geltend machen **III.** *tr verb* <-ie-> **to ~ sb/sth [to do sth]** jdn/etw beeinflussen [etw zu tun]

lobster ['lɒbstəʳ] *n* ZOOL, FOOD Hummer *m*

local ['ləʊkəl] **I.** *adj* ① (*neighbourhood*) hiesig, örtlich; ~ **branch** Filiale *f; of a bank, a shop* Zweigstelle *f* ② MED lokal **II.** *n* ① *usu pl* (*inhabitant*) Ortsansässige(r) *f(m)* ② BRIT (*fam: pub*) Stammkneipe *f*

local call *n* Ortsgespräch *nt* **local government** *n of towns* Stadtverwaltung *f; of counties* Bezirksverwaltung *f* **local time** *n* Ortszeit *f*

locate [lə(ʊ)'keɪt] **I.** *tr verb* ① (*find*) ausfindig machen; *plane, sunken ship* orten ② (*situate*) bauen; **to be ~d** liegen, sich befinden (**in/at** an) **II.** *intr verb* AM sich niederlassen

location [lə(ʊ)'keɪʃən] *n* ① (*place*) Lage *f; company* Standort *m* ② FILM Drehort *m* ③ *no pl* (*act*) Positionsbestimmung *f*

loch [lɒk, SCOT lɒx] *n* SCOT ① (*lake*) See *m* ② (*fjord*) Meeresarm *m*

lock¹ [lɒk] **I.** *n* ① (*fastening device*) Schloss *nt;* **bicycle** ~ Fahrradschloss *nt* ② NAUT Schleuse *f* ③ (*in wrestling*) Fesselgriff *m* **II.** *tr verb* ① (*fasten*) abschließen ② *usu passive* (*entangle*) sich verhaken **III.** *intr verb* ① (*become secured*) schließen ② (*become fixed*) binden ③ NAUT eine Schleuse passieren ◆**lock away** *tr verb* ① (*secure*) wegschließen ② (*for peace and quiet*) **to ~ oneself away [in one's office]** sich [in seinem Büro] einschließen ◆**lock on** *intr verb* MIL **to ~ on to a target** ein genaues Ziel ausmachen ◆**lock out** *tr verb* aussperren ◆**lock up I.** *tr verb* ① (*shut, secure*) abschließen; *documents, money* wegschließen ② (*put in custody*) einsperren **II.** *intr verb* abschließen, zuschließen

lock² [lɒk] *n* (*curl*) [Haar]locke *f*

locker ['lɒkəʳ] *n* Schließfach *nt;* MIL Spind *m*

lockout *n* (*esp pej*) Aussperrung *f*

locksmith *n* Schlosser(in) *m(f)*

loco ['ləʊkəʊ] *n* (*fam*) *short for* **locomotive** Lok *f*

lodge [lɒdʒ] **I.** *n* ① (*house*) Hütte *f;* **gatekeeper's** ~ Pförtnerhaus *nt* ② (*meeting place*) Loge *f* **II.** *tr verb* ① (*present formally*) *appeal, objection, complaint* einlegen ② *esp* BRIT, AUS (*form: store*) **to ~ sth with sb/sth** etw bei jdm/etw hinterlegen ③ (*make fixed*) hineinstoßen **III.** *intr verb* ① (*become fixed*) stecken bleiben ② (*form: reside*) logieren

lodger ['lɒdʒəʳ] *n* Untermieter(in) *m(f);* **to take in ~s** Zimmer [unter]vermieten

lodging ['lɒdʒɪŋ] *n* ① *no pl* (*form: accommodation*) Unterkunft *f* ② *esp* BRIT (*fam: rented room*) **~s** möbliertes Zimmer

loft [lɒft] **I.** *n* ① (*attic*) Speicher *m,* Estrich *m* SCHWEIZ; (*for living*) Dachwohnung *f,* Loft *m* ② (*gallery in church*) **organ/choir** ~ Empore *f* (*für die Orgel/den* [*Kirchen*]*chor*) ③ (*pigeon house*) Taubenschlag *m* **II.** *tr verb ball* hochschlagen (**over** über)

log¹ [lɒg] *n* (*fam*) *short for* **logarithm** Logarithmus *m*

log² [lɒg] **I.** *n* ① (*branch*) [gefällter] Baumstamm; (*tree trunk*) [Holz]block *m;* (*for fire*) [Holz]scheit *nt* ② (*record*) NAUT Logbuch *nt* ③ (*systematic record*) Aufzeichnungen *Pl* **II.** *tr verb* <-gg-> ① (*enter into record*) aufzeichnen; *phone calls* registrieren ② (*achieve*) **to ~ [up] a distance** eine Strecke zurücklegen ③ *forest* abholzen **III.** *intr verb* <-gg-> Bäume fällen

logic ['lɒdʒɪk] *n no pl* Logik *f;* **flawed** ~ unlogischer Gedankengang

logical ['lɒdʒɪkəl] *adj* ① (*according to laws of logic*) logisch ② (*correctly reasoned*) vernünftig

logo ['ləʊgəʊ] *n* Logo *m o nt*

loin [lɔɪn] *n* ① *usu pl* ANAT, FOOD Lende *f* ② (*liter: sexual organs*) **~s** Lenden *Pl liter*

loiter ['lɔɪtəʳ] *intr verb* ① (*hang about idly*) **to ~ about** herumhängen *sl;* (*pej*) herumlungern *fam* ② (*travel lazily*) [herum]trödeln

lol [lɒl] INET (*sl*) ① *abbrev of* **laughing out loud** ich lach' mich tot ② *abbrev of* **lots of love** viele liebe Grüße

loll [lɒl] **I.** *intr verb* (*be lazy*) lümmeln; (*sit lazily*) faul dasitzen **II.** *tr verb* **to ~ out one's tongue** die Zunge herausstrecken

lollipop ['lɒlipɒp] *n* Lutscher *m,* ÖSTERR *a.* Schlecker *m,* Schleckstängel *m* SCHWEIZ

lolly ['lɒli] *n* ① BRIT, AUS (*fam*) Lutscher *m* ② Aus, NZ (*boiled sweet*) Bonbon *m o nt*

lone [ləʊn] *adj attr* einsam

loneliness ['ləʊnlɪnəs] *n no pl* Einsamkeit *f*

lonely <-ier, -iest *or* more lonely, most lonely> ['ləʊnli] *adj* einsam; **to feel ~** sich einsam fühlen

loner ['ləʊnəʳ] *n* (*usu pej*) Einzelgänger(in) *m(f)*

long[1] [lɒŋ] **I.** *adj* ① (*in space*) lang; (*over great distance*) weit; (*elongated*) lang, länglich; (*fam: tall*) groß, lang *fam* ② (*in time*) lang; (*tedious*) lang[wierig] ③ (*in scope*) lang; *book* dick ④ *pred* (*fam: ample*) **to be ~ on sth** etw reichlich haben ▶ **in the ~ run** auf lange Sicht [gesehen] **II.** *adv* ① (*for a long time*) lang[e]; **have you been waiting ~?** wartest du schon lange? ② (*at a distant time*) lange; **~ ago** vor langer Zeit ③ (*after implied time*) lange; **how much ~er will it take?** wie lange wird es noch dauern? ④ (*throughout*) **all day/night ~** den ganzen Tag/die ganze Nacht [lang] ▶ **as ~ as ...** (*during*) solange ... **III.** *n no pl* (*long time*) eine lange Zeit; **it won't take ~** es wird nicht lange dauern ▶ **before [very] ~** schon [sehr] bald

long[2] [lɒŋ] *intr verb* sich sehnen (**for** nach)

long[3] *n* GEOG *abbrev of* **longitude** Länge *f*

long-distance **I.** *adj attr* ① (*between distant places*) Fern-, Weit-; **~ flight** Langstreckenflug *m;* **~ relationship** Fernbeziehung *f* ② SPORTS Langstrecken-; **~ race** Langstreckenlauf *m* **II.** *adv* **to travel ~** eine Fernreise machen **long-haired** <longer-, longest-> *adj* langhaarig; *animals* Langhaar- **long haul** *n* ① (*long distance*) Langstreckentransport *m;* **~ flight** Langstreckenflug *m* ② (*prolonged effort*) Anstrengung *f* über eine lange Zeit hinweg ③ *esp* Am (*long time*) **to be in sth for the ~** sich langfristig für etw engagieren; **over the ~** auf lange Sicht

longing ['lɒŋɪŋ] **I.** *n* Sehnsucht *f,* Verlangen *nt* (**for** nach) **II.** *adj attr* (*showing desire*) sehnsüchtig

longish ['lɒŋɪʃ] *adj* (*fam*) ziemlich lang

longitude ['lɒndʒɪtju:d] *n* GEOG Länge *f*

long jump *n* SPORTS ① (*sports discipline*) **the ~** *no pl* der Weitsprung ② (*action*) **~s** Weitsprünge *Pl*

long-lived <longer-, longest-> *adj* langlebig; *feud* [seit langem] bestehend **long-lost** *adj attr* lang verloren geglaubt *attr; person* lang vermisst geglaubt **long-range** *adj* ① (*in distance*) Langstrecken- ② (*long-term*) langfristig **long shot** *n* **to be a ~** ziemlich aussichtslos sein; **[not] by a ~** (*fam*) bei weitem [nicht] **long-sighted** *adj* ① (*having long sight*) weitsichtig ② *esp* Am (*fig: having foresight*) vorausschauend **long-standing** *adj* seit langem bestehend; *friendship, relationship* langjährig **long-suffering** *adj* langmütig **long-term** *adj attr* langfristig; **~ memory** Langzeitgedächtnis *nt;* **~ strategy** Langzeitstrategie *f* **long wave** *n* RADIO Langwelle *f* **longways** *adv* der Länge nach, längs **long-winded** *adj* langatmig

loo [lu:] *n* Brit, Aus (*fam*) Klo *nt;* **to need to go to the ~** aufs Klo [gehen] müssen

look [lʊk] **I.** *n* ① *usu sing* (*glance*) Blick *m;* **to give sb a ~** jdn ansehen; (*glimpse*) jdm einen Blick zuwerfen; **to have a ~ round** sich umsehen ② (*facial expression*) [Gesichts]ausdruck *m,* Miene *f* ③ *no pl* (*examination*) Betrachtung *f;* **may I have a ~?** darf ich mal sehen?; **to have a ~ at sth** sich *Dat* etw ansehen ④ *no pl* (*search*) **to have a ~** nachsehen ⑤ *no pl* (*appearance*) Aussehen *nt;* **~s** Aussehen *nt kein Pl* ⑥ FASHION Look *m* ▶ **if ~s could kill** wenn Blicke töten könnten **II.** *interj* (*explanatory*) schau mal *fam* **III.** *intr verb* ① (*glance*) schauen; **to ~ the other way/away** wegsehen ② (*search*) suchen; (*in an encyclopaedia*) nachschlagen; **to keep ~ing** weitersuchen ③ (*appear*) **she doesn't ~ her age** man sieht ihr ihr Alter nicht an; **to ~ bad/tired/good** schlecht/müde/gut aussehen; **it ~s very unlikely that ...** es scheint sehr unwahrscheinlich, dass ...; **to ~ like sb/sth** (*resemble*) jdm/etw ähnlich sehen ④ (*pay attention*) **~ where you're going!** pass auf, wo du hintrittst! ⑤ (*face*) **to ~ north/east** nach Norden/Osten [hin] liegen **IV.** *tr verb* **to ~ sb in the eye/face** jdm in die Augen/ins Gesicht sehen ▶ **to ~ daggers at sb** jdn mit Blicken durchbohren ◆ **look about** *intr verb* **to ~ about for sth** sich nach etw *Dat* umsehen ◆ **look after** *intr verb* ① (*glance*) nachsehen +*Dat* ② (*take care of, be responsible for*) **to ~ after sb/sth** sich um jdn/etw kümmern ③ (*keep an eye on*) **to ~ after sb/sth** auf jdn/etw aufpassen ◆ **look ahead** *intr verb* ① (*glance*) nach vorne sehen ② (*fig: plan*) vorausschauen ◆ **look around** *intr verb see* **look round** ◆ **look at** *intr verb* ① (*glance*) ansehen ② (*examine*) **to ~ at sth/sb** sich *Dat* etw/jdn ansehen ③ (*regard*) **to ~ at sth** etw betrachten ◆ **look away** *intr verb* wegsehen ◆ **look back** *intr verb* ① (*glance*) zurückschauen ② (*remember*) zurückblicken (**on/at** auf) ◆ **look down** *intr verb* ① (*glance*) nach unten sehen; **to ~ down at/on sb/sth** zu jdm/etw hinuntersehen ② (*fig: despise*) **to ~ down [up]on sb/sth** auf jdn/etw herabsehen ◆ **look for** *intr verb* ① (*seek*) **to ~ for sb/sth** nach jdm/etw suchen; **to ~ for a job** Arbeit suchen ② (*anticipate*) **to ~ for sb/sth** jdn/etw erwarten ◆ **look forward** *intr verb* ① (*glance*) nach vorne sehen ② (*anticipate, enjoy*) **to ~ forward to sth** sich auf etw *Akk* freuen ◆ **look in** *intr verb* ① (*glance*) hineinsehen ② (*visit*) **to ~ in [on sb]** bei jdm vorbeischauen *fam* ◆ **look into** *intr verb* **to ~ into sth** ① (*glance*) in etw *Akk* [hinein]sehen; **to ~ into sb's eyes/face** jdm in die Augen/ins Gesicht sehen ② (*examine*) etw untersuchen ◆ **look on** *intr verb* ① (*glance*) betrachten ② (*regard*) **to ~ on sth with disquiet/favour** etw mit Unbehagen/Wohlwollen betrachten ▶ **to ~ on the bright side [of sth]** die positiven Seiten [einer S. *Gen*] sehen ◆ **look out I.** *intr verb* ① (*search, wait*) **to ~ out for sb/sth** nach jdm/etw Ausschau halten ② (*be careful*) aufpassen; **to ~ out for sb/sth** sich vor jdm/etw in Acht nehmen ③ (*care for*) **to ~ out for oneself** seine eigenen Interessen verfolgen **II.** *tr verb* BRIT **to ~ out ⊂ sth** etw heraussuchen ◆ **look over I.** *intr verb* **to ~ over sth** ① (*glance*) über etw *Akk* blicken ② (*offer a view*) *window, room* auf etw *Akk* [hinaus]gehen **II.** *tr verb* ① (*view*) besichtigen; (*inspect, survey*) inspizieren ② (*examine briefly*) durchsehen ◆ **look round** *intr verb* BRIT, AUS ① (*glance*) sich umsehen ② (*search*) **to ~ round for sb/sth** sich nach jdm/etw umsehen ③ (*examine*) **to ~ round sth** sich *Dat* etw ansehen ◆ **look through** *intr verb* ① (*glance*) **to ~ through sth** durch etw [hindurch]sehen; **to ~ through a window** aus einem Fenster sehen ② (*fig: understand*) **to ~ through sb** jdn durchschauen ③ (*fig: ignore*) **to ~ [straight] through sb** [einfach] durch jdn hindurchschauen ④ (*peruse*) **to ~ through sth** etw durchsehen ◆ **look to** *intr verb* ① (*consider*) **to ~ to sth** sich um etw kümmern; **to ~ to one's motives** seine Motive [genau] prüfen ② (*rely on*) **to ~ to sb** auf jdn bauen ◆ **look up I.** *intr verb* ① (*glance*) **to ~ up at sb/sth** zu jdm/etw hinaufsehen; **to ~ up [from sth]** [von etw] aufsehen ② (*improve*) besser werden; *increase, rise* steigen **II.** *tr verb* ① (*fam: visit*) **to ~ up ⊂ sb** bei jdm vorbeischauen ② (*search for*) nachschlagen

lookalike *n* Doppelgänger(in) *m(f)*

lookout *n* ① (*observation post*) Beobachtungsposten *m* ② (*person*) Wache *f* ③ *esp* BRIT (*fam: outlook*) Aussichten *Pl* ④ (*be alert for*) **to keep a ~ [for sb/sth]** [nach jdm/etw] Ausschau halten

loony ['lu:ni] (*fam*) **I.** *n* (*mad person*) Irre(r) *f(m)* **II.** *adj* verrückt

loop [lu:p] **I.** *n* ① (*shape*) Schleife *f; of a string, a wire* Schlinge *f; of a river* Schleife *f* ② AVIAT Looping *nt o m* ③ (*in skating*) Schleife *f* ④ (*contraceptive*) Spirale *f* **II.** *tr verb* (*form into loop*) **~ the rope over the bar** schling das Seil um die Stange **III.** *intr verb* ① (*form a loop*) eine Schleife machen; *road, stream* sich schlängeln ② AVIAT einen Looping drehen

loophole *n* LAW Gesetzeslücke *f;* **to exploit a ~** eine Gesetzeslücke nutzen

loose [lu:s] **I.** *adj* ① (*not tight*) locker; *skin* schlaff; **~ cash/coins** Kleingeld *nt;* **~ sheets of paper** lose Blätter Papier; **to hang ~** lose herabhängen; **to work itself ~** sich lockern ② *hair* offen ③ (*not confined*) frei ④ (*not exact*) ungefähr *attr;* (*not strict*) lose ⑤ *clothing* weit, lo-

L

cker ❻ (*relaxed*) locker ❼ (*indiscreet*) ~ **tongue** loses Mundwerk *fam* ▶ **to hang** ~ AM (*sl*) cool bleiben **II.** *n no pl* LAW **to be on the** ~ frei herumlaufen **III.** *tr verb* ❶ (*set free*) freilassen; ~ **the dogs!** lass die Hunde los! ❷ (*untie*) *knot, rope* lösen

loosely ['lu:sli] *adv* ❶ (*not tightly*) lose; **to hang** ~ schlaff herunterhängen ❷ (*not exactly*) ungefähr; ~ **speaking** grob gesagt ❸ (*not strictly*) locker ❹ (*not closely*) lose; ~ **related** entfernt verwandt

loosen ['lu:sᵊn] **I.** *tr verb* ❶ (*make less tight*) **to** ~ **one's collar** seinen [Hemd]kragen aufmachen ❷ (*make more lax*) *policy, rules* lockern ❸ (*relax*) *grip, muscles* lockern **II.** *intr verb* sich lockern

loot [lu:t] **I.** *n no pl* ❶ MIL Kriegsbeute *f* ❷ (*plunder*) [Diebes]beute *f* ❸ (*hum fam: money*) Zaster *m* **II.** *tr verb* (*plunder*) [aus]plündern **III.** *intr verb* plündern

L

looting ['lu:tɪŋ] *n no pl* Plünderei *f*

lope [ləʊp] *intr verb* in großen Sprüngen rennen

lopsided *adj* schief; (*fig*) einseitig

lord [lɔ:d] *n* ❶ (*nobleman*) Lord *m* ❷ (*ruler*) ~ **of the manor** Gutsherr *m*; (*fig*) Herr *m* im Haus

Lord Mayor *n* BRIT Oberbürgermeister(in) *m(f)*

lorry ['lɒri] *n* BRIT Last[kraft]wagen *m*; ~ **driver** Lastwagenfahrer(in) *m(f)*

lose <lost, lost> [lu:z] **I.** *tr verb* ❶ (*forfeit*) verlieren; **to** ~ **sth to sb** etw an jdn verlieren ❷ (*through death*) **she lost her son in the fire** ihr Sohn ist beim Brand umgekommen ❸ *usu passive* **to be lost** *things* verschwunden sein ❹ (*waste*) *opportunity* versäumen ❺ *watch, clock* **to** ~ **time** nachgehen ❻ (*not find*) verlieren ❼ AM (*fam: get rid of*) abschütteln ❽ (*fam: confuse*) **you've lost me there** da kann ich dir nicht ganz folgen ❾ (*not win*) verlieren ❿ (*forget*) *language, skill* verlernen ▶ **to** ~ **heart** den Mut verlieren; **to** ~ **one's heart to sb** sein Herz [an jdn] verlieren; **to** ~ **it** (*fam*) durchdrehen; **to** ~ **track** [**of sth**] (*not follow*) [einer S. *Dat*] [geistig] nicht folgen können **II.** *intr verb* ❶ (*be beaten*) verlieren (**to** gegen) ❷ (*flop*) ein Verlustgeschäft sein ❸ (*invest badly*) Verlust machen (**on** bei)

loser ['lu:zəʳ] *n* Verlierer(in) *m(f)*

loss <*pl* -es> [lɒs] *n* Verlust *m* ▶ **to be at a** ~ nicht mehr weiterwissen

loss-making *adj* ~ **business** Verlustbetrieb *m*

lost [lɒst] **I.** *pt, pp of* **lose II.** *adj* ❶ (*unable to find way*) **to be** ~ sich verirrt haben; **to get** ~ sich verirren ❷ (*no longer to be found*) ~ **articles** abhandengekommene Artikel; **to get** ~ verschwinden ❸ *pred* (*helpless*) **to feel** ~ sich verloren fühlen; **to be** ~ **without sb/sth** ohne jdn/etw verloren sein ❹ (*preoccupied*) **to be** ~ **in contemplation** [völlig] in Gedanken versunken sein ❺ (*wasted*) verpasst; *time* verschwendet ❻ (*perished, destroyed*) *soldiers* gefallen ▶ **to be** ~ **on sb** nicht verstanden werden

lost property *n no pl* ❶ (*articles*) Fundsachen *Pl* ❷ BRIT, AUS (*office*) Fundbüro *nt*

lot [lɒt] **I.** *pron* ❶ (*much, many*) **a** ~ viel ❷ (*everything*) **the** ~ alles **II.** *adv* (*fam*) **a** ~ viel; **thanks a** ~**!** vielen Dank!; **your sister looks a** ~ **like you** deine Schwester sieht dir sehr ähnlich; **we go on holidays a** ~ wir machen oft Urlaub **III.** *n* ❶ + *sing/pl verb* BRIT, AUS (*group*) Trupp *m fam*; BRIT (*usu pej fam: group of people*) Haufen *m*; **are you** ~ **coming to lunch?** kommt ihr alle zum Essen? ❷ (*chance*) **to choose** [**sb/sth**] **by** ~ [jdn/etw] durch Losentscheid bestimmen ❸ *no pl* (*fate*) Los *nt geh* ❹ *esp* AM, AUS (*land*) Stück *nt* Land; **building** ~ Bauplatz *m*; **parking** ~ Parkplatz *m*

lotion ['ləʊʃᵊn] *n no pl* Lotion *f*; **suntan** ~ Sonnenöl *nt*/-creme *f*

lotta ['lɒtə] (*fam*) *short for* **lot of** eine Menge

lottery ['lɒtᵊri] *n* Lotterie *f*; ~ **ticket** Lotterielos *nt*

loud [laʊd] **I.** *adj* ❶ (*audible*) laut ❷ (*pej: insistent*) [aufdringlich] laut ❸ (*pej: garish*) auffällig **II.** *adv* laut; ~ **and clear** laut und deutlich

loudmouth *n* (*fam*) Großmaul *nt*

loudspeaker *n* Lautsprecher *m*

lounge [laʊndʒ] **I.** *n* ❶ (*public room*) Lounge *f*; *of a hotel* Hotelhalle *f*; **depar-**

ture ~ Abflughalle *f* ❷ BRIT (*sitting room*) Wohnzimmer *nt* ❸ BRIT (*period of lounging*) Faulenzen *nt* **II.** *intr verb* ~ [**about, around**] (*lie*) [faul] herumliegen; (*sit*) [faul] herumsitzen; (*stand*) [faul] herumstehen

lounge bar *n* BRIT *der vornehmere Teil eines Pubs*

lounge suit *n* BRIT Straßenanzug *m*

lousy ['laʊzi] *adj* ❶ (*fam: bad*) lausig; ~ **weather** Hundewetter *nt* ❷ (*meagre*) lausig ❸ *pred* (*ill*) **to feel** ~ sich hundeelend fühlen

lout [laʊt] *n* (*fam*) Flegel *m;* **lager** ~**s** BRIT (*pej*) Saufköpfe *Pl derb*

loutish ['laʊtɪʃ] *adj* (*fam*) rüpelhaft

lovage ['lʌvɪdʒ] *n* Maggikraut *nt,* Liebstöckel *m*

love [lʌv] **I.** *n* ❶ *no pl* (*affection*) Liebe *f;* **to be in** ~ **with sb** in jdn verliebt sein; **to be head over heels in** ~ bis über beide Ohren verliebt sein; **to fall in** ~ **with sb** sich in jdn verlieben; **to make** ~ **to sb** mit jdm schlafen ❷ (*interest*) Leidenschaft *f;* (*with activities*) Liebe *f;* **she has a great** ~ **of music** sie liebt die Musik sehr ❸ *esp* BRIT (*fam: darling*) Schatz *m* ❹ *no pl* TENNIS null **II.** *tr verb* (*be in love with*) lieben; (*greatly like*) sehr mögen **III.** *intr verb* AM verliebt sein

loveable ['lʌvəbl̩] *adj* liebenswert

love bunnies *npl* (*fam*) Turteltauben *Pl* **love-hate relationship** *n* Hassliebe *f* **love letter** *n* Liebesbrief *m* **love life** *n* Liebesleben *nt kein Pl*

lovely ['lʌvli] **I.** *adj* ❶ (*beautiful*) schön; *house* wunderschön; **to look** ~ reizend aussehen ❷ (*fam: pleasant*) wunderbar, herrlich; **how** ~ **to see you!** wie schön, dich zu sehen! ❸ (*charming*) nett, liebenswürdig **II.** *n* Schönheit *f*

lover ['lʌvəʳ] *n* ❶ (*person in love*) Liebende(r) *f(m)* ❷ (*sexual partner*) Liebhaber(in) *m(f);* ~**s** Liebespaar *nt* ❸ (*enthusiast*) Liebhaber(in) *m(f)* (**of** von)

lovesick *adj* **to be** ~ Liebeskummer haben **love song** *n* Liebeslied *nt* **love story** *n* Liebesgeschichte *f*

loving ['lʌvɪŋ] *adj* (*feeling love*) liebend; (*showing love*) liebevoll

low¹ [ləʊ] **I.** *adj* ❶ (*in height*) niedrig; *neckline* tief; *slope* flach ❷ (*in number*) gering, wenig ❸ (*depleted*) knapp; *stocks* gering ❹ (*not loud*) leise; ~ **groaning** verhaltenes Stöhnen ❺ (*not high-pitched*) *voice* tief ❻ (*not intense*) niedrig ❼ (*not good*) *morale, visibility* schlecht; *quality* minderwertig; **to have a** ~ **opinion of sb** von jdm nicht viel halten ❽ (*not important*) niedrig, gering ❾ (*unfair, mean*) gemein ❿ (*sad*) **in** ~ **spirits** niedergeschlagen; **to feel** ~ niedergeschlagen sein **II.** *adv* ❶ (*in height*) niedrig; **to be cut** ~ *dress, blouse* tief ausgeschnitten sein ❷ (*to a low level*) tief; **to turn the music** ~**er** die Musik leiser stellen ❸ (*cheap*) billig **III.** *n* ❶ (*low level*) Tiefpunkt *m* ❷ METEO Tief *nt* ❸ AUTO erster Gang

low² [ləʊ] **I.** *n* (*of cow*) Muhen *nt* **II.** *intr verb cow* muhen

low-budget *adj* Billig-, Discount-; ~ **airline** Billigfluglinie *f*

low-cal ['ləʊkæl] *adj* (*fam*), **low-calorie** *adj* kalorienarm **low-cut** *adj dress* tief ausgeschnitten, mit tiefem Ausschnitt *nachgestellt* **low demand** *n* niedrige Nachfrage **low-down** *adj* (*fam*) mies, gemein

low-energy *adj* energiesparend, Energiespar-; ~ **bulb** Energiesparlampe *f*

lower¹ ['ləʊəʳ] **I.** *adj* ❶ (*less high*) niedriger; (*situated below*) untere(r, s), Unter- ❷ (*less in hierarchy*) *status, rank* niedere(r, s), untere(r, s) **II.** *tr verb* ❶ (*move downward*) herunterlassen; **to** ~ **one's arm/hands** den Arm/die Hände senken; **to** ~ **one's eyes** die Augen niederschlagen ❷ (*decrease*) verringern; **to** ~ **one's voice** seine Stimme senken ❸ (*demean*) **to** ~ **oneself to do sth** sich herablassen, etw zu tun **III.** *intr verb* sinken; *voice* leiser werden

lower² [laʊəʳ] *intr verb person* ein finsteres Gesicht machen; *light* dunkler werden; ~**ing skies** verhangener Himmel

lower-case *n* **in** ~ in Kleinbuchstaben

low-key *adj* unauffällig, zurückhaltend; **to keep sth** ~ vermeiden, dass etw Aufsehen erregt **low-level radiation** *n no pl* Niedrigstrahlung *f* **low-maintenance** *adj* pflegeleicht **low-necked** *adj* ~ **dress** Kleid *nt* mit tiefem Ausschnitt **low-pitched** *adj voice, note* tief **low pressure** *n* PHYS Niederdruck *m;* METEO Tiefdruck *m* **low-pressure** *adj* ❶ (*not*

L

stressful) stressfrei ② (*not aggressive*) unaufdringlich ③ METEO ~ **area** Tiefdruckgebiet *nt* **low profile** *n* Zurückhaltung *f;* **to keep a ~** sich zurückhalten; (*fig*) im Hintergrund bleiben **low-rise** *adj attr* ~ **building** Flachbau *m;* ~ **trousers** auf den Hüften sitzende Hosen **low season** *n* Nebensaison *f* **low tide** *n,* **low water** *n no pl* Niedrigwasser *nt; of the sea* Ebbe *f*

low-wage job *n* Billigjob *m* **low-wage sector** *n* Niedriglohnsektor *m*

loyal [lɔɪəl] *adj* treu; (*correct*) loyal; **to be ~ to sb/sth** jdm/etw treu sein

loyalty ['lɔɪəlti] *n* ① *no pl* (*faithfulness*) Treue *f* (**to** zu) ② (*feelings*) **loyalties** Loyalitätsgefühle *Pl*

lubricate ['lu:brɪkeɪt] *tr verb* ① (*grease*) schmieren ② (*make slippery*) [ein]ölen

luck [lʌk] *n no pl* ① (*fortune*) Glück *nt;* **as ~ would have it** wie es der Zufall wollte; **just my ~!** Pech gehabt!; **no such ~!** (*fam*) schön wär's!; **a stroke of ~** ein Glücksfall *m;* **bad ~** [**on sb**] Pech *nt* [für jdn]; **to be in/out of ~** Glück/kein Glück haben ② (*success*) Erfolg *m;* **any ~ with booking your flight?** hat es mit der Buchung deines Fluges geklappt?

luckily ['lʌkɪli] *adv* glücklicherweise

lucky ['lʌki] *adj* ① (*fortunate*) glücklich; **you ~ thing!** (*fam*) du Glückliche(r)!; ~ **her!** die Glückliche! ② (*bringing fortune*) Glück bringend, Glücks-

Luddite ['lʌdaɪt] *n* ① (*hist*) Maschinenstürmer *m* ② (*usu pej: anti-technology*) Technikfeind(in) *m(f)*

luggage ['lʌgɪdʒ] *n no pl* [Reise]gepäck *nt;* **a piece of ~** ein Gepäckstück *nt*

luggage rack *n esp* BRIT Gepäckablage *f; of a bicycle* Gepäckträger *m*

lukewarm [ˌlu:k'wɔ:m] *adj* ① (*tepid*) lau[warm] ② (*fig: not enthusiastic*) mäßig

lullaby ['lʌləbaɪ] *n* Schlaflied *nt*

lumbar puncture *n* MED Lumbalpunktion *f*

lumber[1] ['lʌmbəʳ] *intr verb person* schwerfällig gehen; *tank* rollen; *cart, wagon* [dahin]rumpeln

lumber[2] ['lʌmbəʳ] **I.** *n no pl* ① *esp* BRIT (*junk*) Krempel *m pej fam* ② *esp* AM, AUS (*timber*) Bauholz *nt* **II.** *tr verb* BRIT, AUS (*fam*) **to ~ sb with sth** jdm etw aufhalsen **III.** *intr verb* Holz fällen

luminous ['lu:mɪnəs] *adj* ① (*bright*) leuchtend *a. fig,* strahlend *a. fig* ② (*phosphorescent*) phosphoreszierend, Leucht- ③ (*brilliant*) genial

lump [lʌmp] **I.** *n* ① (*chunk*) Klumpen *m;* **three ~s of sugar** drei Stück Zucker ② (*sl: heap*) Haufen *m fam* ③ MED (*swelling*) Schwellung *f* ④ (*fam: person*) Brocken *m* **II.** *tr verb* ① (*combine*) **to ~ sth with sth** etw mit etw zusammentun *fam* ② (*sl: endure*) **to ~ it** etw hinnehmen **III.** *intr verb* FOOD *flour, sauce* klumpen

lump sugar *n no pl* Würfelzucker *m* **lump sum** *n,* **lump sum payment** *n* (*paid at once*) Einmalzahlung *f;* **to pay sth in a ~** etw pauschal bezahlen

lumpy ['lʌmpi] *adj liquid* klumpig; *figure* plump; *person* pummelig

lunacy ['lu:nəsi] *n no pl* Wahnsinn *m a. fig*

lunar ['lu:nəʳ] *adj attr* Mond-, lunar *fachspr*

lunatic ['lu:nətɪk] **I.** *n* Irre(r) *f(m) pej derb;* MED Geistesgestörte(r) *f(m);* LAW [geistig] Unzurechnungsfähige(r) *f(m)* **II.** *adj* verrückt *fam o pej;* MED geistesgestört; LAW [geistig] unzurechnungsfähig

lunch [lʌn(t)ʃ] **I.** *n* <*pl* -es> ① (*mid-day meal*) Mittagessen *nt;* **what's for ~?** was gibt's zu Mittag?; **to have ~** zu Mittag essen ② (*mid-day break*) Mittagspause *f;* **to be out to ~** in der Mittagspause sein ③ (*light meal*) Imbiss *m* **II.** *intr verb* zu Mittag essen; **to ~ on sth** etw zu Mittag essen

lunch break *n* Mittagspause *f*

luncheon ['lʌn(t)ʃən] *n* (*form*) Mittagessen *nt*

luncheon meat *n* Frühstücksfleisch *nt*

luncheon voucher *n* BRIT Essensmarke *f*

lunch hour *n* Mittagspause *f*

lunchtime *n* (*midday*) Mittagszeit *f;* (*lunchbreak*) Mittagspause *f;* **at ~** mittags

lung [lʌŋ] *n* Lungenflügel *m;* **the ~s** die Lunge *sing*

lung cancer *n no pl* Lungenkrebs *m*

lurch[1] [lɜ:tʃ] *n* **to leave sb in the ~** jdn im Stich lassen

lurch[2] [lɜ:tʃ] **I.** *n* <*pl* -es> Ruck *m a. fig* **II.** *intr verb crowd, person* torkeln

lure [lʊəʳ] **I.** *tr verb* [an]locken; **to ~ sb away from sth** jdn von etw weglocken **II.** *n* ❶ *no pl* (*fig: power of attraction*) Reiz *m* ❷ (*decoy*) Köder *m a. fig*

lurk [lɜːk] *intr verb* (*a. fig*) lauern; **to ~ behind sth** hinter einer S. stecken

lust [lʌst] **I.** *n* ❶ (*sexual drive*) Lust *f* (**for** nach) ❷ (*desire*) Begierde *f* (**for** nach) **II.** *intr verb* **to ~ after sb** jdn begehren *geh o hum;* **to ~ after sth** gierig nach etw sein

lustrous [ˈlʌstrəs] *adj* glänzend, strahlend; *hair* glänzend, schimmernd; *smile* strahlend

Luxembourg [ˈlʌksᵊmbɜːg] *n* Luxemburg *nt*

Luxembourger [ˈlʌksᵊmbɜːgəʳ] *n* Luxemburger(in) *m(f)*

luxury [ˈlʌkʃᵊri] *n* ❶ *no pl* (*self-indulgence*) Luxus *m* ❷ (*luxurious item*) Luxus[artikel] *m*

lying[1] [ˈlaɪɪŋ] *intr verb present part of* **lie**

lying[2] [ˈlaɪɪŋ] **I.** *adj attr* verlogen, lügnerisch **II.** *n no pl* Lügen *nt*

lyric [ˈlɪrɪk] **I.** *adj* lyrisch **II.** *n* ❶ (*poem*) lyrisches Gedicht ❷ (*words for song*) **~s** [Lied]text *m*

Mm

M <*pl* -'s *or* -s>, **m** <*pl* -'s> [em] *n* ❶ M *nt,* m *nt; see also* **A 1** ❷ (*Roman numeral*) M *nt*

M I. *adj* FASHION *abbrev of* **medium** M **II.** *n* BRIT *abbrev of* **motorway** ≈ A *f*

m I. *n* <*pl* -> ❶ *abbrev of* **metre** m ❷ *abbrev of* **mile** ❸ *abbrev of* **million** Mill., Mio. ❹ *abbrev of* **minute** Min. **II.** *adj* ❶ *abbrev of* **male** männl. ❷ *abbrev of* **masculine** m ❸ *abbrev of* **married** verh.

ma [mɑː] *n* (*fam: mother*) Mama *f,* Mutti *f*

MA [ˌemˈeɪ] *n abbrev of* **Master of Arts**

ma'am[1] [mæm] *n short for* **madam** gnädige Frau *form*

ma'am[2] [mɑːm] *n* BRIT Majestät *f*

mac [mæk] *n esp* BRIT (*fam*) *short for* **macintosh** Regenmantel *m*

Mac[1] [mæk] *n* ❶ (*Scotsman*) Schotte *m* ❷ AM (*fam*) **hallo, ~!** hallo, Alter!

Mac[2] [mæk] *n* COMPUT (*fam*) *short for* **Macintosh**® Mac *m fam*

macaroni [ˌmækəˈreʊni] *n no pl* Makkaroni *Pl*

macaroon [ˌmækəˈruːn] *n* Makrone *f*

machine [məˈʃiːn] **I.** *n* ❶ (*mechanical device*) Maschine *f,* Apparat *m;* **by ~** maschinell ❷ (*automobile, plane*) Maschine *f* **II.** *tr verb* (*produce*) maschinell herstellen

machine gun *n* Maschinengewehr *nt*

machinery [məˈʃiːnᵊri] *n no pl* Maschinen *Pl*

mackerel <*pl* -s *or* -> [ˈmækᵊrᵊl] *n* Makrele *f*

mackintosh [ˈmækɪntɒʃ] *n* BRIT Regenmantel *m*

macro- [ˈmækrəʊ] *in compounds* makro-, Makro-

macroeconomics [ˌmækrə(ʊ)iːkəˈnɒmɪks] *n + sing verb* Makroökonomie *f*

mad <-dd> [mæd] *adj* ❶ *esp* BRIT (*fam: insane*) wahnsinnig, verrückt, durchgeknallt *fam;* **to go ~** den Verstand verlieren ❷ *esp* BRIT (*fig fam*) **[stark] raving ~** total verrückt ❸ (*frantic*) wahnsinnig *fam;* **I'm in a ~ rush** ich hab's wahnsinnig eilig; **like ~** wie verrückt

madam [ˈmædəm] *n no pl* ❶ (*form of address*) gnädige Frau ❷ (*in titles*) **Madam President, ...** Frau Präsidentin, ...; **Dear Madam, ...** (*in a letter*) Sehr geehrte gnädige Frau, ...

madcap [ˈmædkæp] *adj attr* verrückt; *idea* ausgeflippt

mad cow disease *n* Rinderwahnsinn *m*

madden [ˈmædᵊn] *tr verb* **to ~ sb** (*drive crazy*) jdn um den Verstand bringen; (*anger*) jdn maßlos ärgern

maddening [ˈmædᵊnɪŋ] *adj* äußerst ärgerlich; *habit* nervend; **her absent-**

mindedness is ~ at times ihre Zerstreutheit ist manchmal zum Verrücktwerden

made [meɪd] **I.** *pp, pt of* **make II.** *adj* **to have [got] it ~** es geschafft haben *fam*

made-to-measure *adj* maßgeschneidert

made-up *adj* ① (*imaginary*) [frei] erfunden, ausgedacht ② (*wearing make-up*) geschminkt

madhouse *n* (*fig fam*) Irrenanstalt *nt*

madly ['mædli] *adv* wie verrückt

madness ['mædnəs] *n no pl* ① (*insanity*) Wahnsinn *m,* Geisteskrankheit *f geh* ② (*folly*) Verrücktheit *f*

mafia ['mæfiə] *n + sing/pl verb* Mafia *f*

mag [mæg] *n* (*fam*) *short for* **magazine** Blatt *nt*

magazine [ˌmægə'ziːn] *n* ① (*publication*) Zeitschrift *f* ② (*gun part*) Magazin *nt*

magenta [mə'dʒentə] *adj* magentarot

magic ['mædʒɪk] **I.** *n no pl* ① (*sorcery*) Magie *f,* Zauber *m* ② (*tricks*) Zaubertrick[s] *m[Pl];* **to do ~** zaubern **II.** *adj* ① (*supernatural*) magisch, Zauber- ② (*extraordinary*) *moment* zauberhaft **III.** *interj* BRIT (*fam*) großartig

magical ['mædʒɪkᵊl] *adj* ① (*magic*) magisch, Zauber- ② (*extraordinary*) *moment* zauberhaft

magic carpet *n* fliegender Teppich

magician [mə'dʒɪʃᵊn] *n* Zauberer *m/* Zauberin *f,* Magier(in) *m(f) geh*

magistrate ['mædʒɪstreɪt] *n* **to appear before a ~** vor einem Schiedsgericht erscheinen

maglev ['mæglev] *n no pl short for* **magnetic levitation** magnetisches Schweben; **~ train** Magnet[schwebe]bahn *f*

magnate ['mægneɪt] *n* Magnat *m*

magnet ['mægnət] *n* (*a. fig*) Magnet *m*

magnetic [mæg'netɪk] *adj* magnetisch; **~ strip** Magnetstreifen *m*

magnetism ['mægnətɪzᵊm] *n no pl* (*phenomenon*) Magnetismus *m;* (*charge*) magnetische Kräfte *Pl*

magnificent [mæg'nɪfɪsᵊnt] *adj house, concert* wunderbar, großartig; **to look ~** wunderschön aussehen

magnify <-ie-> ['mægnɪfaɪ] *tr verb* (*make bigger*) vergrößern

magpie ['mægpaɪ] *n* (*bird*) Elster *f*

mahogany [mə'hɒgᵊni] *n* ① (*tree*) Mahagonibaum *m* ② *no pl* (*wood*) Mahagoni[holz] *nt*

maid [meɪd] *n* (*servant*) Dienstmädchen *nt;* (*in a hotel*) Zimmermädchen *nt*

maiden name *n* Mädchenname *m*

maiden speech *n* POL Jungfernrede *f*

mail[1] [meɪl] AM **I.** *n no pl* Post *f;* **to answer ~** die Post beantworten; **to come in the ~** mit der Post kommen **II.** *tr verb* **to ~ a letter/package** (*at post office*) einen Brief/ein Paket aufgeben

mail[2] [meɪl] *n no pl* ① (*armour*) Panzer *m;* **chain ~** Kettenpanzer *m* ② *of an animal* Panzer *m*

mailbag *n* Postsack *m;* **since then the BBC's ~ has been bulging** seitdem quillt der Briefkasten der BBC über

mailbox *n* AM Briefkasten *m,* Postkasten *m bes* NORDD

mailing list *n* Adressenliste *f*

mailing tube *n* Paketrolle *f*

mailman *n* AM Briefträger(in) *m(f),* Postbote *m/*-botin *f*

mail-order catalog *n* AM *see* **mail-order catalogue**

mail-order catalogue *n* [Versand]katalog *m*

mailshot *n esp* BRIT Hauswurfsendung *f*

main [meɪn] **I.** *adj attr* Haupt-; **~ concern** wichtigstes Anliegen **II.** *n* TECH ① (*pipe*) Hauptleitung *f;* (*cable*) Hauptkabel *nt* ② BRIT **the ~s** *pl* ELEC (*switch*) der Hauptschalter; (*for water, gas*) der Haupthahn; **switch off the electricity at the ~s before starting work** vor Arbeitsbeginn die Stromversorgung am Hauptschalter ausschalten ▸ **in the ~** im Allgemeinen

mainframe *n* Hauptrechner *m*

mainland **I.** *n no pl* **the ~** das Festland **II.** *adj attr* **~ Britain** die britische Hauptinsel; **~ China** China *nt;* **~ Europe** europäisches Festland

mainly ['meɪnli] *adv* hauptsächlich, in erster Linie

main road *n* Hauptstraße *f* **mainsail** *n* Hauptsegel *nt,* Großsegel *nt* **mainspring** *n* Triebfeder *f a. fig* **mainstream** **I.** *n no pl* Hauptströmung *f;* **the ~** (*fig*) der Mainstream **II.** *adj book, film, music* kommerziell

maintain [meɪn'teɪn] *tr verb* ① (*keep*) [bei]behalten; *blockade* aufrechterhalten; **to ~ the lead** in Führung bleiben; **to ~ a low profile** sich zurückhalten ② (*in good condition*) instand halten

maintenance ['meɪntᵊnən(t)s] **I.** *n no pl* ① *of relations, peace* Beibehaltung *f,* Wahrung *f* ② *of a car, garden* Pflege *f; of a building, a monument* Instandhaltung *f; of a machine* Wartung *f* **II.** *adj attr* Wartungs-, Instandhaltungs-; **~ check** Wartung *f*

maisonette *n,* **maisonnette** [ˌmeɪzᵊn'et] *n* BRIT Maiso[n]nette *f*

maize [meɪz] *n no pl esp* BRIT Mais *m*

majesty ['mædʒəsti] *n* ① *no pl* (*beauty*) *of a sunset* Herrlichkeit *f* ② (*royal title*) Majestät *f;* **[Your] Majesty** [Eure] Majestät; **Her/His Majesty** Ihre/Seine Majestät

major ['meɪdʒəʳ] **I.** *adj* ① *attr* (*important*) bedeutend, wichtig; (*main*) Haupt- ② *attr* (*serious*) *crime* schwer **II.** *n* ① MIL (*officer rank*) Major(in) *m(f)* ② AM, AUS UNIV (*primary subject*) Hauptfach *nt* **III.** *intr verb* UNIV **to ~ in German studies/physics/biology** Deutsch/Physik/Biologie als Hauptfach studieren

majorette [ˌmeɪdʒᵊr'et] *n* Majorette *f*

major general *n* Generalmajor(in) *m(f)*

majority [mə'dʒɒrəti] **I.** *n* ① *+ sing/pl verb* (*greater part*) Mehrheit *f;* **in the ~ of cases** in der Mehrzahl der Fälle; **the ~ of the votes** die Stimmenmehrheit ② POL (*winning margin*) [Stimmen]mehrheit *f* **II.** *adj attr* POL Mehrheits-

make [meɪk] **I.** *n* ① ECON (*brand*) Fabrikat *nt,* Marke *f* ② (*pej*) **to be on the ~** geldgierig sein **II.** *tr verb* <made, made> ① (*produce*) machen; *company, factory* herstellen; **to ~ coffee/soup/supper** Kaffee/Suppe/das Abendessen kochen; **to be made for sth** für etw [wie] geschaffen sein ② **she'll ~ a great mother** sie wird eine tolle Mutter abgeben ③ (*cause*) machen; **to ~ sb laugh** jdn zum Lachen bringen ④ (*force*) **to ~ sb do sth** jdn zwingen, etw zu tun ⑤ *+ adj* (*cause to be*) machen; **to ~ sth public** etw veröffentlichen; **to ~ oneself understood** sich verständlich machen ⑥ (*perform*) **to ~ a call** anrufen; **to ~ a deal** einen Handel schließen; **to ~ a decision** eine Entscheidung fällen; **to ~ an effort** sich anstrengen; **to ~ a promise** etw versprechen; **to ~ smalltalk** Konversation betreiben; **to ~ a start** anfangen; **to ~ way** den Weg frei machen ⑦ (*amount to*) **five plus five ~s ten** fünf und fünf ist zehn ⑧ (*earn, get*) **he ~s £50,000 a year** er verdient 50.000 Pfund im Jahr; **to ~ friends** Freundschaften schließen; **to ~ a killing** einen Riesengewinn machen; **to ~ a living** seinen Lebensunterhalt verdienen ⑨ (*consider important*) **don't ~ too much of his grumpiness** gib nicht zu viel auf seine mürrische Art ⑩ (*fam: get to, reach*) **the fire made the front page** das Feuer kam auf die Titelseite; **to ~ it** es schaffen ⑪ (*render perfect*) **that made my day!** das hat mir den Tag gerettet!; **you've got it made!** du hast ausgesorgt! **III.** *intr verb* <made, made> ① (*be about to*) **just as we made to leave, the phone rang** gerade als wir gehen wollten, klingelte das Telefon ② (*pretend*) **he made as if to leave the room** er machte Anstalten, das Zimmer zu verlassen ◆**make for, make towards** *intr verb* ① (*head for*) **to ~ for sth** auf etw *Akk* zugehen; (*by car or bus*) auf etw *Akk* zufahren ② (*be*) **Kant ~s for hard reading** Kant ist schwer zu lesen ◆**make of** *tr verb* ① (*understand*) **I can't ~ anything of this book** ich verstehe dieses Buch nicht ② (*think*) **what do you ~ of his speech?** was hältst du von seiner Rede? ◆**make off** *intr verb* (*fam*) ① (*leave*) abhauen ② (*steal*) **to ~ off with sth** etw mitgehen lassen *fam* ◆**make out I.** *intr verb* (*fam*) ① (*manage*) *person* zurechtkommen ② AM (*sl: have sex*) rummachen *sl* **II.** *tr verb* ① (*write out*) ausschreiben; *cheque* ausstellen ② (*see*) *writing, numbers* entziffern ◆**make over** *tr verb* ① LAW (*transfer ownership*) **to ~ over ↻ a house/a business/land to sb** jdm ein Haus/ein Geschäft/Land überschreiben ② *esp* AM (*redo*) umändern ◆**make up I.** *tr verb* ① (*invent*) **she made the whole thing up** sie hat das alles nur erfunden ② (*prepare*) fertig machen; **to ~ up a bed** das Bett machen ③ (*put on make-up*) **to ~ oneself up** sich schminken ④ (*produce*) **to ~ up ↻ curtains/a dress** Vorhänge/ein Kleid machen ⑤ (*compensate*) **to ~ up a deficit** ein Defizit ausgleichen; **to ~ up time** Zeit wieder gutmachen; *train* Zeit wieder herausfahren ⑥ *usu passive* (*comprise*) **to ~ up ↻ sth** etw ausmachen ⑦ (*decide*) **to ~ up one's mind** sich entscheiden ⑧ (*reconcile*) **to ~ it up with sb** sich mit jdm versöhnen **II.** *intr verb* sich versöhnen; **kiss and ~ up** küsst euch und vertragt euch wieder ◆**make up to** *tr verb* Aus, Brit **to ~ up to sb** sich bei jdm lieb Kind machen *fam*

maker ['meɪkəʳ] *n* ① (*manufacturer*) Hersteller(in) *m(f)*, Produzent(in) *m(f)* ② *esp* Brit **~s** Hersteller(in) *m(f)*

make-up *n* ① *no pl* (*cosmetics*) Make-up *nt*; **to put on ~** sich schminken; **~ artist** Visagist(in) *m(f)* ② (*composition*) Zusammensetzung *f* ③ (*character*) Veranlagung *f*

making ['meɪkɪŋ] *n* ① *no pl* (*production*) Herstellung *f* ② *no pl* (*success*) **it was the ~ of her** das hat sie zu dem gemacht, was sie [heute] ist

malaria [mə'leəriə] *n no pl* Malaria *f*

male [meɪl] **I.** *adj* männlich; **~ choir** Männerchor *m* **II.** *n* (*person*) Mann *m*; (*animal*) Männchen *nt*

malevolence [mə'levᵊlən(t)s] *n no pl* Bosheit *f*, Niedertracht *f liter*

malfunction [ˌmæl'fʌŋ(k)ʃᵊn] **I.** *intr verb* (*not work properly*) nicht funktionieren; (*stop working*) ausfallen **II.** *n* Ausfall *m*; *of the liver, the kidney* Funktionsstörung *f*

malicious [mə'lɪʃəs] *adj* boshaft, niederträchtig

malignant [mə'lɪgnənt] *adj* med bösartig

mall [mɔːl] *n* (*covered row of shops*) [große] Einkaufspassage; (*indoor shopping centre*) [überdachtes] Einkaufszentrum

malnutrition [ˌmælnjuː'trɪʃᵊn] *n no pl* Unterernährung *f*

malpractice [ˌmæl'præktɪs] *n no pl* (*faulty work*) Berufsvergehen *nt*; (*criminal misconduct*) [berufliches] Vergehen

malt [mɔːlt] **I.** *n no pl* ① (*grain*) Malz *nt* ② (*whisky*) Maltwhisky *m* **II.** *tr verb* **to ~ barley** Gerste mälzen

Malta ['mɔːltə] *n no pl* Malta *nt*

1814 wurde die **Republic of Malta** (Republik Malta) offiziell zur britischen Kronkolonie ernannt. In den darauffolgenden Jahren entwickelte sich Malta zu einem wichtigen Flottenstützpunkt der Briten. Ab 1947 war Malta selbstverwaltet und erlangte 1964 schließlich die vollständige Unabhängigkeit. Die Verbindung zur englischen Sprache ist jedoch geblieben, und so ist Malta heute in erster Linie als 'English language learning centre' (Sprachzentrum für Englisch) bekannt. In entspannter, mediterraner Umgebung feilen hier vor allem Jugendliche aus ganz Europa an ihren Englischkenntnissen.

mammal ['mæmᵊl] *n* Säugetier *nt*, Säuger *m*

mammary gland *n* Milchdrüse *f*

mammoth ['mæməθ] **I.** *n* Mammut *nt* **II.** *adj* (*fig*) Mammut-, riesig

man [mæn] **I.** *n* <*pl* men> ① (*male adult*) Mann *m*; **men's clothing** Herrenkleidung *f*; **the men's [room]** die Herrentoilette ② (*brave person*) Mann *m*; **to take sth like a ~** etw wie ein [richtiger] Mann ertragen ③ (*person*) Mensch *m*; **to be sb's right-hand ~** jds rechte Hand sein; **every ~ for himself** jeder für sich ④ *no pl, no art* (*mankind*) der Mensch, die Menschheit ⑤ (*particular type*) **he's not a ~ to ...** er ist nicht der Typ, der ...; **to be a ladies' ~** ein Frauenheld *m* sein; **the ~ in the street** der kleine Mann; **the odd ~ out** der Außenseiter **II.** *interj* (*fam: to emphasize*) Mensch, Mann **III.** *tr verb* <-nn-> *fortress, picket* besetzen; *phone, gun* bedienen; *ship* bemannen; **~ the pumps!** alle Mann an die Pumpen!

manage ['mænɪdʒ] **I.** *tr verb* ① (*run*) leiten ② (*control*) steuern; (*administer*) verwalten ③ (*accomplish*) schaffen; **can you ~ 8 o'clock?** ginge es um 8 Uhr? ④ (*cope with*) **to ~ sb** mit jdm zurechtkommen **II.** *intr verb* ① (*succeed*) es schaffen; (*cope, survive*) zurechtkommen; **we'll ~!** wir schaffen das schon! ② (*get by*) **to ~ on/without sth** mit etw/ohne etw auskommen

management ['mænɪdʒmənt] *n* ❶ *no pl of a business* Management *nt,* [Geschäfts]führung *f,* [Unternehmens]leitung *f* ❷ *+ sing/pl verb* (*managers*) [Unternehmens]leitung *f,* Management *nt; of a hospital, a theatre* Direktion *f;* **junior** ~ untere Führungsebene; (*trainees*) Führungsnachwuchs *m;* **middle** ~ mittlere Führungsebene; **senior** ~ oberste Führungsebene, Vorstand *m* ❸ *no pl* (*handling*) Umgang *m* (**of** mit); *of finances* Verwalten *nt*
management negotiator *n* Verhandlungsführer(in) *m(f)* der Arbeitgeber
management studies *n + sing/pl verb* Betriebswirtschaft[slehre] *f*
manager ['mænɪdʒəʳ] *n* ❶ (*business executive*) Geschäftsführer(in) *m(f);* (*in big business*) Manager(in) *m(f);* **bank** ~ Filialleiter(in) *m(f)* einer Bank ❷ SPORTS (*coach*) [Chef]trainer(in) *m(f)*
manageress <*pl* -es> [ˌmænɪdʒəʳ'es] *n* Geschäftsführerin *f* (*in einem Laden oder Café*)
managing director *n* [Haupt]geschäftsführer(in) *m(f)*
managing editor *n* Verlagsdirektor(in) *m(f)*
mandarin ['mændərɪn] *n* ❶ (*fruit*) Mandarine *f* ❷ (*hist: Chinese official*) Mandarin *m*
Mandarin ['mændərɪn] *n no pl* LING Mandarin *nt*
maneuver AM *see* **manœuvre**
maneuverable *adj* AM *see* **manœuvrable**
manger ['meɪndʒəʳ] *n* (*old*) Futtertrog *m;* (*in bible*) Krippe *f*
mangle[1] ['mæŋgl̩] *tr verb usu passive* (*crush*) zerstören
mangle[2] ['mæŋgl̩] *n* ❶ BRIT (*hist: wringer*) [Wäsche]mangel *f* ❷ AM (*ironing machine*) [Heiß]mangel *f*
manhole *n* Einstieg *m;* (*shaft*) Einstiegsschacht *m*
manhunt *n* [Ring]fahndung *f;* (*after a criminal*) Verbrecherjagd *f*
maniac ['meɪniæk] *n* (*fam: crazy person*) Verrückte(r) *f(m)*
manifesto <*pl* -s *or* -es> [ˌmænɪ'festəʊ] *n* Manifest *nt*
manil[l]a envelope *n* Briefumschlag *m* aus Manilapapier
manipulate [mə'nɪpjəleɪt] *tr verb* ❶ (*esp pej: manage cleverly*) geschickt mit jdm/etw umgehen; (*influence*) jdn/etw manipulieren ❷ (*with hands*) handhaben; (*adjust*) einstellen
manipulation [məˌnɪpjə'leɪʃən] *n* ❶ (*esp pej: clever management*) Manipulation *f* ❷ (*handling*) Handgriff *m* ❸ COMPUT (*by person*) Bearbeiten *nt*
mankind [mæn'kaɪnd] *n no pl* Menschheit *f*
manly ['mænli] *adj* (*approv*) männlich
man-made *adj* künstlich
manned [mænd] *adj* AEROSP bemannt
manner ['mænəʳ] *n no pl* ❶ (*way*) Weise *f,* Art *f;* **in a ~ of speaking** sozusagen ❷ (*polite behaviour*) **~s** Manieren *Pl;* **it's bad ~s to ...** es gehört sich nicht, ...
mannerism ['mænərɪzəm] *n* Eigenart *f*
manœuvrable [mə'nuːvərəbl̩] *adj* beweglich; *ship, vessel* manövrierfähig
manœuvre [mə'nuːvəʳ] **I.** *n* ❶ *usu pl* (*military exercise*) Manöver *nt* ❷ (*planned move*) Manöver *nt,* Operation *f* **II.** *tr verb* ❶ (*move*) **to ~ sth somewhere** etw irgendwohin manövrieren ❷ (*pressure sb*) **to ~ sb into a compromise** jdn geschickt zu einem Kompromiss zwingen **III.** *intr verb* ❶ (*move*) manövrieren ❷ MIL (*hold exercises*) Manöver abhalten
manor ['mænəʳ] *n* (*country house*) Landsitz *m,* Herrenhaus *nt*
manpower *n no pl* Arbeitskräfte *Pl*
mansion ['mæn(t)ʃən] *n* Villa *f;* (*of ancient family*) Herrenhaus *nt*
manslaughter *n no pl* Totschlag *m*
mantelpiece ['mæntəlpiːs] *n* Kaminsims *m o nt*
manual ['mænjuəl] **I.** *adj* ❶ (*done with hands*) manuell, Hand-; ~ **dexterity** handwerkliches Geschick; ~ **labour** körperliche Arbeit ❷ (*hand-operated*) manuell, Hand- ❸ AUTO ~ **transmission** Schaltgetriebe *nt* **II.** *n* ❶ (*book*) Handbuch *nt;* **training** ~ Lehrbuch *nt* ❷ AUTO (*vehicle*) Auto *nt* mit Gangschaltung
manually ['mænjuəli] *adv* manuell
manufacture [ˌmænjə'fæktʃəʳ] **I.** *tr verb* ❶ (*produce commercially*) herstellen ❷ (*fabricate*) erfinden **II.** *n no pl* Herstellung *f,* Erzeugung *f*
manufacturer [ˌmænjə'fæktʃərəʳ] *n* Hersteller *m,* Erzeuger *m*
manufacturing [ˌmænjə'fæktʃərɪŋ]

M

I. *adj* Herstellungs-, Produktions-; **~ industry** verarbeitende Industrie **II.** *n no pl* Fertigung *f*

manure [mə'njʊəʳ] **I.** *n no pl* Dung *m* **II.** *tr verb* düngen (*mit Mist*)

manuscript ['mænjəskrɪpt] *n* ① (*author's script*) Manuskript *nt* ② (*handwritten text*) Manuskript *nt,* Handschrift *f*

Manx [mæŋks] **I.** *adj* (*of Isle of Man*) der Insel Man; **~ cat** Man[x]katze *f* (*stummelschwänzige Katze*) **II.** *n no pl, no art* LING Sprache *f* der Insel Man

> Die *Isle of Man* (Insel Man) ist zwar ein Schutzgebiet der englischen Krone, gehört aber weder dem *United Kingdom* (Vereinigten Königreich) noch der EU an. Repräsentant der Königin und Oberhaupt der Insel ist der sogenannte *Lieutenant Governor* (Vizegouverneur). In der Eisenzeit wurde die *Isle of Man* von Kelten besiedelt, noch bis Ende des 18. Jhs. sprach man überall auf der Insel das keltische **Manx**. Lange Zeit danach drohte es auszusterben, aber inzwischen gelang es, die Sprache wieder verstärkt einzuführen. Die *Isle of Man* besitzt ein eigenes Parlament *(Tynwald)* und gibt eigene Geldscheine und Münzen heraus. Da die Insel außerdem über ein unabhängiges Steuersystem verfügt, ist sie, ähnlich wie die Kanalinseln, für viele zum *tax haven* (Steuerparadies) geworden.

many ['meni] **I.** *pron* (*a great number*) viele; **too ~** zu viele; **as ~** genauso viele; **as ~ as ...** so viele wie ...; **a good ~ of us** viele von uns; **~ a/an ...** manch ein ...; **~ a time** oft **II.** *n* (*the majority*) **the ~** *pl* die Mehrheit; **music for the ~** Musik für die breite Masse

many-sided *adj* vielseitig; (*complex*) vielschichtig

map [mæp] **I.** *n* ① GEOG [Land]karte *f;* **~ of Paris** Stadtplan *m* von Paris; **road ~** Straßenkarte *f* ② (*simple diagram*) Plan *m* **II.** *tr verb* <-pp-> kartographieren *fachspr*

marathon ['mærəθᵊn] *n* ① (*race*) Marathon[lauf] *m;* **~ runner** Marathonläufer(in) *m(f)* ② (*very long event*) Marathon *nt fam*

marble ['mɑːbl̩] **I.** *n* ① *no pl* (*stone*) Marmor *m* ② (*for games*) Murmel *f* ▶ **to lose one's ~s** (*fam*) verrückt werden **II.** *tr verb* marmorieren

marble cake *n* Marmorkuchen *m*

marbled ['mɑːbl̩d] *adj* marmoriert

march [mɑːtʃ] **I.** *n* <*pl* -es> ① MIL Marsch *m;* **a 20 km ~** ein Marsch *m* über 20 km; **to be on the ~** auf dem Marsch sein, marschieren ② (*demonstration*) Demonstration *f;* **to go on a ~** demonstrieren gehen **II.** *intr verb* marschieren **III.** *tr verb* ① (*walk in step*) **to ~ twelve miles** zwölf Meilen marschieren ② (*force to walk*) **to ~ sb off** jdn wegführen

March [mɑːtʃ] *n* März *m; see also* **February**

marching orders *n* Marschbefehl *m;* **to get one's ~** (*fam: job, flat*) die Kündigung bekommen; (*relationship*) den Laufpass bekommen

margarine [ˌmɑːdʒə'riːn] *n no pl* Margarine *f*

marge [mɑːdʒ] *n* BRIT (*fam*) *short for* **margarine** Margarine *f*

margin ['mɑːdʒɪn] *n* ① (*outer edge*) Rand *m;* TYPO [Seiten]rand *m* ② (*amount*) Differenz *f,* Abstand *m* ③ **a ~ of error** eine Fehlerspanne

marginally ['mɑːdʒɪnᵊli] *adv* geringfügig; **~ better** etwas besser

marina [mə'riːnə] *n* Jachthafen *m*

marinate ['mærɪneɪt] *tr verb* marinieren

marine [mə'riːn] **I.** *adj attr* ① (*of sea*) Meeres-, See- ② (*of shipping*) Schiffs- **II.** *n* Marineinfanterist *m;* **the ~s** die Marineinfanterie

marital ['mærɪtᵊl] *adj* ehelich, Ehe-; **~ status** Familienstand *m*

mark [mɑːk] **I.** *n* ① (*spot, stain*) Fleck *m;* (*on the skin*) Mal *nt;* (*when burnt*) Brandmal *nt geh;* (*scratch*) Kratzer *m* ② (*identifying feature*) [Kenn]zeichen *nt,* Merkmal *nt;* ZOOL Kennung *f* ③ (*fig: indication*) Zeichen *nt* ④ (*sign to indicate position*) Markierung *f;* **adjusting ~** TECH Einstellmarke *f* ⑤ (*sign to distinguish*) Zeichen *nt* ⑥ (*signature*) Kreuz *nt* ⑦ (*score*) **to get full ~s [for sth]** BRIT, AUS die Bestnote [für etw] erhalten ⑧ (*point*) Marke *f* ❺ (*a. fig: target*) Ziel *nt;* **to hit the ~** [genau] ins Schwarze treffen *a. fig* **II.** *tr verb* ❶ (*stain*) schmutzig machen ❷ *usu passive* (*scar*) **his face was ~ed for life** er hat bleibende Narben im Gesicht zurückbehalten ❸ (*indicate*) markieren ❹ (*label*) beschriften ❺ (*commemorate*) **to ~ sth** an etw *Akk* erinnern ❻ SCHOOL zensieren; **to ~ sb** jdn benoten **III.** *intr verb* ❶ (*get dirty*) schmutzig werden, schmutzen ❷ SCHOOL (*give marks*) Noten vergeben ◆**mark down** *tr verb* ❶ (*reduce the price of*) heruntersetzen ❷ (*give a lower grade*) **to ~ down** ○ **sb** jdm eine schlechtere Note geben ◆**mark off** *tr verb* ❶ (*separate off*) abgrenzen ❷ (*cross off*) durchstreichen; **to ~ off** ○ **sth with an X** etw mit einem X markieren ◆**mark out** *tr verb* ❶ (*outline*) abstecken, markieren ❷ BRIT, AUS (*distinguish*) unterscheiden ◆**mark up** *tr verb* (*increase the price of*) heraufsetzen; *shares* aufwerten

markdown *n* ECON ❶ (*price reduction*) Preissenkung *f;* STOCKEX Kursabschlag *m* ❷ (*reduced item*) Sonderangebot *nt*

marked [mɑːkt] *adj* ❶ (*clear*) deutlich, ausgeprägt; (*striking*) auffallend, markant; **a ~ improvement** eine deutliche Verbesserung ❷ (*with distinguishing marks*) markiert, gekennzeichnet

marker ['mɑːkəʳ] *n* ❶ (*sign or symbol*) [Kenn]zeichen *nt,* Marke *f* ❷ (*felt-tipped pen*) Filzstift *m*

marker pen *n* Textmarker *m*

market ['mɑːkɪt] **I.** *n* Markt *m;* **housing ~** Wohnungsmarkt *m;* **job ~** Stellenmarkt; **stock ~** Börse *f;* **the open ~** der freie Markt; **to put sth on the ~** etw auf den Markt bringen; **to put a house on the ~** ein Haus zum Verkauf anbieten **II.** *tr verb* (*sell*) vermarkten, verkaufen; (*put on market*) auf den Markt bringen

marketing ['mɑːkɪtɪŋ] *n no pl* ❶ (*selling*) Marketing *nt,* Vermarktung *f* ❷ AM (*shopping*) Einkaufen *nt* **marketplace** *n* ❶ (*place*) Marktplatz *m* ❷ (*commercial environment*) Markt *m* **market research** *n no pl* Marktforschung *f* **market share** *n* Marktanteil *m* **market town** *n* BRIT Marktort *m* **market trader** *n* Markthändler(in) *m(f)*

marking ['mɑːkɪŋ] *n* ❶ (*identifying marks*) **~s** Markierungen *Pl,* Kennzeichnungen *Pl* ❷ *no pl* SCHOOL (*work*) Korrigieren *nt*

markup ['mɑːkʌp] *n* [Kalkulations]aufschlag *m*

marmalade ['mɑːməleɪd] *n no pl* Orangenmarmelade *f*

marquee [mɑː'kiː] *n* ❶ BRIT, AUS (*tent*) Festzelt *nt* ❷ AM (*door canopy*) Vordach *nt*

marriage ['mærɪdʒ] *n* ❶ (*wedding*) Heirat *f;* (*at the church*) Trauung *f* ❷ (*relationship*) Ehe *f* (**to** mit); **same-sex ~** gleichgeschlechtliche Ehe ❸ *no pl* (*state*) Ehe *f*

marriage bureau *n esp* BRIT Eheanbahnungsinstitut *nt* **marriage ceremony** *n* Trauung *f,* Eheschließung *f* **form marriage certificate** *n* Heiratsurkunde *f* **marriage guidance** *n* BRIT, AUS Eheberatung *f;* **~ office** Eheberatungsstelle *f*

married ['mærid] *adj* verheiratet; **~ couple** Ehepaar *nt;* **to get ~ [to sb]** [jdn] heiraten

marry ['mæri] **I.** *tr verb* ❶ (*wed*) heiraten ❷ (*officiate at ceremony*) trauen, verheiraten ❸ (*marry off*) verheiraten (**to** mit) **II.** *intr verb* heiraten; **to ~ into a wealthy family** in eine reiche Familie einheiraten

marsh <*pl* -es> [mɑːʃ] *n* Sumpf *m,* Sumpfland *nt*

marshy ['mɑːʃi] *adj* sumpfig

martial ['mɑːʃəl] *adj* kriegerisch, Kriegs-; **~ law** Kriegsrecht *nt;* **to declare [a state of] ~** das Kriegsrecht ausrufen; **~ music** Militärmusik *f*

martyr ['mɑːtəʳ] **I.** *n* Märtyrer(in) *m(f)* **II.** *tr verb usu passive* **to be ~ed [for sth]** [für etw] [den Märtyrertod] sterben

marvel ['mɑːvəl] *n* Wunder *nt*

marvellous ['mɑːvələs] *adj,* **marvelous** *adj* AM wunderbar, großartig

mascara [mə'skɑːrə] *n no pl* Wimperntusche *f*

masculine ['mæskjəlɪn] *adj* männlich, maskulin

mash [mæʃ] **I.** *n* ❶ *no pl* BRIT (*fam: from potatoes*) Kartoffelbrei *m,* Püree *nt* ❷ (*mixture*) Brei *m* **II.** *tr verb* zerdrücken, [zer]stampfen

mask [mɑːsk] **I.** *n* Maske *f a. fig* **II.** *tr verb* verbergen, verstecken

masochist ['mɑːsəkɪst] *n* Masochist(in) *m(f)*

mass [mæs] **I.** *n* ① *usu sing* (*formless quantity*) Masse *f;* **a ~ of dough** ein Teigklumpen *m;* **a ~ of rubble** ein Haufen *m* Schutt ② *usu sing* (*large quantity*) Menge *f;* **a ~ of contradictions** eine Reihe von Widersprüchen; **the ~ of the people** die breite Masse ③ *no pl* PHYS Masse *f* **II.** *intr verb crowd* sich ansammeln; *troops* aufmarschieren

Mass [mæs] *n* REL, MUS Messe *f*

massacre ['mæsəkəʳ] **I.** *n* (*killing*) Massaker *nt,* Blutbad *nt* **II.** *tr verb* ① (*kill*) massakrieren ② (*fig: defeat*) vernichtend schlagen

massage ['mæsɑː(d)ʒ] **I.** *n* Massage *f;* **to give sb a ~** jdn massieren; **to have a ~** sich massieren lassen; **~ parlour** (*for treatment*) Massagepraxis *f;* (*for sex*) Massagesalon *m euph* **II.** *tr verb* (*rub*) massieren

massive ['mæsɪv] *adj* riesig, enorm

M

mass media *n + sing/pl verb* **the ~** die Massenmedien *Pl* **mass meeting** *n* Massenversammlung *f;* (*at an event*) Massenveranstaltung *f* **mass murderer** *n* Massenmörder(in) *m(f)* **mass-produce** *tr verb* serienmäßig herstellen **mass production** *n* Massenproduktion *f* **mass unemployment** *n no pl* Massenarbeitslosigkeit *f*

mast [mɑːst] *n* ① NAUT [Schiffs]mast *m* ② (*flag pole*) [Fahnen]mast *m*

master ['mɑːstəʳ] **I.** *n* ① (*of slave, servant*) Herr *m;* (*of dog*) Herrchen *nt;* **to be ~ of one's fate** sein Schicksal in der Hand haben; **to be ~ of the situation** Herr der Lage sein ② (*expert*) Meister(in) *m(f);* **he was a ~ of disguise** er war ein Verwandlungskünstler ③ (*specialist instructor*) Lehrer *m;* BRIT SCHOOL Lehrer *m* ④ (*dated: title for young boy*) *Anrede für einen Jungen oder Jugendlichen, heute noch bei Adressen auf Briefen* ⑤ (*dated: man of the house*) **the ~** der Hausherr ⑥ (*master copy*) Original *nt* **II.** *tr verb* ① (*cope with*) meistern; **to ~ one's fear of flying** seine Flugangst überwinden ② (*become proficient*) beherrschen

master bedroom *n* großes Schlafzimmer **master copy** *n* Original *nt* **master key** *n* Generalschlüssel *m*

masterly ['mɑːstəli] *adj* meisterhaft, Meister-

mastermind **I.** *n* führender Kopf **II.** *tr verb* **to ~ sth** etw federführend leiten

Master of Arts *n* ① (*degree*) ≈ Magister Artium *m;* **to take a ~** einen Magisterabschluss machen ② (*person*) Magister *m*

Master of Science **to be a ~** ≈ ein Diplom *nt* in einer Naturwissenschaft haben

masterpiece *n* Meisterwerk *nt,* Meisterstück *nt*

master switch *n* Hauptschalter *m*

mat [mæt] **I.** *n* ① (*for floor*) Matte *f;* (*for furniture*) Untersetzer *m* ② (*thick layer*) **a ~ of hair** dichtes Haar **II.** *tr verb* <-tt-> *usu passive* **to be ~ted with sth** mit etw bedeckt sein

match[1] <*pl* -es> [mætʃ] *n* (*for lighting*) Streichholz *nt;* **a box of ~es** eine Schachtel Streichhölzer

match[2] [mætʃ] **I.** *n* <*pl* -es> ① SPORTS Spiel *nt;* **football ~** Fußballspiel *nt* ② *usu sing* (*matching thing*) **to be a good ~** gut zusammenpassen ③ (*one of pair*) Gegenstück *nt* ④ *usu sing* (*equal*) ebenbürtiger Gegner/ebenbürtige Gegnerin (**for** für) **II.** *intr verb* (*harmonize*) zusammenpassen **III.** *tr verb* ① (*complement*) **to ~ sth** zu etw passen ② (*find complement*) **to ~ sth [with sth]** etw [auf etw *Akk*] abstimmen ③ (*equal*) **to ~ sb/sth** jdm/etw gleichkommen

matchbox *n* Streichholzschachtel *f*

matching ['mætʃɪŋ] *adj attr* [zusammen]passend

match point *n* TENNIS Matchball *m*

matchstick *n* Streichholz *nt;* **~ arms** sehr dünne Arme; **~ man** Strichmännchen *nt fam*

matchwood *n no pl* Kleinholz *nt*

mate[1] [meɪt] **I.** *n* ① BRIT, AUS (*friend*) Freund(in) *m(f)* ② BRIT, AUS (*fam: form of address*) Kumpel *m* ③ (*ship's officer*) Schiffsoffizier *m;* **first/second ~** Erster/Zweiter Offizier **II.** *intr verb* ① BIOL *animals* sich paaren (**with** mit) ② (*join or connect mechanically*) **to ~ to sth** sich an etw *Akk* ankuppeln **III.** *tr verb* **to**

~ **two animals** zwei Tiere miteinander paaren

mate[2] [meɪt] CHESS **I.** *n* [Schach]matt *nt* **II.** *tr verb* [schach]matt setzen

material [mə'tɪəriəl] **I.** *n* ① (*substance*) Material *nt a. fig;* **building ~** Baumaterial *nt;* **raw ~** Rohmaterial *nt* ② *no pl* (*cloth*) Stoff *m* ③ (*equipment*) **~s** Material *nt;* **writing ~s** Schreibzeug *nt* **II.** *adj* ① (*physical*) materiell; **~ damage** Sachschaden *m* ② (*important*) wesentlich

maternal [mə'tɜːnᵊl] *adj* ① (*motherly*) mütterlich, Mutter- ② (*of mother's family*) mütterlicherseits *nachgestellt*

maternity [mə'tɜːnəti] *n no pl* Mutterschaft *f;* **~ clinic** Entbindungsklinik *f;* **~ clothes** Umstandskleidung *f kein Pl,* Umstandsmode *f kein Pl;* **~ hospital** Entbindungsklinik *f;* **~ leave** Mutterschaftsurlaub *m;* **~ ward** Entbindungsstation *f*

matey ['meɪti] BRIT, AUS **I.** *adj* (*fam*) **to be ~** sich gut verstehen **II.** *n* (*fam*) Kumpel *m*

math [mæθ] *n* AM (*fam*) *short for* **mathematics** Mathe *f*

mathematical [ˌmæθᵊm'ætɪkᵊl] *adj* mathematisch

mathematician [ˌmæθᵊmə'tɪʃᵊn] *n* Mathematiker(in) *m(f)*

mathematics [mæθᵊm'ætɪks] *n + sing verb* Mathematik *f*

maths [mæθs] *n + sing verb* BRIT, AUS (*fam*) *short for* **mathematics** Mathe *f*

matinée ['mætɪneɪ] *n,* **matinee** *n* Matinee *f*

matriculation [məˌtrɪkjə'leɪʃᵊn] *n* UNIV Immatrikulation *f*

matrimony ['mætrɪməni] *n no pl* Ehe *f*

matt [mæt], AM **matte** *adj* matt

matted ['mætɪd] *adj* verflochten; *hair* verfilzt

matter ['mætəʳ] **I.** *n* ① (*material*) Materie *f;* **printed ~** Gedrucktes *nt;* **reading ~** Lesestoff *m* ② (*affair*) Angelegenheit *f,* Sache *f;* **the truth of the ~ is ...** in Wirklichkeit ...; **a ~ of urgency** etwas Dringendes; **family ~s** Familienangelegenheiten *Pl* ③ *no pl* (*question*) Frage *f;* **as a ~ of fact** eigentlich; **as a ~ of interest** interessehalber; **a ~ of taste** eine Geschmacksfrage; **a ~ of time** eine Frage der Zeit ④ *no pl* **the subject ~ of the book** das Thema des Buches; **it's no laughing ~** das ist nicht zum Lachen ⑤ (*problem*) **is anything the ~?** stimmt etwas nicht?; **what's the ~ with you?** was ist los mit dir?; **no ~ what/when/who ...** egal, was/wann/wer ... ⑥ **~s** *pl* (*state of affairs*) die Situation ⑦ LAW **~ of fact** Tatfrage *f;* **~ of law** Rechtsfrage *f* **II.** *intr verb* **what ~s now is that ...** worauf es jetzt ankommt, ist, dass ...; **it doesn't ~** das ist egal

matter-of-fact *adj* ① (*emotionless*) sachlich, nüchtern ② (*straightforward*) geradeheraus *präd,* direkt

mattress <*pl* -es> ['mætrəs] *n* Matratze *f*

mature [mə'tjʊəʳ] **I.** *adj* ① (*adult*) erwachsen; *animal* ausgewachsen; (*like an adult*) reif ② (*ripe*) reif ③ FIN (*payable*) fällig **II.** *intr verb* ① (*physically*) erwachsen werden, heranreifen ② (*ripen*) [heran]reifen **III.** *tr verb* FOOD reifen lassen

maturity [məˌtjʊərəti] *n no pl* ① (*adulthood*) Erwachsensein *nt* ② (*developed form, ripeness, wisdom*) Reife *f*

mauve [məʊv] *adj* mauve

maxima ['mæksɪmə] *n pl of* **maximum**

maximum ['mæksɪməm] **I.** *adj attr* maximal, Höchst-, Maximal- **II.** *n* <*pl* -ima *or* -s> [-ɪmə] Maximum *nt* **III.** *adv* maximal

may <*3rd pers. sing* may, might, might> [meɪ] *aux verb* ① (*indicating possibility*) können; **be that as it ~** wie dem auch [immer] sei ② (*be allowed*) dürfen, können ③ (*expressing wish*) mögen; **~ she rest in peace** möge sie in Frieden ruhen *form*

May [meɪ] *n* (*month*) Mai *m; see also* **February**

maybe ['meɪbi] **I.** *adv* ① (*perhaps*) vielleicht, möglicherweise; **~ we should start again** vielleicht sollten wir noch mal anfangen ② (*approximately*) circa, ungefähr **II.** *n* Vielleicht *nt;* **to be a definite ~** [sehr] wahrscheinlich sein

May bug *n* Maikäfer *m*

mayor ['meəʳ] *n* Bürgermeister(in) *m(f)*

mayoress <*pl* -es> [ˌmeə'res] *n esp* BRIT ① (*woman mayor*) Bürgermeisterin *f* ② (*mayor's wife*) Frau *f* des Bürgermeisters

maypole *n* Maibaum *m*

maze [meɪz] *n* Labyrinth *nt a. fig,* Irrgarten *m a. fig*
MB [ˌem'bi:] *n* COMPUT *abbrev of* **megabyte** MB *nt*
MD [ˌem'di] *n* AM, AUS *abbrev of* **Doctor of Medicine** Dr. med.
me [mi:, mɪ] *pron object* ❶ (*1st person singular*) mir *Dat,* mich *Akk;* **wait for ~!** warte auf mich!; **hi, it's ~** hallo, ich bin's; **you have more than ~** du hast mehr als ich; **between you and ~** unter uns [gesagt] ❷ AM (*fam: myself*) mir *in dat,* mich *in akk* ▸ **goodness ~!** du lieber Himmel!
meadow ['medəʊ] *n* Wiese *f*
meager AM *see* **meagre**
meagre ['mi:g-əʳ] *adj* mager, dürftig, kärglich
meal[1] [mi:l] *n* Mahlzeit *f,* Essen *nt;* **to go out for a ~** essen gehen
meal[2] [mi:l] *n* AGR [grobes] Mehl
mealtime *n* Essenszeit *f*
mean[1] [mi:n] *adj* ❶ *esp* BRIT (*miserly*) geizig, knauserig, kleinlich ❷ (*unkind*) gemein, fies *fam* ❸ (*bad*) schlecht; **he's no ~ cook** er ist kein schlechter Koch
mean[2] <meant, meant> [mi:n] *tr verb* ❶ (*signify*) *word, symbol* bedeuten; **no ~s no** nein heißt nein ❷ **what do you ~ by that?** was willst du damit sagen? ❸ (*be sincere*) **I ~ what I say** es ist mir ernst mit dem, was ich sage ❹ (*intend*) wollen; **he didn't ~ any harm** er wollte nichts Böses; **to ~ business** es ernst meinen; **to ~ well** es gut meinen
mean[3] [mi:n] **I.** *n* (*average*) Mittel *nt;* (*average value*) Mittelwert *m;* (*fig*) Mittelweg *m* **II.** *adj* durchschnittlich
meaning ['mi:nɪŋ] *n* ❶ (*sense*) Bedeutung *f;* **the ~ of life** der Sinn des Lebens; **what is the ~ of this?** was soll das heißen? ❷ (*importance*) Bedeutung *f,* Sinn *m;* **to have ~ for sb** jdm etwas bedeuten
meaningful ['mi:nɪŋfᵊl] *adj* ❶ (*important*) bedeutsam, wichtig ❷ (*implying something*) bedeutungsvoll, viel sagend
meaningless ['mi:nɪŋləs] *n* (*without importance*) bedeutungslos; (*nonsensical*) sinnlos
means <*pl* -> [mi:nz] *n* ❶ (*method*) Weg *m;* **ways and ~** Mittel und Wege; **~ of communication** Kommunikationsmittel *nt;* **~ of support** Einkommen *nt* ❷ (*income*) **~** *pl* Geldmittel *Pl;* **private ~** Privatvermögen *nt* ▸ **a ~ to an end** ein Mittel zum Zweck
meant [ment] *pt, pp of* **mean**
meantime *n* **for the ~** vorerst; **in the ~** inzwischen, in der Zwischenzeit
meanwhile [ˌmi:n'(h)waɪl] *adv* inzwischen, unterdessen, mittlerweile
measles ['mi:z|z] *n + sing verb* Masern *Pl*
measure ['meʒəʳ] **I.** *n* ❶ (*unit*) Maß *nt,* Maßeinheit *f;* **a ~ of length** ein Längenmaß *nt* ❷ (*fig: degree*) Maß *nt;* **in large ~** in hohem Maß ❸ (*measuring instrument*) Messgerät *nt;* (*ruler, yardstick*) Messstab *m* ❹ (*indicator*) Maßstab *m* **II.** *tr verb* [ab]messen **III.** *intr verb* messen
measured ['meʒəd] *adj* gemäßigt; *voice, tone* bedächtig; *response* wohl überlegt
measurement ['meʒəmənt] *n* ❶ (*size*) **my ~s** meine Maße *Pl,* meine Größe *f;* **chest ~** Brustumfang *m* ❷ *no pl* (*measuring*) Messung *f*
measuring cup ['meʒᵊrɪŋ-] *n esp* AM, AUS *see* **measuring jug** **measuring cylinder** *n* Messzylinder *m* **measuring equipment** *n no pl* Messgerät[e] *nt[Pl]* **measuring jug** *n* BRIT Messbecher *m* **measuring spoon** *n* Messlöffel *m* **measuring tape** *n* Messband *m*
meat [mi:t] *n* Fleisch *nt;* (*fig: subject matter*) Substanz *f*
meatball *n* Fleischklößchen *nt* **meat-eater** *n* Fleischfresser *m* **meat grinder** *n* AM Fleischwolf *m* **meat loaf** *n* Hackbraten *m* **meat products** *npl* Fleischwaren *fPl*
Mecca ['mekə] *n* ❶ REL Mekka *nt* ❷ (*centre of attraction*) **a ~** Mekka *nt fig*
mechanic [mɪ'kænɪk] *n* Mechaniker(in) *m(f)*
mechanical [mɪ'kænɪkᵊl] *adj* ❶ *machines* mechanisch, Maschinen-; (*technical*) technisch ❷ (*machine-like*) mechanisch, automatisch
medal ['medᵊl] *n* [Ehren]medaille *f,* Auszeichnung *f;* SPORTS Medaille *f*
medalist *n* AM *see* **medallist**
medallion [mɪ'dæliən] *n* Medaillon *nt*
medallist ['medᵊlɪst] *n* Medaillengewinner(in) *m(f)*

meddle ['medl] *intr verb* sich einmischen (**in** in); **to ~ with sth** sich mit etw abgeben

media ['mi:diə] *n* ① *pl of* **medium** ② + *sing/pl verb* (*the press*) **the ~** die Medien *Pl;* **in the ~** in den Medien; **~ coverage** Berichterstattung *f;* **a ~ event** ein Medienereignis *nt;* **~ hype** Medienrummel *m*

mediaeval *adj see* **medieval**

mediator ['mi:dieɪtəʳ] *n* Vermittler(in) *m(f)*

medic ['medɪk] *n* (*fam*) ① (*doctor*) Doktor *m fam,* Medizinmann *m hum fam* ② AM MIL, NAUT Sanitäter(in) *m(f)*

medical ['medɪkəl] **I.** *adj facilities, research* medizinisch; **~ attention** ärztliche Behandlung **II.** *n* (*fam*) ärztliche Untersuchung; **to have a ~** sich ärztlich untersuchen lassen

medication [ˌmedɪ'keɪʃən] *n* MED ① *no pl* (*course of drugs*) Medikamente *Pl;* **to be on ~ for sth** Medikamente gegen etw [ein]nehmen ② (*drug*) Medikament *nt;* **he was taken off the ~** das Medikament wurde bei ihm abgesetzt

medicine ['medsən] *n* ① *no pl* (*for illness*) Medizin *f,* Medikamente *Pl;* **to take [one's] ~** [seine] Medizin einnehmen ② (*substance*) Medikament *nt;* **cough ~** Hustenmittel *nt* ③ *no pl* (*medical science*) Medizin *f;* **to practise ~** den Arztberuf ausüben

medieval [ˌmedi'i:vəl] *adj* mittelalterlich

meditate ['medɪteɪt] **I.** *intr verb* ① (*think deeply*) **to ~ on sth** über etw *Akk* nachdenken ② (*as spiritual exercise*) meditieren **II.** *tr verb* (*form: plan*) planen

Mediterranean [ˌmedɪtər'eɪniən] **I.** *n* Mittelmeer *nt* **II.** *adj climate* mediterran; **~ cooking** Mittelmeerküche *f;* **~ looks** südländisches Aussehen

medium ['mi:diəm] **I.** *adj* ① (*average*) durchschnittlich, mittel; **of ~ height** von mittlerer Größe ② FOOD *steak* halb durch **II.** *n* <*pl* -s *or* -dia> ① (*means*) Medium *nt,* Mittel *nt;* PUBL, TV Medium *nt* ② (*art material*) Medium *nt*

medium-dry *adj wine* halbtrocken **medium-rare** *adj* FOOD englisch **medium-size[d]** *adj* mittelgroß **medium term** *n* **in the ~** mittelfristig; **growth over the ~** mittelfristiges Wachstum **medium wave** *n esp* BRIT Mittelwelle *f*

meet [mi:t] **I.** *n* ① (*sporting event*) Sportveranstaltung *f* ② BRIT (*fox hunt*) Jagdtreffen *nt* (*zur Fuchsjagd*) **II.** *tr verb* <met, met> ① (*by chance*) treffen; **I met her in the street** ich bin ihr auf der Straße begegnet ② (*by arrangement*) **to ~ sb** sich mit jdm treffen ③ (*collect*) abholen; **a bus ~s every train** zu jedem Zug gibt es einen Anschlussbus ④ **Peter, ~ Judith** Peter, darf ich dir Judith vorstellen? ⑤ (*come into contact*) **to ~ sth** auf etw *Akk* treffen; **his eyes met hers** ihre Blicke trafen sich ⑥ (*experience*) **to ~ sth** mit etw konfrontiert sein ▶ **to ~ one's death** den Tod finden; **to make ends ~** über die Runden kommen **III.** *intr verb* <met, met> ① (*by chance*) sich begegnen ② (*by arrangement*) sich treffen ③ **no, we haven't met** nein, wir kennen uns noch nicht ◆ **meet with I.** *intr verb* ① *esp* AM (*have meeting*) **to ~ with sb** jdn treffen ② (*experience*) **to ~ with sth** *problems* auf etw *Akk* stoßen; **to ~ with approval** Beifall finden; **to ~ with success** Erfolg haben **II.** *tr verb* ① (*respond to*) **the announcement was met with loud applause** die Ankündigung wurde mit lautem Beifall aufgenommen ② (*match*) **to ~ force with force** auf Gewalt *Akk* mit Gewalt reagieren

meeting ['mi:tɪŋ] *n* ① (*organized gathering*) Versammlung *f,* Sitzung *f;* **business ~** geschäftliche Besprechung ② (*coming together*) Treffen *nt;* **chance ~** zufälliges Treffen ③ SPORTS Veranstaltung *f*

megadose ['megədəʊs] *n* (*fam*) Riesenportion *f*

megalomart ['megələʊmɑ:t] *n* AM Hypermarkt *m*

mega-retailer *n* Rieseneinzelhandelsunternehmen *nt*

melanoma [ˌmelə'nəʊmə] *n* Melanom *nt;* **malignant ~** bösartiges Melanom

Australiens beliebtestes Pferderennen ist der **Melbourne Cup**, der jedes Jahr am ersten Dienstag im November stattfindet. An diesem Tag kommt das

M

ganze Land zum Stillstand; kaum einer verfolgt nicht das Rennen im Fernsehen oder übers Radio. Auch in den Wettbüros herrscht Hochbetrieb. Mindestens genauso beliebt ist das dazugehörige traditionelle Picknick mit Champagner, natürlich nur in „standesgemäßer" Kleidung: ein schickes Hütchen für die Damen ist Pflicht!

melody ['melədi] *n* Melodie *f*

melon ['melən] *n* Melone *f*

melt [melt] **I.** *n* ❶ (*thaw*) Schneeschmelze *f* ❷ AM FOOD *Sandwich mit geschmolzenem Käse* **II.** *intr verb* ❶ (*turn into liquid*) schmelzen; **to ~ in the mouth** auf der Zunge zergehen ❷ (*fig: become tender*) dahinschmelzen **III.** *tr verb* ❶ (*make liquid*) schmelzen ❷ (*fig: make tender*) erweichen

melting point *n* Schmelzpunkt *m*

melting pot *n* (*fig*) Schmelztiegel *m fig;* **cultural ~** Schmelztiegel *m* der Kulturen

member ['membəʳ] *n* ❶ (*of group*) Angehörige(r) *f(m); of a club, a party* Mitglied *nt* ❷ BRIT POL **Member [of Parliament]** Parlamentsmitglied *nt,* Abgeordnete(r) *f(m);* **Member of the European Parliament** Abgeordnete(r) *f(m)* des Europaparlaments

M

membership ['membəʃɪp] *n* ❶ (*the members*) Mitglieder *Pl;* **our ~ has grown** die Zahl unserer Mitglieder ist gestiegen ❷ *no pl* (*fact of being a member*) Mitgliedschaft *f* ❸ (*fee*) Mitgliedsbeitrag *m*

membership card *n* Mitgliedsausweis *m*

memo¹ ['meməʊ] *n short for* **memorandum** Memo *nt*

memo² ['meməʊ] *tr verb* **to ~ sb** jdm ein Memo schicken

memo pad *n* Notizblock *m*

memorable ['memᵊrəbl̩] *adj* denkwürdig; *evening, tune* unvergesslich

memorial [mə'mɔːriəl] *n* Denkmal *nt;* MIL Ehrenmal *nt*

Der **Memorial Day** am letzten Montag im Mai ist fast überall in den USA ein gesetzlicher Feiertag. Lediglich ein paar Südstaaten bilden eine Ausnahme. Gedacht wird an diesem Tag der Soldaten, die im Krieg für das amerikanische Vaterland gefallen sind.

memorize ['memᵊraɪz] *tr verb* **to ~ sth** sich *Dat* etw einprägen

memory ['memᵊri] *n* ❶ *no pl* (*ability to remember*) Gedächtnis *nt* (**for** für); **loss of ~** Gedächtnisschwund *m;* **within living/sb's ~** soweit man/jd zurückdenken kann ❷ *no pl* (*remembrance*) Andenken *nt;* **in ~ of** zum Gedenken an *+Akk* ❸ *no pl* COMPUT Speicher *m*

memory lane *n no pl* ▶ **to take a stroll down ~** in Erinnerungen schwelgen *geh*

memory span *n* PSYCH Gedächtnisspanne *f*

men [men] *n pl of* **man**

menacing ['menɪsɪŋ] *adj attr* drohend

menacingly ['menɪsɪŋli] *adv* drohend

mend [mend] **I.** *n* (*repair*) Flickstelle *f* ▶ **to be on the ~** (*fam*) auf dem Weg der Besserung sein **II.** *tr verb* ❶ (*repair*) reparieren; *torn clothes* ausbessern, flicken ❷ (*fig: improve*) verbessern ▶ **to ~ fences** Unstimmigkeiten ausräumen; **to ~ one's ways** sich bessern **III.** *intr verb* gesund werden *a. fig; bone* heilen

men's room *n esp* AM, **men's toilet** *n* Herrentoilette *f*

mental ['mentᵊl] *adj* ❶ (*of the mind*) geistig, mental; **~ process** Denkprozess *m* ❷ (*psychological*) psychisch, seelisch; **~ cruelty** seelische Grausamkeit; **~ illness** Geisteskrankheit *f*

mentally ['mentᵊli] *adv* ❶ (*psychologically*) psychisch; **~ deranged/stable** psychisch gestört/stabil ❷ (*intellectually*) geistig; **~ disabled** geistig behindert

mention ['men(t)ʃᵊn] **I.** *n* ❶ (*reference*) Erwähnung *f;* **no ~ was made of sb/sth** jd/etw wurde nicht erwähnt; **to get a ~** erwähnt werden ❷ (*honour*) lobende Erwähnung **II.** *tr verb* erwähnen; **don't ~ it!** gern geschehen!; **not to ~ ...** ganz zu schweigen von ...

mentor ['mentɔːʳ] **I.** *n* Mentor(in) *m(f);* UNIV Tutor(in) *m(f)* **II.** *tr verb* **to ~ sb** jdn coachen

mentoring ['mentɔːʳɪŋ] *n* UNIV, ECON Mentoring *nt,* Coaching *nt*

menu ['menjuː] *n* ❶ (*in restaurant*) Speisekarte *f* ❷ COMPUT Menü *nt*

MEP [ˌemiːˈpiː] *n* BRIT *abbrev of* **Member of the European Parliament**
mercantile [ˈmɜːkᵊntaɪl] *adj* (*form*) kaufmännisch, Handels-
merchant [ˈmɜːtʃᵊnt] *n* Händler(in) *m(f)*, Kaufmann *m*, Kauffrau *f*
merchant bank *n* Handelsbank *f* **merchant marine** *n* AM *see* **merchant navy** **merchant navy** *n* BRIT Handelsmarine *f* **merchant ship** *n* Handelsschiff *nt*
mercury [ˈmɜːkjᵊri] *n* (*metal*) Quecksilber *nt*
Mercury [ˈmɜːkjᵊri] *n no art* (*planet*) Merkur *m*
mercy [ˈmɜːsi] *n no pl* (*compassion*) Mitleid *nt*, Erbarmen *nt*; (*forgiveness*) Gnade *f*; **to beg for ~** um Gnade bitten
mere [mɪəʳ] *adj* nur, nichts als
merely [ˈmɪəli] *adv* nur, bloß *fam*
merge [mɜːdʒ] **I.** *intr verb* ❶ (*join*) zusammenkommen; *roads* zusammenlaufen ❷ ECON *companies, organizations* fusionieren ❸ (*fuse*) verschmelzen (**with/into** mit); **to ~ into each other** ineinander übergehen **II.** *tr verb* **to ~ two classes** SCHOOL zwei Klassen zusammenlegen
merger [ˈmɜːdʒəʳ] *n* ECON Fusion *f*
merit [ˈmerɪt] **I.** *n* ❶ *no pl* (*worthiness*) Verdienst *nt* ❷ (*good quality*) gute Eigenschaft, Vorzug *m* ❸ (*intrinsic nature*) **on its own ~s** für sich betrachtet **II.** *tr verb* verdienen
merry [ˈmeri] *adj* ❶ (*happy*) fröhlich; **~ Christmas!** frohe [*o* fröhliche] Weihnachten! ❷ BRIT (*fam: slightly drunk*) angesäuselt
merry-go-round *n* Karussell *nt*
mess [mes] *n* <*pl* -es> ❶ *usu sing* (*untidy state*) Unordnung *f*, Durcheinander *nt*; **you look a complete ~!** du siehst ja schlimm aus!; **to be in a ~** in Unordnung sein ❷ *usu sing* (*disorganized state*) Chaos *nt*; **to be a ~** chaotisch sein
message [ˈmesɪdʒ] *n* ❶ (*communication*) Nachricht *f*, Botschaft *f*; **to deliver a ~ [to sb]** [jdm] eine Nachricht überbringen ❷ (*teaching*) Aussage *f*; **to get the ~** (*fam*) kapieren
messenger [ˈmesɪndʒəʳ] *n* Bote *m*/Botin *f*
mess-up *n* (*fam*) Durcheinander *nt*
messy [ˈmesi] *adj* ❶ (*untidy*) unordentlich; *person* schlampig ❷ (*dirty*) schmutzig, dreckig
met[1] [met] *tr verb, vi pt of* **meet**
met[2] [met] *adj* BRIT (*fam*) *short for* **meteorological** meteorologisch; **the Met report** der Wetterbericht; **the Met Office** das Wetteramt
Met [met] *n short for* **Metropolitan Police** BRIT **the ~** die Londoner Polizei
metal [ˈmetᵊl] **I.** *n* Metall *nt*; **precious ~** Edelmetall *nt* **II.** *adj* aus Metall *nachgestellt*
metallic [məˈtælɪk] *adj* ❶ (*like metal*) metallisch; **~ paint** Metalleffektlack *m* ❷ (*containing metal*) metallhaltig; **~ alloy** Metalllegierung *f*
metaphor [ˈmetəfəʳ] *n* Metapher *f* (**for** für)
metaphoric[al] [ˌmetəˈfɒrɪk(ᵊl)] *adj* metaphorisch
meteorology [ˌmiːtiᵊrˈɒlədʒi] *n no pl* Meteorologie *f*
meter[1] [ˈmiːtəʳ] *n* Messuhr *f*, Zähler *m*; [**parking**] **~** Parkuhr *f*; [**taxi**] **~** Taxameter *nt o m*
meter[2] *n* AM *see* **metre**
method [ˈmeθəd] *n* ❶ (*way of doing sth*) Methode *f*, Art und Weise *f* ❷ *no pl* (*order*) System *nt*
methodical [məˈθɒdɪkᵊl] *adj* ❶ (*ordered*) methodisch, systematisch ❷ (*careful*) sorgfältig
metre [ˈmiːtəʳ] *n* ❶ (*unit of measurement*) Meter *m*; **the 100/1500 ~s** der 100-/1500-Meter-Lauf ❷ (*poetic rhythm*) Metrum *nt*
metric [ˈmetrɪk] *adj* metrisch
metro [ˈmetroʊ] *adj attr* AM *short for* **metropolitan** Stadt-
metropolis [məˈtrɒpəlɪs] *n* (*form*) ❶ (*large city*) Metropole *f geh* ❷ (*chief city*) Hauptstadt *f*
metropolitan [ˌmetrəˈpɒlɪtᵊn] *adj* ❶ (*of a large city*) weltstädtisch ❷ (*of a chief city*) hauptstädtisch ❸ BRIT (*of London*) **the Metropolitan Police** die Londoner Polizei
mice [maɪs] *n pl of* **mouse**
mickey [ˈmɪki] *n* BRIT, AUS (*fam*) **to take the ~ out of sb** jdn aufziehen *fam*, sich über jdn lustig machen

M

micro ['maɪkrə(ʊ)] *n* (*fam*) *short for* **microcomputer** Mikrocomputer *m*
microbiology *n no pl* Mikrobiologie *f*
microbrowser *n* INET Mikrobrowser *m*
microchip *n* Mikrochip *m*
microfine [maɪkrə(ʊ)faɪn] *adj attr* winzig
microphone *n* Mikrofon *nt*
microprocessor *n* Mikroprozessor *m*
microscope ['maɪkrəskəʊp] *n* Mikroskop *nt;* **to put sth under the ~** (*fig*) etw unter die Lupe nehmen
microscopic [ˌmaɪkrə'skɒpɪk] *adj* ❶ (*fam: tiny*) winzig; **to look at sth in ~ detail** etw haargenau prüfen ❷ (*visible with microscope*) *algae, creature* mikroskopisch klein
microwave **I.** *n* ❶ (*oven*) Mikrowellenherd *m,* Mikrowelle *f* ❷ (*wave*) Mikrowelle *f* **II.** *tr verb* in der Mikrowelle erwärmen
mid- [mɪd] *in compounds* **in ~-April** Mitte April; **in the ~-80s** Mitte der achtziger Jahre; **temperatures in the ~-20s** Temparaturen um 25 Grad; **he's in his ~-thirties** er ist Mitte dreißig
M
midday *n no pl* Mittag *m;* **at ~** mittags, um die Mittagszeit
middle ['mɪdl̩] **I.** *n* ❶ (*centre*) Mitte *f; of fruit, nuts* Innere[s] *nt;* (*centre part*) *of a book, a film, a story* Mittelteil *m* ❷ (*in time, space*) mitten; **in the ~ of the night** mitten in der Nacht; **in the ~ of nowhere** (*fig*) am Ende der Welt; **in the ~ of summer** mitten im Sommer; **in the ~ of 1985/March/the century** Mitte 1985/März/des Jahrhunderts ❸ (*between things*) Mitte *f;* **let's split the cost right down the ~!** lass uns die Kosten teilen! **II.** *adj attr* mittlere(r, s)
middle age *n no pl* mittleres Alter; **in ~** *after noun* mittleren Alters
middle-aged *adj* mittleren Alters *nachgestellt*
Middle Ages *n* **the ~** *pl* das Mittelalter
middle class *n* ❶ (*with average income*) Mittelstand *m;* **lower/upper ~** unterer/gehobener Mittelstand ❷ (*as a whole*) **the ~** der Mittelstand
middle-class *adj* Mittelstands-, mittelständisch; (*pej*) spießig
Middle East *n* **the ~** der Nahe Osten
middle name *n* zweiter Vorname
middle-of-the-road *adj* ❶ (*moderate*) *opinions, views* gemäßigt ❷ (*pej: boring*) *film, music* mittelmäßig, anspruchslos
middling ['mɪdl̩ɪŋ] *adj* (*fam*) ❶ (*average*) mittlere(r, s); **to be of ~ height/weight** mittlerer Größe/mittleren Gewichts sein ❷ (*not very good*) mittelmäßig
midfield *n* Mittelfeld *nt*
midge [mɪdʒ] *n* [kleine] Mücke
midget ['mɪdʒɪt] **I.** *n* (*dwarf*) Liliputaner(in) *m(f);* (*child*) Knirps *m fam,* Zwerg *m hum* **II.** *adj attr* (*small*) winzige(r, s), Mini-
midnight *n no pl* Mitternacht *f;* **at ~** um Mitternacht
midsummer *n no pl* Hochsommer *m*
midterm **I.** *n no pl* ❶ (*mid-point*) *of the political office* Halbzeit *f* der Amtsperiode ❷ SCHOOL Schulhalbjahr *nt* ❸ UNIV Semesterhälfte *f* **II.** *adj* **~ elections** Zwischenwahlen *Pl*
midway[1] [ˌmɪd'weɪ] **I.** *adv* auf halbem Weg; **~ through the film, the projector broke** mitten im Film ging der Projektor kaputt **II.** *adj attr* auf halbem Weg
midway[2] ['mɪdweɪ] *n* AM *Mittelweg einer Ausstellung oder eines Jahrmarktes, an dem sich die Hauptattraktionen befinden*
midwife ['mɪdwaɪf] *n* Hebamme *f*
midwinter *n no pl* Mitte *f* des Winters; (*winter solstice*) Wintersonnenwende *f*
might[1] [maɪt] **I.** *pt of* **may** **II.** *aux vb* ❶ (*expressing possibility*) **that old bridge ~ be dangerous** die alte Brücke könnte gefährlich sein ❷ (*could*) **someone phoned at six, it ~ have been him** um sechs rief jemand an, das könnte er gewesen sein ❸ (*conceding a fact*) **United ~ be an excellent team, but ...** United mag eine hervorragende Mannschaft sein, aber ... ❹ *esp* BRIT (*form: polite form of may*) **~ I ...?** dürfte ich [vielleicht] ...? ❺ (*form: making a suggestion*) **~ I make a suggestion?** dürfte ich vielleicht einen Vorschlag machen?
might[2] [maɪt] *n no pl* ❶ (*authority*) Macht *f* ❷ (*strength*) Kraft *f;* MIL Stärke *f*
mighty ['maɪti] **I.** *adj* ❶ (*powerful*) *river, dinosaur* gewaltig; *king, country* mächtig ❷ (*large in number*) *army, fleet* ge-

waltig **II.** *adv* AM (*fam*) sehr; **that was ~ nice of you** das war wirklich nett von dir

migraine ['mi:greɪn] *n* Migräne *f*

mike [maɪk] *n* (*fam*) *short for* **microphone** Mikro *nt*

mild [maɪld] **I.** *adj* ❶ (*gentle*) *person* sanft; *soap, laundry detergent* schonend; (*not severe*) leicht ❷ MED (*not strong*) leicht, schwach ❸ *cheese, whiskey* mild **II.** *n no pl* BRIT *mild schmeckendes, dunkles Bier*

mildly ['maɪldli] *adv* ❶ (*gently*) leicht; *speak, smile* sanft ❷ (*slightly*) *surprised, worried, annoyed* leicht ❸ (*as an understatement*) **to put it ~** um es [mal] milde auszudrücken

mile [maɪl] *n* ❶ (*distance*) Meile *f;* **a nautical ~** eine Seemeile; **to be ~s away** (*fig*) meilenweit entfernt sein; **to be ~ from anywhere** völlig abgeschieden sein ❷ **to be ~s better** bei weitem besser sein; **to be a ~ off** meilenweit danebenliegen

mileage ['maɪlɪdʒ] *n no pl* ❶ (*petrol efficiency*) Kraftstoffverbrauch *m;* **he gets bad/good ~ from his car** sein Auto verbraucht viel/wenig Kraftstoff ❷ (*distance travelled*) Meilenstand *m*

militant ['mɪlɪtᵊnt] **I.** *adj* militant **II.** *n* Kämpfer(in) *m(f);* POL militantes Mitglied

military ['mɪlɪtri] *n pl* **the ~** das Militär

military academy *n* ❶ (*for cadets*) Militärakademie *f* ❷ AM (*for pupils*) *sehr strenge Privatschule* **military casualties** *npl* Kriegsopfer *Pl* **military police** *npl* **the ~** die Militärpolizei **military service** *n no pl* Wehrdienst *m*

militiaman *n* Milizionär *m*

milk [mɪlk] **I.** *n no pl* Milch *f;* (*breast milk*) Muttermilch *f;* (*in coconuts*) Kokosmilch *f;* **goat's/sheep's/cow's ~** Ziegen-/Schafs-/Kuhmilch *f;* **chocolate-flavoured ~** Schokoladenmilch *f;* **full fat** [*or* AM **whole**] **~** Vollmilch *f;* **long-life ~** H-Milch *f;* **skimmed ~** entrahmte Milch **II.** *tr verb* ❶ (*get milk*) *cow, goat* melken ❷ (*exploit*) melken, schröpfen *fam;* **to ~ a story** JOURN eine Story ausschlachten

milk chocolate *n no pl* Milchschokolade *f* **milkman** *n* BRIT Milchmann *m* **milk powder** *n no pl* Milchpulver *nt* **milk shake** *n* Milchshake *m* **milk tooth** *n* Milchzahn *m*

milky ['mɪlki] *adj* ❶ (*with milk*) mit Milch *nachgestellt;* **~ coffee/tea** Milchkaffee/-tee *m* ❷ (*not clear*) *glass, water* milchig

mill [mɪl] **I.** *n* ❶ (*building*) Mühle *f* ❷ (*factory*) Fabrik *f;* **cotton ~** Baumwollspinnerei *f* **II.** *tr verb grain, coffee* mahlen

millennial [mɪ'leniəl] *adj* tausendjährig; **~ celebrations** Tausendjahrfeiern *Pl*

millennium <*pl* -s *or* -nia> [mɪ'leniəm, *pl* -niə] *n* ❶ (*thousand years*) Jahrtausend *nt,* Millennium *nt geh* ❷ (*anniversary*) Jahrtausendfeier *f* ❸ REL (*reign of Christ*) Tausendjähriges Reich

millepede ['mɪlɪpi:d] *n* Tausendfüßler *m*

miller ['mɪləʳ] *n* Müller(in) *m(f)*

milligram, BRIT *a.* **milligramme** ['mɪlɪgræm] *n* Milligramm *nt*

milliliter AM *see* **millilitre**

millilitre ['mɪlɪ,li:təʳ] *n* Milliliter *m*

million ['mɪljən] *n* Million *f;* **a ~ pounds** eine Million Pfund; **eight ~** [**people**] acht Millionen [Menschen]; **half a ~** eine halbe Million

millionaire [,mɪljə'neəʳ] *n* Millionär *m*

millionth ['mɪljən(t)θ] **I.** *adj* millionste(r, s) **II.** *n* Millionstel *nt*

millipede *n see* **millepede**

mimic ['mɪmɪk] **I.** *tr verb* <-ck-> nachahmen **II.** *n* Imitator(in) *m(f)*

mince [mɪn(t)s] **I.** *tr verb* FOOD *meat* hacken ▸ **to not ~** [**one's**] **words** kein Blatt vor den Mund nehmen **II.** *intr verb* trippeln, tänzeln **III.** *n no pl* BRIT, AUS Hackfleisch *nt*

mincemeat pie *n* AM, **mince pie** *n* BRIT *kleines Törtchen mit einer Füllung aus Dörrobst und Gewürzen, das traditionell in der Weihnachtszeit gegessen wird*

mincer ['mɪn(t)səʳ] *n* Fleischwolf *m*

mind [maɪnd] **I.** *n* ❶ (*brain, intellect*) Geist *m,* Verstand *m;* **frame of ~** seelische Verfassung; **to have a logical ~** logisch denken können; **to use one's ~** seinen Verstand gebrauchen ❷ (*sanity*) Verstand *m;* **to be out of one's ~** den Verstand verloren haben; **to drive sb out of his/her ~** jdn wahnsinnig machen ❸ (*thoughts*) Gedanken *Pl;* **to bear sth in ~** etw nicht vergessen;

M

bearing in ~ that ... angesichts der Tatsache, dass ...; **to read sb's ~** jds Gedanken lesen; **it was in the back of my ~** ich hatte das [immer] im Hinterkopf; **what's on your ~?** woran denkst du? ❹ (*intention*) **to know one's [own] ~** wissen, was man will; **to make up one's ~** sich entscheiden ❺ **to give sb a piece of one's ~** jdm seine Meinung sagen; **to be of the same ~** der gleichen Meinung sein **II.** *tr verb* ❶ (*be careful of*) **to ~ sth** auf etw *Akk* aufpassen; **~ the step!** Vorsicht Stufe! ❷ (*care about*) **to ~ sb** sich um jdn kümmern; **don't ~ me** nimm keine Rücksicht auf mich; **don't ~ what she says** kümmer dich nicht darum, was sie sagt; **never ~ her!** vergiss sie doch einfach! ❸ (*make certain*) **to ~ that ...** denk daran, dass ... ❹ (*look after*) **to ~ sb/sth** auf jdn/etw aufpassen ❺ (*fig*) **I'm ~ing the shop** ich kümmere mich hier um den Laden *fam* ❻ (*fam: object*) **do you ~ my smoking?** stört es Sie, wenn ich rauche? ▸ **to ~ one's <u>p's</u> and q's** sich gut benehmen; **~ <u>you</u>** allerdings **III.** *intr verb* ❶ (*care*) sich *Dat* etwas daraus machen; **I don't ~** das ist mir egal; **never ~!** [ist doch] egal!; **never ~, I'll do it myself!** vergiss es, ich mach's selbst! ❷ (*object*) etwas dagegen haben; **do you ~ if I ...?** stört es Sie, wenn ich ...?

mind-expanding *adj* bewusstseinserweiternd

mindless ['maɪn(d)ləs] *adj* ❶ (*pointless*) sinnlos; *violence, jealousy* blind ❷ (*not intellectual*) *job, talk, work* geistlos

mine[1] [maɪn] *pron poss* meine(r, s); **she's an old friend of ~** sie ist eine alte Freundin von mir

mine[2] [maɪn] **I.** *n* ❶ (*excavation*) Bergwerk *nt;* (*fig: valuable source*) Fundgrube *f;* **a coal ~** eine Kohlengrube ❷ MIL (*explosive*) Mine *f* **II.** *tr verb* ❶ (*obtain resources*) *coal, iron, diamonds* abbauen ❷ (*plant mines*) **to ~ an area** ein Gebiet verminen

minefield *n* Minenfeld *nt;* (*fig*) gefährliches Terrain

miner ['maɪnəʳ] *n* Bergarbeiter(in) *m(f)*

mineral ['mɪnᵊrᵊl] *n* ❶ (*inorganic substance*) Mineral *nt* ❷ (*when obtained by mining*) [Gruben]erz *nt,* Mineral *nt* ❸ (*in nutrition*) Mineral *nt*

mineral water *n no pl* Mineralwasser *nt;* **carbonated/still ~** kohlensäurehaltiges/stilles Mineralwasser

minestrone [ˌmɪnɪ'strəʊni] *n no pl* Minestrone *f*

mingle ['mɪŋgḷ] **I.** *tr verb usu passive* mischen **II.** *intr verb* (*socialize*) sich untereinander vermischen; **to ~ with the guests** sich unter die Gäste mischen

minibus *n* Kleinbus *m*

minicab *n* BRIT Kleintaxi *nt*

mini-camera *n* Minikamera *f*

minimal ['mɪnɪmᵊl] *adj* minimal, Mindest-; **with ~ effort** mit möglichst wenig Anstrengung

minimize ['mɪnɪmaɪz] *tr verb* ❶ (*reduce*) auf ein Minimum beschränken, minimieren ❷ (*underestimate*) schlechtmachen; **to ~ sb's concerns** jds Sorgen herunterspielen

minimum ['mɪnɪməm] **I.** *n* <*pl* -s *or* -ima> Minimum *nt;* **a ~ of 3 hours** mindestens 3 Stunden; **to keep sth to a ~** etw so niedrig wie möglich halten **II.** *adj* ❶ (*lowest possible*) Mindest-; **~ requirements** Mindestanforderungen *Pl* ❷ (*very low*) Minimal-, minimal

mining ['maɪnɪŋ] **I.** *n no pl* Bergbau *m* **II.** *adj attr* Bergbau-, Bergwerks-

miniskirt *n* Minirock *m*

minister ['mɪnɪstəʳ] **I.** *n* ❶ (*in government*) Minister(in) *m(f)* ❷ (*diplomat*) Gesandte(r) *f(m)* ❸ (*protestant priest*) Pfarrer(in) *m(f)* **II.** *intr verb* (*be of service*) **to ~ to sb** jdm zu Diensten sein

ministry ['mɪnɪstri] *n* ❶ (*in government*) Ministerium *nt;* **~ of agriculture/defence/transport** Landwirtschafts-/Verteidigungs-/Verkehrsministerium *nt* ❷ POL (*period of government*) Amtszeit *f* ❸ *no pl* (*priesthood*) **the ~** der geistliche Stand

minor ['maɪnəʳ] **I.** *adj* ❶ (*small*) *detail, criticism* nebensächlich; *character, plot* unbedeutend; *crime, violation* geringfügig; **to be of ~ importance** von geringer Bedeutung sein ❷ (*low-ranking*) *official, supervisor* untergeordnet **II.** *n* ❶ (*underage person*) Minderjährige(r) *f(m)* ❷ MUS Moll *nt;* **D ~** d-Moll ❸ AM SPORTS (*minor leagues*) **the ~s** die niedrigen Klassen **III.** *intr verb* AM, AUS UNIV **to ~ in biology/linguistics** Biologie/Linguistik im Nebenfach studieren

minority [maɪ'nɒrəti] *n* Minderheit *f;* **in a ~ of cases** in wenigen Fällen; **a ~ of people** eine Minderheit; **to be in the ~** in der Minderheit sein

mint[1] [mɪnt] **I.** *n* ① (*coin factory*) Münzanstalt *f,* Prägeanstalt *f* ② (*fig fam: lots of money*) **to make/cost a ~** einen Haufen Geld machen/kosten *fam* **II.** *tr verb money, a coin* prägen **III.** *adj attr* (*fig*) nagelneu *fam;* **in ~ condition** in tadellosem Zustand

mint[2] [mɪnt] *n* ① *no pl* (*herb*) Minze *f* ② (*sweet*) Pfefferminz[bonbon] *nt*

minus ['maɪnəs] **I.** *prep* MATH minus; **what is 57 ~ 39?** was ist 57 minus 39?; **two ~ one equals one** zwei minus eins gleich eins **II.** *n* <*pl* -es> ① (*minus sign*) Minus[zeichen] *nt* ② (*disadvantage*) Minus *nt* **III.** *adj attr* ① (*disadvantage*) **~ point** Minuspunkt *m* ② (*number*) minus

minute[1] ['mɪnɪt] *n* ① (*sixty seconds*) Minute *f* ② (*short time*) Moment *m,* Minute *f;* [**wait**] **just a ~!** (*for delay*) einen Moment noch!; (*in disbelief*) Moment mal! ③ (*soon*) **at any ~** jede Minute; **in a ~** gleich, sofort; **this ~** sofort ④ (*specific point in time*) Minute *f;* **to do sth at the last ~** etw in letzter Minute tun

minute[2] [maɪ'nju:t] *adj* (*small*) winzig; **in ~ detail** bis ins kleinste Detail

minute hand *n* Minutenzeiger *m*

miracle ['mɪrəkl̩] *n* (*a. fig*) Wunder *nt;* **to perform a ~** ein Wunder vollbringen; **by some ~** wie durch ein Wunder

miraculous [mɪ'rækjələs] *adj* wunderbar; **to make a ~ recovery** wie durch ein Wunder genesen

mirror ['mɪrəʳ] **I.** *n* ① Spiegel *m* ② (*fig: reflection*) Spiegelbild *nt fig* **II.** *tr verb* widerspiegeln

mirror image *n* Spiegelbild *nt*

misbehave [ˌmɪsbɪ'heɪv] *intr verb adult* sich schlecht benehmen; *child* ungezogen sein

misbehavior AM *see* **misbehaviour**

misbehaviour [ˌmɪsbɪ'heɪvjəʳ] *n no pl by adult* schlechtes Benehmen; *by child* Ungezogenheit *f*

misc. *adj short for* **miscellaneous** verschiedene, verschiedenerlei

miscalculate [ˌmɪs'kælkjəleɪt] *tr verb* ① MATH falsch berechnen ② (*misjudge*) falsch einschätzen

miscalculation [ˌmɪsˌkælkjə'leɪʃᵊn] *n* ① MATH Fehlkalkulation *f* ② (*in planning*) Fehleinschätzung *m;* **to make a ~ in sth** etw falsch einschätzen

miscarriage [mɪ'skærɪdʒ] *n* ① MED Fehlgeburt *f* ② LAW **~ of justice** Justizirrtum *m*

miscarry <-ie-> [mɪ'skæri] *intr verb* ① (*in pregnancy*) eine Fehlgeburt haben ② (*fig: fail*) *plan, project* scheitern

mischief ['mɪstʃɪf] *n no pl* Unfug *m;* **to get up to ~** Unfug anstellen wollen; **to mean ~** Unfrieden stiften wollen

miscount[1] ['mɪskaʊnt] *n* falsche Zählung; POL *of votes* falsche Auszählung

miscount[2] [mɪ'skaʊnt] **I.** *intr verb* sich verzählen **II.** *tr verb* falsch [ab]zählen; POL *votes* falsch auszählen

miser ['maɪzəʳ] *n* Geizhals *m,* Geizkragen *m*

miserable ['mɪzᵊrəbl̩] *adj* ① (*unhappy*) unglücklich, elend; **to feel ~** sich elend fühlen ② *attr* (*bad-tempered*) griesgrämig; (*repulsive*) unausstehlich ③ (*very unpleasant*) schauderhaft ④ (*inadequate*) armselig, dürftig

miserably ['mɪzᵊrəbli] *adv* ① (*unhappily*) traurig, niedergeschlagen ② (*extremely*) schrecklich

misery ['mɪzᵊri] *n* ① *no pl* (*suffering*) Elend *nt,* Not *f* ② *no pl* (*unhappiness*) Jammer *m* ③ (*strain*) **miseries** Qualen *Pl*

misfit ['mɪsfɪt] *n* Außenseiter(in) *m(f),* Eigenbrötler(in) *m(f)*

misfortune [mɪs'fɔ:tʃu:n] *n no pl* (*bad luck*) Pech *nt,* Unglück *nt*

misguided [mɪs'gaɪdɪd] *adj attempt, measure* unsinnig; *effort, policy* verfehlt; *enthusiasm, idealism* falsch

mishap ['mɪshæp] *n* Unglück *nt,* Unfall *m,* Panne *f*

mishear [mɪs'hɪəʳ] **I.** *tr verb* <-heard, -heard> falsch hören **II.** *intr verb* <-heard, -heard> sich verhören

misinform [ˌmɪsɪn'fɔ:m] *tr verb* falsch informieren

misjudge [mɪs'dʒʌdʒ] *tr verb prospects, situation* falsch einschätzen

mislead <-led, -led> [mɪ'sli:d] *tr verb* ❶ (*deceive*) täuschen, irreführen ❷ (*lead astray*) verführen, verleiten
misleading [mɪ'sli:dɪŋ] *adj* irreführend
misplace [mɪ'spleɪs] *tr verb* verlegen
misprint ['mɪsprɪnt] *n* Druckfehler *m*
mispronounce [ˌmɪsprə'naʊn(t)s] *tr verb* falsch aussprechen
misread <-read, -read> [mɪs'ri:d] *tr verb word, text* falsch lesen
misrepresent [ˌmɪsreprɪ'zent] *tr verb* falsch darstellen; **to ~ sb as sb/sth** jdn als jd/etw hinstellen; **to ~ facts** Tatsachen entstellen; LAW falsche Tatsachen vorspiegeln
miss[1] [mɪs] *n* ❶ (*young unmarried woman*) Fräulein *nt* ❷ (*title*) **Miss** Fräulein *nt;* **Miss America** Miss *f* Amerika ❸ SCHOOL **Miss, ...** Frau Müller/Schmidt/Schulz, ...
miss[2] [mɪs] **I.** *n* <*pl* -es> ❶ (*failure*) Fehlschlag *m,* Misserfolg *m;* SPORTS (*hit*) Fehltreffer *m;* (*shot*) Fehlschuss *m* ❷ BRIT, AUS (*fam: skip*) **to give sth a ~** *dance, dessert* etw auslassen **II.** *intr verb* ❶ (*not hit*) nicht treffen; *projectile a.* danebengehen ❷ (*be unsuccessful*) missglücken, fehlschlagen **III.** *tr verb* ❶ (*not hit*) verfehlen, nicht treffen ❷ (*not meet*) *bus, train* verpassen ❸ (*be absent*) versäumen, verpassen ❹ (*not use*) *opportunity* verpassen ❺ (*avoid*) vermeiden; **I narrowly ~ed being run over** ich wäre fast überfahren worden ❻ (*not notice*) nicht bemerken ◆**miss out I.** *tr verb* ❶ (*accidentally*) vergessen, übersehen ❷ (*deliberately*) [absichtlich] übersehen, auslassen, weglassen **II.** *intr verb* zu kurz kommen; **you really ~ed out** da ist dir echt was entgangen *fam;* **to ~ out on sth** *opportunity* sich *Dat* etw entgehen lassen
mis-sell <-sold, -sold> [mɪs'sel] *tr verb* **to ~ sth** [**to sb**] [jdn] bei einem Kauf falsch beraten
missile ['mɪsaɪl] *n* ❶ MIL Flugkörper *m,* Rakete *f* ❷ (*thrown object*) [Wurf]geschoss *nt*
missing ['mɪsɪŋ] *adj* ❶ (*disappeared*) *thing* verschwunden; *person* vermisst; **to report sb/sth ~** jdn/etw als vermisst melden ❷ MIL (*absent*) verschollen; **~ in action** [nach Kampfeinsatz] vermisst
mission ['mɪʃᵊn] *n* ❶ (*task*) Einsatz *m,* Mission *f* ❷ (*goal*) Ziel *nt* ❸ (*group sent*) Delegation *f*
misspell <-spelt *or* AM -spelled, -spelt *or* AM -spelled> [mɪs'spel] *tr verb* ❶ (*spell wrongly*) falsch buchstabieren ❷ (*write wrongly*) falsch schreiben
mist [mɪst] **I.** *n* ❶ *no pl* (*light fog*) [leichter] Nebel, Dunst *m* ❷ (*blur*) Schleier *m* ❸ (*condensation*) Beschlag *m;* (*vapour*) Hauch *m;* **there was a ~ on the windows** die Fenster waren beschlagen **II.** *intr verb glass, tiles* [sich] beschlagen, anlaufen
mistake [mɪ'steɪk] **I.** *n* Fehler *m,* Irrtum *m,* Versehen *nt;* **there must be some ~** da kann etwas nicht stimmen; **spelling ~** Rechtschreibfehler *m;* **to learn from one's ~s** aus seinen Fehlern lernen; **by ~** aus Versehen, versehentlich; **my ~** meine Schuld **II.** *tr verb* <-took, -taken> falsch verstehen; **there's no mistaking a painting by Picasso** ein Gemälde von Picasso ist unverwechselbar
mistaken [mɪ'steɪkᵊn] **I.** *pp of* **mistake** **II.** *adj* irrtümlich, falsch; **to be ~** sich irren (**about** in); **~ belief** Irrglaube *m;* **~ identity** Personenverwechslung *f;* **~ policy** verfehlte Politik
Mister ['mɪstəʳ] *n* ❶ (*Mr*) Herr *m* ❷ (*a. iron, pej fam: form of address*) Chef *m;* **hey, ~!** he, Sie da! *fam;* **listen up, ~!** hör mal zu, mein Freund! ❸ (*a. iron, pej fam: prefixed title*) **~ Big** der große Chef; **~ Know-it-all** der Klugscheißer
mistook [mɪ'stʊk] *pt of* **mistake**
mistreat [mɪs'tri:t] *tr verb* misshandeln
mistress <*pl* -es> ['mɪstrəs] *n* ❶ (*sexual partner*) Geliebte *f* ❷ (*woman in charge*) Herrin *f;* **the ~ of the house** die Frau des Hauses ❸ BRIT (*schoolteacher*) **German ~** Deutschlehrerin *f*
mistrust [mɪ'strʌst] **I.** *n no pl* Misstrauen *nt,* Argwohn *m* **II.** *tr verb* misstrauen
mistrustful [mɪ'strʌstfᵊl] *adj* misstrauisch (**of** gegenüber), argwöhnisch
misty ['mɪsti] *adj* ❶ (*slightly foggy*) [leicht] neblig, dunstig ❷ (*blurred*) undeutlich, verschwommen
misunderstand <-stood, -stood> [ˌmɪsʌndə'stænd] **I.** *tr verb* missverstehen **II.** *intr verb* sich irren
misunderstanding [ˌmɪsʌndə'stænd-

M

ɪŋ] *n* ❶ (*misinterpretation*) Missverständnis *nt* ❷ (*quarrel*) Meinungsverschiedenheit *f*

mitten ['mɪtᵊn] *n* Fausthandschuh *m,* Fäustling *m*

mix [mɪks] **I.** *n* ❶ (*combination*) Mischung *f;* **a ~ of people** eine bunt gemischte Gruppe ❷ (*pre-mixed ingredients*) Fertigmischung *f;* **bread ~** Brotbackmischung *f* **II.** *intr verb* ❶ (*combine*) sich mischen [lassen]; (*go together*) zusammenpassen ❷ (*make contact with people*) unter Leute gehen; *host* sich unter die Gäste mischen **III.** *tr verb* ❶ (*blend ingredients*) [miteinander] [ver]mischen; *dough* anrühren; *drink* mixen ❷ (*combine*) **to ~ love with toughness** Liebe und Strenge miteinander verbinden ◆**mix in I.** *intr verb* sich einfügen **II.** *tr verb* untermischen ◆**mix up** *tr verb* ❶ (*mistake for another*) verwechseln ❷ (*put in wrong order*) durcheinanderbringen ❸ (*bewilder*) **to ~ up** ↻ **sb** jdn durcheinanderbringen

mixed [mɪkst] *adj* ❶ (*mingled*) gemischt ❷ (*for both sexes*) gemischt ❸ (*positive and negative*) gemischt, unterschiedlich; **~ blessing** kein reiner Segen

mixer ['mɪksəʳ] *n* ❶ (*machine*) Mixer *m,* Mixgerät *nt* ❷ (*drink*) **~ [drink]** Mixgetränk *nt*

mixture ['mɪkstʃəʳ] *n* ❶ (*combination*) Mischung *f; of ingredients* Gemisch *nt* ❷ (*mixed fluid substance*) Mischung *f,* Mixtur *f;* **cough ~** Hustensaft *m* ❸ *no pl* (*act of mixing*) Mischen *nt,* Vermengen *nt*

mix-up *n* ❶ (*confused state*) Durcheinander *nt,* Verwirrung *f* ❷ AM (*fight*) Schlägerei *f*

mm *n abbrev of* **millimetre** mm

MMR [ˌemem'ɑːʳ] *n* MED *abbrev of* **measles, mumps and rubella** MMR; **~-injection** [*or fam* **-jab**] MMR-Spritze *f*

MMS <-, -> [ˌemem'es] *n* TELEC *abbrev of* **Multimedia Messaging Service** MMS *f*

mo[1] *n* AM *abbrev of* **month**

mo[2] [məʊ] *n* (*fam*) *short for* **moment** Moment *m;* **wait a ~!** Moment mal!

moan [məʊn] **I.** *n* ❶ (*groan*) Stöhnen *nt* ❷ (*complaint*) Klage *f* **II.** *intr verb* ❶ (*groan*) stöhnen ❷ (*complain*) klagen, sich beschweren; **to ~ about sth** über etw *Akk* jammern; **to ~ at sb** jdm etw vorjammern; **to ~ that ...** darüber jammern, dass ...

mobile ['məʊbaɪl] **I.** *adj* ❶ (*able to move*) beweglich ❷ (*flexible*) beweglich, wendig ❸ (*in a vehicle*) mobil; **to be ~** motorisiert sein; **~ canteen** Kantine *f* auf Rädern **II.** *n* ❶ TELEC Mobiltelefon *nt,* Handy *nt,* Natel *nt* SCHWEIZ ❷ (*ceiling decoration*) Mobile *nt*

mobile Internet *n no pl* mobiles Internet

mobile message *n* Textnachricht *f*

mentor ['mentɔːʳ] **I.** *n* Mentor(in) *m(f);* UNIV Tutor(in) *m(f)* **II.** *tr verb* ECON, UNIV **to ~ sb** jdn coachen

mentoring ['mentɔːʳɪŋ] *n* UNIV, ECON Mentoring *nt,* Coaching *nt*

mobile service provider *n* TELEC Mobilfunkanbieter *m*

mobility scooter *n* Elektromobil *nt* (*für Senioren*)

mock [mɒk] **I.** *adj* ❶ (*not real*) nachgemacht, Schein-; **~ leather** Lederimitat *nt* ❷ (*practice*) Probe-, simuliert **II.** *n* BRIT (*fam*) Probeexamen *nt* **III.** *intr verb* spotten, höhnen; **to ~ sb** sich über jdn lustig machen, jdn verspotten

mockumentary [ˌmɒkjəmentᵊri] *n Spielfilm, oft eine Parodie, im Stil eines Dokumentarfilms*

mod con [ˌmɒd'kɒn] *n* BRIT, AUS *short for* **modern convenience** moderner Komfort

model ['mɒdᵊl] **I.** *n* ❶ (*representation*) Modell *nt;* COMPUT [schematische] Darstellung, Nachbildung *f,* Simulation *f* ❷ (*example*) Modell *nt,* Vorbild *nt* ❸ (*perfect example*) Muster *nt;* **to be the very ~ of sth** (*fig*) der Inbegriff von etw sein ❹ (*mannequin*) Model *nt* ❺ (*for painter*) Modell *nt* ❻ (*version*) Modell *nt* **II.** *tr verb* <-ll-> ❶ (*make figure*) modellieren ❷ (*on computer*) [schematisch] darstellen, nachbilden, simulieren ❸ (*show clothes*) vorführen

modem ['məʊdəm] *n* Modem *nt*

moderate[1] ['mɒdᵊrət] **I.** *adj* ❶ (*neither large nor small*) *amount, quantity, size* mittlere(r, s); *improvement, increase* leicht, nicht allzu groß ❷ (*not exces-*

M

sive) mäßig, gemäßigt; *drinker, eater* mäßig ❸ POL gemäßigt **II.** *n* POL Gemäßigte(r) *f(m)*

moderate² ['mɒdᵊreɪt] *tr verb* **to ~ one's voice** seine Stimme senken

modern ['mɒdᵊn] *adj* modern; **~ times** Neuzeit *f*

modernize ['mɒdᵊnaɪz] **I.** *tr verb* modernisieren **II.** *intr verb* modern werden, sich der modernen Zeit anpassen

modest ['mɒdɪst] *adj* ❶ (*not boastful*) bescheiden ❷ (*fairly small*) *income, increase* bescheiden

modesty ['mɒdɪsti] *n* (*approv: without boastfulness*) Bescheidenheit *f*

modification [ˌmɒdɪfɪ'keɪʃᵊn] *n* Modifikation *f,* [Ab]änderung *f*

modular ['mɒdjələʳ] *adj* modular, Modul-, Baukasten-; **~ system** UNIV Kursmodulsystem *nt*

module ['mɒdjuːl] *n* (*unit*) Modul *nt,* Baustein *m*

moist [mɔɪst] *adj* feucht; *cake* saftig

moisten ['mɔɪsᵊn] *tr verb* anfeuchten

moisture ['mɔɪstʃəʳ] *n* Feuchtigkeit *f*

M

moisturizer ['mɔɪstʃᵊraɪzəʳ] *n* Feuchtigkeitscreme *f*

molar ['məʊləʳ] *n* Backenzahn *m*

mold *n, intr verb* AM *see* **mould**

moldy *adj* AM *see* **mouldy**

mole¹ [məʊl] *n* ZOOL Maulwurf *m a. fig*

mole² [məʊl] *n* ANAT [kleines] Muttermal

mole³ [məʊl] *n* NAUT Mole *f*

molecular [mə(ʊ)'lekjələʳ] *adj* molekular, Molekular-

molehill ['məʊlhɪl] *n* Maulwurfshügel *m*

mollycoddle ['mɒlɪkɒdᵊl] *tr verb* (*fam*) betüddeln *fam*

molten ['məʊltᵊn] *adj* geschmolzen

mom-and-pop *adj* AM **~ business** Familienunternehmen *nt*

moment ['məʊmənt] *n* ❶ (*very short time*) Moment *m,* Augenblick *m;* **just a ~, please** nur einen Augenblick, bitte; **not a ~ too soon** gerade noch rechtzeitig; **at any ~** jeden Augenblick; **in a ~** gleich, sofort ❷ (*specific time*) Zeitpunkt *m;* **a ~ in time** ein historischer Augenblick; **the ~ of truth** die Stunde der Wahrheit

momentarily ['məʊməntᵊrᵊli] *adv* ❶ (*briefly*) kurz, eine Weile; **to pause ~** kurz innehalten ❷ (*for some time*) momentan ❸ (*instantly*) augenblicklich

momentary ['məʊməntᵊri] *adj* ❶ (*brief*) kurz ❷ (*transitory*) momentan, vorübergehend

momentous [mə(ʊ)'mentəs] *adj* bedeutsam, weitreichend, folgenschwer

momentum [mə(ʊ)'mentəm] *n no pl* ❶ (*force*) Schwung *m,* bewegende Kraft, Wucht *f;* **to gain ~** in Schwung kommen; **to give ~ to sth** etw in Schwung bringen ❷ PHYS Moment *nt,* Bewegungsgröße *f*

momshell ['mɒmʃel] *n* (*sl*) *sehr attraktive Mutter*

monarch ['mɒnək] *n* Monarch(in) *m(f),* Herrscher(in) *m(f)*

monarchy ['mɒnəki] *n* Monarchie *f*

monastery ['mɒnəstᵊri] *n* [Mönchs]kloster *nt*

Monday ['mʌndeɪ] *n* Montag *m; see also* **Tuesday**

monetary ['mʌnɪtᵊri] *adj* ECON Geld-, monetär *fachspr,* Währungs-, Münz-

money ['mʌni] *n no pl* (*cash*) Geld *nt;* **to be short of ~** knapp bei Kasse sein *fam;* **to put ~ into sth** Geld in etw *Akk* stecken *fam;* **to raise ~** Geld aufbringen; **to spend ~** Geld ausgeben ▶ **~ doesn't grow on trees** Geld wächst nicht an Bäumen, das Geld liegt nicht auf der Straße; **to be [not] made of ~** [k]ein Krösus sein; **to be in the ~** in Geld schwimmen **moneybox** *n* BRIT Sparbüchse *f; for collection* Sammelbüchse *f* **money-changer** *n* ❶ (*person*) [Geld]wechsler(in) *m(f)* ❷ (*device*) [tragbarer] Münzwechsler **money order** *n esp* AM, AUS Postanweisung *f,* Zahlungsanweisung *f*

mongering *n* Panikmache *f*

monitor ['mɒnɪtəʳ] **I.** *n* ❶ (*screen*) Bildschirm *m,* Monitor *m;* **colour ~** Farbbildschirm *m,* Farbmonitor *m* ❷ POL (*observer*) Beobachter(in) *m(f)* ❸ (*device*) Anzeigegerät *nt,* Monitor *m* **II.** *tr verb* ❶ (*check*) beobachten, kontrollieren, überprüfen ❷ (*view, listen in on*) abhören

monk [mʌŋk] *n* Mönch *m*

monkey ['mʌŋki] **I.** *n* ❶ (*animal*) [langschwänziger] Affe ❷ (*fam: mischievous child*) Schlingel *m* ▶ **I don't give a ~'s [what] ...** BRIT (*sl*) es interessiert mich einen Dreck [was] ... *fam* **II.** *tr verb* AM nachäffen

monkfish *n* Seeteufel *m*
monopolize [mə'nɒpəlaɪz] *tr verb* ① ECON (*control*) monopolisieren, [allein] beherrschen ② **to ~ the conversation** das Gespräch an sich reißen
monopoly [mə'nɒpəli] *n* Monopol *nt;* **to have a ~ of/on sth** ein Monopol auf etw *Akk* haben
monorail ['mɒnə(ʊ)reɪl] *n* Einschienenbahn *f*
monotonous [mə'nɒtənəs] *adj* eintönig, monoton
monotony [mə'nɒtəni] *n no pl* Monotonie *f,* Eintönigkeit *f*
mono-wing *adj* AVIAT mit einer Tragfläche *nachgestellt*
monsoon [mɒn'su:n] *n* ① (*wind*) Monsun *m* ② (*season of heavy rain*) **the ~[s]** der Monsun *kein Pl*
monster ['mɒn(t)stə^r] **I.** *n* ① (*imaginary creature*) Monster *nt,* Ungeheuer *nt* ② (*unpleasant person*) Scheusal *nt,* Ungeheuer *nt* **II.** *adj attr* (*fam: huge*) ungeheuer, riesig; **~ meeting** Mammutsitzung *f*
monstrous ['mɒn(t)strəs] *adj* ① (*huge*) monströs, ungeheuer ② (*outrageous*) ungeheuerlich ③ (*awful*) grässlich
month [mʌn(t)θ] *n* Monat *m;* **to take a two ~ holiday** zwei Monate Urlaub nehmen; **a ~'s notice** eine einmonatige Kündigungsfrist
monthly ['mʌn(t)θli] **I.** *adj* monatlich, Monats- **II.** *adv* monatlich, einmal im Monat **III.** *n* Monatsschrift *f,* monatlich erscheinende Zeitschrift
monument ['mɒnjəmənt] *n* ① (*fig: memorial*) Mahnmal *nt fig* ② (*historical structure*) Denkmal *nt*
monumental [ˌmɒnjə'mentəl] *adj* ① (*tremendous*) gewaltig, kolossal, eindrucksvoll ② ART (*large-scale*) monumental
moo [mu:] **I.** *n* Muhen *nt kein Pl* **II.** *interj* muh **III.** *intr verb* muhen
mood[1] [mu:d] *n* Laune *f,* Stimmung *f;* **in a bad/good ~** gut/schlecht gelaunt; **the public ~** die allgemeine Stimmung; **to be in a talkative ~** zum Erzählen aufgelegt sein
mood[2] [mu:d] *n* LING Aussageweise *f,* Modus *m fachspr*
moody ['mu:di] *adj* ① (*sullen*) missmutig, verdrossen ② (*temperamental*) launisch
moon [mu:n] **I.** *n no pl* ASTRON Mond *m;* **full ~** Vollmond *m;* **new ~** Neumond *m* ▶ **to be over the ~ about sth** über etw *Akk* überglücklich sein **II.** *intr verb* ① (*sl*) **to ~ [at sb]** [jdm] seinen nackten Hintern zeigen ② (*remember nostalgically*) **to ~ over sb/sth** von jdm/etw träumen
moonlight **I.** *n no pl* (*moonshine*) Mondlicht *nt* **II.** *intr verb* <-lighted> (*fam: work at a second job*) schwarzarbeiten
moonlit *adj attr* (*lighted*) mondhell; **~ room** Zimmer *nt* im Mondlicht
moor[1] [mɔ:^r] *n* Heideland *nt,* [Hoch]moor *nt*
moor[2] [mɔ:^r] NAUT **I.** *tr verb* vertäuen, festmachen *fachspr* **II.** *intr verb* festmachen *fachspr*
mooring ['mɔ:rɪŋ] *n* NAUT ① (*berth*) Anlegeplatz *m,* Liegeplatz *m* ② (*ropes*) **~s** Vertäuung *f fachspr*
moose <*pl* -> [mu:s] *n* Elch *m*
mop [mɒp] **I.** *n* Mopp *m;* **dish ~** BRIT Schwammtuch *nt* **II.** *tr verb* <-pp-> ① (*clean with mop*) feucht wischen ② (*wipe*) **to ~ one's face/brow** sich *Dat* den Schweiß vom Gesicht/von der Stirn wischen
moped ['məʊped] *n* Moped *nt*
moral ['mɒrəl] **I.** *adj* ① (*ethical*) moralisch, ethisch, sittlich; **on ~ grounds** aus moralischen Gründen ② (*virtuous*) *person* moralisch, anständig **II.** *n* ① (*of story*) Moral *f* ② (*standards of behaviour*) **~s** Moralvorstellungen *Pl,* moralische Grundsätze
morale [mə'rɑ:l] *n no pl* Moral *f,* Stimmung *f;* **~ is high/low** die Stimmung ist gut/schlecht; **~ booster** Stimmungsaufheller *m*
morality [mə'ræləti] *n* ① *no pl* (*moral principles*) moralische Grundsätze ② (*moral system*) Ethik *f*
moralize ['mɒrəlaɪz] *intr verb* moralisieren; **to ~ about sth** eine Moralpredigt über etw *Akk* halten
more [mɔ:^r] **I.** *adj comp of* **many, much** noch mehr; **two ~ days until Christmas** noch zwei Tage bis Weihnachten; **some ~ coffee?** noch etwas Kaffee? **II.** *pron* ① (*greater amount*) mehr; **tell**

me ~ erzähl' mir mehr; ~ **and** ~ **came** es kamen immer mehr; **is there any ~?** ist noch etwas da?; **no** ~ nichts weiter; (*countable*) keine mehr ❷ **all the ~ ...** umso mehr ...; **the ~ the better** je mehr, desto besser **III.** *adv* ❶ (*forming comparatives*) **let's find a ~ sensible way of doing it** wir sollten eine vernünftigere Lösung finden; ~ **importantly** wichtiger noch ❷ (*to a greater extent*) mehr; **to think ~ of sb** eine höhere Meinung von jdm haben; **we'll be ~ than happy to help** wir helfen sehr gerne ❸ (*longer*) **to be no ~** *times* vorüber sein; **I don't do yoga any ~** ich habe mit Yoga aufgehört ❹ (*rather*) eher; ~ **dead than alive** mehr tot als lebendig ▸ ~ **or less** mehr oder weniger; **that's ~ like it** schon besser; ~ **often than not** meistens

moreover [mɔːˈrˈəʊvəʳ] *adv* (*form*) zudem, ferner

morgue [mɔːg] *n esp* AM, AUS (*mortuary*) Leichen[schau]haus *nt*

morning [ˈmɔːnɪŋ] **I.** *n* Morgen *m*, Vormittag *m*; **all** ~ den ganzen Vormittag; **at four in the** ~ um vier Uhr früh; [**from**] ~ **till night** von morgens bis abends; **tomorrow** ~ morgen Vormittag; **yesterday** ~ gestern Morgen **II.** *interj* (*fam*) Morgen!; **good ~!** guten Morgen!

morning-after pill *n* **the** ~ die Pille danach **morning [news]paper** *n* Morgenzeitung *f* **morning sickness** *n no pl* morgendliche Übelkeit

morphine [ˈmɔːfiːn] *n* Morphium *nt*

Morse [mɔːs] *n*, **Morse code** *n no pl* Morsezeichen *Pl*, Morsealphabet *nt*

mortal [ˈmɔːtᵊl] **I.** *adj* ❶ (*subject to death*) sterblich ❷ (*human*) menschlich, Menschen- ❸ (*temporal*) irdisch **II.** *n* (*liter*) Sterbliche(r) *f(m)*; **ordinary** ~ (*hum*) Normalsterbliche(r) *f(m)*

mortality [mɔːˈtæləti] *n no pl* ❶ (*condition*) Sterblichkeit *f* ❷ (*character*) Vergänglichkeit *f*

mortgage [ˈmɔːgɪdʒ] **I.** *n* COMM, LAW Hypothek *f*; **to pay the** ~ die Hypothek abtragen; **to pay off a** ~ eine Hypothek tilgen **II.** *tr verb* hypothekarisch belasten

mortuary [ˈmɔːtʃuᵊri] *n* Leichen[schau]haus *nt*

mosaic [mə(ʊ)ˈzeɪɪk] *n* Mosaik *nt*

Moscow [ˈmɒskəʊ] *n* Moskau *nt*

Moslem *adj, n see* **Muslim**

mosque [mɒsk] *n* Moschee *f*

mosquito <*pl* -es *or* -s> [mɒsˈkiːtəʊ] *n* Moskito *m*; ~ **net** Moskitonetz *nt*

moss <*pl* -es> [mɒs] *n* ❶ (*plant*) Moos *nt* ❷ BRIT, SCOT (*bog*) **the ~es** das [Torf]moor *kein Pl*

mossy [ˈmɒsi] *adj* bemoost, moosbedeckt

most [məʊst] **I.** *pron* ❶ (*largest quantity*) **the** ~ am meisten; **at the [very]** ~ [aller]höchstens ❷ *pl* (*the majority*) die Mehrheit ❸ (*best*) **the** ~ höchstens; **to get the ~ out of life** das meiste aus dem Leben machen; **to make the ~ of sth** das Beste aus etw machen **II.** *adj* ❶ (*greatest in amount, degree*) am meisten ❷ (*majority of, nearly all*) die meisten **III.** *adv* ❶ (*forming superlative*) *im Deutschen durch Superlativ ausgedrückt;* **that's what I'm ~ afraid of** davor habe ich die meiste Angst; ~ **easily/rapidly/thoroughly** am leichtesten/schnellsten/gründlichsten ❷ (*form: extremely*) höchst, äußerst; ~ **certainly** ganz bestimmt; ~ **likely** höchstwahrscheinlich; ~ **unlikely** höchst unwahrscheinlich ❸ **at** ~ höchstens; ~ **of all, I hope that ...** ganz besonders hoffe ich, dass ...

mostly [ˈməʊs(t)li] *adv* ❶ (*usually*) meistens ❷ (*in the main*) größtenteils, im Wesentlichen

MOT [ˌeməʊˈtiː] **I.** *n* BRIT (*fam*) *abbrev of* **Ministry of Transport** Verkehrsministerium *nt*; ~ [**test**] TÜV *m*; ~ [**certificate**] TÜV-Bescheinigung *f* **II.** *tr verb* <MOT'd, MOT'd> *usu passive* (*fam*) **to ~ a car** ein Auto zum TÜV bringen

motel [məʊˈtel] *n* Motel *nt*

moth [mɒθ] *n* Motte *f*, Nachtfalter *m*

mothball **I.** *n* Mottenkugel *f* **II.** *tr verb* einmotten

moth-eaten *adj* ❶ (*eaten into*) mottenzerfressen ❷ (*outmoded*) *ideas, theories* verstaubt

mother [ˈmʌðəʳ] **I.** *n* (*female parent*) Mutter *f* ▸ **the ~ of all ...** der/die/das allergrößte ...; (*the most extreme: worst*) der/die/das Schlimmste aller ... *Gen*; **the ~ of all battles** die Mutter aller Schlachten; **the ~ of all storms** der Sturm der Stürme **II.** *tr verb* bemuttern

motherhood ['mʌðəhʊd] *n no pl* Mutterschaft *f*
mother-in-law <*pl* mothers- *or* -s> *n* Schwiegermutter *f*
motherly ['mʌðəli] *adj* (*usu approv*) mütterlich; ~ **love** Mutterliebe *f*
mother tongue *n* Muttersprache *f*
mothproof *adj* mottenfest
motion ['məʊʃən] **I.** *n* ① *no pl* (*movement*) Bewegung *f*, Gang *m;* **in slow ~** in Zeitlupe; **to put sth in ~** etw in Gang bringen ② (*gesture*) Bewegung *f*, Zeichen *nt;* **~ of the hand/head** Hand-/Kopfbewegung *f* ③ POL (*proposal*) Antrag *m fachspr;* **to defeat a ~** einen Antrag ablehnen; **to pass a ~** einen Antrag annehmen **II.** *tr verb* **to ~ sb to do sth** jdn durch einen Wink auffordern, etw zu tun
motionless ['məʊʃənləs] *adj* bewegungslos, reg[ungs]los
motion picture *n* AM [Spiel]film *m*
motivate ['məʊtɪveɪt] *tr verb* ① (*provide with motive*) **motivating force** treibende Kraft; **what ~d their sudden change of heart?** was war der innere Anlass für ihren plötzlichen Sinneswandel? ② (*arouse interest*) anregen, anspornen; **to ~ sb to do sth** jdn dazu bewegen, etw zu tun
motivation [ˌməʊtɪ'veɪʃən] *n* ① (*reason*) Begründung *f*, Veranlassung *f* (**for** für) ② *no pl* (*drive*) Antrieb *m*, Motivation *f*
motive ['məʊtɪv] **I.** *n* Motiv *nt*, Beweggrund *m* (**for** für); **ulterior ~** tieferer Beweggrund, Hintergedanke *m* **II.** *adj attr* PHYS, TECH (*creating motion*) bewegend, Antriebs-
motor ['məʊtəʳ] **I.** *n* ① (*engine*) Antriebsmaschine *f*, [Verbrennungs]motor *m*, Triebwerk *nt* ② BRIT (*fam: car*) Auto *nt* **II.** *adj attr* ① BRIT, AUS (*of motor vehicles*) Auto- ② ANAT Bewegungs-, Muskel-, motorisch *fachspr* **III.** *intr verb* (*drive*) [Auto] fahren
motorbike *n* (*fam*) Motorrad *nt* **motorboat** *n* Motorboot *nt* **motor car** *n* BRIT Automobil *nt*, Kraftfahrzeug *nt* **motorcycle** *n* Motorrad *nt* **motorcycling** *n no pl* Motorradfahren *nt* **motorcyclist** *n* Motorradfahrer(in) *m(f)* **motor-driven** *adj* Motor-, mit Motorantrieb nachgestellt
motoring ['məʊtərɪŋ] **I.** *adj attr* BRIT Fahr-; ~ **offence** LAW Verkehrsdelikt *nt;* ~ **organization** Automobilklub *m;* ~ **school** Fahrschule *f* **II.** *n* Fahren *nt*
motorist ['məʊtərɪst] *n* Kraftfahrer(in) *m(f)*, Automobilist(in) *m(f)* ÖSTERR, SCHWEIZ
motor racing *n* BRIT Autorennsport *m* **motor scooter** *n* Motorroller *m* **motor vehicle** *n* Kraftfahrzeug *nt* **motor vehicle licensing centre** *n* BRIT (*form*) Zulassungsstelle *f* **motorway** *n* BRIT Autobahn *f*
motto <*pl* -s *or* -es> ['mɒtəʊ] *n* Motto *nt*
mould[1] [məʊld] *n no pl* BOT Schimmel *m*
mould[2] [məʊld] **I.** *n* ① (*shape*) Form *f* ② (*fig*) Typ *m;* **to be out of the same ~** sich *Dat* gleichen wie ein Ei dem anderen **II.** *tr verb* ① formen ② (*fig*) **to ~ sb into sth** jdn zu etw machen
mouldy ['məʊldi] *adj food* schimmelig, verschimmelt; **to go ~** [ver]schimmeln
mound [maʊnd] *n* (*pile*) Haufen *m;* (*small hill*) Hügel *m*
mount [maʊnt] **I.** *n* ① (*horse*) Pferd *nt* ② (*backing, setting*) *of a picture, a photo* Halterung *f* **II.** *tr verb* **to ~ sth** ① (*support for equipment*) etw aufhängen ② (*go up*) etw hochsteigen ③ (*fix for display*) etw befestigen; **to ~ sth in a frame** etw rahmen **III.** *intr verb* ① (*increase*) wachsen, [an]steigen, größer werden ② (*get on a horse*) aufsteigen
mountain ['maʊntɪn] *n* Berg *m;* **~s** Berge *Pl;* (*group of mountains*) Gebirge *nt;* ~ **chain** Gebirgskette *f*, Bergkette *f*
mountaineer [ˌmaʊntɪ'nɪəʳ] *n* Bergsteiger(in) *m(f)*
mountaineering [ˌmaʊntɪ'nɪərɪŋ] *n no pl* Bergsteigen *nt*
mountainous ['maʊntɪnəs] *adj* gebirgig, bergig; (*fig*) riesig
mountain range *n* Gebirgszug *m*
mourn [mɔːn] **I.** *intr verb* trauern (**for** um) **II.** *tr verb* ① (*feel sorrow*) **to ~ sb/sth** um jdn/etw trauern ② (*fig: regret*) beklagen
mourner ['mɔːnəʳ] *n* Trauernde(r) *f(m);* (*at a funeral*) Trauergast *m*
mourning ['mɔːnɪŋ] *n no pl* ① (*grieving*) Trauer *f;* **to be in ~ for sb** um jdn

M

trauern; (*wear black clothes*) Trauer tragen ② (*wailing*) Klagegeschrei *nt*

mouse <*pl* mice> [maʊs, *pl* maɪs] *n* ZOOL, COMPUT Maus *f*

mouse-hole *n* Mauseloch *nt* **mouse mat** *n* BRIT, **mouse pad** *n* AM COMPUT Mauspad *nt* **mouse potato** *n* COMPUT Computerhocker(in) *m(f)* **mousetrap** *n* Mausefalle *f*

moustache [məˈstɑːʃ] *n* Schnurrbart *m*

mouth [maʊθ] *n* ① *of a person* Mund *m* ② *of an animal* Maul *nt* ③ (*opening*) Öffnung *f; of a river* Mündung *f* ▶ **to have a big ~** ein großes Mundwerk haben *fam;* **to keep one's ~ shut** seinen Mund halten *fam*

mouthful [ˈmaʊθfʊl] *n* ① *of food* Bissen *m; of a drink* Schluck *m* ② (*fam*) **a ~ of abuse** ein Schwall Schimpfwörter

mouth organ *n* Mundharmonika *f* **mouthpiece** *n of a telephone* Sprechmuschel *f; of a musical instrument, a snorkel* Mundstück *nt* **mouth-to-mouth** [**resuscitation**] *n* Mund-zu-Mund-Beatmung *f* **mouthwash** *n* Mundwasser *nt* **mouth-watering** *adj* [sehr] appetitlich, köstlich

M

mouthy [ˈmaʊθi] *adj* (*fam*) großmäulig *pej*

move [muːv] **I.** *n* ① *no pl* (*movement*) Bewegung *f;* **she made a sudden ~ towards me** plötzlich bewegte sie sich auf mich zu; **to be on the ~** unterwegs sein; **to make a ~** (*fam: leave*) sich auf den Weg machen; **to make no ~** sich nicht rühren ② (*step*) Schritt *m;* (*measure*) Maßnahme *f;* **to make the first ~** den ersten Schritt tun ③ (*in games*) Zug *m;* CHESS [Schach]zug *m;* **it's your ~** du bist dran ▶ **to get a ~ on** (*fam*) sich beeilen; **to make one's ~ on sb** (*fam*) sich an jdn heranmachen **II.** *intr verb* ① (*change position*) sich bewegen; (*go*) gehen; **no one ~d** keiner rührte sich; **keep moving!** bitte gehen Sie weiter!; **to ~** [**out of the way**] aus dem Weg gehen; **to begin to ~** sich in Bewegung setzen ② (*fig: change*) **to ~ off a subject** das Thema wechseln ③ (*fig: progress*) vorankommen; **to ~ with the times** mit der Zeit gehen; **to ~ forward** Fortschritte machen ④ (*change address*) umziehen ⑤ (*fam: hurry*) sich beeilen; **~!** nun mach schon! ⑥ (*fam: start*) **to get moving** loslegen; **to get moving on sth** mit etw loslegen **III.** *tr verb* ① (*change position of*) bewegen; (*place somewhere else*) woanders hinstellen; (*push somewhere else*) verrücken; (*clear*) wegräumen; (*rearrange*) *furniture* umstellen ② (*reschedule*) verlegen, verschieben ③ (*transfer*) verlegen; **to ~ office** in ein anderes Büro ziehen ④ (*cause emotions*) **to ~ sb** jdn bewegen; **to ~ sb to tears** jdn zu Tränen rühren ⑤ **to ~ sb to do sth** jdn [dazu] bringen, etw zu tun ◆**move about, move around** **I.** *intr verb* ① (*go around*) herumgehen ② (*travel*) umherreisen ③ (*move house*) oft umziehen **II.** *tr verb* ① (*change position of*) [hin und her] bewegen ② (*fam: at work*) **to ~ sb ↔ about** jdn oft versetzen ◆**move along** **I.** *tr verb* **to ~ sb ↔ along** jdn zum Weitergehen bewegen; **to ~ a car along** ein Auto vorbeiwinken **II.** *intr verb* ① (*walk further on*) weitergehen; (*run further on*) weiterlaufen ② (*make room*) aufrücken, Platz machen ◆**move away** **I.** *intr verb* ① (*leave*) weggehen; *vehicle* wegfahren ② (*move house*) wegziehen; **to ~ away from home** von zu Hause ausziehen **II.** *tr verb* wegräumen; (*push away*) wegrücken ◆**move back** **I.** *intr verb* ① (*return*) zurückkommen ② (*withdraw*) zurückweichen; **move back!** zurücktreten! **II.** *tr verb* ① (*put back*) zurückstellen ② (*push back*) zurückschieben; *car* zurücksetzen ◆**move down** **I.** *intr verb* ① (*change position*) sich nach unten bewegen; (*slip down*) runterrutschen *fam;* (*make room*) aufrücken ② (*change value*) *shares, prices* fallen ③ SCHOOL **to ~ down a class** AM eine Klasse zurückgestuft werden ④ SPORTS **to ~ down** [**a division**] absteigen **II.** *tr verb* (*change position of*) nach unten bewegen; (*place lower down*) nach unten stellen ◆**move in** **I.** *intr verb* ① (*enter a new home*) einziehen; **to ~ in with sb** zu jdm ziehen ② (*a. fig: advance to attack*) anrücken *a. fig;* **the painters are moving in next week** (*fam*) nächste Woche kommen die Maler; **to ~ in on a new market** sich auf einem neuen Markt etablieren **II.** *tr verb* ① (*change *position of*) nach innen bewegen ② (*send*) einsetzen ◆ **move off I.** *intr verb* sich in Bewegung setzen; (*walk*) losgehen **II.** *tr verb* wegräumen ◆ **move on I.** *intr verb* ① (*continue a journey*) sich wieder auf den Weg machen; (*walk*) weitergehen ② (*advance*) sich weiterentwickeln; (*progress in career*) beruflich weiterkommen ③ (*change subject*) **to ~ on to sth** zu etw übergehen **II.** *tr verb* (*cause to leave*) zum Weitergehen auffordern; (*in a vehicle*) zum Weiterfahren auffordern ◆ **move out I.** *intr verb* ① (*stop inhabiting*) ausziehen; **to ~ out of a flat/house** aus einer Wohnung/einem Haus ausziehen ② (*cease involvement*) **to ~ out [of sth]** sich [von etw] zurückziehen ③ (*leave*) *troops* abziehen **II.** *tr verb* ① (*clear*) wegräumen ② (*make leave*) **to ~ out** ↻ **a tenant** einem Mieter kündigen; **to ~ one's troops out [of an area]** seine Truppen [aus einem Gebiet] abziehen ◆ **move over I.** *intr verb* ① (*make room*) Platz machen, aufrücken ② (*switch*) **to ~ over to sth** zu etw übergehen **II.** *tr verb* (*put aside*) zur Seite räumen ◆ **move up I.** *intr verb* ① (*a. fig: advance*) aufrücken ② (*make room*) Platz machen, aufrücken **II.** *tr verb* (*change position of*) nach oben bewegen; (*put in a higher place*) nach oben räumen

movement [ˈmuːvmənt] *n* ① (*change of position*) Bewegung *f* ② *no pl* (*general activity*) Bewegung *f* ③ MUS (*part of symphony*) Satz *m* ④ *no pl* (*tendency*) Tendenz *f*

movie [ˈmuːviː] *n esp* AM, AUS ① (*film*) [Kino]film *m* ② (*cinema*) **the ~s** das Kino; **to be in the ~s** (*fam*) im Filmgeschäft sein

movie camera *n* Filmkamera *f* **moviegoer** *n esp* AM, AUS Kinogänger(in) *m(f)* **movie star** *n* Filmstar *m*

moving [ˈmuːvɪŋ] **I.** *n no pl* Umziehen *nt* **II.** *adj* ① *attr* MECH beweglich ② *attr* (*motivating*) Antriebs-; **the ~ force** die treibende Kraft ③ (*causing emotion*) bewegend, ergreifend

mow <mowed, mown *or* mowed> [məʊ] **I.** *intr verb* (*cut grass, grain*) mähen **II.** *tr verb field* abmähen; **to ~ the lawn** den Rasen mähen

mower [ˈməʊəʳ] *n* Rasenmäher *m*; (*on a farm*) Mähmaschine *f*

mown [məʊn] **I.** *pp of* **mow** **II.** *adj* gemäht; *field* abgemäht

MP [ˌemˈpiː] BRIT, CAN POL *abbrev of* **Member of Parliament**

mph [ˌempiːˈeɪtʃ] *abbrev of* **miles per hour**: **to do 50 ~** 50 Meilen pro Stunde fahren (*eine Meile entspricht 1,56 km*)

Mr [ˈmɪstəʳ] *n no pl* (*title for man*) Herr *m*

Mrs [ˈmɪsɪz] *n no pl* (*title for married woman*) Frau, Fr.

Ms [ˌemˈes] *n no pl* (*title for woman, married or unmarried*) Fr., Frau (*Alternativbezeichnung zu Mrs und Miss, die sowohl für verheiratete als auch für unverheiratete Frauen zutrifft*)

MS *n no pl abbrev of* **multiple sclerosis** MS *f*

ms [ˌemˈes] *n abbrev of* **manuscript** Mskr.

much [mʌtʃ] **I.** *adj* <more, most> + *sing* viel; **there wasn't ~ post** es kam nicht viel Post; **with ~ love** voller Liebe; [~] **too ~** [viel] zu viel; **how ~ ...?** wie viel ...?; **how ~ is it?** was [*o* wie viel] kostet das? ▸ **there's not ~ to it** das ist nichts Besonderes **II.** *pron* ① (*relative amount*) viel; **this ~ is certain** so viel ist sicher; **half as ~** halb so viel; **twice as ~** doppelt so viel; **however ~ you dislike her ...** wie unsympathisch sie dir auch sein mag, ... ② (*great deal*) viel; **my new stereo isn't up to ~** meine neue Anlage taugt nicht viel *fam* ③ *with neg* (*pej: poor example*) **he's not ~ to look at** er sieht nicht gerade umwerfend aus ④ (*larger part*) **~ of the day** der Großteil des Tages ⑤ (*be redundant*) **so ~ for ...** das war's dann wohl mit ... **III.** *adv* <more, most> ① (*greatly*) sehr; **~ to our surprise** zu unserer großen Überraschung; **to not be ~ good at sth** in etw *Dat* nicht sehr gut sein ② (*by far*) bei weitem ③ (*nearly*) fast; **~ the same** fast so ④ (*specifying degree*) **I like him as ~ as you do** ich mag ihn genauso sehr wie du; **thank you very ~** herzlichen Dank ⑤ (*exactly that*) genau das; **I had expected as ~** so etwas hatte ich schon erwartet ⑥ **do you see ~ of her?** siehst du sie öfters?

M

IV. *conj* (*although*) auch wenn, wenngleich *geh;* **~ as I like you, ...** so gern ich dich auch mag, ...

muck [mʊk] *n no pl* BRIT (*dirt*) Dreck *m fam;* (*waste*) Müll *m;* **[to be] common as ~** (*fam*) furchtbar ordinär [sein] *pej* ◆**muck about, muck around** (*fam*) **I.** *intr verb* Unfug treiben; **to ~ about with sth** an etw *Dat* herumfummeln **II.** *tr verb* **to ~ sb about** mit jdm umspringen[, wie es einem gefällt]; **stop ~ing me about!** sag mir endlich, was Sache ist! ◆**muck up** *tr verb* BRIT (*fam*) **to ~ up ⊂ sth** etw vermasseln; *exam* versieben

muck-up *n* (*fam*) Reinfall *m*

mucky ['mʊki] *adj* ① (*dirty*) schmutzig, dreckig ② (*fam: sordid*) *joke, comment* schlüpfrig, unanständig

mud [mʌd] *n no pl* Schlamm *m* ▸ **to drag sb's name through the ~** jds Namen in den Schmutz ziehen

muddle ['mʌdḷ] **I.** *n* Durcheinander *nt;* **to get in a ~** durcheinandergeraten; **to be in a ~** durcheinander sein **II.** *intr verb* **to ~ along** vor sich *Akk* hin wurs[ch]teln *fam*

muddy ['mʌdi] **I.** *tr verb* (*make dirty*) verschmutzen, schmutzig machen **II.** *adj* schlammig; (*dirty*) schmutzig

mudguard *n of a car* Kotflügel *m; of a bicycle* Schutzblech *nt*

mudpack *n* Gesichtsmaske *f*

muesli ['mju:zli] *n no pl* Müsli *nt,* Müesli *nt* SCHWEIZ

mug [mʌg] **I.** *n* (*cup*) Becher *m* (*mit Henkel*) **II.** *tr verb* <-gg-> **to ~ sb** jdn überfallen und ausrauben

mugger ['mʌgəʳ] *n* [Straßen]räuber(in) *m(f)*

muggy ['mʌgi] *adv weather* schwül

mule¹ [mju:l] *n* (*animal*) Maultier *nt,* Muli *nt* SÜDD, ÖSTERR

mule² [mju:l] *n* (*shoe*) halboffener Schuh; (*slipper*) Pantoffel *m*

mull [mʌl] *tr verb* (*sweeten*) **~ed wine** Glühwein *m*

mullet ['mʌlɪt] *n* ① (*fam: hairstyle*) Vokuhila *m sl* (*vorne kurz, hinten lang*) ② (*fish*) **grey ~** Meeräsche *f;* **red ~** Meerbarbe *f*

multibrand *adj* **a ~ retailer** ein nicht an eine bestimmte Marke gebundener Einzelhändler

multicolored *adj* AM *see* **multicoloured**

multicoloured *adj* bunt, mehrfarbig

multilayered *adj* vielschichtig

multilingual *adj* mehrsprachig

multimedia I. *n no pl* Multimedia *f* **II.** *adj* multimedial

multimillionaire *n* Multimillionär(in) *m(f)*

multinational I. *n* multinationaler Konzern, Multi *m fam* **II.** *adj* multinational

multiplatinum *adj* Multiplatin-

multiplayer ['mʌltipleɪəʳ] *adj attr computer game* Multiplayer-, für mehrere Spieler *nachgestellt*

multiple ['mʌltipḷ] **I.** *adj attr* vielfach, vielfältig **II.** *n* ① (*number*) Vielfache[s] *nt* ② (*shop with many branches*) [Laden]kette *f*

multiplication [ˌmʌltiplɪ'keɪʃᵊn] *n no pl* Multiplikation *f*

multiply <-ie-> ['mʌltiplaɪ] **I.** *tr verb* multiplizieren (**by** mit) **II.** *intr verb* sich vermehren; (*through reproduction a.*) sich fortpflanzen

multi-purpose *adj* multifunktional, Mehrzweck-

multi-storey *adj* mehrstöckig, mehrgeschossig; **~ car park** BRIT Parkhaus *nt*

multi-tasking I. *n* COMPUT Ausführen *nt* mehrerer Programme, Multitasking *nt* **II.** *adj attr* (*fig*) gleichzeitig mehreren Aufgaben nachkommend *attr;* **she is a hard-working, ~ singer, actor and producer** sie arbeitet hart und ist gleichzeitig Sängerin, Schauspielerin und Produzentin

multitude ['mʌltitju:d] *n* ① (*numerous sum*) Vielzahl *f* ② (*crowd*) **the ~s** die Allgemeinheit; **~s of people** eine Vielzahl von Personen

mum¹ [mʌm] *n* (*fam: mother*) Mama *f,* Mutti *f bes* NORDD

mum² [mʌm] *adj* (*fam: silent*) still; **to keep ~** den Mund halten

mumble ['mʌmbḷ] *tr, intr verb* nuscheln

mummy¹ ['mʌmi] *n* (*fam: mother*) Mama *f,* Mami *f,* Mutti *f bes* NORDD; **yummy ~** *sehr stylische oder attraktive Mutter*

mummy² ['mʌmi] *n* (*corpse*) Mumie *f*

mumps [mʌmps] *n + sing verb* MED Mumps *m*

munch [mʌn(t)ʃ] *intr, tr verb* mampfen
Munich ['mju:nɪk] *n* München *nt*
mural ['mjuərᵊl] **I.** *n* Wandgemälde *nt* **II.** *adj* Wand-
murder ['mɜ:dəʳ] **I.** *n* (*crime*) Mord *m,* Ermordung *f* (**of** an); **mass** ~ Massenmord *m;* **to commit** ~ einen Mord begehen; **to be convicted of** ~ wegen Mordes verurteilt werden **II.** *tr verb* ermorden, umbringen *a. fig*
murderer ['mɜ:dᵊrəʳ] *n* Mörder(in) *m(f)*
murderess ['mɜ:dᵊrɪs] *n* Mörderin *f*
murderous ['mɜ:dᵊrəs] *adj* (*cruel*) mordlüstern, blutrünstig; *look, hatred* tödlich
murky ['mɜ:ki] *adj* düster; *night* finster
murmur ['mɜ:məʳ] **I.** *intr verb* murmeln; **to ~ about sth** (*complain*) wegen einer S. *Gen* murren **II.** *tr verb* murmeln, raunen **III.** *n* Gemurmel *nt kein Pl,* Raunen *nt kein Pl;* **a ~ of agreement** ein zustimmendes Raunen
muscle ['mʌsl̩] *n* ❶ (*contracting tissue*) Muskel *m* ❷ (*fig: influence*) Stärke *f;* **to flex a** ~ Stärke zeigen ◆ **muscle in** *intr verb* sich [rücksichtslos] einmischen; **to ~ in on sth** sich irgendwo [mit aller Gewalt] hineindrängeln
muscular ['mʌskjələʳ] *adj* ❶ (*relating to muscles*) muskulär, Muskel- ❷ (*strong*) muskulös
museum [mju:'zi:əm] *n* Museum *nt*
mushroom ['mʌʃrʊm, -ru:m] *n* Pilz *m;* **edible/poisonous** ~ essbarer/giftiger Pilz
music ['mju:zɪk] *n no pl* ❶ (*pattern of sounds*) Musik *f;* **classical** ~ klassische Musik; **to put on** ~ [etwas] Musik auflegen ❷ (*notes*) Noten *Pl*
musical ['mju:zɪkᵊl] **I.** *adj* musikalisch, Musik- **II.** *n* Musical *nt*
musical box *n,* **music box** *n* Am Spieluhr *f*
musician [mju:'zɪʃᵊn] *n* Musiker(in) *m(f)*
music stand *n* Notenständer *m*
Muslim ['mʊslɪm] **I.** *n* Moslem(in) *m(f),* Muslim(in) *m(f)* **II.** *adj* moslemisch, muslimisch
mussel ['mʌsᵊl] *n* [Mies]muschel *f*
must [mʌst] **I.** *aux verb* ❶ (*be obliged*) müssen; ~ **not** nicht dürfen ❷ (*be required*) müssen; ~ **you leave so soon?** müssen Sie schon so früh gehen? ❸ (*should*) **you ~ come and visit us** Sie sollten uns bald einmal besuchen kommen ❹ (*be certain to*) müssen; **you ~ be joking!** du machst wohl Witze! ❺ (*be necessary*) müssen; **you ~n't worry too much about it** jetzt mach dir deswegen nicht so viele Sorgen ❻ (*show irritation*) müssen; **smoke if you ~ then** dann rauche, wenn es [denn] unbedingt sein muss **II.** *n no pl* Muss *nt kein Pl;* **to be a ~** ein Muss sein; **this book is a ~!** dieses Buch muss man gelesen haben! **III.** *in compounds -see, -do* **this film is a ~-see** diesen Film muss man einfach gesehen haben
mustache *n* Am *see* **moustache**
mustard ['mʌstəd] *n no pl* Senf *m*
must-have *adj attr* (*fam*) unentbehrlich
mustn't ['mʌsᵊnt] *short for* **must not** *see* **must**
mutiny ['mju:tɪni] **I.** *n* Meuterei *f* **II.** *intr verb* <-ie-> meutern
mutter ['mʌtəʳ] **I.** *intr verb* ❶ (*mumble*) **to ~** [**away to oneself**] irgendetwas [vor sich *Akk* hin]murmeln ❷ (*spread rumour*) **to ~ about sth** etw munkeln **II.** *tr verb* (*complain softly*) brummen, murmeln; **to ~ sth to sb under one's breath** jdm etw zuraunen
mutton ['mʌtᵊn] *n no pl* Hammel *m,* Hammelfleisch *nt*
mutual ['mju:tʃu:əl] *adj* gegenseitig, beiderseitig; **the feeling is** ~ das [Gefühl] beruht auf Gegenseitigkeit; ~ **agreement** wechselseitige Übereinkunft
muzzle ['mʌzl̩] **I.** *n* ❶ (*animal mouth*) Schnauze *f,* Maul *nt* ❷ (*mouth covering*) Maulkorb *m* **II.** *tr verb* **to ~ an animal** einem Tier einen Maulkorb anlegen; **to ~ sb/the press** jdn/die Presse mundtot machen
my [maɪ] **I.** *adj poss* mein(e); **my brother and sister** mein Bruder und meine Schwester; **one of my friends** einer meiner Freunde/eine meiner Freundinnen; **I've hurt my foot** ich habe mir den Fuß verletzt; **I need a car of ~ own** ich brauche ein eigenes Auto **II.** *interj* ach, oh; **~ ~!** na, so was!
myself [maɪ'self] *pron refl* ❶ (*direct object of verb*) mir *Dat,* mich *Akk;* **I caught sight of ~ in the mirror** ich sah mich im Spiegel; **I strolled around,**

muttering to ~ ich wanderte umher und murmelte vor mich hin ② (*emph form: I, me*) ich; **people like** ~ Menschen wie ich ③ (*emph: me personally*) ich persönlich; **I wrote it** ~ ich schrieb es selbst ④ (*me alone*) **I never get an hour to** ~ ich habe nie eine Stunde für mich; **I live by** ~ ich lebe alleine; [**all**] **by** ~ [ganz] alleine

mysterious [mɪ'stɪəriəs] *adj* geheimnisvoll, mysteriös; **in** ~ **circumstances** unter mysteriösen Umständen

mystery ['mɪstᵊri] *n* (*secret*) Geheimnis *nt;* (*puzzle*) Rätsel *nt;* **that's a** ~ **to me** das ist mir schleierhaft

mystery play *n* Mysterienspiel *nt*

myth [mɪθ] *n* Mythos *m;* **creation** ~ Schöpfungsmythos *m*

mythical ['mɪθɪkᵊl] *adj* ① (*fictional*) sagenhaft, legendär ② (*supposed*) gedacht, imaginär

mythology [mɪ'θɒlədʒi] *n no pl* Mythologie *f*

Nn

N <*pl* -'s *or* -s>, **n** <*pl* -'s> [en] *n* N *nt,* n *nt; see also* **A 1**

N *n no pl abbrev of* **North** N

n *n* MATH (*unknown number*) x

n/a, NA *abbrev of* **not applicable** entf.; *abbrev of* **not available** nicht verfügbar

nab <-bb-> [næb] *tr verb* (*fam*) schnappen; **could you** ~ **me a seat?** könntest du mir vielleicht einen Platz frei halten?

naff [næf] BRIT **I.** *adj* (*sl*) geschmacklos **II.** *intr verb* (*sl*) **to** ~ **off** Leine ziehen

nag[1] [næg] *n* (*horse*) [alte Schind]mähre

nag[2] [næg] **I.** *intr verb* <-gg-> [herum]nörgeln (**at** an) **II.** *tr verb* <-gg-> **to** ~ **sb** (*annoy*) jdn nicht in Ruhe lassen **III.** *n* (*fam*) Nervensäge *f*

nagging ['nægɪŋ] **I.** *n no pl* Nörgelei *f* **II.** *adj* ① (*criticizing*) nörgelnd ② (*persistent*) quälend

nail [neɪl] **I.** *n* ① (*small metal spike*) Nagel *m* ② (*body part*) [Finger-/Zeh]nagel *m;* **to bite one's** ~**s** an den Fingernägeln kauen **II.** *tr verb* (*fasten*) nageln (**to** an)

nail-biting **I.** *n no pl* Nägelkauen *nt* **II.** *adj film* spannungsgeladen **nail clippers** *npl* Nagelknipser *m* **nail file** *n* Nagelfeile *f* **nail polish** *n* Nagellack *m* **nail scissors** *npl* Nagelschere *f* **nail varnish** *n* Nagellack *m*

naked ['neɪkɪd] *adj* (*a. fig*) nackt; *flame* offen

name [neɪm] **I.** *n* ① (*title*) Name *m;* **hello, my** ~**'s Michael** hallo, ich heiße Michael; **what's your** ~**?** wie heißen Sie?; **first** ~ Vorname *m;* **last** ~ Nachname *m;* **in our** ~ in unserem Namen ② *no pl* (*reputation*) Ruf *m;* **to give sb/sth a good** ~ jdm/etw einen guten Ruf verschaffen **II.** *tr verb* (*call*) **they** ~**d their little boy Peter** sie nannten ihren kleinen Sohn Peter

namely ['neɪmli] *adv* nämlich

nameplate *n of a person* Namensschild *nt*

nan [næn] *n* (*fam*) Omi *f*

nanny ['næni] *n* ① (*grandmother*) Oma *f* ② (*babyminder*) Kindermädchen *nt*

nap [næp] *n* (*short sleep*) Nickerchen *nt;* **to take a** ~ ein Nickerchen machen

napkin ['næpkɪn] *n* Serviette *f*

nappy ['næpi] *n* Windel *f;* **disposable** ~ Wegwerfwindel *f*

narcissistic [ˌnɑːsɪ'sɪstɪk] *adj* narzisstisch

narcotic [nɑː'kɒtɪk] **I.** *n* Rauschgift *nt;* MED Narkotikum *nt* **II.** *adj* MED narkotisch

narrate [nə'reɪt] *tr verb* erzählen

narrator [nə'reɪtəʳ] *n* Erzähler(in) *m(f)*

narrow ['nærəʊ] **I.** *adj* (*thin*) eng, schmal **II.** *tr verb* verengen

narrow boat *n* Kanalboot *nt*

narrowly ['nærəʊli] *adv* (*barely*) knapp

narrow-minded *adj* engstirnig

nasty ['nɑːsti] *adj* ① (*bad*) scheußlich,

widerlich; **to be ~ to sb** zu jdm gemein sein ② (*serious*) schlimm, böse

nation ['neɪʃᵊn] *n* ① (*country, state*) Nation *f,* Land *nt;* **all across the ~** im ganzen Land ② (*people*) Volk *nt*

national ['næʃᵊnᵊl] **I.** *adj* ① (*of a nation*) *matter, organization* national; *flag, team, dish, hero* National-; **~ government** Landesregierung *f* ② (*particular to a nation*) Landes-, Volks- **II.** *n* Staatsangehörige(r) *f(m)*

Die *Tudor rose* symbolisiert die Vereinigung des Hauses York (weiße Rose) mit dem Hause Lancaster (rote Rose) und damit die Beendigung der Rosenkriege (1455–1485). Seitdem verwendet man sie auch als Englands **national emblem** (Nationalsymbol).
Das dreiblättrige Kleeblatt, der *shamrock*, repräsentiert die Republik Irland. St. Patrick, der Schutzpatron der Insel, soll es zur Veranschaulichung der Dreieinigkeit verwendet haben. Eine Distel *(thistle)* spielte einst in einer schottischen Schlacht eine entscheidende Rolle. Ihre Stacheln können sehr wehtun, und diese Erfahrung machten auch einige Wikinger. Ihre Schmerzensschreie weckten die ahnungslosen schottischen Soldaten, und die Angreifer konnten in die Flucht geschlagen werden.
Wie der *dragon* (Drachen) steht auch der *leek* (Lauch) für das Land Wales. Einer Legende zufolge diente er walisischen Soldaten als Erkennungszeichen. Weitaus friedvoller wirkt da das jüngste walisische Symbol, die Osterglocke *(daffodil)* – und besser riechen tut sie auch!

National Front *n* BRIT POL (*hist*) *rechtsradikale Partei*

National Health Service *n* BRIT staatliches Gesundheitssystem

nationality [ˌnæʃᵊn'æləti] *n* ① (*esp cultural*) Nationalität *f* ② *no pl* (*legal*) Staatsangehörigkeit *f*

nationwide I. *adv* landesweit, im ganzen Land **II.** *adj coverage, strike, campaign* landesweit

native ['neɪtɪv] **I.** *adj* (*of one's birth*) beheimatet; **~ country** Heimatland *nt;* **~ language** Muttersprache *f* **II.** *n* Einheimische(r) *f(m)*

native American *n* amerikanischer Ureinwohner/amerikanische Ureinwohnerin

Nativity [nə'tɪvəti] *n no pl* **the ~** die Geburt Christi

NATO, Nato ['neɪtəʊ] *n no pl, no art acr for* **North Atlantic Treaty Organisation** NATO *f*

natter ['nætəʳ] *esp* BRIT **I.** *intr verb* (*fam*) quatschen **II.** *n* (*fam*) Schwatz *m;* **to have a ~ [with sb]** [mit jdm] quatschen

natural ['nætʃᵊrᵊl] **I.** *adj* ① (*not artificial*) *flavour, ingredients, mineral water* natürlich; *colour, curls, dye, fertilizer* Natur- ② **~ state** Naturzustand *m* ③ **to die of ~ causes** eines natürlichen Todes sterben **II.** *n* (*approv fam*) Naturtalent *nt*

natural childbirth *n no pl* natürliche Geburt **natural gas** *n no pl* Erdgas *nt* **natural history** *n no pl* Naturgeschichte *f;* (*as topic of study*) Naturkunde *f*

naturalist ['nætʃᵊrᵊlɪst] *n* Naturforscher(in) *m(f)*

naturally ['nætʃᵊrᵊli] *adv* (*of course*) natürlich; (*as expected*) verständlicherweise

natural resources *npl* Bodenschätze *Pl* **natural science** *n,* **natural sciences** *npl* Naturwissenschaft *f* **natural selection** *n* natürliche Auslese

nature ['neɪtʃəʳ] *n no pl* ① *no art* (*natural environment*) Natur *f;* **to let ~ take its course** der Natur ihren Lauf lassen ② (*innate qualities*) Art *f;* **what is the ~ of your problem?** worum handelt es sich bei Ihrem Problem?; **by ~** von Natur aus ③ (*character*) Naturell *nt,* Art *f* ▶ **sth is second ~ to sb** etw ist jdm in Fleisch und Blut übergegangen

nature conservation *n no pl* Naturschutz *m* **nature lover** *n* Naturfreund(in) *m(f)* **nature reserve** *n* Naturschutzgebiet *nt* **nature study** *n no pl* Naturkunde *f* **nature trail** *n* Naturlehrpfad *m*

naturopath ['neɪtʃᵊrə(ʊ)pæθ] *n* Naturheilkundler(in) *m(f)*

naught [nɔːt] *n* ① *no pl* (*liter: nothing*) Nichts *nt* ② AM, AUS *see* **nought**

naughty ['nɔːti] *adj* ① (*badly behaved*)

N

children ungezogen ❷ (*hum fam: erotic*) unanständig
nautical mile *n* Seemeile *f*
naval ['neɪvᵊl] *adj* Marine-; ~ **power** Seemacht *f*
navel ['neɪvᵊl] *n* ANAT Nabel *m*
navigate ['nævɪgeɪt] *tr, intr verb* navigieren
navigator ['nævɪgeɪtəʳ] *n* Navigator(in) *m(f)*
navy ['neɪvi] **I.** *n* ❶ (*armed forces*) [Kriegs]marine *f;* **the Royal Navy** die Königliche Marine ❷ (*colour*) Marineblau *nt* **II.** *adj* marineblau
NB [ˌen'bi:] *adv no pl abbrev of* **nota bene** NB
near [nɪəʳ] **I.** *adj* ❶ (*close in space*) nahe, in der Nähe; **where's the ~est phone box?** wo ist die nächste Telefonzelle? ❷ (*close in time*) nahe ❸ (*most similar*) **he rounded up the sum to the ~est dollar** er rundete die Summe auf den nächsten Dollar auf ❹ *attr* (*close to being*) **that's a ~ certainty/impossibility** das ist so gut wie sicher/unmöglich **II.** *adv* ❶ (*close in space/time*) nahe ❷ (*almost*) beinahe, fast **III.** *prep* ❶ (*in proximity to*) ~ [**to**] nahe [bei] +*Dat;* **do you live ~ here?** wohnen Sie hier in der Nähe? ❷ (*almost time of*) **I'm nowhere ~ finishing the book** ich habe das Buch noch längst nicht ausgelesen ❸ (*close to a state*) **we came ~ to being killed** wir wären beinahe getötet worden ❹ (*similar in quantity or quality*) **he's ~er 70 than 60** er ist eher 70 als 60 **IV.** *tr verb* **to ~ sth** sich einer S. *Dat* nähern **V.** *intr verb* sich nähern, näher rücken
nearby [ˌnɪə'baɪ] **I.** *adj* nahe gelegen **II.** *adv* in der Nähe
Near East *n* Naher Osten
nearly ['nɪəli] *adv* fast, beinahe
near miss *n* ❶ MIL Beinahetreffer *m* ❷ (*near-accident*) Beinaheunfall *m;* AIR Beinahezusammenstoß *m* ❸ (*fig*) Beinaheerfolg *m;* **to be a ~** knapp danebengehen
nearside BRIT, AUS **I.** *n* Beifahrerseite *f* **II.** *adj attr* auf der Beifahrerseite *nachgestellt*
near-sighted *adj esp* AM kurzsichtig
neat [ni:t] *adj* ❶ (*well-ordered*) ordentlich; ~ **and tidy** sauber und ordentlich ❷ (*undiluted*) pur ❸ *esp* AM, AUS (*fam: very good*) toll, klasse
necessarily ['nesəsᵊrᵊli] *adv* (*consequently*) notwendigerweise; (*inevitably*) unbedingt
necessary ['nesəsᵊri] **I.** *adj* nötig, notwendig; **strictly ~** unbedingt nötig **II.** *n* **the ~** das Nötige
necessity [nə'sesəti] *n no pl* Notwendigkeit *f*
neck [nek] *n* ❶ ANAT Hals; (*nape*) Nacken *m* ❷ FASHION Kragen *m* ▸ ~ **and** ~ Kopf an Kopf; **in our ~ of the woods** in unseren Breiten
necklace ['nekləs] *n* [Hals]kette *f* **neckline** *n* Ausschnitt *m* **necktie** *n esp* AM Krawatte *f*
née [neɪ] *adj pred* geborene
need [ni:d] **I.** *n* ❶ *no pl* (*requirement*) Bedarf *m* (**for** an); **as the ~ arises** bei Bedarf; **to be [badly] in ~ of sth** etw [dringend] brauchen ❷ *no pl* (*necessity*) Notwendigkeit *f;* **if ~ be** falls nötig ❸ *no pl* (*poverty, requiring help*) Not *f;* **children in ~** Kinder in Not **II.** *tr verb* ❶ (*require*) brauchen; **your trousers ~ washing** deine Hose müsste mal gewaschen werden ❷ (*must*) **to ~ to do sth** etw tun müssen **III.** *aux verb* ❶ BRIT (*must*) ~ **I say more?** muss ich noch mehr sagen?; ~ **you ask?** (*iron*) da fragst du noch? ❷ BRIT (*didn't have to*) **you ~n't have washed all the dishes** du hättest nicht das ganze Geschirr abwaschen müssen
needle ['ni:dl] **I.** *n* ❶ (*for sewing*) Nadel *f;* **knitting ~** Stricknadel *f;* **~ and thread** Nadel und Faden ❷ MED, BOT Nadel *f;* **to get a ~** AM, AUS (*fam*) geimpft werden **II.** *tr verb* ärgern
needless ['ni:dləs] *adj* unnötig; ~ **to say ...** selbstverständlich ...
needlessly ['ni:dləsli] *adv* unnötig[erweise]
needy ['ni:di] **I.** *adj* (*poor*) bedürftig, Not leidend *attr* **II.** *n* **the ~** *pl* die Bedürftigen
negative ['negətɪv] **I.** *adj* (*all meanings*) negativ; ~ **answer** ablehnende Antwort **II.** *n* ❶ (*negation*) Verneinung *f;* **in the ~** abschlägig; LING in der Verneinungsform ❷ PHOT Negativ *nt* ❸ MATH **two ~s make a positive** zweimal minus macht plus

N

neglect [nɪ'glekt] *tr verb* vernachlässigen; **to ~ to do sth** [es] versäumen, etw zu tun

neglectful [nɪ'glektfᵊl] *adj* nachlässig (**of** gegenüber); **~ parents** pflichtvergessen; **to be ~ of sth** etw vernachlässigen

negligent ['neglɪdʒənt] *adj* nachlässig; LAW fahrlässig

negligible ['neglɪdʒəbl̩] *adj* unbedeutend; *amount* geringfügig

negotiate [nɪ'gəʊʃieɪt] **I.** *tr verb* (*discuss*) aushandeln **II.** *intr verb* verhandeln (**for/on** über)

negotiation [nɪˌgəʊʃi'eɪʃᵊn] *n* Verhandlung *f*

negotiator [nɪ'gəʊʃieɪtəʳ] *n* Unterhändler(in) *m(f)*

neigh [neɪ] **I.** *n* Wiehern *nt kein Pl* **II.** *intr verb* wiehern

neighbor *n* AM *see* **neighbour**

neighborhood *n* AM *see* **neighbourhood**

neighboring *adj* AM *see* **neighbouring**

neighborly *adj* AM *see* **neighbourly**

neighbour ['neɪbəʳ] **I.** *n* Nachbar(in) *m(f)* **II.** *intr verb* [an]grenzen (**on** an)

neighbourhood ['neɪbəhʊd] *n* (*district*) Viertel *nt;* (*people*) Nachbarschaft *f*

neighbouring ['neɪbᵊrɪŋ] *adj attr* benachbart, Nachbar-

neighbourly ['neɪbᵊli] *adj* gutnachbarlich

neither ['naɪðəʳ] **I.** *adv* ① (*not either*) weder; **~ ... nor ... [nor ...]** weder ... noch ... [oder ...] ② (*also not*) auch nicht **II.** *adj attr* keine(r, s) von beiden **III.** *pron* (*not either of two*) keine(r, s) von beiden **IV.** *conj* **~ ... nor ...** weder ... noch

neon ['niɒn] *n no pl* Neon *nt;* **~ lamp** Neonlampe *f;* **~ sign** Leuchtreklame *f*

neonatal [ˌniə(ʊ)'neɪtᵊl] *adj attr* Neugeborenen-; **~ care/unit** Neugeborenenpflege *f*/-station *f*

neo-Nazi [ˌniə(ʊ)'nɑ:tsi] **I.** *n* Neonazi *m* **II.** *adj group, newspaper* neonazistisch

nephew ['nefju:] *n* Neffe *m*

nerve [nɜ:v] *n* ① ANAT Nerv *m* ② *no pl* (*courage*) Mut *m;* **to keep/lose one's ~** die Nerven behalten/verlieren ③ (*nervousness*) **~s** Nervosität *f kein Pl;* (*stress*) Nerven *Pl* ④ (*impudence*) Frechheit *f;* **that man has such a ~!** der Mann hat [vielleicht] Nerven! ▸ **to be a bundle of ~s** ein Nervenbündel *nt* sein; **to get on sb's ~s** (*fam*) jdm auf die Nerven gehen

nervous ['nɜ:vəs] *adj* nervös; (*anxious*) ängstlich; **to be ~ about sth** wegen etw *Dat* nervös sein

nervousness ['nɜ:vəsnəs] *n no pl* Nervosität *f*

nervy ['nɜ:vi] *adj* ① (*nervous*) nervös ② AM (*pej: impudent*) unverschämt

nest [nest] **I.** *n* Nest *nt a. fig* **II.** *intr verb* nisten

nest egg *n* Notgroschen *m*

nesting box *n esp* BRIT Nistkasten *m*

Net *n no pl* INET, COMPUT **the ~** das Netz

net[1] [net] **I.** *n* Netz *nt a. fig;* **fishing ~** Fischernetz *nt* **II.** *tr verb* <-tt-> ① (*catch*) **to ~ sth** *fish* etw mit einem Netz fangen ② (*fig: get*) **to ~ oneself sth** sich *Dat* etw angeln

net[2] [net] **I.** *adj* FIN netto; **~ profit/results** Reingewinn *m*/Endergebnis *nt;* **~ wages** Nettolöhne *Pl* **II.** *tr verb* (*after tax*) netto verdienen

netball *n* BRIT *no pl* Korbball *m*

Net-based *adj* INET netzbasiert

net curtain *n* Tüllgardine *f*

Netherlands ['neðələn(d)z] *n* **the ~** die Niederlande *Pl*

netiquette ['netɪket] *n no pl* COMPUT Netiquette *f*

Netspeak *adj* COMPUT Internet-Jargon *m*

nett *adj, tr verb* BRIT *see* **net**[2]

netting ['netɪŋ] *n no pl* Netzgewebe *nt*

nettle ['netl̩] *n* Nessel *f;* **stinging ~s** Brennnesseln *Pl*

network ['netˌwɜ:k] **I.** *n* ① (*structure*) Netz[werk] *nt* ② (*fig: people*) Netz *nt* **II.** *tr verb* (*link*) *a.* COMPUT vernetzen (**to** mit) **III.** *intr verb* Kontakte knüpfen; **to ~ with sb** mit jdm Kontakt knüpfen

networker *n* Networker(in) *m(f)*

networking ['netˌwɜ:kɪŋ] *n no pl* ① (*making contacts*) Kontaktknüpfen *nt* ② COMPUT Vernetzen *nt*

neurosurgeon [ˌnjʊərəʊ'sɜ:dʒᵊn] *n* Neurochirurg(in) *m(f)*

neurosurgery [ˌnjʊərəʊ'sɜ:dʒᵊri] *n no pl* Neurochirurgie *f*

neurotic [njʊə'rɒtɪk] **I.** *n* Neurotiker(in) *m(f)* **II.** *adj* neurotisch

neuter ['nju:təʳ] **I.** *adj* sächlich; **~ noun** Neutrum *nt* **II.** *tr verb* **to ~ an animal**

male ein Tier kastrieren; *female* ein Tier sterilisieren

neutral ['nju:trᵊl] **I.** *adj* neutral **II.** *n* ❶ (*country*) neutrales Land ❷ (*gears*) Leerlauf *m;* **in ~** im Leerlauf

neutrality [nju:'træləti] *n no pl* Neutralität *f*

never ['nevəʳ] *adv* nie, niemals; **~ again!** nie wieder!; **~ before** noch nie [zuvor]; **~ ever** nie im Leben; **~ mind!** mach' dir nichts draus! *fam*

never-ending *adj* endlos

nevertheless [ˌnevəðə'les] *adv* dennoch, nichtsdestoweniger

new [nju:] **I.** *adj* neu; **that's nothing ~!** das ist nichts Neues!; **I'm ~ around here** ich bin neu hier **II.** *n no pl* **the ~** das Neue

newbie ['nju:bi] *n* COMPUT Anfänger(in) *m(f)*

newcomer *n* (*new arrival*) Neuankömmling *m;* (*novice*) Neuling *m*

newish ['nju:ɪʃ] *adj* (*fam*) relativ neu

newly ['nju:li] *adv* kürzlich, neulich; **~ married** jung verheiratet; **~ painted** frisch gestrichen

news [nju:z] *n no pl* ❶ (*new information*) Neuigkeit *f;* **to break the ~ to sb** jdm die schlechte Nachricht überbringen; **really! that's ~ to me** tatsächlich! das ist mir neu ❷ (*media*) Nachrichten *Pl;* **to be in the ~** in den Schlagzeilen sein; **on the ~** (*in TV, radio*) in den Nachrichten

news agency *n* Nachrichtenagentur *f* **newsagent** *n* BRIT, AUS ❶ (*shop*) Zeitschriftengeschäft *nt;* **at the ~'s** beim Zeitschriftengeschäft ❷ (*person*) Zeitungshändler(in) *m(f)* **newsflash** *n* Kurzmeldung *f* **news item** *n* Nachricht *f* **newsletter** *n* Rundschreiben *nt* **news magazine** *n* Nachrichtenmagazin *nt* **newspaper** *n* ❶ (*journal*) Zeitung *f;* **daily ~** Tageszeitung *f* ❷ (*material*) Zeitungspapier *nt* **newsreader** *n* BRIT, AUS Nachrichtensprecher(in) *m(f)* **newsreel** *n* Wochenschau *f* **newsroom** *n* Nachrichtenredaktion *f* **newsstand** *n* Zeitungsstand *m* **newsworthy** *adj* berichtenswert

newsy ['nju:zi] *adj* informativ

New Year *n* Neujahr *nt kein Pl;* **Happy ~** gutes neues Jahr

next [nekst] **I.** *adj* ❶ (*coming immediately after*) nächste(r, s); **this time ~ year** nächstes Jahr um diese Zeit; **~ month** nächsten Monat; **[the] ~ time** nächstes Mal ❷ (*next in order, space*) nächste(r, s), folgende(r, s); **who's ~ please?** wer ist der/die Nächste? **II.** *adv* ❶ (*subsequently*) dann, gleich darauf; **so what happened ~?** was geschah als Nächstes? ❷ (*again*) das nächste Mal ❸ (*second*) zweit-; **the ~ best thing** die zweitbeste Sache ❹ (*to one side*) **~ to sth/sb** neben etw/jdm ❺ (*following in importance*) **~ to sth** nach etw ❻ (*almost*) **~ to ...** beinahe ..., fast ...; **~ to nothing** fast gar nichts ▶ **what ~!** und was kommt dann? **III.** *n* **~ in line** der/die/das Nächste

next door I. *adv* nebenan; **we live ~ to the airport** wir wohnen direkt neben dem Flughafen **II.** *adj pred buildings* nebenan *nachgestellt* **next-door** *adj attr buildings* nebenan *nachgestellt; people* benachbart; *neighbour* direkt **next-gen** *adj* (*fam*) *short for* **next-generation** futuristisch **next of kin** *n + sing/pl verb* nächste(r) Angehörige(r)

NF [ˌen'ef] *n* BRIT POL (*hist*) *abbrev of* **National Front**

NHS [ˌeneɪtʃ'es] *n* BRIT *abbrev of* **National Health Service**

> Das staatliche Gesundheitssystem der Briten, der **National Health Service (NHS)**, garantiert allen in Großbritannien lebenden Menschen eine medizinische Grundversorgung. Finanziert wird er nicht über Sozialabgaben, sondern weitestgehend aus Steuergeldern. 2012 wurde der **NHS** bei der Eröffnungszeremonie für die Olympischen Spiele in London groß gefeiert. Das kann jedoch nicht darüber hinwegtäuschen, dass er im Allgemeinen eher durch Negativschlagzeilen auffällt, zum Beispiel wegen viel zu langer Wartezeiten.

Niagara Falls [naɪˌægərə'fɔ:lz] *n* **the ~** die Niagarafälle *Pl*

nib [nɪb] *n* [Schreib]feder *f*

nibble ['nɪbl̩] **I.** *n* ❶ (*bite*) Bissen *m* ❷ (*snack*) **~s** *pl* BRIT (*fam*) Häppchen *Pl* **II.** *tr verb* knabbern **III.** *intr verb* ❶ **to ~**

at/on sth an etw *Dat* herumknabbern ② (*eat into*) **to ~ away at sth** an etw *Dat* nagen *fig*

nice [naɪs] *adj* nett; (*pleasant*) schön, angenehm; **did you have a ~ holiday?** war es schön im Urlaub?; **~ one!** (*approv fam*) nicht schlecht!; **~ work!** (*approv fam*) gute Arbeit!; **~ and warm** schön warm

nicely ['naɪsli] *adv* (*pleasantly*) nett; (*well*) gut, nett; **that'll do ~** das reicht völlig; **to do very ~** gut voran kommen

nicety ['naɪsəti] *n* Feinheit *f*

niche [ni:ʃ] *n* Nische *f*

nick [nɪk] **I.** *n* ① (*chip*) Kerbe *f* ② BRIT (*sl: prison*) **the ~** *no pl* der Knast *fam* **II.** *tr verb* ① (*chip*) einkerben; (*cut*) einschneiden ② BRIT, AUS (*fam: steal*) **to ~ sth** etw mitgehen lassen ③ AM (*fam: cheat*) **to ~ sb** jdn abzocken *sl* **III.** *intr verb* BRIT, AUS (*sl*) **to ~ in/off** hinein-/davonhuschen

nickel ['nɪkl̩] *n* ① (*metal*) Nickel *nt* ② AM (*coin*) Fünfcentstück *nt*

nickname ['nɪkneɪm] *n* Spitzname *m;* (*affectionate*) Kosename *m*

nicotine ['nɪkəti:n] *n no pl* Nikotin *nt*

niece *n* Nichte *f*

nifty ['nɪfti] *adj* (*approv fam: stylish*) elegant

niggardly ['nɪgədli] *adj* (*pej: stingy*) geizig

niggle ['nɪgl̩] **I.** *intr verb* ① (*find fault*) nörgeln ② (*worry*) beunruhigen, nagen *fig* (**at** an) **II.** *tr verb* **to ~ sb** an jdm herumnörgeln

niggling ['nɪglɪŋ] *adj attr* nagend *fig*

niggly ['nɪgli] *adj arguments* pingelig; *person* nörglerisch

night [naɪt] *n* ① (*darkness*) Nacht *f;* **~ and day** Tag und Nacht; **to have an early ~** früh zu Bett gehen; **to spend the ~ with sb** (*as a friend, relation*) bei jdm übernachten; (*sexually*) die Nacht mit jdm verbringen; **~ after ~** Nacht für Nacht; **at ~** nachts ② (*evening*) Abend *m;* **the other ~** neulich abends; **to have a ~ out** [abends] ausgehen; **by ~** abends; **~ after ~** Abend für Abend ③ THEAT, FILM **first ~** Premiere *f*

nightbird *n* BRIT Nachteule *f* **night blindness** *n no pl* Nachtblindheit *f* **nightcap** *n* ① (*hat*) Schlafmütze *f* ② (*drink*) Schlaftrunk *m* **nightclothes** *npl* Nachtwäsche *f kein Pl;* (*pyjama*) Schlafanzug *m* **nightclub** *n* Nachtklub *m* **night cream** *n* Nachtcreme *f* **nightdress** *n* Nachthemd *nt* **nightfall** *n no pl* Einbruch *m* der Nacht **nightgown** *n* Nachthemd *nt* **nightie** ['naɪti] *n* (*fam*) Nachthemd *nt*

nightingale ['naɪtɪŋgeɪl] *n* Nachtigall *f*

nightlife *n no pl* Nachtleben *nt* **nightlight** *n* Nachtlicht *nt* **nightlong** (*liter*) **I.** *adv* die ganze Nacht [über] **II.** *adj* sich über die ganze Nacht hinziehend

nightly ['naɪtli] **I.** *adv* jede Nacht **II.** *adj* (*each night*) [all]abendlich; (*nocturnal*) nächtlich

nightmare ['naɪtmeəʳ] **I.** *n* Alptraum *m* **II.** *adj* (*fam*) *problems, scenario* alptraumhaft

nightmarish ['naɪtmeərɪʃ] *adj* alptraumhaft

night-nurse *n* Nachtschwester *f* **night-porter** *n* Nachtportier *m* **night safe** *n* BRIT Nachttresor *m* **night school** *n* Abendschule *f* **night shift** *n* Nachtschicht *f* **nightshirt** *n* [Herren]nachthemd *nt* **nightspot** *n* (*fam*) Nachtklub *m* **night storage heater** *n* BRIT Nachtspeicherofen *m* **night-time** *n* Nacht[zeit] *f* **night-watch** *n* Nachtwache *f* **night watchman** *n* Nachtwächter *m*

nihilism ['ni:ɪlɪzᵊm] *n no pl* Nihilismus *m*

nihilist ['ni:ɪlɪst] *n* Nihilist(in) *m(f)*

nihilistic [ˌni:ɪl'ɪstɪk] *adj* nihilistisch

nil [nɪl] *n no pl* (*nothing*) Nichts *nt,* Null *f*

Nile [naɪl] *n* **the** [**river**] **~** der Nil

nimble ['nɪmbl̩] *adj* (*usu approv: agile*) gelenkig, beweglich

Nimby *n,* **nimby** <*pl* -s> ['nɪmbi] *n* (*pej*) *acr for* **not in my back yard** *Person, die sich nach dem Sankt-Florians-Prinzip gegen umstrittene Bauvorhaben in der eigenen Nachbarschaft stellt*

nine [naɪn] **I.** *adj* neun; **~ times out of ten** in neun von zehn Fällen; *see also* **eight** **II.** *n* Neun *f; see also* **eight** ▸ **be dressed** [BRIT **up**] **to the ~s** (*fam*) in Schale [geworfen] sein

9-11, 9/11 [naɪnɪ'levᵊn] *n no pl, no art* der 11. September (*Terrorangriffe am 11.9.2001 auf das World Trade Center*

N

in New York und das Pentagon in Washington)

ninepins ['naɪnpɪnz] *npl* Kegeln *nt kein Pl*

nineteen [ˌnaɪn'tiːn] **I.** *n* Neunzehn *f*; *see also* **eight** **II.** *adj* neunzehn; *see also* **eight**

nineteenth [ˌnaɪn'tiːn(t)θ] **I.** *n* ① (*after 18th*) Neunzehnte(r, s); *see also* **eighth** ② (*fraction*) Neunzehntel *nt; see also* **eighth** **II.** *adj* neunzehnte(r, s); *see also* **eighth** **III.** *adv* an neunzehnter Stelle

ninetieth ['naɪntiəθ] **I.** *n* ① (*after 89th*) Neunzigste(r, s) ② (*fraction*) Neunzigstel *nt* **II.** *adj* neunzigste(r, s) **III.** *adv* an neunzigster Stelle

ninety ['naɪnti] **I.** *n* Neunzig *f* **II.** *adj* neunzig

ninth ['naɪn(t)θ] **I.** *n* ① (*after 8th*) Neunte(r, s) ② (*fraction*) Neuntel *nt* ③ MUS (*interval*) None *f* **II.** *adj* neunte(r, s) **III.** *adv* an neunter Stelle

nip [nɪp] **I.** *tr verb* <-pp-> beißen **II.** *intr verb* <-pp-> ① (*bite*) beißen ② BRIT, AUS (*fam: go quickly*) **to ~ along** entlangflitzen *fam;* **I ~ped round to Bill's to borrow some sugar** ich bin schnell zu Bill rübergegangen, um mir etwas Zucker zu borgen **III.** *n* ① (*pinch*) Kniff *m* ② *no pl* **there's a ~ in the air** es ist frisch

nipple ['nɪpl̩] *n* ① ANAT Brustwarze *f* ② (*of baby bottle*) Sauger *m*

nippy ['nɪpi] *adj* ① BRIT, AUS (*fam: quick*) schnell ② (*fam: cold*) kühl

nit [nɪt] *n* ① ZOOL Nisse *f* ② *esp* BRIT, AUS (*pej fam: idiot*) Blödmann *m*

nitpicking ['nɪtpɪkɪŋ] **I.** *adj* (*pej fam*) pingelig **II.** *n no pl* (*pej fam*) Krittelei *f*

nitpicky <-ier, -iest> ['nɪtpɪki] *adj* (*fam*) pedantisch

nitrate ['naɪtreɪt] *n* Nitrat *nt*

nitric ['naɪtrɪk] *adj* **~ acid** Salpetersäure *f*

nitrite ['naɪtraɪt] *n* Nitrit *nt*

nitrogen ['naɪtrədʒən] *n no pl* Stickstoff *m*

nitroglycerin[e] [ˌnaɪtrə(ʊ)'glɪsəriːn] *n no pl* Nitroglyzerin *nt*

nitrous ['naɪtrəs] *adj* **~ oxide** Lachgas *nt*

nitty-gritty [ˌnɪti'grɪti] *n no pl* (*fam*) **to get down to the ~** zur Sache kommen

nitwit ['nɪtwɪt] *n* (*pej fam*) Schwachkopf *m*

NNE *abbrev of* **north-northeast** NNO

NNW *abbrev of* **north-northwest** NNW

no [nəʊ, nə] **I.** *adj* ① (*not any*) kein(e); **~ one** keiner ② (*in signs*) **'No parking'** „Parken verboten" ③ *with gerund* (*impossible*) **there's ~ denying** es lässt sich nicht leugnen **II.** *adv* ① (*not at all*) nicht ② (*alternative*) **or ~** (*form*) oder nicht **III.** *n* <*pl* -es *or* -s> (*negation*) Nein *nt kein Pl;* (*refusal*) Absage *f* **IV.** *interj* ① (*refusal*) nein ② (*distress*) **oh ~!** oh nein!

No. *n,* **no.** <*pl* Nos. *or* nos.> *n see* **number** Nr.

nobble ['nɒbl̩] *tr verb* BRIT, AUS (*sl*) ① (*bribe*) bestechen ② (*spoil*) ruinieren

Nobel prize [ˌnəʊbel'-] *n* Nobelpreis *m;* **~ winner** Nobelpreisträger(in) *m(f)*

nobility [nə(ʊ)'bɪləti] *n no pl* ① + *sing/pl verb* (*aristocracy*) **the ~** der Adel ② (*approv: character*) hohe Gesinnung

noble ['nəʊbl̩] **I.** *adj* ① (*aristocratic*) ad[e]lig ② (*approv: estimable*) *ideals, motives, person* edel *geh,* nobel *geh* **II.** *n* Ad[e]lige(r) *f(m)*

nobleman *n* Ad[e]liger *m,* Edelmann *m hist*

noble-minded *adj* (*approv*) edel gesinnt *geh,* von edler Gesinnung *nachgestellt geh*

nobly ['nəʊbli] *adv* nobel *geh,* edel *geh*

nobody ['nəʊbədi] **I.** *pron indef pron, sing* (*no people*) niemand, keiner; **~ else** niemand anders **II.** *n* <*pl* -dies> (*sb of no importance*) Niemand *m*

no-claim[s] bonus *n* BRIT, AUS, **no-claims discount** *n* BRIT, AUS Schadenfreiheitsrabatt *m*

no-confidence vote *n* Misstrauensvotum *nt*

nocturnal [nɒk'tɜːnəl] *adj* nächtlich *attr,* Nacht-

nod [nɒd] **I.** *n usu sing* Nicken *nt kein Pl;* **to give sb a ~** jdm zunicken **II.** *tr verb* <-dd-> ① **to ~ one's head** mit dem Kopf nicken ② **to ~ a farewell to sb** jdm zum Abschied zunicken **III.** *intr verb* <-dd-> nicken

nodding ['nɒdɪŋ] *adj* (*head*) nickend

node [nəʊd] *n* Knoten *m;* COMPUT Schnittstelle *f*

nodule ['nɒdjuːl] *n* Knötchen *nt*

no-go area *n* BRIT, **no-go zone** *n* AM (*prohibited*) verbotene Zone
no-hoper *n* BRIT, AUS Taugenichts *m*
nohow ['nəʊhaʊ] *adv esp* AM (*fam*) keinesfalls, auf gar keinen Fall
noise [nɔɪz] *n* ❶ *no pl* (*loudness*) Lärm *m*, Krach *m*; **deafening** ~ ohrenbetäubender Lärm; **to make a** ~ Krach *m* machen ❷ (*sound*) Geräusch *nt* ❸ *no pl* ELEC (*interference*) Rauschen *nt* ▸ **to make a** ~ Aufsehen *nt* erregen
noise barrier *n* Lärmschutzwand *f*
noiseless ['nɔɪzləs] *adj breath, flight* geräuschlos, lautlos
noise pollution *n no pl* Lärmbelästigung *f* **noise prevention** *n no pl* Lärmvermeidung *f*
noisy ['nɔɪzi] *adj* laut, lärmend
nomad ['nəʊmæd] *n* Nomade *m*/Nomadin *f*; (*fig*) Wandervogel *m hum*
nomadic [nə(ʊ)'mædɪk] *adj* nomadisch, Nomaden-
no-man's-land *n no pl* ❶ MIL Niemandsland *nt* ❷ (*limbo*) Schwebezustand *m*
nominal ['nɒmɪnᵊl] *adj* dem Namen nach *nachgestellt*, nominell
nominally ['nɒmɪnᵊli] *adv* dem Namen nach, nominell
nominate ['nɒmɪneɪt] *tr verb* ❶ (*propose*) nominieren ❷ (*appoint*) **to** ~ **sb** [**as**] **deputy** jdn zum Stellvertreter ernennen
nomination [ˌnɒmɪ'neɪʃᵊn] *n* ❶ (*proposal*) Nominierung *f* (**for** für) ❷ (*appointment*) Ernennung *f* (**to** zu)
nominative ['nɒmɪnətɪv] **I.** *n* **the** ~ der Nominativ **II.** *adj* Nominativ-; **to be in the** ~ **case** im Nominativ stehen
nominee [ˌnɒmɪ'niː] **I.** *n* Kandidat(in) *m(f)*; **Oscar** ~**s** Oscar-Anwärter *Pl* **II.** *adj attr* nominiert
non- [ˌnɒn] *in compounds* Nicht-, nicht-
non-acceptance *n no pl* Nichtakzeptanz *f*
nonagenarian [ˌnəʊnədʒə'neəriən] **I.** *n* **to be a** ~ in den Neunzigern sein **II.** *adj* in den Neunzigern *nachgestellt*
non-aggression *n no pl* Gewaltverzicht *m*; ~ **pact/treaty** Nichtangriffspakt *m*
non-alcoholic *adj drink, beer* alkoholfrei
non-aligned *adj* neutral; POL blockfrei
non-appearance *n no pl* LAW Nichterscheinen *nt* vor Gericht
non-attendance *n no pl* (*at school, a hearing*) Abwesenheit *f*
nonchalance ['nɒn(t)ʃᵊlən(t)s] *n no pl* Gleichgültigkeit *f*
nonchalant ['nɒn(t)ʃᵊlənt] *adj* gleichgültig
non-com [ˌnɒn'kɒm] *n* MIL (*fam*) *short for* **non-commissioned officer**
non-combatant *n* MIL Zivilist(in) *m(f)*
non-combustible *adj* nicht brennbar
non-commissioned officer *n* MIL Unteroffizier(in) *m(f)*
non-committal [ˌnɒnkə'mɪtᵊl] *adj letter, tone* unverbindlich
non-compliance *n no pl with an order* Nichtbeachtung *f*; *with a wish* Nichterfüllung *f*
non compos mentis [ˌnɒnˌkɒmpəs'mentɪs] *adj pred* LAW nicht im Vollbesitz seiner geistigen Kräfte
nonconformist **I.** *adj* nonkonformistisch **II.** *n* Nonkonformist(in) *m(f)*
nonconformity *n no pl* Nonkonformismus *m* (**in/to** gegenüber)
non-contributory *adj* beitragsfrei
non-cooperation *n no pl* Kooperationsverweigerung *f*
non-deposit bottle *n* Einwegflasche *f*
nondescript ['nɒndɪskrɪpt] *adj person, building* unscheinbar
non-durables *npl* Verbrauchsgüter *Pl*
none [nʌn] **I.** *pron* ❶ (*not any*) keine(r, s); ~ **of it matters anymore** das spielt jetzt keine Rolle mehr; ~ **of the brothers/staff** + *sing/pl verb* keiner der Brüder/Angestellten ❷ (*no person, no one*) ~ **other than ...** kein Geringerer/keine Geringere als ... ▸ **to be second to** ~ unvergleichlich sein **II.** *adv* kein bisschen; ~ **too intelligent/pleased** (*form*) nicht sonderlich intelligent/erfreut
nonentity [ˌnɒn'entəti] *n* (*pej*) *no pl* Bedeutungslosigkeit *f*
non-essential **I.** *adj* überflüssig, unnötig **II.** *n* unnötige Sache
nonetheless [ˌnʌnðə'les] *adv* nichtsdestoweniger, trotzdem
non-event *n* (*fam*) *of a party* Reinfall *m*; *in one's life* Enttäuschung *f*
non-existence *n no pl* Nichtvorhandensein *nt*

N

non-existent *adj* nicht vorhanden

non-fat *adj food* fettfrei

non-fiction *n no pl* Sachliteratur *f*

non-flammable *adj material* nicht entflammbar

non-infectious *adj disease* nicht ansteckend

non-interference *n no pl* Nichteinmischung *f*

non-iron *adj* bügelfrei

non-member *n* Nichtmitglied *nt;* ~ **country** Nichtmitgliedsland *nt*

non-negotiable *adj* ❶ LAW *terms, conditions* nicht verhandelbar ❷ FIN *document, bill of exchange* nicht übertragbar

no-no <*pl* -es> *n* (*fam*) Unding *nt*

no-nonsense *adj attr person, manner* sachlich, nüchtern

nonplus <-ss-> [ˌnɒnˈplʌs] *tr verb* verblüffen

non-polluting *adj by-product* ungiftig

non-productive *adj* unproduktiv; (*ineffective*) unwirksam

nonprofit *adj esp* AM, **non-profit-making** *adj* ~ **organization** gemeinnützige Organisation

non-proliferation *n no pl* POL Nichtverbreitung *f*

non-refundable *adj payment* nicht zurückzahlbar

non-renewable resources *npl* nicht erneuerbare Energien *Pl*

non-resident I. *adj* (*non local*) auswärtig **II.** *n* Nichtortsansässige(r) *f(m)*

non-returnable *adj bottle, can* Einweg-

non-scheduled *adj* unplanmäßig

nonsense [ˈnɒnsᵊn(t)s] **I.** *n no pl* Unsinn *m,* Quatsch *m* **II.** *adj attr* unsinnig, sinnlos

nonsensical [ˈnɒnsen(t)sɪkl̩] *adj idea, plan* unsinnig

non-shrink *adj material, clothing* einlaufsicher

non-skid *adj,* **non-slip** *adj surface* rutschfest

non-smoker *n* ❶ (*person*) Nichtraucher(in) *m(f)* ❷ BRIT (*fam: in train*) Nichtraucherabteil *nt*

non-starter *n* ❶ SPORTS Nichtstartende(r) *f(m)* ❷ (*fam: idea*) Reinfall *m;* (*person*) Niete *f*

non-stick *adj* antihaftbeschichtet

non-stop I. *adj* Nonstop- **II.** *adv* nonstop

non-swimmer *n* Nichtschwimmer(in) *m(f)*

non-taxable *adj income* steuerfrei

non-toxic *adj material, substance* ungiftig

non-verbal *adj communication* nonverbal

non-violent *adj protest* gewaltfrei

non-voting *adj shares* nicht stimmberechtigt

noodle [ˈnuːdl̩] **I.** *n* Nudel *f;* AM Pasta *f* **II.** *intr verb* AM (*fam*) herumpfuschen; **to ~ [around] with sth** mit etw herummachen

nook [nʊk] *n* Nische *f,* Ecke *f*

nookie *n,* **nooky** [ˈnʊki] *n no pl* (*sl*) Sex *m fam*

noon [nuːn] *n no pl* Mittag *m;* **by ~** bis Mittag; **about ~** um die Mittagszeit

no-one [ˈnəʊwʌn] *pron indef see* **nobody**

noose [nuːs] *n* Schlinge *f*

nope [nəʊp] *adv* (*sl*) nö *fam*

nor [nɔːʳ, nəʳ] *conj* ❶ (*and not*) noch; **neither ... ~ ...** weder ... noch ... ❷ *after neg esp* BRIT (*neither*) [und] ... auch nicht

Nordic [ˈnɔːdɪk] *adj country, person* nordisch

norm [nɔːm] *n* Norm *f*

normal [ˈnɔːmᵊl] **I.** *adj* normal; **as [is] ~** wie üblich **II.** *n no pl* Normalzustand *m;* **to return to ~** sich normalisieren

normality [nɔːˈmæləti] *n no pl* Normalität *f*

normalize [ˈnɔːmᵊlaɪz] **I.** *tr verb blood pressure* normalisieren **II.** *intr verb situation, relations* sich normalisieren

normally [ˈnɔːmᵊli] *adv* ❶ (*usually*) normalerweise ❷ (*in a normal way*) normal

Norman [ˈnɔːmən] HIST **I.** *adj* normannisch; **the ~ Conquest** der normannische Eroberungszug **II.** *n* Normanne *m*/Normannin *f*

north [nɔːθ] **I.** *n no pl* ❶ (*direction*) Norden *m;* **in the** [*or fam* **up**] **~** im Norden ❷ (*region*) **the North** BRIT (*North England*) Nordengland *nt;* AM der Norden, die Nordstaaten *Pl* **II.** *adj* nördlich, Nord-; **~ of Manchester** nördlich von Manchester **III.** *adv* nordwärts

North America *n* Nordamerika *nt*

northeast I. *n no pl* Nordosten *m* **II.** *adj* nordöstlich **III.** *adv* nordostwärts

northeastern *adj attr* nordöstlich, Nordost-

northerly ['nɔːðəli] *adj* nördlich, Nord-

northern ['nɔːðən] *adj attr* nördlich

northerner ['nɔːðənəʳ] *n* BRIT Nordengländer(in) *m(f);* AM Nordstaatler(in) *m(f);* (*fig, hum*) Nordlicht *nt*

Northern Ireland *n* Nordirland *nt*

> Als Irland 1921 den Status eines *dominion* (Herrschaftsgebiet) innerhalb des Commonwealth erhielt, entschied sich **Northern Ireland** dafür, weiterhin dem *United Kingdom* (Vereinigtes Königreich) anzugehören. Danach tobte viele Jahre lang der Bürgerkrieg *(the Troubles)* in der nördlichen Provinz. Erst 1998 konnte der Konflikt mit dem *Good Friday Agreement* zumindest vorübergehend beendet werden. Im Zuge der Machtdezentralisierung *(devolution)* erhielt *Ulster,* wie Nordirland auch häufig bezeichnet wird, am 25. Juni 1998 ein eigenes Parlament, die *Northern Ireland Assembly.* Die 108 Abgeordneten tagen im *Stormont Castle* in der Nähe von Belfast und können nun in regionalen Angelegenheiten selbst entscheiden.

northernmost ['nɔːðənməʊst] *adj* nördlichste(r, s)

Northern Territory *n* AUS Nordterritorium *nt*

North Pole *n* **the ~** der Nordpol **North Sea** *n* **the ~** die Nordsee **North-South divide** *n* **the ~** das Nord-Süd-Gefälle

northward ['nɔːθwəd] **I.** *adj migration* nach Norden *nachgestellt,* Nord-; **~ direction** nördliche Richtung **II.** *adv* nach Norden **northwest I.** *n no pl* Nordwesten *m* **II.** *adj* nordwestlich, Nordwest-; **~ wind** Wind *m* von Nordwest **III.** *adv* nach Nordwesten **northwesterly** *adj* nordwestlich, Nordwest-; **~ wind** Wind *m* aus Nordwest **Northwest Territories** *npl* CAN Nordwestterritorien *Pl*

Norway ['nɔːweɪ] *n* Norwegen *nt*

Norwegian [nɔː'wiːdʒən] **I.** *n* ① (*person*) Norweger(in) *m(f)* ② *no pl* (*language*) Norwegisch *nt* **II.** *adj* norwegisch, Norwegisch-

nose [nəʊz] **I.** *n* ① (*organ*) Nase *f;* **runny ~** laufende Nase ② (*front*) Schnauze *f fam* ③ *no pl* (*smell*) Geruchssinn *m* ▶ **to get up sb's ~** BRIT, AUS (*fam*) jdm auf den Wecker gehen; **on the ~** AM (*fam*) genau **II.** *intr verb* **to ~ forwards** sich vorsichtig vorwärtsbewegen **III.** *tr verb* **to ~ one's way forwards/in/out** sich vorsichtig seinen Weg vorwärts-/hinein-/hinausbahnen ◆**nose about I.** *intr verb* (*fam*) herumstöbern *fam* **II.** *tr verb* **to ~ about sth** in etw *Dat* herumstöbern ◆**nose out I.** *tr verb* ① (*discover*) *secrets, details* herausfinden ② (*outdo*) **to ~ sb** ⇄ **out** jdn ausstechen **II.** *intr verb* sich langsam herausbewegen

nosebag *n* Hafersack *m* **nosebleed** *n* Nasenbluten *nt* **nose cone** *n* AVIAT Rumpfspitze *f* **nosedive I.** *n* AVIAT Sturzflug *m* **II.** *intr verb* AVIAT im Sturzflug heruntergehen **nose job** *n* MED (*fam*) Nasenkorrektur *f* **nose ring** *n* Nasenring *m*

nosey ['nəʊzi] *adj* (*pej*) neugierig

nosh [nɒʃ] **I.** *n no pl* BRIT, AUS (*sl: food*) Fressalien *Pl fam* **II.** *intr verb* **to ~ on sth** etw futtern **III.** *tr verb* futtern *sl*

nosh-up *n* BRIT, AUS (*sl*) Gelage *nt fam*

no-smoking *adj area* Nichtraucher-; **~ area** Nichtraucherzone *f*

nostalgia [nɒs'tældʒə] *n no pl* Nostalgie *f*

nostalgic [nɒs'tældʒɪk] *adj* nostalgisch

no-strike agreement *n* Streikverbotsabkommen *nt*

nostril ['nɒstrəl] *n of a person* Nasenloch *nt; of a horse* Nüster *f*

nosy ['nəʊzi] *adj* (*pej*) neugierig; **~ parker** *esp* BRIT (*pej fam*) neugierige Person

not [nɒt] *adv* nicht; **it's ~ unusual** das ist nicht ungewöhnlich; **it's a girl, ~ a boy** es ist ein Mädchen, kein Junge; **she's ~ a teacher** sie ist keine Lehrerin; **it's cold, isn't it?** es ist kalt, nicht [wahr]?; **~ me!** ich nicht!; **he's ~ bad-looking** er sieht nicht schlecht aus; **I hope ~!** ich hoffe nicht!

notable ['nəʊtəbl̩] **I.** *adj* ① (*eminent*) *collection, philosopher* bedeutend ② (*remarkable*) *achievement* beachtlich **II.** *n* Berühmtheit *f*

N

notably ['nəʊtəbli] *adv* (*particularly*) insbesondere, vor allem

notary [public] <*pl* -ies public> ['nəʊtᵊri] *n* Notar(in) *m(f)*

notation [nə(ʊ)'teɪʃᵊn] *n* ① MATH, MUS Notation *f fachspr* ② (*note*) Notiz *f*

notch [nɒtʃ] *n* <*pl* -es> ① (*indentation*) Einkerbung *f* ② (*for comparison*) Grad *m;* **a ~ above/below sb/sth** eine Klasse besser/schlechter als jd/etw

note [nəʊt] **I.** *n* ① (*record*) Notiz *f;* **to write sb a ~** jdm eine Nachricht hinterlassen ② (*attention*) **to take ~ of sth** von etw Notiz nehmen ③ (*sound*) Ton *m;* **to strike the right ~** den richtigen Ton treffen **II.** *tr verb* (*notice*) wahrnehmen; (*remark*) anmerken

notebook *n* ① (*book*) Notizbuch *nt* ② COMPUT Notebook *nt*

noted ['nəʊtɪd] *adj attr* bekannt (**for** für)

notepad *n* ① (*pad*) Notizblock *m* ② COMPUT Notepad *nt* **notepaper** *n no pl* Briefpapier *nt* **noteworthy** ['nəʊt,wɜːði] *adj conclusions, results* beachtenswert; **nothing/something ~** nichts/etwas Besonderes

not-for-profit *adj organisation, company* nicht auf Gewinn ausgerichtet *attr*

nothing ['nʌθɪŋ] **I.** *pron indef* ① (*not anything*) nichts; **to count for ~** nichts gelten; **~ else** nichts weiter ② (*of no importance*) nichts; **~ much** nicht viel; **to be ~ to sb** jdm nichts bedeuten; **it's ~** (*fam*) nicht der Rede wert ③ (*zero*) Null *f* ▶ **come to ~** sich zerschlagen; **[all] for ~** [vollkommen] umsonst; **not for ~** nicht umsonst; **there's ~ in it** es ist nichts dran **II.** *adj attr* (*fam*) *activity* belanglos **III.** *n* (*fam*) ① (*person*) Niemand *m* ② (*thing*) Unwichtigkeit *f* **IV.** *adv* (*not*) überhaupt nicht

nothingness ['nʌθɪŋnəs] *n no pl* ① (*emptiness*) Nichts *nt* ② (*worthlessness*) Bedeutungslosigkeit *f*

no-throw *n* SPORTS Fehlwurf *m*

notice ['nəʊtɪs] **I.** *tr verb* ① (*see*) bemerken; (*catch*) mitbekommen; (*perceive*) wahrnehmen ② (*pay attention to*) beachten ③ (*become aware of*) **to ~ sb/sth** auf jdn/etw aufmerksam werden **II.** *n* ① *no pl* (*attention*) Beachtung *f;* **it came to my ~ that ...** es ist mir zu Ohren gekommen, dass ...; **to take ~ of sb/sth** von jdm/etw Notiz nehmen ② (*poster*) Plakat *nt* ③ *no pl* (*information in advance*) **to give sb ~** jdn [vorab] informieren; **at a day's/four days' ~** binnen eines Tages/vier Tagen ④ *no pl* (*to end an arrangement*) **to give [in] one's ~** kündigen

noticeable ['nəʊtɪsəbl̩] *adj improvement, increase* merklich

notice-board *n* Aushang *m,* schwarzes Brett

notifiable ['nəʊtɪfaɪəbl̩] *adj disease* meldepflichtig; *offence* anzeigepflichtig

notification [,nəʊtɪfɪ'keɪʃᵊn] *n* Mitteilung *f*

notify <-ie-> ['nəʊtɪfaɪ] *tr verb* **to ~ sb [of sth]** jdn [über etw *Akk*] unterrichten

notion ['nəʊʃᵊn] *n* (*belief*) Vorstellung *f;* (*vague idea*) Ahnung, f (**of** von)

notional ['nəʊʃᵊnᵊl] *adj* (*form*) fiktiv; *payment* nominell

notoriety [,nəʊtᵊr'aɪəti] *n no pl* [traurige] Berühmtheit (**for** wegen)

notorious [nə(ʊ)'tɔːriəs] *adj temper, thief* notorisch; **to be ~ for sth** für etw bekannt sein

no-touch *adj attr taps, switches* kontaktlos

notwithstanding [,nɒtwɪθ'stændɪŋ] (*form*) **I.** *prep* ungeachtet +*Gen* **II.** *adv* trotzdem **III.** *conj* **~ that ...** obwohl, ...

nougat ['nuːgɑː] *n no pl* Nougat *nt*

nought [nɔːt] *n* ① *esp* BRIT Null *f* ② *no pl see* **naught**

noun [naʊn] *n* Hauptwort *nt,* Substantiv *nt*

nourish ['nʌrɪʃ] *tr verb* ① (*feed*) ernähren ② (*form: cherish*) **to ~ ambitions** Ambitionen haben

nourishing ['nʌrɪʃɪŋ] *adj* (*healthy*) *food, drink* nahrhaft

nourishment ['nʌrɪʃmənt] *n no pl* ① (*food*) Nahrung *f* ② (*vital substances*) Nährstoffe *Pl*

nous [naʊs] *n no pl* BRIT, AUS (*fam*) Grips *m;* **business ~** Geschäftssinn *m*

novel[1] ['nɒvᵊl] *n* (*book*) Roman *m;* **detective ~** Kriminalroman *m*

novel[2] ['nɒvᵊl] *adj* (*new*) neuartig; *way, approach, idea* neu

novelist ['nɒvᵊlɪst] *n* Romanautor(in) *m(f)*

novella <*pl* -s *or* novelle> [nə(ʊ)'velə] *n* LIT Novelle *f*

novelty ['nɒvᵊlti] *n* ① (*new thing*) Neuheit *f* ② *no pl* (*newness*) Neuartigkeit *f;* **to have ~ value** den Reiz des Neuen haben ③ (*trinket*) Krimskrams *m;* (*funny*) Scherzartikel *m;* (*surprising*) Überraschung *f;* **~ goods** Scherzartikel *Pl;* **~ shop** *Laden, in dem allerlei Krimskrams verkauft wird*

November [nəʊ'vembəʳ] *n* November *m; see also* **February**

novice ['nɒvɪs] **I.** *n* ① (*learner*) Anfänger(in) *m(f)* ② REL Novize *m*/Novizin *f* **II.** *adj* ① (*learner*) *pilot, skier* unerfahren ② REL **~ monk/nun** Mönch *m*/ Nonne *f* in der Ausbildung

now [naʊ] **I.** *adv* ① (*at present*) jetzt; **until ~** bis jetzt ② (*at once*) [**right**] **~** jetzt, sofort, gleich ③ (*till today*) jetzt [schon] ④ (*soon*) **the puppies will be born any day ~** die Hundewelpen können jetzt jeden Tag zur Welt kommen ⑤ (*short time ago*) **just ~** gerade eben ⑥ (*after repetition*) **what do you want ~?** was willst du denn nun? ⑦ (*occasionally*) [**every**] **~ and then** ab und zu ⑧ (*as introduction*) **and ~ for something completely different** und nun zu etwas völlig anderem ⑨ (*in request, command*) **~, where did I put my hat?** wo habe ich denn jetzt nur meinen Hut hingelegt? ⑩ (*in irony*) **~, ~** so, so **II.** *n* Jetzt *nt;* **that's all for ~** das ist für den Augenblick alles; **by ~** mittlerweile; **from ~ on** ab sofort **III.** *conj* **~** [**that**] ... jetzt, wo ... **IV.** *adj* (*fam: trendy, up to date*) in *präd,* aktuell

nowadays ['naʊədeɪz] *adv* heutzutage

nowhere ['nəʊ(h)weəʳ] **I.** *adv* nirgends, nirgendwo; **she was ~ to be seen** sie war nirgends zu sehen; [**as if**] **from ~** [wie] aus dem Nichts **II.** *n* Nirgendwo *nt* **III.** *adj attr* (*fam*) ausweglos

nowt [naʊt] *pron* BRIT, DIAL nix *fam*

noxious ['nɒkʃəs] *adj* (*form: toxic*) *chemicals, fumes* giftig

nozzle ['nɒzḷ] *n* Düse *f; of a petrol pump* [Zapf]hahn *m*

nuance ['nju:ɑ:n(t)s] *n* Nuance *f*

nub [nʌb] *n* (*crux*) Kernpunkt *m;* **the ~ of the matter** der springende Punkt

nubile ['nju:baɪl] *adj* (*hum*) [sehr] anziehend

nuclear ['nju:kliəʳ] *adj* ① (*of energy*) Kern-, Atom- ② MIL nuklear, atomar; **~-free zone** atomwaffenfreie Zone ③ NUCL Kern-

nucleic acid [nju:ˌkliːɪk'-] *n* BIOL, CHEM Nukleinsäure *f*

nucleus <*pl* -clei *or* -es> ['nju:kliəs] *n a.* BIOL, NUCL Kern *m*

nude [nju:d] **I.** *adj* nackt; **~ model** Aktmodel *nt* **II.** *n* ① ART Akt *m* ② (*nakedness*) **in the ~** nackt; **to sunbathe/swim in the ~** nackt sonnenbaden/schwimmen

nudge [nʌdʒ] **I.** *tr verb* ① (*push*) stoßen ② (*fig: urge*) **to ~ sb into sth** jdn zu etw drängen ③ (*approach*) **he must be nudging sixty now** er muss jetzt auch schon auf die sechzig zugehen **II.** *n* (*push*) Schubs *m*

nudism ['nju:dɪzᵊm] *n no pl* Freikörperkultur *f*

nudist ['nju:dɪst] *n* Nudist(in) *m(f);* **~ beach** FKK-Strand *m;* **~ camp** FKK-Lager *nt*

nudity ['nju:dəti] *n no pl* Nacktheit *f*

nugget ['nʌgɪt] *n* ① (*lump*) Klumpen *m;* **gold ~** Goldklumpen *m* ② FOOD **chicken ~** Hähnchennugget *nt*

nuisance ['nju:sᵊn(t)s] *n* ① (*pesterer*) Belästigung *f,* Plage *f* ② (*annoyance*) Ärger *m;* **what a ~!** wie ärgerlich!

nuke [nju:k] (*sl*) **I.** *tr verb* ① MIL atomar angreifen ② *esp* AM, AUS (*in microwave*) warm machen **II.** *n* ① (*power station*) Atomkraftwerk *nt* ② (*bomb*) Atombombe *f*

null [nʌl] *adj,* **null and void** *adj pred* LAW null und nichtig

nullification [ˌnʌlɪfɪ'keɪʃᵊn] *n of an agreement, a law, a treaty* Ungültigkeitserklärung *f*

nullify <-ie-> ['nʌlɪfaɪ] *tr verb* (*invalidate*) für ungültig erklären

numb [nʌm] **I.** *adj* ① *limbs* taub; **~ with cold** taub vor Kälte; **to feel ~** sich taub anfühlen; **to go ~** einschlafen ② (*torpid*) benommen; **to feel ~** sich benommen fühlen ③ (*shocked*) **to be ~ with disbelief** ungläubig starren **II.** *tr verb* ① *limbs* taub machen ② (*fig*) **to be ~ed by sth** durch etw abgestumpft sein

number[1] ['nʌmbəʳ] **I.** *n* ① MATH Zahl *f* ② (*sums*) **~s** Rechnen *nt kein Pl* ③ *no pl, + sing/pl verb* (*amount*) [An]zahl *f;* **for a ~ of reasons** aus vielerlei Gründen ④ (*issue*) Ausgabe *f;* **back ~** frühere

N

Ausgabe ▸ **by [sheer] <u>force</u> of ~s** [allein] aufgrund zahlenmäßiger Überlegenheit; **to <u>look</u> out for ~ one** (*fam*) sich nur um sich selbst kümmern **II.** *tr verb* ① (*mark in series*) nummerieren ② (*form: include*) **to ~ sb among sth** jdn zu etw zählen

number[2] [ˈnʌməʳ] *adj comp of* **numb**

numbering [ˈnʌmbᵊrɪŋ] *n no pl* Nummerierung *f*

numberless [ˈnʌmbᵊləs] *adj* (*esp liter*) zahllos, unzählig

number plate *n* BRIT Nummernschild *nt*

numbness [ˈnʌmnəs] *n no pl of limbs* Taubheit *f*

numeracy [ˈnjuːmᵊrəsi] *n no pl* MATH Rechnen *nt*

numeral [ˈnjuːmᵊrᵊl] *n* Ziffer *f*

numerate [ˈnjuːmᵊrət] *adj* rechenfähig

numeration [ˌnjuːmᵊrˈeɪʃᵊn] *n no pl* (*form*) Nummerierung *f*

numerical [njuːˈmerɪkḷ] *adj* numerisch; **in ~ order** in numerischer Reihenfolge; **~ skills** rechnerische Fähigkeiten

numeric keypad *n* COMPUT Ziffernblock *m*

numerous [ˈnjuːmᵊrəs] *adj* zahlreich

N

nun [nʌn] *n* Nonne *f*

nunnery [ˈnʌnᵊri] *n* (*liter or dated*) [Nonnen]kloster *nt*

nuptial [nʌpʃᵊl] *adj* (*form, liter*) ehelich; **~ vows** Ehegelöbnis *nt*

nurse [nɜːs] **I.** *n* ① (*at hospital*) [Kranken]schwester *f;* (*male*) Krankenpfleger *m* ② (*nanny*) Kindermädchen *nt* **II.** *tr verb* ① (*care for*) pflegen ② (*heal*) [aus]kurieren **III.** *intr verb* in der Krankenpflege arbeiten

nursery [ˈnɜːsᵊri] **I.** *n* (*crèche*) Kindergarten *m;* (*school*) Vorschule *f* **II.** *adj* Kinder-; **~ facilities** Betreuungsmöglichkeiten *Pl* für Kleinkinder; **~ teacher** (*at crèche*) Kindergärtner(in) *m(f);* (*at school*) Vorschullehrer(in) *m(f)*

nursery rhyme *n* Kinderreim *m;* (*song*) Kinderlied *nt* **nursery school** *n* Vorschule *f* **nursery slopes** *npl* BRIT SKI Anfängerhügel *m*

nursing [ˈnɜːsɪŋ] **I.** *n no pl* ① (*taking care*) [Kranken]pflege *f;* **to go into ~** Krankenpfleger(in) werden ② (*feeding*) Stillen *nt* **II.** *adj* (*caring*) Krankenpflege-; **~ profession** Krankenpflegeberuf *m;* **~ home** [Alten]pflegeheim *nt*

nurture [ˈnɜːtʃəʳ] **I.** *tr verb* (*form*) ① (*raise*) aufziehen ② (*encourage*) fördern **II.** *n no pl* (*upbringing*) Erziehung *f*

nut [nʌt] **I.** *n* ① (*fruit*) Nuss *f* ② TECH Mutter *f* ③ (*fam: madman*) Bekloppte(r) *f(m) sl* ④ (*fam: fool*) Verrückte(r) *f(m)* ⑤ (*fam: head*) Schädel *m;* **to do one's ~** BRIT, AUS durchdrehen; **to use one's ~** sein Hirn benutzen ▸ **the ~s and <u>bolts</u> of sth** die fundamentalen Grundlagen einer S. *Gen;* **a <u>hard</u> ~ to crack** (*problem*) eine harte Nuss **II.** *tr verb* <-tt-> (*fam*) **to ~ sb** jdm eine Kopfnuss geben

nutcracker *n* Nussknacker *m*

nuthatch *n* ORN Kleiber *m*

nuthouse *n* (*sl*) Klapsmühle *f fam*

nutmeg [ˈnʌtmeg] *n* ① (*fruit*) Muskatnuss *f* ② *no pl* (*spice*) Muskat *m*

nutrient [ˈnjuːtriənt] **I.** *n* Nährstoff *m* **II.** *adj* ① BIOL, FOOD Nährstoff- ② (*nourishing*) nahrhaft

nutrition [njuːˈtrɪʃᵊn] *n no pl* ① (*eating*) Ernährung *f;* **~ content** Nährstoffgehalt *m* ② (*science*) Ernährungswissenschaft *f*

nutritional [njuːˈtrɪʃᵊnᵊl] *adj* Ernährungs-; **~ supplement** Nahrungsergänzung *f;* **~ value** Nährwert *m*

nutritionist [njuːˈtrɪʃᵊnɪst] *n* Ernährungswissenschaftler(in) *m(f)*

nutritious [njuːˈtrɪʃəs] *adj* nährstoffreich; (*nourishing*) nahrhaft

nuts [nʌts] **I.** *npl esp* AM (*fam!*) Eier *Pl vulg* **II.** *adj pred* ① (*madly foolish*) **to be ~** verrückt sein ② (*angry*) **to go ~** ausrasten ③ (*enthusiastic*) **to be ~ about sb/sth** verrückt nach jdm/etw sein

nutshell *n no pl* Nussschale *f* ▸ **<u>in</u> a ~** kurz gesagt

nutter [ˈnʌtəʳ] *n* BRIT, AUS (*pej fam*) ① (*madman*) Verrückte(r) *f(m)* ② (*fool*) Spinner(in) *m(f)*

nutty [ˈnʌti] *adj* ① (*full of nuts*) mit vielen Nüssen *nachgestellt* ② (*tasting like nuts*) *taste, aroma* nussig ③ (*fam: enthusiastic*) **to be ~ about sb/sth** ganz verrückt nach jdm/auf etw *Akk* sein

nuzzle [ˈnʌzḷ] **I.** *tr verb* [sanft] berühren **II.** *intr verb* **to ~ [up] against sb/sth** [sich] an jdn/etw ankuscheln; **to ~ in[to]**

sth *dogs, horses* die Schnauze in etw *Akk* drücken
nylon ['naɪlɒn] *n no pl* Nylon *nt*
nymph [nɪm(p)f] *n* Nymphe *f*
nymphomaniac [ˌnɪm(p)fə(ʊ)'meɪniæk] (*pej*) **I.** *n* Nymphomanin *f* **II.** *adj* nymphomanisch

O o

O <*pl* -'s *or* -s>, **o** <*pl* -'s> [əʊ] *n* ❶ O *nt,* o *nt; see also* **A 1** ❷ (*blood type*) O ❸ (*zero*) Null *f;* **my phone number is three, O, five, one** meine Telefonnummer ist drei, null, fünf, eins
oak [əʊk] **I.** *n* ❶ (*tree*) Eiche *f* ❷ *no pl* (*wood*) Eiche *f,* Eichenholz *nt* **II.** *adj* ❶ (*wooden*) *furniture* aus Eichenholz *nachgestellt* ❷ (*of tree*) *leaves* Eichen-
OAP [ˌəʊeɪ'piː] *n* BRIT *abbrev of* **old age pensioner**
oar [ɔːʳ] *n* Ruder *nt*
oasis <*pl* -ses> [əʊ'eɪsɪs] *n* (*a. fig*) Oase *f*
oat [əʊt] *n* Hafer *m;* **rolled ~s** *pl* Haferflocken *Pl*
oath [əʊθ] *n* ❶ (*promise*) Eid *m;* **to be under ~** unter Eid stehen ❷ (*curse*) Fluch *m*
obedience [ə(ʊ)'biːdiən(t)s] *n no pl* Gehorsam *m* (**to** gegenüber)
obedient [ə(ʊ)'biːdiənt] *adj* gehorsam; *child, dog* folgsam, gehorsam
obese [ə(ʊ)'biːs] *adj* fettleibig
obesity [ə(ʊ)'biːsəti] *n* Fettleibigkeit *f*
obey [ə(ʊ)'beɪ] *tr verb* gehorchen +*Dat; order, rules* befolgen
object[1] ['ɒbdʒɪkt] *n* ❶ (*thing*) *a.* LING Objekt *nt* ❷ *usu sing* (*form: focus*) Gegenstand *m*
object[2] [ɒb'dʒekt] *intr verb* (*oppose, disapprove*) dagegen sein; **to ~ to sth** mit etw nicht einverstanden sein; (*stronger*) sich *Dat* etw verbitten
objection [əb'dʒekʃᵊn] *n* Einwand *m,* Widerspruch *m*
objective [əb'dʒektɪv] **I.** *n* ❶ (*aim*) Ziel *nt* ❷ PHOT Objektiv *nt* **II.** *adj* ❶ (*unbiased*) objektiv ❷ (*actual*) sachlich
objector [əb'dʒektəʳ] *n* Gegner(in) *m(f)* (**to** +*Gen*)
obligation [ˌɒblɪ'geɪʃᵊn] *n* Verpflichtung *f* (**to** gegenüber)
oblige [ə'blaɪdʒ] **I.** *tr verb* ❶ (*force*) **to feel ~d to do sth** sich verpflichtet fühlen, etw zu tun ❷ (*please*) **to ~ sb** jdm einen Gefallen erweisen ❸ (*to thank*) **much ~d!** herzlichen Dank! **II.** *intr verb* helfen
oblong ['ɒblɒŋ] **I.** *n* Rechteck *nt* **II.** *adj* rechteckig
obscene [əb'siːn] *adj* ❶ (*offensive*) obszön; *language* vulgär ❷ (*immoral*) schamlos
obscure [əb'skjʊəʳ] **I.** *adj* ❶ *author, place, origins* unbekannt ❷ *reasons, comment, text* schwer verständlich **II.** *tr verb* ❶ *view* versperren ❷ (*make unclear*) unklar machen
observant [əb'zɜːvᵊnt] *adj* (*approv*) ❶ (*sharp-eyed*) aufmerksam ❷ (*heeding religious rule*) praktizierend *attr*
observation [ˌɒbzə'veɪʃᵊn] *n* ❶ *no pl* (*watching closely*) Beobachtung *f; by police* Überwachung *f* ❷ *no pl* (*noticing things*) Beobachtung *f* ❸ (*form: thought*) Überlegung *f*
observation tower *n* Aussichtsturm *m*
observation ward *n* Beobachtungsstation *f*
observatory [əb'zɜːvətri] *n* Observatorium *nt*
observe [əb'zɜːv] **I.** *tr verb* ❶ (*watch closely*) beobachten; *by police* überwachen ❷ (*form: notice*) bemerken ❸ (*form*) *ceasefire, neutrality* einhalten ❹ (*maintain*) **to ~ silence** Stillschweigen bewahren **II.** *intr verb* zusehen
observer [əb'zɜːvəʳ] *n* Beobachter(in) *m(f);* (*spectator*) Zuschauer(in) *m(f)*
obsessed [əb'sest] *adj* **to be ~ed with sth/sb** von etw/jdm besessen sein
obsession [əb'seʃᵊn] *n* ❶ (*preoccu-*

O

pation) Besessenheit *f* ❷ PSYCH (*distressing idea*) Zwangsvorstellung *f*

obsessive [əb'sesɪv] **I.** *adj* zwanghaft; ~ **behaviour** Zwangsverhalten *nt* **II.** *n* Besessene(r) *f(m)*

obsolete ['ɒbsəli:t] *adj* veraltet; *design* altmodisch; *law* nicht mehr gültig

obstacle ['ɒbstəkl̩] *n* Hindernis *nt;* ~ **race** Hindernisrennen *nt*

obstinate ['ɒbstɪnət] *adj* hartnäckig; *refusal* stur

obstruct [əb'strʌkt] *tr verb* ❶ (*block*) blockieren; *pipe* verstopfen; *reform* im Wege stehen; **to ~ sb's airways** jds Atemwege *Pl* verstopfen ❷ (*interfere with*) **to ~ the course of justice** die Rechtsfindung behindern

obstruction [əb'strʌkʃən] *n* ❶ (*blockage*) Blockierung *f; pipes* Verstopfung *f; traffic* [Verkehrs]stau *m;* MED Verstopfung *f* ❷ LAW Behinderung *f*

obstructionism [əb'strʌkʃənɪzəm] *n no pl* (*pej*) Obstruktionspolitik *f*

obstructive [əb'strʌktɪv] *adj* (*pej*) hinderlich; ~ **tactics** Verschleppungstaktik *f;* **to be ~** *person* sich querstellen *fam*

obtain [əb'teɪn] *tr verb* (*to be given*) bekommen; *permission* erhalten; (*to go and get*) sich *Dat* verschaffen

O

obtainable [əb'teɪnəbl̩] *adj* erhältlich

obtrusive [əb'tru:sɪv] *adj* ❶ (*conspicuous*) zu auffällig ❷ (*importunate*) aufdringlich; *smell* penetrant

obtuse [əb'tju:s] *adj* ❶ MATH (*angle*) stumpf ❷ (*form*) *person* begriffsstutzig

obvious ['ɒbviəs] **I.** *adj* offensichtlich; *displeasure* deutlich; *lie* offenkundig; **for ~ reasons** aus ersichtlichen Gründen **II.** *n* **the ~** das Offensichtliche

obviously ['ɒbviəsli] *adv* offensichtlich; **he was ~ very upset** er war sichtlich sehr aufgebracht

occasion [ə'keɪʒən] **I.** *n* ❶ (*particular time*) Gelegenheit *f,* Anlass *m;* (*event*) Ereignis *nt;* **on one ~** einmal ❷ (*opportunity*) Gelegenheit *f* **II.** *tr verb* (*form*) hervorrufen

occasional [ə'keɪʒənəl] *adj* gelegentlich

occasionally [ə'keɪʒənəli] *adv* gelegentlich

occasional table *n* Beistelltisch *m*

occupancy rate *n* Belegrate *f*

occupant ['ɒkjəpənt] *n* (*form*) ❶ (*tenant*) Bewohner(in) *m(f)* ❷ (*title holder*) Inhaber(in) *m(f)*

occupation [ˌɒkjə'peɪʃən] *n* ❶ (*form: profession*) Beruf *m* ❷ (*form: pastime*) Beschäftigung *f* ❸ *no pl* MIL Besetzung *f*

occupational [ˌɒkjə'peɪʃənəl] *adj* Berufs-, beruflich

occupier ['ɒkjəpaɪəʳ] *n* ❶ (*tenant*) Bewohner(in) *m(f)* ❷ (*conqueror*) Besatzer(in) *m(f)*

occupy <-ie-> ['ɒkjəpaɪ] *tr verb usu passive* ❶ (*fill*) ausfüllen; (*live in*) bewohnen; *room* belegen; *throne* innehaben ❷ (*preoccupy*) **to ~ oneself** sich beschäftigen ❸ (*take control of*) besetzen

occur <-rr-> [ə'kɜ:ʳ] *intr verb* ❶ (*take place*) geschehen; *symptom* auftreten; *change* stattfinden ❷ (*exist*) vorkommen ❸ (*come to mind*) **to ~ to sb** jdm einfallen

occurrence [ə'kʌrən(t)s] *n* ❶ (*event*) Vorfall *m,* Ereignis *nt* ❷ *no pl* (*incidence*) Vorkommen *nt; disease* Auftreten *nt*

OCD [ˌəʊsi:'di:] *n abbrev of* **obsessive-compulsive disorder** MED Zwangsneurose *f*

ocean ['əʊʃən] *n* Meer *nt;* **Indian ~** Indischer Ozean

o'clock [ə'klɒk] *adv* **it's two ~** es ist zwei Uhr

octagon ['ɒktəgən] *n* Achteck *nt*

October [ɒk'təʊbəʳ] *n* Oktober *m; see also* **February**

octopus <*pl* -es *or* -pi> ['ɒktəpəs, *pl* -pəsɪz, -paɪ] *n* Tintenfisch *m;* (*large*) Krake *m o f*

odd [ɒd] **I.** *adj* ❶ (*strange*) merkwürdig, seltsam; *person, thing a.* eigenartig ❷ *attr shoes, socks* einzeln ❸ MATH ungerade ❹ *attr* (*occasional*) gelegentlich, Gelegenheits- **II.** *n* **~s** *pl* **the ~s are ...** es ist sehr wahrscheinlich, dass ... ▶ **~s and ends** Krimskrams *m kein Pl;* **against all [the] ~s** entgegen allen Erwartungen

oddly ['ɒdli] *adv* seltsam; **~ enough** merkwürdigerweise

odds-on *adj* sehr wahrscheinlich; *favourite* klar

odor *n* AM *see* **odour**

odorless *adj* AM *see* **odourless**

odour ['əʊdəʳ] *n* Geruch *m;* **sweet ~** Duft *m*

odourless ['əʊdələs] *adj* (*form*) geruchlos

of [ɒv, əv] *prep* ① *after noun* (*belonging to*) von +*Dat;* **a friend ~ mine** ein Freund von mir; **the cause ~ the disease** die Krankheitsursache; **the colour ~ her hair** ihre Haarfarbe ② *after noun* (*expressing relationship*) von +*Dat;* **an admirer ~ Picasso** ein Bewunderer Picassos ③ *after noun* (*expressing a whole's part*) von +*Dat;* **both ~ us** wir beide; **most ~ them** die meisten von ihnen; **one ~ the cleverest** eine(r) der Schlauesten ④ *after noun* (*expressing quantities*) **a cup ~ tea** eine Tasse Tee; **a drop ~ rain** ein Regentropfen; **a litre ~ water** ein Liter Wasser; **a lot ~ money** eine Menge Geld; **a piece ~ cake** ein Stück Kuchen ⑤ *after verb or noun* (*consisting of*) aus +*Dat* ⑥ *after noun* (*done to*) **the destruction ~ the rain forest** die Zerstörung des Regenwalds ⑦ (*expressing cause*) **to die ~ sth** an etw *Dat* sterben ⑧ *after verb* (*concerning*) **speaking ~ sb/sth, ...** wo wir gerade von jdm/etw sprechen, ...; **I am certain ~ that** ich bin mir dessen sicher; **to be afraid ~ sb/sth** vor jdm/etw Angst haben; **to be fond ~ swimming** gerne schwimmen; **to be jealous ~ sb** auf jdn eifersüchtig sein; **to be sick ~ sth** etw satthaben; **what ~ it?** na und? ⑨ *after noun* (*expressing position*) von +*Dat;* **in the back ~ the car** hinten im Auto; **on the corner ~ the street** an der Straßenecke; **on the left ~ the picture** links auf dem Bild ⑩ (*expressing age*) von +*Dat;* **he's a man ~ about 50** er ist um die 50 Jahre alt ⑪ *after noun* (*denoting example of category*) **I hate this kind ~ party** ich hasse diese Art von Party ⑫ *after noun* (*typical of*) **the grace ~ a dancer** die Anmut einer Tänzerin ⑬ *after noun* (*expressing characteristic*) **I want a few minutes ~ quiet!** ich will ein paar Minuten Ruhe! ⑭ *after noun* (*in time phrases*) **the eleventh ~ March** der elfte März ⑮ *after verb* (*expressing removal*) **to get rid ~ sb** jdn loswerden; *after adj;* **free ~ charge** kostenlos ⑯ AM (*to*) vor; **it's quarter ~ five** es ist viertel vor fünf

off [ɒf] **I.** *prep* ① (*indicating removal*) von +*Dat;* **keep your dog ~ my property!** halten Sie Ihren Hund von meinem Grundstück fern! ② *after verb* (*moving down*) hinunter [von] +*Dat;* (*towards sb*) herunter [von] +*Dat;* **they jumped ~ the cliff** sie sprangen von der Klippe ③ *after verb* (*moving away*) [weg] von +*Dat;* **let's get ~ the bus here** lass uns hier aus dem Bus aussteigen ④ (*away from*) weg von +*Dat;* **~ the point** nicht relevant; **~ the record** nicht für die Öffentlichkeit bestimmt; **~ the subject** nicht zum Thema gehörend; **far ~** weit entfernt ⑤ (*fam: stop liking*) **to be ~ one's food** keinen Appetit haben; **to go ~ sb/sth** jdn/etw nicht mehr mögen ⑥ (*subsisting*) **they live ~ an inheritance** sie leben von einer Erbschaft ⑦ (*from source*) **to get sth ~ sb** (*fam*) etw von jdm bekommen **II.** *adv* ① (*not on*) aus; **to switch/turn sth ~** etw ausschalten ② (*away*) weg-; **someone's run ~ with my pen** jemand hat mir meinen Stift geklaut *fam;* **to see sb ~** jdn verabschieden ③ (*removed*) ab-; **I'll take my jacket ~** ich ziehe meine Jacke aus ④ (*completely*) **to burn ~ ⚬ sth** etw verbrennen; **to kill ~ ⚬ sth** etw vernichten; **to pay ~ ⚬ sth** etw abbezahlen ⑤ (*in bad shape*) schlecht; **to go ~** sich verschlechtern; *food* schlecht werden ⑥ (*distant in time*) entfernt; **to be far ~** weit weg sein ⑦ (*stopped*) abgesagt; **to call sth ~** etw absagen ⑧ (*discounted*) reduziert; **to get money ~** Rabatt bekommen ⑨ (*separated*) **to shut ~ streets** Straßen sperren; **to fence sth ~** etw abzäunen ⑩ (*expressing riddance*) **to laugh sth ~** etw mit einem Lachen abtun **III.** *adj* ① (*not working*) außer Betrieb; (*switched off*) aus[geschaltet] ② *pred* FOOD (*bad*) verdorben ③ (*not at work*) **to be ~** freihaben; **to take some time ~** einige Zeit freinehmen; **to have some time ~** einige Zeit freibekommen ④ *pred* (*fam: in bad shape*) schlecht ⑤ (*provided for*) **sb is badly/well ~** jdm geht es [finanziell] schlecht/gut **IV.** *n no pl* **to be ready for the ~** bereit zum Gehen sein

off-center AM *see* **off-centre**
off-centre *adj* nicht in der Mitte *präd*
off-chance *n* **on the ~** auf gut Glück
off-color AM *see* **off-colour**
off-colour *adj* ❶ (*somewhat sick*) unpässlich ❷ (*somewhat obscene*) schlüpfrig
offence [ə'fen(t)s] *n* ❶ LAW (*crime*) Straftat *f;* **serious ~** schweres Vergehen ❷ *no pl* (*upset feelings*) Beleidigung *f;* **no ~ intended** nimm es mir nicht übel; **to cause ~** Anstoß erregen; **to cause ~ to sb** (*hurt*) jdn kränken; (*insult*) jdn beleidigen ❸ AM SPORTS (*attack*) Angriff *m*
offend [ə'fend] **I.** *intr verb* ❶ (*commit a criminal act*) eine Straftat begehen ❷ (*form: infringe*) verstoßen (**against** gegen) **II.** *tr verb* (*insult*) beleidigen; (*hurt*) kränken; **to be easily ~ed** schnell beleidigt sein
offender [ə'fendəʳ] *n* [Straf]täter(in) *m(f)*
offense *n esp* AM *see* **offence**
offensive [ə'fen(t)sɪv] **I.** *adj* ❶ (*causing offence*) anstößig; **~ language** Anstoß erregende Ausdrucksweise ❷ (*attack*) Angriffs- **II.** *n* MIL Angriff *m;* **to go on the ~** in die Offensive gehen; **to launch an ~** eine Offensive starten
offensive weapon *n* MIL Offensivwaffe *f*
offer ['ɒfəʳ] **I.** *n* ❶ (*proposal*) Angebot *nt* ❷ ECON Angebot *nt;* **to make an ~ for sth** ein Gebot für etw abgeben **II.** *tr verb* ❶ (*present for acceptance*) anbieten ❷ (*put forward*) vorbringen; *congratulations* aussprechen ❸ (*provide*) bieten; **to ~ an incentive** einen Anreiz geben **III.** *intr verb* sich bereit erklären
offhand **I.** *adj* ❶ (*uninterested*) gleichgültig ❷ (*informal*) lässig **II.** *adv* ohne weiteres; **to quote sth ~** etw auf Anhieb angeben
office ['ɒfɪs] *n* ❶ (*room*) Büro *nt;* (*firm*) Geschäftsstelle *f;* *lawyer* Kanzlei *f* ❷ BRIT (*government department*) Ministerium *nt;* **Foreign/Home Office** Außen-/Innenministerium ❸ (*authoritative position*) Amt *nt;* **to come into ~** sein Amt antreten
office automation *n* COMPUT Büroautomatisierung *f* **office block** *n* BRIT, AUS Bürogebäude *nt* **office building** *n* Bürohaus *nt,* Bürogebäude *nt* **office equipment** *n no pl* Büroeinrichtung *f* **office hours** *npl* Geschäftszeit[en] *f[Pl]*
officer ['ɒfɪsəʳ] *n* ❶ MIL Offizier(in) *m(f)* ❷ (*authoritative person*) Beamte(r) *m/* Beamtin *f;* **~!** Herr Wachtmeister!; **personnel ~** Personalreferent(in) *m(f);* [**police**] **~** Polizeibeamte(r) *m/*-beamtin *f*
office staff *n + sing/pl verb* Büropersonal *nt* **office supplies** *npl* Bürobedarf *m kein Pl* **office worker** *n* Büroangestellte(r) *f(m)*
official [ə'fɪʃᵊl] **I.** *n* ❶ (*holding public office*) Amtsperson *f,* Beamte(r) *m/* Beamtin *f* ❷ (*responsible person*) Funktionsträger(in) *m(f);* **trade-union ~** Gewerkschaftsfunktionär(in) *m(f)* ❸ (*referee*) Schiedsrichter(in) *m(f)* **II.** *adj* ❶ (*relating to an office*) offiziell, amtlich; **~ residence** Amtssitz *m* ❷ (*authorized*) offiziell; *inquiry, record* amtlich
officially [ə'fɪʃᵊli] *adv* offiziell
off-licence *n* BRIT Wein- und Spirituosengeschäft *nt*
off-peak **I.** *adj* ❶ *telephone call* außerhalb der Hauptsprechzeiten *nachgestellt* ❷ *electricity supply* Schwachlastzeit- **II.** *adv* ❶ (*of telephone call*) außerhalb der Hauptsprechzeiten ❷ TOURISM **to travel ~** außerhalb der Hauptsaison verreisen
off-putting *adj* abschreckend; *appearance, manner* abstoßend; *experience* schrecklich
off season *n* die Nebensaison *f*
offshore **I.** *adj* ❶ (*at sea*) küstennah ❷ FIN Auslands- **II.** *adv* (*of wind movement*) von der Küste her; **to drop anchor/fish ~** vor der Küste ankern; **to fish ~** vor der Küste fischen
offside **I.** *adj* ❶ SPORTS abseits ❷ *attr esp* BRIT AUTO auf der Fahrerseite *nachgestellt* **II.** *adv* abseits **III.** *n* SPORTS Abseits *nt*
offside rule *n* Abseitsregel *f*
off-white *n no pl* gebrochenes Weiß
often ['ɒfᵊn] *adv* oft; **it's not ~ that ...** es kommt selten vor, dass ...; **as ~ as not** meistens; **every so ~** gelegentlich
oh[1] [oʊ] *interj* ❶ (*to show surprise, disappointment, pleasure*) oh; **~ damn!** verdammt! *pej fam;* **~ dear!** oje!;

O

~ **well** na ja; ~ **yes?** ach ja? ② *(by the way)* ach, übrigens

oh² [əʊ] *n* BRIT *(in phone numbers)* Null *f*

OHP [ˌəʊeɪtʃ'piː] *n abbrev of* **overhead projector** Overheadprojektor *m*

oil [ɔɪl] **I.** *n* ① *(lubricant)* Öl *nt* ② *no pl (petroleum)* [Erd]öl *nt* ③ FOOD [Speise]öl *nt* ④ *(for cosmetic use)* **suntan ~** Sonnenöl *nt* ⑤ *pl (oil-based paints)* Ölfarben *Pl* **II.** *tr verb (treat)* ölen

oil change *n* Ölwechsel *m* **oil company** *n* Ölfirma *f* **oil consumption** *n no pl* Ölverbrauch *m* **oil level** *n* TECH Ölstand *m* **oil painting** *n* Ölbild *nt,* Ölgemälde *nt* **oil pipeline** *n* Ölpipeline *f* **oil-producing** *adj attr* [Erd]öl produzierend **oil production** *n no pl* [Erd]ölförderung *f* **oil rig** *n* Bohrinsel *f* **oilskin** *n* ① *no pl (waterproof cloth)* Öltuch *nt* ② **~s** Ölzeug *nt* **oil slick** *n* Ölteppich *m* **oil tanker** *n* Öltanker *m* **oil well** *n* Ölquelle *f*

oily ['ɔɪli] *adj* ① *(oil-like)* ölig ② FOOD ölig ③ *hair, skin* fettig ④ *objects* schmierig

ointment ['ɔɪntmənt] *n* Salbe *f*

OK, okay [ə(ʊ)'keɪ] *(fam)* **I.** *adj* ① *pred (acceptable)* okay; **if it's ~ with you, ...** wenn es dir recht ist, ... ② *pred person* in Ordnung ③ *pred (not outstanding)* nicht schlecht ④ *pred* **to be ~ about sth** mit etw einverstanden sein ⑤ *pred* **to be ~ for work** genug Arbeit haben ⑥ *(pleasant)* **to be an ~ bloke** [*or* AM **guy**] ein prima Kerl sein **II.** *interj* okay; **~ then** also gut **III.** *tr verb* **to ~ sth** zu etw sein Okay geben **IV.** *n* **to get the ~** das Okay bekommen; **to give [sth] the ~** das Okay [zu etw] geben **V.** *adv* gut

old [əʊld] **I.** *adj* ① *person, animal, object* alt ② *after noun (denoting an age)* alt ③ *attr (former)* ehemalig; *job* alt ④ *attr (fam: expression of affection)* [gute(r)] alte(r) **II.** *n* **the ~** *pl* die Alten; **young and ~** Jung und Alt

old age *n no pl* Alter *nt* **old age pensioner** *n* AUS, BRIT Rentner(in) *m(f)* **old-fashioned** *adj (esp pej)* altmodisch **old people's home** *n* Seniorenheim *nt* **old-style** *adj pred* im alten Stil *nachgestellt*

oligarchy ['ɒlɪgɑːki] *n* Oligarchie *f*

olive ['ɒlɪv] *n* ① *(fruit)* Olive *f;* **~ oil** Olivenöl *nt* ② *(tree)* Olivenbaum *m*

Olympic [ə(ʊ)'lɪmpɪk] *adj attr* olympisch; **~ champion** Olympiasieger(in) *m(f);* **~ stadium** Olympiastadion *nt*

omelet[te] ['ɒmlət] *n* Omelett *nt*

omit <-tt-> [ə(ʊ)'mɪt] **I.** *tr verb* auslassen; *(ignore)* übergehen **II.** *intr verb* **to ~ to do sth** es unterlassen, etw zu tun

omnishambles ['ɒmniʃæmb|z] *n (sl)* totales Chaos

on [ɒn] **I.** *prep* ① *(on top of)* auf +*Dat* ② *with verbs of motion (onto)* auf +*Akk;* **let's hang a picture ~ the wall** lass uns ein Bild an die Wand hängen ③ *(situated on)* an +*Dat,* auf +*Dat;* **they lay ~ the beach** sie lagen am Strand ④ *(from)* an +*Dat;* **a huge chandelier hung ~ the ceiling** ein großer Kronleuchter hing von der Decke herab ⑤ *(clothing)* an +*Dat;* **with shoes ~ his feet** mit Schuhen an den Füßen ⑥ *(hurt by)* an +*Dat;* **she tripped ~ the wire** sie blieb an dem Kabel hängen; **to stumble ~ sth** über etw *Akk* stolpern ⑦ *(supported by a part of the body)* auf +*Dat;* **to lie ~ one's back** auf dem Rücken liegen ⑧ *(about)* über +*Akk;* **essays ~ a wide range of issues** Aufsätze zu einer Vielzahl von Themen ⑨ *(based on)* auf +*Akk* ... hin; **~ account of** wegen +*Dat;* **~ purpose** absichtlich; **to be based ~ sth** auf etw *Dat* basieren; **to rely ~ sb** sich auf jdn verlassen ⑩ *(as member of)* in +*Dat;* **how many people are ~ your staff?** wie viele Mitarbeiter haben Sie? ⑪ *(against)* auf +*Akk;* **don't be so hard ~ him!** sei nicht so streng mit ihm!; **to place a limit ~ sth** etw begrenzen; **to force one's will ~ sb** jdm seinen Willen aufzwingen ⑫ *(through device of)* an +*Dat;* **he's ~ the phone** er ist am Telefon; **Chris is ~ drums** Chris ist am Schlagzeug ⑬ *(through medium of)* auf +*Dat;* **to put sth down ~ paper** etw aufschreiben; **to come out ~ video** als Video herauskommen ⑭ *(on day of)* an +*Dat;* **what are you doing ~ Friday?** was machst du am Freitag? ⑮ *(at time of)* bei +*Dat;* **~ the count of three, start running!** bei drei lauft ihr los!; **~ receiving her letter** als ich ihren Brief erhielt; **~ the dot** [auf die Sekunde]

O

pünktlich ⑯ (*engaged in*) bei +*Dat;* **we were ~ page 42** wir waren auf Seite 42; **to work ~ sth** an etw *Dat* arbeiten ⑰ (*regularly taking*) **to be ~ medication** Medikamente einnehmen ⑱ BRIT (*paid by*) auf +*Dat;* **this meal is ~ me** das Essen bezahle ich ⑲ (*sustained by*) mit +*Dat,* von +*Dat;* **does this radio run ~ batteries?** läuft dieses Radio mit Batterien? ⑳ (*connected to*) an +*Dat;* **to be ~ the phone** AUS, BRIT telefonisch erreichbar sein ㉑ (*according to*) auf +*Dat;* **~ the whole** insgesamt ㉒ (*experiencing*) **he's out ~ a date** er hat gerade eine Verabredung; **to set sth ~ fire** etw anzünden ㉓ (*compared with*) **sales are up ~ last year** der Umsatz ist höher als im letzten Jahr ▶ **to have time ~ one's hands** noch genug Zeit haben; **what are you ~?** (*fam*) bist du noch bei Sinnen? **II.** *adv* ① (*in contact with*) auf; **to screw sth ~** etw anschrauben ② (*on body*) an; **get your shoes ~!** zieh dir die Schuhe an!; **to have/try sth ~** etw anhaben/anprobieren; **with nothing ~** nackt ③ (*indicating continuance*) weiter; **the noise just went ~ and ~** der Lärm hörte gar nicht mehr auf; **he talked ~ and ~** er redete pausenlos ④ (*in forward direction*) vorwärts; **from that day ~** von diesem Tag an; **what are you doing later ~?** was hast du nachher vor?; **to urge sb ~** jdn anspornen ⑤ (*scheduled*) geplant; **I've got nothing ~ next week** ich habe nächste Woche nichts vor ⑥ (*functioning*) an; **to leave the light ~** das Licht anlassen; **to switch/turn sth ~** etw einschalten ⑦ (*aboard*) **to get ~** einsteigen ▶ **to go ~ about sth** AUS, BRIT dauernd über etw *Akk* reden; **to hang ~** warten; **that's not ~** BRIT, AUS (*fam*) das ist nicht in Ordnung; **~ and off** ab und zu; **to be ~ to something** (*fam*) etw spitz gekriegt haben; **you're ~!** abgemacht! *fam* **III.** *adj attr* ① AM (*good*) gut ② ELEC, TECH **~ switch** Einschalter *m*

once [wʌn(t)s] **I.** *adv* ① (*one time*) einmal; **~ in a lifetime** einmal im Leben; **~ a week** einmal pro Woche; **[every] ~ in a while** hin und wieder; **~ and for all** ein für alle Mal; **~ again** wieder einmal; **just this ~** nur dieses eine Mal; **~ or twice** ein paar Mal; **for ~** ausnahmsweise ② (*in the past*) einst *geh,* früher; **~ upon a time ...** (*liter*) es war einmal ... ③ (*some point in time*) **~ more** noch einmal; **at ~** (*simultaneously*) auf einmal; (*immediately*) sofort **II.** *conj* (*as soon as*) sobald

oncoming [ˈɒnˌkʌmɪŋ] *adj attr* (*approaching*) [heran]nahend; **~ traffic** Gegenverkehr *m*

one [wʌn] **I.** *n* ① (*unit*) eins; **a hundred and ~** einhundert[und]eins; *see also* **eight** ② (*figure*) Eins *f; see also* **eight** ③ (*size of garment, merchandise*) Größe eins ④ *no pl* (*unity*) **to be ~** eins sein **II.** *adj* ① *attr* (*not two*) ein(e); **~ hundred/thousand** einhundert/-tausend; **~ million** eine Million; **~ third/fifth** ein Drittel/Fünftel *nt; see also* **eight** ② *attr* (*one of a number*) ein(e) ③ *attr* (*single, only*) einzige(r, s) ④ *attr* (*some future*) irgendein(e); **~ day** irgendwann ⑤ *attr* (*some in the past*) ein(e); **~ day/evening/night** eines Tages/Abends/Nachts ⑥ (*identical*) ein(e); **to be of ~ mind** einer Meinung sein; **~ and the same** ein und der-/die-/dasselbe ⑦ (*time*) **~ [o'clock]** eins, ein Uhr; **at ~** um eins **III.** *pron* ① (*single item*) eine(r, s); **not a single ~** kein Einziger/keine Einzige/kein Einziges; **~ at a time** immer nur eine(r, s); **[all] in ~** [alles] in einem; **~ [thing] after another** eines nach dem anderen; **this/that ~** diese(r, s)/jene(r, s); **these/those ~s** diese/jene ② (*single person*) eine(r); **she thought of her loved ~s** sie dachte an ihre Lieben; **~ and all** (*liter*) alle; **~ after another** eine/einer nach der/dem anderen; **~ by ~** nacheinander ③ (*dated form: any person*) man ④ (*form: I*) ich; (*we*) wir; **~ gets the impression that ...** ich habe den Eindruck, dass ... ▶ **to get ~ up on sb** jdn übertrumpfen

one-armed *adj* einarmig **one-note** *adj* (*fig*) *performance, literary style* monoton, eintönig **one-piece [swimsuit]** *n* Einteiler *m*

oneself [wʌnˈself] *pron refl* ① *after verb, after prep* (*direct object*) sich ② (*emph: myself*) selbst ③ (*personally*) selbst; **to see/taste/read/feel sth for ~** etw selbst sehen/kosten/lesen/fühlen ④ (*alone*) **to have sth to ~** etw für sich

O

haben; **to keep sth for ~** sich *Dat* etw behalten; [**all**] **by ~** [ganz] alleine

one-way *adj* in einer Richtung *nachgestellt;* (*fig*) einseitig; **~ street** Einbahnstraße *f*

ongoing ['ɒnˌgəʊɪŋ] *adj* laufend *attr;* im Gang *präd*

onion ['ʌnjən] *n* Zwiebel *f*

online [ˌɒn'laɪn] *adj, adv* online

online gaming *n* Online-Spiel *nt*

onlooker ['ɒnˌlʊkəʳ] *n* (*a. fig*) Zuschauer(in) *m(f);* (*after accident*) Schaulustige(r) *f(m)*

only ['əʊnli] **I.** *adj attr* einzige(r, s); **the ~ one** der/die/das Einzige; **the ~ thing** das Einzige; **the ~ way** die einzige Möglichkeit **II.** *adv* ❶ (*exclusively*) nur; **for members ~** nur für Mitglieder ❷ (*just*) erst; **~ the other day** erst neulich; **~ just** gerade erst ❸ (*merely*) nur, bloß; **not ~ ..., but also ...** nicht nur ..., sondern auch ... ❹ (*unavoidably*) nur, unweigerlich ❺ (*to express wish*) **if ~ ...** wenn nur ... ▶ **you ~ live once** (*prov*) man lebt nur einmal **III.** *conj* ❶ (*however*) aber, jedoch; **he's a good athlete, ~ he smokes too much** er ist ein guter Sportler, bloß raucht er zu viel ❷ (*in addition*) **not ~ can she sing, she can act too** sie kann nicht nur singen, sie kann auch schauspielern

o.n.o. *adv* BRIT, AUS COMM *abbrev of* **or nearest offer** VHB

onside [ˌɒn'saɪd] *adj, adv* SPORTS nicht abseits; **to be ~** nicht im Abseits stehen; **to bring sb ~** (*fig*) jdn auf seine Seite bringen

onto, on to ['ɒntuː] *prep* ❶ *after verb* **to get ~ a bus/plane/train** in einen Bus/ein Flugzeug/einen Zug einsteigen; **to get ~ a bike/horse** auf ein Fahrrad/Pferd [auf]steigen ❷ *after verb* (*to surface of*) auf +*Akk* ❸ *after verb* (*connected to*) auf +*Akk*

onward ['ɒnwəd] **I.** *adj attr* (*of journey*) Weiter-; **~ and upward** steil nach oben **II.** *adv* ❶ (*into the future*) **from that day/time ~** von diesem Tag/dieser Zeit an ❷ (*of direction*) weiter

open ['əʊpᵊn] **I.** *adj* ❶ *container, eyes, garment, door, window* offen, auf *präd; pass a.* geöffnet; **wide ~** [sperrangel]weit geöffnet; **to push sth ~** etw aufstoßen ❷ *pred shop, bar, museum* geöffnet; **is the supermarket ~ yet?** hat der Supermarkt schon auf? ❸ *case, decision, question* offen; **to have/keep an ~ mind** unvoreingenommen sein/bleiben; **~ ticket** Ticket *nt* mit offenem Reisedatum ❹ (*not enclosed*) offen; **to be in the ~ air** an der frischen Luft sein; **on the ~ road** auf freier Strecke ❺ (*accessible to all*) offen, öffentlich zugänglich; **to have ~ access to sth** freien Zugang zu einer S. haben ❻ SPORTS (*international*) offen; **~ championship** offene Meisterschaft ❼ *pred* (*frank*) offen; **to be ~ with sb** offen zu jdm sein ❽ *pred* **to be ~ to sth** für etw offen sein ❾ (*available*) frei, verfügbar ❿ *pred* (*exposed*) offen, ungeschützt; **to be ~ to criticism** kritisierbar sein; **to be ~ to doubt** zweifelhaft sein **II.** *n* ❶ *no pl* [**out**] **in the ~** draußen ❷ *no pl* (*not secret*) **to bring sth out into the ~** etw publik machen; **to come out into the ~** ans Licht kommen **III.** *intr verb* ❶ (*from closed*) sich öffnen, aufgehen ❷ (*give access*) **to ~ onto sth** [direkt] zu etw führen ❸ *cafe, shop, museum* öffnen ❹ *piece of writing or music, story* beginnen, anfangen ❺ *new business* eröffnen, aufmachen **IV.** *tr verb* ❶ *book, magazine, newspaper* aufschlagen; *box, window, bottle* aufmachen; *curtains* aufziehen ❷ *meeting, rally* eröffnen ❸ *bank account, business* eröffnen ❹ (*for customers, visitors*) öffnen

◆**open out I.** *intr verb* ❶ (*move apart*) sich ausbreiten ❷ *flower* aufblühen, sich öffnen ❸ (*grow wider*) sich erweitern; *street, river* breiter werden ❹ *person* sich öffnen; **to ~ out to sb** sich jdm gegenüber öffnen **II.** *tr verb* (*unfold*) **to ~ out ↻ a map** eine [Land]karte auseinanderfalten; **to ~ out ↻ a newspaper** eine Zeitung aufschlagen

◆**open up I.** *intr verb* ❶ *shop* eröffnen ❷ *person* sich öffnen **II.** *tr verb* ❶ *canal, pipe* passierbar machen; *car, house, store* aufschließen ❷ (*expand*) erweitern

open-air *adj* im Freien *nachgestellt;* **~ concert** Open-Air-Konzert *nt;* **~ stage** Freilichtbühne *f;* **~ swimming pool** Freibad *nt*

open-ended *adj* mit offenem Ausgang *nachgestellt; question* ungeklärt

opener ['əʊpᵊnəʳ] *n* ❶ (*opening device*)

Öffner *m* ② (*remark*) Anfang *m* ③ AM (*fam*) **for ~s** für den Anfang

opening ['əʊpənɪŋ] **I.** *n* ① *no pl* (*action*) Öffnen *nt* ② (*hole*) Öffnung *f;* (*in traffic*) Lücke *f* ③ (*opportunity*) günstige Gelegenheit ④ (*vulnerable spot*) Blöße *f* ⑤ (*introduction*) Einführung *f* ⑥ (*inauguration*) Eröffnung *f* **II.** *adj attr* (*at beginning*) Anfangs-, Eröffnungs-

opening balance *n* FIN Eröffnungsbilanz *f* **opening bid** *n* Eröffnungsgebot *nt* **opening hours** *npl* Öffnungszeiten *Pl* **opening night** *n* THEAT Premierenabend *m* **opening time** *n* Öffnungszeit *f*

openly ['əʊpənli] *adv* ① (*frankly*) offen ② (*publicly*) öffentlich

open-minded *adj* (*to new ideas*) aufgeschlossen; (*not prejudiced*) unvoreingenommen

open sandwich *n* belegtes Brot

Open University *n no pl esp* BRIT ≈ Fernuniversität *f*

> 1971 schrieben sich die ersten Studenten an der **Open University** (Fernuniversität) ein. In den Jahren davor gab es bereits mit der *University of the Air* erste Bestrebungen, jedermann ein Studium von zu Hause aus zu ermöglichen. Die **OU**, wie die Open University oft abgekürzt wird, unterrichtet über Fernseh- und Radioprogramme, die Übungsmaterialien werden direkt zugeschickt. Weitere Unterstützung erhalten die Studierenden durch einen eigenen Tutor.

opera ['ɒpərə] *n* Oper *f*

operate ['ɒpəreɪt] **I.** *intr verb* ① (*work, run*) funktionieren ② (*act*) vorgehen; MIL operieren; [*criminal*] *mind* arbeiten ③ (*produce an effect*) [be]wirken **II.** *tr verb* ① (*work*) bedienen ② (*manage*) betreiben

operatic [ˌɒpəˈrætɪk] *adj* Opern-

operating ['ɒpəreɪtɪŋ] *adj attr* ① (*in charge*) Dienst habend ② MED Operations-

operation [ˌɒpəˈreɪʃən] *n* ① *no pl* (*way of functioning*) Funktionsweise *f* ② *no pl* (*functioning state*) Betrieb *m;* LAW Wirksamkeit *f;* **to come into ~** *machine* in Gang kommen; *plan, rule, law* in Kraft treten ③ (*process*) Vorgang *m* ④ (*activity*) Unternehmung *f;* MIL Operation *f* ⑤ (*surgery*) Operation *f*

operational [ˌɒpəˈreɪʃənəl] *adj* ① (*in business*) betrieblich, Betriebs- ② (*functioning*) betriebsbereit

operative ['ɒpərətɪv] **I.** *n* ① (*in a factory*) [Fach]arbeiter(in) *m(f)* ② (*secret agent*) Geheimagent(in) *m(f)* **II.** *adj* ① (*functioning*) in Betrieb *präd; regulations* gültig ② *attr* (*surgical*) operativ

operator ['ɒpəreɪtə'] *n* ① (*worker*) Bediener(in) *m(f);* **machine ~** Maschinist(in) *m(f)* ② (*switchboard worker*) Telefonist(in) *m(f)* ③ (*company*) Unternehmer(in) *m(f);* **tour ~** Reiseveranstalter(in) *m(f)* ④ (*fam: clever person*) gewiefte Person; **smooth ~** Schlawiner *m fam*

opinion [əˈpɪnjən] *n* ① (*belief*) Meinung *f,* Ansicht *f;* **popular ~** weit verbreitete Meinung; **public ~** die öffentliche Meinung ② (*view on topic*) Einstellung *f,* Standpunkt *m* (**on** zu); **difference of ~** Meinungsverschiedenheit *f;* **just a matter of ~** reine Ansichtssache; **in my ~** meiner Meinung nach

opinion poll *n* Meinungsumfrage *f*

opponent [əˈpəʊnənt] *n* POL Widersacher(in) *m(f);* SPORTS Gegner(in) *m(f)*

opportunity [ˌɒpəˈtjuːnəti] *n* ① (*occasion*) Gelegenheit *f;* **a window of ~** eine Chance; **at the earliest ~** bei der erstbesten Gelegenheit; **at every ~** bei jeder Gelegenheit ② (*for advancement*) Möglichkeit *f*

oppose [əˈpəʊz] *tr verb* ① (*disapprove*) ablehnen ② (*resist*) **to ~ sb/sth** sich jdm/etw widersetzen ③ SPORTS **to ~ sb** gegen jdn antreten ④ POL **to ~ sb** jds Gegenspieler(in) *m(f)* sein

opposed [əˈpəʊzd] *adj pred* ① (*against*) **to be ~ to sth** gegen etw sein ② (*contrary*) **as ~ to** im Gegensatz zu +*Dat*

opposing [əˈpəʊzɪŋ] *adj attr* entgegengesetzt; (*in conflict*) einander widersprechend

opposite ['ɒpəzɪt] **I.** *n* Gegenteil **II.** *adj* ① *interests* gegensätzlich ② (*facing*) gegenüberliegend; *direction* entgegengesetzt; **who owns that shop ~?** wem gehört der Laden gegenüber? **III.** *adv* gegenüber **IV.** *prep* ① (*across from*) gegenüber +*Dat* ② FILM, TV, THEAT **to play ~ sb** jds Gegenrolle spielen

opposition ['ɒpə'zɪʃᵊn] *n* ① *no pl* (*resistance*) Widerstand *m* (**to** gegen) ② + *sing/pl verb* (*party not in power*) Opposition[spartei] *f;* **leader of the Opposition** Oppositionsführer(in) *m(f)* ③ (*contrast*) Gegensatz *m* ④ (*opposing player*) Gegner(in) *m(f)*

Im Gegensatz zu Deutschland wird in Großbritannien nur die größte Partei, die nicht an der Regierung beteiligt ist, als **the Opposition** bezeichnet. Sie bildet im Parlament ein eigenes *shadow cabinet* (Schattenkabinett). Angeführt vom *Leader of the Opposition*, besteht dieses Kabinett aus den *shadow ministers* (den Schattenministern), jenen Ministern, die als direkte Gegenminister zu den *government ministers* (den Regierungsministern) fungieren. Beide Gruppen sitzen sich im *House of Commons* (Unterhaus) auf der *front bench* gegenüber.

optical ['ɒptɪkᵊl] *adj* optisch

optician [ɒp'tɪʃᵊn] *n* Optiker(in) *m(f)*

optimism ['ɒptɪmɪzᵊm] *n no pl* Optimismus *m*

optimist ['ɒptɪmɪst] *n* Optimist(in) *m(f)*

optimistic ['ɒptɪmɪstɪk] *adj* optimistisch

optimum ['ɒptɪməm] **I.** *n* <*pl* **-tima** *or* **-s**> Optimum *nt* **II.** *adj* optimal

option ['ɒpʃᵊn] *n* ① (*choice*) Wahl *f;* (*possibility*) Möglichkeit *f;* **to not be an ~** nicht in Frage kommen ② (*freedom to choose*) Wahlmöglichkeit *f* ③ (*right to buy or sell*) Option *f*

optional ['ɒpʃᵊnᵊl] *adj* wahlfrei

or [ɔːʳ] *conj* ① (*as a choice*) oder ② (*otherwise*) sonst; **either ... ~ ...** entweder...[,] oder ③ (*and also not*) **not ... ~ ...** weder ... noch ... ④ (*being non-specific or unsure*) **someone/somewhere/sometime ~ other** [irgend]jemand/irgendwo/irgendwann

oral ['ɔːrəl] **I.** *adj* ① (*spoken*) mündlich ② MED, PSYCH oral **II.** *n* mündliche Prüfung

orange ['ɒrɪndʒ] **I.** *n* ① (*fruit*) Orange *f,* Apfelsine *f* ② (*colour*) Orange *nt* **II.** *adj* ① *drink, ice, tree* Orangen- ② (*colour*) orange[farben]

orangeade [ˌɒrɪndʒ'eɪd] *n* BRIT Orangenlimonade *f*

orange juice *n no pl* Orangensaft *m*

orange peel *n* Orangenschale *f*

orbit ['ɔːbɪt] **I.** *n* ① (*constant course*) Umlaufbahn *f* ② (*trip around*) Umkreisung *f* ③ (*eye socket*) Augenhöhle *f* **II.** *intr verb* kreisen **III.** *tr verb* umkreisen

orbital ['ɔːbɪtᵊl] **I.** *n* NUCL Orbital *nt o m fachspr* **II.** *adj* orbital

orchard ['ɔːtʃəd] *n* Obstgarten *m*

orchestra ['ɔːkɪstrə] *n* + *sing/pl verb* (*musicians*) Orchester *nt*

orchestral [ɔː'kestrᵊl] *adj* Orchester-, orchestral

orchestra pit *n* Orchestergraben *m*

orchid ['ɔːkɪd] *n* Orchidee *f*

ordeal [ɔː'diːl] *n* Qual *f*

order ['ɔːdəʳ] **I.** *n* ① *no pl* (*being tidy, organized*) Ordnung *f;* **to put sth in ~** etw ordnen ② *no pl* (*sequence*) Reihenfolge *f;* **word ~** Wortstellung *f* ③ (*command*) Befehl *m;* LAW Verfügung *f;* **doctor's ~s** ärztliche Anweisung ④ (*in a restaurant*) Bestellung *f* ⑤ COMM Auftrag *m;* **to put in an ~** eine Bestellung aufgeben ⑥ *no pl* (*discipline*) Disziplin *f;* **~!** [**~!**] **please quieten down!** Ruhe bitte! Seien Sie bitte leise!; **to be in ~** in Ordnung sein ⑦ *no pl* (*condition*) Zustand *f;* **to be in good ~** in einem guten Zustand sein; **'Out of ~'** „Außer Betrieb" ⑧ *no pl* **in ~ to do sth** um etw zu tun; **in ~ for ...** damit ... ⑨ (*type*) Art *f* ⑩ (*dimension*) **~ [of magnitude]** Größenordnung *f;* **of the highest ~** von höchster Qualität ⑪ (*system, constitution*) Ordnung *f* ⑫ BIOL, MATH Ordnung *f* ⑬ REL **to take holy ~s** die Weihen empfangen **II.** *intr verb* bestellen; **are you ready to ~?** möchten Sie schon bestellen? **III.** *tr verb* ① (*decide, decree*) anordnen ② (*command*) befehlen ③ (*in a restaurant*) bestellen ④ COMM bestellen

order form *n* Bestellformular *nt*

orderly ['ɔːdᵊli] **I.** *n* ① (*hospital attendant*) ≈ [Kranken]pfleger(in) *m(f);* (*unskilled*) Hilfskraft *f* ② (*medical sergeant*) Sanitätsunteroffizier *m* **II.** *adj*

O

❶ (*tidy*) ordentlich ❷ (*well-behaved*) gesittet

ordinal ['ɔːdɪnᵊl] *n*, **ordinal number** *n* Ordinalzahl *f*

ordinarily ['ɔːdᵊnᵊrᵊli] *adv* gewöhnlich, normalerweise

ordinary ['ɔːdᵊnᵊri] **I.** *adj* gewöhnlich, normal **II.** *n* **the ~** das Übliche; **out of the ~** außergewöhnlich

ordnance ['ɔːdnən(t)s] *n no pl* MIL Geschütze *Pl*

organ ['ɔːgən] **I.** *n* ❶ MUS Orgel *f* ❷ ANAT Organ *nt* ❸ (*fig: mouthpiece*) Organ *nt* **II.** *adj* MUS *music, player* Orgel-

organ donor *n* MED Organspender(in) *m(f)*

organic [ɔː'gænɪk] *adj* ❶ (*of bodily organs*) organisch ❷ (*living*) organisch ❸ AGR **~ fruits** Obst *nt* aus biologischem Anbau, Bioobst; **~ farming** biologischer Anbau

organism ['ɔːgᵊnɪzᵊm] *n* Organismus *m*

organist ['ɔːgᵊnɪst] *n* Organist(in) *m(f)*

organization [ˌɔːgᵊnaɪ'zeiʃᵊn] *n* ❶ *no pl* (*action*) Organisation *f* ❷ + *sing/pl verb* (*association, company*) Organisation *f* ❸ *no pl* (*tidiness*) Ordentlichkeit *f* ❹ *no pl* (*composition*) Anordnung *f*

organizational [ˌɔːgᵊnaɪ'zeiʃᵊnᵊl] *adj* organisatorisch

organize ['ɔːgᵊnaɪz] *tr verb* ❶ *activities* organisieren; *books, files* ordnen ❷ POL [politisch] organisieren ❸ (*prepare*) vorbereiten

organized ['ɔːgᵊnaɪzd] *adj* organisiert

orgasm ['ɔːgæzᵊm] *n* Orgasmus *m*

oriental [ˌɔːri'entᵊl] *adj* orientalisch

orientation [ˌɔːriən'teɪʃᵊn] *n* ❶ *no pl* (*being oriented*) Orientierung *f*; **to lose one's ~** die Orientierung verlieren ❷ (*tendency*) Ausrichtung *f*; **sexual ~** sexuelle Neigung ❸ (*attitude*) Orientierung *f*; **political ~** politische Gesinnung

origin ['ɒrɪdʒɪn] *n* ❶ (*beginning, source*) Ursprung *m*; *of a river* Quelle *f*; **in ~** ursprünglich ❷ (*place sth/sb comes from*) Herkunft *f kein Pl*; (*ancestry a.*) Abstammung *f kein Pl*

original [ə'rɪdʒɪnᵊl] **I.** *n* Original *nt* **II.** *adj* ❶ (*first*) ursprünglich; **the ~ version** die Originalversion ❷ (*unique*) originell ❸ (*from creator*) **is this an ~ Rembrandt?** ist das ein echter Rembrandt?; **~ painting** Original *nt*

originality [əˌrɪdʒɪ'næləti] *n no pl* Originalität *f*

originally [ə'rɪdʒɪnᵊli] *adv* (*at first*) ursprünglich

originate [ə'rɪdʒɪneɪt] **I.** *intr verb* entstehen, seinen Anfang nehmen; *aeroplane* starten; *train, bus* losfahren **II.** *tr verb* hervorbringen; **to ~ a rumour** ein Gerücht in die Welt setzen

originator [ə'rɪdʒɪneɪtəʳ] *n* Urheber(in) *m(f)*; (*founder*) Gründer(in) *m(f)*; (*inventor*) Erfinder(in) *m(f)*

ornament[1] ['ɔːnəmənt] *n* ❶ Schmuck *m*; **Christmas ~s** Weihnachtsschmuck *m*; (*figurine*) Figürchen *nt* ❷ *usu pl* MUS Ornament *nt*

ornament[2] ['ɔːnəment] *tr verb* dekorieren

ornamental [ˌɔːnə'mentᵊl] *adj* Zier-, dekorativ

ornithology [ˌɔːnɪ'θɒlədʒi] *n no pl* Ornithologie *f*

orphan ['ɔːfᵊn] **I.** *n* Waise *f* **II.** *adj* Waisen-, verwaist *f* **III.** *tr verb* **to be ~ed** [zur] Waise werden

orphanage ['ɔːfᵊnɪdʒ] *n* Waisenhaus *nt*

orthodontist [ˌɔːθə(ʊ)'dɒntɪst] *n* Kieferorthopäde *m*/Kieferorthopädin *f*

Oscar ['ɒskəʳ] *n* FILM Oscar *m*; **~ winner** Oscarpreisträger(in) *m(f)*

ostrich ['ɒstrɪtʃ] **I.** *n* ORN Strauß *m* **II.** *adj egg, meat* Straußen-

other ['ʌðəʳ] **I.** *adj* ❶ (*different*) andere(r, s); **there's no ~ way** anders geht es nicht; **some ~ time** ein anderes Mal; **in ~ words** mit anderen Worten ❷ (*not long ago*) **the ~ day** neulich; **the ~ evening/morning/night** neulich abends/morgens/nachts ❸ (*alternative*) andere(r, s); **one's ~ half** (*euph*) meine bessere Hälfte; **on the ~ hand** andererseits ❹ (*not being exact*) **some man or ~** irgendein Mann; **some time or ~** irgendwann [einmal]; **somehow or ~** irgendwie **II.** *pron* ❶ (*the remaining*) **the ~** der/die/das andere; **one from the ~** voneinander; **one or the ~** eines davon ❷ + *sing verb* **one or** [**the**] **~ of sth** eine(r, s) von etw

otherwise ['ʌðəwaɪz] **I.** *adj pred* (*dated form*) anders *präd* **II.** *adv* ❶ (*differently*) anders ❷ (*except for this*) sonst ❸ (*alternatively*) **to be ~ engaged** anderweitig zu tun haben **III.** *conj* andernfalls

OTT [ˌəʊtiː'tiː] BRIT (*fam*) *abbrev of* **over the top: her outfit was a bit ~!** diesmal ist sie mit ihrem Outfit wirklich zu weit gegangen!

ouch [aʊtʃ] *interj* aua, autsch

ought [ɔːt] *aux verb* ❶ (*indicating duty, advice*) **sb ~ to do sth** jd sollte etw tun; **we ~ not to have agreed** wir hätten nicht zustimmen sollen ❷ (*indicating probability*) **ten minutes ~ to be enough time** zehn Minuten müssten eigentlich genügen

ounce [aʊn(t)s] *n* Unze *f*

our [aʊəʳ] *adj poss* unser(e)

ours [aʊəz] *pron poss* (*belonging to us*) unsere(r, s); **he's a cousin of ~** er ist ein Cousin von uns

ourselves [aʊə'selvz] *pron refl* ❶ *after verb, after prep* (*direct object*) uns; **we enjoyed ~ at the party very much** wir hatten großen Spaß bei der Party ❷ (*form: we, us*) wir ❸ (*emph: personally*) wir persönlich; **we invented it ~** wir erfanden das selbst ❹ (*alone*) **to have sth [all] to ~** etw [ganz] für uns haben; **[all] by ~** [ganz] allein

out [aʊt] **I.** *adj pred* ❶ (*absent*) **to be ~** abwesend sein ❷ (*outside*) **to be ~ [somewhere]** [irgendwo] draußen sein ❸ (*on the move*) **to be ~ [and about]** unterwegs sein; **to be ~ on one's rounds** seine Runde machen ❹ (*in blossom*) blühen ❺ (*available*) erhältlich; (*on the market*) auf dem Markt ❻ (*known*) heraus; *secret* gelüftet; **[the] truth will ~** die Wahrheit wird ans Licht kommen ❼ (*asleep*) schlafen; (*unconscious*) bewusstlos ❽ (*finished*) aus ❾ SPORTS **to be ~** (*not playing*) nicht [mehr] im Spiel sein; (*outside a boundary*) *ball, player* im Aus sein ❿ *light, TV* aus ⓫ (*unfashionable*) out ⓬ *homosexual* **to be ~** sich geoutet haben *fam* **II.** *adv* ❶ (*not in sth*) außen; (*not in a room*) draußen; **'Keep ~!'** „Betreten verboten!"; **to keep sb/sth ~** jdn/etw nicht hereinlassen ❷ (*outwards*) heraus; **get ~!** raus hier! *fam;* **~ with it** heraus damit! *fam;* **to turn a jumper inside ~** einen Pullover auf links drehen ❸ (*away from home*) **to eat ~** im Restaurant essen; **to go ~** ausgehen ❹ (*extinguish*) **to put a fire ~** ein Feuer löschen; **to cross sth ~** etw ausstreichen ❺ (*fully, absolutely*) **burnt ~** (*a. fig*) ausgebrannt; **tired ~** völlig erschöpft; **~ and away** AM bei weitem ❻ (*aloud*) **to cry ~ in pain** vor Schmerzen aufschreien ❼ (*to an end, finished*) **over and ~** AVIAT Ende; **to die ~** aussterben ❽ (*unconscious*) **to knock sb ~** jdn bewusstlos schlagen; **to pass ~** in Ohnmacht fallen ❾ (*open*) **to open sth ~** etw auseinanderfalten ❿ (*at a distant place*) **~ at sea** auf See; **~ west** im Westen **III.** *prep* (*fam*) aus +*Dat;* **to run ~ the door** zur Tür hinausrennen

outboard, **outboard motor** *n* Außenbordmotor *m*

outbreak *n of a disease, of hostilities, of a war* Ausbruch *m*

outburst *n* Ausbruch *m;* **an ~ of anger** ein Wutanfall *m*

outclass *tr verb* in den Schatten stellen

outcome *n* Ergebnis *nt*

outcry *n* lautstarker Protest (**over** gegen); **to provoke a public ~** in der Öffentlichkeit einen Sturm der Entrüstung auslösen

outdated *adj* veraltet; *ideas, views* überholt

outdo <-did, -done> *tr verb* übertreffen

outdoor *adj* **~ concert** Open-Air-Konzert *nt;* **~ sports** Sportarten *Pl* im Freien

outdoors [ˌaʊt'dɔːz] **I.** *n + sing verb* **in the great ~** in der freien Natur **II.** *adv* im Freien

outer ['aʊtəʳ] **I.** *n* BRIT SPORTS äußerster Ring (*einer Zielscheibe*) **II.** *adj* ❶ (*external*) äußerlich, Außen- ❷ (*far from centre*) äußere(r, s), Außen-; **one's ~ circle of friends** jds weiterer Bekanntenkreis

outermost ['aʊtəməʊst] *n attr* äußerste(r, s); *layer* oberst

outfit I. *n* ❶ (*clothes*) Kleidung *f;* **cowboy ~** Cowboykostüm *nt* ❷ (*fam: group*) Verein *m* ❸ (*equipment*) Ausrüstung *f* **II.** *tr verb* <-tt-> **to ~ sb with sth** jdn mit etw ausrüsten

outgoing *adj* ❶ (*approv: extroverted*) kontaktfreudig ❷ *attr* (*retiring*) [aus]scheidend

outgrow <-grew, -grown> *tr verb* ❶ (*become too big for*) **to ~ sth** aus etw herauswachsen ② (*leave behind*) **to ~ sth** einer S. *Dat* entwachsen

outing ['aʊtɪŋ] *n* ① (*trip*) Ausflug *m;* **to go on an ~** einen Ausflug machen ② (*fam: appearance*) [öffentlicher] Auftritt ③ *no pl* (*revealing homosexuality*) Outing *nt*

outlaw ['aʊtlɔː] **I.** *n* (*criminal*) Bandit(in) *m(f);* (*fugitive from law*) Geächtete(r) *f(m)* **II.** *tr verb* für ungesetzlich erklären

outlet *n* ① (*exit*) Ausgang *m; for water* Abfluss *m;* (*chimney*) Abzug *m* ② AUTO, TECH Abluftstutzen *m* ③ COMM Verkaufsstelle *f*

outline **I.** *n* ① (*brief description*) Übersicht *f* (**of** über); *in novel-writing* Entwurf *m;* (*general summary*) Zusammenfassung *f* ② (*contour*) Umriss *m; against fading light* Silhouette *f* **II.** *tr verb* **to ~ sth** ① (*draw*) die Umrisse von etw zeichnen ② (*summarize*) etw [kurz] umreißen

outlive *tr verb* überleben *a. fig*

outlook *n* ① (*view*) Aussicht *f* ② (*future prospect*) Aussicht[en] *f[Pl]* ③ METEO [Wetter]aussichten *Pl*

outnumber *tr verb* zahlenmäßig überlegen sein; **to be ~ed** in der Unterzahl sein

out of *prep* ① *after verb* (*towards outside*) aus +*Dat* ② *after verb or noun* (*situated away from*) außerhalb +*Gen;* **he is ~ town this week** er ist diese Woche nicht in der Stadt; **she is ~ the country until July 4th** sie hält sich bis zum 4. Juli außer Landes auf; **he's ~ the office at the moment** er ist zurzeit nicht an seinem [Arbeits]platz; **five miles ~ San Francisco** fünf Meilen außerhalb von San Francisco ③ *after verb* (*taken from*) von +*Dat;* **he copied his essay straight ~ a textbook** er schrieb seinen Aufsatz wörtlich aus einem Lehrbuch ab; **she had to pay for it ~ her own pocket** sie musste es aus der eigenen Tasche bezahlen ④ (*excluded from*) aus +*Dat;* **I'm glad to be ~ it** ich bin froh, dass ich das hinter mir habe; **giving up is ~ the question** Aufgeben kommt überhaupt nicht infrage ⑤ (*spoken by*) aus +*Dat;* **I couldn't get the secret ~ her** ich konnte ihr das Geheimnis nicht entlocken ⑥ (*made from*) aus +*Dat* ⑦ (*motivated by*) aus +*Dat* ⑧ *after noun* (*ratio of*) von +*Dat;* **no one got 20 ~ 20 for the test** niemand bekam alle 20 möglichen Punkte für den Test ⑨ (*without*) **they were ~ luck** sie hatten kein Glück [mehr]; **you're ~ time** Ihre Zeit ist um; **they had run ~ cash** sie hatten kein Bargeld mehr; **I'm sorry sir, we're ~ the salmon** tut mir leid, der Lachs ist aus; **[all] ~ breath** [völlig] außer Atem; **to be ~ work** ohne Arbeit sein ⑩ (*beyond*) außer +*Dat;* **the photo is ~ focus** das Foto ist unscharf; **he's been ~ touch with his family for years** er hat seit Jahren keinen Kontakt mehr zu seiner Familie; **get ~ the way!** aus dem Weg!; **~ order** außer Betrieb ▸ **to get ~ hand** außer Kontrolle geraten; **he must be ~ his mind!** er muss den Verstand verloren haben!; **~ place** fehl am Platz

out of date *adj pred,* **out-of-date** *adj attr* veraltet; *clothing* altmodisch

out of the way *adj pred,* **out-of-the-way** *adj attr spot, place* abgelegen

out-patient *n* ambulanter Patient/ambulante Patientin

outplay *tr verb* **to ~ sb** besser spielen als jd

output **I.** *n no pl* ECON Ausstoß *m;* COMPUT Ausgabe *f;* ELEC Leistung *f* **II.** *tr verb image, data* ausgeben

output device *n* COMPUT Ausgabegerät *nt*

outrage[1] ['aʊtreɪdʒ] *n* ① *no pl* Empörung *f* (**at** über); **to express ~** sich entsetzt zeigen ② (*deed*) Schandtat *f;* (*crime*) Verbrechen *nt*

outrage[2] [aʊt'reɪdʒ] *tr verb* **to ~ sb** jdn erzürnen; **[to be] ~d by sth** entrüstet über etw *Akk* [sein]

outrageous [ˌaʊt'reɪdʒəs] *adj* ① (*terrible*) empörend; (*unacceptable*) unerhört ② (*unusual and shocking*) außergewöhnlich ③ (*exaggerated*) ungeheuerlich; *story, statement a.* unwahrscheinlich

outright **I.** *adj attr* ① (*total*) total ② (*undisputed*) offensichtlich ③ (*direct*) direkt **II.** *adv* ① (*totally*) total ② (*clearly*) eindeutig ③ (*directly*) offen

outset *n no pl* Anfang *m;* **at the ~** am Anfang; **from the ~** von Anfang an

outshine <-shone *or* -shined, -shone *or* -shined> *tr verb* ① (*shine more *brightly*) überstrahlen ❷ (*be better*) **to ~ sb** jdn in den Schatten stellen

outside **I.** *n* ❶ (*exterior*) Außenseite *f;* **from the ~** von außen ❷ (*external appearance*) **on the ~** äußerlich ❸ (*not within boundary*) **on the ~** draußen **II.** *adj attr* ❶ *door, entrance* äußere(r, s); **~ seat** Sitz *m* am Gang; **~ wall** Außenmauer *f* ❷ (*external*) **the world ~** die Welt draußen ❸ (*highest, largest*) höchste(r, s) *attr,* äußerste(r, s) *attr* **III.** *adv* ❶ (*not in building*) außen ❷ (*in open air*) im Freien **IV.** *prep* (*beyond*) außerhalb (**of** von)

outside line *n* Telefonleitung *f* für externe Gespräche

outsider [ˌaʊtˈsaɪdəʳ] *n* ❶ (*not a member*) Außenstehende(r) *f(m)* ❷ (*outcast*) Außenseiter(in) *m(f)* ❸ (*in sports*) Außenseiter(in) *m(f)*

outskirts [ˈaʊtskɜːts] *npl* Stadtrand *m*

outstanding [ˌaʊtˈstændɪŋ] *adj* ❶ (*excellent*) außergewöhnlich; *effort, contribution* bemerkenswert ❷ (*clearly noticeable*) auffallend ❸ FIN (*unpaid*) ausstehend ❹ *problems* ungelöst

outstretched [ˌaʊtˈstretʃt] *adj* ausgestreckt; *arms a.* ausgebreitet

out there *adj pred* AM (*fam*) verrückt

out-tray *n* Ablage *f* für Ausgangspost

outward [ˈaʊtwəd] **I.** *adj attr* ❶ (*exterior*) äußere(r, s), Außen- ❷ (*going out*) ausgehend; **~ flight** Hinflug *m* **II.** *adv* nach außen; **the door opens ~** die Tür geht nach außen auf

outwardly [ˈaʊtwədli] *adv* äußerlich, nach außen hin

outwards [ˈaʊtwədz] *adv* nach außen

oven [ˈʌvᵊn] *n* [Back]ofen *m,* Backrohr *nt* ÖSTERR; **microwave ~** Mikrowelle *f*

ovencloth *n* Topflappen *m* **oven glove** *n* BRIT, **oven mitt** *n* AM, AUS Topfhandschuh *m* **ovenproof** *adj* hitzebeständig **oven-ready** *adj* bratfertig, backfertig

over [ˈəʊvəʳ] **I.** *adv pred* ❶ (*across*) hinüber; **~ here** hier herüber; **~ there** dort drüben ❷ (*another way up*) **to turn ~** umdrehen ❸ (*downwards*) **to fall ~** hinfallen; **to knock sth ~** etw umstoßen ❹ (*changing hands*) **to change ~ to sth** auf etw *Akk* umsteigen *fam;* **to hand sth ~** etw übergeben ❺ (*finished*) **to be ~** vorbei sein; **to get sth ~ and done with** etw hinter sich *Akk* bringen ❻ (*remaining*) übrig ❼ (*thoroughly*) **to talk sth ~** etw durchsprechen ❽ AM (*again*) **all ~** alles noch einmal **II.** *prep* ❶ (*across*) über *+Akk* ❷ (*on the other side of*) über *+Dat;* **the diagram is ~ the page** das Diagramm ist auf der nächsten Seite ❸ (*above*) über *+Dat* ❹ (*everywhere*) [**all**] **~** [überall] in *+Dat;* **all ~ the world** in der ganzen Welt ❺ (*during*) in *+Dat,* während *+Gen;* **~ the years** mit den Jahren ❻ (*more than, longer than*) über *+Dat;* **~ and above that** darüber hinaus ❼ (*through*) **he told me ~ the phone** er sagte es mir am Telefon ❽ (*past*) **is he ~ the flu yet?** hat er seine Erkältung auskuriert?

overall[1] [ˈəʊvᵊrɔːl] *n* BRIT [Arbeits]kittel *m;* **~s** Overall *m*

overall[2] [ˌəʊvᵊrˈɔːl] **I.** *adj attr* ❶ (*general*) Gesamt-, allgemein ❷ (*over all others*) Gesamt-; *majority* absolut **II.** *adv* insgesamt

overbalance **I.** *intr verb person* das Gleichgewicht verlieren **II.** *tr verb* **to ~ sb** jdn aus dem Gleichgewicht bringen

overboard *adv* über Bord

overbook **I.** *tr verb usu passive* **to be ~ed** überbucht sein **II.** *intr verb* zu viele Buchungen vornehmen

overcast *adj sky* bedeckt

overcharge **I.** *tr verb* ❶ (*charge too much*) **to ~ sb** jdm zu viel berechnen ❷ ELEC *electrical device* überlasten **II.** *intr verb* zu viel berechnen

overcoat *n* Mantel *m*

overcome <-came, -come> **I.** *tr verb* ❶ (*cope with*) bewältigen; *crisis, opposition, fear* überwinden ❷ *fumes, exhausts* von etw ohnmächtig werden **II.** *intr verb* siegen

overconfident *adj* (*extremely self-assured*) übertrieben selbstbewusst

overcrowded *adj* ❶ (*with people*) überfüllt; **~ town** übervölkerte Stadt ❷ (*with things*) überladen

overdo <-did, -done> *tr verb* ❶ (*overexert oneself*) **to ~ it** sich überanstrengen; (*overindulge*) es übertreiben ❷ (*exaggerate*) übertreiben ❸ (*overcook*) *in water* verkochen; *in oven* verbraten

overdone *adj* ❶ (*exaggerated*) übertrieben ❷ *in water* verkocht; *in oven* verbraten

overdose[1] ['əʊvədəʊs] *n* Überdosis *f*

overdose[2] [ˌəʊvə'dəʊs] *intr verb* eine Überdosis nehmen

overdraft *n* Kontoüberziehung *f*

overdraw <-drew, -drawn> **I.** *intr verb* [sein Konto] überziehen **II.** *tr verb* **to ~ one's account** sein Konto überziehen

overdue *adj usu pred* überfällig

overestimate[1] [ˌəʊvᵊr'estɪmət] *n* Überbewertung *f*

overestimate[2] [ˌəʊvᵊr'estɪmeɪt] *tr verb* ❶ (*value too highly*) überbewerten ❷ (*estimate too much*) überschätzen

overexcited *adj usu pred* **to be/become ~** ganz aufgeregt sein/werden

overflow[1] *n* ['əʊvəfləʊ] ❶ *no pl* (*act of spilling*) Überlaufen *nt* ❷ (*overflowing liquid*) überlaufende Flüssigkeit ❸ (*outlet*) Überlauf *m*

overflow[2] [ˌəʊvə'fləʊ] **I.** *intr verb river, tank* überlaufen **II.** *tr verb* **to ~ sth** etw zum Überlaufen bringen

overgrown *adj* (*with plants*) überwuchert

overhang[1] ['əʊvəhæŋ] *n* Überhang *m;* TECH vorspringender Teil

overhang[2] [ˌəʊvə'hæŋ] *tr verb* <-hung, -hung> **to ~ sth** über etw *Akk* hinausragen; ARCHIT über etw *Akk* hervorstehen

overhead[1] ['əʊvəhed] **I.** *n* ❶ (*running costs of business*) **~s** *pl* BRIT, AUS, **~** AM laufende Geschäftskosten ❷ (*fam: projector*) Overheadprojektor *m* **II.** *adj attr* ❶ (*above head level*) Hoch-; ELEC oberirdisch ❷ (*of business running costs*) laufend

overhead[2] [ˌəʊvə'hed] *adv* in der Luft; **a plane circled ~** ein Flugzeug kreiste über uns

overhear <-heard, -heard> *tr verb* **to ~ sb** jdn unabsichtlich belauschen

overheat **I.** *tr verb* überhitzen **II.** *intr verb* sich überhitzen *a. fig; motor a.* heiß laufen

overjoyed [ˌəʊvə'dʒɔɪd] *adj pred* überglücklich (**at** über)

overland[1] ['əʊvəlænd] *adj attr* Überland-, Land-; **~ journey** Reise *f* auf dem Landweg

overland[2] [ˌəʊvə'lænd] *adv* auf dem Landweg

overlap[1] ['əʊvəlæp] *n* ❶ (*overlapping part*) Überlappung *f;* GEOL, PHYS Überlagerung *f* ❷ (*similarity*) Überschneidung *f*

overlap[2] [ˌəʊvə'læp] **I.** *intr verb* <-pp-> ❶ (*lie edge over edge*) sich überlappen ❷ (*be partly similar*) sich überschneiden **II.** *tr verb* <-pp-> **to ~ sth** ❶ (*place edge over edge*) etw überlappen lassen ❷ (*extend over*) etw überschneiden lassen

overleaf *adv* auf der Rückseite; **see ~** siehe umseitig!

overload[1] ['əʊvᵊləʊd] *n* ❶ ELEC Überlast[ung] *f;* TRANSP Übergewicht *nt* ❷ *no pl* (*excess*) Überbelastung *f*

overload[2] [ˌəʊvᵊl'əʊd] *tr verb* ❶ *vehicle* überladen ❷ COMPUT, ELEC überlasten

overlook [ˌəʊvə'lʊk] *tr verb* ❶ (*look out onto*) überblicken ❷ (*not notice*) übersehen; (*forget*) vergessen ❸ (*disregard*) **to ~ sth** über etw *Akk* hinwegsehen

overnight **I.** *adj* ❶ *attr* (*for a night*) Nacht-, Übernachtungs-; **~ stay** Übernachtung *f* ❷ (*sudden*) ganz plötzlich; **~ success** Blitzerfolg *m* **II.** *adv* (*till next day*) in der Nacht, über Nacht

overpass *n* AM Überführung *f*

overpay <-paid, -paid> *tr verb* ❶ (*overremunerate*) überbezahlen ❷ (*pay more than required*) **to ~ sth** für etw zu viel bezahlen

overpopulated *adj* überbevölkert

overpower *tr verb* überwältigen; SPORTS bezwingen

overpowering *adj* überwältigend; *smell* durchdringend

overrate *tr verb* überbewerten

overreact *intr verb* überreagieren; **to ~ to sth** auf etw *Akk* unangemessen reagieren

overreaction *n* Überreaktion *f* (**to** auf)

overriding **I.** *adj attr* vorrangig **II.** *n no pl* Fahren *nt* über das Fahrziel hinaus

overrun **I.** *n* Kostenüberschreitung *f* **II.** *tr verb* <-ran, -run> ❶ MIL (*occupy*) überrollen ❷ (*spread over*) sich in etw *Dat* ausbreiten **III.** *intr verb* <-ran, -run> ❶ (*exceed time*) überziehen ❷ (*financially*) überschreiten

overseas[1] ['əʊvəsiːz] *adj attr* (*abroad*) Übersee-; **~ assignment** Auslandseinsatz *m*

overseas[2] [ˌəʊvə'siːz] *adv* (*in foreign country*) im Ausland

overshadow *tr verb* ❶ (*cast shadow over*) überschatten ❷ (*make insignificant*) in den Schatten stellen
oversight *n* ❶ (*mistake*) Versehen *nt* ❷ *no pl* (*form: surveillance*) Aufsicht *f*
oversleep <-slept, -slept> *intr verb* verschlafen
overspend <-spent, -spent> **I.** *intr verb* zuviel [Geld] ausgeben; **to ~ on a budget** ein Budget überschreiten **II.** *tr verb* überziehen; *budget, target* überschreiten
overstaffed *adj* überbesetzt
overstay *tr verb* **to ~ a visa** ein Visum überschreiten; **to ~ one's welcome** jds Gastfreundschaft *f* überbeanspruchen
overstep <-pp-> *tr verb* überschreiten ▶ **to ~ the mark** zu weit gehen
overtake <-took, -taken> *tr verb, vi* überholen
overthrow[1] ['əʊvəθrəʊ] *n* ❶ (*removal from power*) Sturz *m* ❷ SPORTS (*in baseball, cricket*) zu weiter Wurf
overthrow[2] [ˌəʊvə'θrəʊ] *tr verb* <-threw, -thrown> (*topple*) stürzen; **to ~ the enemy** einen Gegner aus dem Weg räumen
overtime *n no pl* ❶ (*extra work*) Überstunden *Pl* ❷ AM SPORTS (*extra time*) Verlängerung *f*
overturn I. *intr verb* umstürzen; *car* sich überschlagen **II.** *tr verb* ❶ (*turn upside down*) umstoßen ❷ (*reverse*) revidieren
overview *n* Überblick *m* (**of** über)
overweight[1] ['əʊvəˌweɪt] *n no pl* AM Übergewicht *nt*
overweight[2] [ˌəʊvə'weɪt] *adj* zu schwer; *person a.* übergewichtig
overwhelming [ˌəʊvə'(h)welmɪŋ] *adj* überwältigend; *desire, need* unwiderstehlich
overwork[1] ['əʊvəwɜːk] *n no pl* Überarbeitung *f*
overwork[2] [ˌəʊvə'wɜːk] **I.** *intr verb* sich überarbeiten **II.** *tr verb* (*give too much work*) **to ~ sb** jdn [mit Arbeit] überlasten
owe [əʊ] *tr verb* ❶ (*be in debt*) **to ~ sb sth** jdm etw schulden; **to ~ sb thanks/gratitude** jdm zu Dank verpflichtet sein ❷ (*be indebted*) **to ~ sb sth** jdm etw verdanken
owing ['əʊɪŋ] *adj pred* ausstehend
owl [aʊl] *n* Eule *f*
own [əʊn] **I.** *pron* ❶ (*belonging, relating to*) **sb's ~** jds eigene(r, s); **his time is his ~** er kann über seine Zeit frei verfügen ❷ (*people*) **our/their ~** unsere/ihre Leute *fam* ▶ **to be in a class of one's ~** eine Klasse für sich sein; **[all] on one's/its ~** [ganz] allein[e] **II.** *adj attr* eigene(r, s); **you'll have to make up your ~ mind** das musst du für dich alleine entscheiden ▶ **to do one's ~ thing** (*fam*) tun, was man will; **sb's ~ flesh and blood** jds eigen[es] Fleisch und Blut *geh* **III.** *tr verb* ❶ (*possess*) besitzen; **to be privately ~ed** im Privatbesitz sein ❷ (*form: admit*) **to ~ that ...** zugeben, dass ... **IV.** *intr verb* (*form*) **to ~ to sth** etw eingestehen
owner ['əʊnəʳ] *n* Besitzer(in) *m(f)*
ownership ['əʊnəʃɪp] *n no pl* Besitz *m*, Eigentum *nt*
ox <*pl* -en> [ɒks] *n* Ochse *m*
oxen ['ɒksᵊn] *n pl of* **ox**
oxidize ['ɒksɪdaɪz] *intr verb, vt* oxidieren
oxtail soup *n* Ochsenschwanzsuppe *f*
oxygen ['ɒksɪdʒən] *n no pl* Sauerstoff *m*; **~ cylinder** Sauerstoffflasche *f*; **~ mask** Sauerstoffmaske *f*
oyster ['ɔɪstəʳ] *n* Auster *f*
oz <*pl* -> *n abbrev of* **ounce**
Oz [ɒz] *n* BRIT, AUS (*fam*) Australien *nt*
ozone layer *n* Ozonschicht *f*

O

Pp

P <*pl* -'s *or* -s>, **p** <*pl* -'s> [piː] *n* p *nt*, P *nt; see also* **A 1**

p [piː] **I.** *n* ① <*pl* -> *abbrev of* **penny, pence** ② <*pl* pp> *abbrev of* **page** S. **II.** *adv* MUS *abbrev of* **piano** p

pa [pɑː] *n* (*fam or dated: father*) Papa *m*

p.a. [ˌpiː'eɪ] *adv abbrev of* **per annum** p.a.

PA [ˌpiː'eɪ] *n* ① *abbrev of* **personal assistant** pers. Ass. ② *abbrev of* **public address system**

pace [peɪs] **I.** *n* ① (*speed*) Tempo *nt;* **to set the ~** das Tempo vorgeben ② (*step*) Schritt *m;* **to keep ~ with sb/sth** mit jdm/etw Schritt halten **II.** *tr verb* (*walk up and down*) **he ~d the room nervously** er ging nervös im Zimmer auf und ab

pacemaker *n* ① SPORTS Schrittmacher(in) *m(f)* ② MED [Herz]schrittmacher *m*

Pacific [pə'sɪfɪk] **I.** *n no pl* **the ~** der Pazifik **II.** *adj* pazifisch, Pazifik-

pacifist ['pæsɪfɪst] **I.** *n* Pazifist(in) *m(f)* **II.** *adj* pazifistisch

pack [pæk] **I.** *n* ① (*backpack*) Rucksack *m;* (*bundle*) Bündel *nt* ② (*packet*) Packung *f* ③ + *sing/pl verb* (*group*) Gruppe *f* **II.** *intr verb* ① (*for a journey*) packen ② (*fit in*) passen (**into** in) ▸ **to <u>send</u> sb ~ing** (*fam: send away*) jdn fortschicken **III.** *tr verb* ① (*put into a container*) einpacken, verpacken ② (*fill*) *bag, suitcase, trunk* packen ③ (*a. fig: cram*) voll packen (**with** mit); **to be ~ed [with people]** gerammelt voll [mit Leuten] sein *fam* ◆ **pack away** *tr verb* wegpacken, wegräumen ◆ **pack in I.** *tr verb* ① (*put in*) einpacken; (*in units for sale*) abpacken ② (*cram in*) hineinstopfen ③ (*fam: give up*) hinschmeißen **II.** *intr verb* (*fam: stop work*) Feierabend machen ◆ **pack off** *tr verb* (*fam*) wegschicken; **to ~ sb off to bed** jdn ins Bett schicken ◆ **pack up I.** *tr verb* ① (*put away*) zusammenpacken ② (*fam: give up*) hinschmeißen **II.** *intr verb* (*fam: stop work*) Feierabend machen

package ['pækɪdʒ] **I.** *n* Paket *nt* **II.** *tr verb* verpacken

package deal *n* Pauschalangebot *nt*

package holiday *n* BRIT Pauschalurlaub *m* **package tour** *n,* AM *a.* **package trip** *n* Pauschalurlaub *m*

packaging ['pækɪdʒɪŋ] *n no pl* ① (*materials*) Verpackungsmaterial *nt* ② (*activity*) Verpackung *f*

pack animal *n* Packtier *nt,* Lasttier *nt*

packet ['pækɪt] *n* Packung *f,* Schachtel *f;* **a ~ of cigarettes** eine Schachtel Zigaretten; **a ~ of crisps** eine Tüte Chips

pack ice *n no pl* Packeis *nt*

packing ['pækɪŋ] *n no pl* ① (*action*) Packen *nt* ② (*protective wrapping*) Verpackung *f*

packing routine *n* COMPUT Packroutine *f*

pad[1] [pæd] *intr verb* trotten; (*walk softly*) tappen

pad[2] [pæd] **I.** *n* ① (*cushioning material*) Polster *nt;* **cotton wool ~** Wattebausch *m* ② (*protector*) **knee ~** Knieschoner *m* ③ (*for shaping*) **shoulder ~** Schulterpolster *nt* ④ (*of paper*) Block *m* ⑤ (*on animal's foot*) Ballen *m* ⑥ AEROSP, AVIAT Abflug- und Landeplatz *m* ⑦ (*fam: abode*) Bude *f* **II.** *tr verb* <-dd-> [aus]polstern ◆ **pad out** *tr verb* (*a. iron*) ausschmücken

padded ['pædɪd] *adj* [aus]gepolstert; *envelope* gefüttert

padding ['pædɪŋ] *n no pl* (*protective material*) Polsterung *f*

paddle[1] ['pædl̩] **I.** *n* ① (*oar*) Paddel *nt* ② NAUT (*on paddle wheel*) Schaufel *f* **II.** *tr verb* (*row*) **to ~ a boat** ein Boot mit Paddeln bewegen **III.** *intr verb* (*row, swim*) paddeln

paddle[2] ['pædl̩] **I.** *n* Planschen *nt kein Pl* **II.** *intr verb* planschen

paddlesports ['pædl̩spɔːtz] *npl* Paddelsport *m*

paddling pool *n esp* BRIT, AUS Planschbecken *nt*

padlock ['pædlɒk] **I.** *n* Vorhängeschloss *nt* **II.** *tr verb* [mit einem Vorhängeschloss] verschließen

paediatrician [ˌpiːdiə'trɪʃən] *n* Kinderarzt *m*/Kinderärztin *f*

paediatrics [ˌpiːdi'ætrɪks] *npl* + *sing verb* Kinderheilkunde *f*

page[1] [peɪdʒ] **I.** *n* ① (*single sheet*)

P

Blatt *nt;* (*single side*) Seite *f* ② COMPUT Seite *f* **II.** *intr verb* ① (*read*) *book, magazine* durchblättern ② COMPUT **to ~ up/down** auf der Seite nach oben/unten gehen

page² [peɪdʒ] **I.** *n* (*hotel worker*) Page *m* **II.** *tr verb* (*over loudspeaker*) ausrufen; (*by pager*) anpiepsen

page layout *n* Seitenlayout *m*

page proof *n* Korrekturfahne *f*

pager ['peɪdʒəʳ] *n* Pager *m*

paid [peɪd] **I.** *pt, pp of* **pay** **II.** *adj attr* bezahlt ► **to put ~ to sth** BRIT, AUS etw zunichtemachen

pain [peɪn] **I.** *n* ① (*feeling*) Schmerz *m;* **a ~ in one's side** Schmerzen *Pl* in der Seite ② *no pl* (*physical suffering*) Schmerz[en] *m[Pl];* **to be in ~** Schmerzen haben ③ (*fam: nuisance*) **that child is a real ~** das Kind ist eine Nervensäge **II.** *tr verb* **it ~s sb to do sth** es tut jdm leid, etw zu tun

painful ['peɪnfᵊl] *adj* ① (*causing physical pain*) schmerzhaft ② (*upsetting*) schmerzlich

painkiller *n* Schmerzmittel *nt*

painless ['peɪnləs] *adj* schmerzlos

pain management *n* MED Palliativmedizin *f,* Schmerztherapie *f*

paint [peɪnt] **I.** *n* ① *no pl* (*substance*) Farbe *f;* (*on car*) Lack *m* ② (*art colour*) **~s** Farben *Pl;* **oil ~s** Ölfarben *Pl* **II.** *intr verb* ① ART malen; **to ~ in oils** mit Ölfarben malen ② (*decorate rooms*) streichen **III.** *tr verb* ① (*make picture*) malen ② (*apply make-up*) **she ~ed her nails a bright red** sie lackierte ihre Nägel knallrot

paintbox *n* Malkasten *m* **paintbrush** *n* [Farb]pinsel *m*

painter¹ ['peɪntəʳ] *n* ① (*artist*) [Kunst]maler(in) *m(f)* ② (*decorator*) Maler(in) *m(f);* **~ and decorator** Maler *m* und Tapezierer

painter² ['peɪntəʳ] *n* NAUT Fangleine *f*

pain threshold *n* ① (*start of pain*) Schmerzschwelle *f* ② (*limit of endurance*) Schmerzgrenze *f*

painting ['peɪntɪŋ] *n* ① (*picture*) Bild *nt* ② *no pl* (*art*) Malerei *f* ③ *no pl* (*house decorating*) Streichen *nt*

paint kettle *n* Farbeimer *m* **paint stripper** *n* Abbeizmittel *nt*

paintwork *n no pl of a house, a room, a wall* Anstrich *m; of a car* Lackierung *f*

pair [peəʳ] **I.** *n* ① (*two items*) Paar *nt;* **a ~ of socks** ein Paar *nt* Socken ② (*two-part item*) Paar *nt;* **a ~ of glasses** eine Brille; **a ~ of scissors** eine Schere; **a ~ of trousers** eine Hose ③ + *sing/pl verb* (*two people, a. couple*) Paar *nt;* **in ~s** paarweise **II.** *tr verb usu passive* **to be ~ed with sb/sth** mit jdm/etw ein Paar bilden ◆ **pair off** **I.** *intr verb* einen Partner/eine Partnerin finden **II.** *tr verb* **to ~ sb off [with sb]** jdn [mit jdm] verkuppeln *fam*

pajamas *npl* AM *see* **pyjamas**

Pakistan [ˌpɑːkɪ'stɑːn] *n* Pakistan *nt*

Pakistani [ˌpɑːkɪ'stɑːni] **I.** *n* Pakistani *m,* Pakistaner(in) *m(f)* **II.** *adj* pakistanisch

pal [pæl] *n* (*fam*) Kumpel *m*

palace ['pælɪs] *n* Palast *m*

pale¹ [peɪl] **I.** *adj* blass **II.** *intr verb* (*go white*) bleich werden

pale² [peɪl] *n* (*post*) Pfosten *m* ► **beyond the ~** indiskutabel

paleness ['peɪlnəs] *n no pl* Blässe *f*

Palestine ['pæləstaɪn] *n* Palästina *nt*

Palestinian [ˌpælə'stɪniən] **I.** *n* Palästinenser(in) *m(f)* **II.** *adj* palästinensisch

palm¹ [pɑːm] *n* (*tree*) Palme *f*

palm² [pɑːm] *n* (*of hand*) Handfläche *f;* **to read sb's ~** jdm aus der Hand lesen ◆ **palm off** *tr verb* **to ~ off ↔ sth on sb** jdm etw andrehen *fam*

palmtop *n* COMPUT Palmtop *m* **palm tree** *n* Palme *f*

pamper ['pæmpəʳ] *tr verb* verwöhnen

pamphlet ['pæmflɪt] *n* [kleine] Broschüre *f*

pan [pæn] **I.** *n* Pfanne *f;* AM (*for oven cooking*) Topf *m* **II.** *tr verb* <-nn-> AM (*cook*) [in der Pfanne] braten ◆ **pan out** *intr verb* (*develop*) sich entwickeln

pancake *n* Pfannkuchen *m*

panda ['pændə] *n* Panda *m*

pane [peɪn] *n* [Fenster]scheibe *f*

panel ['pænᵊl] **I.** *n* ① (*wooden*) [Holz]paneel *nt* ② (*metal*) Blech *nt* ③ AUTO **instrument ~** Armaturenbrett *nt* **II.** *tr verb* <BRIT -ll- *or* AM *usu* -l-> täfeln (**in** mit)

panel discussion *n* Podiumsdiskussion *f* **panel game** *n* BRIT TV Ratespiel *nt*

paneling *n* AM *see* **panelling**

P

panelist *n* AM *see* **panellist**
panelling ['pænəlɪŋ] *n no pl* [Holz]täfelung *f*
panellist ['pænəlɪst] *n* TV, RADIO (*on quiz show*) Mitglied *nt* [eines Rateteams]; (*on discussion platform*) Diskussionsteilnehmer(in) *m(f)*
panic ['pænɪk] **I.** *n no pl* Panik *f*, panische Angst; **to get in[to] a ~** in Panik geraten **II.** *intr verb* <-ck-> in Panik geraten
panic room *n* Panikraum *m* **panic-stricken** [ˌstrɪkən] *adj* von Panik ergriffen
pansy ['pænzi] *n* ❶ (*flower*) Stiefmütterchen *nt* ❷ (*pej fam: effeminate male*) Waschlappen *m*
pant [pænt] **I.** *intr verb* keuchen **II.** *n* Keuchen *nt kein Pl*
panther <*pl* - *or* -s> ['pæn(t)θəʳ] *n* ❶ (*leopard*) Panther *m* ❷ AM *a.* (*cougar*) Puma *m*
panties ['pæntiz] *npl* (*fam*) [Damen]slip *m*
pantomime ['pæntəmaɪm] *n* ❶ BRIT (*play*) *lustiges, hauptsächlich für Kinder bestimmtes Weihnachtsspiel* ❷ (*mime*) Pantomime *f*
pantry ['pæntri] *n* Vorratskammer *f*
pants [pænts] *n pl* [**a pair of**] **~s** *esp* BRIT [eine] Unterhose; AM [eine (lange)] Hose ▶ **to bore the ~s off sb** (*fam*) jdn zu Tode langweilen; **to scare the ~s off sb** jdm einen Riesenschrecken einjagen; **to be caught with one's ~ down** (*fam*) auf frischer Tat ertappt werden
pants suit *n* AM, **pantsuit** ['pæntsuːt] *n* AM, AUS Hosenanzug *m*
pantyhose *npl* AM, AUS Strumpfhose *f*
panty liner *n* Slipeinlage *f*
papal ['peɪpəl] *adj* päpstlich, Papst-
paper ['peɪpəʳ] **I.** *n* ❶ *no pl* (*for writing*) Papier *nt;* **a piece of ~** ein Blatt *nt* Papier; **recycled ~** Altpapier *nt* ❷ (*newspaper*) Zeitung *f* ❸ (*wallpaper*) Tapete *f* ❹ *usu pl* (*document*) Dokument *nt* ❺ (*credentials*) **~s** [Ausweis]papiere *Pl* ❻ BRIT, AUS UNIV **to write a ~** eine Hausarbeit schreiben **II.** *tr verb* tapezieren
paperback *n* Taschenbuch *nt*
paper bag *n* Papiertüte *f* **paper boy** *n* Zeitungsausträger *m* **paper clip** *n* Büroklammer *f* **paper cup** *n* Pappbecher *m* **paper girl** *n* Zeitungsausträgerin *f* **paper mill** *n* Papierfabrik *f* **paper millionaire** *n* STOCKEX Aktienmillionär(in) *m(f)* **paper money** *n no pl* Papiergeld *nt* **paper napkin** *n* [Papier]serviette *f* **paper profit** *n* rechnerischer Gewinn **paper round** *n* BRIT, **paper route** *n* AM Zeitungszustellung *f;* **to have a ~** Zeitungen austragen **paper-thin** *adj* hauchdünn **paper tissue** *n* Papiertaschentuch *nt*
paperwork *n no pl* Schreibarbeit *f;* **to do ~** [den] Papierkram machen *fam*
paprika ['pæprɪkə] *n no pl* Paprika *m*
par. *short for* **paragraph** Abs.
parachute ['pærəʃuːt] **I.** *n* Fallschirm *m;* **~ jump** Fallschirmabsprung *m* **II.** *intr verb* mit dem Fallschirm abspringen
parade [pə'reɪd] **I.** *n* ❶ (*procession*) Parade *f* ❷ MIL [Truppen]parade *f* **II.** *intr verb* (*walk in procession*) einen Umzug machen **III.** *tr verb* vorführen
paradise ['pærədaɪs] *n no pl* ❶ REL Paradies *nt* ❷ BIBL **Paradise** das Paradies
paragliding ['pærəˌglaɪdɪŋ] *n no pl* Gleitschirmfliegen *nt*
paragraph ['pærəgrɑːf] *n* ❶ (*text*) Absatz *m* ❷ (*newspaper article*) [kurze] Zeitungsnotiz
parallel ['pærəlel] **I.** *adj* parallel **II.** *n* Parallele *f;* **without ~** ohnegleichen *f*
parallel bars *npl* (*in gymnastics*) Barren *m*
Paralympic Games *npl,* **Paralympics** [ˌpærə'lɪmpɪks] *npl* **the ~** die Paralympischen Spiele *Pl*
paralyse ['pærəlaɪz] *tr verb* BRIT, AUS ❶ MED (*a. fig*) lähmen ❷ (*bring to halt*) lahmlegen
paralysis <*pl* -ses> [pə'ræləsɪs, *pl* -siːz] *n* Lähmung *f a. fig*
paralytic [ˌpærə'lɪtɪk] **I.** *adj* MED paralytisch, Lähmungs- **II.** *n* Paralytiker(in) *m(f) fachspr*
paralyze ['perəlaɪz] *tr verb* AM *see* **paralyse**
paramedic [ˌpærə'medɪk] *n* Sanitäter(in) *m(f)*
paramilitary [ˌpærə'mɪlɪtəri] **I.** *adj* paramilitärisch **II.** *n* Milizionär(in) *m(f)*
paranoid [ˌpærə'nɔɪd] **I.** *adj* PSYCH paranoid **II.** *n* Paranoiker(in) *m(f) geh*
paraphrase ['pærəfreɪz] **I.** *tr verb* umschreiben; **to ~ sb** jdn frei zitieren **II.** *n* Paraphrase *f geh*

P

parasite ['pærəsaɪt] *n* Parasit *m a. fig*
paratrooper ['pærəˌtru:pəʳ] *n* Fallschirmjäger(in) *m(f)*
paratroops ['pærətru:ps] *npl* Fallschirmtruppen *Pl*
parboil ['pɑ:bɔɪl] *tr verb* **to ~ food** Lebensmittel kurz vorkochen (*um sie dann weiterzuverarbeiten*)
parcel ['pɑ:sᵊl] **I.** *n* (*for mailing*) Paket *nt;* (*small parcel*) Päckchen *nt* **II.** *tr verb* <BRIT -ll- *or* AM *usu* -l-> einpacken
parcel office *n* BRIT Paketabfertigung *f*
parcel post *n* Paketpost *f*
pardon ['pɑ:dᵊn] **I.** *n no pl* LAW Begnadigung *f* **II.** *tr verb* ❶ (*forgive*) verzeihen, entschuldigen ❷ LAW begnadigen **III.** *interj* ❶ (*apology*) **I beg your ~!** [*or* AM *a.* **~ me!**] Entschuldigung!, tut mir leid! ❷ (*request for repetition*) **~?** wie bitte?
parent ['peərᵊnt] **I.** *n* ❶ *of a child* Elternteil *m;* **~s** Eltern *Pl;* **single ~** Alleinerziehende(r) *f(m)* ❷ *of an animal* Elterntier *nt; of a plant* Mutterpflanze *f* ❸ (*parent company*) Muttergesellschaft *f* **II.** *tr verb* AM großziehen
parental [pə'rentᵊl] *adj* elterlich, Eltern-; **~ control** Beaufsichtigung *f* durch die Eltern; **~ leave** Erziehungsurlaub *m*
parent company *n* Muttergesellschaft *f*
parenthood ['peərᵊnthʊd] *n no pl* Elternschaft *f*
parish ['pærɪʃ] *n* REL [Pfarr]gemeinde *f*
parity ['pærəti] *n no pl* ❶ (*equality*) Gleichheit *f* ❷ FIN, MATH Parität *f*
park [pɑ:k] **I.** *n* ❶ (*for recreation*) Park *m* ❷ *esp* BRIT SPORTS (*fam*) **the ~** der [Sport]platz ❸ *esp* BRIT AUTO **car ~** [PKW-]Parkplatz *m* **II.** *tr verb* ❶ AUTO [ein]parken ❷ (*fig fam: position*) abladen; **to ~ oneself** sich [irgendwo] hinpflanzen **III.** *intr verb* parken
park-and-ride [ˌpa:kən'raid] *n* Park-and-Ride-System *nt*
park home *n* AM Wohnmobil *nt*
parking ['pɑ:kɪŋ] *n no pl* ❶ (*action*) Parken *nt* ❷ (*space*) Parkplatz *m*
parking area *n* Parkplatz *m* **parking bay** *n* Parkbucht *f* **parking disc** *n* Parkscheibe *f* **parking light** *n* AM, AUS Standlicht *nt* **parking lot** *n esp* AM Parkplatz *m* **parking meter** *n* Parkuhr *f* **parking ticket** *n* Strafzettel *m* für unerlaubtes Parken
park keeper *n* BRIT Parkaufseher(in) *m(f)*
parkway *n* AM, AUS (*highway*) Autobahn *f*
parky ['pɑ:ki] *adj* BRIT (*fam*) *weather* frisch
Parl. *abbrev of* **Parliament** Parlament *nt*
parliament ['pɑ:ləmənt] *n* ❶ (*legislature, institution*) Parlament *nt* ❷ *no art, no pl* BRIT **Parliament** das [britische] Parlament; **in Parliament** im [britischen] Parlament ❸ (*period*) Legislaturperiode *f*

> Das britische **Parliament** stützt sich auf drei Pfeiler: das *House of Commons* (Unterhaus), das *House of Lords* (Oberhaus) und auf den jeweiligen Monarchen, der bei der Gesetzgebung jedoch nur eine untergeordnete Rolle spielt. Die beiden Kammern *(Houses of Parliament)* tagen im *Palace of Westminster* in London. Das *House of Commons* stellt die meisten der Minister. Im Gegensatz zum Unterhaus kann das Oberhaus nur bedingt Gesetze verabschieden. Die Abgeordneten des Unterhauses, die *Members of Parliament* oder *MPs*, werden direkt vom Volk gewählt. Dies gilt nicht für die Repräsentanten des Oberhauses *(peers of the realm)*, die man in zwei Gruppen einteilen kann: die geistlichen Lords *(Lords Spiritual)*, nämlich die Bischöfe der anglikanischen Kirche, und die weltlichen Lords *(Lords Temporal)*. Man unterscheidet weiterhin zwischen einem *life peer* (auf Lebenszeit ernannter Peer), dessen Titel nach dem Tod nicht weitervererbt wird, und einem *hereditary peer* (erblicher Peer), der seinen Adelstitel weitergibt. Inzwischen berechtigt ein geerbter Adelstitel nicht mehr per se dazu, im Oberhaus zu sitzen – 1999 wurde die Zahl der *hereditary peers* auf 92 reduziert.

parliamentary [ˌpɑ:lə'mentᵊri] *adj* parlamentarisch, Parlaments-; **~ bill** parlamentarischer Gesetzentwurf; **~ candidate** Kandidat(in) *m(f)* für das Parlament; **~ election** Parlamentswahl *f;*

P

~ **debate/session** Parlamentsdebatte *f*/-sitzung *f*

parlor *n* AM *see* **parlour**

parlour ['pɑːləʳ] *n* Salon *m;* **ice-cream** ~ Eisdiele *f;* **funeral** ~ Bestattungsinstitut *nt*

parody ['pærədi] **I.** *n* (*a. pej*) Parodie *f* (**of** auf) **II.** *tr verb* <-ie-> parodieren

parole [pə'rəʊl] *n no pl* bedingte Haftentlassung

parrot ['pærət] **I.** *n* (*bird*) Papagei *m* **II.** *tr verb* (*pej*) nachplappern; **to ~ sb** jdn nachäffen

parsley ['pɑːsli] *n no pl* Petersilie *f*

parsnip ['pɑːsnɪp] *n* Pastinak *m*

part [pɑːt] **I.** *n* ① (*not the whole*) Teil *m;* **she's ~ of the family** sie gehört zur Familie; **in ~** teilweise; **for the most ~** zum größten Teil ② *a.* TECH (*component*) Teil *nt;* [**spare**] **~s** Ersatzteile *Pl* ③ (*unit*) [An]teil *m* ④ FILM, TV Folge *f* ⑤ ANAT **body ~** Körperteil *m* ⑥ *usu pl* GEOG Gegend *f;* **in our/your ~ of the world** bei uns/Ihnen; **in this ~ of the world** hierzulande ⑦ THEAT (*a. fig*) Rolle *f* ⑧ *no pl* (*involvement*) Beteiligung *f* (**in** an); **to take ~ in sth** an etw *Dat* teilnehmen ▸ **for my ~, ...** was mich betrifft, ...; **to look the ~** entsprechend aussehen **II.** *adj attr* teilweise **III.** *intr verb* ① (*separate*) sich trennen ② (*become separated*) *curtains, seams* aufgehen **IV.** *tr verb* (*separate*) trennen (**from** von) ▸ **to ~ company** sich trennen

partial ['pɑːʃᵊl] *adj* ① (*incomplete*) Teil-; **their success was only ~** sie hatten nur teilweise Erfolg ② (*biased*) parteiisch ③ *pred* (*be fond of*) **to be ~ to sth** eine Vorliebe für etw haben

partially ['pɑːʃᵊli] *adv* teilweise

participant [pɑː'tɪsɪpᵊnt] *n* Teilnehmer(in) *m(f)*

participate [pɑː'tɪsɪpeɪt] *intr verb* teilnehmen

participation [pɑːˌtɪsɪ'peɪʃᵊn] *n no pl* Teilnahme *f* (**in** an)

participle [pɑː'tɪsɪpl̩] *n* Partizip *nt*

particle ['pɑːtɪkl̩] *n* ① Teilchen *nt;* **~ of dust** Staubkörnchen *nt* ② (*fig*) Spur *f*

particular [pɑː'tɪkjələʳ] **I.** *adj* ① *attr* (*individual*) bestimmt ② *attr* (*special*) besondere(r, s); **no ~ reason** kein bestimmter Grund ③ *pred* (*fussy*) eigen; (*demanding*) anspruchsvoll **II.** *n* (*form*) ① (*detail*) Einzelheit *f;* **in every ~** bis ins Detail ② (*information*) **~s** Einzelheiten *Pl*

particularly [pɑː'tɪkjələli] *adv* besonders, vor allem

parting ['pɑːtɪŋ] **I.** *n* ① (*farewell*) Abschied *m;* (*separation*) Trennung *f* ② BRIT, AUS *of hair* Scheitel *m* **II.** *adj attr* Abschieds-; **~ shot** (*fig*) letztes [sarkastisches] Wort

partition [pɑː'tɪʃᵊn] **I.** *n* ① *no pl* POL Teilung *f* ② (*structure*) Trennwand *f* **II.** *tr verb* ① POL [auf]teilen ② (*divide*) [unter]teilen

partly ['pɑːtli] *adv* zum Teil, teils, teilweise

partner ['pɑːtnəʳ] **I.** *n* ① (*owner*) Teilhaber(in) *m(f);* (*in a law firm*) Sozius *m* ② (*accomplice*) **~ in crime** Komplize *m*/Komplizin *f* ③ (*spouse*) Ehepartner(in) *m(f);* (*unmarried*) [Lebens]partner(in) *m(f)* **II.** *tr verb* **to ~ sb** jds Partner sein

partnership ['pɑːtnəʃɪp] *n no pl* (*condition*) Partnerschaft *f*

part owner *n* Miteigentümer(in) *m(f)*

part ownership *n* Miteigentümerschaft *f* **part payment** *n* Teilzahlung *f*

part-time **I.** *adj* Teilzeit-, Halbtags-; **~ staff** Teilzeitkräfte *Pl* **II.** *adv* **to work ~** halbtags arbeiten

party ['pɑːti] **I.** *n* ① (*celebration*) Party *f* ② + *sing/pl verb* POL Partei *f;* **opposition ~** Oppositionspartei *f* ③ + *sing/pl verb* (*group*) [Reise]gruppe *f;* **coach ~** Gruppe *f* von Busreisenden; **school ~** Schülergruppe *f;* **search ~** Suchtrupp *m* ④ (*person involved*) Partei *f* ⑤ (*fam: person*) Person *f* **II.** *intr verb* <-ie-> (*fam*) feiern

party-goer *n* Partygänger(in) *m(f)*

party headquarters *n* POL Parteizentrale *f* **party line** *n* ① POL Parteilinie *f* ② TELEC Gemeinschaftsanschluss *m*

party political broadcast *n* BRIT, AUS Wahlsendung *f* [einer Partei] **party politics** *n* + *sing/pl verb* Parteipolitik *f*

party popper *n* BRIT Partyknaller *m*

pashmina [pæʃ'miːnə] *n* Pashminaschal *m*

pass [pɑːs] **I.** *n* <*pl* -es> ① (*road*) Pass *m;* **mountain ~** [Gebirgs]pass *m* ② SPORTS (*of a ball*) Pass *m,* Vorlage *f* (*für ein Tor*) ③ SCHOOL, UNIV Bestehen *nt*

P

einer Prüfung; (*grade*) „Bestanden“ ④ (*permit*) Passierschein *m;* (*for a festival*) Eintrittskarte *f;* (*for public transport*) [Wochen-/Monats-/Jahres-]karte *f* **II.** *tr verb* ① (*go past*) **to ~ sb/sth** an jdm/etw vorbeigehen; (*in car*) an jdm/etw vorbeifahren ② (*overtake*) überholen ③ (*exceed*) **to ~ a limit** eine Grenze überschreiten ④ (*hand to*) **to ~ sth to sb** jdm etw geben ⑤ SPORTS **to ~ the ball** den Ball abgeben; **to ~ the ball to sb** jdm den Ball zuspielen ⑥ (*succeed*) *exam, test* bestehen ⑦ (*of time*) **to ~ the time** sich *Dat* die Zeit vertreiben ⑧ *usu passive esp* POL *law* **to be ~ed** verabschiedet werden ⑨ (*utter*) **to ~ a comment** einen Kommentar abgeben ⑩ MED (*form: excrete*) **to ~ water** Wasser lassen **III.** *intr verb* ① (*move by*) vorbeigehen; *road* vorbeiführen; **to ~ unnoticed** unbemerkt bleiben ② (*overtake*) überholen ③ (*enter*) eintreten; **to allow sb to ~** jdn durchlassen ④ SPORTS (*of a ball*) zuspielen ⑤ SCHOOL (*succeed*) bestehen ◆**pass away** **I.** *intr verb* ① (*euph: die*) entschlafen *geh* ② *anger* verrauchen **II.** *tr verb* **we ~ed away the evening watching TV** wir verbrachten den Abend mit Fernsehen ◆**pass by** **I.** *intr verb* ① *time* vergehen ② (*go past*) [an jdm/etw] vorbeigehen; (*in vehicle*) [an jdm/etw] vorbeifahren **II.** *tr verb* ① (*miss sb*) **sth ~es sb by** etw geht an jdm vorbei ② (*go past*) **to ~ by** ⟲ **sb/sth** an jdm/etw vorübergehen ◆**pass down** *tr verb* ① *usu passive* (*bequeath*) **to be ~ed down** weitergegeben werden ② (*hand down*) hinunterreichen ◆**pass off** **I.** *tr verb* ① (*hide*) abtun; **to ~ off one's embarrassment** seine Verlegenheit überspielen ② (*pretend*) **to ~ oneself off as sb** sich als jd ausgeben **II.** *intr verb* ① (*take place*) verlaufen ② (*fade*) nachlassen ◆**pass on** **I.** *intr verb* ① (*proceed*) fortfahren, weitermachen ② (*euph: die*) entschlafen *geh* **II.** *tr verb* ① BIOL weitergeben (**to** an) ② (*forward*) *information, news* weitergeben ③ *usu passive* *clothes, traditions* **to be ~ed on** weitergegeben werden ◆**pass out** *intr verb* ① (*faint*) in Ohnmacht fallen, bewusstlos werden ② (*leave*) hinausgehen; **to ~ out of sth** etw verlassen ◆**pass over** **I.** *tr verb* ① *usu passive* (*not promote*) **to be ~ed over [for promotion]** [bei der Beförderung] übergangen werden ② (*overlook*) übergehen **II.** *intr verb* entschlafen *euph* ◆**pass through** **I.** *intr verb* durchreisen; **we were only ~ing through** wir waren nur auf der Durchreise **II.** *tr verb* **the cook ~ed the carrots through the mixer** der Koch pürierte die Karotten im Mixer ◆**pass up** *tr verb* **to ~ up** ⟲ **sth** sich *Dat* etw entgehen lassen

passage ['pæsɪdʒ] *n* ① (*narrow corridor*) Gang *m,* Flur *m;* **underground ~** Unterführung *f* ② (*long path*) Durchgang *m* ③ LIT (*excerpt*) [Text]passage *f;* MUS Stück *nt* ④ (*onward journey*) Durchfahrt *f* ⑤ (*dated: sea voyage*) Überfahrt *f*

passageway *n* Korridor *m,* [Durch]gang *m*

passbook *n* Sparbuch *nt*

passenger ['pæsᵊndʒəʳ] *n* (*on a bus, tube*) Fahrgast *m;* (*on a plane*) Passagier(in) *m(f);* (*on a train*) Reisende(r) *f(m);* (*in a car*) Mitfahrer(in) *m(f),* Insasse *m/*Insassin *f*

passenger list *n* Passagierliste *f* **passenger train** *n* Personenzug *m*

passer-by <*pl* passers-> [ˌpɑːsə'baɪ] *n* Passant(in) *m(f)*

passing ['pɑːsɪŋ] **I.** *adj attr* ① (*going past*) *vehicle* vorbeifahrend; *person* vorbeikommend ② *glance, thought* flüchtig; **a ~ fancy** nur so eine Laune **II.** *n no pl* (*end*) Niedergang *m;* **the ~ of an era** das Ende einer Ära

passing-out ceremony *n* BRIT, AUS, **passing-out parade** *n* BRIT, AUS MIL, UNIV Abschlusszeremonie *f*

passing place *n* Ausweichstelle *f*

passion ['pæʃᵊn] *n* ① (*love*) Leidenschaft ② (*fancy*) Vorliebe *f;* **to have a ~ for doing sth** etw leidenschaftlich gerne tun ③ (*strong emotion*) **crime of ~** Verbrechen *nt* aus Leidenschaft; **to hate sth with a ~** etw aus tiefstem Herzen hassen

passionate ['pæʃᵊnət] *adj* leidenschaftlich

passive ['pæsɪv] **I.** *n no pl* LING Passiv *nt* **II.** *adj* ① (*inactive*) passiv ② (*indifferent*) teilnahmslos ③ (*submissive*) unter-

P

würfig; **to be too ~** sich *Dat* zu viel gefallen lassen

pass key *n* Hauptschlüssel *m*

pass mark *n* BRIT, AUS SCHOOL, UNIV Ausreichend *nt* (*Mindestnote für das Bestehen einer Prüfung*)

passport ['pɑːspɔːt] *n* [Reise]pass *m;* (*fig*) Schlüssel *m* (**to** zu); **~ control** Passkontrolle *f;* **~ holder** [Reise]passinhaber(in) *m(f)*

password *n* FIN Kennwort *nt;* COMPUT Passwort *nt*

past [pɑːst] **I.** *n no pl* ❶ (*not present*) Vergangenheit *f;* (*past life*) Vorleben *nt* ❷ LING Vergangenheit[sform] *f* **II.** *adj* ❶ *attr* (*preceding*) vergangen; **over the ~ two days** während der letzten beiden Tage ❷ (*over*) vorüber, vorbei **III.** *adv* **to go ~ sb/sth** an jdm/etw vorbeigehen; *vehicle* an jdm/etw vorbeifahren **IV.** *prep* ❶ (*to other side*) an +*Dat* ... vorbei; **to go/drive/walk ~** vorbeigehen/-fahren/-laufen ❷ (*after the hour of*) nach +*Dat;* **it's quarter ~ five** es ist Viertel nach Fünf ❸ (*beyond*) **the meat was ~ the expiry date** das Fleisch hatte das Verfallsdatum überschritten ❹ (*further than*) über +*Akk* ... hinaus; **he can't see ~ the issue** er kann einfach nicht über die Sache hinaus sehen

pasta ['pæstə] *n no pl* Nudeln *Pl*

paste [peɪst] **I.** *n no pl* ❶ (*soft substance*) Paste *f* ❷ (*sticky substance*) Kleister *m* ❸ FOOD (*mixture*) Teig *m* **II.** *tr verb* ❶ (*affix*) kleben (**on**[**to**] auf) ❷ COMPUT einfügen

pasteurize [ˌpæstʃəraɪz] *tr verb* pasteurisieren

pastry ['peɪstri] *n* ❶ *no pl* (*dough*) [Kuchen]teig *m;* **choux/puff/shortcrust ~** Brand-/Blätter-/Mürbeteig *m* ❷ (*cake*) Gebäckstück *nt*

pasture land *n no pl* Weideland *nt*

pasty¹ ['pæsti] *n* BRIT, CAN (Teig)pastete *f*

pasty² ['peɪsti] *adj* (*pej*) *complexion* bleich, käsig *fam*

pat [pæt] **I.** *tr verb* <-tt-> tätscheln; **to ~ sb/oneself on the back** (*fig*) jdm/sich selbst auf die Schulter klopfen; **to ~ vegetables dry** Gemüse trocken tupfen **II.** *n* (*tap*) [freundlicher] Klaps, Tätscheln *nt kein Pl;* **a ~ on the back** (*fig*) ein [anerkennendes] Schulterklopfen

patch [pætʃ] **I.** *n* <*pl* -es> ❶ (*spot*) Fleck[en] *m;* **in ~es** stellenweise; **fog ~** Nebelfeld *nt;* **vegetable ~** [kleines] Gemüsebeet ❷ BRIT (*fam: phase*) Phase *f;* **to go through a bad ~** eine schwere Zeit durchmachen **II.** *tr verb* (*cover*) flicken ◆**patch up** *tr verb* ❶ (*repair*) zusammenflicken *fam* ❷ (*fig: conciliate*) **to ~ up one's marriage** seine Ehe kitten *fam;* **to ~ up a quarrel** einen Streit beilegen

patchy ['pætʃi] *adj* ❶ METEO ungleichmäßig; **~ cloud/rain** stellenweise wolkig/Regen ❷ (*fig: inconsistent*) von sehr unterschiedlicher Qualität *nachgestellt, präd;* (*incomplete*) unvollständig

pâté ['pæteɪ] *n* Pastete *f*

patent ['peɪtənt, 'pæt-] **I.** *n* LAW Patent *nt* (**on** auf); **to take out a ~ on sth** [sich *Dat*] etw patentieren lassen **II.** *adj* ❶ *attr* (*copyrighted*) Patent-, patentiert ❷ (*form: blatant*) offenkundig **III.** *tr verb* **to ~ an/one's invention** eine Erfindung/sich *Dat* seine Erfindung patentieren lassen

paternal [pə'tɜːnəl] *adj* väterlich; **~ ancestors/relatives** Vorfahren *Pl*/Verwandte *Pl* väterlicherseits

paternity leave *n no pl* Vaterschaftsurlaub *m*

paternity suit *n* Vaterschaftsprozess *m*

path [pɑːθ] *n* ❶ (*way*) Weg *m,* Pfad *m* ❷ (*direction*) Weg *m; of a bullet* Bahn *f* ❸ (*fig: course*) Weg *m*

pathetic [pə'θetɪk] *adj* ❶ (*heart-rending*) Mitleid erregend; **a ~ sight** ein Bild des Jammers ❷ (*pej: pitiful*) jämmerlich; *attempt* kläglich

pathogen ['pæθə(ʊ)dʒən] *n* Krankheitserreger *m*

pathway *n* ❶ Weg *m a. fig* ❷ MED, BIOL Leitungsbahn *f*

patience ['peɪʃən(t)s] *n no pl* ❶ Geduld *f* ❷ BRIT, AUS CARDS Patience *f*

patient ['peɪʃənt] **I.** *adj* geduldig; **just be ~!** hab noch etwas Geduld!; **to be ~ with sb** mit jdm Geduld haben **II.** *n* MED Patient(in) *m(f)*

patio ['pætiəʊ] *n* ❶ (*courtyard*) Innenhof *m;* **on the ~** im Innenhof ❷ (*veranda*) Terrasse *f,* Veranda *f;* **on the ~** auf der Terrasse

patriotic [ˌpætri'ɒtɪk, ˌpeɪ-] *adj* patriotisch

patrol [pə'trəʊl] **I.** *intr verb* <-ll-> patrouillieren **II.** *tr verb* <-ll-> **to ~ one's beat** (*police*) auf Streife sein; (*watchman*) seine Runde machen **III.** *n* Patrouille *f;* **highway ~** AM *Polizei, die die Highways überwacht*

patrol car *n* Streifenwagen *m* **patrol duty** *n* Streifendienst *m* **patrolman** *n* AM, AUS Streifenpolizist(in) *m(f)*

patronize ['pætrᵊnaɪz] *tr verb* ① (*form: frequent*) **to ~ sth** [Stamm]kunde bei etw sein ② (*pej: treat condescendingly*) **to ~ sb** jdn herablassend behandeln

patronizing ['pætrᵊnaɪzɪŋ] *adj* (*pej*) herablassend

patter ['pætəʳ] **I.** *n no pl* (*sound*) *of rain* Prasseln *nt; of feet* Getrippel *nt* **II.** *intr verb feet* trippeln; *rain* prasseln

pattern ['pætən] *n* ① (*structure, design*) *a.* ECON Muster *nt* ② FASHION (*for sewing*) Schnitt *m*

patty melt *n* AM *Hamburger mit Zwiebeln und oft auch Käse auf Roggenbrot*

paunch <*pl* -es> [pɔːn(t)ʃ] *n* Bauch *m,* Wanst *m fam*

pause [pɔːz] **I.** *n* Pause *f* **II.** *intr verb speaker* innehalten; (*hesitate*) zögern; **to ~ for thought** eine Denkpause einlegen

pave [peɪv] *tr verb usu passive* ① (*cover*) pflastern; **the streets are ~d with gold** (*fig*) das Geld liegt auf der Straße ② (*fig: prepare*) **to ~ the way for sth** einer S. *Dat* den Weg ebnen

pavement ['peɪvmənt] *n* ① BRIT (*footway*) Gehsteig *m,* Bürgersteig *m* ② *no pl* AM, AUS (*road surface*) Asphalt *m*

pavement artist *n* BRIT Pflastermaler(in) *m(f)*

pavilion [pə'vɪljən] *n* ① BRIT SPORTS Klubhaus *nt* ② AM (*block*) Gebäudeflügel *m* ③ AM (*venue*) Pavillon *m*

paving stone *n esp* BRIT Pflasterstein *m*

paw [pɔː] **I.** *n* Pfote *f; of a big cat, a bear* Pranke *f* **II.** *tr verb* ① (*scrape*) **to ~ the ground** scharren ② (*fam: touch*) begrabschen **III.** *intr verb dog, bull, horse* scharren

pawn¹ [pɔːn] *n* CHESS Bauer *m*

pawn² [pɔːn] *tr verb* verpfänden

pawnbroker *n* Pfandleiher(in) *m(f)* **pawnshop** *n* Pfandleihe *f* **pawn ticket** *n* Pfandschein *m*

pay [peɪ] **I.** *n no pl* (*wages*) Lohn *m;* (*salary*) Gehalt *nt; of a civil servant* Bezüge *Pl; of a soldier* Sold *m* **II.** *tr verb* <paid, paid> ① (*give*) [be]zahlen; *money* bezahlen ② (*deposit*) einzahlen (**into** auf) ③ (*give money to*) **to ~ sb** jdn bezahlen ④ (*fig: suffer*) **to ~ the price [for sth]** [für etw] bezahlen ⑤ (*bestow*) **to ~ attention** Acht geben **III.** *intr verb* <paid, paid> ① (*give money*) [be]zahlen ② (*be worthwhile*) sich auszahlen; **it ~s to do sth** es lohnt sich, etw zu tun ③ (*fig: suffer*) **to ~ [for sth]** [für etw] bezahlen ◆ **pay back** *tr verb* ① (*give back*) zurückzahlen ② (*fig: for revenge*) **to ~ sb back for sth** jdm etw heimzahlen ◆ **pay down** *tr verb* anzahlen ◆ **pay in I.** *intr verb* ① LAW Geld bei Gericht hinterlegen ② (*to a scheme*) einzahlen **II.** *tr verb* einzahlen ◆ **pay off I.** *tr verb* (*repay*) abbezahlen; *mortgage* tilgen **II.** *intr verb* (*fig fam*) sich auszahlen ◆ **pay out I.** *tr verb* ① (*spend*) ausgeben ② (*give out*) aus[be]zahlen ③ BRIT (*take revenge*) **I'll ~ you out for this!** das wirst du mir [noch] büßen! **II.** *intr verb* FIN **to ~ out [on a policy]** [be]zahlen ◆ **pay over** *tr verb* BRIT aushändigen ◆ **pay up I.** *intr verb* [be]zahlen **II.** *tr verb* [vollständig] zurückzahlen; **to ~ up a debt** eine Schuld [vollständig] begleichen

payable ['peɪəbl̩] *adj attr* zahlbar; (*due*) fällig

pay as you earn *n* BRIT *Steuerverfahren, bei dem der Arbeitgeber die Lohnsteuer direkt an das Finanzamt weiterleitet*

pay award *n* Lohnerhöhung *f*

payback period *n* Amortisationszeit *f fachspr*

pay check AM *see* **pay cheque** **pay cheque** *n* Lohnscheck *m* **pay claim** *n* BRIT, AUS Lohnforderung *f* **pay day** *n no pl* Zahltag *m* **pay deal** *n* Lohnvereinbarung *f* **pay desk** *n* Kasse *f*

PAYE [ˌpiːeɪwaɪ'iː] *n no pl* BRIT *abbrev of* **pay as you earn**

payee [peɪ'iː] *n* Zahlungsempfänger(in) *m(f)*

payer ['peɪəʳ] *n* Zahler(in) *m(f);* **fee ~** Gebührenzahler(in) *m(f)*

pay freeze *n* Lohnstopp *m*

paying ['peɪɪŋ] *adj attr* zahlend

payment ['peɪmənt] *n* ① (*sum*) Zahlung *f;* (*fig*) Lohn *m;* **one-off ~** BRIT einmalige Zahlung ❷ (*act of paying*) Bezahlung *f*

pay packet *n* BRIT, AUS (*for blue-collar worker*) Lohntüte *f;* (*for white-collar worker*) Gehalt *m*

payphone *n* Münzfernsprecher *m*

pay raise *n* AM *see* **pay rise**

pay rise *n* BRIT, AUS (*for blue-collar worker*) Lohnerhöhung *f;* (*for white-collar worker*) Gehaltserhöhung *f*

payroll *n usu sing* (*for blue-collar worker*) Lohnliste *f;* (*for white-collar worker*) Gehaltsliste *f*

pay round *n* Tarifrunde *f* **pay settlement** *n* Tarifvereinbarung *f*

payslip *n* (*for blue-collar worker*) Lohnzettel *m;* (*for white-collar worker*) Gehaltstreifen *m*

pay talks *npl* Tarifverhandlungen *Pl* **pay TV** *n no pl* (*fam*) Pay-TV *nt*

PC[1] [ˌpiːˈsiː] *n abbrev of* **personal computer** PC *m*

PC[2] [ˌpiːˈsiː] *n* BRIT *abbrev of* **police constable**

PC[3] [ˌpiːˈsiː] **I.** *n abbrev of* **political correctness II.** *adj abbrev of* **politically correct**

PE [ˌpiːˈiː] *n no pl abbrev of* **physical education**

pea [piː] *n* Erbse *f*

peace [piːs] *n no pl* ❶ (*no war*) Frieden *m;* **to make ~** Frieden schließen ❷ (*social order*) Ruhe *f,* Frieden *m* ❸ (*tranquillity*) **~ of mind** Seelenfrieden *m;* **~ and quiet** Ruhe und Frieden; **to leave sb in ~** jdn in Frieden lassen ❹ REL **~ be with you** Friede sei mit dir

peaceful [ˈpiːsfəl] *adj* friedlich; *nation a.* friedfertig

peacekeeping I. *n no pl* Friedenssicherung *f* **II.** *adj* Friedens-; **~ force** Friedenstruppe *f* **peace-loving** *adj* friedliebend **peacemaker** *n* Frieden[s]stifter(in) *m(f)* **peacemaking** *n* Befriedung *f geh* **peace movement** *n* Friedensbewegung *f* **peace negotiations** *npl* Friedensverhandlungen *Pl* **peace offer** *n,* **peace offering** *n* Friedensangebot *nt* **peace pipe** *n* Friedenspfeife *f* **peace settlement** *n* Friedensabkommen *nt* **peacetime** *n no pl* Friedenszeiten *Pl* **peace treaty** *n* Friedensvertrag *m*

peach [piːtʃ] **I.** *n* <*pl* -es> (*fruit*) Pfirsich *m;* (*tree*) Pfirsichbaum *m* **II.** *adj* (*colour*) pfirsichfarben

peacock [ˈpiːkɒk] *n* Pfau *m*

peak [piːk] **I.** *n* Gipfel *m a. fig; of a curve, a line* Scheitelpunkt *m;* **to be at the very ~ of one's fitness** in Topform sein; **to reach a ~** den Höchststand erreichen **II.** *intr verb career* den Höhepunkt erreichen; *athletes* [seine] Höchstleistung erbringen; *skill* zur Perfektion gelangen; *figures, rates, production* den Höchststand erreichen **III.** *adj attr* ❶ (*busiest*) Haupt-; **~ hours** Stoßzeit *f;* **~ season** Hochsaison *f;* **~ viewing time** Hauptsendezeit *f* ❷ (*best, highest*) Spitzen-; **~ capacity** Auslastung *f;* **to reach ~** voll ausgelastet sein; **~ demand** Spitzenbedarf *m* (**for** an); **~ productivity** maximale Produktivität

peal [piːl] **I.** *n* Dröhnen *nt kein Pl;* **~ of bells** Glockengeläut[e] *nt kein Pl* **II.** *intr verb thunder* dröhnen; *bells* läuten

peanut [ˈpiːnʌt] *n* ❶ (*nut*) Erdnuss *f;* **~ butter** Erdnussbutter *f* ❷ (*fam: very little*) **~s** Klacks *m;* **to pay ~s** einen Hungerlohn zahlen

pear [peər] *n* Birne *f;* **~ tree** Birnbaum *m*

pearl [pɜːl] **I.** *n* ❶ (*jewel*) Perle *f;* **string of ~s** Perlenkette *f* ❷ (*fig: a drop*) Tropfen *m,* Perle *f* ❸ (*fig: fine example*) Juwel *nt* ▶ **~ of wisdom** Weisheit *f* **II.** *adj* perlweiß

pearlescent [pɜːlˈesənt] *adj car paintwork, nail polish* Perlmutt-

peasant [ˈpezənt] *n* ❶ (*small farmer*) [Klein]bauer *m*/[Klein]bäuerin *f* ❷ (*pej! fam*) Bauer *m*

pebble [ˈpebl̩] *n* Kieselstein *m*

peck [pek] **I.** *n* ❶ (*bite*) Picken *nt kein Pl;* **to give sb/sth a ~** nach jdm/etw hacken ❷ (*quick kiss*) Küsschen *nt* **II.** *tr verb* ❶ (*bite*) **to ~ sb/sth** nach jdm/etw hacken ❷ (*kiss quickly*) **to ~ sb on the cheek** jdn flüchtig auf die Wange küssen **III.** *intr verb* ❶ picken; **to ~ at sth** (*with beak*) etw aufpicken; (*with pointed tool*) gegen etw hämmern ❷ (*nibble*) **to ~ at one's food** in seinem Essen herumstochern

peckish [ˈpekɪʃ] *adj* BRIT, AUS **to feel a bit ~** ein leichtes Hungergefühl verspüren

peculiar [pɪˈkjuːliər] *adj* ❶ (*strange*)

seltsam, merkwürdig ② (*nauseous*) unwohl; **to have a ~ feeling** sich eigenartig fühlen ③ (*belonging to, special*) **to be ~ to sb** typisch für jdn sein

pedal ['pedᵊl] **I.** *n* Pedal *nt* **II.** *tr verb* <BRIT, AUS -ll- *or* AM *usu* -l-> **to ~ a bicycle** Rad fahren **III.** *intr verb* <BRIT, AUS -ll- *or* AM *usu* -l-> Rad fahren; **she ~ed through the city** sie radelte durch die Stadt

pedal bin *n* Treteimer *m* **pedal boat** *n*, **pedalo** ['pedᵊləʊ] *n* Tretboot *nt*

pedestrian [pɪ'destriən] *n* Fußgänger(in) *m(f)*; **~ crossing** Fußgängerübergang *m*

pedestrianize [pɪ'destriənaɪz] *tr verb* **to ~ sth** etw in eine Fußgängerzone umwandeln; **~d area** Fußgängerzone *f*

pediatrician *n* AM *see* **paediatrician**

pediatrics *npl + sing verb* AM *see* **paediatrics**

pedigree ['pedigri:] **I.** *n* ① (*genealogy*) Stammbaum *m* ② (*background*) Laufbahn *f* ③ (*history of idea*) Geschichte *f* **II.** *adj dog, cattle, horse* reinrassig, mit Stammbaum *nachgestellt*

pedlar ['pedləʳ] *n* BRIT, AUS ① (*drug dealer*) Drogenhändler(in) *m(f)* ② (*hist: travelling salesman*) Hausierer(in) *m(f)* ③ (*pej*) **~ of gossip** Klatschmaul *nt*; **~ of lies** Lügenmaul *nt*

pee [pi:] (*fam*) **I.** *n no pl* ① (*urine*) Pipi *nt Kindersprache* ② (*act*) Pinkeln *nt*; **to have/need a ~** pinkeln gehen/müssen **II.** *intr verb* pinkeln *fam*; **to ~ in one's pants** in die Hose[n] machen **III.** *tr verb* **to ~ oneself** sich vollpinkeln

peek [pi:k] **I.** *n* (*brief look*) flüchtiger Blick **II.** *intr verb* gucken *fam*; **to ~ into sth** in etw *Akk* hineinspähen

peel [pi:l] **I.** *n* (*skin of fruit*) Schale *f* **II.** *tr verb fruit* schälen **III.** *intr verb paint, rust, wallpaper* sich lösen; *skin* sich schälen ◆**peel off I.** *tr verb* schälen; *clothing* abstreifen **II.** *intr verb* (*come off*) *poster, wallpaper* sich lösen

peeler ['pi:ləʳ] *n* Schäler *m*

peelings ['pi:lɪŋz] *npl* Schalen *Pl*

peep¹ [pi:p] **I.** *n usu sing* ① (*sound*) Laut *m*; **to not give a ~** keinen Laut von sich geben ② (*bird sound*) Pieps *m*, Piepser *m*; **to make a ~** piepsen **II.** *tr verb* flüstern **III.** *intr verb* piepsen; **to ~ at sth/sb** etw/jdn anpiepsen

peep² [pi:p] **I.** *n* (*look*) [verstohlener] Blick; **to have a ~ at sth** auf etw *Akk* einen kurzen Blick werfen **II.** *intr verb* (*look*) **to ~ at sth/sb** verstohlen auf etw/jdn blicken; **to ~ into sth** einen Blick in etw *Akk* werfen

peer¹ [pɪəʳ] *intr verb* (*look closely*) spähen; **to ~ into the distance** in die Ferne starren; **to ~ over one's glasses** über die Brille schauen

peer² [pɪəʳ] *n* ① (*equal*) Gegenstück *nt*; **to have no ~s** unvergleichlich sein ② BRIT (*noble*) Angehöriger *m* des britischen Hochadels; POL Peer *m*

peg [peg] **I.** *n* Haken *m*; **clothes ~** Wäscheklammer *f*; **to buy off the ~** (*fig*) von der Stange kaufen ▸ **to take sb down a peg or two** jdn demütigen **II.** *tr verb* <-gg-> **to ~ sth** ① (*bind down*) etw mit Haken sichern ② (*hold at certain level*) etw fixieren ◆**peg away** *intr verb* (*fam*) schuften; **to ~ away at sth** sich in etw *Akk* hineinknien ◆**peg out I.** *tr verb* ① (*hang out*) **to ~ out clothes** Wäsche aufhängen ② (*mark*) **to ~ sth ↻ out** etw markieren **II.** *intr verb* ① (*fig fam: die*) den Löffel abgeben ② (*stop working*) *machine* den Geist aufgeben

pejorative [pɪ'dʒɒrətɪv] (*form*) **I.** *adj* abwertend **II.** *n* abwertender Ausdruck

pelican ['pelɪkᵊn] *n* Pelikan *m*

pelt¹ [pelt] *n* (*animal skin*) Fell *nt*; (*fur*) Pelz *m*

pelt² [pelt] **I.** *tr verb* (*bombard*) **to ~ sb with sth** jdn mit etw bewerfen **II.** *intr verb* ① *impers* (*rain heavily*) **it's ~ing** es schüttet ② **to ~ across the yard/into the room** über den Hof/in das Zimmer rennen **III.** *n no pl* ▸ **to drive at full ~** mit Höchstgeschwindigkeit fahren

pen¹ [pen] **I.** *n* (*writing utensil*) Feder *f*; **ballpoint ~** Kugelschreiber *m*; **felt-tip ~** Filzstift *m*; **fountain ~** Füller *m* **II.** *tr verb* <-nn-> schreiben

pen² [pen] **I.** *n* ① (*enclosed area*) Pferch *m* ② AM (*fig sl: jail*) Knast *m fam* **II.** *tr verb* <-nn-> *usu passive* **to be ~ned** eingesperrt sein

penalty ['penᵊlti] *n* ① LAW Strafe *f*; **on ~ of arrest** unter Androhung einer Haftstrafe; **maximum/minimum ~** Höchst-/Mindeststrafe *f* ② (*fig: punish-*

ment) Strafe *f* ❸ FBALL **to award a ~** einen Elfmeter geben
penalty area *n* Strafraum *m* **penalty box** *n* ❶ FBALL Strafraum *m* ❷ (*in ice hockey*) Strafbank *f* **penalty clause** *n* [restriktive] Vertragsklausel **penalty kick** *n* SPORTS Strafstoß *m;* FBALL Elfmeter *m*
pence [pen(t)s] *n pl of* **penny**
pencil ['pen(t)sᵊl] **I.** *n* Bleistift *m;* **coloured ~** Farbstift *m;* **eyeliner/eyeshadow ~** Eyeliner-/Lidschattenstift *m;* **to sharpen a ~** einen Bleistift spitzen **II.** *tr verb* <BRIT -ll- *or* AM *usu* -l-> mit Bleistift schreiben
pencil case *n* Federmäppchen *nt,* Federpennal *nt* ÖSTERR **pencil sharpener** *n* [Bleistift]spitzer *m*
pendant ['pendənt] **I.** *n* Anhänger *m;* **to wear a ~** eine Halskette mit Anhänger tragen **II.** *adj* herabhängend *attr*
pending ['pendɪŋ] **I.** *adj* LAW anhängig; *deal* bevorstehend **II.** *prep* (*form*) **~ an investigation** bis zu einer Untersuchung
penetrate ['penɪtreɪt] *tr verb* **to ~ sth** ❶ (*move into*) in etw *Akk* eindringen ❷ (*spread through*) *smell* etw durchdringen ❸ (*fig: see through*) etw ergründen; **to ~ sb's mind** jdn durchschauen
penetrating ['penɪtreɪtɪŋ] *adj* durchdringend *attr; analysis* eingehend; *mind* scharf; *voice* schrill; **to give sb a ~ look** jdn mit einem bohrenden Blick ansehen
penfriend *n* BRIT, AUS Brieffreund(in) *m(f)*
penguin ['peŋgwɪn] *n* Pinguin *m*
penholder *n* ❶ (*shaft*) Federhalter *m* ❷ (*rack*) Behälter *m* für Schreibutensilien
penicillin [ˌpenɪ'sɪlɪn] *n* Penicillin *nt*
peninsula [pə'nɪn(t)sjələ] *n* Halbinsel *f*
penis <*pl* -es *or* -nes> [piːnɪs, *pl* -niːz] *n* Penis *m*
penknife *n* Taschenmesser *nt*
penniless ['penɪləs] *adj* mittellos
penny <*pl* -nies *or* BRIT pence> ['peni, *pl* pen(t)s] *n* Penny *m* ▸ **to be worth every ~** sein Geld wert sein; **the ~ [has] dropped** BRIT der Groschen ist gefallen
pen pal *n* Brieffreund(in) *m(f)*
pension ['pen(t)ʃᵊn] *n* (*retirement money*) Rente *f;* (*for civil servants*) Pension *f;* **to live on a ~** von der Rente leben ◆**pension off** *tr verb* **to ~ off** ↻ **sb** jdn [vorzeitig] pensionieren
pensioner ['pen(t)ʃᵊnəʳ] *n* BRIT Rentner(in) *m(f);* (*civil servant*) Pensionär(in) *m(f)*
pension fund *n* Pensionskasse *f* **pension scheme** *n* BRIT, AUS Rentenversicherung *f*
pentagon ['pentəgᵊn] *n* ❶ MATH Fünfeck *nt* ❷ AM POL **the Pentagon** das Pentagon (*US-amerikanisches Verteidigungsministerium*)
pentathlon [pen'tæθlɒn] *n* Fünfkampf *m*
pent-in *adj,* **pent-up** *adj emotions* aufgestaut
penultimate [pə'nʌltɪmət] (*form*) **I.** *n* **the ~** der/die/das Vorletzte **II.** *adj attr* vorletzte(r, s)
people ['piːpl] *n* ❶ *pl* (*persons*) Leute *Pl,* Menschen *Pl;* **the right ~** die richtigen Leute ❷ *pl* (*comprising a nation*) Volk *nt* ❸ *pl* (*ordinary citizens*) **the ~** das Volk, die breite Masse
pepper ['pepəʳ] **I.** *n* ❶ *no pl* (*spice*) Pfeffer *m;* **black/ground/white ~** schwarzer/gemahlener/weißer Pfeffer ❷ (*vegetable*) Paprika *f* **II.** *tr verb* ❶ (*add pepper*) pfeffern ❷ (*pelt*) **to ~ sth/sb with sth** etw/jdn mit etw bombardieren; **to ~ sb with bullets** jdn mit Kugeln durchsieben; **to be ~ed with sth** *speech, comments* mit etw gespickt sein; *landscape, hill* mit etw übersät sein; **to be ~ed with mistakes** vor Fehlern strotzen
peppercorn *n* Pfefferkorn *nt* **pepper mill** *n* Pfeffermühle *f* **peppermint** *n* ❶ *no pl* (*plant*) Pfefferminze *f* ❷ (*sweet*) Pfefferminz[bonbon] *nt* **pepper pot** *n* BRIT, AUS, **pepper shaker** *n* AM Pfefferstreuer *m*
pep talk *n* Motivationsgespräch *nt*
per [pɜːʳ, pəʳ] *prep* ❶ (*for a, in a*) pro; **~ person/litre/mile/hour** pro Person/Liter/Meile/Stunde ❷ (*through means of*) per; **~ mail/telephone/fax** per Post/Telefon/Fax
per cent [pə'sent], AM **percent I.** *n* Prozent *nt* **II.** *adv* -prozentig; **I'm 100 ~ sure that ...** ich bin mir hundertprozentig sicher, dass ... **III.** *adj attr* **25/50 ~** 25-/50-prozentig

percentage point *n* Prozentpunkt *m*
perception [pə'sepʃᵊn] *n usu sing* Wahrnehmung *f kein Pl*
perceptive [pə'septɪv] *adj* einfühlsam; (*attentive*) aufmerksam
perch[1] [pɜːtʃ] **I.** *n* <*pl* -es> ❶ (*for birds*) Sitzstange *f* ❷ (*high location*) Hochsitz *m* **II.** *intr verb* **to ~ on sth** auf etw *Dat* sitzen **III.** *tr verb* **to ~ sth somewhere** etw auf etw *Akk* stecken
perch[2] <*pl* - *or* -es> [pɜːtʃ] *n* (*fish*) Flussbarsch *m*
percussion [pə'kʌʃᵊn] *n no pl* Percussion *f*, Schlagzeug *nt*
percussionist [pə'kʌʃᵊnɪst] *n* Schlagzeuger(in) *m(f)*
perfect[1] ['pɜːfɪkt] **I.** *adj* vollkommen, perfekt **II.** *n no pl* LING Perfekt *nt;* **future ~** vollendete Zukunft; **past ~** Plusquamperfekt *nt;* [**present**] **~** Perfekt *nt*
perfect[2] [pə'fekt] *tr verb* perfektionieren
perfection [pə'fekʃᵊn] *n no pl* Perfektion *f*, Vollkommenheit *f;* **to attain ~** Perfektion erlangen
perfectly ['pɜːfɪktli] *adv* vollkommen, perfekt; **~ clear** absolut klar *fam;* **to be ~ honest ...** ehrlich gesagt, ...
perform [pə'fɔːm] **I.** *tr verb* ❶ (*entertain*) vorführen; *play, opera* aufführen ❷ (*do*) **to ~ one's duty/a function** seine Pflicht/eine Funktion erfüllen; **to ~ a task** eine Aufgabe verrichten **II.** *intr verb* ❶ (*on stage*) auftreten ❷ (*function*) funktionieren; **to ~ poorly/well** schlecht/gut funktionieren ❸ (*do, act*) **to ~ badly/well** schlecht/gut sein
performance [pə'fɔːmən(t)s] *n* ❶ (*entertaining, showing*) Vorführung *f; of a play, an opera, a ballet, a symphony* Aufführung *f; of a part* Darstellung *f; of a song, a musical piece* Darbietung *f;* (*show, event*) Vorstellung *f;* **to put on a ~ of a play** ein Stück aufführen; **to give a ~** eine Vorstellung geben ❷ (*capability, effectiveness*) Leistung *f;* **high/poor ~** hohe/niedrige Leistung ❸ (*level of achievement*) Leistung *f;* **to give a good/poor ~** eine starke/schwache Leistung zeigen; **~ report** Leistungsbericht *m* ❹ *no pl* (*execution*) **the ~ of sth** die Ausführung einer S. *Gen;* **the ~ of a duty/task** die Erfüllung einer Pflicht/Aufgabe ❺ (*fam: fuss*) Theater *nt kein Pl fig, pej* ❻ BRIT (*fam: difficult job*) **to be quite/such a ~** eine Heidenarbeit sein
performer [pə'fɔːməʳ] *n* (*artist*) Künstler(in) *m(f);* (*actor*) Darsteller(in) *m(f)*
perfume[1] ['pɜːfjuːm] *n* ❶ Parfüm *nt* ❷ *of a flower* Duft *m*
perfume[2] [pə'fjuːm] *tr verb* parfümieren
perhaps [pə'hæps, præps] *adv* ❶ (*maybe*) vielleicht; **~ so** ja, vielleicht ❷ (*about*) etwa, ungefähr
peril ['perᵊl] *n* (*form: danger*) Gefahr *f;* (*risk*) Risiko *nt;* **to be in ~** in Gefahr sein
perilous ['perᵊləs] *adj* (*form: dangerous*) gefährlich
period ['pɪəriəd] **I.** *n* ❶ (*length of time*) Zeitspanne *f*, Periode *f;* **he was unemployed for a long ~** [**of time**] er war lange [Zeit] arbeitslos; **for a ~ of three months** für die Dauer von drei Monaten ❷ (*lesson*) Stunde *f* ❸ (*time in life, history, development*) Zeit *f;* (*distinct time*) Zeitabschnitt *m;* (*phase*) Phase *f;* **incubation ~** Inkubationszeit *f;* **~ of office** Amtszeit *f;* **colonial ~** Kolonialzeit *f* ❹ GEOL Periode *f geh* ❺ (*fam: menstruation*) Periode *f* ❻ AM LING (*a. fig: full stop*) Punkt *m* **II.** *adj* ❶ (*of an earlier period*) *chair, vase, drama* historisch ❷ (*concerning menstruation*) *cramps, pains* Menstruations-
periodical [ˌpɪəri'ɒdɪkᵊl] **I.** *n* Zeitschrift *f;* (*specialist journal a.*) Periodikum *nt fachspr* **II.** *adj attr* periodisch *geh*, regelmäßig wiederkehrend
perish ['perɪʃ] *intr verb* ❶ (*form, liter: die*) sterben; (*be destroyed*) untergehen *a. fig* ❷ BRIT, AUS *rubber, leather* brüchig werden
perishable ['perɪʃəbl̩] *adj* ❶ *food* [leicht] verderblich ❷ (*transitory*) vergänglich
perishing ['perɪʃɪŋ] *adj* BRIT, AUS (*fam: extremely cold*) bitterkalt
perjury ['pɜːdʒᵊri] *n* Meineid *nt;* **to commit ~** einen Meineid schwören
perk[1] [pɜːk] *n* ❶ (*additional benefit*) Vergünstigung *f* ❷ (*advantage*) Vorteil *m*
perk[2] [pɜːk] **I.** *tr verb* (*fam*) **to ~ coffee** Kaffee machen **II.** *intr verb* (*fam*) durchlaufen ◆**perk up I.** *intr verb* ❶ (*cheer up*) aufleben, munter werden ❷ (*be-

come livelier) munter werden **II.** *tr verb* ① (*cheer up*) aufheitern ② (*energize*) aufmuntern

perm [pɜːm] **I.** *n* (*fam*) *short for* **permanent wave** Dauerwelle *f* **II.** *tr verb* **to ~ hair** Dauerwellen machen; **~ed hair** Dauerwellen *Pl*

permanent ['pɜːmᵊnənt] *adj* ① (*lasting indefinitely*) permanent, ständig; **~ abode** fester Wohnsitz ② (*continual*) ständig, permanent

permission [pə'mɪʃᵊn] *n no pl* Erlaubnis *f;* (*from an official body*) Genehmigung *f;* **with your ~, I'd like to ...** wenn Sie gestatten, würde ich gerne ...

permit[1] ['pɜːmɪt] *n* Genehmigung *f;* **export ~** Exporterlaubnis *f;* **residence ~** Aufenthaltsgenehmigung *f;* **work ~** Arbeitserlaubnis *f*

permit[2] [pə'mɪt] **I.** *tr verb* <-tt-> ① (*allow, give permission*) gestatten, erlauben ② (*make possible*) **to ~ sb to do sth** jdm ermöglichen, etw zu tun **II.** *intr verb* (*allow*) erlauben, gestatten; **weather ~ting** vorausgesetzt, das Wetter spielt mit

perpendicular [ˌpɜːpᵊn'dɪkjʊləʳ] **I.** *adj* senkrecht (**to** zu), perpendikular *fachspr* **II.** *n* ① Senkrechte *f* ② MATH, ARCHIT **the ~** das Lot, die Senkrechte

perpetual [pə'petʃuəl] *adj attr* ① (*everlasting*) immer während, ständig ② (*repeated*) fortgesetzt, wiederholt

perplex [pə'pleks] *tr verb* ① (*confuse*) verwirren; (*puzzle*) verblüffen ② (*complicate*) verkomplizieren

persecute ['pɜːsɪkjuːt] *tr verb usu passive* verfolgen; **to be ~d for sth** wegen einer S. *Gen* verfolgt werden

persecution [ˌpɜːsɪ'kjuːʃᵊn] *n usu sing* Verfolgung *f;* **~ complex/mania** Verfolgungswahn *m*

persevere [ˌpɜːsɪ'vɪəʳ] *intr verb* nicht aufgeben, beharrlich bleiben; (*continue*) mit etw weitermachen

persist [pə'sɪst] *intr verb* ① (*continue to exist*) andauern; *cold, heat, rain* anhalten ② (*to not give up*) beharrlich bleiben; **to ~ in sth** an etw *Dat* festhalten ③ (*continue*) **to ~ in doing sth** nicht aufhören, etw zu tun

persistent [pə'sɪstᵊnt] *adj* ① (*long lasting*) *difficulties* anhaltend ② (*constant*) unaufhörlich

person <*pl* people *or form* -s> ['pɜːsᵊn] *n* ① (*human*) Person *f,* Mensch *m;* **not a single ~ came** kein Mensch kam; **morning/night ~** Morgen-/Nachtmensch *m;* **people ~** geselliger Mensch ② LING (*verb form*) Person *f*

personal ['pɜːsᵊnᵊl] *adj* persönlich; **~ belongings** persönliches Eigentum; **~ data** Personalien *Pl;* **to make a ~ appearance** persönlich erscheinen

personal computer *n* Personal Computer *m* **personal day** *n* AM (*fam*) **to take a ~** aus persönlichen Gründen einen Tag frei nehmen

personality [ˌpɜːsᵊn'æləti] *n* ① (*character*) Persönlichkeit *f,* Charakter *m;* **to have a strong ~** eine starke Persönlichkeit sein ② (*celebrity*) **a ~** eine Persönlichkeit

personally ['pɜːsᵊnᵊli] *adv* persönlich

personnel [ˌpɜːsᵊn'el] *n* ① *pl* (*employees*) Personal *nt kein Pl* ② *no pl* (*human resources department*) Personalabteilung *f*

personnel department *n* Personalabteilung *f* **personnel director** *n* Personalchef(in) *m(f)*

perspective [pə'spektɪv] *n* Perspektive *f;* **~ on sth** Einschätzung *f* einer S. *Gen;* **from a historical ~** aus geschichtlicher Sicht; **in ~** perspektivisch

Perspex® ['pɜːspeks] *n no pl* BRIT, AUS Plexiglas *nt*

perspire [pə'spaɪəʳ] *intr verb* schwitzen

persuade [pə'sweɪd] *tr verb* (*talk into*) überreden; (*convince*) überzeugen; **to ~ sb into sth** jdn zu etw überreden

persuasion [pə'sweɪʒᵊn] *n usu sing* (*talking into*) Überredung *f;* (*convincing*) Überzeugung *f*

persuasive [pə'sweɪsɪv] *adj* überzeugend

perverse [pə'vɜːs] *adj* (*pej*) ① (*deliberately unreasonable*) abwegig; *person* eigensinnig ② (*sexually deviant*) pervers

perversion [pə'vɜːʃᵊn] *n* (*pej*) ① (*unnatural behaviour*) Perversion *f* ② (*corruption*) Pervertierung *f geh;* **~ of justice** Rechtsbeugung *f*

pervert[1] ['pɜːvɜːt] *n* (*pej*) ① (*sexual deviant*) Perverse(r) *f(m)* ② (*creepy person*) Perversling *m pej fam*

pervert[2] [pə'vɜːt] *tr verb* (*pej*) ① (*cor-*

rupt) **to ~ sb** jdn verderben ② (*distort*) **to ~ sth** etw verdrehen

pesky ['peski] *adj esp* AM (*fam*) verdammt *fam;* ~ **fly** lästige Fliege; ~ **kid** nerviges Kind

pessimism ['pesɪmɪzᵊm] *n no pl* Pessimismus *m*

pessimist ['pesɪmɪst] *n* Pessimist(in) *m(f)*

pessimistic [ˌpesɪ'mɪstɪk] *adj* pessimistisch

pest [pest] *n* ① (*destructive animal*) Schädling *m* ② (*fig fam: annoying person*) Nervensäge *f fam;* (*annoying thing*) Plage *f*

pest control *n* ① *no pl* (*removal*) Schädlingsbekämpfung *f* ② (*service*) Kammerjäger *m*

pester ['pestəʳ] *tr verb* belästigen; **to ~ sb for sth** jdm mit etw keine Ruhe lassen

pesticide ['pestɪsaɪd] *n* Schädlingsbekämpfungsmittel *nt*

pesto ['pestəʊ] *n* COOK Pesto *nt*

pet [pet] **I.** *n* ① (*animal*) Haustier *nt* ② (*pej: favourite*) Liebling **II.** *adj* ① (*animals*) Tier-; ~ **cat** Hauskatze *f* ② (*favourite*) *project, charity* Lieblings- **III.** *tr verb* <-tt-> streicheln

petal ['petᵊl] *n* Blütenblatt *nt*

peter ['piːtəʳ] *intr verb* **to ~ out** zu Ende gehen; *conversation, interest* sich totlaufen

petition [pə'tɪʃᵊn] **I.** *n* ① (*signed document*) Petition *f* (**against** gegen, **for** für) ② LAW (*written request*) Gesuch *nt* **II.** *intr verb* ① (*start a written action*) **to ~ about sth** für etw Unterschriften sammeln ② LAW (*request formally*) **to ~ for sth** einen Antrag auf etw *Akk* stellen **III.** *tr verb* **to ~ sb for sth** jdn um etw ersuchen *form*

petrol ['petrᵊl] *n no pl* BRIT, AUS Benzin *nt;* **unleaded** ~ bleifreies Benzin

petrol can *n* BRIT, AUS Benzinkanister *m* **petrol company** *n* Erdölgesellschaft *f* **petrol consumption** *n no pl* BRIT, AUS Benzinverbrauch *m* **petrol engine** *n* BRIT, AUS Benzinmotor *m*

petroleum [pə'trəʊliəm] *n* Erdöl *nt*

petrol gauge *n* Benzinuhr *f* **petrol pipe** *n* BRIT, AUS Benzinleitung *f* **petrol pump** *n* BRIT, AUS Zapfsäule *f;* (*nozzle*) Zapfhahn *m* **petrol station** *n* BRIT, AUS Tankstelle *f* **petrol tank** *n* BRIT, AUS Benzintank *m*

pet-sitter *n* Haustiersitter *m*

petticoat ['petɪkəʊt] *n* (*hist*) Unterrock *m;* (*stiff*) Petticoat *m*

petty ['peti] *adj* (*pej: insignificant*) unbedeutend; (*trivial*) trivial

pew [pjuː] *n* Kirchenbank *f*

phantom ['fæntəm] **I.** *n* Geist *m,* Gespenst *nt* **II.** *adj attr* ① (*ghostly*) Geister- ② (*caused by mental illusion*) Phantom-

pharmacist ['fɑːməsɪst] *n* Apotheker(in) *m(f)*

pharmacy ['fɑːməsi] *n* ① (*store*) Apotheke *f* ② *no pl* (*course of study*) Pharmazie *f*

phase [feɪz] **I.** *n* Phase *f;* **moon** ~ Mondphase *f;* **developmental** ~ Entwicklungsphase *f;* **to go through a** ~ eine Phase durchlaufen **II.** *tr verb usu passive* (*implement*) stufenweise durchführen; (*introduce*) stufenweise einführen ◆**phase in** *tr verb* stufenweise einführen ◆**phase out** *tr verb* ① ECON (*gradually stop*) auslaufen lassen ② (*fig: get rid of*) **to ~ sb out** jdn abservieren *fam*

PhD [ˌpiːeɪtʃ'diː] *n abbrev of* **Doctor of Philosophy** Dr., Doktor *m;* ~ **student** Doktorand(in) *m(f);* ~ **thesis** Doktorarbeit *f*

pheasant <*pl* -s *or* -> ['fezᵊnt] *n* Fasan *m*

phenomenal [fɪ'nɒmɪnᵊl] *adj* (*great*) phänomenal

phenomenon <*pl* -mena *or* -s> [fɪ'nɒmɪnən, *pl* -mɪnə] *n* Phänomen *nt geh*

philistine ['fɪlɪstaɪn] (*pej*) **I.** *n* Banause *m* **II.** *adj* banausisch

philosopher [fɪ'lɒsəfəʳ] *n* Philosoph(in) *m(f)*

philosophic[al] [ˌfɪlə'sɒfɪk(ᵊl)] *adj* ① PHILOS philosophisch ② (*calm*) gelassen

philosophize [fɪ'lɒsəfaɪz] *intr verb* philosophieren

philosophy [fɪ'lɒsəfi] *n no pl* Philosophie *f*

phobia ['fəʊbiə] *n* Phobie *f*

phone [fəʊn] **I.** *n* Telefon *nt;* **she put the ~ down on me** sie hat [bei unserem Gespräch] einfach aufgelegt; **to answer the ~** ans Telefon gehen; **to hang up the ~** auflegen; **to pick up**

P

the ~ abheben; **to speak** [**to sb**] **on the** ~ [mit jdm] telefonieren; **on the** ~ am Telefon; **to be on the** ~ BRIT telefonieren **II.** *tr verb* anrufen **III.** *intr verb* telefonieren ◆**phone back** *tr verb* zurückrufen ◆**phone in I.** *intr verb* anrufen; **to** ~ **in ill** sich telefonisch krank melden **II.** *tr verb* (*information*) telefonisch durchgeben ◆**phone up** *tr verb* anrufen

phone booth *n* Telefonzelle *f*

phonecard *n* Telefonkarte *f*

phone-in I. *n Sendung, an der sich das Publikum per Telefon beteiligen kann* **II.** *adj attr* ~ **programme** *Sendung mit telefonischer Publikumsbeteiligung*

phone number *n* Telefonnummer *f*

phonetic [fə(ʊ)'netɪk] *adj* LING phonetisch

phoney ['fəʊni] (*pej*) **I.** *adj* (*fam*) *accent, smile* aufgesetzt **II.** *n* (*impostor*) Hochstapler(in) *m(f)*

phosphorescent [ˌfɒsfᵊr'esᵊnt] *adj* phosphoreszierend

phosphorus ['fɒsfᵊrəs] *n no pl* Phosphor *m*

photo ['fəʊtəʊ] *n short for* **photograph** Foto *nt*

photo-ageing *n no pl* Hautalterung *f* durch Sonnenstrahlen

photocall *n* Fototermin *m*

photochromic *adj* PHOT *lenses* phototrop

photocopier *n* [Foto]kopierer *m*

photocopy I. *n* [Foto]kopie *f* **II.** *tr verb* [foto]kopieren

photo-editing *n* COMPUT, PHOT digitale Bildbearbeitung **photo finish** *n* SPORTS Fotofinish *nt* **photoflash** ['fəʊtəʊˌflæʃ] *n* Blitzlicht *nt*

photograph ['fəʊtəgrɑːf] **I.** *n* Fotografie *f*, Foto *nt;* **aerial** ~ Luftaufnahme *f;* **colour/black-and-white** ~ Farbfotografie/Schwarz-Weiß-Fotografie *f* **II.** *tr verb* fotografieren **III.** *intr verb* **to** ~ **well/badly** gut/schlecht auf Fotos aussehen

photograph album *n* Fotoalbum *nt*

photographer [fə'tɒgrəfəʳ] *n* Fotograf(in) *m(f)*

photographic [ˌfəʊtə'græfɪk] *adj* fotografisch; ~ **equipment** Fotoausrüstung *f*

photography [fə'tɒgrəfi] *n no pl* Fotografie *f*

photojournalism *n no pl* Fotojournalismus *m*

photometer [fə(ʊ)'tɒmɪtəʳ] *n* Photometer *nt*

photomontage [ˌfəʊtə(ʊ)mɒn'tɑːʒ] *n* Fotomontage *f* **photo opportunity** *n* Fototermin *m* **photo reporter** *n* Fotoreporter(in) *m(f)* **photoshoot** *n* Fototermin *m*

photosynthesis *n no pl* BIOL, CHEM Photosynthese *f*

phrasal ['freɪzᵊl] *adj* LING Satz-; ~ **verb** Phrasal Verb *nt* (*Grundverb mit präpositionaler oder adverbialer Ergänzung*)

phrase [freɪz] **I.** *n* (*words*) Satz *m;* (*idiomatic expression*) Ausdruck *m* **II.** *tr verb* formulieren

phrase book *n* Sprachführer *m*

physical ['fɪzɪkᵊl] *adj* ❶ (*of the body*) *condition, strength* körperlich, physisch *geh;* **to have a** ~ **disability** körperbehindert sein ❷ (*sexual*) *contact, love* körperlich ❸ (*material*) physisch

physical education *n no pl* SCHOOL Sport[unterricht] *m*

physician [fɪ'zɪʃᵊn] *n esp* AM (*GP*) Arzt *m*/Ärztin *f*

physicist ['fɪzɪsɪst] *n* Physiker(in) *m(f)*

physics ['fɪzɪks] *n + sing verb* Physik *f*

physio ['fɪziəʊ] *n* ❶ BRIT, AUS (*fam*) *short for* **physiotherapist** Physiotherapeut(in) *m(f)* ❷ *no pl esp* BRIT *short for* **physiotherapy** Physiotherapie *f*

physioball [fɪziəʊbɔːl] *n* Gymnastikball *m* **physiotherapist** [ˌfɪziə(ʊ)'θerəpɪst] *n esp* BRIT Physiotherapeut(in) *m(f) fachspr,* Krankengymnast(in) *m(f)* **physiotherapy** [ˌfɪziə(ʊ)'θerəpi] *n no pl esp* BRIT Physiotherapie *f fachspr*

physique [fɪ'ziːk] *n* Körperbau *m;* (*appearance*) Figur *f*

pianist ['piːənɪst] *n* Klavierspieler(in) *m(f);* (*professional*) Pianist(in) *m(f)*

piano [pi'ænəʊ] *n* Klavier *nt,* Piano *nt;* **to play** [**the**] ~ Klavier spielen; **at the** ~ am Klavier; ~ **recital** Klavierkonzert *nt;* ~ **stool** Klavierstuhl *m*

pick [pɪk] **I.** *n* ❶ (*choice*) Auswahl *f;* **to have first** ~ die erste Wahl haben; **to take one's** ~ sich *Dat* etw aussuchen ❷ *+ sing/pl verb* (*best*) **the** ~ **of sth** das Beste ❸ (*pickaxe*) Spitzhacke *f* ❹ MUS Plättchen *nt* **II.** *tr verb* ❶ (*select*) aussuchen ❷ (*fam: start*) **to** ~ **a fight with**

sb mit jdm einen Streit anzetteln ③ (*scratch*) **to ~ sth** an etw *Dat* kratzen **III.** *intr verb* ① (*be choosy*) aussuchen ② (*toy with*) **to ~ at one's food** in seinem Essen herumstochern ③ (*scratch*) **to ~ at sth** an etw *Dat* [herum]kratzen ◆**pick off** *tr verb* ① (*shoot*) **to ~ off ↻ sb/sth** jdn/etw einzeln abschießen ② (*fig: take best*) **to ~ off ↻ sth** sich *Dat* das Beste herauspicken ◆**pick on** *intr verb* **to ~ on sb** ① (*select*) jdn aussuchen ② (*victimize*) auf jdm herumhacken ◆**pick out** *tr verb* ① (*select*) aussuchen ② (*recognize*) erkennen ③ (*highlight*) hervorheben ◆**pick over, pick through** *tr verb* **to ~ sth ↻ over** etw gut durchsehen ◆**pick up I.** *tr verb* ① (*lift*) aufheben; **to ~ up the phone** [den Hörer] abnehmen ② (*stand up*) **to ~ oneself up** aufstehen; (*collect oneself*) sich aufrappeln *fam* ③ (*learn*) aufschnappen ④ (*collect*) abholen; **to ~ up passengers** Fahrgäste aufnehmen ⑤ (*on radio*) *a signal* empfangen ⑥ (*increase*) *speed* schneller werden **II.** *intr verb* ① (*improve*) sich bessern, besser werden ② (*resume*) **to ~ up where one left off** da weitermachen, wo man aufgehört hat

picket ['pɪkɪt] **I.** *n* ① (*striker*) Streikposten *m;* (*blockade*) Streikblockade *f* ② (*stake*) Palisade *f* **II.** *tr verb* **to ~ sth** vor etw *Dat* Streikposten aufstellen **III.** *intr verb* demonstrieren

picketing ['pɪkɪtɪŋ] *n no pl* (*by strikers*) Aufstellen *nt* von Streikposten

picket line *n* Streikpostenkette *f*

picking list *n* AM ① COMM Entnahmeliste *f* ② COMPUT Pickliste *f*

pickle ['pɪkl] **I.** *n* ① *no pl* [Mixed] Pickles *Pl;* (*sauce*) Relish *nt* ② AM (*conserved gherkin*) saure Gurke **II.** *tr verb* einlegen

pickled ['pɪkld] *adj* (*preserved*) eingelegt

pickpocket *n* Taschendieb(in) *m(f)*

pickup *n* ① (*fam: collection*) Abholen *nt kein Pl;* **we arranged a ten o'clock ~ to take Cathy to the station** wir verabredeten mit Cathy, dass wir sie um zehn Uhr abholen und zum Bahnhof bringen würden ② (*increase*) Ansteigen *nt kein Pl,* Zunahme *f* ③ (*van*) Kleintransporter *m*

picnic ['pɪknɪk] **I.** *n* Picknick *nt;* **to go on a ~** ein Picknick machen; **to be no ~** (*fig*) kein Spaziergang sein **II.** *intr verb* <-ck-> picknicken

picnicker ['pɪknɪkəʳ] *n jd, der ein Picknick macht*

picture ['pɪktʃəʳ] **I.** *n* ① (*painting, drawing*) Bild *nt* ② (*photograph*) Bild *nt,* Foto *nt;* **to take a ~** ein Foto machen ③ (*on TV screen*) [Fernseh]bild *nt* ④ (*film*) Film *m* ⑤ (*cinema*) **the ~s** das Kino ⑥ (*fig: impression*) Bild *nt;* **this is not an accurate ~** das ist eine Verdrehung der Tatsachen; **mental ~** Vorstellung *f* ⑦ (*embodiment*) **the ~ of sth** der Inbegriff einer S. *Gen* ► **to be in the ~** (*informed*) im Bilde sein; **to get the ~** etw verstehen **II.** *tr verb* **to ~ sth** sich *Dat* etw vorstellen; (*depict*) etw darstellen **III.** *intr verb* **to ~ to oneself how ...** sich *Dat* vorstellen, wie ...

picture book *n* Bilderbuch *nt* **picture frame** *n* Bilderrahmen *m* **picture gallery** *n* [Kunst]galerie *f* **picture messaging** *n* Picture Messaging *nt* **picture postcard** *n* Ansichtskarte *f*

pidgin ['pɪdʒɪn] *adj attr* Pidgin-; **~ English** gebrochenes Englisch

pie [paɪ] *n* Pastete *f*

piece [pi:s] **I.** *n* ① (*bit*) Stück *nt;* (*part*) Teil *nt o m; of bread* Scheibe *f; of cake* Stück *nt;* **a ~ of broken glass** eine Glasscherbe; **[all] in one ~** heil; **~ by ~** Stück für Stück ② (*item*) Stück *nt;* **~ of baggage** Gepäckstück *nt;* **~ of paper** Blatt *nt* Papier ③ (*non-physical item*) **a ~ of advice** ein Rat *m;* **a ~ of evidence** ein Beweis *m;* **a ~ of information** eine Information ④ MUS, THEAT Stück *nt,* Werk *nt;* **a ~ of writing** ein literarisches Werk ► **to be a ~ of cake** (*fam*) kinderleicht sein **II.** *tr verb* **to ~ together sth** etw zusammensetzen; (*reconstruct*) etw rekonstruieren

piece rate *n* Akkordlohn *m* **piecework** *n no pl* Akkordarbeit *f* **pieceworker** *n* Akkordarbeiter(in) *m(f)*

pie chart *n* MATH Tortendiagramm *nt*

pier [pɪəʳ] *n* NAUT Pier *m o fachspr f,* Hafendamm *m;* (*landing stage*) Landungsbrücke *f*

pierce [pɪəs] **I.** *tr verb* (*make hole in*) durchstechen; (*more forceful*) durchstoßen; **to have ~d ears** Ohrlöcher haben

II. *intr verb* (*drill*) **to ~ into sth** sich in etw *Akk* bohren

piercing ['pɪəsɪŋ] **I.** *adj* ❶ (*loud*) durchdringend; (*pej*) *voice a.* schrill ❷ (*cold*) eisig ❸ (*penetrating*) *eyes, gaze, look* durchdringend, stechend **II.** *n no pl* (*body-piercing*) Piercing *nt*

pig [pɪg] *n* ❶ Schwein *nt* ❷ (*fam: greedy person*) Vielfraß *m* ❸ (*pej fam: bad person*) Schwein *nt* ◆ **pig out** *intr verb* (*fam*) **to ~ out [on sth]** sich [mit etw] vollstopfen

pigeon ['pɪdʒən] *n* Taube *f*

pigeon-hole I. *n* [Post]fach *nt*, Ablage *f* **II.** *tr verb* (*categorize*) **to ~ sb/sth** jdn/etw in eine Schublade stecken

piggyback I. *n* **to give sb a ~** jdn huckepack nehmen **II.** *intr verb* huckepack machen

piggy bank *n* Sparschwein *nt*

pigheaded *adj* (*pej*) stur, starrköpfig

piglet ['pɪglət] *n* Ferkel *nt*

pigpen *n* AM *see* **pigsty** **pigsty** *n* (*a. fig, pej*) Schweinestall *m* **pigtail** *n* (*hair*) Pferdeschwanz *m;* (*braided*) Zopf *m*

Pilates ['pɪlɑ:teɪz] *n no pl* SPORTS Pilates *nt*

pile [paɪl] **I.** *n* ❶ (*stack*) Stapel *m;* (*heap*) Haufen *m* ❷ (*fam: large amount*) Haufen *m* **II.** *tr verb* stapeln (**on[to]** auf) **III.** *intr verb* ❶ (*fam: crowd into*) **to ~ onto the bus** sich in den Bus reindrücken ❷ (*collide*) **to ~ into sth** ineinanderrasen ◆ **pile in** *intr verb* in etw *Akk* [hinein]strömen; (*forcefully*) sich in etw *Akk* [hinein]drängen ◆ **pile on** *tr verb* anhäufen; **you're really piling it on with the compliments tonight** du bist ja heute Abend so großzügig mit Komplimenten *hum* ◆ **pile up I.** *intr verb debts, problems* sich anhäufen; (*get more frequent*) sich häufen **II.** *tr verb* anhäufen

piles [paɪlz] *npl* (*fam*) Hämorrhoiden *Pl*

pile-up *n* Massenkarambolage *f*

pilfer ['pɪlfəʳ] *tr verb, vi* klauen

pilgrimage ['pɪlgrɪmɪdʒ] *n* REL Pilgerfahrt *f*

pill [pɪl] *n* ❶ (*tablet*) Tablette *f* ❷ (*contraceptive*) **the ~** die Pille; **to be on the ~** die Pille nehmen

pillar ['pɪləʳ] *n* ❶ (*column*) Pfeiler *m,* Säule *f* ❷ (*fig: mainstay*) Stütze *f*

pillar box *n* BRIT Briefkasten *m*

pillow ['pɪləʊ] **I.** *n* ❶ [Kopf]kissen *nt* ❷ AM (*cushion*) Kissen *nt* **II.** *tr verb* **to ~ one's head on sth** seinen Kopf auf etw *Akk* legen

pillowcase *n* [Kopf]kissenbezug *m*

pilot ['paɪlət] **I.** *n* ❶ AVIAT Pilot(in) *m(f);* NAUT Lotse *m,* Lotsin *f* ❷ TV Pilotfilm *f* ❸ TECH (*pilot light*) Kontrolllampe *f* **II.** *tr verb* ❶ AVIAT, NAUT *aircraft* fliegen ❷ (*test*) **to ~ a project** ein Pilotprojekt durchführen **III.** *adj usu attr* Pilot-; **a ~ test** ein erster Test

pilot boat *n* Lotsenboot *nt* **pilot light** *n* ❶ (*monitoring light*) Kontrolllampe *f* ❷ (*flame*) Zündflamme *f* **pilot plant** *n* Versuchsanlage *f* **pilot program** *n* AM *see* **pilot scheme** **pilot scheme** *n* BRIT, AUS Testreihe *f*

pilot's licence, AM **pilot's license** *n* Pilotenschein *m*

pilot survey *n* Pilotuntersuchung *f*

pilot-test *tr verb* **to ~ sth** eine erste Testreihe von etw durchführen **pilot-testing** *n no pl* Durchführung *f* einer ersten Testreihe

pimp [pɪmp] *n* Zuhälter *m*

pimple ['pɪmpl̩] *n* Pickel *m*

pimply ['pɪmpl̩i] *adj* pickelig

pin [pɪn] **I.** *n* ❶ (*sharp object*) Nadel *f;* **drawing ~** Reißzwecke *f* ❷ (*for clothing*) [Ansteck]nadel *f* **II.** *tr verb* <-nn-> ❶ (*attach with pin*) befestigen ([up]on/to an); **to ~ back one's ears** *esp* BRIT (*fig fam*) die Ohren spitzen ❷ (*hold firmly*) **she was ~ned under a fallen beam** sie saß unter einem heruntergefallenen Balken fest ◆ **pin down** *tr verb* ❶ (*define exactly*) genau definieren ❷ (*make decide*) **to ~ down ⟲ sb** jdn festnageln ❸ (*hold fast*) **to ~ down ⟲ sb** jdn fest halten ◆ **pin up** *tr verb* anstecken; **to ~ up one's hair** die Haare hochstecken; **to ~ up a picture on the wall** ein Bild an die Wand hängen

PIN [pɪn] *n abbrev of* **personal identification number** PIN *f*

pinball machine *n* Flipper *m*

pincer ['pɪn(t)səʳ] *n* ❶ *usu pl* ZOOL Schere *f* ❷ (*tool*) **~s** [Kneif]zange *f*

pinch [pɪn(t)ʃ] **I.** *tr verb* ❶ (*nip*) kneifen, zwicken *bes* SÜDD, ÖSTERR ❷ (*fam: steal*) klauen **II.** *intr verb* kneifen, zwicken **III.** *n* <*pl* -es> ❶ (*nip*) Kneifen *nt,*

P

Zwicken *nt* (2) (*small quantity*) *of salt* Prise *f*

pine[1] [paɪn] *n* (1) (*tree*) Kiefer *f* (2) *no pl* (*wood*) Kiefer *f*, Kiefernholz *nt* (3) BRIT (*stone pine*) Pinie *f*

pine[2] [paɪn] *intr verb* sich vor Sehnsucht verzehren *liter;* **to ~ for sb/sth** sich nach jdm/etw sehnen

pineapple ['paɪnæpḷ] *n* Ananas *f*

pine cone *n* Kiefernzapfen *m;* BRIT (*of stone pine*) Pinienzapfen *m*

pine needle *n* Kiefernnadel *f;* BRIT (*of stone pine*) Piniennadel *f*

ping [pɪŋ] **I.** *n* [kurzes] Klingeln; *of glass* Klirren *nt* **II.** *intr verb* (1) (*make sound*) [kurz] klingeln; *glass* klirren (2) AM, AUS AUTO *engine* klingeln

ping-pong ['pɪŋˌpɒŋ] *n no pl* (*fam*) Tischtennis *nt*, Pingpong *nt*

pink [pɪŋk] **I.** *n* Rosa *nt*, Pink *nt* **II.** *adj* rosa, pink

pinpoint **I.** *tr verb* [genau] feststellen **II.** *adj attr* sehr genau, haargenau; **~ accuracy** hohe Genauigkeit **III.** *n* winziger Punkt

pinprick *n* Nadelstich *m;* (*fig: cause of irritation*) [kleine] Widrigkeit

pinstripe *n* (1) *no pl* (*pattern*) Nadelstreifen *m* (2) (*suit*) Nadelstreifenanzug *m*

pint [paɪnt] *n* (1) (*measurement*) Pint *nt* (*0,568 l*) (2) BRIT (*fam: beer*) ≈ eine Halbe

pioneer [ˌpaɪə'nɪəʳ] **I.** *n* Pionier(in) *m(f)* **II.** *adj* Pionier-, bahnbrechend; (*innovative*) innovativ **III.** *tr verb* **to ~ sth** den Weg für etw bereiten

pious ['paɪəs] *adj* fromm

pip[1] [pɪp] *n* BOT Kern *m*

pip[2] [pɪp] *n usu pl esp* BRIT Piep *m*

pip[3] <-pp-> [pɪp] *tr verb* BRIT (*fam*) **to ~ sb** jdn [knapp] besiegen

pipe [paɪp] **I.** *n* (1) TECH (*tube*) Rohr *nt* (2) (*for smoking*) Pfeife *f* **II.** *tr verb* (1) (*transport*) *gas, oil, water* leiten (2) (*speak shrilly*) piepsen **III.** *intr verb* piepsen ◆**pipe down** *intr verb* (*fam: be quiet*) den Mund halten ◆**pipe up** *intr verb* den Mund aufmachen

pipe cleaner *n* Pfeifenreiniger *m* **pipe dream** *n* [Tag]traum *m* **pipe-fitter** *n* Installateur(in) *m(f)* (*von Rohrleitungen*)

pipeline *n* Pipeline *f;* **in the ~** (*fig*) in Planung

piper ['paɪpəʳ] *n* Dudelsackspieler(in) *m(f)*

pipe smoker *n* Pfeifenraucher(in) *m(f)*

piping ['paɪpɪŋ] **I.** *n no pl* Paspel *f;* (*on furniture*) Kordel *f* **II.** *adv* **~ hot** kochend heiß

piracy ['paɪ(ə)rəsi] *n no pl* (1) (*at sea*) Piraterie *f*, Seeräuberei *f* (2) (*of copyrights*) Raubkopieren *nt;* **software/video ~** Software-/Videopiraterie *f*

pirate ['paɪ(ə)rət] **I.** *n* (1) (*buccaneer*) Pirat(in) *m(f)* (2) (*plagiarizer*) Raubkopierer(in) *m(f)* **II.** *adj attr video, CD* raubkopiert **III.** *tr verb* **to ~ sth** eine Raubkopie von etw machen

Pisces <*pl* -> ['paɪsi:z] *n* ASTRO (1) *no pl* (*sign*) Fische *Pl* (2) (*person*) Fisch *m*

piss [pɪs] (*fam!*) **I.** *n no pl* Pisse *f derb* ▶ **to take the ~ [out of sb]** BRIT jdn verarschen *derb* **II.** *intr verb* pissen *fam;* **~ off!** verpiss dich! **III.** *tr verb* **to ~ oneself** in die Hose machen; (*laugh*) sich *Dat* vor Lachen in die Hosen machen ◆**piss about**, **piss around** BRIT, AUS **I.** *intr verb* (*fam!: be silly*) Blödsinn machen **II.** *tr verb* (*fam!*) **to ~ sb about** (*waste time*) jds Zeit *f* verschwenden

pissed [pɪst] *adj* (*fam!*) (1) BRIT, AUS besoffen *fam;* **to be ~ out of one's head** sternhagelvoll sein (2) **~ [off]** [stink]sauer

piss-up *n* BRIT, AUS (*fam!*) Besäufnis *nt*

pistachio [pɪ'stɑ:ʃiəʊ] *n* Pistazie *f*

piste [pi:st] *n* Piste *f*

pistol ['pɪstᵊl] *n* Pistole *f;* **~ shot** [Pistolen]schuss *m*

piston ['pɪstᵊn] *n* Kolben *m;* **~ engine** Kolbenmotor *m*

pit[1] [pɪt] *n* (1) (*in ground*) Grube *f;* (*scar*) Narbe *f* (2) (*mine*) Bergwerk *nt* (3) *esp* BRIT THEAT (*seating area*) Parkett *nt*

pit[2] [pɪt] **I.** *n esp* AM (*stone*) Kern *m* **II.** *tr verb* <-tt-> (1) FOOD entkernen (2) **to ~ sth against sth** *products* etw gegen etw ins Rennen schicken

pitch[1] *n no pl* (*tar*) Pech *nt*

pitch[2] [pɪtʃ] **I.** *n* <*pl* -es> (1) BRIT, AUS (*sports field*) [Spiel]feld *nt;* BRIT (*for camping*) [Zelt]platz *m* (2) (*baseball throw*) Wurf *m* (3) *no pl* MUS Tonhöhe *f* (4) (*fig: worked-up*) **to be at fever ~** [furchtbar] aufgeregt sein (5) *no pl* (*persuasion*) **[sales] ~** [Verkaufs]sprüche *Pl a. pej fam* **II.** *tr verb* (1) (*throw*) werfen (2) (*set up*) aufstellen; **to ~ a tent** ein

P

Zelt aufschlagen ❸ (*target*) **to ~ sth at sb** etw auf jdn ausrichten **III.** *intr verb* ❶ (*move*) *ship* stampfen *fachspr* ❷ SPORTS (*in baseball*) werfen; (*in cricket*) [auf den Boden] aufkommen
◆**pitch in** *intr verb* (*fam: contribute*) mit anpacken; **to ~ in with sth** sich mit etw einbringen

pitch-black *adj* pechschwarz

pitch darkness *n no pl* völlige Dunkelheit

pitched [pɪtʃt] *adj* ❶ (*with tar*) geteert ❷ (*sloping*) **~ roof** Dachschräge *f*

pitcher¹ ['pɪtʃəʳ] *n* (*jug*) [Henkel]krug *m*

pitcher² ['pɪtʃəʳ] *n* SPORTS (*in baseball*) Werfer(in) *m(f)*, Pitcher(in) *m(f) fachspr*

pitchfork *n* (*for hay*) Heugabel *f*; (*for manure*) Mistgabel *f*

pitfall *n usu pl* Falle *f*; *of a language, a subject* Hauptschwierigkeit *f*

pith [pɪθ] *n no pl* ❶ (*of orange, grapefruit*) weiße Innenhaut ❷ (*in plants*) Mark *nt* ❸ (*fig: essence*) Kern *m*

pithy ['pɪθi] *adj* ❶ (*succinct*) prägnant ❷ (*of citrus fruits*) dickschalig

pitiful ['pɪtifᵊl] *adj* ❶ (*arousing pity*) bemitleidenswert ❷ (*unsatisfactory*) jämmerlich

pitiless ['pɪtiləs] *adj* erbarmungslos, unbarmherzig

pitta ['pɪtə] *n*, **pitta bread** *n no pl* Pittabrot *nt*

pity ['pɪti] **I.** *n no pl* ❶ (*compassion*) Mitleid *nt*; **to feel ~ for sb** mit jdm Mitleid haben ❷ (*shame*) **what a ~!** wie schade! **II.** *tr verb* <-ie-> **to ~ sb** Mitleid mit jdm haben

pivot ['pɪvət] **I.** *n* ❶ MECH, TECH (*shaft*) [Dreh]zapfen *m* ❷ (*fig: key person*) Schlüsselfigur *f* **II.** *intr verb* **to ~ around sth** ❶ (*a. fig: revolve*) um etw kreisen ❷ (*fig: depend on*) von etw abhängen

pixelate, pixellate ['piksəleɪt] *tr verb* COMPUT verpixeln

pizza ['pi:tsə] *n* Pizza *nt*

placard ['plækɑ:d] *n* Plakat *nt*

place [pleɪs] **I.** *n* ❶ (*location*) Ort *m*; **~ of birth** Geburtsort *m*; **~ of residence** Wohnort *m*; **~ of work** Arbeitsplatz *m* ❷ (*position*) Stelle *f*; **this is the exact ~!** das ist genau die Stelle!; **if I were in your ~ ...** ich an deiner Stelle ... ❸ *no pl* (*appropriate setting*) [geeigneter] Ort ❹ (*home*) Wohnung *f*; **I'm looking for a ~ to live** ich bin auf Wohnungssuche ❺ (*fig: position, rank*) Stellung *f* ❻ (*instead of*) **in ~ of** stattdessen ❼ (*proper position*) **to be in ~** an seinem Platz sein; (*fig: completed*) fertig sein; **to be out of ~** nicht an der richtigen Stelle sein ❽ (*job, position*) Stelle *f*; (*at university*) Studienplatz *m* ❾ (*ranking*) Platz *m* ▸ **all over the ~** überall; **in the first ~** zuerst **II.** *tr verb* ❶ (*position*) **to ~ sth somewhere** etw irgendwohin stellen; (*lay*) etw irgendwohin legen; **to ~ a bet on sth** auf etw *Akk* wetten ❷ (*impose*) **to ~ a limit on sth** etw begrenzen ❸ (*ascribe*) **to ~ the blame on sb** jdm die Schuld geben ❹ (*arrange for*) **to ~ sth at sb's disposal** jdm etw überlassen ❺ (*burden*) **to ~ sb under pressure** jdn unter Druck setzen; **to ~ a strain on sb/sth** jdn/etw belasten ❻ *passive* (*good position*) **to be well ~d for sth** für etw eine gute Ausgangsposition haben

place card *n* Tischkarte *f* **place mat** *n* Set *nt o m*, Platzdeckchen *nt* **place name** *n* Ortsname *m*

plague [pleɪg] **I.** *n* ❶ (*disease*) Seuche *f*; **the ~** die Pest; **to avoid sb/sth like the ~** jdn/etw wie die Pest meiden ❷ *of insects* Plage *f* **II.** *tr verb* bedrängen; (*irritate*) ärgern

plaice <*pl* -> [pleɪs] *n* Scholle *f*

plain [pleɪn] **I.** *adj* ❶ (*simple*) einfach; (*not flavoured*) natur *nachgestellt*; **~ food** einfaches Essen ❷ (*uncomplicated*) einfach; **~ and simple** ganz einfach ❸ (*clear*) klar, offensichtlich; **her meaning was ~** es war klar, was sie meinte **II.** *adv* ❶ (*simply*) ohne großen Aufwand ❷ (*fam: downright*) einfach **III.** *n* ❶ (*area of flat land*) Ebene *f* ❷ (*in knitting*) rechte Masche

plainly ['pleɪnli] *adv* ❶ (*simply*) einfach, schlicht ❷ (*clearly*) deutlich, klar

plain-paper *adj attr* Normalpapier-

plain-spoken *adj* **to be ~** eine deutliche Sprache sprechen; **he's very ~** er ist sehr direkt

plait [plæt] *esp* BRIT **I.** *n* (*hair*) Zopf *m* **II.** *tr verb, vi* flechten

plan [plæn] **I.** *n* ❶ (*detailed scheme*) Plan *m* ❷ (*intention*) Plan *m*, Absicht *f*;

what are your ~s for this weekend? was hast du dieses Wochenende vor? ❸ (*drawing*) **~s** Pläne *Pl;* **to draw up ~s** eine Planskizze machen **II.** *tr verb* <-nn-> ❶ (*draft*) planen ❷ (*prepare*) vorbereiten ❸ (*envisage*) planen ❹ (*intend*) vorhaben **III.** *intr verb* ❶ (*prepare*) planen ❷ (*expect*) **to ~ on sth** mit etw rechnen

plane[1] [pleɪn] **I.** *n* (*aircraft*) Flugzeug *nt;* **to board the ~** das Flugzeug besteigen; **by ~** mit dem Flugzeug; **~ crash** Flugzeugunglück *nt* **II.** *intr verb* (*glide*) gleiten

plane[2] [pleɪn] *n* ❶ (*surface*) Fläche *f;* MATH Ebene *f* ❷ (*level*) Ebene *f*

plane[3] [pleɪn] **I.** *n* (*tool*) Hobel *m* **II.** *tr verb* hobeln; (*until smooth*) abhobeln

plane[4] [pleɪn] *n* BOT Platane *f*

planet ['plænɪt] *n* Planet *m;* **to be on a different ~** (*fig*) in einer anderen Welt sein

planetarium <*pl* -s *or* -ria> [ˌplænɪ'teəriəm, *pl* -riə] *n* Planetarium *nt*

plank [plæŋk] *n* ❶ (*timber*) Brett *nt,* Latte *f* ❷ (*fig: element*) Pfeiler *m*

planner ['plænəʳ] *n* Planer(in) *m(f)*

planning ['plænɪŋ] *n no pl* Planung *f;* **~ application** Bauantrag *m;* **~ board** Planungsgremium *nt;* **~ permission** Baugenehmigung *f;* **at the ~ stage** in der Planung[sphase]

plant [plɑ:nt] **I.** *n* ❶ BOT Pflanze *f* ❷ (*factory*) Werk *nt,* Betrieb *m* **II.** *tr verb* ❶ (*put in earth*) pflanzen ❷ (*lodge*) platzieren; **to ~ oneself on the sofa** (*fam*) sich aufs Sofa pflanzen ❸ (*circulate*) verbreiten; **to ~ a rumour** ein Gerücht in die Welt setzen

plantation [ˌplæn'teɪʃᵊn] *n* ❶ (*estate*) Plantage *f* ❷ (*plants*) Pflanzung *f;* (*trees*) Schonung *f*

plaque [plɑ:k, plæk] *n* ❶ (*plate*) Tafel *f;* **brass ~** Messingschild *nt* ❷ *no pl* MED [Zahn]belag *m*

plaster ['plɑ:stəʳ] **I.** *n no pl* ❶ (*in building*) [Ver]putz *m* ❷ MED Gips[verband] *m* ❸ BRIT (*for cuts*) Pflaster *nt* **II.** *tr verb* ❶ (*mortar*) verputzen ❷ (*fam: put all over*) voll kleistern

plasterboard *n no pl* Gipskarton *m*

plaster cast *n* Gipsverband *m;* ART Gipsabguss *m*

plastered ['plɑ:stəd] *adj pred* (*fam*) stockbesoffen; **to get ~** sich zusaufen

plasterer ['plɑ:stᵊrəʳ] *n* Gipser(in) *m(f)*

plastic ['plæstɪk] **I.** *n* ❶ (*material*) Plastik *nt kein Pl* ❷ (*industry*) **~s** Kunststoffindustrie *f* ❸ *no pl* (*fam: credit card*) Plastikgeld *nt* **II.** *adj* ❶ (*of plastic*) Plastik-; **~ bag** Plastiktüte *f;* **~ bullet** Gummigeschoss *nt;* **~ explosive** Plastiksprengstoff *m* ❷ (*pej: artificial*) künstlich

Plasticine® ['plæstəsi:n] *n no pl* BRIT Plastilin *nt*

plastic surgery *n no pl* Schönheitschirurgie *f*

plate [pleɪt] **I.** *n* ❶ (*dish*) Teller *m* ❷ (*panel*) Platte *f* ❸ (*sign*) Schild *nt* ❹ AUTO Nummernschild *nt;* **licence ~** Nummernschild *nt* **II.** *tr verb* überziehen

plateau <*pl* plateaux *or* AM, AUS plateaus> [plæ'təʊ] *n* GEOG Hochebene *f*

plated ['pleɪtɪd] *adj* überzogen; **~ with chrome/gold/silver** verchromt/vergoldet/versilbert

plateful ['pleɪtfʊl] *n* Teller *m;* **a ~ of lasagne** ein Teller *m* [voll] Lasagne

plate glass *n no pl* Flachglas *nt fachspr*

plate rack *n* Geschirrständer *m*

platform ['plætfɔ:m] *n* ❶ (*elevated area*) Plattform *f;* (*raised structure*) Turm *m* ❷ (*on station*) Bahnsteig *m*

platinum ['plætɪnəm] *n no pl* Platin *nt*

platonic [plə'tɒnɪk] *adj* platonisch

platter ['plætəʳ] *n* ❶ (*food selection*) Platte *f* ❷ AM, AUS (*main course*) Teller *m*

play [pleɪ] **I.** *n* ❶ *no pl* (*game, recreation*) Spiel *nt;* **to be at ~** spielen ❷ AM SPORTS (*move*) Spielzug *m* ❸ THEAT [Theater]stück *nt* ❹ *no pl* (*change*) **the ~ of light [on sth]** das Spiel des Lichts [auf etw *Dat*] ❺ *no pl* (*interaction*) Zusammenspiel *nt* **II.** *intr verb* ❶ (*amuse oneself*) spielen ❷ SPORTS spielen; **to ~ in the match** am Spiel teilnehmen ❸ THEAT spielen **III.** *tr verb* ❶ (*take part in*) spielen; **to ~ cards/darts/tag** Karten/Darts/Fangen spielen ❷ (*compete against*) **to ~ sb** gegen jdn spielen ❸ (*execute*) **to ~ a shot** schießen; (*in snooker*) stoßen; **to ~ the ball** den Ball spielen ❹ (*have*) **to ~ a part** eine Rolle spielen ❺ THEAT spielen; **to ~ the lead**

P

die Hauptrolle spielen ⑥ MUS spielen ⑦ CARDS (*put down*) **to ~ an ace/a king** ein Ass/einen König [aus]spielen ▶ **to ~ one's cards right** geschickt taktieren; **to ~ the game** BRIT sich an die [Spiel]regeln halten ◆**play about** *intr verb see* **play around** ◆**play along** **I.** *intr verb* **to ~ along with it** gute Miene zum bösen Spiel machen; **to ~ along with sth** etw [zum Schein] mitmachen **II.** *tr verb* (*pej*) **to ~ sb along** jdn hinhalten ◆**play around** *intr verb* ① (*mess around*) *children* spielen; **stop ~ing around!** hör mir dem Blödsinn auf! *fam* ② (*pej fam: be unfaithful*) fremdgehen *fam* ③ (*experiment, tamper*) **to ~ around with sth** mit etw [herum]spielen; (*try out*) etw ausprobieren ◆**play down** *tr verb* herunterspielen ◆**play off** **I.** *intr verb* **to ~ off for sth** um etw spielen **II.** *tr verb* **to ~ off ↻ sb against sb** jdn gegen jdn ausspielen ◆**play on** *intr verb* ① (*exploit*) **to ~ on sth** etw ausnutzen ② (*liter: develop cleverly*) **to ~ on a phrase/word** mit einem Ausdruck/einem Wort spielen ◆**play out** **I.** *tr verb* ① *usu passive* (*take place*) **to be ~ed out** sich abspielen ② (*act out*) umsetzen **II.** *intr verb esp* AM bekannt werden; (*make itself felt*) sich manifestieren ◆**play through** *tr verb* MUS [von Anfang bis Ende] [durch]spielen; **to ~ through a series of pieces** eine Reihe von Stücken spielen ◆**play up** **I.** *tr verb* ① (*emphasize*) hochspielen ② BRIT (*fam: cause trouble*) **to ~ up ↻ sb** jdm zu schaffen machen **II.** *intr verb* (*fam*) ① (*flatter*) **to ~ up to sb** sich bei jdm einschmeicheln ② BRIT (*misbehave*) sich danebenbenehmen *fam*

play-act *intr verb* (*pretend emotion*) Theater spielen *fig;* (*make fuss*) Theater machen *fig*

playback *n* ① (*pre-recorded version*) Playback *nt* ② *no pl* (*replaying*) Wiederholung *f* einer Aufnahme

playboy *n* (*usu pej*) Playboy *m*

player ['pleɪəʳ] *n* ① SPORTS Spieler(in) *m(f)*; **football ~** Fußballspieler(in) *m(f)* ② (*musical performer*) Spieler(in) *m(f)*; **cello ~** Cellist(in) *m(f)* ③ (*hist: actor*) Schauspieler(in) *m(f)* ④ (*playback machine*) **CD ~** CD-Player *m;* **video ~** Videorecorder *m* ⑤ POL (*fam: participant*) **to be a ~** eine Rolle spielen

playful ['pleɪfᵊl] *adj* ① (*not serious*) spielerisch, scherzhaft ② (*frolicsome*) verspielt; **he was in a ~ mood** er war zum Spielen/Scherzen aufgelegt

playground *n* Spielplatz *m* **playgroup** *n* Spielgruppe *f;* (*kindergarten*) Kindergarten *m*

playing card ['pleɪɪŋ-] *n* Spielkarte *f*

playing field *n* Sportplatz *m*

play-off *n* Play-off *nt;* **~ game** Entscheidungsspiel *nt*

playpen *n* Laufstall *m* **playroom** *n* Spielzimmer *nt* **playschool** *n* BRIT Kindergarten *m* **playtime** *n no pl* ① (*in school*) Pause *f* ② (*for recreation*) Freizeit *f*

playwright *n* Dramatiker(in) *m(f)*

plc [ˌpiːelˈsiː] *n esp* BRIT *abbrev of* **public limited company** AG *f*

plead <pleaded, pleaded *or* SCOT, AM *a.* pled, pled> [pliːd] **I.** *intr verb* ① (*implore*) [flehentlich] bitten, flehen; **to ~ with sb [to do sth]** jdn anflehen[, etw zu tun] ② LAW (*as advocate*) plädieren ③ + *adj* LAW (*answer charge*) **to ~ guilty** sich schuldig bekennen **II.** *tr verb* ① (*claim*) behaupten; **to ~ insanity** auf Unzurechnungsfähigkeit plädieren ② (*argue for*) **to ~ sb's cause** jds Fall vortragen

pleasant ['plezᵊnt] *adj* ① (*pleasing*) *day, experience, sensation, time* angenehm, schön ② (*friendly*) freundlich, liebenswürdig

please [pliːz] **I.** *interj* ① (*in requests*) bitte ② (*when accepting sth*) ja, bitte; **may I ...? — Please do!** darf ich ...? – Selbstverständlich! ③ BRIT SCHOOL (*to attract attention*) **~, Miss/Sir, I know the answer!** bitte, ich weiß die Antwort! **II.** *tr verb* (*make happy*) **to ~ sb** jdm gefallen; **it ~s me to see ...** es freut mich, ... zu sehen; **oh well, ~ yourself** bitte, wie du meinst **III.** *intr verb* ① (*be agreeable*) **eager to ~** [unbedingt] gefallen wollen ② (*wish*) **come whenever you ~** kommt, wann immer ihr wollt

pleased [pliːzd] *adj* ① (*happy*) froh, erfreut; (*content*) zufrieden; **to be ~ about sth** sich über etw *Akk* freuen ② (*willing*) **I'm only too ~ to help** ich helfe wirklich gerne

pleasing ['pli:zɪŋ] *adj* angenehm; **to be ~ to the ear/eye** hübsch klingen/aussehen
pleasurable ['pleʒərəbl̩] *adj* angenehm
pleasure ['pleʒəʳ] *n* ❶ *no pl* (*enjoyment*) Freude *f,* Vergnügen *nt;* **to give sb ~** jdm Freude bereiten ❷ (*source of enjoyment*) Freude *f*
pleasure boat *n* Vergnügungsdampfer *m*
pleat [pli:t] *n* Falte *f*
pleb [pleb] *n usu pl* BRIT (*pej fam*) *short for* **plebeian** Proll *m;* **the ~s** der Mob
plebby ['plebi] *adj* (*pej sl*) prollig
pledge [pledʒ] **I.** *n* ❶ (*promise*) Versprechen *nt;* **to fulfil a ~** ein Versprechen halten; **to make a ~ that ...** geloben, dass ... ❷ (*token*) **a ~ of friendship/loyalty** ein Unterpfand *nt* der Freundschaft/der Treue ❸ (*promise of donation*) Spendenzusage *f* **II.** *tr verb* ❶ (*solemnly promise*) versprechen; **I've been ~d to secrecy** ich bin zur Verschwiegenheit verpflichtet worden; **to ~ loyalty** Treue schwören ❷ (*promise to contribute*) *money* versprechen
plentiful ['plentɪfəl] *adj* reichlich *präd;* **~ supply** großes Angebot
plenty ['plenti] **I.** *n no pl* (*form: abundance*) Reichtum *m;* **to live in ~** im Überfluss leben **II.** *adv* (*fam*) **~ more** noch viel mehr; **she has ~ more ideas** sie hat noch viele Ideen; **~ good/bad** AM sehr gut/schlecht **III.** *pron* ❶ (*more than enough*) mehr als genug; **~ of money/time** viel Geld/Zeit ❷ (*a lot*) genug; **~ to do/to see** viel zu tun/zu sehen ❸ AM (*fam*) **this car cost me ~** dieses Auto hat mich eine Stange Geld gekostet
pliers ['plaɪəz] *npl* [**a pair of**] **~** [eine] Zange
plight [plaɪt] *n* Not[lage] *f,* schwierige Lage
plimsoll ['plɪm(p)səl] *n* BRIT Turnschuh *m*
plod [plɒd] **I.** *n* Marsch *m* **II.** *intr verb* <-dd-> ❶ (*walk slowly*) stapfen ❷ (*work slowly*) **to ~ through sth** sich durch etw hindurcharbeiten
plodding ['plɒdɪŋ] *adj* mühselig
plonk[1] [plɒŋk] *n no pl esp* BRIT, AUS (*fam: wine*) Gesöff *nt pej*
plonk[2] [plɒŋk] **I.** *n* (*fam: sound*) Ploppen *nt* **II.** *adv* (*fam*) dumpf knallend; **I heard something go ~** ich hörte, wie etwas plopp machte **III.** *tr verb* (*fam*) ❶ (*set down heavily*) **to ~ sth somewhere** etw irgendwo hinknallen ❷ (*sit heavily*) **to ~ oneself down on a chair/sofa** sich auf einen Stuhl/ein Sofa plumpsen lassen
plonker ['plɒŋkəʳ] *n* BRIT (*sl*) Blödmann *m fam*
plop [plɒp] **I.** *n* Platsch[er] *m fam;* **it fell into the water with a ~** es platschte ins Wasser **II.** *adv* platschend **III.** *intr verb* <-pp-> (*fall into liquid*) platschen *fam*
plot [plɒt] **I.** *n* ❶ (*conspiracy*) Verschwörung *f* ❷ LIT (*storyline*) Handlung *f* ❸ (*of land*) Parzelle *f* **II.** *tr verb* <-tt-> ❶ (*conspire*) [im Geheimen] planen *a. hum* ❷ (*mark out*) **to ~ sth** etw [graphisch] darstellen **III.** *intr verb* <-tt-> **to ~ to do sth** (*a. hum*) planen, etw zu tun
plotter ['plɒtəʳ] *n* ❶ (*conspirator*) Verschwörer(in) *m(f)* ❷ COMPUT Plotter *m*
plough [plaʊ] **I.** *n* Pflug *m* **II.** *tr verb* ❶ AGR pflügen ❷ (*move with difficulty*) **to ~ one's way through sth** sich *Dat* seinen Weg durch etw bahnen **III.** *intr verb* ❶ AGR pflügen ❷ (*move with difficulty*) **to ~ through sth** sich durch etw durchkämpfen ◆**plough back** *tr verb* **to ~ back ◌ sth** *plants* etw unterpflügen; **to ~ back profits** (*fig*) Profite reinvestieren ◆**plough up** *tr verb* **to ~ up fields/land** Felder/Land umpflügen; **to ~ up sb's lawn** jds Rasen umgraben
Plough [plaʊ] *n no pl* ASTRON **the ~** der Große Wagen
ploughman's lunch *n* BRIT, AUS *Mittagessen, das aus Brot, Käse und Pickle besteht*
plow *n* AM *see* **plough**
PLP [ˌpi:el'pi:] *n* BRIT POL *abbrev of* **Parliamentary Labour Party** Parlamentsfraktion *f* der Labour Party
pluck [plʌk] **I.** *n* Mut *m,* Schneid *m o* ÖSTERR *f fam* **II.** *tr verb* ❶ (*pick*) **to ~ sth** *fruit, flower* etw abpflücken ❷ (*remove*) *feathers* ausrupfen ❸ (*pull*) **he ~ed the letter out of my hand** er riss mir den Brief aus der Hand ❹ (*remove from

P

situation) **to ~ sb from sth** jdn aus etw herausholen **III.** *intr verb* zupfen (**at** an)

plucky ['plʌki] *adj* schneidig

plug [plʌg] **I.** *n* ❶ (*connector*) Stecker *m* ❷ (*socket*) Steckdose *f* ❸ (*for basin, sink*) Stöpsel *m* ❹ (*stopper*) Pfropfen *m* ❺ (*fam: publicity*) Werbung ❻ (*spark plug*) Zündkerze *f* **II.** *tr verb* <-gg-> ❶ (*stop up*) *hole, leak* stopfen ❷ (*publicize*) anpreisen ◆**plug away** *intr verb* verbissen arbeiten (**at** an) ◆**plug in I.** *tr verb* anschließen **II.** *intr verb* (*electrical device*) sich anschließen lassen

plughole *n* Abfluss *m*

plug-in *n* COMPUT Plug-in *nt* (*Erweiterung für ein existierendes Softwareprogramm*)

plum [plʌm] **I.** *n* ❶ (*fruit*) Pflaume *f* ❷ (*tree*) ~ [**tree**] Pflaumenbaum *m* ❸ (*colour*) Pflaumenblau *nt* **II.** *adj* (*colour*) pflaumenfarben

plumber ['plʌmər] *n* Klempner(in) *m(f)*, Sanitär(in) *m(f)* SCHWEIZ

plumbing ['plʌmɪŋ] **I.** *n no pl* Wasserleitungen *Pl* **II.** *adj attr* ~ **contractor** beauftragter Installateur/beauftragte Installateurin

plumb line *n* Lot *nt*

plummet ['plʌmɪt] *intr verb* ❶ (*plunge*) fallen; (*with loud noise*) [herunter]donnern ❷ (*be reduced*) **house prices have ~ed** die Häuserpreise sind in den Keller gefallen

plump [plʌmp] **I.** *adj* (*rounded*) rund; (*euph*) *person* füllig, mollig **II.** *intr verb* **to ~ for sb/sth** sich für jdn/etw entscheiden **III.** *tr verb* **to ~ a cushion/pillow** ein Kissen/Kopfkissen aufschütteln ◆**plump up** *tr verb cushion, pillow* aufschütteln

plunge [plʌndʒ] **I.** *n* ❶ (*drop*) Sprung *m;* (*fall*) Sturz *m,* Fall *m* ❷ (*swim*) ~ [**in the pool**] Schwimmen [im Pool] *nt kein Pl* ❸ (*sharp decline*) Sturz *m* **II.** *intr verb* ❶ (*fall*) stürzen (**into** in) ❷ (*dash*) stürzen (**into** in); **she ~d forward** sie warf sich nach vorne ❸ (*fig: begin abruptly*) **to ~ into sth** sich in etw *Akk* [hinein]stürzen *fig* **III.** *tr verb* ❶ (*immerse*) **to ~ sth into sth** etw in etw *Akk* eintauchen ❷ (*thrust*) **to ~ a knife/needle into sb** jdn mit einem Messer/einer Nadel stechen

plunge pool *n* kleiner Swimmingpool; (*in sauna*) Tauchbecken *nt*

pluperfect [ˌpluː'pɜːfɪkt] **I.** *adj* LING Plusquamperfekt- **II.** *n* LING **the ~** das Plusquamperfekt

plural ['plʊərəl] **I.** *n* **the ~** der Plural; **in the ~** im Plural **II.** *adj* ❶ LING Plural-, pluralisch ❷ (*pluralistic*) pluralistisch

plus [plʌs] **I.** *prep* plus +*Dat* **II.** *n* <*pl* -es *or pl* -ses> Plus *nt kein Pl fam;* MATH *a.* Pluszeichen *nt* **III.** *adj* ❶ *attr* (*above zero*) plus; ~ **two degrees** zwei Grad plus ❷ (*slightly better than*) **A ~** ≈ Eins plus *f*

plush [plʌʃ] **I.** *adj* ❶ (*luxurious*) exklusiv; ~ **restaurant** Nobelrestaurant *nt* ❷ (*made of plush*) Plüsch- **II.** *n* Plüsch *m*

plus-size *adj attr person* übergroß; *clothing* in Übergrößen, Übergröße-

plutonium [pluː'təʊniːəm] *n no pl* Plutonium *nt*

plywood ['plaɪwʊd] *n no pl* Sperrholz *nt*

pm *adv,* **p.m.** [ˌpiː'em] *adv abbrev of* **post meridiem**: **one ~** ein Uhr mittags, dreizehn Uhr; **eight ~** acht Uhr abends, zwanzig Uhr

PM [ˌpiː'em] *n* BRIT *abbrev of* **Prime Minister** Premierminister(in) *m(f)*

pneumatic [njuː'mætɪk] *adj* pneumatisch

pneumonia [njuː'məʊniːə] *n no pl* Lungenentzündung *f*

poach[1] [pəʊtʃ] *tr verb* FOOD pochieren

poach[2] [pəʊtʃ] **I.** *tr verb* ❶ (*catch illegally*) wildern ❷ (*steal*) **to ~ sth** sich *Dat* etw unrechtmäßig aneignen **II.** *intr verb* ❶ (*catch illegally*) wildern ❷ (*steal*) stehlen

poacher[1] ['pəʊtʃər] *n* FOOD Dünster *m;* **egg ~** Eierkocher *m*

poacher[2] ['pəʊtʃər] *n* (*thief*) Wilderer *m*

poaching ['pəʊtʃɪŋ] *n no pl* ❶ HUNT Wilderei *f* ❷ (*taking unfairly*) Wegnehmen *nt*

POB [ˌpiːəʊ'biː] *n abbrev of* **post office box** Postfach *nt*

PO box *n abbrev of* **Post Office Box**: **~ 3333** Postfach 3333

pocket ['pɒkɪt] **I.** *n* ❶ (*in clothing*) Tasche *f;* **coat/jacket/trouser ~** Mantel-/Jacken-/Hosentasche *f* ❷ (*on bag, in car*) Fach *nt* **II.** *tr verb* ❶ (*put in* *one's pocket*) in die Tasche stecken ② (*keep sth for oneself*) behalten ③ SPORTS (*in snooker, billiards*) **to ~ a ball** einen Ball ins Loch spielen **III.** *adj* (*pocket-sized*) *knife, phone, calculator* Taschen-

pocketbook *n* AM ① (*woman's handbag*) Handtasche *f* ② (*paperback*) Taschenbuch *nt* **pocket-cam** *n short for* **pocket camera** Pocketkamera *f* **pocket knife** *n* Taschenmesser *nt* **pocket money** *n no pl* Taschengeld *nt*

pockmark *n* Pockennarbe *f*

pod [pɒd] *n* ① (*seed container*) Hülse *f* ② (*on aircraft*) Gondel *f* ③ (*coffee-pod*) Pad *nt*

podium <*pl* -dia> ['pəʊdiəm, *pl* -diə] *n* Podium *nt*

poem ['pəʊɪm] *n* (*a. fig*) Gedicht *nt*

poet ['pəʊɪt] *n* Dichter(in) *m(f)*

poetry ['pəʊɪtri] *n no pl* ① (*genre*) Dichtung *f*, Lyrik *f* ② (*poetic quality*) Poesie *f*

point [pɔɪnt] **I.** *n* ① (*sharp end*) Spitze *f* ② (*dot*) Punkt *m;* **~ of light** Lichtpunkt *m* ③ (*punctuation mark*) Punkt ④ (*decimal point*) Komma ⑤ (*particular time*) Zeitpunkt *m;* **at this/that ~ in time** zu dieser/jener Zeit; **at that ~** zu diesem Zeitpunkt ⑥ (*about to do*) **I was on the ~ of leaving him** ich war kurz davor, ihn zu verlassen ⑦ **ok ok, you've made your ~!** ja, ich hab's jetzt verstanden!; **my ~ exactly** das sag ich ja *fam;* **ok, ~ taken** ok, ich hab schon begriffen *fam;* **~ of law** Rechtsfrage *f* ⑧ *no pl* (*most important idea*) **the ~ is ...** der Punkt ist nämlich der, ...; **that's beside the ~!** darum geht es doch gar nicht! ⑨ (*stage in process*) Punkt *m;* **from that ~ on ...** von diesem Moment an ...; **the high ~ of the evening ...** der Höhepunkt des Abends ...; **... when it came to the ~ ...** ... als es soweit war, ...; **up to a ~** bis zu einem gewissen Grad ⑩ **bad/good ~s** schlechte/gute Seiten; **sb's strong ~s** jds Stärken *Pl* ⑪ BRIT RAIL **~s** Weichen *Pl* ▶ **to get one's ~ across** sich verständlich machen; **what's the ~ anyway?** was soll's?; **but that's the whole ~!** aber das ist doch genau der Punkt!, aber genau darum geht's doch! **II.** *intr verb* ① (*with finger*) deuten, zeigen (**at/to** auf) ② (*be directed*) weisen; **to ~ east/west** nach Osten/Westen zeigen ③ (*indicate*) hinweisen (**to** auf) **III.** *tr verb* ① (*aim*) *weapon* **to ~ sth at sb/sth** etw [auf jdn/etw] richten ② (*direct*) **to ~ sb in the direction of sth** jdm den Weg zu etw beschreiben ◆**point out** *tr verb* ① (*show*) **to ~ out ↻ sth** auf etw *Akk* hinweisen; (*with finger*) etw zeigen ② (*inform*) **to ~ out that ...** darauf aufmerksam machen, dass ... ◆**point up** *tr verb* (*form*) hervorheben; (*show*) zeigen

point-blank **I.** *adv* ① (*at very close range*) aus nächster Nähe ② (*bluntly*) geradewegs, unumwunden **II.** *adj attr* ① (*very close*) nah ② (*blunt*) unverhohlen

pointed ['pɔɪntɪd] *adj* ① (*with sharp point*) spitz ② (*emphatic*) pointiert *geh; criticism* scharf; *question* unverblümt

pointer ['pɔɪntəʳ] *n* ① (*on dial*) Zeiger *m* ② (*rod*) Zeigestock *m* ③ *usu pl* (*fam: tip*) Tipp *m* ④ (*indicator*) Gradmesser *m fig*

pointless ['pɔɪntləs] *adj* sinnlos, zwecklos

poison ['pɔɪzᵊn] **I.** *n* Gift *nt;* **to lace sth with ~** etw mit Gift präparieren **II.** *tr verb* **to poison sb/sth** jdn/etw vergiften

poison gas *n no pl* Giftgas *nt*

poisonous ['pɔɪzᵊnəs] *adj* ① (*containing poison*) giftig; **~ mushroom** Giftpilz *m;* **~ snake** Giftschlange *f* ② (*malicious*) giftig *fig*, boshaft

poke¹ [pəʊk] *n* ① *esp* SCOT (*bag*) Beutel *m* ② AM (*fam: purse*) Portmonee *nt*

poke² [pəʊk] **I.** *n* (*jab*) Stoß *m* **II.** *tr verb* ① (*prod*) anstoßen; (*with umbrella, stick*) stechen ② **to ~ sth into sth** (*prod with*) etw in etw *Akk* stecken ③ (*stir*) **to ~ [up] a fire** ein Feuer schüren ④ AM (*fam: hit*) **to ~ sb [on the nose]** jdn [auf die Nase] hauen ▶ **to ~ fun at sb** sich über jdn lustig machen **III.** *intr verb* ① (*jab repeatedly*) herumfummeln *fam* (**at** an) ② (*break through*) **to ~ through** durchscheinen

poker¹ ['pəʊkəʳ] *n* (*card game*) Poker *m o nt;* **a game of ~** eine Runde Poker

poker² ['pəʊkəʳ] *n* (*fireplace tool*) Schürhaken *m*

pokey ['pəʊki] *adj,* **poky** ['pəʊki] *adj* (*pej: small*) *room* winzig

P

Poland ['pəʊlənd] *n* Polen *nt*
polar ['pəʊləʳ] *adj attr* ❶ (*near pole*) polar; ~ **bear** Eisbär *m;* ~ **explorer** Polarforscher(in) *m(f);* ~ **lights** Polarlicht *nt* ❷ (*opposite*) gegensätzlich, polar *geh*
pole[1] [pəʊl] *n* Stange *f;* (*pointed at one end*) Pfahl *m*
pole[2] [pəʊl] *n* ❶ GEOG, ELEC Pol *m;* **the North/South Pole** der Nord-/Südpol ❷ (*extreme*) Extrem *nt;* **to be ~s apart** Welten voneinander entfernt sein
Pole [pəʊl] *n* Pole *m*/Polin *f*
Pole Star *n no pl* Polarstern *m*
pole vault *n* Stabhochsprung *m*
pole-vaulter *n* Stabhochspringer(in) *m(f)*
police [pə'liːs] **I.** *n + pl verb* ❶ (*force*) **the** ~ die Polizei *kein Pl;* **to call the** ~ die Polizei rufen ❷ (*police officers*) Polizisten *mpl*/Polizistinnen *fpl* **II.** *tr verb* ❶ (*guard*) überwachen ❷ (*regulate*) **to** ~ **sb/sth/oneself** jdn/etw/sich selbst kontrollieren ❸ AM MIL **to ~ sth** *an event* irgendwo Wache halten
police car *n* Polizeiauto *nt* **police constable** *n* BRIT Polizeiwachtmeister(in) *m(f)* **police dog** *n* Polizeihund *m* **police escort** *n* Polizeieskorte *f* **police force** *n no pl* **the** ~ die Polizei **policeman** *n* Polizist *m* **police officer** *n* Polizeibeamte(r) *m*/Polizeibeamtin *f* **police raid** *n* Razzia *f* **police reporter** *n* Polizeireporter(in) *m(f)* **police state** *n* (*pej*) Polizeistaat *m* **police station** *n* Polizeiwache *f* **policewoman** *n* Polizistin *f*
policy[1] ['pɒləsi] *n* ❶ (*plan*) Programm *nt,* Strategie *f* ❷ *no pl* Politik *f;* **a change in** ~ ein Richtungswechsel *m* in der Politik; **company** ~ Firmenpolitik *f;* **domestic** ~ Innenpolitik *f;* **to make ~ on sth** Richtlinien *Pl* für etw festlegen
policy[2] ['pɒləsi] *n* (*in insurance*) Police *f,* Polizze *f* ÖSTERR
policyholder *n* Versicherungsnehmer(in) *m(f)* **policy maker** *n* POL Parteiideologe *m*/Parteiideologin *f* **policy-making** *n no pl* Politikgestaltung *f* **policy number** *n* Versicherungsnummer *f,* Polizzennummer *f* ÖSTERR **policy owner** *n* Versicherungsnehmer(in) *m(f)* **policy statement** *n* Aussage *f*
polio ['pəʊliəʊ] *n,* **poliomyelitis** [ˌpəʊliə(ʊ)maɪə'laɪtɪs] *n* (*spec*) Kinderlähmung *f*
polish ['pɒlɪʃ] **I.** *n* ❶ (*substance*) Politur *f;* **shoe** ~ Schuhcreme *f* ❷ *usu sing* (*act*) Polieren *nt kein Pl* **II.** *tr verb* (*rub*) polieren ◆**polish off** *tr verb* ❶ (*eat up*) *food* verdrücken *fam* ❷ (*deal with*) **to ~ off** ↻ **sth** etw schnell erledigen ◆**polish up** *tr verb* aufpolieren; (*fig*) auffrischen
Polish ['pəʊlɪʃ] **I.** *n* Polnisch *nt* **II.** *adj* polnisch
polished ['pɒlɪʃt] *adj* ❶ (*gleaming*) glänzend *attr* ❷ (*showing great skill*) formvollendet
polite [pə'laɪt] *adj* ❶ (*courteous*) höflich ❷ (*cultured*) vornehm
politeness [pə'laɪtnəs] *n no pl* Höflichkeit *f*
political [pə'lɪtɪkᵊl] *adj* ❶ (*of politics*) politisch; ~ **leaders** politische Größen *Pl* ❷ *esp* AM (*pej: tactical*) taktisch
political correctness *n no pl* politische Korrektheit
politically correct *adj* politisch korrekt
politician [ˌpɒlɪ'tɪʃᵊn] *n* Politiker(in) *m(f)*
politics ['pɒlətɪks] *npl* ❶ + *sing verb* Politik *f kein Pl;* **global/local** ~ Welt-/Lokalpolitik *f kein Pl* ❷ + *pl verb* (*political beliefs*) politische Ansichten *Pl* ❸ + *sing verb* (*within group*) **office** ~ Büroklüngelei *f pej*
poll [pəʊl] **I.** *n* ❶ (*public survey*) Erhebung *f;* **an opinion** ~ eine Meinungsumfrage ❷ (*voting places*) **the ~s** die Wahllokale ❸ (*result of vote*) [Wähler]stimmen *Pl* **II.** *tr verb* ❶ (*canvass in poll*) befragen ❷ (*receive*) **the party ~ed 67% of the vote** die Partei hat 67 % der Stimmen erhalten
pollen ['pɒlən] *n no pl* Blütenstaub *m;* ~ **count** Pollenflug *m kein Pl*
polling booth *n* BRIT, AUS Wahlkabine *f* **polling card** *n* BRIT, AUS Wahlbenachrichtigung *f form* **polling day** *n no art* BRIT, AUS Wahltag *m* **polling place** *n* AM *see* **polling station** **polling station** *n* BRIT, AUS Wahllokal *nt*
pollutant [pə'luːtᵊnt] *n* Schadstoff *m*
pollute [pə'luːt] *tr verb* ❶ (*contaminate*) verschmutzen ❷ (*fig: corrupt*) besudeln *fig, pej;* **to ~ sb's mind** jds Charakter verderben

P

polluter [pəˈluːtəʳ] *n* Umweltverschmutzer(in) *m(f)*
pollution [pəˈluːʃᵊn] *n no pl* (*polluting*) Verschmutzung *f;* **air ~** Luftverschmutzung *f;* **environmental ~** Umweltverschmutzung *f;* **toxic ~** Verseuchung *f* mit giftigen Substanzen
polo [ˈpəʊləʊ] *n* ❶ *no pl* SPORTS Polo *nt* ❷ (*shirt*) Polohemd *nt*
polo neck *n* Rollkragen *m*
polystyrene [ˌpɒlɪˈstaɪ(ə)riːn] *n no pl* BRIT, AUS Styropor® *nt*
polytechnic [ˌpɒlɪˈteknɪk] *n esp* BRIT Fachhochschule *f*
polythene [ˈpɒlɪθiːn] BRIT, AUS **I.** *n no pl* Polyäthylen *nt* **II.** *adj sheet, wrap* Polyäthylen-; **~ bag** Plastiktüte *f*
polyunsaturated fats *n,* **polyunsaturates** [ˌpɒliʌnˈsætʃᵊreɪts] *npl* mehrfach ungesättigte Fettsäuren
polyurethane [ˌpɒlɪˈjuərəθeɪn] *n no pl* Polyurethan *nt*
pomp [pɒmp] *n no pl* Pomp *m,* Prunk *m*
pompous [ˈpɒmpəs] *adj* ❶ (*self-important*) selbstgefällig ❷ (*pretentious*) *language* geschraubt *pej*
pond [pɒnd] *n* ❶ (*body of water*) Teich *m* ❷ (*hum: Atlantic Ocean*) **the ~** der große Teich
ponder [ˈpɒndəʳ] **I.** *tr verb* **to ~ sth** etw durchdenken **II.** *intr verb* nachdenken (**on** über); **he appeared to be ~ing deeply** er schien tief in Gedanken versunken; **to ~ whether/why ...** sich fragen, ob/warum ...
ponderous [ˈpɒndᵊrəs] *adj* (*pej*) ❶ (*heavy and awkward*) mühsam ❷ (*laborious*) schwerfällig
pong [pɒŋ] BRIT, AUS **I.** *n* (*fam*) Mief *m pej* **II.** *intr verb* (*fam*) **to ~ of sth** nach etw miefen *pej*
pontiff [ˈpɒntɪf] *n* REL Pontifex *m*
pony [ˈpəʊni] *n* (*small horse*) Pony *nt*
ponytail *n* Pferdeschwanz *m;* (*braided*) Zopf *m*
poodle [ˈpuːdl̩] *n* Pudel *m*
pool¹ [puːl] **I.** *n* ❶ (*natural*) Tümpel *m* ❷ (*of liquid*) Lache *f;* **~ of blood** Blutlache *f* ❸ (*construction*) Becken *nt;* **ornamental ~** Zierteich *m;* **[swimming] ~** Schwimmbecken *nt* **II.** *intr verb liquid* sich stauen
pool² [puːl] **I.** *n* ❶ (*supply*) Pool *m* *fachspr;* **gene ~** Erbmasse *f* ❷ *no pl* SPORTS Poolbillard *nt;* **to shoot ~** *esp* AM (*fam*) Poolbillard spielen ❸ *pl* BRIT **the ~s** Toto *nt o m* **II.** *tr verb* zusammenlegen
pooped [puːpt] *adj usu pred esp* AM, AUS (*fam*) erledigt; **I'm ~!** bin ich geschafft!
poor [pɔːʳ] **I.** *adj* ❶ (*lacking money*) arm ❷ (*inadequate*) unzureichend, schlecht; *attendance* gering; **their French is still quite ~** ihr Französisch ist noch ziemlich bescheiden; **to make a ~ job of sth** bei etw schlechte Arbeit leisten ❸ *attr* (*deserving of pity*) arm **II.** *n* **the ~** *pl* die Armen
poorly [ˈpɔːli] **I.** *adv* ❶ (*not rich*) arm; **to be ~ off** arm [dran] sein *fam* ❷ (*inadequately*) schlecht **II.** *adj pred* **to feel ~** sich schlecht fühlen
pop¹ [pɒp] **I.** *n no pl* (*music*) Pop *m* **II.** *adj attr* ❶ (*popular*) populär; **~ concert** Popkonzert *nt;* **~ culture** Popkultur *f;* **~ group** Popgruppe *f;* **~ music** Popmusik *f;* **~ singer** Popsänger(in) *m(f);* **~ song** Popsong *m;* **~ star** Popstar *m* ❷ (*a. pej: popularized*) populär
pop² [pɒp] *n esp* AM (*esp childspeak fam*) Papa *m*
pop³ [pɒp] **I.** *n* ❶ (*noise*) Knall *m* ❷ *no pl* (*fam: effervescent drink*) Brause *f* ❸ *usu sing* AM, AUS COMM (*fam*) **a ~** pro Stück **II.** *adv* **to go ~** (*make noise*) einen Knall machen **III.** *intr verb* <-pp-> ❶ (*make noise*) knallen ❷ (*burst*) platzen ❸ (*go quickly*) **to ~ out** hinausgehen; **to ~ over** vorbeikommen **IV.** *tr verb* <-pp-> ❶ (*burst*) platzen lassen ❷ (*put quickly*) **~ the pizza in the oven** schieb' die Pizza in den Ofen ► **to ~ one's clogs** BRIT (*fam*) den Löffel abgeben ◆ **pop in** *intr verb* vorbeischauen; **to keep ~ping in and out** dauernd rein und rauslaufen ◆ **pop off** *intr verb* ❶ (*hum fam: die*) abkratzen *derb* ❷ (*fam: leave*) abhauen ◆ **pop out** *intr verb* ❶ (*come out*) herausspringen ❷ (*leave*) kurz weg sein; **to ~ out for sth** schnell etw besorgen ◆ **pop up** *intr verb* ❶ (*appear unexpectedly*) auftauchen; **to ~ up out of nowhere** aus dem Nichts auftauchen ❷ (*in pop-up book*) sich aufrichten
popcorn *n no pl* Popcorn *nt*

P

pope [pəʊp] *n* Papst *m*

poplar ['pɒpləʳ] *n* Pappel *f*

popper ['pɒpəʳ] *n* BRIT (*fam*) Druckknopf *m*

poppet ['pɒpɪt] *n esp* BRIT, AUS (*fam*) Schatz *m;* (*form of address a.*) Schätzchen *nt*

poppy ['pɒpi] *n* Mohn *m kein Pl,* Mohnblume *f;* ~ **seed** Mohnsamen *m*

> Am zweiten Sonntag im November gedenkt man in Großbritannien der Menschen, die in den beiden Weltkriegen für das britische Vaterland gestorben sind. Auch der *Armistice Day,* der Tag des Waffenstillstands vom 11. November 1918, wird dadurch im öffentlichen Bewusstsein bewahrt. Neben Gottesdiensten finden am *Remembrance Sunday* (oder kurz: *Remembrance Day*) auch Kranzniederlegungen statt, und ab elf Uhr wird eine zweiminütige Schweigepause eingehalten.
> Viele Menschen tragen in dieser Zeit eine rote Mohnblume am Revers, die an das (blut)rote Blumenmeer auf den Schlachtfeldern in Flandern erinnern soll. Aus diesem Grund ist der Gedenktag auch unter dem Namen **Poppy Day** bekannt.

popular ['pɒpjələʳ] *adj* ❶ (*widely liked*) beliebt, populär; **to be ~ with sb** bei jdm beliebt sein ❷ *attr* (*not high-brow*) populär; **the ~ press** die Massenmedien *Pl* ❸ *attr* (*widespread*) weit verbreitet; **it is a ~ belief that ...** viele glauben, dass ...

popularity [ˌpɒpjə'lærəti] *n no pl* Beliebtheit *f,* Popularität *f*

population [ˌpɒpjə'leɪʃᵊn] *n* ❶ *usu sing* (*inhabitants*) Bevölkerung *f kein Pl;* **the civilian ~** die Zivilbevölkerung ❷ *no pl* (*number of people*) Einwohnerzahl *f;* **a ~ of 1.2 million** 1,2 Millionen Einwohner ❸ BIOL Population *f fachspr,* Bestand *m;* **the deer ~** der Hirschbestand

population density *n no pl* Bevölkerungsdichte *f* **population explosion** *n* Bevölkerungsexplosion *f*

populous ['pɒpjələs] *adj* (*form*) bevölkerungsreich; *region, area* dicht besiedelt

porcelain ['pɔːsᵊlɪn] *n no pl* Porzellan *nt*

porch <*pl* -es> [pɔːtʃ] *n* ❶ (*without walls*) Vordach *nt;* (*with walls*) Vorbau *m; of a church* Portal *nt* ❷ AM (*veranda*) Veranda *f*

porcupine ['pɔːkjəpaɪn] *n* Stachelschwein *nt*

pore[1] [pɔːʳ] *n* Pore *f*

pore[2] [pɔːʳ] *intr verb* brüten (**over** über); **to ~ over books** über Büchern hocken *fam;* **to ~ over a map/newspaper** eine Landkarte/Zeitung eingehend studieren

pork [pɔːk] *n no pl* Schweinefleisch *nt;* ~ **chop** Schweinekotelett *nt;* ~ **pie** Schweinefleischpastete *f*

pornographic [ˌpɔːnə'græfɪk] *adj* pornografisch, Porno-

pornography [pɔː'nɒgrəfi] *n no pl* Pornografie *f*

porous ['pɔːrəs] *adj* ❶ (*permeable*) porös ❷ (*not secure*) durchlässig

porpoise ['pɔːpəs] *n* Tümmler *m*

porridge ['pɒrɪdʒ] *n no pl* Porridge *m o nt,* Haferbrei *m;* ~ **oats** Haferflocken *Pl*

port[1] [pɔːt] *n* ❶ (*harbour*) Hafen *m* ❷ (*town*) Hafenstadt *f*

port[2] [pɔːt] *n no pl* AVIAT, NAUT Backbord *nt* ÖSTERR *a. m*

port[3] [pɔːt] *n* COMPUT Anschluss *m,* Port *m fachspr*

port[4] [pɔːt] *n no pl* (*wine*) Portwein *m*

portable ['pɔːtəbl̩] *adj* tragbar; ~ **radio** Kofferradio *nt*

portacabin *n* BRIT Wohncontainer *m*

porter ['pɔːtəʳ] *n* ❶ (*baggage-carrier*) Gepäckträger *m;* (*on expedition*) Träger *m* ❷ *no pl* (*beer*) Porter *nt* ❸ *esp* BRIT (*doorkeeper*) Portier *m,* Portiersfrau *f*

portfolio [ˌpɔːt'fəʊliəʊ] *n* ❶ (*case*) Aktenmappe *f* ❷ (*of drawings, designs*) Mappe *f* ❸ POL (*ministerial position*) Geschäftsbereich *m*

portion ['pɔːʃᵊn] **I.** *n* ❶ (*part*) Teil *m* ❷ (*share*) Anteil *m* ❸ (*serving*) Portion *f* **II.** *tr verb* **to ~ out** ↻ **sth** etw aufteilen

portly ['pɔːtli] *adj* (*esp hum*) korpulent

portrait ['pɔːtrɪt] *n* ❶ (*picture*) Porträt *nt,* Bildnis *nt;* **to paint a ~ of sb** jds Porträt malen ❷ (*fig: description*) Bild *nt*

portraitist ['pɔːtrɪtɪst] *n,* **portrait painter** *n* Porträtmaler(in) *m(f)*

portray [pɔː'treɪ] *tr verb* ❶ (*paint*) porträtieren ❷ (*describe*) darstellen

portrayal [pɔː'treɪəl] *n* Darstellung *f;* (*in literature*) Schilderung *f*

Portugal ['pɔːtʃəgᵊl] *n* Portugal *nt*

Portuguese [ˌpɔːtʃə'giːz] **I.** *n* ❶ <*pl* -> (*person*) Portugiese *m*/Portugiesin *f* ❷ *no pl* (*language*) Portugiesisch *nt* **II.** *adj* ❶ (*of Portugal*) portugiesisch ❷ (*of language*) *course, teacher* Portugiesisch-

pose [pəʊz] **I.** *n* ❶ (*bodily position*) Haltung *f,* Pose *f* ❷ *usu sing* (*pretence*) Getue *nt* **II.** *intr verb* ❶ (*adopt position*) posieren ❷ (*pretend*) **to ~ as sth** sich als etw ausgeben **III.** *tr verb* (*cause*) aufwerfen; **to ~ a threat to sb/sth** eine Bedrohung für jdn/etw darstellen

poseable ['pəʊzəbl̩] *adj soft toy* beweglich; *doll* Glieder-

poser ['pəʊzəʳ] *n* (*fam*) ❶ (*problem*) schwierige Frage ❷ (*pej: person*) Angeber(in) *m(f)*

posh [pɒʃ] (*fam*) **I.** *adj* ❶ (*stylish*) vornehm, piekfein; **~ car** Luxusschlitten *m fam* ❷ *esp* BRIT (*upper-class*) vornehm; **a ~ woman** eine feine Dame **II.** *adv* BRIT (*fam*) vornehm; **she talks dead ~** sie spricht so furchtbar gestelzt

position [pə'zɪʃᵊn] **I.** *n* ❶ (*place*) Platz *m,* Stelle *f; building* Lage *f* ❷ (*appointed place*) Platz *m;* **to be in ~** an seinem/ihrem Platz sein; **to get into ~** seinen/ihren Platz einnehmen ❸ (*in navigation*) Position *f,* Standort *m* ❹ (*posture*) Stellung *f,* Lage *f;* **lying/sitting ~** liegend/sitzend ❺ SPORTS (*in team*) [Spieler]position *f* ❻ (*rank*) Position *f,* Stellung *f* ❼ BRIT, AUS (*in race*) Platz *m* ❽ (*job*) Stelle *f* **II.** *tr verb* platzieren

positive ['pɒzətɪv] *adj* ❶ (*certain*) sicher, bestimmt; **to be ~ about sth** sich *Dat* einer S. *Gen* sicher sein ❷ (*optimistic*) positiv; *criticism* konstruktiv ❸ MED positiv

positively ['pɒzətɪvli] *adv* ❶ (*definitely*) bestimmt, *say, promise* fest ❷ (*optimistically*) positiv ❸ (*fam: completely*) völlig, absolut

possess [pə'zes] *tr verb* ❶ (*own, have*) besitzen ❷ LAW (*carry illegally*) [illegal] besitzen ❸ (*fam: cause*) **what ~ed you?** was ist denn [bloß] in dich gefahren? ❹ *usu passive* (*control*) **to be ~ed by demons/the Devil** von Dämonen/vom Teufel besessen sein

possession [pə'zeʃᵊn] *n* ❶ *no pl* (*having*) Besitz *m;* **to be in sb's ~** sich in jds Besitz *Dat* befinden ❷ *usu pl* (*something owned*) Besitz *m kein Pl* ❸ POL (*area of land*) Besitzung[en] *f[Pl] geh* ❹ *no pl* SPORTS **to gain ~** in Ballbesitz gelangen

possessive [pə'zesɪv] *adj* ❶ (*not sharing*) eigen ❷ (*jealous*) besitzergreifend; **he's very ~ towards his wife** was seine Frau angeht, ist er sehr besitzergreifend ❸ LING (*showing possession*) possessiv

possibility [ˌpɒsə'bɪləti] *n* ❶ (*event or action*) Möglichkeit *f;* **there is every ~ that ...** es ist sehr wahrscheinlich, dass ... ❷ *no pl* (*likelihood*) Möglichkeit *f,* Wahrscheinlichkeit *f;* **there's a ~ that ...** es kann sein, dass ... ❸ (*potential*) **possibilities** Möglichkeiten *Pl*

possible ['pɒsəbl̩] *adj* ❶ *usu pred* (*feasible*) möglich; **it's just not ~** das ist einfach nicht machbar; **as much/soon as ~** so viel/bald wie möglich ❷ (*that could happen*) möglich, vorstellbar

possibly ['pɒsəbli] *adv* ❶ (*feasibly*) **to do all that one ~ can** alles Menschenmögliche tun ❷ (*perhaps*) möglicherweise, vielleicht; **very ~** durchaus möglich

post [pəʊst] **I.** *n* ❶ (*pole*) Pfosten *m,* Pfahl *m;* **concrete/iron/wooden ~** Beton-/Eisen-/Holzpfosten *m* ❷ (*in a race*) **the finishing ~** der Zielpfosten ❸ (*job, position*) Stelle *f; a.* MIL Posten ❹ *no pl* BRIT (*mail*) Post *f;* **is there any ~ for me?** ist Post für mich da?; **by ~** mit der Post; **by return of ~** postwendend; **by separate ~** mit getrennter Post; **to come in the ~** mit der Post kommen; **parcel ~** Paketpost *f* **II.** *tr verb* ❶ (*send sth*) [per Post] schicken; (*at a post office*) aufgeben; (*in a post/pillar box*) werfen in *+Akk* ❷ (*send sb*) versetzen; **she was ~ed to London** sie

P

wurde nach London versetzt ③ (*give notice*) [durch Aushang] bekannt geben ④ (*stick*) ~ **no bills!** Plakate ankleben verboten! ⑤ INET posten **III.** *intr verb* INET posten

post-9-11 ['pəʊstnaɪnɪˌlev^{ə}n], **post-Sept. 11** ['pəʊstsepˌtembə^{r}ɪˌlev^{ə}n] *adj* nach dem 11. September *nachgestellt* (*nach den Terrorangriffen auf New York und Washington am 11. September 2001*)

postage ['pəʊstɪdʒ] *n no pl* Porto *nt;* ~ **paid** [porto]frei; ~ **stamp** Postwertzeichen *nt*

postal ['pəʊst^{ə}l] *adj attr* Post-, postalisch *geh*

post-apocalyptic [ˌpəʊstəˌpɒkə'lɪptɪk] *adj book/film setting, society* post-apokalyptisch

postbag *n* BRIT ① (*letters*) Zuschriften *Pl* ② (*bag*) Postsack *m* **postbox** *n esp* BRIT, AUS Briefkasten *m* **postcard** *n* Postkarte *f* **postcode** *n* BRIT, AUS Postleitzahl *f*

post-date *tr verb* (*give later date*) vordatieren; ~**d cheque** [*or* AM **check**] vordatierter Scheck

poster ['pəʊstə^{r}] *n* ① (*advertisement*) [Werbe]plakat *nt* ② (*large picture*) Poster *nt*

poste restante [ˌpəʊst'restɑːnt] **I.** *n usu sing* ① Aufbewahrungs- und Abholstelle *f* für postlagernde Briefe und Sendungen ② (*on envelopes*) '~' „Postlagernd" **II.** *adv* postlagernd

post-free BRIT **I.** *adj* gebührenfrei **II.** *adv* portofrei, gebührenfrei

postgraduate I. *n* Postgraduierte(r) *f(m) fachspr,* Student(in) *m(f)* im Aufbaustudium (*nach Erreichen des ersten akademischen Grades*) **II.** *adj attr* weiterführend, Postgraduierten-

posting ['pəʊstɪŋ] *n esp* BRIT ① (*appointment to job*) Versetzung *f* ② (*location*) Ort, an den jd versetzt wird

postman *n* Postbote *m,* Briefträger *m*

postmark I. *n* Poststempel *m* **II.** *tr verb usu passive* **to be ~ed** abgestempelt sein

post-mortem [ˌpəʊs(t)'mɔːtem] **I.** *n* MED Autopsie *f* **II.** *adj attr* nach dem Tod *nachgestellt,* postmortal

post-natal *adj* nach der Geburt *nachgestellt,* postnatal *fachspr*

P

post office *n* ① (*building*) Postamt *nt,* Post *f* ② (*public department or corporation*) **the Post Office** die Post **post office box** *n* Postfach *nt* **post-paid** *adj, adv* portofrei, gebührenfrei

postpone [pəʊs(t)'pəʊn] *tr verb* verschieben

postponement [pəʊs(t)'pəʊnmənt] *n* ① (*delay*) Verschiebung *f* ② *no pl* (*deferment*) Aufschub *m*

postscript *n* ① (*to a letter*) Postskript[um] *nt* ② (*to piece of writing*) Nachwort *nt*

post-traumatic *adj* PSYCH posttraumatisch; ~ **stress disorder** posttraumatische Erkrankung [*o* Belastungsstörung]

posture ['pɒstʃə^{r}] **I.** *n* ① *no pl* (*natural*) [Körper]haltung *f,* Pose *f* ② *no pl* (*attitude*) Haltung *f* (**on** zu) **II.** *intr verb* (*pej*) sich in Pose werfen

postviral [ˌpəʊs(t)'vaɪr^{ə}l] *adj* MED postviral; ~ [**fatigue**] **syndrome** Erschöpfungssyndrom *nt*

post-war *adj* Nachkriegs-, der Nachkriegszeit *nachgestellt;* ~ **Europe** Nachkriegseuropa *nt*

postwoman *n* Postbotin *f,* Briefträgerin *f*

pot[1] *n no pl* (*sl: hashish*) Pot *nt*

pot[2] [pɒt] **I.** *n* ① (*for cooking*) Topf *m* ② (*container*) Topf *m;* (*glass*) Glas *nt;* **coffee ~/tea~** Kaffee-/Teekanne *f* ③ (*amount*) **a ~ of coffee/tea** eine Kanne Kaffee/Tee **II.** *tr verb* <-tt-> ① (*put in pot*) *plants* eintopfen ② SPORTS (*in billiards, snooker*) einlochen

potato <*pl* **-es**> [pə'teɪtəʊ] *n* Kartoffel *f,* Erdapfel *m* ÖSTERR; **baked ~** Ofenkartoffel *f;* **fried/roasted ~es** Brat-/Röstkartoffeln *Pl;* **mashed ~**[**es**] Kartoffelbrei *m*

potato chips *npl* AM, AUS *see* **potato crisps** **potato crisps** *npl* BRIT Kartoffelchips *Pl* **potato masher** *n* Kartoffelstampfer *m* **potato peeler** *n* Kartoffelschäler *m*

potent ['pəʊt^{ə}nt] *adj* ① (*strong*) mächtig; *antibiotic, drink* stark; *argument* schlagkräftig ② (*sexual*) potent

potential [pə(ʊ)'ten(t)ʃ^{ə}l] **I.** *adj* potenziell *geh,* möglich **II.** *n no pl* Potenzial *nt geh;* **to have** [**a lot of**] ~ *building, idea* [vollkommen] ausbaufähig sein; *person* [sehr] begabt sein

potentially [pə(ʊ)'ten(t)ʃ^{ə}li] *adv* potenziell *geh;* ~ **disastrous/successful** möglicherweise verheerend/erfolgreich

pothole *n* ❶ (*in road*) Schlagloch *nt* ❷ (*underground hole*) Höhle *f*

pot luck *n no pl* Zufallstreffer *m*

pot roast *n* Schmorbraten *m*

potshot *n* (*with gun*) blinder Schuss; (*fig: verbal attack*) Seitenhieb *m*

potted ['pɒtɪd] *adj attr* ❶ (*in a pot*) Topf- ❷ (*preserved*) eingelegt

potter[1] ['pɒtəʳ] *n* (*with clay*) Töpfer(in) *m(f)*

potter[2] ['pɒtəʳ] *esp* BRIT **I.** *n no pl* (*stroll*) Bummel *m* **II.** *intr verb* bummeln

pottery ['pɒtᵊri] *n* ❶ *no pl* (*activity*) Töpfern *nt* ❷ (*objects*) Keramik *f kein Pl*

potty ['pɒti] **I.** *adj esp* BRIT (*fam*) verrückt; **to be ~ about sb/sth** nach jdm/etw verrückt sein **II.** *n* Töpfchen *nt*

pouch <*pl* -es> [paʊtʃ] *n* Beutel *m*

poultry ['pəʊltri] *n* Geflügel *nt;* ~ **farm** Geflügelfarm *f;* ~ **farming** Geflügelzucht *f*

pounce [paʊn(t)s] *intr verb* ❶ (*jump*) losspringen, einen Satz machen ❷ (*fig: seize opportunity*) zuschlagen

pound [paʊnd] **I.** *n* ❶ (*money*) Pfund *nt;* ~ **coin** Pfundmünze *f* ❷ (*weight*) ≈ Pfund *nt* (*454 g*) **II.** *tr verb* ❶ (*hit repeatedly*) **to ~ sth** auf etw *Akk* hämmern ❷ MIL (*bombard*) **to ~ the enemy positions/town** die feindlichen Stellungen/Stadt bombardieren **III.** *intr verb* ❶ (*strike repeatedly*) hämmern (**on** an/gegen) ❷ (*run noisily*) stampfen

pounding ['paʊndɪŋ] **I.** *n* ❶ *no pl* (*noise*) *of guns* Knattern *nt; of the heart* Schlagen *nt;* **the ~ in the head** das Pochen im Kopf [*o* in den Schläfen] ❷ (*attack*) Beschuss *m kein Pl* **II.** *adj drum, music* dröhnend

pour [pɔːʳ] **I.** *tr verb* (*cause to flow*) gießen (**into** in, **onto** auf); *drink* eingießen, einschenken; **~ yourself a drink** nimm dir was zu trinken **II.** *intr verb* ❶ (*fill glasses, cups*) eingießen, einschenken ❷ (*flow*) fließen (**into** in, **out** aus) ❸ *impers* (*rain*) **it's ~ing [with rain]** es schüttet *fam* ◆ **pour in** *intr verb* hereinströmen, hineinströmen ◆ **pour out I.** *tr verb* ❶ (*serve from a container*) *liquids* ausgießen; *solids* ausschütten ❷ (*fig: recount*) **to ~ out one's worries** sich *Dat* die Sorgen von der Seele reden **II.** *intr verb* ❶ (*come out*) ausströmen ❷ (*be expressed*) *words* herauskommen

pout [paʊt] **I.** *intr verb* schmollen **II.** *n* Schmollmund *m*

poverty ['pɒvəti] *n no pl* ❶ (*state of being poor*) Armut *f* ❷ (*form: lack*) Mangel *m* (**of** an)

poverty-stricken *adj* bitterarm

powder ['paʊdəʳ] **I.** *n* ❶ *no pl* Pulver *nt;* ~ **snow** Pulverschnee *m* ❷ *no pl* (*make-up*) Puder *m* **II.** *tr verb* pudern; **to be ~ed with sth** mit etw bestreut sein

powdered ['paʊdəd] *adj* ❶ (*in powder form*) Pulver-, pulverisiert ❷ (*covered with powder*) gepudert

powdery ['paʊdᵊri] *adj* pulvrig

power ['paʊəʳ] **I.** *n* ❶ *no pl* (*control*) Macht *f;* (*influence*) Einfluss *m;* **to have sb in one's ~** jdn in seiner Gewalt haben ❷ *no pl* (*political control*) Macht *f;* **to come to ~** an die Macht kommen; **executive/legislative ~** die exekutive/legislative Gewalt; **to seize ~** die Macht ergreifen ❸ (*nation*) [Führungs]macht *f* ❹ (*person, group*) Macht *f;* (*person a.*) treibende Kraft ❺ *no pl* (*right*) Berechtigung *f* ❻ (*authority*) **~s** Kompetenz[en] *f[Pl]* ❼ *no pl* (*ability*) Vermögen *nt;* **it is beyond my ~ to ...** es steht nicht in meiner Macht, ...; **to do everything in one's ~** alles in seiner Macht Stehende tun ❽ *no pl* (*strength*) Kraft *f;* (*of sea, wind, explosion*) Gewalt *f;* (*of nation, political party*) Stärke *f,* Macht *f* ❾ *no pl* (*emotion*) Intensität *f; of words* Macht *f* ❿ *no pl* (*electricity*) Strom *m,* Elektrizität *f;* **nuclear ~** Atomenergie *f* ⓫ *no pl* (*output*) Leistung *f,* Kraft *f* ⓬ *no pl* MATH Potenz *f;* **two to the ~ [of] four** zwei hoch vier ▸ **the ~s that be** die Mächtigen **II.** *tr verb* antreiben

power-assisted *adj attr* Servo-; **~ steering** Servolenkung *f* **powerboat** *n* Rennboot *nt* **power brakes** *npl* Servobremsen *Pl* **power cable** *n* Stromkabel *nt* **power cut** *n* BRIT, AUS Stromausfall *m*

powerful ['paʊəfᵊl] *adj* ❶ (*mighty*) mächtig; (*influential*) einflussreich ❷ (*physically strong*) stark, kräftig ❸ *ef-*

P

fect, influence) stark ④ (*emotionally moving*) mitreißend ⑤ TECH, TRANSP leistungsstark

powerfully ['paʊəfᵊli] *adv* ① (*strongly*) stark ② (*using great force*) kraftvoll, mit Kraft

powerless ['paʊələs] *adj* machtlos (**against** gegen)

power line *n* Stromkabel *nt* **power pack** *n* ELEC ① (*source*) Leistungsaggregat *nt* ② (*transformer*) Netzgerät *nt* **power plant** *n* ① *esp* AM Kraftwerk *nt* ② TECH (*engine*) Triebwerk *nt* **power player** *n jd, der seine Macht für die Erreichung politischer oder wirtschaftlicher Ziele einsetzt* **power point** *n* BRIT, AUS Steckdose *f* **power station** *n* Kraftwerk *nt* **power steering** *n no pl* Servolenkung *f*

PR [ˌpiː'ɑːʳ] *n no pl* ① *abbrev of* **public relations** PR; **a ~ campaign/exercise** eine PR-Kampagne/PR-Maßnahme ② *abbrev of* **proportional representation** Verhältniswahlsystem *nt*

practicable ['præktɪkəbl̩] *adj* (*form*) durchführbar, machbar

practical ['præktɪkᵊl] **I.** *adj* ① (*not theoretical*) praktisch ② (*suitable*) praktisch; **to be ~ for sth** sich zu etw eignen ③ (*approv: good at doing things*) praktisch [veranlagt] **II.** *n* praktische Prüfung

P

practically ['præktɪkᵊli] *adv* praktisch; **we're ~ home** wir sind fast zu Hause

practice ['præktɪs] **I.** *n* ① *no pl* (*preparation*) Übung *f;* **to be out of/in ~** aus der/in Übung sein ② (*training session*) [Übungs]stunde *f;* SPORTS Training *nt* ③ *no pl* (*actual performance*) Praxis *f* ④ (*business*) Praxis *f* **II.** *tr verb* AM *see* **practise**

practiced *adj* AM *see* **practised**

practicing *adj attr* AM *see* **practising**

practise ['præktɪs] **I.** *tr verb* ① (*rehearse*) **to ~ [doing] sth** etw üben; (*improve particular skill*) an etw *Dat* arbeiten; **to ~ the flute** Flöte üben ② (*do regularly*) praktizieren ③ (*work in*) praktizieren **II.** *intr verb* ① (*improve skill*) üben; SPORTS trainieren ② (*work in a profession*) praktizieren

practised ['præktɪst] *adj* ① (*experienced*) erfahren; **to be ~ in sth** in etw *Dat* geübt sein ② (*form: obtained by practice*) gekonnt

practising ['præktɪsɪŋ] *adj attr* praktizierend

praise [preɪz] **I.** *tr verb* ① (*express approval*) loben ② (*worship*) **to ~ God/the Lord** Gott/den Herrn preisen *geh* **II.** *n no pl* (*approval*) Lob *nt;* **to heap ~ on sb** jdn mit Lob überschütten

praiseworthy ['preɪzˌwɜːði] *adj* lobenswert

pram [præm] *n* BRIT, AUS Kinderwagen *m*

prank [præŋk] *n* Streich *m*

prat [præt] **I.** *n* BRIT (*fam*) Trottel *m pej;* **to make a ~ of oneself** sich zum Narren machen **II.** *intr verb* <-tt-> BRIT (*fam*) **to ~ about** herumspinnen

prattle ['prætl̩] **I.** *intr verb* ① (*talk foolishly*) plappern; **to ~ away** ununterbrochen plappern ② (*talk at length*) labern *pej fam* **II.** *n no pl* (*foolish talk*) Geplapper *nt*

prawn [prɔːn] *n* Garnele *f,* Krabbe *f fam;* **~ cocktail** Krabbencocktail *m*

pray [preɪ] *intr verb* ① beten; **let us ~** lasset uns beten ② (*fig: hope*) **to ~ for sth** auf etw *Akk* hoffen

prayer ['preəʳ] *n* Gebet *nt;* **to answer sb's ~[s]** jds Gebet[e] erhören; **to say a ~ for sb** für jdn beten; **~ book** Gebetbuch *nt;* **~ meeting** Gebetsstunde *f;* **~ rug** Gebetsteppich *m;* **~ wheel** Gebetsmühle *f*

praying mantis *n* Gottesanbeterin *f*

pre-9-11 ['priːˌnaɪnɪˌlevᵊn], **pre-Sept. 11** ['priːsepˌtembəʳɪˌlevᵊn] *adj* vor dem 11. September *nachgestellt* (*vor den Terrorangriffen auf New York und Washington am 11. September 2001*)

preach [priːtʃ] **I.** *intr verb* ① (*give a sermon*) predigen; **to ~ to sb** vor jdm predigen ② (*pej: lecture*) **to ~ at sb** jdm eine Predigt halten *fig* **II.** *tr verb* **to ~ a sermon** eine Predigt halten

preacher ['priːtʃəʳ] *n* ① (*priest*) Geistliche(r) *f(m),* Pfarrer(in) *m(f)* ② *esp* AM Prediger(in) *m(f)*

pre-arrange [ˌpriːə'reɪndʒ] *tr verb usu passive* vorplanen

precarious [prɪ'keəriəs] *adj* (*hazardous*) gefährlich

precaution [prɪ'kɔːʃᵊn] *n* Vorkehrung *f;* **fire ~s** Brandschutzmaßnahmen *Pl*

precautionary [prɪ'kɔ:ʃənəri] *adj* Vorsichts-

precede [pri:'si:d] *tr verb* (*in space*) vorangehen; **sb/sth is ~d by sb/sth** jd/etw geht jdm/etw voran

precedence ['presɪdən(t)s] *n no pl* ① (*priority*) Priorität *f;* **to give ~ to sb/sth** jdm/etw den Vorrang geben ② (*form: order of priority*) Rangordnung *f*

precedent ['presɪdənt] *n* ① (*example*) vergleichbarer Fall, Präzedenzfall *m geh;* **to set a ~** einen Präzedenzfall schaffen ② *no pl* (*past procedure*) Tradition *f*

preceding [pri:'sɪ:dɪŋ] *adj attr* vorhergehend, vorangegangen; **the ~ page** die vorige Seite; **the ~ year** das Jahr davor

precinct ['pri:sɪŋ(k)t] *n* ① (*boundaries*) **~s** Bereich *m* ② BRIT (*restricted traffic zone*) verkehrsberuhigte Zone; **pedestrian ~** Fußgängerzone *f*

precious ['preʃəs] **I.** *adj* ① (*of great value*) wertvoll, kostbar; **to be ~ to sb** jdm viel bedeuten; **~ stone** Edelstein ② (*pej: affected*) *manner, style* geziert **II.** *adv* (*fam*) **~ little** herzlich wenig

precipice ['presɪpɪs] *n* (*steep drop*) Abgrund *m;* (*cliff face*) Steilhang *m;* **to fall over a ~** in einen Abgrund stürzen

précis ['preɪsi:] **I.** *n* <*pl* -> Zusammenfassung *f* **II.** *tr verb* (*form*) [kurz] zusammenfassen

precise [prɪ'saɪs] *adj* ① (*exact*) genau, präzise ② (*approv: careful*) sorgfältig; **to be ~ about doing sth** etw sehr genau nehmen

precisely [prɪ'saɪsli] *adv* ① (*exactly*) genau, präzise ② (*just*) genau; **~ because** eben wegen

preclude [prɪ'klu:d] *tr verb* (*form*) ausschließen

precocious [prɪ'kəʊʃəs] *adj* ① (*developing early*) frühreif; **~ talent** frühe Begabung ② (*pej: maturing too early*) altklug

precociousness [prɪ'kəʊʃəsnəs] *n,* **precocity** [prɪ'kɒsəti] *n no pl* (*form*) Frühreife *f*

preconceived [ˌpri:kən'si:vd] *adj* (*esp pej*) vorgefasst

preconception [ˌpri:kən'sepʃən] *n* (*esp pej*) vorgefasste Meinung

precondition [ˌpri:kən'dɪʃən] *n* Vorbedingung *f,* Voraussetzung *f*

pre-cook [ˌpri:'kʊk] *tr verb* vorkochen

predate [ˌpri:'deɪt] *tr verb* (*form*) zeitlich vorausgehen

predator ['predətər] *n* (*animal*) Raubtier *nt;* (*bird*) Raubvogel *m*

predatory ['predətəri] *adj* Raub-, räuberisch

predecessor [ˌpri:dɪ'sesər] *n* Vorgänger(in) *m(f)*

predestination [ˌpri:destɪ'neɪʃən] *n no pl* REL Vor[her]bestimmung *f*

predicament [prɪ'dɪkəmənt] *n* Notlage *f;* **to be in a ~** sich in einer misslichen Lage befinden

predict [prɪ'dɪkt] *tr verb* vorhersagen; *sb's future* prophezeien

predictable [prɪ'dɪktəbl̩] *adj* ① (*foreseeable*) vorhersehbar, voraussagbar ② (*pej: not very original*) berechenbar

prediction [prɪ'dɪkʃən] *n* (*forecast*) Vorhersage *f,* Voraussage *f;* ECON, POL Prognose *f*

predominant [prɪ'dɒmɪnənt] *adj* vorherrschend, beherrschend; **to be ~** führend sein

predominate [prɪ'dɒmɪneɪt] *intr verb* ① (*be most important*) vorherrschen ② (*be more numerous*) überwiegen

prefab ['pri:fæb] (*fam*) **I.** *n short for* **prefabricated house** Fertighaus *nt* **II.** *adj short for* **prefabricated** vorgefertigt

prefabricate [ˌpri:'fæbrɪkeɪt] *tr verb* vorfertigen

preface ['prefɪs] **I.** *n* ① (*introduction*) Einleitung *f* ② (*fig: preceding event*) **as a ~** als Einstieg **II.** *tr verb* ① (*provide with preface*) **to ~ sth** eine Einleitung zu etw verfassen ② (*lead up to*) einleiten

prefect ['pri:fekt] *n* ① (*official*) Präfekt(in) *m(f)* ② *esp* BRIT, AUS SCHOOL *Schüler, der die Jüngeren beaufsichtigen muss*

prefer <-rr-> [prɪ'fɜ:r] *tr verb* vorziehen, bevorzugen; **she ~s Daniel to his brother** sie mag Daniel lieber als seinen Bruder

preferable ['prefərəbl̩] *adj* besser

preferably ['prefərəbli] *adv* am besten, vorzugsweise

preference ['prefərən(t)s] *n* ① *no pl* (*priority*) Priorität *f,* Vorzug *m;* **to be**

given ~ Vorrang haben ② *no pl* (*greater liking*) Vorliebe *f* (**for** für)

preferential [ˌprefᵊr'en(t)ʃᵊl] *adj attr* Vorzugs-, Präferenz-; **to get ~ treatment** bevorzugt behandelt werden

preferred [prɪ'fɜːd] *adj attr* bevorzugt, Lieblings-; **the ~ choice** die erste Wahl

prefix **I.** *n* <*pl* -es> ['priːfɪks] ① LING Präfix *nt fachspr,* Vorsilbe *f* ② (*something prefixed*) Namensvorsatz *m* **II.** *tr verb* [ˌpriː'fɪks] **to ~ sth with sth** etw einer S. *Dat* voranstellen

pregnancy ['pregnən(t)si] *n* Schwangerschaft *f;* ZOOL Trächtigkeit *f;* ~ **test** Schwangerschaftstest *m*

pregnant ['pregnənt] *adj woman* schwanger; *animal* trächtig; **she's eight months** ~ sie ist im achten Monat [schwanger]

preheat [ˌpriː'hiːt] *tr verb* vorheizen

prehistoric [ˌprɪ(h)ɪ'stɒrɪk] *adj* ① (*before written history*) prähistorisch ② (*pej fam: outdated*) steinzeitlich

prehistory [ˌpriː'hɪstᵊri] *n no pl* Prähistorie *f geh,* Vorgeschichte *f*

prejudge [ˌpriː'dʒʌdʒ] *tr verb* **to ~ sb/sth** vorschnell ein Urteil über jdn/etw fällen

prejudice ['predʒədɪs] **I.** *n* Vorurteil *nt* (**against** gegen); **racial** ~ Rassenvorurteil *nt* **II.** *tr verb* ① (*harm*) schädigen; **to ~ sb's chances** jds Chancen beeinträchtigen ② (*bias*) beeinflussen; **to ~ sb against sb/sth** jdn gegen jdn/etw einnehmen

prejudiced ['predʒədɪst] *adj* voreingenommen; **he is racially** ~ er hat Rassenvorurteile; **to be ~ against sb/sth** Vorurteile gegen jdn/etw haben

prejudicial [ˌpredʒə'dɪʃᵊl] *adj* (*form*) abträglich; **to be ~ to sb/sth** jdm/etw abträglich sein

prelim ['priːlɪm] *n short for* **preliminary** ① (*examination*) Vorprüfung *f* ② SPORTS Vorrunde *f*

preliminary [prɪ'lɪmɪnᵊri] **I.** *adj attr* einleitend; (*preparatory*) vorbereitend; ~ **arrangements** Vorbereitungen *Pl* **II.** *n* ① (*introduction*) Einleitung *f;* (*preparation*) Vorbereitung *f* ② SCHOOL, UNIV Vorprüfung *f* ③ SPORTS (*heat*) Vorrunde *f*

prelude ['preljuːd] **I.** *n* ① *usu sing* (*preliminary*) Vorspiel *nt,* Auftakt *m* ② MUS Prélude *nt* **II.** *tr verb* einleiten

premarital [ˌpriː'mærɪtᵊl] *adj* vorehelich

premature ['premətʃəʳ] *adj* ① (*too early*) verfrüht, vorzeitig ② MED ~ **baby** Frühgeburt *f*

premeditated [ˌpriː'medɪteɪtɪd] *adj* vorsätzlich, geplant

premier ['premiəʳ] **I.** *n* Premierminister(in) *m(f);* CAN, AUS Ministerpräsident(in) *m(f)* **II.** *adj attr* führend; **the ~ sports arena** das bedeutendste Stadion

première ['premieəʳ] **I.** *n* Premiere *f,* Uraufführung *f* **II.** *tr verb* uraufführen

premise[1] ['premɪs] *n* Prämisse *f geh,* Voraussetzung *f;* **on the ~ that ...** unter der Voraussetzung, dass ...

premise[2] [prɪ'maɪz] *tr verb* (*form: base*) basieren; **to ~ sth on sth** etw auf etw *Akk* [auf]bauen

premises ['premɪsɪz] *npl* ① (*building[s]*) Gebäude *nt;* **school** ~ Schulgelände *nt;* **off the** ~ außerhalb des Gebäudes/Geländes ② (*personal property*) Land *nt,* Grundstück *nt*

premium ['priːmiəm] **I.** *n* ① (*insurance payment*) [Versicherungs]prämie *f* ② (*extra charge*) Zuschlag *m;* **a ~ on sth** ein Preisaufschlag auf etw *Akk* ③ (*bonus*) Prämie *f* **II.** *adj attr* ① (*high*) hoch ② (*top-quality*) Spitzen-

Premium Bond *n* BRIT Sparprämienanleihe *f*

premodern [ˌpriː'mɒdᵊn] *adj culture, society* prämodern; *way of life* althergebracht; *world* rückständig

preoccupation [priːˌɒkjə'peɪʃᵊn] *n* ① (*dominant concern*) Sorge *f;* **main** ~ Hauptsorge *f* ② *no pl* (*state of mind*) [**a**] ~ **with sth** ständige [gedankliche] Beschäftigung mit etw

preoccupied [ˌpriː'ɒkjəpaɪd] *adj* ① (*distracted*) gedankenverloren ② (*worried*) besorgt

preoccupy <-ie-> [ˌpriː'ɒkjəpaɪ] *tr verb* **to ~ sb** jdn [sehr stark] beschäftigen

pre-owned ['priːoʊnd] *adj* AM AUTO *short for* **previously owned** *car* Gebraucht-

prep [prep] *n no pl* (*fam*) ① (*preparation*) Vorbereitung *f* ② BRIT SCHOOL (*homework*) Hausaufgaben *Pl*

prepaid [ˌpriː'peɪd] *adj* im Voraus bezahlt; ~ **reply** frankierte Rückantwortkarte

preparation [ˌprepᵊrˈeɪʃᵊn] *n* ❶ *no pl* (*getting ready*) Vorbereitung *f; of food* Zubereitung *f;* **to do a lot of/very little ~ [for sth]** sich sehr gut/kaum [auf etw *Akk*] vorbereiten; **in ~ for sth** als Vorbereitung auf etw *Akk* ❷ (*measures*) **~s** Vorbereitungen *Pl* (**for** für); (*precautions*) Vorkehrungen *Pl* ❸ (*substance*) Präparat *nt,* Mittel *nt*

preparatory [prɪˈpærətᵊri] *adj* vorbereitend *attr,* Vorbereitungs-; **to be ~ [to sth]** als Vorbereitung [auf etw *Akk*] dienen

prepare [prɪˈpeəʳ] **I.** *tr verb* ❶ (*get ready*) vorbereiten (**for** auf); **to ~ the way [for sb/sth]** den Weg [für jdn/etw] bereiten ❷ (*make*) zubereiten; **to ~ breakfast/dinner/lunch** das Frühstück/Abendessen/Mittagessen machen **II.** *intr verb* **to ~ for sth** sich auf etw *Akk* vorbereiten

prepared [prɪˈpeəd] *adj* ❶ *pred* (*ready*) bereit, fertig *fam* ❷ *pred* (*willing*) **to be ~ to do sth** bereit sein, etw zu tun

prepay <-paid, -paid> [ˌpriːˈpeɪ] *tr verb* im Voraus bezahlen

prepayment [ˌpriːˈpeɪmənt] *n* Vorauszahlung *f*

preposition [ˌprepəˈzɪʃᵊn] *n* Verhältniswort *nt,* Präposition *f*

prep school *n* (*fam*) ❶ Brit *vorbereitende Privatschule für die Aufnahme an einer „Public School" (höheren Privatschule)* ❷ Am *vorbereitende [Privat]schule für die Aufnahme an einem College*

pre-school [ˈpriːskuːl] **I.** *n* Am, Aus Kindergarten *m* **II.** *adj attr* vorschulisch, Vorschul-

prescribe [prɪˈskraɪb] *tr verb* ❶ (*medical*) **to ~ sth** etw verschreiben; **to be ~d sth** etw verschrieben bekommen ❷ (*recommend*) **to ~ sth [to sb]** *special diet* [jdm] etw verordnen

prescription [prɪˈskrɪpʃᵊn] *n* ❶ (*medical*) Rezept *nt* (**for** für); **on ~** auf Rezept ❷ (*form: rule*) Vorschrift *f* (**for** für)

presence [ˈprezᵊn(t)s] *n* ❶ *no pl* (*attendance*) Anwesenheit *f* ❷ (*approv: dignified bearing*) Haltung *f* ❸ (*supernatural*) Gegenwart *f kein Pl*

present¹ [ˈprezᵊnt] **I.** *n* ❶ *no pl* (*now*) **the ~** die Gegenwart; **at ~** zurzeit, gegenwärtig ❷ *no pl* LING Präsens *nt* **II.** *adj* ❶ *attr* (*current*) derzeitig, gegenwärtig; **the ~ month** der laufende Monat ❷ *attr* (*in attendance*) anwesend; (*existing*) vorhanden

present² [ˈprezᵊnt] *n* Geschenk *nt;* **to get sth as a ~** etw geschenkt bekommen

present³ [prɪˈzent] *tr verb* ❶ (*give formally*) *gift* schenken; *award, medal* überreichen ❷ (*hand over, show*) vorlegen ❸ (*put forward*) präsentieren; *argument* anführen; *suggestion* unterbreiten ❹ (*face, confront*) **to ~ sb with a challenge** jdn vor eine Herausforderung stellen ❺ (*form: introduce*) **to ~ sb [to sb]** jdn [jdm] vorstellen ❻ (*compère*) *TV programme* moderieren

presentable [prɪˈzentəbl̩] *adj person* vorzeigbar

presentation [ˌprezᵊnˈteɪʃᵊn] *n* ❶ (*giving*) Präsentation *f; of a theory* Darlegung *f; of a dissertation, a thesis* Vorlage *f* ❷ (*lecture, talk*) Präsentation *f* (**on** zu) ❸ *no pl* (*display*) *of photographs, works* Ausstellung *f*

present-day *adj usu attr* heutig *attr;* **~ London** das heutige London

presently [ˈprezᵊntli] *adv* ❶ (*soon*) bald, gleich ❷ *esp* Brit, Aus (*now*) zurzeit, gegenwärtig

P

preservation [ˌprezəˈveɪʃᵊn] **I.** *n no pl* ❶ (*upkeep*) Erhaltung *f* ❷ (*conservation*) Bewahrung *f; of order* Aufrechterhaltung *f* **II.** *adj attr* Konservierungs-

preservative [prɪˈzɜːvətɪv] *n* Konservierungsstoff *m*

preserve [prɪˈzɜːv] **I.** *tr verb* ❶ (*maintain*) erhalten; *customs, tradition* bewahren ❷ (*conserve*) konservieren; *wood* [mit Holzschutzmittel] behandeln **II.** *n* ❶ *usu pl* (*food*) Eingemachte(s) *nt kein Pl* ❷ (*domain*) Domäne *f; of a department* Ressort *nt* ❸ *esp* Am (*reserve*) Reservat *nt;* **nature/wildlife ~** Naturschutzgebiet *nt*

preserved [prɪˈzɜːvd] *adj* ❶ (*maintained*) konserviert ❷ FOOD eingemacht, eingelegt

pre-shrunk [ˌpriːˈʃrʌŋk] *adj clothes* vorgewaschen

presidency [ˈprezɪdᵊn(t)si] *n* Präsidentschaft *f;* (*of company*) Aufsichtsratsvorsitz *m*

president ['prezɪdᵊnt] *n* Präsident(in) *m(f)*

presidential [ˌprezɪ'den(t)ʃᵊl] *adj* Präsidenten-; ~ **candidate** Präsidentschaftskandidat(in) *m(f)*

Presidents' Day *n no pl* AM *amerikanischer Feiertag am dritten Montag im Februar zum Gedenken an die Geburtstage von Washington und Lincoln*

press [pres] **I.** *n* <*pl* -es> ① (*push*) Druck *m;* **at the ~ of a button** auf Knopfdruck ② (*ironing*) Bügeln *nt kein Pl* ③ (*news media, newspapers*) **the ~** + *sing/pl verb* die Presse *f* ④ (*instrument*) Presse *f* **II.** *tr verb* ① (*push*) **to ~ sth** [auf] etw *Akk* drücken; **to ~ on the brake pedal** auf das Bremspedal treten ② (*flatten*) zusammendrücken ③ (*extract juice from*) auspressen ④ (*iron*) bügeln ⑤ (*manufacture*) *CD, record* pressen ⑥ (*fig: urge, impel*) bedrängen; **to ~ sb into a role** jdn in eine Rolle hineindrängen ⑦ LAW (*bring*) **to ~ charges** Anklage erheben (**against** gegen) **III.** *intr verb* ① (*push*) drücken ② (*be urgent*) drängen ◆ **press on** *intr verb* **to ~ on [with sth]** [mit etw] weitermachen; **to ~ on with one's journey** seine Reise fortsetzen

press agency *n* Presseagentur *f* **press campaign** *n* Pressekampagne *f* **press card** *n* Presseausweis *m* **press clipping** *n* Zeitungsausschnitt *m* **press conference** *n* Pressekonferenz *f* **press coverage** *n* ① (*scale of reporting*) Berichterstattung *f* (*in der Presse*) ② (*footage*) [Fernseh]übertragung *f* **press gallery** *n* Pressetribüne *f* **press gang I.** *n* (*hist*) Werber *Pl fachspr* **II.** *tr verb* **to press-gang sb into doing sth** jdn [dazu] zwingen, etw zu tun

pressing ['presɪŋ] **I.** *adj* (*urgent*) *issue, matter* dringend **II.** *n* (*manufacture of CD, record*) Pressung *f*

press office *n* Pressestelle *f* **press officer** *n* Pressereferent(in) *m(f)* **press photographer** *n* Pressefotograf(in) *m(f)* **press release** *n* Pressemitteilung *f,* Pressemeldung *f* **press report** *n* Pressebericht *m*

press stud *n* BRIT, AUS Druckknopf *m*

press-up *n* BRIT Liegestütz *m*

pressure ['preʃəʳ] **I.** *n* ① *no pl* (*physical force*) Druck *m;* **to apply ~** Druck ausüben ② *no pl* (*stress*) Druck *m,* Stress *m,* Belastung *f;* **to be under ~** unter Druck stehen; **there is a lot of ~ on sb** jd hat Stress; **to put ~ on sb** jdn unter Druck setzen **II.** *tr verb esp* AM **to ~ sb to do sth** jdn dazu drängen, etw zu tun

pressure cooker *n* Schnellkochtopf *m* **pressure gauge** *n* Druckmesser *m* **pressure group** *n* Interessengruppe *f*

pressurize ['preʃᵊraɪz] *tr verb* ① (*control air pressure*) druckfest halten; **~d cabin** Druckkabine *f* ② (*persuade by force*) **to ~ sb to do sth** jdn [massiv] dazu drängen, etw zu tun

prestige [pres'tiːʒ] **I.** *n no pl* Prestige *nt,* Ansehen *nt* **II.** *adj* angesehen; *hotel* vornehm

prestigious [pres'tɪdʒəs] *adj* angesehen, Prestige-

presumably [prɪ'zjuːməbli] *adv* vermutlich

presume [prɪ'zjuːm] *tr verb* (*suppose, believe*) annehmen, vermuten; **to be ~d innocent** als unschuldig gelten; **I ~ so/not** ich denke ja/nein

presumption [prɪ'zʌmpʃᵊn] *n* ① (*assumption*) Annahme *f,* Vermutung *f* ② *no pl* (*form: arrogance*) Überheblichkeit *f*

presumptuous [prɪ'zʌmptʃuəs] *adj person, behaviour* anmaßend, überheblich

pretence [prɪ'ten(t)s] *n no pl* ① (*false behaviour, insincerity*) Vortäuschung *f;* **under false ~s** *a.* LAW unter Vorspiegelung falscher Tatsachen; **to keep up a ~ of sth** etw vortäuschen ② (*story, excuse*) Vorwand *m*

pretend [prɪ'tend] *tr verb* vorgeben, vortäuschen; **to ~ surprise** so tun, als ob man überrascht wäre; **to ~ to be sb/sth** so tun, als sei man jd/etw; **I'll just ~ that I didn't hear that** ich tue einfach so, als hätte ich das nicht gehört

pretense *n no pl esp* AM *see* **pretence**

pretentious [prɪ'ten(t)ʃəs] *adj* (*pej*) großspurig

pretext ['priːtekst] *n* Vorwand *m;* **on the ~ of doing sth** unter dem Vorwand, etw zu tun

prettification [ˌprɪtɪfɪ'keɪʃᵊn] *n* (*fig*)

Ausschmückung *f,* verschönte Darstellung

pretty ['prɪti] **I.** *adj* (*attractive*) *person* hübsch; *thing* nett **II.** *adv* (*fam*) ❶ (*fairly*) ziemlich; ~ **good** (*fam*) ganz gut ❷ (*almost*) ~ **well everything** beinah alles; ~ **much** fast **III.** *tr verb* **to ~ oneself ◌ up** sich zurechtmachen; **to ~ up ◌ sth** etw verschönern

prevailing [prɪ'veɪlɪŋ] *adj attr wind* vorherrschend; *weather* derzeit herrschend; **under the ~ circumstances** unter den gegebenen Umständen

prevent [prɪ'vent] *tr verb* verhindern; *crime* verhüten; MED vorbeugen; **to ~ sb/sth [from] doing sth** jdn/etw daran hindern, etw zu tun

prevention [prɪ'ven(t)ʃᵊn] *n no pl of an accident* Vermeidung *f; of a crime* Verhütung *f; of a disaster* Verhinderung *f;* ~ **of a disease** Vorbeugung *f* gegen eine Krankheit

preventive [prɪ'ventɪv] *adj* vorbeugend, Präventiv-; **to be ~** zur Vorbeugung dienen

preview ['pri:vju:] *n of a film, a play* Vorpremiere *f;* (*trailer*) Vorschau *f; of an exhibition* Vernissage *f*

previous ['pri:viəs] *adj attr* ❶ (*former*) vorig, vorausgegangen; (*prior*) vorherig; ~ **conviction** Vorstrafe *f* ❷ (*preceding*) vorig, vorhergehend; **on the ~ day** am Tag davor

previously ['pri:viəsli] *adv* (*beforehand*) zuvor, vorher

prey [preɪ] **I.** *n no pl* Beute *f a. fig* **II.** *intr verb* **to ~ on sth** Jagd auf etw *Akk* machen; **to ~ on sb** jdn ausnutzen

price [praɪs] **I.** *n* Preis *m;* **to pay a [heavy/small] ~** einen [hohen/geringen] Preis zahlen **II.** *tr verb* **to ~ sth** (*mark with price*) etw auszeichnen

price bracket *n* Preisklasse *f* **price control** *n* Preiskontrolle *f* **price cutting** *n* [plötzliche] Preissenkung **price label** *n* Preisschild *nt*

priceless ['praɪsləs] *adj* ❶ (*invaluable*) unbezahlbar, von unschätzbarem Wert *nachgestellt* ❷ (*fig fam: funny*) köstlich

price list *n* Preisliste *f* **price tag** *n,* **price ticket** *n* ❶ (*label*) Preisschild *nt* ❷ (*fam: cost*) Preis *m* (**for** für)

pricey ['praɪsi] *adj* (*fam*) teuer

prick [prɪk] **I.** *n* ❶ (*act of piercing*) Stechen *nt;* (*pierced hole, mark*) Stich *m* ❷ (*sharp pain*) Stich *m* **II.** *tr verb* stechen; **to ~ a potato with a fork** eine Kartoffel mit einer Gabel einstechen

prickle ['prɪkḷ] **I.** *n* ❶ (*thorn*) *of a plant* Dorn *m; of an animal* Stachel *m* ❷ (*sensation*) *by beard, wool* Kratzen *nt* **II.** *intr verb of beard, wool* jucken, kratzen

prickly ['prɪkli] *adj* ❶ (*thorny*) stachelig ❷ (*scratchy*) kratzig ❸ (*fam: easily offended*) *person* [leicht] reizbar

pricy *adj see* **pricey**

pride [praɪd] **I.** *n* ❶ *no pl* (*satisfaction*) Stolz *m* ❷ *no pl* (*arrogance*) Hochmut *m,* Überheblichkeit *f* ❸ (*animal group*) **a ~ of lions** ein Rudel *nt* Löwen **II.** *tr verb* **to ~ oneself on sth** auf etw *Akk* [besonders] stolz sein

priest [pri:st] *n* Priester *m*

priesthood ['pri:sthʊd] *n no pl* ❶ (*position, office*) Priestertum *nt* ❷ (*body of priests*) Priesterschaft *f*

primarily [praɪ'merᵊli] *adv* vorwiegend, hauptsächlich

primary ['praɪmᵊri] **I.** *adj* ❶ (*principal*) primär *geh,* Haupt-; ~ **concern** Hauptanliegen *nt* ❷ (*not derivative*) roh gewonnen, Roh- ❸ *esp* BRIT, AUS (*education*) Grundschul[s]-; ~ **school** Grundschule *f* **II.** *n* AM POL (*election*) Vorwahl *f*

prime [praɪm] **I.** *adj attr* ❶ (*main*) wesentlich, Haupt-; **of ~ importance** von äußerster Wichtigkeit; ~ **objective** oberstes Ziel ❷ (*best*) erstklassig **II.** *n no pl* Blütezeit *f fig;* **to be in one's ~** im besten Alter sein **III.** *tr verb* ❶ (*prepare*) vorbereiten ❷ TECH, MIL (*for exploding*) scharf machen; *canvas, metal, wood* grundieren

prime minister *n* Premierminister(in) *m(f)*

prime number *n* Primzahl *f*

primer[1] ['praɪməʳ] *n* (*paint*) Grundierfarbe *f*

primer[2] ['praɪməʳ] *n* SCHOOL (*dated*) Fibel *f*

prime time *n* Hauptsendezeit *f*

primitive ['prɪmɪtɪv] *adj* ❶ (*early stage*) primitiv; ZOOL urzeitlich ❷ (*pej: simple*) primitiv

primrose ['prɪmrəʊz] *n* [gelbe] Schlüsselblume

P

Primus® ['praɪməs] *n,* **Primus stove®** *n* Campingkocher *m*

prince [prɪn(t)s] *n* (*royal*) Prinz *m;* (*head of principality*) Fürst *m*

princess <*pl* -es> [prɪn'ses] *n* Prinzessin *f*

principal ['prɪn(t)səpəl] **I.** *adj attr* (*most important*) Haupt-, hauptsächlich; **one of the ~ towns** eine der bedeutendsten Städte **II.** *n* ① AM, AUS SCHOOL Direktor(in) *m(f)* ② MUS Solist(in) *m(f)*

principle ['prɪn(t)səpl̩] *n* ① (*basic concept*) Prinzip *nt;* **basic ~** Grundprinzip *nt* ② (*fundamental*) Grundlage *f* ③ (*approv: moral code*) Prinzip *nt*

print [prɪnt] **I.** *n* ① (*lettering*) Gedruckte(s) *nt;* **the small ~** das Kleingedruckte ② *no pl* (*printed form*) Druck *m;* **to appear in ~** veröffentlicht werden; **to be in/out of ~** erhältlich/vergriffen sein ③ (*printed media*) **in ~** in der Presse ④ (*photo*) Abzug *m;* (*film*) Kopie *f;* (*reproduction*) Kopie *f;* (*copy of artwork*) Druck *m* ⑤ (*pattern*) [Druck]muster *nt;* **floral ~** Blumenmuster *nt* ⑥ (*footprint*) Fußabdruck *m;* (*fam: fingerprint*) Fingerabdruck *m* **II.** *tr verb* ① TYPO drucken; **to ~ a magazine/newspaper** eine Zeitschrift/Zeitung herausgeben ② PUBL veröffentlichen; (*in magazine, newspaper*) abdrucken ③ COMPUT etw ausdrucken ④ PHOT abziehen ⑤ (*on fabric*) bedrucken; **~ed by hand** handbedruckt ⑥ (*write by hand*) in Druckschrift schreiben **III.** *intr verb* ① (*be in preparation*) sich im Druck befinden ② (*make copy*) drucken ③ (*write in unjoined letters*) in Druckschrift schreiben

printer ['prɪntəʳ] *n* ① (*person*) Drucker(in) *m(f)* ② (*machine*) Drucker *m;* **~ driver** Druckertreiber *m*

printing ['prɪntɪŋ] *n* ① *no pl* (*act*) Drucken *nt* ② (*print run*) Auflage *f* ③ *no pl* (*handwriting*) Druckschrift *f*

printing press *n* Druckerpresse *f*

printout *n* Ausdruck *m*

print run *n* ① TYPO Auflage *f* ② COMPUT Druckvorgang *m*

prior¹ ['praɪəʳ] **I.** *adv* **~ to sth** vor etw **II.** *adj attr* (*earlier*) frühere(r, s), vorherige(r, s); **~ engagement** vorher getroffene Verabredung **III.** *n* AM (*prior conviction*) Vorstrafe *f*

prior² ['praɪəʳ] *n* (*of abbey/priory*) Prior *m*

priority [praɪ'ɒrəti] **I.** *n* ① (*deserving greatest attention*) vorrangige Angelegenheit; **first/top ~** Angelegenheit *f* von höchster Priorität; **my first ~ is to find somewhere to live** für mich ist es vorrangig, eine Wohnung zu finden; **to get one's priorities right** seine Prioritäten richtig setzen ② *no pl* (*great importance*) Priorität *f* ③ *no pl* (*precedence*) Vorrang *m;* **to give ~ to sb/sth** jdm/etw den Vorzug geben ④ *no pl* (*right of way*) Vorfahrt *f* **II.** *adj* ① (*urgent*) *task* vordringlich; **~ mail** AM Expresszustellung *f* ② (*preferential*) vorrangig

priory ['praɪəri] *n* Priorat *nt*

prise [praɪz] *tr verb esp* BRIT, AUS **to ~ sth open** etw [mit einem Hebel] aufbrechen; **to ~ sb's hand open** jds Hand [mit Gewalt] öffnen

prism ['prɪzəm] *n* Prisma *nt*

prison ['prɪzən] *n* Gefängnis *nt a. fig;* **to be in ~** im Gefängnis sitzen; **to go to ~** ins Gefängnis kommen

prison camp *n* (*for POWs*) [Kriegs]gefangenenlager *nt;* (*for political prisoners*) Straflager *nt* **prison cell** *n* Gefängniszelle *f*

prisoner ['prɪzənəʳ] *n* Gefangene(r) *f(m) a. fig,* Häftling *m;* **to hold sb ~** jdn gefangen halten; **to take sb ~** jdn gefangen nehmen

prissy ['prɪsi] *adj* (*pej*) *person* zickig *fam*

privacy ['prɪvəsi] *n no pl* ① (*personal realm*) Privatsphäre *f* ② (*time alone*) Zurückgezogenheit *f*

private ['praɪvɪt] **I.** *adj* ① (*personal, not open to public*) privat, Privat- ② (*confidential*) vertraulich ③ (*not social*) zurückhaltend, introvertiert **II.** *n* ① *no pl* (*not in public*) **in ~** privat; LAW unter Ausschluss der Öffentlichkeit ② (*soldier*) Gefreiter *m*

privately ['praɪvɪtli] *adv* ① (*not in public*) privat; **to speak ~ with sb** mit jdm unter vier Augen sprechen ② (*secretly*) heimlich, insgeheim

privatization [ˌpraɪvɪtaɪ'zeɪʃən] *n no pl* Privatisierung *f*

privatize ['praɪvɪtaɪz] *tr verb* privatisieren

P

privilege ['prɪvəlɪdʒ] *n* ① (*special right*) Privileg *nt,* Vorrecht *nt* ② (*honour*) Ehre *f* ③ *no pl* (*advantage*) Privileg *nt,* Sonderrecht *nt*
privileged ['prɪvəlɪdʒd] *adj* ① privilegiert ② LAW *communication, information* vertraulich
prize [praɪz] **I.** *n* ① (*sth won*) Preis *m;* (*in lottery*) Gewinn *m* ② (*reward*) Lohn *m* **II.** *adj attr* (*prize-winning*) preisgekrönt **III.** *tr verb* schätzen; **to ~ sth above sth** etw über etw *Dat* stellen
prize-giving *n* Preisverleihung *f* **prize list** *n* Gewinnerliste *f* **prize money** *n no pl* Geldpreis *m;* SPORTS Preisgeld *nt* **prizewinner** *n* Gewinner(in) *m(f)* **prize-winning** *adj attr* preisgekrönt
pro[1] [prəʊ] (*fam*) **I.** *n* Profi *m* **II.** *adj attr* Profi-
pro[2] [prəʊ] **I.** *adv* dafür **II.** *n* Pro *nt;* **the ~s of sth** die Vorteile *Pl* einer S. *Gen;* **the ~s and cons of sth** das Pro und Kontra einer S. *Gen* **III.** *prep* (*in favour of*) für +*Akk* **IV.** *adj* pro-; **a measure's ~ arguments** die Argumente *Pl* für eine Maßnahme
probability [ˌprɒbə'bɪləti] *n* Wahrscheinlichkeit *f;* **high/strong ~** hohe/große Wahrscheinlichkeit
probable ['prɒbəbl̩] **I.** *adj* wahrscheinlich **II.** *n* Kandidat(in) *m(f)*
probation [prə(ʊ)'beɪʃən] *n no pl* ① (*trial period*) Probezeit *f;* **to be on ~** Probezeit haben ② LAW Bewährung *f;* **to be [out] on ~** auf Bewährung [draußen] sein
probe [prəʊb] **I.** *intr verb* ① (*investigate*) forschen (**for** nach) ② (*physically search*) Untersuchungen durchführen **II.** *tr verb* ① (*investigate*) untersuchen; *mystery* ergründen ② MED untersuchen **III.** *n* ① (*investigation*) Untersuchung *f;* **~ into a murder/scandal** Untersuchung *f* eines Mordes/Skandals ② MED Sonde *f*
probiotic [prəʊbaɪ'ɒtɪk] *adj bacteria* probiotisch
problem ['prɒbləm] *n* ① (*difficulty*) Schwierigkeit *f,* Problem *nt;* **it's not my ~!** das ist [doch] nicht mein Problem!; **what's your ~?** was ist [mit dir] los?; **no ~** (*sure*) kein Problem; (*don't mention it*) keine Ursache ② (*task*) Aufgabe *f* ③ MATH [Rechen]aufgabe *f,* Problem *nt*
problematic[al] [ˌprɒblə'mætɪk(əl)] *adj* ① (*difficult*) problematisch ② (*questionable*) fragwürdig
procedure [prə(ʊ)'siːdʒər] *n* ① (*particular course of action*) Verfahren *nt;* **standard ~** übliche Vorgehensweise ② (*operation*) Vorgang *m* ③ LAW Verfahren *nt,* Prozess *m*
proceed [prə(ʊ)'siːd] *intr verb* (*form*) ① (*make progress*) fortschreiten, vorangehen ② (*advance*) vorrücken ③ (*continue*) fortfahren ④ **to ~ from sth** von etw kommen
proceeding [prə(ʊ)'siːdɪŋ] *n* ① (*action*) Vorgehen *nt kein Pl;* (*manner*) Vorgehensweise *f* ② LAW **~s** Verfahren *nt* ③ (*event*) **~s** Veranstaltung *f*
proceeds ['prəʊsiːdz] *npl* Einnahmen *Pl*
process ['prəʊses] **I.** *n* <*pl* -es> ① (*set of actions*) Prozess *m* ② (*method*) Verfahren *nt* ③ *no pl* (*going on*) Verlauf *m* **II.** *tr verb* ① (*deal with*) bearbeiten; **to ~ sb** jdn abfertigen ② COMPUT verarbeiten ③ (*treat*) behandeln; *food* haltbar machen, konservieren
processing ['prəʊsesɪŋ] *n no pl* ① (*dealing with*) *of an application* Bearbeitung *f* ② TECH (*treatment*) Weiterverarbeitung *f* ③ COMPUT Verarbeitung *f*
procession [prə'seʃən] *n* ① (*line*) Umzug *m;* REL Prozession *f;* **funeral ~** Trauerzug *m* ② (*fig: group*) Schlange *f*
proclaim [prə(ʊ)'kleɪm] *tr verb* ① (*form: announce*) verkünden ② (*liter: signify*) zum Ausdruck bringen
prod [prɒd] **I.** *n* ① (*tool*) Ahle *f;* **cattle ~** [elektrischer] Viehtreibstab ② (*poke*) Schubs *m fam,* [leichter] Stoß **II.** *tr verb* <-dd-> (*poke*) stoßen; **to ~ a cow with a stick** eine Kuh mit einem Stock vorwärtstreiben
produce[1] [prə'djuːs] **I.** *tr verb* ① (*make*) herstellen, produzieren; *coal, oil* fördern; *electricity* erzeugen ② (*bring about*) bewirken, hervorrufen ③ FILM, MUS produzieren **II.** *intr verb* ① (*bring results*) Ergebnisse erzielen; ECON einen Gewinn erwirtschaften ② (*give output*) produzieren
produce[2] ['prɒdjuːs] *n no pl* ① AGR

P

Erzeugnisse *Pl*, Produkte *Pl* ❷ Am (*fruit and vegetables*) Obst *nt* und Gemüse *nt*

producer [prə'dju:səʳ] *n* ❶ (*manufacturer*) Hersteller *m*, Produzent *m*; AGR Erzeuger *m* ❷ FILM, TV Produzent(in) *m(f)*

product ['prɒdʌkt] *n* ❶ (*sth produced*) Produkt *nt*, Erzeugnis *nt* ❷ (*result*) Ergebnis *nt* ❸ MATH Produkt *nt*

production [prə'dʌkʃᵊn] *n* ❶ *no pl* (*process*) Produktion *f*, Herstellung *f*; *of coal* Förderung *f*; *of energy* Erzeugung *f* ❷ *no pl* (*yield*) Produktion *f* ❸ *no pl* FILM, TV Produktion *f*; THEAT Inszenierung *f*

production costs *npl* Produktionskosten *Pl* **production line** *n* Fließband *nt* **production manager** *n* Produktionsleiter(in) *m(f)* **production values** *n pl* FILM, TV Produktionsqualität *f*

productive [prə'dʌktɪv] *adj* ❶ (*with large output*) produktiv; *land, soil* fruchtbar ❷ (*profitable*) *business* rentabel

productivity [ˌprɒdʌk'tɪvəti] *n no pl* ❶ (*output*) Produktivität *f*; ~ **agreement** Produktivitätsvereinbarung *f*; ~ **bonus** Leistungszulage *f* ❷ (*effectiveness*) Effektivität *f*

profess [prə'fes] *tr verb* ❶ (*claim*) erklären; (*insistently*) beteuern ❷ (*affirm*) sich zu etw bekennen

P

professed [prə'fest] *adj attr* ❶ (*openly declared*) *Marxist* erklärt ❷ (*alleged*) angeblich

profession [prə'feʃᵊn] *n* ❶ (*field of work*) Beruf *m*; **teaching** ~ Lehrberuf *m* ❷ (*body of workers*) Berufsstand *m*

professional [prə'feʃᵊnᵊl] **I.** *adj* ❶ (*of a profession*) beruflich, Berufs- ❷ (*not tradesman*) freiberuflich, akademisch ❸ (*expert*) fachmännisch ❹ (*approv: businesslike*) professionell **II.** *n* ❶ (*not an amateur*) Fachmann *m*/Fachfrau *f*; SPORTS Profi *m fam* ❷ (*not a tradesman*) Akademiker(in) *m(f)*

professor [prə'fesəʳ] *n* UNIV Professor(in) *m(f)*; Am *a.* (*lecturer*) Dozent(in) *m(f)*

proficiency [prə'fɪʃᵊn(t)si] *n no pl* Tüchtigkeit *f*, Können *nt*; ~ **in a language** Sprachkenntnisse *Pl*

proficient [prə'fɪʃᵊnt] *adj* fähig, tüchtig; **to be ~ in a language** eine Sprache beherrschen

profile ['prəʊfaɪl] **I.** *n* ❶ (*side view*) Profil *nt* ❷ (*description*) Porträt *nt fig* ❸ (*public image*) **to raise sb's ~** jdn hervorheben ▸ **to keep a low ~** sich zurückhalten **II.** *tr verb* ❶ (*write*) porträtieren *fig* ❷ (*draw*) im Profil zeichnen

profit ['prɒfɪt] **I.** *n* ❶ (*money earned*) Gewinn *m*; **gross/net ~** Brutto-/Reingewinn *m* ❷ (*advantage*) Nutzen *m* **II.** *intr verb* ❶ (*gain financially*) profitieren (**by/from** von), Gewinn machen ❷ (*benefit*) profitieren (**by/from** von)

profitability [ˌprɒfɪtə'bɪləti] *n no pl* Rentabilität *f*

profitable ['prɒfɪtəbl̩] *adj* ❶ (*in earnings*) Gewinn bringend, rentabel, profitabel ❷ (*advantageous*) nützlich, vorteilhaft

profiteering [ˌprɒfɪ'tɪərɪŋ] *n no pl* ❶ (*profit-seeking*) Geschäftemacherei *f pej* ❷ (*selling at too high prices*) Wucher *m pej*

profit margin *n* Gewinnspanne *f* **profit-sharing** *n no pl* Gewinnbeteiligung *f* **profit-taking** *n no pl* Gewinnmitnahme *f*

profound [prə'faʊnd] *adj* ❶ (*extreme*) tief gehend; *change* tief greifend ❷ (*strongly felt*) tief, heftig

program ['prəʊgræm] **I.** *n* ❶ COMPUT Programm *nt* ❷ *esp* Am, Aus *see* **programme** **II.** *tr verb* <-mm-> ❶ COMPUT programmieren ❷ *esp* Am, Aus *see* **programme**

programer *n* Am *see* **programmer**

programmable [prə(ʊ)'græməbl̩] *adj* programmierbar

programme ['prəʊgræm] **I.** *n* ❶ RADIO, TV Programm *nt*; (*single broadcast*) Sendung *f* ❷ (*list of events*) Programm *nt* ❸ (*plan*) Programm *nt*, Plan *m* **II.** *tr verb* <-mm-> programmieren; **to ~ sb to do sth** jdn darauf programmieren, etw zu tun

programmer ['prəʊgræməʳ] *n* ❶ (*operator*) Programmierer(in) *m(f)* ❷ (*component*) Programmiergerät *nt*

programming ['prəʊgræmɪŋ] *n no pl* ❶ COMPUT Programmieren *nt* ❷ RADIO, TV Programmgestaltung *f*

progress[1] ['prəʊgres] *n no pl* ❶ (*onward movement*) Vorwärtskommen *nt*;

to make slow/good ~ langsam/gut vorwärtskommen ② (*development*) Fortschritt *m* ③ (*to be going*) **to be in** ~ im Gange sein

progress² [prə(ʊ)'gres] *intr verb* ① (*develop*) Fortschritte machen; **how's the work ~ing?** wie geht's mit der Arbeit voran? ② (*move onward*) *in space* vorankommen; *in time* fortschreiten

progressive [prə(ʊ)'gresɪv] **I.** *adj* ① (*gradual*) fortschreitend; (*gradually increasing*) zunehmend ② (*reformist, forward-looking*) progressiv; POL fortschrittlich ③ LING (*verb form*) ~ **form** Verlaufsform *f* **II.** *n* ① (*reformist*) Progressive(r) *f(m)* ② LING **the** ~ die Verlaufsform

prohibit [prə(ʊ)'hɪbɪt] *tr verb* ① (*forbid*) verbieten; **to be ~ed by law** gesetzlich verboten sein; **to ~ sb from doing sth** jdm verbieten, etw zu tun ② (*prevent*) verhindern

prohibition [ˌprəʊ(h)ɪ'bɪʃᵊn] *n* ① (*ban*) Verbot *nt* ② *no pl* (*banning*) Verbieten *nt*

prohibitive [prəʊ'hɪbətɪv] *adj* ① (*too expensive*) *price* unerschwinglich ② (*prohibiting*) ~ **measures** Verbotsmaßnahmen *Pl*

project¹ ['prɒdʒekt] *n* ① (*undertaking*) Projekt *nt* ② (*plan*) Plan *m*

project² [prə(ʊ)'dʒekt] **I.** *tr, intr verb* ① (*forecast*) vorhersagen ② (*propel*) schleudern ③ *slides, film* projizieren (**onto** auf) **II.** *intr verb* ① (*protrude*) hervorragen, [hinaus]ragen (**over** über) ② THEAT *voice* laut und deutlich sprechen

projection [prə(ʊ)'dʒekʃᵊn] *n* ① (*forecast*) Prognose *f; of expenses* Voranschlag *m* ② (*protrusion*) Vorsprung *m*

projectionist [prə(ʊ)'dʒekʃᵊnɪst] *n* Filmvorführer(in) *m(f)*

projector [prə(ʊ)'dʒektəʳ] *n* Projektor *m*

prolific [prə(ʊ)'lɪfɪk] *adj* ① (*productive*) produktiv ② (*producing many offspring*) fruchtbar ③ *pred* (*abundant*) **to be** ~ in großer Zahl vorhanden sein

prolog *n* AM *see* **prologue**

prologue ['prəʊlɒg] *n* ① (*introduction*) Vorwort *nt* ② (*fig fam: preliminary event*) Vorspiel *nt* (**to** zu)

prolong [prə(ʊ)'lɒŋ] *tr verb* verlängern

prom [prɒm] *n* ① BRIT (*seaside walk way*) [Strand]promenade *f* ② AM (*school dance*) *Ball am Ende des Jahres in einer amerikanischen High School*

promenade [ˌprɒmə'nɑːd] *n* [Strand]promenade *f;* ~ **concerts** BRIT *see* **Proms**

prominent ['prɒmɪnənt] *adj* ① (*projecting*) vorstehend *attr* ② (*conspicuous*) auffällig ③ (*distinguished*) prominent

promiscuous [prə'mɪskjuəs] *adj* (*pej*) promisk

promise ['prɒmɪs] **I.** *tr verb* versprechen *a. fig* **II.** *intr verb* ① (*pledge*) versprechen; **I ~!** ich verspreche es! ② (*be promising*) **to ~ well** viel versprechen **III.** *n* ① (*pledge*) Versprechen *nt* ② *no pl* (*potential*) **to show** ~ aussichtsreich sein

promising ['prɒmɪsɪŋ] *adj* viel versprechend

promote [prə'məʊt] *tr verb* ① (*raise in rank*) befördern (**to** zu) ② SPORTS **to be ~d** aufsteigen ③ AM SCHOOL **to be ~d** versetzt werden ④ (*encourage*) fördern; **to ~ awareness of sth** etw ins Bewusstsein rufen

promotion [prə'məʊʃᵊn] *n* ① *no pl* (*in rank*) Beförderung *f* (**to** zu) ② (*raise in status*) Beförderung *f* ③ SPORTS Aufstieg *m* ④ (*encouragement*) Förderung *f*

promotional material *n* Werbematerial *nt*

prompt [prɒm(p)t] **I.** *tr verb* ① (*spur*) veranlassen; **to ~ sb [to do sth]** jdn [dazu] veranlassen, etw zu tun ② THEAT soufflieren ③ COMPUT auffordern **II.** *adj* ① (*swift*) prompt; **to be ~ in doing sth** etw schnell tun ② (*punctual*) pünktlich **III.** *adv* pünktlich **IV.** *n* ① COMPUT Prompt *m fachspr* ② THEAT Stichwort *nt*

promptly ['prɒm(p)tli] *adv* ① (*quickly*) prompt ② (*fam: immediately afterward*) gleich danach

Proms [prɒmz] *n* BRIT (*concerts*) **the** ~ die Promenadenkonzerte (*während der Sommermonate veranstaltete Konzertreihe in der Londoner Albert Hall, die in zwangloser Atmosphäre stattfinden und sich vielleicht gerade deswegen großer Beliebtheit erfreuen – obwohl die meisten Zuhörer stehen müssen, denn die Parkettsitze werden speziell für diese Konzerte entfernt*)

prone [prəʊn] *adj* ① (*disposed*) **to be** ~

P

to sth zu etw neigen; **to be ~ to do sth** dazu neigen, etw zu tun ② (*flat*) **to lie ~** auf dem Bauch liegen

prong [prɒŋ] *n* Zacke *f*

pronoun ['prəʊnaʊn] *n* Pronomen *nt*

pronounce [prə'naʊn(t)s] *tr verb* ① (*speak*) aussprechen ② (*announce*) verkünden ③ (*declare*) erklären

pronounced [prə'naʊn(t)st] *adj* deutlich; *accent* ausgeprägt

pronunciation [prəˌnʌn(t)si'eɪʃᵊn] *n* *usu no pl* Aussprache *f*

proof [pru:f] **I.** *n* ① *no pl* (*confirmation, evidence*) Beweis *m* (**of** für) ② TYPO Korrekturfahne *f* ③ MATH Beweis *m* ④ *no pl* (*degree of strength*) Volumenprozent *nt*, Vol.-% *nt* **II.** *adj* unempfindlich (**against** gegen) **III.** *tr verb* (*treat*) imprägnieren

proof-read <-read, -read> *tr verb, vi* Korrektur lesen

prop [prɒp] *n usu pl* Requisite *f*

propaganda [ˌprɒpə'gændə] *n no pl* (*usu pej*) Propaganda *f*

propel <-ll-> [prə'pel] *tr verb* ① antreiben ② (*fig*) **the country was being ~led towards civil war** das Land wurde in den Bürgerkrieg getrieben

propellant [prə'pelənt] *n* ① (*fuel*) Treibstoff *m* ② (*gas*) Treibgas *nt*

propeller [prə'peləʳ] *n* Propeller *m*

proper ['prɒpəʳ] **I.** *adj* ① (*real*) echt, richtig ② (*correct*) richtig ③ (*socially respectable*) anständig **II.** *adv* BRIT (*fam*) ① (*very*) richtig *fam* ② (*usu hum: genteelly*) vornehm

properly ['prɒpᵊli] *adv* ① (*correctly*) richtig; **~ speaking** genau genommen ② (*socially respectably*) anständig

proper name *n*, **proper noun** *n* Eigenname *m*

property ['prɒpəti] *n* ① *no pl* (*things owned*) Eigentum *nt* ② *no pl* (*owned buildings*) Immobilienbesitz *m;* (*owned land*) Grundbesitz *m* ③ (*piece of real estate*) Immobilie *f;* **~ developer** Immobilienmakler(in) *m(f)*

prophecy ['prɒfəsi] *n* ① (*prediction*) Prophezeiung *f* ② *no pl* (*ability*) Weissagen *nt*

prophesy <-ie-> ['prɒfəsaɪ] **I.** *tr verb* prophezeien **II.** *intr verb* Prophezeiungen machen

prophet ['prɒfɪt] *n* ① (*a. fig: religious figure*) Prophet *m* ② (*precursor*) Vorkämpfer(in) *m(f)*

prophetic [prə(ʊ)'fetɪk] *adj* prophetisch

proponent [prə(ʊ)'pəʊnənt] *n* Befürworter(in) *m(f)*

proportion [prə'pɔ:ʃᵊn] *n* ① (*part*) Anteil *m* ② *no pl* (*relation*) Proportion *f,* Verhältnis *nt* (**to** zu) ③ (*balance*) Verhältnis *nt;* **to have/keep a sense of ~** bei etw den richtigen Maßstab anlegen ④ (*size*) **~s** Ausmaße *Pl*

proportional [prə'pɔ:ʃᵊnᵊl] *adj* proportional (**to** zu); **inversely ~** umgekehrt proportional

proportioned [prə'pɔ:ʃᵊnd] *adj* **beautifully/finely ~** ebenmäßig/anmutig proportioniert

proposal [prə'pəʊzᵊl] *n* ① (*suggestion*) Vorschlag *m* ② (*offer of marriage*) Antrag *m*

propose [prə'pəʊz] **I.** *tr verb* ① (*suggest, nominate*) vorschlagen ② (*intend*) **to ~ to do/doing sth** beabsichtigen, etw zu tun **II.** *intr verb* **to ~** [**to sb**] [jdm] einen [Heirats]antrag machen

proposer [prə'pəʊzəʳ] *n* (*of motion*) Antragsteller(in) *m(f);* (*of candidate*) Vorschlagende(r) *f(m)*

proposition [ˌprɒpə'zɪʃᵊn] **I.** *n* ① (*assertion*) Aussage *f* ② (*proposal*) Vorschlag *m* **II.** *tr verb* **to ~ sb** jdm ein eindeutiges Angebot machen *euph*

proprietor [prə'praɪətəʳ] *n* Inhaber(in) *m(f)*

proprietress <*pl* -es> [prə'praɪətrɪs] *n* Inhaberin *f*

propriety [prə'praɪəti] *n* ① *no pl* (*decency*) Anstand *m* ② *no pl* (*correctness*) Richtigkeit *f*

propulsion [prə'pʌlʃᵊn] *n no pl* Antrieb *m*

proscribe [prə(ʊ)'skraɪb] *tr verb* (*form*) verbieten

proscription [prə(ʊ)'skrɪpʃᵊn] *n no pl* (*form*) Verbot *nt*

prose [prəʊz] *n no pl* Prosa *f*

prosecute ['prɒsɪkju:t] **I.** *tr verb* **to ~ sb** jdn strafrechtlich verfolgen **II.** *intr verb* ① (*bring a charge*) Anzeige erstatten, gerichtlich vorgehen ② (*in court*) für die Anklage zuständig sein

prosecuting ['prɒsɪkju:tɪŋ] *adj attr* Anklage-; **~ attorney** Staatsanwalt *m,* Staatsanwältin *f*

prosecution [ˌprɒsɪˈkjuːʃᵊn] *n* ① *no pl* (*legal action*) strafrechtliche Verfolgung ② (*case*) Anklage[erhebung] *f* (**for** wegen) ③ *no pl* (*legal team*) **the ~** die Anklagevertretung

prosecutor [ˈprɒsɪkjuːtəʳ] *n* Ankläger(in) *m(f)*

prospect *n* [ˈprɒspekt] ① (*idea*) Aussicht *f* (**of** auf) ② (*likelihood*) Aussicht *f*, Wahrscheinlichkeit *f* (**of** auf) ③ (*opportunities*) **~s** Aussichten *Pl*, Chancen *Pl*; **to have no ~s** keine Zukunft haben

prospective [prəˈspektɪv] *adj* voraussichtlich; *candidate* möglich

prospector [prəˈspektəʳ] *n* MIN Prospektor(in) *m(f)*

prospectus [prəˈspektəs] *n* Prospekt *m*

prosper [ˈprɒspəʳ] *intr verb* ① (*financially*) florieren ② (*physically*) gedeihen

prosperity [prɒsˈperəti] *n no pl* Wohlstand *m*

prosperous [ˈprɒspᵊrəs] *adj business* gut gehend; *economy* blühend

prostitute [ˈprɒstɪtjuːt] **I.** *n* Prostituierte(r) *f(m)* **II.** *tr verb* ① (*sexually*) **to ~ oneself** sich prostituieren ② (*debase*) **to ~ one's talents** seine Talente verschleudern

prostitution [ˌprɒstɪˈtjuːʃᵊn] *n no pl* Prostitution *f*

protagonist [prəʊˈtægᵊnɪst] *n* ① (*main character*) Protagonist(in) *m(f)* ② (*advocate*) Verfechter(in) *m(f)* (**of** von)

protect [prəˈtekt] *tr verb* schützen (**against** gegen, **from** vor)

protection [prəˈtekʃᵊn] *n* ① (*defence*) Schutz *m* (**against** gegen, **from** vor) ② *no pl* (*paid to criminals*) Schutzgeld *nt*

protection dog *n* AM Wachhund *m*

protection factor *n* Lichtschutzfaktor *m*

protective [prəˈtektɪv] *adj* ① (*affording protection*) Schutz- ② (*wishing to protect*) fürsorglich (**towards** gegenüber)

protector [prəˈtektəʳ] *n* ① (*person*) Beschützer *m* ② (*device*) Schutzvorrichtung *f*

protein [ˈprəʊtiːn] *n* ① *no pl* (*collectively*) Eiweiß *nt* ② (*specific substance*) Protein *nt*

protest[1] [ˈprəʊtest] *n* ① (*strong complaint*) Protest *m* ② (*demonstration*) Protestkundgebung *f*

protest[2] [prə(ʊ)ˈtest] **I.** *intr verb* protestieren **II.** *tr verb* ① (*assert*) beteuern ② AM (*object to*) **to ~ sth** gegen etw protestieren

Protestant [ˈprɒtɪstᵊnt] **I.** *n* Protestant(in) *m(f)* **II.** *adj* protestantisch; (*in Germany*) evangelisch

protester [prəˈtestəʳ] *n* (*objector*) Protestierende(r) *f(m)*; (*demonstrator*) Demonstrant(in) *m(f)*

protest march *n* Protestmarsch *m*

protest vote *n* Proteststimme *f*

protracted [prəʊˈtræktɪd] *adj* langwierig

protractor [prəʊˈtræktəʳ] *n* ① MATH Winkelmesser *m* ② (*muscle*) Streckmuskel *m*

protruding [prəʊˈtruːdɪŋ] *adj attr* herausragend; *jaw* vorstehend; *ears* abstehend

proud [praʊd] **I.** *adj* ① (*pleased*) stolz (**of** auf) ② (*having self-respect*) stolz ③ (*pej: arrogant*) eingebildet **II.** *adv* **to do sb ~** BRIT, AUS (*treat well*) jdn verwöhnen; (*please by doing well*) jdn mit Stolz erfüllen

provable [ˈpruːvəbl̩] *adj* beweisbar; *theory* nachweisbar

prove <-d, -d *or* AM *usu* proven> [pruːv] **I.** *tr verb* ① (*establish*) beweisen ② (*show*) **she ~d herself to be a highly competent climber** sie erwies sich als sehr geübte Kletterin **II.** *intr verb* + *n/adj* sich erweisen; **to ~ successful** sich als erfolgreich erweisen

proven [ˈpruːvᵊn] **I.** *tr, intr verb, esp* AM *pp of* **prove** **II.** *adj* nachgewiesen; *remedy* erprobt

proverb [ˈprɒvɜːb] *n* Sprichwort *nt*

provide [prə(ʊ)ˈvaɪd] **I.** *tr verb* zur Verfügung stellen, bereitstellen; *evidence, explanation* liefern; **to ~ sb with sth** jdn mit etw versorgen **II.** *intr verb* ① (*form: anticipate*) **to ~ for sth** für etw vorsorgen; **to ~ against sth** Vorkehrungen gegen etw treffen ② (*look after*) **to ~ for sb/oneself** für jdn/sich selbst sorgen

provided [prə(ʊ)ˈvaɪdɪd] **I.** *adj* mitgeliefert, beigefügt **II.** *conj see* **providing [that]**

provider [prə(ʊ)ˈvaɪdəʳ] *n* ① (*supplier*) Lieferant(in) *m(f)* ② (*breadwinner*) Ernährer(in) *m(f)*

P

providing [**that**] [prə(ʊ)ˈvaɪdɪŋ] *conj* sofern

province [ˈprɒvɪn(t)s] *n* (*territory*) Provinz *f*

provincial [prə(ʊ)ˈvɪn(t)ʃəl] **I.** *adj* 1 (*of a province*) Provinz- 2 (*pej: unsophisticated*) provinziell **II.** *n* 1 (*province inhabitant*) Provinzbewohner(in) *m(f)* 2 (*pej: unsophisticated person*) Provinzler(in) *m(f)*

provision [prə(ʊ)ˈvɪʒən] *n* 1 *no pl* (*providing*) Versorgung *f;* (*financial precaution*) Vorkehrung *f* 2 (*something supplied*) Vorrat *m* (**of** an) 3 (*stipulation*) Auflage *f;* **with the ~ that ...** unter der Bedingung, dass ...

provisional [prə(ʊ)ˈvɪʒənəl] *adj* vorläufig

proviso [prə(ʊ)ˈvaɪzəʊ] *n* Auflage *f,* Bedingung *f;* **with/on the ~ that ...** unter der Bedingung, dass ...

provocation [ˌprɒvəˈkeɪʃən] *n* Provokation *f*

provocative [prəˈvɒkətɪv] *adj* 1 (*provoking*) provokativ *geh* 2 (*sexually arousing*) provokant

provoke [prəˈvəʊk] *tr verb* 1 (*vex*) **to ~ sb** jdn provozieren 2 (*give rise to*) *surprise, outrage* hervorrufen

provoking [prəˈvəʊkɪŋ] *adj* provozierend *attr; question* provokativ *geh*

prowl [praʊl] **I.** *n* (*fam*) Streifzug *m* **II.** *tr verb* durchstreifen **III.** *intr verb* **to ~** [**around**] umherstreifen

proximity [prɒkˈsɪməti] *n no pl* Nähe *f*

proxy [ˈprɒksi] *n* Bevollmächtigte(r) *f(m); to sign* Zeichnungsbevollmächtigte(r)

prudent [ˈpruːdənt] *adj* vorsichtig, umsichtig; *action* klug

prune [pruːn] **I.** *tr verb* HORT [be]schneiden; (*fig*) reduzieren **II.** *n* (*plum*) Dörrpflaume *f*

pry[1] <-ie-> [praɪ] *intr verb* neugierig sein; **to ~ about** herumschnüffeln *fam*

pry[2] <-ie-> [praɪ] *tr verb esp* AM (*prise*) **to ~ sth open** etw aufbrechen

PS [ˌpiːˈes] *n abbrev of* **postscript** PS *nt*

psalm [sɑːm] *n* REL Psalm *m*

pseudonym [ˈsjuːdənɪm] *n* Pseudonym *nt*

psychiatric [ˌsaɪkiˈætrɪk] *adj* psychiatrisch

psychiatrist [saɪˈkaɪətrɪst] *n* Psychiater(in) *m(f)*

psychiatry [saɪˈkaɪətri] *n no pl* Psychiatrie *f*

psychic[**al**] [ˈsaɪkɪk(əl)] *adj* 1 (*supernatural*) übernatürlich 2 (*of the mind*) psychisch

psychoanalyse [ˌsaɪkəʊˈænəlaɪz] *tr verb* psychoanalysieren

psychoanalysis [ˌsaɪkəʊəˈnæləsɪs] *n no pl* Psychoanalyse *f*

psychoanalyst [ˌsaɪkəʊˈænəlɪst] *n* Psychoanalytiker(in) *m(f)*

psychoanalytic[**al**] [ˌsaɪkəʊˌænəlˈɪtɪk(əl)] *adj* psychoanalytisch

psychobabble [ˈsaɪkəʊˌbæbl̩] *n no pl* (*pej fam*) Psychogeschwätz *nt sl*

psychological [ˌsaɪkəˈlɒdʒɪkəl] *adj* 1 (*of the mind*) psychisch 2 (*of psychology*) psychologisch

psychologist [saɪˈkɒlədʒɪst] *n* Psychologe *m*/Psychologin *f*

psychology [saɪˈkɒlədʒi] *n* Psychologie *f*

psychopath [ˈsaɪkə(ʊ)pæθ] *n* Psychopath(in) *m(f)*

psychopathic [ˌsaɪkə(ʊ)ˈpæθɪk] *adj* psychopathisch

psychotherapist [ˌsaɪkə(ʊ)ˈθerəpɪst] *n* Psychotherapeut(in) *m(f)*

psychotherapy [ˌsaɪkə(ʊ)ˈθerəpi] *n no pl* Psychotherapie *f*

psy-warrior [saɪˈwɒːriəʳ] *n* MIL *short for* **psychological warrior** Experte *m*/Expertin *f* in psychologischer Kriegführung

PTA [ˌpiːtiːˈeɪ] *n abbrev of* **parent-teacher association** Eltern-Lehrer-Organisation *f,* Eltern-Lehrer-Vereinigung *f*

pto [ˌpiːtiːˈəʊ] *abbrev of* **please turn over** b.w.

pub [pʌb] *n* (*fam*) *short for* **public house** Pub *nt,* Kneipe *f*

pub crawl *n* BRIT (*fam*) Sauftour *f sl;* **to go on a ~** auf Sauftour gehen

puberty [ˈpjuːbəti] *n no pl* Pubertät *f*

public [ˈpʌblɪk] **I.** *adj* öffentlich **II.** *n* + *sing/pl verb* 1 (*the people*) **the ~** die Öffentlichkeit, die Allgemeinheit 2 (*patrons*) Anhängerschaft *f; of newspapers* Leser *Pl*

public address system *n* Lautsprecheranlage *f*

publican ['pʌblɪkən] *n* Brit, Aus Kneipenbesitzer(in) *m(f)*

public appearance *n* öffentlicher Auftritt **public appointment** *n* pol, admin öffentliche Bestellung

publication [ˌpʌblɪ'keɪʃən] *n* ❶ *no pl* (*publishing*) Veröffentlichung *f* ❷ (*published work*) Publikation *f*

public bar *n* ❶ [Steh]ausschank *m* ❷ Brit *der weniger vornehme Teil eines Pubs* **public company** *n* Brit Aktiengesellschaft *f* **public convenience** *n* Brit, Aus (*form*) öffentliche Toilette **public defender** *n* Am law Pflichtverteidiger(in) *m(f)* **public health service** *n* [staatliches] Gesundheitssystem **public holiday** *n* gesetzlicher Feiertag **public house** *n* Brit (*form*) Kneipe *f fam*

publicity [pʌb'lɪsəti] **I.** *n no pl* ❶ (*promotion*) Publicity *f*, Reklame *f* ❷ (*attention*) Aufmerksamkeit *f* **II.** *adj* Publicity-, Werbe-; ~ **campaign** Werbekampagne *f;* ~ **department** Werbeabteilung *f;* ~ **stunt** Werbegag *m fam*

publicize ['pʌblɪsaɪz] *tr verb* bekannt machen

public library *n* öffentliche Bibliothek

public limited company *n* Brit Aktiengesellschaft *f*

publicly ['pʌblɪkli] *adv* ❶ (*not privately*) öffentlich ❷ (*by the state*) staatlich

public opinion *n* öffentliche Meinung **public property** *n no pl* Staatseigentum *nt* **public prosecution** *n* Staatsanwaltschaft *f* **public prosecutor** *n* Staatsanwalt *m*, Staatsanwältin *f*

public relations *npl* media, pol Public Relations *Pl*, Öffentlichkeitsarbeit *f kein Pl;* ~ **consultant** PR-Berater(in) *m(f);* ~ **officer** Öffentlichkeitsreferent(in) *m(f)* **public school** *n* Brit höhere Privatschule *f;* Am, Aus, Scot staatliche Schule **public sector** *n* öffentlicher Sektor **public service** *n* ❶ (*domain*) öffentlicher Dienst ❷ *no pl* (*common good*) Dienst *m* an der Allgemeinheit **public-spirited** *adj* (*approv*) von Gemeinsinn zeugend *attr;* **she's a very ~ person** sie hat viel Gemeinsinn **public telephone** *n esp* Brit öffentlicher Fernsprecher **public transport** *n* Brit, **public transportation** *n esp* Am öffentliche Verkehrsmittel

publish ['pʌblɪʃ] *tr verb article, result* veröffentlichen; *book, magazine* herausgeben

publisher ['pʌblɪʃəʳ] *n* ❶ (*company*) Verlag *m* ❷ (*person*) Verleger(in) *m(f)* ❸ Am (*newspaper owner*) Herausgeber(in) *m(f)*

publishing ['pʌblɪʃɪŋ] **I.** *n no pl, no art* Verlagswesen *nt* **II.** *adj attr* Verlags-

pudding ['pʊdɪŋ] *n* ❶ Brit (*dessert course*) Nachspeise *f* ❷ *esp* Brit (*with suet pastry*) [Fleisch]pastete *f*

puddle ['pʌdl̩] *n* Pfütze *f*

pudgy ['pʌdʒi] *adj esp* Am rundlich; *face* schwammig

puff [pʌf] **I.** *n* ❶ (*fam: short blast*) Windstoß *m; of breath* Atemstoß *m* ❷ *no pl* Brit (*fam: breath*) Puste *f fam;* **to be out of ~** außer Puste sein ❸ (*on a cigarette*) Zug *m* ❹ (*savoury snack*) [Mais]flips *Pl*, [Erdnuss]flips *Pl* **II.** *intr verb* ❶ (*breathe heavily*) schnaufen ❷ (*smoke*) paffen **III.** *tr verb* ❶ (*smoke*) paffen ❷ (*fam: praise*) aufbauschen ◆**puff out** *tr verb* ❶ (*expand*) aufblähen; *feathers* aufplustern ❷ Brit (*exhaust*) erschöpfen ◆**puff up I.** *tr verb* ❶ (*make swell*) [an]schwellen lassen ❷ (*fig*) **to ~ oneself up** *person* sich aufblasen **II.** *intr verb* [an]schwellen

puff pastry *n no pl* Blätterteig *m*

puffy ['pʌfi] *adj* geschwollen, verschwollen

puke [pju:k] **I.** *intr verb* (*sl*) **to ~ [up]** kotzen *sl* **II.** *n no pl* (*sl*) Kotze *f sl*

pull [pʊl] **I.** *n* ❶ (*tug*) Zug *m*, Ziehen *nt* ❷ *no pl* (*force*) Zugkraft *f* ❸ (*on a cigarette*) Zug *m;* (*on a bottle*) Schluck *m* ❹ (*attraction*) *of an event, a thing* Anziehung *f* ❺ med Zerrung *f* **II.** *tr verb* ❶ (*draw*) ziehen; **to ~ the curtains** die Vorhänge zuziehen; **to ~ the trigger** abdrücken ❷ (*put on*) **to ~ sth over one's head** sich *Dat* etw über den Kopf ziehen ❸ med (*strain*) *muscle, tendon* zerren ❹ (*fam: take out*) *gun, knife, tooth* ziehen ❺ Am sports (*withdraw*) **to ~ a player** einen Spieler aus dem Spiel nehmen ▶ **to ~ a face [at sb]** [jdm] eine Grimasse schneiden; **to ~ sb's leg** (*fam*) jdn auf den Arm nehmen; **to ~ one's weight** (*fam*) seinen [An]teil beitragen **III.** *intr verb* ❶ (*draw*) **to ~ [at sth]** [an etw *Dat*] ziehen; **'Pull'** „Ziehen"

P

❷ (*drive*) **to ~ into sth** in etw *Akk* hineinfahren ◆**pull about** *tr verb* herumzerren ◆**pull apart** *tr verb* ❶ (*break*) zerlegen ❷ (*separate*) auseinanderziehen ❸ (*criticize*) *book, play* zerpflücken ◆**pull away I.** *intr verb* **to ~ away from sb/sth** ❶ (*leave*) sich von jdm/etw wegbewegen; **the bus ~ed away** der Bus fuhr davon ❷ (*leave behind*) jdn/etw zurücklassen ❸ SPORTS *runner* sich vom Feld absetzen **II.** *tr verb* wegreißen; **to ~ sth away ⇄ from sb/sth** jdm/etw etw entreißen ◆**pull back I.** *intr verb* ❶ (*recoil*) zurückschrecken ❷ MIL sich zurückziehen ❸ (*back out*) **to ~ back** einen Rückzieher machen (**from** von) **II.** *tr verb* ❶ (*draw back*) zurückziehen ❷ (*score*) [wieder] aufholen ◆**pull down** *tr verb* ❶ (*move down*) herunterziehen ❷ (*demolish*) *building* abreißen ❸ (*fig: hold back*) **to ~ down ⇄ sb** jdn [moralisch] runterziehen *fam* ◆**pull in I.** *intr verb* TRANSP ❶ (*arrive*) einfahren ❷ (*move over*) [wieder] einscheren **II.** *tr verb* ❶ (*attract*) anziehen ❷ (*fam: arrest*) einkassieren ◆**pull off I.** *tr verb* ❶ (*take off*) [schnell] ausziehen ❷ (*fam: succeed*) durchziehen **II.** *intr verb* losfahren, abfahren ◆**pull out I.** *intr verb* ❶ (*move out*) *vehicle* ausscheren; **to ~ out of a road** von einer Straße abfahren ❷ (*leave*) ausfahren ❸ (*withdraw*) aussteigen *fam* **II.** *tr verb* ❶ MIL **to ~ out troops** Truppen abziehen ❷ (*get out*) **to ~ sth out of sth** etw aus etw [heraus]ziehen ◆**pull over I.** *tr verb* ❶ (*make fall*) umreißen ❷ (*stop*) anhalten **II.** *intr verb vehicle* zur Seite fahren ◆**pull round** BRIT **I.** *intr verb* (*recover*) sich erholen **II.** *tr verb* (*turn round*) [her]umdrehen ◆**pull through I.** *intr verb* (*survive*) durchkommen **II.** *tr verb* **to ~ sb/sth through** [**sth**] jdn/etw [durch etw *Akk*] durchbringen ◆**pull together I.** *tr verb* ❶ (*regain composure*) **to ~ oneself together** sich zusammennehmen ❷ (*organize*) auf die Beine stellen *fig fam* **II.** *intr verb* zusammenarbeiten ◆**pull up I.** *tr verb* ❶ (*raise*) hochziehen; *chair* heranziehen ❷ (*fam: reprimand*) **to ~ sb up** jdn zurechtweisen **II.** *intr verb vehicle* [heranfahren und] anhalten

pulley ['pʊli] *n* Flaschenzug *m*

pull-in *n* BRIT Raststätte *f*

pull-out I. *n* ❶ MIL Rückzug *m* ❷ MEDIA [Sonder]beilage *f* **II.** *adj* herausziehbar

pullover *n esp* BRIT Pullover *m*

pull-up *n* (*exercise*) Klimmzug *m*

pulpit ['pʌlpɪt] *n* Kanzel *f*

pulpy ['pʌlpi] *adj* breiig, matschig

pulsate [pʌl'seɪt] *intr verb* pulsieren; (*with noise*) *building, loudspeaker* vibrieren

pulse[1] [pʌls] **I.** *n* ❶ (*heartbeat*) Puls *m*; **to take sb's ~** jds Puls fühlen ❷ (*vibration*) [Im]puls *m* ❸ (*fig: mood*) **to take the ~ of sth** etw sondieren *geh*; **to have/keep one's finger on the ~** am Ball sein/bleiben **II.** *intr verb* pulsieren

pulse[2] [pʌls] *n* FOOD Hülsenfrucht *f*

pump[1] [pʌmp] *n* ❶ BRIT, AUS (*for gymnastics*) Gymnastikschuh *m*; (*for dancing*) Tanzschuh *m* ❷ AM, AUS (*court shoe*) Pumps *m*

pump[2] [pʌmp] **I.** *n* Pumpe *f* **II.** *tr verb* pumpen

pumpkin ['pʌmpkɪn] *n* ❶ (*vegetable*) [Garten]kürbis *m* ❷ AM (*fig: term of endearment for child*) Schatz *m*, Mäuschen *nt*

pun [pʌn] **I.** *n* Wortspiel *nt* **II.** *intr verb* <-nn-> Wortspiele machen

punch[1] [pʌn(t)ʃ] *n* (*drink: hot or cold*) Punsch *m*; (*cold*) Bowle *f*

punch[2] [pʌn(t)ʃ] **I.** *n* <*pl* -es> ❶ (*hit*) [Faust]schlag *m* ❷ (*perforation*) Lochen *nt kein Pl* ❸ (*piercing tool*) Stanzwerkzeug *nt*; [**hole**] ~ (*for paper*) Locher *m* **II.** *tr verb* ❶ (*hit*) schlagen; **to ~ sb in the eye/nose** jdm aufs Auge/auf die Nase schlagen ❷ (*stamp*) *coin, ring* stempeln; *paper* lochen

punchcard *n* COMPUT (*hist*) Lochkarte *f*

punch-clock *n* Stechuhr *f*

punchline *n* Pointe *f*

punch-up *n* BRIT Schlägerei *f*

punctual ['pʌŋktʃuəl] *adj* pünktlich

punctuality [ˌpʌŋktʃu'æləti] *n no pl* Pünktlichkeit *f*

punctuation [ˌpʌŋktʃu'eɪʃᵊn] *n no pl* Zeichensetzung *f*

puncture ['pʌŋktʃəʳ] **I.** *tr verb* ❶ (*pierce*) *cardboard, leather* durchstechen ❷ (*fig: make collapse*) *dream, hope* zerstören; *mood* verderben **II.** *intr verb* (*burst*) *tyre* ein Loch bekommen; *plastic* einreißen **III.** *n* Reifenpanne *f*

pungency ['pʌndʒᵊn(t)si] *n of a smell, a taste* Schärfe *f*
punish ['pʌnɪʃ] *tr verb* ❶ (*penalize*) bestrafen; **to ~ sb heavily/severely** jdn hart/streng bestrafen ❷ (*treat roughly*) strapazieren ❸ (*exert oneself*) **to ~ oneself** sich [ab]quälen
punishable ['pʌnɪʃəbl̩] *adj* LAW strafbar; **murder is ~ by life imprisonment** Mord wird mit lebenslanger Haft bestraft
punishing ['pʌnɪʃɪŋ] *adj attr* (*fig*) ❶ (*heavy*) *pace, workload* Mords-, mörderisch *fig fam* ❷ (*brutal*) mörderisch *fig fam,* gnadenlos
punishment ['pʌnɪʃmənt] *n* ❶ (*penalty*) Bestrafung *f,* Strafe *f;* **capital ~** Todesstrafe *f* ❷ TECH (*severe handling*) Strapazierung *f;* (*rough treatment*) grobe Behandlung ❸ (*strain*) Strapaze *f*
punitive ['pju:nətɪv] *adj* (*form*) ❶ (*penalizing*) Straf-; **to take ~ action** Strafmaßnahmen treffen (**against** gegen) ❷ ECON, FIN (*severe*) streng
punk [pʌŋk] *n* ❶ *esp* AM (*pej sl: worthless person*) Dreckskerl *m;* (*troublemaker*) Rabauke *m fam* ❷ (*pej: young rebel*) Revoluzzer(in) *m(f)* ❸ *no pl* (*music*) Punk[rock] *m;* (*fan*) Punker(in) *m(f)*
punnet ['pʌnɪt] *n* BRIT, AUS [Obst]körbchen *nt*
punt¹ [pʌnt] SPORTS **I.** *tr verb* **to ~ the ball** den Ball aus der Hand schießen; *in American football* einen Befreiungsschlag ausführen **II.** *n* (*kick*) *in American football* Befreiungsschlag *m; in rugby* Falltritt *m*
punt² [pʌnt] NAUT **I.** *tr, intr verb* staken *fachspr;* **to go ~ing** Stechkahn fahren **II.** *n* Stechkahn *m*
punt³ [pʌnt] **I.** *intr verb at card game* gegen die Bank setzen; *at horse races* wetten **II.** *n* Wette *f*
puny ['pju:ni] *adj* ❶ (*pej: sickly*) *person* schwächlich ❷ (*fig, pej: lacking in power*) schwach
pup [pʌp] **I.** *n* ❶ (*baby dog*) junger Hund, Welpe *m* ❷ (*baby animal*) *of a fox, an otter, a seal* Junge(s) *nt* **II.** *intr verb* <-pp-> [Junge] werfen
pupa <*pl* -s *or* -pae> ['pju:pə, *pl* -pi:] *n* BIOL ❶ (*covering*) Puppe *f* ❷ (*stage*) Puppenstadium *nt*
pupate ['pju:peɪt] *intr verb* BIOL sich verpuppen
pupil¹ ['pju:pᵊl] *n* SCHOOL Schüler(in) *m(f)*
pupil² ['pju:pᵊl] *n* ANAT Pupille *f*
puppet ['pʌpɪt] *n* [Hand]puppe *f;* (*on strings*) Marionette *f a. pej, fig;* **~ show** Marionettentheater *nt*
puppeteer [ˌpʌpɪ'tɪəʳ] *n* ❶ THEAT Puppenspieler(in) *m(f)* ❷ (*pej: manipulator*) **to be the ~ of sth** der Drahtzieher/die Drahtzieherin einer S. *Gen* sein
puppy ['pʌpi] *n* ❶ (*baby dog*) junger Hund, Welpe *m* ❷ (*baby animal*) Junge(s) *nt*
purchase ['pɜ:tʃəs] **I.** *tr verb* ❶ (*form: buy*) kaufen, erstehen *geh* ❷ FIN, LAW (*form: acquire*) [käuflich] erwerben ❸ (*pej: by bribery*) **to ~ sth** *career, success* sich *Dat* etw erkaufen **II.** *n* (*form*) ❶ (*something to be bought*) [Handels]ware *f;* (*something bought*) Kauf *m;* **to make a ~** einen Kauf tätigen; *bulky goods* eine Anschaffung machen ❷ (*act of buying*) Kauf *m* ❸ FIN, LAW (*acquisition*) Erwerb *m kein Pl* ❹ *no pl* (*spec: hold*) Halt *m;* TECH (*grip*) Haftung *f fachspr*
purchaser ['pɜ:tʃəsəʳ] *n* ❶ (*buyer*) Käufer(in) *m(f);* FIN, LAW Erwerber(in) *m(f)* ❷ (*purchasing agent*) Einkäufer(in) *m(f)*
purchasing ['pɜ:tʃəsɪŋ] *n no pl* (*form*) Erwerb *m geh,* [Ein]kaufen *nt;* **~ department** Einkaufsabteilung *f;* **~ power** Kaufkraft *f kein Pl*
pure [pjʊəʳ] *adj* ❶ (*unmixed*) rein, pur ❷ (*clean*) *air, water* sauber, klar ❸ (*fig: utter*) pur ❹ (*free of evil*) unschuldig, rein
pure-bred **I.** *n* reinrassiges Tier **II.** *adj* reinrassig
purée ['pjʊəreɪ] **I.** *tr verb* <puréed, puréeing> pürieren **II.** *n no pl* Püree *nt*
purely ['pjʊəli] *adv* ❶ (*completely*) rein, ausschließlich ❷ (*merely*) bloß, lediglich ❸ (*free of evil*) unschuldig
purge [pɜ:dʒ] **I.** *tr verb* (*a. fig: cleanse*) **to ~ sb/sth of sth** jdn/etw von etw reinigen *a. fig* **II.** *intr verb* MED **to binge and ~** sich vollstopfen und [anschließend] erbrechen **III.** *n* ❶ (*cleaning out*) Reinigung *f* ❷ POL (*getting rid of*) Säuberung[saktion] *f*

P

purify ['pjʊərɪfaɪ] *tr verb* ❶ (*cleanse*) *air, metal, water* reinigen (**of** von) ❷ REL (*cleanse morally*) reinigen, läutern

puritan ['pjʊərɪtᵊn] **I.** *n* (*Protestant*) Puritaner(in) *m(f)*; **the Puritans** die Puritaner **II.** *adj* puritanisch *a. fig*

puritanical [ˌpjʊərɪ'tænɪkᵊl] *adj* (*usu pej*) puritanisch

purity ['pjʊərəti] *n no pl* ❶ (*cleanness*) Sauberkeit *f* ❷ (*freedom from admixture*) Reinheit *f*

purple ['pɜːpl̩] **I.** *adj* (*red/blue mix*) violett; (*more red*) lila[farben] **II.** *n* ❶ (*blue/red mix*) Violett *nt*; (*more red*) Lila *nt* ❷ (*robe*) Purpur *m kein Pl*

purpose ['pɜːpəs] *n* ❶ (*reason*) Grund *m*; **to do sth for financial/humanitarian ~s** etw aus finanziellen/humanitären Gründen tun ❷ (*goal*) Absicht *f*, Ziel *nt*; **to have a ~ in life** ein Lebensziel haben; **to all intents and ~s** in jeder Hinsicht ❸ (*resoluteness*) Entschlossenheit *f*

purpose-built *adj* ❶ (*manufactured*) *part of machinery* speziell gefertigt, Spezial- ❷ (*erected*) speziell gebaut, Zweck-

purposeful ['pɜːpəsfᵊl] *adj* ❶ (*single-minded*) zielstrebig ❷ (*resolute*) entschlossen

purposely ['pɜːpəsli] *adv* ❶ (*intentionally*) absichtlich, bewusst ❷ (*expressly*) ausdrücklich, gezielt

P

purr [pɜːʳ] **I.** *intr verb* ❶ (*cat*) schnurren ❷ (*engine*) surren **II.** *n* ❶ (*cat's sound*) Schnurren *nt kein Pl* ❷ (*engine noise*) Surren *nt kein Pl*

purse [pɜːs] **I.** *n* ❶ BRIT (*for money*) Geldbeutel *m*, Geldbörse *f* ❷ AM (*handbag*) Handtasche *f* ❸ (*financial resources*) **public ~** Staatskasse *f* **II.** *tr verb* **to ~ one's lips** die Lippen schürzen

pursue [pə'sjuː] *tr verb* verfolgen *a. fig*

pursuer [pə'sjuːəʳ] *n* Verfolger(in) *m(f)*

pursuit [pə'sjuːt] *n* ❶ (*chase*) Verfolgung[sjagd] *f*; *of knowledge, fulfilment* Streben *nt* (**of** nach) ❷ (*activity*) Aktivität *f*, Beschäftigung *f*

pus [pʌs] *n no pl* Eiter *m*

push [pʊʃ] **I.** *n* <*pl* -es> ❶ (*shove*) Stoß *m*; (*slight push*) Schubs *m fam* ❷ (*press*) Druck *m* ❸ (*concerted effort*) Anstrengung[en] *f[Pl]*, Kampagne *f* **II.** *tr verb* ❶ (*shove*) schieben; (*in a crowd*) drängeln ❷ (*move forcefully*) schieben; (*give a push*) stoßen ❸ (*manoeuvre*) **to ~ sb towards sth** jdn in eine Richtung drängen ❹ (*impose*) **to ~ sth [on sb]** [jdm] etw aufdrängen ❺ (*pressure*) **to ~ sb into doing sth** jdn [dazu] drängen, etw zu tun ❻ (*press*) drücken ❼ (*demand a lot*) **to ~ oneself** sich *Dat* alles abverlangen ❽ *esp* BRIT (*be short of*) **to be ~ed for money/time** wenig Geld/Zeit haben ❾ (*approach*) **to be ~ing 30/40** auf die 30/40 zugehen **III.** *intr verb* ❶ (*exert force*) dränge[l]n; (*press*) drücken ❷ (*manoeuvre through*) sich durchdrängen ◆ **push along I.** *intr verb* (*fig fam: leave [one's host]*) sich [wieder] auf die Socken machen **II.** *tr verb* vorantreiben ◆ **push around** *tr verb* ❶ (*move around*) herumschieben; (*violently*) herumstoßen ❷ (*fig, pej: bully*) **to ~ sb ⊂ around** jdn herumkommandieren ◆ **push aside** *tr verb* ❶ (*move away*) zur Seite schieben; (*violently*) zur Seite stoßen ❷ (*fig, usu pej: not think about*) *problem* verdrängen ◆ **push away** *tr verb* wegschieben ◆ **push back** *tr verb* zurückschieben, zurückdrängen ◆ **push down** *tr verb* ❶ (*knock down*) umstoßen ❷ (*press down*) *lever* hinunterdrücken ◆ **push forward I.** *tr verb* ❶ (*approv, fig: advance*) *development, process* [ein großes Stück] voranbringen ❷ (*present forcefully*) in den Vordergrund stellen ❸ (*draw attention*) **to ~ oneself forward** sich vordrängen **II.** *intr verb* ❶ (*continue*) weitermachen ❷ (*continue travelling*) weiterfahren ◆ **push in I.** *tr verb* (*break*) eindrücken **II.** *intr verb* ❶ (*fig, a. pej: force way in*) sich hineindrängen ❷ (*fig, pej: jump queue*) sich vordränge[l]n ◆ **push off I.** *intr verb* (*fig, a. pej fam: leave*) sich verziehen **II.** *tr verb* NAUT abstoßen ◆ **push on I.** *intr verb* ❶ (*continue despite trouble*) **to ~ on with sth** *plan, project* mit etw weiterkommen ❷ (*continue travelling*) [noch] weiterfahren **II.** *tr verb* [energisch] vorantreiben ◆ **push out I.** *tr verb* ❶ (*force out*) *person, cat, dog* hinausjagen ❷ (*dismiss*) hinauswerfen **II.** *intr verb* HORT *buds, flowers* sprießen ◆ **push over** *tr verb* umwerfen, umstoßen ◆ **push through I.** *intr verb* (*manoeuvre through*) **to ~**

through sth sich durch etw drängen **II.** *tr verb* POL (*make pass*) *bill, motion* durchdrücken *fam* ◆**push up I.** *tr verb* ① (*move higher*) **to ~ a bike up a hill** ein Fahrrad den Hügel hinaufschieben ② ECON (*cause increase*) *demand* steigern **II.** *intr verb* ① (*fig: grow*) *weeds* [nach oben] schießen ② (*fig fam: move*) [rüber]rutschen

pushbike *n* BRIT, AUS (*fam*) [Fahr]rad *nt*

push-button **I.** *adj* Druckknopf-, [Druck]tasten-; **~ telephone** Drucktastentelefon *nt* **II.** *n* Druckknopf *m*, [Druck]taste *f*

pushcart *n* ① (*barrow*) Schubkarren *m* ② (*trolley*) Einkaufswagen *m* **pushchair** *n* BRIT [Kinder]sportwagen *m* **pushover** *n* ① (*approv, fig fam: easy success*) Kinderspiel *nt kein Pl* ② (*fig, pej fam: easily defeated opponent*) leichter Gegner/leichte Gegnerin **push-pin** *n* AM Reißzwecke *f* **push-start** **I.** *tr verb* ① (*jump-start*) *car* anschieben ② (*fig: begin improvement*) **to ~ the economy** die Wirtschaft ankurbeln **II.** *n* ① (*jump-start*) *of a car* Anschieben *nt kein Pl* ② (*fig: helpful prompt*) Starthilfe *f* **push-up** *n* Liegestütz *m*

pushy ['pʊʃi] *adj* (*fig fam*) ① (*ambitious*) tatkräftig ② (*pej: aggressive*) aggressiv

puss <*pl* -es> [pʊs] *n* ① (*fam*) Mieze[katze] *f* ② AM (*fig, a. pej fam: female*) Puppe *f*

pussy ['pʊsi] *n* (*fam: cat*) Mieze[katze] *f*

put <-tt-, put, put> [pʊt] **I.** *tr verb* ① (*place*) **to ~ sth somewhere** etw irgendwohin stellen; (*lay down*) etw irgendwohin legen; **~ your clothes in the closet** häng deine Kleider in den Schrank; **to stay ~** *person* sich nicht von der Stelle rühren ② (*invest*) **to ~ effort/energy/money/time into sth** Mühe/Energie/Geld/Zeit in etw *Akk* stecken ③ (*impose*) **to ~ the blame on sb** jdm die Schuld geben; **to ~ an embargo on sth** ein Embargo über etw *Akk* verhängen; **to ~ faith in sth** sein Vertrauen in etw *Akk* setzen ④ (*present*) **to ~ sth to a discussion** etw zur Diskussion stellen; **to ~ a question to sb** jdm eine Frage stellen; **to ~ sth to a vote** etw zur Abstimmung bringen ⑤ (*include*) **to ~ sth in[to] sth** etw in etw *Akk o Dat* aufnehmen; **to ~ sth on the agenda** etw auf die Tagesordnung setzen ⑥ (*indicating change of condition*) **to ~ sb at risk** jdn in Gefahr bringen; **to ~ sb in a good/bad mood** jds Laune heben/verderben; **to ~ one's affairs in order** seine Angelegenheiten in Ordnung bringen ⑦ (*express*) **how should I ~ it?** wie soll ich mich ausdrücken?; **to ~ it bluntly** um es deutlich zu sagen; **that's ~ting it mildly** das ist ja noch milde ausgedrückt ⑧ (*write*) **to ~ a cross/tick next to sth** etw ankreuzen/abhaken ⑨ (*estimate, value*) **she ~s her job above everything else** für sie geht ihr Beruf allem anderen vor; **to ~ sb/sth in a category** jdn/etw in eine Kategorie einordnen **II.** *intr verb* NAUT **to ~ to sea** in See stechen ◆**put about** **I.** *tr verb* ① (*scatter within*) verteilen ② (*spread rumour*) verbreiten ③ BRIT (*fam: be promiscuous*) **to ~ it about** mit jedem/jeder ins Bett gehen ④ (*fam: be extroverted*) **to ~ oneself about** sich in Szene setzen **II.** *intr verb* NAUT wenden ◆**put across** *tr verb* ① (*make understood*) vermitteln ② (*fam: trick*) **to ~ one across sb** jdn hintergehen ◆**put aside** *tr verb* ① (*save*) auf die Seite legen ② (*postpone*) **to ~ aside ↔ sth** mit etw aufhören ◆**put away** *tr verb* ① (*tidy up*) wegräumen; (*in storage place*) einräumen ② (*set aside*) *book, game, glasses* beiseitelegen ③ (*save*) *money, savings* zurücklegen ④ (*fam: eat a lot*) **to ~ away ↔ sth** etw in sich *Akk* hineinstopfen ⑤ (*fam: have institutionalized*) **to ~ sb away** (*in an old people's home*) jdn in Pflege geben; (*in prison*) jdn einsperren ◆**put back** *tr verb* ① (*replace*) zurückstellen ② (*reassemble*) **to ~ sth back together** etw wieder zusammensetzen ③ (*postpone*) verschieben; *time, clock* zurückstellen ◆**put by** *tr verb* zurücklegen; *money a.* auf die hohe Kante legen ◆**put down** **I.** *tr verb* ① (*set down*) ablegen, abstellen ② (*put to bed*) **to ~ a child down** ein Kind ins Bett bringen ③ (*lower*) *arm, feet* herunternehmen; **to ~ down the [tele]phone** [den Hörer] auflegen; **to ~ sb ↔ down** jdn runterlassen ④ (*spread*) **to ~ down poison** Gift auslegen; **to ~ down roots** (*a. fig*) Wur-

P

zeln schlagen ⑤ (*write*) aufschreiben ⑥ ECON (*leave as deposit*) *money* anzahlen ⑦ (*stop*) *rebellion* niederschlagen ⑧ (*deride*) **to ~ down ◌ sb/oneself** jdn/sich schlechtmachen ⑨ (*give as cause*) **to ~ sth down to sth** etw auf etw *Akk* zurückführen **II.** *intr verb* AVIAT landen ◆ **put forward** *tr verb* ① (*propose*) *idea, plan* vorbringen; **to ~ forward a proposal** einen Vorschlag machen; *candidate* vorschlagen ② (*make earlier*) vorverlegen (**to** auf) ③ (*set later*) **to ~ the clock/time forward** die Uhr vorstellen ◆ **put in I.** *tr verb* ① (*place in*) hineinsetzen/-legen/-stellen ② (*add*) *food, ingredients* hinzufügen; *plants* [ein]pflanzen ③ (*install*) installieren ④ (*enter, submit*) **to ~ sb/sth ◌ in for sth** jdn/etw für etw anmelden; **to ~ in an order for sth** etw bestellen ⑤ (*cause to be*) **to ~ sb in a rage** jdn wütend machen **II.** *intr verb* ① NAUT anlegen; **to ~ into Hamburg/harbour** in Hamburg/in den Hafen einlaufen ② **to ~ in for sth** *job* sich um etw bewerben; *pay rise, transfer* etw beantragen ◆ **put off** *tr verb* ① (*delay*) verschieben ② (*avoid*) **we've been ~ting off the decision about whether to have a baby** wir haben die Entscheidung, ob wir ein Kind haben wollen, vor uns her geschoben ③ (*fob off*) vertrösten ④ (*deter*) abschrecken ⑤ (*distract*) ablenken; **you're ~ting me right off** du bringst mich völlig raus ◆ **put on** *tr verb* ① (*wear*) *clothes, shoes* anziehen; **to ~ on make-up** Make-up auflegen ② (*pretend*) vorgeben; **it's all ~ on** es ist alles nur Schau ③ (*turn on*) einschalten; **to ~ on the brakes** bremsen; **to ~ on Mozart** Mozart auflegen ④ (*provide*) bereitstellen; **to ~ on an exhibition** eine Ausstellung veranstalten ⑤ (*increase*) **to ~ on weight** zunehmen ⑥ (*bet*) **to ~ money on a horse** Geld auf ein Pferd setzen ⑦ (*allow to speak on phone*) **to ~ sb on [the telephone]** jdm den Hörer weitergeben ◆ **put out I.** *tr verb* ① (*place outside*) **to ~ the washing out [to dry]** die Wäsche draußen aufhängen; **to ~ sb/sth out of business** jdn/etw aus dem Geschäft drängen ② (*extend*) *hand, foot* ausstrecken; **she ~ her head out of the window** sie lehnte den Kopf aus dem Fenster ③ MEDIA (*publish, circulate*) veröffentlichen ④ (*produce*) herstellen ⑤ (*place ready*) **to ~ sth out [for sb/sth]** *cutlery, plate* [jdm/etw] etw hinstellen ⑥ (*inconvenience*) **to ~ sb out** jdm Umstände machen ⑦ (*bother*) **to be ~ out by sth** über etw *Akk* verärgert sein ⑧ (*eliminate*) **to ~ sb out of the competition** jdn aus dem Rennen werfen **II.** *intr verb* NAUT (*set sail*) in See stechen ◆ **put over** *tr verb* ① (*make understood*) verständlich machen ② (*fool*) **to ~ one over on sb** sich mit jdm einen Scherz erlauben ◆ **put through** *tr verb* ① (*insert through*) **to ~ sth through sth** etw durch etw schieben; (*pierce*) etw durch etw stechen ② TELEC (*connect*) **to ~ sb through to sb** jdn mit jdm verbinden ③ (*cause to undergo*) **to ~ sb through hell** jdm das Leben zur Hölle machen ④ (*support*) **to ~ sb through college/school** jdn zum College/zur Schule schicken ◆ **put together** *tr verb* ① (*assemble*) zusammensetzen; *machine, model* zusammenbauen ② (*place near*) zusammenschieben ③ (*make*) zusammenstellen; **to ~ together a dinner/a snack** ein Mittagessen/einen Imbiss fertig machen; **to ~ together a list** eine Liste aufstellen ④ MATH (*add*) **to ~ 10 and 15 together** 10 und 15 zusammenzählen ⑤ FOOD (*mix*) mischen ◆ **put up** *tr verb* ① (*hang up*) *decorations, curtains* aufhängen ② (*raise*) hochheben; **to ~ one's feet up** die Füße hochlegen; **to ~ one's hair up** sich *Dat* das Haar aufstecken ③ (*build*) bauen ④ (*pay*) bezahlen; **to ~ up bail** eine Kaution zahlen; **to ~ up a reward** eine Belohnung aussetzen ⑤ (*cause to do*) **to ~ sb up to sth** jdn zu etw verleiten ⑥ (*give shelter to*) unterbringen ⑦ (*resist*) **to ~ up a struggle** kämpfen; **the villagers did not ~ up any resistance** die Dorfbewohner leisteten keinen Widerstand ◆ **put up with** *tr verb behaviour* sich *Dat* gefallen lassen; *conditions* sich abfinden mit +*Dat; person* sich abgeben mit +*Dat*

put-on *n* AM (*fam*) ① (*act of teasing*) Scherz *m* ② (*affected manner*) Schau *f fig fam,* Getue *nt fam*

P

putt [pʌt] SPORTS **I.** *tr, intr verb* putten **II.** *n* Putt *m*
putter¹ ['pʌtəʳ] *n* SPORTS ❶ (*golf club*) Putter *m* ❷ (*golfer*) Einlocher(in) *m(f)*
putter² ['pʌt̬ɚ] *intr verb* AM ❶ (*busy oneself*) geschäftig sein, werkeln SÜDD ❷ (*move slowly*) [herum]trödeln
putting ['pʌtɪŋ] **I.** *n no pl* SPORTS *in golf* Putten *nt* **II.** *adj attr* zum Putten *nachgestellt*
putty ['pʌti] **I.** *n no pl* [Dichtungs]kitt *m* **II.** *tr verb* <-ie-> [ver]kitten, [ver]spachteln
put-up *adj* (*fam*) abgekartet
put-upon *adj* (*fam*) ausgenutzt
puzzle ['pʌzl̩] **I.** *n* ❶ (*test of ingenuity*) Rätsel *nt;* **jigsaw ~** Puzzle *nt* ❷ (*test of patience*) Geduldsspiel *nt* **II.** *tr verb* vor ein Rätsel stellen **III.** *intr verb* **to ~ about sth** über etw *Akk* nachgrübeln
puzzled ['pʌzl̩d] *adj* ❶ (*helpless*) *expression* ratlos ❷ (*confused*) verwirrt
puzzling ['pʌzl̩ɪŋ] *adj* ❶ (*mysterious*) *mechanism, story* rätselhaft ❷ (*difficult*) *question, situation* schwierig
PVR [ˌpiːviːɑːʳ] *n abbrev of* **personal video recorder** Personal Video Recorder *m*
pyjamas [pɪ'dʒɑːməz] *npl* [**a pair of**] **~** [ein] Pyjama *m*
pylon ['paɪlɒn] *n* ❶ ELEC freitragender Leitungsmast; [**electricity**] **~** Hochspannungsmast *m* ❷ AVIAT Orientierungsturm *m*
pyramid ['pɪrəmɪd] *n* Pyramide *f*
Pyrenees [ˌpɪrə'niːz] *npl* **the ~** die Pyrenäen *Pl*
Pyrex® ['paɪ(ə)reks] **I.** *n* Pyrex-Glas® **II.** *adj attr baking dish, pan* Pyrex-®, aus Pyrex-Glas® *nachgestellt*
pyromaniac [ˌpaɪ(ə)rə(ʊ)'meɪniæk] *n* Brandstifter(in) *m(f)* (*aus krankhafter Veranlagung*)
python <*pl* -s *or* -> ['paɪθᵊn] *n* Python *m*

Qq

Q <*pl* -'s *or* -s>, **q** <*pl* -'s> [kjuː] *n* Q *nt,* q *nt; see also* **A 1**
Q [kjuː] *n abbrev of* **Queen** Königin *f*
QC [ˌkjuː'siː] *n* BRIT *abbrev of* **Queen's Counsel** Kronanwalt *m*/Kronanwältin *f*
qtr *abbrev of* **quarter** Viertel *nt*
quack¹ [kwæk] **I.** *n* (*duck's sound*) Quaken *nt* **II.** *intr verb* quaken
quack² [kwæk] *n* (*pej: fake doctor*) Quacksalber(in) *m(f)*
quadrangular [kwɒd'ræŋgjələʳ] *adj* viereckig
quadratic [kwɒd'rætɪk] *adj* quadratisch
quadrilateral [ˌkwɒdrɪ'lætᵊrᵊl] **I.** *adj* vierseitig **II.** *n* Viereck *nt*
quadruped ['kwɒdrʊped] **I.** *adj* ZOOL vierfüßig **II.** *n* Vierfüßer *m*
quadruple ['kwɒdrʊpl̩] **I.** *tr verb* vervierfachen **II.** *adj* vierfach *attr*
quadruplet ['kwɒdrʊplət] *n* Vierling *m*
quaint [kweɪnt] *adj* (*charming*) reizend; *landscape, village* malerisch
quake [kweɪk] **I.** *n* (*fam*) [Erd]beben *nt* **II.** *intr verb* ❶ *earth* beben ❷ (*fig: shake*) zittern; **her voice ~d with emotion** ihre Stimme bebte vor Erregung
qualification [ˌkwɒlɪfɪ'keɪʃᵊn] *n* ❶ (*skill*) Qualifikation *f;* (*document*) Abschlusszeugnis *nt* ❷ *no pl* (*completion of training*) Abschluss *m* seiner Ausbildung; *from school* [Schul]abschluss *m; from university* [Studien]abschluss *m* ❸ (*restriction*) Einschränkung *f* ❹ (*change*) [Ab]änderung *f* ❺ (*condition*) [notwendige] Voraussetzung *f;* **~ for an examination** AM UNIV Zulassung zu einer Prüfung *f*
qualified ['kwɒlɪfaɪd] *adj* ❶ (*competent*) qualifiziert; **well ~** gut geeignet ❷ (*certified*) ausgebildet; **~ mason** Maurermeister(in) *m(f);* **~ radiologist** ausgebildeter Radiologe/ausgebildete Radiologin; (*at university*) graduiert ❸ (*restricted*) bedingt; **to be a ~ suc-**

cess ein mäßiger Erfolg sein ④ (*eligible*) berechtigt

qualify <-ie-> ['kwɒlɪfaɪ] **I.** *tr verb* ① (*make competent*) qualifizieren ② (*make eligible*) **to ~ sb [for sth]** jdm das Recht [auf etw *Dat*] geben; **to ~ sb to do sth** jdn berechtigen etw zu tun ③ *criticism, judgement* einschränken **II.** *intr verb* ① (*complete training*) die Ausbildung abschließen; UNIV das Studium abschließen ② (*prove competence*) **to ~ [for sth]** sich [für etw] qualifizieren ③ (*meet requirements*) *for citizenship, membership* die [nötigen] Voraussetzungen erfüllen; *for benefits, a job* in Frage kommen

qualifying ['kwɒlɪfaɪɪŋ] **I.** *n no pl* ① (*meeting requirement*) Qualifizierung *f* ② (*restricting*) Einschränkung *f* **II.** *adj attr* ① (*restrictive*) einschränkend ② (*testing standard*) Qualifikations-, Eignungs-

quality ['kwɒləti] **I.** *n* ① (*standard*) Qualität *f;* MECH, TECH Gütegrad *m fachspr;* **~ of life** Lebensqualität *f* ② (*character*) Art *f;* **the unique ~ of their relationship** die Einzigartigkeit ihrer Beziehung ③ (*feature*) Merkmal *nt;* **managerial qualities** Führungsqualitäten *Pl;* **the school has many excellent qualities** die Schule hat viele Vorzüge; **this cheese has a rather rubbery ~ to it** dieser Käse hat etwas ziemlich Gummiartiges an sich **II.** *adj* [qualitativ] hochwertig, Qualitäts-; **~ control** Qualitätskontrolle *f;* **~ time** *no pl die Zeit, die man dafür aufbringt, familiäre Beziehungen zu entwickeln und zu pflegen*

Q

quandary ['kwɒndəri] *n* Zwickmühle *f*

quantify <-ie-> ['kwɒntɪfaɪ] *tr verb* mengenmäßig messen

quantitative ['kwɒntɪtətɪv] *adj* quantitativ

quantity ['kwɒntəti] *n* ① (*amount*) Menge *f* ② (*large amount*) große Menge[n] *f[Pl]* ③ *pl* (*huge amount*) Unmenge[n] *f[Pl]*

quantity discount *n* Mengenrabatt *m*

quantity surveyor *n* BRIT ARCHIT Kostenplaner(in) *m(f)*

quarantine ['kwɒrəntiːn] **I.** *n* Quarantäne *f* **II.** *tr verb* unter Quarantäne stellen

quarrel ['kwɒrəl] **I.** *n* ① (*argument*) Streit *m;* **to have a ~** sich streiten ② (*cause of complaint*) Einwand *m* **II.** *intr verb* <-ll-> ① (*argue*) sich streiten ② (*disagree with*) **you can't ~ with that** daran gibt es nichts auszusetzen

quarrelsome ['kwɒrəlsəm] *adj* (*pej*) streitsüchtig

quarry[1] ['kwɒri] **I.** *n* (*rock pit*) Steinbruch *m;* (*fig*) Fundgrube *f* **II.** *tr verb* <-ie-> *marble, stone* brechen

quarry[2] ['kwɒri] *n* ① (*hunted animal*) Jagdbeute *f* ② (*fig: victim*) Opfer *nt*

quarter ['kwɔːtəʳ] **I.** *n* ① (*one fourth*) Viertel *nt;* **a ~ [of a pound] of tea** ein Viertel[pfund] Tee; **a ~ of a century** ein Vierteljahrhundert *nt;* **a ~ of an hour** eine Viertelstunde; **an hour and a ~** eineinviertel Stunden ② (*1/4 of year*) Quartal *nt;* AM (*school term*) Quartal *nt* ③ AM (*25 cents*) Vierteldollar *m* ④ (*area*) Gegend *f* ⑤ *pl* (*lodgings*) Wohnung *f* ▶ **at <u>close</u> ~s** in jds Nähe **II.** *tr verb* (*cut into four*) vierteln **III.** *adj* Viertel-

quarterfinal *n* SPORTS Viertelfinale *nt*

quarterly ['kwɔːtəli] *adj, adv* vierteljährlich

quartet *n,* **quartette** [kwɔː'tet] *n* MUS Quartett *nt*

quartz [kwɔːts] *n no pl* Quarz *m;* **rose ~** Rosenquarz *m;* **~ clock** Quarzuhr *f*

quash [kwɒʃ] *tr verb* ① (*destroy*) zermalmen; *hopes, plans* zunichtemachen ② (*fig*) *rebellion, revolt* niederschlagen; *objection* zurückweisen

quaver ['kweɪvəʳ] **I.** *intr verb* (*shake*) *person, voice* zittern **II.** *n* ① (*shake*) Zittern *nt kein Pl* ② BRIT, AUS MUS (*note*) Achtelnote *f fachspr*

quay [kiː] *n* Kai *m,* Kaje *f* NORDD

queasy ['kwiːzi] *adj* ① *person, stomach* [über]empfindlich ② (*upset*) übel *nachgestellt;* **he feels ~** ihm ist übel

queen [kwiːn] **I.** *n* ① (*female monarch*) Königin *f;* **the ~ of England** die englische Königin ② (*fig: top lady*) **beauty ~** Schönheitskönigin *f* ③ (*in cards, chess*) Dame *f* ④ (*pej fam: flamboyant gay man*) Tunte *f oft pej sl;* **drag ~** Transvestit *m* **II.** *tr verb* [zur Königin] krönen

queen bee *n* ZOOL Bienenkönigin *f fachspr*

Queen Mother *n* Königinmutter *f*

Queen's English *n no pl* BRIT Standardenglisch *nt*

Queen's Speech *n* BRIT POL

von der Königin zur Eröffnung einer parlamentarischen Sitzungsperiode verlesene Regierungserklärung

queer [kwɪəʳ] **I.** *adj* ❶ (*strange*) seltsam; **to have ~ ideas** schräge Ideen haben ❷ (*usu pej: homosexual*) schwul *fam* ❸ (*suspicious*) merkwürdig **II.** *n* (*pej fam: homosexual*) Schwule(r) *m oft pej; female* Lesbe *f oft pej*

quell [kwel] *tr verb* ❶ *opposition, protest* [gewaltsam] unterdrücken; *rebellion, revolt* niederschlagen ❷ (*fig*) **to ~ one's anger** seinen Zorn zügeln; **to ~ one's fear** seine Angst überwinden ❸ (*fig: quiet*) beschwichtigen

quench [kwen(t)ʃ] *tr verb* ❶ (*a. fig*) *fire, flames* löschen; (*fig*) dämpfen ❷ (*a. fig: satisfy*) befriedigen; *thirst* löschen

query ['kwɪəri] **I.** *n* (*a. fig: question*) Rückfrage *f* **II.** *tr verb* <-ie-> (*form*) ❶ (*question*) in Frage stellen; **to ~ whether ...** bezweifeln, dass ... ❷ AM (*put questions to*) befragen

quest [kwest] *n* (*a. fig*) Suche *f* (**for** nach); **a ~ for a treasure** eine Schatzsuche

question ['kwestʃən] **I.** *n* ❶ (*inquiry*) Frage *f;* **to put a ~ to sb** jdm eine Frage stellen; **in answer to your ~** um Ihre Frage zu beantworten; **to pop the ~** jdm einen [Heirats]antrag machen ❷ *no pl* (*doubt*) **to be beyond ~** außer Zweifel stehen; **to call sth into ~** etw bezweifeln; **without ~** zweifellos ❸ (*matter*) **to be out of the ~** nicht in Frage kommen **II.** *tr verb* ❶ (*ask*) **to ~ sb about sth** jdn über etw *Akk* befragen ❷ (*interrogate*) **to ~ sb** [**about sth**] jdn [zu etw] verhören ❸ (*doubt*) bezweifeln ❹ SCHOOL **to ~ sb on sth** jdn in etw *Dat* prüfen

questionable ['kwestʃənəbl̩] *adj* ❶ (*uncertain*) zweifelhaft; *future* ungewiss ❷ (*not respectable*) fragwürdig; **~ business** bedenkliche Geschäfte

questioner ['kwestʃənəʳ] *n* Fragesteller(in) *m(f)*

questioning ['kwestʃənɪŋ] **I.** *n no pl* Befragung *f; by police* Verhör *nt;* **to be brought in for ~** ins Verhör genommen werden *fachspr* **II.** *adj* forschend; *look* fragend

question mark *n* (*a. fig*) Fragezeichen *nt*

question master *n* BRIT Quizmaster *m*

questionnaire [ˌkwestʃə'neəʳ] *n* Fragebogen *m;* **~ analysis/construction** die Analyse/Erstellung von Fragebögen

question time *n* Zeit *f* für Fragen, Diskussionszeit *f;* POL *in parliament* Fragestunde *f*

queue [kju:] **I.** *n* BRIT, AUS (*line*) Schlange *f;* **a ~ of people** eine Menschenschlange; **to join the ~** sich mit anstellen; **to jump the ~** sich vordränge[l]n **II.** *intr verb* anstehen

quibble ['kwɪbl̩] **I.** *n* ❶ (*pej: petty argument*) Spitzfindigkeit *f* ❷ (*a. pej: minor criticism*) Krittelei *f* (**about/over** an) **II.** *intr verb* **to ~ about sth** sich über etw *Akk* streiten

quiche <*pl* -> [ki:ʃ] *n* Quiche *f*

quick [kwɪk] **I.** *adj* ❶ (*a. fig: fast*) schnell; **to be ~ about sth** sich mit etw beeilen; **in ~ succession** in schneller [Ab]folge ❷ (*short*) kurz; **to have a ~ look at sth** sich *Dat* etw kurz ansehen; **could I have a ~ word?** könnte ich Sie kurz sprechen? ❸ (*alert*) [geistig] gewandt; **~ wit** Aufgewecktheit *f* **II.** *adv* schnell, rasch **III.** *interj* schnell

quick-acting *adj* schnell wirksam

quicken ['kwɪkᵊn] **I.** *tr verb* ❶ (*make faster*) beschleunigen ❷ (*fig: awaken*) anregen; **to ~ sb's curiosity/interest** jds Neugier/Interesse wecken **II.** *intr verb* schneller werden; **his pulse ~ed** sein Pulsschlag erhöhte sich

quick-freeze <-froze, -frozen> *tr verb* tiefgefrieren

quick-frozen *adj* tiefgefroren *attr*

quickie ['kwɪki] **I.** *n* (*fam: fast thing*) kurze Sache; **to make it a ~** es kurz machen **II.** *adj* (*a. pej fam*) Schnell-, schnell [hingehauen]; **a ~ divorce** eine schnelle und unkomplizierte Scheidung

quickly ['kwɪkli] *adv* schnell, rasch

quicksand *n no pl* Treibsand *m*

quick-tempered *adj* hitzköpfig

quick-witted *adj* (*alert*) aufgeweckt; (*quick in replying*) schlagfertig

quid <*pl* -> [kwɪd] *n* BRIT (*fam: money*) Pfund *nt;* **could you lend me ten ~, mate?** kannst du mir zehn Piepen leihen?

quiet [kwaɪət] **I.** *adj* <-er, -est *or* more quiet, most quiet> ❶ (*not loud*) *voice, machine* leise ❷ (*silent*) ruhig; **please**

Q

be ~ Ruhe bitte!; **to keep ~** ruhig sein ❸ (*not talkative*) still; *person* schweigsam ❹ (*not busy*) *street, town* ruhig ▸ **as ~ as a mouse** mucksmäuschenstill *fam* **II.** *n no pl* ❶ (*silence*) Stille *f* ❷ (*lack of excitement*) Ruhe *f;* **peace and ~** Ruhe und Frieden ▸ **on the ~** heimlich **III.** *tr verb esp* AM besänftigen; **to ~ children** Kinder zur Ruhe bringen **IV.** *intr verb esp* AM sich beruhigen

quieten ['kwaɪət^{ə}n] **I.** *intr verb* ❶ (*become quiet*) sich beruhigen ❷ (*become calm*) ruhiger werden **II.** *tr verb* beruhigen; **to ~ sb's fears** jds Ängste zerstreuen ◆ **quieten down I.** *intr verb* ❶ (*become quiet*) leiser werden ❷ (*become calm*) sich beruhigen **II.** *tr verb* (*make less noisy*) zur Ruhe bringen; **go and ~ those children down** stell die Kinder mal ruhig! *fam*

quietly ['kwaɪətli] *adv* ❶ (*not loudly*) leise ❷ (*silently*) still; **to wait ~** ruhig warten

quietness ['kwaɪətnəs] *n no pl* Ruhe *f;* (*silence*) Stille *f*

quill [kwɪl] *n* (*feather*) Feder *f*

quilt [kwɪlt] **I.** *n* Steppdecke *f;* **patchwork ~** Quilt *m* **II.** *tr verb* [ab]steppen

quince [kwɪn(t)s] **I.** *n* Quitte *f;* **~ [tree]** Quittenbaum *m* **II.** *adj jam, jelly, tart* Quitten-

quinine ['kwɪni:n] *n no pl* Chinin *nt*

quint [kwɪnt] *n* AM (*fam*) *short for* **quintuplet** Fünfling *m*

quintet[te] [kwɪn'tet] *n* Quintett *nt*

quintuple ['kwɪntju:pl̩] *intr verb, vt* verfünffachen

quintuplet [kwɪn'tju:plət] *n* Fünfling *m*

quip [kwɪp] **I.** *n* witzige Bemerkung **II.** *intr verb* <-pp-> witzeln

quirk [kwɜ:k] *n* ❶ (*odd habit*) Marotte *f* ❷ (*oddity*) Merkwürdigkeit *f kein Pl;* **by some strange ~ of fate** durch eine [merkwürdige] Laune des Schicksals

quit <-tt-, quit *or* quitted, quit *or* quitted> [kwɪt] **I.** *intr verb* ❶ (*resign*) *worker* kündigen; *manager, official* zurücktreten ❷ COMPUT (*exit*) aussteigen ❸ *esp* AM (*give up*) aufgeben **II.** *tr verb* ❶ *esp* AM (*stop*) **will you ~ that!** wirst du wohl damit aufhören!; **to ~ smoking** das Rauchen aufgeben ❷ (*give up*) aufgeben; **to ~ one's job** kündigen ❸ *building, place* verlassen ❹ COMPUT (*end*) **to ~ the program** aus dem Programm aussteigen

quite [kwaɪt] *adv* ❶ (*fairly*) ziemlich; **I had to wait ~ a time** (*fam*) ich musste ganz schön lange warten; **she's ~ something!** (*fam*) sie ist wirklich klasse! ❷ (*completely*) ganz, völlig; **~ honestly, ...** ehrlich gesagt ...

quits [kwɪtz] *adj pred* **to be ~ [with sb]** [mit jdm] quitt sein *fam;* **to call it ~** es gut sein lassen

quitter ['kwɪtə^{r}] *n esp* AM *jdm, der schnell aufgibt*

quiver[1] ['kwɪvə^{r}] **I.** *n* (*shiver*) Zittern *nt kein Pl* **II.** *intr verb* zittern; **to ~ with rage** vor Wut beben

quiver[2] ['kwɪvə^{r}] *n* (*arrow holder*) Köcher *m*

quiz [kwɪz] **I.** *n* <*pl* -es> ❶ (*question game*) Quiz *nt* ❷ AM SCHOOL, UNIV (*test*) [kurze] Prüfung **II.** *adj* ❶ *question* Quiz-; **~ night** BRIT Quizabend *m;* **~ team** Rateteam *nt* ❷ AM SCHOOL, UNIV *question, results* Prüfungs- **III.** *tr verb* ❶ (*question*) befragen (**about** zu) ❷ AM SCHOOL, UNIV prüfen (**on** über)

quizmaster *n* Quizmaster *m* **quiz show** *n* Quizsendung *f*

quota ['kwəʊtə] *n* ❶ (*fixed amount*) Quote *f* ❷ (*fig: proportion*) Quantum *nt*

quotation [kwə(ʊ)'teɪʃ^{ə}n] *n* ❶ (*from book, person*) Zitat *nt;* **a ~ from sb/sth** ein Zitat *nt* von jdm/aus etw ❷ *no pl* (*quoting*) Zitieren *nt* ❸ (*estimate*) Kostenvoranschlag *m*

quotation marks *npl* Anführungszeichen *Pl*

quote [kwəʊt] **I.** *n* ❶ (*fam: quotation*) Zitat *nt* ❷ (*fam: quotation marks*) **~s** *pl* Gänsefüßchen *Pl fam* ❸ (*fam: estimate*) Kostenvoranschlag *m* ▸ **Mr Brown stated that, ~ [unquote], ...** Hr. Brown meinte, ich zitiere ... **II.** *tr verb* ❶ (*say words of*) zitieren; **to ~ sb on sth** jdn zu etw zitieren; **but don't ~ me on that!** aber sag's nicht weiter! *fam* ❷ **to ~ a price** einen Preis nennen **III.** *intr verb* zitieren

Rr

R <*pl* -'s *or* -s>, **r** <*pl* -'s> [ɑːʳ] *n* R *nt,* r *nt; see also* **A 1**
r *adv abbrev of* **right** re.
R[1] [ɑːʳ] *n no pl* ① (*Queen*) *abbrev of* **Regina** Regina ② (*King*) *abbrev of* **Rex** Rex ③ *abbrev of* **river**
R[2] *adv* AM FILM *abbrev of* **Restricted**: **rated ~** nicht für Jugendliche unter 16 Jahren
rabbi ['ræbaɪ] *n* Rabbiner *m*
rabbit ['ræbɪt] *n* ① (*animal*) Kaninchen *nt;* **~ hole** Kaninchenbau *m;* **~ hutch** Kaninchenstall *m* ② *no pl* (*meat*) Hase *m kein Pl*
rabies ['reɪbiːz] *n + sing verb* Tollwut *f*
race[1] [reɪs] **I.** *n* ① (*competition*) Rennen *nt* ② *no pl* (*rush*) Hetze *f* **II.** *intr verb* ① (*compete*) *people* Rennen laufen ② (*rush*) rennen
race[2] [reɪs] *n* ① (*ethnic grouping*) Rasse *f;* **the human ~** die menschliche Rasse ② *+ sing/pl verb* (*people*) Volk *nt*
racecourse *n* Rennbahn *f* **racehorse** *n* Rennpferd *nt*
racer ['reɪsəʳ] *n* ① (*runner*) [Renn]läufer(in) *m(f);* (*horse*) Rennpferd *nt* ② (*cycle*) Rennrad *nt*
race relations *npl* Beziehungen *Pl* zwischen den Rassen **race riot** *n* Rassenunruhen *Pl*
racial ['reɪʃᵊl] *adj* ① (*to do with race*) rassisch, Rassen-; **~ profiling** Profiling *nt* aufgrund der Rassenzugehörigkeit ② (*motivated by racism*) rassistisch; **~ discrimination/segregation** Rassendiskriminierung *f*/-trennung *f*
racing ['reɪsɪŋ] *n no pl* ① (*in horse racing: event*) Pferderennen *nt* ② (*conducting races*) Rennen *nt*
racing bicycle *n,* **racing bike** *n* (*fam*) Rennrad *nt* **racing car** *n* Rennwagen *m* **racing driver** *n* Rennfahrer(in) *m(f)*
racism ['reɪsɪzᵊm] *n no pl* Rassismus *m*
racist ['reɪsɪst] **I.** *n* Rassist(in) *m(f)* **II.** *adj* rassistisch
rack[1] [ræk] *n no pl* **to go to ~ and ruin** verkommen, vor die Hunde gehen *fam*
rack[2] [ræk] **I.** *n* ① (*for storage*) Regal *nt;* **clothes ~** AM Kleiderständer *m;* **magazine/newspaper ~** Zeitschriften-/Zeitungsständer *m* ② (*for torture*) Folterbank *f* ③ FOOD **~ of lamb** Lammrippchen *Pl* **II.** *tr verb* (*hurt*) quälen; **to be ~ed with doubts/pain** von Zweifeln/Schmerzen gequält werden ▶ **to ~ one's brains** sich *Dat* den Kopf zerbrechen
racket[1] ['rækɪt] *n* ① SPORTS Schläger *m* ② (*game*) **~s** Racquetball *m*
racket[2] ['rækɪt] *n* (*fam*) ① *no pl* (*din*) Krach *m* ② (*pej: dishonest scheme*) unsauberes Geschäft; **protection ~** Schutzgelderpressung *f*
racketeer [ˌrækɪ'tɪəʳ] *n* (*pej*) Gangster *m*
racy ['reɪsi] *adj* ① (*risqué*) *behaviour, novel* anzüglich ② (*sexy*) *clothing* gewagt
radar ['reɪdɑːʳ] *n no pl* Radar *m o nt;* **~ screen** Radarschirm *m;* **~ trap** Radarfalle *f*
radial ['reɪdiəl] **I.** *adj* ① (*radiating*) strahlenförmig ② TECH radial *fachspr* **II.** *n* Gürtelreifen *m*
radiant ['reɪdiənt] *adj* ① (*happy*) strahlend *attr fig* ② *attr* PHYS (*shining*) Strahlungs-
radiate ['reɪdieɪt] **I.** *intr verb* ① (*spread out*) **to ~ [from sth]** strahlenförmig [von etw] ausgehen ② (*be given off*) **to ~ from sth** von etw abstrahlen **II.** *tr verb* (*a. fig*) ausstrahlen
radiation [ˌreɪdi'eɪʃᵊn] *n no pl* ① (*radiated energy*) Strahlung *f* ② (*emitting*) Abstrahlen *nt*
radiation therapy *n* Strahlentherapie *f*
radiator ['reɪdieɪtəʳ] *n* ① (*heating device*) Heizkörper *m* ② (*to cool engine*) Kühler *m*
radical ['rædɪkᵊl] **I.** *adj* ① POL radikal ② (*fundamental*) fundamental ③ MED radikal **II.** *n* (*person*) Radikale(r) *f(m)*
radio ['reɪdiəʊ] **I.** *n* ① (*receiving device*) Radio *nt* SÜDD, ÖSTERR, SCHWEIZ *a. m;* **to turn the ~ on/off** das Radio an-/ausmachen ② (*transmitter and receiver*) Funkgerät *nt;* **on/over the ~** über Funk ③ *no pl* (*broadcasting*) Radio *nt,* [Rund]funk *m;* **to listen to the ~** Radio hören; **what's on the ~?** was kommt

R

im Radio? **II.** *adj* ❶ (*of communications*) *frequency, receiver* Funk- ❷ (*of broadcasting*) *broadcast, commercial* Radio- **III.** *tr verb* ❶ (*call on radio*) *base, shore* anfunken ❷ (*send by radio*) funken **IV.** *intr verb* **to ~ for help/assistance** über Funk Hilfe/Unterstützung anfordern

radioactive [ˌreɪdiəʊ'æktɪv] *adj* radioaktiv

radioactivity [ˌreɪdiəʊæk'tɪvəti] *n no pl* Radioaktivität *f*

radio alarm *n*, **radio alarm clock** *n* Radiowecker *m* **radio announcer** *n* Rundfunksprecher(in) *m(f)*, Radiosprecher(in) **radio broadcast** *n* Radiosendung *f* **radio cassette recorder** *n* Radiorecorder *m* **radio contact** *n* Funkkontakt *m*

radiographer [ˌreɪdi'ɒgrəfəʳ] *n* Röntgenassistent(in) *m(f)*

radiography [ˌreɪdi'ɒgrəfi] *n* Röntgenographie *f*

radio ham *n* Funkamateur(in) *m(f)*

radiological [ˌreɪdiəʊ'lɒdʒɪkəl] *adj* PHYS, MED radiologisch *fachspr*, Röntgen-

radiologist [ˌreɪdi'ɒlədʒɪst] *n* Radiologe *m*/Radiologin *f*

radiology [ˌreɪdi'ɒlədʒi] *n no pl* Radiologie *f*

radio microphone *n* Funkmikrofon *nt* **radio operator** *n* Funker(in) *m(f)* **radiopager** *n* Piepser *m fam* **radio play** *n* Hörspiel *nt* **radio programme** *n* Radioprogramm *nt* **radio station** *n* ❶ (*radio channel*) Radiosender *m* ❷ (*building*) Rundfunkstation *f* **radio telescope** *n* Radioteleskop *nt*

radiotherapy *n no pl* Strahlentherapie *f*

radish <*pl* -es> ['rædɪʃ] *n* Rettich *m*

radius <*pl* -dii> ['reɪdiəs, *pl* -diaɪ] *n* Radius *m*

RAF [ˌɑːʳeɪ'ef] *n abbrev of* **Royal Air Force**: **the ~** die R.A.F.

raffle ['ræfl̩] **I.** *n* Tombola *f* **II.** *tr verb* verlosen

raft [rɑːft] **I.** *n* (*vessel*) Floß *nt* **II.** *intr verb* an einem Rafting teilnehmen **III.** *tr verb* **to ~ sth** etw flößen, etw auf einem Floß transportieren

rag¹ [ræg] *n* (*old cloth*) Lumpen *m*

rag² [ræg] **I.** *n* BRIT (*students' fund-raising event*) *karnevalistische Veranstaltung unter Studierenden, bei der Spenden für wohltätige Zwecke gesammelt werden* **II.** *intr verb* <-gg-> AM (*pej sl*) **to ~ on sb** jdn nerven *sl*

rag³ [ræg] *n* MUS Ragtime *m*

rage [reɪdʒ] **I.** *n* ❶ *no pl* (*violent anger*) Wut *f*, Zorn *m* ❷ (*fit of anger*) **to get in a ~** sich aufregen (**about** über) ❸ (*mania*) **to be [all] the ~** der letzte Schrei sein *fam* **II.** *intr verb* (*express fury*) toben; **to ~ at sb** jdn anschreien

ragged ['rægɪd] *adj* ❶ (*torn*) *clothes* zerlumpt; *cuffs, hem* ausgefranzt ❷ (*jagged*) **~ coastline** zerklüftete Küste

raging ['reɪdʒɪŋ] *adj* ❶ GEOG (*flowing fast*) reißend *attr* ❷ (*burning fiercely*) *fire* lodernd *attr; inferno* flammend *attr* ❸ (*fam: extreme*) äußerst; *bore* total *fam*

raid [reɪd] **I.** *n* ❶ MIL Angriff *m* ❷ (*robbery*) Überfall *m* (**on** auf) ❸ (*by police*) Razzia *f* **II.** *tr verb* ❶ MIL überfallen ❷ (*steal from*) ausplündern; *bank, post office* überfallen; (*fig*) *fridge, piggybank* plündern *hum* ❸ (*by police*) eine Razzia durchführen

rail¹ [reɪl] *intr verb* wettern (**against/at** gegen)

rail² [reɪl] **I.** *n* ❶ *no pl* (*transport system*) Bahn *f*; **by ~** mit der Bahn ❷ (*railway track*) Schiene *f* ❸ (*on stairs*) Geländer *nt;* (*on fence*) Stange *f;* (*on ship*) Reling *f* ❹ (*to hang things on*) [**hanging**] **~** Halter *m*, Stange *f*; **off the ~** von der Stange **II.** *adj pass, strike, worker* Bahn-

railcard *n* BRIT Bahnkarte *f*

railing ['reɪlɪŋ] *n* ❶ (*fence*) Geländer *nt* ❷ (*on a ship*) Reling *f*

railroad **I.** *n* AM ❶ (*train track*) Schienen *Pl*, Gleise *Pl* ❷ (*railway system*) [Eisen]bahn *f kein Pl* **II.** *tr verb* zwingen; **to have been ~ed into sth** gezwungen worden sein, etw zu tun

railway ['reɪlweɪ] **I.** *n esp* BRIT ❶ (*train tracks*) Gleise *Pl*, Schienen *Pl* ❷ (*rail system*) **the ~[s]** die [Eisen]bahn **II.** *adj museum, tunnel* [Eisen]bahn-; **~ yard** Rangierbahnhof *m*

railway bridge *n* Eisenbahnbrücke *f* **railway crossing** *n* Bahnübergang *m* **railway engine** *n* Lokomotive *f* **railway line** *n* Bahnlinie *f* **railway**

station *n* Bahnhof *m* **railway track** *n* Gleis *nt*

rain [reɪn] **I.** *n* ❶ *no pl* Regen *m;* **pouring ~** strömender Regen; **in the ~** im Regen ❷ (*rainy season*) **the ~s** die Regenzeit **II.** *intr verb impers* regnen; **it's ~ing** es regnet ◆**rain off** BRIT, **rain out** *tr verb passive* AM **to be ~ed off** wegen Regens abgesagt werden

rainbow ['reɪnbəʊ] *n* Regenbogen *m* **rain cloud** *n* Regenwolke *f* **raincoat** *n* Regenmantel *m* **raindrop** *n* Regentropfen *m* **rainfall** *n no pl* ❶ (*period of rain*) Niederschlag *m* ❷ (*quantity of rain*) Niederschlagsmenge *f* **rain forest** *n* Regenwald *m* **rainstorm** *n* starke Regenfälle *Pl*

rainy ['reɪni] *adj* regnerisch

raise [reɪz] **I.** *n* AM, AUS (*rise*) Gehaltserhöhung *f* **II.** *tr verb* ❶ (*lift*) heben; *anchor* lichten; **to ~ one's arm/hand/leg** den Arm/die Hand/das Bein heben; **to ~ one's eyebrows** die Augenbrauen hochziehen ❷ *drawbridge* hochziehen ❸ *morale* heben; *quality* verbessern ❹ *a cheer, a laugh* hervorrufen; *doubts, hopes* wecken ❺ *an issue, a question* aufwerfen; *an objection* erheben ❻ *capital, money* aufbringen ❼ (*bring up*) *children* aufziehen

raisin ['reɪzɪn] *n* Rosine *f*

rake [reɪk] **I.** *n* (*garden tool*) Harke *f,* Rechen *m* **II.** *tr verb* ❶ (*treat*) *soil* harken ❷ (*gather up*) [zusammen]rechen; *leaves, the lawn* rechen **III.** *intr verb* **to ~ through sth** etw durchsuchen ◆**rake in** *tr verb* ❶ (*work in*) rechen ❷ (*fam*) *money* kassieren ◆**rake up** *tr verb* (*gather up*) zusammenrechen; (*fig*) einstreichen

rally ['ræli] **I.** *n* ❶ (*motor race*) Rallye *f;* **~ driver** Rallyefahrer(in) *m(f)* ❷ (*in tennis*) Ballwechsel *m* ❸ (*meeting*) [Massen]versammlung *f,* Zusammenkunft *f* **II.** *tr verb* <-ie-> sammeln; *support* gewinnen **III.** *intr verb* <-ie-> (*support*) **to ~ behind sb** sich geschlossen hinter jdn stellen ◆**rally round** *intr verb* (*support*) **to ~ round sb** jdn unterstützen

ram [ræm] **I.** *n* ❶ (*sheep*) Widder *m,* Schafbock *m* ❷ (*implement*) Rammbock *m,* Ramme *f* **II.** *tr verb* <-mm-> ❶ (*hit*) rammen ❷ (*push in*) **he ~med the sweets into his mouth** er stopfte sich *Dat* die Süßigkeiten in den Mund ❸ (*push down*) **to ~ down the soil** den Boden feststampfen ❹ (*slam in*) **to ~ sth home** *bolt* etw zuknallen **III.** *intr verb* <-mm-> **to ~ into sth** gegen etw prallen

RAM [ræm] *n* COMPUT *acr for* **Random Access Memory** RAM *m o nt*

ramble ['ræmbl̩] **I.** *n* Wanderung *f,* Spaziergang *m* **II.** *intr verb* ❶ (*walk*) wandern (**through** durch) ❷ (*be incoherent*) faseln *fam;* (*be too detailed*) vom Hundersten ins Tausendste kommen

rambler ['ræmbləʳ] *n* ❶ (*walker*) Wanderer *m/*Wanderin *f* ❷ HORT, BOT (*rose*) Kletterrose *f*

rambling ['ræmbl̩ɪŋ] **I.** *n* **~s** Gefasel *nt pej* **II.** *adj* ❶ (*sprawling*) *building* weitläufig ❷ BOT, HORT rankend *attr,* Kletter- ❸ (*incoherent*) zusammenhanglos

ramp [ræmp] *n* (*slope*) Rampe *f;* AVIAT Gangway *f*

rampage[1] ['ræmpeɪdʒ] *n* Randale *f;* **on the ~** angriffslustig

rampage[2] [ræm'peɪdʒ] *intr verb* randalieren

rampant ['ræmpənt] *adj* ❶ (*unrestrained*) ungezügelt ❷ (*spreading*) **to be ~** grassieren

ran [ræn] *pt of* **run**

ranch [rɑːn(t)ʃ] AM **I.** *n* <*pl* -es> Farm *f,* Ranch *f* **II.** *intr verb* Viehwirtschaft treiben **III.** *tr verb cattle, mink, salmon* züchten

rancher ['rɑːn(t)ʃəʳ] *n* ❶ (*ranch owner*) Viehzüchter(in) *m(f)* ❷ (*ranch worker*) Farmarbeiter(in) *m(f)*

rancid ['ræn(t)sɪd] *adj* ranzig; **to go ~** ranzig werden

random ['rændəm] **I.** *n no pl* **at ~** (*aimlessly*) willkürlich; (*by chance*) zufällig **II.** *adj* zufällig, wahllos; **a ~ sample** eine Stichprobe

randy ['rændi] *adj* (*fam*) geil

rang [ræŋ] *pt of* **ring**

range[1] [reɪndʒ] **I.** *n* ❶ *no pl* (*limit*) Reichweite *f;* (*area*) Bereich *m;* **to be out of ~** außer Reichweite sein; **~ anxiety** *Angst der Elektroautofahrer, dass während der Fahrt der Strom ausgehen könnte* ❷ (*series of things*) Reihe *f;* **narrow/wide ~ of sth** kleine/große Auswahl an etw *Dat* ❸ (*selec-*

tion) Angebot *nt,* Sortiment *nt* ④ MIL **firing ~** Schießplatz *m* **II.** *intr verb* ① (*vary*) schwanken ② **to ~ from sth to sth** von etw *Dat* bis etw *Dat* reichen

range² [reɪndʒ] *n* (*of mountains*) Hügelkette *f,* Bergkette *f*

range³ [reɪndʒ] *n* (*stove*) [Koch]herd *m*

ranger [ˈreɪndʒəʳ] *n* Förster(in) *m(f);* AM (*mounted soldier*) Ranger(in) *m(f)*

rank¹ [ræŋk] **I.** *n* ① *no pl* POL (*position*) Position *f* ② MIL Dienstgrad *m,* Rang *m;* **the ~s** *pl* (*non-officers*) einfache Soldaten *Pl* ③ (*membership*) **the ~s** Mitglieder *Pl* **II.** *intr verb* ① (*hold a position*) **to ~ above sb** einen höheren Rang als jd einnehmen ② (*be classified as*) **to ~ among** zählen zu

rank² [ræŋk] *adj* ① (*growing thickly*) *plant* üppig wuchernd ② (*rancid*) stinkend *attr;* **to be ~ with sth** nach etw stinken

rankle [ˈræŋkl̩] *intr verb* **to ~ with sb** jdm zu schaffen machen

ransom [ˈræn(t)səm] **I.** *n* Lösegeld *nt* **II.** *adj amount, demand, pickup* Lösegeld- **III.** *tr verb* auslösen

rant [rænt] **I.** *n no pl* ① (*angry talk*) Geschimpfe *nt* ② (*tirade*) Schimpfkanonade *f* **II.** *intr verb* [vor sich *Akk* hin] schimpfen

rap¹ [ræp] **I.** *n* (*knock*) Klopfen *nt kein Pl,* Pochen *nt kein Pl;* **to give sb a ~ on the knuckles** jdm auf die Finger klopfen **II.** *tr verb* <-pp-> ① (*strike*) **to ~ sth** an etw *Akk* klopfen ② (*fig: criticize*) **to ~ sb** jdn scharf kritisieren

R

rap² [ræp] **I.** *n no pl* MUS Rap *m* **II.** *intr verb* MUS rappen

rape¹ [reɪp] **I.** *n* ① *no pl* (*sexual assault*) Vergewaltigung *f* ② *no pl* (*fig: destruction*) Zerstörung *f* **II.** *tr verb* vergewaltigen **III.** *intr verb* eine Vergewaltigung begehen

rape² [reɪp] *n no pl* AGR Raps *m*

rapeseed oil *n* Rapsöl *nt*

rapid [ˈræpɪd] *adj* ① (*quick*) schnell; *change, growth* rasch ② (*sudden*) plötzlich

rapist [ˈreɪpɪst] *n* Vergewaltiger *m*

rapture [ˈræptʃəʳ] *n* ① *no pl* (*bliss*) Verzückung *f* ② *pl* (*expression of joy*) **to be in ~s about sth** entzückt über etw *Akk* sein

rapturous [ˈræptʃərəs] *adj* ① (*delighted*) entzückt, hingerissen ② *applause* stürmisch

rare¹ [reəʳ] *adj* (*uncommon*) rar, selten

rare² [reəʳ] *adj meat* nicht durch[gebraten] *präd,* blutig

rarefied [ˈreərɪfaɪd] *adj* ① (*of air*) dünn ② (*fig: select*) exklusiv

rarely [ˈreəli] *adv* selten

rarity [ˈreərəti] *n* Rarität *f,* Seltenheit *f*

rascal [ˈrɑːskəl] *n* (*scamp*) Schlingel *m;* (*child*) Frechdachs *m*

rash¹ [ræʃ] *n* <*pl* -es> MED Ausschlag *m*

rash² [ræʃ] *adj* übereilt, hastig, vorschnell

rasher [ˈræʃəʳ] *n* **~** [**of bacon**] Speckscheibe *f*

raspberry [ˈrɑːzbəri] **I.** *n* (*fruit*) Himbeere *f* **II.** *adj cake, jam* Himbeer-

rat [ræt] **I.** *n* Ratte *f a. fig* ▶ **to smell a ~** Lunte riechen **II.** *intr verb* <-tt-> **to ~ on sb** jdn verraten

rate [reɪt] **I.** *n* ① (*speed*) Geschwindigkeit *f;* **at one's own ~** in seinem eigenen Rhythmus ② (*measure*) Maß *nt,* Menge *f;* **unemployment ~** Arbeitslosenrate *f* ③ (*payment*) Satz *m* ▶ **at any ~** (*whatever happens*) auf jeden Fall **II.** *tr verb* ① (*regard*) einschätzen; **she ~s him among her closest friends** sie zählt ihn zu ihren engsten Freunden ② (*be worthy of*) **to ~ a mention** erwähnenswert sein

rather [ˈrɑːðəʳ] *adv* ① (*somewhat*) ziemlich; **I ~ doubt ...** ich bin nicht ganz sicher, ob ... ② (*very*) ziemlich, recht; **it's ~ a shame that ...** es ist wirklich schade, dass ... ③ (*in preference to*) **I'd like to stay at home this evening ~ than going out** ich möchte heute Abend lieber zu Hause bleiben und nicht weggehen

rating [ˈreɪtɪŋ] *n* ① *no pl* (*assessment*) Einschätzung *f* ② (*regard*) Einstufung *f* ③ (*audience*) **~s** [Einschalt]quoten *Pl*

ratio [ˈreɪʃiəʊ] *n* Verhältnis *nt*

ration [ˈræʃən] **I.** *n* ① (*fixed amount*) Ration *f;* **~ of food** Essensration *f* ② (*food supplies*) **~s** [Lebensmittel]marken *Pl* **II.** *tr verb* rationieren, beschränken (**to** auf)

rational [ˈræʃənəl] *adj* rational

rationalization [ˌræʃənəlaɪˈzeɪʃən] *n no pl* Rationalisierung *f*

rationalize ['ræʃᵊnᵊlaɪz] *tr verb, vi* rationalisieren

rationing ['ræʃᵊnɪŋ] *n no pl* Rationierung *f*

rat race *n* erbarmungsloser Konkurrenzkampf; **to join the ~** sich ins Heer der arbeitenden Bevölkerung einreihen

rattle ['rætl̩] **I.** *n* ① *no pl* (*sound*) Klappern *nt* ② MUS Rassel *f* **II.** *intr verb* ① (*make noise*) klappern; *engine* knattern; *keys* rasseln ② (*move noisily*) rattern ③ (*talk*) **to ~ on** [drauflos]quasseln *fam* **III.** *tr verb* (*jangle*) **to ~ sth** *windows* etw zum Klirren bringen; *keys* mit etw rasseln

rattlesnake *n* Klapperschlange *f*

ratty ['ræti] *adj* BRIT (*fam*) gereizt

rave [reɪv] **I.** *n* BRIT (*fam*) Fete *f*, Rave *m o nt* (*mit Technomusik*) **II.** *adj attr* begeistert, enthusiastisch; *reviews* glänzend **III.** *intr verb* ① (*talk wildly*) toben, wüten; **to rant and ~** toben ② (*fam: praise*) schwärmen; **to ~ about sth** von etw schwärmen

raven ['reɪvᵊn] *n* Rabe *m*

ravenous ['rævᵊnəs] *adj* (*very hungry*) ausgehungert; (*predatory*) räuberisch; *appetite* unbändig

ravine [rə'viːn] *n* Schlucht *f*

raving ['reɪvɪŋ] **I.** *n no pl* (*delirium*) wirres Gerede **II.** *adj attr* absolut; **a ~ lunatic** ein kompletter Idiot **III.** *adv* völlig

raw [rɔː] *adj* ① (*unprocessed*) roh, unbehandelt; **~ sewage** ungeklärte Abwässer *Pl* ② (*uncooked*) roh ③ (*of information*) Roh-; **~ figures** Schätzungen *Pl* ④ (*unbridled*) rein; *energy* pur; *power* roh ⑤ (*sore*) wund; (*fig*) *nerves, emotions* empfindlich

Rawlplug® ['rɔːlˌplʌg] *n* BRIT Dübel *m*

ray¹ [reɪ] *n* ① (*beam*) Strahl *m* ② PHYS (*radiation*) Strahlung *f*

ray² [reɪ] *n* (*fish*) Rochen *m*

razor ['reɪzəʳ] *n* Rasierapparat *m*, Rasierer *m fam;* (*cutthroat*) Rasiermesser *nt;* **~ blade** Rasierklinge *f*

razor sharp *adj pred,* **razor-sharp** *adj attr* ① (*sharp*) scharf wie ein Rasiermesser ② (*fig: intelligent*) *person* [äußerst] scharfsinnig; *brain* [messer]scharf

RC [ˌɑː'siː] *n abbrev of* **Roman Catholic** r.-k., röm.-kath.

RE¹ [ˌɑːʳ'iː] *n no pl* BRIT SCHOOL *abbrev of* **religious education** Religionslehre *f*

RE² [ˌɑːʳ'iː] *n* BRIT + *pl verb* MIL *abbrev of* **Royal Engineers** Pionierkorps der britischen Armee

reach [riːtʃ] **I.** *n* <*pl* -es> ① *no pl* (*arm length*) Reichweite *f* ② *no pl* (*distance to travel*) **to be within [easy] ~** [ganz] in der Nähe sein ③ *no pl* (*power*) Reichweite *f* **II.** *intr verb* ① (*stretch*) langen *fam,* greifen ② (*touch*) herankommen ③ (*extend*) reichen (**to** bis zu) **III.** *tr verb* ① (*arrive at*) erreichen; **I ~ed chapter five** ich bin bis Kapitel fünf gekommen; *agreement, consensus* erzielen ② (*extend to*) **to ~ sth** bis zu etw führen ③ (*touch*) **to be able to ~ sth** an etw *Akk* herankommen ④ (*contact*) erreichen ◆**reach down** *intr verb* ① (*stretch*) hinuntergreifen; **to ~ down for sth** nach etw greifen ② (*extend*) hinabreichen ◆**reach out I.** *tr verb* **to ~ out** ⊂ **one's hand** die Hand ausstrecken **II.** *intr verb* die Hand ausstrecken; **to ~ out for sth** nach etw greifen ◆**reach over** *intr verb* hinübergreifen; **to ~ over for sth** nach etw greifen ◆**reach up** *intr verb* (*stretch*) nach oben greifen, hinauflangen *fam;* **to ~ up for sth** nach etw greifen

react [ri'ækt] *intr verb* reagieren (**to** auf); **to be slow to ~** langsam reagieren

reaction [ri'ækʃᵊn] *n* ① (*response*) Reaktion *f* (**to** auf) ② *pl* (*reflexes*) Reaktionsvermögen *nt kein Pl* ③ MED, SCI Reaktion *f*

reactionary [ri'ækʃᵊnᵊri] **I.** *adj* POL (*pej*) reaktionär **II.** *n* POL (*pej*) Reaktionär(in) *m(f)*

reactor [ri'æktəʳ] *n* Reaktor *m;* **nuclear ~** Kernreaktor *m*

read¹ [riːd] **I.** *n usu sing* ① BRIT, AUS (*act of reading*) Lesen *nt* ② (*fam: book*) **to be a good ~** sich gut lesen [lassen] **II.** *tr verb* <read, read> ① (*understand written material*) lesen ② (*speak aloud*) **to ~ sth aloud** etw laut vorlesen ③ BRIT UNIV (*form*) studieren **III.** *intr verb* <read, read> ① (*understand written material*) lesen ② (*speak aloud*) **to ~ aloud** laut vorlesen ③ (*create impression*) **to ~ well** *book, letter, article* sich gut lesen ◆**read off** *tr verb* ① *measurements, technical readings* ablesen

R

❷ (*enumerate*) herunterlesen ◆**read on** *intr verb* weiterlesen ◆**read out** *tr verb* ❶ (*read aloud*) laut vorlesen ❷ COMPUT auslesen ◆**read over, read through** *tr verb* [schnell] durchlesen ◆**read up** *intr verb* nachlesen; **to ~ up on sth** sich über etw *Akk* informieren

read² [red] **I.** *tr, intr verb, pt, pp of* **read** **II.** *adj* ▶ **to take sth as ~** etw als selbstverständlich voraussetzen

readable ['riːdəbl̩] *adj* ❶ (*legible*) lesbar, leserlich ❷ (*enjoyable to read*) lesenswert ❸ (*easy to read*) [gut] lesbar

reader ['riːdəʳ] *n* ❶ (*person who reads*) Leser(in) *m(f)* ❷ (*person who reads aloud*) Vorleser(in) *m(f)* ❸ (*book of extracts*) Aufsatzsammlung *f;* SCHOOL Lesebuch *nt*

readership ['riːdəʃɪp] *n + sing/pl verb* Leserschaft *f*

readily ['redɪli] *adv* ❶ (*willingly*) bereitwillig ❷ (*easily*) einfach, ohne weiteres

readiness ['redɪnəs] *n no pl* ❶ (*willingness*) Bereitwilligkeit *f,* Bereitschaft *f* ❷ (*preparedness*) Bereitschaft *f*

reading ['riːdɪŋ] *n* ❶ (*activity*) Lesen *nt* ❷ (*material to be read*) Lesestoff *m;* **to catch up on one's ~** den Stoff nachholen ❸ (*with indication of quality*) **compulsory ~** Pflichtlektüre *f* ❹ (*recital, a. religious*) Lesung *f* ❺ (*interpretation*) *of a literary work* Deutung *f,* Interpretation *f; of a situation, the facts* Einschätzung *f* ❻ (*amount shown*) Anzeige *f;* **meter ~** Zählerstand *m*

reading glasses *npl* Lesebrille *f* **reading lamp** *n* Leselampe *f*

readjust [ˌriːə'dʒʌst] **I.** *tr verb* (*correct*) [wieder] neu anpassen; **he ~ed his tie** er rückte seine Krawatte zurecht **II.** *intr verb* ❶ (*adjust again*) *objects, machines* sich neu einstellen ❷ (*re-adapt*) **to ~ to sth** sich wieder an etw *Akk* gewöhnen

read-only *adj* COMPUT Nur-Lese-, Fest-

ready ['redi] *adj* ❶ *pred* (*prepared*) fertig, bereit; **to get ~** sich fertig machen ❷ (*willing*) bereit; **he is always ~ with compliments** er verteilt gerne Komplimente ❸ (*on verge of*) **to be ~ to do sth** kurz davorstehen, etw zu tun; **he looked ~ to collapse** er sah aus, als würde er gleich zusammenbrechen ▶ **~, steady, go!** BRIT SPORTS auf die Plätze, fertig, los!

ready cash *n* Bargeld *nt*

real [rɪəl] **I.** *adj* ❶ (*not imaginary*) wirklich, real ❷ (*genuine*) echt ❸ (*for emphasis*) **~ bargain** echt günstiges Angebot; **to be a ~ dump** die reinste Müllkippe sein *fam* ❹ (*hum: proper*) *man* richtig; *gentleman* wahr ❺ (*fam: utter*) *disaster* echt ▶ **get ~!** *esp* AM (*fam*) mach dir doch nichts vor!; **for ~** (*fam*) echt, wahr **II.** *adv esp* AM (*fam*) wirklich

realist ['rɪəlɪst] **I.** *n a.* ART, LIT Realist(in) *m(f)* **II.** *adj* ART, LIT realistisch

realistic [ˌrɪə'lɪstɪk] *adj a.* ART, LIT realistisch

reality [ri'æləti] *n* ❶ *no pl* (*the actual world*) Realität *f,* Wirklichkeit *f;* **to face ~** den Tatsachen ins Auge sehen ❷ (*fact*) Tatsache *f;* **to become a ~** wahr werden ▶ **in ~** in Wirklichkeit

reality series *n* Reality-Serie *f* **reality television** *n,* **reality TV** *n* Reality-Fernsehen *nt*

realization [ˌrɪəlaɪ'zeɪʃᵊn] *n* ❶ (*awareness*) Erkenntnis *f;* **the ~ was dawning that ...** allmählich dämmerte ihnen, dass ... ❷ *no pl* (*fulfilment*) Realisierung *f,* Verwirklichung *f*

realize ['rɪəlaɪz] *tr verb* ❶ (*be aware of*) **to ~ sth** sich *Dat* einer S. *Gen* bewusst sein; (*become aware of*) etw erkennen ❷ (*make real*) verwirklichen

really ['rɪəli] **I.** *adv* ❶ (*in fact*) wirklich, tatsächlich ❷ (*used to stress sth*) wirklich; **the film was ~ good** der Film war echt stark *fam* ❸ (*seriously*) ernsthaft; **did you ~ believe that ...** haben Sie im Ernst geglaubt, dass ... **II.** *interj* ❶ (*indicating surprise, disbelief*) wirklich, tatsächlich; **I'm getting married to Fred! — Really? When?** Fred und ich werden heiraten! – Nein, wirklich? Wann denn? ❷ (*indicating annoyance*) also wirklich, [also] so was

real time *n* COMPUT Echtzeit *f;* **in ~** in Echtzeit

real-time *adj* COMPUT Echtzeit-; **~ application** Echtzeitanwendung *f;* **~ operation** Echtzeitbetrieb *m*

reap [riːp] *tr verb* ernten *a. fig;* **to ~ the benefits [of sth]** [für etw] entlohnt werden

reappear [ˌriːə'pɪəʳ] *intr verb* wieder auf-

R

tauchen; *moon, sun* wieder zum Vorschein kommen

reapply <-ie-> [ˌriːə'plaɪ] **I.** *intr verb* **to ~ for sth** sich nochmals um etw bewerben **II.** *tr verb* ① (*apply differently*) **to ~ a principle/rule** ein Prinzip/eine Regel anders anwenden ② (*spread again*) erneut auftragen

rear[1] [rɪə^{r}] **I.** *n* ① (*back*) **the ~** der hintere Teil ② ANAT (*fam: buttocks*) Hintern *m* **II.** *adj attr* ① (*backward*) hintere(r, s), Hinter- ② AUTO Heck-; **~ axle/wheel** Hinterachse *f*/-rad *nt*

rear[2] [rɪə^{r}] **I.** *tr verb* ① *usu passive* (*bring up*) *a child* großziehen ② (*breed*) *livestock* züchten ③ (*raise*) **to ~ one's head** den Kopf heben **II.** *intr verb* (*rise up on hind legs*) *horse, pony* sich aufbäumen

rear-engined *adj* mit Heckantrieb *nachgestellt*

rearrange [ˌriːə'reɪndʒ] *tr verb* ① (*arrange differently*) umstellen ② (*change*) **to ~ sth** *meeting, appointment* etw [zeitlich] verlegen

rear-view mirror *n* Rückspiegel *m*

rear-wheel drive *n* Hinterradantrieb *m*

reason ['riːz^{ə}n] **I.** *n* ① (*cause*) Grund *m* (**for** für); **for some ~** aus irgendeinem Grund ② *no pl* (*power to think*) Denkvermögen *nt* ③ *no pl* (*common sense*) Vernunft *f*; **to see ~** auf die Stimme der Vernunft hören **II.** *intr verb* (*persuade*) **to ~ with sb** vernünftig mit jdm reden **III.** *tr verb* (*deduce*) **to ~ that ...** schlussfolgern, dass ...

reasonable ['riːz^{ə}nəbl̩] *adj* ① (*sensible*) vernünftig ② (*understanding*) *person* einsichtig; **be ~!** sei [doch] vernünftig! ③ (*justified*) angebracht ④ *chance* reell; *compromise* vernünftig

reasonably ['riːz^{ə}nəbli] *adv* ① (*in a sensible manner*) vernünftig ② (*fairly*) ziemlich, ganz

reassurance [ˌriːə'ʃʊər^{ə}n(t)s] *n* ① *no pl* (*action*) Bestärkung *f* ② (*statement*) Versicherung *f*

reassure [ˌriːə'ʃʊə^{r}] *tr verb* **to ~ sb** jdn [wieder] beruhigen

reassuring [ˌriːə'ʃʊərɪŋ] *adj* beruhigend

rebadge [riː'bædʒ] *tr verb* **to ~ sth** *product range, model of car* etw unter einem neuen Markenzeichen auf den Markt bringen

rebate ['riːbeɪt] *n* Rückzahlung *f*, Rückvergütung *f*

rebel[1] ['reb^{ə}l] **I.** *n* Rebell(in) *m(f)* **II.** *adj army, guerrillas* aufständisch, rebellierend

rebel[2] [rɪ'bel] *intr verb* <-ll-> rebellieren (**against** gegen)

rebellion [rɪ'beliən] *n no pl* Rebellion *f*

rebellious [rɪ'beliəs] *adj* ① (*insubordinate*) *child* aufsässig, widerspenstig ② POL rebellierend, aufständisch

reboot [ˌriː'buːt] COMPUT **I.** *tr verb computer system* neu starten **II.** *intr verb* rebooten *fachspr* **III.** *n* Rebooten *nt kein Pl fachspr*

rebound[1] [rɪ'baʊnd] *intr verb* ① (*bounce back*) abprallen, zurückprallen; **to ~ off sth** von etw abprallen ② (*have negative effect*) **to ~ on sb** auf jdn zurückfallen

rebound[2] ['riːbaʊnd] *n no pl* (*ricochet*) Abprallen *nt*

rebrand [ˌriː'brænd] *tr verb* **to ~ sth** etw ein anderes Markenimage verschaffen

recall [rɪ'kɔːl] **I.** *tr verb* ① (*remember*) **to ~ sth** sich an etw *Akk* erinnern ② COMPUT *data* abrufen ③ (*order to return*) *person, product* zurückrufen **II.** *n* ① (*instance of recalling*) Zurückrufung *f* ② ECON *of a product* Rückruf *m*

recap[1] ['riːkæp] **I.** *tr, intr verb* <-pp-> *short for* **recapitulate** [kurz] zusammenfassen **II.** *n short for* **recapitulation** [kurze] Zusammenfassung

recap[2] *tr verb* AM AUTO *tyres* runderneuern

recede [rɪ'siːd] *intr verb* (*move farther away*) *sea, tide* zurückgehen

receding hairline *n* einsetzende Stirnglatze

receipt [rɪ'siːt] **I.** *n* ① *no pl* (*act of receiving*) Eingang *m* ② (*statement acknowledging payment*) Quittung *f* **II.** *tr verb bill* quittieren

receive [rɪ'siːv] **I.** *tr verb* ① (*get*) bekommen, erhalten; **to ~ Communion** die heilige Kommunion empfangen ② (*be awarded*) *degree, knighthood* erhalten ③ *guest* empfangen ④ RADIO, TV empfangen ⑤ *blow, shock* erleiden **II.** *intr verb* (*in tennis*) den Ball bekommen

receiver [rɪ'siːvə^{r}] *n* ① (*telephone component*) Hörer *m* ② RADIO, TV Empfänger *m* ③ (*person*) Empfänger(in) *m(f)*

R

recent ['riːsᵊnt] *adj* kürzlich; ~ **developments** die neuesten Entwicklungen; ~ **events** die jüngsten Ereignisse; **in ~ times** in der letzten Zeit
recently ['riːsᵊntli] *adv* kürzlich, vor kurzem, neulich
reception [rɪ'sepʃᵊn] *n* ❶ *no pl* (*receiving*) Aufnehmen *nt* ❷ *no pl* RADIO, TV Empfang *m* ❸ (*social occasion*) Empfang *m* ❹ *no pl, no art* (*area for greeting guests*) Rezeption *f*
reception class *n* BRIT SCHOOL erste Klasse **reception desk** *n* Rezeption *f*
receptionist [rɪ'sepʃᵊnɪst] *n* (*in hotels*) Empfangschef *m;* (*female*) Empfangsdame *f;* (*with offices*) Empfangssekretärin *f*
recession [rɪ'seʃᵊn] *n* Rezession *f*
recharge [ˌriː'tʃɑːdʒ] **I.** *tr verb battery* [neu] aufladen; **to ~ one's batteries** (*fig*) neue Kräfte tanken **II.** *intr verb battery* sich [neu] aufladen
rechargeable [ˌriː'tʃɑːdʒəbl̩] *adj* [wieder] aufladbar
recipe ['resɪpi] *n* Rezept *nt;* **a ~ for success** (*fig*) ein Erfolgsrezept
recipient [rə'sɪpiənt] *n* Empfänger(in) *m(f)*
recital [rɪ'saɪtᵊl] *n* ❶ (*performance*) *of poetry, music* Vortrag *m;* **piano ~** Klavierkonzert *nt* ❷ (*description*) Schilderung *f*
recite [rɪ'saɪt] **I.** *tr verb* vortragen **II.** *intr verb* rezitieren, vortragen
reckless ['rekləs] *adj* (*not cautious*) leichtsinnig; *disregard, speed* rücksichtslos; LAW grob fahrlässig
reckon ['rekᵊn] **I.** *tr verb* ❶ (*calculate*) berechnen ❷ (*judge*) **I don't ~ much to their chances of winning** bei ihnen rechne ich nicht wirklich mit Gewinnchancen **II.** *intr verb* ❶ (*fam*) meinen ❷ **to ~ on sth/sb** (*need*) auf etw/jdn zählen ❸ (*take into account*) **to ~ with sth/sb** mit etw/jdm rechnen ◆**reckon in** *tr verb overtime, tax* [mit] einrechnen ◆**reckon on** *tr verb* **to ~ on sth/sb** (*need*) auf etw/jdn zählen; (*hope*) mit etw/jdm rechnen ◆**reckon up** *tr verb bill, costs, estimate* zusammenrechnen ◆**reckon with** *tr verb* **to ~ with sth/sb** mit etw/jdm rechnen ◆**reckon without** *tr verb* **to ~ without sth/sb** mit etw/jdm nicht rechnen

R

reckoning ['rekᵊnɪŋ] *n* ❶ *no pl* (*calculation*) Berechnung *f* ❷ (*vengeance*) Abrechnung *f*
reclaim [rɪ'kleɪm] **I.** *tr verb* (*claim back*) zurückverlangen; *luggage* abholen; **to ~ land from the sea** dem Meer Land abgewinnen **II.** *n* **baggage ~ [area]** Gepäckausgabe *f*
recline [rɪ'klaɪn] **I.** *intr verb person* sich zurücklehnen **II.** *tr verb* **to ~ one's head against sth** den Kopf an etw *Akk* lehnen
recliner [rɪ'klaɪnəʳ] *n* [verstellbarer] Lehnstuhl
recognition [ˌrekəg'nɪʃᵊn] *n no pl* ❶ (*act, instance*) [Wieder]erkennung *f;* **to have changed beyond ~** nicht mehr zu erkennen sein ❷ (*appreciation, acknowledgement*) Anerkennung *f*
recognizable [ˌrekəg'naɪzəbl̩] *adj* erkennbar
recognize ['rekəgnaɪz] *tr verb* ❶ (*identify*) *person, symptoms* erkennen; (*know again*) *person, place* wiedererkennen ❷ (*demonstrate appreciation, acknowledge*) anerkennen
recognized ['rekəgnaɪzd] *adj attr* anerkannt
recoil[1] [rɪ'kɔɪl] *intr verb* ❶ (*spring back*) zurückspringen; **to ~ in horror** zurückschrecken ❷ *rubber band, spring* zurückschnellen
recoil[2] ['riːkɔɪl] *n* Rückstoß *m*
recollect [ˌrekᵊ'lekt] **I.** *tr verb* **to ~ sth/sb** sich an etw/jdn erinnern **II.** *intr verb* sich erinnern
recollection [ˌrekᵊ'lekʃᵊn] *n* ❶ (*memory*) Erinnerung *f;* **to have no ~ of sth** sich an etw *Akk* nicht erinnern können ❷ *no pl* (*ability to remember*) **power of ~** Erinnerungsvermögen *nt*
recommend [ˌrekə'mend] *tr verb* empfehlen
recommendable [ˌrekə'mendəbl̩] *adj* empfehlenswert
recommendation [ˌrekəmen'deɪʃᵊn] *n* Empfehlung *f*
reconcile ['rekᵊnsaɪl] *tr verb* ❶ (*make friends*) versöhnen ❷ (*make compatible*) *conflict* schlichten; **to ~ sth with sth** etw mit etw vereinbaren ❸ (*accept*) **to ~ oneself to sth** sich mit etw abfinden
reconciliation *n* ❶ (*of good relations*)

Aussöhnung *f*, Versöhnung *f* ❷ *no pl* (*making compatible*) Beilegung *f*

reconnaissance [rɪˈkɒnɪsᵊn(t)s] MIL **I.** *n* Aufklärung *f;* **to be on ~** auf Spähpatrouille sein **II.** *adj attr* Aufklärungs-; **~ patrol** Spähpatrouille *f*

reconsider [ˌriːkᵊnˈsɪdəʳ] **I.** *tr verb* [noch einmal] überdenken; *facts* neu erwägen **II.** *intr verb* es sich *Dat* [noch einmal] überlegen

reconstruct [ˌriːkᵊnˈstrʌkt] *tr verb* ❶ (*build again*) wieder aufbauen; *economy, a government* wieder herstellen ❷ (*in an investigation*) *crime, events* rekonstruieren

reconstruction [ˌriːkᵊnˈstrʌkʃᵊn] *n* ❶ *no pl* (*rebuilding*) Rekonstruktion *f; of a country* Wiederaufbau *m* ❷ (*reorganization*) *system* Neustrukturierung *f*

record¹ [ˈrekɔːd] **I.** *n* ❶ (*information*) Aufzeichnungen *Pl;* (*document*) Akte *f;* (*minutes*) Protokoll *nt* ❷ *no pl* (*past history*) Vorgeschichte *f;* **medical ~** Krankenblatt *nt* ❸ (*music*) [Schall]platte *f* ❹ SPORTS Rekord *m;* **world ~** Weltrekord *m* **II.** *adj* Rekord-; **to reach a ~ high/low** ein Rekordhoch/Rekordtief *nt* erreichen

record² [rɪˈkɔːd] **I.** *tr verb* ❶ (*store*) *facts, events* aufzeichnen; *birth, death* registrieren ❷ (*register*) *speed, temperature* messen ❸ (*for later reproduction*) FILM, MUS aufnehmen; *event* dokumentieren **II.** *intr verb* (*on tape, cassette*) Aufnahmen machen

record-breaking *adj attr* Rekord-

recorded [rɪˈkɔːdɪd] *adj* ❶ (*appearing in records*) verzeichnet, dokumentiert, belegt ❷ (*stored electronically*) aufgenommen, aufgezeichnet

recorder [rɪˈkɔːdəʳ] *n* ❶ (*record-keeper*) Registriergerät *nt* ❷ MUS Blockflöte *f* ❸ BRIT LAW (*judge*) Anwalt *m*/Anwältin *f* in Richterfunktion

record holder *n* Rekordhalter(in) *m(f)*

recording [rɪˈkɔːdɪŋ] *n* Aufnahme *f;* **~ session** Aufnahme *f;* **~ studio** Aufnahme-/Tonstudio *nt*

record label *n* Plattenlabel *nt* **record player** *n* [Schall]plattenspieler *m*

recount¹ [ˌriːˈkaʊnt] **I.** *tr verb* (*count again*) nachzählen **II.** *intr verb* POL eine erneute Stimmenauszählung durchführen

recount² [ˈriːkaʊnt] *n* POL erneute Stimmenauszählung

recount³ [rɪˈkaʊnt] *tr verb* (*tell*) [ausführlich] erzählen

recover [rɪˈkʌvəʳ] **I.** *tr verb* ❶ (*get back*) *one's health* zurückerlangen; *sth lent* zurückbekommen; *stolen goods* sicherstellen; **to ~ consciousness** wieder zu Bewusstsein kommen; **to ~ data** Daten wiederherstellen ❷ (*obtain*) *coal, ore* gewinnen **II.** *intr verb* sich erholen; **to ~ from sth** sich von etw erholen

re-cover [ˌriːˈkʌvəʳ] *tr verb chair, sofa* neu beziehen

recovery [rɪˈkʌvᵊri] *n* ❶ *no pl* MED (*action*) Erholung *f; of sight, hearing* Wiedererlangung *f;* **to be beyond ~** nicht mehr zu retten sein ❷ *no pl* (*getting back*) *a.* FIN Wiedererlangung *f*

recovery service *n* Abschleppdienst *m*

recreate [ˌriːkriˈeɪt] *tr verb* (*reproduce*) nachstellen

recreation [ˌrekriˈeɪʃᵊn] *n* ❶ (*hobby*) Freizeitbeschäftigung *f*, Hobby *nt* ❷ *no pl* (*fun*) Erholen *nt;* **to do sth for ~** etw zur Erholung tun

recreational [ˌrekriˈeɪʃᵊnᵊl] *adj* Freizeit-, Erholungs-; **~ drug** weiche Droge; **~ vehicle** AM Caravan *m*, Wohnwagen *m*

recreation ground *n* BRIT Freizeitgelände *nt* **recreation room** *n* Aufenthaltsraum *m*

recruit [rɪˈkruːt] **I.** *tr verb* ❶ (*persuade to join*) *employees* einstellen; **to ~ volunteers** Freiwillige finden ❷ (*form*) rekrutieren **II.** *intr verb army* Rekruten anwerben **III.** *n* MIL Rekrut(in) *m(f); to party, club* neues Mitglied; *staff* neu eingestellte Arbeitskraft **recruitment** [rɪˈkruːtmənt] **I.** *n no pl of soldiers* Rekrutierung *f; of employees* Neueinstellung *f; of members, volunteers* Anwerbung *f* **II.** *adj attr* Anwerbungs-; **~ agency** Personal[vermittlungs]agentur *f;* **~ consultant** Angestellte(r) *f(m)* einer Personalagentur

rectangle [ˈrektæŋgl̩] *n* Rechteck *nt*

rectangular [rekˈtæŋgjələʳ] *adj* rechteckig; *coordinates* rechtwinklig

rector [ˈrektəʳ] *n* ❶ BRIT REL (*parish priest*) Pfarrer(in) *m(f)* ❷ SCOT UNIV (*student rep*) Rektor(in) *m(f);* AM (*head of school*) Rektor(in) *m(f)*

recur <-rr-> [rɪ'kɜːʳ] *intr verb* ❶ (*happen again*) *event* wieder passieren, sich wiederholen ❷ (*come to mind*) **to ~ to sb** jdm wieder einfallen

recurrence [rɪ'kʌrᵊn(t)s] *n* Wiederholung *f,* erneutes Auftreten

recurrent [rɪ'kʌrənt] *adj attr,* **recurring** [rɪ'kɜːrɪŋ] *adj attr* sich wiederholend; *dream, nightmare* [ständig] wiederkehrend

recycle [rɪ'saɪkl̩] *tr verb* ❶ (*convert into sth new*) recyceln, wieder aufbereiten ❷ (*fig: use again*) wiederverwenden

recycling [rɪ'saɪkl̩ɪŋ] **I.** *n no pl* Recycling *nt,* Wiederverwertung *f* **II.** *adj attr* Recycling-; **~ bin** Wertstofftonne *f*

red [red] **I.** *adj* <-dd-> ❶ (*colour*) rot ❷ (*fig: flushing*) **she's gone bright ~ with embarrassment/anger** sie ist ganz rot vor Verlegenheit/Wut [geworden] **II.** *n* ❶ (*colour*) Rot *nt;* [**dressed**] **all in ~** ganz in Rot gekleidet ❷ *no pl* FIN **to be in the ~** in den roten Zahlen sein ▸ **to see ~** rot sehen

red carpet *n no pl* roter Teppich *a. fig*

Red Crescent *n* **the ~** der Rote Halbmond

Red Cross *n* **the ~** das Rote Kreuz

red deer *n no pl* (*animal*) Rothirsch *m;* (*species*) Rotwild *nt*

redden ['redᵊn] **I.** *intr verb face, eyes* sich röten **II.** *tr verb* rot färben

reddish ['redɪʃ] *adj* rötlich

redecorate [ˌriː'dekəreɪt] **I.** *tr verb* (*by painting*) neu streichen; (*by wallpapering*) neu tapezieren **II.** *intr verb* renovieren

redeem [rɪ'diːm] *tr verb* ❶ (*compensate for*) *fault, mistake* wettmachen ❷ REL **to ~ sb** jdn erlösen ❸ (*convert*) *bond, coupon* einlösen

Redeemer [rɪ'diːməʳ] *n* REL **the ~** der Erlöser

redeeming [rɪ'diːmɪŋ] *adj attr* ausgleichend; **he has absolutely no ~ qualities** er hat aber auch gar nichts Gewinnendes an sich

redemption [rɪ'dem(p)ʃᵊn] *n no pl* ❶ (*from blame, guilt*) Wiedergutmachung *f;* REL (*from sin*) Erlösung *f* ❷ (*rescue*) **to be beyond ~** nicht mehr zu retten sein

redevelop [ˌriːdɪ'veləp] *tr verb* sanieren

redevelopment [ˌriːdɪ'veləpmənt] **I.** *n* Sanierung *f* **II.** *adj fund, loan* Sanierungs-

red-haired *adj* rothaarig

red-handed *adj* **to catch sb ~** jdn auf frischer Tat ertappen

redhead *n* Rothaarige(r) *f(m),* Rotschopf *m*

red-headed *adj* rothaarig

red herring *n* ❶ (*fish*) Räucherhering *m* ❷ (*sth misleading*) Ablenkungsmanöver *nt*

red-hot *adj* ❶ (*glowing*) **to be ~** [rot] glühen; (*fig: very hot*) glühend heiß sein ❷ (*brand new*) *news, data* brandaktuell *fam*

redial [ˌriː'daɪəl] **I.** *tr verb* <BRIT -ll- *or* AM *usu* -l-> TELEC **to ~ a number** eine Nummer nochmals wählen **II.** *intr verb* <BRIT -ll- *or* AM *usu* -l-> wieder anrufen **III.** *n no pl* Wahlwiederholung *f*

redirect [ˌriːdɪ'rekt] *tr verb* **to ~ one's interests** seine Interessen neu ausrichten; **to ~ a letter/package** einen Brief/ein Paket nachsenden; **to ~ traffic** Verkehr umleiten

rediscover [ˌriːdɪs'kʌvəʳ] *tr verb* wieder entdecken

red light *n* rote Ampel

red-light district *n* Rotlichtviertel *nt*

redness ['rednəs] *n no pl* Röte *f*

redo <-did, -done> [ˌriː'duː] *tr verb* ❶ (*do again*) **to ~ sth** etw noch einmal machen ❷ (*redecorate*) renovieren

redouble [ˌriː'dʌbl̩] **I.** *tr verb* verdoppeln **II.** *intr verb* sich verdoppeln

red pepper *n* ❶ (*fresh*) rote(r) Paprika ❷ *no pl* (*powdered*) Paprikagewürz *nt*

Red Sea *n* **the ~** das Rote Meer

red tape *n no pl* Bürokratie *f*

reduce [rɪ'djuːs] *tr verb* ❶ (*make less*) verringern, reduzieren; *price* heruntersetzen; *taxes* senken ❷ (*make smaller*) verkleinern; *liquids, a sauce* einkochen lassen ❸ (*bring down*) **to ~ sb to tears** jdn zum Weinen bringen

reduced [rɪ'djuːst] *adj attr* ❶ (*in price*) reduziert, heruntergesetzt ❷ (*in number, size*) reduziert, verringert; **~ risk** niedriges Risiko; **~ [jail] sentence** herabgesetzte [Gefängnis]strafe

reduction [rɪ'dʌkʃᵊn] *n no pl* (*decrease*) Reduzierung *f,* Verringerung *f; in taxes* Senkung *f; in production, output* Drosselung *f*

R

redundancy [rɪˈdʌndən(t)si] *n no pl* BRIT, AUS Entlassung *f* (*aus Arbeitsmangel oder Rationalisierungsgründen*); **voluntary ~** freiwilliges Ausscheiden; **~ payment** Entlassungsgeld *nt*

redundant [rɪˈdʌndənt] *adj* ① (*superfluous*) überflüssig; LING redundant ② BRIT, AUS (*unemployed*) arbeitslos; **to make sb ~** jdn entlassen

reed [riːd] **I.** *n* ① BOT (*plant*) Schilf[gras] *nt* ② BRIT (*straw*) Stroh *nt* (*zum Decken von Strohdächern*) ③ MUS (*of an instrument*) Rohrblatt *nt* **II.** *adj curtain* aus Schilfrohr

reef [riːf] *n* ① GEOG Riff *nt;* **coral ~** Korallenriff *nt* ② (*of a sail*) Reff *nt*

reel [riːl] **I.** *n* ① (*device*) Rolle *f;* (*for film, yarn, tape*) Spule *f* ② (*unit*) **~ of film** Filmrolle *f;* **~ of thread** Fadenspule *f* **II.** *tr verb* **to ~ thread** Faden *m* aufspulen

re-elect [ˌriːɪˈlekt] *tr verb* wieder wählen

re-enter [ˌriːˈentəʳ] *tr verb* ① (*go in again*) *country* wieder einreisen in +*Akk; house, store* wieder hineingehen in +*Akk; room* wieder betreten ② (*enrol*) **to ~ sth** sich wieder an etw *Dat* beteiligen; **to ~ Parliament** wieder ins Parlament einziehen ③ COMPUT (*type in*) nochmals eingeben

re-entry [ˌriːˈentri] *n no pl* (*going in*) Wiedereintritt *m;* (*into a country*) Wiedereinreise *f;* (*for an exam*) Wiederantreten *nt*

ref [ref] *n* (*fam*) *abbrev of* **referee** Schieri *m*

refectory [rɪˈfektᵊri] *n of a school* Speisesaal *m; of a university* Mensa *f*

refer <-rr-> [rɪˈfɜːʳ] *tr verb* ① (*to an authority, expert*) **the patient was ~red to a specialist** der Patient wurde an einen Facharzt überwiesen; **to ~ a decision to sb** jdm eine Entscheidung übergeben ② (*allude*) **who are you ~ring to?** wen meinst du?; **~ring to your letter/phone call, ...** Bezug nehmend auf Ihren Brief/Anruf ... ③ (*consult*) **to ~ to sb** sich an jdn wenden; **to ~ to sth** etw zu Hilfe nehmen

referee [ˌrefᵊrˈiː] **I.** *n* ① (*umpire*) Schiedsrichter *m* ② BRIT (*endorser*) Referenz *f* **II.** *tr verb* **to ~ a match** bei einem Spiel Schiedsrichter sein **III.** *intr verb* Schiedsrichter sein

reference [ˈrefᵊrᵊn(t)s] *n* ① (*to an authority*) Rücksprache *f;* (*to a book, article*) Verweis *m;* **to make ~ to sth** etw erwähnen ② (*responsibility*) **terms of ~** Aufgabenbereich *m* ③ (*allusion*) Anspielung *f;* (*direct mention*) Bezugnahme *f* ④ (*recommendation*) [Arbeits]zeugnis *nt,* Referenz *f geh*

reference book *n* Nachschlagewerk *nt*

reference library *n* Präsenzbibliothek *f* **reference number** *n* (*in letters*) Aktenzeichen *nt;* (*on goods*) Artikelnummer *f*

referendum <*pl* -s *or* -da> [ˌrefᵊˈrendəm, *pl* -də] *n* POL Referendum *nt*

refill[1] [ˈriːfɪl] *n* Auffüllen *nt,* Nachfüllen *nt; for fountain pen* Nachfüllpatrone *f*

refill[2] [ˌriːˈfɪl] *tr verb* **to ~ a cup/glass** eine Tasse/ein Glas wieder füllen

refine [rɪˈfaɪn] *tr verb* ① (*from impurities*) raffinieren ② (*fig: improve*) verfeinern

refined [rɪˈfaɪnd] *adj* ① (*processed*) raffiniert; *foods* aufbereitet ② (*approv: sophisticated*) [hoch] entwickelt; **~ tastes** feiner Geschmack ③ (*well-mannered*) kultiviert

refinery [rɪˈfaɪnᵊri] *n* Raffinerie *f*

reflation [ˌriːˈfleɪʃᵊn] *n* ECON Reflation *f,* Konjunkturbelebung *f*

reflect [rɪˈflekt] **I.** *tr verb* ① (*throw back*) **to be ~ed in sth** sich in etw *Dat* spiegeln; *heat, light, sound* reflektieren ② (*show*) **to ~ sth** *hard work, one's views* etw zeigen ③ (*think*) **to ~ that ...** denken, dass ... **II.** *intr verb* ① *light, mirror* reflektieren ② (*ponder*) nachdenken (**on/upon** über)

reflection [rɪˈflekʃᵊn] *n* ① (*reflecting*) Reflexion *f* ② (*mirror image*) Spiegelbild *nt* ③ (*fig: indication*) Ausdruck *m* ④ *no pl* (*consideration*) Betrachtung *f;* **on ~** nach reiflicher Überlegung

reflective [rɪˈflektɪv] *adj* ① *glass, clothing* reflektierend ② *person* nachdenklich

reflector [rɪˈflektəʳ] *n* ① (*device*) Reflektor *m; on a bicycle, car* Rückstrahler *m* ② (*telescope*) Spiegelteleskop *nt*

reflex [ˈriːfleks] *n* <*pl* -es> Reflex *m;* **~ action** Reflexhandlung *f*

reflexive [rɪˈfleksɪv] **I.** *adj* AM ① (*invol-*

R

untary) reflexartig ❷ LING reflexiv **II.** *n* LING Reflexiv *nt*

reflexologist [ˌriːflekˈsɒlədʒɪst] *n* MED Reflexologe *m*/Reflexologin *f*

reform [rɪˈfɔːm] **I.** *tr verb institution, system* reformieren **II.** *intr verb person* sich bessern **III.** *n* Reform *f*

reformation [ˌrefəˈmeɪʃən] *n of an institution* Reformierung *f; of a person* Besserung *nt*

reformer [rɪˈfɔːməʳ] *n* Reformer(in) *m(f);* REL Reformator *m*

refract [rɪˈfrækt] *tr verb* PHYS **to ~ a ray of light** einen Lichtstrahl brechen

refraction [rɪˈfrækʃən] *n no pl* Refraktion *f fachspr,* Brechung *f*

refrain[1] [rɪˈfreɪn] *n* (*in a song*) Refrain *m*

refrain[2] [rɪˈfreɪn] *intr verb* sich zurückhalten; **kindly ~ from smoking/talking** wir bitten, das Rauchen/Sprechen zu unterlassen

refresh [rɪˈfreʃ] *tr verb* ❶ (*reinvigorate*) *sleep, a holiday* erfrischen ❷ (*cool*) abkühlen ❸ (*fig*) *one's knowledge, skills* auffrischen ❹ AM (*refill*) **to ~ sb's coffee/glass/lemonade** jds Kaffee/Glas/Limonade nachfüllen

refreshing [rɪˈfreʃɪŋ] *adj* ❶ (*rejuvenating*) *air, colour, drink* erfrischend ❷ (*pleasing*) [herz]erfrischend; **a ~ change** eine willkommene Abwechslung

refreshment [rɪˈfreʃmənt] *n* ❶ (*rejuvenation*) Erfrischung *f,* Belebung *f* ❷ **~s** Erfrischungen *Pl;* **light ~s** Erfrischungsgetränke und Snacks

refrigerate [rɪˈfrɪdʒəreɪt] **I.** *tr verb food, drink* im Kühlschrank aufbewahren **II.** *intr verb* **~ after opening** nach dem Öffnen kühl aufbewahren

refrigerator [rɪˈfrɪdʒəreɪtəʳ] *n* Kühlschrank *m*

refuel <BRIT -ll- *or* AM *usu* -l-> [ˌriːˈfjuːəl] *intr, tr verb* auftanken

refuge [ˈrefjuːdʒ] *n* ❶ (*secure place*) Zuflucht *f,* Zufluchtsort *m;* **women's ~** Frauenhaus *nt* ❷ (*from reality*) **to seek ~ in sth** in etw *Dat* Zuflucht suchen

refugee [ˌrefjʊˈdʒiː] *n* Flüchtling *m;* **economic ~** Wirtschaftsflüchtling *m;* **political ~** politischer Flüchtling; **~ camp** Flüchtlingslager *nt*

refund[1] [ˌriːˈfʌnd] *tr verb* **to ~ expenses/money** Auslagen/Geld zurückerstatten

refund[2] [ˈriːfʌnd] *n* Rückzahlung *f*

refusal [rɪˈfjuːzəl] *n* Ablehnung *f; of an offer* Zurückweisung *f; of an invitation* Absage *f*

refuse[1] [rɪˈfjuːz] **I.** *intr verb* ablehnen; *horse* verweigern **II.** *tr verb* ablehnen, zurückweisen; **to ~ sb credit** jdm keinen Kredit gewähren; **to ~ an offer** ein Angebot ausschlagen

refuse[2] [ˈrefjuːs] *n* (*rubbish*) Abfall *m,* Müll *m;* **~ bin** Mülltonne *f;* **~ collection** Müllabfuhr *f;* **~ collector** Müllwerker *m;* **~ dump** Mülldeponie *f*

refutable [ˈrefjʊtəbl̩] *adj* widerlegbar, falsifizierbar *geh*

regain [rɪˈgeɪn] *tr verb* wiederbekommen, zurückbekommen; **to ~ one's footing** wieder Halt finden; **to ~ one's health** wieder gesund werden

regal [ˈriːgəl] *adj* königlich, majestätisch

regard [rɪˈgɑːd] **I.** *tr verb* betrachten; **to ~ sb with great respect** jdn sehr schätzen; **as ~s ... was ...** angeht, **II.** *n* ❶ (*consideration*) Rücksicht *f;* **without ~ for sb/sth** ohne Rücksicht auf jdn/etw ❷ (*respect*) Achtung *f* (**for** vor); **to hold sb in high ~** Hochachtung vor jdm haben ❸ (*aspect*) **in this ~** in dieser Hinsicht ❹ (*concerning*) **with ~ to ...** in Bezug auf ...

regarding [rɪˈgɑːdɪŋ] *prep* bezüglich +*Gen*

regardless [rɪˈgɑːdləs] *adv* trotzdem; **~ of the expense** ungeachtet der Kosten; **to press on ~** trotzdem weitermachen

region [ˈriːdʒən] *n* ❶ (*geographical*) Region *f;* **the Birmingham ~** die Region um Birmingham ❷ (*administrative*) [Verwaltungs]bezirk *m,* Provinz *f* ❸ (*approximately*) **in the ~ of ...** etwa bei ..., im Bereich von ..

regional [ˈriːdʒənəl] *adj* regional

register [ˈredʒɪstəʳ] **I.** *n* ❶ (*official list*) Register *nt,* Verzeichnis *nt* ❷ BRIT SCHOOL Klassenbuch *nt,* Namensliste *f;* **to take the ~** die Namen aufrufen ❸ (*device*) Registriergerät *nt;* AM (*till*) Kasse *f* **II.** *tr verb* ❶ (*report*) registrieren; *a birth, death* anmelden; *a car* zulassen ❷ (*notice*) **to ~ sth** sich *Dat* etw merken **III.** *intr verb* sich melden; **to ~**

at a hotel sich in einem Hotel anmelden; **to ~ as unemployed** sich arbeitslos melden

registered ['redʒɪstəd] *adj* registriert, gemeldet; **~ nurse** staatlich anerkannte Krankenschwester

registration [ˌredʒɪ'streɪʃᵊn] *n* ① (*action*) Anmeldung *f;* (*at university*) Einschreibung *f;* **car ~** Autozulassung *f* ② AUTO (*certificate*) Kraftfahrzeugbrief *m;* (*number*) Kraftfahrzeugkennzeichen *nt*

registration document *n* BRIT Kraftfahrzeugbrief *m* **registration fee** *n* Anmeldegebühr *f;* UNIV Einschreibegebühr *f* **registration number** *n* Kraftfahrzeugkennzeichen *nt*

registry ['redʒɪstri] *n* BRIT Standesamt *nt;* **business ~** Handelsregister *nt;* **land ~** Katasteramt *nt*

regret [rɪ'gret, re-] **I.** *tr verb* <-tt-> bedauern **II.** *intr verb* <-tt-> **to ~ to do sth** bedauern, etw tun zu müssen **III.** *n* Bedauern *nt kein Pl;* **a pang of ~** ein Anflug *m* von Reue

regretful [rɪ'gretfᵊl, re-] *adj* bedauernd; **to be ~ about sth** etw bedauern

regretfully [rɪ'gretfᵊli, re-] *adv* mit Bedauern; **I left New York ~** schweren Herzens verließ ich New York

regrettable [rɪ'gretəbl̩, re-] *adj* bedauerlich

regular ['regjələʳ] **I.** *adj* ① (*routine*) regelmäßig; **~ customer** Stammkunde *m,* Stammkundin *f;* **~ income** geregeltes Einkommen ② (*steady in time*) regelmäßig; **to keep ~ hours** sich an feste Zeiten halten ③ (*not unusual*) üblich, normal; **~ gas** AM Normalbenzin *nt* ④ *attr* AM (*size*) **~ fries** normale Portion Pommes Frites **II.** *n* (*customer*) Stammgast *m*

regularity [ˌregjə'lærəti] *n no pl* (*in time*) Regelmäßigkeit *f,* Gleichmäßigkeit *f*

regulate ['regjəleɪt] *tr verb* ① (*supervise*) regeln, steuern; **to ~ whether/how/when ...** festlegen, ob/wie/wann ... ② (*adjust*) regulieren

regulation [ˌregjə'leɪʃᵊn] **I.** *n* ① (*rule*) Vorschrift *f,* Bestimmung *f* (**on** über); **in accordance with the ~s** vorschriftsmäßig; **rules and ~s** Regeln und Bestimmungen ② *no pl* (*supervision*) Überwachung *f* **II.** *adj* vorgeschrieben; **the ~ pin-stripe suit** der obligatorische Nadelstreifenanzug

regulator ['regjəleɪtəʳ] *n* Regulator *m*

rehabilitate [ˌriːhə'bɪlɪteɪt] *tr verb* ① (*have therapy*) rehabilitieren; *criminal* resozialisieren ② (*restore reputation*) rehabilitieren

rehabilitation [ˌriːhəˌbɪlɪ'teɪʃᵊn] *n no pl* ① *of criminals* Resozialisierung *f; of drug addicts* Rehabilitation *f* ② (*of reputation*) Rehabilitation *f*

rehearsal [rɪ'hɜːsᵊl] *n* THEAT Probe *f;* **to be in ~** geprobt werden

rehearse [rɪ'hɜːs] **I.** *tr verb* ① (*practise*) proben; (*in thought*) [in Gedanken] durchgehen ② (*prepare*) **to ~ sb** jdn vorbereiten **II.** *intr verb* proben

reign [reɪn] **I.** *intr verb* ① (*be king, queen*) regieren, herrschen; **to ~ over a country** ein Land regieren ② (*be dominant*) dominieren; **to ~ over sb/sth** jdn/etw beherrschen **II.** *n* Herrschaft *f;* **during the ~ of Queen Victoria** unter der Herrschaft von Königin Victoria

reimburse [ˌriːɪm'bɜːs] *tr verb* entschädigen; *losses* ersetzen; *expenses* [rück]erstatten

rein [reɪn] **I.** *n usu pl* Zügel *m* ▶ **to give free ~ to sb** jdm freie Hand lassen; **to keep a tight ~ on sb/sth** jdn/etw an der kurzen Leine halten **II.** *tr verb* **to ~ sb/sth in** jdn/etw zügeln

reincarnate [ˌriːɪnkɑː'neɪt] *usu passive* **I.** *intr verb* **to be ~d** wiedergeboren werden **II.** *tr verb* (*fig*) **to ~ sth** etw wieder zum Leben erwecken

R

reindeer <*pl* -> ['reɪndɪəʳ] *n* Rentier *nt*

reinforce [ˌriːɪn'fɔːs] *tr verb* verstärken; *argument* untermauern

reinforcement [ˌriːɪn'fɔːsmənt] *n no pl* Verstärkung *f*

reinsurance [ˌriːɪn'ʃʊərᵊns] *n no pl* Rückversicherung *f*

re-introduce [ˌriːɪntrə'djuːs] *tr verb* wieder einführen; **to ~ an animal into the wild** ein Tier in die Wildnis zurückführen

reject[1] [rɪ'dʒekt] *tr verb* ① (*decline*) ablehnen, zurückweisen; **to ~ an excuse** eine Entschuldigung nicht annehmen ② (*snub*) **to ~ sb** jdn abweisen; **to feel ~ed** sich als Außenseiter fühlen ③ MED

to ~ a drug ein Medikament nicht vertragen

reject² ['ri:dʒekt] *n* ❶ (*product*) Fehlerware *f,* Ausschussware *f* ❷ (*person*) Außenseiter(in) *m(f)*

rejection [rɪ'dʒekʃᵊn] *n* ❶ (*dismissing*) Ablehnung *f,* Absage *f* ❷ MED Abstoßung *f*

rejoice [rɪ'dʒɔɪs] *intr verb* sich freuen; **to ~ in doing sth** genießen, etw zu tun

rejoicing [rɪ'dʒɔɪsɪŋ] *n no pl* Freude *f* (**at** über)

rejuvenate [rɪ'dʒu:vᵊneɪt] *tr verb* ❶ (*energize*) revitalisieren *geh* ❷ (*make younger*) verjüngen; (*modernize*) *factory, town* modernisieren

relapse¹ ['ri:læps] *n* MED Rückfall *m;* (*in economy*) Rückschlag *m*

relapse² [rɪ'læps] *intr verb* **to ~ into coma/sleep** wieder ins Koma/in den Schlaf fallen

relate [rɪ'leɪt] **I.** *tr verb* ❶ (*show relationship*) in Verbindung bringen (**to** mit) ❷ (*narrate*) erzählen; **to ~ sth to sb** jdm etw berichten **II.** *intr verb* (*fam: get along*) **to ~ to sb/sth** eine Beziehung zu jdm/etw finden

related [rɪ'leɪtɪd] *adj* ❶ (*connected*) verbunden ❷ *species, language* verwandt (**to** mit); **to be ~ by blood** blutsverwandt sein; **closely/distantly ~** nah/entfernt verwandt

relating to [rɪ'leɪtɪŋ-] *prep* in Zusammenhang mit +*Dat*

relation [rɪ'leɪʃᵊn] *n* ❶ *no pl* (*correspondence*) Verbindung *f,* Bezug *m;* **in ~ to** in Bezug auf +*Akk* ❷ (*relative*) Verwandte(r) *f(m);* **is Hans any ~ to you?** ist Hans irgendwie mit dir verwandt?

relationship [rɪ'leɪʃᵊnʃɪp] *n* ❶ (*connection*) Beziehung *f* ❷ (*in family*) Verwandtschaftsverhältnis *nt* ❸ (*association*) Verhältnis *nt;* **to be in a ~ with sb** mit jdm eine feste Beziehung haben

relative ['relətɪv] **I.** *adj* ❶ (*connected to*) relevant (**to** für) ❷ (*corresponding*) jeweilig; **to be ~ to sth** von etw abhängen ❸ (*comparative*) relativ, vergleichbar **II.** *adv* **~ to** sich beziehend auf +*Akk* **III.** *n* Verwandte(r) *f(m);* **distant ~** entfernter Verwandter /entfernte Verwandte

relatively ['relətɪvli] *adv* relativ

relativity [ˌrelə'tɪvəti] *n no pl* Relativität *f;* [**Einstein's**] **theory of ~** PHYS [Einsteins] Relativitätstheorie *f*

relax [rɪ'læks] **I.** *intr verb* sich entspannen; **~!** entspann dich!; (*don't worry*) beruhige dich! **II.** *tr verb* **to ~ one's muscles** (*by resting*) die Muskeln entspannen; (*by massage or movement*) die Muskeln lockern

relaxation [ˌri:læk'seɪʃᵊn] **I.** *n* ❶ (*recreation*) Entspannung *f* ❷ (*liberalizing*) **~ of discipline** Nachlassen *nt* der Disziplin; **~ of laws** Liberalisierung *f* von Gesetzen **II.** *adj attr* Entspannungs-

relay ['ri:leɪ] **I.** *tr verb* **to ~ sth to sb** jdm etw mitteilen; *a message* weiterleiten; *TV pictures* übertragen **II.** *n* ❶ (*group*) Ablösung *f; of workers* Schicht *f* ❷ SPORTS **~** [**race**] Staffellauf *m* ❸ ELEC (*device*) Relais *nt*

release [rɪ'li:s] **I.** *tr verb* ❶ (*set free*) freilassen ❷ LAW entlassen ❸ (*fig: free from suffering*) befreien ❹ (*move sth from fixed position*) *brake* lösen; PHOT *shutter* betätigen ❺ (*allow to escape*) *gas, steam* freisetzen ❻ (*relax pressure*) loslassen; **to ~ one's grip** seinen Griff lockern ❼ (*make public*) verbreiten; (*issue*) veröffentlichen; *film, CD* herausbringen **II.** *n no pl* ❶ LAW Entlassung *f* ❷ (*mechanism*) Auslöser *m* ❸ (*action*) *of a handbrake* Lösen *nt* ❹ *no pl* (*publication*) Veröffentlichung *f;* **press ~** Pressemitteilung *f;* (*new CD*) Neuerscheinung *f*

relegate ['relɪgeɪt] *tr verb usu passive* ❶ (*lower in status*) degradieren ❷ BRIT SPORTS absteigen lassen; **to be ~d** absteigen

relent [rɪ'lent] *intr verb people* nachgeben; *wind, rain* nachlassen

relentless [rɪ'lentləs] *adj* (*unwilling to compromise*) unnachgiebig; (*without stopping*) unablässig; **~ summer heat** anhaltende sommerliche Hitze; **to be ~ in doing sth** etw unermüdlich tun

relevant ['reləvənt] *adj* ❶ (*appropriate*) relevant; **to be** [**hardly**] **~ to sth** für etw [kaum] von Bedeutung sein ❷ (*important*) wichtig, bedeutend

reliability [rɪˌlaɪə'bɪləti] *n no pl* ❶ (*dependability*) Zuverlässigkeit *f* ❷ (*trustworthiness*) Vertrauenswürdigkeit *f*

reliable [rɪ'laɪəbl̩] *adj* ❶ (*dependable*)

R

verlässlich, zuverlässig ❷ (*credible*) glaubwürdig ❸ (*trustworthy*) seriös

reliance [rɪˈlaɪən(t)s] *n no pl* ❶ (*dependence*) Verlass *m* (**on** auf) ❷ (*trust*) Vertrauen *nt*

reliant [rɪˈlaɪənt] *adj* **to be ~ on sb/sth** von jdm/etw abhängig sein

relief [rɪˈliːf] *n* ❶ *no pl* (*assistance for poor*) Hilfsgüter *Pl;* **to be on ~** AM (*fam*) von der Sozialhilfe leben; **disaster/famine ~** Katastrophen-/Hungerhilfe *f* ❷ (*diminution*) Entlastung *f;* **tax ~** Steuerermäßigung *f* ❸ (*release from tension*) Erleichterung *f;* **to breathe a sigh of ~** erleichtert aufatmen

relief worker *n* Mitarbeiter(in) *m(f)* einer Hilfsorganisation; (*in third-world countries*) Entwicklungshelfer(in) *m(f)*

relieve [rɪˈliːv] *tr verb* ❶ (*assist*) **to ~ sb** jdm [in einer Notsituation] helfen; **to ~ sth** etw lindern ❷ (*take burden from*) **to ~ sb of sth** jdm etw abnehmen ❸ (*take over*) **to ~ sb** jdn ablösen ❹ (*alleviate*) *pain, suffering* lindern; *tension* abbauen; *pressure* verringern

religion [rɪˈlɪdʒən] *n no pl* (*faith in god(s)*) Religion *f;* (*set of beliefs*) Glaube *m*

religious [rɪˈlɪdʒəs] *adj* ❶ (*of religion*) religiös, Religions-; **~ freedom** Religionsfreiheit *f;* **~ holiday** religiöser Feiertag; **~ service** Gottesdienst *m* ❷ (*pious*) religiös, fromm; **deeply ~** tief religiös

relish [ˈrelɪʃ] **I.** *n* ❶ *no pl* (*enjoyment*) Genuss *m;* **with ~** genüsslich ❷ (*chunky sauce*) Relish *nt* **II.** *tr verb* genießen; **to ~ doing sth** etw sehr gern tun

reload [ˌriːˈləʊd] *tr verb weapon* nachladen; *camera, software* neu laden; *ship* wieder beladen

reluctance [rɪˈlʌktən(t)s] *n no pl* Widerwillen *m;* **with ~** widerwillig, ungern

reluctant [rɪˈlʌktənt] *adj* widerwillig; **to be ~ to do sth** sich dagegen sträuben, etw zu tun; etw nur ungern tun

rely [rɪˈlaɪ] *intr verb* ❶ (*have confidence in*) **to ~ on sb/sth** sich auf jdn/etw verlassen ❷ (*be dependent on*) **to ~ on sb/sth** von jdm/etw abhängen

remain [rɪˈmeɪn] *intr verb* ❶ (*stay*) bleiben; **to ~ in bed** im Bett bleiben; **to ~ behind** zurückbleiben ❷ + *noun or adj* (*not change*) bleiben; **to ~ aloof** Distanz wahren; **to ~ undecided** sich nicht entscheiden können

remaining [rɪˈmeɪnɪŋ] *adj attr* übrig, restlich; **our only ~ hope** unsere letzte Hoffnung

remains [rɪˈmeɪnz] *npl* ❶ (*leftovers*) Überbleibsel *Pl,* Überreste *Pl* ❷ (*form: corpse*) sterbliche Überreste; **animal/human ~** tierische/menschliche Überreste

remand [rɪˈmɑːnd] **I.** *tr verb usu passive* (*form*) **to ~ on bail** auf Kaution freilassen **II.** *n no pl* **to be on ~** in Untersuchungshaft sitzen *fam;* **~ centre** Untersuchungsgefängnis *nt*

remark [rɪˈmɑːk] **I.** *tr verb* äußern, bemerken; **sb once ~ed [that] ...** jd hat einmal gesagt, dass ... **II.** *intr verb* eine Bemerkung machen; **to ~ on sb/sth** sich über jdn/etw äußern **III.** *n* Bemerkung *f,* Äußerung *f* (**about** über)

remarkable [rɪˈmɑːkəbl] *adj* ❶ (*approv: extraordinary*) bemerkenswert, erstaunlich ❷ (*surprising*) merkwürdig; **it's ~ [that] ...** es ist erstaunlich, dass ...

remarriage [ˌriːˈmærɪdʒ] *n* Wiederverheiratung *f*

remarry <-ie-> [ˌriːˈmæri] **I.** *tr verb* wieder heiraten **II.** *intr verb* sich wieder verheiraten

remedy [ˈremədi] **I.** *n* ❶ (*medicinal agent*) Heilmittel *nt* (**for** gegen) ❷ (*solution*) Mittel *nt* (**for** zu), Lösung *f* (**for** für) **II.** *tr verb* in Ordnung bringen; *a mistake* berichtigen; *poverty* beseitigen

remember [rɪˈmembəʳ] **I.** *tr verb* ❶ (*recall*) **to ~ sb/sth** sich an jdn/etw erinnern ❷ (*memorize*) **to ~ sth** sich *Dat* etw merken ❸ (*commemorate*) **to ~ sb/sth** einer Person/einer S. *Gen* gedenken ❹ (*form: greetings*) **to ~ sb to sb** jdn von jdm grüßen **II.** *intr verb* (*recall*) sich erinnern; **to ~ [that] ...** sich daran erinnern, [dass] ...; **I can't ~** ich kann mich nicht erinnern

remind [rɪˈmaɪnd] *tr verb* erinnern; **that ~s me!** das erinnert mich an etwas!; **to ~ sb to do sth** jdn daran erinnern, etw zu tun; **to ~ sb about sth** jdn an etw *Akk* erinnern

reminder [rɪˈmaɪndəʳ] *n* ❶ (*prompting recall*) Mahnung *f* ❷ (*awakening memories*) Erinnerung *f* (**of** an)

remittance [rɪ'mɪtᵊn(t)s] *n* (*form*) Überweisung *f*
remorse [rɪ'mɔːs] *n no pl* (*form*) Reue *f*; **feeling of ~** Gefühl *nt* der Reue; **to feel ~ for sth** etw bereuen
remote <-er, -est *or* more remote, most remote> [rɪ'məʊt] *adj* ① (*distant in place*) fern, entfernt; (*isolated*) abgelegen ② (*distant in time*) lang vergangen ③ (*slight*) gering; *resemblance* entfernt
remote-controlled *adj* ferngesteuert
removal [rɪ'muːvᵊl] *n* ① *esp* Brit (*changing address*) Umzug *m*; **~ expenses** Umzugskosten *Pl*; **~ firm** Umzugsfirma *f*; **~ man** Möbelpacker(in) *m(f)*; **~ van** Möbelwagen *m* ② *no pl* (*expulsion*) Beseitigung *f*; *of a dictator* Absetzung *f* ③ *no pl* (*cleaning*) Entfernung *f*
remove [rɪ'muːv] *tr verb* ① (*take away*) entfernen; *obstacle* beseitigen; **to ~ a mine** MIL eine Mine räumen; **to ~ a roadblock** eine Straßensperre beseitigen ② (*get rid of*) entfernen; (*cancel*) streichen; *make-up, stain* entfernen; **to ~ the film from the camera** den Film aus der Kamera nehmen ③ (*form: dismiss*) entlassen
remover [rɪ'muːvəʳ] *n* ① Brit (*sb doing home removals*) Möbelpacker *m* ② (*cleaning substance*) Reinigungsmittel *nt*; **nail-varnish ~** Nagellackentferner *m*; **stain ~** Fleckenentferner *m*
rename [ˌriː'neɪm] *tr verb* umbenennen
render ['rendəʳ] *tr verb* (*form*) ① (*cause to become*) **to ~ sb speechless** jdn sprachlos machen ② (*interpret*) wiedergeben ③ (*offer*) **to ~ assistance** Hilfe leisten
rendezvous ['rɒndɪvuː] **I.** *n* <*pl* -> ① (*meeting*) Rendezvous *nt*, Treffen *nt* ② (*meeting place*) Treffpunkt *m*, Treff *m fam* **II.** *intr verb* sich heimlich treffen
renew [rɪ'njuː] *tr verb* ① (*resume*) erneuern; **to ~ pressure** erneut Druck ausüben ② (*revalidate*) *book, membership, visa* verlängern lassen ③ (*grant continued validity*) *passport* verlängern
renewable [rɪ'njuːəbl̩] *adj* ① *energy sources* erneuerbar ② *contract, passport* verlängerbar
renewed [rɪ'njuːd] *adj* erneuert *attr*; **~ interest** wieder erwachtes Interesse
renovate ['renəveɪt] *tr verb* renovieren
renovation [ˌrenə'veɪʃᵊn] *n* (*small and large scale*) Renovierung *f*; (*large scale only*) Sanierung *f*; **to be under ~** gerade renoviert werden
rent [rent] **I.** *n* (*for accommodation*) Miete *f*; (*esp for land and business*) Pacht *f*; **for ~** zu vermieten **II.** *tr verb* ① (*let*) *flat, house, office* vermieten ② (*hire*) mieten; *land, business* pachten
rental ['rentᵊl] **I.** *n* Miete *f*; **video and television ~** Leihgebühr *f* für Video- und Fernsehgeräte **II.** *adj attr* Miet-; **~ agency** Verleih *m*; **~ library** Am Leihbücherei *f*
rent-free *adj* mietfrei
reopen [ˌriː'əʊpᵊn] **I.** *tr verb* ① (*open again*) *door, window* wieder aufmachen ② *negotiations* wieder aufnehmen **II.** *intr verb* wieder eröffnen
reorder [ˌriː'ɔːdəʳ] **I.** *n* Nachbestellung *f* **II.** *tr verb* ① (*order again*) nachbestellen ② (*rearrange*) umordnen
reorganization [riːˌɔːgᵊnaɪ'zeɪʃᵊn] *n* Umstrukturierung *f*; LAW Neuordnung *f*
reorganize [riː'ɔːgᵊnaɪz] **I.** *tr verb* umorganisieren, reorganisieren **II.** *intr verb* reorganisieren, eine Umstrukturierung vornehmen
rep [rep] *n* ① (*fam: salesperson*) *short for* **representative** Vertreter(in) *m(f)* ② *no pl* THEAT (*fam*) *short for* **repertory company/theatre** Repertoireensemble *nt*
repair [rɪ'peəʳ] **I.** *tr verb* ① (*restore*) reparieren; *road* ausbessern ② (*put right*) [wieder] in Ordnung bringen; *damage* wieder gutmachen **II.** *n* ① (*overhaul*) Reparatur *f*; **~s** Reparaturarbeiten *Pl* (**to** an); **in need of ~** reparaturbedürftig ② (*state*) Zustand *m*; **to be in good/bad ~** in gutem/schlechtem Zustand sein
repair kit *n* Flickzeug *nt kein Pl* **repairman** *n* (*for domestic installations*) Handwerker *m*; (*for cars*) Mechaniker *m*; **TV ~** Fernsehtechniker *m* **repair shop** *n* Reparaturwerkstatt *f*
repay <-paid, -paid> [ˌriː'peɪ] *tr verb* (*pay back*) zurückzahlen; **to ~ sb** jdm Geld zurückzahlen
repayable [ˌriː'peɪəbl̩] *adj* rückzahlbar
repayment [ˌriː'peɪmənt] *n of a loan* Rückzahlung *f*
repeat [rɪ'piːt] **I.** *tr verb* ① (*say again*)

wiederholen; ~ **after me** bitte mir nachsprechen ② (*communicate*) **don't ~ this but ...** sag es nicht weiter, [aber] ... ③ (*do again*) wiederholen; **history ~s itself** die Geschichte wiederholt sich **II.** *n* Wiederholung *f* **III.** *adj attr* Wiederholungs-; ~ **business** Stammkundschaft *f*

repeated [rɪ'piːtɪd] *adj* wiederholt

repel <-ll-> [rɪ'pel] *tr verb* ① (*ward off*) zurückweisen, abweisen ② (*disgust*) **sb is ~led by sth** etw stößt jdn ab

repellent [rɪ'pel(ə)nt] **I.** *n* Insektenspray *nt* **II.** *adj* abstoßend, widerwärtig

repetition [ˌrepɪ'tɪʃ(ə)n] *n* Wiederholung *f;* **sth is full of ~** etw ist voll von Wiederholungen

repetitive [rɪ'petətɪv] *adj* sich wiederholend *attr,* monoton *pej*

replace [rɪ'pleɪs] *tr verb* ① (*take the place of*) ersetzen (**with** durch) ② (*put back*) **to ~ sth** etw [an seinen Platz] zurücklegen

replacement [rɪ'pleɪsmənt] **I.** *n* ① (*substitute*) Ersatz *m* ② *no pl* (*substitution*) Ersetzung *f* **II.** *adj attr* Ersatz-; ~ **hip/knee joint** künstliches Hüft-/Kniegelenk

replay[1] [ˌriː'pleɪ] *tr verb* ① (*game*) *match, game* wiederholen ② (*recording*) *video* nochmals abspielen

replay[2] ['riːpleɪ] *n* ① (*match*) Wiederholungsspiel *nt* ② (*recording*) Wiederholung *f*

reply [rɪ'plaɪ] **I.** *intr verb* <-ie-> ① (*respond*) antworten, erwidern; **to ~ to letters/a question** Briefe/eine Frage beantworten ② (*fig: react*) **to ~ to sth** auf etw *Akk* reagieren **II.** *n* ① (*answer*) Antwort *f* (**to** auf) ② (*reaction*) Reaktion *f* (**to** auf)

reply-paid *adj* BRIT ~ **envelope** Freiumschlag *m;* **to make a letter ~** einen Brief freimachen

report [rɪ'pɔːt] **I.** *n* ① (*news*) Meldung *f* (**on** über); **~s in the newspaper/press** Zeitungs-/Presseberichte *Pl* ② (*formal statement*) Bericht *m* (**on** über); [**school**] ~ BRIT Schulzeugnis *nt;* **stock market/weather ~** Börsen-/Wetterbericht *m* ③ (*unproven claim*) Gerücht *nt;* **according to ~s ...** Gerüchten zufolge ... **II.** *tr verb* ① (*communicate information*) **to ~ sth** etw berichten ② (*denounce*) **to ~ sb** jdn melden; **to ~ sb to the police** jdn anzeigen **III.** *intr verb* ① (*make public*) Bericht erstatten ② ADMIN (*be accountable to sb*) **to ~ to sb** jdm unterstehen

report card *n* AM [Schul]zeugnis *nt*

reported [rɪ'pɔːtɪd] *adj* gemeldet; **there has been a ~ hijack in Tel Aviv** einer Meldung zufolge hat in Tel Aviv eine Entführung stattgefunden

reporter [rɪ'pɔːtə(r)] *n* Reporter(in) *m(f)*

represent [ˌreprɪ'zent] *tr verb* ① (*act on behalf of*) vertreten, repräsentieren ② (*depict*) darstellen, zeigen

representative [ˌreprɪ'zentətɪv] **I.** *adj* ① POL repräsentativ; ~ **democracy/government** parlamentarische Demokratie/Regierung ② (*like others*) *cross section, result* repräsentativ **II.** *n* ① (*person*) [Stell]vertreter(in) *m(f);* ECON Vertreter(in) *m(f)* ② POL Abgeordnete(r) *f(m);* **elected ~** gewählter Vertreter/gewählte Vertreterin ③ AM (*member of House of Representatives*) Mitglied *nt* des Repräsentantenhauses

repression [rɪ'preʃ(ə)n] *n no pl* ① POL Unterdrückung *f* ② PSYCH Verdrängung *f*

repressive [rɪ'presɪv] *adj* repressiv *geh; regime* unterdrückerisch

reprimand ['reprɪmɑːnd] **I.** *tr verb* rügen, tadeln **II.** *n* Rüge *f*

reprint[1] [ˌriː'prɪnt] *tr verb* nachdrucken

reprint[2] ['riːprɪnt] *n* Nachdruck *m*

reprisal [rɪ'praɪz(ə)l] *n* Vergeltungsmaßnahme *f*

reproach [rɪ'prəʊtʃ] **I.** *tr verb* **to ~ sb** jdm Vorwürfe machen; **to ~ sb with sth** jdm etw vorwerfen; **to ~ oneself** sich *Dat* Vorwürfe machen **II.** *n* <*pl* -es> Vorwurf *m*

reproachful [rɪ'prəʊtʃf(ə)l] *adj* vorwurfsvoll

reprocess [ˌriː'prəʊses] *tr verb* wiederaufbereiten

reprocessing plant *n* Wiederaufbereitungsanlage *f*

reproduce [ˌriːprə'djuːs] **I.** *intr verb* ① (*produce offspring*) sich fortpflanzen; (*multiply*) sich vermehren ② (*be copied*) sich kopieren lassen **II.** *tr verb* ① (*produce offspring*) **to ~ oneself** sich fortpflanzen; (*multiply*) sich vermehren ② (*produce a copy*) reproduzieren

reproduction [ˌriːprə'dʌkʃ(ə)n] **I.** *n* ① *no*

pl (*producing offspring*) Fortpflanzung *f;* (*multiplying*) Vermehrung *f* 2 *no pl* (*copying*) Vervielfältigung *f* 3 (*copy*) Reproduktion *f* **II.** *adj* (*copying an earlier style*) *chair, furniture* nachgebaut

reptile ['reptaɪl] *n* Reptil *nt*

republic [rɪ'pʌblɪk] *n* Republik *f*

republican [rɪ'pʌblɪkən] **I.** *n* Republikaner(in) *m(f)* **II.** *adj* republikanisch

Republican [rɪ'pʌblɪkən] **I.** *n* 1 AM POL Republikaner(in) *m(f)* 2 (*supporter of Irish Republicanism*) Republikaner(in) *m(f)* **II.** *adj* 1 AM POL republikanisch 2 (*concerning Republicanism in Ireland*) republikanisch

repugnant [rɪ'pʌgnənt] *adj* (*form*) widerlich; **to be ~ to sb** jdn anwidern; *behaviour* abstoßend

repulse [rɪ'pʌls] *tr verb* 1 MIL abwehren; *offensive* zurückschlagen 2 (*reject*) zurückweisen

repulsion [rɪ'pʌlʃᵊn] *n no pl* 1 (*disgust*) Abscheu *m,* Ekel *m* 2 PHYS Abstoßung *f,* Repulsion *f fachspr*

repulsive [rɪ'pʌlsɪv] *adj* abstoßend

reputable ['repjətəbl̩] *adj* angesehen, achtbar

reputation [ˌrepjə'teɪʃᵊn] *n no pl* 1 (*general estimation*) Ruf *m;* **to have a ~ for sth** für etw bekannt sein; **to have a ~ as sth** einen Ruf als etw haben 2 (*high regard*) Ansehen *nt,* guter Ruf

repute [rɪ'pjuːt] *n no pl* Ansehen *nt;* **of ~** angesehen; **sth of ill/good ~** etw von zweifelhaftem/gutem Ruf

R

request [rɪ'kwest] **I.** *n* 1 (*act of asking*) Bitte *f* (**for** um), Anfrage *f* (**for** nach); **at sb's ~** auf jds Bitte hin 2 (*formal entreaty*) Antrag *m;* **to submit a ~ that ...** beantragen, dass ... **II.** *tr verb* **to ~ sth** 1 (*ask for*) um etw bitten 2 RADIO (*ask for song*) [sich *Dat*] etw wünschen

request stop *n* BRIT TRANSP Bedarfshaltestelle *f*

require [rɪ'kwaɪəʳ] *tr verb* 1 (*need*) brauchen; **to be ~d for sth** für etw erforderlich sein 2 (*demand*) **to ~ sth** [**of sb**] etw [von jdm] verlangen

requirement [rɪ'kwaɪəmənt] *n* Voraussetzung *f* (**for** für); **minimum ~** Grundvoraussetzung *f*

resale ['riːseɪl] *n* Wiederverkauf *m*

rescue ['reskjuː] **I.** *tr verb* retten; **to ~ sb from danger** jdn aus einer Gefahr retten **II.** *n* Rettung *f;* **to come to sb's ~** jdm zu Hilfe kommen

research [rɪ'sɜːtʃ] **I.** *n* 1 *no pl* (*study*) Forschung *f* 2 *no pl* (*study of*) Erforschung *f* **II.** *adj project, unit, work* Forschungs-; **~ scientist/worker** Forscher(in) *m(f)* **III.** *intr verb* forschen; **to ~ in[to] sth** etw erforschen **IV.** *tr verb* 1 SCI erforschen 2 JOURN recherchieren

researcher [rɪ'sɜːtʃəʳ] *n* Forscher(in) *m(f)*

resemble [rɪ'zembl̩] *tr verb* ähneln

resent [rɪ'zent] *tr verb* **to ~ sb/sth** sich [sehr] über jdn/etw ärgern; **to ~ doing sth** etw [äußerst] ungern tun

resentful [rɪ'zentfᵊl] *adj* 1 (*feeling resentment*) verbittert, verärgert; **to be ~ of sb/sth** sich über jdn/etw ärgern 2 (*showing resentment*) nachtragend

resentment [rɪ'zentmənt] *n* Verbitterung *f,* Groll *m;* **to feel [a] ~ against sb** einen Groll gegen jdn hegen

reservation [ˌrezə'veɪʃᵊn] *n* 1 *usu pl* (*doubt*) Bedenken *Pl* 2 TOURISM Reservierung *f;* **to make a ~** reservieren

reserve [rɪ'zɜːv] **I.** *n* 1 *no pl* (*form: doubt*) Zurückhaltung *f;* **with ~** mit Vorbehalt 2 (*store*) Reserve *f,* Vorrat *m* 3 (*area*) Reservat *nt;* **wildlife ~** Naturschutzgebiet *nt* **II.** *tr verb* 1 (*keep*) aufheben 2 (*save*) reservieren

reserved [rɪ'zɜːvd] *adj* 1 (*booked*) reserviert 2 (*restrained*) *person* reserviert

reservoir ['rezəvwɑːʳ] *n* 1 Wasserreservoir *nt* 2 (*fig*) Reservoir *nt*

reshuffle [ˌriː'ʃʌfl̩] **I.** *tr verb* POL *cabinet, organization* umbilden **II.** *n* POL Umbildung *f*

residence ['rezɪdᵊn(t)s] *n* 1 (*form: domicile*) Wohnsitz *m;* **to take up ~ in a country** sich in einem Land niederlassen 2 *no pl* (*act of residing*) Wohnen *nt;* **to be in ~** wohnen 3 (*building*) Wohngebäude *nt* 4 UNIV (*for research*) Forschungsaufenthalt *m*

residence permit *n* Aufenthaltserlaubnis *f*

resident ['rezɪdᵊnt] **I.** *n* Bewohner(in) *m(f); of a hotel* [Hotel]gast *m;* **local ~** Anwohner(in) *m(f);* **is she a ~ of Canada?** lebt sie in Kanada? **II.** *adj* ansässig, wohnhaft; (*living where one is* *employed*) im Haus lebend *nachgestellt;* ~ **doctor** Arzt/Ärztin im Haus

residential [ˌrezɪˈden(t)ʃᵊl] *adj* ❶ (*housing area*) Wohn-; ~ **district** Wohngebiet *nt* ❷ (*concerning residence*) Aufenthalts-

resign [rɪˈzaɪn] **I.** *intr verb* (*leave one's job*) kündigen; **to ~ from an office/post** von einem Amt/einem Posten zurücktreten **II.** *tr verb* (*give up*) aufgeben

resignation [ˌrezɪgˈneɪʃᵊn] *n* ❶ (*official letter*) Kündigung *f;* **to hand in one's ~** seine Kündigung einreichen ❷ *no pl* (*act of resigning*) Kündigung *f*

resigned [rɪˈzaɪnd] *adj* resigniert; **to be ~ to sth** sich mit etw abgefunden haben

resilient [rɪˈzɪliənt] *adj* ❶ (*able to keep shape*) *material* elastisch ❷ (*fig: able to survive setbacks*) unverwüstlich

resist [rɪˈzɪst] **I.** *tr verb* ❶ (*fight against*) **to ~ sth** einer S. *Dat* Widerstand leisten; **to ~ arrest** sich der Verhaftung widersetzen ❷ (*refuse to accept*) **to ~ sth** sich gegen etw wehren, sich einer S. *Dat* widersetzen ❸ (*not give into*) widerstehen; **she couldn't ~ laughing** sie musste einfach loslachen *fam* **II.** *intr verb* ❶ (*fight an attack*) sich wehren ❷ (*refuse sth*) widerstehen

resistance [rɪˈzɪstᵊn(t)s] *n* ❶ *no pl* (*military opposition*) Widerstand *m* (**to** gegen) ❷ (*organization*) **the Resistance** der Widerstand, die Widerstandsbewegung; **the French Resistance** die [französische] Résistance ❸ (*refusal to accept*) Widerstand *m* (**to** gegen)

resistant [rɪˈzɪstᵊnt] *adj* ❶ (*refusing to accept*) ablehnend; **to be ~ to sth** einer S. *Dat* ablehnend gegenüberstehen ❷ (*hardened against damage*) resistent (**to** gegen)

resistor [rɪˈzɪstəʳ] *n* ELEC Widerstand *m*

resit¹ [ˌriːˈsɪt] *tr verb* <-tt-, -sat, -sat> *esp* BRIT *examination* wiederholen

resit² [ˈriːsɪt] *n* SCHOOL, UNIV Wiederholungsprüfung *f*

reskill [ˌriːˈskɪl] *tr verb* **to ~ sb** jdn umschulen

resolution [ˌrezᵊlˈuːʃᵊn] *n* ❶ *no pl* (*approv: determination*) Entschlossenheit *f* ❷ *no pl* (*form: solving of*) Lösung *f; of a crisis* Überwindung *f* ❸ POL (*proposal*) Resolution *f*

resort [rɪˈzɔːt] **I.** *n* ❶ (*place for holidays*) Urlaubsort *m* ❷ *no pl* (*recourse*) Einsatz *m,* Anwendung *f;* **as a last ~** als letzter Ausweg **II.** *intr verb* **to ~ to sth** auf etw *Akk* zurückgreifen, etw anwenden

resounding [rɪˈzaʊndɪŋ] *adj pred* ❶ (*very loud*) schallend ❷ (*emphatic*) unglaublich

resource [rɪˈzɔːs] **I.** *n* ❶ *usu pl* (*asset*) Ressource *f* ❷ *pl* (*source of supply*) Ressourcen *Pl;* **natural ~s** Bodenschätze *Pl* ❸ *pl* (*wealth*) [finanzielle] Mittel **II.** *tr verb* ausstatten

resourceful [rɪˈzɔːsfᵊl] *adj* (*approv*) einfallsreich

respect [rɪˈspekt] **I.** *n* ❶ *no pl* (*esteem*) Respekt *m,* Achtung *f* (**for** vor) ❷ *no pl* (*consideration*) Rücksicht *f;* **out of ~ for sb's feelings** aus Rücksicht auf jds Gefühle ▸ **in all/many/some ~s** in allen/vielen/einigen Punkten; **in every ~** in jeglicher Hinsicht **II.** *tr verb* respektieren; **to ~ sb's decision/wishes/privacy** jds Entscheidung/Wünsche/Privatsphäre respektieren

respectable [rɪˈspektəbl̩] *adj* ❶ (*decent*) anständig, ehrbar ❷ (*presentable*) anständig, ordentlich ❸ (*acceptable*) *salary, sum* anständig ❹ (*hum: be dressed*) **to make oneself ~** sich *Dat* was anziehen *fam*

respected [rɪˈspektɪd] *adj* angesehen

respectful [rɪˈspektfᵊl] *adj* respektvoll; **to be ~ of sth** etw respektieren

respectfully [rɪˈspektfᵊli] *adv* respektvoll; **Respectfully yours ...** (*in a letter*) Hochachtungsvoll Ihr(e) ...

respecting [rɪˈspektɪŋ] *prep* (*form*) bezüglich +*Gen*

respective [rɪˈspektɪv] *adj attr* jeweilig

respectively [rɪˈspektɪvli] *adv* beziehungsweise

respirator [ˈrespᵊreɪtəʳ] *n* ❶ MED (*breathing equipment*) Beatmungsgerät *nt* ❷ (*air-filtering mask*) Atem[schutz]gerät *nt*

respond [rɪˈspɒnd] **I.** *tr verb* **to ~ that ...** erwidern, dass ... **II.** *intr verb* ❶ (*answer*) antworten (**to** auf) ❷ MED (*react*) **to ~ to treatment** auf eine Behandlung ansprechen

response [rɪˈspɒn(t)s] *n* ❶ (*answer*) Antwort *f* (**to** auf) ❷ (*act of reaction*) Reaktion *f;* **to meet with a bad/**

good ~ eine schlechte/gute Resonanz finden

responsibility [rɪˌspɒn(t)səˈbɪləti] *n* ❶ *no pl* Verantwortung *f* (**for** für) ❷ (*duty*) Verantwortlichkeit *f*, Zuständigkeit *f* ❸ *no pl* (*being responsible*) Verantwortung *f*; **sense of** ~ Verantwortungsbewusstsein *nt*; **to carry a lot of** ~ eine große Verantwortung tragen

responsible [rɪˈspɒn(t)səbl̩] *adj* ❶ (*accountable*) verantwortlich (**for** für); **to hold sb** ~ jdn verantwortlich machen; LAW jdn haftbar machen ❷ (*in charge*) verantwortlich, zuständig ❸ (*sensible*) verantwortungsbewusst

responsive [rɪˈspɒn(t)sɪv] *adj* gut reagierend; **I always found him very** ~ ich fand ihn immer sehr entgegenkommend

rest¹ [rest] *n + sing/pl verb* (*remainder*) **the** ~ der Rest

rest² [rest] **I.** *n* ❶ (*period of repose*) [Ruhe]pause *f*; **to have a** ~ eine Pause machen ❷ *no pl* (*repose*) Erholung *f*; **for a** ~ zur Erholung ❸ (*support*) Stütze *f*, Lehne *f* **II.** *tr verb* ❶ (*repose*) **to** ~ **oneself** sich ausruhen ❷ (*support*) lehnen ❸ LAW (*conclude evidence*) **to** ~ **one's case** seine Beweisführung abschließen **III.** *intr verb* ❶ (*cease activity*) [aus]ruhen, sich ausruhen ❷ (*not to mention sth*) **to let sth** ~ etw ruhen lassen; **let it** ~**!** lass es doch auf sich beruhen! ❸ (*depend on*) **to** ~ **on sb/sth** auf jdm/etw ruhen

R

restaurant [ˈrestᵊrɔ̃(ŋ)] *n* Restaurant *nt*, Gaststätte *f*; ~ **car** BRIT TRANSP Speisewagen *m*

rest day *n* Ruhetag *m*

restful [ˈrestfᵊl] *adj* erholsam; *sound* beruhigend

rest home *n* Altersheim *nt*

restless [ˈrestləs] *adj* ❶ (*agitated*) unruhig ❷ (*uneasy*) rastlos; **to get** ~ anfangen, sich unwohl zu fühlen ❸ (*wakeful*) ruhelos

restoration [ˌrestᵊrˈeɪʃᵊn] *n* ❶ *no pl* (*act of restoring*) Restaurieren *nt* ❷ (*instance of restoring*) Restaurierung *f* ❸ *no pl* (*re-establishment*) Wiederherstellung *f* ❹ *no pl* (*form: return to owner*) Rückgabe *f*

restore [rɪˈstɔːʳ] *tr verb* ❶ (*renovate*) restaurieren ❷ (*re-establish*) wiederherstellen; **to** ~ **a law** ein Gesetz wieder einführen ❸ (*form: return to owner*) **to** ~ **sth to sb** jdm etw zurückgeben ❹ (*reinstate*) **to** ~ **sb to power** jdn wieder an die Macht bringen

restrain [rɪˈstreɪn] *tr verb* zurückhalten; (*forcefully*) bändigen; **to** ~ **oneself** sich beherrschen

restraint [rɪˈstreɪnt] *n* ❶ *no pl* (*self-control*) Beherrschung *f*; **to exercise** ~ Zurückhaltung *f* üben ❷ (*restriction*) Einschränkung *f*

restrict [rɪˈstrɪkt] *tr verb* ❶ (*limit*) beschränken, einschränken ❷ (*deprive of right*) **to** ~ **sb from sth** jdm etw untersagen

restricted [rɪˈstrɪktɪd] *adj* ❶ (*limited*) *choice, vocabulary* begrenzt ❷ (*subject to limitation*) eingeschränkt

restriction [rɪˈstrɪkʃᵊn] *n* (*limit*) Begrenzung *f*, Beschränkung *f*, Einschränkung *f*

restrictive [rɪˈstrɪktɪv] *adj* (*esp pej*) einschränkend, einengend; *measure* restriktiv

restring <-strung, -strung> [rɪˈstrɪŋ] *tr verb instrument* neu besaiten; *tennis racket* neu bespannen

restroom *n esp* AM (*toilet*) Toilette *f*

restructuring [ˌriːˈstrʌktʃᵊrɪŋ] *n* Umstrukturierung *f*

result [rɪˈzʌlt] **I.** *n* ❶ (*consequence*) Folge *f*; **with the** ~ **that ...** mit dem Ergebnis, dass ...; **as a** ~ **of sth** als Folge einer S. *Gen* ❷ (*outcome*) Ergebnis *nt* ❸ (*satisfactory outcome*) Erfolg *m*, Resultat *nt* **II.** *intr verb* ❶ (*ensue*) resultieren (**from** aus), sich ergeben ❷ (*cause*) **to** ~ **in sth** etw zur Folge haben

resume [rɪˈzjuːm] **I.** *tr verb* ❶ (*start again*) wieder aufnehmen; *journey* fortsetzen ❷ (*form: reoccupy*) *seat* wieder einnehmen **II.** *intr verb* wieder beginnen; (*after short interruption*) weitergehen

résumé [ˈrezjuːmeɪ] *n* ❶ (*summary*) Zusammenfassung *f* (**of** über), Resümee *nt geh* ❷ AM, AUS (*curriculum vitae*) Lebenslauf *m*

resumption [rɪˈzʌm(p)ʃᵊn] *n* ❶ *no pl* (*act*) *of a game, of talks* Wiederaufnahme *f* ❷ (*instance*) Wiederbeginn *m kein Pl*

resurrection [ˌrezᵊrˈekʃᵊn] *n no pl* Wiederbelebung *f; of a law* Wiedereinführung *f*

retail business *n* ECON Einzelhandel *m;* (*shop*) Einzelhandelsgeschäft *nt*

retailer ['ri:teɪləʳ] *n* Einzelhändler(in) *m(f)*

retail price *n* Einzelhandelspreis *m*

retail trade *n* Einzelhandel *m*

retain [rɪ'teɪn] *tr verb* ① (*keep*) behalten; **to ~ sb's attention** jds Aufmerksamkeit halten ② (*not alter*) **to ~ sth** etw beibehalten, bei etw bleiben ③ (*not lose*) speichern ④ (*remember*) **to ~ sth** sich *Dat* etw merken

retake¹ [ˌri:'teɪk] *tr verb* <-took, -taken> ① (*take again*) *exam* wiederholen ② (*regain*) wiedergewinnen; **to ~ the lead** SPORTS sich wieder an die Spitze setzen

retake² ['ri:teɪk] *n* ① *esp* BRIT (*exam*) Wiederholungsprüfung *f* ② (*filming again*) Neuaufnahme *f*

retaliate [rɪ'tælieɪt] *intr verb* Vergeltung üben; *for insults* sich revanchieren

retaliation [rɪˌtæli'eɪʃᵊn] *n no pl* Vergeltung *f;* (*in fighting*) Vergeltungsschlag *m*

retard **I.** *tr verb* [rɪ'tɑ:d] (*form*) verzögern, verlangsamen; **to ~ economic growth** das Wirtschaftswachstum bremsen **II.** *n* ['ri:tɑ:rd] AM (*pej! fam*) Idiot *m*

retch [retʃ] *intr verb* würgen; **to make sb ~** jdn zum Würgen bringen

retentive [rɪ'tentɪv] *adj* aufnahmefähig

rethink¹ [ˌri:'θɪŋk] **I.** *tr verb* <-thought, -thought> überdenken **II.** *intr verb* <-thought, -thought> [ˌri:'θɪŋk] überlegen

rethink² ['ri:θɪŋk] *n no pl* Überdenken *nt;* **to have a ~** etw noch einmal überdenken

reticence ['retɪsᵊn(t)s] *n no pl* Zurückhaltung *f*

reticent ['retɪsᵊnt] *adj* (*form*) zurückhaltend; (*taciturn*) wortkarg

retina <*pl* -s *or* -nae> ['retɪnə, *pl* -ni:] *n* Netzhaut *f,* Retina *f fachspr*

retire [rɪ'taɪəʳ] **I.** *intr verb* ① (*stop working*) in den Ruhestand treten; *worker* in Rente gehen; *civil servant* in Pension gehen ② (*form: withdraw*) sich zurückziehen **II.** *tr verb* (*cause to stop working*) **to ~ sb** jdn in den Ruhestand versetzen

retired [rɪ'taɪəd] *adj* (*not working any longer*) im Ruhestand *präd; worker* in Rente *präd; civil servant* pensioniert

retirement [rɪ'taɪəmənt] *n* ① (*from job*) Ausscheiden *nt* aus dem Arbeitsleben; *of a civil servant* Pensionierung *f;* **~ age** *of a worker* Rentenalter *nt; of a civil servant* Pensionsalter *nt;* **~ pension** *for a worker* [Alters]rente *f; for a civil servant* [Alters]ruhegeld *nt,* Pension *f* ② *no pl esp* SPORTS (*ceasing to compete*) Ausscheiden *nt* ③ *no pl* (*after working life*) Ruhestand *m*

retirement pension *n* [Alters]rente *f*

retiring [rɪ'taɪərɪŋ] *adj* ① *attr* (*stopping work*) ausscheidend ② (*reserved*) zurückhaltend

retrace [rɪ'treɪs] *tr verb* zurückverfolgen; *in mind* [geistig] nachvollziehen; **to ~ one's steps** denselben Weg zurückgehen

retract [rɪ'trækt] **I.** *tr verb* ① (*withdraw*) zurückziehen; *offer, statement* zurücknehmen ② (*draw back*) zurückziehen; (*into body*) einziehen **II.** *intr verb* ① (*withdraw words*) einen Rückzieher machen *fam* ② (*be drawn back*) eingezogen werden

retractable [rɪ'træktəbl̩] *adj* einziehbar

retrain [rɪ'treɪn] **I.** *tr verb* umschulen **II.** *intr verb* umgeschult werden

retreat [rɪ'tri:t] **I.** *intr verb* ① MIL sich zurückziehen ② (*move backwards*) zurückweichen; (*become smaller*) *flood waters* zurückgehen; *shares* fallen ③ (*withdraw*) sich zurückziehen; (*hide*) sich verstecken **II.** *n* ① MIL (*withdrawal*) Rückzug *m* ② *no pl* (*withdrawal*) Abkehr *f* (**from** von) ③ (*private place*) Zufluchtsort *m* ④ REL **to go on ~** in Klausur gehen

retrial [ˌri:'traɪəl] *n* LAW Wiederaufnahmeverfahren *nt*

retribution [ˌretrɪ'bju:ʃᵊn] *n no pl* (*form*) Vergeltung *f*

retrieval [rɪ'tri:vəbl̩] *n no pl* ① (*regaining*) Wiedererlangen *nt* ② (*rescuing*) Rettung *f* ③ COMPUT **data/information ~** Daten-/Informationsabruf *m;* (*when lost*) Retrieval *nt fachspr*

retrieve [rɪ'tri:v] *tr verb* ① (*get back*) wiederfinden; **to ~ forgotten memories** sich wieder erinnern können ② (*fetch*) herausholen, zurückholen ③ (*rescue*) retten ④ COMPUT *data* abrufen

retrofit <-fitted, -fitted> ['retrə(ʊ)fɪt] *tr*

R

verb component, accessory nachträglich in etw *Akk* einbauen

retrospect ['retrə(ʊ)spekt] *n no pl* **in ~** im Rückblick, im Nachhinein

retrospective [ˌretrə(ʊ)'spektɪv] **I.** *adj* ❶ (*looking back*) rückblickend; *mood* nachdenklich ❷ *esp* LAW (*form*) rückwirkend **II.** *n* Retrospektive *f*

return [rɪ'tɜ:n] **I.** *n* ❶ (*to a place/time*) Rückkehr *f* (**to** zu); **~ home** Heimkehr *f;* **his ~ to power** POL seine Wiederwahl ❷ (*reoccurrence*) *of an illness* Wiederauftreten *nt* ❸ (*giving back*) Rückgabe *f* ❹ BRIT, AUS (*ticket*) Hin- und Rückfahrkarte *f* ❺ SPORTS (*stroke*) Rückschlag *m* ❻ *no pl* (*on keyboard*) Returntaste *f* **II.** *adj attr postage, flight, trip* Rück- **III.** *intr verb* ❶ (*come/go back*) zurückkehren ❷ (*revert to*) **to ~ to sth** etw wieder aufnehmen; **to ~ to a subject** auf ein Thema zurückkommen **IV.** *tr verb* ❶ (*give back*) zurückgeben; **to ~ sth to sb** (*in person*) jdm etw zurückgeben; (*by post*) jdm etw zurückschicken ❷ (*reciprocate*) erwidern; **to ~ sb's call** jdn zurückrufen; **to ~ a favour** sich revanchieren ❸ (*place back*) zurückstellen, zurücklegen

return fare *n* Preis *m* für eine Rückfahrkarte; AVIAT Preis *m* für ein Rückflugticket

returning officer *n* NBRIT, CAN POL Wahlleiter(in) *m(f)*

return match *n* Rückspiel *nt*

return ticket *n* ❶ BRIT, AUS (*ticket there and back*) Hin- und Rückfahrkarte *f;* AVIAT Hin- und Rückflugticket *nt* ❷ AM (*ticket for return*) Rückfahrkarte *f*

reunification [ˌri:ju:nɪfɪ'keɪʃᵊn] *n no pl* Wiedervereinigung *f*

reunion [ˌri:'ju:niən] *n* ❶ (*gathering*) Treffen *nt,* Zusammenkunft *f* ❷ *no pl* (*form: bringing together*) Wiedervereinigung *f;* **~ of people** Zusammenführung *f* von Menschen

reunite [ˌri:ju:'naɪt] **I.** *tr verb* **to ~ sb with sb** jdn mit jdm [wieder] zusammenbringen **II.** *intr verb* sich wiedervereinigen; *people* wieder zusammenkommen

reusable [ˌri:'ju:zəbl̩] *adj* (*in the same shape*) wiederverwendbar; (*reprocessed*) wiederverwertbar

reuse [ˌri:'ju:z] *tr verb* ❶ (*use again*) wiederverwenden ❷ (*recycle by processing*) *waste material* wiederverwerten

rev¹ [rev] *n* (*fam*) *short for* **revolution** Drehzahl *f;* **~s** Umdrehungen *Pl* [pro Minute]

rev² <-vv-> [rev] *tr verb* **to ~ an engine** einen Motor auf Touren bringen; (*noisily*) einen Motor aufheulen lassen

reveal [rɪ'vi:l] *tr verb* ❶ (*allow to be seen*) zeigen, zum Vorschein bringen; *a talent* erkennen lassen ❷ (*disclose*) enthüllen, offenlegen; **to ~ that ...** enthüllen, dass ...; **to ~ how/where/why ...** verraten, wie/wo/warum ...

revelation [ˌrevᵊl'eɪʃᵊn] *n* ❶ *no pl* (*act of revealing*) Enthüllung *f,* Aufdeckung *f* ❷ (*sth revealed*) Enthüllung *f* ❸ *no pl* REL Offenbarung *f*

reveler AM *see* **reveller**

reveller ['revᵊləʳ] *n* Feiernde(r) *f(m)*

revenge [rɪ'vendʒ] **I.** *n no pl* ❶ (*retaliation*) Rache *f;* **to get one's ~** sich rächen ❷ (*desire for retaliation*) Rachedurst *m* **II.** *tr verb* rächen

revenue ['revᵊnju:] *n* ❶ *no pl* (*income*) Einkünfte *Pl* (**from** aus) ❷ *no pl* (*of a state*) öffentliche Einnahmen, Staatseinkünfte *Pl* ❸ *pl* (*instances of income*) **sales ~s** Verkaufseinnahmen *Pl*

revenue officer *n* Finanzbeamte(r) *m*/-beamtin *f*

reverence ['revᵊrᵊn(t)s] *n no pl* Verehrung *f* (**for** für); **to feel ~ for sb** jdn hoch schätzen

reverend ['revᵊrᵊnd] *n* ≈ Pfarrer *m,* ≈ Pastor *m*

reverent ['revᵊrᵊnt] *adj* ehrfürchtig, ehrfurchtsvoll

reverse [rɪ'vɜ:s] **I.** *tr verb* ❶ *esp* BRIT, AUS (*move sth backwards*) zurücksetzen ❷ (*change to opposite*) umkehren; **to ~ the charges** ein R-Gespräch führen **II.** *intr verb esp* BRIT, AUS (*move backwards*) rückwärtsfahren; (*short distance*) zurücksetzen **III.** *n* ❶ *no pl* (*opposite*) **the ~** das Gegenteil; **no, quite the ~!** nein, ganz im Gegenteil! ❷ (*gear*) Rückwärtsgang *m* ❸ (*back*) **the ~** die Rückseite **IV.** *adj* umgekehrt; *direction* entgegengesetzt

reversible [rɪ'vɜ:səbl̩] *adj* ❶ (*inside out*) zum Wenden *nachgestellt;* **~ coat** Wendejacke *f* ❷ (*alterable*) umkehrbar

review [rɪ'vju:] **I.** *tr verb* ❶ (*examine*)

R

[erneut] [über]prüfen; (*reconsider*) überdenken; **to ~ salaries** die Gehälter revidieren ② (*look back over*) zurückblicken auf +*Akk* ③ AM (*study again*) wiederholen **II.** *n* ① (*assessment*) Überprüfung *f;* **to come under ~** überprüft werden ② (*summary*) Überblick *m* (**of** über); **wage ~** Gehaltsrevision *f* ③ (*criticism*) *of a book, a play* Kritik *f,* Rezension *f;* **film ~** Filmbesprechung *f*

reviewer [rɪ'vjuːəʳ] *n* Kritiker(in) *m(f); of plays, literature* Rezensent(in) *m(f),* Kritiker(in)

revise [rɪ'vaɪz] **I.** *tr verb* ① (*reread*) überarbeiten; *book* redigieren ② (*reconsider*) überdenken ③ BRIT, AUS (*study again*) wiederholen **II.** *intr verb* BRIT, AUS **to ~ for an exam** auf eine Prüfung lernen

revision [rɪ'vɪʒᵊn] *n* ① *no pl* (*act of revising*) Revision *f,* Überarbeitung *f* ② (*reconsidered version*) Neufassung *f;* **~ of a book** überarbeitete Ausgabe; **~ of a contract** Neufassung *f* eines Vertrages ③ *no pl* BRIT, AUS (*studying a subject again*) Wiederholung *f* [des Stoffs]

revive [rɪ'vaɪv] **I.** *tr verb* ① (*bring back to life*) wiederbeleben ② (*give new energy*) beleben ③ (*resurrect*) wieder aufleben lassen; *economy* ankurbeln; **to ~ sb's hopes** jdm neue Hoffnungen machen; *idea* wieder aufgreifen **II.** *intr verb* ① (*be restored to consciousness*) wieder zu sich kommen ② (*be restored to health*) *person, animal, plant* sich erholen ③ (*be resurrected*) sich erholen; *economy a.* wieder aufblühen

revocation [ˌrevəʊ'keɪʃᵊn] *n* Widerruf *m,* Aufhebung *f*

revolt [rɪ'vəʊlt] **I.** *intr verb* rebellieren, revoltieren **II.** *tr verb* **to ~ sb** jdn abstoßen; **to be ~ed by sth** von etw angeekelt sein **III.** *n* ① (*rebellion*) Revolte *f,* Aufstand *m* ② *no pl* (*insurrection*) **to rise in ~** einen Aufstand machen (**against** gegen)

revolting [rɪ'vəʊltɪŋ] *adj* abstoßend; *smell* ekelhaft; **it is ~ that ...** es ist widerlich, dass ...

revolution [ˌrevᵊl'uːʃᵊn] *n* ① (*a. fig: overthrow*) Revolution *f* ② TECH Umdrehung *f;* **~s per minute** Drehzahl *f*/ Umdrehungen *Pl* pro Minute

revolutionary [ˌrevᵊl'uːʃᵊnᵊri] **I.** *n* Revolutionär(in) *m(f)* **II.** *adj* revolutionär *a. fig;* (*fig*) bahnbrechend

revolutionize [ˌrevᵊl'uːʃᵊnaɪz] *tr verb* revolutionieren

revolve [rɪ'vɒlv] **I.** *intr verb* sich drehen; **to ~ on an axis** sich um eine Achse drehen **II.** *tr verb* drehen

revolving [rɪ'vɒlvɪŋ] *adj attr* rotierend, Dreh-

revulsion [rɪ'vʌlʃᵊn] *n no pl* Abscheu *f;* **in ~** mit Abscheu; **to fill sb with ~** jdn mit Abscheu erfüllen

reward [rɪ'wɔːd] **I.** *n* Belohnung *f; for merit, service* Anerkennung *f;* **to offer a ~** eine Belohnung aussetzen **II.** *tr verb* belohnen

rewarding [rɪ'wɔːdɪŋ] *adj* befriedigend; *experience* lohnend; **a ~ task** eine dankbare Aufgabe

rewind *tr verb* <-wound, -wound> [ˌriː'waɪnd] *cable* aufwickeln; *cassette, tape* zurückspulen

rhetorical [rɪ'tɒrɪkᵊl] *adj* rhetorisch

rheumatism ['ruːmətɪzᵊm] *n no pl* Rheuma *nt,* Rheumatismus *m*

Rhine [raɪn] *n no pl* GEOG **the ~** der Rhein

rhinoceros <*pl* -es *or* -> [raɪ'nɒsᵊrəs] *n* Nashorn *nt,* Rhinozeros *nt*

rhombus <*pl* -es *or* -bi> ['rɒmbəs, *pl* -baɪ] *n* Rhombus *m,* Raute *f*

rhubarb ['ruːbɑːb] *n no pl* Rhabarber *m*

rhyme [raɪm] **I.** *n* ① *no pl* (*identity in sound*) Reim *m;* **in ~** gereimt, in Reimform ② (*poem*) Reim[vers] *m* **II.** *intr verb* **to ~ [with sth]** sich [auf etw *Akk*] reimen **III.** *tr verb* reimen

rhythm ['rɪðᵊm] *n* Rhythmus *m,* Takt *m;* **sense of ~** Rhythmusgefühl *nt*

rhythmic[al] ['rɪðmɪk(ᵊl)] *adj* rhythmisch

rib [rɪb] *n* ① ANAT Rippe *f;* **~ cage** Brustkorb *m* ② FOOD **~s** Rippchen *nt* ③ *no pl* (*in knitting*) Rippung *f*

ribbon ['rɪbᵊn] *n* ① (*strip of fabric*) Band *nt;* (*fig*) Streifen *m* ② (*rag*) **in ~s** in Fetzen

rib cage *n* ANAT Brustkorb *m*

rice [raɪs] **I.** *n no pl* Reis *m;* **brown ~** Naturreis *m* **II.** *tr verb* AM **to ~ potatoes/vegetables** Kartoffeln/Gemüse passieren

rice pudding *n no pl* Milchreis *m*

rich [rɪtʃ] **I.** *adj* ① (*wealthy*) reich; **to get**

R

~ **quick** schnell zu Reichtum kommen ② (*abounding*) reich (**in** an); ~ **in detail** sehr detailliert; ~ **in vitamins** vitaminreich ③ (*very fertile*) *land* fruchtbar; *earth, soil a.* fett ④ (*opulent*) *carvings, furniture* prachtvoll ⑤ (*of food*) gehaltvoll; (*hard to digest*) schwer ⑥ (*intense*) *colour* satt; *flavour* reich **II.** *n* **the** ~ *pl* die Reichen

rid <-dd-, rid *or old* ridded, rid *or old* ridded> [rɪd] *tr verb* **to ~ sth/sb of sth** etw/jdn von etw befreien; **to be ~ of sb/sth** jdn/etw los sein; **to get ~ of sb/sth** jdn/etw loswerden

ridden ['rɪdᵊn] *pp of* **ride**

riddle ['rɪdḷ] *n* Rätsel *nt a. fig*

ride [raɪd] **I.** *n* ① (*journey*) Fahrt *f* (**on** mit); (*on a horse*) Ritt *m;* **bus** ~ Busfahrt *f;* **to go for a** ~ eine Fahrt machen; (*on a horse*) ausreiten ② AM (*person*) Fahrer(in) *m(f)* ③ (*trip costing nothing*) Mitfahrgelegenheit *f;* **to give sb a** ~ jdn [im Auto] mitnehmen ④ (*at a fair*) [Karussell]fahrt *f* ▸ **to take sb for a** ~ (*fam*) jdn übers Ohr hauen **II.** *tr verb* <rode, ridden> ① (*sit on*) *bicycle, motorcycle* fahren; *horse* reiten; *esp* AM (*as a passenger*) *bus, train* fahren ② *usu passive* (*full of*) **to be ridden with guilt** von [schweren] Schuldgefühlen geplagt werden **III.** *intr verb* <rode, ridden> ① (*on animal*) reiten; **to ~ by** vorbeireiten ② (*on vehicle*) fahren ◆**ride out** *tr verb* überstehen; *crisis* durchstehen ◆**ride up** *intr verb T-shirt, skirt* hochrutschen

rider ['raɪdəʳ] *n of a horse* Reiter(in) *m(f); of a vehicle* Fahrer(in) *m(f)*

ridge [rɪdʒ] *n* ① GEOG Grat *m* ② *of a roof* Dachfirst *m* ③ METEO ~ **of high/low pressure** Hoch-/Tiefdruckkeil *m*

ridicule ['rɪdɪkju:l] **I.** *n no pl* Spott *m,* Hohn *m;* **to hold sb/sth up to** ~ sich über jdn/etw lustig machen **II.** *tr verb* verspotten

ridiculous [rɪ'dɪkjələs] **I.** *adj* ① (*comical*) lächerlich, albern; **to make oneself look** ~ sich lächerlich machen ② BRIT (*approv sl: incredible*) unglaublich **II.** *n no pl* **the** ~ das Absurde

riding ['raɪdɪŋ] **I.** *n* ① *no pl* (*sport*) Reiten *nt* ② CAN POL (*constituency*) Wahlbezirk *m* **II.** *adj attr* Reit-; ~ **crop** Reitgerte *f;* ~ **school** Reitschule *f*

rifle ['raɪfḷ] *n* Gewehr *nt*

rifle range *n* ① (*for practice*) Schießstand *m* ② (*shooting distance*) **within** ~ in Schussweite [eines Gewehrs]

rift [rɪft] *n* ① (*open space*) Spalt *m* ② GEOL [Erd]spalt *m* ③ (*fig: disagreement*) Spaltung *f* (**between** zwischen); **to heal a** ~ eine Kluft überbrücken

rift valley *n* GEOG Grabenbruch *m*

rig[1] [rɪg] *tr verb* <-gg-> (*pej*) *results, prices* manipulieren

rig[2] [rɪg] *n* ① NAUT Takelage *f* ② (*apparatus*) Vorrichtung *f* ③ **drilling** ~ Bohrinsel *f;* **gas/oil** ~ Gas-/Ölbohrinsel *f*

rigging[1] ['rɪgɪŋ] *n no pl* ① NAUT Auftakeln *nt* ② AVIAT Aufrüstung *f*

rigging[2] ['rɪgɪŋ] *n no pl* (*manipulating*) Manipulation *f;* **ballot** ~ Wahlmanipulation *f*

right [raɪt] **I.** *adj* ① (*morally good*) richtig; (*fair*) gerecht; **you're ~ to be annoyed** du bist zu Recht verärgert; **to do the ~ thing** das Richtige tun ② (*correct*) richtig; *time* genau; **the ~ way round** richtig herum; **to get sth** ~ etw richtig machen; **am I ~ in thinking that ...** gehe ich recht in der Annahme, dass ... ③ (*best*) richtig; **to be in the ~ place at the ~ time** zur rechten Zeit am rechten Ort sein ④ (*healthy*) **to be not [quite] ~ in the head** (*fam*) nicht [ganz] richtig im Kopf sein ⑤ (*not left,*) rechte(r, s); **to make a ~ turn** rechts abbiegen ⑥ (*conservative*) rechte(r, s) ⑦ *attr esp* BRIT (*fam: complete*) total **II.** *adv* ① (*completely*) völlig, ganz; ~ **through** durch und durch ② (*all the way*) ganz; (*directly*) genau, direkt ③ (*fam: immediately*) gleich; **I'll be ~ with you** ich komme sofort ④ (*morally good*) **to do ~ by sb** sich jdm gegenüber anständig verhalten ⑤ (*properly*) gut ⑥ (*not left*) rechts; **to turn** ~ [nach] rechts abbiegen ▸ ~ **away** (*fam*) sofort **III.** *n* ① *no pl* (*goodness*) Recht *nt* ② (*morally correct*) das Richtige ③ (*claim, entitlement*) Recht *nt;* **women's ~s** die Rechte *Pl* der Frau[en] ④ *pl* (*authority, ownership*) Rechte *Pl* ⑤ *no pl* (*right side*) rechte Seite; **on the** ~ rechts, auf der rechten Seite; **on my/her** ~ rechts [von mir/ihr] ⑥ + *sing/pl verb* POL **the Right** die

Rechte; **the far Right** die Rechtsextremen *Pl* **IV.** *tr verb* ① (*correct position*) aufrichten; (*correct condition*) in Ordnung bringen ② (*rectify*) *mistake, wrong* wiedergutmachen **V.** *interj* (*fam*) ① (*okay*) in Ordnung, okay *fam;* ~ **you are!** in Ordnung! ② BRIT (*fam: agreed*) **too ~!** wohl wahr! ③ (*as introduction*) **~, let's go** also, nichts wie los *fam*

right angle *n* rechter Winkel **right-angled** *adj* rechtwinklig

rightful ['raɪtfᵊl] *adj attr* rechtmäßig

right-hand *adj attr* ① (*on the right*) rechte(r, s); ~ **drive** Rechtslenkung *f* ② (*with the right hand*) mit der Rechten *nachgestellt;* ~ **punch** rechter Haken **right-handed** *adj* rechtshändig **right-hander** *n* ① (*person*) Rechtshänder(in) *m(f)* ② (*in boxing*) rechter Haken ③ (*bend*) Rechtskurve *f*

rightly ['raɪtli] *adv* ① (*correctly*) richtig ② (*justifiably*) zu Recht; **quite** ~ völlig zu Recht

right-minded *adj* (*approv*) vernünftig

right of way <*pl* rights-> *n* ① *no pl* (*right to pass*) Durchgangsrecht *nt* ② AUTO Vorfahrt *f*

right-wing *adj* rechts *präd,* rechte(r, s) **right wing** *n* + *sing/pl verb* POL, SPORTS **the** ~ der rechte Flügel

rigid ['rɪdʒɪd] *adj* ① (*inflexible*) starr, steif; **to be bored** ~ BRIT (*fam*) zu Tode gelangweilt sein ② (*fig: unalterable*) *routine, rules* starr; (*overly stringent*) streng

rigorous ['rɪgᵊrəs] *adj* ① (*thorough*) [peinlich] genau, präzise ② (*disciplined*) strikt, streng

rim [rɪm] *n* ① (*brim*) *of a cup, a plate* Rand *m* ② (*boundary*) Rand *m;* **on the Pacific** ~ am Rande des Pazifiks ③ *of a wheel* Felge *f* ④ *usu pl of spectacle frames* Fassung *f*

rind [raɪnd] *n no pl* Schale *f; of a tree* [Baum]rinde *f;* **bacon** ~ [Speck]schwarte *f;* [**grated**] **lemon** ~ [geriebene] Zitronenschale

ring¹ [rɪŋ] **I.** *n* ① (*jewellery*) Ring *m* ② (*circular object*) Ring *m* ③ BRIT (*cooking device*) Kochplatte *f* ④ (*arena*) Ring *m;* **circus** ~ Manege *f* ⑤ (*circle*) *of people, objects* Kreis *m* **II.** *tr verb* ① *usu passive* (*surround*) umringen ② BRIT (*draw*) einkreisen

ring² [rɪŋ] **I.** *n* ① (*act of sounding bell*) Klingeln *nt kein Pl* ② (*sound made*) Klingeln *nt kein Pl,* Läuten *nt kein Pl* ③ *usu sing esp* BRIT (*telephone call*) **to give sb a** ~ jdn anrufen **II.** *intr verb* <rang, rung> ① (*produce bell sound*) *telephone* klingeln ② (*have humming sensation*) klingen **III.** *tr verb* <rang, rung> ① (*make sound*) *bell* läuten; **to ~ the alarm** Alarm auslösen ② (*of a church*) **to ~ the hour** die Stunde schlagen ③ *esp* BRIT (*call on telephone*) anrufen; **to ~ sb back** jdn zurückrufen ◆ **ring off** *intr verb* BRIT auflegen ◆ **ring out I.** *intr verb* ertönen **II.** *tr verb* ausläuten ◆ **ring up I.** *tr verb* ① *esp* BRIT (*telephone*) anrufen ② COMM **to ~ up an amount** einen Betrag [in die Kasse] eintippen **II.** *intr verb* BRIT anrufen

ring binder *n* Ringbuch *nt* **ring finger** *n* Ringfinger *m*

ringing ['rɪŋɪŋ] **I.** *adj attr* (*resounding*) schallend; ~ **cheer** lauter Jubel; ~ **crash** ohrenbetäubendes Krachen **II.** *n no pl* Klingeln *nt*

ringleader *n* Anführer(in) *m(f)*

ringlet ['rɪŋlɪt] *n usu pl* Locke *f*

ring road *n* BRIT, AUS Ringstraße *f*

ringside *n* **the** ~ (*in boxing*) die Sitzreihe am Boxring; (*in a circus*) die Sitzreihe an der Manege

ringtone *n* TELEC Klingelton *m*

rink [rɪŋk] *n* **ice** ~ Eisbahn *f;* **rollerska ing** ~ Rollschuhbahn *f*

rinse [rɪns] **I.** *n* ① (*action*) Spülung *f* **give one's hair a** ~ sich *Dat* die Ha spülen ② (*for mouth*) Mundspülu **II.** *tr, intr verb* spülen; **to ~ one's m** [**out**] sich *Dat* den Mund ausspüler

rinse aid *n* Klarspüler *m*

riot ['raɪət] **I.** *n* ① (*disturbance* wall *m,* Unruhen *Pl;* (*uproa* stand *m a. fig* ② *no pl* (*fig: disp* ~ **of colour**[**s**] eine Farbenpracht *pl* (*fig: outburst*) **a ~ of emotion** Gefühlsausbruch *m* **II.** *intr ve* (*act violently*) randalieren ② (*fi* have *uncontrollably*) wild feiern

rioter ['raɪətəʳ] *n* Aufständ *f(m)*

riot gear *n no pl* Schutzan

rioting ['raɪətɪŋ] *n no pl* Randalieren *nt,* Krawalle *Pl*

rip [rɪp] **I.** *n* ① (*tear*) Riss *m* ② *usu sing* (*act*) Zerreißen *nt;* (*with knife*) Zer-

R

schlitzen *nt* **II.** *tr verb* <-pp-> zerreißen; **to ~ sth into shreds** etw zerfetzen; **to ~ sth open** etw aufreißen; **to ~ sth apart** etw auseinanderreißen **III.** *intr verb* <-pp-> ① (*tear*) reißen ② (*rush*) **to ~ through sth** durch etw fegen ◆**rip down** *tr verb* (*poster*) runterreißen; (*building*) abreißen ◆**rip off** *tr verb* ① (*take off fast*) abreißen ② (*fam: overcharge*) **to ~ off ☺ sb** jdn übers Ohr hauen ③ (*fam: steal*) mitgehen lassen; **to ~ off ideas** Ideen klauen ◆**rip out** *tr verb* herausreißen ◆**rip up** *tr verb* zerreißen; **to ~ the carpets up** den Teppichboden herausreißen

RIP [ˌɑːraɪˈpiː] *abbrev of* **rest in peace** R.I.P.

ripen [ˈraɪpᵊn] **I.** *intr verb* [heran]reifen *a. fig* **II.** *tr verb fruit* reifen lassen

rip-off *n* (*fam*) Wucher *m kein Pl pej;* (*fraud*) Schwindel *m,* Beschiss *m kein Pl derb*

rise [raɪz] **I.** *n* ① (*upward movement*) *of a theatre curtain* Hochgehen *nt kein Pl; of the sun* Aufgehen *nt kein Pl* ② (*in fishing*) Steigen *nt kein Pl* ③ (*in society*) Aufstieg *m;* **~ to power** Aufstieg *m* an die Macht **II.** *intr verb* <rose, risen> ① (*ascend*) steigen ② (*become visible*) *moon, sun* aufgehen ③ (*improve position*) aufsteigen; **to ~ to fame** berühmt werden ④ (*from a chair*) sich erheben ⑤ (*get out of bed*) aufstehen ⑥ (*rebel*) **to ~ against sb/sth** sich gegen jdn/etw auflehnen ⑦ (*incline upwards*) *ground* ansteigen ⑧ FOOD *yeast, dough* aufgehen ⑨ *mood, spirit* steigen

risen [ˈrɪzᵊn] *pp of* **rise**

riser [ˈraɪzəʳ] *n* ① (*person*) **early ~** Frühaufsteher(in) *m(f);* **late ~** Spätaufsteher(in) *m(f)* ② AM (*platform*) **~s** *pl* Tribüne *f*

rising [ˈraɪzɪŋ] **I.** *adj attr* ① (*getting higher*) *flood waters* steigend; *sun* aufgehend ② (*increasing*) *costs* steigend; *fury* wachsend ③ (*angled upwards*) *ground* [auf]steigend **II.** *n* Aufstand *m,* Erhebung *f*

risk [rɪsk] **I.** *n* Risiko *nt;* **at the ~ of doing sth** auf die Gefahr hin, etw zu tun; **fire ~** Brandgefahr *f;* **~ assessment** Risikoanalyse *f;* **~ liability** Risikohaftung *f* **II.** *tr verb* riskieren

risky [ˈrɪski] *adj* riskant

risotto [rɪˈzɒtəʊ] *n* Risotto *m o* ÖSTERR, SCHWEIZ *a. nt*

rival [ˈraɪvᵊl] **I.** *n* Rivale *m/*Rivalin *f;* COMM Konkurrent *m;* **arch ~** Erzrivale *m/*Erzrivalin *f;* **bitter ~s** scharfe Rivalen; **closest ~** größter Rivale/größte Rivalin **II.** *adj* konkurrierend *attr;* **~ brand** Konkurrenzmarke *f* **III.** *tr verb* <BRIT -ll- *or* AM *usu* -l-> **to ~ sb/sth** mit jdm/etw konkurrieren

rivalry [ˈraɪvᵊlri] *n* Rivalität *f* (**among** unter); **friendly ~** freundschaftlicher Wettstreit

river [ˈrɪvəʳ] *n* ① Fluss *m;* **the River Thames** die Themse; **down ~** stromabwärts; **up ~** stromaufwärts ② (*fig*) Strom *m*

river bed *n* Flussbett *nt* **river police** *n no pl, + sing/pl verb* Wasserschutzpolizei *f* **riverside** *n* [Fluss]ufer *nt*

riveting [ˈrɪvɪtɪŋ] *adj* (*fam*) fesselnd

RN [ˌɑːrˈen] *n* ① BRIT MIL *abbrev of* **Royal Navy** ② AM *abbrev of* **registered nurse** examinierte Krankenschwester/examinierter Krankenpfleger

In fast allen britischen Küstenorten findet man eine Rettungsstation der **RNLI**, der **Royal National Lifeboat Institution**. Aufgrund der Tide werden die blau-orangefarbenen Rettungsboote häufig über eine Rampe zu Wasser gelassen. Bereits Anfang des 19. Jahrhunderts waren in Großbritannien vereinzelt Seenotrettungsboote stationiert, aber einen zentralen Verband gab es zu dieser Zeit noch nicht. Die offiziell älteste Station in Sunderland kann aber immerhin auf eine stolze Geschichte von über 200 Jahren zurückblicken.
Da Spenden bei der Finanzierung eine zentrale Rolle spielen, findet man neben vielen Rettungsstationen einen *RNLI shop*, in dem man allerlei RNLI-Souvenirs kaufen und so die Organisation unterstützen kann.

road [rəʊd] *n* ① Straße *f;* **main ~** Hauptstraße *f;* **to cross the ~** die Straße überqueren ② (*fig: course*) Weg *m;* **to be on the ~ to recovery** sich auf dem Wege der Besserung befinden

R

road accident *n* Verkehrsunfall *m* **roadblock** *n* Straßensperre *f* **road fund licence** *n* BRIT Steuerplakette *f* **road haulage** *n no pl* BRIT Güterverkehr *m* (*auf den Straßen*) **road hog** *n* (*pej fam*) Verkehrsrowdy *m* **road map** *n* Straßenkarte *f* **road rage** *n no pl* aggressives Verhalten im Straßenverkehr **road safety** *n no pl* Verkehrssicherheit *f* **road sign** *n* Verkehrsschild *nt* **road sweeper** *n* Straßenkehrer(in) *m(f)*, Straßenfeger(in) *m(f)* SÜDD **road-test** *tr verb car* Probe fahren **road user** *n* Verkehrsteilnehmer(in) *m(f)* **roadworks** *npl* Straßenbauarbeiten *Pl*

roam [rəʊm] **I.** *intr verb* ❶ (*travel aimlessly*) **to ~ about/around/over/through** umherstreifen, umherziehen ❷ *mind, thoughts* abschweifen **II.** *tr verb* **to ~ the streets** durch die Straßen ziehen *fam; dog* herumstreunen

roar [rɔːʳ] **I.** *n* ❶ (*bellow*) *of a lion, a person* Brüllen *nt kein Pl*, Gebrüll *nt kein Pl* ❷ (*loud noise*) *of an aircraft, a cannon* Donnern *nt kein Pl* ❸ (*laughter*) schallendes Gelächter **II.** *intr verb* ❶ (*bellow*) *lion, person* brüllen; **to ~ at sb** jdn anbrüllen ❷ (*make a loud noise*) *aircraft, cannon* donnern **III.** *tr verb* brüllen

roaring ['rɔːrɪŋ] *adj attr* ❶ (*noisy*) *animal, crowd* brüllend; *inanimate object* lärmend; *aircraft, cannon* donnernd ❷ (*fam: for emphasis*) **to be a ~ success** ein Bombenerfolg sein

roast [rəʊst] **I.** *tr verb* (*heat*) rösten; *meat* braten **II.** *intr verb* braten **III.** *adj attr* Brat-; **~ beef** Roastbeef *nt*; **~ chicken** Brathähnchen *nt* **IV.** *n* ❶ Braten *m* ❷ *no pl* (*process*) Rösten *nt* ❸ (*coffee*) Röstung *f*

roasting ['rəʊstɪŋ] **I.** *adj attr* ❶ (*for roasting*) zum Braten *nachgestellt* ❷ (*fam: hot*) knallheiß **II.** *n* ❶ *no pl* (*action of cooking*) Braten *nt* ❷ *usu sing* (*fam: criticism*) Standpauke *f*; **to give sb a ~** jdm eine Standpauke halten

rob <-bb-> [rɒb] *tr verb* ❶ (*steal from*) **to ~ sb** jdn bestehlen; (*violently*) jdm rauben; **to ~ a bank** eine Bank ausrauben ❷ *usu passive* (*fam: overcharge*) **to ~ sb** jdn ausnehmen

robber ['rɒbəʳ] *n* Räuber(in) *m(f)*

robbery ['rɒbᵊri] *n* Raubüberfall *m*; **bank ~** Bankraub *m*; **armed ~** bewaffneter Raubüberfall

robe [rəʊb] *n* ❶ (*long garment*) langes Kleid, Abendkleid *nt* ❷ (*dressing gown*) Morgenmantel *m*

robin ['rɒbɪn] *n*, *liter* **robin redbreast** *n* Rotkehlchen *nt*

robot ['rəʊbɒt] *n* Roboter *m*

robotics [rə(ʊ)'bɒtɪks] *n + sing verb* Robotik *f kein Pl*

rock[1] [rɒk] *n* ❶ *no pl* (*mineral material*) Stein *m* ❷ (*sticking out of ground*) Fels[en] *m* ❸ GEOL Gestein *nt* ❹ (*Gibraltar*) **the Rock** der Felsen von Gibraltar ❺ AM, AUS (*a stone*) Stein *m* ❻ *no pl* BRIT **stick of ~** Zuckerstange *f* ❼ (*fam: diamond*) Klunker *m*

rock[2] [rɒk] **I.** *n* ❶ *no pl* (*music*) Rockmusik *f* ❷ (*movement*) Schaukeln *nt kein Pl*, Wiegen *nt kein Pl* **II.** *tr verb* (*cause to move*) schaukeln; (*gently*) wiegen; **to ~ a child to sleep** ein Kind in den Schlaf wiegen **III.** *intr verb* ❶ (*move*) schaukeln; **to ~ back and forth** hin und her schaukeln ❷ (*play music*) Rock[musik] spielen

rock and roll *n no pl* Rock and Roll *m* **rock band** *n* Rockband *f* **rock bottom** *n* Tiefpunkt *m*; **to be at ~** am Tiefpunkt [angelangt] sein; *person a.* am Boden zerstört sein **rock bun** *n* BRIT, AUS, **rock cake** *n* BRIT, AUS [kleiner] Rosinenkuchen **rock climber** *n* Bergsteiger(in) *m(f)* **rock climbing** *n no pl* Klettern *nt*

rocker ['rɒkəʳ] *n* ❶ (*musician*) Rockmusiker(in) *m(f)*; (*fan*) Rockfan *m* ❷ BRIT (*hist: in '60s motorcycle cult*) Rocker(in) *m(f)* ❸ (*chair*) Schaukelstuhl *m*

rockery ['rɒkᵊri] *n* Steingarten *m*

rocket[1] ['rɒkɪt] **I.** *n* ❶ (*missile*) [Marsch]flugkörper *m*; (*for space travel*) Rakete *f* ❷ (*firework*) [Feuerwerks]rakete *f* **II.** *intr verb* **to ~ [up]** *costs, prices* hochschnellen

rocket[2] ['rɒkɪt] *n no pl* FOOD Rauke *f*

rockfall *n* Steinschlag *m kein Pl*

rocking ['rɒkɪŋ] *adj* schaukelnd, schwankend; **~ chair** Schaukelstuhl *m*; **~ horse** Schaukelpferd *nt*

rock music *n no pl* Rockmusik *f*

rock salt *n no pl* Steinsalz *nt*

rock star *n* Rockstar *m*

rocky ['rɒki] *adj* ❶ (*characterized by rocks*) felsig ❷ (*full of rocks*) *soil* steinig

R

Rocky Mountains *n* **the** ~ die Rocky Mountains *Pl*

rod [rɒd] *n* ❶ (*bar*) Stange *f* ❷ (*staff*) Stab *m* ❸ (*cane*) Rohrstock *m*

rode [rəʊd] *pt of* **ride**

rodent ['rəʊdᵊnt] *n* Nagetier *nt*

roe¹ [rəʊ] *n no pl of female fish* Rogen *m; of male fish* Milch *f*

roe² <*pl* -s *or* -> [rəʊ] *n* (*deer*) Reh *nt*

rofl ['rɒfᵊl] INTERN, COMPUT (*fam*) *acr for* **rolling on the floor laughing** ich wälze mich vor Lachen auf dem Boden, ich lache mich tot

roger ['rɒdʒəʳ] *interj* ~**!** verstanden!, roger! *sl*

rogue [rəʊg] **I.** *n* (*pej*) Gauner(in) *m(f)* **II.** *adj company, organization* skrupellos; ~ **state** Schurkenstaat *m*

role [rəʊl] *n* ❶ Rolle *f;* **leading** ~ Hauptrolle *f;* **supporting** ~ Nebenrolle *f* ❷ (*function*) Rolle *f,* Funktion *f*

role model *n* Rollenbild *nt* **role play** *n,* **role playing** *n no pl* Rollenspiel *nt* **role reversal** *n* Rollentausch *m kein Pl*

roll [rəʊl] **I.** *n* ❶ (*cylinder*) Rolle *f;* **a** ~ **of film/paper** eine Rolle Film/Papier ❷ (*cylindrical mass*) Rolle *f* ❸ (*list*) [Namens]liste *f;* **electoral** ~ Wählerverzeichnis *nt* ❹ FOOD (*bread*) Brötchen *nt;* (*meat*) Roulade *f;* (*cake, pastry*) Rolle *f* ❺ *no pl* (*movement*) Rollen *nt* ❻ *no pl* (*unsteady movement*) *of a car, a plane, a ship* Schlingern *nt* ❼ SPORTS, AVIAT Rolle *f;* **a backward** ~ eine Rolle rückwärts ❽ *usu sing* (*sound*) *of thunder* [G]rollen *nt kein Pl* **II.** *tr verb* ❶ (*make move around axis*) rollen; **to** ~ **one's eyes** die Augen verdrehen ❷ (*make turn over*) drehen ❸ (*push on wheels*) rollen; (*when heavier*) schieben ❹ (*wind*) aufrollen; **to** ~ **wool into a ball** Wolle aufwickeln ❺ *pastry* ausrollen ❻ *dice* würfeln **III.** *intr verb* ❶ (*move around axis*) rollen (**off** von); (*turn over*) sich herumrollen; (*wallow*) sich [herum]wälzen ❷ (*flow*) *waves* rollen; *tears* kullern ❸ (*move on wheels*) rollen ❹ (*oscillate*) *ship, plane* schlingern ❺ SPORTS, AVIAT eine Rolle machen ◆**roll back I.** *tr verb* ❶ (*move back*) zurückrollen; (*push back*) zurückschieben; (*fold back*) zurückschlagen ❷ (*fig: reverse development*) *advances* umkehren; **to** ~ **back the years** die Uhr zurückdrehen *fig* **II.** *intr verb* ❶ (*move backwards*) zurückrollen ❷ ECON, FIN *prices, wages* sinken ◆**roll in I.** *intr verb* (*fam*) ❶ (*move in*) hineinrollen; (*come in*) hereinrollen ❷ (*be received*) *offers* [massenhaft] eingehen **II.** *tr verb* (*bring in*) hereinrollen ◆**roll on I.** *intr verb* ❶ (*move further*) weiterrollen ❷ (*continue*) weitergehen; *time* verfliegen **II.** *tr verb* (*apply*) aufwalzen ◆**roll out I.** *tr verb* ❶ (*bring out*) herausrollen ❷ *dough* ausrollen **II.** *intr verb* (*move outside*) hinausrollen ◆**roll over I.** *intr verb* herumrollen; *person, animal* sich umdrehen; **to** ~ **over onto one's side** sich auf die Seite rollen **II.** *tr verb* ❶ (*turn over*) umdrehen; ~ **him over onto his back/side** dreh ihn auf den Rücken/die Seite ❷ FIN *credit* erneuern ◆**roll up I.** *tr verb* ❶ (*move up, around axis*) hochrollen; *clothes* hochkrempeln ❷ (*coil*) aufrollen ❸ FIN, ECON *credit* verlängern **II.** *intr verb* ❶ (*move up*) hochrollen ❷ (*fam: arrive*) aufkreuzen ❸ BRIT, AUS (*participate*) ~ **up!** treten Sie näher!

roll bar *n* Überrollbügel *m*

roll-call *n* Namensaufruf *m kein Pl*

roller ['rəʊləʳ] *n* ❶ TECH Walze *f* ❷ (*for paint*) Rolle *f,* Roller *m*

roller blind *n esp* BRIT, AUS Rollo *nt* **roller coaster** *n* Achterbahn *f* **roller-skate** *intr verb* Rollschuh laufen [*o* fahren]

rolling pin *n* Nudelholz *nt*

roll-out ['rəʊlaʊt] *n* COMM Markteinführung *f*

ROM [rɒm] *n no pl abbrev of* **Read Only Memory** ROM *m o nt*

Roman ['rəʊmən] **I.** *adj* römisch **II.** *n* Römer(in) *m(f)*

roman blind *n* Raffrollo *nt*

Roman Catholic I. *adj* römisch-katholisch **II.** *n* Katholik(in) *m(f)*

romance [rə(ʊ)'mæn(t)s] *n* ❶ *no pl* (*romanticism*) Romantik *f* ❷ (*love affair*) Romanze *f,* Liebesaffäre *f;* **whirlwind** ~ heftige Liebesaffäre ❸ (*movie*) Liebesfilm *m;* (*book*) Liebesroman *m*

Romance [rə(ʊ)'mæn(t)s] LING **I.** *n* romanische Sprachen **II.** *adj attr* romanisch

Romania [rʊ'meɪniə] *n* Rumänien *nt*

Romanian [rʊ'meɪniən] **I.** *adj* rumänisch **II.** *n* ❶ (*person*) Rumäne *m,* Ru-

R

mänin *f* 2 *no pl* (*language*) Rumänisch *nt*

romantic [rə(ʊ)'mæntɪk] **I.** *adj* romantisch **II.** *n* Romantiker(in) *m(f)*

rom-com ['rɒmkɒm] *n short for* **romantic comedy** Liebeskomödie *f*

Rome [rəʊm] *n* Rom *nt*

roof [ru:f] **I.** *n* 1 (*top of house*) Dach *nt* 2 (*attic*) Dachboden *m* 3 (*ceiling*) *of a cave* Decke *f* **II.** *tr verb* überdachen

roof garden *n* Dachgarten *m* **roof light** *n* Dachfenster *nt* **roof rack** *n* AUTO Dachgepäckträger *m* **roofshade** *n* Wintergarten-Jalousie *f*, Jalousie *f* für Glasanbauten

rook[1] [rʊk] *n* ORN Krähe *f*

rook[2] [rʊk] *n* CHESS Turm *m*

rookie ['rʊki] *n esp* AM, AUS (*fam*) Neuling *m;* MIL Rekrut(in) *m(f)*

room [ru:m] *n* 1 *no pl* (*space*) Platz *m*, Raum *m* 2 (*scope*) Raum *m;* ~ **for manoeuvre** Bewegungsspielraum *m* 3 (*building section*) Zimmer *nt;* **double/single** ~ Doppel-/Einzelzimmer *nt*

roomful ['ru:mfʊl] *n usu sing* **a** ~ **of boxes/people** ein Zimmer *nt* voller Kisten/Leute

room-mate *n*, AM *usu* **roommate** *n* 1 (*sharing room*) Zimmergenosse *m*, Zimmergenossin *f* 2 AM (*sharing flat or house*) Mitbewohner(in) *m(f)*

room service *n no pl* Zimmerservice *m*

roomy ['ru:mi] *adj* (*approv*) geräumig

rooster ['ru:stəʳ] *n* AM, AUS ZOOL (*cockerel*) Hahn *m*

root [ru:t] **I.** *n* 1 (*embedded part*) Wurzel *f;* **to take** ~ Wurzeln schlagen *a. fig* 2 (*fig: basic cause*) Wurzel *f*, Ursprung *m;* (*essential substance*) Kern *m kein Pl* 3 LING Stamm *m* **II.** *tr verb cuttings, plant* einpflanzen **III.** *intr verb* 1 *plant* wurzeln, Wurzeln schlagen 2 (*fam: support*) **to** ~ **for sb** jdm die Daumen drücken 3 (*search*) **to** ~ **through sth** etw durchstöbern

rooted ['ru:tɪd] *adj* verwurzelt ▸ **to be** ~ **to the spot** wie angewurzelt dastehen

root vegetable *n* (*beets, carrots*) Wurzel *f*, Wurzelgemüse *nt;* (*celery, potatoes*) Knolle *f*

rope [rəʊp] **I.** *n* 1 (*cord*) Seil *nt*, Strick *m;* NAUT Tau *nt* 2 AM (*lasso*) Lasso *nt* **II.** *tr verb* anseilen, festbinden (**to** an)

rope ladder *n* Strickleiter *f*

ropey *adj*, **ropy** ['rəʊpi] *adj* 1 (*rope-like*) seilartig 2 BRIT, AUS (*pej fam: ill*) elend; ~ **tyres** schlechte Reifen

rose[1] [rəʊz] **I.** *n* 1 (*flower*) Rose *f;* (*bush*) Rosenstrauch *m* 2 *no pl* (*colour*) Rosa *nt* ▸ **to come up [smelling of]** ~**s** bestens laufen *fam* **II.** *adj* rosa

rose[2] [rəʊz] *pt of* **rise**

rosebud *n* Rosenknospe *f* **rose bush** *n* Rosenstrauch *m* **rose garden** *n* Rosengarten *m* **rose hip** *n* Hagebutte *f*

rosemary ['rəʊzmᵊri] *n no pl* Rosmarin *m*

roster ['rɒstəʳ] **I.** *n esp* AM, AUS 1 (*list*) Liste *f;* (*plan*) Plan *m;* **duty** ~ Dienstplan *m* 2 SPORTS Spielerliste *f* **II.** *tr verb usu passive* **to** ~ **sb/sth** jdn/etw auf den Dienstplan setzen

rostrum <*pl* -s *or* -tra> ['rɒstrəm, *pl* -trə] *n* (*raised platform*) Tribüne *f*, Podium *nt*

rosy ['rəʊzi] *adj* rosig *a. fig*

rot [rɒt] **I.** *n no pl* 1 (*process*) Fäulnis *f* 2 (*decayed matter*) Verfaultes *nt*, Verwestes *nt* 3 BRIT (*fig*) **the** ~ der Verfall **II.** *intr verb* <-tt-> 1 (*decay*) verrotten; *teeth, meat* verfaulen 2 (*deteriorate*) *institution, society* verkommen

rota ['rəʊtə] *n esp* BRIT (*list*) Liste *f;* (*plan*) Plan *m*

rotary engine *n* AUTO Wankelmotor *m*

rota system *n* BRIT Dienstplan *m*

rotate [rə(ʊ)'teɪt] **I.** *intr verb* 1 (*revolve*) rotieren (**around** um) 2 (*alternate*) wechseln **II.** *tr verb* 1 (*cause to turn*) drehen 2 (*alternate*) *troops* auswechseln; **to** ~ **crops** im Fruchtwechsel anbauen

rotation [rə(ʊ)'teɪʃᵊn] *n* Rotation *f*, Umdrehung *f;* **crop** ~ AGR Fruchtwechsel *m;* **the earth's** ~ die Erdumdrehung

rote [rəʊt] *n no pl* (*usu pej*) **to learn sth by** ~ etw auswendig lernen

rotor ['rəʊtəʳ] *n* Rotor *m*

rotten ['rɒtᵊn] **I.** *adj* 1 (*decayed*) verfault; *fruit* verdorben 2 (*corrupt*) korrupt, völlig verdorben *fig* 3 (*fam: very bad*) mies; **to feel** ~ sich mies fühlen **II.** *adv* (*fam*) total *fam;* **to be spoiled** ~ *child* völlig verzogen sein

rough [rʌf] **I.** *adj* 1 (*uneven*) rau;

R

ground, terrain uneben ❷ (*not soft*) *sound, voice* rau, hart ❸ (*harsh*) rau, hart ❹ (*fam: difficult*) hart, schwer ❺ BRIT (*fam: ill*) **to look ~** mitgenommen aussehen ❻ (*imprecise*) grob **II.** *adv* (*fam*) rau ▶ **to sleep ~** BRIT im Freien schlafen **III.** *tr verb* (*fam*) **to ~ it** [ganz] primitiv leben

rough-and-tumble *adj attr* **~ atmosphere** raue Atmosphäre

roughen ['rʌfᵊn] *tr verb* aufrauen

roughly ['rʌfli] *adv* ❶ (*harshly*) grob, roh ❷ (*without refinement*) **~ built** grob zusammengezimmert ❸ (*approximately*) grob; **~ the same** ungefähr gleich

round [raʊnd] **I.** *adj* <-er, -est> ❶ (*circular*) rund; *face* rundlich ❷ (*even number*) rund **II.** *adv esp* BRIT ❶ (*in circular motion*) **to go ~** sich umdrehen ❷ (*here and there*) **to run ~** herumrennen *fam* ❸ (*to a specific place*) **to come ~** vorbeikommen *fam;* **to go ~** *virus, rumours* umgehen ❹ (*surrounding*) rundherum; **all year ~** das ganze Jahr hindurch ❺ (*towards other direction*) **to turn ~** sich umdrehen **III.** *prep* ❶ (*surrounding*) um *+Akk;* **he put his arms ~ her** er legte seine Arme um sie ❷ (*circling*) um *+Akk;* **the moon goes ~ the earth** der Mond kreist um die Erde ❸ (*curving to other side of*) um *+Akk;* **to be just ~ the corner** gleich um die Ecke sein **IV.** *n* ❶ (*for all*) Runde *f* ❷ (*series*) Folge *f;* **~ of talks** Gesprächsrunde *f* ❸ (*salvo*) **~ of applause** Beifall *m* ❹ *esp* BRIT, AUS (*delivery route*) Runde *f;* **to do a paper ~** Zeitungen austragen **V.** *tr verb* ❶ (*make round*) umrunden ❷ (*go around*) **to ~ the corner** um die Ecke biegen ◆ **round down** *tr verb number, sum* abrunden ◆ **round off** *tr verb* abrunden ◆ **round out** *tr verb story* abrunden ◆ **round up** *tr verb* ❶ (*increase*) *figure* aufrunden ❷ (*gather*) *people* zusammentrommeln *fam; things* zusammentragen

roundabout ['raʊndəˌbaʊt] **I.** *n* ❶ BRIT, AUS (*traffic*) Kreisverkehr *m* ❷ BRIT (*at a funfair*) Karussell *nt* **II.** *adj* umständlich; **to take a ~ route** einen Umweg machen; **to give a ~ statement** eine unklare Aussage machen

R

round-the-clock *adj, adv* rund um die Uhr; **to be open ~** *shops* durchgehend geöffnet haben; **to work ~** rund um die Uhr arbeiten

round trip I. *n* Rundreise *f* **II.** *adv* AM **to fly ~** ein Rückflugticket haben

roundup *n* ❶ (*gathering*) Versammlung *f; of criminals, suspects* Festnahme *f* ❷ (*summary*) Zusammenfassung *f*

rousing ['raʊzɪŋ] *adj* mitreißend; *cheer, reception* stürmisch; **to receive a ~ welcome** überschwänglich empfangen werden

route [ruːt AM raʊt] *n* ❶ (*way*) Strecke *f,* Route *f;* **the ~ to success** der Weg zum Erfolg ❷ TRANSP Linie *f* ❸ AM (*delivery path*) Runde *f;* **to have a paper ~** Zeitungen austragen ❹ AM (*road*) Route *f*

routine [ruː'tiːn] **I.** *n* ❶ (*habit*) Routine *f* ❷ (*dancing*) Figur *f* **II.** *adj* ❶ (*regular*) routinemäßig; **to become ~** zur Gewohnheit werden ❷ (*pej: uninspiring*) routinemäßig

row¹ [rəʊ] *n* ❶ (*line*) Reihe *f;* **~s of people** Menschenschlangen *Pl;* **in ~s** reihenweise ❷ (*street*) Straße *f* ❸ (*in succession*) **in a ~** hintereinander

row² [raʊ] **I.** *n esp* BRIT, AUS ❶ (*quarrel*) Streit *m,* Krach *m fam* ❷ (*noise*) Lärm *m,* Krach *m kein Pl* **II.** *intr verb esp* BRIT (*fam*) sich streiten

row³ [rəʊ] **I.** *tr, intr verb boat* rudern **II.** *n usu sing* Rudern *nt kein Pl*

rowboat ['rəʊbəʊt] *n* AM (*rowing boat*) Ruderboot *nt*

rowdy ['raʊdi] *adj* (*pej*) laut, rüpelhaft; *party* wild

rower ['rəʊəʳ] *n* Ruderer *m/*Ruderin *f*

rowing ['rəʊɪŋ] *n no pl* Rudern *nt;* **~ boat** Ruderboot *nt;* **~ club** Ruderklub *m*

rowlock ['rɒlək] *n* Dolle *f*

royal ['rɔɪəl] **I.** *adj* <-er, -est> ❶ (*of a monarch*) königlich ❷ (*fig*) fürstlich ❸ *esp* AM (*fam: big*) gewaltig **II.** *n* (*fam*) Angehörige(r) *f(m)* der königlichen Familie

Royal Air Force *n no pl, + sing/pl verb* BRIT **the ~** die Königliche Luftwaffe

Royal Highness *n* **Your/His/Her ~** Eure/Seine/Ihre Königliche Hoheit

royalist ['rɔɪəlɪst] **I.** *n* Royalist(in) *m(f)* **II.** *adj* royalistisch

Royal Navy *n no pl, + sing/pl verb* BRIT **the ~** die Königliche Marine

royalty [ˈrɔɪəlti] *n* ① *no pl, + sing/pl verb* (*sovereignty*) Königshaus *nt;* **to treat sb like ~** jdn fürstlich behandeln ② PUBL **royalties** Tantiemen *Pl*

RPG [ˌɑːpiːˈdʒiː] *n abbrev of* **rocket propelled grenade** MIL Granate *f* mit Raketenantrieb

rpm <*pl* -> [ˌɑːpiːˈem] *n* AUTO, AVIAT *abbrev of* **revolutions per minute** U/min

RSPCA [ˌɑːesˌpiːsiːˈeɪ] *n no pl, + sing/pl verb* BRIT *abbrev of* **Royal Society for the Prevention of Cruelty to Animals** ≈ Tierschutzverein *m*

RSVP [ˌɑːesviːˈpiː] *abbrev of* **répondez s'il vous plaît** u. A. w. g.

rub [rʌb] **I.** *n* Reiben *nt kein Pl;* **to give sth a ~** etw reiben **II.** *tr verb* <-bb-> reiben; (*with ointment*) einreiben; **to ~ one's hands together** sich *Dat* die Hände reiben; **to ~ sth clean** etw sauber wischen **III.** *intr verb* <-bb-> reiben; *shoes, collar* scheuern ◆**rub down** *tr verb* **to ~ down a surface** eine Fläche abreiben; (*clean*) eine Fläche abwischen; **to ~ down a dog** einen Hund trocken reiben ◆**rub in** *tr verb* ① (*spread*) einreiben ② (*fam: keep reminding*) **to ~ it in** auf etw *Dat* herumreiten ▶ **to ~ sb's nose in it** jdm etw unter die Nase reiben *fam* ◆**rub off I.** *intr verb* ① (*become clean*) wegreiben; *stains* rausgehen ② (*fam: affect*) **sth ~s off on sb** etw färbt auf jdn ab **II.** *tr verb* wegwischen ◆**rub out I.** *tr verb* ① (*erase*) ausradieren ② AM (*sl: murder*) **to ~ out ↻ sb** jdn abmurksen *sl* **II.** *intr verb stain* herausgehen; (*erase*) sich ausradieren lassen

rubber [ˈrʌbəʳ] *n* ① *no pl* (*elastic substance*) Gummi *m o nt* ② BRIT, AUS (*eraser*) Radiergummi *m* ③ AM (*shoes*) **~s** [Gummi]überschuhe *Pl*

rubber band *n* Gummiband *nt* **rubber boot** *n* Gummistiefel *m* **rubber bullet** *n* Gummigeschoss *nt*

rubbernecker [ˈrʌbənekəʳ] *n* (*sl: sb who gawks*) Schaulustige(r) *f(m)*, Gaffer(in) *m(f) pej*

rubber-stamp I. *tr verb* (*often pej*) genehmigen; *decision* bestätigen **II.** *n* Stempel *m;* (*fig*) Genehmigung *f*

rubber tree *n* Kautschukbaum *m*

rubbery [ˈrʌbᵊri] *adj* (*rubber-like*) gummiartig; *meat* zäh

rubbish [ˈrʌbɪʃ] **I.** *n no pl esp* BRIT ① (*waste*) Müll *m* ② (*fig fam: nonsense*) Quatsch *m* **II.** *tr verb* BRIT, AUS (*fam*) als Unsinn abtun **III.** *adj* BRIT (*fam*) **I'm ~ at maths** in Mathe bin ich eine absolute Null

rubbish bin *n* Abfalleimer *m* **rubbish chute** *n* Müllschlucker *m* **rubbish collection** *n* Müllabfuhr *f* **rubbish container** *n* Müllcontainer *m* **rubbish dump** *n*, **rubbish tip** *n* Mülldeponie *f*

rubble [ˈrʌbl̩] *n no pl* ① (*smashed rock*) Trümmer *Pl;* **to reduce sth to ~** etw in Schutt und Asche legen ② (*not bricks*) Bauschutt *m*

rubella [ruːˈbelə] *n no pl* MED Röteln *Pl*

ruby [ˈruːbi] **I.** *n* Rubin *m* **II.** *adj* rubinrot

rucksack [ˈrʌksæk] *n* BRIT Rucksack *m*

rudder [ˈrʌdəʳ] *n* [Steuer]ruder *nt*

rudderless [ˈrʌdələs] *adj* ruderlos, ohne Ruder *präd, nachgestellt;* (*fig*) führerlos

ruddy [ˈrʌdi] *adj* rötlich

rude [ruːd] *adj* ① (*impolite*) unhöflich; *behaviour* unverschämt; *gesture* ordinär; *joke* unanständig ② *attr* (*sudden*) unerwartet; *awakening, surprise* böse

rudimentary [ˌruːdɪˈmentᵊri] *adj* (*form: basic*) elementar

ruffle [ˈrʌfl̩] **I.** *tr verb* (*agitate*) durcheinanderbringen; *hair* zerzausen ▶ **to ~ sb's feathers** jdn auf die Palme bringen *fam* **II.** *n* Rüsche *f*

rug [rʌg] *n* (*carpet*) Teppich *m*

rugby [ˈrʌgbi] *n no pl* Rugby *nt*

rugged [ˈrʌgɪd] *adj* (*uneven*) *terrain, ground* uneben; *cliff, mountain* zerklüftet

ruin [ˈruːɪn] **I.** *tr verb* (*destroy*) zerstören; **to ~ sb's day** jdm den Tag vermiesen; **to ~ one's eyesight** sich *Dat* die Augen verderben **II.** *n* ① (*building*) Ruine *f;* **to be in ~s** eine Ruine sein; **to fall into ~s** zu einer Ruine verfallen ② *no pl* (*bankruptcy*) Ruin *m*

rule [ruːl] **I.** *n* ① (*instruction*) Regel *f;* **~s and regulations** Regeln und Bestimmungen; **to be against the ~s** gegen die Regeln verstoßen ② *no pl* (*control*) Herrschaft *f;* **the ~ of law** die Rechtsstaatlichkeit ▶ **as a [general] ~** in der Regel **II.** *tr verb* ① (*govern*) regieren

R

② (*decide*) **to ~ that ...** entscheiden, dass ... **III.** *intr verb* ① (*control*) herrschen; *king, queen* regieren ② LAW **to ~ on sth** in etw *Dat* entscheiden ◆**rule off** *tr verb* ausmessen; *margin* ziehen ◆**rule out** *tr verb* ausschließen

rule book *n* Vorschriftenbuch *nt*

ruler ['ruːləʳ] *n* ① (*person*) Herrscher(in) *m(f)* ② (*device*) Lineal *nt*

ruling ['ruːlɪŋ] **I.** *adj attr* ① (*governing*) herrschend ② (*primary*) hauptsächlich **II.** *n* LAW Entscheidung *f*

rum [rʌm] *n* Rum *m*

Rumania [rʊ'meɪniə] *n no pl see* **Romania**

Rumanian [rʊ'meɪniən] *see* **Romanian**

rumble ['rʌmbl̩] **I.** *n* ① (*sound*) Grollen *nt kein Pl; of the stomach* Knurren *nt;* **~s of discontent** Anzeichen *Pl* von Unzufriedenheit ② *esp* AM, AUS (*fam*) Schlägerei *f* **II.** *intr verb* rumpeln; *stomach* knurren **III.** *tr verb* BRIT (*fam*) durchschauen

rumbling ['rʌmbl̩ɪŋ] **I.** *n* ① (*indication*) **~s** [erste] Anzeichen *Pl* ② (*sound*) Grollen *nt; of distant guns* Donnern *nt* **II.** *adj* grollend *attr*

rummy ['rʌmi] *n no pl* CARDS Rommé *nt*

rumor AM *see* **rumour**

rumour ['ruːməʳ] BRIT, AUS **I.** *n* Gerücht *nt;* **~ has it [that] ...** es geht das Gerücht um, dass ...; **to spread a ~ that ...** das Gerücht verbreiten, dass ... **II.** *tr verb passive* **it is ~ed that ...** es wird gemunkelt, dass ...

rump [rʌmp] *n* ① *of an animal* Hinterbacken *Pl* ② (*beef*) Rumpsteak *nt* ③ (*hum: buttocks*) Hinterteil *nt fam*

run [rʌn] **I.** *n* ① (*jog*) Lauf *m;* **to break into a ~** zu laufen beginnen; **to go for a ~** laufen gehen ② (*journey*) Strecke *f* ③ (*period*) Dauer *f;* **~ of bad/good luck** Pech-/Glückssträhne *f* ④ ECON **test ~** Probelauf *m* ⑤ **chicken ~** Hühnerhof *m* ⑥ SPORTS (*in cricket, baseball*) Run *m* ⑦ (*fam: diarrhoea*) **to have the ~s** Dünnpfiff haben *sl* ▶ **in the long ~** auf lange Sicht gesehen; **in the short ~** kurzfristig **II.** *intr verb* <ran, run> ① (*move fast*) laufen, rennen; **to ~ for the bus** dem Bus nachlaufen; **to ~ for cover** schnell in Deckung gehen; **to ~ for one's life** um sein Leben rennen ② (*operate*) fahren, verkehren; **to keep the economy ~ning** die Wirtschaft am Laufen halten ③ (*go*) verlaufen ④ (*last*) [an]dauern; **the film ~s for two hours** der Film dauert zwei Stunden ⑤ (*be*) **inflation is ~ning at 10%** die Inflationsrate beträgt 10 % ⑥ (*flow*) fließen; **my nose is ~ning** meine Nase läuft ▶ **to ~ amok** Amok laufen; **to ~ low** *supplies* [langsam] ausgehen **III.** *tr verb* <ran, run> ① (*drive*) **to ~ sb to the station** jdn zum Bahnhof bringen ② (*pass*) **he ran a vacuum cleaner over the carpet** er saugte den Teppich ab ③ *computer program, engine, dishwasher* laufen lassen; **to ~ additional trains** zusätzliche Züge einsetzen ④ (*manage*) *business* leiten; *government, household* führen; **don't tell me how to ~ my life!** erklär mir nicht, wie ich mein Leben leben soll! ⑤ (*in newspaper*) **to ~ a story about sth** über etw *Akk* berichten ⑥ (*incur*) **to ~ a risk** ein Risiko eingehen ⑦ (*perform small tasks*) **to ~ errands** Botengänge machen ▶ **to ~ the show** verantwortlich sein ◆**run about** *intr verb see* **run around** ◆**run across** *intr verb* zufällig treffen; **to ~ across a problem** auf ein Problem stoßen ◆**run after** *intr verb* hinterherlaufen +*Dat* ◆**run along** *intr verb* (*fam*) **~!** troll dich! ◆**run around** *intr verb* ① (*bustle*) herumrennen *fam* ② (*spend time with*) **to ~ around with sb** sich mit jdm herumtreiben *fam* ◆**run away** *intr verb* ① (*leave*) *person* weglaufen; **to ~ away from sb** jdn verlassen; **to ~ away from home** von zu Hause weglaufen ② (*leave, elope*) weglaufen; **to ~ away together** gemeinsam durchbrennen *fam* ◆**run back** *intr verb* zurücklaufen ◆**run down I.** *tr verb* ① (*fam: criticize*) runtermachen ② (*exhaust*) **to ~ oneself down** sich auslaugen *fam* **II.** *intr verb* BRIT (*become reduced*) reduziert werden ◆**run in** *tr verb* (*fam: arrest*) einlochen ◆**run into** *intr verb* ① (*hit*) **to ~ into sb/sth** in jdn/etw hineinrennen ② (*come across*) **to ~ into sb** jdm über den Weg laufen; **to ~ into sth** (*fig*) auf etw *Akk* stoßen; **to ~ into debt** sich in Schulden stürzen; **to ~ into bad weather** in schlechtes Wetter geraten ◆**run off** *intr verb* ① (*fam: leave*) abhauen; **to ~ off with sb/sth** mit jdm/etw durchbrennen ② (*break off*) *path, track* abbiegen ◆ **run on** *intr verb* ① (*continue*) **the game ran on for too long** das Spiel zog sich zu lange hin ② (*power with*) **to ~ on sth** mit etw betrieben werden ◆ **run out** *intr verb* ① (*finish*) ausgehen; **the milk has ~ out** die Milch ist alle ② (*expire*) *passport* ablaufen; *licence* auslaufen ③ (*leave*) **to ~ out on sb** jdn verlassen ◆ **run over I.** *tr verb* überfahren **II.** *intr verb* ① (*exceed*) **to ~ over time** überziehen ② (*overflow*) *water, bath, sink* überlaufen ◆ **run through I.** *tr verb* **to ~ sb through** jdn durchbohren **II.** *intr verb* ① (*examine*) **to ~ through sth** etw durchgehen ② (*practise*) durchspielen ◆ **run up I.** *tr verb* ① (*increase*) **to ~ up ↻ a debt** Schulden machen ② (*produce*) **to ~ up a dress** ein Kleid nähen **II.** *intr verb* **to ~ up against opposition/problems** auf Widerstand/Probleme stoßen

runabout *n* (*car*) [kleiner] Stadtflitzer *fam*

runaround *n no pl* (*fig*) **to get the ~** im Dunkeln gelassen werden

runaway I. *adj attr* ① (*out of control*) *economy, vehicle* außer Kontrolle geraten ② (*escaped*) *animal, prisoner* entlaufen ③ (*enormous*) **~ success** Riesenerfolg *m fam* **II.** *n* Ausreißer(in) *m(f) fam*

rundown¹ ['rʌndaʊn] *n* ① (*report*) zusammenfassender Bericht ② *no pl* (*reduction*) Kürzung *f*

rundown² [ˌrʌn'daʊn] *adj* (*dilapidated*) verwahrlost, heruntergekommen

rung¹ [rʌŋ] *n* Sprosse *f*; (*fig*) Stufe *f*

rung² [rʌŋ] *pp of* **ring**

run-in ['rʌnɪn] *n* (*fam: argument*) Krach *m*

runner ['rʌnəʳ] *n* ① (*person*) Läufer(in) *m(f)*; (*horse*) Rennpferd *nt* ② AUS (*plimsoll*) Turnschuh *m*

runner bean *n* BRIT Stangenbohne *f*

runner-up *n* Zweite(r); **to be the ~** den zweiten Platz belegen

running ['rʌnɪŋ] **I.** *n no pl* (*not walking*) Laufen *nt*, Rennen *nt* ▶ **to be in/out of the ~** mit/nicht mit im Rennen sein **II.** *adj* ① *after noun* (*in a row*) nacheinander *nachgestellt*, hintereinander *nachgestellt* ② (*ongoing*) [fort]laufend

running costs *npl* Betriebskosten *Pl*; *of a car* Unterhaltskosten *Pl* **running joke** *n* immer wiederkehrender Scherz

runny ['rʌni] *adj nose* laufend *attr*

run-off *n* ① (*in an election*) Stichwahl *f* ② (*in a race*) Entscheidungslauf *m*

run-through *n* ① (*examination*) Durchgehen *nt* ② (*outline*) kurze Zusammenfassung

run-up *n* ① SPORTS Anlauf *m* [zum Absprung] ② *esp* BRIT (*fig: prelude*) Vorlauf *m*

runway *n* AVIAT Start- und Landebahn *f*; SPORTS Anlaufbahn *f*

rural ['rʊərᵊl] *adj* ländlich, Land-

rush¹ [rʌʃ] *n* BOT Binse *f*

rush² [rʌʃ] **I.** *n* ① (*hurry*) Eile *f*; **slow down! what's the ~?** mach langsam! wozu die Eile?; **to be in a ~** in Eile sein; **to leave in a ~** sich eilig auf den Weg machen ② (*rapid movement*) Losstürzen *nt*, Ansturm *m* ③ (*a. fig: surge*) Schwall *m*, Woge *f* ④ (*migration*) **gold ~** Goldrausch *m* **II.** *intr verb* ① (*hurry*) eilen, hetzen; **stop ~ing!** hör auf zu hetzen!; **to ~ about** herumhetzen; **to ~ in** hineinstürmen; **to ~ out** hinausstürzen; *water* herausschießen ② (*hurry into*) **to ~ into sth** *decision, project* etw überstürzen **III.** *tr verb* ① (*send quickly*) **she was ~ed to hospital** sie wurde auf schnellstem Weg ins Krankenhaus gebracht ② (*pressure*) **to ~ sb [into sth]** jdn [zu etw] treiben; **don't ~ me!** dräng mich nicht! ③ (*do hurriedly*) **to ~ one's food** hastig essen; **let's not ~ things** lass uns nichts überstürzen ◆ **rush at** *intr verb* auf etw *Akk* stürzen ◆ **rush out** *tr verb* COMM schnell auf den Markt bringen

rushes ['rʌʃɪz] *npl* erste Probekopie (*eines Films*)

rush hour *n* Hauptverkehrszeit *f*

Russia ['rʌʃə] *n* Russland *nt*

Russian ['rʌʃᵊn] **I.** *adj* russisch **II.** *n* ① (*person*) Russe *m*, Russin *f* ② (*language*) Russisch *nt*

rust [rʌst] **I.** *n no pl* ① (*decay*) Rost *m* ② (*colour*) Rostbraun *nt* **II.** *intr verb* rosten; **to ~ away/through** ver-/durchrosten **III.** *tr verb* rostig machen; (*fig*) einrosten lassen

rust-colored AM *see* **rust-coloured**

rust-coloured *adj* rostfarben

R

rustle ['rʌsl̩] **I.** *intr verb leaves, paper* rascheln **II.** *tr verb* ① (*make noise*) **to ~ paper** mit Papier rascheln ② (*steal*) **to ~ cattle** Vieh stehlen **III.** *n of paper, leaves* Rascheln *nt*

rustler ['rʌsl̩əʳ] *n esp* AM, AUS Viehdieb(in) *m(f)*

rusty ['rʌsti] *adj* ① (*covered in rust*) rostig, verrostet ② (*fig: out of practice*) eingerostet; **my Russian is a bit ~** ich bin mit meinem Russisch etwas aus der Übung

rut [rʌt] *n* [Rad]spur *f,* [Wagen]spur *f* ▸ **to be [stuck] in a ~** in einen [immer gleichen] Trott geraten sein

ruthless ['ru:θləs] *adj cold, punishment* unbarmherzig; *remark, treatment* mitleid[s]los

rye [raɪ] *n no pl* Roggen *m*

Ss

S <*pl* -'s *or* -s>, **s** <*pl* -'s> [es] *n* S *nt,* s *nt; see also* **A 1**

S[1] *n no pl abbrev of* **south** S

S[2] *adj* FASHION *abbrev of* **small** S

s <*pl* -> *abbrev of* **second** s, sek., Sek.

sabotage ['sæbətɑ:(d)ʒ] **I.** *tr verb efforts, plan* sabotieren **II.** *n* Sabotage *f;* **act of ~** Sabotageakt *m*

saccharin ['sækᵊrɪn] *n no pl* Süßstoff *m*

sachet ['sæʃeɪ] *n* [kleiner] Beutel; **~ of sugar** Zuckertütchen *nt*

sack [sæk] **I.** *n* ① (*bag*) Beutel *m,* Tüte *f* ② *no pl* (*dismissal*) Laufpass *m fam;* **to get the ~** rausgeschmissen werden **II.** *tr verb* rausschmeißen *fam*

sacred ['seɪkrɪd] *adj* ① *place* heilig ② *poetry, music* geistlich

sacrifice ['sækrɪfaɪs] **I.** *tr verb* opfern *a. fig* **II.** *intr verb* **to ~ to the gods** den Göttern Opfer bringen **III.** *n* Opfer *nt*

sacrilege ['sækrɪlɪdʒ] *n* Sakrileg *nt geh;* (*fig*) Verbrechen *nt*

sacrilegious [ˌsækrɪ'lɪdʒəs] *adj* frevelhaft; (*fig*) verwerflich

SAD [ˌeseɪ'di:] *n abbrev of* **seasonal affective disorder** Winterdepression *f*

sad <-dd-> [sæd] *adj* ① (*unhappy*) traurig; **to look ~** betrübt aussehen; **to make sb ~** jdn betrüben ② (*unsatisfactory*) traurig, bedauerlich ③ (*depressing*) *news* traurig; *incident* betrüblich; *weather* trist

sadden ['sædᵊn] *tr verb usu passive* traurig machen; **to be deeply ~ed** tieftraurig sein

saddle ['sædl̩] **I.** *n* (*seat*) Sattel *m* **II.** *tr verb* ① (*put saddle on*) satteln ② (*fam: burden*) **to be ~d with sth** etw am Hals haben

sadistic [sə'dɪstɪk] *adj* sadistisch

sadness ['sædnəs] *n no pl* Traurigkeit *f* (**about/at** über)

sae *n,* **SAE** [ˌeseɪ'i:] *n abbrev of* **stamped addressed envelope** frankierter Rückumschlag

safari [sə'fɑ:ri] *n* Safari *f;* **~ park** Safaripark *m*

safe [seɪf] **I.** *adj* ① (*secure*) sicher; **~ journey!** gute Reise!; **to keep sth in a ~ place** etw sicher aufbewahren; **to feel ~** sich sicher fühlen ② (*certain*) [relativ] sicher; **it's a ~ bet that ...** man kann davon ausgehen, dass ... ③ (*avoiding risk*) vorsichtig; **to make the ~ choice** auf Nummer Sicher gehen *fam* ▸ **to be in ~ hands** in guten Händen sein; **to be as ~ as houses** BRIT bombensicher sein *fam;* **to play it ~** auf Nummer Sicher gehen *fam* **II.** *n* Tresor *m,* Safe *m*

safe-deposit box *n* Tresorfach *nt,* [Bank]schließfach *nt*

safeguard ['seɪfgɑ:d] **I.** *tr verb* (*form*) schützen (**against** vor); **to ~ sb's interests/rights** jds Interessen/Rechte wahren **II.** *n* Schutz *m* (**against** vor) **safekeeping** *n no pl* [sichere] Aufbewahrung; **to be in sb's ~** in jds Gewahrsam sein **safe sex** *n no pl* Safer Sex *m*

safety ['seɪfti] *n no pl* Sicherheit *f;* **place of ~** sicherer Ort ▸ **there's ~ in**

numbers (*prov*) in der Gruppe ist man sicherer
safety belt *n* Sicherheitsgurt *m* **safety catch** *n* Sicherung *f;* **is the ~ on?** ist die Waffe gesichert? **safety curtain** *n* THEAT eiserner Vorhang **safety glass** *n no pl* Sicherheitsglas *nt* **safety lock** *n* ❶ (*on gun*) Sicherung *f* ❷ (*secure lock*) Sicherheitsschloss *nt* **safety margin** *n* Sicherheitsabstand *m;* ECON, STOCKEX Sicherheitsmarge *f* **safety net** *n* Sicherheitsnetz *nt* **safety pin** *n* Sicherheitsnadel *f* **safety regulations** *npl* Sicherheitsvorschriften *Pl* **safety valve** *n* Sicherheitsventil *nt*
sag [sæg] **I.** *intr verb* <-gg-> ❶ (*droop*) [herab]hängen; *bed, roof, rope* durchhängen ❷ (*weaken*) sinken; (*decline*) nachgeben **II.** *n no pl* ❶ (*droop*) Durchhängen *nt* ❷ (*fall*) [Ab]sinken *nt*
Sagittarius [ˌsædʒɪˈteəriəs] *n* ASTRO Schütze *m*
said [sed] **I.** *pp, pt of* **say** **II.** *adj attr* LAW besagt
sail [seɪl] **I.** *n* ❶ (*of ship*) Segel *nt;* **to hoist/lower the ~s** die Segel setzen/einholen ❷ (*of windmill*) Flügel *m* ▶ **to set ~** in See stechen **II.** *intr verb* ❶ (*by ship*) fahren, reisen; **to ~ around the world** die Welt umsegeln ❷ (*move effortlessly*) gleiten; **to ~ along** dahingleiten **III.** *tr verb* (*navigate*) *ship* steuern; *yacht* segeln
sailboard *n* Surfbrett *nt*
sailboat *n* AM Segelboot *nt*
sailing [ˈseɪlɪŋ] *n* Segeln *nt;* **~ boat** Segelboot *nt*
sailor [ˈseɪləʳ] *n* ❶ (*ship crew member*) Matrose *m* ❷ (*person who sails*) Segler(in) *m(f)*
sailplane *n* Segelflugzeug *nt*
saint [seɪnt, sᵊnt] *n* (*holy person*) Heilige(r) *f(m);* **Saint Peter** der heilige Petrus; **Saint Paul's Cathedral** Paulskathedrale *f*
saintly [ˈseɪntli] *adj* heilig, fromm
sake [seɪk] *n* ❶ (*purpose*) **for the ~ of sth** um einer S. *Gen* willen; **for the ~ of peace** um des [lieben] Friedens willen ❷ (*benefit*) **for sb's ~** jdm zuliebe ▶ **for goodness** [*or* **heaven's**] **~** um Gottes [*o* Himmels] willen
salable [ˈseɪləbḷ] *adj esp* AM verkäuflich
salad [ˈsæləd] *n* Salat *m;* **~ bowl** Salatschüssel *f;* **~ cream** BRIT [Salat]mayonnaise *f;* **~ dressing** Dressing *nt*
salami [səˈlɑːmi] *n* Salami *f*
salaried [ˈsælᵊriːd] *adj* bezahlt; **~ employee** Gehaltsempfänger(in) *m(f)*
salary [ˈsælᵊri] *n* Gehalt *nt;* **annual ~** Jahresgehalt *nt;* **to raise sb's ~** jds Gehalt erhöhen; **~ cut** Gehaltskürzung *f;* **~ earner** Gehaltsempfänger(in) *m(f);* **~ increase** Gehaltserhöhung *f;* **~ scale** Gehaltsskala *f*
sale [seɪl] *n* ❶ (*act of selling*) Verkauf *m;* **to make a ~** ein Verkaufsgeschäft abschließen; **for ~** zu verkaufen ❷ (*amount sold*) Absatz *m* ❸ (*at reduced prices*) Ausverkauf *m;* **the ~s** der Schlussverkauf ❹ *pl* (*department*) **~s** Verkaufsabteilung *f;* **director of ~s** Verkaufsleiter(in) *m(f)*
saleable [ˈseɪləbḷ] *adj* verkäuflich
sale price *n* Verkaufspreis *m*
sales book *n* Warenausgangsbuch *nt* **sales clerk** *n* AM Verkäufer(in) *m(f)* **sales conference** *n* Vertreterkonferenz, *f* **sales department** *n* Verkaufsabteilung *f* **sales executive** *n* Vertriebsleiter(in) *m(f)* **salesgirl** *n* Verkäuferin *f* **sales invoice** *n* Verkaufsrechnung *f* **sales literature** *n* Verkaufsprospekte *Pl* **salesman** *n* Verkäufer *m,* Handelsvertreter *m;* **door-to-door ~** Hausierer *m* **salesperson** *n* Verkäufer(in) *m(f)* **sales receipt** *n* Kassenzettel *m* **saleswoman** *n* Verkäuferin *f*
saliva [səˈlaɪvə] *n no pl* Speichel *m;* **~ test** Speichelprobe *f*
salmon [ˈsæmən] **I.** *n* <*pl* - *or* -s> *no pl* Lachs *m;* **smoked ~** Räucherlachs *m* **II.** *adj* lachsfarben
salmonella poisoning *n no pl* Salmonellenvergiftung *f*
saloon [səˈluːn] *n* BRIT Limousine *f*
salsa [ˈsælsə] *n no pl* ❶ (*spicy sauce*) Salsasoße *f* ❷ (*music*) Salsamusik *f*
salt [sɔːlt] **I.** *n* Salz *nt;* **a pinch of ~** eine Prise Salz ▶ **to rub ~ in sb's wound** Salz in jds Wunde streuen **II.** *tr verb* (*season food*) salzen
salt cellar *n* Salzstreuer *m* **salt water** *n no pl* Salzwasser *nt* **salt-water** *adj attr* Salzwasser-; **~ fish** Meeresfisch *m;* **~ lake** Salzsee *m*
salty [ˈsɔːlti] *adj* salzig

S

salute [sə'lu:t] **I.** *tr verb* (*form: greet*) grüßen; (*welcome*) begrüßen **II.** *intr verb* MIL salutieren **III.** *n* ① (*gesture*) Gruß *m* ② MIL Salut *m;* **to give a ~** salutieren

salvage ['sælvɪdʒ] **I.** *tr verb* ① (*rescue*) *cargo* bergen ② (*preserve*) *reputation* wahren **II.** *n no pl* (*rescue*) Bergung *f*

salvation [sæl'veɪʃᵊn] *n no pl* ① (*rescue*) Rettung *f;* **to be beyond ~** nicht mehr zu retten sein ② REL Erlösung *f*

Salvation Army *n no pl* Heilsarmee *f*

salve [sælv] *n* ① (*ointment*) Heilsalbe *f* ② (*sth that soothes*) Linderung *f*

Samaritan [sə'mærɪtᵊn] *n* ① (*kindly person*) barmherziger Mensch ② BRIT (*organization*) **the ~s** die Telefonseelsorge

samba ['sæmbə] *n* Samba *f o m*

same [seɪm] **I.** *adj attr* ① (*exactly similar*) **the ~ ...** der/die/das gleiche ...; (*identical*) der-/die-/dasselbe; **she's the ~ age as me** sie ist genauso alt wie ich ② (*not another*) **the ~ ...** der/die/das gleiche ...; **at the ~ time** gleichzeitig; **it's the ~ old story** es ist die alte Geschichte ▶ **to be in the ~ boat** im gleichen Boot sitzen **II.** *pron* **the ~** der-/die-/dasselbe; **men are all the ~** die Männer sind alle gleich; **to be one and the ~** ein und der-/die-/dasselbe sein ▶ **all the ~** trotzdem; [**the**] **~ to you** danke, gleichfalls **III.** *adv* **the ~** gleich; **I feel just the ~ as you do** mir geht es genauso wie dir

sameness ['seɪmnəs] *n no pl* (*identity*) Gleichheit *f;* (*uniformity*) Gleichförmigkeit *f*

S

sample ['sɑ:mpl̩] **I.** *n* ① (*small quantity*) Probe *f,* Muster *nt;* MED *of blood, urine* Probe *f;* **free ~** Gratisprobe *f* ② (*representative group*) *of people* Querschnitt *m; of things* Stichprobe *f* ③ MUS Sampler *m* **II.** *tr verb* ① (*try*) [aus]probieren; *food* kosten ② MUS mischen

sanatorium <*pl* -s *or* -ria> [ˌsænə'tɔ:riəm, *pl* -riə] *n* Sanatorium *nt*

sanction ['sæŋ(k)ʃᵊn] **I.** *n* ① LAW, POL Sanktion *f;* **to impose/lift ~s** Sanktionen verhängen/aufheben ② *no pl* (*approval*) Zustimmung *f* **II.** *tr verb* (*allow*) sanktionieren *geh*

sanctity ['sæŋ(k)təti] *n no pl* Heiligkeit *f*

sanctuary ['sæŋ(k)tʃʊəri] *n* ① (*holy place*) Heiligtum *nt;* (*near altar*) Altarraum *m* ② *no pl* (*refuge*) Zuflucht *f* ③ (*for animals*) Schutzgebiet *nt;* **wildlife ~** Wildschutzgebiet *nt*

sand [sænd] **I.** *n no pl* Sand *m;* **~s** *pl* (*beach*) Sandstrand *m* **II.** *tr verb* (*with sandpaper*) [ab]schmirgeln; (*smooth*) abschleifen

sandal ['sændᵊl] *n* Sandale *f*

sandbag **I.** *n* Sandsack *m* **II.** *tr verb* <-gg-> (*protect*) mit Sandsäcken schützen **sandbank** *n* Sandbank *f* **sandcastle** *n* Sandburg *f* **sand dune** *n* Sanddüne *f* **sandglass** *n* Sanduhr *f* **sandpaper** **I.** *n no pl* Schmirgelpapier *nt* **II.** *tr verb* abschmirgeln **sandpit** *n esp* BRIT Sandkasten *m*

sandwich ['sænwɪdʒ] **I.** *n* <*pl* -es> Sandwich *m o nt;* **sub**[**marine**] **~** AM Riesensandwich *m o nt fam* ▶ **to be one ~ short of a picnic** (*hum fam*) völlig übergeschnappt sein **II.** *tr verb* ① (*fit together*) aufeinanderschichten ② (*squeeze*) einklemmen; **to ~ sth in between sth** etw [zwischen etw *Dat*] dazwischenschieben

sandwich course *n* BRIT UNIV *Studium, bei dem sich theoretische und praktische Abschnitte abwechseln*

sandy ['sændi] *adj* ① (*containing sand*) sandig ② (*of texture*) körnig

sane [seɪn] *adj person* geistig gesund; LAW zurechnungsfähig

sang [sæŋ] *pt of* **sing**

sanitary ['sænɪtᵊri] *adj* hygienisch; (*installations*) sanitär *attr*

sanitation [ˌsænɪ'teɪʃᵊn] *n no pl* ① (*health conditions*) Hygiene *f* ② (*water disposal*) Abwasserkanalisation *f*

sanity ['sænəti] *n no pl* (*mental health*) gesunder Verstand; LAW Zurechnungsfähigkeit *f*

sank [sæŋk] *pt of* **sink**

Santa *n,* **Santa Claus** [ˌsæntə'klɔ:z] *n no pl* (*Father Christmas*) Weihnachtsmann *m;* (*on December 6*) Nikolaus *m*

sap¹ [sæp] *n no pl* (*of tree*) Saft *m*

sap² [sæp] *tr verb* <-pp-> (*drain*) **to ~ sb of sth** jdm etw nehmen; **to ~ sb's energy** an jds Energie *Dat* zehren

sap³ [sæp] *n* (*sl: fool*) Trottel *m pej fam*

sapling ['sæplɪŋ] *n* junger Baum

sarcasm ['sɑːkæzəm] *n no pl* Sarkasmus *m* ▸ **~ is the lowest form of wit** (*prov*) Sarkasmus ist die niedrigste Form der Schlagfertigkeit
sarcastic [sɑː'kæstɪk] *adj person, remark* sarkastisch; *tongue* scharf
sardine [sɑː'diːn] *n* Sardine *f*; **to be squashed like ~s** wie die Ölsardinen zusammengepfercht sein
sarky ['sɑːki] *adj* BRIT, AUS (*fam*) sarkastisch
SARS, Sars [sɑːz] *n no pl, no art* MED *acr for* **severe acute respiratory syndrome** SARS
SAS [ˌeseɪ'es] *n* BRIT MIL *abbrev of* **Special Air Service** Speziallufteinheit *f*
sash[1] <*pl* -es> [sæʃ] *n* FASHION Schärpe *f*
sash[2] <*pl* -es> [sæʃ] *n* (*in windows*) Fensterrahmen *m*
sassy ['sæsi] *adj esp* AM (*fam: lively*) spritzig
sat [sæt] *pt, pp of* **sit**
Satan ['seɪtən] *n no pl* Satan *m*
satchel ['sætʃəl] *n* [Schul]ranzen *m*
satellite ['sætəlaɪt] *n* Satellit *m*; **~ broadcasting** Satellitenübertragung *f*; **~ dish** Satellitenschüssel *f*; **~ television** Satellitenfernsehen *nt*; **~ town** Trabantenstadt *f*
satin ['sætɪn] *n* Satin *m*
satire ['sætaɪəʳ] *n* LIT Satire *f*
satirical [sæ'tɪrɪkəl] *adj* (*literature, film*) satirisch; (*mocking, joking*) ironisch
satirize ['sætəraɪz] *tr verb* satirisch darstellen
satisfaction [ˌsætɪs'fækʃən] *n no pl* ❶ (*fulfilment*) Zufriedenheit *f*; **sb derives ~ from [doing] sth** etw bereitet jdm [große] Befriedigung ❷ (*sth producing fulfilment*) Genugtuung *f geh*
satisfactory [ˌsætɪs'fæktəri] *adj* befriedigend; UNIV, SCHOOL ≈ befriedigend; MED zufrieden stellend
satisfied ['sætɪsfaɪd] *adj* zufrieden
satisfy <-ie-> ['sætɪsfaɪ] **I.** *tr verb* ❶ (*meet needs*) zufrieden stellen; *curiosity, need* befriedigen ❷ (*fulfil*) *demand* befriedigen **II.** *intr verb* (*form*) befriedigen
satisfying ['sætɪsfaɪɪŋ] *adj* zufrieden stellend, befriedigend
satnav, sat nav ['sætnæv] *n* (*fam*) *short for* **satellite navigation** Navi *nt fam*
satphone ['sætfəʊn] *n short for* **satellite phone** Satellitentelefon *nt*
satsuma [ˌsæt'suːmə] *n* BRIT, AM Satsuma *f*
saturation point *n* Sättigungspunkt *m*; **to reach ~** den Sättigungsgrad erreichen
Saturday ['sætədeɪ] *n* Samstag *m*, Sonnabend *m* NORDD; *see also* **Tuesday**
Saturn ['sætən] *n no pl* ASTRON Saturn *m*
sauce [sɔːs] **I.** *n* ❶ (*liquid*) Soße *f* ❷ (*of fruit*) **apple ~** Apfelmus *nt*, Apfelkompott *nt* ❸ AM (*pej sl: alcohol*) Alkohol *m* ❹ (*fam: impertinence*) Unverschämtheit *f* **II.** *tr verb* ❶ (*dated fam: be cheeky*) **to ~ sb** zu jdm frech sein ❷ (*fam: add interest*) **to ~ sth up** etw würzen *fig*
sauceboat *n* Sauciere *f*
saucepan *n* Kochtopf *m*
saucer ['sɔːsəʳ] *n* Untertasse *f*; **to have eyes like ~s** große Augen haben
saucy ['sɔːsi] *adj* ❶ (*impertinent*) frech ❷ BRIT freizügig; **~ underwear** Reizwäsche *f*
sauna ['sɔːnə, 'saʊnə] *n* Sauna *f*
sausage ['sɒsɪdʒ] *n no pl* Wurst *f*; (*small*) Würstchen *nt*
sausage dog *n* BRIT (*fam*) Dackel *m*
sausage meat *n no pl* Wurstfüllung *f*
sausage roll *n* BRIT, AUS ≈ Würstchen *nt* im Schlafrock
savage ['sævɪdʒ] **I.** *adj* ❶ (*primitive*) wild ❷ (*fierce*) brutal **II.** *n* (*pej: barbarian*) Barbar(in) *m(f)* **III.** *tr verb* anfallen
save [seɪv] **I.** *tr verb* ❶ (*rescue*) retten (**from** vor); **to ~ the day** die Situation retten; **to ~ sb's life** jds Leben retten ❷ (*keep*) aufheben; *money* sparen; (*collect*) *stamps, ornaments* sammeln ❸ (*avoid wasting*) *time, energy* sparen; **to ~ one's breath** sich *Dat* seine Worte sparen ❹ (*spare from doing*) **to ~ sb [doing] sth** jdm etw ersparen ❺ COMPUT speichern ❻ SPORTS **to ~ a goal** ein Tor verhindern ▸ **a stitch in time ~s nine** (*prov*) was du heute kannst besorgen, das verschiebe nicht auf morgen **II.** *intr verb* (*at a bank*) sparen (**for** für) **III.** *n* FBALL Abwehr *f*
saver ['seɪvəʳ] *n* (*person saving money*) Sparer(in) *m(f)*; (*investor*) Anleger(in) *m(f)*
saving ['seɪvɪŋ] **I.** *n* ❶ *usu pl* (*money*)

S

Ersparte(s) *nt kein Pl;* **~s** Ersparnisse *Pl* ② *no pl* (*result of economizing*) Ersparnis *f* ③ *no pl* (*rescue, preservation*) Rettung *f* **II.** *adj* rettend

savings account ['seɪvɪŋz-] *n* Sparkonto *nt* **savings bank** *n* Sparkasse *f* **savings book** *n* Sparbuch *nt*

savior Am *see* **saviour**

saviour ['seɪvjəʳ] *n* ① Retter(in) *m(f)* ② BIBL **the Saviour** der Erlöser

savor *n* Am *see* **savour**

savory ['seɪvᵊri] *n* Am *see* **savoury**

savour ['seɪvəʳ] *tr verb* auskosten, genießen

savoury ['seɪvᵊri] **I.** *adj* (*not sweet*) pikant; (*salty*) salzig **II.** *n* Brit [pikantes] Häppchen

savoy [sə'vɔɪ] *n,* **savoy cabbage** *n no pl* Wirsing *m*

saw¹ [sɔː] *pt of* **see**

saw² [sɔː] **I.** *n* Säge *f;* **chain ~** Kettensäge *f* **II.** *tr verb* <-ed, sawn *or esp* Am -ed> [zer]sägen; **to ~ a tree down** einen Baum umsägen **III.** *intr verb* sägen

sawdust *n no pl* Sägemehl *nt*

sawn ['sɔːn] *pp of* **saw**

Saxon ['sæksᵊn] **I.** *n* [Angel]sachse *m,* [Angel]sächsin *f* **II.** *adj* ① (*of Saxony*) sächsisch ② (*hist: in England*) [angel]sächsisch

Saxony ['sæksᵊni] *n no pl* Sachsen *nt*

saxophone ['sæksəfəʊn] *n* Saxophon *nt*

saxophonist ['sæksəfəʊnɪst] *n* Saxophonist(in) *m(f)*

say [seɪ] **I.** *tr verb* <said, said> sagen; **I'm sorry, what did you ~?** Entschuldigung, was hast du gesagt?; **what did you ~ to him?** was hast du ihm gesagt?; **to ~ goodbye to sb** sich von jdm verabschieden; **to ~ yes/no to sth** etw annehmen/ablehnen; **having said that, ...** abgesehen davon ...; **to have a lot/nothing to ~** viel/nicht viel reden; **~ no more!** alles klar!; **when all is said and done** letzten Endes; **it is said [that] he's over 100** er soll über 100 Jahre alt sein; **the sign ~s ...** auf dem Schild steht ...; **my watch ~s 3 o'clock** auf meiner Uhr ist es 3 [Uhr]; **to ~ when/where etc.** sagen, wann/wo usw.; **to ~ when** sagen, wenn es genug ist; **[let's] ~ ...** sagen wir [mal] ...; (*assuming*) angenommen **II.** *intr verb* <said, said> sagen; **I can't ~ for certain, but ...** ich kann es nicht mit Sicherheit behaupten, aber ...; **hard to ~** schwer zu sagen; **is Spanish a difficult language to learn? — They ~ not** ist Spanisch schwer zu lernen? – Angeblich nicht **III.** *n no pl* Meinung *f;* **to have one's ~** seine Meinung sagen **IV.** *interj* ① Am (*fam*) sag mal ...; **~, how about going out tonight?** sag mal, was hältst du davon, wenn wir heute Abend ausgehen? ② (*fam: to express doubt*) **~s you!** das glaubst aber auch nur du!; **~s who?** wer sagt das?

saying ['seɪɪŋ] *n* ① *no pl* (*act*) Sprechen *nt;* **it goes without ~** es versteht sich von selbst ② (*adage*) Sprichwort *nt;* **as the ~ goes** wie es so schön heißt

say-so *n no pl* (*fam*) ① (*approval*) Erlaubnis *f* ② (*assertion*) Behauptung *f*

scab [skæb] *n* (*of wound*) Kruste *f,* Schorf *m*

scaffolding ['skæfᵊldɪŋ] *n no pl* [Bau]gerüst *nt*

scald [skɔːld] **I.** *tr verb* verbrühen **II.** *n* MED Verbrühung *f*

scalding ['skɔːldɪŋ] *adj* ① *liquid* kochend ② (*extreme*) **~ criticism** scharfe Kritik

scale¹ [skeɪl] **I.** *n* ① (*on skin*) Schuppe *f* ② *no pl* (*mineral coating*) Ablagerung *f* ③ (*dental plaque*) Zahnstein *m* ▸ **the ~s fall from sb's eyes** (*liter*) es fällt jdm wie Schuppen von den Augen **II.** *tr verb* ① **to ~ a fish** einen Fisch abschuppen ② **to ~ teeth** Zahnstein entfernen

scale² [skeɪl] *n usu pl* (*weighing device*) Waage *f*

scale³ [skeɪl] **I.** *n* ① (*system of gradation*) Skala *f;* (*of map*) Maßstab *m* ② *no pl* **to be to ~** *building, drawing* maßstab[s]getreu sein ③ (*relative degree, extent*) Umfang *m;* **on a large/small ~** im großen/kleinen Rahmen ④ *no pl* (*size*) Ausmaß *nt* **II.** *tr verb* (*climb*) erklimmen *geh;* **to ~ a mountain** einen Berg besteigen ◆**scale down I.** *tr verb* reduzieren; ECON einschränken **II.** *intr verb* verkleinern ◆**scale up I.** *tr verb* erweitern; *transportation system* ausbauen; ECON erhöhen **II.** *intr verb* expandieren

scallop ['skæləp] *n* FOOD Jakobsmuschel *f;* ZOOL Kammmuschel *f*

scalp [skælp] **I.** *n* (*head skin*) Kopf-

S

haut *f* **II.** *tr verb* ❶ (*hist: remove head skin*) skalpieren ❷ AM, AUS (*fam: resell*) zu einem Wucherpreis weiterverkaufen

scaly ['skeɪli] *adj* ❶ ZOOL, MED schuppig ❷ TECH verkalkt

scam [skæm] *n* (*fam*) Betrug *m*

scamper ['skæmpəʳ] **I.** *intr verb* flitzen *fam* **II.** *n no pl* Flitzen *nt fam*

scan [skæn] **I.** *tr verb* <-nn-> ❶ (*scrutinize*) absuchen (**for** nach) ❷ (*glance through*) überfliegen ❸ COMPUT scannen, einlesen, einscannen **II.** *intr verb* <-nn-> ❶ (*glance through*) [flüchtig] durchsehen ❷ LIT (*conform to verse*) das korrekte Versmaß haben **III.** *n* ❶ (*glancing through*) [flüchtige] Durchsicht ❷ MED Abtastung *f*, Scan *m*; **brain** ~ Computertomographie *f* des Schädels; **ultrasound** ~ Ultraschalluntersuchung *f*

scandal ['skændᵊl] *n* ❶ (*cause of outrage*) Skandal *m* ❷ *no pl* (*gossip*) Skandalgeschichte *f*

Scandinavia [ˌskændɪ'neɪviə] *n no pl* Skandinavien *nt*

Scandinavian [ˌskændɪ'neɪviən] **I.** *adj* skandinavisch **II.** *n* Skandinavier(in) *m(f)*

scanner ['skænəʳ] *n* COMPUT, MED Scanner *m*

scanning *n* COMPUT, MED Scannen *nt*

scapegoat ['skeɪpgəʊt] *n* Sündenbock *m*; **to make a ~ of sb** jdn zum Sündenbock machen

scar [skɑːʳ] **I.** *n* ❶ MED Narbe *f*; ~ **tissue** Narbengewebe *nt* ❷ GEOL blanker Fels **II.** *tr verb* <-rr-> **to be ~red for life** fürs [ganze] Leben gezeichnet sein **III.** *intr verb* vernarben

scarce [skeəs] *adj* knapp; (*rare*) rar

scarcely ['skeəsli] *adv* (*barely*) kaum

scare [skeəʳ] **I.** *n* ❶ (*fright*) Schrecken *m*, Schreck *m*; **to give sb a ~** jdm einen Schreck[en] einjagen ❷ (*public panic*) Hysterie *f*; **bomb** ~ Bombendrohung *f* **II.** *adj attr* Panik-; ~ **tactic** Panikmache *f* **III.** *tr verb* **to ~ sb** jdm Angst machen ▶ **to ~ sb to death** jdn zu Tode ängstigen

scarecrow ['skeəkrəʊ] *n* Vogelscheuche *f* **scaremongering** *n* Angstmacherei *f*

scarf <*pl* -s *or* scarves> [skɑːf] *n* Schal *m*; **silk** ~ Seidentuch *nt*

scarlet ['skɑːlət] **I.** *n no pl* Scharlachrot *nt* **II.** *adj* scharlachrot

scarlet fever *n no pl* Scharlach *m*

scarper [skɑːpəʳ] *intr verb* BRIT, AUS (*sl*) sich verziehen

scarves [skɑːvz] *n pl of* **scarf**

scary ['skeəri] *adj* ❶ (*frightening*) Furcht erregend ❷ (*uncanny*) unheimlich

scat [skæt] *interj* (*fam*) hau ab

scathing ['skeɪðɪŋ] *adj criticism* scharf; *remark* bissig

scatter ['skætəʳ] **I.** *tr verb* verstreuen **II.** *intr verb crowd, protesters* sich zerstreuen

scatterbrain *n* zerstreute Person **scatterbrained** *adj* zerstreut

scattered ['skætəd] *adj* ❶ (*strewn about*) verstreut ❷ (*far apart*) weit verstreut

scattering ['skætᵊrɪŋ] *n* ❶ (*amount*) vereinzeltes Häufchen ❷ (*act of strewing*) Streuen *nt* ❸ *no pl* PHYS Streuung *f*

scene [siːn] *n* ❶ THEAT, FILM (*of drama*) Szene *f*; (*scenery*) Kulisse *f*; **change of ~** Szenenwechsel *m* ❷ LAW Tatort *m* ❸ (*milieu*) Szene *f*

scenery ['siːnᵊri] *n no pl* ❶ (*landscape*) Landschaft *f* ❷ THEAT, FILM Bühnenbild *nt* ❸ (*fig*) **change of ~** Tapetenwechsel *m*

scent [sent] **I.** *n* ❶ (*aroma*) Duft *m* ❷ (*animal smell*) Fährte *f*; **to be on the ~ of sth/sb** (*a. fig*) etw/jdm auf der Fährte sein *a. fig* **II.** *tr verb* ❶ (*smell*) wittern ❷ (*detect*) ahnen; **to ~ danger** Gefahr ahnen

sceptic ['skeptɪk] *n* Skeptiker(in) *m(f)*

sceptical ['skeptɪkᵊl] *adj* skeptisch

schedule ['ʃedjuːl] **I.** *n* (*timetable*) [Zeit-/Fahr]plan *m*; (*plan of work*) Zeitplan *m*; **to draw up a ~** einen Plan erstellen; **to keep to a ~** sich an einen Zeitplan halten; **ahead of ~** früher als geplant **II.** *tr verb meeting* ansetzen; **they've ~d him to speak at three o'clock** sie haben seine Rede für drei Uhr geplant

scheduled ['ʃedjuːld] *adj attr* geplant; TRANSP planmäßig

scheme [skiːm] **I.** *n* ❶ (*pej: plot*) [finsterer] Plan; LAW, POL Verschwörung *f* ❷ *esp* BRIT (*official plan*) Projekt *nt*; **pension** ~ Altersversorgung *f* ❸ (*over-*

S

all pattern) Gesamtbild *nt;* **colour** ~ Farb[en]zusammenstellung *f* **II.** *intr verb* (*pej*) planen

scheming ['ski:mɪŋ] **I.** *adj attr* (*pej*) intrigant *geh* **II.** *n no pl* Intrigieren *nt*

schizophrenia [ˌskɪtsə(ʊ)'fri:niə] *n no pl* ❶ MED Schizophrenie *f* ❷ (*fam: of behaviour*) schizophrenes Verhalten

schizophrenic [ˌskɪtsə(ʊ)'frenɪk] **I.** *adj* schizophren **II.** *n* Schizophrene(r) *f(m)*

schnapps [ʃnæps] *n no pl* Schnaps *m*

schnitzel ['ʃnɪtsᵊl] *n* Schnitzel *nt*

scholar ['skɒləʳ] *n* UNIV ❶ (*academic*) Gelehrte(r) *f(m)* ❷ (*good learner*) Student(in) *m(f);* **I'm not much of a ~ myself** ich persönlich bin kein großer Lerner

scholarship ['skɒləʃɪp] *n* ❶ *no pl* (*academic achievement*) **her book is a work of great ~** ihr Buch ist eine großartige wissenschaftliche Arbeit ❷ (*financial award*) Stipendium *nt*

school¹ [sku:l] **I.** *n* ❶ (*for children*) Schule *f;* **primary ~** [*or* AM **elementary**] Grundschule *f;* **secondary ~** ≈ weiterführende Schule; **to attend** [*or* **go to**] **~** zur Schule gehen ❷ AM (*fam: university*) Universität *f* ❸ (*university division*) Fakultät *f* ❹ (*for learning one subject*) Schule *f;* **dance/driving ~** Tanz-/Fahrschule *f* **II.** *tr verb* ❶ (*educate*) erziehen ❷ (*train*) schulen; *dog* dressieren

school² [sku:l] **I.** *n* ZOOL Schule *f;* (*shoal*) Schwarm *m* **II.** *intr verb* ZOOL einen Schwarm bilden

school age *n* schulpflichtiges Alter **school attendance** *n* Schulbesuch *m;* **~ is low** in der Schule wird oft gefehlt **school bag** *n* Schultasche *f* **school board** *n* AM Schulbehörde *f* **schoolbook** *n* Schulbuch *nt* **schoolboy** *n* Schuljunge *m,* Schüler *m* **schoolchild** *n* Schulkind *nt* **schooldays** *npl* Schulzeit *f kein Pl* **school dinner** *n* Schulessen *nt* **school fees** *npl* Schulgeld *nt kein Pl* **schoolgirl** *n* Schulmädchen *nt,* Schülerin *f*

schooling ['sku:lɪŋ] *n no pl* (*education*) Ausbildung *f*

school leaver *n* BRIT, AUS Schulabgänger(in) *m(f)* **school magazine** *n* Schülerzeitung *f* **schoolmaster** *n* (*dated*) Lehrer *m* **schoolmate** *n* Schulfreund(in) *m(f),* Schulkamerad(in) *m(f)* **schoolmistress** *n* (*dated*) Lehrerin *f* **school report** *n* [Schul]zeugnis *nt* **schoolroom** *n* Klassenzimmer *nt* **schoolteacher** *n* Lehrer(in) *m(f)*

science ['saɪən(t)s] *n no pl* [Natur]wissenschaft *f;* **applied/pure ~** angewandte/reine Wissenschaft

science fiction *n no pl* LIT, FILM Science-fiction *f*

scientific [ˌsaɪən'tɪfɪk] *adj* ❶ (*relating to exact science*) naturwissenschaftlich ❷ (*relating to science*) wissenschaftlich; **~ community** Wissenschaftsgemeinde *f*

scientist ['saɪəntɪst] *n* Wissenschaftler(in) *m(f);* **research ~** Forscher(in) *m(f)*

scissors ['sɪzəz] *npl* [**a pair of**] **~** [eine] Schere

scoff¹ [skɒf] **I.** *intr verb* spotten; (*laugh*) lachen; **to ~ at sth/sb** sich über etw/jdn lustig machen **II.** *n* Spott *m*

scoff² [skɒf] *tr verb esp* BRIT (*fam: eat*) verschlingen

scold [skəʊld] *tr verb* ausschimpfen

scone [skɒn] *n brötchenartiges Gebäck, das lauwarm mit einer Art dicker Sahne und Marmelade gegessen wird*

scoop [sku:p] **I.** *n* ❶ (*utensil*) Schaufel *f;* (*ladle*) Schöpflöffel *m;* **ice-cream ~** Eisportionierer *m;* **measuring ~** Messlöffel *m* ❷ (*amount*) Löffel *m; of ice cream* Kugel *f* **II.** *tr verb sand, dirt* schaufeln; *ice cream, pudding* löffeln

scoot [sku:t] *intr verb* (*fam*) rennen, springen; **I'll have to ~ or ...** ich muss schnell machen, sonst ... *fam*

scooter ['sku:təʳ] *n* [Tret]roller *m;* **motor ~** Motorroller *m*

scope [skəʊp] *n no pl* ❶ (*range*) Rahmen *m* ❷ (*possibility*) Möglichkeit *f*

scorch [skɔ:tʃ] **I.** *tr verb* versengen **II.** *intr verb* versengt werden **III.** *n* <*pl* -es> versengte Stelle; **~ mark** Brandfleck *m*

scorcher ['skɔ:tʃəʳ] *n* (*fam*) sehr heißer Tag

scorching ['skɔ:tʃɪŋ] *adj* sengend; **it's ~ [hot] outside** es ist glühend heiß draußen

score [skɔ:ʳ] **I.** *n* ❶ (*of points*) Punktestand *m;* (*of game*) Spielstand *m;* **at half time, the ~ stood at two all** zur Halb-

S

zeit stand es zwei zu zwei; **final ~** Endstand *m* ② (*esp form*) **~s** *pl* (*very many*) Dutzende *Pl* ③ (*dispute*) Streit[punkt] *m;* **to settle a ~** eine Rechnung begleichen ▶ **to know the ~** wissen, wie der Hase läuft *fam* **II.** *tr verb* ① *goal* schießen; *point* machen ② (*mark, cut*) einkerben **III.** *intr verb* ① (*make a point*) einen Punkt machen ② (*achieve result*) abschneiden

scoreboard *n* Anzeigetafel *f* **scorecard** *n* Spielstandskarte *f*

scorer ['skɔːrəʳ] *n* ① (*scorekeeper*) Punktezähler(in) *m(f)* ② (*player who scores*) Torschütze *m/*Torschützin *f*

Scorpio ['skɔːpiəʊ] *n* ASTRO Skorpion *m*

scorpion ['skɔːpiən] *n* Skorpion *m*

Scot [skɒt] *n* Schotte *m/*Schottin *f*

Scotch [skɒtʃ] **I.** *n* <*pl* -es> ① *no pl* (*whisky*) Scotch *m* ② (*dated: people*) **the ~** *pl* die Schotten **II.** *adj* (*dated*) schottisch

scot-free *adv* ① (*without punishment*) straffrei; **to get off ~** straffrei davonkommen ② (*unchallenged*) unbehelligt; (*unharmed*) ungeschoren

Scotland ['skɒtlənd] *n* Schottland *nt*

Scots [skɒts] **I.** *adj* schottisch **II.** *n* ① *no pl* LING Schottisch *nt* ② *pl* **the ~** die Schotten *Pl*

Scotsman *n* Schotte *m* **Scotswoman** *n* Schottin *f*

Scottish ['skɒtɪʃ] **I.** *adj* schottisch **II.** *n* **the ~** *pl* die Schotten

Ginge es nach der **Scottish National Party (SNP)**, gäbe es schon bald einen eigenständigen schottischen Staat. Gegründet wurde die linksgerichtete Partei 1932; der Erfolg bei den Wählern fiel aber zunächst eher gering aus. Bei den Parlamentswahlen 1974 gewann sie jedoch satte 30 % der Stimmen in Schottland. Mit Unterstützung der *Liberal Democrats* und der *Labour Party* gelang es 1997, durch einen Volksentscheid den Weg für die *devolution* (Dezentralisierung Schottlands) frei zu machen: Die Schotten entschieden sich klar für ein eigenes Parlament, auf das sie fast 300 Jahre lang hatten verzichten müssen. 2004 konnten die 129 Abgeordneten endlich in das neue *Scottish Parliament* umziehen. Das futuristische Parlamentsgebäude vor den Toren des Holyrood Palace kostete zwar Unsummen, stellt aber einen Meilenstein in der schottischen Geschichte dar.

scout [skaʊt] **I.** *n* ① (*boy*) Pfadfinder *m;* AM (*girl*) Pfadfinderin *f;* **the Scouts** (*organization*) die Pfadfinder ② (*talent searcher*) Talentsucher(in) *m(f)* ③ (*soldier*) Kundschafter(in) *m(f)* **II.** *intr verb* ① (*reconnoitre*) kundschaften ② (*search*) **to ~ for new talent** nach neuen Talenten suchen **III.** *tr verb* (*reconnoitre*) auskundschaften

scoutmaster *n* Pfadfinderführer(in) *m(f)*

scowl [skaʊl] **I.** *n* mürrischer [Gesichts]ausdruck **II.** *intr verb* mürrisch [drein]blicken

scrabble ['skræbl̩] *intr verb* ① (*grope*) [herum]wühlen (**for** nach) ② (*claw for grip*) greifen (**for** nach)

scram <-mm-> [skræm] *intr verb* (*fam*) abhauen

scramble ['skræmbl̩] **I.** *n* ① *no pl* (*scrambling*) Kletterpartie *f* ② *no pl* (*rush*) Gedrängel *nt* **II.** *intr verb* ① (*climb*) klettern; (*over difficult terrain a.*) kraxeln *bes* SÜDD, ÖSTERR *fam* ② (*move hastily*) hasten; **to ~ for the exit** zum Ausgang stürzen ③ (*compete*) **to ~ for sth** sich um etw reißen **III.** *tr verb* ① FOOD verrühren; **to ~ eggs** Rühreier machen ② (*encode*) verschlüsseln

scrap[1] [skræp] **I.** *n* ① (*small piece, amount*) Stück[chen] *nt; of cloth, paper* Fetzen *m;* **not a ~** kein bisschen ② (*leftover food*) **~s** Speisereste *Pl* ③ *no pl* (*old metal*) Schrott *m* **II.** *tr verb* <-pp-> ① (*get rid of*) wegwerfen ② (*fam: abandon*) aufgeben

scrap[2] [skræp] *n* (*fam: fight*) Gerangel *nt*

scrapbook *n* [Sammel]album *nt*

scrape [skreɪp] **I.** *n* ① *no pl* (*for cleaning*) [Ab]kratzen *nt* ② (*on skin*) Abschürfung *f* **II.** *tr verb* ① (*remove outer layer*) [ab]schaben; (*remove excess dirt*) [ab]kratzen ② (*scratch*) *car* verkratzen; **to ~ sth** sich *Dat* etw aufschürfen

S

III. *intr verb* (*rub*) reiben; (*brush*) bürsten; (*scratch*) kratzen

scrap heap *n* Schrotthaufen *m* **scrap iron** *n no pl* Alteisen *nt,* Schrott *m*

scrappy ['skræpi] *adj* (*haphazard*) zusammengestückelt; (*lacking consistency*) unausgewogen; (*incomplete*) *education, report* lückenhaft; (*uneven in quality*) *handwriting* krakelig *fam*

scrap value *n no pl* Schrottwert *m*

scratch [skrætʃ] **I.** *n* <*pl* -es> ① (*scrape*) Kratzer *m,* Schramme *f* ② *no pl* (*acceptable standard*) **to not be up to ~** zu wünschen übrig lassen ③ (*beginning state*) **to start [sth] from ~** [mit etw] bei null anfangen **II.** *tr verb* ① (*cut slightly*) **to ~ sth** etw zerkratzen; **to ~ sb** jdn kratzen ② (*relieve an itch*) kratzen **III.** *intr verb* ① (*use claws, nails*) kratzen ② (*relieve an itch*) sich kratzen

scratch card *n* Rubbellos *nt*

scratchy ['skrætʃi] *adj* kratzig *a. fig*

scrawl [skrɔːl] **I.** *tr verb* [hin]kritzeln **II.** *n no pl* (*untidy writing*) Gekritzel *nt pej*

scream [skriːm] **I.** *n* ① (*loud shrill cry*) Schrei *m;* **a ~ of fear/for help** ein Aufschrei/Hilfeschrei *m* ② (*of animal*) Gekreisch[e] *nt kein Pl* **II.** *intr verb* ① (*cry out loudly*) *with fear, pain, rage* schreien; **to ~ at sb** jdn anschreien; **to ~ with laughter** vor Lachen brüllen ② *animals* schreien **III.** *tr verb* (*cry loudly*) schreien, brüllen *bes* SÜDD *fam*

screech [skriːtʃ] **I.** *n* <*pl* -es> *of a person* Schrei *m; of an animal* Kreischen *nt kein Pl; of brakes, tyres* Quietschen *nt kein Pl* **II.** *intr verb person* schreien; *animal* kreischen; *brakes, tyres* quietschen

screen [skriːn] **I.** *n* ① (*in cinema*) Leinwand *f;* (*of television, computer*) Bildschirm *m* ② (*panel for privacy*) Trennwand *f* ③ (*on car*) Windschutzscheibe *f* ④ (*test*) Kontrolle *f;* **health ~** Vorsorgeuntersuchung *f* **II.** *tr verb* ① (*conceal*) abschirmen; **to ~ sth from view** etw vor Einblicken schützen ② (*shield*) schützen (**from** vor) ③ (*examine closely*) überprüfen; **to ~ sb for sth** MED jdn auf etw *Akk* hin untersuchen ◆**screen off** *tr verb* abtrennen (**from** von)

screening ['skriːnɪŋ] *n* ① (*in cinema*) Filmvorführung *f* ② MED (*X-ray*) Röntgenuntersuchung *f*

screenshot *n* COMPUT Screen Shot *m*

screw [skruː] **I.** *n* ① (*metal fastener*) Schraube *f* ② *no pl* (*turn*) Drehung *f* ▶ **to have a ~ loose** (*hum fam*) nicht ganz dicht sein *pej* **II.** *tr verb* ① (*with a screw*) schrauben; (*by twisting*) zudrehen ② (*vulg: have sex with*) bumsen *sl* ◆**screw down** *tr verb* (*with screws*) festschrauben; (*by twisting*) fest zudrehen ◆**screw off** *tr verb* abschrauben ◆**screw on I.** *tr verb* ① (*with screws*) anschrauben ② (*by twisting*) aufschrauben; **to ~ sth on tight** etw fest zudrehen **II.** *intr verb* ① (*with screws*) angeschraubt werden ② (*by twisting*) aufgeschraubt werden ◆**screw up I.** *tr verb* ① (*with screws*) zuschrauben; (*by turning*) zudrehen ② (*crush*) zusammenknüllen ③ (*twist into a shape*) **to ~ up one's face/mouth** das Gesicht/den Mund verziehen **II.** *intr verb* (*sl: fail, make a mess*) Mist bauen *fam*

screwcap ['skruːkæp] *adj bottle, jar* mit Schraubverschluss *nachgestellt*

screwdriver *n* ① (*tool*) Schraubenzieher *m* ② (*cocktail*) Screwdriver *m*

screwed [skruːd] *adj pred* (*sl: stymied*) festgefahren; (*in a hopeless situation*) geliefert

screw top *n* Schraubverschluss *m*

scribble ['skrɪbl̩] **I.** *tr verb* [hin]kritzeln **II.** *intr verb* ① (*make marks, write*) kritzeln ② (*hum: write*) schriftstellern *fam* **III.** *n* (*mark, words*) Gekritzel *nt kein Pl pej*

scripture *n,* **Scripture** ['skrɪptʃəʳ] *n* ① *no pl* (*Bible*) **the ~** die [Heilige] Schrift ② (*sacred writings*) **the ~s** [*or* **the Scriptures**] die heiligen Schriften *Pl*

scriptwriter *n* FILM, TV Drehbuchautor(in) *m(f);* RADIO Rundfunkautor(in) *m(f)*

scroll [skrəʊl] **I.** *n* ① (*roll of paper*) [Schrift]rolle *f* ② ARCHIT Schnecke *f fachspr* **II.** *intr verb* COMPUT scrollen *fachspr*

Scrooge [skruːdʒ] *n* (*pej*) Geizhals *m*

scrounge [skraʊndʒ] (*fam*) **I.** *n no pl* (*pej o hum*) **to be on the ~** schnorren **II.** *tr verb* (*pej*) **to ~ sth [off sb]** etw [von jdm] schnorren *fam*

scrounger ['skraʊndʒəʳ] *n* (*pej fam*) Schnorrer(in) *m(f)*
scrub¹ [skrʌb] *n no pl* ❶ (*trees and bushes*) Gestrüpp *nt* ❷ (*area*) Busch *m*
scrub² [skrʌb] **I.** *n* **to give sth a [good] ~** etw [gründlich] [ab]schrubben *fam* **II.** *tr verb* <-bb-> ❶ (*clean*) [ab]schrubben *fam* ❷ (*fam: cancel, abandon*) fallen lassen
scrubber ['skrʌbəʳ] *n,* **scrubbing brush** *n* Schrubber *m;* (*smaller*) Scheuerbürste *f*
scruff [skrʌf] *n* (*of neck*) Genick *nt;* **by the ~ of the neck** am Genick
scruffy ['skrʌfi] *adj clothes* schmuddelig *pej fam; person* vergammelt *pej fam*
scrumptious ['skrʌm(p)ʃəs] *adj* (*fam*) lecker
scrunch [skrʌn(t)ʃ] **I.** *n no pl* Knirschen *nt* **II.** *intr verb* (*make noise*) knirschen; (*with the mouth*) geräuschvoll kauen **III.** *tr verb* ❶ (*crunch*) knirschen ❷ (*crush up*) zerknüllen
scrutinize ['skru:tɪnaɪz] *tr verb* [genau] untersuchen; *text* studieren
scuba diving *n no pl* Sporttauchen *nt*
scuff [skʌf] **I.** *tr verb* ❶ (*mark*) verschrammen; (*wear away*) abwetzen ❷ (*drag along the ground*) **to ~ one's feet** schlurfen **II.** *intr verb* ❶ (*wear away*) sich abwetzen ❷ (*shuffle*) schlurfen
scuffle ['skʌfl̩] **I.** *n* ❶ (*short fight*) Handgemenge *nt* ❷ (*sound, movement*) Schlurfen *nt* **II.** *intr verb* **to ~ [with sb]** sich [mit jdm] balgen
sculpture ['skʌlptʃəʳ] **I.** *n* ❶ *no pl* (*art*) Bildhauerei *f* ❷ (*object*) Skulptur *f* **II.** *tr verb* (*make with a chisel*) [heraus]meißeln; (*in clay*) modellieren **III.** *intr verb* bildhauern *fam*
scum [skʌm] *n no pl* ❶ (*foam*) Schaum *m;* (*layer of dirt*) Schmutzschicht *f* ❷ (*pej: evil people*) Abschaum *m*
scummy ['skʌmi] *adj* (*with a foamy layer*) schaumig; (*fam: dirty*) schmutzig
scurry ['skʌri] **I.** *intr verb* <-ie-> *small animal* huschen; *person* eilen **II.** *n no pl* (*hurry*) Eilen *nt;* **the ~ of feet/footsteps** das Getrappel von Füßen/Schritten
scuttle¹ ['skʌtl̩] *intr verb person* hasten, flitzen *fam*
scuttle² ['skʌtl̩] *tr verb* ❶ (*sink*) versenken ❷ (*put an end to*) zunichtemachen
scuttle away *intr verb,* **scuttle off** *intr verb* (*run*) davoneilen
sea [si:] *n* **the ~** das Meer, die See; **the open ~** das offene Meer, die hohe See; **the Dead ~** das Tote Meer; **a ~ of flames/people** ein Flammen-/Menschenmeer *nt*
seafood *n no pl* Meeresfrüchte *Pl* **seafront** *n* (*promenade*) Strandpromenade *f;* (*beach*) Strand *m* **seagull** *n* Möwe *f* **seahorse** *n* Seepferdchen *nt*
seal¹ [si:l] *n* ZOOL Seehund *m,* Robbe *f*
seal² [si:l] **I.** *n* ❶ (*insignia, stamp*) Siegel *nt* ❷ (*to prevent opening*) *on goods* Verschluss *m;* (*on doors*) Siegel *nt* **II.** *tr verb* ❶ (*stamp*) siegeln ❷ (*prevent from being opened*) [fest] verschließen ❸ (*make airtight*) luftdicht verschließen; (*make watertight*) wasserdicht verschließen; *window, gaps* abdichten
sea legs *npl* NAUT **to find one's ~** seefest werden **sea level** *n no pl* Meeresspiegel *m;* **at ~** auf Meereshöhe **sea lion** *n* Seelöwe *m*
seam [si:m] *n* Naht *f;* **to be bursting at the ~s** (*fig*) aus allen Nähten platzen *fam;* **to fall apart at the ~s** aus den Nähten gehen
seamy ['si:mi] *adj* ❶ (*run down*) heruntergekommen ❷ (*dodgy*) *district* zwielichtig; **the ~ side of life** die Schattenseite des Lebens
search [sɜ:tʃ] **I.** *n* ❶ (*for object, person*) Suche *f* (**for** nach) ❷ LAW Durchsuchung *f* ❸ COMPUT Suchlauf *m* **II.** *intr verb* suchen; **to ~ through sth** etw durchsuchen **III.** *tr verb* ❶ (*try to find in*) *building, bag* durchsuchen; *place, street* absuchen ❷ (*examine carefully*) absuchen; *conscience, heart* prüfen
◆ **search out** *tr verb* ausfindig machen
search function *n* COMPUT Suchfunktion *f*
searching ['sɜ:tʃɪŋ] *adj gaze, look* forschend; *inquiry* eingehend; *question* tief gehend
searchlight *n* Suchscheinwerfer *m* **search party** *n* Suchtrupp *m* **search warrant** *n* Durchsuchungsbefehl *m*
searing ['sɪəʳɪŋ] *adj attr* ❶ (*scorching*) sengend ❷ (*painfully burning*) brennend

S

sea salt *n* Meersalz *nt* **seashell** *n* Muschel *f* **seashore** *n no pl* Strand *m* **seasick** *adj* seekrank **seasickness** *n no pl* Seekrankheit *f*

seaside *esp* BRIT **I.** *n no pl* **the ~** die [Meeres]küste; **at the ~** am Meer **II.** *adj attr* See-; **a ~ holiday** Ferien *Pl* am Meer

season ['si:zᵊn] **I.** *n* ① (*period of year*) Jahreszeit *f*; **the ~ of Advent/Lent** die Advents-/Fastenzeit; **the Christmas/Easter ~** die Weihnachts-/Osterzeit ② (*period of ripeness*) Saison *f*; **apple/strawberry ~** Apfel-/Erdbeerzeit *f* ③ ZOOL fruchtbare Zeit; **to be in ~** brünstig sein ④ SPORTS Saison *f*; **fishing/hunting ~** Angel-/Jagdzeit *f* **II.** *tr verb* (*add flavouring*) würzen

seasonal ['si:zᵊnᵊl] *adj* ① (*connected with time of year*) jahreszeitlich bedingt; **~ work** Saisonarbeit *f* ② (*grown in a season*) Saison-

seasoning ['si:zᵊnɪŋ] *n* ① *no pl* (*salt and pepper*) Würze *f* ② (*herb or spice*) Gewürz *nt*

season ticket *n* Dauerkarte *f*; (*for public transport*) Monats-/Jahreskarte *f*; SPORTS Saisonkarte *f*; THEAT Abonnement *nt*

seat [si:t] **I.** *n* ① (*sitting place*) [Sitz]platz *m*; (*in a car*) Sitz *m*; (*in bus, train*) Sitzplatz *m*; **is this ~ free/taken?** ist dieser Platz frei/besetzt? ② (*form: buttocks*) Gesäß *nt* ③ POL Sitz *m*; **marginal/safe ~** knappes/sicheres Mandat ④ (*location*) *of an aristocrat, a government* Sitz *m* **II.** *tr verb* (*provide seats*) setzen; **to ~ oneself** (*form*) sich setzen; **to ~ 2500** *room, stadium* 2500 Menschen fassen

S

seat belt *n* Sicherheitsgurt *m*; **to fasten one's ~** sich anschnallen

seating ['si:tɪŋ] *n no pl* (*seats*) Sitzgelegenheiten *Pl*; **~ for 6/2000** Sitzplätze *Pl* für 6/2000 Personen

seating arrangements *npl*, **seating plan** *n* Sitzordnung *f*

seatmate *n* Sitznachbar(in) *m(f)*

seawater *n no pl* Meerwasser *nt* **seaweed** *n no pl* [See]tang *m* **seaworthy** *adj* seetauglich

secluded [sɪ'klu:dɪd] *adj spot, house* abgelegen; **to live a ~ life** zurückgezogen leben

second[1] ['sekᵊnd] **I.** *adj* ① *usu attr* (*next after first*) zweite(r, s); **the ~ time** das zweite Mal ② (*next after winner*) zweite(r, s); **to finish ~** Zweite(r) werden; **to be in ~ place** auf Platz zwei sein ③ (*not first in importance, size*) zweit-; **the ~ biggest town** die zweitgrößte Stadt; **to be ~ to none** unübertroffen sein ④ *attr* (*another*) zweite(r, s), Zweit-; **~ car** Zweitwagen *m* **II.** *adv* zweitens **III.** *tr verb* (*support, back up*) *proposal* unterstützen, befürworten

second[2] ['sekᵊnd] *n* ① (*unit of time or angle*) Sekunde *f*; **with [only] ~s to spare** in [aller]letzter Sekunde ② (*very short time*) Sekunde *f*, Augenblick *m*; **you go on, I'll only be a ~** geh du weiter, ich komme gleich nach ③ AUTO (*gear*) zweiter Gang, Zweite(r) *fam* ④ BRIT UNIV ≈ Zwei *f*; **an upper ~** eine Zwei plus; **a lower ~** eine Zwei minus ⑤ (*extra helping*) **the ~s** der Nachschlag ⑥ MUS (*interval*) Sekunde *f*

secondary ['sekᵊndᵊri] *adj* ① (*not main*) zweitrangig; **to play a ~ role** eine untergeordnete Rolle spielen ② (*education*) höher; **~ education** höhere Schulbildung

secondary school *n* weiterführende Schule

second best *adj* zweitbeste(r, s); **to feel ~** sich minderwertig fühlen

second class **I.** *n no pl* (*mail*) gewöhnliche Post; (*in travel*) zweite Klasse **II.** *adv* ① TRANSP **to travel ~** zweiter Klasse reisen ② BRIT (*by second-class mail*) auf dem gewöhnlichen Postweg

second-class *adj* ① TRANSP zweiter Klasse *nachgestellt* ② (*pej: inferior*) zweitklassig **second cousin** *n* Cousin *m*/Cousine *f* zweiten Grades **second floor** *n* BRIT, AUS zweiter Stock; AM, AUS erster Stock **second-hand** **I.** *adj* ① (*used*) gebraucht; *clothes* secondhand; **~ car** Gebrauchtwagen *m* ② *attr* (*for second-hand goods*) Gebraucht-, Secondhand-; **~ bookshop** Antiquariat *nt* **II.** *adv* gebraucht **second language** *n* erste Fremdsprache

secondly ['sekᵊndli] *adv* zweitens

second-rate *adj* (*pej*) zweitklassig *pej*

secrecy ['si:krəsi] *n no pl* ① (*act of keeping secret*) Geheimhaltung *f* ② (*ability of keeping secret*) Verschwiegenheit *f*

secret ['si:krət] **I.** *n* ① (*undisclosed

information) Geheimnis *nt;* **in ~** insgeheim ② (*special knack*) **the ~ of success** das Geheimnis des Erfolgs **II.** *adj* ① (*known to few people*) geheim, Geheim-; **to keep sth ~** etw geheim halten ② (*doing sth secretly*) heimlich

secretary ['sekrətᵊri] *n* ① (*office assistant*) Sekretär(in) *m(f)* ② COMM Assistent(in) *m(f)* der Geschäftsführung ③ BRIT Staatssekretär(in) *m(f);* AM Minister(in) *m(f)*

secretive ['siːkrətɪv] *adj behaviour* geheimnisvoll; *character* verschlossen

sect [sekt] *n* Sekte *f*

section ['sekʃᵊn] **I.** *n* ① (*component part*) Teil *nt; of a road* Teilstrecke *f* ② *of a book* Abschnitt *m; of a newspaper* Teil *m* ③ (*area*) Bereich *m;* **non-smoking ~** (*in restaurant*) Nichtraucherbereich *m;* (*in railway carriage*) Nichtraucherabteil *nt* ④ (*department*) Abteilung *f* ⑤ (*profile*) Schnitt *m* **II.** *tr verb* ① (*to separate*) [unter]teilen ② (*cut*) zerschneiden; BIOL segmentieren *fachspr*

sector ['sektəʳ] *n* ① (*part of economy*) Sektor *m,* Bereich *m;* **the private/public ~** der private/öffentliche Sektor ② (*area of land*) Sektor *m,* Zone *f*

secure [sɪ'kjʊəʳ] **I.** *adj* <-r, -st *or* more secure, the most secure> ① (*certain, permanent*) sicher; **financially ~** finanziell abgesichert ② *usu pred* (*safe, confident*) sicher ③ (*safely guarded*) bewacht; (*safe against interception*) abhörsicher; **~ against theft** diebstahlsicher **II.** *tr verb* ① (*obtain*) sich *Dat* sichern ② (*make safe*) [ab]sichern; **to ~ sb/sth against sth** jdn/etw vor etw *Dat* schützen ③ (*fasten*) befestigen (**to** an)

security [sɪ'kjʊərəti] *n* Sicherheit *f;* **maximum-~ prison** Hochsicherheitsgefängnis *nt;* **lax/tight ~** lasche/strenge Sicherheitsvorkehrungen

Security Council *n* Sicherheitsrat *m*

security forces *npl* MIL Sicherheitskräfte *Pl* **security guard** *n* Sicherheitsbeamte(r) *m*/-beamtin *f*

sedate [sɪ'deɪt] *tr verb* MED **to ~ sb** jdn sedieren

sedation [sɪ'deɪʃᵊn] *n no pl* MED Ruhigstellung *f;* **to be under ~** unter dem Einfluss von Beruhigungsmitteln stehen

sedative ['sedətɪv] **I.** *adj* beruhigend **II.** *n* Beruhigungsmittel *nt*

seduce [sɪ'djuːs] *tr verb* ① verführen ② (*fig*) **to ~ sb into doing sth** jdn dazu verleiten, etw zu tun

seduction [sɪ'dʌkʃᵊn] *n no pl* Verführung *f*

seductive [sɪ'dʌktɪv] *adj* ① verführerisch ② (*fig*) *argument, offer* verlockend

see <saw, seen> [siː] **I.** *tr verb* ① (*perceive with eyes*) sehen; **I've never ~n anything quite like this before** so etwas habe ich ja noch nie gesehen; **I saw her coming** ich habe sie kommen sehen ② (*watch as a spectator*) *film, play* [sich *Dat*] [an]sehen; **this film is really worth ~ing** dieser Film ist echt sehenswert ③ (*visit place*) *famous building, place* ansehen; **to ~ the sights** die Sehenswürdigkeiten besichtigen ④ (*understand*) verstehen; **I ~ what you mean** ich weiß, was du meinst ⑤ (*consider*) sehen; **as I ~ it ...** so wie ich das sehe ... ⑥ (*learn, find out*) feststellen; **that remains to be ~n** das wird sich zeigen ⑦ (*meet socially*) sehen; **~ you later!** (*fam*) bis später!, tschüs! ⑧ (*have meeting with*) sehen; (*talk to*) sprechen; (*receive*) empfangen ⑨ (*have relationship with*) **to be ~ing sb** mit jdm zusammen sein *fam* ⑩ (*envisage, foresee*) sich *Dat* vorstellen; **to ~ it coming** es kommen sehen ⑪ (*witness, experience*) [mit]erleben; **I've ~n it all** mich überrascht nichts mehr; **to live to ~ sth** etw erleben ⑫ (*accompany*) begleiten; **to ~ sb to the door/home** jdn zur Tür/nach Hause bringen *geh* ⑬ *in imper* (*refer to*) **~ ...** siehe ...; **~ below/page 23** siehe unten/Seite 23 **II.** *intr verb* ① (*use eyes*) sehen; **... but ~ing is believing** ... doch ich habe es mit eigenen Augen gesehen! ② (*look*) sehen; **let me ~!** lass mich mal sehen! ③ (*understand, realize*) **I ~** ich verstehe; **oh, I ~!** aha!; **~?!** siehst du?!; **I ~ from your report ...** Ihrem Bericht entnehme ich, ... ④ (*find out*) nachsehen; (*in the future*) herausfinden; **wait and ~** abwarten und Tee trinken ◆ **see about** *intr verb* ① (*fam: deal with*) **to ~ about sth** sich um etw kümmern; **I've come to ~ about the TV** ich soll mir den Fernseher ansehen ② (*consider*) **I'll**

S

~ **about it** ich will mal sehen ▸ **we'll ~ about that!** (*fam*) das werden wir ja sehen! ◆ **see in I.** *intr verb* hineinsehen **II.** *tr verb* hineinbringen; **to ~ in ⊂ the New Year** das neue Jahr begrüßen ◆ **see into** *intr verb* ① (*look into*) hineinsehen ② (*find out about*) **to ~ into the future** in die Zukunft schauen ◆ **see off** *tr verb* ① (*say goodbye*) verabschieden; **to ~ sb off at the airport/station** jdn zum Flughafen/Bahnhof bringen ② (*drive away*) verjagen ③ (*get the better of*) **to ~ off ⊂ sb/sth** mit jdm/einer S. fertigwerden *fam* ◆ **see out I.** *tr verb* ① (*escort to door*) hinausbegleiten; **I can ~ myself out, thanks** danke, ich finde alleine hinaus ② (*continue to end of*) durchstehen **II.** *intr verb* hinaussehen ◆ **see through I.** *tr verb* ① (*look through*) **to ~ through sth** durch etw hindurchsehen ② (*not be deceived by*) durchschauen **II.** *intr verb* ① (*sustain*) **to ~ sb through** jdm über die Runden helfen *fam;* (*comfort*) jdm beistehen ② (*continue to the end of*) zu Ende bringen ◆ **see to** *intr verb* **to ~ to sb/sth** sich um jdn/etw kümmern; **to ~ to it that ...** dafür sorgen, dass ...

seed [si:d] **I.** *n* ① BOT Same[n] *m; of grain* Korn *nt;* **~s** *pl* AGR Saat *f kein Pl;* **to go to ~** Samen bilden ② (*fig*) Keim *m;* **to sow the ~s of sth** etw säen; **to go to ~** *person* herunterkommen **II.** *tr verb* ① (*sow with seed*) besäen ② (*drop its seed*) **to ~ itself** sich aussäen ③ (*help start*) bestücken

seed bank *n* AGR, BOT Samenbank *f*

seedling ['si:dlɪŋ] *n* Setzling *m*

S **seedy** [si:di] *adj* ① (*dirty and dubious*) *district, hotel* zwielichtig ② (*full of seeds*) *bread* mit ganzen Getreidekörnern *nachgestellt*

seeing ['si:ɪŋ] *conj* **~ that .../~ as [how]** ... da ...

seek <sought, sought> [si:k] **I.** *tr verb* ① (*form: look for*) suchen ② (*try to obtain or achieve*) erstreben; **to ~ asylum/refuge/shelter** Asyl/Zuflucht/Schutz suchen; **to ~ employment** eine Stelle suchen ③ (*ask for*) erbitten *geh;* **to ~ advice from sb** jdn um Rat bitten **II.** *intr verb* (*form: search*) suchen

seem [si:m] *intr verb* ① (*appear to be*) scheinen; **he's sixteen, but he ~s younger** er ist sechzehn, wirkt aber jünger; **to ~ as if ...** so scheinen, als ob ... ② (*appear*) **it ~s [that]** ... anscheinend ...; **it ~s as if ...** es scheint, als ob ...

seeming ['si:mɪŋ] *adj attr* (*form*) scheinbar

seemingly ['si:mɪŋli] *adv* scheinbar

seen [si:n] *pp of* **see**

seep [si:p] *intr verb* sickern; (*fig*) *information, truth* durchsickern ◆ **seep away** *intr verb* versickern

see-saw ['si:sɔ:] **I.** *n* (*for children*) Wippe *f* **II.** *intr verb* ① (*play*) wippen ② (*fig*) sich auf und ab bewegen

see-through *adj* ① (*transparent*) durchsichtig ② (*of very light material*) durchscheinend

segregate ['segrɪgeɪt] *tr verb* absondern; *races, sexes* trennen

segregation [ˌsegrɪ'geɪʃᵊn] *n no pl* Trennung *f;* **racial ~** Rassentrennung *f*

seize [si:z] *tr verb* ① (*grab*) ergreifen, packen ② *usu passive* (*fig: overcome*) **to be ~d with sth** von etw ergriffen werden ③ (*make use of*) *initiative, opportunity* ergreifen ④ (*capture*) einnehmen; *criminal* festnehmen; *power* ergreifen ⑤ (*confiscate*) beschlagnahmen ◆ **seize up** *intr verb engine, machine* stehen bleiben; *economy* zum Erliegen kommen

seizure ['si:ʒəʳ] *n no pl* (*taking*) Ergreifung *f;* **~ of power** Machtergreifung *f*

seldom ['seldəm] *adv* selten; **~ if ever** fast nie

select [sɪ'lekt] **I.** *adj* ① (*high-class*) *hotel, club* exklusiv ② (*carefully chosen*) ausgewählt; *team* auserwählt **II.** *tr verb* aussuchen; **to ~ sb** jdn auswählen **III.** *intr verb* **to ~ from sth** aus etw [aus]wählen

selection [sɪ'lekʃᵊn] *n* ① *no pl* (*choosing*) Auswahl *f;* BIOL Selektion *f geh;* **to make one's ~** seine Wahl treffen ② *no pl* (*being selected*) Wahl *f* ③ *usu sing* (*range*) Auswahl *f,* Sortiment *nt*

selective [sɪ'lektɪv] *adj* ① (*careful about choosing*) wählerisch; *reader, shopper* kritisch; **to have a ~ memory** (*pej, hum*) ein selektives Erinnerungsvermögen haben ② (*choosing the best*) ausgewählt; **~ breeding** Zuchtwahl *f*

self <*pl* selves> [self] *n* (*personality*)

one's ~ das Selbst; **to be [like] one's former** ~ wieder ganz der/die Alte sein
self-addressed envelope *n* adressierter Rückumschlag **self-adhesive** *adj stamps, envelopes, labels* selbstklebend **self-assertive** *adj* **to be** ~ sich behaupten **self-assured** *adj* selbstbewusst, selbstsicher **self-awareness** *n no pl* Selbsterkenntnis *f* **self-catering** *n no pl* BRIT, AUS Selbstverpflegung *f* **self-centered** AM *see* **self-centred** **self-centred** *adj* (*pej*) egozentrisch *pej;* ~ **person** Egozentriker(in) *m(f)* **self-complacent** *adj* selbstzufrieden **self-composed** *adj* beherrscht; **to remain** ~ gelassen bleiben **self-confessed** *adj attr* selbsterklärt; **she's a** ~ **thief** sie bezeichnet sich selbst als Diebin **self-confidence** *n no pl* Selbstvertrauen *nt* **self-conscious** *adj* gehemmt; *laugh, smile* verlegen **self-contained** *adj* ① (*complete*) selbstgenügsam; ~ **community** autarke Gemeinschaft ② (*separate*) ~ **apartment** separate Wohnung **self-control** *n no pl* Selbstbeherrschung *f;* **to exercise** ~ Selbstdisziplin üben **self-critical** *adj* selbstkritisch **self-deceit**, **self-deception** *n no pl* Selbstbetrug *m* **self-defeating** *adj* aussichtslos **self-defence**, AM **self-defense** *n no pl* Selbstverteidigung *f;* **to kill sb in** ~ jdn in Notwehr töten **self-destruct** *intr verb* sich selbst zerstören; *materials* zerfallen **self-discipline** *n no pl* Selbstdisziplin *f* **self-employed I.** *adj* selbständig; *journalist* freiberuflich **II.** *n* **the** ~ *pl* die Selbständigen **self-esteem** *n no pl* Selbstwertgefühl *nt* **self-explanatory** *adj* selbsterklärend **self-expression** *n no pl* Selbstdarstellung *f* **self-important** *adj* selbstgefällig **self-indulgent** *adj* genießerisch **self-inflicted** *adj* selbst zugefügt [*o* beigebracht] **self-interest** *n no pl* Eigeninteresse *f*
selfish ['selfɪʃ] *adj* selbstsüchtig; *motive* eigennützig
selfishness ['selfɪʃnəs] *n no pl* Selbstsucht *f*
selfless ['selfləs] *adj* selbstlos
self-pity *n no pl* Selbstmitleid *nt* **self-portrait** *n* Selbstbildnis *nt;* **to draw/paint a** ~ sich selbst porträtieren **self-possessed** *adj* selbstbeherrscht **self-preservation** *n no pl* Selbsterhaltung *f* **self-reliant** *adj* selbständig **self-respect** *n no pl* Selbstachtung *f* **self-respecting** *adj attr* ① (*having self-respect*) Selbstachtung besitzend ② (*esp hum: good*) anständig **self-righteous** *adj* selbstgerecht **self-sacrifice** *n no pl* Selbstaufopferung *f;* **to require** ~ Opferbereitschaft verlangen **self-satisfied** *adj* selbstzufrieden **self-service** *n no pl* Selbstbedienung *f* **self-sufficient** *adj* selbständig **self-supporting** *adj* ① (*independent*) finanziell unabhängig ② ARCHIT selbsttragend **self-taught** *adj* ① (*educated*) selbst erlernt; ~ **person** Autodidakt(in) *m(f)* ② (*acquired*) autodidaktisch **self-willed** [-'wɪld] *adj* starrköpfig **self-winding watch** *n* Armbanduhr *f* mit Selbstaufzug
sell [sel] **I.** *tr verb* <sold, sold> ① (*for money*) verkaufen; **I sold him my car for £600** ich verkaufte ihm mein Auto für 600 Pfund; **to** ~ **property** Besitz veräußern ② (*persuade*) **to** ~ **sth [to sb]** jdn für etw gewinnen; **to** ~ **an idea to sb** jdm eine Idee schmackhaft machen *fam* **II.** *intr verb* <sold, sold> (*give for money*) verkaufen ▶ **to** ~ **like hot cakes** wie warme Semmeln weggehen **III.** *n* ① *no pl* Ware *f;* **to be a hard/soft** ~ schwer/leicht verkäuflich sein ② *no pl* STOCKEX **to be a** ~ *shares* zum Verkauf stehen ◆ **sell off** *tr verb* verkaufen ◆ **sell out I.** *intr verb* ① *entire stock* ausverkaufen; **I'm sorry, we've sold out** es tut mir leid, aber wir sind ausverkauft ② (*be completely booked*) **to be sold out** *performance* ausverkauft sein ③ FIN **to** ~ **out to sb** an jdn verkaufen ④ (*do what others want*) **to** ~ **out to sb** sich jdm verkaufen **II.** *tr verb* **to be sold out** ausverkauft sein ◆ **sell up** *intr, tr verb* BRIT, AUS verkaufen
sellable ['seləbl̩] *adj* [gut] verkäuflich; **I'm convinced that my idea is** ~ ich bin mir sicher, dass sich meine Idee verkaufen lässt
sell-by date *n esp* BRIT Mindesthaltbarkeitsdatum *nt;* **past the** ~ nach Ablauf des Mindesthaltbarkeitsdatums; **to be past one's** ~ (*hum fam*) seine besten Jahre hinter sich *Dat* haben
seller ['seləʳ] *n* ① (*person*) Verkäufer(in) *m(f)* ② (*product*) Verkaufsschlager *m*

selling ['selɪŋ] *n no pl* Verkaufen *nt*
Sellotape® ['seləʊteɪp] *n no pl* BRIT Tesafilm® *m*
sell-out *n* ❶ (*approv: sales*) Ausverkauf *m* ❷ (*betrayal*) Auslieferung *f*
selves [selvz] *n pl of* **self**
semi <*pl* -s> ['semi] *n* (*fam*) ❶ BRIT, AUS (*house*) Doppelhaushälfte *f* ❷ SPORTS Halbfinale *nt*
semicircle *n* Halbkreis *m* **semicircular** *adj formation* halbkreisförmig **semicolon** *n* Semikolon *nt*, Strichpunkt *m* **semiconductor** *n* Halbleiter *m* **semiconscious** *adj* halb bewusstlos; *feeling, memory* teilweise unbewusst **semidetached** **I.** *n* Doppelhaushälfte *f* **II.** *adj* Doppelhaus- **semi-final** *n* Halbfinale *nt* **semi-finalist** *n* SPORTS Halbfinalist(in) *m(f)*
seminar ['semɪnɑːʳ] *n* Seminar *nt*; **training ~** Übung *f*
semi-precious *adj* **~ stone** Halbedelstein *m*
semolina [ˌsemᵊl'iːnə] *n no pl* Gries *m*
senate ['senɪt] *n no pl, + sing/pl verb* Senat *m*; **the US Senate** der amerikanische Senat
senator ['senətəʳ] *n* ❶ (*member*) Senator(in) *m(f)* ❷ (*title*) **Senator** Senator
send <sent, sent> [send] *tr verb* ❶ (*forward*) **to ~ [sb] sth** jdm etw [zu]schicken; **to ~ sth by airmail/post** etw per Luftpost/mit der Post schicken; **to ~ invitations** Einladungen verschicken ❷ (*pass on*) **to ~ sb sth** jdm etw übermitteln [lassen]; **Maggie ~s her love** Maggie lässt dich grüßen ❸ (*dispatch*) schicken; **to ~ sb to prison** jdn ins Gefängnis stecken ❹ (*transmit*) senden; **to ~ a message in Morse code** eine Nachricht morsen; **to ~ a signal** ein Signal aussenden ❺ (*cause*) versetzen; **to ~ sb into a panic** jdn in Panik versetzen ◆ **send away** **I.** *intr verb* **to ~ away for sth** sich *Dat* etw zuschicken lassen **II.** *tr verb* wegschicken ◆ **send back** *tr verb* zurückschicken ◆ **send for** *intr verb* ❶ (*summon*) rufen ❷ (*ask*) *brochure, information* anfordern; **to ~ for help** Hilfe holen ◆ **send in** *tr verb* ❶ (*submit*) *bill* einsenden, einreichen; *report* einschicken ❷ (*dispatch*) *reinforcements* einsetzen ◆ **send off** **I.** *tr verb* ❶ (*post*) abschicken ❷ BRIT, AUS SPORTS **to get sent off** einen Platzverweis bekommen ❸ (*dismiss*) wegschicken ❹ (*dispatch*) fortschicken **II.** *intr verb* **to ~ off for sth** etw anfordern ◆ **send on** *tr verb letters* nachsenden ◆ **send out** **I.** *intr verb* **to ~ out for sth** *pizza* etw telefonisch bestellen **II.** *tr verb* ❶ (*emit*) abgeben ❷ (*post*) verschicken (**to** an) ◆ **send up** *tr verb* ❶ (*bring up*) zuschicken ❷ (*fam: parody*) **to ~ up** ↔ **sb** jdn nachäffen
sender ['sendəʳ] *n* Absender(in) *m(f)*; **'Return to ~ — not known at this address'** „Empfänger unbekannt verzogen"
send-off *n* Verabschiedung *f*; **to give sb a ~** jdn verabschieden
send-up *n* (*fam*) Parodie *f*
senile ['siːnaɪl] *adj* senil
senior ['siːniəʳ] **I.** *adj* ❶ (*form: older*) älter ❷ *attr* (*chief*) Ober-; **~ executive** Vorstandsvorsitzende(r) *f(m)* **II.** *n* ❶ (*older person*) Senior(in) *m(f)*; **she's my ~ by three years** sie ist drei Jahre älter als ich ❷ (*employee*) Vorgesetzte(r) *f(m)* ❸ (*pupil*) Oberstufenschüler(in) *m(f)* (*in Großbritannien und den USA Bezeichnung für Schüler einer Highschool oder einer Collegeabgangsklasse*)
senior citizen *n* **~s** Senioren *Pl*, ältere Menschen **senior partner** *n* Seniorpartner(in) *m(f)*
sensation [sen'seɪʃᵊn] *n* ❶ (*physical, mental*) Gefühl *nt*; **~ of heat/cold** Hitze-/Kälteempfindung *f*; **to have the ~ that ...** das Gefühl haben, dass ... ❷ (*stir*) Sensation *f*; **to cause a ~** Aufsehen erregen
sensational [sen'seɪʃᵊnᵊl] *adj* sensationell; (*very good*) fantastisch, sensationell
sensationalism [sen'seɪʃᵊnᵊlɪzᵊm] *n* Sensationshunger *m*, Sensationsgier *f*
sensationalist [sen'seɪʃᵊnᵊlɪst] *adj* sensationshungrig, sensationsgierig
sense [sen(t)s] **I.** *n* ❶ *no pl* (*judgement*) Verstand *m*; **to make [good] ~** sinnvoll sein ❷ (*reason*) **one's ~s** jds gesunder Menschenverstand; **to take leave of one's ~s** den Verstand verlieren ❸ (*faculty*) Sinn *m*; **~ of hearing** Gehör *nt*; **~ of sight** Sehvermögen *nt*; **~ of smell/taste/touch** Geruchs-/

S

Geschmacks-/Tastsinn *m* ④ (*feeling*) Gefühl *nt;* ~ **of direction** Orientierungssinn *m;* ~ **of duty** Pflichtgefühl *nt;* ~ **of time** Zeitgefühl *nt* ⑤ (*meaning*) Bedeutung *f,* Sinn *m;* **to make** ~ einen Sinn ergeben ⑥ (*way*) Art *f;* **in a** ~ in gewisser Weise **II.** *tr verb* wahrnehmen; **to** ~ **that ...** spüren, dass ...; **to** ~ **danger** Gefahr wittern

senseless ['sen(t)sləs] *adj* ① (*pointless*) *violence, waste* sinnlos ② (*foolish*) *argument* töricht ③ (*unconscious*) besinnungslos

sense organ *n* Sinnesorgan *nt*

sensibility [ˌsen(t)sɪ'bɪləti] *n* ① *no pl* (*sensitiveness*) Einfühlungsvermögen *nt* ② *no pl* (*understanding*) Verständnis *nt*

sensible ['sen(t)sɪbl̩] *adj* ① (*rational*) vernünftig; ~ **decision** weise Entscheidung ② (*suitable*) *clothes* angemessen

sensibly ['sen(t)sɪbli] *adv* ① (*rationally*) vernünftig ② (*suitably*) angemessen; ~ **dressed** passend gekleidet

sensitive ['sen(t)sɪtɪv] *adj* ① (*kind*) verständnisvoll ② (*controversial*) *issue* heikel ③ (*touchy*) empfindlich; **to be** ~ **to sth** empfindlich auf etw *Akk* reagieren ④ (*responsive*) empfindlich (**to** gegenüber)

sent [sent] *pp, pt of* **send**

sentence ['sentən(t)s] **I.** *n* ① (*court decision*) Urteil *nt;* (*punishment*) Strafe *f;* **to serve a** ~ eine Strafe verbüßen ② (*word group*) Satz *m* **II.** *tr verb* verurteilen (**to** zu)

sentimental [ˌsentɪ'mentᵊl] *adj* ① (*emotional*) *mood, person* gefühlvoll; ~ **value** ideeller Wert ② (*pej: overly emotional*) *person* sentimental; *music, style* kitschig; *story* rührselig

sentry ['sentri] *n* Wache *f;* ~ **box** Wachhäuschen *nt*

separable ['sepᵊrəbl̩] *adj* ① (*form: able to separate*) [ab]trennbar ② LING trennbar

separate¹ ['sepᵊrət] *adj* (*not joined*) getrennt, separat; (*independent*) einzeln *attr;* **to keep sth** ~ etw auseinanderhalten

separate² ['sepᵊreɪt] **I.** *intr verb* ① (*become detached*) sich trennen; CHEM sich scheiden ② (*of cohabiting couple*) sich trennen; (*divorce*) sich scheiden lassen **II.** *tr verb* trennen

separated ['sepᵊreɪtɪd] *adj* getrennt

September [sep'tembəʳ] *n* September *m; see also* **February**

septic ['septɪk] *adj* septisch; **to go** ~ eitern

sequel ['siːkwᵊl] *n* ① (*continuation*) Fortsetzung *f* ② (*follow-up*) Nachspiel *nt*

sequence ['siːkwən(t)s] *n* ① (*order of succession*) Reihenfolge *f;* (*connected series*) Abfolge *f* ② (*part of film*) Sequenz *f*

sequin ['siːkwɪn] *n* Paillette *f*

Serb [sɜːb], **Serbian** ['sɜːbiən] **I.** *adj* serbisch **II.** *n* ① (*person*) Serbe *m,* Serbin *f* ② *no pl* (*language*) Serbisch *nt*

Serbia ['sɜːbiə] *n* Serbien *nt*

Serbo-Croat [ˌsɜːbəʊ'krəʊæt] *n* LING Serbokroatisch *nt*

sergeant ['sɑːdʒᵊnt] *n* ① (*military officer*) Unteroffizier *m* ② (*police officer*) ≈ Polizeimeister(in) *m(f)*

serial ['sɪəriəl] **I.** *n* MEDIA, PUBL Fortsetzungsgeschichte *f* **II.** *adj* Serien-; ~ **port** COMPUT serielle Schnittstelle *f*

series <*pl* -> ['sɪəriːz] *n* ① (*set of events*) Reihe *f;* (*succession*) Folge *f* ② SPORTS, TV Serie *f* ③ PUBL Reihe *f* (**on** über)

serious ['sɪəriəs] *adj* ① (*earnest, determined*) *person* ernst; **to be** ~ **about sb/sth** es mit jdm/etw ernst meinen ② (*grave*) *accident, crime* schwer; *allegation* schwerwiegend; *argument, disagreement, threat* ernsthaft ③ (*significant*) bedeutend; *literature, writer* anspruchsvoll

seriously ['sɪəriəsli] *adv* ① (*in earnest*) ernst; **to take sb/sth** ~ jdn/etw ernst nehmen; **no,** ~**, ...** nein, [ganz] im Ernst, ... ② (*gravely, badly*) schwer; ~ **ill/wounded** schwer krank/verletzt

sermon ['sɜːmən] *n* Predigt *f* (**on** über); **to deliver a** ~ eine Predigt halten

serpent ['sɜːpᵊnt] *n* (*liter*) Schlange *f*

servant ['sɜːvᵊnt] *n* Bedienstete(r) *f(m)*

serve [sɜːv] **I.** *n* (*in tennis*) Aufschlag *m;* (*in volleyball*) Angabe *f* **II.** *tr verb* ① (*in restaurant, shop*) bedienen; (*present food, drink*) servieren; (*be enough for*) reichen; ~**s 4 to 5** ergibt 4 bis 5 Portionen ② (*work for*) **to** ~ **sth** einer S.

S

Dat dienen; **to ~ the public** im Dienste der Öffentlichkeit stehen ③ (*complete due period*) ableisten; **to ~ a prison sentence** eine Haftstrafe absitzen *fam* ④ (*provide for*) versorgen ⑤ (*perform a function*) **to ~ a purpose** einen Zweck erfüllen ⑥ TENNIS **to ~ an ace** ein Ass schlagen **III.** *intr verb* ① (*provide food, drink*) servieren ② (*work for*) dienen; **to ~ in the army** in der Armee dienen; **to ~ on a jury** Geschworene(r) *f(m)* sein ③ (*function*) **to ~ as sth** als etw dienen ④ (*be acceptable*) seinen Zweck erfüllen; (*suffice*) genügen ⑤ SPORTS aufschlagen, Aufschlag haben ◆**serve up** *tr verb* servieren

server ['sɜːvəʳ] *n* ① (*utensil*) Vorlegebesteck *nt* ② COMPUT Server *m* ③ REL Ministrant(in) *m(f)* ④ SPORTS Aufschläger(in) *m(f)*

service ['sɜːvɪs] **I.** *n* ① *no pl* (*help for customers*) Service *m;* (*in restaurants, shops*) Bedienung *f;* **customer ~** Kundendienst *m* ② (*act of working*) Dienst *m,* Dienstleistung *f* ③ (*form: assistance*) Unterstützung *f;* (*aid, help*) Hilfe *f;* **to be of ~** [**to sb**] [jdm] von Nutzen sein ④ POL Dienst *m;* **civil/diplomatic ~** öffentlicher/diplomatischer Dienst ⑤ (*public system*) Dienst *m;* **ambulance ~** Rettungsdienst *m;* **bus/train ~** Bus-/Zugverbindung *f;* **postal ~** Postwesen *nt* ⑥ (*roadside facilities*) **~s** Raststätte *f* ⑦ REL Gottesdienst *m,* Messe *f* ⑧ *esp* BRIT (*maintenance check*) Wartung *f;* AUTO Inspektion *f* **II.** *tr verb* warten

service area *n* Raststätte *f* **service center** *n* AM ① (*on freeway*) Raststätte *f* ② *see* **service centre** **service centre** *n* (*garage*) Werkstatt *f* **service charge** *n* Bedienungsgeld *nt* **service contract** *n* ① (*employment*) Arbeitsvertrag *m* ② (*warranty*) Garantie *f* **service department** *n* Kundendienstabteilung *f* **service entrance** *n* Personaleingang *m* **service hatch** *n* Durchreiche *f* **service manual** *n* Wartungshandbuch *nt* **service road** *n* (*subsidiary road*) Nebenstraße *f;* (*access road*) Zufahrtsstraße *f;* (*for residents only*) Anliegerstraße *f* **service station** *n* Tankstelle *f*

serviette [ˌsɜːvi'et] *n esp* BRIT Serviette *f*

serving ['sɜːvɪŋ] **I.** *n of food* Portion *f;* **~ suggestion** Serviervorschlag *m* **II.** *adj attr* ① (*person working*) dienend; **the longest-~ minister** der am längsten im Amt befindliche Minister ② (*imprisoned*) inhaftiert

sesame ['sesəmi] *n no pl* Sesam *m*

session ['seʃᵊn] *n* ① (*formal meeting*) Sitzung *f;* (*term of office*) Legislaturperiode *f* ② (*period for specific activity*) Stunde *f;* **recording ~** Aufnahme *f;* **training ~** Trainingsstunde *f*

set [set] **I.** *adj* ① *pred* (*ready*) bereit, fertig; **to be** [**all**] **~** [**for sth**] [für etw *Akk*] bereit sein; **ready, get ~, go!** auf die Plätze, fertig, los! ② (*fixed*) *pattern, time* fest[gesetzt]; **~ phrase** feststehender Ausdruck; **~ menu** Tageskarte *f;* **~ price** Festpreis *m* ③ (*unlikely to change*) **to be ~ in one's ways** in seinen Gewohnheiten festgefahren sein; **the rain is ~ to continue all week** der Regen wird wohl noch die ganze Woche andauern ④ *attr* (*assigned*) vorgegeben; **~ book** Pflichtlektüre ⑤ (*determined*) **to be** [**dead**] **~ on sth** zu etw [wild] entschlossen sein **II.** *n* ① (*collection, group*) Satz *m;* (*of two items*) Paar *nt;* **chess ~** Schachspiel *nt;* **~ of encyclopaedias** Enzyklopädiereihe *f;* **~ of rules** Regelwerk *nt;* **~ of teeth** Gebiss *nt* ② + *sing/pl verb* (*group of people*) Kreis *m* ③ THEAT Bühnenbild *nt;* FILM Szenenaufbau *m* ④ (*appliance*) Gerät *nt;* (*television*) Fernseher *m* ⑤ SPORTS Satz *m* **III.** *tr verb* <set, set> ① (*place*) stellen, setzen; (*on its side*) legen; **to ~ sb on his/her way** (*fig*) jdn losschicken ② *usu passive* (*be located*) **their house is ~ on a hill** ihr Haus liegt auf einem Hügel ③ (*cause to be, start*) **to ~ a boat afloat** ein Boot zu Wasser lassen; **to ~ sth on fire** etw in Brand setzen; **to ~ sb straight** jdn berichtigen ④ (*prepare*) vorbereiten; **to ~ the table** den Tisch decken ⑤ (*adjust*) einstellen; *alarm, clock* stellen ⑥ (*fix*) festsetzen; *date, time* ausmachen; *deadline* setzen ⑦ (*establish*) *record* aufstellen; **to ~ the pace** das Tempo angeben ⑧ ANAT einrenken; *broken bone* einrichten ⑨ *esp* BRIT, AUS (*assign*) *homework* aufgeben; **to ~ a task for sb** jdm eine Aufgabe stellen **IV.** *intr verb* <set, set> ① (*grow* *together*) *bones* zusammenwachsen ② (*become firm*) *concrete, jelly* fest werden ③ (*sink*) *sun* untergehen ◆ **set about** *intr verb* (*start work upon*) **to ~ about sth** *job, task* sich an etw *Akk* machen ◆ **set against** *tr verb* ① (*balance*) gegenüberstellen ② (*make oppose*) **to ~ sb against sb else** jdn gegen jdn anderen aufhetzen ◆ **set apart** *tr verb* unterscheiden ◆ **set aside** *tr verb* ① (*put to side*) beiseitelegen, beiseitestellen ② (*keep for special use*) *money* auf die Seite legen; *time* einplanen ◆ **set back** *tr verb* ① (*delay*) zurückwerfen; *deadline* verschieben ② (*position*) zurücksetzen (**from** von) ◆ **set down** *tr verb* ① (*drop off*) absetzen ② (*put down*) absetzen ③ AVIAT landen ④ (*write down*) aufschreiben ⑤ (*establish as a rule*) **to ~ down codes of practice** Verfahrensregeln aufstellen ◆ **set in** *intr verb bad weather* einsetzen; *complications* sich einstellen ◆ **set off I.** *intr verb* sich auf den Weg machen; (*in car*) losfahren **II.** *tr verb* ① (*initiate*) *alarm, reaction* auslösen ② (*cause to do*) **to ~ sb off doing sth** jdn dazu bringen, etw zu tun ◆ **set out I.** *tr verb* ① (*arrange*) *goods* auslegen; *chairs, chess pieces* aufstellen ② (*explain*) *idea, point* darlegen **II.** *intr verb* ① (*begin journey*) sich auf den Weg machen; (*in car*) losfahren ② (*intend*) **to ~ out to do sth** beabsichtigen, etw zu tun ◆ **set to** *intr verb* (*begin work*) loslegen *fam;* **to ~ to work** sich an die Arbeit machen ◆ **set up** *tr verb* ① *camp* aufschlagen; *roadblock* errichten ② *business* einrichten; **to ~ up shop** sich niederlassen ③ COMPUT *program* installieren; *system* konfigurieren ④ (*fam: deceive, frame*) übers Ohr hauen

setback *n* Rückschlag *m;* **to suffer a ~** einen Rückschlag erleiden

setsquare *n* AUS, BRIT [Zeichen]dreieck *nt*

settee [set'i:] *n* Sofa *nt,* Couch *f*

setting ['setɪŋ] *n usu sing* ① (*location*) Lage *f;* (*surroundings*) Umgebung *f* ② (*in film, novel*) Schauplatz *m* ③ (*adjustment on appliance*) Einstellung *f* ④ (*place at table*) Gedeck *nt*

settle ['setḷ] **I.** *intr verb* ① (*get comfortable*) es sich *Dat* bequem machen ② (*calm down*) *person* sich beruhigen; *weather* beständig werden ③ (*end dispute*) sich einigen ④ (*form: pay*) begleichen; **to ~ with sb** mit jdm abrechnen ⑤ (*take up residence*) sich niederlassen ⑥ (*get used to*) **to ~ into sth** sich an etw *Akk* gewöhnen **II.** *tr verb* ① (*calm down*) beruhigen ② (*decide*) entscheiden; (*deal with*) regeln; (*bring to conclusion*) erledigen; *argument* beilegen; **to ~ one's affairs** (*form*) seine Angelegenheiten regeln ③ (*colonize*) besiedeln ◆ **settle down** *intr verb* ① (*get comfortable*) es sich *Dat* bequem machen ② (*adjust*) sich eingewöhnen ③ (*calm down*) sich beruhigen ◆ **settle for** *tr verb* **to ~ for sth** mit etw zufrieden sein ◆ **settle in** *intr verb people* sich einleben; *things* sich einpendeln ◆ **settle on** *tr verb* **to ~ on sth** ① (*decide on*) sich für etw entscheiden ② (*agree on*) sich auf etw *Akk* einigen ◆ **settle up** *intr verb* abrechnen

settled ['setḷd] *adj* ① *pred* (*comfortable, established*) **to be ~** sich eingelebt haben; **to feel ~** sich heimisch fühlen ② (*calm*) ruhig

settle-for-less *adj* **a ~ attitude** eine Kompromisshaltung

settlement ['setḷmənt] *n* ① (*resolution*) Übereinkunft *f;* (*agreement*) Vereinbarung *f;* LAW Vergleich *m; of a conflict* Lösung *f* ② FIN, ECON Bezahlung *f* ③ (*colony*) Siedlung *f*

settler ['setḷəʳ] *n* Siedler(in) *m(f)*

set-to *n* (*fam*) Streit *m*

set-top box *n* TV Set-Top-Box *f* (*für den Empfang des digitalen Fernsehens*)

set-up *n* ① (*way things are arranged*) Aufbau *m;* (*arrangement*) Einrichtung *f* ② (*fam: act of deception*) abgekartetes Spiel

seven ['sevᵊn] **I.** *adj* sieben; *see also* **eight II.** *n* Sieben *f; see also* **eight**

sevenfold ['sevᵊnfəʊld] *adj, adv* siebenfach

seventeen ['sevᵊnti:n] **I.** *adj* siebzehn; *see also* **eight II.** *n* Siebzehn *f; see also* **eight**

seventeenth ['sevᵊnti:n(t)θ] **I.** *adj* siebzehnte(r, s) **II.** *n* ① (*date*) **the ~** der Siebzehnte ② (*fraction*) Siebzehntel *nt*

seventh ['sevᵊn(t)θ] **I.** *adj* siebte(r, s) **II.** *n* ① (*date*) **the ~** der Siebte ② (*frac-*

tion) Siebtel *nt* ③ (*gear*) siebter Gang, Siebte(r) *fam* ④ MUS (*interval*) Septime *f*

seventy ['sev(ə)nti] **I.** *adj* siebzig **II.** *n* Siebzig *f*

several ['sev(ə)r(ə)l] **I.** *adj* ① (*some*) mehrere, einige ② *attr* (*form, liter: respective*) einzeln **II.** *pron* mehrere, einige

severe [sə'vɪə(r)] *adj* ① (*very serious*) schwer, schlimm; *pain* heftig; *cutback* drastisch; *blow, concussion, injury* schwer ② (*harsh*) *criticism, punishment* hart; (*strict*) streng; ~ **cold** eisige Kälte; ~ **reprimand** scharfer Tadel

sew <sewed, sewn *or* sewed> [səʊ] **I.** *tr verb* nähen; **to ~ on a button** einen Knopf annähen; **to ~ on a patch** einen Flicken aufnähen **II.** *intr verb* nähen
◆ **sew up** *tr verb* ① (*repair*) zunähen; *wound* nähen ② (*fam: complete successfully*) zum Abschluss bringen

sewage ['su:ɪdʒ] *n no pl* Abwasser *nt;* **raw ~** ungeklärte Abwässer *Pl*

sewer[1] ['sʊə(r)] *n* Abwasserkanal *m*

sewer[2] ['səʊə(r)] *n* Näher(in) *m(f)*

sewing ['səʊɪŋ] **I.** *n no pl* ① (*activity*) Nähen *nt* ② (*things to sew*) Näharbeit *f* **II.** *adj attr* Näh-; ~ **machine** Nähmaschine *f*

sewn [səʊn] *pp of* **sew**

sex [seks] *n* <*pl* -es> ① (*gender*) Geschlecht *nt;* **the battle of the ~es** (*fig*) der Kampf der Geschlechter; **the opposite ~** das andere Geschlecht ② *no pl* (*intercourse*) Sex *m,* Geschlechtsverkehr *m;* **to have ~** Sex haben; **to have ~ with sb** mit jdm schlafen

sex appeal *n no pl* Sexappeal *m* **sex discrimination** *n no pl* Diskriminierung *f* aufgrund des Geschlechts **sex education** *n no pl* Sexualerziehung *f*

sexism ['seksɪz(ə)m] *n no pl* Sexismus *m*

sexist ['seksɪst] **I.** *adj* (*pej*) sexistisch **II.** *n* Sexist(in) *m(f)*

sex life *n* Sexualleben *nt* **sex selection** *n* MED Geschlechtswahl *f* des Kindes

sexual ['sekʃʊəl] *adj* ① (*referring to gender*) geschlechtlich; ~ **discrimination** Diskriminierung *f* aufgrund des Geschlechts ② (*erotic*) sexuell; ~ **attraction** sexuelle Anziehung

sexuality [ˌsekʃu'æləti] *n no pl* Sexualität *f*

sexually ['sekʃʊəli] *adv* ① (*referring to gender*) geschlechtlich ② (*erotically*) sexuell

sexy ['seksi] *adj* (*fam*) sexy

Sgt *n abbrev of* **sergeant** Uffz.

shabby ['ʃæbi] *adj* ① (*worn*) schäbig ② (*poorly dressed*) ärmlich gekleidet

shack [ʃæk] *n* Hütte *f*

shade [ʃeɪd] **I.** *n* ① *no pl* (*area out of sunlight*) Schatten *m;* **a patch of ~** ein schattiges Plätzchen; **in the ~** im Schatten ② (*lampshade*) [Lampen]schirm *m* ③ (*variation of colour*) Farbton *m;* **~s of grey** Grautöne *Pl* ④ (*fam: sunglasses*) **~s** Sonnenbrille *f* **II.** *tr verb* [vor der Sonne] schützen; **an avenue ~d by trees** eine von Bäumen beschattete Allee; **to ~ one's eyes** seine Augen beschirmen

shading ['ʃeɪdɪŋ] *n no pl* Schattierung *f*

shadow ['ʃædəʊ] **I.** *n* ① (*produced by light*) Schatten *m;* **to cast a ~ over sth/sb** [s]einen Schatten auf etw/jdn werfen *a. fig* ② (*under eye*) Augenring *m* ③ (*on X-ray*) Schatten *m* ④ (*smallest trace*) Hauch *m,* Anflug *m* ⑤ (*secret follower*) Beschatter(in) *m(f)* **II.** *tr verb* ① (*overshadow*) verdunkeln ② (*follow secretly*) beschatten ③ SPORTS (*stay close to*) decken

Shadow Cabinet *n* POL **the ~** das Schattenkabinett

shadowy ['ʃædəʊi] *adj* (*out of sun*) schattig; (*dark*) düster; ~ **outline** Schattenriss

shady ['ʃeɪdi] *adj* ① (*in shade*) schattig ② (*fam: dubious*) fragwürdig

shaft [ʃɑ:ft] *n* ① (*hole*) Schacht *m;* **lift** [*or* AM **elevator**] **~** Aufzugsschacht *m;* **ventilation ~** Lüftungsschacht *m* ② (*of tool*) Schaft *m*

shagged out [ʃægd'aʊt] *adj pred* BRIT, AUS (*sl, fam!*) ausgepumpt *fam*

shaggy ['ʃægi] *adj* ① (*hairy*) struppig ② (*unkempt*) zottelig; ~ **hair** Zottelhaar *nt*

shake [ʃeɪk] **I.** *n* ① (*action*) Schütteln *nt kein Pl;* **a ~ of one's head** ein Kopfschütteln ② (*nervousness*) **to get the ~s** (*fam*) Muffensausen kriegen ③ *esp* AM (*fam: milkshake*) Shake *m* **II.** *tr verb* <shook, shaken> ① (*vibrate*) schütteln; **~ well before using** vor Gebrauch gut schütteln; **to ~ sth over sth** etw über etw *Akk* streuen; **to ~ one's**

head den Kopf schütteln ② (*shock*) erschüttern; **the news has ~n the whole country** die Nachricht hat das ganze Land schwer getroffen **III.** *intr verb* <shook, shaken> ① (*quiver*) beben; **his voice shook with emotion** seine Stimme zitterte vor Rührung ② (*fam: agree*) **to ~ [on sth]** sich *Dat* [in einer Sache] die Hand reichen ▶ **to ~ like a leaf** wie Espenlaub zittern ◆**shake off** *tr verb* ① (*remove*) abschütteln ② (*get rid of*) überwinden; **to ~ off ⟲ sb** jdn loswerden; *pursuer* jdn abschütteln ◆**shake out** *tr verb* ausschütteln ◆**shake up** *tr verb* ① (*mix*) mischen ② (*shock*) aufwühlen

shaken ['ʃeɪkᵊn] **I.** *intr, tr verb, pp of* **shake II.** *adj* erschüttert

shakeout ['ʃeɪkaʊt] *n* ① ECON radikale Umorganisation; (*involving redundancies*) Rationalisierung *f* ② (*on a stock market*) Glattstellung *f*

shake-up ['ʃeɪkʌp] *n* Veränderung *f*, Umstrukturierung *f*

shakily ['ʃeɪkɪli] *adv* ① (*unsteadily*) wack[e]lig; *voice, hands* zittrig ② (*uncertainly*) unsicher

shaking **I.** *n* (*jolting*) Schütteln *nt;* (*trembling*) Zittern *nt* **II.** *adj* zitternd; **with ~ knees/hands** mit zitternden Knien/Händen

shaky ['ʃeɪki] *adj* ① *hands, voice* zittrig; *ladder, table* wack[e]lig ② (*unstable*) *basis, foundation* unsicher; **his English is rather ~** sein Englisch ist etwas holprig

shall [ʃæl, ʃᵊl] *aux verb* ① *usu* BRIT (*future*) **I ~ ...** ich werde ... ② *esp* BRIT (*ought to, must*) **I/he/she ~ ...** ich/er/sie soll ... ③ (*expressing what is mandatory*) **it ~ be unlawful ...** es ist verboten, ...

shallow ['ʃæləʊ] *adj* ① (*not deep*) seicht; *ditch, pan* flach; **~ pool** Kinderbecken *nt* ② (*light*) **~ breathing** flacher Atem

sham [ʃæm] (*pej*) **I.** *n usu sing* Trug *m kein Pl*, Betrug *m kein Pl* **II.** *tr verb* <-mm-> vortäuschen **III.** *intr verb* <-mm-> sich verstellen

shamble ['ʃæmbl̩] *intr verb* (*walk*) watscheln; (*shuffle*) schlurfen

shambles ['ʃæmbl̩z] *n + sing verb* (*fam*) **a ~** ein heilloses Durcheinander; **to be in a ~** sich in einem chaotischen Zustand befinden

shame [ʃeɪm] **I.** *n no pl* ① (*feeling*) Scham *f;* **have you no ~?** schämst du dich nicht?; **~ on you!** schäm dich! ② (*disgrace*) Schande *f* ③ (*a pity*) Jammer *m;* **what a ~!** wie schade! **II.** *tr verb* ① (*make ashamed*) beschämen ② (*bring shame on*) **to ~ sb/sth** jdm/etw Schande machen

shameful ['ʃeɪmfᵊl] *adj* ① (*causing shame*) schimpflich; *defeat* schmachvoll ② (*disgraceful*) empörend; **it's ~ that ...** es ist eine Schande, dass ...

shameless ['ʃeɪmləs] *adj* schamlos

shampoo [ʃæm'puː] **I.** *n no pl* Shampoo *nt;* **a ~ and set** Waschen und Legen **II.** *tr verb* shamponieren

shandy ['ʃændi] *n esp* BRIT, AUS Radler *nt bes* SÜDD, Alsterwasser *nt* NORDD

shan't [ʃɑːnt] = **shall not** *see* **shall**

shape [ʃeɪp] **I.** *n* ① (*outline*) Form *f;* BIOL Gestalt *f;* MATH Figur *f;* **to lose its ~** die Form verlieren; **to take ~** Form annehmen ② *no pl* (*condition*) **to be in great ~** in Hochform sein; **to knock sb into ~** jdn zurechtstutzen *fam* **II.** *tr verb* ① (*mould*) [aus]formen ② (*influence*) prägen; **to ~ sb's character/personality** jds Charakter *m*/Persönlichkeit *f* formen **III.** *intr verb* sich entwickeln

share [ʃeəʳ] **I.** *n* ① (*part*) Teil *m*, Anteil *m;* **the lion's ~ of sth** der Löwenanteil von etw; **~ of the vote** Stimmenanteil *m* ② *usu pl* (*in company*) Aktie *f;* **stocks and ~s** Wertpapiere *Pl* **II.** *intr verb* ① (*with others*) teilen ② **to ~ in sth** (*have part of*) an etw *Dat* teilhaben; (*participate*) an etw *Dat* beteiligt sein **III.** *tr verb* ① (*divide*) teilen; **to ~ responsibility** Verantwortung gemeinsam tragen ② (*have in common*) gemeinsam haben; **to ~ sb's concern** jds Besorgnis *f* teilen ③ (*communicate*) **to ~ a secret [with sb]** jdn in ein Geheimnis einweihen ▶ **a problem ~d is a problem halved** (*prov*) geteiltes Leid ist halbes Leid

shark <*pl* -s *or* -> [ʃɑːk] *n* Hai[fisch] *m*

sharp [ʃɑːp] **I.** *adj* ① *blade, knife* scharf; *point, pencil, angle* spitz; *bend* scharf ② *attack, rebuke* scharf; **~ criticism** beißende Kritik ③ (*sudden*) plötzlich; (*marked*) drastisch; *drop, rise* stark

S

4 (*perceptive*) scharfsinnig; **~ mind** scharfer Verstand 5 MUS **C ~** Cis *nt;* **F ~** Fis *nt* **II.** *adv* (*exactly*) genau; **the performance will start at 7.30 ~** die Aufführung beginnt um Punkt 7.30 Uhr **III.** *n* MUS Kreuz *nt*

sharpen ['ʃɑːpᵊn] *tr verb* 1 (*make sharp*) schärfen; *pencil* spitzen; *scissors, knife* schleifen 2 (*intensify*) verschärfen 3 (*improve*) schärfen; **to ~ one's mind** den Verstand schärfen

sharpener ['ʃɑːpᵊnəʳ] *n* **pencil ~** Bleistiftspitzer *m;* **knife ~** Messerschleifgerät *nt*

sharp-eyed *adj* scharfsichtig **sharp-tempered** *adj* leicht erregbar **sharp-tongued** *adj* scharfzüngig **sharp-witted** *adj* scharfsinnig

shatter ['ʃætəʳ] **I.** *intr verb* zerspringen; **the glass ~ed into a thousand tiny pieces** das Glas zerbrach in tausend winzige Stücke **II.** *tr verb* 1 (*smash*) zertrümmern 2 (*fig*) vernichten; **to ~ sb's dreams/illusions** jds Träume/Illusionen zunichtemachen 3 BRIT (*fam: exhaust*) schlauchen; **I'm ~ed!** ich bin fix und fertig!

shattering ['ʃætᵊrɪŋ] *adj* (*fam*) 1 (*very upsetting*) erschütternd 2 (*destructive*) vernichtend 3 BRIT (*exhausting*) aufreibend

shatterproof ['ʃætəpruːf] *adj* bruchsicher; *windscreen* splitterfrei

shave [ʃeɪv] **I.** *n* Rasur *f;* **I need a ~** ich muss mich rasieren ▸ **a close ~** ein knappes Entkommen **II.** *intr verb* sich rasieren **III.** *tr verb* rasieren

shaven ['ʃeɪvᵊn] *adj* rasiert; *head* kahl geschoren

shaver ['ʃeɪvəʳ] *n* Rasierapparat *m*

shaving ['ʃeɪvɪŋ] **I.** *adj attr* Rasier-; **~ cream** Rasiercreme *f* **II.** *n usu pl* Hobelspan *m*

shawl [ʃɔːl] *n* Schultertuch *nt*

she [ʃiː, ʃi] **I.** *pron* 1 (*female person, animal*) sie; **~ who ...** (*particular person*) diejenige, die ...; (*any person*) wer 2 (*inanimate thing*) es **II.** *n usu sing* **a ~** (*person*) eine Sie; (*animal*) ein Weibchen *nt*

shears [ʃɪəz] *npl* TECH [große] Schere; *metal* Metallschere *f;* **[garden] ~** Gartenschere *f*

sheath knife *n* Dolch *m*

shed[1] [ʃed] *n* Schuppen *m;* **garden ~** Gartenhäuschen *nt*

shed[2] <-dd-, shed, shed> [ʃed] **I.** *tr verb* 1 (*cast off*) ablegen; *antlers, leaves* abwerfen; *hair* verlieren; **to ~ a few kilos/pounds** ein paar Kilo/Pfund abnehmen; **to ~ one's skin** sich häuten; **to ~ one's winter coat** das Winterfell verlieren 2 (*get rid of*) ablegen; **to ~ one's inhibitions/insecurity** seine Hemmungen/Unsicherheit verlieren 3 (*generate*) *blood, tears* vergießen; *light* verbreiten 4 BRIT (*drop accidentally*) **a lorry has ~ a load of gravel across the road** ein LKW hat eine Ladung Kies auf der Straße verloren **II.** *intr verb snakes* sich häuten; *cats* haaren

she'd[1] [ʃiːd] = **she would** *see* **would**

she'd[2] [ʃiːd] = **she had** *see* **have**

sheep <*pl* -> [ʃiːp] *n* Schaf *nt;* **flock of ~** Schafherde *f* ▸ **to separate the ~ from the goats** die Schafe von den Böcken trennen

sheepdog *n* Schäferhund *m*

sheepish ['ʃiːpɪʃ] *adj* unbeholfen; *smile* verlegen

sheepskin *n* Schaffell *nt*

sheer [ʃɪəʳ] **I.** *adj* 1 (*utter*) pur, rein, schier; **~ bliss** eine wahre Wonne; **~ coincidence** reiner Zufall 2 (*vertical*) *cliff, drop* steil **II.** *adv* steil

sheet [ʃiːt] *n* 1 (*for bed*) Laken *nt* 2 (*of paper*) Blatt *nt* 3 (*large area*) **~ of ice** Eisschicht *f;* **~ of water** ausgedehnte Wasserfläche

sheet feed *n* COMPUT Einzelblatteinzug *m*

sheet lightning *n no pl* Wetterleuchten *nt*

sheik[h] [ʃeɪk, ʃiːk] *n* Scheich *m*

shelf <*pl* shelves> [ʃelf] *n* 1 (*for storage*) [Regal]brett *nt,* Bord *nt;* (*set of shelves*) Regal *nt* 2 GEOL Schelf *m o nt*

shelf life *n* COMM Haltbarkeit *f*

shell [ʃel] **I.** *n* 1 (*casing*) *of eggs, nuts* Schale *f; of tortoises* Panzer *m; of peas* Schote *f;* **to collect ~s on the beach** am Strand Muscheln sammeln 2 (*of a building*) Mauerwerk *nt* 3 MIL (*bomb*) Granate *f;* AM (*cartridge*) Patrone *f* **II.** *tr verb* 1 (*remove shell*) schälen 2 (*bombard*) [mit Granaten] bombardieren ◆**shell out** *intr verb* (*fam*) **to ~ out for sth/sb** für etw/jdn bezahlen

S

she'll[1] [ʃiːl] = **she shall** *see* **shall**

she'll[2] [ʃiːl] = **she will** *see* **will**[1]

shellfish <*pl* -> *n* Schalentier *nt*

shelling ['ʃəlɪŋ] *n no pl* Bombardierung *f;* (*shellfire*) Geschützfeuer *nt*

shell-shocked *adj* ① (*after battle*) kriegsneurotisch ② (*fig: dazed*) völlig geschockt

shell suit *n* Trainingsanzug *m* (*mit Wasser abweisender Nylonoberfläche*)

shelter ['ʃəltəʳ] **I.** *n* ① *no pl* Schutz *m;* **to find/take ~** Schutz finden/suchen ② (*structure*) Unterstand *m;* (*sth to sit in*) Häuschen *nt;* **bus ~** Häuschen *nt* an der Bushaltestelle; **a ~ for the homeless/battered wives** ein Obdachlosenheim *nt*/Frauenhaus *nt* **II.** *intr verb* Schutz suchen **III.** *tr verb* schützen (**from** vor)

sheltered ['ʃəltəd] *adj* ① (*against weather*) geschützt ② (*pej: overprotected*) behütet ③ **~ accommodation** Alten[wohn]heim *nt*

shelves [ʃəlvz] *n pl of* **shelf**

she's[1] [ʃiːz, ʃɪz] = **she is** *see* **be**

she's[2] [ʃiːz, ʃɪz] = **she has** *see* **have**

shield [ʃiːld] **I.** *n* ① (*defensive weapon*) [Schutz]schild *m* ② (*with coat of arms*) [Wappen]schild *m o nt* ③ (*protective device*) Schutz *m kein Pl* ④ SPORTS Trophäe *f* **II.** *tr verb* beschützen (**from** vor); **to ~ one's eyes** die Augen schützen

shift [ʃɪft] **I.** *tr verb* ① (*move*) [weg]bewegen; (*move slightly*) *furniture* verschieben ② (*transfer elsewhere*) **to ~ the emphasis** die Betonung verlagern ③ AM MECH **to ~ gears** schalten **II.** *intr verb* ① (*move*) sich bewegen; (*change position*) die Position verändern; **it won't ~** es lässt sich nicht bewegen ② AM AUTO **to ~ into reverse** den Rückwärtsgang einlegen ③ BRIT (*sl: move over*) **~ up/over a bit!** rutsch mal ein bisschen rüber! *fam* **III.** *n* ① (*alteration*) Wechsel *m,* Änderung *f;* **a ~ in opinion** ein Meinungsumschwung *m* ② (*period of work*) Schicht *f;* **day/night ~** Tag-/Nachtschicht *f* ③ (*type of dress*) Hänger *m*

shifting ['ʃɪftɪŋ] *adj attr* sich verändernd

shift key *n* COMPUT Shift-Taste *f*

shifty ['ʃɪfti] *adj* hinterhältig; **~ eyes** unsteter Blick; **to look ~** verdächtig aussehen

shimmery ['ʃɪmᵊri] *adj* funkelnd

shin [ʃɪn] *n* ① (*of leg*) Schienbein *nt* ② *no pl* (*of beef*) Hachse *f*

shine [ʃaɪn] **I.** *n no pl* Glanz *m* ▶ **to take a ~ to sb** jdn ins Herz schließen **II.** *intr verb* <shone *or* shined, shone *or* shined> ① (*give off light*) *moon, sun* scheinen; *stars* leuchten ② (*be gifted*) glänzen **III.** *tr verb* <shone *or* shined, shone *or* shined> ① (*point light*) **to ~ a beam of light at sth/sb** etw/jdn anstrahlen ② (*polish*) polieren ◆ **shine down** *intr verb* herabscheinen ◆ **shine out** *intr verb* ① (*be easily seen*) [auf]leuchten ② (*excel, stand out*) herausragen

shiner ['ʃaɪnəʳ] *n* (*fam*) Veilchen *nt*

shingles ['ʃɪŋg|z] *npl + sing verb* MED Gürtelrose *f*

shining ['ʃaɪnɪŋ] *adj* ① (*gleaming*) glänzend ② (*with happiness*) strahlend

shiny ['ʃaɪni] *adj* glänzend; (*very clean*) *surface, metal* [spiegel]blank; **to be ~** glänzen

ship [ʃɪp] **I.** *n* Schiff *nt;* **cargo/passenger ~** Fracht-/Passagierschiff *nt;* **by ~** mit dem Schiff; (*goods*) per Schiff **II.** *tr verb* <-pp-> ① (*send by boat*) verschiffen ② (*transport*) transportieren ◆ **ship out** **I.** *tr verb* per Schiff senden **II.** *intr verb* (*fam*) sich verziehen

shipping company *n* Reederei *f*

shipping department *n* Versandabteilung *f*

shipshape *adj pred* (*fam*) aufgeräumt; **to get sth ~** etw aufräumen

shipwreck **I.** *n* ① (*accident*) Schiffbruch *m* ② (*remains*) [Schiffs]wrack *nt* **II.** *tr verb usu passive* **to be ~ed** Schiffbruch erleiden

shipyard *n* [Schiffs]werft *f*

shire ['ʃaɪəʳ] *n* BRIT Grafschaft *f*

shirk [ʃɜːk] (*pej*) **I.** *tr verb* meiden; **to ~ one's responsibilities** sich seiner Verantwortung entziehen **II.** *intr verb* **to ~ from sth** sich einer S. *Dat* entziehen

shirker ['ʃɜːkəʳ] *n* (*pej*) Drückeberger(in) *m(f) fam*

shirt [ʃɜːt] *n* Hemd *nt* ▶ **keep your ~ on!** reg dich ab!

shirtsleeve *n usu pl* Hemdsärmel *m* ▶ **to roll up one's ~s** die Ärmel hochkrempeln *fam*

shirty ['ʃɜːti] *adj* BRIT, AUS (*pej fam*) sauer

S

sl; **don't get ~ with me!** sei nicht so griesgrämig!

shit [ʃɪt] *(fam!)* **I.** *n* ❶ *no pl (faeces)* Scheiße *f derb* ❷ *(diarrhoea)* **the ~s** der Dünnschiss *derb* ❸ *no pl (nonsense)* Scheiße *m derb* **II.** *interj* Scheiße *derb* **III.** *intr verb* <-tt-, shit *or* shitted *or* BRIT *a.* shat, shit *or* shitted *or* BRIT *a.* shat> scheißen *derb*

shitty ['ʃɪti] *adj (fam!)* beschissen *derb*

shiver ['ʃɪvəʳ] **I.** *n* ❶ *(shudder)* Schauder *m;* **a ~ went up and down my spine** mir lief es kalt den Rücken hinunter ❷ MED **the ~s** der Schüttelfrost **II.** *intr verb* zittern; **to ~ with cold** frösteln; **to ~ like a leaf** wie Espenlaub zittern

shivery ['ʃɪvəri] *adj* fröstelnd; **to feel ~** frösteln

shock[1] [ʃɒk] **I.** *n* ❶ *(unpleasant surprise)* Schock *m;* **a ~ to the system** eine schwierige Umstellung; **to come as a ~** ein Schock sein ❷ *(fam)* ELEC elektrischer Schlag ❸ *no pl (serious health condition)* Schock[zustand] *m;* **to be in [a state of] ~** unter Schock stehen **II.** *tr verb, vi* schockieren; *(deeply)* erschüttern; **to ~ sb deeply** jdn zutiefst erschüttern

shock[2] [ʃɒk] *n* **~ of hair** [Haar]schopf *m*

shock absorber *n* AUTO Stoßdämpfer *m*

shocker ['ʃɒkəʳ] *n (fam)* ❶ *(shocking thing)* Schocker *m* ❷ *(very bad thing)* Katastrophe *f*

shocking ['ʃɒkɪŋ] *adj* ❶ *(distressing, offensive)* schockierend; *crime* abscheulich ❷ *esp* AM *(surprising)* völlig überraschend ❸ *esp* BRIT *(fam: appallingly bad)* schrecklich, furchtbar

shockproof *adj* ❶ *(undamagable)* bruchsicher ❷ *(not producing electric shock)* berührungssicher

shock wave *n* ❶ PHYS Druckwelle *f* ❷ *(fig)* **the news sent ~s through the financial world** die Nachricht erschütterte die Finanzwelt

shod [ʃɒd] **I.** *pt, pp of* **shoe** **II.** *adj* beschuht; **~ in boots** in Stiefeln

shoddy ['ʃɒdi] *adj (pej: poorly produced)* schlampig [gearbeitet] *fam; (rundown)* schäbig

shoe [ʃuː] **I.** *n* ❶ *(for foot)* Schuh *m;* **a pair of ~s** ein Paar *nt* Schuhe ❷ *(horseshoe)* Hufeisen *nt* ▸ **to put oneself in sb's ~s** sich in jds Lage *Akk* versetzen **II.** *tr verb* <shod *or* AM *a.* shoed, shod *or* AM *a.* shoed> **to ~ a horse** ein Pferd beschlagen

shoelace *n usu pl* Schnürsenkel *m;* **to do up one's ~s** sich *Dat* die Schuhe zubinden **shoe polish** *n no pl* Schuhcreme *f* **shoe size** *n* Schuhgröße *f* **shoestring** *n usu pl* AM Schnürsenkel *m* ▸ **to do sth on a ~** *(fam)* etw mit wenig Geld machen

shone [ʃɒn] *pt, pp of* **shine**

shoo [ʃuː] *(fam)* **I.** *interj (to child)* husch [husch] **II.** *tr verb* wegscheuchen

shook [ʃʊk] *n pt of* **shake**

shoot [ʃuːt] **I.** *n* ❶ *(on plant)* Trieb *m;* **green ~s** *(fig)* erste [hoffnungsvolle] Anzeichen ❷ *(hunt)* Jagd *f* ❸ PHOT Aufnahmen *Pl* **II.** *intr verb* <shot, shot> ❶ *(discharge weapon)* schießen **(at** auf); **to ~ to kill** mit Tötungsabsicht schießen ❷ SPORTS schießen ❸ *+ adv/prep (move rapidly)* **to ~ to fame** über Nacht berühmt werden ❹ *(film)* filmen, drehen **III.** *tr verb* <shot, shot> ❶ *(fire)* schießen ❷ *(hit)* anschießen; *(dead)* erschießen ❸ PHOT *film* drehen ◆**shoot down** *tr verb* ❶ *(kill)* erschießen ❷ AVIAT, MIL abschießen ◆**shoot off I.** *tr verb usu passive* wegschießen ▸ **to ~ one's mouth off** *(sl)* sich *Dat* das Maul zerreißen *derb* **II.** *intr verb vehicle* schnell losfahren; *people* eilig aufbrechen ◆**shoot out** *intr verb* ❶ *(emerge suddenly)* plötzlich hervorschießen ❷ *(gush forth) water* herausschießen; *flames* hervorbrechen ◆**shoot up** *intr verb* ❶ *(increase rapidly)* schnell ansteigen; *skyscraper* in die Höhe schießen ❷ *(fam: grow rapidly) child* schnell wachsen

shooter ['ʃuːtəʳ] *n* SPORTS *(in netball)* [Tor]schütze *m,* [Tor]schützin *f; (in basketball)* Korbschütze *m,* Korbschützin *f*

shooting ['ʃuːtɪŋ] **I.** *n* ❶ *(attack with gun)* Schießerei *f; (from more than one side)* Schusswechsel *m* ❷ *no pl (sport)* Jagen *nt;* **grouse ~** Moorhuhnjagd *f* ❸ *no pl* FILM Drehen *nt* **II.** *adj attr* **~ pain** stechender Schmerz

shooting star *n* ❶ *(meteor)* Sternschnuppe *f* ❷ *(person)* Shootingstar *m*

shop [ʃɒp] **I.** *n* ❶ *(store)* Geschäft *nt,* Laden *m;* **baker's ~** *esp* BRIT Bäckerei

(2) BRIT, AUS (*shopping*) Einkauf *m;* **to do the weekly ~** die wöchentlichen Einkäufe erledigen ▶ **to be all over the ~** BRIT (*fam*) ein [völliges] Durcheinander sein **II.** *intr verb* <-pp-> einkaufen; **to ~ till you drop** (*hum*) eine Shoppingorgie veranstalten

shopaholic [ʃɒpəˈhɒlɪk] *n* Einkaufssüchtige(r) *f(m)*

shop assistant *n* Verkäufer(in) *m(f)* **shopkeeper** *n* Ladeninhaber(in) *m(f)*

shoplifter *n* Ladendieb(in) *m(f)* **shoplifting** *n no pl* Ladendiebstahl *m*

shopper [ˈʃɒpəʳ] *n* Käufer(in) *m(f)*

shopping [ˈʃɒpɪŋ] *n no pl* (1) (*buying in shops*) Einkaufen *nt;* **Christmas ~** Weihnachtseinkäufe *Pl;* **to go ~** einkaufen gehen (2) (*purchases*) Einkäufe *Pl;* **bags of ~** volle Einkaufstaschen

shopping arcade *n* Einkaufspassage *f* **shopping bag** *n* Einkaufstasche *f;* **plastic ~** Plastiktragetasche *f* **shopping cart** *n* AM Einkaufswagen *m* **shopping center** AM *see* **shopping centre** **shopping centre** *n* Einkaufszentrum *nt* **shopping list** *n* Einkaufsliste *f* **shopping mall** *n esp* AM, AUS überdachtes Einkaufszentrum **shopping trolley** *n* BRIT Einkaufswagen *m*

shop-soiled *adj* BRIT, AUS leicht beschädigt

shop window *n* Schaufenster *nt*

shore [ʃɔːʳ] *n* (*coast*) Küste *f; of a river, a lake* Ufer *nt;* (*beach*) Strand *m*

shoreline *n* Küstenlinie *f*

short [ʃɔːt] **I.** *adj* (1) (*not long*) kurz; **Bob's ~ for Robert** Bob ist die Kurzform von Robert (2) (*not tall*) klein (3) (*not far*) kurz; **~ distance** kurze Strecke; **at ~ range** aus kurzer Entfernung (4) (*brief*) kurz; **to have a ~ memory** ein kurzes Gedächtnis haben; **at ~ notice** kurzfristig; **~ and sweet** kurz und schmerzlos (5) (*not enough*) **to be ~ [of cash]** (*fam*) knapp bei Kasse sein; **to be ~ of space** wenig Platz haben (6) *pred* (*not friendly*) **to be ~ [with sb]** [jdm gegenüber] kurz angebunden sein ▶ **to have a ~ fuse** schnell wütend werden; **to draw the ~ straw** den Kürzeren ziehen **II.** *n* (1) ELEC (*fam*) Kurze(r) *m* (2) BRIT (*fam: alcoholic drink*) Kurze(r) *m* **III.** *adv* **to cut sth ~** etw abkürzen; **to fall ~ of sth** etw nicht erreichen ▶ **in ~** kurz gesagt

shortage [ˈʃɔːtɪdʒ] *n* Mangel *m kein Pl* (**of** an); **water ~** Wassermangel *m*

short-change *tr verb* **to ~ sb** (*after purchase*) jdm zu wenig Wechselgeld herausgeben

short circuit *n* Kurzschluss *m*

shortcoming *n usu pl* Mangel *m; of a person* Fehler *m; of a system* Unzulänglichkeit *f*

short cut *n* Abkürzung *f*

shortcut key *n* COMPUT Tastenkombination *f*

shorten [ˈʃɔːtᵊn] **I.** *tr verb* (*make shorter*) kürzen; *name* abkürzen **II.** *intr verb* (*become shorter*) kürzer werden

shorthand *n no pl* Kurzschrift *f,* Stenografie *f;* **to do ~** stenografieren

shorthanded *adj* unterbesetzt

short list *n* Liste *f* der aussichtsreichsten Bewerber/Bewerberinnen; **to be on the ~** in der engeren Wahl sein

short-lived [-ˈlɪvd] *adj* kurzlebig; *happiness, triumph* kurz; **to be ~** von kurzer Dauer sein

shortly [ˈʃɔːtli] *adv* (*soon*) in Kürze, bald; **~ after ...** kurz nachdem ...; **~ afterwards** kurz danach

short-range *adj* (1) MIL Kurzstrecken- (2) (*short-term*) kurzfristig; **~ weather forecast** Wettervorhersage *f* für die nächsten Tage

shorts [ʃɔːts] *n pl* (1) (*short trousers*) kurze Hose, Shorts *Pl* (2) AM (*underpants*) Unterhose *f*

short-sighted *adj* kurzsichtig *a. fig* **short-sleeved** [-ˌsliːvd] *adj* kurzärmelig **short-staffed** [-ˈstɑːft] *adj* unterbesetzt **short story** *n* Kurzgeschichte *f* **short-tempered** [-ˈtempəd] *adj* cholerisch **short-term** *adj* kurzfristig; **~ memory** Kurzzeitgedächtnis *nt;* **~ outlook** Aussichten *Pl* für die nächste Zeit **short wave** *n* Kurzwelle *f* **short-winded** [-ˈwɪndɪd] *adj* kurzatmig

shot [ʃɒt] **I.** *n* (1) *of a weapon* Schuss *m* (2) SPORTS (*heavy metal ball*) Kugel *f* (3) SPORTS (*in tennis, golf*) Schlag *m;* (*in football, ice hockey*) Schuss *m* (4) *no pl* (*ammunition*) Schrot *m o nt* (5) (*photograph*) Aufnahme *f* (6) (*fam: injection*) Spritze *f* (7) *of alcohol* Schuss *m* **II.** *tr, intr verb, pp, pt of* **shoot**

shotgun *n* Schrotflinte *f* ▶ **to ride** ~ AM (*fam*) vorne sitzen (*im Auto*)
shot put *n* SPORTS **the** ~ Kugelstoßen *nt kein Pl*
shot putter *n* Kugelstoßer(in) *m(f)*
should [ʃʊd] *aux vb* ❶ (*expressing advisability, obligation*) **sb/sth** ~ **...** jd/etw sollte ...; **you** ~ **be ashamed of yourselves** ihr solltet euch [was] schämen; ~ **I apologize to him?** soll[te] ich mich bei ihm entschuldigen? ❷ (*expressing expectation*) **sb/sth** ~ **...** jd/etw sollte [*o* müsste] [eigentlich] ...; **there** ~**n't be any problems** es dürfte eigentlich keine Probleme geben; **I** ~ **be so lucky** (*fam*) schön wär's! ❸ (*form: expressing a possibility*) **in case sth/sb** ~ **do sth** falls etw/jd etw tun sollte ❹ (*rhetorical*) **why** ~ **sb/sth ...?** warum sollte jd/etw ...? ❺ (*could*) **where's Stuart? — How** ~ **I know?** wo ist Stuart? – Woher soll ich das [denn] wissen?
shoulder ['ʃəʊldəʳ] **I.** *n* ❶ (*joint*) Schulter *f;* **a** ~ **to cry on** (*fig*) eine Schulter zum Ausweinen; **to shrug one's** ~**s** mit den Achseln zucken ❷ FASHION Schulter *f* ❸ (*meat*) Schulter *f; of beef* Bug *m* ❹ *of a road* Bankett *nt;* **soft/hard** ~ unbefestigtes/befestigtes Bankett ❺ **to °shrug one's** ~**s** die Achseln zucken, mit den Schultern zucken; (*fig*) tatenlos zusehen **II.** *tr verb* (*accept*) auf sich *Akk* nehmen; **to** ~ **the cost of sth** die Kosten für etw tragen; **to** ~ **responsibility** Verantwortung übernehmen
shoulder bag *n* Umhängetasche *f*
shoulder blade *n* ANAT Schulterblatt *nt*
shoulder-fired *adj* MIL **a** ~ **missile** eine über die Schulter bgefeuerte Rakete
shoulder pad *n* Schulterpolster *nt o* ÖSTERR *m;* SPORTS *a.* Schulterschoner *m*
shoulder strap *n* Riemen *m*
shouldn't ['ʃʊdᵊnt] = **should not** *see* **should**
shout [ʃaʊt] **I.** *n* ❶ (*loud cry*) Ruf *m,* Schrei *m;* **a** ~ **from the audience** ein Zuruf *m* aus dem Publikum; ~ **of joy** Freudenschrei *m* ❷ BRIT, AUS (*fam: round of drinks*) Runde *f* **II.** *intr verb* schreien; **to** ~ **at sb** jdn anschreien; **to** ~ **for help** um Hilfe rufen **III.** *tr verb* rufen, schreien ◆**shout down** *tr verb* niederschreien *fam* ◆**shout out** *tr verb* [aus]rufen
shouting ['ʃaʊtɪŋ] *n no pl* Schreien *nt,* Geschrei *nt*
shove [ʃʌv] **I.** *n* Ruck *m;* **to give sth a** ~ etw [weg]rücken **II.** *tr verb* ❶ (*push*) schieben; **to** ~ **sb around** jdn herumstoßen *fam* ❷ (*place*) **to** ~ **sth into a bag** etw in eine Tasche stecken **III.** *intr verb* ❶ (*push*) drängen ❷ (*fam: move aside*) **to** ~ **along** beiseiterücken ◆**shove off** *intr verb* ❶ (*fam!, sl: go away*) abhauen *sl* ❷ NAUT (*push away*) [vom Ufer] abstoßen
shovel ['ʃʌvᵊl] **I.** *n* ❶ (*tool*) Schaufel *f; of an earthmoving machine* Baggerschaufel *f* ❷ (*shovelful*) **a** ~ **of coal/dirt/snow** eine Schaufel [voll] Kohle/Erde/Schnee **II.** *tr verb, vi* <BRIT -ll- *or* AM *usu* -l-> schaufeln
show [ʃəʊ] **I.** *n* ❶ (*showing*) Demonstration *f geh;* ~ **of kindness** Geste *f* der Freundlichkeit; ~ **of solidarity** Solidaritätsbekundung *f geh* ❷ *no pl* (*display, impression*) Schau *f;* **to make a** ~ **of sth** etw zur Schau stellen ❸ *no pl* (*impressive sight*) Schauspiel *nt geh* ❹ (*exhibition, event*) Schau *f,* Ausstellung *f;* **slide** ~ Diavortrag *m;* **to be on** ~ ausgestellt sein ❺ (*entertainment*) Show *f;* (*on TV a.*) Unterhaltungssendung *f;* (*at a theatre*) Vorstellung *f;* **puppet** ~ Puppenspiel *nt* ❻ *no pl* (*fam: activity, affair*) Sache *f;* **who's running the** ~**?** wer ist hier der Boss? *fam* **II.** *tr verb* <showed, shown *or* showed> ❶ (*display, project*) zeigen; (*exhibit*) ausstellen; (*perform*) vorführen ❷ (*expose*) sehen lassen; **this carpet** ~**s all the dirt** bei dem Teppich kann man jedes bisschen Schmutz sehen ❸ (*reveal, express*) zeigen; **to** ~ **promise** viel versprechend sein; **to** ~ **compassion** [**for sb**] [mit jdm] Mitleid haben ❹ (*record*) anzeigen; *statistics* [auf]zeigen; **to** ~ **a loss/profit** einen Verlust/Gewinn aufweisen ❺ (*explain*) **to** ~ **sb sth** jdm etw zeigen ❻ (*record*) anzeigen; *statistics* [auf]zeigen ▶ **to** ~ **sb the door** jdm die Tür weisen **III.** *intr verb* <showed, shown *or* showed> ❶ (*be visible*) zu sehen sein, erscheinen; **to let sth** ~ sich *Dat* etw anmerken lassen ❷ *esp* AM, AUS (*fam: arrive*) auftauchen ❸ (*be shown*)

film laufen *fam* ◆**show around** *tr verb* AM *see* **show round** ◆**show in** *tr verb* (*bring*) hereinführen; (*take*) hineinführen ◆**show off I.** *tr verb* **to ~ off ↻ sb/sth** mit jdm/etw angeben **II.** *intr verb* angeben ◆**show out** *tr verb* hinausführen; **will you ~ Ms Richards out please?** würden Sie Frau Richards bitte zur Tür bringen?; **I'll ~ myself out** ich finde schon allein hinaus ◆**show round** *tr verb* ① (*take on tour*) herumführen; **to ~ sb round the house** jdm das Haus zeigen ② (*pass round*) **to ~ sth round** etw herumzeigen ◆**show up I.** *intr verb* (*appear*) sich zeigen **II.** *tr verb* ① (*make visible*) zeigen ② (*expose*) aufdecken; **to ~ up ↻ sb** jdn entlarven

showdown *n* Showdown *m*

shower ['ʃaʊəʳ] **I.** *n* ① (*brief fall*) Schauer *m;* **~ of rain/snow** Regen-/Schneeschauer *m* ② (*spray*) Regen *m;* **~ of sparks** Funkenregen *m* ③ (*for bathing*) Dusche *f;* **to have a ~** duschen ④ AM (*party*) *Frauenparty vor einer Hochzeit, Geburt etc., bei der Geschenke überreicht werden* **II.** *tr verb* ① (*with liquid*) bespritzen; **to ~ sb with champagne** jdn mit Champagner bespritzen ② (*fig*) **to ~ sb with sth** *compliments, presents* jdn/etw mit etw überhäufen **III.** *intr verb* (*take a shower*) duschen

shower cabinet *n* Duschkabine *f* **shower gel** *n* Duschgel *nt* **shower mat** *n* Duschvorleger *m*

showery ['ʃaʊəri] *adj* mit vereinzelten Regenschauern *nachgestellt;* **~ weather** regnerisches Wetter

show flat *n* Musterwohnung *f* **showground** *n* Veranstaltungsgelände *nt* **show home** *n* BRIT Musterhaus *nt*

showing ['ʃəʊɪŋ] *n usu sing* ① (*exhibition*) Ausstellung *f* ② (*broadcasting*) Übertragung *f* ③ (*performance in competition*) Vorstellung *f*

show-jumper *n* ① (*horse*) Springpferd *nt* ② (*rider*) Springreiter(in) *m(f)* **show-jumping** *n no pl* Springreiten *nt*

shown ['ʃəʊn] *tr, intr verb, pp of* **show**

show-off *n* Angeber(in) *m(f)*

showroom I. *n* Ausstellungsraum *m* **II.** *tr verb* (*fam*) **to ~ sth** etw zur Schau stellen

show trial *n* Schauprozess *m*

showy ['ʃəʊi] *adj* auffällig

shrank [ʃræŋk] *tr, intr verb, pt of* **shrink**

shred [ʃred] **I.** *n* ① *usu pl* (*thin long strip*) Streifen *m;* **to leave sb's reputation in ~s** jds Ruf *m* ruinieren; **to be in ~s** zerfetzt sein; **to tear sb to ~s** (*fig*) jdn in Stücke reißen ② *no pl* (*tiny bit*) *of hope* Funke *m;* **there isn't a ~ of evidence** es gibt nicht den geringsten Beweis **II.** *tr verb* <-dd-> *paper, textiles* zerkleinern; *vegetables* hacken

shredder ['ʃredəʳ] *n* Reißwolf *m,* Shredder *m;* **garden ~** Häcksler *m*

shriek [ʃri:k] **I.** *n* [schriller, kurzer] Schrei; *of a seagull* Kreischen *nt kein Pl;* **~ of delight** Freudenschrei *m* **II.** *intr verb* kreischen; *with laughter* brüllen; (*with pain*) schreien **III.** *tr verb* schreien; **to ~ abuse at sb** jdn lauthals beschimpfen

shrink [ʃrɪŋk] **I.** *intr verb* <**shrank** *or esp* AM **shrunk, shrunk** *or* AM *a.* **shrunken**> ① (*become smaller*) schrumpfen; *sweater* eingehen ② (*pull back*) **to ~ away** zurückweichen; **to ~ from [doing] sth** sich vor etw *Dat* drücken *fam* **II.** *tr verb* <**shrank** *or* AM *esp* **shrunk, shrunk** *or* AM *a.* **shrunken**> schrumpfen lassen; **to ~ costs** die Kosten senken **III.** *n* (*fam*) Psychiater(in) *m(f)*

shrivel <BRIT -ll- *or* AM *usu* -l-> ['ʃrɪvᵊl] *intr verb* [zusammen]schrumpfen; *fruit* schrumpeln; *plants* welken; *skin* faltig werden ◆**shrivel up** *intr verb* zusammenschrumpfen; *fruit* schrumpeln ▶**to want to ~ up and die** in den Boden versinken wollen

shrub [ʃrʌb] *n* Strauch *m,* Busch *m*

shrug [ʃrʌg] **I.** *n* **~ of one's shoulders** Achselzucken *nt kein Pl* **II.** *intr verb* <-gg-> die Achseln zucken **III.** *tr verb* <-gg-> **to ~ one's shoulders** die Achseln zucken, mit den Schultern zucken; (*fig*) tatenlos zusehen ◆**shrug off** *tr verb* **to ~ off ↻ sth** etw mit einem Achselzucken abtun; (*get rid of*) etw loswerden

shrunk [ʃrʌŋk] *tr, intr verb, pp, pt of* **shrink**

shudder ['ʃʌdəʳ] **I.** *intr verb* zittern; *ground* beben; **to ~ to a halt** mit einem Ruck zum Stehen kommen **II.** *n*

S

Schaudern *nt kein Pl;* **Wendy gave a ~ of disgust** Wendy schüttelte sich vor Ekel

shuffle ['ʃʌfl̩] **I.** *n* ① CARDS **to give the cards a ~** die Karten mischen ② (*re-arrangement*) Neuordnung *f kein Pl* ③ AM, AUS, CAN (*shake-up*) **cabinet ~** Kabinettsumbildung *f* ④ *no pl of feet* Schlurfen *nt* **II.** *tr verb* ① CARDS mischen ② (*drag*) **to ~ one's feet** schlurfen **III.** *intr verb* ① CARDS Karten mischen ② (*sort through*) **to ~ through sth** etw durchblättern ③ (*drag one's feet*) schlurfen; **to ~ along** (*fig*) sich dahinschleppen

shush [ʃʊʃ] **I.** *interj* sch!, pst! **II.** *tr verb* (*fam*) **to ~ sb** jdm sagen, dass er/sie still sein soll

shut [ʃʌt] **I.** *adj* geschlossen; *curtains* zugezogen; **to slam a door ~** eine Tür zuschlagen; **to slide ~** sich automatisch schließen **II.** *tr verb* <-tt-, shut, shut> (*close*) schließen, zumachen; *book* zuklappen ▶ **~ your face/mouth!** (*fam!*) halt die Klappe! *fam* **III.** *intr verb* <-tt-, shut, shut> schließen, zumachen ◆**shut away** *tr verb* einschließen, einsperren; **to ~ oneself away** sich einschließen ◆**shut down** **I.** *tr verb* ① (*stop operating*) schließen ② (*turn off*) abstellen; *computer, system* herunterfahren **II.** *intr verb business, factory* zumachen; *engine* sich abstellen ◆**shut in** *tr verb* einschließen, einsperren; **to ~ oneself in** sich einsperren ◆**shut off** *tr verb* ① (*isolate*) **to ~ oneself off** sich zurückziehen ② (*turn off*) abstellen, ausmachen ◆**shut out** *tr verb* ① (*block out*) ausschließen; (*fig*) *thoughts* verdrängen; **to ~ out the light** das Licht abschirmen; **to ~ out pain** Schmerz ausschalten ② (*exclude*) **to ~ out sb [from sth]** jdn [von etw] ausschließen *a. fig* ◆**shut up** **I.** *tr verb* ① (*confine*) einsperren ② AUS, BRIT (*close*) schließen; **to ~ up shop** das Geschäft schließen ③ (*fam: cause to stop talking*) zum Schweigen bringen **II.** *intr verb* ① AUS, BRIT (*close*) [seinen Laden] zuschließen ② (*fam: stop talking*) den Mund halten

shutter ['ʃʌtəʳ] *n* ① PHOT [Kamera]verschluss *m,* Blende *f;* **to open the ~** die Blende öffnen ② *usu pl* (*window cover*) Fensterladen *m*

shuttle ['ʃʌtl̩] **I.** *n* ① (*train*) Pendelzug *m;* (*plane*) Pendelmaschine *f;* **air ~ [service]** Shuttleflug *m;* **space ~** Raumfähre *f* ② (*weaving bobbin*) Weberschiffchen *nt* ③ SPORTS (*fam*) Federball *m* **II.** *tr verb* hin- und zurückbefördern **III.** *intr verb* hin- und zurückfahren

shuttle bus *n* Zubringerbus *m* **shuttlecock** [-kɒk] *n* Federball *m* **shuttle flight** *n* Shuttleflug *m* **shuttle service** *n* Shuttleservice *nt*

shy [ʃaɪ] **I.** *adj* (*timid*) schüchtern; **~ smile** scheues Lächeln **II.** *intr verb* <-ie-> *horse* scheuen

shyness ['ʃaɪnəs] *n no pl* Schüchternheit *f*

Siamese twins *npl* siamesische Zwillinge

sick [sɪk] **I.** *adj* ① (*ill*) krank; **to be off ~** krankgemeldet sein; **to call in ~** sich krankmelden ② *pred* (*in stomach*) **to be ~** sich erbrechen, spucken *fam;* **to feel ~** sich schlecht fühlen ③ *pred* (*fam: fed up*) **to be ~ of sth/sb** von etw/jdm die Nase voll haben *fam;* **it makes me ~ ...** es regt mich auf ... ④ (*fam: cruel and offensive*) geschmacklos **II.** *n* ① (*ill people*) **the ~** *pl* die Kranken ② *no pl* BRIT (*fam: vomit*) Erbrochene(s) *nt*

sick bag *n* MED, AVIAT Speibeutel *m* **sickbay** *n* MIL Krankenstation *f*

sickening ['sɪkᵊnɪŋ] *adj* (*repulsive*) *cruelty* entsetzlich; *smell* widerlich, ekelhaft; (*annoying*) [äußerst] ärgerlich

sick leave *n no pl* MED **to be on ~** krankgeschrieben sein

sickness <*pl* -es> ['sɪknəs] *n* ① (*illness*) Krankheit *f;* (*nausea*) Übelkeit *f* ② *no pl* (*vomiting*) Erbrechen *nt*

sickness benefit *n* BRIT, AUS, **sick pay** *n no pl* Krankengeld *nt*

side [saɪd] **I.** *n* ① (*vertical surface*) *of a car, a box* Seite *f; of a hill, a cliff* Hang *m;* (*wall*) *of a house, a cave, a caravan* [Seiten]wand *f;* **at the ~ of sth** neben etw *Dat* ② (*of somebody*) Seite *f;* **~ by ~** nebeneinander, Seite an Seite ③ (*face, surface*) *of a coin, a record, a box* Seite *f;* **this ~ up!** (*on a parcel*) oben! ④ (*page*) Seite *f* ⑤ (*edge, border, line*) Rand *m; of a table, a square, a triangle* Seite *f; of a*

S

road [Straßen]rand *m;* **on all ~s** auf allen Seiten ⑥ (*half*) *of a bed, a house* Hälfte *f; of a town, a road, a brain, a room* Seite *f* ⑦ (*direction*) Seite *f;* **to put sth to one ~** etw beiseitelassen; **to take sb to one ~** jdn auf die Seite nehmen ⑧ + *sing/pl verb* (*opposing party*) *of a dispute, a contest* Partei *f,* Seite *f;* **to take ~s** Partei ergreifen ⑨ + *sing/pl verb* (*team*) Mannschaft *f,* Seite *f* ⑩ (*aspect*) Seite *f;* **to look on the bright[er] ~ of life** zuversichtlich sein ⑪ *esp* AM (~ *dish*) Beilage *f* ▶ **the other ~ of the coin** die Kehrseite der Medaille; **to get on the wrong ~ of sb** es sich *Dat* mit jdm verderben; **to split one's ~s laughing** sich krummlachen **II.** *adj* Neben-; ~ **job** Nebenbeschäftigung *f,* Nebenjob *m fam* **III.** *intr verb* **to ~ against sb** sich gegen jdn stellen; **to ~ with sb** zu jdm halten

sideboard *n* ① (*buffet*) Anrichte *f,* Sideboard *nt* ② BRIT (*fam: sideburns*) **~s** Koteletten *Pl*

side dish *n* FOOD Beilage *f*

side effect *n* Nebenwirkung *f*

sideline *n* ① (*secondary job*) Nebenbeschäftigung *f;* (*money*) Nebenerwerb *m* ② *esp* AM SPORTS Seitenlinie *f*

side road *n* Seitenstraße *f,* Nebenstraße

side salad *n* Beilagensalat *m*

sidestep **I.** *tr, intr verb* <-pp-> ausweichen **II.** *n* Schritt *m* zur Seite; (*fig*) Ausweichmanöver *nt;* (*in dancing*) Seitenschritt *m;* (*in sports*) Ausfallschritt *m*

side street *n* Seitenstraße *f*

sidetrack **I.** *tr verb* ① (*distract*) ablenken ② (*put on ice*) auf Eis legen **II.** *n* ① (*distraction*) Abschweifung *f* ② RAIL (*siding*) Rangiergleis *nt*

sidewalk *n* AM (*pavement*) Bürgersteig *m*

sideways ['saɪdwəɪz] **I.** *adv* ① (*to, from a side*) seitwärts; **the fence is leaning ~** der Zaun steht schief ② (*facing a side*) seitwärts ▶ **to blow sb ~** jdn umhauen *fam* **II.** *adj* seitlich; **he gave her a ~ glance** er sah sie von der Seite an

sidle ['saɪd|] *intr verb* schleichen; **to ~ up** sich anschleichen

siesta [si'estə] *n* Siesta *f*

sieve [sɪv] **I.** *n* Sieb *nt* ▶ **to have a memory like a ~** ein Gedächtnis wie ein Sieb haben **II.** *tr verb* sieben **III.** *intr verb* (*fig*) **to ~ through a contract** einen Vertrag genau durchgehen

sift [sɪft] **I.** *n usu sing* Sieben *nt* **II.** *tr verb* ① (*using sieve*) **to ~ flour/sand** Mehl/Sand sieben ② (*examine closely*) durchsieben **III.** *intr verb* **to ~ through archives** Archive durchsehen

sigh [saɪ] **I.** *n* Seufzer *m;* **a ~ of relief** ein Seufzer *m* der Erleichterung; **to heave a ~** seufzen **II.** *intr verb* seufzen; **to ~ with relief** vor Erleichterung [auf]seufzen

sight [saɪt] **I.** *n* ① *no pl* (*ability to see*) [**sense of**] ~ Sehvermögen *nt;* (*strength of vision*) Sehkraft *f;* **to lose one's ~** das Sehvermögen verlieren ② *no pl* (*visual access*) Sicht *f;* (*visual range*) Sichtweite *f;* **get out of my ~!** (*fam*) geh mir aus den Augen!; **to be in/come into ~** in Sichtweite sein/kommen; **out of ~** außer Sichtweite; **to keep out of ~** sich nicht sehen lassen ③ *no pl* (*act of seeing*) Anblick *m;* **love at first ~** Liebe auf den ersten Blick; **to know sb by ~** jdn vom Sehen her kennen ④ *no pl* (*image, spectacle*) Anblick *m;* **to not be a pretty ~** kein angenehmer Anblick sein; **to be a ~** (*fam: ridiculous*) lächerlich aussehen; (*terrible*) furchtbar aussehen ⑤ (*attractions*) **~s** Sehenswürdigkeiten *Pl* ▶ **out of ~, out of mind** (*prov*) aus den Augen, aus dem Sinn; **to set one's ~s on sth** sich *Dat* etw zum Ziel machen **II.** *tr verb* sichten

sightseeing **I.** *n no pl* Besichtigungen *Pl,* Sightseeing *nt* **II.** *adj attr* Sightseeing-

sightseer ['saɪtˌsiːəʳ] *n* Tourist(in) *m(f)*

sign [saɪn] **I.** *n* ① (*gesture*) Zeichen *nt;* **to make the ~ of the cross** sich bekreuzigen; **a rude ~** eine unverschämte Geste ② (*notice*) [Straßen-/Verkehrs]schild *nt;* **stop ~** Stoppschild *nt* ③ ASTRO (*of the zodiac*) Sternzeichen *nt* ④ (*indication*) [An]zeichen *nt;* **~ of life** Lebenszeichen *nt;* **a ~ of the times** ein Zeichen *nt* der Zeit ⑤ MATH Zeichen *nt* **II.** *tr verb* ① (*with signature*) *letter* unterschreiben; *contract, cheque* unterzeichnen; *book, painting* signieren ② (*employ under contract*) *athlete, musician* [vertraglich] verpflichten **III.** *intr verb* ① (*write signature*) unterschreiben ② (*make motion*) gestikulieren ◆ **sign in** **I.** *intr verb* sich eintragen

S

II. *tr verb* eintragen ◆ **sign off** *intr verb* RADIO, TV (*from broadcast*) sich verabschieden; (*end a letter*) zum Schluss kommen ◆ **sign on** **I.** *intr verb* ❶ (*for work*) sich verpflichten; (*for a course*) sich einschreiben (**for** für) ❷ (*begin broadcasting*) auf Sendung gehen ❸ BRIT (*fam: register unemployment*) sich melden **II.** *tr verb* verpflichten ◆ **sign out** **I.** *intr verb* sich austragen; (*at work*) sich abmelden **II.** *tr verb* **to ~ out books** Bücher ausleihen ◆ **sign over** *tr verb* übertragen ◆ **sign up** **I.** *intr verb* (*for work*) sich verpflichten; (*for a course*) sich einschreiben **II.** *tr verb* **to ~ sb ◌ up** jdn verpflichten; **to ~ sb up for a course** jdn für einen Kurs anmelden

signal ['sɪgnᵊl] **I.** *n* ❶ (*gesture*) Zeichen *nt* ❷ (*indication*) [An]zeichen *nt* ❸ (*traffic light*) Ampel *f;* (*for trains*) Signal *nt* ❹ ELEC, RADIO (*transmission*) Signal *nt;* (*reception*) Empfang *m* ❺ AM AUTO (*indicator*) Blinker *m* **II.** *tr verb, vi* <BRIT -ll- *or* AM *usu* -l-> signalisieren

signal lamp *n* Signallampe *f*

signatory ['sɪgnətᵊri] *n* Unterzeichner(in) *m(f)*

signature ['sɪgnətʃəʳ] *n* ❶ (*person's name*) Unterschrift *f; of an artist* Signatur *f;* **to give sth one's ~** etw unterschreiben ❷ (*characteristic*) Erkennungszeichen *nt*

significance [sɪg'nɪfɪkən(t)s] *n no pl* ❶ (*importance*) Wichtigkeit *f;* **to be of no ~** bedeutungslos sein ❷ (*meaning*) Bedeutung *f*

significant [sɪg'nɪfɪkənt] *adj* ❶ (*considerable*) beachtlich, bedeutend; (*important*) bedeutsam; *date, event* wichtig ❷ (*meaningful*) bedeutsam; **a ~ look** ein viel sagender Blick

signify <-ie-> ['sɪgnɪfaɪ] **I.** *tr verb* ❶ (*form: mean*) bedeuten ❷ (*indicate*) andeuten **II.** *intr verb* ❶ (*make known*) es zeigen ❷ (*form: matter*) eine Rolle spielen

sign language *n* Gebärdensprache *f*

signpost **I.** *n* Wegweiser *m;* (*fig: advice*) Hinweis *m* **II.** *tr verb usu passive* aufzeigen; *route* beschildern, ausschildern

silence ['saɪlən(t)s] **I.** *n no pl* (*absolute*) Stille *f;* (*by an individual*) Schweigen *nt;* (*calmness*) Ruhe *f;* **a minute of ~** eine Schweigeminute; **to eat/sit/work in ~** still essen/sitzen/arbeiten ▸**~ is golden** (*prov*) Schweigen ist Gold **II.** *tr verb* zum Schweigen bringen; *doubts* verstummen lassen

silent ['saɪlənt] *adj* ❶ (*without noise*) still; (*not active*) ruhig ❷ (*not talking*) schweigsam, still; **to be ~** schweigen; **to go ~** verstummen

silently ['saɪləntli] *adv* (*quietly*) lautlos; (*without talking*) schweigend; (*with little noise*) leise

silicon ['sɪlɪkən] *n no pl* Silizium *nt;* **~ chip** Siliziumchip *m*

silk [sɪlk] *n* Seide *f;* **~ paper** Seidenpapier *nt*

silky ['sɪlki] *adj* seidig

sill [sɪl] *n* (*of door*) Türschwelle *f;* (*of window*) Fensterbank *f*

silliness ['sɪlɪnəs] *n no pl* Albernheit *f*

silly ['sɪli] *adj* ❶ (*foolish*) albern, dumm; **don't be ~!** (*make silly suggestions*) red keinen Unsinn!; **to look ~** albern aussehen ❷ *pred* (*senseless*) **to be bored ~** zu Tode gelangweilt sein *fam*

silver ['sɪlvəʳ] *n* ❶ (*metal*) Silber *nt* ❷ (*coins*) Münzgeld *nt* ❸ (*cutlery*) **the ~** das [Tafel]silber

silver foil *n* Silberfolie *f,* Alufolie *f* **silver jubilee** *n* silbernes Jubiläum **silver surfer** *n* Senioren-Netzsurfer(in) *m(f) fam*

silverware *n no pl* ❶ (*articles*) Silberwaren *Pl* ❷ (*cutlery*) Silberbesteck *nt,* Silber *nt*

silver wedding anniversary *n* silberne Hochzeit

similar ['sɪmɪləʳ] *adj* ähnlich; **to be ~ to sb/sth** jdm/etw ähnlich sein

similarity [ˌsɪmɪ'lærəti] *n* Ähnlichkeit *f* (**to** mit)

simile ['sɪmɪli] *n* LIT, LING Gleichnis *nt*

simmer ['sɪməʳ] **I.** *n usu sing* Sieden *nt* **II.** *tr verb food* auf kleiner Flamme kochen lassen; *water* sieden lassen ◆ **simmer down** *intr verb* sich beruhigen

simple <-r, -st *or* more simple, most simple> ['sɪmpḷ] *adj* ❶ (*not elaborate*) *food, dress* einfach ❷ (*not difficult*) einfach ❸ *attr* (*honest*) schlicht; **the ~ fact is that ...** Tatsache ist, dass ...

simple-minded *adj* (*fam*) ❶ (*dumb*) einfach ❷ (*naive*) einfältig

S

simplicity [sɪm'plɪsəti] *n no pl* ❶ (*plainness*) Einfachheit *f*, Schlichtheit *f* ❷ (*easiness*) Einfachheit *f*; **to be ~ itself** die Einfachheit selbst sein

simplification [ˌsɪmplɪfɪ'keɪʃᵊn] *n* Vereinfachung *f*

simply ['sɪmpli] *adv* ❶ (*not elaborately*) einfach ❷ (*just*) nur; (*absolutely*) einfach; **you ~ must try this!** du musst das einfach versuchen!

simulation [ˌsɪmjə'leɪʃᵊn] *n of leather, diamonds* Imitation *f*; *of a feeling* Vortäuschung *f*

simultaneous [ˌsɪmᵊl'teɪniəs] *adj* gleichzeitig

sin [sɪn] **I.** *n* Sünde *f*; **he's** [**as**] **ugly as ~** er ist unglaublich hässlich; **to live in ~** in wilder Ehe leben **II.** *intr verb* <-nn-> sündigen

since [sɪn(t)s] **I.** *adv* ❶ (*from that point on*) seitdem; **ever ~** seitdem ❷ (*ago*) **long ~** seit langem, schon lange; **not long ~** vor kurzem [erst] **II.** *prep* seit +*Dat*; **~ Saturday/last week** seit Samstag/letzter Woche **III.** *conj* ❶ (*because*) da, weil ❷ (*from time that*) seit, seitdem

sincere [sɪn'sɪəʳ] *adj person* ehrlich; *congratulations, gratitude* aufrichtig

sincerely [sɪn'sɪəli] *adv* ❶ (*in a sincere manner*) ehrlich, aufrichtig ❷ (*ending letter*) [**yours**] **~** mit freundlichen Grüßen

sine [saɪn] *n* MATH Sinus *m*

sing <sang *or* AM *a.* sung, sung> **I.** *intr verb* ❶ singen ❷ (*high-pitched noise*) *kettle* pfeifen; *locusts* zirpen; *wind* pfeifen **II.** *tr verb* singen; **to ~ the praises of sb/sth** ein Loblied auf jdn/etw singen ◆**sing along** *intr verb* mitsingen ◆**sing out I.** *intr verb* ❶ (*sing loudly*) laut singen ❷ (*fam: call out*) Bescheid geben **II.** *tr verb* (*fam*) **to ~ out ⌒ sth** über etw *Akk* Bescheid geben ◆**sing up** *intr verb esp* BRIT, AUS lauter singen

singer ['sɪŋəʳ] *n* Sänger(in) *m(f)*

singing ['sɪŋɪŋ] *n no pl* Singen *nt*; **~ lesson** Gesang[s]stunde *f*

single ['sɪŋgl̩] **I.** *adj* ❶ *attr* (*one only*) einzig; **with a ~ blow** mit nur einem Schlag; **not a ~ soul** keine Menschenseele; **every ~ thing** [absolut] alles; **every ~ time** jedes Mal ❷ (*without partner*) ledig; **~ father/mother** allein erziehender Vater/allein erziehende Mutter **II.** *n* ❶ BRIT, AUS (*one-way ticket*) Einzelfahrkarte *f* ❷ (*record*) Single *f* **III.** *intr verb* SPORTS (*baseball*) mit einem Schlag das erste Base erreichen ◆**single out** *tr verb* (*for positive characteristics*) auswählen; (*for negative reasons*) herausgreifen

singledom ['sɪŋgl̩dəm] *n* (*hum fam*) Single-Dasein *nt*

single-figure *adj* einstellig **single-handed I.** *adv* [ganz] allein; **he sailed round the world ~** er segelte als Einhandsegler um die Welt **II.** *adj* allein

singlehood ['sɪŋgl̩hʊd] *n no pl* AM Singletum *nt*

single-minded *adj* zielstrebig **single-parent family** *n* Familie *f* mit [nur] einem Elternteil, Ein-Eltern-Familie **single-sex** *adj* nach Geschlechtern getrennt; **~ school** [**for boys/girls**] reine Jungen-/Mädchenschule

singlet ['sɪŋglɪt] *n esp* BRIT, AUS ärmelloses Trikot; (*underwear*) Unterhemd *nt*

single ticket *n* BRIT einfache Fahrkarte, Einzelfahrkarte *f*

singleton ['sɪŋgl̩tən] *n* Single *m*

singly ['sɪŋgli] *adv* einzeln

singsong ['sɪŋsɒŋ] **I.** *n* ❶ BRIT, AUS (*singing session*) **to have a ~** gemeinsam Lieder singen ❷ *no pl* (*way of speaking*) Singsang *m* **II.** *adj attr* **to speak in a ~ voice** in einem Singsang sprechen

singular ['sɪŋgjələʳ] **I.** *adj* ❶ LING Singular-; **to be ~** im Singular stehen; **~ form** Singularform *f*; **~ noun** Substantiv *nt* im Singular ❷ (*form: extraordinary*) einzigartig **II.** *n no pl* LING Singular *m*

sink [sɪŋk] **I.** *n* ❶ (*kitchen ~*) Spüle *f*, Spülbecken *nt* ❷ (*washbasin*) Waschbecken *nt* **II.** *intr verb* <sank *or* sunk, sunk>, *intr verb* ❶ (*not float*) untergehen, sinken ❷ (*in mud, snow*) einsinken ❸ (*go downward*) sinken; *sun, moon* untergehen ❹ (*decrease*) *amount, value* sinken; *demand, sales, a.* zurückgehen ❺ (*become lower in pitch*) sich senken ❻ (*decline*) *standard, quality* nachlassen; *moral character* sinken **III.** *tr verb* <sank *or* sunk, sunk> ❶ (*cause to submerge*) versenken ❷ (*ruin*) *hopes, plans* zunichtemachen ❸ (*settle*) *differences* beilegen ◆**sink back** *intr verb* ❶ (*lean back*)

S

zurücksinken; **to ~ back on the sofa** aufs Sofa sinken ② (*relapse*) **to ~ back into sth** [wieder] in etw *Akk* [zurück]verfallen ◆ **sink down** *intr verb* ① (*descend gradually*) sinken ② (*go down*) zurücksinken ◆ **sink in I.** *intr verb* ① (*into a surface*) einsinken ② (*be absorbed*) *liquid, cream* einziehen **II.** *tr verb* ① (*force into*) **to ~ a knife in sth** ein Messer in etw *Akk* rammen ② (*invest*) **to ~ one's money in sth** sein Geld in etw *Akk* stecken *fam*

sinking ['sɪŋkɪŋ] *adj attr* ① (*not floating*) sinkend ② (*emotion*) **a ~ feeling** ein flaues Gefühl [in der Magengegend]; **with a ~ heart** resigniert

sinner ['sɪnəʳ] *n* Sünder(in) *m(f)*

sip [sɪp] **I.** *tr, intr verb* <-pp-> nippen **II.** *n* Schlückchen *nt;* **to have a ~** einen kleinen Schluck nehmen

sir [sɜːʳ, səʳ] *n no pl* ① BRIT (*reference to schoolteacher*) **~!** Herr Lehrer! ② (*form of address*) Herr *m;* **Dear ~ or Madam, ...** Sehr geehrte Damen und Herren ... ③ (*not at all*) **no, ~!** AM (*fam*) auf keinen Fall!

siren ['saɪ(ə)rən] *n* Sirene *f*

sirloin steak *n* Lendensteak *nt*

sis [sɪs] *n esp* AM (*fam*) *short for* **sister** Schwesterherz *nt hum*

sissy ['sɪsi] **I.** *n* (*pej fam*) Waschlappen *m* **II.** *adj* (*pej fam*) verweichlicht

sista ['sɪstə] *n* AM (*sl*) *hauptsächlich von Schwarzafrikanern gebrauchte Anrede für eine weibliche Person*

sister ['sɪstəʳ] *n* ① Schwester *f* ② (*nun*) [Ordens]schwester *f* ③ BRIT, AUS (*nurse*) [Kranken]schwester *f*

S

sister-in-law <*pl* sisters- *or* -s> *n* Schwägerin *f*

sit <-tt, sat, sat> [sɪt] **I.** *intr verb* ① (*seated*) sitzen; **to ~ at the desk/table** am Schreibtisch/Tisch sitzen; **to ~ for one's portrait** jdm Porträt sitzen; **to ~ for an exam** *esp* BRIT eine Prüfung ablegen ② (*sit down*) sich hinsetzen; **~!** (*to a dog*) Platz!, Sitz! ③ (*fit*) passen; *clothes* sitzen ▶ **to ~ on the fence** sich nicht entscheiden können; **to ~ tight** (*not move*) sich nicht rühren **II.** *tr verb* ① (*put on seat*) setzen ② BRIT (*take exam*) **to ~ an exam** eine Prüfung ablegen ◆ **sit about** *esp* BRIT, **sit around** *intr verb* herumsitzen ◆ **sit back** *intr verb* ① (*lean back in chair*) sich zurücklehnen ② (*do nothing*) die Hände in den Schoß legen ◆ **sit down I.** *intr verb* ① (*take a seat*) sich [hin]setzen; **to ~ down to dinner** sich zum Essen an den Tisch begeben ② (*be sitting*) sitzen ③ (*take time*) sich [in Ruhe] hinsetzen; **to ~ down with sb** sich mit jdm zusammensetzen **II.** *tr verb* ① (*put in a seat*) setzen ② (*take a seat*) **to ~ oneself down** sich hinsetzen ◆ **sit in** *intr verb* ① (*attend*) dabeisitzen; **to ~ in on a conference/meeting** einer Konferenz/einem Treffen beisitzen ② (*represent*) **to ~ in for sb** jdn vertreten ◆ **sit on** *intr verb* ① (*be member of*) **to ~ on a board/a committee** Mitglied eines Ausschusses/Komitees sein ② (*fam: not act on sth*) **to ~ on sth** auf etw *Dat* sitzen ③ (*fam: unaware of value*) **to be ~ting on sth** auf etw *Dat* sitzen ④ (*fam: rebuke*) **to ~ on sb** jdm einen Dämpfer verpassen ◆ **sit out I.** *intr verb* ① (*sit outdoors*) draußen sitzen ② (*not dance*) einen Tanz auslassen **II.** *tr verb* (*not participate*) auslassen; *in game, competition* aussetzen ◆ **sit through** *intr verb* über sich *Akk* ergehen lassen ◆ **sit up I.** *intr verb* ① (*sit erect*) aufrecht sitzen; **to ~ up straight** sich gerade hinsetzen ② (*fam: pay attention*) **to ~ up and take notice** aufhorchen **II.** *tr verb* aufrichten

sitcom ['sɪtkɒm] *n* (*fam*) *short for* **situation comedy** Sitcom *f*

site [saɪt] *n* ① (*place*) Stelle *f,* Platz *m,* Ort *m* ② (*plot*) Grundstück *nt;* **building ~** Baugelände *nt;* **caravan ~** Campingplatz *m* [für Wohnwagen] ③ (*building location*) Baustelle *f;* **on ~** vor Ort ④ (*on Internet*) [**web**] **~** Website *f;* **fan ~** Fanpage *f*

sit-in *n* Sit-in *nt*

sitting duck *n* leicht zu treffendes Ziel; (*fig*) leichte Beute

sitting room *n esp* BRIT Wohnzimmer *nt*

situate ['sɪtjueɪt] *tr verb* ① (*form: position*) platzieren; *patch, bed* anlegen ② (*form: place in context*) im Zusammenhang sehen (**in** zu)

situated ['sɪtjueɪtɪd] *adj pred* ① (*located*) gelegen; **to be ~ near the church** in der Nähe der Kirche liegen

② (*in a state*) **to be well/badly ~** [finanziell] gut/schlecht gestellt sein

situation [ˌsɪtju'eɪʃən] *n* ① (*circumstances*) Situation *f*, Lage *f* ② (*location*) Lage *f*, Standort *m*

sit-up *n* SPORTS Sit-up *m* (*Bauchmuskelübung*)

six [sɪks] **I.** *adj* sechs; *see also* **eight** ▶ **to be ~ feet under** (*hum*) sich *Dat* die Radieschen von unten anschauen *sl* **II.** *pron* sechs; *see also* **eight** ▶ **~ of one and half a dozen of the other** gehupft wie gesprungen; **to knock sb for ~** BRIT (*amaze*) jdn umhauen **III.** *n* Sechs *f*; *see also* **eight**

six-figure sum *n* sechsstelliger Betrag

sixteen [ˌsɪk'stiːn] **I.** *adj* sechzehn; *see also* **eight** **II.** *n* Sechzehn *f*; *see also* **eight**

sixteenth [ˌsɪk'stiːnθ] **I.** *adj* sechzehnte(r, s) **II.** *n* ① (*date*) **the ~** der Sechzehnte ② (*fraction*) Sechzehntel *nt o* SCHWEIZ *a. m*

sixth [sɪksθ] **I.** *adj* sechste(r, s) **II.** *n* ① (*date*) **the ~** der Sechste ② (*fraction*) Sechstel *nt o* SCHWEIZ *a. m* ③ (*gear*) sechster Gang, Sechste(r) *fam* ④ MUS (*interval*) Sexte *f*

sixtieth ['sɪkstiəθ] **I.** *adj* sechzigste(r, s) **II.** *n* ① (*date*) **the ~** der Sechzigste ② (*fraction*) Sechzigstel *nt o* SCHWEIZ *a. m*

sixty ['sɪksti] **I.** *adj* sechzig **II.** *n* Sechzig *f*

size [saɪz] **I.** *n* ① *usu sing* (*magnitude*) Größe *f*; *amount, debt* Höhe *f*; **a company of that ~** eine Firma dieser Größenordnung; **to be the same ~** genauso groß sein; **to increase/decrease in ~** größer/kleiner werden; **to double in ~** seine Größe verdoppeln ② (*measurement*) Größe *f*; **the shirt is a couple of ~s too big** das Hemd ist ein paar Nummern zu groß; **collar/shoe ~** Kragenweite *f*/Schuhgröße *f* **II.** *tr verb* nach Größe ordnen ◆ **size up** *tr verb* [prüfend] abschätzen; **to ~ each other up** sich gegenseitig taxieren

sizeable ['saɪzəbl̩] *adj* ziemlich groß; **a ~ amount** eine beträchtliche Summe

skate[1] [skeɪt] *n* (*flat fish*) Rochen *m*

skate[2] [skeɪt] **I.** *n* (*ice skate*) Schlittschuh *m*; (*roller skate*) Rollschuh *m* ▶ **to put one's ~s on** BRIT (*fam*) einen Zahn zulegen *sl* **II.** *intr verb* (*on ice*) eislaufen, Schlittschuh laufen; (*on roller skates*) Rollschuh fahren ▶ **to be skating on thin ice** sich auf dünnem Eis bewegen *fig*

skateboard ['skeɪtbɔːd] *n* Skateboard *nt*

skateboarder ['skeɪtˌbɔːdər] *n* Skateboarder(in) *m(f)*

skater ['skeɪtər] *n* ① (*on ice*) Schlittschuhläufer(in) *m(f)*; **figure ~** Eiskunstläufer(in) *m(f)* ② (*on roller skates*) Rollschuhfahrer(in) *m(f)*; (*on roller blades*) Skater(in) *m(f)*

skating rink *n* ① (*ice skating*) Eisbahn *f* ② (*roller skating*) Rollschuhbahn *f*

skeleton ['skelɪtən] *n* ① (*bones*) Skelett *nt* ② (*framework*) *of a boat, a plane* Gerippe *nt*; *of a building* Skelett *nt* ▶ **to have ~s in the cupboard** [*or* AM *a.* **closet**] eine Leiche im Keller haben *fam*

skeleton key *n* Dietrich *m* **skeleton staff** *n* Minimalbesetzung *f*

skeptic *n* AM, AUS *see* **sceptic**

skeptical *adj* AM, AUS *see* **sceptical**

sketch [sketʃ] **I.** *n* <*pl* -es> Skizze *f* **II.** *tr verb* ① (*rough drawing*) skizzieren ② (*write in outline*) umreißen **III.** *intr verb* Skizzen machen

sketchy ['sketʃi] *adj* (*not detailed*) flüchtig; (*incomplete*) lückenhaft

skewed ['skjuːd] *adj* schief

skewer ['skjuːər] **I.** *n* Spieß *m* **II.** *tr verb* aufspießen

ski [skiː] **I.** *n* Ski *m*; **on ~s** auf Skiern **II.** *intr verb* Ski fahren [*o* laufen]; **to ~ down the slope** die Piste herunterfahren

ski boot *n* Skischuh *m*

skid [skɪd] **I.** *intr verb* <-dd-> (*on foot*) rutschen; (*in a vehicle*) schleudern; **to ~ to a halt** schlitternd zum Stehen kommen **II.** *n* (*slide while driving*) Rutschen *nt*; **to go into a ~** ins Schleudern geraten

skier ['skiːər] *n* Skifahrer(in) *m(f)*

ski goggles *npl* Skibrille *f*

skiing ['skiːɪŋ] *n no pl* Skifahren *nt*; **~ holiday** Skiurlaub *m*

ski instructor *n* Skilehrer *m* **ski jump** *n* ① (*runway*) Sprungschanze *f* ② *no pl* (*jump*) Skisprung *m*; (*event*) Skispringen *nt*

skilful ['skɪlfəl] *adj* ① (*adroit*) geschickt ② (*showing skill*) gekonnt

ski lift *n* Skilift *m*

S

skill [skɪl] *n* ❶ *no pl* (*expertise*) Geschick *nt;* **to involve some ~** einige Geschicklichkeit erfordern ❷ (*particular ability*) Fähigkeit *f;* (*technique*) Fertigkeit *f;* **language ~s** Sprachkompetenz *f;* **negotiating ~s** Verhandlungsgeschick *nt*

skilled [skɪld] **I.** *adj* ❶ (*trained*) ausgebildet; (*skilful*) geschickt ❷ (*requiring skill*) Fach-; **semi-~ occupation** Anlernberuf *m* **II.** *n* **the ~** *pl* das qualifizierte Personal, das Fachpersonal

skillful *adj* AM *see* **skilful**

skim <-mm-> [skɪm] **I.** *tr verb* ❶ (*move lightly above*) streifen; **to ~ the surface of sth** (*fig*) nur an der Oberfläche von etw kratzen ❷ (*read*) überfliegen ❸ FOOD (*remove from surface*) abschöpfen; **to ~ the cream from the milk** die Milch entrahmen **II.** *intr verb* **to ~ over sth** über etw *Akk* hinwegstreifen

ski mask *n* Skimaske *f*

skimmed milk [ˌskɪmd'-] *n no pl* Magermilch *f*

skin [skɪn] **I.** *n* ❶ *usu sing* (*on body*) Haut *f;* (*animal hide*) Fell *nt;* **to have a thick ~** ein dickes Fell haben ❷ (*rind*) *of fruit, potatoes* Schale *f* ▶ **to be nothing but ~ and bone[s]** nur noch Haut und Knochen sein; **by the ~ of one's teeth** nur mit knapper Not **II.** *tr verb* <-nn-> häuten; *fruit* schälen; **to ~ sb alive** (*hum*) Hackfleisch aus jdm machen *fam*

skincare *n no pl* Hautpflege *f* **skin-deep** *adj pred* oberflächlich; **beauty is only ~** man darf nicht nur nach den Äußerlichkeiten urteilen **skinhead** *n* Skinhead *m*

S

skinny ['skɪni] *adj* mager

skinny-dip <-pp-> *intr verb* (*fam*) im Adams-/Evakostüm baden *hum sl*

skint [skɪnt] *adj pred* BRIT (*sl*) **to be ~** pleite sein *fam*

skin-tight *adj* hauteng

skip¹ [skɪp] **I.** *intr verb* <-pp-> ❶ (*hop*) hüpfen; (*with rope*) seilspringen ❷ (*omit*) springen; **to ~ over sth** etw überspringen ❸ (*fam: go quickly*) **to ~ over to France** eine Spritztour nach Frankreich machen **II.** *tr verb* <-pp-> ❶ AM **to ~ rope** seilspringen ❷ (*leave out*) überspringen, auslassen ❸ (*not participate in*) **to ~ sth** an etw *Dat* nicht teilnehmen; **to ~ breakfast** das Frühstück auslassen; **to ~ classes** den Unterricht schwänzen *fam* **III.** *n* Hüpfer *m;* **to give a ~ of joy** einen Freudensprung machen

skip² [skɪp] *n* BRIT, AUS (*rubbish container*) [Müll]container *m*

ski pole *n* Skistock *m*

skipper ['skɪpəʳ] *n* Kapitän *m*

skipping rope *n* BRIT, **skip rope** *n* AM Springseil *nt,* Hüpfseil *nt fam*

ski rack *n* Skiträger *m* **ski resort** *n* Wintersportort *m*

skirt [skɜːt] **I.** *n* Rock *m* **II.** *tr verb* ❶ (*encircle*) umgeben; (*proceed around edge of*) umfahren ❷ (*avoid*) *questions* [bewusst] umgehen

ski run *n* Skipiste *f* **ski school** *n* Skischule *f* **ski slope** *n* Skipiste *f*

skittle ['skɪtḷ] *n esp* BRIT ❶ (*target*) Kegel *m* ❷ (*bowling game*) **~s** Kegeln *nt*

skive [skaɪv] *intr verb* BRIT (*fam*) sich drücken ◆ **skive off** *intr verb* BRIT (*fam*) sich verdrücken; **to ~ off school** die Schule schwänzen *sl;* **to ~ off work** blau machen *fam*

skiver ['skaɪvəʳ] *n* BRIT (*fam*) Drückeberger(in) *m(f)*

skull [skʌl] *n* Schädel *m*

sky [skaɪ] *n* Himmel *m;* **skies** Himmel *m;* **sunny skies** sonniges Wetter ▶ **the ~'s the limit** alles ist möglich

sky-blue *adj attr* himmelblau **skydiving** *n no pl* Fallschirmspringen *nt* **sky-high** **I.** *adv* (*direction*) [hoch] in die Luft; (*position*) [hoch] am Himmel; **to blow a building ~** etw in die Luft sprengen; **to go ~** *prices* in die Höhe schnellen **II.** *adj* (*fig*) *prices, premiums* Schwindel erregend hoch **skyjack** **I.** *tr verb* entführen **II.** *n* Flugzeugentführung *f* **skylight** *n* Oberlicht *nt; in roof* Dachfenster *nt* **skyline** *n* ❶ *of a city* Skyline *f* ❷ (*horizon*) Horizont *m* **skyscraper** *n* Wolkenkratzer *m*

slab [slæb] *n* ❶ (*of rock*) Platte *f;* (*of wood*) Tafel *f;* **paving ~** Pflasterstein *m* ❷ (*of food*) [dicke] Scheibe; **a ~ of cake** ein [großes] Stück Kuchen

slack [slæk] **I.** *adj* ❶ (*not taut*) schlaff ❷ (*pej: lazy*) träge ❸ *market* flau **II.** *adv* schlaff **III.** *n no pl* ❶ (*looseness*) Schlaffheit *f;* **to cut sb some ~** AM (*fam*) jdm Spielraum einräumen

② (*coal*) [Kohlen]grus *m* **IV.** *intr verb* (*fam*) faulenzen

slacken ['slækᵊn] **I.** *tr verb* ① (*make less tight*) locker lassen; **to ~ one's grip** seinen Griff lockern ② (*reduce*) *pace* verlangsamen **II.** *intr verb* ① (*become less tight*) sich lockern ② (*diminish*) langsamer werden; *demand, intensity* nachlassen ◆**slacken off I.** *intr verb* (*at work*) es langsamer angehen lassen **II.** *tr verb* reduzieren; *speed* drosseln

slacker ['slækəʳ] *n* (*fam*) Faulenzer(in) *m(f)*

slackness ['slæknəs] *n no pl* (*looseness*) Schlaffheit *f*

slacks [slæks] *npl* [**a pair of**] ~ [eine] Hose

slag [slæg] **I.** *n* ① *no pl* (*in mining*) Schlacke *f* ② Brit (*pej fam!: slut*) Schlampe *f derb* **II.** *tr verb* <-gg-> (*fam*) **to ~ [off] ⊂ sb/sth** über jdn/etw herziehen

slagheap ['slæghi:p] *n* Schlackehügel *m*

slam [slæm] **I.** *n* ① (*sound*) Knall *m; of a door* Zuschlagen *nt* ② (*punch*) Schlag *m* **II.** *tr verb* <-mm-> ① (*close*) *door* zuschlagen, zuknallen *fam* ② (*hit hard*) schlagen **III.** *intr verb* <-mm-> ① (*shut noisily*) zuschlagen ② (*hit hard*) **to ~ on the brakes** voll auf die Bremsen treten

slammer ['slæməʳ] *n* (*sl: prison*) **the ~** das Kittchen *fam*

slander ['slɑ:ndəʳ] Law **I.** *n no pl* Verleumdung *f* **II.** *tr verb* verleumden

slanderous ['slɑ:ndᵊrəs] *adj* verleumderisch

slang [slæŋ] **I.** *n no pl* Slang *m;* **teenage ~** Jugendsprache *f* **II.** *adj attr* Slang-; **~ term** [*or* **word**] Slangausdruck *m*

slanging match *n esp* Brit, Aus Schlagabtausch *m*

slangy ['slæŋi] *adj* (*fam*) salopp

slant [slɑ:nt] **I.** *intr verb* sich neigen **II.** *tr verb* ① (*make diagonal*) ausrichten ② (*present for*) zuschneiden; (*pej: in biased way*) zurechtbiegen *fig fam* **III.** *n* ① (*slope*) Neigung *f* ② (*perspective*) Tendenz *f;* **to have a right-wing ~** rechtsgerichtet sein

slanting ['slɑ:ntɪŋ] *adj* schräg; **~ roof** Schrägdach *nt*

slap [slæp] **I.** *n* ① (*with hand*) Klaps *m fam;* **to give sb a ~ on the back** jdm [anerkennend] auf den Rücken klopfen; **a ~ in the face** eine Ohrfeige; (*fig*) ein Schlag ins Gesicht ② (*noise*) Klatschen *nt* **II.** *tr verb* <-pp-> ① (*with hand*) schlagen; **to ~ sb in the face** jdn ohrfeigen; **to ~ sb on the back** jdn auf den Rücken schlagen; **to ~ sb's wrist** (*fig*) jdn zurechtweisen ② (*strike*) schlagen (**against** gegen) **III.** *intr verb water* **to ~ against sth** gegen etw schlagen ◆**slap down** *tr verb* ① (*put down*) hinknallen *fam* ② (*silence rudely*) **to ~ sb down** jdn zusammenstauchen *fam* ◆**slap on** *tr verb* (*fam*) *make-up, paint, suncream* draufklatschen

slap-bang *adv* Brit (*fam*) genau **slapdash** *adj* (*pej fam*) schlampig **slaphead** *n* Brit (*pej sl*) Glatzkopf *m fam* **slap-up** *adj attr* Brit, Aus **a ~ meal** ein Essen mit allem Drum und Dran *fam*

slash [slæʃ] **I.** *tr verb* ① (*cut deeply*) aufschlitzen *fam;* **to ~ one's wrists** sich *Dat* die Pulsadern aufschneiden ② (*reduce*) *budget* kürzen; *price* senken **II.** *intr verb* (*with a knife*) **to ~ at sb/sth** [mit einem Messer] auf jdn/etw losgehen **III.** *n* <*pl* -es> ① (*cut on person*) Schnittwunde *f;* (*in object*) Schnitt *m* ② *in prices, costs* Reduzierung *f* ③ (*punctuation mark*) Schrägstrich *m*

slate [sleɪt] **I.** *n* ① *no pl* (*rock*) Schiefer *m* ② (*on roof*) [Dach]schindel *f* ▶ **to have a clean ~** eine weiße Weste haben; **to wipe the ~ clean** reinen Tisch machen **II.** *adj* Schiefer- **III.** *tr verb* ① (*cover with slates*) decken ② *usu passive* Am, Aus (*assign*) **to be ~d for sth** für etw vorgesehen sein ③ Brit, Aus (*fam: criticize severely*) zusammenstauchen

slaughter ['slɔ:təʳ] **I.** *tr verb* (*kill*) abschlachten; *animal* schlachten **II.** *n no pl* (*killing*) Abschlachten *nt; of animals* Schlachten *nt*

Slav [slɑ:v] **I.** *n* Slawe *m,* Slawin *f* **II.** *adj* slawisch

slave [sleɪv] **I.** *n* Sklave *m,* Sklavin *f* **II.** *intr verb* schuften; **to ~ [away] at sth** sich mit etw herumschlagen

slavery ['sleɪvᵊri] *n no pl* Sklaverei *f*

Slavic ['slɑ:vɪk] *adj* slawisch

slaw [slɔ:] *n* Am, Aus (*fam*) *short for* **coleslaw** Krautsalat *m*

S

sleaze [sliːz] *n* ❶ *no pl* (*immorality*) Korruption *f* ❷ (*fam: person*) ~ [**bag/ball**] schmieriger Typ
sleazy ['sliːzi] *adj* anrüchig; *area* zweifelhaft; ~ **bar** Spelunke *f fam*
sled [sled] AM *see* **sledge**
sledge [sledʒ] **I.** *n* Schlitten *m* **II.** *intr verb esp* BRIT **to go sledging** Schlittenfahren [*o* DIAL Rodeln] gehen **III.** *tr verb* mit dem Schlitten transportieren
sledgehammer *n* Vorschlaghammer *m*
sleek [sliːk] **I.** *adj* ❶ (*glossy*) geschmeidig ❷ (*well-groomed*) gepflegt **II.** *tr verb* glätten
sleep [sliːp] **I.** *n* ❶ *no pl* (*resting state*) Schlaf *m;* (*nap*) Nickerchen *nt;* **to go [back] to** ~ [wieder] einschlafen; **to put an animal to** ~ ein Tier einschläfern ❷ *no pl* (*in eyes*) ~[**y**] Schlaf *m* **II.** *intr verb* <slept, slept> ❶ schlafen; ~ **tight!** schlaf schön!; **to** ~ **late** lange schlafen, ausschlafen; **to** ~ **sound**[**ly**] [tief und] fest schlafen; **to** ~ **rough** BRIT auf der Straße schlafen; **to** ~ **with sb** mit jdm schlafen ❷ (*fig: be buried*) ruhen ▸ **to** ~ **on it** eine Nacht darüber schlafen **III.** *tr verb* **to** ~ **two/ten** zwei/zehn Personen beherbergen können ◆**sleep around** *intr verb* (*fam*) herumschlafen ◆**sleep in** *intr verb* ❶ (*sleep late*) ausschlafen ❷ (*sleep at work*) im Hause wohnen ◆**sleep off** *tr verb hangover* ausschlafen; *cold, headache* sich gesund schlafen; **to** ~ **it off** seinen Rausch ausschlafen ◆**sleep out** *intr verb* draußen schlafen ◆**sleep over** *intr verb* über Nacht bleiben, übernachten ◆**sleep through** *intr verb* weiterschlafen; **I must have slept through the alarm** ich muss den Wecker verschlafen haben ◆**sleep together** *intr verb* (*have sex*) miteinander schlafen; (*share bedroom*) zusammen [in einem Zimmer] schlafen
sleeper ['sliːpəʳ] *n* ❶ (*person who sleeps*) Schläfer(in) *m(f);* **to be a heavy/light** ~ einen festen/leichten Schlaf haben ❷ *esp* AM (*pyjamas*) ~**s** Schlafanzug *m* ❸ BRIT, AUS (*on railway track*) Schwelle *f* ❹ (*earring*) Kreole *f* ❺ (*dormant spy, terrorist*) Sleeper *m*
sleeping ['sliːpɪŋ] *adj attr* schlafend *attr* ▸ **let** ~ **dogs lie** (*prov*) schlafende Hunde soll man nicht wecken *prov*
sleeping bag *n* Schlafsack *m* **Sleeping Beauty** *n* Dornröschen *nt* **sleeping car** *n* Schlafwagen *m* **sleeping pill** *n* Schlaftablette *f* **sleeping policeman** *n* BRIT Bodenschwelle *f*
sleepless ['sliːpləs] *adj* schlaflos
sleepover *n* BRIT Party *f* mit Übernachtung
sleepwalk *intr verb* schlafwandeln **sleepwalker** *n* Schlafwandler(in) *m(f)*
sleepy ['sliːpi] *adj* (*drowsy*) schläfrig; **to feel** ~ müde sein
sleepyhead ['sliːpihed] *n* (*fam*) Schlafmütze *f hum*
sleet [sliːt] **I.** *n no pl* Eisregen *m* **II.** *intr verb impers* **it is** ~**ing** es fällt Eisregen
sleeve [sliːv] *n* ❶ (*on clothing*) Ärmel *m;* **to roll up one's** ~**s** die Ärmel hochkrempeln *a. fig* ❷ (*for rod, tube*) Manschette *f* ❸ (*for record*) [Schallplatten]hülle *f*
sleeveless ['sliːvləs] *adj* ärmellos *attr*
sleigh [sleɪ] *n* Pferdeschlitten *m;* ~ **bed** Schlittenbett *nt*
slender ['slendəʳ] *adj* ❶ *legs, waist* schlank; *railings, poles* schmal ❷ *majority, resources* knapp
slept [slept] *pt, pp of* **sleep**
slice [slaɪs] **I.** *n* ❶ *of bread, ham* Scheibe *f; of cake, pizza* Stück *nt* ❷ (*portion*) Anteil *m* ❸ (*tool*) Pfannenwender *m;* **a cake** ~ ein Tortenheber *m* **II.** *tr verb* (*cut in slices*) in Scheiben schneiden; *cake, pizza* in Stücke schneiden **III.** *intr verb* ❶ (*food*) sich schneiden lassen ❷ (*cut*) **to** ~ **through sth** etw durchschneiden ◆**slice off** *tr verb* abschneiden ◆**slice up** *tr verb* ❶ (*make slices*) in Scheiben schneiden; *bread* aufschneiden ❷ (*divide*) *profits* aufteilen
sliced [slaɪst] *adj* geschnitten; *bread* aufgeschnitten
slick [slɪk] **I.** *adj* ❶ (*skilful*) gekonnt; *performance* tadellos ❷ (*pej: overly-polished*) *answer, manner* glatt ❸ (*shiny*) *hair* geschniegelt *fam* **II.** *n* ❶ (*oil slick*) Ölteppich *m* ❷ AM (*glossy*) Hochglanzmagazin *nt* **III.** *tr verb* **to** ~ **back/down one's hair** sich *Dat* die Haare nach hinten klatschen/anklatschen *fam*
slid [slɪd] *pp, pt of* **slide**
slide [slaɪd] **I.** *intr verb* <slid, slid> ❶ (*glide*) rutschen; (*smoothly*) gleiten; **to** ~ **down the bannisters** das Gelän-

S

der herunterrutschen ② (*decline in value*) *currency* sinken ③ (*get into*) **to ~ into chaos** in ein Chaos geraten ▸ **to let sth/things ~** etw/die Dinge schleifen lassen **II.** *tr verb* <slid, slid> **she slid the hatch open** sie schob die Luke auf **III.** *n* ① (*act of sliding*) Rutschen *nt* ② (*at playground*) Rutsche *f* ③ GEOG **earth ~** Erdrutsch *m* ④ *usu sing* (*decline*) Sinken *nt* ⑤ PHOT Dia *nt* ⑥ BRIT (*hair clip*) Haarspange *f*

slide projector *n* Diaprojektor *m* **slide rule** *n* Rechenschieber *m*

sliding ['slaɪdɪŋ] *adj attr* Schiebe-; **~ door** Schiebetür *f*

slight [slaɪt] **I.** *adj* ① (*small*) gering; **the ~est thing** die kleinste Kleinigkeit; **not in the ~est** nicht im Geringsten ② (*barely noticeable*) klein; **to have a ~ accent** einen leichten Akzent haben ③ (*slim and delicate*) *person* zierlich **II.** *n* Beleidigung *f* **III.** *tr verb* beleidigen

slightly ['slaɪtli] *adv* ein wenig, etwas; **I feel ~ peculiar** ich fühle mich irgendwie komisch; **to know sb ~** jdn flüchtig kennen

slim [slɪm] **I.** *adj* <-mm-> ① *person, figure* schlank; *object* dünn ② *chance* gering; *profits, income* mager **II.** *intr verb* <-mm-> abnehmen

slimebag *n* (*pej fam*) Schleimer(in) *m(f)*

slimy ['slaɪmi] *adj* (*a. fig*) schleimig

sling [slɪŋ] **I.** *n* (*for broken arm*) Schlinge *f;* (*for baby*) Tragetuch *nt;* (*for camera, gun*) Tragegurt *m* **II.** *tr verb* <slung, slung> ① (*fling*) werfen, schleudern ② (*hang*) **soldiers with rifles slung over their shoulders** Soldaten mit geschulterten Gewehren

slink <slunk, slunk> [slɪŋk] *intr verb* schleichen; **to ~ away** [sich] davonschleichen

slip [slɪp] **I.** *n* ① (*fall*) **to have a ~** ausrutschen und hinfallen; (*in price, value*) Fall *m* ② (*paper*) **sales ~** Kassenzettel *m;* **a ~ of paper** ein Stück *nt* Papier ③ (*mistake*) Flüchtigkeitsfehler *m;* **a ~ of the tongue** ein Versprecher *m* ④ (*petticoat*) Unterrock *m* **II.** *intr verb* <-pp-> ① (*lose position*) *person* ausrutschen; *knife, hand* abrutschen ② (*move quietly*) **to ~ into the house** ins Haus schleichen ③ (*decline*) *dollar, productivity* sinken ④ (*make mistake*) sich versprechen; **to let sth ~** *secret* etw ausplaudern ⑤ (*change clothing*) **to ~ out of sth** etw ausziehen; **to ~ into sth** in etw *Akk* schlüpfen **III.** *tr verb* <-pp-> ① (*put smoothly*) **he ~ped his arm around her waist** er legte seinen Arm um ihre Taille; **to ~ sb money/a note** jdm Geld/eine Nachricht zustecken ② MED **to ~ a disc** sich *Dat* einen Bandscheibenschaden zuziehen ◆ **slip away** *intr verb* ① (*leave unnoticed*) *person* sich wegstehlen ② (*not be kept*) **to ~ away [from sb]** *control, power* [jdm] entgleiten ③ (*time*) verstreichen *geh* ◆ **slip by** *intr verb* ① (*pass quickly*) *years* verfliegen ② (*move past*) *person* vorbeihuschen ③ (*go unnoticed*) *mistake, remark* durchgehen ◆ **slip down** *intr verb* ① *trousers, socks* herunterrutschen ② (*food, drink*) **a cool beer ~s down wonderfully easily** ein kühles Bier geht runter wie nichts ◆ **slip in I.** *tr verb* einbringen **II.** *intr verb person* sich hereinschleichen ◆ **slip off I.** *intr verb* ① (*leave unnoticed*) sich davonstehlen ② (*fall off*) herunterrutschen **II.** *tr verb* abstreifen ◆ **slip on** *tr verb* anziehen; *ring* sich *Dat* anstecken ◆ **slip out** *intr verb* ① (*for short time*) **to ~ out for a moment** kurz weggehen ② *words, secret* herausrutschen ◆ **slip up** *intr verb* einen Fehler begehen

slip-on I. *adj attr* **~ shoes** Slipper *Pl* **II.** *n* **~s** Slipper *Pl*

slippers ['slɪpəz] *npl* Hausschuhe *Pl*

slippery ['slɪpəri] *adj* ① (*of surface, object*) rutschig; *road* glatt; (*fig*) *situation* unsicher ② (*pej: untrustworthy*) windig *fam*

slip road *n* BRIT Zubringer *m*

slipshod *adj* schludrig

slip-up *n* Fehler *m*

slit [slɪt] **I.** *tr verb* <-tt-, slit, slit> aufschlitzen; **to ~ one's wrists** sich *Dat* die Pulsadern aufschneiden **II.** *n* ① (*tear*) Schlitz *m* ② (*narrow opening*) *of a door* Spalt *m*

slither ['slɪðər] *intr verb lizard, snake* kriechen; *person* rutschen

sliver ['slɪvər] *n* ① (*shard*) Splitter *m;* **a ~ of light** ein Lichtschimmer ② (*small piece*) **a ~ of cheese** ein Scheibchen *nt* Käse; **a ~ of cake** ein Stückchen *nt* Kuchen

slob [slɒb] **I.** *n* (*pej fam*) Gammler(in) *m(f)* **II.** *intr verb* **to ~ about** herumgammeln *fam o pej*

slog [slɒg] **I.** *n* ① *no pl* (*fam: hard work*) Schufterei *f* ② (*hit*) wuchtiger Schlag **II.** *intr verb* <-gg-> (*fam*) ① (*walk*) **to ~ up the hill** sich auf den Hügel schleppen ② (*work*) sich durcharbeiten (**through** durch)

slogan ['slәʊgәn] *n* Slogan *m;* **campaign ~** Wahlspruch *m*

slo-mo ['slәʊmәʊ] *n* (*fam*) *short for* **slow motion** Zeitlupe *f*

slop [slɒp] **I.** *n* ① (*waste*) **~s** Abfälle *Pl;* (*food waste*) Essensreste *Pl* ② *no pl* (*pej fam: food*) Schlabber *m* **II.** *tr verb* <-pp-> (*fam*) verschütten **III.** *intr verb* <-pp-> (*fam*) *a liquid* überschwappen

slope [slәʊp] **I.** *n* ① (*hill*) Hang *m;* **ski ~** Skipiste *f* ② *no pl* (*angle*) Neigung *f;* **~ of a roof** Dachschräge *f;* **to be at a ~** eine Schräge haben **II.** *intr verb* ① (*incline, decline*) *ground* abfallen; **to ~ down/up** abfallen/ansteigen ② (*lean*) sich neigen **III.** *tr verb roof, path* schräg anlegen ◆**slope off** *intr verb* sich verziehen *fam*

sloping ['slәʊpɪŋ] *adj attr* schräg; (*upwards*) ansteigend; (*downwards*) abfallend; **~ shoulders** hängende Schultern

sloppiness ['slɒpɪnәs] *n no pl* Schlampigkeit *f*

sloppy ['slɒpi] *adj* ① (*careless*) schlampig ② (*hum o pej: overly romantic*) kitschig; **~ love song** Schnulze *f fam* ③ (*pej: too wet*) triefend *attr; kiss* feucht

slot [slɒt] **I.** *n* ① (*narrow opening*) Schlitz *m;* (*groove*) Rille *f;* (*for money*) Geldeinwurf *m* ② TV Sendezeit *f;* **advertising ~** Werbepause *f* **II.** *tr verb* <-tt-> [hinein]stecken (**into** in) **III.** *intr verb* <-tt-> **to ~ into sth** in etw *Akk* hineinpassen ◆**slot in I.** *intr verb* hineinstecken **II.** *tr verb* ① (*into frame*) einpassen ② (*into schedule*) dazwischenschieben *fam* ◆**slot together I.** *intr verb parts* zusammenpassen **II.** *tr verb* **to ~ together ↻ sth** etw ineinanderstecken

slot machine *n* ① (*for gambling*) Spielautomat *m* ② BRIT, AUS (*vending machine*) [Münz]automat *m* **slot meter** *n* Münzautomat *m*

slouch [slaʊtʃ] **I.** *n* <*pl* -es> (*bad posture*) krumme Haltung **II.** *intr verb* ① (*have shoulders bent*) gebeugt stehen; **she sat ~ed over her desk** sie hing über ihrem Schreibtisch ② (*walk*) **to ~ along the street** die Straße entlangschlendern

Slovak[ian] ['slәʊvæk, slәʊ'vækiәn] **I.** *n* ① (*person*) Slowake *m*/Slowakin *f* ② *no pl* (*language*) Slowakisch *nt* **II.** *adj* slowakisch

Slovakia [slә(ʊ)'vækiә] *n no pl* die Slowakei

Slovene [slә(ʊ)'viːn] **I.** *n* ① (*person*) Slowene *m*/Slowenin *f* ② *no pl* (*language*) Slowenisch *nt* **II.** *adj* slowenisch

Slovenia [slә(ʊ)'viːniә] *n no pl* Slowenien *nt*

Slovenian [slә(ʊ)'viːniәn] **I.** *n* ① (*person*) Slowene *m*/Slowenin *f* ② *no pl* (*language*) Slowenisch *nt* **II.** *adj* slowenisch

slovenly ['slʌvәnli] *adj* schlampig; **a ~ appearance** ein ungepflegter Eindruck

slow [slәʊ] **I.** *adj* ① (*without speed*) langsam; *business, market* flau; **to be ~ to do sth** lange brauchen, um etw zu tun; **to make ~ progress** [nur] langsam vorankommen ② (*not quick-witted*) begriffsstutzig; **to be ~ on the uptake** schwer von Begriff sein ③ *clock, watch* **to be [5 minutes] ~** [5 Minuten] nachgehen **II.** *intr verb* langsamer werden; **to ~ to a crawl** fast zum Stillstand kommen **III.** *tr verb* verlangsamen ◆**slow down I.** *tr verb* verlangsamen **II.** *intr verb* ① (*reduce speed*) langsamer werden ② (*relax more*) kürzertreten *fam*

slowcoach *n* BRIT, AUS (*fam*) lahme Ente

slow cooker *n* Crock-Pot® *m* (*elektrischer Kochtopf mit Keramiktopfeinsatz zum Garen bei konstant niedriger Temperatur*)

slowly ['slәʊli] *adv* langsam; **~ but surely** langsam, aber sicher

slow motion I. *n no pl* FILM Zeitlupe *f* **II.** *adj* Zeitlupen- **slow-moving** <slower-, slowest-> *adj* sich [nur] langsam bewegend; *story, film, plot* langatmig; *traffic* zähflüssig

slowpoke *n* AM (*childspeak fam: slowcoach*) lahme Ente

slow train *n* Bummelzug *m fam* **slow-**

witted *adj* begriffsstutzig, schwer von Begriff *nachgestellt*

sluggish ['slʌgɪʃ] *adj* träge; *market* flau; *engine* lahm

sluice [slu:s] **I.** *n* Schleuse *f* **II.** *intr verb* **to ~ out** [**from sth**] *water* [aus etw] herausschießen **III.** *tr verb* **to ~ sth down** etw [mit dem Schlauch] abspritzen

slum [slʌm] **I.** *n* Slum *m*, Elendsviertel *nt* **II.** *intr verb* <-mm-> **to go ~ming** sich unters gemeine Volk mischen **III.** *tr verb* <-mm-> **to ~ it** (*iron*) primitiv leben

slum clearance *n no pl* Beseitigung *f* der Slums **slum dweller** *n* Slumbewohner(in) *m(f)*

slump [slʌmp] **I.** *n* ECON ① (*decline*) [plötzliche] Abnahme; **~ in prices** Preissturz *m* ② (*recession*) Rezession *f*; **economic ~** Wirtschaftskrise *f* **II.** *intr verb* ① (*fall dramatically*) *prices* stürzen; *numbers, sales* zurückgehen ② (*fall heavily*) fallen

slung [slʌŋ] *pt, pp of* **sling**

slunk [slʌŋk] *pt, pp of* **slink**

slur [slɜ:ʳ] **I.** *tr verb* <-rr-> ① (*pronounce unclearly*) undeutlich artikulieren; (*because of alcohol*) lallen ② (*damage sb's reputation*) verleumden **II.** *n* Verleumdung *f*; **to cast a ~ on sb/sth** jdn/etw in einem schlechten Licht erscheinen lassen

slurp [slɜ:p] (*fam*) **I.** *intr, tr verb* (*drink noisily*) schlürfen **II.** *n* Schlürfen *nt*

slush [slʌʃ] *n no pl* ① (*melting snow*) [Schnee]matsch *m* ② (*pej: oversentimental language*) Gefühlsduselei *f*

slushy ['slʌʃi] *adj* ① (*melting*) matschig ② (*oversentimental*) kitschig

slut [slʌt] *n* (*pej: promiscuous woman*) Schlampe *f derb*

sly [slaɪ] *adj* ① (*secretive*) verstohlen; *smile* verschmitzt; **on the ~** heimlich ② (*cunning*) gerissen ▶ **as ~ as a fox** schlau wie ein Fuchs

smack¹ [smæk] **I.** *n* ① (*slap*) [klatschender] Schlag; **a ~ on the bottom** ein fester Klaps auf den Hintern ② (*hearty kiss*) Schmatz[er] *m* ③ (*loud noise*) Knall *m* **II.** *adv* ① (*exactly*) direkt; **his shot landed ~ in the middle of the target** sein Schuss landete haargenau im Zentrum der Zielscheibe ② (*forcefully*) voll *fam*; **I walked ~ into a lamp post** ich lief voll gegen einen Laternenpfahl **III.** *tr verb* ① (*slap*) **to ~ sb** jdm eine knallen *fam* ② (*slap sth against sth*) **to ~ sth on sth** etw auf etw *Akk* knallen

smack² [smæk] *n no pl* (*sl*) Heroin *nt*

smacking ['smækɪŋ] *n* **~ is not allowed** Kinder zu hauen ist nicht erlaubt

small [smɔ:l] **I.** *adj* ① (*not large*) klein; *amount a.* gering; **~ circulation** MEDIA niedrige Auflage; **~ percentage** geringe Prozentzahl; **~ town** Kleinstadt *f* ② (*young*) klein; **~ child** Kleinkind *nt* ③ (*insignificant*) unbedeutend; **~ consolation** ein schwacher Trost; **to make sb look ~** jdn niedermachen *fam* ▶ **to be grateful for ~ mercies** mit wenig zufrieden sein; **it's a ~ world!** (*prov*) die Welt ist klein! **II.** *n no pl* **the ~ of the back** das Kreuz

small ad *n* Kleinanzeige *f* **small businessman** *n* Kleinunternehmer *m*

small change *n no pl* Kleingeld *nt*

small-minded *adj* (*pej*) engstirnig

smallpox *n no pl* Pocken *Pl*

small print *n no pl* **the ~** das Kleingedruckte **small-scale** <smaller-, smallest-> *adj* **~ map** Karte *f* in einem kleinen Maßstab; **a ~ operation** (*fig*) ein kleiner Betrieb

smarmy ['smɑ:mi] *adj* (*pej*) schmeichlerisch; **~ charm** schmieriger Charme

smart [smɑ:t] **I.** *adj* ① (*intelligent*) schlau, clever *fam*; **to make a ~ move** klug handeln ② (*stylish*) schick ③ (*quick and forceful*) [blitz]schnell **II.** *n* ① AM (*sl: intelligence*) **the ~s** die [nötige] Intelligenz ② (*sharp pain*) Schmerz *m* **III.** *intr verb eyes, wound* brennen; **to ~ from sth** unter etw *Dat* leiden

smart alec[k] ['smɑ:tˌælek] *n* (*pej fam*) Schlauberger(in) *m(f)* **smart arse** BRIT, AUS, **smart ass** *n* (*pej fam*) Klugscheißer(in) *m(f) sl*

smarten ['smɑ:tᵊn] **I.** *tr verb* **to ~ oneself ⊂ up** sich in Schale werfen *fam*; **to ~ up one's act** sich ins Zeug legen *fam* **II.** *intr verb* **to ~ up** mehr Wert auf sein Äußeres legen

smart phone *n* Smartphone *nt*

smash [smæʃ] **I.** *n* <*pl* -es> ① (*crashing sound*) Krachen *nt* ② SPORTS

Schlag *m;* TENNIS Schmetterball *m* ③ (*smash hit*) Superhit *m fam* **II.** *tr verb* ① (*break into pieces*) zerschlagen; *window* einschlagen ② (*strike against*) schmettern (**against** gegen) ③ SPORTS *record* brechen; *ball* schmettern **III.** *intr verb* ① (*break into pieces*) zerbrechen ② (*strike against*) prallen (**into** gegen); **to ~ through sth** etw durchbrechen ◆**smash in** *tr verb* einschlagen ◆**smash up** *tr verb* zertrümmern; **to ~ up a car** ein Auto zu Schrott fahren

smashed [smæʃt] *adj pred* sternhagelvoll *fam;* **to get ~** sich volllaufen lassen

smash hit *n* Superhit *m fam*

smashing ['smæʃɪŋ] *adj* BRIT (*fam*) klasse

smattering ['smætᵊrɪŋ] *n usu sing* ① (*very small amount*) **a ~ of applause** [ein] schwacher Applaus ② (*slight knowledge*) **to have a ~ of a language** ein paar Brocken einer Sprache können

smear [smɪəʳ] **I.** *tr verb* (*spread messily*) **to ~ sth on sth** etw mit etw beschmieren **II.** *n* ① (*blotch*) Fleck *m* ② (*public accusations*) Verleumdung *f;* **~ tactics** Verleumdungstaktik *f* ③ MED **~ [test]** Abstrich *m*

smell [smel] **I.** *n* ① (*sense*) Geruch *m;* **sense of ~** Geruchssinn *m* ② (*characteristic odour*) Geruch *m; of a perfume* Duft *m* ③ (*pej: bad odour*) Gestank *m* **II.** *intr verb* <smelt *or* AM -ed, smelt *or* AM -ed> ① (*perceive*) riechen ② (*give off odour*) riechen; (*pleasantly*) duften; (*badly*) stinken; **to ~ of sth** nach etw riechen ▶**to ~ fishy** verdächtig sein **III.** *tr verb* <smelt *or* AM -ed, smelt *or* AM -ed> riechen ▶**to ~ sth a mile off** etw schon von weitem riechen; **to ~ a rat** den Braten riechen *fam*

smelly ['smeli] *adj* (*pej*) stinkend *attr*

smelt¹ [smelt] *intr verb, vt* BRIT, AUS *pt, pp of* **smell**

smelt² [smelt] *tr verb metal* [er]schmelzen; **to ~ iron from its ores** Eisenerze zu Eisen verhütten

smile [smaɪl] **I.** *n* Lächeln *nt;* **wipe that ~ off your face!** hör auf, so zu grinsen!; **to be all ~s** über das ganze Gesicht strahlen; **to give sb a ~** jdm zulächeln **II.** *intr verb* lächeln; **to ~ at sb** jdn anlächeln; **to ~ to oneself** in sich *Akk* hineinlächeln

smiling ['smaɪlɪŋ] *adj* lächelnd, strahlend

smirk [smɜːk] (*pej*) **I.** *intr verb* grinsen; **to ~ at sb** jdn süffisant anlächeln **II.** *n* Grinsen *nt*

smog [smɒg] *n no pl* Smog *m;* **~ alert** Smogalarm *m*

smoke [sməʊk] **I.** *n* ① *no pl* (*from burning*) Rauch *m;* **drifts of ~** Rauchschwaden *Pl* ② (*act of smoking*) **to have a ~** eine rauchen *fam* ③ (*fam: cigarettes*) **~s** Glimmstängel *Pl* ▶**to go up in ~** in Rauch [und Flammen] aufgehen **II.** *tr verb* ① (*use tobacco*) rauchen ② FOOD räuchern **III.** *intr verb* rauchen ◆**smoke out** *tr verb* ausräuchern; **to ~ sb out** (*fig*) jdn entlarven **smoke bomb** *n* MIL Rauchbombe *f*

smoked [sməʊkt] *adj* geräuchert; **~ fish** Räucherfisch *m*

smoke detector *n* Rauchmelder *m*

smokehouse *n* Räucherei *f*

smokeless ['sməʊkləs] *adj* ① rauchfrei ② AM **~ tobacco** Kautabak *m*

smoker ['sməʊkəʳ] *n* (*person*) Raucher(in) *m(f);* **~'s cough** Raucherhusten *m*

smoke-stained *adj* rauchgeschwärzt

smoking ['sməʊkɪŋ] **I.** *n no pl* Rauchen *nt;* **~ ban** Rauchverbot *nt* **II.** *adj* **non-~** Nichtraucher-

smoking car *n* AM *see* **smoking compartment**

smoking compartment *n* RAIL Raucherabteil *nt*

smoky ['sməʊki] *adj* ① (*filled with smoke*) verraucht ② (*producing smoke*) rauchend *attr*

smolder *intr verb* AM *see* **smoulder**

smooch [smuːtʃ] **I.** *intr verb* (*fam*) schmusen; (*more vigorously*) knutschen **II.** *n usu sing* (*fam*) Schmusen *nt;* (*more vigorous*) Knutschen *nt*

smooth [smuːθ] **I.** *adj* ① (*not rough*) glatt; *sea, flight* ruhig; **as ~ as silk** seidenweich ② (*well-mixed*) sämig; **~ sauce** glatte Soße ③ (*free from difficulty*) problemlos **II.** *tr verb* ① (*make less difficult*) **to ~ the path [to sth]** den Weg [zu etw] ebnen ② (*rub in evenly*) **to ~ sth into sth** etw in etw *Akk* einmassieren ◆**smooth away** *tr verb* glätten ◆**smooth down** *tr verb* glatt streichen ◆ **smooth over** *tr verb* in Ordnung bringen

smoothie ['smu:θi] *n* ① (*pej: charmer*) Charmeur *m* ② *esp* Am, Aus, NZ (*drink*) Smoothie *m* (*Getränk aus Joghurt und Früchten*)

smooth-shaven *adj* glatt rasiert

smother ['smʌðəʳ] *tr verb* ① (*suffocate*) ersticken (**with** mit) ② (*suppress*) *hopes* zerstören ③ (*cover*) **to be ~ed in sth** von etw völlig bedeckt sein

smoulder ['sməʊldəʳ] *intr verb* ① (*burn slowly*) schwelen; *cigarette* glimmen ② (*fig*) **to ~ with desire/jealousy/rage** vor Verlangen/Eifersucht/Zorn glühen

SMS [ˌesem'es] *n abbrev of* **short message service**: **~ messaging** SMS-Messaging *nt*

smudge [smʌdʒ] **I.** *tr verb* (*smear*) *lipstick* verwischen **II.** *intr verb* verlaufen; **her mascara had ~d** ihre Wimperntusche war verschmiert **III.** *n* (*a. fig*) Fleck *m*

smudge-proof ['smʌdʒpru:f] *adj lipstick* kussecht; *mascara* wischfest

smudgy ['smʌdʒi] *adj* verschmiert

smug <-gg-> [smʌg] *adj* selbstgefällig

smuggle ['smʌgl̩] *tr verb* schmuggeln

smuggling ['smʌgl̩ɪŋ] *n no pl* Schmuggel *m*

smutty ['smʌti] *adj* (*pej*) schmutzig

snack [snæk] **I.** *n* Snack *m*, Imbiss *m*; **to have a ~** eine Kleinigkeit essen **II.** *intr verb* naschen

snack bar *n* Imbissstube *f*

snacky ['snæki] *adj* (*fam*) *food, meal* für zwischendurch *nachgestellt*

snag [snæg] **I.** *n* ① (*disadvantage*) Haken *m fam* ② (*damage to textiles*) gezogener Faden **II.** *tr verb* <-gg-> aufreißen; **be careful not to ~ your coat on the barbed wire!** pass auf, dass du mit deiner Jacke nicht am Stacheldraht hängen bleibst!

snail [sneɪl] *n* Schnecke *f*; **at a ~'s pace** im Schneckentempo

snail mail *n no pl* (*hum fam*) Schneckenpost *f*

snake [sneɪk] **I.** *n* Schlange *f* **II.** *intr verb* sich schlängeln

snake bite *n* Schlangenbiss *m*

snap [snæp] **I.** *n* ① *usu sing* (*act*) Knacken *nt* ② (*photograph*) Schnappschuss *m* ③ Am (*snap fastener*) Druckknopf *m* ④ *no pl* Brit (*game*) Schnippschnapp *nt* **II.** *interj* (*fam: game*) schnippschnapp! **III.** *intr verb* <-pp-> ① (*break cleanly*) auseinanderbrechen ② (*spring into position*) einrasten ③ (*sudden bite*) schnappen (**at** nach) ④ (*speak sharply*) bellen *fam*; **to ~ at sb** jdn anfahren **IV.** *tr verb* <-pp-> ① (*break cleanly*) entzweibrechen; **to ~ sth ↻ off** etw abbrechen ② (*close sharply*) zuknallen; *book* zuklappen ③ (*attract attention*) **to ~ one's fingers** mit den Fingern schnippen ◆ **snap out** *intr verb* (*get over*) **to ~ out of sth** etw überwinden; **~ out of it!** krieg dich wieder ein! ◆ **snap up** *tr verb* schnell kaufen

snappy ['snæpi] *adj* ① (*fam: smart, fashionable*) schick; **to be a ~ dresser** immer schick gekleidet sein ② (*quick*) zackig; **make it ~!** mach fix! *fam*

snarl[1] [snɑ:l] **I.** *intr verb* ① (*growl*) *dog* knurren ② (*speak angrily*) **to ~ at sb** jdn anknurren **II.** *n* ① (*growl*) Knurren *nt* ② (*angry utterance*) **to say sth with a ~** etw knurren

snarl[2] [snɑ:l] **I.** *n* (*knot*) Knoten *m* **II.** *intr verb* (*become tangled*) sich verheddern

snarl-up *n* **traffic ~** Verkehrschaos *nt*

snatch [snætʃ] **I.** *n* <*pl* -es> ① (*sudden grab*) schneller Griff; **to make a ~ at sth** nach etw greifen ② (*theft*) Diebstahl *m* (*durch Entreißen*) **II.** *tr verb* ① (*grab quickly*) schnappen ② (*steal*) sich *Dat* greifen **III.** *intr verb* (*grab quickly*) greifen (**at** nach) ◆ **snatch away** *tr verb* **to ~ sth away from sb** jdm etw entreißen ◆ **snatch up** *tr verb* sich *Dat* schnappen

snazzy ['snæzi] *adj* (*sl*) schick *fam*

sneak [sni:k] **I.** *intr verb* <-ed *or esp* Am snuck, -ed *or esp* Am snuck> ① (*move stealthily*) schleichen; **to ~ off** sich davonstehlen ② Brit (*pej fam: denounce*) petzen; **to ~ on sb** jdn verpetzen **II.** *tr verb* <-ed *or esp* Am snuck, -ed *or esp* Am snuck> (*view secretly*) **to ~ a look at sb/sth** einen verstohlenen Blick auf jdn/etw werfen **III.** *n* Brit (*pej fam*) Petzer(in) *m(f)*

sneaker ['sni:kɚ] *n usu pl* Am Turnschuh *m*

sneaking ['sni:kɪŋ] *adj attr* heimlich; **~ feeling** leises Gefühl; **~ suspicion** leiser Verdacht
sneaky ['sni:ki] *adj* raffiniert
sneer [snɪəʳ] **I.** *intr verb* ❶ (*smile derisively*) spöttisch grinsen ❷ (*express disdain*) spotten (**at** über) **II.** *n* spöttisches Lächeln
sneering ['snɪərɪŋ] *adj* spöttisch
sneeze [sni:z] **I.** *intr verb* niesen ▶ **not to be ~d at** nicht zu verachten sein **II.** *n* Niesen *nt*
snicker ['snɪkɚ] AM *see* **snigger**
snide [snaɪd] *adj* (*pej*) *remark* abfällig
sniff [snɪf] **I.** *n* Riechen *nt; dog* Schnüffeln *nt* **II.** *intr verb* ❶ (*inhale sharply*) die Luft einziehen; *animal* wittern; **to ~ at sth** an etw *Dat* schnuppern ❷ (*show disdain*) **to ~ at sth** über etw *Akk* die Nase rümpfen ▶ **not to be ~ed at** nicht zu verachten sein **III.** *tr verb* (*test by smelling*) **to ~ sth** an etw *Dat* riechen ◆ **sniff out** *tr verb* aufspüren; (*fig*) entdecken
sniffer dog *n* Spürhund *m*
sniffle ['snɪfl̩] **I.** *intr verb* schniefen **II.** *n* ❶ (*repeated sniffing*) Schniefen *nt* ❷ MED **the ~s** der leichte Schnupfen
snigger ['snɪgəʳ] **I.** *intr verb* kichern (**at** über) **II.** *n* Kichern *nt,* Gekicher *nt*
snip [snɪp] **I.** *n* ❶ (*cut*) Schnitt *m;* **to give sth a ~** etw [ab]schneiden ❷ (*piece*) **a ~ of cloth** ein Stück *nt* Stoff **II.** *tr verb* schneiden
sniper ['snaɪpəʳ] *n* MIL Heckenschütze *m*
sniping *n* (*criticism*) scharfes Kritisieren
snitch [snɪtʃ] **I.** *intr verb* (*pej sl*) petzen; **to ~ on sb** jdn verpfeifen *fam* **II.** *n* <*pl* -es> (*pej sl: informer*) Petzer(in) *m(f)*
snivel ['snɪvəl] *intr verb* <BRIT -ll- *or* AM *usu* -l-> (*cry*) flennen *pej fam*
snobbish ['snɒbɪʃ] *adj* snobistisch
snog [snɒg] **I.** *intr verb* <-gg-> BRIT (*fam*) [rum]knutschen (**with** mit) **II.** *tr verb* <-gg-> BRIT (*fam*) küssen **III.** *n* (*fam*) **to have a ~** rumknutschen
snoop [snu:p] **I.** *n* (*fam*) ❶ (*look*) Herumschnüffeln *nt kein Pl;* **to have a ~** sich [mal] ein bisschen umschauen *fam* ❷ (*interloper*) Schnüffler(in) *m(f) fam;* (*spy*) Spion(in) *m(f)* **II.** *intr verb* (*fam*) ❶ (*look secretly*) [herum]schnüffeln ❷ (*spy on*) **to ~ on sb** jdn ausspionieren
snooty ['snu:ti] *adj* (*fam*) hochnäsig
snooze [snu:z] (*fam*) **I.** *intr verb* ein Nickerchen machen **II.** *n* Nickerchen *nt*
snore [snɔ:ʳ] **I.** *intr verb* schnarchen **II.** *n* Schnarchen *nt kein Pl*
snort [snɔ:t] **I.** *intr verb* schnauben; **to ~ with laughter** vor Lachen [los]prusten **II.** *tr verb* (*sl: inhale*) **to ~ cocaine** Kokain schnupfen **III.** *n* (*noise*) Schnauben *nt kein Pl*
snot [snɒt] *n no pl* (*fam: mucus*) Rotz *m*
snotty ['snɒti] *adj* (*fam*) ❶ (*full of mucus*) Rotz-; **~ handkerchief** vollgerotztes Taschentuch *fam* ❷ (*pej: rude*) rotzfrech *sl*
snout [snaʊt] *n* (*nose*) *of an animal* Schnauze *f; of a pig* Rüssel *m*
snow [snəʊ] **I.** *n* ❶ *no pl* Schnee *m;* **a blanket of ~ lay on the ground** der Boden war schneebedeckt ❷ (*snowfall*) Schneefall *m* **II.** *intr verb impers* **it's ~ing** es schneit ◆ **snow in** *tr verb usu passive* **to be/get ~ed in** eingeschneit sein/werden ◆ **snow under** *tr verb usu passive* **to be ~ed under with work** mit Arbeit eingedeckt sein
snowball I. *n* Schneeball *m* **II.** *intr verb* lawinenartig anwachsen; **to keep ~ing** eskalieren **snowboard** *n* Snowboard *nt* **snowbound** *adj* (*snowed-in*) eingeschneit; *road* wegen Schnees gesperrt **snow-capped** *adj* schneebedeckt **snow chains** *npl* AUTO Schneeketten *Pl* **snowdrift** *n* Schneewehe *f* **snowfall** *n* ❶ *no pl* (*amount*) Schneemenge *f* ❷ (*snowstorm*) Schneefall *m* **snowflake** *n* Schneeflocke *f* **snow goggles** *npl* Schneebrille *f* **snowman** *n* Schneemann *m* **snowmobile** ['snəʊmə,bi:l] *n* Schneemobil *nt* **snowstorm** *n* Schneesturm *m* **snow tire** AM *see* **snow tyre** **snow tyre** *n* BRIT Winterreifen *m*
snowy ['snəʊi] *adj* (*snow-covered*) verschneit; *mountain* schneebedeckt
snub [snʌb] **I.** *tr verb* <-bb-> (*offend by ignoring*) brüskieren **II.** *n* Brüskierung *f*
snub-nosed *adj attr person* stupsnasig
snuff [snʌf] **I.** *n* Schnupftabak *m* **II.** *tr verb* **to ~ it** BRIT, AUS (*fam*) abkratzen *sl*
snuffle ['snʌfl̩] **I.** *intr verb* ❶ (*sniffle*) schniefen *fam* ❷ (*speak nasally*) **to ~ [out]** näseln **II.** *n* ❶ (*runny nose*) laufende Nase ❷ (*noisy breathing*) Schnüffeln *nt kein Pl*
snug [snʌg] *adj* ❶ (*cosy*) kuschelig, ge-

mütlich; (*warm*) mollig warm ❷ FASHION (*tight*) eng; **to be a ~ fit** eng anliegen ▶ **to feel as ~ as a bug in a rug** es so richtig mollig warm und gemütlich haben

snuggle ['snʌgl̩] **I.** *intr verb* sich kuscheln; **to ~ [up] with sb** mit jdm kuscheln **II.** *tr verb* ❶ (*hold*) an sich *Akk* drücken ❷ *usu passive* (*nestle*) **to be ~d** sich schmiegen **III.** *n* (*sl*) Umarmung *f*

so [səʊ] **I.** *adv* ❶ (*to an indicated degree*) so; **look, the gap was about ~ wide** schau mal, die Lücke war ungefähr so groß ❷ (*to a great degree*) **I am ~ cold** mir ist so kalt; **what's ~ wrong with that?** was ist denn daran so falsch? ❸ (*in such a way*) so; **gently fold in the eggs like ~** rühren Sie die Eier auf diese Weise vorsichtig unter ❹ (*perfect*) **[to be] just ~** genau richtig [sein]; **I want everything just ~** ich will, dass alles perfekt ist ❺ (*also, likewise*) auch; **I [very much] hope ~!** das hoffe ich doch sehr! ❻ (*yes*) ja; **I'm afraid ~** ich fürchte ja ❼ (*that*) das; **~ they say** so sagt man; **I told you ~** ich habe es dir ja gesagt ❽ (*as stated*) so; (*true*) wahr; **is that ~?** stimmt das?; **~ it is** das stimmt; **if ~ ...** wenn das so ist ... ❾ (*this way, like that*) so; **and ~ it was that ...** und so kam es, dass ...; **and ~ on** und so weiter; **~ to speak** sozusagen ▶ **~ far ~ good** so weit, so gut; **~ what?** na und? *fam* **II.** *conj* ❶ (*therefore*) deshalb, daher; **I couldn't find you ~ I left** ich konnte dich nicht finden, also bin ich gegangen ❷ (*introducing a sentence*) also; **~ where have you been?** wo warst du denn die ganze Zeit?; **~ what's the problem?** wo liegt denn das Problem? ❸ (*in order to*) damit; **be quiet ~ she can concentrate** sei still, damit sie sich konzentrieren kann ▶ **~ long as ...** (*if*) sofern; **~ there!** (*hum*) ätsch! **III.** *adj* (*sl*) typisch *fam;* **that's ~ 70's** das ist typisch 70er

soak [səʊk] **I.** *n* (*immersion*) Einweichen *nt kein Pl* **II.** *tr verb* ❶ (*immerse*) einweichen ❷ (*make wet*) durchnässen **III.** *intr verb* (*immerse*) einweichen lassen ◆**soak in I.** *intr verb* ❶ (*absorb*) einziehen ❷ (*understand*) in den Schädel gehen *fam;* **will it ever ~ in?** ob er/sie das wohl jemals kapiert? *fam* **II.** *tr verb* einsaugen; (*fig*) in sich *Akk* aufnehmen ◆**soak off** *tr verb* [mit Wasser] ablösen ◆**soak up** *tr verb* ❶ (*absorb*) aufsaugen; (*fig*) [gierig] in sich *Akk* aufnehmen ❷ (*bask in*) **to ~ up the atmosphere** die Atmosphäre in sich *Akk* aufnehmen

soaking ['səʊkɪŋ] **I.** *n* ❶ (*immersion*) Einweichen *nt kein Pl* ❷ (*becoming wet*) Nasswerden *nt kein Pl;* **to get a ~** patschnass werden *fam* **II.** *adj* **~ [wet]** klatschnass *fam*

so-and-so ['səʊən(d)səʊ] *n* ❶ (*fam: unspecified person*) Herr/Frau Soundso; (*unspecified thing*) das und das ❷ (*pej fam: disliked person*) Miststück *nt*

soap [səʊp] **I.** *n* ❶ *no pl* (*substance*) Seife *f* ❷ TV (*fam*) Seifenoper *f* **II.** *tr verb* einseifen

soap dispenser *n* Seifenspender *m* **soap opera** *n* TV, MEDIA Seifenoper *f* **soap powder** *n no pl* Seifenpulver *nt*

soapy ['səʊpi] *adj* seifig; **~ water** Seifenwasser *nt*

soar [sɔːʳ] *intr verb* ❶ (*rise*) aufsteigen; *mountain peaks* sich erheben ❷ (*increase*) *temperature, prices* in die Höhe schnellen ❸ (*glide*) *bird* [in großer Höhe] segeln; [*hang-*]*glider* gleiten

sob [sɒb] **I.** *n* Schluchzen *nt kein Pl* **II.** *intr verb* <-bb-> schluchzen **III.** *tr verb* <-bb-> ❶ (*cry*) **to ~ one's heart out** sich *Dat* die Seele aus dem Leib weinen ❷ (*say while crying*) schluchzen

sober ['səʊbəʳ] *adj* ❶ (*not drunk*) nüchtern; **to be stone cold ~** stocknüchtern sein *fam* ❷ (*unemotional*) *thought, judgement* sachlich, nüchtern ◆**sober up I.** *intr verb* (*become less drunk*) nüchtern werden **II.** *tr verb* (*make less drunk*) nüchtern machen

sob story *n* (*fam*) ❶ (*story*) rührselige Geschichte ❷ (*excuse*) Ausrede *f*

so-called ['səʊkɔːld] *adj attr* so genannt

soccer ['sɒkəʳ] *n no pl* Fußball *m*

sociable ['səʊʃəbl̩] **I.** *adj* ❶ (*keen to mix*) gesellig ❷ (*friendly*) freundlich, umgänglich **II.** *n* AM (*party*) Treffen *nt;* **church ~** Gemeindefest *nt*

social ['səʊʃəl] *adj* ❶ (*of human contact*) Gesellschaft-, gesellschaftlich; **I'm a ~ drinker** ich trinke nur, wenn ich in

S

Gesellschaft bin ② SOCIOL (*concerning society*) gesellschaftlich, Gesellschafts-; ~ **science** Gesellschaftswissenschaften *Pl;* (*of human behaviour*) sozial, Sozial-; ~ **skills** soziale Fähigkeiten

socialist ['səʊʃᵊlɪst] **I.** *n* Sozialist(in) *m(f)* **II.** *adj* sozialistisch

socialize ['səʊʃᵊlaɪz] **I.** *intr verb* unter Leuten sein; **to ~ with sb** mit jdm gesellschaftlich verkehren **II.** *tr verb* SOCIOL, BIOL sozialisieren; *offender* [re]sozialisieren

social phobia *n* Sozialphobie *f* **social science** *n* Sozialwissenschaft *f* **social security** *n no pl* ① BRIT, AUS (*welfare*) Sozialhilfe *f* ② AM (*pension*) Sozial[versicherungs]rente *f*

society [sə'saɪəti] *n* ① (*all people*) Gesellschaft *f* ② (*elite*) die [feine] Gesellschaft ③ (*form: company*) Gesellschaft *f* ④ (*organization*) Verein *m*

sociolinguistics [ˌsəʊʃiəʊlɪŋ'gwɪstɪks] *n* Soziolinguistik *f*

sociology [ˌsəʊʃi'ɒlədʒi, -si-] *n no pl* Soziologie *f*

sock [sɒk] *n* Socke *f*

socket ['sɒkɪt] *n* ① ELEC (*for a plug*) Steckdose *f;* (*for lamps*) Fassung *f* ② ANAT, MED **arm/hip/knee ~** Arm-/Hüft-/Kniegelenkpfanne *f;* **eye ~** Augenhöhle *f*

sod¹ [sɒd] *n* Grassode *f,* Grasnarbe *f*

sod² [sɒd] *n* BRIT ① (*sl: mean person*) Sau *f derb* ② (*fam!: person*) **lucky ~** Glückspilz *m;* **poor ~** armes Schwein ◆**sod off** *intr verb* BRIT (*fam!*) **~ off!** zieh Leine! *sl*

sodden ['sɒdᵊn] *adj* (*soaked*) durchnässt; *grass* durchweicht

sodding ['sɒdɪŋ] *adj attr* BRIT (*sl*) verdammt

sofa ['səʊfə] *n* Sofa *nt;* ~ **bed** Schlafcouch *f*

soft [sɒft] *adj* ① (*not hard*) weich; *cheeks, skin* zart ② (*subtle*) *colour* zart ③ (*not loud*) *music* gedämpft; *sound, voice* leise ▶ **to have a ~ spot for sb** eine Schwäche für jdn haben

soft-boiled *adj egg* weich [gekocht]

soften ['sɒfᵊn] **I.** *intr verb* ① (*melt*) weich werden; *ice cream* schmelzen ② (*moderate*) nachgiebiger werden **II.** *tr verb* ① (*melt*) weich werden lassen ② (*moderate*) mildern ◆**soften up I.** *tr verb* ① (*make less hard*) weicher machen ② (*win over*) erweichen; (*persuade*) rumkriegen *fam* **II.** *intr verb* weich werden

soft-hearted *adj* ① (*compassionate*) weichherzig ② (*gullible*) leichtgläubig

softie ['sɒfti] *n* (*fam*) Softie *m*

softly ['sɒftli] *adv* ① (*not hard*) sanft ② (*quietly*) leise ③ (*dimly*) ~ **lit** schwach beleuchtet

softness ['sɒftnəs] *n no pl* Weichheit *f; of skin* Glätte *f; of hair* Seidigkeit *f; of colours* Zartheit *f*

soft skills *n pl* Sozialkompetenz *f*

software ['sɒf(t)weəʳ] *n no pl* COMPUT Software *f;* ~ **engineer/writer** Programmierer(in) *m(f);* ~ **package** Softwarepaket *nt*

softy *n see* **softie**

soggy ['sɒgi] *adj* ① (*sodden*) durchnässt; (*boggy*) glitschig *fam; soil* aufgeweicht ② FOOD matschig

soil¹ [sɔɪl] *tr verb* (*form*) ① (*dirty*) verschmutzen ② (*foul*) verunreinigen

soil² [sɔɪl] *n no pl* ① (*earth*) Boden *m,* Erde *f* ② (*territory*) Boden *m*

solar ['səʊləʳ] *adj* Solar-, Sonnen-; ~ **calculator** Rechner *m* mit Solarzellen; ~ **cell** Solarzelle *f;* ~ **eclipse** Sonnenfinsternis *f;* ~ **energy** Solarenergie *f;* ~ **heating** Solarheizung *f;* ~ **panel** Sonnenkollektor *m;* ~ **power** Sonnenkraft *f;* ~ **powered** Sonnenenergie betrieben; ~ **power station** Sonnenkraftwerk *nt;* ~ **system** Sonnensystem *nt*

sold [səʊld] *pt, pp of* **sell**

soldier ['səʊldʒəʳ] *n* Soldat(in) *m(f)*

sold out *adj* ausverkauft

sole¹ [səʊl] *adj attr* ① (*only*) einzig, alleinig ② (*exclusive*) Allein-

sole² [səʊl] *n* ① FASHION [Schuh]sohle *f* ② ANAT [Fuß]sohle *f*

sole³ <*pl* - *or* -s> [səʊl] *n* (*fish*) Seezunge *f*

solely ['səʊlli] *adv* einzig und allein, nur

solemn ['sɒləm] *adj* ① (*ceremonial*) feierlich ② (*grave*) ernst

solicit [sə'lɪsɪt] *tr verb* (*form: ask for*) **to ~ sth** um etw bitten

solicitor [sə'lɪsɪtəʳ] *n* ① *esp* BRIT, AUS LAW Rechtsanwalt *m*/-anwältin *f* (*der/die Mandanten nur in den unteren Instanzen vertreten darf, im Gegensatz* *zum barrister*) ② Am pol Rechtsreferent(in) *m(f)* (*einer Stadt*)

solid ['sɒlɪd] **I.** *adj* ① (*hard*) fest; *chair, wall* solide; *foundation* stabil ② (*not liquid*) fest ③ (*completely*) ganz; *silver, wood* massiv ④ (*concrete*) *plan* konkret; *evidence* handfest; *grounding* solide ⑤ (*sound*) solide **II.** *n* ① phys fester Stoff, Festkörper *m* ② math Körper *m* ③ food **~s** feste Nahrung

solidify <-ie-> [sə'lɪdɪfaɪ] **I.** *intr verb* ① (*harden*) fest werden ② (*fig: take shape*) *plans* sich konkretisieren **II.** *tr verb* ① (*harden*) fest werden lassen ② (*fig: reinforce*) festigen

solidly ['sɒlɪdli] *adv* ① (*sturdily*) solide; **to be ~ built** solide gebaut sein ② (*uninterruptedly*) *work* ununterbrochen

solitary ['sɒlɪtəri] *adj* ① (*single*) einzeln *attr;* zool solitär ② (*lonely*) einsam; (*remote*) abgeschieden

solo ['səʊləʊ] **I.** *adj attr* (*unaccompanied*) Solo- **II.** *adv* (*single-handed*) allein; mus solo **III.** *n* mus Solo *nt*

soloist ['səʊləʊɪst] *n* Solist(in) *m(f)*

soluble ['sɒljəbl̩] *adj* löslich

solution [sə'lu:ʃən] *n* ① (*to problem*) Lösung *f;* (*to riddle, puzzle*) [Auf]lösung *f* ② (*in business*) Vorrichtung *f;* **software ~s** Softwareanwendungen *Pl* ③ chem (*liquid*) Lösung *f*

solvable ['sɒlvəbl̩] *adj* lösbar

solve [sɒlv] *tr verb* lösen; *crime* aufklären

solvent ['sɒlvənt] **I.** *n* chem Lösungsmittel *nt* **II.** *adj* ① fin zahlungsfähig ② (*fam: having sufficient money*) flüssig

somber *adj* Am *see* **sombre**

sombre ['səʊmbəʳ] *adj* ① (*sad*) düster; *setting* ernst ② (*dark-coloured*) dunkel; *day* trüb, finster

some [sʌm, səm] **I.** *adj attr* ① (*unknown amount: + pl n*) einige, ein paar; (*+ sing n*) etwas; **there's ~ cake in the kitchen** es ist noch Kuchen in der Küche ② (*certain: + pl n*) gewisse ③ (*general, unknown*) irgendein(e); **he's in ~ kind of trouble** er steckt in irgendwelchen Schwierigkeiten ④ (*noticeable*) gewiss; **to ~ extent** bis zu einem gewissen Grad ⑤ (*slight, small amount*) etwas; **there is ~ hope that he will get the job** es besteht noch etwas Hoffnung, dass er die Stelle bekommt **II.** *pron* ① (*unspecified amount of sth*) welche(r, s); **if you need money, I can lend you ~** wenn du Geld brauchst, kann ich dir gerne welches leihen ② (*at least a small number*) einige, manche ③ *+ pl verb* (*proportionate number*) einige, ein paar; **~ of you have already met Imran** einige von euch kennen Imran bereits ④ (*certain people*) **~ just never learn!** gewisse Leute lernen es einfach nie! ⑤ *+ sing verb* (*proportionate number*) ein bisschen; **have ~ of this champagne, it's very good** trink ein wenig von dem Champagner, er ist sehr gut **III.** *adv* (*roughly*) ungefähr, in etwa

somebody ['sʌmbədi] *pron indef* jemand; **~ or other** irgendwer; **~ else** jemand anders **somehow** ['sʌmhaʊ] *adv* irgendwie **someone** ['sʌmwʌn] *pron see* **somebody** **someplace** ['sʌmpleɪs] *adv* Am *see* **somewhere**

somersault ['sʌməsɔ:lt] **I.** *n* Salto *m* **II.** *intr verb* einen Salto machen; *vehicle, car* sich überschlagen

something ['sʌm(p)θɪŋ] *pron indef* ① (*object*) etwas; **she has ~ for you** sie hat etwas für dich; **~ else** etwas anderes ② (*action*) etwas; **to do ~ [about sth/sb]** etwas [gegen etw/jdn] unternehmen ③ (*unknown thing*) etwas; **~ about her frightened me** etwas an ihr machte mir Angst ④ (*outstanding quality*) etwas; **there's ~ about her** sie hat etwas ⑤ (*not exact*) **... or ~** (*fam: similar*) ... oder so; **she works for a bank or ~** sie arbeitet für eine Bank oder so was **sometime** ['sʌmtaɪm] *adv* irgendwann; **come up and see me ~** komm mich mal besuchen; **~ soon** demnächst irgendwann, bald einmal **sometimes** ['sʌmtaɪmz] *adv* manchmal **somewhat** ['sʌm(h)wɒt] *adv* etwas, ein wenig [*o* bisschen]

somewhere ['sʌm(h)weəʳ] *adv* ① (*in unspecified place*) irgendwo; **~ else** woanders, irgendwo anders ② (*to unspecified place*) irgendwohin; **~ else** woandershin, irgendwo anders hin

son [sʌn] *n* Sohn *m*

song [sɒŋ] *n* ① Lied *nt* ② (*singing*) Gesang *m*

songbook *n* Liederbuch *nt*

son-in-law <*pl* sons- *or* -s> *n* Schwiegersohn *m*

soon [suːn] *adv* ❶ (*in a short time*) bald; **~ after sth** kurz nach etw; **no ~er said than done** gesagt, getan ❷ (*early*) früh; **the ~er the better** je eher, desto besser; **not a moment too ~** gerade noch rechtzeitig ❸ (*rather*) lieber; **I'd ~er not speak to him** ich würde lieber nicht mit ihm sprechen

soot [sʊt] *n no pl* Ruß *m*

soothing ['suːðɪŋ] *adj* ❶ (*calming*) beruhigend; *bath* entspannend ❷ (*pain-relieving*) [Schmerz] lindernd

sophisticated [sə'fɪstɪkeɪtɪd] *adj* (*approv*) ❶ (*urbane*) [geistig] verfeinert; (*cultured*) kultiviert, gebildet; *audience, readers* niveauvoll ❷ (*highly developed*) hoch entwickelt

sophomore ['sɑːfəmɔːr] *n* AM (*in college*) Student(in) *m(f)* im zweiten Studienjahr; (*at high school*) Schüler(in) *m(f)* einer Highschool im zweiten Jahr

sopping ['sɒpɪŋ] (*fam*) **I.** *adj* klatschnass **II.** *adv* **~ wet** klatschnass

soppy ['sɒpi] *adj* (*fam*) gefühlsdus[e]lig *pej; story, film* schmalzig

sore [sɔːʳ] **I.** *adj* (*hurting*) schlimm, weh; **~ muscles** Muskelkater *m;* **~ point** (*fig*) wunder Punkt **II.** *n* wunde Stelle; **to open an old ~** (*fig*) alte Wunden aufreißen

sorely ['sɔːli] *adv* sehr, arg; **to be ~ tempted to do sth** stark versucht sein, etw zu tun

sorrow ['sɒrəʊ] *n* (*form: feeling*) Betrübnis *f*, Traurigkeit *f*

sorry ['sɒri] **I.** *adj* ❶ *pred* (*regretful*) **I'm/she's ~** es tut mir/ihr leid; **to be ~ about sth** etw bedauern; **to say ~ [to sb]** sich [bei jdm] entschuldigen ❷ *pred* (*sad*) traurig; **to be ~ for oneself** (*esp pej*) sich selbst bemitleiden; **sb feels ~ for sb/sth** jd/etw tut jdm leid ❸ *attr* (*wretched*) armselig, jämmerlich **II.** *interj* ❶ (*expressing apology*) **~!** Verzeihung!, Entschuldigung! ❷ *esp* BRIT, AUS (*asking sb to repeat sth*) **~?** wie bitte?

sort [sɔːt] **I.** *n* ❶ (*type*) Sorte *f*, Art *f* ❷ (*person*) **I know your ~!** Typen wie euch kenne ich [zur Genüge]! *fam* ▸ **nothing of the ~** nichts dergleichen; **something of the ~** so etwas in der Art **II.** *adv* (*fam*) **~ of** ❶ (*rather*) irgendwie; **that's ~ of difficult to explain** das ist nicht so einfach zu erklären ❷ (*not exactly*) mehr oder weniger, so ungefähr **III.** *tr verb* (*classify*) sortieren **IV.** *intr verb* **to ~ through sth** etw sortieren ◆**sort out** *tr verb* ❶ (*arrange*) ordnen, sortieren ❷ (*tidy up mess*) in Ordnung bringen

sort code *n* FIN ≈ Bankleitzahl *f*

SOS [,esəʊ'es] *n* SOS *nt*

so-so ['səʊsəʊ] (*fam*) **I.** *adj* so lala *präd*, mittelprächtig *hum* **II.** *adv* so lala

sought [sɔːt] *pt, pp of* **seek**

soul [səʊl] *n* ❶ (*spirit*) Seele *f* ❷ (*person*) Seele *f fig;* **not a ~** keine Menschenseele ❸ *no pl* MUS Soul *m*

soul-destroying *adj esp* BRIT (*pej*) nervtötend; *work* geisttötend **soul-searching** *n no pl* Prüfung *f* des Gewissens

sound¹ [saʊnd] *n* (*sea channel*) Meerenge *f;* (*inlet*) Meeresarm *m*

sound² [saʊnd] **I.** *n* ❶ (*noise*) Geräusch *nt;* (*musical tone*) *of a bell* Klang *m* ❷ *no pl* PHYS Schall *m* ❸ *no pl* RADIO, TV (*volume*) Ton *m* ❹ *no pl* (*impression*) **I don't like the ~ of it** das klingt gar nicht gut **II.** *intr verb* ❶ (*resonate*) erklingen; *alarm* ertönen ❷ (*fam: complain*) **to ~ off** herumtönen **III.** *tr verb* (*produce sound from*) **to ~ the alarm** den Alarm auslösen; **to ~ the [car] horn** hupen ◆**sound out** *tr verb* **to ~ out** ↻ **sb** bei jdm vorfühlen; (*ask*) bei jdm anfragen

sound³ [saʊnd] **I.** *adj* ❶ (*healthy*) gesund; (*in good condition*) intakt ❷ (*trustworthy*) solide; (*reasonable*) vernünftig; *advice* gut **II.** *adv* **to be ~ asleep** tief [und fest] schlafen

soundproof **I.** *adj* schalldicht **II.** *tr verb* schalldicht machen

soup [suːp] *n* Suppe *f;* **packet ~** Tütensuppe *f;* **~ kitchen** Armenküche *f;* **~ plate** Suppenteller *m*

sour ['saʊəʳ] **I.** *adj* ❶ (*in taste*) sauer ❷ (*fig: bad-tempered*) griesgrämig, missmutig **II.** *tr verb* ❶ (*give sour taste*) sauer machen ❷ (*fig: make unpleasant*) trüben, beeinträchtigen **III.** *intr verb* ❶ (*become sour*) sauer werden ❷ (*fig*) getrübt werden

source [sɔːs] *n* Quelle *f;* **~ of information** Informationsquelle *f;* **~s** *pl* LIT (*for article, essay*) Quellen[angaben] *Pl;* **according to Government ~s** wie in Regierungskreisen verlautete

south [saʊθ] **I.** *n no pl* ① (*compass direction*) Süden *m;* **Canberra lies to the ~ of Sydney** Canberra liegt südlich von Sydney ② (*southern US states*) **the South** die Südstaaten *Pl* **II.** *adj* (*opposite of north*) Süd-, südlich **III.** *adv* (*toward the south*) **my room faces ~** mein Zimmer ist nach Süden ausgerichtet; **due ~** direkt nach Süden

South Africa *n* Südafrika *nt* **South African I.** *adj* südafrikanisch **II.** *n* Südafrikaner(in) *m(f)* **South America** *n* Südamerika *nt* **South American I.** *adj* südamerikanisch **II.** *n* Südamerikaner(in) *m(f)*

southbound *adj* [in] Richtung Süden; **~ passengers** Richtung Süden reisende Passagiere

south-east I. *n no pl* Südosten *m* **II.** *adj* Südost-, südöstlich; **~ wind** Südostwind *m* **III.** *adv* südostwärts, nach Südosten **south-easterly** *adj,* **south-eastern** *adj* südöstlich **south-eastward[s]** *adj, adv* südostwärts

southerly ['sʌðəli] **I.** *adj* südlich; **in a ~ direction** in südlicher Richtung **II.** *adv* südlich; (*going south*) südwärts **III.** *n* Südwind *m*

southern ['sʌðən] *adj* südlich, Süd-

southerner ['sʌðənəʳ] *n* **to be a ~** aus dem Süden kommen; AM ein Südstaatler sein

South Pole *n* Südpol *m*

southward[s] ['saʊθwəd(z)] *adj, adv* südlich

south-west I. *n no pl* Südwesten *m* **II.** *adj* südwestlich, Südwest- **III.** *adv* südwestwärts, nach Südwesten **south-westerly** *adj,* **south-western** *adj* südwestlich **south-westward[s]** *adj, adv* südwestlich

souvenir [ˌsuːvənˈɪəʳ] *n* Andenken *nt* (**of** an)

Soviet Union *n no pl* (*hist*) **the ~** die Sowjetunion

sow¹ <sowed, sown *or* sowed> [səʊ] *tr verb, vi* (*plant*) säen *a. fig;* **to ~ doubts [in sb's mind]** Zweifel [in jdm] wecken

sow² [saʊ] *n* (*pig*) Sau *f*

sown [səʊn] *tr verb, vi pp of* **sow¹**

sox [sɒks] *npl* (*fam*) Socken *Pl*

soy [sɔɪ] AM *see* **soya**

soya ['sɔɪə] *n no pl* BRIT Soja *f;* **~ bean** Sojabohne *f;* **~ sauce** Sojasoße *f*

sozzled ['sɒzl̩d] *adj pred* (*fam*) besoffen

spa [spɑː] *n* ① (*spring*) Heilquelle *f* ② (*place*) [Bade]kurort *m,* Bad *nt*

space [speɪs] *n* ① *no pl* (*expanse*) Raum *m;* **wide open ~** das weite, offene Land ② (*gap*) Platz *m;* (*between two things*) Zwischenraum *m* ③ *no pl* (*vacancy*) Platz *m,* Raum *m* ④ *no pl* (*cosmos*) Weltraum *m* ▶ **watch this ~** BRIT man darf gespannt sein

space bar *n* COMPUT Leertaste *f*

space blanket *n* Rettungsdecke *f* **space capsule** *n* Weltraumkapsel *f* **space center** AM *see* **space centre** **space centre** *n* Weltraumzentrum *nt* **spacecraft** <*pl* -> *n* Raumfahrzeug *nt* **space flight** *n* [Welt]raumflug *m* **space lab** *n,* **space laboratory** *n* Weltraumlabor *nt* **space medicine** *n no pl* Raumfahrtmedizin *f* **space probe** *n* Raumsonde *f* **space research** *n no pl* [Welt]raumforschung *f*

space-saving *adj* Platz sparend; *furniture* Raum sparend

spaceship *n* Raumschiff *nt* **space shuttle** *n* [Welt]raumfähre *f* **space station** *n* [Welt]raumstation *f* **space travel** *n no pl* Raumfahrt *f* **space walk** *n* Weltraumspaziergang *m*

spacing ['speɪsɪŋ] *n no pl* Abstände *Pl*

spacious ['speɪʃəs] *adj* (*approv*) *house, room* geräumig

spade [speɪd] *n* ① (*tool*) Spaten *m* ② CARDS Pik *nt*

spadework ['speɪdwɜːk] *n no pl* Vorarbeit *f*

spaghetti [spəˈgeti] *n no pl* Spaghetti *Pl*

Spain [speɪn] *n no pl* Spanien *nt*

Spam® [spæm] *n no pl* Frühstücksfleisch *nt*

spam [spæm] *n no pl* COMPUT (*sl*) Spammail *f,* Spam *m*

spambot ['spæmbɒt] *n* COMPUT, INET Spambot-Programm *nt*

span¹ [spæn] **I.** *n usu sing* ① (*period of time*) Spanne *f;* **attention ~** Konzentrationsspanne *f;* **life ~** Lebensspanne *f* ② (*distance*) Breite *f;* **wing ~** Flügelspannweite *f* **II.** *tr verb* <-nn-> ① (*stretch over*) **to ~ sth** *bridge, arch* etw überspannen ❷ (*contain*) *knowledge* umfassen

span² [spæn] *tr verb, vi* Brit *pt of* **spin**

spangled ['spæŋgl̩d] *adj* ❶ (*with spangles*) mit Pailletten besetzt ❷ (*shiny*) glitzernd ❸ (*fig: covered*) **to be ~ with sth** mit etw übersät sein

Spaniard ['spænjəd] *n* Spanier(in) *m(f)*

Spanish ['spænɪʃ] **I.** *n* ❶ *no pl* (*language*) Spanisch *nt* ❷ *+ pl verb* (*people*) **the ~** die Spanier *Pl* **II.** *adj* spanisch

spank [spæŋk] **I.** *tr verb* **to ~ sb** jdm den Hintern versohlen **II.** *n* Klaps *m fam*

spanking [spæŋkɪŋ] **I.** *adj* (*fam or approv: fast*) schnell; **at a ~ pace** in einem hohen Tempo **II.** *n* Tracht *f* Prügel

spanner [spænəʳ] *n* Brit, Aus Schraubenschlüssel *m*

spare [speəʳ] **I.** *tr verb* ❶ (*not kill*) verschonen; (*go easy on*) schonen; (*avoid*) ersparen; **to ~ sb embarrassment/worry** jdm Peinlichkeiten/Sorgen ersparen ❷ (*not use*) sparen; **to ~ no costs** keine Kosten scheuen; **there's no time to ~** es ist keine Zeit übrig **II.** *adj* ❶ (*extra*) Ersatz-; **~ [bed]room** Gästezimmer *nt;* **to have some ~ cash** noch etwas Geld übrig haben ❷ Brit (*sl: crazy*) **to drive sb ~** jdn wahnsinnig machen *fam* **III.** *n* ❶ (*reserve*) Reserve *f* ❷ (*parts*) **~s** Ersatzteile *Pl*

spare time *n no pl* Freizeit *f* **spare tire** Am *see* **spare tyre**

spare tyre *n* Auto Ersatzreifen *m*

spark [spɑːk] **I.** *n* ❶ (*fire, electricity*) Funke[n] *m* ❷ (*fig: trace*) **a ~ of hope** ein Fünkchen *nt* Hoffnung ❸ (*fig: person*) **a bright ~** ein Intelligenzbolzen *m* **II.** *tr verb* (*ignite, cause*) entfachen *a. fig; interest* wecken **III.** *intr verb* Funken sprühen

sparkle ['spɑːkl̩] **I.** *intr verb* ❶ (*a. fig: glitter*) funkeln, glitzern ❷ (*fig: be witty*) sprühen (**with** vor) **II.** *n no pl* ❶ (*a. fig: light*) Funkeln *nt,* Glitzern *nt* ❷ (*fig: liveliness*) **sth lacks ~** einer S. *Dat* fehlt es an Schwung

sparkler ['spɑːkləʳ] *n* (*firework*) Wunderkerze *f*

sparkling ['spɑːkl̩ɪŋ] *adj* ❶ glänzend; *eyes* funkelnd ❷ (*fig, approv: lively*) *person* vor Leben sprühend ❸ (*bubbling*) *drink* mit Kohlensäure *nachgestellt*

spark plug *n* Auto Zündkerze *f*

sparrow ['spærəʊ] *n* Spatz *m*

sparse [spɑːs] *adj* ❶ (*scattered, small*) spärlich ❷ (*meagre*) dünn, dürftig

spat¹ [spæt] *tr verb, vi pt, pp of* **spit**

spat² [spæt] **I.** *n* (*fam*) Krach *m* **II.** *intr verb* <-tt-> [sich] streiten [*o* zanken]

spate [speɪt] *n no pl* ❶ *esp* Brit (*flood*) **to be in full ~** Hochwasser führen ❷ (*fig: large number*) **a ~ of sth** eine Flut von etw

spatial ['speɪʃᵊl] *adj* räumlich

spatter ['spætəʳ] **I.** *tr verb* bespritzen; **to ~ sb with water** jdn nass spritzen **II.** *intr verb raindrops* prasseln

spawn [spɔːn] **I.** *tr verb* ❶ (*lay eggs*) *fish, frog* ablegen ❷ (*fig: produce*) hervorbringen **II.** *intr verb* ❶ *frog* laichen ❷ (*fig: grow*) entstehen **III.** *n* <*pl* -> ❶ *no pl* (*eggs*) Laich *m* ❷ (*liter or pej: offspring*) Brut *f*

speak <spoke, spoken> [spiːk] **I.** *intr verb* ❶ (*say words*) sprechen ❷ (*converse*) sich unterhalten; **to ~ to** [*or esp* Am **with**] **sb** mit jdm reden; **to ~ on the telephone** telefonieren ❸ *+ adv* (*view*) **broadly ~ing** im Allgemeinen; **strictly ~ing** genau genommen **II.** *tr verb* ❶ (*say*) sagen; **to not ~ a word** kein Wort herausbringen ❷ (*language*) sprechen; **to ~ English fluently** fließend Englisch sprechen ◆**speak against** *intr verb* **to ~ against sth** sich gegen etw aussprechen ◆**speak for** *tr verb* ❶ (*support*) **to ~ for sb/sth** jdn/etw unterstützen ❷ (*represent*) **to ~ for sb** in jds Namen sprechen ◆**speak out** *intr verb* seine Meinung deutlich vertreten; **to ~ out on sth** sich über etw *Akk* äußern ◆**speak up** *intr verb* ❶ (*raise voice*) lauter sprechen ❷ (*support*) seine Meinung sagen; **to ~ up for sb/sth** für jdn/etw eintreten

speaker ['spiːkəʳ] *n* ❶ (*orator*) Redner(in) *m(f)* ❷ (*chair*) **Speaker** Sprecher(in) *m(f)* ❸ (*loudspeaker*) Lautsprecher *m*

speaking ['spiːkɪŋ] **I.** *n no pl* (*act*) Sprechen *nt* **II.** *adj attr* (*able to speak*) sprechend ▶ **to be on ~ terms** (*acquainted*) miteinander bekannt sein

spear [spɪəʳ] **I.** *n* (*weapon*) Speer *m,* Lanze *f* **II.** *tr verb* aufspießen

spearhead I. *n* ❶ (*point of spear*) Speerspitze *f* ❷ (*fig: leading group or thing*) Spitze *f* **II.** *tr verb* (*a. fig*) anführen

special [ˈspeʃəl] **I.** *adj* ❶ (*more*) besondere(r, s); **to pay ~ attention to sth** bei etw ganz genau aufpassen ❷ (*unusual*) besondere(r, s); *circumstances* außergewöhnlich; **~ case** Ausnahme *f* ❸ *attr* (*for particular purpose*) speziell **II.** *n* ❶ *esp* AM, AUS (*meal*) Tagesgericht *nt* ❷ *pl esp* AM (*bargains*) **~s** Sonderangebote *Pl*

specialist [ˈspeʃəlɪst] **I.** *n* ❶ (*expert*) Fachmann *m*/Fachfrau *f* ❷ (*doctor*) Facharzt *m*/Fachärztin *f* **II.** *adj attr bookshop, knowledge* Fach-

speciality [ˌspeʃiˈæləti] *n esp* BRIT ❶ (*product, quality*) Spezialität *f* ❷ (*feature*) besonderes Merkmal; (*iron or pej*) Spezialität *f iron*

specialize [ˈspeʃəlaɪz] *intr verb* sich spezialisieren (**in** auf)

specially [ˈspeʃəli] *adv* ❶ (*specifically*) speziell, extra; **~ designed/made** speziell angefertigt/hergestellt ❷ (*particularly*) besonders

specialty [ˈspeʃəlti] *n* AM, AUS *see* **speciality**

species <*pl* -> [ˈspiːʃiːz] *n* BIOL Art *f,* Spezies *f fachspr*

specific [spəˈsɪfɪk] *adj* ❶ (*exact*) genau; **could you be a bit more ~?** könntest du dich etwas klarer ausdrücken? ❷ *attr* (*particular*) bestimmt, speziell; **~ details** besondere Einzelheiten ❸ (*characteristic*) spezifisch, typisch

specifically [spəˈsɪfɪkli] *adv* ❶ (*particularly*) speziell, extra ❷ (*clearly*) ausdrücklich

specification [ˌspesɪfɪˈkeɪʃən] *n* ❶ (*specifying*) Angabe *f* ❷ (*plan*) detaillierter Entwurf; (*for building*) Bauplan *m*

specify <-ie-> [ˈspesɪfaɪ] *tr verb* angeben; (*list in detail*) spezifizieren

specimen [ˈspesəmɪn] *n* ❶ (*example*) Exemplar *nt;* **~ of earth** Bodenprobe *f* ❷ MED Probe *f*

speck [spek] *n* (*spot, stain*) Fleck *m; of blood, mud* Spritzer *m*

specs[1] [speks] *npl* (*fam*) *short for* **specifications** technische Daten

specs[2] [speks] *npl esp* BRIT (*fam*) *short for* **spectacles** Brille *f*

spectacle [ˈspektəkl̩] *n* ❶ (*display*) Spektakel *nt* ❷ (*event*) Schauspiel *nt geh*

spectacle case *n* BRIT Brillenetui *nt*

spectacles [ˈspektəkl̩z] *npl* BRIT Brille *f*

spectacular [spekˈtækjələʳ] *adj* ❶ (*wonderful*) *dancer, scenery* atemberaubend, großartig ❷ (*striking*) *increase, failure* spektakulär, sensationell

spectator [spekˈteɪtəʳ] *n* Zuschauer(in) *m(f)*

spectrum <*pl* -tra *or* -s> [ˈspektrəm, *pl* -trə] *n* Spektrum *nt*

speculation [ˌspekjəˈleɪʃən] *n* Spekulation *f*

sped [sped] *pt, pp of* **speed**

speech <*pl* -es> [spiːtʃ] *n* ❶ *no pl* (*faculty of speaking*) Sprache *f;* (*act of speaking*) Sprechen *nt;* **in everyday ~** in der Alltagssprache ❷ (*oration*) Rede *f;* **freedom of ~** POL Redefreiheit *f*

speech day *n* BRIT Schulfeier *f* **speech defect** *n* Sprachfehler *m*

speechless [ˈspiːtʃləs] *adj* (*shocked*) sprachlos

speech therapist *n* Logopäde *m*/Logopädin *f*

speed [spiːd] **I.** *n* ❶ (*velocity*) Geschwindigkeit *f,* Tempo *nt;* **~ of light/sound** Licht-/Schallgeschwindigkeit *f;* **maximum ~** Höchstgeschwindigkeit *f* ❷ *no pl* (*quickness*) Schnelligkeit *f* ❸ (*gear*) Gang *m* ❹ *no pl* (*sl: drug*) Speed *nt* **II.** *intr verb* <sped, sped> ❶ (*rush*) sausen, flitzen; **to ~ along** vorbeisausen ❷ (*drive too fast*) rasen
◆**speed up** *intr verb* ❶ (*accelerate*) beschleunigen, schneller werden ❷ (*improve*) sich verbessern, eine Steigerung erzielen

speedboat *n* Rennboot *nt* **speed bump** *n* Bodenschwelle *f* **speed-dial button** [ˈspiːdˌdaɪəlˌbʌtən] *n* Kurzwahltaste *f*

speeding [ˈspiːdɪŋ] *n no pl* Geschwindigkeitsüberschreitung *f,* Rasen *nt fam*

speed limit *n* Geschwindigkeitsbegrenzung *f* **speed sailing** *n no pl* SPORTS Strandsegeln *nt*

speedy [ˈspiːdi] *adj* schnell; *decision, solution a.* rasch; *delivery, service, recovery* prompt

S

spell[1] [spel] *n* (*charmed state*) Zauber *m*, Bann *m geh;* (*words*) Zauberspruch *m;* **to cast a ~ on sb** jdn verzaubern

spell[2] [spel] *n* ① (*period of time*) Weile *f;* **to go through a bad ~** eine schwierige Zeit durchmachen ② (*period of weather*) **~ of sunny weather** Schönwetterperiode *f;* **cold/hot ~** Kälte-/Hitzewelle *f*

spell[3] <spelled *or* BRIT *a.* spelt, spelled *or* BRIT *a.* spelt> [spel] **I.** *tr verb* ① (*using letters*) buchstabieren ② (*signify*) bedeuten **II.** *intr verb* (*in writing*) richtig schreiben ◆**spell out** *tr verb* ① (*using letters*) buchstabieren ② (*explain*) klarmachen

spellbound ['spelbaʊnd] *adj* gebannt, fasziniert; **to be ~ by sth** von etw wie verzaubert sein; **to hold sb ~** jdn fesseln

spelling ['spelɪŋ] **I.** *n no pl* Rechtschreibung *f* **II.** *adj attr* Rechtschreib-; **~ check** Rechtschreibüberprüfung *f*

spelt [spelt] *pp, pt of* **spell**

spend [spend] **I.** *tr verb* <spent, spent> ① *money* ausgeben (**on** für) ② *time* verbringen; **to ~ time doing sth** Zeit damit verbringen, etw zu tun **II.** *n* BRIT Ausgabe *f*

spending ['spendɪŋ] *n no pl* Ausgaben *Pl* (**on** für)

spending money *n no pl* (*as allowance*) Taschengeld *nt;* (*for special circumstances*) frei verfügbares Geld **spending spree** *n* Großeinkauf *m*

spent [spent] **I.** *pp, pt of* **spend** **II.** *adj* ① (*used up*) verbraucht ② (*tired*) *person* ausgelaugt; **to feel ~** sich erschöpft fühlen

sperm <*pl* - *or* -s> [spɜːm] *n* Sperma *nt*

spew [spjuː] **I.** *tr verb* ① (*emit*) ausspeien; *lava* auswerfen ② (*vomit*) erbrechen **II.** *intr verb* ① (*flow out*) *exhaust, lava* austreten ② (*vomit*) erbrechen

sphere [sfɪəʳ] *n* ① (*round object*) Kugel *f* ② (*area*) Bereich *m;* **social ~** soziales Umfeld

spherical ['sferɪkᵊl] *adj* kugelförmig

sphincter ['sfɪŋ(k)təʳ] *n* ANAT Schließmuskel *m*

spice [spaɪs] **I.** *n* (*aromatic*) Gewürz *nt* **II.** *tr verb* (*flavour*) würzen (**with** mit)

spicy ['spaɪsi] *adj food* würzig; (*hot*) scharf

spider ['spaɪdəʳ] *n* Spinne *f;* **~'s web** Spinnennetz *nt*

spike [spaɪk] **I.** *n* ① (*nail*) Nagel *m; of a rail* Spitze *f; of a plant, an animal* Stachel *m; of a shoe* Spike *m* ② AM (*stiletto heels*) **~s** Pfennigabsätze *Pl* ③ SPORTS (*shoes*) **~s** Spikes *Pl* **II.** *tr verb* ① (*with pointy object*) aufspießen ② (*fam*) **to ~ sb's drink** Drogen/einen Schuss Alkohol in jds Getränk geben

spiky ['spaɪki] *adj* (*with spikes*) *fence* mit Metallspitzen *nachgestellt; branch, plant* dornig; *animal, bush* stachelig

spill [spɪl] **I.** *n* (*spilled liquid*) Verschüttete(s) *nt;* (*pool*) Lache *f;* (*stain*) Fleck *m;* **oil ~** Ölteppich *m* **II.** *tr verb* <spilt *or* AM, AUS *usu* spilled, spilt *or* AM, AUS *usu* spilled> ① (*tip over*) verschütten ② (*scatter*) verstreuen ◆**spill over** *intr verb* ① (*overflow*) überlaufen ② (*spread to*) **to ~ over into sth** *conflict, violence* sich auf etw *Akk* ausdehnen

spilt [spɪlt] *pp, pt of* **spill**

spin [spɪn] **I.** *n* ① (*rotation*) Drehung *f;* **to send a car into a ~** ein Auto zum Schleudern bringen ② (*in washing machine*) Schleudern *nt kein Pl* ③ *no pl* (*fam: positive slant*) **to put a ~ on sth** etw ins rechte Licht rücken **II.** *intr verb* <-nn-, spun *or* BRIT *a.* span, spun> ① (*rotate*) *earth, wheel* rotieren; *washing machine* schleudern ② (*fig: be dizzy*) **my head is ~ning** mir dreht sich alles *fam* ③ (*make thread*) spinnen **III.** *tr verb* <-nn-, spun *or* BRIT *a.* span, spun> ① (*rotate*) drehen ② (*give positive slant*) ins rechte Licht rücken ③ (*make thread of*) spinnen ◆**spin off** *tr verb* ECON *subsidiary* ausgliedern ◆**spin out I.** *intr verb* AM **to ~ out of control** *car* außer Kontrolle geraten **II.** *tr verb* (*prolong*) **to ~ out ↔ sth** etw ausdehnen ◆**spin round** *intr verb* sich drehen; *person* sich umdrehen

spinach ['spɪnɪtʃ] *n no pl* Spinat *m*

spin-drier *n* Wäscheschleuder *f*

spine [spaɪn] *n* ① (*spinal column*) Wirbelsäule *f* ② (*spike*) *of a fish, a hedgehog* Stachel *m* ③ *of a book* [Buch]rücken *m*

spiral ['spaɪərᵊl] **I.** *n* Spirale *f* **II.** *adj attr* spiralförmig **III.** *intr verb* <Brit -ll- *or* Am *usu* -l-> ① (*move up*) sich hochwinden; *smoke, hawk* spiralförmig aufsteigen ② (*fig: increase*) ansteigen

spire [spaɪər] *n* Turmspitze *f*

spirit ['spɪrɪt] *n* ① (*sb's soul*) Geist *m* ② (*ghost*) Geist *m,* Gespenst *nt* ③ BIBL **the** [**Holy**] **Spirit** der Heilige Geist ④ *no pl* (*mood*) Stimmung *f;* **team ~** Teamgeist *m;* **to lift sb's ~s** jds Stimmung heben ⑤ *no pl* (*vitality*) Temperament *nt* ⑥ (*whisky, rum*) **~s** Spirituosen *Pl*

spirited ['spɪrɪtɪd] *adj* (*approv*) temperamentvoll; *discussion* lebhaft

spiritual ['spɪrɪtʃuəl] *adj* ① (*relating to the spirit*) geistig, spirituell ② REL *leader* religiös

spit[1] [spɪt] *n* ① (*rod for roasting*) Bratspieß *m* ② (*beach*) Sandbank *f*

spit[2] [spɪt] **I.** *n* (*fam: saliva*) Spucke *f* **II.** *intr verb* <-tt-, spat *or* spit, spat *or* spit> ① (*expel saliva*) spucken; **to ~ at sb** jdn anspucken ② *impers* (*fam: raining*) **it is ~ting** [**with rain**] es tröpfelt ③ (*crackle*) *bacon, fat* brutzeln; *fire* zischen; (*hiss*) *cat* fauchen **III.** *tr verb* <-tt-, spat *or* spit, spat *or* spit> (*out of mouth*) ausspucken ◆**spit out** *tr verb* ① (*from mouth*) ausspucken ② (*fig: say angrily*) fauchen, pfauchen ÖSTERR, SÜDD

spite [spaɪt] **I.** *n no pl* ① (*desire to hurt*) Bosheit *f* ② (*despite*) **in ~ of sth** trotz einer S. *Dat* **II.** *tr verb* ärgern

spiteful ['spaɪtfəl] *adj* gehässig

spitting distance *n* **to be in** [*or* **within**] **~ of sth** (*fam*) nur einen Steinwurf [*o* einen Katzensprung] von etw entfernt sein

spitting image *n* Ebenbild *nt*

splash [splæʃ] **I.** *n* <*pl* -es> ① (*sound*) Platschen *nt kein Pl* ② (*water*) Spritzer *m* ③ (*small amount*) *of sauce, dressing* Klecks *m fam; of water, lemonade* Spritzer *m* **II.** *tr verb* (*scatter liquid*) verspritzen; (*spray*) bespritzen **III.** *intr verb* ① (*hit ground*) *rain, waves* klatschen ② (*play in water*) **to ~** [**about**] [herum]planschen ◆**splash down** *intr verb* AEROSP wassern ◆**splash out** *intr verb* Brit, Aus (*fam*) **to ~ out on sth** Geld für etw hinauswerfen

splatter ['splætəʳ] *tr verb* bespritzen

splendid ['splendɪd] *adj* großartig *a. iron*

splendor ['splendɚ] Am *see* **splendour**

splendour ['splendəʳ] *n no pl* Pracht *f*

splint [splɪnt] *n* ① MED Schiene *f* ② (*for lighting fire*) Splintkohle *f*

splinter ['splɪntəʳ] **I.** *n* Splitter *m;* **~** [**of wood**] Holzsplitter *m,* Schiefer *m* ÖSTERR **II.** *intr verb* splittern

split [splɪt] **I.** *n* ① (*crack*) Riss *m;* (*in wall, wood*) Spalt *m* ② *in opinion* Kluft *f* ③ (*share*) Anteil *m* ④ (*marital separation*) Trennung *f* ⑤ (*with legs*) **to do the ~s** [einen] Spagat machen **II.** *tr verb* <-tt-, split, split> ① (*divide*) teilen; **to ~ sth in half** etw halbieren ② (*fig: create division*) *group, party* spalten **III.** *intr verb* <-tt-, split, split> ① (*divide*) *wood, stone* [entzwei]brechen; *seam, cloth* aufplatzen; *hair* splissen; **to ~ into groups** sich aufteilen ② (*end relationship*) sich trennen ◆**split off I.** *tr verb* (*break off*) abbrechen; (*separate*) abtrennen **II.** *intr verb* ① (*become detached*) sich lösen ② (*leave*) **to ~ off from sth** *party, group* sich von etw abspalten ◆**split up I.** *tr verb* ① (*share*) aufteilen ② (*separate*) teilen **II.** *intr verb* ① (*divide up*) sich teilen; **to ~ up into groups** sich in Gruppen aufteilen ② (*end relationship*) sich trennen; **to ~ up with sb** sich von jdm trennen

split-up *n* Trennung *f*

splodge [splɒdʒ] **I.** *n esp* Brit (*fam*) Klecks *m* **II.** *tr verb esp* Brit (*fam*) bespritzen

splotchy [splɒtʃi] *adj* fleckig

splutter ['splʌtəʳ] **I.** *intr verb* ① (*make noises*) stottern ② (*spit*) spucken ③ (*backfire*) *car, lorry* stottern **II.** *tr verb* ① (*say*) **to ~ an excuse** eine Entschuldigung hervorstoßen ② (*spit out*) *water* ausspucken **III.** *n of a person* Prusten *nt kein Pl; of a car* Stottern *nt kein Pl*

spoil [spɔɪl] **I.** *n* ① *no pl* (*debris*) Schutt *m* ② (*profits*) **~s** Beute *f kein Pl* **II.** *tr verb* <spoiled *or* Brit *usu* spoilt, spoiled *or* Brit *usu* spoilt> ① (*ruin*) verderben; **to ~ the coastline** die Küste verschandeln *fam* ② (*treat well*) verwöhnen; **to ~ a child** (*pej*) ein Kind verziehen

spoilsport ['spɔɪlspɔːt] *n* (*pej fam*) Spielverderber(in) *m(f)*

spoilt [spɔɪlt] **I.** *tr, intr verb, esp* Brit *pp, pt of* **spoil II.** *adj appetite* verdorben;

view, coastline verschandelt *fam; child* verwöhnt

spoke[1] [spəʊk] *n* Speiche *f* ▶ **to put a ~ in sb's wheel** BRIT jdm einen Knüppel zwischen die Beine werfen

spoke[2] [spəʊk] *pt of* **speak**

spoken [spəʊkən] **I.** *pp of* **speak II.** *adj attr* (*not written*) gesprochen

spokesperson <*pl* -people> *n* Sprecher(in) *m(f)*

sponge [spʌndʒ] **I.** *n* ① (*foam cloth*) Schwamm *m* ② (*soft cake*) Rührkuchen *m;* (*without fat*) Biskuit[kuchen] *m* ③ (*fam: parasitic person*) Schnorrer(in) *m(f)* **II.** *tr verb* (*clean*) [mit einem Schwamm] abwischen
◆ **sponge down, sponge off** *tr verb* **to ~ down ⊂ sth** etw [mit einem Schwamm] abwaschen; **to ~ down ⊂ sb** jdn [mit einem Schwamm] waschen
◆ **sponge on** *tr verb* (*pej fam*) ausnutzen

sponge bag *n* BRIT, AUS Waschbeutel *m* **sponge cake** *n* Biskuitkuchen *m*

sponger ['spʌndʒər] *n* (*pej*) Schmarotzer(in) *m(f)*

sponsor ['spɒn(t)sər] **I.** *tr verb* (*support*) *person* sponsern; *government* unterstützen **II.** *n* Sponsor(in) *m(f);* (*of a charity*) Förderer *m*/Förderin *f*

spontaneous [spɒn'teɪniəs] *adj* ① (*unplanned*) spontan ② (*approv: unrestrained*) impulsiv

spookiness ['spu:kinəs] *n* (*fam*) gespenstische Stimmung *f*

spooky ['spu:ki] *adj* (*fam: scary*) schaurig; *house, woods* unheimlich; *story, film* gespenstisch

spoon [spu:n] **I.** *n* Löffel *m* **II.** *tr verb* ① löffeln ② SPORTS **to ~ the ball** den Ball schlenzen

spoonful <*pl* -s *or* spoonsful> ['spu:nfʊl] *n* Löffel *m*

sport [spɔ:t] **I.** *n* ① (*game*) Sport *m;* (*type of*) Sportart *f;* **indoor ~** Hallensport *m;* **outdoor ~** Sport *m* im Freien ② AUS (*form of address*) **hello ~** na, Kumpel *fam* **II.** *tr verb* (*esp hum*) **to ~ sth** (*wear*) etw tragen

sporting ['spɔ:tɪŋ] *adj* SPORTS ① *attr* (*involving sports*) Sport- ② (*approv fam*) fair

sports announcer ['spɔ:ts-] *n* Sportreporter(in) *m(f)* **sports arena** *n* Sportstadion *nt* **sports bar** *n Bar mit Fernseher für Sportübertragungen* **sports bra** *n* Sport-BH *m* **sports car** *n* Sportwagen *m* **sports coat** *n* Sportsakko *nt* **sports commentator** *n* Sportkommentator(in) *m(f)* **sports day** *n* BRIT SCHOOL Sportfest *nt* **sports drink** *n* elektrolytisches Getränk, Sportlergetränk *nt fam* **sports equipment** *n no pl* Sportausrüstung *f* **sports field, sports ground** *n* Sportplatz *m* **sports jacket** *n* Sportsakko *nt*

sportsman *n* Sportler *m*

sportsmanship *n no pl* Fairness *f*

sports medicine *n no pl* Sportmedizin *f* **sports page** *n* Sportseite *f* **sports section** *n* Sportteil *m* **sports truck** *n* Sports Truck *m* (*sportwagenähnlicher Laster*)

sportswear *n no pl* Sportkleidung *f*

sportswoman *n* Sportlerin *f*

sports writer *n* Sportjournalist(in) *m(f)*

sporty ['spɔ:ti] *adj* ① (*athletic*) sportlich ② (*fast*) *car* schnell

spot [spɒt] **I.** *n* ① (*mark*) Fleck *m* ② (*dot*) Punkt *m;* (*pattern*) Tupfen *m* ③ BRIT (*pimple*) Pickel *m* ④ (*place*) Stelle *f;* **on the ~** an Ort und Stelle **II.** *tr verb* <-tt-> entdecken; **to ~ sb doing sth** jdn bei etw erwischen

spot check *n* Stichprobe *f*

spotless ['spɒtləs] *adj* makellos

spotlight *n* Scheinwerfer *m;* **to be in the ~** (*fig*) im Rampenlicht stehen

spot-on *adj pred* BRIT, AUS (*fam: exact*) haargenau; (*correct*) goldrichtig

spotted ['spɒtɪd] *adj* (*pattern*) getupft, gepunktet

spotty ['spɒti] *adj* ① BRIT, AUS (*pimply*) pickelig ② AM, AUS (*patchy*) bescheiden *iron*

spout [spaʊt] **I.** *n* ① (*opening*) Ausguss *m;* (*of a teapot, jug*) Schnabel *m* ② (*discharge*) Strahl *m* **II.** *tr verb* ① (*pej: hold forth*) faseln *fam* ② (*discharge*) speien **III.** *intr verb* ① (*pej: hold forth*) Reden schwingen *fam* ② (*gush*) hervorschießen

sprain [spreɪn] **I.** *tr verb* verstauchen; **to ~ one's ankle** sich *Dat* den Knöchel verstauchen **II.** *n* Verstauchung *f*

sprang [spræŋ] *intr, tr verb, pt of* **spring**

sprawl [sprɔ:l] **I.** *n* ① *no pl* (*slouch*) **to lie in a ~** ausgestreckt daliegen ② *usu* *sing* (*expanse*) Ausdehnung *f* **II.** *intr verb* ① (*slouch*) herumlümmeln *pej fam* ② (*expand*) sich ausbreiten

sprawling ['sprɔːlɪŋ] *adj* (*pej*) ① (*expansive*) ausgedehnt ② (*irregular*) unregelmäßig

spray[1] [spreɪ] **I.** *n* ① *no pl* (*mist, droplets*) Sprühnebel *m; of fuel, perfume* Wolke *f; of water* Gischt *m o f* ② (*spurt*) *of perfume* Spritzer *m* ③ (*sprinkler*) Sprühvorrichtung *f* ④ (*aerosol*) Spray *m o nt* **II.** *tr verb* ① (*cover*) besprühen; *plants* spritzen ② (*disperse in a mist*) sprühen **III.** *intr verb* spritzen

spray[2] [spreɪ] *n* ① (*branch*) Zweig *m* ② (*bouquet*) Strauß *m*

spread [spred] **I.** *n* ① (*act of spreading*) Verbreitung *f* ② (*range*) Vielfalt *f* ③ JOURN Doppelseite *f* ④ FOOD Aufstrich *m* **II.** *intr verb* <spread, spread> ① (*extend over larger area*) *fire* sich ausbreiten; *news, panic* sich verbreiten ② (*stretch*) sich erstrecken ③ FOOD sich streichen lassen **III.** *tr verb* <spread, spread> ① (*open, extend*) ausbreiten ② FOOD **to ~ toast with jam** Toast mit Marmelade bestreichen ③ *fertilizer* streuen; *disease* übertragen; *panic, rumour* verbreiten

spreadsheet *n* Tabellenkalkulation *f*

spree [spriː] *n* Gelage *nt;* **killing ~** Gemetzel *nt;* **shopping ~** Einkaufstour *f*

sprightly ['spraitli] *adj* munter; *old person* rüstig

spring [sprɪŋ] **I.** *n* ① (*season*) Frühling *m;* **in the ~** im Frühling ② TECH Feder *f* ③ (*elasticity*) Sprungkraft *f* ④ (*source of water*) Quelle *f* **II.** *intr verb* <sprang *or* AM *a.* sprung, sprung> ① (*move quickly*) springen; **to ~ into action** den Betrieb aufnehmen; **to ~ open** aufspringen; **to ~ shut** zufallen ② (*suddenly appear*) **to ~ up** auftauchen; **to ~ to mind** in den Kopf schießen

springboard *n* Sprungbrett *nt a. fig*

spring-clean **I.** *intr verb* Frühjahrsputz machen **II.** *tr verb* **to ~ a house/room** in einem Haus/einem Zimmer Frühjahrsputz machen **spring onion** *n* BRIT, AUS Frühlingszwiebel *f* **spring roll** *n* Frühlingsrolle *f*

springy ['sprɪŋi] *adj* federnd *attr;* elastisch

sprinkle ['sprɪŋkl̩] **I.** *tr verb* ① (*scatter*) streuen (**on** auf) ② (*cover*) bestreuen (**with** mit) ③ (*water*) **to ~ the lawn** den Rasen sprengen **II.** *n usu sing* **a ~ of rain/of snow** leichter Regen/Schneefall

sprinkling ['sprɪŋklɪŋ] *n see* **sprinkle**

sprint [sprɪnt] **I.** *intr verb* sprinten **II.** *n* SPORTS Sprint *m;* **100-metre ~** Hundertmeterlauf *m*

sprinter ['sprɪntəʳ] *n* Sprinter(in) *m(f)*

spritzer ['sprɪtsəʳ] *n* Schorle *f*

sprout [spraʊt] **I.** *n* ① (*shoot*) Spross *m* ② *esp* BRIT (*vegetable*) Rosenkohl *m kein Pl* **II.** *intr verb* (*grow*) sprießen *geh,* wachsen **III.** *tr verb* BOT *buds, leaves* treiben

spruce[1] [spruːs] *n* BOT Fichte *f*

spruce[2] [spruːs] **I.** *adj* (*smart*) adrett **II.** *tr verb* **to ~ sth up** etw auf Vordermann bringen; **to ~ oneself up** sich zurechtmachen

sprung [sprʌŋ] **I.** *adj* BRIT gefedert **II.** *pp, pt of* **spring**

spud [spʌd] *n* BRIT (*fam*) Kartoffel *f,* Erdapfel *m* DIAL, ÖSTERR

spun [spʌn] *pp, pt of* **spin**

spur [spɜːʳ] **I.** *n* ① (*on a heel*) Sporn *m* ② (*fig: encouragement*) Ansporn *m kein Pl* ▸ **on the ~ of the moment** spontan **II.** *tr verb* <-rr-> **to ~ [on]** (*encourage*) anspornen

spurt [spɜːt] **I.** *n* ① (*jet*) Strahl *m* ② (*surge*) Schub *m;* **to do sth in ~s** etw schubweise machen **II.** *tr verb* [ver]spritzen **III.** *intr verb* spritzen

spy [spaɪ] **I.** *n* Spion(in) *m(f)* **II.** *intr verb* ① spionieren ② (*peep*) **to ~ into sth** in etw *Akk* spähen **III.** *tr verb* (*see*) sehen

squabble [skwɒbl̩] **I.** *n* Zankerei *f,* Streiterei *f* **II.** *intr verb* sich zanken (**over/about** um)

squad [skwɒd] *n* + *sing/pl verb* ① (*group*) Einheit *f* ② SPORTS Kader *m* ▸ **the awkward ~** (*fam or pej*) die Querulantenriege

squalid ['skwɒlɪd] *adj* (*pej: dirty*) schmutzig

squander ['skwɒndəʳ] *tr verb* verschwenden, vergeuden; **to ~ a chance** eine Chance vertun

square [skweəʳ] **I.** *n* ① (*shape*) Quadrat *nt* ② (*street*) Platz *m;* **town ~** zentraler Platz **II.** *adj* ❶ (*square-shaped*) quadratisch ❷ *metre, mile* Quadrat- ❸ (*fam: level*) plan; **to be** [**all**] **~** auf gleich sein **III.** *adv* direkt, geradewegs **IV.** *tr verb* **to ~ sth** ❶ (*make square*) etw quadratisch machen ❷ (*settle*) *matter* etw in Ordnung bringen ❸ MATH etw quadrieren

Square dance nennt sich ein amerikanischer Volkstanz, bei dem Gruppen von vier Paaren in Quadraten, Kreisen oder zwei Reihen verschiedene Tanzfiguren ausführen. Ähnlich wie beim schottischen *Ceilidh* gibt es auch hier einen *caller*, der die jeweiligen Tänze ansagt und beschreibt. Musikalisch begleitet wird das Ganze von Geigen, Banjos und Gitarren.

square number *n* MATH Quadratzahl *f*

square root *n* MATH Quadratwurzel *f*

squash[1] [skwɒʃ] *n esp* AM (*pumpkin*) Kürbis *m*

squash[2] [skwɒʃ] **I.** *n* ❶ *no pl* (*dense pack*) Gedränge *nt* ❷ *no pl* SPORTS Squash *nt;* **~ court** Squashcourt *m;* **~ racket/racquet** Squashschläger *m* ❸ BRIT, AUS (*diluted drink*) Fruchtsaftgetränk *nt* **II.** *tr verb* ❶ (*crush*) zerdrücken; **to ~ sth flat** etw platt drücken ❷ (*push*) **can you ~ this into your bag for me?** kannst du das für mich in deine Tasche stecken?

squashy ['skwɒʃi] *adj* weich

squat [skwɒt] **I.** *intr verb* <-tt-> ❶ (*crouch*) hocken; **to ~** [**down**] sich hinhocken ❷ (*occupy illegally*) *house* besetzen; *land* sich illegal ansiedeln **II.** *n* ❶ *no pl* (*position*) Hocke *f;* (*exercise*) Kniebeuge *f* ❷ (*abode*) besetztes Haus **III.** *adj* <-tt-> niedrig; *person* gedrungen, untersetzt

S

squatter ['skwɒtəʳ] *n* (*illegal house-occupier*) Hausbesetzer(in) *m(f)*

squeak [skwi:k] **I.** *n* Quietschen *nt kein Pl; of a mouse* Pieps[er] *m fam* **II.** *intr verb* (*make sound*) quietschen; *mouse* piepsen

squeal [skwi:l] **I.** *n* [schriller] Schrei; *of tyres* Quietschen *nt kein Pl; of brakes* Kreischen *nt kein Pl; of a pig* Quieken *nt kein Pl* **II.** *intr verb* (*scream*) kreischen; *pig* quieken; *tyres* quietschen; *brakes* kreischen; **to ~ with pain** vor Schmerz schreien

squeamish ['skwi:mɪʃ] **I.** *adj* zimperlich *pej;* **to be ~ about doing sth** sich vor etw *Dat* ekeln **II.** *npl* **to not be for the ~** nichts für schwache Nerven sein

squeeze [skwi:z] **I.** *n* ❶ (*press*) Drücken *nt kein Pl* ❷ ECON (*limit*) Beschränkung *f;* **a ~ on spending** eine Beschränkung der Ausgaben ❸ *no pl* (*fit*) Gedränge *nt* **II.** *tr verb* ❶ (*press*) drücken; *a lemon* auspressen; *a sponge* ausdrücken; **freshly ~d orange juice** frisch gepresster Orangensaft ❷ (*push in*) [hinein]zwängen; (*push through*) [durch]zwängen **III.** *intr verb* (*fit into*) **to ~ into sth** sich in etw *Akk* [hinein]zwängen; **to ~ past sth** sich an etw *Dat* vorbeizwängen

squelch [skweltʃ] **I.** *intr verb mud, water* patschen *fam* **II.** *n usu sing* Gepatsche *nt kein Pl fam*

squid <*pl* - *or* -s> [skwɪd] *n* Tintenfisch *m*

squiggle ['skwɪgl̩] *n* Schnörkel *m*

squint [skwɪnt] **I.** *intr verb* ❶ blinzeln, die Augen zusammenkneifen ❷ MED schielen **II.** *n* MED Schielen *nt kein Pl*

squirm [skwɜ:m] **I.** *intr verb* sich winden; **to ~ in pain** sich vor Schmerzen krümmen **II.** *n* Krümmen *nt kein Pl*

squirrel ['skwɪrəl] *n* Eichhörnchen *nt*

squirt [skwɜ:t] **I.** *tr verb* ❶ (*spray*) spritzen ❷ (*cover*) **to ~ sb with sth** jdn mit etw bespritzen **II.** *intr verb* **to ~ out** herausspritzen, herausschießen **III.** *n* (*quantity*) Spritzer *m*

St *n* ❶ *abbrev of* **saint** St. ❷ *abbrev of* **street** Str.

st <*pl* -> *n* BRIT *abbrev of* **stone I 2**

stab [stæb] **I.** *tr verb* <-bb-> **to ~ sb** auf jdn einstechen; **the victim was ~bed** das Opfer erlitt eine Stichverletzung; **to ~ sb in the back** (*fig*) jdm in den Rücken fallen **II.** *intr verb* <-bb-> **to ~ at sb/sth** auf jdn/etw einstechen **III.** *n* ❶ (*with weapon*) Stich *m* ❷ (*wound*) Stichwunde *f* ❸ (*pain*) Stich *m;* **~ of envy** Anflug *m* von Neid

stabbing ['stæbɪŋ] **I.** *n* (*assault*) Messerstecherei *f* **II.** *adj pain* stechend; *fear, memory* durchdringend

stability [stəˈbɪləti] *n no pl* Stabilität *f;* **mental ~** [seelische] Ausgeglichenheit
stabilize [ˈsteɪbəlaɪz] **I.** *tr verb* stabilisieren **II.** *intr verb* sich stabilisieren; **his condition has now ~d** MED sein Zustand ist jetzt stabil
stable[1] <-r, -st *or* more stable, most stable> [ˈsteɪbl̩] *adj* stabil
stable[2] [ˈsteɪbl̩] **I.** *n* (*building*) Stall *m* **II.** *tr verb* **to ~ a horse** ein Pferd unterstellen
stack [stæk] **I.** *n* ❶ *of videos* Stapel *m; of papers* Stoß *m; of hay, straw* Schober *m; of hi-fi equipment* Stereoturm *m* ❷ (*fam: large amount*) Haufen *m sl;* **we've got ~s of time** wir haben massenhaft Zeit **II.** *tr verb* ❶ (*arrange in pile*) [auf]stapeln ❷ (*fill*) **to ~ a dishwasher** eine Spülmaschine einräumen; **to ~ shelves** Regale auffüllen
stadium <*pl* -s *or* -dia> [ˈsteɪdiəm, *pl* -iə] *n* Stadion *nt*
staff[1] [stɑːf] **I.** *n* ❶ + *sing/pl verb* (*employees*) Belegschaft *f;* **members of ~** Mitarbeiter *Pl;* **nursing ~** Pflegepersonal *nt* ❷ + *sing/pl verb* SCHOOL, UNIV Lehrkörper *m;* **teaching ~** Lehrpersonal *nt* **II.** *tr verb usu passive* **many charities are ~ed with volunteers** viele Wohltätigkeitsvereine beschäftigen ehrenamtliche Mitarbeiter
staff[2] [stɑːf] *n* (*ceremonial rod*) Stab *m;* (*stick*) Stock *m*
staffing [ˈstɑːfɪŋ] *n no pl* Personalpolitik *f*
staffroom *n* SCHOOL Lehrerzimmer *nt*
stag [stæg] *n* ❶ ZOOL Hirsch *m* ❷ **~ night/party** Junggesellenabschiedsparty *f*
stage [steɪdʒ] **I.** *n* ❶ (*period*) Etappe *f,* Station *f;* **crucial ~** entscheidende Phase; **early ~** Frühphase *f* ❷ *of a journey, a race* Etappe *f,* Abschnitt *m* ❸ THEAT (*platform*) Bühne *f* ❹ (*scene*) Geschehen *nt kein Pl;* **the world ~** die [ganze] Welt; **the political ~** die politische Bühne **II.** *tr verb* ❶ THEAT aufführen; **to ~ a concert** ein Konzert geben ❷ (*organize*) *a congress, meeting* veranstalten; *a demonstration, strike* organisieren
stage direction *n* Bühnenanweisung *f*
stage effect *n* Bühneneffekt *m* **stage fright** *n no pl* Lampenfieber *nt*
stagger [ˈstægəʳ] **I.** *intr verb* ❶ (*totter*) **to ~ somewhere** irgendwohin wanken [*o* torkeln]; **to ~ to one's feet** sich aufrappeln ❷ (*waver*) schwanken, wanken **II.** *tr verb* ❶ (*shock*) **to ~ sb** jdn erstaunen ❷ (*arrange*) **to ~ sth** etw staffeln
staggered [ˈstægəd] *adj* gestaffelt
staggering [ˈstægᵊrɪŋ] *adj* (*amazing*) erstaunlich, umwerfend *fam*
stagnant [ˈstægnənt] *adj* (*not flowing*) stagnierend; **~ air** stehende Luft
stagnate [stægˈneɪt] *intr verb* ❶ (*stop flowing*) stauen ❷ (*stop developing*) stagnieren
stain [steɪn] **I.** *tr verb* (*discolour*) verfärben; (*cover with spots*) Flecken auf etw *Dat* machen **II.** *intr verb* ❶ (*cause discolouration*) abfärben, Flecken machen ❷ (*discolour*) sich verfärben **III.** *n* ❶ (*discoloration*) Verfärbung *f,* Fleck *m* ❷ (*blemish*) Makel *m*
stained [steɪnd] *adj* ❶ (*discoloured*) verfärbt; (*with spots*) fleckig ❷ (*dyed*) gefärbt ❸ (*blemished*) befleckt
stainless [ˈsteɪnləs] *adj* makellos; *character* tadellos
stair [steəʳ] *n* ❶ (*set of steps*) **~s** Treppe *f;* **a flight of ~s** eine Treppe ❷ (*step*) Treppenstufe *f*
staircase *n* Treppenhaus *nt,* Treppenaufgang *m;* **spiral ~** Wendeltreppe *f*
stairlift *n* Treppenlift *m*
stake[1] [steɪk] *n* (*stick*) Pfahl *m,* Pflock *m*
stake[2] [steɪk] **I.** *n* ❶ (*wager*) Einsatz *m* ❷ (*interest*) FIN, ECON Anteil *m* ▶ **to be at ~** (*in question*) zur Debatte stehen; (*at risk*) auf dem Spiel stehen **II.** *tr verb* **to ~ money** Geld setzen
stakeholder *n* Teilhaber(in) *m(f)*
stale [steɪl] *adj* (*not fresh*) fade, schal; *beer, lemonade* abgestanden; *air* muffig; *bread* altbacken
stalk[1] [stɔːk] *n* (*stem*) Stiel *m*
stalk[2] [stɔːk] **I.** *tr verb* ❶ (*hunt*) jagen; **to go ~ing** auf die Pirsch gehen ❷ (*harass*) **to ~ sb** jdm nachstellen **II.** *intr verb* **to ~ by** vorbeistolzieren **III.** *n* ❶ (*pursuit*) Pirsch *f* ❷ (*gait*) Stolzieren *nt*
stall [stɔːl] **I.** *n* ❶ (*for selling*) [Verkaufs]stand *m* ❷ (*for an animal*) Stall *m,* Verschlag *m* ❸ AM (*for parking*) [markierter] Parkplatz ❹ (*for racehorse*) Box *f* **II.** *intr verb* ❶ (*stop running*) *car, engine* stehen bleiben ❷ (*come to standstill*) zum Stillstand kommen

③ (*fam: delay*) zögern **III.** *tr verb* ① *a car, an engine* abwürgen ② (*delay*) aufhalten, verzögern

stall holder *n* BRIT Markthändler(in) *m(f)*

stamina ['stæmɪnə] *n no pl* Durchhaltevermögen *nt,* Ausdauer *f*

stammer ['stæməʳ] **I.** *n* Stottern *nt;* **to have a ~** stottern **II.** *intr verb* stottern

stamp [stæmp] **I.** *n* ① (*implement, mark*) Stempel *m;* **~ of approval** Genehmigungsstempel *m* ② (*adhesive*) [**postage**] **~** Briefmarke *f;* **~ album** Briefmarkenalbum *nt* ③ (*step*) Stampfer *m fam* **II.** *tr verb* ① (*mark*) [ab]stempeln ② (*affix postage to*) **to ~ a letter** einen Brief frankieren ③ (*crush*) zertreten ④ (*stomp*) **to ~ one's foot** mit dem Fuß aufstampfen **III.** *intr verb* ① (*step*) stampfen; **to ~ [up]on sth** auf etw *Akk* treten ② (*walk*) stampfen, stapfen

stampede [stæm'piːd] **I.** *n* ① *of animals* wilde Flucht ② *of people* [Menschen]auflauf *m* **II.** *intr verb animals* durchgehen; *people* irgendwohin stürzen

stance [stɑːn(t)s] *n* ① (*posture*) Haltung *f kein Pl* ② (*attitude*) Standpunkt *m*

stand [stænd] **I.** *n* ① (*physical position*) Stellung *f* ② (*position on an issue*) Einstellung *f* (**on** zu); **to make a ~ against sth** sich gegen etw auflehnen ③ *usu pl* (*in stadium*) [Zuschauer]tribüne *f* ④ (*support*) Ständer *m* ⑤ (*stall*) [Verkaufs]stand *m* **II.** *intr verb* <stood, stood> ① (*be upright*) stehen; **to ~ clear** aus dem Weg gehen, beiseitetreten; **to ~ tall** gerade stehen; **to ~ still** stillstehen; **to ~ in sb's way** jdm im Weg stehen ② FOOD (*remain untouched*) stehen ③ + *adj* (*be in a specified state*) stehen; **I never know where I ~ with my boss** ich weiß nie, woran ich bei meinem Chef bin; **to ~ alone** beispiellos sein ④ (*remain valid*) gelten; **does that still ~?** ist das noch gültig? ⑤ BRIT, AUS (*be a candidate for office*) **to ~ for sth** für etw kandidieren **III.** *tr verb* <stood, stood> ① (*place upright*) **to ~ sth somewhere** etw irgendwohin hinstellen ② (*refuse to be moved*) **to ~ one's ground** wie angewurzelt stehen bleiben ③ (*bear*) **to ~ sth** etw ertragen [*o fam* aushalten] ④ (*fam*) **to ~ a chance of doing sth** gute Aussichten haben, etw zu tun ◆**stand about, stand around** *intr verb* herumstehen ◆**stand aside** *intr verb* ① (*move aside*) zur Seite treten ② (*not get involved*) **to ~ aside [from sth]** sich [aus etw] heraushalten ③ (*resign*) zurücktreten ◆**stand back** *intr verb* zurücktreten; **to ~ back from sth** (*fig: take detached view*) etw aus der Distanz betrachten; (*be located away from*) sich abseits einer S. *Gen* befinden ◆**stand by** *intr verb* ① (*observe*) dabeistehen, zugucken *fam* ② (*be ready*) bereitstehen ③ (*support*) **to ~ by sb** zu jdm stehen ◆**stand down** *intr verb* ① BRIT, AUS (*resign*) zurücktreten ② (*relax*) entspannen ◆**stand for** *intr verb* ① (*tolerate*) **to not ~ for sth** sich *Dat* etw nicht gefallen lassen ② (*represent*) **to ~ for sth** für etw stehen ◆**stand in** *intr verb* **to ~ in for sb** für jdn einspringen ◆**stand out** *intr verb* hervorragen; **to ~ out in a crowd** sich von der Menge abheben ◆**stand over** *intr verb* ① (*supervise*) **to ~ over sb** jdm auf die Finger schauen *fam* ② LAW (*adjourn*) aufgeschoben werden ◆**stand up** *intr verb* ① (*rise*) aufstehen; (*be standing*) stehen ② (*endure*) **to ~ up [to sth]** [einer S. *Dat*] standhalten ③ (*confront*) **to ~ up to sb** sich jdm widersetzen

standard ['stændəd] **I.** *n* ① (*level of quality*) Standard *m,* Qualitätsstufe *f;* **to raise ~s** das Niveau heben ② (*criterion*) Gradmesser *m,* Richtlinie *f* ③ (*principles*) **~s** Wertvorstellungen *Pl* **II.** *adj* ① (*customary*) Standard- ② (*average*) durchschnittlich ③ (*authoritative*) **~ book** Standardwerk *m* ④ AM (*manual*) **~ transmission** Standardgetriebe *nt*

standardize ['stændədaɪz] **I.** *tr verb* ① (*make conform*) standardisieren ② (*compare*) vereinheitlichen **II.** *intr verb* **to ~ on sth** etw zum Vorbild nehmen

standard lamp *n* BRIT, AUS Stehlampe *f*

standby <*pl* -s> ['stæn(d)baɪ] **I.** *n* ① *no pl* (*readiness*) **on ~** in Bereitschaft; **~ mode** Stand-by-Betrieb *m* ② (*backup*) Reserve *f* ③ (*plane ticket*) Stand-by-Ticket *nt* ④ (*traveller*) Fluggast *m* mit Stand-by-Ticket **II.** *adj attr* Ersatz-

stand-in *n* Vertretung *f;* FILM, THEAT Ersatz *m*

standing ['stændɪŋ] **I.** *n no pl* Status *m,* Ansehen *nt* **II.** *adj attr* ① (*upright*) [aufrecht] stehend ② (*permanent*) ständig ③ (*stationary*) stehend

stand-offish [-'ɒfɪʃ] *adj* (*pej fam*) kühl, reserviert

standpoint *n* Standpunkt *m;* **depending on your ~, ...** je nachdem, wie man es betrachtet, ...

standstill *n no pl* Stillstand *m;* **to be at a ~** zum Erliegen kommen

stand-up *adj attr* **~ comedian** Alleinunterhalter(in) *m(f)*

stank [stæŋk] *pt of* **stink**

staple[1] ['steɪpl̩] **I.** *n* ① (*for paper*) Heftklammer *f* ② (*not for paper*) Krampe *f* **II.** *tr verb* heften; **to ~ sth together** etw zusammenheften

staple[2] ['steɪpl̩] **I.** *n* ① (*main component*) Grundstock *m;* FOOD Grundnahrungsmittel *nt* ② ECON Hauptprodukt *nt* **II.** *adj attr* Haupt-; **~ foods** Grundnahrungsmittel *Pl*

stapler ['steɪpləʳ] *n* Hefter *m,* Tacker *m fam*

star [stɑːʳ] **I.** *n* ① (*symbol*) *a.* ASTRON Stern *m* ② (*asterisk*) Sternchen *nt* ③ (*performer*) Star *m* **II.** *intr verb* <-rr-> THEAT, FILM **to ~ in a film/play** in einem Film/Theaterstück die Hauptrolle spielen **III.** *adj attr* Star-; **Natalie is the ~ student in this year's ballet class** Natalie ist die beste Schülerin der diesjährigen Ballettklasse

starboard ['stɑːbəd] *n* NAUT Steuerbord *nt kein Pl*

starch [stɑːtʃ] **I.** *n no pl* Stärke *f* **II.** *tr verb* **to ~ a collar** einen Kragen stärken

starchy ['stɑːtʃi] *adj* ① FOOD stärkehaltig ② FASHION gestärkt

stardom ['stɑːdəm] *n no pl* Leben *nt* als Star

stare [steəʳ] **I.** *n* Starren *nt;* **she gave him a long ~** sie starrte ihn unverwandt an; **accusing ~** vorwurfsvoller Blick **II.** *intr verb* ① (*look at*) starren; **to ~ at sb/sth** jdn/etw anstarren ② (*eyes wide open*) große Augen machen **III.** *tr verb* (*look at*) **to ~ sb in the eye** jdn anstarren

staring ['steərɪŋ] *adj eyes* starrend

stark [stɑːk] **I.** *adj* ① (*bare*) *landscape* karg; (*austere*) schlicht ② (*obvious*) krass; **~ reality** die harte Realität ③ *attr* (*sheer*) total **II.** *adv* **~ naked** splitterfasernackt *fam*

starkers ['stɑːkəz] *adj pred* BRIT, AUS (*fam*) im Adams-/Evaskostüm *hum,* nackert ÖSTERR

starry-eyed *adj idealist* blauäugig, verzückt; *lover* hingerissen

star-studded *adj* ① ASTRON mit Sternen übersät ② FILM, THEAT (*fam*) mit Stars besetzt; **~ cast** Starbesetzung *f*

start [stɑːt] **I.** *n usu sing* ① (*beginning*) Anfang *m,* Beginn *m;* **to make a ~ on sth** mit etw anfangen; **from the ~** von Anfang an; **from ~ to finish** von Anfang bis Ende ② (*foundation*) *of a company* Gründung *f* ③ SPORTS (*beginning place*) Start *m* ④ (*sudden movement*) Zucken *nt;* **to give a ~** zusammenzucken **II.** *intr verb* ① (*begin*) anfangen, beginnen; **don't you ~!** jetzt fang du nicht auch noch an! *fam;* **to ~ afresh** von neuem beginnen; **to ~ to do sth** anfangen[,] etw zu tun ② (*fam: begin harassing, attacking*) **to ~ on sb** sich *Dat* jdn vornehmen *fam* ③ (*begin to operate*) *vehicle, motor* anspringen **III.** *tr verb* ① (*begin*) **to ~ [doing] sth** anfangen[,] etw zu tun; **he ~ed work at 16** mit 16 begann er zu arbeiten ② (*set in motion*) **to ~ sth** etw ins Leben rufen; **to ~ a fight** Streit anfangen ③ MECH einschalten; **to ~ a car** ein Auto starten ◆**start back** *intr verb* ① (*jump back*) zurückschrecken ② (*return*) sich auf den Rückweg machen ◆**start off** **I.** *intr verb* ① (*begin activity*) anfangen, beginnen ② (*embark*) losfahren; **they ~ed off in New Orleans** sie starteten in New Orleans **II.** *tr verb* **to ~ sth** ↻ **off** etw beginnen ◆**start out** *intr verb* ① (*begin*) anfangen, beginnen ② (*embark*) aufbrechen ◆**start up** **I.** *tr verb* ① (*organize*) **to ~ up a business** ein Unternehmen gründen ② MECH **to ~ up a motor** einen Motor anlassen **II.** *intr verb* ① (*occur*) beginnen ② (*begin running*) *motorized vehicle* anspringen

starter ['stɑːtəʳ] *n* ① *esp* BRIT FOOD (*fam*) Vorspeise *f* ② MECH Anlasser *m*

starter PC *n* Computer *m* für Anfänger

starting ['stɑːtɪŋ] *adj attr* SPORTS Start-

startle ['stɑːtl̩] *tr verb* erschrecken; **the noise ~d the birds** der Lärm schreckte die Vögel auf

startling ['stɑːtl̩ɪŋ] *adj* (*surprising*) überraschend; (*alarming*) erschreckend

start-up *n* ① COMM [Neu]gründung *f;* (*company*) Start-up[-Unternehmen] *nt* ② MECH Start *m,* Inbetriebnahme *f* ③ COMPUT Hochfahren *nt kein Pl*

starvation [stɑːˈveɪʃən] *n no pl* ① (*death from hunger*) Hungertod *m;* **to die of ~** verhungern ② (*serious malnutrition*) Unterernährung *f*

starve [stɑːv] **I.** *intr verb* ① (*die of hunger*) verhungern; (*suffer from hunger*) hungern ② (*fam: be very hungry*) **to be starving** ausgehungert sein **II.** *tr verb* ① (*deprive of food*) aushungern; **to ~ oneself to death** sich zu Tode hungern ② *usu passive* (*fig: deprive*) **to be ~d of sth** um etw gebracht werden

stash [stæʃ] **I.** *n* <*pl* -es> (*cache*) [geheimes] Lager, Vorrat *m* **II.** *tr verb* (*fam*) verstecken; *money* bunkern

state [steɪt] **I.** *n* ① (*existing condition*) Zustand *m* ② (*physical condition*) körperliche Verfassung; **~ of exhaustion/fatigue** Erschöpfungs-/Ermüdungszustand *m* ③ PSYCH (*frame of mind*) Gemütszustand *m;* **unconscious ~** Bewusstlosigkeit *f;* **to be in a ~** mit den Nerven fertig sein; **to be in a fit ~ to do sth** in der Lage sein, etw zu tun ④ (*nation*) Staat *m* ⑤ (*unit within nation: USA*) [Bundes]staat *m;* (*Germany*) Land *nt* ⑥ (*civil government*) Staat *m* **II.** *adj attr* ① (*pertaining to a nation*) staatlich, Staats- ② (*pertaining to civil government*) Regierungs-; **~ secret** (*a. fig*) Staatsgeheimnis *nt;* **~ subsidy** [staatliche] Subvention **III.** *tr verb* ① (*express*) aussprechen, äußern; **to ~ one's case** seine Sache vortragen; **to ~ one's objections** seine Einwände vorbringen; **to ~ the source** die Quelle angeben; **to ~ that ...** erklären, dass ... ② (*specify, fix*) nennen, angeben

State Department *n no pl, + sing/pl verb* AM **the ~** das US-Außenministerium

state education *n no pl* staatliches Bildungswesen

stateless ['steɪtləs] *adj* staatenlos; **~ person** Staatenlose(r) *f(m)*

statement ['steɪtmənt] *n* ① (*act of expressing sth*) Äußerung *f,* Erklärung *f* ② (*formal declaration*) Stellungnahme *f;* **to make a ~ to the press** eine Presseerklärung abgeben ③ LAW Aussage *f* ④ (*bank statement*) [Konto]auszug *m*

state of the art *adj pred,* **state-of-the-art** *adj attr* auf dem neuesten Stand der Technik *nachgestellt,* hoch entwickelt, hochmodern

station ['steɪʃən] **I.** *n* ① RAIL Bahnhof *m;* **subway ~** AM, **tube ~** BRIT U-Bahn-Haltestelle *f* ② (*for designated purpose*) -station *f;* **petrol** BRIT [*or* AM **gas**] **~** Tankstelle *f;* **police ~** Polizeiwache *f* ③ (*broadcasting station*) Sender *m;* **radio ~** Radiosender; **TV ~** Fernsehsender **II.** *tr verb* postieren, aufstellen; *soldiers, troops* stationieren

stationary ['steɪʃənəri] *adj* (*not moving*) ruhend; **we were ~ at a set of traffic lights** wir standen an einer Ampel

stationery ['steɪʃənəri] *n no pl* Schreibwaren *Pl;* (*writing paper*) Schreibpapier *nt*

station wagon *n* AM, AUS Kombi[wagen] *m*

statistics [stəˈtɪstɪks] *npl* Statistik *f*

statue ['stætʃuː] *n* Statue *f,* Standbild *nt*

Statue of Liberty *n* **the ~** die Freiheitsstatue

status ['steɪtəs] *n no pl* Status *m;* (*prestige a.*) Prestige *nt;* **legal ~** Rechtsposition *f*

stay [steɪ] **I.** *n* (*act of remaining*) Aufenthalt *m;* **overnight ~** Übernachtung *f* **II.** *intr verb* ① (*remain*) bleiben; **to ~ in touch** in Verbindung bleiben; **to ~ tuned** RADIO, TV am Apparat bleiben ② (*reside*) wohnen; **to ~ overnight** übernachten ◆**stay away** *intr verb* wegbleiben, fernbleiben; **to ~ away from sb/sth** jdn/etw meiden ◆**stay behind** *intr verb* [noch] [da]bleiben ◆**stay down** *intr verb* ① *food* im Magen bleiben ② (*remain lowered*) unten bleiben ③ SCHOOL sitzen bleiben ◆**stay in** *intr verb* zu Hause bleiben ◆**stay on** *intr verb* ① (*remain longer*) [noch] bleiben ② (*remain in place*) *lid, top* halten; *sticker* haften ③ (*remain in operation*) *light* an bleiben; *device* eingeschaltet bleiben ◆**stay out** *intr verb* ① (*not come home*) ausbleiben, wegbleiben ② (*continue a strike*) weiter streiken ③ (*not become involved*) **to ~ out of trouble** sich *Dat* Ärger vom Hals halten *fam* ◆**stay up** *intr verb* ① aufbleiben, wach bleiben ② *tent* stehen bleiben; *poster* hängen bleiben; **his socks won't ~ up** seine Socken rutschen ständig

staying power ['steɪɪŋ-] *n no pl* ① (*physical stamina*) Ausdauer *f* ② (*mental stamina*) Durchsetzungsvermögen *nt*

STD [ˌestiː'diː] *n* MED *abbrev of* **sexually transmitted disease** Geschlechtskrankheit *f*

steady ['stedi] **I.** *adj* ① (*stable*) fest, stabil ② (*regular*) kontinuierlich, gleich bleibend; *breathing, flow* regelmäßig; *rain* anhaltend; *speed* konstant ③ (*not wavering*) fest; **~ hand** ruhige Hand ④ (*regular*) regelmäßig; **~ boyfriend/girlfriend** fester Freund/feste Freundin **II.** *tr verb* <-ie-> ① (*stabilize*) stabilisieren; **to ~ oneself** Halt finden ② (*make calm*) **to ~ one's aim** sein Ziel fixieren; **to ~ one's nerves** seine Nerven beruhigen **III.** *adv* (*still*) **to hold sth ~** etw festhalten

steak [steɪk] *n* ① *no pl* (*superior cut of beef*) *zum Kurzbraten geeignetes Stück vom Rind;* **rump ~** Rumpsteak *nt* ② *no pl* (*poorer-quality beef*) Rindfleisch *nt;* **braising ~** Schmorfleisch *nt*

steal [stiːl] **I.** *n esp* AM (*fam*) Schnäppchen *nt* **II.** *tr verb* <stole, stolen> ① (*take illegally*) stehlen, klauen *fam* ② (*do surreptitiously*) **she stole a glance at her watch** sie lugte heimlich auf ihre Armbanduhr **III.** *intr verb* <stole, stolen> ① (*take things illegally*) stehlen ② (*move surreptitiously*) sich wegstehlen; **he stole out of the room** er stahl sich aus dem Zimmer

steam [stiːm] **I.** *n no pl* Dampf *m* **II.** *intr, tr verb* dampfen; **to ~ open a letter** einen Brief über Wasserdampf öffnen ◆**steam up I.** *intr verb mirror, window* beschlagen **II.** *tr verb* **the windows are ~ed up** die Fenster sind beschlagen

steam cleaner *n* Dampfreiniger *m*

steamer ['stiːməʳ] *n* ① (*boat*) Dampfer *m* ② FOOD Dünster *m*

steamy ['stiːmi] *adj* ① (*full of steam*) dampfig ② (*fam: torrid, sexy*) heiß, scharf; *love scene, novel a.* prickelnd

steel [stiːl] **I.** *n no pl* Stahl *m* **II.** *tr verb* **to ~ oneself** [**to do sth**] all seinen Mut zusammennehmen[, um etw zu tun]

steep[1] [stiːp] *adj* ① (*sharply sloping*) steil; *slope* abschüssig ② (*dramatic*) drastisch, dramatisch

steep[2] [stiːp] *tr verb* ① (*soak in liquid*) tränken ② *usu passive* (*imbue*) **to be ~ed in sth** von etw durchdrungen sein; **~ed in history** geschichtsträchtig

steeple ['stiːpl̩] *n* ARCHIT (*spire*) Turmspitze *f; of a church* Kirchturm *m*

steer [stɪəʳ] **I.** *n* ZOOL junger Ochse **II.** *tr verb* ① (*direct*) steuern ② (*follow*) **to ~ a course** einen Kurs einschlagen **III.** *intr verb* steuern, lenken; *vehicle* sich lenken lassen

steering wheel *n* Steuerrad *nt,* Lenkrad

stein [staɪn] *n* Bierkrug *m,* Stein *m*

stem [stem] **I.** *n of a tree, a bush* Stamm *m; of a leaf, a flower* Stiel *m,* Stängel *m; of a glass* [Glas]stiel *m* **II.** *tr verb* <-mm-> eindämmen, aufhalten; **to ~ the flow of blood** die Blutung stillen **III.** *intr verb* <-mm-> (*be traced back*) **to ~ back to sth** sich zurückverfolgen lassen; **to ~ from sb/sth** auf jdn/etw zurückzuführen sein

step[1] [step] **I.** *n* ① (*foot movement*) Schritt *m;* **to be/walk in ~** im Gleichschritt sein/laufen ② *no pl* (*manner of walking*) Gang *m* ③ (*dance movement*) [Tanz]schritt *m* ④ (*stair*) Stufe *f;* **a flight of ~s** eine Treppe ⑤ (*fig*) Schritt *m;* **one ~ at a time** eins nach dem anderen; **to take drastic ~s** zu drastischen Mitteln greifen **II.** *intr verb* <-pp-> (*tread*) treten; (*walk*) gehen; **to ~ over sth** über etw *Akk* steigen; **to ~ on sb's foot** jdm auf den Fuß treten ◆**step aside** *intr verb* zur Seite treten, Platz machen ◆**step back** *intr verb* ① (*move back*) zurücktreten ② (*fig*) Abstand nehmen ◆**step down** *intr verb* ① (*resign*) zurücktreten, sein Amt niederlegen ② LAW *witness* den Zeugenstand verlassen ◆**step in** *intr verb* ① (*enter building*) eintreten; (*enter vehicle*) einsteigen ② (*intervene*) eingreifen, einschreiten ◆**step out** *intr verb* ① (*leave temporarily*) [kurz] weggehen ② (*walk vigorously*) ausschreiten ◆**step up** *tr verb*

S

verstärken; **the pace of the reforms is being ~ped up** die Reformen werden jetzt beschleunigt

step² [step] *n no pl short for* **step aerobics** SPORTS Stepaerobic *nt*

stepbrother *n* Stiefbruder *m* **stepchild** *n* Stiefkind *nt* **stepdaughter** *n* Stieftochter *f* **stepfather** *n* Stiefvater *m*

stepladder *n* Stehleiter *f,* Trittleiter *f*

stepmother *n* Stiefmutter *f*

stepper [stepəʳ] *n* SPORTS Stepper *m*

stepping stone *n* ❶ (*stone*) [Tritt]-stein *m* ❷ (*fig: intermediate stage*) Sprungbrett *nt*

stepson *n* Stiefsohn *m*

stereo <*pl* -os> ['steriəʊ] *n* ❶ *no pl* (*transmission*) Stereo *nt* ❷ (*fam: unit*) Stereoanlage *f*

stereotype ['steriə(ʊ)taɪp] **I.** *n* Stereotyp *nt* **II.** *tr verb* **to ~ sb/sth** jdn/etw in ein Klischee zwängen

sterile [steraɪl] *adj* ❶ MED (*unable to reproduce*) unfruchtbar, steril; (*free from bacteria*) steril, keimfrei ❷ AGR *soil* unfruchtbar

sterilize ['stərəlaɪz] *tr verb* MED ❶ *usu passive* (*make infertile*) sterilisieren ❷ (*disinfect*) desinfizieren; **to ~ water** Wasser abkochen

sterling ['stɜːlɪŋ] **I.** *n no pl* ❶ FIN Sterling *m,* [britisches] Pfund ❷ (*metal*) Sterlingsilber *nt* **II.** *adj* (*approv*) gediegen, meisterhaft; **to make a ~ effort** beachtliche Anstrengungen unternehmen

stern¹ [stɜːn] *adj* (*severe*) ernst; (*strict*) streng, unnachgiebig; **a ~ warning** eine eindringliche Warnung

stern² [stɜːn] *n* NAUT Heck *nt*

S

Stetson® ['stetsən] *n* FASHION Stetson *m fachspr,* Cowboyhut *m*

stew [stjuː] **I.** *n* Eintopf *m* **II.** *tr verb meat* schmoren; **to ~ plums** Pflaumenkompott kochen **III.** *intr verb* ❶ (*simmer*) *meat* [vor sich *Dat* hin] schmoren ❷ (*fam: be upset*) schmollen

stewed [stjuːd] *adj* ❶ (*cooked by stewing*) **~ apples** Apfelkompott *nt;* **~ meat** geschmortes Fleisch ❷ *esp* AM (*fam: drunk*) besoffen

stick¹ [stɪk] *n* ❶ (*small branch*) Zweig *m;* (*piece of wood*) Stock *m* ❷ (*severe criticism*) **to get ~** herbe Kritik einstecken müssen; **to give sb ~** jdn heruntermachen ❸ (*a piece of sth*) **carrot ~s** lange Mohrrübenstücke; **a ~ of chewing gum** ein Stück Kaugummi ❹ (*used in a certain function*) Stock *m;* **hockey/polo ~** Hockey-/Poloschläger *m*

stick² <stuck, stuck> [stɪk] **I.** *intr verb* ❶ (*fix by adhesion*) kleben; (*be fixed*) zugeklebt bleiben ❷ (*be unable to move*) feststecken; *door, window, gear* klemmen; **help me up, I'm stuck!** hilf mir mal, ich stecke fest! ❸ (*fig: be unable to continue*) **to be stuck** nicht weiter wissen ❹ (*persevere*) **to ~ at sth** an etw *Dat* dranbleiben ❺ (*keep within limits*) **to ~ to one's budget** sich an sein Budget halten; **to ~ to a diet** eine Diät einhalten ▶ **to ~ to one's guns** nicht lockerlassen **II.** *tr verb* ❶ (*affix*) kleben (**to** an) ❷ (*fam: put*) **~ your things wherever you like** stellen Sie Ihre Sachen irgendwo ab; **to ~ one's head around the door** seinen Kopf durch die Tür stecken ◆**stick around** *intr verb* (*fam*) dableiben ◆**stick down** *tr verb* festkleben ◆**stick in** *intr verb* **to get stuck in** BRIT (*fam: start*) anfangen; (*start eating*) [mit dem Essen] anfangen ◆**stick out** **I.** *tr verb* ❶ (*make protrude*) **to ~ out one's hand** die Hand ausstrecken; **to ~ one's tongue out** die Zunge herausstrecken ❷ (*endure*) **to ~ it out** es [bis zum Ende] durchhalten **II.** *intr verb* (*protrude*) [her]vorstehen; *hair, ears* abstehen; *nail* herausstehen ◆**stick together** **I.** *tr verb* zusammenkleben **II.** *intr verb* ❶ (*adhere*) zusammenkleben ❷ (*fig: remain loyal*) zusammenhalten ◆**stick up** **I.** *tr verb* (*fam*) ❶ (*attach*) **to ~ up a notice** einen Aushang machen ❷ (*raise*) **if you have a question, ~ your hand up** meldet euch, wenn ihr eine Frage habt **II.** *intr verb* ❶ (*protrude*) hochragen, emporragen ❷ (*stand on end*) abstehen ❸ **to ~ up for sb** (*defend*) sich für jdn einsetzen; (*support*) jdn unterstützen

sticker ['stɪkəʳ] *n* Aufkleber *m;* **price ~** Preisschild[chen] *nt*

sticking plaster *n* BRIT [Heft]pflaster *nt*

stick-on *adj attr* Klebe-

sticky ['stɪki] *adj* ❶ (*texture*) klebrig ❷ (*sweaty*) *person* verschwitzt; *weather* schwül; *air* stickig ❸ (*fig: difficult*) *question, situation* heikel

stiff [stɪf] **I.** *adj* ① (*rigid*) steif (**with** vor) ② (*dense*) *paste* dick; *mixture, dough* fest ③ *manner* steif; (*forced*) *smile* gezwungen; **to keep a ~ upper lip** Haltung bewahren ④ (*strong*) *opposition* stark; *breeze* steif; *criticism* herb **II.** *adv* **to be scared ~** zu Tode erschrocken sein

stiffen ['stɪfᵊn] **I.** *intr verb* ① (*tense up*) sich versteifen; *muscles* sich verspannen; (*with fear, fright*) erstarren ② FOOD *cream, egg whites* steif werden ③ (*become stronger*) stärker werden **II.** *tr verb* ① (*make rigid*) versteifen ② (*make more severe*) **to ~ a penalty/the rules** eine Strafe/die Regeln verschärfen ③ (*strengthen*) [ver]stärken

stifle ['staɪfl̩] **I.** *intr verb* ersticken **II.** *tr verb* ① (*smother*) ersticken ② (*fig: suppress*) unterdrücken

stifling ['staɪfl̩ɪŋ] *adj fumes, smoke* erstickend; *heat, humidity* drückend

still¹ [stɪl] **I.** *n* ① *no pl* (*peace*) Stille *f* ② *usu pl* (*photo*) Standfoto *nt* **II.** *adj* ① (*peaceful*) ruhig, friedlich ② (*motionless*) reglos, bewegungslos; **to keep ~** still halten; **to sit/stand ~** still sitzen/stehen ③ (*not fizzy*) ohne Kohlensäure *nachgestellt*

still² [stɪl] *adv* ① (*continuing situation*) [immer] noch, noch immer; (*in future as in past*) nach wie vor ② (*nevertheless*) trotzdem; **..., but he's ~ your brother** ..., er ist immer noch dein Bruder ③ (*greater degree*) noch; **better ~** noch besser; **worse ~** noch schlimmer

stillbirth *n* Totgeburt *f* **stillborn** *adj* tot geboren

stilted ['stɪltɪd] *adj* (*pej: stiff and formal*) *way of talking* gestelzt; (*not natural*) *behaviour* unnatürlich, gespreizt

stimulate ['stɪmjəleɪt] *tr verb* ① (*encourage*) beleben, ankurbeln ② (*excite*) **to ~ sb/sth** jdn/etw stimulieren/anregen

stimulus <*pl* -li> ['stɪmjələs, *pl* -laɪ] *n* ① (*economic boost*) Anreiz *m*, Stimulus *m geh* ② (*motivation*) Ansporn *m kein Pl*

sting [stɪŋ] **I.** *n* ① BIOL *of a bee* Stachel *m; of a jellyfish* Brennfaden *m* ② (*wound*) Stich *m; of a jellyfish* Brennen *nt* ③ *no pl* (*from antiseptic, ointment*) Brennen *nt* **II.** *intr verb* <stung, stung> *bee* stechen; *disinfectant, sunburn* brennen; *wound, cut* schmerzen **III.** *tr verb* <stung, stung> ① (*wound*) *insect* stechen; (*jellyfish*) brennen ② (*cause pain*) brennen

stinging nettle *n* Brennnessel *f*

stingy ['stɪndʒi] *adj* (*fam*) geizig, knaus[e]rig *pej fam;* **to be ~ with money** mit Geld knausern

stink [stɪŋk] **I.** *n usu sing* (*smell*) Gestank *m* **II.** *intr verb* <stank *or* stunk, stunk> ① (*smell bad*) stinken; **to ~ of sth** nach etw stinken ② (*fig fam: be bad*) **his acting ~s** er ist ein miserabler Schauspieler

stinker ['stɪŋkəʳ] *n* ① (*pej fam: person*) **what a ~ that man is!** was ist er nur für ein Ekel! ② (*fam: sth difficult*) harter Brocken

stipulate ['stɪpjəleɪt] *tr verb* (*person*) verlangen; (*contract*) festlegen; (*law, legislation*) vorschreiben

stipulation [ˌstɪpjə'leɪʃᵊn] *n* Auflage *f*, Bedingung *f;* (*in contract*) Klausel *f*

stir [stɜːʳ] **I.** *n usu sing* ① (*with spoon*) [Um]rühren *nt* ② (*physical movement*) Bewegung *f;* (*of emotion*) Erregung *f* ③ (*excitement*) Aufruhr *f;* **to cause a ~** Aufsehen erregen **II.** *tr verb* <-rr-> ① (*mix*) rühren; **to ~ sth into sth** etw in etw *Akk* [hin]einrühren ② (*physically move*) rühren, bewegen ③ (*awaken, arouse*) **to ~ sb from a dream** jdn aus einem Traum reißen; **to ~ emotions** Emotionen aufwühlen **III.** *intr verb* <-rr-> ① (*mix*) rühren ② (*move*) sich regen; *person a.* sich rühren ③ (*awaken*) wach werden ④ BRIT, AUS (*cause trouble*) Unruhe stiften

stir-fry **I.** *n* Chinapfanne *f* **II.** *intr verb, vt* <-ie-> kurz anbraten

stirring ['stɜːrɪŋ] **I.** *n* Regung *f* **II.** *adj appeal, song, speech* bewegend, aufwühlend

stitch [stɪtʃ] **I.** *n* <*pl* -es> ① (*in sewing*) Stich *m;* (*in knitting, crocheting*) Masche *f* ② (*method*) Stichart *f;* **blanket/cross ~** Langetten-/Kreuzstich *m* ③ (*for a wound*) Stich *m;* **to have one's ~es taken out** die Fäden gezogen bekommen ④ (*pain*) Seitenstechen *nt kein Pl;* **to be in ~es** (*fig*) sich schieflachen **II.** *intr verb* sticken; (*sew*) nähen **III.** *tr verb* nähen

S

stock[1] [stɒk] *n no pl* FOOD Brühe *f;* **fish** ~ Fischfond *m*

stock[2] [stɒk] **I.** *n* ❶ (*reserves*) Vorrat *m* (**of** an); **housing** ~ Bestand *m* an Wohnhäusern; **a ~ of knowledge** (*fig*) ein Wissensschatz *m* ❷ *no pl* (*inventory*) Bestand *m;* **to be in/out of** ~ vorrätig/nicht vorrätig sein; **to take** ~ Inventur machen ❸ **~s** *pl* (*shares in a company*) Aktien *Pl;* **~ and shares** Wertpapiere *Pl* **II.** *adj attr* ❶ (*in inventory*) Lager-, Vorrats- ❷ (*standard*) Standard- **III.** *tr verb* ❶ (*keep in supply*) **to ~ sth** etw führen ❷ (*fill up*) **to ~ the shelves** die Regale auffüllen

stockbroker *n* Börsenmakler(in) *m(f)*

stock exchange *n* Börse *f*

stocking ['stɒkɪŋ] *n* ❶ (*leg garment*) **~s** Strümpfe *Pl* ❷ (*hist: sock*) Strumpf *m*

stock market *n* [Wertpapier]börse *f*

stockpile I. *n* Vorrat *m;* **~ of weapons** Waffenlager *nt* **II.** *tr verb* **to ~ sth** Vorräte an etw *Dat* anlegen; **to ~ weapons** ein Waffenarsenal anlegen

stocky ['stɒki] *adj* stämmig, kräftig

stodgy ['stɒdʒi] *adj* ❶ *food* schwer [verdaulich], pampig *pej fam* ❷ (*dull*) langweilig, fad

stoke [stəʊk] *tr verb* schüren *a. fig*

stole[1] [stəʊl] *pt of* **steal**

stole[2] [stəʊl] *n* ❶ (*scarf*) Stola *f* ❷ (*priest's vestments*) [Priester]stola *f*

stolen ['stəʊlən] **I.** *tr verb pp of* **steal** **II.** *adj* ❶ (*by thief*) gestohlen; **~ goods** Diebesgut *nt* ❷ (*fig: quick and secret*) *glance, kiss* verstohlen

stomach ['stʌmək] **I.** *n* ❶ (*digestive organ*) Magen *m;* **to have a pain in one's ~** Magenschmerzen haben; **to have an upset ~** eine Magenverstimmung haben ❷ (*abdomen*) Bauch *m;* **to have a big/flat ~** einen dicken/flachen Bauch haben **II.** *adj cramp, operation* Magen-; **~ muscles** Bauchmuskeln *Pl* **III.** *tr verb* (*fam*) **to be hard to ~** schwer zu verkraften sein

stomach ache *n usu sing* Magenschmerzen *Pl* **stomach upset** *n* Magenverstimmung *f*

stone [stəʊn] **I.** *n* ❶ Stein *m* ❷ <*pl* -> BRIT (*14 lbs*) *britische Gewichtseinheit, die 6,35 kg entspricht* **II.** *adj attr floor, wall* Stein-; **~ statue** Statue *f* aus Stein **III.** *tr verb* ❶ (*throw stones at*) **to ~ sb [to death]** jdn steinigen ❷ (*remove pit*) *cherries, olives* entsteinen

Stone Age *n* **the ~** die Steinzeit

stone-cold I. *adj* eiskalt **II.** *adv* **to be ~ sober** stocknüchtern sein *fam*

stoned [stəʊnd] *adj* ❶ (*without pits*) *olives, cherries* entsteint ❷ (*sl: drugged*) high ❸ (*sl: drunk*) besoffen

stone dead *adj pred* mausetot *fam*

stone deaf *adj* stocktaub *fam*

stony ['stəʊni] *adj* ❶ (*with many stones*) *beach, ground* steinig ❷ (*fig: unfeeling*) *look, eyes, face* steinern

stood [stʊd] *pt, pp of* **stand**

stool [stu:l] *n* ❶ (*seat*) Hocker *m;* **kitchen ~** Küchenschemel *m;* **piano ~** Klavierstuhl *m* ❷ (*faeces*) Stuhl *m*

stoop[1] [stu:p] **I.** *n usu sing* krummer Rücken, Buckel *m* **II.** *intr verb* sich beugen; **to ~ down** sich bücken; **to ~ to sb's level** (*fig*) sich auf jds Niveau *nt* herablassen

stoop[2] [stu:p] *n* AM (*porch*) offene Veranda

stop [stɒp] **I.** *tr verb* <-pp-> ❶ (*stop from moving*) **to ~ sb/a car** jdn/ein Auto anhalten; **to ~ one's car** anhalten; **~ that man!** haltet den Mann! ❷ (*make cease*) stoppen, beenden; (*temporarily*) unterbrechen; **~ it!** hör auf [damit]!; **to ~ the bleeding** die Blutung stillen; **to ~ the clock** die Uhr anhalten ❸ (*cease an activity*) **to ~ sth** mit etw aufhören; **what time do you usually ~ work?** wann hören Sie normalerweise auf zu arbeiten? ❹ (*prevent*) **to ~ sb [from] doing sth** jdn davon abhalten, etw zu tun ❺ (*block*) **to ~ sth** etw verstopfen; *gap, hole, leak* etw [zu]stopfen **II.** *intr verb* <-pp-> ❶ (*cease moving*) *person* stehen bleiben; *car* [an]halten; **~!** halt!; **to ~ dead** abrupt innehalten ❷ (*cease, discontinue*) *machine* nicht mehr laufen; *clock, heart, watch* stehen bleiben; *rain* aufhören ❸ (*cease an activity*) aufhören; **she ~ped drinking** sie trinkt nicht mehr ❹ BRIT (*fam: stay*) bleiben; **to ~ at a hotel** in einem Hotel übernachten ❺ TRANSP *bus, train* halten **III.** *n* ❶ (*cessation of movement, activity*) Halt *m;* **to come to a ~** stehen bleiben; *car a.* anhalten; **to put a ~ to sth** einer S. *Dat* ein Ende setzen ❷ (*break*) Pause *f;* AVIAT Zwischenlandung *f* ❸ TRANSP Halte-

S

stelle *f* ◆**stop behind** *intr verb* (*fam*) noch bleiben ◆**stop by** *intr verb* (*fam*) vorbeischauen ◆**stop in** *intr verb* (*fam*) zuhause bleiben, daheimbleiben *bes* ÖSTERR, SCHWEIZ, SÜDD ◆**stop off** *intr verb* kurz bleiben, Halt machen; (*while travelling*) Zwischenstation machen ◆**stop out** *intr verb* BRIT (*fam*) wegbleiben ◆**stop over** *intr verb* ❶ (*while travelling*) Zwischenstation machen ❷ BRIT (*stay the night*) über Nacht bleiben ◆**stop up I.** *intr verb* BRIT (*fam: not go to bed*) aufbleiben **II.** *tr verb* **to ~ sth** ⊂ **up** etw verstopfen; **to ~ up a hole** ein Loch [zu]stopfen

stop-and-go *n no pl, no art* Stop-and-go-Verkehr *m*

stopover *n of a plane* Zwischenlandung *f; of a person* Zwischenstation *f;* (*length of break*) Zwischenaufenthalt *m*

stop sign *n* Stoppschild *nt*

stopwatch *n* Stoppuhr *f*

storage [ˈstɔːrɪdʒ] *n no pl of food, goods* Lagerung *f; of books* Aufbewahrung *f; of water, electricity* Speicherung *f;* COMPUT *of data* Speicherung *f*

storage space *n* ❶ *no pl* (*capacity*) Stauraum *m* ❷ (*in warehouse*) Lagerraum *m*

store [stɔːʳ] **I.** *n* ❶ (*supply*) Vorrat *m* (**of** an) ❷ *esp* AM, AUS (*any shop*) Laden *m; esp* BRIT (*large shop*) Geschäft *nt* ❸ (*warehouse*) Lager *nt;* **grain ~** Getreidespeicher *m* **II.** *tr verb* ❶ *information, electricity* [auf]speichern; *supplies* lagern ❷ COMPUT [ab]speichern

store card *n* Kunden[kredit]karte *f*

storehouse *n* AM (*warehouse*) Kaufhaus *nt,* Warenhaus *nt*

storey [ˈstɔːri] *n* Stockwerk *nt,* Stock *m,* Etage *f;* **a three-~[ed] house** ein dreistöckiges Haus

-storied [ˈstɔːrid] *adj* AM -stöckig

stork [stɔːk] *n* Storch *m*

storm [stɔːm] **I.** *n* ❶ (*strong wind*) Sturm *m;* (*with thunder*) Gewitter *nt* ❷ MIL (*a. fig*) Sturm *m* **II.** *intr verb* (*move fast*) stürmen, jagen; **to ~ off** davonstürmen **III.** *tr verb* stürmen

storm cloud *n* Gewitterwolke *f;* (*fig liter*) dunkle Wolken *Pl*

Stormont [ˈstɔːmɒnt] *n Stormont Castle in Belfast, Sitz des nordirischen Parlaments; gleichzeitig die Bezeichnung der nordirischen Regierung*

stormy [ˈstɔːmi] *adj* stürmisch

story[1] [ˈstɔːri] *n* ❶ (*tale*) Geschichte *f;* (*narrative*) Erzählung *f;* (*plot*) Handlung *f* ❷ (*rumour*) Gerücht *nt;* **the ~ goes that ...** man erzählt sich, dass ... ❸ (*version*) Fassung *f;* **sb's side of the ~** jds Version der Geschichte ❹ (*news report*) Beitrag *m;* (*in newspaper*) Artikel *m*

story[2] *n* AM *see* **storey**

stout[1] [staʊt] *n* Stout *m* (*dunkles Bier*)

stout[2] [staʊt] *adj* ❶ (*corpulent*) beleibt, korpulent *geh* ❷ (*thick and strong*) kräftig, stabil

stoutly [ˈstaʊtli] *adv* ❶ (*of person*) **~ built** stämmig gebaut ❷ (*strong*) stabil; **~ made boots** feste Stiefel

stove [stəʊv] *n* ❶ (*heater*) Ofen *m* ❷ *esp* AM, AUS (*for cooking*) Herd *m*

stowaway [ˈstəʊəˌweɪ] *n* blinder Passagier/blinde Passagierin

straggle [ˈstræɡl̩] *intr verb* ❶ (*move as a disorganized group*) umherstreifen ❷ *hair, beard* zottelig herunterhängen

straggler [ˈstræɡl̩əʳ] *n* Nachzügler(in) *m(f)*

straight [streɪt] **I.** *n* ❶ (*race track*) Gerade *f;* **in the home ~** in der Zielgeraden ❷ CARDS Sequenz *f* **II.** *adj* ❶ (*without curve*) gerade; *hair* glatt; **the picture isn't ~** das Bild hängt schief ❷ (*frank*) *advice, denial* offen, freimütig ❸ (*heterosexual*) heterosexuell, hetero *fam* ❹ (*clear, uncomplicated*) **~ answer** eindeutige Antwort; **~ A's in the exams** glatte Einsen in der Prüfung ❺ (*fam: serious*) ernst[haft]; **to keep a ~ face** ernst bleiben ❻ *pred* (*fam: quits*) **to be ~** quitt sein **III.** *adv* ❶ (*in a line*) gerade[aus]; **go ~ along this road** folgen Sie immer dieser Straße; **he drove ~ into the tree** er fuhr frontal gegen den Baum ❷ (*directly*) direkt *fam*

straightaway [ˌstreɪtəˈweɪ] *adv esp* BRIT sofort, auf der Stelle

straighten [ˈstreɪtᵊn] **I.** *tr verb* ❶ (*make straight, level*) gerade machen; **to ~ one's hair** sein Haar glätten ❷ (*arrange in place*) richten; **to ~ one's tie** seine Krawatte zurechtrücken **II.** *intr verb person* sich aufrichten; *road, river* gerade werden ◆**straighten out I.** *tr verb*

S

❶ (*make straight*) gerade machen; **to ~ out one's clothes** seine Kleider glatt streichen ❷ (*put right*) in Ordnung bringen; (*clarify*) klarstellen; **to ~ out a misunderstanding** ein Missverständnis aus der Welt schaffen **II.** *intr verb* gerade werden ◆**straighten up I.** *intr verb* ❶ (*stand upright*) sich aufrichten ❷ (*move straight*) *vehicle, ship* [wieder] geradeaus fahren; *aircraft* [wieder] geradeaus fliegen **II.** *tr verb* **to ~ up** ⊂ **sth** ❶ (*make level*) etw gerade machen ❷ (*tidy up*) etw aufräumen

straightforward [streɪt'fɔ:wəd] *adj* ❶ (*direct*) direkt ❷ (*honest*) *answer, person* ehrlich ❸ (*easy*) einfach, leicht

straight-out *adj esp* AM (*fam*) offen, unverblümt

strain¹ [streɪn] *n of a virus* Art *f*

strain² [streɪn] **I.** *n usu sing* ❶ *no pl* (*physical/emotional pressure*) Druck *m;* **to put a ~ on sth** einen Druck auf etw *Akk* ausüben ❷ (*pulled tendon, muscle*) Zerrung *f* **II.** *intr verb* ❶ (*pull*) ziehen; **the dog is ~ing at the leash** der Hund zerrt an der Leine ❷ (*try hard*) sich anstrengen **III.** *tr verb* **to ~ sth** ❶ (*pull*) an etw *Dat* ziehen; MED, SPORTS etw zerren ❷ (*overexert*) etw [stark] beanspruchen; **to ~ one's eyes** die Augen überanstrengen

strained [streɪnd] *adj* ❶ (*forced*) bemüht, angestrengt; **a ~ smile** ein gequältes Lächeln ❷ (*tense*) *relations* belastet, angespannt ❸ (*stressed*) abgespannt

strait [streɪt] *n* GEOG Meerenge *f*

S

strand¹ [strænd] **I.** *tr verb* **to ~ a boat** ein Boot auf Grund setzen **II.** *intr verb whale* stranden

strand² [strænd] *n* (*single thread*) Faden *m; of rope* Strang *m; of hair* Strähne *f*

stranded ['strændɪd] *adj* (*beached*) gestrandet; **to be ~** (*fig*) festsitzen; (*without money*) auf dem Trockenen sitzen *hum*

strange [streɪndʒ] *adj* ❶ (*peculiar, odd*) sonderbar, merkwürdig; (*unusual*) ungewöhnlich ❷ (*exceptional*) erstaunlich, bemerkenswert; **a ~ twist of fate** eine besondere Laune des Schicksals ❸ (*not known*) fremd, unbekannt

strangely ['streɪndʒli] *adv* ❶ (*oddly*) merkwürdig, sonderbar ❷ (*unexpectedly*) **she was ~ calm** sie war auffällig still; **~ enough** seltsamerweise

stranger ['streɪndʒəʳ] *n* Fremde(r) *f(m);* **she is a ~ to me** ich kenne sie nicht; **hello, ~!** (*fam*) hallo, lange nicht gesehen!

strangle ['stræŋgl̩] *tr verb* ❶ (*murder*) **to ~ sb** jdn erdrosseln ❷ (*fig: suppress*) **to ~ sth** etw unterdrücken

strap [stræp] **I.** *n* (*for fastening*) Riemen *m;* (*for safety*) Gurt *m;* (*for clothes*) Träger *m;* **watch ~** Uhrarmband *nt* **II.** *tr verb* <-pp-> ❶ (*fasten*) befestigen ❷ (*bandage*) bandagieren

strapless ['stræpləs] *adj* trägerlos

strapping ['stræpɪŋ] **I.** *n* (*bandage*) Bandage *f* **II.** *adj* (*hum fam*) kräftig, stämmig; **~ girl** dralles Mädchen; **~ lad** strammer Bursche

strategy ['strætədʒi] *n* Strategie *f*

stratified ['strætɪfaɪd] *adj* geschichtet, in Schichten aufgeteilt

straw [strɔ:] *n* ❶ *no pl* (*crop, fodder*) Stroh *nt* ❷ (*for drinking*) Strohhalm *m* ▶ **to be the final ~** das Fass zum Überlaufen bringen; **to draw the short ~** den Kürzeren ziehen

strawberry ['strɔ:bəri] *n* Erdbeere *f*

stray [streɪ] **I.** *intr verb* ❶ (*wander*) streunen; (*go astray*) sich verirren; **to ~ off course** vom Kurs abkommen ❷ (*fig: digress*) abweichen; *orator, thoughts* abschweifen **II.** *n* (*animal*) streunendes [Haus]tier **III.** *adj attr* ❶ *animal* streunend, herrenlos ❷ (*isolated*) vereinzelt; (*occasional*) gelegentlich; **a ~ lock of hair** eine widerspenstige Locke

streak [stri:k] **I.** *n* ❶ (*line*) Streifen *m;* (*mark of colour*) Spur *f;* (*on window*) Schliere *f* ❷ (*strip*) Strahl *m* ❸ (*character tendency*) [Charakter]zug *m,* Ader *f* **II.** *tr verb usu passive* **to be ~ed** gestreift sein **III.** *intr verb* ❶ (*move very fast*) flitzen *fam;* **to ~ across the street** über die Straße fegen ❷ (*fam: run naked in public*) flitzen

streaker ['stri:kəʳ] *n* (*fam*) Flitzer(in) *m(f)*

streaky ['stri:ki] *adj* streifig; *pattern* gestreift; **~ bacon** durchwachsener Speck

stream [stri:m] **I.** *n* ❶ (*small river*) Bach *m,* Flüsschen *nt* ❷ (*flow*) *of liquid* Strahl *m; of people* Strom *m* ❸ (*con-*

tinuous series) Flut *f;* **a ~ of abuse** eine Schimpfkanonade ④ (*current*) Strömung *f a. fig;* **the Gulf Stream** der Golfstrom ⑤ INET Livestream *m* **II.** *intr verb* ① (*flow*) *blood, tears* strömen; *water* fließen, rinnen ② (*move in numbers*) strömen

streamer ['stri:məʳ] *n* (*decoration*) *of ribbon* Band *nt; of paper* Luftschlange *f*

streaming [stri:mɪŋ] *n* INET Streaming *nt*

streamline ['stri:mlaɪn] *tr verb* **to ~ sth** ① (*shape aerodynamically*) etw stromlinienförmig [aus]formen ② (*fig: improve efficiency*) etw rationalisieren

streamlined ['stri:mlaɪnd] *adj* ① (*aerodynamic*) stromlinienförmig ② (*efficient*) rationalisiert

street [stri:t] *n* Straße *f;* **main/side ~** Haupt-/Seitenstraße *f;* **in the ~** auf der Straße; **to cross the ~** die Straße überqueren; **I live in** [*or* AM **on**] **King Street** ich wohne in der King Street

streetcar *n* AM (*tram*) Straßenbahn *f*

street cred[**ibility**] *n no pl* In-Sein *nt sl;* **that jacket won't do much for your ~** mit diesem Jackett bist du einfach nicht in **street light** *n* Straßenlicht *nt*

streetwise *adj* gewieft, raffiniert, ausgekocht

strength [streŋ(k)θ] *n* ① *no pl* (*power*) Kraft *f,* Stärke *f;* **brute ~** schiere Muskelkraft ② *no pl* (*health and vitality*) Robustheit *f;* **to gain ~** wieder zu Kräften kommen ③ (*potency*) *of tea* Stärke *f; of a drug* Konzentration *f; of a medicine* Wirksamkeit *f* ④ (*attribute*) *of a person* Stärke *f* ⑤ (*intensity*) Intensität *f; of a colour* Leuchtkraft *f; of belief* Stärke *f*

strengthen ['streŋ(k)θᵊn] **I.** *tr verb* ① (*make stronger*) kräftigen, stärken; (*fortify*) verstärken ② (*support*) **to ~ sb** jdn bestärken; **to ~ sth** etw untermauern **II.** *intr verb* ① (*become stronger*) stärker werden; *muscles* kräftiger werden; *wind* auffrischen ② FIN, STOCKEX (*increase in value*) an Wert gewinnen; *currency* zulegen

strenuous ['strenjuəs] *adj* ① (*exhausting*) anstrengend ② (*energetic*) energisch, heftig; **despite ~ efforts** trotz aller Bemühungen

stress [stres] **I.** *n* <*pl* -es> ① (*mental strain*) Stress *m,* Belastung *f* ② *no pl* (*emphasis*) Bedeutung *f* ③ LING (*pronunciation*) Betonung *f* **II.** *tr verb* ① (*emphasize*) betonen; **I'd just like to ~ that ...** ich möchte lediglich darauf hinweisen, dass ... ② (*strain*) belasten; **to ~ sb** jdn stressen ◆**stress out** *tr verb* (*fam*) **to be ~ed out** völlig gestresst sein

stressed [strest] *adj* (*under mental pressure*) gestresst

stressful ['stresfʊl] *adj* stressig *fam,* anstrengend; **~ situation** Stresssituation *f*

stretch [stretʃ] **I.** *n* <*pl* -es> ① *no pl* (*elasticity*) Dehnbarkeit *f; of a fabric* Elastizität *f* ② (*muscle extension*) Dehnungsübungen *Pl,* Strecken *nt kein Pl;* **to have a ~** sich [recken und] strecken ③ (*an extended area*) Stück *nt;* **~ of coast** Küstenabschnitt *m;* **~ of railway** Bahnstrecke *f* ④ SPORTS **the home ~** die Zielgerade ⑤ (*period of time*) Zeitspanne *f* **II.** *adj attr* Stretch- **III.** *intr verb* ① *rubber, elastic* sich dehnen; *clothes* weiter werden ② (*extend the muscles*) Dehnungsübungen machen ③ (*cover an area*) sich erstrecken **IV.** *tr verb* ① (*extend*) [aus]dehnen, strecken; (*extend by pulling*) dehnen; **to ~ one's legs** sich *Dat* die Beine vertreten ② (*demand a lot of*) **to ~ sb/sth** jdn/etw fordern; **to ~ sb's budget** jds Budget *nt* strapazieren ③ SPORTS (*to improve*) **to ~ one's lead** seinen Vorsprung ausbauen ④ (*go beyond*) **to ~ sth** über etw *Akk* hinausgehen

stretcher ['stretʃəʳ] **I.** *n* MED Tragbahre *f* **II.** *tr verb* **to ~ sb** [**off**] jdn auf einer Tragbahre [weg]tragen

strict [strɪkt] *adj* ① (*severe*) streng; *boss* strikt; *penalty* hart ② (*demanding compliance*) streng, genau; **~ time limit** festgesetzte Frist; **~ neutrality** strikte Neutralität ③ (*absolute*) streng; **in the ~est confidence** streng vertraulich ④ (*unswerving*) streng; **~ Catholics** strenggläubige Katholiken

strictly ['strɪktli] *adv* ① (*demanding compliance*) streng; **~ forbidden** streng verboten ② (*precisely*) **~ defined** genau definiert; **~ speaking** genau genommen ③ (*absolutely*) streng; **~ confidential** streng vertraulich

stride [straɪd] **I.** *intr verb* <strode,

stridden> **to ~ purposefully up to sth** zielstrebig auf etw *Akk* zugehen; **to ~ across sth** über etw *Akk* hinwegschreiten **II.** *n* (*step*) Schritt *m;* **to take sth in** [BRIT **one's**] **~** (*fig*) mit etw gut fertigwerden

strike¹ [straɪk] **I.** *n* ① (*of labour*) Streik *m,* Ausstand *m;* **to call a ~** einen Streik ausrufen ② (*occurrence*) **one-~-and-you're-out policy** Politik *f* des harten Durchgreifens **II.** *intr verb* streiken, in den Ausstand treten *form*

strike² [straɪk] **I.** *n* ① MIL Angriff *m* ② (*discovery*) Fund *m* **II.** *tr verb* <struck, struck *or old,* Am *a.* stricken> ① (*beat*) schlagen; **to ~ sth** (*bang against*) gegen etw schlagen; (*bump against*) gegen etw stoßen ② (*send by hitting*) *a ball* schlagen; FBALL schießen ③ (*impress*) **to be struck by sth** von etw beeindruckt sein ④ (*give an impression*) **to ~ sb as ...** jdm ... scheinen ⑤ (*occur to*) **has it ever struck you that ...?** ist dir je der Gedanke gekommen dass ...?; **it's just struck me that ...** mir ist gerade eingefallen, dass ... ⑥ (*achieve*) erreichen; **to ~ a balance** einen Mittelweg finden ⑦ (*discover*) **to ~ gold** auf Gold stoßen ⑧ (*play*) **to ~ a chord/note** einen Akkord/Ton anschlagen **III.** *intr verb* <struck, struck *or old,* Am *a.* stricken> ① (*reach aim, have impact*) treffen; *lightning* einschlagen; **to ~ home** ins Schwarze treffen ② (*cause suffering*) *illness, disaster* ausbrechen; *fate* zuschlagen ③ (*find*) **to ~ on/upon sth** etw finden; **she has just struck upon an idea** ihr ist gerade eine Idee gekommen ④ *clock* schlagen ◆**strike back** *intr verb* (*a. fig*) zurückschlagen ◆**strike down** *tr verb* ① (*knock down*) **to ~ down ⟲ sb** jdn niederschlagen ② *usu passive* (*become ill*) **to be struck down with sth** [schwer] an etw *Dat* erkranken ◆**strike off** *tr verb usu passive* BRIT, AUS **to ~ sb off for sth** jdm wegen einer S. *Gen* die Zulassung entziehen ◆**strike out** *intr verb* ① (*hit out*) zuschlagen; **to ~ out at sb** nach jdm schlagen; (*fig*) jdn scharf angreifen ② (*start afresh*) neu beginnen; **to ~ out on one's own** eigene Wege gehen ◆**strike through** *tr verb* **to ~ sth through** etw [durch]streichen ◆**strike up** **I.** *tr verb* ① (*initiate*) anfangen; **to ~ up a conversation** ein Gespräch anfangen ② (*start playing*) **to ~ up a song** ein Lied anstimmen **II.** *intr verb* beginnen, anfangen

strike ballot *n* Streikabstimmung *f*

striker ['straɪkəʳ] *n* ① (*in football*) Stürmer(in) *m(f)* ② (*worker*) Streikende(r) *f(m)*

striking ['straɪkɪŋ] *adj* (*unusual*) bemerkenswert, auffallend; *differences* erheblich; *personality* beeindruckend; *result* erstaunlich

string [strɪŋ] *n* ① *no pl* (*twine*) Schnur *f,* Kordel *f;* **ball of ~** Knäuel *m o nt* ② *pl* (*fig: controls*) **with ~s attached** mit Bedingungen verknüpft ③ *usu pl* (*of a puppet*) Fäden *Pl* ④ (*in music*) Saite *f;* **to pluck a ~** eine Saite zupfen ⑤ (*in an orchestra*) **the ~s** *pl* (*instruments*) die Streichinstrumente *Pl* ⑥ COMPUT Zeichenfolge *f;* **search ~** Suchbegriff *m* ◆**string along** *tr verb* (*fam*) **to ~ sb ⟲ along** ① (*deceive*) jdn täuschen, jdn übers Ohr hauen *fam* ② (*delay*) jdn hinhalten ◆**string out** **I.** *intr verb* sich verteilen **II.** *tr verb* **to ~ sth ⟲ out** etw verstreuen; (*prolong*) etw ausdehnen ◆**string up** *tr verb* ① (*hang*) **to ~ up ⟲ sth** etw aufhängen ② **to ~ up ⟲ sb** (*fam: execute*) jdn [auf]hängen

string band *n* kleines Streichorchester

string-pulling *n* Strippenziehen *nt;* **she did some ~ to get the job** sie hat ihre Beziehungen spielen lassen, um die Stelle zu bekommen

strip [strɪp] **I.** *n* ① (*narrow piece*) Streifen *m;* **narrow ~ of land** schmales Stück Land; **thin ~** schmaler Streifen ② BRIT, AUS SPORTS (*team kit*) Trikot *nt* ③ (*undressing*) Strip[tease] *m* **II.** *tr verb* <-pp-> ① (*lay bare*) *house, cupboard* leer räumen, ausräumen; **~ped pine** abgebeizte Kiefer; **to ~ sth bare** etw kahl fressen ② (*dismantle*) **to ~ sth** etw auseinandernehmen ③ *usu passive* (*remove*) **to ~ sb of sth** jdn einer S. *Gen* berauben **III.** *intr verb* <-pp-> AM, AUS sich ausziehen; **~ped to the waist** mit nacktem Oberkörper

stripe [straɪp] *n* ① (*band*) Streifen *m* ② MIL (*chevron*) [Ärmel]streifen *m*

striped [straɪpt] *adj* gestreift, Streifen-

stripper ['strɪpəʳ] *n* ❶ (*person*) Stripper(in) *m(f)* ❷ *no pl* (*solvent*) Farbentferner *m;* (*for wallpaper*) Tapetenlöser *m*

strive <strove *or* -d, striven *or* -d> [straɪv] *intr verb* sich bemühen; **to ~ after sth** nach etw streben, etw anstreben

strode [strəʊd] *pt of* **stride**

stroke [strəʊk] **I.** *tr verb* ❶ (*rub*) streicheln; **to ~ one's hair into place** sich das Haar glatt streichen ❷ (*hit*) **to ~ the ball** den Ball [leicht] streifen **II.** *n* ❶ (*rub*) Streicheln *nt kein Pl* ❷ MED Schlaganfall *m* ❸ (*mark*) Strich *m* ❹ (*form: blow*) Schlag *m,* Hieb *m* ❺ *no pl* (*swimming style*) **breast ~** Brustschwimmen *nt* ❻ (*piece*) **a ~ of luck** ein Glücksfall *m;* **a ~ of bad luck** Pech *nt*

stroll [strəʊl] **I.** *n* Spaziergang *m;* **to go for a ~** spazieren gehen **II.** *intr verb* (*amble*) schlendern, bummeln

strong [strɒŋ] **I.** *adj* ❶ (*physically powerful*) kräftig, stark; **to be as ~ as an ox** bärenstark sein ❷ (*powerful*) stark; *economy* gesund; *reaction* heftig; *resistance* erbittert ❸ (*deep-seated*) überzeugt; *conviction* fest; **to have ~ views on sth** eine Meinung über etw *Akk* energisch vertreten ❹ (*effective*) gut, stark; **tact is not her ~ point** Takt ist nicht gerade ihre Stärke ❺ (*very likely*) groß, hoch; **~ likelihood** hohe Wahrscheinlichkeit ❻ (*pungent*) streng; *flavour* kräftig; *smell* beißend **II.** *adv* (*fam*) **to come on ~** (*sexually*) rangehen *fam;* (*aggressively*) in Fahrt kommen *fam;* **still going ~** noch gut in Form

strongly ['strɒŋli] *adv* ❶ (*powerfully*) stark; **to ~ criticize sb** jdn heftig kritisieren; **to ~ deny sth** etw energisch bestreiten; **to be ~ opposed to sth** entschieden gegen etw sein; **to ~ recommend sth** etw dringend empfehlen ❷ (*pungently*) stark; **to smell ~ of sth** stark nach etw riechen

strong-minded *adj* willensstark, entschlossen

stroppy ['strɒpi] *adj* BRIT, AUS (*fam*) muffig *fam,* gereizt; **to get ~** pampig werden *fam*

strove [strəʊv] *pt of* **strive**

struck [strʌk] *pt, pp of* **strike**

structure ['strʌktʃəʳ] **I.** *n* ❶ (*arrangement*) Struktur *f,* Aufbau *m* ❷ (*system*) Struktur *f* **II.** *tr verb* strukturieren; (*construct*) konstruieren

struggle ['strʌgl̩] **I.** *n* ❶ (*great effort*) Kampf *m* (**for** um); **uphill ~** mühselige Aufgabe, harter Kampf; **without a ~** kampflos ❷ (*fight*) Kampf *m* (**against** gegen) **II.** *intr verb* ❶ (*toil*) sich abmühen; **to ~ with sth** sich mit etw herumschlagen ❷ (*fight*) kämpfen, ringen; **to ~ for survival** ums Überleben kämpfen

strung [strʌŋ] *pt, pp of* **string**

stub [stʌb] **I.** *n* (*of a ticket, cheque*) Abriss *m;* (*of a cigarette*) [Zigaretten]stummel *m; of a pencil* Stummel *m* **II.** *tr verb* <-bb-> **to ~ one's toes** sich die Zehen anstoßen

stubborn ['stʌbən] *adj* ❶ (*obstinate*) *of a person* stur *fam* ❷ (*persistent*) hartnäckig; *problem* vertrackt

stuck [stʌk] **I.** *pt, pp of* **stick II.** *adj* ❶ (*unmovable*) fest; **the door is ~** die Tür klemmt ❷ *pred* (*trapped*) **to be ~ in sth** in etw *Dat* feststecken; **to be ~ with sb** jdn am Hals haben ❸ *pred* (*at a loss*) **to be ~** nicht klarkommen *fam;* **I'm really ~** ich komme einfach nicht weiter

stuck-up *adj* (*pej fam*) hochnäsig *fam,* eingebildet

stud¹ [stʌd] *n* ❶ (*horse*) Zuchthengst *m* ❷ (*breeding farm*) Gestüt *nt*

stud² [stʌd] *n* ❶ (*jewellery*) Stecker *m* ❷ TECH Stift *m* ❸ AM (*in a tire*) Spike *m*

student ['stju:dᵊnt] *n* ❶ (*at university*) Student(in) *m(f);* (*pupil*) Schüler(in) *m(f);* **postgraduate ~** Habilitand(in) *m(f)* ❷ (*unofficial learner*) **to be a ~ of sth** sich mit etw befassen

S

studied ['stʌdid] *adj* wohl überlegt, [gut] durchdacht; *elegance* kunstvoll; *insult* gezielt

studio ['stju:diəʊ] *n* ❶ (*artist's room*) Atelier *nt* ❷ (*photography firm*) Studio *nt* ❸ (*film company*) Filmgesellschaft *f* ❹ (*recording area*) Studio *nt*

studio apartment *n esp* AM Appartement *nt*

studious ['stju:diəs] *adj* lernbegierig, lerneifrig

study ['stʌdi] **I.** *tr verb* <-ie-> ❶ (*scrutinize*) **to ~ sth/sb** etw/jdn studieren, sich mit etw/jdm befassen ❷ (*learn*) studieren; (*at school*) lernen **II.** *intr verb* <-ie-> lernen; (*at university*) studieren **III.** *n* ❶ (*investigation*) Untersuchung *f;* (*academic investigation*) Studie *f* ❷ *no pl* (*studying*) Lernen *nt;* (*at university*) Studieren *nt* ❸ (*room*) Arbeitszimmer *nt*

stuff [stʌf] **I.** *n no pl* ❶ (*fam: indeterminate matter*) Zeug *nt oft pej fam;* **his latest book is good** ~ sein neues Buch ist echt gut; **that's the ~!** Brit (*fam*) so ist's richtig!; **to know one's ~** sich auskennen ❷ (*possessions*) Sachen *Pl,* Zeug *nt oft pej fam* **II.** *tr verb* ❶ (*fam: gorge*) **to ~ sb/oneself** jdn/sich vollstopfen; **to ~ down ⟲ sth** etw in sich hineinstopfen *pej;* **to ~ one's face** sich *Dat* den Bauch vollschlagen *fam* ❷ (*vulg: strong disapproval*) **~ it!** scheiß drauf! *derb;* **~ him!** *esp* Brit, Aus der kann mich mal! *derb* ❸ (*push inside*) stopfen ❹ (*in taxidermy*) **to ~ animals** Tiere ausstopfen

stuffing ['stʌfɪŋ] *n no pl* Füllung *f*

stuffy ['stʌfi] *adj* (*pej*) ❶ (*prim*) spießig ❷ (*airless*) stickig, miefig, muffig

stumble ['stʌmbḷ] *intr verb* ❶ (*trip*) stolpern, straucheln; **to ~ on sth** über etw *Akk* stolpern ❷ (*fig*) **to ~ from one mistake to another** vom einen Fehler zum nächsten stolpern ❸ (*stagger*) **to ~ about** herumtappen ❹ (*find*) **to ~ across sb/sth** [zufällig] auf jdn/etw stoßen

stumbling block *n* Stolperstein *m,* Hindernis *nt;* **to be a ~ to sth** ein Hindernis für etw sein

stump [stʌmp] **I.** *n* ❶ (*part left*) *of a tree* Stumpf *m; of an arm* Armstumpf *m* ❷ Am pol **out on the ~** im Wahlkampf **II.** *tr verb* ❶ (*usu fam: baffle*) **to ~ sb** jdn verwirren ❷ *esp* Am pol **to ~ the country/a state** Wahlkampfreisen durch das Land/einen Staat machen

stun <-nn-> [stʌn] *tr verb* ❶ (*shock*) betäuben; (*amaze*) verblüffen; **~ned silence** fassungsloses Schweigen ❷ (*make unconscious*) **to ~ sb/an animal** jdn/ein Tier betäuben

stung [stʌŋ] *pp, pt of* **sting**

stunk [stʌŋk] *pt, pp of* **stink**

stunned [stʌnd] *adj* fassungslos, sprachlos, geschockt

stunning ['stʌnɪŋ] *adj* ❶ (*approv: gorgeous*) toll *fam,* fantastisch, umwerfend ❷ (*amazing*) unfassbar

stunt flying *n no pl* Kunstflug *m*

stupendous [stju:'pendəs] *adj* (*immense*) gewaltig, enorm; (*amazing*) erstaunlich

stupid ['stju:pɪd] **I.** *adj* <-er, -est *or* more stupid, most stupid> ❶ (*slow-witted*) dumm, blöd *fam,* einfältig; **don't be ~!** sei doch nicht blöd! *fam* ❷ (*silly*) blöd *fam;* **have your ~ book!** behalte doch dein blödes Buch! *fam* **II.** *n* (*fam*) Blödmann *m,* Dummkopf *m*

stupidity [stju:'pɪdəti] *n no pl* Dummheit *f,* Blödheit *f fam,* Einfältigkeit *f*

sturdy ['stɜ:di] *adj* (*robust*) *box, chair, wall* stabil; **~ shoes** festes Schuhwerk

stutter ['stʌtəʳ] **I.** *intr, tr verb* stottern **II.** *n* Stottern *nt kein Pl;* **to have a bad ~** stark stottern

sty [staɪ] *n* ❶ (*pig pen*) Schweinestall *m* ❷ med (*in eye*) Gerstenkorn *nt*

style [staɪl] **I.** *n* ❶ (*distinctive manner*) Stil *m,* Art *f;* **in the ~ of sb/sth** im Stil von jdm/etw; **in the Gothic ~** archit, art im gotischen Stil ❷ (*approv: stylishness*) Stil *m;* **to have real ~** Klasse haben; **to travel in ~** mit allem Komfort [ver]reisen ❸ (*fashion*) Stil *m;* **the latest ~** die neueste Mode **II.** *tr verb* (*arrange*) *plan, design* entwerfen; **to ~ hair** die Haare frisieren

style sheet *n* comput Stylesheet *nt*

styling *adj attr* Styling-; **~ aids** Stylingprodukte *Pl*

stylish ['staɪlɪʃ] *adj* (*approv*) ❶ (*chic*) elegant; (*smart*) flott *fam* ❷ (*polished*) stilvoll

stylist ['staɪlɪst] *n* **hair ~** Friseur *m*/Friseurin, Friseuse *f*

Styrofoam® ['staərəfoʊm] *n no pl* Am (*polystyrene*) Styropor® *nt*

sub **I.** *n* ❶ (*fam*) *short for* **substitute** Vertretung *f* ❷ (*fam*) *short for* **submarine** U-Boot *nt* ❸ Am (*fam*) *short for* **submarine sandwich** Jumbo-Sandwich *nt* **II.** *intr verb* <-bb-> *short for* **substitute: to ~ for sb** für jdn einspringen, jdn vertreten

subconscious [sʌb'kɒn(t)ʃəs] **I.** *n no pl* Unterbewusstsein *nt,* Unterbewusste(s) *nt* **II.** *adj attr* unterbewusst

subdivide [ˌsʌbdɪ'vaɪd] *tr verb* unterteilen (**into** in); **to ~ sth among several**

S

people etw nochmals unter mehreren Personen aufteilen

subdue [sʌb'dju:] *tr verb* (*get under control*) unter Kontrolle bringen; (*bring into subjection*) *rebels* unterwerfen; (*suppress*) unterdrücken

subhuman [sʌb'hju:mən] *adj* unmenschlich, menschenunwürdig

subject[1] ['sʌbdʒɪkt, -dʒekt] *n* ① (*theme, topic*) Thema *nt;* **to wander off the ~** vom Thema abschweifen ② (*person*) Versuchsperson *f* ③ (*field*) Fach *nt;* (*at school*) [Schul]fach *nt* ④ LING Subjekt *nt,* Satzgegenstand *m*

subject[2] ['sʌbdʒɪkt] **I.** *adj* ① *attr* POL (*dominated*) *people* unterworfen ② *pred* (*exposed to*) **to be ~ to sth** einer S. *Dat* ausgesetzt sein; **to be ~ to depression** zu Depressionen neigen ③ (*contingent on*) **to be ~ to sth** von etw abhängig sein; **~ to payment** vorbehaltlich einer Zahlung *Gen* **II.** *adv* **~ to** wenn; **~ to your consent** vorbehaltlich Ihrer Zustimmung *Gen*

subject[3] [səb'dʒekt] *tr verb* (*cause to undergo*) **to ~ sb to sth** jdn einer S. *Dat* aussetzen; **to be ~ed to sth** einer S. *Dat* ausgesetzt sein

subject index *n* Sachregister *nt*

subjective [səb'dʒektɪv] *adj* subjektiv

subject matter *n* Thema *nt; of a meeting* Gegenstand *m*

subjunctive [səb'dʒʌŋ(k)tɪv] **I.** *n no pl* LING Konjunktiv *m* **II.** *adj* LING konjunktivisch, Konjunktiv-

sublet [sʌb'let] **I.** *tr verb* <-tt-, sublet, sublet> untervermieten **II.** *n* untervermietetes Objekt

submarine [ˌsʌbmᵊr'i:n] **I.** *n* ① (*boat*) U-Boot *nt,* Unterseeboot *nt* ② AM (*doorstep sandwich*) Jumbo-Sandwich *nt* **II.** *adj* Unterwasser-, submarin *fachspr*

submerge [səb'mɜ:dʒ] **I.** *tr verb* ① (*place under water*) tauchen (**in** in) ② (*immerse*) **to ~ oneself in sth** sich in etw *Akk* vertiefen **II.** *intr verb* abtauchen, untertauchen

submerged [səb'mɜ:dʒd] *adj* ① (*under water*) unter Wasser *nachgestellt;* (*sunken*) versunken ② (*hidden*) versteckt

submission [səb'mɪʃᵊn] *n no pl* ① (*compliance*) Unterwerfung *f; to orders, wishes* Gehorsam *m* ② *no pl* (*handing in*) Einreichung *f,* Abgabe *f*

submissive [səb'mɪsɪv] *adj* (*subservient*) unterwürfig *pej;* (*humble*) demütig

submit <-tt-> [səb'mɪt] **I.** *tr verb* ① (*yield*) **to ~ oneself to sth/sb** sich einer S./jdm unterwerfen ② (*agree to undergo*) **to ~ oneself to a treatment** sich einer Behandlung unterziehen ③ (*hand in*) einreichen **II.** *intr verb* (*resign*) aufgeben; (*yield*) nachgeben; **to ~ to sb's will** jds Willen nachgeben

subordinate[1] [sə'bɔ:dᵊnət] **I.** *n* Untergebene(r) *f(m)* **II.** *adj* ① (*secondary*) zweitrangig, nebensächlich ② (*lower in rank*) untergeordnet, rangniedriger

subordinate[2] [sə'bɔ:dɪneɪt] *tr verb* unterordnen; **to be ~d to sb/sth** jdm/etw untergeordnet sein

sub-post office [ˌsʌb'pəʊstˌɒfɪs] *n* BRIT Poststelle *f*

subscribe [səb'skraɪb] **I.** *tr verb* ① PUBL (*arrange to offer*) subskribieren *fachspr* ② (*form: sign*) unterzeichnen **II.** *intr verb* ① (*pay regularly for*) **to ~ to sth** *newspaper, magazine* etw abonnieren ② (*donate*) spenden; **to ~ to an appeal** sich an einer Spendenaktion beteiligen ③ STOCKEX (*offer to purchase*) **to ~ for shares** Aktien *Pl* zeichnen ④ (*agree with*) **to ~ to sth** etw beipflichten

subscriber [səb'skraɪbəʳ] *n* ① (*regular payer*) *newspaper, magazine* Abonnent(in) *m(f)* ② (*form: signatory*) Unterzeichnete(r) *f(m)* ③ (*to a fund*) Spender(in) *m(f)* ④ (*to an opinion*) Befürworter(in) *m(f)* (**to** +*Gen*)

subscription [səb'skrɪpʃᵊn] *n* ① *to a newspaper, magazine* Abonnementgebühr *f;* **to cancel/renew a ~** ein Abonnement kündigen/verlängern; **to take out a ~ to sth** etw abonnieren ② (*membership fee*) [Mitglieds]beitrag *m*

subsequent ['sʌbsɪkwənt] *adj* (*resulting*) [nach]folgend, anschließend; **~ to sth** im Anschluss an etw *Akk*

subsequently ['sʌbsɪkwəntli] *adv* (*later*) später, anschließend, danach

subside [səb'saɪd] *intr verb* ① (*abate*) nachlassen, sich legen, abklingen ② (*into sth soft or liquid*) absinken, einsinken, sich senken

S

subsidiary [səb'sɪdiᵊri] **I.** *adj* untergeordnet, Neben-, subsidiär *fachspr;* ~ **reasons** zweitrangige Gründe **II.** *n* ECON Tochtergesellschaft *f*

subsidize ['sʌbsɪdaɪz] *tr verb* subventionieren [*o* finanziell unterstützen]

subsidy ['sʌbsɪdi] *n* Subvention *f* (**to** für); **to receive a** ~ subventioniert werden

subsist [səb'sɪst] *intr verb* ① (*exist*) existieren ② (*make a living*) leben; **to** ~ **on sth** von etw leben

subsistence [səb'sɪstᵊn(t)s] *n* Lebensunterhalt *m*

substance ['sʌbstᵊn(t)s] *n* ① (*material element*) Substanz *f,* Stoff *m;* (*material*) Materie *f kein Pl;* **chemical** ~ Chemikalie *f;* **illegal** ~ (*form*) Droge *f* ② *no pl* (*essence*) Substanz *f* ③ (*decisive significance*) Gewicht *nt;* **the book lacks** ~ das Buch hat keine Substanz

substandard [sʌb'stændəd] *adj* unterdurchschnittlich, minderwertig

substantial [səb'stæn(t)ʃᵊl] *adj attr* ① (*significant*) bedeutend; *contribution* wesentlich; *difference* erheblich; ~ **evidence** hinreichender Beweis ② (*weighty*) überzeugend, stichhaltig ③ *amount* beträchtlich; *fortune* bedeutend

substantially [səb'stæn(t)ʃᵊli] *adv* ① (*significantly*) beträchtlich, erheblich ② (*in the main*) im Wesentlichen

substantive ['sʌbstᵊntɪv] *adj* beträchtlich, wesentlich; *argument* stichhaltig; ~ **law** materielles Recht

substitute ['sʌbstɪtju:t] **I.** *tr verb* ersetzen, austauschen; **to** ~ **sb for sb** SPORTS jdn gegen jdn auswechseln **II.** *intr verb* (*take over from*) als Ersatz dienen, einspringen (**for** für); **to** ~ **for sb** jdn vertreten **III.** *n* (*replacement*) Ersatz *m;* **there's no** ~ **for sth/sb** es geht nichts über etw/jdn

S

substitution [ˌsʌbstɪ'tju:ʃᵊn] *n* ① (*replacement*) Ersetzung *f* ② SPORTS Austausch *m*

subtitle ['sʌbˌtaɪtl̩] **I.** *tr verb* (*add captions*) untertiteln **II.** *n* (*caption*) ~**s** Untertitel *Pl*

subtle <-er, -est *or* more subtle, most subtle> ['sʌtl̩] *adj* ① (*approv: understated*) fein[sinnig], subtil ② (*approv: delicate*) *flavour, nuance* fein; ~ **tact** ausgeprägtes Taktgefühl ③ (*slight but significant*) fein, subtil; ~ **hint** kleiner Hinweis

subtotal ['sʌbˌtəʊtᵊl] *n* Zwischensumme *f*

subtract [səb'trækt] *tr verb* **to** ~ **sth** [**from sth**] etw [von etw] abziehen; **four** ~**ed from ten equals six** zehn minus vier ergibt sechs

subtraction [səb'trækʃᵊn] *n no pl* Subtraktion *f*

subtropical [sʌb'trɒpɪkᵊl] *adj* subtropisch; ~ **regions** Subtropen *Pl*

suburb ['sʌbɜ:b] *n* (*outlying area*) Vorort *m;* **the** ~**s** der Stadtrand, die Randbezirke *Pl*

suburban [sə'bɜ:bᵊn] *adj* (*of the suburbs*) Vorstadt-, Vorort-, vorstädtisch

subvention [səb'ven(t)ʃᵊn] *n* [staatliche] Subvention

subversive [səb'vɜ:sɪv] **I.** *adj* subversiv *geh,* umstürzlerisch, staatsgefährdend **II.** *n* Umstürzler(in) *m(f),* subversives Element *pej*

subvert [sʌb'vɜ:t] *tr verb* **to** ~ **sth** ① (*overthrow*) stürzen ② (*undermine principle*) untergraben

subway ['sʌbweɪ] *n* ① BRIT, AUS (*walkway*) Unterführung *f* ② *esp* AM (*railway*) U-Bahn *f*

sub-zero [sʌb'zɪərəʊ] *adj* unter Null [Grad] *nachgestellt;* ~ **temperatures** Minusgrade *Pl*

succeed [sək'si:d] **I.** *intr verb* ① (*achieve purpose*) Erfolg haben, erfolgreich sein; **to** ~ **in sth** mit etw Erfolg haben; **to** ~ **in doing sth** etw mit Erfolg tun ② (*follow*) nachfolgen, die Nachfolge antreten; **to** ~ **to the throne** die Thronfolge antreten **II.** *tr verb* **to** ~ **sb in office** jds Amt übernehmen

succeeding [sək'si:dɪŋ] *adj attr* ① (*next in line*) [nach]folgend ② (*subsequent*) aufeinanderfolgend; ~ **generations** spätere Generationen

success <*pl* -es> [sək'ses] *n no pl* (*attaining goal*) Erfolg *m;* **to be a big** ~ **with sb** bei jdm einschlagen; **to make a** ~ **of sth** mit etw Erfolg haben

successful [sək'sesfᵊl] *adj* erfolgreich

succession [sək'seʃᵊn] *n no pl* ① (*sequence*) Folge *f,* Reihe *f; of events, things* Serie *f,* Reihe; **in** [**close**] ~ [dicht] hintereinander ② (*line of inheritance*)

Nachfolge *f;* ~ **to the throne** Thronfolge *f*

successive [sək'sesɪv] *adj attr* aufeinanderfolgend; **six ~ weeks** sechs Wochen hintereinander [*o* nacheinander]

successor [sək'sesəʳ] *n* Nachfolger(in) *m(f);* ~ **in office** Amtsnachfolger(in) *m(f);* ~ **to the throne** Thronfolger(in) *m(f)*

such [sʌtʃ, sətʃ] **I.** *adj* ❶ *attr* (*of that kind*) solcher(r, s); ~ **a thing** so etwas [*o fam* was]; **I said no ~ thing** so etwas habe ich nie gesagt; **there's no ~ thing as ghosts** so etwas wie Geister gibt es nicht ❷ (*so great*) solche(r, s), derartig; **he's ~ an idiot!** er ist so ein Idiot!; **why are you in ~ a hurry?** warum bist du derart in Eile? **II.** *pron* ❶ (*of that type*) solche(r, s); ~ **is life** so ist das Leben; **the wound was ~ that ...** die Wunde war so groß, dass ... ❷ (*introducing examples*) ~ **as** wie ❸ (*strictly speaking*) **as ~** an [und für] sich, eigentlich **III.** *adv* so; ~ **a big city!** was für eine große Stadt!; **it's ~ a long time ago** es ist [schon] so langer her; **to be ~ a long way [away]** so weit weg sein; ~ **that ...** so ... dass ...

such and such *adj attr* (*fam*) der und der/die und die/das und das; **to arrive at ~ a time** um die und die Zeit ankommen

suchlike ['sʌtʃlaɪk] **I.** *pron* derlei, dergleichen **II.** *adj attr* derlei; **food, drink, clothing and ~ provisions** Essen, Trinken, Kleidung und Ähnliches

suck [sʌk] **I.** *n* (*draw in*) Saugen *nt;* (*keep in the mouth*) Lutschen *nt* **II.** *tr verb* ❶ (*draw into mouth*) **to ~ sth** an etw *Dat* saugen ❷ *sweets* lutschen; **to ~ one's thumb** [am] Daumen lutschen ❸ (*strongly attract*) **to ~ sb/sth under** jdn/etw in die Tiefe ziehen **III.** *intr verb* ❶ (*draw into mouth*) saugen, nuckeln *fam;* **to ~ on sth** an etw *Dat* saugen ❷ *sweets* lutschen; **to ~ on a dummy** Brit/**pacifier** Am am Schnuller saugen ❸ *esp* Am (*sl: be disagreeable*) ätzend sein; **man this job ~s!** Mann, dieser Job ist echt Scheiße! ◆**suck in** *tr verb* ❶ (*draw in*) **jet engines ~ in vast quantities of air** Strahltriebwerke ziehen große Mengen Luft ein ❷ *usu* ECON (*import*) anziehen ◆**suck up I.** *tr verb* **to ~ up** ↻ **sth** ❶ (*consume*) etw aufsaugen ❷ (*absorb*) *liquid, moisture* etw aufsaugen; *gases* ansaugen **II.** *intr verb* (*pej fam*) **to ~ up to sb** sich bei jdm einschmeicheln

sucker ['sʌkəʳ] *n* ❶ (*pej fam: gullible person*) Einfaltspinsel *m,* Simpel *m* DIAL ❷ BOT (*part of plant*) Wurzelspross *m*

sudden ['sʌdᵊn] *adj* plötzlich, jäh; **so why the ~ change?** wieso plötzlich diese Änderung?; **it was so ~** es kam so überraschend; **to get a ~ fright** plötzlich Angst bekommen; **~ movement** abrupte Bewegung; **all of a ~** (*fam*) [ganz] plötzlich, urplötzlich

sudden death *n* FBALL Elfmeterschießen *nt*

suddenly ['sʌdᵊnli] *adv* plötzlich, auf einmal

suds [sʌdz] *npl* (*soapy mixture*) Seifenwasser *nt kein Pl;* (*mostly foam*) Schaum *m kein Pl*

sue [su:] **I.** *tr verb* verklagen; **to ~ sb for damages** jdn auf Schadenersatz verklagen; **to ~ sb for divorce** gegen jdn die Scheidung einreichen **II.** *intr verb* ❶ (*legal action*) klagen, prozessieren, Klage erheben; **he ~d for libel** er klagte wegen Beleidigung ❷ (*entreat*) **to ~ for peace** um Frieden bitten

suede [sweɪd] *n* Wildleder *nt,* Veloursleder *nt*

suffer ['sʌfəʳ] **I.** *intr verb* ❶ leiden ❷ (*be ill with*) **to ~ from sth** an etw *Dat* leiden ❸ (*deteriorate*) leiden, Schaden erleiden; **his work ~s from it** seine Arbeit leidet darunter ❹ (*experience sth negative*) **to ~ from sth** unter etw *Dat* zu leiden haben; **the economy ~ed from the strikes** die Streiks machten der Wirtschaft zu schaffen ❺ (*be punished*) **to ~ for sth** für etw büßen **II.** *tr verb* **to ~ sth** etw erleiden; **to ~ a breakdown** einen Zusammenbruch haben; **to ~ misfortune** Pech haben; **to ~ neglect** vernachlässigt werden

suffering ['sʌfᵊrɪŋ] *n* ❶ (*pain*) Leiden *nt* ❷ *no pl* (*distress*) Leid *nt*

suffice [sə'faɪs] *intr verb* genügen, [aus]reichen; **~ [it] to say that ...** es genügt [*o* reicht] wohl, wenn ich sage, dass ...

sufficient [sə'fɪʃᵊnt] **I.** *adj* genug, ausreichend; **to be ~ for sth/sb** für etw/jdn ausreichen [*o* genügen] **II.** *n* genügende Menge; **they didn't have ~ to live on** sie hatten nicht genug zum Leben

suffix ['sʌfɪks] **I.** *n* ❶ LING Suffix *nt fachspr,* Nachsilbe *f* ❷ BRIT MATH Zusatz *m,* tief gestellte Zahl **II.** *tr verb* anfügen, anhängen

suffocate ['sʌfəkeɪt] **I.** *intr verb* ersticken *a. fig* **II.** *tr verb* ❶ (*asphyxiate*) ersticken ❷ (*fig: suppress*) erdrücken

suffocating ['sʌfəkeɪtɪŋ] *adj usu attr* erstickend; *air* stickig; *atmosphere* erdrückend

sugar ['ʃʊgəʳ] **I.** *n* ❶ *no pl* Zucker *m;* **caster ~** BRIT Streuzucker *f* ❷ *esp* AM (*sl: term of affection*) Schätzchen *nt fam* **II.** *tr verb* (*sweeten*) zuckern; *coffee, tea* süßen

sugar basin *n* BRIT Zuckerdose *f* **sugar-coated** *adj* verzuckert **sugar lump** *n esp* BRIT Zuckerwürfel *m*

sugary ['ʃʊgəri] *adj* ❶ (*sweet*) zuckerhaltig; **the cake was far too ~** der Kuchen war viel zu süß ❷ (*sugar-like*) zuckerig

suggest [sə'dʒest] *tr verb* ❶ (*propose*) **to ~ sth [to sb]** [jdm] etw vorschlagen; **to ~ doing sth** vorschlagen, etw zu tun ❷ (*indicate*) **to ~ sth** auf etw *Akk* hinweisen ❸ (*indirectly state*) **to ~ sth** etw andeuten ❹ (*come to mind*) **to ~ itself** *idea, thought* sich aufdrängen; **does anything ~ itself?** fällt euch dazu etwas ein?

suggestion [sə'dʒestʃən] *n* ❶ (*idea*) Vorschlag *m;* **to be always open to ~** immer ein offenes Ohr haben; **at sb's ~** auf jds Vorschlag *Akk* hin ❷ *no pl* (*hint*) Andeutung *f* ❸ (*indication*) Hinweis *m*

suggestive [sə'dʒestɪv] *adj* ❶ (*that suggests*) andeutend ❷ *usu pred* (*form: evocative*) hinweisend ❸ (*risqué*) zweideutig

suicide ['su:ɪsaɪd] *n* Selbstmord *m a. fig;* **to commit ~** Selbstmord begehen

suit [su:t] **I.** *n* ❶ (*jacket and trousers*) Anzug *m;* **three-piece ~** Dreiteiler *m* ❷ (*for sports*) Anzug *m;* **bathing/diving/ski ~** Bade-/Taucher-/Skianzug *m* ❸ (*covering*) **~ of armour** [Ritter]rüstung *f* ❹ CARDS Farbe *f* ❺ LAW Prozess *m* **II.** *tr verb* ❶ (*be convenient for*) **to ~ sb** jdm passen [*o* recht sein]; **that ~s me fine** das passt mir gut ❷ (*choose*) **to ~ oneself** tun, was man will ❸ (*enhance*) **to ~ sb** *clothes* jdm stehen; **to ~ sth** zu etw passen ❹ (*be right for*) **to ~ sb** jdm [gut] bekommen; **to ~ sth** sich für etw eignen **III.** *intr verb* angemessen sein, passen

suitable ['su:təbl̩] *adj* geeignet, passend; *clothes* angemessen

suitcase *n* Koffer *m*

sulfuric *adj* AM *see* **sulphuric**

sulk [sʌlk] **I.** *intr verb* schmollen, beleidigt sein **II.** *n* **to be in a ~** beleidigt sein, schmollen; **to go into a ~** einschnappen *fam*

sulky ['sʌlki] *adj person* beleidigt, eingeschnappt *fam; face* mürrisch

sullen ['sʌlən] *adj* (*pej: bad-tempered*) missmutig, mürrisch

sulphuric [sʌl'fjʊərɪk] *adj* Schwefel-

sultana [səl'tɑ:nə] *n* FOOD Sultanine *f*

sultry ['sʌltri] *adj* ❶ METEO schwül ❷ (*sexy*) erotisch

sum [sʌm] *n* ❶ (*money*) Summe *f,* Betrag *m;* **five-figure ~** fünfstelliger Betrag ❷ *no pl* (*total*) Summe *f* ❸ **to do ~s** rechnen

summarize ['sʌməraɪz] **I.** *tr verb* [kurz] zusammenfassen **II.** *intr verb* zusammenfassen; **to ~, ...** kurz gesagt, ...

summary ['sʌməri] **I.** *n* Zusammenfassung *f; of a plot, of contents* [kurze] Inhaltsangabe **II.** *adj* ❶ (*brief*) knapp, gedrängt ❷ LAW *conviction, execution* im Schnellverfahren *nachgestellt*

summer ['sʌməʳ] *n* Sommer *m;* **a ~'s day** ein Sommertag *m;* **in [the] ~** im Sommer; **in the ~ of '68** im Sommer '68

summer holiday *n,* **summer holidays** *npl* Sommerurlaub *m;* SCHOOL, UNIV Sommerferien *Pl*

summertime *n* Sommerzeit *f;* **in the ~** im Sommer

summit ['sʌmɪt] *n a.* POL Gipfel *m;* **world economic ~** Weltwirtschaftsgipfel

summon ['sʌmən] *tr verb* ❶ (*call*) **to ~ sb** jdn rufen; **to ~ a council/meeting** einen Rat/eine Versammlung einberufen; **to be ~ed to appear in court** vor Gericht geladen werden ❷ (*gather*) **to ~ up the courage/the strength to do**

S

sth den Mut/die Kraft aufbringen, etw zu tun

summons ['sʌmənz] **I.** *n* <*pl* -es> LAW [Vor]ladung *f;* **to issue a ~** [vor]laden, eine Ladung ergehen lassen **II.** *tr verb* LAW **to ~ sb** jdn vorladen lassen

sun [sʌn] **I.** *n* ① (*star*) Sonne *f;* **the rising/setting ~** die aufgehende/untergehende Sonne; **to try everything under the ~** alles Mögliche versuchen ② *no pl* **the ~** (*sunshine*) die Sonne, der Sonnenschein; **to sit in the ~** in der Sonne sitzen **II.** *intr verb* **to ~ oneself** sich sonnen

sun-baked *adj* [von der Sonne] ausgedörrt

sunbathe *intr verb* sonnenbaden

sunbed *n esp* BRIT ① (*chair*) Liegestuhl *m* ② (*bed*) Sonnenbank *f* **sunburn I.** *n no pl* Sonnenbrand *m;* **to get/prevent ~** einen Sonnenbrand bekommen/vermeiden **II.** *intr verb* <-ed *or* -burnt, -ed *or* -burnt> sich verbrennen, sich *Dat* einen Sonnenbrand holen **sunburned** *adj,* **sunburnt** *adj* sonnenverbrannt **suncream** *n no pl* Sonnen[schutz]creme *f*

sundae ['sʌndeɪ] *n* Eisbecher *m*

Sunday ['sʌndeɪ] *n* Sonntag *m; see also* **Tuesday**

Sunday school *n* Sonntagsschule *f*

sun deck *n* Sonnendeck *nt* **sundial** *n* Sonnenuhr *f*

sundown *n esp* AM, AUS Sonnenuntergang *m*

sundry ['sʌndri] **I.** *adj attr* verschieden ▸ **all and ~** (*fam*) Hinz und Kunz *pej fam,* jedermann **II.** *n* **sundries** Verschiedenes *nt kein Pl*

sunflower *n* Sonnenblume *f*

sung [sʌŋ] *pp of* **sing**

sunglasses *npl* Sonnenbrille *f* **sun hat** *n* Sonnenhut *m*

sunk [sʌŋk] *pp of* **sink**

sunken ['sʌŋkən] *adj* ① *attr* (*submerged*) *ship* gesunken ② *attr* (*below surrounding level*) tief[er] liegend *attr;* **~ bath** eingelassene Badewanne

sunlight *n no pl* Sonnenlicht *nt*

sunlit *adj* sonnenbeschienen; *room* sonnig

sunny ['sʌni] *adj* (*bright*) sonnig; **~ intervals** Aufheiterungen *Pl;* **a few ~ spells** einige sonnige Abschnitte

sunrise *n* Sonnenaufgang *m* **sunroof** *n* Schiebedach *nt*

sunset *n* Sonnenuntergang *m*

sunshade *n* ① (*umbrella*) Sonnenschirm *m* ② AM (*awning*) Markise *f*

sunshine ['sʌnʃaɪn] *n no pl* ① (*sunlight*) Sonnenschein *m;* **to bask in the ~** sich in der Sonne aalen *fam* ② METEO (*sunny weather*) sonniges Wetter

sunstroke *n no pl* Sonnenstich *m*

suntan I. *n* Sonnenbräune *f;* **deep ~** tiefe Bräune; **to get a ~** braun werden **II.** *intr verb* <-nn-> sich von der Sonne bräunen lassen

suntan cream *n,* **suntan lotion** *n* Sonnencreme *f*

suntanned *adj* sonnengebräunt, braun gebrannt

suntan oil *n* Sonnenöl *nt*

suntrap *n* BRIT, AUS sonniges Plätzchen

sunup *n* AM Sonnenaufgang *m*

sun visor *n* AUTO Sonnenblende *f*

super ['suːpəʳ] **I.** *adj* (*fam: excellent*) super, klasse, fantastisch **II.** *interj* super!, spitze! **III.** *adv* (*fam*) besonders **IV.** *n* BRIT (*fam: superintendent*) Aufseher(in) *m(f)*

superb [suː'pɜːb] *adj* ① (*excellent*) ausgezeichnet, hervorragend ② (*impressive*) erstklassig

supercenter ['suːpəˑsentəˑ] *n* AM Hypermarkt *m*

supercool ['suːpəkuːl] *adj* (*fam*) hervorragend *sl*

superficial [ˌsuːpə'fɪʃᵊl] *adj* oberflächlich

superfluous [suː'pɜːfluəs] *adj* überflüssig

superglue® **I.** *n* ① Sekundenkleber *m* ② (*fig*) **to stick like ~ to sb** an jdm wie eine Klette hängen **II.** *tr verb* festkleben

superintendent [ˌsuːpᵊrɪn'tendᵊnt] *n* ① (*person in charge*) Aufsicht *f;* *of schools* Oberschulrat *m/*-rätin *f* ② BRIT (*police officer*) Hauptkommissar(in) *m(f)*

superior [suː'pɪəriəʳ] **I.** *adj* ① (*higher in rank*) höhergestellt, vorgesetzt; **to be ~ [to sb]** [jdm] vorgesetzt sein ② (*better*) überlegen; **to be ~ in numbers** in der Überzahl sein **II.** *n* (*higher person*) Vorgesetzte(r) *f(m)*

superiority [suːˌpɪəri'ɒrəti] *n no pl* Überlegenheit *f* (**over** über)

superlative [suː'pɜːlətɪv] **I.** *adj* ❶ (*best*) unübertrefflich, sagenhaft ❷ LING superlativisch *fachspr;* ~ **form** Superlativ *m* **II.** *n* LING (*form*) Superlativ *m*

supermarket ['suːpəˌmɑːkɪt] *n* Supermarkt *m;* ~ **trolley** Einkaufswagen *m*

superpower *n* Supermacht *f* **supersized** ['suːpəsaɪzd] *adj* gigantisch

supersonic [ˌsuːpə'sɒnɪk] *adj* Überschall-

superstitious [ˌsuːpə'stɪʃəs] *adj* abergläubisch

superstore ['suːpəstɔːʳ] *n* Großmarkt *m,* Verbrauchermarkt *m*

supervise ['suːpəvaɪz] *tr verb* beaufsichtigen

supervision [ˌsuːpə'vɪʒᵊn] *n no pl of children* Beaufsichtigung *f;* **without** ~ unbeaufsichtigt

supervisor ['suːpəvaɪzəʳ] *n* (*person in charge*) Aufsichtsbeamte(r) *m,* Aufsichtsbeamte [*o* -in] *f;* (*in factory*) Vorarbeiter(in) *m(f)*

supervisory [ˌsuːpə'vaɪzᵊri] *adj* Aufsichts-

supper ['sʌpəʳ] *n* Abendessen *nt,* Abendbrot *nt,* Nachtmahl *nt* ÖSTERR

supple ['sʌpl̩] *adj human body* gelenkig, geschmeidig; *leather* geschmeidig

supplement¹ ['sʌplɪmənt] *n* ❶ (*something extra*) Ergänzung *f* (**to** zu) ❷ MED **vitamin** ~ Nahrungsmittelergänzung *f* ❸ (*section*) Beilage *f* ❹ BRIT (*surcharge*) Zuschlag *m*

supplement² ['sʌplɪment] *tr verb* ergänzen; **to ~ one's income by doing sth** sein Einkommen aufbessern, indem man etw tut

S

supplemental ['sʌpləmenṱᵊl] *adj* AM *see* **supplementary**

supplementary ['sʌpləmentᵊri] *adj* ❶ (*additional*) ergänzend *attr,* zusätzlich, Zusatz- ❷ MATH supplementär

supplier [sə'plaɪəʳ] *n* Lieferant(in) *m(f);* (*company*) Lieferfirma *f*

supply [sə'plaɪ] **I.** *tr verb* <-ie-> ❶ (*provide sth*) **to ~ sth** für etw sorgen, etw bereitstellen ❷ (*provide sb with sth*) **to ~ sb** jdn versorgen; ECON jdn mit etw beliefern ❸ (*satisfy*) **to ~ a demand** eine Nachfrage befriedigen **II.** *n* ❶ (*stock*) Vorrat *m* (**of** an) ❷ *no pl* (*action*) Versorgung *f;* **oil/petrol ~** Öl-/Benzinzufuhr *f* ❸ ECON Angebot *nt;* ~ **and demand** Angebot und Nachfrage; **to be in short ~** Mangelware sein ❹ **supplies** *pl* (*provision*) Versorgung *f kein Pl;* **to cut off supplies** die Lieferungen einstellen ❺ (*amount available*) **supplies** Vorräte *Pl*

supply teacher *n* BRIT, AUS Aushilfslehrer(in) *m(f),* Vertretungslehrer(in) *m(f)*

support [sə'pɔːt] **I.** *tr verb* ❶ (*hold up*) stützen; **to be ~ed on/by sth** von etw gestützt werden; **to ~ oneself on sth** sich auf etw *Akk* stützen ❷ (*provide with necessities*) **to ~ sb** für jds Lebensunterhalt *m* aufkommen; **to ~ a family** eine Familie unterhalten ❸ (*encourage*) unterstützen; *plan* befürworten ❹ SPORTS **to ~ a sportsman/team** für einen Sportler/ein Team sein **II.** *n* ❶ (*prop*) Stütze *f;* ARCHIT Träger *m* ❷ (*act of holding*) **to give sth ~** einer S. *Dat* Halt geben ❸ (*material assistance*) Unterstützung *f;* LAW Unterhalt *m* ❹ *no pl* (*comfort*) Stütze *f fig;* **to give sb moral ~** jdn moralisch unterstützen ❺ COMPUT Support *m*

supportable [sə'pɔːtəbl̩] *adj* (*form*) vertretbar

support act *n* MUS Vorgruppe *f,* Vorprogramm *nt*

supporter [sə'pɔːtəʳ] *n* (*encouraging person*) Anhänger(in) *m(f); of a campaign, a policy* Befürworter(in) *m(f)*

supportive [sə'pɔːtɪv] *adj* (*approv*) **to be ~ of sb** jdn unterstützen; **to be ~ of sth** etw unterstützen [*o* befürworten]

suppose [sə'pəʊz] *tr verb* ❶ (*think likely*) **to ~ [that] ...** annehmen [*o* vermuten], dass ...; **I don't ~ you could ...** Sie könnten mir nicht zufällig ... ❷ (*believe*) glauben, vermuten; **her new book is ~d to be very good** ihr neues Buch soll sehr gut sein ❸ *pred* (*expected*) **you're ~d to be asleep** du solltest eigentlich schon schlafen ❹ *pred, usu neg* (*allowed*) **you're not ~d to park here!** Sie dürfen hier nicht parken! ▶ **I ~ so** wahrscheinlich

supposed [sə'pəʊzd] *adj attr* vermutet, angenommen

supposedly [sə'pəʊzɪdli] *adv* ❶ (*allegedly*) angeblich ❷ (*apparently*) anscheinend, scheinbar

supposing [sə'pəʊzɪŋ] *conj* angenommen; ~ **he doesn't show up?** was, wenn er nicht erscheint?; **but ~ ...** aber wenn ...; **always ~ ...** immer unter der Annahme, dass ...

suppress [səˈpres] *tr verb* ① (*end*) unterdrücken; *revolution* niederschlagen ② (*restrain*) *feelings, urges* unterdrücken ③ (*inhibit*) hemmen ④ PSYCH *ideas, memories* verdrängen

supremacy [suːˈpreməsi] *n no pl* Vormachtstellung *f;* SPORTS Überlegenheit *f*

supreme [suːˈpriːm] **I.** *adj* ① (*superior*) höchste(r, s), oberste(r, s) ② (*extreme*) äußerste(r, s), größte(r, s) **II.** *n no pl* FOOD **turkey ~** ≈ Putengeschnetzeltes *nt* (*in Sahnesauce*)

surcharge [ˈsɜːtʃɑːdʒ] **I.** *n* Zuschlag *m* **II.** *tr verb usu passive* **to ~ sth** einen Zuschlag auf etw *Akk* erheben

sure [ʃʊəʳ] **I.** *adj* ① *pred* (*confident*) sicher; **to be ~ [that] ...** [sich *Dat*] sicher sein, dass ...; **are you ~?** bist du sicher?; **I'm not really ~** ich weiß nicht so genau; **to feel ~ [that] ...** überzeugt [davon] sein, dass ... ② (*certain*) sicher, gewiss; **where are we ~ to have good weather?** wo werden wir aller Voraussicht nach gutes Wetter haben? ③ (*true*) sicher; **one ~ way [of doing sth]** ein sicherer Weg [etw zu tun] ④ *attr* (*reliable*) **a ~ sign of sth** ein sicheres Zeichen für etw ▶ **~ enough** tatsächlich **II.** *adv esp* AM (*fam: certainly*) echt; **I ~ am hungry!** hab ich vielleicht einen Hunger! **III.** *interj* (*fam*) **oh ~!** (*iron*) [aber] natürlich!

sure-footed *adj* ① (*able to walk*) trittsicher ② (*confident*) sicher, souverän *geh*

surely [ˈʃɔːli, ˈʃʊə-] *adv* ① (*certainly*) sicher[lich] ② (*showing astonishment*) doch; **~ not!** das darf doch wohl nicht wahr sein!; **~ you don't expect me to believe that!** du erwartest doch wohl nicht, dass ich dir das abnehme!

surf [sɜːf] **I.** *n* Brandung *f* **II.** *intr verb* ① (*on surfboard*) surfen ② (*windsurf*) windsurfen **III.** *tr verb* COMPUT **to ~ the Internet** im Internet surfen

surface [ˈsɜːfɪs] **I.** *n* Oberfläche *f;* **road ~** Straßenbelag *m;* **on the ~** (*fig*) äußerlich betrachtet **II.** *intr verb* auftauchen *a. fig* **III.** *tr verb* **to ~ sth** etw mit einem Belag versehen **IV.** *adj attr* ① (*of outer part*) oberflächlich; (*outward*) äußerlich ② (*not underwater*) Überwasser-

surface area *n* Fläche *f* **surface tension** *n* PHYS Oberflächenspannung *f*

surfboard [ˈsɜːfbɔːd] *n* Surfbrett *nt*

surfer [ˈsɜːfəʳ] *n,* AUS *fam* **surfie** [ˈsɜːfi] *n* Surfer(in) *m(f)*

surfing [ˈsɜːfɪŋ] *n no pl* Surfen *nt;* (*windsurfing*) Windsurfen *nt*

surge [sɜːdʒ] **I.** *intr verb* ① (*move powerfully*) *sea* branden; *waves, people* wogen ② (*increase strongly*) *profits* [stark] ansteigen ③ (*fig*) **to ~ [up]** (*well up*) *emotion* aufwallen **II.** *n* ① (*sudden increase*) [plötzlicher] Anstieg ② (*large wave*) Woge *f;* (*tidal breaker*) Flutwelle *f* ③ (*fig: wave of emotion*) Welle *f*

surgeon [ˈsɜːdʒᵊn] *n* Chirurg(in) *m(f)*

surgery [ˈsɜːdʒᵊri] *n* ① BRIT, AUS (*doctor's premises*) [Arzt]praxis *f;* **~ hours** Sprech[stunden]zeiten *Pl* ② *no pl* (*surgical treatment*) chirurgischer Eingriff

surgical [ˈsɜːdʒɪkᵊl] *adj* ① (*used by surgeons*) *gloves, instruments* chirurgisch ② (*orthopaedic*) orthopädisch; **~ stocking** Stützstrumpf *m*

surly [ˈsɜːli] *adj* unwirsch, ruppig

surname [ˈsɜːneɪm] *n* Familienname *m,* Nachname *m*

surpass [səˈpɑːs] *tr verb* übertreffen; **to ~ oneself** sich selbst übertreffen

surplus [ˈsɜːpləs] **I.** *n* <*pl* **-es**> Überschuss *m* (**of** an) **II.** *adj* überschüssig

surprise [səˈpraɪz] **I.** *n* Überraschung *f;* **~! ~!** (*fam*) Überraschung! *a. iron;* **to take sb by ~** jdn überraschen; **to sb's [great] ~** zu jds [großem] Erstaunen **II.** *tr verb* überraschen; **well, you do ~ me** nun, das erstaunt mich!; **to ~ sb doing sth** jdn bei etw ertappen **III.** *adj attr* überraschend, unerwartet

surprising [səˈpraɪzɪŋ] *adj* überraschend

surprisingly [səˈpraɪzɪŋli] *adv* ① (*remarkably*) erstaunlich ② (*unexpectedly*) überraschenderweise

surrender [sᵊrˈendəʳ] **I.** *intr verb* ① MIL aufgeben, kapitulieren; **to ~ to sb** sich jdm ergeben ② (*fig: give in*) nachgeben, kapitulieren; **to ~ to temptation** der Versuchung erliegen **II.** *tr verb* (*form*) ① (*give*) **to ~ sth [to sb]** [jdm] etw übergeben; **to ~ a claim** auf einen Anspruch

S

verzichten; **to ~ weapons** Waffen abgeben ❷ (*abandon*) **to ~ oneself to sth** sich einer S. *Dat* überlassen **III.** *n no pl* Kapitulation *f* (**to** vor)

surrogate ['sʌrəgɪt] **I.** *adj attr* Ersatz- **II.** *n* Ersatz *m,* Surrogat *nt geh* (**for** für)

surround [sə'raʊnd] **I.** *tr verb* ❶ (*enclose*) umgeben ❷ (*encircle*) einkreisen; MIL umstellen ❸ (*have as companions*) **to ~ oneself with sb** sich mit jdm umgeben **II.** *n esp* BRIT ❶ (*border*) Rahmen *m* ❷ (*area around sth*) Umrahmung *f,* Einfassung *f*

surrounding [sə'raʊndɪŋ] *adj attr* umgebend; **~ area** Umgebung *f;* **the ~ buildings/gardens** die umliegenden Gebäude/Gärten

surroundings [sə'raʊndɪŋs] *npl* Umgebung *f*

surveillance [sɜː'veɪlən(t)s] *n no pl* Überwachung *f,* Kontrolle *f;* **to be under ~** unter Beobachtung stehen

survey[1] [sə'veɪ] *tr verb* ❶ (*research*) befragen ❷ (*look at*) betrachten ❸ (*map out*) vermessen ❹ BRIT *building, house* begutachten

survey[2] ['sɜːveɪ] *n* ❶ (*opinion poll*) Untersuchung *f;* (*research*) Studie *f;* **local/nationwide ~** örtliche/landesweite Umfrage ❷ (*overview*) Übersicht *f*

survival [sə'vaɪvəl] *n no pl* Überleben *nt;* **chance of ~** Überlebenschance *f* ▶ **the ~ of the fittest** das Überleben des Stärkeren

survive [sə'vaɪv] **I.** *intr verb* ❶ (*stay alive*) überleben, am Leben bleiben; **to ~ on sth** sich mit etw am Leben halten ❷ (*fig*) erhalten bleiben; *monument* überdauern; *tradition* fortbestehen **II.** *tr verb* überleben

S

surviving [sə'vaɪvɪŋ] *adj* ❶ (*still living*) noch lebend ❷ (*outliving relative*) hinterblieben; **~ dependant** unterhaltspflichtige(r) Hinterbliebene(r) ❸ (*fig: still existing*) [noch] vorhanden

survivor [sə'vaɪvəʳ] *n* Überlebende(r) *f(m)*

susceptible [sə'septəbl̩] *adj* ❶ *usu pred* (*easily influenced*) **to be ~ to sth** für etw empfänglich sein ❷ MED anfällig (**to** für)

suspect[1] [sə'spekt] *tr verb* ❶ (*think likely*) vermuten; **I ~ed as much** das habe ich mir gedacht ❷ (*consider guilty*) verdächtigen; **to be ~ed of sth** einer S. *Gen* verdächtigt werden

suspect[2] ['sʌspekt] **I.** *n* Verdächtige(r) *f(m);* (*fig*) Verursacher(in) *m(f)* **II.** *adj* ❶ *usu attr* (*possibly dangerous*) verdächtig, suspekt ❷ (*possibly defective*) zweifelhaft

suspend [sə'spend] *tr verb* ❶ (*stop temporarily*) [vorübergehend] aussetzen, einstellen ❷ LAW (*make temporarily inoperative*) **to ~ a sentence** eine Strafe [zur Bewährung] aussetzen ❸ (*from work*) suspendieren; (*from school*) [zeitweilig] [vom Unterricht] ausschließen; SPORTS sperren ❹ *usu passive* (*hang*) herabhängen (**from** von)

suspender [sə'spendəʳ] *n* ❶ (*for stockings*) **~ [belt]** Strumpfbandhalter *m* ❷ AM (*braces*) **~s** Hosenträger *Pl*

suspense [sə'spen(t)s] *n no pl* Spannung *f;* **to keep sb in ~** jdn im Ungewissen lassen

suspension [sə'spen(t)ʃən] *n* ❶ *no pl* (*temporary stoppage*) [zeitweilige] Einstellung ❷ (*from work, school*) Suspendierung *f;* SPORTS Sperrung *f* ❸ AUTO Federung *f,* Radaufhängung *f*

suspension bridge *n* Hängebrücke *f*

suspicion [sə'spɪʃən] *n* Verdacht *m;* **to be above ~** über jeglichen Verdacht erhaben sein; **to be under ~** unter Verdacht stehen

suspicious [sə'spɪʃəs] *adj* ❶ (*causing suspicion*) verdächtig ❷ (*feeling suspicion*) misstrauisch; **to be ~ of sth** einer S. *Dat* gegenüber skeptisch sein

suss [sʌs] *tr verb esp* BRIT, AUS **to ~ [out]** ↻ **sb/sth** ❶ (*understand*) jdn/etw durchschauen ❷ (*discover*) jdm/etw auf die Spur kommen; **to ~ [out] that ...** herausfinden, dass ...

sustain [sə'steɪn] *tr verb* ❶ (*form: suffer*) **to ~ damage** Schaden erleiden; *object* beschädigt werden ❷ (*maintain*) aufrechterhalten

sustainable [sə'steɪnəbl̩] *adj* ❶ (*maintainable*) haltbar; *argument* stichhaltig; **sth is ~** etw kann aufrechterhalten werden ❷ ECOL erhaltbar; *resources* erneuerbar

sustained [sə'steɪnd] *adj* ❶ (*long-lasting*) anhaltend ❷ (*determined*) nachdrücklich; **to make a ~ effort to do sth** entschieden an etw *Akk* herangehen

sustenance ['sʌstɪnən(t)s] *n no pl* ① (*form: food*) Nahrung *f* ② (*form: nutritious value*) Nährwert *m*

swab [swɒb] *n* MED ① (*pad*) Tupfer *m* ② (*test sample*) Abstrich *m*

swagger ['swægəʳ] **I.** *intr verb* (*walk boastfully*) stolzieren **II.** *n no pl* Angeberei *f pej fam,* Prahlerei *f*

swallow¹ ['swɒləʊ] *n* (*bird*) Schwalbe *f*

swallow² ['swɒləʊ] **I.** *n* ① (*action*) Schlucken *nt kein Pl* ② (*quantity*) Schluck *m* **II.** *tr verb* ① (*eat*) [hinunter]schlucken; (*greedily*) verschlingen ② (*fig: engulf*) **to ~ [up] ↻ sb/sth** jdn/etw verschlingen ③ (*fig: suppress*) *disappointment* hinunterschlucken *fam;* **to ~ one's pride** seinen Stolz überwinden **III.** *intr verb* schlucken ◆ **swallow down** *tr verb* **to ~ down ↻ sth** etw hinunterschlucken; (*gulp down*) etw hinunterschlingen

swam [swæm] *intr verb, vt pt of* **swim**

swamp [swɒmp] **I.** *tr verb* ① (*fill with water*) *boat* voll laufen lassen ② (*flood*) überschwemmen, unter Wasser setzen ③ (*fig: overwhelm*) überschwemmen; **I'm ~ed with work at the moment** im Moment ersticke ich in Arbeit **II.** *n* Sumpf *m*

swan [swɒn] **I.** *n* Schwan *m* **II.** *intr verb* <-nn-> BRIT, AUS (*usu pej fam*) **to ~ about** herumtrödeln; **to ~ down the street** die Straße hinunterschlendern; **to ~ into the room** ins Zimmer spaziert kommen; **to ~ off** abziehen

swank [swæŋk] (*pej*) **I.** *intr verb* (*fam*) herumprotzen (**about** mit) **II.** *n no pl* (*fam*) Prahlerei *f pej*

swanky ['swæŋki] *adj* (*fam*) ① (*stylish*) schick ② (*pej: boastful*) protzig *pej fam*

swap [swɒp] **I.** *n* ① (*exchange*) Tausch *m;* (*interchange*) Austausch *m* ② (*deal*) Tauschhandel *m* **II.** *tr verb, vi* <-pp-> tauschen; **to ~ sth for sth** etw gegen etw eintauschen; **to ~ with sb** mit jdm tauschen

swarm [swɔːm] **I.** *n* ① (*of insects*) Schwarm *m* ② + *sing/pl verb* (*fig: of people*) Schar *f* **II.** *intr verb* ZOOL *insects* schwärmen

swastika ['swɒstɪkə] *n* Hakenkreuz *nt*

sway [sweɪ] **I.** *intr verb person* schwanken; *trees* sich wiegen; **to ~ from side to side** hin und her schwanken **II.** *tr verb* ① (*swing*) schwenken; *wind* wiegen ② *usu passive* (*influence*) **to be ~ed by sb/sth** sich von jdm/etw beeinflussen lassen

swear <swore, sworn> [sweəʳ] **I.** *intr verb* ① (*curse*) fluchen (**at** auf) ② (*take an oath*) schwören, einen Eid ablegen **II.** *tr verb* schwören; **to ~ an oath** einen Eid leisten [*o* ablegen] ◆ **swear in** *tr verb usu passive* vereidigen

swearing *n* Fluchen *nt*

swear word *n* derbes Schimpfwort, Fluch *m*

sweat [swet] **I.** *n no pl* ① (*perspiration*) Schweiß *m* ② (*fig fam: worried state*) **to work oneself into a ~ [about sth]** sich [wegen einer S. *Dat*] verrückt machen *fam* **II.** *intr verb* (*perspire*) schwitzen (**with** vor) **III.** *tr verb* ▶ **to ~ blood** Blut [und Wasser] schwitzen *fam* ◆ **sweat out** *tr verb* **to ~ it out** (*exercise hard*) sich verausgaben; (*suffer while waiting*) zittern

sweat [swet] *n* (*fam*) *short for* **sweatshirt**

sweater ['swetəʳ] *n* Pullover *m,* Sweater *m*

sweat gland *n* Schweißdrüse *f* **sweatshirt** *n* Sweatshirt *nt*

sweaty ['sweti] *adj* ① (*covered in sweat*) *person* verschwitzt ② (*causing sweat*) *work* schweißtreibend

swede [swiːd] *n* BRIT, AUS FOOD Kohlrübe *f*

Swede [swiːd] *n* Schwede *m,* Schwedin *f*

Sweden ['swiːdᵊn] *n no pl* Schweden *nt*

Swedish ['swiːdɪʃ] **I.** *n no pl* Schwedisch *nt,* das Schwedische **II.** *adj* schwedisch

sweep [swiːp] **I.** *n* ① *no pl* (*a clean with a brush*) Kehren *nt,* Fegen *nt* NORDD ② (*hist: chimney sweep*) Schornsteinfeger(in) *m(f)* ③ (*range*) Reichweite *f* **II.** *tr verb* <swept, swept> ① (*with a broom*) kehren, fegen NORDD ② (*take in powerful manner*) **smiling, he swept me into his arms** lächelnd schloss er mich in seine Arme ③ (*spread*) **a 1970s fashion revival is ~ing Europe** die wiederentdeckte Mode der 70-er rollt derzeit über Europa hinweg ▶ **to ~ sb off his/her feet** jdm den Kopf verdrehen *fam* ◆ **sweep along I.** *tr verb* **to ~**

sb along jdn mitreißen **II.** *intr verb wind, rain* dahinfegen; *water* dahinrollen; *epidemics* grassieren ◆**sweep aside** *tr verb* ❶ *(cause to move)* [hin]wegfegen ❷ *(fig: dismiss) doubts, objections* beiseiteschieben, abtun ◆**sweep away** *tr verb (remove)* [hin]wegfegen; *water* fortspülen ◆**sweep down I.** *tr verb* **to ~ down** ↻ **sth** etw mitreißen **II.** *intr verb (roll towards)* abfallen; **the mountains ~ down to the sea** die Berge fallen zum Meer hin ab ◆**sweep out I.** *tr verb* auskehren, ausfegen NORDD **II.** *intr verb* hinausstürmen ◆**sweep up I.** *tr verb (brush up)* zusammenkehren, zusammenfegen NORDD **II.** *intr verb (move towards)* heranrauschen

sweeper ['swi:pəʳ] *n* ❶ *(device)* Kehrmaschine *f* ❷ *(person)* [Straßen]feger(in) *m(f)* ❸ FBALL Libero *m*

sweeping ['swi:pɪŋ] *adj (large-scale)* weitreichend; *changes* einschneidend; *cuts* drastisch

sweet [swi:t] **I.** *adj* ❶ *(like sugar)* süß ❷ *(not dry) wine* lieblich ❸ *(fig: endearing)* süß, niedlich; *(pleasant)* angenehm **II.** *n* ❶ *esp* BRIT, AUS *(candy)* Süßigkeit *f meist Pl;* **boiled ~** Bonbon *nt* ❷ BRIT, AUS *(dessert)* Nachspeise *f* ❸ *(fam: term of endearment)* Schatz *m*

sweet-and-sour *adj* süßsauer **sweet chestnut** *n* Esskastanie *f* **sweetcorn** *n no pl* [Zucker]mais *m*

sweeten ['swi:tᵊn] *tr verb* ❶ *(make sweet)* süßen ❷ *(make more amenable)* **to ~ [up]** ↻ **sb** jdn günstig stimmen

sweetener ['swi:tᵊnəʳ] *n no pl* Süßstoff *m*

S

sweetheart *n* ❶ *(liter: girlfriend, boyfriend)* Freund(in) *m(f)* ❷ *(term of endearment)* Liebling *m,* Schatz *m fam*

sweetie ['swi:ti] *n* ❶ *(childspeak: candy)* Bonbon *m o nt* ❷ *(nice person)* Schatz *m fam* ❸ *(term of endearment)* Liebling *m*

sweetness ['swi:tnəs] *n no pl* ❶ *(sweet taste)* Süße *f* ❷ *(fig: pleasantness) of sb's nature* Freundlichkeit *f*

sweet-talk *tr verb* **to ~ sb** jdn einwickeln *fam;* **to ~ sb into doing sth** jdn beschwatzen etw zu tun

sweet tooth *n* **to have a ~** gerne Süßigkeiten essen

swell <swelled, swollen *or* swelled> [swel] **I.** *tr verb* ❶ *(enlarge)* anwachsen lassen; *rain* anschwellen lassen ❷ *(fig: increase)* [an]steigen lassen **II.** *intr verb* ❶ *(become swollen)* **to ~ [up]** anschwellen ❷ *(increase)* zunehmen; *population* ansteigen **III.** *adj* AM *(dated fam)* spitze

swelling ['swelɪŋ] *n* MED *(lump)* Schwellung *f,* Geschwulst *f*

sweltering ['sweltᵊrɪŋ] *adj* drückend heiß; *heat, weather* schwül

swept [swept] *tr verb, vi pt of* **sweep**

swerve [swɜ:v] **I.** *intr verb (change direction)* [plötzlich] ausweichen; *horse* seitlich ausbrechen; *car* ausscheren **II.** *n* ❶ *(sudden move)* plötzliche Seitenbewegung, Schlenker *m* ❷ *(fig)* Abweichung *f;* POL Richtungswechsel *m*

swift[1] [swɪft] *adj* schnell

swift[2] [swɪft] *n* ORN Mauersegler *m*

swiftly ['swɪftli] *adv* schnell, rasch

swig [swɪg] *(fam)* **I.** *tr verb* <-gg-> schlucken **II.** *n* Schluck *m*

swim [swɪm] **I.** *intr verb* <swam *or* AUS *a.* swum, swum, -mm-> schwimmen *a. fig;* **to go ~ming** schwimmen gehen **II.** *tr verb* <swam *or* AUS *a.* swum, swum, -mm-> **to ~ a river/channel** einen Fluss/Kanal durchschwimmen; **to ~ a few strokes** ein paar Züge schwimmen **III.** *n* Schwimmen *nt kein Pl;* **to go for/have a ~** schwimmen gehen/schwimmen

swimmer ['swɪməʳ] *n* ❶ *(person)* Schwimmer(in) *m(f)* ❷ AUS *(fam: clothes)* **~s** *pl* Schwimmsachen *Pl*

swimming ['swɪmɪŋ] *n no pl* Schwimmen *nt*

swimming baths *n pl* BRIT Schwimmbad *nt* **swimming cap** *n* Badekappe *f,* Badehaube *f* ÖSTERR **swimming costume** *n* BRIT, AUS Badeanzug *m* **swimming match** *n* Schwimmwettbewerb *m* **swimming pool** *n* Schwimmbecken *nt;* *(private)* Swimmingpool *m;* *(public)* Schwimmbad *nt;* **indoor/outdoor ~** Hallen-/Freibad *nt* **swimming trunks** *npl* Badehose *f*

swimsuit *n esp* AM Badeanzug *m*

swindle ['swɪndl̩] **I.** *tr verb* betrügen; **to ~ sb out of sth** jdn um etw betrügen **II.** *n* Betrug *m kein Pl*

swine [swaɪn] *n* ❶ <*pl* - *or* -s> *(pej*

fam: person) Schwein *nt* ② <*pl* -> (*liter: pig*) Schwein *nt*

swing [swɪŋ] **I.** *n* ① (*movement*) Schwingen *nt kein Pl* ② (*hanging seat*) Schaukel *f* ③ (*change*) Schwankung *f;* POL Umschwung *m* ④ *no pl* MUS Swing *m* ▸ **to be in full ~** voll im Gang sein **II.** *intr verb* <swung, swung> ① (*move*) [hin und her] schwingen; (*move circularly*) sich drehen ② (*attempt to hit*) zum Schlag ausholen; **to ~ at sb** nach jdm schlagen ③ (*in playground*) schaukeln ④ (*alternate*) *mood* schwanken **III.** *tr verb* <swung, swung> ① (*move*) [hin- und her-] schwingen; (*on a swing*) *child* schaukeln ② (*fam: arrange*) **to ~ it** es deichseln; **to ~ an election** (*pej*) eine Wahl herumreißen **IV.** *adj voter, state* entscheidend ◆**swing around, swing round I.** *intr verb* ① (*turn around*) sich schnell umdrehen; (*in surprise, fright*) herumfahren ② (*go fast*) **she swung around the corner at full speed** sie kam mit vollem Tempo um die Ecke geschossen **II.** *tr verb* ① (*turn round*) **to ~ sth around** etw [her]umdrehen ② (*change*) **to ~ a conversation [a]round to sth** ein Gespräch auf etw *Akk* bringen

swing door *n* BRIT, AUS Schwingtür *f,* Pendeltür *f*

swipe [swaɪp] **I.** *intr verb* schlagen (**at** nach) **II.** *tr verb* ① BRIT (*swat*) [hart] schlagen ② (*pass through*) *magnetic card* durchziehen, einlesen **III.** *n* Schlag *m;* **to take a ~ at sb/sth** auf jdn/etw losschlagen

swirl [swɜːl] **I.** *intr verb* wirbeln **II.** *tr verb* (*move circularly*) **to ~ sth around** etw herumwirbeln **III.** *n of water* Strudel *m; of snow, wind* Wirbel *m; of dust* Wolke *f*

swish [swɪʃ] **I.** *intr verb* ① (*make hissing noise*) zischen ② (*make brushing noise*) rascheln **II.** *tr verb liquid* hin und her schwenken **III.** *adj* <-er, -est> (*fam: posh*) todschick **IV.** *n* (*sound*) Rascheln *nt kein Pl*

Swiss [swɪs] **I.** *adj* Schweizer-, schweizerisch **II.** *n* <*pl* -> Schweizer(in) *m(f)*

switch [swɪtʃ] **I.** *n* <*pl* -es> ① (*control*) Schalter *m;* **to flick a ~** einen Schalter an-/ausknipsen ② (*substitution*) Wechsel *m meist sing* ③ AM RAIL (*points*) Weiche *f* **II.** *intr verb* wechseln, tauschen **III.** *tr verb* ① (*adjust settings*) umschalten ② (*change abruptly*) wechseln ③ (*substitute*) auswechseln ◆**switch off I.** *tr verb* ELEC ausschalten **II.** *intr verb* ① (*turn off*) ausschalten ② (*stop paying attention*) abschalten *fam* ◆**switch on I.** *tr verb* ELEC (*a. fig*) einschalten; *the TV* anmachen; **to ~ on the charm** seinen ganzen Charme aufbieten **II.** *intr verb* einschalten, anschalten ◆**switch over** *intr verb* wechseln (**to** zu); TV umschalten (**to** auf)

switchman <-men> *n* AM Weichensteller(in) *m(f)*

switchyard *n* AM Rangierbahnhof *m*

Switzerland [ˈswɪtsᵊlənd] *n* die Schweiz; **to ~** in die Schweiz

swivel [ˈswɪvᵊl] **I.** *n* Drehring *m,* Drehgelenk *nt* **II.** *tr verb* <BRIT, AUS -ll- *or* AM *usu* -l-> drehen **III.** *intr verb* <BRIT, AUS -ll- *or* AM *usu* -l-> sich drehen

swivel chair *n* Drehstuhl *m*

swollen [ˈswəʊlən] **I.** *pp of* **swell II.** *adj* ① (*puffy*) geschwollen; *face* aufgequollen ② (*larger than usual*) angeschwollen

swoop [swuːp] **I.** *n* Sturzflug *m* **II.** *intr verb* (*dive*) niederstoßen, herabstoßen

swop <-pp-> [swɒp] *tr, intr verb, esp* BRIT, CAN *see* **swap**

sword [sɔːd] *n* Schwert *nt*

swore [swɔːʳ] *pt of* **swear**

sworn [swɔːʳn] **I.** *pp of* **swear II.** *adj attr* beschworen, beeidet; **~ enemy** Todfeind(in) *m(f)*

swot <-tt-> [swɒt] **I.** *tr, intr verb* BRIT, AUS (*fam*) **to ~ [up (on)]** büffeln, pauken **II.** *n* (*pej*) Streber(in) *m(f)*

swozzled [swɑːzl̩d] *adj pred* AM (*sl*) besoffen *derb*

swum [swʌm] *pp, a. Aus pt of* **swim**

swung [swʌŋ] *pt, pp of* **swing**

syllable [ˈsɪləbl̩] *n* ① Silbe *f* ② (*fig*) **they haven't spoken one ~ to each other all day** sie haben den ganzen Tag über noch keinen Ton miteinander gesprochen

syllabus <*pl* -es *or form* syllabi> [ˈsɪləbəs, *pl* -aɪ] *n* Lehrplan *m*

symbol [ˈsɪmbᵊl] *n* Symbol *nt,* Zeichen *nt*

S

symbolize ['sɪmbəlaɪz] *tr verb* symbolisieren

symmetrical [sɪ'metrɪkəl] *adj* symmetrisch; *face* ebenmäßig

symmetry ['sɪmətri] *n no pl* (*balance*) Symmetrie *f;* (*evenness*) Ebenmäßigkeit *f*

sympathetic [ˌsɪmpə'θetɪk] *adj* ❶ (*understanding*) verständnisvoll; **to be ~ about sth** für etw Verständnis haben; (*sympathizing*) mitfühlend ❷ (*likeable*) *fictional characters* sympathisch

sympathize ['sɪmpəθaɪz] *intr verb* ❶ (*show understanding*) Verständnis haben; (*show compassion*) Mitleid haben ❷ (*agree with*) sympathisieren

sympathy ['sɪmpəθi] *n* ❶ *no pl* (*compassion*) Mitleid *nt* (**for** mit); (*commiseration*) Mitgefühl *nt* ❷ (*condolences*) **sympathies** Beileid *nt kein Pl*

symphony ['sɪm(p)fəni] *n* Sinfonie *f,* Symphonie *f;* ~ **orchestra** Sinfonieorchester *nt*

symptom ['sɪm(p)təm] *n* ❶ MED Symptom *nt,* Krankheitszeichen *nt* ❷ (*fig: indicator*) [An]zeichen *nt,* Symptom *nt geh*

synagogue ['sɪnəgɒg] *n* Synagoge *f*

synchronize ['sɪŋkrənaɪz] **I.** *tr verb* aufeinander abstimmen **II.** *intr verb* zeitlich zusammenfallen

synchrony ['sɪŋkrəni] *n no pl* SCI Synchronie *f*

syndicate[1] ['sɪndɪkət] *n* ❶ + *sing/pl verb* COMM, FIN Syndikat *nt,* Verband *m* ❷ JOURN Pressesyndikat *nt*

syndicate[2] ['sɪndɪkeɪt] *tr verb* ❶ JOURN an mehrere Zeitungen verkaufen ❷ (*finance*) über ein Syndikat finanzieren

syndrome ['sɪndrəʊm] *n* MED (*a. fig*) Syndrom *nt*

synonym ['sɪnənɪm] *n* Synonym *nt*

synonymous [sɪ'nɒnɪməs] *adj* synonym

synopsis <*pl* -ses> [sɪ'nɒpsɪs, *pl* -si:z] *n* Zusammenfassung *f*

synthetic [sɪn'θetɪk] **I.** *adj* synthetisch, künstlich; ~ **fibre** Kunstfaser *f* **II.** *n* synthetischer Stoff

syringe [sɪ'rɪndʒ] *n* MED Spritze *f*

syrup ['sɪrəp] *n no pl* Sirup *m*

system ['sɪstəm] *n* System *nt*

systematic [ˌsɪstə'mætɪk] *adj* systematisch

system error *n* Systemfehler *m* **system registry** *n* Systemregistrierung *f*

S

Tt

T <*pl* -'s *or* -s>, **t** <*pl* -'s> [tiː] *n* T *nt*, t *nt; see also* **A 1** ► **to a T** (*fam*) haargenau; **that fits him to a T** das passt ihm wie angegossen; **that's Philip to a T** das ist Philip, wie er leibt und lebt

t *n abbrev of* **metric ton** t

T [tiː] *n* (*fam*) *short for* **T-shirt** T-Shirt *nt*

ta [tɑː] *interj* Brit (*fam: thanks*) danke

tab [tæb] *n* ① (*flap*) Lasche *f;* (*on file*) [Kartei]reiter *m* ② COMPUT Schreibschutz *m* ③ (*fam: bill*) Rechnung *f;* **to pick up the ~** die Rechnung übernehmen ④ Am (*ring pull*) Dosenring *m*

table ['teɪbl̩] *n* ① Tisch *m;* **to lay the ~** den Tisch decken ② (*information*) Tabelle *f* ► **to turn the ~s on sb** jdm gegenüber den Spieß umdrehen *fam*

tablecloth *n* Tischtuch *nt* **tablespoon** *n* (*for measuring*) Esslöffel *m;* (*for serving*) Servierlöffel *m*

tablet ['tɒblət] *n* ① (*pill*) Tablette *f* ② (*flat slab*) Block *m;* **~ of soap** Brit Stück *nt* Seife ③ (*writing pad*) Notizblock *m* ④ COMPUT Tablet *nt*, Tablet-PC *m*

table tennis *n no pl* Tischtennis *nt*

tabloid ['tæblɔɪd] *n* Boulevardzeitung *f*

taboo [tə'buː], **tabu** **I.** *n* Tabu *nt;* **to break a ~** gegen ein Tabu verstoßen **II.** *adj* tabu, Tabu-; **a ~ subject** ein Tabuthema *nt*

tabular ['tæbjələʳ] *adj* tabellarisch

tabulate ['tæbjəleɪt] *tr verb* (*form*) tabellarisch [an]ordnen

tachometer [tæk'ɒmɪtəʳ] *n* Tachometer *m*

tack [tæk] **I.** *n* ① (*nail*) kurzer Nagel; (*pin*) Reißzwecke *f* ② *no pl* (*riding gear*) Sattel- und Zaumzeug *nt* **II.** *tr verb* ① (*nail down*) festnageln ② *hem* heften **III.** *intr verb* NAUT wenden

tackle ['tækl̩] **I.** *n no pl* ① (*gear*) Ausrüstung *f;* NAUT Tauwerk *nt;* **fishing ~** Angelausrüstung *f* ② (*lifting device*) Winde *f;* **block and ~** Flaschenzug *m* **II.** *tr verb* ① *problem* angehen ② SPORTS **to ~ sb** jdn angreifen

tacky[1] ['tæki] *adj* (*sticky*) klebrig

tacky[2] ['tæki] *adj esp* Am (*pej fam: in bad taste*) billig

tactful ['tæktfᵊl] *adj* taktvoll

tactic ['tæktɪk] *n* (*strategy*) Taktik *f;* **delaying ~s** Verzögerungstaktik *f;* **dubious ~s** zweifelhafte Methoden

tactical ['tæktɪkᵊl] *adj a.* MIL, POL taktisch

tactician [tæk'tɪʃᵊn] *n* Taktiker(in) *m(f)*

tactless ['tæktləs] *adj* taktlos

tadpole ['tædpəʊl] *n* Kaulquappe *f*

taffy ['tæfi] *n* Am *see* **toffee**

tag [tæg] **I.** *n* ① (*label*) Schild[chen] *nt;* (*on food, clothes*) Etikett *nt* ② *no pl* (*children's game*) Fangen *nt* **II.** *tr verb* <-gg-> (*label*) mit einem Schild versehen; *suitcase* mit Anhänger versehen ◆**tag along** *intr verb* (*fam*) hinterherlaufen ◆**tag on** **I.** *tr verb* **to ~ on ↻ sth** etw anhängen **II.** *intr verb* **to ~ on to a group** sich einer Gruppe anschließen ◆**tag together** *tr verb* Am zusammenheften

tail [teɪl] *n* ① (*of an animal*) Schwanz *m;* *of a horse* Schwanz, Schweif *m geh;* **to wag one's ~** mit dem Schwanz wedeln ② *of an aeroplane* Rumpfende *nt;* *of a car* Heck *nt* ③ (*reverse of coin*) **heads or ~s?** Kopf oder Zahl? ► **to keep on sb's ~** jdm auf den Fersen bleiben ◆**tail back** *intr verb* Brit sich stauen ◆**tail off** *intr verb* nachlassen; *sound, voice* schwächer werden

tailback *n* Brit [Rück]stau *m*

tailgate table *n* umklappbare Abdeckplatte [als Tisch]

tail light *n* Rücklicht *nt*

tailor ['teɪləʳ] **I.** *n* Schneider(in) *m(f);* **~'s chalk** Schneiderkreide *f;* **~'s dummy** Schneiderpuppe *f* **II.** *tr verb* ① (*make clothes*) [nach Maß] schneidern ② (*modify*) *to sb's needs* abstimmen

tailor-made *adj* maßgeschneidert; **to have sth ~** [sich *Dat*] etw [maß]schneidern lassen

take [teɪk] **I.** *n* ① *no pl* (*money received*) Einnahmen *Pl* ② (*filming of a scene*) Take *m o nt fachspr* **II.** *tr verb* <took, taken> ① nehmen; (*accept*) *advice, bet, offer* annehmen; (*receive*) erhalten, bekommen; **to ~ sth badly/well** etw schlecht/gut aufnehmen; **to ~**

offence beleidigt sein; **to ~ pity on sb/sth** mit jdm/etw Mitleid haben; **to ~ sth seriously** etw ernst nehmen ② (*tolerate*) ertragen; **to be able to ~ a joke** einen Spaß verstehen ③ (*require*) erfordern; **I ~ [a] size five** ich habe Schuhgröße fünf; **to ~ one's time** sich *Dat* Zeit lassen ④ (*travel by*) nehmen; **to ~ the bus/car/train** mit dem Bus/Auto/Zug fahren ⑤ (*consume*) *medicine* einnehmen ⑥ (*capture*) gefangen nehmen; *city* einnehmen; *power* ergreifen ⑦ (*assume*) **to ~ office** ein Amt antreten ⑧ (*have*) **to ~ a rest/walk** eine Pause/einen Spaziergang machen ⑨ (*write*) **to ~ an exam** eine Prüfung ablegen; **to ~ notes** sich *Dat* Notizen machen ⑩ (*for example*) **~ last week/me, ...** letzte Woche/ich zum Beispiel ... ⑪ (*understand*) **I ~ it [that] ...** ich nehme an, [dass] ...; **to ~ sb's/the point** jds/den Standpunkt verstehen; **point ~n** [habe] verstanden ▸ **to ~ sb by surprise** jdn überraschen; **she's got what it ~s** sie kann was; **what do you ~ me for?** wofür hältst du mich? ◆**take aback** *tr verb* (*surprise*) verblüffen; **to be ~n aback** verblüfft sein ◆**take after** *intr verb* **to ~ after sb** nach jdm kommen ◆**take along** *tr verb* mitnehmen ◆**take apart** *tr verb* auseinandernehmen ◆**take away** *tr verb* wegnehmen; **to ~ away** ◌ **sb** jdn mitnehmen ◆**take back** *tr verb* ① (*retract*) *remark* zurücknehmen ② (*return*) [wieder] zurückbringen; **to ~ sb back [home]** jdn nach Hause bringen ◆**take down** *tr verb* ① (*write down*) [sich *Dat*] notieren; **to ~ down notes** sich *Dat* Notizen machen ② (*remove*) abnehmen ③ (*disassemble*) abschlagen ◆**take in** *tr verb* ① (*bring inside*) *person* hineinführen; *sth* hineinbringen ② (*accommodate*) aufnehmen; **to ~ in lodgers** Zimmer vermieten ③ (*admit*) *hospital* aufnehmen ④ (*deceive*) hereinlegen; **to be ~n in [by sb/sth]** sich [von jdm/etw] täuschen lassen ⑤ (*understand*) aufnehmen; **to ~ in a situation** eine Situation erfassen ◆**take off** **I.** *tr verb* ① (*remove*) abnehmen; *clothes* ausziehen; *coat a.* ablegen; *hat* absetzen; **to ~ sth off the market** etw vom Markt nehmen; **to ~ sth off sb** (*fam*) jdm etw wegnehmen ② (*bring away*) **he was ~n off to hospital** er wurde ins Krankenhaus gebracht ③ (*not work*) **to ~ time off [work]** [sich *Dat*] freinehmen **II.** *intr verb* ① *aeroplane* abheben ② (*fam: leave*) verschwinden ◆**take on** *tr verb* ① *responsibility* auf sich *Akk* nehmen ② *colour, expression* annehmen ③ *workers, staff* einstellen ④ *goods, a load* laden ◆**take out** *tr verb* ① herausnehmen; (*bring outside*) hinausbringen; **to ~ out the rubbish** [*or* AM **trash**] den Müll hinausbringen ② AM FOOD (*take away*) mitnehmen ③ (*deduct*) herausnehmen; **to ~ time out** sich *Dat* eine Auszeit nehmen ◆**take over** **I.** *tr verb* übernehmen; (*fig*) in Beschlag nehmen **II.** *intr verb* (*assume responsibility*) **to ~ over [from sb]** jdn ablösen; **the night shift ~s over at six o'clock** die Nachtschicht übernimmt um achtzehn Uhr ◆**take to** *intr verb* ① (*start to like*) **to ~ to sb/sth** an jdm/etw Gefallen finden ② (*begin as a habit*) anfangen; **to ~ to drink/drugs** anfangen zu trinken/Drogen zu nehmen ③ (*go to*) **to ~ to one's bed** sich ins Bett legen; **to ~ to the hills** in die Berge flüchten ◆**take up** *tr verb* ① (*bring up*) hinaufbringen; (*pick up*) aufheben; **to ~ up arms against sb** die Waffen gegen jdn erheben ② (*start doing*) anfangen; **to ~ up the piano/fishing** anfangen Klavier zu spielen/zu angeln ③ (*start to discuss*) **to ~ sth up with sb** etw mit jdm erörtern ④ (*accept*) *challenge, offer* annehmen

takeaway *n* BRIT, AUS ① Imbissbude *f* ② (*food*) Essen *nt* zum Mitnehmen; **Chinese ~** chinesisches Essen zum Mitnehmen

take-home pay *n no pl* Nettoeinkommen *nt; of an employee* Nettogehalt *nt*

taken ['teɪkᵊn] **I.** *tr verb, vi pp of* **take** **II.** *adj pred* begeistert; **to be ~ with sb/sth** von jdm/etw angetan sein

take-off *n* ① AVIAT Start *m;* **to be ready for ~** startklar sein ② BRIT, AUS (*imitation*) Parodie *f* (**of** auf)

take-out *n* AM *see* **takeaway**

takeover *n* Übernahme *f*

taking ['teɪkɪŋ] **I.** *n* ① (*receipts*) **~s** Einnahmen *Pl* ② MED (*consumption*) Einnahme *f* **II.** *adj* einnehmend

talcum powder *n no pl* Talkpuder *m*

tale [teɪl] *n* ① (*story*) Geschichte *f;* LIT Erzählung *f;* **fairy ~** Märchen *nt* ② (*lie*) Märchen *nt;* **tall ~s** Lügenmärchen *Pl* ▶ **to live to tell the ~** (*also hum fam*) überleben

talent ['tælənt] *n* ① (*natural ability*) Talent *nt,* Begabung *f;* **of great ~** sehr talentiert ② *no pl* (*talented person*) Talente *Pl;* **new/promising/young ~** neue/vielversprechende/junge Talente

talented ['tæləntɪd] *adj* begabt

Taliban ['tælibæn] *n no pl* Taliban *f*

talk [tɔːk] **I.** *n* ① (*discussion*) Gespräch *nt;* (*conversation*) Unterhaltung *f;* **to have a ~ with sb** mit jdm reden; **heart-to-heart ~** offene Aussprache; **to make small ~** Konversation betreiben ② (*lecture*) Vortrag *m* ③ (*formal discussions*) **~s** Gespräche *Pl;* **peace ~s** Friedensverhandlungen *Pl* **II.** *intr verb* (*speak*) sprechen, reden (**about** über, **to** mit); **to ~ to sb on the phone** mit jdm telefonieren; **to ~ to oneself** Selbstgespräche führen ▶ **to be ~ing through one's hat** (*pej! fam*) nur so daherreden *fam* **III.** *tr verb* (*fam: discuss*) **to ~ business/money/politics** über Geschäfte/Geld/Politik sprechen ▶ **to ~ nonsense** (*pej*) Unsinn reden; **to ~ a blue streak** AM ohne Punkt und Komma reden *fam* ◆ **talk back** *intr verb* eine freche Antwort geben ◆ **talk down I.** *tr verb* (*dissuade*) **to ~ sb down from sth** jdm etw ausreden **II.** *intr verb* (*pej*) **to ~ down to sb** mit jdm herablassend reden ◆ **talk out** *tr verb* ① (*discuss thoroughly*) **to ~ out** ↻ **sth** etw ausdiskutieren ② (*be persuasive*) **to ~ one's way out of sth** sich aus etw herausreden ③ (*convince not to*) **to ~ sb out of sth** jdm etw ausreden ◆ **talk over** *tr verb* durchsprechen ◆ **talk round I.** *tr verb* **to ~ sb round** jdn überreden (**to** zu) **II.** *intr verb* **to ~ [a]round sth** um etw herumreden *fam* ◆ **talk through** *tr verb* ① durchsprechen ② (*reassure with talk*) **to ~ sb through sth** jdm bei etw gut zureden

talkative ['tɔːkətɪv] *adj* gesprächig, redselig

talker ['tɔːkəʳ] *n* (*person who speaks*) Sprechende(r) *f(m);* (*talkative person*) Schwätzer(in) *m(f) pej*

talking point *n* ① (*topic*) Gesprächsthema *nt* ② (*fig: feature*) wesentlicher Vorzug

talking-to *n* (*pej*) Standpauke *f fam;* **to give sb a [good] ~** jdm eine [ordentliche] Standpauke halten

talk show *n* TV Talkshow *f*

tall [tɔːl] *adj* ① *building, fence, grass* hoch; *person* groß; **to be six feet ~** 1,83 m groß sein; **to grow ~** groß werden ② (*long*) *rod, stalk* lang ▶ **to stand ~** selbstbewusst auftreten; **~ story** unglaubliche Geschichte

tally ['tæli] **I.** *n usu sing* ① (*list for goods*) Stückliste *f;* (*for single item*) [Zähl]strich *m* ② (*count*) [zahlenmäßige] Aufstellung; **to keep a ~** eine [Strich]liste führen **II.** *intr verb* <-ie-> *figures, signatures* übereinstimmen (**with** mit) **III.** *tr verb* ① (*count*) **to ~ [up] sth** *amounts, sums* etw zusammenzählen ② (*check off*) *goods, items* nachzählen

tambourine [ˌtæmbᵊrˈiːn] *n* Tamburin *nt fachspr*

tame [teɪm] **I.** *adj* ① *animal* zahm; *child* folgsam ② *book, joke* lahm **II.** *tr verb* (*also fig*) *person, river, animal* zähmen, bändigen

tamper ['tæmpəʳ] *intr verb* **to ~ with sth** ① (*handle improperly*) an etw *Dat* herummachen *fam* ② (*engage improperly*) sich [insgeheim] in etw *Akk* einmischen

tampon ['tæmpɒn] *n* Tampon *m*

tan [tæn] **I.** *intr verb* <-nn-> braun werden **II.** *tr verb* <-nn-> ① *skin* bräunen; **to be ~ned** braun gebrannt sein ② CHEM *hides, leather* gerben **III.** *n* ① (*skin*) [Sonnen]bräune *f;* **to get a ~** braun werden ② (*light brown*) Gelbbraun *nt* **IV.** *adj clothing, shoes* gelbbraun

tandem ['tændəm] **I.** *n* ① (*bicycle*) Tandem *nt;* (*carriage*) [Wagen]gespann *nt* ② TECH *of cylinders, drives* Reihenanordnung *f* **II.** *adv* **to ride ~** Tandem fahren

tang [tæŋ] *n* (*smell*) [scharfer] Geruch; (*taste*) [scharfer] Geschmack

tangent ['tændʒᵊnt] *n* MATH Tangente *f fachspr* ▶ **to fly off on a ~** [plötzlich] das Thema wechseln

tangerine [ˌtændʒᵊrˈiːn] *n* Mandarine *f*

tangible ['tændʒəbl] *adj* ① (*also fig: perceptible*) fassbar; *benefits, results, suc-*

cess greifbar; *difference, disappointment* spürbar ② (*real*) real; ~ **advantage** echter Vorteil; ~ **gain** realer Gewinn; ~ **property** LAW Sachvermögen *nt*

Tangier [tæn'dʒɪəʳ] *n* Tanger *nt*

tangle ['tæŋgl̩] **I.** *n* ① (*also fig, pej: mass*) *of hair, wool* [wirres] Knäuel; **to be in a** ~ *hair, wool* verfilzt sein ② (*also fig, pej: confusion*) Durcheinander *nt;* **to get into a** ~ sich verfangen **II.** *tr verb* (*also fig, pej*) durcheinanderbringen; *threads* verwickeln

tank [tæŋk] *n* ① *for liquid* [Flüssigkeits]behälter *m; for gas, oil* Tank *m;* **fish** ~ Aquarium *nt;* **hot-water** ~ Heißwasserspeicher *m* ② MIL Panzer *m*

tanker ['tæŋkəʳ] *n* ① NAUT Tanker *m;* **oil** ~ Öltanker *m* ② AVIAT Tankflugzeug *nt*

tanned [tænd] *adj* ① *skin* braun [gebrannt] ② *hides, leather* gegerbt

tantalize ['tæntᵊlaɪz] **I.** *tr verb* ① (*excite*) reizen; (*fascinate*) in den Bann ziehen ② (*keep in suspense*) auf die Folter spannen **II.** *intr verb* (*excite*) reizen

tantalizing ['tæntᵊlaɪzɪŋ] *adj* verlockend; *smile* verführerisch

tantrum ['tæntrəm] *n* Wutanfall *m;* **to throw a** ~ einen Wutanfall bekommen

Tanzania [ˌtænzə'niə] *n* Tansania *nt*

Tanzanian [ˌtænzə'niən] *adj* tansanisch

tap¹ [tæp] **I.** *n* ① BRIT Wasserhahn *m;* **to turn the** ~ **on/off** den Hahn auf-/zudrehen ② (*outlet*) Hahn *m;* **beer on** ~ Bier *nt* vom Fass; **to be on** ~ (*fig*) [sofort] verfügbar sein **II.** *tr verb* <-pp-> ① TELEC *conversation* abhören ② *energy, sources* erschließen ③ (*let out*) [ab]zapfen ④ MED punktieren

T

tap² [tæp] **I.** *n* ① [leichter] Schlag ② (*tap-dancing*) Stepp[tanz] *m* **II.** *adj attr* Stepp- **III.** *tr verb* <-pp-> ① *door, window* [leicht] klopfen (an/gegen); **to** ~ **sb on the shoulder** jdm auf die Schulter tippen ② MED *chest* abklopfen

tap dance *n* Stepptanz *m*

tape [teɪp] **I.** *n* ① (*strip*) Band *nt;* SPORTS (*for marking*) Zielband *nt;* (*for measuring*) Maßband *nt;* TYPO Lochstreifen *m;* **sticky** ~ BRIT, AUS Klebeband *nt* ② (*spool*) *for recording* [Ton-/Magnet]band *nt;* **audio** ~ Audiokassette *f;* **to record sth on** ~ etw auf Band aufnehmen **II.** *tr verb* ① (*kleben*) **she ~d a note to the door** sie heftete eine Nachricht an die Tür ② (*record*) aufnehmen

tape-deck *n* Tapedeck *nt*

tape measure *n* Maßband *nt*

taper ['teɪpəʳ] **I.** *n* ① (*candle*) [spitz zulaufende] Wachskerze ② *of a column, a spire* Verjüngung *f* **II.** *tr verb column, spire* verjüngen **III.** *intr verb column, spire* sich verjüngen (**into** zu)

tape recorder *n* Tonbandgerät *nt* **tape recording** *n* Tonbandaufnahme *f*

tapered wing *n* AVIAT *spitz zulaufender Flügel*

tar [tɑːʳ] **I.** *n no pl* ① (*on roads*) Teer *m,* Asphalt *m* ② (*in cigarettes*) Teer *m* **II.** *tr verb* <-rr-> *road* teeren

target ['tɑːgɪt] **I.** *n* ① Ziel *nt;* **to be on** ~ auf [Ziel]kurs liegen; **to hit the** ~ ins Schwarze treffen ② ECON (*goal*) Zielsetzung *f,* [Plan]ziel *nt* **II.** *tr verb* <-t-> (*address, direct*) [ab]zielen (auf), sich richten (an)

targeted *adj* BRIT *customer, group* Ziel-; *profit* angestrebt; **to be** ~ als Zielgruppe ausgewählt werden; **places** ~ **by terrorists** von Terroristen ins Visier genommene Orte

target practice *n* MIL Übungsschießen *nt,* Zielschießen *nt*

tariff ['tærɪf] *n* ① (*form: table of charges*) Preisliste *f; of an insurance* [Versicherungs]tarif *m* ② (*table of customs*) Zolltarif *m*

tarmac® ['tɑːmæk] **I.** *n no pl* BRIT (*paving material*) Asphalt *m;* **the** ~ (*road*) die Fahrbahn **II.** *tr verb* <-ck-> BRIT asphaltieren

tarnish ['tɑːnɪʃ] **I.** *intr verb* ① (*dull*) stumpf werden ② (*fig, pej: lose shine*) an Glanz verlieren **II.** *tr verb* (*dull*) trüben **III.** *n* ① (*dull condition*) Stumpfheit *f* ② (*coating*) Belag *m*

tarot ['tærəʊ] *n* CARDS Tarot *nt o m*

tarpaulin [tɑː'pɔːlɪn] *n* (*fabric*) [wasserdichtes] geteertes Leinwandgewebe

tart¹ [tɑːt] **I.** *n* ① (*small pastry*) [Obst]törtchen *nt* ② BRIT (*cake*) [Obst]torte *f;* **custard** ~ Vanillecremetorte *f* **II.** *adj* (*sharp*) *sauce, soup* scharf

tart² [tɑːt] *n* (*usu pej fam: loose female*) Schlampe *f* ◆ **tart up** *tr verb esp* BRIT (*fam or pej*) **to** ~ **oneself up** sich aufdonnern

tartan ['tɑːtᵊn] **I.** *n no pl* (*cloth*) Schottenstoff **II.** *adj* Schotten-

tartar[e] sauce *n no pl* Remouladensoße *f*

task [tɑːsk] *n* Aufgabe *f;* ~ **in hand** zu erledigende Arbeit; **to set sb the ~ of doing sth** jdn [damit] beauftragen, etw zu tun

task force *n* ① MIL (*unit*) Eingreiftruppe *f* ② COMM (*group*) Arbeitsgruppe *f*

taste [teɪst] **I.** *n no pl* Geschmack *m;* **sense of ~** Geschmackssinn *m;* **to be in poor ~** geschmacklos sein; **to have [good] ~** [einen guten] Geschmack haben **II.** *tr verb* ① schmecken; (*test*) probieren ② (*experience briefly*) *luxury, success* [einmal] erleben **III.** *intr verb* schmecken; **to ~ of sth** nach etw schmecken; **to ~ like sth** wie etw schmecken

tasteful ['teɪstfᵊl] *adj* ① (*appetizing*) schmackhaft ② (*decorous*) geschmackvoll, stilvoll

tasteless ['teɪstləs] *adj* ① geschmacksneutral; (*unappetizing*) fad[e] ② (*pej: unstylish, offensive*) geschmacklos

tastemaker ['teɪstmeɪkəʳ] *n* Trendsetter(in) *m(f)*

tasty ['teɪsti] *adj* lecker

ta-ta [tə'tɑː] *interj esp* BRIT (*fam*) tschüs

tattoo[1] [tæt'uː] *n* MIL Zapfenstreich *m*

tattoo[2] [tæt'uː] **I.** *n* Tätowierung *f* **II.** *tr verb* tätowieren

tatty ['tæti] *adj* (*pej*) ① (*tawdry*) geschmacklos [aufgemacht] ② (*showing wear*) zerfleddert; *book also* abgegriffen

taught [tɔːt] *pt, pp of* **teach**

taunt [tɔːnt] **I.** *tr verb* ① (*mock*) verspotten ② (*tease*) **to ~ sb about sth** jdn wegen einer S. *Gen* hänseln **II.** *n* spöttische Bemerkung; (*tease*) Hänselei *f*

Taurus ['tɔːrəs] *n* ASTRO Stier *m*

taut [tɔːt] *adj* ① (*tight*) *rope* straff [gespannt] ② (*pej: tense*) *face, nerves* angespannt

tavern ['tævᵊn] *n* BRIT (*old: pub*) Schenke *f*

tax [tæks] **I.** *n* <*pl* -es> ① Steuer *f;* **income ~** Einkommensteuer; **to collect/levy ~es** Steuern einziehen/erheben ② *no pl* (*levying*) Besteuerung *f* **II.** *tr verb* ① besteuern; **to be ~ed [heavily/lightly]** [hoch/niedrig] besteuert werden ② (*burden*) belasten

taxable ['tæksəbl̩] *adj* steuerpflichtig; ~ **income** zu versteuerndes Einkommen

tax adviser *n* Steuerberater(in) *m(f)* **tax allowance** *n* FIN Steuerfreibetrag *m* **tax assessment** *n* FIN (*valuation*) Steuerveranlagung *f*

taxation [tæk'seɪʃᵊn] *n no pl* ① Besteuerung *f* ② (*money obtained*) Steuereinnahmen *Pl;* **direct/indirect ~** direkte/indirekte Steuern

tax avoidance *n* FIN [legale] Steuerumgehung **tax band** *n* FIN Steuerklasse *f* **tax bracket** *n* FIN Steuerklasse *f* **tax-deductible** *adj* AM, AUS FIN steuerlich absetzbar **tax disc** *n* BRIT FIN (*on motor vehicle*) Steuerplakette *f,* Vignette *f* ÖSTERR, SCHWEIZ **tax dodger** *n* FIN (*fam*) Steuerhinterzieher(in) *m(f)* **tax-free** *adj* steuerfrei

taxi ['tæksi] **I.** *n* Taxi *nt* **II.** *intr verb* AVIAT (*move*) rollen

taxi-driver *n* Taxifahrer(in) *m(f)* **taxi rank** *n* BRIT, **taxi stand** *n* AM Taxistand *m*

taxpayer *n* Steuerzahler(in) *m(f)*

tax rebate *n* FIN Steuernachlass *m* **tax relief** *n* FIN Steuervergünstigung *f* **tax return** *n* FIN Steuererklärung *f* **tax revenues** *npl* Steueraufkommen *nt* **tax-sensitive** *adj* steuerbegünstigt **tax system** *n* Steuerwesen *nt* **tax year** *n* FIN Steuerjahr *nt*

tea [tiː] *n* ① *no pl* (*plant*) Teestrauch *m,* Teepflanze *f* ② (*drink*) Tee *m;* **fennel/peppermint ~** Fenchel-/Pfefferminztee *m* ③ (*cup of tea*) Tasse *f* Tee; **two ~s, please** zwei Tee, bitte ④ BRIT (*late afternoon meal*) Tee *m* (*mit Tee, Sandwiches, Kuchen*)*;* **afternoon ~** Fünfuhrtee *m*

tea bag *n* Teebeutel *m* **tea break** *n* Teepause *f*

teach <taught, taught> [tiːtʃ] **I.** *tr verb* unterrichten; **to ~ sb sth** jdm etw beibringen; **this has taught him a lot** daraus hat er viel gelernt **II.** *intr verb* unterrichten

teacher ['tiːtʃəʳ] *n* Lehrer(in) *m(f);* **English/physics ~** Englisch-/Physiklehrer(in); **supply** [*or* AM **substitute**] **~** Aushilfslehrer(in)

teacher training *n* Lehrerausbildung *f*

T

teacher training college *n,* **teacher's college** *n* pädagogische Hochschule
teaching ['ti:tʃɪŋ] **I.** *n* ① *no pl* Unterrichten *nt* ② *no pl* (*profession*) Lehrberuf *m* **II.** *adj aids, methods* Lehr-, Unterrichts-
teaching staff *n + sing/pl verb* Lehrerkollegium *nt*
tea cloth *n* ① BRIT (*for dishes*) Geschirrtuch *nt* ② (*for table*) [kleine] Tischdecke **tea cosy** *n* Teewärmer *m* **teacup** *n* Teetasse *f* **tea-leaves** *npl* [zurückgebliebene] Teeblätter *Pl*
team [ti:m] *n + sing/pl verb* ① Team *nt;* SPORTS *a.* Mannschaft *f;* **research ~** Forschungsgruppe *f* ② (*harnessed animals*) Gespann *nt* ◆**team up** *intr verb* ein Team bilden (**with** mit)
team effort *n* Teamarbeit *f* **teammate** *n* Mitspieler(in) *m(f)* **team spirit** *n* Teamgeist *m* **team work** *n* Teamarbeit *f*
tea party *n* Teegesellschaft *f* **teapot** *n* Teekanne *f*
tear[1] [tɪə^r] *n* (*watery fluid*) Träne *f;* **to be in ~s** weinen; **~s of frustration/remorse** Tränen *Pl* der Enttäuschung/Reue
tear[2] [teə^r] **I.** *n in cloth, muscle* Riss *m; in wall* Spalte *f* **II.** *tr verb* <tore, torn> ① *fabric, paper* zerreißen; **to ~ a hole in one's trousers** sich *Dat* ein Loch in die Hose reißen ② **to ~ a muscle** sich *Dat* einen Muskelriss zuziehen **III.** *intr verb* <tore, torn> [zer]reißen ◆**tear apart** *tr verb* ① *fabric, paper* zerreißen ② (*attack*) *article, book* verreißen ◆**tear at** *tr verb* ① (*pull*) *bandage, fastener* herumreißen (an); **to ~ at sb's heartstrings** jdm das Herz zerreißen ② (*fam: eat*) sich hermachen (über) ◆**tear away** *tr verb* (*make leave*) **to ~ sb away** jdn wegreißen; **to ~ oneself away** sich losreißen ◆**tear down** *tr verb* ① (*destroy*) abreißen ② (*discredit*) **to ~ sb ⇄ down** jdn schlechtmachen ◆**tear into** *tr verb* heftig kritisieren ◆**tear off** *tr verb* abreißen ◆**tear open** *tr verb envelope, parcel* aufreißen ◆**tear out** *tr verb hair* ausreißen; *page* herausreißen ◆**tear up** *tr verb* ① (*rip*) zerreißen ② (*destroy*) kaputtmachen *fam*
tearaway ['teərəweɪ] *n* BRIT, AUS (*fam*) Randalierer(in) *m(f)*
teardrop *n* (*tear*) Träne *f*
tearful ['tɪəf^{ə}l] *adj* ① (*inclined to cry*) den Tränen nah *präd* ② *farewell, reunion* tränenreich
tear gas *n no pl* Tränengas *nt*
tearing ['teərɪŋ] *adj attr* rasend
tear jerker *n* (*fam*) Schnulze *f*
tea room *n,* **tea shop** *n* Teestube *f*
tease [ti:z] **I.** *n* Quälgeist *m fam;* (*playfully*) neckische Person **II.** *tr verb* ① (*make fun of*) aufziehen ② (*provoke*) provozieren **III.** *intr verb* sticheln
teaser ['ti:zə^r] *n* (*riddle*) harte Nuss *fam*
teaspoon *n* Teelöffel *m* **teaspoonful** *n* Teelöffelvoll *m* **tea-strainer** *n* Teesieb *nt*
teat [ti:t] *n* ① (*of breast*) Zitze *f* ② (*artificial*) Sauger *m*
teatime *n* Teestunde *f* **tea towel** *n* Geschirrtuch *nt* **tea tray** *n* Tablett *nt* zum Teeservieren **tea trolley** *n esp* BRIT Teewagen *m* **tea urn** *n esp* BRIT Teespender *m* **tea wagon** *n* AM (*tea trolley*) Teewagen *m*
technical ['teknɪk^{ə}l] *adj* ① technisch ② (*detailed*) Fach-; **~ aspects** fachliche Aspekte; **~ term** Fachausdruck *m* ③ (*in technique*) technisch
technician [tek'nɪʃ^{ə}n] *n* Techniker(in) *m(f)*
technique [tek'ni:k] *n* Technik *f,* Verfahren *nt;* (*method*) Methode *f*
techno ['teknəʊ] *n no pl* Techno *m o nt*
technocrat ['teknəʊ] *n* Technokrat(in) *m(f)*
technological [ˌteknə'lɒdʒɪk^{ə}l] *adj* technologisch
technology [tek'nɒlədʒi] *n* Technologie *f,* Technik *f;* **computer ~** Computertechnik *f*
teddy bear *n* Teddybär *m*
tee [ti:] *n* (*in golf*) Abschlagstelle *f* ◆**tee off** *intr verb* ① (*in golf*) abschlagen ② (*fam: begin*) beginnen
teem [ti:m] *intr verb* **to ~ with sth** von etw *Dat* wimmeln
teenage[d] ['ti:neɪdʒ(d)] *adj attr* jugendlich; (*sb who is a teenager*) im Teenageralter *nachgestellt*
teenager ['ti:nˌeɪdʒə^r] *n* Teenager *m*
teens [ti:nz] *npl* Jugendjahre *Pl;* **to be in one's ~** im Teenageralter sein
teeny *adj,* **teeny weeny** [ˌti:ni'wi:ni] *adj*

(*fam*) klitzeklein; **a ~ bit** (*hum*) ein klein wenig

tee shirt *n* T-Shirt *nt*

teeth [ti:θ] *n pl of* **tooth**

teethe [ti:ð] *intr verb* zahnen

teething ['ti:ðɪŋ] *n* Zahnen *nt;* **~ problems** (*fig fam*) Anlaufschwierigkeiten

teetotal [ˌti:'təʊtᵊl] *adj* **to be ~** abstinent sein

teetotaler *n* Am *see* **teetotaller**

teetotaller [ˌti:'təʊtᵊləʳ] *n* Abstinenzler(in) *m(f)*

telecommunications [ˌtelɪkəˌmju:nɪ'keɪʃᵊnz] *npl + sing verb* Fernmeldewesen *nt kein Pl*

telecommuting [ˌtelɪkə'mju:tɪŋ] *n* COMPUT Telearbeit *f*

telecopy ['telɪkɒpi] *n* Am Fax *n,* Telekopie *f form*

telegram ['telɪgræm] *n* Telegramm *nt*

telepathy [tɪ'lepəθi] *n no pl* Telepathie *f*

telephone ['telɪfəʊn] **I.** *n* ① (*device*) Telefon *nt;* **mobile** [*or* Am *a.* **cell[ular]**] **~** Handy *nt fam* ② *no pl* (*system*) **by ~** telefonisch; **on the ~** am Telefon **II.** *tr verb* anrufen

telephone book *n* Telefonbuch *nt* **telephone booth** *n* Am *see* **telephone box** **telephone box** *n* Brit Telefonzelle *f* **telephone call** *n* Telefonanruf *m;* **to make a ~** telefonieren **telephone conversation** *n* Telefongespräch *nt* **telephone directory** *n* Telefonverzeichnis *nt* **telephone exchange** *n* Fernsprechvermittlung *f* **telephone information service** *n* (*form*) Telefonauskunft *f* **telephone message** *n* (*form*) telefonische Nachricht **telephone number** *n* Telefonnummer *f* **telephone operator** *n* Am Vermittlung *f* **telephone rates** *npl* Telefontarife *Pl*

telephonist [tɪ'lefᵊnɪst] *n* Brit Telefonist(in) *m(f)*

telephoto lens *n* Teleobjektiv *nt*

telepic [tel'epɪk] *n short for* **television epic** TV-Epos *nt*

teleprocessing [ˌtelɪ'prəʊsesɪŋ] *n* COMPUT Datenfernverarbeitung *f ohne Pl*

telesales ['telɪseɪlz] *npl* Telefonmarketing *nt kein Pl*

telescope ['telɪskəʊp] *n* Teleskop *nt*

telescopic [ˌtelɪ'skɒpɪk] *adj* (*collapsible*) ausziehbar; **~ lens** Teleobjektiv *nt*

teleshopping ['telɪˌʃɒpɪŋ] *n* (*shop*) Internetshop *m*

televise ['telɪvaɪz] *tr verb* [im Fernsehen] übertragen

television ['telɪvɪʒᵊn] *n* ① (*device*) Fernsehgerät *nt,* Fernseher *m fam* ② *no pl* (*TV broadcasting*) Fernsehen *nt*

television announcer *n* Fernsehsprecher(in) *m(f)* **television camera** *n* Fernsehkamera *f* **television program** Am *see* **television programme** **television programme** *n* Fernsehprogramm *nt* **television set** *n* Fernsehapparat *m,* Fernseher *m* **television studio** *n* Fernsehstudio *nt*

teleworker ['telɪˌwɜ:kəʳ] *n* Telearbeiter(in) *m(f)*

tell [tel] **I.** *tr verb* <told, told> ① sagen; (*relate*) erzählen; **to ~ a lie** lügen; **to ~ the truth** die Wahrheit sagen; **you're ~ing me!** (*fam*) wem sagst du das! ② (*instruct*) **do as you're told!** (*fam*) mach, was man dir sagt! ③ (*discern*) erkennen; (*notice*) [be]merken; **to ~ the time** die Uhr lesen **II.** *intr verb* <told, told> (*liter*) **to ~ of sb/sth** von jdm/etw erzählen; **her face told of her anger** aus ihrem Gesicht sprach Zorn ◆**tell apart** *tr verb* auseinanderhalten ◆**tell off** *tr verb* (*reprimand*) ausschimpfen (**about/for** wegen)

teller ['teləʳ] *n* ① (*vote counter*) Stimmenzähler(in) *m(f)* ② Am, Aus (*bank employee*) Kassierer(in) *m(f)*

telling ['telɪŋ] **I.** *adj* (*revealing*) aufschlussreich; (*effective*) wirkungsvoll **II.** *n* Erzählung *f*

telling-off <*pl* tellings-> [ˌtelɪŋ'ɒf] *n* Tadel *m;* **to give sb a ~ for [doing] sth** jdn wegen einer S. *Gen* tadeln

telltale ['telteɪl] **I.** *n* (*pej*) Petze *f* **II.** *adj* verräterisch

telly ['teli] *n* Brit, Aus (*fam*) Glotze *f pej;* **on ~** im Fernsehen

temp [temp] (*fam*) **I.** *n* (*temporary employee*) Zeitarbeiter(in) *m(f)* **II.** *intr verb* aushilfsweise arbeiten; **to be ~ing** auf befristete Zeit arbeiten

temper ['tempəʳ] **I.** *n usu sing* (*state of mind*) Laune *f;* (*angry state*) Wut *f kein Pl;* **to have a ~** leicht reizbar sein **II.** *tr verb* (*form: mitigate*) ausgleichen (**with** durch)

T

temperamental [ˌtempᵊrəˈmentᵊl] *adj* launisch

temperature [ˈtemprətʃəʳ] *n* Temperatur *f;* **body ~** Körpertemperatur *f;* **to have a ~** Fieber haben; **to take sb's ~** jds Temperatur messen

tempest [ˈtempɪst] *n* Sturm *m*

temple¹ [ˈtempl̩] *n* REL Tempel *m*

temple² [ˈtempl̩] *n* ANAT Schläfe *f*

tempo <*pl* -s *or* -pi> [ˈtempəʊ, *pl* -piː] *n* Tempo *nt*

temporarily [ˈtempᵊrᵊli] *adv* vorübergehend

temporary [ˈtempᵊrᵊri] *adj* (*not permanent*) vorübergehend; (*with specific limit*) befristet; **~ staff** Aushilfspersonal *nt*

tempt [tempt] *tr verb* ❶ (*entice*) in Versuchung führen; **to be ~ed** schwachwerden; **to be ~ed to do sth** versucht sein, etw zu tun ❷ (*attract*) reizen ▶ **to ~ fate** das Schicksal herausfordern

temptation [tempˈteɪʃᵊn] *n* (*enticement*) Versuchung *f* ▶ **and lead us not into ~** REL und führe uns nicht in Versuchung

tempting [ˈtemptɪŋ] *adj* verführerisch; *offer also* verlockend

ten [ten] **I.** *adj* zehn; *see also* **eight** ▶ **to be ~ a penny** BRIT wie Sand am Meer sein **II.** *n* Zehn *f;* **~ to one** zehn zu eins; **~s of thousands** zehntausende; *see also* **eight**

tenant [ˈtenənt] *n of rented accommodation* Mieter(in) *m(f); of leasehold* Pächter(in) *m(f)*

tend¹ [tend] *intr verb* ❶ (*be directed towards*) tendieren ❷ (*incline*) neigen (**to[wards]** zu)

T

tend² [tend] *tr verb* sich kümmern (um); **to ~ sheep** Schafe hüten

tendency [ˈtendən(t)si] *n* Tendenz *f;* (*inclination*) Neigung *f;* **to have a ~ to[wards] sth** zu etw neigen

tender¹ [ˈtendəʳ] *adj* ❶ *meat, skin* zart ❷ (*liter: youthful*) zart; **at a ~ age of 5** im zarten Alter von 5 Jahren ❸ (*affectionate*) zärtlich; **to have a ~ heart** ein weiches Herz haben

tender² [ˈtendəʳ] **I.** *n* COMM (*price quote*) Angebot *nt;* **to submit a ~** ein Angebot machen **II.** *tr verb* (*form*) **to ~ the exact fare** das Fahrgeld genau abgezählt bereithalten **III.** *intr verb* COMM ein Angebot machen

tenderness [ˈtendənəs] *n no pl* ❶ (*fondness*) Zärtlichkeit *f* ❷ (*physical sensitivity*) [Schmerz]empfindlichkeit *f*

tendon [ˈtendən] *n* Sehne *f*

tenfold **I.** *adj* zehnfach **II.** *adv* um das Zehnfache

tennis [ˈtenɪs] *n no pl* Tennis *nt*

tennis ball *n* Tennisball *m* **tennis court** *n* Tennisplatz *m* **tennis racket** *n* Tennisschläger *m*

tenor [ˈtenəʳ] *n* Tenor *m;* (*voice also*) Tenorstimme *f*

tenpin bowling *n no pl* Bowling *nt*

tense¹ [ten(t)s] *n* LING Zeit[form] *f*

tense² [ten(t)s] **I.** *adj muscle, person, voice* angespannt **II.** *tr verb muscle* anspannen

tension [ˈten(t)ʃᵊn] *n no pl* ❶ (*tightness*) Spannung *f* ❷ (*uneasiness*) [An]spannung *f*

tent [tent] *n* Zelt *nt*

tentacle [ˈtentəkl̩] *n* Tentakel *m;* (*as a sensor*) Fühler *m* ▶ **to have one's ~s in sth** die Finger in etw *Dat* haben

tentative [ˈtentətɪv] *adj* ❶ (*provisional*) vorläufig ❷ (*hesitant*) vorsichtig

tenth [ten(t)θ] **I.** *n* ❶ **the ~** der/die/das Zehnte ❷ (*fraction*) Zehntel *nt* ❸ MUS (*interval*) Dezime *f* **II.** *adj attr* zehnte(r, s); **to be ~** Zehnte(r, s) sein **III.** *adv* als Zehnte(r, s)

tent peg *n* Hering *m*

tent pole *n* Zeltstange *f*

tepid [ˈtepɪd] *adj* lau[warm]; *applause* schwach

terabyte [terəbaɪt] *n* COMPUT Terabyte *m*

term [tɜːm] **I.** *n* ❶ UNIV (*one of two divisions per year*) Semester *nt;* (*one of three divisions per year*) Trimester *nt* ❷ (*set duration*) *of a job* Amtszeit *f; of a prison sentence* Haftzeit ❸ (*range*) Dauer *f* ❹ (*phrase*) Ausdruck *m;* **~ of abuse** Schimpfwort *nt;* **technical ~** Fachausdruck *m* **II.** *tr verb* bezeichnen

terminal [ˈtɜːmɪnᵊl] **I.** *adj* ❶ (*fatal*) End-; **~ cancer** Krebs im Endstadium; **~ patient** Sterbepatient(in) *m(f)* ❷ TRANSP Terminal-; **~ building** Flughafengebäude *nt* **II.** *n* ❶ TRANSP Terminal *m o nt;* **air ~** Flughafengebäude *nt;* **ferry ~** Bestimmungshafen *m;* **rail ~**

Endstation *f* ② (*part of computer*) Terminal *nt*

terminate ['tɜːmɪneɪt] **I.** *tr verb* beenden; *contract* aufheben **II.** *intr verb* enden

termini ['tɜːmɪnaɪ] *n pl of* **terminus**

terminus <*pl* -es *or* -ni> ['tɜːmɪnəs, *pl* -naɪ] *n of a bus, tram* Endstation *f; of a train* Endstation, Endbahnhof *m*

terrace ['terɪs] **I.** *n* ① Terrasse *f* ② BRIT **~s** (*in a stadium*) Tribüne *f* **II.** *tr verb* terrassenförmig anlegen

terraced house *n* Reihenhaus *nt*

terracotta [ˌterə'kɒtə] *n no pl* Terrakotta *f*

terrible ['terəbl̩] *adj* schrecklich, furchtbar

terribly ['terəbli] *adv* ① (*awfully*) schrecklich ② (*fam: extremely*) außerordentlich

terrific [tə'rɪfɪk] *adj* (*fam: excellent*) großartig, toll *fam*

terrify <-ie-> ['terəfaɪ] *tr verb* [fürchterlich] erschrecken; **terrified** verängstigt

terrifying ['terəfaɪɪŋ] *adj thought, sight* entsetzlich; *speed* angsterregend

territory ['terɪtᵊri] *n* ① (*area of land*) Gebiet *nt* ② *no pl* POL Hoheitsgebiet *nt* ③ BIOL Revier *nt*

terror ['terəʳ] *n* ① *no pl* (*great fear*) schreckliche Angst ② (*political violence*) Terror *m;* **war on ~** Bekämpfung *f* des Terrorismus

terrorism ['terᵊrɪzᵊm] *n no pl* Terrorismus *m;* **act of ~** Terroranschlag *m*

terrorist ['terᵊrɪst] **I.** *n* Terrorist(in) *m(f)* **II.** *adj attr* terroristisch; **~ attack** Terroranschlag *m*

terrorize ['terᵊraɪz] *tr verb* (*frighten*) in Angst und Schrecken versetzen; (*coerce by terrorism*) terrorisieren

tertiary ['tɜːʃᵊri] **I.** *adj* ① drittrangig; **~ education** Hochschulbildung *f* ② MED *burns* dritten Grades *nachgestellt* ③ GEOL **Tertiary** Tertiär- **II.** *n* GEOL Tertiär *nt*

test [test] **I.** *n* Prüfung *f,* Test *m;* SCHOOL Klassenarbeit *f;* UNIV Klausur *f;* **aptitude ~** Eignungstest *m;* **blood ~** Blutuntersuchung *f;* **driving ~** Fahrprüfung *f;* **to put sth to the ~** etw auf die Probe stellen **II.** *tr verb* ① SCHOOL prüfen, testen ② (*try to discover*) untersuchen ③ (*try to the limit*) **to ~ sb/sth** jdn/etw auf die Probe stellen

testament ['testəmənt] *n* ① LAW Testament *nt;* **last will and ~** Testament *nt* ② (*evidence*) Beweis *m;* **to be [a] ~ to sth** etw beweisen ③ BIBL **the New/Old Testament** das Neue/Alte Testament

test bench *n* Prüfstand *m* **test case** *n* LAW Musterprozess *m* **test drive** *n* Probefahrt *f*

testicle ['testɪkl̩] *n* Hoden *m*

testify <-ie-> ['testɪfaɪ] *intr verb* ① LAW (*give evidence*) [als Zeuge *m*/Zeugin *f*] aussagen; **to ~ against/for sb** gegen/für jdn aussagen ② (*prove*) **to ~ to sth** von etw zeugen *geh*

testimony ['testɪməni] *n* [Zeugen]aussage *f;* **to bear ~ to sth** etw bezeugen; **to give ~** aussagen

testing ['testɪŋ] **I.** *n no pl* Testen *nt,* Prüfen *nt* **II.** *adj attr situation* schwierig

test pilot *n* Testpilot(in) *m(f)* **test stage** *n* Versuchsstadium *nt* **test tube** *n* Reagenzglas *nt*

tetanus ['tetᵊnəs] *n no pl* Tetanus *m*

tetchy ['tetʃi] *adj* reizbar

tether ['teðəʳ] **I.** *n* [Halte]seil *nt* ▶ **to be at the end of one's ~** am Ende seiner Kräfte sein **II.** *tr verb* **to ~ an animal [to sth]** ein Tier [an etw *Dat*] anbinden

Texan ['teksᵊn] **I.** *n* Texaner(in) *m(f)* **II.** *adj* texanisch

Texas ['teksəs] *n* Texas *nt*

text [tekst] **I.** *n* ① *no pl* Text *m* ② (*book*) Schrift *f;* **set ~** Pflichtlektüre *f* ③ TELEC SMS *f* **II.** *tr verb* TELEC **to ~ [sb] sth** [jdm] eine SMS schicken, [jdm] etw simsen *fam*

textbook **I.** *n* Lehrbuch *nt* **II.** *adj attr* (*usual*) Lehrbuch-; **~ methods** Schulbuchmethoden *Pl*

texter ['tekstəʳ] *n* **she is an avid ~** sie schickt oft SMS

text-friendly *adj* mit SMS-Funktion *nachgestellt*

textile ['tekstaɪl] *n* Stoff *m;* **~s** Textilien *Pl*

text message ['tekstˌmesɪdʒ] **I.** *n* SMS *f* **II.** *tr verb* **to ~ sb** jdm eine SMS schicken, jdm simsen *fam;* **to ~ sth** etw per SMS schicken, etw simsen *fam*

Thai [taɪ] **I.** *n* ① (*person*) Thai *m, f* Thailänder(in) *m(f)* ② (*language*) Thai *nt* **II.** *adj* thailändisch

T

Thailand ['taɪlænd] *n* Thailand *nt*
Thames [temz] *n no pl* Themse *f;* **the River ~** die Themse
than [ðæn, ðᵊn] **I.** *prep* ① *after superl* (*in comparison to*) als; **bigger/earlier ~** größer/früher als ② (*instead of*) **rather ~ sth** anstatt einer S. *Gen* ③ (*besides*) **other ~ sb/sth** außer jdm/einer S. *Dat;* **other ~ that ...** abgesehen davon ... **II.** *conj* als
thank [θæŋk] *tr verb* **to ~ sb** jdm danken, sich bei jdm bedanken; **~ you [very much]!** danke [sehr]!, vielen herzlichen Dank
thankful ['θæŋkfᵊl] *adj* ① (*grateful*) dankbar (**for** für) ② (*pleased*) froh
thankless ['θæŋkləs] *adj* ① (*not rewarding*) wenig lohnend ② (*ungrateful*) *person, behaviour* undankbar
thanksgiving [ˌθæŋks'gɪvɪŋ] *n no pl* ① (*gratitude*) Dankbarkeit *f;* **a prayer of ~** ein Dankgebet *nt* ② AM (*public holiday*) **Thanksgiving** Thanksgiving *nt*

> **Thanksgiving** (Erntedank) ist einer der höchsten Feiertage in den USA. Begangen wird er am vierten Donnerstag im November. Traditionell trifft man sich dann mit der Familie zum Festessen und genießt *stuffed turkey* (gefüllten Truthahn), *cranberry sauce* (Preiselbeersoße), *yams* (Süßkartoffeln) und *corn* (Mais).

thank you *n* Danke[schön] *nt;* **to say [a] ~ to sb** sich *Akk* bei jdm bedanken
thank-you note *n,* **thank-you letter** *n* Dankesbrief *m*
T
that [ðæt, ðət] **I.** *adj dem* (*person, thing specified*) der/die/das; (*farther away*) der/die/das ... da, der/die/das ... dort; **who is ~ girl?** wer ist das Mädchen? **II.** *pron* ① *dem* (*person, thing, action specified*) das; (*farther away*) das da, das dort; **~'s enough** das reicht; **who's ~?** wer ist das?; **~'s why** deshalb ② *dem, after prep* **after/before ~** danach/davor; **over/under ~** darüber/darunter ③ *rel* (*which, who*) der/die/das; **the baby smiles at anyone ~ smiles at her** das Baby lächelt alle an, die es anlächeln ④ *rel* (*when*) als; **the year ~ Anna was born** das Jahr, in dem Anna geboren wurde **III.** *conj* ① dass; **I knew ~ ...** ich wusste, dass ...; **it was so dark [~] I couldn't see anything** es war so dunkel, dass ich nichts sehen konnte; **considering [~] ...** wenn man bedenkt, dass ...; **supposing [~] ...** angenommen, dass ... ② (*with a purpose*) **so ~** damit ③ (*as a reason*) weil, da [ja]; **now ~ we've bought a house ...** jetzt, wo wir ein Haus gekauft haben .. **IV.** *adv* so; **it wasn't [all] ~ good** so gut war es [nun] auch wieder nicht
thatch [θætʃ] **I.** *n no pl* (*roof*) Reetdach *nt* **II.** *tr verb* mit Reet decken
thaw [θɔː] **I.** *n* (*weather*) Tauwetter *nt* **II.** *intr verb* (*unfreeze*) auftauen **III.** *tr verb* FOOD auftauen
the [ðiː, ði, ðə] **I.** *art def* ① *before masc noun* der; *before fem noun* die; *before neuter noun* das; **at ~ cinema** im Kino; **on ~ table** auf dem Tisch ② (*in titles*) der/die; **Edward ~ Seventh** Eduard der Siebte ③ (*before adjective*) der/die/das; **~ inevitable** das Unvermeidliche ④ (*to represent group*) der/die/das; (*with mass group*) die; **~ democrats/poor** die Demokraten/Armen ⑤ (*with superlative*) der/die/das; **~ highest/longest ...** der/die/das höchste/längste ... ⑥ (*with dates*) der; **~ 24th of May, May ~ 24th** der 24. Mai ⑦ (*with time period*) **in ~ eighties** in den achtziger Jahren **II.** *adv* + *comp* **all ~ better** umso besser; **all ~ worse** umso schlechter; **~ colder it got, ~ more he shivered** je kälter es wurde, desto mehr zitterte er
theater *n* AM *see* **theatre**
theatre ['θɪətəʳ] *n* ① Theater *nt;* **lecture ~** Hörsaal *m* ② BRIT MED Operationssaal *m* ③ *no pl* (*dramatic art*) Theater *nt;* **the Greek ~** das griechische Theater
theatre company *n* [Theater]ensemble *nt,* Schauspieltruppe *f* **theatre critic** *n* Theaterkritiker(in) *m(f)* **theatregoer** *n* Theaterbesucher(in) *m(f)*
theatrical [θi'ætrɪkᵊl] *adj* ① (*of theatre*) Theater- ② (*exaggerated*) theatralisch
theft [θeft] *n* Diebstahl *m*
their [ðeəʳ, ðᵊr] *adj poss* ① (*of them*) ihr(e); **the children brushed ~ teeth**

die Kinder putzten sich die Zähne; **she took ~ picture** sie fotografierte sie ❷ (*his or her*) **has everybody got ~ passport?** hat jeder seinen Pass dabei?

theirs [ðeəz] *pron* ihr(e, es); **they think everything is ~** sie glauben, dass ihnen alles gehört; **a favourite game of ~** eines ihrer Lieblingsspiele

them [ðem, ðəm] *pron object pron* ❶ (*persons, animals*) sie *in akk*, ihnen *in dat;* **I told ~ that ...** ich habe ihnen gesagt, dass ...; **the dogs are hungry, could you feed ~?** die Hunde haben Hunger, könntest du sie füttern? ❷ (*objects*) sie *in akk;* **I've lost my keys, I can't find ~ anywhere!** ich habe meine Schlüssel verloren, ich kann sie nirgends finden! ❸ (*him or her*) ihm/ihr *in dat,* ihn/sie *in akk;* **we want to show every customer that we appreciate ~** wir wollen jedem Kunden zeigen, wie sehr wir ihn schätzen

theme [θi:m] *n* (*subject*) Thema *nt*

theme music *n no pl* FILM, TV Titelmusik *f* **theme park** *n* Themenpark *m*

themselves [ðəm'selvz] *pron refl* ❶ (*direct object*) sich; **the children behaved ~ very well** die Kinder benahmen sich sehr gut ❷ (*form: them*) sie selbst; **besides their parents and ~, no one else will attend their wedding** außer ihren Eltern und ihnen selbst wird niemand zu ihrer Hochzeit kommen ❸ (*emph: personally*) selbst; **to see/feel/try sth for ~** etw selbst sehen/fühlen/versuchen

then [ðen] **I.** *adj* (*form*) damalige(r, s) **II.** *adv* ❶ (*after that*) dann, danach ❷ (*at an aforementioned time*) damals; **before ~** davor, vorher; **by ~** bis dahin ❸ (*however*) **but ~** aber schließlich ❹ (*unwilling agreement*) **all right ~** na gut

theology [θi'ɒlədʒi] *n no pl* Theologie *f*

theoretical [θɪə'retɪkəl] *adj* theoretisch

theory ['θɪəri] *n* ❶ *no pl* (*rules*) Theorie *f* ❷ (*possible explanation*) Theorie *f;* **in ~** theoretisch

therapeutic [ˌθerə'pju:tɪk] *adj* therapeutisch

therapist ['θerəpɪst] *n* Therapeut(in) *m(f)*

therapy ['θerəpi] *n* Therapie *f,* Behandlung *f;* **occupational ~** Beschäftigungstherapie *f*

there [ðeəʳ, ðəʳ] **I.** *adv* ❶ dort, da; **to be ~ for sb** für jdn da sein; **here and ~** hier und da; **in/out/over ~** da drin[nen]/da draußen/da drüben ❷ (*to a place*) dahin, dorthin; **~ and back** hin und zurück ❸ (*sentence introduction*) **~ appears to be ...** es scheint ...; **~ comes a point where ...** es kommt der Punkt, an dem ... ▶ **to be neither here nor ~** keine Rolle spielen; **~ you have it** na siehst du **II.** *interj* ❶ (*expressing sympathy*) da!; **~, ~!** ganz ruhig!, schon gut! ❷ (*fam*) **so ~!** und damit basta!

thereabouts ['ðeərəbaʊts] *adv* ❶ (*in that area*) dort in der Nähe ❷ (*approximate time*) **or ~** oder so

thereafter *adv* (*form*) darauf; **shortly ~** kurze Zeit später

thereby *adv* dadurch

therefore ['ðeəfɔ:ʳ] *adv* deshalb, daher

therein [ˌðeə'rɪn] *adv* (*form or dated*) darin

thereupon [ˌðeərə'pɒn] *adv* (*form*) daraufhin

thermal ['θɜ:məl] **I.** *n* ❶ (*air current*) Thermik *f* ❷ (*underwear*) **~s** *pl* Thermounterwäsche *f kein Pl* **II.** *adj attr* MED Thermal-; **~ bath** Thermalbad *nt*

thermometer ['θɜ:mɒmɪtəʳ] *n* Thermometer *nt o* SCHWEIZ *a. m*

Thermos® ['θɜ:mɒs] *n,* **Thermos® bottle** *n,* **Thermos® flask** *n* Thermosflasche *f*

thermostat ['θɜ:məstæt] *n* Thermostat *m*

these [ði:z] **I.** *adj pl of* **this II.** *pron dem pl of* **this** diese; **~ shoes are pretty expensive** diese Schuhe sind ziemlich teuer; **~ are my kids** das sind meine Kinder; **are ~ your bags?** sind das hier deine Taschen?; **~ here** die da

thesis <*pl* -ses> ['θi:səs, *pl* -si:z] *n* (*written study*) wissenschaftliche Arbeit; (*for diploma*) Diplomarbeit *f;* **doctoral ~** Doktorarbeit *f*

they [ðeɪ] *pron pers* ❶ (*3rd person plural*) sie; **~ are pretty** sie sind hübsch ❷ (*he or she*) er/sie; **ask a friend if ~ could help** frag einen Freund, ob er/sie helfen kann ❸ (*people in general*) sie; **~ say ...** es heißt ... ❹ (*fam: those with*

T

authority) ~ **cut my water off** man hat mir das Wasser abgestellt

they'd[1] [ðeɪd] = **they had** *see* **have**

they'd[2] [ðeɪd] = **they would** *see* **would**

they'll [ðeɪl] = **they will** *see* **will**[1]

they're [ðeəʳ] = **they are** *see* **be**

they've [ðeɪv] = **they have** *see* **have**

thick [θɪk] **I.** *adj* ① *coat, layer* dick; (*bushy*) *eyebrows* dicht; *hair also* voll ② *after noun* (*measurement*) dick ③ (*dense*) dicht; ~ **with smoke** verraucht ④ (*pej sl: mentally slow*) dumm ▶ **to have ~ skin** ein dickes Fell haben **II.** *n no pl* (*fam*) **in the ~ of sth** mitten[drin] in etw *Dat* **III.** *adv* (*heavily*) dick; **the snow lay ~ on the path** auf dem Weg lag eine dicke Schneedecke ▶ **to lay it on ~** dick auftragen *fam*

thicken ['θɪkᵊn] **I.** *tr verb sauce* eindicken **II.** *intr verb* ① (*become less fluid*) dick[er] werden ② (*become denser*) dicht[er] werden ▶ **the plot ~s** (*prov*) die Sache wird langsam interessant

thickness ['θɪknəs] *n* ① *no pl* (*size*) Dicke *f* ② (*denseness*) Dichte *f*

thick-skinned *adj* dickhäutig; **to be ~** ein dickes Fell haben

thief <*pl* thieves> [θiːf] *n* Dieb(in) *m(f)* ▶ **like a ~ in the night** wie ein Dieb in der Nacht

thieving ['θiːvɪŋ] **I.** *n* (*liter, form*) Stehlen *nt* **II.** *adj attr* diebisch; **take your ~ hands off my cake!** (*hum*) lass deine Finger von meinem Kuchen!

thigh [θaɪ] *n* [Ober]schenkel *m*

thimble ['θɪmbl̩] *n* Fingerhut *m*

thin <-nn-> [θɪn] **I.** *adj* dünn; *for* leicht; *hair, crowd* spärlich; ~ **line** feine Linie; (*fig*) schmaler Grat ▶ **out of ~ air** aus dem Nichts; **to disappear into ~ air** sich in Luft auflösen **II.** *tr verb* <-nn-> ① (*make more liquid*) verdünnen ② (*remove some*) ausdünnen, lichten **III.** *intr verb* <-nn-> ① *soup* dünner werden; *crowd* sich zerstreuen; *fog* sich lichten ② (*become worn*) *material* sich verringern, abnehmen ◆**thin out I.** *tr verb* ausdünnen; *plants* pikieren **II.** *intr verb* weniger werden, sich verringern

thing [θɪŋ] *n* ① (*unspecified object*) Ding *nt,* Gegenstand *m;* (*unspecified idea, event*) Sache *f;* **to not be sb's ~** nicht jds Ding *nt* sein *fam;* **the whole ~** das Ganze; **just the ~** genau das Richtige ② (*possessions*) **~s** Besitz *m kein Pl;* (*for special purpose*) Sachen *Pl* ③ (*the situation*) **how are ~s [with you]?** (*fam*) wie geht's [dir]? ④ (*fam: person*) **you lucky ~!** du Glückliche(r)!; **lazy ~** Faulpelz *m* ▶ **to be onto a good ~** (*fam*) etwas Gutes auftun

think [θɪŋk] **I.** *n no pl* (*fam*) **to have a ~ about sth** sich *Dat* etw überlegen, über etw *Akk* nachdenken **II.** *intr verb* <thought, thought> ① (*reason, have views/ideas*) denken; **not everybody ~s like you** nicht jeder denkt wie du; **to ~ highly of sb/sth** viel von jdm/etw halten; **I thought as much!** das habe ich mir schon gedacht!; **to ~ of sb/sth** an jdn/etw denken ② (*believe*) denken, glauben; **yes, I ~ so** ich glaube schon; **no, I don't ~ so** ich glaube nicht ③ (*intend*) **to ~ of doing sth** erwägen, etw zu tun ④ (*come up with*) **to ~ of an idea/solution** auf eine Idee/Lösung kommen ⑤ (*reflect*) [nach]denken, überlegen **III.** *tr verb* <thought, thought> ① (*hold an opinion*) denken, glauben; **to ~ to oneself that ...** [bei] sich *Dat* denken, dass ...; **who do you ~ you are?** für wen hältst du dich eigentlich? ② (*intend*) **I ~ I'll go for a walk** ich denke, ich mache einen Spaziergang ③ (*remember*) **to ~ to do sth** daran denken, etw zu tun ◆**think about** *intr verb* ① denken (an) ② (*reflect*) nachdenken (über) ③ (*consider*) **to ~ about sth** sich *Dat* etw überlegen ◆**think ahead** *intr verb* vorausdenken; (*be foresighted*) sehr vorausschauend sein ◆**think back** *intr verb* zurückdenken (**to** an); **to ~ back over sth** sich *Dat* etw noch einmal vergegenwärtigen ◆**think out** *tr verb* ① durchdenken; **a well thought out plan** ein gut durchdachter Plan ② (*plan*) vorausplanen ◆**think over** *tr verb* überdenken, ich überleg's mir noch mal *fam* ◆**think through** *tr verb* [gründlich] durchdenken ◆**think up** *tr verb* (*fam*) sich *Dat* ausdenken

thinker ['θɪŋkəʳ] *n* Denker(in) *m(f)*

thinking ['θɪŋkɪŋ] **I.** *n no pl* ① Denken *nt;* **to do some ~ about sth** sich *Dat* über etw *Akk* Gedanken machen

② (*reasoning*) Überlegung *f;* **good ~! that's a brilliant idea!** nicht schlecht! eine geniale Idee! ③ (*opinion*) Meinung *f;* **to my way of ~** meiner Ansicht nach **II.** *adj attr* denkend, vernünftig

third [θɜːd] **I.** *n* ① (*fraction*) Drittel *nt* ② (*number 3*) Dritte(r, s); **George the Third** Georg der Dritte ③ AUTO (*gear*) dritter Gang, Dritte(r) *fam* ④ MUS (*interval*) Terz *f* **II.** *adj* dritte(r, s); **~ best** drittbeste(r, s); **the ~ time** das dritte Mal

third age *n* **the ~** das dritte Leben

thirdly ['θɜːdli] *adv* drittens

third-party liability *n no pl* Haftpflicht *f*

third rate *adj* minderwertig **Third World** *n* **the ~** die Dritte Welt

thirst [θɜːst] *n no pl* ① Durst *m;* **to die of ~** verdursten ② (*fig*) Verlangen *nt;* **~ for knowledge** Wissensdurst *m;* **~ for power** Machtgier *f*

thirsty ['θɜːsti] *adj* durstig; **gardening is ~ work** Gartenarbeit macht durstig; **to be ~ for sth** (*fig*) nach etw hungern

thirteen [θɜː'tiːn] **I.** *n* Dreizehn *f; see also* **eight** **II.** *adj* dreizehn; *see also* **eight**

thirteenth [θɜː'tiːn(t)θ] **I.** *n* ① (*after twelfth*) **the ~** der/die/das Dreizehnte; *see also* **eighth** ② (*fraction*) Dreizehntel *nt; see also* **eighth** **II.** *adj* dreizehnte(r, s); *see also* **eighth** **III.** *adv* als Dreizehnte(r, s); *see also* **eighth**

thirtieth ['θɜːtiəθ] **I.** *n* ① Dreißigste(r, s); *see also* **eighth** ② (*date*) **the ~** der Dreißigste; *see also* **eighth** ③ (*fraction*) Dreißigstel *nt; see also* **eighth** **II.** *adj* dreißigste(r, s); *see also* **eighth**

thirty ['θɜːti] **I.** *n* Dreißig *f; see also* **eight** **II.** *adj* dreißig; *see also* **eight**

this [ðɪs, ðəs] **I.** *adj attr* ① diese(r, s); **can you sign ~ form for me?** kannst du dieses Formular für mich unterschreiben? ② (*close in future*) diese(r, s); **I'll do it ~ Monday** ich erledige es diesen Montag; **~ morning/evening** heute Morgen/Abend; **~ minute** sofort **II.** *pron* ① (*the thing/matter here*) das; **is ~ your bag?** ist das deine Tasche?; **what's all ~ about?** was soll das [Ganze] hier?; **listen to ~ ...** hör dir das an ... ② (*the person here*) das; **~ is my husband, Stefan** das ist mein Ehemann Stefan; **~ is the captain speaking** hier spricht der Kapitän ③ (*with an action*) das; **like ~** so ▶ **~ and that** (*fam*) dies und das **III.** *adv* so; **~ far and no further** (*also fig*) bis hierher und nicht weiter

thistle ['θɪsl̩] *n* Distel *f*

thorn [θɔːn] *n* Dorn *m;* (*bush with prickles*) Dornenstrauch *m* ▶ **to be a ~ in sb's side** jdm ein Dorn im Auge sein

thorny ['θɔːni] *adj* ① (*with thorns*) dornig ② (*difficult*) schwierig; *issue* heikel

thorough ['θʌrə] *adj* ① (*detailed*) genau ② (*careful*) sorgfältig, gründlich ③ *attr* (*complete*) komplett

thoroughfare *n* (*form*) Durchgangsstraße *f;* **'No ~'** „Durchfahrt verboten"

thoroughly ['θʌrəli] *adv* ① (*in detail*) genau, sorgfältig ② (*completely*) völlig; **to ~ enjoy sth** etw ausgiebig genießen

those [ðəʊz] **I.** *adj dem pl of* **that** ① diese; **look at ~ lads over there** schau' dir die Typen da drüben an; **how much are ~ brushes?** wie viel kosten die Bürsten da? ② (*familiar referent*) jene; **several people died in ~ riots** mehrere Menschen starben bei jenen Unruhen ③ (*singling out*) **I like ~ biscuits with the almonds in them** ich mag die Kekse mit den Mandeln drinnen **II.** *pron pl of* **that** ① (*people, objects over there*) diejenigen; **what are ~?** was ist das?; **these peaches aren't ripe, try ~ on the table** diese Pfirsiche sind noch nicht reif, versuch' die auf dem Tisch; **~ are my kids over there** das sind meine Kinder da drüben ② (*past times*) damals; **~ were the days** das war eine tolle Zeit ③ (*the people*) **~ who ...** diejenigen, die ...

though [ðəʊ] **I.** *conj* ① (*despite the fact that*) obwohl ② (*however*) [je]doch ③ (*fam: nevertheless*) dennoch; **the report was fair, ~** der Bericht war trotz allem fair ④ (*if*) **as ~** als ob **II.** *adv* trotzdem, dennoch

thought [θɔːt] **I.** *n* ① *no pl* Nachdenken *nt,* Überlegen *nt;* **food for ~** Denkanstöße *Pl;* **freedom of ~** Gedankenfreiheit *f;* **train of ~** Gedankengang *m* ② (*opinion, idea*) Gedanke *m;* **to spare a ~ for sb/sth** an jdn/etw denken ▶ **it's the ~ that counts** (*fam*) der gute Wille zählt **II.** *tr verb, vi pt, pp of* **think**

thoughtful ['θɔːtfəl] *adj* ① (*considerate*)

T

aufmerksam ② (*mentally occupied*) nachdenklich

thoughtless ['θɔːtləs] *adj* ① (*inconsiderate*) rücksichtslos ② (*without thinking*) unüberlegt

thought-out *adj* durchdacht

thought-provoking *adj* nachdenklich stimmend; **she made some very ~ remarks** ihre Bemerkungen gaben mir zu denken

thousand ['θaʊzᵊnd] **I.** *n* ① *no pl* Tausend *f*; **one ~/two ~** [ein]tausend/zweitausend; **the year two ~ and five** [das Jahr] zweitausend und fünf; **a ~ pounds** [ein]tausend Pfund ② *pl* (*fam: lots*) **~s** Tausende *Pl* **II.** *adj attr* tausend; **I've said it a ~ times** ich habe es jetzt unzählige Male gesagt

thousandth ['θaʊzᵊn(d)θ] **I.** *n* (*in series*) Tausendste(r, s); (*fraction*) Tausendstel *nt* **II.** *adj* tausendste(r, s); **the ~ ...** der/die/das tausendste ...; **a ~ part** ein Tausendstel *nt*; **the ~ time** das tausendste Mal

thrash [θræʃ] *tr verb* ① verprügeln ② (*fam: defeat*) haushoch schlagen ◆**thrash out** *tr verb* ① (*fam: discuss*) ausdiskutieren ② (*produce by discussion*) aushandeln

thrashing ['θræʃɪŋ] *n* Prügel *Pl*; **to give sb a [good] ~** jdm eine [anständige] Tracht Prügel verpassen

thread [θred] **I.** *n* ① *no pl* (*for sewing*) Garn *nt* ② (*fibre*) Faden *m*, Faser *f* **II.** *tr verb a needle* einfädeln

threat [θret] *n* ① Drohung *f*; **death ~** Morddrohung *f*; **an empty ~** eine leere Drohung ② LAW (*menace*) Bedrohung *f* ③ *no pl* (*potential danger*) Gefahr *f*, Bedrohung *f*; **~ of war** Kriegsgefahr *f*

T

threaten ['θretᵊn] **I.** *tr verb* ① **to ~ sb** jdn bedrohen; **to ~ sb with sth** jdm mit etw drohen; **to ~ sb with violence** jdm Gewalt androhen ② (*be a danger*) gefährden **II.** *intr verb* drohen; **to ~ to do sth** damit drohen, etw zu tun

threatening ['θretᵊnɪŋ] *adj* ① (*hostile*) drohend, Droh-; **~ letter** Drohbrief *m* ② (*menacing*) bedrohlich; *clouds* dunkel

three [θriː] **I.** *n* ① Drei *f*; *see also* **eight** ② (*quantity*) drei; **in ~s** in Dreiergruppen ③ (*the time*) drei [Uhr]; **at ~ pm** um drei Uhr [nachmittags], um fünfzehn Uhr ▶**two's company, ~'s a crowd** drei sind einer zu viel **II.** *adj* drei; **I'll give you ~ guesses** dreimal darfst du raten; *see also* **eight**

three-D *adj* (*fam*) *short for* **three-dimensional** 3-D- **three-dimensional** *adj* dreidimensional

threefold **I.** *adj* dreifach **II.** *adv* **the ~** das Dreifache

three-hander [ˌθriː'hændəʳ] *n* THEAT Drei-Personen-Stück *nt* **three-part** *adj attr* dreistimmig **three-piece** **I.** *adj* ① (*of three items*) dreiteilig ② (*of three people*) Dreimann- **II.** *n* Dreiteiler *m* **three-quarter** *adj attr* dreiviertel

threshold ['θreʃ(h)əʊld] *n* ① [Tür]schwelle *f* ② (*beginning*) Anfang *m*, Beginn *m* ③ (*limit*) Grenze *f*, Schwelle *f*; **~ country** Schwellenland *nt*; **pain ~** Schmerzgrenze *f*

threw [θruː] *pt of* **throw**

thrifting ['θrɪftɪŋ] *n no pl* Trödeln *nt*

thrill [θrɪl] **I.** *n* (*wave of emotion*) Erregung *f*; (*titillation*) Nervenkitzel *m* **II.** *tr verb* (*excite*) erregen; (*fascinate*) faszinieren

thriller ['θrɪləʳ] *n* Thriller *m*

thrilling ['θrɪlɪŋ] *adj* aufregend; *story* spannend; **~ sight** überwältigender Anblick

thriving ['θraɪvɪŋ] *adj* blühend; *business* florierend; *community* gut funktionierend

throat [θrəʊt] *n* ① (*inside the neck*) Rachen *m*, Hals *m*; **to have a sore ~** Halsschmerzen haben; **to clear one's ~** sich räuspern ② (*front of the neck*) Kehle *f*, Hals *m*

throb [θrɒb] **I.** *n* Klopfen *nt*; *of the heart, the pulse* Pochen *nt* **II.** *intr verb* <-bb-> klopfen; *pulse, heart* pochen

throne [θrəʊn] *n* Thron *m*; REL Stuhl *m*; **heir to the ~** Thronerbe *m*/-erbin *f*; **to ascend to the ~** den Thron besteigen

throttle ['θrɒtl] **I.** *n* AUTO Gaspedal *nt*; **at full/half ~** mit voller/halber Geschwindigkeit **II.** *tr verb* ① AUTO **to ~ the engine** Gas wegnehmen ② (*strangle*) erdrosseln ◆**throttle back** **I.** *intr verb* den Motor drosseln **II.** *tr verb* drosseln

through [θruː] **I.** *prep* ① durch; **we drove ~ the tunnel** wir fuhren durch den Tunnel; **her words kept running ~ my head** ihre Worte gingen mir ständig durch den Kopf; **he cut ~ the string** er durchschnitt die Schnur; **she looked ~ her mail** sie sah ihre Post durch ② (*during*) während; **they drove ~ the night** sie fuhren durch die Nacht ③ (*to the finish*) **to get ~ sth** etw durchstehen ④ *esp* AM (*up until*) bis; **she works Monday ~ Thursday** sie arbeitet von Montag bis Donnerstag ⑤ (*because of*) wegen, durch ⑥ (*by means of*) über; **~ chance** durch Zufall ⑦ MATH (*divided into*) durch **II.** *adj* ① *pred* (*finished*) fertig ② *attr* TRANSP (*without stopping*) durchgehend; **~ station** Durchgangsbahnhof *m* **III.** *adv* ① durch; **the train goes ~ to Hamburg** der Zug fährt bis nach Hamburg durch; **to be halfway ~ sth** etw halb durch haben; **to think sth ~** etw durchdenken ② (*from outside to inside*) völlig; **cooked ~** durchgegart; **soaked ~** völlig durchnässt

throughout [θruː'aʊt] **I.** *prep* ① (*all over in*) **people ~ the country** Menschen im ganzen Land ② (*at times during*) während; **~ the performance** die ganze Vorstellung über **II.** *adv* ① (*in all parts*) vollständig ② (*the whole time*) die ganze Zeit [über]

through traffic *n no pl* Durchgangsverkehr *m*; **'No ~!'** „Keine Durchfahrt!"

through train *n* durchgehender Zug

throughway *n* AM Autobahn *f*

throw [θrəʊ] **I.** *n* ① Wurf *m*; **a stone's ~ [away]** (*fig*) nur einen Steinwurf von hier ② (*fam: each*) **a ~** pro Stück; **they're charging nearly £100 a ~ for concert tickets!** eine Konzertkarte kostet fast 100 Pfund ③ (*furniture cover*) Überwurf *m* **II.** *intr verb* <threw, thrown> werfen **III.** *tr verb* <threw, thrown> ① werfen; *dice* würfeln; (*hurl*) schleudern; **to ~ sb sth** jdm etw zuwerfen; **to ~ a glance at sb/sth** einen Blick auf jdn/etw werfen; **to ~ oneself onto sb/sth** sich auf jdn stürzen/auf etw *Akk* werfen ② (*dedicate*) **to ~ oneself into sth** sich in etw *Akk* stürzen ③ (*pottery*) töpfern ④ (*show emotion*) **to ~ a fit** (*fam*) einen Anfall bekommen ⑤ (*give*) **to ~ a party** eine Party geben ◆**throw away I.** *tr verb* ① (*discard*) wegwerfen ② (*waste*) verschwenden; **to ~ money away on sth** Geld für etw zum Fenster hinauswerfen **II.** *intr verb* (*in card games*) abwerfen ◆**throw back** *tr verb hair, head* nach hinten werfen; *curtains* aufreißen; *whisky, beer* hinunterstürzen ◆**throw down** *tr verb* ① herunterwerfen; **to ~ oneself down** sich niederwerfen ② (*deposit forcefully*) hinwerfen; **to ~ down one's weapons** die Waffen strecken ◆**throw in I.** *tr verb* ① **to ~ sth in[to] sth** etw in etw *Akk* [hinein]werfen ② (*include in price*) **to ~ sth ⟲ in** etw gratis dazugeben **II.** *intr verb* [den Ball] einwerfen ◆**throw off** *tr verb* ① herunterreißen *fam; clothing* schnell ausziehen ② (*jump*) **to ~ oneself off sth** sich von etw hinunterstürzen ◆**throw on** *tr verb* ① (*place*) werfen (auf) ② (*pounce upon*) **to ~ oneself on sb** sich auf jdn stürzen; **to ~ oneself on[to] sth** sich auf etw *Akk* niederwerfen ③ (*cast*) **to ~ light on a crime** ein Verbrechen aufklären ◆**throw open** *tr verb* aufreißen; (*fig*) etw zugänglich machen ◆**throw out** *tr verb* ① (*fling outside*) hinauswerfen ② (*eject*) hinauswerfen ③ (*discard*) wegwerfen; **to ~ out a case** einen Fall abweisen ◆**throw together** *tr verb* (*fam: make quickly*) **to ~ a meal together** eine Mahlzeit zaubern ◆**throw up I.** *tr verb* ① hochwerfen; **to ~ up one's hands** die Hände hochreißen ② (*build quickly*) schnell errichten ③ (*fam: vomit*) erbrechen **II.** *intr verb* (*fam*) sich übergeben

throwaway ['θrəʊəweɪ] *adj attr* (*disposable*) wegwerfbar; **~ razor** Einwegrasierer *m*; **~ culture** Wegwerfkultur *f*

throw-in *n* SPORTS Einwurf *m*

throwing ['θrəʊɪŋ] *n no pl* Werfen *nt*

thrown [θrəʊn] *pp of* **throw**

thru [θruː] *prep, adv, adj usu* AM (*fam*) *see* **through**

thrush¹ <*pl* -es> [θrʌʃ] *n* ORN Drossel *f*

thrush² <*pl* -es> [θrʌʃ] *n* MED Soor *m*; (*of vagina*) Pilzinfektion *f*

thrust [θrʌst] **I.** *n* ① Stoß *m* ② *no pl* (*impetus, purpose*) Stoßrichtung *f*; **the main ~ of an argument** die Hauptaussage eines Arguments ③ *no pl* TECH Schubkraft *f* **II.** *intr verb* <thrust, thrust> **to ~ at sb with a knife** nach jdm mit einem Messer stoßen **III.** *tr verb* <thrust, thrust> ① (*push with force*) **to ~ the money into sb's hand** jdm das

Geld in die Hand stecken ❷ (*stab, pierce*) stechen ❸ (*impel*) hineinstoßen
thrusting ['θrʌstɪŋ] *adj* zielstrebig
thruway *n esp* AM *see* **throughway**
thud [θʌd] **I.** *intr verb* <-dd-> dumpf aufschlagen **II.** *n* dumpfer Schlag; ~ **of hooves/shoes** Geklapper *nt* von Hufen/Schuhen
thug [θʌg] *n* (*pej*) Schlägertyp *m*
thumb [θʌm] **I.** *n* Daumen *m* ▸ **to stand out like a sore** ~ unangenehm auffallen; **to twiddle one's** ~ Däumchen drehen *fam* **II.** *tr verb* **to ~ a lift/ride** per Anhalter fahren, trampen
thumb-index *n* Daumenregister *nt* **thumbnail** *n* Daumennagel *m* **thumbnail sketch** *n* Abriss *m* **thumbtack** *n* AM, AUS (*drawing-pin*) Reißnagel *m* **thumb typing** *n no pl Tippen auf einer winzigen Tastatur nur mit beiden Daumen*
thump [θʌmp] **I.** *n* dumpfer Knall; **to give sb a** ~ jdm eine knallen **II.** *tr verb* schlagen **III.** *intr verb* **to ~ on sth** auf etw *Akk* schlagen; *heart* klopfen
thumping ['θʌmpɪŋ] (*fam*) **I.** *adj* kolossal; **to have a ~ headache** grässliches Kopfweh haben; **to tell ~ lies** faustdicke Lügen verbreiten *fam* **II.** *adv* unglaublich *fam*
thunder ['θʌndəʳ] **I.** *n no pl* ❶ METEO Donner *m;* **clap of** ~ Donnerschlag *m;* **rumble of** ~ Donnergrollen *nt* ❷ (*loud sound*) Getöse *nt* **II.** *intr verb* (*make rumbling noise*) donnern; **to ~ by** vorbeidonnern **III.** *tr verb* brüllen
thunderclap *n* Donnerschlag *m* **thundercloud** *n usu pl* Gewitterwolke *f*
thundering ['θʌndᵊrɪŋ] **I.** *n no pl* Donnern *nt* **II.** *adj* ❶ (*extremely loud*) tosend ❷ (*enormous*) enorm
thunderous ['θʌndᵊrəs] *adj attr* donnernd; ~ **applause** Beifallsstürme *Pl*
thunderstorm *n* Gewitter *nt*
thundery ['θʌndᵊri] *adj* gewittrig
Thursday ['θɜːzdeɪ] *n* Donnerstag *m; see also* **Tuesday**
thus [ðʌs] *adv* ❶ (*therefore*) folglich ❷ (*in this way*) so
thyme [taɪm] *n no pl* Thymian *m*
Tibet [tɪ'bet] *n no pl* GEOG Tibet *nt*
tick¹ [tɪk] *n* ZOOL Zecke *f*
tick² [tɪk] **I.** *n* ❶ (*sound of watch*) Ticken *nt kein Pl;* ~ **tock** (*fam*) ticktack ❷ (*mark*) Haken *m* **II.** *intr verb* **what makes sb** ~ was jdn bewegt **III.** *tr verb* abhaken ◆**tick off** *tr verb* ❶ abhaken; **to ~ off sth on one's fingers** etw an den Fingern abzählen ❷ BRIT, AUS (*fam: reproach*) schelten ◆**tick over** **I.** *intr verb esp* BRIT ❶ TECH (*operate steadily*) auf Leerlauf geschaltet sein ❷ (*function at minimum level*) am Laufen halten **II.** *tr verb* **to keep things ~ing over** die Dinge am Laufen halten
ticket ['tɪkɪt] *n* ❶ (*card*) Karte *f;* **cinema/concert** ~ Kino-/Konzertkarte *f;* **cloakroom** ~ Garderobenmarke *f;* **lottery** ~ Lottoschein *m;* **plane** ~ Flugticket *nt;* **return** ~ Rückfahrkarte *f* ❷ (*price tag*) Etikett *nt* ❸ (*notification of offence*) Strafzettel *m* ▸ **just the** ~ (*dated*) passt perfekt
ticket agency *n* Kartenbüro *nt* **ticket-collector** *n* (*on the train*) Schaffner(in) *m(f);* (*on the platform*) Bahnsteigschaffner(in) *m(f)* **ticket counter** *n* Fahrkartenschalter *m* **ticket holder** *n* Kartenbesitzer(in) *m(f)* **ticket machine** *n* Fahrkartenautomat *m* **ticket-office** *n* RAIL Fahrkartenschalter *m;* THEAT Vorverkaufsschalter *m*
ticking-off <*pl* tickings-> *n* BRIT (*fam*) Tadel *m;* **to get a ~ from sb** von jdm getadelt werden
tickle ['tɪkl̩] **I.** *intr verb* kitzeln **II.** *tr verb* kitzeln; **to ~ sb's fancy** (*fam*) jdn reizen; **to be ~d that ...** sich darüber amüsieren, dass ... **III.** *n no pl* ❶ (*itch*) Jucken *nt* ❷ (*irritation*) **a ~ in one's throat** ein Kratzen *nt* im Hals
ticklish ['tɪklɪʃ] *adj* kitzlig
tidal ['taɪdᵊl] *adj* ~ **basin** Tidebecken *nt;* ~ **harbour** den Gezeiten unterworfener Hafen
tidal wave *n* Flutwelle *f*
tide [taɪd] *n* ❶ Gezeiten *Pl;* **flood** ~ Springflut *f;* **high** ~ Flut *f;* **low** ~ Ebbe *f;* **the ~ is in/out** es ist Flut/Ebbe ❷ (*trend*) Welle *f;* **the ~ has turned** die Meinung ist umgeschlagen
tidy ['taɪdi] **I.** *adj* ❶ ordentlich; **neat and** ~ sauber und ordentlich ❷ (*fam: considerable*) beträchtlich; ~ **sum** hübsche Summe *fam* **II.** *n* **he gave his room a good** ~ er räumte sein Zimmer gründlich auf **III.** *tr verb* aufräumen
tie [taɪ] **I.** *n* ❶ Krawatte *f;* **bow** ~ Fliege *f*

T

② *pl* (*links*) **diplomatic ~s** diplomatische Beziehungen; **family ~s** Familienbande *Pl* ③ (*equal score*) Punktegleichstand *m kein Pl* **II.** *intr verb* <-y-> ① (*fasten*) schließen ② (*equal in points*) **to ~ with sb/sth** denselben Platz wie jd/etw belegen **III.** *tr verb* <-y-> *parcel* verschnüren; *shoelaces* zubinden; *ribbon* binden; **to ~ sb's hands** jds Hände fesseln; **to ~ a knot** einen Knoten machen ▸ **sb's hands are ~d** jds Hände sind gebunden; **to ~ the knot** sich das Ja-Wort geben ◆**tie back** *tr verb* zurückbinden ◆**tie down** *tr verb* ① festbinden ② (*restrict*) **to be ~d down** gebunden sein; **to ~ sb down to sth** (*fam*) jdn auf etw *Akk* festlegen ◆**tie in** *intr verb* **to ~ in with sth** mit etw übereinstimmen ◆**tie up** *tr verb* ① (*bind*) festbinden; *hair* hochbinden ② (*delay*) aufhalten ③ (*busy*) **to be ~d up** beschäftigt sein ④ **to be ~d up with sth** mit etw zusammenhängen ▸ **to ~ up some loose ends** etw erledigen

tie-back *n* Raffhalter *m* (*für Gardinen*)

tiepin *n* Krawattennadel *f*

tier [tɪəʳ] **I.** *n* (*row*) Reihe *f*; (*level*) Lage *f*; **~ of management** Managementebene *f* **II.** *tr verb* (*next to each other*) aufreihen

tiger ['taɪgəʳ] *n* Tiger *m*

tight [taɪt] **I.** *adj* ① (*firm*) fest; *clothes* eng; *bend* eng; *budget* knapp; **to keep a ~ hold on sth** etw streng kontrollieren ② (*close together*) dicht; **in ~ formation** in geschlossener Formation ③ (*stretched tautly*) gespannt; *muscle* verspannt ▸ **to keep a ~ rein over sb** jdn fest an die Kandare nehmen; **to run a ~ ship** ein strenges Regime führen **II.** *adv pred* straff; **to close/seal sth ~** etw fest verschließen/versiegeln ▸ **sleep ~** schlaf gut

tighten ['taɪtᵊn] **I.** *tr verb* ① festziehen; *rope* festbinden ② (*increase pressure*) verstärken; **to ~ one's grip on sth** den Druck auf etw *Akk* verstärken ▸ **to ~ one's belt** den Gürtel enger schnallen; **to ~ the reins** die Zügel anziehen **II.** *intr verb* straff werden

tightrope *n* Drahtseil *nt*; **to walk the ~** auf dem Drahtseil tanzen

tights [taɪts] *npl* Strumpfhose *f*; **pair of ~** Strumpfhose *f*

tigress <*pl* -es> ['taɪgres] *n* Tigerin *f*

tile [taɪl] **I.** *n* Fliese *f*; **roof ~** Dachziegel *m* ▸ **to have a night [out] on the ~s** BRIT die Stadt unsicher machen *fam* **II.** *tr verb* fliesen

till[1] [tɪl] **I.** *prep see* **until** **II.** *conj see* **until**

till[2] [tɪl] *n* Kasse *f* ▸ **to be caught with one's hand in the ~** auf frischer Tat ertappt werden *fam*

till[3] [tɪl] *tr verb soil* bestellen

tiller ['tɪləʳ] *n* Ruderpinne *f fachspr*; **at the ~** am Ruder

tilt [tɪlt] **I.** *n* ① (*slope*) Neigung *f* ② (*of opinion*) Schwenk *m* ▸ **[at] full ~** mit voller Kraft **II.** *intr verb* ① (*slope*) sich neigen ② (*of opinion*) **to ~ away from sth/sb** sich von etw/jdm abwenden

timber ['tɪmbəʳ] **I.** *n no pl esp* BRIT Bauholz *nt*; **to fell ~** Holz fällen **II.** *interj* **~!** Achtung, Baum!

time [taɪm] **I.** *n* ① *no pl* Zeit *f*; **~ stood still** die Zeit stand still; **as ~ goes by** im Lauf[e] der Zeit; **for all ~** für immer; **in ~** mit der Zeit; **over ~** im Lauf[e] der Zeit ② *no pl* (*period, duration*) Zeit *f*; **~'s up** (*fam*) die Zeit ist um; **it will take some ~** es wird eine Weile dauern; **breakfast/holiday ~** Frühstücks-/Urlaubszeit *f*; **extra ~** SPORTS Verlängerung *f*; **free ~** Freizeit *f*; **injury ~** BRIT SPORTS Nachspielzeit *f*; **period of ~** Zeitraum *m*; **in one week's ~** in einer Woche; **some ~ ago** vor einiger Zeit; **a long ~ ago** vor langer Zeit; **to pass the ~** sich *Dat* die Zeit vertreiben; **for a short ~** [für] kurze Zeit; **for a long ~** [für] lange Zeit; **for the ~ being** vorläufig; **in no ~ [at all]** im Nu ③ (*pertaining to clocks*) **what's the ~?** wie spät ist es?; **the ~ is 8:30** es ist 8.30 Uhr; **to tell the ~** die Uhr lesen; **Greenwich Mean Time** Greenwicher Zeit ④ (*specific time or hour*) Zeit *f*; **arrival/departure ~** Ankunfts-/Abfahrtszeit *f*; **this ~ tomorrow/next month** morgen/nächsten Monat um diese Zeit ⑤ (*occasion*) Mal *nt*; **for the first ~** zum ersten Mal; **some other ~** ein andermal; **from ~ to ~** ab und zu ⑥ (*frequency*) Mal *nt*; **~ and [~] again** immer [und immer] wieder; **three ~s as much** dreimal so viel ⑦ *no pl* (*correct moment*) **it's ~ for bed** es ist Zeit, ins

T

Bett zu gehen; **in [good] ~** rechtzeitig; **on ~** pünktlich ⑧ *usu pl* (*era, lifetime*) Zeit *f;* **at his ~ of life** in seinem Alter ⑨ MATH **two ~s five is ten** zwei mal fünf ist zehn ⑩ *no pl* MUS Takt *m;* **to get out of ~** aus dem Takt kommen; **to keep ~** den Takt halten; **in three-four ~** im Dreivierteltakt ⑪ (*work*) **part ~** Teilzeit *f;* **to have ~ off** frei haben ⑫ ([*not*] *like*) **to not have much ~ for sb** jdn nicht mögen ▶ **~ is of the essence** die Zeit drängt; **~ is money** (*prov*) Zeit ist Geld **II.** *tr verb* ① (*measure duration*) **to ~ sb over 100 metres** jds Zeit beim 100-Meter-Lauf nehmen ② (*choose best moment for*) **to ~ sth** den richtigen Zeitpunkt wählen

time bomb *n* (*also fig*) Zeitbombe *f* **time clock** *n* Stechuhr *f* **time-consuming** *adj* zeitintensiv **time difference** *n* Zeitunterschied *m* **timekeeper** *n* ① (*in sports*) Zeitnehmer *m* ② (*clock, watch*) Zeitmesser *m;* **to be a bad/good ~** *person* sein Zeitsoll nie/immer erfüllen **time lag** *n* Zeitdifferenz *f* **time-lapse** *adj attr film, photography* Zeitraffer- **time limit** *n* Zeitbeschränkung *f* **time line** *n* zeitlicher Ablauf

timely ['taɪmli] *adj* rechtzeitig; *remark* passend; **~ arrival** Ankunft *f* zur rechten Zeit; **in a ~ manner** rasch

time management *n* Zeiteinteilung *f* **time-out** **I.** *n* <*pl* times- *or* -s> (*in sports*) Auszeit *f* **II.** *interj* AM Stopp

timer ['taɪmər] *n* ① Timer *m;* (*for eggs*) Eieruhr *f* ② (*time recorder*) Zeitmesser *m* ③ AM (*time switch*) Zeitschalter *m*

T

time-saving *adj* Zeit sparend **time scale** *n* Zeitrahmen *m;* **~ of events** zeitliche Abfolge von Ereignissen **time sheet** *n* Arbeitsblatt *nt* **time switch** *n* BRIT, AUS Zeitschalter *m* **timetable** **I.** *n* (*for bus, train*) Fahrplan *m;* (*for events, project*) Programm *nt* **II.** *tr verb usu passive* planen **time zone** *n* Zeitzone *f*

timid <-er, -est *or* more timid, most timid> ['tɪmɪd] *adj* ängstlich; (*shy*) schüchtern

timing ['taɪmɪŋ] *n no pl* Timing *nt;* **perfect ~!** genau zum richtigen Zeitpunkt!

tin [tɪn] **I.** *n* ① (*metal*) Zinn *nt* ② *esp* BRIT (*can*) Büchse *f,* Dose *f* **II.** *tr verb* <-nn-> *esp* BRIT in Dosen konservieren

tin can *n* Blechdose *f*

tinfoil ['tɪnfɔɪl] *n no pl* Alufolie *f*

tinge [tɪndʒ] **I.** *n* ① *of colour* Hauch *m;* **~ of red** [leichter] Rotstich ② *of emotion* Anflug *m kein Pl* **II.** *tr verb usu passive* ① (*with colours*) **to be ~d with orange** einen leichten Orangeton haben ② (*with an emotion*) **~d with admiration/regret** mit einer Spur von Bewunderung/Bedauern

tingle ['tɪŋgl] **I.** *intr verb* kribbeln; **to ~ with desire** vor Verlangen brennen; **to ~ with excitement** vor Aufregung zittern; **sb's spine ~s** jdm läuft ein Schauer über den Rücken **II.** *n no pl* Kribbeln *nt*

tinker ['tɪŋkər] **I.** *n* ① (*pej*) Zigeuner(in) *m(f) pej* ② (*repairman*) Kesselflicker *m* ③ (*fam: attempt to repair*) Tüftelei *f;* **to have a ~ at sth** an einer S. *Dat* herumdoktern [*o* herumbasteln] **II.** *intr verb* **to ~ [around] with sth** an etw *Dat* herumdoktern [*o* herumbasteln]

tinned [tɪnd] *adj* BRIT, AUS konserviert; **~ fruit** Dosenfrüchte *Pl;* **~ milk** Büchsenmilch *f*

tin-opener *n* BRIT, AUS Dosenöffner *m*

tinsel ['tɪn(t)sᵊl] *n no pl* Lametta *nt*

tint [tɪnt] **I.** *n* (*hue*) Farbton *m;* **warm ~** warme Farbe **II.** *tr verb hair* tönen

tiny ['taɪni] *adj* winzig; **teeny ~** (*fam*) klitzeklein

tip¹ [tɪp] **I.** *n* Spitze *f* ▶ **the ~ of the iceberg** die Spitze des Eisbergs; **it's on the ~ of my tongue** es liegt mir auf der Zunge **II.** *tr verb* <-pp-> **to ~ an a spear with poison** einen Speer in Gift [ein]tauchen; **mountains ~ped with snow** Berge *Pl* mit schneebedeckten Gipfeln

tip² [tɪp] **I.** *n* BRIT ① (*rubbish dump*) Deponie *f* ② (*fam: mess*) Saustall *m pej sl* **II.** *tr verb* <-pp-> ① (*empty out*) **to ~ sth into sth** etw in etw *Akk* ausschütten ② (*tilt*) neigen; **to ~ the window** das Fenster kippen **III.** *intr verb* <-pp-> (*tilt*) umkippen ◆**tip off** *tr verb* einen Tipp geben ◆**tip out** **I.** *intr verb* herauskippen **II.** *tr verb* ausleeren ◆**tip over** *tr, intr verb* umschütten, umkippen ◆**tip up** *tr, intr verb* kippen; *seat* hochklappen

tip³ [tɪp] **I.** *n* ① (*money*) Trinkgeld *nt;* **to**

leave a 10% ~ 10 % Trinkgeld geben ❷ (*suggestion*) Rat[schlag] *m*, Tipp *m fam*; **take a ~ from me ...** wenn du mich fragst, ... **II.** *tr verb* <-pp-> ❶ *a waiter* Trinkgeld geben ❷ *esp* BRIT (*predict*) tippen (auf) **III.** *intr verb* <-pp-> Trinkgeld geben

tip-off *n* (*fam*) Tipp *m*

tipsy ['tɪpsi] *adj* beschwipst

tiptoe ['tɪptəʊ] **I.** *n* **on ~[s]** auf Zehenspitzen **II.** *intr verb* auf Zehenspitzen gehen; **to ~ in/out** hinein-/hinausschleichen

tip-up seat *n* Klappsitz *m*

tirade [taɪ'reɪd] *n* Tirade *f geh*

tire¹ ['taɪəʳ] *n* AM Reifen *m*

tire² ['taɪəʳ] **I.** *tr verb* ermüden; **to ~ oneself doing sth** von etw müde werden **II.** *intr verb* müde werden; **to ~ of sth/sb** etw/jdn satthaben *fam*

tired <-er, -est *or* more tired, most tired> ['taɪəd] *adj* ❶ müde ❷ (*bored with*) **to be sick and ~ of sth/sb** von etw/jdm die Nase gestrichen voll haben *fam*

tiredness ['taɪədnəs] *n no pl* Müdigkeit *f*

tireless ['taɪələs] *adj* unermüdlich

tiresome ['taɪəsəm] *adj* mühsam; *habit* unangenehm

tiring ['taɪərɪŋ] *adj* ermüdend

tissue ['tɪʃuː, -sjuː] *n* ❶ (*for noses*) Papiertaschentuch *nt*, Tempo® *nt* ❷ (*for wrapping*) Seidenpapier *nt* ❸ *no pl* (*of animals or plants*) Gewebe *nt*

tissue banking *n no pl* MED Transplantatkonservierung *f*

tit [tɪt] *n* ❶ (*bird*) Meise *f*; **blue ~** Blaumeise *f* ❷ (*vulg: breast*) Titte *f* ► **~ for tat** wie du mir, so ich dir

title ['taɪtl̩] **I.** *n* ❶ Titel *m*; **job ~** Berufsbezeichnung *f* ❷ (*film credits*) **~s** Vor-/Nachspann *m* **II.** *tr verb book, film* betiteln

titleholder *n* Titelverteidiger(in) *m(f)* **title page** *n* Titelblatt *nt* **title role** *n* Titelrolle *f* **title track** *n* Titelsong *m*

titter ['tɪtəʳ] **I.** *intr verb* kichern **II.** *n* Gekicher *nt kein Pl*

to [tuː, tu, tə] **I.** *prep* ❶ (*moving towards*) zu; (*a named place*) nach; **we moved ~ Germany last year** wir sind letztes Jahr nach Deutschland gezogen; **she goes ~ university** sie geht auf die Universität; **she walked over ~ the window** sie ging [hinüber] zum Fenster; **~ the north/south** nördlich/südlich; **from place ~ place** von Ort zu Ort ❷ (*in direction of*) auf; **to point ~ sth** auf etw *Akk* zeigen ❸ (*in contact with*) an; **cheek ~ cheek** Wange an Wange; **tie the lead ~ the fence** mach die Leine am Zaun fest ❹ (*with indirect object*) **~ sb/sth** jdm/etw; **to be married ~ sb** mit jdm verheiratet sein; **to tell/show sth ~ sb** jdm etw erzählen/zeigen ❺ (*in response*) auf; **her reply ~ the question** ihre Antwort auf die Frage; **and what was her response ~ that?** und wie lautete ihre Antwort darauf? ❻ (*compared to*) mit; **I prefer beef ~ seafood** ich ziehe Rindfleisch Meeresfrüchten vor ❼ (*in scores*) zu ❽ (*until*) bis, zu; **unemployment has risen ~ almost 5 million** die Arbeitslosigkeit ist auf fast 5 Millionen angestiegen; **and ~ this day ...** und bis auf den heutigen Tag ...; **he drank himself ~ death** er trank sich zu Tode; **from morning ~ night** von morgens bis abends ❾ BRIT (*in clock times*) vor, bis SÜDD; **it's twenty ~ six** es ist zwanzig vor sechs ❿ (*in honour of*) auf; **here's ~ you!** auf dein/Ihr Wohl!; **the record is dedicated ~ her mother** die Schallplatte ist ihrer Mutter gewidmet **II.** *to form infin* ❶ (*expressing intention*) **I'll have ~ tell him** ich werde es ihm sagen müssen; **to be about ~ do sth** gerade etw tun wollen; **she's gone ~ pick Jean up** sie ist Jean abholen gegangen; **we tried ~ help** wir versuchten zu helfen ❷ (*omitting verb*) **would you like to go? — Yes, I'd love ~!** möchtest du hingehen? – Ja, sehr gern! ❸ (*expressing requests, wishes*) zu; **I asked her ~ give me a call** ich bat sie, mich anzurufen; **would you like ~ dance?** möchten Sie tanzen? ❹ (*after wh- words*) **I don't know what ~ do** ich weiß nicht, was ich tun soll; **I don't know where ~ begin** ich weiß nicht, wo ich anfangen soll **III.** *adv* zu; **to push the door ~** die Tür anlehnen; **to come ~** zu sich kommen

toad [təʊd] *n* Kröte *f*

toad-in-the-hole *n* BRIT *in Teig gebackene Wurst* **toadstool** *n* Giftpilz *m*

toast [təʊst] **I.** *n* ❶ *no pl* Toast *m*; **slice**

T

of ~ Scheibe *f* Toast ② (*when drinking*) Toast *m;* **to drink a ~ to sb/sth** auf jdn/etw trinken **II.** *tr verb* ① *nuts* rösten; *bread, muffin* toasten ② (*drink to*) trinken (auf)

toaster ['təʊstəʳ] *n* Toaster *m*

toast rack *n* Toastständer *m*

tobacco [tə'bækəʊ] *n no pl* Tabak *m*

tobacconist [tə'bækᵊnɪst] *n* Tabakwarenhändler(in) *m(f)*

-to-be [tə'bi:] *in compounds boss-, husband-* zukünftige(r, s) *attr;* **bride-~** zukünftige Braut; **mother-~** werdende Mutter

toboggan [tə'bɒgᵊn] **I.** *n* Schlitten *m,* Rodel *f* österr **II.** *intr verb* Schlitten fahren, rodeln österr

toboggan run *n,* **toboggan slide** *n* Rodelbahn *f*

today [tə'deɪ] **I.** *adv* heute; (*nowadays*) heutzutage **II.** *n no pl* heutiger Tag; **~'s date** heutiges Datum; **~'s paper** Zeitung *f* von heute

toddler ['tɒdl̩əʳ] *n* Kleinkind *nt*

to-do [tə'du:] *n usu sing* (*fam*) Getue *nt pej*

toe [təʊ] *n* ① (*part of the foot*) Zehe *f* ② (*part of a sock, a shoe*) Spitze *f* ▸ **to step on sb's ~s** jdm auf die Füße treten

toe cap *n* Schuhkappe *f*

toehold *n* ① (*in climbing*) Halt *m* für die Zehen ② (*starting point*) Ausgangspunkt *m;* **to get a ~ in** Fuß fassen **toenail** *n* Zehennagel *m* **toe-tapping** ['təʊtæpɪŋ] *adj music* mitreißend, rhythmisch

toffee ['tɒfi] *n* Toffee *nt,* Sahnebonbon *nt*

toffee apple *n* kandierter Apfel

tofu ['təʊfu:] *n no pl* Tofu *m*

together [tə'geðəʳ] **I.** *adv* ① zusammen; **close ~** nah beisammen; **to add sth ~** etw zusammenzählen; **to go ~** zusammenpassen ② (*collectively*) zusammen, gemeinsam; **all ~ now** jetzt alle miteinander ③ (*in relationship*) zusammen; **to be [back] ~** [wieder] zusammen sein; **to get ~** zusammenkommen **II.** *adj* (*fam*) ausgeglichen

Togo ['təʊgəʊ] *n* Togo *nt*

Togolese [ˌtəʊgəʊ'li:z] **I.** *adj* togoisch **II.** *n* Togoer(in) *m(f)*

toilet ['tɔɪlɪt] *n* Toilette *f,* Klo *nt fam;* **to go to the ~** *esp* Brit auf die Toilette gehen

toilet paper *n* Toilettenpapier *nt*

toiletries ['tɔɪlɪtriz] *npl* Toilettenartikel *Pl*

toiletries bag *n* Kulturbeutel *m*

toilet roll *n* Brit, Aus Rolle *f* Toilettenpapier

token ['təʊkᵊn] **I.** *n* ① (*symbol*) Zeichen *nt;* **a ~ of sb's affection** ein Zeichen *nt* für jds Zuneigung ② Brit, Aus (*voucher*) Gutschein *m* ③ (*money substitute*) Chip *m* ▸ **by the same ~** aus demselben Grund **II.** *adj attr* ① (*symbolic*) nominell ② (*pej: an appearance of*) Schein-; **a ~ offer** ein Pro-forma-Angebot *nt*

told [təʊld] *pt, pp of* **tell**

tolerance ['tɒlᵊrᵊn(t)s] *n* ① *no pl* Toleranz *f* (**of/towards** gegenüber); **~ of children** Nachsicht *f* mit Kindern ② (*capacity to endure*) Toleranz *f,* Widerstandsfähigkeit *f* (**to** gegen); **~ to alcohol/a drug** Alkohol-/Medizinverträglichkeit *f*

tolerant ['tɒlᵊrᵊnt] *adj* tolerant (**of/towards** gegenüber)

tolerate ['tɒlᵊreɪt] *tr verb* ① tolerieren; **to ~ sb** jdn ertragen ② (*resist*) *pain, stress* aushalten; *drug* vertragen

toll[1] [təʊl] *n* ① (*for motorways etc.*) Maut *f* ② Am (*for phone call*) [Fern-sprech]gebühr *f*

toll[2] [təʊl] *tr verb, vi bell* läuten

toll call *n* Am Ferngespräch *nt* **toll-free** *adj* gebührenfrei **toll road** *n* Mautstraße *f*

tomato <*pl* -es> [tə'mɑ:təʊ] *n* Tomate *f,* Paradeiser *m* österr

tomato juice *n no pl* Tomatensaft *m* **tomato ketchup** *n no pl* Tomatenketchup *nt* **tomato soup** *n no pl* Tomatensuppe *f*

tomb [tu:m] *n* Grab *nt;* (*mausoleum*) Gruft *f*

tomboy ['tɒmbɔɪ] *n* Wildfang *m*

tombstone ['tu:mstəʊn] *n* Grabstein *m*

tomcat ['tɒmkæt] *n* Kater *m*

tomorrow [tə'mɒrəʊ] **I.** *adv* morgen **II.** *n* morgiger Tag; **~'s problems/technology/youth** Probleme *Pl*/Technologie *f*/Jugend *f* von morgen; **~ morning** morgen früh ▸ **~ is another day** (*prov*) morgen ist auch noch ein Tag

ton <*pl* - *or* -s> [tʌn] *n* ① Tonne *f;* **long ~** *1016,05 kg;* **short ~** *907,185 kg*

❷ (*fam*) **to weigh a ~** Unmengen wiegen

tone [təʊn] **I.** *n* ❶ MUS **half/whole ~** Halb-/Ganzton *m;* (*of instrument*) Klang *m* ❷ (*manner of speaking*) Ton *m;* **an apologetic/a disrespectful ~** ein entschuldigender/respektloser Ton ❸ TELEC Ton *m;* **dialling** [*or* AM **dial**] **~** Wählton *m* ❹ (*of colour*) Farbton *m* ❺ *no pl* (*of muscles*) Tonus *m fachspr* **II.** *tr verb muscles* fit halten **III.** *intr verb* **to ~ with sth** mit etw harmonieren ◆**tone down** *tr verb* abmildern; *colour, sound* abschwächen

tone control *n* Klangregler *m*

tone-deaf *adj* **to be ~** unmusikalisch sein

toner ['təʊnəʳ] *n* ❶ (*for skin*) Gesichtswasser *nt* ❷ (*for photographs*) Toner *m*

toner cartridge *n,* **toner cassette** *n* TYPO Tonerpatrone *f*

Tonga ['tɒŋə] *n* Tonga *nt*

Tongan ['tɒŋən] **I.** *adj* tongaisch **II.** *n* ❶ (*person*) Tongaer(in) *m(f)* ❷ LING Tongasprache *f*

tongs [tɒŋz] *npl* Zange *f;* **fire ~** Feuerzange *f*

tongue [tʌŋ] **I.** *n* Zunge *f;* **to bite one's ~** sich *Dat* in die Zunge beißen ▶ **to set ~s wagging** Gerede verursachen **II.** *tr verb* MUS mit Zungenschlag spielen

tongue-tied *adj* sprachlos; **to be ~ with surprise** vor Überraschung kein Wort herausbekommen **tongue twister** *n* Zungenbrecher *m*

tonic¹ ['tɒnɪk] *n* ❶ (*medicine*) Tonikum *nt geh* ❷ (*sth that rejuvenates*) Erfrischung *f*

tonic² ['tɒnɪk] *n,* **tonic water** *n* Tonic[water] *nt*

tonight [tə'naɪt] **I.** *adv* heute Abend; (*after midnight*) heute Nacht **II.** *n* der heutige Abend; **~'s meeting** das Treffen des heutigen Abends

tonsillitis [ˌtɒn(t)sᵊ'laɪtɪs] *n no pl* Mandelentzündung *f*

tonsils ['tɒn(t)sᵊlz] *npl* MED Mandeln *Pl*

tony ['toʊni] *adj attr* AM (*fam: classy*) *clothing* todschick; *restaurant, boutique, resort* nobel

too [tu:] *adv* ❶ (*overly*) *big, heavy, small* zu; **to be ~ bad** wirklich schade sein; **far ~ difficult** viel zu schwierig ❷ (*very*) sehr; **to not be ~ sure if ...** sich *Dat* nicht ganz sicher sein, ob ... ❸ (*also*) auch; **me ~!** ich auch! ▶ **~ right!** Aus stimmt genau!

took [tʊk] *tr, intr verb, pt of* **take**

tool [tu:l] *n* ❶ Werkzeug *nt* ❷ (*aid*) Mittel *nt* ❸ (*occupational necessity*) Instrument *nt;* **to be a ~ of the trade** zum Handwerkszeug gehören

tool bag *n* Werkzeugtasche *f* **tool box** *n* Werkzeugkiste *f* **tool chest** *n* Werkzeugkasten *m* **toolmaker** *n* Werkzeugmacher(in) *m(f)* **tool shed** *n* Geräteschuppen *m*

tooth <*pl* teeth> [tu:θ, *pl* ti:θ] *n* ❶ Zahn *m;* **to bare one's teeth** die Zähne fletschen; **to brush one's teeth** die Zähne putzen ❷ *usu pl of a comb* Zinke *f; of a saw* [Säge]zahn *m; of a cog* Zahn *m* ▶ **to fight ~ and nail** [**to do sth**] mit aller Macht [um etw] kämpfen; **to get one's teeth into sth** sich in etw *Akk* hineinstürzen

toothache *n no pl* Zahnschmerzen *Pl* **toothbrush** *n* Zahnbürste *f* **toothpaste** *n no pl* Zahnpasta *f* **toothpick** *n* Zahnstocher *m*

top¹ [tɒp] *n* Kreisel *m*

top² [tɒp] **I.** *n* ❶ oberes Ende, Spitze *f; of a mountain* [Berg]gipfel *m; of a tree* [Baum]krone *f;* **from ~ to bottom** von oben bis unten; **to get on ~ of sth** etw in den Griff bekommen ❷ *no pl* (*highest rank*) Spitze *f* ❸ FASHION Top *nt* ❹ (*in addition to*) **on ~ of that ...** obendrein ... ❺ (*lid*) Deckel *m* ▶ **from ~ to toe** von Kopf bis Fuß; **the Big Top** das Großzelt; **to go over the ~** überreagieren **II.** *adj* ❶ *attr* (*highest*) oberste(r, s); **~ floor** oberstes Stockwerk ❷ (*best*) beste(r, s); **sb's ~ choice** jds erste Wahl ❸ *athlete, candidate* Spitzen- ❹ (*maximum*) höchste(r, s); **~ speed** Höchstgeschwindigkeit *f* **III.** *adv* BRIT **to come ~** [**of the class**] Klassenbeste(r) *f(m)* sein **IV.** *tr verb* <-pp-> ❶ (*be at top of*) anführen; **to ~ a list** obenan auf einer Liste stehen ❷ (*surpass*) übertreffen ◆**top off** *tr verb* ❶ FOOD garnieren (**with** mit) ❷ *esp* AM, AUS (*conclude satisfactorily*) abrunden (**with** mit) ◆**top up** *tr verb* nachfüllen; **to ~ sb up** (*fam*) jdm nachschenken

topcoat *n* Deckanstrich *m*

T

top copy *n* Original[manuskript] *nt* **top dog** *n* (*fam*) Boss *m* **top executive** *n* Topmanager(in) *m(f)* **top hat** *n* Zylinder *m* **top-heavy** *adj* kopflastig

topic ['tɒpɪk] *n* Thema *nt*

topical ['tɒpɪkᵊl] *adj* aktuell

topless ['tɒpləs] **I.** *adj* oben ohne *präd* **II.** *adv* **to go ~** oben ohne gehen

top-level *adj negotiations, talks* Spitzen-

topmost *adj attr* oberste(r, s)

topping ['tɒpɪŋ] *n* Garnierung *f*

topple ['tɒpl̩] **I.** *tr verb* (*knock over*) umwerfen **II.** *intr verb* stürzen; *prices* fallen ◆**topple over I.** *tr verb* umwerfen **II.** *intr verb* umfallen, stürzen (über)

top price *n* Höchstpreis *m* **top priority** *n* höchste Priorität **top quality** *n* Spitzenqualität *f* **top salary** *n* Spitzengehalt *nt* **top secret** *adj* streng geheim **top-selling** *adj attr* meistverkauft **top speed** *n* Höchstgeschwindigkeit *f*

torch [tɔːtʃ] **I.** *n* <*pl* -es> ❶ Aus, Brit Taschenlampe *f* ❷ (*burning stick*) Fackel *f*; **Olympic ~** olympisches Feuer ▶ **to carry a ~ for sb** nach jdm schmachten **II.** *tr verb* (*fam*) in Brand setzen

torchlight I. *n no pl* Fackelschein *m* **II.** *adj attr* Fackel-

tore [tɔːʳ] *intr verb, vt pt of* **tear**

torment ['tɔːment] **I.** *n* ❶ (*mental suffering*) Qual *f* ❷ (*physical pain*) starke Schmerzen *Pl*; **to be in ~** unter starken Schmerzen leiden **II.** *tr verb* quälen; **to be ~ed by grief** großen Kummer haben

torn [tɔːn] **I.** *intr verb, vt pp of* **tear** **II.** *adj pred* (*unable to choose*) [innerlich] zerrissen

tornado [tɔː'neɪdəʊ] *n* <*pl* -s *or* -es> Tornado *m*

torpedo [tɔː'piːdəʊ] mil, naut **I.** *n* <*pl* -es> Torpedo *m* **II.** *tr verb* torpedieren

torrent ['tɒrᵊnt] *n* Sturzbach *m*; **~s [of rain]** sintflutartige Regenfälle; **to come down in ~s** in Strömen gießen

torrential [tə'ren(t)ʃᵊl] *adj* sintflutartig

tortoise ['tɔːtəs] *n* [Land]schildkröte *f*

tortoiseshell I. *n no pl* Schildpatt *nt* **II.** *adj attr* Schildpatt-

torture ['tɔːtʃəʳ] **I.** *n* ❶ *no pl* Folter *f* ❷ (*painful suffering*) Qual *f*, Tortur *f* **II.** *tr verb* foltern; **to be ~d by sth** von etw gequält werden

Tory ['tɔːri] pol **I.** *n* Brit (*British Conservative*) Tory *m* (*Angehöriger der britischen konservativen Partei*) **II.** *adj* Tory-

toss <*pl* -es> [tɒs] **I.** *n* Wurf *m*; **to win/lose the ~** den Münzwurf gewinnen/verlieren ▶ **I don't care a ~** Brit (*fam*) das ist mir piepegal **II.** *tr verb* werfen; **to ~ one's head** den Kopf zurückwerfen; **to ~ a coin** eine Münze werfen ▶ **to ~ one's hat in the ring** *esp* Am in den Wahlkampf einsteigen **III.** *intr verb* knobeln (**for** um) ▶ **to ~ and turn** sich hin und her wälzen ◆**toss about, toss around** *tr verb* hin und her werfen; (*fig*) *proposal* zur Debatte stellen ◆**toss away** *tr verb* wegwerfen ◆**toss off** *intr verb* Brit, Aus (*vulg*) sich *Dat* einen runterholen ◆**toss out** *tr verb* hinauswerfen ◆**toss up** *intr verb* eine Münze werfen

toss-up *n* ❶ *uncertain situation* ungewisse Situation; **to be a ~** [noch] offen sein ❷ (*tossing a coin*) Werfen *nt* einer Münze

total ['təʊtᵊl] **I.** *n* Gesamtsumme *f*; **in ~** insgesamt **II.** *adj* ❶ *attr* (*complete*) gesamt ❷ (*absolute*) völlig; **to be a ~ stranger** vollkommen fremd sein **III.** *tr verb* <Brit -ll- *or* Am *usu* -l-> (*add up*) zusammenrechnen

totalitarian [tə(ʊ),tælɪ'teəriən] *adj* pol totalitär

totally ['təʊtᵊli] *adv* völlig

tote [təʊt] *n short for* **tote bag** Einkaufstasche *f*

totter ['tɒtəʳ] *intr verb* wanken

toucan ['tuːkæn] *n* Tukan *m*

touch [tʌtʃ] **I.** *n* <*pl* -es> ❶ Berührung *f*; **at the ~ of a button** auf Knopfdruck ❷ *no pl* (*ability to feel*) Tasten *nt*; **the sense of ~** der Tastsinn ❸ *no pl* (*communication*) Kontakt *m*; **to be in ~ with sb/sth** mit jdm/etw in Kontakt sein ❹ *no pl* (*small amount*) Spur *f* ❺ (*rather*) **a ~** ziemlich **II.** *tr verb* ❶ berühren, anfassen ❷ (*move emotionally*) bewegen ▶ **to ~ a [raw] nerve** einen wunden Punkt berühren; **~ wood** Brit wenn alles gut geht **III.** *intr verb* berühren ◆**touch down** *intr verb* aviat landen ◆**touch off** *tr verb* auslösen ◆**touch on, touch upon** *intr verb* ansprechen ◆**touch up** *tr verb* ❶ (*improve*) auffrischen; *photograph* retuschieren ② BRIT (*fam: assault sexually*) **to ~ sb up** jdn begrapschen *pej*

touchdown *n* AEROSP, AVIAT Landung *f*

touché [tu'ʃeɪ] *interj* eins zu null für dich

touched [tʌtʃt] *adj pred* gerührt

touching ['tʌtʃɪŋ] **I.** *adj* berührend **II.** *n* Berühren *nt kein Pl*

touchline *n* BRIT SPORTS Seitenlinie *f*

touchscreen ['tʃskri:n] *n* COMPUT Touchscreen *m*, berührungsempfindlicher Bildschirm

touchy ['tʌtʃi] *adj* (*fam*) ① *person* empfindlich ② *situation* heikel

tough [tʌf] **I.** *adj* ① *object* robust; *person, animal, meat* zäh; *law* streng; **to be as ~ as old boots** nicht unterzukriegen sein ② (*fam: unlucky*) **~ luck!** so ein Pech! *a. iron* **II.** *n esp* AM (*fam*) Rowdy *m pej*

toughen ['tʌfᵊn] **I.** *tr verb* ① verstärken; **~ed glass** gehärtetes Glas ② (*make difficult to cut*) hart werden lassen **II.** *intr verb* stärker werden

toupee ['tu:peɪ] *n* Toupet *nt*

tour [tɔ:ʳ, tʊəʳ] **I.** *n* Reise *f*, Tour *f*; **guided ~** Führung *f*; **sightseeing ~** Rundfahrt *f*; **to be/go on ~** auf Tournee sein/gehen **II.** *tr verb* ① (*travel around*) bereisen ② (*visit professionally*) besuchen **III.** *intr verb* **to ~ [with sb]** [mit jdm] auf Tournee gehen

tourism ['tɔ:rɪzᵊm, 'tʊə-] *n no pl* Tourismus *m*

tourist ['tɔ:rɪst, 'tʊə-] *n* Tourist(in) *m(f)*

tourist bureau *n* Fremdenverkehrsamt *nt* **tourist class** *n* Touristenklasse *f* **tourist guide** *n* ① (*book*) Reiseführer *m* ② (*person*) Fremdenführer(in) *m(f)* **tourist industry** *n* Tourismusindustrie *f* **tourist information office** *n*, **tourist office** *n* Touristeninformation *f* **tourist ticket** *n* Touristenkarte *f* **tourist visa** *n* Reisevisum *nt*

tournament ['tɔ:nəmənt, 'tʊə-] *n* Turnier *nt*

tour operator *n* Reiseveranstalter *m*

tout [taʊt] **I.** *n* (*pej*) Schwarzhändler(in) *m(f)* **II.** *tr verb* (*advertise*) Reklame machen (für)

tow¹ [təʊ] *n* (*fibre*) Werg *nt*

tow² [təʊ] **I.** *n* Schleppen *nt kein Pl*; **to give sb a ~** jdn abschleppen; **to have sb in ~** jdn im Schlepptau haben **II.** *tr verb* ziehen; *vehicle* abschleppen

toward[s] [tə'wɔ:d(z)] *prep* ① (*in direction of*) in Richtung; **she walked ~ him** sie ging auf ihn zu; **he leaned ~ her** er lehnte sich zu ihr ② (*near*) nahe; **we're well ~ the front of the queue** wir sind nahe dem Anfang der Schlange ③ (*just before*) gegen; **~ midnight/the end of the year** gegen Mitternacht/Ende des Jahres ④ (*to goal of*) **to count ~ sth** auf etw *Akk* angerechnet werden

tow bar *n* Abschleppstange *f*

tow boat *n* AM NAUT Schlepper *m*

towel ['taʊəl] **I.** *n* Handtuch *nt*; **paper ~** Papiertuch *nt*; **tea ~** Geschirrtuch *nt* ▶ **to throw in the ~** das Handtuch werfen **II.** *tr verb* <-ll-> **to ~ sth dry** etw trockenreiben

towelette [ˌtaʊə'let] *n* Erfrischungstuch *nt*

toweling AM *see* **towelling**

towelling ['taʊəlɪŋ] *n no pl* Frottee *nt o m*

towel rack *n* AM *see* **towel rail**

towel rail *n* BRIT, AUS Handtuchhalter *m*

tower [taʊəʳ] *n* Turm *m*; **office ~** Bürohochhaus *nt* ▶ **a ~ of strength** ein Fels in der Brandung ◆ **tower above, tower over** *intr verb* aufragen; **to ~ above sb/sth** jdn/etw überragen

tower block *n* BRIT Hochhaus *nt*

town [taʊn] *n* ① Stadt *f*; **home ~** Heimatstadt *f*; **to be in ~** in der Stadt sein ② (*downtown*) **[the] ~** das Zentrum

town centre *n* **the ~** das Stadtzentrum **town council** *n* Stadtrat *m* **town hall** *n* Rathaus *nt* **town house** *n* ① (*residence*) Stadthaus *nt* ② *esp* AM (*row house*) Reihenhaus *nt* **town planning** *n no pl* Stadtplanung *f*

townspeople *npl* Stadtbevölkerung *f kein Pl*

town twinning *n no pl* Städtepartnerschaft *f*

towrope *n* Abschleppseil *nt*

tow truck *n* AM, AUS Abschleppwagen *m*

toy [tɔɪ] *n* Spielzeug *nt*; **cuddly ~** Kuscheltier *nt*

toyshop *n* Spielwarengeschäft *nt*

trace [treɪs] **I.** *n* ① (*sign*) Zeichen *nt*, Spur *f*; **to disappear without a ~** spurlos verschwinden ② (*slight amount*) Spur *f*; **~s of cocaine/poison** Kokain-/Giftspuren *Pl*; **~ of a smile** Anflug *m* eines Lächelns ③ (*electronic search*) Auf-

T

zeichnung *f* **II.** *tr verb* (*follow trail*) auffinden; **to ~ sb** jds Spur verfolgen

tracing ['treɪsɪŋ] *n* Skizze *f*

tracing paper *n no pl* Pauspapier *nt*

track [træk] **I.** *n* ❶ (*path*) Weg *m*, Pfad *m* ❷ RAIL **~s** Gleise *Pl*, Schienen *Pl*; AM (*platform*) Bahnsteig *m* ❸ (*for curtains*) Schiene *f* ❹ *usu pl* (*mark*) Spur *f*; *of deer* Fährte *f* ❺ *no pl* (*course*) Weg *m*; **to be on the right/wrong ~** auf dem richtigen/falschen Weg sein ❻ SPORTS *for running* Laufbahn *f* ▶ **to be off the beaten ~** abgelegen sein; **to keep ~ of sb/sth** jdn/etw im Auge behalten; **to make ~s** (*fam*) sich aufmachen; **to stop in one's ~s** vor Schreck erstarren **II.** *tr verb* (*pursue*) verfolgen; **to ~ an animal** die Fährte eines Tieres verfolgen; **to ~ sb** jds Spur verfolgen ◆**track down** *tr verb* aufspüren; *information* ausfindig machen

track and field *n no pl* SPORTS Leichtathletik *f*

tracker dog *n* Spürhund *m*

track event *n* SPORTS Laufwettbewerb *m*

tracking station *n* AEROSP Bodenstation *f*

track record *n* ❶ SPORTS Streckenrekord *m* ❷ *of a company, a person* Erfolgsbilanz *f*

track shoe *n* Laufschuh *m*

tracksuit *n* Trainingsanzug *m*

traction ['trækʃᵊn] *n no pl* ❶ *of a car, of wheels* Bodenhaftung *f* ❷ MED Strecken *nt*; **to be in ~** im Streckverband liegen

tractor ['træktəʳ] *n* Traktor *m*

trade [treɪd] **I.** *n* ❶ *no pl* Handel *m*; (*type of business*) Branche *f*; **building ~** Baugewerbe *nt*; **the ~** die Branche ❷ (*handicraft*) Handwerk *nt*; **to learn a ~** ein Handwerk erlernen ❸ METEO **the ~s** der Passat **II.** *intr verb* ❶ (*exchange*) tauschen (**with** mit) ❷ (*do business*) Geschäfte machen ❸ STOCKEX handeln **III.** *tr verb* ❶ austauschen; *bets* abschließen; *insults, punches* austauschen ❷ STOCKEX handeln ◆**trade in** *tr verb* in Zahlung geben

trade agreement *n* Handelsabkommen *nt* **trade association** *n* Wirtschaftsverband *m* **trade fair** *n* Messe *f*

trade-in value *n* Gebrauchtwert *m* **trade journal** *n* Handelsblatt *nt* **trademark** *n* ❶ (*of company*) Warenzeichen *nt* ❷ (*of person, music*) charakteristisches Merkmal **trade name** *n* Markenname *m* **trade-off** *n* Einbuße *f* **trade price** *n* BRIT Großhandelspreis *m*

trader ['treɪdəʳ] *n* ❶ (*person*) Händler(in) *m(f)*; STOCKEX Wertpapierhändler(in) *m(f)* ❷ (*ship*) Handelsschiff *nt*

trade route *n* Handelsweg *m* **trade secret** *n* Betriebsgeheimnis *nt*

tradesman ['treɪdzmən] *n* (*shopkeeper*) Händler *m*; (*craftsman*) Handwerker *m*

trade union *n* Gewerkschaft *f* **trade unionist** *n* Gewerkschaftler(in) *m(f)* **trade war** *n* Handelskrieg *m* **trade wind** *n* Passat *m*

trading ['treɪdɪŋ] *n no pl* Handel *m*; **Sunday ~** BRIT Offenhalten *nt* der Geschäfte am Sonntag

trading estate *n* BRIT Industriegelände *nt* **trading floor** *n* Börsenparkett *nt* **trading licence** *n* Gewerbekonzession *f* **trading partner** *n* Handelspartner(in) *m(f)* **trading standards officer** *n* Gewerbeaufsichtsbeamte(r) *m*/-beamtin *f*

tradition [trə'dɪʃᵊn] *n* Tradition *f*, Brauch *m*

traditional [trə'dɪʃᵊnᵊl] *adj* traditionell; *person* konservativ

traffic ['træfɪk] **I.** *n no pl* ❶ Verkehr *m*; **air/rail ~** Luft-/Bahnverkehr *m* ❷ (*in illegal items*) illegaler Handel (**in** mit); **drug ~** Drogenhandel *m* **II.** *intr verb* <-ck-> handeln; **to ~ in arms** Waffenhandel betreiben; **to ~ in drugs** mit Drogen handeln

traffic accident *n* Verkehrsunfall *m* **traffic circle** *n* AM Kreisverkehr *m* **traffic island** *n* ❶ (*pedestrian island*) Verkehrsinsel *f* ❷ AM (*central reservation*) Mittelstreifen *m* **traffic jam** *n* Stau *m*

trafficker ['træfɪkəʳ] *n* (*pej*) Händler(in) *m(f)*; **arms ~** Waffenschieber(in) *m(f)*

traffic light *n* Ampel *f* **traffic warden** *n* BRIT Verkehrspolizist(in) *m(f)*

tragedy ['trædʒədi] *n* Tragödie *f*; **it's a ~ that ...** es ist tragisch, dass ...

tragic ['trædʒɪk] *adj* tragisch

trail [treɪl] **I.** *n* ❶ (*path*) Weg *m*, Pfad *m* ❷ (*track*) Spur *f*; **~ of dust/smoke** Staubwolke *f*/Rauchfahne *f* **II.** *tr verb* **to ~ sb** ❶ (*follow*) jdm auf der Spur sein

T

❷ (*in a competition*) hinter jdm liegen **III.** *intr verb* ❶ (*drag*) schleifen ❷ (*be losing*) zurückliegen ❸ (*move sluggishly*) **to ~ [after sb]** [hinter jdm her] trotten ◆**trail away** *intr verb* verstummen ◆**trail behind I.** *intr verb* zurückbleiben **II.** *tr verb* hinterherlaufen

trail-blazing ['treɪlbleɪzɪŋ] *adj attr* bahnbrechend

trailer ['treɪləʳ] *n* ❶ Anhänger *m* ❷ AM (*caravan*) Wohnwagen *m*

trailer camp, **trailer park** *n* AM Wohnwagenabstellplatz *m*

trailwear *n no pl* Outdoor-Kleidung *f*

train [treɪn] **I.** *n* ❶ RAIL Zug *m;* **to board a ~** in einen Zug einsteigen; **to change ~s** umsteigen ❷ (*series*) Serie *f;* **~ of thought** Gedankengang *m* **II.** *intr verb* trainieren (**for** für) **III.** *tr verb* (*teach*) ausbilden; **to ~ sb for sth** jdn für etw ausbilden; **to ~ dogs** Hunde abrichten

train accident *n* Zugunglück *nt* **train driver** *n* Lokführer(in) *m(f)*

trained [treɪnd] *adj* ❶ (*educated*) ausgebildet ❷ (*expert*) *ear, eye* geschult

trainee [ˌtreɪ'niː] *n* Auszubildende(r) *f(m)* **traineeship** [ˌtreɪ'niːʃɪp] *n* Ausbildung *f* **trainee teacher** *n* Referendar(in) *m(f),* Probelehrer(in) *m(f)* ÖSTERR

trainer ['treɪnəʳ] *n* ❶ (*teacher*) Trainer(in) *m(f);* (*of animals*) Dresseur(in) *m(f);* (*in circus*) Dompteur(in) *m(f)* ❷ BRIT (*shoe*) Turnschuh *m*

train ferry *n* Zugfähre *f*

training ['treɪnɪŋ] **I.** *n no pl* ❶ Ausbildung *f;* (*seminar*) Schulung *f* ❷ SPORTS Training *nt;* **to be in ~ for sth** für etw trainieren **II.** *adj attr* Schulungs-

training camp *n* SPORTS Trainingscamp *nt* **training course** *n* Vorbereitungskurs *m* **training program** *n* AM *see* **training programme** **training programme** *n* BRIT, AUS Ausbildungsprogramm *nt*

train service *n no pl* Zugverkehr *m;* (*between two towns*) [Eisen]bahnverbindung *f*

trait [treɪ, treɪt] *n* Eigenschaft *f;* **character ~** Charakterzug *m;* **genetic ~** genetisches Merkmal

traitor ['treɪtəʳ] *n* Verräter(in) *m(f)*

trajectory [trə'dʒektəri] *n* PHYS Flugbahn *f;* MATH Kurve *f*

tram [træm] *n* BRIT, AUS Straßenbahn *f*

tramline *n* BRIT, AUS ❶ (*route*) Straßenbahnlinie *f* ❷ (*tracks*) **~s** Straßenbahnschienen *Pl*

tramp [træmp] **I.** *intr verb* (*walk*) marschieren; (*walk heavily*) trampeln **II.** *n* ❶ (*poor person*) Vagabund(in) *m(f),* Sandler(in) *m(f)* ÖSTERR ❷ *no pl* (*stomping sound*) schwere Schritte *Pl;* (*tiring walk*) Fußmarsch *m*

trample ['træmpl̩] **I.** *tr verb* niedertrampeln; *flowers, crops* zertrampeln **II.** *intr verb* **to ~ on sth** auf etw *Dat* herumtrampeln

trampoline ['træmpᵊliːn] *n* Trampolin *nt*

tranquil ['træŋkwɪl] *adj setting* ruhig; *voice, expression* gelassen

tranquilizer *n* AM *see* **tranquillizer**

tranquillizer ['træŋkwɪlaɪzəʳ] *n* Beruhigungsmittel *nt*

transact [træn'zækt] **I.** *tr verb deal* abschließen; *negotiations* durchführen **II.** *intr verb* **to ~ with sb** mit jdm verhandeln

transaction [træn'zækʃᵊn] *n* ECON Transaktion *f;* **business ~** Geschäft *nt*

transcribe [træn'skraɪb] *tr verb conversation, recording* protokollieren; LING transkribieren; **to ~ shorthand** Kurzschrift [in Langschrift] übertragen

transcript ['træn(t)skrɪpt] *n* ❶ (*copy*) Abschrift *f* ❷ AM (*school records*) **~s** Zeugnisse *Pl*

transcription [træn'skrɪpʃᵊn] *n* (*copy*) Abschrift *f,* Protokoll *nt*

transfer¹ [træn(t)s'fɜːʳ] **I.** *tr verb* <-rr-> ❶ *money* überweisen ❷ (*re-assign*) versetzen; *power* abgeben; *responsibility* übertragen ❸ (*redirect*) übertragen; *a call* weiterleiten **II.** *intr verb* <-rr-> [træn(t)s'fɜːʳ] (*change job*) überwechseln

transfer² ['træn(t)sfɜːʳ] *n* ❶ *of money* Überweisung *f; of ownership* Übertragung *f;* **~ of power** Machtübertragung *f* ❷ *no pl of patients, prisoners* Verlegung *f* (**to** in/nach) ❸ (*at work*) Versetzung *f*

transferred charge call [ˌtræn(t)sfɜːd-tʃaːdʒ'-] *n* BRIT R-Gespräch *nt*

transform [træn(t)s'fɔːm] *tr verb* ❶ (*change*) verwandeln ❷ ELEC transformieren *fachspr*

transformation [ˌtræn(t)sfə'meɪʃᵊn] *n*

T

Verwandlung *f;* (*in theatre*) Verwandlungsszene *f*

transformer [træn(t)s'fɔːmə^r] *n* ELEC Transformator *m fachspr*

transfusion [træn(t)s'fjuːʒən] *n no pl* MED Transfusion *f*

transgenic [trænz'dʒenɪk] *adj* BIOL, AGR transgen

transient ['trænziənt] **I.** *adj* ❶ (*temporary*) vergänglich ❷ (*mobile*) ~ **population** nicht ansässiger Teil der Bevölkerung **II.** *n* Durchreisende(r) *f(m)*

transistor [træn'zɪstə^r] *n* ELEC Transistor *m fachspr*

transit ['træn(t)sɪt] **I.** *n no pl* Transit *m* **II.** *tr verb* durchqueren

transit business *n* Transitgeschäft *nt* **transit camp** *n* Auffanglager *nt* **transit desk** *n* AVIAT Transitschalter *m*

transition [træn'zɪʃən] *n* Übergang *m;* **to be in** ~ in einer Übergangsphase sein

transitional [træn'zɪʃənəl] *adj* Übergangs-

transitive ['træn(t)sətɪv] LING **I.** *adj* transitiv **II.** *n* Transitiv *nt*

transit lounge *n* Transitraum *m* **transit passenger** *n* Transitreisende(r) *f(m)* **transit visa** *n* Transitvisum *nt*

translate [trænz'leɪt] *tr verb* übersetzen; **to ~ sth from English into German** etw aus dem Englischen ins Deutsche übersetzen

translation [trænz'leɪʃən] *n* ❶ Übersetzung *f* ❷ *no pl* (*process*) Übersetzen *nt*

translator [trænz'leɪtə^r] *n* Übersetzer(in) *m(f)*

translucent [trænz'luːsənt], **translucid** [trænz'luːsɪd] *adj* ❶ lichtdurchlässig ❷ (*fig*) *writing, logic, prose* klar

transmission [trænz'mɪʃən] *n* ❶ *no pl* (*act of broadcasting*) Übertragen *nt;* (*broadcast*) Sendung *f* ❷ *no pl of a disease* Übertragung *f; of a hereditary disease* Vererbung *f* ❸ (*in car engine*) Getriebe *nt*

transmission speed *n* COMPUT Übertragungsgeschwindigkeit *f*

transmit <-tt-> [trænz'mɪt] **I.** *tr verb* ❶ MED (*pass on*) übertragen ❷ (*impart*) übermitteln **II.** *intr verb* RADIO senden

transmitter [trænz'mɪtə^r] *n* Sender *m*

transmitting station *n* Sendestation *f*

transparency [træns'pærən(t)si] *n* ❶ *no pl* (*quality*) Lichtdurchlässigkeit *f* ❷ *no pl* (*obviousness*) Durchschaubarkeit *f* ❸ (*slide*) Dia *nt;* (*for overhead*) Overheadfolie *f*

transparent [træns'pærənt] *adj* ❶ durchsichtig ❷ (*fig*) transparent *geh*

transplant¹ [træn'splɑːnt] *tr verb* ❶ MED (*from donor*) transplantieren ❷ (*replant*) umpflanzen ❸ (*relocate*) umsiedeln

transplant² ['træn(t)splɑːnt] *n* MED Transplantation *f fachspr*

transport¹ [træn'spɔːt] *tr verb* (*carry*) transportieren, befördern

transport² ['træn(t)spɔːt] *n* ❶ *no pl* (*conveying*) Transport *m,* Beförderung *f* ❷ *no pl* (*traffic*) Verkehrsmittel *nt;* **public** ~ öffentliche Verkehrsmittel *Pl*

transportation [ˌtræn(t)spɔː'teɪʃən] *n no pl* Transport *m,* Beförderung *f*

transport café *n* BRIT Fernfahrerraststätte *f*

trap [træp] **I.** *n* (*snare*) Falle *f;* (*ambush*) Hinterhalt *m;* **to set a ~** eine Falle aufstellen; **to fall into a ~** in die Falle gehen **II.** *tr verb* <-pp-> ❶ (*snare*) **to ~ an animal** ein Tier [in einer Falle] fangen ❷ *usu passive* (*confine*) **to be ~ped** eingeschlossen sein; **to feel ~ped** sich gefangen fühlen ❸ (*catch*) *finger, nerve* einklemmen

trapdoor *n* (*door*) Falltür *f*

trapeze [trə'piːz] *n* Trapez *nt*

trapezium <*pl* -s *or* -zia> [trə'piːziəm, *pl* -ziə] *n* BRIT, AUS, AM **trapezoid** ['træpɪzɔɪd] *n* MATH Trapez *nt*

trapper ['træpə^r] *n* Trapper(in) *m(f);* **fur** ~ Pelztierjäger(in) *m(f)*

trash [træʃ] **I.** *n no pl* AM ❶ (*waste*) Müll *m,* Abfall *m* ❷ (*pej fam: junk*) Ramsch *m* **II.** *tr verb* (*fam: wreck*) kaputt machen

trash can *n* AM (*dustbin*) Mülltonne *f* **trash-talk** *tr verb* AM **to ~ sb** jdn schlechtmachen

trashy ['træʃi] *adj* (*pej fam*) wertlos; ~ **novels** Kitschromane *Pl*

trauma ['trɔːmə] *n* <*pl* -s *or* -ta> ❶ *no pl* (*shock*) Trauma *nt* ❷ MED (*injury*) Trauma *nt*

traumatic [trɔː'mætɪk] *adj* (*disturbing*) traumatisierend; (*upsetting*) furchtbar

traumatize ['trɔːmətaɪz] *tr verb usu passive* **to be ~d by sth** durch etw traumatisiert sein

travel ['træv^əl] **I.** *intr verb* <BRIT -ll- *or* AM *usu* -l-> reisen; (*by air*) fliegen; **to ~ by car/train** mit dem Auto/Zug fahren **II.** *tr verb* <BRIT -ll- *or* AM *usu* -l-> **to ~ a country/the world** ein Land/die Welt bereisen **III.** *n* ① *no pl* Reisen *nt* ② *pl* (*journey*) **~s** Reise *f*

travel agency *n* Reisebüro *nt* **travel card** *n* Tages-/Wochen-/Monatskarte *f*; (*for train also*) Netzkarte *f* **travel cot** *n* BRIT Kinderreisebett[chen] *nt*

traveler *n* AM *see* **traveller**

travel expenses *npl* Reisekosten *Pl*

traveling *n* AM *see* **travelling**

travel insurance *n no pl* Reiseversicherung *f*; (*for cancellations*) Reiserücktrittsversicherung *f*

traveller ['træv^ələ^r] *n* ① Reisende(r) *f(m)* ② BRIT (*gypsy*) Zigeuner(in) *m(f)* *pej*

travelling ['træv^əlɪŋ] *n no pl* Reisen *nt*

travelling bag *n* Reisetasche *f* **travelling circus** *n* Wanderzirkus *m* **travelling clock** *n* Reisewecker *m* **travelling salesman** *n* (*dated*) Vertreter(in) *m(f)*

travel-sick *adj* reisekrank

travel sickness *n no pl* Reisekrankheit *f*

trawler ['trɔːlə^r] *n* Trawler *m*

tray [treɪ] *n* ① Tablett *nt* ② *esp* BRIT (*for papers*) Ablage *f*; **in-~/out-~** Ablage für Posteingänge/-ausgänge

traybake ['treɪbeɪk] *n dünner Blechkuchen (oft auch nach Keksrezepten gebacken), häufig mit Schokoladen- oder Zuckerguss*

treacherous ['tretʃ^ərəs] *adj* ① (*esp old: deceitful*) verräterisch; (*disloyal*) treulos ② (*dangerous*) tückisch; *sea, weather* trügerisch

treachery ['tretʃ^əri] *n no pl* (*esp old*) Verrat *m*

treacle ['triːkḷ] *n no pl* BRIT Melasse *f*

treacly ['triːkḷi] *adj* ① (*sticky*) sirupartig ② (*pej: sentimental*) zuckersüß

tread [tred] **I.** *intr verb* <trod *or* AM *a.* treaded, trodden *or* AM, AUS trod> ① (*step*) treten; **to ~ carefully** vorsichtig auftreten ② (*maltreat*) **to ~ on sb** jdn treten **II.** *tr verb* <trod *or* AM *a.* treaded, trodden *or* AM, AUS trod> **to ~ sth down** *grass* etw niedertreten; **to ~ water** Wasser treten **III.** *n* ① *no pl* Tritt *m*, Schritt *m* ② (*profile*) *of a tyre* [Reifen]profil *nt*

treason ['triːz^ən] *n no pl* [Landes]verrat *m*; **high ~** LAW Hochverrat *m*

treasonable ['triːz^ənəbḷ] *adj*, **treasonous** ['triːz^ənəs] *adj* (*form*) verräterisch

treasure ['treʒə^r] **I.** *n* ① *no pl* (*hoard*) Schatz *m* ② (*valuables*) **~s** Schätze *Pl* **II.** *tr verb* [hoch]schätzen; **to ~ the memory/memories of sb/sth** die Erinnerung[en] an jdn/etw bewahren

treasure hunt *n* Schatzsuche *f*

treasurer ['treʒ^ərə^r] *n* Schatzmeister(in) *m(f)*; *of a club* Kassenwart(in) *m(f)*

treasury ['treʒ^əri] *n* ① (*office*) **the ~** die Schatzkammer ② *no pl* POL **the Treasury** das Finanzministerium

Treasury Secretary *n* AM Finanzminister(in) *m(f)*

treat [triːt] **I.** *tr verb* ① MED *a.* behandeln; **to ~ sb/sth badly** jdn/etw schlecht behandeln ② (*regard*) betrachten (**as** als); **to ~ sth with contempt** etw mit Verachtung begegnen ③ (*pay for*) **to ~ sb [to sth]** jdn [zu etw] einladen; **to ~ oneself [to sth]** sich *Dat* etw gönnen ④ *usu passive* (*process*) behandeln (**with** mit); *sewage* klären **II.** *n* [besonderes] Vergnügen; **to give oneself a ~** sich *Dat* etw gönnen; **[it's] my ~** ich lade Sie ein

treatment ['triːtmənt] *n* MED Behandlung *f*; **life-extending ~** lebenserhaltende Maßnahmen *Pl*

treaty ['triːti] *n* Vertrag *m* (**between** zwischen, **on** über); **peace ~** Friedensvertrag *m*

treble ['trebḷ] **I.** *adj* ① (*three*) dreifach ② *attr* MUS Diskant- **II.** *adv* das Dreifache **III.** *tr verb* verdreifachen **IV.** *n* Sopran *m*

treble clef *n* MUS Violinschlüssel *m*

treble recorder *n* MUS Altflöte *f*

tree [triː] *n* Baum *m* ▸ **to be barking up the wrong ~** auf dem falschen Dampfer sein

treeline *n no pl* **the ~** die Baumgrenze

tree-lined *adj* von Bäumen gesäumt

tree surgeon *n* Baumchirurg(in) *m(f)*

treetops *npl* **the ~** die [Baum]wipfel *Pl*

tree trunk *n* Baumstamm *m*

trek [trek] **I.** *intr verb* <-kk-> wandern **II.** *n* Wanderung *f*

trekking ['trekɪŋ] *n* Trekking *nt*

tremble ['trembḷ] **I.** *intr verb* (*shake*) zittern; *lip, voice* beben; **to ~ like a leaf** zittern wie Espenlaub **II.** *n* Zittern *nt*

T

tremendous [trɪˈmendəs] *adj* ① (*big*) enorm; *crowd, scope* riesig; *success* enorm ② (*good*) super

tremor [ˈtreməʳ] *n* ① Zittern *nt;* MED Tremor *m* ② (*earthquake*) Beben *nt*

trench <*pl* -es> [tren(t)ʃ] *n* (*hole*) Graben *m;* MIL Schützengraben *m*

trend [trend] *n* Trend *m,* Tendenz *f;* **the latest ~** der letzte Schrei *fam*

trendsetter [ˈtrendˌsetəʳ] *n* Trendsetter(in) *m(f)*

trendy [ˈtrendi] *adj* modisch

trespass I. *n* <*pl* -es> [ˈtrespəs] ① LAW (*intrusion*) unbefugtes Betreten ② (*old: sin*) Sünde *f* (**against** gegen) **II.** *intr verb* [ˈtrespəs] (*intrude*) unbefugt eindringen; **to ~ on sb's land** jds Land unerlaubt betreten

trespasser [ˈtrespəsəʳ] *n* Eindringling *m;* **'Trespassers will be prosecuted!'** „Unbefugtes Betreten wird strafrechtlich verfolgt!"

triad [ˈtraɪæd] *n* MUS Dreiklang *m*

trial [traɪəl] **I.** *n* ① LAW Prozess *m,* [Gerichts]verhandlung *f;* **to stand ~** vor Gericht stehen ② (*test*) Probe *f,* Test *m;* **clinical ~s** klinische Tests *Pl* **II.** *tr verb* <-ll- *or* -l-> *drugs* testen

trial period *n* Probezeit *f* **trial run** *n* ① (*preparation*) Generalprobe *f* ② (*test drive*) Probefahrt *f*

triangle [ˈtraɪæŋgl̩] *n* ① Dreieck *nt* ② (*percussion*) Triangel *f*

triangular [traɪˈæŋgjələʳ] *adj* dreieckig

triathlon [traɪˈæθlɒn] *n* Triathlon *nt*

tribal [ˈtraɪbᵊl] *adj* Stammes-

triband [ˈtraɪbænd] *adj mobile phone* mit Triband-Funktion *nachgestellt*

tribe [traɪb] *n* + *sing/pl verb* Stamm *m*

tribesman *n* Stammesangehöriger *m*

tribulation [ˌtrɪbjəˈleɪʃᵊn] *n no pl* (*form*) Leiden *nt;* **trials and ~s** Schwierigkeiten *Pl*

tribunal [traɪˈbjuːnᵊl] *n* ① (*court*) Gericht *nt* ② (*investigative body*) Untersuchungsausschuss *m*

tribune [ˈtrɪbjuːn] *n* (*dais*) Tribüne *f*

tributary [ˈtrɪbjətᵊri] **I.** *n* Nebenfluss *m* **II.** *adj* (*form: secondary*) Neben-

tribute [ˈtrɪbjuːt] *n* (*respect*) Tribut *m;* **to pay ~ to sb/sth** jdm/einer S. Tribut zollen *geh*

trick [trɪk] **I.** *n* ① (*ruse*) Trick *m;* **to play a ~ on sb** jdm einen Streich spielen ② (*knack*) Kunstgriff *m;* **he knows all the ~s of the trade** er ist ein alter Hase ③ (*illusion*) **a ~ of the light** eine optische Täuschung ④ (*cards*) Stich *m;* **to take a ~** einen Stich machen ▶ **a dirty ~** ein gemeiner Trick **II.** *adj attr question* Fang- **III.** *tr verb* ① (*deceive*) täuschen; **to ~ sb into doing sth** jdn dazu bringen, etw zu tun ② (*fool*) reinlegen *fam*

trickery [ˈtrɪkᵊri] *n no pl* (*pej*) Betrug *m*

trickle [ˈtrɪkl̩] **I.** *intr verb* (*flow*) sickern; (*in drops*) tröpfeln **II.** *tr verb* tröpfeln, träufeln **III.** *n* (*flow*) Rinnsal *nt geh; of blood* Tropfen *Pl* ◆ **trickle away** *intr verb* ① langsam abfließen ② (*fig: stop gradually*) versiegen

tricky [ˈtrɪki] *adj* ① (*deceitful*) betrügerisch ② (*sly*) raffiniert

tricycle [ˈtraɪsɪkl̩] *n* Dreirad *nt*

trifle [ˈtraɪfl̩] *n* ① BRIT Trifle *nt* (*Biskuitdessert mit Obst und Schlagsahne*) ② (*form: petty thing*) Kleinigkeit *f* ③ + *adj* (*form: slightly*) **I'm a ~ surprised about your proposal** ich bin über deinen Vorschlag etwas erstaunt

trifling [ˈtraɪfl̩ɪŋ] *adj* (*form*) unbedeutend; *sum of money* geringfügig

trigger [ˈtrɪgəʳ] **I.** *n* (*gun part*) Abzug *m;* **to pull the ~** abdrücken **II.** *tr verb* auslösen

trike [traɪk] *n short for* **tricycle** Dreirad *nt*

trillion [ˈtrɪljən] *n* <*pl* - *or* -s> Billion *f*

trilogy [ˈtrɪlədʒi] *n* Trilogie *f*

trim [trɪm] **I.** *n no pl* ① (*cutting*) Nachschneiden *nt* ② (*edging*) Applikation *f* **II.** *adj* <-mer, -mest> ① (*neat*) ordentlich; *lawn* gepflegt ② (*slim*) schlank **III.** *tr verb* <-mm-> ① (*cut*) [nach]schneiden; *beard, hedge* stutzen ② (*decorate*) schmücken (**with** mit) ◆ **trim away** *tr verb* ① (*cut*) wegschneiden ② (*edit*) zusammenstreichen ◆ **trim down** *intr verb* abnehmen ◆ **trim off** *tr verb* ① (*cut*) abschneiden ② (*reduce*) kürzen

trimming [ˈtrɪmɪŋ] *n* ① *no pl* (*cutting*) Nachschneiden *nt* ② (*pieces*) **~s** Abfälle *Pl* ③ (*accompaniment*) **the ~s** das Zubehör *kein Pl*

Trinidad [ˈtrɪnɪdæd] *n no pl* Trinidad *nt*

Trinidadian [ˌtrɪnɪˈdædiən] **I.** *adj* trinidadisch **II.** *n* Trinidader(in) *m(f)*

trio <*pl* -s> ['triəʊ] *n* (*three*) Trio *nt* (**of** von)

trip [trɪp] **I.** *n* ① (*journey*) Reise *f*, Fahrt *f*; **round** ~ Rundreise *f* ② *esp* BRIT (*outing*) Ausflug *m* **II.** *intr verb* <-pp-> (*unbalance*) stolpern ▶ **to** ~ **off the tongue** leicht von der Zunge gehen **III.** *tr verb* <-pp-> (*unbalance*) **to** ~ **sb** jdm ein Bein stellen ◆ **trip over** *tr verb* (*be hindered*) stolpern (über) ▶ **to** ~ **over one's words** über seine Worte stolpern ◆ **trip up** **I.** *tr verb* ① (*unbalance*) **to** ~ **up** ↻ **sb** jdm ein Bein stellen ② (*foil*) zu Fall bringen **II.** *intr verb* ① (*stumble*) stolpern ② (*blunder*) einen Fehler machen

triple ['trɪpl̩] **I.** *adj* ① *attr* (*threefold*) dreifach ② *attr* (*of three parts*) Dreier- **II.** *adv* dreimal so viel **III.** *tr verb* verdreifachen

triplet ['trɪplət] *n usu pl* (*baby*) Drilling *m*

tripod ['traɪpɒd] *n* Stativ *nt*

tripping *adj* trippelnd

triumph ['traɪəm(p)f] **I.** *n* ① (*victory*) Triumph *m*, Sieg *m* (**over** über) ② *no pl* (*joy*) Siegesfreude *f* **II.** *intr verb* (*win*) triumphieren (**over** über)

triumphant [traɪ'ʌm(p)fənt] *adj* ① (*victorious*) siegreich ② (*successful*) erfolgreich

trivial ['trɪvɪəl] *adj* (*unimportant*) trivial; *issue* belanglos

trod [trɒd] *pt, pp of* **tread I, II**

trolley ['trɒli] *n esp* BRIT, AUS (*cart*) Karren *m*; **luggage** ~ Gepäckwagen *m*; **shopping** ~ Einkaufswagen *m* ▶ **to be off one's** ~ *esp* BRIT, AUS nicht mehr ganz dicht sein *fam*

trombone [trɒm'bəʊn] *n* Posaune *f*

troop [tru:p] **I.** *n* ① (*group*) Truppe *f*; *of animals* Schar *f* ② (*soldiers*) ~**s** Truppen *Pl* **II.** *intr verb* **to** ~ **off** (*fam*) abziehen

trophy ['trəʊfi] *n* (*prize*) Preis *m*; (*memento*) Trophäe *f*; **war** ~ Kriegsbeute *f kein Pl*

tropic ['trɒpɪk] *n* ① (*latitude*) Wendekreis *m* ② (*hot region*) **the** ~**s** die Tropen *Pl*

tropical ['trɒpɪkᵊl] *adj* Tropen-; ~ **hardwoods** tropische Harthölzer

trot [trɒt] **I.** *n no pl* ① (*pace*) Trab *m* ② MED **the** ~**s** der Dünnpfiff *fam* **II.** *intr verb* <-tt-> ① (*walk*) trotten ② (*ride*) im Trab reiten **III.** *tr verb* <-tt-> *horse* traben lassen ◆ **trot along** *intr verb* traben ◆ **trot off** *intr verb* (*fam*) losziehen ◆ **trot out** *tr verb* (*pej*) vorführen

trotter ['trɒtəʳ] *n* ① FOOD ~**s** Schweinshaxen *Pl* ② (*horse*) Traber *m*

trouble ['trʌbl̩] **I.** *n* ① *no pl* (*difficulties*) Schwierigkeiten *Pl*; (*annoyance*) Ärger *m*; (*problem*) Problem *nt*; **to spell** ~ (*fam*) nichts Gutes bedeuten ② *no pl* (*inconvenience*) Umstände *Pl*; **it's no** ~ **at all** das macht gar keine Umstände ③ *no pl* (*physical ailment*) **stomach** ~ Magenbeschwerden *Pl* **II.** *tr verb* ① (*form: cause inconvenience*) **to** ~ **sb for sth** jdn wegen einer S. *Dat o Gen* bemühen *geh* ② (*cause worry*) beunruhigen **III.** *intr verb* sich bemühen

troubled ['trʌbl̩d] *adj* ① (*beset*) *situation* bedrängt ② (*worried*) besorgt

troublemaker *n* Unruhestifter(in) *m(f)*

troubleshooting *n no pl* ① (*fixing*) Fehler-/Störungsbeseitigung *f* ② (*mediation*) Vermittlung *f*

troublesome ['trʌbl̩səm] *adj* schwierig

trouble spot *n* Unruheherd *m*

trough [trɒf] *n* ① (*bin*) Trog *m* ② (*low*) Tiefpunkt *m*; (*in economy*) Talsohle *f*; METEO Trog *m*

trousers ['traʊzəz] *npl* Hose *f*; **a pair of** ~ eine Hose ▶ **to wear the** ~ die Hosen anhaben *fam*

trouser suit *n* BRIT Hosenanzug *m*

trout [traʊt] *n* <*pl* -s *or* -> Forelle *f*

trout farm *n* Forellenzucht *f*

trowel ['traʊəl] *n* ① (*gardening*) kleiner Spaten ② (*building*) Maurerkelle *f*

truant ['tru:ənt] **I.** *n* Schulschwänzer(in) *m(f) fam*; **to play** ~ [**from school**] *esp* BRIT, AUS [die Schule] schwänzen *fam* **II.** *intr verb esp* BRIT, AUS [die Schule] schwänzen *fam*

truce [tru:s] *n* Waffenstillstand *m* (**between** zwischen)

truck [trʌk] **I.** *n* ① (*lorry*) Last[kraft]wagen *m*; **pickup** ~ Lieferwagen *m* ② BRIT (*train*) Güterwagen *m* **II.** *tr verb esp* AM per Lastwagen transportieren

truck driver *n*, **trucker** ['trʌkəʳ] *n* Lastwagenfahrer(in) *m(f)*; (*long-distance*) Fernfahrer(in) *m(f)*

truck stop *n* AM, AUS [Fernfahrer]raststätte *f*

trudge [trʌdʒ] **I.** *intr verb* ① (*walk*) wandern; **to ~ along/down sth** etw entlang-/hinunterlatschen *fam* ② (*work*) **to ~ through sth** etw durchackern **II.** *n* ① (*walk*) [anstrengender] Fußmarsch ② (*work*) mühseliger Weg

true [tru:] **I.** *adj* <-r, -st> ① wahr; **it is ~ [to say] that ...** es stimmt, dass ...; **to ring ~** glaubhaft klingen ② *attr* (*actual*) echt, wahr, wirklich; **~ love** wahre Liebe ③ (*loyal*) treu; **to be ~ to sb/sth/oneself** jdm/einer S./sich treu sein ▶ **~ to form** wie zu erwarten **II.** *adv* ① (*admittedly*) stimmt ② (*exactly*) genau

truffle ['trʌfl̩] *n* Trüffel *f o m*

truly ['tru:li] *adv* ① (*not falsely*) wirklich, wahrhaftig ② (*genuinely*) wirklich, echt ③ (*form: sincerely*) ehrlich, aufrichtig; **Yours ~,** (*in private letter*) dein(e)/Ihr(e)

trump [trʌmp] **I.** *n* CARDS Trumpf *m* **II.** *tr verb* CARDS übertrumpfen ◆**trump up** *tr verb* erfinden

trumpet ['trʌmpɪt] **I.** *n* Trompete *f* **II.** *intr verb* trompeten **III.** *tr verb* (*esp pej*) ausposaunen *fam*

trumpeter ['trʌmpɪtəʳ] *n* Trompeter(in) *m(f)*

truncheon ['trʌn(t)ʃᵊn] *n* BRIT, AUS Schlagstock *m*

trunk [trʌŋk] *n* ① (*stem*) Stamm *m* ② (*body*) Rumpf *m* ③ (*of elephant*) Rüssel *m* ④ AM (*boot of car*) Kofferraum *m*

trunk call *n* BRIT (*dated*) Ferngespräch *nt* **trunk road** *n* BRIT Fern[verkehrs]straße *f*

trust [trʌst] **I.** *n* ① *no pl* Vertrauen *nt* ② FIN Treuhand *f kein Pl;* **investment ~** Investmentfonds *m;* **charitable ~** Stiftung *f* **II.** *tr verb* vertrauen (auf); **to ~ sb to do sth** jdm zutrauen, dass er/sie etw tut; **to ~ sb with sth** jdm etw anvertrauen **III.** *intr verb* ① (*form*) **to ~ in sb/sth** auf jdn/etw vertrauen ② (*form: hope*) **to ~ [that] ...** hoffen, [dass] ...

trusted ['trʌstɪd] *adj attr* ① (*loyal*) getreu *geh* ② (*proved*) bewährt

trustee [trʌs'ti:] *n* Treuhänder(in) *m(f);* **board of ~s** Kuratorium *nt*

trust fund *n* Treuhandfonds *m*

trusting ['trʌstɪŋ] *adj* ① (*artless*) vertrauensvoll ② (*gullible*) leichtgläubig

trustworthy ['trʌstˌwɜ:ði] *adj* vertrauenswürdig

trusty ['trʌsti] *adj attr* (*hum*) zuverlässig

truth <*pl* -s> [tru:θ] *n no pl* Wahrheit *f;* **the ~** die Wahrheit (**about** über)

truthful ['tru:θfᵊl] *adj* ① (*true*) wahr ② (*sincere*) ehrlich

try [traɪ] **I.** *n* ① Versuch *m;* **to give sth a ~** etw ausprobieren ② (*in rugby*) Versuch *m* **II.** *intr verb* <-ie-> ① versuchen ② (*make an effort*) sich bemühen **III.** *tr verb* <-ie-> ① versuchen ② (*put to test*) *patience* auf die Probe stellen ③ LAW vor Gericht stellen ◆**try for** *tr verb* sich bemühen (um) ◆**try on** *tr verb* anprobieren ◆**try out** *tr verb* ausprobieren

trying ['traɪɪŋ] *adj* anstrengend; *time, phase* schwierig

try-on *n* BRIT, AUS (*fam*) [Täuschungs]versuch *m*

try-out *n* (*fam*) SPORTS Testspiel *nt*

tsar [zɑ:ʳ] *n* BRIT, AUS Zar *m;* **drug ~** Drogenboss *m*

tsarina [zɑ:'ri:nə] *n* BRIT, AUS Zarin *f*

tsetse fly ['tetsi-] *n* Tsetsefliege *f*

T-shirt ['ti:ʃɜ:t] *n* T-Shirt *nt*

tsunami [tsu:'na:mi] *n* Tsunami *m*

tub [tʌb] *n* ① (*vat*) Kübel *m* ② (*fam: bath*) [Bade]wanne *f*

tubby ['tʌbi] *adj* (*fam*) pummelig

tube [tju:b] *n* ① (*pipe*) Röhre *f;* (*bigger*) Rohr *nt;* **inner ~** Schlauch *m;* **test ~** Reagenzglas *nt* ② *of toothpaste, cream* Tube *f* ③ *no pl* BRIT (*fam: railway*) **the ~** die [Londoner] U-Bahn

Die ersten Züge der **Tube**, der Londoner U-Bahn, fuhren bereits 1863. Inzwischen drängen sich täglich rund 3,2 Millionen Fahrgäste in die Waggons, darunter auch viele Pendler. Auf einer Fahrstrecke von 402 Kilometern werden insgesamt 270 Stationen angefahren. Jeder, der einmal London besucht hat, kennt wohl die bunte, schematische Darstellung des Streckennetzes, dessen Kernstück die *Circle Line* bildet. Dennoch ist es nicht immer ganz einfach, den Überblick zu bewahren. Wer sich im Aufzug oder auf den langen Rolltreppen zu den unterirdischen Stationen aufmacht, muss höllisch aufpassen, dass er anschließend in den vielen Gängen nicht die falsche Abzweigung nimmt. Sonst fährt er schnell mal in die falsche Richtung. Auf dem Bahnsteig angekommen, wird man kurz vor Einfahrt des Zuges auf die vermeintlich gefährliche Lücke zwischen Waggon und Bahnsteig hingewiesen. Die Durchsage *Mind the Gap* ist inzwischen so berühmt, dass man den Spruch auf T-Shirts und vielen anderen Andenken wiederfindet. Übrigens, wer einmal umsonst mit **The Tube** fahren möchte, kann dies jedes Jahr in der Silvesternacht tun.

tubeless ['tju:bləs] *adj* ~ **tyre** schlauchloser Reifen

tuberculosis [tju:ˌbɜ:kjə'ləʊsɪs] *n no pl* Tuberkulose *f*

tuberculous [tju:'bɜ:kjələs] *adj* tuberkulös

tube station *n* U-Bahnstation *f*

tubular bells *npl* Glockenspiel *nt*

tuck [tʌk] **I.** *n* ❶ (*pleat*) Abnäher *m;* (*ornament*) Biese *f* ❷ (*med*) **a tummy** ~ *Operation, bei der am Bauch Fett abgesaugt wird* **II.** *tr verb* (*fold*) stecken; **to ~ sb into bed** jdn ins Bett [ein]packen *fam* ◆ **tuck away** *tr verb* ❶ (*stow*) verstauen; (*hide*) verstecken ❷ *usu passive* (*lie*) **to be ~ed away somewhere** irgendwo versteckt liegen ◆ **tuck in I.** *tr verb* (*fold*) hineinstecken; **to ~ in one's shirt** sein Hemd in die Hose stecken **II.** *intr verb* (*fam*) reinhauen ◆ **tuck up** *tr verb* ❶ (*fold*) **to ~ up one's feet/legs** seine Füße/Beine anziehen ❷ BRIT (*put to bed*) **to ~ up** ⊂ **sb** jdn ins Bett stecken *fam*

tuck shop *n* BRIT (*dated*) Schulkiosk *nt* (*für Snacks und Süßwaren*)

Tuesday ['tju:zdeɪ] *n* Dienstag *m;* [**on**] ~ **afternoon/evening/morning/night** [am] Dienstagnachmittag/-abend/-morgen/-nacht; **a week/fortnight on** ~ Dienstag in einer Woche/zwei Wochen; **a week/fortnight last** ~ Dienstag vor einer Woche/zwei Wochen; **one** ~ an einem Dienstag; [**on**] ~ [am] Dienstag; [**on**] ~**s** dienstags

tuft [tʌft] *n* Büschel *nt*

tug [tʌg] **I.** *n* ❶ (*pull*) Ruck *m* (**at** an); **to give sth a** ~ an etw *Dat* zerren ❷ (*boat*) Schlepper *m* **II.** *tr verb* <-gg-> ziehen **III.** *intr verb* <-gg-> zerren (**at** an)

tuition [tju'ɪʃᵊn] *n no pl esp* BRIT (*teaching*) Unterricht *m* (**in** in)

tulip ['tju:lɪp] *n* Tulpe *f*

tulle [tju:l] *n no pl* Tüll *m*

tumble ['tʌmbl̩] **I.** *intr verb* (*fall*) fallen; (*faster*) stürzen **II.** *n* (*fall*) Sturz *m;* **to take a** ~ stürzen ◆ **tumble down I.** *intr verb building* einstürzen **II.** *tr verb* hinabstürzen ◆ **tumble over I.** *intr verb* (*unbalance*) hinfallen; (*collapse*) umfallen **II.** *tr verb* stürzen (über)

tumbledown *adj attr building* baufällig

tumble-drier, tumble-dryer *n* Wäschetrockner *m*

tumbler ['tʌmbl̩əʳ] *n* ❶ (*glass*) [Trink]glas *nt* ❷ (*acrobat*) Bodenakrobat(in) *m(f)*

tummy [tʌmi] *n* (*fam*) Bauch *m*

tummy ache *n* (*fam*) Bauchweh *nt kein Pl*

tumor *n* AM *see* **tumour**

tumour ['tju:məʳ] *n* Geschwulst *f,* Tumor *m*

tumultuous [tju:'mʌltjuəs] *adj* (*loud*) lärmend; *applause* stürmisch

tuna ['tju:nə] *n no pl* Thunfisch *m*

tune [tju:n] **I.** *n* ❶ Melodie *f* ❷ BRIT TECH Einstellung *f* **II.** *tr verb* RADIO, AUTO einstellen ◆ **tune in I.** *intr verb* ❶ RADIO, TV einschalten; **to ~ in to a channel/station** einen Kanal/Sender einstellen ❷ (*fam: be sensitive to sth*) **to be ~d in to sth** eine Antenne für etw haben **II.** *tr verb* AUS RADIO, TV einschalten ◆ **tune up** *intr verb, vt* MUS stimmen

tuner ['tju:nəʳ] *n* ❶ TECH Empfänger *m* ❷ MUS (*person*) Stimmer(in) *m(f)*

tunic ['tju:nɪk] *n* Kittel *m;* HIST Tunika *f*

tuning fork *n* MUS Stimmgabel *f*

Tunisia [tju:'nɪziə] *n* Tunesien *nt*

Tunisian [tju:'nɪziən] **I.** *n* Tunesier(in) *m(f)* **II.** *adj* tunesisch

tunnel ['tʌnᵊl] **I.** *n* Tunnel *m;* ZOOL, BIOL Gang *m* ▸ **to see** [**the**] **light at the end of the** ~ das Licht am Ende des Tunnels sehen **II.** *intr verb* <BRIT -ll- *or* AM *usu* -l-> einen Tunnel graben; **to ~ under a river** einen Fluss untertunneln

tuppence ['tʌpᵊn(t)s] *n no pl* BRIT (*fam*) zwei Pence ▸ **to not give ~ for sth** keinen Pfifferling auf etw *Akk* geben *fam;* **to not matter** ~ überhaupt keine Rolle spielen

turbine ['tɜ:baɪn] *n* Turbine *f*

T

turbocharged *adj* ① TECH mit Turboaufladung *nachgestellt* ② (*sl: energetic*) Turbo-
turbo diesel *n* TECH Turbodiesel *m*
turbo engine *n* TECH Turbomotor *m*
turbulence ['tɜ:bjələn(t)s] *n no pl* Turbulenz *f;* **air ~** Turbulenzen *Pl*
turbulent ['tɜ:bjələnt] *adj* turbulent; *sea also* unruhig
turd [tɜ:d] *n* (*vulg*) Scheißhaufen *m derb*
turf <*pl* -s *or* BRIT *usu* turves> [tɜ:f] **I.** *n* ① *no pl* (*grassy earth*) Rasen *m* ② (*square of grass*) Sode *f* **II.** *tr verb* Rasen verlegen
Turk [tɜ:k] *n* Türke *m*/Türkin *f*
turkey ['tɜ:ki] *n* ① ZOOL Pute(r) *f(m)* ② *no pl* (*meat*) Truthahn *m,* Putenfleisch *nt*
Turkey ['tɜ:ki] *n no pl* GEOG Türkei *f*
Turkish ['tɜ:kɪʃ] **I.** *adj* türkisch **II.** *n* Türkisch *nt*
Turkish delight *n no pl* Lokum *nt* (*geleeartiges, mit Puderzucker bestäubtes Konfekt*)
turmeric ['tɜ:məˈrɪk] *n no pl* Kurkuma *f,* Gelbwurz *f*
turn [tɜ:n] **I.** *n* ① (*rotation*) Drehung *f;* **give the screw a couple of ~s** drehen Sie die Schraube einige Male um ② (*change in direction*) Kurve *f;* SPORTS Wende *f* ③ (*changing point*) **the ~ of the century** die Jahrhundertwende ④ (*allotted time*) **it's my ~ now!** jetzt bin ich dran!; **to do sth in ~** etw abwechselnd tun ⑤ ([*dis*]*service*) **to do sb a good/bad ~** jdm einen guten/schlechten Dienst erweisen ▶ **one good ~ deserves another** (*prov*) eine Hand wäscht die andere **II.** *tr verb* ① (*rotate*) drehen ② (*switch direction*) wenden; **to ~ round the corner** um die Ecke biegen ③ (*change*) **to ~ sth/sb into sth** etw/jdn in etw *Akk* umwandeln ▶ **to ~ a blind eye to sth** die Augen vor etw *Dat* verschließen; **to ~ the tables [on sb]** den Spieß umdrehen **III.** *intr verb* ① (*rotate*) sich drehen; *person* sich umdrehen ② (*switch direction*) *car* wenden; *wind* drehen ③ (*for aid or advice*) **to ~ to sb for help/money** jdn um Hilfe/Geld bitten ④ (*change*) werden; **to ~ into sth** zu etw werden ⑤ (*turn attention to*) **to ~ to sth** sich einer S. *Dat* zuwenden ◆**turn about, turn around** **I.** *intr verb* sich *Akk* umdrehen **II.** *tr verb* **to ~ sth about** etw wenden ◆**turn against** **I.** *intr verb* sich auflehnen (gegen) **II.** *tr verb* **to ~ sb against sb/sth** jdn gegen jdn/etw aufwiegeln ◆**turn away** **I.** *intr verb* sich abwenden **II.** *tr verb* ① (*move*) wegrücken; **to ~ one's face away** seinen Blick abwenden ② (*refuse entry*) abweisen ◆**turn back** **I.** *intr verb* ① [wieder] zurückgehen ② (*fig*) **there's no ~ing back now!** jetzt gibt es kein Zurück [mehr]! **II.** *tr verb* ① (*send back*) zurückschicken ② (*put back*) **to ~ back ⟲ the clocks** die Uhren zurückstellen; **to ~ back time** (*fig*) die Zeit zurückdrehen ◆**turn down** *tr verb* ① (*reject*) abweisen ② (*reduce level*) niedriger stellen ◆**turn in** **I.** *tr verb* ① (*give to police*) abgeben ② (*fam: to the police*) **to ~ sb ⟲ in** jdn verpfeifen **II.** *intr verb* ① (*fam: go to bed*) sich in die Falle hauen ② (*inwards*) **his toes ~ in when he walks** er läuft über den großen Onkel *fam* ◆**turn off** **I.** *tr verb* (*switch off*) abschalten; *light* ausmachen; *radio, TV* ausschalten **II.** *intr verb* abbiegen; **to ~ off the path** den Weg verlassen ◆**turn on** **I.** *tr verb* ① *computer, radio* einschalten ② (*fam: excite*) anmachen **II.** *intr verb* ① (*switch on*) einschalten ② (*attack*) **to ~ on sb** auf jdn losgehen ◆**turn out** **I.** *intr verb* ① (*work out*) sich entwickeln; **how did it ~ out?** wie ist es gelaufen? *fam* ② (*be revealed*) sich herausstellen; **it ~ed out that ...** es stellte sich heraus, dass ... **II.** *tr verb* ① (*empty contents*) [aus]leeren; **to ~ out one's pockets** die Taschen umdrehen ② (*produce*) produzieren ◆**turn over** **I.** *intr verb* ① *person* sich umdrehen; *car* sich überschlagen ② *engine* laufen ③ BRIT TV umschalten ▶ **to ~ over in one's grave** sich im Grabe umdrehen **II.** *tr verb* ① (*move*) umdrehen; *page* umblättern; *soil* umgraben ② (*ponder*) sorgfältig überdenken ▶ **to ~ over a new leaf** einen [ganz] neuen Anfang machen ◆**turn up** **I.** *intr verb* ① (*show up*) erscheinen ② (*become available*) sich ergeben **II.** *tr verb* (*increase volume*) aufdrehen
turnabout *n* Umschwung *m*
turning ['tɜ:nɪŋ] *n* (*road*) Abzweigung *f*
turning area *n* AUTO Wendeplatz *m*
turning point *n* Wendepunkt *m*

T

turnip ['tɜːnɪp] *n* [Steck]rübe *f*
turn-off ['tɜːnɒf] *n* ❶ (*sth unappealing*) Gräuel *nt* ❷ (*fam: sexually unappealing*) **to be a real ~** abstoßend sein
turnout ['tɜːnaʊt] *n no pl* (*attendance*) Teilnahme *f* (**for** an)
turnover ['tɜːnˌəʊvəʳ] *n* ❶ COMM Umsatz *m* ❷ (*in staff*) Fluktuation *f geh*
turnstile *n* SPORTS Drehkreuz *nt*
turntable *n* TECH, RAIL Drehscheibe *f*
turn-up ['tɜːnʌp] *n esp* BRIT Aufschlag *m* ▶ **to be a ~ for the book**[**s**] (*fam*) mal ganz was Neues sein
turquoise ['tɜːkwɔɪz] **I.** *n* ❶ GEOL (*stone*) Türkis *m* ❷ (*colour*) Türkis *nt* **II.** *adj* türkis[farben]
turret ['tʌrɪt] *n* ❶ [Mauer]turm *m* ❷ MIL **bomber's/ship's ~** Geschützturm *m* eines Bombers/eines Schiffes
turtle <*pl* - *or* -s> ['tɜːtl̩] *n* Schildkröte *f*
turtleneck ['tɜːtl̩nek] *n* (*neck*) Stehbund *m;* (*sweater*) Pullover *m* mit Stehbund
tusk [tʌsk] *n* Stoßzahn *m*
tussle ['tʌsl̩] **I.** *intr verb* ❶ (*scuffle*) sich balgen (**with** mit) ❷ (*quarrel*) **to ~ [with sb] over sth** [mit jdm] über etw *Akk* streiten **II.** *n* (*struggle*) Rauferei *f*
tutor ['tjuːtəʳ] **I.** *n* Nachhilfelehrer(in) *m(f);* BRIT UNIV Tutor(in) *m(f)* **II.** *tr verb* Privatunterricht erteilen
tutorial [tjuː'tɔːriəl] *n* Tutorium *nt geh*
tux <*pl* -es> [tʌks] *n* AM (*fam*) *short for* **tuxedo** Smoking *m*
tuxedo [tʌk'siːdoʊ] *n* AM (*dinner jacket*) Smoking *m*
TV [ˌtiː'viː] *n* (*appliance*) *abbrev of* **television** Fernseher *m*
TV chef *n* Fernsehkoch *m*/-köchin *f* **TV guide** *n* Fernsehzeitschrift *f* **TV star** *n* Fernsehstar *m*
tweak [twiːk] **I.** *tr verb* ❶ (*pull sharply*) zupfen ❷ (*adjust*) **to ~ sth** etw gerade ziehen **II.** *n* Zupfen *nt kein Pl*
tweet [twiːt] *intr verb* INET twittern, tweeten
tweezers ['twiːzəz] *npl* Pinzette *f*
twelfth [twelfθ] **I.** *adj* zwölfte(r, s) **II.** *adv* als zwölfte(r, s) **III.** *n* **the ~** der/die/das Zwölfte
twelve [twelv] **I.** *adj* zwölf; *see also* **eight II.** *n* ❶ Zwölf *f* ❷ SPORTS **the England ~** die England-Zwölf; *see also* **eight**
twentieth ['twentiɪθ] **I.** *adj* zwanzigste(r, s) **II.** *adv* an zwanzigster Stelle **III.** *n* **the ~** der/die/das Zwanzigste
twenty ['twenti] **I.** *adj* zwanzig; *see also* **eight II.** *n* Zwanzig *f; see also* **eight**
twice [twaɪs] **I.** *adv* zweimal; **~ a day** zweimal täglich **II.** *adj* doppelt
twiddle ['twɪdl̩] **I.** *tr verb* [herum]drehen (an); **to ~ one's thumbs** Däumchen drehen **II.** *n* [Herum]drehen *nt kein Pl*
twig¹ [twɪg] *n* Zweig *m*
twig² <-gg-> [twɪg] *tr, intr verb* (*understand*) kapieren *fam*
twilight ['twaɪlaɪt] *n no pl* Dämmerung *f,* Zwielicht *nt;* **the ~ of his/her life** sein/ihr Lebensabend *m*
twilight years *n pl* Lebensabend *m*
twin [twɪn] **I.** *n* Zwilling *m* **II.** *adj* Zwillings- **III.** *tr verb* <-nn-> **to ~ sth with sth** etw mit einer S. [partnerschaftlich] verbinden **IV.** *intr verb* <-nn-> eine Städtepartnerschaft bilden
twin bed *n* Einzelbett *nt* (*eines von zwei gleichen Betten*)
twin brother *n* Zwillingsbruder *m*
twine [twaɪn] **I.** *intr verb* (*twist around*) **to ~ around sth** sich um etw schlingen **II.** *n no pl* Schnur *f*
twin-engined *adj* zweimotorig
twinge [twɪndʒ] *n* Stechen *nt kein Pl;* **a ~ of fear** eine leise Furcht; **a ~ of pain** ein stechender Schmerz
twinkle ['twɪŋkl̩] **I.** *intr verb* funkeln **II.** *n no pl* Funkeln *nt*
twinkling ['twɪŋkl̩ɪŋ] *adj* funkelnd
twinning ['twɪnɪŋ] *n no pl* gemeinsame Durchführung
twin sister *n* Zwillingsschwester *f*
twin town *n* BRIT Partnerstadt *f*
twirl [twɜːl] **I.** *intr verb* wirbeln **II.** *tr verb* ❶ rotieren lassen ❷ (*in dancing*) **to ~ sb** jdn [herum]wirbeln **III.** *n* Wirbel *m;* (*in dancing*) Drehung *f*
twist [twɪst] **I.** *tr verb* ❶ [ver]drehen; (*coil*) herumwickeln (**around** um); **to ~ sth on/off** etw auf-/zudrehen ❷ (*sprain*) sich verrenken **II.** *intr verb* ❶ (*squirm*) sich winden ❷ (*dance*) twisten **III.** *n* ❶ Drehung *f;* **to give sth a ~** etw [herum]drehen ❷ (*sharp bend*) Kurve *f* ❸ (*unexpected change*) Wendung *f* ❹ (*dance*) Twist *m* ▶ **to send sb round the ~** BRIT (*fam*) jdn verrückt machen

T

twisted ['twɪstɪd] *adj* ① (*bent and turned*) verdreht; ~ **ankle** verstauchter Knöchel ② (*winding*) verschlungen ③ (*perverted*) verdreht; **a ~ mind** ein verworrener Geist

twister ['twɪstəʳ] *n* Tornado *m*

twit [twɪt] *n esp* BRIT (*pej fam*) Trottel *m,* Blödmann *m*

twitch ['twɪtʃ] **I.** *intr, tr verb* zucken **II.** *n* <*pl* -es> **to have a [nervous] ~** nervöse Zuckungen haben

twitter ['twɪtəʳ] **I.** *intr verb* ① (*chirp*) zwitschern ② (*talk rapidly*) **to ~ away** vor sich *Akk* hinplappern **II.** *n* Gezwitscher *nt kein Pl*

two [tu:] **I.** *adj* zwei; **are you ~ coming over?** kommt ihr zwei 'rüber?; ~ **[o'clock]** zwei [Uhr]; **to break sth in ~** etw entzweibrechen; **to cut sth in ~** etw durchschneiden; **the ~ of you** ihr beide; *see also* **eight** ▸ **to throw in one's ~ cents worth** AM, AUS (*fam*) seinen Senf dazugeben; **~ can play at that game** (*prov*) wie du mir, so ich dir **II.** *n* Zwei *f; see also* **eight**

two-dimensional *adj* zweidimensional; (*pej*) *character, plot* flach **two-door I.** *adj attr* AUTO zweitürig **II.** *n* zweitüriges Auto **two-edged** *adj* (*a. fig*) zweischneidig **two-faced** *adj* (*pej*) falsch

twofold ['tu:fəʊld] **I.** *adj* (*double*) zweifach; (*with two parts*) zweiteilig **II.** *adv* (*double*) zweifach; **to increase sth ~** etw verdoppeln

two-part *adj attr* zweiteilig **two-piece** *n* ① (*suit*) Zweiteiler *m* ② (*bikini*) Bikini *m* **two-seater** *n* (*sofa, car, plane*) Zweisitzer *m*

twosome ['tu:səm] *n* ① (*duo*) Duo *nt;* (*couple*) Paar *nt* ② (*dance for two*) Paartanz *m*

two-way *adj attr* ① (*traffic*) **~ street/tunnel** Straße *f*/Tunnel *m* mit Gegenverkehr ② *conversation, process* wechselseitig ③ ELEC **~ switch** Wechselschalter *m*

TXT [tekst] *tr verb short for* **text: to ~ sth** etw texten

TXT messaging *n no pl short for* **text messaging** Versenden *nt* von SMS-Nachrichten

tycoon [taɪ'ku:n] *n* [Industrie]magnat(in) *m(f)*

type [taɪp] **I.** *n* ① (*kind*) Art *f; of hair, skin* Typ *m; of food, vegetable* Sorte *f* ② (*character*) Typ *m;* **to be sb's ~** jds Typ sein *fam* **II.** *tr verb* ① (*write with machine*) tippen ② (*categorize*) typisieren *geh* ◆**type out** *tr verb* tippen ◆**type up** *tr verb report* erfassen

typewriter *n* Schreibmaschine *f*

typewritten *adj* maschinegeschrieben

typhoon [taɪ'fu:n] *n* Taifun *m*

typical ['tɪpɪkᵊl] *adj* typisch; *symptom also* charakteristisch (**of** für)

typify <-ie-> ['tɪpɪfaɪ] *tr verb* kennzeichnen; (*symbolize*) ein Symbol sein (für)

typing ['taɪpɪŋ] **I.** *n no pl* Tippen *nt* **II.** *adj attr* Tipp-; **~ error** Tippfehler *m*

typist ['taɪpɪst] *n* Schreibkraft *f*

tyranny ['tɪrᵊni] *n* Tyrannei *f*

tyrant ['taɪrᵊnt] *n* Tyrann(in) *m(f)*

tyre [taɪəʳ] *n* Reifen *m;* **spare ~** Ersatzreifen *m*

tyre pressure *n no pl* Reifendruck *m*

Tyrol [tɪ'rəʊl] *n no pl* GEOG **the ~** Tirol *nt*

tzar [zɑ:ʳ] *n see* **tsar**

tzetze fly ['tetsiˌflaɪ] *n see* **tsetse fly**

Uu

U <*pl* -'s *or* -s>, **u** <*pl* -'s> [juː] *n* ① U *nt*, u *nt; see also* **A 1** ② (*sl: you*) du

U1 [juː] *n* BRIT FILM *see* **universal** jugendfrei

U2 [juː] AM, AUS (*fam*) *abbrev of* **university** Uni *f*

udder [ˈʌdəʳ] *n* Euter *nt*

UEFA [juːˈeɪfə] *n no pl, + sing/pl verb* SPORTS *acr for* **Union of European Football Associations** UEFA *f*

UFO [ˌjuːefˈəʊ] *n* <*pl* s *or* -'s> *abbrev of* **unidentified flying object** UFO *nt*

Uganda [juːˈgændə] *n* Uganda *nt*

Ugandan [juːˈgændən] **I.** *n* Ugander(in) *m(f)* **II.** *adj* ugandisch

ugh [ʊg, ʊh] *interj* (*fam*) igitt!

ugliness [ˈʌglɪnəs] *n no pl* Hässlichkeit *f*

ugly [ˈʌgli] *adj* ① hässlich; **to feel ~** sich *Akk* hässlich fühlen; **to look ~** hässlich aussehen ② (*unpleasant*) *scene* hässlich; *weather* scheußlich; *rumours* übel; **to turn ~** eine üble Wendung nehmen

UHF [ˌjuːeɪtʃˈef] *n abbrev of* **ultrahigh frequency** UHF

UK [juːˈkeɪ] *n abbrev of* **United Kingdom**: **the ~** das Vereinigte Königreich

Ukraine [juːˈkreɪn] *n* **the ~** die Ukraine

Ukrainian [juːˈkreɪniən] **I.** *n* ① (*person*) Ukrainer(in) *m(f)* ② (*language*) Ukrainisch *nt* **II.** *adj* ukrainisch

ulcer [ˈʌlsəʳ] *n* MED Geschwür *nt;* **stomach ~** Magengeschwür *nt*

Ulster [ˈʌlstɐ] *n no pl* Nordirland *nt*, Ulster *nt*

ulterior [ʌlˈtɪəriəʳ] *adj* (*secret*) versteckt; **~ motive** Hintergedanke *m*

ultimate [ˈʌltɪmət] **I.** *adj attr* ① (*unbeatable*) beste(r, s) ② (*highest degree*) höchste(r, s) ③ (*final*) letzte(r, s); *decision also* endgültig; **the ~ destination** das Endziel ④ (*fundamental*) grundsätzlich; **the ~ problem** das Grundproblem **II.** *n* (*the best*) **the ~** das Nonplusultra

ultimately [ˈʌltɪmətli] *adv* (*in the end*) letzten Endes; (*eventually*) letztlich

ultimatum <*pl* -ta *or* -tums> [ˌʌltɪˈmeɪtəm] *n* Ultimatum *nt*

ultrafeminine [ˌʌltrəˈfemɪnɪn] *adj* ultrafeminin

ultra-precise *adj* äußerst genau

ultra-reliable *adj* extrem zuverlässig

ultrasound *n no pl* Ultraschall *m*

ultraviolet *adj* ultraviolett; **~ lamp** UV-Lampe *f*

Ulysses [ˈjuːlɪsiːz] *n* Odysseus *kein Art*

umbilical [ʌmˈbɪlɪkl̩] *adj attr* ANAT Nabel-

umbilical cord *n* ANAT Nabelschnur *f*

umbrella [ʌmˈbrelə] *n* Regenschirm *m;* (*sun protection*) Sonnenschirm *m*

umbrella organization *n* Dachorganisation *f*

umpire [ˈʌmpaɪəʳ] **I.** *n* Schiedsrichter(in) *m(f)* **II.** *tr verb game, match* leiten

umpteen [ʌm(p)ˈtiːn] *adj* (*fam*) zig; **to do sth ~ times** etw zigmal tun

umpteenth [ʌm(p)ˈtiːnθ] *adj* (*fam*) x-te(r, s)

UN [ˌjuːˈen] *n abbrev of* **United Nations**: **the ~** die UN[O]; **ambassador to the ~** UN[O]-Botschafter(in) *m(f)*

unable [ʌnˈeɪbl̩] *adj* unfähig; **to be ~ to do sth** unfähig sein, etw zu tun; **he was ~ to look her in the eye** er konnte ihr nicht in die Augen schauen

unabridged [ˌʌnəˈbrɪdʒd] *adj* LIT, PUBL ungekürzt

unacceptable [ˌʌnəkˈseptəbl̩] *adj behaviour, excuse* inakzeptabel; *offer* unannehmbar

unaccompanied [ˌʌnəˈkʌmpᵊnɪd] *adj* ohne Begleitung *nachgestellt, präd*

unaccountable [ˌʌnəˈkaʊntəbl̩] *adj* ① (*not responsible*) nicht verantwortlich ② (*inexplicable*) unerklärlich

unaccounted for [ˌʌnəˈkaʊntɪdˌfɔːʳ] *adj* ① (*unexplained*) ungeklärt ② (*not included in count*) nicht erfasst; *person* vermisst

unaccustomed [ˌʌnəˈkʌstəmd] *adj* ① (*seldom seen*) selten ② (*new*) ungewohnt; **to be ~ to doing sth** es nicht gewohnt sein, etw zu tun

unaddressed [ˌʌnəˈdrest] *adj* ① *envelope* nicht adressiert ② *question* unbeantwortet

unadulterated [ˌʌnəˈdʌltᵊreɪtɪd] *adj*

(*absolute*) unverfälscht; (*pure*) *substance, alcohol* rein, unvermischt; *wine* nicht gepanscht; ~ **nonsense** blanker Unsinn

unadventurous [ˌʌnəd'ventʃᵊrəs] *adj person* wenig unternehmungslustig; *life* unspektakulär

unaffected [ˌʌnə'fektɪd] *adj* ❶ (*unchanged*) unberührt; (*unmoved*) unbeeindruckt ❷ (*down to earth*) natürlich

unafraid [ˌʌnə'freɪd] *adj* unerschrocken; **to be ~ of sb/sth** vor jdm/etw keine Angst haben; **to be ~ of doing sth** keine Angst davor haben, etw zu tun

unaided [ʌn'eɪdɪd] *adj* ohne fremde Hilfe *nachgestellt*

unaltered [ʌn'ɔːltəd] *adj* unverändert

unambiguous [ˌʌnæm'bɪgjuəs] *adj* unzweideutig

unanimity [ˌjuːnə'nɪməti] *n no pl* (*form*) Einstimmigkeit *f*

unanimous [juː'nænɪməs] *adj* einstimmig

unannounced [ˌʌnə'naʊn(t)st] **I.** *adj* unangekündigt; ~ **visitor** unerwarteter Gast **II.** *adv* unangemeldet

unanswerable [ʌn'ɑːn(t)sᵊrəbl̩] *adj* ❶ unbeantwortbar; **to be ~** nicht zu beantworten sein ❷ (*form: irrefutable*) unwiderlegbar

unanswered [ʌn'ɑːn(t)sᵊd] *adj* unbeantwortet

unappetizing [ʌn'æpətaɪzɪŋ] *adj* unappetitlich

unapproachable [ˌʌnə'prəʊtʃəbl̩] *adj* unzugänglich; *person also* unnahbar

unarmed [ʌn'ɑːmd] *adj* unbewaffnet

unashamed [ˌʌnə'ʃeɪmd] *adj* schamlos; *attitude* unverhohlen

unasked [ʌn'ɑːskt] *adj* ❶ (*not questioned*) ungefragt; **an ~ question** eine Frage, die keiner zu stellen wagt ❷ (*not requested*) **~-for** ungebeten

unassignable [ˌʌnə'saɪnəbl] *adj* LAW nicht übertragbar

unassisted [ˌʌnə'sɪstɪd] *adj* ununterstützt, ohne Beistand *nachgestellt*

unassuming [ˌʌnə'sjuːmɪŋ] *adj* (*approv*) bescheiden

unattached [ˌʌnə'tætʃt] *adj* ❶ (*not connected*) einzeln ❷ (*not in relationship*) ungebunden

unattainable [ˌʌnə'teɪnəbl̩] *adj* unerreichbar; **an ~ dream** ein ferner Traum

unattended [ˌʌnə'tendɪd] *adj child, baggage* unbeaufsichtigt; **to leave sth/sb ~** etw/jdn allein lassen

unattractive [ˌʌnə'træktɪv] *adj* unattraktiv

unauthorized [ʌn'ɔːθᵊraɪzd] *adj* nicht autorisiert

unavailable [ˌʌnə'veɪləbl̩] *adj* ❶ nicht verfügbar; *person* nicht erreichbar; (*busy*) nicht zu sprechen ❷ (*in relationship*) **to be ~** vergeben sein

unavoidable [ˌʌnə'vɔɪdəbl̩] *adj* unvermeidlich

unaware [ˌʌnə'weəʳ] *adj* **to be ~ of sth** sich *Dat* einer S. *Gen* nicht bewusst sein

unawares [ˌʌnə'weəz] *adv* unerwartet; **to catch sb ~** jdn überraschen

unbalance [ʌn'bælən(t)s] *tr verb* aus dem Gleichgewicht bringen *a. fig*

unbalanced [ʌn'bælən(t)st] *adj* ❶ (*uneven*) schief; *account* nicht ausgeglichen; JOURN einseitig; *diet* unausgewogen ❷ (*unstable*) labil; **mentally ~** psychisch labil

unbearable [ʌn'beərəbl̩] *adj* unerträglich

unbeatable [ʌn'biːtəbl̩] *adj* unschlagbar

unbeaten [ʌn'biːtᵊn] *adj* ungeschlagen

unbelievable [ˌʌnbɪ'liːvəbl̩] *adj* unglaublich

unbending [ʌn'bendɪŋ] *adj* (*form*) unnachgiebig

unbias[s]ed [ʌn'baɪəst] *adj* unparteiisch; *judge* nicht befangen

unbleached [ʌn'bliːtʃt] *adj* ungebleicht

unblemished [ʌn'blemɪʃt] *adj* makellos; *reputation* tadellos

unbolt [ʌn'bəʊlt] *tr verb* entriegeln

unborn [ʌn'bɔːn] **I.** *adj* (*not yet born*) ungeboren **II.** *n* **the ~** *pl* die ungeborenen Kinder

unbreakable [ʌn'breɪkəbl̩] *adj* unzerbrechlich; *record* nicht zu brechen; *rule* unumstößlich

unbroken [ʌn'brəʊkᵊn] *adj* (*not broken*) unbeschädigt; **an ~ promise** ein gehaltenes Versprechen

unbuckle [ʌn'bʌkl̩] *tr verb* aufschnallen; *seatbelt* öffnen

unbutton [ʌn'bʌtᵊn] *tr verb* aufknöpfen

uncalled for *adj pred,* **uncalled-for** [ʌn'kɔːldfɔːʳ] *adj attr* unnötig; **an ~ remark** eine unpassende Bemerkung

U

uncanny [ʌn'kæni] *adj* unheimlich; **an ~ likeness** eine unglaubliche Ähnlichkeit
uncared for *adj pred,* **uncared-for** [ʌn'keədfɔːʳ] *adj attr* ungepflegt
uncarpeted [ʌn'kɑːpɪtɪd] *adj* nicht mit Teppich ausgelegt
unceasing [ʌn'siːsɪŋ] *adj* (*form*) unaufhörlich; **~ efforts/support** unablässige Anstrengungen/Unterstützung
uncertain [ʌn'sɜːtᵊn] *adj* (*unsure*) unsicher; **in no ~ terms** klar und deutlich; **an ~ future** eine ungewisse Zukunft
uncertainty [ʌn'sɜːtᵊnti] *n* ❶ (*unpredictability*) Unbeständigkeit *f* ❷ *no pl* (*doubtfulness*) Ungewissheit *f*
unchain [ʌn'tʃeɪn] *tr verb* losketten; (*fig*) entfesseln
unchallenged [ʌn'tʃælɪndʒd] *adj* unangefochten; **to go ~** unangefochten bleiben
unchanged [ʌn'tʃeɪndʒd] *adj* unverändert
uncharacteristic [ʌnkærəktᵊr'ɪstɪk] *adj* untypisch (**of** für)
uncharitable [ʌn'tʃærɪtəbl̩] *adj* ❶ (*severe*) unbarmherzig ❷ (*unkind*) unfair; **to be ~ [of sb] to do sth** gemein [von jdm] sein, etw zu tun
unchecked [ʌn'tʃekt] *adj* unkontrolliert; **to continue ~** ungehindert weitergehen
uncivil [ʌn'sɪvᵊl] *adj* unhöflich
unclaimed [ʌn'kleɪmd] *adj winnings* nicht beansprucht; *letter, baggage* nicht abgeholt
uncle ['ʌŋkl̩] *n* Onkel *m*
unclear [ʌn'klɪəʳ] *adj* ❶ (*not certain*) unklar; **to be ~ about sth** in Bezug auf etw *Akk* nicht sicher sein ❷ (*vague*) vage
uncomfortable [ʌn'kʌm(p)ftəbl̩] *adj bed, chair* unbequem; **to feel ~** *person* sich unwohl fühlen; **an ~ silence** eine gespannte Stille
uncommon [ʌn'kɒmən] *adj* (*rare*) selten; *name also* ungewöhnlich
uncommonly [ʌn'kɒmənli] *adv* ungewöhnlich; (*exceptionally*) äußerst
uncomplainingly [ˌʌnkəm'pleɪnɪŋli] *adv* ohne zu klagen
uncompromising [ʌn'kɒmprəmaɪzɪŋ] *adj* kompromisslos; **to take an ~ stand** eindeutig Stellung beziehen
unconcerned [ˌʌnkən'sɜːnd] *adj* ❶ (*not worried*) unbekümmert; **to be ~ about sth/sb** sich *Dat* keine Sorgen über etw/jdn machen ❷ (*indifferent*) desinteressiert; **to be ~ with sth/sb** nicht an etw/jdm interessiert sein
unconditional [ˌʌnkən'dɪʃᵊnᵊl] *adj* bedingungslos; *love also* rückhaltlos
unconfirmed [ˌʌnkən'fɜːmd] *adj* unbestätigt
unconnected [ˌʌnkə'nektɪd] *adj* unzusammenhängend
unconscious [ʌn'kɒn(t)ʃəs] **I.** *adj* ❶ MED bewusstlos; **~ state** Bewusstlosigkeit *f;* **to knock sb ~** jdn bewusstlos schlagen ❷ PSYCH unbewusst; **the ~ mind** das Unterbewusste **II.** *n no pl* PSYCH **the ~** das Unterbewusstsein
unconsciously [ʌn'kɒn(t)ʃəsli] *adv* unbewusst
unconsciousness [ʌn'kɒn(t)ʃəsnəs] *n no pl* ❶ MED Bewusstlosigkeit *f* ❷ (*unawareness*) Unbewusstheit *f*
unconstitutional [ʌnˌkɒn(t)stɪ'tjuːʃᵊnᵊl] *adj* verfassungswidrig
uncontrollable [ˌʌnkən'trəʊləbl̩] *adj* unkontrollierbar; *bleeding, urge* unstillbar
uncontrolled [ˌʌnkən'trəʊld] *adj* unkontrolliert; **~ aggression** unbeherrschte Aggressivität
unconventional [ˌʌnkən'ven(t)ʃᵊnᵊl] *adj* unkonventionell
unconvinced [ˌʌnkən'vɪn(t)st] *adj* nicht überzeugt
unconvincing [ˌʌnkən'vɪn(t)sɪŋ] *adj* ❶ (*not persuasive*) nicht überzeugend; **rather ~** wenig überzeugend ❷ (*not credible*) unglaubwürdig
uncooked [ʌn'kʊkt] *adj* roh
uncooperative [ˌʌnkəʊ'ɒpᵊrətɪv] *adj* unkooperativ
uncork [ʌn'kɔːk] *tr verb* ❶ entkorken ❷ (*fig*) **to ~ one's feelings** aus sich herausgehen
uncover [ʌn'kʌvəʳ] *tr verb* ❶ (*lay bare*) freilegen ❷ (*disclose*) entdecken; **to ~ a scandal/secret** einen Skandal/ein Geheimnis aufdecken
uncrushable [ʌn'krʌʃəbl̩] *adj* ❶ *material* knitterfrei ❷ *spirit* unbeugsam
undamaged [ʌn'dæmɪdʒd] *adj* unbeschädigt, unversehrt
undaunted [ʌn'dɔːntɪd] *adj usu pred*

U

unerschrocken; **to remain ~** unverzagt bleiben

undecided [ˌʌndɪˈsaɪdɪd] *adj* unentschlossen

undelivered [ˌʌndɪˈlɪvəd] *adj* nicht zugestellt

undemanding [ˌʌndɪˈmɑːndɪŋ] *adj* anspruchslos

undeniable [ˌʌndɪˈnaɪəbl̩] *adj* unbestritten; **~ evidence** eindeutiger Beweis

undeniably [ˌʌndɪˈnaɪəbli] *adv* unbestreitbar

under [ˈʌndəʳ] **I.** *prep* ① (*below*) unter *+Dat; with verbs of motion* unter *+Akk;* **he walked ~ the bridge** er lief unter die Brücke ② (*supporting*) unter *+Dat;* **to break ~ the weight** unter dem Gewicht zusammenbrechen ③ (*less than*) unter *+Dat;* **to cost ~ £5** weniger als fünf Pfund kosten ④ (*governed by*) unter *+Dat;* **they are ~ strict orders** sie haben strenge Anweisungen ⑤ (*in condition/state of*) unter *+Dat;* **~ repair** in Reparatur ▸ [**already**] **~ way** [bereits] im Gange **II.** *adv* (*sink*) **to go ~** untergehen; *company* Pleite machen

underachieve *intr verb* weniger leisten als erwartet **undercharge** *tr verb, vi* zu wenig berechnen

underclothes *npl,* **underclothing** *n no pl* (*form*) Unterwäsche *f*

undercoat *n no pl* (*paint*) Grundierung *f*

undercover **I.** *adj attr* geheim; **~ police officer** Geheimpolizist(in) *m(f)* **II.** *adv* geheim

undercurrent *n* ① (*of sea, river*) Unterströmung *f* ② (*fig*) Unterton *m*

undercut <-cut, -cut> *tr verb* unterbieten

underdeveloped *adj* unterentwickelt; **~ country** Entwicklungsland *nt;* **an ~ resource** ein unzureichend ausgebeuteter Rohstoff

underdog *n* Außenseiter(in) *m(f);* **to side with the ~** den Außenseiter/die Außenseiterin unterstützen

underdone *adj* (*undercooked*) nicht gar

underestimate **I.** *tr verb* unterschätzen **II.** *intr verb* eine zu geringe Schätzung abgeben **III.** *n* Unterbewertung *f*

undereye circles [ˌʌndəraɪˈsɜːkl̩z] *n pl* dunkle Augenringe

underfoot *adv* unter den Füßen; **it was very muddy ~** der Weg war sehr schlammig

undergo <-went, -gone> *tr verb* **to ~ a change** eine Veränderung durchmachen

undergraduate *n* Student(in) *m(f)*

underground **I.** *adj* ① *attr* RAIL U-Bahn-; **~ station** U-Bahn-Station *f* ② unterirdisch; **~ cable** Erdkabel *nt* ③ POL Untergrund-; **~ movement** Untergrundbewegung *f* **II.** *adv* unter der Erde **III.** *n* ① *no pl esp* BRIT RAIL U-Bahn *f;* **by ~** mit der U-Bahn ② POL **the ~** der Untergrund, die Untergrundbewegung

underground railway *n* Untergrundbahn *f*

undergrowth *n no pl* Dickicht *nt;* **dense ~** dichtes Gestrüpp

underhand *adj* BRIT hinterhältig; **~ dealings** betrügerische Machenschaften

underline *tr verb* ① (*draw a line beneath*) unterstreichen; **to ~ sth in red** etw rot unterstreichen ② (*emphasize*) betonen

underlying *adj attr* ① GEOG tiefer liegend ② (*real, basic*) zugrunde liegend; **the ~ reason for sth** der Grund für etw

undermanned *adj* unterbesetzt

undermine *tr verb* ① (*tunnel under*) untertunneln ② (*weaken*) untergraben; *currency, confidence* schwächen

underneath [ˌʌndəˈniːθ] **I.** *prep* unter *+Dat; with verbs of motion* unter *+Akk* **II.** *adv* darunter **III.** *n no pl* **the ~** die Unterseite **IV.** *adj* untere(r, s)

undernourished *adj* unterernährt

underpaid *adj* unterbezahlt

underpants *npl* Unterhose *f*

underpass <*pl* -es> *n* Unterführung *f*

underprivileged **I.** *adj* unterprivilegiert **II.** *n* **the ~** *pl* die Unterprivilegierten

underrate *tr verb* unterschätzen

underside *n usu sing* Unterseite *f*

undersigned <*pl* -> *n* (*form*) **the ~** der/die Unterzeichnete

understaffed *adj* unterbesetzt

understand <-stood, -stood> [ˌʌndəˈstænd] **I.** *tr verb* ① verstehen; **to not ~ a single word** kein einziges Wort verstehen; **to ~ one another** sich verstehen ② (*sympathize with*) **to ~ sb/sth** für jdn/etw Verständnis haben ③ (*empathize*) **to ~ sb** sich in jdn einfühlen können ④ (*be informed*) **to ~**

[**that**] ... hören, dass ... **II.** *intr verb* ① (*comprehend*) verstehen, kapieren *fam* ② (*infer*) **to ~ from sth that ...** aus etw schließen, dass ...

understandable [ˌʌndəˈstændəbl̩] *adj* verständlich

understanding [ˌʌndəˈstændɪŋ] **I.** *n* ① *no pl* Verständnis *nt* ② (*agreement*) Übereinkunft *f;* **to come to an ~** zu einer Übereinkunft kommen ③ *no pl* (*harmony*) Verständigung *f* **II.** *adj* (*approv*) verständnisvoll

understatement [ˌʌndəˈsteɪtmənt] *n* Untertreibung *f,* Understatement *nt*

understood [ˌʌndəˈstʊd] *pt, pp of* **understand**

understudy [ˈʌndəˌstʌdi] THEAT **I.** *n* Zweitbesetzung *f* **II.** *tr verb* <-ie-> **to ~ sb** jdn als Zweitbesetzung vertreten

undertake <-took, -taken> [ˌʌndəˈteɪk] *tr verb* ① (*set about, take on*) durchführen; **to ~ an offensive** in die Offensive gehen ② (*form: guarantee*) **to ~ to do sth** sich verpflichten, etw zu tun; **to ~** [**that**] ... garantieren, [dass] ...

undertaker [ˈʌndəteɪkəʳ] *n* ① (*person*) Leichenbestatter(in) *m(f)* ② (*firm*) Bestattungsinstitut *nt*

undertaking [ˌʌndəˈteɪkɪŋ] *n* ① (*project*) Unternehmung *f;* **noble ~** edles Unterfangen *iron geh* ② (*form: pledge*) Verpflichtung *f*

undervalue *tr verb* unterbewerten; *person* unterschätzen

underwater **I.** *adj* Unterwasser- **II.** *adv* unter Wasser

underwear *n no pl* Unterwäsche *f*

underweight *adj* untergewichtig

underworld *n no pl* ① (*criminal milieu*) Unterwelt *f* ② (*afterworld*) **the Underworld** die Unterwelt

undeserved [ˌʌndɪˈzɜːvd] *adj* unverdient

undesirable [ˌʌndɪˈzaɪ(ə)rəbl̩] **I.** *adj* unerwünscht; **an ~ character** ein windiger Typ *pej fam* **II.** *n usu pl* unerwünschte Person

undetected [ˌʌndɪˈtektɪd] *adj* unentdeckt

undeveloped [ˌʌndɪˈveləpt] *adj* ① *land, site* unerschlossen ② BIOL, BOT unausgereift ③ PHOT nicht entwickelt ④ ECON unterentwickelt

undid [ʌnˈdɪd] *pt of* **undo**

undies [ˈʌndiz] *npl* (*fam*) Unterwäsche *f kein Pl*

undisciplined [ʌnˈdɪsɪplɪnd] *adj* undiszipliniert

undivided [ˌʌndɪˈvaɪdɪd] *adj* ① (*not split*) ungeteilt ② **~ attention** ungeteilte Aufmerksamkeit

undo <-did, -done> [ʌnˈduː] *tr verb* ① (*unfasten*) öffnen ② (*cancel*) **to ~ the damage** den Schaden beheben; **to ~ the good work** die gute Arbeit zunichtemachen ③ COMPUT rückgängig machen

undoing [ʌnˈduːɪŋ] *n no pl* Ruin *m;* **to be sb's ~** jds Ruin *m* sein

undone [ʌnˈdʌn] **I.** *tr verb pp of* **undo** **II.** *adj* **to come ~** aufgehen

undoubted [ʌnˈdaʊtɪd] *adj* unbestritten

undoubtedly [ʌnˈdaʊtɪdli] *adv* zweifellos

undress [ʌnˈdres] **I.** *tr verb* ausziehen; **to ~ sb with one's eyes** (*fig*) jdn mit den Augen ausziehen **II.** *intr verb* sich ausziehen **III.** *n no pl* (*hum*) **in a state of ~** spärlich bekleidet

undressed [ʌnˈdrest] *adj pred* unbekleidet; **to get ~** sich ausziehen

undue [ʌnˈdjuː] *adj* (*form*) ungebührlich; **to cause ~ alarm** die Pferde scheu machen; **~ pressure** übermäßiger Druck

unduly [ʌnˈdjuːli] *adv* unangemessen; *concerned* übermäßig

unearned [ʌnˈɜːnd] *adj* ① (*undeserved*) unverdient ② (*not worked for*) nicht erarbeitet; **~ income** (*from real estate*) Besitzeinkommen *nt*

unearthly [ʌnˈɜːθli] *adj* ① (*eerie*) gespenstisch; *beauty* übernatürlich ② (*fam: inconvenient*) unmöglich *meist pej;* **at some ~ hour** zu einer unchristlichen Zeit

unease [ʌnˈiːz], **uneasiness** [ʌnˈiːzɪnəs] *n no pl* Unbehagen *nt* (**over/at** über)

uneasy [ʌnˈiːzi] *adj* ① (*anxious*) besorgt; *smile* gequält ② (*causing anxiety*) unangenehm; *feeling* ungut

uneconomical [ʌnˌiːkəˈnɒmɪkəl] *adj* unwirtschaftlich

unemployed [ˌʌnɪmˈplɔɪd] **I.** *n* **the ~** *pl* die Arbeitslosen **II.** *adj* arbeitslos

unemployment [ˌʌnɪmˈplɔɪmənt] *n no pl* ① (*state*) Arbeitslosigkeit *f* ② (*rate*)

U

Arbeitslosenrate *f;* **long-/short-term ~** Langzeit-/Kurzzeitarbeitslosigkeit *f;* **mass ~** Massenarbeitslosigkeit *f*

unemployment benefit *n* BRIT, AUS, **unemployment insurance** *n no pl* AM Arbeitslosenunterstützung *f*

unendurable [ˌʌnɪnˈdjʊərəbl̩] *adj* unerträglich

unequal [ʌnˈiːkwəl] *adj* ❶ (*different*) unterschiedlich ❷ (*unjust*) ungerecht; *contest* ungleich ❸ (*inadequate*) **to be ~ to sth** einer S. *Dat* nicht gewachsen sein

uneven [ʌnˈiːvən] *adj* ❶ uneben; (*unequal*) ungleich ❷ (*of inadequate quality*) uneinheitlich ❸ (*odd*) ungerade

uneventful [ˌʌnɪˈventfəl] *adj* ereignislos

unexceptional [ˌʌnɪkˈsepʃənəl] *adj* nicht außergewöhnlich

unexpected [ˌʌnɪkˈspektɪd] **I.** *adj* unerwartet; *opportunity* unvorhergesehen **II.** *n no pl* **the ~** das Unerwartete

unexplored [ˌʌnɪkˈsplɔːd] *adj* unerforscht

unfair [ʌnˈfeəʳ] *adj* ungerecht

unfaithful [ʌnˈfeɪθfəl] *adj* ❶ (*adulterous*) untreu ❷ (*disloyal*) illoyal *geh*

unfamiliar [ˌʌnfəˈmɪljəʳ] *adj* ❶ (*new*) unvertraut; *experience* ungewohnt; **to be ~ to sb** jdm fremd sein ❷ (*unacquainted*) **to be ~ with sth** mit etw nicht vertraut sein

unfasten [ʌnˈfɑːsən] **I.** *tr verb button, belt* öffnen; *jewellery* abnehmen **II.** *intr verb* aufgehen

unfavorable *adj* AM *see* **unfavourable**

unfavourable [ʌnˈfeɪvərəbl̩] *adj* ❶ (*adverse*) ungünstig; *comparison* unvorteilhaft ❷ (*disadvantageous*) nachteilig; **to appear in an ~ light** in einem ungünstigen Licht erscheinen

unfilled [ʌnˈfɪld] *adj* leer; *position, job* offen

U

unfinished [ʌnˈfɪnɪʃt] *adj* unvollendet; **~ business** (*also fig*) offene Fragen *Pl;* **to leave sth ~** etw unvollendet lassen

unfit [ʌnˈfɪt] *adj* ❶ nicht fit ❷ (*incompetent*) ungeeignet (**for** für); **to be ~ to do sth** unfähig sein, etw zu tun

unfold [ʌnˈfəʊld] **I.** *tr verb* ❶ entfalten ❷ *ideas, plans* darlegen; *story* entwickeln **II.** *intr verb* (*develop*) sich entwickeln

unforeseeable [ˌʌnfɔːˈsiːəbl̩] *adj* unvorhersehbar

unforeseen [ˌʌnfɔːˈsiːn] *adj* unvorhergesehen

unforgettable [ˌʌnfəˈgetəbl̩] *adj* unvergesslich

unforgivable [ˌʌnfəˈgɪvəbl̩] *adj* unverzeihlich; **an ~ sin** eine Todsünde

unfortunate [ʌnˈfɔːtʃənət] **I.** *adj* ❶ (*unlucky*) unglücklich; **to be ~ that ...** ungünstig sein, dass ... ❷ (*regrettable*) bedauerlich **II.** *n* (*form or hum*) Unglücksselige(r) *f(m)*

unfortunately [ʌnˈfɔːtʃənətli] *adv* unglücklicherweise

unfriendly [ʌnˈfrendli] *adj* unfreundlich; (*hostile*) feindlich; **environmentally ~** umweltschädlich

unfulfilled [ˌʌnfʊlˈfɪld] *adj* ❶ (*not carried out*) unvollendet ❷ (*unsatisfied*) unausgefüllt

unfurnished [ʌnˈfɜːnɪʃt] *adj* unmöbliert

ungainly [ʌnˈgeɪnli] *adj* unbeholfen

ungrateful [ʌnˈgreɪtfəl] *adj* undankbar

unguarded [ʌnˈgɑːdɪd] *adj* ❶ unbewacht; *border* offen ❷ (*careless, unwary*) unvorsichtig; **in an ~ moment** in einem unbedachten Augenblick

unhappiness [ʌnˈhæpɪnəs] *n no pl* Traurigkeit *f*

unhappy [ʌnˈhæpi] *adj* unglücklich

unharmed [ʌnˈhɑːmd] *adj* unversehrt

unhealthy [ʌnˈhelθi] *adj* ❶ (*unwell*) kränklich ❷ (*harmful to health*) ungesund

unheard [ʌnˈhɜːd] *adj* ungehört

unheard-of *adj* ❶ (*unknown*) unbekannt ❷ (*unthinkable*) undenkbar

unhesitating [ʌnˈhezɪteɪtɪŋ] *adj* unverzüglich

unhook [ʌnˈhʊk] *tr verb* ❶ abhängen; *fish* vom Haken nehmen ❷ *clothing* aufmachen

unhoped-for [ʌnˈhəʊptˌfɔːʳ] *adj* unverhofft

unhurt [ʌnˈhɜːt] *adj* unverletzt

uni [ˈjuːni] *n* BRIT, AUS (*fam*) *short for* **university** Uni *f*

unicorn [ˈjuːnɪkɔːn] *n* Einhorn *nt*

uniculture [ˈjuːnɪkʌltʃəʳ] *n* Einheitskultur *f*

unidentified [ˌʌnaɪˈdentɪfaɪd] *n* nicht identifiziert

unidentified flying object *n* unbekanntes Flugobjekt

unification [ˌjuːnɪfɪˈkeɪʃᵊn] *n no pl* Vereinigung *f*
uniform [ˈjuːnɪfɔːm] **I.** *n* Uniform *f* **II.** *adj* einheitlich; *quality, treatment* gleich bleibend; *temperature, rate* konstant
uniformity [ˌjuːnɪˈfɔːməti] *n no pl* (*sameness*) Einheitlichkeit *f;* (*pej*) Eintönigkeit *f*
unify [ˈjuːnɪfaɪ] *tr verb, vi* [sich] vereinigen
unimaginable [ˌʌnɪˈmædʒɪnəbl̩] *adj* unvorstellbar
unimpressed [ˌʌnɪmˈprest] *adj pred* unbeeindruckt
uninhabitable [ˌʌnɪnˈhæbɪtəbl̩] *adj* unbewohnbar
uninhabited [ˌʌnɪnˈhæbɪtɪd] *adj* unbewohnt
uninhibited [ˌʌnɪnˈhɪbɪtɪd] *adj* ungehemmt
uninjured [ʌnˈɪndʒəd] *adj* unverletzt
uninsured [ˌʌnɪnˈʃʊəd] *adj* **to be ~ against sth** [gegen etw] nicht versichert sein
unintelligent [ˌʌnɪnˈtelɪdʒᵊnt] *adj* unintelligent
unintelligible [ˌʌnɪnˈtelɪdʒəbl̩] *adj* unverständlich
unintentional [ˌʌnɪnˈten(t)ʃᵊnᵊl] *adj* unabsichtlich; *humour* unfreiwillig
unintentionally [ˌʌnɪnˈten(t)ʃᵊnᵊli] *adv* unabsichtlich
uninterested [ʌnˈɪntrəstɪd] *adj* uninteressiert; **to be ~ in sth/sb** kein Interesse an etw/jdm haben
uninteresting [ʌnˈɪntrəstɪŋ] *adj* uninteressant
uninterrupted [ʌnˌɪntᵊrˈʌptɪd] *adj* ununterbrochen; *rest, view* ungestört
uninvited [ˌʌnɪnˈvaɪtɪd] *adj guest* ungeladen; *question* unerwünscht
union [ˈjuːnjən] *n* ❶ *no pl* (*state*) Union *f;* **monetary ~** Währungsunion *f* ❷ + *sing/pl verb* (*organization*) Verband *m;* (*trade union*) Gewerkschaft *f*
Union Jack *n* Union Jack *m* (*britische Nationalflagge*)
unique [juːˈniːk] *adj* ❶ (*unlike anything else*) einzigartig; *opportunity, experience* einmalig ❷ (*the only one of its kind*) einzig; **~ selling point** COMM Alleinstellungsmerkmal *nt,* USP *m*
unison [ˈjuːnɪsᵊn] **I.** *n no pl* ❶ MUS Einklang *m;* (*interval*) Prime *f;* **to sing in ~** einstimmig singen ❷ (*simultaneously*) **to do sth in ~** gleichzeitig dasselbe tun **II.** *adj attr* MUS einstimmig
unit [ˈjuːnɪt] *n* ❶ (*standard of quantity*) Einheit *f;* **~ of currency** Währungseinheit *f* ❷ + *sing/pl verb* (*group of people*) Abteilung *f* ❸ MECH Einheit *f;* **central processing ~** Zentraleinheit *f* ❹ AM, AUS (*apartment*) Wohnung *f*
unite [juːˈnaɪt] **I.** *tr verb* ❶ (*join together*) vereinigen (**with** mit) ❷ (*bring together*) verbinden (**with** mit) **II.** *intr verb* (*join in common cause*) sich vereinigen, sich zusammentun
united [juːˈnaɪtɪd] *adj* ❶ (*joined together*) vereinigt; **~ Germany** wiedervereinigtes Deutschland ❷ (*joined in common cause*) **to present a ~ front** Einigkeit demonstrieren
United Arab Emirates *npl* **the ~** die Vereinigten Arabischen Emirate
United Kingdom *n* **the ~** das Vereinigte Königreich
unity [ˈjuːnəti] *n usu no pl* Einheit *f;* (*harmony*) Einigkeit *f*
Univ. *abbrev of* **University** Univ.
universal [ˌjuːnɪˈvɜːsᵊl] *adj* universell; *agreement* allgemein; **~ language** Weltsprache *f;* **a ~ truth** eine allgemein gültige Wahrheit
universe [ˈjuːnɪvɜːs] *n* ASTRON **the ~** das Universum
university [ˌjuːnɪˈvɜːsəti] *n* Universität *f*
university education *n* Hochschulbildung *f* **university lecture** *n* Vorlesung *f* **university lecturer** *n* Hochschuldozent(in) *m(f)* **university town** *n* Universitätsstadt *f*
unjust [ʌnˈdʒʌst] *adj* ungerecht
unjustifiable [ʌnˌdʒʌstɪˈfaɪəbl̩] *adj* nicht zu rechtfertigen *präd*
unjustified [ʌnˈdʒʌstɪfaɪd] *adj* ungerechtfertigt
unjustly [ʌnˈdʒʌstli] *adv* (*pej*) ungerecht; (*wrongfully*) zu Unrecht
unkind [ʌnˈkaɪnd] *adj* ❶ (*not kind*) unfreundlich, gemein ❷ *pred* (*not gentle*) **to be ~ to hair/skin/surfaces** die Haare/die Haut/Oberflächen angreifen
unkindly [ʌnˈkaɪndli] *adv* unfreundlich; **she speaks ~ of him** sie hat für ihn kein gutes Wort übrig
unknown [ʌnˈnəʊn] **I.** *adj* unbekannt;

~ **to me, ...** ohne mein Wissen ... **II.** *n* (*sth not known*) Ungewissheit *f*

unlawful [ʌn'lɔːfᵊl] *adj* rechtswidrig; ~ **possession of sth** illegaler Besitz einer S. *Gen*

unleaded [ʌn'ledɪd] *adj* unverbleit; *petrol* bleifrei

unless [ʌn'les] *conj* es sei denn, wenn nicht; ~ **I'm mistaken** wenn ich mich nicht irre; **he won't come ~ he has time** er wird nur kommen, wenn er Zeit hat

unlike [ʌn'laɪk] **I.** *adj pred* unähnlich **II.** *prep* ❶ (*different from*) **to be ~ sb/sth** jdm/etw nicht ähnlich sein ❷ (*in contrast to*) im Gegensatz zu

unlikely [ʌn'laɪkli] *adj* unwahrscheinlich; **it seems ~ that ...** es sieht nicht so aus, als ...

unlimited [ʌn'lɪmɪtɪd] *adj* unbegrenzt

unload [ʌn'ləʊd] **I.** *tr verb* ❶ *vehicle* entladen; *container, boot of car* ausladen ❷ (*fam: get rid of*) abstoßen **II.** *intr verb* ❶ (*remove contents*) abladen ❷ (*discharge goods*) entladen

unlock [ʌn'lɒk] *tr verb* ❶ (*release a lock*) aufschließen ❷ (*release*) freisetzen

unlocked [ʌn'lɒkt] *adj door* unverschlossen

unloved [ʌn'lʌvd] *adj* ungeliebt

unlucky [ʌn'lʌki] *adj* ❶ (*unfortunate*) glücklos; **he's always been ~** er hat immer Pech ❷ (*bringing bad luck*) **to be ~** Unglück bringen

unmanned ['ʌnmænd] *adj* unbemannt

unmarried [ʌn'mærɪd] *adj* unverheiratet

unmentionable [ʌn'men(t)ʃᵊnəbl̩] *adj* unaussprechlich; **to be ~** tabu sein

unmentioned [ʌn'men(t)ʃᵊnd] *adj* unerwähnt

unmitigated [ʌn'mɪtɪgeɪtɪd] *adj* absolut; *contempt* voll

U

unmoved [ʌn'muːvd] *adj usu pred* unbewegt

unnatural [ʌn'nætʃᵊrᵊl] *adj* unnatürlich; PSYCH abnorm

unnecessarily [ʌnˌnesə'serɪli] *adv* unnötigerweise; ~ **complex** unnötig kompliziert

unnecessary [ʌn'nesəsᵊri] *adj* unnötig

unnoticed [ʌn'nəʊtɪst] *adj pred* unbemerkt; **to go ~ that ...** nicht bemerkt werden, dass ...

unobtainable [ˌʌnəb'teɪnəbl̩] *adj* unerreichbar

unoccupied [ʌn'ɒkjəpaɪd] *adj* ❶ (*uninhabited*) unbewohnt ❷ MIL nicht besetzt

unofficial [ˌʌnə'fɪʃᵊl] *adj* inoffiziell; **in an ~ capacity** inoffiziell

unopened [ʌn'əʊpᵊnd] *adj* ungeöffnet, [noch] verschlossen

unpack [ʌn'pæk] *tr, intr verb* auspacken; *car* ausladen

unpaid [ʌn'peɪd] *adj* unbezahlt

unpleasant [ʌn'plezᵊnt] *adj* ❶ (*not pleasing*) unangenehm ❷ (*unfriendly*) unfreundlich

unpleasantness [ʌn'plezᵊntnəs] *n* ❶ *no pl* Unerfreulichkeit *f;* (*unfriendly feelings*) Unstimmigkeit[en] *f[Pl],* Spannungen *Pl* ❷ (*instance*) Gemeinheit *f*

unplug <-gg-> [ʌn'plʌg] *tr verb* ausstecken

unpolluted [ˌʌnpə'luːtɪd] *adj* unverschmutzt

unpopular [ʌn'pɒpjələʳ] *adj* ❶ (*not liked*) unbeliebt ❷ (*not widely accepted*) unpopulär; **to be ~** wenig Anklang finden

unpopularity [ʌnˌpɒpjə'lærəti] *n no pl of a person* Unbeliebtheit *f*

unprecedented [ʌn'presɪdᵊntɪd] *adj* noch nie da gewesen; **on an ~ scale** in bislang ungekanntem Ausmaß

unpredictable [ˌʌnprɪ'dɪktəbl̩] *adj* unvorhersehbar; *weather* unberechenbar

unprepared [ˌʌnprɪ'peəd] *adj* unvorbereitet; **to be ~ for sth** *an event* auf etw *Akk* nicht vorbereitet sein; *a reaction, emotion* auf etw *Akk* nicht gefasst sein

unprintable [ʌn'prɪntəbl̩] *adj* JOURN nicht druckfähig

unprofessional [ˌʌnprə'feʃᵊnᵊl] *adj* (*pej*) ❶ (*amateurish*) unprofessionell, unfachmännisch ❷ (*contrary to standards*) ~ **conduct** berufswidriges Verhalten

unprofitable [ʌn'prɒfɪtəbl̩] *adj* unrentabel; **to be ~** keinen Gewinn abwerfen

unprompted [ʌn'prɒm(p)tɪd] *adj* unaufgefordert

unpronounceable [ˌʌnprə'naʊn(t)səbl̩] *adj* (*fam*) unaussprechlich

unprotected [ˌʌnprə'tektɪd] *adj* ❶ schutzlos; (*unguarded*) unbewacht ❷ *sex* ungeschützt

unproved [ʌn'pru:vd] *adj,* **unproven** [ʌn'pru:vən] *adj* unbewiesen, nicht bewiesen

unpublished [ʌn'pʌblɪʃt] *adj* unveröffentlicht

unpunished [ʌn'pʌnɪʃt] *adj* unbestraft

unqualified [ʌn'kwɒlɪfaɪd] *adj* ① unqualifiziert, ungeeignet ② (*unreserved*) bedingungslos; **an ~ disaster** eine Katastrophe grenzenlosen Ausmaßes

unquestionable [ʌn'kwestʃənəbl̩] *adj* fraglos; *evidence, fact* unumstößlich

unquestioning [ʌn'kwestʃənɪŋ] *adj* bedingungslos

unravel <BRIT -ll- *or* AM *usu* -l-> [ʌn'rævᵊl] **I.** *tr verb knitting* auftrennen; (*untangle*) entwirren; *knot* aufmachen **II.** *intr verb* sich auftrennen

unreadable [ʌn'ri:dəbl̩] *adj* (*pej*) unleserlich

unreal [ʌn'rɪəl] *adj* unwirklich

unrealistic [ˌʌnrɪə'lɪstɪk] *adj* unrealistisch, realitätsfern

unreasonable [ʌn'ri:zᵊnəbl̩] *adj* ① unvernünftig ② (*unfair*) übertrieben; *demand* überzogen; **don't be so ~! he's doing the best he can** verlang nicht so viel! er tut sein Bestes

unrecognizable [ˌʌnrekəg'naɪzəbl̩] *adj* **to be ~** nicht wiederzuerkennen sein

unreliability [ˌʌnrɪlaɪə'bɪlɪti] *n no pl* Unzuverlässigkeit *f*

unreliable [ˌʌnrɪ'laɪəbl̩] *adj* unzuverlässig

unrepeatable [ˌʌnrɪ'pi:təbl̩] *adj* nicht wiederholbar

unreserved [ˌʌnrɪ'zɜ:vd] *adj* ① (*without reservations*) uneingeschränkt ② (*not having been reserved*) nicht reserviert ③ (*not standoffish*) offen; **~ friendliness** Herzlichkeit *f*

unreservedly [ˌʌnrɪ'zɜ:vɪdli] *adv* vorbehaltlos; **to apologize ~** sich ohne Einschränkungen entschuldigen

unrest [ʌn'rest] *n no pl* Unruhen *Pl;* **ethnic/social ~** ethnische/soziale Spannungen

unrestrained [ˌʌnrɪ'streɪnd] *adj* uneingeschränkt; *criticism* hart

unrestricted [ˌʌnrɪ'strɪktɪd] *adj* uneingeschränkt

unrewarding [ˌʌnrɪ'wɔ:dɪŋ] *adj* nicht lohnend, undankbar *fig*

unripe [ʌn'raɪp] *adj* unreif

unrivalled [ʌn'raɪvᵊld] *adj* einzigartig

unroll [ʌn'rəʊl] **I.** *tr verb poster* aufrollen **II.** *intr verb* sich abrollen [lassen]

unruffled [ʌn'rʊfl̩d] *adj* ① (*not agitated*) gelassen ② *feathers* glatt; *hair* ordentlich

unruly <-ier, -iest *or* more unruly, most unruly> [ʌn'ru:li] *adj* ungebärdig; *crowd* aufrührerisch; *children* außer Rand und Band; *hair* nicht zu bändigen

unsafe [ʌn'seɪf] *adj* ① unsicher; *sex* ungeschützt; **to be ~ to do sth** gefährlich sein, etw zu tun ② *pred* (*in danger*) nicht sicher

unsaid [ʌn'sed] **I.** *adj* (*form*) ungesagt; **to leave sth ~** etw ungesagt lassen **II.** *tr verb pt, pp of* **unsay**

unsatisfactory [ʌnˌsætɪs'fæktᵊri] *adj* unzureichend; *answer* unbefriedigend; (*grade*) ungenügend

unsatisfied [ʌn'sætɪsfaɪd] *adj* ① (*not content*) unzufrieden; **to leave sb/sth ~** jdn/etw nicht befriedigen ② (*not convinced*) nicht überzeugt

unsay <-said, -said> [ʌn'seɪ] *tr verb* **to ~ sth** etw zurücknehmen [*o* ungesagt machen]

unscheduled [ʌn'ʃedju:ld] *adj* außerplanmäßig; *stop* außerfahrplanmäßig

unscientific [ˌʌnsaɪən'tɪfɪk] *adj* unwissenschaftlich

unscrupulous [ʌn'skru:pjələs] *adj* (*pej*) skrupellos

unsealed [ʌn'si:ld] *adj* unversiegelt

unseat [ʌn'si:t] *tr verb* **to ~ sb** jdn seines Amtes entheben

unseemly [ʌn'si:mli] *adj* (*form or dated*) unschicklich

unseen [ʌn'si:n] *adj* ungesehen, unbemerkt

unselfish [ʌn'selfɪʃ] *adj* selbstlos

unsettle [ʌn'setl̩] *tr verb* ① (*make nervous*) verunsichern ② (*make unstable*) stören

unsettled [ʌn'setl̩d] *adj* ① (*unstable*) instabil; *weather* unbeständig ② (*troubled*) unruhig ③ (*unresolved*) noch anstehend

unsettling [ʌn'setl̩ɪŋ] *adj* beunruhigend; **to have the ~ feeling that ...** das ungute Gefühl haben, dass ...

unshakable [ʌn'ʃeɪkəbl̩] *adj,* **unshakeable** *adj belief, feeling* unerschütterlich; *alibi* felsenfest

unshaved [ʌn'ʃeɪvd] *adj,* **unshaven** [ʌn'ʃeɪvᵊn] *adj* unrasiert

unsightly <-ier, -iest *or* more unsightly, most unsightly> [ʌn'saɪtli] *adj* unansehnlich

unsigned [ʌn'saɪnd] *adj* ❶ (*lacking signature*) nicht unterschrieben ❷ (*not under contract*) nicht unter Vertrag stehend *attr*

unskilled [ʌn'skɪld] *adj* ❶ ungeschickt ❷ (*not requiring skill*) ungelernt; **~ job** Tätigkeit *f* für ungelernte Arbeitskräfte

unsociable [ʌn'səʊʃəbl̩] *adj* ungesellig

unsocial [ʌn'səʊʃᵊl] *adj* BRIT nicht sozialverträglich; **to work ~ hours** außerhalb der normalen Arbeitszeiten arbeiten

unsold [ʌn'səʊld] *adj* unverkauft

unsophisticated [ˌʌnsə'fɪstɪkeɪtɪd] *adj* einfach

unspeakable [ʌn'spiːkəbl̩] *adj* unbeschreiblich

unstable [ʌn'steɪbl̩] *adj* ❶ (*not firm*) nicht stabil ❷ (*fig*) instabil; **emotionally ~** [psychisch] labil

unstuck [ʌn'stʌk] *adj* **to come ~** sich [ab]lösen; (*fig*) ins Schleudern geraten

unsuccessful [ˌʌnsək'sesfᵊl] *adj* erfolglos; *attempt* vergeblich

unsuitable [ʌn'sjuːtəbl̩] *adj* nicht geeignet

unsure [ʌn'ʃʊəʳ] *adj* unsicher; **to be ~ of oneself** kein Selbstvertrauen haben

unsurpassed [ˌʌnsə'pɑːst] *adj* unübertroffen, einzigartig

unsuspecting [ˌʌnsə'spektɪŋ] *adj* ahnungslos

unsweetened [ʌn'swiːtᵊnd] *adj esp* FOOD ungesüßt

unthinkable [ʌn'θɪŋkəbl̩] **I.** *adj* ❶ (*unimaginable*) undenkbar ❷ (*shocking*) unfassbar **II.** *n no pl* **the ~** das Unvorstellbare

unthinking [ʌn'θɪŋkɪŋ] *adj* unbedacht; (*unintentional*) unabsichtlich

untidiness [ʌn'taɪdɪnəs] *n no pl* Unordnung *f; of a person, a dress* Unordentlichkeit *f*

untidy [ʌn'taɪdi] *adj* ❶ (*disordered*) unordentlich ❷ (*not well organized*) unsystematisch

untie <-y-> [ʌn'taɪ] *tr verb* ❶ (*undo*) lösen ❷ *boat* losbinden

until [ʌn'tɪl] **I.** *prep* bis; **two more days ~ Easter** noch zwei Tage bis Ostern; **not ~ seven** erst um sieben; **not ~ tomorrow** erst morgen **II.** *conj* (*esp form*) bis; **I laughed ~ tears rolled down my face** ich lachte, bis mir die Tränen kamen; **he won't stop ~ everything is finished** er hört nicht auf, bevor nicht alles fertig ist; **to not do sth ~ ...** etw erst [dann] tun, wenn ...

untimely [ʌn'taɪmli] *adj* (*form: inopportune*) ungelegen

untiring [ʌn'taɪərɪŋ] *adj* unermüdlich

untold [ʌn'təʊld] *adj* ❶ *attr* (*immense*) unsagbar; *damage* immens ❷ (*not told*) ungesagt

untouched [ʌn'tʌtʃt] *adj* ❶ unberührt; *food, drink* nicht angerührt ❷ (*not affected*) **to be ~ by sth** von etw nicht betroffen sein

untreated [ʌn'triːtɪd] *adj* unbehandelt; **~ sewage** ungeklärte Abwässer

untrue [ʌn'truː] *adj* ❶ (*false*) unwahr, falsch ❷ *pred* (*not faithful*) untreu; **to be ~ to sb/sth** jdm/etw untreu sein

untrustworthy [ʌn'trʌstˌwɜːði] *adj* unzuverlässig

untruthful [ʌn'truːθfᵊl] *adj* unwahr; *person* unaufrichtig

unused[1] [ʌn'juːzd] *adj* unbenutzt; **to go ~** nicht genutzt werden

unused[2] [ʌn'juːst] *adj pred* **to be ~ to sth** an etw *Akk* nicht gewöhnt sein

unusual [ʌn'juːʒᵊl] *adj* ❶ ungewöhnlich; (*for a person*) untypisch ❷ (*remarkable*) außergewöhnlich

unusually [ʌn'juːʒᵊli] *adv* ungewöhnlich; **~ for me, ...** ganz gegen meine Gewohnheit ...

unvarying [ʌn'veəriɪŋ] *adj* unveränderlich, gleich bleibend; *landscape* eintönig

unveil [ʌn'veɪl] **I.** *tr verb* ❶ (*remove covering*) enthüllen; *face* entschleiern ❷ (*present to public*) der Öffentlichkeit vorstellen **II.** *intr verb* den Schleier abnehmen

unwaged [ʌn'weɪdʒd] *adj* BRIT ❶ unbezahlt ❷ (*out of work*) arbeitslos

unwarranted [ʌn'wɒrᵊntɪd] *adj* (*form*) ungerechtfertigt; *fears* unbegründet

unwell [ʌn'wel] *adj pred* unwohl; **sb is ~** jdm geht es nicht gut

unwieldy [ʌn'wiːldi] *adj* ❶ (*cumbersome*) unhandlich ❷ (*ineffective*) unüberschaubar

unwilling [ʌn'wɪlɪŋ] *adj* widerwillig; **to**

be ~ to do sth nicht gewillt sein, etw zu tun

unwillingly [ʌn'wɪlɪŋli] *adv* ungern

unwind <unwound, unwound> [ʌn'waɪnd] **I.** *intr verb* ① (*unroll*) sich abwickeln ② (*relax*) sich entspannen **II.** *tr verb* abwickeln

unwired *adj* drahtlos

unwise [ʌn'waɪz] *adj* unklug

unwitting [ʌn'wɪtɪŋ] *adj* ① (*unaware*) ahnungslos ② (*unintentional*) unbeabsichtigt

unwittingly [ʌn'wɪtɪŋli] *adv* unwissentlich, unabsichtlich

unworthy [ʌn'wɜːði] *adj* (*pej*) unwürdig; **to be ~ of interest** nicht von Interesse sein

unwrap <-pp-> [ʌn'ræp] *tr verb* ① *gift* auspacken ② (*reveal*) enthüllen

unwritten [ʌn'rɪtᵊn] *adj* nicht schriftlich fixiert; **~ traditions** mündliche Überlieferungen

unzip <-pp-> [ʌn'zɪp] *tr verb* ① den Reißverschluss aufmachen ② COMPUT auspacken

up [ʌp] **I.** *adv* ① nach oben, hinauf; **hands ~!** Hände hoch!; **four flights ~** vier Etagen höher; **halfway ~** auf halber Höhe; **farther ~** weiter oben ② (*out of bed*) auf; **to be ~ late** lange aufbleiben; **~ and about** auf den Beinen ③ (*toward*) **~ to sb/sth** auf jdn/etw zu; **to walk ~ to sb** auf jdn zugehen ④ (*to point of*) **~ until** bis +*Akk;* **~ to yesterday** bis gestern ⑤ (*in opposition to*) **to be ~ against sb/sth** es mit jdm/etw zu tun haben ⑥ (*depend on*) **to be ~ to sb** von jdm abhängen; **I'll leave it ~ to you** ich überlasse dir die Entscheidung ⑦ (*contrive*) **to be ~ to sth** etw vorhaben; **to be ~ to no good** nichts Gutes im Schilde führen ⑧ (*be adequate*) **to be ~ to sth** einer S. *Dat* gewachsen sein; **are you sure you're ~ to it?** bist du sicher, dass du das schaffst?; **his German isn't ~ to much** sein Deutsch ist nicht besonders gut **II.** *prep* ① hinauf, herauf; **~ the ladder/mountain/stairs** die Leiter/den Berg/die Treppe hinauf; **~ and down** auf und ab; **he's ~ that ladder** er steht dort oben auf der Leiter ② (*along*) **[just] ~ the road** ein Stück die Straße hinauf; **~ the river** flussauf[wärts] ▶ **to be ~ the creek [without a paddle]** [schön] in der Klemme sitzen; **~ yours!** (*vulg*) ihr könnt/du kannst mich mal! **III.** *adj* ① *attr* (*moving upward*) nach oben ② *pred* (*leading*) in Führung; **Liverpool is two goals ~** Liverpool liegt mit zwei Toren in Führung ③ *pred* (*functioning properly*) funktionstüchtig; **do you know when the server will be ~ again?** weißt du, wann der Server wieder in Betrieb sein wird? ④ *pred* (*finished*) vorbei, um; **your time is ~!** Ihre Zeit ist um! ⑤ *pred* (*scheduled*) **to be ~ for sale** zum Verkauf stehen ⑥ *pred* (*fam*) **something is ~** irgendetwas ist im Gange; **what's ~?** (*fam*) was gibt's?, was ist los?; **how well ~ are you in Spanish?** (*fam*) wie fit bist du in Spanisch?; **who's ~ for a walk?** wer hat Lust auf einen Spaziergang? **IV.** *n* (*good period*) Hoch *nt;* **~s and downs** Höhen und Tiefen *Pl* ▶ **to be on the ~ and ~** BRIT, AUS (*fam*) im Aufwärtstrend begriffen sein **V.** *tr verb* <-pp-> (*increase*) erhöhen; *price, tax* anheben

up-and-coming *adj attr* aufstrebend

upbeat ['ʌpbiːt] **I.** *n* MUS Auftakt *m* **II.** *adj* (*fam*) optimistisch

upbringing ['ʌpˌbrɪŋɪŋ] *n usu sing* Erziehung *f*

upcoming ['ʌpˌkʌmɪŋ] *adj esp* AM bevorstehend

update¹ [ʌp'deɪt] *tr verb* aktualisieren; COMPUT ein Update machen

update² ['ʌpdeɪt] *n* Aktualisierung *f;* COMPUT Update *nt sl*

updo *n* hochgesteckte Haare *Pl*

updraught *n* Zug *m;* AVIAT Aufwind *m*

upfront [ʌp'frʌnt] *adj* (*fam*) ① *pred* (*frank*) offen; **to be ~ about sth** etw offen sagen ② *attr* (*advance*) Voraus-; **~ payment** Anzahlung *f*

upgrade¹ [ʌp'greɪd] *tr verb* ① verbessern; COMPUT erweitern ② *a person* befördern

upgrade² ['ʌpgreɪd] *n* ① COMPUT Aufrüsten *nt* ② AM (*slope*) Steigung *f*

upgradeable [ʌp'greɪdəbl̩] *adj* COMPUT aufrüstbar

upheaval [ʌp'hiːvᵊl] *n no pl* (*change*) Aufruhr *m;* **political ~** politische Umwälzung[en]

uphill [ʌp'hɪl] **I.** *adv* bergauf **II.** *adj* ① (*ascending*) bergauf ② (*difficult*)

U

mühselig; ~ **battle** harter Kampf **III.** *n* Steigung *f*

uphold <-held, -held> [ʌp'həʊld] *tr verb* aufrechterhalten; *traditions* pflegen; **to ~ the law** das Gesetz [achten und] wahren

upholstery [ʌp'həʊlstᵊri] *n no pl* Polsterung *f*

UPI [ˌju:pi:'aɪ] *n* AM *abbrev of* **United Press International** UPI

upkeep ['ʌpki:p] *n no pl* ① (*maintenance*) Instandhaltung *f* ② *of a person* Unterhalt *m*

uplighter *n* Lampe *f* mit Lichtaustritt nach unten

upload *tr verb* COMPUT laden

upon [ə'pɒn] *prep* (*usu form*) ① auf *+Dat; with verbs of motion* auf *+Akk;* **he put his hand ~ her shoulder** er legte seine Hand auf ihre Schulter ② (*at time of*) bei *+Dat;* ~ **arrival** bei Ankunft ③ (*concerning*) **we settled ~ a price** wir einigten uns auf einen Preis; **he was intent ~ following in his father's footsteps** er war entschlossen, in die Fußstapfen seines Vaters zu treten

upper ['ʌpəʳ] **I.** *adj attr* ① obere(r, s); *arm, jaw etc.* Ober- ② *rank* höhere(r, s); **the ~ middle class** die gehobene Mittelschicht ③ *location* höher gelegen; **the Upper Rhine** der Oberrhein **II.** *n* (*part of shoe*) Obermaterial *nt*

upper class *n + sing/pl verb* Oberschicht *f* **upper-class** *adj* der Oberschicht *Gen;* **the ~ children** die Kinder der Oberschicht; **in ~ circles** in den gehobenen Kreisen

uppermost ['ʌpəməʊst] **I.** *adj* ① oberste(r, s), höchste(r, s) ② (*most important*) wichtigste(r, s); **to be ~ in one's mind** jdn am meisten beschäftigen **II.** *adv* ganz oben

U

upright ['ʌpraɪt] **I.** *adj* ① aufrecht ② (*honest*) anständig **II.** *n* ARCHIT [Stütz]pfeiler *m*

uprising ['ʌpˌraɪzɪŋ] *n* Aufstand *m;* **popular ~** Volkserhebung *f*

uproar ['ʌprɔ:ʳ] *n no pl* ① (*noise*) Lärm *m* ② (*protest*) Aufruhr *m*

uproot [ʌp'ru:t] *tr verb* ① BOT herausreißen ② (*fig*) **to ~ oneself** seine Heimat verlassen

upset[1] [ʌp'set] **I.** *tr verb* ① aus der Fassung bringen; (*distress*) mitnehmen; **to ~ oneself** sich aufregen ② (*push over*) umwerfen; *glass* umstoßen, umkippen; *boat* zum Kentern bringen **II.** *adj* ① *pred* (*sad*) traurig; (*distressed*) bestürzt; **to be ~ [that]** ... traurig sein, dass ...; **to be ~ to hear/read/see that ...** mit Bestürzung hören/lesen/sehen, dass ... ② (*up-ended*) umgestoßen

upset[2] ['ʌpset] *n* ① *no pl* Ärger *m* ② (*fam*) **stomach ~** Magenverstimmung *f*

upside down *adj* auf dem Kopf stehend *attr;* **that picture is ~** das Bild hängt verkehrt herum

upstage *tr verb* **to ~ sb** jdm die Schau stehlen

upstairs [ʌp'steəz] **I.** *adj* oben *präd,* obere(r, s) *attr* **II.** *adv* **the people who live ~** die Leute über uns; **to run ~** nach oben rennen

upstream [ʌp'stri:m] **I.** *adj* **the ~ part of the river** der obere Teil des Flusses **II.** *adv* flussaufwärts; **to swim ~** gegen den Strom schwimmen

uptake ['ʌpteɪk] *n no pl* Aufnahme *f* ▸ **to be quick/slow on the ~** (*fam*) schnell schalten/schwer von Begriff sein

uptight [ʌp'taɪt] *adj* (*fam*) ① nervös; **don't get ~ about the exam** mach dich wegen der Prüfung nicht verrückt ② (*stiff in outlook*) verklemmt

up-to-date *adj attr* zeitgemäß

up-to-the-minute *adj* hochaktuell

upturn ['ʌptɜ:n] *n* Aufschwung *m;* **~ in the economy** Konjunkturaufschwung *m*

upturned ['ʌptɜ:nd] *adj* nach oben gewendet; **~ nose** Stupsnase *f*

upward ['ʌpwəd] **I.** *adj usu* AM Aufwärts-, nach oben *nachgestellt;* **~ movement** Aufwärtsbewegung *f* **II.** *adv* nach oben, aufwärts

upwardly ['ʌpwədli] *adv* nach oben, aufwärts; **~ mobile** aufstrebend und erfolgreich

upwards ['ʌpwədz] *adv see* **upward II**

uranium [jʊə'reɪniəm] *n no pl* CHEM, PHYS Uran *nt*

urban ['ɜ:bᵊn] *adj attr* städtisch; **~ area** Stadtgebiet *nt;* **~ decay** Verfall *m* der Innenstadt; **~ population** Stadtbevölkerung *f*

urbanization [ˌɜ:bᵊnaɪ'zeɪʃᵊn] *n no pl* Verstädterung *f*

urge [ɜːdʒ] **I.** *n* (*strong desire*) Verlangen *nt* (**for** nach); **to get the ~ to do sth** Lust bekommen, etw zu tun; **irresistible ~** unwiderstehliches Verlangen **II.** *tr verb* ① (*try to persuade*) **to ~ sb** [**to do sth**] jdn drängen[, etw zu tun] ② (*advocate*) **to ~ sth** auf etw *Akk* dringen; **to ~ caution/vigilance** zur Vorsicht/Wachsamkeit mahnen ◆**urge on** *tr verb* **to ~ sb on** [**to do sth**] jdn [dazu] antreiben[, etw zu tun]

urgency ['ɜːdʒᵊn(t)si] *n no pl* ① (*top priority*) Dringlichkeit *f*; *of a problem* Dringlichkeit, Vordringlichkeit *f* ② (*insistence*) Eindringlichkeit *f*

urgent ['ɜːdʒᵊnt] *adj* ① dringend; **to be in ~ need of sth** dringend etw benötigen ② (*insistent*) eindringlich; *steps* eilig; *plea* deutlich

urgently ['ɜːdʒᵊntli] *adv* ① (*imperatively*) dringend ② (*insistently*) eindringlich

urinal [jʊə'raɪnᵊl, -rɪ-] *n* Pissoir *nt*

urine ['jʊərɪn] *n no pl* Urin *m*

urn [ɜːn] *n* ① (*for remains*) [Grab]urne *f* ② (*for drinks*) **tea ~** Teekessel *m*

urologist [jʊə'rɒlədʒɪst] *n* MED Urologe *m*/Urologin *f*

Uruguay ['jʊərəgwaɪ] *n* Uruguay *nt*

Uruguayan [ˌjʊərə'gwaɪən] *adj* uruguayisch

us [ʌs, əs] *pron* (*object of we*) uns *in dat o akk*; **let ~ know** lassen Sie es uns wissen; **both/many of ~** wir beide/viele von uns; **it's ~** wir sind's; **older than ~** älter als wir

USA [ˌjuːes'eɪ] *n no pl abbrev of* **United States of America**: **the ~** die USA *Pl*

usable ['juːzəbl̩] *adj* brauchbar, nutzbar

USB [ˌjuːes'biː] *n* COMPUT, INET *acr for* **Universal Serial Bus** USB

use¹ [juːz] *tr verb* ① benutzen; *chance, one's skills* nutzen; *dictionary, idea* verwenden ② (*manipulate*) benutzen; (*exploit*) ausnutzen ③ (*need*) **I could ~ some help** ich könnte etwas Hilfe gebrauchen; **I could ~ a drink now** ich könnte jetzt einen Drink vertragen

use² [juːs] *n* ① Verwendung *f*, Benutzung *f*; **for ~ in an emergency** für den Notfall; **for ~ in case of fire** bei Feuer; **for external ~ only** nur zur äußerlichen Anwendung; **to make ~ of sth** etw benutzen; **can you make ~ of that?** kannst du das gebrauchen? ② (*usefulness*) Nutzen *m*; **is this of any ~ to you?** kannst du das vielleicht gebrauchen?; **it's no ~** [**doing sth**] es hat keinen Zweck[, etw zu tun] ③ (*right to use*) **to have the ~ of sth** *room, car* etw benutzen dürfen ④ (*out of order*) **to be out of ~** nicht funktionieren ◆**use up** *tr verb strength, energy* verbrauchen

used¹ [juːst] *tr verb only in past* **he ~ to teach** er hat früher unterrichtet; **my father ~ to say ...** mein Vater sagte [früher] immer, ...

used² [juːzd] *adj* ① (*not new*) gebraucht; **~ clothes** Secondhandkleidung *f* ② (*familiar with*) gewohnt; **to be ~ to sth** etw gewohnt sein; **to become ~ to sth** sich an etw *Akk* gewöhnen

useful ['juːsfᵊl] *adj* nützlich (**for** für); **to make oneself ~** sich nützlich machen; **to come in ~** gut zu gebrauchen sein

usefulness ['juːsfᵊlnəs] *n no pl* Nützlichkeit *f*; *of a contribution, information* Nützlichkeit, Brauchbarkeit *f*

useless ['juːsləs] *adj* ① (*pointless*) sinnlos; **it's ~** [**doing sth**] es ist sinnlos[, etw zu tun] ② (*fam: incompetent*) zu nichts zu gebrauchen *präd*; **he's a ~ goalkeeper** er taugt nichts als Torwart ③ **to be ~** nichts taugen; **to render sth ~** etw unbrauchbar machen

Usenet ['juːznet] *n* COMPUT, INET Usenet *nt*

user ['juːzʳ] *n* Benutzer(in) *m(f)*; **drug ~** Drogenkonsument(in) *m(f)*

user-friendly *adj* COMPUT benutzerfreundlich

US-friendly <-ier, -iest> *adj* **~ governments** den USA wohlgesonnene Regierungen

usher ['ʌʃəʳ] **I.** *n* Platzanweiser(in) *m(f)* **II.** *tr verb* **to ~ sb into a room/to his seat** jdn in einen Raum hineinführen/zu seinem Platz führen

usherette [ˌʌʃᵊr'et] *n* (*dated*) Platzanweiserin *f*

USP [juːes'piː] *n acr for* **unique selling point** COMM Alleinstellungsmerkmal *nt*, USP *m*

USSR [ˌjuːeses'ɑːʳ] *n* (*hist*) *abbrev of* **Union of Soviet Socialist Republics** UdSSR *f*

usual ['juːʒᵊl] **I.** *adj* üblich, normal; **as**

[**per**] ~ wie üblich **II.** *n* (*fam: regular drink*) **the** ~ das Übliche

usually ['ju:ʒəli] *adv* normalerweise

USW [ˌju:es'dʌblju:] *n abbrev of* **ultra-short waves** UKW

utility [ju:'tɪləti] **I.** *n* ① (*usefulness*) Nützlichkeit *f* ② *usu pl* (*public service*) Leistungen *Pl* der öffentlichen Versorgungsbetriebe **II.** *adj* (*useful*) Mehrzweck-; ~ **vehicle** Mehrzweckfahrzeug *nt*

utilize ['ju:tɪlaɪz] *tr verb* nutzen

utmost ['ʌtməʊst] **I.** *adj attr* größte(r, s); **with the ~ care/precision** so sorgfältig/genau wie möglich **II.** *n no pl* **the** ~ das Äußerste (**in** an); **at the** ~ höchstens; **to the** ~ bis zum Äußersten; **to try one's** ~ sein Bestes geben

utter[1] ['ʌtəʳ] *adj attr* vollkommen; ~ **fool** Vollidiot(in) *m(f) fam;* ~ **nonsense** absoluter Blödsinn; **a complete and ~ waste of time** eine totale Zeitverschwendung

utter[2] ['ʌtəʳ] *tr verb* ① (*liter*) **no one ~ed a sound** keiner brachte einen Ton heraus; **to ~ a groan** stöhnen; **without ~ing a word** ohne ein Wort zu sagen ② (*liter: put into words*) sagen; *oath* schwören; *prayer* sprechen

utterly ['ʌtəli] *adv* vollkommen; **to be ~ convinced that ...** vollkommen [davon] überzeugt sein, dass ...

U-turn ['ju:tɜ:n] *n* ① (*of a car*) Wende *f;* **to do a** ~ wenden ② (*change of plan*) Kehrtwendung *f*

UV [ˌju:'vi:] *abbrev of* **ultraviolet** UV

UVF [ˌju:vi:'ef] *n abbrev of* **Ulster Volunteer Force** UVF

Uzbekistan [ʊzˌbekɪ'stɑ:n] *n no pl* Usbekistan *nt*

Vv

V <*pl* -'s *or* -s> *n,* **v** <*pl* -'s> [vi:] *n* ① V *nt,* v *nt; see also* **A 1** ② (*shape*) V *nt,* V-Form *f*

v [vi:] **I.** *adv abbrev of* **very** **II.** *n* LING *abbrev of* **verb** v **III.** *prep abbrev of* **verse, verso, versus** vs.

vac [væk] **I.** *n* ① BRIT (*fam*) *short for* **vacation** Semesterferien *Pl* ② (*fam*) *short for* **vacuum cleaner** Staubsauger *m* **II.** *tr verb* <-cc-> (*fam*) *short for* **vacuum clean** [staub]saugen

vacancy ['veɪkən(t)si] *n* ① (*unoccupied room*) freies Zimmer; **'Vacancies'** „Zimmer frei"; **'No vacancies'** „Belegt" ② (*employment*) freie Stelle; **to fill a** ~ eine [freie] Stelle besetzen

vacant ['veɪkənt] *adj* ① *bed, chair, seat* frei ② (*on toilet door*) **'Vacant'** „Frei" ③ *position, job* unbesetzt; **to fall** ~ frei werden ④ (*expressionless*) leer; ~ **stare** ausdrucksloser Blick

vacate [və'keɪt] *tr verb* räumen; *job* aufgeben; *seat* frei machen

vacation [və'keɪʃən] *n* ① AM (*holiday*) Ferien *Pl,* Urlaub *m;* **to take a** ~ Urlaub machen ② UNIV Semesterferien *Pl*

vaccinate ['væksɪneɪt] *tr verb* impfen (**against** gegen)

vaccination [ˌvæksɪ'neɪʃən] *n* [Schutz]impfung *f* (**against** gegen)

vaccine ['væksi:n] *n* Impfstoff *m*

vacuum <*pl* -s *or form* -cua> ['vækju:m, *pl* -kjuə] **I.** *n* ① Vakuum *nt* ② (*fig: gap*) Vakuum *nt fig,* Lücke *f;* **to fill/leave a** ~ eine Lücke füllen/hinterlassen **II.** *tr verb* [staub]saugen; **to ~ up** ⊂ **sth** etw aufsaugen

vacuum cleaner *n* Staubsauger *m*

vacuum suction *n* Vakuumabsaugung *f*

vagina [və'dʒaɪnə] *n* ANAT Vagina *f*

vagrant ['veɪgrənt] *n* (*dated*) Landstreicher(in) *m(f)*

vague [veɪg] *adj* ① ungenau; *memory, promises* vage; *figure, shape* verschwommen ② (*imprecise*) zerstreut; **to be ~ about sth** sich [nur] vage zu etw äußern

vain [veɪn] *adj* ① (*pej*) eitel; (*conceited*) eingebildet ② (*futile*) sinnlos; **in** ~ vergeblich, umsonst

valentine ['væləntaɪn] *n Person, die am*

Valentinstag von ihrem Verehrer/ihrer Verehrerin beschenkt wird; **the message on the card said 'Be my ~!'** auf der Karte stand: „Sei mein Schatz am Valentinstag!"

Valentine's Day *n* Valentinstag *m*

valid ['vælɪd] *adj* ① *argument, decision* begründet ② *passport, qualification* gültig

validity [və'lɪdəti] *n no pl* Gültigkeit *f*

valley ['væli] *n* Tal *nt*

valuable ['væljʊəbl̩] *adj* wertvoll; *gems* kostbar

valuation [ˌvælju'eɪʃᵊn] *n* ① *(instance)* Schätzwert *m* ② FIN Bewertung *f*

value ['vælju:] **I.** *n* ① *no pl* Wert *m;* *(significance)* Bedeutung *f* ② *(moral ethics)* **~s** Werte *Pl* **II.** *tr verb* ① *(deem significant)* schätzen; **to ~ sb as a friend** jdn als Freund schätzen ② FIN schätzen; **to have sth ~d** etw schätzen lassen

value-added tax *n* Mehrwertsteuer *f*

valued ['vælju:d] *adj (approv form)* geschätzt

valueless ['vælju:ləs] *adj* wertlos

valve [vælv] *n* ① *(control device)* Ventil *nt* ② *(body part)* Klappe *f*

vampire ['væmpaɪəʳ] *n* Vampir *m*

van [væn] *n* ① Transporter *m;* **delivery ~** Lieferwagen *m* ② AM *(car type)* Kleinbus *m*

vandal ['vændᵊl] *n* Vandale *m pej*

vandalism ['vændᵊlɪzᵊm] *n no pl* Vandalismus *m*

vandalize ['vændᵊlaɪz] *tr verb* mutwillig zerstören; *building* verwüsten

vanilla [və'nɪlə] *n no pl* Vanille *f*

vanish ['vænɪʃ] *intr verb* verschwinden; **to ~ into thin air** sich in Luft auflösen; **to ~ without trace** spurlos verschwinden

vanity ['vænəti] *n* ① *no pl* Eitelkeit *f* ② AM, AUS *(Vanitory unit)* Schminktisch *m*

vanity bag *n,* **vanity case** *n* Schminktasche *f*

vantage point *n* ① *(outlook)* Aussichtspunkt *m* ② *(fig: ideological perspective)* Blickpunkt *m*

vapor *n* AM *see* **vapour**

vaporous ['veɪpᵊrəs] *adj* dunstig, nebelhaft *a. fig*

vapour ['veɪpəʳ] *n (steam)* Dampf *m;* *(breath)* Atem[hauch] *m*

vapour trail *n* Kondensstreifen *m*

variable ['veəriəbl̩] **I.** *n* Variable *f* **II.** *adj* variabel, veränderlich; *quality* wechselhaft

variance ['veəriən(t)s] *n* ① *no pl (variation)* Abweichung *f* ② *no pl (form: at odds)* **to be at ~ with sth** mit etw nicht übereinstimmen

variant ['veəriənt] **I.** *n* Variante *f* **II.** *adj attr* variierend, unterschiedlich

variation [ˌveəri'eɪʃᵊn] *n* ① *no pl* Abweichung *f* ② *(difference)* Schwankung[en] *f[Pl]*

varied ['veərid] *adj* unterschiedlich; *career* bewegt

variety [və'raɪəti] *n* ① *no pl* Vielfalt *f;* *(differing from one another)* Verschiedenartigkeit *f;* **a ~ of courses** verschiedene Kurse; **in a ~ of ways** auf vielfältige Weise ② *(type)* Sorte *f;* **a new ~ of tulip/sweetcorn** eine neue Tulpen-/Maissorte

variety show *n* Varieteeshow *f*

varifocal ['veərɪfəʊkᵊl] *adj lenses, glasses* Gleitsicht-

various ['veəriəs] *adj* verschieden

varnish ['vɑ:nɪʃ] **I.** *n* <*pl* -es> Lack *m;* *(on painting)* Firnis *m* **II.** *tr verb* lackieren

vary <-ie-> ['veəri] **I.** *intr verb* variieren, verschieden sein; **to ~ greatly** stark voneinander abweichen **II.** *tr verb* variieren; **to ~ one's diet** abwechslungsreich essen

varying ['veəriɪŋ] *adj* unterschiedlich; *(fluctuating)* variierend

vase [vɑ:z] *n* Vase *f*

vast [vɑ:st] *adj* gewaltig, riesig; *majority* überwältigend

vastly ['vɑ:stli] *adv* wesentlich, erheblich; **~ superior** haushoch überlegen

vat [væt] *n (for beer, wine)* Fass *nt;* *(with open top)* Bottich *m*

VAT [ˌvi:eɪ'ti:] *n no pl* BRIT *abbrev of* **value added tax** MwSt *f*

Vatican ['vætɪkən] *n no pl* **the ~** der Vatikan

vault [vɔ:lt] **I.** *n* ① *(arch)* Gewölbebogen *m* ② *(ceiling)* Gewölbe *nt* ③ *(strongroom)* Tresorraum *m* ④ *(in church)* Krypta *f* **II.** *tr verb (jump)* **to ~ sth** über etw *Akk* springen

vaulting horse *n* Sprungpferd *nt*

vCard ['vi:kɑ:d] *n* COMPUT, INET *short for*

virtual business card virtuelle Geschäftskarte

VCR [ˌviːsiːˈɑːr] *n* AM *abbrev of* **video cassette recorder** Videorekorder *m*

VDU [ˌviːdiːˈjuː] *n abbrev of* **visual display unit** Sichtgerät *nt*

VE [ˌviːˈiː] *abbrev of* **Victory in Europe** Sieg *m* in Europa; **VE Day** *Tag, an dem der Sieg der Allierten im Zweiten Weltkrieg in Europa gefeiert wird*

veal [viːl] *n no pl* Kalbfleisch *nt*

vector [ˈvektəʳ] *n* ❶ Vektor *m* ❷ (*disease transmitter*) Überträger *m*

veer [vɪəʳ] *intr verb* ❶ (*alter course*) abdrehen ❷ (*alter goal*) umschwenken; **to ~ towards sth** auf etw *Akk* hinsteuern; **to ~ from one's usual opinions** von seiner üblichen Meinung abgehen

veg[1] [vedʒ] *n no pl* (*fam*) *short for* **vegetable(s)** Gemüse *nt*; **fruit and ~ shop** Obst- und Gemüseladen *m*

veg[2] [vedʒ] *intr verb* (*fam*) **to ~ out** herumhängen

vegan [ˈviːɡən] **I.** *n* Veganer(in) *m(f)* **II.** *adj* vegan

vegetable [ˈvedʒtəbl̩] *n* ❶ (*plant*) Gemüse *nt*; **fresh fruit and ~s** frisches Obst und Gemüse ❷ (*fig, pej fam*) **to be a ~** vor sich *Dat* hin vegetieren

vegetable fat *n* pflanzliches Fett **vegetable garden** *n* Gemüsegarten *m* **vegetable kingdom** *n no pl* Pflanzenreich *nt* **vegetable oil** *n* pflanzliches Öl

vegetarian [ˌvedʒɪˈteəriən] **I.** *n* Vegetarier(in) *m(f)* **II.** *adj* vegetarisch

vegetate [ˈvedʒɪteɪt] *intr verb* vegetieren

vegetation [ˌvedʒɪˈteɪʃᵊn] *n no pl* Pflanzen *Pl*; (*in specific area*) Vegetation *f*

veggie[1] [ˈvedʒi] *n* (*fam*) *short for* **vegetarian** Vegetarier(in) *m(f)*

veggie[2] [ˈvedʒi] *n esp* AM, AUS (*fam*) *short for* **vegetable** Gemüse *nt*

veggieburger [ˈvedʒiˌbɜːɡəʳ] *n* Gemüseburger *m*

V

vehemence [ˈviːəmən(t)s] *n no pl* Vehemenz *f*

vehement [ˈviːəmənt] *adj* vehement, heftig

vehicle [ˈvɪəkl̩] *n* Fahrzeug *nt*

vehicle registration centre *n* BRIT Kfz-Zulassungsstelle *f* **vehicle registration number** *n* Kfz-Kennzeichen *nt*

veil [veɪl] **I.** *n* (*also fig*) Schleier *m* **II.** *tr verb usu passive* ❶ (*cover by veil*) **to be ~ed** verschleiert sein ❷ (*envelop*) einhüllen

veiled [veɪld] *adj* ❶ verschleiert ❷ (*fig: concealed*) verschleiert; *criticism, hint, threat* versteckt

vein [veɪn] *n* Vene *f*; (*any blood vessel*) Ader *f*

Velcro® [ˈvelkrəʊ] *n no pl* Klettverschluss *m*

velocity [vɪˈlɒsəti] **I.** *n* (*form*) Geschwindigkeit *f* **II.** *adj attr* Geschwindigkeits-

velvet [ˈvelvɪt] *n no pl* Samt *m*

velvety [ˈvelvɪti] *adj* (*fig*) samtig

vendetta [venˈdetə] *n* Vendetta *f*

vending machine *n* Automat *m*

vendor [ˈvendɔːʳ] *n* Straßenverkäufer(in) *m(f)*

venetian blind *n* Jalousie *f*

Venezuela [ˌvenɪˈzweɪlə] *n no pl* Venezuela *nt*

Venezuelan [ˌvenɪˈzweɪlən] **I.** *adj* venezolanisch **II.** *n* Venezolaner(in) *m(f)*

vengeance [ˈvendʒᵊn(t)s] *n no pl* Rache *f*; **to exact ~** Rache üben

venison [ˈvenɪsᵊn] *n no pl* Rehfleisch *nt*

venom [ˈvenəm] *n no pl* Gift *nt*

venomous [ˈvenəməs] *adj* giftig *a. fig*

ventilate [ˈventɪleɪt] *tr verb* belüften

ventilation [ˌventɪˈleɪʃᵊn] *n no pl* Belüftung *f*

ventilator [ˈventɪleɪtəʳ] *n* ❶ (*air outlet*) Abzug *m* ❷ (*breathing apparatus*) Beatmungsgerät *nt*

ventriloquist [venˈtrɪləkwɪst] *n* Bauchredner(in) *m(f)*

venture [ˈventʃəʳ] **I.** *n* Projekt *nt*; ECON Unternehmen *nt* **II.** *tr verb* **to ~ sth** etw vorsichtig äußern

venue [ˈvenjuː] *n* Veranstaltungsort *m*; (*for competition*) Austragungsort *m*

Venus [ˈviːnəs] *n no pl* Venus *f*

veranda[h] [vəˈrændə] *n* Veranda *f*

verb [vɜːb] *n* Verb *nt*

verbal [ˈvɜːbᵊl] **I.** *adj* ❶ (*oral*) mündlich ❷ (*pertaining to verb*) **~ noun** Verbalsubstantiv *nt* **II.** *n* BRIT (*sl*) **~s** mündliche Aussage

verbally [ˈvɜːbᵊli] *adv* verbal, mündlich

verbatim [vɜːˈbeɪtɪm] **I.** *adj* wörtlich **II.** *adv* wortwörtlich

verdict [ˈvɜːdɪkt] *n* Urteil *nt*; **~ of not guilty** Freispruch *m*; **unanimous ~** einstimmiges Urteil

verge [vɜːdʒ] *n* (*physical edge*) Rand *m;* **on the ~ of the desert** am Rand der Wüste ◆**verge on** *intr verb* **to ~ on the ridiculous** ans Lächerliche grenzen

verifiable [ˌverɪˈfaɪəbl̩] *adj* verifizierbar *geh; fact* überprüfbar

verification [ˌverɪfɪˈkeɪʃᵊn] *n no pl* Verifizierung *f geh;* (*checking*) Überprüfung *f*

verify <-ie-> [ˈverɪfaɪ] *tr verb* verifizieren *geh;* (*check*) überprüfen; (*confirm*) belegen

vermicelli [ˌvɜːmɪˈtʃeli] *npl* ① (*pasta*) Fadennudeln *Pl* ② BRIT (*in baking*) Schokosplitter *Pl*

vermin [ˈvɜːmɪn] *npl* (*pej*) Schädlinge *Pl;* **to control ~** Ungeziefer bekämpfen

verruca <*pl* -s *or* -ae> [vəˈruːkə, *pl* -kiː] *n* Warze *f*

versatile [ˈvɜːsətaɪl] *adj* vielseitig

versatility [ˌvɜːsəˈtɪləti] *n no pl* (*flexibility*) Vielseitigkeit *f;* (*adjustability*) Anpassungsfähigkeit *f*

verse [vɜːs] *n* ① *no pl* (*poetical writing*) Dichtung *f;* **volume of ~** Gedichtband *m;* **in ~** in Versen *m* ② (*stanza*) *a.* MUS Strophe *f*

versed [vɜːst] *adj* (*form*) **to be [well] ~ in sth** in etw *Dat* [sehr] versiert sein *geh*

version [ˈvɜːʃᵊn, -ʒᵊn] *n* Version *f; of a book, a text, a film* Fassung *f*

versus [ˈvɜːsəs] *prep* gegen

vertebra <*pl* -brae> [ˈvɜːtɪbrə, *pl* -briː] *n* Wirbel *m*

vertebrate [ˈvɜːtɪbreɪt] BIOL **I.** *n* Wirbeltier *nt* **II.** *adj attr* Wirbel-

vertical [ˈvɜːtɪkᵊl] **I.** *adj* senkrecht, vertikal **II.** *n* (*vertical line*) Senkrechte *f*

vertigo [ˈvɜːtɪgəʊ] *n no pl* Schwindel *m;* MED Gleichgewichtsstörung *f*

verve [vɜːv] *n no pl* Begeisterung *f*

very [ˈveri] **I.** *adv* ① sehr; **~ much** sehr; **not ~ much ...** nicht besonders ...; **how are you? — Very well, thanks!** wie geht es dir? – Sehr gut, danke! ② + *superl* (*to add force*) aller-; **the ~ best** der/die/das Allerbeste; **at the ~ most/least** allerhöchstens/zumindest; **the ~ next day** schon am nächsten Tag ③ (*I agree*) **~ well** [also] gut **II.** *adj attr* genau; **at the ~ bottom** zuunterst; **at the ~ end of sth** ganz am Ende einer S. *Gen;* **the ~ thought ...** allein der Gedanke ...

vessel [ˈvesᵊl] *n* ① NAUT (*form*) Schiff *nt* ② (*form: for liquid*) Gefäß *nt*

vest [vest] **I.** *n* ① BRIT (*underwear*) Unterhemd *nt* ② *esp* AM (*outer garment*) Weste *f* ③ BRIT (*T-shirt*) **~ [top]** ärmelloses T-Shirt **II.** *tr verb usu passive* (*form: give*) **to be ~ed with the power to do sth** berechtigt sein, etw zu tun

vet [vet] **I.** *n* Tierarzt *m*/Tierärztin *f* **II.** *tr verb* <-tt-> (*examine*) überprüfen

veteran [ˈvetᵊrᵊn] **I.** *n* Veteran(in) *m(f)* **II.** *adj attr* (*experienced*) erfahren

veterinarian [ˌvetᵊrɪˈneriən] *n* AM (*vet*) Tierarzt *m*/Tierärztin *f*

veterinary [ˈvetᵊrɪnᵊri] *adj attr* tierärztlich; **~ medicine** Tiermedizin *f*

veto [ˈviːtəʊ] **I.** *n* <*pl* -es> ① Veto *nt;* **~ of a measure** Veto *nt* gegen eine Maßnahme; **presidential ~** Veto *nt* des Präsidenten ② (*right of refusal*) Vetorecht *nt;* **to put a ~ on sth** *esp* BRIT (*fig*) etw verbieten **II.** *tr verb* **to ~ sth** ein Veto gegen etw einlegen

v. g. *abbrev of* **very good** sehr gut

VHF [ˌviːeitʃˈef] **I.** *n no pl abbrev of* **very high frequency** UKW **II.** *adj attr abbrev of* **very high frequency** UKW-

via [ˈvaɪə] *prep* ① (*through*) über ② (*using*) per, via

viable [ˈvaɪəbl̩] *adj* ① (*feasible*) machbar ② (*successful*) existenzfähig

viaduct [ˈvaɪədʌkt] *n* Viadukt *m o nt;* (*bridge*) Brücke *f*

vial [vaɪ(ə)l] *n* Phiole *f,* [Glas]fläschchen *nt*

vibes [vaɪbz] *npl* (*fam*) ① (*atmosphere*) Schwingungen *Pl* ② (*vibraphone*) Vibraphon *nt*

vibrant [ˈvaɪbrənt] *adj person* lebhaft; (*dynamic*) dynamisch; *economy* boomend; *colour* leuchtend

vibrate [vaɪˈbreɪt] *intr verb* vibrieren; *person* zittern

vibration [vaɪˈbreɪʃᵊn] *n* Vibration *f,* Erschütterung *f*

V

vicar [ˈvɪkəʳ] *n* Pfarrer *m*

vicarage [ˈvɪkᵊrɪdʒ] *n* Pfarrhaus *nt*

vice¹ [vaɪs] *n* (*weakness*) Laster *nt*

vice² [vaɪs] *n* (*tool*) Schraubstock *m*

vice-chairman *n* stellvertretende(r) Vorsitzende(r) **vice-chancellor** *n* (*senior official*) Vizekanzler(in) *m(f);* BRIT UNIV Rektor(in) *m(f)* **Vice President** *n,*

vice-president *n* Vizepräsident(in) *m(f)*
vice squad *n* Sittendezernat *nt*
vice versa [ˌvaɪsiˈvɜːsə] *adv* umgekehrt
vicinity [vɪˈsɪnəti] *n* Nähe *f;* (*surrounding area*) Umgebung *f;* **in the ~ [of sth]** in der Nähe [einer S. *Gen*]
vicious [ˈvɪʃəs] *adj* ① (*malicious*) boshaft, gemein ② (*causing pain*) grausam
vicious circle *n,* **vicious cycle** *n* Teufelskreis *m;* **to be caught in a ~** in einen Teufelskreis geraten
victim [ˈvɪktɪm] *n* ① Opfer *nt;* **to fall ~ to sb/sth** jdm/etw zum Opfer fallen ② (*fig*) **to fall ~ to sb's charms** jds Charme *m* erliegen
victimize [ˈvɪktɪmaɪz] *tr verb* ungerecht behandeln
victor [ˈvɪktəʳ] *n* Sieger(in) *m(f)*
Victoria Cross [vɪktɔːriəˈkrɒs] *höchste Tapferkeitsauszeichnung in Großbritannien*
Victorian [vɪkˈtɔːriən] **I.** *adj* viktorianisch **II.** *n* Viktorianer(in) *m(f)*
victorious [vɪkˈtɔːriəs] *adj* siegreich; **to emerge ~** als Sieger/Siegerin hervorgehen
victory [ˈvɪktᵊri] *n* Sieg *m* (**against** über); **to win a ~ [in sth]** [bei etw] einen Sieg erringen
vid [vɪd] *n* (*fam*) *short for* **video** Video *nt*
video [ˈvɪdiəʊ] **I.** *n* ① *no pl* (*recording*) Video *nt* ② (*tape*) Videokassette *f* **II.** *tr verb* auf Video aufnehmen
video camera *n* Videokamera *f* **video cassette** *n* Videokassette *f* **video game** *n* Videospiel *nt* **videophone** *n* Bildtelefon *nt* **video recorder** *n* Videorekorder *m* **video set** *n* Videogerät *nt* **video surveillance** *n no pl* Videoüberwachung *f* **videotape** *n* ① (*cassette*) Videokassette *f* ② *no pl* (*tape*) Videoband *nt* **video transmitter** *n* Videosender *m*
Vienna [viˈenə] *n* Wien *nt*
Viennese [ˌviəˈniːz] **I.** *n* <*pl* -> Wiener(in) *m(f)* **II.** *adj* Wiener-, wienerisch
Vietcong <*pl* -> [ˌvjetˈkɒŋ] *n* Vietkong *m*
Vietnam [ˌvjetˈnæm] *n* Vietnam *nt*
Vietnamese [ˌvjetnəˈmiːz] **I.** *adj* vietnamesisch **II.** *n* ① (*language*) Vietnamesisch *nt* ② (*person*) Vietnamese *m*/Vietnamesin *f*
view [vjuː] **I.** *n* ① *no pl* (*sight*) Sicht *f;* **to come into ~** sichtbar werden; **to disappear from ~** [in der Ferne] verschwinden; **to hide from ~** sich dem Blick entziehen ② (*panorama*) [Aus]blick *m;* **he paints rural ~s** er malt ländliche Motive; **he lifted his daughter up so that she could get a better ~** er hob seine Tochter hoch, so dass sie besser sehen konnte ③ (*opportunity to observe*) Besichtigung *f* ④ *no pl* (*for observation*) **to be on ~** *works of art* ausgestellt werden ⑤ (*opinion*) Ansicht *f,* Meinung *f* (**about/on** über); **point of ~** Standpunkt *m;* **from my point of ~ ...** meiner Meinung nach ...; **to share a ~** gleicher Meinung sein; **in sb's ~** jds Ansicht *f* nach ⑥ (*fig: perspective*) Ansicht *f;* **in ~ of sth** angesichts einer S. *Gen* **II.** *tr verb* ① (*watch*) **to ~ sth** etw betrachten; (*as a spectator*) etw zusehen ② (*fig: consider*) betrachten; **we ~ the situation with concern** wir betrachten die Lage mit Besorgnis ③ (*inspect*) **to ~ sth** sich *Dat* etw ansehen
viewer [ˈvjuːəʳ] *n* ① (*person*) [Fernseh]zuschauer(in) *m(f)* ② (*for film*) Filmbetrachter *m;* (*for slides*) Diabetrachter *m*
viewfinder *n* PHOT [Bild]sucher *m*
viewing [ˈvjuːɪŋ] *n no pl* ① (*inspection*) Besichtigung *f* ② FILM Anschauen *nt;* TV Fernsehen *nt*
viewpoint *n* ① (*fig: opinion*) Standpunkt *m;* (*aspect*) Gesichtspunkt *m* ② (*place*) Aussichtspunkt *m*
vigil [ˈvɪdʒɪl] *n* [Nacht]wache *f*
vigilant [ˈvɪdʒɪlənt] *adj* wachsam; **to be ~ about/for sth** auf etw *Akk* achten
vigor *n no pl* AM, AUS *see* **vigour**
vigorous [ˈvɪgᵊrəs] *adj* ① (*energetic*) energisch ② (*flourishing*) kräftig
vigour [ˈvɪgᵊr] *n no pl* (*liveliness*) Energie *f,* [Tat]kraft *f;* **to do sth with ~** etw mit vollem Eifer tun
vile [vaɪl] *adj* ① (*disgusting*) gemein, niederträchtig ② (*fam: unpleasant*) abscheulich
village [ˈvɪlɪdʒ] *n* Dorf *nt*
village green *n* Dorfwiese *f*
villager [ˈvɪlɪdʒəʳ] *n* Dorfbewohner(in) *m(f)*

villain ['vɪlən] *n* Verbrecher(in) *m(f)*
vindictive [vɪn'dɪktɪv] *adj* nachtragend; (*longing for revenge*) rachsüchtig
vine [vaɪn] *n* ❶ (*grape plant*) Weinrebe *f* ❷ (*climbing plant*) Rankengewächs *nt*
vinegar ['vɪnɪgəʳ] *n no pl* Essig *m*
vinegary ['vɪnɪgəri] *adj* ❶ (*of taste*) sauer ❷ (*full of vinegar*) Essig-
vineyard ['vɪnjəd] *n* Weinberg *m*
vintage ['vɪntɪdʒ] **I.** *n* ❶ (*wine*) Jahrgangswein *m* ❷ (*wine year*) Jahrgang *m* **II.** *adj* ❶ FOOD Jahrgangs- ❷ BRIT, AUS AUTO Oldtimer-; ~ **car** Oldtimer *m*
viola[1] [vi'əʊlə] *n* MUS Viola *f,* Bratsche *f*
viola[2] ['vaɪələ] *n* BOT Veilchen *nt*
violate ['vaɪəleɪt] *tr verb* ❶ (*not comply with*) brechen; *regulation* verletzen; **to ~ a law/rule** gegen ein Gesetz/eine Regel verstoßen ❷ *privacy, rights* verletzen ❸ (*form: rape*) vergewaltigen
violation [ˌvaɪə'leɪʃən] *n of rules, of the law* Verletzung *f,* Verstoß *m*
violence ['vaɪələn(t)s] *n no pl* Gewalt *f* (**against** gegen); **act of ~** Gewalttat *f*
violent ['vaɪələnt] *adj* ❶ gewalttätig; *person also* brutal ❷ *attack, protest, pain* heftig
violet ['vaɪələt] **I.** *n* Veilchen *nt;* (*colour*) Violett *nt* **II.** *adj* violett
violin [ˌvaɪə'lɪn] *n* Violine *f,* Geige *f*
violinist [vaɪə'lɪnɪst] *n* Violinist(in) *m(f)*
V.I.P., VIP [ˌ viːaɪ'piː] **I.** *n abbrev of* **very important person** Promi *m fam* **II.** *adj attr abbrev of* **very important person** *area, tent* VIP-
viral ['vaɪ(ə)rəl] *adj* Virus-, viral *fachspr;* ~ **infection** Virusinfektion *f*
virgin ['vɜːdʒɪn] **I.** *n* Jungfrau *f* **II.** *adj attr* ❶ (*chaste*) jungfräulich ❷ (*fig: unexplored*) unerforscht; ~ **territory** Neuland *nt* ❸ *forest* unberührt
virgin forest *n* Urwald *m*
virginity [və'dʒɪnəti] *n no pl* Jungfräulichkeit *f*
Virgo ['vɜːgəʊ] *n no art* ASTRO Jungfrau *f*
virile ['vɪraɪl] *adj* (*approv*) ❶ (*full of sexual energy*) potent ❷ (*energetic*) *voice* kraftvoll
virility [vɪ'rɪləti] *n no pl* (*approv*) ❶ (*sexual vigour*) Potenz *f* ❷ (*vigour*) Kraft *f*
virtual ['vɜːtʃuəl] *adj* ❶ (*almost certain*) so gut wie, quasi; **to be a ~ unknown** praktisch unbekannt sein ❷ COMPUT, PHYS virtuell
virtually ['vɜːtʃuəli] *adv* ❶ (*almost*) praktisch ❷ COMPUT virtuell
virtual office *n* virtuelles Büro **virtual shopping mall** *n* virtuelle Einkaufspassage **virtual storage** *n no pl* virtueller Speicher
virtue ['vɜːtjuː, -tʃuː] *n* ❶ Tugend *f* ❷ *no pl* (*morality*) Tugendhaftigkeit *f*
virtuous ['vɜːtʃuəs, -tju-] *adj* ❶ tugendhaft ❷ (*pej: morally better*) moralisch überlegen
virulent ['vɪrʊlənt] *adj* ❶ MED virulent *fachspr* ❷ (*form: fierce*) bösartig
virus ['vaɪ(ə)rəs] *n* <*pl* -es> ❶ MED Virus *nt o fam m* ❷ COMPUT Virus *m*
visa ['viːzə] *n* Visum *nt;* **entry/exit ~** Einreise-/Ausreisevisum *nt*
vise *n* AM *see* **vice**
visibility [ˌvɪsə'bɪləti] *n no pl* ❶ (*of view*) Sichtweite *f;* **good/poor ~** gute/schlechte Sicht ❷ (*being seen*) Sichtbarkeit *f*
visible ['vɪsəbl̩] *adj* sichtbar; **to be barely ~** kaum zu sehen sein
vision ['vɪʒən] *n* ❶ *no pl* (*sight*) Sehvermögen *nt;* **to have blurred ~** verschwommen sehen ❷ (*mental image*) Vorstellung *f;* **~ of the future** Zukunftsvision *f*
visit ['vɪzɪt] **I.** *n* ❶ Besuch *m;* **to have a ~ from sb** von jdm besucht werden; **to pay a ~ to sb** jdn besuchen; (*for professional purposes*) jdn aufsuchen ❷ AM (*fam: chat*) Plauderei *f* **II.** *tr verb* besuchen; (*for professional purposes*) aufsuchen **III.** *intr verb* einen Besuch machen; **to ~ with sb** AM sich mit jdm treffen
visiting ['vɪzɪtɪŋ] *adj attr* Gast-; ~ **professor** Gastprofessor
visitor ['vɪzɪtəʳ] *n* Besucher(in) *m(f);* (*in a hotel*) Gast *m*
visor ['vaɪzəʳ] *n* ❶ Visier *nt* ❷ AM (*brim of cap*) Schild *nt*
visual ['vɪʒuəl] **I.** *adj* visuell, Seh-; ~ **imagery** Bildersymbolik *f* **II.** *n* **~s** Bildmaterial *nt*
visualize ['vɪʒuəlaɪz] *tr verb* **to ~ sth** ❶ (*imagine*) sich *Dat* etw vorstellen ❷ (*foresee*) etw erwarten
vital ['vaɪtəl] *adj* ❶ (*essential*) unerlässlich; **to play a ~ part** eine entschei-

V

dende Rolle spielen; **to be of ~ importance** von entscheidender Bedeutung sein ② (*approv: energetic*) vital, lebendig

vitality [vaɪ'tæləti] *n no pl* (*approv: energy*) Vitalität *f*

vitamin ['vɪtəmɪn] *n* Vitamin *nt*

vitamin deficiency *n no pl* Vitaminmangel *m* **vitamin tablets** *npl* Vitamintabletten *Pl*

viva ['vaɪvə] *n* BRIT *see* **viva voce** mündliche Prüfung

vivacious [vɪ'veɪʃes] *adj* (*lively*) lebhaft; (*cheerful*) munter

vivid ['vɪvɪd] *adj* ① *account, description* anschaulich, lebendig ② (*of mental ability*) lebhaft; **to have ~ memories of sth** sich lebhaft an etw *Akk* erinnern können

vixen ['vɪksᵊn] *n* Füchsin *f*

V-neck ['vi:nek] *n* FASHION V-Ausschnitt *m*

vocabulary [və(ʊ)'kæbjəlᵊri] *n* Vokabular *nt,* Wortschatz *m*

vocal ['vəʊkᵊl] *adj* ① (*of voice*) stimmlich; *communication* mündlich ② (*outspoken*) laut; **to be ~** sich freimütig äußern; **to become ~** laut werden

vocalist ['vəʊkᵊlɪst] *n* Sänger(in) *m(f)*

vocation [və(ʊ)'keɪʃᵊn] *n* ① (*calling*) Berufung *f;* **to have a ~ for sth** sich zu etw berufen fühlen ② *usu sing* (*trade*) Beruf *m*

vocational [və(ʊ)'keɪʃᵊnᵊl] *adj* beruflich; **~ training** Berufsausbildung *f*

vociferation [vəʊˌsɪfə'reɪʃən] *n* (*form*) Aufschrei *m*

vociferous [və(ʊ)'sɪfᵊrəs] *adj* lautstark; (*impetuous*) vehement

vodka ['vɒdkə] *n* Wodka *m*

vogue [vəʊg] *n* Mode *f;* **to be in ~/out of ~** in Mode/aus der Mode sein; **to be back in ~** wieder Mode sein

V

voice [vɔɪs] **I.** *n* ① Stimme *f;* **at the top of one's ~** in voller Lautstärke; **to keep one's ~ down** leise sprechen; **inner ~** innere Stimme ② (*opinion*) Stimme *f;* **to make one's ~ heard** sich *Dat* Gehör verschaffen **II.** *tr verb* zum Ausdruck bringen; *complaint* vorbringen; *desire* aussprechen

voice-activated *adj* **~ dialling** Wählen *nt* mittels Spracheingabe **voice-capable** *adj* ELEC mit Sprachbefehl *nachgestellt* **voice command** *n* Sprachbefehl *m*

voiced [vɔɪst] *adj* LING stimmhaft

voiceless ['vɔɪsləs] *adj* stumm *a. fig;* (*lacking power*) ohne Mitspracherecht *nachgestellt;* LING stimmlos

voice mail *no pl* Voicemail *f fachspr*

voice-over *n* TV, FILM Begleitkommentar *m fachspr*

void [vɔɪd] **I.** *n* Leere *f kein Pl a. fig;* (*in building*) Hohlraum *m;* **into the ~** ins Leere **II.** *adj* ① (*invalid*) nichtig ② (*liter: lacking in*) **he's completely ~ of charm** er hat absolut keinen Charme **III.** *tr verb esp* AM (*declare invalid*) aufheben

volatile ['vɒlətaɪl] **I.** *adj* ① (*changeable*) unbeständig; (*unstable*) instabil ② (*explosive*) *situation* explosiv ③ CHEM flüchtig **II.** *n usu pl* sich schnell verflüchtigende Substanz

vol-au-vent ['vɒlə(ʊ)vɑ̃(ŋ)] *n* FOOD Vol-au-vent *m,* [Königin]pastete *f*

volcanic [vɒl'kænɪk] *adj* ① GEOL vulkanisch, Vulkan- *m* ② (*fig*) *emotion* aufbrausend

volcano <*pl* -oes *or* -os> [vɒl'keɪnəʊ] *n* Vulkan *m a. fig;* (*of emotion*) Pulverfass *nt fig*

vole [vəʊl] *n* Wühlmaus *f*

volition [və(ʊ)'lɪʃᵊn] *n no pl* (*form*) Wille *m*

volley ['vɒli] **I.** *n* ① (*fig: onslaught*) Flut *f* ② (*hail*) Hagel *m;* **~ of bullets** Kugelhagel *m* ③ TENNIS Volley *m* **II.** *intr verb* TENNIS einen Volley schlagen **III.** *tr verb* TENNIS **to ~ a ball** einen Ball volley nehmen

volleyball ['vɒlibɔ:l] *n no pl* Volleyball *m*

volt [vəʊlt, vɒlt, AM voʊlt] *n* Volt *nt*

voltage ['vəʊltɪdʒ] *n* Spannung *f;* **high/low ~** Hoch-/Niederspannung *f*

voltage detector *n* ELEC Spannungsdetektor *m* **voltage drop** *n* ELEC Spannungsabfall *m*

volume ['vɒlju:m] *n* ① *no pl* (*space*) Volumen *nt* ② *no pl* (*amount*) Umfang *m* ③ *no pl* (*sound level*) Lautstärke *f* ④ (*book of set*) Band *m*

volume control, volume regulator *n* Lautstärkeregler *m*

voluntary ['vɒləntᵊri] *adj* freiwillig;

~ **work for the Red Cross** ehrenamtliche Tätigkeit für das Rote Kreuz
voluntary euthanasia *n* freiwillige Euthanasie **voluntary organization** *n* + *sing/pl verb* Freiwilligenorganisation *f* **voluntary redundancy** *n* freiwilliges Ausscheiden
volunteer [ˌvɒlənˈtɪəʳ] **I.** *n* ❶ (*unpaid worker*) ehrenamtlicher Mitarbeiter/ehrenamtliche Mitarbeiterin ❷ (*willing person*) Freiwillige(r) *f(m)* **II.** *tr verb* **to ~ oneself for sth** sich freiwillig zu etw melden **III.** *intr verb* ❶ **to ~ to do sth** sich [freiwillig] anbieten, etw zu tun ❷ (*join*) **to ~ for the army** sich freiwillig zur Armee melden
vomit [ˈvɒmɪt] **I.** *intr verb* [sich] erbrechen **II.** *tr verb* **to ~ [up]** ⊂ **sth** etw erbrechen **III.** *n no pl* Erbrochene(s) *nt*
voodoo [ˈvuːduː] *n no pl* ❶ (*black magic*) Voodoo *m* ❷ (*fam: jinx*) Hexerei *f*
vote [vəʊt] **I.** *n* ❶ Stimme *f;* **to cast one's ~** seine Stimme abgeben ❷ (*election*) Abstimmung *f;* **to hold a ~** eine Abstimmung durchführen ❸ *no pl* (*right*) **the ~** das Wahlrecht **II.** *intr verb* ❶ (*elect*) wählen; **to ~ in an election** zu einer Wahl gehen ❷ (*formally choose*) **to ~ to do sth** dafür stimmen, etw zu tun; **to ~ on sth** über etw *Akk* abstimmen **III.** *tr verb* ❶ (*elect*) **to ~ sb in** jdn wählen; **to ~ sb into office** jdn ins Amt wählen; **to ~ sb out [of office]** jdn [aus dem Amt] abwählen ❷ (*propose*) **to ~ that ...** vorschlagen, dass ...
◆**vote down** *tr verb* niederstimmen ◆**vote in** *tr verb* LAW **to ~ in** ⊂ **sb** jdn [durch Abstimmung] wählen ◆**vote out** *tr verb* LAW **to ~ out** ⊂ **sb** jdn abwählen
voter [ˈvəʊtəʳ] *n* Wähler(in) *m(f)*
voting [ˈvəʊtɪŋ] **I.** *adj attr* wahlberechtigt **II.** *n no pl* Wählen *nt*
voting booth *n* Wahlkabine *f*
voting box <*pl* -es> *n* Wahlurne *f*
vouch [vaʊtʃ] *intr verb* **to ~ for sb/sth** sich für jdn/etw verbürgen; **to ~ that ...** dafür bürgen, dass ...
voucher [ˈvaʊtʃəʳ] *n* AUS, BRIT Gutschein *m;* **school ~** AM *öffentliche Mittel, die in Amerika bereitgestellt werden, damit Eltern ihre Kinder in Privatschulen schicken können*
vow [vaʊ] **I.** *tr verb* geloben *geh* **II.** *n* Versprechen *nt;* **~s** *pl* (*of marriage*) Eheversprechen *nt;* (*of religious order*) Gelübde *nt geh;* **to take a ~** ein Gelübde ablegen *geh*
vowel [vaʊəl] *n* Vokal *m,* Selbstlaut *m*
voyage [ˈvɔɪɪdʒ] *n* Reise *f;* (*by sea*) Seereise *f;* **~ of discovery** (*also fig*) Entdeckungsreise *f*
V-shaped [ˈviːʃeɪpd] *adj* V-förmig; **~ neck** V-Ausschnitt *m*
vulgar [ˈvʌlgəʳ] *adj* ordinär, vulgär
vulnerable [ˈvʌlnᵊrəbl̩] *adj* verletzlich; **to be ~ to sth** anfällig für etw sein; **to be ~ to attack/criticism** Angriffen/Kritik ausgesetzt sein; **to feel ~** sich verwundbar fühlen
vulture [ˈvʌltʃəʳ] *n* (*also fig*) Geier *m a. fig*

Ww

W <*pl* -'s *or* -s>, **w** <*pl* -'s> ['dʌblju:] *n* W *nt,* w *nt; see also* **A 1**

W¹ *n no pl abbrev of* **West** W

W² <*pl* -> *n abbrev of* **Watt** W

wad [wɒd] *n* (*for stuffing*) Pfropfen *m; of cotton wool* Wattebausch *m*

waddle ['wɒdl̩] **I.** *intr verb* watscheln **II.** *n no pl* Watschelgang *m*

wade [weɪd] *intr verb* waten

wader ['weɪdəʳ] *n* ❶ ORN Watvogel *m* ❷ (*boots*) **~s** Watstiefel *Pl*

wafer ['weɪfəʳ] *n* Waffel *f*

waffle¹ ['wɒfl̩] *intr verb* (*pej fam*) **to ~ on** schwafeln

waffle² ['wɒfl̩] *n* FOOD Waffel *f*

waffle iron *n* Waffeleisen *nt*

wag [wæg] **I.** *tr verb* <-gg-> **to ~ one's finger** mit dem Finger drohen; **to ~ one's tail** *dog* mit dem Schwanz wedeln **II.** *n usu sing* Wackeln *nt kein Pl;* **~ of the tail** Wedeln *nt* mit dem Schwanz *kein Pl*

wage [weɪdʒ] *n* Lohn *m;* **to get a decent/good/low ~** anständig/gut/wenig verdienen

wage adjustment *n* Lohnangleichung *f* **wage bill** *n* Lohnrechnung *f* **wage claim** *n* Lohnforderung *f* **wage costs** *npl* Lohnkosten *Pl* **wage dispute** *n* Lohnstreitigkeit *f* **wage earner** *n* Lohnempfänger(in) *m(f)* **wage freeze** *n* Lohnstopp *m;* **to impose a ~** einen Lohnstopp verhängen **wage increase** *n* Lohnerhöhung *f* **wage level** *n* Lohnniveau *nt* **wage negotiation** *n* Lohnverhandlung *f* **wage packet** *n* AUS, BRIT Lohn *m*

wager ['weɪdʒəʳ] **I.** *n* Wette *f* **II.** *tr verb* **to ~ that ...** wetten, dass ...

wages clerk *n* Lohnbuchhalter(in) *m(f)*

wage slip *n* Lohnzettel *m*

wages policy <-ies> *n* Lohnpolitik *ohne Pl*

wage worker *n* AM Lohnempfänger(in) *m(f)*

waggle ['wægl̩] **I.** *n* Wackeln *nt kein Pl* **II.** *tr, intr verb* wackeln

wag[g]on ['wægən] *n* ❶ (*cart*) Wagen *m* ❷ AUS, BRIT (*for freight*) Wagon *m;* **goods ~** Güterwagon *m*

wagon train *n* Planwagenzug *m*

wail [weɪl] (*esp pej*) **I.** *intr verb* jammern **II.** *tr verb* **to ~ that ...** jammern, dass ... **III.** *n* Gejammer *nt kein Pl*

wailing ['weɪlɪŋ] *adj* jammernd; **~ cries** Klagegeschrei *nt*

waist [weɪst] *n* Taille *f; of skirts, trousers* Bund *m*

waistband *n* Bund *m* **waistcoat** *n* BRIT Weste *f* **waist-deep** *adj, adv* hüfthoch **waistline** *n* Taille *f*

wait [weɪt] **I.** *n no pl* Warten *nt* (**for** auf) ▶ **to lie in ~ [for sb]** [jdm] auflauern **II.** *intr verb* ❶ warten (**for** auf); **~ a minute!** Moment mal!; **I can't ~** ich kann's kaum erwarten; **to keep sb ~ing** jdn warten lassen; **[just] you ~!** warte [du] nur! *fig* ❷ (*serve*) **to ~ on sb** jdn bedienen ◆**wait about, wait around** *intr verb* warten ◆**wait behind** *intr verb* zurückbleiben ◆**wait in** *intr verb* zu Hause warten ◆**wait on I.** *intr verb* noch länger warten **II.** *tr verb* **to ~ on sb** jdn bedienen ◆**wait out** *tr verb* aussitzen ◆**wait up** *intr verb* ❶ (*not go to bed*) **to ~ up for sb** wegen jdm aufbleiben ❷ AM (*wait*) **~ up!** warte mal!

waiter ['weɪtəʳ] *n* Bedienung *f,* Kellner *m;* **~!** Herr Ober!

waiting ['weɪtɪŋ] *n no pl* ❶ die Warterei (**for** auf) ❷ BRIT (*parking*) **'No ~'** „Halten verboten" ❸ (*service*) Bedienen *nt*

waiting game *n* **to play a ~** zunächst einmal abwarten **waiting list** *n* Warteliste *f* **waiting room** *n* Wartezimmer *nt*

waitress <*pl* -es> ['weɪtrɪs] *n* Kellnerin *f,* Bedienung *f*

wake¹ [weɪk] *n* NAUT Kielwasser *nt;* **in the ~ of sth** (*fig*) infolge einer S. *Gen*

wake² [weɪk] *n* (*vigil*) Totenwache *f*

wake³ <woke, woken> [weɪk] **I.** *intr verb* aufwachen **II.** *tr verb* aufwecken ◆**wake up I.** *intr verb* aufwachen *a. fig* **II.** *tr verb* (*rouse*) aufwecken ▶ **to ~ the dead** die Toten auferwecken

Wales [weɪlz] *n no pl* Wales *nt*

walk [wɔ:k] **I.** *n* Gehen *nt;* (*as recreation*) Spaziergang *m* **II.** *intr verb* (*on foot*) laufen; (*not running*) gehen; (*for recreation*) spazieren gehen **III.** *tr* *verb* **to ~ sb home** jdn nach Hause bringen; **to ~ the dog** den Hund ausführen ◆**walk about** *intr verb,* **walk around** *intr verb* herumlaufen ◆**walk away** *intr verb* **to ~ away with sth** etw spielend gewinnen ◆**walk back** *intr verb* zurücklaufen ◆**walk in** *intr verb* hereinkommen; **to ~ in on sb/sth** bei jdm/etw hereinplatzen *fam* ◆**walk off I.** *tr verb* **to ~ off a meal** einen Verdauungsspaziergang machen **II.** *intr verb* weggehen ◆**walk on** *intr verb* THEAT eine Nebenrolle spielen ◆**walk out** *intr verb* (*leave*) gehen; **to ~ out on sb** jdn im Stich lassen ◆**walk over** *tr verb* (*fig*) **to ~ [all] over sb** jdn ausnutzen [*o bes* SÜDD, ÖSTERR ausnützen] ◆**walk through** *tr verb* ① (*accompany*) **to ~ sb through sth** etw mit jdm durchgehen ② THEAT **to ~ through sth** etw [ein]üben ◆**walk up** *intr verb* ① (*go up*) hinaufgehen ② (*approach*) **to ~ up to sb** auf jdn zugehen

walkabout *n esp* BRIT (*fam*) Rundgang *m* ▶ **to go ~** (*hum*) *person* verschwinden

walker ['wɔːkəʳ] *n* Fußgänger(in) *m(f);* (*for recreation*) Spaziergänger(in) *m(f)*

walkie-talkie [ˌwɔːki'tɔːki] *n* [tragbares] Funksprechgerät, Walkie-Talkie *nt*

walk-in *adj* begehbar; **~ wardrobe** begehbarer Kleiderschrank

walking ['wɔːkɪŋ] **I.** *n no pl* Gehen *nt;* (*as recreation*) Spazierengehen *nt* **II.** *adj attr* ① Geh-; **to be within ~ distance** zu Fuß erreichbar sein ② (*hum fam*) wandelnd; **to be a ~ encyclopaedia** ein wandelndes Lexikon sein

walking shoes *npl* Wanderschuhe *Pl* **walking stick** *n* Spazierstock *m; for old people* Stock *m* **walking tour** *n* (*in town*) [Stadt]rundgang *m*

walk-on I. *adj attr* THEAT, FILM **~ part** Statistenrolle *f* **II.** *n* Statist(in) *m(f)*

walkout *n* Arbeitsniederlegung *f;* **to stage a ~** aus Protest die Arbeit niederlegen

walkover *n* (*easy victory*) leichter Sieg, Spaziergang *m fam*

walk-through *n* Probe *f*

walkway *n* [Fuß]weg *m;* **moving ~** Laufband *nt*

wall [wɔːl] *n* ① Mauer *f;* (*of a room*) Wand *f;* **city ~** Stadtmauer *f;* **the Berlin Wall** (*hist*) die Berliner Mauer ② MED, ANAT Wand *f* ③ (*barrier*) Mauer *f* ▶ **~s have ears** (*prov*) die Wände haben Ohren ◆**wall in** *tr verb usu passive* ummauern ◆**wall off** *tr verb usu passive* durch eine Mauer abtrennen ◆**wall up** *tr verb* zumauern

wall bars *npl* Sprossenwand *f* **wall chart** *n* Schautafel *f* **wall clock** *n* Wanduhr *f*

wallet ['wɒlɪt] *n* Brieftasche *f;* (*for documents*) Dokumentenmappe *f*

Wallonia [wə'ləʊniə] *n* Wallonien *nt*

wallop ['wɒləp] (*fam*) **I.** *tr verb* schlagen **II.** *n* Schlag *m*

wallow ['wɒləʊ] **I.** *n usu sing* Bad *nt a. fig* **II.** *intr verb* **to ~ in sth** sich in etw *Dat* wälzen; **to ~ in luxury** im Luxus baden

wallpaper I. *n* Tapete *f;* **a roll of ~** eine Tapetenrolle; **to put up ~** tapezieren **II.** *tr verb* tapezieren

wall socket *n* [Wand]steckdose *f*

walnut ['wɔːlnʌt] *n* Walnuss *f*

walrus <*pl* - *or* -es> ['wɔːlrəs] *n* Walross *nt*

walrus moustache *n* Schnauzbart *m*

waltz [wɒls] **I.** *n* <*pl* -es> Walzer *m* **II.** *intr verb* (*dance*) Walzer tanzen ◆**waltz about** *intr verb,* **waltz around** *intr verb* herumtanzen ◆**waltz in** *intr verb* hereintanzen *fam* ◆**waltz off** *intr verb* abtanzen *fam* ◆**waltz out** *intr verb* (*fam*) abrauschen; **to ~ out of the room** aus dem Zimmer *nt* rauschen

wand [wɒnd] *n* Zauberstab *m*

wander ['wɒndəʳ] **I.** *n usu sing* (*fam*) Bummel *m* **II.** *intr verb* (*go aimlessly*) umherirren; (*walk slowly*) bummeln

wane [weɪn] *intr verb* abnehmen; *interest, popularity* schwinden *geh*

wangle ['wæŋgl] *tr verb* (*fam*) deichseln; **to ~ one's way into sth** sich in etw *Akk* [hinein]mogeln

wanna ['wɒnə] (*fam*) = **want to** *see* **want II**

want [wɒnt] **I.** *n* ① (*need*) Bedürfnis *nt;* **to be in ~ of sth** etw benötigen ② *no pl* (*lack*) Mangel *m;* **to live in ~** Not leiden; **for ~ of sth** aus Mangel an etw *Dat* **II.** *tr verb* ① (*wish*) wünschen, wollen; (*politely*) mögen; **to ~ sb to do sth** wollen, dass jd etw tut; **to ~ sth done** wünschen, dass etw getan wird; **what do**

W

you ~ to eat? was möchtest du essen? ❷ (*need*) brauchen; **you'll ~ a coat on** du wirst einen Mantel brauchen ◆**want in** *intr verb* (*fam*) **to ~ in** [**on sth**] [bei etw] dabei sein wollen ◆**want out** *intr verb* (*fam*) **to ~ out** [**of sth**] [aus etw] aussteigen wollen

wanting ['wɒntɪŋ] *adj pred* **to be ~** fehlen; **to be found to be ~** sich als unzulänglich erweisen

war [wɔːʳ] *n* ❶ *no pl* Krieg *m;* **state of ~** Kriegszustand *m;* **at ~** (*also fig*) im Kriegszustand; **to go to ~** in den Krieg ziehen; **the cold ~** (*hist*) der Kalte Krieg; **the Great War** der Erste Weltkrieg ❷ (*conflict*) Kampf *m;* **class ~** *esp* BRIT Klassenkampf *m*

war bond *n* Kriegsanleihe *f* **war correspondent** *n* Kriegsberichterstatter(in) *m(f)* **war crime** *n* Kriegsverbrechen *nt* **war criminal** *n* Kriegsverbrecher(in) *m(f)* **war cry** *n* Schlachtruf *m*

ward [wɔːd] *n* ❶ (*in hospital*) Station *f* ❷ BRIT (*political area*) Wahlbezirk *m* ◆**ward off** *tr verb* abwehren

warden ['wɔːdᵊn] *n* ❶ (*building manager*) [Heim]leiter(in) *m(f)* ❷ (*public official*) **park ~** Parkwächter(in) *m(f);* **traffic ~** BRIT Verkehrspolizist(in) *m(f)*

warder ['wɔːdəʳ] *n esp* BRIT [Gefängnis]aufseher(in) *m(f)*

wardrobe ['wɔːdrəʊb] *n* ❶ (*cupboard*) [Kleider]schrank *m* ❷ *no pl* (*clothes*) Garderobe *f*

wardrobe trunk *n* Schrankkoffer *m*

warehouse ['weəhaʊs] *n* Lagerhaus *nt*

warehouse keeper *n* Lagerverwalter(in) *m(f)*

warfare ['wɔːfeəʳ] *n no pl* Krieg[s]führung *f*

warhead ['wɔːhed] *n* Sprengkopf *m*

warily ['weərᵊli] *adv* vorsichtig; (*suspiciously*) misstrauisch

warlike ['wɔːlaɪk] *adj* ❶ (*military*) kriegerisch ❷ (*hostile*) militant

warlord *n* Kriegsherr *m*

W

warm [wɔːm] **I.** *adj* ❶ warm ❷ (*affectionate*) warm; *person* warmherzig; *welcome* herzlich **II.** *n* **to come into the ~** ins Warme kommen; **to have a ~** sich [auf]wärmen **III.** *tr verb* wärmen; **to ~ the soup** die Suppe aufwärmen ▶ **to ~ the heart** das Herz erwärmen ◆**warm up I.** *intr verb* ❶ *engine, machine* warm laufen ❷ (*limber up*) aufwärmen **II.** *tr verb engine* warm laufen lassen

warm-blooded *adj* warmblütig **warm front** *n* METEO Warmfront *f* **warm-hearted** *adj* warmherzig

warmth [wɔːmθ] *n no pl* ❶ (*heat*) Wärme *f* ❷ (*affection*) Herzlichkeit *f*

warm-up *n* [Sich]aufwärmen *nt kein Pl*

warn [wɔːn] **I.** *intr verb* warnen **II.** *tr verb* warnen; **to ~ that ...** darauf hinweisen, dass ...

warning ['wɔːnɪŋ] *n* Warnung *f;* **a word of ~** ein guter Rat

warning light *n* Warnleuchte *f* **warning shot** *n* Warnschuss *m*

warp [wɔːp] **I.** *intr verb wood* sich verziehen **II.** *tr verb wood* verziehen **III.** *n* ❶ (*in wood*) verzogene Stelle ❷ *no pl* (*threads*) **~ and weft** Kette und Schuss

warpath *n no pl* **to be on the ~** (*hum fam*) auf dem Kriegspfad sein

warped [wɔːpt] *adj* ❶ (*bent*) verzogen ❷ (*fig: perverted*) verschroben *pej*

warrant ['wɒrᵊnt] **I.** *n* ❶ (*document*) [Vollziehungs]befehl *m;* **arrest ~** Haftbefehl *m;* **search ~** Durchsuchungsbefehl *m* ❷ FIN Bezugsrecht *nt* **II.** *tr verb* ❶ (*justify*) rechtfertigen ❷ (*form: guarantee*) garantieren

warranty ['wɒrᵊnti] *n* Garantie *f*

warren ['wɒrᵊn] *n* ❶ (*burrows*) Kaninchenbau *m* ❷ (*maze*) Labyrinth *nt*

warring ['wɔːʳɪŋ] *adj attr* **the ~ factions** die Krieg führenden Parteien

warrior ['wɒriəʳ] *n* (*usu hist*) Krieger *m*

Warsaw ['wɔːsɔː] *n* Warschau *nt*

Warsaw Pact [ˌwɔːsɔː'pækt] *n,* **Warsaw Treaty** *n* (*hist*) **the ~** der Warschauer Pakt

warship ['wɔːʃɪp] *n* Kriegsschiff *nt*

wart [wɔːt] *n* Warze *f;* **~s and all** (*fig fam*) mit all seinen/ihren Fehlern und Schwächen

warthog ['wɔːthɒg] *n* Warzenschwein *nt*

wartime *n no pl* Kriegszeit[en] *f[Pl]* **war-torn** *adj usu attr* vom Krieg erschüttert

wary ['weəri] *adj* vorsichtig; **to be ~ about doing sth** etw nur ungern tun; **to be ~ of sb/sth** sich vor jdm/etw in Acht nehmen

war zone *n* Kriegsgebiet *nt*

was [wɒz, wəz] *pt of* **be**

wash [wɒʃ] **I.** *n* <*pl* -es> ❶ *usu sing* Waschen *nt kein Pl;* **to have a ~** sich waschen ❷ *no pl* (*clothes*) **to do a ~** Wäsche waschen; **to be in the ~** in der Wäsche sein **II.** *tr verb* ❶ (*clean*) waschen; *dishes* abwaschen ❷ *usu passive* (*sweep*) **to be ~ed ashore** an Land gespült werden **III.** *intr verb* **sth won't ~ with sb** etw hat keinerlei Wirkung bei jdm ◆ **wash away** *tr verb* ❶ wegspülen ❷ (*fig: eliminate*) **to ~ away sb's sins** jdn von seinen Sünden reinwaschen ◆ **wash down** *tr verb* ❶ (*swallow*) hinunterspülen ❷ (*clean*) waschen ◆ **wash off I.** *intr verb* sich abwaschen lassen **II.** *tr verb* abwaschen ◆ **wash out I.** *intr verb* sich herauswaschen lassen **II.** *tr verb* ❶ (*clean inside*) auswaschen ❷ (*remove*) herauswaschen ◆ **wash over** *intr verb* ❶ (*flow over*) **to ~ over sb/sth** über jdn/etw [hinweg]spülen ❷ (*fig: overcome*) überkommen ◆ **wash up I.** *intr verb dishes* spülen, abwaschen **II.** *tr verb sea* anspülen

washable ['wɒʃəbl̩] *adj* **machine-~** waschmaschinenfest

washbag *n* Kulturbeutel *m* **washbasin** *n* Waschbecken *nt* **wash-bowl** *n* AM (*washbasin*) Waschbecken *nt;* (*bowl*) Waschschüssel *f* **washcloth** *n* AM (*face cloth*) Waschlappen *m* **washday** *n* Waschtag *m*

washed-out [ˌwɒʃt'aʊt] *adj* ❶ *clothes* verwaschen ❷ (*tired*) fertig *fam*

washer ['wɒʃəʳ] *n* ❶ AM (*washing machine*) Waschmaschine *f* ❷ (*ring*) Unterlegscheibe *f*

washing ['wɒʃɪŋ] *n no pl* Wäsche *f;* **to do the ~** [Wäsche] waschen

washing machine *n* Waschmaschine *f* **washing powder** *n* BRIT Waschpulver *nt*

Washington [ˌwɒʃɪŋtən] *n* (*US state*) Washington *nt*

Washington D.C. *n* (*US city*) Washington *nt*

washing-up *n no pl* BRIT, AUS **to do the ~** spülen, abwaschen

washing-up basin *n* BRIT Spülbecken *nt* **washing-up bowl** *n* BRIT Spülschüssel *f* **washing-up liquid** *n* BRIT Spülmittel *nt*

washout *n usu sing* (*fam*) Reinfall *m*

washroom *n* AM (*toilet*) Toilette *f*

wasn't ['wɒzᵊnt] = **was not** *see* **be**

wasp [wɒsp] *n* Wespe *f*

wasps' nest *n* Wespennest *nt*

waste [weɪst] **I.** *n* ❶ *no pl* (*misuse*) Verschwendung *f;* **~ of effort** vergeudete Mühe; **to lay ~ to the land** das Land verwüsten; **~ of resources** Vergeudung von Ressourcen *f* ❷ *no pl* (*unwanted matter*) Abfall *m;* **to go to ~** verkommen; **electronic ~** Elektroschrott *m;* **organic ~** Biomüll *m,* Bioabfall ❸ (*excrement*) Exkremente *Pl* **II.** *tr verb* verschwenden **III.** *intr verb* ▸ **~ not, want not** (*prov*) spare in der Zeit, dann hast du in der Not ◆ **waste away** *intr verb* dahinsiechen *geh;* (*get thinner*) immer dünner werden

wastebasket *n* AM Papierkorb *m* **waste disposal** *n no pl* Abfallbeseitigung *f,* Müllentsorgung *f* **waste-disposal unit** *n* Müllschlucker *m*

wasteful ['weɪs(t)fᵊl] *adj* verschwenderisch

wasteland *n* ❶ (*neglected land*) unbebautes Land ❷ (*fig: unproductive area*) Öde *f* **wastepaper** *n no pl* Papiermüll *m;* (*for recycling*) Altpapier *nt* **wastepaper basket** *n,* BRIT, AUS *a.* **wastepaper bin** *n* Papierkorb *m* **waste pipe** *n* Abflussrohr *nt* **waste product** *n* Abfallprodukt *nt* **waste reprocessing** *n no pl* Müllwiederaufbereitung *f* **waste separation** *n no pl* Mülltrennung *f* **waste steam** *n no pl* Abdampf *m* **wastewater** *n* Abwasser *nt*

watch [wɒtʃ] **I.** *n* ❶ (*on wrist*) Armbanduhr *f;* (*on chain*) Taschenuhr *f* ❷ *no pl* (*observation*) Wache *f* **II.** *tr verb* ❶ beobachten; **to ~ TV** fernsehen ❷ (*keep vigil*) **to ~ sb/sth** auf jdn/etw aufpassen ❸ (*be careful*) **~ it!** pass auf!; **~ yourself!** sieh dich vor! ▸ **~ this space!** mach dich auf etwas gefasst!; **to ~ one's step** aufpassen **III.** *intr verb* ❶ (*look*) zusehen, zuschauen ❷ (*be attentive*) aufpassen ◆ **watch out** *intr verb* ❶ (*keep lookout*) **to ~ out for sb/sth** nach jdm/etw Ausschau halten ❷ (*beware of*) **~ out!** Achtung!

watchdog *n* ❶ (*guard dog*) Wachhund *m* ❷ (*fig: organization*) Überwachungsgremium *nt;* (*state-controlled*) Aufsichtsbehörde *f*

W

watcher ['wɒtʃəʳ] *n* Zuschauer(in) *m(f)*; (*observer*) Beobachter(in) *m(f)*

watchful ['wɒtʃfᵊl] *adj* wachsam

watchman *n* Wachmann *m*; **night ~** Nachtwächter *m*

watchstrap *n esp* BRIT Uhr[arm]band *nt*

watchtower *n* Wachturm *m*

water ['wɔ:təʳ] **I.** *n* ① *no pl* Wasser *nt* ② (*urine*) **to pass ~** Wasser lassen ③ (*area of water*) **~s** Gewässer *Pl*; **coastal ~s** Küstengewässer *Pl* ④ MED **~ on the brain** Wasserkopf *m*; **~ on the knee** Kniegelenkerguss *m* ▸ **blood is thicker than ~** (*prov*) Blut ist dicker als Wasser; **to keep one's head above ~** sich über Wasser halten; **come hell or high ~** komme was [da] wolle **II.** *tr verb* bewässern; *garden* sprengen; *flowers, plants* gießen **III.** *intr verb* ① (*produce tears*) tränen ② (*salivate*) **my mouth is watering** mir läuft das Wasser im Munde zusammen

water-borne *adj* ① (*transported*) zu Wasser befördert ② (*transmitted*) *disease* durch Trinkwasser übertragen **water bottle** *n* Wasserflasche *f* **water butt** *n* BRIT Regentonne *f* **water cannon** *n* Wasserwerfer *m* **water carrier** *n* ① *esp* BRIT ASTRO **the ~** der Wassermann ② (*water pipe*) Wasserleitung *f* **water color** AM *see* **water colour** **water colour** *n* ① (*paint*) Aquarellfarbe *f* ② (*picture*) Aquarell *nt* **water content** *n* Wassergehalt *m* **water-cooled** *adj* wassergekühlt **watercress** *n no pl* BOT Brunnenkresse *f* **water-driven** *adj* wasserbetrieben

waterfall *n* Wasserfall *m*

waterfront *n* Ufer *nt*

water heater *n* Heißwassergerät *nt* **water hole** *n* Wasserloch *nt* **water hose** *n* Wasserschlauch *m*

watering ['wɔ:tᵊrɪŋ] *n of land* Bewässerung *f*; *of a garden* Sprengen *nt*

watering can *n* Gießkanne *f*

water jump *n* SPORTS Wassergraben *m* **water level** *n* Wasserstand *m*, Pegel[stand] *m* **water lily** *n* Seerose *f*, Teichrose *f* **water line** *n no pl* NAUT Wasserlinie *f*; GEOL Grundwasserspiegel *m* **water-logged** *adj boat, ship* voll gelaufen; *ground* feucht **water main** *n* Haupt[wasser]leitung *f* **watermelon** *n* Wassermelone *f* **water meter** *n* Wasserzähler *m* **water pipe** *n* ① (*conduit*) Wasserleitung *f* ② (*hookah*) Wasserpfeife *f* **water pistol** *n* Wasserpistole *f* **water polo** *n* Wasserball *m kein Pl* **water pressure** *n* Wasserdruck *m* **waterproof I.** *adj* wasserdicht **II.** *n esp* BRIT (*coat*) Regenmantel *m* **III.** *tr verb* wasserundurchlässig machen **water-repellent** *adj* wasserabweisend

watershed *n* ① Wasserscheide *f* ② (*fig: great change*) Wendepunkt *m*

water shortage *n* Wassermangel *m kein Pl*

waterside *n no pl* (*beside lake*) Seeufer *nt*; (*beside river*) Flussufer *nt*

water-ski I. *intr verb* Wasserski fahren **II.** *n* Wasserski *m* **water softener** *n* Wasserenthärter *m* **water-soluble** *adj* wasserlöslich **water supply** *n usu sing* Wasservorrat *m* **watertable** *n* Grundwasserspiegel *m* **water tank** *n* Wassertank *m*

watertight ['wɔ:tətaɪt] *adj* wasserdicht

water tower *n* Wasserturm *m* **water vole** *n* Schermaus *f* **water wave** *n* Wasserwelle *f* **waterway** *n* Wasserstraße *f*, Schifffahrtsweg *m* **waterwings** *npl* Schwimmflügel *Pl* **waterworks** *npl* ① (*facility*) Wasserwerk *nt* ② (*fam: in body*) [Harn]blase *f* ▸ **to turn on the ~** (*pej*) losheulen

watery <more, most *or* -ier, -iest> ['wɔ:tᵊri] *adj* ① (*pej: bland, thin*) *drink* dünn; *soup* wässrig ② *light, sun* fahl; *smile* müde

watt *n* ELEC, PHYS Watt *nt*

wattage ['wɒtɪdʒ] *n no pl* ELEC Wattzahl *f*

wave [weɪv] **I.** *n* ① Welle *f* ② (*fig*) **~ of emotion** Gefühlswallung *f*; **~ of redundancies** Entlassungswelle *f*; **~ of terrorism** Terrorwelle *f* ③ (*gesture*) Wink *m*; **to give sb a ~** jdm [zu]winken **II.** *intr verb* ① winken; **I ~d at him across the room** ich winkte ihm durch den Raum zu ② *flag* wehen **III.** *tr verb* **to ~ sb goodbye** jdm zum Abschied [nach]winken; **to ~ a magic wand** einen Zauberstab schwingen ◆**wave aside** *tr verb* **to ~ aside an idea/an objection/a suggestion** eine Idee/einen Einwand/Vorschlag abtun ◆**wave down** *tr verb* anhalten ◆**wave on** *tr verb* **the policeman ~d the traffic on**

der Polizist winkte den Verkehr durch
◆ **wave through** *tr verb* durchwinken

wave-band *n* Wellenbereich *m* **wave-length** *n* PHYS Wellenlänge *f*

wave power *n no pl* Wellenkraft *f*

waver ['weɪvəʳ] *intr verb* ① (*lose determination*) wanken ② (*become unsteady*) *eyes* flackern; *voice* beben ③ (*be indecisive*) schwanken; **to ~ over sth** wegen einer S. *Dat o Gen* hin und her überlegen

waverange *n* Wellenbereich *m*

wavy ['weɪvi] *adj* wellig; **~ pattern** Wellenmuster *nt*

wax[1] [wæks] **I.** *n* ① Wachs *nt;* (*for shoes*) Schuhcreme *f* ② (*inside ear*) Ohrenschmalz *nt* **II.** *tr verb* ① (*polish*) wachsen; *shoes* wichsen ② (*remove hair*) enthaaren

wax[2] [wæks] *intr verb moon* zunehmen

waxwork *n* Wachsfigur *f*

waxy ['wæksi] *adj* (*like wax*) Wachs-, aus Wachs *nachgestellt*

way [weɪ] **I.** *n* ① (*road*) Weg *m;* **one-~ street** Einbahnstraße *f* ② (*route*) **on the ~ in/out ...** beim Hineingehen/Hinausgehen ...; **I'm on my ~ out** ich bin gerade am Gehen; **'Way In'** „Eingang"; **'Way Out'** „Ausgang"; **to ask the ~** nach dem Weg fragen; **to be on the ~** *letter, baby* unterwegs sein; **to go separate ~s** getrennte Wege gehen; **to go the wrong ~** sich verlaufen; (*in car*) sich verfahren; **to lead the ~** vorausgehen; **to lose one's ~** sich verirren; **to pay one's ~** (*fig*) für sich selbst aufkommen; **to show sb the ~** jdm den Weg zeigen ③ (*fig: be just doing*) **to be [well] on the ~ to doing sth** auf dem besten Weg[e] sein, etw zu tun ④ (*distance*) Weg *m,* Strecke *f;* **to be a short ~ off** (*in space*) sehr nahe sein; (*in time*) nahe sein; **to be a long ~ off** (*in space*) weit entfernt sein; (*in time*) fern sein ⑤ (*facing direction*) **'This ~ up'** „Hier oben"; **this ~ round** so herum; **to be the wrong ~ up** auf dem Kopf stehen ⑥ (*direction*) **which ~ are you going?** in welche Richtung gehst du?; **this ~, please!** bitte hier entlang! ⑦ (*manner*) Art *f,* Weise *f;* **that's just the ~ it is** so ist das nun einmal; **~ of life** Lebensweise *f* ⑧ (*respect*) Weise *f,* Hinsicht *f;* **in some ~s** in gewisser Hinsicht; **in many ~s** in vielerlei Hinsicht ⑨ *no pl* (*free space*) Weg *m,* Platz *m;* **to be in sb's ~** jdm im Weg sein *a. fig;* **to get out of sb's/sth's ~** jdm/einer S. aus dem Weg gehen; **to keep out of the ~** wegbleiben ⑩ (*method*) Art *f* [und Weise] ⑪ *no pl* (*condition*) Zustand *m;* **to be in a bad ~** in schlechter Verfassung sein ⑫ (*desire*) **to have one's [own] ~** seinen Willen bekommen ► **~s and <u>means</u>** Mittel und Wege; **<u>by</u> the ~** übrigens **II.** *adv* (*fam: used for emphasis*) weit; **it's ~ past the childrens bedtime** (*fam*) die Kinder müssten schon längst im Bett sein

way out *n* Ausgang *m*

way-out *adj* (*sl*) irre, abgefahren

wayside *n* Straßenrand *m;* **to fall by the ~** (*fig*) auf der Strecke bleiben

we [wi:, wi] *pron pers* ① (*1st person plural*) wir; **if you don't hurry up, ~'ll be late** wenn du dich nicht beeilst, kommen wir zu spät ② (*speaker/writer for group*) wir; **in this section ~ discuss ...** in diesem Abschnitt besprechen wir ... ③ (*all people*) wir; **~ all ...** wir alle ... ④ (*form: royal I*) wir; **the royal ~** das königliche Wir

weak [wi:k] *adj* ① schwach; *coffee, tea* dünn ② (*ineffective*) *leader* unfähig; *argument, attempt* schwach

weaken ['wi:kᵊn] **I.** *intr verb* schwächer werden **II.** *tr verb* schwächen

weak-kneed [-'ni:d] *adj* (*pej fam*) feige, ängstlich

weakling ['wi:klɪŋ] *n* (*pej*) Schwächling *m*

weakly ['wi:kli] *adv* ① (*without strength*) schwach, kraftlos ② (*unconvincingly*) schwach, matt

weakness <*pl* -es> ['wi:knəs] *n* ① *no pl* (*physical frailty*) Schwäche *f* ② (*area of vulnerability*) Schwachstelle *f*

wealth [welθ] *n no pl* ① Reichtum *m* ② (*large amount*) Fülle *f;* **to have a ~ of sth** reich an etw *Dat* sein

wealthy ['welθi] **I.** *adj* reich, wohlhabend **II.** *n* **the ~** *pl* die Reichen, die Wohlhabenden

weapon ['wepən] *n* (*also fig*) Waffe *f;* **nuclear ~s** Atomwaffen *Pl*

wear [weəʳ] **I.** *n* ① (*clothing*) Kleidung *f;* **casual/sports ~** Freizeit-/Sport[be]kleidung *f* ② (*amount of use*) Gebrauch *m;* **signs of ~** Abnutzungserscheinungen;

~ **and tear** Verschleiß *m* **II.** *tr verb* <wore, worn> tragen; **to ~ glasses** eine Brille tragen ▸ **to ~ the trousers** (*fam*) die Hosen anhaben **III.** *intr verb* <wore, worn> (*get thinner*) *clothes* abtragen; *machine parts* abnutzen ◆ **wear away** *intr verb* sich abnutzen ◆ **wear down** *tr verb* zermürben ◆ **wear off** *intr verb effect* nachlassen ◆ **wear on** *intr verb time* hinziehen ◆ **wear out I.** *intr verb* abnutzen **II.** *tr verb* erschöpfen

wearing ['weərɪŋ] *adj* ermüdend

weary ['wɪəri] **I.** *adj* ① (*tired*) müde ② (*bored*) gelangweilt **II.** *tr verb* <-ie-> (*liter*) ① (*make tired*) ermüden ② (*make bored*) langweilen **III.** *intr verb* <-ie-> **to ~ of sth** von etw genug haben

weasel ['wi:zəl] *n* Wiesel *nt*

weather ['weðər] **I.** *n no pl* METEO Wetter *nt;* (*climate*) Witterung *f;* **in all ~s** bei jedem Wetter ▸ **to make heavy ~ of sth** sich *Akk o Dat* mit etw schwertun; **to be under the ~** (*fam*) angeschlagen sein **II.** *intr verb object* verwittern; *person* altern **III.** *tr verb usu passive wood* auswittern

weather-beaten *adj face, skin* wettergegerbt; *object* verwittert **weather forecast** *n* Wettervorhersage *f* **weatherman** *n* Wettermann *m fam*

weave [wi:v] **I.** *tr verb* <wove *or* AM *a.* weaved, woven *or* AM *a.* weaved> ① weben ② (*also fig: intertwine things*) **to ~ sth together** etw zusammenflechten ③ (*also fig: move*) **to ~ one's way through sth** sich *Dat* einen Weg durch etw bahnen **II.** *intr verb* <wove *or* AM *a.* weaved, woven *or* AM *a.* weaved> ① weben ② (*also fig: move*) sich durchschlängeln **III.** *n* Webart *f*

web [web] *n* ① **spider['s] ~** Spinnennetz *nt;* **to spin a ~** ein Netz spinnen ② (*fig*) Netz *nt;* **a ~ of intrigue** ein Netz von Intrigen ③ COMPUT **the ~** das Netz

web-addict *n* COMPUT Internetsüchtige(r) *f(m)*

web-footed [-'fʊtɪd] *adj* mit Schwimmfüßen *nachgestellt*

weblog *n* (*an amateur diary posted on the Internet*) Weblog *nt* **web page** *n,* **website** *n* COMPUT Website *f* **web surfer** *n* COMPUT Internetsurfer(in) *m(f)*

webzine ['webzi:n] *n* INET Webzine *nt*

wed <wedded *or* wed, wedded *or* wed> [wed] **I.** *tr verb* ① (*form or dated: marry*) **to ~ sb** jdn ehelichen *veraltend o hum* ② (*fig: unite*) **to ~ sth and sth** etw mit etw vereinen **II.** *intr verb* sich vermählen *geh*

we'd[1] [wi:d, wid] = **we had** *see* **have**

we'd[2] [wi:d, wid] = **we would** *see* **would**

wedded ['wedɪd] **I.** *adj attr* verheiratet, Ehe-; **~ bliss** Eheglück *nt* **II.** *pt, pp of* **wed**

wedding ['wedɪŋ] *n* Hochzeit *f*

wedding anniversary *n* Hochzeitstag *m* **wedding cake** *n no pl* Hochzeitstorte *f* **wedding day** *n* Hochzeitstag *m* **wedding dress** *n* Brautkleid *nt* **wedding ring** *n* Ehering *m,* Trauring *m*

wedge [wedʒ] **I.** *n* (*tapered block*) Keil *m* ▸ **the thin end of the ~** der Anfang vom Ende **II.** *tr verb* (*jam into*) einkeilen

Wednesday ['wenzdeɪ] *n* Mittwoch *m; see also* **Tuesday**

wee [wi:] *adj attr* SCOT (*fam*) winzig

weed [wi:d] **I.** *n* ① Unkraut *nt kein Pl* ② *no pl* (*sl: marijuana*) Gras *nt* **II.** *tr verb* **to ~ the garden** den Garten jäten

weedkiller *n* Unkrautvernichtungsmittel *nt*

weedy ['wi:di] *adj* ① von Unkraut überwachsen ② BRIT (*pej fam: of person*) [spindel]dürr

week [wi:k] *n* ① (*seven days*) Woche *f;* **for ~s [on end]** wochenlang; **last ~** letzte Woche; **once/twice a ~** einmal/zweimal die Woche ② (*work period*) [Arbeits]woche *f*

weekday *n* Wochentag *m;* **on ~s** an Wochentagen, wochentags

weekend *n* Wochenende *nt;* **this ~** (*present*) dieses Wochenende; (*future*) kommendes Wochenende; **at the ~[s]/at ~s** am Wochenende/an [den] Wochenenden

weekend warrior *n* Sonntagssportler(in) *m(f)*

weekly ['wi:kli] **I.** *adj* wöchentlich; **~ magazine** Wochenzeitschrift *f* **II.** *adv* wöchentlich; **to exercise ~** wöchentlich trainieren **III.** *n* (*newspaper*) Wochenzeitung *f*

weel-kent ['wi:lkent] *adj attr* SCOT vertraut

weep [wi:p] **I.** *intr verb* <wept, wept> ① (*also liter: cry*) weinen; (*sob*) schluchzen; **to ~ with joy/sorrow** vor Freude/Kummer weinen ② (*secrete liquid*) nässen **II.** *n no pl* (*liter*) Weinen *nt;* **to have a [good] ~** sich [ordentlich] ausweinen

weeping ['wi:pɪŋ] **I.** *adj attr* ① (*of person*) weinend ② (*of wound*) nässend **II.** *n no pl* Weinen *nt*

wee-wee ['wi:wi:] *n no pl* (*childspeak fam*) Pipi *nt*

w.e.f. *abbrev of* **with effect from** gültig ab

weft [weft] *n no pl* FASHION **the ~** die Kette; **warp and ~** Kette und Schuss

weigh [weɪ] **I.** *intr verb* ① (*in measurement*) wiegen ② (*fig: be important*) **to ~ heavily** eine große Bedeutung haben **II.** *tr verb* (*measure*) wiegen ◆**weigh down** *tr verb* (*to burden*) niederdrücken; **to be ~ed down with sth** schwer mit etw beladen sein ◆**weigh in** *intr verb* ① (*be weighed*) **to ~ in at 60 kilos** 60 Kilo auf die Waage bringen ② (*fam*) **to ~ in with sth** *opinion, proposal* etw einbringen ◆**weigh out** *tr verb* abwiegen ◆**weigh up** *tr verb* ① (*consider*) abwägen ② (*evaluate*) einschätzen

weigh-in *n no pl* SPORTS Wiegen *nt*

weight [weɪt] **I.** *n* ① *no pl* Gewicht; **to lose/put on ~** ab-/zunehmen; **to lift a heavy ~** ein schweres Gewicht heben ② SPORTS **to lift ~s** Gewicht[e] heben ▶ **to take the ~ off one's <u>feet</u>** es sich *Dat* bequem machen **II.** *tr verb* **to ~ sth down** etw beschweren

weight-bearing *adj exercise, activity* unter Einsatz des eigenen Körpergewichts [als Belastungsreiz] *nachgestellt*

weighting ['weɪtɪŋ] *n no pl* ① BRIT (*additional allowance*) Zulage *f* ② MATH Gewichtung *f*

weightless ['weɪtləs] *adj* schwerelos

weightlessness ['weɪtləsnəs] *n no pl* Schwerelosigkeit *f*

weightlifter *n* Gewichtheber(in) *m(f)*

weightlifting *n no pl* Gewichtheben *nt*

weighty ['weɪti] *adj* ① (*heavy*) schwer ② (*fig: important*) [ge]wichtig; **~ issues** wichtige Angelegenheiten

weir [wɪəʳ] *n* Wehr *nt*

weird [wɪəd] *adj* (*fam*) seltsam, komisch; **that's ~** das ist aber merkwürdig

weirdo ['wɪədəʊ] *n* <*pl* -os> (*pej fam*) seltsame Person

welcome ['welkəm] **I.** *tr verb* willkommen heißen; (*be glad of*) begrüßen **II.** *n* **to give sb a warm ~** jdm einen herzlichen Empfang bereiten **III.** *adj* willkommen; **to make sb very ~** jdn sehr freundlich aufnehmen; **~ chance** willkommene Gelegenheit **IV.** *interj* **~ to Birmingham** [herzlich] willkommen in Birmingham

welcoming ['welkəmɪŋ] *adj* Begrüßungs-; **~ smile** freundliches Lächeln

weld [weld] **I.** *tr verb* (*join material*) schweißen; **to ~ sth together** etw zusammenschweißen **II.** *n* Schweißnaht *f*

welfare ['welfeəʳ] *n no pl* ① Wohlergehen *nt* ② (*state aid*) Sozialhilfe *f;* **~ policy** Gesundheits- und Sozialpolitik *f;* **to be on ~** AM von [der] Sozialhilfe leben

welfare services *npl* ① (*state support*) Sozialleistungen *Pl* ② + *sing verb* (*office*) Sozialamt *nt* **welfare state** *n* Sozialstaat *m,* Wohlfahrtsstaat *m oft pej* **welfare work** *n no pl* Fürsorgearbeit *f* **welfare worker** *n* Sozialarbeiter(in) *m(f)*

we'll [wi:l, wil] = **we will** *see* **will**[1]

well[1] [wel] **I.** *adj* <better, best> *usu pred* ① (*healthy*) gesund; **to be alive and ~** gesund und munter sein; **to feel ~** sich gut fühlen; **to get ~** gesund werden; **get ~ soon!** gute Besserung! ② (*okay*) **all's ~ here** hier ist alles in Ordnung; **all ~ and good** gut und schön **II.** *adv* <better, best> ① gut; **~ spotted!** gut aufgepasst!; **~ done!** gut gemacht!, super! *fam;* **to mean ~** es gut meinen; **to speak ~ of sb/sth** nur Gutes über jdn/etw sagen; **to know sb ~** jdn gut kennen ② (*used for emphasis*) [sehr] wohl; **~ and truly** ganz einfach ③ (*justifiably*) wohl; **you may ~ ask!** das kann man wohl fragen! ④ (*also*) **as ~** auch ⑤ (*and*) **... as ~ as ...** sowie **III.** *interj* also; (*showing hesitation*) tja; **~ [, ~]!** sieh mal einer an!; **oh ~, it doesn't matter** ach [was], das macht doch nichts **IV.** *n no pl* **to wish sb ~** jdm alles Gute wünschen

well[2] [wel] *n* ① (*for water*) Brunnen *m*

W

❷ (*for mineral*) Schacht *m;* **oil ~** Ölquelle *f* ◆ **well up** *intr verb* **tears ~ed up in her eyes** Tränen stiegen ihr in die Augen

well-advised *adj pred* (*form*) **to be ~ to do sth** gut beraten sein, etw zu tun **well-balanced** *adj* ❶ (*not one-sided*) *article, report* objektiv ❷ (*of food*) *diet, meal* ausgewogen **well-behaved** *adj* (*of child*) artig; (*of dog*) brav **well-being** *n no pl* Wohl[ergehen] *nt;* **a feeling of ~** ein wohliges Gefühl **well-bred** *adj* wohlerzogen *geh* **well-chosen** *adj* gut gewählt; [**to say**] **a few ~ words** ein paar passende Worte [sagen] **well-connected** *adj* **to be ~** gute Beziehungen haben; **a ~ family** eine angesehene Familie **well-deserved** *adj* wohlverdient **well-developed** *adj* gut entwickelt; **a ~ sense of humour** ein ausgeprägter Sinn für Humor **well-done** *adj* ❶ (*of meat*) gut durch[gebraten] ❷ (*of work*) gut gemacht **well-dressed** *adj* gut gekleidet **well-earned** *adj* wohlverdient **well-educated** *adj* gebildet **well-fed** *adj* [ausreichend] mit Nahrung versorgt **well-founded** *adj* [wohl]begründet; **~ fears/suspicions** [wohl]begründete Ängste/Vermutungen **well-informed** *adj* (*approv*) gut informiert; **to be ~ on a subject** über ein Thema gut Bescheid wissen

wellington [ˈwelɪŋtən] *esp* BRIT, **wellington boot** *n esp* BRIT Gummistiefel *m*

well-intentioned *adj* gut gemeint **well-known** *adj* [allgemein] bekannt; (*famous*) berühmt **well-mannered** *adj* wohlerzogen **well-meaning** *adj* wohlmeinend; **~ advice/comments** gut gemeinte Ratschläge/Kommentare **well-meant** *adj* gut gemeint **well-off** **I.** *adj* <better-, best-> ❶ (*wealthy*) wohlhabend ❷ *pred* (*fortunate*) gut dran *fam;* **to not know when one is ~** nicht wissen, wann es einem gut geht **II.** *n* **the ~** *pl* die Wohlhabenden **well-organized** *adj* gut organisiert **well-paid** *adj* gut bezahlt **well-placed** *adj* gut platziert; **a ~ remark** eine an richtiger Stelle gemachte Bemerkung **well-read** *adj* ❶ (*knowledgeable*) [sehr] belesen ❷ (*frequently read*) viel gelesen *attr* **well-spoken** *adj* (*speaking pleasantly*) höflich; (*articulate*) beredt **well-thought-of** *adj* (*highly regarded*) angesehen; (*recognized*) anerkannt **well-timed** *adj* zeitlich gut gewählt; **his remark was ~** seine Bemerkung kam zur rechten Zeit **well-to-do** (*fam*) **I.** *adj* [gut] betucht **II.** *n* **the ~** *pl* die [Gut]betuchten **well-wisher** *n* Sympathisant(in) *m(f)* **well-worn** *adj clothes* abgetragen; *object* abgenützt

welly [ˈweli] *n esp* BRIT (*fam*) *short for* **wellington** Gummistiefel *m*

Welsh [welʃ] **I.** *adj* walisisch **II.** *n* ❶ *no pl* (*Celtic language*) Walisisch *nt* ❷ (*inhabitants, people of Wales*) **the ~** *pl* die Waliser

> Im Zuge der *devolution* (Machtdezentralisierung) entschieden sich die Waliser am 18. September 1997 in einem Referendum für die Errichtung eines eigenen Parlaments, der **Welsh Assembly.** Sitz der Nationalversammlung ist die Landeshauptstadt Cardiff. Seit 1999 können nun die 60 Abgeordneten regionale Angelegenheiten selbst bestimmen und haben so auch einige der Befugnisse des *Secretary of State for Wales* (Minister für Wales) übernommen, der ansonsten in der britischen Regierung für das Land Wales zuständig ist.

Welshman *n* Waliser *m*

Welsh rabbit, Welsh rarebit [- ˈreəbɪt] *n no pl geschmolzener Käse auf Toastbrot* **Welshwoman** *n* Waliserin *f*

went [went] *pt of* **go**

wept [wept] *pt, pp of* **weep**

were [wɜːʳ, wəʳ] *pt of* **be**

we're [wiːəʳ] = **we are** *see* **be**

weren't [wɜːnt] = **were not** *see* **be**

west [west] **I.** *n no pl* ❶ (*direction*) **West** Westen *m;* **~-facing** westwärts; **to be to the ~ of sth** westlich von etw liegen ❷ (*of the US*) **the Wild West** der Wilde Westen ❸ + *sing/pl verb* POL **the West** die westliche Welt **II.** *adj* westlich; **the ~ coast of Ireland** die Westküste Irlands; **to be due ~ of sth** genau westlich von etw liegen **III.** *adv* westwärts; **to go/head/**

travel ~ nach Westen gehen/ziehen/reisen

westbound *adj* in Richtung Westen

West End I. *n no pl* **the** ~ das [Londoner] Westend **II.** *adj attr* (*of central London*) **the** ~ **theatres** die Theater *Pl* des Londoner Westends

westerly ['westᵊli] *adj* westlich; ~ **gales/winds** Weststürme/-winde *Pl*

western ['westən] **I.** *adj attr* GEOG West-, westlich; ~ **Europe** Westeuropa *nt* **II.** *n* (*film*) Western *m*

westerner ['westənəʳ] *n* POL Abendländer(in) *m(f)*

westernize ['westənaɪz] **I.** *tr verb* verwestlichen **II.** *intr verb* sich dem Westen anpassen

West Germany *n no pl* (*hist*) Westdeutschland *nt*

West Virginia *n* West Virginia *nt*

westward[s] ['wes(t)wəd(z)] *adj* westlich; *road* nach Westen

wet [wet] **I.** *adj* <-tt-> nass; (*moist*) feucht; *weather* regnerisch; ~ **through** [völlig] durchnässt; **'Wet paint!'** „Frisch gestrichen!" ► **to be a** ~ **blanket** ein Spielverderber *m*/eine Spielverderberin sein **II.** *tr verb* <-tt-, wet *or* wetted, wet *or* wetted> ① (*moisten*) anfeuchten; (*saturate*) nass machen ② (*urinate*) **to** ~ **the bed** das Bett nass machen **III.** *n* ① *no pl* (*rain*) **the** ~ die Nässe ② *no pl* (*liquid*) Flüssigkeit *f*

wether ['weðəʳ] *n* ZOOL Hammel *m*

wet room *n* Nasszelle *f* **wet shave** *n* Nassrasur *f*

we've [wi:v, wiv] = **we have** *see* **have**

whack [(h)wæk] **I.** *tr verb* (*fam*) ① (*hit*) schlagen ② (*defeat*) [haushoch] besiegen **II.** *n* ① (*blow*) Schlag *m;* **to give sb/an animal a** ~ jdm/einem Tier einen Schlag versetzen ② *no pl* (*fam*) **to pay full** ~ den vollen Satz bezahlen ③ *no pl* (*fam: deal*) **a fair** ~ ein fairer Handel ► **to be out of** ~ AM, AUS nicht in Ordnung sein; **to have a** ~ **at sth** (*fam*) etw mal versuchen

whacked [(h)wækt] *adj pred* (*fam: exhausted*) kaputt

whacking ['(h)wækɪŋ] **I.** *adj attr* riesig **II.** *adv* enorm; **a** ~ **big kiss** ein dicker Kuss **III.** *n* BRIT, AUS Prügel *Pl*

whale [(h)weɪl] *n* Wal *m* ► **to have a** ~ **of a time** eine großartige Zeit haben

whaling ['(h)weɪlɪŋ] *n no pl* Walfang *m*

wharf <*pl* wharves *or* -s> [(h)wɔ:f, *pl* (h)wɔ:vz] *n* Kai *m*

what [(h)wɒt] **I.** *pron* ① *interrog* (*asking for specific information*) was; ~ **is your name?** wie heißt du?; ~ **are you looking for?** wonach suchst du?; ~ **about sb/sth?** (*fam*) was ist mit jdm/etw?; ~ **is sb/sth like?** wie ist jd/etw?; ~ **if ...?** was ist, wenn ...?; **so** ~**?** (*fam*) na und? ② *rel* was; ~**'s more ...** darüber hinaus ...; **you'll never guess** ~ **...** du wirst es nie erraten ...; **do** ~ **you can but I don't think anything will help** tu, was du kannst, aber glaub' nicht, dass etwas hilft **II.** *adj* ① (*which*) welche(r, s); ~ **time is it?** wie spät ist es?; ~ **sort of** was für ein[e]; ~ **sort of car do you drive?** was für ein Auto fährst du? ② (*emphasis*) was für; ~ **a day!** was für ein Tag!; ~ **luck!** was für ein Glück!; ~ **a pity!** wie schade! **III.** *adv* was; ~ **do qualifications matter?** was zählen schon Qualifikationen?; ~ **does it matter?** was macht's? *fam* **IV.** *interj* (*fam: pardon?*) ~**? I can't hear you** was? ich höre dich nicht; ~**! you left him there alone!** was? du hast ihn da allein gelassen?

whatever [(h)wɒt'evəʳ] **I.** *pron* ① (*anything that*) was [auch immer]; **I eat** ~ **I want** ich esse, was ich will; ~ **that means** was auch immer das heißen soll ② (*fam*) wie du willst; **I'll bring red wine then? — Sure,** ~**!** ich hole also Rotwein? – Ja, ist mir recht! ③ *rel* was auch immer, egal was; ~ **happens** was auch passieren mag ④ *interrog* was in aller Welt; ~ **are you talking about?** worüber in Gottes Namen sprichst du? **II.** *adj* ① (*any*) was auch immer; **take** ~ **action is needed** mach, was auch immer nötig ist ② (*regardless of*) gleichgültig welche(r, s); **we'll go** ~ **the weather** wir fahren bei jedem Wetter; ~ **the outcome of the war, ...** wie der Krieg auch ausgehen wird, ... **III.** *adv with neg* (*whatsoever*) überhaupt; **there is no evidence** ~ **to show that ...** es gibt keinerlei Beweis dafür, dass ...

whatsoever [ˌ(h)wɒtsəʊ'evəʳ] *adv* überhaupt; **I have no idea** ~ ich habe nicht die leiseste Idee

wheat [(h)wi:t] *n no pl* Weizen *m*

W

wheat belt *n esp* AM Weizengürtel *m* (*extensives Weizenanbaugebiet*)

wheatgerm *n no pl* Weizenkeim *m*

wheel [wi:l] **I.** *n* ① Rad *nt;* **front/rear ~** Vorder-/Hinterrad *nt* ② (*for steering*) Steuer *nt;* **to be at the ~** am Steuer sitzen ③ (*fam*) **~s** fahrbarer Untersatz *hum* ④ (*at fairground*) **the [big] ~** das Riesenrad **II.** *tr verb* **to ~ sth** etw rollen ◆**wheel around, wheel round** *intr verb* BRIT, AUS sich schnell umdrehen; (*esp out of shock*) herumfahren

wheelbarrow *n* Schubkarre *f* **wheelchair** *n* Rollstuhl *m* **wheel clamp I.** *n esp* BRIT, AUS Parkkralle *f* **II.** *tr verb* **to ~ a car** ein Auto mit einer Parkkralle festsetzen

wheeler-dealer [ˌ(h)wi:lə'di:ləʳ] *n* (*pej fam*) Schlitzohr *nt*

wheelie bin *n* BRIT, AUS Mülltonne *f* mit Rollen

wheeling ['(h)wi:lɪŋ] *n no pl* **~ and dealing** (*pej fam*) Mauschelei *f*

wheeze [(h)wi:z] **I.** *intr verb* keuchen **II.** *n* Keuchen *nt kein Pl*

when [(h)wen] **I.** *adv* ① *interrog* wann; **~ do you want to go?** wann möchtest du gehen?; **do you know ~ he'll be back?** weißt du, wann er zurückkommt?; **to tell sb ~ to do sth** jdm sagen, wann er/sie etw tun soll; **since ~ ...?** seit wann ...? ② *rel* wenn; (*at which, on which*) wo; **March is the month ~ the monsoon arrives** im März kommt der Monsun; **there are times ~ ...** es gibt Momente, wo ... **II.** *conj* ① (*at, during the time*) als; **I loved that film ~ I was a child** als Kind habe ich diesen Film so gemocht ② (*after*) wenn; **call me ~ you've finished** ruf mich an, wenn du fertig bist ③ (*whenever*) wenn; **I hate it ~ there's no one in the office** ich mag es überhaupt nicht, wenn niemand im Büro ist ④ (*and just then*) als; **I was just getting into the bath ~ the telephone rang** ich stieg gerade in die Badewanne, als das Telefon läutete

W

whenever [(h)wen'evəʳ] **I.** *conj* wann auch immer; (*every time*) jedes Mal, wenn ...; **I blush ~ I think about it** ich werde immer rot, wenn ich daran denke **II.** *adv* ① wann auch immer; **~ possible** wenn möglich ② *interrog* wann denn [nur]; **~ am I going to be finished with all this work?** wann werde ich je mit dieser ganzen Arbeit fertig sein?

where [(h)weəʳ] *adv* ① *interrog* wo; **~ does he live?** wo wohnt er?; **~ are you going?** wohin gehst du? ② *rel* wo; **this is ~ I live** hier wohne ich

whereabouts[1] ['(h)weərəbaʊts] *n + sing/pl verb, no pl* Aufenthaltsort *m*

whereabouts[2] [ˌ(h)weərə'baʊts] *adv* (*fam*) wo [genau]; **~ in Manchester do you live?** wo genau in Manchester wohnst du?

whereas [(h)weə'ræz] *conj* ① (*in contrast to*) während, wo[hin]gegen ② (*considering that*) in Anbetracht dessen, dass ...

whereby [(h)weər'baɪ] *conj* (*form*) wodurch, womit

wherein [(h)weə'rɪn] *conj* (*old form: in which*) worin

whereupon [ˌ(h)weərə'pɒn] *conj* (*form*) worauf[hin]

wherever [(h)weə'revəʳ] **I.** *conj* wohin auch immer; (*in all places*) wo auch immer; **~ you look there are pictures** wohin du auch schaust, überall sind Bilder **II.** *adv* ① (*in every case*) wann immer; **~ possible** wenn möglich ② *interrog* wo [nur]; **~ did you get that idea!** wie bist du nur auf diese Idee gekommen!

whet <-tt-> [(h)wet] *tr verb* (*stimulate*) **to ~ sb's appetite [for sth]** jdm Appetit [auf etw *Akk*] machen

whether ['(h)weðəʳ] *conj* ① (*if*) ob; **to ask ~** fragen, ob ② (*no difference if*) **~ you like it or not** ob es dir [nun] gefällt oder nicht

whew [fju:] *interj* (*fam*) puh

which [(h)wɪtʃ] **I.** *pron* ① *interrog* welche(r, s); **~ [one] is mine?** welches gehört mir? ② *rel* (*with defining clause*) der/die/das; (*with non-defining clause*) was; **a conference in Vienna ~ ended on Friday** eine Konferenz in Wien, die am Freitag geendet hat; **at/upon ~ ...** woraufhin ... **II.** *adj* ① *interrog* welche(r, s); **~ doctor did you see?** bei welchem Arzt warst du? ② *rel* der/die/das; **it might be made of plastic, in ~ case you could probably carry it** vielleicht ist es aus Plastik – in dem Fall könntest du es wahrscheinlich tragen

Den Deutschen mag man nachsagen, dass sie selbst beim Einkaufen eher rational vorgehen und alles immer ganz genau wissen wollen. Doch natürlich kann man sich auch in Großbritannien eingehend über verschiedene Produktangebote informieren. Dabei hilft **Which?**, eine Art britische *Stiftung Warentest*. Ähnlich wie in Deutschland steht auch bei dieser Organisation der Verbraucherschutz an erster Stelle.

whichever [(h)wɪtʃˈevəʳ] **I.** *pron* wer/was auch immer; **which bar would you prefer to meet in? — Whichever, it doesn't matter to me** in welcher Bar sollen wir uns treffen? – Wo du willst, mir ist es egal **II.** *adj attr* ❶ (*any one*) **choose ~ brand you prefer** wähle die Marke, die du lieber hast; **you may pick ~ puppy you want** du kannst den Welpen nehmen, der dir gefällt ❷ (*regardless of which*) egal welche(r, s); **~ way** wie auch immer

whiff [(h)wɪf] **I.** *n usu sing* (*smell*) Hauch *m kein Pl* **II.** *intr verb* BRIT (*fam*) **to ~ [of sth]** nach etw müffeln

while [(h)waɪl] **I.** *n no pl* Weile *f;* **all the ~** die ganze Zeit [über]; **a ~ ago** vor einer Weile; **in a ~** in Kürze; **to be worth [the] ~** die Mühe wert sein **II.** *conj* ❶ (*during which time*) während ❷ (*although*) obwohl; **~ I fully understand your point of view, ...** wenn ich Ihren Standpunkt auch vollkommen verstehe, ...

whim [(h)wɪm] *n* Laune *f;* **to indulge sb's every ~** jds Launen ertragen

whimper [ˈ(h)wɪmpəʳ] **I.** *intr verb* (*of person*) wimmern; (*of dog*) winseln **II.** *n* (*of person*) Wimmern *nt kein Pl;* (*of dog*) Winseln *nt kein Pl*

whine [(h)waɪn] **I.** *intr verb* jammern **II.** *n usu sing* Jammern *nt kein Pl*

whinge [(h)wɪndʒ] **I.** *n usu sing* Gejammer *nt pej fam* **II.** *intr verb* BRIT, AUS (*pej fam*) meckern

whip [(h)wɪp] **I.** *n* Peitsche *f* **II.** *tr verb* <-pp-> ❶ (*hit*) [mit der Peitsche] schlagen; *a horse* die Peitsche geben ❷ *cream, egg whites* schlagen ◆**whip away** *tr verb* wegziehen, wegreißen ◆**whip back** *intr verb* ❶ (*bounce back*) zurückfedern ❷ (*fig: return*) zurückeilen ◆**whip off** *tr verb clothes* vom Leib reißen; *tablecloth* wegziehen ◆**whip on** *tr verb* ❶ (*urge on*) antreiben ❷ *clothes* überwerfen ◆**whip up** *tr verb* (*excite*) **to ~ up support** Unterstützung finden

whiplash *n* ❶ (*blow*) Peitschenhieb *m* ❷ *no pl* MED (*injury to neck*) **~ [injury]** Schleudertrauma *nt*

whipped cream *n* Schlagsahne *f,* Schlagobers *nt* ÖSTERR, Nidel *m o f* SCHWEIZ

whipping [ˈ(h)wɪpɪŋ] *n no pl* [Aus]peitschen *nt kein Pl;* **to get/give a ~** Prügel beziehen/austeilen

whipping cream *n no pl* Schlagsahne *f,* Schlagobers *nt* ÖSTERR, Nidel *m o f* SCHWEIZ **whipping top** *n* Kreisel *m*

whip-round *n* BRIT (*fam*) **to have a ~ [for sb]** [für jdn] sammeln

whir *n, intr verb* AM *see* **whirr**

whirl [(h)wɜːl] **I.** *intr verb, vt* wirbeln **II.** *n no pl* Wirbel *m*

whirlpool [ˈ(h)wɜːlpuːl] *n* (*pool*) Whirlpool *m;* (*in river, sea*) Strudel *m* **whirlwind** [ˈ(h)wɜːlwɪnd] *n* METEO Wirbelwind *m*

whirr [(h)wɜːʳ] **I.** *intr verb insects* summen; *machines* surren **II.** *n usu sing of insects* Summen *nt kein Pl; of machines* Surren *nt kein Pl*

whisk [(h)wɪsk] **I.** *n* (*kitchen tool*) Schneebesen *m;* **electric ~** [elektrisches] Rührgerät **II.** *tr verb cream, egg whites* schlagen

whisker [ˈ(h)wɪskəʳ] *n* ❶ *usu pl* (*of animal*) Schnurrhaar[e] *nt[Pl]* ❷ **~s** *pl* (*of man: beard*) Bartstoppeln *Pl* ▶ **by a ~** um Haaresbreite

whiskey *esp* AM, IRISH, **whisky** [ˈhwɪski] *n* BRIT, AUS *no pl* Whisk[e]y *m*

whisper [ˈ(h)wɪspəʳ] **I.** *intr, tr verb* flüstern **II.** *n* Flüstern *nt kein Pl,* Geflüster *nt*

whistle [ˈ(h)wɪsl̩] **I.** *intr verb* pfeifen; **to ~ at sb** hinter jdm herpfeifen **II.** *tr verb* pfeifen **III.** *n* ❶ *no pl* (*sound*) Pfeifen *nt* ❷ (*device*) Pfeife *f*

white [(h)waɪt] **I.** *n* ❶ *no pl* (*colour*) Weiß *nt* ❷ (*part of an egg*) Eiweiß *nt* **II.** *adj* ❶ (*colour*) weiß; **black and ~** schwarz-weiß ❷ FOOD *coffee* mit Milch; *pepper, rum, sugar* weiß

Whitehall *n* ❶ (*offices of Britain's gov-*

W

ernment) Whitehall ② (*fig: government of Britain*) Whitehall **white horse** *n* ① ZOOL Schimmel *m* ② BRIT **~s** Schaumkronen *Pl* **White House** *n no pl* **the ~** das Weiße Haus **white lie** *n* Notlüge *f*

whiten ['(h)waɪtᵊn] **I.** *tr verb* weiß machen; *shoe, wall* weißen ÖSTERR, SCHWEIZ, SÜDD **II.** *intr verb* weiß werden

white-out *n* ① (*blizzard*) [starker] Schneesturm ② *no pl* AM, AUS (*for erasing*) Tipp-Ex® *nt*

whitewash I. *n* ① *no pl* (*solution*) Tünche *f* ② (*pej: coverup*) Schönfärberei *f* **II.** *tr verb* ① *walls* tünchen ② (*pej, fig: conceal*) schönfärben

whitewater rafting *n no pl* Wildwasserfahren *nt*

white wine *n* Weißwein *m*

Whit Monday *n* Pfingstmontag *m*

Whitsun ['(h)wɪtsᵊn] *n* Pfingsten *nt;* **at ~** an Pfingsten

Whit Sunday *n* Pfingstsonntag *m*

whiz AM *see* **whizz**

whizz [(h)wɪz] *intr verb* ① (*fam*) **to ~ by** vorbeijagen ② (*fig*) *time* rasen

whiz[z] kid *n* Wunderkind *nt,* Genie *nt oft hum*

whizzy ['wɪzi] *adj* (*fam*) ausgeklügelt, ausgefeilt

who [huː] *pron* ① *interrog* (*which person*) wer; (*whom*) wem *in dat,* wen *in akk;* **~ did this?** wer war das?; **~'s she?** wer ist sie?; **~ knows?** wer weiß?; **~ do you want to talk to?** mit wem möchten Sie sprechen? ② *rel* (*with defining clause*) der/die/das; **I think it was your dad ~ phoned** ich glaube, das war dein Vater, der angerufen hat

whoa [(h)wəʊ] *interj* (*command to stop horse*) brr, hoo

whodun[n]it [ˌhuːˈdʌnɪt] *n* (*fam*) Krimi *m*

whoever [huːˈevəʳ] *pron* ① *rel* wer auch immer; **come out, ~ you are** kommen Sie heraus, wer auch immer Sie sind ② *interrog* (*who on earth*) wer; **~ told you that?** wer hat dir das erzählt?

whole [həʊl] **I.** *adj* ① (*entire*) ganz, gesamt; **the ~ [wide] world** die ganze [weite] Welt ② (*in one piece*) ganz, heil; (*intact*) intakt **II.** *n* ① (*entire thing*) **a ~** ein Ganzes *nt* ② (*in total*) **as a ~** als Ganzes [betrachtet] **III.** *adv* ganz; **a ~ new approach** ein ganz neuer Ansatz

wholefood *n* BRIT *no pl* Vollwertkost *f*

wholefood shop *n* BRIT Reformhaus *nt*

whole-hearted [-'hɑːtɪd] *adj* ① (*sincere*) aufrichtig; (*cordial*) herzlich ② (*committed*) engagiert, rückhaltlos

whole-hog ['hoʊlhɑːg] *adv* **to go ~ on sth** (*fam*) bei etw aufs Ganze gehen

wholesale ['həʊlseɪl] *adj* ① *attr* **~ business** Großhandel *m* ② (*usu pej: on large scale*) Massen-

wholesaler ['həʊlseɪləʳ] *n* Großhändler(in) *m(f)*

wholesome ['həʊlsəm] *adj* (*approv: promoting well-being*) wohltuend; (*healthy*) gesund

who'll [huːl] = **who will** *see* **who**

wholly ['həʊl(l)i] *adv* ganz, völlig

whom [huːm] *pron* (*form*) ① *interrog, after verb or prep* wem *Dat,* wen *Akk;* **to ~ do you wish to speak?** wen [*o* mit wem] möchten Sie sprechen? ② *rel* der/die/das; **none/some/several/all of ~ ...** keiner/einige/mehrere/alle, die ...

whoop [(h)wuːp] **I.** *intr verb* jubeln **II.** *n* (*shout of excitement*) Jauchzer *m;* **to give a ~ of triumph** einen Triumphschrei loslassen

whoopee *interj* [(h)wʊ'piː] hurra; (*iron*) toll

whooping cough *n no pl* Keuchhusten *m*

whoops [(h)wʊps] *interj* (*fam*) hoppla; **~ a daisy** (*childspeak*) hopsala

whopper ['(h)wɒpəʳ] *n* (*hum fam: huge thing*) Apparat *m sl;* **that's a ~ of a fish** das ist ja ein Riesenfisch

whopping ['(h)wɒpɪŋ] (*fam*) **I.** *adj* saftig; **a ~ lie** eine faustdicke Lüge **II.** *n* AM (*beating*) Prügel *Pl*

whore [hɔːʳ] *n* (*pej*) Nutte *f sl*

who's [huːz] = **who is, who has** *see* **who**

whose [huːz] **I.** *adj* ① (*in questions*) wessen; **~ round is it?** wer ist dran? ② (*indicating possession*) dessen; **she's the woman ~ car I crashed into** sie ist die Frau, in deren Auto ich gefahren bin **II.** *pron poss, interrog* wessen; **~ is this bag?** wessen Tasche ist das?

why [(h)waɪ] **I.** *adv* (*for what reason*) warum; **~ did he say that?** warum hat er das gesagt?; **the reason ~ I ...** der

Grund, warum ich ... **II.** *interj esp* AM (*dated*) **~, if it isn't old Georgie Frazer!** na, wenn das nicht Georgie Frazer ist!

wick [wɪk] *n* Docht *m* ▶ **to get on sb's ~** BRIT (*fam*) jdm auf den Keks gehen

wicked ['wɪkɪd] **I.** *adj* ❶ (*evil*) böse ❷ (*approv sl: excellent*) saugut **II.** *n pl* **the ~** die Bösen *Pl*

wicker ['wɪkəʳ] *n no pl* Korbgeflecht *nt*

wicker bottle *n* Korbflasche *f*

wicket ['wɪkɪt] *n* BRIT ❶ (*target in cricket*) Tor *nt*, Wicket *nt fachspr* ❷ (*area in cricket*) Spielbahn *f*

wicket-keeper *n* BRIT Torwächter(in) *m(f)*, Goalie *m* SCHWEIZ

wide [waɪd] **I.** *adj* ❶ breit; (*considerable*) enorm, beträchtlich ❷ *after noun* (*with a width of*) breit; **the swimming pool is five metres ~** der Swimmingpool ist fünf Meter breit ❸ (*varied*) breit gefächert; **a ~ range of goods** ein großes Sortiment an Waren **II.** *adv* weit; **~ open** weit geöffnet

wide-angle, **wide-angle lens** *n* PHOT Weitwinkelobjektiv *nt fachspr*

wide-awake *adj* hellwach

wide-eyed *adj* mit großen Augen *nachgestellt;* (*fig*) blauäugig

widely ['waɪdli] *adv* breit; (*extensively*) weit; **~ accepted/admired/believed** weithin akzeptiert/bewundert/geglaubt

widen ['waɪdᵊn] *tr verb* (*make broader*) verbreitern; (*make wider*) erweitern

wide-open *adj* ❶ (*undecided*) völlig offen ❷ (*vulnerable, exposed*) anfällig

widespread *adj* weit verbreitet; **there is ~ speculation that ...** es wird weithin spekuliert, dass ...

widow ['wɪdəʊ] **I.** *n* (*woman*) Witwe *f* **II.** *tr verb usu passive* **to be ~ed** zur Witwe/zum Witwer werden

widowed ['wɪdəʊd] *adj* verwitwet

widower ['wɪdəʊəʳ] *n* Witwer *m*

widow's allowance *n* Witwenunterstützung *f*

widow's pension *n* Witwenrente *f*

width [wɪtθ] *n* ❶ *no pl* (*measurement*) Breite *f; of clothes* Weite *f* ❷ (*unit*) Breite *f* ❸ *no pl* (*fig: scope, range*) Größe *f*

wield [wiːld] *tr verb* **to ~ sth** *tool, weapon* etw schwingen

wife <*pl* wives> [waɪf] *n* [Ehe]frau *f*, Gattin *f form o hum*

wig [wɪg] *n* Perücke *f*

wiggle ['wɪgl̩] **I.** *tr verb, vi* wackeln **II.** *n* (*movement*) Wackeln *nt kein Pl;* **she walks with a sexy ~** sie hat einen sexy Gang *fam*

wild [waɪld] **I.** *adj* ❶ wild; *cat, duck, goose* Wild- ❷ *country, landscape* rau, wild; **~ flowers** wild wachsende Blumen ❸ *people* unzivilisiert; *behaviour* undiszipliniert ❹ (*uncontrolled*) unbändig; *hair, lifestyle* wirr ❺ (*stormy*) *wind, weather* stürmisch ❻ (*excited*) wild, ungezügelt; (*angry*) wütend; **in ~ rage** in blinder Wut **II.** *adv* wild; **to run ~** *child, person* sich *Dat* selbst überlassen sein; *animals* frei herumlaufen **III.** *n* (*natural environment*) **the ~** die Wildnis

wild boar *n* ZOOL Wildschwein *nt*

wilderness <*pl* -es> ['wɪldənəs] *n usu no pl* Wildnis *f*

wildfire *n no pl* Lauffeuer *nt;* **to spread like ~** (*fig*) sich wie ein Lauffeuer verbreiten

wild goose <- geese> *n* Wildgans *f*

wild-goose chase *n* (*hopeless search*) aussichtslose Suche; (*pointless venture*) fruchtloses Unterfangen

wildlife **I.** *n no pl* [natürliche] Tier- und Pflanzenwelt **II.** *adj club, photography* Natur-; **~ reserve** Wildreservat *nt*

wildly ['waɪldli] *adv* ❶ wild; (*boisterously*) unbändig; **to behave ~** sich wie wild aufführen *fam* ❷ (*haphazardly*) ungezielt ❸ (*fam: extremely*) äußerst; **~ exaggerated** maßlos übertrieben

wilful ['wɪlfᵊl] *adj* ❶ *usu attr* (*deliberate*) bewusst, absichtlich ❷ (*self-willed*) eigensinnig

will[1] <would, would> [wɪl] **I.** *aux vb* ❶ (*in future tense*) werden; **do you think he ~ come?** glaubst du, dass er kommt?; **I'll answer the telephone** ich gehe ans Telefon ❷ (*with tag question*) **you won't forget to tell him, ~ you?** du vergisst aber nicht, es ihm zu sagen, oder? ❸ (*expressing intention*) werden; **I ~ always love you** ich werde dich immer lieben ❹ (*in requests, instructions*) **~ you stop that!** hör sofort damit auf! ❺ (*expressing facts*) **fruit ~ keep longer in the fridge** Obst hält sich im Kühlschrank länger **II.** *intr*

W

verb (*form*) wollen; **as you ~** wie du willst

will² [wɪl] **I.** *n* ❶ *no pl* (*faculty*) Wille *m;* **strength of ~** Willensstärke *f* ❷ *no pl* (*desire*) Wille *m* ❸ LAW letzter Wille, Testament *nt* ▶ **with the best ~ in the world** beim besten Willen **II.** *tr verb* **to ~ sb to do sth** jdn [durch Willenskraft] dazu bringen, etw zu tun

willful *adj* AM *see* **wilful**

willing ['wɪlɪŋ] **I.** *adj* ❶ *pred* (*not opposed*) bereit, gewillt *geh;* **to be ~ to do sth** bereit sein, etw zu tun ❷ (*enthusiastic*) willig; **~ hands** bereitwillige Hilfe **II.** *n no pl* BRIT **to show ~** [seinen] guten Willen zeigen

willingly ['wɪlɪŋli] *adv* ❶ (*gladly*) gern[e] ❷ (*voluntarily*) freiwillig

willingness ['wɪlɪŋnəs] *n no pl* (*readiness*) Bereitschaft *f*

willow ['wɪləʊ] *n* BOT Weide *f*

willowy ['wɪləʊi] *adj person* gertenschlank

willpower *n no pl* Willenskraft *f*

wilt¹ [wɪlt] *intr verb* ❶ (*droop*) *plants* [ver]welken ❷ (*lose energy*) *person* schlappmachen *fam*

wilt² [wɪlt, ᵊlt] (*old*) *2nd pers sing of* **will**

wily ['waɪli] *adj* listig; *deception, plan* raffiniert; *person also* gewieft

win [wɪn] **I.** *tr verb* <won, won> ❶ gewinnen; **to ~ an election** eine Wahl gewinnen; **to ~ a victory** einen Sieg erringen; **to ~ sb's approval** jds Anerkennung finden ❷ (*extract*) *ore, coal* abbauen **II.** *intr verb* <won, won> gewinnen; **to ~ hands down** (*fam*) spielend gewinnen **III.** *n* Sieg *m;* **away/home ~** Auswärts-/Heimsieg *m* ◆ **win back** *tr verb* etw ◆ **win over** *tr verb* (*persuade*) überzeugen; (*gain support*) jdn für sich gewinnen ◆ **win through** *intr verb* [letztlich] Erfolg haben

wince [wɪn(t)s] **I.** *n* Zusammenzucken *nt* **II.** *intr verb* zusammenzucken

W

wind¹ [wɪnd] **I.** *n* ❶ (*current of air*) Wind *m;* **gust of ~** Windböe *f* ❷ *no pl* (*breath*) Atem *m* ❸ *no pl* (*meaningless words*) **he's full of ~** er ist ein Schaumschläger ❹ *no pl* (*flatulence*) Blähungen *Pl* ❺ MUS **the ~s** die [Blech]bläser(innen) *mpl(fpl)* **II.** *tr verb* ❶ (*knock breath out*) **to ~ sb** jdm den Atem nehmen ❷ BRIT **to ~ a baby** ein Baby ein Bäuerchen machen lassen

wind² [waɪnd] **I.** *n* ❶ (*bend*) Windung *f; of a river* Schleife *f* ❷ (*turn*) Umdrehung *f;* **to give sth a ~** etw aufziehen **II.** *tr verb* <wound, wound> ❶ *a clock, watch* aufziehen ❷ (*turn*) winden, kurbeln **III.** *intr verb* <wound, wound> *stream, road* sich schlängeln ◆ **wind down I.** *tr verb* ❶ (*lower*) *a car window* herunterkurbeln ❷ (*gradually reduce*) zurückschrauben; *a business* auflösen **II.** *intr verb* ❶ (*become less active*) ruhiger werden ❷ (*cease*) auslaufen ◆ **wind up I.** *tr verb* ❶ (*raise*) hochziehen ❷ TECH aufziehen ❸ BRIT (*fam*) **to ~ up** ⊂ **sb** (*tease*) jdn aufziehen **II.** *intr verb* ❶ (*fam: end up*) enden; **to ~ up in prison** im Gefängnis landen ❷ (*bring to an end*) schließen

windbreak *n* Windschutz *m*

wind energy *n no pl* Windenergie *f*

winder ['waɪndəʳ] *n* (*winding device*) Aufziehschraube *f;* (*for clock*) Schlüssel *m*

windfall *n* ❶ (*fruit*) **~s** Fallobst *nt kein Pl* ❷ (*money*) warmer [Geld]regen *fam*

wind farm *n* Windpark *m*

winding ['waɪndɪŋ] **I.** *adj path, river* gewunden; *road* kurvenreich **II.** *n* ❶ *no pl* (*of course*) Windung *f* ❷ ELEC (*coils*) Wicklung *f*

winding rope *n* Wickelseil *nt*

wind instrument *n* Blasinstrument *nt*

windmill *n* ❶ (*for grinding*) Windmühle *f* ❷ (*wind turbine*) Windrad *nt*

window ['wɪndəʊ] *n* ❶ (*in building*) Fenster *nt;* **bay ~** Erkerfenster *nt;* **French ~** Verandatür *f* ❷ (*of shop*) Schaufenster *nt* ❸ (*of vehicle*) [Fenster]scheibe *f* ❹ COMPUT Fenster *nt*

window box *n* Blumenkasten *m* **window cleaner** *n* ❶ (*person*) Fensterputzer(in) *m(f)* ❷ *no pl* (*detergent*) Glasreiniger *m* **window envelope** *n* Fenster[brief]umschlag *m* **window frame** *n* Fensterrahmen *m* **window pane** *n* Fensterscheibe *f* **window-shopping** *n no pl* Schaufensterbummel *m* **window sill** *n* (*inside*) Fensterbank *f;* (*outside*) Fenstersims *m o nt*

wind power *n no pl* ❶ (*force of wind*) Windkraft *f* ❷ ECOL Windenergie *f*

windscreen *n* BRIT, AUS Windschutzscheibe *f*
windscreen wiper *n* BRIT, AUS Scheibenwischer *m*
windshield *n* AM (*windscreen*) Windschutzscheibe *f*
windsurfer ['wɪn(d)ˌsɜːfəʳ] *n* Windsurfer(in) *m(f)*
windsurfing ['wɪn(d)ˌsɜːfɪŋ] *n no pl* Windsurfen *nt*
wind tunnel *n* Windkanal *m*
windward ['wɪn(d)wəd] NAUT **I.** *adj, adv* windwärts **II.** *n* Windseite *f*
windy[1] ['wɪndi] *adj* ① METEO windig; **a ~ street** eine zugige Straße ② (*of digestion*) blähend
windy[2] ['waɪndi] *adj* (*curvy*) gewunden
wine [waɪn] **I.** *n* Wein *m;* **red/white ~** Rot-/Weißwein *m* **II.** *tr verb* **to ~ and dine sb** jdn fürstlich bewirten **III.** *intr verb* **to ~ and dine** fürstlich essen
wine cooler *n* Weinkühler *m* **wine glass** *n* Weinglas *nt* **wine list** *n* Weinkarte *f* **wine tasting** *n* Weinprobe *f* **wine waiter** *n* BRIT Weinkellner(in) *m(f)*
wing [wɪŋ] *n* ① ZOOL *of a bird* Flügel *m* ② AVIAT Tragfläche *f* ③ ARCHIT *of a building* Flügel *m* ④ FBALL Flügel *m;* **to play left ~** Linksaußen spielen; **to play right ~** Rechtsaußen spielen
winger ['wɪŋəʳ] *n* FBALL (*on the left wing*) Linksaußen *m*
wing nut *n* Flügelmutter *f*
wingspan *n* Flügelspannweite *f*
wink [wɪŋk] **I.** *intr verb* zwinkern; **to ~ at sb** jdm zuzwinkern **II.** *tr verb* **to ~ one's eye** [mit den Augen] zwinkern **III.** *n* [Augen]zwinkern *nt;* **to give sb a ~** jdm zuzwinkern ▶ **in the ~ of an eye** in einem Augenblick; **to not sleep a ~** kein Auge zutun
winner ['wɪnəʳ] *n* ① (*sb that wins*) Gewinner(in) *m(f);* (*in competition*) Sieger(in) *m(f)* ② SPORTS (*fam: goal*) Siegestor *nt*
winning ['wɪnɪŋ] **I.** *adj attr* (*that wins*) Gewinn-; (*in competition*) Sieger-; **on the ~ side** auf der Gewinnerseite; **to be on a ~ streak** eine Glückssträhne haben **II.** *n* **~s** Gewinn *m*
winter ['wɪntəʳ] **I.** *n* Winter *m;* **in [the] ~** im Winter **II.** *intr verb animals* überwintern; *person* den Winter verbringen
winter sports *npl* Wintersport *m kein Pl*
wint[e]ry ['wɪntri] *adj* ① (*typical of winter*) winterlich ② (*fig: unfriendly*) *greeting, smile* frostig
win-win situation *n* (*fam*) Situation, die für alle Beteiligten vorteilhaft ist *f,* Win-win-Situation *f*
wipe [waɪp] **I.** *tr verb* ① (*clean*) abwischen; *feet* abtreten ② (*dry*) *hands, dishes* abtrocknen ③ (*erase*) *cassette, disk* löschen **II.** *intr verb* BRIT, AUS abtrocknen **III.** *n* ① (*act of cleaning*) Wischen *nt* ② (*tissue*) Reinigungstuch *nt* ◆**wipe down** *tr verb* abwischen; (*with water*) abwaschen ◆**wipe off** *tr verb* ① (*clean*) wegwischen; *from hand, shoes, surface* abwischen ② (*erase*) löschen ▶ **to ~ the smile off sb's face** dafür sorgen, dass jdm das Lachen vergeht ◆**wipe out** **I.** *tr verb* ① (*clean inside of*) auswischen ② (*destroy*) auslöschen; **to ~ out a disease** eine Krankheit ausrotten **II.** *intr verb esp* AM, AUS (*fam: have accident*) einen Unfall bauen ◆**wipe up** **I.** *tr verb* aufwischen; (*dry*) abtrocknen **II.** *intr verb* abtrocknen
wiper ['waɪpəʳ] *n* ① AUTO [Scheiben]wischer *m* ② TECH Abstreifer *m*
wiper blade *n* Wischerblatt *nt*
wire ['waɪəʳ] **I.** *n* ① *no pl* Draht *m* ② ELEC Leitung *f* ▶ **to get one's ~s crossed** aneinander vorbeireden; **to be a live ~** (*fam*) ein Energiebündel sein **II.** *tr verb* ① **to ~ sth to sth** etw mit Draht an etw *Akk* binden ② ELEC mit elektrischen Leitungen versehen ③ *esp* AM **to ~ sb money** jdm telegrafisch Geld überweisen **III.** *intr verb* telegrafieren
wireless ['waɪələs] **I.** *n* <*pl* -es> BRIT (*dated*) ① (*set*) Radioapparat *m,* Radio *nt* ② *no pl* (*radio*) **on the ~** im Rundfunk **II.** *adj* (*lacking wire*) drahtlos; (*radio*) Funk-, Radio-
wirelessly ['waɪələsli] *adv* COMPUT, INET drahtlos
wireless networking *n* COMPUT drahtlose Vernetzung **wireless operator** *n* AVIAT Funker(in) *m(f)*
wirephoto *n* ① (*process*) Bildtelegrafie *f ohne Pl* ② (*picture*) Bildtelegramm *nt*
wiretapping [-ˌtæpɪŋ] *n no pl* Abhören *nt* von Telefonleitungen

wire transfer *n* AM telegrafische Geldüberweisung
wiring ['waɪərɪŋ] *n no pl* ELEC ❶ (*system of wires*) elektrische Leitungen *Pl* ❷ (*electrical installation*) Stromverlegen *nt;* **to do the ~** die elektrischen Leitungen verlegen
wiring diagram *n* Schaltplan *m*
wisdom ['wɪzdəm] *n no pl* (*good judgement*) Weisheit *f;* (*sensibleness*) Klugheit *f*
wisdom tooth *n* Weisheitszahn *m*
wise [waɪz] **I.** *adj* ❶ weise *geh,* klug; (*sensible*) vernünftig; **~ words** weise Worte; **a ~ choice** eine gute Wahl ❷ *pred* (*fam: aware*) **to get ~ to sb** jdn durchschauen ❸ *esp* AM (*fam: cheeky*) **to act ~** dreist sein **II.** *n* **the ~** *pl* die Weisen ◆**wise up** *intr verb esp* AM (*fam*) **to ~ up** aufwachen *fig;* **to ~ up to sb** jdn durchschauen; **to ~ up to sth** etw spitzkriegen
wise guy *n* (*pej fam*) Klugschwätzer *m*
wish [wɪʃ] **I.** *n* <*pl* -es> ❶ Wunsch *m,* Verlangen *nt;* **to have a ~** sich *Dat* etwas wünschen; **to grant sb a ~** jdm einen Wunsch erfüllen; **to make a ~** sich *Dat* etwas wünschen ❷ (*regards*) **~es** Grüße *Pl;* **with best ~es** mit den besten Wünschen; (*at end of letter*) mit herzlichen Grüßen **II.** *tr verb* ❶ wünschen; **to ~ [that] ...** sich *Dat* wünschen, dass ...; **I ~ you were here** ich wünschte, du wärst hier ❷ (*form: want*) **I ~ to make a complaint** ich möchte mich beschweren ❸ (*express greetings*) **to ~ sb happy birthday** jdm zum Geburtstag gratulieren **III.** *intr verb* ❶ (*want*) wollen, wünschen; **[just] as you ~** [ganz] wie Sie wünschen ❷ (*make a wish*) **to ~ for sth** sich *Dat* etw wünschen
wishful ['wɪʃfᵊl] *adj* ❶ (*desirous*) sehnsuchtsvoll ❷ (*fanciful*) traumverloren
wish list *n* Wunschliste *f*
wisp [wɪsp] *n* (*small bundle*) Büschel *nt;* **~s of cloud** Wolkenfetzen *Pl*
wispy ['wɪspi] *adj* dünn; *person* schmächtig
wistful ['wɪs(t)fᵊl] *adj note, smile* wehmütig; *glance, look* sehnsüchtig
wit [wɪt] *n* ❶ *no pl* (*humour*) Witz *m;* **dry ~** trockener Humor ❷ *no pl* (*intelligence*) Verstand *m* ❸ (*practical intelligence*) **~s** geistige Fähigkeiten ▶ **to be at one's ~s' end** mit seiner Weisheit am Ende sein
witch <*pl* -es> [wɪtʃ] *n* Hexe *f*
witchcraft *n no pl* Hexerei *f* **witch doctor** *n* Medizinmann *m* **witch-hunt** *n* Hexenjagd *f*
with [wɪθ] *prep* ❶ mit +*Dat;* **~ friends** mit Freunden; **to talk ~ sb** mit jdm reden; **to have something/nothing to do ~ sb/sth** etwas/nichts mit jdm/etw zu tun haben; **~ a look of surprise** mit einem erstaunten Gesichtsausdruck; **~ that ...** [und] damit ...; **the value could decrease ~ time** der Wert könnte mit der Zeit sinken; **~ the wind/tide/current** mit dem Wind/der Flut/Strömung; **she paints ~ watercolours** sie malt mit Wasserfarben ❷ (*in circumstances of, while*) **~ things the way they are** so wie die Dinge sind ❸ (*in a state of*) vor +*Dat;* **she was shaking ~ rage** sie zitterte vor Wut ❹ (*in company of*) bei +*Dat;* **to stay ~ relatives** bei Verwandten übernachten
withdraw <-drew, -drawn> [wɪð'drɔː] **I.** *tr verb* ❶ (*remove*) herausziehen; **to ~ one's hand** seine Hand zurückziehen ❷ (*from bank account*) abheben ❸ *coins, notes, stamps* aus Verkehr ziehen ❹ (*cancel*) *an accusation* zurücknehmen **II.** *intr verb* ❶ (*retreat*) MIL *a.* sich zurückziehen ❷ (*stop taking part in*) **to ~ from college** vom College abgehen ❸ (*fig: become incommunicative*) sich zurückziehen
withdrawal [wɪð'drɔːᵊl] *n* ❶ FIN [Geld]abhebung *f* ❷ MIL Rückzug *m* ❸ *no pl* (*taking back*) Zurücknehmen *nt;* (*cancel*) Zurückziehen *nt; from a contract* Rücktritt *m* ❹ *no pl from drugs* Entzug *m* **withdrawal symptoms** *npl* Entzugserscheinungen *Pl*
wither ['wɪðəʳ] **I.** *intr verb* ❶ (*of plants*) verdorren ❷ *person* verfallen; **to ~ with age** mit dem Alter an Vitalität verlieren **II.** *tr verb* **age cannot ~ her** das Alter kann ihr nichts anhaben
withering ['wɪðrɪŋ] **I.** *adj* ❶ (*destructive*) *fire* verzehrend *geh* ❷ (*contemptuous*) *look* vernichtend **II.** *n no pl* (*becoming shrivelled*) Verdorren *nt*
withhold <-held, -held> [wɪθ'həʊld] *tr*

W

verb (*not give*) zurückhalten; **to ~ sth from sb** jdm etw vorenthalten
within [wɪ'ðɪn] **I.** *prep* innerhalb +*Gen;* **~ the EU** innerhalb der EU; **~ sight/earshot/reach** in Sicht-/Hör-/Reichweite; **~ hours/minutes/six months** innerhalb von Stunden/Minuten/sechs Monaten **II.** *adv* innen; **from ~** von innen [heraus]
without [wɪ'ðaʊt] **I.** *prep* ohne +*Akk;* **~ a dime** ohne einen Pfennig; **~ warning/delay** ohne [Vor]warnung/Verzögerung; **~ sugar** ohne Zucker **II.** *adv* (*liter*) **from ~** von außen
withstand <-stood, -stood> [wɪð'stænd, wɪθ-] *tr verb* **to ~ sb/sth** jdm/etw standhalten; **to ~ temptation** der Versuchung widerstehen
witless ['wɪtləs] *adj* dumm; *person also* einfältig; **to be scared ~** Todesängste ausstehen
witness ['wɪtnəs] **I.** *n* <*pl* -es> ① Zeuge *m*/Zeugin *f* (**to** +*Gen*); **~ [to a marriage]** Trauzeuge/-zeugin; **key ~ for the defence** Hauptentlastungszeuge/-zeugin ② *no pl* (*form: proof*) Zeugnis *nt geh;* **to bear ~ to sth** von etw *Dat* zeugen *geh* **II.** *tr verb* ① (*see*) beobachten; **to ~ sb doing sth** sehen, wie jd etw tut ② (*attest*) bestätigen; **to ~ a will** ein Testament als Zeuge/Zeugin unterschreiben
witness box *n esp* BRIT, **witness stand** *n esp* AM Zeugenstand *m kein Pl*
witticism ['wɪtɪsɪzᵊm] *n* Witzelei *f*
witty ['wɪti] *adj* (*clever*) geistreich; (*funny*) witzig
wives [waɪvz] *n pl of* **wife**
wizard ['wɪzəd] *n* ① (*magician*) Zauberer *m* ② (*expert*) Genie *nt oft hum;* **computer/financial ~** Computer-/Finanzgenie *nt*
WMD [ˌdʌbl̩juːem'diː] *n abbrev of* **weapons of mass destruction** Massenvernichtungswaffen *Pl*
wobble ['wɒbl̩] **I.** *intr verb* ① (*move*) wackeln; *wheel* eiern *fam; jelly, fat* schwabbeln *fam* ② (*tremble*) zittern **II.** *tr verb* rütteln **III.** *n usu sing* Wackeln *nt kein Pl*
wobbly ['wɒbl̩i] *adj* ① (*unsteady*) wack[e]lig; **I've got a ~ tooth** bei mir wackelt ein Zahn ② (*wavering*) zittrig
wok [wɒk] *n* Wok *m*
woke [wəʊk] *tr verb, vi pt of* **wake**
woken [wəʊkᵊn] *tr verb, vi pp of* **wake**
wolf [wʊlf] *n* <*pl* wolves> Wolf *m* ▸ **to cry ~** blinden Alarm schlagen
wolves [wʊlvz] *n pl of* **wolf**
woman ['wʊmən, *pl* wɪmɪn] **I.** *n* <*pl* women> ① (*female*) Frau *f* ② (*fam: used as term of address*) Weib *pej* **II.** *adj* weiblich; **a ~ driver** eine Frau am Steuer; **~ police officer** Polizistin *f*
womb [wuːm] *n* Mutterleib *m;* MED Gebärmutter *f*
women ['wɪmɪn] *n pl of* **woman**
women's centre *n* Frauenzentrum *nt*
women's lib [-'lɪb] *n* (*dated fam*) *short for* **women's liberation** Frauen[rechts]bewegung *f*
won [wʌn] *tr verb, vi pt, pp of* **win**
wonder ['wʌndəʳ] **I.** *tr verb* ① (*ask oneself*) sich fragen; **it makes you ~ why they ...** man fragt sich [schon], warum sie ... ② (*feel surprise*) **to ~ that ...** überrascht sein, dass ... **II.** *intr verb* ① (*ask oneself*) sich fragen; **to ~ about sb/sth** sich Gedanken über jdn/etw machen ② (*feel surprise*) **to ~ at sb/sth** sich über jdn/etw wundern **III.** *n* ① *no pl* (*feeling*) Staunen *nt,* Verwunderung *f* ② (*marvel*) Wunder *nt;* **no ~ ...** kein Wunder, dass ...; **to work ~s** [wahre] Wunder wirken
wonder drug *n* Wundermittel *nt*
wonderful ['wʌndəfᵊl] *adj* wunderbar
wonderland *n* Wunderland *nt;* **winter ~** winterliche Märchenlandschaft
wonky ['wɒŋki] *adj* BRIT, AUS (*fam*) ① (*unsteady*) wack[e]lig *a. fig* ② (*askew*) schief
won't [wəʊnt] = **will not** *see* **will**[1]
woo [wuː] *tr verb* (*attract*) **to ~ customers/voters** Kunden/Wähler umwerben
wood [wʊd] *n* ① *no pl* Holz *nt;* **block of ~** Holzklotz *m* ② (*forest*) **~s** Wald *m* ▸ **touch ~!** unberufen!
wooded ['wʊdɪd] *adj* bewaldet; **~ area** Waldgebiet *nt*
wooden ['wʊdᵊn] *adj* ① (*made of wood*) Holz-, hölzern, aus Holz ② (*fig, pej: stiff*) *movements* hölzern
woodland *n* **~** [*or* **~s**] Wald *m* **wood panelling** *n no pl* Holzverkleidung *f* **woodpecker** *n* Specht *m* **woodpile** *n* Holzstoß *m* **woodshed** *n* Holzschup-

W

pen *m* **woodwind** *n* MUS ❶ (*instrument*) Holzblasinstrument *nt* ❷ + *sing/pl verb* **the ~** (*orchestra section*) die Holzbläser *Pl* **woodwork** *n no pl* ❶ (*parts of building*) Holzwerk *nt* ❷ BRIT (*carpentry*) Tischlern *nt* **woodworm** <*pl* -> *n* ❶ (*larva*) Holzwurm *m* ❷ *no pl* (*damage*) Wurmfraß *m*

woody ['wʊdi] *adj* ❶ HORT holzig, Holz- ❷ FOOD holzig ❸ (*wooded*) bewaldet

wool [wʊl] *n no pl* Wolle *f;* **ball of ~** Wollknäuel *nt*

woolen *adj* AM *see* **woollen**

woollen ['wʊlən] *adj* wollen, aus Wolle; **~ dress** Wollkleid *nt*

woolly ['wʊli] *adj* ❶ Woll-, wollen ❷ (*vague*) verschwommen

wool trade *n* Wollhandel *m*

wooly *adj* AM *see* **woolly**

Worcester sauce [ˌwʊstəʳ'sɔːs] *n* BRIT, **Worcestershire sauce** [ˌwʊstəʃəʳ'sɔːs] *n* AM, AUS Worcestersoße *f*

word [wɜːd] **I.** *n* ❶ Wort *nt;* **hush, not a ~!** pst, keinen Mucks!; **or ~s to that effect** oder so ähnlich; **in other ~s** mit anderen Worten; **in a ~** um es kurz zu sagen ❷ *no pl* (*short conversation*) [kurzes] Gespräch; (*formal*) Unterredung *f;* **to have a ~ with sb [about sth]** mit jdm [über etw *Akk*] sprechen ❸ *no pl* (*news*) Nachricht *f;* (*message*) Mitteilung *f* ❹ *no pl* (*order*) Kommando *nt;* **to give the ~** den Befehl geben ❺ (*remark*) Bemerkung *f;* **~ of warning** Warnung *f* ❻ *no pl* (*promise*) Wort *nt,* Versprechen *nt;* **to go back on one's ~** sein Wort brechen ❼ *no pl* (*statement of facts*) **to take sb's ~ for it [that ...]** jdm glauben, dass ... ❽ (*lyrics*) **~s** Text *m* ▶ **~ of honour** Ehrenwort *nt;* **to keep one's ~** sein Wort halten; **to repeat sth ~ for ~** etw wortgetreu wiedergeben **II.** *tr verb* **to ~ sth** etw formulieren

word-for-word *adj* [wort]wörtlich

W **wording** ['wɜːdɪŋ] *n no pl* ❶ (*words used*) Formulierung *f* ❷ (*manner of expression*) Formulieren *nt*

word order *n no pl* Wortstellung *f* **word-perfect** *adj pred* textsicher **word processor** *n* ❶ (*computer*) Textverarbeitungssystem *nt* ❷ (*program*) Textverarbeitungsprogramm *nt*

wordy ['wɜːdi] *adj* (*pej*) langatmig, weitschweifig

wore [wɔːʳ] *tr, intr verb, pt of* **wear**

work [wɜːk] **I.** *n* ❶ *no pl* Arbeit *f;* **good ~!** gute Arbeit!; **to look for ~** auf Arbeitssuche sein; **to be at ~** bei der Arbeit sein ❷ (*construction, repairs*) **~s** Arbeiten *Pl;* **building/road ~s** Bau-/Straßenarbeiten *Pl* ❸ ART, LIT, MUS Werk *nt* **II.** *intr verb* ❶ arbeiten; **to ~ like a slave** AM, AUS (*fam*) wie ein Tier schuften; **to ~ at/on sth** an etw *Dat* arbeiten ❷ (*have an effect*) sich auswirken; **to ~ in sb's favour** sich zu jds Gunsten auswirken ❸ (*function*) funktionieren; **my cell phone doesn't ~** mein Handy geht nicht **III.** *tr verb* ❶ arbeiten; **to ~ oneself to death** (*fam*) sich zu Tode arbeiten ❷ (*operate*) *machine* bedienen; *equipment* betätigen ❸ (*move*) **to ~ one's way up** sich hocharbeiten; **to ~ sth free/loose** etw losbekommen/lockern ❹ (*mix, rub*) **to ~ sth into sth** etw in etw *Akk* einarbeiten ❺ (*cultivate*) **to ~ the land** das Land bewirtschaften ◆**work away** *intr verb* vor sich hinarbeiten ◆**work in** *tr verb* (*mix in, rub in*) einarbeiten; *food* hineingeben ◆**work off** *tr verb* ❶ (*counter effects of*) abarbeiten; **to ~ off stress** Stress abbauen ❷ (*pay by working*) *a debt, a loan* abtragen ◆**work out I.** *tr verb* ❶ (*calculate*) errechnen, ausrechnen ❷ (*develop*) ausarbeiten; **to ~ out a solution** eine Lösung erarbeiten ❸ (*understand*) verstehen ❹ (*figure out*) **to ~ out ↻ sth** hinter etw *Akk* kommen **II.** *intr verb* ❶ (*amount to*) **to ~ out cheaper/more expensive** billiger/teurer kommen ❷ (*develop*) sich entwickeln; (*progress*) laufen *fam;* **to ~ out well** gut laufen *fam* ❸ (*do exercise*) trainieren ◆**work round** *intr verb* (*fam: approach cautiously*) **what are you ~ing round to?** worauf willst du hinaus? ◆**work up I.** *tr verb* ❶ (*generate*) **to ~ up an appetite** Appetit bekommen; **to ~ up courage** sich *Dat* Mut machen ❷ (*upset, make angry*) **to ~ oneself/sb up** sich/jdn aufregen ❸ (*develop*) **to ~ up a sweat** ins Schwitzen kommen ❹ (*prepare*) **to ~ oneself up to sth** sich auf etw *Akk* vorbereiten **II.** *intr verb* (*progress to*) **to ~ up to sth** sich zu etw hocharbeiten

workaholic [ˌwɜːkəˈhɒlɪk] *n* (*fam*) Workaholic *m*, Arbeitssüchtige(r) *f(m)*, Arbeitstier *nt oft pej*

workbench *n* Werkbank *f* **workbook** *n* Arbeitsbuch *nt* **workday** *n* AM, AUS ❶ (*time at work*) Arbeitstag *m* ❷ (*not holiday*) Werktag *m*

worker [ˈwɜːkəʳ] *n* Arbeiter(in) *m(f)*; **blue-collar ~** [Fabrik]arbeiter(in) *m(f)*; **white-collar ~** [Büro]angestellte(r) *f(m)*; **the ~s** *pl* POL die Arbeiter *Pl*

work ethic *n* Arbeitsethos *nt*

workforce *n* + *sing/pl verb* Belegschaft *f*, Betriebspersonal *nt*

working [ˈwɜːkɪŋ] **I.** *adj attr* ❶ (*pertaining to work*) Arbeits-; **~ conditions** Arbeitsbedingungen *Pl* ❷ (*employed*) berufstätig ❸ (*functioning*) funktionierend *attr*; **~ order** Betriebsfähigkeit *f* **II.** *n no pl* (*activity*) Arbeiten *nt*, Arbeit *f* ▸ **the ~s of fate** die Wege des Schicksals

working-class *adj* der Arbeiterklasse *nachgestellt*; **a ~ family** eine Arbeiterfamilie **working-out** *n no pl* MATH Rechenweg *m*

workload *n* Arbeitspensum *nt kein Pl*; TECH Leistungsumfang *m*

workman *n* ❶ (*craftsman*) Handwerker *m* ❷ (*worker*) Arbeiter *m*

workmanlike *adj* ❶ (*approv: skilful*) fachmännisch ❷ (*pej: sufficient*) annehmbar

workmanship [ˈwɜːkmənʃɪp] *n no pl* Verarbeitung[sgüte] *f*; **fine/shoddy/solid ~** feine/schludrige/solide Verarbeitung

work of art *n* Kunstwerk *nt*

workout *n* SPORTS Training *nt*

work permit *n* Arbeitserlaubnis *f*, Arbeitsgenehmigung *f* **workplace** *n* Arbeitsplatz *m*

works committee *n*, **works council** *n* Betriebsrat *m*

work-sharing *n* Arbeitsteilung *f*

workshop *n* ❶ (*room*) Werkstatt *f* ❷ (*meeting*) Workshop *m*

works manager *n* Betriebsleiter(in) *m(f)* **works outing** *n* Betriebsausflug *m*

workstation *n* ❶ COMPUT Workstation *f fachspr* ❷ (*work area*) Arbeitsplatz *m*

worktop *n* BRIT Arbeitsfläche *f*

workweek *n* AM Arbeitswoche *f*

world [wɜːld] *n* ❶ *no pl* (*earth*) **the ~** die Welt, die Erde ❷ (*planet*) Welt *f* ❸ (*society*) **the ancient/modern ~** die antike/moderne Welt ❹ *no pl* (*life*) **to be in a ~ of one's own** in seiner eigenen Welt sein ▸ **the ~ is sb's oyster** jdm steht die Welt offen; **to be ~s apart** Welten auseinanderliegen; **to mean [all] the ~ to sb** jds Ein *nt* und Alles sein; **not for [all] the ~** nie im Leben; **what/who/how in the ~** was/wer/wie um alles in der Welt

World Bank *n no pl* **the ~** die Weltbank

world congress *n* Weltkongress *m*

World Cup *n* ❶ (*competition*) Weltmeisterschaft *f*; (*in soccer*) Fußballweltmeisterschaft *f* ❷ (*trophy*) Worldcup *m*, Weltpokal *m* **world-famous** *adj* weltberühmt

worldly [ˈwɜːldli] *adj attr* (*physical*) weltlich; **~ goods** materielle Güter

world record *n* Weltrekord *m* **world war** *n* Weltkrieg *m*; **World War I/II** der Erste/Zweite Weltkrieg

worldwide [ˌwɜːldˈwaɪd] **I.** *adj* weltweit; **of ~ reputation** von Weltruf **II.** *adv* weltweit; **to travel ~** die ganze Welt bereisen

worm [wɜːm] **I.** *n* Wurm *m*; **to have ~s** Würmer haben **II.** *tr verb* (*wriggle*) **to ~ one's way through the crowd** sich *Dat* einen Weg durch die Menge bahnen

worn [wɔːn] **I.** *tr, intr verb, pp of* **wear** **II.** *adj* (*damaged*) abgenutzt; *carpet* abgetreten

worn out *adj pred*, **worn-out** *adj attr* ❶ (*exhausted*) *person* erschöpft ❷ (*damaged*) *clothes* verschlissen

worried [ˈwʌrɪd] *adj* beunruhigt, besorgt; **to be ~ about sb/sth** sich *Dat* um jdn/etw Sorgen machen

worry [ˈwʌri] **I.** *intr verb* <-ie-> sich *Dat* Sorgen machen (**about** um) ▸ **not to ~!** (*fam*) keine Sorge! **II.** *tr verb* <-ie-> ❶ (*cause worry*) beunruhigen ❷ (*bother*) stören **III.** *n* ❶ *no pl* (*state of anxiety*) Sorge *f*, Besorgnis *f* ❷ (*source of anxiety*) Sorge *f*

worrying [ˈwʌriɪŋ] *adj* Besorgnis erregend, beunruhigend

worse [wɜːs] **I.** *adj comp of* **bad** schlechter; (*more difficult, unpleasant*) schlimmer ▸ **[a bit] the ~ for wear**

W

(*fam*) [ziemlich] mitgenommen **II.** *adv comp of* **badly** ① (*less well*) schlechter ② (*to introduce statement*) **even ~, ...** was noch schlimmer ist, ... **III.** *n no pl* **the ~** das Schlechtere

worsen ['wɜːsᵊn] **I.** *intr verb* sich verschlechtern **II.** *tr verb* verschlechtern

worship ['wɜːʃɪp] **I.** *n no pl* ① (*homage*) Verehrung *f;* **act of ~** Anbetung *f* ② (*religious service*) Gottesdienst *m* **II.** *tr verb* <Brit -pp- *or* Am *usu* -p-> ① (*revere*) **to ~ a deity** einer Gottheit huldigen *geh* ② (*adore*) vergöttern ③ (*be obsessed with*) besessen sein; **to ~ money** geldgierig sein **III.** *intr verb* <Brit -pp- *or* Am *usu* -p-> beten

worst [wɜːst] **I.** *adj superl of* **bad** ② **the ~ ...** der/die/das schlechteste ...; (*most dangerous*) übelste(r, s), schlimmste(r, s); (*least advantageous*) ungünstigste(r, s) **II.** *adv superl of* **badly** ① (*least well*) am schlechtesten ② (*most severely*) am schlimmsten **III.** *n no pl* **the ~** der/die/das Schlimmste

worth [wɜːθ] **I.** *adj pred* wert; **to be ~ one's weight in gold** Gold wert sein; **to be ~ a try/visit** einen Versuch/Besuch wert sein ▸ **to be [well] ~ it** die Mühe wert sein **II.** *n no pl* Wert *m;* **of comparable/dubious/little ~** von vergleichbarem/zweifelhaftem/geringem Wert

worthless ['wɜːθləs] *adj* wertlos *a. fig*

worthwhile [ˌwɜːθ'(h)waɪl] *adj* lohnend; **to be ~** sich lohnen; **that's hardly ~** das ist kaum der Mühe wert

worthy ['wɜːði] *adj* ① (*form: estimable*) würdig; **~ principles** achtbare Prinzipien ② (*meriting*) **~ of attention/praise** beachtens-/lobenswert

would [wʊd] *aux verb* ① (*in indirect speech*) **they promised that they ~ help** sie versprachen zu helfen ② (*to express condition*) **what ~ you do if ...?** was würdest du tun, wenn ...? ③ (*to express inclination*) **sb ~ rather/sooner do sth** jd würde lieber etw tun ④ (*expressing opinion*) **I ~ imagine that ...** ich könnte mir vorstellen, dass ... ⑤ (*polite question*) **~ you like some cake?** hätten Sie gern ein Stück Kuchen?

W

would-be **I.** *adj attr* Möchtegern- *pej* **II.** *n* Möchtegern *m pej*

wouldn't ['wʊdᵊnt] = **would not** *see* **would**

wound[1] [wuːnd] **I.** *n* ① (*injury*) Wunde *f;* **gunshot/stab/war ~** Schuss-/Stich-/Kriegsverletzung *f* ② (*fig*) PSYCH Wunde *f,* Kränkung *f* **II.** *tr verb* ① (*physically*) verletzen, verwunden ② (*fig*) PSYCH kränken

wound[2] [waʊnd] *tr intr verb, pt, pp of* **wind**

wounded ['wuːndɪd] **I.** *adj* ① (*physically*) verletzt, verwundet ② (*fig*) PSYCH gekränkt, verletzt **II.** *n* **the ~** *pl* die Verletzten; MIL die Verwundeten

woven ['wəʊvᵊn] **I.** *tr, intr verb, pp of* **weave** **II.** *adj* ① (*on loom*) gewebt; **~ fabric** Gewebe *nt* ② (*intertwined*) *basketwork, wreath* geflochten

wow [waʊ] (*fam*) **I.** *interj* wow *sl,* toll! *fam* **II.** *tr verb* **to ~ sb** jdn hinreißen

wrap [ræp] **I.** *n* ① FASHION Umhang *m;* (*stole*) Stola *f* ② *no pl* (*packaging*) Verpackung *f* ③ *usu pl* (*fig: veil of secrecy*) **to keep sth under ~s** etw unter Verschluss halten ④ FOOD [Tortilla]wrap *m* **II.** *tr verb* <-pp-> ① (*cover*) einpacken; *in paper* einwickeln ② (*draw round*) **to ~ sth around sb/sth** etw um jdn/etw wickeln ③ COMPUT **to ~ text/words** Texte/Wörter umbrechen **III.** *intr verb* <-pp-> ① COMPUT umbrechen ② FILM (*fam*) die Dreharbeiten beenden ◆ **wrap up** *tr verb* ① (*completely cover*) einwickeln ② (*dress warmly*) warm einpacken ③ (*conclude*) abschließen; **to ~ up a deal** einen Handel unter Dach und Fach bringen

wrapper ['ræpəʳ] *n* ① (*packaging*) Verpackung *f* ② (*for book*) [Schutz]umschlag *m* ③ Am (*robe*) Umhang *m*

wrapping paper *n no pl* (*for present*) Geschenkpapier *nt;* (*for package*) Packpapier *nt*

wreath [riːθ] *n* Kranz *m*

wreck [rek] **I.** *n* ① (*boat*) [Schiffs]wrack *nt* ② (*vehicle*) Wrack *nt* ③ (*disorganized remains*) Trümmerhaufen *m,* Ruine *f* ④ (*person*) **to be a complete/nervous ~** ein totales/nervliches Wrack sein **II.** *tr verb* ① *ship* **to be ~ed** Schiffbruch erleiden ② (*destroy*) zerstören ③ (*fig: spoil*) ruinieren;

chances, hopes plans zunichtemachen; **to ~ a marriage** eine Ehe zerrütten

wreckage ['rekɪdʒ] *n no pl* Wrackteile *Pl*, Trümmer *Pl a. fig*

wren [ren] *n* Zaunkönig *m*

wrench [ren(t)ʃ] **I.** *n* <*pl* -es> ❶ (*spanner*) Schraubenschlüssel *m* ❷ *usu sing* (*twisting*) Ruck *m* ❸ *usu sing* (*fig: pain caused by a departure*) Trennungsschmerz *m* **II.** *tr verb* ❶ (*twist*) **to ~ sb/sth from sb** jdm jdn/etw entreißen *a. fig*; **to ~ free** losreißen; **to ~ off** abreißen ❷ (*injure*) *a muscle* zerren

wrestle ['resl̩] **I.** *intr verb* ❶ SPORTS ringen ❷ (*fig: struggle*) **to ~ with sth** mit etw ringen **II.** *tr verb* SPORTS ringen **III.** *n* ❶ (*contest*) Ringkampf *m* ❷ (*fig: struggle*) Ringen *nt kein Pl*

wrestler ['resl̩əʳ] *n* Ringer(in) *m(f)*

wrestling ['resl̩ɪŋ] *n no pl* Ringen *nt*

wrestling bout, **wrestling match** *n* Ringkampf *m*

wretched ['retʃɪd] *adj* ❶ (*unhappy*) unglücklich; **to feel ~** sich elend fühlen ❷ (*very bad*) schlimm; *state, condition* jämmerlich ❸ (*to express anger*) verflixt; **it's a ~ nuisance!** so ein Mist!

wriggle ['rɪgl̩] **I.** *intr verb* ❶ (*twist and turn*) sich winden; **to ~ free [of sth]** sich [aus etw] herauswinden ❷ (*move*) schlängeln ► **to ~ off the hook** (*fam*) sich herausreden **II.** *tr verb* **to ~ one's toes in the sand** die Zehen in den Sand graben **III.** *n usu sing* Schlängeln *nt*

wring <wrung, wrung> [rɪŋ] **I.** *n usu sing* [Aus]wringen *nt* **II.** *tr verb* ❶ (*twist*) auswringen ❷ (*break*) **to ~ sb's/an animal's neck** (*a. fig*) jdm/einem Tier den Hals umdrehen ❸ (*squeeze*) **to ~ sb's hand** jdm fest die Hand drücken

wrinkle ['rɪŋkl̩] **I.** *n* (*in the face*) Falte *f*; (*in a material*) Knitterfalte *f* **II.** *tr verb* zerknittern ► **to ~ one's brow** die Stirn runzeln **III.** *intr verb face, skin* Falten bekommen; *material* zerknittern

wrinkled ['rɪŋkl̩d] *adj face, skin* faltig; *clothes* zerknittert

wrinkle-free *adj* knitterfrei

wrist [rɪst] *n* ANAT Handgelenk *nt*; **to slash one's ~s** sich *Dat* die Pulsadern aufschneiden

wristband *n* ❶ (*strap*) Armband *nt* ❷ (*absorbent material*) Schweißband *nt*

wristwatch *n* Armbanduhr *f*

write <wrote, written *or old* writ> [raɪt] **I.** *tr verb* ❶ schreiben; *cheque, prescription* ausstellen; *book, song* schreiben; **to ~ a test** CAN einen Test schreiben ❷ COMPUT **to ~ sth to sth** etw auf etw *Dat* speichern **II.** *intr verb* ❶ schreiben; **to know how to read and ~** Lesen und Schreiben können ❷ COMPUT speichern ◆**write away** *intr verb* **to ~ away for sth** etw [schriftlich] anfordern ◆**write back** *tr verb, vi* zurückschreiben ◆**write down** *tr verb* aufschreiben ◆**write in** *tr verb* (*put in*) **to ~ in ⇄ sth** (*in text*) etw einfügen; (*in form*) etw eintragen ◆**write off I.** *intr verb* **to ~ off for sth** etw [schriftlich] anfordern **II.** *tr verb* ❶ (*dismiss*) abschreiben *fam* ❷ FIN *an asset, a debt* abschreiben ◆**write out** *tr verb* ❶ (*remove*) streichen ❷ (*write in full*) ausschreiben ◆**write up** *tr verb* ❶ *an article, notes* ausarbeiten ❷ (*critique*) **to ~ up a concert/film/play** eine Kritik zu einem Konzert/Film/Stück schreiben

write-off *n* ❶ BRIT (*vehicle*) **to be a complete ~** ein absoluter Totalschaden sein ❷ (*worthless person*) Versager(in) *m(f)*; (*worthless event*) Reinfall *m* ❸ FIN Abschreibung *f*

writer ['raɪtəʳ] *n* ❶ (*person who writes*) Verfasser(in) *m(f)* ❷ (*author*) Autor(in) *m(f)*; **sports ~** Sportreporter(in) *m(f)*; **travel ~** Reiseschriftsteller(in) *m(f)*

writer-in-residence *n* <*pl* -s-in-residence> *Schriftsteller, der Gast an einer Universität oder einer anderen Institution ist und dort Workshops und Ähnliches veranstaltet*

write-up *n of a play, a film* Kritik *f*; *of a book* Kritik, Rezension *f*

writing ['raɪtɪŋ] *n no pl* ❶ (*skill*) Schreiben *nt*; **in ~** schriftlich ❷ (*occupation*) Schriftstellerei *f* ❸ (*literature*) Literatur *f*

writing desk *n* Schreibtisch *m* **writing paper** *n no pl* Schreibpapier *nt*

written ['rɪtᵊn] **I.** *tr verb, vi pp of* **write** **II.** *adj* schriftlich; **the ~ word** das geschriebene Wort ► **to be ~ in the stars** in den Sternen stehen

wrong [rɒŋ] **I.** *adj* ❶ falsch; **it's all ~** das ist völlig verkehrt; **he got the answer ~**

er hat die falsche Antwort gegeben ❷ *pred* (*amiss*) **is there anything ~?** stimmt etwas nicht? ❸ (*morally reprehensible*) verwerflich *geh;* **it was ~ of her to ...** es war nicht richtig von ihr, ... **II.** *adv* ❶ falsch; **to spell sth ~** etw falsch buchstabieren ❷ (*morally reprehensible*) falsch ❸ (*amiss*) **to go ~** schiefgehen *fam* **III.** *n* ❶ *no pl* (*moral reprehensibility*) **to know right from ~** zwischen Recht und Unrecht unterscheiden können ❷ *no pl* (*unjust action*) Unrecht *nt*

wrongful ['rɒŋfᵊl] *adj* unrechtmäßig

wrongly ['rɒŋli] *adv* fälschlicherweise; (*incorrectly*) falsch; **to ~ convict sb of a crime** jdn zu Unrecht verurteilen

wrote [rəʊt] *tr verb, vi pt of* **write**

wrung [rʌŋ] *tr verb pt, pp of* **wring**

wry <-ier, -iest *or* -er, -est> [raɪ] *adj usu attr comments, humour* trocken; *smile* bitter

WSW *abbrev of* **west southwest** WSW

WW *n abbrev of* **World War** Weltkrieg *m*

Xx

X <*pl* -s *or* -'s>, **x** <*pl* -'s> [eks] *n* X *nt,* x *nt; see also* **A 1**

x [eks] **I.** *tr verb* AM **to ~ [out]** [aus]streichen **II.** *n* ❶ MATH x *nt* ❷ (*symbol for kiss*) *Kusssymbol, z.B. am Briefende*

x-axis ['eksæksɪs] *n* MATH x-Achse *f*

xenophobia [ˌzenə(ʊ)'fəʊbiə] *n no pl* Fremdenhass *m*

Xmas ['krɪs(t)məs, 'eksməs] (*fam*) **I.** *n* <*pl* -es> *short for* **Christmas** Weihnachten *nt* **II.** *adj* Weihnachts-

Vielleicht haben Sie sich auch schon einmal gefragt, woher eigentlich das X in **Xmas** stammt, das vor allem in den angelsächsischen Ländern als Kurzform für **Christmas** (Weihnachten) benutzt wird. Manche sehen darin den Versuch, Weihnachten zu entchristianisieren. Tatsächlich geht diese Abkürzung aber auf den griechischen Buchstaben *chi* (Englisch: *Ch*) zurück, der in geschriebener Form einem X ähnelt. Zusammen mit dem Buchstaben *rho* (Englisch: *R*) wurde er bereits in frühchristlicher Zeit als Monogramm für Christus verwendet.

X-ray ['eksreɪ] **I.** *n* ❶ (*radiation*) Röntgenstrahl[en] *m[Pl]* ❷ (*examination*) Röntgenuntersuchung *f;* **to give sb an ~** jdn röntgen; **to go for an ~** sich röntgen lassen **II.** *tr verb* röntgen

xylophone ['zaɪləfəʊn] *n* Xylophon *nt*

Y y

Y *<pl -s or -'s>*, **y** *<pl -'s>* [waɪ] *n* Y *nt,* y *nt; see also* **A 1**

yacht [jɒt] *n* Jacht *f*

yachting ['jɒtɪŋ] *n no pl* Segeln *nt;* **to go ~** segeln gehen

yachtsman *n* (*person sailing*) Segler *m;* **round-the-world ~** Weltumsegler *m*

yada-yada-yada [jə'dɑːjə'dɑːjə'dɑː] *adv* Am (*fam*) und so weiter

yak <-kk-> [jæk] *intr verb* (*sl*) quasseln

yank [jæŋk] (*fam*) **I.** *n* Ruck *m* **II.** *tr verb* **to ~ sth** an etw *Dat* [ruckartig] ziehen **III.** *intr verb* **to ~ [on sth]** [an etw *Dat*] zerren ◆**yank out** *tr verb* herausreißen; *tooth* ziehen; **to be ~ed out of bed** (*fig*) aus dem Bett geworfen werden

Yank [jæŋk] *n* (*fam*) Ami *m*

yap [jæp] **I.** *intr verb* <-pp-> *dog* kläffen; (*pej fam*) *person* quasseln **II.** *n no pl* Kläffen *nt*

yard[1] [jɑːd] *n* (*3 feet*) Yard *nt* (*= 0,914 m*)*;* **a list a ~ long** (*fig*) eine ellenlange Liste

yard[2] [jɑːd] *n* (*paved area*) Hof *m*

yardstick *n* Zollstock *m*

yawn [jɔːn] **I.** *intr verb* gähnen *a. fig* **II.** *tr verb* **to ~ one's head off** (*fam*) hemmungslos gähnen **III.** *n* Gähnen *nt kein Pl*

yawning ['jɔːnɪŋ] *adj* gähnend *a. fig*

y-axis ['waɪæksɪs] *n* MATH y-Achse *f*

yea [jeɪ] *adv* (*form*) **~ or nay** ja oder nein

yeah [jeə] *adv* (*fam: yes*) ja[wohl]; **~?** ach wirklich?; **oh ~!** (*iron*) klar!, ganz bestimmt!

year [jɪəʳ] *n* ① Jahr *nt;* **two ~s' work** zwei Jahre Arbeit; **all [the] ~ round** das ganze Jahr über; **last/next/this ~** letztes/nächstes/dieses Jahr; **~ by ~** Jahr für Jahr; **for two ~s** zwei Jahre lang ② (*age, time of life*) [Lebens]jahr *nt;* **a two-~-old child** ein zweijähriges Kind ③ (*fam: indefinite time*) **~s** Jahre *Pl;* **~ in, ~ out** jahrein, jahraus; **for ~s** (*since a long time ago*) seit Jahren; (*for a long time*) jahrelang ④ (*academic year*) SCHOOL Schuljahr *nt;* UNIV Studienjahr *nt;* **a three-~ course** ein dreijähriger Kurs; **the ~ 9 pupils** Brit die Neuntklässler *Pl*

year-long *adj* (*lasting one year*) einjährig; (*lasting for years*) jahrelang

yearly ['jɪəli] *adj, adv* jährlich; **twice-~** zweimal pro Jahr

yearn [jɜːn] *intr verb* **to ~ for sth/sb** sich nach etw/jdm sehnen

yearning ['jɜːnɪŋ] *n* Sehnsucht *f*

yeast [jiːst] *n no pl* Hefe *f*

yell [jel] **I.** *n* [Auf]schrei *m;* **to let out a ~** einen Schrei ausstoßen **II.** *intr verb* gellend schreien; **to ~ for help** um Hilfe rufen; **to ~ at each other** sich anschreien; **to ~ out** aufschreien **III.** *tr verb* **to ~ sth [at sb]** [jdm] etw laut [zu]rufen

yellow ['jeləʊ] **I.** *adj* gelb; **bright ~** knallgelb **II.** *n no pl* Gelb *nt;* **to paint sth ~** etw gelb streichen **III.** *intr verb* vergilben

yellow jack *n no pl* Am (*sl: yellow fever*) Gelbfieber *nt* **Yellow Pages®** *npl + sing verb* **the ~** die Gelben Seiten® *Pl*

yelp [jelp] **I.** *intr verb dog* kläffen, aufjaulen; *person* aufschreien **II.** *n of a dog* Gebell *nt,* Gejaule *nt; of a person* Schrei *m;* **~ of pain** Schmerzensschrei

Yemen ['jemən] *n no pl* Jemen *m*

Yemeni ['jeməni] **I.** *adj* jemenitisch **II.** *n* Jemenit(in) *m(f)*

yep [jep] *adv* (*fam*) ja

yes [jes] **I.** *adv* ① ja; **~ sir/madam** [*or* Am **ma'am**] jawohl; **~ please** ja bitte; **to say ~ [to sth]** ja [zu etw] sagen, etw bejahen ② (*contradicting a negative*) aber ja [doch]; **I'm not a very good cook. — Yes, you are!** ich bin kein sehr guter Koch. – Doch, bist du schon! **II.** *n <pl -es>* Ja *nt;* **was that a ~ or a no?** war das ein Ja oder ein Nein?

yes-man *n* (*pej*) Jasager *m*

yesterday ['jestədeɪ] **I.** *adv* gestern; **~ afternoon** gestern Nachmittag; **the day before ~** vorgestern **II.** *n no pl* Gestern *nt;* **this is ~'s paper** das ist die Zeitung von gestern

yet [jet] **I.** *adv* ① (*up to now*) bis jetzt; **as ~** bis jetzt; *+ superl;* **the best ~** der/die/das Beste bisher ② (*still*) **not ~** noch nicht; **she won't be back for a long time ~** sie wird noch lange nicht zurück sein ③ (*despite that*) trotzdem; (*but*) aber [auch] **II.** *conj* doch

yeti ['jeti] *n* Yeti *m*
yew [ju:] *n* Eibe *f*
Y-fronts® ['waɪfrʌnts] *npl* BRIT Herrenunterhose *f* mit Eingriff
Yiddish ['jɪdɪʃ] *n no pl* Jiddisch *nt*
yield [ji:ld] **I.** *n* ❶ AGR Ertrag *m* ❷ MIN gewonnene Menge ❸ FIN [Zins]ertrag *m;* **initial ~s** anfängliche Gewinne **II.** *tr verb* ❶ (*produce*) hervorbringen; *cereals, fruit* erzeugen ❷ FIN abwerfen; **the bonds are currently ~ing 6–7%** die Pfandbriefe bringen derzeit 6–7 % ❸ (*concede*) **to ~ ground to sb** jdm [gegenüber] nachgeben
yob [jɒb] *n,* **yobbo** <*pl* -os *or* -oes> ['jɒbəʊ] *n* BRIT, AUS (*fam*) Rabauke *m*
yodel ['jəʊdᵊl] *intr, tr verb* <BRIT -ll- *or* AM *usu* -l-> jodeln
yoga ['jəʊgə] *n no pl* Yoga *nt*
yoghourt *n,* **yogurt** ['jəʊgət] *n* Joghurt *m o nt*
yoke [jəʊk] **I.** *n* (*for pulling*) Joch *nt* **II.** *tr verb* **to ~ an animal** ein Tier ins Joch spannen; **to ~ animals to a plough** Tiere vor einen Pflug spannen
yokel ['jəʊkᵊl] *n* (*pej*) Tölpel *m;* **country ~** Bauerntölpel *m*
yolk [jəʊk] *n* Eigelb *nt*
you [ju:, ju, jə] *pron* ❶ (*singular*) du *in nom,* dich *in akk,* dir *in dat;* (*polite form*) Sie *in nom, akk,* Ihnen *in dat;* **if I were ~** wenn ich du/Sie wäre; **that dress just isn't ~!** das Kleid passt einfach nicht zu dir! ❷ (*plural*) ihr *in nom,* euch *in akk o dat;* (*polite form*) Sie *in nom, akk,* Ihnen *in dat;* **how many of ~ are there?** wie viele seid ihr?; **are ~ two ready?** seid ihr zwei [*o* beide] fertig? ❸ (*one*) man; **~ learn from experience** aus Erfahrung wird man klug; **it's not good for ~** das ist nicht gesund; **~ never know** man weiß nie
you'd¹ [ju:d] = **you had** *see* **have**
you'd² [ju:d] = **you would** *see* **would**
you'll [ju:l] = **you will** *see* **will¹**
young [jʌŋ] **I.** *adj* jung; **I'm not as ~ as I was** ich bin nicht mehr der/die Jüngste; **~ children** kleine Kinder; **the night is still ~** die Nacht ist noch jung **II.** *npl* ❶ (*young people*) **the ~** die jungen Leute ❷ ZOOL Junge *Pl*
youngster ['jʌŋ(k)stəʳ] *n* (*fam*) Jugendliche(r) *f(m);* **you ~s** ihr jungen Leute
your [jɔ:ʳ, jʊəʳ] *adj poss* ❶ (*of you, singular*) dein(e); (*plural*) euer/eure; (*polite form*) Ihr(e) ❷ (*one's*) sein(e) ❸ (*referring to sb else*) **it's enough to break ~ heart** es bricht einem förmlich das Herz; **~ average German** (*fam*) der durchschnittliche Deutsche
you're [jɔ:ʳ, jəʳ] = **you are** *see* **be**
yours [jɔ:z] *pron poss* ❶ (*belonging to you*) deine(r, s); (*polite form*) Ihre(r, s); **is this pen ~?** ist das dein Stift?; **the choice is ~** Sie haben die Wahl; **it's no business of ~** das geht dich nichts an ❷ (*in a letter*) **Yours sincerely/faithfully, ...** Mit freundlichen Grüßen ... ▶ **up ~!** (*vulg*) leck mich!; **~ truly** (*hum*) ich
yourself <*pl* yourselves> [jɔ:'self] *pron* ❶ (*singular*) dich *in akk,* dir *in dat;* (*plural*) euch; (*polite form, sing/pl*) sich; **please help ~** bitte bedienen Sie sich; **help yourselves, boys** bedient euch, Jungs; **see for ~** sieh selbst ❷ (*oneself*) sich; **to have sth [all] to ~** etw für dich/sich allein haben ❸ (*personally*) selbst; **you can do that ~** du kannst das selbst machen; **just be ~** sei ganz natürlich; **[all] by ~** [ganz] allein; **to be ~** du selbst sein; **to not be ~** nicht du selbst sein; **to look ~** wie du selbst aussehen
youth [ju:θ] *n* ❶ *no pl* (*period*) Jugend *f* ❷ (*young man*) junger Mann, Jugendliche(r) *m* ❸ (*young people*) **the ~ of today** die Jugend von heute
youth club *n* Jugendzentrum *nt*
youthful ['ju:θfᵊl] *adj* jugendlich; **~ good looks** jugendlich-hübsche Erscheinung
youth hostel *n* Jugendherberge *f*
you've [ju:v] = **you have** *see* **have**
yo-yo <*pl* -os> ['jəʊjəʊ] *n* Jo-Jo *nt;* **to go up and down like a ~** rauf- und runterschnellen
yo-yo dieting *n no pl* (*fam*) Fasten *nt* mit Jo-Jo-Effekt
yuan [ju:'æn] *n* FIN Yuan *m*
yucky ['jʌki] *adj* (*fam*) ek[e]lig
Yugoslav ['ju:gə(ʊ)slɑ:v] **I.** *adj* jugoslawisch **II.** *n* Jugoslawe *m*/Jugoslawin *f*
Yugoslavia [ju:gə(ʊ)'slɑ:viə] *n no pl* Jugoslawien *nt;* **the former ~** das ehemalige Jugoslawien
Yugoslavian [ju:gə(ʊ)'slɑ:viən] **I.** *adj* jugoslawisch; **to be ~** Jugoslawe/Jugo-

slawin sein **II.** *n* Jugoslawe *m*/Jugoslawin *f*
YWCA [ˌwaɪˌdʌbljuːsiːˈeɪ] *n no pl,* + *sing/pl verb abbrev of* **Young Women's Christian Association** CVJF *m*

Zz

Z <*pl* -s *or* -'s>, **z** <*pl* -'s> [zed] *n* Z *nt,* z *nt; see also* **A 1** ▸ **to catch** [*or* **get**] **some Zs** AM ein Nickerchen machen
z [zed] *n* MATH z *nt;* **~-axis** z-Achse *f*
Zaire [zaɪˈɪəʳ] *n no pl* Zaire *nt*
Zairean, Zairian [zaɪˈɪəriən] **I.** *adj* zairisch **II.** *n* Zairer(in) *m(f)*
Zambia [ˈzæmbiə] *n no pl* Sambia *nt*
Zambian [ˈzæmbiən] **I.** *adj* ❶ (*country*) sambisch ❷ (*nationality*) sambisch **II.** *n* Sambier(in) *m(f)*
zap [zæp] (*fam*) **I.** *tr verb* <-pp-> ❶ (*destroy*) **to ~ sb** jdn erledigen; **to ~ sth** etw kaputtmachen ❷ (*send fast*) blitzschnell übermitteln **II.** *intr verb* <-pp-> (*change channels*) zappen
zapping *n* (*fam*) Zappen *nt*
zebra <*pl* -s *or* -> [ˈzebrə] *n* Zebra *nt*
zebra crossing *n* BRIT, AUS Zebrastreifen *m*
zebrafish *n* ZOOL Zebrafisch *m*
zero [ˈzɪərəʊ] **I.** *n* <*pl* -os *or* -oes> Null *f a. fig;* **10 degrees above/below ~** zehn Grad über/unter Null **II.** *adj* **at ~ extra cost** ohne zusätzliche Kosten; **at ~ gravity** bei Schwerelosigkeit; **~ growth** Nullwachstum *nt;* **~ hour** die Stunde Null ◆ **zero in** *intr verb* sich einschießen; **to ~ in on a target** ein Ziel anvisieren
zero-emission *adj attr* AUTO äußerst schadstoffarm
zigzag [ˈzɪgzæg] **I.** *n* Zickzack *m* **II.** *adv* im Zickzack **III.** *intr verb* <-gg-> sich im Zickzack bewegen
Zimbabwe [zɪmˈbɑːbweɪ] *n no pl* Simbabwe *nt*
Zimbabwean [zɪmˈbɑːbwiən] **I.** *adj* ❶ (*country*) simbabwisch ❷ (*nationality*) simbabwisch **II.** *n* Simbabwer(in) *m(f)*
zinc [zɪŋk] *n no pl* Zink *nt*
zip [zɪp] **I.** *n* BRIT Reißverschluss *m;* **to do up a ~** einen Reißverschluss zumachen **II.** *pron* AM (*fam*) **I know ~ about computers** ich habe null Ahnung von Computern **III.** *tr verb* <-pp-> **to ~ sth together** etw mit einem Reißverschluss zusammenziehen **IV.** *intr verb* <-pp-> ❶ (*fasten*) **it ~s** [**up**] **at the back** es hat hinten einen Reißverschluss ❷ (*go quickly*) rasen, flitzen
zip code *n* AM (*postal code*) ≈ Postleitzahl *f*
zip fastener *n* BRIT, **zipper** [ˈzɪpəʳ] *n* AM, AUS Reißverschluss *m*
zippy [ˈzɪpi] *adj* (*fam*) spritzig
zodiac [ˈzəʊdiæk] *n* ASTRO **sign of the ~** Tierkreiszeichen *nt*
zombie [ˈzɒmbi] *n* Zombie *m*
zone [zəʊn] **I.** *n* Zone *f;* **combat/war ~** Kampf-/Kriegsgebiet *nt;* **danger ~** Gefahrenzone *f;* **earthquake ~** Erdbebenregion *f;* **no-fly ~** Flugverbotszone *f;* **no-parking ~** Parkverbotszone *f;* **wheat ~** Weizengürtel *m* **II.** *tr verb* in [Nutzungs]zonen aufteilen
zoo [zuː] *n* Zoo *m*
zoological [ˌzəʊə(ʊ)ˈlɒdʒɪkᵊl] *adj* zoologisch
zoologist [zuˈɒlədʒɪst] *n* Zoologe *m*/Zoologin *f*
zoology [zuˈɒlədʒi] *n no pl* Zoologie *f*
zoom [zuːm] **I.** *n* **~** [**lens**] Zoom[objektiv] *nt* **II.** *intr verb* (*fam*) ❶ (*move very fast*) rasen; **to ~ ahead** davonsausen; **to ~ past** vorbeirasen ❷ PHOT zoomen ◆ **zoom in** *intr verb* [nahe] heranfahren, heranzoomen; **to ~ in on sth** auf etw *Akk* [ein]schwenken ◆ **zoom out** *intr verb* wegzoomen
zucchini <*pl* -s *or* -> [zʊˈkiːni] *n* AM, AUS Zucchini *f*
Zumba® [zʊmbə] *n no pl, no art* SPORTS Zumba® *nt*

Auf Englisch kommunizieren

Inhalt

Seiten

Schriftverkehr auf Englisch – Schritt für Schritt erklärt

Die Adresse des Absenders steht sowohl in privaten als auch in geschäftlichen Briefen rechts oben. Der Name wird allerdings weggelassen.

Lindenstr. 5
38444 Wolfsburg
Germany

Tel.: +49 05361 123456
michael.müller@xyz.de

Ms R. Burton
Consett Playscheme
PO Box 123
DH8 1AB
England

Bei Geschäftsbriefen fügen Sie die Adresse des Empfängers auf der linken Seite hinzu.

10th December 2015

Dear Ms Burton,

Application for a placement on the 2016 Consett Playscheme

I read on your website that you are on the Consett Playscheme …

Eine Betreffzeile ist bei englischsprachiger Geschäftskorrespondenz nicht zwingend erforderlich. Falls Sie doch einen Betreff angeben möchten, wird er in Großbritannien nach der Anrede eingefügt; in den USA kommt er zwischen die Adresse und die Anrede.

Folgende **Anredeformen** können benutzt werden:	
Dear Sir or Madam,	In Geschäftsbriefen, wenn Sie den Namen des Empfängers nicht kennen.
Dear Dr Baker, Mr Baker, Ms Baker, Mrs Baker, Miss Baker,	Förmliche Anrede, wenn Ihnen der Name des Empfängers bekannt ist. Wichtig: Verwenden Sie für Frauen immer die Anrede „Ms“, wenn Ihnen nicht ausdrücklich „Mrs“ oder „Miss“ vorgegeben wurde.
Dear Mike,	Wird benutzt in Briefen an Geschäftspartner, die man gut kennt, oder an Freunde.
Hi Jamal,	Wird benutzt in E-Mails an Geschäftspartner, die man gut kennt, oder an Freunde.

Dear Eamon,

Nach der Anrede steht ein Komma, und der Text geht dann mit einem Großbuchstaben weiter.

Really sorry to hear you're in hospital and hope you'll be back on your feet again in no time.

Take care of yourself and get well soon!

Love,

Mandy xxx

Das „x" nach dem Namen des Absenders am Ende einer Karte oder eines Briefes steht für einen Kuss. Dieser Briefschluss ist weitverbreitet zwischen Familienangehörigen und engen Freunden, insbesondere unter Briefschreiberinnen jeden Alters.

Am **Briefende** werden folgende Formeln gebraucht:	
Yours faithfully, BRIT Sincerely, AM	Falls der Brief mit „Dear Sir or Madam," begann.
Yours sincerely, BRIT Sincerely, AM	Falls der Brief mit „Dear Mr …," oder „Dear Ms …," begann.
Kind/Best regards, Best wishes,	In Briefen oder E-Mails an Geschäftspartner, die man gut kennt.
Love from Lots of love,	In Briefen, Karten oder E-Mails an enge Freunde.

Weihnachtsgrüße
Christmas greetings

*Best wishes for a
Merry Christmas and
a Happy New Year!*

Season's greetings,

Mike and Sue

Ein frohes Weihnachtsfest und ein glückliches neues Jahr wünschen euch
Mike und Sue

Geburtstagsgrüße
Birthday greetings

An Verwandte, Jugendliche oder gute Freunde

Happy birthday!!!
Have a really special day and treat yourself to something nice with the money enclosed.

Lots of love,
Jamie, Gina, Ellen and Tom

Alles Gute zum Geburtstag!
Mach dir einen schönen Tag und gönn' dir etwas Besonderes mit dem beiliegenden Geld.
Liebe Grüße
Jamie, Gina, Ellen und Tom

An Bekannte

Best wishes for a very Happy Birthday!

Brenda and family

Herzlichen Glückwunsch zum Geburtstag!
Brenda und Familie

Genesungswünsche
Get-well-soon card

An Verwandte, Jugendliche oder gute Freunde

Dear Eamon,

Really sorry to hear you're in hospital and hope you'll be back on your feet again in no time.

Take care of yourself and get well soon!

Love,

Mandy x

Lieber Eamon,

es tut mir sehr leid, dass du im Krankenhaus bist. Ich hoffe, dass du bald wieder auf die Beine kommst.

Pass auf dich auf und werde schnell wieder gesund!

Alles Liebe

Mandy

An Bekannte

Dear Mrs. Baxter,

We were concerned to hear how ill you've been these past few weeks and hope that by the time this reaches you, you'll be feeling a little better.

Do let us know if there's anything we can do.

Wishing you a swift recovery and all the very best,

Andy and Lisa Wetherby

Liebe Frau Baxter,

wir haben mit Bedauern gehört, wie krank Sie in den letzten Wochen waren, und hoffen, dass es Ihnen, wenn Sie diese Zeilen lesen, schon wieder etwas besser geht. Falls wir etwas für Sie tun können, geben Sie uns doch einfach Bescheid.

Gute Besserung!

Herzliche Grüße

Andy und Lisa Wetherby

Kondolenzkarte
Condolence card

An eine gute Freundin

Dear Janet,

We're so sorry about what's happened. Neither of us can really take it in and we can only begin to imagine what you must be going through. If there's anything we can do – anything at all – just let us know.

Thinking of you and sending our love,

Mark and Paul

Liebe Janet,
wir sind tief betroffen von dem, was passiert ist, und können es immer noch nicht fassen. und wir sind zutiefst betroffen. Wenn wir irgendetwas für dich tun können, lass es uns bitte wissen.
Wir denken an dich.
Ganz liebe Grüße
Mark und Paul

An einen Bekannten

Dear Mr. Anderson,

It was with great sorrow that my husband and I learned of your painful loss. Please accept our deepest sympathies.

Anna and Daniel Wallis

Lieber Herr Anderson,
mein Mann und ich haben mit großer Bestürzung von Ihrem schmerzlichen Verlust gehört.
Wir möchten Ihnen unser tiefstes Beileid aussprechen.
Anna und Daniel Wallis

Traditionelle Einladung zu einer Hochzeitsfeier
Traditional wedding invitation

Mr. & Mrs. P O'Brien
request the pleasure of the company of

....

at the marriage of their daughter
Susan O'Brien
to
Mr. Michael Kennedy

at St. Mary's Church, Chesterfield
on Saturday, 27th June, 2015
at 2:30 p.m.
and afterwards at
The Mount, Chesterfield

20 Garden Court
The Shires
Chesterfield
S40 A23
Tel. 01246 45678

R.S.V.P

Herr & Frau P. O'Brien
bitten um die geschätzte Anwesenheit von
......
anlässlich der Hochzeit ihrer Tochter
Susan O'Brien
mit
Herrn Michael Kennedy

in der St Mary's Church, Chesterfield
am Samstag, den 27. Juni 2015
um 14.30 Uhr
und anschließend in
The Mount, Chesterfield

20 Garden Court
The Shires
Chesterfield
S40 A23
Tel. 01246 45678
Um Antwort wird gebeten

Traditionell werden die Einladungen von den Eltern der Braut versandt, da sie für die Ausrichtung der Hochzeitsfeier verantwortlich sind und auch die Kosten hierfür tragen. Obwohl heutzutage oft das Brautpaar selbst die Kosten für die Hochzeit übernimmt, ist diese Art der Einladung noch sehr verbreitet.

Moderne Einladung zu einer Hochzeitsfeier
Modern wedding invitation

Susan O'Brien and Michael Kennedy
would like you to join them to celebrate their marriage

at St. Mary's Church, Chesterfield
on Saturday, 27th June, 2015
at 2:30 p.m.

There will be a reception afterwards at
The Mount, Chesterfield

Please reply before 1st May to

168 Sheffield Road
Chesterfield
S40 A45
Tel. 01246 87654

Susan O'Brien und Michael Kennedy
möchten gerne ihre Hochzeit mit Ihnen feiern

in der St. Mary's Church, Chesterfield
am Samstag, den 27. Juni 2015
um 14.30 Uhr

Die anschließende Feier findet statt in
The Mount, Chesterfield
Bitte antworten Sie bis zum 1. Mai.

168 Sheffield Road
Chesterfield
S40 A45
Tel. 01246 87654

Die Einladung zu einer Hochzeitsfeier annehmen
Wedding invitation acceptance

9 The Grange
Derrington
ST18 1AB

27th April 2015

Dear Phil and Siobhan,

Many thanks for the invitation to Sue and Mike's wedding, which we would be delighted to accept.

We're touched that you thought of us and are very much looking forward to seeing you and the rest of the family again.

Could you let us know whether Sue and Mike have a wedding list and if not, whether you have any idea what we could bring as a gift? That would be a great help.

Until very soon, best wishes,

Fatma & Robert

Lieber Phil, liebe Siobhan,

vielen Dank für die Einladung zu Sues und Mikes Hochzeit, die wir sehr gerne annehmen.

Es ehrt uns sehr, dass ihr an uns gedacht habt, und wir freuen uns darauf, euch und die übrige Familie wiederzusehen.

Könntet ihr uns mitteilen, ob Sue und Mike einen Wunschzettel zur Hochzeit haben? Oder habt ihr eine Idee für ein Geschenk, mit dem wir Sue und Mike eine Freude machen könnten? Das wäre sehr hilfreich.

Bis sehr bald!

Viele Grüße

Fatma & Robert

Viele Briten ziehen es vor, auf Einladungen zu einer Hochzeit mit einer vorgedruckten *wedding acceptance*-Karte (Annahme einer Einladung zur Hochzeit) zu antworten. Solche Karten sind in Schreibwarengeschäften erhältlich. Dies erspart eine lange, selbstverfasste Antwort. Wenn man allerdings eine Einladung in Briefform beantwortet, ist es üblich, einige Zeilen wie die obigen hinzuzufügen.

Die Einladung zu einer Hochzeitsfeier ablehnen
Declining a wedding invitation

9 The Grange
Derrington
ST18 1AB

27th April 2015

Dear Phil and Siobhan,

We were thrilled to discover that Sue and Mike are getting married and touched that you thought to invite us, but we're afraid we won't be able to make it. Fatma's grandmother is turning 90 the same weekend and we've already agreed to help organize a large family party for her.

We'll certainly be thinking of you all on the day and will drink a toast to Sue and Mike from afar! Give them both our very best regards and have a wonderful celebration.

Our best wishes to you both and to the rest of the family,

Fatma & Robert

Lieber Phil, liebe Siobhan,

wir waren begeistert, als wir erfuhren, dass Sue und Mike heiraten werden, und freuen uns sehr, dass ihr uns eingeladen habt. Leider können wir nicht kommen. Fatmas Großmutter wird am gleichen Wochenende 90, und wir haben bereits zugesagt, bei der Organisation des großen Familienfests mitzuhelfen.

Wir werden an dem großen Tag ganz sicher an euch alle denken und aus der Ferne auf das Wohl des Brautpaars anstoßen! Grüßt sie beide recht herzlich von uns. Wir wünschen euch eine wunderbare Feier.

Mit besten Grüßen, auch an den Rest der Familie

Fatma & Robert

Sich für ein Hochzeitsgeschenk bedanken
Wedding present thank-you note

168 Sheffield Road
Chesterfield
S40 A45

19th July 2015

Dear Fatma & Robert,

Thank you so much for the beautiful wedding present – we were absolutely delighted with it! The vase now has pride of place in our living room and everyone who visits compliments us on it.

It was lovely to see you again at the reception although it was a shame we weren't able to spend longer chatting. Still, we had a wonderful day and we hope that you enjoyed it too. We have enclosed a couple of photos as a small reminder of our special day.

Once again, many thanks and best regards,

Sue & Mike

Liebe Fatma, lieber Robert,

wir möchten uns für euer schönes Hochzeitsgeschenk bedanken. Wir haben uns sehr darüber gefreut. Die Vase hat jetzt einen ganz besonderen Platz im Wohnzimmer bekommen, und jeder, der uns besucht, sagt, wie gut sie ihm gefällt.

Es war schön, euch bei der Feier wiederzusehen, obwohl es schade war, dass wir uns nicht länger unterhalten konnten. Für uns war es ein wundervoller Tag, und wir hoffen, dass auch ihr ihn genossen habt. Wir legen ein paar Fotos bei als kleine Erinnerung an unseren großen Tag.

Nochmals besten Dank und viele Grüße

Sue und Mike

Einladung zu einem Fest
Invitation to a party

Einweihungsfest

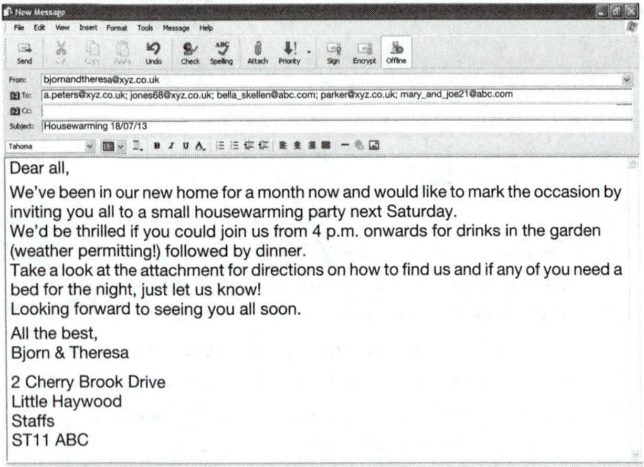

From: bjornandtheresa@xyz.co.uk

To: a.peters@xyz.co.uk; jones68@xyz.co.uk; bella_skellen@abc.com; parker@xyz.co.uk; mary_and_joe21@abc.com

Cc:

Subject: Housewarming 18/07/13

Dear all,

We've been in our new home for a month now and would like to mark the occasion by inviting you all to a small housewarming party next Saturday.

We'd be thrilled if you could join us from 4 p.m. onwards for drinks in the garden (weather permitting!) followed by dinner.

Take a look at the attachment for directions on how to find us and if any of you need a bed for the night, just let us know!

Looking forward to seeing you all soon.

All the best,
Bjorn & Theresa

2 Cherry Brook Drive
Little Haywood
Staffs
ST11 ABC

Liebe Freunde,

wir wohnen jetzt seit einem Monat in unserem neuen Heim und möchten euch alle aus diesem Anlass zu einem kleinen Einweihungsfest am nächsten Samstag einladen.

Wir würden uns sehr freuen, wenn ihr ab 16 Uhr kommen könntet. Es gibt Drinks im Garten (falls das Wetter mitspielt) und anschließend ein Abendessen.

Schaut euch die Wegbeschreibung im Anhang an und lasst uns wissen, ob ihr eine Übernachtungsmöglichkeit braucht!

Wir freuen uns, euch bald zu sehen!

Beste Grüße

Bjorn & Theresa

2 Cherry Brook Drive

Little Haywood

Staffs

ST11 ABC

Einweihungsfest in einer Studenten-WG

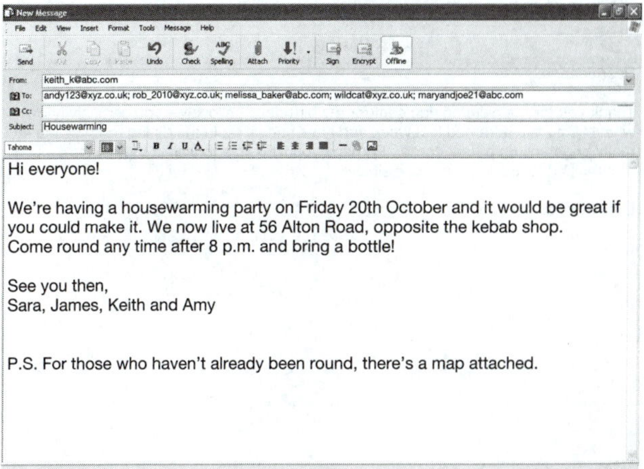
New Message

From: keith_k@abc.com

To: andy123@xyz.co.uk; rob_2010@xyz.co.uk; melissa_baker@abc.com; wildcat@xyz.co.uk; maryandjoe21@abc.com

Cc:

Subject: Housewarming

Hi everyone!

We're having a housewarming party on Friday 20th October and it would be great if you could make it. We now live at 56 Alton Road, opposite the kebab shop.
Come round any time after 8 p.m. and bring a bottle!

See you then,
Sara, James, Keith and Amy

P.S. For those who haven't already been round, there's a map attached.

Hallo, liebe Freunde,

am Freitag, den 20. Oktober, geben wir eine Party zur Einweihung unserer neuen Wohnung und fänden es toll, wenn ihr kommen könntet. Wir wohnen jetzt in 56 Alton Road, gegenüber von der Dönerbude.

Kommt irgendwann nach 20 Uhr und bringt was zu trinken mit!

Bis dann!

Sara, James, Keith und Amy

P.S. Für diejenigen, die noch nicht hier gewesen sind, liegt ein Plan bei.

In Großbritannien ist es üblich, zu Partys in einem Privathaus eine Flasche Wein mitzubringen. Junge Leute, insbesondere Studenten, bitten oft schon auf der Einladung darum: *bring a bottle.*

Sich für ein Geburtstagsgeschenk bedanken
Birthday present thank-you note

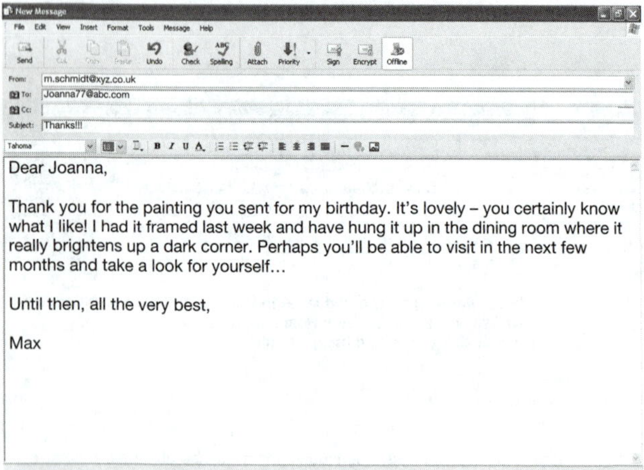

New Message

From: m.schmidt@xyz.co.uk
To: Joanna77@abc.com
Cc:
Subject: Thanks!!!

Dear Joanna,

Thank you for the painting you sent for my birthday. It's lovely – you certainly know what I like! I had it framed last week and have hung it up in the dining room where it really brightens up a dark corner. Perhaps you'll be able to visit in the next few months and take a look for yourself…

Until then, all the very best,

Max

Liebe Joanna,

danke für das Bild, das du mir zum Geburtstag geschickt hast. Es ist sehr schön – du weißt genau, was mir gefällt! Ich habe es letzte Woche rahmen lassen und ins Esszimmer gehängt, wo es sehr wirkungsvoll eine dunkle Ecke aufhellt. Vielleicht kannst du in den nächsten Monaten zu Besuch kommen und es dir selbst anschauen …

Bis dann alles Gute!

Max

Verfügbarkeit einer Unterkunft erfragen
Requesting information on accommodation

Von einem Hotel Informationen anfordern

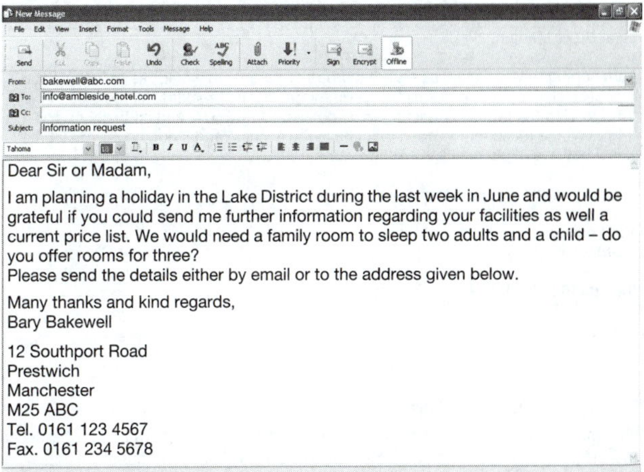

New Message

From: bakewell@abc.com
To: info@ambleside_hotel.com
Cc:
Subject: Information request

Dear Sir or Madam,

I am planning a holiday in the Lake District during the last week in June and would be grateful if you could send me further information regarding your facilities as well a current price list. We would need a family room to sleep two adults and a child – do you offer rooms for three?
Please send the details either by email or to the address given below.

Many thanks and kind regards,
Bary Bakewell

12 Southport Road
Prestwich
Manchester
M25 ABC
Tel. 0161 123 4567
Fax. 0161 234 5678

Sehr geehrte Damen und Herren,

in der letzten Juniwoche würde ich gerne im Lake District Urlaub machen und wäre Ihnen dankbar, wenn Sie mir Informationen zu den Übernachtungsmöglichkeiten in Ihrem Hotel sowie eine aktuelle Preisliste schicken könnten. Wir benötigen ein Familienzimmer für zwei Erwachsene und ein Kind – haben Sie Dreibettzimmer?

Bitte schicken Sie die Informationen per E-Mail oder per Post an die unten stehende Adresse.

Vielen Dank.

Mit freundlichen Grüßen

Bary Bakewell

12 Southport Road
Prestwich
Manchester
M25 ABC
Tel. 0161 123 4567
Fax. 0161 234 5678

Auskünfte über eine Jugendherberge einholen

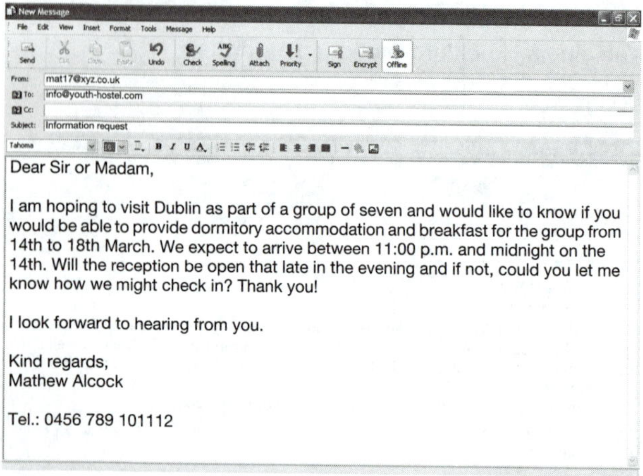

From: mat17@xyz.co.uk
To: info@youth-hostel.com
Cc:
Subject: Information request

Dear Sir or Madam,

I am hoping to visit Dublin as part of a group of seven and would like to know if you would be able to provide dormitory accommodation and breakfast for the group from 14th to 18th March. We expect to arrive between 11:00 p.m. and midnight on the 14th. Will the reception be open that late in the evening and if not, could you let me know how we might check in? Thank you!

I look forward to hearing from you.

Kind regards,
Mathew Alcock

Tel.: 0456 789 101112

Sehr geehrte Damen und Herren,

ich habe vor, als Teilnehmer einer Gruppe von sieben Personen Dublin zu besuchen und möchte mich erkundigen, ob Sie vom 14. bis 18. März Unterkunft im Schlafsaal (inkl. Frühstück) für die Gruppe haben. Wir werden voraussichtlich am 14. zwischen 23 und 24 Uhr ankommen. Ist der Empfang so spät abends besetzt? Falls nicht, teilen Sie uns doch bitte mit, wie wir einchecken können.

Danke!

Ich freue mich auf Ihre Antwort.

Mit freundlichen Grüßen

Mathew Alcock

Tel.: 0456 789 101112

Ein Hotelzimmer reservieren
Reserving a hotel room

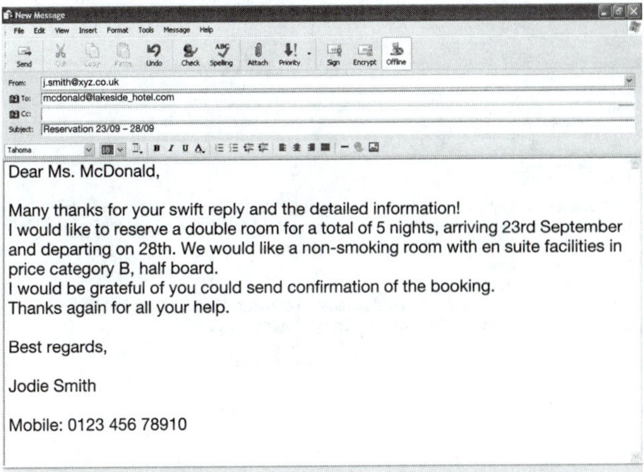

New Message

File Edit View Insert Format Tools Message Help

Send Cut Copy Paste Undo Check Spelling Attach Priority Sign Encrypt Offline

From: j.smith@xyz.co.uk
To: mcdonald@lakeside_hotel.com
Cc:
Subject: Reservation 23/09 – 28/09

Tahoma

Dear Ms. McDonald,

Many thanks for your swift reply and the detailed information!
I would like to reserve a double room for a total of 5 nights, arriving 23rd September and departing on 28th. We would like a non-smoking room with en suite facilities in price category B, half board.
I would be grateful of you could send confirmation of the booking.
Thanks again for all your help.

Best regards,

Jodie Smith

Mobile: 0123 456 78910

Sehr geehrte Frau McDonald,

vielen Dank für Ihre schnelle Antwort und die ausführlichen Informationen!

Ich möchte ein Doppelzimmer für insgesamt fünf Nächte reservieren, Ankunft am 23. September, Abreise am 28. Wir möchten ein Nichtraucherzimmer mit Bad und WC in der Preisklasse B, Halbpension.

Ich wäre Ihnen dankbar, wenn Sie meine Reservierung bestätigen würden.

Nochmals vielen Dank für Ihre Mühe.

Mit freundlichen Grüßen

Jodie Smith

Mobil: 0123 456 78910

Einen Flug umbuchen
Changing a flight

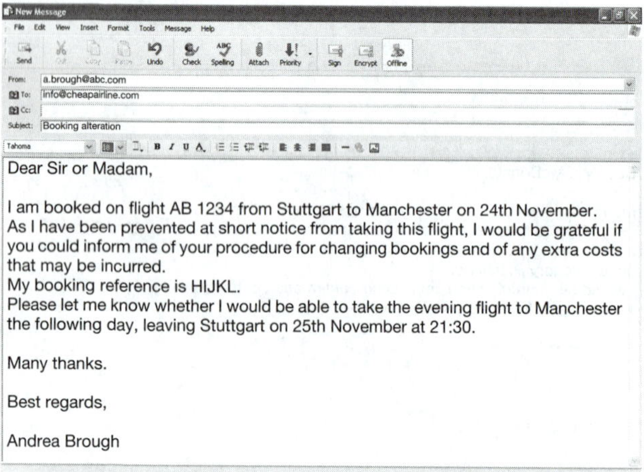

New Message

From: a.brough@abc.com
To: info@cheapairline.com
Cc:
Subject: Booking alteration

Dear Sir or Madam,

I am booked on flight AB 1234 from Stuttgart to Manchester on 24th November.
As I have been prevented at short notice from taking this flight, I would be grateful if you could inform me of your procedure for changing bookings and of any extra costs that may be incurred.
My booking reference is HIJKL.
Please let me know whether I would be able to take the evening flight to Manchester the following day, leaving Stuttgart on 25th November at 21:30.

Many thanks.

Best regards,

Andrea Brough

Sehr geehrte Damen und Herren,

ich habe eine Buchung für Flug AB 1234 von Stuttgart nach Manchester am 24. November. Da ich kurzfristig umdisponieren musste, wäre ich Ihnen dankbar, wenn Sie mich über die Bestimmungen bezüglich Umbuchungen sowie über eventuelle zusätzliche Kosten informieren könnten.

Meine Buchungsnummer ist HIJKL.

Bitte teilen Sie mir mit, ob ich den Abendflug nach Manchester am nächsten Tag, den 25. November, Abflug Stuttgart um 21.30 Uhr, nehmen kann.

Vielen Dank.

Mit freundlichen Grüßen

Andrea Brough

Eine Postkarte schreiben
Writing a postcard

Hi Lisa!

We're having a brilliant time in Paris! We've had good weather so far and have been out and about seeing the sights and resting our feet in lovely pavement cafes. Yesterday we went on a guided tour around Notre Dame, which was really impressive, and this afternoon we're off to the Eiffel Tower. You'd love the little shops and boutiques here – they're all so stylish and individual. If you're lucky we'll bring you back a little something from one of them...

Take care and we'll see you soon.

Lots of love,

Katie and Emma

x x x

Lisa Armstrong
18 Glen Avenue
The Meadows
Belfast
BT4 1AB
Northern Ireland

Hallo Lisa!

Wir amüsieren uns prächtig in Paris! Bis jetzt hatten wir gutes Wetter und waren viel auf den Beinen, um uns all die Sehenswürdigkeiten anzusehen, und haben uns in netten Straßencafés die Füße ausgeruht. Gestern haben wir eine Führung in Notre Dame mitgemacht. Das war wirklich beeindruckend. Heute Nachmittag geht's zum Eiffelturm. Die kleinen Geschäfte und Boutiquen hier würden dir sehr gefallen – sie sind alle so elegant und originell. Wenn du Glück hast, bringen wir dir eine Kleinigkeit von dort mit …

Mach's gut und bis bald.

Ganz liebe Grüße

Katie und Emma

Einer Schüleraustauschpartnerin zum ersten Mal mailen
E-mailing your school exchange partner for the first time

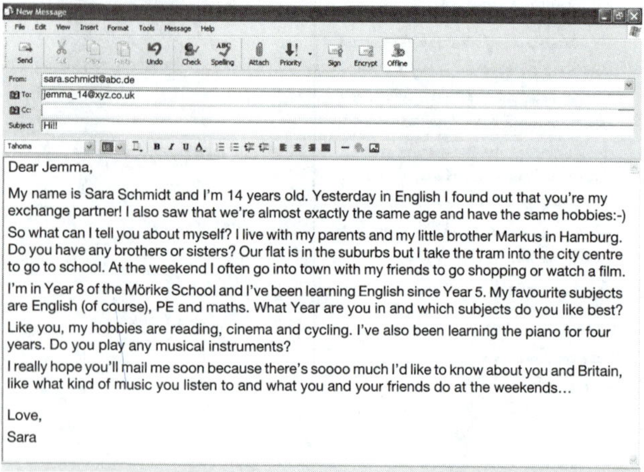

From: sara.schmidt@abc.de

To: jemma_14@xyz.co.uk

Cc:

Subject: Hi!

Dear Jemma,

My name is Sara Schmidt and I'm 14 years old. Yesterday in English I found out that you're my exchange partner! I also saw that we're almost exactly the same age and have the same hobbies:-)

So what can I tell you about myself? I live with my parents and my little brother Markus in Hamburg. Do you have any brothers or sisters? Our flat is in the suburbs but I take the tram into the city centre to go to school. At the weekend I often go into town with my friends to go shopping or watch a film.

I'm in Year 8 of the Mörike School and I've been learning English since Year 5. My favourite subjects are English (of course), PE and maths. What Year are you in and which subjects do you like best?

Like you, my hobbies are reading, cinema and cycling. I've also been learning the piano for four years. Do you play any musical instruments?

I really hope you'll mail me soon because there's soooo much I'd like to know about you and Britain, like what kind of music you listen to and what you and your friends do at the weekends…

Love,

Sara

Hallo Jemma,

ich heiße Sara Schmidt und bin 14 Jahre alt. Gestern habe ich im Englischunterricht erfahren, dass du meine Austauschpartnerin bist! Und ich habe auch gesehen, dass wir fast genau gleich alt sind und die gleichen Hobbys haben:-)

Tja, was soll ich dir von mir erzählen? Ich lebe mit meinen Eltern und meinem kleinen Bruder Markus in Hamburg. Hast du auch Geschwister? Unsere Wohnung liegt am Stadtrand, und ich nehme die Straßenbahn ins Stadtzentrum, um zur Schule zu gehen. Am Wochenende fahre ich mit meinen Freunden oft in die Stadt zum Shoppen oder ins Kino.

Ich bin in der 8. Klasse des Mörike-Gymnasiums und lerne seit der 5. Klasse Englisch. Meine Lieblingsfächer sind Englisch (klar doch!), Sport und Mathe. In welche Klasse gehst du und welche Fächer magst du am liebsten?

Meine Hobbys sind die gleichen wie deine: Lesen, Kino und Radfahren. Außerdem lerne ich seit vier Jahren Klavier spielen. Spielst du auch ein Instrument?

Ich hoffe, du mailst mir bald. Es gibt sooooo viel, was ich über dich und Großbritannien wissen möchte, zum Beispiel welche Musik du hörst und was du mit deinen Freunden am Wochenende so unternimmst …

Liebe Grüße

Sara

Sich für die Gastfreundschaft bedanken
Thank-you letter to host family

Lindenstr. 18
01234 Dresden
Germany

30th October 2015

Dear Mr and Mrs Tildesley, dear Tim,

I'd like to thank you once again for the really lovely time I spent with you. You made me feel so welcome and I'm rather sad that the time flew by so quickly.

I'll never forget the weekend we spent together at the campsite which was such fun! I enclose a few of the photos I took there.

My English teacher told me my English has improved a lot and I got top marks in the test we did last week! I hope I manage to remember all of the new phrases you taught me.

I'm really looking forward to Tim visiting us next April. My parents and I have already thought of lots of fun things we can do and I hope he will enjoy it here as much as I enjoyed my stay with you.

Please say hi to Jenny and Robin for me. I hope to see you again soon.

Love from
Benjamin

Liebe Frau Tildesley, lieber Herr Tildesley, lieber Tim,

ich möchte mich nochmals für die wunderschöne Zeit bedanken, die ich mit Ihnen verbracht habe. Sie haben mich so freundlich aufgenommen, und ich bin etwas traurig, dass die Zeit so schnell vorübergegangen ist.

Ich werde nie das Wochenende vergessen, das wir auf dem Campingpatz verbracht haben und das solchen Spaß gemacht hat! Ich lege einige der Fotos bei, die ich dort gemacht habe.

Mein Englischlehrer hat gesagt, dass mein Englisch viel besser geworden sei, und ich habe in der Klassenarbeit, die wir letzte Woche geschrieben haben, eine Eins bekommen! Ich hoffe, ich kann all die neuen Ausdrücke, die Sie mir beigebracht haben, gut im Gedächtnis behalten.

Ich freue mich sehr auf Tims Besuch bei uns im nächsten April. Meine Eltern und ich haben schon viele Ideen für tolle Unternehmungen, und ich hoffe, es wird ihm hier genauso gut gefallen, wie es mir bei Ihnen gefallen hat.

Bitte grüßen Sie Jenny und Robin von mir. Ich hoffe, Sie bald wiederzusehen.

Viele Grüße von

Benjamin

Verabredung mit Freunden
Arranging to meet friends

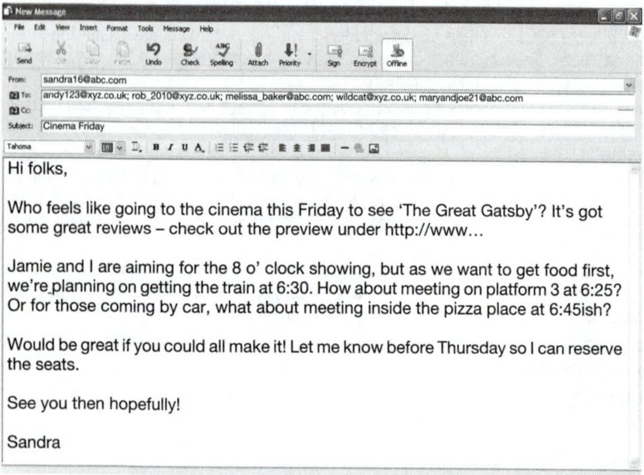
New Message

File Edit View Insert Format Tools Message Help

Send Cut Copy Paste Undo Check Spelling Attach Priority Sign Encrypt Offline

From: sandra16@abc.com

To: andy123@xyz.co.uk; rob_2010@xyz.co.uk; melissa_baker@abc.com; wildcat@xyz.co.uk; maryandjoe21@abc.com

Cc:

Subject: Cinema Friday

Tahoma

Hi folks,

Who feels like going to the cinema this Friday to see 'The Great Gatsby'? It's got some great reviews – check out the preview under http://www…

Jamie and I are aiming for the 8 o' clock showing, but as we want to get food first, we're planning on getting the train at 6:30. How about meeting on platform 3 at 6:25? Or for those coming by car, what about meeting inside the pizza place at 6:45ish?

Would be great if you could all make it! Let me know before Thursday so I can reserve the seats.

See you then hopefully!

Sandra

Hallo Leute,

wer hat Lust, am Freitag mit ins Kino zu gehen, um ‚The Great Gatsby' zu sehen? Der Film hat einige tolle Kritiken bekommen – schaut euch die Vorschau unter http://www… an.

Jamie und ich wollen in die Vorstellung um 20 Uhr, aber weil wir vorher essen gehen möchten, haben wir vor, den Zug um 18.30 Uhr zu nehmen. Wie wär's, wenn wir uns um 18.25 Uhr auf Bahnsteig 3 treffen? Wer mit dem Auto kommt, kann uns dann so um 18.45 Uhr in der Pizzeria antreffen.

Wäre toll, wenn ihr alle kommen könntet! Gebt mir bis Donnerstag Bescheid, damit ich die Karten reservieren kann.

Dann – hoffentlich – bis Freitag!

Sandra

Eine Bewerbung für ein Praktikum
An application for work experience

Lindenstr. 5
38444 Wolfsburg
Germany

Tel.: +49 05361
123456
michael.müller@xyz.de

Ms R. Burton
Consett Play Scheme
PO Box 123
DH8 1AB
England

10th December 2015

Dear Ms Burton,

Application for a placement on the 2016 Consett Play Scheme

I read on your website that you are looking for volunteers to work on the Consett Play Scheme next summer and I would like to apply for the post of Play Assistant.

I am 16 years old, have been learning English at school for the past six years and I would like to spend part of the summer in Britain in order to improve my English. Next September I hope to start training to become a kindergarten assistant. I would like to work at an international kindergarten in the future.

I have a lot of experience with children as I have two younger brothers and a sister who I often look after in the afternoons. I also help at my local sports club where I teach football to boys who are between 7 and 11 years old. I enjoy working with children and being active. I am also responsible and very hardworking.

I would be able to work on the Play Scheme any time between 20th July and 30th August. Accommodation would not be a problem as I could stay with a relative nearby in Leadgate.

Thank you for taking the time to read my application. I look forward to hearing from you.

Yours sincerely,

M. Müller

Michael Müller

Bewerbung für ein Praktikum für das Consett Play Scheme 2016

Sehr geehrte Frau Burton,

ich habe auf Ihrer Website gelesen, dass Sie Freiwillige suchen, die im nächsten Sommer im Consett Play Scheme mitarbeiten wollen, und ich möchte mich um die Stelle als Spielbetreuer bewerben.

Ich bin 16 Jahre alt und lerne seit sechs Jahren Englisch in der Schule. Ich würde gern einen Teil des Sommers in Großbritannien verbringen, um meine Englischkenntnisse zu verbessern. Ich habe vor, nächsten September eine Ausbildung zum Kindergartenerzieher zu beginnen. In Zukunft würde ich gerne in einem internationalen Kindergarten arbeiten.

Ich habe viel Erfahrung im Umgang mit Kindern, da ich zwei jüngere Brüder und eine Schwester habe, auf die ich nachmittags oft aufpasse. Ich engagiere mich auch in meinem Sportverein hier, wo ich 7- bis 11-Jährigen das Fußballspielen beibringe. Ich arbeite gern mit Kindern und bin gern aktiv. Auch bin ich verantwortungsvoll und fleißig.

Ich könnte in der Zeit vom 20. Juli bis 30. August im Play Scheme mitarbeiten. Die Unterkunft wäre kein Problem, da ich in der Nähe bei einem Verwandten in Leadgate wohnen könnte.

Danke, dass Sie sich die Zeit nehmen, meine Bewerbung zu lesen. Ich freue mich auf eine Antwort von Ihnen.

Mit freundlichen Grüßen

Michael Müller

Lebenslauf
Curriculum vitae

Curriculum Vitae

Michael Müller
Lindenstr. 5
38444 Wolfsburg
Germany
Tel.: +49 05361 123456
Email: michael.müller@xyz.de

Personal information

Date of birth	28/10/1999
Place of birth	Wolfsburg, Germany

Education

2006–2010	Primary school: Anne-Frank-Grundschule, Wolfsburg
2010–2016	Secondary school: Brunnen-Realschule, Wolfsburg School leaving examinations to be taken in May 2016

Experience

Since 2013	Football coach for boys (weekends and afternoons) at the Becker Sports Club, Wolfsburg
April 2014	Two-week stay in Cardiff as part of the school exchange programme
November 2013 – November 2015	Afternoon job delivering advertising leaflets and newspapers in the local area (approx. 3 hours per week)
2012–2015	Member of the school football team
2008–2015	Member of the Becker Sports Club

Skills and interests

Languages	German – native language English – good written and spoken language skills French – basic knowledge
Other interests	Travelling, football, volleyball

References	Available on request

Lebenslauf

Michael Müller
Lindenstr. 5
38444 Wolfsburg
Deutschland
Tel.: +49 05361 123456
E-Mail: michael.müller@xyz.de

Persönliche Daten

Geburtsdatum	28.10.1999
Geburtsort	Wolfsburg, Deutschland

Schule

2006–2010	Grundschule: Anne-Frank-Grundschule, Wolfsburg
2010–2016	Weiterführende Schule: Brunnen-Realschule, Wolfsburg Abschlussprüfung voraussichtlich im Mai 2016

Praktische Erfahrung

Seit 2013	Fußballtrainer für Jungen (an Wochenenden und nachmittags) im Becker-Sportverein,Wolfsburg
April 2014	Zweiwöchiger Aufenthalt in Cardiff als Austauschschüler
November 2013 – November 2015	Nachmittagsjob als Austräger von Werbeprospekten und Zeitungen in der Umgebung (circa 3 Stunden pro Woche)
2012–2015	Mitglied des Schulfußballvereins
2008–2015	Mitglied des Becker-Sportvereins

Kenntnisse und Hobbys

Sprachen	Deutsch – Muttersprache Englisch – gute Kenntnisse in Wort und Schrift Französisch – Grundkenntnisse
Andere Interessen	Reisen, Fußball, Volleyball
Referenzen	Können nachgereicht werden

In englischsprachigen Ländern besteht eine Bewerbung normalerweise nur aus einem Lebenslauf und einem Begleitbrief. Ein Foto liegt nicht bei. In der Regel sind Kopien von Zeugnissen und anderen Dokumenten nicht erforderlich. Es wird jedoch erwartet, dass Bewerber die Kontaktadressen von einer oder mehreren Referenzen (frühere Arbeitgeber; für Schulabgänger Lehrer) angibt, die Auskunft geben können über den Charakter, die Fähigkeiten und die Eignung der Bewerber.

Englische SMS-Abkürzungen
English text message abbreviations

B4	before	[be]vor
BTW	by the way	übrigens
CU **CU L8R** **CU 2MORO**	see you see you later see you tomorrow	mach's gut bis bald bis morgen
F2F	face to face	von Angesicht zu Angesicht
FYI	for your information	als Info[rmation]
GBH	great big hug	sei umarmt
GR8	great	klasse
ILU	I love you	ich liebe dich
IMO	in my opinion	meiner Meinung nach
L8R	later	später
LOL	laughing out loud	lauthals lachen
LOL	lots of love	liebe Grüße
M8 **M8s**	mate mates	Kumpel Kumpel
MSG	message	Nachricht
NRG	energy	Energie
OIC	oh, I see	aha [, ich verstehe]
OTT	over the top	zu viel des Guten
OXOX	hugs and kisses	tausend Küsse
PLS	please	bitte
TGIF	thank God it's Friday	endlich Wochenende
THX, TX	thanks	danke
TXT	text (message)	SMS
2MORO	tomorrow	morgen
2NITE	tonight	heute Abend
U **U2?**	you you too?	du du auch?
WKND	weekend	Wochenende
X	kiss	Kuss

Aa

A, a <-, -> [aː] *nt* ❶ (*Buchstabe*) A, a; **ein großes A** a capital A; **ein kleines a** a small a ❷ MUS (*Ton, Note*) A, a ▶ **das A und** [**das**] **O** the be-all and end-all; **von A bis Z** from beginning to end

Ä, ä <-, -> [ɛː] *nt* A umlaut, a umlaut

Aal <-[e]s, -e> [aːl] *m* eel

aalen [ˈaːlən] *refl V* **sich** ~ to stretch out

aalglatt [ˈaːlˈglat] *Adj* slippery [as an eel]

Aas <-es, e> [aːs] *nt* carrion

Aasgeier *m* vulture

ab [ap] **I.** *Adv* ❶ (*weg*) off; **und jetzt geht es rechts** ~ and now we'll have to turn off right ❷ (*abgetrennt*) off; ~ **sein** (*fam*) to be broken [off], to have come off; **der Knopf ist ab** the button's come off ❸ (*in Befehlen*) off; ~ **ins Bett!** off to bed! ▶ ~ **und zu** now and then **II.** *Präp* ❶ (*räumlich, zeitlich*) from; ~ **Köln** from Cologne; ~ **sofort** as of now; ~ **wann ...?** from when ...?; **Kinder** ~ **zehn Jahren** children from the age of ten up ❷ SCHWEIZ (*Uhrzeit*) past; **Viertel** ~ **acht** quarter past eight ❸ SCHWEIZ (*von*) on; ~ **Kassette** on cassette

ab|ändern *tr V Text* to amend

Abart [ˈapʔaːɐ̯t] *f* BIOL mutation; BOT variety

abartig *Adj* ❶ (*abnorm*) deviant; (*pervers a.*) perverted ❷ (*sl: verrückt*) crazy, mad

ab|ballern *tr V* (*sl*) **jdn** ~ to blow away sb *sep*

Abbau <-s> *m kein Pl* ❶ BERGB mining; **der** ~ **von Bodenschätzen** mining for mineral resources ❷ (*Verringerung*) cut (**von** in)

ab|bauen *tr V* ❶ BERGB to mine ❷ (*demontieren*) to dismantle ❸ (*verringern*) to reduce ❹ CHEM, MED to break down *sep*

ab|bekommen* *tr V unreg* ❶ (*erleiden müssen*) to get ❷ (*entfernen können*) to get off

ab|bestellen* *tr V* to cancel

ab|bezahlen* *tr V* to pay off *sep*

ab|biegen *unreg intr V sein* ❶ *Fahrer* to turn; [**nach**] **links/rechts** ~ to turn left/right ❷ *Straße* to bend

Abbiegespur *f* turn-off [*or* AM turning] lane

ab|bilden *tr V* to depict

Abbildung <-, -en> *f* ❶ image; **siehe** ~ **3.1** see figure 3.1 ❷ (*Illustration*) illustration

ab|blasen *tr V unreg* (*fam*) to call off

Abblendlicht *nt* dipped [*or* AM dimmed] headlights

ab|blitzen *intr V sein* (*fam*) **bei jdm** ~ to not get anywhere with sb; **jdn** ~ **lassen** to turn sb down

ab|brechen *unreg* **I.** *tr V haben* ❶ (*abtrennen*) to break off *sep* ❷ *Zelt* to strike ❸ *Haus* to pull down *sep* ❹ (*beenden*) to stop; *Beziehung* to break off; **das Studium** ~ to drop out of college; **den Urlaub** ~ to cut short one's holidays **II.** *intr V* ❶ *sein Zweig* to break off ❷ (*aufhören*) to stop

ab|bringen *tr V unreg* **jdn von etw** ~ to change sb's mind about sth; **jdn vom Thema** ~ to get sb away from the subject; **jdn davon** ~**, etw zu tun** to prevent sb [from] doing sth

Abbruch *m* ❶ *eines Hauses* demolition ❷ *kein Pl* (*Beendigung*) breaking off; *eines Studiums* dropping out ▶ **einer S.** *Dat* **keinen** ~ **tun** to not spoil sth

abbruchreif *Adj* ❶ dilapidated ❷ SCHWEIZ (*schrottreif*) ready for the scrap heap *pred*

ab|buchen *tr V* to debit (**von** from)

Abbuchung *f* direct debit; (*Betrag*) debit

Abc <-, -> [aːbeːˈtseː] *nt* ❶ (*Alphabet*) ABC ❷ (*Grundwissen*) **das** ~ **einer S.** *Gen* the ABC of sth

Abc-Schütze, Abc-Schützin [aːbeːˈtseː-] *m, f* school starter

ab|danken *intr V* to resign

ab|decken *tr V* ❶ *Tisch* to clear; *Bett* to strip ❷ *Gebäude* to lift the roof off ❸ (*bedecken*) to cover [over]

Abdeckstift *m* concealer stick

ab|dichten *tr V* ❶ to seal ❷ (*gegen Feuchtigkeit*) to damp-proof

Abdichtung *f* ❶ seal ❷ *kein Pl* (*das Abdichten*) sealing

ab|drehen **I.** *tr V haben* (*abstellen*) to

A

turn off *sep* **II.** *intr V sein o haben* (*Richtung ändern*) to turn [off]; **nach Norden** ~ to turn to the north

ab|drosseln *tr V Motor* to throttle back *sep*; (*fig*) *Produktion* to cut back *sep*

Abdruck[1] <-drücke> *m* (*Spur*) print

Abdruck[2] <-drucke> *m eines Texts, Fotos* printing

ab|drucken *tr V* to print

abend[ALT] ['a:bn̩t] *s.* **Abend**

Abend <-s, -e> ['a:bn̩t] *m* evening; **ein bunter** ~ an entertainment evening; **guten ~!** good evening!; **letzten** ~ last night; **am nächsten** ~ tomorrow evening; **gestern/morgen** ~ yesterday/tomorrow evening; **heute** ~ tonight; **übermorgen** ~ the evening after next; **vorgestern** ~ the evening before last; ~ **sein/werden** to be/get dark; **es wird so langsam** ~ the evening's beginning to draw in; **zu** ~ **essen** to eat dinner; **am** ~ in the evening; **am** ~ **des 13.** on the evening of the 13th; ~ **für** ~ night after night; **gegen** ~ towards evening; **den ganzen** ~ **über** the whole evening

Abendbrot *nt* supper **Abendessen** *nt* dinner **abendfüllend** *Adj* all-night *attr* **Abendkasse** *f* evening box-office **Abendkleid** *nt* evening dress **Abendkurs** *m* evening class **abendländisch** *Adj* (*geh*) occidental **Abendmahl** *nt* [Holy] Communion; **das Letzte** ~ the Last Supper; **das** ~ **empfangen** (*geh*) to receive [Holy] Communion **Abendrot** ['a:bn̩tro:t] *nt* (*geh*) [red] sunset; **im** ~ in the evening glow

abends ['a:bn̩ts] *Adv* in the evening

Abendschule *f* evening school

Abenteuer <-s, -> ['a:bn̩tɔyɐ] *nt* ❶ adventure ❷ (*riskantes Unternehmen*) venture

abenteuerlich ['a:bn̩tɔyɐlɪç] *Adj* ❶ adventurous ❷ (*fantastisch*) fantastic[al]

Abenteurer(in) <-s, -> ['a:bn̩tɔyrɐ, 'a:bn̩tɔy(r)ərɪn] *m(f)* adventurer

Abenteurertum <-s> ['a:bn̩tɔyrətu:m] *nt kein Pl* (*pej*) [reckless] adventurism

aber ['a:bɐ] **I.** *Konj* (*jedoch*) but; ~ **dennoch ...** but in spite of this ...; **oder** ~ or else **II.** *Part* (*wirklich*) really; **das ist** ~ **schön!** that really is wonderful! ▶ ~ **selbstverständlich** but of course; ~ **ja!** yes [of course]!; ~ **nein!** goodness, no!; ~, ~**!** now, now!

Aber <-s, - *o fam* -s> ['a:bɐ] *nt* but *fam*; **kein** ~**!** no buts!

Aberglaube *m* superstition

abergläubisch ['a:bɐglɔybɪʃ] *Adj* superstitious

abermals ['a:bɐma:ls] *Adv* once again

abfahrbereit *Adj* ready to depart *pred*

ab|fahren *unreg intr V sein* ❶ to depart ❷ **auf jdn/etw** ~ to be crazy about sb/sth

Abfahrt *f* ❶ departure ❷ (*Autobahnabfahrt*) exit ❸ SKI (*Talfahrt*) run; (*Abfahrtsstrecke*) slope

Abfahrtslauf *m* downhill [event] **Abfahrtszeit** *f* departure time

Abfall *m* rubbish *esp* BRIT, garbage AM

Abfalleimer *m* [rubbish] bin BRIT, garbage can AM

abfällig **I.** *Adj* derogatory **II.** *Adv* disparagingly

Abfallprodukt *nt* waste product **Abfallverwertung** *f* recycling of waste

ab|färben *intr V* ❶ *Wäsche* to run (**auf** into) ❷ (*fig*) **auf jdn** ~ to rub off on sb

ab|fertigen *tr V* ❶ (*bedienen*) to serve; *Passagiere* to handle ❷ (*abspeisen*) to fob off (**mit** with)

ab|finden *unreg* **I.** *tr V* (*entschädigen*) to compensate (**mit** with) **II.** *refl V* **sich mit jdm/etw** ~ to put up with sb/sth

Abfindung <-, -en> *f* compensation; (*bei Entlassung*) severance pay

ab|flauen *intr V sein* (*schwächer werden*) to subside; *Interesse* to wane

Abflughalle *f* departure lounge

Abflugzeit *f* [time of] departure

Abfluss[RR] <-es, -flüsse> *m*, **Abfluß**[ALT] <-sses, -flüsse> *m* ❶ (*Abflussstelle*) drain ❷ *kein Pl* (*das Abfließen*) drainage

Abfrage <-, -n> *f* COMPUT inquiry

ab|fragen *tr V* ❶ to test; **jdn etw** ~ to test sb on sth ❷ COMPUT to call up

Abfuhr <-, -en> *f* (*Zurückweisung*) snub; **jdm eine** ~ **erteilen** to snub sb

ab|führen *tr V* ❶ (*wegführen*) to lead away ❷ FIN *Steuern* to pay

Abführmittel *nt* laxative

ab|füllen *tr V* to fill (**in** into); (*in Flaschen*) to bottle

abgängig *Adj* ÖSTERR (*geh: vermisst*) missing

A

Abgangszeugnis *nt* [school-]leaving certificate Brit, diploma Am
Abgas *nt* exhaust *no pl*
abgasarm *Adj* low-emission
Abgasrückführung *f* exhaust-gas recirculation
ab|geben *unreg* **I.** *tr V* ❶ (*übergeben*) to give (**an** to) ❷ (*hinterlassen*) **etw [bei jdm]** ~ to leave sth [with sb] ❸ (*überlassen*) **jdm etw** ~ to give sb sth; **etw [an jdn]** ~ to hand over sth [to sb] ❹ (*teilen*) **jdm die Hälfte [von etw]** ~ to go halves [on sth] with sb; **jdm nichts** ~ to not share with sb ❺ *Erklärung* to make; *Stimme* to cast ❻ *Ball* to pass (**an** to) **II.** *refl V* ❶ (*sich beschäftigen*) **sich mit jdm** ~ to look after sb; **sich mit etw** ~ to spend [one's] time on sth ❷ (*sich einlassen*) **sich mit jdm** ~ to associate with sb
abgebrannt *Adj* (*fam*) broke
abgebrüht *Adj* (*fam*) unscrupulous
abgedroschen *Adj* (*pej fam*) hackneyed; **ein ~er Witz** an old joke
abgehackt **I.** *Adj* broken; **~e Worte** clipped words **II.** *Adv* **~ sprechen** to speak in a clipped manner
abgehärtet *Adj* **[gegen etw] ~ sein** to be hardened [to sth]
ab|gehen[1] *unreg intr V sein* ❶ (*sich lösen*) to come off ❷ (*abzweigen*) to branch off (**von** from) ❸ (*abweichen*) to deviate (**von** from); **von seiner Meinung nicht** ~ to stick to one's opinion
ab|gehen[2] *intr V unreg sein* ❶ (*verlaufen*) to go ❷ *unpers* to be happening; **auf der Party ist irre was abgegangen** (*sl*) the party was really happening
abgekartet *Adj* (*fam*) rigged; **eine ~e Sache sein** to be a put-up job; **ein ~es Spiel treiben** to play a double game
abgelaufen *Adj* ❶ (*nicht mehr gültig*) expired ❷ (*verschlissen*) worn-down *attr o pred*
abgelegen *Adj* remote
abgemacht *Adj* **es ist ~, dass ...** it was arranged, that ...; **~!** it's a deal!
abgeneigt *Adj* (*ablehnend*) **einer S.** *Dat* **~ sein** to be opposed to sth; **einer S.** *Dat* **nicht ~ sein** to not be averse to sth
abgenutzt *Adj* worn
Abgeordnete(r) ['apgəʔɔrdnətə, -tɐ] *f(m) dekl wie Adj* Member of Parliament
Abgeordnetenhaus *nt* pol ≈ House of Commons Brit, ≈ House of Representatives Am
abgereichert ['apgəraiçɐt] *Adj* nukl **~es Uran** depleted uranium
abgerissen *Adj* ❶ (*zerlumpt*) tattered ❷ (*heruntergekommen*) scruffy
abgerundet *Adj* ❶ (*nicht spitz*) rounded off ❷ kochk (*ausgewogen*) balanced
Abgesandte(r) *f(m) dekl wie Adj* envoy
abgeschieden **I.** *Adj* (*geh*) isolated **II.** *Adv* in isolation
abgeschlagen *Adj* sport lagging behind *after noun*
abgeschlossen **I.** *Adj* ❶ (*isoliert*) secluded ❷ *attr* (*separat*) separate **II.** *Adv* (*isoliert*) in seclusion
abgesehen **I.** *Adj* **es auf jdn ~ haben** (*jdn schikanieren wollen*) to have it in for sb; **es auf etw** *Akk* **~ haben** to have one's eye on sth **II.** *Adv* **~ davon, dass ...** apart from the fact that ...; **~ von jdm/etw** except for sb/sth
abgespannt *Adj, Adv* weary
abgestanden *Adj* stale; *Limonade* flat
abgestumpft *Adj* ❶ (*gefühllos*) numb ❷ (*unempfindlich geworden*) insensitive
ab|gewöhnen* *tr V* **jdm etw ~** to break sb of sth; **sich** *Dat* **etw ~** to give up sth
Abgleich <-[e]s, -e> *m* comparison
ab|gleichen *tr V unreg* ❶ (*aufeinander abstimmen*) to compare ❷ (*in der Höhe gleichmachen*) to level off ❸ elek to tune
abgöttisch *Adv* inordinately
ab|grasen *tr V* ❶ *Kuh* to graze on ❷ (*fig fam*) to comb
ab|grenzen **I.** *tr V* ❶ (*einfrieden*) to enclose; **etw [gegen etw] ~** to close sth off [from sth] ❷ (*begrifflich*) to differentiate **II.** *refl V* **sich [gegen jdn/etw] ~** to distinguish oneself [from sb/sth]
Abgrund *m* abyss; **am Rande des ~s stehen** to be on the brink of disaster; **ein ~ tut sich auf** an abyss is opened up
abgrundtief ['apgrʊnt'ti:f] *Adj* ❶ (*groß*) profound ❷ (*tief*) bottomless
ab|hacken *tr V* to chop down
ab|haken *tr V* to tick off
ab|halten *tr V unreg* ❶ **jdn von etw ~** to keep sb from sth; **sich [von jdm/etw] ~ lassen** to be deterred [by sb/sth] ❷ (*veranstalten*) to hold

A

abhanden|kommen [ap'handn̩-] *intr V unreg* to get lost

Abhang *m* inclination

ab|hängen¹ **I.** *tr V haben* ❶ to take down ❷ **jdn ~** to lose sb **II.** *intr V* (*meist pej sl*) to laze about

ab|hängen² *intr V unreg* ❶ *haben* (*abhängig sein*) to depend (**von** on); **das hängt davon ab** that [all] depends ❷ *haben* (*angewiesen sein*) to be dependent (**von** on)

abhängig *Adj* ❶ (*bedingt*) **von etw ~ sein** to depend on sth ❷ (*angewiesen*) **von jdm ~ sein** to be dependent on sb ❸ (*süchtig*) addicted; **[von etw] ~ sein** to be addicted [to sth] ❹ LING subordinate; **ein ~er Nebensatz** a subordinate clause

ab|härten *tr, intr V* to harden (**gegen** to)

ab|hauen <haute ab, abgehauen> **I.** *tr V unreg haben* (*durch Schlagen entfernen*) to break off *sep* **II.** *intr V sein* (*wegrennen*) to do a runner BRIT, to skip out of town AM; **hau ab!** get lost!

ab|heben *unreg* **I.** *intr V* ❶ LUFT to take off (**von** from) ❷ TELEK to answer [the phone] **II.** *tr V Geld* to withdraw **III.** *refl V* **sich von jdm/etw ~** to stand out from sb/sth

ab|helfen *intr V unreg* **einer S.** *Dat* **~** to remedy sth

ab|hetzen **I.** *refl V* **sich ~** to stress oneself out **II.** *tr V* **jdn/etw ~** to push sb/sth

Abhilfe *f kein Pl* remedy; **~ schaffen** to do something about it

ab|holen *tr V* to collect

Abholmarkt *m* furniture superstore (*where customers transport goods themselves*)

Abholzung <-, -en> *f* deforestation

ab|hören *tr V* (*mit Wanze*) to bug; **jds Telefon ~** to monitor sb's telephone [line]

Abitur <-s, *selten* -e> [abi'tuːɐ̯] *nt* ≈ A level BRIT, ≈ SAT exam AM; **[das] ~ machen** ≈ to do [one's] A-levels/SAT exam

Das Abitur, the school leaving examination needed for entry to higher education, used to be taken in most German grammar schools in Year 13. As this was relatively late in comparison to other countries, in most schools the **Abitur** is now taken in Year 12. In Austria and Switzerland the **Abitur** is known as the *Matura* or *Maturität* and can also be taken in Year 12.

Abiturient(in) <-en, -en> [abitu'ri̯ɛnt] *m(f) student who has passed the Abitur*

ab|kapseln *refl V* **sich [von jdm/etw] ~** to cut oneself off [from sb/sth]

ab|kaufen *tr V* ❶ (*kaufen von*) **jdm etw ~** to buy sth off sb ❷ (*fam: glauben*) **jdm etw ~** to buy sth off sb; **das kaufe ich dir nicht ab!** I don't buy that!

ab|klappern *tr V* (*fam*) **etw [nach etw** *Dat*] **~** to go round sth [looking for sth]

ab|klären *tr V* **etw [mit jdm] ~** to clear sth up [with sb]; **[mit jdm] ~, ob ...** to check [with someone] whether ...

Abklatsch <-[e]s, -e> *m* (*pej*) pale imitation

ab|klingen *intr V unreg sein* to subside

ab|knöpfen *tr V* (*fam*) **jdm etw ~** to get sth off sb

ab|kochen *tr V* to boil

ab|kommen *intr V unreg sein* ❶ (*Richtung ändern*) **vom Kurs ~** to go off course ❷ (*aufgeben*) **von einer Angewohnheit ~** to break a habit; **von seiner Meinung ~** to change one's mind; **davon ~, etw zu tun** to stop doing sth

Abkommen <-s, -> *nt* agreement; **ein ~ schließen** to conclude an agreement

ab|kratzen **I.** *tr V haben* **etw [von etw] ~** to scrape sth off [sth] **II.** *intr V sein* (*sl*) to kick the bucket

ab|kriegen *tr V* (*fam*) *s.* **abbekommen**

ab|kühlen **I.** *intr V sein* to cool **II.** *tr V haben* to leave to cool **III.** *refl V unpers haben* **sich ~** to cool off; *Wetter* to become cooler

Abkühlung *f* cooling; **sich** *Dat* **eine ~ verschaffen** to cool oneself down

ab|kupfern **I.** *tr V* (*fam*) to copy **II.** *intr V* (*fam*) to quote

ab|kürzen *tr V* ❶ *Wort, Name* **etw [mit etw] ~** to abbreviate sth [to sth] ❷ (*kürzer machen*) **etw [um etw** *Akk*] **~** to cut sth short [by sth]

Abkürzung *f* ❶ (*Wort*) abbreviation ❷ (*Weg*) short cut

ab|laden *tr V unreg* ❶ to unload ❷ (*ab-

wälzen) **etw auf jdn ~** to shift sth on to sb

Ablage *f* ① storage place ② (*Aktenablage*) filing cabinet ③ SCHWEIZ (*Annahmestelle*) delivery point

Ablagerung *f* ① (*Sedimentbildung*) sedimentation ② (*Sediment*) sediment

ab|lassen *unreg* **I.** *tr V Öl, Wasser* to drain; *Dampf* to let off **II.** *intr V* (*geh: aufhören*) [**von etw**] **~** to give up [sth *sep*]

Ablauf *m* ① (*Verlauf*) course; *eines Verbrechens, Unfalls* sequence of events ② (*das Verstreichen*) passing; **nach ~ von 10 Tagen** after 10 days ③ (*Abflussrohr*) outlet pipe

ab|laufen **I.** *intr V unreg sein* ① (*abfließen*) to run (**aus** out of); **das Badewasser ~ lassen** to let the bath water out ② (*ungültig werden*) to expire; **abgelaufen** expired ③ (*zu Ende gehen*) to run out; **das Verfallsdatum dieses Produkts ist abgelaufen** this product has passed its sell-by date ④ (*verlaufen*) to proceed **II.** *tr V unreg haben Schuhe* to wear down *sep*

ab|legen **I.** *tr V* ① (*hinlegen*) to put ② (*archivieren*) to file [away] ③ (*vollziehen*) *Eid* to swear; *Prüfung* to pass; **ein Geständnis ~** to confess **II.** *intr V Schiff* to [set] sail

ab|lehnen **I.** *tr V* ① (*zurückweisen*) to reject ② (*missbilligen*) to disapprove of ③ (*sich weigern*) **es ~, etw zu tun** to refuse to do sth **II.** *intr V* (*nein sagen*) to refuse

Ablehnung <-, -en> *f* ① (*Zurückweisung*) rejection ② (*Missbilligung*) disapproval; **auf ~ stoßen** to meet with disapproval

ab|leisten *tr V* to serve; *Probezeit* to complete

ab|lenken **I.** *tr V* ① (*in andere Richtung lenken*) *Aufmerksamkeit, Gedanken* to divert; **Gartenarbeit lenkt ihn ab** working in the garden diverts his thoughts ② (*abbringen*) to distract (**von** from) **II.** *intr V* **vom Thema ~** to change the subject

Ablenkung *f* (*Zerstreuung*) diversion; **zur ~** in order to relax

ab|lesen *unreg II, intr V* to read (**von/ aus** from)

ab|liefern *tr V* ① (*abgeben*) to turn in *sep* ② (*liefern*) to deliver (**bei** to)

ab|lösen **I.** *tr V* ① (*abmachen*) to remove (**von** from) ② (*abwechseln*) **sich** [**bei etw** *Dat*] **~** to take turns [at sth]; **einen Kollegen ~** to take over from a colleague ③ (*ersetzen*) to replace **II.** *refl V* (*abgehen*) **sich ~** to peel off

ABM <-, -s> [aːbeːˈɛm] *f Abk von* **Arbeitsbeschaffungsmaßnahme** job creation scheme [*or* AM plan]

ab|machen *tr V* ① (*entfernen*) to take off ② (*vereinbaren*) **etw** [**mit jdm**] **~** to arrange sth [with sb]; **abgemacht** arranged; **abgemacht!** agreed!

Abmachung <-, -en> *f* agreement; **sich** [**nicht**] **an eine ~ halten** to [not] carry out an agreement

ab|mehren *intr V* SCHWEIZ (*abstimmen*) to vote [on sth] [by a show of hands]

ab|melden *tr V* ① cancel; **ein Auto ~** to cancel a car's registration; **das Telefon ~** to request the disconnection of the phone ② **jdn von einer Schule ~** to withdraw sb from a school

ab|messen *tr V unreg* to measure

ABM-Stelle *f* position assisted by job creation scheme [*or* AM plan]

ab|nabeln *refl V* **sich** [**von jdm/etw**] **~** to become independent [of sb/sth]

Abnahme <-, -n> [ˈapnaːmə] *f* (*Verringerung*) reduction (+*Gen* of)

ab|nehmen **I.** *intr V unreg* ① (*an Gewicht*) to lose weight ② (*sich verringern*) to decrease ③ (*nachlassen*) to diminish **II.** *tr V unreg* ① (*wegnehmen*) **jdm etw ~** to take sth [away] from sb *sep* ② (*herunternehmen*) to take down *sep; Hut* take off; *Hörer* to pick up *sep*

Abneigung *f* dislike (**gegen** of); **eine ~ dagegen haben, etw zu tun** to be reluctant to do sth

ab|nicken *tr V* (*fam*) **etw ~** to give sth the nod

ab|nutzen, **ab|nützen** SÜDD, ÖSTERR **I.** *tr V* to wear out; **abgenutzt** worn **II.** *refl V* ① (*verschleißen*) **sich ~** to wear ② (*an Wirksamkeit verlieren*) **sich ~** to lose effect; **abgenutzt** worn-out

Abonnement <-s, -s> [abɔnəˈmãː] *nt* subscription; **etw im ~ beziehen** to subscribe to sth

abonnieren* [abɔˈniːrən] *tr V haben* to subscribe to

A

ab|ordnen *tr V* to delegate (**zu** to); **er wurde nach Berlin abgeordnet** he was posted to Berlin
Abordnung *f* delegation
ab|plagen *refl V* **sich** [**mit etw**] ~ to struggle [with sth]; **er hat sich sein ganzes Leben lang abgeplagt** he slaved away his whole life
ab|prallen *intr V sein* to rebound (**von** off)
ab|putzen *tr V* to clean; **etw** [**von etw**] ~ to wipe sth [off sth]
ab|raten *intr V unreg* **jdm** [**von etw**] ~ to advise sb [against sth]; **von diesem Arzt kann ich Ihnen nur** ~ I really can't recommend that doctor
Abraum *m kein Pl* BERGB slag
ab|räumen *tr V* to clear
ab|reagieren* ['apreagi:rən] **I.** *tr V Wut* to work off **II.** *refl V* **sich** ~ (*seinen Ärger äußern*) to let off steam; (*sich beruhigen*) to calm down
ab|rechnen I. *intr V* **mit jdm** ~ (*zahlen*) to settle up with sb; (*zur Rechenschaft ziehen*) to call sb to account **II.** *tr V* (*abziehen*) to deduct (**von** from)
Abrechnung *f* ❶ (*Erstellung der Rechnung*) calculation of the bill ❷ (*Rache*) pay off; **der Tag der** ~ the day of reckoning
ab|regen *refl V* (*fam*) **sich** ~ to calm down; **reg dich ab!** keep your shirt on!
Abreise *f kein Pl* departure
ab|reisen *intr V sein* to depart
ab|reißen *unreg* **I.** *tr V haben* ❶ **etw** [**von etw**] ~ to tear sth [off sth] ❷ *Haus* to tear down **II.** *intr V sein* to tear off; **einen Kontakt nicht** ~ **lassen** to not lose contact
ab|riegeln *tr V* to cordon off *sep*
ab|rufen *tr V unreg* ❶ (*wegrufen*) **jdn** [**von etw**] ~ to call sb away [from sth] ❷ COMPUT **etw** [**aus etw**] ~ to retrieve sth [from sth]
ab|runden *tr V* [**auf etw** *Akk*] ~ to round down [to sth]; **abgerundet** rounded down
ab|rüsten *tr, intr V* to disarm
Abrüstung *f kein Pl* disarmament
ABS <-> [a:be:'ɛs] *nt Abk von* **Antiblockiersystem** ABS
ab|sacken *intr V sein* ❶ (*einsinken*) to subside; (*sinken*) sink ❷ (*fam: sich verschlechtern*) to drop (**auf** to)
Absage *f* refusal; *auf eine Bewerbung* rejection; **jdm eine** ~ **erteilen** (*geh*) to refuse sb
ab|sagen *tr V* to cancel; **jdm** ~ to decline sb's invitation
ab|sägen *tr V* ❶ to saw off *sep; Baum* to saw down *sep* ❷ (*fig fam*) **jdn** ~ to give sb the chop [*or* AM ax]
Absatz *m* ❶ (*Schuhabsatz*) heel ❷ (*Abschnitt*) paragraph ❸ (*Verkauf*) sales *pl;* ~ **finden** to find a market ▶ **auf dem** ~ **kehrtmachen** to turn on one's heel
Absatzgebiet *nt* sales area
ab|schaffen *tr V* to do away with sth
ab|schalten I. *tr V* to turn off **II.** *intr V* (*fam: unaufmerksam werden*) to switch off
ab|schätzen *tr V* ❶ (*einschätzen*) to assess; **es ist nicht abzuschätzen ...** it's not possible to say ... ❷ (*ungefähr schätzen*) to estimate
abschätzig ['apʃɛtsɪç] **I.** *Adj* disparaging **II.** *Adv* disparagingly; **sich** ~ **über jdn/etw äußern** to make disparaging remarks about sb/sth
ab|schauen *tr V* SÜDD, ÖSTERR, SCHWEIZ **etw** [**von jdm**] ~ ❶ (*nachahmen*) to copy sth by watching [sb doing sth] ❷ SCHULE (*abschreiben*) to copy sth [from sb]
Abschaum *m kein Pl* (*pej*) scum
abscheulich [ap'ʃɔylɪç] *Adj* revolting
ab|schieben *unreg tr V haben* ❶ *Ausländer* to deport ❷ **die Schuld auf jdn** ~ to shift the blame onto sb; **er versucht immer, die Verantwortung auf andere abzuschieben** he's always trying to pass the buck *fam*
Abschied <-[e]s, -e> ['apʃi:t] *m* farewell; **der** ~ **fiel ihr nicht leicht** she found it difficult to say goodbye; **von jdm** ~ **nehmen** to say goodbye to sb; **von etw** ~ **nehmen** to part with sth; **zum** ~ as a token of farewell *liter*
ab|schirmen *tr V* to shield; **abgeschirmt** isolated
ab|schlachten *tr V* to slaughter
ab|schlaffen *intr V sein* (*fam*) to droop; **abgeschlafft** dog-tired
Abschlag *m* ❶ (*Preisnachlass*) discount ❷ FBALL kickout; (*beim Golf*) tee-off
ab|schlagen *unreg tr V* ❶ (*abtrennen*) **etw** [**von etw**] ~ to knock sth [off sth]; **jdm den Kopf** ~ to chop off sb's head

② (*fällen*) to cut down ③ (*ablehnen*) *Wunsch* to turn down; **jdm etw ~** to deny sb sth

abschlägig ['apʃlɛːgɪç] *Adj* negative; **ein ~er Bescheid** a negative reply; **etw ~ bescheiden** (*geh*) to turn down sth

Abschlag[s]zahlung *f* part payment

ab|schleppen *tr V* ① *Fahrzeug* to tow [away] ② (*fam: mitnehmen*) to pick up

Abschleppseil *nt* tow rope **Abschleppwagen** *m* recovery vehicle BRIT, tow truck AM

ab|schließen *unreg* **I.** *tr V* ① (*verschließen*) to lock ② (*beenden*) to finish; **ein abgeschlossenes Studium** completed studies ③ *Geschäft* to close; *Versicherung* to take out; *Vertrag* to sign **II.** *intr V* **mit jdm/etw abgeschlossen haben** to be through with sb/sth; **er hatte mit dem Leben abgeschlossen** he no longer wanted to live

abschließend **I.** *Adj* closing **II.** *Adv* finally

Abschluss^RR <-es, Abschlüsse> *m*, **Abschluß**^ALT <-sses, Abschlüsse> *m* ① *kein Pl* (*Ende*) conclusion; **etw zum ~ bringen** to bring sth to a conclusion; **zum ~ kommen** to draw to a conclusion; **kurz vor dem ~ stehen** to be shortly before the end ② *s.* **Abschlusszeugnis**

Abschlussprüfung^RR *f* final exam[s] **Abschlusszeugnis**^RR *nt* leaving certificate BRIT, diploma AM

Abschmieren <-s> *nt kein Pl* TYPO smearing

ab|schmieren **I.** *tr V haben* to lubricate **II.** *intr V sein* (*abstürzen*) to crash

abschminken *tr V* ① **sich ~** to take off one's make-up; **abgeschminkt** without make-up ② (*fam: aufgeben*) **sich** *Dat* **etw ~** to give sth up; **das können Sie sich ~!** you can forget about that!

ab|schnallen **I.** *tr V* to unbuckle **II.** *refl V* **sich ~** to undo one's seat belt

ab|schneiden *unreg* **I.** *tr V* ① to cut [off] ② (*behindern*) **jdm den Weg ~** to intercept sb; **jdm das Wort ~** to cut sb short **II.** *intr V* (*fam*) **bei einer S. gut/schlecht ~** to do well/badly at sth; **wie hast du bei der Prüfung abgeschnitten?** how did you do in the exam?

Abschnitt *m* ① (*Zeitabschnitt*) period; **ein neuer ~ der Geschichte** a new era in history; **es begann ein neuer ~ in seinem Leben** a new chapter of his life began ② (*Unterteilung*) part

ab|schöpfen *tr V* to skim off

ab|schrauben *tr V* to unscrew

ab|schrecken **I.** *tr V* ① **jdn [von etw] ~** to put sb off [sth] ② KOCHK to rinse with cold water **II.** *intr V* to deter

abschreckend **I.** *Adj Wirkung* deterrent; **ein ~es Beispiel** a warning **II.** *Adv* **~ wirken** to act as a deterrent

ab|schreiben *unreg tr V* ① to copy; **etw [bei jdm] ~** to copy sth [from sb]; **er hatte seitenweise abgeschrieben** he plagiarized entire pages ② (*a. fig*) to write off; **bei jdm abgeschrieben sein** (*fam*) to be out of favour with sb

Abschrift *f* duplicate

Abschürfung <-, -en> *f* graze

abschüssig ['apʃʏsɪç] *Adj* steep

ab|schütteln *tr V* to shake off; **sie versuchte, ihre Müdigkeit abzuschütteln** she tried to ward off sleep

ab|schweifen *intr V sein* to deviate (**von** from); **vom Thema ~** to digress [from a topic]; **bitte schweifen Sie nicht ab!** please stick to the point

absehbar ['apzeːbaːɐ̯] *Adj* foreseeable; **das Ende ist nicht ~** the end is not in sight; **in ~er Zeit** in the foreseeable future

ab|sehen *unreg* **I.** *tr V* (*voraussehen*) to predict; **ist die Dauer des Verfahrens abzusehen?** can you say how long the trial will last? **II.** *intr V* **von etw ~** to ignore sth; **davon ~, etw zu tun** to refrain from doing sth

abseits ['apzaits] **I.** *Adv* ① (*entlegen*) off the beaten track ② SPORT **~ sein** to be offside **II.** *Präp* (*entfernt von etw*) **~ einer S.** *Gen* at a distance from sth; **das Haus liegt ein wenig ~ der Straße** the house isn't far from the road

Abseits <-, -> ['apzaits] *nt* SPORT offside; **im ~ stehen** to be offside; (*fig*) to be on the edge

abseits|stehen *intr V unreg* to stand on the sidelines

ab|senden *tr V* to send (**an** to)

Absender(in) <-s, -> *m(f)* sender

absetzbar *Adj* (*steuerlich*) tax-deductible

ab|setzen **I.** *tr V* ① *Minister* to remove [from office] ② *Brille* to take off ③ (*hin-*

A

stellen) to put down ❹ (*aussteigen lassen*) **jdn** [**irgendwo**] ~ to drop sb [off somewhere] ❺ (*verkaufen*) to sell **II.** *refl V* **sich** ~ ❶ *Staub* to settle; *Ablagerung* to be deposited ❷ (*fam: verschwinden*) to clear out; **sich ins Ausland** ~ to clear out of the country

Absicht <-, -en> *f* intention; **das war nicht meine ~!** I didn't mean to do it!; **er folgte ihr in der ~, sie zu berauben** he followed her with intent to rob her; **mit den besten ~en** with the best of intentions; **ernste ~en haben** to have honourable intentions; **die ~ haben, etw zu tun** to have the intention of doing sth; ~ **sein** to be intentional; **eine ~ verfolgen** to pursue a goal; **mit/ohne** ~ intentionally/unintentionally

absichtlich ['apzɪçtlɪç] **I.** *Adj* intentional **II.** *Adv* on purpose

absolut [apzo'lu:t] **I.** *Adj* absolute; **~e Ruhe** complete calm; **~e Mehrheit** absolute majority **II.** *Adv* absolutely; ~ **nicht** positively not; ~ **nichts** absolutely nothing

ab|sondern I. *tr V* ❶ BIOL, MED to secrete ❷ (*isolieren*) to isolate (**von** from) **II.** *refl V* **sich** ~ to keep oneself apart

ab|spalten *refl V* **sich** [**von etw**] ~ to split away/off [from sth]

ab|speichern *tr V* to save (**auf** onto)

abspenstig ['apʃpɛnstɪç] *Adj* **jdm etw ~ machen** to take sth away from sb

ab|sperren *tr V* ❶ (*versperren*) to cordon off (**mit** with) ❷ *Strom, Wasser* to cut off ❸ SÜDD (*zuschließen*) to lock

ab|spielen I. *refl V* **sich** ~ to happen **II.** *tr V CD* to play

Absprache *f* agreement; **eine ~ treffen** to come to an agreement; **nach** ~ as agreed

ab|sprechen *unreg* **I.** *tr V* ❶ (*verabreden*) to arrange ❷ **jdm etw** ~ to deny sb sth **II.** *refl V* **sich mit jdm** [**über etw** *Akk*] ~ to come to an agreement with sb [about sth]

Absprung *m* ❶ jump ❷ (*fam: Ausstieg*) getting out; **den ~ schaffen** to make a getaway; **den ~ verpassen** to miss the boat

ab|spülen I. *tr V* to rinse **II.** *intr V* (*spülen*) to do the dishes

ab|stammen *intr V kein PP* to descend (**von** from)

Abstand *m* ❶ (*räumlich*) distance; **der ~ zwischen dem Haus und dem Baum** the distance between the house and the tree; **mit knappem/weitem** ~ at a short/great distance; **einen ~ einhalten** to keep a distance; ~ **halten** to maintain a distance; **in einigem** ~ at some distance; **mit** ~ by a long way ❷ (*zeitlich*) interval; **in kurzen/regelmäßigen Abständen** at short/regular intervals ❸ SPORT **mit zwei Punkten** ~ with a two-point margin ❹ (*geh: sich distanzieren*) **von etw ~ nehmen** to decide against sth; **davon ~ nehmen, etw zu tun** to refrain from doing sth

ab|stauben *tr, intr V* ❶ to dust ❷ (*fam: ergattern*) to rip off (**von** from)

ab|stechen *unreg intr V* (*sich abheben*) to stand out (**von** from)

Abstecher <-s, -> *m* detour

ab|stecken *tr V* (*umreißen*) to sketch out

ab|stehen *intr V unreg* to stick out; **er hat abstehende Ohren** his ears stick out

ab|steigen *intr V unreg sein* ❶ (*im Gebirge*) to descend ❷ (*vom Rad, Pferd*) to dismount ❸ **in einem Hotel** ~ to stay in a hotel ❹ **beruflich/gesellschaftlich** ~ to slide down the job/social ladder ❺ SPORT to be relegated

ab|stellen *tr V* ❶ (*ausschalten*) to switch off *sep* ❷ (*Zufuhr unterbrechen*) [**jdm**] **etw** ~ to cut sth off [of sb] *sep* ❸ (*absetzen*) to put down ❹ (*aufbewahren*) **etw** [**bei jdm**] ~ to leave sth [with sb] ❺ (*parken*) to park

Abstellgleis *nt* siding

ab|stempeln *tr V* ❶ to stamp ❷ (*pej*) **jdn** [**als etw**] ~ to brand sb [as sth]; **sich von jdm zu etw** *Dat* ~ **lassen** to let oneself be branded as sth

ab|sterben *intr V unreg sein* to die

Abstieg <-[e]s, -e> *m* ❶ *vom Berg* descent ❷ (*Niedergang*) decline; **der berufliche/gesellschaftliche** ~ descent down the job/social ladder

ab|stimmen I. *intr V* [**über jdn/etw**] ~ to vote on sb/sth; [**über etw** *Akk*] ~ **lassen** to have a vote [on sth] **II.** *tr V* **Dinge aufeinander** ~ to co-ordinate things [with each other] **III.** *refl V* **sich [mit jdm]** ~ to co-ordinate [with sb]

Abstimmung *f* vote (**über** on); **geheime** ~ secret ballot; **etw zur ~ bringen** to put sth to the vote

abstinent [apsti'nɛnt] *Adj* ❶ (*keinen Alkohol trinkend*) abstinent; ~ **sein** to be a teetotaller ❷ (*sexuell*) celibate

Abstoß *m* ❶ shove ❷ FBALL goal kick

ab|stoßen *unreg tr V* ❶ MED to reject ❷ (*nicht eindringen lassen*) to repel ❸ (*anwidern*) to repel; **sich von etw** *Dat* **abgestoßen fühlen** to be repelled by sth ❹ (*verkaufen*) to get rid of

abstoßend **I.** *Adj* ❶ (*widerlich*) repulsive ❷ (*undurchlässig*) **Wasser** ~ water-repellent **II.** *Adv* (*widerlich*) in a repulsive way; ~ **aussehen** to look repulsive; ~ **riechen** to smell disgusting

ab|stottern *tr V* (*fam*) to pay by instalments

ab|strafen *tr V* **jdn** ~ to punish sb

abstrakt [ap'strakt] **I.** *Adj* abstract **II.** *Adv* in the abstract; **etw zu ~ darstellen** to present sth too much in the abstract

ab|streiten *tr V unreg* to deny; **er stritt ab, sie zu kennen** he denied knowing her; **jdm etw** ~ to deny sb sth

ab|stumpfen *intr, tr V* to blunt

Absturz *m* ❶ fall; LUFT crash ❷ *eines Computers* crash

ab|stürzen *intr V sein* ❶ *Person* to fall; *Flugzeug* to crash ❷ *Computer* to crash

ab|suchen *tr V* to search (**nach** for)

absurd [ap'zʊrt] *Adj* absurd

Abszess[RR] <-es, -sse> *m*, **Abszeß**[ALT] <-sses, -sse> [aps'tsɛs] *m* abscess

Abt, **Äbtissin** <-[e]s, Äbte> [apt, ɛp'tɪsɪn, *Pl:* 'ɛptə] *m, f* abbot/abbess

ab|tanzen *intr V* (*sl*) boogie *fam*, get down [on the dance floor]

ab|tasten *tr V* ❶ (*tastend untersuchen*) to search (**nach** for); **jdn nach Waffen** ~ to frisk sb for weapons ❷ COMPUT to scan

ab|tauen *tr V haben Kühlschrank* to defrost

Abtei <-, -en> *f* abbey

Abteil *nt* compartment

ab|teilen *tr V* to divide off (**von** from)

Abteilung *f* department; *eines Krankenhauses* ward

Abteilungsleiter(in) *m(f)* *einer Verkaufsabteilung* department[al] manager; *einer Firma* head of department

Äbtissin <-, -nen> *f s.* **Abt**

ab|tragen *unreg tr V* ❶ (*abnutzen*) to wear out ❷ GEOG to wash away *sep*

ab|treiben *unreg intr V* ❶ *haben Frau* to have an abortion ❷ *sein Boot* to be carried [away]

Abtreibung <-, -en> *f* abortion

ab|trennen *tr V* ❶ (*ablösen*) to detach (**von** from) ❷ (*abteilen*) to divide off *sep* (**von** from) ❸ (*abschneiden*) to cut off *sep*

ab|treten *unreg* **I.** *tr V haben* ❶ (*übertragen*) **[jdm] etw** ~ to sign over sth [to sb] *sep* ❷ (*fam: überlassen*) **jdm etw** ~ to give sth to sb ❸ (*lostreten*) to stamp off *sep* **II.** *intr V sein* (*zurücktreten*) to step down

ab|trocknen *tr, intr V* to dry; **Geschirr** ~ to dry the dishes; **sich** ~ to dry oneself

abtrünnig ['aptrʏnɪç] *Adj* ❶ renegade ❷ *Land* rebel; **seinem Glauben ~ werden** to renounce one's faith

ab|tun *tr V unreg* to dismiss (**mit** with, **als** as)

abturnend ['aptøːɐ̯nənt] *Adj* (*fam*) repulsive; **das finde ich super** ~ I think that's a major turn-off

ab|urteilen *tr V* ❶ JUR to [pass] sentence; **abgeurteilt** convicted ❷ (*pej: verdammen*) to condemn

Abverkauf *m* ÖSTERR (*Ausverkauf*) sale

ab|wägen *tr V unreg* **etw [und etw gegeneinander]** ~ to weigh sth up [against sth else]; **die Vor- und Nachteile** ~ to weigh [up] the disadvantages and advantages; **seine Worte gut** ~ to choose one's words carefully

ab|wälzen *tr V* **etw [auf jdn]** ~ to unload sth [on to sb]

ab|wandern *intr V sein* (*auswandern*) to migrate

Abwärme *f* waste heat

Abwart(in) <-s, -e> *m(f)* SCHWEIZ (*Hausmeister*) caretaker

ab|warten **I.** *tr V* to wait [for]; **das bleibt abzuwarten** that remains to be seen; **sie konnte es einfach nicht mehr** ~ she simply couldn't wait any longer **II.** *intr V* to wait; **wart' mal ab!** [just] [you] wait and see!

abwärts ['apvɛrts] *Adv* downhill

abwärts|gehen *intr V unreg sein* **es**

geht mit jdm/etw abwärts sb/sth is going downhill

Abwasch[1] <-[e]s> *m kein Pl* **den ~ machen** to do the dishes ▸ **das geht in einem ~** (*fam*) you can kill two birds with one stone *prov*

Abwasch[2] <-, -en> *f* ÖSTERR (*Spülbecken*) sink

ab|waschen *unreg* **I.** *tr V* ① (*spülen*) to wash up ② *Fleck* to wash off **II.** *intr V* to do the dishes **III.** *refl V* **sich ~** to wash oneself

Abwaschmaschine *f* SCHWEIZ dishwasher

Abwasser <-wässer> *nt* waste water

Abwasserkanal *m* sewer

ab|wechseln *intr, refl V* [**sich**] **~** ① (*im Wechsel handeln*) to take turns ② (*im Wechsel erfolgen*) to alternate; **Sonne und Regen wechselten sich ab** it alternated between sun and rain

abwechselnd *Adv* alternately

Abwechselung <-, -en> *f,* **Abwechslung** <-, -en> *f* change; **eine willkommene ~ sein** to be a welcome change; **die ~ lieben** to like a bit of variety

Abweg *m meist Pl* **jdn auf ~e führen** to lead sb astray; **auf ~e geraten** to go astray

abwegig ['apve:gɪç] *Adj* absurd

ab|wehren *tr V* ① MIL to repel ② SPORT to fend off ③ (*abwenden*) to turn away; *Gefahr, Verdacht* to avert

Abwehrkräfte *Pl* the body's defences

ab|weichen *intr V unreg sein* ① to deviate (**von** from) ② (*sich unterscheiden*) [**in etw** *Dat*] **von jdm/etw ~** to differ from sb/sth [in sth]

ab|weisen *tr V unreg* ① (*wegschicken*) to turn away ② (*ablehnen*) to turn down *sep; Bitte* to deny; **jdn ~** to reject sb ③ JUR *Klage* to dismiss

abweisend *Adj* cold

ab|wenden *reg o unreg* **I.** *refl V* **sich ~** to turn away **II.** *tr V* ① (*verhindern*) *Katastrophe* to avert; **etw** [**von jdm/etw**] **~** to protect [sb/sth] from sth ② (*wegbewegen*) **die Augen ~** to avert one's gaze

ab|werben *tr V unreg* to entice away

ab|werfen *unreg tr V* ① to drop; *Blätter* to shed ② *Gewinn* to yield; *Zinsen* to bear

ab|werten *tr V* to devalue (**um** by); **abgewertet** devalued

abwesend ['apve:zn̩t] *Adj* ① (*nicht da*) absent ② (*geistesabwesend*) absent-minded

Abwesenheit <-, *selten* -en> *f* ① absence; **in jds ~** in sb's absence ② (*Geistesabwesenheit*) absent-mindedness

ab|wickeln **I.** *tr V* ① to unwind ② (*erledigen*) to deal with; *Auftrag* to process; *Geschäft* to carry out **II.** *refl V* (*glatt vonstattengehen*) **sich ~** to run smoothly

ab|wimmeln *tr V* (*fam*) **jdn ~** to get rid of sb; **etw ~** to get out of [doing] sth

ab|winken *intr V* to signal one's refusal

ab|wischen *tr V* to wipe (**von** from); **sich den Schweiß von der Stirn ~** to mop the sweat from one's brow; **sich die Tränen ~** to dry one's tears

ab|würgen *tr V* (*fam*) ① AUTO **den Motor ~** to stall the engine ② (*im Keim ersticken*) to nip in the bud; **jdn ~** (*unterbrechen*) to cut sb short

ab|zahlen *tr V* to pay in instalments; **abgezahlt** paid for *pred*

ab|zeichnen **I.** *tr V* ① to copy ② (*signieren*) to initial **II.** *refl V* (*erkennbar werden*) **sich ~** to become apparent

ab|ziehen *unreg* **I.** *intr V* ① *sein* MIL to withdraw (**aus** from) ② *sein* (*fam: weggehen*) to go away; **zieh ab!** clear off! ③ *sein* METEO to move away **II.** *tr V haben* ① *Steuern* to deduct (**von** from) ② MATH to subtract (**von** from) ③ MIL *Truppen* to withdraw ④ *Bett* to strip ⑤ SCHWEIZ (*ausziehen*) to take off **III.** *refl V* SCHWEIZ (*sich ausziehen*) **sich ~** to undress

ab|zielen *intr V* **auf jdn/etw ~** to aim at sb/sth

Abzocke <-> *f kein Pl* (*pej fam*) profiteering, price gouging AM

ab|zocken **I.** *tr V* (*sl*) **jdn ~** to fleece sb **II.** *intr V* (*sl*) to clean up

Abzockerei <-, -en> *f* (*pej sl*) rip-off *fam*

Abzug *m* ① FOTO print ② MIL withdrawal; **jdm freien ~ gewähren** to grant sb safe passage

abzüglich ['aptsy:klɪç] *Präp* **~ einer S.** *Gen* minus sth

Abzugshaube *f* extractor hood

ab|zweigen *intr V sein* to branch off

Abzweigung <-, -en> *f* turning

ach [ax] *Interj* ① (*jammernd, ärgerlich*) oh no!; ~ **je!** oh dear [me]! ② (*verwundert*) ~ **so!** [oh,] I see!; ~ **wirklich?** really? ③ (*verneinend*) ~ **was!** come on!

Ach <-s, -[s]> [ax] *nt* ▶ **mit ~ und Krach** (*fam*) by the skin of one's teeth

Achse <-, -n> ['aksə] *f* ① AUTO axle ② (*Linie*) axis ▶ **auf ~ sein** (*fam*) to be on the move

Achsel <-, -n> ['aksl̩] *f* ① ANAT armpit ② (*fam: Schulter*) shoulder; **mit den ~n zucken** to shrug one's shoulders

Achselhöhle *f* armpit

acht[1] [axt] *Adj* eight; ~ **mal drei sind** [**gleich**] **24** eight times three is 24; **das kostet ~ Euro** that costs eight euros; **es steht ~ zu drei** the score is eight three [*or* 8-3]; ~ [**Jahre alt**] **sein/werden** to be/turn eight [years old]; **mit ~** [**Jahren**] at the age of eight; **alle ~ Tage** [regularly] every week; **heute/Freitag in ~ Tagen** a week today/on Friday; **heute/Freitag vor ~ Tagen** a week ago today/on Friday; ~ **Uhr sein** to be eight o'clock; **gegen ~** [**Uhr**] [at] about eight [o'clock]; **...** [**Minuten**] **nach/vor ~ ...** [minutes] past/to eight [o'clock]; **kurz nach/vor ~** [**Uhr**] just [*or* shortly] after/before eight [o'clock]; **um ~** at eight [o'clock]

acht[2] [axt] *Adv* **zu ~ sein: wir waren zu ~** there were eight of us

Acht[1] <-, -en> [axt] *f* ① (*Zahl*) eight ② KARTEN eight; **die Kreuz-~** the eight of clubs ③ (*in Fahrradfelge*) deformation; **ich habe eine ~ im Vorderrad** my front wheel is buckled

Acht[RR2] [axt] *f* ~ **geben** to be careful; **auf jdn/etw ~ geben** to look after sb/sth; **etw außer ~ lassen** to not take sth into account; **sich** [**vor jdm/etw**] **in ~ nehmen** to be wary [of sb/sth]

achtbar *Adj* (*geh*) respectable

achte(r, s) ['axtə, -tɐ, -təs] *Adj* eighth; **die ~ Klasse** third year of senior school BRIT, eighth grade AM; **am ~n September** on the eighth of September; **an ~r Stelle** [in] eighth [place]

Achte(r) ['axtə, -tɐ] *f(m) dekl wie Adj* ① (*Person, Ding*) **der/die/das ~** the eighth; **du bist jetzt der ~, der fragt** you're the eighth person to ask; **~(r) sein/werden** to be/finish eighth [*or* in eighth place]; **er ging als ~r durchs Ziel** he finished eighth; **jeder ~** every eighth person; **Karl der ~** Karl the Eighth ② (*bei Datumsangabe*) **der ~** [*o* **der 8.**] the eighth, the 8th; **heute ist der ~** it's the eighth today; **am ~n** on the eighth

achtel ['axtl̩] *Adj* eighth

Achtel <-s, -> ['axtl̩] *nt o* SCHWEIZ *m* eighth; **zwei/drei ~** two/three eighths

achten ['axtn̩] **I.** *tr V* to respect **II.** *intr V* ① (*aufpassen*) **auf jdn/etw ~** to look after sb/sth ② (*beachten*) **auf jdn/etw ~** to pay attention to sb/sth; **achtet aber darauf, dass ihr nichts umwerft!** be careful not to knock anything over!

Achterbahn *f* roller-coaster

Achterdeck *nt* after deck

achtfach, 8-fach[RR] ['axtfax] **I.** *Adj* eightfold; **die ~e Menge** eight times the amount; **bei ~er Vergrößerung** enlarged eight times **II.** *Adv* eight times over

achtjährig, 8-jährig[RR] ['axtjɛːrɪç] *Adj* ① (*Alter*) eight-year-old *attr,* eight years old *pred* ② (*Zeitspanne*) eight-year *attr*

achtlos **I.** *Adj* careless **II.** *Adv* without noticing

achttägig, 8-tägig[RR] ['axttɛːgɪç] *Adj attr* eight-day

Achtung[1] ['axtʊŋ] *Interj* **~!** ① (*Vorsicht*) watch out! ② (*Aufmerksamkeit*) [your] attention please! ▶ **~, fertig, los!** ready, steady, go!

Achtung[2] <-> ['axtʊŋ] *f kein Pl* respect (**vor** for); [**keine**] **~ vor jdm/etw haben** to have [no] respect for sb/sth; **alle ~!** well done!

achtzehn ['axtseːn] *Adj* eighteen; **~ Uhr** 6pm, 1800hrs *written,* eighteen hundred hours *spoken; s. a.* **acht**[1]

achtzehnte(r, s) *Adj* eighteenth; *s. a.* **achte(r, s)**

achtzig ['axtsɪç] *Adj* ① eighty; **über ~ sein** to be over eighty; **Mitte ~ sein** to be in one's mid-eighties ② (*fam: Stundenkilometer*) [**mit**] **~ fahren** to do eighty [kilometres an hour]

achtzigste(r, s) ['axtsɪçstə, -tɐ, -təs] *Adj* eighth; *s. a.* **achte(r, s)**

ächzen ['ɛçtsn̩] *intr V* to groan

Acker <-s, Äcker> ['akɐ, *Pl:* 'ɛkɐ] *m* field

Ackerbau *m kein Pl* [arable] farming;

A

~ **betreiben** to farm [the land] **Ackerland** *nt kein Pl* arable land

ackern ['akɐn] *intr V* ❶ (*fam: hart arbeiten*) to slog away ❷ *Bauer* to till the soil

Actionheld(in) ['ɛkʃən-] *m(f)* FILM action hero

Adapter <-s, -> [a'daptɐ] *m* adapter

adaptieren* [adap'ti:rən] *tr V* ❶ to adapt (**für** for) ❷ ÖSTERR (*herrichten*) to renovate

addieren* [a'di:rən] *tr V* to add up *sep;* **etw zu etw** ~ to add sth to sth

Addition <-, -en> [adi'tsi̯o:n] *f* addition

Adel <-s> ['a:dl̩] *m kein Pl* nobility

adelig ['a:dəlɪç] *Adj s.* **adlig**

Adelige(r) ['a:dəlɪgə, -gɐ] *f(m) dekl wie Adj s.* **Adlige(r)**

Ader <-, -n> ['a:dɐ] *f* ❶ (*Vene*) vein; (*Schlagader*) artery ❷ (*Begabung*) **eine ~ für etw haben** to have a talent for sth; **eine künstlerische ~ haben** to have an artistic bent

Adjektiv <-s, -e> ['atjɛkti:f, *Pl:* -i:və] *nt* adjective

Adjunkt(in) <-en, -en> [at'jʊŋkt] *m(f)* ÖSTERR, SCHWEIZ (*unterer Beamter*) low-ranking civil servant

Adler <-s, -> ['a:dlɐ] *m* eagle

adlig ['a:dlɪç] *Adj* aristocratic, noble; ~ **sein** to have a title, to be titled

Adlige(r) ['a:dlɪgə, -gɐ] *f(m) dekl wie Adj* aristocrat

adoptieren* [adɔp'ti:rən] *tr V* to adopt

Adoption <-, -en> [adɔp'tsi̯o:n] *f* adoption; **ein Kind zur ~ freigeben** to put a child up for adoption

Adoptiveltern [adɔp'ti:f-] *Pl* adoptive parents

Adoptivkind *nt* adopted child

Adrenalin <-s> [adrena'li:n] *nt kein Pl* adrenalin

Adressat(in) <-en, -en> [adrɛ'sa:t] *m(f)* addressee

AdressbuchRR *nt* directory

Adresse <-, -n> [a'drɛsə] *f* address ▸ **bei jdm [mit etw] an der falschen/richtigen ~ sein** to have addressed the wrong/right person [with sth]; **sich an die falsche/richtige ~ wenden** (*fam*) to knock at the wrong/right door

adressieren* [adrɛ'si:rən] *tr V* to address (**an** to)

Adria <-> ['a:dria] *f* Adriatic [Sea]

A-Dur <-[s]> ['a:'du:ɐ̯] *nt* MUS A major

Advent <-s, -e> [at'vɛnt] *m* Advent [season]; **erster ~** first Sunday in Advent

Adverb <-s, -ien> [at'vɛrp, *Pl:* -bi̯ən] *nt* adverb

Advokat(in) <-en, -en> [atvo'ka:t] *m(f)* advocate

Advokatur <-, -en> [atvoka'tu:ɐ̯] *f* SCHWEIZ lawyer's office

Aerofelge [a'e:ro-] *f* aero rim

Affe <-n, -n> ['afə] *m* monkey ▸ **ich glaub', mich laust der ~!** (*fam*) I think my eyes are deceiving me!

Affekt <-[e]s, -e> [a'fɛkt] *m* affect; **im ~ handeln** to act in the heat of the moment

affektiert [afɛk'ti:ɐ̯t] **I.** *Adj* (*pej geh*) affected **II.** *Adv* (*pej geh*) affectedly

Affenhitze ['afn̩'hɪtsə] *f* (*fam*) scorching heat

affig ['afɪç] **I.** *Adj* (*pej fam*) affected **II.** *Adv* (*pej fam*) affectedly

Afghane, Afghanin <-n, -n> [af'ga:nə, af'ga:nɪn] *m, f* Afghan

Afrika <-s> ['a:frika] *nt* Africa

Afrikaner(in) <-s, -> [afri'ka:nɐ] *m(f)* African; ~ **sein** to be [an] African

afrikanisch [afri'ka:nɪʃ] *Adj* African

Afroamerikaner(in) ['a:fro-] *m(f)* Afro-American **afroamerikanisch** ['a:fro-] *Adj* Afro-American

After <-s, -> ['aftɐ] *m* (*geh*) anus

After-Show-Party, Aftershowparty ['ɑ:ftəʃo:pɑ:tɪ] *f* after show party

Agent(in) <-en, -en> [a'gɛnt] *m(f)* agent

Agentur <-, -en> [agɛn'tu:ɐ̯] *f* agency

Agglomeration <-, -en> [aglomera'tsi̯o:n] *f* SCHWEIZ (*Ballungsraum*) conurbation

Aggregat <-[e]s, -e> [agre'ga:t] *nt* unit; (*Stromaggregat*) power unit

agieren* [a'gi:rən] *intr V* (*geh*) to act

Agrarwende *f* POL, AGR [movement for] sustainable agriculture

Ägypten <-s> [ɛ'gʏptn̩] *nt* Egypt

Ägypter(in) <-s, -> [ɛ'gʏptɐ] *m(f)* Egyptian

ägyptisch [ɛ'gʏptɪʃ] *Adj* Egyptian

aha [a'ha:] *Interj* ❶ (*ach so*) aha ❷ (*sieh da*) look!

ahnden ['a:ndn̩] *tr V* (*geh*) to punish

ähneln ['ɛ:nl̩n] *intr V* to resemble; **du**

ähnelst meiner Frau you remind me of my wife

ahnen ['a:nən] *tr V* ❶ (*vermuten*) to suspect; (*erahnen*) to guess [at]; **das kann/konnte ich doch nicht ~!** how can/could I know that?; **ohne zu ~, dass ...** without suspecting that ...; **etwas/nichts [von etw] ~** to have an/no idea [about sth] *fam* ❷ (*voraussehen*) **etw ~** to have a premonition of sth

ähnlich ['ɛ:nlɪç] **I.** *Adj* similar; **jdm ~ sehen** (*ähneln*) to look like sb; **[etwas] Ähnliches** something similar **II.** *Adv* similarly

Ähnlichkeit <-, -en> *f* ❶ (*Aussehen*) resemblance (**mit** to); **mit jdm/etw ~ haben** to resemble sb/sth ❷ (*Vergleichbarkeit*) similarity; **mit etw ~ haben** to be similar to sth

ähnlichsehen *intr V unreg* (*fam*) **das sieht dir/ihr [mal wieder] ähnlich!** that's you/her all over!, that's just like you/her!

Ahnung <-, -en> *f* ❶ (*Vorgefühl*) premonition; **~en haben** to have premonitions ❷ (*Vermutung*) suspicion; **es ist eher so eine ~** it's more of a hunch *fam* ❸ (*fam: Vorstellung*) **hast du eine ~!** (*iron*) that's what you think!; **keine ~ haben** to have no idea; **keine ~!** [I've] no idea!; **keine blasse ~ haben** to not have the faintest idea; **[keine] ~ [von etw] haben** to [not] understand [sth]

ahnungslos **I.** *Adj* ❶ unsuspecting ❷ (*unwissend*) ignorant **II.** *Adv* unsuspectingly

Ahorn <-s, -e> ['a:hɔrn] *m* maple [tree]

Ähre <-, -n> ['ɛ:rə] *f* ❶ (*Samenstand*) ear ❷ (*Blütenstand*) spike

Aids <-> [e:ts] *nt Akr von* **Acquired Immune Deficiency Syndrome** Aids

Aidsinfizierte(r) *f(m) dekl wie Adj* person infected with Aids

Airbag <-s, -s> ['ɛ:ɐ̯bɛk] *m* airbag

Airbus® ['ɛ:ɐ̯bʊs] *m* airbus®

Akademie <-, -n> [akade'mi:, *Pl:* -'mi:ən] *f* ❶ (*Hochschule*) college ❷ (*Gesellschaft*) academy

Akademiker(in) <-s, -> [aka'de:mikɐ] *m(f)* graduate

akademisch [aka'de:mɪʃ] **I.** *Adj* academic **II.** *Adv* **~ gebildet sein** to be academically educated

Akazie <-, -n> [a'ka:tsi̯ə] *f* ❶ acacia ❷ (*Robinie*) robinia

akklimatisieren* [aklimati'zi:rən] *refl V* **sich ~** to become acclimatized

Akkord[1] <-[e]s, -e> [a'kɔrt, *Pl:* -kɔrdə] *m* MUS chord

Akkord[2] <-[e]s, -e> [a'kɔrt, *Pl:* -kɔrdə] *m* piece-work; **im ~ arbeiten** to be on piece-work

Akkordarbeit *f* piece-work

Akkordeon <-s, -s> [a'kɔrdeɔn] *nt* accordion

Akkreditiv <-s, -e> [akredi'ti:f, *Pl:* -'ti:və] *nt* FIN letter of credit

Akku <-s, -s> ['aku] *m* (*fam*) *kurz für* **Akkumulator** accumulator

akkurat [aku'ra:t] **I.** *Adj* ❶ (*sorgfältig*) meticulous ❷ (*exakt*) accurate **II.** *Adv* ❶ meticulously ❷ accurately

Akkusativ <-s, -e> ['akuzati:f, *Pl:* -ti:və] *m* accusative [case]

Akne <-, -n> ['aknə] *f* acne

Akrobat(in) <-en, -en> [akro'ba:t] *m(f)* acrobat

akrobatisch *Adj* acrobatic

Akt <-[e]s, -e> [akt] *m* ❶ (*Bild*) nude [painting] ❷ (*Handlung*) act; **ein ~ der Rache** an act of revenge ❸ ÖSTERR (*Akte*) file

Akte <-, -n> ['aktə] *f* file, records *pl*

Aktennotiz *f* memorandum **Aktenordner** *m* file **Aktentasche** *f* briefcase **Aktenvernichtung** *f* (*Zerreißen*) document shredding **Aktenzeichen** *nt* file reference

Akteur(in) <-s, -e> [ak'tø:ɐ̯] *m(f)* ❶ (*geh: Handelnder*) player ❷ THEAT, FILM actor ❸ SPORT player

Aktie <-, -n> ['aktsi̯ə] *f* BÖRSE share, stock *esp* AM; **die ~n stehen gut/schlecht** the shares are doing well/badly

Aktiengesellschaft *f* public limited company BRIT, [stock] corporation AM **Aktienkapital** *nt* BÖRSE share capital **Aktienkurs** *m* share [*or* AM *a.* stock] price **Aktienoption** *f* BÖRSE share option

Aktion <-, -en> [ak'tsi̯o:n] *f* ❶ action; **in ~ sein** to be [constantly] in action; **in ~ treten** to come into action ❷ (*Militäraktion, Werbeaktion*) campaign

Aktionär(in) <-s, -e> [aktsi̯o'nɛ:ɐ̯] *m(f)* shareholder, AM *a.* stockholder

A

aktiv [ak'tiːf] **I.** *Adj* active; **in etw** *Dat* **~ sein** to be active in sth **II.** *Adv* actively

Aktiv <-s, *selten* -e> [ak'tiːf, *Pl:* -tiːvə] *nt* active [voice]

Aktiva [ak'tiːva] *Pl* assets; **~ und Passiva** assets and liabilities

Aktivgeschäft *nt einer Bank* lending business

aktivieren* [akti'viːrən] *tr V* ❶ (*anspornen*) **jdn ~** to get sb moving ❷ (*stimulieren*) to stimulate ❸ (*in Gang setzen*) to activate; **einen Prozess ~** to set a process in motion

Aktivität <-, -en> [aktivi'tɛːt] *f* activity

aktualisieren* *tr V* to update

Aktualität <-, -en> [aktu̯ali'tɛːt] *f* topicality

Aktuar(in) <-s, -e> [ak'tu̯aːɐ̯] *m(f)* SCHWEIZ secretary

aktuell [ak'tu̯ɛl] *Adj* ❶ (*gegenwärtig*) topical; **die ~sten Nachrichten** the latest news; **~e Vorgänge** current events ❷ (*modern*) latest *attr,* in fashion *pred*

Akupunktur <-, -en> [akupʊŋktuːɐ̯] *f* acupuncture

Akustik <-> [a'kʊstɪk] *f kein Pl* acoustics + *pl verb*

Akustikkoppler *m* TECH, COMPUT acoustic coupler

akustisch [a'kʊstɪʃ] **I.** *Adj* acoustic **II.** *Adv* acoustically; **ich habe dich rein ~ nicht verstanden** I just didn't hear what you said

akut [a'kuːt] *Adj* acute

Akzent <-[e]s, -e> [ak'tsɛnt] *m* ❶ (*Aussprache*) accent; **mit ~ sprechen** to speak with an accent ❷ (*Zeichen*) accent ❸ (*Schwerpunkt*) stress; **den ~ auf etw** *Akk* **legen** to emphasize sth; **~e setzen** to set [new] trends

akzeptieren* [aktsɛp'tiːrən] *tr, intr V* to accept

Alarm <-[e]s, -e> [a'larm] *m* ❶ (*Signal*) alarm; **~ schlagen** to raise the alarm ❷ (*Alarmzustand*) alert; **bei ~** during an alert; **~!** alert!

Alarmanlage *f* alarm [system]

alarmieren* [alar'miːrən] *tr V* ❶ (*rufen*) to call out ❷ (*aufschrecken*) to alarm

Alarmismus <-> [alar'mɪsmʊs] *m kein Pl* (*pej*) alarmism

Alarmist(in) <-en, -en> [alar'mɪst] *m(f)* (*pej*) alarmist

Albaner(in) <-s, -> [al'baːnɐ] *m(f)* Albanian

Albanien <-s> [al'baːni̯ən] *nt* Albania

albanisch [al'baːnɪʃ] *Adj* Albanian; *s. a.* **deutsch**

Albanisch [al'baːnɪʃ] *nt dekl wie Adj* Albanian; *s. a.* **Deutsch**

albern[1] ['albɐn] **I.** *Adj* childish **II.** *Adv* childishly

albern[2] ['albɐn] *intr V* to fool around

Albtraum[RR] *m* nightmare

Album <-s, Alben> ['albʊm, *Pl:* 'albən] *nt* album

Alge <-, -n> ['algə] *f* alga

Algebra <-> ['algebra] *f* algebra

Algorithmus <-, -men> [algo'rɪtmʊs] *m* algorithm

Alibi <-s, -s> ['aːlibi] *nt* alibi

Alibifunktion *f* [**nur**] **~ haben** to [only] serve as an alibi

Alimente [ali'mɛntə] *Pl* maintenance *no pl*

alkalisch [al'kaːlɪʃ] *Adj* alkaline

Alkohol <-s, -e> ['alkohoːl] *m* alcohol

Alkoholeinfluss[RR] *m* **unter ~ stehen** to be under the influence of alcohol **alkoholfrei** *Adj* non-alcoholic **alkoholhaltig** *Adj* alcoholic

Alkoholiker(in) <-s, -> [alko'hoːlikɐ] *m(f)* alcoholic; **Anonyme ~** Alcoholics Anonymous

Alkoholismus <-> [alkoho'lɪsmʊs] *m* alcoholism

all [al] *unbest. Pron* all; **~ der/die/das ...** all the ...; **~ dies ...** all this ...; **~ ihr Geld** all her money

All <-s> [al] *nt kein Pl* space

alle ['alə] *Adj präd* (*fam*) **~ sein** to be all gone; **etw ~ machen** to finish sth off *sep*

alle(r, s) ['alə, -lɐ, -ləs] *unbest. Pron* ❶ *adjektivisch* all ❷ *substantivisch* [**sie**] **~** all of them; **ihr ~** all of you; **~s** everything

Allee <-, -n> [a'leː, *Pl:* -leːən] *f* avenue

allein [a'lain], **alleine** [a'lainə] (*fam*) **I.** *Adj präd* ❶ (*ohne andere*) alone; **wir sind jetzt endlich ~** we're on our own at last; **sind Sie ~ oder in Begleitung?** are you by yourself or with someone?; **jdn ~ lassen** to leave sb alone; **sich ~ gelassen fühlen** to feel abandoned ❷ (*einsam*) lonely ► **für sich ~** [**genommen**] in itself **II.** *Adv* ❶ (*ohne

Hilfe) by oneself; **ein Kind ~ großziehen** to bring up a child on one's own; **von ~** by itself/oneself; **ich wäre auch von ~ darauf gekommen** I would have thought of it myself ❷ (*ohne andere*) alone; **~ erziehend sein** to be a single parent ❸ (*bereits*) just; **~ der Gedanke daran** the mere thought of it ❹ (*ausschließlich*) exclusively; **das ist ~ deine Entscheidung** it's your decision [and yours alone]

alleinerziehend *Adj attr* **~ sein** to be a single parent **Alleinerziehende(r)** *f(m) dekl wie Adj* single parent **Alleinerzieher(in)** *m(f)* single parent **Alleingang** <-gänge> *m* (*fam*) solo effort; **etw im ~ machen** to do sth on one's own

alleinig [a'lainɪç] **I.** *Adj attr* sole **II.** *Adv* (*geh*) solely

alleinstehend *Adj* single

Alleinstellungsmerkmal *nt* ÖKON unique selling point

Alleinvertretung *f* ÖKON sole and exclusive representation

allemal ['alə'ma:l] *Adv* **ein für ~** once and for all

allenfalls ['alən'fals] *Adv* at [the] most, at best

allerbeste(r, s) ['alɐ'bɛstə, -tɐ, -təs] *Adj* very best

allerdings ['alɐ'dɪŋs] *Adv* ❶ (*jedoch*) although ❷ (*in der Tat*) definitely; **~!** indeed!

allererste(r, s) ['alɐ'ʔe:ɐ̯stə, -tɐ, -təs] *Adj* the [very] first

Allergie <-, -n> [alɛr'gi:, *-Pl:* -gi:ən] *f* allergy; **~ auslösend** allergenic; **eine ~ [gegen etw] haben** to have an allergy [to sth]

allergisch [a'lɛrgɪʃ] **I.** *Adj* allergic (**gegen** to) **II.** *Adv* MED **~ [auf etw** *Akk*] **reagieren** to have an allergic reaction [to sth]

Allerheiligen <-s> ['alɐ'hailɪgn̩] *nt* All Saints' Day

allerlei ['alɐ'lai] *Adj* ❶ *substantivisch* a lot; **ich muss noch ~ erledigen** I still have a lot to do ❷ *adjektivisch* all sorts of

allerletzte(r, s) ['alɐ'lɛtstə, -tɐ, -təs] *Adj* (*ganz letzte*) [very] last; **der/die Allerletzte** the [very] last [person] ▸ **das Allerletzte sein** (*fam*) to be beyond the pale **allermeiste(r, s)** ['alɐ'maistə, -tɐ, -təs] *Adj* most *generalization*, the most *comparison;* **im Urlaub verbringt er die ~ Zeit mit Angeln** on holiday he spends most of his time fishing; **die Allermeisten** most people; **am ~n** most of all **allerneueste(r, s)** ['alɐ'nɔyəstə, -tɐ, -təs] *Adj*, **allerneuste(r, s)** ['alɐ'nɔystə, -tɐ, -təs] *Adj* latest; **am ~n** the newest

Allerseelen <-s> ['alɐ'ze:lən] *nt* All Souls' Day

allerwenigste(r, s) *Adj* ❶ (*wenigste: zählbar*) fewest; (*unzählbar*) least; **in den ~n Fällen** in only a very few cases ❷ (*mindeste*) least

allesamt ['alə'zamt] *Adv* all [of us/you/them]

allfällig ['alfɛlɪç] *Adj* SCHWEIZ necessary

allgemein ['algə'main] **I.** *Adj* ❶ *attr* (*alle betreffend*) general; **von ~em Interesse sein** to be of interest to everyone ❷ *attr* (*allen gemeinsam*) general; **das ~e Wohl** the common good; **zur ~en Überraschung** to everyone's surprise ▸ **im Allgemeinen** (*normalerweise*) generally speaking; (*insgesamt*) on the whole **II.** *Adv* generally; **~ bekannt sein** to be common knowledge; **~ gültig** general; **~ verständlich** intelligible to everybody; **~ zugänglich sein** to be open to the general public

Allgemeinbildung *f kein Pl* general education

Allgemeinheit <-> ['algə'mainhait] *f kein Pl* general public

allgemeinverständlich *Adj* intelligible to everybody

Allheilmittel *nt* cure-all

Allianz <-, -en> [a'li̯ants] *f* alliance

Alliierte(r) [ali'i:ɐ̯tə, -tɐ] *f(m) dekl wie Adj* ally; **die ~n** the Allies

alljährlich ['al'jɛ:ɐ̯lɪç] **I.** *Adj attr* annual **II.** *Adv* annually

allmächtig [al'mɛçtɪç] *Adj* omnipotent

allmählich [al'mɛ:lɪç] **I.** *Adj attr* gradual **II.** *Adv* gradually; **~ geht er mir auf die Nerven** he's beginning to get on my nerves

Allradantrieb *m* four-wheel drive

Alltag ['alta:k] *m* everyday life

alltäglich ['altɛ:klɪç] *Adj* ❶ *attr* (*tagtäglich*) daily ❷ (*gang und gäbe*) usual; **diese Probleme sind bei uns ~** these problems are part of everyday life here

allwissend ['al'vɪsn̩t] *Adj* omniscient

allzu ['altsu:] *Adv* [all] too; ~ **früh** far too early; **nicht ~ gerne** reluctantly; **magst du Fisch? – Nicht ~ gern** do you like fish? — Not very much; ~ **oft** only too often; **nicht ~ oft** not [all] too often; ~ **sehr** too much; ~ **viel** too much

Allzweckcreme *f* all-purpose cream **Allzweckhalle** *f* [multipurpose] hall **Allzweckreiniger** *m* general-purpose cleaner

Alm <-, -en> [alm] *f* mountain pasture

Alpen ['alpn̩] *Pl* **die** ~ the Alps

Alpenveilchen *nt* cyclamen

Alphabet <-[e]s, -e> [alfa'be:t] *nt* alphabet

alphabetisch [alfa'be:tɪʃ] *Adj* alphabetical

Alptraum ['alptraum] *m* nightmare

als [als] *Konj* ❶ (*in dem Moment, da*) when, as; **ich kam, ~ er ging** I came as he was leaving; **damals, ~ ...** in the days when ...; **gerade ~ ...** just when ...; **gleich ~ ...** as soon as ... ❷ (*bei Vergleichen*) than; **der Bericht ist interessanter ~ erwartet** the report is more interesting than would have been expected; **alles andere ~ ...** everything but ...; **niemand anders ~ ...** (*a. hum, iron*) none other than ... ❸ **...,** ~ **habe/könne/sei/würde ...** ..., as if ...; ~ **ob ...** as if ... ❹ (*ausschließend*) **du bist noch zu jung, ~ dass du dich daran erinnern könntest** you're too young to be able to remember that ❺ (*in der Eigenschaft von*) as; **schon ~ Kind hatte er immer Albträume** even as a child, he had nightmares

also ['alzo] **I.** *Adv* (*folglich*) so; **es regnet, ~ bleiben wir zu Hause** it's raining, so we'll stay at home **II.** *Part* ❶ (*nun ja*) well ❷ (*tatsächlich*) so; **er hat ~ doch nicht die Wahrheit gesagt!** so he wasn't telling the truth after all! ❸ (*na*) ~ **dann, ...!** so ..., well then ...; ~ **gut** [well,] all right ▶ ~ **doch!** you see!; **na ~!** just as I thought!

alt <älter, älteste(r,s)> [alt] *Adj* ❶ (*betagt*) old; **älter sein/werden** to be/get older; **älter als jd werden** to live longer than sb; **für etw zu ~ sein** to be too old for sth; **Alt und Jung** young and old alike ❷ (*Lebensalter*) old; **wie ~ ist er?** how old is he?; **er ist 21 Jahre ~** he's 21 [years old]; **darf ich fragen, wie ~ Sie sind?** may I ask how old you are?; **er wird dieses Jahr 21 Jahre ~** he'll be 21 [years old] this year; **Ende Mai wurde sie 80 Jahre ~** she turned 80 at the end of May; **älter/am ältesten sein** to be the older/the oldest ❸ (*aus alter Zeit*) ancient ❹ *attr* (*unverändert*) **der/die/das ~e ...** the same old ...; **du bist ganz der Alte geblieben** you're still your old self ▶ ~ **aussehen** (*fam*) to look [*or* AM look like] a complete fool; **ich werde heute nicht ~!** (*fam*) I won't stay up late tonight!

Alt <-s, -e> [alt] *m* MUS alto

Altar <-s, -täre> [al'ta:ɐ̯, *Pl:* al'tɛ:rə] *m* altar

Altarm *m* oxbow lake

altbacken *Adj Brot* stale

Altbau <-bauten> *m* old building

altbewährt ['altbə'vɛ:ɐ̯t] *Adj* well-tried

Alte(r) ['altə, -tɐ] *f(m) dekl wie Adj* ❶ (*fam: Mann*) old geezer; (*Frau*) old dear; **die ~n** the older generation ❷ (*fam: Ehemann, Vater*) old man; (*Mutter*) old woman; **die/meine ~e** (*Ehefrau*) the old wife *fam;* **die/jds ~n** (*Eltern*) the/sb's old folks ❸ (*fam: Vorgesetzte(r)*) **der/die ~** the boss ❹ *Pl:* (*die Ahnen*) **die ~n** the ancients

alteingesessen *Adj* old-established

Alteisen *nt* scrap iron

Altenheim *nt,* **Altenpflegeheim** *nt* old people's home

Alter <-s, -> ['altɐ] *nt* ❶ (*Lebensalter*) age; **in jds ~** at sb's age; **mittleren ~s** middle-aged; **in jds ~ sein** to be the same age as sb; **er ist in meinem ~** he's my age ❷ (*Bejahrtheit*) old age; **im ~** in old age ▶ ~ **schützt vor Torheit nicht** (*prov*) there's no fool like an old fool *prov*

altern ['altɐn] *intr V* to age; **das Altern** the process of ageing

alternativ [altɛrna'ti:f] *Adj* alternative; ~ **leben** to live an alternative lifestyle

Alternative <-n, -n> [altɛrna'ti:və] *f* alternative; **die ~ haben, etw zu tun** to have the alternative of doing sth

Altersasyl *nt* SCHWEIZ old peoples' home **Altersfleck** *m* age spot **Altersgruppe** *f* age group **Altersheim** *nt* old people's home **Altersrente** *f,* **Altersruhegeld** *nt* (*geh*) old-age pension BRIT, social security AM **Altersschwäche** *f kein Pl* infirmity **Altersteilzeit** *f* pre-retirement part-time employment **Altersversorgung** *f* retirement pension; (*betrieblich*) pension scheme [*or* AM plan]

Altertum <-> ['altɐtu:m] *nt kein Pl* antiquity; **das Ende des ~s** the end of the ancient world

altertümlich ['altɐty:mlɪç] *Adj* ancient

Alterung <-, -en> *f* ageing, aging AM

Altglascontainer *m* bottle bank BRIT, glass-recycling collection point AM

Altjahresabend ['altja:ʁəsʔa:bn̩t] *m* SCHWEIZ New Year's Eve

altklug ['alt'klu:k] *Adj* precocious

Altlasten *Pl* ÖKOL poisonous waste

ältlich ['ɛltlɪç] *Adj* oldish

Altmaterial *nt* waste material **Altmeister(in)** *m(f)* ① (*großer Könner*) dab hand *fam* ② SPORT former champion **altmodisch** **I.** *Adj* old-fashioned **II.** *Adv* **~ gekleidet** dressed in old-fashioned clothes **Altöl** *nt* used oil **Altpapier** *nt* waste paper **Altstadt** *f* old town centre **Altweibersommer** [alt'vaibɐzɔmɐ] *m* Indian summer

Alu ['a:lu] *nt kurz für* **Aluminium**

Alufolie *f* tin foil

Aluminium <-s> [alu'mi:ni̯ʊm] *nt kein Pl* aluminium BRIT, aluminum AM

am [am] = **an dem** ① *beim Superlativ* **~ schnellsten/schönsten sein** to be [the] fastest/most beautiful ② (*fam: beschäftigt mit*) **ich bin ~ Schreiben!** I'm writing!

Amateur(in) <-s, -e> [ama'tø:ɐ̯] *m(f)* amateur

Amboss[RR] <-es, -e> *m*, **Amboß**[ALT] <-sses, -sse> ['ambɔs] *m* anvil

Ambulanz <-, -en> [ambu'lants] *f* ① out-patient department ② (*Unfallwagen*) ambulance

Ameise <-, -n> ['a:maizə] *f* ant

Ameisenbär *m* anteater **Ameisenhaufen** *m* anthill **Ameisensäure** *f* formic acid

amen ['a:mɛn, 'a:mən] *Interj* amen

Amen <-s, -> ['a:mɛn, 'a:mən] *nt* Amen ▸ **so sicher wie das ~ in der Kirche** (*fam*) as sure as eggs are eggs; **sein ~ zu etw geben** to give one's blessing to sth

Amerika <-s> [a'me:rika] *nt* America

Amerikaner(in) <-s, -> [ameri'ka:nɐ] *m(f)* American

amerikanisch [ameri'ka:nɪʃ] *Adj* American

Amiland *nt kein Pl* (*sl: USA*) Yankland *pej*

Ammann <-männer> ['aman, *Pl:* 'amɛnɐ] *m* SCHWEIZ mayor

Ammoniak <-s> [amo'ni̯ak, 'amoni̯ak] *nt kein Pl* ammonia

Amnestie <-, -n> [amnɛs'ti:, *Pl:* -ti:ən] *f* amnesty; **eine ~ verkünden** to declare amnesty

Amöbe <-, -n> [a'mø:bə] *f* amoeba

Amok <-s> ['a:mɔk] *m* **~ laufen** to run amok

a-Moll <-[s]> ['a:'mɔl] *nt* MUS A minor

amortisieren* [amɔrti'zi:rən] *refl V* **sich ~** to pay for itself

Ampel <-, -n> ['ampl̩] *f* traffic lights *pl;* **die ~ ist auf Rot gesprungen** the lights have turned red; **du hast eine rote ~ überfahren** you've just driven through a red light

Ampere <-[s], -> [am'pe:ɐ̯] *nt* amp, ampere *form*

Amperemeter <-s, -> [ampe:ɐ̯'me:tɐ] *nt* amp meter, ammeter

Amphibie <-, -n> [am'fi:bi̯ə, *Pl:* -fi:bi̯ən] *f* amphibian

amputieren* [ampu'ti:rən] *tr, intr V* to amputate

Amsel <-, -n> ['amzl̩] *f* blackbird

Amt <-[e]s, Ämter> [amt, *Pl:* 'ɛmtɐ] *nt* ① (*Behörde*) office; **aufs ~ gehen** (*fam*) to go to the authorities ② (*öffentliche Stellung*) post; (*hohe, ehrenamtliche Stellung*) office; **ein ~ innehaben** to hold an office; **für ein ~ kandidieren** to be a candidate for a post; **im ~ sein** to be in office

amtlich **I.** *Adj* official **II.** *Adv* officially

Amtsenthebung *f*, **Amtsentsetzung** *f* SCHWEIZ dismissal, removal from office **Amtsgericht** *nt* ≈ magistrates' [*or* AM district] court **Amtshandlung** *f* official duty **Amtsrichter(in)** *m(f)* ≈ magistrate BRIT, district court judge AM **Amtszeichen** *nt* dialling [*or* AM dial] tone **Amtszeit** *f* period of office

Amulett <-[e]s, -e> [amu'lɛt] *nt* amulet

amüsant [amy'zant] **I.** *Adj* amusing **II.** *Adv* entertainingly; **sich ~ unterhalten** to have an amusing conversation

A

A

amüsieren* [amy'zi:rən] **I.** *refl V* **sich** ~ to enjoy oneself; **amüsiert euch gut!** have a good time!; **sich mit jdm** ~ to have a good time with sb; **sich über jdn/etw** ~ to laugh about sb/sth **II.** *tr V* **jdn** ~ to amuse sb

an [an] **I.** *Präp* ① (*direkt bei*) at; **der Knopf ~ der Maschine** the button on the machine; ~ **dieser Stelle** in this place ② (*zur Zeit von*) on; ~ **den Abenden** in the evenings; ~ **jenem Morgen** that morning; ~ **Weihnachten** on Christmas Day ③ (*verbunden mit einer Person/Sache*) about; **das Angenehme ~ etw** *Dat* the pleasant thing about sth ④ (*räumlich*) **er setzte sich ~ den Tisch** he sat down at the table; **er setzte sich gleich ~ den Computer** he went straight to the computer; **die Hütte war ~ den Fels gebaut** the hut was built on the rocks; **bis ~ etw** *Akk* **reichen** to reach as far as sth ▶ ~ **jdm/etw vorbei** past sb/sth; ~ [**und für**] **sich** actually **II.** *Adv* ① (*ungefähr*) ~ **die ...** about ② (*fam: angeschaltet*) on ③ (*zeitlich*) **von jetzt** ~ from now on

analog [ana'lo:k] **I.** *Adj* ① (*entsprechend*) analogous ② COMPUT analog **II.** *Adv* ① (*entsprechend*) analogous ② COMPUT as an analog

Analphabet(in) <-en, -en> [an?alfa'be:t] *m(f)* illiterate

Analyse <-, -n> [ana'ly:zə] *f* analysis

analysieren* [analy'zi:rən] *tr V* to analyze

Ananas <-, - *o* -se> ['ananas] *f* pineapple

Anatomie <-, -n> [anato'mi:, *Pl:* -mi:ən] *f* anatomy

anatomisch [ana'to:mɪʃ] **I.** *Adj* anatomic **II.** *Adv* anatomically

an|bahnen *refl V* **sich** ~ to be in the offing

Anbau[1] *m kein Pl* AGR cultivation

Anbau[2] <-bauten> *m* (*Nebengebäude*) extension BRIT, annex AM

an|bauen *tr V Gemüse* to grow

Anbaufläche *f* acreage

anbei [an'bai] *Adv* enclosed; ~ **die erbetenen Prospekte** please find enclosed the requested brochures

an|belangen* *tr V* (*geh*) **was jdn/etw anbelangt, ...** as far as sb/sth is concerned...

an|beten *tr V* to worship

an|biedern ['anbi:dɐn] *refl V* (*pej*) **sich** [**bei jdm**] ~ to curry favour with sb; **~d** crawling

an|bieten *unreg* **I.** *tr V* [**jdm**] **etw** ~ to offer [sb] sth **II.** *refl V* ① (*sich zur Verfügung stellen*) **sich** ~ to offer one's services; **sich ~, etw zu tun** to offer to do sth ② (*naheliegen*) **sich** [**für etw**] ~ to be just the right thing [for sth]

an|binden *tr V unreg* to tie (**an** to)

Anblick *m* sight; **beim ~ einer S.** *Gen* at the sight of sth

an|blicken *tr V* to look at

Anbot <-[e]s, -e> *nt* ÖSTERR (*geh*) offer

an|brennen *unreg intr V sein* to burn; **etw ~ lassen** to let sth burn

an|bringen *tr V unreg* ① (*befestigen*) to fix (**an** to) ② (*montieren*) *Gerät* to install; *Regal* to put up

Anbruch *m kein Pl* (*geh*) **bei ~ des Tages** at the break of day; **bei ~ der Dunkelheit** at dusk

andächtig ['andɛçtɪç] **I.** *Adj* ① REL devout ② (*gebannt*) rapt **II.** *Adv* ① REL devoutly ② raptly

an|dauern *intr V* to continue

andauernd **I.** *Adj* continuous **II.** *Adv* continuously; **jetzt schrei mich nicht ~ an** stop shouting at me all the time

Andenken <-s, -> *nt* ① (*Souvenir*) souvenir ② (*Erinnerungsstück*) keepsake ③ *kein Pl* (*Erinnerung*) memory; **zum ~ an jdn** in memory of sb

andere(r, s) ['andərə, -rɐ, -rəs] *unbest. Pron* ① *adjektivisch* (*abweichend*) different, other; **ein ~s Mal** another time ② *adjektivisch* (*weitere*) other; **haben Sie noch ~ Fragen?** have you got any more questions? ③ *substantivisch* (*sonstige*) more, others; **ein ~r/eine ~/ein ~s** [an]other ④ *substantivisch* (*sonstige Menschen*) others; **ein ~r/eine ~** someone else; **die ~n** the others ⑤ *substantivisch* (*Abweichendes*) other things *pl*; **etwas/nichts ~s** something/nothing else; **es bleibt uns nichts ~s übrig** there's nothing else we can do; **lass uns von etwas ~m sprechen** let's talk about something else

and(e)rerseits ['andərɐzaits] *Adv* on the other hand

ändern ['ɛndɐn] *tr, refl V* to change; **ich kann es nicht ~** I can't do anything about it; **daran kann man nichts ~** there's nothing you can do about it

anders ['andɐs] *Adv* ❶ (*verschieden*) differently; **~ als ...** different to [*or* Am *a.* than] ...; **~ als sonst** different than usual; **es sich** *Dat* **~ überlegen** to change one's mind; **~ denkend** dissenting ❷ (*sonst*) **jemand ~** somebody else; **niemand ~** nobody else; **es ging leider nicht ~** I'm afraid I couldn't do anything about it ▸ **nicht ~ können** (*fam*) to be unable to help it; **jdm wird ganz ~** sb feels dizzy

andersherum ['andɐshɛrʊm] *Adv* the other way round **anderswo** ['andɐsvoː] *Adv* elsewhere **anderswoher** ['andɐsvoːheːɐ̯] *Adv* from somewhere else **anderswohin** ['andɐsvo'hɪn] *Adv* elsewhere

anderthalb ['andɐt'halp] *Adj* one and a half; **~ Stunden** an hour and a half

Änderung <-, -en> *f* change (**an** to); **geringfügige ~en** slight alterations

anderweitig ['andɐvaitɪç] **I.** *Adj attr* other **II.** *Adv* ❶ (*an anderer Stelle*) somewhere else ❷ (*anders*) in a different way

an|deuten **I.** *tr V* to indicate; [**jdm**] **etw ~** to imply sth [to sb] **II.** *refl V* **etw deutet sich ~** there are signs of sth

Andeutung *f* hint; **eine ~ fallen lassen** to drop a hint; **eine versteckte ~** an insinuation

Andrang *m kein Pl* rush

andre(r, s) ['andrə, -drɐ, -drəs] *unbest. Pron s.* **andere(r, s)**

an|drehen *tr V* ❶ to turn sth on ❷ (*fam*) **jdm etw ~** to flog sb sth; **sich** *Dat* **etw ~ lassen** to be flogged sth

andrerseits ['andrɐzaits] *Adv s.* **andererseits**

an|ecken *intr V sein* (*fam*) to put people's backs up

an|eignen *refl V* **sich** *Dat* **etw ~** ❶ (*in Besitz nehmen*) to appropriate sth ❷ (*lernen*) to learn

aneinander [anʔai'nandɐ] *Adv* to one another; **~ denken** to think about each other; **~ vorbeireden** to talk at cross purposes

aneinander|fügen *tr V* to put together **aneinander|geraten** *intr V unreg sein* to have a fight **aneinander|reihen** **I.** *refl V* **sich ~** to follow one another **II.** *tr V* **etw ~** to string sth together **aneinander|stellen** *tr V* **etw ~** to put sth next to one another

an|ekeln *tr V* **jdn ~** to make sb sick; **von etw angeekelt sein** to be disgusted by sth

Anemone <-, -n> [ane'moːnə] *f* anemone

an|erkennen* ['anʔɛɐ̯kɛnən] *tr V unreg* ❶ (*akzeptieren*) to accept; (*offiziell*) to recognize (**als** as) ❷ (*würdigen*) to appreciate

an|fahren *unreg tr V haben* ❶ (*beim Fahren streifen*) to hit ❷ *unreg* (*schelten*) **jdn ~** to snap at sb

Anfahrt <-, -en> *f* journey [to]

Anfall <-[e]s, -fälle> *m* ❶ MED attack; **epileptischer ~** epileptic fit ❷ (*Wutanfall*) fit of rage ❸ (*Anwandlung*) **in einem ~ von etw** in a fit of sth

an|fallen **I.** *intr V unreg sein* to arise; *Arbeit* to pile up **II.** *tr V unreg* (*angreifen*) to attack

anfällig *Adj* to be prone (**für** to)

Anfang <-[e]s, -fänge> *m* ❶ (*Beginn*) beginning, start; **er ist ca. ~ 40** he is in his early 40s; **~ der Woche** at the beginning of the week; [**mit etw**] **den ~ machen** to make a start [with sth]; **einen neuen ~ machen** to make a fresh start; **am ~** in the beginning; **von ~ an** from the [very] start; **von ~ bis Ende** from start to finish ❷ (*Ursprung*) origin[s] *usu pl* ▸ **aller ~ ist schwer** (*prov*) the first step is always the hardest

an|fangen *unreg tr, intr V* ❶ to begin; **einen Vortrag mit etw ~** to start a lecture with sth ❷ (*machen*) **etw anders ~** to do sth differently ▸ **mit jdm ist nichts anzufangen** nothing can be done with sb; **etwas mit jdm/etw ~ können** (*fam*) to be able to do sth with sb/sth; **jd kann mit jdm/etw nichts ~** (*fam*) sb/sth is [of] no use to sb; **nichts mit sich anzufangen wissen** to not know what to do with oneself

Anfänger(in) <-s, -> *m(f)* beginner; **~ sein** to be a novice

anfänglich **I.** *Adj attr* initial **II.** *Adv* (*geh*) initially

anfangs **I.** *Adv* at first **II.** *Präp* SCHWEIZ at the start of

Anfangsbuchstabe *m* initial [letter] **Anfangsstadium** *nt* initial stages *pl*

A

an|fassen I. *tr V* to touch **II.** *intr V* **mit ~** to lend a hand **III.** *refl V* **sich ~** to feel; **es fasst sich rau an** it feels rough

anfechtbar *Adj* contestable

an|fechten *tr V unreg* JUR to contest

an|fertigen *tr V* to make; **sich** *Dat* **etw [von jdm] ~ lassen** to have sth made [by sb]

an|flehen *tr V* to beg (**um** for)

Anflug <-[e]s, -flüge> *m* LUFT approach

an|fordern *tr V* to request; *Katalog* to order

Anforderung <-, -en> *f* ① *kein Pl* request; *Katalog* ordering; **auf ~** on request ② *meist Pl* (*Anspruch*) demands; **~en [an jdn] stellen** to place demands [on sb]; **du stellst zu hohe ~en** you're too demanding

Anfrage <-, -n> *f* inquiry; **auf ~** on request

an|fragen *intr V* to ask (**um** for)

an|freunden ['anfrɔyndn̩] *refl V* **sich mit jdm ~** to make friends with sb; **sich ~** to become friends

an|führen *tr V* ① (*vorangehen*) to lead ② (*zitieren*) to quote; *Beispiel* to give

Anführer(in) <-s, -> *m(f)* leader; *von Truppen* commander

Anführungsstrich *m*, **Anführungszeichen** *nt meist Pl* quotation mark[s]; **~ unten/oben** quote/unquote

Angabe <-, -n> *f* ① *meist Pl* (*Mitteilung*) details *pl;* **~n zur Person** (*geh*) personal details ② *kein Pl* (*Prahlerei*) boasting

an|geben *unreg* **I.** *tr V* ① (*nennen*) to give; **jdn als Zeugen ~** to cite sb as a witness ② (*behaupten*) to claim ③ (*anzeigen*) to indicate **II.** *intr V* (*prahlen*) to boast (**mit** about)

Angeber(in) <-s, -> *m(f)* poser

angeblich ['ange:plɪç] **I.** *Adj attr* alleged **II.** *Adv* allegedly

angeboren *Adj* ① MED congenital ② (*fig fam*) innate

Angebot <-[e]s, -e> *nt* ① offer ② *kein Pl* (*Warenangebot*) range of goods; **~ und Nachfrage** supply and demand ③ (*Sonderangebot*) special offer; **im ~** on special offer

angebracht *Adj* ① (*sinnvoll*) sensible ② (*passend*) suitable

angegossen *Adj* ▶ **wie ~ sitzen** (*fam*) to fit like a glove

angeheitert ['angəhaitɐt] *Adj* (*fam*) tipsy

an|gehen *unreg* **I.** *intr V sein Maschine, Licht* to come on **II.** *tr V haben* (*betreffen*) to concern; **was geht mich das an?** what's that got to do with me?; **was mich angeht, ...** as far as I am concerned, ...

angehend *Adj* prospective

an|gehören* *intr V* to belong to

Angehörige(r) *f(m) dekl wie Adj* ① (*Familienangehörige(r)*) relative ② (*Mitglied*) member

Angeklagte(r) *f(m) dekl wie Adj* accused

Angel <-, -n> ['aŋl̩] *f* ① fishing pole ② (*Türangel*) hinge ▶ **etw aus den ~n heben** (*fam*) to turn sth upside down

Angelegenheit <-, -en> *f* matter; **sich um seine eigenen ~en kümmern** to mind one's own business; **jds ~ sein** to be sb's responsibility

angelernt *Adj Arbeiter* semi-skilled

angeln ['aŋl̩n] **I.** *intr V* to fish **II.** *tr V* to catch

Angeln <-s> *nt kein Pl* fishing

an|geloben *tr V* ÖSTERR to swear in *sep*

Angelrute *f* fishing rod

angemessen I. *Adj* appropriate **II.** *Adv* appropriately

angenehm I. *Adj* (*erfreulich*) pleasant ▶ **das Angenehme mit dem Nützlichen verbinden** to mix business with pleasure; **sehr ~!** (*geh*) pleased to meet you! **II.** *Adv* pleasantly

angenommen *Konj* assuming

angesehen *Adj* respected

angesichts *Präp* **~ einer S.** *Gen* in the face of sth

Angestellte(r) *f(m) dekl wie Adj* employee

angestrengt *Adv* **~ arbeiten** to work hard

angetan *Adj* **von jdm/etw ~ sein** to be taken with sb/sth

angetrunken *Adj* slightly drunk

angewandt *Adj attr* applied

angewiesen *Adj* dependent (**auf** on)

an|gewöhnen* *tr V* **sich** *Dat* **etw ~** to get into the habit of [doing] sth

Angewohnheit <-, -en> *f* habit

Angina <-, Anginen> [aŋ'gi:na, *Pl:* -nən] *f* angina

an|gleichen *refl V unreg* **sich [jdm/einer S.] ~** to adapt oneself [to sb/sth]

A

Angler(in) <-s, -> ['aŋlɐ] *m(f)* angler
Anglistik <-> [aŋ'glɪstɪk] *f kein Pl* study of English [language and literature]
an|graben *tr V* **jdn ~** (*sl*) to chat sb up BRIT *fam*, to come on to sb
angreifbar *Adj* contestable
an|greifen *unreg* **I.** *intr V* to attack **II.** *tr V* ① (*bekämpfen*) to attack; **angegriffen werden** to be under attack ② (*schädigen*) to damage; **angegriffen sein** to be weakened ③ (*beeinträchtigen*) to affect; **angegriffen sein** to be exhausted
angrenzend *Adj attr* bordering
Angriff *m* attack; **zum ~ übergehen** (*fig*) to go on the offensive ▶ **~ ist die beste Verteidigung** (*prov*) offence is the best defence; **etw in ~ nehmen** to tackle sth
angriffslustig *Adj* aggressive
Angst <-, Ängste> [aŋst, *Pl:* 'ɛŋstə] *f* ① fear (**vor** of); **~ und Schrecken verbreiten** to spread fear and terror; **~ bekommen** (*fam*) to become frightened; **~ [vor etw** *Dat*] **haben** to be afraid [of sth]; **~ um etw haben** to be worried about sth; **jdm ~ machen** to frighten sb; **vor ~ zittern** to tremble with fear; **aus ~, etw zu tun** for fear of doing sth ② (*seelische Unruhe*) anxiety
angst *Adj* afraid; **jdm wird ~ [und bange]** sb becomes afraid
angstfrei *Adj* anxiety-free
ängstigen ['ɛŋstɪgn̩] **I.** *tr V* to frighten **II.** *refl V* **sich ~** to be afraid
ängstlich ['ɛŋstlɪç] *Adj* frightened
Angstmacher(in) *m(f)* (*pej*) scaremonger **Angstmacherei** <-> ['aŋstmaxərai] *f kein Pl* (*pej*) scaremongering **Angstzustand** *m* state of panic
an|gurten **I.** *tr V* to strap in **II.** *refl V* **sich ~** to fasten one's seat belt
an|haben *tr V unreg* ① *Kleidung* to have on ② (*Schaden zufügen*) **jdm nichts ~ können** to be unable to harm sb
an|halten *unreg* **I.** *intr V* ① to stop ② (*fortdauern*) to continue **II.** *tr V* to bring to a stop
anhaltend *Adj* continuous; **die ~e Hitzewelle** the continuing heatwave
Anhalter(in) <-s, -> ['anhaltɐ] *m(f)* hitch-hiker; **per ~ fahren** to hitch-hike
Anhang <-[e]s, -hänge> *m* ① (*Nachtrag*) appendix ② *kein Pl* (*Angehörige*) [close] family
an|hängen *tr V* ① (*daran hängen*) to hang [up] (**an** on) ② (*hinzufügen*) to add ③ (*fam: anlasten*) **jdm etw ~** to blame sth on sb
Anhänger <-s, -> *m* AUTO trailer
Anhänger(in) <-s, -> *m(f)* (*Fan*) supporter
anhänglich ['anhɛŋlɪç] *Adj* devoted
an|hauen *tr V unreg* (*sl*) to tap (**um** for)
an|heben *unreg tr V* ① (*hochheben*) to lift [up] ② (*erhöhen*) to increase
an|heizen *tr V* ① (*zum Brennen bringen*) to set alight ② (*fig: positive*) to stimulate ③ (*fam: negative*) to aggravate
an|heuern *tr, intr V* to sign on
Anhieb *m* **auf ~** (*fam*) straight away
an|himmeln *tr V* (*fam*) to idolize
an|hören **I.** *tr V* [**sich** *Dat*] **etw ~** to listen to sth **II.** *refl V* (*klingen*) **sich ~** to sound; **sich gut ~** to sound good
Animateur(in) <-s, -e> [anima'tøːɐ̯] *m(f)* host/hostess
animieren* [ani'miːrən] *tr, intr V* to encourage
Anis <-[es], -e> [a'niːs] *m* aniseed
Ankauf <-[e]s, -käufe> *m* buy
an|keksen ['ankeːksən] *tr V* **jdn ~** (*sl*) to get on sb's nerves
Anker <-s, -> ['aŋkɐ] *m* anchor; **vor ~ gehen** to drop anchor; **den ~ lichten** to weigh anchor; **vor ~ liegen** to lie at anchor
an|ketten *tr V* to chain up (**an** to)
Anklage <-, -n> *f* ① *kein Pl* JUR charge; **gegen jdn ~ [wegen einer S.** *Gen*] **erheben** to charge sb [with sth]; **unter ~ stehen** to be charged ② (*Beschuldigung*) accusation
an|klagen *tr V* ① JUR to charge ② (*beschuldigen*) to accuse
Anklang <-[e]s, -klänge> *m* approval; **~ finden** to meet with approval
an|klicken *tr V* to click on
an|klopfen *intr V* to knock
an|knüpfen **I.** *tr V* to tie (**an** to) **II.** *intr V* (*fig*) **an etw** *Akk* **~** to resume sth
an|kommen *unreg* **I.** *intr V sein* ① to arrive; **seid ihr gut angekommen?** did you arrive safely? ② (*angelangen*) **bei etw ~** to reach sth ③ (*Anklang finden*) [**bei jdm**] **~** *Sache* to go down well [with sb]; *Person* to make an impression [on sb] **II.** *intr V unpers sein* ① (*wichtig sein*) **es kommt auf etw** *Akk* **an** sth

matters; **es kommt darauf an, dass ...** what matters is that ... ② (*abhängen von*) **es kommt auf jdn/etw an** it's dependent on sb/sth; **es kommt darauf an, dass ...** it depends on ...; **es kommt darauf an, ob ...** it depends on whether ...; **es kommt darauf an** it depends

an|kündigen *tr V* to announce

Ankündigung <-, -en> *f* announcement

Ankunft <-, -künfte> ['ankʊnft, *Pl:* -kʏnftə] *f* arrival

Ankunftszeit *f* time of arrival; **geschätzte ~** estimated time of arrival

an|kurbeln *tr V* ÖKON to boost

an|lächeln *tr V* to smile at

an|lachen *refl V* (*fam*) **sich** *Dat* **jdn ~** to pick sb up

Anlage <-, -n> *f* ① (*Fabrik*) plant ② SPORT facilities *pl* ③ (*Einrichtung*) **sanitäre ~n** sanitary facilities ④ FIN investment ⑤ *meist Pl* (*Veranlagung*) disposition

AnlassRR <-es, -lässe> *m,* **Anlaß**ALT <-sses, -lässe> ['anlas, *Pl:* 'anlɛsə] *m* ① (*Grund*) reason; **es besteht kein ~ zu etw/, etw zu tun** there are no grounds for sth/to do sth; [**jdm**] **~ zu etw** *Dat* **geben** to give [sb] grounds for sth; [**k**]**einen ~ haben, etw zu tun** to have [no] grounds to do sth; **etw zum ~ nehmen, etw zu tun** to use sth as an opportunity to do sth; **aus diesem ~** for this reason ② (*Gelegenheit*) occasion; **bei jedem ~** at every opportunity

an|lassen *unreg tr V* ① AUTO to start [up] ② *Kleider* to keep on ③ (*in Betrieb lassen*) to leave on

Anlasser <-s, -> *m* starter [motor]

anlässlichRR, **anläßlich**ALT ['anlɛslɪç] *Präp* **~ einer S.** *Gen* on the occasion of sth

Anlauf <-[e], -läufe> *m* ① SPORT run-up; **~ nehmen** to take a run-up ② (*Versuch*) attempt; **beim ersten/zweiten ~** at the first/second attempt

an|laufen *unreg* **I.** *intr V sein* ① (*beschlagen*) to steam up ② *Metall* to tarnish ③ **vor Wut rot ~** to turn purple with rage **II.** *tr V haben* **den Hafen ~** to put into port

Anlaufschwierigkeit *f meist Pl* teething problem *fig,* initial difficulty **Anlaufstelle** *f* refuge

an|legen **I.** *tr V* ① (*erstellen*) to compile ② *Garten* to lay out ③ *Vorrat* to lay in ④ (*investieren*) to invest (**in** in) ⑤ (*fig*) **es auf etw** *Akk* **~** to risk sth **II.** *intr V Schiff* to berth **III.** *refl V* **sich mit jdm ~** to pick an argument with sb

an|lehnen **I.** *tr V* ① to lean [against] ② *Tür* to leave ajar **II.** *refl V* **sich ~** to lean (**an** against)

an|leiern *tr V* (*fam*) to get going

Anleihe <-, -n> *f* (*Kredit*) loan; (*Wertpapier*) bond

an|leiten *tr V* to instruct

Anleitung <-, -en> *f* ① (*Gebrauchsanweisung*) instructions *pl* ② (*das Anleiten*) instruction; **unter jds ~** under sb's guidance

an|liegen *intr V unreg* (*zu erledigen sein*) to be on the agenda

Anliegen <-s, -> *nt* ① (*Bitte*) request; **ein ~ [an jdn] haben** to have a request to make [of sb] ② (*Angelegenheit*) matter

anliegend *Adj* ① (*beiliegend*) enclosed ② (*angrenzend*) adjacent

an|locken *tr V* to attract

an|lügen *tr V unreg* to lie to

an|machen *tr V* ① (*einschalten*) to turn on ② (*anzünden*) to light ③ *Salat* to dress ④ (*sl: aufreizen*) to turn on ⑤ (*sl: aufreißen wollen*) to pick up

an|mailen ['anmeɪlən] *tr V* TELEK **jdn ~** to [e-]mail sb

anmaßend ['anma:sn̩t] *Adj* arrogant

an|melden **I.** *tr V* ① (*ankündigen*) to announce; **ich bin angemeldet** I have an appointment ② (*vormerken lassen*) to enrol (**bei** at, **zu** in) ③ ADMIN to register ④ FIN (*anzeigen*) to declare **II.** *refl V* **sich ~** ① (*ankündigen*) to give notice of a visit (**bei** to) ② (*sich eintragen lassen*) to apply (**zu** for)

Anmeldung <-, -en> *f* ① (*Ankündigung*) [advance] notice [of a visit]; **ohne ~** without an appointment ② SCHULE enrolment ③ (*Registrierung*) registration

an|merken *tr V* ① (*eine Bemerkung machen*) to add ② (*ansehen*) **er ließ sich** *Dat* **nichts anmerken** he didn't let it show

Anmerkung <-, -en> *f* ① (*Erläuterung*) note ② (*Fußnote*) footnote

Anmoderation *f* TV continuity [*or* AM voiceover] announcement
Anmut <-> ['anmu:t] *f kein Pl* (*geh*) grace[fulness]
anmutig *Adj* (*geh*) graceful
an|nähen *tr V* to sew on
annähernd **I.** *Adj* approximate **II.** *Adv* approximately
Annäherung <-, -en> *f* convergence
Annäherungsversuch *m* advance[s] *esp pl;* **~e machen** to make advances
Annahme <-, -n> ['anna:mə] *f* assumption; **in der ~, [dass]** on the assumption [that]
annehmbar *Adj* ① (*akzeptabel*) acceptable ② (*nicht übel*) reasonable
an|nehmen *unreg* **I.** *tr V* ① (*entgegennehmen*) to accept (**von** from) ② (*in Auftrag nehmen*) to take [on] ③ (*akzeptieren*) to accept ④ (*meinen*) **etw [von jdm]** ~ to think sth [of sb] ⑤ (*voraussetzen*) to assume ⑥ (*zulassen*) *Patienten, Schüler* to take on **II.** *refl V* **sich einer S.** *Gen* ~ to take care of sth
Annehmlichkeit <-, -en> *f meist Pl* convenience
Anno *Adv*, **anno** ['ano] *Adv* ÖSTERR in the year ▸ **von ~ dazumal** (*fam*) from the year dot BRIT, from long ago AM
Annonce <-, -n> [a'nõ:sə] *f* advertisement
anonym [ano'ny:m] **I.** *Adj* anonymous **II.** *Adv* anonymously
Anorak <-s, -s> ['anorak] *m* anorak
an|ordnen *tr V* ① (*festsetzen*) to order ② (*ordnen*) to arrange (**nach** according to)
an|packen **I.** *tr V* (*fam*) ① to touch ② (*beginnen*) to tackle; **packen wir's an!** let's get started! **II.** *intr V* (*fam: helfen*) **jd packt [mit] an** sb lends a hand
an|passen **I.** *tr V* **etw einer S.** *Dat* ~ to adjust sth to sth **II.** *refl V* **sich [an etw** *Akk*] ~ to adjust [to sth]; (*gesellschaftlich*) to conform [to sth]
anpassungsfähig *Adj* adaptable
Anpassungsfähigkeit *f* adaptability (**an** to)
an|pflanzen *tr V* to grow
an|prangern ['anpraŋɐn] *tr V* to denounce
an|preisen *tr V unreg* to extol
Anprobe *f* fitting
an|probieren* *tr, intr V* to try on *sep*
an|pumpen *tr V* (*fam*) **jdn [um etw** *Akk*] ~ to cadge [sth] from sb
Anrainer(in) <-s, -> ['anrainɐ] *m(f) bes* ÖSTERR [local] resident
an|rechnen *tr V* **dass er ihr geholfen hat, rechne ich ihm hoch an** I think very highly of him for having helped her; **jdm etw als Fehler ~** to count sth as a mistake; (*fig*) to consider sth as a fault on sb's part
an|regen *tr V* ① **jdn [zu etw] ~** to encourage sb [to do sth]; **jdn zum Nachdenken ~** to make sb ponder ② (*geh: vorschlagen*) to suggest ③ (*stimulieren*) to stimulate
anregend *Adj* stimulating
Anregung *f* ① (*Vorschlag*) idea; **auf jds ~** at sb's suggestion ② (*Impuls*) stimulus ③ *kein Pl* (*Stimulierung*) stimulation
an|reichern ['anraiçɐn] *tr V* CHEM **etw mit etw ~** to add sth to sth
Anreise *f* ① (*Anfahrt*) journey [here/there] ② (*Ankunft*) arrival
Anreiz *m* incentive
an|rempeln *tr V* to bump into
Anrichte <-, -n> *f* (*Büfett*) sideboard
an|richten *tr V* ① (*zubereiten*) to prepare ② (*fam: anstellen*) **was hast du da wieder angerichtet!** what have you done now! ③ *Schaden* to cause
anrüchig ['anrʏçɪç] *Adj* indecent
Anruf *m* [telephone] call
Anrufbeantworter <-s, -> *m* answering machine
an|rufen *unreg tr, intr V* ① to call, to phone; **angerufen werden** to get a telephone call ② JUR (*appellieren*) to appeal to
an|rühren *tr V* ① (*geh: berühren*) to touch ② KOCHK to mix
anrührend *Adj* moving
Ansage *f* announcement
an|sagen *tr V* ① to announce ② (*fam: erforderlich sein*) **angesagt sein** to be called for; (*in sein*) to be in
Ansager(in) <-s, -> ['anza:gɐ] *m(f)* announcer
an|sammeln **I.** *tr V* (*anhäufen*) to accumulate **II.** *refl V* **sich ~** ① (*sich versammeln*) to gather ② (*sich anhäufen*) *Staub* to accumulate ③ (*sich aufstauen*) to build up
ansässig ['anzɛsɪç] *Adj* (*geh*) resident

A

Ansatz *m* ① (*erster Versuch*) **ein ~ zu etw** an [initial] attempt at sth ② (*Beginn*) first sign[s *pl*]

an|schaffen I. *tr V* ① (*kaufen*) to buy; **sich** *Dat* **etw ~** to buy oneself sth ② (*fam: sich zulegen*) **sich** *Dat* **eine Freundin ~** to find [oneself] a girlfriend **II.** *intr V* (*sl*) **~ [gehen]** to be on the game BRIT, to hook AM

Anschaffung <-, -en> *f* purchase

an|schalten *tr V* to switch on

an|schauen *tr V* to look at; *Film* to watch; **sich** *Dat* **etw [genauer] ~** to take a [closer] look at sth

anschaulich I. *Adj* illustrative **II.** *Adv* vividly

Anschauungsmaterial *nt* visual aids *pl*

Anschein *m* appearance; **den ~ erwecken, als [ob]** ... to give the impression that ...; **allem ~ nach** to all appearances

anscheinend *Adv* apparently

Anschlag *m* (*Überfall*) assassination; (*ohne Erfolg*) attempted assassination; **einem ~ zum Opfer fallen** to be assassinated; **einen ~ [auf jdn/etw] verüben** to make an attack [on sb/sth]; **einen ~ auf jdn vorhaben** (*hum fam*) to have a request for sb

an|schließen *unreg* **I.** *tr V* ① TECH to connect (**an** to) ② (*mit Schnappschloss*) to padlock **II.** *refl V* ① (*sich zugesellen*) **sich jdm ~** to join sb ② (*beipflichten*) **sich jdm/etw ~** to fall in with sb/sth ③ (*sich beteiligen*) **sich einer S.** *Dat* **~** to associate with sth ④ (*angrenzen*) **sich [an etw** *Akk*] **~** to adjoin [sth]

Anschluss[RR] <-es, Anschlüsse> *m*, **Anschluß**[ALT] <-sses, Anschlüsse> *m* ① TELEK connection; (*Nebenstellenanschluss*) extension; **der ~ ist gestört** there's a disturbance on the line ② (*das Anschließen*) connecting ③ *kein Pl* (*Kontakt*) contact; **~ finden** to make friends; **~ suchen** to want to make friends ④ BAHN, LUFT connection; **den ~ verpassen** to miss one's connecting train/flight; (*fig*) to miss the boat ⑤ (*nach*) **im ~ an etw** *Akk* after sth

Anschlusszug[RR] *m* connecting train

an|schmiegen *refl V* **sich [an jdn/etw] ~** to cuddle up [to sb/sth]

anschmiegsam *Adj* affectionate

an|schnallen I. *tr V* (*festgurten*) to strap on **II.** *refl V* AUTO **sich ~** to fasten one's seat belt

an|schnauzen *tr V* (*fam*) to bawl at

an|schneiden *tr V unreg Thema* to touch on

an|schreiben *unreg* **I.** *tr V* **jdn ~** to write to sb **II.** *intr V* (*fam*) **[bei jdm] ~ lassen** to buy on credit [from sb]

an|schreien *tr V unreg* to shout at

Anschrift *f* address

an|schuldigen *tr V* **jdn [einer S.** *Gen*] **~** to accuse sb [of sth]

Anschwellung *f* slight swelling

an|schwemmen *tr, intr V* to wash up

an|sehen *unreg tr V* ① (*ins Gesicht sehen*) to look at; **jdn böse ~** to give sb an angry look ② (*betrachten*) to take a look at ③ (*halten*) **etw für etw ~** to consider sth [as being] sth ④ (*anmerken*) **man sieht ihm sein Alter nicht an** he doesn't look his age ⑤ (*hinnehmen*) **etw [mit] ~** to stand by and watch sth; **das kann ich nicht länger mit ~** I can't stand it any more

Ansehen <-s> *nt kein Pl* reputation; **[bei jdm] großes ~ genießen** to enjoy a good reputation [with sb]; **an ~ verlieren** to lose standing

ansehnlich *Adj* considerable; **eine ~e Leistung** an impressive performance

an|setzen *tr V* ① (*daran setzen*) to place in position; **wo muss ich den Wagenheber ~?** where should I put the jack? ② (*hetzen*) **jdn auf jdn/etw ~** to put sb on[to] sb/sth

Ansicht <-, -en> *f* view; **ich bin ganz Ihrer ~** I agree with you completely; **meiner ~ nach ...** in my opinion ...; **in einer S.** *Dat* **geteilter ~ sein** to have a different view of sth; **der gleichen ~ sein** to be of the same opinion; **der ~ sein, dass ...** to be of the opinion that ...

Ansichtskarte *f* [picture] postcard

an|siedeln I. *tr V* to settle **II.** *refl V* **sich ~** to settle

Anspannung *f* strain; (*körperlich*) effort

an|spielen *intr V* to allude (**auf** to); **worauf willst du ~?** what are you driving at?

Anspielung <-, -en> *f* allusion (**auf** to)

an|spornen *tr V* to spur on (**zu** to); *Spieler* to cheer on

Ansprache *f* speech; **eine ~ halten** to make a speech

an|sprechen *unreg* **I.** *tr V* ① (*anreden*) to speak to ② **jdn** [**mit Peter/seinem Namen**] ~ to address sb [as Peter/by his name] ③ (*erwähnen*) to mention ④ (*gefallen*) **jdn** ~ to appeal to sb **II.** *intr V* (*reagieren*) to respond (**auf** to)

ansprechend *Adj* appealing

Ansprechpartner(in) *m(f)* contact

an|springen *unreg* **I.** *intr V sein Motor* to start **II.** *tr V haben Raubtiere* to pounce on; *Hund* to jump up at

Anspruch *m* ① (*Recht*) claim; **einen ~ auf etw** *Akk* **erheben** to make a claim for sth; **einen ~ auf etw** *Akk* **haben** to be entitled to sth; **etw** [**für sich**] **in ~ nehmen** to claim sth [for oneself] ② *Pl:* (*Anforderungen*) demands (**an** on); **den Ansprüchen** [**voll**] **gerecht werden** to [fully] meet the requirements; **den Ansprüchen nicht gerecht werden** to not meet the requirements; **hohe Ansprüche an jdn/etw stellen** to place great demands on sb/sth; **jdn in ~ nehmen** to preoccupy sb

anspruchslos *Adj* ① (*bescheiden*) modest ② (*trivial*) trivial **anspruchsvoll** *Adj* demanding

an|stacheln *tr V* **jdn** [**zu etw**] ~ to drive sb [to sth]

Anstalt <-, -en> ['anʃtalt] *f* institute; **öffentliche** ~ public institution

Anstand *m kein Pl* decency; **keinen ~ haben** to have no sense of decency; **~ an etw** *Dat* **nehmen** to object to sth

anständig **I.** *Adj* ① decent ② (*fam: ordentlich*) proper **II.** *Adv* ① decently; **sich ~[er] benehmen** to behave oneself ② (*fam: reichlich*) properly; **~ ausschlafen/essen** to get a decent meal/a good night's sleep

anstandslos *Adv* without difficulty

an|starren *tr V* to stare at

anstatt [an'ʃtat] **I.** *Präp* instead of **II.** *Konj* ~ **etw zu tun** instead of doing sth

an|stecken **I.** *tr V* ① (*befestigen*) to pin on ② (*anzünden*) *Zigarette* to light [up] ③ (*in Brand stecken*) to set on fire ④ (*infizieren*) to infect (**mit** with) **II.** *refl V* **sich** [**bei jdm**] **mit etw** ~ to catch sth [from sb]

ansteckend *Adj* infectious; (*durch Berührung*) contagious

Anstecknadel *f* pin

an|stehen *intr V unreg haben o* SÜDD *sein* ① (*warten*) to queue [*or* AM line] [up] (**nach** for) ② (*zu erledigen sein*) **etw steht** [**bei jdm**] **an** *Arbeit* sth must be dealt with [by sb]

an|steigen *intr V unreg sein* ① (*sich erhöhen*) to go up (**auf** to, **um** by); **~d** increasing ② (*steiler werden*) to ascend; **stark/steil** ~ to ascend steeply

anstelle [an'ʃtɛlə] *Präp* instead of

an|stellen **I.** *tr V* ① (*einschalten*) to turn on ② (*beschäftigen*) to employ ③ (*fam: bewerkstelligen*) to manage; **etw geschickt** ~ to bring sth off ④ (*fam: anrichten*) **Blödsinn** ~ to get up to nonsense; **was hast du da wieder angestellt?** what have you done now? *fam* **II.** *refl V* **sich** ~ ① (*Schlange stehen*) to queue [up] BRIT, to line up AM; **sich hinten** ~ to join the back of the queue [*or* AM line[-up]] ② (*fam: sich verhalten*) to act; **sich dumm** ~ to act as if one is stupid ③ (*wehleidig sein*) to make a fuss; **stell dich nicht** [**so**] **an!** don't go making a fuss!

Anstellung *f* post

an|stiften *tr V* ① to instigate ② **jdn** [**dazu**] **~, etw zu tun** to incite sb to do sth

Anstoß *m* ① (*Ansporn*) impetus (**zu** for); **jdm den ~ geben, etw zu tun** to encourage sb to do sth ② (*geh: Ärgernis*) annoyance; **~ erregen** to cause annoyance; **an etw** *Dat* **~ nehmen** to take offence ③ FBALL kick off ④ SCHWEIZ (*Angrenzung*) ~ **an etw** *Akk* border to sth

an|stoßen *unreg* **I.** *intr V* ① *sein* **mit etw** [**an etw** *Akk*] ~ to bump sth [on sth] ② *haben* (*zusammen trinken*) to drink (**auf** to); **lasst uns ~!** let's drink to it! **II.** *tr V haben* ① to bump ② (*in Gang setzen*) to set in motion **III.** *refl V haben* **sich** [**an etw** *Dat*] ~ to knock oneself [on sth]; **sich** *Dat* **den Kopf** ~ to knock one's head

anstößig *Adj* offensive

an|streichen *tr V unreg* ① (*anmalen*) to paint; **etw neu/frisch** ~ to give sth a new/fresh coat of paint ② (*markieren*) to mark sth; **etw rot** ~ to mark sth in red

Anstreicher(in) <-s, -> *m(f)* [house] painter

A

an|strengen **I.** *refl V* **sich ~** ① to exert oneself (**bei** in, **für** for) ② (*sich besondere Mühe geben*) to try hard **II.** *tr V* ① (*strapazieren*) **jdn ~** to tire sb out ② (*intensiv beanspruchen*) to strain; *Geist, Muskeln* to exert

anstrengend *Adj* strenuous; **das ist ~ für die Augen** it's a strain on the eyes

Anstrengung <-, -en> *f* ① (*Kraftaufwand*) exertion *no pl* ② (*Bemühung*) effort; **mit letzter ~** with one last effort

Anstrich *m* ① *kein Pl* (*das Anstreichen*) painting ② (*Farbschicht*) coat [of paint]

Ansturm *m* rush (**auf** on)

Antarktis <-> [ant'ʔarktɪs] *f* Antarctic

antarktisch [ant'ʔarktɪʃ] *Adj* Antarctic

an|tasten *tr V* ① (*beeinträchtigen*) **jds Ehre/Würde ~** to offend against sb's honour/dignity; **jds Recht ~** to encroach [up]on sb's right ② (*leicht berühren*) to touch

Anteil ['antail] *m* ① (*Teil*) share (**an** of); **der ~ an Asbest** the proportion of asbestos ② (*Beteiligung*) interest (**an** in); **~ an etw** *Dat* **nehmen** to show an interest in sth

anteilig, **anteilmäßig** *Adj* proportionate

Anteilnahme <-> ['antailna:mə] *f kein Pl* sympathy (**an** with)

Antenne <-, -n> [an'tɛnə] *f* aerial

Antialkoholiker(in) [antiʔalko'ho:likɐ] *m(f)* teetotaller **antialkoholisch** *Adj* anti-alcohol *attr* **antiamerikanisch** *Adj* anti-American **antiautoritär** [antiʔautori'tɛ:ɐ̯] *Adj* anti[-]authoritarian **Antibabypille** [anti'be:bipɪlə] *f* (*fam*) **die ~** the pill **Antibiotikum** <-s, -biotika> [anti'bi̯o:tikʊm, *Pl:* -ka] *nt* antibiotic **Antiblockiersystem** [antiblɔ'ki:ɐ̯-] *nt* anti-lock [braking] system, ABS

antik [an'ti:k] *Adj* ① (*alt*) antique ② (*aus der Antike*) ancient

Antike <-> [an'ti:kə] *f kein Pl* antiquity

Antikörper *m* antibody

Antilope <-, -n> [anti'lo:pə] *f* antelope

Antiquariat <-[e]s, -e> [antikva'ri̯a:t] *nt* second-hand bookshop

Antiquität <-, -en> [antikvi'tɛ:t] *f* antique

an|tönen *tr V* ÖSTERR, SCHWEIZ *s.* **andeuten**

Antrag <-[e]s, -träge> ['antra:k, *Pl:* 'antrɛ:gə] *m* ① application; **einen ~ [auf etw** *Akk*] **stellen** to put in an application [for sth]; **auf jds ~** at sb's request ② JUR petition; **einen ~ [auf etw** *Akk*] **stellen** to file a petition [for sth] ③ (*Heiratsantrag*) [marriage] proposal; **jdm einen ~ machen** to propose [to sb]

Antragsformular *nt* application form

an|treffen *tr V unreg* to come across

an|treiben *unreg tr V haben* ① (*vorwärtstreiben*) to drive [on] ② TECH to drive ③ (*drängen*) to urge ④ **jdn ~, etw zu tun** to drive sb [on] to do sth

an|treten *unreg* **I.** *tr V haben* ① (*beginnen*) to begin ② **ein Erbe ~** to come into an inheritance; **eine Stellung ~** to take up a post **II.** *intr V sein* SPORT to compete (**zu** in)

Antrieb *m* ① TECH drive (for) ② (*Motivation*) energy *no indef art;* **aus eigenem ~** on one's own initiative; **jdm [neuen] ~ geben** to give sb the [*or* a] new impetus

Antritt *m kein Pl* ① (*Beginn*) start ② **nach ~ seines Amtes/der Erbschaft** after assuming office/coming into the inheritance

an|tun *tr V unreg* ① **jdm etwas/nichts ~** to do something/not to do anything to sb; **tu mir das nicht an!** (*hum fam*) spare me, please!; **sich** *Dat* **etwas ~** (*Selbstmord begehen*) to kill oneself ② (*gefallen*) **es jdm angetan haben** to appeal to sb

an|turnen *tr V* (*fam: in Erregung versetzen*) to turn on

Antwort <-, -en> ['antvɔrt] *f* ① answer (**auf** to) ② (*Reaktion*) response (**auf** to); **als ~ auf etw** *Akk* in response to sth ▸ **keine ~ ist auch eine ~** (*prov*) no answer is an answer

antworten ['antvɔrtn̩] *intr V* ① to answer; **mit Ja/Nein ~** to answer yes/no; **schriftlich ~** to answer in writing ② (*reagieren*) to respond (**mit** with)

an|vertrauen* ['anfɛɐ̯trauən] **I.** *tr V* **jdm etw ~** ① (*geben*) to entrust sb with sth ② (*erzählen*) to confide sth to sb **II.** *refl V* **sich jdm ~** to confide in sb

an|wachsen *intr V unreg sein* to increase (**auf** to)

Anwalt, **Anwältin** <-[e]s, -wälte> ['anvalt, 'anvɛltɪn, *Pl:* 'anvɛltə] *m, f* ① lawyer; **sich** *Dat* **einen ~ nehmen** to engage the services of a lawyer ② (*Fürsprecher*) advocate

Anwärter(in) *m(f)* candidate (**auf** for)
an|weisen *tr V unreg* **jdn ~, etw zu tun** to order sb to do sth
Anweisung *f* ① (*Anordnung*) order; **~ haben, etw zu tun** to have instructions to do sth; **auf [jds ~]** *Akk* on [sb's] instruction ② (*Anleitung*) instruction
anwendbar *Adj* applicable (**auf** to)
an|wenden *tr V reg o unreg* ① (*gebrauchen*) to use (**bei** on) ② (*übertragen*) to apply (**auf** to)
Anwender(in) <-s, -> *m(f)* user
anwenderfreundlich *Adj* COMPUT user-friendly
Anwendung *f* ① (*Gebrauch*) use ② (*Übertragung*) application (**auf** to) ③ MED administration
anwesend *Adj* present *pred;* [**bei etw** *Dat*] **~ sein** to be present [at sth]; **nicht ganz ~ sein** (*hum fam*) to be a million miles away
Anwesenheit <-> *f kein Pl* presence
an|widern ['anviːdɐn] *tr V* to nauseate; **angewidert** nauseated *attr*
Anzahl *f kein Pl* number
Anzahlung *f* deposit; **eine ~ machen** to pay a deposit
an|zapfen *tr V* to tap
Anzeige <-, -n> *f* ① (*Strafanzeige*) charge (**wegen** for) ② (*Inserat*) ad[vertisement]
an|zeigen *tr V* ① JUR **jdn [wegen einer S.** *Gen*] **~** to report sb [for sth] ② (*angeben*) to indicate; (*digital*) to display
Anzeigenseite *f* MEDIA page of advertising **Anzeigenstrecke** *f* MEDIA multi-page advertisement, advertising insert
an|ziehen *unreg* **I.** *tr V* ① *Kleider* to put on *sep; Person* to dress ② *Arm, Bein* to draw up ③ (*anlocken*) to attract; **sich von jdm/etw angezogen fühlen** to be attracted to sb/sth ④ SCHWEIZ *Bett* to change **II.** *refl V* **sich ~** to get dressed; **sich leger/schick/warm ~** to put on casual/smart/warm clothing
anziehend *Adj* attractive
Anziehungskraft *f* ① PHYS gravitation ② PSYCH appeal; **auf jdn eine ~ ausüben** to appeal to sb
Anzug *m* ① suit; **ein einreihiger/zweireihiger ~** a single-/double-breasted suit ② SCHWEIZ (*Bezug*) duvet cover
anzüglich ['antsyːklɪç] *Adj* insinuating
an|zünden *tr V* ① *Feuer* to light ② *Haus* to set on fire ③ *Zigarette* to light
apart [a'part] *Adj* striking
apathisch [a'paːtɪʃ] **I.** *Adj* apathetic **II.** *Adv* apathetically
aper ['aːpɐ] *Adj* SÜDD, ÖSTERR, SCHWEIZ clear of snow
Apfel <-s, Äpfel> ['apfl̩, *Pl:* 'ɛpfl̩] *m* apple ▸ **der ~ fällt nicht weit vom Stamm** (*prov*) like father, like son; **in den sauren ~ beißen** to bite the bullet
Apfelbaum *m* apple tree **Apfelsaft** *m* apple juice **Apfelsine** <-, -n> [apfl̩'ziːnə] *f* orange **Apfelwein** *m* cider
aphrodisisch [afro'diːzɪʃ] *Adj* (*geh*) aphrodisiac
Apostel <-s, -> [a'pɔstl̩] *m* apostle
Apostelgeschichte *f kein Pl* Acts of the Apostles *pl*
Apostroph <-s, -e> [apo'stroːf] *m* apostrophe
Apotheke <-, -n> [apo'teːkə] *f* pharmacy
Apotheker(in) <-s, -> [apo'teːkɐ] *m(f)* pharmacist
App <-, -s> [ɛp] *f* INET app
Apparat <-[e]s, -e> [apa'raːt] *m* ① apparatus *no pl form;* (*kleineres Gerät*) gadget ② (*Telefon*) telephone; **am ~ bleiben** to hold the line; **am ~!** speaking!
Appartement <-s, -s> [apartə'mãː] *nt* ① (*im Hotel*) suite [of rooms] ② (*Wohnung*) flat BRIT, apartment AM
Appell <-s, -e> [a'pɛl] *m* ① appeal; **einen ~ an jdn richten** to make an appeal to sb ② MIL roll call
appellieren* [apɛ'liːrən] *intr V* ① to appeal (**an** to) ② SCHWEIZ JUR **gegen etw ~** to appeal against sth
Appetit <-[e]s> [ape'tiːt] *m kein Pl* appetite; **guten ~!** enjoy your meal!; **~ auf etw** *Akk* **haben** to feel like [having] sth; **jdm ~ machen** to whet sb's appetite; **den ~ anregen** to work up an [*or* one's] appetite; **jdm den ~ [auf etw** *Akk*] **verderben** (*fam*) to spoil sb's appetite [for sth]
appetitlich *Adj* appetizing **Appetitlosigkeit** <-> *f kein Pl* lack of appetite
applaudieren* [aplau'diːrən] *intr V* (*geh*) to applaud
Applaus <-es> [a'plaus, *Pl:* -plauzə] *m*

A

kein Pl applause; **stehender ~** standing ovation

Aprikose <-, -n> [apri'ko:zə] *f* apricot

April <-s, *selten* -e> [a'prɪl] *m* April ▸ **jdn in den ~ schicken** to make an April fool of sb; **~, ~!** (*fam*) April fool!

Aprilscherz *m* April fool's trick

apropos [apro'po:] *Adv* talking of; **~ Männer, ...** talking of men, ...

Aquamarin <-s, -e> [akvama'ri:n] *m* aquamarine

Aquarell <-s, -e> [akva'rɛl] *nt* watercolour

Äquator <-s> [ɛ'kva:to:ɐ̯] *m kein Pl* equator

Ära <-, Ären> ['ɛ:ra, *Pl:* ɛ:rən] *f* (*geh*) era

Araber(in) <-s, -> ['arabɐ] *m(f)* Arab

arabisch [a'ra:bɪʃ] *Adj* Arabian; **Arabisches Meer** Arabian Sea; **Arabischer Frühling** POL Arab spring

Arabisch <-[s]> *nt* Arab; **auf ~** in Arabic

Arbeit <-, -en> ['arbait] *f* ❶ (*Tätigkeit*) work *no pl, no indef art;* **gute/schlechte ~ leisten** to do a good/bad job; **etw ist in ~** work is in progress on sth; **etw in ~ haben** to be working on sth; **jdm ~ machen** to make work for sb; **sich an die ~ machen** to get down to working; **an die ~!** get to work! ❷ (*Aufgabe; Beruf*) job ❸ (*Werk*) work ❹ (*Klassenarbeit*) test; **eine ~ schreiben** to do a test ❺ *kein Pl* (*Mühe*) troubles *pl;* **sich** *Dat* [**mit etw**] **~ machen** to go to trouble [with sth] ▸ **erst die ~, dann das Vergnügen** (*prov*) business before pleasure

arbeiten ['arbaitn̩] **I.** *intr V* ❶ to work; **an etw** *Dat* **~** to be working on sth ❷ (*berufstätig sein*) to have a job **II.** *tr V* (*tun*) **etwas/nichts ~** to do something/nothing

Arbeiter(in) <-s, -> *m(f)* worker

Arbeitgeber(in) <-s, -> *m(f)* employer

Arbeitnehmer(in) *m(f)* employee

Arbeitsamt *nt* job centre BRIT, employment office AM **Arbeitsbedingungen** *Pl* working conditions **Arbeitsbelastung** *f* workload **Arbeitsbeschaffungsmaßnahme** *f* job creation scheme [*or* AM plan] **Arbeitserlaubnis** *f* work permit **Arbeitsessen** *nt* business lunch/dinner **Arbeitsgericht** *nt* industrial tribunal **arbeitsintensiv** *Adj* labour-intensive **Arbeitskleidung** *f* work clothes *pl* **Arbeitskraft** *f* worker **Arbeitskreis** *m* working group

arbeitslos *Adj* unemployed **Arbeitslose(r)** *f(m) dekl wie Adj* unemployed person

Arbeitslosengeld *nt* unemployment benefit **Arbeitslosenhilfe** *f* unemployment aid

Arbeitslosigkeit <-> *f kein Pl* unemployment

Arbeitsmarkt *m* job market **Arbeitsmaterial** *nt* (*Beruf*) material required for work; (*Schulunterricht*) classroom aids *pl* **Arbeitsniederlegung** *f* walkout **Arbeitsplatz** *m* ❶ (*Arbeitsstätte*) workplace; **am ~** at work ❷ (*Stelle*) job; **freier ~** vacancy **Arbeitsplatzteilung** *f* job-sharing **Arbeitsschutz** *m* health and safety protection at the workplace **Arbeitsspeicher** *m* main memory **Arbeitstag** *m* working day **Arbeitsteilung** *f* job-sharing **arbeitsunfähig** *Adj* unfit for work **Arbeitsunfall** *m* work-related accident **Arbeitsverhältnis** *nt* **in einem ~ stehen** to be in employment **Arbeitsvermittler(in)** *m(f)* ÖKON recruitment [*or* AM recruiting] agency **Arbeitsvermittlung** *f* ❶ (*Arbeitsamt*) job centre ❷ (*Agentur*) employment agency **Arbeitsvertrag** *m* contract of employment **Arbeitszeit** *f* working hours *pl;* **gleitende ~** flexitime **Arbeitszeitverkürzung** *f* reduction of working hours **Arbeitszeugnis** *nt* reference **Arbeitszimmer** *nt* study

Archäologe, Archäologin <-n, -n> [arçɛo'lo:gə, -'lo:gɪn] *m, f* archaeologist

Archäologie <-> [arçɛolo'gi:] *f kein Pl* archaeology

archäologisch [arçɛo'lo:gɪʃ] *Adj* archaeological

Architekt(in) <-en, -en> [arçi'tɛkt] *m(f)* architect

Architektur <-, -en> [arçitɛk'tu:ɐ̯] *f* architecture

Archiv <-s, -e> [ar'çi:f, *Pl:* -və] *nt* archives *pl*

ARD <-> [a:ʔɛr'ʔde:] *f kein Pl Abk von* **Arbeitsgemeinschaft der Rundfunkanstalten Deutschlands** *amalgamation of the broadcasting stations of the federal states of Germany*

Areal <-s, -e> [are'a:l] *nt* area
Arena <-, Arenen> [a're:na, *Pl:* -nən] *f* arena
arg <ärger, ärgste> [ark] **I.** *Adj* ① (*schlimm*) bad; **im Argen liegen** to be at sixes and sevens ② *attr* (*groß*) great; **eine ~e Enttäuschung** a great disappointment **II.** *Adv* SÜDD (*fam: sehr*) badly
Argentinien <-s> [argɛn'ti:ni̯ən] *nt* Argentina
Argentinier(in) <-s, -> [argɛn'ti:ni̯ɐ] *m(f)* Argentinian
argentinisch [argɛn'ti:nɪʃ] *Adj* Argentinian; *s. a.* **deutsch**
Ärger <-s> ['ɛrgɐ] *m kein Pl* ① (*Wut*) anger ② (*Unannehmlichkeiten*) trouble; **~ bekommen** to get into trouble; **~ haben** to have problems; **[jdm] ~ machen** to cause [sb] trouble
ärgerlich *Adj* ① (*verärgert*) annoyed (**über** about) ② (*unangenehm*) unpleasant
ärgern ['ɛrgɐn] **I.** *tr V* ① (*verärgern*) to annoy ② (*reizen*) to tease (**wegen** about) **II.** *refl V* **sich [über jdn/etw] ~** to be annoyed [about sb/sth]
arglos *Adj* innocent
Argument <-[e]s, -e> [argu'mɛnt] *nt* argument
argumentieren* *intr V* to argue; **mit etw ~** to use sth as an argument
argwöhnisch ['arkvø:nɪʃ] **I.** *Adj* suspicious **II.** *Adv* suspiciously
Arie <-, -n> ['a:ri̯ə] *f* aria
Aristokrat(in) <-en, -en> [arɪsto'kra:t] *m(f)* aristocrat
aristokratisch *Adj* aristocratic
Arithmetik <-> [arɪt'me:tɪk] *f kein Pl* arithmetic
Arktis <-> ['arktɪs] *f* Arctic
arktisch ['arktɪʃ] *Adj* arctic
arm <ärmer, ärmste> [arm] *Adj* poor ► **~ dran sein** to have a hard time of it
Arm <-[e]s, -e> [arm] *m* arm; **sich in den ~en liegen** to lie in each other's arms; **ein Kind auf den ~ nehmen** to pick up a child; **jdn in die ~e nehmen** to take sb in one's arms ► **jdm [mit etw] unter die ~e greifen** to help sb out [with sth]; **jdn auf den ~ nehmen** to pull sb's leg
Armatur <-, -en> [arma'tu:ɐ̯] *f meist Pl* ① (*Wasserhahn*) fitting ② AUTO instrument
Armaturenbrett *nt* dashboard
Armband <-bänder> *nt* ① (*Uhrarmband*) [watch] strap ② (*Schmuckarmband*) bracelet **Armbanduhr** *f* [wrist]-watch
Armee <-, -n> [ar'me:, *Pl:* -me:ən] *f* army
Ärmel <-s, -> ['ɛrml̩] *m* sleeve; **sich** *Dat* **die ~ hochkrempeln** to roll up one's sleeves
Ärmelkanal *m* **der ~** the [English] Channel
Armenküche *f* (*veraltend*) soup kitchen
Armlehne *f* armrest
Armleuchter *m* chandelier
ärmlich ['ɛrmlɪç] **I.** *Adj* ① (*arm*) poor; (*Kleidung*) shabby ② (*dürftig*) meagre **II.** *Adv* poorly
armselig *Adj* ① (*ärmlich*) shabby ② (*dürftig*) miserable
Armut <-> ['armu:t] *f kein Pl* ① poverty ② **die ~ an etw** *Dat* the lack of sth; **geistige ~** intellectual poverty
Aroma <-s, Aromen *o* -s *o* -ta> [a'ro:ma, *Pl:* -mata] *nt* ① (*Geruch*) aroma ② (*Geschmack*) flavour
Aromatherapie *f* aromatherapy
aromatisch [aro'ma:tɪʃ] *Adj* ① aromatic ② (*wohlschmeckend*) flavoursome BRIT, flavorful AM
Arrest <-[e]s, -s> [a'rɛst] *m* detention
arrogant [aro'gant] **I.** *Adj* arrogant **II.** *Adv* arrogantly
Arroganz <-> [aro'gants] *f kein Pl* arrogance
Arsch <-[e]s, Ärsche> [arʃ, *Pl:* 'ɛrʃə] *m* (*derb*) ① arse BRIT, ass AM ② (*blöder Kerl*) [stupid] bastard ► **am ~ der Welt** (*sl*) out in the sticks; **jdm in den ~ kriechen** to kiss *sl* sb's arse [*or* AM ass]; **jd kann einen [mal] am ~ lecken** sb can get stuffed *sl*; **leck mich am ~!** (*verpiss dich*) fuck off!; (*verdammt noch mal*) fuck it!; **im ~ sein** (*sl*) to be fucked[-up]; **jdn [*o* jdm] in den ~ treten** (*sl: jdn antreiben*) to give sb a [good] kick up the arse [*or* AM ass] *fam*
Arschkriecher(in) *m(f)* (*pej sl*) arse-licker BRIT, ass-kisser AM **Arschloch** *nt* (*vulg*) arsehole BRIT, asshole AM
Arsen <-s> [ar'ze:n] *nt kein Pl* arsenic
Art <-, -en> [a:ɐt, *Pl:* 'a:ɐtn] *f*

A

① (*Sorte*) sort, kind ② (*Methode*) way; **auf diese ~ und Weise** [in] this way ③ (*Wesensart*) nature ④ BIOL species ⑤ (*Stil*) style ▶ **nach ~ des Hauses** à la maison; **aus der ~ schlagen** to go a different way

Artenreichtum <-s> *m kein Pl* abundance of species **Artenschutz** *m* protection of species **Artenvielfalt** <-> *f kein Pl* abundance of species

Arterie <-, -n> [arˈteːri̯ə] *f* artery

Arterienverkalkung *f,* **Arteriosklerose** <-, -n> [arteri̯oskleˈroːzə] *f* hardening of the arteries

artig [ˈaːɐ̯tɪç] *Adj* well-behaved

Artikel <-s, -> [arˈtiːkl̩, arˈtɪkl̩] *m* ① (*Zeitungsartikel*) article ② (*Ware, Produkt*) item ③ LING article

Artillerie <-, *selten* -n> [ˈartɪləriː, *Pl:* -riːən] *f* artillery

Artischocke <-, -n> [artiˈʃɔkə] *f* artichoke

Artist(in) <-en, -en> [arˈtɪst] *m(f)* performer

Arznei <-, -en> [aːɐ̯tsˈnai] *f* medicine

Arzneimittel *nt* drug

Arzt, Ärztin <-es, Ärzte> [aːɐ̯tst, *Pl:* ˈɛɐ̯tstə] *m, f* doctor; **~ für Allgemeinmedizin** general practitioner, GP; **behandelnder ~** personal doctor

Arzthelfer(in) *m(f)* [doctor's] receptionist [*or* assistant]

Ärztin <-, -nen> [ˈɛːɐ̯tstɪn] *f s.* **Arzt**

ärztlich [ˈɛːɐ̯tstlɪç] *Adj* medical; **sich ~ behandeln lassen** to get medical advice

As[ALT1] <-ses, -se> [as] *nt* KARTEN *s.* **Ass**

As[2] <-, -> [as] *nt* MUS A flat

Asche <-, -n> [ˈaʃə] *f* ash

Aschenbahn *f* cinder track **Aschenbecher** *m* ashtray **Aschenbrödel** [ˈaʃn̩brøːdl̩] *nt,* **Aschenputtel** [ˈaʃn̩pʊtl̩] *f* Cinderella

Aschermittwoch [aʃɐˈmɪtvɔx] *m* Ash Wednesday

ASCII-Code [ˈaski-koːt] *m* ASCII code

Ascorbinsäure <-> [askɔrˈbiːn-] *f kein Pl* BIOL, CHEM ascorbic acid *no pl*

Asiate, Asiatin <-n, -n> [aˈzi̯aːtə, aˈzi̯aːtɪn] *m, f* Asian

asiatisch [aˈzi̯aːtɪʃ] *Adj* Asian

Asien <-s> [ˈaːzi̯ən] *nt* Asia

asozial [ˈazotsi̯aːl] **I.** *Adj* antisocial **II.** *Adv* antisocially

Asphalt <-[e]s, -e> [asˈfalt] *m* asphalt *no pl*

asphaltieren* [asfalˈtiːrən] *tr V* to asphalt

Ass[RR] <-es, -e> [as] *nt* ace

assimilieren* [asimiˈliːrən] *refl V* **sich [an etw** *Akk*] **~** to assimilate oneself [into sth]

Assistent(in) <-en, -en> [asɪsˈtɛnt] *m(f)* assistant

Assistenzarzt, Assistenzärztin *m, f* assistant physician BRIT, resident AM **Assistenztrainer(in)** *m(f)* SPORT assistant coach

assistieren* [asɪsˈtiːrən] *intr V* to assist (**bei** with)

Ast <-[e]s, Äste> [ast, *Pl:* ˈɛstə] *m* branch ▶ **jd ist auf dem absteigenden ~** (*fam*) sb is going downhill; **den ~ absägen, auf dem man sitzt** to dig one's own grave

Aster <-, -n> [ˈastɐ] *f* Michaelmas daisy

Ästhetik <-> [ɛsˈteːtɪk] *f kein Pl* aesthetics *pl*

ästhetisch [ɛsˈteːtɪʃ] *Adj* (*geh*) aesthetic

Asthma <-s> [ˈastma] *nt kein Pl* asthma

asthmatisch [astˈmaːtɪʃ] *Adj* asthmatic

Astloch *nt* knothole **astrein** *Adj* (*sl: spitze*) fantastic

Astrologe, Astrologin <-n, -n> [astroˈloːgə, -ˈloːgɪn] *m, f* astrologer

Astrologie <-> [astroloˈgiː] *f kein Pl* astrology

astrologisch [astroˈloːgɪʃ] *Adj* astrological

Astronom(in) <-en, -en> [astroˈnoːm] *m(f)* astronomer

Astronomie <-> [astronoˈmiː] *f kein Pl* astronomy

astronomisch [astroˈnoːmɪʃ] *Adj* astronomical

Astrophysik [astrofyˈziːk] *f* astrophysics + *sing verb, no art* **Astrophysiker(in)** [astroˈfyːzikɐ] *m(f)* astrophysicist

Asyl <-s, -e> [aˈzyːl] *nt* asylum; **um ~ bitten** to apply for asylum; **jdm ~ gewähren** to grant sb asylum

Asylant(in) <-en, -en> [azyˈlant] *m(f),* **Asylbewerber(in)** *m(f)* applicant for [political] asylum **Asylrecht** *nt* right of political asylum

Atelier <-s, -s> [atəˈli̯eː] *nt* studio

Atem <-s> [ˈaːtəm] *m kein Pl* breath; **den ~ anhalten** to hold one's breath;

~ **holen** to take a breath; **wieder zu ~ kommen** to catch one's breath; **nach ~ ringen** to be gasping for breath; **außer ~** out of breath ▶ **den längeren ~ haben** to have the whip hand; **jdn in ~ halten** to keep sb on their toes

atemberaubend *Adj* breath-taking **Atemgerät** *nt* respirator; (*für Taucher*) breathing apparatus **atemlos** **I.** *Adj* breathless **II.** *Adv* breathlessly **Atemluft** *f* air [to breathe] **Atemnot** *f* shortness of breath **Atemschutzgerät** *nt* breathing apparatus **Atemwege** *Pl* respiratory tracts **Atemzug** *m* breath ▶ **in einem ~** in one breath

Atheismus <-> [ate'ɪsmʊs] *m kein Pl* atheism

Atheist(in) <-en, -en> [ate'ɪst] *m(f)* atheist

atheistisch *Adj* atheist

Äther <-s> ['ɛ:tɐ] *m kein Pl* ether

ätherisch [ɛ'te:rɪʃ] *Adj* ethereal

Äthiopien <-s> [ɛ'ti̯o:pi̯ən] *nt* Ethiopia

Äthiopier(in) <-s, -> [ɛ'ti̯o:pi̯ɐ] *m(f)* Ethiopian

äthiopisch [ɛ'ti̯o:pɪʃ] *Adj* Ethiopian; *s. a.* **deutsch**

Athlet(in) <-en, -en> [at'le:t] *m(f)* athlete

athletisch [at'le:tɪʃ] *Adj* athletic

Atlantik <-s> [at'lantɪk] *m* Atlantic

atlantisch [at'lantɪʃ] *Adj* Atlantic

Atlas <- *o* -ses, Atlanten *o* -se> ['atlas, *Pl:* at'lantn̩, 'atlasə] *m* atlas

Atmen ['a:tmən] *nt* breathing, respiration

atmen ['a:tmən] *intr, tr V* to breathe

Atmosphäre <-, -n> [atmo'sfɛ:rə] *f* atmosphere

atmosphärisch [atmo'sfɛ:rɪʃ] *Adj* atmospheric

Atmung <-> *f kein Pl* breathing

Atmungsorgane *Pl* respiratory organs

Atom <-s, -e> [a'to:m] *nt* atom

atomar [ato'ma:ɐ̯] *Adj* nuclear; ~ **angetrieben sein** to be nuclear-powered

Atomausstieg *m* denuclearization, nuclear [power] phase-out **Atombombe** *f* nuclear bomb **Atomenergie** *f* nuclear energy **Atomindustrie** *f* nuclear industry **Atomkern** *m* nucleus **Atomkraft** *f kein Pl* nuclear power **Atomkraftwerk** *nt* nuclear power station **Atommülllagerung**[RR] <-> *f kein Pl* nuclear waste disposal **Atomphysik** *f* nuclear physics + *sing verb* **Atomprogramm** *nt* nuclear [*or* atomic] programme **Atomreaktor** *m* nuclear reactor **atomwaffenfrei** *Adj* nuclear-free

ätsch [ɛ:tʃ] *Interj* (*fam*) ha-ha

Attentat <-[e]s, -e> ['atn̩ta:t] *nt* an attempt on sb's life; (*mit tödlichem Ausgang*) assassination; **ein ~ auf jdn verüben** to make an attempt on sb's life; (*mit tödlichem Ausgang*) to assassinate sb

Attentäter(in) ['atn̩tɛ:tɐ] *m(f)* assassin

Attest <-[e]s, -e> [a'tɛst] *nt* certificate; **jdm ein ~ über etw** *Akk* **ausstellen** to certify sth for sb

Attrappe <-, -n> [a'trapə] *f* dummy

attributiv [atribu'ti:f] *Adj* LING attributive

ätzen ['ɛtsn̩] *intr V* (*sl*) to make catty remarks

ätzend *Adj* ❶ corrosive ❷ *Geruch* pungent

au [au], **aua** ['aua] *Interj* ouch

Aubergine <-, -n> [obɛr'ʒi:nə] *f* aubergine BRIT, egg-plant AM

auch [aux] *Adv* ❶ (*ebenfalls*) too, also, as well; **ich habe Hunger, du ~?** I'm hungry, you too?; **... ~ nicht!** not ... either, ... neither, nor ...; **ich gehe nicht mit! – Ich ~ nicht!** I'm not coming! — Nor am I!; **wenn du nicht hingehst, gehe ich ~ nicht** if you don't go, I won't either ❷ (*sogar*) even; **~ wenn** even if; **so schnell sie ~ laufen mag** however fast she may run ...; **wie dem ~ sei** whatever

Audienz <-, -en> [au'di̯ɛnts] *f* audience

Audioführung *f* audio tour

auf [auf] **I.** *Präp* ❶ on, upon *form;* ~ **dem Stuhl** on the chair ❷ (*in Richtung*) on, onto; **sie fiel ~ den Rücken** she fell on[to] her back ❸ (*zur*) to; **er muss ~ die Post** he has to go to the post office ❹ (*bei*) **sein Geld ist ~ der Bank** his money is in the bank; **er arbeitet ~ dem Finanzamt** he works at the tax office ❺ (*beschränkend*) to; **~ den Millimeter genau** exact to a millimetre **II.** *Adv* ❶ (*fam: geöffnet*) open ❷ (*fam: nicht mehr im Bett*) **~ sein** to be up ▶ **~ und ab** up and down; **~ und davon** (*fort*) up and away **III.** *Interj* (*los!*) **~!** let's go! **IV.** *Konj* (*geh: Wunsch*) **~ dass ...** that ...

auf|atmen *intr V* to heave a sigh of relief

Aufbau *m kein Pl* ① (*Zusammenbau*) assembling ② (*Schaffung*) building; *eines sozialen Netzes* creation ③ (*Struktur*) structure

auf|bauen *tr V* ① (*zusammenbauen*) to assemble ② (*hinstellen*) to set out sth *sep* ③ (*schaffen*) **sich** *Dat* **etw ~** to build up sth *sep* ④ (*basieren*) to base (**auf** on)

auf|bäumen *refl V* **sich ~** ① *Pferd* to rear [up] ② (*revoltieren*) to revolt (**gegen** against)

auf|bekommen* *tr V unreg* (*fam: öffnen*) to get open

auf|bereiten* *tr V* to process; *Trinkwasser* to purify

Aufbereitungsanlage *f* processing plant

auf|bessern *tr V* to improve; *Gehalt* to increase

auf|bewahren* *tr V* to keep

Aufbewahrung <-, -en> *f* [safe]keeping

aufblasbar *Adj* inflatable

auf|blasen *unreg* **I.** *tr V* to inflate **II.** *refl V* **sich ~** (*pej*) to puff oneself up; **aufgeblasen sein** to be puffed-up

auf|bleiben *intr V unreg sein* ① (*nicht schlafen*) to stay up ② (*offen bleiben*) to stay open

auf|blicken *intr V* **zu jdm ~** to look up to sb

auf|blühen *intr V sein* to bloom

auf|bocken *tr V* AUTO to jack up *sep*

auf|brauchen **I.** *tr V* to use up *sep* **II.** *refl V* **sich ~** to get used up

auf|brausen *intr V sein* to flare up

auf|brechen *unreg* **I.** *tr V haben* to break open *sep;* **ein Auto ~** to break into a car **II.** *intr V sein* ① (*aufplatzen*) to break up ② (*losgehen*) to start off

auf|bringen *tr V unreg* ① *Geld* to raise ② *Kraft* to summon [up *sep*] ③ (*erzürnen*) to irritate

Aufbruch *m kein Pl* departure

Aufbruchsignal *nt* green light

auf|bürden *tr V* (*geh*) **jdm etw ~** to burden sb with sth

auf|decken *tr V* to uncover

auf|donnern *refl V* (*pej fam*) **sich ~** to doll oneself up; **aufgedonnert** dolled up

auf|drängen **I.** *tr V* **jdm etw ~** to force sth on sb **II.** *refl V* **sich jdm ~** to impose oneself on sb

auf|drehen *tr V* ① (*öffnen*) to turn on *sep; Schraubverschluss* to unscrew ② (*fam*) *Radio, Heizung* to turn up *sep* ③ (*fam*) **aufgedreht sein** to be full of go

aufdringlich *Adj* ① obtrusive; **~ werden** to become obtrusive ② *Geruch* pungent

auf|drücken *tr V* ① (*öffnen*) to push open *sep* ② (*fam: aufbürden*) **jdm etw ~** to impose sth on sb

aufeinander [aufʔaiˈnandɐ] *Adv* ① (*räumlich*) on top of each other ② (*zeitlich*) after each other ③ (*gegeneinander*) **~ losgehen** to hit away at each other ④ (*wechselseitig*) **~ angewiesen sein** to be dependent on each other; **~ zugehen** to approach each other

aufeinander|folgen *intr V sein* **dicht ~** to come thick and fast **aufeinanderfolgend** *Adj* successive **aufeinander|stoßen** *intr V unreg sein* to clash

Aufenthalt <-[e]s, -e> [ˈaufʔɛnthalt] *m* ① stay ② BAHN stop[over]; **wie lange haben wir in Köln ~?** how long do we stop [for] in Cologne?

Aufenthaltsgenehmigung *f* JUR residence permit **Aufenthaltsort** *m* whereabouts *+ sing/pl verb* **Aufenthaltsraum** *m* day room

Auferstehung <-, -en> *f* resurrection

auf|essen *unreg tr, intr V* to eat up *sep*

Auffahrt *f* ① (*Autobahnauffahrt*) slip road BRIT, entrance ramp AM ② SCHWEIZ *s.* **Himmelfahrt**

Auffahrunfall *m* rear-end collision

auffallend **I.** *Adj* conspicuous; **~e Ähnlichkeit** striking likeness **II.** *Adv* (*in auffälliger Weise*) strangely

auffällig **I.** *Adj* conspicuous; **an jdm ~ sein** to be noticeable about sb **II.** *Adv* conspicuously

auf|fangen *tr V unreg* ① (*fangen, mitbekommen*) to catch ② (*kompensieren*) to offset ③ (*abfangen*) to cushion

Auffanglager *nt* reception camp

auf|fassen *tr V* to interpret (**als** as); **etw falsch ~** to misinterpret sth

Auffassung *f* opinion

auf|finden *tr V unreg* to find

auf|fliegen *intr V unreg sein* ① to fly up ② (*fam*) *Machenschaften* to be blown; **jdn/etw ~ lassen** to blow sb/sth

auf|fordern *tr V* **jdn ~, etw zu tun** to

ask sb to do sth; **wir fordern Sie auf, ...** you are requested ...

auf|frischen **I.** *tr V haben Beziehung* to renew; *Erinnerung* to refresh; **sein Französisch ~** to brush up one's French *sep* **II.** *intr V sein o haben Wind* to freshen

Auffrischungskurs *m* refresher course

auf|führen **I.** *tr V* ① THEAT to perform ② *(auflisten)* to list; *Beispiele, Zeugen* to cite **II.** *refl V (sich benehmen)* to behave; **sich so ~, als ob ...** to act as if ...

Aufführung *f* THEAT performance

auf|füllen *tr, intr V (nachfüllen)* to top up *sep*

Aufgabe <-, -n> *f* ① task ② *meist Pl* SCHULE *(Übung)* exercise; *(zu Hause zu erledigen)* homework *no pl* ③ *(Kapitulation)* surrender

auf|gabeln *tr V (fam)* to pick up *sep*

Aufgabenbereich *m,* **Aufgabengebiet** *nt* area of responsibility

Aufgang <-gänge> *m eines Gestirns* rising

auf|geben *unreg* **I.** *tr V* ① *Aufgabe* to give ② *Gepäck* to register; LUFT to check in ③ *Gewohnheit* to give up *sep; Stellung* to resign ④ *(verloren geben)* **jdn ~** to give up with sb ⑤ *(vorzeitig beenden)* abandon **II.** *intr V (sich geschlagen geben)* to give up

aufgeblasen **I.** *PP von* **aufblasen** **II.** *Adj (pej: eingebildet)* self-important

aufgebracht **I.** *Adj* outraged (**über** with) **II.** *Adv* in outrage

aufgedunsen *Adj* bloated

auf|gehen *intr V unreg sein* ① *Gestirn* to rise ② *(sich öffnen)* to open; *Knoten* to come undone ③ *(seine Erfüllung finden)* **in etw** *Dat* **~** to be taken up in sth ④ *Pflanze* to sprout

aufgeklärt *Adj* ① PHILOS enlightened ② *(sexuell)* to know the facts of life

aufgelegt *Adj* **gut/schlecht ~ sein** to be in a good/bad mood; **[dazu] ~ sein, etw zu tun** to feel like doing sth

aufgeregt **I.** *Adj* excited **II.** *Adv* excitedly

aufgeschmissen *Adj (fam)* **~ sein** to be in a fix

aufgesprungen *Adj Lippen* chapped

aufgeweckt *Adj* bright

auf|greifen *tr V unreg* to take up *sep; Gespräch* to continue

aufgrund, auf Grund [aufˈgrʊnt] *Präp* **~ einer S.** *Gen* owing to sth

auf|haben *unreg tr V (fam)* ① *Hut* to wear ② *Hausaufgabe* to have sth [to do]

auf|halten *unreg* **I.** *tr V* ① *(am Weiterkommen hindern)* to hold up *sep* ② *(fam: offen hinhalten)* to hold open *sep;* **die Hand ~** to hold out one's hand *sep* **II.** *refl V (verweilen)* **sich ~** to stay; **sich bei etw** *Dat* **~** to dwell on sth

auf|hängen **I.** *tr V* ① to hang up; **die Wäsche ~** to hang out the washing ② *(erhängen)* to hang **II.** *refl V* **sich ~** to hang oneself (**an** from)

Aufhänger <-s, -> *m (Anknüpfungspunkt)* peg

Aufhängung <-, -en> *f* AUTO suspension

auf|heben *unreg* **I.** *tr V* ① *(vom Boden)* to pick up *sep* ② *(aufbewahren)* to keep ③ *(widerrufen)* to abolish **II.** *refl V* **sich [gegenseitig] ~** to offset each other

Aufheben <-s> *nt kein Pl* **viel/nicht viel ~[s] [von etw] machen** to make/to not make a lot of fuss [about sth]

auf|heitern *tr V* to cheer up *sep*

auf|hellen *refl V* **sich ~** to brighten [up]

auf|hetzen *tr V (pej)* to incite (**gegen** against)

auf|holen **I.** *tr V Zeit* to make up *sep* **II.** *intr V* to catch up

auf|horchen *intr V* to prick up one's ears

auf|hören *intr V* to stop; **hör endlich auf!** [will you] stop it!; **plötzlich ~** to stop dead; **~, etw zu tun** to stop doing sth

auf|klappen *tr, intr V haben Buch* to open [up *sep*]; *Liegestuhl* to unfold; *Messer* to unclasp

auf|klären **I.** *tr V* ① *(erklären)* to clarify; *Irrtum* to resolve ② *(aufdecken)* to solve; *Verbrechen* to clear up ③ *(informieren)* to inform (**über** about) ④ *(sexuell)* to explain the facts of life **II.** *refl V* **sich ~** ① to resolve itself ② *Wetter* to brighten [up]

auf|klaren METEO **I.** *intr V unpers* **es klart auf** it's clearing [up] **II.** *intr V* to brighten [up]

Aufkleber *m* sticker

auf|kommen *intr V unreg sein* ① *(zahlen)* **für etw ~** to pay for sth ② *(Unterhalt leisten)* **für jdn ~** to pay for sb's upkeep

Aufkommen <-s, -> *nt kein Pl* (*Entstehung*) emergence

auf|krempeln *tr V* to roll up *sep*

auf|laden *unreg tr V* ① to load (**auf** on[to]) ② (*fig*) **jdm etw ~** to burden sb with sth ③ ELEK to charge

Auflage <-, -n> *f* ① (*Buchausgabe*) edition; **verbesserte ~** revised edition ② (*Auflagenhöhe*) number of copies ③ (*Polster*) pad

auf|lassen *tr V unreg* ① (*fam: offen lassen*) to leave open *sep* ② (*fam*) *Hut* to leave on *sep*

auf|lauern *intr V* **jdm ~** to lie in wait for sb

Auflauf *m* ① KOCHK *savoury or sweet dish baked in the oven* ② (*Menschenmenge*) crowd

auf|laufen *intr V unreg sein* ① *Schiff* to run aground ② **jdn ~ lassen** (*fam*) to drop sb in it

auf|leben *intr V sein* to liven up

auf|legen *tr V* ① VERLAG to publish ② (*Telefonat beenden*) **den Hörer ~** to hang up ③ (*nachlegen*) **Holz/Kohle ~** to put on more wood/coal *sep*

auf|lehnen *refl V* to revolt (**gegen** against)

auf|lesen *tr V unreg* (*fam*) to pick up

auf|leuchten *intr V sein o haben* to light up

auf|lockern **I.** *tr V* ① (*abwechslungsreicher machen*) to liven up *sep* ② (*zwangloser machen*) to ease **II.** *refl V* **sich ~** ① SPORT to limber up ② METEO **aufgelockerte Bewölkung** thinning cloud cover

auf|lösen **I.** *tr V* ① (*in Flüssigkeit*) to dissolve ② (*aufklären*) to clear up *sep* ③ *Gruppe* to disband ④ *Konto* to close **II.** *refl V* **sich ~** ① (*in Flüssigkeit*) to dissolve ② (*sich zersetzen*) to disintegrate ③ (*sich klären*) to resolve itself ④ (*sich zerstreuen*) to break up *sep* ⑤ **sich [in nichts/Luft] ~** to disappear [into thin air]

Auflösung *f* ① *einer Gruppe* disbanding ② (*Klärung*) clearing up ③ FOTO resolution

auf|machen **I.** *tr V* ① (*fam: öffnen*) to open ② (*fam: lösen*) to undo **II.** *intr V* (*die Tür öffnen*) to open the door **III.** *refl V* **sich ~** (*aufbrechen*) to set out

Aufmachung <-, -en> *f* ① (*Kleidung*) turn-out ② (*Gestaltung*) presentation

aufmerksam **I.** *Adj* attentive; **[auf jdn/etw] ~ werden** to take notice [of sb/sth]; **jdn auf etw** *Akk* **~ machen** to draw sb's attention to sth; **[das ist] sehr ~ [von Ihnen]!** [that's] most kind [of you] **II.** *Adv* attentively

Aufmerksamkeit <-> *f kein Pl* ① attention ② (*Zuvorkommenheit*) attentiveness

auf|möbeln *tr V* (*fam*) ① to do up *sep* ② (*aufmuntern*) to cheer up *sep*

auf|muntern *tr V* ① (*beleben*) to liven up *sep* ② (*Mut machen*) to encourage

aufmüpfig *Adj* (*fam*) **~ sein/werden** to be rebellious

Aufnahme <-, -n> *f* ① photo[graph]; (*Tonband*) [tape-]recording; **von jdm/etw eine ~ machen** to take a photo of sb/sth; (*Tonband*) to record sb/sth [on tape] ② (*in eine Gruppe*) admission

Aufnahmebedingung *f* entry requirement **Aufnahmeland** *nt* host country **Aufnahmeprüfung** *f* entrance examination

auf|nehmen *tr V unreg* ① to photograph ② to film ③ (*auf Tonband*) to record ④ (*unterbringen*) **jdn [bei sich] ~** to take in sb *sep* ⑤ (*in eine Gruppe*) to admit ⑥ (*erfassen*) to grasp ⑦ (*absorbieren*) to absorb ▸ **es mit jdm/etw ~ können** to be a match for sb/sth (**an** in)

auf|opfern *refl V* **sich [für jdn/etw] ~** to sacrifice oneself [for sb/sth]

auf|passen *intr V* ① (*aufmerksam sein*) to pay attention; **genau ~** to pay close attention; **pass auf!** (*sei aufmerksam*) [be] careful!; (*Vorsicht*) watch out! ② (*beaufsichtigen*) to keep an eye (**auf** on); **auf die Kinder ~** to mind the children

auf|peppen ['aufpɛpn̩] *tr V* (*sl*) to jazz up *sep*

Aufprall <-[e]s, -e> *m* impact

auf|prallen *intr V sein* [**auf etw** *Akk o Dat*] **~** to hit sth

Aufpreis *m* extra charge; **gegen ~** for an extra charge

auf|pumpen *tr V* to pump up *sep;* **aufgepumpt** inflated

Aufputschmittel *nt* stimulant

auf|putzen *tr V* DIAL *s.* **aufwischen**

auf|raffen *refl V* **sich zu etw ~** to bring oneself to do sth
auf|räumen I. *tr V Platz* to clear [up] *sep; Sachen* to clear away *sep;* **aufgeräumt sein** to be [neat and] tidy **II.** *intr V* ① to tidy up ② **mit etw ~** to do away with sth
aufrecht ['aufrɛçt] *Adj, Adv* upright
aufrecht|erhalten* ['aufrɛçtʔɛɐ̯haltn̩] *tr V unreg* to maintain
auf|regen I. *tr V* (*verärgern*) to annoy; (*nervös machen*) to make nervous; **reg mich nicht auf!** stop getting on my nerves! **II.** *refl V* **sich [über jdn/etw] ~** to get worked up [about sb/sth]; **reg dich nicht so auf!** don't get [yourself] so worked up!
Aufregung *f* ① (*aufgeregte Erwartung*) excitement *no pl* ② (*Beunruhigung*) agitation *no pl;* **nur keine ~!** don't get flustered; **jdn/etw in ~ versetzen** to get sb/sth into a state *fam*
auf|reiben *unreg tr V* ① (*zermürben*) to wear down *sep* ② (*wund reiben*) to chafe
auf|reißen *unreg* **I.** *tr V haben* ① (*durch Reißen öffnen*) to tear open *sep* ② *Augen, Mund* to open wide ③ (*sl: aufgabeln*) to pick up *sep* **II.** *intr V sein Hose* to rip; *Naht* to split
auf|richten I. *tr V* ① (*in aufrechte Lage bringen*) to put upright ② (*ermutigen*) **jdn [wieder] ~** to put new heart into sb **II.** *refl V* **sich ~** to straighten up
aufrichtig I. *Adj* honest; *Gefühl* sincere **II.** *Adv* sincerely
Aufrichtigkeit <-> *f kein Pl* sincerity
Aufruf *m* ① appeal ② COMPUT call
auf|rufen *unreg* **I.** *tr V* ① to call [out] ② **jdn ~, etw zu tun** to request sb to do sth ③ COMPUT to call up *sep* **II.** *intr V* **zu etw ~** to call for sth
Aufruhr <-[e]s, -e> ['aufruːɐ̯] *m* ① *kein Pl* (*geh: Erregung*) turmoil *no pl;* **jdn in ~ versetzen** to throw sb into a turmoil ② (*Aufstand*) revolt
aufrührerisch *Adj* rebellious
auf|runden *tr V* to round up *sep* (**auf** to); **aufgerundet** rounded up
auf|rütteln *tr V* to rouse (**aus** from)
auf|sagen *tr V* to recite
auf|sammeln *tr V* to gather [up *sep*]
aufsässig ['aufzɛsɪç] *Adj* ① (*widerspenstig*) unruly ② (*rebellisch*) rebellious
Aufsatz *m* essay
auf|schichten *tr V* to stack
auf|schieben *tr V unreg* to postpone (**auf** until)
Aufschlag *m* ① (*Aufprall*) impact *no pl* ② SPORT service *no pl;* **~ haben** to be serving ③ (*Aufpreis*) extra charge
auf|schlagen *unreg* **I.** *intr V* ① *sein* (*auftreffen*) to strike; **mit dem Kopf [auf etw** *Akk o Dat*] **~** to hit one's head [on sth] ② *haben* SPORT to serve **II.** *tr V haben* ① *Buch* to open ② (*aufbauen*) to put up *sep* ③ (*verteuern*) to raise (**um** by)
auf|schließen *unreg tr V* to unlock
aufschlussreichRR, **aufschlußreich**ALT *Adj* informative
auf|schnappen *tr V* (*fam: mitbekommen*) to pick up *sep*
auf|schneiden *unreg tr V* ① (*in Scheiben*) to slice ② (*auseinanderschneiden*) to cut open *sep*
Aufschnitt *m kein Pl* assorted sliced cold meats *pl,* cold cuts *pl* AM
auf|schrauben *tr V* to unscrew
auf|schrecken I. *tr V* <schreckte auf, aufgeschreckt> *haben* to startle (**aus** from) **II.** *intr V* <schreckte *o* schrak auf, aufgeschreckt> *sein* to start [up] (**aus** from)
Aufschrei *m* ① scream ② (*Lamento*) outcry
auf|schreiben *tr V unreg* to write down *sep*
Aufschub *m* delay
auf|schwatzen *tr V,* **auf|schwätzen** *tr V* DIAL (*fam*) **jdm etw ~** to fob sth off on sb; **sich** *Dat* **etw ~ lassen** to get talked into taking sth
Aufschwung *m* upswing
auf|sehen *intr V unreg* **zu jdm ~** to look up to sb
Aufsehen <-s> *nt kein Pl* sensation; **ohne [großes] ~** without any [real] fuss; **etw erregt [großes] ~** sth causes a [great] sensation; **~ erregend** sensational
auf|setzen I. *tr V* ① *Hut, Topf* to put on *sep* ② (*auf den Boden*) to put down *sep* **II.** *refl V* **sich ~** to sit up
Aufsicht <-, -en> *f* ① *kein Pl* (*Überwachung*) supervision (**über** of) ② (*Auf-*

A

sichtsperson) person in charge; (*bei einer Prüfung*) invigilator BRIT, proctor AM

Aufsichtsrat *m* supervisory board

auf|sperren *tr V* ❶ (*aufreißen*) to open wide *sep* ❷ *Tür* to unlock

auf|spielen *refl V* (*fam*) **sich ~** to give oneself airs

auf|springen *intr V unreg sein* ❶ (*hochspringen*) to leap up ❷ *Ball* to bounce ❸ (*aufplatzen*) to crack

auf|spüren *tr V* to track down *sep*

auf|stacheln *tr V* **jdn [zu etw] ~** to incite sb to do sth; **jdn gegen jdn ~** to turn sb against sb

Aufstand *m* rebellion; **einen ~ niederschlagen** to quell a rebellion

auf|stehen *intr V unreg sein* ❶ to stand up (**von** from) ❷ (*aus dem Bett*) to get up

auf|stellen **I.** *tr V* ❶ (*aufbauen*) to put up *sep; Maschine* to install ❷ (*ausarbeiten*) to draw up *sep; Theorie* to elaborate ❸ **jdn [als Kandidaten/für etw] ~** to nominate sb [candidate/for sth] ❹ *Mannschaft* to organize ❺ SCHWEIZ (*aufmuntern*) to pick up *sep* **II.** *refl V* **sich ~** to stand; **sich hintereinander ~** to line up

Aufstellung <-> *f kein Pl* ❶ (*Nominierung*) nomination *no pl* ❷ SPORT (*Auswahl*) team

Aufstieg <-[e]s, -e> ['aufʃti:k] *m* ❶ (*Verbesserung*) rise; **sozialer ~** social advancement ❷ (*zum Gipfel*) climb (**auf** up) ❸ SPORT promotion (**in** to)

auf|stocken *tr, intr V* (*erhöhen*) to increase (**auf** to, **um** by)

auf|suchen *tr V* (*geh*) ❶ **jdn ~** to go to [see] sb ❷ **etw ~** to go to sth

auf|takeln **I.** *tr V* NAUT to rig up *sep* **II.** *refl V* (*pej fam*) **sich ~** to doll oneself up; **aufgetakelt sein** to be all dolled up

Auftakt *m* (*Beginn*) start; (*Vorspiel*) prelude (**zu/für** to); **den ~ zu etw bilden** to mark the beginning of sth

auf|tanken *tr, intr V* to fill up *sep*

auf|tauchen *intr V sein* ❶ (*aus dem Wasser*) to surface ❷ (*zum Vorschein kommen*) to turn up ❸ (*plötzlich da sein*) to suddenly appear ❹ (*sichtbar werden*) to appear (**aus** out of)

auf|tauen **I.** *intr V sein* to thaw **II.** *tr V haben* to thaw [out *sep*]

auf|teilen *tr V* ❶ to divide [up *sep*] (**in** into) ❷ to share out *sep* (**unter** between)

Auftrag <-[e]s, Aufträge> ['auftra:k, *Pl:* 'auftrɛ:gə] *m* ❶ (*Beauftragung*) contract; (*an Freiberufler*) commission ❷ (*Anweisung*) orders *pl;* **jdm den ~ geben, etw zu tun** to instruct sb to do sth; **im ~** by order; **in jds ~** on sb's instructions ❸ *kein Pl* (*Mission*) mission

auf|tragen *unreg tr V* ❶ (*aufstreichen*) to apply (**auf** to) ❷ **jdm etw ~** to instruct sb to do sth ▶ **dick ~** to lay it on thick

Auftraggeber(in) *m(f)* client

Auftragsbestätigung *f* confirmation of [an] order **Auftragsbuch** *nt* order book **auftragsgemäß** **I.** *Adj* as ordered *pred* **II.** *Adv* as instructed

auf|treiben *tr V unreg* (*fam*) **jdn/etw ~** to get hold of sb/sth

auf|treten *unreg intr V sein* ❶ (*eintreten*) to occur ❷ (*erscheinen*) to appear (**als** as); **geschlossen ~** to appear as one body; **gegen jdn/etw als Zeuge ~** to give evidence against sb/sth ❸ (*sich benehmen*) to behave

Auftreten <-s> *nt kein Pl* ❶ (*Benehmen*) behaviour ❷ (*Manifestation*) occurrence ❸ (*Erscheinen*) appearance

Auftritt *m* ❶ appearance ❷ THEAT entrance

auf|tun *unreg refl V* **sich [vor jdm] ~** to open [up] [for sb]

auf|wachen *intr V sein* to wake [up]

auf|wachsen *intr V unreg sein* to grow up

Aufwand <-[e]s> ['aufvant] *m kein Pl* ❶ (*Einsatz*) expenditure; **der ~ war umsonst** it was a waste of energy/money/time ❷ (*Luxus*) extravagance

aufwändigRR **I.** *Adj* lavish **II.** *Adv* lavishly

Aufwandsentschädigung *f* expense allowance

auf|wärmen **I.** *tr V* ❶ to heat up *sep* ❷ (*fam*) *Thema* to drag up *sep* **II.** *refl V* **sich ~** ❶ to warm oneself [up] ❷ SPORT to warm up

aufwärts ['aufvɛrts] *Adv* upward[s], up; **den Rhein ~** up the Rhine; **vom Abteilungsleiter [an] ~** from head of department up

aufwärts|gehen *intr V unreg* **es geht ~**

things are looking up; **es geht mit jdm/etw ~** things are looking up for sb/sth
auf|wecken *tr V* to wake [up *sep*]
auf|weisen *tr V unreg* to show; **etw aufzuweisen haben** to have sth to show [for oneself]
auf|wenden *tr V unreg o reg* 1 (*einsetzen*) to use 2 (*ausgeben*) to spend
auf|werfen *unreg tr V Thema* to raise
auf|werten *tr V* 1 FIN to revalue (**um** by) 2 (*höherwerten*) to increase the value of sth
Aufwertung <-, -en> *f* FIN revaluation (**um** by)
auf|wiegeln ['aufvi:gl̩n] *tr V* to stir up *sep;* **Leute gegeneinander ~** to set people at each other's throats
auf|wischen *tr, intr V* to wipe [up *sep*]
auf|wühlen *tr V* 1 to churn [up *sep*] 2 **jdn [innerlich] ~** to stir up sb *sep;* **~d** stirring; **aufgewühlt** agitated
auf|zählen *tr V* to list
Aufzeichnung *f* 1 (*Aufnahme*) recording 2 *meist Pl* (*Notizen*) notes
auf|ziehen *unreg* **I.** *tr V haben* 1 (*durch Ziehen öffnen*) to open; *Vorhang* to draw back 2 (*großziehen*) to raise 3 (*fam: verspotten*) to tease (**mit** about) **II.** *intr V sein* (*sich nähern*) to gather
Aufzucht *f kein Pl* raising
Aufzug *m* lift BRIT, elevator AM; **~ fahren** to take the lift
Augapfel ['aukʔapfl̩] *m* eyeball; **jdn/etw wie seinen ~ hüten** to cherish sb/sth like life itself
Auge <-s, -n> ['augə] *nt* eye; **mir wurde schwarz vor ~n** everything went black; **da blieb kein ~ trocken** (*hum fam*) there wasn't a dry eye in the place; **geh mir aus den ~n!** get out of my sight!; **ich traute meinen ~n nicht!** I couldn't believe my eyes; **mit bloßem ~** with the naked eye; **gute/schlechte ~n [haben]** [to have] good/poor eyesight *sing;* **mit verbundenen ~n** blindfolded; **jdn/etw im ~ behalten** (*beobachten*) to keep an eye on sb/sth; **etw ins ~ fassen** to contemplate sth; **ein ~ auf jdn/etw geworfen haben** to have one's eye on sb/sth; **ein ~ auf jdn/etw haben** to keep an eye on sb/sth; **jdn nicht aus den ~n lassen** to not let sb out of one's sight; **so weit das ~ reicht** as far as the eye can see; **ins ~ springen** to catch the eye; **etw aus den ~n verlieren** to lose track of sth; **sich aus den ~n verlieren** to lose contact; **~ in ~** face to face; **vor aller ~n** in front of everybody ▸ **das ~ des Gesetzes** (*hum*) the [arm of the] law; **aus den ~n, aus dem Sinn** (*prov*) out of sight, out of mind; **mit einem blauen ~ davonkommen** (*fam*) to get off lightly; **vor jds geistigem ~** in sb's mind's eye; **jdm schöne ~n machen** to make eyes at sb; **unter vier ~n** in private; **jdm jeden Wunsch an den ~n ablesen** to anticipate sb's every wish; **ins ~ gehen** (*fam*) to backfire; **[große] ~n machen** (*fam*) to be wide-eyed; **die ~n vor etw** *Dat* **verschließen** to close one's eyes to sth; **ein ~ [o beide ~n] zudrücken** (*fam*) to turn a blind eye; **kein ~ zutun** (*fam*) to not sleep a wink
Augenarzt, **Augenärztin** *m, f* eye specialist **Augenblick** ['augn̩blɪk] *m* moment; **im ersten ~** for a moment; **im letzten ~** at the [very] last moment; **~ mal!** just a minute!
augenblicklich ['augn̩blɪklɪç] **I.** *Adj* 1 (*sofortig*) immediate 2 (*derzeitig*) present **II.** *Adv* 1 (*sofort*) immediately; (*herausfordernd*) at once 2 (*zurzeit*) at present
Augenbraue *f* eyebrow; **die ~n hochziehen** to raise one's eyebrows **Augenlid** *nt* eyelid **Augentropfen** *Pl* eye drops **Augenweide** *f* feast for one's eyes **Augenwimper** *f* eyelash **Augenzeuge**, **Augenzeugin** *m, f* eyewitness
August <-[e]s, -e> [au'gʊst] *m* August; *s. a.* **Februar**
Auktion <-, -en> [auk'tsi̯o:n, *Pl:* -'tsi̯o:nən] *f* auction
Aula <-, Aulen> ['aula, *Pl:* 'aulən] *f* hall
aus [aus] **I.** *Präp* 1 (*räumlich*) from; (*von innen heraus*) out of; **~ der Tür** out of the door; **Zigaretten ~ dem Automaten** cigarettes from a machine 2 (*Ursache*) **~ Angst/Dummheit** out of fear/stupidity; **~ Unachtsamkeit** due to carelessness 3 (*Herkunft*) from; **~ Stuttgart kommen** to be from Stuttgart; **~ dem 17. Jahrhundert stammen** to be [from the] 17th century; **~ dem Englischen** from [the] English 4 (*hergestellt aus*) [made] of **II.** *Adv*

präd ① (*gelöscht*) out ② (*ausgeschaltet*) off ③ (*zu Ende*) ~ **sein** to have finished; *Krieg* to have ended; *Schule* to be out; **mit etw** *Dat* **ist es** ~ sth is over; **es ist ~ zwischen ihnen** it's over between them; ~ **und vorbei sein** to be over and done with ④ **auf jdn/etw ~ sein** to be after sb/sth

Aus <-> [aus] *nt kein Pl* FBALL out of play; **ins ~ gehen** to go out of play

aus|atmen *intr, tr V* to exhale

Ausbau <-bauten> *m* (*die Festigung*) strengthening

aus|bauen *tr V* ① *Gebäude* to extend (**zu** into) ② (*herausmontieren*) to remove sth (**aus** from)

ausbaufähig *Adj* ① (*fam: viel versprechend*) promising ② (*erweiterungsfähig*) expandable

aus|bedingen* *refl V unreg* **sich** *Dat* **etw** ~ to insist on sth

aus|bessern *tr V* to mend

aus|beulen I. *tr V* **etw** ~ to make sth [go] baggy; **ausgebeult** baggy **II.** *refl V* **sich** ~ to go baggy

Ausbeute <-, -n> *f* gains *pl;* **die ~ an etw** *Dat* the yield in sth

aus|beuten *tr V* to exploit

Ausbeutung <-, -en> *f* exploitation *no pl*

aus|bezahlen* *tr V* ① [**jdm**] **etw** ~ to pay out sth *sep* [to sb] ② **jdn** ~ to pay off sb *sep*

aus|bilden *tr V* ① to train; **jdn zum Arzt** ~ to train sb to be a doctor; **ausgebildet** qualified ② (*entwickeln*) to develop

Ausbilder(in) <-s, -> *m(f),* **Ausbildner(in)** <-s, -> *m(f)* trainer

Ausbildung <-, en> *f* training *no pl, no indef art*

Ausbildungsbeihilfe *f* educational grant; (*für Lehrlinge*) training allowance **Ausbildungsplatz** *m* place to train

aus|bitten *refl V unreg* (*geh*) to ask for, to request; **ich bitte mir Ruhe aus!** I must have silence!

aus|bleiben *intr V unreg sein* to fail to appear; *Regen* to hold off

aus|blenden *tr V* (*fam*) *Problem* to blend out *sep*

Ausblick *m* view; **ein Zimmer mit ~ aufs Meer** a room overlooking the sea

aus|brechen *unreg intr V sein* ① (*entkommen*) to escape (**aus** from) ② (*sich befreien*) to break away (**aus** from) ③ *Vulkan* to erupt ④ *Feuer, Sturm* to break out ⑤ (*plötzlich beginnen*) **in Gelächter/Tränen** ~ to burst into laughter/tears

aus|breiten I. *tr V* ① to spread [out *sep*] ② *einzelne Gegenstände* to lay out *sep* **II.** *refl V* **sich** ~ to spread [out]

Ausbruch *m* ① (*Befreiung*) escape (**aus** from) ② (*Beginn*) outbreak ③ (*Eruption*) eruption ④ (*fam: Entladung*) outburst

aus|büchsen *intr V* (*fam: abhauen*) to clear off

aus|bürsten *tr V* to brush [out]

Ausdauer *f kein Pl* ① (*Beharrlichkeit*) perseverance ② (*Durchhaltevermögen*) stamina

aus|dehnen I. *tr V* ① to extend (**bis zu** up to, **über** by) ② (*erweitern*) to expand (**auf** to) **II.** *refl V* **sich** ~ ① to expand ② (*sich ausbreiten*) to spread (**auf** to, **über** over); **ausgedehnt** extensive

aus|denken *tr V unreg* **sich** *Dat* **etw** ~ to think up sth *sep*

Ausdruck[1] <-drücke> *m* expression; **etw zum ~ bringen** to express sth

Ausdruck[2] <-drucke> *m* [computer] print-out; **einen ~ [von etw] machen** to run off a copy *sep* [of sth]

aus|drucken *tr V* to print [out *sep*]

aus|drücken I. *tr V* ① (*bekunden*) to express ② (*formulieren*) to put into words; **anders ausgedrückt** in other words; **einfach ausgedrückt** put simply ③ (*auspressen*) to squeeze **II.** *refl V* **sich** ~ to express oneself; **sich falsch** ~ to use the wrong word

ausdrücklich [ˈausdrʏklɪç] **I.** *Adj attr* explicit **II.** *Adv* particularly

ausdruckslos *Adj* inexpressive; *Gesicht* expressionless **ausdrucksvoll** *Adj* expressive **Ausdrucksweise** *f* mode of expression

auseinander [ausʔaiˈnandɐ] *Adv* apart

auseinander|bekommen* *tr V unreg* **etw** ~ to be able to get sth apart **auseinander|biegen** *tr V unreg* to bend apart **auseinander|brechen** *tr, intr V unreg sein* to break in two **auseinander|bringen** *tr V unreg* (*fam*) to separate **auseinander|fallen** *intr V unreg* to fall apart **auseinander|falten** *tr V* to unfold **auseinander|gehen** *intr V unreg sein* ① (*sich auflösen*) to disperse ② *Beziehung* to break up; *Meinungen* to differ; (*sich trennen*) to part **auseinander|halten** *tr V unreg* **etw ~** to distinguish between sth; **jdn ~** to tell apart sb *sep* **auseinander|leben** *refl V* **sich ~** to drift apart **auseinander|setzen** *refl V* **sich mit etw ~** to tackle sth **auseinander|treiben** *unreg tr, intr V sein o haben* to disperse **Auseinandersetzung** <-, -en> [aus?ai'nandɐzɛtsʊŋ] *f* ① (*Streit*) argument ② (*Beschäftigung*) **die ~ mit etw** the examination of sth

auserlesen *Adj* select

aus|fahren *unreg tr V haben* ① (*ausliefern*) to deliver ② TECH (*ausstrecken*) to extend

Ausfahrt *f* exit; (*Autobahnausfahrt*) slip road BRIT, exit [ramp] AM

aus|fallen *intr V unreg sein* ① (*nicht stattfinden*) to be cancelled; **etw ~ lassen** to cancel sth ② (*nicht funktionieren*) to fail

ausfallend, ausfällig I. *Adj* abusive II. *Adv* **sich ~ ausdrücken** to use abusive language

Ausfallstraße *f* arterial road

aus|fertigen *tr V* (*geh*) to draft; *Pass* to issue

Ausfertigung *f kein Pl* (*geh*) drafting; *eines Passes* issuing

ausfindig *Adj* **~ machen** to locate

aus|flippen ['ausflɪpn̩] *intr V sein* (*fam*) ① (*wütend werden*) to freak out ② (*vor Freude*) to jump for joy ③ (*überschnappen*) to lose it [completely]; **ausgeflippt** freaky

Ausflucht <-, Ausflüchte> *f* excuse; **Ausflüchte machen** to make excuses

Ausflug *m* outing; **einen ~ machen** to go on an outing

Ausfluss[RR] <-es, Ausflüsse> *m*, **Ausfluß**[ALT] <-sses, Ausflüsse> *m* (*Abflussstelle*) outlet

aus|fragen *tr V* to question

aus|fressen *tr V unreg* (*fam*) **etwas/nichts ausgefressen haben** to have done something/nothing wrong

Ausfuhr <-> *f kein Pl* export

ausführbar *Adj* feasible **Ausfuhrbestimmungen** *Pl* export regulations

aus|führen *tr V* ① (*spazieren gehen mit*) to take out *sep* ② (*exportieren*) to export (**in** to)

ausführlich ['ausfy:ɐ̯lɪç, aus'fy:ɐ̯lɪç] I. *Adj* detailed II. *Adv* [**sehr**] **~** in [great] detail; **~er** in more detail

aus|füllen *tr V* ① *Formular* to fill in *sep* ② (*befriedigen*) to satisfy ③ (*vollfüllen*) to fill (**mit** with)

Ausgabe *f* ① *kein Pl* (*das Austeilen*) distribution ② *eines Buchs* edition; *einer Zeitschrift* issue, edition; **alte ~n** back issues ③ *Pl* (*Kosten*) expenses

Ausgang *m* exit (+*Gen* from)

Ausgangssperre *f* curfew

aus|geben *tr V unreg* ① (*aufwenden*) to spend (**für** on) ② (*austeilen*) to distribute (**an** to) ③ (*fam: spendieren*) [**jdm**] **etw ~** to treat sb to sth; **eine Runde ~** to buy a round; [**jdm**] **einen ~** (*fam*) to buy sb a drink ④ **sich als jd/etw ~** to pass oneself off as sb/sth

ausgebucht *Adj* booked up

ausgedehnt I. *PP von* **ausdehnen** II. *Adj* ① (*lang*) *Spaziergang* long, extended ② (*groß*) *Ländereien* extensive

ausgefallen *Adj* unusual

ausgeglichen *Adj* equable

aus|gehen *intr V unreg sein* ① (*aus dem Haus*) to go out ② *Feuer* to go out ③ *Haare* to fall out ④ (*seinen Ursprung haben*) **von etw ~** to lead from sth; **etw geht von jdm/etw aus** sb/sth radiates sth ⑤ (*enden*) to end; **gut/schlecht ~** to turn out well/badly ⑥ (*annehmen*) **davon ~, dass ...** to start out from the fact that ... ⑦ (*zu Grunde legen*) **von etw ~** to take sth as a basis

ausgelassen *Adj* wild; *Kinder* boisterous

ausgemacht *Adj* ① **es ist ~, dass ...** it is agreed that ... ② *attr* (*fam: eingefleischt*) complete

ausgenommen *Konj* except

ausgepowert [-gəpauɐt] *Adj* (*fam*) washed out

ausgeprägt *Adj* pronounced

ausgepumpt ['ausgəpʊmpt] *Adj* (*fig fam*) whacked BRIT, pooped out

ausgerechnet ['ausgərɛçnət] *Adv* ① (*personenbezogen*) **~ jd/jdn/jdm** sb of all people; **warum muss das ~ mir passieren?** why does it have to happen to me [of all people]? ② (*zeitbezogen*) **~ jetzt** now of all times;

A

~ **heute** today of all days; ~ **als wir ins Bett gehen wollten, ...** just when we wanted to go to bed ...

ausgeschlossen *Adj präd* ~ **sein**[**, dass ...**] to be impossible [that ...]; **es ist nicht ~, dass ...** it is just possible that ...

ausgeschnitten *Adj Bluse* low-cut

ausgesprochen **I.** *Adj* (*bei positiver Eigenschaft*) distinct; (*bei negativer Eigenschaft*) extreme; **~es Pech haben** to have really bad luck **II.** *Adv* really

ausgestorben *Adj* ❶ extinct ❷ [**wie**] ~ **sein** to be deserted

ausgesucht *Adj* ❶ (*erlesen*) choice ❷ (*gewählt*) well-chosen

ausgewählt *Adj* ❶ (*selektiert*) selected ❷ (*erlesen*) select

ausgewogen *Adj* balanced

ausgezeichnet ['ausgətsaiçnət, 'ausgə'tsaiçnət] **I.** *Adj* excellent **II.** *Adv* extremely well; **mir geht es** ~ I'm feeling just great

ausgiebig ['ausgi:bɪç] **I.** *Adj* extensive; *Mahlzeit* substantial **II.** *Adv* extensively; ~ **schlafen** to have a good [long] sleep

aus|gießen *tr V unreg* (*entleeren*) to empty; (*weggießen*) to pour away *sep*

Ausgleich <-[e]s, *selten* -e> *m* ❶ (*das Ausgleichen*) balancing ❷ (*Wettmachen*) settlement; *eines Schadens* compensation ❸ (*Abwechslung*) **zum willkommenen ~ von etw** as a welcome change from sth ❹ *kein Pl* SPORT equalizer; **den ~ erzielen** to equalize

aus|gleichen *unreg* **I.** *tr V* ❶ to balance (**durch** with) ❷ (*wettmachen*) to compensate for **II.** *refl V* **sich** [**durch etw** *Akk*] ~ to balance out [as a result of sth]

Ausgleichssport *m* keep-fit activities

aus|graben *tr V unreg* to dig up *sep*

Ausgrabung *f* ❶ *kein Pl* (*das Ausgraben*) digging up; *einer Leiche* exhumation ❷ (*Grabungsarbeiten*) excavation[s *pl*]

Ausguss^RR <-es, Ausgüsse> *m*, **Ausguß**^ALT <-sses, Ausgüsse> *m* (*Spüle*) sink

aus|halten *unreg* **I.** *tr V* ❶ (*ertragen können*) to bear; **die Kälte** ~ to endure the cold; **es ist nicht** [**länger**] **auszuhalten** it's [getting] unbearable; **es lässt sich** [**mit jdm**] ~ it's bearable [being with sb] ❷ (*standhalten*) to be resistant to; **viel** ~ to take a lot; **den Druck** ~ to [with]stand the pressure ❸ (*fam: Unterhalt leisten*) **jdn** ~ to keep sb **II.** *intr V* to hold out

aus|händigen ['aushɛndɪgn̩] *tr V* **jdm etw** ~ to hand over sth *sep* to sb

Aushang *m* notice

Aushängeschild *nt* (*fam*) showpiece

aus|harren *intr V* to wait [patiently]

Aushebung <-, -en> *f* SCHWEIZ (*Einberufung*) conscription

aus|helfen *intr V unreg* to help out *sep* (**mit** with)

Aushilfe *f* temporary worker; [**bei jdm**] **zur ~ arbeiten** to temp [for sb] *fam*

aushilfsweise *Adv* on a temporary basis

aus|höhlen *tr V* ❶ (*hohl machen*) to hollow out *sep* ❷ (*untergraben*) to undermine

aus|horchen *tr V* (*fam*) **jdn** [**über jdn/etw**] ~ to sound out sb *sep* [about sb/sth]

aus|kennen *refl V unreg* ❶ **sich** [**irgendwo**] ~ to know one's way around [somewhere] ❷ **sich** [**in etw** *Dat*] ~ to know a lot [about sth]

Ausklang <-> *m kein Pl* conclusion

aus|klingen *intr V unreg sein* (*geh*) to conclude

aus|klopfen *tr V* to beat the dust out of sth; *Pfeife* to knock out *sep*

aus|kochen *tr V* ❶ to boil ❷ (*fam: aushecken*) to cook up *sep fam*

aus|kommen *intr V unreg sein* ❶ (*genug haben*) **mit etw** ~ to get by on sth; **ohne jdn/etw** ~ to manage without sb/sth ❷ (*sich verstehen*) **mit jdm** [**gut**] ~ to get on well with sb ❸ ÖSTERR (*entkommen*) to escape

Auskommen <-s> *nt kein Pl* livelihood; **sein ~ haben** to get by

aus|kosten *tr V* to make the most of sth; **das Leben** ~ to enjoy life to the full

aus|kundschaften *tr V* ❶ to find out ❷ MIL to reconnoitre

Auskunft <-, Auskünfte> ['auskʊnft, *Pl:* -kʏnftə] *f* ❶ information *no pl, no indef art* (**über** about); **eine ~** a bit of information; **nähere ~** more information; **jdm eine ~ geben** to give sb some information; **Auskünfte einholen** to make [some] enquiries; **Auskünfte über jdn/etw** [**bei jdm**] **einholen** to make [some] enquiries [to sb] about sb/sth ② (*Auskunftsstelle*) information office; (*Telefonauskunft*) directory enquiries BRIT, operator AM

aus|lachen *tr V* to laugh at

aus|laden *unreg tr V* ① to unload ② (*Einladung widerrufen*) to tell sb not to come

Auslage <-, -n> *f* ① *Pl* (*Ware*) display ② (*Schaufenster*) shop window ③ *Pl* (*Unkosten*) expenses *pl*

Ausland <-[e]s> ['auslant] *nt kein Pl* [**das**] ~ foreign countries *pl;* **aus dem ~** from abroad; **im/ins ~** abroad

Ausländer(in) <-s, -> ['auslɛndɐ] *m(f)* foreigner; JUR alien

Ausländerbeauftragte(r) *f(m) dekl wie Adj official assigned to the integration of foreign immigrants* **ausländerfeindlich** *Adj* racist

ausländisch ['auslɛndɪʃ] *Adj attr* foreign

Auslandsaufenthalt *m* stay abroad **Auslandseinsatz** *m* MIL foreign [military] deployment **Auslandsgespräch** *nt* international call **Auslandskorrespondent(in)** *m(f)* foreign correspondent **Auslandsreise** *f* journey [*or* trip] abroad

aus|lassen *unreg* **I.** *tr V* ① (*weglassen*) to omit; (*überspringen*) to skip ② (*abreagieren*) **etw an jdm ~** to vent sth on sb ③ (*fam: ausgeschaltet lassen*) to keep switched off ④ ÖSTERR (*loslassen*) to let go of **II.** *refl V* (*pej*) **sich über jdn/etw ~** to go on about sb/sth **III.** *intr V* ÖSTERR to let go

aus|laufen *unreg intr V sein* ① (*ausströmen*) *Wasser* to leak out ② (*undicht sein*) *Fass* to leak ③ (*losfahren*) *Schiff* to set sail (**nach** for) ④ (*enden*) to end; *Vertrag* to expire

Ausläufer *m* ① *eines Hochs* ridge; *eines Tiefs* trough ② *meist Pl* (*Vorgebirge*) foothills *pl*

aus|leeren *tr V* (*ausgießen*) to empty [out *sep*]; (*ausladen*) to dump

aus|legen *tr V* ① (*bedecken*) to cover sth (**mit** with); *Teppich* to lay down *sep* ② (*deuten*) to interpret

Auslegeware *f kein Pl* carpeting material

aus|leihen *tr V unreg* ① [**jdm**] **etw ~** to lend [sb] sth ② **sich** *Dat* **etw ~** to borrow sth

aus|lernen *intr V* to finish one's studies; **ausgelernt** qualified ▸ **man lernt <u>nie</u> aus** (*prov*) [you] live and learn

Auslese <-, -n> *f* ① (*Wein*) superior wine (*made from selected grapes*) ② BIOL **die natürliche ~** natural selection

aus|lesen *unreg tr, intr V* to finish reading

aus|liefern *tr V* ① (*liefern*) to deliver (**an** to) ② (*überstellen*) to hand over *sep* (**an** to) ③ (*hilflos sein*) **jdm/etw ausgeliefert sein** to be at sb's mercy

Auslieferung *f* ① *von Waren* delivery ② *von Menschen* handing over; *an ein anderes Land* extradition

aus|löschen *tr V* ① (*löschen*) to extinguish ② (*beseitigen*) to obliterate ③ (*geh: tilgen*) to blot out *sep*

aus|losen **I.** *tr V* to draw **II.** *intr V* to draw lots

Auslöser <-s, -> *m* ① FOTO [shutter] release ② (*fam: Anlass*) trigger

Auslosung *f* draw

aus|machen *tr V* ① (*löschen*) to extinguish; (*ausschalten*) to turn off *sep; Motor* to switch off *sep* ② (*vereinbaren*) to agree [up]on; **ausgemacht** agreed ③ (*betragen*) to amount to ④ (*bewirken*) **nichts ~** to not make any difference; **viel ~** to make a big difference ⑤ (*bedeuten*) **es macht jdm nichts/viel aus, etw zu tun** sb doesn't mind doing sth/it matters a great deal to sb to do sth; **macht es Ihnen etwas aus, wenn ...?** do you mind if ...?

aus|malen *refl V* **sich** *Dat* **etw ~** to imagine sth

Ausmaß *nt* ① (*Fläche*) area; **das ~ von etw** *Dat* **haben** to cover the area of sth ② (*Größe*) size; **die ~e** the dimensions ③ (*Umfang*) extent *no pl*

aus|messen *tr V unreg* to measure [out]

aus|misten **I.** *tr V* ① *Stall* to muck out *sep* ② (*fam*) to tidy out *sep; alte Sachen* to throw out *sep* **II.** *intr V* (*fam*) to have a clean-out BRIT, to clean up AM

Ausnahme <-, -n> ['ausna:mə] *f* exception ▸ **~n bestätigen die <u>Regel</u>** (*prov*) the exception proves the rule

Ausnahmezustand *m* state of emergency; [**über etw** *Akk*] **den ~ verhängen** to declare a state of emergency [in sth]

ausnahmslos *Adv* without exception

ausnahmsweise *Adv* as a special excep-

A

tion; **heute ging er ~ eine Stunde früher** today he left an hour earlier [for a change]

aus|nehmen *unreg tr V* ❶ (*ausweiden*) to gut ❷ (*fam: abzocken*) to fleece ❸ ÖSTERR (*erkennen*) to make out *sep* sb/sth

ausnehmend *Adv* exceptionally

aus|nutzen *tr V* ❶ (*ausbeuten*) to exploit ❷ (*voll nutzen*) to make the most of sth; **jds Leichtgläubigkeit** ~ to take advantage of sb's gullibility

aus|packen *tr V* to unpack; *Geschenk* to unwrap

aus|plaudern *tr V* to let out

aus|plündern *tr V* to plunder

aus|posaunen* *tr V* (*fam*) to broadcast

aus|pressen *tr V* to squeeze out *sep*

aus|probieren* **I.** *tr V* to try [out *sep*] **II.** *intr V* **~, ob/wie ...** to see whether/how ...

Auspuff <-[e]s, -e> *m* exhaust [pipe]

Auspuffgase *Pl* exhaust fumes **Auspuffrohr** *nt* exhaust [pipe] **Auspufftopf** *m* silencer BRIT, muffler AM

aus|quetschen *tr V* ❶ to squeeze out *sep* ❷ (*fam: ausfragen*) **jdn [über jdn/etw]** ~ to grill sb [about sb/sth]

aus|radieren* *tr V* to rub out *sep*

aus|rangieren* *tr V* to throw out *sep*

aus|rauben *tr V* to rob

aus|räumen *tr V* ❶ *Möbel* to move out *sep; Raum* to clear out *sep* ❷ (*fig*) to clear up *sep*

aus|rechnen *tr V* to calculate

Ausrede *f* excuse; **eine faule ~** a feeble excuse

aus|reichen *intr V* to be sufficient (**für** for); **es muss für uns alle ~** it will have to do for us all

aus|reisen *intr V sein* to leave the country

Ausreisevisum *nt* exit visa

aus|reißen *unreg* **I.** *tr V haben* to pull out *sep; Haare* to tear out *sep* **II.** *intr V sein* (*fam: davonlaufen*) to run away

Ausreißer(in) <-s, -> *m(f)* (*fam*) runaway

aus|renken *tr V* to dislocate

aus|richten *tr V* ❶ (*übermitteln*) **jdm etw ~** to tell sb sth; **kann ich etwas ~?** can I give him/her a message?; **richten Sie ihr einen Gruß [von mir] aus** give her my regards; **jdm eine Nachricht ~** to pass on the news *sep* to sb ❷ (*erreichen*) **bei jdm etwas/nichts ~** to achieve something/nothing with sb ❸ TECH to align (**auf** with) ❹ ÖSTERR (*schlechtmachen*) to run down *sep* ❺ SCHWEIZ (*zahlen*) **jdm etw ~** to pay sb sth

aus|rotten *tr V* to exterminate

aus|rufen *tr V unreg* ❶ *Streik* to call ❷ **jdn zum König ~** to proclaim sb king

Ausrufezeichen *nt*, **Ausrufungszeichen** *nt*, **Ausrufzeichen** *nt* ÖSTERR, SCHWEIZ LING exclamation mark [*or* AM point]

aus|ruhen *intr, refl V* to [take a] rest; **ausgeruht [sein]** [to be] well rested

Ausrüstung <-> *f kein Pl* ❶ (*das Ausrüsten*) equipping ❷ (*Ausrüstungsgegenstände*) equipment

aus|rutschen *intr V sein* ❶ (*ausgleiten*) to slip (**auf** on) ❷ (*aus der Hand fallen*) **jdm ~** to slip [out of sb's hand]; **mir ist die Hand ausgerutscht** my hand slipped

Ausrutscher <-s, -> *m* (*fam*) slip-up

Aussage *f* ❶ statement; *eines Zeugen* evidence *no pl;* **die ~ verweigern** to refuse to make a statement ❷ (*Inhalt*) message

aus|sagen **I.** *tr V* **etw [über jdn/etw] ~** (*darstellen*) to say sth [about sb/sth] **II.** *intr V* JUR *Zeuge* to testify (**vor** before); *Angeklagter* to make a statement; **für/gegen jdn ~** to give evidence in sb's favour/against sb

aus|schalten *tr V* ❶ to turn off *sep* ❷ (*eliminieren*) to eliminate

Ausschau *f* **~ [nach jdm/etw] halten** to keep an eye out [for sb/sth]

aus|scheiden *unreg* **I.** *intr V sein* ❶ (*aus dem Dienst*) to retire (**aus** from); *aus Verein* to leave ❷ SPORT to drop out (**aus** of) ❸ (*nicht in Betracht kommen*) to be ruled out **II.** *tr V haben* MED to excrete; *Organ* to secrete

Ausschilderung *f* signposting

aus|schlachten *tr V Auto* to cannibalize

aus|schlafen *unreg intr, refl V* **[sich] ~** to have a good [night's] sleep

Ausschlag *m* ❶ MED rash ❷ **[bei etw] den ~ geben** (*fig*) to be the decisive factor [for [*or* in] sth]

aus|schlagen *unreg* **I.** *tr V haben* **jdm etw ~** to refuse sb sth **II.** *intr V* ❶ *haben*

Pferd to kick ② *sein o haben* (*sprießen*) to come out
ausschlaggebend *Adj* decisive; **von ~er Bedeutung** [**sein**] [to be] of prime importance
aus|schließen *tr V unreg* to exclude (**aus** from); *Mitglied* to expel
ausschließlich ['ausʃliːslɪç] **I.** *Adj attr* exclusive **II.** *Adv* exclusively **III.** *Präp* excluding
AusschlussRR <-es, Ausschlüsse> *m*, **Ausschluß**ALT <-sses, Ausschlüsse> *m* exclusion; *eines Mitglieds* expulsion
aus|schneiden *tr V unreg* to cut out *sep* (**aus** of)
Ausschnitt *m* ① (*Zeitungsausschnitt*) clipping ② *eines Kleids* neckline; **ein tiefer ~** a low neckline ③ (*Teil*) part (**aus** of)
aus|schöpfen *tr V* ① (*leeren*) to empty; *Wasser* to scoop out *sep* ② *Möglichkeiten, Thema* to exhaust
Ausschreibung <-, -en> *f* ① (*Bitte um Angebot*) invitation to tender ② *einer Stelle* advertisement (**für** for)
Ausschreitung <-, -en> *f meist Pl* riot[s *pl*]
AusschussRR <-es, Ausschüsse> *m*, **Ausschuß**ALT <-sses, Ausschüsse> *m* ① committee ② *kein Pl* (*fehlerhafte Produkte*) rejects *pl*
aus|schütten *tr V* ① (*ausleeren*) to empty ② (*verschütten*) to spill ③ *Gelder* to distribute
Ausschüttung <-, -en> *f* FIN distribution
ausschweifend *Adj Leben* hedonistic; *Fantasie* wild
aus|sehen *intr V unreg* to look; **~ wie ...** to look like ...; **wie sieht's aus?** (*fam*) how's things?; **es sieht gut/schlecht aus** things are looking good/not looking too good; **nach Regen ~** to look as if it is going to rain; **nach etwas/nichts aussehen** to look good/not look anything special
Aussehen <-s> *nt kein Pl* appearance
außen ['ausn̩] *Adv* on the outside; **nach ~** outwards; **von ~** from the outside; **nach ~ hin** outwardly
Außen <-> ['ausn̩] *nt kein Pl* outside
Außenbezirk *m* outer district **Außendienst** *m* **im ~ sein** to work as a sales representative **Außendienstmitarbeiter(in)** *m(f)* sales representative **Außenhandel** *m* foreign trade **Außenminister(in)** *m(f)* foreign minister **Außenministerium** *nt* foreign ministry **Außenpolitik** ['ausn̩politiːk] *f* foreign policy **außenpolitisch** ['ausn̩poliːtɪʃ] **I.** *Adj attr* foreign policy **II.** *Adv* as regards foreign policy **Außenseiter(in)** <-s, -> *m(f)* outsider **Außenspiegel** *m* [out]side mirror **Außenstände** *Pl* debts outstanding **Außenstürmer(in)** *m(f)* wing **Außentemperatur** *f* outside temperature
außer ['ausɐ] **I.** *Präp +Dat o Gen* ① except; (*abgesehen von*) apart from ② (*zusätzlich zu*) in addition to ③ (*nicht in*) out of; **~ Betrieb/Gefahr sein** to be out of order/danger ▶ [**über jdn/etw**] **~ sich** *Dat* **sein** to be beside oneself [about sb/sth] **II.** *Konj* **~ dass ...** except that ...; **~** [**wenn**] except [when]
außerdem ['ausɐdeːm] *Adv* besides
Äußere(s) ['ɔysərə, -rəs] *nt dekl wie Adj* outward appearance
äußere(r, s) ['ɔysərə, -rɐ, -rəs] *Adj* ① (*außerhalb gelegen*) outer ② (*von außen wahrnehmbar*) exterior ③ (*außenpolitisch*) external
außerehelich *Adj* extramarital; *Kind* illegitimate
außergewöhnlich ['ausɐgə'vøːnlɪç] **I.** *Adj* unusual; *Leistung* extraordinary **II.** *Adv* extremely
außerhalb ['ausɐhalp] **I.** *Adv* outside; **~ stehen** to be on the outside; **von ~** from out of town **II.** *Präp* outside
äußerlich ['ɔysɐlɪç] *Adj* ① external ② (*oberflächlich*) superficial
äußern ['ɔysɐn] **I.** *refl V* ① **sich** [**zu etw**] **~** to say something [about sth] ② (*in Erscheinung treten*) **sich** [**irgendwie**] **~** to manifest itself [somehow] **II.** *tr V* (*vorbringen*) to voice; *Wunsch* to express
außerordentlich ['ausɐ'ʔɔrdn̩tlɪç] **I.** *Adj* extraordinary **II.** *Adv* extraordinarily
außerplanmäßig ['ausɐplaːnmɛːsɪç] *Adj* unscheduled
äußerst ['ɔysɐst] *Adv* extremely
außerstande [ausɐ'ʃtandə] *Adj* **~ sein, etw zu tun** to be unable to do sth
äußerste(r, s) *Adj* ① (*entfernteste*) out-

A

ermost ② (*höchste*) utmost; **von ~r Wichtigkeit** of supreme importance

Äußerste(s) *nt dekl wie Adj* **bis zum ~n gehen** to go to any extreme

äußerstenfalls [ˈɔysɐstn̩ˈfals] *Adv* at the most

Äußerung <-, -en> *f* ① (*Bemerkung*) comment ② (*Ausdruck*) expression

aus|setzen *tr V* ① (*im Stich lassen*) to abandon ② *Pflanzen* to plant out; *Tiere* to release ③ (*preisgeben*) **jdn/etw etw** *Dat* **~** to expose sb/sth to sth ④ (*kritisieren*) **an etw** *Dat* **etwas auszusetzen haben** to find fault with sth; **daran ist nichts auszusetzen** there's nothing wrong with that

Aussicht *f* ① (*Blick*) view; **die ~ auf etw** *Akk* the view overlooking sth ② (*Chance*) prospect; **die ~ auf etw** *Akk* the chance of sth; **keine ~en [auf etw** *Akk*] **haben** to have no chance [of sth]; **etw in ~ haben** to have good prospects of sth; **jdm etw in ~ stellen** to promise sb sth

aussichtslos *Adj* hopeless

Aussichtsplattform *f* viewing platform

Aussichtsturm *m* lookout tower

aus|söhnen [ˈauszøːnən] **I.** *tr V* **jdn mit jdm/etw ~** to reconcile sb with sb/to sth **II.** *refl V* **sich mit jdm/etw ~** to become reconciled with sb/to sth; **sich ~** to make up

aus|spannen **I.** *intr V* to relax **II.** *tr V* (*fam*) **jdm die Freundin/den Freund ~** to pinch sb's girlfriend/boyfriend

aus|sperren *tr, refl V* **jdn/sich [aus etw] ~** to lock sb/oneself out [of sth]

aus|spielen **I.** *tr V* **jdn gegen jdn ~** to play sb off against sb **II.** *intr V* **[bei jdm] ausgespielt haben** to have had it [with sb]

aus|spionieren* *tr V* to spy out

Aussprache *f* ① *eines Worts, Namens* pronunciation ② (*Unterredung*) talk

aus|sprechen *unreg* **I.** *tr V* ① (*artikulieren*) to pronounce ② (*äußern*) to express **II.** *refl V* ① **sich ~** to talk things over ② (*Stellung nehmen*) **sich für jdn/etw ~** to voice one's support for sb/sth; **sich gegen jdn/etw ~** to voice one's opposition against sb/sth **III.** *intr V* (*zu Ende reden*) to finish [speaking]

aus|sitzen *tr V unreg* (*fam*) **etw ~** to sit sth out

aus|staffieren* *tr V* (*einkleiden*) to rig out (**mit** in)

Ausstand *m* ① (*Streik*) **im ~ sein** to be on strike; **in den ~ treten** to go on strike ② SCHWEIZ, ÖSTERR, SÜDD (*Ausscheiden*) **seinen ~ geben** to hold a going-away [*or* BRIT leaving] party

aus|statten [ˈausʃtatn̩] *tr V* ① (*einrichten*) to furnish (**mit** with) ② to equip (**mit** with)

Ausstattung <-, -en> *f* ① *kein Pl* (*Ausrüstung*) equipment; (*das Ausrüsten*) equipping ② (*Einrichtung*) furnishings *pl*

aus|stechen *tr V unreg* ① *Auge* to poke out ② (*fam*) **jdn ~** to outdo sb

aus|stehen *unreg tr V* ① (*ertragen*) to endure; **nicht ~ können** to not be able to stand ② (*durchstehen*) **etw ist ausgestanden** sth is all over [and done with]

aus|steigen *intr V unreg sein* ① to get off; **aus einem Auto ~** to get out of a car ② (*aufgeben*) to drop out (**aus** of); (*sich zurückziehen*) to withdraw (**aus** from)

Aussteiger(in) <-s, -> *m(f)* (*aus Beruf, Studium*) dropout *esp pej;* (*aus Terroristenkreisen*) deserter

aus|stellen *tr V* ① to display; (*auf Messe, in Museum*) to exhibit ② (*ausschalten*) to switch off *sep*

Ausstellung *f* exhibition

aus|sterben *intr V unreg sein* to die out

Aussteuer <-, -n> *f* dowry

Ausstieg <-[e]s, -e> *m* ① (*Ausgang*) exit ② (*fig: Beendigung*) **der ~ aus etw** abandoning sth

Ausstoß *m* ① (*Produktion*) output ② (*Ausschluss*) expulsion ③ (*Emission*) emission

aus|stoßen *tr V unreg* ① to eject (**in** into); *Gase* to emit ② *Schrei* to give [out]; *Laute* to make ③ (*aus einer Gruppe*) to expel (**aus** from)

Ausstrahlung *f* ① (*Wirkung*) radiance; **eine besondere ~ haben** to have a special charisma ② (*Sendung*) broadcast[ing]

aus|strecken **I.** *tr V* to extend (**nach** to); *Hände, Beine* to stretch out **II.** *refl V* **sich ~** to stretch oneself out

aus|suchen *tr V* to choose

Austausch *m* exchange; **im ~ gegen etw** in exchange for sth
austauschbar *Adj* ❶ **gegeneinander ~ sein** to be interchangeable ❷ (*ersetzbar*) replaceable
aus|tauschen I. *tr V* ❶ (*ersetzen*) to replace (**gegen** with) ❷ (*gegeneinander*) to exchange **II.** *refl V* (*über jdn/etw sprechen*) **sich [über jdn/etw] ~** to exchange stories [about sb/sth]
aus|teilen *tr V* to distribute (**an** to); *Essen* to serve; *Karten* to deal [out]
Auster <-, -n> ['austɐ] *f* oyster
Austernpilz *m* Chinese mushroom
aus|toben *refl V* **sich ~** (*sich müde toben*) to romp around; (*ein wildes Leben führen*) to sow one's wild oats; (*seine Neigungen ausleben*) to let one's hair down
aus|tragen *tr V unreg* ❶ *Post* to deliver ❷ (*stattfinden lassen*) to hold ❸ *Kind* to carry to [the full] term
Austragungsort *m* venue
aus|treiben *unreg* **I.** *tr V* (*abgewöhnen*) **jdm etw ~** to knock sth out of sb *fam* **II.** *intr V* BOT to sprout
aus|treten *unreg intr V sein* ❶ (*herausdringen*) to come out (**aus** of) ❷ (*fam: zur Toilette gehen*) to go to the loo BRIT *fam* [*or* AM bathroom] ❸ (*ausscheiden*) to leave
aus|tricksen *tr V* to trick
aus|üben *tr V* ❶ *Beruf* to practise; *Funktion* to perform; *Macht, Recht* to exercise ❷ *Druck, Einfluss* to exert (**auf** on); *Wirkung* to have (**auf** on)
aus|ufern ['ausʔu:fɐn] *intr V sein* to escalate (**zu** into)
Ausverkauf *m* clearance sale
aus|verkaufen* *tr V* **etw ausverkauft haben** to have sold out of sth
ausverkauft *Adj* sold out
Auswahl *f* selection (**an** of); **die ~ haben** to have the choice; **eine ~ [unter ...** *Dat*] **treffen** to make one's choice [from ...]
aus|wählen *tr, intr V* to choose (**unter** from)
Auswanderer, Auswanderin *m, f* emigrant
aus|wandern *intr V sein* to emigrate (**nach** to)
auswärtig ['ausvɛrtɪç] *Adj attr* ❶ (*nicht vom Ort*) from out of town ❷ POL foreign
auswärts ['ausvɛrts] *Adv* (*außerhalb des Ortes*) out of town; **~ essen** to eat out
Auswärtsspiel *nt* away game
aus|wechseln *tr V* to replace (**gegen** with); *Spieler* to substitute (**gegen** for)
Auswechselspieler(in) *m(f)* substitute
Ausweg *m* way out (**aus** of); **der letzte ~** the last resort
ausweglos *Adj* hopeless
aus|weichen *intr V unreg sein* ❶ (*vermeiden*) **jdm/einer S. ~** to evade sb/sth; **eine ~de Antwort** an evasive answer ❷ (*zurückgreifen*) **auf etw** *Akk* **~** to fall back on sth [as an alternative]
Ausweis <-es, -e> ['ausvais] *m* identity card
aus|weisen *unreg* **I.** *tr V* to deport **II.** *refl V* ❶ **sich ~** to identify oneself; **können Sie sich ~?** do you have any means of identification? ❷ SCHWEIZ **sich über etw** *Akk* **~** to have proof of sth
Ausweispapiere *Pl* identity papers
Ausweisung *f* ADMIN deportation
aus|weiten I. *tr V* ❶ (*weiter machen*) to stretch ❷ (*umfangreicher machen*) to expand **II.** *refl V* **sich ~** ❶ (*weiter werden*) to stretch [out] ❷ (*sich ausdehnen*) to extend ❸ (*eskalieren*) **sich [zu etw] ~** to escalate [into sth]
auswendig *Adv* [off] by heart; **etw ~ können** to know sth [off] by heart
aus|wirken *refl V* **sich ~** to have an effect (**auf** on)
Auswirkung *f* ❶ (*Wirkung*) effect ❷ (*Folge*) consequence; **negative ~en haben** to have negative repercussions
aus|wischen *tr V* ❶ (*fortwischen*) *Schmutz* to wipe ❷ (*säubern*) to wipe clean *sep* ▶ **jdm eins auswischen** (*fam*) to get one's own back on sb
aus|wuchten *tr V* AUTO **ein Rad ~** to balance a wheel
aus|zahlen I. *tr V* ❶ (*bezahlen*) to pay out ❷ (*abfinden*) to pay off *sep* **II.** *refl V* (*fig*) **sich [für jdn] ~** to pay [off] [for sb]
aus|zählen *tr V* to count
Auszahlung *f* ❶ (*Zahlung*) paying out ❷ (*Abfindung*) paying off
aus|zeichnen I. *tr V* ❶ *Ware* to price ❷ (*ehren*) to honour; **jdn mit einem Orden ~** to decorate sb with a medal; **jdn mit einem Preis ~** to give sb an

A

A

award **II.** *refl V* **sich** [**durch etw** *Akk*] ~ to stand out [due to sth]
Auszeichnung *f* ❶(*Preisetikett*) price tag ❷(*Ehrung*) honour; (*Orden*) decoration; (*Preis*) award; [**etw**] **mit ~ bestehen** to pass [sth] with distinction
ausziehbar *Adj* extendable; **~e Antenne** telescopic aerial
aus|ziehen *unreg* **I.** *tr V haben* ❶(*ablegen*) [**sich** *Dat*] **etw** ~ to take off sth *sep* ❷(*entkleiden*) *Kind, Kranken* to undress; **sich** ~ to undress, to get undressed ❸(*verlängern*) to extend **II.** *intr V sein* (*Wohnung verlassen*) to move out (**aus** of)
Ausziehtisch *m* pull-out table
Auszubildende(r) *f(m) dekl wie Adj* trainee
Auszug *m* ❶(*Umzug*) move ❷FIN statement ❸PHARM extract (**aus** of)
auszugsweise *Adv, Adj* in excerpts
autark [au'tark] *Adj* self-sufficient
authentisch [au'tɛntɪʃ] *Adj* authentic
autistisch *Adj* MED autistic
Auto <-s, -s> ['auto] *nt* car; ~ **fahren** to drive [a car]; **mit dem ~ fahren** to go by car
Autoatlas *m* road atlas **Autobahn** *f* motorway BRIT, freeway AM

> The **Autobahn** is a multilane fast highway for vehicles travelling faster than 60 km/h. There is no countrywide speed limit on German motorways.
> In Austria the speed limit for cars is 130 km/h and in Switzerland 120 km/h.

Autobahndreieck *nt* motorway junction **Autobahnkreuz** *nt* motorway intersection **Autobahnraststätte** *f* motorway services *pl* BRIT, services *pl* AM **Autobahnzubringer** *m* motorway approach road BRIT, entrance ramp (*to the freeway*) AM
Autobiografie[RR], **Autobiographie** [autobiogra'fi:] *f* autobiography
Autobus ['autobʊs] *m* (*veraltet*), **Autocar** ['autoka:ɐ̯] *m* SCHWEIZ bus **Autodieb(in)** *m(f)* car thief **Autofähre** *f* car ferry **Autofahrer(in)** *m(f)* [car] driver
autogen [auto'ge:n] *Adj* **~es Training** relaxation through self-hypnosis
Autogramm <-s, -e> [auto'gram] *nt* autograph
Autoimmunkrankheit *f* auto-immune disease
Autokarte *f* road map **Autokennzeichen** *nt* number plate BRIT, license plate AM; (*Länderkennzeichen*) international number [*or* AM license] plate code
Automat <-en, -en> [auto'ma:t] *m* ❶(*Bankautomat*) cash dispenser ❷(*Spielautomat*) slot machine ❸(*Warenautomat*) vending machine
Automatenverkauf *m kein Pl selling/sales from vending machines*
Automatik <-> [auto'ma:tɪk] *f* ❶automatic system ❷AUTO automatic transmission
Automatikgurt *m* inertia[-reel] seat belt, automatic seat belt AM **Automatikschaltung** *f* automatic transmission **Automatikwagen** *m* automatic
automatisch [auto'ma:tɪʃ] *Adj* automatic
automatisieren* [automati'zi:rən] *tr V* to automate
Automobil <-s, -e> [automo'bi:l] *nt* (*geh*) automobile
Automobilausstellung *f* motor show **Automobilbranche** *f* car industry
autonom [auto'no:m] *Adj* autonomous
Autonomie <-, -n> [autono'mi:, *Pl:* -'mi:ən] *f* autonomy
Autopsie <-, -n> [autɔ'psi:, *Pl:* -'psi:ən] *f* autopsy
Autor(in) <-s, -en> ['auto:ɐ̯, *Pl:* au'to:rən] *m(f)* author
Autoradio *nt* car radio; (*mit Kassettenspieler*) car stereo **Autoreifen** *m* car tyre **Autorennen** *nt* motor race
Autorin <-, -nen> [au'to:rɪn] *f s.* **Autor**
autorisieren* [autori'zi:rən] *tr V* **jdn** [**zu etw**] ~ to authorize sb [to do sth]
autoritär [autori'tɛ:ɐ̯] *Adj* authoritarian
Autorität <-, -en> [autori'tɛ:t] *f* authority
Autoverleih *m*, **Autovermietung** *f* car rental firm **Autozubehör** *nt* car accessories *pl*
avisieren* [avi'zi:rən] *tr V* (*geh*) to announce; **jdm sein Ankunft ~** to advise sb of one's arrival
Axt <-, Äxte> [akst, *Pl:* 'ɛkstə] *f* axe

Azalee <-, -n> [atsa'le:ə] *f*, **Azalie** <-, -n> [a'tsa:li̯ə] *f* azalea
Azoren [a'tso:rən] *Pl* **die** ~ the Azores
Azubi <-s, -s> [a'tsu:bi] *m*, **Azubi** <-, -s> [a'tsu:bi] *f*, **Azubine** <-, -n> [atsu'bi:nə] *f* (*fam*) *kurz für* **Auszubildende(r)** trainee

B

Bb

B, b <-, -> [be:] *nt* ❶ (*Buchstabe*) B, b; **ein großes B** a capital B; **ein kleines b** a small b ❷ MUS (*Note*) B flat; (*Erniedrigungszeichen* ♭) flat
Baby <-s, -s> ['be:bi] *nt* baby
Babyausstattung *f* MODE baby clothes *pl* **Babyklappe** ['be:bi-] *f hatch or container in which unwanted babies can be left anonymously* **Babynahrung** *f* baby food **Babypause** ['be:bi-] *f* (*fam*) parental leave *no pl* **Babyschühchen** <-s, -> *nt* bootees *pl* **Babysitter(in)** <-s, -> ['be:bizɪtɐ] *m(f)* babysitter **Babytragetasche** *f* carrycot, baby carrier AM
Bach <-[e]s, Bäche> [bax, *Pl:* 'bɛçə] *m* brook, creek AM; (*kleiner Bachlauf*) stream ► **den ~ runtergehen** (*fam*) to go down the drain
Bachelor <-[s], -s> ['bɛtʃəlɐ] *m*

> Meanwhile most German universities offer a **Bachelor** as a first degree course comparable to the British or American BA or B.Sc. As well as being considerably shorter (3 years) than the traditional *Diplom* or *Magister* courses, which average at between five to six years, a *Bachelorstudiengang* (degree course) is modular and often vocational.

Backblech *nt* baking tray
Backbord <-[e]s> ['bakbɔrt] *nt kein Pl* port [side]
Backe <-, -n> ['bakə] *f* cheek ► **au ~!** (*veraltet fam*) oh dear!
backen <backt *o* bäckt, backte *o veraltet* buk, gebacken> ['bakn̩] *tr, intr V* (*im Ofen*) to bake; (*in Fett*) to fry (**in** with)
Backenbart *m* sideburns *pl* **Backenknochen** *m* cheekbone **Backenzahn** *m* back tooth
Bäcker(in) <-s, -> ['bɛkɐ] *m(f)* baker; **beim ~** at the baker's [shop]
Bäckerei <-, -en> [bɛkə'rai] *f* ❶ (*Bäckerladen*) baker's ❷ ÖSTERR (*Gebäck*) small pastries and biscuits
Backfisch ['bakfɪʃ] *m* fried fish in batter **Backform** *f* baking tin **Backofen** ['bak?o:fn̩] *m* oven **Backpflaume** *f* prune **Backpulver** *nt* baking powder
Bad <-[e]s, Bäder> [ba:t, *Pl:* 'bɛ:dɐ] *nt* ❶ bath; **jdm/sich ein ~ einlassen** to run sb/oneself a bath; **ein ~ nehmen** to take a bath ❷ (*Badezimmer*) bathroom ❸ (*Schwimmbad*) swimming pool ❹ (*Heilbad*) spa ► **ein ~ in der Menge** a walkabout
Badeanzug *m* swimming costume **Badehose** *f* swimming trunks *pl* **Badekappe** *f* swimming cap **Bademantel** *m* bathrobe **Bademeister(in)** *m(f)* [pool] attendant; (*am Strand*) lifeguard
baden ['ba:dn̩] **I.** *intr V* ❶ to have a bath ❷ (*schwimmen*) to swim; **~ gehen** to go for a swim ► **[bei/mit etw] ~ gehen** (*fam*) to come a cropper [doing/with sth] **II.** *tr V* ❶ **jdn ~** to bath sb; **sich ~** to have a bath ❷ MED to bathe (**in** in)
Badeort *m* seaside resort; (*Kurort*) spa resort **Badestrand** *m* bathing beach **Badetuch** *nt* bath towel **Badewanne** *f* bath [tub] **Badezimmer** *nt* bathroom
baff [baf] *Adj präd* (*fam*) **~ sein** to be flabbergasted
Bagatelle <-, -n> [baga'tɛlə] *f* trifle
Bagel <-s, -s> [beɪgl̩] *m* KOCHK bagel
Bagger <-s, -> ['bagɐ] *m* excavator

baggern ['bagṇ] *intr V* ① BAU, SPORT to dig ② (*sl*) to flirt

Bahamas [ba'ha:mas] *Pl* **die** ~ the Bahamas *pl*

Bahn <-, -en> [ba:n] *f* ① (*Züge*) train; (*auf Straße*) tram; (*Verkehrsnetz, Verwaltung*) railway[s]; **mit der** ~ by train ② SPORT track ③ (*Weg*) course; (*Fahrspur*) lane ▸ **freie** ~ **[für etw] haben** to have the go-ahead [for sth]; **in geregelten** ~**en verlaufen** to take an orderly course; **auf die schiefe** ~ **kommen** to get off the straight and narrow; **sich** *Dat* **eine** ~ **brechen** to force one's way; **jdn aus der** ~ **werfen** to get sb off course

bahnbrechend *Adj* ground-breaking

bahnen *tr V* **sich einen Weg durch etw** ~ to fight one's way through sth

Bahnfahrt *f* train journey **Bahnhof** *m* [railway] station ▸ **nur [noch]** ~ **verstehen** (*hum fam*) to not have the foggiest [idea]

Bahnhofsgaststätte *f* station restaurant **Bahnhofshalle** *f* station concourse

Bahnpolizei *f* railway police **Bahnsteig** <-[e]s, -e> *m* platform **Bahnübergang** *m* level crossing **Bahnverbindung** *f* [rail] connection

Bahre <-, -n> ['ba:rə] *f* stretcher; (*Totenbahre*) bier

Baisse <-, -n> ['bɛ:sə] *f* slump

Bakterie <-, -n> [bak'te:ri̯ə] *f meist Pl* bacterium

Balance <-, -n> [ba'lã:sə] *f* balance

balancieren* [balã'si:rən] *intr, tr V* to balance (**auf** on, **über** across)

bald [balt] **I.** *Adv* soon; **komm** ~ **wieder!** come back soon!; **wird's** ~**?** (*fam*) move it!; **bis** ~**!** see you later!; ~ **darauf** soon after[wards]; **so** ~ **wie möglich** as soon as possible; **nicht so** ~ not as soon **II.** *Konj* ~ **...,** ~ **...** one moment ..., the next ...

baldigst *Adv* (*geh*) as soon as possible

Baldrian <-s, -e> ['baldria:n] *m* valerian

Balearen [bale'a:rən] *Pl* **die** ~ the Balearic Islands *pl*

Balkan <-s> ['balka:n] *m* ① **der** ~ the Balkans *pl* ② (*Balkangebirge*) Balkan Mountains *pl*

Balken <-s, -> ['balkṇ] *m* (*aus Holz*) beam; (*Stütze*) prop ▸ **lügen, dass sich die** ~ **biegen** (*fam*) to lie through one's teeth

Balkenkode *m* bar code

Balkon <-s, -s *o* -e> [bal'kɔŋ, bal'kõ:] *m* balcony

Ball <-[e]s, Bälle> [bal, *Pl:* 'bɛlə] *m* ball; **am** ~ **sein** to have the ball; **jdm den** ~ **zuspielen** to feed sb the ball ▸ **am** ~ **bleiben** to stay on the ball *fig*

Ballast <-[e]s, *selten* -e> ['balast, ba'last] *m* ballast; (*fig*) burden

Ballaststoffe *Pl* roughage *sing*

ballen ['balən] *tr V Faust* to clench

Ballen <-s, -> ['balən] *m* ① (*Packen*) bale ② ANAT ball

Ballermann ['balɐman] *m* TOURISM (*fam*) *beach on the Spanish island of Majorca especially popular with Germans on cheap package tours*

Ballett <-[e]s, -e> [ba'lɛt] *nt* ballet

Balletttänzer(in)[RR] *m(f)* ballet dancer

Ballon <-s, -s *o* -e> [ba'lɔŋ, ba'lõ:] *m* balloon

Ballungsgebiet *nt*, **Ballungsraum** *m* conurbation

Balsam <-s, -e> ['balza:m] *m* ① (*Salbe*) balsam ② (*fig*) balm; ~ **für die Seele sein** to be like balm for the soul

Baltikum <-s> ['baltikʊm] *nt* **das** ~ the Baltic states *pl*

baltisch ['baltɪʃ] *Adj* Baltic

Bambus <-ses *o* -, -se> ['bambʊs] *m* bamboo

Bambussprossen *Pl* bamboo shoots *pl*

banal [ba'na:l] *Adj* banal

Banane <-, -n> [ba'na:nə] *f* banana

Banause <-n, -n> [ba'nauzə] *m* (*pej*) philistine

band [bant] *Imp von* **binden**

Band[1] <-[e]s, Bänder> [bant, *Pl:* 'bɛndɐ] *nt* ① (*aus Stoff*) ribbon ② (*aus Metall*) metal band ③ (*zur Verpackung*) packaging tape ④ MEDIA [recording] tape; **etw auf** ~ **aufnehmen** to tape sth ⑤ (*in Fabrik*) conveyor belt; **am** ~ **arbeiten** to work on an assembly line; **am laufenden** ~ (*fam*) non-stop ⑥ *meist Pl* ANAT ligament; **sich** *Dat* **die Bänder zerren** to strain ligaments

Band[2] <-[e]s, Bände> [bant, *Pl:* 'bɛndə] *m* (*Buch*) volume

Band[3] <-, -s> [bɛnt] *f* MUS band

Bandage <-, -n> [ban'da:ʒə] *f* bandage

▶ **mit harten ~n kämpfen** (*fam*) to fight with no holds barred

bandagieren* [banda'ʒi:rən] *tr V* to bandage

Bandbreite *f* ① (*geh*) range ② TECH bandwidth

Bande <-, -n> ['bandə] *f* (*Gruppe*) gang

Banderole <-, -n> [bandə'ro:lə] *f* revenue stamp

BänderrissRR ['bɛndɐ-] *m* MED torn ligament

bändigen ['bɛndɪgn̩] *tr V* ① (*zähmen*) to tame ② (*zügeln*) to bring under control

Bandit(in) <-en, -en> [ban'di:t] *m(f)* bandit

Bandmaß *nt* tape measure **Bandscheibe** *f* [intervertebral] disc **Bandscheibenvorfall** *m* MED slipped disc **Bandwurm** *m* tapeworm

Bank[1] <-, Bänke> [baŋk, *Pl:* 'bɛŋkə] *f* bench; (*im Garten*) [garden] seat; (*in Schule*) desk ▶ **etw auf die lange ~ schieben** (*fam*) to put sth off; **[alle] durch die ~** (*fam*) every single one [of them]

Bank[2] <-, -en> [baŋk] *f* FIN bank; **auf der ~** in the bank; **ein Konto bei einer ~ haben** to have an account with a bank

Bankangestellte(r) *f(m) dekl wie Adj* bank employee

Bankett <-[e]s, -e> [baŋ'kɛt] *nt* banquet

Bankier <-s, -s> [baŋ'ki̯e:] *m* banker

Bankkonto *nt* bank account **Bankleitzahl** *f* bank sorting code [number]

bankrott [baŋk'rɔt] *Adj* bankrupt; **jdn ~ machen** to bankrupt sb

Bankrott <-[e]s, -e> [baŋk'rɔt] *m* bankruptcy

bankrott|gehen *intr V* to go bankrupt

Bankverbindung *f* banking arrangements; **wie ist Ihre ~?** what are the particulars of your bank account?

Banner <-s, -> ['banɐ] *nt* banner

bar [ba:ɐ̯] *Adj* ① FIN cash; **[in] ~ bezahlen** to pay [in] cash; **gegen ~** for cash ② *attr* (*rein*) pure ③ *präd* (*geh: ohne*) **~ einer S.** *Gen* devoid of sth

bar, Bar <-s, -s> [ba:ɐ̯] *nt* PHYS bar

Bar <-, -s> [ba:ɐ̯] *f* bar

Bär(in) <-en, -en> [bɛ:ɐ̯] *m(f)* bear; **stark wie ein ~** (*fam*) strong as an ox

▶ **jdm einen ~en aufbinden** (*fam*) to have [*or* AM put] sb on

Baracke <-, -n> [ba'rakə] *f* shack

Barcode <-s, -s> ['ba:ko:t] *m* COMPUT bar code

Bardame *f* barmaid

Bärendreck *m* SÜDD, SCHWEIZ (*Lakritze*) liquorice

barfuß ['ba:ɐ̯fu:s] *Adj präd* barefoot[ed]

Bargeld *nt* cash

bargeldlos I. *Adj* cashless **II.** *Adv* without using cash

Barkasse <-, -n> [bar'kasə] *f* launch

Barkauf *m* cash purchase

Barke <-, -n> ['barkə] *f* skiff

barmherzig [barm'hɛrtsɪç] *Adj* compassionate; **~ sein** to show compassion; **eine ~e Tat** an act of compassion

Barmherzigkeit <-> *f kein Pl* mercy; **~ üben** (*geh*) to show mercy

Barmixer(in) <-s, -> *m(f)* barman *masc,* barmaid *fem*

barock [ba'rɔk] *Adj* baroque

Barock <-[s]> [ba'rɔk] *nt o m kein Pl* baroque

Barometer <-s, -> [baro'me:tɐ] *nt* barometer

Barren <-s, -> ['barən] *m* ① (*Gold*) ingot ② SPORT parallel bars *pl*

Barriere <-, -n> [ba'ri̯e:rə] *f* (*a. fig*) barrier

Barrikade <-, -n> [bari'ka:də] *f* barricade ▶ **[für etw] auf die ~n gehen** to man the barricades [for sth]

barsch [barʃ] **I.** *Adj* curt **II.** *Adv* curtly

Barsch <-[e]s, -e> [barʃ] *m* (*Fisch*) perch

Barscheck *m* open cheque BRIT, cashable check AM

Bart <-[e]s, Bärte> [ba:ɐ̯t, *Pl:* 'bɛ:ɐ̯tə] *m* ① (*voll*) beard; **sich** *Dat* **einen ~ wachsen lassen** to grow a beard ② (*über Oberlippe*) moustache ▶ **einen ~ haben** (*fig fam*) to be as old as the hills

Barzahlung *f* payment in cash

Basar <-s, -e> [ba'za:ɐ̯] *m* bazaar

Base <-, -n> ['ba:zə] *f* ① CHEM base ② (*veraltet*) *s.* **Cousine** ③ SCHWEIZ *s.* **Tante**

basieren* [ba'zi:rən] *intr, tr V* to be based (**auf** on)

Basilikum <-s> [ba'zi:likʊm] *nt kein Pl* basil

Basis <-, Basen> ['ba:zɪs, *Pl:* 'ba:zn̩] *f*

❶ (*Grundlage*) basis ❷ POL *einer Partei* **die ~** the grass roots ❸ ARCHIT, MIL base

B

Basisdemokratie *f kein Pl* grass-roots democracy

Baskenland *nt* **das ~** the Basque region

Baskenmütze *f* beret

Bass[RR] <-es, Bässe> *m,* **Baß**[ALT] <-sses, Bässe> [bas, *Pl:* 'bɛsə] *m* bass

Bassgitarre[RR] *f* bass guitar

Bassin <-s, -s> [ba'sɛ̃ː] *nt* ❶ (*Schwimmbecken*) pool ❷ (*Gartenteich*) pond

basteln ['bastl̩n] **I.** *intr V* ❶ to do handicrafts ❷ (*an etw arbeiten*) **an etw** *Dat* **~** to work on sth; **er bastelt oft an seinem Computer herum** he's often fiddling around with his computer **II.** *tr V* (*fertigen*) to make

Batist <-[e]s, -e> [ba'tɪst] *m* batiste

Batterie <-, -n> [batə'riː, *Pl:* -'riːən] *f* battery

batteriebetrieben *Adj* battery-powered

Bau[1] <-[e]s, -ten> [bau, *Pl:* 'bautn̩] *m* ❶ *kein Pl* (*das Bauen*) building; **im ~ sein** to be under construction ❷ (*Gebäude*) building; (*Bauwerk*) construction ❸ *kein Pl* (*fam: Baustelle*) **auf dem ~ arbeiten** to work on a building site

Bau[2] <-[e]s, -e> [bau] *m* (*Tierhöhle*) burrow

Bauarbeiten *Pl* building work *sing;* **wegen ~ gesperrt** closed for repair work **Bauarbeiter(in)** *m(f)* building [*or* AM construction] worker

Bauch <-[e]s, Bäuche> [baux, *Pl:* 'bɔyçə] *m* stomach; **einen [dicken] ~ bekommen** to develop a paunch; **sich** *Dat* **den ~ vollschlagen** (*fam*) to stuff oneself ▸ **aus dem ~** (*fam*) from the heart

Bauchentscheidung *f* (*fam*) gut decision **Bauchfellentzündung** *f* peritonitis **Bauchgefühl** *nt kein Pl* (*fam*) gut feeling

bauchig ['bauxɪç] *Adj* bulbous

Bauchnabel *m* belly button *fam* **Bauchschmerzen** *Pl* stomach ache **Bauchspeicheldrüse** *f* pancreas **Bauchtanz** *m* belly-dance

bauen ['bauən] **I.** *tr V* ❶ (*errichten*) to build ❷ (*zusammenfügen*) to construct ❸ (*fam*) **Mist ~** to mess things up; **einen Unfall ~** to cause an accident **II.** *intr V* ❶ (*ein Haus errichten [lassen]*) to build a house ❷ (*vertrauen*) **auf jdn/etw ~** to rely on sb/sth

Bauer[1] <-n *o selten* -s, -n> ['bauɐ] *m* ❶ farmer ❷ HIST (*Vertreter einer Klasse*) peasant ❸ (*Schach*) pawn ▸ **die dümmsten ~n ernten die größten Kartoffeln** (*prov fam*) fortune favours fools; *s. a.* **Bäuerin**

Bauer[2] <-s, -> ['bauɐ] *nt o selten m* (*Vogelkäfig*) [bird] cage

Bäuerin <-, -nen> ['bɔyərɪn] *f* ❶ (*Landwirtin*) farmer ❷ (*Frau des Bauern*) farmer's wife

bäuerlich *Adj* ❶ (*ländlich*) rural; **~e Sitten** rustic customs ❷ (*rustikal*) country

Bauernhaus *nt* farmhouse **Bauernhof** *m* farm

baufällig *Adj* dilapidated **Baufirma** *f* building firm **Baugelände** *nt* construction site **Baugerüst** *nt* scaffolding **Baugrube** *f* foundation ditch **Bauherr(in)** *m(f)* client for whom a building is being built **Bauholz** *nt* timber BRIT, lumber AM **Bauingenieur(in)** *m(f)* civil engineer **Baujahr** *nt* ❶ (*Jahr der Errichtung*) year of construction ❷ (*Produktionsjahr*) year of manufacture **Baukasten** *m* construction set; (*für Kleinkinder*) box of building blocks **Bauland** ['baulant] *nt* building land

Baum <-[e]s, Bäume> [baum, *Pl:* 'bɔymə] *m* tree ▸ **Bäume ausreißen können** (*fig fam*) to be full of energy

Baumarkt *m* (*Geschäft*) DIY superstore, building supplies store AM

baumeln ['bauml̩n] *intr V* to dangle (**an** from)

Baumgrenze *f* tree line **Baumnuss**[RR] *f* SCHWEIZ (*Walnuss*) walnut **Baumschule** *f* tree nursery **Baumstamm** *m* tree-trunk **Baumsterben** *nt* dying[-off] of trees **Baumstumpf** *m* tree stump **Baumwolle** *f* cotton

Bauplan *m* building plans *pl;* **genetischer ~** genetic structure **Bauplatz** *m* site

Bausch <-es, Bäusche *o* -e> [bauʃ, *Pl:* 'bɔyʃə] *m* (*Wattebausch*) ball

Bauschutt *m* building rubble **bausparen** *intr V nur Infin* to save with a building society [*or* AM savings and loan association]

Bausparkasse *f* building society BRIT, savings and loan association AM

Bausparvertrag *m* savings contract with a building society [*or* AM savings and loan association]

Baustein *m* ① (*Stein*) building stone ② (*Bestandteil*) element **Baustelle** *f* building site; (*Straßenbau*) roadworks *pl* BRIT, [road] construction site AM **Bauunternehmer(in)** *m(f)* builder **Bauwerk** *nt* building; (*von Brücke usw.*) construction

Bayer(in) <-n, -n> ['baiɐ] *m(f)* Bavarian

bayerisch ['baiərɪʃ] *Adj* Bavarian

Bayern <-s> ['baiɐn] *nt* Bavaria

beabsichtigen* [bə'ʔapzɪçtɪgn̩] *tr V* ① to intend; **das hatte ich nicht beabsichtigt!** I didn't mean to do that! ② (*geh: planen*) to plan

beachten* [bə'ʔaxtn̩] *tr V* ① (*befolgen*) to observe; *Rat* to follow ② (*darauf achten*) to notice ③ (*berücksichtigen*) **bitte ~ Sie, dass ...** please note that ...

beachtlich *Adj* considerable; **Beachtliches leisten** to achieve a considerable amount

Beachtung *f* observance; **~ finden** to receive attention; **keine ~ finden** to be ignored; **jdm ~ schenken** to pay attention to sb

Beamer <-s, -> ['biːmɐ] *m* video projector

Beamte(r) [bə'ʔamtə, -'ʔamtɐ] *m dekl wie Adj,* **Beamtin** [bə'ʔamtɪn] *f* public official; (*im Staatsdienst*) civil servant; (*bei der Post*) post-office official; (*beim Zoll*) customs officer

beamtet [bə'ʔamtət] *Adj* appointed on a permanent basis

beängstigend **I.** *Adj* alarming **II.** *Adv* alarmingly

beanspruchen* [bə'ʔanʃprʊxn̩] *tr V* ① (*fordern*) to claim ② (*brauchen*) to require ③ (*Anforderungen stellen*) **jdn ~** to make demands on sb; **ich will Sie nicht länger ~** I don't want to take up any more of your time; **etw ~** to demand sth; **jds Geduld ~** to try sb's patience ④ (*belasten*) to put under stress

beanstanden* [bə'ʔanʃtandn̩] *tr V* **etw** [**an etw** *Dat*] **~** to complain about sth [of sth]

beantragen* *tr V* ① **etw ~** to apply for sth ② POL to propose

beantworten* *tr V* to answer; **etw mit etw ~** to respond to sth with sth

bearbeiten* *tr V* ① (*behandeln*) **etw ~** to work on sth; **Holz ~** to work wood; **etw mit einer Chemikalie ~** to treat sth with a chemical ② (*sich befassen mit*) to deal with; *Bestellung* to process ③ (*redigieren*) to revise ④ (*fam: auf jdn einwirken*) **jdn ~** to work on sb

beatmen* *tr V* to give artificial respiration to; (*bei einer Operation*) to ventilate

beaufsichtigen* [bə'ʔaufzɪçtɪgn̩] *tr V* to supervise; *Kinder* to look after

beauftragen* *tr V* ① **jdn mit etw ~** to give sb the task of doing sth ② (*Auftrag vergeben an*) *Firma* to hire

Beauftragte(r) *f(m) dekl wie Adj* representative

bebauen* *tr V* **etw ~** ① (*mit Gebäuden*) to build [sth] on sth; **dicht bebaut sein** to be heavily built-up ② *Feld* to cultivate sth

Bébé <-s, -s> [be'beː] *nt* SCHWEIZ (*Baby*) baby

beben ['beːbn̩] *intr V* ① (*zittern*) to tremble ② (*erbeben*) to quiver (**vor** with)

Beben <-s, -> ['beːbn̩] *nt* ① GEOL earthquake ② (*Zittern*) trembling ③ (*leichtes Zittern*) quivering

bebildern* [bə'bɪldɐn] *tr V* to illustrate (**mit** with)

Becher <-s, -> ['bɛçɐ] *m* glass; (*aus Plastik*) beaker; (*für Tee/Kaffee*) mug; SCHWEIZ (*Bierglas*) mug

Becken <-s, -> ['bɛkn̩] *nt* ① (*Bassin*) basin; (*zum Schwimmen*) pool; (*Spüle*) sink ② ANAT pelvis

bedacht [bə'daxt] *Adj* **auf etw** *Akk* **~ sein** to be concerned about sth

Bedacht <-s> [bə'daxt] *m* **mit ~** (*geh: vorsichtig*) in a carefully considered way; (*absichtlich*) deliberately

bedächtig [bə'dɛçtɪç] **I.** *Adj* ① (*ohne Hast*) deliberate ② (*besonnen*) thoughtful **II.** *Adv* ① (*ohne Hast*) deliberately ② (*besonnen*) carefully

bedanken* *refl V* **sich bei jdm** [**für etw**] **~** to thank sb [for sth]; **ich bedanke mich!** thank you!

Bedarf <-[e]s> [bə'darf] *m kein Pl* need (**an** for); **kein ~!** (*fam*) no thanks!; **Dinge des täglichen ~s** everyday necessities; **der tägliche ~ an Vitami-**

nen the daily requirement of vitamins; **bei** ~ if required; [**je**] **nach** ~ as required

B

bedauerlich *Adj* regrettable; **sehr ~!** how unfortunate!; ~ **sein, dass ...** to be unfortunate, that ...

bedauerlicherweise *Adv* unfortunately

bedauern* *tr V* ① (*schade finden*) to regret ② (*bemitleiden*) to feel sorry [for]; **er ist zu** ~ he is to be pitied

Bedauern <-s> *nt kein Pl* regret; **zu jds größtem** ~ to sb's [great] regret

bedauernswert *Adj*, **bedauernswürdig** *Adj* (*geh*) pitiful; **ein ~er Zwischenfall** an unfortunate incident

bedeckt *Adj präd* overcast

bedenken* *unreg tr V* to consider; [**jdm**] **etw zu ~ geben** (*geh*) to ask [sb] to consider sth; [**jdm**] **zu ~ geben, dass ...** to ask [sb] to keep in mind that ...

Bedenken <-s, -> *nt* ① *meist Pl* (*Zweifel*) doubt; **moralische** ~ moral scruples; **jdm kommen** ~ sb has second thoughts; **ohne** ~ without hesitation ② *kein Pl* (*das Überlegen*) consideration

bedenkenlos **I.** *Adv* ① (*ohne Überlegung*) without hesitation ② (*skrupellos*) unscrupulously **II.** *Adj* unhesitating

bedenklich *Adj* ① (*fragwürdig*) questionable ② (*Besorgnis erregend*) disturbing; *Gesundheitszustand* serious

bedeuten* *tr V* ① to mean; **das hat nichts zu** ~ that doesn't mean anything ② (*versinnbildlichen*) to symbolize ③ (*wichtig sein*) **jdm etwas** ~ to mean sth to sb

bedeutend *Adj* ① (*wichtig*) important; **eine ~e Rolle spielen** to play a significant role ② (*beachtlich*) considerable

bedeutsam *Adj* important

Bedeutung <-, -en> *f* ① (*Sinn*) meaning; **in wörtlicher/übertragener** ~ in the literal/figurative sense ② (*Wichtigkeit*) significance; [**für jdn/etw**] **von ~ sein** to be of importance [for sb/sth]; **einer S.** *Dat* ~ **beimessen** to attach importance to sth; **nichts von** ~ nothing important

bedeutungslos *Adj* insignificant

bedienen* **I.** *tr V* ① (*in Restaurant*) to serve; **sich** [**von jdm**] ~ **lassen** to be waited on [by sb] ② (*benutzen*) **eine Maschine** ~ to operate a machine **II.** *intr V Kellner* to serve **III.** *refl V* ① (*sich Essen nehmen*) **sich** ~ to help oneself; ~ **Sie sich!** help yourself! ② (*geh: gebrauchen*) **sich einer S.** *Gen* ~ to make use of sth

Bediener(in) <-s, -> *m(f)* waitress

bedienstet [bəˈdiːnstət] *Adj* ÖSTERR in employment

Bedienstete(r) *f(m) dekl wie Adj* (*Angestellte(r) im öffentlichen Dienst*) employee

Bedienung <-, -en> *f* ① (*Kellner*) waiter *masc*, waitress *fem* ② *kein Pl eines Geräts* operation ③ *kein Pl eines Kunden* service

Bedienungsanleitung *f* operating instructions *pl*

bedingt **I.** *Adj* ① (*eingeschränkt*) *Unterstützung* qualified ② JUR conditional **II.** *Adv* to some extent; ~ **gültig** of limited validity

Bedingung <-, -en> *f* ① (*Voraussetzung*) condition; **unter gewissen ~en** in certain conditions; **zu** [**un**]**günstigen ~en** on [un]favourable terms; [**es**] **zur ~ machen, dass ...** to make it a condition that ...; [**jdm**] **eine ~ stellen** to set a condition [on sb]; **unter der ~, dass ...** on condition that ...; [**nur**] **unter einer** ~ [only] on one condition; **unter welcher ~?** on what condition? ② *Pl* ÖKON terms

bedingungslos **I.** *Adj* unconditional **II.** *Adv* unconditionally; **jdm ~ gehorchen** to obey sb unquestioningly; **jdm ~ vertrauen** to trust sb blindly

bedrohen* *tr V* ① to threaten (**mit** with) ② (*gefährden*) to endanger

bedrohlich **I.** *Adj* threatening **II.** *Adv* alarmingly

bedrücken* *tr V* to depress; **was bedrückt dich?** what's troubling you?

bedrückt *Adj* depressed

Beduine, Beduinin <-n, -n> [beduˈiːnə, beduˈiːnɪn] *m, f* Bed[o]uin

Bedürfnis <-ses, -se> [bəˈdʏrfnɪs] *nt* ① (*Bedarf*) need; **die ~se des täglichen Lebens** everyday needs; **das ~ haben, etw zu tun** to feel the need to do sth ② *kein Pl* (*Verlangen*) desire ▶ **ein dringendes** ~ (*euph*) a call of nature

bedürftig *Adj Mensch* needy; ~ **sein** to be in need

Bedürftige(r) *f(m) dekl wie Adj* needy person; **die ~n** the needy
beeilen* *refl V* **sich [mit etw] ~** to hurry [up] [with sth]; **sich ~, etw zu tun** to hurry to do sth
beeindrucken* [bəˈʔaindrʊkn̩] *tr V* to impress; **sich [von etw] nicht ~ lassen** to not be impressed [by sth]
beeinflussen* [bəˈʔainflʊsn̩] *tr V* to influence
beeinträchtigen* [bəˈʔaintrɛçtɪgn̩] *tr V* to disturb; *Leistungsfähigkeit* to impair; *Kreativität* to curb; *Verhältnis* to damage; **jdn in seiner Freiheit ~** to restrict sb's freedom; **~d** adverse
beelenden* [bəˈʔeːlɛndn̩] *tr V* **jdn ~** *(traurig stimmen)* to sadden sb; *(schockieren)* to upset sb
beenden* *tr V* to end
beerdigen* [bəˈʔeːɐ̯dɪgn̩] *tr V* to bury
Beerdigung <-, -en> *f* funeral
Beere <-, -n> [ˈbeːrə] *f* berry
Beerenauslese *f wine whose characteristic richness derives from noble rot induced by the use of overripe grapes*
Beet <-[e]s, -e> [beːt] *nt* bed
befähigen* [bəˈfɛːɪgn̩] *tr V* **jdn dazu ~, etw zu tun** to enable sb to do sth
befähigt [bəˈfɛːɪçt] *Adj* **für etw ~ sein** to be competent at sth
befahren* **I.** *tr V unreg* to drive along **II.** *Adj* used; **kaum/stark ~ sein** to be little/much used; **eine viel ~e Kreuzung** a busy junction
befallen* *tr V unreg* ① MED to infect; **von etw** *Dat* **~ werden** to be infected by sth ② HORT to infest ③ *(geh)* **jdn ~** to overcome sb
befangen [bəˈfaŋən] *Adj* ① *(gehemmt)* inhibited ② *(voreingenommen)* biased
befassen* *refl V* **sich mit etw** *Dat* **~** to concern oneself with sth; **sich mit jdm ~** to spend time with sb
Befehl <-[e]s, -e> [bəˈfeːl] *m* ① *(Anweisung)* order; **einen ~ ausführen** to carry out an order; **einen ~ befolgen** to obey an order; **einen ~ erlassen** to issue [*or* AM *a.* hand down] an order; **jdm einen ~ geben, etw zu tun** to order sb to do sth; **den ~ haben** to have command; **auf ~ handeln** to act under orders; **einen ~ verweigern** to disobey an order; **auf ~** under orders ② COMPUT, MED command
befehlen <befahl, befohlen> [bəˈfeːlən] **I.** *tr V* to order; **von dir lasse ich mir nichts ~!** I won't take orders from you! **II.** *intr V* MIL **über jdn/etw ~** to be in command of sb/sth
befestigen* *tr V* to fasten (**an** to)
befinden* *unreg* **I.** *refl V (sein)* to be; **unter den Geiseln ~ sich zwei Deutsche** there are two Germans amongst the hostages; **sich in bester/schlechter Laune ~** to be in an excellent/a bad mood **II.** *tr V (geh)* **jdn/etw für etw ~** to consider sb/sth [to be] sth
Befinden <-s> *nt kein Pl* [state of] health; *eines Kranken* condition; **er hat sich nach deinem ~ erkundigt** he asked how you were
beflissen [bəˈflɪsn̩] **I.** *Adj (geh)* keen **II.** *Adv* keenly
befolgen* *tr V Rat* to follow; *Vorschrift* to obey
befördern* *tr V* ① *(transportieren)* to transport; **jdn nach draußen ~** *(iron fam)* to escort sb outside ② *(dienstlich)* to promote (**zu** to)
Beförderung *f* ① *(Transport)* transport[ation] ② *(im Dienst)* promotion (**zu** to)
befragen* *tr V* to question (**zu** about); **jdn nach seiner Meinung ~** to ask sb for his/her opinion
befreien* **I.** *tr V* ① to free (**aus/von** from) ② *(reinigen)* **etw von etw ~** to clear sth of sth ③ *(freistellen)* **jdn von etw ~** to excuse sb from sth; **jdn vom Wehrdienst ~** to exempt sb from military service **II.** *refl V* ① *(freikommen)* **sich [aus etw] ~** to escape [from sth] ② *(abschütteln)* **sich [von etw] ~** to free oneself [from sth]
Befreiung <-, *selten* -en> *f* ① *(Freilassen)* release ② *(aus der Unterdrückung)* liberation
befremdend *Adj* disconcerting
befreunden* [bəˈfrɔyndn̩] *refl V* **sich mit jdm ~** to make friends with sb
befreundet *Adj* ① friendly ② **mit jdm ~ sein** to be friends with sb
befriedigen* [bəˈfriːdɪgn̩] **I.** *tr V* to satisfy; *Wünsche* to fulfil; **leicht/schwer zu ~ sein** to be easily/not easily satisfied **II.** *intr V* to be satisfactory; **diese Lösung befriedigt nicht** this is an un-

B

satisfactory solution **III.** *refl V* **sich [selbst]** ~ to masturbate

befriedigend *Adj* satisfactory; **[für jdn] ~ sein** to be satisfying [for sb]

befristen* *tr V* to limit (**auf** to)

befristet *Adj* restricted; *Tätigkeit* fixed-term; *Vertrag* of limited duration; *Visum* temporary; **auf etw** *Akk* **~ sein** ÖKON, JUR to be limited [to sth]

Befruchtungsklinik *f* MED fertility clinic

befugt [bəˈfuːkt] *Adj* (*geh*) authorized; **zu etw ~ sein** to be authorized to do sth

Befund <-[e]s, -e> *m* MED result[s *pl*]

befürchten* *tr V* to fear; **~, dass ...** to be afraid that ...; **nichts zu ~ haben** to have nothing to fear; **wie befürchtet** as feared

befürworten* [bəˈfyːɐ̯vɔrtn̩] *tr V* to be in favour of sth

Befürworter(in) <-s, -> *m(f)* supporter

begabt [bəˈgaːpt] *Adj* gifted; **für etw [nicht] ~ sein** to [not] have a gift for sth; **sie ist künstlerisch/musikalisch sehr ~** she's very artistic/musical

Begabung <-, -en> *f* gift

begeben* *refl V unreg* (*geh*) ❶ (*gehen*) **sich irgendwohin ~** to proceed somewhere; **sich zur Ruhe ~** to retire; **sich nach Hause ~** to set off home ❷ (*sich einer S. aussetzen*) **sich in etw** *Akk* **~** to expose oneself to sth; **sich in ärztliche Behandlung ~** to undergo medical treatment

begegnen* [bəˈgeːgnən] *intr V sein* ❶ (*treffen*) **jdm ~** to meet sb; **sich ~** to meet ❷ (*antreffen*) **etw** *Dat* **~** to encounter sth

Begegnung <-, -en> *f* ❶ (*Treffen*) meeting ❷ (*Kennenlernen*) encounter (**mit** with)

begehren* [bəˈgeːrən] *tr V* (*geh*) ❶ (*Person*) to desire ❷ (*Sache*) to covet; **alles, was das Herz begehrt** everything the heart could wish for

Begehren <-s, *selten* -> [bəˈgeːrən] *nt* (*geh*) desire

begehrenswert *Adj* desirable

begehrt *Adj* ❶ (*umworben*) [much] sought-after; *Frau, Mann* desirable ❷ (*beliebt*) popular

begeistern* **I.** *tr V* to fill with enthusiasm (**für** for); **sie ist für nichts zu ~** you can't interest her in anything **II.** *refl V* **sich für jdn/etw ~** to be enthusiastic about sb/sth

begeistert I. *Adj* enthusiastic; **[von etw] ~ sein** to be thrilled [by sth] **II.** *Adv* enthusiastically

Begeisterung <-> *f kein Pl* enthusiasm (**über** about, **für** for); **~ auslösen** to arouse enthusiasm; **jdn in ~ versetzen** to arouse sb's enthusiasm; **mit ~** enthusiastically

Begierde <-, -n> [bəˈgiːɐ̯də] *f* (*geh*) desire (**nach** for)

begierig I. *Adj* ❶ (*gespannt*) eager (**auf** for) ❷ (*verlangend*) longing ❸ (*sexuell*) lascivious **II.** *Adv* ❶ (*gespannt*) eagerly ❷ (*verlangend*) longingly ❸ (*sexuell*) lasciviously

Beginn <-[e]s> [bəˈgɪn] *m kein Pl* beginning; **zu ~** at the beginning

beginnen <begann, begonnen> [bəˈgɪnən] *intr, tr V* to begin; **als etw ~** to start out as sth

beglaubigen* [bəˈglaubɪgn̩] *tr V* to authenticate; **etw notariell ~** to attest sth by a notary; **eine beglaubigte Kopie** a certified copy

begleichen* *tr V unreg* (*geh*) *Schulden* to pay; *Rechnung* to settle

begleiten* *tr V* **jdn ~** (*a. fig*) to accompany sb; **jdn zur Tür ~** to take sb to the door; **etw ~** to escort sth

Begleiter(in) <-s, -> *m(f)* companion

Begleitinstrument *nt* accompanying instrument **Begleitschreiben** *nt* covering letter [*or* note] BRIT, cover letter AM

Begleitung <-, -en> *f* ❶ (*das Begleiten*) company; **in [jds] ~** accompanied [by sb]; **ohne ~** unaccompanied ❷ (*Begleitperson*) companion ❸ MUS accompaniment; **ohne ~ spielen** to play unaccompanied

beglückwünschen* *tr V* to congratulate (**zu** on)

begnadet* [bəˈgnaːdət] *Adj* (*geh*) gifted

begnadigen* [bəˈgnaːdɪgn̩] *tr V* to pardon; (*bei Todesurteil*) to reprieve

begnügen* [bəˈgnyːgn̩] *refl V* **sich mit etw ~** to be content with sth; **sich damit ~, etw zu tun** to be content to do sth

begraben* *tr V unreg* ❶ (*beerdigen*) to bury ❷ *Hoffnung, Plan* to abandon; **einen/den Streit ~** to bury the hatchet

Begräbnis <-ses, -se> [bə'grɛpnɪs] *nt* burial

begreifen* *unreg* **I.** *tr V* ① (*verstehen*) to understand; **~, dass ...** to realize that ...; **kaum zu ~ sein** to be incomprehensible ② (*für etw halten*) **etw als etw ~** to regard sth as sth ▶ **das begreife, wer will!** that's beyond me! **II.** *refl V* **sich als etw ~** to consider oneself to be sth

begreiflich *Adj* understandable; **jdm etw ~ machen** to make sth clear to sb

begrenzen* *tr V* to limit (**auf** to); **die Geschwindigkeit auf ... km/h ~** to impose a speed limit of ... km/h

Begriff <-[e]s, -e> *m* ① (*Terminus*) term ② (*Vorstellung*) idea; **sich** *Dat* **einen ~ von etw machen** to have an idea of sth; **jdm ein/kein ~ sein** to mean something/nothing to sb ③ (*Verständnis*) **schnell/schwer von ~ sein** (*fam*) to be quick/slow on the uptake ▶ **im ~ sein, etw zu tun** to be on the point of doing sth

begriffsstutzig *Adj* slow on the uptake

begründen* *tr V* ① (*Gründe angeben*) to give reasons for ② (*gründen*) to found

begründet *Adj* well-founded; **in etw** *Dat* **~ liegen** to be the result of sth

Begründung <-, -en> *f* reason

begrüßen* *tr V* ① to greet; **ich begrüße Sie!** welcome!; **jdn bei sich zu Hause ~ dürfen** (*geh*) to have the pleasure of welcoming sb into one's home ② (*gutheißen*) to welcome; **es ist zu ~, dass ...** it is to be welcomed that ... ③ SCHWEIZ (*ansprechen*) **jdn/etw ~** to approach sb/sth

Begrüßung <-, -en> *f* greeting; **zur ~ erhielt jeder Gast ein Glas Sekt** each guest was welcomed with a glass of sekt; **jdm zur ~ die Hand schütteln** to greet sb with a handshake

begünstigen* [bə'gʏnstɪgn̩] *tr V* to favour; **von etw begünstigt werden** to be helped by sth

begutachten* *tr V* ① to examine (**auf** for); **etw ~ lassen** to get sth examined ② (*fam: mustern*) **jdn/etw ~** to have a look at sb/sth

begütert [bə'gy:tɐt] *Adj* (*geh*) affluent

behäbig [bə'hɛ:bɪç] *Adj* ① (*gemütlich*) placid; (*schwerfällig*) ponderous ② SCHWEIZ (*stattlich*) imposing

behagen* [bə'ha:gn̩] *intr V* **etw behagt jdm** sth pleases sb

Behagen <-s> [bə'ha:gn̩] *nt kein Pl* contentment

behaglich [bə'ha:klɪç] **I.** *Adj* cosy **II.** *Adv* cosily

behalten* *tr V unreg* ① to keep; **etw für sich ~** to keep sth to oneself; **die Nerven ~** to keep one's nerve ② (*sich merken*) to remember; **etw im Kopf ~** to keep sth in one's head

Behälter <-s, -> *m* container

behänd[e]RR [bə'hɛnd(ə)] **I.** *Adj* (*geh*) nimble **II.** *Adv* nimbly

behandeln* *tr V* to treat (**mit** with); **jdn mit Nachsicht ~** to be lenient with sb; **chemisch behandelt** chemically treated; **jdn gut/schlecht ~** to treat sb well/badly; **etw vorsichtig ~** to handle sth with care

Behandlung <-, -en> *f* treatment

beharren* *intr V* to insist (**auf** on); **auf seiner Meinung ~** to persist with one's opinion

beharrlich **I.** *Adj* insistent; (*ausdauernd*) persistent **II.** *Adv* persistently; **~ schweigen** to persist in remaining silent

behaupten* [bə'hauptn̩] **I.** *tr V* ① (*äußern*) **etw ~** to claim sth (**von** about); **von jdm ~, dass ...** to say of sb that ...; **es wird behauptet, dass ...** it is said that ... ② (*aufrechterhalten*) to maintain **II.** *refl V* **sich [gegen jdn/etw] ~** to assert oneself [over sb/sth]; **Murray konnte sich gegen Nadal ~** Murray held his own against Nadal

Behauptung <-, -en> *f* ① (*Äußerung*) assertion ② (*Durchsetzen*) maintaining *no pl*

Behausung <-, -en> *f* (*hum geh*) accommodation

beheben* *tr V unreg* ① (*beseitigen*) to remove; *Missstände* to remedy; *Schaden* to repair ② FIN ÖSTERR **Geld ~** to withdraw money

Behelf <-[e]s, -e> [bə'hɛlf] *m* [temporary] replacement

behelfsmäßig **I.** *Adj* temporary **II.** *Adv* temporarily

behelligen* [bə'hɛlɪgn̩] *tr V* to bother (**mit** with)

behend[e]ALT [bə'hɛndə] *Adj, Adv s.* **behänd[e]**

beherbergen* *tr V* to accommodate

beherrschen* **I.** *tr V* ① (*gut können*) to have mastered; **sein Handwerk ~** to be good at one's trade; **ein Instrument ~** to play an instrument well; **eine Sprache ~** to have good command of a language; **alle Tricks ~** to know all the tricks; **etw aus dem Effeff ~** (*fam*) to know sth inside out ② (*regieren*) to rule ③ (*im Griff haben*) to control; **ein Fahrzeug ~** to have control over a vehicle ④ (*beeinflusst werden*) **von etw beherrscht werden** to be ruled by sth **II.** *refl V* **sich ~** to control oneself

beherzigen* [bəˈhɛrtsɪgn̩] *tr V Rat* to heed

behilflich [bəˈhɪlflɪç] *Adj* **jdm ~ sein** to help sb (**bei/mit** with)

behindern* *tr V* ① (*hinderlich sein*) hinder (**bei** in) ② (*hemmen*) to hamper

behindert *Adj* disabled; **geistig/körperlich ~** mentally/physically disabled

Behinderte(r) *f(m) dekl wie Adj* disabled person

Behinderung <-, -en> *f* ① obstruction ② MED disability; **geistige/körperliche ~** mental/physical disability

Behörde <-, -n> [bəˈhøːɐ̯də] *f* ① (*Amt*) department ② (*Gebäude*) council offices

behutsam [bəˈhuːtzaːm] **I.** *Adj* (*geh*) gentle **II.** *Adv* (*geh*) gently; **jdm etw ~ beibringen** to break sth to sb gently

bei [bai] *Präp +Dat* ① (*räumlich*) **~ jdm** with sb; **~ uns zu Hause** at our house; **ich war ~ meinen Eltern** I was at my parents' [house]; **~ wem hast du die letzte Nacht verbracht?** who did you spend last night with?; (*in einem Geschäft*) at; **beim Bäcker** at the baker's; **er ist [Beamter] ~ der Bahn** he works for the railways ② (*räumlich*) **etw ~ sich haben** to have sth with one; **ich habe gerade kein Geld ~ mir** I haven't any money on me at the moment ③ (*in der Nähe von*) near; **Böblingen ist eine Stadt ~ Stuttgart** Böblingen is a town near Stuttgart ④ (*als Teil eines Geschehens*) **~ einer Hochzeit** at a wedding; **~ dem Zugunglück starben viele Menschen** many people died in the train crash ⑤ (*Zeitspanne: während*) during; (*Zeitspanne: Zeitpunkt betreffend*) at ⑥ (*während einer Tätigkeit*) while; **störe mich bitte nicht ~ der Arbeit!** please stop disturbing me when I'm working! ⑦ (*Begleitumstände*) by; **wir aßen ~ Kerzenlicht** we had dinner by candlelight; **~ dieser Hitze** in such a heat ⑧ (*trotz*) **~ all/aller ...** in spite of all; **~ alledem ...** for all that ... ▶ **nicht [ganz] ~ sich sein** (*fam*) to be not [quite] oneself

bei|behalten* *tr V unreg* to maintain

bei|bringen *tr V unreg* **jdm etw ~** to teach sb sth

Beichte <-, -n> [ˈbaiçtə] *f* confession

beichten [ˈbaiçtn̩] *tr, intr V* [**jdm etw**] **~** to confess [sth to sb]

beide [ˈbaidə] *Pron* ① (*alle zwei*) both; **~ Mal[e]** both times; **ihr ~** you two; **euch ~n** both of you ② (*ich und du*) **wir ~** the two of us; **uns ~n** both of us ③ (*die zwei*) **die ~n** both [of them]; **einer von ~n** one of the two ④ (*sowohl dies als auch jenes*) **~s** both; **~s ist möglich** both are possible

beidemalALT *Adv s.* **beide 1.**

beiderlei [ˈbaidɐˈlai] *Adj attr* both

beiderseitig [ˈbaidɐzaitɪç] *Adj Vertrauen, Einverständnis* mutual

beieinander [baiʔaiˈnandɐ] *Adv* together ▶ **gut/schlecht ~ sein** (*fam körperlich*) to be in good/bad shape

Beifahrer(in) *m(f)* front-seat passenger

Beifahrersitz *m* [front] passenger seat

Beifall <-[e]s> *m kein Pl* ① (*Applaus*) applause; **~ klatschen** to applaud ② (*Zustimmung*) approval; **[jds] ~ finden** to meet with [sb's] approval

bei|fügen *tr V* ① (*mitsenden*) to enclose ② (*hinzufügen*) to add

Beigabe <-, -n> *f* ① addition ② KOCHK side dish

beige [beːʃ, ˈbeːʒə] *Adj* beige

bei|geben *tr V unreg* to add

Beigeschmack *m* ① [after]taste ② (*fig*) overtone[s]

Beihilfe *f* ① (*finanziell*) financial assistance ② JUR abetment

bei|kommen *intr V unreg sein* (*fertig werden mit*) **jdm/einer S. ~** to sort out sb/sth *sep*

Beil <-[e]s, -e> [bail] *nt* [short-handled] axe

Beilage *f* ① KOCHK side dish ② (*Beiheft*) supplement ③ ÖSTERR (*Anlage*) enclosure

beiläufig **I.** *Adj* passing **II.** *Adv* ① (*ne-

benbei) in passing ② ÖSTERR (*ungefähr*) about

beillegen *tr V* ① (*dazulegen*) to insert; **einem Brief einen Rückumschlag ~** to enclose an SAE in a letter ② *Streit* to settle; **lass uns die Sache ~!** let's settle the matter

Beileid *nt kein Pl* condolence[s *pl*]; **[mein] herzliches ~** [you have] my heartfelt sympathy; **jdm [zu etw] sein ~ aussprechen** to offer sb one's condolences [on sth]

beiliegend *Adj* enclosed; **~ finden Sie ...** (*geh*) please find enclosed ...

Bein <-[e]s, -e> [bain] *nt* ① leg; **jdm [wieder] auf die ~e helfen** to help sb back on his feet; **unsicher auf den ~en sein** to be unsteady on one's feet; **jdm ein ~ stellen** to trip up sb *sep;* **sich** *Dat* **die ~e vertreten** to stretch one's legs ② (*Knochen*) bone ► **die ~e unter den Arm nehmen** (*fam*) to take to one's heels; **mit beiden ~en auf dem Boden stehen** to have both feet on the ground; **mit einem ~ im Grabe stehen** to have one foot in the grave; **sich** *Dat* **[bei etw] kein ~ ausreißen** (*fam*) to not bust a gut [over sth]; **sich kaum noch auf den ~en halten können** to be hardly able to stand on one's [own two] feet; **jdm [wieder] auf die ~e helfen** to help sb back on his feet; **jdm ~e machen** (*fam*) to give sb a kick in the arse [*or* AM ass]; **sich auf die ~e machen** (*fam*) to get a move on; **auf eigenen ~en stehen** to be able to stand on one's own two feet; **etw auf die ~e stellen** to get sth going

beinah ['baina:, 'bai'na:, bai'na:], **beinahe** ['baina:ə, 'bai'na:ə, bai'na:ə] *Adv* almost

Beinbruch *m* fracture of the leg; **das ist kein ~!** (*fig fam*) it's not as bad as all that! **Beinfreiheit** *f* legroom

beinhalten* [bə'ʔɪnhaltn̩] *tr V* (*geh*) to contain

Beipackzettel *m* instruction leaflet

Beirat *m kein Pl* advisory board

Beiried <-[e]s> *nt* ÖSTERR rump steak, roast beef

beirren* *tr V* **sich [durch etw** *Akk*] **[nicht] ~ lassen** to [not] let oneself be put off [by sth]

beisammen [bai'zamən] *Adv* together; **~ sein** to be [all] together **beisammenlsein**^ALT *intr V unreg sein s.* **beisammen Beisammensein** *nt* get-together

beiseite [bai'zaitə] *Adv* to one side

beiseitelgehen *intr V* to step aside **beiseitellegen** *tr V* to put to one side

Beis[e]l <-s, -n> ['baizl̩] *nt* ÖSTERR (*fam*) dive *pej fam,* BRIT *fam a.* boozer

beilsetzen *tr V* (*geh*) to inter

Beisetzung <-, -en> *f* (*geh*) interment

Beispiel <-[e]s, -e> ['baiʃpi:l] *nt* example; **anschauliches/praktisches ~** illustration/demonstration; **mit gutem ~ vorangehen** to set a good example; **sich** *Dat* **an jdm ein ~ nehmen** to take a leaf out of sb's book; **zum ~** for example; **wie zum ~** such as

beispiellos *Adj* ① (*unerhört*) outrageous ② (*einzigartig*) unprecedented (**in** in)

beispielsweise *Adv* for example

beißen <biss, gebissen> ['baisn̩] **I.** *tr V* **jdn/etw ~** to bite sb/sth **II.** *intr V* ① **auf/in etw** *Akk* **~** to bite into sth ② (*brennen*) to sting; *Säure* to burn; **in den Augen ~** to make one's eyes sting ► **an etw** *Dat* **zu ~ haben** to have sth to chew over **III.** *refl V* **sich ~** *Farben* to clash (**mit** with)

beißend *Adj* ① (*scharf*) pungent ② (*brennend*) burning

Beißzange *f* DIAL pincers *pl*

beilstehen *intr V unreg* **jdm [gegen jdn/etw] ~** to stand by sb [before sb/sth]

beilstellen *tr V* ÖSTERR to provide

Beistelltisch *m* occasional table

Beitrag <-[e]s, -träge> ['baitra:k, *Pl:* 'baitrɛ:gə] *m* ① (*Zahlung*) fee ② (*Mitwirkung*) contribution ③ SCHWEIZ (*Subvention*) subsidy

beitragspflichtig *Adj* liable to pay contribution **Beitragssatz** *m* membership rate

beiltreten *intr V unreg sein* ① to join sth ② *einem Staatenbund* to enter into

Beitritt *m* ① entry (**zu** into) ② POL (*zu einem Staatenbund*) accession (**zu** to)

Beitrittsgespräch *meist Pl nt* POL [EU] accession discussion

Beiwagen *m* sidecar

beizeiten [bai'tsaitn̩] *Adv* in good time

beizen ['baitsn̩] *tr V* to stain

bejahen* [bə'ja:ən] *tr V* ① *Frage* to an

B

swer in the affirmative ② (*gutheißen*) to approve [of]

bekämpfen* *tr V* to fight [against]; **sich [gegenseitig]** ~ to fight one another

bekannt [bəˈkant] *Adj* ① (*allgemein gekannt*) well-known; **etw ~ geben** to announce sth; **jdn ~ machen** (*berühmt*) to make sb famous; **~ werden** to become famous ② (*vertraut*) familiar; **ist dir dieser Name ~?** are you familiar with this name?; **allgemein ~ sein** to be common knowledge; **jdn/sich [mit jdm] ~ machen** to introduce sb/oneself [to sb]; **jdm ~ vorkommen** to seem familiar to sb

Bekannte(r) *f(m) dekl wie Adj* acquaintance

bekannt|geben *tr V unreg* to announce

bekanntlich *Adv* as is [generally] known

bekannt|machen *tr V* (*öffentlich*) to make known to the public

Bekanntschaft <-, -en> *f* ① *kein Pl* acquaintance; **jds ~ machen** to make sb's acquaintance; **mit etw ~ machen** (*iron*) to get to know sth ② (*fam: Bekanntenkreis*) acquaintances *pl*

bekehren* **I.** *tr V* to convert (**zu** to) **II.** *refl V* **sich [zu etw]** ~ to be[come] converted [to sth]

bekennen* *unreg* **I.** *tr V* ① to confess ② (*öffentlich dafür einstehen*) to bear witness to **II.** *refl V* **sich zu jdm/etw ~** to declare one's support for sb/sth; **sich zu einem Glauben ~** to profess a faith; **sich zu einer Tat ~** to confess to a deed; **sich zu einer Überzeugung ~** to stand up for one's convictions

bekifft [bəˈkɪft] *Adj* (*fam*) stoned, high

beklagen* **I.** *tr V* to lament **II.** *refl V* **sich ~** to complain; **sich über jdn/etw ~** to complain about sb/sth; **man hat sich bei mir über Sie beklagt** I have received a complaint about you

beklagenswert *Adj* lamentable

bekleckern* **I.** *tr V* (*fam*) to stain **II.** *refl V* (*fam*) **sich mit Brei ~** to spill porridge all down oneself

bekleiden* *tr V* (*geh*) ① *Amt* to fill ② (*geh*) **sich ~** to dress oneself

Bekleidung *f* clothing

beklommen [bəˈklɔmən] **I.** *Adj* anxious **II.** *Adv* anxiously

bekloppt [bəˈklɔpt] *Adj* (*sl*) *s.* **bescheuert**

bekommen* *unreg* **I.** *tr V haben* ① (*erhalten*) to receive; *Genehmigung, Mehrheit* to obtain; *Massage, Spritze* to be given; **etw in die Hände ~** (*fam*) to get hold of sth; **Ärger/Schwierigkeiten ~** to get into trouble/difficulties ② (*entwickeln*) **eine Erkältung ~** to catch a cold; **eine Glatze/graue Haare ~** to go bald/to go grey; **Heimweh ~** to get homesick; **Lust ~, etw zu tun** to feel like doing sth ③ *mit Infin* **etw zu essen/trinken ~** to get sth to eat/drink; **etw zu hören/sehen ~** to get to hear/see sth ④ *mit PP o Adj* **etw bezahlt ~** to get paid for sth; **etw gemacht ~** to get sth done; **etw geschenkt ~** to be given sth [as a present] **II.** *intr V* **jdm [gut]/schlecht ~** *Essen* to agree/to disagree with sb

bekömmlich [bəˈkœmlɪç] *Adj* [easily] digestible

bekritteln *tr V* to find fault with; *Argument* to pick holes in

bekritzeln* *tr V* **etw ~** to scribble on sth

bekümmert *Adj* worried (**über** about)

beladen* *unreg tr V* to load [up *sep*]

Belag <-[e]s, Beläge> [bəˈlaːk, *Pl:* bəˈlɛːgə] *m* ① KOCHK topping ② (*auf Zahn*) film; (*auf Zunge*) fur ③ (*Schicht*) coating

belagern* *tr V* to besiege

belämmertRR [bəˈlɛmɐt] *Adj* (*sl*) sheepish

belangen* *tr V* to prosecute (**wegen** for)

belanglos *Adj* irrelevant

belassen* *tr V unreg* **es bei etw ~** to leave it at sth; **~ wir es dabei!** let's leave it at that

belasten* *tr V* ① (*beladen*) to load (**mit** with) ② (*bedrücken*) to burden; **~d** crippling ③ (*beanspruchen*) to strain; **jdn/etw zu sehr belasten** to overstrain sb/sth ④ *Umwelt* to pollute ⑤ FIN *Konto* to debit; **etw mit einer Hypothek ~** to mortgage sth

belästigen* [bəˈlɛstɪgn̩] *tr V* (*stören*) to bother; (*zudringlich werden*) to pester

Belästigung <-, -en> *f* annoyance *no pl*

Belastung <-, -en> *f* ① (*Gewicht*) load ② (*Anstrengung, Last*) burden ③ ÖKOL pollution ④ (*Beanspruchung*) strain (**für** on) ⑤ FIN charge (+*Gen* on)

belaufen* *refl V unreg* **sich auf etw** *Akk* ~ to amount to sth

beleben* **I.** *tr V* ① (*anregen*) to stimulate ② (*erfrischen*) to make feel better ③ (*lebendiger gestalten*) to liven up **II.** *refl V* **sich** ~ ① (*sich mit Leben füllen*) to come to life ② (*lebhafter werden*) to light up

belebend *Adj* ① (*anregend*) invigorating ② (*erfrischend*) refreshing

belebt [bə'le:pt] *Adj* ① (*bevölkert*) busy ② (*lebendig*) animate

Beleg <-[e]s, -e> [bə'le:k, *Pl:* bə'le:gə] *m* ① (*Quittung*) receipt ② (*Unterlage*) proof, no art, no pl

belegen* *tr V* ① **ein Brot mit etw** *Dat* ~ to spread sth on a slice of bread; **belegte Brote** open sandwiches ② (*beweisen*) to verify; *Behauptung* to substantiate ③ (*sich einschreiben*) **einen Kurs** ~ to enrol for a course

Belegschaft <-, -en> *f* staff

belegt *Adj* ① (*mit Belag*) coated ② *Stimme* hoarse

belehren* *tr V* to inform; **sich von jdm ~ lassen** to listen to sb

beleibt [bə'laipt] *Adj* (*geh*) corpulent

beleidigen* [bə'laidɪgn̩] *tr V* to insult; (*stärker*) to offend

Beleidigung <-, -en> *f* insult; **etw als [eine] ~ auffassen** to take sth as an insult

belemmertALT *Adj* (*sl*) *s.* **belämmert**

belesen [bə'le:zn̩] *Adj* well-read

beleuchten* *tr V* ① to light ② (*anstrahlen*) to light up *sep*

Beleuchtung <-, *selten* -en> *f* ① (*das Beleuchten*) lighting ② (*Lichter*) lights *pl*

Belgien <-s> ['bɛlgi̯ən] *nt* Belgium

Belgier(in) <-s, -> ['bɛlgi̯ɐ] *m(f)* Belgian

belgisch ['bɛlgɪʃ] *Adj* Belgian; *s. a.* **deutsch**

Belichtung *f* FOTO exposure

Belichtungsmesser *m* light meter

belieben* **I.** *tr V* (*iron*) **~, etw zu tun** to like doing sth **II.** *intr V* (*geh*) **was/wie es jdm beliebt** as sb likes

Belieben <-s> *nt kein Pl* **[ganz] nach ~** just as you/they etc. like

beliebig [bɛ'li:bɪç] **I.** *Adj* ① any; **eine [o jede] ~e Zahl** any number at all; **nicht jede ~e Zahl** not every number ② (*irgendein Mensch, irgendeine Sache*) **jeder Beliebige** anyone at all; **etwas Beliebiges** anything at all **II.** *Adv* ~ **oft** as often as you like; ~ **lange** as long as you like; **etw ~ verändern** to change sth at will

beliebt [bə'li:pt] *Adj* popular (**bei** with); **sich [bei jdm] ~ machen** to make oneself popular [with sb]

Beliebtheit <-> *f kein Pl* popularity

beliefern* *tr V* to supply (**mit** with)

bellen ['bɛlən] *intr V* to bark

Belletristik <-> [bɛle'trɪstɪk] *f kein Pl* belles lettres *pl*

belohnen* *tr V* to reward (**mit** with, **für** for)

Belohnung <-, -en> *f* ① (*das Belohnen*) rewarding ② (*Lohn*) reward; **eine ~ [für etw] aussetzen** to offer a reward [for sth]

Belüftung *f kein Pl* ventilation *no indef art*

belügen* *unreg tr V* **jdn** ~ to lie to sb; **sich [selbst]** ~ to deceive oneself

bemängeln* [bə'mɛŋl̩n] *tr V* to find fault with

bemerkbar *Adj* noticeable; **sich [durch etw** *Akk*] **~ machen** to make itself felt [with sth]; **sich [bei jdm] [durch etw** *Akk*] **~ machen** to attract [sb's] attention [by doing sth]

bemerken* *tr V* ① (*wahrnehmen*) to notice ② (*äußern*) to remark

bemerkenswert **I.** *Adj* remarkable **II.** *Adv* remarkably

Bemerkung <-, -en> *f* remark; **eine ~ über etw** *Akk* **machen** to remark on sth

bemitleiden* [bə'mɪtlaidn̩] *tr V* to pity; **sich [selbst]** ~ to feel sorry for oneself; **sie ist zu ~** she is to be pitied

bemitleidenswert *Adj* pitiable

bemühen* *refl V* ① **sich** ~ to try hard; **~ Sie sich nicht** don't bother yourself; **sich um eine Stelle** ~ to try hard to get a job; **sich vergebens** ~ to try in vain ② (*sich kümmern*) **sich um jdn** ~ to court sb

Bemühen <-s> *nt kein Pl* (*geh*) efforts *pl* (**um** for)

Bemühung <-, -en> *f* effort; **danke für Ihre ~en** thank you for your trouble

bemuttern* [bə'mʊtɐn] *tr V* to mother

benachbart [bə'naxba:ɐ̯t] *Adj* neighbouring *attr;* **das ~e Haus** the house next door

benachrichtigen* [bəˈnaːxrɪçtɪgn̩] *tr V* to inform; (*amtlich*) to notify (**über** of)

Benachrichtigung <-, -en> *f* notification (**über** of)

benachteiligen* [bəˈnaːxtailɪgn̩] *tr V* to put at a disadvantage; (*diskriminieren*) to discriminate against

Benachteiligung <-, -en> *f* discrimination

Benefizveranstaltung *f* charity event

benehmen* *refl V unreg* **sich ~** to behave [oneself]; **benimm dich!** behave yourself!; **sich gut/schlecht ~** to behave well/badly

Benehmen <-s> *nt kein Pl* manners *pl;* **kein ~ haben** to have no manners

beneiden* *tr V* **jdn [um etw** *Akk*] **~** to envy sb [sth]

beneidenswert *Adj* enviable

benennen* *tr V unreg* to name (**nach** after)

Bengel <-s, -[s]> [ˈbɛŋl̩] *m* (*Junge*) rascal; **ein süßer [kleiner] ~** a dear [*or* AM cute] little boy

benommen [bəˈnɔmən] *Adj* dazed

benötigen* *tr V* to need; **etw dringend ~** to be in urgent need of sth

benutzen* *tr V,* **benützen*** *tr V* DIAL ❶ (*gebrauchen*) to use; **etw als Putztuch ~** to use sth as a [cleaning] cloth; **benutzt** used; **den Aufzug ~** to take the lift ❷ (*ausnützen*) **jdn ~** to take advantage of sb; **sich benutzt fühlen** to feel [that one has been] used

Benutzen <-s> *nt kein Pl,* **Benützen** <-s> *nt kein Pl* DIAL use; **nach dem ~** after use

Benutzer(in) <-s, -> *m(f),* **Benützer(in)** <-s, -> *m(f)* DIAL user

Benutzerhandbuch *nt* user manual **Benutzername** *m* COMPUT user name **Benutzeroberfläche** *f* user interface

Benutzung *f,* **Benützung** *f* DIAL use; **nach der ~** after use; **jdm etw zur ~ überlassen** to put sth at sb's disposal

Benzin <-s, -e> [bɛnˈtsiːn] *nt* ❶ (*Kraftstoff*) petrol BRIT, gas[oline] AM; **ein ~ sparendes Auto** an economical car ❷ (*Lösungsmittel*) benzine

Benzintank *m* petrol tank **Benzinverbrauch** *m* fuel consumption

beobachten* [bəˈʔoːbaxtn̩] *tr V* ❶ (*genau betrachten*) to observe; **gut beobachtet!** well spotted!; **jdn [bei etw] ~** to watch sb [doing sth] ❷ (*observieren*) **[durch jdn] beobachtet werden** to be kept under [the] surveillance [of sb]; **jdn [durch jdn] ~ lassen** to put sb under [the] surveillance [of sb]

Beobachter(in) <-s, -> *m(f)* observer; **ein guter ~** a keen observer

Beobachtung <-, -en> *f* ❶ (*das Beobachten*) observation ❷ (*Observierung*) surveillance

bequem [bəˈkveːm] **I.** *Adj* ❶ comfortable; **es sich** *Dat* **~ machen** to make oneself comfortable ❷ (*pej: träge*) idle **II.** *Adv* ❶ (*angenehm*) comfortably ❷ (*leicht*) easily

Bequemlichkeit <-, -en> *f* ❶ comfort ❷ (*Trägheit*) idleness; **aus [reiner] ~** out of [sheer] laziness

beraten* *unreg* **I.** *tr V* ❶ (*Rat geben*) **jdn ~** to advise sb (**in** on); **jdn finanziell ~** to give sb financial advice; **sich [von jdm] ~ lassen** to ask sb's advice ❷ (*besprechen*) **etw ~** to discuss sth **II.** *intr V* **[über etw** *Akk*] **~** to discuss [sth] **III.** *refl V* **sich [über jdn/etw] ~** to discuss [sb/sth]

beratend *Adj* advisory

Berater(in) <-s, -> *m(f)* adviser

Beratung <-, -en> *f* ❶ (*das Beraten*) advice ❷ (*Besprechung*) discussion

Beratungsstelle *f* (*Betreuungsstelle*) advice centre BRIT, advisory center AM; (*Informationsbüro*) info centre BRIT [*or* center AM]

berauschend *Adj* intoxicating

berechenbar [bəˈrɛçn̩baːɐ̯] *Adj* ❶ (*zu berechnen*) calculable ❷ (*einzuschätzen*) predictable

berechnen* *tr V* ❶ (*ausrechnen*) to calculate ❷ (*in Rechnung stellen*) to charge; **das hat er mir mit hundert Euro berechnet** he charged me hundred euros for it

berechnend *Adj* (*pej*) scheming

Berechnung *f* ❶ calculation; **nach meiner ~** according to my calculations ❷ (*pej*) scheming; **aus ~** in cold deliberation

berechtigen* [bəˈrɛçtɪgn̩] *tr V* **jdn zu etw ~** to entitle sb to [do] sth; **sich zu etw berechtigt fühlen** to feel justified in doing sth

berechtigt [bə'rɛçtɪçt] *Adj legitim* legitimate
Bereich <-[e]s, -e> *m* ❶ (*Gebiet*) area ❷ (*Sachgebiet*) field
bereichern* [bə'raiçɐn] **I.** *refl V* **sich** [**an etw** *Dat*] ~ to grow rich [on sth] **II.** *tr V* ❶ to enrich ❷ (*innerlich*) **etw bereichert jdn** sb gains a lot from sth
Bereicherung <-, -en> *f* enrichment; **das Gespräch mit Ihnen war mir eine ~** I gained a lot from our conversation
bereinigen* *tr V* to resolve; **eine Meinungsverschiedenheit ~** to settle differences
bereisen* *tr V* **etw ~** to travel around sth; **die Welt ~** to travel the world
bereit [bə'rait] *Adj meist präd* ❶ (*fertig*) **~ sein** to be ready (**für/zu** for); (*vorbereitet*) to be prepared for sth; **etw ~ haben** to have sth at the ready ❷ (*willens*) **zu etw ~ sein** to be prepared to do sth; **sich ~ erklären, etw zu tun** to agree to do sth; **sich zu etw ~ finden** to be willing to do sth
bereiten* *tr V* ❶ *Freude, Überraschung* to give; **jdm Kopfschmerzen ~** to give sb a headache ❷ (*geh*) KOCHK to prepare
bereit|halten *tr V unreg* to have ready
bereits [bə'raits] *Adv* (*geh*) already; **~ damals** even then
Bereitschaft <-, -en> [bə'raitʃaft] *f* ❶ *kein Pl* willingness; **seine ~ zu etw erklären** to express one's willingness to do sth ❷ *kein Pl* (*Bereitschaftsdienst*) emergency service; **~ haben** *Apotheke* to provide emergency services; *Arzt, Feuerwehr* to be on call; (*im Krankenhaus*) to be on duty
Bereitschaftsdienst *m* emergency service
bereit|stellen *tr V* ❶ (*zur Verfügung stellen*) to provide ❷ (*vorbereitend hinstellen*) to make ready
bereitwillig I. *Adj* willing **II.** *Adv* readily
bereuen* *tr V* to regret; **das wirst du noch ~!** you'll be sorry [for that]!; **seine Missetaten ~** to repent of one's misdeeds
Berg <-[e]s, -e> [bɛrk] *m* ❶ mountain; (*kleiner*) hill; **den ~ hinauf/hinunter** uphill/downhill; **am ~ liegen** to lie at the foot of the hill ❷ (*große Menge*) **ein ~/~e von etw** a pile/piles of sth; **~e von Papier** mountains of paper ▶ **über alle ~e sein** (*fam*) to be miles away; **mit etw hinterm ~ halten** to keep quiet about sth; **am ~ sein** SCHWEIZ to not have a clue
bergab [bɛrk'ʔap] *Adv* (*a. fig*) downhill; **mit seinem Geschäft geht es ~** his business is going downhill **Bergarbeiter(in)** *m(f)* miner **bergauf** [bɛrk'ʔauf] *Adv* uphill; **es geht wieder ~** (*fig*) things are looking up **Bergbahn** *f* mountain railway **Bergbau** *m kein Pl* **der ~** mining
bergen <barg, geborgen> ['bɛrgn̩] *tr V* ❶ (*retten*) to rescue (**aus** from); *Tote* to recover; *Schiff* to salvage ❷ (*mit sich bringen*) to involve
Bergführer(in) *m(f)* mountain guide **Berggipfel** *m* mountain top **Bergkette** *f* mountain range **Bergkristall** *m* rock [*or* mountain] crystal *no art* **Bergland** *nt* hilly country; (*gebirgig*) mountainous country **Bergmann** <-leute> ['bɛrkman, *Pl:* -lɔytə] *m* miner **Bergrutsch** *m* landslide **Bergsteigen** *nt* mountaineering **Bergsteiger(in)** *m(f)* mountain climber
Bergung <-, -en> *f von Opfern* rescuing; *von Toten* recovering; *eines Schiffs* salvaging
Bergwacht *f* mountain rescue service **Bergwand** *f* mountain face **Bergwanderung** *f* mountain hike **Bergwerk** *nt* mine
Bericht <-[e]s, -e> [bə'rɪçt] *m* report
berichten* **I.** *tr V* **jdm etw ~** to tell sb sth; **falsch/recht berichtet** SCHWEIZ wrong/right **II.** *intr V* ❶ [**über etw** *Akk*] ~ to report [on sth] ❷ (*Bericht erstatten*) **jdm über etw** *Akk* ~ to tell sb about sth ❸ SCHWEIZ (*erzählen*) to talk
Berichterstattung *f* reporting (**über** on)
berichtigen* [bə'rɪçtɪgn̩] *tr, intr V* to correct
Berlin <-s> [bɛr'liːn] *nt* Berlin
Berliner[1] [bɛr'liːnɐ] *Adj attr* Berlin

Die Berliner Filmfestspiele, the Berlin Film Festival, also called *die Berlinale*, has been held since 1951. Ingmar Bergman, Roman Polanski, Jean-Luc Godard, Claude Chabrol and many others have recieved acclaim for

B

their work in Berlin. Films are showcased, with a special category for children's films and a forum for international young film makers. The awards are called the Golden and Silver Bear and since 1986, the Berlinale Camera.

Berliner[2] <-s, -> [bɛrˈliːnɐ] *m* DIAL ~ (*Berliner Pfannkuchen*) doughnut

Bernstein [ˈbɛrnʃtain] *m kein Pl* amber

bersten <barst, geborsten> [ˈbɛrstn̩] *intr V sein* (*geh*) ❶ to burst; **zum Bersten voll** full to bursting[-point] ❷ (*fig*) **vor etw** *Dat* ~ to burst with sth

berüchtigt [bəˈrʏçtɪçt] *Adj* ❶ (*in schlechtem Ruf stehend*) notorious ❷ (*gefürchtet*) feared

berücksichtigen* [bəˈrʏkzɪçtɪgn̩] *tr V* to take into consideration

Beruf <-[e]s, -e> [bəˈruːf] *m* job; **sie ist Ärztin von** ~ she's a doctor; **was sind Sie von** ~**?** what do you do [for a living]?; **ein akademischer** ~ an academic profession; **ein freier** ~ a profession; **ein handwerklicher** ~ a trade; **ein gewerblicher** ~ a commercial trade; **einen** ~ **ergreifen** to take up an occupation; **seinen** ~ **verfehlt haben** to have missed one's vocation

berufen[1] *Adj* **zu etw** ~ **sein** to have a vocation for sth; **sich** ~ **fühlen, etw zu tun** to feel called to do sth

berufen*[2] *unreg* **I.** *tr V* **jdn zu etw** ~ to appoint sb to sth **II.** *refl V* **sich auf jdn/etw** ~ to refer to sb/sth **III.** *intr V* JUR ÖSTERR to [lodge an] appeal

beruflich I. *Adj* professional **II.** *Adv* **was macht sie** ~**?** what does she do for a living?; **sich** ~ **weiterbilden** to undertake further training; ~ **unterwegs sein** to be away on business

Berufsausbildung *f* [professional] training **Berufsberater(in)** *m(f)* careers advisor **Berufsberatung** *f* (*Beratungsstelle*) careers [*or* AM career] advisory service **berufserfahren** *Adj* with occupational experience **Berufsfachschule** *f* training college **Berufskrankheit** *f* occupational disease **Berufsleben** *nt* working life **Berufspendler(in)** *m(f)* commuter **Berufsschule** *f* vocational school **berufstätig** *Adj* working; ~ **sein** to have a job; **sie ist nicht mehr** ~ she's left work **Berufsverkehr** *m* rush-hour traffic

Berufung <-, -en> *f* ❶ JUR appeal; **in die** ~ **gehen** to lodge an appeal ❷ (*innerer Auftrag*) vocation ❸ (*sich beziehen auf*) **unter** ~ **auf jdn/etw** with reference to sb/sth

beruhen* *intr V* **auf etw** *Dat* ~ to be based on sth; **etw auf sich** *Dat* ~ **lassen** to drop sth

beruhigen* [bəˈruːɪgn̩] **I.** *tr V* to calm [down] **II.** *refl V* **sich** ~ to calm down

Beruhigungsmittel *nt* sedative

berühmt [bəˈryːmt] *Adj* famous (**für** for)

Berühmtheit <-, -en> *f* ❶ fame; ~ **erlangen** to rise to fame ❷ (*berühmter Mensch*) celebrity

berühren* *tr V* ❶ to touch ❷ (*seelisch*) to move

besagen* *tr V* to mean

besagt [bəˈzaːkt] *Adj attr* (*geh*) aforesaid, aforementioned *form*

besänftigen* [bəˈzɛnftɪgn̩] **I.** *tr V* to soothe; **sie war nicht zu** ~ she was inconsolable **II.** *refl V* **sich** ~ to calm down

Besatzung <-, -en> [bəˈzatsʊŋ] *f* ❶ (*Mannschaft*) crew ❷ MIL occupying army

besaufen* *refl V unreg* (*sl*) **sich** [**mit etw**] ~ to get sloshed [on sth]

beschädigen* *tr V* to damage; **leicht/schwer beschädigt** slightly/badly damaged

Beschädigung *f* damage *no pl*

beschaffen*[1] **I.** *tr V* [**jdm**] **etw** ~ to get sth [for sb]; **eine Waffe ist nicht so leicht zu** ~ a weapon is not so easy to come by **II.** *refl V* **sich** *Dat* **etw** ~ to get sth; **du musst dir Arbeit** ~ you've got to find yourself a job

beschaffen[2] *Adj* (*geh*) **irgendwie** ~ **sein** to be made in some way

beschäftigen* [bəˈʃɛftɪgn̩] **I.** *refl V* ❶ (*etw tun*) **sich** ~ to occupy oneself ❷ (*sich befassen*) **sich mit jdm** ~ to pay attention to sb; **sich mit etw** ~ to deal with sth **II.** *tr V* ❶ (*in Anspruch nehmen*) **jdn** ~ to be on sb's mind; **mit einer Frage beschäftigt sein** to be preoccupied with a question ❷ (*anstellen*) **jdn** ~ to employ sb ❸ (*eine Tätigkeit geben*) **jdn** [**mit etw**] ~ to keep sb busy [with sth]

beschäftigt [bəˈʃɛftɪçt] *Adj* ① (*befasst*) busy (**mit** with) ② (*angestellt*) employed (**als** as); **wo bist du ~?** where do you work?

Beschäftigte(r) *f(m) dekl wie Adj* employee

Beschäftigung <-, -en> *f* ① (*Anstellung*) employment *no pl* ② (*Tätigkeit*) occupation ③ (*Auseinandersetzung*) consideration (**mit** of)

beschämt *Adj* ashamed

beschatten* *tr V* **jdn ~ [lassen]** to [have sb] shadow[ed] sb

beschaulich *Adj* peaceful; **ein ~es Leben führen** to lead a contemplative life

Bescheid <-[e]s, -e> [bəˈʃait] *m* information *no pl, no indef art;* ADMIN answer; **jdm ~ geben** to inform sb (**über** about); **jdm ordentlich ~ sagen** (*fam*) to give sb a piece of one's mind; **gut ~ wissen** to be well-informed; **[über etw** *Akk*] **~ wissen** to know [about sth]

bescheiden[1] [bəˈʃaidn̩] *Adj* modest; **nur eine ~e Frage ...** just one small question ...; **ein ~es Leben führen** to lead a humble life; **aus ~en Verhältnissen kommen** to have a humble background

bescheiden*[2] [bəˈʃaidn̩] *unreg refl V* (*geh*) **sich mit etw ~** to be content with sth

bescheinigen* [bəˈʃainɪgn̩] *tr V* **jdm etw ~** to certify sth for sb *form;* **[jdm] ~, dass ...** to confirm [to sb] in writing that ...

Bescheinigung <-, -en> *f* certification

bescheißen* *unreg* (*sl*) **I.** *tr V* **jdn ~** to rip sb off **II.** *intr V* [**bei etw**] **~** to cheat [at sth]

beschenken* **I.** *tr V* **jdn [mit etw] ~** to give sb sth [as a present]; **reich beschenkt werden** to be showered with presents **II.** *refl V* **sich [gegenseitig] ~** to give each other presents

Bescherung <-, -en> *f* giving of Christmas presents ► **[das ist ja] eine <u>schöne</u> ~!** (*ironisch*) this is a nice mess!; **da <u>haben</u> wir die ~!** (*ironisch*) what did I tell you!

On Christmas Eve (24th December) presents are placed under the Christmas tree in preparation for them to be given out, a tradition known as **die Bescherung**. In many families the children are allowed to unwrap their presents after Christmas dinner, following a visit by *das Christkind*.

bescheuert *Adj* (*fam*) ① (*blöd*) screwy; **der ist etwas ~** he's got a screw loose *fam* ② (*unangenehm*) stupid; **so was Bescheuertes!** how stupid!

beschimpfen* **I.** *tr V* to insult; **jdn aufs Übelste ~** to abuse sb in the worst possible manner **II.** *refl V* **sich [gegenseitig] ~** to insult each other

beschissen I. *Adj* (*sl*) lousy **II.** *Adv* (*sl*) in a lousy fashion; **es geht ihr wirklich ~** she's having a miserable time of it; **~ aussehen** to look like a piece of shit

Beschlag <-[e]s, Beschläge> [bəˈʃlaːk, *Pl:* bəˈʃlɛːgə] *m* ① *Tür* fitting ② *Scheibe* steam ► **jdn/etw in ~ <u>nehmen</u>** to monopolize sb/sth; **jd wird in ~ <u>genommen</u>** sb's hands are full [with sth]

beschlagen* *unreg intr V sein Scheibe* to mist up

beschlagnahmen* [bəʃlaːknaːmən] *tr V* to confiscate

beschleunigen* [bəʃlɔynɪgn̩] *tr, intr V* to accelerate

Beschleunigung <-, -en> *f* acceleration *no pl*

beschließen* *unreg* **I.** *tr V* ① (*entscheiden*) to decide; **ein Gesetz ~** to pass a motion ② (*geh: beenden*) to conclude **II.** *intr V* **über etw** *Akk* **~** to decide on sth

Beschluss[RR] <-es, Beschlüsse> *m,* **Beschluß**[ALT] <-sses, Beschlüsse> *m* decision; **zu einem ~ kommen** to reach a decision; **auf jds ~** on sb's authority; **auf ~ des Parlaments** by order of parliament

beschmutzen* **I.** *tr V* to dirty **II.** *refl V* **sich [mit etw] ~** to get oneself dirty [with sth]

Beschneidung <-, -en> *f der Vorhaut* circumcision

beschönigen* [bəˈʃøːnɪgn̩] *tr V* to gloss over

beschränken* **I.** *tr V* ① (*begrenzen*) to limit (**auf** to) ② (*einschränken*) **jdn in etw** *Dat* **~** to curtail sb's sth **II.** *refl V* **sich ~** to restrict oneself (**auf** to); **sich**

auf das Wesentliche ~ to keep to the essential points

beschränkt *Adj* ① restricted ② (*dumm*) limited

Beschränkung <-, -en> *f* restriction

beschreiben* *tr V unreg* to describe; **ich kann dir nicht ~, wie erleichtert ich war** I can't tell you how relieved I was; **nicht zu ~ sein** to be indescribable

Beschreibung *f* description; *eines Verlaufs* account; **eine kurze ~** a sketch ▶ **das spottet jeder ~** it beggars description

beschriften* [bəˈʃrɪftn̩] *tr V* ① (*mit einer Aufschrift versehen*) to label ② (*mit einer Inschrift versehen*) to inscribe

beschuldigen* [bəˈʃʊldɪgn̩] *tr V* to accuse (+*Gen* of)

Beschuldigung <-, -en> *f* accusation

beschützen* *tr V* to protect (**vor** from); **~d** protective

Beschützer(in) <-s, -> *m(f)* protector

Beschwerde <-, -n> [bəˈʃveːɐ̯də] *f* ① complaint; **Grund zur ~ haben** to have grounds for complaint ② *Pl* MED complaint *form;* **mein Magen macht mir ~n** my stomach is giving me trouble

beschweren* [bəˈʃveːrən] *refl V* **sich [bei jdm] [über jdn/etw] ~** to complain [about sb/sth] [to sb]; **ich kann mich nicht ~** I can't complain

beschwerlich *Adj* difficult; *Reise* arduous

beschwichtigen* [bəˈʃvɪçtɪgn̩] *tr V* to soothe

beschwingt *Adj* lively; **sich ~ fühlen** to feel elated

beschwipst [bəˈʃvɪpst] *Adj* (*fam*) tipsy

beschwören* *tr V unreg* ① (*beeiden*) to swear [to]; **~ kann ich das nicht** I wouldn't like to swear to it ② (*anflehen*) to beg ③ (*herbeirufen*) to conjure up; *Geister* to raise

beseitigen* [bəˈzaitɪgn̩] *tr V* (*entfernen*) to dispose of; *Zweifel* to dispel; *Missverständnis* to clear up; *Hindernis* to clear away; *Fehler* to eliminate; **sich leicht ~ lassen** to be easily removed

Besen <-s, -> [ˈbeːzn̩] *m* broom; (*kleiner*) brush; **ich fresse einen ~, wenn ...** (*fam*) I'll eat my hat if ...

Besenstiel *m* broomstick

besessen [bəˈzɛsn̩] *Adj* ① REL possessed (**von** by) ② (*unter einem Zwang stehend*) **[von etw] ~ sein** to be obsessed [with sth]; **wie ~** like mad

besetzen* *tr V* ① (*belegen*) to reserve ② (*okkupieren*) to occupy; **einen Posten ~** to fill a post

besetzt *Adj* ① (*vergeben*) taken, occupied; **voll/dicht ~** full, crowded ② (*belegt*) **~ sein** *Toilette* to be occupied [*or* BRIT *a.* engaged] [*or* AM *a.* busy] ③ MIL occupied; (*bemannt*) manned

Besetztzeichen *nt* engaged [*or* AM busy] tone

besichtigen* [bəˈzɪçtɪgn̩] *tr V* ① (*ansehen*) to visit; *Sehenswürdigkeit* to visit, to have a look at; *Betrieb* to have a look round, to have a tour of; *Haus, Wohnung* to view ② (*prüfen, inspizieren*) *Schule, Truppen* to inspect

Besichtigung <-, -en> *f* visiting; *einer Wohnung* viewing; **die ~ einer Stadt** a tour of a town

besiedelt *Adj* populated; **nicht ~** unpopulated

Besiedelung <-, -en> *f*, **Besiedlung** <-, -en> *f* settlement; (*Kolonisierung*) colonization

besinnen* *refl V unreg* **sich ~** to think [for a moment]; **sich anders ~** to change one's mind

Besinnen <-s> *nt kein Pl* (*Nachdenken*) consideration; **nach kurzem ~** after brief consideration

besinnlich [bəˈzɪnlɪç] *Adj* contemplative

Besinnung <-> *f kein Pl* ① (*Bewusstsein*) consciousness; **die ~ verlieren** to faint; **[wieder] zur ~ kommen** to come round; **jdn [wieder] zur ~ bringen** to revive sb; (*fig*) to bring sb round ② (*Reflexion*) reflection; **zur ~ kommen** to gather one's thoughts

besinnungslos *Adj* ① (*ohnmächtig*) unconscious ② (*blind*) insensate; *Wut* blind; **[wie] ~ sein vor etw** *Dat* to be beside oneself with sth

Besitz <-es> [bəˈzɪts] *m kein Pl* ① (*Eigentum*) property ② (*das Besitzen*) possession; **in privatem/staatlichem ~** privately-/state-owned; **von etw ~ ergreifen** (*geh*) to take possession of sth; **in den ~ einer S.** *Gen* **gelangen** to come into possession of sth; **im ~ von etw sein** (*geh*) to be in possession of sth; **in jds ~ übergehen** to pass into sb's possession

besitzanzeigend *Adj* LING **[ein] ~es Fürwort** [a] possessive pronoun

besitzen* *tr V unreg* ❶ (*Eigentümer sein*) to own ❷ (*haben*) to have [got]

Besitzer(in) <-s, -> *m(f)* owner; *eines Tickets, Passes* holder; **den ~ wechseln** to change hands

besitzergreifend *Adj* possessive

besoffen [bəˈzɔfn̩] *Adj* (*sl*) sloshed; **total ~** dead drunk

besondere(r, s) [bəˈzɔndərə, -ərɐ, -ərəs] *Adj* ❶ (*speziell*) special; **von ~r Bedeutung** of great significance ❷ (*ungewöhnlich*) unusual; (*eigentümlich*) peculiar; (*außergewöhnlich*) particular

Besonderheit <-, -en> *f* peculiarity

besonders [bəˈzɔndɐs] *Adv* ❶ (*außergewöhnlich*) particularly; **~ viel** a great deal; **nicht ~ klug** not particularly bright; **nicht ~ sein** (*fam*) to be nothing out of the ordinary; **jd fühlt sich nicht ~** (*fam*) sb feels not too good ❷ (*vor allem*) in particular ❸ (*speziell*) specially

besonnen [bəˈzɔnən] *Adj* sensible

besorgen* *tr V* ❶ (*beschaffen*) to get; (*kaufen*) buy; **sich einen Job ~** to find oneself a job ❷ (*erledigen*) to see to; **den Haushalt ~** to run the household ▸ **es jdm ~** (*fam: jdn verprügeln*) to give sb a thrashing

besorgt [bəˈzɔrkt] *Adj* ❶ (*voller Sorge*) worried (**wegen/um** about); **ein ~es Gesicht machen** to look troubled ❷ (*fürsorglich*) **um jdn/etw ~ sein** to be anxious about sb/sth

Besorgung <-, -en> *f* (*Einkauf*) errand[s]; **~en machen** to do some errands

besprechen* *unreg tr V* to discuss (**mit** with); **wie besprochen** as agreed

Besprechung <-, -en> *f* (*Konferenz*) meeting; (*Unterredung*) discussion

besser [ˈbɛsɐ] **I.** *Adj Komp von* **gut** better; **~ als ...** better than ...; **nicht ~ als ...** no better than ...; **etw wird ~** sth is getting better **II.** *Adv Komp von* **gut, wohl** better; **jdm geht es [gesundheitlich] ~** sb is better; **dem Unternehmen geht es ~** the company is doing better; **dem solltest du ~ aus dem Wege gehen!** it would be better if you avoided him! ▸ **es ~ haben** to be better off; **jd täte ~ daran ...** sb would do better to ...; **jd will alles ~ wissen** sb knows better; **um so ~!** (*fam*) all the better!

Bessere(s) *nt dekl wie Adj* **etwas ~s** sth better; **nichts ~s** nothing better; **Sie finden nichts ~s!** you won't find anything better! ▸ **jdn eines ~n belehren** to put sb right, to teach sb otherwise; **~s zu tun haben** to have other things to do

bessern [ˈbɛsɐn] *refl V* **sich ~** to improve; **sein [Gesundheits]zustand hat sich gebessert** he has recovered

Besserung <-> *f kein Pl* improvement; **gute ~!** get well soon!; **auf dem Weg der ~ sein** to be on one's way to recovery

Besserwessi *m* (*pej fam*) *person from former West Germany who displays an attitude of superiority towards people from former East Germany*

Besserwisser(in) <-s, -> *m(f)* (*pej*) know-all

Bestand <-[e]s, Bestände> *m* ❶ (*Fortdauer*) survival; **~ haben** to be long-lasting ❷ (*vorhandene Menge*) supply (**an** of); **~ aufnehmen** (*a. fig*) to take stock

beständig *Adj* ❶ *attr* (*ständig*) constant ❷ (*gleich bleibend*) consistent; *Wetter* settled

Bestandsaufnahme *f* ÖKON stocktaking; **[eine] ~ machen** to take stock

Bestandteil *m* part; SCI component; **sich in seine ~e auflösen** to fall apart; **etw in seine ~e zerlegen** to take sth to pieces

bestärken* *tr V* **jdn ~** to encourage sb; **jdn in seinem Vorhaben ~** to confirm sb in their intention; **jdn in einem Verdacht ~** to reinforce sb's suspicion

bestätigen* [bəˈʃtɛːtɪgn̩] *tr V* to confirm; **die Richtigkeit einer S.** *Gen* **~** to verify sth; **jdn ~** to support sb (**in** in)

Bestätigung <-, -en> *f* confirmation; *Richtigkeit* verification; **[keine] ~ finden** (*geh*) to [not] be validated

bestatten* [bəˈʃtatn̩] *tr V* (*geh*) to bury

Bestattung <-, -en> *f* (*geh*) *s.* **Beerdigung**

Bestattungsinstitut *nt*, **Bestattungsunternehmen** *nt* (*geh*) funeral parlour

beste(r, s) [ˈbɛstə, ˈbɛstɐ, ˈbɛstəs] **I.** *Adj Superl von* **gut** *attr* best; **mit den ~n Wünschen** with all best wishes **II.** *Adv*

❶ **am ~n** + *Verb* best ❷ (*ratsam*) **am ~n ...** it would be best if ...

bestechen* *unreg tr V* to bribe (**mit** with)

bestechlich [bə'ʃtɛçlɪç] *Adj* corrupt

Bestechung <-, -en> *f* bribery

Besteck <-[e]s, -e> [bə'ʃtɛk] *nt* (*Messer, Gabel, Löffel*) cutlery *n sing*

bestehen* *unreg* **I.** *tr V* ❶ (*erfolgreich abschließen*) to pass (**mit** with); **die Prüfer ließen ihn nicht ~** the examiners failed him; **die Probe ~** to stand the test; **etw nicht ~** to fail sth ❷ (*durchstehen*) to come through [in one piece]; *Kampf* to win **II.** *intr V* ❶ (*existieren*) to be; **es besteht kein Zweifel** there is no doubt; **das Unternehmen besteht seit 50 Jahren** the company is 50 years old; **es ~ gute Aussichten, dass ...** the prospects of ... are good; **es besteht die Gefahr, dass ...** there is a danger of ...; **das Problem besteht darin, dass ...** the problem is that ...; **~ bleiben** (*weiterhin existieren*) to last; (*weiterhin gelten*) to remain ❷ (*sich zusammensetzen*) to consist (**aus** of) ❸ (*insistieren*) **auf etw** *Dat* **~** to insist on sth; **darauf ~, dass ...** to insist that ...; **wenn Sie darauf ~!** if you insist!; **auf einer Meinung ~** to stick to an opinion

Bestehen <-s> *nt kein Pl* ❶ (*Vorhandensein*) existence (+*Gen* of) ❷ (*Beharren*) insistence (**auf** on) ❸ *einer Prüfung* passing; *einer schwierigen Situation* surviving; *einer Gefahr* overcoming

besteigen* *tr V unreg* ❶ *Berg* to climb [up onto] ❷ *Pferd, Rad* to mount ❸ *Schiff* to go on board ❹ (*begatten*) ZOOL to cover

bestellen* *tr V* ❶ to order (**bei** from); *Zeitung* to subscribe to; *Taxi* to call ❷ (*reservieren*) to reserve ❸ (*ausrichten*) to tell; [**jdm**] **Grüße ~** to send [sb] one's regards ❹ *Acker* to plant ▸ **mit etw ist es** <u>**schlecht**</u> **bestellt** sth is in a bad way

Bestellnummer *f* order number

Bestellung <-, -en> *f* order; **eine ~ aufgeben** to make an order; **auf ~ arbeiten** to work to order; **etw auf ~ machen** to make sth to order ▸ <u>**wie**</u> **auf ~** in the nick of time

bestenfalls ['bɛstn̩'fals] *Adv* at best

bestens ['bɛstn̩s] *Adv* very well

bestialisch [bɛs'ti̯a:lɪʃ] **I.** *Adj* atrocious **II.** *Adv* (*fam*) dreadfully; **~ stinken** to stink to high heaven

Bestie <-, -n> ['bɛsti̯ə] *f* ❶ (*Tier*) beast ❷ (*Mensch*) brute

bestimmen* **I.** *tr V* ❶ (*festsetzen*) to decide on; *Preis, Ort, Zeit* to fix ❷ (*prägen*) to set the tone for; **Wälder ~ das Landschaftsbild** forests characterize the scenery ❸ (*beeinflussen*) to influence; **durch etw bestimmt werden** to be determined by sth ❹ (*wissenschaftlich feststellen*) to categorize; *Pflanzen, Tiere* to classify; *Begriff* to define ❺ (*vorsehen*) **jdn zu etw ~** to make sb sth; **füreinander bestimmt** meant for each other; **etw ist für jdn bestimmt** sth is for sb **II.** *intr V* ❶ (*befehlen*) to be in charge ❷ (*verfügen*) **über jdn/etw ~** to control sb/sth

bestimmt [bə'ʃtɪmt] **I.** *Adj* ❶ (*ein gewisser*) certain ❷ (*ein spezieller*) particular; **etwas Bestimmtes** something [in] particular ❸ (*festgesetzt*) fixed; (*deutlich*) exact; **~er Artikel** LING definite article **II.** *Adv* definitely; **~ nicht** certainly not; **etw ganz ~ wissen** to be positive about sth

Bestimmung <-, -en> *f* ❶ (*Vorschrift*) regulation ❷ *kein Pl* (*Zweck*) purpose ❸ (*Schicksal*) destiny ❹ (*das Bestimmen*) determining; *des Alters, der Herkunft* determination; *eines Begriffs* definition; *einer Pflanze, eines Tiers* classification; **adverbiale ~** LING adverbial [phrase]

bestmöglich ['bɛst'mø:klɪç] *Adj* best possible; **das ~e tun** to do one's best

Bestnoten *Pl* top marks *pl*

bestrafen* *tr V* to punish (**mit** by/with); **etw wird mit Gefängnis bestraft** sth is punishable by imprisonment

Bestrafung <-, -en> *f* punishment; **zur ~** as a punishment

Bestrahlung *f* MED radiotherapy

Bestreben *nt* endeavour[s]; **das ~ haben, etw zu tun** to make every effort to do sth

bestrebt *Adj* **~ sein, etw zu tun** to be keen to do sth

bestreiken* *tr V* to take strike action [*or* AM go on strike] against

bestreiten* *tr V unreg* ❶ (*leugnen*) to

deny; *Behauptung* to reject; **es lässt sich nicht ~, dass ...** it cannot be denied that ... ❷ (*finanzieren*) to finance; **seinen Unterhalt ~** to earn a living

bestürmen* *tr V* to bombard

bestürzt *Adj* dismayed (**über** by); **zutiefst ~** deeply dismayed

Besuch <-[e]s, -e> [bə'zu:x] *m* ❶ visit (**bei** to); **jdm einen ~ abstatten** to pay sb a visit; [**bei jdm**] **auf ~ sein** to be on a visit [to sb] ❷ (*Besucher*) visitor[s]; **hoher ~** important visitor[s]

besuchen* *tr V* ❶ to visit; **besuch mich bald mal wieder!** come again soon! ❷ (*teilnehmen*) to attend

Besucher(in) <-s, -> *m(f)* visitor; *eines Theaters* theatre goer; SPORT spectator

Besucherzahl *f* number of visitors

Besuchszeit *f* visiting hours *pl*

besucht *Adj* **gut/kaum ~ sein** to be well-/poorly attended

betagt [bə'ta:kt] *Adj* (*geh*) aged, advanced in years *pred*

betätigen* *refl V* **sich ~** to busy oneself; **sich politisch ~** to be politically active; **sich sportlich ~** to exercise

betäuben* [bə'tɔybn̩] *tr V* ❶ (*narkotisieren*) to anaesthetize; **die Entführer betäubten ihr Opfer** the kidnappers drugged their victim ❷ MED *Schmerz* to kill; [**wie**] **betäubt** [as if] paralyzed ❸ (*unterdrücken*) *Emotionen* to suppress

Betäubungsmittel *nt* drug

Bete <-, *selten* -n> ['be:tə] *f* **rote ~** beetroot

beteilen* *tr V* ÖSTERR (*beschenken*) **jdn ~** to provide [for] sb

beteiligen* [bə'tailɪgn̩] *refl V* **sich ~** to participate (**an** in)

beteiligt [bə'tailɪçt] *Adj* **an etw** *Dat* **~ sein** ❶ (*mit dabei*) to be involved in sth ❷ ÖKON to hold a stake in sth

Beteiligung <-, -en> *f* (*Teilnahme*) participation (**an** in)

beten ['be:tn̩] **I.** *intr V* to pray **II.** *tr V* **etw ~** to recite sth

beteuern* [bə'tɔyɐn] *tr V* **jdm ~, dass ...** to protest to sb that ...; **seine Unschuld ~** to protest one's innocence

Beton <-s, *selten* -s> [be'tɔŋ, be'tõ:, be'to:n] *m* concrete

betonen* *tr V* to stress

betonieren* [beto'ni:rən] *tr V* to concrete; **eine betonierte Piste** a concrete runway

betont **I.** *Adj* emphatic **II.** *Adv* markedly

Betonung <-, -en> *f* stress

Betracht <-[e]s> [bə'traxt] *m kein Pl* **in ~ kommen** to be considered; **etw außer ~ lassen** to disregard sth; **in ~ ziehen** to consider

betrachten* *tr V* ❶ to look at ❷ (*halten für*) to regard (**als** as)

Betrachten <-s> *nt kein Pl* examination; **bei näherem ~** on closer examination

beträchtlich [bə'trɛçtlɪç] *Adj* considerable

Betrag <-[e]s, Beträge> [bə'tra:k, *Pl:* bə'trɛ:gə] *m* amount

betragen* *unreg* **I.** *intr V* to be; **die Rechnung beträgt zehn Euro** the bill comes to ten euros **II.** *refl V* **sich ~** to behave

Betragen <-s> *nt kein Pl* behaviour; SCHULE conduct

Betreff <-[e]s, -e> [bə'trɛf] *m* (*geh: Bezug*) reference; **~: Ihr Schreiben vom 23.6.** Re: your letter of June 23

betreffen* *tr V unreg* ❶ **jdn ~** to concern sb; **etw ~** to affect sth; **was das betrifft, ...** as far as that is concerned ❷ (*geh: widerfahren*) to befall ❸ (*geh: seelisch treffen*) to affect ❹ (*in Geschäftsbriefen*) **Betrifft: ...** Re: ...

betreffend *Adj* in question *pred;* **die ~e Person** the person in question

betreiben* *tr V unreg* ❶ (*vorantreiben*) to proceed ❷ (*ausüben*) to carry on; *Firma* to run ❸ (*sich beschäftigen mit*) to do ❹ *Maschine* to operate ❺ (*antreiben*) to power (**mit** with); **das U-Boot wird atomar betrieben** the submarine is nuclear-powered

betreten*[1] *tr V unreg* ❶ (*hineingehen*) to enter ❷ (*treten auf*) *Rasen, Teppich* to walk on

betreten[2] **I.** *Adj* embarrassed **II.** *Adv* embarrassedly

Betreten <-s> *nt kein Pl* **beim ~ des Raums** on entering the room; **„~ verboten!“** 'Keep off!'; **„~ für Unbefugte verboten!“** 'No entry to unauthorized persons!'

betreuen* [bə'trɔyən] *tr V* to look after

B

Betreuungsgeld *nt* POL child care subsidy

Betrieb <-[e]s, -e> [bəˈtriːp] *m* ① (*Firma*) company ② *kein Pl* (*Betriebsamkeit*) activity; **heute war nur wenig/herrschte großer ~** it was very quiet/very busy today ③ *einer Maschine* operation; **etw in ~ nehmen** to put sth into operation; **eine Maschine in ~ setzen** to start up a machine; **in ~** in operation; **außer ~** out of order

Betriebsanleitung *f* operating instructions *pl* **Betriebsarzt, Betriebsärztin** *m, f* company doctor **Betriebsausflug** *m* staff [*or* AM office] outing **Betriebsferien** *Pl* works [*or* AM company] holidays *pl* **Betriebskapital** *nt* ÖKON working capital **Betriebsklima** *nt* working atmosphere **Betriebskosten** *Pl* *eines Unternehmens* operating costs; *einer Maschine* running costs **Betriebsleitung** *f* management **Betriebsrat** *m* (*Gremium*) employee representative committee **Betriebsrat, Betriebsrätin** *m, f* employee representative **Betriebssystem** *nt* COMPUT operating system **Betriebsunfall** *m* ≈ industrial accident **Betriebswirtschaft** *f* business management

betrinken* *refl V unreg* **sich [mit etw] ~** to get drunk [on sth]

betroffen I. *Imp von* **betreffen II.** *Adj* shocked; **~es Schweigen** stunned silence **III.** *Adv* with dismay

betrüblich [bəˈtryːplɪç] *Adj* distressing

betrübt *Adj* sad (**über** about)

Betrug <-[e]s, SCHWEIZ Betrüge> [bəˈtruːk, *Pl:* bəˈtryːgə] *m* fraud

betrügen* *unreg tr V* ① (*täuschen*) to cheat (**um** out of); **sich [selbst] ~** to deceive oneself; **betrogen** cheated; **ich fühle mich betrogen!** I feel betrayed! ② (*Seitensprung*) **jdn [mit jdm] ~** to be unfaithful to sb [with sb]

Betrüger(in) <-s, -> [bəˈtryːgɐ] *m(f)* con man

betrunken [bəˈtrʊnkn̩] **I.** *Adj* drunken *attr,* drunk *pred* **II.** *Adv* drunkenly

Bett <-[e]s, -en> [bɛt] *nt* bed; **jdn ins ~ bringen** to put sb to bed; **ins ~ gehen** to go to bed; **jdn aus dem ~ holen** to get sb out of bed; **das ~ hüten müssen** to be confined to [one's] bed; **an jds ~** *Dat* at sb's bedside

Bettbezug *m* duvet cover **Bettdecke** *f* blanket

Bettelbrief *m* (*pej fam*) begging letter

betteln [ˈbɛtl̩n] *intr V* to beg (**um** for)

Bettflasche *f* SÜDD, SCHWEIZ hot-water bottle **bettlägerig** *Adj* bedridden **Bettlaken** *nt s.* **Betttuch**

Bettler(in) <-s, -> [ˈbɛtlɐ] *m(f)* beggar

Betttuch[RR], **Bettuch**[ALT] [ˈbɛttuːx] *nt* sheet **Bettvorlage** *f,* **Bettvorleger** *m* bedside rug **Bettwäsche** *f* bedlinen **Bettzeug** *nt* bedding

betüddeln [bəˈtyːdl̩n], **betütteln** [bəˈtyːtl̩n] *tr V* (*fam*) **jdn ~** to [molly]coddle sb

beugen [ˈbɔygn̩] **I.** *tr V* to bend; *Kopf* to bow **II.** *refl V* ① **sich ~** to bend; **sich aus dem Fenster ~** to lean out of the window ② (*sich unterwerfen*) **sich [jdm/etw] ~** to submit [to sb/sth]; **ich werde mich der Mehrheit ~** I will bow to the majority

Beule <-, -n> [ˈbɔylə] *f* ① (*Delle*) dent ② (*Schwellung*) bump

beunruhigen* [bəˈʔʊnruːɪgn̩] *tr V* to worry

beurkunden* [bəˈʔuːɐ̯kʊndn̩] *tr V* to certify

beurlauben* [bəˈʔuːɐ̯laubn̩] *tr V* to give time off; **können Sie mich für eine Woche ~?** can you give me a week off?

beurteilen* *tr V* ① (*einschätzen*) to judge ② (*abschätzen*) to assess

Beurteilung <-, -en> *f* ① (*das Beurteilen*) assessment ② (*schriftlich*) report

Beute <-> [ˈbɔytə] *f kein Pl* ① JAGD prey; **eine leichte ~** [an] easy prey ② (*Diebesgut*) haul; **[fette] ~ machen** to make a [big] haul

Beutel <-s, -> [ˈbɔytl̩] *m* bag

Beutelschneider(in) *m(f)* (*pej fam*) ① (*Taschendieb*) pickpocket ② (*Wucherer*) extortionist

bevölkert *Adj* (*besiedelt*) populated

Bevölkerung <-, -en> *f* population

bevölkerungsreich *Adj* populous

bevollmächtigen* *tr V* to authorize (**zu** to)

Bevollmächtigte(r) *f(m) dekl wie Adj* authorized representative

bevor [bəˈfoːɐ̯] *Konj* ① (*ehe*) before ② (*solange*) until; **nicht ~** not until

bevormunden* [bə'foːɐ̯mʊndn̩] *tr V* to treat like a child

bevor|stehen *intr V unreg* **jdm ~** to await sb; **etw steht bevor** sth is approaching

bevorstehend *Adj* approaching; *Fest, Geburtstag* upcoming; *Gefahr* impending

bevorzugen* [bə'foːɐ̯tsuːgn̩] *tr V* ① (*begünstigen*) to favour (**vor** over) ② (*den Vorzug geben*) to prefer

bewachen* *tr V* to guard

bewaffnet *Adj* armed

bewahren* *tr V* to save (**vor** from); **vor etw** *Dat* **bewahrt bleiben** to be spared sth ▶ **Gott bewahre!** (*fam*) [good] Lord no!

bewähren* *refl V* **sich ~** to prove itself

bewahrheiten* [bə'vaːɐ̯haitn̩] *refl V* **sich ~** to come true

bewährt *Adj* tried and tested

Bewährung <-, -en> *f* JUR probation; **eine Strafe zur ~ aussetzen** to suspend a sentence; **~ bekommen** to be put on probation

Bewährungshelfer(in) *m(f)* probation officer

bewaldet [bə'valdət] *Adj* wooded

bewältigen* [bə'vɛltɪgn̩] *tr V* ① to cope with ② *Vergangenheit* to come to terms with

bewandert [bə'vandɐt] *Adj* well-versed (**in** in)

bewässern* *tr V Feld* to irrigate; *Garten* to water

bewegen*[1] [bə'veːgn̩] **I.** *tr V* to move **II.** *refl V* **sich ~** ① to move ② (*sich körperlich betätigen*) to [take some] exercise ③ (*sich ändern*) to change

bewegen*[2] <bewog, bewogen> [bə'veːgn̩] *tr V* **jdn dazu ~, etw zu tun** to move sb to do sth

Beweggrund *m* motive (+*Gen* for)

beweglich [bə'veːklɪç] *Adj* ① movable; *Glieder* supple ② (*manövrierfähig*) manoeuvrable

bewegt *Adj* ① *Leben* eventful ② (*gerührt*) moved; **mit ~er Stimme** in an emotional voice

Bewegung <-, -en> *f* ① movement; (*Handbewegung*) gesture; **jdn in ~ bringen/halten** to get/keep sb moving; **in ~ sein** *Mensch* to be on the move; **ich war heute den ganzen Tag in ~** I was on the go all day today; **sich in ~ setzen** to start moving; **etw in ~ setzen** to get sth going ② (*körperliche Betätigung*) exercise ③ (*Ergriffenheit*) emotion ④ (*Änderung*) change

bewegungslos *Adj* motionless

Beweis <-es, -e> [bə'vais] *m* proof; **den ~ [für etw] erbringen** to provide conclusive proof [of sth]

beweisbar *Adj* provable

beweisen* *unreg tr V* ① to prove ② (*erkennen lassen*) to show; **~, dass ...** to show that ...

Beweismaterial *nt* JUR [body of] evidence

bewerben* *refl V unreg* **sich ~** to apply (**auf** in response to, **bei** to, **um** for)

Bewerber(in) <-s, -> *m(f)* applicant

Bewerbung *f* application

Bewerbungsgespräch *nt* [job] interview **Bewerbungsschreiben** *nt* application

bewerkstelligen* [bə'vɛrkʃtɛlɪgn̩] *tr V* to manage

bewerten* *tr V* to assess; *Wertsachen* to value; **jdn/etw nach etw ~** to judge sb/sth according to sth; **etw zu hoch/zu niedrig ~** to overvalue/undervalue sth

Bewertung *f* ① assessment; *von Wertsachen* valuation ② (*Benotung*) marking

bewilligen* [bə'vɪlɪgn̩] *tr V* to approve; FIN to grant

bewirken* *tr V* ① (*verursachen*) to cause ② (*erreichen*) **[bei jdm] etwas ~** to achieve sth [with sb]

bewirten* *tr V* to entertain (**mit** with)

bewohnbar *Adj* habitable

bewohnen* *tr V Haus* to live in; *Gegend* to inhabit

Bewohner(in) <-s, -> *m(f)* ① *einer Wohnung* occupant ② (*Einwohner*) inhabitant

bewölken* *refl V* **sich ~** to cloud over

bewölkt *Adj* cloudy

Bewunderer, Bewunderin <-s, -> [bə'vʊndərɐ, bə'vʊndərɪn] *m, f* admirer

bewundern* *tr V* to admire (**wegen** for); **was ich an dir bewundere, ist ...** what I admire about you is ...

bewundernswert *Adj*, **bewundernswürdig** *Adj* (*geh*) admirable (**an** about)

Bewunderung <-, *selten* -en> *f* admiration

bewusstRR, **bewußt**ALT [bə'vʊst] **I.** *Adj* ❶ (*vorsätzlich*) deliberate ❷ (*wissend*) **sich** *Dat* **einer S.** *Gen* **~ sein** to be aware of sth; **jdm ~ sein** to be clear to sb **II.** *Adv* ❶ (*überlegt*) **~ leben** to live with great awareness ❷ (*vorsätzlich*) deliberately ❸ (*klar*) **jdm etw ~ machen** to make sb realize sth; **sich** *Dat* **etw ~ machen** to realize sth

bewusstlosRR, **bewußtlos**ALT [bə-'vʊstlo:s] *Adj* unconscious

BewusstseinRR <-s>, **Bewußtsein**ALT *nt kein Pl* consciousness; **bei [vollem] ~ sein** to be [fully] conscious; **etw aus dem ~ verdrängen** to banish sth from one's mind; **jdm etw ins ~ rufen** to remind sb of sth

bezahlen* *intr, tr V* to pay; **[Herr Ober,] bitte ~!** [waiter,] the bill please!; **ich bezahle den Wein!** I'll pay for the wine!

bezahlt *Adj* paid

Bezahlung *f* ❶ (*das Bezahlen*) payment; *Getränke, Speisen* paying for ❷ (*Lohn, Gehalt*) pay; **gegen/ohne ~** for/without payment

bezaubern* *tr, intr V* to enchant

bezaubernd *Adj* ❶ (*entzückend*) enchanting; **sie war eine Frau von ~er Schönheit** she was a woman of captivating beauty ❷ (*iron*) **wirklich ~!** that's really great!, oh how wonderful!

bezeichnen* **I.** *tr V* ❶ (*benennen*) to call ❷ (*kennzeichnen*) to mark (**mit** with) **II.** *refl V* **sich als etw ~** to call oneself sth

bezeichnend *Adj* typical (**für** of)

Bezeichnung *f* ❶ (*Ausdruck*) term ❷ (*Kennzeichnung*) marking

beziehen* *unreg* **I.** *tr V* ❶ (*mit Stoff*) to cover ❷ (*erhalten*) to receive (**von** from) ❸ SCHWEIZ *Steuern* to collect ❹ (*in Beziehung setzen*) **etw auf etw** *Akk* **~** to apply sth to sth **II.** *refl V* **sich auf jdn/etw ~** to refer to sb/sth

Beziehung <-, -en> [bə'tsi:ʊŋ] *f* ❶ (*Verhältnis*) relationship (**zu** with); **diplomatische ~en** diplomatic relations; **etw zu etw** *Dat* **in ~ setzen** to connect sth with sth ❷ *meist Pl* (*Bekanntschaften*) connections *pl;* **seine ~en spielen lassen** to pull [some] strings ❸ (*Hinsicht*) **in jeder/mancher ~** in every/many respect ❹ (*Zusammenhang*) connection; **in keiner ~ zueinander stehen** to have no connection with one another

beziehungsweise *Konj* or rather

beziffern* [bə'tsɪfɐn] **I.** *tr V* to estimate (**auf** at) **II.** *refl V* to come to; **die Gesamtzahl der Demonstranten bezifferte sich auf über 500.000** the number of demonstrators numbered more than 500,000

Bezirk <-[e]s, -e> [bə'tsɪrk] *m* district

Bezirksgericht *nt* JUR ÖSTERR, SCHWEIZ (*Amtsgericht*) ≈ county [*or* AM district] court

bezugALT [bə'tsu:k] *s.* **Bezug 5.**

Bezug <-[e]s, Bezüge> [bə'tsu:k, *Pl:* bə'tsy:gə] *m* ❶ (*Überzug*) cover ❷ (*Kauf*) purchasing ❸ SCHWEIZ (*von Steuern*) collection ❹ (*Verbindung*) relation ❺ (*geh: Bezugnahme*) reference; **~ auf etw** *Akk* **nehmen** to refer to sth ❻ (*Hinsicht*) **in ~ auf jdn/etw** with regard to sb/sth

bezüglich [bə'tsy:klɪç] *Präp* (*geh*) regarding

Bezugsperson *f* PSYCH, SOZIOL ≈ role model (*a person on whom sb models their thinking and behaviour due to their personal relationship*)

bezwecken* [bə'tsvɛkn̩] *tr V* to aim to achieve (**mit** with); **was willst du damit ~?** what do you hope to achieve by doing that?

bezweifeln* *tr V* to question; **~, dass ...** to doubt that ...

BH <-[s], -[s]> [be:'ha:] *m Abk von* **Büstenhalter** bra

BI [be:'i:] *f Abk von* **Bürgerinitiative** POL [citizens'] action group

Bibel <-, -n> ['bi:bl̩] *f* Bible

Bibelstelle *f* passage from the Bible

Biber <-s, -> ['bi:bɐ] *m* beaver

BibliografieRR <-, -n> [bibliogra'fi, *Pl:* -'fi:ən] *f* bibliography

Bibliographie <-, -n> [bibliogra'fi:, *Pl:* -'fi:ən] *f s.* **Bibliografie**

Bibliothek <-, -en> [biblio'te:k] *f* library

Bibliothekar(in) <-s, -e> [bibliote'ka:ɐ̯] *m(f)* librarian

bieder ['bi:dɐ] *Adj* (*pej*) conventional

biegen <bog, gebogen> ['bi:gn̩] **I.** *tr V*

haben ① to bend ② ÖSTERR (*flektieren*) to inflect ▶ **auf Biegen oder Brechen** (*fam*) by hook or by crook **II.** *intr V sein Fahrer* to turn; *Straße* to curve **III.** *refl V haben* **sich ~** ① (*sich krümmen*) to bend ② (*sich verziehen*) to go out of shape

biegsam ['biːkzaːm] *Adj* flexible

Biegung <-, -en> *f* ① bend; **eine ~ machen** to turn ② ÖSTERR (*Flexion*) inflection

Biene <-, -n> ['biːnə] *f* bee

Bienenhonig *m* bees' honey **Bienenkönigin** *f* queen bee **Bienenstock** *m* beehive **Bienenwabe** *f* honeycomb **Bienenwachs** *nt* beeswax

Bier <-[e]s, -e> [biːɐ̯] *nt* beer; **~ vom Fass** draught beer ▶ **das ist dein ~** (*fam*) that's your business; **das ist nicht mein ~** (*fam*) that's nothing to do with me

> German **Bier** is renowned all over the world for its long tradition, the regional diversity and the strict *Reinheitsgebot* – a law that dates back to the year 1514 and still stipulates the sole ingredients: hops, barley malt, water and yeast. A growing trend sees the large breweries competing with an increasing number of smaller local breweries *(Haus-* or *Privatbrauereien).* These often have their own gastropubs on the premises.

Bierdose *f* beer can **Bierkasten** *m* crate of beer

Biest <-[e]s, -er> [biːst] *nt* (*fam*) ① (*pej: Insekt*) [damn] bug; (*bösartiges Tier*) creature ② (*pej: Mensch*) beast

bieten <bot, geboten> ['biːtn̩] **I.** *tr V* ① (*anbieten*) to offer ② (*geben*) to give ③ (*darbieten*) [**jdm**] **etw ~** to present [sb with] sth ④ (*pej: zumuten*) **sich** *Dat* **etw nicht ~ lassen** to not stand for sth **II.** *intr V* to [make a] bid **III.** *refl V* **sich** [**jdm**] **~** to present itself [to sb]

Bikini <-s, -s> [bi'kiːni] *m* bikini

Bilanz <-, -en> [bi'lants] *f* ① ÖKON balance sheet ② (*Ergebnis*) end result; [**die**] **~** [**aus etw** *Dat*] **ziehen** (*fig*) to take stock [of sth]

Bilanzsumme *f* ÖKON balance-sheet total

Bild <-[e]s, -er> [bɪlt, *Pl:* 'bɪldɐ] *nt* ① picture ② (*Anblick*) scene ③ (*geistige Vorstellung*) image ▶ **sich** *Dat* **von jdm/etw ein ~ machen** to form an opinion about sb/sth; **im ~e sein** to be in the picture

bilden ['bɪldn̩] **I.** *tr V* ① (*hervorbringen*) to form; **sich** *Dat* **eine Meinung ~** to form an opinion ② (*ausbilden*) to educate ③ KUNST to make (**aus** from) **II.** *refl V* ① (*entstehen*) **sich ~** to form, to be formed ② (*lernen*) **sich ~** to educate oneself

bildend *Adj* **die ~e Kunst** fine art[s]

Bilderbuch *nt* picture book **Bilderrahmen** *m* picture frame

Bildhauer(in) <-s, -> ['bɪlthauɐ] *m(f)* sculptor **Bildhauerei** <-> *f kein Pl* sculpture *no art* **bildhübsch** ['bɪlt'hʏpʃ] *Adj* as pretty as a picture

bildlich **I.** *Adj* figurative; **ein ~er Ausdruck** a figure of speech **II.** *Adv* figuratively; **sich** *Dat* **etw ~ vorstellen** to picture sth

Bildschirm *m* screen

Bildschirmarbeit *f* VDU work *no pl, no indef art* **Bildschirmgerät** *nt* visual display unit **Bildschirmschoner** *m* screen saver **Bildschirmtext** *m* videotext

bildschön ['bɪlt'ʃøːn] *Adj s.* **bildhübsch**

Bildtelefon *nt* videophone

Bildung <-, -en> *f* ① *kein Pl* (*geistige*) education; **~ haben** to be educated; **keine ~ haben** to be uneducated ② *kein Pl* (*Entwicklung*) development; BOT forming ③ *kein Pl* (*Zusammenstellung*) formation ④ *kein Pl* (*Erstellung*) forming

Bildungslücke *f* gap in one's education **Bildungsurlaub** *m* educational holiday

Bildverarbeitung *f* TYPO, COMPUT image processing

Billard <-s, -e *o* ÖSTERR -s> ['bɪljart] *nt* billiards + *sing verb*

Billardkugel *f* billiard ball **Billardstock** *m* billiard cue

Billeteur, Billeteuse <-s, -e> [bijɛ'tœːr, bijɛ'tøːzə] *m, f* ① SCHWEIZ conductor *masc,* conductress *fem* ② ÖSTERR usher *masc,* usherette *fem*

Billett <-[e]s, -s/-e> [bɪl'jɛ(t)] *nt* ① SCHWEIZ ticket ② ÖSTERR greetings [*or* AM greeting] card

Billiarde <-, -n> [bɪ'li̯ardə] *f* thousand trillion

billig ['bɪlɪç] **I.** *Adj* cheap; **es jdm ~er machen** to reduce sth for sb **II.** *Adv* cheaply

billigen ['bɪlɪgn̩] *tr V* to approve of

Billiglinie *f* low-cost airline **Billiglösung** *f* cheap solution

Billion <-, -en> [bɪ'li̯oːn] *f* trillion

Bimsstein ['bɪmsʃtain] *m* pumice stone

binär [bi'nɛːɐ̯] *Adj* binary

Binde <-, -n> ['bɪndə] *f* ① MED bandage; (*Schlinge*) sling ② (*Monatsbinde*) sanitary towel [*or* AM napkin]

Bindegewebe *nt* connective tissue **Bindeglied** *nt* [connecting] link **Bindehaut** *f* conjunctiva **Bindehautentzündung** *f* conjunctivitis *no pl, no indef art*

binden <band, gebunden> ['bɪndn̩] **I.** *tr V* ① (*mit Faden etc. zusammenfügen*) to bind ② (*fesseln, befestigen*) to tie [up *sep*] (**an** to) ▶ **jdm sind die <u>Hände</u> gebunden** sb's hands are tied **II.** *refl V* **sich an jdn/etw ~** to commit oneself to sb/sth

bindend *Adj* binding

Bindestrich *m* hyphen

Bindfaden *m* string

Bindung <-, -en> *f* ① (*Verbundenheit*) bond (**an** to) ② (*Verpflichtung*) commitment

binnen ['bɪnən] *Präp +Dat o Gen* (*geh*) within; ~ **kurzem** soon

Binnengewässer *nt* inland water *no indef art* **Binnenhafen** *m* inland port **Binnenhandel** *m* domestic trade *no pl* **Binnenmarkt** *m* domestic market; **der** [**Europäische**] ~ the Single [European] Market **Binnenmeer** *nt* inland sea **Binnenschifffahrt**[RR] *f* inland navigation

Bioabfall *m* ÖKOL organic waste [matter] **Biobauer, Biobäuerin** *m, f* organic farmer **Biochemie** [bioçe:'miː] *f* biochemistry **Biochemiker(in)** [bio'çeːmikɐ] *m(f)* biochemist **biodynamisch** [biody'naːmɪʃ] *Adj* organic

Biografie[RR] <-, -n> [biogra'fiː, *Pl:* -'fiːən] *f* ① (*Buch*) biography ② (*Lebenslauf*) life [history]

biografisch[RR] [bio'graːfɪʃ] *Adj* biographical

Biographie <-, -n> [biogra'fiː, *Pl:* -'fiːən] *f s.* **Biografie**

biographisch [bio'graːfɪʃ] *Adj s.* **biografisch**

Bioladen *m* health-food shop, health-food store AM **Biolandbau** *m kein Pl* organic farming

Biolebensmittel *Pl* organic food

> More and more farmers in Germany are converting to organic farming *(biologischer Anbau)* to meet the growing demand for **Biolebensmittel**. Almost every town has at least one local *Bioladen* (smaller wholefood shop) or large-scale *Biosupermarkt* (wholefood supermarket).
> The most important soil associations for organic farming include *Bioland®* and *Naturland®* in Germany, *Bio-Suisse®* in Switzerland, and *BIO AUSTRIA®* in Austria. *Demeter®* is the oldest agricultural association for biodynamic farming. Their strict farming methods include crop rotation and the use of special composts and healing plants to improve the quality of soils.

Biologe, Biologin <-n, -n> [bio'loːgə, -'loːgɪn] *m, f* biologist

Biologie <-> [biolo'giː] *f kein Pl* biology

biologisch **I.** *Adj* biological **II.** *Adv* biologically; ~ **abbaubar** biodegradable

Biomasse *f* biomass **biometrisch** [bio'meːtrɪʃ] *Adj* biometric; **~er Pass** biometric [*or* biometrical] passport **Biosprit** [-ʃprɪt] *m* Green fuel **Biophysik** [biofy'ziːk] *f* biophysics *+ sing verb* **Biotonne** *f* bio-bin **Biowaffe** *f* MIL biological weapon

BIP *nt* ÖKON *Abk von* **Bruttoinlandsprodukt** GDP

Birke <-, -n> ['bɪrkə] *f* birch [tree]

Birma <-s> ['bɪrma] *nt* Burma

Birmane, Birmanin <-n, -n> [bɪr'maːnə, bɪr'maːnɪn] *m, f* Burmese

Birmanisch [bɪr'maːnɪʃ] *nt dekl wie Adj* Burmese; *s. a.* **Deutsch**

Birnbaum *m* pear tree; (*Holz*) pearwood

Birne <-, -n> ['bɪrnə] *f* ① pear ② ELEK [light] bulb

bis [bɪs] **I.** *Präp +Akk* ① *zeitlich* till, until; (*nicht später als*) by; **von ... ~ ...** from ... until...; ~ **morgen** (*Abschied*) see you tomorrow; ~ **dahin/dann** by then; ~ **einschließlich** up to and including; ~ **jetzt** up to now; ~ **wann?** until when?; ~ **wann bleibst du?** how long are you staying [for]? ② *räumlich* to; (*bis zu*) as far as; **er musterte ihn von oben ~ unten** he looked him up and down; ~ **hierher** up to this point; ~ **wo[hin]** ...? where ... to? ③ (*erreichend*) up to; **ich zähle ~ drei** I'll count [up] to three; **Kinder ~ sechs Jahre** children up to the age of six **II.** *Adv* ① *zeitlich* till, until; ~ **gegen acht Uhr** until about eight o'clock; ~ **anhin** SCHWEIZ up to now; ~ **und mit** SCHWEIZ up to and including ② *räumlich* into, to; **die Äste reichen ~ ans Haus** the branches reach right up to the house ③ (*mit Ausnahme von*) ~ **auf**, SCHWEIZ ~ **an** except [for] **III.** *Konj* ① (*beiordnend*) to; **400 ~ 500 Gramm Schinken** 400 to 500 grams of ham ② (*bevor*) by the time, till, until; ~ **es dunkel wird, möchte ich zu Hause sein** I want to be home by the time it gets dark; **ich warte noch, ~ es dunkel wird** I'll wait until it gets dark

Bisam <-s, -e *o* -s> ['bi:zam] *m* ① MODE musquash ② *no Pl* (*Moschus*) musk

Bisamratte *f* muskrat

Bischof, Bischöfin <-s, Bischöfe> ['bɪʃɔf, 'bɪʃøfɪn] *Pl m, f* bishop

bischöflich ['bɪʃœflɪç, 'bɪʃø:flɪç] *Adj* episcopal

Bischofssitz *m* bishop's seat

bisexuell [bizɛ'ksu̯ɛl, 'bi:-] *Adj* bisexual

bisher [bɪs'he:ɐ̯] *Adv* until now

bisherig [bɪs'he:rɪç] *Adj attr* (*vorherig*) previous *attr;* (*momentan*) present, to date, up to now

Biskaya <-> [bɪs'ka:ja] *f* **die ~** [the Bay of] Biscay

Biskuit <-[e]s, -s *o* -e> [bɪs'kvi:t, bɪs'ku̯i:t] *nt o m* sponge

bislang [bɪs'laŋ] *Adv s.* **bisher**

Bison <-s, -e> ['bi:zɔn] *m* bison

biss[RR], **biß**[ALT] [bɪs] *Imp von* **beißen**

Biss[RR] <-es, -e> *m*, **Biß**[ALT] <-sses, -sse> [bɪs] *m* bite; ~ **haben** (*fig*) to have drive

bisschen[RR], **bißchen**[ALT] ['bɪsçən] *unbest. Pron* ① *in der Funktion eines Adjektivs* **ein ~ ...** a bit of ...; **kein ~ ...** not one [little] bit of ...; **das ~ ...** the little bit of ... ② *in der Funktion eines Adverbs* **ein ~ ...** a bit ...; **kein ~ ...** not the slightest bit ...

Bissen <-s, -> ['bɪsn̩] *m* morsel; **er brachte keinen ~ herunter** he couldn't eat a thing

bissfest[RR] *Adj* KOCHK *Fleisch, Gemüse* firm

bissig ['bɪsɪç] *Adj* ① vicious; **„[Vorsicht,] ~er Hund!"** 'Beware of [the] dog!' ② (*sarkastisch*) caustic

Bistum <-s, -tümer> ['bɪstu:m, *Pl:* -ty:mɐ] *nt* bishopric

bisweilen [bɪs'vailən] *Adv* (*geh*) at times

Bit <-[s], -[s]> [bɪt] *nt* COMPUT bit

bitte ['bɪtə] *Interj* ① (*auffordernd*) please; ~ **nicht!** no, please!; **ja, ~?** (*am Telefon*) hello?; **tun Sie [doch] ~ ...** won't you please ... ② (*Dank erwidernd*) **danke für die Auskunft! – Bitte!** thanks for the information! — You're welcome!; **danke, dass du mir geholfen hast! – Bitte, gern geschehen!** thanks for helping me! — Not at all!; **danke schön! – Bitte schön, war mir ein Vergnügen!** thank you! — Don't mention it, my pleasure!; **Entschuldigung! – Bitte!** I'm sorry! — That's all right! ③ (*anbietend*) ~ **schön** here you are ④ (*um Wiederholung bittend*) **könnten Sie die Nummer ~ wiederholen?** sorry, can you repeat the number? ⑤ (*Gefühl der Bestätigung*) **na ~!** what did I tell you!

Bitte <-, -n> ['bɪtə] *f* request (**um** for); **eine ~ äußern** to make a request; **sich mit einer ~ an jdn wenden** to make a request to sb; **auf jds ~** at sb's request

bitten <bat, gebeten> ['bɪtn̩] **I.** *tr V* ① **jdn [um etw** *Akk*] ~ to ask sb [for sth]; **könnte ich dich um einen Gefallen ~?** could I ask you a favour? ② (*einladen*) **jdn zu etw ~** to ask sb for sth; **darf ich [euch] zu Tisch ~?** may I ask you to come and sit down at the table? ▸ **sich nicht [lange] ~ lassen** to not have to be asked twice **II.** *intr V* **um etw ~** to ask for sth; (*dringend*) to beg for sth; **darf ich [um den nächsten Tanz] ~?** may I have the pleasure [of the next dance]?; **um Hilfe ~** to ask for help; **um Verzeihung ~** to beg for forgiveness ▸ **~ und betteln** (*fam*) to beg and plead; **wenn ich ~ <u>darf!</u>** if you wouldn't mind!

bitter ['bɪtɐ] **I.** *Adj* bitter ▶ **bis zum ~en <u>Ende</u>** to the bitter end **II.** *Adv* bitterly

bitterböse ['bɪtɐ'bø:zə] *Adj* furious

bizarr [bi'tsar] *Adj* bizarre

blähen ['blɛ:ən] *refl V* **sich ~** (*sich mit Luft füllen*) to billow

Blähung <-, -en> *f meist Pl* flatulence *no pl, no indef art;* **~en haben** to have flatulence

blamabel [bla'ma:bl̩] *Adj* shameful; *Situation* embarrassing

Blamage <-, -n> [bla'ma:ʒə] *f* disgrace *no pl*

blamieren* [bla'mi:rən] **I.** *tr V* to disgrace **II.** *refl V* **sich ~** to make a fool of oneself

blank [blaŋk] *Adj* ① (*sauber*) shining ② (*glänzend*) **~ gescheuert** shiny ③ (*rein*) pure ④ *präd* (*fam*) **~ sein** to be broke

Blase <-, -n> ['bla:zə] *f* ① ANAT bladder; **sich** *Dat* **die ~ erkälten** to get a chill on the bladder ② MED blister; **sich** *Dat* **~n laufen** to get blisters on one's feet ③ (*luftgefüllt*) bubble

blasen <bläst, blies, geblasen> ['bla:zn̩] *intr, tr V* ① to blow ② MUS to play; **der Jäger blies in sein Horn** the hunter sounded his horn

Blasenentzündung *f* inflammation of the bladder

blasiert [bla'zi:ɐ̯t] *Adj* (*pej geh*) arrogant

Blasinstrument *nt* wind instrument **Blaskapelle** *f* brass band

Blasphemie <-, -n> [blasfe'mi:, *Pl:* -'mi:ən] *f* (*geh*) blasphemy

blass[RR], **blaß**[ALT] [blas] *Adj* ① pale ② (*schwach*) vague ③ (*ohne ausgeprägte Eigenschaften*) **~ wirken** to seem colourless

Blatt <-[e]s, Blätter> [blat, *Pl:* 'blɛtɐ] *nt* ① BOT leaf ② (*Papier*) sheet ③ (*Zeitung*) paper ④ (*Sägeblatt*) blade ▶ **kein ~ vor den <u>Mund</u> nehmen** to not mince one's words; **das ~ hat sich <u>gewendet</u>** things have changed

blättern ['blɛtɐn] *intr V* **in einem Buch ~** to flick through a book

Blätterteig *m* flaky pastry

Blattgold *nt* gold leaf

Blattlaus *f* aphid

blau [blau] *Adj* ① blue ② (*blutunterlaufen*) bruised; **ein ~es Auge** a black eye; **ein ~er Fleck** a bruise ③ (*fam: betrunken*) plastered

blauäugig *Adj* ① blue-eyed ② (*naiv*) naïve **Blaubeere** *f* bilberry, blueberry **Blauhelm** *m* (*fam*) blue beret

bläulich *Adj* bluish

Blaulicht *nt* flashing blue light **blau|machen** *intr V* (*fam*) to call in sick **Blaumeise** *f* blue tit **Blausäure** *f* hydrocyanic acid

Blazer <-s, -> ['ble:zɐ] *m* blazer

Blech <-[e]s, -e> [blɛç] *nt* ① (*Metall*) sheet metal *no pl, no indef art* ② (*Blechstück*) metal plate

Blechbüchse *f* tin [box] **Blechdose** *f* tin

blechen ['blɛçn̩] *tr, intr V* (*fam*) to fork out (**für** for)

blechern *Adj* ① *attr* metal ② (*hohl klingend*) tinny; **~ klingen** to sound tinny

Blechlawine *f* (*fam*) river of metal **Blechschaden** *m* damage to the bodywork

Blei <-[e]s, -e> [blai] *nt* lead

Bleibe <-, -n> ['blaibə] *f* place to stay

bleiben <blieb, geblieben> ['blaibn̩] *intr V sein* ① (*verweilen*) [**bei jdm/an einem Ort**] **~** to stay [with sb/in a place]; **an etw** *Dat* **~** to remain at sth; **~ Sie bitte am Apparat!** hold the line, please!; **unter sich** *Dat* **~ wollen** to wish to be alone ② (*in einem Zustand verbleiben*) **die Lage blieb weiterhin angespannt** the situation remained tense; **unbeachtet ~** to go unnoticed; **wach ~** to stay awake ③ (*weiterhin existieren*) to remain ④ (*andauern*) to last; **hoffentlich bleibt die Sonne noch eine Weile!** I do hope the sunshine lasts for a while yet! ⑤ (*verharren*) **bei etw ~** to stick to sth ⑥ (*übrig sein*) **eine Möglichkeit bleibt uns noch** we still have one possibility left; **es blieb mir keine andere Wahl** I was left with no other choice ▶ **das bleibt <u>unter</u> uns** that's [just] between ourselves

bleibend *Adj* lasting

bleich [blaiç] *Adj* pale; **~** [**vor etw** *Dat*] **werden** to go pale [with sth]

Bleichmittel *nt* bleach *no pl*

bleiern ['blaiɐn] *Adj attr* lead

bleifrei *Adj* lead-free

Bleistift *m* pencil **Bleistiftspitzer** *m* pencil sharpener

Blende <-, -n> ['blɛndə] *f* ❶ FOTO aperture ❷ (*Sonnenschutz*) blind

blenden ['blɛndn̩] **I.** *tr V* ❶ *Licht* to dazzle ❷ (*täuschen*) to deceive **II.** *intr V* to be dazzling; **~d weiß** dazzling white

blendend I. *Adj* brilliant **II.** *Adv* wonderfully; **sich ~ amüsieren** to have great fun

Blick <-[e]s, -e> [blɪk] *m* ❶ (*das Blicken*) look; **einen ~ auf jdn/etw werfen** to glance at sb/sth; **einen ~ aus dem Fenster werfen** to glance out of the window; **~e miteinander wechseln** to exchange glances; **jdn keines ~es würdigen** to not deign to look at sb; **dem ~ eines Menschen ausweichen** to avoid a person's gaze ❷ (*Augen*) eyes *pl;* **den ~ heben** to raise one's eyes; **den ~ senken** to lower one's eyes ❸ (*Augenausdruck*) look in one's eye; **er musterte sie mit finsterem ~** he looked at her darkly ❹ (*Aussicht*) view; **ein Zimmer mit ~ auf den Strand** a room overlooking the beach ❺ (*Urteilskraft*) eye; **einen ~ für etw haben** to have an eye for sth ▸ **einen ~ hinter die Kulissen werfen** to take a look behind the scenes; **alle ~e auf sich** *Akk* **ziehen** to attract attention; **den bösen ~ haben** to have the evil eye; **etw im ~ haben** to have an eye on sth; **etw aus dem ~ verlieren** to lose sight of sth; **auf einen ~** at a glance; **auf den ersten ~** at first sight; **auf den zweiten ~** on closer inspection; **mit ~ auf** (*geh*) with regard to

blicken ['blɪkn̩] *intr V* ❶ (*schauen*) to look (**auf** at); **er blickte kurz aus dem Fenster** he glanced [briefly] out of the window ❷ (*sich zeigen*) **sich ~ lassen** to put in an appearance; **sie hat sich hier nicht wieder ~ lassen** she hasn't shown up here again

Blickfang *m* eye-catcher **Blickkontakt** *m* visual contact; **~ haben** to have eye contact

blind [blɪnt] **I.** *Adj* blind; **~ werden** to go blind; **sie ist auf einem Auge ~** she's blind in one eye; **vor etw** *Dat* **~ sein** to be blinded by sth; **~er Passagier** stowaway **II.** *Adv* blindly

Blinddarm *m* appendix **Blinddarmentzündung** *f* appendicitis

Blind Date [blaɪnd'deɪt] *nt* blind date

Blinde(r) *f(m) dekl wie Adj* blind woman *fem,* blind man *masc,* blind person

Blindenhund *m* guide dog **Blindenschrift** *f* Braille *no art*

Blindheit <-> *f kein Pl* blindness

blindlings ['blɪntlɪŋs] *Adv* blindly

Blindschleiche <-, -n> ['blɪntʃlaiçə] *f* slowworm

blinken ['blɪŋkn̩] *intr V* ❶ to gleam ❷ (*zum Abbiegen*) to indicate; (*Blinkzeichen geben*) to flash; **mit der Lichthupe ~** to flash one's lights [*or* headlights]

Blinker <-s, -> ['blɪŋkɐ] *m* AUTO indicator

Blinklicht *nt* ❶ TRANSP flashing light ❷ (*fam*) *s.* **Blinker**

blinzeln ['blɪntsl̩n] *intr V* ❶ (*unfreiwillig*) to blink ❷ (*zwinkern*) to wink

Blitz <-es, -e> [blɪts] *m* ❶ METEO lightning *no pl, no indef art;* (*Einschlag*) lightning strike; **vom ~ getroffen werden** to be struck by lightning; **der ~ schlägt in etw** *Akk* **[ein]** lightning strikes sth ❷ FOTO flash ▸ **wie ein ~ aus heiterem Himmel** like a bolt from the blue; **wie ein geölter ~** (*fam*) like greased lightning; **wie vom ~ getroffen** thunderstruck; **wie ein ~ einschlagen** to come as a bombshell; **wie der ~** (*fam*) like lightning

Blitzableiter <-, -> *m* lightning conductor **blitzartig I.** *Adj* lightning **II.** *Adv* like lightning; **er ist ~ verschwunden** he disappeared as quick as a flash **blitzblank** ['blɪts'blaŋk], **blitzeblank** ['blɪtsə'blaŋk] *Adj* (*fam*) spick and span *pred*

blitzen ['blɪtsn̩] **I.** *intr V unpers* **es blitzte** there was [a flash of] lightning **II.** *intr V* ❶ to flash ❷ FOTO (*fam*) to use [a] flash

Blitzgerät *nt* flash unit **Blitzlicht** *nt* flash[light] **Blitzschlag** *m* lightning strike **blitzschnell** ['blɪts'ʃnɛl] *Adj s.* **blitzartig**

Block[1] <-[e]s, Blöcke> [blɔk, *Pl:* blœkə] *m* (*Form*) block

Block[2] <-[e]s, Blöcke *o* -s> [blɔk, *Pl:* blœkə] *m* ❶ (*Häuserreihe*) block;

(*Mietshaus*) block [of flats] BRIT, apartment building AM ② (*Papier*) book

Blockade <-, -n> [blɔ'ka:də] *f* ① (*Embargo*) blockade; **über etw** *Akk* **eine ~ verhängen** to impose a blockade on sth ② MED block

Blockadetaktik *f* POL blocking tactics *pl*

Blockflöte *f* recorder **Blockhaus** *nt* log cabin

blockieren* [blɔ'ki:rən] *tr V* to block; *Verkehr* to stop

blöd [blø:t], **blöde** ['blø:də] **I.** *Adj* (*fam*) ① (*veraltend: dumm*) silly, stupid ② (*unangenehm*) disagreeable; **eine ~e Situation** an awkward situation **II.** *Adv* (*fam*) idiotically, stupidly

blödeln ['blø:dl̩n] *intr V* (*fam*) to tell silly jokes

Blödmann *m* (*fam*) idiot **Blödsinn** *m kein Pl* (*pej fam*) nonsense *no indef art;* **machen Sie keinen ~!** don't mess about! **blödsinnig** ['blø:tzɪnɪç] *Adj* (*pej fam*) idiotic

Blog <-s, -s> [blɔg] *nt o m* INET blog

bloggen ['blɔgn̩] *intr, tr V* INET to blog

blöken ['blø:kn̩] *intr V* to bleat

blond [blɔnt] *Adj* blond[e]

Blondine <-, -n> [blɔn'di:nə] *f* blonde

bloß [blo:s] **I.** *Adj* ① (*unbedeckt*) bare; **mit ~em Oberkörper** stripped to the waist ② *attr* (*alleinig*) mere; (*allein schon*) very; **schon der ~e Gedanke machte ihn rasend** the very thought made him furious **II.** *Adv* only; **~ nicht!** God forbid!

bloß|legen *tr V* to bring to light **bloß|stellen** *tr V* to show up *sep*

bluffen ['blʊfn̩, 'blafn̩, 'blœfn̩] *intr V* to bluff

blühen ['bly:ən] **I.** *intr V* ① to bloom ② (*florieren*) to flourish ③ (*fam*) **jdm ~** to be in store for sb **II.** *intr V unpers* **es blüht** there are flowers; **im Süden blüht es jetzt schon überall** everything is in blossom in the south

blühend *Adj* ① blossoming ② (*prosperierend*) flourishing

Blume <-, -n> ['blu:mə] *f* flower ▶ **jdm etw durch die ~ sagen** to beat about the bush

Blumenbeet *nt* flowerbed **Blumenkohl** *m kein Pl* cauliflower **Blumenstrauß** <-sträuße> *m* bouquet of flowers **Blumentopf** *m* flowerpot **Blumenvase** *f* flower vase

blumig *Adj* flowery

Bluse <-, -n> ['blu:zə] *f* blouse

Blut <-[e]s> [blu:t] *nt kein Pl* blood; **es fließt ~** blood is being spilled; **es wurde viel ~ vergossen** there was a lot of bloodshed; **~ reinigend** blood-cleansing; **~ stillend** styptic; **jdm ~ abnehmen** to take a blood sample from sb ▶ **jdm steigt das ~ in den Kopf** the blood rushes to sb's head; **~ und Wasser schwitzen** (*fam*) to sweat blood [and tears]; **böses ~ schaffen** [*o* **machen**] to cause bad blood; [**nur**] **ruhig ~!** [just] calm down!; **~ geleckt haben** to have developed a liking for sth; **jdm im ~ liegen** to be in sb's blood

blutarm ['blu:tʔarm] *Adj* anaemic **Blutarmut** *f* anaemia **Blutbad** *nt* bloodbath; **ein ~ anrichten** to create carnage **Blutbank** <-banken> *f* blood bank **blutbefleckt** *Adj* bloodstained **Blutbild** *nt* blood count **Blutdruck** *m kein Pl* blood pressure

Blüte <-, -n> ['bly:tə] *f* ① flower; *eines Baums* blossom; **in** [**voller**] **~ stehen** to be in [full] bloom; **~n treiben** to [be in] bloom; *Baum* to [be in] blossom ② (*fam: falsche Banknote*) dud ▶ **merkwürdige ~n treiben** to take on strange forms

Blutegel *m* leech

bluten ['blu:tn̩] *intr V* to bleed (**an/aus** from)

Blütenblatt *nt* petal **Blütenstaub** *m* pollen

Bluter <-s, -> ['blu:tɐ] *m* MED haemophiliac

Bluterguss^RR <-es, -ergüsse> *m*, **Bluterguß**^ALT <-sses, -ergüsse> *m* bruise

Blütezeit *f* ① BOT blossoming *no pl* ② (*beste Zeit*) heyday

Blutfettwert *m* plasma lipid concentration **Blutgefäß** *nt* blood vessel **Blutgerinnsel** *nt* blood clot **Blutgruppe** *f* blood group **Bluthund** *m* bloodhound

blutig ['blu:tɪç] *Adj* bloody

blutjung ['blu:t'jʊŋ] *Adj* very young **Blutkörperchen** *nt* blood corpuscle **Blutorange** *f* blood orange **Blutplasma** *nt* blood plasma **Blutpräpa-**

rat *nt* blood preparation **Blutprobe** *f* ❶ (*Entnahme*) blood sample ❷ (*Untersuchung*) blood test **blutrot** *Adj* blood-red **blutrünstig** ['blu:trʏnstɪç] *Adj* bloodthirsty **Blutsauger** *m* bloodsucker **Blutsenkung** *f* MED sedimentation of the blood **Blutspender(in)** *m(f)* blood donor **blutstillend** *Adj* MED styptic **blutsverwandt** *Adj* related by blood *pred* **Blutsverwandte(r)** *f(m) dekl wie Adj* blood relation

Blutung <-, -en> *f* ❶ bleeding *no pl, no indef art* ❷ [**monatliche**] ~ menstruation

blutunterlaufen *Adj* **~e Augen** bloodshot eyes **Blutvergießen** <-s> *nt kein Pl* bloodshed *no indef art* **Blutvergiftung** *f* blood poisoning *no indef art* **Blutverlust** *m* loss of blood **Blutwäsche** *f* haemodialysis **Blutwurst** *f* black pudding BRIT, blood sausage AM **Blutzucker** *m* MED blood sugar

Bö <-, -en> [bø:] *f* gust

Bock[1] <-[e]s, Böcke> [bɔk, *Pl:* 'bœkə] *m* (*Schaf*) ram; (*Ziege*) billy goat ▶ **alter** ~ (*fam*) old goat; **sturer** ~ (*fam*) stubborn sod; ~ [**auf etw** *Akk*] **haben** (*sl*) to fancy [sth]

Bock[2] <-s, -> [bɔk] *nt*, **Bockbier** *nt* bock beer (*type of strong beer*)

bocken ['bɔkn̩] *intr V* (*fam: trotzig sein*) to act up

bockig ['bɔkɪç] *Adj* (*fam*) stubborn

Bockspringen *nt kein Pl* SPORT vaulting *no art;* ~ **spielen** to play leapfrog

Bockwurst *f* bockwurst (*type of boiled sausage*)

Boden <-s, Böden> ['bo:dn̩, *Pl:* bø:dn̩] *m* ❶ (*Erdreich*) soil; **fetter/magerer** ~ fertile/barren soil ❷ (*Erdoberfläche*) ground ❸ *kein Pl* (*Territorium*) land; **auf britischem** ~ on British soil ❹ (*Fußboden*) floor ❺ (*Dachspeicher*) loft; **auf dem** ~ in the loft ❻ (*Grund*) bottom ▶ **den** ~ **unter den Füßen verlieren** (*die Existenzgrundlage verlieren*) to feel the ground fall from beneath one's feet; (*haltlos werden*) to have the bottom drop out of one's world; **auf dem** ~ **der Tatsachen bleiben** to stick to the facts; **am** ~ **zerstört sein** (*fam*) to be devastated; **an** ~ **gewinnen** (*einholen*) to gain ground; (*Fortschritte machen*) to make headway; **an** ~ **verlieren** to lose ground; **aus dem** ~ **schießen** to sprout up; **etw aus dem** ~ **stampfen** to build sth overnight; **jd wäre am liebsten in den** ~ **versunken** sb wishes the ground would open up and swallow them

Bodenbelag *m* floor covering **Bodenfreiheit** *f* AUTO ground clearance **Bodenfrost** *m* ground frost *no pl* **Bodenhaftung** *f* ❶ wheel grip ❷ (*fig*) grounding; **die** ~ **verlieren** to lose one's grounding

bodenlos *Adj* (*fam: unerhört*) outrageous; **das ist eine ~e Frechheit!** that's absolutely outrageous!

Bodennebel *m* ground fog **Bodenoffensive** *f* MIL ground offensive **Bodenpersonal** *nt* ground crew **Bodenschätze** *Pl* mineral resources *pl* **Bodensee** ['bɔdn̩ze:] *m* **der** ~ Lake Constance **bodenständig** *Adj* long-established **Bodentruppen** *Pl* MIL ground troops *pl*

Body <-s, -s> ['bɔdi] *m* body BRIT, body-suit AM

Bodybuilding <-s> [-bɪldɪŋ] *nt kein Pl* bodybuilding **Body-Mass-Index** ['bɔdimɛsɪndɛks] *m* MED body mass index

Bogen <-s, - *o* ÖSTERR, SCHWEIZ, SÜDD Bögen> ['bo:gn̩, *Pl:* 'bø:gn̩] *m* ❶ (*gekrümmte Linie*) curve; **in hohem** ~ in a high arc ❷ (*Blatt Papier*) sheet [of paper] ❸ (*Waffe*) bow; **Pfeil und** ~ bow and arrow[s *pl*] ❹ ARCHIT arch ▶ **in hohem** ~ **hinausfliegen** (*fam*) to be turned out; **den** ~ **heraushaben** (*fam*) to have got the hang of it; **einen** [**großen**] ~ **um jdn/etw machen** to steer [well] clear of sb/sth; **den** ~ **überspannen** to overstep the mark

bogenförmig *Adj* arched

Bogengang <-gänge> *m* archway **Bogenschütze**, **Bogenschützin** *m, f* archer

Bohle <-, -n> ['bo:lə] *f* [thick] plank, board

böhmisch ['bø:mɪʃ] *Adj* Bohemian

Bohne <-, -n> ['bo:nə] *f* bean; **dicke/grüne/rote/weiße ~n** broad/French/kidney/haricot beans

Bohnenkaffee *m* ❶ (*gemahlen*) real coffee ❷ (*ungemahlen*) unground coffee [beans *pl*] **Bohnenkraut** *nt kein Pl* savory *no pl* **Bohnenstange** *f* beanpole *also hum*

B

bohnern ['boːnɐn] *tr, intr V* to polish

Bohnerwachs [-vaks] *nt* floor polish

bohren ['boːrən] **I.** *tr V* ① to bore; (*mit Bohrer*) to drill ② (*hineinstoßen*) **er bohrte ihm das Messer in den Bauch** he plunged the knife into his stomach **II.** *intr V* ① to drill ② (*stochern*) **in der Nase ~** to pick one's nose

Bohrer <-s, -> *m* drill

Bohrinsel *f* drilling rig **Bohrloch** *nt* borehole **Bohrturm** *m* derrick

böig ['bøːɪç] *Adj* gusty

Boiler <-s, -> ['bɔylɐ] *m* hot-water tank; **den ~ anstellen** to turn on the water heater

Boje <-, -n> ['boːjə] *f* buoy

Bolivianer(in) <-s, -> [boli'vi̯aːnɐ] *m(f)* Bolivian

Bolivien <-s> [bo'liːvi̯ən] *nt* Bolivia

Bollwerk ['bɔlvɛrk] *nt* (*geh*) bulwark

Bolzen <-s, -> ['bɔltsn̩] *m* pin; (*mit Gewinde*) bolt

bombardieren* [bɔmbar'diːrən] *tr V* ① to bomb ② (*fam: überschütten*) to bombard

bombastisch *Adj* (*pej*) ① (*schwülstig*) bombastic ② (*pompös*) pompous

Bombe <-, -n> ['bɔmbə] *f* bomb; **eine ~ legen** to plant a bomb ▸ **die ~ platzen lassen** to drop the bombshell

Bombenerfolg *m* (*fam*) smash hit **Bombengeschäft** *nt* (*fam*) roaring business **Bombenstimmung** *f kein Pl* (*fam*) **in ~ sein** to be in a brilliant mood; **auf der Party herrschte eine ~** the place was jumping

bombig ['bɔmbɪç] *Adj* (*fam*) fantastic, terrific

Bon <-s, -s> [bɔŋ, bõː] *m* ① (*Kassenzettel*) receipt ② (*Gutschein*) voucher

Bonbon <-s, -s> [bɔŋ'bɔŋ, bõ'bõː] *m o* ÖSTERR *nt* sweet BRIT, candy AM

Bonität <-, -en> [boni'tɛːt] *f* financial standing, credit worthiness

Bonus <- *o* -ses, - *o* -se *o* Boni> ['boːnʊs, *Pl:* 'boːni] *m* bonus

Bonuskarte *f* (*Kundenkarte*) bonus points card **Bonusmeile** *f* LUFT airmile

boomen ['buːmən] *intr V* to boom, to be on the boom

Boot <-[e]s, -e> [boːt] *nt* boat; **~ fahren** to go boating

Bootsfahrt *f* boat trip **Bootshaus** *nt* boathouse **Bootsmann** <-leute> *m* boatswain **Bootsverleih** *m* boat hire

Bor <-s> [boːɐ̯] *nt kein Pl* boron

Bord[1] <-[e]s> [bɔrt] *m* **an ~** aboard; **an ~ gehen** to board; **über ~ gehen** to go overboard; **von ~ gehen** to leave the plane/ship

Bord[2] <-[e]s, -e> [bɔrt] *nt* (*Wandbrett*) shelf

Bord[3] <-[e]s, -e> [bɔrt] *nt* SCHWEIZ (*Rand*) ledge; (*Böschung*) embankment

Bordelektronik *f kein Pl* LUFT on-board electronics

Bordell <-s, -e> [bɔr'dɛl] *nt* brothel

Bordkarte *f* boarding card **Bordpersonal** *nt kein Pl* crew

Bordstein *m* kerb

borgen ['bɔrgn̩] *tr V* ① (*sich leihen*) to borrow ② (*verleihen*) to lend

Borke <-, -n> ['bɔrkə] *f* BOT bark

Borkenkäfer *m* bark beetle

borniert [bɔr'niːɐ̯t] *Adj* (*pej*) bigoted

Börse <-, -n> ['bœrzə] *f* ① (*Wertpapierhandel*) stock market; (*Gebäude*) stock exchange; **an die ~ gehen** to go public; **an der ~ [gehandelt]** [traded] on the exchange; **an der ~ notiert werden** to be quoted on the stock exchange ② (*Brieftasche*) wallet

Börsenbericht *m* market report **Börsenkrach** *m* [stock market] crash **Börsenkurs** *m* market price **Börsenmakler(in)** *m(f)* stockbroker

Borste <-, -n> ['bɔrstə] *f* bristle

Borte <-, -n> ['bɔrtə] *f* border

bösartig *Adj* ① malicious; *Tier* vicious ② MED malignant

Böschung <-, -en> ['bœʃʊŋ] *f* embankment

böse ['bøːzə] **I.** *Adj* ① bad; (*stärker*) evil; **eine ~ Geschichte** a nasty affair; **~ Folgen haben** to have dire consequences; **jdm einen ~n Streich spielen** to play a nasty trick on sb; **eine ~ Überraschung erleben** to have an unpleasant surprise; **ein ~s Ende nehmen** to end in disaster ② (*verärgert*) angry; **ein ~s Gesicht machen** to scowl ③ (*fam: unartig*) naughty ④ (*gefährlich, schlimm*) nasty **II.** *Adv* ① (*übelwollend*) evilly; **das habe ich nicht ~ gemeint** I meant no harm ② (*fam: sehr, schlimm*) badly; **~ ausgehen** to end in disaster; ~ [**für jdn**] **aussehen** to look bad [for sb]

Böse(s) *nt dekl wie Adj* **das ~** the bad; (*stärker*) the evil; **jdm ~s tun** to cause sb harm; **nichts ~s ahnen** to not suspect anything is wrong ▶ **~s im Schilde führen** to be up to no good; **mir schwant ~s** I don't like the look of this

boshaft ['bo:shaft] *Adj* malicious

Bosheit <-, -en> *f* malice *no pl;* **aus** [**lauter**] ~ out of [pure] malice

BossRR <-es, -e> *m,* **Boß**ALT <-sses, -sse> [bɔs] *m* boss

böswillig I. *Adj* malevolent **II.** *Adv* malevolently

Botaniker(in) <-s, -> [bo'ta:nikɐ] *m(f)* botanist

botanisch [bo'ta:nɪʃ] *Adj* botanical; **~er Garten** Botanical Gardens *pl*

Bote, Botin <-n, -n> ['bo:tə, 'bo:tɪn] *m, f* (*Kurier*) courier; (*Überbringer einer Nachricht*) messenger

Botengang <-gänge> *m* errand; **einen ~ machen** to run an errand

Botox ['bo:tɔks] *nt* MED botox

Botschaft <-, -en> ['bo:tʃaft] *f* ❶ (*Nachricht*) news *no pl, no indef art;* **freudige ~** glad tidings; **eine ~ erhalten** to receive a message ❷ POL embassy

Botschafter(in) <-s, -> *m(f)* POL ambassador

Bottich <-[e]s, -e> ['bɔtɪç] *m* tub

Bouillon <-, -s> [bʊl'jɔŋ, bʊl'jõ:] *f* consommé

Boulevardpresse [bulə'va:ɐ̯-] *f* yellow press

Boutique <-, -n> [bʊ'ti:k] *f* boutique

Bowle <-, -n> ['bo:lə] *f* ❶ (*Getränk*) punch *no pl* ❷ (*Schüssel*) punchbowl

Bowling <-s, -s> ['bo:lɪŋ] *nt* bowling

Box <-, -en> [bɔks] *f* ❶ box ❷ (*fam: Lautsprecher*) loudspeaker

boxen ['bɔksn̩] **I.** *intr V* to box; **gegen jdn ~** to fight sb **II.** *tr V* to punch

Boxen <-s> ['bɔksn̩] *nt kein Pl* boxing

Boxengasse *f* SPORT pit lane **Boxenluder** *nt* SPORT (*pej*) pit groupie

Boxer(in) <-s, -> ['bɔksɐ] *m(f)* boxer

Boxhandschuh *m* boxing glove **Boxkampf** *m* bout

boykottieren* [bɔɪkɔ'ti:rən] *tr V* to boycott

brach [bra:x] *Imp von* **brechen**

brach|liegen *intr V unreg* ❶ *Feld* to lie fallow ❷ (*ungenutzt sein*) to be left unexploited

Branche <-, -n> ['brã:ʃə] *f* line of business

Branchenverzeichnis *nt* classified directory

Brand <-[e]s, Brände> [brant, *Pl:* 'brɛndə] *m* fire; **in ~ geraten** to catch fire; **in ~ stecken** to set alight; *Haus* to set on fire

Brandblase *f* burn blister **Brandbombe** *f* incendiary device **brandeilig** *Adj* (*fam*) extremely urgent

branden ['brandn̩] *intr V* to break (**an/gegen** against)

Brandherd *m* source of the fire **Brandmal** <-s, -e> *nt* brand **brandmarken** *tr V* to brand (**als** as) **brandneu** ['brant'nɔy] *Adj* (*fam*) brand new **Brandschaden** *m* fire damage *no pl* **Brandschutz** *m kein Pl* fire safety *no art, no pl* **Brandstifter(in)** *m(f)* arsonist **Brandstiftung** *f* arson *no pl*

Brandung <-, -en> *f* surf

Brandwunde *f* burn

Branntwein ['brantvain] *m* (*geh*) spirits *pl*

Brasilianer(in) <-s, -> [brazi'li̯a:nɐ] *m(f)* Brazilian

brasilianisch [brazi'li̯a:nɪʃ] *Adj* Brazilian; *s. a.* **deutsch**

Brasilien <-s> [bra'zi:li̯ən] *nt* Brazil

braten <brät, briet, gebraten> ['bra:tn̩] *tr, intr V* (*in der Pfanne*) to fry; (*am Spieß*) to roast

Braten <-s, -> ['bra:tn̩] *m* roast [meat *no pl, no art*]; **kalter ~** cold meat

Brathähnchen *nt,* **Brathendl** <-s, -[n]> *nt* ÖSTERR, SÜDD grilled chicken **Brathering** *m* fried herring **Bratkartoffeln** *Pl* fried potatoes **Bratpfanne** *f* frying pan

Bratsche <-, -n> ['bra:tʃə] *f* viola

Bratwurst *f* ❶ (*zum Braten*) [frying] sausage ❷ (*gebratene Wurst*) [fried] sausage

Brauch <-[e]s, Bräuche> [braux, *Pl:* 'brɔyçə] *m* custom; **nach altem ~** according to custom; [**bei jdm so**] **~ sein** to be customary [with sb]

brauchbar *Adj* ❶ (*geeignet*) suitable; **nicht ~ sein** to be of no use ❷ (*ordentlich*) useful

brauchen ['brauxn̩] **I.** *tr V* ❶ to need; **wozu brauchst du das?** what do you need that for? ② (*fam: gebrauchen, verbrauchen*) **etw ~** to use sth; **kannst du die Dinge ~?** can you find a use for these? **II.** *Hilfsverb, modal* (*müssen*) **etw nicht [zu] tun ~** to not need to do sth; **du hättest doch nur etwas [zu] sagen ~** you need only have said something **III.** *tr V unpers* SCHWEIZ, SÜDD **es braucht etw** sth is needed

Brauchtum <-[e]s, *selten* -tümer> *nt* customs *pl;* **ein altes ~** a tradition

brauen ['brauən] *tr V* to brew

Brauerei <-, -en> [brauə'rai] *f* brewery

braun [braun] *Adj* brown; (*sonnengebräunt*) [sun-]tanned

Bräune <-> ['brɔynə] *f kein Pl* suntan, tan

bräunen ['brɔynən] **I.** *intr, tr V* to tan **II.** *refl V* **sich ~** to get a tan

Braunkohle *f* brown coal

brausen ['brauzn̩] *intr V* ① *haben* (*tosen*) to roar; *Wind* to howl ② *sein* (*fam: rasen*) to storm; *Wagen* to race

Brausetablette *f* effervescent tablet

Braut <-, Bräute> [braut, *Pl:* 'brɔytə] *f* bride

Bräutigam <-s, -e> ['brɔytɪgam, 'brɔyti-] *m* [bride]groom

Brautjungfer *f* bridesmaid **Brautkleid** *nt* wedding dress **Brautpaar** *nt* bride and groom **Brautschleier** *m* bridal veil

brav [bra:f] *Adj* good; **sei schön ~!** be a good boy/girl

Brecheisen *nt* crowbar

brechen <bricht, brach, gebrochen> ['brɛçn̩] **I.** *tr V haben* ① (*zerbrechen*) to break ② *Abmachung* to break; *Eid* to violate; **sein Schweigen ~** to break one's silence **II.** *intr V* ① *sein* (*auseinander*) to break [apart]; **~d voll sein** (*fam*) to be jam-packed ② *haben* (*Verbindung beenden*) to break (**mit** with) ③ (*sich erbrechen*) to be sick

Brechmittel *nt* emetic [agent] **Brechreiz** *m kein Pl* nausea *no art*

Brei <-[e]s, -e> [brai] *m* ① (*Speise*) mash *no pl* ② (*zähe Masse*) paste ▶ **um den [heißen] ~ herumreden** to beat about the bush

breit [brait] *Adj* wide; *Schultern* broad; **~e Zustimmung** wide[-ranging] approval; **etw ~[er] machen** to widen sth; **zehn Zentimeter ~ sein** to be 10 centimeters wide

Breite <-, -n> ['braitə] *f* ① width; **von fünf Zentimetern ~** five centimeters in width ② (*Gedehntheit*) breadth

Breitengrad *m* [degree of] latitude

breitenwirksam *Adj* widely effective

breit|machen *refl V* (*fam*) **sich ~** to spread oneself [out]; (*sich ausbreiten*) to spread; (*sich verbreiten*) to pervade

breit|schlagen *tr V unreg* (*fam*) to talk round; **sich ~ lassen** to let oneself be talked round **Breitseite** *f* broadside

Breitwandfilm *m* wide-screen film

Bremsbacke *f* brake shoe **Bremsbelag** *m* brake lining; AUTO brake pad

Bremse <-, -n> ['brɛmzə] *f* ① brake; **auf die ~ treten** to put on the brakes ② (*Stechfliege*) horsefly

bremsen ['brɛmzn̩] **I.** *intr V* to brake **II.** *tr V* ① to brake ② (*verzögern*) to slow down *sep* ③ (*fam: zurückhalten*) to check; **sie ist nicht zu ~** (*fam*) there's no holding her

Bremsflüssigkeit *f* brake fluid **Bremsklotz** *m* AUTO brake pad **Bremslicht** *nt* stop light **Bremspedal** *nt* brake pedal **Bremsspur** *f* skid marks *pl* **Bremsweg** *m* braking distance

brennbar *Adj* combustible

brennen <brannte, gebrannt> ['brɛnən] **I.** *intr V* ① burn; (*in Flammen stehen*) to be on fire; **wo brennt's denn?** (*fig*) where's the fire? ② (*fam*) *Lampe* to be on; **etw ~ lassen** to leave sth on ③ (*fam: ungeduldig erwarten*) **darauf ~, etw zu tun** to be dying to do sth **II.** *tr V* ① *CD* to burn ② *Schnaps* to distil

brennend *Adj* ① *Hitze* scorching ② *Frage* urgent; *Wunsch* fervent

Brenner <-s, -> ['brɛnɐ] *m* TECH burner

Brennerei <-, -en> [brɛnə'rai] *f* distillery

Brennessel[ALT] ['brɛnnɛsl̩] *f s.* **Brennnessel**

Brennglas *nt* burning glass **Brennholz** *nt* firewood **Brennmaterial** *nt* fuel **Brennnessel**[RR] ['brɛnnɛsl̩] *f* stinging nettle **Brennpunkt** *m* ① PHYS focal point ② (*Zentrum*) focus; **im ~ [des Interesses] stehen** to be the focus [of interest] **Brennspiritus** *m* methylated spirit **Brennstab** *m* fuel rod **Brenn-**

stoff *m* fuel **Brennstoffzelle** *f* TECH, PHYS fuel cell

brenzlig ['brɛntslɪç] *Adj* (*fam*) dicey; **die Situation wird mir zu ~** things are getting too hot for me

Bresche <-, -n> ['brɛʃə] *f* breach; [**für jdn**] **in die ~ springen** (*fig*) to step in [for sb]

Bretagne <-> [bre'tanjə, brə'tanjə] *f* **die ~** Brittany

Bretone, Bretonin <-n, -n> [bre'to:nə, bre'to:nɪn] *m, f* Breton

Brett <-[e]s, -er> [brɛt] *nt* board; (*Planke*) plank; (*Regalboden*) shelf; **schwarzes ~** noticeboard; **etw mit ~ern vernageln** to board sth up ▸ **ein ~ vorm Kopf haben** (*fam*) to be slow on the uptake

Bretterbude *f* booth **Bretterzaun** *m* wooden fence

Brettspiel *nt* board game

Brezel <-, -n> ['bre:tsl̩] *f* pretzel

Brezeln are a south German speciality whose light-coloured dough is turned brown by dipping in a salt solution before baking. They are sprinkled with coarse salt and sold in baker's shops or on pretzel stalls; when spread with butter they are called *Butterbrezeln.*

Brief <-[e]s, -e> [bri:f] *m* letter

Briefbeschwerer <-s, -> *m* paperweight **Briefbogen** *m* [sheet of] writing paper **Brieffreund(in)** *m(f)* pen pal **Briefkasten** *m* (*an Haus*) letter box BRIT, mailbox AM; (*Postkasten*) postbox BRIT, mailbox AM; **elektronischer ~** electronic mailbox

brieflich *Adj, Adv* in writing *pred*

Briefmarke *f* stamp **Briefmarkensammler(in)** *m(f)* stamp collector **Brieföffner** *m* letter opener **Briefpapier** *nt* letter paper **Brieftasche** *f* wallet **Briefträger(in)** *m(f)* postman *masc,* postwoman *fem* **Briefumschlag** *m* envelope **Briefwahl** *f* postal vote BRIT, absent[ee] ballot AM

Brigade <-, -n> [bri'ga:də] *f* MIL brigade

Brikett <-s, -s *o selten* -e> [bri'kɛt] *nt* briquette

brillant [brɪl'jant] *Adj* brilliant

Brillant <-en, -en> [brɪl'jant] *m* brilliant

Brille <-, -n> ['brɪlə] *f* glasses *pl;* **eine ~** a pair of glasses; [**eine**] **~ tragen** to wear glasses

Brillenetui *nt* glasses case **Brillengestell** *nt* spectacles frame **Brillenglas** *nt* lens **Brillenschlange** *f* cobra

Brilli <-s, -s> ['brɪli] *m* (*hum fam*) [big] diamond

bringen <brachte, gebracht> ['brɪŋən] *tr V* ❶ (*hintragen*) [**jdm**] **etw ~** to bring [sb] sth; **den Müll nach draußen ~** to take out the rubbish [*or* AM garbage]; **etw hinter sich** *Akk* **~** to get sth over and done with; **etw mit sich ~** to involve sth; **es nicht über sich** *Akk* **~, etw zu tun** not to be able to bring oneself to do sth ❷ (*begleiten*) **jdn nach Hause ~** to take sb home; **die Kinder ins Bett ~** to put the children to bed ❸ (*versetzen*) **jdn in Bedrängnis ~** to get sb into trouble; **jdn ins Gefängnis ~** to put sb in prison; **jdn ins Grab ~** to be the death of sb; **jdn in Schwierigkeiten ~** to put sb into a difficult position ❹ (*berauben*) **jdn um etw ~** to rob sb of sth; **jdn um den Verstand ~** to drive sb mad ❺ (*beitragen*) to bring in ❻ (*motivieren*) **jdn dazu ~, etw zu tun** to get sb to do sth ❼ *mit substantiviertem Verb* (*veranlassen*) **jdn zum Laufen/Sprechen ~** to make sb run/talk; **etw zum Brennen/Laufen ~** to get sth to burn/work ❽ (*fam: gut sein*) **sie/es bringt's** she's/it's got what it takes; **das bringt nichts** it's pointless; **das bringt's nicht** that's useless

brisant [bri'zant] *Adj* explosive

Brise <-, -n> ['bri:zə] *f* breeze

Brite, Britin <-n, -n> ['brɪtə, 'bri:tə, 'brɪtɪn, 'bri:tɪn] *m, f* Briton; **wir sind ~n** we're British

britisch ['brɪtɪʃ, 'bri:tɪʃ] *Adj* British; *s. a.* **deutsch**

bröckeln ['brœkl̩n] *intr V* to crumble

Brocken <-s, -> ['brɔkn̩] *m* chunk; **ein harter ~ sein** (*fam*) to be a tough nut; **ein paar ~ Russisch** a smattering of Russian

brodeln ['bro:dl̩n] *intr V* to seethe

Brokat <-[e]s, -e> [bro'ka:t] *m* brocade

Brokkoli ['brɔkoli] *Pl* broccoli *no pl, no indef art*

Brom <-s> [bro:m] *nt kein Pl* bromine *no pl*

B

Brombeere ['brɔmbe:rə] *f* ① blackberry ② (*Strauch*) blackberry bush
Brombeerstrauch *m s.* **Brombeere 2.**
BronchialkatarrRR *m*, **Bronchialkatarrh** *m* bronchial catarrh
Bronchie <-, -n> ['brɔnçi̯ə, *Pl:* -çi̯ən] *f meist Pl* bronchial tube, bronchus *spec*
Bronchitis <-, Bronchitiden> [brɔn'çi:tɪs, *Pl:* -çi'ti:dn̩] *f* bronchitis *no art*
Bronze <-, -n> ['brõ:sə] *f* bronze
Bronzemedaille [-medaljə] *f* bronze medal
Brosche <-, -n> ['brɔʃə] *f* brooch
Broschüre <-, -n> [brɔ'ʃy:rə] *f* brochure
Brösel <-s, -> ['brø:zl̩] *m* DIAL crumb
Brot <-[e]s, -e> [bro:t] *nt* bread *no pl;* (*Laib*) loaf [of bread]; **eine Scheibe ~ mit Honig/Käse** a slice of bread and honey/cheese; **belegtes ~** open sandwich; **sich** *Dat* **sein ~ verdienen** to earn one's living
Brotberuf *m* [additional] job to pay the bills
Brötchen <-s, -> ['brø:tçən] *nt* [bread] roll
Broteinheit *f* carbohydrate unit **Brotkasten** *m* bread bin **Brotrinde** *f* [bread] crust
Brownie <-s, -s> ['braʊni] *m* KOCHK brownie
Browser <-s, -> ['braʊzɐ] *m* INET, COMPUT browser
Bruch <-[e]s, Brüche> [brʊx, *Pl:* 'bry:çə] *m* ① (*Nichteinhalten*) violation; *eines Vertrags* infringement; *des Vertrauens* breach ② (*Abbruch, Beendigung*) *einer Beziehung* rift; *einer Tradition* break ③ MED *eines Knochens* fracture; *der Eingeweide* hernia; **sich** *Dat* **einen ~ heben** to give oneself a hernia ④ MATH fraction ⑤ (*zerbrochene Ware*) breakage ▸ **zu ~ gehen** to get broken; **in die Brüche gehen** to break up
Bruchband *m* MED truss, surgical belt **Bruchbude** *f* (*pej fam*) dump **bruchfest** *Adj* unbreakable
brüchig ['brʏçɪç] *Adj* ① brittle ② *Stimme* cracked
Bruchrechnung *f* MATH sum with fractions **Bruchstück** *nt* fragment **bruchstückhaft I.** *Adj* fragmentary **II.** *Adv* in fragments **Bruchteil** *m* fraction; **im ~ einer Sekunde** in a split second **Bruchzahl** *f* fraction
Brücke <-, -n> ['brʏkə] *f* bridge; **alle ~n hinter sich** *Dat* **abbrechen** (*fig*) to burn [all] one's bridges behind one
Brückengeländer *nt* parapet **Brückenpfeiler** *m* pier
Bruder <-s, Brüder> ['bru:dɐ, *Pl:* 'bry:dɐ] *m* brother; **die Brüder Grimm/Schmitz** the Brothers Grimm/the Schmitz brothers
brüderlich I. *Adj* fraternal **II.** *Adv* like brothers; **~ teilen** to share and share alike
Bruderschaft <-, -en> *f* REL fraternity
Brühe <-, -n> ['bry:ə] *f* ① (*Suppe*) [clear] soup ② (*fam: Flüssigkeit*) **schmutzige ~** sludge ③ (*pej fam: Getränk*) slop
Brühwürfel *m* stock cube
brüllen ['brʏlən] *intr V* to roar (**vor** with); (*weinen*) to bawl; **brüll doch nicht so!** don't shout like that!
Brummbär ['brʊm-] *m* (*fam: brummiger Mann*) crosspatch
brummen ['brʊmən] **I.** *intr V* ① *Insekt, Klingel* to buzz; *Bär* to growl; *Bass* to rumble ② (*fam*) *Geschäft, Wirtschaft* to boom **II.** *tr V* **etw ~** to mumble sth
Brummer <-s, -> *m* (*fam: Fliege*) bluebottle
brummig ['brʊmɪç] *Adj* (*fam*) grouchy
Brummschädel *m* (*fam*) **einen ~ haben** to be hung over
brünett [bry'nɛt] *Adj* brunet[te]
Brünette(r) [bry'nɛtə, -nɛtɐ] *f dekl wie Adj* brunet[te]
Brunnen <-s, -> ['brʊnən] *m* ① well; **einen ~ bohren** to sink a well ② (*mit Fontäne*) fountain
Brunnenkresse *f* watercress **Brunnenschacht** *m* well shaft
brünstig ['brʏnstɪç] *Adj* (*männliches Tier*) rutting; (*weibliches Tier*) on [*or* AM in] heat *pred*
brüsk [brʏsk] *Adj* brusque
brüskieren* [brʏs'ki:rən] *tr V* to snub
Brüssel <-s> ['brʏsl̩] *nt* Brussels
Brust <-, Brüste> [brʊst, *Pl:* 'brʏstə] *f* ① (*Brustkasten*) chest ② (*weibliche Brust*) breast; **einem Kind die ~ geben** to breast-feed a baby
Brustbein *nt* breastbone **Brustbeutel** *m* money bag [worn round the neck]
brüsten ['brʏstn̩] *refl V* **sich ~** to boast (**mit** about)

Brustfell *nt* ANAT pleura **Brustfellentzündung** *f* MED pleurisy **Brustkorb** *m* chest **Brustkrebs** *m* breast cancer **Brustschwimmen** *nt* breast-stroke **Brusttasche** *f* breast pocket

Brüstung <-, -en> ['brʏstʊŋ] *f* parapet

Brustwarze *f* nipple

Brut <-, -en> [bru:t] *f* ① *kein Pl* (*das Brüten*) brooding ② (*die Küken*) brood

brutal [bru'ta:l] **I.** *Adj* brutal; **ein ~er Kerl** a brute **II.** *Adv* brutally

Brutalität <-, -en> [brutali'tɛ:t] *f* ① *kein Pl* (*Rohheit*) brutality ② *kein Pl* (*Schonungslosigkeit*) cruelty

brüten ['bry:tn̩] *intr V* ① to brood ② (*grübeln*) to brood (**über** over)

Brüter <-s, -> *m* NUKL [nuclear] breeder; **schneller ~** fast breeder

Brutkasten *m* incubator

Brutstätte *f* breeding ground (+*Gen* for)

brutto ['brʊto] *Adv* [in the] gross; **3800 Euro ~ verdienen** to have a gross income of 3800 euros

Bruttoeinkommen *nt* gross income **Bruttogewicht** *nt* gross weight **Bruttoinlandsprodukt** *nt* gross domestic product, GDP **Bruttoregistertonne** *f* register [*or form* gross registered] ton **Bruttosozialprodukt** *nt* gross national product, GNP

Btx [be:te:'ʔɪks] *Abk von* **Bildschirmtext** Vtx

Bub <-en, -en> [bu:p, *Pl:* bu:bn̩] *m* SÜDD, ÖSTERR, SCHWEIZ boy, lad, BRIT *a.* cock

Buch <-[e]s, Bücher> [bu:x, *Pl:* 'by:çɐ] *nt* book; **du redest wie ein ~** (*fam*) you never stop talking; **ein ~ mit sieben Siegeln** (*fig*) a closed book; [**jdm**] **die Bücher führen** to keep sb's accounts; **über etw** *Akk* **~ führen** to keep a record of sth

Buchbesprechung *f* book review **Buchdrucker(in)** *m(f)* [letterpress] printer

Buche <-, -n> ['bu:xə] *f* beech [tree]

Buchecker <-, -n> *f* beechnut

Buchenholz *nt* beech[wood]

Bücherei <-, -en> [by:çə'rai] *f* library

Bücherregal *nt* bookshelf **Bücherschrank** *m* bookcase **Bücherwurm** *m* (*hum*) bookworm

Buchfink *m* chaffinch

Buchführung *f* bookkeeping *no pl;* **einfache/doppelte ~** single-/double-entry bookkeeping **Buchhalter(in)** *m(f)* bookkeeper **Buchhaltung** *f* ① (*Abteilung*) accounts department ② *s.* **Buchführung** **Buchhandel** *m* book trade; **im ~ erhältlich** available in bookshops **Buchhändler(in)** *m(f)* bookseller **Buchhandlung** *f* bookshop **Buchmacher(in)** *m(f)* bookmaker **Buchprüfer(in)** *m(f)* auditor **Buchprüfung** *f* audit

Buchs <-es, -e> [bʊks] *m* BOT box [tree]

Buchse <-, -n> ['bʊksə] *f* ① ELEK jack ② TECH bushing

Büchse <-, -n> ['bʏksə] *f* tin BRIT, can AM

Büchsenöffner *m* can-opener, BRIT *a.* tin-opener

Buchstabe <-n[s], -n> ['bu:xʃta:bə] *m* letter; **fetter ~** bold character; **in großen ~n** in capitals; **in kleinen ~n** in small letters

Buchstabentreue *f kein Pl* literal, word-for-word *attr*

buchstabieren* [bu:xʃta'bi:rən] *tr V* to spell

buchstäblich ['bu:xʃtɛ:blɪç] **I.** *Adj* literal **II.** *Adv* literally

Bucht <-, -en> [bʊxt] *f* bay

Buchtel <-, -n> ['bʊxtl̩] *f meist Pl* ÖSTERR *a yeast pastry filled with jam or sth similar*

Buchung <-, -en> *f* ① (*Reservierung*) booking ② FIN posting

Buchweizen *m* buckwheat

Buchwert *m* FIN book value

Buckel <-s, -> ['bʊkl̩] *m* ① (*fam: Rücken*) back; **einen** [**krummen**] **~ machen** to arch one's back ② (*fam: verkrümmter Rücken*) hunchback ▶ **rutsch mir** [**doch**] **den ~ runter!** (*fam*) get off my back!

buckelig ['bʊkəlɪç] *Adj s.* **bucklig**

buckeln ['bʊkl̩n] *intr V* (*pej: sich devot verhalten*) to crawl (**vor** up to)

bücken ['bʏkn̩] *refl V* **sich ~** to bend down

bucklig ['bʊklɪç] *Adj* (*fam*) ① (*mit einem Buckel*) hunchbacked ② (*fam: uneben*) bumpy

Bückling <-s, -e> ['bʏklɪŋ] *m* (*Fisch*) smoked herring

buddeln ['bʊdl̩n] *intr V* (*fam*) to dig [up]

Buddhismus <-> [bʊ'dɪsmʊs] *m kein Pl* Buddhism

B

Buddhist(in) <-en, -en> [bʊ'dɪst] *m(f)* Buddhist

Bude <-, -n> ['bu:də] *f* ❶ (*auf Baustelle*) [builder's] hut BRIT, trailer [on a construction site] AM; (*Marktstand*) stand ❷ (*fam: Wohnung*) digs *pl* BRIT, pad AM; **sturmfreie ~ haben** (*fam*) to have the place to oneself ▶ **jdm fällt die ~ auf den Kopf** (*fam*) sb feels claustrophobic; **jdm die ~ einrennen** (*fam*) to buy everything in sight in sb's shop BRIT, to clear out sb's store AM

Budget <-s, -s> [bʏ'dʒe:] *nt* budget

Bufdi <-[s], -[s]> ['bʊfdi] *m* (*fam*) ❶ *kein Pl Abk von* **Bundesfreiwilligendienst** federal voluntary services ❷ *Abk von* **Bundesfreiwilligendienstleistender** federal services volunteer

Büfett <-[e]s, -e *o* -s> [bʏ'fe:] *nt* ❶ (*Anrichte*) sideboard ❷ (*Essen*) buffet; **kaltes ~** cold buffet

Büffel <-s, -> ['bʏfl̩] *m* buffalo

büffeln ['bʏfl̩n] *tr V* (*fam*) to swot up on

Bug <-[e]s, Büge *o* -e> [bu:k, *Pl:* 'by:gə] *m* NAUT bow; LUFT nose

Bügel <-s, -> ['by:gl̩] *m* (*für Kleider*) coat hanger

Bügelbrett *nt* ironing board **Bügeleisen** <-s, -> *nt* iron **Bügelfalte** *f* crease **bügelfrei** *Adj* crease-free **Bügelmaschine** *f* ironing machine

bügeln ['by:gl̩n] *tr, intr V* to iron

Bühne <-, -n> ['by:nə] *f* ❶ (*Spielfläche*) stage; **hinter der ~** behind the scenes ❷ (*Theater*) theatre ▶ **etw über die ~ bringen** (*fam*) to get sth over with

Bühnenbild *nt* scenery **Bühnenbildner(in)** <-s, -> *m(f)* scene-painter **Bühnenstück** *nt* [stage] play

Buhruf *m* [cry of] boo

Bukett <-s, -s *o* -e> [bu'kɛt] *nt* bouquet

Bulgare, **Bulgarin** <-n, -n> [bʊl'ga:rə, bʊl'ga:rɪn] *m, f* Bulgarian

Bulgarien <-s> [bʊl'ga:ri̯ən] *nt* Bulgaria

bulgarisch [bʊl'ga:rɪʃ] *Adj* Bulgarian; *s. a.* **deutsch 1, 2**

Bulgarisch [bʊl'ga:rɪʃ] *nt dekl wie Adj* Bulgarian; *s. a.* **Deutsch**

Bulimie <-> [buli'mi:] *f kein Pl* bulimia [nervosa] *no pl*

Bullauge ['bʊl-] *nt* porthole **Bulldogge** *f* bulldog **Bulldozer** <-s, -> ['bʊldo:zɐ] *m* bulldozer

Bulle <-n, -n> ['bʊlə] *m* ❶ (*Tier*) bull ❷ (*sl: Polizist*) cop *fam*

Bullenhitze *f kein Pl* (*fam*) stifling heat

Bumerang <-s, -s *o* -e> ['bu:məraŋ] *m* boomerang

Bummel <-s, -> ['bʊml̩] *m* stroll; **einen ~ machen** to go for a stroll

Bummelant(in) <-en, -en> [bʊmə'lant] *m(f)* (*pej fam*) slowcoach BRIT *fam*, slowpoke AM *fam*

Bummelei <-> [bʊmə'lai] *f kein Pl* (*pej fam*) dilly-dallying

bummeln ['bʊml̩n] *intr V* ❶ *sein* (*spazieren gehen*) to stroll; **~ gehen** to go for a stroll ❷ *haben* (*fam: trödeln*) to dilly-dally

Bummelstreik *m* go-slow **Bummelzug** *m* (*fam*) local train

bumsen ['bʊmzn̩] *intr V* ❶ *sein* (*prallen*) to bang; **was bumst da so?** what's that banging? ❷ *haben* (*derb: koitieren*) [**mit jdm**] ~ to screw sb

Bund[1] <-[e]s, Bünde> [bʊnt, *Pl:* 'bʏndə] *m* ❶ (*Vereinigung*) association ❷ (*Länderföderation*) confederation; **der ~** (*BRD*) the Federal Republic of Germany; SCHWEIZ (*Eidgenossenschaft*) the confederation ❸ (*fam: Bundeswehr*) [German] army; **beim ~ sein** to be doing one's military service

Bund[2] <-[e]s, -e> [bʊnt, *Pl:* 'bʏndə] *nt* bundle; KOCHK bunch

Bündel <-s, -> ['bʏndl̩] *nt* bundle

bündeln *tr V* to tie in[to] bundles

Bundesarbeitsgericht *nt* JUR Federal Labour Court (*highest labour court in Germany*) **Bundesbank** *f* Federal Bank of Germany **Bundesbürger(in)** *m(f)* German citizen **Bundesgebiet** *nt* BRD federal territory **Bundesgerichtshof** *m* BRD Federal German supreme court **Bundeshauptstadt** *f* federal capital **Bundesheer** *nt* ÖSTERR Austrian Armed Forces **Bundesinnenminister(in)** *m(f)* German Minister of the Interior

Bundeskanzler(in) *m(f)* ❶ (*in Deutschland und Österreich*) Federal Chancellor ❷ (*in der Schweiz*) Head of the Federal Chancellery

In Germany the **Bundeskanzler(in)** is elected by the *Bundestag* (Lower

House of the Federal Parliament) and then invested by the head of state, the Federal President.
In Austria, the **Bundeskanzler(in)** is proposed by the largest party in the *Nationalrat* (National Assembly) and appointed by the President. He/She is the leader of the government and heads the *Bundeskanzleramt* (Federal Chancellery) which in Switzerland is called the *Bundeskanzlei.*

Bundesland *nt* ❶ (*in Deutschland*) Land, federal state ❷ (*in Österreich*) federal state

Since reunification the Federal Republic of Germany has been made up of 16 **Bundesländer** (federal states).
Austria is divided up into nine federal states. Each state has a capital containing the seat of state government.

Bundesliga *f* SPORT Division; **Erste/Zweite ~** First/Second Division **Bundesnachrichtendienst** *m* BRD Federal Intelligence Service [of Germany] **Bundespost** *f kein Pl* Federal Post Office
Bundespräsident(in) *m(f)* ❶ (*in Deutschland*) President of the Federal Republic of Germany; (*in Österreich*) President of the Federal Republic of Austria ❷ (*in der Schweiz*) President of the Confederation

The **Bundespräsident(in)** (Federal President) in Germany and Austria is head of state with predominantly ceremonial functions.
In Switzerland though, he/she is a member of the government and one of the seven members of the *Bundesrat* (Federal Council) which each year elects one of its members to be Federal President – albeit as 'Primus inter Pares', first among equals.

Bundesrat *m* ❶ (*in Deutschland und Österreich*) Bundesrat ❷ (*in der Schweiz*) Federal Council

Der Bundesrat (the Upper House of the German Parliament) is composed of members of the individual state governments. The number of representatives is determined by the size of the state. The **Bundesrat** plays a role in the passing of legislation.
In Austria, the **Bundesrat** is the part of parliament where the *Länder* (provinces) are represented according to their population. The exact number of representatives from the provinces is stipulated by the Federal President after each national census.
In Switzerland however, the **Bundesrat** is the government, which consists of seven members who are elected for four years and is chaired by the Federal President.

Bundesregierung *f* federal government **Bundesrepublik** *f* federal republic; **die ~ Deutschland** the Federal Republic of Germany **Bundesstaat** *m* ❶ (*Staatenbund*) confederation ❷ (*Gliedstaat*) federal state; **im ~ Kalifornien** in the state of California **Bundesstraße** *f* BRD, ÖSTERR ≈ A road BRIT, ≈ interstate [highway] AM
Bundestag *m kein Pl* Bundestag

Der Bundestag (the Lower House of the German Parliament) is the representative body of the people and is elected every four years in a free and secret ballot. The **Bundestag** elects the *Bundeskanzler* (Federal Chancellor) and debates and passes bills.

Bundestagspräsident(in) *m(f)* President of the Bundestag **Bundestagswahl** *f* Bundestag election
Bundesverfassungsgericht *nt kein Pl* BRD Federal Constitutional Court **Bundesverfassungsrichter(in)** *m(f)* Judge of the German Federal Constitutional Court
Bundesversammlung *f* ❶ BRD Federal Assembly ❷ SCHWEIZ Parliament **Bundeswehr** *f* Federal Armed Forces
Bundfaltenhose *f* trousers [*or* AM *a.* pants] *pl* with a pleated front

bündig ['bʏndɪç] *Adj* concise
Bündnis <-ses, -se> ['bʏntnɪs] *nt* alliance
Bündnispartner *m* POL, ÖKON alliance partner
Bunker <-s, -> ['bʊŋkɐ] *m* bunker; (*gegen Luftangriffe*) air-raid shelter
bunt [bʊnt] **I.** *Adj* ① colourful ② (*vielfältig*) varied **II.** *Adv* colourfully; ~ **gestreift** with colourful stripes; ~ **gemischt** (*abwechslungsreich*) diverse; (*vielfältig*) varied ► **es zu ~ treiben** (*fam*) to go too far; **jdm wird es zu ~** (*fam*) sb has had enough
Buntspecht *m* great spotted woodpecker **Buntstift** *m* coloured pencil **Buntwäsche** *f* colour wash
Bürde <-, -n> ['bʏrdə] *f* (*geh*) ① (*Last*) load ② (*Beschwernis*) burden
Burg <-, -en> [bʊrk] *f* castle
bürgen *intr V* ① (*einstehen für*) **für jdn ~** to act as sb's guarantor ② (*garantieren*) to guarantee
Bürger(in) <-s, -> ['bʏrgɐ] *m(f)* citizen
Bürgerinitiative *f* citizens' group **Bürgerjournalismus** *m* MEDIEN citizen journalism **Bürgerkrieg** *m* civil war
bürgerlich ['bʏrgɐlɪç] *Adj* ① *attr* (*staatsbürgerlich*) civil; **~e Pflicht** civic duty ② (*dem Bürgerstand angehörend*) bourgeois *pej*
Bürgermeister(in) ['bʏrgɐmaistɐ] *m(f)* mayor; **der regierende ~ von Hamburg** the governing Mayor of Hamburg **Bürgerrechtsbewegung** *f* civil rights movement **Bürgersteig** <-[e]s, -e> *m* pavement BRIT, sidewalk AM **Bürgerversammlung** *f* citizen's meeting
Bürgschaft <-, -en> *f* JUR ① (*gegenüber Gläubigern*) guaranty; **die ~ für jdn übernehmen** to act as sb's guarantor ② (*Haftungssumme*) security
Burgund <-[s]> [bʊr'gʊnt] *nt* Burgundy
Burgunder <-s, -> [bʊr'gʊndɐ] *m* (*Wein aus Burgund*) burgundy
Burn-out <-[s], -s> ['bœrnaut, bœrn'aut] *nt* MED, PSYCH burn-out
Büro <-s, -s> [by'ro:] *nt* office
Büroangestellte(r) *f(m) dekl wie Adj* office worker **Büroarbeit** *f* office work **Büroklammer** *f* paper clip **Bürokram** *m kein Pl* (*pej fam*) [bureaucratic] paperwork
Bürokratie <-, -n> [byrokra'ti:, *Pl:* -'ti:ən] *f* bureaucracy
bürokratisch **I.** *Adj attr* bureaucratic **II.** *Adv* bureaucratically
Bursche <-n, -n> ['bʊrʃə] *m* ① (*Halbwüchsiger*) adolescent ② (*fam: Kerl*) so-and-so BRIT, character AM
burschikos [bʊrʃi'ko:s] *Adj* casual; **~es Mädchen** tomboy
Bürste <-, -n> ['bʏrstə] *f* brush
bürsten ['bʏrstn̩] *tr V* to brush
Bus <-ses, -se> [bʊs, *Pl:* 'bʊsə] *m* bus
Busbahnhof *m* bus station
Busch <-[e]s, Büsche> [bʊʃ, *Pl:* 'bʏʃə] *m* ① (*Strauch*) shrub ② (*Wald*) bush ► **mit etw hinter dem ~ halten** (*fam*) to keep sth to oneself; **da ist etw im ~** sth is up
Büschel <-s, -> ['bʏʃl̩] *nt* tuft
büschelweise *Adv* in tufts
Busen <-s, -> ['bu:zn̩] *m* breast
Busfahrer(in) *m(f)* bus driver **Bushaltestelle** *f* bus stop **Buslinie** *f* bus route
Bussard <-s, -e> ['bʊsart, *Pl:* 'bʊsardə] *m* buzzard
Buße <-, -n> ['bu:sə] *f* ① *kein Pl* penance; **~ tun** to do penance ② (*Geldbuße*) fine
büßen ['by:sn̩] **I.** *tr V* ① (*bezahlen*) to pay for ② SCHWEIZ (*mit einer Geldbuße belegen*) to fine **II.** *intr V* to suffer (**für** because of); **dafür wird er mir ~!** I'll make him suffer for that!
Bußgeld *nt* fine (*imposed for traffic and tax offences*)
Büste <-, -n> ['bʏstə] *f* bust
Büstenhalter *m* bra
Butangas *nt* butane gas
Butike <-, -n> [bʊ'ti:k] *f s.* **boutique**
Bütten <-s> ['bʏtn̩] *nt*, **Büttenpapier** *nt kein Pl* handmade paper
Butter <-> ['bʊtɐ] *f kein Pl* butter ► **weich wie ~** as soft as can be; **alles [ist] in ~** (*fam*) everything is hunky-dory
Butterblume *f* buttercup **Butterbrot** *nt* slice of buttered bread **Butterbrotpapier** *nt* greaseproof paper **Buttermilch** *f* buttermilk **Butterschmalz** *nt* clarified butter **butterweich** ['bʊtɐ'vaiç] *Adj* really soft
Byte <-s, -s> [bait] *nt* COMPUT byte

Cc

C, c <-, -> [tseː] *nt* ❶ *(Buchstabe)* C, c; **ein großes C** a capital C; **ein kleines c** a small c ❷ MUS C, c; **das hohe C** top c; *s. a.* **A**
C [tseː] *Abk von* **Celsius** C
ca. *Abk von* **circa** approx., ca.
Café <-s, -s> [ka'feː] *nt* café
Cafeteria <-, -s> [kafetə'riːa] *f* cafeteria
Camcorder <-s, -> ['kamkɔrdɐ] *m* camcorder
Camping <-s> ['kɛmpɪŋ] *nt kein Pl* camping
Campingausrüstung *f* camping equipment **Campingbus** *m* camper **Campingplatz** *m* campsite
Cappuccino <-[s], -[s]> [kapʊ'tʃiːno] *m* cappuccino
Castortransport *m* Castor casket
CB-Funk *m* CB radio
CD <-, -s> [tseː'deː] *f Abk von* **Compact disc** CD
CD-ROM <-, -s> [tseːdeː'rɔm] *f* CD-ROM **CD-ROM-Laufwerk** *nt* CD-ROM drive **CD-Spieler** *m* CD player **CD-Ständer** *m* CD rack
Cellist(in) <-en, -en> [tʃɛ'lɪst] *m(f)* cellist
Cello <-s, -s *o* Celli> ['tʃɛlo] *nt* cello
Celsius ['tsɛlzi̯ʊs] *no art* Celsius
Cembalo <-s, -s *o* Cembali> ['tʃɛmbalo] *nt* cembalo
Cent <-[s], -[s]> ['sɛnt] *m* cent
Ceylon ['tsailɔn] *nt früher für* **Sri Lanka** Ceylon
Chamäleon <-s, -s> [ka'mɛːleɔn] *nt* chameleon
Champagner <-s, -> [ʃam'panjə] *m* champagne
Champignon <-s, -s> ['ʃampɪnjɔŋ] *m* mushroom
Chance <-, -n> ['ʃãːsə] *f* chance; **die ~n stehen gut/schlecht** there's a good/ there's little chance
Chancengleichheit *f kein Pl* equal opportunities *pl*
Chaos <-> ['kaːɔs] *nt kein Pl* chaos
Chaot(in) <-en, -en> [ka'oːt] *m(f)* chaotic person
chaotisch [ka'oːtɪʃ] **I.** *Adj* chaotic **II.** *Adv* chaotically
Charakter <-s, -tere> [ka'raktɐ] *m* character; **~ haben** to have strength of character
Charaktereigenschaft *f* characteristic **charakterfest** *Adj* with strength of character *pred*
charakterisieren* [karakteri'ziːrən] *tr V* to characterize
charakteristisch [karakte'rɪstɪʃ] *Adj* characteristic (**für** of)
charakterlos *Adj* despicable
Charakterzug *m* characteristic
charmant [ʃar'mant] **I.** *Adj* charming **II.** *Adv* charmingly
Charme <-s> [ʃarm] *m kein Pl* charm
Charta <-, -s> ['karta] *f* charter
Charterflug ['tʃartɐ-] *m* charter flight **Chartermaschine** *f* charter
Chassis <-, -> [ʃa'siː] *nt* chassis
Chat <-s, -s> [tʃɛt] *m* INET [online] chat
chatten ['tʃɛtn̩] *intr V* INET to chat [online]
Chauffeur <-s, -e> [ʃɔ'føːɐ̯] *m* chauffeur
Chauffeurin <-, -nen> [ʃɔ'føːrɪn] *f,* **Chauffeuse** <-, -n> [ʃɔføːzə] *f* SCHWEIZ chauffeur, female professional driver
Chauvi <-s, -s> ['ʃoːvi] *m* (*sl*) chauvinist
Chauvinist(in) <-en, -en> [ʃovi'nɪst] *m(f)* chauvinist
chauvinistisch [ʃovi'nɪstɪʃ] **I.** *Adj* chauvinistic **II.** *Adv* chauvinistically
checken ['tʃɛkn̩] *tr V* ❶ to check ❷ (*sl: begreifen*) **etw ~** to get sth
Chef(in) <-s, -s> [ʃɛf] *m(f)* head; (*einer Firma*) boss
Chefarzt, Chefärztin *m, f* head doctor **Chefetage** *f* management floor **Chefkoch, Chefköchin** *m, f* chief cook **Chefredakteur(in)** *m(f)* editor-in-chief **Chefsache** *f Pl selten* (*fam*) management matter; **erklären Sie den Fall zur ~!** that's a matter for the boss!
Chemie <-> [çe'miː] *f kein Pl* chemistry
Chemiefaser *f* man-made fibre
Chemiker(in) <-s, -> ['çeːmikɐ] *m(f)* chemist
chemisch ['çeːmɪʃ] *Adj* chemical
Chemotherapie *f* chemotherapy
Chiffre <-, -n> ['ʃɪfrə] *f* box number
Chiffreanzeige *f* box number advertisement

Chile <-s> ['tʃiːle] *nt* Chile

Chilene, **Chilenin** <-n, -n> [tʃi'leːnə, tʃi'leːnɪn] *m, f* Chilean

chillen ['tʃɪlən] *intr V* (*sl*) to chill [out]

China <-s> ['çiːna] *nt* China

Chinese, **Chinesin** <-n, -n> [çi'neːzə, çi'neːzɪn] *m, f* Chinese

chinesisch [çi'neːzɪʃ] *Adj* Chinese; *s. a.* **deutsch**

Chinesisch [çi'neːzɪʃ] *nt dekl wie Adj* Chinese; *s. a.* **Deutsch**

Chinin <-s> [çi'niːn] *nt kein Pl* quinine *no pl*

Chip <-s, -s> [tʃɪp] *m* ① chip ② *Pl* KOCHK crisps *pl* BRIT, chips *pl* AM

Chipkarte *f* smart card

Chirurg(in) <-en, -en> [çi'rʊrk] *m(f)* surgeon

Chirurgie <-, -n> [çirʊr'giː] *f kein Pl* surgery

chirurgisch [çi'rʊrgɪʃ] **I.** *Adj* surgical **II.** *Adv* surgically

Chlor <-s> [kloːɐ̯] *nt kein Pl* chlorine

Chloroform <-s> [kloro'fɔrm] *nt kein Pl* chloroform

Chlorophyll <-s> [kloro'fʏl] *nt kein Pl* chlorophyll

Cholera <-> ['koːlera] *f kein Pl* cholera

cholerisch [ko'leːrɪʃ] *Adj* choleric

Cholesterin <-s> [çolɛste'riːn] *nt kein Pl* cholesterol

Cholesterinspiegel *m* cholesterol level

Chor <-[e]s, Chöre> [koːɐ̯, *Pl:* 'køːrə] *m* chorus; **im** ~ in chorus

Choral <-s, Choräle> [ko'raːl, *Pl:* ko'rɛːlə] *m* chorale

Choreograf(in)[RR] <-en, -en> [koreo'graːf] *m(f)* choreographer

Choreografie[RR] <-, -n> [koreogra'fiː] *f* choreography

choreografieren[RR] [koreogra'fiːrən] *intr V* to choreograph

choreographieren [koreogra'fiːrən] *intr V s.* **choreografieren**

Christ(in) <-en, -en> [krɪst] *m(f)* Christian

Christbaum *m* Christmas tree

Christentum <-s> *nt kein Pl* Christianity

Christkind *nt* ① (*Jesus*) Christ-child ② (*weihnachtliche Gestalt, die Geschenke bringt*) Christ-child, *who brings Christmas presents for children on 24th December* ▶ [**noch**] **ans** ~ **glauben** to [still] believe in Father Christmas

christlich *Adj* Christian

Christmesse *f*, **Christmette** *f* Christmas mass

Christus ['krɪstʊs] *m* Christ; **nach** ~ AD; **vor** ~ BC; **Christi Himmelfahrt** Ascension

Chrom <-s> [kroːm] *nt kein Pl* chrome

Chromosom <-s, -en> [kromo'zoːm] *nt* chromosome

Chronik <-, -en> ['kroːnɪk] *f* chronicle

chronisch ['kroːnɪʃ] *Adj* chronic; ~ **krank** chronically ill

chronologisch [krono'loːgɪʃ] **I.** *Adj* chronological **II.** *Adv* in chronological order

Chrysantheme <-, -n> [kryzan'teːmə] *f* chrysanthemum

circa ['tsɪrka] *Adv* about

Clip <-s, -s> [klɪp] *m* ① (*Klammer*) clip ② (*Ohrschmuck*) clip-on

Clique <-, -n> ['klɪkə] *f* circle of friends

Clown(in) <-s, -s> [klaun] *m(f)* clown ▶ **sich zum** ~ **machen** to make a fool of oneself; **den** ~ **spielen** to play the clown

Code <-s, -s> [koːt] *m* code

codieren* [ko'diːrən] *tr V* to code

Computer <-s, -> [kɔm'pjuːtɐ] *m* computer; [**etw**] **auf** ~ **umstellen** to computerize [sth]

Computerarbeitsplatz *m* computerized workstation **computergesteuert** *Adj* computer-controlled **Computergrafik**[RR] *f* computer graphics *pl* **Computernetz[werk]** *nt* computer network **Computerspiel** *nt* computer game

Container <-s, -> [kɔn'teːnɐ] *m* container

Containerschiff *nt* container ship

Contergankind *nt* (*fam*) thalidomide child

Cookie <-s, -s> ['kʊkɪ] *nt* INET cookie

Cord <-s> [kɔrt] *m kein Pl* cord[uroy]

Cornflakes®RR ['koːnfleɪks] *Pl* cornflakes

Couch <-, -es> [kautʃ] *f o* SÜDD *m* couch

Couchgarnitur *f* three-piece suite **Couchtisch** *m* coffee table

Coupon <-s, -s> [ku'põː] *m* coupon

couragiert [kura'ʒiːɐ̯t] *Adj* bold

Cousin <-s, -s> [ku'zɛ̃ː] *m*, **Cousine** <-, -n> [ku'ziːnə] *f* cousin

CO_2-Fußabdruck [tseːʔoː'tsvai-] *m* carbon footprint
Crack <-s, -s> [krɛk] *m* SPORT ace
Cracker <-s, -[s]> ['krɛkɐ] *m* cracker
Creme <-, -s> [kreːm, krɛːm] *f* cream
cremefarben *Adj* cream
cremig *Adj* creamy
cruisen ['kruːzn̩] *intr V* (*fam*) to cruise, to go cruising *fam*
Cupcake <-s, -s> ['kapkeɪk] *m* Cupcake BRIT, muffin AM
Curry <-s, -s> ['kœri] *m o nt* curry
Currywurst *f sliced fried sausage served with ketchup and curry powder*
Cybercafé *nt* cyber [*or* Internet] café **Cybercash** <-s> ['saibɐ̯kɛʃ] *nt* cyber cash **Cybersex** <-> *m kein Pl* cybersex *no pl* **Cyberspace** <-, -s> [-spəɪs] *m kein Pl* cyberspace
Cyborg <-s, -s> ['saɪbɔːg] *m* LIT, FILM cyborg

D

Dd

D, d <-, -> [deː] *nt* ❶ (*Buchstabe*) D, d; **ein großes D** a capital D; **ein kleines d** a small d ❷ MUS D, d; *s. a.* **A**
da ['daː] **I.** *Adv* ❶ (*dort*) there; ~ **sein** to be there; ~ **bist du ja!** there you are!; ~ **drüben/hinten/vorne** over there; ~ **draußen/drinnen** out/in there; ~**, wo ...** where; **ach, ~ lag/stand das!** oh, that's where it was! ❷ (*hier*) here; **der/die/das ... ~** this/that ... [over here/there] ❸ (*dann*) then **II.** *Konj* ❶ (*weil*) as, since ❷ (*geh: als*) when
DAAD <-> [deːʔaːʔaː'deː] *m kein Pl Abk von* **Deutscher Akademischer Austauschdienst** *independent organization of institutions of higher education that arranges international exchanges for students*
dabei [da'bai] *Adv* ❶ (*örtlich*) with [it/them]; **direkt/nahe ~** right next/near to it ❷ (*zeitlich*) at the same time, while doing so; (*dadurch*) as a result ❸ (*damit verbunden*) through it/them; **ich habe mir nichts ~ gedacht** I didn't mean anything by it; **was ist schon ~?** what does it matter?; **das Dumme/Schöne ~ ist, ...** the stupid/good thing about it is ...
da|bleiben *intr V unreg sein* to stay [on]
Dach <-[e]s, Dächer> ['dax, *Pl:* 'dɛçɐ] *nt* roof; **[mit jdm] unter einem ~ wohnen** to live under the same roof [as sb]; **ein/kein ~ über dem Kopf haben** (*fam*) to have/to not have a roof over one's head
Dachboden *m* attic **Dachdecker(in)** <-s, -> *m(f)* roofer **Dachfenster** *nt* skylight **Dachfirst** *m* [roof] ridge **Dachgepäckträger** *m* roof rack **Dachkännel** <-s, -> *m* SCHWEIZ *s.* **Dachrinne** **Dachkonzern** *m* ÖKON holding company **Dachluke** *f* skylight **Dachorganisation** *f* holding [*or* parent] organization **Dachpappe** *f* roofing felt **Dachrinne** *f* gutter
Dachs <-es, -e> ['daks] *m* badger
Dachstuhl *m* roof truss **Dachziegel** *m* [roofing] tile
Dackel <-s, -> ['dakl̩] *m* dachshund
dadurch [da'dʊrç] *Adv* ❶ *örtlich* through [it/them]; (*emph*) through there ❷ (*aus diesem Grund*) so; (*auf diese Weise*) in this way ❸ **~, dass ...** because ...
dafür [da'fyːɐ̯] **I.** *Adv* ❶ (*für das*) for it/this/that; **es ist ein Beweis ~, dass ...** it's proof that ...; **ich bezahle Sie nicht ~, dass Sie nur rumstehen!** I'm not paying you just to stand around ❷ (*als Gegenleistung*) in return ❸ (*andererseits*) **er ist zwar nicht kräftig, ~ aber intelligent** he may not be strong, but he is intelligent ❹ (*im Hinblick darauf*) **~, dass ...** seeing [that] ... ❺ (*hinsichtlich einer Sache*) **ich kann doch nichts ~!** I can't help it!; **ich werde ~ sorgen, dass ...** I'll make sure that ... **II.** *Adj präd* **~ sein** to be for it/that
dagegen [da'geːgn̩] *Adv* ❶ against it/that; **~ müsst ihr was tun!** you must

do something about it!; **etwas ~ haben** to object; **nichts ~ haben** to not object; **haben Sie was ~, wenn ich rauche?** do you mind if I smoke?; **ich habe nichts ~ [einzuwenden]** that's fine by me ② *(als Gegenmaßnahme)* **das ist gut** [*o* **hilft**] **~** it's good for it; **~ lässt sich nichts machen** nothing can be done about it ③ *(verglichen damit)* compared with it/that/them

daheim [da'haim] *Adv* at home

daher ['da:he:ɐ̯] *Adv* *(deshalb)* **[von] ~ ...** that's why ...; **[von] ~ hat er das** that's where he got it from; **[von] ~ weißt du es also!** so that's how you know that; **etw kommt ~, dass ...** the cause of sth is that ...; **das kommt ~, dass ...** that is because ...

daher|bringen *tr V unreg* ÖSTERR **etw ~** to bring along sth *sep*

dahin [da'hɪn] **I.** *Adv* ① *(an diesen Ort)* there; **ist es noch weit bis ~?** is there still far to go? ② *(soweit)* **es ist ~ gekommen, dass ...** things have got to the stage where ... ③ *(zeitlich)* **bis ~** until then **II.** *Adj präd (zerbrochen)* **~ sein** to be broken

dahin|schmelzen *intr V unreg (hum)* to melt, to go [all] gooey *fam*

dahinten [da'hɪntn̩] *Adv* over there

dahinter [da'hɪntɐ] *Adv* ① behind it/that/them ② *(fig)* **es ist nichts ~** there's nothing to it

dahinter|klemmen *refl V* **sich ~** to buckle down; **dahinter|kommen** *intr V unreg sein* to find out **dahinter|stecken** *intr V* to be behind it

Dahlie <-, -n> ['da:li̯ə] *f* dahlia

damalig ['da:ma:lɪç] *Adj attr* at that time

Damast <-[e]s, -e> [da'mast] *m* damask

Dame <-, -n> ['da:mə, *Pl:*'da:mən] *f* ① lady; **meine ~n und Herren!** ladies and gentlemen! ② *(Brettspiel)* draughts *+ sing verb* BRIT, checkers *+ sing verb* AM ③ *(Schach, Karten)* queen

Damebrett *nt* draught-board

Damenbinde *f* sanitary towel [*or* AM napkin] **Damenfahrrad** *nt* lady's bicycle **Damenunterwäsche** *f* ladies' underwear

Damespiel *nt* draughts BRIT *+ sing verb*

Damhirsch ['damhɪrʃ] *m* fallow deer

damit [da'mɪt] **I.** *Adv* ① *(mit diesem Gegenstand)* with it [*or* that]; **was soll ich ~?** what am I supposed to do with that? ② *(mit dieser Angelegenheit)* **weißt du, was sie ~ meint?** do you know what she means by that?; **ich habe nichts ~ zu tun** I have nothing to do with it ③ *bei Verben* **sind Sie ~ einverstanden?** do you agree to that?; **~ hatte ich nicht gerechnet** I hadn't reckoned on that; **~ fing alles an** everything started with that **II.** *Konj* so that

dämlich ['dɛ:mlɪç] **I.** *Adj (pej fam)* stupid **II.** *Adv (pej fam)* **sich ~ anstellen** to be awkward

Damm <-[e]s, Dämme> ['dam, *Pl:* 'dɛmə] *m (zur Wasserstauung)* dam; *(Deich)* dyke

Dammbruch *m* breach in a/the dam

dämm[e]rig ['dɛm(ə)rɪç] *Adj* ① dim ② *(dämmernd)* **~ sein/werden** to be/get dark

dämmern ['dɛmɐn] **I.** *intr V* ① *Morgen* to dawn; *Abend* to approach ② **jdm ~** to [gradually] dawn on sb **II.** *intr V unpers* **es dämmert** *(morgens)* dawn is breaking; *(abends)* dusk is falling

Dämmerung <-, -en> *f (abends)* dusk; *(morgens)* dawn

Dämon <-s, Dämonen> ['dɛ:mɔn, *Pl:* dɛ'mo:nən] *m* demon

Dampf <-[e]s, Dämpfe> ['dampf, *Pl:* 'dɛmpfə] *m* steam *no pl;* **~ ablassen** *(a. fig)* to let off steam; **unter ~ stehen** to be under steam

Dampfbügeleisen *nt* steam iron

dampfen ['dampfn̩] *intr V* to steam

dämpfen ['dɛmpfn̩] *tr V* ① KOCHK to steam ② *(mäßigen)* to dampen

Dampfer <-s, -> ['dampfɐ] *m* steamship

Dampfkessel *m* [steam] boiler **Dampfmaschine** *f* steam engine **Dampfschifffahrt**[RR] *f kein Pl* steam navigation **Dampfwalze** *f* steamroller

danach [da'na:x] *Adv* ① *zeitlich* afterwards; **ein paar Minuten ~** a few minutes later ② *örtlich* behind [her/him/it etc.] ③ *(dementsprechend)* accordingly ④ **jdm ist ~/nicht ~** sb feels/doesn't feel like it

Däne, Dänin <-n, -n> ['dɛ:nə, 'dɛ:nɪn] *m, f* Dane

daneben [da'ne:bn̩] *Adv* ① next to her/him/it/that/...; **wir wohnen [im Haus] ~** we live [in the house] next door; **~!** missed!; **links/rechts ~**

(*neben Gegenstand*) to the left/right of it/them; (*neben Mensch*) to her/his left/right ② (*verglichen damit*) compared with her/him/it/that/... ③ (*unangemessen*) ~ **sein** to be inappropriate

danebenǀgehen *intr V unreg sein* ① (*nicht treffen*) to miss [its/their mark] ② (*scheitern*) to go wrong

Dänemark <-s> ['dɛːnəmark] *nt* Denmark

dänisch ['dɛːnɪʃ] *Adj* Danish

dank ['daŋk] *Präp* thanks to

Dank <-[e]s> ['daŋk] *m kein Pl* gratitude; **herzlichen** [*o* **vielen**] **~!** thank you very much!; **jdm ~ schulden** to owe sb a debt of gratitude; **als ~ für etw** in grateful recognition of sth

dankbar ['daŋkbaːɐ̯] *Adj* grateful; **jdm ~ [für etw] sein** to be grateful to sb [for sth]

Dankbarkeit <-> *f kein Pl* gratitude

danke *Interj* thank you

danken ['daŋkn̩] **I.** *intr V* [**jdm**] [**für etw**] ~ to express one's thanks [to sb] [for sth]; **nichts zu ~!** you're welcome! **II.** *tr V* **jdm etw ~** to repay sb for sth; **wie kann ich Ihnen das jemals ~?** how can I ever thank you?

dann ['dan] *Adv* then; **~ erst recht nicht!** in that case no way!; **~ und wann** now and then; **immer ~, wenn ...** always when ...; **wenn ..., ~ ...** if ..., [then] ...; **etw nur ~ tun, wenn ...** to do sth only when ...

daran [da'ran] *Adv* ① (*räumlich*) on it/that, to it/that; **etw ~ kleben** to stick sth to it; **~ riechen** to smell it; **~ vorbei** past it ② (*an dieser Angelegenheit*) **kein Wort ist wahr ~!** not a word of it is true; **denk ~!** bear it/that in mind; **das Dumme/Gute ~ ist, dass ...** the stupid/good thing about it is that ...; **kein Interesse ~** no interest in it [*or* that]; **ein Mangel ~** a lack of it

daranǀgehen *intr V unreg sein* to set about it **daranǀmachen** *refl V* **sich ~** to set about it **daranǀsetzen** [da'ranzɛtsn̩] *tr V* **alles ~, etw zu tun** to spare no effort to do sth

darauf [da'rauf] *Adv* ① (*räumlich*) on it/that/them etc.; **~ folgend** following; **etw ~ legen** to lay sth on top ② (*zeitlich*) after that; **am Abend ~** the next evening; **bald ~** shortly afterwards ③ (*bezüglich einer Sache*) **ein Recht ~** a right to it; **sich ~ freuen** to look forward to it; **~ reinfallen** to fall for it

daraufhin [darauf'hɪn] *Adv* ① (*infolgedessen*) as a result [of this/that] ② (*nachher*) after that

daraus [da'raus] *Adv* ① out of it/that/them; **etw ~ entfernen** to remove sth from it ② (*als Ergebnis*) **~ ergibt sich** [*o* **folgt**], **dass ...** the result of which is that ...

darǀbieten ['daːɐ̯biːtn̩] *unreg* **I.** *tr V* (*geh*) [**jdm**] **etw ~** to perform sth [before sb] **II.** *refl V* **sich jdm ~** to offer itself to sb

Darbietung <-, -en> ['daːɐ̯biːtʊŋ] *f* performance

darin [da'rɪn] *Adv* ① (*räumlich*) in there ② (*in vorher Erwähntem*) in it/them ③ (*in dem Punkt*) in that respect

darǀlegen ['daːɐ̯leːgn̩] *tr V* [**jdm**] **etw ~** to explain sth [to sb]

Darleh[e]n <-s, -> ['daːɐ̯leːən] *nt* loan

Darm <-[e]s, Därme> ['darm, *Pl:* 'dɛrmə] *m* intestine

Darmerkrankung *f* intestinal disease **Darmgrippe** *f* gastric flu **Darminfektion** *f* intestinal [*or* bowel] infection **Darmkrebs** *m* cancer of the intestine [*or* bowel]

darǀstellen ['daːɐ̯ʃtɛlən] **I.** *tr V* ① (*wiedergeben*) to portray ② (*beschreiben*) to describe **II.** *refl V* **sich als jdn/etw ~** to show oneself to be sb/sth

Darstellung <-, -en> *f* ① *kein Pl* KUNST portrayal ② (*das Schildern*) representation

darüber [da'ryːbɐ] *Adv* ① (*räumlich*) over/above it/that/them; (*direkt auf etw*) on top [of it/that] ② (*hinsichtlich einer Sache*) about it/that/them; **sich ~ wundern, was ...** to be surprised at what ...

darum [da'rʊm] *Adv* ① (*deshalb*) that's why; **~?** because of that?; **~!** (*fam*) [just] because! ② (*räumlich*) **~ [herum]** around it ③ (*um diese Sache*) **es geht nicht ~, wer zuerst kommt** it's not a question of who comes first; **~ geht es ja gerade!** that's just it!; **~ bitten** to ask for it/that; **~ herumreden** to beat around the bush

darunter [da'rʊntɐ] *Adv* ① (*räumlich*) under it/that; (*unterhalb von etw*) below [it/that]; ~ **hervorgucken/hervorspringen** to look/jump out [from underneath] ❷ (*dazwischen*) among[st] them ❸ (*unter dieser Angelegenheit*) **was verstehst du ~?** what do you understand by it/that?; ~ **kann ich mir nichts vorstellen** it doesn't mean anything to me; ~ **leiden** to suffer under it [*or* that]

D

das ['das] *Art, Pron* the; *s. a.* **der**

da|seinALT ['da:zain] *intr V unreg sein s.* **da I. 1**

Dasein <-s> ['da:zain] *nt* existence

dasjenige ['dasje:nɪgə] *Demonstrativpron s. a.* **derjenige**

dassRR, **daß**ALT ['das] *Konj* that; **ich habe gehört, ~ ...** I've heard [that] ...; **sieh zu, ~ ...** see that ...; **die Tatsache, ~ ...** the fact that ...; **dadurch, ~ ...** because ...; **vorausgesetzt, ~ ...** providing [that] ...

dasselbe [das'zɛlbə], **dasselbige** [das'zɛlbɪgə] *Demonstrativpron s.* **derselbe**

Datei <-, -n> [da'tai] *f* file

Dateisystem *nt* COMPUT file system

Daten[1] ['da:tn̩] *Pl von* **Datum**

Daten[2] ['da:tn̩] *Pl* data

Datenabruf *m* data retrieval **Datenaufbereitung** *f* data editing **Datenautobahn** *f* information highway **Datenbank** <-banken> *f* database **Datenhandschuh** *m* data glove **Datenmissbrauch**RR *m* data misuse **Datenschutz** *m* data protection **Datensicherung** *f* [data] backup **Datensichtgerät** *nt* [visual] display unit, VDU **Datenträger** *m* data medium **Datentypist(in)** *m(f)* keyboarder **Datenverarbeitung** *f* data processing

datieren* [da'ti:rən] *tr V* to date

Dativ <-s, -e> ['da:ti:f, *Pl:* 'da:ti:və] *m* dative

Dattel <-, -n> ['datl̩, *Pl:* 'datl̩n] *f* date

Dattelpalme *f* date [palm]

Datum <-s, Daten> ['da:tʊm, *Pl:* 'da:tn̩] *nt* date; **welches ~ haben wir heute?** what's the date today?; **der Brief trägt das ~ vom 7. Mai** the letter is dated 7 May

Dauer <-> ['dauɐ] *f kein Pl* duration; *eines Aufenthalts* length; **von kurzer ~ sein** to be short-lived ▸ **auf die ~** in the long run

Dauerauftrag *m* standing order

dauergewellt ['dauɐgəvɛlt] *Adj Haare* permed

dauerhaft *Adj* lasting

Dauerlauf *m* jog

dauern ['dauɐn] *intr V* ❶ (*sich zeitlich erstrecken*) to last; **der Film dauert drei Stunden** the film is three hours long; **das dauert mir zu lange** that's too long for me ❷ (*bestimmte Zeit erfordern*) to take ▸ **das dauert und dauert!** (*fam*) it's taking ages [and ages]!

dauernd ['dauɐnt] **I.** *Adj* constant; (*lang anhaltend*) lasting **II.** *Adv* constantly; **etw ~ tun** to keep [on] doing sth

Dauerregen *m* continuous rain **Dauerschaden** *m* long-term damage **Dauerwelle** *f* perm **Dauerzustand** *m* permanent state of affairs

Daumen <-s, -> ['daumən] *m* thumb; **am ~ lutschen** to suck one's thumb ▸ **jdm die ~ drücken** to keep one's fingers crossed [for sb]

Daune <-, -n> ['daunə] *f* down *no pl*

Daunendecke *f* duvet **Daunenjacke** *f* quilted jacket

davon [da'fɔn] *Adv* ❶ (*Entfernung/Trennung*) ~ **loskommen** to come off it/that; **links/rechts ~** to the left/right of it/that/them ❷ (*Bezugnahme auf einen Ausgangspunkt*) **das kommt ~!** you've/he's etc. only got yourself/himself etc. to blame!; **etwas/nichts ~ haben** to have something/nothing of it; ~ **ausgehen, dass ...** to presume that ... ❸ (*Teil einer Menge*) **die Hälfte/ein Pfund ~** half/a pound of it/that/them; ~ **essen/trinken** to eat/drink [some] of it/that ❹ (*über diese Angelegenheit*) **was hältst du ~?** what do you think of it/that/them?; ~ **weiß ich nichts** I don't know anything about that; **genug ~!** enough [of this/that]!; ~ **sprechen/wissen** to speak/know of it/that/them

davon|fliegen *intr V unreg sein* (*geh*) to fly away **davon|kommen** *intr V unreg sein* **mit dem Leben ~** to escape with one's life **davon|laufen** *intr V unreg sein* ❶ (*weglaufen*) [**jdm**] ~ to run away [from sb] ❷ (*verlassen*) **jdm ~** to run out on sb **davon|machen** *refl V* **sich ~** to slip away **davon|tragen** *tr V unreg* (*geh*) **Prellungen/Verletzungen** ~ to suffer bruising/injury

davor [da'foːɐ̯, 'daːfoːɐ̯] *Adv* ❶ (*örtlich*) in front [of it/that/them] ❷ (*zeitlich*) before [it/that/them/etc.] ❸ (*vor/bezüglich dieser Sache*) **ich ekele mich** ~ I'm disgusted by it; **er hat Angst** ~ he's afraid of that

DAX <-> ['daks] *m kein Pl Akr von* **Deutscher Aktienindex** DAX, German share index

dazu [da'tsuː, 'daːtsuː] *Adv* ❶ (*zu dem gehörend*) with it ❷ (*zu dieser Situation*) **wie konnte es nur ~ kommen?** how could that happen?; **im Gegensatz** ~ contrary to this; **im Vergleich** ~ in comparison to that ❸ (*zur Beschäftigung mit*) **ich bin noch nicht ~ gekommen** I haven't got round to it yet ❹ (*das zu tun*) **ich bin ~ nicht bereit** I'm not prepared to do that; **es gehört viel Mut** ~ that takes a lot of courage; **ich würde dir ~ raten** I would advise you to do that; ~ **ist es da** that's what it's there for; ~ **habe ich keine Lust** I don't feel like it; **kein Recht ~ haben, etw zu tun** to have no right to do sth ❺ (*hinsichtlich*) **er hat sich noch nicht ~ geäußert** he hasn't commented on it yet; **was meinst du ~?** what do you think about it/that?

dazu|gehören* *intr V* to belong [to it/them etc.]

dazu|tun *tr V unreg* (*fam*) to add

Dazutun <-> *nt kein Pl* **ohne jds** ~ without sb's intervention

dazwischen [da'tsvɪʃn̩] *Adv* [in] between

dazwischen|fahren [da'tsvɪʃn̩faːrən] *intr V unreg sein* (*eingreifen*) to intervene **dazwischen|kommen** *intr V unreg sein* to come up

dealen ['diːlən] *intr V* (*sl*) [**mit etw** *Dat*] ~ to deal sth

Dealer(in) <-s, -> ['diːlɐ] *m(f)* dealer

Debatte <-, -n> [de'batə] *f* debate; **zur ~ stehen** to be under discussion

debattieren* [deba'tiːrən] *tr V* to debate

Deck <-[e]s, -s> ['dɛk] *nt* deck

Deckanstrich *m* BAU finish [*or* top] coat **Deckblatt** *nt* BOT bract

Decke <-, -n> ['dɛkə] *f* ❶ *eines Raums* ceiling ❷ (*Wolldecke*) blanket ❸ (*Bettdecke*) cover ▸ **jdm fällt die ~ auf den Kopf** sb feels really cooped in; **an die ~ gehen** to hit the roof

Deckel <-s, -> ['dɛkl̩] *m* lid ▸ **jdm eins auf den ~ geben** (*fam*) to give sb a clip round the earhole

Deckelung <-, -en> ['dɛkl̩ʊŋ] *f* FIN [price-]capping

decken ['dɛkn̩] **I.** *tr V* ❶ (*bedecken*) to cover; *Dach* to tile; *Tisch* to set ❷ (*verheimlichen*) **jdn** ~ to cover up for sb; **etw** ~ to cover up sth *sep* **II.** *refl V* **sich** ~ *Aussagen* to correspond

Deckenbeleuchtung *f* ceiling lights *pl*

Deckname *m* code name

Deckung <-, -en> *f* cover; **volle ~!** take cover!; **jdm ~ geben** to give sb cover

defekt [de'fɛkt] *Adj* faulty

Defekt <-[e]s, -e> [de'fɛkt] *m* defect

Defensive <-, -n> [defɛn'ziːvə] *f kein Pl* **in die ~ gehen** to go on the defensive

definieren* [defi'niːrən] *tr V* to define

Definition <-, -en> [defini'tsi̯oːn] *f* definition

definitiv [defini'tiːf] **I.** *Adj* definite **II.** *Adv* definitely

Defizit <-s, -e> ['deːfitsɪt] *nt* deficit

deftig ['dɛftɪç] *Adj Essen* substantial

Degen <-s, -> ['deːgn̩] *m* SPORT epée; HIST rapier

degenerieren* [degene'riːrən] *intr V* to degenerate

degradieren* [degra'diːrən] *tr V* to demote

dehnbar *Adj* elastic

dehnen ['deːnən] *tr, refl V* [**sich**] ~ to stretch

Deich <-[e]s, -e> ['daiç] *m* dyke

Deichsel <-, -n> ['daiksl̩] *f* shaft

deichseln ['daiksl̩n] *tr V* (*fam*) **etw** ~ to wangle sth

dein ['dain] *Possessivpron, adjektivisch* your; **herzliche Grüße, ~e Anita** with best wishes, yours [*or* love] Anita

deine(r, s) ['dainə] *Possessivpron, substantivisch* (*der/die/das dir Gehörende*) yours

deinerseits ['dainɐ'zaits] *Adv* (*von dir aus*) on your part

deinethalben ['dainəthalbn̩] *Adv* (*veraltend*), **deinetwegen** ['dainətveːgn̩] *Adv* (*wegen dir*) because of you; (*dir zuliebe*) for your sake

Dekagramm ['dɛkagram] *nt* ÖSTERR ten gram[me]s *pl*

D

Dekan(in) <-s, -e> [de'ka:n] *m(f)* dean
deklinieren* [dekli'ni:rən] *tr V* to decline
Dekor <-s, -s *o* -e> [de'ko:ɐ̯] *m o nt* pattern
Dekorateur(in) <-s, -e> [dekora'tø:ɐ̯] *m(f)* (*Schaufenstergestalter*) window dresser
Dekoration <-, -en> [dekora'tsi̯o:n] *f* decoration
dekorativ [dekora'ti:f] *Adj* decorative
dekorieren* [deko'ri:rən] *tr V* to decorate
Delegierte(r) *f(m) dekl wie Adj* delegate
DelfinRR <-s, -e> [dɛl'fi:n] *m s.* **Delphin**
delikat [deli'ka:t] *Adj Speise* delicious
Delikatesse <-, -n> [delika'tɛsə] *f* delicacy
Delikt <-[e]s, -e> [de'lɪkt] *nt* offence
Delirium <-s, -rien> [de'li:ri̯ʊm, *Pl:* de'li:ri̯ən] *nt* delirium
Delle <-, -n> ['dɛlə] *f* dent
delogieren* [delo'ʒi:rən] *tr V* ÖSTERR to evict
Delphin <-s, -e> [dɛl'fi:n] *m* dolphin
Delta <-s, -s *o* Delten> ['dɛlta, *Pl:* 'dɛltn̩] *nt* delta
dem ['de:m] *Art, Pron; Dat von* **der, das** the
dementieren* [demɛn'ti:rən] *tr V* to deny
dementsprechend ['de:mʔɛnt'ʃprɛçn̩t] *Adv* correspondingly; **sich ~ äußern** to utter words to that effect
demnach ['de:mna:x] *Adv* therefore
demnächst [de:m'nɛ:çst] *Adv* soon
Demokrat(in) <-en, -en> [demo'kra:t] *m(f)* democrat
Demokratie <-, -n> [demokra'ti:, *Pl:* demokra'ti:ən] *f* democracy
demokratisch [demo'kra:tɪʃ] **I.** *Adj* democratic **II.** *Adv* democratically
demolieren* [demo'li:rən] *tr V* to wreck
Demonstrant(in) <-en, -en> [demɔn'strant] *m(f)* demonstrator
Demonstration <-, -en> [demɔnstra'tsi̯o:n] *f* demonstration
demonstrativ [demɔnstra'ti:f] **I.** *Adj* demonstrative **II.** *Adv* demonstratively
Demonstrativpronomen *nt* demonstrative pronoun
demonstrieren* [demɔn'stri:rən] *intr, tr V* to demonstrate (**für** in support of, **gegen** against)
demontieren* [demɔn'ti:rən] *tr V* to dismantle
Demo-Tape, Demotape <-s, -s> ['de:mote:p] *nt* MUS demo [tape]
Demut <-> ['de:mu:t] *f kein Pl* humility (**gegenüber** before)
demütig ['de:my:tɪç] **I.** *Adj* humble **II.** *Adv* humbly
demütigen ['de:my:tɪgn̩] *tr V* to humiliate
Demütigung <-, -en> *f* humiliation
den ['de:n] *Art, Pron* ❶ *Akk von* **der** the ❷ *Dat Pl von* **der, die, das** the
denkbar I. *Adj* conceivable **II.** *Adv* **das ~ beste Wetter** the best possible weather
Denkblockade *f* PSYCH mental block
denken <dachte, gedacht> ['dɛŋkn̩] **I.** *intr V* ❶ to think (**an** of, **über** about); **wie denken Sie darüber?** what's your view [of it]?; **langsam/schnell ~** to be a slow/quick thinker; **jdm zu ~ geben** to give sb food for thought ❷ (*meinen*) to think; **was denkst du?** what do you say?; **ich denke nicht** I don't think so; **ich denke schon** I think so **II.** *tr V* ❶ **was denkst du jetzt?** what are you thinking [of]?; **wer hätte das [von ihr] gedacht!** who'd have thought it [of her]?; **ich habe das ja gleich gedacht!** I [just] knew it! ❷ (*bestimmen*) **für jdn/etw gedacht sein** to be meant for sb/sth ❸ (*beabsichtigen*) **ich habe mir nichts Böses dabei gedacht** I meant no harm; **sie denkt sich nichts dabei** she doesn't think anything of it
Denken <-s> ['dɛŋkn̩] *nt kein Pl* thinking
Denkmal <-s, Denkmäler> ['dɛŋkma:l, *Pl:* 'dɛŋkmɛ:lɐ] *nt* monument (**für** to); **jdm ein ~ setzen** to erect a memorial to sb
Denkmalschutz *m* protection of historical monuments; **unter ~ stehen** to be listed
denkwürdig *Adj* memorable
denn ['dɛn] *Konj* ❶ (*weil*) because; **~ sonst** otherwise ❷ (*einschränkend*) **es sei ~, [dass]** ... unless ... ❸ (*als*) **kräftiger/schöner ~ je** stronger/more beautiful than ever
dennoch ['dɛnɔx] *Adv* still

denunzieren* [denʊn'tsiːrən] *tr V* to denounce
Deo <-s, -s> ['deːo] *nt* (*fam*) deodorant
Deodorant <-s, -s *o* -e> [deʔodo'rant] *nt* deodorant
Deoroller *m* roll-on **Deostift** *m* deodorant stick
Departement <-s, -s> [departə'mãː] *nt* SCHWEIZ department
Deponie <-, -n> [depo'niː, *Pl:* depo'niːən] *f* disposal site
deponieren* [depo'niːrən] *tr V* to deposit
deportieren* [depɔr'tiːrən] *tr V* to deport
Depot <-s, -s> [de'poː] *nt* ① depot ② SCHWEIZ (*Flaschenpfand*) deposit
Depp <-en *o* -s, -e[n]> ['dɛp] *m* (*fam*) twit
Depression <-, -en> [deprɛ'si̯oːn] *f* depression
depressiv [deprɛ'siːf] **I.** *Adj* depressive **II.** *Adv* ~ **gestimmt/veranlagt sein** to be depressed/prone to depression
deprimieren* [depri'miːrən] *tr V* to depress
der ['deːɐ̯], **die, das** ['das] **I.** *best. Art* the; *Gen o Dat von* **die** the **II.** *Demonstrativpron* (*diese(r, s)*) that; **der/die/das hier/da** this/that one; **die Frau** [**da**] that woman [there]; **die mit den roten Haaren** the one with the red hair; **der und joggen?** him, jogging?; **der, den ich meine, ...** the one I mean ... **III.** *Relativpron* who, that; (*Dinge*) which; [**der Mann,**] **der dafür verantwortlich ist ...** the man who is responsible for that ...; **die Freundin, mit der ich mich gut verstehe, ...** the friend with whom I get on so well ...
derart ['deːɐ̯ʔaːɐ̯t] *Adv* ~ **heiß sein, dass ...** to be so hot that ...; **sie ist eine ~ unzuverlässige Frau, dass ...** she is such an unreliable woman that ...
derartig ['deːɐ̯ʔaːɐ̯tɪç] *Adj* such; [**etwas**] **Derartiges habe ich noch nie gesehen** I've never seen anything like it
derb ['dɛrp] *Adj* (*grob*) coarse; *Ausdrucksweise* crude
derenthalben [deːrənt'halbn̩] *Adv* (*veraltet*), **derentwegen** [deːrənt'veːgn̩] *Adv* on whose account; (*bei Sachen*) because of which
dergleichen [deːɐ̯'glaiçn̩] *Demonstrativpron* ① *adjektivisch* such ② *substantivisch* that sort of thing; **nichts ~** nothing like it
derjenige ['deːɐ̯jeːnɪgə], **diejenige** ['diːjeːnɪgə], **dasjenige** ['dasjeːnɪgə] *Demonstrativpron* ① *substantivisch* **~, der/den ...** (*Person*) the one who ...; (*Sache*) the one that...; **diejenigen/denjenigen, die ...** (*Personen*) the ones who...; (*Sachen*) the ones which... ② *adjektivisch* ~ **Mann, der ...** that man who ...
dermaßen ['deːɐ̯maːsn̩] *Adv* **eine ~ lächerliche Frage** such a ridiculous question; **jdn ~ unter Druck setzen, dass ...** to put sb under so much pressure that ...
derselbe [deːɐ̯'zɛlbə], **dieselbe** [diː'zɛlbə], **dasselbe** [das'zɛlbə] *Demonstrativpron* ① (*ebender, ebendie, ebendas*) ~ the same ② *substantivisch* (*fam*) the same; **nicht schon wieder dasselbe!** not this [stuff *fam*] again!; **ein und ~** one and the same
derzeit ['deːɐ̯tsait] *Adv* at present
derzeitig ['deːɐ̯tsaitɪç] *Adj attr* present
des ['dɛs] *Art, Pron; Gen von* **der, das** the
desertieren* [dezɛr'tiːrən] *intr V* [**von etw**] ~ to desert [sth]
desgleichen [dɛs'glaiçn̩] *Adv* likewise
deshalb ['dɛs'halp] *Adv* therefore; **~ frage ich ja** that's why I'm asking; **also ~!** so that's why!
Design <-s, -s> [di'zain] *nt* design
Designermode *f kein Pl* designer fashion
Desinfektion <-, -en> [dɛsʔɪnfɛk'tsi̯oːn, dezɪnfɛk'tsi̯oːn] *f* disinfection
Desinfektionsmittel *nt* disinfectant
desinfizieren* [dɛsʔɪnfi'tsiːrən, dezɪnfi'tsiːrən] *tr V* to disinfect
despotisch [dɛs'poːtɪʃ] *Adj* despotic
dessen ['dɛsn̩] **I.** *Demonstrativpron, Gen von* **der, das** his/its ② **~ ungeachtet** (*geh*) notwithstanding this **II.** *Relativpron, Gen von* **der, das** (*auf Personen bezogen*) whose; (*auf Sachen bezogen*) whose, of which
Dessert <-s, -s> [dɛ'seːɐ, dɛ'sɛːɐ] *nt* dessert
destillieren* [dɛstɪ'liːrən] *tr V* to distil
desto ['dɛsto] *Konj* ~ **besser** all the bet-

ter; ~ **eher** the earlier; ~ **schlimmer!** so much the worse!

destruktiv [destrʊk'tiːf] *Adj* destructive

Detail <-s, -s> [de'tai, de'taːj] *nt* detail; **im** ~ in detail; **ins** ~ **gehen** to go into detail[s]

detailliert [deta'jiːɐt] **I.** *Adj* detailed **II.** *Adv* in detail

Detektiv(in) <-s, -e> [detɛk'tiːf, *Pl:* detɛk'tiːvə] *m(f)* private investigator; (*Polizist*) plain-clothes policeman

detonieren* [deto'niːrən] *intr V sein* to detonate

deuten ['dɔytn̩] **I.** *tr V* [**jdm**] **etw** ~ to interpret sth [for sb]; **die Zukunft** ~ to read the future; **etw falsch** ~ to misinterpret sth **II.** *intr V* (*zeigen*) [**mit etw**] **auf jdn/etw** ~ to point [sth] at sb/sth

deutlich ['dɔytlɪç] **I.** *Adj* clear **II.** *Adv* clearly; **etw** ~ **fühlen** to distinctly feel sth; **sich** ~ **ausdrücken** to make oneself clear

Deutlichkeit <-, -en> *f* ❶ *kein Pl* (*Klarheit*) clarity ❷ (*Eindeutigkeit*) plainness; [**jdm**] **etw in aller** ~ **sagen** to make sth perfectly clear [to sb]

deutsch ['dɔytʃ] *Adj* ❶ (*Deutschland betreffend*) German; **die ~e Sprache** German, the German language; **die ~e Staatsbürgerschaft haben** to have German citizenship; **das ~e Volk** the German people; **~er Abstammung sein** to be of German origin; ~ **denken** to have a [very] German way of thinking; **typisch** ~ **sein** to be typically German ❷ (*die Sprache betreffend*) German; **die ~e Schweiz** German-speaking Switzerland; **etw** ~ **aussprechen** to pronounce sth with a German accent ▶ **mit jdm** ~ **reden** (*fam*) to be blunt with sb

Deutsch ['dɔytʃ] *nt dekl wie Adj* (*Sprache*) German; ~ **unterrichten** to teach German; ~ **lernen/verstehen** to learn/understand German; ~ **sprechen** to speak German; **sie spricht fließend** ~ she speaks German fluently; **sprechen** [*o* **können**] **Sie** ~**?** do you speak German?; ~ **sprechend** German-speaking; **auf** ~ in German; **etw auf** ~ **sagen** to say sth in German ▶ **auf gut** ~ [**gesagt**] (*fam*) in plain English

Deutsche(r) *f(m) dekl wie Adj* German; **die ~n** the Germans

Deutsche <-n, -> *nt* **das** ~ German, the German language

Deutsche Demokratische Republik *f* HIST German Democratic Republic

Deutschland <-s> ['dɔytʃlant] *nt* Germany; **aus** ~ **kommen** to come from Germany; **in** ~ **leben** to live in Germany

deutschlandweit *Adv* throughout Germany

deutschsprachig ['dɔytʃʃpraːxɪç] *Adj* German-speaking *attr*

Deutschstämmige(r) *f(m) dekl wie Adj* ethnic German

Devise <-, -n> [de'viːzə] *f* motto

Dezember <-s, -> [de'tsɛmbɐ] *m* December; *s. a.* **Februar**

dezent [de'tsɛnt] **I.** *Adj* discreet **II.** *Adv* discreetly

dezentralisieren* [detsɛntrali'ziːrən] *tr V* to decentralize

Dezernent(in) <-en, -en> [detsɛr'nɛnt] *m(f)* department head

Dezimalrechnung *f kein Pl* MATH decimals *pl*

dezimieren* [detsi'miːrən] *tr V* to decimate

Dia <-s, -s> ['diːa] *nt* slide

Diabetes <-> [dia'beːtɛs] *m kein Pl* diabetes

Diabetiker(in) <-s, -> [dia'beːtikɐ] *m(f)* diabetic

Diagnose <-, -n> [dia'gnoːzə] *f* diagnosis

diagnostizieren* [diagnɔsti'tsiːrən] *tr V* **etw** ~ to diagnose sth

diagonal [diago'naːl] *Adj* diagonal

Diagonale <-, -n> [diago'naːlə] *f* diagonal [line]

Diagramm <-s, -e> [dia'gram] *nt* diagram

Diakon(in) <-s *o* -en, -e[n]> [dia'koːn] *m(f)* deacon

Dialekt <-[e]s, -e> [dia'lɛkt] *m* dialect

Dialer <-s, -> [daɪəlɐ] *m* (*Interneteinwahlprogramm*) dialer

Dialog <-[e]s, -e> [dia'loːk, *Pl:* dia'loːgə] *m* dialogue

Dialogbetrieb *m* COMPUT interactive mode; **im** ~ online

Dialyse <-, -n> [dia'lyːzə] *f* dialysis

Diamant <-en, -en> [dia'mant] *f* diamond

Diät <-, -en> [di'ɛːt] *f* diet; ~ **halten** to keep to a diet; **auf ~ sein** to be on a diet; **jdn auf ~ setzen** to put sb on a diet

dich ['dɪç] **I.** *Personalpron; Akk von* **du** you **II.** *Reflexivpron* yourself

dicht ['dɪçt] **I.** *Adj* ❶ dense; *Haar* thick; *Verkehr* heavy ❷ (*wasserundurchlässig*) watertight; **nicht mehr ~ sein** to leak ▶ **nicht ganz ~ sein** (*pej fam*) to be off one's head *pej fam* **II.** *Adv* ❶ densely ❷ (*nahe*) closely; **~ auffahren** to tailgate; **~ gedrängt** squeezed together; **~ vor jdm** just in front of sb; **~ beieinander** close together

Dichter(in) <-s, -> ['dɪçtɐ] *m(f)* poet

dicht|halten ['dɪçthaltn̩] *intr V unreg* (*sl*) to keep one's mouth shut

Dichtung <-, -en> ['dɪçtʊŋ] *f* ❶ *kein Pl* poetry ❷ TECH seal[ing]

Dichtungsring *m*, **Dichtungsscheibe** *f* washer

dick ['dɪk] *Adj* ❶ *Mensch* fat ❷ *Sache* thick; **drei Meter ~** three metres thick ❸ (*geschwollen*) swollen ▶ **mit jdm durch ~ und dünn gehen** to go through thick and thin with sb ▶ **jdn/etw ~[e] haben** (*fam*) to be sick of sb/sth; **mit jdm ~[e] befreundet sein** to be as thick as thieves with sb

Dickdarm *m* colon **dickflüssig** *Adj* thick

Dickicht <-[e]s, -e> ['dɪkɪçt] *nt* thicket

dickköpfig *Adj* obstinate

Dickmilch *f* curds *pl*

die ['diː] *Art, Pron* the; *s. a.* **der**

Dieb(in) <-[e]s, -e> ['diːp, *Pl:* 'diːbə] *m(f)* thief

Diebstahl <-[e]s, -stähle> ['diːpʃtaːl, *Pl:* -ʃtɛːlə] *m* theft **Diebstahlsicherung** *f* anti-theft device

diejenige ['diːjeːnɪgə] *Demonstrativpron s. a.* **derjenige**

Diele <-, -n> ['diːlə] *f* ❶ hall ❷ (*Brett*) floorboard

dienen ['diːnən] *intr V* ❶ (*nützlich sein*) **einer S.** *Dat* ~ to be [important] for sth; **jds Interessen ~** to serve sb's interests; **einem guten Zweck ~** to be for a good cause ❷ (*behilflich sein*) **womit kann ich Ihnen ~?** how can I help you? ❸ (*verwendet werden*) **[jdm] als etw ~** to serve [sb] as sth; **einem Zweck ~** to serve a purpose

Diener(in) <-s, -> ['diːnɐ] *m(f)* servant

Dienst <-[e]s, -e> ['diːnst] *m* ❶ *kein Pl* (*berufliche Tätigkeit*) work; **~ haben** to be at work; **im ~** at work; **während/nach dem ~** during/outside working hours ❷ (*Leistung*) service; **öffentlicher ~** civil service ❸ *kein Pl* (*Bereitschaft*) **~ haben** to be on call; **der ~ habende Arzt** the doctor on duty ❹ (*Hilfe*) services *pl;* **jdm einen [guten] ~ erweisen** to do sb a good turn; **im ~[e] einer S.** *Gen* **stehen** to be at the service of sth; **seinen ~ versagen** to fail

Dienstag ['diːnstaːk] *m* Tuesday; **wir haben heute ~** it's Tuesday today; **treffen wir uns ~?** shall we get together on Tuesday?; **~ in acht Tagen** a week on Tuesday; **~ vor acht Tagen** a week last Tuesday; **diesen ~** this Tuesday; **eines ~s** one Tuesday; **den ganzen ~ über** all day Tuesday; **[am] nächsten ~** next Tuesday; **ab nächsten ~** from next Tuesday [on]; **am ~** on Tuesday; **[am] ~ früh** early Tuesday [morning]; **an ~en** on Tuesdays; **am ~, den 4. März** (*geschrieben:*) on Tuesday 4th March [*or* AM March 4]; (*gesprochen:*) on Tuesday the 4th of March [*or* AM March 4th]

Dienstgrad *m* rank **Dienstleister** *m* service provider **Dienstleistung** *f meist Pl* services *pl*

dienstlich **I.** *Adj* official **II.** *Adv* **~ unterwegs sein** to be away on business

Dienstreise *f* business trip **Dienststelle** *f* department **Dienststunden** *Pl* office hours **Dienstvorschrift** *f* service regulations *pl* **Dienstzeit** *f* ❶ length of service ❷ (*Arbeitszeit*) working hours *pl*

diesbezüglich ['diːsbətsyːklɪç] *Adv* with respect to this

diese(r, s) ['diːzə, -ɐ, əs] *Demonstrativpron* ❶ *substantivisch* (*der/die/das hier/dort*) this/that one ❷ *Pl substantivisch* (*die hier/dort*) these/those [ones] ❸ *attr, Sing* (*der/die/das hier/dort*) this/that ❹ *attr, Pl* (*die hier/dort*) these/those

Diesel[1] <-s> ['diːzl̩] *nt kein Pl* (*Sprit*) diesel

Diesel[2] <-s, -> ['diːzl̩] *m* (*Wagen*) diesel

dieselbe *Demonstrativpron s.* **derselbe**

Dieselkraftstoff *m kein Pl* diesel fuel

Dieselmotor *m* diesel engine

D

diesig ['di:zɪç] *Adj* misty
diesjährig ['di:sjɛ:rɪç] *Adj attr* this year's
diesmal ['di:sma:l] *Adv* this time
diesseits ['di:szaits] *Präp* ~ **einer S.** *Gen* this side of sth
Diesseits <-> ['di:szaits] *nt kein Pl* earthly existence
Dietrich <-s, -e> ['di:trɪç] *m* picklock
differenzieren* [dɪfərɛn'tsi:rən] *intr V* [**bei etw** *Dat*] ~ to discriminate [in doing sth]
diffus [dɪ'fu:s] *Adj* ① (*zerstreut*) diffuse[d] ② (*verschwommen*) diffuse, vague
Digiknipse <-, -n> ['di:gikn ɪpsə] *f* (*fam*) digicam®
digital [digi'ta:l] *Adj* digital
Digitaluhr *f* ① COMPUT digital clock ② TECH digital watch
Diktat <-[e]s, -e> [dɪk'ta:t] *nt* ① dictation; **ein ~ schreiben** to do a dictation ② (*Gebot*) dictate[s]
Diktator(in) <-s, -en> [dɪk'ta:to:ɐ̯, dɪkta'to:rɪn, *Pl:* dɪkta'to:rən] *m(f)* despot
Diktatur <-, -en> [dɪkta'tu:ɐ̯] *f* dictatorship
diktieren* [dɪk'ti:rən] *tr V* to dictate
Diktiergerät *nt* Dictaphone®
Dill <-s, -e> ['dɪl] *m* dill
Dimension <-, -en> [dimɛn'zi̯o:n] *f* dimension
Dimmer <-s, -> ['dɪmɐ] *m* dimmer [switch]
DIN® <-> [di:n] *f kein Pl Akr von* **Deutsche Industrie-Normen** DIN®
Ding <-[e]s, -e *o fam* -er> ['dɪŋ] *nt* ① (*Gegenstand*) thing ② (*Angelegenheit*) matters *pl* ▸ **ein krummes ~ drehen** to pull off sth crooked; **es geht nicht mit rechten ~en zu** there's sth fishy about sth; **unverrichteter ~e** without carrying out one's intention; **das ist [ja] ein ~!** (*fam*) that's a bit much! BRIT; **über den ~en stehen** to be above it all
Dings[1] <-> ['dɪŋs] *nt kein Pl* (*fam: Sache*) whatsit
Dings[2] <-> ['dɪŋs] *m o f kein Pl* (*fam: Person*) **Herr ~** Mr What's-his-name; **Frau ~** Mrs What's-her-name
Dinosaurier [dino'zauri̯ɐ] *m* dinosaur
Diode <-, -n> [di'ʔo:də] *f* diode
Dioxin <-s, -e> [diɔ'ksi:n] *nt* dioxin
Diphtherie <-, -n> [dɪfte'ri:, *Pl:* -'ri:ən] *f* diphtheria
Diplom <-s, -e> [di'plo:m] *nt* diploma; **ein ~ [in etw** *Dat*] **machen** to get a diploma [in sth]
Diplomarbeit *f* thesis
Diplomat(in) <-en, -en> [diplo'ma:t] *m(f)* diplomat
Diplomatenkoffer *m* briefcase
diplomatisch [diplo'ma:tɪʃ] **I.** *Adj* diplomatic **II.** *Adv* diplomatically
Diplomingenieur(in) [-ɪnʒeni̯ø:ɐ̯] *m(f)* qualified engineer
dir ['di:ɐ̯] *Personalpron, Dat von* **du** [to] you
direkt [di'rɛkt] **I.** *Adj* direct; *Übertragung* live **II.** *Adv* ① (*ohne Umweg*) directly; **diese Straße geht ~ zum Bahnhof** this road goes straight to the station ② (*ausgesprochen*) exactly; **etw nicht ~ verneinen** to not really deny sth ③ (*gleichzeitig*) ~ **übertragen** to broadcast live
Direktor(in) <-s, -en> [di'rɛkto:ɐ̯, dirɛk'to:rɪn, *Pl:* dirɛk'to:rən] *m(f)* ① director ② SCHULE head
Direktsaft *m* KOCHK pressé juice BRIT, juice not from concentrate AM
Direktübertragung *f* live broadcast
Direktzugriff *m kein Pl* direct memory access **Direktzugriffsspeicher** *m* random access memory, RAM
Dirigent(in) <-en, -en> [diri'gɛnt] *m(f)* conductor
dirigieren* [diri'gi:rən] *tr, intr V* to conduct
Dirndl <-s, -> ['dɪrndl̩] *nt*

The **Dirndl,** the traditional Bavarian national dress for women, is enjoying growing popularity amongst young people during the *Oktoberfest* season, even beyond the Bavarian boundaries. It has become a fashion statement to wear a **Dirndl** even at the many local *Volksfeste,* such as the *Cannstatter Wasen* in Stuttgart, where a **Dirndl** has no tradition at all.

Discountladen [dɪs'kaunt-] *m* discount shop
Diskette <-, -n> [dɪs'kɛtə] *f* disk
Diskettenlaufwerk *nt* disk drive

Diskont <-s, -e> [dɪs'kɔnt] *m* discount
Diskontsatz *m* bank rate
Diskothek <-, -en> [dɪsko'te:k] *f* discotheque
diskret [dɪs'kre:t] **I.** *Adj* discreet **II.** *Adv* ~ **behandeln** to treat confidentially; **sich ~ verhalten** to behave discreetly
diskriminieren* [dɪskrimi'ni:rən] *tr V* **jdn ~** to discriminate against sb
Diskriminierung <-, -en> *f* discrimination
Diskus <-, -se *o* Disken> ['dɪskʊs, *Pl:* 'dɪskʊsə, 'dɪskən] *m* discus
Diskussion <-, -en> [dɪskʊ'si̯o:n] *f* discussion
diskutieren* [dɪsku'ti:rən] *tr, intr V* to discuss
disponieren* [dɪspo'ni:rən] *intr V* (*geh*) [**frei**] **über etw** *Akk* ~ to dispose [at will] of sth
disqualifizieren* [dɪskvalifi'tsi:rən] *tr V* to disqualify (**wegen** for, **für** for)
Dissertation <-, -en> [dɪsɛrta'tsi̯o:n] *f* dissertation
Dissident(in) <-en, -en> [dɪsi'dɛnt] *m(f)* dissident
Distanz <-, -en> [dɪs'tants] *f* distance; ~ **wahren** (*geh*) to keep one's distance
distanzieren* [dɪstan'tsi:rən] *refl V* **sich von jdm/etw ~** to distance oneself from sb/sth
Distel <-, -n> ['dɪstl̩] *f* thistle
Disziplin <-, -en> [dɪstsi'pli:n] *f* discipline
diszipliniert [dɪstsipli'ni:ɐ̯t] **I.** *Adj* (*geh*) disciplined **II.** *Adv* (*geh*) in a disciplined way
Diva <-, -s *o* Diven> ['di:va, *Pl:* 'di:vən] *f* ≈ prima donna
divers [di'vɛrs] *Adj attr* diverse
Diversifizierung [divɛrzifi'tsi:rʊŋ] *f* ÖKON diversification
Dividende <-, -n> [divi'dɛndə] *f* dividend
dividieren* [divi'di:rən] *tr, intr V* to divide; **etw durch etw ~** to divide sth by [*or* AM in] sth
Diwan <-s, -e> ['di:va:n] *m* divan
DNS <-> [de:ʔɛn'ɛs] *f Abk von* **Desoxyribonukleinsäure** DNA
doch [dɔx] **I.** *Konj* (*jedoch*) but **II.** *Adv* (*emph*) ❶ (*dennoch*) even so ❷ (*einräumend*) **du hattest ~ recht** you were right after all ❸ (*Widerspruch ausdrückend*) yes
Docht <-[e]s, -e> ['dɔxt] *m* wick
Dock <-s, -s *o* -e> ['dɔk] *nt* dock

> The **Documenta** is one of the world's most important exhibitions of contemporary art. It takes place every five years in Kassel, Germany, the last one (Documenta 13) having taken place from July to September 2012. Exhibits are shown in different venues around the city, including the *Fridericianum* museum, the *Orangerie* and the large urban park known as the *Karlsaue*.

Dogge <-, -n> ['dɔgə] *f* mastiff
Dohle <-, -n> ['do:lə] *f* jackdaw
doktern ['dɔktɐn] *intr V* (*fam*) **an etw** *Dat* ~ to tinker [around] with sth
Doktor(in) <-s, -en> ['dɔkto:ɐ̯, dɔk'to:rɪn, *Pl:* dɔk'to:rən] *m(f)* doctor; **er ist ~ der Physik** he's got a PhD in physics; **den ~ machen** to do one's doctorate
Doktorand(in) <-en, -en> [dɔkto'rant, *Pl:* dɔkto'randn̩] *m(f)* doctoral candidate
Doktorarbeit *f* doctoral dissertation
Doktorvater, Doktormutter *m, f* supervisor [of a doctoral candidate]
Doku <-, -s> ['doku] *f kurz für* **Dokumentation** (*fam*) doc *fam*
Dokument <-[e]s, -e> [doku'mɛnt] *nt* document
Dokumentarfilm *m* documentary film
dokumentarisch [dokumɛn'ta:rɪʃ] *Adj* documentary
dokumentieren* [dokumɛn'ti:rən] *tr V* to document
Doku-Soap <-, -s> [doku'soʊp] *f* docusoap, fly-on-the-wall documentary
Dolch <-[e]s, -e> ['dɔlç] *m* dagger
Dollar <-[s], -s> ['dɔlar] *m* dollar
Dollarkurs *m* dollar rate
dolmetschen ['dɔlmɛtʃn̩] *intr, tr V* to interpret
Dolmetscher(in) <-s, -> ['dɔlmɛtʃɐ] *m(f)* interpreter
Dom <-[e]s, -e> ['do:m] *m* cathedral
Domäne <-, -n> [do'mɛ:nə] *f* domain
dominieren* [domi'ni:rən] *intr, tr V* to dominate

Dominikanische Republik *f* Dominican Republic

Domino <-s, -s> ['doːmino] *nt* dominoes + *sing verb*

Domizil <-s, -e> [domi'tsiːl] *nt* (*geh*) residence, domicile *form*

Dompfaff <-en *o* -s, -en> ['doːmpfaf] *m* bullfinch

Dompteur(in) <-s, -e> [dɔmp'tøːɐ] *m(f)*, **Dompteuse** <-, -n> [dɔmp'tøːzə] *f* animal trainer

Domstadt *f kein Pl* Cathedral City (*nickname for the city of Cologne*)

Donau <-> ['doːnau] *f* **die** ~ the Danube

Döner <-[s], -> ['døːnɐ] *m*, **Dönerkebab** <-[s], -s> [døːnɐke'bap] *m* [doner] kebab

Donner <-s, *selten* -> ['dɔnɐ] *m* thunder

donnern ['dɔnɐn] *intr V unpers* to thunder; **hörst du, wie es donnert?** can you hear the thunder?

Donnerstag ['dɔnɐstaːk] *m* Thursday; *s. a.* **Dienstag**

Donnerwetter ['dɔnɐvɛtɐ] *nt* (*fam*) ① (*Schelte*) unholy row Brit, awful bawling out Am ② (*alle Achtung!*) I'll be damned!

doof ['doːf] *Adj* (*fam*) stupid

Doppel <-s, -> ['dɔpl̩] *nt* sport doubles; **gemischtes** ~ mixed doubles

Doppelagent(in) *m(f)* double agent **Doppelbett** *nt* double bed **Doppeldecker** <-s, -> *m* ① luft biplane ② (*Bus*) double-decker [bus] **doppeldeutig** ['dɔpl̩dɔytɪç] *Adj* ambiguous **Doppelgänger(in)** <-s, -> [-gɛŋɐ] *m(f)* lookalike **Doppelhaus** *nt* two semi-detached houses *pl* Brit, duplex house Am **Doppelkinn** *nt* double chin **Doppelleben** *nt* double life **Doppelname** *m* (*Nachname*) double-barrelled [*or* Am hyphenated] [sur]name **Doppelpunkt** *m* colon **Doppelstecker** *m* twin socket

doppelt ['dɔpl̩t] **I.** *Adj* double; ~ **so viel** twice as much/many; **mit ~em Einsatz arbeiten** to double one's efforts **II.** *Adv* doubly; ~ **so groß wie ...** twice as big as ...; ~ **und dreifach** doubly [and more] ▶ ~ **gemoppelt hält besser!** (*fam*) better [to be] safe than sorry!

Doppelzentner *m* 100 kilos **Doppelzimmer** *nt* double [room]

Dorf <-[e]s, Dörfer> ['dɔrf, *Pl:* 'dœrfɐ] *nt* village; **auf dem** ~ in the country; **vom** ~ from the country

Dorfbewohner(in) *m(f)* villager

Dorn <-[e]s, -en> ['dɔrn] *m* thorn ▶ **jdm ein ~ im Auge sein** to be a thorn in sb's side

Dornröschen <-> [-'røːsçən] *nt kein Pl* Sleeping Beauty

Dörrobst *nt* dried fruit

Dorsch <-[e]s, -e> ['dɔrʃ] *m* cod

dort ['dɔrt] *Adv* there; **schau mal ~!** look at that!; ~ **drüben** over there; **von** ~ from there; **von** ~ [**aus**] from there

dorther ['dɔrt'heːɐ̯] *Adv* from there

dorthin ['dɔrt'hɪn] *Adv* there; **bis** ~ up to there; **wie weit ist es bis ~?** how far is it to there?

dortig ['dɔrtɪç] *Adj attr* local

Dose <-, -n> ['doːzə] *f* box; (*aus Blech*) tin Brit, can Am

dösen ['døːzn̩] *intr V* (*fam*) to doze

Dosenbier *nt kein Pl* canned beer **Dosenmilch** *f* condensed milk **Dosenöffner** *m* tin opener **Dosenpfand** *nt kein Pl* [beverage] can deposit

dosieren* [do'ziːrən] *tr V* to measure out *sep*

Dosis <-, Dosen> ['doːzɪs, *Pl:* 'doːzn̩] *f* dose

Dotter <-s, -> ['dɔtɐ] *m o nt* yolk

Double <-s, -s> ['duːbl] *nt* double

downloaden ['daʊnloʊdn̩] *tr V* comput to download

Dozent(in) <-en, -en> [do'tsɛnt] *m(f)* lecturer

Drache <-n, -n> ['draxə] *m* dragon

Drachen <-s, -> ['draxn̩] *m* ① kite; **einen ~ steigen lassen** to fly a kite ② sport hang-glider

Drachenfliegen *nt* hang-gliding

Dragee, Dragée <-s, -s> [dra'ʒeː] *nt* (*Süßigkeit*) sugar-coated sweet Brit

Draht <-[e]s, Drähte> ['draːt, *Pl:* 'drɛːtə] *m* wire ▶ **zu jdm einen guten ~ haben** to be on good terms with sb

Drahtbürste *f* wire brush **Drahtgitter** *nt* wire grating

drahtig *Adj* wiry

Drahtseil *nt* wire cable

drall ['dral] *Adj* well-rounded

Drama <-s, -men> ['dra:ma, *Pl:* 'dra:mən] *nt* drama
dramatisch [dra'ma:tɪʃ] **I.** *Adj* dramatic **II.** *Adv* dramatically
dramatisieren* [dramati'zi:rən] *tr V* to dramatize
dran ['dran] *Adv* (*fam*) ① (*daran*) **sie ist besser ~ als er** she's better off than he is; **schlecht ~ sein** to have a hard time [of it] ② (*an der Reihe*) **jetzt bist du ~!** now it's your turn!; **wer ist als Nächster ~?** who's next? ③ (*stimmen*) **an einer S. ist etwas/nichts dran** there is something/nothing in sth
drang ['draŋ] *Imp von* **dringen**
Drang <-[e]s, Dränge> ['draŋ, *Pl:* 'drɛŋə] *m* longing; **ein starker ~** a strong desire; **einen ~ haben[, etw zu tun]** to feel an urge [to do sth]
drängeln ['drɛŋl̩n] **I.** *intr V* (*fam*) to push **II.** *tr, intr V* (*fam*) to pester
drängen ['drɛŋən] **I.** *intr V* ① (*schiebend drücken*) to push; **durch die Menge ~** to force one's way through the crowd ② (*fordern*) **auf etw** *Akk* **~** to insist on sth; **warum drängst du so zur Eile?** why are you in such a hurry? ③ (*pressieren*) **die Zeit drängt** time is running out; **es drängt nicht** there's no hurry **II.** *tr V* ① (*schiebend drücken*) to push ② (*auffordern*) **jdn ~, etw zu tun** to pressurize sb into doing sth ③ (*treiben*) **jdn [zu etw] ~** to force sb [to sth]; **sich [von jdm] gedrängt fühlen** to feel pressurized [*or* AM pressured] by sb **III.** *refl V* **sich ~** to crowd; **sich nach vorne ~** to press forwards
drangsalieren* [draŋza'li:rən] *tr V* to plague
drastisch ['drastɪʃ] **I.** *Adj* drastic **II.** *Adv* drastically
drauf ['drauf] *Adv* (*fam*) on it/them ▶ **~ und dran sein, etw zu tun** to be on the verge of doing sth; **gut/schlecht ~ sein** (*fam*) to feel good/bad
Draufgabe *f* ÖSTERR encore
Draufgänger(in) <-s, -> ['draufgɛŋɐ] *m(f)* go-getter
drauf|gehen ['draufge:ən] *intr V unreg sein* (*sl*) ① (*verbraucht werden*) **[bei etw] ~** to be spent [on sth] ② (*kaputtgehen*) **[bei etw] ~** to get broken [at sth] **drauf|haben** *tr V unreg* (*fam*) **etwas ~** to be well up on sth, **nichts/viel ~** to know nothing/a lot
drauf|zahlen *intr V* (*fam*) **etw ~** to add sth (**auf** to) ▶ **~ müssen** to make a loss
draußen ['drausn̩] *Adv* outside; **nach ~** outside; **von ~** from outside
Dreck <-[e]s> ['drɛk] *m kein Pl* ① dirt ② (*Schund*) rubbish BRIT, trash AM ▶ **jdn wie den letzten ~ behandeln** (*fam*) to treat sb like dirt; **sich einen ~ um jdn/etw kümmern** (*fam*) to not give a damn about sb/sth; **jdn/etw durch den ~ ziehen** (*fam*) to drag sb's name/sth through the mud
dreckig **I.** *Adj* dirty **II.** *Adv* (*fam*) nastily ▶ **jdm geht es ~** sb feels terrible
Dreckspatz *m* (*fam*) mucky pup
Dreh <-s, -s *o* -e> ['dre:] *m* (*fam*) trick ▶ **den [richtigen] ~ heraushaben** (*fam*) to get the hang of it
Drehbank <-bänke> *f* lathe
drehbar *Adj* revolving
Drehbleistift *m* propelling pencil **Drehbuch** *nt* screenplay **Drehbuchautor(in)** *m(f)* screenplay writer
drehen ['dre:ən] **I.** *tr V* ① to turn ② *Zigarette* to roll ③ FILM to shoot ④ (*regulieren*) **das Radio lauter/leiser ~** to turn the radio up/down **II.** *refl V* ① (*rotieren*) **sich [um etw] ~** to turn [about sth] ② **sich zur Seite/nach rechts ~** to turn to the side/to the right ③ (*betreffen*) **sich um jdn/etw ~** to be about sb/sth; **es dreht sich darum, dass ...** the point is that ... ▶ **jdm dreht sich alles** sb's head is spinning
Drehkreuz *nt* turnstile **Drehorgel** *f* barrel organ **Drehstuhl** *m* swivel chair **Drehtür** *f* revolving door
Drehzahl *f* [number of] revolutions *pl*
drei ['drai] *Adj* three; **~ viertel** three quarters; **es ist ~ viertel vier** it's quarter to four; *s. a.* **acht**[1]
Drei <-, -en> ['drai] *f* ① three ② (*Note*) C
Dreieck ['draiʔɛk] *nt* triangle
dreieckig, 3-eckigRR ['draiʔɛkɪç] *Adj* triangular
dreierlei ['draiɐlai] *Adj attr* three [different]
dreifach, 3fach ['draifax] *Adj, Adv* threefold
Dreifachstecker *m* three-way adapter
dreihundert ['drai'hʊndɐt] *Adj* three

D

hundred **dreijährig, 3-jährig**[RR] ['draijɛːrɪç] *Adj* ① (*Alter*) three-year-old *attr,* three years old *pred* ② (*Zeitspanne*) three-year *attr* **Dreikönigsfest** *nt* REL [feast of] Epiphany **Dreirad** *nt* tricycle **Dreisatz** *m kein Pl* rule of three

D

dreißig ['draisɪç] *Adj* thirty; *s. a.* **achtzig**

dreißigjährig, 30-jährig[RR] ['draisɪçjɛːrɪç] *Adj* ① (*Alter*) thirty-year-old *attr,* thirty years old *pred* ② (*Zeitspanne*) thirty-year *attr*

dreißigste(r, s) *Adj* thirtieth; *s. a.* **achte(r, s)**

dreist ['draist] *Adj* (*pej*) brazen

dreistellig, 3-stellig[RR] *Adj* three-figure *attr* **dreitägig, 3-tägig**[RR] *Adj* three-day *attr* **dreiteilig, 3-teilig**[RR] *Adj* three-part; *Besteck* three-piece

dreizehn ['draitseːn] *Adj* thirteen; **~ Uhr** one pm; *s. a.* **acht**[1] ▶ **jetzt schlägt's aber ~** (*fam*) enough is enough

dreizehnte(r, s) *Adj* thirteenth; *s. a.* **achte(r, s)**

Dresche <-> ['drɛʃə] *f kein Pl* (*fam*) thrashing; **~ kriegen** to get a thrashing

dreschen <drischt, drosch, gedroschen> ['drɛʃn̩] *tr V* ① AGR to thresh ② (*fam: prügeln*) to thrash

Dress[RR] <-es, -e> *m o* ÖSTERR *f,* **Dreß**[ALT] <-sses, -sse> ['drɛs] *m* SPORT [sports] kit; (*Fußball*) kit

dressieren* [drɛ'siːrən] *tr V* **ein Tier ~** to train an animal

Dressman <-s, -men> ['drɛsmən] *m* male model

Dressur <-, -en> [drɛ'suːɐ̯] *f* training

drillen ['drɪlən] *tr V* to drill

drin ['drɪn] *Adv* (*fam*) ① (*darin*) in it ② (*drinnen*) inside; **ich bin hier ~** I'm in here ▶ **bei jdm ist alles ~** anything is possible with sb

dringen <drang, gedrungen> ['drɪŋən] *intr V* ① *sein* (*stoßen*) to penetrate ② *sein* (*durchkommen*) to get through; **an die Öffentlichkeit ~** to leak to the public ③ *haben* (*auf etw bestehen*) to insist on ④ *sein* (*bestürmen*) **mit Bitten/Fragen in jdn ~** to bombard sb with requests/questions

dringend ['drɪŋənt] **I.** *Adj* urgent **II.** *Adv* ① (*schnellstens*) urgently ② (*unbedingt*) absolutely; **ich muss dich ~ sehen** I really need to see you

dringlich ['drɪŋlɪç] **I.** *Adj* urgent **II.** *Adv* urgently

drinnen ['drɪnən] *Adv* ① (*in einem Raum*) inside; **dort/hier ~** in there/here ② (*im Haus*) indoors

dritt ['drɪt] *Adv* **wir waren zu ~** there were three of us

dritte(r, s) ['drɪtə] *Adj* third; *s. a.* **achte(r, s) 1**

drittel ['drɪtl̩] *Adj* third

drittens ['drɪtn̩s] *Adv* thirdly

droben ['droːbn̩] *Adv* up there

Droge <-, -n> ['droːgə] *f* drug; **~n nehmen** to take drugs

drogenabhängig *Adj* addicted to drugs *pred* **Drogenberatungsstelle** *f* drug-advice centre

Drogerie <-, -n> [drogə'riː, *Pl:* drogə'riːən] *f* chemist's BRIT, drugstore AM

Drogist(in) <-en, -en> [dro'gɪst] *m(f)* chemist

Drohbrief *m* threatening letter

drohen ['droːən] **I.** *intr V* to threaten; **es droht ein Gewitter** a storm is threatening; **ein neuer Krieg droht** there is the threat of renewed war **II.** *Hilfsverb* **~, etw zu tun** to be in danger of doing sth

drohend I. *Adj* ① threatening ② (*bevorstehend*) impending **II.** *Adv* threateningly

Drohkulisse *f* POL threat of force [*or* military action]

Drohne <-, -n> ['droːnə] *f* drone

dröhnen ['drøːnən] *intr V* ① to roar ② **jdm dröhnt der Kopf** sb's head is ringing

Drohung <-, -en> ['droːʊŋ] *f* threat

drollig ['drɔlɪç] *Adj* amusing

Dromedar <-s, -e> [drome'daːɐ̯] *nt* dromedary

Drossel <-, -n> ['drɔsl̩] *f* thrush

drosseln ['drɔsl̩n] *tr V Einfuhr, Produktion, Tempo* to reduce

drüben ['dryːbn̩] *Adv* over there

drüber ['dryːbɐ] *Adv* (*fam*) across [there]

Druck[1] <-[e]s, Drücke> ['drʊk, *Pl:* 'drʏkə] *m* pressure; **unter ~ stehen** to be under pressure; **jdn unter ~ setzen** to put pressure on sb

Druck[2] <-[e]s, -e> ['drʊk] *m* ① TYPO printing ② (*bedruckter Stoff*) print

Druckabfall *m* PHYS pressure drop **Druckausgleich** *m* PHYS pressure bal-

ance **Druckbuchstabe** *m* block capital; **in ~n** in block capitals
Drückeberger <-s, -> *m* (*pej fam*) shirker
drucken ['drʊkn̩] *tr, intr V* to print
drücken ['drʏkn̩] **I.** *tr V* ❶ to press; *Knopf* to push ❷ *Schuh* to pinch **II.** *intr V* to press; **„Drücken“** ‘Push’ **III.** *refl V* (*fam*) **sich vor der Arbeit ~** to dodge work
drückend *Adj Last* heavy; *Stimmung, Hitze* oppressive
Drucker[1] <-s, -> *m* COMPUT printer
Drucker(in)[2] <-s, -> *m(f)* printer
Drücker <-s, -> *m* ❶ ELEK [push-]button ❷ (*Abzug*) trigger ❸ (*Klinke*) handle ▶ **auf den letzten ~** at the last minute; **am ~ sein** to be in charge
Druckerei <-, -en> [drʊkəˈrai] *f* printer's
Druckfehler *m* typographical error **Druckgeschwür** *nt* MED bedsore **Druckkabine** *f* pressurized cabin **Druckknopf** *m* press-stud BRIT, stud fastener AM **Druckluft** *f kein Pl* compressed air **Druckmittel** *nt* **jdn/etw als ~ benutzen** to use sb/sth as a means of exerting pressure **druckreif** *Adj* ready for publication *pred* **Drucksache** *f* printed matter **Druckschrift** *f* **in ~ schreiben** to print
drum ['drʊm] *Adv* (*fam*) **~ frage ich ja!** that's why I'm asking! ▶ **das Drum und Dran** the whole works
drunten ['drʊntn̩] *Adv* (*fam*) down there
drunter ['drʊntɐ] *Adv* (*fam*) underneath ▶ **alles geht ~ und drüber** everything is at sixes and sevens
Drüse <-, -n> ['dryːzə] *f* gland
Dschungel <-s, -> ['dʒʊŋl̩] *m* jungle
DTP <-> [deːteːˈpeː] *nt kein Pl* COMPUT *Abk von* **Desktoppublishing** DTP
du <*Gen* deiner, *Dat* dir, *Akk* dich> ['duː] *Personalpron 2. Pers Sing* you; **bist ~ das, Peter?** is it you Peter?; **und ~?** what about you?
Du <-[s], -[s]> ['duː] *nt* **jdm das ~ anbieten** to suggest that sb use the familiar form of address
Dübel <-s, -> ['dyːbl̩] *m* plug
dubios [duˈbi̯oːs] *Adj* (*geh*) dubious
ducken ['dʊkn̩] **I.** *refl V* ❶ **sich [vor etw *Dat*] ~** to duck [sth] ❷ (*pej: buckeln*) **sich ~** to humble oneself **II.** *tr V* **den Kopf ~** to duck one's head
Duckmäuser(in) <-s, -> ['dʊkmɔyzɐ] *m(f)* (*pej*) yes-man
Dudelsack ['duːdl̩zak] *m* bagpipes *pl*
Duell <-s, -e> [duˈɛl] *nt* duel
Duett <-[e]s, -e> [duˈɛt] *nt* duet
Duft <-[e]s, Düfte> ['dʊft, *Pl:* 'dʏftə] *m* scent
duften ['dʊftn̩] *intr V* [**nach etw** *Dat*] **duften** to smell [of sth]
duftend *Adj attr* fragrant
duftig ['dʊftɪç] *Adj* MODE gossamer
dulden ['dʊldn̩] **I.** *intr V* (*geh*) to suffer **II.** *tr V* to tolerate
dumm <dümmer, dümmste> ['dʊm] **I.** *Adj* ❶ stupid ❷ (*unklug*) foolish ❸ (*sinnlos*) **jdm zu ~ sein/werden** to be/become too much for sb **II.** *Adv* stupidly; **frag nicht so ~** don't ask such stupid questions ▶ **~ dastehen** to look stupid; **sich ~ stellen** to act stupid; **jdn für ~ verkaufen** (*fam*) to take sb for a ride
dummerweise *Adv* ❶ (*leider*) unfortunately ❷ (*unklugerweise*) stupidly
Dummheit <-, -en> *f* ❶ *kein Pl* (*geringe Intelligenz*) stupidity ❷ *kein Pl* (*unkluges Verhalten*) foolishness *no pl*
Dummkopf *m* (*pej fam*) idiot
dumpf ['dʊmpf] **I.** *Adj* ❶ (*hohl klingend*) dull ❷ (*unbestimmt*) vague **II.** *Adv* **die Lautsprecher klingen ~** the loudspeakers sound muffled
Dumpfbacke *f* (*pej fam*) bonehead
Düne <-, -n> ['dyːnə] *f* dune
Düngemittel *nt* fertilizer
düngen ['dʏŋən] *tr, intr V* to fertilize
Dünger <-s, -> *m* fertilizer
dunkel ['dʊŋkl̩] *Adj* ❶ dark ❷ (*tief*) deep ❸ (*unklar*) vague ▶ **im Dunkeln tappen** to be groping around in the dark
Dunkel <-s> ['dʊŋkl̩] *nt kein Pl* darkness
dunkelhäutig *Adj* dark-skinned
Dunkelheit <-> *f kein Pl* darkness; **bei einbrechender ~** at nightfall
Dunkelkammer *f* darkroom **Dunkelziffer** *f* number of unreported cases
dünn ['dʏn] **I.** *Adj* ❶ thin; **ein ~ es Buch** a slim volume ❷ (*nicht konzentriert*) weak **II.** *Adv* sparsely
Dünndarm *m* small intestine
Dunst <-[e]s, Dünste> ['dʊnst, *Pl:*

D

'dʏnstə] *m* ❶ (*Nebel*) haze ❷ (*Dampf*) steam ❸ (*Geruch*) smell

Dunstabzugshaube *f* extractor hood

dünsten ['dʏnstn̩] *tr V* to steam

dunstig ['dʊnstɪç] *Adj* hazy

Dur <-, -> ['du:ɐ] *nt* major; **in ~** in a major key

D

durch ['dʊrç] **I.** *Präp* ❶ (*räumlich*) through; **~ den Fluss waten** to wade across the river; **mitten ~ etw** *Akk* through the middle of sth ❷ (*mittels*) **~ jdn/etw** through sb/by sth ❸ (*zeitlich*) throughout ❹ MATH **27 ~ 3 macht 9** 27 divided by 3 is 9 **II.** *Adv* (*fam: fertig*) **~ sein** to be done ▸ **jdm ~ und ~ gehen** to go right through sb; **jdn/etw ~ und ~ kennen** to know sb/sth like the back of one's hand; **~ und ~ nass** soaked

durch|arbeiten ['dʊrçʔarbaitn̩] **I.** *tr V* to go through **II.** *intr V* to work through **III.** *refl V* **sich durch etw ~** to work one's way through sth

durch|atmen ['dʊrçʔa:tmən] *intr V* to breathe deeply

durchaus ['dʊrçʔaus, dʊrç'ʔaus] *Adv* ❶ (*unbedingt*) definitely ❷ (*völlig*) thoroughly; **~ gelungen** highly successful ❸ (*überhaupt*) **~ kein schlechtes Angebot** not a bad offer [at all]; **~ nicht** by no means

durch|blicken ['dʊrçblɪkn̩] *intr V* ❶ **[durch etw] ~** to look through [sth] ❷ (*fam: verstehen*) to know what's going on ❸ (*fam: zu verstehen geben*) **etw ~ lassen** to hint at sth

durch|braten ['dʊrçbra:tn̩] *unreg tr V haben* to cook thoroughly; **durchgebraten** well-done

durch|brechen¹ ['dʊrçbrɛçn̩] *unreg* **I.** *tr V haben* **etw ~** to break sth in two **II.** *intr V sein* ❶ (*entzweibrechen*) to break in two ❷ (*einbrechen*) to fall through

durchbrechen*² [dʊrç'brɛçn̩] *tr V unreg* **etw ~** ❶ (*gewaltsam durch etw dringen*) to crash through sth ❷ (*überwinden*) to break through sth

durch|brennen ['dʊrçbrɛnən] *intr V unreg* ❶ *sein* ELEK to burn out; *Sicherung* to blow ❷ *sein* (*fam*) **[jdm] ~** to run away [from sb]

durch|bringen ['dʊrçbrɪŋən] *tr V unreg* (*für Unterhalt sorgen*) to support; **sich ~** to get by

Durchbruch ['dʊrçbrʊx] *m* breakthrough

durchdacht *Adj* **eine gut ~e Idee** a well thought-out idea

durch|drehen ['dʊrçdre:ən] *intr V* (*fam*) to crack up

durch|dringen¹ ['dʊrçdrɪŋən] *intr V unreg sein* to come through

durchdringen*² [dʊrç'drɪŋən] *tr V unreg* ❶ to penetrate ❷ (*geh*) **jdn ~** to pervade sb

durcheinander [dʊrçʔai'nandɐ] *Adj präd* (*fam*) **~ sein** ❶ (*unordentlich*) to be in a mess ❷ (*verwirrt*) to be confused

Durcheinander <-s> [dʊrçʔai'nandɐ] *nt kein Pl* ❶ mess ❷ (*Wirrwarr*) confusion

durcheinander|bringen *tr V unreg* ❶ to get in a mess ❷ (*verwirren*) to confuse (**with** mit) **durcheinander|geraten*** *intr V unreg sein* to get mixed up **durcheinander|reden** *intr V* to all talk at once

Durchfahrt ['dʊrçfa:ɐ̯t] *f* ❶ (*Einfahrt, Öffnung*) entrance; **„~ bitte freihalten"** 'Please do not obstruct'; **„~ verboten"** 'No thoroughfare' ❷ (*Durchreise*) **auf der ~ sein** to be passing through

Durchfall ['dʊrçfal] *m* diarrhoea

durch|fallen ['dʊrçfalən] *intr V unreg* (*fam*) **bei einer Prüfung ~** to fail an exam

durch|fragen ['dʊrçfra:gn̩] *refl V* **sich [zu jdm/etw] ~** to find one's way [to sb/sth] by asking

durchführbar *Adj* feasible

Durchgang ['dʊrçgaŋ] *m* ❶ (*Passage*) path[way] ❷ (*das Durchgehen*) entry; **„Kein ~!"** 'No thoroughfare!'; (*an Türen*) 'No entry!'

durchgängig ['dʊrçgɛŋɪç] **I.** *Adj* universal **II.** *Adv* universally

Durchgangsverkehr *m* through traffic

durch|geben ['dʊrçge:bn̩] *tr V unreg* **eine Meldung ~** to make an announcement

durch|gehen ['dʊrçge:ən] *unreg intr V sein* ❶ **[durch etw] ~** to go through [sth] ❷ (*durchdringen*) **durch jdn/etw ~** to penetrate sth ❸ (*fam: weglaufen*) **[mit jdm/etw] ~** to bolt [with sb/sth]

▶ [jdm] etw ~ lassen to let sb get away with sth

durchgehend ['dʊrçge:ənt] *Adj* continuous

durch|greifen ['dʊrçgraifn̩] *intr V unreg* (*fig*) to take drastic action

durchgreifend *Adj* drastic

durch|halten ['dʊrçhaltn̩] *unreg* **I.** *tr V* to [with]stand **II.** *intr V* to hold out

Durchhänger <-s, -> *m* (*fam*) slump

durch|kämmen ['dʊrçkɛmən] *tr V* **etw** ~ to comb through sth *sep*

durch|kommen ['dʊrçkɔmən] *intr V unreg sein* ① *Sonne* to come through ② **mit etw** ~ to get away with sth ③ (*gelangen*) to get through [*sep* sth]; **ich komme mit meiner Hand nicht durch das Loch** I can't get my hand through the hole

durch|kreuzen ['dʊrçkrɔytsn̩] *tr V* to cross out *sep;* **jdn auf der Liste** ~ to cross sb['s name] off the list

durchlässig ['dʊrçlɛsɪç] *Adj* porous (**für** to)

Durchlauferhitzer <-s, -> *m* flow heater, continuous-flow water heater *form*

durch|lesen ['dʊrçle:zn̩] *tr V unreg* to read through *sep*

durch|machen ['dʊrçmaxn̩] **I.** *tr V* to go through **II.** *intr V* (*fam*) ① [**die ganze Nacht**] ~ to make a night of it ② (*durcharbeiten*) to work right through

Durchmesser <-s, -> ['dʊrçmesɐ] *m* diameter

durch|mogeln *refl V* (*fam*) **sich** ~ to wangle one's way through

durch|nehmen ['dʊrçne:mən] *tr V unreg* to do sth

durchqueren* [dʊrç'kve:rən] *tr V* to cross

Durchreisevisum *nt* transit visa

Durchsage ['dʊrçza:gə] *f* announcement

durch|sagen ['dʊrçza:gn̩] *tr V* to announce

durchschauen*[1] [dʊrç'ʃauən] *tr V* **jdn** ~ to see through sb

durch|schauen[2] ['dʊrçʃauən] *tr V s.* **durchsehen**

durch|schlagen[1] ['dʊrçʃla:gn̩] *unreg* **I.** *tr V haben* ① **etw** ~ to split sth [in two] ② (*einschlagen*) **einen Nagel durch etw** ~ to knock a nail through sth **II.** *intr V sein* (*durchdringen*) [**durch etw** *Akk*] ~ to come through [sth] **III.** *refl V haben* **sich** ~ (*Dasein fristen*) to struggle along

durchschlagen*[2] [dʊrç'ʃla:gn̩] *tr V unreg* **etw** ~ to chop through sth

durchschlagend ['dʊrçʃla:gn̩t] *Adj Erfolg* huge; **eine ~e Wirkung haben** to be extremely effective

Durchschlagpapier *nt* carbon paper

durch|schneiden[1] ['dʊrçʃnaidn̩] *tr V unreg* **etw** [**in der Mitte**] ~ to cut sth through

durchschneiden*[2] [dʊrç'ʃnaidn̩] *tr V unreg* to cut in two *sep*

Durchschnitt ['dʊrçʃnɪt] *m* average; **im** ~ on average; **über/unter dem ~ liegen** to be above/below average

durchschnittlich ['dʊrçʃnɪtlɪç] **I.** *Adj* average **II.** *Adv* ① on average ② (*mäßig*) moderately; ~ **intelligent** of average intelligence

Durchschnittseinkommen *nt* average income **Durchschnittsgeschwindigkeit** *f* average speed **Durchschnittswert** *m* average [*or* mean] value

Durchschrift *f* [carbon] copy

durch|sehen ['dʊrçze:ən] *unreg* **I.** *tr V* to go over **II.** *intr V* to look through

durch|setzen[1] ['dʊrçzɛtsn̩] **I.** *tr V Ziel* to achieve; *Reformen* to carry out; **seinen Willen** [**gegen jdn**] ~ to get one's own way [with sb] **II.** *refl V* ① **sich** [**bei jdm/gegen jdn**] ~ to assert oneself [with/against sb]; **sich mit etw** ~ to be successful with sth ② (*Gültigkeit erreichen*) **sich** ~ to gain acceptance

durchsetzen*[2] [dʊrç'zɛtsn̩] *tr V* **etw mit etw** ~ to infiltrate sth with sth

Durchsicht ['dʊrçzɪçt] *f* inspection; **zur** ~ for inspection

durchsichtig ['dʊrçzɪçtɪç] *Adj* transparent

durch|stehen ['dʊrçʃte:ən] *tr V unreg* to get through; *Qualen* to endure

durch|streichen ['dʊrçʃtraiçn̩] *tr V unreg* to cross out

durch|stylen [-stailən] *tr V* (*sl*) to style; **durchgestylt** fully styled

durchsuchen* [dʊrç'zu:xn̩] *tr V* **jdn** [**nach etw**] ~ to search sb [for sth]

Durchsuchung <-, -en> [dʊrç'zu:xʊŋ] *f* search

durchtrieben [dʊrç'tri:bn̩] *Adj* crafty

D

durchwachsen [dʊrç'vaksn̩] *Adj Speck* streaky

durchweg ['dʊrçvɛk] *Adv,* **durchwegs** ['dʊrçve:ks] *Adv* ÖSTERR without exception

durch|wühlen[1] ['dʊrçvy:lən] *tr V* to rummage through; *Haus* to ransack

durchwühlen*[2] [dʊrç'vy:lən] *tr V* to comb

durch|wurschteln, durch|wursteln *refl V* (*sl*) **sich** ~ to muddle through BRIT

durch|ziehen ['dʊrçtsi:ən] *unreg* **I.** *tr V haben* (*fam: vollenden*) **etw** ~ to see sth through **II.** *intr V sein* [**durch etw** *Akk*] ~ to come through [sth]

dürfen ['dʏrfn̩] **I.** *Modalverb* <darf, durfte, dürfen> ① (*Erlaubnis haben*) **etw** [**nicht**] **tun** ~ to [not] be allowed to do sth; **darfst du das?** are you allowed to? ② *verneint* **wir ~ den Zug nicht verpassen** we mustn't miss the train; **du darfst ihm das nicht übel nehmen** you mustn't hold that against him ③ *im Konjunktiv* **das/es dürfte ...** that/it should ...; **es dürfte wohl das Beste sein, wenn ...** it would probably be best when ... **II.** *intr V* <darf, durfte, gedurft> **darf ich nach draußen?** may I go outside?; **er hat nicht gedurft** he wasn't allowed to

dürftig ['dʏrftɪç] *Adj* poor

dürr ['dʏr] *Adj* ① (*trocken*) dry; **~es Laub** withered leaves ② (*mager*) [painfully] thin

Dürre <-, -n> ['dʏrə] *f* drought *no pl*

Durst <-[e]s> ['dʊrst] *m kein Pl* thirst; **~ haben** to be thirsty; **seinen ~** [**mit etw**] **löschen** to quench one's thirst [with sth]

durstig ['dʊrstɪç] *Adj* thirsty

durstlöschend *Adj,* **durststillend** *Adj* thirst-quenching **Durststrecke** *f* lean period

Dusche <-, -n> ['du:ʃə] *f* shower

duschen ['du:ʃn̩] **I.** *intr V* to shower **II.** *refl V* **sich** ~ to have a shower **III.** *tr V* **jdn** ~ to give sb a shower

Duschgel *nt* shower gel **Duschkabine** *f* shower cubicle **Duschvorleger** *m* shower mat

Düse <-, -n> ['dy:zə] *f* nozzle

düsen ['dy:zn̩] *intr V sein* (*fam*) to race

Düsenantrieb *m* jet propulsion **Düsenflugzeug** *nt* jet

dusselig ['dʊsəlɪç], **dusslig**[RR] ['dʊslɪç], **dußlig**[ALT] ['dʊslɪç] (*fam*) **I.** *Adj* daft **II.** *Adv* **sich ~ anstellen** to act stupidly

düster ['dy:stɐ] *Adj* ① gloomy ② (*fig*) melancholy

Dutzend <-s, -e> ['dʊtsn̩t, *Pl:* 'dʊtsn̩də] *nt* dozen

dutzendweise ['dʊtsn̩tvaizə] *Adv* by the dozen

DVD <-, -s> [de:fau'de:] *f Abk von* **digital versatile disc** DVD

dynamisch [dy'na:mɪʃ] *Adj* dynamic

Dynamit <-s> [dyna'mi:t] *nt* dynamite

Dynastie <-, -n> [dynas'ti:, *Pl:* dynas'ti:ən] *f* dynasty

Ee

E, e <-, -> [eː] *nt* ① (*Buchstabe*) E, e; **ein großes E** a capital E; **ein kleines e** a small e ② MUS E, e; *s. a.* **A**

Ebbe <-, -n> ['ɛbə] *f* ebb tide; **~ und Flut** the tides *pl;* **bei ~** at low tide

eben[1] ['eːbn̩] **I.** *Adj* ① (*flach*) flat ② (*glatt*) level **II.** *Adv* evenly

eben[2] ['eːbn̩] **I.** *Adv* just **II.** *Part* (*genau das*) precisely

Ebenbild *nt* image

ebenbürtig ['eːbn̩bʏrtɪç] *Adj* equal

Ebene <-, -n> [eːbənə] *f* ① (*Tiefebene*) plain; (*Hochebene*) plateau ② (*fig*) **auf wissenschaftlicher ~** at the scientific level

ebenerdig *Adj* at ground level

ebenfalls [eːbn̩fals] *Adv* as well; **danke, ~!** thanks, [and] the same to you

Ebenholz [eːbn̩hɔlts] *nt* ebony

ebenso ['eːbn̩zoː] *Adv* ① (*genauso*) just as; **~ gern** [**wie**] just as well/much [as]; **~ gut** [just] as well; **~ lang**[**e**] just as long; **~ oft** just as often; **~ sehr** just as much; **~ viel** just as much; **~ wenig** just as little ② (*auch*) as well

Eber <-s, -> ['eːbɐ] *m* boar

Eberesche ['eːbɐʔɛʃə] *f* BOT mountain ash [*or* rowan]

E-Bike <-s, -s> ['iːbaik] *nt* e-bike

ebnen ['eːbnən] *tr V* (*eben machen*) to level ► **jdm/einer S. den Weg ~** to smooth [*or* pave] the way for sb/sth

E-Book <-[s], -s> ['iːbʊk] *nt* e-book **E-Book-Reader** <-s, -> [-riːdɐ] *m* e-reader

EC[1] <-s, -s> [eː'tseː] *m Abk von* **Eurocity** Eurocity train

EC[2] [eː'tseː] *m* ① *Abk von* **Electronic Cash** electronic cash ② HIST *Abk von* **Euroscheck**

E-Cash <-> [iː'kɛʃ] *nt kein Pl* e-cash, electronic cash

Echo <-s, -s> ['ɛço] *nt* ① echo ② (*Reaktion*) response (**auf** to); **ein** [**großes**] **~ finden** to meet with a [big] response

Echse <-, -n> ['ɛksə] *f* saurian *spec*

echt ['ɛçt] *Adj* ① real; (*nicht gefälscht*) genuine; *Gold* pure ② *Freundschaft, Schmerz* sincere ③ (*typisch*) typical

Eck <-[e]s, -e> ['ɛk] *nt* corner ► **über ~** diagonally

EC-Karte *f* ① (*Eurochequekarte*) Eurocheque card ② (*Debitkarte*) cash card, cash-point card

Eckball *m* corner **Eckbank** *f* corner bench

Ecke <-, -n> ['ɛkə] *f* corner; **gleich um die ~** just round [*or* AM around] the corner ► **jdn in die ~ drängen** to push sb aside; **an allen ~n und Enden** (*fam*) everywhere

Eckhaus *nt* corner house

eckig ['ɛkɪç] *Adj* square

Eckstein ['ɛkʃtain] *m* cornerstone **Eckzahn** *m* canine

Ecuador <-s> [ekua'doːɐ̯] *nt* Ecuador

Ecuadorianer(in) <-s, -> [ekua-do'ri̯aːnɐ] *m(f)* Ecuadorean

edel ['eːdl̩] *Adj* ① (*großherzig*) generous ② (*hochwertig*) fine

Edelgas *nt* inert gas **Edelholz** *nt* high-grade wood *no pl* **Edelmetall** *nt* precious metal **edelmütig** ['eːdl̩-myːtɪç] *Adj* (*geh*) magnanimous **Edelstahl** *m* stainless steel **Edelstein** *m* precious stone **Edeltanne** *f* silver fir **Edelweiß** <-[es], -e> ['eːdl̩vais] *nt* edelweiss

editieren* [edi'tiːrən] *tr V* to edit

Editor(in) <-s, -en> ['eːditoːɐ̯, edi'toː-rɪn, *Pl:* edi'toːrən] *m(f)* [text] editor

Edutainment <-s> [ɛdju'teɪnmənt] *nt kein Pl* edutainment

EDV <-> [eːdeː'fau] *f Abk von* **elektronische Datenverarbeitung** EDP

Efeu <-s> ['eːfɔy] *m kein Pl* ivy

Effekt <-[e]s, -e> [ɛ'fɛkt] *m* ① effect ② FILM, THEAT **~e** special effects

effektiv [ɛfɛk'tiːf] **I.** *Adj* effective **II.** *Adv* effectively

egal [e'gaːl] *Adj* (*fam*) **jdm ~ sein** to be all the same to sb; **das ist mir ~** I don't mind ► **~, was/wie/ ...** no matter what/how/ ...

Egoist(in) <-en, -en> [ego'ɪst] *m(f)* ego[t]ist

egoistisch [ego'ɪstɪʃ] **I.** *Adj* ego[t]istical **II.** *Adv* ego[t]istically

ehe ['eːə] *Konj* before; **~ das Wetter**

E

E

nicht besser wird ... until the weather doesn't change for the better ...

Ehe <-, -n> ['e:ə] *f* marriage; **gleichgeschlechtliche** ~ same-sex marriage

Eheberater(in) *m(f)* marriage guidance counsellor, AM marriage counselor **Eheberatung** *f* marriage guidance [*or* AM counseling] **Ehebruch** *m* adultery; ~ **begehen** to commit adultery **Ehefrau** *f* wife **Ehegatte** *m* (*geh*) husband **Eheleute** *Pl* (*geh*) married couple + *sing/pl verb*

ehelich ['e:əlɪç] *Adj* marital; *Kind* legitimate

ehemalig ['e:əma:lɪç] *Adj attr* former

Ehemann *m* husband **Ehepaar** *nt* [married] couple + *sing/pl verb* **Ehepartner(in)** *m(f)* husband *masc*, wife *fem*, spouse *form*

eher ['e:ɐ] *Adv* ① (*früher*) sooner ② (*wahrscheinlicher*) more likely

Ehering *m* wedding ring **Eheschließung** *f* (*geh*) marriage ceremony

ehrbar ['e:ɐ̯ba:ɐ̯] *Adj* respectable

Ehre <-, -n> ['e:rə] *f* honour; **ihm zu ~n** in his honour; **eine große** ~ a great honour; **jdm eine ~ sein** to be an honour for sb; **jdm die letzte ~ erweisen** (*geh*) to pay sb one's last respects; **etw in ~n halten** to cherish sth; **jdm wird die ~ zuteil, etw zu tun** sb is given the honour of doing sth ▶ **auf ~ und Gewissen** on my/his/her honour; **habe die ~!** ÖSTERR [I'm] pleased to meet you

ehren ['e:rən] *tr V* to honour; **dieser Besuch ehrt uns sehr** we are very much honoured by this visit

ehrenamtlich **I.** *Adj* **~e Tätigkeiten** voluntary work **II.** *Adv* on a voluntary basis

Ehrenbürger(in) *m(f)* honorary citizen **Ehrendoktor(in)** *m(f)* honorary doctor **Ehrengast** *m* guest of honour **Ehrenkodex** *m* SOZIOL code of honour **Ehrenmitglied** *nt* honorary member **Ehrenplatz** *m* place of honour **Ehrensache** *f* matter of honour **ehrenvoll** *Adj* honourable **ehrenwert** *Adj* respectable **Ehrenwort** <-worte> *nt* word of honour

ehrerbietig (*geh*) **I.** *Adj* deferential **II.** *Adv* deferentially

Ehrfurcht *f kein Pl* reverence; **vor jdm/etw ~ haben** to have [great] respect for sb/sth

ehrfürchtig ['e:ɐ̯fʏrçtɪç], **ehrfurchtsvoll** **I.** *Adj* reverent **II.** *Adv* reverentially

Ehrgefühl *nt kein Pl* sense of honour **Ehrgeiz** ['e:ɐ̯gaits] *m kein Pl* ambition **ehrgeizig** ['e:ɐ̯gaitsɪç] *Adj* ambitious

ehrlich ['e:ɐ̯lɪç] **I.** *Adj* honest; (*echt*) genuine; **es ~ mit jdm meinen** to have good intentions towards sb **II.** *Adv* honestly ▶ **~ gesagt ...** to be [quite] honest ...

Ehrlichkeit *f kein Pl* ① (*Aufrichtigkeit*) sincerity ② (*Zuverlässigkeit*) honesty

Ehrwürden ['e:ɐ̯vʏrdn̩] *m kein Pl, ohne art* Reverend

ehrwürdig ['e:ɐ̯vʏrdɪç] *Adj* venerable

Ei <-[e]s, -er> ['ai] *nt* ① egg; **faules** ~ rotten egg; **ein hart gekochtes** ~ a hard-boiled egg; **ein weich gekochtes** ~ a soft-boiled egg; **ein ~ legen** to lay an egg ② (*Eizelle*) ovum ③ *Pl* (*sl: Hoden*) balls *pl* ▶ **jdn wie ein rohes ~ behandeln** to handle sb with kid gloves; **sich gleichen wie ein ~ dem anderen** to be as [a]like as two peas in a pod

Eibe <-, -n> ['aibə] *f* yew [tree]

Eiche <-, -n> ['aiçə] *f* oak

Eichel <-, -n> ['aiçl̩] *f* ① BOT acorn ② ANAT glans

Eichelhäher ['aiçl̩hɛ:ɐ] *m* ORN jay

eichen ['aiçn̩] *tr V* to calibrate

Eichenholz *nt* oak[wood] **Eichenwald** *m* oak wood [*or* forest]

Eichhörnchen ['aiçhœrnçən] *nt*, **Eichkätzchen** *nt* DIAL squirrel

Eid <-[e]s, -e> ['ait, *Pl:* 'aidə] *m* oath; **an ~es statt erklären** to declare solemnly; **einen ~ ablegen** to swear an oath; **unter ~ [stehen]** [to be] under oath

Eidechse ['aidɛksə] *f* lizard

Eidgenossenschaft *f* **die Schweizerische** ~ the Swiss Confederation

Eierbecher *m* egg cup **Eierkuchen** *m* pancake

eiern ['aiɐn] *intr V* (*fam*) to wobble

Eierschale *f* eggshell **Eierstock** *m* ovary

Eifer <-s> ['aifɐ] *m kein Pl* enthusiasm ▶ **im ~ des Gefechts** (*fam*) in the heat of the moment

Eifersucht ['aifɐzʊxt] *f kein Pl* jealousy; **aus** ~ out of jealousy

eifersüchtig ['aifɐzʏçtɪç] *Adj* jealous

eiförmig *Adj* egg-shaped, oval

eifrig ['aifrɪç] **I.** *Adj* keen **II.** *Adv* eagerly; ~ **lernen/üben** to learn/practise assiduously

Eigelb <-s, -e> *nt* egg yolk

eigen ['aign̩] *Adj* ① own ② (*typisch*) characteristic ③ (*eigenartig*) peculiar

Eigenart ['aign̩ʔaːɐ̯t] *f* characteristic

eigenartig ['aign̩ʔaːɐ̯tɪç] **I.** *Adj* strange **II.** *Adv* strangely; ~ **aussehen** to look strange

Eigenbedarf *m* **zum** ~ for one's [own] personal use **Eigengewicht** *nt eines Fahrrads, Lkws* unladen weight; *von Waren* net weight

eigenhändig ['aign̩hɛndɪç] **I.** *Adj* personal **II.** *Adv* personally **Eigenheim** *nt* home of one's own **Eigenliebe** *f* self-love **Eigenlob** *nt* self-praise, self-importance **eigenmächtig** ['aign̩mɛçtɪç] **I.** *Adj* high-handed **II.** *Adv* high-handedly **Eigenmittel** *Pl* FIN (*geh*) [one's] own resources **Eigenname** *m* proper noun

Eigennutz *m kein Pl* self-interest

eigennützig ['aign̩nʏtsɪç] **I.** *Adj* selfish **II.** *Adv* selfishly

Eigenschaft <-, -en> ['aign̩ʃaft] *f* ① quality ② (*Funktion*) capacity

Eigenschaftswort <-wörter> *nt* adjective

eigensinnig ['aign̩zɪnɪç] **I.** *Adj* stubborn **II.** *Adv* stubbornly

eigentlich ['aign̩tlɪç] **I.** *Adj* (*wirklich*) real; *Wesen* true **II.** *Adv* ① (*normalerweise*) really; **da hast du ~ recht** you may be right there ② (*wirklich*) actually **III.** *Part* **was fällt dir ~ ein!** what [on earth] do you think you're doing!; **was ist ~ mit dir los?** what [on earth] is wrong with you?

Eigentor *nt* own goal

Eigentum <-s> ['aign̩tuːm] *nt kein Pl* property; **jds geistiges** ~ sb's intellectual property

Eigentümer(in) <-s, -> ['aign̩tyːmɐ] *m(f)* owner

eigentümlich ['aign̩tyːmlɪç] **I.** *Adj* strange **II.** *Adv* strangely; ~ **aussehen** to look odd

Eigentumswohnung *f* owner-occupied flat, condominium AM

eigenwillig ['aign̩vɪlɪç] *Adj* ① stubborn ② (*unkonventionell*) unconventional

eignen ['aignən] *refl V* **sich** ~ to be suitable; **dieses Buch eignet sich zum Verschenken** this book would make a good present

Eiklar <-s, -> *nt* SÜDD, ÖSTERR egg white

Eilbrief *m* express letter

Eile <-> ['ailə] *f kein Pl* haste; **in ~ sein** to be in a hurry; **in der** ~ in the hurry; **nur keine ~!** there's no rush!

Eileiter <-s, -> *m* Fallopian tube

eilen ['ailən] **I.** *intr V* ① *sein* **irgendwohin** ~ to hurry somewhere ② *haben* **etw eilt** sth is urgent **II.** *intr V unpers haben* **es eilt** it's urgent; **eilt es?** is it urgent?

eilig ['ailɪç] **I.** *Adj* ① (*schnell*) hurried ② (*dringend*) urgent; **es** [**mit etw** *Dat*] ~ **haben** to be in a hurry [with sth] **II.** *Adv* quickly

Eilzug *m* ≈ fast stopping train

Eilzustellung *f* express delivery

Eimer <-s, -> ['aimɐ] *m* bucket; (*Mülleimer*) [rubbish] bin BRIT, garbage can AM

ein¹ ['ain] *Adv* (*eingeschaltet*) on

ein² ['ain], **eine** ['ainə], **ein** ['ain] **I.** *Adj* one; **mir fehlt noch ~ Cent** I need another cent ▶ **jds Ein und Alles sein** to mean everything to sb; ~ **und derselbe/dieselbe/dasselbe** one and the same **II.** *unbest. Art* a/an; **was für ~ Lärm!** what a noise!

einander [ai'nandɐ] *Pron* each other

ein|arbeiten **I.** *refl V* **sich** [**in etw** *Akk*] ~ to familiarize oneself [with sth] **II.** *tr V* ① (*praktisch vertraut machen*) **jdn** ~ to train sb ② ÖSTERR (*nachholen, vorarbeiten*) to make up [for]

Einarbeitungszeit *f* training period

ein|äschern ['ainʔɛʃɐn] *tr V* to cremate

ein|atmen *tr, intr V* to breathe in *sep*

Einbahnstraße *f* one-way street

ein|balsamieren* *tr V* to embalm

Einband <-bände> ['ainbant, *Pl:* -bɛndə] *m* [book] cover

einbändig ['ainbɛndɪç] *Adj* one-volume *attr*

Einbau *m kein Pl* installation

ein|bauen *tr V* ① to install; **eingebaut** built-in ② (*fam: einfügen*) to incorporate

Einbauküche *f* fitted kitchen **Einbauschrank** *m* fitted cupboard

ein|berufen* *tr V unreg* ① *Versammlung* to convene ② MIL to conscript

E

Einberufung *f* MIL call-up papers *pl* BRIT, draft card AM

ein|betten *tr V* to embed

ein|beziehen* *tr V unreg* to include

ein|biegen *intr V unreg sein* to turn [off]; **er bog in eine Fußgängerpassage ein** he turned into a pedestrian precinct

ein|bilden *refl V* **sich** *Dat* **etw ~** to imagine sth; **sich** *Dat* **~, dass ...** to think that ... ▶ **was bildest du dir eigentlich ein?** (*fam*) what's got into your head?

Einbildung *f* ❶ *kein Pl* imagination ❷ *kein Pl* (*Arroganz*) conceitedness

Einbildungskraft *f kein Pl* [powers of] imagination

ein|binden *tr V unreg* ❶ *Buch* to bind ❷ (*einbeziehen*) to integrate (**in** into)

ein|bläuenRR *tr V* (*fam*) **jdm etw ~** ❶ (*einschärfen*) to drum sth into sb['s head] ❷ (*einprügeln*) to beat sth into sb

ein|blenden *tr V* TV to insert; *Geräusche, Musik* to dub in

ein|bleuenALT *tr V* (*fam*) *s.* **einbläuen**

Einblick *m* insight; **jdm ~ in etw** *Akk* **gewähren** (*fig*) to allow sb to gain an insight into sth; **~ in etw** *Akk* **gewinnen** to gain an insight into sth; **~ in etw** *Akk* **haben** to have an insight into sth

ein|brechen *unreg intr V* ❶ *sein o haben Dieb* to break in ❷ *sein Nacht* to fall ❸ *sein* (*durchfallen*) to fall through

Einbrecher(in) <-s, -> *m(f)* burglar

ein|bringen *unreg tr V* ❶ to bring; *Zinsen* to earn ❷ *Ernte* to bring in ❸ (*vorschlagen*) **etw ~** to introduce sth; **einen Antrag ~** to table a motion

Einbruch ['ainbrʊx, *Pl:* ainbrʏçə] *m* ❶ JUR break-in ❷ (*Beginn*) onset; **bei ~ der Dunkelheit** [at] nightfall

ein|buchten ['ainbʊxtn̩] *tr V* (*fam*) **jdn ~** to lock sb up

ein|bürgern ['ainbʏrgɐn] **I.** *tr V* **jdn ~** to naturalize sb **II.** *refl V* **sich ~** *Brauch* to become established

Einbuße *f* loss; [**mit etw**] **~n erleiden** to suffer losses [on sth]

ein|büßen *tr V* to lose

ein|checken [-tʃɛkn̩] *intr, tr V* to check in

ein|cremen ['ainkreːmən] *tr V* **sich ~** to apply cream

ein|dämmen *tr V* to dam; **die Ausbreitung einer Krankheit ~** to check the spread of a disease

ein|decken *refl V* **sich ~** to stock up (**mit** on)

eindeutig ['aindɔytɪç] **I.** *Adj* unambiguous **II.** *Adv* unambiguously

ein|deutschen ['aindɔytʃn̩] *tr V* to Germanize

ein|dicken ['aindɪkn̩] *tr, intr V* to thicken

ein|dringen *intr V unreg sein* ❶ (*einbrechen*) **in etw** *Akk* **~** to force one's way into sth ❷ (*hineindringen*) to penetrate (**in** into) ❸ (*bestürmen*) **auf jdn ~** to besiege sb

Eindringling <-s, -e> ['aindrɪŋlɪŋ] *m* intruder

Eindruck ['aindrʊk, *Pl:* -drʏkə] *m* impression; **den ~ erwecken, dass ...** to give the impression that ...; **den ~ haben, dass ...** to have the impression that ...; **einen großen ~ auf jdn machen** to make a big impression on sb

eindrucksvoll **I.** *Adj* impressive **II.** *Adv* impressively

eine(r, s) ['ainə] *unbest. Pron* ❶ (*jemand*) someone, somebody; **~s von den Kindern** one of the children ❷ (*fam: man*) one ❸ (*ein Punkt*) **~s** one thing; **~s sag ich dir** I'll tell you one thing

ein|ebnen *tr V* to level

eineiig ['ainʔaiɪç] *Adj* identical

eineinhalb ['ainʔain'halp] *Adj* one and a half

ein|engen ['ainɛŋən] *tr V* **jdn ~** ❶ (*beschränken*) to restrict sb ❷ (*drücken*) to restrict sb's movement[s]

einer ['ainɐ] *Pron s.* **eine(r, s)**

einerlei ['ainɐ'lai] *Adj präd* **das ist mir ganz ~** it's all the same to me

einerseits ['ainɐzaits] *Adv* **~ ... andererseits ...** on the one hand ..., on the other hand ...

einfach ['ainfax] **I.** *Adj* ❶ (*leicht*) easy; **es sich** *Dat* [**mit etw**] **zu ~ machen** to make it too easy for oneself [with sth] ❷ (*gewöhnlich*) simple ❸ (*nicht doppelt*) single; **eine ~e Fahrkarte** a one-way [*or* BRIT single] ticket **II.** *Adv* (*leicht*) easily; **es ist nicht ~ zu verstehen** it's not easy to understand **III.** *Part* (*ohne weiteres*) simply, just

ein|fädeln ['ainfɛːdl̩n] **I.** *tr V* ❶ *Faden* to thread ❷ (*fam: anbahnen*) to engineer **II.** *refl V* AUTO **sich ~** to filter in

ein|fahren *unreg intr V sein* (*hineinfahren*) to come in[to]; **auf einem Gleis ~**

to arrive at a platform; **in einen Hafen** ~ to sail into a harbour

Einfahrt *f kein Pl* ❶ (*das Einfahren*) entry; **die ~ eines Zuges** the arrival of a train ❷ (*Zufahrt*) entrance; **~ freihalten!** [please] keep [entrance] clear!

Einfall ['ainfal] *m* idea

ein|fallen *intr V unreg sein* ❶ (*in den Sinn kommen*) **etw fällt jdm ein** to think of sth; **was fällt Ihnen ein!** what do you think you're doing! ❷ (*sich erinnern*) **etw fällt jdm ein** to remember sth ❸ (*einstürzen*) to collapse ❹ (*eindringen*) **in ein Land ~** to invade a country

einfallslos **I.** *Adj* unimaginative **II.** *Adv* unimaginatively

einfältig ['ainfɛltɪç] **I.** *Adj* naive **II.** *Adv* naively

Einfaltspinsel *m* (*pej fam*) simpleton

Einfamilienhaus *nt* single family house

ein|fangen *unreg tr V* **jdn/ein Tier ~** to capture sb/an animal

einfarbig *Adj* in one colour

ein|fassen *tr V* ❶ (*umgeben*) to border ❷ *Diamant* to set

ein|finden *refl V unreg* (*geh*) **sich** [**irgendwo**] ~ to arrive [somewhere]

ein|flößen *tr V* ❶ **jdm etw ~** to give sb sth ❷ (*erwecken*) **jdm Angst/Vertrauen ~** to instil fear/confidence in sb

Einflugschneise *f* approach path

Einfluss[RR] *m*, **Einfluß**[ALT] *m* influence; **unter dem ~ von jdm/etw stehen** to be under sb's influence; **seinen ~ geltend machen** to use one's influence

Einflussbereich[RR] *m* POL sphere of influence **einflussreich**[RR] *Adj* influential

einförmig ['ainfœrmɪç] **I.** *Adj* monotonous **II.** *Adv* monotonously

ein|frieren *unreg* **I.** *intr V sein* (*zufrieren*) to freeze up **II.** *tr V haben* (*konservieren*) to [deep-]freeze

ein|fügen **I.** *tr V* **etw** [**in etw** *Akk*] ~ ❶ (*einpassen*) to fit sth in[to sth] ❷ (*einfließen lassen*) to add sth [to sth] **II.** *refl V* **sich** [**in etw** *Akk*] ~ to adapt [oneself] [to sth]

Einfühlungsvermögen *nt* empathy

Einfuhr <-, -en> ['ainfuːɐ̯] *f* importation

Einfuhrbestimmungen *Pl* import regulations *pl*

ein|führen *tr V* ❶ (*importieren*) to import ❷ (*bekannt machen*) **etw ~** to introduce sth ❸ (*vertraut machen*) **jdn ~** to introduce sb (**in** to)

Einführung *f* introduction

Einführungspreis *m* introductory price

Einfuhrzoll *m* import duty

Eingabe *f Daten* entry

Eingabetaste *f* enter-key

Eingang <-gänge> ['aingaŋ, *Pl:* -gɛŋə] *m* entrance; **„Kein ~!"** 'No entry!'

eingangs ['aingaŋs] *Adv* at the start

ein|geben *unreg tr V* ❶ COMPUT to input (**in** into) ❷ (*geh: inspirieren*) **jdm etw ~** to put sth into sb's head

eingebildet *Adj* ❶ (*hochmütig*) conceited (**auf** about) ❷ (*imaginär*) imaginary

Eingeborene(r) *f(m) dekl wie Adj* native

Eingebung <-, -en> *f* inspiration; **einer plötzlichen ~ folgend** acting on a sudden impulse

eingefallen *Adj* hollow

eingefleischt ['aingəflaiʃt] *Adj attr* confirmed

ein|gehen *unreg* **I.** *intr V sein* ❶ **in die Geschichte ~** to go down in history ❷ (*[ab]sterben*) to die [off]; [**an etw** *Dat*] ~ to die [of sth] ❸ (*einlaufen*) to shrink ❹ (*sich beschäftigen mit*) **auf etw/jdn ~** to deal with sth/to pay some attention to sb ❺ (*sich einlassen*) **auf etw** *Akk* ~ to accept sth **II.** *tr V sein* **etw ~** to enter into sth; **ein Risiko ~** to take a risk

eingehend ['aingeːənt] **I.** *Adj* detailed; *Prüfung* extensive **II.** *Adv* in detail

Eingemachte(s) *nt dekl wie Adj* KOCHK preserved fruit

Eingemeindung <-, -en> *f* ADMIN incorporation

eingenommen *Adj präd* ❶ (*positiv beeindruckt*) **von jdm/etw ~ sein** to be taken with sb/sth ❷ (*voreingenommen*) **gegen jdn/etw ~ sein** to be biased against sb/sth ❸ (*eingebildet*) **von sich ~ sein** to be conceited

eingeschnappt *Adj* (*fam*) **~ sein** to be miffed

eingeschränkt *Adj* limited, restricted

eingeschrieben *Adj* registered

Eingeständnis ['aingəʃtɛntnɪs] *nt* admission

ein|gestehen* *unreg* **I.** *tr V* **etw ~** to admit sth **II.** *refl V* **sich** *Dat* **etw nicht ~ wollen** to be unable to accept sth; **sich**

E

Dat **nicht ~ wollen, dass ...** to refuse to accept that ...
eingestellt *Adj* ① (*gesinnt*) **fortschrittlich/ökologisch ~** progressively/environmentally minded; **jd ist gegen jdn ~** sb is set against sb ② (*vorbereitet*) **auf etw** *Akk* **~ sein** to be prepared for sth
eingetragen *Adj* registered
Eingeweide <-s, -> ['aingəvaidə] *nt meist Pl* entrails

E

ein|gewöhnen* *refl V* **sich ~** to settle in
ein|gießen *tr V unreg* to pour; **darf ich Ihnen noch Kaffee ~** can I pour you some more coffee?
eingleisig ['ainglaizɪç] *Adj* single-track
ein|gliedern I. *tr V* **jdn ~** to integrate sb (**in** into) **II.** *refl V* **sich ~** to integrate oneself (**in** into)
ein|greifen *intr V unreg* to intervene (**in** in)
Eingriff *m* ① intervention (**in** in) ② MED operation
ein|gruppieren* *tr V* to group (**in** in)
Einhalt ['ainhalt] *m kein Pl* **jdm/einer S. ~ gebieten** (*geh*) to put a stop to sb/sth
ein|halten *unreg tr V* to keep; **eine Diät/einen Vertrag ~** to keep to a diet/treaty; **die Spielregeln/Vorschriften ~** to obey the rules; **Verpflichtungen ~** to meet commitments
ein|handeln *refl V* (*fam*) **sich** *Dat* **eine Krankheit ~** to catch a disease
einheimisch ['ainhaimɪʃ] *Adj* ① (*ortsansässig*) local ② BOT, ZOOL indigenous
Einheit <-, -en> ['ainhait] *f* unity
einheitlich ['ainhaitlɪç] *Adj* ① (*gleich*) uniform ② (*in sich geschlossen*) integrated
Einheitsgebühr *f* standard charge **Einheitspreis** *m* standard price **Einheitstarif** *m* flat rate
ein|heizen *intr V* (*heizen*) to turn the heater on
einhellig ['ainhɛlɪç] **I.** *Adj* unanimous **II.** *Adv* unanimously
ein|holen *tr V* ① *Fahne, Segel* to lower ② *Genehmigung* **etw ~** to ask for sth ③ (*erreichen*) **jdn/etw ~** to catch up with sb/sth ④ (*wettmachen*) **etw ~** to make up sth
einig ['ainɪç] *Adj* ① (*geeint*) united ② *präd* **sich** *Dat* **~ sein** to be in agreement (**über** on)
einige(r, s) ['ainɪgə] *unbest. Pron* ① *Sing, adjektivisch* (*ziemlich*) some; (*etwas*) a little ② *Sing, substantivisch* (*viel*) **~s** quite a lot; **das wird aber ~s kosten!** that will cost a pretty penny! ③ *Pl, adjektivisch* (*mehrere*) several; **vor ~n Tagen** a few days ago ④ *Pl, substantivisch* (*Menschen*) some
einigen ['ainɪgn̩] **I.** *tr V* (*einen*) to unite **II.** *refl V* **sich ~** to agree
einigermaßen ['ainɪgɐ'ma:sn̩] *Adv* fairly
Einigkeit <-> ['ainɪçkait] *f kein Pl* ① (*Eintracht*) unity ② (*Übereinstimmung*) agreement; **es herrscht ~ darüber, dass ...** there is agreement that ...
Einigung <-, -en> *f* ① POL unification ② (*Übereinstimmung*) agreement (**über** on)
ein|impfen *tr V* **jdm etw ~** to drum sth into sb
einjährig, 1-jährig[RR] ['ainjɛ:rɪç] *Adj* ① (*Alter*) one year old *pred* ② (*Zeitspanne*) one-year *attr*
ein|kalkulieren* *tr V* **etw [mit] ~** to take sth into account
ein|kassieren* *tr V* **etw ~** to collect sth
Einkauf *m* ① shopping; **Einkäufe machen** to do one's shopping ② (*das Eingekaufte*) purchase
ein|kaufen I. *tr V* to buy **II.** *intr V* to shop; **~ gehen** to go shopping
Einkaufsbummel *m* shopping trip **Einkaufspalast** *m* (*iron*) retail palace **Einkaufspassage** [-pasa:ʒə] *f* shopping arcade **Einkaufswagen** *m* [shopping] trolley [*or* AM cart] **Einkaufszentrum** *nt* shopping centre
ein|kehren *intr V sein* to stop off
ein|kellern ['ainkɛlɐn] *tr V* to store in a cellar
ein|klammern *tr V* **etw ~** to put sth in brackets
Einklang *m* (*geh*) harmony; **in ~ mit etw stehen** to be in accord with sth
ein|klemmen *tr V* **etw ~** to catch sth
ein|kochen I. *tr V haben* to preserve **II.** *intr V sein* to thicken
Einkommen <-s, -> *nt* income *no pl*
einkommensschwach *Adj* low-income
Einkünfte ['ainkʏnftə] *Pl* income *no pl*
ein|laden ['ainla:dn̩] *tr V unreg* ① *Menschen* to invite; **jdn zum Essen ~** to take sb out to dinner ② *Gegenstände* to load (**in** in[to])

Einladung *f* invitation
Einlage <-, -n> *f* (*Schuheinlage*) insole
ein|lagern *tr V* to store
ein|langen *intr V sein* ÖSTERR (*eintreffen*) to arrive
EinlassRR <-es> *m*, **Einlaß**ALT <-sses> ['ainlas, *Pl:* 'ainlɛsə] *m* admission
ein|lassen *unreg* **I.** *tr V* **jdn ~** to let sb in **II.** *refl V* ① (*auf etw eingehen*) **sich auf etw** *Akk* ~ to get involved in sth; *Abenteuer* to embark on sth ② (*pej: Kontakt aufnehmen*) **sich mit jdm ~** to get involved with sb
Einlauf *m* MED enema
ein|laufen *unreg* **I.** *intr V sein* ① (*schrumpfen*) to shrink ② (*einfahren*) **das Schiff läuft in den Hafen ein** the ship is sailing into harbour **II.** *tr V haben* **Schuhe ~** to wear shoes in
ein|leben *refl V* **sich ~** to settle in
ein|legen *tr V* ① (*hineintun*) to insert; **eine CD ~** to put on a CD ② KOCHK **etw ~** to pickle sth; **eingelegte Gurken** pickled gherkins
Einlegesohle *f* inner sole, insole
ein|leiten *tr V* ① **Schritte [gegen jdn] ~** to take steps [against sb]; **einen Prozess [gegen jdn] ~** to start proceedings [against sb] ② (*eröffnen*) **etw ~** to open [*or form* commence] sth
einleitend **I.** *Adj* introductory **II.** *Adv* as an introduction
Einleitung *f* introduction
ein|lenken *intr V* to give way
ein|leuchten *intr V* **[jdm] ~** to make sense [to sb]; **das leuchtet mir ein** I can see that
einleuchtend **I.** *Adj* evident; *Erklärung* plausible **II.** *Adv* clearly
ein|liefern *tr V* ① **jdn ~** *ins Gefängnis, Krankenhaus* to admit sb ② (*abgeben*) **etw ~** to hand sth in
ein|loggen ['ainlɔgn̩] *intr V* to log in
ein|lösen *tr V* ① *Scheck* to honour [*or* AM cash] ② *Versprechen* to honour
ein|machen *tr V* to preserve; (*in Essig*) to pickle
Einmachglas *nt* jar
einmal1, **1-mal**RR ['ainma:l] *Adv* ① (*ein Mal*) once; **~ am Tag/in der Woche** once a day/week; **auf ~** all of a sudden; (*an einem Stück*) all at once; **~ mehr** once again ② (*früher*) once; **es war ~** once upon a time; **das war ~!** that's over! ③ (*später*) sometime; **ich will ~ Pilot werden** I want to be a pilot [some day] ▸ **~ ist keinmal** (*prov*) just once doesn't count
einmal2 ['ainma:l] *Part* **nicht ~** not even; **er hat sich nicht ~ bedankt** he didn't even say thank you
Einmaleins <-> [ainma:l'ʔains] *nt kein Pl* **das ~** [multiplication] tables *pl*
einmalig ['ainma:lɪç] *Adj* ① unique ② (*fam: ausgezeichnet, sehr gut*) outstanding
Einmannkapelle *f* one-man band
Einmischung *f* interference
einmotorig *Adj* single-engined
Einmündung *f* confluence
einmütig ['ainmy:tɪç] **I.** *Adj* unanimous **II.** *Adv* unanimously
Einnahme <-, -n> ['ainna:mə] *f* ① FIN earnings; (*Geschäfts~*) takings *pl* ② *kein Pl Arzneimittel, Mahlzeiten* taking
ein|nehmen *tr V unreg* ① *Geld* to take; *Steuern* to collect ② (*zu sich nehmen*) to take; *Mahlzeit* to have ③ (*geh*) *Platz* to take ④ (*erobern*) to take ⑤ (*beeinflussen*) **jdn für sich ~** to win favour with sb; **jdn gegen sich/jdn/etw ~** to turn sb against oneself/sb/sth
einnehmend ['ainne:mənt] *Adj* charming, engaging
ein|nicken *intr V sein* (*fam*) to doze off
ein|nisten *refl V* **sich ~** *Ungeziefer* to nest
Einöde ['ainʔø:də] *f* wasteland
ein|ordnen **I.** *tr V* ① (*einsortieren*) to organize (**in** in) ② (*klassifizieren*) to classify (**unter** under) **II.** *refl V* (*sich einfügen*) **sich ~** to integrate (**in** into)
ein|packen *tr V* (*verpacken*) **etw ~** to wrap sth; (*um zu verschicken*) to pack sth ▸ **~ können** (*fam*) to pack up and go home
ein|parken *intr, tr V* to park
ein|planen *tr V* to plan; **etw [mit] ~** to take sth into consideration
ein|prägen *refl V* **sich** *Dat* **etw ~** to fix sth in one's memory; **sich jdm ~** to be imprinted on sb's memory
einprägsam ['ainprɛ:kza:m] *Adj* easy to remember *pred*
ein|programmieren* *tr V* COMPUT to program; **einprogrammiert** programmed
ein|rahmen *tr V* to frame

E

E

ein|räumen *tr V* ❶ (*in etw räumen*) to put away (**in** in) ❷ *Zimmer* to arrange ❸ (*zugestehen*) **etw** ~ to concede sth
ein|rechnen *tr V* ❶ (*mit einbeziehen*) **jdn** [**mit**] ~ to include sb; **etw** [**mit**] ~ to allow for sth ❷ (*als inklusiv rechnen*) **etw** [**mit**] ~ to include sth
ein|reden I. *tr V* **jdm etw** ~ to talk sb into thinking sth **II.** *intr V* **auf jdn** ~ to keep on at sb *fam* **III.** *refl V* **sich** *Dat* **etw** ~ to talk oneself into thinking sth
ein|reichen *tr V* **etw** ~ to submit sth; **seine Kündigung** ~ to hand in one's resignation
ein|reihen *refl V* **sich in etw** *Akk* ~ to join sth
Einreise *f* entry
Einreisebestimmungen *Pl* entry requirements **Einreisegenehmigung** *f* entry permit
ein|reisen *intr V sein* to enter; **in ein Land** ~ to enter a country
ein|renken ['ainrɛŋkn̩] **I.** *tr V* ❶ MED [**jdm**] **etw** ~ to set sth [for sb] ❷ (*fam*) **etw** ~ to straighten sth out **II.** *refl V* (*fam*) **sich wieder** ~ to sort itself out
ein|rennen *unreg tr V* (*fam*) to break down *sep*
ein|richten I. *tr V* ❶ (*möblieren*) to furnish; *Praxis* to fit out *sep* ❷ (*möglich machen*) **es** ~**, dass ...** arrange it so that ...; **es lässt sich** ~ that can be arranged ❸ (*vorbereitet sein*) **auf etw** *Akk* **eingerichtet sein** to be prepared for sth **II.** *refl V* ❶ (*möblieren*) **ich richte mich weiß ein** I'm furnishing my flat in white ❷ (*sich anpassen*) **sich** ~ to adapt [to a situation] ❸ (*vorbereitet sein*) **sich auf etw** *Akk* ~ to be prepared for sth
Einrichtung *f* ❶ (*Wohnungseinrichtung*) [fittings and] furnishings *pl;* (*Ausstattung*) fittings *pl* ❷ (*das Möblieren*) furnishing; (*das Ausstatten*) fitting-out ❸ (*das Installieren*) installation ❹ (*Institution*) organization
eins ['ains] **I.** *Adj* one; *s. a.* **acht**[1] ▶ ~ **A** (*fam*) first class; **es kommt** ~ **zum anderen** it's [just] one thing after another **II.** *Adj präd* ❶ (*eine Ganzheit*) [all] one ❷ (*einig*) ~ **mit jdm/sich/etw sein** to be [at] one with sb/oneself/sth ▶ **das ist alles** ~ (*fam*) it's all the same [thing]
ein|sacken[1] *tr V* (*fam: an sich bringen*) to rake in *sep*
ein|sacken[2] *intr V sein* to subside
einsam ['ainza:m] **I.** *Adj* ❶ lonely ❷ (*abgelegen*) isolated ❸ (*menschenleer*) deserted; **eine** ~**e Insel** a desert island **II.** *Adv* (*abgelegen*) ~ **leben** to live a solitary life
ein|sammeln *tr V* **etw** ~ ❶ (*sich aushändigen lassen*) to collect [in *sep*] sth ❷ (*aufsammeln*) to pick up sth *sep*
Einsatz *m* ❶ (*eingesetzte Leistung*) effort; **unter** ~ **aller seiner Kräfte** with a superhuman effort; **unter** ~ **ihres Lebens** by putting her own life at risk ❷ (*beim Glücksspiel*) bet ❸ (*Verwendung*) use; *von Arbeitern, Soldaten* deployment; **zum** ~ **kommen** to be deployed
einsatzbereit *Adj* ready for use *pred; Menschen* ready for action; MIL ready for combat *pred*
ein|schalten I. *tr V* to switch on *sep* **II.** *refl V* (*sich einmischen*) **sich** ~ to intervene
Einschaltquote *f* ratings *pl*
ein|schärfen *tr V* **jdm etw** ~ to impress on sb the importance of sth; **jdm** ~**, etw zu tun** to tell sb to do sth
ein|schätzen *tr V* to assess; **falsch** ~ to misjudge; **zu hoch** ~ to overrate; **zu niedrig** ~ to underrate
ein|schenken *tr V* **jdm etw** ~ to pour sb sth
ein|scheren *intr V* to merge
ein|schicken *tr V* **etw** ~ to send sth in (**an** to)
ein|schiffen I. *tr V* to take on board **II.** *refl V* **sich** ~ to embark
ein|schlafen *intr V unreg sein* ❶ [**bei etw**] ~ to fall asleep [during sth]; **schlaf nicht ein!** (*fam*) wake up! ❷ *Glieder* to go to sleep ❸ (*nachlassen*) to peter out
ein|schläfern ['ainʃlɛ:fɐn] *tr V* **jdn** ~ ❶ (*jds Schlaf herbeiführen*) to lull sb to sleep ❷ (*schläfrig machen*) to send sb to sleep ❸ MED to put sb to sleep
einschläfernd ['ainʃlɛ:fɐnt] *Adj* ❶ MED **ein** ~**es Mittel** a sleep-inducing drug ❷ (*langweilig*) ~ **sein** to have a soporific effect
ein|schlagen *unreg* **I.** *tr V haben* ❶ to hammer in *sep;* **eine Tür** ~ to break

down *sep* a door; **eingeschlagen** smashed-in; **jdm die Nase ~** to smash sb's nose; **jdm die Zähne ~** to knock sb's teeth out ② *Weg* to choose **II.** *intr V* ① *haben o sein* [**in etw** *Akk*] ~ *Blitz* to strike [sth] ② *sein Granate* to fall ③ *haben* (*prügeln*) **auf jdn ~** to hit sb; **auf etw** *Akk* ~ to pound [on] sth [with one's fists]

einschlägig ['ainʃlɛːgɪç] *Adj* relevant

ein|schleppen *tr V* **etw ~** *Krankheiten, Ungeziefer* to bring sth in

ein|schleusen *tr V* to smuggle in

ein|schließen *tr V unreg* ① **jdn ~** *Akk o Dat* to lock sb up; **sich ~** to lock oneself in ② (*wegschließen*) **etw ~** to lock sth away ③ (*einbegreifen*) to include (**in** in)

einschließlich ['ainʃliːslɪç] **I.** *Präp* ~ **einer S.** *Gen* including sth **II.** *Adv* inclusive

ein|schmeicheln *refl V* **sich ~** to ingratiate oneself

einschnappen *intr V sein* (*fam*) to get in a huff; **eingeschnappt** in a huff *pred*

einschneidend ['ainʃnaidn̩t] *Adj* **eine ~e Veränderung** a drastic change; **eine ~e Wirkung** a far-reaching effect

Einschnitt *m* ① (*Schnitt*) cut ② (*Zäsur*) turning-point

ein|schränken ['ainʃrɛŋkn̩] **I.** *tr V* ① (*reduzieren*) to cut [back on] ② (*beschränken*) to curb **II.** *refl V* **sich ~** to cut back (**in** on)

Einschränkung <-, -en> *f* ① (*Beschränkung*) restriction ② (*Vorbehalt*) reservation ③ (*das Reduzieren*) reduction

Einschreib[e]brief *m* registered letter

ein|schreiben *unreg* **I.** *tr V* to register **II.** *refl V* ① **sich in eine Liste ~** to put one's name on a list ② (*sich immatrikulieren*) **sich ~** *Kurs* to enrol; **sich bei einer Universität ~** to register at a university

Einschreiben *nt* registered post [*or* Am letter]; **etw per ~ schicken** to send sth by registered post

ein|schreiten *intr V unreg sein* [**gegen jdn/etw**] ~ to do sth [about sb/sth]

ein|schüchtern ['ainʃʏçtɐn] *tr V* **jdn ~** to intimidate sb

Einschulung *f* enrolment at [primary [*or* Am elementary]] school

ein|schweißen *tr V* (*versiegeln*) to seal

Einschweißfolie [-foːli̯ə] *f* plastic [wrapping]

ein|sehen *tr V unreg* (*begreifen*) to see

ein|seifen *tr V* to soap

einseitig ['ainzaitɪç] **I.** *Adj* ① one-sided; JUR, POL unilateral; **eine ~e Ernährung** an unbalanced diet; **eine ~e Lähmung** paralysis of one side of the body ② (*voreingenommen*) bias[s]ed **II.** *Adv* ① (*auf einer Seite*) on one side ② (*beschränkt*) in a one-sided way ③ (*parteiisch*) from a one-sided point of view

ein|senden *tr V unreg* to send sth [in] (**an** to)

EinsendeschlussRR *m* closing date

einsetzbar *Adj* applicable, usable

ein|setzen **I.** *tr V* ① (*einfügen*) to insert ② *Kommission* to set up ③ (*ernennen*) **jdn** [**als etw**] ~ to appoint [*or* Am install] sb [as sth] ④ (*zum Einsatz bringen*) **jdn/etw ~** to use sb/sth; *Ersatzspieler* to bring on sb *sep;* **das Leben** [**für etw**] ~ to put one's life at risk [for sth] ⑤ (*wetten*) to bet **II.** *refl V* ① **sich ~** to make an effort ② (*sich verwenden für*) **sich für jdn/etw ~** to support sb/sth; **sich dafür ~, dass ...** to speak out for sth [so that ...]

Einsicht *f* insight; **jdn zur ~ bringen** to make sb see sense

einsichtig ['ainzɪçtɪç] *Adj* ① (*verständlich*) understandable ② (*vernünftig*) reasonable

ein|sickern *intr V* (*Flüssigkeit*) to seep in

Einsiedler(in) ['ainziːdlɐ] *m(f)* hermit

einsilbig ['ainzɪlbɪç] *Adj* monosyllabic

ein|spannen *tr V* ① **jdn ~** to rope sb in ② (*in etw spannen*) to insert; (*in einen Schraubstock*) to clamp ③ *Tiere* to harness

Einspänner <-s, -> ['ainʃpɛnɐ] *m* ① (*einspännige Kutsche*) one-horse carriage ② KOCHK ÖSTERR *black coffee with whipped cream*

ein|sparen *tr V* to save

ein|sperren *tr V* to lock up *sep*

ein|spielen *refl V* **sich ~** *Methode* to get going [properly]; **sich aufeinander ~** to get used to each other

Einsprache *f* JUR SCHWEIZ (*Einspruch*) objection

ein|springen *intr V unreg sein* (*fam*) to stand in (**für** for)

Einspritzmotor *m* AUTO fuel injection

E

engine **Einspritzpumpe** *f* [fuel] injection pump

Einspruch *m* objection; ~ **abgelehnt!** objection overruled!; **dem ~ wird stattgegeben!** objection sustained!; ~ **erheben** to lodge an objection; ~ **einlegen** to appeal

einspurig ['ainʃpu:rɪç] *Adj Straße* one-lane

einst ['ainst] *Adv* (*geh*) ① (*früher*) once ② (*in Zukunft, dereinst*) one day

Einstand *m* start of a new job; **seinen ~ geben** to celebrate starting a new job

ein|stecken *tr V* **etw ~** ① to put sth in one's pocket ② (*fam: hinnehmen*) to put up with sth ③ ELEK to plug in sth *sep*

ein|stehen *intr V unreg sein* ① (*sich verbürgen*) **für jdn/etw ~** to vouch for sb/sth ② (*aufkommen*) **für etw ~** to take responsibility for sth

ein|steigen *intr V unreg sein* [**in etw** *Akk*] ~ ① *Zug* to get on [sth]; *Auto* to get in[to sth] ② (*fam: hineinklettern*) to climb in[to sth] ③ ÖKON to buy into sth ④ (*sich engagieren*) to go into sth

ein|stellen I. *tr V* ① (*anstellen*) to employ ② (*beenden*) to stop ③ JUR to abandon ④ ELEK **etw ~** to set sth ⑤ TV, RADIO to tune ⑥ TECH to adjust **II.** *refl V* ① (*auftreten*) **sich ~** *Bedenken* to begin; *Symptome* to develop ② (*sich anpassen*) **sich auf jdn/etw ~** to adapt to sb/sth ③ (*sich vorbereiten*) **sich auf etw** *Akk* **~** to prepare oneself for sth

Einstellung *f* ① (*Anstellung*) taking on ② (*Beendigung*) stopping ③ ELEK setting ④ TV tuning ⑤ (*Gesinnung*) attitude; **eine ganz andere ~ haben** to think differently

Einstellungsstopp *m* freeze on recruitment

einstmals ['ainstma:ls] *Adv* (*geh*) *s.* **einst**

ein|stufen ['ainʃtu:fn̩] *tr V* ① (*eingruppieren*) to group; **jdn in eine Gehaltsgruppe ~** to give sb a [salary] grade ② (*zuordnen*) to categorize

Einstufung <-, -en> *f* categorization, classification

ein|stürmen *intr V sein* ① (*bestürmen*) *mit Fragen, Bitten* to bombard ② (*eindringen*) to overwhelm

Einsturz *m* collapse; **etw zum ~ bringen** to cause sth to collapse

ein|stürzen *intr V sein* ① to collapse ② (*überfallen*) **auf jdn ~** to overwhelm sb

einstweilen ['ainst'vailən] *Adv* ① (*vorläufig*) for the time being ② (*in der Zwischenzeit*) in the meantime

einstweilig ['ainst'vailɪç] *Adj attr* temporary

eintägig, 1-tägig[RR] *Adj* one-day *attr*

Eintagsfliege *f* mayfly

ein|tauchen I. *tr V haben* **jdn ~** to immerse sb; **etw ~** to dip sth **II.** *intr V sein* to plunge in

ein|tauschen *tr V* **etw ~** to exchange sth (**gegen** for)

ein|teilen *tr V* ① **etw in etw** *Akk* **~** to divide sth up into sth ② *Geld, Vorräte, Zeit* [**sich** *Dat*] **etw ~** to be careful with sth ③ (*verpflichten*) **jdn zu etw ~** to assign sb to sth

Einteilung *f* management

eintönig ['aintø:nɪç] **I.** *Adj* monotonous **II.** *Adv* monotonously

Eintopf *m*, **Eintopfgericht** *nt* stew

einträchtig ['aintrɛçtɪç] **I.** *Adj* harmonious **II.** *Adv* harmoniously

Eintrag <-[e]s, Einträge> ['aintra:k, *Pl:* 'aintrɛ:gə] *m* ① *kein Pl* (*Vermerk*) note ② (*im Lexikon*) entry

ein|tragen *tr V unreg* ① (*einschreiben*) to enter; **jdn/sich in eine Liste ~** to enter sb's/one's name in a list ② (*amtlich registrieren*) **jdn/etw in etw** *Akk* **~** to register sb/sth in sth

einträglich ['aintrɛ:klɪç] *Adj* lucrative

ein|treffen *intr V unreg sein* ① [**irgendwo/bei jdm**] ~ to arrive [somewhere/at sb's] ② (*in Erfüllung gehen*) to come true

ein|treiben *tr V unreg* **etw ~** to collect sth

ein|treten *unreg* **I.** *intr V* ① *sein* (*betreten*) to enter ② *sein* (*beitreten*) to join ③ *sein* (*sich ereignen*) to occur ④ *sein* (*sich einsetzen*) **für jdn/etw ~** to stand up for sb/sth **II.** *tr V haben* **etw ~** to kick sth in

Eintritt *m* ① (*geh: das Betreten*) **~ verboten** no admission ② (*Beitritt*) accession ③ (*Eintrittsgeld*) admission; **~ frei** admission free ④ (*Beginn*) onset; **bei/vor ~ der Dunkelheit** when/before darkness falls

Eintrittskarte *f* ticket

ein|trudeln *intr V sein* (*fam*) to show up

ein|üben *tr V* to practise; THEAT to rehearse

ein|verleiben* ['ainfɛɐ̯laibn̩] *refl V* **sich** *Dat* **etw** ~ ① ÖKON to incorporate sth ② (*hum: verzehren*) to put sth away

Einvernahme <-, -n> ['ainfɛɐ̯na:mə] *f* JUR *bes* ÖSTERR, SCHWEIZ (*Vernehmung*) examination

Einvernehmen <-s> *nt kein Pl* **in gegenseitigem** ~ by mutual agreement; **im** ~ **mit jdm** in agreement with sb

einverstanden ['ainfɛɐ̯ʃtandn̩] *Adj präd* [**mit jdm/etw**] ~ **sein** to agree [with sb/sth]; ~**!** OK!

Einverständnis ['ainfɛɐ̯ʃtɛntnɪs] *nt* ① (*Zustimmung*) consent ② (*Übereinstimmung*) agreement; **in gegenseitigem** ~ by mutual agreement

Einwahlnummer *f* INET dial-up number

Einwand ['ainvant, *Pl:* 'ainvɛndə] *m* objection (**gegen** to)

Einwanderer, Einwanderin *m, f* immigrant

ein|wandern *intr V sein* to immigrate

einwandfrei ['ainvantfrai] *Adj* flawless; *Qualität* excellent

Einwegflasche *f* non-returnable bottle **Einwegkamera** *f* FOTO disposable camera **Einwegrasierer** *m* disposable razor

ein|weichen *tr V* **etw** ~ to soak sth

ein|weihen *tr V* ① (*eröffnen*) to open ② (*vertraut machen*) **jdn** ~ to initiate sb (**in** into); **jdn in ein Geheimnis** ~ to let sb in on a secret

ein|weisen *tr V unreg* ① (*unterweisen*) **jdn** ~ to brief sb (**in** about) ② MED **jdn ins Krankenhaus** ~ to send sb to hospital

ein|wenden *tr V unreg* **etw** ~ to object (**gegen** to); **etwas einzuwenden haben** to have an objection; **dagegen lässt sich nichts** ~ there can be no objection to it/that

ein|werfen *unreg tr V* ① *Brief* to post [*or* AM mail] ② *Fensterscheibe* to smash ③ (*bemerken*) ~**, dass ...** to interject that ...

ein|wickeln *tr V* to wrap [up]

ein|willigen ['ainvɪlɪgn̩] *intr V* to consent (**in** to)

ein|wirken *intr V* ① **auf jdn/etw** ~ to have an effect on sb/sth; **etw auf sich** ~ **lassen** to absorb sth ② PHYS, CHEM **auf etw** *Akk* ~ to react to sth; **etw** ~ **lassen** to let sth work in

Einwohner(in) <-s, -> ['ainvo:nɐ] *m(f)* inhabitant

Einwohnermeldeamt *nt residents' registration office*

Einwurf *m* ① SPORT throw-in ② (*Bemerkung*) interjection

Einzahl ['aintsa:l] *f* singular

ein|zahlen *tr V* to pay [in]; **etw auf ein Konto** ~ to pay sth into an account

Einzahlung *f* FIN deposit

Einzelbett *nt* single bed **Einzelfahrschein** *m* single ticket BRIT, one-way ticket AM **Einzelgänger(in)** *m(f)* loner **Einzelhaft** *f* solitary confinement **Einzelhandel** *m* retail trade **Einzelhändler(in)** *m(f)* retailer

Einzelheit <-, -en> *f* detail

Einzelkind *nt* only child

einzeln ['aintsl̩n] **I.** *Adj* ① individual; **im Einzelnen** in detail ② (*allein stehend*) single ③ *Pl* (*einige wenige*) a few **II.** *Adv* separately

Einzelne(r) *f(m) dekl wie Adj* (*einzelner Mensch*) **der/die** ~ the individual; **ein** ~**r/eine** ~ an individual, a single person; **jeder/jede** ~ each individual, each single person; **als** ~**r** as an individual

Einzelteil *nt* separate part; **etw in seine** ~**e zerlegen** to take sth to pieces **Einzelzimmer** *nt* single room

ein|ziehen *unreg* **I.** *tr V haben* ① *Gelder* to collect ② (*aus dem Verkehr ziehen*) to withdraw ③ (*beschlagnahmen*) **einen Führerschein** ~ to confiscate a driving licence ④ MIL **jdn** ~ to conscript [*or* AM draft] sb ⑤ (*nach innen ziehen*) to take in; **der Kopierer zieht die Blätter einzeln ein** the photocopier takes in the sheets one by one ⑥ (*entgegengesetzt bewegen*) to draw in; **die Schulter** ~ to hunch one's shoulder; **der Hund zog den Schwanz ein** the dog put its tail between its legs **II.** *intr V sein* ① [**bei jdm**] ~ to move in [with sb] ② (*einmarschieren*) to march (**in** into)

einzig ['aintsɪç] **I.** *Adj* **der/die/das** ~**e ...** the only ...; **die** ~**e Ausnahme** the only exception; **kein** ~**er Gast blieb nach dem Essen** not one solitary guest stayed behind after the meal; **das Einzige** the only thing **II.** *Adv* only;

E

es liegt ~ und allein an Ihnen it is entirely up to you

einzigartig ['aintsɪçʔaːɐ̯tɪç] *Adj* unique

Einzige(r) *f(m) dekl wie Adj* **der/die ~** the only one

Einzugsbereich *m* catchment area **Einzugsgebiet** *nt* GEOG *eines Flusses* drainage basin **Einzugsverfahren** *nt* FIN direct debit[ing]

Eis <-es> ['ais] *nt kein Pl* ice; **Whisky mit ~** whisky on the rocks; **~ am Stiel** ice[d] lolly BRIT, Popsicle® AM ▸ **das ~ brechen** to break the ice; **etw auf ~ legen** (*fam*) to put something on hold

Eisbahn *f* ice rink **Eisbär** *m* polar bear **Eisbecher** *m* ❶ (*Pappbecher*) tub ❷ (*Eis im Metallbecher*) sundae **Eisbein** *nt* knuckle of pork **Eisberg** *m* iceberg **Eisbeutel** *m* ice pack **Eisbrecher** *m* icebreaker **Eiscreme** [-kreːm] *f* ice cream **Eisdiele** *f* ice cream parlour

Eisen <-s> ['aizn̩] *nt kein Pl* iron ▸ **zum alten ~ gehören** (*fam*) to be on the scrap heap; **ein heißes ~** a hot potato; **man muss das ~ schmieden, solange es heiß ist** (*prov*) one must strike while the iron is hot

Eisenbahn ['aizn̩baːn] *f* train **Eisenbahner(in)** <-s, -> *m(f)* (*fam*) railway employee, railroader AM **Eisenbahnwagen** *m* ❶ (*Personenwagen*) railway carriage BRIT, passenger car AM ❷ (*Güterwagen*) goods wagon BRIT, freight car AM **Eisenerz** ['aizn̩ʔeːɐ̯ts] *nt* CHEM, BERGB iron ore

eisern ['aizɐn] *Adj attr* iron; **jds ~e Reserve** sb's nest egg

eisgekühlt *Adj* ice-cold **Eisglätte** *f* black ice **Eishockey** *nt* ice hockey

eisig ['aizɪç] **I.** *Adj* icy **II.** *Adv* coolly

Eiskaffee *m chilled coffee with vanilla ice cream and whipped cream* **eiskalt** ['aiskalt] **I.** *Adj* ❶ ice-cold ❷ (*berechnend*) cold-blooded **II.** *Adv* (*berechnend*) coolly **Eiskrem** [-kreːm] *f s.* **Eiscreme** **Eiskunstlauf** *m* figure-skating **eis|laufen** *intr V* to ice-skate **Eisläufer(in)** *m(f)* ice-skater

Eisprung *m* ovulation

Eiswürfel *m* ice cube **Eiszapfen** *m* icicle **Eiszeit** *f* Ice Age

eitel ['aitl̩] *Adj* vain

Eitelkeit <-, -en> ['aitl̩kait] *f* vanity

Eiter <-s> ['aitɐ] *m kein Pl* pus

eitern ['aitɐn] *intr V* to fester

Eiweiß ['aivais] *nt* ❶ protein ❷ KOCHK [egg] white

eiweißreich *Adj* rich in protein *pred*

Eizelle *f* ovum

Ekel[1] <-s> ['eːkl̩] *m kein Pl* disgust; **~ erregend** revolting; **vor ~** in disgust

Ekel[2] <-s, -> ['eːkl̩] *nt* (*fam*) revolting person

ekelhaft *Adj, Adv,* **ekelig** ['eːk(ə)lɪç] *Adj, Adv* disgusting

ekeln ['eːkl̩n] **I.** *tr V unpers* **jdn ~** to disgust sb **II.** *refl V* **sich** [**vor jdm/etw**] **~** to find sth/sb disgusting

eklig ['eːklɪç] *Adj, Adv s.* **ekelhaft**

Ekstase <-, -n> [ɛk'staːzə] *f* ecstasy

Ekuador <-s> [ekua̯'doːɐ̯] *nt kein Pl s.* **Ecuador**

Ekuadorianer(in) <-s, -> [ekua̯do'ri̯aːnɐ] *m(f) s.* **Ecuadorianer**

Ekzem <-s, -e> [ɛk'tseːm] *nt* MED eczema

elastisch [e'lastɪʃ] *Adj* (*flexibel*) flexible; (*federnd*) springy; *Stoff* stretchy

Elch <-[e]s, -e> ['ɛlç] *m* elk

Elefant <-en, -en> [ele'fant] *m* elephant

elegant [ele'gant] **I.** *Adj* elegant **II.** *Adv* ❶ MODE elegantly ❷ (*geschickt*) nimbly

Elektriker(in) <-s, -> [e'lɛktrikɐ] *m(f)* electrician

elektrisch [e'lɛktrɪʃ] *Adj* electric; **~e Geräte** electrical appliances

elektrisieren* [elɛktri'ziːrən] *tr V* to electrify; **wie elektrisiert** [as if I/she/he had been] electrified

Elektrizität <-> [elɛktritsi'tɛːt] *f kein Pl* electricity

Elektrizitätswerk *nt* [electric] power station

Elektroauto [e'lɛktro-] *nt* electric car **Elektrofahrrad** *nt* electric bicycle **Elektroherd** [e'lɛktro-] *m* electric cooker **Elektromotor** [e'lɛktro-] *m* electric motor

Elektron <-s, -tronen> ['eːlɛktrɔn, e'lɛktrɔn, elɛk'troːn] *nt* electron

Elektronenmikroskop *nt* electron microscope

Elektronik <-> [elɛk'troːnɪk] *f kein Pl* electronics + *sing verb*

elektronisch [elɛk'troːnɪʃ] *Adj* electronic

Elektrorasierer [e'lɛktro-] *m* electric razor **Elektrosmog** *m* ÖKOL electromagnetic pollution **Elektrotechnik** [elɛktro'tɛçnɪk] *f* electrical engineering **Elektrozaun** [e'lɛktrotsaun] *m* AGR electric fence

Element <-[e]s, -e> [ele'mɛnt] *nt* element

elementar [elemɛn'taːɐ̯] *Adj* ❶ (*wesentlich*) elementary ❷ (*urwüchsig*) elemental

elend ['eːlɛnt] *Adj* ❶ (*beklagenswert, gemein*) miserable ❷ (*krank*) wretched; ~ **aussehen** to look awful ❸ (*erbärmlich*) dreadful

Elend <-[e]s> ['eːlɛnt] *nt kein Pl* misery

Elendsviertel *nt* slums *pl*

elf ['ɛlf] *Adj* eleven; *s. a.* **acht** [1]

Elf[1] <-, -en> ['ɛlf] *f a.* FBALL eleven

Elf[2] <-en, -en> ['ɛlf] *m,* **Elfe** <-, -n> ['elfə] *f* elf

Elfenbein ['ɛlfn̩bain] *nt* ivory **Elfenbeinküste** ['ɛlfn̩bainkʏstə] *f* Ivory Coast **Elfenbeinturm** *m* (*geh*) ivory tower *fig*

Elfmeter [ɛlf'meːtɐ] *m* penalty; **einen ~ schießen** to take a penalty

elfte(r, s) ['ɛlftə] *Adj* ❶ (*Zahl*) eleventh; *s. a.* **achte(r, s) 1** ❷ (*bei Datumsangabe*) eleventh, 11th; *s. a.* **achte(r, s) 2**

elitär [eli'tɛːɐ̯] *Adj* elitist

Elite <-, -n> [e'liːtə] *f* elite

Elixier <-s, -e> [elɪ'ksiːɐ̯] *nt* elixir

Ellbogen <-s, -> ['ɛlboːgn̩] *m* elbow

Ellipse <-, -n> [ɛ'lɪpsə] *f* ellipse

El Salvador <-s> [ɛl zalva'doːɐ̯] *nt* El Salvador

Elsass[RR] <- *o* -es> *nt,* **Elsaß**[ALT] <- *o* -sses> ['ɛlzas] *nt* **das** ~ Alsace

Elsässer(in) <-s, -> ['ɛlzɛsɐ] *m(f)* inhabitant of Alsace

elsässisch ['ɛlzɛsɪʃ] *Adj* Alsatian

Elster <-, -n> ['ɛlstɐ] *f* ORN magpie

Eltern ['ɛltɐn] *Pl* parents *pl*

Elternabend *m* SCHULE parents' evening BRIT, parent-teacher conference AM

> Employed mothers in Germany who do not return to work after the statutory eight weeks of *Mutterschutz* (statutory maternal leave), receive **Elterngeld** (statutory maternal pay) for up to eleven months. This is extended to twelve months if the father takes an additional month off work to care for the child. Many parents now take turns in taking parental leave. Employees in Germany generally have the right to a total of three years parental leave per child.

E-Mail <-, -s> ['iːmeːl] *f* COMPUT e-mail, email

Emanzipation <-, -en> [emantsipa'tsi̯oːn] *f* emancipation

emanzipieren* [emantsi'piːrən] *refl V* **sich** ~ to emancipate oneself

Embargo <-s, -s> [ɛm'bargo] *nt* embargo

Embryo <-s, -s *o* -nen> ['ɛmbryo, *Pl:* ɛmbry'oːnən] *m* embryo

Embryonalentwicklung *f kein Pl* BIOL, ZOOL embryonic development

Embryonenschutz [ɛmbry'oːnən-] *m* embryo protection

Emigrant(in) <-en, -en> [emi'grant] *m(f)* emigrant

emigrieren* [emi'griːrən] *intr V sein* to emigrate

Emission <-, -en> [emɪ'si̯oːn] *f* emission

Emoticon <-s, -s> [e'moːtikon] *nt* INET emoticon

Emotion <-, -en> [emo'tsi̯oːn] *f* emotion

emotional I. *Adj* emotional **II.** *Adv* emotionally

empfahl [ɛm'pfaːl] *Imp von* **empfehlen**

empfand [ɛm'pfant] *Imp von* **empfinden**

Empfang <-[e]s, Empfänge> [ɛm'pfaŋ, *Pl:* ɛm'pfɛŋə] *m* ❶ reception ❷ *von Waren* receipt; **etw in ~ nehmen** to take receipt of sth

empfangen <empfing, empfangen> [ɛm'pfaŋən] *tr V* to receive

Empfänger(in) <-s, -> [ɛm'pfɛŋɐ] *m(f)* ❶ (*Adressat*) addressee; ~ **unbekannt** not known at this address ❷ FIN payee

Empfänger <-s, -> [ɛm'pfɛŋɐ] *m* RADIO, TV (*geh*) receiver

empfänglich [ɛm'pfɛŋlɪç] *Adj* **für etw ~ sein** ❶ (*zugänglich*) to be receptive to sth ❷ (*anfällig*) to be susceptible to sth

Empfängnis <-> [ɛm'pfɛŋnɪs] *f Pl selten* conception

Empfängnisverhütung *f* contraception

Empfangsbescheinigung *f,* **Emp-**

fangsbestätigung *f* HANDEL [confirmation of] receipt **Empfangsdame** *f* receptionist

empfehlen <empfahl, empfohlen> [ɛm'pfe:lən] *tr V* [**jdm**] **etw** ~ to recommend sth to sb; **dieses Hotel ist zu ~** this hotel is [to be] recommended

empfehlenswert *Adj* recommendable

Empfehlung <-, -en> *f* recommendation; **auf ~ von jdm** on the recommendation of sb

empfinden <empfand, empfunden> [ɛm'pfɪndn̩] *tr V* ❶ (*fühlen*) to feel ❷ (*auffassen*) **ich empfinde das als Beleidigung** I find that insulting; **wie empfindest du das?** how do you feel about it?

empfindlich [ɛm'pfɪntlɪç] *Adj* ❶ (*auf Reize leicht reagierend*) sensitive (**gegen** to) ❷ (*leicht verletzbar*) sensitive; (*reizbar*) touchy, oversensitive ❸ (*anfällig*) *Gesundheit* delicate

empfindsam [ɛm'pfɪntza:m] *Adj* ❶ sensitive ❷ (*sentimental*) sentimental

empfing [ɛm'pfɪŋ] *Imp von* **empfangen**

empfunden [ɛm'pfʊndn̩] *PP von* **empfinden**

empor [ɛm'po:ɐ̯] *Adv* (*geh*) upwards

empor|arbeiten *refl V* (*geh*) **sich ~** to work one's way up

Empore <-, -n> [ɛm'po:rə] *f* gallery

empören* [ɛm'pø:rən] **I.** *tr V* **jdn ~** to fill sb with indignation **II.** *refl V* **sich ~** to be outraged; **sie empörte sich über sein Benehmen** his behaviour outraged her

empörend *Adj* outrageous

Emporkömmling <-s, -e> [-kœmlɪŋ] *m* (*pej*) upstart

empört **I.** *Adj* scandalized (**über** by) **II.** *Adv* indignantly

emsig ['ɛmzɪç] **I.** *Adj* busy **II.** *Adv* industriously

Endabnehmer *m* end customer **Endbahnhof** *m* terminus **Endbenutzer(in)** *m(f)* end user

Ende <-s, -n> ['ɛndə] *nt* ❶ end; **~ August/des Monats/2011** the end of August/the month/2011; **sie ist ~ 1988 geboren** she was born at the end of 1988; **~ 20 sein** to be in one's late 20s; **ein böses ~ nehmen** to come to a bad end; **dem ~ zugehen** to draw to a close; **einer S.** *Dat* **ein ~ machen** to put an end to sth; **ein ~ nehmen** (*fam*) to come to an end; **das nimmt gar kein ~** there's no end to it; **am ~** (*fam*) finally; **am ~ sein** (*fam*) to be at the end of one's tether; **mit etw am ~ sein** to run out of sth; **etw zu ~ bringen** to complete sth; **etw zu ~ lesen** to finish reading sth; **zu ~ sein** to be finished; **etw geht zu ~** sth is nearly finished; **alles geht mal zu ~** nothing lasts forever ❷ FILM, LIT ending ▶ **am ~ der Welt** (*fam*) at the back of beyond; **das dicke ~** (*fam*) the worst; **~ gut, alles gut** (*prov*) all's well that ends well; **letzten ~s** when all is said and done

Endeffekt ['ɛntʔɛfɛkt] *m* **im ~** in the end

enden ['ɛndn̩] *intr V* ❶ to end; **das wird böse ~!** that will end in tears!; **jd wird schlimm ~** sb will come to a bad end ❷ (*auslaufen*) to expire

Endergebnis *nt* final result

endgültig **I.** *Adj* final **II.** *Adv* finally; **~ entscheiden** to decide once and for all

Endhaltestelle *f* final stop

Endivie <-, -n> [ɛn'di:vi̯ə] *f* endive

Endlager *nt* permanent disposal site

endlich ['ɛntlɪç] **I.** *Adv* at last, finally; **na ~!** (*fam*) at [long] last! **II.** *Adj* finite

endlos **I.** *Adj* endless **II.** *Adv* interminably

Endlospapier *nt* continuous paper

Endoskopie <-, -n> [ɛndosko'pi:, *Pl:* ɛndosko'pi:ən] *f* MED endoscopy

Endspurt *m* final spurt **Endstation** *f* terminus

Endung <-, -en> *f* ending

Endverbraucher(in) *m(f)* end-user

Endziel *nt* ❶ (*einer Reise*) destination ❷ (*Zweck*) ultimate goal

Energie <-, -n> [enɛr'gi:, *Pl:* -'gi:ən] *f* ❶ (*Kraft, Spannkraft*) energy; **viel ~ haben** to be full of energy; **wenig ~ haben** to lack energy ❷ (*ökol*) energy; **~ sparend** energy-saving; **grüne ~** Green [*or* renewable] energy

Energiebedarf *m* energy requirement[s] **Energiegewinnung** *f kein Pl* generation of energy **energiesparend** *Adj* ÖKOL energy-saving **Energiesparlampe** *f* low-energy bulb, energy-saving bulb **Energieverbrauch** *m* energy consumption **Energieversorgung** *f* energy supply **Energiewende** *f* energy transition

energisch [e'nɛrgɪʃ] **I.** *Adj* energetic **II.** *Adv* vigorously

eng ['ɛŋ] **I.** *Adj* ① (*schmal*) narrow ② *Kleidung* tight ③ *Raum* cramped ④ (*wenig Zwischenraum habend*) close together *pred* ⑤ (*intim*) close **II.** *Adv* ① **ein ~ anliegendes Kleid** a close-fitting dress; **eine ~ anliegende Hose** very tight trousers ② (*dicht*) densely; **~ nebeneinanderstehen** to stand close to each other ③ (*intim*) closely; **~ befreundet sein** to be close friends ④ (*akribisch*) **etwas zu ~ sehen** to take too narrow a view of sth; **du siehst das zu ~** there's more to it than that

Engagement <-s, -s> [ãgaʒə'mãː] *nt* ① commitment (**für** to) ② THEAT engagement

engagieren* [ãga'ʒiːrən] **I.** *tr V* **jdn ~** to engage sb; **wir engagierten ihn als Leibwächter** we took him on as a bodyguard **II.** *refl V* **sich ~** to be committed; **sich dafür ~, dass ...** to support an idea that ...

engagiert [ãga'ʒiːɐt] *Adj* (*geh*) **politisch/sozial ~** politically/socially committed

Enge <-> ['ɛŋə] *f kein Pl* ① (*schmale Beschaffenheit*) narrowness ② (*Beschränktheit*) confinement

Engel <-s, -> ['ɛŋl̩] *m* angel

England <-s> ['ɛŋlant] *nt* ① (*Teil Großbritanniens*) England ② (*Großbritannien*) Great Britain

Engländer(in) <-s, -> ['ɛŋlɛndɐ] *m(f)* Englishman *masc,* Englishwoman *fem;* **die ~** the English

englisch ['ɛŋlɪʃ] *Adj* English; *s. a.* **deutsch**

Englisch ['ɛŋlɪʃ] *nt dekl wie Adj* English; *s. a.* **Deutsch**

Engpass[RR] <-es, Engpässe> *m,* **Engpaß**[ALT] <-sses, Engpässe> *m* bottleneck

engstirnig ['ɛŋʃtɪrnɪç] **I.** *Adj* narrow-minded **II.** *Adv* **~ denken/handeln** to think/act in a narrow-minded way

Enkel(in) <-s, -> ['ɛŋkl̩] *m(f)* grandchild, grandson *masc,* granddaughter *fem*

enorm [e'nɔrm] *Adj* enormous

Ensemble <-s, -s> [ã'sãbl] *nt* ensemble

entbehren* [ɛnt'beːrən] *tr V* ① **jdn/etw ~ können** to be able to do without sb/sth ② (*geh*) **jdn/etw ~** to miss sb/sth

entbehrlich *Adj* dispensable

Entbindung *f* delivery, birth

Entbindungsklinik *f* maternity clinic

entblößen* [ɛnt'bløːsn̩] *tr V* (*geh*) **etw ~** to expose sth; **sich ~** to take one's clothes off

entblößt *Adj* (*geh*) bare, exposed

entdecken* *tr V* to discover

Entdecker(in) <-s, -> [ɛnt'dɛkɐ] *m(f)* discoverer

Entdeckung *f* discovery

Entdeckungsreise *f* voyage of discovery

Ente <-, -n> ['ɛntə] *f* duck ▸ **lahme ~** (*fam*) slowcoach

enteignen* *tr V* JUR **jdn ~** to dispossess sb

enterben* *tr V* **jdn ~** to disinherit sb

entern ['ɛntɐn] *tr, intr V* to board [with violence]

Entertaste ['ɛntɐ-] *f* COMPUT enter key

entfachen* [ɛnt'façn̩] *tr V* ① to kindle ② (*entfesseln*) to provoke

entfalten* **I.** *tr V* ① to unfold ② (*entwickeln*) **etw ~** to develop sth (**zu** into) **II.** *refl V* ① (*sich öffnen*) **sich ~** *Blüte, Fallschirm* to open [into sth] ② (*sich voll entwickeln*) **sich ~** to develop to the full

Entfaltung <-, -en> *f* development; **zur ~ kommen** to develop

entfernen* [ɛnt'fɛrnən] **I.** *tr V* ① to remove ② MED **jdm den Blinddarm ~** to take out sb's appendix **II.** *refl V* ① **sich ~** to go away; **sich vom Weg ~** to go off the path ② (*nicht bei etw bleiben*) **sich von etw ~** to depart from sth

entfernt *Adj* ① (*fern; weitläufig*) distant ② (*abgelegen*) remote; **fünf Kilometer von hier ~** five kilometres [away] from here; **zu weit ~** too far [away]

Entfernung <-, -en> *f* distance

Entfernungsmesser <-s, -> *m* rangefinder

entflammbar *Adj* ① (*leicht zu entflammen*) inflammable ② (*fig fam*) easily roused

entfremden* [ɛnt'frɛmdn̩] **I.** *tr V* to estrange; **etw seinem Zweck ~** to use sth for the wrong purpose **II.** *refl V* **sich jdm ~** to become estranged from sb

E

Entfroster <-s, -> *m* defroster
entführen* *tr V Menschen* to abduct; *Fahrzeug, Flugzeug* to hijack
Entführer(in) *m(f)* kidnapper; *eines Flugzeugs, Fahrzeugs* hijacker
Entführung *f* kidnapping; *eines Flugzeugs, Fahrzeugs* hijacking
entgegen [ɛnt'ge:gn̩] **I.** *Adv* (*in Richtung auf*) towards **II.** *Präp +Dat* against; ~ **meiner Bitte** contrary to my request
entgegen|gehen *intr V unreg sein* **jdm** ~ to go to meet sb; **dem Ende/seiner Vollendung** ~ to near an end/completion **entgegengesetzt** [ɛnt'ge:gn̩gəzɛtst] **I.** *Adj* ① (*räumlich*) opposite ② (*gegensätzlich*) opposing **II.** *Adv* ~ **denken/handeln** to think/do the exact opposite **entgegen|halten** *tr V unreg* ① **jdm etw** ~ to hold out sth towards sb ② (*einwenden*) to object **entgegen|kommen** [ɛnt'ge:gn̩kɔmən] *intr V unreg sein* ① **jdm** ~ to come to meet sb ② (*Zugeständnisse machen*) **jdm/einer S.** ~ to accommodate sb/sth ③ (*entsprechen*) **jdm/einer S.** ~ to fit in with sb/sth **Entgegenkommen** <-s, -> [ɛnt'ge:gn̩kɔmən] *nt* (*Zugeständnis*) concession **entgegenkommend** *Adj* obliging **entgegen|treten** *intr V unreg sein* ① (*in den Weg treten*) **jdm** ~ to walk up to sb ② (*sich wehren*) **einer S.** *Dat* ~ to counter sth
entgegnen* [ɛnt'ge:gnən] *tr V* to reply
entgehen* *intr V unreg sein* ① (*entkommen*) **jdm/einer S.** ~ to escape sb/sth ② (*nicht bemerkt werden*) **etw entgeht jdm** sth escapes sb['s notice]
Entgelt <-[e]s, -e> [ɛnt'gɛlt] *nt* payment
entgiften* [ɛnt'gɪftn̩] *tr V* ① ÖKOL to decontaminate ② MED to detoxify
entgleisen* [ɛnt'glaizn̩] *intr V sein* ① *Zug* to be derailed ② (*ausfallend werden*) to make a gaffe
entgleiten* *intr V unreg sein* ① (*geh: aus den Händen*) **etw entgleitet jdm** sb loses his/her grip on sth ② (*verloren gehen*) **jdm** ~ to slip away from sb
Enthaarungsmittel *nt* hair remover, depilator
enthalten* *unreg* **I.** *tr V* to contain **II.** *refl V* to refrain; **sich des Alkohols/Rauchens** ~ to abstain from alcohol/smoking
enthaltsam [ɛnt'haltza:m] *Adj* abstinent; (*keusch*) chaste
entheben* *tr V unreg* **jdn seines Amtes** ~ to relieve sb of his post
Enthüllung <-, -en> *f* (*Aufdeckung*) disclosure; *eines Skandals* exposure
enthusiastisch **I.** *Adj* enthusiastic **II.** *Adv* enthusiastically
entkalken* *tr V* to decalcify
entkoffeiniert [ɛntkɔfei'ni:ɐ̯t] *Adj* decaffeinated
entkommen* *intr V unreg sein* to escape
Entkommen <-> *nt kein Pl* escape
entkräften* [ɛnt'krɛftn̩] *tr V* ① to weaken ② (*widerlegen*) **etw** ~ to refute sth
Entkriminalisierung [ɛntkriminali'zi:rʊŋ] *f* JUR decriminalization
entladen* *unreg* **I.** *tr V* ① *LKW* to unload ② ELEK to drain **II.** *refl V* **sich** ~ ① *Gewitter* to break ② *Akku* to run down
entlang [ɛnt'laŋ] **I.** *Präp* along; **den Fluss** ~ along the river **II.** *Adv* **hier** ~ this/that way
entlarven* [ɛnt'larfn̩] *tr V* to expose; **jdn als Betrüger** ~ to expose sb as a swindler
entlassen* *tr V unreg* ① (*kündigen*) to dismiss ② (*aus dem Krankenhaus, Militär, Gefängnis*) to discharge
Entlassungszeugnis *nt* SCHULE *last report before leaving school*
entlasten* *tr V* **jdn** ~ ① JUR to clear sb ② (*von einer Belastung befreien*) to relieve sb
Entlastung <-, -en> *f* ① JUR exoneration; **zu jds** ~ in sb's defence ② (*Erleichterung*) relief
entlaufen*[1] *intr V unreg sein* **jdm** ~ to run away from sb
entlaufen[2] *Adj* escaped
entledigen* [ɛnt'le:dɪgn̩] *refl V* **sich einer S.** *Gen* ~ to get rid of sth
entlegen [ɛnt'le:gn̩] *Adj* remote
entleihen* *tr V unreg* to borrow
entlüften* *tr V* ① (*verbrauchte Luft herauslassen*) to ventilate ② (*Luftblasen entfernen*) to bleed
entmachten* [ɛnt'maxtn̩] *tr V* to disempower
entmutigen* [ɛnt'mu:tɪgn̩] *tr V* to discourage; **sich** ~ **lassen** to be discouraged
entnehmen* *tr V unreg* ① (*herausneh-

men) to take ② FIN (*abheben*) to withdraw ③ (*fig: schließen*) **aus etw ~, dass ...** to gather from sth that ...

entpuppen* [ɛnt'pʊpn̩] *refl V* (*fig: sich enthüllen*) **sich [als etw** *Akk*] ~ to turn out to be sth

entrahmt *Adj* (*Milch*) skimmed

entreißen* *tr V unreg* **jdm etw** ~ to snatch sth [away] from sb

entrümpeln* [ɛnt'rʏmpl̩n] *tr V* to clear out *sep*

entrüsten* *refl V* **sich über jdn/etw** ~ to be indignant about sb/sth

entrüstet I. *Adj* indignant (**über** about/at) **II.** *Adv* indignantly

Entsafter <-s, -> *m* juicer, BRIT *a.* juice extractor

Entschädigung *f* compensation

entschärfen* *tr V* (*a. fig*) to defuse

entscheiden* *unreg* **I.** *tr, intr V* ① to decide (**über** on); (*gerichtlich*) to rule; **hier entscheide ich!** I make the decisions here!; **für/gegen jdn/etw** ~ to decide in favour/against sb/sth ② (*endgültig klären*) to settle **II.** *refl V* **sich** ~ to decide

entscheidend [ɛnt'ʃaidn̩t] **I.** *Adj* decisive **II.** *Adv* decisively

Entscheidung *f* decision; **die ~ liegt bei jdm** it is for sb to decide; **vor einer ~ stehen** to be confronted with a decision; **jdn vor eine ~ stellen** to leave a decision to sb; **eine ~ treffen** to make a decision

Entscheidungsspiel *nt* decider BRIT, deciding match

entschieden [ɛnt'ʃiːdn̩] **I.** *PP von* **entscheiden II.** *Adj* (*entschlossen*) resolute

entschlacken* [ɛnt'ʃlakn̩] MED **I.** *tr V* to purify **II.** *intr V* to have a purifying effect

entschlafen* *intr V unreg sein* (*euph geh: sterben*) to pass away *euph*

entschließen* *refl V unreg* (*sich entscheiden*) **sich [für etw]** ~ to decide [on sth]; **sich zu nichts ~ können** to be unable to make up one's mind

entschlossen [ənt'ʃlɔsn̩] **I.** *PP von* **entschließen II.** *Adj* determined; **fest ~** absolutely determined; **etw kurz ~ tun** to do sth on the spur of the moment; **zu allem ~** determined to do anything

Entschluss[RR] *m*, **Entschluß**[ALT] [ɛnt'ʃlʊs] *m* decision; **einen ~ fassen** to make a decision; **zu einem ~ kommen** to reach a decision; **zu keinem ~ kommen** to be unable to come to a decision

entschlüsseln* [ɛnt'ʃlʏsl̩n] *tr V* to decode

entschuldbar [ɛnt'ʃʊltbaːɐ̯] *Adj* excusable

entschuldigen* [ɛnt'ʃʊldɪgn̩] **I.** *intr V* ~ **Sie** excuse me **II.** *refl V* **sich** ~ to apologize **III.** *tr V* **etw** ~ to excuse sth

Entschuldigung <-, -en> *f* ① apology; **[jdn] um ~ bitten** to apologize [to sb] ② (*Rechtfertigung*) **als ~ für etw** as an excuse for sth ③ (*Höflichkeitsformel*) **~!** sorry!

Entschuldigungsbrief *m* letter of apology

Entschwefelungsanlage *f* desulphurization plant

entsenden* *tr V* **jdn** ~ to send sb

entsetzen* **I.** *tr V* to horrify **II.** *refl V* **sich** ~ to be horrified (**über** at)

Entsetzen <-s> *nt kein Pl* horror; **voller ~** filled with horror; **mit ~** horrified

entsetzlich [ɛnt'zɛtslɪç] **I.** *Adj* dreadful **II.** *Adv* terribly; ~ **aussehen** to look awful

entsetzt *Adj* horrified (**über** by)

entsinnen* *refl V unreg* (*geh*) to remember; **wenn ich mich recht entsinne** if I remember correctly

Entsorgung <-, -en> *f* waste disposal

entspannen* **I.** *refl V* **sich** ~ ① to relax ② (*sich beruhigen*) to ease **II.** *tr V* ① to relax ② POL to ease

Entspannung *f kein Pl* ① relaxation ② POL easing of tension

Entspannungspolitik *f* policy of détente

entsprechen* *intr V unreg* **einer S.** *Dat* ~ to correspond to sth

entsprechend [ɛnt'ʃprɛçn̩t] **I.** *Adj* appropriate **II.** *Präp* in accordance with

entstehen* *intr V unreg sein* ① to come into being ② (*verursacht werden*) to arise ③ CHEM to be produced

Entstehung <-, -en> *f* creation; *des Lebens* origin

entstellen* *tr V* ① (*verunstalten*) to disfigure ② (*verzerren*) to distort

enttäuschen* *tr V* **jdn** ~ to disappoint sb; **jds Hoffnungen** ~ to dash sb's hopes; **jds Vertrauen** ~ to betray sb's trust

E

enttäuscht **I.** *Adj* disappointed (**von** in/with) **II.** *Adv* disappointedly
Enttäuschung *f* disappointment; **jdm eine ~ bereiten** to disappoint sb
entwaffnend **I.** *Adj* disarming **II.** *Adv* disarmingly
Entwarnung *f* all-clear
entwässern* *tr V* ① to drain ② MED to dehydrate
entweder [ɛnt'veːdɐ] *Konj* **~ ... oder ...** either...or; **~ oder!** yes or no!
entwerfen* *tr V unreg* ① (*skizzieren*) to sketch ② (*designen*) to design ③ *Text* to draft
Entwerter <-s, -> *m* ticket-cancelling machine
entwickeln* **I.** *tr V a.* FOTO to develop **II.** *refl V* **sich ~** ① to develop ② CHEM to be produced
Entwickler <-s, -> *m* FOTO developer
Entwicklung <-, -en> *f* ① *a.* FOTO development; [**noch**] **in der ~ sein** to be [still] in the development stage ② (*das Vorankommen*) progression ③ (*Trend*) trend
Entwicklungshelfer(in) *m(f)* development aid worker **Entwicklungshilfe** *f* development aid **Entwicklungsland** *nt* developing country
entwischen* *intr V sein* to escape
entwöhnen* [ɛnt'vøːnən] *tr V Säugling* to wean
Entwurf *m* ① (*Skizze*) sketch ② (*Design*) design ③ (*Grobfassung*) *eines Textes* draft
entziehen* *unreg* **I.** *tr V* **jdm etw ~** to confiscate sth from sb; **jdm den Führerschein ~** to revoke sb's driving licence [*or* AM driver's license] **II.** *refl V* to evade; **sie wollte ihn streicheln, doch er entzog sich ihr** she wanted to caress him, but he resisted her
Entziehungskur *f* cure for an addiction
entziffern* [ɛnt'tsɪfɐn] *tr V* to decipher
entzücken* *tr V* to delight
Entzücken <-s> *nt kein Pl* delight
entzückend [ɛnt'tsʏkn̩t] *Adj* delightful
Entzug *m kein Pl* MED withdrawal
Entzugserscheinung *f* withdrawal symptom *usu pl*
entzündbar *Adj* inflammable; **leicht ~** highly inflammable
entzünden* **I.** *tr V* (*geh*) to light **II.** *refl V* **sich ~** ① MED to become inflamed ② (*in Brand geraten*) to catch fire
entzündet *Adj* MED inflamed; (*Augen a.*) sore
Entzündung *f* MED inflammation
entzwei [ɛnt'tsvai] *Adj präd* broken
entzweien* [ɛnt'tsvaiən] **I.** *tr V* to cause people to fall out **II.** *refl V* **sich mit jdm ~** to fall out with sb
entzwei|gehen *intr V unreg sein* to break [in two]
Enzian <-s, -e> ['ɛntsi̯aːn] *m* gentian
Enzyklopädie <-, -n> [ɛntsyklopɛ'diː, *Pl:* -'diːən] *f* encyclopaedia
Enzym <-s, -e> [ɛn'tsyːm] *nt* enzyme
Epidemie <-, -n> [epide'miː, *Pl:* -'miːən] *f* epidemic
Epilepsie <-, -n> [epilɛ'psiː, *Pl:* -'psiːən] *f* epilepsy
Epileptiker(in) <-s, -> [epi'lɛptikɐ] *m(f)* epileptic
Epoche <-, -n> [e'pɔxə] *f* epoch
Epos <-, Epen> ['eːpɔs, *Pl:* 'eːpən] *nt* epic
er ['eːɐ̯] *Personalpron* he; **sie ist ein Jahr jünger als ~** she is a year younger than him; **nicht möglich, ~ ist es wirklich!** unbelievable, it really is him!; **wenn ich ~ wäre, ...** if I were him ...
erachten* [ɛɐ̯'ʔaxtn̩] *tr V* (*geh*) **es als etw ~** to consider it to be sth
Erachten <-s> [ɛɐ̯'ʔaxtn̩] *nt kein Pl* **meines ~s** in my opinion
Erbanlage *f* hereditary factor
erbarmen* [ɛɐ̯'barmən] *refl V* to take pity on
Erbarmen <-s> [ɛɐ̯'barmən] *nt kein Pl* pity; **~ mit jdm/etw** [**haben**] to [have] pity for sb; **ohne ~** merciless
erbärmlich [ɛɐ̯'bɛrmlɪç] **I.** *Adj* (*pej*) ① (*fam: gemein*) miserable ② (*jämmerlich*) wretched **II.** *Adv* (*fam: furchtbar*) terribly
erbarmungslos [ɛɐ̯'barmʊŋsloːs] **I.** *Adj* merciless **II.** *Adv* mercilessly
erbauen* *tr V* ① to build ② (*seelisch*) to uplift
Erbauer(in) <-s, -> *m(f)* architect
Erbe <-s> ['ɛrbə] *nt kein Pl* ① inheritance *no pl* ② (*fig: Hinterlassenschaft*) legacy ③ (*Person*) heir
Erbe, Erbin <-n, -n> ['ɛrbə, 'ɛrbɪn, *Pl:* 'ɛrbn̩] *m, f* JUR heir/heiress
erben ['ɛrbn̩] *tr V* **etw ~** to inherit sth

erbeuten* [ɛɐ̯ˈbɔytn̩] *tr V* **etw ~** ① *Kriegsbeute* to capture sth ② (*als Beute fangen*) to carry off sth *sep*
Erbfaktor *m* hereditary factor **Erbfolge** *f* succession **Erbgut** *nt kein Pl* genetic make-up **erbgutschädigend** *Adj* genetically harmful
erbittert I. *Adj* bitter **II.** *Adv* bitterly
Erbkrankheit *f* hereditary disease
erblassen* [ɛɐ̯ˈblasn̩] *intr V sein* to go pale; **jdn ~ lassen** to make sb go pale
erblich [ˈɛrplɪç] *Adj* hereditary
erblinden* [ɛɐ̯ˈblɪndn̩] *intr V sein* to go blind
Erbmasse *f* genetic make-up
erbrechen *unreg* **I.** *tr V* **etw ~** to bring up sth *sep* **II.** *intr V* to throw up *sl* **III.** *refl V* **sich ~** to be sick
erbringen* *tr V unreg* ① (*aufbringen*) to raise; **eine hohe Leistung ~** to perform well ② (*liefern*) to produce
Erbschaft <-, -en> [ˈɛrpʃaft] *f* inheritance; **eine ~ machen** to come into an inheritance
Erbschaft[s]steuer *f* estate duty, death tax AM
Erbse <-, -n> [ˈɛrpsə] *f* pea
Erbstück *nt* heirloom
Erdachse [ˈeːɐ̯daksə] *f* earth's axis **Erdanziehung** *f kein Pl* gravitational pull of the earth **Erdapfel** *m* ÖSTERR potato **Erdarbeiten** *Pl* excavation work **Erdatmosphäre** *f* earth's atmosphere **Erdbeben** *nt* earthquake **Erdbeere** [ˈeːɐ̯tbeːrə] *f* strawberry **Erdboden** *m* ground; **etw dem ~ gleichmachen** to raze sth to the ground
Erde <-> [ˈeːɐ̯də] *f kein Pl* ① earth; **fruchtbare ~** fertile soil ② (*Boden*) ground; **auf der ~** on the ground
erdenklich *Adj attr* conceivable; **alles Erdenkliche tun** to do everything conceivable
Erdgas *nt* natural gas **Erdgeschoss**^RR *nt* ground [*or* AM first] floor; **im ~** on the ground floor **Erdkruste** *f* earth's crust **Erdkugel** *f* globe **Erdkunde** *f* geography **Erdnuss**^RR *f* peanut **Erdoberfläche** *f* surface of the earth **Erdöl** *nt* oil **Erdreich** *nt* earth
erdreisten* [ɛɐ̯ˈdraistn̩] *refl V* **sich ~, etw zu tun** to have the audacity to do sth
erdrosseln* *tr V* **jdn ~** to strangle sb
erdrücken* *tr V* ① (*zu Tode drücken*) to crush ② (*belasten*) **jdn ~** to overwhelm sb
Erdrutsch *m* landslide **Erdrutschsieg** *m* landslide victory **Erdscholle** *f* clod [of earth] **Erdstoß** *m* seismic shock **Erdstrahlen** *Pl* lines *pl* of energy **Erdteil** *m* continent
erdulden* *tr V* to endure
Erdumdrehung *f* rotation of the earth **Erdumlaufbahn** *f* [earth] orbit
Erdung <-, -en> *f* ELEK ① (*das Erden*) earthing ② (*Erde*) earth
Erdwärme *f* geothermal heat **Erdzeitalter** *nt* geological era
ereifern* *refl V* **sich ~** to get worked up (**über** about)
ereignen* [ɛɐ̯ˈʔaignən] *refl V* **sich ~** to occur
Ereignis <-ses, -se> [ɛɐ̯ˈʔaignɪs, *Pl:* -nɪsə] *nt* event; **bedeutendes/historisches ~** important/historical incident
ereignisreich *Adj* eventful
erfahren[1] [ɛɐ̯ˈfaːrən] *unreg tr V* ① *Nachricht, Neuigkeit* to hear (**über/von** about) ② (*erleben*) to experience
erfahren[2] [ɛɐ̯ˈfaːrən] *Adj* experienced
Erfahrung <-, -en> *f* experience (**mit** of); **die ~ machen, dass ...** to find that ...; **etw in ~ bringen** to find out sth *sep;* **nach meiner ~** in my experience; **jahrelange ~** years of experience
erfahrungsgemäß *Adv* **~ ist ...** experience shows ...
erfassen* *tr V* ① (*mitreißen*) to catch ② (*begreifen*) to understand; **genau, du hast's erfasst!** exactly, you've got it! ③ (*registrieren*) to record ④ *Daten* to enter
erfinden* *tr V unreg* to invent
Erfinder(in) [ɛɐ̯ˈfɪndɐ] *m(f)* inventor
erfinderisch [ɛɐ̯ˈfɪndərɪʃ] *Adj* inventive
Erfindung <-, -en> *f* invention; **eine ~ machen** to invent sth
Erfolg <-[e]s, -e> [ɛɐ̯ˈfɔlk, *Pl:* -fɔlgə] *m* success; **~ versprechend** promising; **wenig ~ versprechen** to promise little; **etw ist ein voller ~** sth is a complete success; **~ haben** to be successful; **viel ~!** good luck!
erfolgen* *intr V sein* (*geh*) to occur
erfolglos [ɛɐ̯ˈfɔlkloːs] *Adj* ① unsuccessful ② (*vergeblich*) futile
erfolgreich *Adj* successful

Erfolgsbilanz *f* success record **Erfolgsdruck** *m kein Pl* performance pressure **Erfolgserlebnis** *nt* sense of achievement **Erfolgsrezept** *nt* (*fam*) recipe for success

erforderlich [ɛɐ̯ˈfɔrdɐlɪç] *Adj* necessary

erfordern* *tr V* to require

erforschen* *tr V* ① *Land* to explore ② (*prüfen*) to investigate

erfreuen* **I.** *tr V* to please **II.** *refl V* **sich an etw** *Dat* ~ to take pleasure in sth

erfreulich [ɛɐ̯ˈfrɔylɪç] *Adj* pleasant; *Nachricht* welcome

erfreulicherweise *Adv* happily

erfreut **I.** *Adj* pleased, delighted (**über** about); **sehr ~!** (*geh*) pleased to meet you! **II.** *Adv* delightedly

erfrieren* *intr V unreg sein* ① *Person, Tier* to freeze to death; *Pflanze* to be killed by frost ② *Gliedmaßen* to get frostbitten; **erfroren** frozen

erfrischen* [ɛɐ̯ˈfrɪʃən] **I.** *tr V* to refresh **II.** *intr V* to be refreshing **III.** *refl V* **sich** ~ to refresh oneself

erfrischend *Adj* refreshing

Erfrischung <-, -en> *f* refreshment *no pl;* **zur ~** as refreshments

Erfrischungsgetränk *nt* refreshment

erfüllen* **I.** *tr V* ① (*ausführen*) to fulfil; **seinen Zweck erfüllen** to serve its purpose ② (*anfüllen*) to fill; **von Ekel erfüllt** filled with disgust **II.** *refl V* **sich** ~ to come true

ergänzen* [ɛɐ̯ˈgɛntsn̩] *tr V* **etw** ~ to replenish sth; (*vollenden*) to complete sth; **sie ~ sich** they complement each other

Ergänzung <-, -en> *f* ① (*das Auffüllen*) replenishment ② (*das Hinzufügen*) supplementing ③ (*Zusatz*) addition

ergattern* [ɛɐ̯ˈgatɐn] *tr V* (*fam*) **etw** ~ to get hold of sth

ergeben*[1] *unreg* **I.** *tr V* ① MATH to amount to ② (*als Resultat haben*) to produce **II.** *refl V* ① (*kapitulieren*) to surrender ② (*sich fügen*) to submit; **sich in sein Schicksal** ~ to resign oneself to one's fate ③ (*daraus folgen*) **sich aus etw** ~ to result from sth

ergeben[2] *Adj* ① (*demütig*) humble ② (*treu*) devoted

Ergebnis <-ses, -se> [ɛɐ̯ˈgeːpnɪs, *Pl:* -nɪsə] *nt* result; **zu dem ~ führen, dass ...** to result in ...; **zu einem/keinem ~ kommen** to reach/fail to reach a conclusion; **im ~** ultimately

ergebnislos *Adj* without result

ergehen* *unreg intr V* **etw über sich** *Akk* **~ lassen** to endure sth

ergiebig [ɛɐ̯ˈgiːbɪç] *Adj* (*ertragreich*) productive

ergonomisch **I.** *Adj* ergonomic **II.** *Adv* ergonomically

ergreifen* *tr V unreg* ① to seize ② *Maßnahmen* to take

ergreifend *Adj* moving

ergriffen [ɛɐ̯ˈgrɪfn̩] *Adj* moved

Erhalt <-[e]s> *m kein Pl* (*geh*) maintenance

erhalten* *unreg tr V* ① (*bekommen*) to receive; **den Auftrag ~, etw zu tun** to be given the task of doing sth ② (*bewahren*) to maintain; [**durch etw**] **~ bleiben** to be preserved [by sth] ③ BAU to preserve

erhältlich [ɛɐ̯ˈhɛltlɪç] *Adj* obtainable

erhärten* **I.** *tr V* **etw** ~ to support sth **II.** *refl V* **sich** ~ to be reinforced

erheben* *unreg* **I.** *tr V* ① *Steuern* to levy ② *Daten* to gather ③ *Protest* to voice; *Einspruch* to raise **II.** *refl V* **sich** ~ ① (*aufstehen*) to get up (**von** from) ② (*sich auflehnen*) to rise up (**gegen** against) ③ (*aufragen*) to rise up (**über** above)

erheblich [ɛɐ̯ˈheːplɪç] **I.** *Adj* considerable **II.** *Adv* considerably

erheitern* [ɛɐ̯ˈhaitɐn] *tr V* to amuse

erhellen* [ɛɐ̯ˈhɛlən] **I.** *tr V* ① (*hell machen*) to light up ② (*klären*) to throw light on sth **II.** *refl V* **sich** ~ to clear

erhitzen* [ɛɐ̯ˈhɪtsn̩] **I.** *tr V* **etw** ~ to heat sth **II.** *refl V* (*sich erregen*) **sich** ~ to get excited (**an** about)

erhoffen* *tr V* [**sich** *Dat*] **etw** ~ to hope for sth

erhöhen* [ɛɐ̯ˈhøːən] **I.** *tr V* **etw** ~ ① (*höher machen*) to raise sth ② (*anheben*) to increase sth **II.** *refl V* **sich** ~ to increase

erholen* *refl V* **sich** ~ ① (*wieder zu Kräften kommen*) to recover (**von** from) ② (*ausspannen*) to relax

erholsam [ɛɐ̯ˈhoːlzaːm] *Adj* relaxing

Erholung <-> *f kein Pl* relaxation

Erholungsgebiet *nt* recreation area

erinnern* [ɛɐ̯ˈʔɪnɐn] **I.** *tr V* **jdn an jdn/etw** ~ to remind sb of sb/sth **II.** *refl V*

sich an jdn/etw ~ to remember sb/sth; **wenn ich mich recht erinnere, ...** if I remember correctly ...; **soweit ich mich ~ kann** as far as I can remember **III.** *intr V* ① **an jdn/etw ~** to be reminiscent of sb/sth *form* ② (*ins Gedächtnis rufen*) **daran ~, dass ...** to point out that ...

Erinnerung <-, -en> *f* memory; **zur ~ an etw** *Akk* in memory of sth; **~en austauschen** to talk about old times

erkälten* [ɛɐ̯'kɛltn̩] *refl V* **sich ~** to catch a cold

Erkältung <-, -en> *f* cold; **eine ~ bekommen** to catch a cold

erkämpfen* *tr V* [**sich** *Dat*] **etw ~** to obtain sth [with some effort]

erkennbar *Adj* ① (*sichtbar*) discernible ② (*wahrnehmbar*) perceptible

erkennen* *unreg* **I.** *tr V* ① (*wahrnehmen*) to discern ② (*identifizieren*) **jdn/etw ~** to recognize sb/sth; **sich** [**selbst**] **~** to understand oneself ③ (*einsehen*) to recognize; **einen Irrtum ~** to realize one's mistake **II.** *intr V* ① (*wahrnehmen*) **~ ob/um was/wen ...** to see whether/what/who ... ② (*einsehen*) **~, dass/wie ...** to realize that/how ...; **~ lassen, dass ...** to show that ...

erkenntlich [ɛɐ̯'kɛntlɪç] *Adj* appreciative, grateful

Erkenntnis [ɛɐ̯'kɛntnɪs] *f* ① (*Einsicht*) insight; **zu der ~ kommen, dass ...** to realize that ... ② (*das Erkennen*) understanding

Erkennungsdienst *m* police identification [*or* AM records] department

Erker <-s, -> ['ɛrkɐ] *m* bay window

erklären* **I.** *tr V* ① **etw ~** to explain sth ② (*bekannt geben*) to announce ③ (*offiziell bezeichnen*) to pronounce; **jdn für vermisst ~** to declare sb missing **II.** *refl V* **sich** *Dat* **etw ~** to understand sth; **wie ~ Sie sich, dass ...** how do you explain that ...

erklärt *Adj attr* declared

Erklärung *f* ① explanation ② (*Mitteilung*) statement; **eine ~ abgeben** to make a statement

erkranken* *intr V* [**an etw** *Dat*] **~** to be taken ill [with sth]

Erkrankung <-, -en> *f* illness

erkunden* [ɛɐ̯'kʊndn̩] *tr V* ① (*auskundschaften*) to scout out *sep* ② (*in Erfahrung bringen*) to discover

erkundigen* [ɛɐ̯'kʊndɪgn̩] *refl V* **sich** [**nach jdm/etw**] **~** to ask [about sb/sth]; **du musst dich vorher ~** you have to find out beforehand

Erkundung <-, -en> *f von Rohstoffen* exploration, prospecting

erlahmen* *intr V sein* ① (*kraftlos werden*) to tire; *Kräfte* ebb [away] ② (*nachlassen*) to wane

erlangen* [ɛɐ̯'laŋən] *tr V* (*geh*) to obtain

Erlass[RR] <-es, -e> *m*, **Erlaß**[ALT] <-sses, -sse> [ɛɐ̯'las, *Pl:* ɛɐ̯'lɛsə] *m* decree

erlassen* *tr V unreg* ① (*verfügen*) to issue ② (*nicht durchführen lassen*) *Strafe* to remit

erlauben* [ɛɐ̯'laubn̩] **I.** *tr V* to permit; **jdm etw ~** to allow sb to do sth ▶ **~ Sie mal!** what do you think you're doing? **II.** *refl V* (*sich herausnehmen*) **sich** *Dat* **~, etw zu tun** to take the liberty of doing sth

Erlaubnis <-, *selten* -se> *f* ① permission; [**jdn**] **um ~ bitten** to ask [sb's] permission; **jdm die ~ geben** to give sb permission ② (*Dokument*) permit

erläutern* *tr V* [**jdm**] **etw ~** to explain sth [to sb]

Erläuterung <-, -en> *f* explanation

Erle <-, -n> ['ɛrlə] *f* alder

erleben* *tr V* **etw ~** ① (*zu Lebzeiten*) to live to see sth ② (*erfahren*) to experience sth ③ (*durchmachen*) to go through sth; **eine** [**große**] **Enttäuschung ~** to be [bitterly] disappointed ④ (*mit ansehen*) **es ~, dass/wie ...** to see that/how ...

Erlebnis <-ses, -se> [ɛɐ̯'le:pnɪs, *Pl:* -nɪsə] *nt* experience

erledigen* [ɛɐ̯'le:dɪgn̩] **I.** *tr V* **etw ~** to carry out sth; **zu ~** to be done **II.** *refl V* **etw erledigt sich** [**von selbst**] sth sorts itself out [on its own]

erlegen* *tr V* ① **ein Tier ~** to bag an animal ② ÖSTERR (*bezahlen*) to pay

erleichtern* [ɛɐ̯'laiçtɐn] *tr V* ① [**jdm**] **etw ~** to make sth easier [for sb] ② (*beruhigen*) **jdn ~** to be of relief to sb

erleiden* *tr V unreg* **etw ~** to suffer sth

erlernen* *tr V* **etw ~** to learn sth

erlesen *Adj* exquisite

erleuchten* *tr V* **etw** ~ to light [up] sth
erliegen* *intr V unreg sein* (*geh: zum Opfer fallen*) **einer S.** *Dat* ~ to fall victim to sth ▶ **zum Erliegen kommen** to come to a standstill
Erlös <-es, -e> [ɛɐ̯'lø:s] *m* proceeds *pl*
ermächtigen* [ɛɐ̯'mɛçtɪgn̩] *tr V* **jdn [zu etw]** ~ to authorize sb [to do sth]
ermahnen* *tr V* **jdn** ~ to warn sb; **jdn ~, etw zu tun** to tell sb to do sth
ermäßigen* *tr V* to reduce
Ermäßigung <-, -en> *f* reduction
ermessen* *tr V unreg* **etw** ~ to comprehend sth
Ermessen <-s> *nt kein Pl* discretion; **nach jds** ~ in sb's estimation; **in jds ~ liegen** to be at sb's discretion
Ermessensfrage *f* matter of discretion
ermitteln* **I.** *tr V* ① (*herausfinden*) **etw** ~ to find out sth *sep;* **jdn** ~ to establish sb's identity ② (*errechnen*) to determine; **den Gewinner** ~ to decide [on] the winner **II.** *intr V* to investigate
Ermittlung <-, -en> *f* ① *kein Pl* (*das Ausfindigmachen*) determining ② (*Untersuchung*) investigation
ermöglichen* [ɛɐ̯'mø:klɪçn̩] *tr V* **jdm etw** ~ to enable sb to do sth; **es ~, etw zu tun** (*geh*) to make it possible for sth to be done
ermorden* *tr V* to murder
ermüden* [ɛɐ̯'my:dn̩] **I.** *tr V haben* **jdn** ~ to tire sb [out] **II.** *intr V sein* to become tired
ermüdend *Adj* tiring
Ermüdung <-, *selten* -en> *f* tiredness
ermutigen* [ɛɐ̯'mu:tɪgn̩] *tr V* **jdn [zu etw]** ~ to encourage sb [to do sth]
ernähren* **I.** *tr V* ① to feed ② (*unterhalten*) **jdn** ~ to support sb **II.** *refl V* **sich von etw** ~ ① (*essen*) to live on sth ② (*Lebensunterhalt*) to support oneself by doing sth
Ernährung <-> *f kein Pl* ① (*das Ernähren*) feeding ② (*Nahrung*) diet
Ernährungsberater(in) *m(f)* nutritionist
ernennen* *tr V unreg* **jdn [zu etw]** ~ to appoint sb [as sth]
Ernennung *f* appointment (**zu** as); **~ eines Stellvertreters** nomination of a deputy
erneuerbar *Adj* renewable
erneuern* [ɛɐ̯'nɔyɐn] *tr V* ① (*auswechseln*) to replace ② (*renovieren*) to renovate
erniedrigen* [ɛɐ̯'ni:drɪgn̩] *tr V* **jdn/sich** ~ to demean sb/oneself
ernst ['ɛrnst] *Adj* serious; **~ bleiben** to keep a straight face; **~ gemeint** serious; **es ~ meinen [mit jdm/etw]** to be serious [about sb/sth]; **jdn/etw ~ nehmen** to take sb/sth seriously
Ernstfall *m* emergency; **im** ~ in an emergency
ernsthaft **I.** *Adj* ① serious ② (*aufrichtig*) sincere **II.** *Adv* seriously
ernten ['ɛrntn̩] *tr V* to harvest
ernüchtern* [ɛɐ̯'nʏçtɐn] *tr V* **jdn** ~ to bring sb back to reality
Ernüchterung <-, -en> *f* disillusionment
erobern* [ɛɐ̯'ʔo:bɐn] *tr V* to conquer
Eroberung <-, -en> *f* ① (*das Erobern*) conquest ② (*erobertes Gebiet*) conquered territory
Eröffnung *f* opening
erörtern* [ɛɐ̯'œrtɐn] *tr V* **etw** ~ to discuss sth [in detail]
Erörterung <-, -en> *f* discussion
Erosion <-, -en> [ero'zi̯o:n] *f* erosion
Erotik <-> [e'ro:tɪk] *f kein Pl* eroticism
erotisch [e'ro:tɪʃ] *Adj* erotic
Erpel <-s, -> ['ɛrpl̩] *m* drake
erpicht [ɛɐ̯'pɪçt] *Adj* **auf etw** *Akk* **~ sein** to be after sth; **[nicht] darauf ~ sein, etw zu tun** to [not] be interested in doing sth
erpressbar[RR] *Adj* subject to blackmail
erpressen* *tr V* ① **jdn** ~ to blackmail sb ② **etw** ~ to extort sth
Erpresser(in) <-s, -> *m(f)* blackmailer
erpresserisch [ɛɐ̯'prɛsərɪʃ] **I.** *Adj* extortive **II.** *Adv* in an extortive manner
Erpressung <-, -en> *f* blackmail
erproben* *tr V* to test
erprobt *Adj* (*erfahren*) experienced
erraten* *tr V unreg* to guess
errechnen* *tr V* to calculate
erregen* **I.** *tr V* ① (*aufregen*) **jdn** ~ to irritate sb ② (*sexuell*) **jdn** ~ to arouse sb ③ (*hervorrufen*) **etw** ~ to engender sth **II.** *refl V* **sich über jdn/etw** ~ to get annoyed about sb/sth
Erreger <-s, -> *m* pathogen
erreichbar *Adj* (*telefonisch*) **[für jdn] ~ sein** to be able to be reached [by sb]

erreichen* *tr V* ① to reach ② *Zug* to catch

errichten* *tr V* BAU to erect

erringen* *tr V unreg* **etw ~** to win sth [with a struggle]

erröten* *intr V sein* to blush

Errungenschaft <-, -en> [ɛɐ̯'rʊŋənʃaft] *f* achievement

Ersatz <-es> [ɛɐ̯'zats] *m kein Pl* substitute

Ersatzbank *f* SPORT bench **Ersatzbefriedigung** *f* vicarious satisfaction **Ersatzdienst** *m* non-military service for conscientious objectors **Ersatzkasse** *f* substitute health insurance scheme **Ersatzmann** *m* substitute **Ersatzmine** *f* refill **Ersatzreifen** *m* spare wheel **Ersatzteil** *nt* spare part

erschaffen *tr V unreg* (*geh*) to create

erscheinen* *intr V unreg sein* ① (*auftreten*) to appear ② *Buch* to come out ③ (*scheinen*) to seem

Erscheinen <-s> *nt kein Pl* ① appearance ② (*Veröffentlichung*) publication

Erscheinung <-, -en> *f* ① phenomenon ② (*Vision*) vision ▸ **in ~** <u>**treten**</u> to appear

Erscheinungsjahr *nt* year of publication

erschießen* *unreg tr V* **jdn ~** to shoot sb dead

erschlagen*[1] *tr V* **jdn ~** *unreg* ① (*totschlagen*) to beat sb to death ② (*überwältigen*) to overwhelm sb

erschlagen[2] *Adj* (*fam*) **~ sein** to be knackered

erschließen* *unreg tr V* ① *Land* to develop ② (*nutzbar machen*) to exploit

erschöpfen* *tr V* to exhaust

erschöpfend **I.** *Adj* (*ausführlich*) exhaustive **II.** *Adv* exhaustively

Erschöpfung <-, *selten* -en> *f* exhaustion

erschrak [ɛɐ̯'ʃraːk] *Imp von* **erschrecken II.**

erschrecken **I.** *tr V* <erschreckte, erschreckt> *haben* **jdn ~** to give sb a fright; (*bestürzen*) to shock sb **II.** *intr V* <erschrickt, erschrak, erschrocken> *sein* [**vor jdm/etw**] **~** to get a fright [from sb/sth]

erschrocken **I.** *PP von* **erschrecken II.** **II.** *Adj* alarmed **III.** *Adv* with a start

erschüttern* [ɛɐ̯'ʃʏtɐn] *tr V* to shake

erschweren* [ɛɐ̯'ʃveːrən] *tr V* [**jdm**] **etw ~** to make sth more difficult [for sb]

erschwinglich [ɛɐ̯'ʃvɪŋlɪç] *Adj* affordable

ersehen* *tr V unreg* (*geh*) to see [*or* gather]; **alles Weitere können Sie aus meinem Lebenslauf ~** you'll find additional information in my CV

ersetzen* *tr V* ① to replace (**durch** with) ② (*erstatten*) **jdm etw ~** to reimburse sb for sth

ersichtlich *Adj* apparent; **aus etw ~ sein, dass ...** to be apparent from sth that ...

ersparen* *tr V* **jdm etw ~** to spare sb sth; **ihr bleibt nichts erspart** she is not spared anything

Ersparnis <-, -se *o* ÖSTERR -ses, -se> [ɛɐ̯'ʃpaːɐ̯nɪs, *Pl:* -nɪsə] *f o* ÖSTERR *nt* ① *kein Pl* (*Einsparung*) saving ② *meist Pl* (*erspartes Geld*) savings *pl*

erst ['eːɐ̯st] *Adv* ① (*zuerst*) [at] first ② (*nicht früher als*) only; **wecken Sie mich bitte ~ um acht Uhr!** please don't wake me until eight o'clock!; **~ wenn** only if ③ (*bloß*) only ▸ **~** <u>**recht**</u> all the more

erstatten* [ɛɐ̯'ʃtatn̩] *tr V* ① [**jdm**] **etw ~** to reimburse [sb] for sth ② (*mitteilen*) **Anzeige ~** to report a crime; **Anzeige gegen jdn ~** to report sb

Erstattung <-, -en> *f von Kosten* reimbursement

Erstaufführung *f* premiere

erstaunen* *tr V haben* **jdn ~** to amaze sb; **dieses Angebot erstaunt mich** this offer amazes me

Erstaunen *nt* amazement

erstaunlich [ɛɐ̯'ʃtaunlɪç] **I.** *Adj* amazing *pl* **II.** *Adv* amazingly

erstaunlicherweise *Adv* amazingly

Erstausgabe *f* first edition

erste(r, s) ['eːɐ̯stə] *Adj* ① first; **die ~ Klasse** primary one BRIT, first grade AM; *s. a.* **achte(r, s) 1** ② (*Datum*) first, 1st; *s. a.* **achte(r, s) 2**

Erste-Hilfe-Kasten [eːɐ̯stə'hɪlfəkastn̩] *m* first-aid box

ersteigen* *tr V unreg* to climb

ersticken* **I.** *tr V haben* ① **jdn ~** to suffocate sb ② *Feuer* to extinguish **II.** *intr V sein* ① **an etw** *Dat* **~** to choke to death on sth ② (*übermäßig viel haben*) **in etw** *Dat* **~** to drown in sth

erstklassig ['eːɐ̯stklasɪç] *Adj, Adv* first-class

Erstkommunion *f* first communion

erstmalig ['eːɐ̯stmaːlɪç] **I.** *Adj* first **II.** *Adv* (*geh*) *s.* **erstmals**

erstmals ['eːɐ̯stmaːls] *Adv* for the first time

erstrecken* **I.** *refl V* **sich ~** to extend (**über** over) **II.** *tr V* SCHWEIZ (*verlängern*) to extend

E

ersuchen* *tr V* (*geh*) **jdn um etw** *Akk* **~** to request sth from sb

ertappen* *tr V* **jdn [bei etw] ~** to catch sb [doing sth]

erteilen* *tr V* (*geh*) **[jdm] etw ~** to give [sb] sth

Ertrag <-[e]s, Erträge> [ɛɐ̯'traːk, *Pl:* ɛɐ̯'trɛːgə] *m* ❶ AGR yield ❷ *meist Pl* ÖKON revenue; **~ bringen** to bring in revenue

ertragen* *tr V unreg* to bear; **nicht zu ~ sein** to be unbearable

erträglich [ɛɐ̯'trɛːklɪç] *Adj* bearable; **schwer ~ sein** to be difficult to cope with

Ertragsausschüttung *f* dividend distribution **Ertragssteigerung** *f* profits increase

ertrinken* *intr V unreg sein* to drown

erübrigen* [ɛɐ̯'ʔyːbrɪgn̩] *refl V* **sich ~** to be superfluous; **es erübrigt sich, etw zu tun** it is not necessary to do sth

erwachen* *intr V sein* to wake up; **von etw ~** to be woken by sth; **aus einer Ohnmacht ~** to come to

Erwachen <-s> *nt kein Pl* awakening ▸ **ein böses ~** a rude awakening

erwachsen [ɛɐ̯'vaksn̩] *Adj* adult, grown-up *fam*

Erwachsene(r) *f(m) dekl wie Adj* adult

Erwachsenenbildung [ɛɐ̯'vaksenən-] *f* adult education **Erwachsenenstrafrecht** *nt kein Pl* JUR adult criminal law

erwägen* *tr V unreg* to consider

erwähnen* *tr V* to mention; **[jdm gegenüber] ~, dass ...** to mention [to sb] that ...

erwärmen* **I.** *tr V* to warm [up] **II.** *refl V* ❶ **sich ~** to warm up ❷ (*sich begeistern*) **sich für jdn/etw ~** to work up enthusiasm for sb/sth

erwarten* *tr V* to expect; **von jdm ~, dass er hilft** to expect sb to help; **etw erwartet jdn** sth awaits sb; **etw war zu ~** sth was to be expected; **sie konnte es kaum ~** she could hardly wait [for it]; **wider Erwarten** contrary to expectation, contrary to all expectations

Erwartung <-, -en> *f* ❶ *kein Pl* (*Ungeduld*) anticipation ❷ *Pl* (*Hoffnung*) expectations; **jds ~en gerecht werden** to live up to sb's expectations; **voller ~** full of expectation; **den ~en entsprechen** to fulfil the expectations

erwartungsvoll **I.** *Adj* expectant **II.** *Adv* expectantly

erwecken* *tr V* to arouse; **Zweifel ~** to raise doubts

erweichen* *tr V* **jdn ~** to make sb change their mind; **sich ~ lassen** to let oneself be persuaded

erweisen* *unreg* **I.** *tr V* ❶ (*nachweisen*) to prove ❷ (*entgegenbringen*) **jdm einen Dienst/Gefallen ~** to do somebody a service/favour **II.** *refl V* **dieser Mitarbeiter hat sich als zuverlässig erwiesen** this employee has proved himself reliable

erweiterbar *Adj* expandable; COMPUT *a.* extensible

erweitern* [ɛɐ̯'vaitɐn] **I.** *tr V* **etw ~** ❶ *Straße, Kleidung* to widen sth (**um** by) ❷ (*vergrößern*) to expand sth (**um** by) ❸ (*umfangreicher machen*) to increase sth (**um** by) **II.** *refl V* (*sich verbreitern*) **sich ~** to widen (**um** by)

Erwerb <-[e]s> [ɛɐ̯'vɛrp, *Pl:* ɛɐ̯'vɛrbə] *m kein Pl* (*geh*) purchase

erwerben* *tr V unreg* ❶ to acquire ❷ (*gewinnen*) **[sich** *Dat*] **etw ~** to earn sth; **jds Vertrauen ~** to win sb's trust

erwerbsfähig *Adj* (*geh*) fit for gainful employment *form pred,* able to work *pred*

erwerbslos *Adj* unemployed

Erwerbstätige(r) *f(m) dekl wie Adj* gainfully employed [person]; **selbständig ~** self-employed [person] **erwerbsunfähig** *Adj* unfit for gainful employment

erwidern* [ɛɐ̯'viːdɐn] *tr V* ❶ **[auf etw** *Akk*] **~** to give a reply [to sth]; **auf meine Frage erwiderte sie ...** she replied to my question by saying ... ❷ (*zurückgeben*) **etw ~** to return sth

erwiesenermaßen [ɛɐ̯viːzənɐ'maːsn̩] *Adv* as has been proved

erwischen* [ɛɐ̯'vɪʃn̩] *tr V* (*fam*) ❶ (*er-

tappen) **jdn** [**bei etw** *Dat*] ~ to catch sb [doing sth] ❷ (*ergreifen, erreichen*) **jdn/etw** ~ to catch sb/sth

Erz <-es, -e> ['eːɐ̯ts] *nt* ore

erzählen* *tr V* to tell; [**jdm**] **seine Erlebnisse** ~ to tell [sb] about one's experiences; **was erzählst du da?** what are you saying?; **es wird erzählt, dass ...** there is a rumour that ... ▶ **das kannst du sonst wem** ~ (*fam*) tell me another! BRIT

Erzähler(in) [ɛɐ̯'tsɛːlɐ] *m(f)* storyteller

Erzählung *f* story

Erzbischof, Erzbischöfin ['ɛrtsbɪʃɔf, 'ɛrtsbɪʃœfɪn] *m, f* archbishop

Erzengel ['ɛrtsʔeŋl̩] *m* archangel

erzeugen* *tr V* ❶ to produce ❷ ELEK, SCI to generate ❸ (*hervorrufen*) to create

Erzeuger(in) <-s, -> *m(f)* (*Produzent*) producer

Erzeugnis <-ses, -se> [ɛɐ̯'tsɔyknɪs] *nt* product

Erzfeind(in) *m(f)* arch-enemy

erziehbar *Adj* educable; **schwer ~ sein** to have behavioural problems

erziehen* *tr V unreg* ❶ *Kind* to bring up *sep* ❷ (*anleiten*) **jdn zu etw** ~ to teach sb to be sth

Erziehung *f kein Pl* ❶ education *no pl* ❷ (*das Großziehen*) upbringing

Erziehungsurlaub *m* maternity [*or* paternity] leave

erzielen* *tr V* (*erreichen*) to achieve; *Einigung* to reach

erzwingen* *tr V unreg* **etw** ~ to force sth; **eine Entscheidung** ~ to force an issue; **ein Geständnis** [**von jdm**] ~ to make sb confess

es <*Gen* seiner, *Dat* ihm, *Akk* es> ['ɛs] *Personalpron, unbestimmt* ❶ it; ~ **gefällt mir** I like it; **wer ist da? – Ich bin ~!** who's there? — It's me! ❷ *auf vorangehenden Satzinhalt bezogen* **kommst du auch? – Ich hoffe ~!** are you coming too? — I hope so! ❸ *Subjekt bei unpersönlichen Ausdrücken* ~ **regnet** it's raining; ~ **klopft** there's a knock at the door; **hat ~ geklingelt?** did somebody ring?; ~ **waren Tausende** there were thousands

Esche <-, -n> ['ɛʃə] *f* ash

Esel(in) <-s, -> ['eːzl̩] *m(f)* donkey

Eselsbrücke *f* (*fam*) aide-memoire

Eselsohr *nt* dog-ear

eskalieren* [ɛska'liːrən] *intr, tr V* to escalate (**zu** into)

Eskimo, Eskimofrau <-s, -s> ['ɛskimo] *m, f* Eskimo

eskortieren* [ɛskɔr'tiːrən] *tr V* **jdn** ~ to escort sb; **etw** ~ to convoy sth

Espe <-, -n> ['ɛspə] *f* aspen

Espenlaub *nt* **zittern wie** ~ to be shaking like a leaf

Espresso <-[s], -s *o* Espressi> [ɛs'prɛso, *Pl:* ɛs'prɛsi] *m* espresso

Espressomaschine *f* espresso machine

essbar[RR], **eßbar**[ALT] *Adj* edible; **nicht** ~ inedible

essen <isst, aß, gegessen> ['ɛsn̩] *tr, intr V* to eat; **etw zum Nachtisch** ~ to have sth for dessert; **griechisch** ~ to have a Greek meal; **kalt/warm** ~ to have a cold/hot meal; ~ **gehen** to eat out; **in diesem Restaurant kann man gut** ~ this restaurant does good food

Essen <-s, -> ['ɛsn̩] *nt* ❶ (*Mahlzeit*) meal; **zum ~ bleiben** to stay for lunch/dinner ❷ (*Nahrung*) food

Essen[s]marke *f* meal voucher [*or* AM ticket]

Essgeschirr[RR] *nt* dinner service

Essig <-s, -e> ['ɛsɪç, *Pl:* 'ɛsɪgə] *m* vinegar

Essiggurke *f* gherkin **Essigsäure** *f* acetic acid

Esskastanie[RR] [-kastaːniə] *f* sweet chestnut **Esslöffel**[RR] *m* soup spoon **Essstäbchen**[RR] *nt meist Pl* chopstick **Esstisch**[RR] *m* dining table **Esszimmer**[RR] *nt* dining room

Este, Estin <-n, -n> ['eːstə, 'eːstɪn] *m, f* Estonian

Estland <-s> ['eːstlant] *nt* Estonia

estnisch ['eːstnɪʃ] *Adj* Estonian; *s. a.* **deutsch 1**

Estragon <-s> ['ɛstragɔn] *m kein Pl* tarragon

Estrich <-s, -e> ['ɛstrɪç] *m* ❶ (*Fußbodenbelag*) concrete floor ❷ SCHWEIZ (*Dachboden*) attic, loft

etabliert *Adj* established

Etage <-, -n> [e'taːʒə] *f* floor; **auf der fünften** ~ on the fifth floor BRIT, on the sixth floor AM

Etagenwohnung [e'taːʒən-] *f* flat BRIT, apartment AM

Etappe <-, -n> [e'tapə] *f* ❶ (*Abschnitt*)

E

in ~n arbeiten to work in stages ❷ (*Teilstrecke*) leg

Etat <-s, -s> [e'taː] *m* budget

etepetete ['eːtəpe'teːtə] *Adj präd* (*fam*) finicky

Ethik <-> ['eːtɪk] *f kein Pl* ❶ (*Wissenschaft*) ethics + *sing verb* ❷ (*moralische Haltung*) ethics *pl* ❸ (*bestimmte Werte*) ethic; **christliche ~** Christian ethic

E

ethisch ['eːtɪʃ] *Adj* ethical

Etikett <-[e]s, -e> [eti'kɛt] *nt* price tag

etliche(r, s) ['ɛtlɪçə] *unbest. Pron* ❶ *adjektivisch, Sing/Pl* quite a lot of; **~ Mal** (*geh*) several times ❷ *Pl substantivisch* quite a few

Etui <-s, -s> [ɛt'viː, e'tÿiː] *nt* case

etwa ['ɛtva] *Adv* ❶ (*ungefähr*) about; **in ~** more or less; **so ~** roughly like this ❷ (*zum Beispiel*) **wie ~ mein Bruder** like my brother for instance

etwaig [ɛt'vaːɪç] *Adj attr* any

etwas ['ɛtvas] *unbest. Pron* ❶ something; **~ anderes** something else; **~ Dummes/Neues** something stupid/new; **merken Sie ~?** do you notice anything? ❷ (*ein wenig*) a little; [**noch**] **~ Geld/Kaffee** some [more] money/coffee; **du könntest dich ruhig ~ anstrengen** you might make a bit of an effort

Etwas <-> ['ɛtvas] *nt kein Pl* **das gewisse ~** that certain something

EU [eː'uː] *f Abk von* **Europäische Union** EU

euch ['ɔyç] **I.** *Personalpron, Akk o Dat von* **ihr** you; **ein Freund/eine Freundin von ~** a friend of yours **II.** *Reflixvpron* **beeilt ~!** hurry [up]!; **macht ~ fertig!** get [*fam* yourselves] ready!; **wascht ~!** get [*fam* yourselves] washed!; **putzt ~ die Zähne!** brush your teeth!

euere(r, s) ['ɔyərə] *Possessivpron s.* **eure(r, s)**

Eukalyptus <-, -lypten> [ɔyka'lʏptʊs] *m* eucalyptus

EU-Kommissar(in) *m(f)* EU commissioner **EU-Kommission** *f* EU Commission **EU-Land** *nt* EU country

Eule <-, -n> ['ɔylə] *f* owl

EU-Ministerrat *m* EU Council of Ministers **EU-Mitgliedsland** *nt* EU member-state **EU-Norm** *f* EU standard

Eunuch <-en, -en> [ɔy'nuːx] *m* eunuch

euphemistisch [ɔyfe'mɪstɪʃ] *Adj* euphemistic

Euphorie <-, -n> [ɔyfo'riː, *Pl:* -'riːən] *f* euphoria

euphorisch [ɔy'foːrɪʃ] *Adj* euphoric

eure(r, s) ['ɔyrə] *Possessivpron* your; **Grüße von ~r Kathrin** Best regards, Yours, Kathrin; **der/die/das Eure** yours; **tut ihr das Eure** you do your bit

euretwegen ['ɔyrət'veːgn̩] *Adv* (*wegen euch*) because of you; (*euch zuliebe*) for your sake[s]

euretwillen ['ɔyrətvɪlən] *Adv* **um ~** for your sake

eurige(r, s) ['ɔɪrɪgə, -gɐ, -gəs] *Pron* (*geh*) yours; **der/die/das ~** yours; *s. a.* **eure(r, s)**

Euro ['ɔyro] *m* euro

Eurocity ['ɔyrosɪti], **Eurocityzug**[RR] *m* Eurocity train

Eurokrise *f* POL, FIN euro crisis

Europa <-s> [ɔy'roːpa] *nt* Europe

Europäer(in) <-s, -> [ɔyro'pɛːɐ] *m(f)* European

europäisch [ɔyro'pɛːɪʃ] *Adj* European **Europäische Gemeinschaft** *f* European Community **Europäischer Gerichtshof** *m* European Court of Justice **Europäisches Parlament** *nt* European Parliament **Europäische Union** *f* European Union **Europäische Zentralbank** *f* European Central Bank

Europameister(in) *m(f)* European champion; (*Team, Land*) European champions *pl* **Europaparlament** *nt* **das ~** the European Parliament **Europapokal** *m* European cup **Europarat** *m* Council of Europe

Euroscheck *m* HIST Eurocheque **Euroskeptiker(in)** *m(f)* Eurosceptic **Eurowährung** *f* European currency **Eurozone** <-> *f kein Pl* Euro-zone

EU-Staat *m* EU country

Euter <-s, -> ['ɔytɐ] *nt o m* udder

evakuieren* [evaku'iːrən] *tr V* to evacuate

Evangele <-n, -n> [evaŋ'geːlə] *m o f* (*oft pej fam*) evangelical

evangelisch [evaŋ'geːlɪʃ] *Adj* Protestant; **~ sein** to be a Protestant

Evangelium <-s, -lien> [evaŋ'geːliʊm, *Pl:* -liən] *nt* Gospel

eventuell [evɛn'tu̯ɛl] **I.** *Adj attr* possible **II.** *Adv* possibly

Evolution <-, -en> [evolu'tsi̯o:n] *f* evolution

EWI <-[s]> *nt kein Pl Abk von* **Europäisches Währungsinstitut** EMI, European Monetary Institute

ewig ['e:vɪç] **I.** *Adj* ① eternal ② (*pej fam: ständig*) never-ending **II.** *Adv* ① (*für ewig*) eternally; (*für immer*) forever ② (*fam: ständig*) always ③ (*lange Zeitspanne*) for ages; **das dauert [ja] ~!** it's taking ages [and ages]!

Ewigkeit <-, -en> ['e:vɪçkait] *f* eternity; **eine [halbe] ~ dauern** (*hum fam*) to last an age; **seit ~en** (*fam*) for ages

EWS <-> [e:ve:'ɛs] *nt kein Pl Abk von* **Europäisches Währungssystem** EMS

EWU <-> [e:ve:'u:] *f Abk von* **Europäische Währungsunion** EMU

exakt [ɛ'ksakt] **I.** *Adj* exact **II.** *Adv* exactly; **~ arbeiten** to be accurate in one's work

Examen <-s, - *o* Examina> [ɛ'ksa:mən, *Pl:* ɛ'ksa:mina] *nt* finals *pl;* **mündliches ~** oral exam[ination]; **schriftliches ~** [written] exam[ination]; **das ~ bestehen** to pass one's finals; **durch das ~ fallen** to fail [in] one's finals; **~ machen** to do one's finals

Exemplar <-s, -e> [ɛksɛm'pla:ɐ̯] *nt* specimen; *Buch* copy; *Zeitung* issue

Exil <-s, -e> [ɛ'ksi:l] *nt* exile

Existenz <-, -en> [ɛksɪs'tɛnts] *f* ① *kein Pl* existence ② (*Lebensgrundlage*) livelihood ③ (*Leben*) life; **eine gescheiterte ~** a failure [in life]; **sich eine neue ~ aufbauen** to create a new life for oneself

Existenzangst *f* fear of being unable to make ends meet **Existenzgründer(in)** *m(f)* ÖKON founder of a new business **Existenzgrundlage** *f* basis of one's livelihood **Existenzminimum** *nt* subsistence level **Existenzrecht** *nt kein Pl* right to existence

existieren* [ɛksɪs'ti:rən] *intr V* ① to exist ② (*sein Auskommen haben*) **[von etw] ~** to live [on sth]

exklusiv [ɛksklu'zi:f] *Adj* exclusive

Exkrement <-[e]s, -e> [ɛkskre'mɛnt] *nt meist Pl* (*geh*) excrement *no pl*

Exkursion <-, -en> [ɛkskʊr'zi̯o:n] *f* (*geh*) study trip

exotisch [ɛ'kso:tɪʃ] *Adj* exotic

Expedition <-, -en> [ɛkspedi'tsi̯o:n] *f* expedition

Experiment <-[e]s, -e> [ɛksperi'mɛnt] *nt* experiment; **ein ~ machen** to carry out an experiment

experimentieren* [ɛksperimɛn'ti:rən] *intr V* to experiment

Experte, Expertin <-n, -n> [ɛks'pɛrtə] *m, f* expert

explodieren* [ɛksplo'di:rən] *intr V sein* to explode; **die Kosten/Preise ~** costs/prices are rocketing

Explosion <-, -en> [ɛksplo'zi̯o:n] *f* explosion *a. fig;* **etw zur ~ bringen** to detonate sth

Explosionsgefahr *f* danger of explosion

explosiv [ɛksplo'zi:f] *Adj* explosive

Export <-[e]s, -e> [ɛks'pɔrt] *m kein Pl* export

Exportartikel *m* exported article; *Pl* exports

Exporteur(in) <-s, -e> [ɛkspɔr'tø:ɐ] *m(f)* exporter

exportieren* [ɛkspɔr'ti:rən] *tr V* to export

Express[RR] <-es> *m,* **Expreß**[ALT] [ɛks'prɛs] *m kein Pl* **etw per ~ senden** to send sth [by] express [delivery]

Expressionismus <-> [ɛksprɛsi̯o'nɪsmʊs] *m kein Pl* expressionism

extern [ɛks'tɛrn] *Adj* external

extra ['ɛkstra] *Adv* ① extra ② (*fam: absichtlich*) **etw ~ machen** to do sth on purpose ③ (*gesondert*) separately; **etw ~ berechnen** to charge sth separately

Extraausstattung *f* extras *pl* **Extrablatt** *nt* special supplement

Extrakt <-[e]s, -e> [ɛks'trakt] *m o nt* extract

extravagant [ɛkstrava'gant, 'ɛkstravagant] **I.** *Adj* extravagant **II.** *Adv* extravagantly; **~ angezogen** flamboyantly dressed

extravertiert [ɛkstravɛr'ti:ɐ̯t] *Adj* extrovert[ed]

extrem [ɛks'tre:m] **I.** *Adj* extreme **II.** *Adv* extremely; **~ links/rechts** POL ultra-left/right

Extremist(in) <-en, -en> [ɛkstre'mɪst] *m(f)* extremist

Extremitäten [ɛkstremi'tɛ:tn̩] *Pl* extremities

E

Extrovertiertheit [ɛkstrovɛr'tiːɐ̯thait] *f kein Pl* PSYCH extrovertedness
exzellent [ɛkstsɛ'lɛnt] **I.** *Adj* excellent **II.** *Adv* excellently
exzentrisch [ɛks'tsɛntrɪʃ] *Adj* eccentric
Exzess[RR] <-es, -e> *m meist Pl,* **Exzeß**[ALT] <-sses, -sse> [ɛks'tsɛs] *m meist Pl* excess; **etw bis zum ~ treiben** to take sth to extremes
exzessiv [ɛkstsɛ'siːf] *Adj* excessive
EZB <-> [eːtsɛt'beː] *f kein Pl* FIN *Abk von* **Europäische Zentralbank** ECB, European Central Bank

F f

F, f <-, -> [ɛf] *nt* ❶ (*Buchstabe*) F, f; **ein großes F** a capital F; **ein kleines f** a small f ❷ MUS F, f; *s. a.* **A**
Fabel <-, -n> ['faːbl̩] *f* fable
fabelhaft ['faːbl̩haft] **I.** *Adj* marvellous **II.** *Adv* marvellously
Fabeltier *nt,* **Fabelwesen** *nt* mythical creature
Fabrik <-, -en> [fa'briːk] *f* factory
Fabrikant(in) <-en, -en> [fabri'kant] *m(f)* industrialist
Fabrikarbeiter(in) *m(f)* industrial worker
Fabrikat <-[e]s, -e> [fabri'kaːt] *nt* product
Fabrikgelände *nt* factory site **fabrikneu** *Adj* brand-new
fabrizieren* [fabri'tsiːrən] *tr V* to manufacture
Fach <-[e]s, Fächer> [fax, *Pl:* fɛçɐ] *nt* ❶ *Schrank* shelf ❷ (*Sachgebiet*) subject; **vom ~ sein** to be a specialist; **ich bin nicht vom ~** that's not my line
Facharbeiter(in) *m(f)* skilled worker **Facharzt, Fachärztin** *m, f* specialist (**für** in) **Fachausdruck** *m* technical term
Fächer <-s, -> ['fɛçɐ] *m* fan
Fachfrau *f s.* **Fachmann Fachgebiet** *nt* [specialist] field **Fachgeschäft** *nt* specialist shop **Fachhändler(in)** *m(f)* specialist supplier

> A **Fachhochschule (FH)** is a college which offers advanced courses in a special technical or artistic subject leading, for instance, to a diploma in engineering or DipEng, and the title of 'Diplom-Ingenieur' shortened to *Dipl.-Ing. (FH).*
> In Austria, a Master's degree can also be attained.

Fachkenntnis *f meist Pl* specialized knowledge
fachlich **I.** *Adj* specialist **II.** *Adv* professionally
Fachliteratur *f* specialist literature **Fachmann, Fachfrau** <-leute *o selten* -männer> *m, f* expert **Fachmesse** *f* trade fair [*or* AM show] **fachsimpeln** ['faxzɪmpl̩n] *intr V* (*fam*) to talk shop **Fachsprache** *f* technical jargon
Fachwerkhaus *nt* half-timbered house
Fachwissen *nt* specialized knowledge **Fachwort** *nt* technical word **Fachwörterbuch** *nt* specialist [*or* AM technical] dictionary; **ein medizinisches ~** a dictionary of medical terms **Fachzeitschrift** *f* specialist journal
Fackel <-, -n> ['fakl̩] *f* torch
fade ['faːdə] *Adj* bland
Faden <-s, Fäden> ['faːdn̩, *Pl:* fɛdn̩] *m* ❶ thread ❷ MED stitch; **die Fäden ziehen** to remove the stitches ▶ **der rote ~** the central theme; **den ~ verlieren** to lose the thread
fadenscheinig ['faːdn̩ʃainɪç] *Adj* (*pej*) poor
Fagott <-[e]s, -e> [fa'gɔt] *nt* bassoon
fähig ['fɛɪç] *Adj* competent; **zu etw [nicht] ~ sein** to be [in]capable of sth; **zu allem ~ sein** to be capable of anything
Fähigkeit <-, -en> *f* ability
fahl [faːl] *Adj* (*geh*) pale

fahnden ['faːndn̩] *intr V* to search (**nach** for)
Fahndung <-, -en> *f* search (**nach** for)
Fahne <-, -n> ['faːnə] *f* ❶ flag ❷ (*fam: Alkoholfahne*) **eine ~ haben** to smell of alcohol
Fahnenstange *f* [flag]staff
Fahrausweis *m* ❶ ticket ❷ SCHWEIZ (*Führerschein*) driving licence **Fahrbahn** *f* road; **von der ~ abkommen** to leave the road
fahrbar *Adj* mobile
Fähre <-, -n> ['fɛːrə] *f* ferry
fahren <fährt, fuhr, gefahren> ['faːrən] **I.** *intr V* ❶ *sein* (*sich fortbewegen: als Fahrgast*) to go; **mit dem Bus/Zug ~** to go by bus/train; (*als Fahrer*) to drive; **mit dem Auto ~** to go by car; **links/rechts ~** to drive on the left/right; **gegen etw ~** to drive into sth; **dieser Wagen fährt sehr schnell** this car can go very fast; **mein Auto fährt nicht** my car won't go ❷ *sein* (*losfahren*) to go; **in Urlaub ~** to go on holiday ❸ *sein* (*verkehren*) to run; **die Straßenbahn fährt alle zehn Minuten** the tram runs every ten minutes ❹ *sein o haben* (*streichen*) **sich** *Dat* **mit der Hand über die Stirn ~** to pass one's hand over one's brow ❺ *sein* (*zurechtkommen*) **gut/schlecht ~** to do well/badly ❻ (*überkommen*) **was ist denn in dich gefahren?** what's got into you? **II.** *tr V* ❶ *haben* (*lenken*) to drive; *Rad* to ride ❷ *haben* (*befördern*) to take; **ich fahr' dich nach Hause** I'll take you home ❸ *sein* (*eine bestimmte Geschwindigkeit haben*) **90 km/h ~** to be doing 55 m.p.h. ▶ **einen ~ lassen** (*fam*) to let [one] off **III.** *refl V haben* **der Wagen fährt sich gut** it's nice to drive this car
Fahrer(in) <-s, -> ['faːrɐ] *m(f)* driver
Fahrerflucht *f* hit-and-run offence
Fahrerlaubnis *f* (*geh*) driving licence BRIT, driver's license AM **Fahrgast** *m* passenger **Fahrgeld** *nt* fare **Fahrgelegenheit** *f* lift **Fahrgemeinschaft** *f* **eine ~ bilden** to share a car to work **Fahrgestell** *nt s.* **Fahrwerk**
fahrig ['faːrɪç] *Adj Bewegung* nervous
Fahrkarte *f* ticket
Fahrkartenautomat *m* ticket machine **Fahrkartenschalter** *m* ticket office
fahrlässig ['faːɐ̯lɛsɪç] **I.** *Adj* negligent **II.** *Adv* **~ handeln** to act with negligence
Fahrlässigkeit <-, -en> *f* negligence *no pl;* **grobe ~** recklessness
Fahrlehrer(in) *m(f)* driving instructor **Fahrplan** *m* schedule **fahrplanmäßig** **I.** *Adj* scheduled **II.** *Adv* as scheduled **Fahrpreis** *m* fare **Fahrprüfung** *f* driving test **Fahrrad** ['faːɐ̯raːt] *nt* bicycle, bike *fam;* **~ fahren** to ride a bicycle
Fahrradkurier(in) *m(f)* bicycle courier **Fahrradständer** *m* [bi]cycle stand **Fahrradweg** *m* cycleway
Fahrschein *m* ticket **Fahrschule** *f* ❶ (*Firma*) driving school ❷ (*Unterricht*) driving lessons *pl;* **in die ~ gehen** to take driving lessons **Fahrschüler(in)** *m(f)* learner [*or* AM student] driver **Fahrspur** *f* lane **Fahrstuhl** *m* lift BRIT, elevator AM **Fahrstuhlmusik** *f* MUS (*pej*) elevator [*or* hotel lobby] music
Fahrt <-, -en> [faːɐ̯t] *f* ❶ journey; **gute ~!** [have a] safe journey!; **eine einfache ~** a single [*or* AM one-way] ticket; **eine ~ ins Blaue** a mystery tour ❷ (*Geschwindigkeit*) **mit voller ~** at full speed ▶ **in ~ kommen/sein** (*fam*) to get/have got going
Fährte <-, -n> ['fɛːɐ̯tə] *f* tracks *pl*
Fahrtenbuch *nt* driver's log **Fahrtenschreiber** *m* tachograph
Fahrtkosten *Pl* travelling expenses **Fahrtrichtung** *f* direction of travel; **entgegen der/in ~ sitzen** to sit facing backwards/the front
fahrtüchtig *Adj Fahrzeug* roadworthy; *Mensch* fit to drive
Fahrtwind *m* headwind
fahruntüchtig *Adj Mensch* unfit to drive; *Fahrzeug* unroadworthy
Fahrwerk *nt* AUTO chassis **Fahrzeug** <-s, -e> *nt* vehicle **Fahrzeughalter(in)** *m(f)* vehicle owner
faktisch ['faktɪʃ] **I.** *Adj attr* real **II.** *Adv* basically
Faktor <-s, -toren> ['faktoːɐ̯, *Pl:* fak'toːrən] *m* factor
Fakultät <-, -en> [fakʊl'tɛt] *f* faculty
Falke <-n, -n> ['falkə] *m* falcon
Fall <-[e]s, Fälle> [fal, *Pl:* 'fɛlə] *m* ❶ *kein Pl* fall; **jdn zu ~ bringen** (*geh*) to make sb fall ❷ (*Untergang*) downfall; **eine Regierung zu ~ bringen** to bring down a government ❸ (*Angelegenheit*)

F

case; **der ~/nicht der ~ sein** to be/not to be the case; **auf alle Fälle** in any case; (*unbedingt*) at all events; **auf keinen ~** never; **für alle Fälle** just in case; **gesetzt den ~, dass ...** assuming [that] ...; **im günstigsten/schlimmsten ~[e]** at best/worst; **von ~ zu ~** from case to case ④ JUR, MED case ▶ **[nicht] jds ~ sein** (*fam*) [not] to be sb's cup of tea

Fallbeispiel *nt* example [for a particular case]

Falle <-, -n> ['falə] *f* trap; **~n stellen** to set traps; **jdm in die ~ gehen** to fall into sb's trap; **jdn in eine ~ locken** to lure sb into a trap; **in der ~ sitzen** to be trapped

fallen <fällt, fiel, gefallen> ['falən] *intr V sein* ① *Person* to fall; *Gegenstand* to drop; **etw ~ lassen** to drop sth ② (*fam: nicht bestehen*) **durch etw** *Akk* **~** to fail sth; **jdn durch eine Prüfung ~ lassen** to fail sb in an exam ③ *Preise* to fall; *Temperatur* to drop ④ (*im Krieg*) to be killed ⑤ (*verlauten*) **sein Name fiel mehrere Male** his name was mentioned several times; **eine Bemerkung ~ lassen** to drop a remark ⑥ (*aufgeben*) **jdn/etw ~ lassen** to abandon sb/sth

fällen ['fɛlən] *tr V* to fell

fällig ['fɛlɪç] *Adj* due *usu pred*

Fallobst *nt kein Pl* windfall

falls [fals] *Konj* if

Fallschirm *m* parachute; **mit dem ~ abspringen** to parachute

Fallschirmjäger(in) *m(f)* paratrooper **Fallschirmspringer(in)** *m(f)* parachutist

Fallstrick *m* trap, snare

Fallstudie *f* case study

falsch [falʃ] **I.** *Adj* ① (*verkehrt*) wrong; **Sie sind hier falsch** (*am Telefon*) you have the wrong number ② (*unzutreffend*) false ③ (*unecht*) fake ④ (*pej: hinterhältig*) two-faced **II.** *Adv* wrongly; **etw ~ aussprechen** to mispronounce sth; **jdn ~ informieren** to misinform sb; **alles ~ machen** to do everything wrong

fälschen ['fɛlʃn̩] *tr V* to forge; ÖKON to falsify

Falschgeld *nt kein Pl* counterfeit money

fälschlich **I.** *Adj* false **II.** *Adv* mistakenly

falsch|liegen *intr V* to be wrong (**mit** in)

falsch|spielen *intr V* to cheat **Falschspieler(in)** *m(f)* cheat

Fälschung <-, -en> *f* forgery

fälschungssicher *Adj* forgery-proof

Faltblatt *nt* leaflet **Faltboot** *nt* collapsible boat **Faltdach** *nt* AUTO soft top

Falte <-, -n> ['faltə] *f* ① fold ② (*in Kleidung*) crease ③ (*Hautfalte*) wrinkle; **die Stirn in ~n legen** to furrow one's brows

falten ['faltn̩] *tr V* to fold; **die Hände ~** to fold one's hands

Faltenrock *m* pleated skirt

Falter <-s, -> ['faltɐ] *m* (*Tagfalter*) butterfly; (*Nachtfalter*) moth

faltig ['faltɪç] *Adj Haut* wrinkled

Falz <-es, -e> [falts] *m* TYPO (*Buchdeckel*) joint; (*Papier*) fold

falzen ['faltsn̩] *tr V* to fold

familiär [fami'li̯ɛːɐ̯] *Adj* ① family *attr;* **aus ~en Gründen** for family reasons ② (*zwanglos*) familiar; **in ~er Atmosphäre** in an informal atmosphere

Familie <-, -n> [fa'miːli̯ə] *f* family; **aus guter ~ sein** to come from a good family; **eine vierköpfige ~** a family of four; **zur ~ gehören** to be one of the family; **eine ~ gründen** to start a family; **das liegt in der ~** it runs in the family; **~ Lang** the Lang family

Familienbetrieb *m* family business **Familienname** *m* surname **Familienstand** *m* marital status **Familienvater** *m* father

Fan <-s, -s> [fɛn] *m* fan

Fanatiker(in) <-s, -> [fa'naːtikɐ] *m(f)* fanatic

fanatisch [fa'naːtɪʃ] **I.** *Adj* fanatical **II.** *Adv* fanatically

fand ['fant] *Imp von* **finden**

Fanfare <-, -n> [fan'faːrə] *f* fanfare

Fang <-[e]s> [faŋ, *Pl:* 'fɛŋə] *m kein Pl* catch ▶ **einen guten ~ machen** to make a good catch

Fangarm *m* tentacle

fangen <fängt, fing, gefangen> ['faŋən] *tr V* to catch; **Fangen spielen** to play catch

Fangfrage *f* trick question **Fangleine** *f* NAUT hawser

Fantasie[RR] <-, -n> [fanta'ziː, *Pl:* -'ziːən] *f* ① *kein Pl* (*Vorstellungskraft*) imagination ② (*Vorstellung*) fantasy

Fantasiegebilde[RR] *nt* fantastic form

fantasielos[RR] *Adj* unimaginative
fantasieren*[RR] [fanta'zi:rən] *intr V* to fantasize
fantasievoll[RR] *Adj* [highly] imaginative
Fantast(in)[RR] <-en, -en> [fan'tast] *m(f)* dreamer
Fantasterei[RR] <-, -en> [fantastə'rai] *f* (*geh*) fantasy
fantastisch[RR] [fan'tastɪʃ] **I.** *Adj* fantastic **II.** *Adv* fantastically
Fanzine <-s, -s> ['fɛnzi:n] *nt* fanzine
FAQ [ɛfʔeɪʔkju:] *Pl* INET *Abk von* **Frequently Asked Questions** FAQ
Farbabzug *m* FOTO colour print
Farbaufnahme *f* colour photo[graph]
Farbe <-, -n> ['farbə] *f* ❶ colour ❷ (*Anstreichmittel*) paint; (*Färbemittel*) dye ▸ ~ **bekennen** to come clean; ~ **bekommen** to get a [sun]tan
farbecht *Adj* colourfast
färben ['fɛrbn̩] **I.** *tr V* to dye **II.** *refl V* **sich** ~ to change colour; **die Blätter färben sich gelb** the leaves are turning yellow
farbenblind *Adj* colour blind **farbenfroh** *Adj* colourful **Farbenkasten** *m* paintbox
Farbfernseher *m* (*fam*) colour television [set] [*or fam* TV] **Farbfilm** *m* colour film **Farbfotografie** *f* ❶ (*Verfahren*) colour photography ❷ (*Bild, Abzug*) colour photo[graph]
farbig ['farbɪç] *Adj* ❶ coloured ❷ (*lebhaft*) colourful
Farbige(r) *f(m) dekl wie Adj* coloured person
Farbkopierer *m* colour copier
farblos ['farplo:s] *Adj* colourless
Farbskala *f* colour range **Farbstift** *m* coloured pen **Farbstoff** *m* dye; (*Lebensmittelfarbstoff*) artificial colouring **Farbton** *m* shade
Färbung <-, -en> *f* (*Tönung*) shade
Farce <-, -n> ['farsə] *f* farce
Farn <-[e]s, -e> [farn] *m*, **Farnkraut** *nt* fern
Fasan <-s, -e[n]> [fa'za:n] *m* pheasant
Faschierte(s) *nt dekl wie Adj* ÖSTERR (*Hackfleisch*) mince
Fasching <-s, -e *o* -s> ['faʃɪŋ] *m* carnival
Faschingsdienstag *m* Shrove Tuesday
Faschismus <-> [fa'ʃɪsmʊs] *m kein Pl* fascism
Faschist(in) <-en, -en> [fa'ʃɪst] *m(f)* fascist
faseln ['fa:zl̩n] *intr V* (*pej*) to babble
Faser <-, -n> ['fa:zɐ] *f* fibre
faserig ['fa:zərɪç] *Adj*, **fasrig** ['fa:zrɪç] *Adj* fibrous
Fass[RR] <-es, Fässer> *nt*, **Faß**[ALT] <-sses, Fässer> [fas, *Pl:* fɛsɐ] *nt* barrel; **Bier vom** ~ draught beer; **Wein vom** ~ wine from the wood ▸ **ein** ~ **ohne Boden** a bottomless pit
Fassbombe[RR] *f* MIL barrel bomb
fassen ['fasn̩] **I.** *tr V* ❶ to grasp; **jdn am Arm** ~ to seize sb's arm; **jdn bei der Hand** ~ to take sb by the hand ❷ *Täter* to apprehend ❸ (*begreifen*) to comprehend; [**das ist**] **nicht zu** ~**!** it's incredible ❹ (*enthalten*) to contain **II.** *intr V* (*berühren*) to touch
Fassung <-, -en> *f* ❶ (*Rahmen*) mounting ❷ (*Brillenfassung*) frame ❸ (*Version*) version ❹ *kein Pl* (*Selbstbeherrschung*) composure; **die** ~ **bewahren** to maintain one's composure; **jdn aus der** ~ **bringen** to unsettle sb; **etw mit** ~ **tragen** to bear sth calmly; **die** ~ **verlieren** to lose one's self-control
fassungslos **I.** *Adj* staggered **II.** *Adv* in bewilderment **Fassungsvermögen** *nt* capacity
fast [fast] *Adv* almost; ~ **nie** hardly ever
fasten ['fastn̩] *intr V* to fast
Fastenkur *f* diet **Fastenmonat** *m* REL month of fasting **Fastenzeit** *f* REL Lent
Fast Food[RR], **Fastfood**[RR], **Fast food**[ALT] <-> ['fa:stfu:t] *nt kein Pl* fast food
Fastnacht ['fastnaxt] *f kein Pl* carnival

Die Fastnacht marks the carnival season, the period of merrymaking before the start of Lent. In southern parts of Germany it is known as *Fasching*, in the Rhineland *Karneval*. Celebrations are usually concentrated in Catholic areas and involve parties, balls, special concerts and fancy dress. The festivities usually culminate in street processions on *Rosenmontag* (the Monday preceding Shrove Tuesday).
The time from November 11th, the official start of the carnival season, to its end on *Aschermittwoch* (Ash Wednes-

F

day, the start of Lent is also humorously referred to as *die fünfte Jahreszeit* (the fifth season).

Fastnachtsdienstag *m* Shrove Tuesday

faszinieren* [fastsi'niːrən] *tr, intr V* to fascinate; **was fasziniert dich so an ihm?** why do you find him so fascinating?

faszinierend *Adj* fascinating

F

fatal [fa'taːl] *Adj* (*geh*) fatal; **~e Folgen haben** to have fatal repercussions

fauchen ['fauxn̩] *intr V* to hiss

faul [faul] *Adj* ❶ (*nicht fleißig*) lazy ❷ (*verfault*) rotten ❸ (*pej fam*) **an etw** *Dat* **ist etw ~** something is fishy about sth

faulen ['faulən] *intr V sein o haben* to rot

faulenzen ['faulɛntsn̩] *intr V* to laze about

Faulenzen <-s> *nt kein Pl* lazing about

Faulenzer(in) <-s, -> ['faulɛntsɐ] *m(f)* (*pej*) layabout

Faulheit <-> *f kein Pl* laziness

faulig ['faulɪç] *Adj* rotten; *Geruch, Geschmack* foul; *Wasser* stagnant

Fäulnis <-> ['fɔylnɪs] *f kein Pl* rot

Faulpelz *m* (*pej fam*) lazybones **Faultier** *nt* ❶ sloth ❷ (*fam*) *s.* **Faulpelz**

Fauna <-, Faunen> ['fauna, *Pl:* 'faunən] *f* fauna

Faust <-, Fäuste> [faust, *Pl:* fɔystə] *f* fist; **die ~ ballen** to clench one's fist ▶ **auf eigene ~** off one's own bat

Fausthandschuh *m* mitten **Faustregel** *f* rule of thumb

Fax <-, -e> [faks] *nt* fax

faxen ['faksn̩] *intr, tr V* to fax

Faxen ['faksn̩] *Pl* ❶ (*Albereien*) clowning around; **lass die ~!** stop clowning! ❷ (*fam: Grimassen*) grimaces *pl;* **~ machen** to make faces ▶ **die ~ dick[e] haben** (*fam*) to have had it up to here

Fazit <-s, -s *o* -e> ['faːtsɪt] *nt* result; **das ~ aus etw ziehen** to sum up sth *sep*

FCKW <-s, -s> *m Abk von* **Fluorchlorkohlenwasserstoff** CFC

Feber <-s, -> ['feːbɐ] *m* ÖSTERR (*Februar*) February

Februar <-[s], *selten* -e> ['feːbruaːɐ̯] *m* February; **Anfang/Ende ~** at the beginning/end of February; **Mitte ~** in the middle of February; **wir haben ~** it's February; **im ~** in February; **im Laufe des ~s** during the course of February; **in den ~ fallen/legen** to be in February/to schedule for February; **diesen ~** this February; **jeden ~** every February; **bis in den ~ [hinein]** until [well] into February; **den ganzen ~ über** for the whole of February; **am 14. ~** (*geschrieben:*) on [the] 14th February BRIT, on February 14 AM; (*gesprochen:*) on the 14th of February [*or* AM February the 14th]; **am Freitag, dem 14. Februar** on Friday, February [the] 14th; **Dorothee hat am 12. ~ Geburtstag** Dorothee's birthday is on February 12th; **auf den 14. ~ fallen/legen** to fall on/to schedule for February 14th; **Hamburg, den 14. ~ 2013** Hamburg, 14th February 2013 BRIT, Hamburg, February 14, 2013 *esp* AM

fechten <fechtet *o* ficht, focht, gefochten> ['fɛçtn̩] *intr V* to fence

Fechten <-s> ['fɛçtn̩] *nt kein Pl* fencing

Feder <-, -n> ['fɛdɐ] *f* ❶ feather ❷ (*Schreibfeder*) nib ❸ (*Sprungfeder*) spring ❹ *Pl* (*Bett*) **noch in den ~n liegen** (*fam*) to still be in bed; **raus aus den ~n!** (*fam*) rise and shine! ▶ **sich mit fremden ~n schmücken** to take the credit for sb else's efforts

Federball *m* ❶ *kein Pl* (*Spiel*) badminton ❷ (*Ball*) shuttlecock **Federbett** *nt* duvet **federführend** *Adj* in charge **Federgewicht** *nt kein Pl* featherweight **Federhalter** *m* fountain pen **federleicht** ['feːdɐ'laiçt] *Adj* as light as a feather *pred*

federn ['feːdɐn] *intr V* to be springy

Federung <-, -en> *f* springing; (*für Auto a.*) suspension

Fee <-, -n> [feː, *Pl:* 'feːən] *f* fairy

Fegefeuer ['feːgə-] *nt* purgatory

fegen ['feːgn̩] *tr V haben* ❶ to sweep ❷ SCHWEIZ (*feucht wischen*) to wipe

fehlbesetzt *Adj Rolle, Schauspieler* miscast **Fehlbetrag** *m* deficit

fehlen ['feːlən] **I.** *intr V* ❶ to be missing; **jdm fehlt etw** sb is missing sth ❷ (*vermissen*) **jd fehlt jdm** sb misses sb ❸ (*an etw leiden*) **fehlt Ihnen etwas?** is there anything wrong with you?; **nein, mir fehlt wirklich nichts** no, there is nothing the matter with me **II.** *intr V unpers* **jdm fehlt es an etw** *Dat* sb is lacking sth; **jdm fehlt an nichts** sb wants for nothing ▶ **es fehlte nicht viel, und ...** ... almost ...; **weit gefehlt!** way off the mark!; **wo fehlt's?** what's the matter?

Fehler <-s, -> ['fe:lɐ] *m* ❶ (*Irrtum*) error, mistake; **einen ~ machen** to make a mistake; **jds ~ sein** to be sb's fault ❷ (*Mangel*) defect ❸ (*schlechte Eigenschaft*) fault

fehlerfrei *Adj* faultless

fehlerhaft *Adj* defective

Fehlermeldung *f* error message

Fehlgeburt *f* miscarriage **Fehlgriff** *m* mistake **Fehlkonstruktion** *f* flawed product **Fehlschaltung** *f* faulty circuit **Fehlschlag** *m* failure **fehl|schlagen** *intr V unreg sein* to fail **Fehlstart** *m* SPORT false start **Fehltritt** *m* lapse **Fehlzündung** *f* misfiring; **eine ~ haben** to misfire

Feier <-, -n> ['faiɐ] *f* celebration; **zur ~ des Tages** in honour of the occasion

Feierabend ['faiɐʔa:bn̩t] *m* ❶ (*Arbeitsschluss*) end of work; **~!** that's it for today!; **~ machen** to finish work for the day; **nach ~** after work ❷ (*Zeit nach Arbeitsschluss*) evening

feierlich ['faiɐlɪç] *Adj* ceremonial

Feierlichkeit <-, -en> *f* ❶ *kein Pl* (*würdevolle Beschaffenheit*) solemnity ❷ *meist Pl* (*Feier*) celebrations, festivities

feiern ['faiɐn] *tr, intr V* to celebrate; **eine Party ~** to have a party

Feiertag ['faiɐta:k] *m* holiday

feig [faik], **feige** ['faigə] *Adj, Adv* cowardly

Feige <-, -n> ['faigə] *f* ❶ (*Baum*) fig tree ❷ (*Frucht*) fig

Feigenblatt *nt* fig leaf

Feigheit <-, -en> *f kein Pl* cowardice

Feigling <-s, -e> ['faiklɪŋ] *m* coward

Feile <-, -n> ['failə] *f* file

feilen ['failən] **I.** *tr V* to file **II.** *intr V* **an etw** *Dat* **~** to polish sth

feilschen ['failʃn̩] *intr V* to haggle (**um** over)

fein ['fain] **I.** *Adj* ❶ fine; (*zart*) delicate ❷ (*vornehm*) distinguished; **~e Dame/~er Herr** a distinguished lady/gentleman; **sich ~ machen** to get dressed up ❸ (*qualitätsvoll*) exquisite; **vom Feinsten** of the highest quality ❹ (*fam: erfreulich*) fine ▶ **~ raus sein** to be in a nice position **II.** *Adv* finely; **~ gemahlen** fine-ground

Feind(in) <-[e]s, -e> ['faint, *Pl:* faində] *m(f)* enemy

feindlich *Adj* ❶ (*gegnerisch*) enemy *attr* ❷ (*feindselig*) hostile; **jdm ~ gegenüberstehen** to be hostile to sb

Feindschaft <-> *f kein Pl* hostility

feindselig ['faintze:lɪç] **I.** *Adj* hostile **II.** *Adv* hostilely; **sich ~ verhalten** to behave in a hostile manner

Feindseligkeit <-, -en> *f* hostility

feinfühlend *Adj* sensitive, delicate **feinfühlig** ['fainfy:lɪç] *Adj* sensitive **Feingefühl** *nt kein Pl* sensitivity; **etw verlangt viel ~** sth requires a great deal of tact

Feinheit <-, -en> *f* ❶ (*Feinkörnigkeit*) fineness; (*Zartheit*) delicacy ❷ (*Scharfsinnigkeit*) acuteness ❸ *Pl* (*Nuancen*) subtleties *pl*

feinkörnig *Adj* FOTO fine-grain **Feinkostgeschäft** *nt* delicatessen **feinmaschig** **I.** *Adj* fine; *Netz* with a fine mesh, fine-meshed **II.** *Adv* finely knitted **Feinmechanik** *f* precision engineering **Feinschmecker(in)** <-s, -> *m(f)* gourmet **Feinschmeckerrestaurant** *nt* gourmet restaurant **Feinunze** *f* (*31,10 g*) troy ounce **Feinwäsche** *f* delicates *pl* **Feinwaschmittel** *nt* mild detergent

feist [faist] *Adj* fat

feixen ['faiksn̩] *intr V* (*fam*) to smirk

Feld <-[e]s, -er> [felt, *Pl:* 'fɛldɐ] *nt* ❶ field ❷ (*auf Spielbrett*) square ▶ **das ~ räumen** to quit the field; **jdm das ~ überlassen** to leave the field open to sb

Feldmesser *nt* (*veraltet*) [land] surveyor **Feldsalat** *m* lamb's lettuce **Feldstecher** <-s, -> *m* binoculars *pl* **Feldwebel(in)** <-s, -> ['feltve:bl̩] *m(f)* sergeant-major **Feldweg** *m* field path **Feldzug** *m* campaign

Felge <-, -n> ['fəlgə] *f* rim

Felgenbremse *f* rim brake

Fell <-[e]s, -e> [fɛl] *nt* fur; **einem Tier das ~ abziehen** to skin an animal ▶ **ein dickes ~ haben** (*fam*) to be thick-skinned

Felsblock <-blöcke> *m* boulder

Felsen <-s, -> ['fɛlzn̩] *m* cliff

felsenfest ['fɛlzn̩'fɛst] **I.** *Adj* steadfast

F

II. *Adv* ~ **von etw überzeugt sein** to be firmly convinced of sth

felsig ['fɛlzɪç] *Adj* rocky

Felswand *f* rock face

feminin [femi'ni:n] *Adj* feminine

Feminismus <-> [femi'nɪsmʊs] *m kein Pl* feminism

Feminist(in) <-en, -en> [femi'nɪst] *m(f)* feminist

feministisch *Adj* feminist

Fenchel <-s> ['fɛnçl̩] *m kein Pl* fennel

Fenster <-s, -> ['fɛnstɐ] *nt* window ▶ **weg vom ~ sein** (*fam*) to be out of the running

Fensterbank <-bänke> *f* window-sill **Fensterbrett** *nt* window-sill **Fensterbriefumschlag** *m* window envelope **Fensterflügel** *m* casement **Fensterladen** *m* shutter **Fensterplatz** *m* window seat **Fensterputzer(in)** <-s, -> *m(f)* window cleaner **Fensterrahmen** *m* window frame **Fensterscheibe** *f* window pane **Fenstertechnik** *f* COMPUT windowing

Ferien ['fe:ri̯ən] *Pl* holidays *pl,* vacation AM; **die großen ~** the summer holidays BRIT; **~ haben** to be on holiday [*or* AM vacation]

Ferienhaus *nt* holiday home **Ferienkurs** *m* summer school **Ferienlager** *nt* holiday camp **Ferienpark** *m* TOURISM holiday park BRIT, tourist resort AM **Ferienwohnung** *f* holiday flat BRIT, vacation apartment AM **Ferienzeit** *f* holiday period

Ferkel <-s, -> ['fɛrkl̩] *nt* ① piglet ② (*pej fam: Mensch*) pig

fern [fɛrn] **I.** *Adj* ① *räumlich* faraway; **von ~ beobachten** to observe from afar ② *zeitlich* distant; **in nicht allzu ~er Zeit** in the not too distant future ③ (*außer Frage*) **etw liegt jdm ~** sth is far from sb's mind **II.** *Präp +Dat* far [away] from

Fernamt *nt* telephone exchange **Fernbedienung** *f* remote control **fern|bleiben** *intr V unreg sein* (*geh*) to stay away

ferner ['fɛrnɐ] *Konj* furthermore

Fernfahrer(in) *m(f)* long-distance lorry [*or* AM truck] driver **Ferngespräch** *nt* long-distance call **ferngesteuert** *Adj* remote-controlled **Fernglas** *nt* [pair of] binoculars **fern|halten** *unreg tr, refl V* **sich von jdm/etw ~** to keep away from sb/sth **Fernheizung** *f* district heating **Fernkurs** *m* correspondence course **Fernlicht** *nt* full beam BRIT, high beams AM **Fernmeldesatellit** *m* communications satellite **Fernost** ['fɛrn'ʔɔst] *kein art* **aus/in/nach ~** from/in/to the Far East **Fernrohr** *nt* telescope **Fernschreiber** *m* telex

Fernsehansager(in) *m(f)* television announcer **Fernsehantenne** *f* television aerial **Fernsehapparat** *m* television set

Fernsehen <-s> ['fɛrnze:ən] *nt kein Pl* television; **im ~ kommen** to be on television

fern|sehen ['fɛrnze:ən] *intr V unreg* to watch television

Fernseher <-s, -> *m* television [set]

Fernsehgerät *nt* (*geh*) television set **Fernsehkoch, Fernsehköchin** *m, f* MEDIA, TV TV chef **Fernsehprogramm** *nt* television programme **Fernsehsender** *m* television station **Fernsehsendung** *f* television programme **Fernsehübertragung** *f* television broadcast **Fernsehzeitschrift** *f* television guide

Fernsicht *f* view

Fernsprechansagedienst *m* telephone information [*or* announcement] service **Fernsprechanschluss**[RR] *m* (*geh*) telephone connection **Fernsprechauftragsdienst** *m* automatic telephone answering service **Fernsprechauskunft** *f* TELEK (*form*) directory enquiries [*or* AM assistance] *pl*

Fernsprecher *m* telephone **Fernsteuerung** *f* remote control **Fernstudium** *nt* correspondence course **Fernverkehr** *m* long-distance traffic **Fernweh** <-[e]s> *nt kein Pl* wanderlust

Ferse <-, -n> ['fɛrzə] *f* heel ▶ **jdm [dicht] auf den ~n sein** to be [hot] on sb's tail

fertig ['fɛrtɪç] **I.** *Adj* ① finished; **etw ~ haben** to have finished sth; **mit etw ~ sein** to be finished with sth; **mit etw ~ werden** to finish sth ② (*bereit*) ready; **sich ~ machen** (*sich bereit machen*) to get ready (**für** for) **II.** *Adv* **etw ~ stellen** to finish sth

Fertigbau <-bauten> *m* ① *kein Pl* (*Bauweise*) prefabricated construction ② (*Haus*) prefab

fertigen ['fɛrtɪgn̩] *tr V* (*geh*) to manufacture

Fertigerzeugnis *nt* finished product **Fertiggericht** *nt* instant meal **Fertighaus** *nt* prefabricated house

Fertigkeit <-, -en> *f* ① *kein Pl* (*Geschicklichkeit*) skill ② *Pl* (*Fähigkeiten*) competence

fertig|machen *tr V* ① (*zu Ende*) **etw ~** to finish sth ② (*bereit*) **sich ~** to get ready [for sth] ③ (*fig*) **jdn ~** (*schikanieren*) to wear sb down *sep;* (*sl: zusammenschlagen*) to beat up sb *sep* **fertig|stellen** *tr V* to finish [*or* complete] **Fertigteil** *nt* prefabricated component

Fertigung <-, -en> *f* manufacture

Fertigungsstraße *f* production line

fesch [fɛʃ] *Adj* SÜDD, ÖSTERR (*fam*) smart

Fessel <-, -n> ['fɛsl̩] *f* (*Schnur*) bond; (*Kette*) shackles *pl;* **jdm ~n anlegen** to tie sb up; **seine ~n sprengen** to throw off one's chains *fig*

Fesselballon [-balɔŋ] *m* captive balloon

fesseln ['fɛsl̩n] *tr V* ① to bind ② (*faszinieren*) to captivate

fesselnd *Adj* captivating

fest [fɛst] **I.** *Adj* ① (*stabil*) strong ② (*nicht flüssig*) solid ③ (*entschlossen*) firm ④ (*kräftig*) firm ⑤ (*nicht locker*) tight ⑥ *Termin* fixed ⑦ *Freund, Freundin* steady **II.** *Adv* ① (*kräftig*) firmly; **jdn ~ an sich drücken** to give someone a big hug ② (*nicht locker*) tightly ③ (*mit Nachdruck*) definitely; **jdm etw ~ versprechen** to make sb a firm promise ④ (*dauernd*) permanently; **~ angestellt sein** to have a permanent job

Fest <-[e]s, -e> [fɛst] *nt* ① celebration; **ein ~ geben** to have a party ② (*Feiertag*) feast; **frohes ~!** Happy Christmas/Happy Easter, etc.

festangestellt *Adj* **~ sein** to have a permanent job **fest|bleiben** *intr V unreg sein* to stand one's ground

Festessen *nt* banquet

fest|fahren *refl V unreg* **sich ~** to get stuck **fest|halten** *unreg* **I.** *tr V* ① to grab (**an** by) ② (*gefangen halten*) to detain **II.** *intr V* **an etw** *Dat* **~** to adhere to sth **III.** *refl V* **sich ~** to hold on (**an** to)

festigen ['fɛstɪgn̩] *refl V* **sich ~** to become more firmly established

Festiger <-s, -> *m* setting lotion

fest|klammern *tr, refl V* [**sich**] **~** to clip (**an** to) **Festland** ['fɛstlant] *nt kein Pl* (*Kontinent*) continent **fest|legen** **I.** *tr V* to determine **II.** *refl V* **sich ~** to commit oneself (**auf** to)

festlich **I.** *Adj* festive **II.** *Adv* festively; **~ gekleidet sein** to be dressed up

Festlichkeit <-, -en> *f* festivity

fest|liegen *intr V unreg* to be determined **fest|machen** *tr V* to fasten (**an** to) **fest|nageln** *tr V* ① to nail (**an** to) ② (*fam*) **jdn ~** to nail sb down (**auf** to) **Festnahme** <-, -n> ['fɛstna:mə] *f* arrest **fest|nehmen** *tr V unreg* to take into custody **Festnetz** *nt* landline; **jdn vom** [*o* **aus dem**] **~ anrufen** to call sb on the landline **Festplatte** *f* hard disk **Festplattenlaufwerk** *nt* hard disk drive **Festpreis** *m* HANDEL fixed price **fest|schnallen** **I.** *tr V* to strap [*or* buckle] in *sep* **II.** *refl V* **sich ~** to fasten one's seat belt **fest|schrauben** *tr V* to screw on *sep* **fest|setzen** **I.** *tr V* to determine **II.** *refl V* **sich ~** to collect **fest|sitzen** *intr V unreg* to be stuck

Festspiele *Pl* festival

fest|stehen *intr V unreg* to be certain; **steht das Datum schon fest?** has the date been fixed already? **fest|stellen** *tr V* ① (*bemerken*) to detect ② (*diagnostizieren*) **bei jdm etw ~** to diagnose sb with sth **Feststellung** *f* ① (*Bemerkung*) remark ② (*Beobachtung*) observation; **die ~ machen, dass ...** to see that ...

Festung <-, -en> ['fɛstʊŋ] *f* fortress

fest|ziehen *intr V unreg* to tighten

Festzins *m* fixed interest

fett [fɛt] *Adj* ① *Essen* fatty ② (*pej: dick*) fat ③ TYPO bold; **~ gedruckt** in bold [type] *pred*

Fett <-[e]s, -e> [fɛt] *nt* fat ▶ **sein ~ abbekommen** (*fam*) to get one's comeuppance

fettarm *Adj* low-fat **Fettfleck** *m,* **Fettflecken** *m* grease mark **fettgedruckt** *Adj attr* in bold [type] *pred* **Fettgewebe** *nt* fatty tissue

fettig ['fɛtɪç] *Adj* greasy

fettleibig ['fɛtlaibɪç] *Adj* obese

Fettleibigkeit <-> *f kein Pl* obesity

Fettnäpfchen *nt* ▶ **ins ~ treten** to put one's foot in it **Fettsäure** *f* fatty acid **Fettsucht** *f kein Pl* obesity

fetzen ['fɛtsn̩] *tr V* (*fam*) **sich ~** to tear each other apart

Fetzen <-s, -> ['fɛtsn̩] *m* scrap; **etw in ~ reißen** to tear sth to pieces ▸ **... dass die ~ fliegen** (*fam*) ... like mad

fetzig ['fɛtsiç] *Adj* (*sl*) fantastic

feucht [fɔyçt] *Adj* damp; *Hände, Stirn* clammy; *Klima* humid

Feuchtigkeit <-> ['fɔyçtɪçkait] *f kein Pl* ❶ dampness ❷ (*Wassergehalt*) moisture

F

Feuchtigkeitscreme [-kreːm] *f* moisturizing cream

feuchtwarm *Adj* warm and humid

feudal [fɔy'daːl] *Adj* feudal

Feuer <-s, -> ['fɔyɐ] *nt* ❶ fire; **~ fangen** to catch [on] fire; **am ~** by the fire ❷ (*für Zigarette*) **jdm ~ geben** to give sb a light; **~ haben** to have a light ❸ MIL fire; **das ~ einstellen/eröffnen** to cease/open fire ▸ **~ und Flamme [für etw] sein** to be enthusiastic [about sth]; **wie ~ brennen** to sting like mad; **für jdn durchs ~ gehen** to go through hell and high water for sb

Feueralarm *m* fire alarm **Feueranzünder** *m* firelighter, AM *usu* fire starter **feuerbeständig** *Adj* fireproof **Feuerbestattung** *f* cremation **feuerfest** *Adj* fireproof **feuergefährlich** *Adj* [in]flammable **Feuerleiter** *f* fire escape **Feuerlöscher** *m* fire extinguisher **Feuermelder** <-s, -> *m* fire alarm

feuern **I.** *intr V* to fire (**auf** at) **II.** *tr V* (*fam*) ❶ (*werfen*) to fling ❷ (*entlassen*) to sack; **gefeuert werden** to get the sack

feuerrot ['fɔyɐ'roːt] *Adj* fiery red **Feuerschlucker(in)** <-s, -> *m(f)* fire-eater **feuersicher** ['fɔyɐzɪçɐ] *Adj* fireproof **Feuerspritze** *f* fire hose **Feuerstein** *m* flint **Feuerstelle** *f* campfire site **Feuerwache** *f* fire station **Feuerwehr** <-, -en> *f* fire brigade + *sing/pl verb*

Feuerwehrauto *nt* fire engine **Feuerwehrleiter** *f* fire ladder **Feuerwehrmann, Feuerwehrfrau** <-leute *o* -männer> *m, f* firefighter

Feuerwerk *nt* fireworks *pl* **Feuerwerkskörper** *m* firework **Feuerzeug** *nt* lighter

Feuilleton <-s, -s> [fœjə'tõː] *nt* culture section

feurig ['fɔyrɪç] *Adj* fiery

Fiaker <-s, -> ['fi̯akɐ] *m* ÖSTERR ❶ (*Kutsche*) [BRIT hackney] cab ❷ (*Kutscher*) cab driver

Fibel <-, -n> ['fiːbl̩] *f* primer

Fichte <-, -n> [fɪçtə] *f* spruce

ficken ['fɪkn̩] *intr, tr V* (*vulg*) to fuck; **gefickt werden** to get fucked

Fidschiinseln *Pl* Fiji Islands *pl*

Fieber <-s, -> ['fiːbɐ] *nt* fever; **~ haben** to have a temperature; **[jdm] das ~ messen** to measure sb's temperature

fieberhaft **I.** *Adj* feverish **II.** *Adv* feverishly

fiebern ['fiːbɐn] *intr V* (*fig*) to be in a fever

Fieberthermometer *nt* thermometer

fiebrig ['fiːbrɪç] *Adj* feverish

fiel ['fiːl] *Imp von* **fallen**

fies [fiːs] *Adj* (*pej fam*) mean

Figur <-, -en> [fi'guːɐ̯] *f* figure; **auf seine ~ achten** to watch one's figure ▸ **eine gute/jämmerliche ~ machen** to cut a good/sorry figure

Figurine <-, -n> [figu'riːnə] *f* KUNST figurine

Filet <-s, -s> [fi'leː] *nt* fillet

Filetsteak [-steːk] *nt* fillet steak

Filiale <-, -n> [fi'li̯aːlə] *f* branch

Filialleiter(in) *m(f)* branch manager

Filipino, Filipina <-s, -s> [fili'piːno, fili'piːna] *m, f* Filipino

Film <-[e]s, -e> [fɪlm] *m* ❶ film ❷ (*Spielfilm*) film, movie AM

Filmemacher(in) *m(f)* film-maker

filmen ['fɪlmən] *tr, intr V* to film

Filmkamera *f* film [*or* AM movie] camera **Filmprojektor** *m* film projector **Filmregisseur(in)** *m(f)* film [*or* AM movie] director **Filmriss**^RR *m* (*sl*) mental blackout **Filmschauspieler(in)** *m(f)* film [*or* AM movie] actor *masc* [*or fem* actress] **Filmvorführgerät** *nt* (*geh*) projector **Filmvorführung** *f* film showing **Filmvorschau** *f* preview **Filmvorstellung** *f* film show

Filter <-s, -> ['fɪltɐ] *nt o m* filter

Filtereinsatz *m* filter element; AUTO strainer screen **Filterkaffee** *m* filter [*or* AM drip] coffee

filtern ['fɪltɐn] *tr V* to filter

Filterpapier *nt* filter paper **Filterzigarette** *f* filter cigarette

Filz <-es, -e> [fɪlts] *m* ❶ felt ❷ POL (*pej*) spoils system

filzen ['fɪltsn̩] *tr V* (*fam*) to frisk

Filzer <-s, -> ['fɪltsɐ] *m* (*fam*) felt-tip [pen]
Filzschreiber *m s.* **Filzstift**
Filzstift *m* felt-tip [pen]
Finale <-s, -s *o* -> [fi'na:lə] *nt* final
Finanzamt *nt* tax office
Finanzen [fi'nantsn̩] *Pl* finances *pl;* **jds ~ übersteigen** to be beyond sb's means
Finanzhilfe *f* financial support
finanziell [finan'ts̯iɛl] **I.** *Adj* financial **II.** *Adv* financially
finanzieren* [finan'tsi:rən] *tr V* to finance
Finanzierung <-, -en> *f* financing
Finanzmarkt *m* financial market **Finanzminister(in)** *m(f)* finance minister **Finanzministerium** *nt* tax and finance ministry
finden <fand, gefunden> ['fɪndn̩] **I.** *tr V* ① to find ② (*erhalten*) **Unterstützung ~** to receive support; **Zustimmung ~** to meet with approval (**bei** from) ③ (*empfinden*) **jdn blöd/nett ~** to think [that] sb is stupid/nice; **wie findest du das?** what do you think [of that]?; **es kalt/warm ~** to find it cold/warm; **etw an jdm ~** to see sth in sb ▸ **nichts an etw** *Dat* **~** to not think much of sth; **nichts dabei ~, etw zu tun** to think nothing of doing sth **II.** *intr V* ① **zu jdm/etw ~** to find one's way to sb/sth; **zu sich selbst ~** to find oneself ② (*meinen*) to think; **~ Sie?** [do] you think so? **III.** *refl V* **sich ~** ① (*wieder auftauchen*) to turn up ② (*vorhanden sein*) **es fand sich niemand, der ...** there was nobody to be found who...
Finderlohn *m* reward for the finder
findig ['fɪndɪç] *Adj* resourceful
Finesse <-, -n> [fi'nɛsə] *f* (*geh*) finesse; **mit allen ~n** with every refinement
fing ['fɪŋ] *Imp von* **fangen**
Finger <-s, -> ['fɪŋɐ] *m* finger; **~ weg!** hands off!; **mit den ~n schnippen** to snap one's fingers; **mit dem ~ auf jdn/etw zeigen** to point [one's finger] at sb/sth ▸ **überall seine ~ im Spiel haben** to have a finger in every pie; **etw in die ~ bekommen** to get one's fingers on sth; **jdn juckt es in den ~n, etw zu tun** sb is itching to do sth; **keinen ~ krumm machen** to not lift a finger; **die ~ von jdm/etw lassen** to keep away from sb/sth; **sich** *Dat* **nicht dic** ... **schmutzig machen** to not get one's hands dirty; **jdn um den [kleinen] ~ wickeln** to wrap sb [a]round one's little finger
Fingerabdruck *m* fingerprint **fingerfertig** *Adj* nimble-fingered **Fingerhut** *m* ① thimble ② BOT foxglove **Fingernagel** *m* fingernail; **an den Fingernägeln kauen** to bite one's nails **Fingerspitzengefühl** *nt kein Pl* fine feeling; **~ haben** to be tactful; **kein ~ haben** to be tactless

F

Fink <-en, -en> [fɪŋk] *m* finch
Finne, Finnin <-n, -n> ['fɪnə, 'fɪnɪn] *m, f* Finn, Finnish man/woman; **~/Finnin sein** to be Finnish
finnisch ['fɪnɪʃ] *Adj* Finnish; *s. a.* **deutsch**
Finnisch ['fɪnɪʃ] *nt dekl wie Adj* Finnish; *s. a.* **Deutsch**
Finnland <-s> ['fɪnlant] *nt* Finland
finster ['fɪnstɐ] *Adj* ① dark ② (*mürrisch*) grim
Firma <-, Firmen> ['fɪrma, *Pl:* 'fɪrmən] *f* company
Firmengründer(in) *m(f)* company founder **Firmenwagen** *m* company car **Firmenzeichen** *nt* company logo
Firmling <-s, -e> ['fɪrmlɪŋ] *m* candidate for confirmation
Firmung <-, -en> *f* confirmation
First <-[e]s, -e> [fɪrst] *m* roof ridge
Fisch <-[e]s, -e> [fɪʃ] *m* ① fish ② ASTRO Pisces *no pl* ▸ **ein großer ~** a big fish; **ein kleiner ~** one of the small fry
fischen ['fɪʃn̩] *intr V* to fish
Fischen <-s> *nt kein Pl* fishing
Fischer(in) <-s, -> ['fɪʃɐ] *m(f)* fisher
Fischfang *m kein Pl* fishing **Fischhändler(in)** *m(f)* fishmonger BRIT, fish dealer AM **Fischotter** *m* otter **Fischstäbchen** *nt* fish-finger BRIT, fish stick AM **Fischzucht** *f* fish-farming
Fiskalpakt *m* POL, FIN fiscal compact
Fisole <-, -n> [fi'zo:lə] *f* ÖSTERR (*grüne Bohne*) French [*or* green] beans *pl*
fit [fɪt] *Adj präd* fit; **sich ~ halten** to keep fit
Fitness[RR], **Fitneß**[ALT] <-> ['fɪtnɛs] *f kein Pl* fitness
Fitnesscenter[RR] [-sɛntɐ] *nt* gym **Fitnessgerät**[RR] ['fɪtnɛs-] *nt* SPORT fitness [*or* gym] equipment *no pl*
fix [fɪks] **I.** *Adj* ① (*feststehend*) fixed

❷ (*fam: flink*) quick; ~ **gehen** to not take long ▶ ~ **und fertig sein** to be exhausted; **jdn ~ und fertig machen** to wear out sb **II.** *Adv* quickly

fixieren* [fɪ'ksi:rən] *tr V* ❶ (*anstarren*) **jdn/etw ~** to fix one's gaze on sb/sth ❷ PSYCH to be fixated on ❸ (*geh: festlegen*) to fix ❹ (*schriftlich niederlegen*) to record ❺ SCHWEIZ (*befestigen*) to fix

F

FKK-Strand *m* nudist beach

flach [flax] *Adj* ❶ (*eben*) flat; **sich ~ hinlegen** to lie [down] flat ❷ (*nicht hoch*) low ❸ (*nicht tief*) shallow

Flachbildschirm *m* flat screen **Flachdach** *nt* flat roof

Fläche <-, -n> ['flɛçə] *f* ❶ (*Außenseite*) surface ❷ (*Gebiet*) area

Flächeninhalt *m* [surface] area **Flächenstreik** *m* general strike

flach|fallen *intr V sep unreg sein* (*fam*) to not come off

Flachland *nt* lowland

Flachs <-es> [flaks] *m kein Pl* BOT flax

flachsen ['flaksn̩] *intr V* (*fam*) to kid around

flackern ['flakɐn] *intr V* to flicker

Fladenbrot *nt* round flat loaf [of bread]

Flagge <-, -n> ['flagə] *f* flag

Flaggschiff *nt* flagship

Flame, Flamin *o* **Flämin** <-n, -n> ['flamə, fla:mɪn, flɛ:mɪn] *m, f* Fleming, Flemish man/woman

Flamingo <-s, -s> [fla'mɪŋgo] *m* flamingo

flämisch ['flɛmɪʃ] *Adj* Flemish

Flamme <-, -n> ['flamə] *f* flame; **in ~n aufgehen** to go up in flames; **etw auf großer/kleiner ~ kochen** to cook sth on a high/low heat

flammend *Adj* (*liter*) flaming

Flandern <-s> ['flandɐn] *nt* Flanders + *sing verb*

Flanell <-s, -e> [fla'nɛl] *m* flannel

Flaniermeile *f* (*fam*) promenade

Flanke <-, -n> ['flaŋkə] *f* ❶ ANAT flank ❷ FBALL cross

flanken ['flaŋkn̩] *intr V* FBALL to centre

flapsen ['flapsn̩] *intr V* (*fam*) to joke

Flasche <-, -n> ['flaʃə] *f* bottle; **etw in ~n füllen** to bottle sth; **einem Kind die ~ geben** to bottle-feed a child

Flaschenbier *nt* bottled beer **Flaschenkind** *nt* bottle-fed baby **Flaschenöffner** *m* bottle-opener **Flaschenzug** *m* block and tackle

Flatrate <-, -s> ['flɛtreɪt] *f* TELEK, INET flat rate **Flatscreen** <-s, -s> ['flɛtskri:n] *m* TV flat screen [TV]

flatterhaft *Adj* (*pej*) fickle

flattern ['flatɐn] *intr V* ❶ *Vogel* to flap ❷ (*im Wind*) to flutter

flau [flau] *Adj* ❶ (*unwohl*) queasy ❷ (*träge*) slack

Flaum <-[e]s> [flaum] *m kein Pl* down

flaumig ['flaumɪç] *Adj* downy

flauschig *Adj* fleecy

Flausen ['flauzən] *Pl* (*fam*) nonsense *no pl;* ~ **im Kopf haben** to have crazy ideas

Flaute <-, -n> ['flautə] *f* ❶ calm *no pl* ❷ ÖKON lull

Flechte <-, -n> ['flɛçtə] *f* lichen

flechten <flocht, geflochten> ['flɛçtn̩] *tr V* to plait; *Korb, Kranz* to weave

Fleck <-[e]s, -e *o* -en> [flɛk] *m* ❶ (*Schmutzfleck*) stain; **~en machen** to stain ❷ (*dunkle Stelle*) mark; **ein blauer ~** a bruise ❸ (*Stelle*) spot; **sich nicht vom ~ rühren** to not move an inch

fleckenlos *Adj* spotless

Fleckentferner <-s, -> *m* stain remover

Fleckerlteppich ['flɛkɐl-] *m* SÜDD, ÖSTERR rag rug

fleckig ['flɛkɪç] *Adj* ❶ (*befleckt*) stained ❷ (*mit dunklen Stellen*) blemished

Fledermaus ['fle:dɐmaus] *f* bat

Flegel <-s, -> ['fle:gl̩] *m* (*pej*) lout

flegelhaft *Adj* (*pej*) uncouth

flehen ['fle:ən] *intr V* (*geh*) to beg (**um** for)

flehentlich ['fle:əntlɪç] **I.** *Adj* (*geh*) pleading **II.** *Adv* pleadingly

Fleisch <-[e]s> ['flaiʃ] *nt kein Pl* ❶ (*Essen*) meat; ~ **fressend** carnivorous ❷ (*Gewebe*) flesh ▶ **jdm in ~ und Blut übergehen** to become sb's second nature

Fleischbrühe *f* bouillon **Fleischbrühwürfel** *m* stock [*or* AM bouillon] cube

Fleischer(in) <-s, -> ['flaiʃɐ] *m(f)* butcher

fleischfressend *Adj* carnivorous **Fleischklößchen** *nt* meatball

fleischlos I. *Adj* vegetarian, without meat **II.** *Adv* ~ **kochen** to cook without meat

Fleischtomate *f* beef tomato **Fleischvergiftung** *f* food poisoning (*from meat*) **Fleischwaren** *Pl* meat products *pl* **Fleischwolf** *m* mincer BRIT, grinder AM **Fleischwurst** *f* ≈ pork sausage

fleißig ['flaisɪç] **I.** *Adj* ① (*hart arbeitend*) industrious ② (*Fleiß zeigend*) diligent **II.** *Adv* diligently

flennen ['flɛnən] *intr V* (*pej fam*) to blubber

Fleppe <-, -n> ['flɛpə] *f* (*sl*) driving licence BRIT, driver's license AM

flexibel [flɛ'ksi:bl̩] *Adj* flexible

Flexibilität <-> [flɛksibili'tɛ:t] *f kein Pl* flexibility

Flexitarier(in) <-s, -> [flɛksi'ta:ri̯ɐ] *m(f)* (*fam*) flexitarian

flicken ['flɪkn̩] *tr V* to mend; *Fahrradschlauch* to patch [up *sep*]

Flicken <-s, -> ['flɪkn̩] *m* patch

Flickenteppich *m* rag rug

Flickzeug *nt kein Pl* [puncture] repair kit

Flieder <-s, -> ['fli:dɐ] *m* lilac

fliederfarben *Adj* lilac

Fliege <-, -n> ['fli:gə] *f* ① fly ② MODE bow tie ▸ **zwei ~n mit einer Klappe schlagen** to kill two birds with one stone

fliegen <flog, geflogen> ['fli:gn̩] *intr V sein* to fly

Fliegengewicht *nt kein Pl* flyweight **Fliegenklatsche** *f* fly swatter **Fliegenpilz** *m* fly agaric *no pl*

Flieger <-s, -> *m* (*fam*) plane

Flieger(in) <-s, -> *m(f)* pilot

fliehen <floh, geflohen> ['fli:ən] *intr V sein* to flee; (*entkommen*) to escape

Fliese <-, -n> [fli:zə] *f* tile

Fliesenleger(in) <-s, -> *m(f)* tiler

Fließband <-bänder> *nt* production line; **am ~ arbeiten** to work on the production line

Fließbandfertigung *f* belt production, assembly line production

fließen <floss, geflossen> ['fli:sn̩] *intr V sein* to flow

fließend **I.** *Adj* ① fluent ② (*übergangslos*) fluid **II.** *Adv* ① **~ warmes und kaltes Wasser** running hot and cold water ② fluently; **~ Französisch sprechen** to speak fluent French

Fließheck *nt* AUTO fastback

Fließsatz *m* TYPO classified ad matter

flimmern ['flɪmɐn] *intr V* to flicker

flink [flɪŋk] *Adj* quick

Flinte <-, -n> ['flɪntə] *f* shotgun ▸ **die ~ ins Korn werfen** (*fam*) to throw in the towel

Flipperautomat *m* pinball machine

flippern ['flɪpɐn] *intr V* to play pinball

flippig *Adj* (*fam*) hip

flirten ['flø̞ɐ̯tn̩] *intr V* to flirt

Flittchen <-s, -> ['flɪtçən] *nt* (*pej fam*) slut

Flitterwochen *Pl* honeymoon *nsing*

flitzen ['flɪtsn̩] *intr V sein* to dash

flocht ['flɔxt] *Imp von* **flechten**

Flocke <-, -n> ['flɔkə] *f* flake; (*Schneeflocke*) snowflake

flockig ['flɔkɪç] *Adj* fluffy

flog ['flo:k] *Imp von* **fliegen**

floh [flo:] *Imp von* **fliehen**

Floh <-[e]s, Flöhe> [flo:, *Pl:* 'flø:ə] *m* flea

Flohmarkt *m* flea market

Flop <-s, -s> [flɔp] *m* (*fam*) flop

florieren* [flo'ri:rən] *intr V* to flourish; **eine ~de Kneipe** a flourishing pub

Floskel <-, -n> ['flɔskl̩] *f* set phrase

floss[RR], **floß**[ALT] ['flɔs] *Imp von* **fließen**

Floß <-es, Flöße> [flo:s, *Pl:* 'flø:sə] *nt* raft

Flosse <-, -n> ['flɔsə] *f* ① (*Fischflosse*) fin ② (*Schwimmflosse*) flipper

Flöte <-, -n> ['flø:tə] *f* pipe; (*Querflöte*) flute

flöten ['flø:tn̩] *intr, tr V* to play the flute ▸ **etw geht jdm ~** sb loses sth

Flötist(in) <-en, -en> [flø'tɪst] *m(f)* flautist

flott [flɔt] **I.** *Adj* ① (*zügig*) quick; **ein ~es Tempo** [a] high speed ② (*schick*) smart **II.** *Adv* ① (*zügig, rasch*) fast ② (*in schicker Weise*) smartly

flott|bekommen* *tr V unreg* to get working; *Schiff* to float off *sep; Auto* to get on the road

Flotte <-, -n> ['flɔtə] *f* fleet

Flottenstützpunkt *m* naval base

flott|machen *tr V* to get back in working order

Flöz <-es, -e> [flø:ts] *nt* seam

Fluch <-[e]s, Flüche> [flu:x, *Pl:* 'fly:çə] *m* curse

fluchen ['flu:xn̩] *intr V* to curse (**auf/über** at)

Flucht <-, -en> [flʊxt] *f* escape; **die ~ in etw** *Akk* refuge in sth; **die ~ ergreifen**

to take flight; **auf der ~ sein** to be on the run; **jdn in die ~ schlagen** to put sb to flight

fluchtartig **I.** *Adj* hasty **II.** *Adv* hastily

flüchten [ˈflʏçtn̩] **I.** *intr V sein* to flee; (*entkommen*) to escape **II.** *refl V haben* **sich in etw** *Akk* **~** to take refuge in sth

flüchtig [ˈflʏçtɪç] **I.** *Adj* ① (*fliehen*) **~ sein** to be a fugitive ② (*kurz*) fleeting, brief ③ (*oberflächlich*) cursory; **eine ~e Bekanntschaft** a passing acquaintance **II.** *Adv* ① (*kurz*) briefly ② (*oberflächlich*) cursorily; **jdn ~ kennen** to have met sb briefly

F

Flüchtigkeitsfehler *m* careless mistake

Flüchtling <-s, -> [ˈflʏçtlɪŋ] *m* refugee

Flug <-[e]s, Flüge> [fluːk, *Pl:* ˈflyːgə] *m* flight; **der ~ zum Mond** the journey to the moon ▶ **wie im ~[e]** in a flash

Flugbegleiter(in) *m(f)* steward *masc,* stewardess *fem* **Flugblatt** *nt* flyer **Flugboot** *nt* flying boat **Flugdatenschreiber** *m* flight recorder **Flugdauer** *f* flying time **Flugdrachen** *m* hang-glider

Flügel <-s, -> [ˈflyːgl̩] *m* ① wing ② (*Konzertflügel*) grand piano ▶ **die ~ hängen lassen** (*fam*) to lose heart

Flügelschraube *f* wing bolt; (*Mutter*) wing nut **Flügeltür** *f* double door

Fluggast *m* passenger

flügge [ˈflʏgə] *Adj* **~ sein** (*fig fam*) to be ready to leave the nest

Fluggeschwindigkeit *f von Flugzeugen* flying speed; *von Raketen, Geschossen* velocity; *von Vögeln* speed of flight **Fluggesellschaft** *f* airline **Flughafen** *m* airport **Flughöhe** *f* altitude **Flugkörper** *m* projectile **Fluglehrer(in)** *m(f)* flying instructor **Flugleitsystem** *nt* flight control system **Fluglotse, Fluglotsin** *m, f* flight controller **Flugplatz** *m* airfield

flugs [flʊks] *Adv* at once

Flugschein *m* pilot's licence **Flugschneise** *f* air corridor **Flugsicherung** *f* flight control **Flugverbotszone** *f area with a flying ban* **Flugverkehr** *m* air traffic **Flugzeit** *f* flight time **Flugzettel** *m* ÖSTERR leaflet **Flugzeug** <-[e]s, -e> *nt* plane; **mit dem ~** by plane

Flugzeugbesatzung *f* flight crew **Flugzeughalle** *f* hangar **Flugzeugträger** *m* aircraft carrier

flunkern [ˈflʊŋkɐn] *intr V* (*fam*) to fib

Fluor <-s> [ˈfluːoːɐ̯] *nt kein Pl* fluorine

Fluorchlorkohlenwasserstoff *m* chlorofluorocarbon, CFC

Fluppe <-, -n> [ˈflʊpə] *f* (*sl*) fag BRIT *fam,* ciggie *fam*

Flur[1] <-[e]s, -e> [fluːɐ̯] *m* corridor

Flur[2] <-, -en> [fluːɐ̯] *f* (*geh: freies Land*) open fields *pl*

Flurschaden *m* damage to [fields and] crops

Fluss[RR] <-es, Flüsse> *m,* **Fluß**[ALT] <-sses, Flüsse> [flʊs, *Pl:* ˈflʏsə] *m* ① river; **am ~** next to the river ② (*Verlauf*) flow; **sich im ~ befinden** to be in a state of flux

flussab[RR] [flʊsˈʔap], **flussabwärts**[RR] [flʊsˈʔapvɛrts] *Adv* downriver, downstream **flussaufwärts**[RR] [flʊsˈʔaufvɛrts] *Adv* upriver **Flussbett**[RR] *nt* riverbed

flüssig [ˈflʏsɪç] **I.** *Adj* ① liquid; *Glas, Stahl* molten; **etw ~ machen** to melt sth; **~ werden** to melt ② (*fließend*) flowing ③ FIN (*fam*) [**nicht**] **~ sein** [not] to have a lot of money **II.** *Adv* **~ sprechen** to speak fluently

Flüssigkeit <-, -en> *f* liquid

Flusskrebs[RR] *m* crayfish **Flussniederung**[RR] *f* fluvial plain **Flusspferd**[RR] *nt* hippopotamus **Flussufer**[RR] *nt* river bank

flüstern [ˈflʏstɐn] *intr, tr V* to whisper

Flut <-, -en> [fluːt] *f* ① (*Gegensatz zu Ebbe*) high tide; **die ~ geht zurück** the tide is going out; **es ist ~** the tide's in; **die ~ kommt** the tide is coming in; **bei ~** at high tide ② *meist Pl* (*Wassermassen*) torrent ③ (*große Menge*) flood

fluten [ˈfluːtn̩] *intr, tr V* to flood

Fluthilfe *f* flood relief **Flutlicht** *nt kein Pl* floodlight **Flutopfer** *nt* flood victim **Flutwelle** *f* tidal wave

f-Moll *nt* MUS F minor

focht [ˈfɔxt] *Imp von* **fechten**

fohlen [ˈfoːlən] *intr V* to foal

Fohlen <-s, -> [ˈfoːlən] *nt* foal

Föhn[RR] <-[e]s, -s *o* -e> [føːn] *m* hair-dryer

föhnen[RR] *tr V* to blow-dry

Föhre <-, -n> [ˈføːrə] *f* DIAL pine tree

Folge <-, -n> [ˈfɔlgə] *f* ① (*Auswirkung*) consequence; **etw zur ~ haben** to result in sth ② (*Abfolge*) series ③ TV episode

folgen ['fɔlgn̩] *intr V* ① to follow; **~ Sie mir unauffällig!** follow me quietly; **auf etw** *Akk* **~** to come after sth; **wie folgt** as follows ② (*hervorgehen*) **aus einer S. folgt, dass ...** the consequences of sth are that...

folgend ['fɔlgn̩t] *Adj* following; **sie sagte Folgendes: ...** she said this:...; **bitte notieren Sie sich Folgendes** please note what follows

folgendermaßen ['fɔlgn̩dɐ'ma:sn̩] *Adv* as follows

folgenschwer *Adj* serious

folgerichtig *Adj* logical

folgern ['fɔlgɐn] *tr V* to conclude (**aus** from)

folglich ['fɔlklɪç] *Adv* therefore

folgsam ['fɔlkza:m] *Adj* obedient

Folie <-, -n> ['fo:li̯ə] *f* film; (*Metallfolie*) foil

Folklore <-> [fɔlk'lo:rə] *f kein Pl* folklore

folkloristisch *Adj* folkloristic

Folter <-, -n> ['fɔltɐ] *f* torture ▶ **jdn auf die ~ <u>spannen</u>** to keep sb on tenterhooks

foltern ['fɔltɐn] *tr V* to torture

Folterung <-, -en> *f* torture

Fon [fo:n] *nt* (*fam*) *kurz für* **Telefon** phone

Fön® <-s, -s *o* -e> [fø:n] *m* hair-dryer

Fond <-s, -s> [fõ:] *m* ① KOCHK stock ② AUTO (*geh*) rear compartment

Fonds <-, -> [fõ:, *Pl:* fõ:s] *m* (*Geldreserve*) fund; (*Kapital*) funds *pl*

fönenALT ['fø:nən] *tr V s.* **föhnen**

Fontäne <-, -n> [fɔn'tɛ:nə] *f* fountain

foppen ['fɔpn̩] *tr V* (*fam*) **jdn ~** to pull sb's leg

forcieren* [fɔr'si:rən] *tr V* to push ahead with

Förderanlage *f* conveyor **Förderband** <-bänder> *nt* conveyor belt **Förderkorb** *m* hoisting cage

förderlich *Adj* useful

fordern ['fɔrdɐn] **I.** *tr V* ① (*verlangen*) to demand ② (*erfordern*) to require ③ (*herausfordern*) to challenge (**zu** to) **II.** *intr V* [**von jdm**] **~, dass ...** to demand [of sb] that ...

fördern ['fœrdɐn] *tr V* ① (*unterstützen*) to support; (*finanziell*) to sponsor ② (*vorantreiben*) to promote ③ (*abbauen*) to mine for; *Erdöl* to drill for

Förderturm *m* winding tower

Forderung <-, -en> *f* demand; **jds ~en erfüllen** to meet sb's demands; **~en [an jdn] stellen** to make demands [on sb]

Förderung <-, -en> *f* ① (*Unterstützung*) support ② (*das Fördern*) promotion

Forelle <-, -n> [fo'rɛlə] *f* trout

Form <-, -en> [fɔrm] *f* ① form; (*äußere Gestalt*) shape; **~ annehmen** to take shape; **in ~ von etw** in the form of sth ② (*Kondition*) form, shape *fam;* **in ~ bleiben** to stay in form; **nicht in ~ sein** to be out of shape; **in guter/schlechter ~** in good/bad shape ③ (*Gussform*) mould ④ (*Verhalten*) **die ~ wahren** (*geh*) to remain polite

formal [fɔr'ma:l] **I.** *Adj* formal **II.** *Adv* formally

Formalität <-, -en> [fɔrmali'tɛ:t] *f* formality

Format <-[e]s, -e> [fɔr'ma:t] *nt* ① format; **im ~ DIN A4** in A4 format ② (*Niveau*) quality; **~ haben** to have class; **kein ~ haben** to have no class

formatieren* [fɔrma'ti:rən] *tr V* to format

Formatierung <-, -en> *f* formatting

formbar *Adj* malleable

formbeständig *Adj* dimensionally stable

Formblatt *nt* HANDEL form, blank

Formel <-, -n> ['fɔrml̩] *f* ① (*Kürzel*) formula ② (*Ausdruck*) set phrase

formell [fɔr'mɛl] *Adj* ① (*offiziell*) official ② (*förmlich*) formal

formen ['fɔrmən] *tr V* ① to form ② (*modellieren*) to mould

Formenlehre *f* LING morphology

Formfehler *m* irregularity

formieren* [fɔr'mi:rən] *refl V* **sich ~** ① (*sich ordnen*) to form up (**zu** into) ② (*sich bilden*) to form

förmlich ['fœrmlɪç] **I.** *Adj* formal **II.** *Adv* ① formally ② (*geradezu*) really

Förmlichkeit <-, -en> *f kein Pl* formality

formlos *Adj* (*zwanglos*) informal

Formular <-s, -e> [fɔrmu'la:ɐ̯] *nt* form

formulieren* [fɔrmu'li:rən] *tr V* to formulate

forsch [fɔrʃ] **I.** *Adj* bold **II.** *Adv* boldly

forschen ['fɔrʃn̩] *intr V* to research; **nach jdm/etw ~** to search for sb/sth

Forscher(in) <-s, -> *m(f)* researcher
Forschung <-, -en> *f* research
Forschungssatellit *m* research satellite
Forst <-[e]s, -e[n]> [fɔrst] *m* forest
Forstamt *nt* forestry office [*or* AM service] **Forstarbeiter(in)** *m(f)* forest labourer
Förster(in) <-s, -> ['fœrstɐ] *m(f)* forester
Forsthaus *nt* forester's house **Forstwirtschaft** *f kein Pl* forestry

F

fort [fɔrt] *Adv* ① away ② (*weiter*) **und so ~** and so on; **in einem ~** constantly
Fort <-s, -s> [foːɐ̯] *nt* fort
fort|bewegen* *tr, refl V* [**sich**] ~ to move
Fortbewegung *f kein Pl* movement
Fortbewegungsmittel *nt* means of locomotion
fort|bilden *refl V* **sich** ~ to take [further] education courses
Fortbildung *f kein Pl* [further] training
fort|bringen ['fɔrtbrɪŋən] *tr V unreg* ① (*wegbringen*) to take away *sep;* (*zur Reparatur*) to take in *sep* ② (*bewegen*) to move
fort|dauern *intr V* to continue
fort|fahren *intr V* ① *sein* to go [away/off] ② *sein o haben* (*weitermachen*) to continue
fort|fallen *intr V unreg sein* **etw fällt fort** sth does not apply
fort|führen *tr V* (*fortsetzen*) to continue
Fortführung *f* continuation
fort|gehen *intr V sein* to go away
fortgeschritten *Adj* advanced; **im ~en Alter** at an advanced age
fortgesetzt *Adj* constant
fort|jagen *tr V haben* to chase away
fort|kommen *intr V sein* [**aus/von etw**] ~ to get out of/away from sth
Fortkommen *nt* progress
fort|laufen *intr V unreg sein* to run away
fortlaufend *Adj* (*wiederholt*) continual; (*ohne Unterbrechung*) continuous
fort|leben *intr V* to live on
fort|pflanzen *refl V* **sich** ~ to reproduce
Fortpflanzung *f kein Pl* reproduction
Fortpflanzungsklinik *f* MED IVF [*or* fertility] clinic
fort|schaffen *tr V* to get rid of
fort|schicken *tr V* to send away
Fortschritt ['fɔrtʃrɪt] *m* progress
fortschrittlich *Adj* progressive
fort|setzen *tr, intr V* to continue
Fortsetzung <-, -en> ['fɔrtzɛtsʊŋ] *f* ① *kein Pl* continuation ② *eines Buches, Films* sequel; TV episode; **~ folgt** to be continued
fortwährend ['fɔrtvɛːrənt] *Adj attr* constant
Forum <-s, Foren> ['foːrʊm, *Pl:* 'foːrən] *nt* INET [discussion] forum
fossil [fɔ'siːl] *Adj attr* fossil
Fossil <-s, -ien> [fɔ'siːl, *Pl:* -i̯ən] *nt* fossil
Foto <-s, -s> ['foːto] *nt* photo[graph]; **ein ~ machen** to take a photo (**von** of)
Fotoapparat *m* camera **Foto-CD** *f* photo CD
fotogen [foto'geːn] *Adj* photogenic
Fotograf(in) <-en, -en> [foto'graːf] *m(f)* photographer
Fotografie <-, -n> [fotogra'fiː, *Pl:* fotogra'fiːən] *f* ① *kein Pl* (*Verfahren*) photography ② (*Bild*) photograph
fotografieren* [fotogra'fiːrən] *tr V* **jdn/etw ~** to take a photograph of sb/sth; **sich ~ lassen** to have one's photograph taken
Fotohandy ['foːtohɛndi] *nt* cameraphone **Fotokopie** [fotoko'piː] *f* photocopy **fotokopieren*** [fotoko'piːrən] *tr V* to photocopy **Fotokopiergerät** *nt* photocopier **Fotosatz** *m* COMPUT filmsetting, phototypesetting **Fotoshooting**RR <-s, -s> ['foːtoʃutɪŋ] *nt* FOTO [photo] shoot **Fotosynthese**RR *f* photosynthesis
Fötus <-[ses], Föten *o* -se> ['føːtʊs, *Pl:* 'føːtən, 'føːtʊsə] *m* foetus
Fotze <-, -n> ['fɔtsə] *f* (*vulg*) cunt
foulen ['faulən] *tr, intr V* to foul
Fracht <-, -en> ['fraxt] *f* cargo
Frachtbrief *m* consignment note
Frachter <-s, -> ['fraxtɐ] *m* cargo boat
Frachtflugzeug *nt* cargo plane, air freighter **frachtfrei** *Adj* HANDEL carriage [pre]paid **Frachtgut** *nt* freight **Frachtraum** *m* cargo hold **Frachtschiff** *nt* cargo ship
Frack <-[e]s, Fräcke *o* -s> [frak, *Pl:* 'frɛkə] *m* tails *pl*
Frage <-, -n> ['fraːgə] *f* ① question; **jdm eine ~ stellen** to ask sb a question ② (*Problem*) question, problem; **keine ~** no problem; **ohne ~** without doubt; **eine strittige ~** a contentious issue; **~en aufwerfen** to prompt ques-

tions ③ (*Betracht*) **in ~ kommen** to be worthy of consideration; **nicht in ~ kommen** to be out of the question

Fragebogen *m* questionnaire

fragen ['fra:gn̩] **I.** *intr V* to ask (**nach** for); **ohne zu ~** without asking questions; **nach der Uhrzeit ~** to ask the time; **nach dem Weg ~** to ask for directions; **nach jds Gesundheit ~** to enquire about sb's health **II.** *refl V* **sich ~, ob/wann/wie ...** to wonder whether/when/how ...; **es fragt sich, ob ...** it is doubtful whether ... **III.** *tr V* **[jdn] etwas ~** to ask [sb] sth

Fragerei <-, -en> [fra:gə'rai] *f* (*pej*) questions *pl;* **deine ~ geht mir auf die Nerven!** your stupid questions are getting on my nerves!

Fragesatz *m* interrogative clause **Fragestellung** *f* problem **Fragestunde** *f* question time **Fragewort** *nt* interrogative particle **Fragezeichen** *nt* question mark

fraglich ['fra:klɪç] *Adj* ① (*unsicher*) doubtful ② *attr* (*betreffend*) in question *pred;* **zur ~en Zeit** at the time in question

fragwürdig ['fra:kvʏrdɪç] *Adj* (*pej*) dubious

Fraktion <-, -en> [frak'tsi̯o:n] *f* POL parliamentary party, congressional faction AM

Fraktionsführer(in) *m(f),* **Fraktionsvorsitzende(r)** *f(m) dekl wie Adj* chairman of a parliamentary party

Fraktur <-, -en> [frak'tu:ɐ̯] *f* MED fracture

Franchise <-, -n> ['frɛntʃais] *f* franchise

Franchisegeber(in) *m(f)* franchiser, franchisor

Franchisenehmer(in) *m(f)* ÖKON franchisee

Franchising <-s> ['frɛntʃaizɪŋ] *nt kein Pl* franchising

frank [fraŋk] *Adv* **~ und frei antworten** to give a frank answer

Franken <-s, -> ['fraŋkn̩] *m* ① (*Währung*) franc ② (*Region*) Franconia

frankieren* [fraŋ'ki:rən] *tr V* to stamp

franko ['fraŋko] *Adv* prepaid

Frankreich <-s> ['fraŋkraiç] *nt* France

Franse <-, -n> ['franzə] *f* fringe

Franzose, Französin <-n, -n> [fran'tso:zə, fran'tsø:zɪn] *m, f* Frenchman *masc,* Frenchwoman *fem;* **~ sein** to be French; **die ~n** the French

französisch [fran'tsø:zɪʃ] *Adj* French; *s. a.* **deutsch**

Französisch [fran'tsø:zɪʃ] *nt dekl wie Adj* French; *s. a.* **Deutsch**

fraß ['fra:s] *Imp von* **fressen**

Fraß <-es, *selten* -e> [fra:s] *m* (*pej fam*) muck

Fratze <-, -n> ['fratsə] *f* grimace; **[jdm] eine ~ schneiden** to pull a face [at sb]

Frau <-, -en> [frau] *f* ① woman ② (*Ehefrau*) wife ③ (*Anrede*) Mrs, Ms (*feminist version of Mrs*)*;* **~ Doktor** Doctor

Frauenarzt, Frauenärztin *m, f* gynaecologist **Frauenbeauftragte** *f dekl wie Adj* women's representative (*official responsible for woman's affairs*) **Frauenbewegung** *f kein Pl* women's movement **Frauenförderung** *f* promotion of women **Frauenhaus** *nt* women's refuge **Frauenklinik** *f* gynaecological clinic **Frauenzeitschrift** *f* women's magazine

Fräulein <-s, -[s]> ['frɔylain] *nt* (*veraltend*) Miss

> Unmarried women used to be addressed as **Fräulein**. However, since the 1970s the women's movement has been campaigning against this form of address as 'Herrlein' (literally 'little man') does not exist. Nowadays no distinction is made between married and unmarried women; the normal form of address is *Frau* (Mrs or Ms).

frech [frɛç] **I.** *Adj* cheeky BRIT, fresh AM **II.** *Adv* cheekily BRIT, freshly AM

Frechdachs *m* (*fam*) cheeky monkey

Frechheit <-, -en> *f* ① *kein Pl* impudence; **die ~ haben, etw zu tun** to have the nerve to do sth ② (*Äußerung*) cheeky remark; (*Handlung*) insolent behaviour

Fregatte <-, -n> [fre'gatə] *f* frigate

frei [frai] **I.** *Adj* ① free; **~e Meinungsäußerung** freedom of speech; **~e(r) Mitarbeiter(in)** freelance[r]; **aus ~en Stücken** of one's own free will; **sich von etw ~ machen** to free oneself from sth ② (*freie Zeit*) **~ haben** to have time off; **er hat heute ~** he's off today; **eine**

F

Woche ~ haben to have a week off; **~ nehmen** to take time off ③ *Stelle, Zimmer* vacant; **ist dieser Platz ~?** is this seat taken? ④ (*ohne etw*) **~ von etw sein** to be free of sth ⑤ (*unbekleidet*) bare; **sich ~ machen** to get undressed **II.** *Adv* ① freely; **er läuft immer noch ~ herum!** he is still on the loose!; **~ atmen** to breathe easy ② (*ohne Hilfsmittel*) **~ sprechen** to speak off-the-cuff ③ *Tiere* **~ laufend** free-range; **~ lebend** living in the wild

Freibad *nt* outdoor swimming pool **freiberuflich** *Adj, Adv* freelance **Freibetrag** *m* allowance

Freie(r) *f(m) dekl wie Adj* freeman

Freier <-s, -> *m* ① (*Kunde einer Hure*) punter BRIT, John AM ② (*veraltet: Bewerber*) suitor

frei|geben *unreg tr V unreg* ① (*zur Verfügung stellen*) to make accessible; **eine Straße ~** to open up a road ② (*Urlaub gewähren*) to give time off ③ ÖKON *Währung* to float

freigebig ['fraige:bɪç] *Adj* generous

Freigepäck *nt* luggage allowance **Freihafen** *m* free port **frei|halten** *tr V unreg* (*reservieren*) to save **Freihandel** *m* free trade **Freihandelszone** *f* free trade area

freihändig ['fraihɛndɪç] *Adj* ① (*ohne Hände*) with no hands *pred* ② (*ohne Hilfsmittel*) freehand

Freiheit <-, -en> ['fraihait] *f* ① *kein Pl* freedom ② (*als ein Recht*) liberty; **sich** *Dat* **die ~ nehmen, etw zu tun** to take the liberty of doing sth; **dichterische ~** poetic licence

freiheitlich *Adj* liberal

Freiheitsstrafe *f* prison sentence

Freikarte *f* free ticket **Freikörperkultur** *f kein Pl* nudism **Freilandhuhn** *nt* free-range hen **frei|lassen** *tr V unreg* to free **frei|legen** *tr V* to uncover **Freileitung** *f* overhead line

freilich ['frailɪç] *Adv* ① (*allerdings*) though ② (*natürlich*) of course

Freilichtbühne *f* open-air theatre **frei|machen** *tr V Brief* to stamp **Freimaurer** ['fraimaurɐ] *m* Freemason

freimütig ['fraimy:tɪç] *Adj* frank

freischaffend *Adj attr* freelance **frei|sprechen** *tr V unreg* to acquit **Freispruch** *m* acquittal; **auf ~ plädieren** to plead for an acquittal **Freistaat** *m* free state **frei|stehen** *intr V unreg* **jdm steht es frei, etw zu tun** sb is free to do sth **frei|stellen** *tr V* **jdm etw ~** to leave sth up to sb **Freistoß** *m* free kick **Freitag** ['fraita:k] *m* Friday; *s. a.* **Dienstag** **Freitod** *m* (*euph*) suicide **Freitreppe** *f* flight of stairs **Freiumschlag** *m* stamped addressed envelope **Freiwild** *nt* fair game **freiwillig** ['fraivɪlɪç] **I.** *Adj* voluntary **II.** *Adv* voluntarily **Freiwillige(r)** ['fraivɪlɪgə, 'fraivɪlɪgɐ] *f(m) dekl wie Adj* volunteer **Freizeichen** *nt* ringing tone **Freizeit** *f* leisure [time]

Freizeitausgleich *m* time off in lieu **Freizeithemd** *nt* casual shirt **Freizeitkleidung** *f* leisure wear **Freizeitpark** *m* amusement park

freizügig *Adj* ① (*großzügig*) generous ② (*liberal*) liberal

fremd [frɛmt] *Adj* ① (*fremdländisch*) foreign ② (*unbekannt*) strange; **ich bin hier ~** I'm not from round here ③ (*anderen gehörig*) somebody else's

fremdartig ['frɛmtʔa:ɐ̯tɪç] *Adj* strange

Fremdbestimmung *f* SOZIOL, POL foreign control

Fremde <-> ['frɛmdə] *f kein Pl* (*geh*) **die ~** foreign parts *pl;* **in der ~ sein** to be abroad

Fremde(r) ['frɛmdə, -dɐ] *f(m) dekl wie Adj* stranger; (*Ausländer*) foreigner

fremdeln ['frɛmdl̩n] *intr V* to be shy [*or* frightened] of strangers

Fremdenführer(in) *m(f)* guide **Fremdenlegion** *f kein Pl* Foreign Legion **Fremdenverkehr** *m* tourism **Fremdenverkehrszentrum** *nt* tourist centre **Fremdenzimmer** *nt* spare room

Fremdkörper *m* MED foreign body **Fremdsprache** *f* foreign language **fremdsprachlich** *Adj attr* foreign-language **Fremdwort** *nt* borrowed word

frenetisch [fre'ne:tɪʃ] **I.** *Adj* frenetic, frenzied **II.** *Adv* frenetically

Frequenz [fre'kvɛnts] *f* frequency

Fresko <-s, Fresken> ['frɛsko, *Pl:* 'frɛskən] *nt* fresco

Fressalien [frɛ'sa:li̯ən] *Pl* (*fam*) grub *no indef art, no pl*

Fresse <-, -n> ['frɛsə] *f* (*derb*) ① (*Mund*) gob ② (*Gesicht*) mug ▶ **die ~ halten** to shut one's gob

fressen <fraß, gefressen> ['frɛsn̩] **I.** *intr V* ① *Tier* to eat ② (*derb*) *Mensch* to guzzle **II.** *tr V* *Tiere* to eat; (*sich ernähren von*) to feed on ▶ **jdn zum Fressen gernhaben** (*fam*) sb is good enough to eat

Fressen <-s> ['frɛsn̩] *nt kein Pl* ① (*Tierfutter*) food ② (*pej sl: schlechtes Essen*) muck

Fresssucht[RR] *f* (*fam*) gluttony

Frettchen <-s, -> ['frɛtçən] *nt* ferret

Freude <-, -n> ['frɔydə] *f* pleasure, joy; **~ an etw** *Dat* **haben** to derive pleasure from sth; **jdm eine ~ machen** to make sb happy; **etw macht jdm ~** sb enjoys sth; **vor ~ weinen** to weep for joy; **zu unserer großen ~** to our great delight

Freudengeschrei *nt* cries of joy **Freudentränen** *Pl* tears of joy

freudestrahlend **I.** *Adj nicht präd* beaming **II.** *Adv* joyfully

freudig ['frɔydɪç] **I.** *Adj* ① joyful; **in ~er Erwartung** in joyful expectation ② (*erfreulich*) pleasant **II.** *Adv* with joy; **~ überrascht** pleasantly surprised

freudlos ['frɔytloːs] *Adj* cheerless

freuen ['frɔyən] **I.** *refl V* **sich ~** to be pleased (**über** about); **sich für jdn ~** to be pleased for sb; **sich mit jdm ~** to share sb's happiness; **sich auf etw** *Akk* **~** to look forward to sth **II.** *tr V unpers* **es freut mich, dass ...** I'm pleased that ...

Freund(in) <-[e]s, -e> ['frɔynt, 'frɔyndɪn, *Pl:* 'frɔyndə] *m(f)* ① friend ② (*intim*) boyfriend *masc*, girlfriend *fem* ③ (*fig: Anhänger*) lover; **ein ~ der Natur** a lover of nature

Freundchen <-s, -> *nt* (*fam*) my [fine] friend *iron*, sonny [Jim] BRIT *iron*; **~!** watch it, pal!

freundlich ['frɔyntlɪç] **I.** *Adj* ① friendly ② (*liebenswürdig*) kind; **das ist sehr ~ von Ihnen** that's very kind of you **II.** *Adv* in a friendly way, kindly

Freundlichkeit <-, -en> *f* ① *kein Pl* (*Art*) friendliness ② (*Handlung*) kindness

Freundschaft <-, -en> *f kein Pl* friendship; **~ schließen** to make friends

freundschaftlich *Adj* friendly

Freundschaftsspiel *nt* friendly match

Frevel <-s, -> ['freːfl̩] *m* (*geh*) sacrilege

frevelhaft *Adj* outrageous

Frieden <-s, -> ['friːdn̩] *m* ① peace ② (*Ruhe*) peace [and quiet]; **lass mich in ~!** leave me alone!; **[er] ruhe in ~!** [may he] rest in peace

Friedensbewegung *f* peace movement **Friedenseinsatz** *m* MIL peacekeeping troops *pl* **Friedensrichter(in)** *m(f)* ① (*in USA, Großbritannien*) justice of the peace, JP ② SCHWEIZ lay justice **Friedensstifter(in)** *m(f)* peacemaker **Friedensverhandlungen** *Pl* peace negotiations **Friedensvertrag** *m* peace treaty

friedfertig *Adj* peaceable

Friedhof *m* cemetery

friedlich ['friːtlɪç] **I.** *Adj* peaceful **II.** *Adv* peacefully; **einen Konflikt ~ lösen** to settle a conflict amicably

friedliebend *Adj* peace-loving

frieren <fror, gefroren> ['friːrən] *intr V* ① *haben* **jd friert** sb is cold ② *sein* (*gefrieren*) to freeze; **es friert** it's freezing

frigid [fri'giːt], **frigide** [fri'giːdə] *Adj* frigid

Frikadelle <-, -n> [frika'dɛlə] *f* rissole BRIT, meatball AM

Frisbee® <-, -s> ['frɪsbi] *nt*, **Frisbee-Scheibe** *f* frisbee

frisch [frɪʃ] **I.** *Adj* ① fresh ② (*neu, rein*) **sich ~ machen** to freshen up **II.** *Adv* freshly; **~ gebacken** freshly-baked; **~ gestrichen** newly painted

Frischhaltefolie *f* cling film **Frischhaltepackung** *f* airtight pack; **in einer ~** vacuum-packed **Frischkäse** *m* cream cheese **Frischzelle** *f* MED live cell

Friseur <-s, -e> [fri'zøːɐ̯] *m*, **Friseurin** <-, -nen> [fri'zøːrɪn] *f*, **Friseuse** <-, -n> [fri'zøːzə] *f* hairdresser; **zum ~ gehen** to go to the hairdresser's

frisieren* [fri'ziːrən] *tr V* **jdn ~** to do sb's hair

Frisiersalon *m* hair stylist['s]; (*für Damen*) hairdresser's; (*für Herren*) barber's [shop]

Frisör <-s, -e> [fri'zøːɐ̯] *m s.* **Friseur**

Frisöse <-, -n> [fri'zøːzə] *f s.* **Friseur**

Frist <-, -en> [frɪst] *f* period; **innerhalb einer ~ von zwei Wochen** within [a period of] two weeks

Fristenregelung *f* JUR *law permitting an abortion within the first three months of pregnancy*

fristgemäß, **fristgerecht** **I.** *Adj* in due

course, on the due date; (*innerhalb vorgegebener Frist*) within the stipulated period *pred;* (*pünktlich*) punctual **II.** *Adv* in due course, on the due date; (*innerhalb vorgegebener Frist*) within the stipulated period; (*pünktlich*) punctually, on time

fristlos *Adv* **jdn ~ entlassen** to fire sb on the spot

Frisur <-, -en> [fri'zu:ɐ̯] *f* hairstyle

FriteuseALT <-, -n> [fri'tø:zə] *f s.* **Fritteuse**

F

fritieren*ALT *tr V s.* **frittieren**

Fritten ['frɪtn̩] *Pl* (*fam*) chips BRIT, fries AM

FritteuseRR <-, -n> [fri'tø:zə] *f* deep [*or* BRIT *a.* deep-fat] fryer

frittieren*RR [frɪ'ti:rən] *tr V* to [deep-]fry

frivol [fri'vo:l] *Adj* (*anzüglich*) suggestive

froh [fro:] *Adj* ❶ happy, glad; **~ sein** to be pleased (**über** with/about); **~ gelaunt** cheerful ❷ (*erfreulich*) pleasing ❸ (*glücklich*) **~e Feiertage!** have a pleasant holiday!; **~e Ostern!** Happy Easter!; **~e Weihnachten!** Merry Christmas!

fröhlich ['frø:lɪç] **I.** *Adj* ❶ (*heiter*) cheerful ❷ (*glücklich*) *s.* **froh** ❸ **II.** *Adv* cheerfully

Fröhlichkeit <-> *f kein Pl* cheerfulness

Frohnatur *f* (*geh: Mensch*) cheerful soul

Frohsinn *m kein Pl* cheerful nature

fromm <frömmer *o* -er, frömmste *o* -ste> [frɔm] *Adj* religious

frönen ['frø:nən] *intr V* (*geh*) **einer S.** *Dat* **~** to indulge in sth

Fronleichnamsfest *nt* Feast of Corpus Christi

Front <-, -en> [frɔnt] *f* front

frontal [frɔn'ta:l] **I.** *Adj attr* frontal **II.** *Adv* frontally; **~ zusammenstoßen** to collide head-on

Frontalzusammenstoß *m* head-on collision

Frontscheibe *f* AUTO windscreen BRIT, windshield AM

fror ['fro:ɐ̯] *Imp von* **frieren**

Frosch <-[e]s, Frösche> [frɔʃ, *Pl:* 'frœʃə] *m* frog

Froschperspektive *f* worm's-eye view **Froschschenkel** *m* frog's leg

Frost <-[e]s, Fröste> [frɔst, *Pl:* 'frœstə] *m* frost

Frostbeule *f* chilblain

frösteln ['frœstl̩n] *intr V* to shiver

frostig ['frɔstɪç] *Adj* frosty

Frostschutzmittel *nt* antifreeze

Frottee <-s, -s> [frɔ'te:] *nt o m* terry cloth

Frotteehandtuch *m* terry [*or* AM terry-cloth] towel

frotzeln ['frɔtsl̩n] *intr V* (*fam*) to tease

Frucht <-, Früchte> [frʊxt, *Pl:* 'frʏçtə] *f* fruit; **Früchte tragen** to bear fruit *no pl*

fruchtbar ['frʊxtba:ɐ̯] *Adj* fertile

Fruchtbarkeit <-> *f kein Pl* fertility

Früchtchen <-s, -> *nt* (*fam*) good-for-nothing

fruchten ['frʊxtn̩] *intr V* **nichts/wenig ~** to be of no/of little use

Fruchtfleisch *nt* [fruit] pulp

fruchtlos *Adj* fruitless

Fruchtsaft *m* fruit juice **Fruchtwasser** *nt* MED amniotic fluid **Fruchtwechsel** *m* AGR crop rotation **Fruchtzucker** *m* fructose

früh [fry:] **I.** *Adj* early; **~ am Morgen** early in the morning; **der ~e Goethe** the young Goethe **II.** *Adv* early; **Montag ~** Monday morning; **~ genug** in good time; **von ~ bis spät** from morning till night

Frühaufsteher(in) <-s, -> *m(f)* early riser **Frühbuchung** *f* TRANSP early booking

Frühe <-> ['fry:ə] *f kein Pl* **in aller ~** at the crack of dawn

früher ['fry:ɐ] **I.** *Adj* ❶ (*vergangen*) earlier ❷ (*ehemalig*) former; **~e Freundin** ex-girlfriend **II.** *Adv* ❶ (*eher*) earlier; **~ oder später** sooner or later ❷ (*ehemals*) formerly; **~ war das alles anders** things were different in the old days; **Erinnerungen an ~** memories of times gone by; **von ~** from former times

Früherkennung *f* early diagnosis

frühestens *Adv* at the earliest

Frühgeburt *f* premature birth **Frühjahr** ['fry:ja:ɐ̯] *nt* spring **Frühjahrsmüdigkeit** *f* springtime lethargy

Frühling <-s, -e> ['fry:lɪŋ] *m* spring; **es wird ~** spring is coming ▶ **Arabischer ~** POL Arab spring

Frühlingsrolle *f* KOCHK spring [*or* AM egg] roll **Frühlingssuppe** *f* spring vegetables soup

frühmorgens [fry:'mɔrgn̩s] *Adv* early in the morning **Frühpensionierung** *f* early retirement **frühreif** *Adj* precocious **Frühschicht** *f* morning shift; **~ haben** to be on the morning shift

Frühstück <-s, -e> ['fry:ʃtʏk] *nt* breakfast; **zum ~** for breakfast; **zweites ~** midmorning snack

frühstücken ['fry:ʃtʏkn̩] **I.** *intr V* to have [one's] breakfast **II.** *tr V* **etw ~** to have sth for breakfast

frühzeitig ['fry:tsaitɪç] **I.** *Adj* early **II.** *Adv* in good time

Frust <-[e]s> [frʊst] *m kein Pl* (*fam*) frustration *no indef art;* **einen ~ haben** to be frustrated

Frustration <-, -en> [frʊstra'tsi̯o:n] *f* frustration

frustrieren* [frʊs'tri:rən] *tr V* (*fam*) to frustrate

Fuchs, **Füchsin** <-es, Füchse> [fʊks, 'fʏksɪn, *Pl:* 'fʏksə] *m, f* fox/vixen

Fuchsbau *m* [fox's] earth

Füchsin <-, -nen> ['fʏksɪn] *f s.* **Fuchs**

Fuchsjagd *f* fox-hunt[ing] **Fuchsschwanz** *m* (*Säge*) [straight back] handsaw **fuchsteufelswild** ['fʊks'tɔyfl̩s'vɪlt] *Adj* (*fam*) mad as hell

Fuchtel <-, -n> ['fʊxtl̩] *f* **unter jds ~ stehen** to be [well] under sb's control

Fuge <-, -n> ['fu:gə] *f* join; **aus den ~n geraten** (*fig*) to be out of joint

fügen ['fy:gn̩] **I.** *tr V* **etw an etw** *Akk* **~** to add sth to sth **II.** *refl V* **sich ~** to toe the line; **sich jdm ~** to bow to sb

Fügung <-, -en> *f* stroke of fate; **eine ~ des Schicksals** an act of fate; **eine glückliche ~** a stroke of luck

fühlbar *Adj* noticeable

fühlen ['fy:lən] **I.** *tr V* to feel **II.** *refl V* ① (*befinden*) **wie fühlen Sie sich?** how are you feeling?; **sich besser ~** to feel better ② (*sich einschätzen*) **sich als Opfer ~** to regard oneself as s victim

Fühler <-s, -> *m* ① antenna ② TECH sensor

fuhr ['fu:ɐ̯] *Imp von* **fahren**

Fuhre <-, -n> ['fu:rə] *f* [cart]load

führen ['fy:rən] **I.** *tr V* ① (*geleiten*) to take (**zu** to); (*vorangehen*) to lead; **jdn durch ein Museum ~** to show sb round a museum ② (*leiten*) *Geschäft* to run; *Gruppe* to lead ③ (*geh*) *Titel, Namen* to bear ④ (*geh: haben*) **etw mit sich ~** to carry sth ⑤ *Ware* to stock **II.** *intr V* ① *Weg, etc* to lead ② SPORT **mit drei Punkten ~** to have a lead of three points ③ (*als Ergebnis haben*) **zu etw ~** to lead to sth; **das führt zu nichts** (*fam*) that will come to nothing

führend *Adj* leading *attr*

Führer <-s, -> ['fy:rɐ] *m* (*Buch*) guide, guidebook

Führer(in) <-s, -> ['fy:rɐ] *m(f)* ① leader ② (*Fremdenführer*) guide

führerlos *Adj* ① (*ohne Führung*) without a leader *pred* ② (*geh: ohne Lenkenden*) without a driver *pred*

Führerschein *m* driving licence BRIT, driver's license AM; **den ~ machen** to learn to drive **Führerscheinentzug** *m* driving ban **Führerscheinprüfung** *f* driving test

Fuhrpark *m* fleet [of vehicles]

Führung <-, -en> *f* ① *kein Pl* (*Leitung*) leadership ② *kein Pl* (*die Direktion*) management ③ (*Besichtigung*) guided tour (**durch** of) ④ SPORT **in ~ gehen** to go into the lead; **in ~ liegen** to be in the lead

Führungskraft *f* executive [officer] **Führungsspitze** *f* top management **Führungszeugnis** *nt* **polizeiliches ~** clearance certificate

Fuhrunternehmen [fu:ɐ̯-] *nt* haulage business BRIT, trucking company AM **Fuhrunternehmer(in)** [fu:ɐ̯-] *m(f)* haulage contractor BRIT, trucking company AM

Fülle <-> ['fʏlə] *f kein Pl* (*Menge*) wealth; **eine ~ von etw** a whole host of sth; **in [Hülle und] ~** in abundance

füllen ['fʏlən] **I.** *tr V* to fill **II.** *refl V* **sich ~** to fill [up]

Füller <-s, -> ['fʏlɐ] *m* fountain pen; (*mit Patrone*) cartridge pen

Füllfederhalter *m* fountain pen

Füllgewicht *nt* net weight

Füllung <-, -en> *f* stuffing

fummeln ['fʊml̩n] *intr V* (*fam: streicheln*) to pet

Fundament <-[e]s, -e> [fʊnda'mɛnt] *nt* foundation[s *pl*]

fundamental [fʊndamɛn'tal] **I.** *Adj* fundamental **II.** *Adv* fundamentally

Fundamentalist(in) <-en, -en> [fʊndamɛnta'lɪst] *m(f)* fundamentalist

Fundbüro *nt* lost property office BRIT, lost-and-found office AM **Fundgrube** *f* treasure trove

fundieren [fʊn'di:rən] *tr V* ① (*finanziell*

F

sichern) to strengthen financially ② (*untermauern*) to underpin ③ (*geh: festigen*) to sustain
Fundsache *f* recovered item; **~n** lost property *no pl, no indef art*
fünf [fʏnf] *Adj* five; *s. a.* **acht**¹
Fünf <-, -en> [fʏnf] *f* ① five; *s. a.* **Acht** ② (*Zeugnisnote*) ≈ E BRIT; (*im Schweizer Schulsystem*) ≈ B BRIT
Fünfeck *nt* pentagon **fünffach, 5-fach**^RR ['fʏnffax] *Adj* fivefold; **die ~e Menge** five times the amount **fünfhundert** ['fʏnf'hʊndɐt] *Adj* five hundred
fünfjährig, 5-jährig^RR ['fʏnfjɛːrɪç] *Adj* ① (*Alter*) five-year-old *attr,* five years old *pred* ② (*Zeitspanne*) five-year *attr* **fünfmal, 5-mal**^RR *Adv* five times **fünftausend** ['fʏnf'tauzn̩t] *Adj* five thousand
fünfte(r, s) ['fʏnftə, 'fʏnftɐ, 'fʏnftəs] *Adj* fifth, 5th; *s. a.* **achte(r, s)**
fünftel ['fʏnftl̩] *Adj* fifth
fünftens ['fʏnftn̩s] *Adv* fifth, in [the] fifth place
fünfzehn ['fʏnftseːn] *Adj* fifteen; **~ Uhr** three pm; *s. a.* **acht**¹
fünfzehnte(r, s) *Adj* fifteenth; *s. a.* **achte(r, s)**
fünfzig ['fʏnftsɪç] *Adj* fifty; *s. a.* **achtzig**
fünfzigste(r, s) *Adj* fiftieth; *s. a.* **achte(r, s)**
fungieren* [fʊŋ'giːrən] *intr V* function (**als** as)
Funk <-s> [fʊŋk] *m kein Pl* radio
Funke <-ns, -n> ['fʊŋkə] *m* ① spark; **der zündende ~** (*fig*) the vital spark ② (*geringes Maß*) scrap; **ein ~ [von] Anstand** a scrap of decency; **ein ~ Hoffnung** a gleam of hope
funkeln ['fʊŋkl̩n] *intr V* to sparkle
funkelnagelneu ['fʊŋkl̩'naːgl̩'nɔy] *Adj* (*fam*) spanking-new
funken ['fʊŋkn̩] **I.** *intr V* ① (*senden*) to radio; **um Hilfe ~** to radio for help ② (*Funken sprühen*) to spark **II.** *intr V unpers* (*fam*) **zwischen den beiden hat's gefunkt** those two have really clicked
Funken <-s, -> ['fʊŋkn̩] *m s.* **Funke**
Funkgerät *nt* ① RT unit ② (*Sprechfunkgerät*) walkie-talkie **funkgesteuert** *Adj* ELEK, TECH radio-controlled **Funkhaus** *nt* studios *pl* **Funkkolleg** *nt* educational [*or* BRIT ≈ Open University] radio broadcasts **Funkmast** *m* TECH, TELEK radio [antenna] mast **Funksprechgerät** *nt* walkie-talkie **Funkstation** *f* radio station **Funkstille** *f* radio silence
Funktion <-, -en> [fʊŋk'tsi̯oːn] *f* ① *kein Pl* function; **außer/in ~ sein** [not] to be working ② (*Stellung*) position; **in ihrer ~ als Chefin** in her capacity as manager [*o* boss]
Funktionär(in) <-s, -e> [fʊŋktsi̯o'nɛːɐ̯] *m(f)* official; **ein hoher ~** a high-ranking official
funktionell [fʊŋktsi̯o'nɛl] *Adj* functional, practical
funktionieren* [fʊŋktsi̯o'niːrən] *intr V* to work
Funktionstaste *f* function key
Funkturm *m* radio tower **Funkverbindung** *f* radio contact **Funkverkehr** *m* radio communication *no art*
Funsportart ['fan-, 'fʌn-,] *f* recreational sport
für [fyːɐ̯] *Präp +Akk* ① for; **er hat es ~ zehn Euro bekommen** he got it for ten euros; **sind Sie ~ den Gemeinsamen Markt?** do you support the Common Market?; **~ was ist denn dieses Werkzeug?** DIAL what's this tool [used] for? ② (*fam: gegen*) **gut ~ Migräne** good for migraines ▶ **~ sich bleiben** to remain by oneself
Für <-> [fyːɐ̯] *nt kein Pl* **das ~ und Wider** the pros and cons
Furche <-, -n> ['fʊrçə] *f* furrow
Furcht <-> ['fʊrçt] *f kein Pl* fear (**vor** of); **~ [vor jdm/etw] haben** to fear sb/sth; **~ erregend** terrifying
furchtbar **I.** *Adj* terrible **II.** *Adv* terribly
fürchten ['fʏrçtn̩] **I.** *tr V* to fear; **zum Fürchten aussehen** to look [quite] frightful; **jdn das Fürchten lehren** to teach sb the meaning of fear **II.** *refl V* **sich ~** to be afraid; **sich vor jdm/etw ~** to be afraid of sb/sth
fürchterlich *Adj s.* **furchtbar**
furchterregend *Adj* terrifying
furchtlos **I.** *Adj* fearless **II.** *Adv* without fear
füreinander [fyːɐ̯ʔai'nandɐ] *Adv* for each other
Furie <-, -n> ['fuːri̯ə] *f* ① (*pej: Frau*) hellcat ② (*Fabelwesen*) fury
Furnier <-s, -e> [fʊr'niːɐ̯] *nt* veneer
furnieren* [fʊr'niːrən] *tr V* to veneer
Fürsorge ['fyːɐ̯zɔrgə] *f kein Pl* ① care

❷ (*fam: Sozialamt*) welfare services *pl* ❸ (*fam: Sozialhilfe*) social security *no art,* welfare AM
fürsorglich ['fy:ɐ̯zɔrklɪç] **I.** *Adj* considerate **II.** *Adv* with care
Fürsprecher(in) ['fy:ɐ̯ʃprɛçɐ] *m(f)* ❶ advocate ❷ JUR SCHWEIZ barrister BRIT, attorney AM
Fürst(in) <-en, -en> [fʏrst] *m(f)* prince/princess
Fürstentum *nt* principality; **das ~ Monaco** the principality of Monaco
Fürstin <-, -nen> *f s.* **Fürst**
fürstlich ['fʏrstlɪç] **I.** *Adj* ❶ princely ❷ (*fig: prächtig*) lavish **II.** *Adv* lavishly; **~ speisen** to eat like a lord
Furunkel <-s, -> [fu'rʊŋkl̩] *nt o m* boil
Furz <-[e]s, Fürze> [fʊrts, *Pl:* 'fʏrtsə] *m* (*derb*) fart
furzen ['fʊrtsn̩] *intr V* (*derb*) to fart
Fusel <-s, -> ['fu:zl̩] *m* (*pej*) rotgut
Fusion <-, -en> [fu'zi̯o:n] *f* ❶ ÖKON merger ❷ PHYS fusion
fusionieren* [fuzi̯o'ni:rən] *intr V* ÖKON to merge
Fuß <-es, Füße> [fu:s, *Pl:* 'fy:sə] *m* ❶ foot; **gut/schlecht zu ~ sein** to be steady/not so steady on one's feet; **etw ist zu ~ zu erreichen** sth is within walking distance; **zu ~ gehen** to walk ❷ SÜDD, ÖSTERR (*Bein*) leg ▶ **keinen ~ vor die Tür setzen** to not set foot outside; **auf eigenen Füßen stehen** to stand on one's own two feet; **sich auf freiem ~[e] befinden** *Ausbrecher* to be at large; **auf großem ~[e] leben** to live the high life; **kalte Füße bekommen** to get cold feet; **~ fassen** to gain a foothold; **jdm zu Füßen liegen** to lie at sb's feet; **sich** *Dat* **die Füße vertreten** to stretch one's legs
Fußabdruck <-abdrücke> *m* footprint **Fußabstreifer** <-s, -> *m,* **Fußabtreter** <-s, -> *m* foot grating; (*Matte*) doormat
Fußball ['fu:sbal] *m* ❶ *kein Pl* (*Spiel*) football BRIT, soccer AM ❷ (*Ball*) football BRIT, soccer ball AM
Fußballer(in) <-s, -> ['fu:sbalɐ] *m(f)* (*fam*) footballer
Fußballmannschaft *f* football team **Fußballplatz** *m* football pitch BRIT, soccer field AM **Fußballspiel** *nt* football match **Fußballspieler(in)** *m(f)* football player **Fußballstadion** *nt* football stadium **Fußballtoto** *m o nt* [football] pools *pl*
Fußbank <-bänke> *f* footrest **Fußboden** *m* floor **Fußbodenheizung** *f* [under]floor heating
fusselig ['fʊsəlɪç] *Adj* fluffy *attr*
fußen ['fu:sn̩] *intr V* to rest (**auf** on)
Fußende *nt* foot **Fußgänger(in)** <-s, -> *m(f)* pedestrian
Fußgängerstreifen *m* SCHWEIZ, **Fußgängerüberweg** *m* pedestrian crossing **Fußgängerzone** *f* pedestrian precinct
Fußgelenk *nt* ankle **Fußkettchen** <-s, -> *nt* anklet
Füßling <-s, -e> ['fy:slɪŋ] *m* liner sock; (*in sports*) trainer sock
Fußnagel *m* toenail **Fußnote** *f* footnote **Fußpflege** *f* pedicure **Fußpfleger(in)** *m(f)* chiropodist **Fußpilz** *m kein Pl* athlete's foot **Fußschaltung** *f* foot gearchange control **Fußstapfen** <-s, -> *m* footprint; **in jds ~ treten** to follow in sb's footsteps **Fußtritt** *m* kick **Fußvolk** *nt kein Pl* (*pej*) **das ~** the rank and file **Fußweg** *m* footpath
futsch [fʊtʃ] *Adj* **~ sein** to have had it
Futter[1] <-s, -> ['fʊtɐ] *nt* [animal] feed
Futter[2] <-s, -> ['fʊtɐ] *nt* (*Innenstoff*) lining
Futteral <-s, -e> [fʊtə'ra:l] *nt* case
füttern[1] ['fʏtɐn] *tr V* to feed
füttern[2] ['fʏtɐn] *tr V* (*mit Stofffutter versehen*) to line
futtern ['fʊtɐn] *tr V* (*hum fam*) to scoff
Fütterung <-, -en> *f* feeding
Futur <-s, -e> [fu'tu:ɐ̯] *nt* future [tense]
futuristisch [futu'rɪstɪʃ] *Adj* futurist[ic]

F

Gg

G, g <-, -> [geː] *nt* ① (*Buchstabe*) G, g; **ein großes G** a capital G; **ein kleines g** a small g ② MUS G, g; *s. a.* **A**
gab ['gaːp] *Imp von* **geben**
Gabe <-, -n> ['gaːbə] *f* ① gift ② SCHWEIZ (*Preis*) prize
Gabel <-, -n> ['gaːbl̩] *f* fork
gabeln ['gaːbl̩n] *refl V* **sich ~** to fork
Gabelstapler <-s, -> [-ʃtaːplɐ] *m* forklift truck

G

Gabelung <-, -en> ['gaːbəlʊŋ] *f* fork
gackern ['gakɐn] *intr V* to cluck
gaffen ['gafn̩] *intr V* (*pej fam*) to gape
Gage <-, -n> ['gaːʒə] *f* fee
gähnen ['gɛːnən] *intr V* to yawn; **ein ~des Loch** a gaping hole
galant [ga'lant] *Adj* chivalrous
Galaxis <-s, Galaxien> [ga'laksɪs, *Pl:* gala'ksiːən] *f* galaxy
Galeere <-, -n> [ga'leːrə] *f* galley
Galerie <-, -n> [galə'riː, *Pl:* -'riːən] *f* gallery
Galgen <-s, -> ['galgn̩] *m* gallows + *sing verb*
Galgenfrist *f* (*fam*) stay of execution **Galgenhumor** *m* gallows humour
Galle <-, -n> ['galə] *f* ① (*Gallenblase*) gall bladder ② (*Gallenflüssigkeit*) bile
Gallenblase *f* gall bladder **Gallenkolik** *f* biliary colic **Gallenstein** *m* gallstone
Galopp <-s, -s *o* -e> [ga'lɔp] *m* gallop
galoppieren* [galɔ'piːrən] *intr V haben o sein* to gallop
galt ['galt] *Imp von* **gelten**
Gammelfleisch *nt* (*fam*) rotten meat
gammeln ['gaml̩n] *intr V* (*herumhängen*) to laze around
Gammler(in) <-s, -> ['gamlɐ] *m(f)* (*veraltend fam*) layabout
Gams <-, -[en]> ['gams] *f* JAGD SÜDD, ÖSTERR (*Gämse*) chamois
Gämse[RR] <-, -n> ['gɛmzə] *f* chamois
gang ['gaŋ] *Adj* **~ und gäbe sein** to be the norm
Gang[1] <-[e]s, Gänge> ['gaŋ, *Pl:* 'gɛŋə] *m* ① *kein Pl* walk; **aufrechter ~** upright carriage; **einen unsicheren ~ haben** to be unsteady on one's feet ② (*Besorgung*) errand ③ (*Bewegung*) **den Motor in ~ halten** to keep the engine running; **etw in ~ bringen** to get sth going; **in ~ kommen** to get off the ground ④ (*Ablauf*) course; **alles geht wieder seinen gewohnten ~** everything is proceeding as normal again; **im ~[e] sein** to be underway ⑤ KOCHK course ⑥ AUTO gear; **einen ~ einlegen** to engage a gear; **hast du den zweiten ~ drin?** (*fam*) are you in second gear?; **in den zweiten ~ schalten** to change into second gear ⑦ (*Korridor*) corridor; *Theater, Flugzeug, Laden* aisle
Gang[2] <-, -s> [gɛŋ] *f* (*Bande*) gang
Gangart *f* walk
gangbar *Adj* (*fig*) practicable
gängig ['gɛŋɪç] *Adj* ① (*üblich*) common ② *Ware* in demand; **die ~ste Ausführung** the bestselling model ③ (*im Umlauf*) current
Gangschaltung *f* gears *pl*
Gangster <-s, -> ['gɛŋstɐ] *m* (*pej*) gangster
Gangway <-, -s> ['gɛŋveː] *f* gangway
Ganove <-n, -n> [ga'noːvə] *m* (*pej fam*) crook
Gans <-, Gänse> ['gans, *Pl:* 'gɛnzə] *f* goose; **blöde ~** (*pej fam*) silly goose
Gänseblümchen *nt* daisy **Gänsefüßchen** *Pl* (*fam*) inverted commas *pl* **Gänsehaut** *f kein Pl* goose bumps *pl;* **eine ~ kriegen** to get goose bumps **Gänsemarsch** *m kein Pl* **im ~** in single file
ganz ['gants] **I.** *Adj* ① all, whole; **eine ~e Menge** quite a lot; **die ~e Wahrheit** the whole truth; **~e Zahl** whole number; **die ~e Zeit** the whole time ② (*fam: unbeschädigt*) intact; **etw wieder ~ machen** to mend sth; **wieder ~ sein** to be mended **II.** *Adv* ① (*sehr, wirklich*) really; **etwas ~ Dummes** something really stupid; **~ besonders** particularly ② (*ziemlich*) quite ③ (*vollkommen*) completely; **du bist ~ nass** you're all wet; **~ und gar** completely; **~ und gar nicht** not at all; **~ allein sein** to be all alone; **~ wie Sie wünschen/meinen** just as you wish/think best; **~ hinten/vorne** right at the back/front

Ganze(s) *nt* ① (*alles zusammen*) whole; **im ~n** on the whole ② (*die ganze Angelegenheit*) the whole business; **das ~ hängt mir zum Halse heraus** I've had it up to here with everything!

ganzheitlich *Adv* **etw ~ betrachten** to look at sth in its entirety

gänzlich ['gɛntslɪç] *Adv* completely

Ganztagsbetreuung *f* full-time childcare **Ganztagsschule** *f* full-time day school

> Although in Germany school lessons traditionally finish around lunchtime, more and more schools are offering **Ganztagsschule** (or **GTS**), which provide longer school hours to include a cooked lunch, homework monitoring and sporting or other afternoon activities. In **offene Ganztagsschulen**, these longer hours are optional, whereas in a **gebundene Ganztagsschule**, they are mandatory. The government's aim is ultimately to make fulltime school education accessible nationwide, comparable to most European countries.

gar[1] ['ga:ɐ̯] *Adj Essen* done

gar[2] ['ga:ɐ̯] *Adv* ① (*überhaupt*) at all, whatsoever; **~ keine(r)** no one whatsoever; **~ keinen/keine/keines** none whatsoever; **hattest du denn ~ keine Angst?** weren't you frightened at all?; **~ nicht** not at all; **er hat sich ~ nicht gefreut** he wasn't at all pleased; **~ nichts** nothing at all ② (*sehr*) really

Garage <-, -n> [ga'ra:ʒə] *f* garage

Garantie <-, -n> [garan'ti:, *Pl:* -'ti:ən] *f* guarantee

Garantiefrist *f* HANDEL warranty period

garantieren* [garan'ti:rən] *tr, intr V* to guarantee

Garantieschein *m* guarantee [certificate]

Garbe <-, -n> ['garbə] *f* sheaf

Garde <-, -n> ['gardə] *f* guard

Garderobe <-, -n> [gardə'ro:bə] *f* ① hall-stand; (*Raum*) cloakroom ② *kein Pl* (*geh: Kleidung*) wardrobe

Garderobenständer *m* hat-stand

Gardine <-, -n> [gar'di:nə] *f* net curtain

Gardinenstange *f* curtain rod

gären ['gɛ:rən] *intr V haben o sein* to ferment

Garette <-, -n> [ga'rɛtə] *f* SCHWEIZ wheelbarrow

Garn <-[e]s, -e> ['garn] *nt* thread

Garnele <-, -n> [gar'ne:lə] *f* prawn

garnieren* [gar'ni:rən] *tr V* to garnish

Garnitur <-, -en> [garni'tu:ɐ̯] *f* set

garstig ['garstɪç] *Adj* ① (*abscheulich*) horrible ② (*böse, boshaft*) nasty

Garten <-s, Gärten> ['gartn̩, *Pl:* 'gɛrtn̩] *m* garden

Gartenarbeit *f* gardening *no pl* **Gartenbau** *m kein Pl* horticulture **Gartenlaube** *f* arbour **Gartenlokal** *nt* open-air restaurant **Gartenmöbel** *Pl* garden furniture **Gartenschere** *f* pruning shears *pl* **Gartensitzplatz** *m* SCHWEIZ (*Terrasse*) patio **Gartenzaun** *m* garden fence

Gärtner(in) <-s, -> ['gɛrtnɐ] *m(f)* gardener

Gärtnerei <-, -en> [gɛrtnə'rai] *f* market garden; (*für Setzlinge*) nursery

Gas <-es, -e> ['ga:s, *Pl:* 'ga:zə] *nt* ① gas ② (*fam*) **~ geben** to accelerate; **gib' ~!** put your foot down!

Gasfeuerzeug *nt* gas lighter **Gasflasche** *f* gas canister **gasförmig** *Adj* gaseous **Gashahn** *m* gas tap **Gashebel** *m* accelerator [pedal] BRIT, gas pedal AM **Gasheizung** *f* gas heating **Gasherd** *m* gas cooker **Gaskocher** *m* camping stove **Gasleitung** *f* gas main **Gasmaske** *f* gas mask **Gaspedal** *nt* accelerator **Gaspistole** *f* tear gas gun

Gasse <-, -n> ['gasə] *f* ① alley ② ÖSTERR street; **über die ~** to take away

Gassenjunge *m* (*pej*) street urchin

Gast <-es, Gäste> ['gast, *Pl:* 'gɛstə] *m* guest; **bei jdm zu ~ sein** to be sb's guest[s]; **in einer Stadt/einem Land ~ sein** to be a visitor to a city/a country

Gastarbeiter(in) *m(f)* (*fam, veraltend*) guest worker

> **Gastarbeiter** are foreign workers, living and working in Germany on a temporary basis. During the economic boom of the 1950s and 1960s, workers from southern European countries and Turkey were invited to

work in the FRG, many of whom have since made Germany their home.

Gästebuch *nt* visitors' book

Gästezimmer *nt* spare room

gastfreundlich *Adj* hospitable **Gastfreundschaft** *f* hospitality **Gastgeber(in)** <-s, -> *m(f)* host *masc*, hostess *fem* **Gasthaus** *nt*, **Gasthof** *m* inn **Gasthörer(in)** *m(f)* SCHULE observer, auditor AM

gastieren* [gas'tiːrən] *intr V* to make a guest appearance

Gastritis <-, Gastritiden> [gas'triːtɪs, *Pl:* gastri'tiːdn̩] *f* gastritis

Gastronomie <-, -n> [gastrono'miː, *Pl:* -'miːən] *f* catering trade

gastronomisch *Adj* gastronomic

Gastspiel *nt* guest performance **Gaststätte** *f* restaurant **Gaststube** *f* (*Bar*) lounge; (*Restaurant*) restaurant **Gastwirt(in)** *m(f)* restaurant manager; *einer Kneipe* landlord *masc*, landlady *fem* **Gastwirtschaft** *f s.* **Gaststätte**

Gaszähler *m* gas meter

Gatte, **Gattin** <-n, -n> ['gatə, 'gatɪn] *m, f* (*geh*) spouse *form*, husband/wife

Gatter <-s, -> ['gatɐ] *nt* fence

Gattin <-, -nen> *f s.* **Gatte**

Gattung <-, -en> ['gatʊŋ] *f* ① BIOL genus ② KUNST genre

Gau <-[e]s, -e> ['gau] *m o nt* HIST ① (*Bezirk*) district (*administrative district during the Nazi period*) ② (*hist*) region (*a tribal district in Germanic times*)

GAU <-s, -s> ['gau] *m Akr von* **größter anzunehmender Unfall** MCA

Gaudi <-> ['gaudi] *f o nt kein Pl* SÜDD (*fam*) fun

Gaul <-[e]s, Gäule> ['gaul, *Pl:* 'gɔylə] *m* (*pej*) nag

Gaumen <-s, -> ['gaumən] *m* palate

Gauner(in) <-s, -> ['gaunɐ] *m(f)* (*pej*) crook

Gaunerei <-, -en> [gaunə'rai] *f* cheating *no pl*

Gazastreifen ['gaːza-] *m* Gaza Strip

Gazelle <-, -n> [ga'tsɛlə] *f* gazelle

Gebäck <-[e]s, -e> [gə'bɛk] *nt Pl selten* pastries *pl*

gebacken *PP von* **backen**

geballt *Adj* ① (*konzentriert*) concentrated ② *Faust* clenched

gebar [gə'baːɐ̯] *Imp von* **gebären**

gebärden* [gə'bɛːɐ̯dn̩] *refl V haben* **sich** ~ to behave

Gebärdensprache *f* LING sign language

gebären <gebiert, gebar, geboren> [gə'bɛːrən] *tr V* ① to give birth to; **geboren werden** to be born ② (*eine Begabung haben*) **zu etw geboren sein** to be born to sth

Gebärmutter <-mütter> *f* womb

Gebäude <-s, -> [gə'bɔydə] *nt* building

Gebäudekomplex *m* building complex

Gebein <-[e]s, -e> [gə'bain] *nt* ① (*Skelett*) skeleton ② *Pl* (*Knochen*) bones *pl*

Gebell[e] <-s> [gə'bɛl(ə)] *nt kein Pl* (*pej fam*) incessant barking, bellowing

geben <gibt, gab, gegeben> ['geːbn̩] **I.** *tr V* ① (*reichen*) **jdm etw** ~ to give sb sth, to give sth to sb; *Karten* to deal ② (*verkaufen*) **jdm etw** ~ to get sb sth; ~ **Sie mir bitte fünf Brötchen** I'd like five bread rolls please ③ (*spenden*) *Schutz, Schatten* to provide ④ (*abhalten*) *Konferenz* to hold ⑤ (*bieten, gewähren*) to give; **jdm ein Interview** ~ to grant sb an interview ⑥ DIAL (*abgeben*) to send; **sein Auto in [die] Reparatur** ~ to have one's car repaired ⑦ KOCHK to add; **Wein in die Soße** ~ to add wine to the sauce ⑧ (*ergeben*) to produce; **Rotwein gibt Flecken** red wine leaves stains ⑨ (*äußern*) **etw von sich** ~ to utter sth ▸ **jdm etw zu tun** ~ to give sb sth to do; **nichts auf etw** *Akk* ~ to think nothing of sth; **es jdm** ~ (*fam*) to let sb have it **II.** *tr V unpers* ① (*gereicht werden*) **was gibt es zum Frühstück?** what's for breakfast? ② (*eintreten*) **heute gibt es noch Regen** it'll rain today; **hat es sonst noch etwas gegeben?** has anything else happened? ③ (*existieren, passieren*) **das gibt es nicht!** (*fam*) no way!; **was gibt's?** (*fam*) what's up? **III.** *refl V* ① (*nachlassen*) **etw gibt sich** sth eases [off]; (*sich erledigen*) sth sorts itself out ② (*sich benehmen*) **nach außen gab er sich heiter** outwardly he behaved cheerfully

Gebet <-[e]s, -e> [gə'beːt] *nt* prayer

gebeten [gə'beːtn̩] *PP von* **bitten**

Gebetsruf *m* REL call to prayer

Gebiet <-[e]s, -e> [gə'biːt] *nt* ① (*Fläche*) area ② (*Fach*) field

gebieten* [gəˈbiːtn̩] *tr V unreg* (*geh*) ① (*befehlen*) to command ② (*verlangen*) to demand

gebieterisch [gəˈbiːtərɪʃ] *Adj* (*geh*) domineering

Gebilde <-s, -> [gəˈbɪldə] *nt* thing

gebildet *Adj* educated; **ein ~er Mensch** a cultured person

Gebirge <-s, -> [gəˈbɪrgə] *nt* mountains

gebirgig [gəˈbɪrgɪç] *Adj* mountainous

Gebirgszug *m* mountain range

Gebiss[RR] <-es, -e> *nt*, **Gebiß**[ALT] <-sses, -sse> [gəˈbɪs] *nt* ① (*Zähne*) teeth *pl* ② (*Prothese*) dentures *pl*

gebissen [gəˈbɪsn̩] *PP von* **beißen**

geblasen *PP von* **blasen**

geblieben [gəˈbliːbn̩] *PP von* **bleiben**

geblümt [gəˈblyːmt] *Adj*, **geblumt** [gəˈbluːmt] *Adj* ÖSTERR ① (*mit Blumenmuster*) flowered, floral ② (*fig: kunstvoll, blumenreich*) flowery

geboren [gəˈboːrən] *PP von* **gebären**

geborgen [gəˈbɔrgn̩] **I.** *PP von* **bergen** **II.** *Adj* safe

geborsten [gəˈbɔrstn̩] *PP von* **bersten**

Gebot <-[e]s, -e> [gəˈboːt] *nt* ① (*Verordnung*) decree ② REL **die zehn ~e** the ten commandments ③ (*Erfordernis*) **das ~ der Stunde** the dictates of the moment

geboten [gəˈboːtn̩] **I.** ① *PP von* **gebieten** ② *PP von* **bieten** **II.** *Adj* (*angebracht*) advisable

Gebotsschild <-[e]s, -er> *nt* mandatory sign

gebracht [gəˈbraxt] *PP von* **bringen**

gebraten *PP von* **braten**

Gebrauch <-[e]s, Gebräuche> [gəˈbraux, *Pl:* gəˈbrɔyçə] *m* ① *kein Pl* use; (*Anwendung*) application; **zum äußerlichen/innerlichen ~** to be applied externally/to be taken internally; **von etw ~ machen** to make use of sth; **vor ~ schütteln** shake well before use ② *Pl* **Sitten und Gebräuche** manners and customs

gebrauchen* [gəˈbrauxn̩] *tr V* ① to use; **nicht mehr zu ~ sein** to be no longer [of] any use; **zu nichts zu ~ sein** to be no use at all ② (*fam*) **dein Wagen könnte eine Wäsche ~** your car could do with a wash again

gebräuchlich [gəˈbrɔyçlɪç] *Adj* customary

Gebrauchsanweisung *f* operating instructions **gebrauchsfertig** *Adj* ready for use **Gebrauchsgegenstand** *m* basic commodity

gebraucht *Adj* second-hand

Gebrauchtwagen *m* second-hand car

Gebrechen <-s, -> [gəˈbrɛçn̩] *nt* (*geh*) affliction

gebrechlich [gəˈbrɛçlɪç] *Adj* frail

gebrochen **I.** *PP von* **brechen** **II.** *Adv* **sie sprach nur ~ Deutsch** she only spoke broken German

Gebrüder [gəˈbryːdɐ] *Pl* (*veraltet*) brothers

Gebühr <-, -en> [gəˈbyːɐ̯] *f* charge; (*Beitrag*) fee; **~ [be]zahlt Empfänger** postage to be paid by addressee; **eine ~ erheben** to levy a charge

gebührend **I.** *Adj* appropriate **II.** *Adv* appropriately

Gebühreneinheit *f* TELEK [tariff] unit **gebührenfrei** *Adj, Adv* free of charge **gebührenpflichtig** *Adj* subject to a charge; **~e Straße** toll road **Gebührenzähler** *m* TELEK meter

gebunden [gəˈbʊndn̩] **I.** *PP von* **binden** **II.** *Adj* **~es Buch** hardcover; **~e Preise** controlled prices; **durch Verpflichtungen ~ sein** to be tied down by duties; **vertraglich ~ sein** to be bound by contract

Geburt <-, -en> [gəˈbuːɐ̯t] *f* birth; **bei der ~** at the birth; **von ~ an** from birth; **von ~ Deutscher sein** to be German by birth

geburtenschwach *Adj* **ein ~er Jahrgang** a year in which there is a low birth rate

gebürtig [gəˈbʏrtɪç] *Adj* **er ist ~er Londoner** he is a native Londoner

Geburtsdatum *nt* date of birth **Geburtsjahr** *nt* year of birth **Geburtsort** *m* place of birth **Geburtstag** *m* birthday; **herzlichen Glückwunsch zum ~** happy birthday to you; **[seinen/jds] ~ feiern** to celebrate one's/sb's birthday; **jdm zum ~ gratulieren** to wish sb a happy birthday; **wann hast du ~?** when is your birthday? **Geburtsurkunde** *f* birth certificate **Geburtswehen** *Pl* labour pains *pl*

G

Gebüsch <-[e]s, -e> [gə'bʏʃ] *nt Pl selten* bushes *pl*

gedacht [gə'daxt] ❶ *PP von* **denken** ❷ *PP von* **gedenken**

Gedächtnis <-ses, -se> [gə'dɛçtnɪs, *Pl:* gə'dɛçtnɪsə] *nt* memory; **ein gutes/schlechtes ~ haben** to have a good/poor memory; **etw im ~ behalten** to remember sth; **sein ~ verlieren** to lose one's memory

Gedächtnisschwund *m* amnesia, loss of memory

gedämpft *Adj Schall, Stimme* muffled; *Licht, Farbe* muted

G

Gedanke <-ns, -n> [gə'daŋkə] *m* ❶ (*Überlegung*) thought (**an** of); **in ~n vertieft** deep in thought; **jdn auf andere ~n bringen** to take sb's mind off sth; **jdn auf einen ~n bringen** to put an idea into sb's head; **jds ~n lesen** to read sb's thoughts; **sich** *Dat* **über etw** *Akk* **~n machen** to be worried about sth; **mit seinen ~en woanders sein** to have one's mind on sth else ❷ (*Einfall*) idea; **einen ~n in die Tat umsetzen** to put a plan into action; **jdm kommt ein ~** sb hits upon an idea; **mit dem Gedanken spielen, etw zu tun** to toy with the idea of doing sth

gedankenlos **I.** *Adj* thoughtless **II.** *Adv* thoughtlessly

Gedankenstrich *m* dash **Gedankenübertragung** *f* telepathy *no indef art* **gedankenverloren** *Adj, Adv* (*geh*) lost in thought

Gedeck <-[e]s, -e> [gə'dɛk] *nt* cover

gedeihen <gedieh, gediehen> [gə'daiən] *intr V sein* ❶ (*sich gut entwickeln*) to flourish ❷ (*vorankommen*) to make headway

gedenken* [gə'dɛŋkn̩] *intr V unreg* (*geh*) ❶ **jds/einer S. ~** to remember sb/sth ❷ (*beabsichtigen*) **~, etw zu tun** to intend to do sth

Gedenken <-s> [gə'dɛŋkn̩] *nt kein Pl* memory; **zum ~ an jdn/etw** in memory of sb/sth

Gedenkfeier *f* commemorative ceremony **Gedenkminute** *f* minute's silence **Gedenktafel** *f* commemorative plaque **Gedenktag** *m* day of remembrance

Gedicht <-[e]s, -e> [gə'dɪçt] *nt* poem

gediegen [gə'di:gn̩] *Adj* ❶ (*rein*) pure ❷ (*solide*) high quality

gedieh [gə'di:] *Imp von* **gedeihen**

gediehen [gə'di:ən] *PP von* **gedeihen**

Gedränge <-s> [gə'drɛŋə] *nt kein Pl* ❶ crowd ❷ (*das Drängen*) jostling

gedrängt **I.** *Adj* ❶ (*kurz*) brief, concise, short ❷ (*voll*) packed **II.** *Adv* ❶ (*kurz*) briefly, concisely ❷ (*voll*) packed; **~ voll sein** to be packed full

gedroschen [gə'drɔʃn̩] *PP von* **dreschen**

gedrückt *Adj* weak, dejected, depressed

gedrungen [gə'drʊŋən] *PP von* **dringen**

Geduld <-> [gə'dʊlt] *f kein Pl* patience; **~ haben** to be patient (**mit** with); **keine ~ haben** to have no patience (**zu** with); **die ~ verlieren** to lose one's patience

gedulden* [gə'dʊldn̩] *refl V* **sich ~** to be patient

geduldig [gə'dʊldɪç] *Adj* patient

Geduldsprobe *f* test of one's patience

gedurft [gə'dʊrft] *PP von* **dürfen**

geehrt *Adj* honoured; **sehr ~e Damen und Herren!** ladies and gentlemen!; (*in Briefen*) Dear Sir or Madam

geeignet [gə'ʔaignət] *Adj* suitable; **für etw/zu etw ~ sein** to be suited to sth

Gefahr <-, -en> [gə'fa:ɐ̯] *f* danger; **jdn in ~ bringen** to endanger sb; **in/außer ~ sein** to be in/out of danger; **auf eigene ~** at one's own risk; **sich in ~ begeben** to put oneself at risk; **~ laufen, etw zu tun** to run the risk of doing sth

gefährden* [gə'fɛ:ɐ̯dn̩] *tr V* to endanger

gefahren *PP von* **fahren**

Gefahrguttransport *m* dangerous goods transport

gefährlich [gə'fɛ:ɐ̯lɪç] *Adj* dangerous; (*risikoreich*) risky

gefahrlos [gə'fa:ɐ̯lo:s] *Adj* safe

Gefährte, Gefährtin <-n, -n> [gə'fɛ:ɐ̯tə, gə'fɛ:ɐ̯tɪn] *m, f* (*geh*) companion

Gefälle <-s, -> [gə'fɛlə] *nt* ❶ gradient ❷ (*Unterschied*) difference

gefallen[1] <gefiel, gefallen> [gə'falən] **I.** *intr V* **jdm ~** to please sb; **gefällt dir mein Kleid?** do you like my dress? **II.** *refl V* **sich** *Dat* **etw ~ lassen** to put up with sth

gefallen[2] *PP von* **fallen, gefallen**[1]

Gefallen[1] <-s, -> [gə'falən] *m* favour; **jdn um einen ~ bitten** to ask sb for a favour; **jdm einen ~ tun** to do sb a favour

Gefallen[2] <-s> [gəˈfalən] *nt* **an etw** *Dat* **~ finden** to enjoy sth

Gefallene(r) *f(m) dekl wie Adj* soldier killed in action

gefällig [gəˈfɛlɪç] *Adj* ① **sich jdm ~ zeigen** to show oneself willing to help ② (*gewünscht*) **Zigarette ~?** would you care for a cigarette?

Gefälligkeit <-, -en> *f* ① favour ② (*Hilfsbereitschaft*) **aus ~** out of the kindness of one's heart

gefälligst [gəˈfɛlɪçst] *Adv* (*euph, pej*) kindly; **würden Sie mich ~ ausreden lassen!** would you kindly let me finish [speaking]!

gefangen [gəˈfaŋən] **I.** *PP von* **fangen** **II.** *Adj* ① **jdn ~ halten** to hold sb captive; **ein Tier ~ halten** to keep an animal in captivity; **jdn ~ nehmen** to arrest sb; MIL to take sb prisoner ② (*beeindruckt*) **jdn ~ halten** to captivate sb

Gefangene(r) *f(m) dekl wie Adj* captive; (*im Gefängnis*) prisoner

gefangen|haltenALT *tr V unreg s.* **gefangen II. 1., 2.**

Gefangennahme <-, -n> *f* ① arrest ② MIL capture

Gefangenschaft <-, *selten* -en> *f* captivity; **in ~ geraten** to be taken prisoner

Gefängnis <-ses, -se> [gəˈfɛŋnɪs, *Pl:* gəˈfɛŋnɪsə] *nt* ① prison; **im ~ sein** to be in prison; **ins ~ kommen** to be sent to prison ② *kein Pl* (*Haftstrafe*) imprisonment; **zwei Jahre ~ bekommen** to get two years imprisonment

Gefängnisstrafe *f* prison sentence **Gefängniswärter(in)** *m(f)* prison officer

Gefasel <-s> [gəˈfa:zl̩] *nt kein Pl* (*pej fam*) drivel

Gefäß <-es, -e> [gəˈfɛ:s] *nt* container

gefasstRR, **gefaßt**ALT **I.** *Adj* ① (*beherrscht*) composed ② (*vorbereitet*) **auf etw** *Akk* **~ sein** to be prepared for sth; **sich auf etw** *Akk* **~ machen** to prepare oneself for sth **II.** *Adv* calmly

Gefecht <-[e]s, -e> [gəˈfɛçt] *nt* battle

gefeit [gəˈfait] *Adj* **gegen etw ~ sein** to be immune to sth

Gefieder <-s, -> [gəˈfi:dɐ] *nt* plumage

gefiedert [gəˈfi:dɐt] *Adj* feathered

gefinkelt [gəˈfɪŋkl̩t] *Adj* ÖSTERR (*schlau*) cunning, crafty

gefleckt *Adj* spotted

geflissentlich [gəˈflɪsn̩tlɪç] *Adv* deliberately

geflochten [gəˈflɔxtn̩] *PP von* **flechten**

geflogen [gəˈflo:gn̩] *PP von* **fliegen**

geflohen [gəˈflo:ən] *PP von* **fliehen**

geflossen [gəˈflɔsn̩] *PP von* **fließen**

Geflügel <-s> [gəˈfly:gl̩] *nt kein Pl* poultry

geflügelt [gəˈfly:gl̩t] *Adj* winged

gefochten [gəˈfɔxtn̩] *PP von* **fechten**

Gefolge <-s, -> [gəˈfɔlgə] *nt* retinue

gefräßig [gəˈfrɛ:sɪç] *Adj* voracious

Gefreite(r) [gəˈfraitə] *f(m) dekl wie Adj* MIL *soldier holding the second lowest rank in the armed forces,* ≈ lance corporal BRIT, private AM

gefressen [gəˈfrɛsn̩] *PP von* **fressen**

gefrieren* [gəˈfri:rən] *intr V unreg sein* to freeze

Gefrierfach *nt* freezer compartment **gefriergetrocknet** *Adj* freeze-dried **Gefrierpunkt** *m* **über/unter dem ~** above/below freezing **Gefrierschrank** *m* upright freezer **Gefriertruhe** *f* chest freezer

gefroren [gəˈfro:rən] *PP von* **frieren, gefrieren**

gefügig [gəˈfy:gɪç] *Adj* compliant; **[sich** *Dat*] **jdn ~ machen** to make sb submit to one's will

Gefühl <-[e]s, -e> [gəˈfy:l] *nt* feeling; **etw im ~ haben** to feel sth instinctively; **jds ~e erwidern** to return sb's affections; **ein ~ für etw [haben]** [to have] a feeling for sth; **ein ~ für Gerechtigkeit** a sense of justice

gefühllos *Adj* ① (*taub*) numb ② (*herzlos*) insensitive

Gefühlsausbruch *m* emotional outburst **gefühlsbetont** *Adj* emotional **Gefühlsduselei** <-, -en> [-du:zəˈlai] *f* (*pej*) mawkishness **gefühlsmäßig** *Adv* instinctively

gefühlvoll **I.** *Adj* sensitive **II.** *Adv* with feeling

gefüllt *Adj* ① KOCHK *Paprikaschoten, Tomaten* stuffed; **~e Kekse** biscuits with a filling ② (*voll*) full

gefunden [gəˈfʊndn̩] *PP von* **finden**

gegangen [gəˈgaŋən] *PP von* **gehen**

G

gegebenenfalls ['gə'ge:bənən'fals] *Adv* if necessary

gegen ['ge:gn̩] *Präp +Akk* ① against; **ich brauche etwas ~ meine Erkältung** I need sth for my cold ② (*entgegen*) contrary to; **~ alle Vernunft** against all reason ③ (*an*) against; **~ die Wand stoßen** to run into the wall; **~ die Tür schlagen** to hammer on the door ④ (*etwa*) **~ Morgen/Mittag** towards morning/afternoon; **~ drei Uhr** around three o'clock

Gegenangriff *m* counterattack **Gegenargument** *nt* counterargument

Gegend <-, -en> ['ge:gn̩t, *Pl:* 'ge:gn̩dən] *f* ① area; **in der Münchner ~** in the Munich area ② (*Umgegbung*) **durch die ~ laufen/fahren** (*fam*) to stroll about/drive around

Gegendarstellung *f* MEDIA reply

gegeneinander [ge:gn̩ʔai'nandɐ] *Adv* against each other

gegeneinander|prallen *intr V sein* to collide

Gegenfahrbahn *f* oncoming lane **Gegengift** *nt* antidote **Gegenleistung** *f* **eine/keine ~ erwarten** to expect something/nothing in return

Gegensatz *m* ① opposite (**zu** to); **im ~ zu jdm/etw** unlike sb/sth ② *Pl* differences; **unüberbrückbare Gegensätze** irreconcilable differences ▶ **Gegensätze <u>ziehen</u> sich an** (*prov*) opposites attract

gegensätzlich ['ge:gn̩zɛtslɪç] *Adj* conflicting; *Menschen* different

Gegenseite *f* other side

gegenseitig ['ge:gn̩zaitɪç] **I.** *Adj* mutual **II.** *Adv* mutually; **sich** *Dat* **~ helfen** to help each other; **sich ~ beschuldigen** to accuse each other

Gegenseitigkeit <-> *f kein Pl* mutuality; **auf ~ beruhen** to be mutual

Gegenspieler(in) *m(f)* opposite number **Gegensprechanlage** *f* two-way intercom

Gegenstand <-[e]s, -stände> *m* ① object ② (*Thema*) subject

gegenstandslos *Adj* ① (*unbegründet*) unfounded ② (*hinfällig*) invalid

Gegenstimme *f* ① (*bei einer Abstimmung*) vote against ② (*kritische Meinungsäußerung*) dissenting voice **Gegenstück** *nt* companion piece; **jds ~ sein** to be sb's opposite **Gegenteil** ['ge:gn̩tail] *nt* opposite; **im ~!** on the contrary!

gegenteilig ['ge:gn̩tailɪç] *Adj* opposite

gegenüber [ge:gn̩'ʔy:bɐ] **I.** *Präp +Dat* ① (*örtlich*) opposite ② (*in Bezug auf*) towards ③ (*vor*) in front of **II.** *Adv* opposite; **die Leute von ~** the people [from] opposite

Gegenüber <-s, -> [ge:gn̩'ʔy:bɐ] *nt* person opposite

gegenüberliegend *Adj attr* opposite

gegenüber|stehen *unreg* **I.** *intr V* ① *räumlich* **jdm ~** to stand opposite sb ② (*eingestellt sein*) **jdm/einer S. [...] ~** to have a [...] attitude towards sth **II.** *refl V* **sich** *Dat* **~** to confront each other **gegenüber|stellen** *tr V* to compare **Gegenüberstellung** *f* (*Vergleich*) comparison

Gegenverkehr *m* oncoming traffic

Gegenwart <-> ['ge:gn̩vart] *f kein Pl* ① present; **die Kunst/Musik der ~** contemporary art/music ② LING present [tense] ③ (*Anwesenheit*) presence

gegenwärtig ['ge:gn̩vɛrtɪç] **I.** *Adj attr* present; **zur ~en Stunde** at the present time **II.** *Adv* currently

Gegenwert *m* equivalent; **~ eines Schecks/Wechsels** countervalue of a cheque/bill **Gegenwind** *m* headwind **gegen|zeichnen** *tr V* to countersign

gegessen [gə'gɛsn̩] *PP von* **essen**

geglichen [gə'glɪçn̩] *PP von* **gleichen**

geglitten [gə'glɪtn̩] *PP von* **gleiten**

geglommen [gə'glɔmən] *PP von* **glimmen**

Gegner(in) <-s, -> ['ge:gnɐ] *m(f)* opponent

gegnerisch *Adj attr* opposing

gegolten [gə'gɔltn̩] *PP von* **gelten**

gegoren [gə'go:rən] *PP von* **gären**

gegossen [gə'gɔsn̩] *PP von* **gießen**

gegraben *PP von* **graben**

gegriffen [gə'grɪfn̩] *PP von* **greifen**

Gehabe <-s> [gə'ha:bə] *nt kein Pl* (*pej fam*) affectation

Gehalt[1] <-[e]s, Gehälter> [gə'halt, *Pl:* gə'hɛltɐ] *nt* salary

Gehalt[2] <-[e]s, -e> [gə'halt] *m* (*Anteil*) content; **der ~ an Kohlendioxid** the carbon dioxide content

Gehaltsabrechnung *f* salary statement **Gehaltsempfänger(in)** *m(f)* salaried employee **Gehaltserhöhung** *f* pay rise **Gehaltszulage** *f* salary bonus

gehaltvoll *Adj* ❶ *Essen* nutritious ❷ *Buch* stimulating

gehandikapt [gəˈhɛndikɛpt] *Adj* handicapped (**durch** by)

gehangen [gəˈhaŋən] *PP von* **hängen**

gehässig [gəˈhɛsɪç] **I.** *Adj* spiteful **II.** *Adv* spitefully

gehauen *PP von* **hauen**

Gehäuse <-s, -> [gəˈhɔyzə] *nt* casing

gehbehindert *Adj* **leicht/stark ~ sein** to have a slight/severe mobility handicap

Gehege <-s, -> [gəˈheːgə] *nt* enclosure

geheim [gəˈhaim] **I.** *Adj* secret **II.** *Adv* secretly; **~ abstimmen** to vote by secret ballot; **etw ~ halten** to keep sth secret

Geheimagent(in) *m(f)* secret agent **Geheimdienst** *m* secret service BRIT, intelligence service AM **geheim|halten**ALT *tr V unreg s.* **geheim II.**

Geheimnis <-ses, -se> [gəˈhaimnɪs, *Pl:* gəˈhaimnɪsə] *nt* secret; **vor jdm keine ~se haben** to have no secrets from sb; **das ~ des Lebens** the mystery of life

Geheimniskrämerei [gəhaimnɪs-krɛːməˈrai] *f* (*pej*) secretiveness **geheimniskrämerisch** [gəˈhaimnɪs-krɛːmˈərɪʃ] *Adj* (*pej*) secretive

geheimnisvoll **I.** *Adj* mysterious **II.** *Adv* mysteriously

Geheimnummer *f* TELEK ex-directory number **Geheimpolizei** *f* secret police **Geheimschrift** *f* code **Geheimtipp**RR *m* inside tip **Geheimzahl** *f* FIN PIN number

geheißen *PP von* **heißen**

gehen <ging, gegangen> [ˈgeːən] **I.** *intr V sein* ❶ to go (**zu/nach** to); (*zu Fuß*) to walk; **geh schon!** go on!; **~ wir!** let's go!; **in Urlaub ~** to go on holiday [*or* AM vacation]; **gehst du heute in die Stadt/auf die Post?** are you going to town/to the post office today?; **~ wir oder fahren wir mit dem Auto?** shall we walk or drive?; **auf die andere Straßenseite ~** to cross over to the other side of the street; **auf und ab ~** to pace up and down; **zur Schule** [*o* **in die Schule**] **~** to go to [a] grammar school; **aufs Gymnasium/auf einen Lehrgang ~** to go to [a] grammar school/on a course; **an die Uni ~** to go to university; **ins Theater/in die Kirche ~** to go to the theatre/to church; **schwimmen/tanzen/einkaufen ~** to go swimming/dancing/shopping; **schlafen ~** to go to bed ❷ (*tätig werden*) **in die Industrie ~** to go into industry; **zum Film ~** to go into films; **in die Gewerkschaft ~** to join the union ❸ (*weggehen*) to go; (*abfahren a.*) to leave; **ich muss jetzt ~** I have to be off; **wann geht der Zug nach Hamburg?** when does the train to Hamburg leave? ❹ (*führen*) **irgendwohin ~** to go somewhere; **wohin geht dieser Weg?** where does this path lead to? ❺ (*funktionieren*) to work ❻ (*gelingen*) **es geht ganz leicht** it's really easy ❼ ÖKON (*laufen*) to go; **wie ~ die Geschäfte?** how's business? ❽ ÖKON (*sich verkaufen*) to sell ❾ (*hineinpassen*) **wie viele Leute ~ in deinen Wagen?** how many people [can] fit in[to] your car? ❿ (*reichen*) **das Wasser geht einem bis zur Hüfte** the water comes up to one's hips; **der Rock geht ihr bis zum Knie** the skirt goes down to her knee ⓫ *Teig* to rise ⓬ (*Klingel*) to ring ⓭ (*möglich sein*) **das geht** that's possible; **das wird kaum ~** that won't be possible; **solange es geht** as long as possible; **da geht nichts mehr** there's nothing more to be done; **ich muss mal telefonieren – geht das?** I have to make a phonecall – would that be alright? ⓮ (*lauten*) **wie geht nochmal der Spruch?** how does the saying go? ⓯ (*beeinträchtigen*) **das geht** [**mir**] **ganz schön an die Nerven** that really gets on my nerves; **das geht an die Kraft** that takes it out of you ⓰ (*gerichtet sein*) **an jdn ~** to be addressed to sb; **gegen jdn/etw ~** to be directed against sb/sth; **das geht nicht gegen Sie** this isn't aimed at you ⓱ (*fam: liiert sein*) **mit jdm ~** to go out with sb ⓲ (*überschreiten*) **zu weit ~** to go too far; **das geht zu weit!** that's just too much! ⓳ (*übersteigen*) **über jds Geduld ~** to exhaust sb's patience; **über jds Kräfte/Möglichkeiten ~** to be too much for sb ⓴ (*fam: akzeptabel sein*) to be OK; **es geht** [**so**] it's OK ▶ **jdm über alles ~** to mean more to sb than anything else; **es geht nichts über jdn/etw** there's nothing like sb/sth; [**ach**] **geh, ...!** (*fam*)

G

[oh] come on, ...!; **geh, was du nicht sagst!** ÖSTERR go on, you're kidding! **II.** *intr V unpers sein* ❶ *+ Adv (sich fühlen)* **wie geht's?** how do you do?; **wie geht's denn so?** *(fam)* how's it going?; **wie geht es Ihnen? – Danke, mir geht es gut!** how are you? — Thank you, I am well!; **es wird Ihnen gleich wieder besser ~** you'll soon feel better again ❷ *+ Adv (verlaufen)* **wie war denn die Prüfung? – Ach, es ging ganz gut** how was the exam? — Oh, it went quite well ❸ *(sich handeln)* **es geht um ...** it's about ...; **um was geht's denn?** what's it about then?; **worum geht es in diesem Film?** what is this film about? ❹ *(wichtig sein)* **worum geht es dir eigentlich?** what are you trying to say?; **es geht mir nur um die Wahrheit** I'm only interested in the truth ❺ *(ergehen)* **mir ist es ähnlich/genauso gegangen** it was the same/just the same with me; **lass es dir gut ~!** look after yourself! ▶ **geht's noch!?** SCHWEIZ *(iron)* are you crazy?!; **wenn es nach mir/nach uns/... ginge** if it were up to me/to us/... **III.** *tr V sein* to walk; **ich gehe immer diesen Weg** I always walk this way; **sollen wir diese Straße ~?** shall we take this road? **IV.** *refl V haben* **sich ~ lassen** *(sich nicht beherrschen)* to lose one's self-control; *(nachlässig sein)* to let oneself go

gehen|lassen* *refl, tr V unreg* **sich ~** to lose one's self-control; *(nachlässig sein)* to let oneself go

geheuer [gəˈhɔyɐ] *Adj* **etw ist nicht ~** sth is eerie; **jdm nicht ~ sein** to seem suspicious to sb

Gehilfe, Gehilfin <-n, -n> [gəˈhɪlfə, gəˈhɪlfɪn] *m, f* assistant

Gehirn <-[e]s, -e> [gəˈhɪrn] *nt* brain

Gehirnerschütterung *f* concussion **Gehirnschlag** *m* stroke **Gehirntumor** *m* brain tumour **Gehirnwäsche** *f* brainwashing *no indef art, no pl*

geholfen [gəˈhɔlfn̩] *PP von* **helfen**

Gehör <-[e]s, -e> [gəˈhøːɐ̯] *nt* hearing; **das ~ verlieren** to go deaf; **jdm/einer S. ~/kein ~ schenken** to listen/to not listen to sb/sth; **sich** *Dat* **[bei jdm] ~ verschaffen** to make oneself heard [to sb]

gehorchen* [gəˈhɔrçn̩] *intr V* to obey

gehören* [gəˈhøːrən] **I.** *intr V* ❶ **jdm ~** to belong to sb; **zur Familie ~** to be one of the family; **ihm ~ mehrere Häuser** he owns several houses ❷ *(den richtigen Platz haben)* **die Kinder ~ ins Bett** the children should be in bed; **wohin ~ die Hemden?** where do the shirts go? ❸ *(angebracht sein)* **dieser Vorschlag gehört nicht hierher** this suggestion is not relevant here ❹ *(Teil sein von)* **zu etw ~** to be part of sth ❺ *(nötig sein)* **zu dieser Arbeit gehört viel Konzentration** this work requires a lot of concentration; **dazu gehört nicht viel** that doesn't take much; **dazu gehört [schon] etwas** that takes some doing **II.** *refl V* **sich ~** to be fitting; **wie es sich gehört** as is right and proper; **sich nicht ~** to be not good manners

Gehörgang *m* ANAT auditory canal

gehörig [gəˈhøːrɪç] **I.** *Adj* ❶ *attr (fam: beträchtlich)* good ❷ *attr (entsprechend)* proper **II.** *Adv (fam)* **du hast dich ~ getäuscht** you are very much mistaken

Gehörlose(r) *f(m) dekl wie Adj (geh)* deaf person

gehorsam [gəˈhoːɐ̯zaːm] **I.** *Adj* obedient **II.** *Adv* obediently

Gehorsam <-s> [gəˈhoːɐ̯zaːm] *m kein Pl* obedience

Gehörschutz *m* ear protection, ear protectors *pl*

Gehweg *m* ❶ *s.* **Bürgersteig** ❷ *(Fußweg)* walk

Geier <-s, -> [ˈgaiɐ] *m* vulture

Geige <-, -n> [ˈgaigə] *f* violin ▶ **die erste ~ spielen** to call the tune; **die zweite ~ spielen** to play second fiddle

geil [ˈgail] *Adj* ❶ horny; **~ auf jdn sein** to have the hots for sb ❷ *(sl: toll)* wicked

Geisel <-, -n> [ˈgaizl̩] *f* hostage; **jdn als ~ nehmen** to take sb hostage

Geiselnehmer(in) <-s, -> *m(f)* hostage-taker

Geißblatt *nt* honeysuckle, woodbine

Geißel <-, -n> [ˈgaisl̩] *f* scourge

geißeln [ˈgaisl̩n] *tr V (anprangern)* to castigate

Geist <-[e]s, -er> [ˈgaist] *m* ❶ *kein Pl* mind ❷ *kein Pl (Wesen, Gesinnung)* spirit ❸ *(Gespenst)* ghost; **gute/böse ~er** good/evil spirits; **der Heilige ~**

the Holy Ghost ▸ **von allen guten ~ern verlassen sein** (*fam*) to have taken leave of one's senses; **jdm auf den ~ gehen** (*fam*) to get on sb's nerves

Geisterbahn *f* ghost train **Geisterstimme** *f* ghostly voice **Geisterstunde** *f* witching hour

geistesabwesend **I.** *Adj* absent-minded **II.** *Adv* absent-mindedly **Geistesblitz** *m* brainwave **geistesgegenwärtig** **I.** *Adj* quick-witted **II.** *Adv* with great presence of mind **geistesgestört** *Adj* mentally disturbed **geisteskrank** *Adj* mentally ill **Geisteskrankheit** *f* mental illness **Geisteswissenschaften** *Pl* humanities

geistig ['gaistɪç] **I.** *Adj* ❶ mental ❷ (*spirituell*) spiritual **II.** *Adv* mentally; **~ behindert** mentally handicapped

geistlich ['gaistlɪç] *Adj* religious; **~er Beistand** spiritual support

Geistliche(r) *f(m) dekl wie Adj* clergyman *masc*, woman priest *fem*

geistlos *Adj* inane

geistreich *Adj* witty

geizen ['gaitsn̩] *intr V* **mit etw ~** ❶ to be mean with sth ❷ (*zurückhaltend sein*) to be sparing with sth

Geizhals *m* miser

geizig ['gaitsɪç] *Adj* stingy, miserly

Geizkragen *m* (*fam*) *s.* **Geizhals**

Gejammer <-s> [gə'jamɐ] *nt kein Pl* (*pej fam*) yammering

gekannt [gə'kant] *PP von* **kennen**

Gekläffe <-s> [gə'klɛfə] *nt kein Pl* (*pej*) yapping

geklungen [gə'klʊŋən] *PP von* **klingen**

gekniffen [gə'knɪfn̩] *PP von* **kneifen**

gekommen *PP von* **kommen**

Gekritzel <-s> [gə'krɪts|] *nt kein Pl* (*pej*) scrawl

gekrochen [gə'krɔxn̩] *PP von* **kriechen**

gekünstelt *Adj* (*pej*) artificial; *Benehmen* affected

Gel <-s, -e> ['ge:l] *nt* gel

Gelaber <-s> [gə'la:bɐ] *nt kein Pl* (*pej fam*) blabbering

Gelächter <-s, -> [gə'lɛçtɐ] *nt* laughter

geladen *PP von* **laden**

gelähmt **I.** *PP von* **lähmen** **II.** *Adj* paralyzed

Gelände <-s, -> [gə'lɛndə] *nt* terrain

Geländefahrzeug *nt* all-terrain vehicle

Geländer <-s, -> [gə'lɛndɐ] *nt* railing[s]; (*Treppengeländer*) banister[s]

Geländewagen *m* off-road vehicle

gelang [gə'laŋ] *Imp von* **gelingen**

gelangen* [gə'laŋən] *intr V sein* ❶ to reach; **ans Ziel ~** to reach one's destination; **in die falschen Hände ~** to fall into the wrong hands ❷ (*erwerben*) **zu etw ~** to achieve sth ❸ SCHWEIZ **an jdn ~** to turn to sb (**mit** about)

gelassen [gə'lasn̩] **I.** *PP von* **lassen** **II.** *Adj* calm **III.** *Adv* calmly

Gelassenheit <-> *f kein Pl* calmness

gelaufen *PP von* **laufen**

geläufig [gə'lɔyfɪç] *Adj* familiar

gelaunt [gə'launt] *Adj präd* **... ~ sein** to be in a ... mood

gelb ['gɛlp] *Adj* yellow

Gelb <-s, - *o* -s> ['gɛlp] *nt* yellow; (*bei Ampel*) amber

Gelbfieber *nt* yellow fever **Gelbsucht** *f kein Pl* jaundice

Geld <-[e]s, -er> ['gɛlt, *Pl:* 'gɛldɐ] *nt kein Pl* money; **bares ~** cash; **~ wie Heu haben** (*fam*) to have money to burn; **ins ~ gehen** (*fam*) to cost a pretty penny; **etw zu ~ machen** (*fam*) to turn sth into money ▸ **das ~ zum Fenster hinauswerfen** to throw money down the drain; **jdm das ~ aus der Tasche ziehen** to squeeze money out of sb

Geldanlage *f* investment **Geldautomat** *m* cashpoint, ATM **Geldbeutel** *m* purse **Gelddruckmaschine** *f* ÖKON (*fig fam*) goldmine **geldgierig** *Adj* avaricious **Geldkarte** *f* FIN cash card **Geldschein** *m* banknote, bill AM **Geldstrafe** *f* fine **Geldstück** *nt* coin **Geldwäsche** *f* money-laundering **Geldwechsel** *m* foreign exchange; **„~"** 'Bureau de change' **Geldwert** *m* (*eines Gegenstandes*) cash value

Gelee <-s, -s> [ʒe'le:, ʒə'le:] *m o nt* jelly

gelegen [gə'le:gn̩] **I.** *PP von* **liegen** **II.** *Adj* **jdm ~ kommen** to come at the right time for sb

Gelegenheit <-, -en> [gə'le:gn̩hait] *f* ❶ opportunity; **bei passender ~** when the opportunity arises; **die ~ haben, etw zu tun** to have the opportunity of doing sth ❷ (*Anlass*) occasion; **bei dieser ~** on this occasion

Gelegenheitsarbeiter(in) *m(f)* casual labourer **Gelegenheitskauf** *m* bargain

G

gelegentlich [gəˈleːgn̩tlɪç] **I.** *Adj attr* occasional **II.** *Adv* occasionally
gelehrig [gəˈleːrɪç] *Adj* quick to learn *pred*
gelehrt *Adj* scholarly
Gelehrte(r) *f(m) dekl wie Adj* scholar
Geleit <-[e]s, -e> [gəˈlait] *nt* **freies ~** safe-conduct
geleiten* [gəˈlaitn̩] *tr V* (*geh*) to escort
Geleitschutz *m* escort; **jdm/einer S. ~ geben** to escort sb/sth **Geleitzug** *m* convoy
Gelenk <-[e]s, -e> [gəˈlɛŋk] *nt* joint
G
Gelenkentzündung *f* arthritis
gelenkig [gəˈlɛŋkɪç] *Adj* supple
Gelenkrheumatismus *m* MED rheumatic fever
gelesen *PP von* **lesen**
geliebt *Adj* dear; **ihr ~er Mann** her beloved husband
Geliebte(r) *f(m) dekl wie Adj* lover
geliehen [gəˈliːən] *PP von* **leihen**
gelingen <gelang, gelungen> [gəˈlɪŋən] *intr V sein* **jdm gelingt es, etw zu tun** sb manages to do sth; **jdm gelingt es nicht, etw zu tun** sb fails to do sth
Gelingen <-s> [gəˈlɪŋən] *nt kein Pl* (*geh*) success
gelitten [gəˈlɪtn̩] *PP von* **leiden**
gellend **I.** *Adj* piercing **II.** *Adv* piercingly
geloben* [gəˈloːbn̩] *tr V* (*geh*) **etw ~** to pledge sth; **jdm Gefolgschaft ~** to swear allegiance to sb
Gelöbnis <-ses, -se> [gəˈløːpnɪs, *Pl:* gəˈløːpnɪsə] *nt* (*geh*) vow; **ein ~ ablegen** to take a vow
gelogen [gəˈloːgn̩] *PP von* **lügen**
Gelse <-, -n> [ˈgɛlzə] *f* ÖSTERR gnat; (*größer*) mosquito
gelten <gilt, galt, gegolten> [ˈgɛltn̩] **I.** *intr V* ❶ (*gültig sein*) [**für jdn**] **~** *Regelung* to be valid [for sb]; *Bestimmungen* to apply [to sb]; *Gesetz* to be in force ❷ (*zutreffen*) **für jdn ~** to go for sb ❸ (*gehalten werden*) **als etw ~** to be regarded as sth ▸ **etw ~ lassen** to accept sth **II.** *intr V unpers* **es gilt, etw zu tun** it is necessary to do sth; **das gilt nicht!** that's not allowed!
geltend *Adj attr* (*gültig*) current; **einen Einwand ~ machen** to raise an objection; **Ansprüche/Forderungen ~ machen** to make claims/demands

Geltung <-> *kein Pl f* ❶ (*Gültigkeit*) validity; **~ erlangen/haben** to become/be valid ❷ (*Ansehen*) prestige; **sich/einer S.** *Dat* **~ verschaffen** to establish one's position/to enforce sth
Geltungsbedürfnis *nt kein Pl* need for admiration **Geltungsdauer** *f* [period of] validity
Gelübde <-s, -> [gəˈlʏpdə] *nt* vow
gelungen [gəˈlʊŋən] **I.** *PP von* **gelingen** **II.** *Adj attr* successful *attr*
gemächlich [gəˈmɛːçlɪç] **I.** *Adj* leisurely; *Leben* quiet **II.** *Adv* leisurely
Gemahl(in) <-s, -e> [gəˈmaːl] *m(f)* (*geh*) spouse
Gemälde <-s, -> [gəˈmɛːldə] *nt* painting
gemäß [gəˈmɛːs] **I.** *Präp +Dat* in accordance with; **~ § 198** according to § 198 **II.** *Adj* **jdm/einer S. ~** appropriate to sb/sth
gemäßigt *Adj* ❶ *Klima* temperate ❷ (*moderat*) moderate
Gemäuer <-s> [gəˈmɔyɐ] *nt kein Pl* walls *pl*
Gemecker [gəˈmɛkɐ], **Gemeckere** <-s> [gəˈmɛkərə] *nt kein Pl* (*pej*) whinging
gemein [gəˈmain] *Adj* ❶ (*niederträchtig*) mean ❷ *präd* (*geh*) common; **jdm/einer S. ~ sein** to be common to sb/sth; **etw mit jdm ~ haben** to have sth in common with sb
Gemeinde <-, -n> [gəˈmaində] *f* ❶ (*Kommune*) municipality ❷ (*Pfarrgemeinde*) parish; (*Gläubige*) parishioners *pl*
Gemeindehaus *nt* REL parish rooms *pl* **Gemeinderat[1]** *m* district council **Gemeinderat, Gemeinderätin[2]** *m, f* district councillor BRIT, councilman AM **Gemeindeschwester** *f* district nurse **Gemeindesteuer** *f* local tax **Gemeindeverwaltung** *f* district council **Gemeindezentrum** *nt* REL parish rooms *pl*
gemeingefährlich *Adj* constituting a public danger *pred*
Gemeingut *nt kein Pl* common property
Gemeinheit <-, -en> *f* meanness; **so eine ~!** that was a mean thing to do/say!
gemeinnützig [gəˈmainnʏtsɪç] *Adj* charitable

gemeinsam [gə'mainza:m] **I.** *Adj* ❶ (*mehreren gehörend*) common; **etw ~ haben** to have sth in common ❷ (*von mehreren unternommen*) joint *attr* **II.** *Adv* jointly
Gemeinschaft <-, -en> *f* community; **in ~ mit jdm/etw** together with sb/sth
gemeinschaftlich *Adj s.* **gemeinsam**
Gemeinschaftskunde *f kein Pl* social studies + *sing verb* **Gemeinschaftspraxis** *f* joint practice **Gemeinschaftssinn** *m kein Pl* SOZIOL community spirit
Gemeinwohl *nt* **das ~** the public welfare; **dem ~ dienen** to be in the public interest
Gemenge <-s, -> [gə'mɛŋə] *nt* ❶ (*Mischung*) mixture (**aus** of) ❷ (*Durcheinander*) jumble *no pl*
Gemetzel <-s, -> [gə'mɛts̩l] *nt* bloodbath
gemieden [gə'mi:dn̩] *PP von* **meiden**
Gemisch <-[e]s, -e> [gə'mɪʃ] *nt* mixture
gemischt *Adj* mixed
gemocht [gə'mɔxt] *PP von* **mögen**
gemolken [gə'mɔlkn̩] *PP von* **melken**
GemseALT <-, -n> ['gɛmzə] *f s.* **Gämse**
Gemüse <-s, *selten* -> [gə'my:zə] *nt* vegetables *pl*
Gemüseanbau *m* growing of vegetables **Gemüseburger** <-s, -> [-bø:ɐ̯gɐ] *m* veggie-burger **Gemüsegarten** *m* kitchen garden **Gemüsehändler(in)** *m(f)* greengrocer BRIT
gemusstRR, **gemußt**ALT [gə'mʊst] *PP von* **müssen**
gemustert *Adj* patterned
Gemüt <-[e]s, -er> [gə'my:t] *nt* ❶ (*Seele*) soul ❷ (*Emotionen*) feelings *pl*; **die ~er erregen** to cause a stir; **jdm aufs ~ schlagen** to get to sb *fam*
gemütlich **I.** *Adj* ❶ (*bequem*) comfortable; **es sich/jdm ~ machen** to make oneself/sb comfortable ❷ (*ungezwungen*) informal **II.** *Adv* (*behaglich*) comfortably
Gemütlichkeit <-> *f kein Pl* ❶ cosiness ❷ (*Ungezwungenheit*) informality
Gemütsmensch *m* (*fam*) good-natured person **Gemütsruhe** *f* calmness **Gemütsverfassung** *f*, **Gemütszustand** *m* mood
Gen <-s, -e> ['ge:n] *nt* gene
genannt [gə'nant] *PP von* **nennen**
genas [gə'na:s] *Imp von* **genesen**
genau [gə'nau] **I.** *Adj* exact **II.** *Adv* ❶ exactly; **~ in der Mitte** right in the middle; **~ genommen** strictly speaking; **etw ~er betrachten** to take a closer look at sth; **etw [nicht] ~ wissen** to [not] know sth for certain ❷ (*gerade*) **sie ist ~ die richtige Frau für diesen Job** she's just the right woman for the job ▸ **es [nicht] ~ nehmen** to [not] be very particular (**mit** about); **wenn man es ~ nimmt** strictly speaking
genaugenommen *Adv* strictly speaking
Genauigkeit <-> [gə'nauɪçkait] *f kein Pl* exactness
genauso [gə'nauzo:] *Adv* just the same; **~ kalt/klein wie ...** just as cold/small as ...
Gendefekt *m* BIOL, MED genetic defect
genehmigen* [gə'ne:mɪgn̩] **I.** *tr V* **[jdm] etw ~** to grant [sb] permission for sth **II.** *refl V* **sich** *Dat* **etw ~** to indulge in sth
Genehmigung <-, -en> *f* ❶ approval ❷ (*Dokument*) permit
geneigt *Adj* (*geh*) **~ sein, etw zu tun** to be inclined to do sth
General(in) <-[e]s, -e *o* Generäle> [genə'ra:l, *Pl:* genə'rɛ:lə] *m(f)* general
Generaldirektor(in) *m(f)* director general **Generalintendant(in)** *m(f)* THEAT, MUS director **Generalkonsul(in)** *m(f)* consul general **Generalkonsulat** *nt* consulate general **Generalprobe** *f* THEAT dress rehearsal **Generalstreik** *m* general strike **generalüberholen*** *tr V nur Infin und PP* to completely overhaul **Generaluntersuchung** *f* complete check-up **Generalversammlung** *f* general meeting
Generation <-, -en> [genəra'tsi̯o:n] *f* generation
Generator <-s, -toren> [genə'ra:to:ɐ̯, *Pl:* genəra'to:rən] *m* generator
generell [genə'rɛl] **I.** *Adj* general **II.** *Adv* generally
genervt [gə'nɛrft] *Adj* at the end of one's tether
genesen <genas, genesen> [gə'ne:zn̩] *intr V sein* (*geh*) to recover
Genesung <-, *selten* -en> [gə'ne:zʊŋ] *f* (*geh*) convalescence *no pl*

G

Genetik <-> [ge'ne:tɪk] *f kein Pl* genetics + *sing verb*
genetisch [ge'ne:tɪʃ] *Adj* genetic
Genf <-s> ['gɛnf] *nt* Geneva
Genforschung *f* genetic research
genial [ge'ni̯a:l] *Adj* brilliant
Genick <-[e]s, -e> [gə'nɪk] *nt* neck
Genickstarre *f* stiffness of the neck
Genie <-s, -s> [ʒe'ni:] *nt* genius
genieren* [ʒe'ni:rən] *refl V* **sich ~** to be embarrassed; **sich ~, etw zu tun** to not like doing sth
genießen <genoss, genossen> [gə'ni:sn̩] *tr V* to enjoy

G

Genießer(in) <-s, -> *m(f)* gourmet
Genitiv <-s, -e> ['ge:niti:f, *Pl:* 'ge:niti:və] *m* genitive
genommen [gə'nɔmən] *PP von* **nehmen**
genormt *Adj* standardized
genossRR, **genoß**ALT [gə'nɔs] *Imp von* **genießen**
Genosse, Genossin <-n, -n> [gə'nɔsə, gə'nɔsɪn] *m, f* comrade
genossen [gə'nɔsn̩] *PP von* **genießen**
Genossenschaft <-, -en> [gə'nɔsn̩ʃaft] *f* cooperative
Genossin <-, -nen> *f s.* **Genosse**
Gentechnik *f* genetic engineering **gentechnikfrei** *Adj* BIOL GM-free BRIT, not genetically engineered AM **Gentherapie** *f* MED gene [*or* genetic] therapy **Gentransfer** *m* BIOL, MED gene transfer
genug [gə'nu:k] *Adv* enough; **~ haben** to have had enough (**von** of); **jetzt ist['s] aber ~!** that's enough!
Genüge <-> [gə'ny:gə] *f kein Pl* **zur ~** [quite] enough
genügen* [gə'ny:gn̩] *intr V* [**jdm**] **~** to be enough [for sb]
genügend [gə'ny:gn̩t] *Adv* enough
genügsam [gə'ny:kza:m] **I.** *Adj* modest **II.** *Adv* modestly
Genugtuung <-, *selten* -en> [gə'nu:ktu:ʊŋ] *f* satisfaction
Genus <-, Genera> ['gɛnʊs, *Pl:* 'gɛnera] *nt* gender
GenussRR <-es, Genüsse> *m*, **Genuß**ALT <-sses, Genüsse> [gə'nʊs, *Pl:* gə'nʏsə] *m* ❶ (*Freude*) delight ❷ *kein Pl* (*geh: das Zusichnehmen*) consumption ❸ (*das Genießen*) enjoyment; **etw mit ~ tun** to do sth with relish
genüsslichRR, **genüßlich**ALT **I.** *Adj* pleasurable **II.** *Adv* with relish **Genussmittel**RR *nt* luxury foods, alcohol and tobacco
genverändert *Adj* genetically manipulated
Geocaching <-s> ['ge:okɛʃɪŋ] *nt kein Pl* geocaching
Geograf(in)RR <-en, -en> [geo'gra:f] *m(f)* geographer
GeografieRR <-> [geogra'fi:] *f kein Pl s.* **Geographie**
geografischRR *Adj* geographic[al]
Geograph(in) <-en, -en> [geo'gra:f] *m(f)* geographer
Geographie <-> [geogra'fi:] *f kein Pl* geography
geographisch [geo'gra:fɪʃ] *Adj* geographic[al]
geologisch [geo'lo:gɪʃ] *Adj* geological
Geometrie <-> [geome'tri:] *f kein Pl* geometry
geometrisch [geo'me:trɪʃ] *Adj* geometric
Gepäck <-[e]s> [gə'pɛk] *nt kein Pl* luggage BRIT, baggage AM
Gepäckabfertigung *f* luggage check-in **Gepäckausgabe** *f* luggage reclaim BRIT, baggage pickup AM **Gepäckschließfach** *nt* baggage [*or* BRIT *a.* luggage] locker **Gepäckstück** *nt* piece of luggage **Gepäckträger**[1] *m* (*am Rad*) carrier **Gepäckträger(in)**[2] *m(f)* porter **Gepäckwagen** *m* luggage van BRIT, baggage car AM
gepfeffert *Adj* (*fam*) *Preise* steep
gepfiffen [gə'pfɪfn̩] *PP von* **pfeifen**
gepflegt *Adj* ❶ *Aussehen* well-groomed; *Garten* well-tended ❷ *Ausdrucksweise* cultured
gepriesen [gə'pri:zn̩] *PP von* **preisen**
gequollen [gə'kvɔlən] *PP von* **quellen**
gerade [gə'ra:də] **I.** *Adj* ❶ (*nicht krumm*) straight; (*aufrecht*) upright; **~ sitzen/stehen** to sit/stand up straight ❷ *Zahl* even **II.** *Adv* (*fam*) just; **haben Sie ~ einen Moment Zeit?** do you have time just now?; **sie hat die Prüfung ~ so bestanden** she only just passed the exam **III.** *Part* (*ausgerechnet*) **~ heute/morgen** today/tomorrow of all days; **warum ~ jetzt?** why now of all times?; **~ du** you of all people ▶ **das hat ~ noch gefehlt!** (*iron*) that's

all I need!; **nicht ~ billig** not exactly cheap

Gerade <-n, -n> [gə'ra:də] *f dekl wie Adj* MATH straight line

geradeaus [gəra:də'ʔaus] *Adv* straight ahead; **~ fahren** to drive straight on; **immer ~ gehen** to carry straight on

gerade|biegen *tr V unreg* to straighten out *sep* **geradeheraus** [gəra:də-hɛ'raus] *Adv* frankly **gerade|stehen** *intr V unreg* **für jdn/etw ~** to answer for sb/sth

geradewegs [gə'ra:dəve:ks] *Adv* straight; **~ nach Hause** straight home

geradezu [gə'ra:dətsu:] *Adv* really

geradlinig *Adj, Adv* straight

Geranie <-, -n> [ge'ra:ni̯ə] *f* geranium

gerann [gə'ran] *Imp von* **gerinnen**

gerannt [gə'rant] *PP von* **rennen**

Gerät <-[e]s, -e> [gə'rɛ:t] *nt* ❶ device ❷ ELEK appliance ❸ *kein Pl* (*Ausrüstung*) equipment

geraten[1] <gerät, geriet, geraten> [gə'ra:tn̩] *intr V sein* ❶ (*gelangen*) **in etw** *Akk* **~** to get into sth; **in einen Sturm ~** to get caught in a storm ❷ (*erfüllt werden von*) **in Furcht/Wut ~** to get scared/angry; **in Panik ~** to start to panic ❸ (*beginnen, etw zu tun*) **ins Träumen ~** to fall into a dream; **in Vergessenheit ~** to fall into oblivion ❹ (*ausfallen*) **das Essay ist zu kurz ~** the essay turned out too short ❺ (*gelingen*) **das Soufflé ist mir ~/mir nicht ~** my souffle turned/didn't turn out well ❻ (*fam*) **an jdn ~** to come across sb

geraten[2] [gə'ra:tn̩] *PP von* **raten**

Geräteturnen *nt* gymnastics + *sing verb* (*on apparatus*)

Geratewohl [gəra:tə'vo:l, gə'ra:tə-vo:l] *nt* ▶ **aufs ~** on the off-chance

geraum [gə'raum] *Adj attr* (*geh*) some *attr*

geräumig [gə'rɔymɪç] *Adj* spacious

Geräusch <-[e]s, -e> [gə'rɔyʃ] *nt* noise

geräuscharm *Adj* low-noise **geräuschempfindlich** *Adj* sensitive to noise *pred*

geräuschlos *Adj* silent

geräuschvoll *Adj* loud

gerben ['gɛrbn̩] *tr V* to tan

gerecht [gə'rɛçt] **I.** *Adj* ❶ just; **~ [gegen jdn] sein** to be fair [to sb] ❷ (*erfüllen*) **einer S.** *Dat* **~ werden** to fulfil sth; **Erwartungen ~ werden** to meet expectations **II.** *Adv* justly

Gerechtigkeit <-> [gə'rɛçtɪçkait] *f kein Pl* ❶ justice ❷ (*Unparteilichkeit*) fairness ▶ **ausgleichende ~** poetic justice

Gerede <-s> [gə're:də] *nt kein Pl* gossip

gereizt *Adj* (*verärgert*) irritated

Geriatrie <-> [geri̯a'tri:] *f kein Pl* geriatrics *no art, + sing verb*

Gericht[1] <-[e]s, -e> [gə'rɪçt] *nt* (*Speise*) dish

Gericht[2] <-[e]s, -e> [gə'rɪçt] *nt* JUR court; **jdn/einen Fall vor ~ bringen** to take sb/a case to court ▶ **das Jüngste ~** Judg[e]ment Day

gerichtlich I. *Adj attr* judicial **II.** *Adv* legally; **~ gegen jdn vorgehen** to take sb to court

Gerichtsbarkeit <-, -en> *f* jurisdiction

Gerichtsbeschluss[RR] *m* court decision **Gerichtshof** *m* law court; **der Europäische ~** the European Court of Justice **Gerichtssaal** *m* courtroom **Gerichtsverfahren** *nt* legal proceedings *pl;* **ein ~ gegen jdn einleiten** to take legal proceedings against sb **Gerichtsverhandlung** *f* trial; (*zivil*) hearing **Gerichtsvollzieher(in)** <-s, -> *m(f)* bailiff BRIT, U.S Marshal AM

geriet [gə'ri:t] *Imp von* **geraten**[1]

gering [gə'rɪŋ] **I.** *Adj* ❶ (*niedrig*) low; *Menge* small; **von ~em Wert** of little value; **nicht das Geringste** nothing at all ❷ (*unerheblich*) slight **II.** *Adv* **jdn/etw ~ schätzen** to have a low opinion of sb

geringfügig [gə'rɪngfy:gɪç] **I.** *Adj* insignificant; *Betrag* small **II.** *Adv* slightly **gering|schätzen** *tr V* **jdn/etw ~** to have a low opinion of sb/sth **geringschätzig** [gə'rɪŋʃɛtsɪç] **I.** *Adj* contemptuous **II.** *Adv* disparagingly

gerinnen <gerann, geronnen> [gə'rɪnən] *intr V sein* to coagulate

Gerinnsel <-s, -> [gə'rɪnzl̩] *nt* clot

Gerippe <-s, -> [gə'rɪpə] *nt* skeleton

gerissen [gə'rɪsn̩] **I.** *PP von* **reißen** **II.** *Adj* (*fam*) crafty

geritten [gə'rɪtn̩] *PP von* **reiten**

Germane, Germanin <-n, -n> [gɛr'ma:nə, gɛr'ma:nɪn] *m, f* Teuton

germanisch [gɛr'ma:nɪʃ] *Adj* ❶ HIST Teutonic ❷ LING Germanic

G

Germanistik <-> [gɛrma'nɪstɪk] *f kein Pl* German [studies *pl*]
gern[e] <lieber, am liebsten> ['gɛrn(ə)] *Adv* (*freudig*) with pleasure; **etw ~ tun** to like doing/to do sth ▸ **~ geschehen!** don't mention it!
gern|haben *tr V unreg* to like, to be fond of ▸ **der kann mich ~!** (*fam*) he can go to hell!, he can get stuffed!
gerochen [gə'rɔxn̩] *PP von* **riechen**
Geröll <-[e]s> [gə'rœl] *kein Pl nt* scree; (*größer*) boulders *pl*
Gerste <-> ['gɛrstə] *f kein Pl* barley

G

Gerstenkorn *nt* MED sty[e]
Geruch <-[e]s, Gerüche> [gə'rʊx, *Pl:* gə'rʏçə] *m* smell
geruchlos *Adj* odourless
Geruch[s]sinn *m kein Pl* sense of smell
Gerücht <-[e]s, -e> [gə'rʏçt] *nt* rumour; **ein ~ in die Welt setzen** to start a rumour
gerufen *PP von* **rufen**
geruhsam *Adj* peaceful
Gerümpel <-s> [gə'rʏmpl̩] *nt kein Pl* junk
Gerundium <-s, -ien> [ge'rʊndi̯ʊm, *Pl:* ge'rʊndi̯ən] *nt* gerund
gerungen [gə'rʊŋən] *PP von* **ringen**
Gerüst <-[e]s, -e> [gə'rʏst] *nt* BAU scaffold
gesalzen [gə'zaltsn̩] **I.** *PP von* **salzen** **II.** *Adj* (*fam*) *Preis* steep
gesamt [gə'zamt] *Adj attr* whole
Gesamtbetrag *m* total **Gesamteindruck** *m* overall impression **Gesamtkosten** *Pl* total costs **Gesamtschule** *f* ≈ comprehensive school **Gesamtwertung** *f* SPORT overall placings *pl*
gesandt [gə'zant] *PP von* **senden²**
Gesandte(r) [gə'zantə] *f(m) dekl wie Adj*, **Gesandtin** [gə'zantɪn] *f* envoy
Gesandtschaft <-, -en> [gə'zantʃaft] *f* embassy
Gesang <-[e]s, Gesänge> [gə'zaŋ, *Pl:* gə'zɛŋə] *m* song
Gesangbuch *nt* hymn book **Gesangseinlage** *f* MUS musical insert **Gesangverein** *m* choral society
Gesäß <-es, -e> [gə'zɛːs] *nt* bottom
geschaffen *PP von* **schaffen²**
Geschäft <-[e]s, -e> [gə'ʃɛft] *nt* ① (*Laden*) shop, AM *usu* store ② (*Gewerbe*) business; **[mit jdm] ~e machen** to do business [with sb] ③ (*Geschäftsabschluss*) deal; **ein ~ machen** to make a deal; **ein gutes ~ machen** to get a good bargain ④ (*Angelegenheit*) business
geschäftig [gə'ʃɛftɪç] *Adj* busy
geschäftlich [gə'ʃɛftlɪç] **I.** *Adj* business *attr* **II.** *Adv* on business; **~ verreist** away on business
Geschäftsbrief *m* business letter **Geschäftsfrau** *f* businesswoman **geschäftsführend** *Adj attr* acting **Geschäftsführer(in)** *m(f)* ① manager ② (*eines Vereins*) secretary **Geschäftsidee** *f* ÖKON business concept **Geschäftsjahr** *nt* financial year **Geschäftsleute** *Pl von* **Geschäftsmann, -frau** businessmen, -women **Geschäftsmann** *m* businessman **Geschäftsraum** *m* business premises *pl* **Geschäftsreise** *f* business trip **Geschäftsschluss**RR *m* closing time **Geschäftsstelle** *f* office **geschäftstüchtig** *Adj* business-minded **Geschäftszeit** *f* opening hours
geschah [gə'ʃaː] *Imp von* **geschehen**
geschehen <geschah, geschehen> [gə'ʃeːən] *intr V sein* to happen; **jdm geschieht etw** sth happens to sb; **es muss etwas ~** something's got to be done; **das geschieht dir recht!** it serves you right!
Geschehen <-s, -> [gə'ʃeːən] *nt* events *pl;* **der Ort des ~s** the scene [of the event]
gescheit [gə'ʃait] *Adj* clever
Geschenk <-[e]s, -e> [gə'ʃɛŋk] *nt* present; **jdm ein ~ machen** to give sb a present ▸ **ein ~ des Himmels sein** to be heaven sent
Geschenkgutschein *m* gift voucher **Geschenkpackung** *f* gift pack **Geschenkpapier** *nt* gift wrap
Geschichte <-, -n> [gə'ʃɪçtə] *f* ① *kein Pl* history; **Alte/Mittlere/Neue ~** ancient/medieval/modern history ② (*Erzählung*) story ③ (*fam: Angelegenheit*) business; **die ganze ~** the whole lot
geschichtlich [gə'ʃɪçtlɪç] **I.** *Adj* ① historical ② (*bedeutend*) historic **II.** *Adv* historically; **~ bedeutsam** of historic importance
Geschichtsbuch *nt* history book
Geschick¹ <-[e]s> [gə'ʃɪk] *nt kein Pl* skill

Geschick[2] <-[e]s, -e> [gəˈʃɪk] *nt* (*Schicksal*) fate
Geschicklichkeit <-> *f kein Pl* skill
geschickt **I.** *Adj* skilful **II.** *Adv* skilfully
geschieden [gəˈʃiːdn̩] **I.** *PP von* **scheiden** **II.** *Adj* divorced
geschienen [gəˈʃiːnən] *PP von* **scheinen**
Geschirr <-[e]s, -e> [gəˈʃɪr] *nt* ❶ *kein Pl* dishes *pl* ❷ (*Pferdegeschirr*) harness
Geschirrschrank *m* china cupboard **Geschirrspüler** <-s, -> *m* (*fam*), **Geschirrspülmaschine** *f* dishwasher **Geschirrspülmittel** *nt* washing-up liquid BRIT, dish soap AM **Geschirrtuch** *nt* dish cloth
geschissen [gəˈʃɪsn̩] *PP von* **scheißen**
geschlafen *PP von* **schlafen**
geschlagen *PP von* **schlagen**
Geschlecht <-[e]s, -er> [gəˈʃlɛçt] *nt* ❶ *kein Pl* gender; **das andere ~** the opposite sex; **beiderlei ~s** of both sexes; **männlichen/weiblichen ~s** (*geh*) male/female ❷ (*Sippe*) family
Geschlechtskrankheit *f* sexually transmitted disease **Geschlechtsteil** *nt* genitals *pl* **Geschlechtsverkehr** *m* sexual intercourse
geschlichen [gəˈʃlɪçn̩] *PP von* **schleichen**
geschliffen [gəˈʃlɪfn̩] *PP von* **schleifen**[2]
geschlossen [gəˈʃlɔsn̩] *PP von* **schließen**
geschlungen [gəˈʃlʊŋən] *PP von* **schlingen**
Geschmack <-[e]s> [gəˈʃmak, *Pl:* gəˈʃmɛkə] *m kein Pl* taste; **etw ist nicht mein ~** sth is not to my taste; **auf den ~ kommen** to acquire a taste for sth; **für meinen ~** for my taste ▶ **über ~ lässt sich [nicht] streiten** (*prov*) there's no accounting for taste
geschmacklos *Adj* tasteless
Geschmacklosigkeit <-, -en> *f* tastelessness
geschmackvoll **I.** *Adj* tasteful **II.** *Adv* tastefully
geschmeidig [gəˈʃmaidɪç] *Adj* supple
geschmissen [gəˈʃmɪsn̩] *PP von* **schmeißen**
geschmolzen [gəˈʃmɔltsn̩] *PP von* **schmelzen**
geschnitten [gəˈʃnɪtn̩] *PP von* **schneiden**
geschoben [gəˈʃoːbn̩] *PP von* **schieben**
gescholten [gəˈʃɔltn̩] *PP von* **schelten**
Geschöpf <-[e]s, -e> [gəˈʃœpf] *nt* creature
geschoren [gəˈʃoːrən] *PP von* **scheren**[1]
GeschossRR <-es, -e> *nt*, **Geschoß**ALT <-sses, -sse> [gəˈʃɔs] *nt* ❶ (*Etage*) floor [*or* AM story] ❷ MIL projectile
geschossen [gəˈʃɔsn̩] *PP von* **schießen**
geschraubt **I.** *Adj* (*pej*) affected **II.** *Adv* affectedly
Geschrei <-s> [gəˈʃrai] *nt kein Pl* ❶ shouting ❷ (*fam: Lamentieren*) fuss
geschrieben [gəˈʃriːbn̩] *PP von* **schreiben**
geschrie[e]n [gəˈʃriː(ə)n] *PP von* **schreien**
geschritten [gəˈʃrɪtn̩] *PP von* **schreiten**
geschunden [gəˈʃʊndn̩] *PP von* **schinden**
Geschwafel <-s> [gəˈʃvaːfl̩] *nt kein Pl* (*pej fam*) waffle
Geschwätz <-es> [gəˈʃvɛts] *nt kein Pl* (*pej fam*) ❶ waffle ❷ (*Klatsch*) gossip
geschwätzig [gəˈʃvɛtsɪç] *Adj* (*pej*) talkative
geschweige [gəˈʃvaigə] *Konj* ~ **[denn]** let alone
geschwiegen [gəˈʃviːgn̩] *PP von* **schweigen**
geschwind [gəˈʃvɪnt] *Adv* quickly
Geschwindigkeit <-, -en> [gəˈʃvɪndɪçkait] *f* speed
Geschwindigkeitsbegrenzung *f*, **Geschwindigkeitsbeschränkung** *f* speed limit **Geschwindigkeitskontrolle** *f* speed [*or* radar] trap
Geschwister [gəˈʃvɪstɐ] *Pl* brothers and sisters *pl*
geschwollen [gəˈʃvɔlən] **I.** *PP von* **schwellen** **II.** *Adj* (*pej*) pompous **III.** *Adv* in a pompous way
geschwommen [gəˈʃvɔmən] *PP von* **schwimmen**
Geschworene(r) *f(m) dekl wie Adj* juror; **die ~n** the jury
Geschwulst <-, Geschwülste> [gəˈʃvʊlst, *Pl:* gəˈʃvʏlstə] *f* tumour
geschwunden [gəˈʃvʊndn̩] *PP von* **schwinden**
Geschwür <-s, -e> [gəˈʃvyːɐ̯] *nt* ulcer

gesehen *PP von* **sehen**
Geselchte(s) *nt dekl wie Adj* KOCHK SÜDD, ÖSTERR smoked meat
gesellen* [gə'zɛlən] *refl V (geh)* **sich zu jdm ~** to join sb
gesellig [gə'zɛlɪç] *Adj* sociable; *Abend* convivial; **ein ~es Beisammensein** a friendly get-together
Geselligkeit <-, -en> *f* gregariousness
Gesellschaft <-, -en> [gə'zɛlʃaft] *f* ① society ② ÖKON company BRIT, corporation AM ③ *(Gruppe)* group of people; **sich in guter ~ befinden** to be in good company; **in schlechte ~ geraten** to get in with the wrong crowd; **jdm ~ leisten** to join sb
Gesellschafter(in) <-s, -> *m(f)* ÖKON shareholder
gesellschaftlich *Adj* social
gesellschaftsfähig *Adj* socially acceptable **Gesellschaftsspiel** *nt* party game
gesessen [gə'zɛsn̩] *PP von* **sitzen**
Gesetz <-es, -e> [gə'zɛts] *nt* law
Gesetzbuch *nt* statute book; **Bürgerliches ~** Civil Code
gesetzeswidrig **I.** *Adj* illegal, unlawful **II.** *Adv* illegally, unlawfully **Gesetzentwurf** *m* draft legislation
gesetzgebend *Adj attr* legislative
Gesetzgeber <-s, -> *m* legislature
Gesetzgebung <-, -en> *f* legislation
gesetzlich [gə'zɛtslɪç] **I.** *Adj* legal **II.** *Adv* legally
gesetzlos *Adj* lawless
Gesetzmäßigkeit <-, -en> *f* regularity
gesetzt **I.** *Adj* dignified **II.** *Konj* **~ [den Fall]**, ... assuming that ...
gesichert **I.** *PP von* **sichern** **II.** *Adj* secure[d]; *Erkenntnisse* solid; *Fakten* indisputable, irrefutable
Gesicht <-[e]s, -er> [gə'zɪçt] *nt* face; **ein böses/trauriges ~ machen** to look angry/sad; **jdm etw ins ~ sagen** to say sth to sb's face ▶ **sein wahres ~ zeigen** to show one's true colours; **das ~ verlieren** to lose face; **das ~ wahren** to save face
Gesichtsausdruck <-ausdrücke> *m* expression **Gesichtscreme** [-kreːm] *f* face cream **Gesichtsfarbe** *f* complexion **Gesichtsfeld** *nt (Blickfeld)* field of vision **Gesichtspflege** *f* facial care **Gesichtspunkt** *m* point of view **Gesichtszüge** *Pl* features
Gesindel <-s> [gə'zɪndl̩] *nt kein Pl (pej)* riff-raff
gesinnt [gə'zɪnt] *Adj meist präd* minded; **jdm gut/übel ~ sein** to be well-disposed/ill-disposed towards sb
Gesinnung <-, -en> *f* conviction
Gesinnungswandel *m* change of attitude
gesittet [gə'zɪtət] *Adj* well-brought up
Gesöff <-[e]s, -e> [gə'zœf] *nt (pej sl)* pigswill, muck *no pl*
gesoffen [gə'zɔfn̩] *PP von* **saufen**
gesogen [gə'zoːgn̩] *PP von* **saugen**
gespalten [gə'ʃpaltn̩] *PP von* **spalten**
Gespann <-[e]s, -e> [gə'ʃpan] *nt (fam: Paar)* pair
gespannt *Adj* ① **~ sein, ob/was ...** to be anxious to see whether/what ...; **ich bin auf seine Reaktion ~** I wonder what his reaction will be ② *(konfliktträchtig)* tense
Gespenst <-[e]s, -er> [gə'ʃpɛnst] *nt* ghost
gespenstisch [gə'ʃpɛnstɪʃ] *Adj* eerie
gesperrt *PP von* **sperren** *Konto* blocked, frozen
gesponnen [gə'ʃpɔnən] *PP von* **spinnen**
Gespött <-[e]s> [gə'ʃpœt] *nt* **jdn/sich zum ~ machen** to make sb/oneself a laughing stock
Gespräch <-[e]s, -e> [gə'ʃprɛːç] *nt* conversation; **ein ~ mit jdm führen** to have a conversation with sb; **im ~ sein** to be under consideration
gesprächig [gə'ʃprɛːçɪç] *Adj* talkative
Gesprächseinheit *f* TELEK unit
gespreizt *Adj s.* **affektiert**
gesprenkelt *Adj* mottled
gesprochen [gə'ʃprɔxn̩] *PP von* **sprechen**
gesprossen [gə'ʃprɔsn̩] *PP von* **sprießen**
gesprungen [gə'ʃprʊŋən] *PP von* **springen**
Gespür <-s> [gə'ʃpyːɐ̯] *nt kein Pl* instinct
Gestalt <-, -en> [gə'ʃtalt] *f* ① *(Mensch)* figure ② *(Person)* character; **in ~ von jdm** in the form of sb ▶ **[feste] ~ annehmen** to take [definite] shape
gestalten* [gə'ʃtaltn̩] *tr V* to design; **etw neu/anders ~** to redesign sth
Gestaltung <-, -en> *f* design

Gestammel <-s> [gəˈʃtaml̩] *nt kein Pl* stammering and stuttering

gestand *Imp von* **gestehen**

geständig [gəˈʃtɛndɪç] *Adj* **~ sein** to have confessed

Geständnis <-ses, -se> [gəˈʃtɛntnɪs, *Pl:* gəˈʃtɛntnɪsə] *nt* confession

Gestank <-[e]s> [gəˈʃtaŋk] *m kein Pl* stench

gestatten* [gəˈʃtatn̩] *tr V* to permit; **jdm ~, etw zu tun** to allow sb to do sth

Geste <-, -n> [ˈgeːstə, ˈgɛstə] *f* gesture

gestehen <gestand, gestanden> [gəˈʃteːən] *intr, tr V* to confess

Gestein <-[e]s, -e> [gəˈʃtain] *nt* rock

Gestell <-[e]s, -e> [gəˈʃtɛl] *nt* ❶ (*Bretterregal*) shelves *pl* ❷ (*Brillengestell*) frame

gestern [gɛstɐn] *Adv* yesterday; **~ vor einer Woche** a week ago yesterday; **~ Morgen/Mittag** yesterday morning/lunchtime

gestiegen [gəˈʃtiːgn̩] *PP von* **steigen**

gestochen [gəˈʃtɔxn̩] **I.** *PP von* **stechen** **II.** *Adv* **~ scharf** crystal clear

gestohlen [gəˈʃtoːlən] *PP von* **stehlen**

gestorben [gəˈʃtɔrbn̩] *PP von* **sterben**

gestoßen [gəˈʃtoːsn̩] *PP von* **stoßen**

Gestotter <-s> [gəˈʃtɔtɐ] *nt kein Pl* stammering

gestreift **I.** *PP von* **streifen** **II.** *Adj* striped

gestrichen [gəˈʃtɪçn̩] **I.** *PP von* **streichen** **II.** *Adv* **~ voll** full to the brim

gestrig [ˈgɛstrɪç] *Adj attr* yesterday's

gestritten [gəˈʃtrɪtn̩] *PP von* **streiten**

Gestrüpp <-[e]s, -e> [gəˈʃtrʏp] *nt* undergrowth

gestunken [gəˈʃtʊŋkn̩] *PP von* **stinken**

Gestüt <-[e]s, -e> [gəˈʃtyːt] *nt* stud farm

Gesuch <-[e]s, -e> [gəˈzuːx] *nt* request

gesucht *Adj* much sought-after

gesund <gesünder, gesündeste> [gəˈzʊnt] *Adj* healthy; **geistig und körperlich ~** sound in mind and body; **~ und munter** in good shape; **wieder ~ werden** to get well again

Gesundheit <-> *f kein Pl* health; **auf Ihre ~!** your health!; **~!** bless you!

gesundheitlich *Adj* **ein ~es Problem** a health problem; **aus ~en Gründen** for health reasons

Gesundheitsamt *nt* local public health department **Gesundheitstourist(in)** *m(f)* TOURISM, MED health tourist **Gesundheitsversorgung** *f kein Pl* MED healthcare **Gesundheitswesen** *nt* health system [*or* service]

gesungen [gəˈzʊŋən] *PP von* **singen**

gesunken [gəˈzʊŋkn̩] *PP von* **sinken**

getan [gəˈtaːn] *PP von* **tun**

Getöse <-s> [gəˈtøːzə] *nt kein Pl* racket

getragen [gəˈtraːgn̩] **I.** *PP von* **tragen** **II.** *Adj Kleider* second-hand

Getrampel <-s> [gəˈtrampl̩] *nt kein Pl* (*fam*) tramping; (*als Beifall*) stamping

Getränk <-[e]s, -e> [gəˈtrɛŋk] *nt* drink

Getränkeautomat *m* drinks dispenser **Getränkemarkt** *m* ≈ off-licence

getrauen* [gəˈtrauən] *refl V* (*wagen*) **sich ~, etw zu tun** to dare to do sth

Getreide <-s, -> [gəˈtraidə] *nt* cereal; (*geerntet*) grain

Getreide[an]bau *m kein Pl* farming of cereal

getrennt **I.** *Adj* separate **II.** *Adv* separately

getreten *PP von* **treten**

getreu[1] [gəˈtrɔy] *Adj* (*genau*) exact

getreu[2] [gəˈtrɔy] *Präp* **~ einer S.** *Dat* in accordance with sth *form*

Getriebe <-s, -> [gəˈtriːbə] *nt* gear[s] *pl*

getrieben [gəˈtriːbn̩] *PP von* **treiben**

getroffen [gəˈtrɔfn̩] *PP von* **treffen, triefen**

getrogen [gəˈtroːgn̩] *PP von* **trügen**

getrost [gəˈtroːst] *Adv* safely

getrübt *Adj* (*schlecht*) troubled

getrunken [gəˈtrʊŋkn̩] *PP von* **trinken**

Getto <-s, -s> [ˈgɛto] *nt* ghetto

Gettoblaster <-s, -> *m s.* **Ghettoblaster**

Getue <-s> [gəˈtuːə] *nt kein Pl* (*pej*) fuss; **ein ~ machen** to make a fuss

Getümmel <-s> [gəˈtʏml̩] *nt kein Pl* commotion, hubbub; **sich ins ~ stürzen** (*hum*) to enter the fray

getunt [gəˈtjuːnt] *Adj* AUTO (*fam*) tuned-up

geübt *Adj* experienced

Gewächs <-es, -e> [gəˈvɛks] *nt* plant

gewachsen [gəˈvaksn̩] **I.** *PP von* **wachsen**[1] **II.** *Adj* **jdm ~ sein** to be sb's equal; **einer S.** *Dat* **~ sein** to be up to sth

Gewächshaus *nt* greenhouse

gewagt *Adj* risky

gewählt **I.** *Adj* refined **II.** *Adv* in an elegant way

Gewähr <-> [gə'vɛːɐ̯] *f kein Pl* guarantee; **ohne** ~ subject to change

gewähren* [gə'vɛːrən] *tr V* [**jdm**] **etw** ~ to grant [sb] sth; **jdn** ~ **lassen** to give sb free rein

gewährleisten* [gə'vɛːɐ̯laistn̩] *tr V* to guarantee

Gewahrsam <-s> [gə'vaːɐ̯zaːm] *m* **jdn in** ~ **nehmen** to take sb into custody

Gewalt <-, -en> [gə'valt] *f* ① (*Macht*) power; **höhere** ~ force majeure; **ein Land in seine** ~ **bringen** to bring a country under one's control; **jdn in seiner** ~ **haben** to have sb in one's power; ~ **über jdn haben** to exercise [complete] power over sb; **in jds** ~ **sein** to be in sb's hands ② *kein Pl* (*Zwang*) force; (*Gewalttätigkeit*) violence; **nackte** ~ brute force; **sich** *Dat* ~ **antun** to force oneself; ~ **anwenden** to use force

gewaltbereit *Adj* prone to violence

Gewaltherrschaft *f kein Pl* tyranny

gewaltig [gə'valtɪç] **I.** *Adj* ① powerful ② (*sehr groß*) enormous **II.** *Adv* (*fam: sehr*) considerably

gewaltlos **I.** *Adj* non-violent **II.** *Adv* without violence

Gewaltlosigkeit <-> *f kein Pl* non-violence

gewaltsam [gə'valtzaːm] **I.** *Adj* violent **II.** *Adv* by force

gewalttätig *Adj* violent

Gewalttätigkeit *f* violence

gewandt [gə'vant] **I.** *PP von* **wenden** **II.** *Adj* skilful; *Auftreten* confident **III.** *Adv* skilfully

gewann [gə'van] *Imp von* **gewinnen**

gewaschen *PP von* **waschen**

Gewässer <-s, -> [gə'vɛsɐ] *nt* stretch of water

Gewebe <-s, -> [gə'veːbə] *nt* ① fabric ② BIOL tissue

Gewehr <-[e]s, -e> [gə'veːɐ̯] *nt* rifle

Gewehrkolben *m* butt of a rifle [*or* shotgun]

Geweih <-[e]s, -e> [gə'vai] *nt* antlers *pl*

Gewerbe <-s, -> [gə'vɛrbə] *nt* trade

Gewerbesteuer *f* trade tax

gewerblich *Adj* (*vom Handwerk*) trade; (*kaufmännisch*) commercial; (*von der Industrie*) industrial

Gewerkschaft <-, -en> [gə'vɛrkʃaft] *f* [trade] union

Gewerkschaft[l]er(in) <-s, -> [gə'vɛrkʃaft(l)ɐ] *m(f)* trade unionist

Gewerkschaftsmitglied *nt* union member

gewichen [gə'vɪçn̩] *PP von* **weichen**

Gewicht <-[e]s, -e> [gə'vɪçt] *nt* ① weight; **ein großes** ~ **haben** to be very heavy; **ein geringes** ~ **haben** to weigh little; **sein** ~ **halten** to stay the same weight ② *kein Pl* (*Wichtigkeit*) weight; **ins** ~ **fallen** to count; **auf etw** *Akk* ~ **legen** to attach significance to sth

gewichtig [gə'vɪçtɪç] *Adj* significant

Gewichtszunahme *f* increase in weight

gewieft [gə'viːft] *Adj* (*fam*) crafty

gewiesen [gə'viːzn̩] *PP von* **weisen**

Gewimmel <-s> [gə'vɪml̩] *nt kein Pl* (*Insekten*) swarm; (*Menschen*) throng

Gewinde <-s, -> [gə'vɪndə] *nt* thread

Gewinn <-[e]s, -e> [gə'vɪn] *m* ① ÖKON profit; ~ **bringen** to make a profit ② (*Preis*) prize; (*Spielgewinn*) winnings *pl* ③ *kein Pl* (*Bereicherung*) gain

Gewinnanteil *m* ÖKON dividend **Gewinnbeteiligung** *f* share of the profits

gewinnen <gewann, gewonnen> [gə'vɪnən] **I.** *tr V* ① to win ② (*überzeugen*) **jdn** ~ to win sb over (**für** to) ③ (*erlangen*) to gain ④ *Kohle* to extract **II.** *intr V* ① to win ② (*profitieren*) to profit (**bei** from)

gewinnend *Adj* charming

Gewinner(in) <-s, -> *m(f)* winner

Gewinnung <-> *f kein Pl* GEOL extraction

gewiss[RR], **gewiß**[ALT] [gə'vɪs] **I.** *Adj* certain; **sich** *Dat* **einer S.** *Gen* ~ **sein** to be certain of sth **II.** *Adv* certainly; **aber** ~**!** but of course!

Gewissen <-s> [gə'vɪsn̩] *nt kein Pl* conscience; **ein schlechtes** ~ **haben** to have a bad conscience; **jdn/etw auf dem** ~ **haben** to have sb/sth on one's conscience; **jdm ins** ~ **reden** to appeal to sb's conscience

gewissenhaft *Adj* conscientious

gewissenlos **I.** *Adj* unscrupulous **II.** *Adv* without scruple[s *pl*]

Gewissensbisse *Pl* pangs of conscience **Gewissensfrage** *f* question of conscience **Gewissenskonflikt** *m* moral conflict

gewissermaßen *Adv* so to speak

Gewissheit[RR], **Gewißheit**[ALT] <-, -en> *f* certainty; **sich** *Dat* **~ verschaffen** to find out for certain (**über** about)
Gewitter <-s, -> [gəˈvɪtɐ] *nt* thunderstorm
gewitt[e]rig [gəˈvɪtərɪç] *Adj s.* **gewittrig**
gewittern* [gəˈvɪtɐn] *intr V unpers* **es gewittert** it's thundering
gewittrig [gəˈvɪtrɪç] *Adj* thundery
gewoben [gəˈvoːbn̩] *PP von* **weben**
gewogen [gəˈvoːgn̩] *PP von* **wiegen**[1]
gewöhnen* [gəˈvøːnən] **I.** *tr V* **jdn an etw** *Akk* **~** to accustom sb to sth **II.** *refl V* **sich an jdn/etw ~** to get used to sb/sth; **sich daran ~, etw zu tun** to get used to doing sth
Gewohnheit <-, -en> *f* habit; **aus ~** from force of habit
gewohnheitsmäßig **I.** *Adj* habitual **II.** *Adv* habitually, out of habit **Gewohnheitsmensch** *m* creature of habit **Gewohnheitsrecht** *nt* common law
gewöhnlich [gəˈvøːnlɪç] **I.** *Adj* ❶ (*üblich*) usual ❷ (*normal*) normal **II.** *Adv* usually; **wie ~** as usual
gewohnt [gəˈvoːnt] *Adj* usual; *Umgebung* familiar; **etw ~ sein** to be used to sth; **es ~ sein, etw zu tun** to be used to doing sth; **es ~ sein, dass jd etw tut** to be used to sb['s] doing sth
Gewöhnung <-> *f kein Pl* habituation
Gewölbe <-s, -> [gəˈvœlbə] *nt* vault
gewölbt *Adj Brust* bulging; *Dach, Decke* vaulted; *Stirn* domed
gewonnen [gəˈvɔnən] *PP von* **gewinnen**
geworben [gəˈvɔrbn̩] *PP von* **werben**
geworden [gəˈvɔrdn̩] *PP von* **werden**
geworfen [gəˈvɔrfn̩] *PP von* **werfen**
Gewühl <-[e]s> [gəˈvyːl] *nt kein Pl* throng
gewunken [gəˈvʊŋkn̩] DIAL *PP von* **winken**
Gewürz <-es, -e> [gəˈvʏrts] *nt* spice
Gewürzgurke *f* pickled gherkin
gewusst[RR], **gewußt**[ALT] [gəˈvʊst] *PP von* **wissen**
gez. *Abk von* **gezeichnet** sgd
gezackt *Adj* jagged
gezeichnet *Adj* marked
Gezeiten [gəˈtsaɪtn̩] *Pl* tides
Gezeitenkraftwerk *nt* tidal power station
Gezeter <-s> [gəˈtseːtɐ] *nt kein Pl* (*pej fam*) racket
gezielt *Adj* well-directed; *Fragen* specific
geziert (*pej*) **I.** *Adj* affected **II.** *Adv* affectedly
gezogen [gəˈtsoːgn̩] *PP von* **ziehen**
Gezwitscher <-s> [gəˈtsvɪtʃɐ] *nt kein Pl* twittering
gezwungen [gəˈtsvʊŋən] **I.** *PP von* **zwingen** **II.** *Adj Benehmen* stiff **III.** *Adv* stiffly
gezwungenermaßen *Adv* of necessity
Ghana <-s> [ˈgaːna] *nt* Ghana
Ghanaer(in) <-s, -> [ˈgaːnaɐ] *m(f)* Ghanaian
ghanaisch [ˈgaːnaɪʃ] *Adj* Ghanaian; *s. a.* **deutsch**
Ghetto <-s, -s> [ˈgɛto] *nt s.* **Getto**
Ghettoblaster <-s, -> [ˈgɛtoblastə] *m* (*sl*) ghetto blaster BRIT, boombox
Gicht <-> [gɪçt] *f kein Pl* gout
Giebel <-s, -> [ˈgiːbl̩] *m* gable
Gier <-> [giːɐ̯] *f kein Pl* greed (**nach** for)
gierig [ˈgiːrɪç] **I.** *Adj* greedy; **~ nach etw sein** to crave [for] sth **II.** *Adv* greedily
gießen <goss, gegossen> [ˈgiːsn̩] **I.** *tr V* ❶ (*bewässern*) to water ❷ (*schütten*) to pour ❸ *Metall* to cast **II.** *intr V unpers* **es gießt in Strömen** it's pouring [down]
Gießerei <-, -en> [giːsəˈrai] *f* foundry
Gießkanne *f* watering can
Gift <-[e]s, -e> [ˈgɪft] *nt* ❶ poison ❷ (*Bosheit*) venom; **~ und Galle spucken** (*fam*) to vent one's spleen
Giftgas *nt* poison gas **Giftgaskatastrophe** *f* ÖKOL [poison] gas disaster
gifthaltig *Adj*, **gifthältig** *Adj* ÖSTERR poisonous, toxic
giftig [ˈgɪftɪç] *Adj* ❶ poisonous ❷ (*boshaft*) venomous
Giftmüll *m* toxic waste **Giftpilz** *m* poisonous fungus **Giftschlange** *f* poisonous snake **Giftstoff** *m* toxic substance **Giftzwerg(in)** *m(f)* poison[ed] dwarf
Gigant(in) <-en, -en> [giˈgant] *m(f)* giant
gigantisch [giˈgantɪʃ] *Adj* gigantic
Gimpel <-s, -> [ˈgɪmpl̩] *m* ❶ ORN bullfinch ❷ (*einfältiger Mensch*) dimwit *fam*
ging [gɪŋ] *Imp von* **gehen**
Ginster <-s, -> [ˈgɪnstɐ] *m* broom
Gipfel <-s, -> [ˈgɪpfl̩] *m* ❶ peak ❷ POL summit

G

gipfeln ['gɪpfl̩n] *intr V* **in etw** *Dat* ~ to culminate in sth
Gipfeltreffen *nt* summit
Gips <-es, -e> ['gɪps] *m* ① plaster; (*in Mineralform*) gypsum ② (*Gipsverband*) [plaster] cast; **den Arm in ~ haben** to have one's arm in a [plaster] cast
Gipsabdruck *m*, **Gipsabguss**RR *m* plaster cast **Gipsbein** *nt* (*fam*) leg in plaster
gipsen ['gɪpsn̩] *tr V* ① to plaster ② MED to put in plaster
Gipsverband *m* plaster cast
G
Giraffe <-, -n> [gi'rafə] *f* giraffe
Girlande <-, -n> [gɪr'landə] *f* garland
Girlie <-s, -s> ['gəːli] *nt* (*sl*) girlie, girly
Giro <-s, -s *o* Giri> ['ʒiːro, *Pl:* 'ʒiːri] *nt* FIN [bank] assignment
Girokonto ['ʒiːro-] *nt* current [*or* AM checking] account
Gischt <-[e]s> ['gɪʃt] *m kein Pl* [sea] spray
Gitarre <-, -n> [gi'tarə] *f* guitar
Gitarrist(in) <-en, -en> [gita'rɪst] *m(f)* guitarist
Gitter <-s, -> ['gɪtɐ] *nt* ① (*Absperrung*) fencing *no pl* ② (*parallel laufende Stäbe*) bars *pl;* **jdn hinter ~ bringen** to put sb behind bars; **hinter ~ kommen** to be put behind bars
Gitterfenster *nt* barred window **Gitterrost** *m* grating
Gladiole <-, -n> [gla'di̯oːlə] *f* BOT gladiolus
glamourös [glamu'røːs] *Adj* glamorous
Glanz <-es> ['glants] *m kein Pl* ① shine; *Augen* sparkle ② (*Pracht*) splendour
glänzen ['glɛntsn̩] *intr V* to shine; *Augen* to sparkle; *Oberfläche* to gleam
glänzend ['glɛntsn̩t] **I.** *Adj* ① shining; *Oberfläche* gleaming; *Augen* sparkling; *Haar* shiny ② (*hervorragend*) brilliant **II.** *Adv* (*prima*) splendidly
Glanzleistung *f* brilliant achievement
glanzlos *Adj* dull, lacklustre
Glanzpapier *nt* glossy paper **glanzvoll** *Adj* brilliant
Glas <-es, Gläser> ['glaːs, *Pl:* 'glɛːzɐ] *nt* ① glass; **zwei ~ Wein** two glasses of wine ② (*Brillenglas*) lens
Glascontainer [-kɔnteːnɐ] *m* bottle bank
Glaser(in) <-s, -> ['glaːzɐ] *m(f)* glazier
Glaserei [glaːzə'rai] *f* glazier's workshop
Glasfaserkabel *nt* fibre optic cable
Glashütte ['glaːshʏtə] *f* glassworks
glasig ['glaːzɪç] *Adj* glassy
glasklar **I.** *Adj* ① transparent ② (*fig: klar und deutlich*) crystal-clear **II.** *Adv* (*fig*) in no uncertain terms
Glasmalerei *f* glass painting **Glasscheibe** *f* ① sheet of glass ② (*Fensterscheibe*) pane of glass **Glasscherbe** *f* shard of glass
Glasur [gla'zuːɐ̯] *f* ① (*Keramikglasur*) glaze ② KOCHK icing
Glaswolle *f* glass wool
glatt <-er *o fam* glätter, -este *o fam* glätteste> ['glat] **I.** *Adj* ① (*eben*) smooth ② (*rutschig*) slippery ③ *Lüge* downright **II.** *Adv* (*fam: rundweg*) plainly; **etw ~ ablehnen** to turn sth down flat
Glatteis *nt* black ice ▶ **jdn aufs ~ führen** to trip up sb *sep*
glätten ['glɛtn̩] **I.** *tr V* to smooth out *sep* **II.** *refl V* **sich ~** ① *Wellen* to subside ② *Erregung* to die down
glattweg ['glatvɛk] *Adv* (*fam*) just like that; **etw ~ abstreiten** to flatly deny sth
Glatze <-, -n> ['glatsə] *f* bald head; **eine ~ bekommen/haben** to go/be bald
Glatzkopf *m* ① bald head ② (*Mann*) baldie
glatzköpfig ['glatskœpfɪç] *Adj* bald
Glaube <-ns> ['glaubə] *m kein Pl* ① (*Überzeugung*) belief (**an** in); **den festen ~n haben, dass ...** to be of the firm belief that ...; **in gutem ~n** in good faith; **jdn von seinem ~n abbringen** to dissuade sb; **jdm/einer S. [keinen] ~n schenken** to [not] believe sb/sth; **den ~n an jdn/etw verlieren** to lose faith in sb/sth ② REL faith
glauben ['glaubn̩] **I.** *tr V* ① (*für wahr halten*) to believe; **kaum zu ~** incredible ② (*wähnen*) **sich allein/unbeobachtet ~** to think [that] one is alone/nobody is watching one **II.** *intr V* **jdm ~** to believe sb; **jdm aufs Wort ~** to believe every word sb says; **an jdn/etw ~** to believe in sb/sth
Glauben <-s> ['glaubn̩] *m kein Pl s.* **Glaube**
Glaubensbekenntnis *nt* profession
gläubig ['glɔybɪç] *Adj* ① REL religious ② (*vertrauensvoll*) trusting
Gläubige(r) *f(m) dekl wie Adj* believer

Gläubiger(in) <-s, -> ['gløybɪgɐ] *m(f)* ÖKON creditor
Gläubigerbank *f* ÖKON creditor bank
glaubwürdig *Adj* credible
Glaubwürdigkeit *f kein Pl* credibility
gleich ['glaiç] **I.** *Adj* ❶ same; **~e Rechte/Pflichten** equal rights/responsibilities; **~ alt** the same age; **~ bleibend gut** consistently good; **~ groß/lang** equal in size/length; **~ schwer** equally heavy; **~ gesinnt** like-minded ❷ (*gleichgültig*) **jdm ~ sein** to be all the same to sb; **ganz ~ wer/was** [...] no matter who/what [...] ▶ **Gleich und Gleich gesellt sich gern** (*prov*) birds of a feather flock together; **das läuft aufs Gleiche hinaus** it comes down to the same thing **II.** *Adv* ❶ (*sofort, bald*) straightaway; **~ darauf** soon afterward[s]; **~ heute/morgen** [first thing] today/tomorrow; **~ nach dem Frühstück** right after breakfast ❷ (*unmittelbar*) immediately; **~ als ...** as soon as ...; **~ daneben** right beside it **III.** *Präp +Dat* (*wie*) like
gleichalt[e]rig ['glaiçʔalt(ə)rɪç] *Adj* [of] the same age *pred*
gleichartig *Adj* similar **gleichberechtigt** *Adj* **~ sein** to have equal rights **Gleichberechtigung** *f kein Pl* equal rights *+ sing/pl verb* **gleichbleibend** *Adj* consistent
gleichen <glich, geglichen> ['glaiçn̩] *tr V* **jdm/einer S. ~** to be [just] like sb/sth; **sich ~** to be alike
gleichermaßen, gleicherweise *Adv* equally
gleichfalls *Adv* likewise; **danke ~!** [and] the same to you
gleichförmig *Adj* uniform **gleichgesinnt** *Adj* like-minded
Gleichgewicht *nt kein Pl* balance; **im ~ sein** to be balanced; **aus dem ~ kommen** to lose one's balance
gleichgültig I. *Adj* ❶ (*uninteressiert*) indifferent (**gegenüber** to[wards]) ❷ (*unwichtig*) immaterial; **etw ist jdm ~** sb couldn't care [less] about sth **II.** *Adv* with indifference
Gleichgültigkeit ['glaiçgʏltɪçkait] *f kein Pl* indifference
Gleichheitszeichen *nt* equals sign
gleich|machen *tr V* **etw/alles ~** to make sth/everything the same
gleichmäßig I. *Adj* even; (*regelmäßig*) regular **II.** *Adv* (*in gleicher Stärke/Menge*) equally; **~ schlagen** *Herz* to beat steadily
Gleichmut *m* composure, serenity
gleichmütig ['glaiçmy:tɪç] *Adj* composed, serene
Gleichnis <-ses, -se> ['glaiçnɪs, *Pl:* 'glaiçnɪsə] *nt* parable
gleichsam ['glaiçza:m] *Adv* (*geh*) so to speak
gleichschenk[e]lig ['glaiçʃɛŋk(ə)lɪç] *Adj* MATH isosceles
gleichseitig ['glaiçzaitɪç] *Adj* equilateral
gleich|setzen *tr V* to equate
Gleichstand *m kein Pl* tie **Gleichstellung** *f kein Pl* equality **Gleichstrom** *m* direct current
Gleichung <-, -en> ['glaiçʊŋ] *f* equation
gleichwertig *Adj* equal; **~ sein** to be equally matched **gleichwohl** ['glaiçvo:l] *Adv* (*geh*) nonetheless **gleichzeitig I.** *Adj* simultaneous **II.** *Adv* ❶ simultaneously ❷ (*zugleich*) at the same time
gleich|ziehen *intr V unreg* (*fam*) to draw level (**mit** with)
Gleis <-es, -e> ['glais, *Pl:* 'glaizə] *nt* (*Schiene*) rail; (*Bahnsteig*) platform ▶ **[völlig] aus dem ~ geraten** to go off the rails
Gleisarbeiten *Pl* line [*or* AM *a.* track] repairs *pl*
gleiten <glitt, geglitten> ['glaitn̩] *intr V sein* ❶ to glide ❷ (*streichen, huschen*) **über etw** *Akk* **~** *Augen* to wander over sth; *Hand* to slide over sth ❸ (*rutschen*) to slide; **ins Wasser ~** to slip into the water
Gleitflugzeug *nt* glider **Gleitmittel** *nt* lubricant **Gleitschirmfliegen** *nt* hang-gliding **Gleitzeit** *f* flexitime
Gletscher <-s, -> ['glɛtʃɐ] *m* glacier
Gletscherspalte *f* crevasse
glich ['glɪç] *Imp von* **gleichen**
Glied <-[e]s, -er> ['gli:t, *Pl:* 'gli:dɐ] *nt* ❶ (*Körperteil*) limb; (*Fingerglied*) joint; **an allen ~ern zittern** to be shivering all over ❷ (*Penis*) member ❸ (*Teil*) part
gliedern ['gli:dɐn] **I.** *tr V* to [sub]divide (**in** into) **II.** *refl V* **sich in etw** *Akk* **~** to be [sub]divided into sth
Gliederschmerz *m meist Pl* rheumatic pains *pl*

G

Gliederung <-, -en> *f* structure
Gliedmaßen *Pl* limbs
glimmen <glomm *o selten* glimmte, geglommen *o selten* geglimmt> ['glɪmən] *intr V* to glow; *Feuer, Asche* to smoulder
GlimmstängelRR, **Glimmstengel**ALT *m* (*hum fam*) ciggy
glimpflich ['glɪmpflɪç] *Adv* without serious consequences; ~ **davonkommen** to get off lightly
glitschig ['glɪtʃɪç] *Adj* slippery
glitt ['glɪt] *Imp von* **gleiten**
glitzerig ['glɪtsərɪç] *Adj* (*fam*) sparkly
glitzern ['glɪtsɐn] *intr V* to glitter
global [glo'ba:l] *Adj* global
globalisiert [globali'zi:rt] *Adj* globalized
Globalisierung <-> *f* globalization
Globalisierungsgegner(in) *m(f)* opponent of globalization **Globalisierungskritiker(in)** *m(f)* critic of globalization
Globus <- *o* -ses, Globen *o* -se> ['glo:bʊs, *Pl:* 'glo:bn̩] *m* globe
Glocke <-, -n> ['glɔkə] *f* bell ▸ **etw an die große ~ hängen** to shout sth from the rooftops
Glockenblume *f* bellflower **glockenförmig** *Adj* bell-shaped **Glockenspiel** *nt* carillon **Glockenturm** *m* belfry
glomm ['glɔm] *Imp von* **glimmen**
glorifizieren* [glorifi'tsi:rən] *tr V* to glorify
Glossar <-s, -e> [glɔ'sa:ɐ̯] *nt* glossary
Glosse <-, -n> ['glɔsə] *f* commentary
Glotze <-, -n> ['glɔtsə] *f* (*fam*) telly
glotzen ['glɔtsn̩] *intr V* (*pej*) to gape (**auf** at)
Glück <-[e]s> ['glʏk] *nt kein Pl* ① luck; **ein ~, dass ...** it is/was lucky that ...; **jdm zum Geburtstag ~ wünschen** to wish sb [a] happy birthday; **mehr ~ als Verstand haben** (*fam*) to have more luck than brains; **großes/seltenes ~** a great/rare stroke of luck; **viel ~!** good luck!; **[kein] ~ haben** to be [un]lucky; **sein ~ versuchen** to try one's luck; **zum ~** luckily ② (*Freude*) happiness ▸ **~ im Unglück haben** it could have been much worse [for sb]; **auf gut ~** on the off-chance
Glucke <-, -n> ['glʊkə] *f* sitting hen
glücken ['glʏkn̩] *intr V sein* to be successful; **jdm glückt etw** sb succeeds in sth
gluckern ['glʊkɐn] *intr V* to glug
glücklich ['glʏklɪç] **I.** *Adj* ① (*Glück habend*) lucky ② (*erfreulich*) happy; **ein ~er Zufall** a stroke of luck ③ (*froh*) happy (**über** about) **II.** *Adv* happily
glücklicherweise *Adv* luckily
Glücksbringer <-s, -> *m* lucky charm
Glücksfall *m* stroke of luck **Glückskind** *nt* a lucky person **Glücksklee** *m* four-leaf[ed] clover **Glückspilz** *m* lucky devil **Glücksrad** *nt* wheel of fortune **Glückssache** *f* matter of luck **Glücksspiel** *nt* game of chance **Glücksspieler(in)** *m(f)* gambler **Glückstreffer** *m* stroke of luck **Glückwunsch** *m* congratulations *pl* (**zu** on) **Glückwunschkarte** *f* greetings [*or* AM greeting] card
Glühbirne *f* light bulb
glühen ['gly:ən] *intr V* ① to glow ② (*geh*) **vor etw** *Dat* ~ to burn with sth
glühend I. *Adj* ① (*rotglühend*) glowing; *Metall* [red-]hot ② (*sehr heiß*) burning **II.** *Adv* ~ **heiß** scorching
Glühfaden *m* filament **Glühwein** *m* ≈ mulled wine

> **Glühwein** – hot red wine, spiced with cinnamon, aniseed and cloves – is sold in winter, especially on the Christmas markets.

Glühwürmchen <-s, -> *nt* firefly
Glupschauge ['glʊpʃ-] *nt* NORDD (*fam*) goggle eye
Glut <-, -en> ['glu:t] *f* embers *pl*
Gluthitze *f* sweltering heat **glutrot** *Adj* fiery red
Glykol <-s, -e> [gly'ko:l] *nt* glycol
GmbH <-, -s> [ge:ʔɛmbe:ha:] *f Abk von* **Gesellschaft mit beschränkter Haftung** ≈ Ltd
Gnade <-, -n> ['gna:də] *f* mercy; **um ~ bitten** to ask for mercy
Gnadenfrist *f* [temporary] reprieve **Gnadengesuch** *nt* plea [*or* petition] for clemency **gnadenlos I.** *Adj* merciless **II.** *Adv* mercilessly
gnädig ['gnɛ:dɪç] *Adj* ① merciful ② (*verehrt*) **~e Frau** madam
Gnom <-en, -en> ['gno:m] *m* (*pej*) gnome

Gobelin <-s, -s> [gobəˈlɛ̃ː] *m* Gobelin [tapestry]

Gockel <-s, -> [ˈgɔkl̩] *m* cock

Comparable to the British Council, the **Goethe-Institut** promotes the German language and an understanding of German culture abroad. In the UK there are **Goethe-Institute** in London, Manchester and Glasgow, offering language courses, cultural activities and libraries.

Gold <-[e]s> [ˈgɔlt] *nt kein Pl* gold; **aus ~** gold ▶ **es ist nicht alles ~, was glänzt** (*prov*) all that glitters is not gold

Goldbarren *m* gold ingot **Goldbarsch** *m* redfish **Golddublee** [-dubleː] *nt* gold-plated metal

golden [ˈgɔldn̩] *Adj* gold[en]

goldfarben, goldfarbig *Adj* golden **Goldfisch** *m* gold fish **goldgelb** *Adj* golden yellow **Goldgrube** *f* goldmine **Goldhamster** *m* [golden] hamster

goldig [ˈgɔldɪç] *Adj* (*fam: süß*) cute

Goldklumpen *m* gold nugget **Goldmedaille** [-medaljə] *f* gold [medal] **Goldmedaillengewinner(in)** [-medaljən-] *m(f)* SPORT gold medallist **Goldregen** *m* BOT laburnum **goldrichtig** *Adj* (*fam*) dead right **Goldschmied(in)** *m(f)* goldsmith **Goldschnitt** *m kein Pl* gilt edging **Goldstück** *nt* piece of gold

Golf[1] <-[e]s, -e> [ˈgɔlf] *m* GEOL gulf

Golf[2] <-s> [ˈgɔlf] *nt kein Pl* SPORT golf

Golfplatz *m* golf course **Golfschläger** *m* golf club **Golfspieler(in)** *m(f)* golfer

Golfstaat *m* Gulf State **Golfstrom** *m* **der ~** the Gulf Stream

Gondel <-, -n> [ˈgɔndl̩] *f* ❶ (*Boot*) gondola ❷ (*Seilbahnkabine*) cable car

gönnen [ˈgœnən] **I.** *tr V* **jdm etw ~** not to begrudge sb sth **II.** *refl V* **sich** *Dat* **etw ~** to allow oneself sth; **sich** *Dat* **ein Glas Wein ~** to treat oneself to a glass of wine

gönnerhaft *Adj* (*pej*) patronizing

Gönnermiene *f* (*pej*) patronizing expression

googeln [ˈguːgl̩n] *tr, intr V* INET to google

gor [ˈgoːɐ̯] *Imp von* **gären**

Göre <-, -n> [ˈgøːrə] *f* (*fam*) brat

Gorilla <-s, -s> [goˈrɪla] *m* gorilla

goss[RR], **goß**[ALT] [ˈgɔs] *Imp von* **gießen**

Gosse <-, -n> [ˈgɔsə] *f* gutter ▶ **in der ~ enden** to end up in the gutter

Gotik <-> [ˈgoːtɪk] *f kein Pl* Gothic period

gotisch [ˈgoːtɪʃ] *Adj* Gothic

Gott, Göttin <-es, Götter> [ˈgɔt, ˈgœtɪn, *Pl:* ˈgœtɐ] *m, f* ❶ (*göttliches Wesen*) god/goddess ❷ (*das höchste Wesen*) God; **~ sei Dank!** thank God!; **bei ~ schwören** to swear by Almighty God ▶ **in ~es Namen!** (*fam*) in the name of God; **über ~ und die Welt reden** to talk about everything under the sun; **ach du lieber ~!** oh heavens!, good heavens!; **~ bewahre!** God forbid!; **grüß ~!** hallo!; **~ weiß was/wann ...** (*fam*) God knows what/when ...; **das ist weiß ~ nicht zu teuer** that is certainly not too expensive; **um ~es willen!** [oh] my God!

Götterspeise *f* jelly **Gottesdienst** *m* [church] service **Gotteshaus** *nt* place of worship **Gotteslästerung** *f* blasphemy

gottgegeben *Adj* God-given

Gottheit <-, -en> *f* deity

Göttin <-, -nen> *f s.* **Gott**

göttlich [ˈgœtlɪç] *Adj* divine

gottlob [gɔtˈloːp] *Adv* (*veraltend*) thank goodness

gottlos *Adj* godless

gottverlassen *Adj* god-forsaken **Gottvertrauen** *nt kein Pl* trust in God

Grab <-[e]s, Gräber> [ˈgraːp, *Pl:* ˈgrɛːbɐ] *nt* grave ▶ **sich** *Dat* **sein eigenes ~ schaufeln** to dig one's own grave; **etw mit ins ~ nehmen** to take sth [with one] to the grave; **schweigen können wie ein ~** to be [as] silent as the grave; **jdn zu ~e tragen** (*geh*) to carry sb to the grave

Grabbeltisch [ˈgrabl̩-] *m* DIAL (*fam*) counter with cheap goods

graben <grub, gegraben> [ˈgraːbn̩] *intr, tr V* to dig

Graben <-s, Gräben> [ˈgraːbn̩, *Pl:* ˈgrɛːbn̩] *m* ditch

Grabinschrift *f* epitaph, inscription on a/the gravestone **Grabmal** <-mäler *o geh* -e> *nt* memorial **Grabplatte** *f* memorial slab **Grabstein** *m* gravestone

Grad <-[e]s, -e> [ˈgraːt, *Pl:* ˈgraːdə] *m*

① degree; **zwei ~ über/unter null** two degrees above/below zero ② (*Stufe*) level; **im höchsten/in hohem ~[e]** extremely/to a great extent

Graf, Gräfin <-en, -en> ['gra:f, 'grɛ:fɪn] *m, f* count/countess, earl BRIT

Grafik ['gra:fɪk] *f s.* **Graphik**

Grafikbildschirm *m* graphics screen

Grafiker(in) <-s, -> ['gra:fikɐ] *m(f)* graphic artist

Grafikkarte *f* COMPUT graphics card

Gräfin <-, -nen> *f s.* **Graf**

grafisch ['gra:fɪʃ] *Adj* graphic[al]

GrafitRR <-s, -e> [gra'fi:t] *m* graphite

Grafschaft <-, -en> *f* ① HIST count's land, earldom BRIT ② (*Verwaltungsbezirk in GB*) county

Gramm <-s, -> ['gram] *nt* gram

Grammatik <-, -en> [gra'matɪk] *f* grammar

grammatisch [gra'matɪʃ] *Adj* grammatical

Granat <-[e]s, -e> [gra'na:t] *m* garnet

Granatapfel *m* pomegranate

Granate <-, -n> [gra'na:tə] *f* shell

Granatwerfer <-s, -> *m* MIL mortar

grandios [gran'di̯o:s] *Adj* magnificent

Granit <-s, -e> [gra'ni:t] *m* granite

Grapefruit <-, -s> ['gre:pfru:t] *f* grapefruit

Graph <-en, -en> ['gra:f] *nt* SCI graph

Graphik <-, -en> ['gra:fɪk] *f* ① graphic ② (*Technik*) graphic arts *pl*

Graphit <-s, -e> [gra'fi:t] *m* graphite

Gras <-es, Gräser> ['gra:s, *Pl:* 'grɛ:zɐ] *nt* grass ▶ **ins ~ beißen** (*sl*) to bite the dust; **über etw** *Akk* **wächst ~** [the] dust settles on sth

grasen ['gra:zn̩] *intr V* to graze

grasgrün *Adj* grass-green **Grashalm** *m* blade of grass **Grashüpfer** <-s, -> *m* grasshopper

grassieren* [gra'si:rən] *intr V* to be rampant

grässlichRR, **gräßlich**ALT ['grɛslɪç] **I.** *Adj* horrible **II.** *Adv* (*fam*) terribly

Grat <-[e]s, -e> ['gra:t] *m* (*Berggrat*) ridge

Gräte <-, -n> ['grɛ:tə] *f* [fish]bone

gratis ['gra:tɪs] *Adv* free [of charge]

Gratisprobe *f* free sample

gratulieren* [gratu'li:rən] *intr V* **jdm ~** to congratulate (**zu** on); **jdm zum Geburtstag ~** to wish sb many happy returns; **[ich] gratuliere** [my] congratulations!

grau ['grau] *Adj* grey; **der ~e Alltag** the dullness of everyday life

Graubrot *nt bread made from rye and wheat flour*

GräuelRR <-s, -> *m* atrocity ▶ **jdm ist es ein ~, etw zu tun** sb detests doing sth

GräueltatRR *f* atrocity

grauen1 ['grauən] *intr V* **der Morgen/Tag graut** morning/day is breaking

grauen2 ['grauən] *intr V unpers* **es graut jdm vor jdm/etw** sb is terrified of sb/sth

Grauen <-s> ['grauən] *nt kein Pl* horror

grauenerregend *Adj* terrible

grauenhaft, grauenvoll *Adj* terrible

grauhaarig *Adj* grey-haired

gräulich1 ['grɔylɪç] *Adj* greyish, grayish *esp* AM

gräulichRR2 ['grɔylɪç] **I.** *Adj* horrifying, horrible **II.** *Adv* (*fam*) terribly

Graupe <-, -n> ['graupə] *f meist Pl* KOCHK grain of pearl barley

Graupelschauer *m* sleet shower

grausam ['grauza:m] **I.** *Adj* ① (*brutal*) cruel ② (*furchtbar*) terrible **II.** *Adv* cruelly

Grausamkeit <-, -en> *f* cruelty

grausig ['grauzɪç] *Adj s.* **grauenhaft**

grauslich *Adj bes* ÖSTERR (*grässlich*) terrible, horrible

Gravierung <-, -en> *f* engraving

Gravitation <-> [gravita'tsi̯o:n] *f* gravitation

Gravitationskraft *f* gravitational force

graziös [gra'tsi̯ø:s] *Adj* (*geh*) graceful

greifbar *Adj* ① (*verfügbar*) **etw ~ haben** to have sth to hand ② (*konkret*) tangible

greifen <griff, gegriffen> ['graifn̩] **I.** *tr V* [**sich** *Dat*] **etw ~** to take hold of sth **II.** *intr V* **vor/hinter etw** *Akk* **~** to reach in front of/behind sth; **in etw** *Akk* **~** to reach into sth; **nach etw ~** to reach for sth ▶ **um sich ~** to spread

Greis(in) <-es, -e> ['grais, *Pl:* 'graizə] *m(f)* very old man/woman

grell ['grɛl] **I.** *Adj* ① *Licht* glaring ② *Ton* piercing **II.** *Adv* ① (*hell*) dazzlingly ② (*schrill*) **~ klingen** to sound shrill

Gremium <-s, -ien> ['gre:mi̯ʊm, *Pl:* 'gre:mi̯ən] *nt* committee

Grenze <-, -n> ['grɛntsə] *f* ① border; **an der ~** on the border; **über die ~ gehen/fahren** to cross the border ② (*äußerstes Maß*) limit; **alles hat seine ~n** there is a limit to everything; **seine ~n kennen** to know one's limitations ▸ **grüne ~** unguarded border area

grenzen ['grɛntsn̩] *intr V* **an etw** *Akk* **~** to border on sth

grenzenlos **I.** *Adj* ① (*unbegrenzt*) endless ② (*maßlos*) extreme **II.** *Adv* extremely

Grenzfall *m* borderline case **Grenzgebiet** *nt* border area **Grenzlinie** *f* SPORT line [marking the edge of the playing area] **Grenzschutz** *m* border protection **Grenzstadt** *f* border town **Grenzstein** *m* boundary stone **Grenzübergang** *m* border crossing-point **Grenzverkehr** *m* [cross-]border traffic **Grenzwert** *m* limiting value

GreuelALT <-s, -> ['grɔyəl] *m s.* **Gräuel**

greulichALT *Adj s.* **gräulich**[2]

Grieche, Griechin <-n, -n> ['griːçə, 'griːçɪn] *m, f* Greek

Griechenland <-s> ['griːçn̩lant] *nt* Greece

Griechin <-, -nen> *f s.* **Grieche**

griechisch ['griːçɪʃ] *Adj* Greek; *s. a.* **deutsch**

Griechisch ['griːçɪʃ] *nt dekl wie Adj* Greek; *s. a.* **Deutsch**

Grieß <-es> ['griːs] *m kein Pl* semolina

Grießbrei *m* semolina

griff ['grɪf] *Imp von* **greifen**

Griff <-[e]s, -e> ['grɪf] *m* ① (*Zugriff*) grip ② (*Öffnungsmechanismus*) *Tür, Fenster* handle; (*vom Messer*) hilt ▸ **etw in den ~ bekommen** (*fam*) to get the hang of sth; **jdn/etw im ~ haben** to have sb/sth under control

griffbereit *Adj* **etw ~ haben** to have sth ready to hand **Griffbrett** *nt* MUS fingerboard

Griffel <-s, -> ['grɪfl̩] *m* ① (*Schreibstift*) slate-pencil ② (*sl: Finger*) mitt

griffig ['grɪfɪç] *Adj Slogan* catchy

Grill <-s, -s> ['grɪl] *m* grill; **vom ~** grilled

Grille <-, -n> ['grɪlə] *f* cricket

grillen ['grɪlən] **I.** *intr V* to have a barbecue **II.** *tr V* to grill

Grimasse <-, -n> [gri'masə] *f* grimace; **~n schneiden** to make faces

grimmig ['grɪmɪç] **I.** *Adj Gesicht* angry; *Lachen* grim **II.** *Adv* angrily; *lachen* grimly

grinsen ['grɪnzn̩] *intr V* to grin; **frech ~** to smirk; **höhnisch ~** to sneer; **schadenfroh ~** to gloat

Grinsen <-s> ['grɪnzn̩] *nt kein Pl* grin; **freches ~** smirk; **höhnisches ~** sneer

Grippe <-, -n> ['grɪpə] *f* influenza, flu *fam;* **~ haben** to have flu

Grips <-es, -e> ['grɪps] *m* (*fam*) brains *pl;* **~ haben** to have plenty up top; **seinen ~ anstrengen** to use one's grey matter

grob <gröber, gröbste> ['groːp] **I.** *Adj* ① (*nicht fein*) coarse ② (*ungefähr*) rough ③ (*unhöflich*) rude ④ (*unsanft*) rough **II.** *Adv* ① coarsely; **~ gemahlen** coarse-ground *attr* ② (*ungefähr*) roughly; **~ geschätzt** at a rough estimate; **etw ~ skizzieren** to make a rough outline of sth ③ (*unhöflich*) rudely ④ (*unsanft*) roughly

Groll <-[e]s> ['grɔl] *m kein Pl* (*geh*) resentment; **~ gegen jdn hegen** to harbour a grudge against sb

grollen ['grɔlən] *intr V* (*geh*) **[jdm] ~** to be resentful [of sb]

Grönland ['grøːnlant] *nt* Greenland

Gros <-, -> [groː] *nt* **das ~** the majority

Groschenroman *m* (*pej*) cheap [*or* AM *a.* dime] novel

groß <größer, größte> ['groːs] **I.** *Adj* ① large, big ② (*hoch gewachsen*) tall; **du bist ~ geworden** you've grown; **er ist 1,78 m ~** he is 5 foot 10 [tall] ③ (*hoch*) large ④ (*erheblich*) great ⑤ (*beträchtlich; bedeutend*) great ▸ **im Großen und Ganzen [gesehen]** on the whole **II.** *Adv* **~ angelegt** large-scale; **~ kariert** large-checked; **[ganz] ~ rauskommen** to have a real success

Großabnehmer(in) *m(f)* bulk buyer

großartig ['groːsʔaːɐ̯tɪç] **I.** *Adj* magnificent **II.** *Adv* magnificently

Großaufnahme *f* close-up **Großbetrieb** *m* large business

Großbritannien <-s> [groːsbri'taːni̯ən] *nt* Great Britain

Großbuchstabe *m* capital

Größe <-, -n> ['grøːsə] *f* ① size; (*Höhe, Länge*) height ② MATH, PHYS quantity ③ *kein Pl* (*Erheblichkeit*) magnitude ④ *kein Pl* (*Bedeutsamkeit*) significance

G

Großeinkauf *m* bulk purchase
Großeltern *Pl* grandparents
großenteils *Adv* largely
Größenwahn[sinn] *m* (*pej*) megalomania
Großfahndung *f* large-scale search **Großfamilie** *f* extended family **Großformat** *nt* TYPO large [*or* broadsheet] format **Großgrundbesitzer(in)** *m(f)* big landowner **Großhandel** *m* wholesale trade; **etw im ~ kaufen** to buy sth wholesale **Großhändler(in)** *m(f)* wholesaler **großherzig** *Adj* magnanimous **Großhirn** *nt* cerebrum

G

Großkind *nt* SCHWEIZ grandchild
großkotzig *Adj* (*pej*) swanky
Großmama *f* (*fam*) *s.* **Großmutter**
Großmaul *nt* (*pej*) bigmouth **großmütig** ['gro:smy:tɪç] *Adj s.* **großherzig**
Großmutter *f* grandmother **Großonkel** *m* great-uncle
Großraum *m* conurbation **Großraumbüro** *nt* open-plan office **Großraumflugzeug** *nt* wide-bodied [*or* large-capacity] aircraft
groß|schreiben *tr V unreg Wort* to write with a capital letter ▶ **großgeschrieben werden** (*fam*) to be high on the list of priorities
großspurig *Adj* (*pej*) boastful
Großstadt ['gro:sʃtat] *f* city
Großstädter(in) ['gro:sʃtɛ:tɐ] *m(f)* city-dweller
großstädtisch ['gro:sʃtɛ:tɪʃ] *Adj* big-city *attr*
Großtante *f* great-aunt
Großteil *m* **ein ~** a large part; **zum ~** for the most part
größtenteils *Adv* for the most part
Großunternehmen *nt* large business
Großvater *m* grandfather
Großveranstaltung *f* big event
Großwetterlage *f* ❶ general weather situation ❷ (*fig*) **die politische ~** the general political climate
groß|ziehen ['gro:stsi:ən] *tr V unreg* to raise
großzügig **I.** *Adj* generous **II.** *Adv* generously
Großzügigkeit <-> *f kein Pl* generosity
grotesk [gro'tɛsk] *Adj* grotesque
Grotte <-, -n> ['grɔtə] *f* grotto
grub ['gru:p] *Imp von* **graben**
Grube <-, -n> ['gru:bə] *f* ❶ hole ❷ (*Bergwerk*) pit ▶ **wer andern eine ~ gräbt, fällt selbst hinein** (*prov*) you can easily fall into your own trap
grübeln ['gry:bl̩n] *intr V* to brood (**über** over)
Gruft <-, Grüfte> ['grʊft, *Pl:* 'grʏftə] *f* vault
Gruftie ['grʊfti] *m* SOZIOL, MUS goth
grün ['gry:n] *Adj* green ▶ **sich ~ und blau ärgern** to be furious; **jdn ~ und blau schlagen** (*fam*) to beat sb black and blue

> Packaging materials such as cartons, cans, bottles and yoghurt pots carry a characteristic **grüner Punkt** (green spot) which indicates that they can be collected, sorted and re-used, according to the *Duales System Deutschland* (recycling system) – thus avoiding large mountains of waste.

Grün <-s, - *o fam* -s> ['gry:n] *nt* ❶ green; **die Ampel zeigt ~** the [traffic] lights are [at] green ❷ (*Grünflächen*) green spaces ▶ **das ist dasselbe in ~** (*fam*) it's one and the same [thing]
Grünanlage *f* green space
Grund <-[e]s, Gründe> ['grʊnt, *Pl:* 'grʏndə] *m* ❶ (*Ursache*) reason; **keinen/nicht den geringsten ~** no/not the slightest reason; **eigentlich besteht kein ~ zur Klage** there is no cause for complaint; **jdm ~ [zu etw] geben** to give sb reason [to do sth]; **ein/kein ~ zu etw** [no] reason for sth ❷ (*Motiv*) reason, grounds *pl;* **aus finanziellen Gründen** for financial reasons; **aus gesundheitlichen Gründen** for reasons of health; **aus gutem ~** with good reason; **aus diesem ~[e]** for this reason; **aus welchem ~[e]** for what reason ❸ *kein Pl* (*Erdboden*) ground; **~ und Boden** land ❹ *eines Gewässers* bed; *eines Meeres* bottom ▶ **im ~e jds Herzens** in one's heart of hearts; **einer S.** *Dat* **auf den ~ gehen** to get to the bottom of sth; **den ~ zu etw legen** to lay the foundations *pl* for sth; **auf ~ von etw** on the basis of sth; **im ~e [genommen]** basically; **von ~ auf** completely
Grundausbildung *f* basic training **Grundbegriff** *m* basic notion **Grund-**

besitz *m* landed property **Grundbesitzer(in)** *m(f)* landowner **Grundbuch** *nt* land register **Grundbuchamt** *nt* ADMIN Land Registry, Land Registration Office
gründen ['grʏndn̩] **I.** *tr V* to found **II.** *refl V* **sich auf etw** *Akk* ~ to be based on sth
Gründer(in) <-s, -> *m(f)* founder
grundfalsch ['grʊnt'falʃ] *Adj* completely wrong **Grundfläche** *f* area **Grundgebühr** *f* basic charge
Grundgesetz *nt* Basic Law

The **Grundgesetz** is the constitution of the Federal Republic of Germany. It outlines Germany's legal and political system, defining amongst other things the basic rights of people living in Germany and the relationship between the *Länder* (the federal states) and the national government.

grundieren* [grʊn'di:rən] *tr V* to prime
Grundierfarbe *f* BAU primer paint
Grundkapital *nt* share capital BRIT, stock capital AM **Grundlage** *f* basis **grundlegend I.** *Adj* fundamental **II.** *Adv* fundamentally
gründlich ['grʏntlɪç] **I.** *Adj* thorough **II.** *Adv* ① (*gewissenhaft*) thoroughly ② (*fam: total*) completely
Gründlichkeit <-> *f kein Pl* thoroughness
grundlos *Adj* unfounded
Grundnahrungsmittel *nt* basic food [stuff]
Gründonnerstag [gry:n'dɔnɐsta:k] *m* Maundy Thursday
Grundrecht *nt* basic right
GrundrissRR *m* ① BAU ground-plan ② (*Darstellung*) outline
Grundsatz ['grʊntzats] *m* principle
grundsätzlich ['grʊntzɛtslɪç] **I.** *Adj* fundamental **II.** *Adv* ① (*prinzipiell*) in principle ② (*kategorisch*) absolutely
Grundschuld *f* FIN, JUR land charge **Grundschule** *f* primary [*or* AM elementary] school **Grundschullehrer(in)** *m(f)* primary teacher BRIT **Grundstein** *m* **den** ~ **zu etw legen** to lay the foundations for sth
Grundstück *nt* plot
Grundstücksmakler(in) *m(f)* estate agent
Grundübel *nt* basic evil
Gründung <-, -en> *f* foundation
grundverschieden ['grʊntfɛɐ̯'ʃi:dn̩] *Adj* completely different
Grundwasser *nt* ground water **Grundwasserspiegel** *m* ground-water level **Grundwert** *m meist Pl* PHILOS basic value **Grundwortschatz** *m* basic vocabulary **Grundzahl** *f* MATH *s.* **Kardinalzahl**
Grüne(r) ['gry:nə] *f(m) dekl wie Adj* POL [member of the] Green [Party]; **die ~n** the Green Party
grünen ['gry:nən] *intr V* to become green
Grünfink *m* greenfinch **Grünfläche** *f* green space **Grünfutter** *nt* green fodder **Grünkohl** *m* [curly] kale
grünlich ['gry:nlɪç] *Adj* greenish
Grünschnabel *m* (*fam*) greenhorn **Grünspan** ['gry:nʃpa:n] *m kein Pl* verdigris **Grünstreifen** *m* central reservation, median strip AM
grunzen ['grʊntsn̩] *intr, tr V* to grunt
Grünzeug *nt* (*fam*) ① (*Kräuter*) herbs *pl* ② (*Salat*) green salad; (*Gemüse*) greens *pl*
Gruppe <-, -n> ['grʊpə] *f* group
Gruppenarbeit *f kein Pl* teamwork **Gruppendruck** *m kein Pl* SOZIOL peer pressure **gruppenweise** *Adv* in groups
gruppieren* [grʊ'pi:rən] **I.** *tr V* to group **II.** *refl V* **sich** ~ to be grouped (**zu** into)
Gruppierung <-, -en> *f* ① group ② (*Aufstellung*) grouping
Gruselgeschichte *f* horror story
grus[e]lig ['gru:z(ə)lɪç] *Adj* gruesome; **jdm wird ~ zumute** sb has a creepy feeling
Gruß <-es, Grüße> ['gru:s, *Pl:* 'gry:sə] *m* ① (*Begrüßung*) greeting; **einen [schönen] ~ an Ihre Gattin** [please] give my [best] regards to your wife ② (*am Briefschluss*) regards; **mit freundlichen Grüßen** Yours sincerely; **herzliche Grüße** best wishes
grüßen ['gry:sn̩] **I.** *tr V* ① **jdn** ~ to greet sb; **grüß dich!** (*fam*) hello there! ② **jdn von jdm** ~ to send sb sb's regards **II.** *intr V* to say hello **III.** *refl V* **sich** ~ to say hello to one another

G

gucken ['gʊkn̩] *intr V* ① to look ② (*herausragen*) **aus etw ~** to stick out of sth
Guckloch *nt* peephole
Guerillakrieg [ge'rɪlja-] *m* guerilla war
Guinea <-s> [gi'neːa] *nt* Guinea
Guineer(in) <-s, -> [gi'neːɐ] *m(f)* Guinean
guineisch [gi'neːɪʃ] *Adj* Guinean; *s. a.* **deutsch**
Gulasch <-[e]s, -e *o* -s> ['gʊlaʃ] *nt o m* goulash
Gulden <-s, -> ['gʊldn̩] *m* guilder
gültig ['gʏltɪç] *Adj* valid; **der Fahrplan ist ab dem 1.4. ~** the timetable comes into effect from 1.4.
Gültigkeitsdauer *f* validity [period], period of validity
Gummi <-s, -s> ['gʊmi] *nt o m* rubber
Gummiband <-bänder> *nt* rubber band **Gummibärchen** <-s, -> [-bɛːɐ̯çən] *nt* ≈ jelly baby **Gummibaum** *m* rubber plant **Gummihandschuh** *m* rubber glove **Gummiknüppel** *m* rubber truncheon **Gummistrumpf** *m* elastic stocking **Gummizelle** *f* padded cell
Gunst <-> ['gʊnst] *f kein Pl* ① (*Wohlwollen*) goodwill; **in jds ~ stehen** to be in sb's favour ② (*Vergünstigung*) **zu jds ~en** in sb's favour
günstig ['gʏnstɪç] **I.** *Adj* ① (*vorteilhaft*) favourable ② (*preisgünstig*) reasonable **II.** *Adv* (*preisgünstig*) reasonably
Gurgel <-, -n> ['gʊrgl̩] *f* throat
Gurgelmittel *nt* gargle
gurgeln ['gʊrgl̩n] *intr V* (*mit Mundwasser*) to gargle
Gurke <-, -n> ['gʊrkə] *f* cucumber; (*Essig~*) gherkin; **saure ~n** pickled gherkins
gurren ['gʊrən] *intr V* to coo
Gurt <-[e]s, -e> ['gʊrt] *m* ① (*Riemen*) strap ② (*Sicherheitsgurt*) seat belt
Gürtel <-s, -> ['gʏrtl̩] *m* belt ▶ **den ~ enger schnallen** (*fam*) to tighten one's belt
Gürtellinie [liːniə] *f* waist[line] ▶ **unter die ~ zielen** to aim below the belt **Gürtelreifen** *m* radial[-ply] tyre **Gürtelrose** *f* shingles **Gürtelschnalle** *f* belt buckle **Gurtpflicht** *f* compulsory wearing of seat belts
GUS <-> [gus, geːʔuːʔɛs] *f kein Pl Akr von* **Gemeinschaft Unabhängiger Staaten** CIS

Guss[RR] <-es, Güsse> *m*, **Guß**[ALT] <-sses, Güsse> ['gʊs, *Pl:* 'gʏsə] *m* ① (*Zuckerguß*) icing ② *kein Pl* TECH casting ▶ **[wie] aus einem ~** forming a uniform and integrated whole
Gusseisen[RR] *nt* cast iron
gusseisern[RR] *Adj* cast-iron **Gussform**[RR] *f* mould
gut <besser, beste> ['guːt] **I.** *Adj* ① good; **jdn/etw ~ finden** to think sb/sth is good; **jdm geht es ~/nicht ~** sb is well/not well ② (*in Wünschen*) **~e Fahrt/Reise!** have a good trip!; **~e Erholung/Besserung!** get well soon!; **~en Appetit!** enjoy your meal!; **ein ~es neues Jahr!** happy New Year!; **~e Unterhaltung!** enjoy the programme! ▶ **du bist ~!** (*iron fam*) you're a fine one!; **~ draufsein** (*fam*) to be in good spirits; **~ in etw** *Dat* **sein** to be good at sth; **noch/nicht mehr ~ sein** to still/no longer be any good; **wieder ~ werden** to be all right; **also ~!** well, all right then!; **schon ~!** (*fam*) all right!; **~ so!** that's it!; **sei so ~ und ...** would you be kind enough to ...; **wozu ist das ~?** (*fam*) what's the use of that?; **[wie] ~, dass ...** it's a good job that ...; **~!** (*in Ordnung!*) OK!; **~, ~!** yes, all right! **II.** *Adv* well; **~ aussehend** good-looking; **~ bezahlt** well-paid; **~ gehend** flourishing; **~ gelaunt** in a good mood; **~ gemeint** well-meant; **~ situiert** well-to-do; **~ unterrichtet** well-informed; **du sprichst aber ~ Englisch!** you really can speak good English; **~ verdienend** *attr* high-income *attr;* **es tut jdm ~, etw zu tun** it does sb good to do sth; **schmeckt es dir auch ~?** do you like it too? ▶ **so ~ es geht** as best one can; **~ gemacht!** well done!; **es ~ haben** to be lucky; **das kann ~ sein** that's quite possible; **du kannst ~ reden!** it's easy for you to talk!; **mach's ~!** bye!; **sich ~ mit jdm stellen** to get into sb's good books
Gut <-[e]s, Güter> ['guːt, *Pl:* 'gyːtɐ] *nt* ① (*Landgut*) estate ② (*Waren*) **Güter** goods *pl* ③ *kein Pl* (*das Gute*) good; **~ und Böse** good and evil
Gutachten <-s, -> ['guːtʔaxtn̩] *nt* report
Gutachter(in) <-s, -> *m(f)* expert
gutartig *Adj* ① good-natured ② MED benign

gutbürgerlich ['gu:t'bʏrgɐlɪç] *Adj* middle-class; **~e Küche** home-style cooking

Gutdünken <-s> *nt kein Pl* discretion; **nach [eigenem] ~** at one's own discretion

Gute(s) *nt* **etwas ~s** something good; **jdm ~s tun** to be good to sb; **alles ~!** all the best!; **das ~ daran** the good thing about it

Güte <-> ['gy:tə] *f kein Pl* ❶ (*Gütigsein*) kindness ❷ (*Qualität*) [good] quality ▸ **erster ~** (*fam*) of the first order; **ach du liebe ~!** (*fam*) oh my goodness!; **in ~** amicably

Güterbahnhof *m* goods depot **Güterfernverkehr** *m* long-distance haulage *no pl, no art* **Gütergemeinschaft** *f* **in ~ leben** to have community of property **Gütertrennung** *f* **in ~ leben** to have separation of property **Güterwagen** *m* goods truck **Güterzug** *m* goods [*or esp* AM freight] train

Gütezeichen *nt* mark of quality

gutgläubig *Adj* trusting

gut|haben *tr V unreg* **du hast ja noch 125 Euro/einen Gefallen bei mir gut** I still owe you 125 Euros/a favour

Guthaben <-s, -> *nt* credit balance

gut|heißen *tr V unreg* **etw ~** to approve of sth

gütig ['gy:tɪç] *Adj* kind

Gutmensch *m* (*iron*) do-gooder, goody two shoes *pej*

gutmütig ['gu:tmy:tɪç] *Adj* good-natured

Gutsbesitzer(in) *m(f)* landowner

Gutschein *m* coupon

gut|schreiben *tr V unreg* **jdm etw ~** to credit sb with sth

Gutschrift *f* ❶ (*Bescheinigung*) credit note ❷ (*gebuchter Betrag*) credit entry

Gutshof *m* estate, manor

gutwillig *Adj* obliging

Gymnasiast(in) <-en, -en> [gʏmna'zi̯ast] *m(f)* ≈ grammar-school pupil BRIT, ≈ high-school student AM

Gymnasium <-s, -ien> [gʏm'na:zi̯ʊm, *Pl:* gʏm'na:zi̯ən] *nt* ≈ grammar school BRIT, ≈ high school AM

> German schoolchildren who after primary school go to the **Gymnasium** are trained to achieve the necessary academic standard required for university entrance between Years 5 and 12. In Austria, this takes eight years and in Switzerland the pupils have to spend at least eight years (and in some cantons nine) at *Maturitätsschule* (grammar school). Traditionally, there are several types of grammar school: those that specialize in classical languages (Latin and Greek), those that emphasize modern languages (with or without Latin), those that specialize in maths and science or economics, and those that put emphasis on music and art.

Gymnastik <-> [gʏm'nastɪk] *f* gymnastics + *sing verb*

Gymnastikanzug *m* leotard

Gynäkologe, Gynäkologin <-n, -n> [gynɛko'lo:gə, -'lo:gɪn] *m, f* gynaecologist

Hh

H, h <-, -> [haː] *nt* ① (*Buchstabe*) H, h; **ein großes H** a capital H; **ein kleines h** a small h ② MUS B; *s. a.* **A**

h *Abk von* **hora** (*gesprochen: Uhr*) **9 h 17** 9.17 a.m.

ha¹ [haː] *Abk von* **Hektar** ha

ha² [ha] *Interj* ① (*triumphierend*) ha ② (*überrascht, erstaunt*) oh

Haar <-[e]s, -e> [haːɐ̯] *nt Sing o Pl* hair *no pl;* **graue ~e bekommen** to go grey; **sich** *Dat* **die ~e schneiden lassen** to get one's hair cut ▸ **jdm stehen die ~e zu Berge** sb's hair stands on end; **um kein ~ besser** not a bit better; **sich** *Dat* **in die ~e geraten** to quarrel; **jdm kein ~ krümmen** not to touch a hair on sb's head; **sich** *Dat* **die ~e raufen** to tear one's hair; **um ein ~** within a hair's breadth

Haarausfall *m* hair loss **Haarbürste** *f* hairbrush

haaren ['haːrən] *intr V* to moult

Haarfarbe *f* colour of one's hair **Haarfestiger** <-s, -> *m* setting lotion

haarig ['haːrɪç] *Adj* hairy

Haarklammer *f* hair clip **Haarnadel** *f* hairpin **Haarnadelkurve** *f* hairpin bend **haarscharf** *Adv* ① (*knapp*) by a hair's breadth ② (*exakt*) exactly **Haarschneider** *m* clippers *pl* **Haarschnitt** *m* haircut **Haarspalterei** <-, -en> [haːɐ̯ʃpalte'rai] *f* (*pej*) splitting hairs *no pl, no art* **Haarspange** *f* hair slide **Haarspray** *nt o m* hairspray **haarsträubend** ['haːɐ̯ʃtrɔybn̩t] *Adj* hair-raising **Haarteil** *nt* hairpiece **Haartrockner** *m* hair dryer **Haarwasser** *nt* hair lotion

Hab [haːp] *nt* **~ und Gut** (*geh*) belongings *pl*

Habe <-> ['haːbə] *f kein Pl* (*geh*) possessions *pl*

haben <hatte, gehabt> ['haːbn̩] **I.** *tr V* ① (*besitzen*) to have; **wir ~ zwei Autos** we've got two cars; **sie hatte gestern Geburtstag** it was her birthday yesterday ② (*erhalten*) **könnte ich mal das Salz ~?** could I have the salt please?; **ich hätte gern ein Bier** I'd like a beer, please; **woher hast du das?** where did you get that? ③ (*ein Gefühl haben*) **Durst/Hunger ~** to be thirsty/hungry; **gute/schlechte Laune ~** to be in a good/bad mood; **hast du was?** is something the matter?; **ich hab nichts!** nothing's the matter!; **was hat er denn?** what's up with him? ④ *mit Adj* **es bei jdm gut ~** to be well off with sb ⑤ (*tun müssen*) **etw zu tun ~** to have to do sth; **ich habe noch zu arbeiten** I've still got work to do ⑥ *mit Präposition* **etw an sich** *Dat* **~** to have sth about one; **es an etw** *Dat* **~** (*fam: Körperteil*) to have trouble with sth; **was hat es damit auf sich?** what's all this about?; **für etw zu ~ sein** to be keen on sth; **etwas/nichts gegen jdn/etw ~** to have something/nothing against sb/sth; **es in sich ~** (*fam*) to be tough; **etwas mit jdm ~** (*euph*) to have something going with sb; **nichts davon ~** not to gain anything from it; **das hast du jetzt davon!** now see where it's got you! ▸ **noch/nicht mehr zu ~ sein** to be still/no longer available; **da hast du's/~ wir's!** there you are!; **ich hab's!** I've got it!; **wie gehabt** as usual **II.** *tr V unpers* ÖSTERR, SÜDD (*existieren*) **es hat ...** there is/are ... **III.** *refl V* (*fam*) **sich ~** to make a fuss

Haben <-s> ['haːbn̩] *nt kein Pl* credit; **im ~ sein** to be in credit

Habenichts <-[es], -e> ['haːbənɪçts] *m* (*fam*) pauper

habgierig ['haːpgiːrɪç] *Adj* (*pej*) greedy

Habicht <-s, -e> ['haːbɪçt] *m* hawk

Habseligkeiten ['haːpzeːlɪçkaitn̩] *Pl* [meagre] belongings *pl*

Habsucht *f* greed

habsüchtig ['haːpzʏçtɪç] *Adj* avaricious

Hackbraten *m* meat loaf

Hacke <-, -n> ['hakə] *f* ① (*Gartengerät*) hoe ② ÖSTERR (*Axt*) axe ③ DIAL (*Ferse*) heel

hacken ['hakn̩] **I.** *tr V* ① *Gemüse* to chop [up *sep*] ② *Boden* to hoe ③ (*in Stücke*) to hack **II.** *intr V* ① *Vogel* to peck ② COMPUT (*fam*) to hack

Hacken <-s> *nt kein Pl* (*fam*) COMPUT hacking

Hacker(in) <-s, -> ['hakɐ] *m(f)* COMPUT (*fam*) hacker
Hackfleisch *nt* mince BRIT, ground meat AM ▶ **~ aus jdm machen** (*sl*) to make mincemeat of sb
Hackordnung *f* (*fig a.*) pecking order
hadern ['ha:dɐn] *intr V* (*geh*) to quarrel (**mit** with); **mit seinem Schicksal ~** to rail against one's fate
Hafen[1] <-s, Häfen> ['ha:fn̩, *Pl:* 'hɛ:fn̩] *m* harbour
Hafen[2] <-s, Häfen> ['ha:fn̩, *Pl:* 'hɛ:fn̩] *m* SÜDD, ÖSTERR (*Tontopf*) pot
Hafenanlagen *Pl* docks *pl* **Hafenarbeiter(in)** *m(f)* docker **Hafenrundfahrt** *f* boat trip round the harbour **Hafenstadt** *f* port
Hafer <-s, -> ['ha:fɐ] *m* oats *pl*
Haferflocken *Pl* oat flakes
Haft <-> [haft] *f kein Pl* imprisonment; **in ~ sein** to be in custody; **aus der ~ entlassen werden** to be released from custody
haftbar ['haftba:ɐ̯] *Adj* **für etw ~ sein** to be liable for sth; **jdn für etw ~ machen** to hold sb responsible for sth
Haftbefehl *m* [arrest] warrant
haften ['haftn̩] *intr V* ❶ (*festkleben*) to adhere (**auf** to) ❷ (*sich festsetzen*) to cling (**an** to) ❸ (*hängen bleiben*) to stick (**auf** to) ❹ JUR to be responsible (**für** for)
Häftling <-s, -e> ['hɛftlɪŋ] *m* prisoner
Haftnotiz *f* self-adhesive note
Haftpflicht *f* ❶ (*Schadenersatzpflicht*) liability ❷ (*fam*) *s.* **Haftpflichtversicherung** **Haftpflichtversicherung** *f* liability insurance; AUTO third-party insurance
Haftschale *f meist Pl* contact lens
Haftung <-, -en> ['haftʊŋ] *f* JUR liability
Hagebutte <-, -n> ['ha:gəbutə] *f* rose hip
Hagebuttentee *m* rose-hip tea
Hagel <-s> ['ha:gl̩] *m kein Pl* hail
Hagelkorn <-körner> *nt* hailstone
hageln ['ha:gl̩n] *intr V unpers* to hail
Hagelschauer *m* hail shower
hager ['ha:gɐ] *Adj* gaunt
Hahn[1] <-[e]s, Hähne> [ha:n, *Pl:* 'hɛnə] *m* cock, rooster AM ▶ **nach etw kräht kein ~ mehr** (*fam*) no one cares two hoots about sth anymore
Hahn[2] <-[e]s, Hähne *o* -en> [ha:n, *Pl:* 'hɛnə] *m* (*Wasserhahn*) tap, faucet AM ▶ **jdm den ~ zudrehen** to stop sb's money supply
Hahnenschrei *m* cockcrow **Hahnentrittmuster** *nt* MODE dog-tooth check
Hai <-[e]s, -e> ['hai] *m,* **Haifisch** ['haifɪʃ] *m* shark
Hain <-[e]s, -e> [hain] *m* (*liter, geh*) grove
Haiti <-s> [ha'i:ti] *nt* Haiti
Haitianer(in) <-s, -> [hai'ti̯a:nɐ] *m(f)* Haitian
haitianisch [hai'ti̯a:nɪʃ] *Adj* Haitian; *s. a.* **deutsch** ❶
häkeln ['hɛkl̩n] *intr, tr V* to crochet
Häkelnadel *f* crochet hook
Haken <-s, -> ['ha:kn̩] *m* ❶ (*Halterung, a. Boxhieb*) hook ❷ (*Zeichen*) tick ❸ (*fam: Schwierigkeit*) catch ▶ **~ schlagen** to change tactics
Hakennase *f* hooknose
halb [halp] **I.** *Adj* ❶ half ❷ (*Uhrzeit*) **es ist ~ sieben** it is half past six ▶ **nichts Halbes und nichts Ganzes** (*fam*) neither one thing nor the other **II.** *Adv* half; **~ so ... sein** to be half as ...; **~ nackt** half-naked; **~ voll** half-filled; **~ ..., ~ ...** half ..., half ... ▶ **[mit jdm] ~e-~e machen** to go halves with sb; **das ist ~ so schlimm** it's not as bad as all that; **~ und ~** (*fam: einigermaßen*) sort of
halbautomatisch *Adj* semi-automatic **Halbbruder** *m* half-brother
halber ['halbɐ] *Präp +Gen nachgestellt* (*geh*) for the sake of **Halbfabrikat** *nt* ÖKON semi-finished product **halbfertig** *Adj attr* half-finished **halbflüssig** *Adj Ei* very soft-boiled **Halbgott, Halbgöttin** *m, f* demigod *masc*/demigoddess *fem*
halbieren* [hal'bi:rən] *tr V* to halve
Halbinsel ['halpʔɪnzl̩] *f* peninsula **Halbjahr** *nt* half-year **halbjährig** ['halpjɛ:rɪç] *Adj attr* (*Dauer*) six-month; (*Alter*) six-month-old **halbjährlich** ['halpjɛ:ɐ̯lɪç] **I.** *Adj* six-monthly **II.** *Adv* every six months **Halbkreis** *m* semicircle; **im ~** in a semicircle **Halbkugel** *f* hemisphere **Halbmond** *m* ❶ half-moon ❷ (*Figur*) crescent **Halbpension** *f* half-board *no art* **Halbschuh** *m* shoe **Halbschwergewicht** ['halpʃve:ɐ̯gəvɪçt] *nt kein Pl* SPORT (*Gewichtsklasse*) light heavyweight *no pl, no art* **Halbschwester** *f* half-sister

H

halbtags *Adv* on a part-time basis; **sie arbeitet wieder ~ im Büro** she's working half-day at the office again **halbwegs** ['halp'veːks] *Adv* ① (*einigermaßen*) partly ② (*nahezu*) almost **Halbwelt** *f kein Pl* demimonde **Halbwert[s]zeit** *f* half-life **Halbwüchsige(r)** *f(m) dekl wie Adj* adolescent **Halbzeit** *f* half-time

Halde <-, -n> ['haldə] *f* (*Müllhalde*) rubbish tip; (*Kohlehalde*) coal tip; (*Abraumhalde*) slagheap

half ['half] *Imp von* **helfen**

Hälfte <-, -n> ['hɛlftə] *f* half; **um die ~** by half

Halle <-, -n> ['halə] *f* hall

hallen ['halən] *intr V* to echo

Hallenbad *nt* indoor swimming pool

Halligalli <-s> ['haligali] *nt kein Pl* (*meist pej fam*) hubbub

hallo [ha'loː] *Interj* hello

Hallo <-s, -s> [ha'loː] *nt* hello

Halm <-[e]s, -e> [halm] *m* ① stalk ② (*Trinkhalm*) straw

Hals <-es, Hälse> [hals, *Pl:* 'hɛlzə] *m* ① neck; **jdm um den ~ fallen** to fling one's arms around sb's neck ② (*Kehle*) throat; **jdm im ~ stecken bleiben** to become stuck in sb's throat; **es im ~ haben** (*fam*) to have a sore throat ▸ **~ über Kopf** in a hurry; **etw in den falschen ~ bekommen** (*fam*) to take sth the wrong way; **aus vollem ~[e]** at the top of one's voice; **jdm mit etw vom ~[e] bleiben** (*fam*) not to bother sb with sth; **etw hängt jdm zum ~e heraus** (*fam*) sb is sick to death of sth; **jdn den ~ kosten** to finish sb; **sich jdn vom ~ schaffen** (*fam*) to get sb off one's back; **sich jdm an den ~ werfen** (*pej fam*) to throw oneself at sb

Halsabschneider(in) *m(f)* (*pej fam*) shark **Halsband** *nt* ① (*für Haustiere*) collar ② (*für Frauen*) choker **halsbrecherisch** ['halsbrɛçərɪʃ] *Adj* breakneck *attr* **Halsentzündung** *f* sore throat **Halskette** *f* necklace **Halsschlagader** *f* carotid [artery] **Halsschmerzen** *Pl* sore throat **halsstarrig** ['halsʃtarɪç] *Adj* (*pej*) obstinate **Halstuch** *nt* scarf **Halswirbel** *m* ANAT cervical vertebra

halt [halt] **I.** *Interj* MIL halt! **II.** *Adv* (*fam: eben*) just

Halt <-[e]s, -e> [halt] *m* ① (*Stütze*) hold; **~ geben** to support ② (*innerer Halt*) stability ③ (*Stopp*) stop; **~ machen** to stop

haltbar ['haltbaːɐ̯] *Adj* ① *Essen* non-perishable; **~ sein** to keep; **~ machen** to preserve ② (*widerstandsfähig*) durable

Haltbarkeit <-> *f kein Pl* ① *Essen* shelf life ② (*Widerstandsfähigkeit*) durability

Haltbarkeitsdatum *nt* sell-by date **Haltbarkeitsdauer** *f kein Pl* shelf life

Haltegriff *m* [grab] handle; (*an Badewanne*) bath rail; (*am Gewehr*) grip

halten <hielt, gehalten> ['haltn̩] **I.** *tr V* ① (*festhalten, stützen*) to hold; (*Macht*) to hold on to ② (*zum Bleiben veranlassen*) to stop, to keep ③ (*in Position bringen*) to put; **er hielt den Arm in die Höhe** he put his hand up ④ (*besitzen*) to keep ⑤ (*in einem Zustand erhalten*) to keep; **die Fußböden hält sie immer sauber** she always keeps the floors clean ▸ **nichts/viel davon ~, etw zu tun** to think nothing/a lot of doing sth; **jdn/etw für jdn/etw ~** to take sb/sth for sb/sth; **etw von jdm/etw ~** to think sth of sb/sth; **wofür halten Sie mich?** who do you take me for! **II.** *intr V* ① (*haltbar sein*) to keep ② (*anhalten*) to stop; **etw zum Halten bringen** to bring sth to a stop ▸ **an sich ~** to control oneself; **zu jdm ~** to stand by sb **III.** *refl V* ① (*sich festhalten*) **sich an etw** *Dat* **~** to hold on to sth ② (*Wetter*) **sich ~** to last ③ (*sich richten nach*) **sich an etw** *Akk* **~** to stick to sth ▸ **sich gut gehalten haben** to have worn well; **sich für jdn/etw ~** to think one is sb/sth

Haltestelle *f* stop **Halteverbot** *nt* no stopping; **hier ist ~** this is a no stopping area; **eingeschränktes ~** limited waiting

haltlos *Adj* ① (*labil*) weak ② (*unbegründet*) groundless

Haltung[1] <-, -en> ['haltʊŋ] *f* ① (*Körperhaltung*) posture ② (*Einstellung*) attitude ▸ **~ bewahren** to keep one's composure

Haltung[2] <-> ['haltʊŋ] *f kein Pl von Tieren* keeping

Halunke <-n, -n> [ha'lʊŋkə] *m* (*pej*) scoundrel

hämisch ['hɛːmɪʃ] *Adj* malicious

Hammel <-s, -> ['haml̩, *Pl:* 'hɛml̩] *m*

① (*Tier*) wether ② (*Hammelfleisch*) mutton

Hammelfleisch *nt* mutton

Hammer <-s, Hämmer> ['hamɐ, *Pl:* 'hɛmɐ] *m* ① TECH, SPORT hammer ② (*sl: schwerer Fehler*) howler ③ (*sl: Ungeheuerlichkeit*) outrageous thing

hämmern ['hɛmɐn] *intr, tr V* ① (*mit Hammer*) to hammer ② (*pulsieren*) to pound

Hämorrhoide <-, -n> [hɛmɔro'iːdə] *f*, **Hämorride** <-, -n> [hɛmɔ'riːdə] *f meist Pl* haemorrhoids *pl*

Hampelmann <-männer> ['hampl̩man, *Pl:* -mɛnɐ] *m* ① jumping jack ② (*pej fam: Mensch*) puppet

Hamster <-s, -> ['hamstɐ] *m* hamster

hamstern ['hamstɐn] *tr, intr V* to hoard

Hand <-, Hände> [hant, *Pl:* 'hɛndə] *f* hand; **mit der flachen ~** with the flat of one's hand; **Hände hoch!** hands up!; **linker/rechter ~** on the left/right; **jdm die ~ geben** to shake sb's hand; **jdn an der ~ nehmen** to take hold of sb's hand; **etw in die ~ nehmen** to pick up sth *sep;* **lass mich die Sache mal in die ~ nehmen** let me take care of the matter; **in fremde Hände gelangen** to pass into foreign hands; **Hände weg!** hands off! ▶ **für jdn seine ~ ins Feuer legen** to vouch for sb; **~ und Fuß haben** to be purposeful; **weder ~ noch Fuß haben** to have no rhyme or reason; **mit Händen und Füßen** tooth and nail; **~ aufs Herz!** cross your heart; **die Hände in den Schoß legen** to sit back and do nothing; [**bei etw die Hände im Spiel haben** to have a hand in sth; **bei jdm in besten Händen sein** to be in safe hands with sb; **aus erster/zweiter ~** first-hand/second-hand; **in festen Händen sein** to be spoken for; **freie ~ haben** to have a free hand; **bei etw** *Dat* **eine glückliche ~ haben** to have the Midas touch with sth; **mit leeren Händen** empty-handed; **jds rechte ~ sein** to be sb's right-hand man; **hinter vorgehaltener ~** in confidence; **jdm zur ~ gehen** to lend sb a [helping] hand; **um jds ~ anhalten** (*geh*) to ask for sb's hand in marriage; **jdn** [**für etw**] **an der ~ haben** to have sb on hand [for sth]; **etw gegen jdn in der ~ haben** to have sth on sb; **zur ~ sein** to be at hand; **jdn/etw in die ~ bekommen** to get one's hands on sb/sth; [**bei etw mit ~ anlegen** to lend a hand [with sth]; [**klar**] **auf der ~ liegen** to be [perfectly] obvious; **jdm etw in die Hände spielen** to pass sth on to sb; **in die Hände spucken** to roll up one's sleeves *sep;* **eine ~ wäscht die andere** you scratch my back I'll scratch yours; **an ~ einer S.** *Gen* with the aid of sth; [**bar**] **auf die ~** cash in hand; **~ in ~** hand in hand; **unter der ~** secretly; **von ~** by hand; **zu Händen von jdm** for the attention of sb, attn: sb

Handarbeit *f* ① (*Gegenstand*) handicraft; **~ sein** to be handmade ② *kein Pl* (*körperliche Arbeit*) manual labour ③ (*Nähen, Stricken*) needlework **Handball** *m o fam nt* handball **Handbewegung** *f* movement of the hand; (*Geste*) gesture **Handbremse** *f* handbrake **Handbuch** *nt* manual

Händchen <-s, -> ['hɛntçən] *nt* **~ halten** (*fam*) to hold hands; **für etw ein ~ haben** to have a knack for sth

Händedruck <-s> *m kein Pl* handshake

Handel <-s> ['handl̩] *m kein Pl* ① (*Wirtschaftszweig*) commerce ② (*Warenverkehr*) trade; **im ~ sein** to be on the market; **etw aus dem ~ ziehen** to take sth off the market ③ (*fam: Abmachung*) deal ④ (*das Handeln*) dealing (**mit** in); [**mit etw**] **~ treiben** to trade [in sth] ⑤ (*Laden*) business

handeln ['handl̩n] **I.** *intr V* ① (*mit Waren*) to trade (**mit** with/in); **mit Drogen handeln** to traffic drugs ② (*feilschen*) to haggle (**um** over) ③ (*agieren*) to act ④ (*sich befassen*) to deal (**von** with) **II.** *refl V unpers* **sich um jdn/etw ~** to be a matter of sth; **worum handelt es sich, bitte?** what's it about, please? **III.** *tr V Ware* [**für etw**] **gehandelt werden** to be traded [at sth]

Handelsakademie *f* ÖSTERR (*höhere Handelsschule*) ≈ business school **Handelsbank** *f* merchant bank **Handelsbeziehungen** *Pl* trade relations **Handelsbilanz** *f* balance of trade; **aktive/passive ~** balance of trade surplus/deficit **Handelsdefizit** *nt* trade deficit **handelseinig** *Adj*, **handelseins** *Adj präd* **~ sein/werden** to agree terms **Handelsgesellschaft** *f* commercial company **Handelsgesetz** *nt* commercial law **Handelskammer** *f* chamber of commerce **Handelspartner(in)** *m(f)* (*Land*) trading partner **Handelsregister** *nt* Register of Companies **Handelsschule** *f* business school **handelsüblich** *Adj* in accordance with standard commercial practice **Handelsvertreter(in)** *m(f)* commercial agent **Handelsware** *f* commodity, merchandise

Handeltreibende(r) *f(m) dekl wie Adj* trader

Handfeger <-s, -> *m* hand brush **Handfeuerwaffe** *f* hand-gun **Handfläche** *f* palm **Handfunkgerät** *nt* walkie-talkie **handgearbeitet** *Adj* handmade **Handgelenk** *nt* wrist ▸ **etw aus dem ~ schütteln** (*fam*) to do sth straight off; **aus dem ~** (*fam*) off the cuff **Handgemenge** *nt* scuffle **Handgepäck** *nt* hand luggage **Handgerät** *nt* ① (*handwerkliches o.ä. Gerät*) small [hand-held] device ② SPORT hand apparatus **handgeschrieben** *Adj* handwritten **handgestrickt** *Adj* ① hand-knitted ② (*amateurhaft gemacht*) homespun

handgreiflich ['hantgraiflɪç] *Adj* violent; [**gegen jdn**] **~ werden** to become violent [towards sb]

Handgriff *m* ① (*Aktion*) movement ② (*Griff*) handle ▸ **mit einem ~** with a flick of the wrist; **mit ein paar ~en** in no time

handhaben ['hantha:bn̩] *tr V* ① (*bedienen*) to handle; *Maschine a.* to operate ② (*anwenden*) to apply ③ (*verfahren*) to manage

händisch ['hɛndɪʃ] *Adj* ÖSTERR (*manuell*) manual

Handkarren *m* handcart **Handkoffer** *m* small suitcase **Handkuss**^RR *m* kiss on the hand **Handlanger(in)** <-s, -> ['hantlaŋɐ] *m(f)* ① (*Arbeiter*) labourer ② (*pej: Erfüllungsgehilfe*) stooge

Händler(in) <-s, -> ['hɛndlɐ] *m(f)* dealer ▸ **fliegender ~** street trader

handlich ['hantlɪç] *Adj* ① manageable ② *Auto* manoeuvrable

Handlung <-, -en> ['handlʊŋ] *f* ① (*Tat*) act; **kriegerische ~** act of war; **strafbare ~** criminal offence ② (*Geschehen*) action; (*in Roman etc.*) plot

handlungsfähig *Adj* capable of acting **Handlungsweise** *f* conduct **Handorgel** *f* SCHWEIZ (*Handharmonika*) accordion **Handpflege** *f* (*Maniküre*) care of the hands, manicure **Handrücken** *m* back of the hand **Handschelle** *f meist Pl* handcuffs *pl;* **jdm ~n anlegen** to handcuff sb **Handschrift** ['hantʃrɪft] *f* ① (*Schrift*) handwriting ② (*Text*) manuscript **handschriftlich** *Adj* handwritten

Handschuh *m* glove

Handschuhfach *nt,* **Handschuhkasten** *m* glove compartment

Handstand *m* handstand; **einen ~ machen** to do a handstand **Handtasche** *f* handbag **Handteller** *m* palm **Handtuch** *nt* towel ▸ **das ~ werfen** to throw in the towel **Handumdrehen** ['hantʔʊmdre:ən] *nt* ▸ **im ~** in a jiffy

Handvoll <-, -> *f* handful

Handwerk *nt* trade ▸ **jdm das ~ legen** to put an end to sb's game; **jdm ins ~ pfuschen** to encroach on sb's activities; **sein ~ verstehen** to know one's job

Handwerker(in) <-s, -> *m(f)* tradesman

Handwerksmeister(in) *m(f)* ÖKON master craftsman **Handwerkszeug** *nt kein Pl* tools *pl*

Handwurzel *f* carpus

Handy <-s, -s> ['hɛndi] *nt* mobile [phone]

Handzettel *m* leaflet

Hanf <-[e]s> [hanf] *m kein Pl* (*Pflanze*) hemp; (*Samen*) hempseed

Hang <-[e]s, Hänge> [haŋ, *Pl:* 'hɛŋə] *m* ① (*Abhang*) slope ② *kein Pl* (*Neigung*) tendency (**zu** to); **den ~ haben, etw zu tun** to be inclined to do sth

Hängebrücke *f* suspension bridge **Hängelampe** *f* pendant light, hanging lamp **Hängematte** *f* hammock

hängen ['hɛŋən] **I.** *intr V* <hing, gehangen> ① (*herunterhängen*) to hang (**an** on, **über** over, **von** from); **der Baum hängt voller Früchte** the tree is laden with fruit; [**an etw** *Dat*] **~ bleiben** (*befestigt bleiben*) to stay on [sth]; (*kleben bleiben*) to stick to sth ② (*befestigt sein*) to be attached (**an** to) ③ (*fam: angeschlossen sein*) to be connected (**an** to) ④ (*fam: emotional verbunden sein*) to be attached (**an** to) ⑤ (*festhängen*) **an etw** *Dat* **~ bleiben** to get caught on sth ⑥ (*fam: sich aufhalten*) **~ bleiben** to be kept down; **er hängt den ganzen Tag vorm Fernseher** he spends all day in front of the television ⑦ (*fam: in Erinnerung bleiben*) [**bei jdm**] **~ bleiben** to stick [in sb's mind] ▶ **mit Hängen und Würgen** (*fam*) by the skin of one's teeth; **etw ~ lassen** to dangle sth; **den Kopf ~ lassen** to let one's head droop **II.** *tr V* <hängte *o* DIAL hing, gehängt *o* DIAL gehangen> ① (*anbringen*) hang (**an/auf** on) ② (*henken*) to hang ③ (*anschließen*) to attach (**an** on) ④ (*fam*) **jdn ~ lassen** to let sb down **III.** *refl V* <hängte *o* DIAL hing, gehängt *o* DIAL gehangen> ① (*verfolgen*) **sich an jdn/etw ~** to follow sb/sth ② (*sich gehen lassen*) **sich ~ lassen** to let oneself go

hängend *Adj* hanging

Hängerkleid *nt* loose-fitting dress

Hansdampf <-[e]s, -e> [hans'dampf] *m* **~ in allen Gassen** (*fam*) Jack-of-all-trades

Hanse <-> ['hanzə] *f kein Pl* HIST Hanseatic League

> **Die Hanse** was originally an association of towns lying on important trade routes. The aim of these *Hansestädte* was to protect and control trade. The German **Hanse** had a trade monopoly on the Baltic for 200 years. Today, there are still seven north German towns which call themselves *Hansestädte*: Hamburg, Bremen, Lübeck, Greifswald, Rostock, Stralsund and Wismar.

hänseln ['hɛnzl̩n] *tr V* to tease (**wegen** about)

Hanswurst [hans'vʊrst] *m* (*hum fam*) buffoon

Hantel <-, -n> ['hantl̩] *f* (*kurz*) dumb-bell; (*lang*) bar-bell

hantieren* [han'ti:rən] *intr V* ① to be busy (**mit** with) ② (*herumhantieren*) to work (**an** on)

hapern ['ha:pɐn] *intr V unpers* (*fam*) ① (*fehlen*) to be lacking; **es hapert bei uns etwas an Geld** we're somewhat short of money ② (*schlecht bestellt sein*) **in Mathe hapert es bei ihr noch etwas** she's still a bit weak in maths

Happen <-s, -> ['hapn̩] *m* (*fam*) snack

happig ['hapɪç] *Adj* (*fam*) *Preis* steep

Harfe <-, -n> ['harfə] *f* harp

Harke <-, -n> ['harkə] *f bes* NORDD (*Rechen*) rake

harken ['harkn̩] *tr V bes* NORDD *Beet* to rake; *Laub* to rake; **geharkt** raked

harmlos *Adj* ① (*ungefährlich*) harmless ② (*arglos*) innocent

Harmonie <-, -n> [harmo'ni:, *Pl:* -'ni:ən] *f* harmony

harmonieren* [harmo'ni:rən] *intr V* ① (*zusammenklingen*) to harmonize ② (*gut zusammenpassen*) to get on well [with each other]

Harmonika <-, -s *o* Harmoniken> [har'mo:nika, *Pl:* -nikən] *f* accordion

harmonisch [har'mo:nɪʃ] **I.** *Adj* harmonious **II.** *Adv* harmoniously

Harn <-[e]s, -e> [harn] *m* urine

Harnblase *f* bladder **Harnröhre** *f* urethra **Harnwege** *Pl* urinary tract

Harpune <-, -n> [har'pu:nə] *f* harpoon

harren ['harən] *intr V* (*geh*) **einer S.** *Gen* **~** to await sth

harsch [harʃ] *Adj* ① (*verharscht*) hard-frozen ② (*selten: rau, eisig*) cutting; *Wind* harsh

Harsch <-[e]s> [harʃ] *m kein Pl* compacted snow

hart <härter, härteste> [hart] **I.** *Adj* ① (*nicht weich*) hard ② *Aufprall, Ruck, Winter* severe ③ (*brutal*) violent ④ (*abgehärtet*) *Kerl* tough ⑤ (*streng*) *Mensch* hard; *Worte, Regime* harsh; *Strafe* severe; **~ mit jdm sein** to be hard on sb ⑥ (*schwer zu ertragen*) *Schicksalsschlag* cruel; *Realität* harsh; **~ für jdn sein, dass ...** to be hard on sb that ... ▶ **~ bleiben** to remain firm; **~ auf ~ kommen** to come to the crunch; **~ im Nehmen sein** to be resilient **II.** *Adv* ① hard; **~ gekocht** *attr* hard-boiled ② (*streng*) severely; **~ durchgreifen** to take tough action ▶ **jdn ~ treffen** to hit sb hard; **~ gesotten** hardened

Härte <-, -n> ['hɛrtə] *f* ① (*Hartsein o Härtegrad*) hardness ② *kein Pl* (*Strenge*) severity ③ *kein Pl* (*Unerträglichkeit*) cruelty

Härtefall *m* case of hardship

härten ['hɛrtn̩] *intr V* to harden

Härtetest *m* endurance test

Hartfaserplatte *f* hardboard BRIT, fiberboard AM

Hartgeld *nt* (*geh*) coins *pl*

hartherzig *Adj* hard-hearted
hartnäckig **I.** *Adj* persistent **II.** *Adv* persistently
Hartschalenkoffer *m* hard-top suitcase

> The complete reorganisation of the German welfare system in 2005 resulted in what is commonly known as **Hartz IV**, merging the former *Arbeitslosenhilfe* (reduced-rate unemployment benefit) and *Sozialhilfe* (income support). The receipt of income-dependent unemployment benefit *(Arbeitslosengeld I* or *ALG I)* is restricted to twelve months. After that claimants can receive *Arbeitslosengeld II,* or *ALG II,* which is more commonly referred to as **Hartz IV**. However, claimants must take part in regular measures to keep themselves available to the employment market. These changes to the eligibility of unemployment benefit and income support remain a controversial issue in Germany.

Harz <-es, -e> [haːɐ̯ts] *nt* resin
harzig ['haːɐ̯tsɪç] *Adj* resinous
Hasch <-[s]> [haʃ] *nt kein Pl* (*fam*) hash
Haschisch <-[s]> ['haʃɪʃ] *nt o m kein Pl* hashish
Hase <-n, -n> ['haːzə] *m* hare ▸ **ein alter ~ sein** (*fam*) to be an old hand; **wissen, wie der ~ läuft** (*fam*) to know which way the wind blows
Haselnuss[RR] ['haːz|nʊs] *f* hazelnut
Hasenfuß *m* (*fam*) chicken *sl*, coward
Hasenscharte *f* MED harelip
Hass[RR] <-es> *m*, **Haß**[ALT] <-sses> [has] *m kein Pl* hate, hatred; **einen ~ auf jdn haben** (*fam*) to be angry with sb
hassen ['hasn̩] *tr V* to hate; **es ~, etw zu tun** to hate doing sth
hasserfüllt[RR] *Adj, Adv* full of hate
hässlich[RR], **häßlich**[ALT] ['hɛslɪç] *Adj* ① (*unschön*) ugly ② (*gemein*) nasty
Hässlichkeit[RR], **Häßlichkeit**[ALT] <-, -en> *f* ① (*Unschönheit*) ugliness ② (*Gemeinheit*) nastiness
Hast <-> [hast] *f kein Pl* haste
hasten ['hastn̩] *intr V sein* (*geh*) to hurry
hastig ['hastɪç] **I.** *Adj* hurried; **nicht so ~!** not so fast! **II.** *Adv* hurriedly
hätscheln ['hɛːtʃl̩n] *tr V* ① (*liebkosen*) to cuddle ② (*gut behandeln*) to pamper ③ (*gerne pflegen*) to cherish
hatte ['hatə] *Imp von* **haben**
Haube <-, -n> ['haubə] *f* ① (*weibliche Kopfbedeckung*) bonnet ② ÖSTERR, SÜDD (*Mütze*) cap ③ ÖSTERR (*Auszeichnung von Restaurants*) star ④ (*Aufsatz*) covering ▸ **jdn unter die ~ bringen** (*hum fam*) to marry sb off
Hauch <-[e]s, -e> [haux] *m* (*geh, liter*) ① (*Atemhauch*) breath ② (*Luftzug*) breath of air ③ (*Duft*) whiff ④ (*Andeutung*) hint
hauchdünn ['haux'dʏn] *Adj* ① (*sehr dünn*) wafer-thin ② (*sehr knapp*) extremely narrow
hauchen ['hauxn̩] **I.** *intr V* to breathe **II.** *tr V Worte* to whisper
Haue <-, -n> ['hauə] *f* ① SCHWEIZ, ÖSTERR (*Hacke*) hoe ② *kein Pl* (*fam: Prügel*) thrashing; **~ kriegen** (*fam*) to get a thrashing
hauen <haute, gehauen> ['hauən,] **I.** *tr V* ① (*fam: schlagen*) to hit ② (*fam: verprügeln*) to hit; **sie hauen sich** they are fighting each other ③ (*meißeln*) **etw in etw** *Akk* **~** to carve sth in sth **II.** *refl V* (*fam: sich setzen, legen*) **sich auf/in etw** *Akk* **~** to throw oneself onto/into sth
Hauer <-s, -> ['hauɐ] *m* (*vom Wildschwein*) tusk
Haufen <-s, -> ['haufn̩] *m* ① heap ② (*fam: große Menge*) load; **du erzählst da einen ~ Quatsch!** what a load of rubbish! ③ (*Schar*) crowd ▸ **jdn über den ~ rennen/fahren** (*fam*) to run over sb *sep;* **etw über den ~ werfen** (*fam*) to mess up sth *sep*
haufenweise *Adv* (*fam*) in great quantities; **sie besitzt ~ Antiquitäten** she owns loads of antiques
häufig ['hɔyfɪç] **I.** *Adj* frequent **II.** *Adv* often
Häufigkeit <-, -en> *f* frequency
Haupt <-[e]s, Häupter> [haupt, *Pl:* 'hɔyptɐ] *nt* (*geh*) head ▸ **gesenkten/erhobenen ~es** with one's head bowed/raised
Hauptaktionär(in) *m(f)* principal shareholder **Hauptaltar** *m* high altar **Haupt-**

bahnhof *m* central station **hauptberuflich** **I.** *Adj* full-time **II.** *Adv* on a full-time basis **Hauptbestandteil** *m* main component **Hauptdarsteller(in)** *m(f)* leading actor *masc*, leading actress *fem* **Haupteingang** *m* main entrance **Hauptfach** *nt* ① (*Studium*) main subject, major AM ② (*Schule*) major subject **Hauptgebäude** *nt* main building **Hauptgericht** *nt* main course **Hauptgeschäftszeit** *f* main business hours **Hauptgewinn** *m* first prize **Haupthahn** *m* main tap **Hauptleitung** *f* mains *pl*

Häuptling <-s, -e> ['hɔyptlɪŋ] *m* (*a. iron*) chief

Hauptmahlzeit *f* main meal **Hauptperson** *f* central figure **Hauptpost** *f* (*fam*), **Hauptpostamt** *nt* main post office **Hauptquartier** *nt* headquarters **Hauptrolle** *f* leading role ▸ [**bei etw**] **die ~ spielen** to play a leading part [in sth] **Hauptsache** ['hauptzaxə] *f* main thing; **in der ~** in the main; **~, du bist glücklich!** the main thing is that you're happy!

hauptsächlich ['hauptszɛçlɪç] **I.** *Adv* mainly **II.** *Adj* main

Hauptsaison *f* peak season **Hauptsatz** *m* main clause **Hauptschalter** *m* ELEK main switch **Hauptschlagader** *f* aorta **Hauptschuld** *f kein Pl* main blame

Hauptschule *f* ≈ secondary modern school BRIT, ≈ junior high school AM

The **Hauptschule** (roughly equivalent to the old secondary modern school in the UK) runs from Years 5 to 9. It caters for pupils whose average mark at the end of primary school does not satisfy the requirements of the *Realschule* or the *Gymnasium* (grammar school). School leavers with only a **Hauptschule** certificate often find it difficult to obtain the further training required for most kinds of employment. Because of their often negative reputation, the **Hauptschule** has been or is in the process of being abolished in many Bundesländer, such as Baden-Württemberg, where it has been replaced with the *Werkrealschule*.

In Austria, it is possible, given the necessary academic achievement, to switch to a grammar school after completing four years in a **Hauptschule**.

Hauptspeicher *m* COMPUT main memory **Hauptstadt** *f* capital [city] **Hauptstraße** *f* main street **Haupttreffer** *m* jackpot **Hauptverhandlung** *f* main hearing **Hauptverkehrsstraße** *f* main road **Hauptverkehrszeit** *f* rush hour **Hauptwäsche** *f* main wash **Hauptwaschgang** *m* main wash **Hauptwort** *nt* noun

Haus <-es, Häuser> [haus, *Pl:* 'hɔyzɐ] *nt* ① house; **~ und Hof** (*geh*) house and home; **für jdn ein offenes ~ haben** to keep open house for sb; **jdn nach ~e bringen** to take sb home; **sich wie zu ~e fühlen** to feel at home; **fühlen Sie sich wie zu ~e!** make yourself at home; **frei ~ liefern** to deliver free of charge; **jdm das ~ verbieten** to not allow sb in the house; **nach ~e** home; **zu ~e** at home; **bei jdm zu ~e** in sb's home ② (*Familie*) family; **die Dame/der Herr des ~es** the lady/master of the house; **aus gutem ~e** from a good family; **von ~e aus** by birth ③ (*geh: Unternehmen*) company; **im ~e sein** to be in ▸ [**du**] **altes ~!** (*fam*) old chap *dated;* **das europäische ~** the family of Europe; **~ halten** to be economical; [**jdm**] **ins ~ stehen** to be in store [for sb]; **von ~e aus** originally

Hausangestellte(r) *f(m) dekl wie Adj* domestic servant **Hausanzug** *m* leisure suit **Hausapotheke** *f* medicine cabinet **Hausarbeit** *f* ① (*im Haushalt*) housework ② (*fürs Studium*) [academic] assignment **Hausarrest** *m* ① (*Strafe für Kinder*) **~ haben** to be grounded ② JUR house arrest **Hausarzt, Hausärztin** *m, f* family doctor, GP **Hausaufgabe** *f* piece of homework; **~n** homework *no pl;* **seine ~n machen** (*a. fig*) to do one's homework **hausbacken** ['hausbakn̩] *Adj* plain **Hausbar** *f* ① (*eine Bar zu Hause*) home bar ② (*Inhalt*) range of drinks at home **Hausbesetzer(in)** <-s, -> *m(f)* squatter **Hausbesitzer(in)** *m(f)* homeowner **Hausbewohner(in)** *m(f)* tenant

Häuschen <-s, -> ['hɔysçən] *nt Dim*

H

von **Haus** little house ▶ **ganz aus dem ~ sein** (*fam*) to be beside oneself
Hauseingang *m* entrance
hausen ['hauzn̩] *intr V* (*pej fam*) to live [in poor conditions]
Häuserblock *m* block [of houses]
Hausflur *m* entrance hall **Hausfrau** *f* housewife **Hausfriedensbruch** *m* trespassing **Hausgebrauch** *m* **für den ~** for domestic use; (*für durchschnittliche Ansprüche*) for average requirements **hausgemacht** *Adj* home-made
Haushalt <-[e]s, -e> *m* ① (*Hausgemeinschaft*) household ② (*Haushaltsführung*) housekeeping; **[jdm] den ~ führen** to keep house [for sb] ③ (*Etat*) budget
haus|halten *intr V unreg* to be economical (**mit** with)
Haushälter(in) <-s, -> *m(f)* housekeeper
Haushaltsgeld *nt* housekeeping money **Haushaltsgerät** *nt* household appliance **Haushaltsjahr** *nt* financial [*or* fiscal] year
Hausherr(in) <-en, -en> *m(f)* head of the household; (*Gastgeber*) host
haushoch ['haushox] **I.** *Adj* ① (*sehr hoch*) gigantic; *Wellen* mountainous ② SPORT *Niederlage* crushing; *Sieg* overwhelming **II.** *Adv* (*eindeutig*) clearly
hausieren* [hau'zi:rən] *intr V* to hawk; **„Hausieren verboten!"** 'No hawkers!' ▶ **mit etw ~ gehen** to peddle sth around
Hausierer(in) <-s, -> *m(f)* hawker
Hauslehrer(in) *m(f)* private tutor
häuslich ['hɔylɪç] **I.** *Adj* ① (*das Zuhause betreffend*) domestic ② (*das Zuhause liebend*) homely **II.** *Adv* **sich ~ niederlassen** to settle down
Hausmädchen *nt* maid, BRIT *a.* home help **Hausmann** ['hausman] *m* house husband **Hausmannskost** *f kein Pl* home cooking **Hausmarke** *f* ① (*Wein*) house wine ② (*bevorzugte Marke*) favourite brand **Hausmeister(in)** *m(f)* janitor **Hausmittel** *nt* household remedy **Hausmüll** *m* domestic waste [*or* refuse] **Hausnummer** *f* house number **Hausordnung** *f* house rules *pl* **Hausrat** *m kein Pl* household contents *pl* **Hausratversicherung** *f* household contents insurance **Hausschlüssel** *m* front-door key **Hausschuh** *m* slipper **Haustier** *nt* pet **Haustür** *f* front door **Hauswart(in)** <-s, -e> *m(f) s.* **Hausmeister** **Hauswirt(in)** *m(f)* landlord *masc*, landlady *fem* **Hauszelt** *nt* frame tent
Haut <-, Häute> [haut, *Pl:* 'hɔytə] *f* skin ▶ **mit ~ und Haar[en]** completely; **nur ~ und Knochen sein** to be nothing but skin and bone; **eine ehrliche ~ sein** to be an honest sort; **auf der faulen ~ liegen** to laze around; **mit heiler ~ davonkommen** to escape unscathed; **sich nicht wohl in seiner ~ fühlen** not to feel too good; **aus der ~ fahren** to hit the roof; **etw geht jdm unter die ~** sth gets under one's skin; **jd möchte nicht in jds ~ stecken** sb would not like to be in sb's shoes
Hautabschürfung *f* graze **Hautausschlag** *m* [skin] rash **Hautcreme** *f* skin cream
häuten ['hɔytn̩] **I.** *tr V* to skin **II.** *refl V* **sich ~** to shed one's skin
hauteng *Adj* skintight **Hautklinik** *f* MED dermatological clinic **Hautkrankheit** *f* skin disease **Hautkrebs** *m* MED skin cancer *no pl*
Havarie <-, -n> [hava'ri:, *Pl:* 'ri:ən] *f* accident
Haxe <-, -n> ['haksə] *f* KOCHK SÜDD knuckle
HDTV <-s> [ha:de:te:'fau] *nt Abk von* **High Definition Television** HDTV
Hebamme <-, -n> ['he:pʔamə] *f* midwife
Hebebühne *f* hydraulic lift
Hebel <-s, -> ['he:bl̩] *m* lever ▶ **am längeren ~ sitzen** to hold the whip hand
Hebelwirkung *f* ① PHYS lever action, leverage ② (*fig*) leverage
heben <hob, gehoben> ['he:bn̩] **I.** *tr V* ① (*hochheben*) to lift; *Kopf* to raise ② (*verbessern*) to improve ③ (*Alkohol trinken*) **gern einen ~** (*fam*) to like to have a drink **II.** *refl V* (*sich nach oben bewegen*) **sich ~** to rise
Hebräer(in) <-s, -> [he'brɛ:ɐ] *m(f)* Hebrew
hebräisch [he'brɛ:ɪʃ] *Adj* Hebrew; *s. a.* **deutsch 2**
Hebräisch [he'brɛ:ɪʃ] *nt dekl wie Adj* Hebrew; *s. a.* **Deutsch**
Hecht <-[e]s, -e> [hɛçt] *m* pike

Heck <-[e]s, -e *o* -s> [hɛk] *nt* AUTO rear; NAUT stern; LUFT tail
Hecke <-, -n> ['hɛkə] *f* hedge
Heckenrose *f* dog rose **Heckenschütze, Heckenschützin** *m, f* sniper
Heckklappe *f* tailgate **Heckmotor** *m* rear engine **Heckscheibe** *f* rear window **Heckscheibenheizung** *f* rear window heater **Heckspoiler** *m* rear spoiler
Heer <-[e]s, -e> [heːɐ̯] *nt* army
Hefe <-, -n> ['heːfə] *f* yeast
Hefeteig *m* yeast dough
Heft <-[e]s, -e> [hɛft] *nt* ① (*Schreibheft*) exercise book ② (*Zeitschrift*) magazine; (*Ausgabe*) issue ③ (*geheftetes Büchlein*) booklet
heften ['hɛftn̩] **I.** *tr V* ① (*befestigen*) to pin (**an** to) ② (*nähen*) to tack [up *sep*] ③ (*klammern*) to staple **II.** *refl V* **sich an jdn ~** to stay on sb's tail
Hefter <-s, -> *m* ① (*Mappe*) file ② (*Heftmaschine*) stapler
heftig ['hɛftɪç] **I.** *Adj* ① (*gewaltig*) violent ② (*intensiv*) intense **II.** *Adv* violently; **es schneite ~** it snowed heavily
Heftklammer *f* staple **Heftpflaster** *nt* [sticking] plaster **Heftzwecke** *f* drawing pin
Hegemonialmacht [hegemo'ni̯aːlmaxt] *f* POL hegemonic power
hegen ['heːgn̩] *tr V* ① **Wild ~** to preserve wildlife ② *Pflanzen* to tend ③ (*bewahren*) to look after; **jdn ~ und pflegen** to lavish care and attention on sb ④ (*geh*) *Zweifel* to have
Heide <-, -n> ['haidə] *f* ① (*Heideland*) heath ② (*Heidekraut*) heather
Heide, Heidin <-n, -n> ['haidə, 'haidɪn] *m, f* pagan
Heidekraut *nt* heather
Heidelbeere ['haidl̩beːrə] *f* bilberry
Heidenangst *f* mortal fear; **eine ~ vor etw** *Dat* **haben** to be scared stiff of sth **Heidengeld** *nt kein Pl* (*fam*) **ein ~** hell of a lot of money **Heidenspaß** *m* (*fam*) terrific fun
Heidin <-, -nen> *f s.* **Heide**
heidnisch ['haidnɪʃ] *Adj* pagan
heikel ['haikl̩] *Adj* delicate
heil [hail] *Adj* ① (*unverletzt*) uninjured ② (*unbeschädigt*) intact
Heil [hail] **I.** *nt* <-s> *kein Pl* well-being; **sein ~ in etw** *Dat* **suchen** to seek one's salvation in sth **II.** *Interj* **~ dem Kaiser!** hail to the emperor!
heilbar *Adj* curable
Heilbutt <-s, -e> ['hailbʊt] *m* halibut
heilen ['hailən] **I.** *intr V sein* (*gesunden*) to heal [up] **II.** *tr V* (*gesund machen*) to cure (**von** of); **von jdm/etw geheilt sein** to have got over sb/sth
heilfroh ['hail'froː] *Adj präd* (*fam*) really glad
Heilgymnastik *f s.* **Krankengymnastik**
heilig ['hailɪç] *Adj* ① holy; **jdm ist etw ~** sth is sacred to sb ② (*bei Heiligen*) Saint; **der ~e Matthäus** Saint Matthew
Heiligabend [hailɪç'ʔaːbn̩t] *m* Christmas Eve
Heilige(r) ['hailɪgɐ, -gə] *f(m) dekl wie Adj* saint
heiligen ['hailɪgn̩] *tr V* (*weihen*) to hallow; **geheiligt** hallowed
Heiligkeit <-> *f kein Pl* holiness *no pl;* **Eure/Seine ~** Your/His Holiness
heilig|sprechen *tr V* **jdn ~** to canonize sb
Heiligsprechung <-, -en> *f* canonization
Heiligtum <-[e]s, -tümer> ['hailɪçtuːm, *Pl:* -tyːmɐ] *nt* shrine
Heilkraft *f* healing power **Heilkraut** *nt* medicinal herb **Heilkunde** *f* medicine
heillos ['hailloːs] **I.** *Adj* terrible **II.** *Adv* hopelessly
Heilpflanze *f* medicinal plant **Heilpraktiker(in)** *m(f)* non-medical practitioner **Heilquelle** *f* medicinal spring
heilsam ['hailzaːm] *Adj* salutary
Heilsarmee *f kein Pl* Salvation Army
Heilsbringer(in) ['hailsbrɪŋɐ] *m(f)* REL healer
Heilung <-, -en> ['hailʊŋ] *f* ① (*das Kurieren*) curing ② (*Genesung*) recovery ③ (*Abheilung*) healing
Heilungsprozess[RR] *m* healing process
Heilwasser *nt* mineral [spring] water
heim [haim] *Adv* home
Heim <-[e]s, -e> [haim] *nt* home
Heimarbeit *f kein indef art* work at home
Heimat <-, -en> ['haimaːt] *f* home
heimatlich *Adj* native; *Brauchtum* local **heimatlos** *Adj* homeless **Heimatstadt** *f* home town
heim|fahren *unreg* **I.** *intr V sein* to drive

H

home **II.** *tr V haben* **jdn ~** to drive sb home **Heimfahrt** *f* journey home

heimisch ['haimɪʃ] *Adj* (*einheimisch*) native; **sich ~ fühlen** to feel at home

Heimkehr <-> *f* return home

heim|kehren ['haimke:rən] *intr V sein* (*geh*) to return home

heimlich ['haimlɪç] **I.** *Adj* ① (*geheim*) secret ② (*verstohlen*) furtive **II.** *Adv* ① (*unbemerkt*) secretly ② (*verstohlen*) furtively; **~, still und leise** (*fam*) on the quiet

Heimlichtuerei <-, -en> [haimlɪçtu:ə'rai] *f* (*pej*) secretiveness *no pl*

heimlich|tun *intr V unreg* (*pej*) to be secretive; **mit etw ~** to be secretive about sth

Heimreise *f* journey home

heim|suchen ['haimzu:xn̩] *tr V* ① (*überfallen*) to strike; **von Armut/Dürre heimgesucht sein** to be poverty-stricken/drought-stricken ② (*bedrängen*) to haunt

heimtückisch ['haimtʏkɪʃ] **I.** *Adj Aktion* malicious; *Person* insidious **II.** *Adv* maliciously

heimwärts ['haimvɛrts] *Adv* (*geh*) homeward[s]

Heimweg *m* way home; **sich auf den ~ machen** to set out for home **Heimweh** <-[e]s> *nt kein Pl* homesickness; **~ [nach jdm/etw] haben** to be homesick [for sb/sth]

heim|zahlen *tr V* **jdm etw ~** to pay sb back for sth; **das werd ich dir noch ~!** I'm going to get you for that!

Heirat <-, -en> ['haira:t] *f* marriage

heiraten ['haira:tn̩] **I.** *tr V* to marry **II.** *intr V* to get married

Heiratsantrag *m* proposal; **jdm einen ~ machen** to propose to sb

heischen ['haiʃn̩] *tr V* (*geh*) to demand

heiser ['haizɐ] **I.** *Adj* hoarse **II.** *Adv* hoarsely

Heiserkeit <-> *f kein Pl* hoarseness

heiß [hais] **I.** *Adj* ① (*sehr warm*) hot; **etw ~ machen** to heat up sth *sep* ② *Debatte* heated; *Kampf* fierce ③ *Liebe* burning; *Wunsch* fervent ④ (*fam: brünstig*) on [*or* AM in] heat ⑤ (*neugierig*) **auf etw** *Akk* **~ sein** to be dying to know about sth **II.** *Adv* ① (*sehr warm*) hot; **~ laufen** to overheat ② (*innig*) ardently; **~ geliebt** dearly beloved

heißblütig ['haisbly:tɪç] *Adj* (*impulsiv*) hot-tempered

heißen <hieß, geheißen> ['haisn̩] **I.** *intr V* ① to be called; **wie ~ Sie?** what's your name?; **ich heiße Schmitz** my name is Schmitz; **nach jdm ~** to be named after sb ② (*bedeuten*) to mean; **„ja" heißt auf Japanisch „hai"** 'hai' is Japanese for 'yes'; **was heißt eigentlich „Liebe" auf Russisch?** tell me, what's the Russian for 'love'?; **heißt das, Sie wollen mehr Geld?** does that mean you want more money?; **was soll das [denn] ~?** what's that supposed to mean? **II.** *intr V unpers* ① (*zu lesen sein*) **irgendwo heißt es ...** it says somewhere ... ② (*Gerücht*) **es heißt, dass ...** there is a rumour that ... ③ (*geh: nötig sein*) **nun heißt es handeln** now is the time for action **III.** *tr V* (*geh*) ① (*nennen*) **jdn irgendwie ~** to call sb sth ② (*auffordern*) **jdn etw tun ~** to tell sb to do sth

Heißhunger *m* ravenous hunger; **mit ~** ravenously **Heißluft** *f kein Pl* hot air **Heißluftherd** *m* fan-assisted [*or esp* AM convection] oven **heiß|machen** *tr V* (*fam*) **jdn ~** (*interessiert machen*) to get sb really interested; (*erregen*) to turn sb on **Heißwasserspeicher** *m* hot water tank

heiter ['haitɐ] *Adj* ① (*fröhlich*) cheerful ② (*fröhlich stimmend*) amusing ③ *Wetter* bright ▸ **das kann ja ~ werden!** (*iron*) that'll be a hoot!

Heizanlage *f* heating system, heater *esp* AM

heizbar ['haitsba:ɐ̯] *Adj* ① (*beheizbar*) heated ② (*zu heizen*) able to be heated

Heizbettdecke, **Heizdecke** *f* electric blanket

heizen ['haitsn̩] **I.** *intr V* ① (*die Heizung betreiben*) **womit heizt ihr zu Hause? – Wir heizen mit Gas** how is your house heated? — It's gas-heated ② (*Wärme abgeben*) to give off heat **II.** *tr V* ① (*beheizen*) to heat ② (*anheizen*) to stoke

Heizkessel *m* boiler **Heizkissen** *nt* heating pad **Heizkörper** *m* radiator **Heizkosten** *Pl* heating costs **Heizlüfter** *m* fan heater **Heizmaterial** *nt* fuel [for heating] **Heizöl** *nt* fuel oil **Heizsonne** *f* electric fire

Heizung <-, -en> *f* ① (*Zentralheizung*) heating *no pl* ② (*Heizkörper*) radiator **Heizungskeller** *m* boiler room

Hektar <-s, -> [hɛkt'aːɐ̯] *nt o m* hectare

Hektik <-> ['hɛktɪk] *f kein Pl* hectic pace; **nur keine ~!** take it easy!

hektisch ['hɛktɪʃ] **I.** *Adj* hectic **II.** *Adv* frantically

Held(in) <-en, -en> [hɛlt] *m(f)* hero *masc,* heroine *fem*

heldenhaft *Adj* heroic

Heldentat *f* heroic deed

helfen <half, geholfen> ['hɛlfn̩] *intr V* ① (*unterstützen*) to help (**bei** with); **jdm ist nicht [mehr] zu ~** sb is beyond help ② (*nützen*) **jdm ~** to be of use to sb; **da hilft alles nichts, ...** there's nothing for it, ...; **[gegen etw/bei etw** *Dat*] ~ to help [relieve sth] ▸ **ich kann mir nicht ~, [aber]** ... I'm sorry, but ...; **man muss sich** *Dat* **nur zu ~ wissen** you just have to be resourceful

Helfer(in) <-s, -> ['hɛlfɐ] *m(f)* helper

hell [hɛl] **I.** *Adj* ① light; **~ bleiben** to stay light; **es wird ~** it's getting light ② (*hell leuchtend*) bright ③ (*mit heller Farbe*) light-coloured; *Haar, Haut* fair ④ *Stimme* clear ⑤ (*fam: klug*) bright; **du bist ein ~es Köpfchen** you've got brains **II.** *Adv* (*licht*) brightly

hellauf ['hɛl'ʔauf] *Adv* extremely

hellblau *Adj* light-blue **hellblond** *Adj* blonde **hellhörig** ['hɛlhøːrɪç] *Adj* badly soundproofed ▸ **~ werden** to prick up one's ears

hellicht[ALT] *Adj attr s.* **helllicht**

Helligkeit <-> *f kein Pl* lightness; (*helles Licht*) [bright] light

helllicht[RR] ['hɛllɪçt] *Adj attr* **am ~en Tag** in broad daylight

Hellseher(in) ['hɛlzeːɐ] *m(f)* clairvoyant **hellwach** ['hɛl'vax] *Adj* wide-awake

Helm <-[e]s, -e> ['hɛlm] *m* helmet

Helmpflicht *f* compulsory wearing of a helmet

Hemd <-[e]s, -en> [hɛmt, *Pl:* 'hɛmdən] *nt* shirt; (*Unterhemd*) vest ▸ **mach dir nicht [gleich] ins ~!** don't make such a fuss!

hemdsärmelig ['hɛmtsʔɛrməlɪç] *Adj* (*fam*) casual

hemmen [hɛmən] *tr V* ① (*hindern*) to hinder ② (*bremsen*) to stop ③ PSYCH to inhibit

Hemmschuh *m* ① (*keilförmige Vorrichtung*) chock ② (*fig: Hemmnis*) obstacle

Hemmschwelle *f* inhibition level

Hemmung <-, -en> *f* ① *kein Pl* (*das Hemmen*) obstruction ② *Pl* PSYCH inhibitions *pl* ③ (*Bedenken, Skrupel*) inhibition, scruple

hemmungslos I. *Adj* ① (*zügellos*) unrestrained ② (*skrupellos*) unscrupulous **II.** *Adv* ① unrestrainedly ② unscrupulously

Hendl <-s, -[n]> ['hɛndl̩] *nt* ÖSTERR (*Brathähnchen*) roast chicken

Hengst <-[e]s, -e> [hɛŋst] *m* (*Pferd*) stallion

Henkel <-s, -> ['hɛŋkl̩] *m* handle

Henkersmahl *nt,* **Henkersmahlzeit** *f* ① (*vor der Hinrichtung*) last meal [before sb's execution] ② (*hum fam: vor einem großen Ereignis*) final square meal

Henna <- *o* -[s]> ['hɛna] *f o nt kein Pl* henna *no pl*

Henne <-, -n> ['hɛnə] *f* hen

Hepatitis <-, Hepatitiden> [hepa'tiːtɪs, *Pl:* hepati'tiːdn̩] *f* hepatitis *no pl*

her [heːɐ̯] *Adv* ① (*hierher*) here, to me; **~ damit!** (*fam*) give it here!; **immer ~ damit!** (*fam*) keep it/them coming! ② (*herum*) **um jdn ~** all around sb ③ (*von einem Punkt aus*) **von weit ~** from a long way away; **lang ~ sein, dass ...** to be long ago since ...; **nicht [so] lange ~ sein, dass ...** to be not such a long time [ago] since ...; **von etw ~** *räumlich* from sth; *kausal* as far as sth is concerned ④ (*verfolgen*) **hinter etw** *Dat* **~ sein** to be after sth

herab [hɛ'rap] *Adv* (*geh*) down

herab|lassen *unreg* **I.** *tr V* (*geh: herunterlassen*) to let down **II.** *refl V* **sich [zu etw] ~** to lower oneself [to sth]; **sich [dazu] ~, etw zu tun** to condescend to do sth **herablassend** *Adj* condescending **herab|sehen** *intr V unreg* to look down (**auf** on) **herab|setzen** *tr V* ① (*reduzieren*) to reduce ② (*herabwürdigen*) to belittle

heran [hɛ'ran] *Adv* close up, near

heran|kommen *intr V unreg sein* ① (*herbeikommen*) to approach; (*bis an etw kommen*) to get to ② (*erreichen*) to reach ③ (*in Kontakt kommen*) **an jdn ~** to get hold of sb

▶ **nichts an sich ~ <u>lassen</u>** not to let anything get to one **heran|machen** *refl V* (*fam*) **sich an jdn ~** to approach sb **heran|reichen** *intr V* ① (*gleichkommen*) to measure up to [the standard of] ② (*bis an etw reichen*) to reach [as far as] **heran|wachsen** *intr V unreg sein* to grow up (**zu** into) **heran|wagen** *refl V* **sich an etw** *Akk* **~** ① (*heranzukommen wagen*) to dare to go near sth ② (*sich etw zutrauen*) to dare to attempt sth **heran|ziehen** *unreg tr V* ① (*näher holen*) to pull (**an** to) ② (*einsetzen*) **jdn/etw [zu etw] ~** to bring sb/sth in [for sth] ③ (*aufziehen*) **jdn [zu etw] ~** to raise sb [until he/she is/becomes sth]; **ein Tier [zu etw] ~** to rear an animal [to be sth]

herauf [hɛˈrauf] **I.** *Adv* up **II.** *Präp +Akk* up; **sie ging die Treppe ~** she went up the stairs

herauf|beschwören* *tr V unreg* ① (*wachrufen*) to evoke ② (*herbeiführen*) to cause **herauf|kommen** *intr V unreg sein* ① to come up (**zu** to) ② (*geh: aufziehen*) to approach; *Nebel* to form **herauf|ziehen** *unreg* **I.** *tr V haben* to pull up *sep* **II.** *intr V sein* (*aufziehen*) to approach

heraus [hɛˈraus] *Adv* ① (*nach draußen*) out; **aus etw ~** out of sth; **~ damit!** (*fam: mit einer Antwort*) out with it! ② (*hinter sich haben*) **aus etw ~ sein** to leave behind sth *sep;* **aus dem Alter bin ich schon ~** that's all behind me ③ (*gesagt worden sein*) **~ sein** to have been said; **die Wahrheit ist ~** the truth has come out

heraus|bekommen* *tr V unreg* ① (*entfernen*) to get out (**aus** of) ② (*herausfinden*) to find out *sep* ③ *Wechselgeld* to get back **heraus|bringen** *tr V unreg* ① (*nach draußen*) to bring out ② (*auf den Markt*) to launch; *Buch* to publish ③ *Worte* to utter ④ (*fam: ermitteln*) to find out *sep* **heraus|fahren** *unreg intr V sein* ① (*nach draußen fahren*) to drive out ② (*entschlüpfen*) **jdm ~** to slip out **heraus|finden** *unreg* **I.** *tr V* ① (*dahinter kommen*) to find out ② (*herauslesen*) to find (**aus** from amongst) **II.** *intr V* (*den Weg finden*) to find one's way out (**aus** of)

Herausforderer, **Herausforderin** <-s, -> *m, f* challenger

heraus|fordern *tr V* ① (*auffordern*) to challenge (**zu** to) ② (*provozieren*) to provoke ③ (*heraufbeschwören*) to invite; **das Schicksal ~** to tempt fate

herausfordernd *Adj* provocative

Herausforderung *f* ① (*Aufforderung*) challenge; **sich** *Dat* **einer ~ stellen** to take up a challenge ② (*Provokation*) provocation

heraus|geben *unreg* **I.** *tr V* ① *Buch* to publish ② (*zurückgeben*) to return; *Wechselgeld* to give [back] ③ (*herausreichen*) to pass **II.** *intr V* to give change; **falsch ~** to give the wrong change [back]; **können Sie mir auf hundert Euro ~?** can you give me change out of hundred euros?

Herausgeber(in) <-s, -> *m(f)* editor

heraus|gehen *intr V unreg sein* ① to go out (**aus/von** of) ② (*entfernt werden können*) to come out (**aus** of) ▶ **<u>aus</u> sich ~** to come out of one's shell **heraus|greifen** *tr V unreg* to pick out *sep* (**aus** from) **heraus|halten** *unreg* **I.** *tr V* (*nicht verwickeln*) to keep out (**aus** of) **II.** *refl V* **sich [aus etw] ~** to keep out of sth **heraus|kommen** [hɛˈrauskɔmən] *intr V unreg sein* ① to come out (**aus** of) ② (*etw verlassen/überwinden können*) **aus etw ~** to get out of sth ③ (*aufhören können*) **aus etw kaum/nicht ~** to hardly/not be able to stop doing sth ④ (*auf den Markt kommen*) to be launched; (*erscheinen*) to come out ⑤ (*veröffentlicht werden*) to be published ⑥ (*bekannt werden*) **es kam heraus, dass ...** it came out that ... ⑦ (*Resultat haben*) **bei etw** *Dat* **~** to come of sth; **auf dasselbe ~** to amount to the same thing ▶ **<u>groß</u> ~** to be a great success **heraus|nehmen** *unreg* **I.** *tr V* ① (*entnehmen*) to take out (**aus** of) ② (*entfernen*) to take away (**aus** from) **II.** *refl V* (*pej*) **sich zu viel ~** to go too far; **sich ~, etw zu tun** to have the nerve to do sth **heraus|ragen** *intr V s.* **hervorragen** **heraus|reißen** *tr V unreg* ① to tear out (**aus** of); *Wurzel* to pull out ② (*ablenken*) **jdn aus etw ~** to tear sb away from sth; **jdn aus seiner Arbeit ~** to interrupt sb in their work **heraus|rutschen** *intr V sein* to slip out

heraus|stellen **I.** *tr V* to put outside **II.** *refl V* **sich ~** to come to light; **sich als etw** *Akk* **~** to be shown to be sth; **es stellte sich heraus, dass ...** it turned out that ...

herb [hɛrp] *Adj* 1 (*bitter-würzig*) sharp; *Wein* dry; *Duft* [slightly] sharp 2 (*schmerzlich*) bitter 3 (*etwas streng*) severe 4 (*scharf*) harsh

herbei [hɛɐ̯'bai] *Adv* (*geh*) over here

herbei|eilen *intr V sein* to rush over **herbei|führen** [hɛɐ̯'baify:rən] *tr V* to bring about *sep*

Herberge <-, -n> ['hɛrbɛrgə] *f* 1 (*Jugendherberge*) hostel 2 HIST (*Gasthaus*) inn

Herbergsmutter *f* [female] [youth] hostel warden **Herbergsvater** *m* [male] [youth] hostel warden

Herbizid <-[e]s, -e> [hɛrbi'tsi:t] *nt* herbicide

Herbst <-[e]s, -e> [hɛrpst] *m* autumn, fall AM

herbstlich ['hɛrpstlɪç] *Adj* autumn *attr,* autumnal

Herd <-[e]s, -e> [he:ɐ̯t, *Pl:* 'he:ɐ̯də] *m* 1 stove 2 (*Krankheitsherd*) focus ▸ **eigener ~ ist Goldes wert** (*prov*) there's no place like home

Herde <-, -n> ['he:ɐ̯də] *f* herd; (*Schafe*) flock

Herdenmensch *m* (*pej*) sheep

Herdentrieb *m* (*pej*) herd instinct *pej*

herein [hɛ'rain] *Adv* in [here]; **~!** come in!; **nur ~!** come on in!

herein|brechen [hɛ'rainbrɛçn̩] *intr V unreg sein* 1 (*zusammenstürzen*) to collapse (**über** over) 2 *Katastrophe* to befall 3 (*geh*) *Nacht* to fall; *Winter* to set in **herein|fallen** *intr V unreg sein* 1 (*nach innen fallen*) to fall in 2 (*fam: betrogen werden*) to be taken in (**auf** by) **herein|kommen** *intr V unreg sein* to come in **herein|lassen** *tr V unreg* to let in **herein|legen** *tr V* 1 to put in 2 (*fam: betrügen*) to cheat **herein|platzen** *intr V sein* (*fam*) [**bei jdm**] **~** to burst in [on sb]

Herfahrt *f* journey here; **auf der ~** on the way here

her|fallen *intr V unreg sein* **über jdn/etw ~** 1 (*überfallen*) to attack sb/sth 2 (*bestürmen*) to besiege sb/sth 3 (*sich hermachen*) to attack sb/sth

Hergang <-[e]s> *m kein Pl* course of events

her|geben *unreg tr V* (*weggeben*) to give away *sep*

her|gehen *unreg intr V sein* 1 (*entlanggehen*) [**hinter/neben/vor jdm**] **~** to walk [along] [behind/beside/in front of sb] 2 SÜDD, ÖSTERR (*herkommen*) to come [here]

her|holen *tr V* (*fam*) to fetch

Hering <-s, -e> ['he:rɪŋ] *m* 1 (*Fisch*) herring 2 (*Zeltpflock*) [tent] peg

her|kommen *intr V unreg sein* 1 to come here 2 (*herstammen*) to come from

Herkunft <-, *selten* -künfte> ['he:ɐ̯kʊnft, *Pl:* -kʏnftə] *f* (*Mensch*) origin[s]; (*Sache*) origin

Herkunftsland *nt* country of origin

her|machen *refl V* (*fam*) **sich über etw/jdn ~** 1 (*beschäftigen*) to get stuck into sth 2 (*Besitz ergreifen*) to fall upon sth 3 (*herfallen*) to attack sb

Hermelin <-s, -e> [hɛrmə'li:n] *nt* (*braun*) stoat; (*weiß*) ermine

hermetisch [hɛr'me:tɪʃ] **I.** *Adj* (*geh*) hermetic **II.** *Adv* hermetically

hernach [hɛɐ̯'na:x] *Adv* DIAL (*danach*) afterwards, after that

her|nehmen *tr V unreg* (*beschaffen*) **etw irgendwo ~** to get sth somewhere

Heroin <-s> [hero'i:n] *nt kein Pl* heroin

Herpes <-> ['hɛrpɛs] *m kein Pl* herpes

Herr(in) <-n, -en> [hɛr] *m(f)* 1 *nur m* (*männliche Anrede*) Mr; **sehr geehrter ~ ...** Dear Mr ...; **sehr geehrte ~en!** Dear Sirs 2 *nur m* (*geh: Mann*) gentleman 3 (*Herrscher*) ruler; **~ über jdn/etw sein** to be ruler of sb/sth 4 (*Gebieter*) master/mistress 5 REL (*Gott*) Lord ▸ **~ der Lage sein** to be master of the situation; **aus aller ~en Länder[n]** from all over the world; **die ~en der Schöpfung** (*hum*) their lordships; **jds alter ~** (*hum fam*) sb's old man; **sein eigener ~ sein** to be one's own boss

Herrenbekleidung *f* menswear **Herren[fahr]rad** *nt* men's bicycle **Herrenhaus** *nt* manor house

herrenlos *Adj* abandoned

Herrentoilette *f* men's toilet[s] [*or* AM restroom]

Herrgott ['hɛrgɔt] *m* SÜDD, ÖSTERR (*fam*) the Lord; **~!** (*fam*) for God's sake!
Herrin <-, -nen> *f s.* **Herr**
herrisch ['hɛrɪʃ] **I.** *Adj* domineering; *Ton* commanding **II.** *Adv* imperiously
herrlich *Adj* 1 (*prächtig*) marvellous; *Aussicht* magnificent; *Wetter* glorious; *Urlaub* delightful 2 (*köstlich*) delicious 3 (*iron*) wonderful
Herrschaft <-, -en> ['hɛrʃaft] *f* 1 *kein Pl* (*Macht*) rule 2 *Pl* (*Damen und Herren*) **die ~en** ladies and gentlemen
herrschaftlich *Adj* grand
Herrschaftsinstrument *nt* SOZIOL instrument of power

H

herrschen ['hɛrʃn̩] *intr V* 1 (*regieren*) to rule (**über** over) 2 (*walten*) to hold sway 3 (*vorhanden sein*) to prevail; *Ruhe* to reign
herrschend *Adj* 1 (*regierend*) ruling; **die Herrschenden** the rulers 2 (*in Kraft befindlich*) prevailing
Herrscher(in) <-s, -> *m(f)* ruler
Herrschergeschlecht *nt*, **Herrscherhaus** *nt* [ruling] dynasty
herrschsüchtig *Adj* domineering
her|rühren *intr V* (*geh*) **von etw ~** to stem from sth
her|stellen *tr V* 1 (*erzeugen*) to produce 2 (*zustande bringen*) to establish 3 (*gesundheitlich*) **jdn wieder ~** to restore sb back to health 4 (*hierher stellen*) to put here
Hersteller(in) <-s, -> *m(f)* producer
Herstellung *f kein Pl* production
Herstellungskosten *Pl* production [*or* manufacturing] costs *pl*
herüber [hɛ'ry:bɐ] *Adv* over here
herum [hɛ'rʊm] *Adv* 1 (*im Kreis*) **um etw** *Akk* **~** [a]round sth 2 (*überall in jds Nähe*) **um jdn ~** [all] around sb 3 (*etwa*) **um ... ~** around ... 4 (*vorüber sein*) **~ sein** to be over
herum|ärgern *refl V* (*fam*) **sich mit jdm/etw ~** to keep getting worked up about sb/sth **herum|drehen** **I.** *tr V* 1 (*um die Achse drehen*) to turn 2 (*wenden*) to turn over **II.** *refl V* **sich [zu jdm] ~** to turn [a]round [to sb] **herum|fackeln** *intr V* ▶ **nicht lange ~** (*fam*) to not beat around the bush **herum|führen** **I.** *tr V* to show [a]round **II.** *intr V* **um etw** *Akk* **~** to go [a]round sth **herum|gehen** *intr V unreg sein* (*fam*) 1 (*einen Kreis gehen*) to go [a]round 2 (*umhergehen*) to wander around 3 (*herumgereicht werden*) to be passed [a]round; **etw ~ lassen** to circulate sth 4 (*vorübergehen*) to pass **herum|horchen** *intr V* (*fam*) to ask around, to keep one's ears open **herum|kommandieren*** **I.** *tr V* (*fam*) to boss about **II.** *intr V* (*fam*) to give orders **herum|kommen** *intr V unreg sein* (*fam*) 1 (*reisen*) to get [a]round; **viel ~** to see a great deal 2 (*vermeiden können*) to get out of **herum|kriegen** *tr V* (*fam*) 1 (*überreden*) to get round 2 (*Zeit*) to get through **herum|laufen** *intr V unreg sein* to run [a]round; [**noch**] **frei ~** (*Verbrecher*) to be [still] at large **herum|liegen** *intr V unreg* (*fam*) to lie about; **etw ~ lassen** to leave sth lying about **herum|lungern** *intr V* (*fam*) to loaf about **herum|reiten** *intr V unreg sein* 1 to ride around 2 (*fam: herumhacken*) **auf jdm ~** to get at sb; **auf etw** *Dat* **~** (*pej*) to harp on about sth **herum|schlagen** *unreg refl V* **sich mit jdm/etw ~** (*fam*) to struggle with sb/sth **herum|schnüffeln** *intr V* (*pej fam*) to snoop around **herum|springen** *intr V* (*fam*) to jump around **herum|stehen** *intr V unreg sein* (*fam*) to stand [a]round; **um jdn/etw ~** to stand [a]round sb/sth **herum|treiben** *refl V unreg* **sich ~** to hang [a]round **herum|ziehen** *unreg intr V sein* (*von Ort zu Ort ziehen*) to move about
herunten [hɛ'rʊntn̩] *Adv* SÜDD, ÖSTERR down here
herunter [hɛ'rʊntɐ] *Adv* down; **~ vom Sofa!** [get] off the sofa!; **~ mit der Mütze!** take off that cap!
herunter|fallen *intr V unreg sein* to fall off; **mir ist der Hammer heruntergefallen** I've dropped the hammer **herunter|gehen** *intr V unreg sein* 1 (*nach unten gehen*) to go down 2 (*aufstehen und weggehen*) **von etw ~** to get off sth 3 (*sinken*) to fall 4 (*reduzieren*) **mit dem Tempo [auf etw** *Akk*] **~** to reduce [one's] speed [to sth] **heruntergekommen** *Adj* (*pej*) 1 *Haus* run-down 2 (*verwahrlost*) down-at-heel **herunter|handeln** *tr V* (*fam*) to knock down *sep* **herunter|kippen** *tr V* (*fam*) **etw ~** *Schnaps, Bier* to down sth in one BRIT, to

chug[-a-lug] sth AM **herunter|klappen** *tr V* to put down *sep* **herunter|kommen** *intr V unreg sein* ❶ to come down ❷ (*fam: verfallen*) to become rundown ❸ (*fam: verwahrlosen*) to become down-and-out **herunter|laden** *tr V unreg* INET to download **herunter|laufen** *intr V unreg* to run down; **sie liefen den Berg ~** they ran down the hill **herunter|machen** *tr V* (*fam*) ❶ (*schlechtmachen*) to run down ❷ (*zurechtweisen*) to tell off **herunter|schlucken** *tr V* (*fam*) *s.* **hinunterschlucken** **herunter|wirtschaften** *tr V* (*pej fam*) to ruin

hervor [hɛɐ̯ˈfoːɐ̯] *Interj* **~ mit dir!** (*geh*) out you come!

hervor|gehen *intr V unreg sein* **aus etw geht hervor, dass ...** it follows from sth that ... **hervor|heben** *tr V unreg* ❶ (*betonen*) to stress ❷ (*kennzeichnen*) to make stand out **hervor|holen** *tr V* to take out *sep* (**aus** from) **hervor|ragen** [hɛɐ̯ˈfoːɐ̯raːgn̩] *intr V* ❶ (*sich auszeichnen*) to stand out ❷ (*weit vorragen*) to jut out (**aus** from)

hervorragend **I.** *Adj* excellent **II.** *Adv* excellently

hervor|rufen *tr V unreg* to evoke **hervorstechend** *Adj* ❶ (*spitz herausstehend*) protruding ❷ (*fig: sich abhebend*) *Schönheit, Brillianz* striking **hervor|treten** *intr V unreg sein* ❶ (*heraustreten*) to step out (**hinter** from behind) ❷ (*aus einer Fläche*) to stand out; *Kinn* to protrude ❸ (*erkennbar werden*) to become evident **hervor|tun** *refl V unreg* **sich ~** ❶ (*sich auszeichnen*) to distinguish oneself (**mit** with) ❷ (*pej: sich wichtigtun*) to show off

Herz <-ens, -en> [hɛrts] *nt* ❶ ANAT heart ❷ (*Gemüt*) heart; **mit ganzem ~en** wholeheartedly; **von ganzem ~en** sincerely; **von ~en gern!** with pleasure!; **jdn von ~en gernhaben** to love sb dearly; **im Grunde seines ~ens** in his heart of hearts; **leichten ~ens** light-heartedly; **jdm wird leicht ums ~** sb has a load lifted from one's mind; **schweren ~ens** with a heavy heart; **jdm das ~ schwer machen** to sadden sb's heart; **jds ~ erweichen** to soften up sb *sep;* **ohne ~** without feeling ❸ KARTEN hearts *pl* ▶ **das ~ auf dem rechten Fleck haben** to have one's heart in the right place; **jdm schlägt das ~ bis zum Hals** sb's heart is in one's mouth; **seinem ~en Luft machen** to give vent to one's feelings; **jdn/etw auf ~ und Nieren prüfen** to examine sb/sth thoroughly; **ein ~ und eine Seele sein** to be the best of friends; **seinem ~en einen Stoß geben** to [suddenly] pluck up courage; **etw nicht übers ~ bringen** to not have the heart to do sth; **etw auf dem ~en haben** to have sth on one's mind; **jds ~ hängt an etw** *Dat* sb is attached to sth; **jdm etw ans ~ legen** to entrust sb with sth; **jdm liegt etw am ~en** sth concerns sb; **sich** *Dat* **etw zu ~en nehmen** to take sth to heart; **jdn in sein ~ schließen** to take sb to one's heart; **jdm sein ~ ausschütten** (*geh*) to pour out one's heart to sb *sep;* **jd wächst jdm ans ~** sb grows fond of sb

Herzanfall *m* heart attack **Herzbeutel** *m* ANAT heart sac, pericardium *spec* **herzensgut** [ˈhɛrtsn̩sˈguːt] *Adj* goodhearted **herzergreifend** *Adj* heartrending **Herzfehler** *m* heart defect

herzhaft **I.** *Adj* ❶ (*würzig-kräftig*) tasty ❷ (*kräftig*) hearty **II.** *Adv* ❶ (*würzig-kräftig*) **~ schmecken** to be tasty ❷ (*kräftig*) heartily

her|ziehen *unreg* **I.** *tr V haben* ❶ (*herbeiziehen*) to pull closer ❷ (*mitschleppen*) **etw hinter sich** *Dat* **~** to pull sth [along] behind one **II.** *intr V* ❶ *sein* (*hierher ziehen*) to move here ❷ *haben* **über jdn/etw ~** to pull sb/sth to pieces

herzig [ˈhɛrtsɪç] *Adj* sweet

Herzinfarkt *m* heart attack **Herzinsuffizienz** *f* MED cardiac insufficiency **Herzkammer** *f* ventricle **Herzkasper** *m* MED (*sl*) heart attack **Herzklappe** *f* heart valve **Herzklappenfehler** *m* valvular [heart] defect **Herzklopfen** *nt kein Pl* palpitations *pl* **herzkrank** *Adj* **~ sein** to have a heart condition **Herzleiden** *nt* (*geh*) heart disease

herzlich **I.** *Adj* (*warmherzig*) warm; *Lachen* hearty **II.** *Adv* ❶ (*aufrichtig*) warmly; **sich bei jdm ~ bedanken** to thank sb sincerely; **jdm ~ gratulieren** to congratulate sb heartily ❷ (*recht*) really; **~ wenig** precious little

Herzlichkeit <-> *f kein Pl* warmth

herzlos *Adj* heartless

Herz-Lungen-Maschine *f* MED heart-lung machine **Herzmittel** *nt* MED cardiac stimulant **Herzmuskel** *m* heart muscle
Herzog(in) <-s, Herzöge> ['hɛrtso:k, *Pl:* -tsø:gə] *m(f)* duke *masc,* duchess *fem*
Herzogtum <-s, -tümer> *nt* duchy
Herzrhythmusstörung *f* MED deviation of the heart [*or* cardiac] rhythm, ar[r]hythmia *spec* **Herzschlag** *m* 1 heartbeat 2 (*Herzstillstand*) heart failure **Herzschrittmacher** *m* pacemaker **Herzstillstand** *m* cardiac arrest **Herztransplantation** *f* heart transplant **Herzversagen** *nt kein Pl* heart failure **herzzerreißend** *Adj* heart-rending

H

Hesse, Hessin <-n, -n> ['hɛsə] *m, f* Hessian
hessisch ['hɛsɪʃ] *Adj* Hessian
heterosexuell [heterazɛ'ksu̯ɛl] *Adj* heterosexual
hetzen ['hɛtsn̩] **I.** *intr V* 1 *haben* (*sich abhetzen*) to rush about 2 *sein* (*eilen*) to rush 3 *haben* (*pej: Hass schüren*) to stir up hatred (**gegen** against) **II.** *tr V haben* 1 (*jagen*) to hunt 2 (*losgehen lassen*) **jdn/einen Hund auf jdn ~** to set sb/a dog [up]on sb 3 (*fam: antreiben*) to rush
Hetzkampagne *f* (*pej*) smear campaign
Heu <-[e]s> [hɔy] *nt kein Pl* hay; **~ machen** to hay ▶ **Geld wie ~ haben** to have heaps of money
Heuchelei <-, -en> [hɔyçə'lai] *f* (*pej*) hypocrisy
heucheln ['hɔyçl̩n] **I.** *intr V* to be hypocritical **II.** *tr V* **etw ~** to feign sth
Heuchler(in) <-s, -> ['hɔyçlɐ] *m(f)* (*pej*) hypocrite
heuchlerisch **I.** *Adj* (*pej*) hypocritical **II.** *Adv* (*pej*) hypocritically
heuer ['hɔyɐ] *Adv* SÜDD, ÖSTERR this year
heulen ['hɔylən] *intr V* 1 (*fam: weinen*) to cry 2 *Wolf* to howl; *Motor* to wail; *Motorrad, Flugzeug* to roar; *Sturm* to rage ▶ **es ist zum Heulen!** (*fam*) it's enough to make you cry!
heurig ['hɔyrɪç] *Adj* SÜDD, ÖSTERR, SCHWEIZ (*diesjährig*) this year's; *Wein, Kartoffeln* new
Heuschnupfen *m* hay fever
Heuschrecke <-, -n> *f* grasshopper
heute ['hɔytə] *Adv* today; (*heutzutage a.*) nowadays; **~ Morgen/Abend** this morning/evening; **~ Mittag** [at] midday today; **~ Nacht** tonight; **~ früh** [early] this morning; **ab ~** from today; **~ in/vor acht Tagen** a week [from] today/ago today; **von ~ an** from today; **die Zeitung von ~** today's newspaper; **lieber ~ als morgen** sooner today than tomorrow; **von ~ auf morgen** all of a sudden
Heute <-> ['hɔytə] *nt kein Pl* the present, today
heutig ['hɔytɪç] *Adj attr* 1 (*von heute*) *Zeitung, Veranstaltung* today's; **der ~e Anlass** this occasion 2 (*gegenwärtig*) **die ~e Zeit** nowadays; **bis zum ~en Tag** to this very day
heutzutage ['hɔyttsuta:gə] *Adv* nowadays
Hexe <-, -n> ['hɛksə] *f* 1 witch 2 (*pej fam: zeternde Frau*) shrew; **eine alte ~** an old crone
hexen ['hɛksn̩] *intr V* to perform magic; **ich kann doch nicht ~** (*fam*) I can't work miracles
HexenschussRR *m kein Pl* (*fam*) lumbago
Hexerei <-, -en> [hɛksə'rai] *f* witchcraft
Hickhack <-s, -s> ['hɪkhak] *m o nt* (*fam*) wrangling
hieb ['hi:p] *Imp von* **hauen**
Hieb <-[e]s, -e> [hi:p, *Pl:* 'hi:bə] *m* 1 blow 2 *Pl* (*Prügel*) beating *sing* ▶ **auf einen ~** (*fam*) at [*or* in] one go
hieb- und stichfest *Adj* irrefutable
hielt ['hi:lt] *Imp von* **halten**
hier [hi:ɐ̯] *Adv* 1 here; **~ draußen/drinnen** out/in here; **~ entlang** this way; **~ oben/unten** up/down here; **~ vorn/hinten** here at the front/at the back; **~ ist/spricht Dr. Müller** Dr Müller speaking; **von ~ ab** from here on; **von ~ aus** from here 2 (*in diesem Moment*) at this point ▶ **~ und da** (*stellenweise*) here and there; (*gelegentlich*) now and then
Hierarchie <-, -n> [hi̯erar'çi:, *Pl:* -'çi:ən] *f* hierarchy
hierauf ['hi:'rauf] *Adv* 1 (*obendrauf*) [on] here 2 (*daraufhin*) thereupon **hieraus** ['hi:'raus] *Adv* 1 (*aus diesem Gegenstand*) from [*or* out of] here 2 (*aus diesem Material*) out of this 3 (*aus dem Genannten*) from this; **~ folgt ...** it follows from this ... **hierbei** ['hi:ɐ̯'bai] *Adv* 1 (*währenddessen*)

while doing this ② (*dabei*) here **hierdurch** ['hiːɐ̯'dʊrç] *Adv* ① (*hier hindurch*) through here ② (*dadurch*) in this way **hierfür** ['hiːɐ̯'fyːɐ̯] *Adv* for this **hierher** ['hiːɐ̯'heːɐ̯] *Adv* here; **~ kommen** to come [over] here; **bis ~** up to here; **bis ~ und nicht weiter** this far and no further **hierin** ['hiː'rɪn] *Adv* ① (*Gefäß, Raum*) in here ② (*Thema*) in this **hiermit** ['hiːɐ̯'mɪt] *Adv* (*geh*) with this; **~ erkläre ich, dass ...** I hereby declare that ...; **~ wird bescheinigt, dass ...** this is to certify that ... **hierüber** ['hiː'ryːbɐ] *Adv* ① (*hier über diese Stelle*) over here ② (*über dieses Thema*) about this **hiervon** ['hiːɐ̯'fɔn] *Adv* ① (*von diesem Gegenstand*) of this/these ② (*davon*) among them

hierzu ['hiːɐ̯'tsuː] *Adv* ① (*dazu*) with it; **~ gehört ...** this includes ... ② (*zu diesem Punkt*) to this; **sich ~ äußern** to say something about this

hierzulande, hier zu Lande ['hiːɐ̯tsu'landə] *Adv* [here] in this country

hiesig ['hiːzɪç] *Adj attr* local

hieß ['hiːs] *Imp von* **heißen**

Hi-Fi-Anlage ['haifi-] *f* stereo system, hi-fi

HightechRR, **High-Tech**ALT <-[s]> ['hai'tɛk] *nt kein Pl* high-tech

Hilfe <-, -n> ['hɪlfə] *f* ① *kein Pl* help; **auf jds ~ angewiesen sein** to be dependent on sb's help; **jdn um ~ bitten** to ask sb for help; **jdm eine ~ sein** to be a help to sb; **jdm zu ~ kommen** to come to sb's assistance; **etw zu ~ nehmen** to use sth; **um ~ rufen** to call for help; **jdn zu ~ rufen** to call sb [to help]; **jdm seine ~ verweigern** to refuse to help sb; [**zu**] **~!** help!; **ohne fremde ~** without outside help; **erste ~** first aid; **jdm erste ~ leisten** to give sb first aid ② (*Zuschuss*) **finanzielle ~** financial assistance; **wirtschaftliche ~** economic aid ③ (*Hilfsmittel*) aid

Hilfeleistung *f* (*geh*) assistance; **unterlassene ~** failure to render assistance in an emergency **Hilferuf** *m* cry for help

hilflos ['hɪlfloːs] *Adj* ① (*auf Hilfe angewiesen*) helpless; **jdm/etw ~ ausgeliefert sein** to be at the mercy of sb/sth ② (*ratlos*) at a loss *pred*

hilfreich *Adj* helpful

Hilfsaktion *f* aid programme **Hilfsarbeiter(in)** *m(f)* unskilled worker **hilfsbedürftig** *Adj* ① (*auf Hilfe angewiesen*) in need of help *pred* ② (*Not leidend*) needy **hilfsbereit** *Adj* helpful **Hilfsdatei** *f* help file **Hilfskraft** *f* help *no pl;* **wissenschaftliche ~** assistant [lecturer] **Hilfsmittel** *nt* ① MED [health] aid ② *Pl* (*Geldmittel*) [financial] aid **Hilfswerk** *nt* relief organization

Himbeere ['hɪmbeːrə] *f* raspberry

Himmel <-s, -> ['hɪml̩] *m* ① sky; **unter freiem ~** under the open sky; **am ~ stehen** to be [up] in the sky ② (*Himmelreich*) heaven; **in den ~ kommen** to go to heaven ▸ **~ und Hölle in Bewegung setzen** to move heaven and earth; **aus heiterem ~** out of the blue; **jdn/etw in den ~ heben** to praise sb/sth [up] to the skies; **zum ~ schreien** to be scandalous; **um ~s willen** (*fam*) for heaven's sake

Himmelbett *nt* four-poster [bed] **himmelblau** ['hɪml̩'blau] *Adj* sky-blue **Himmelfahrt** *f* BIBL ① (*Auffahrt*) ascension into heaven ② (*Feiertag*) **Christi ~** Ascension Day **Himmelreich** *nt kein Pl* heaven **himmelschreiend** *Adj* ① (*unerhört*) downright *attr* ② (*skandalös*) scandalous

Himmelskörper *m* heavenly body **Himmelsrichtung** *f* direction; **die vier ~en** the four points of the compass

himmelweit **I.** *Adj* (*fam*) *Unterschied* considerable **II.** *Adv* **sich ~ unterscheiden** to be completely different; **~ voneinander entfernt** far apart from one another

himmlisch ['hɪmlɪʃ] **I.** *Adj attr* heavenly **II.** *Adv* wonderfully

hin [hɪn] *Adv* ① *räumlich* (*dahin*) there; **wo der so plötzlich ~ ist?** where's he gone all of a sudden?; **bis/nach ... ~** to ...; **~ und her laufen** to run to and fro; **~ und zurück** there and back ② *zeitlich* (*sich hinziehend*) **das ist lange ~** that's a long time; **über die Jahre ~** over the years ③ (*fig*) **auf jds Bitte ~** at sb's request; **auf jds Rat ~** on sb's advice; **jdn auf etw ~ prüfen** to test sb for sth ④ (*fam: kaputt*) **~ sein** to have had it ⑤ (*verloren sein*) **~ sein** to be gone ▸ **das Hin und Her** to-ing and fro-ing; **nach langem Hin und Her** after a lot

H

of discussion; **still vor sich** ~ quietly to oneself; **nach außen** ~ outwardly; ~ **oder her** more or less; **nichts wie** ~ let's go!; ~ **und wieder** from time to time

hinab [hɪ'nap] *Adv* (*geh*) down[wards]

hin|arbeiten *intr V* **auf etw** *Akk* ~ to work [one's way] towards sth

hinauf [hɪ'nauf] *Adv* up; **die Treppe** ~ upstairs; **den Fluss** ~ up the river; **bis** ~ **zu etw** up to sth

hinauf|fahren *unreg intr V sein* to go up **hinauf|gehen** *intr V unreg sein* ① to go up (**auf** to); **die Treppe** ~ to go up the stairs ② (*erhöhen*) **mit dem Preis** ~ to put the price up **hinauf|steigen** *intr V unreg sein* to climb up (**auf** onto)

hinaus [hɪ'naus] **I.** *Interj* get out! **II.** *Adv* ① out; **hier/dort** ~ **bitte!** this/that way out, please!; **aus etw** ~ out of sth; **nach hinten/vorne** ~ **liegen** to be [situated] at the back/front [of a house] ② (*zeitlich*) **über etw** *Akk* ~ **sein** to be past sth; **auf Jahre** ~ for years to come

hinaus|befördern* *tr V* (*fam*) to throw out **hinaus|begleiten** *tr V* **jdn** ~ to see sb out **hinaus|gehen** [hɪ'nausgeːən] *unreg* **I.** *intr V sein* ① (*nach draußen gehen*) to go out (**aus** of); **auf die Straße** ~ to go out to the road ② (*führen*) **zu etw** ~ to lead [out] (**zu** to) ③ *Fenster* **auf etw** *Akk* ~ to look out on; **nach Osten** ~ to face east ④ (*überschreiten*) [**weit**] **über etw** *Akk* ~ to go [far] beyond sth **II.** *intr V unpers sein* **es geht dort hinaus!** that's the way out! **hinaus|laufen** *intr V unreg sein* ① to run out ② (*enden in*) **auf etw** *Akk* ~ to end in sth; **auf dasselbe** ~ to come to the same thing; **worauf soll das** ~**?** what's that supposed to mean? **hinaus|lehnen** *refl V* **sich** ~ to lean out (**aus** of) **hinaus|schieben** *tr V unreg* ① to push out ② (*auf später verschieben*) to postpone (**bis** until) **hinaus|werfen** *tr V unreg* ① to throw out (**aus** of) ② (*fam: entlassen*) to sack **hinaus|wollen** *intr V* ① (*nach draußen wollen*) **in den Garten** ~ to want to go out into the garden ② (*etw anstreben*) **genau auf diesen Punkt wollte ich hinaus** that's just what I was driving at **hinaus|zögern** **I.** *tr V* to put off *sep* **II.** *refl V* **sich** ~ to be delayed

hin|biegen *tr V unreg* (*fam*) ① (*bereinigen*) to sort out *sep* ② (*pej: drehen*) **es so** ~**, dass ...** to manage it so that ...

Hinblick *m* **im** ~ **auf etw** *Akk* (*angesichts*) in view of sth; (*in Bezug auf*) with regard to

hinderlich ['hɪndɐlɪç] *Adj* [**bei etw** ~ **sein** to be a hindrance [with sth/in doing sth]

hindern ['hɪndɐn] *tr V* ① (*abhalten*) to stop; **jdn am Fortgehen** ~ to stop sb from leaving ② (*stören*) to hamper

Hindernis <-ses, -se> ['hɪndɐnɪs] *nt* obstacle; **jdm** ~**se in den Weg legen** to put obstacles in sb's way

Hindernisrennen *nt* (*Jagdrennen*) steeplechase; (*Hürdenrennen*) hurdles

hin|deuten *intr V* **auf etw** *Akk* ~ to suggest sth

Hindu <-[s], -[s]> ['hɪndu] *m* Hindu

hindurch [hɪn'dʊrç] *Adv* through; (*zeitlich a.*) throughout; **das ganze Jahr** ~ throughout the year; **die ganze Nacht** ~ the whole night

hinein [hɪ'nain] *Adv* in[to]; ~ **mit dir!** (*fam*) in with you!

hinein|gehen *intr V unreg sein* ① (*betreten*) to enter ② (*fam*) *s.* **hineinpassen** **hinein|passen** *intr V* **in etw** *Akk* ~ to fit in[to] sth **hinein|reden** *intr V* **jdm** ~ to tell sb what to do **hinein|stecken** *tr V* to put in[to] **hinein|versetzen*** *refl V* **sich in jdn** ~ to put oneself in sb's place; **sich in etw** *Akk* ~ to acquaint oneself with sth

hin|fahren *unreg* **I.** *intr V sein* to go [*or* drive] [to] **II.** *tr V haben* **jdn** [**irgendwo**] ~ to drive sb [somewhere]

Hinfahrt *f* trip; (*länger*) journey; **auf der** ~ on the way there

hin|fallen *intr V unreg sein* to fall [over]

hinfällig *Adj* ① (*gebrechlich*) frail ② (*ungültig*) invalid

Hinflug *m* flight; **guten** ~**!** have a good flight!

hin|führen **I.** *tr V* to take (**nach/zu** to) **II.** *intr V* to lead (**zu** to) ▶ **wo soll das** ~**?** where will it [all] end?

hing ['hɪŋ] *Imp von* **hängen**

Hingabe *f kein Pl* (*an eine Sache*) dedication; (*an einen Menschen*) devotion

hin|geben *refl V unreg* **sich einer S.** *Dat* ~ to abandon oneself to sth

hingebungsvoll **I.** *Adj* dedicated; *Blick,*

Pflege devoted **II.** *Adv* with dedication; **jdn ~ pflegen** to care for sb devotedly

hingegen [hɪnˈgeːgn̩] *Konj* (*geh*) but

hin|gehen *intr V unreg sein* ① to go there ② (*geh: vergehen*) to pass

hin|halten *tr V unreg* **jdm etw ~** to hold sth out to sb

hin|hauen *unreg* **I.** *intr V* (*fam*) ① (*gut gehen*) to work ② (*ausreichen*) to be enough **II.** *refl V* (*sl*) **sich ~** (*schlafen gehen*) to turn in

hinken [ˈhɪŋkn̩] *intr V* ① *haben, sein* to limp ② *haben* (*fig*) **der Vergleich hinkt** the comparison doesn't work

hin|knien *intr, refl V vi: sein* to kneel down

hinlänglich I. *Adj* sufficient **II.** *Adv* sufficiently

hin|legen I. *tr V* to put down; (*flach lagern*) to lay down **II.** *refl V* **sich ~** to lie down

hin|nehmen *tr V unreg* (*ertragen*) to put up with; *Niederlage* to suffer; **etw ~ müssen** to have to accept sth

hinreichend I. *Adj* sufficient **II.** *Adv* sufficiently

Hinreise *f* trip [somewhere]; (*mit Auto*) drive; (*mit Schiff*) voyage; **auf der ~** on the way [there]

hin|reißen *tr V unreg* to enchant; **sich zu etw** *Dat* **~ lassen** to allow oneself to be driven to sth; **sich ~ lassen** to allow oneself to be carried away

hinreißend *Adj* enchanting; *Schönheit* striking

hin|richten *tr V* to execute

Hinrichtung *f* execution

hin|schmeißen *tr V unreg* (*fam*) *s.* **hinwerfen**

hin|setzen I. *refl V* **sich ~** to sit down **II.** *tr V* to put down

Hinsicht *f kein Pl* **in beruflicher ~** with regard to a career; **in gewisser ~** in certain respects; **in jeder ~** in every respect

hinsichtlich *Präp +Gen* (*geh*) with regard to

hin|stellen I. *tr V* ① to put [down] ② (*abstellen*) to park ③ (*charakterisieren*) **jdn als etw** *Akk* **~** to make sb out to be sth **II.** *refl V* **sich ~** to stand up straight; **sich vor jdn ~** to plant oneself in front of sb

hinten [ˈhɪntn̩] *Adv* ① (*entfernt*) at the end; **~ im Garten** at the bottom of the garden; **sich ~ anstellen** to join the back [of a queue] ② (*abgewandte Seite*) at the back; **ein Zimmer nach ~** a room at the back; **nach ~ durchgehen** to go to the back; **von ~ kommen** to come from behind ▶ **~ und <u>vorne</u> nicht** (*fam*) no way; **jdn ~ und <u>vorn</u>[e] bedienen** to wait on sb hand and foot; **nicht mehr wissen, wo ~ und <u>vorn</u> ist** to not know if one's on one's head or one's heels

hinter [ˈhɪntɐ] **I.** *Präp +Dat* ① (*dahinter*) at the back of, behind ② (*jenseits von etw*) behind; **~ diesem Hügel** on the other side of this hill ③ (*nach*) after; **etw ~ sich bringen** to get sth over with ④ (*fig*) **~ etw kommen** to find out about sth; **sich ~ jdn stellen** to back sb up; **~ jdm/etw her sein** to be after sb/sth **II.** *Präp +Akk räumlich* behind

Hinterachse *f* rear axle **Hinterbein** *nt* hind leg

Hinterbliebene(r) [hɪntɐˈbliːbənə, -nɐ] *f(m) dekl wie Adj* bereaved [family]

hintere(r, s) [ˈhɪntərə -rɐ -rəs] *Adj* **der/die/das ~ ...** the rear ...

hintereinander [hɪntɐʔainˈandɐ] *Adv* ① (*räumlich*) one behind the other ② (*zeitlich*) one after the other; **drei Tage/Monate ~** three days/months running

Hintergedanke *m* ulterior motive

hintergehen* [ˈhɪntɐgeːən] *tr V unreg* ① (*betrügen*) to deceive; (*um Profit zu machen*) to cheat ② (*sexuell*) to be unfaithful to sb

Hintergrund *m* ① (*des Blickfeldes*) background; **der ~ eines Raums** the back of a room ② (*Umstände*) **der ~ einer S.** *Gen* the background to sth; **der ~ einer Geschichte** the setting to a story *liter* ③ *Pl* (*Zusammenhänge*) **die Hintergründe einer S.** *Gen* the [true] facts about sth; **vor dem ~ einer S.** *Gen* in/against the setting of sth

Hinterhalt *m* (*pej*) ambush; **in einen ~ geraten** to be ambushed; **aus dem ~ angreifen** to attack without warning

hinterhältig [ˈhɪntɐhɛltɪç] **I.** *Adj* (*pej*) underhand **II.** *Adv* (*pej*) in an underhand manner

hinterher [hɪntɐˈheːɐ̯] *Adv* ① (*räumlich*) after; **jdm ~ sein** to be after sb ② (*zeitlich*) afterwards

H

hinterher|laufen [hɪntɐ'heːɐ̯laufn̩] *intr V unreg sein* to run after
Hinterhof *m* back yard **Hinterland** *nt kein Pl* hinterland
hinterlassen* [hɪntɐ'lasn̩] *tr V unreg* to leave
hinterlegen* [hɪntɐ'leːgn̩] *tr V* **etw ~** to supply sth
hinterlistig **I.** *Adj* crafty **II.** *Adv* craftily
Hintermann <-männer> *m* ❶ (*räumlich*) the person behind ❷ *Pl* (*pej fam: Drahtzieher*) brains [behind the operation]
hintern ['hɪntɐn] = **hinter den** *s.* **hinter**

H

Hintern <-s, -> ['hɪntɐn] *m* (*fam*) bottom ▶ **sich auf den ~ setzen** (*hinfallen*) to fall on one's bottom; (*eifrig lernen*) to knuckle down to sth; **ich könnte mich in den ~ beißen!** (*sl*) I could kick myself!
Hinterrad *nt* rear wheel
Hinterradantrieb *m* rear-wheel drive
hinterrücks ['hɪntɐrʏks] *Adv* from behind
hinterste(r, s) ['hɪntɐstə, -stɐ, -stəs] *Adj Superl von* **hintere(r, s)** (*entlegenste*) farthest
Hintertreppe *f* back stairs **Hintertür** *f*, **Hintertürl** <-s, -[n]> *nt* ÖSTERR back door ▶ **sich** *Dat* **eine Hintertür offen halten** to leave a back door open
hinterziehen* [hɪntɐ'tsiːən] *tr V unreg* to evade
hinüber [hɪ'nyːbɐ] *Adv* ❶ (*nach drüben*) across, over ❷ (*fam: verdorben*) off, bad ❸ (*fam: defekt*) **~ sein** to have had it
hinunter [hɪ'nʊntɐ] *Adv* down
hinunter|gehen [hɪ'nʊntɐgeːən] *intr, tr V unreg sein* to go down **hinunter|kippen** *tr V* (*fam*) to gulp down *sep; Schnaps* to knock back *sep* **hinunter|schlucken** *tr V* to swallow [down *sep*] **hinunter|spülen** *tr V* ❶ (*wegspülen*) to flush down *sep* ❷ (*mit einem Getränk verschlucken*) to wash down *sep* (**mit** with) **hinunter|werfen** *tr V unreg* to throw down
hinweg [hɪn'vɛk] *Adv* ❶ (*veraltend geh*) **~!** begone! ❷ (*überstanden*) **über jdn/etw ~ sein** to have got over sb/sth ❸ *zeitlich* **über lange Jahre ~** for [many [long]] years
Hinweg ['hɪnveːk] *m* way there; **auf dem ~** on the way there
hinweg|gehen [hɪn'vɛkgeːən] *intr V unreg sein* **über etw** *Akk* **~** to disregard sth **hinweg|kommen** *intr V unreg sein* **über etw** *Akk* **~** to get over sth **hinweg|sehen** *intr V unreg* **über jdn/etw ~** ❶ (*nicht beachten*) to overlook sb/sth ❷ (*ignorieren*) to ignore sb/sth ❸ (*darüber sehen*) to see over sb['s head]/sth **hinweg|setzen** *refl V* **sich über etw** *Akk* **~** to disregard sth
Hinweis <-es, -e> ['hɪnvais, *Pl:* -vaizə] *m* ❶ (*Rat*) tip ❷ (*Anhaltspunkt*) clue
hin|weisen *unreg* **I.** *tr V* [**jdn**] **darauf ~, dass ...** to point out [to sb] that ... **II.** *intr V* **auf jdn/etw ~** to point to sb/sth
hin|werfen *unreg tr V* ❶ (*zuwerfen*) to throw to ❷ (*irgendwohin werfen*) to throw down *sep;* (*fallen lassen*) to drop ❸ (*fam: aufgeben*) to give up *sep*
Hinz [hɪnts] *m* ▶ **~ und Kunz** (*pej fam*) every Tom, Dick and Harry
hin|ziehen *unreg* **I.** *tr V haben* ❶ (*zu jdm/etw ziehen*) to pull (**zu** towards) ❷ (*anziehen*) **es hatte sie immer nach Köln hingezogen** she had always been attracted to Cologne ❸ (*hinauszögern*) to delay **II.** *intr V sein* (*sich hinbewegen*) to move [to] **III.** *refl V* **sich ~** ❶ (*sich verzögern*) to drag on ❷ (*sich erstrecken*) to extend along
hinzu [hɪn'tsuː] *Adv* in addition, besides
hinzu|kommen [hɪn'tsuːkɔmən] *intr V unreg sein* ❶ (*ebenfalls kommen*) to arrive ❷ (*sich noch ereignen*) **es kommt** [**noch**] **hinzu, dass ...** there is also the fact that ... ❸ (*dazukommen*) **kommt sonst noch etwas hinzu?** will there be anything else? **hinzu|zählen** *tr V* to include **hinzu|ziehen** *tr V unreg* to consult
Hirn <-[e]s, -e> [hɪrn] *nt* brain
Hirngespinst *nt* figment of the imagination **Hirnhautentzündung** *f* meningitis **hirnrissig** *Adj* (*pej fam*) hare-brained
Hirntod *m* brain death **hirnverbrannt** *Adj* (*fam*) *s.* **hirnrissig**
Hirsch <-es, -e> [hɪrʃ] *m* ❶ deer ❷ (*Fleisch*) venison

Hirschgeweih *nt* antlers *pl* **Hirschkalb** *nt* [male] fawn **Hirschkeule** *f* haunch of venison **Hirschkuh** *f* hind

Hirse <-, -n> ['hɪrzə] *f* millet

Hirte, Hirtin <-n, -n> ['hɪrtə] *m, f* ❶ herdsman *masc;* (*Schafhirte, -hirtin*) shepherd *masc,* shepherdess *fem;* ❷ REL pastor ▶ **der Gute** ~ the Good Shepherd

historisch [hɪs'to:rɪʃ] **I.** *Adj* ❶ (*die Geschichte betreffend*) historical ❷ (*geschichtlich bedeutsam*) historic **II.** *Adv* historically

Hitze <-> ['hɪtsə] *kein Pl f* heat *no indef art*

hitzebeständig *Adj* heat-resistant **hitzeempfindlich** *Adj* heat-sensitive **Hitzewelle** *f* heat wave

hitzig ['hɪtsɪç] *Adj* ❶ (*leicht aufbrausend*) quick-tempered ❷ (*leidenschaftlich*) passionate; *Debatte* heated

Hitzkopf *m* (*fam*) hothead **Hitzschlag** *m* heatstroke

HIV <-[s]> [ha:ʔi:'fau] *nt* HIV

HIV-infiziert *Adj* HIV-positive **HIV-positiv** [ha:ʔi:'fau'-] *Adj* HIV-positive

H-Milch ['ha:-] *f* long-life milk

HNO-Arzt, HNO-Ärztin [ha:ʔɛn'ʔo:-] *m, f Abk von* **Hals-Nasen-Ohren-Arzt/-Ärztin** ENT specialist

hob ['ho:p] *Imp von* **heben**

Hobby <-s, -s> ['hɔbi] *nt* hobby

Hobel <-s, -> ['ho:bl̩] *m* ❶ plane ❷ (*Küchenhobel*) slicer

hobeln ['ho:bl̩n] *tr, intr V* ❶ *Holz* to plane ❷ *Gemüse* to slice

hoch <*attr* hohe(r, s), höher, *attr* höchste(r, s)> [ho:x, hø:ɐ, hø:xst] **I.** *Adj* ❶ *räumlich* high; *Baum* tall; **eine hohe Decke** a high ceiling; **eine hohe Schneedecke** deep snow ❷ (*beträchtlich*) high, large; *Verlust* severe; *Sachschaden* extensive ❸ (*bedeutend*) great, high; **hohes Ansehen** great respect; **hohe Offiziere** high-ranking officers ❹ *präd* **jdm zu ~ sein** (*fam*) to be above sb's head **II.** *Adv* <höher, am höchsten> ❶ (*nach oben*) **etw ~ halten** to hold up sth *sep;* **einen Gang ~ schalten** AUTO to shift [up] gears ❷ (*in einiger Höhe*) **~ gelegen** high-lying *attr;* **~ oben** high up; **im Keller steht das Wasser drei Zentimeter ~** the water's three centimetres deep in the cellar ❸ (*sehr*) highly; **~ begabt** highly gifted; **~ konzentriert arbeiten** to be completely focused on one's work; **~ qualifiziert** highly qualified; **~ verschuldet** deep in debt *pred* ❹ (*eine hohe Summe umfassend*) highly; **~ gewinnen** to win a large amount; **~ wetten** to bet heavily ❺ MATH **zwei ~ vier** two to the power of four ▶ **etw ~ und heilig versprechen** to promise sth faithfully; **~ hergehen** (*fam*) to be lively; **~ hinauswollen** (*fam*) to aim high; **wenn es ~ kommt** (*fam*) at the most; [**bei etw**] **~ pokern** (*fam*) to take a big chance [with sth]

Hoch <-s, -s> [ho:x] *nt* ❶ (*Wetter*) high ❷ (*Hochruf*) cheer; **ein dreifaches ~ dem glücklichen Brautpaar!** three cheers for the happy couple!

Hochachtung *f* deep respect; **meine ~!** my compliments!

hochachtungsvoll *Adv* (*veraltend form*) your obedient servant

hochaktuell *Adj* ❶ highly topical ❷ MODE highly fashionable

Hochamt *nt* **das ~** High Mass

hoch|arbeiten *refl V* **sich ~** to work one's way up

hochauflösend *Adj* COMPUT, TV high-resolution *attr*

Hochbahn *f* elevated railway **Hochbau** *m kein Pl* structural engineering **hochbetagt** *Adj* (*geh*) aged **Hochbetrieb** *m* intense activity; **~ haben** to be very busy **Hochburg** *f* stronghold

hochdeutsch ['ho:xdɔytʃ] *Adj* standard German

> The term **Hochdeutsch** describes spoken German free of regional accents or dialects. Although **Hochdeutsch** is spoken in most public institutions, the language used around city of Hanover is thought to best represent this kind of German.

Hochdruck *m kein Pl* high pressure **Hochebene** *f* plateau

hocherfreut *Adj* overjoyed **hochexplosiv** *Adj* highly explosive

Hochfinanz *f* high finance *no pl, no art* **hochfliegend** *Adj* (*geh*) ambitious **Hochgebirge** *nt* high mountains *pl* **Hochgefühl** *nt* elation

H

hoch|gehen *intr V unreg sein* ① to go up ② *Bombe* to go off; **etw ~ lassen** to blow up sth *sep* ③ (*fam: wütend werden*) to blow one's top ④ (*fam: enttarnt werden*) to get caught; **jdn/etw ~ lassen** to bust sb/sth

HochgenussRR *m* real delight **Hochgeschwindigkeitszug** *m* high-speed train **Hochglanz** *m* FOTO high gloss; **etw auf ~ bringen** to polish sth till it shines **Hochglanzmagazin** *nt* MEDIA glossy [magazine]

hochgradig **I.** *Adj* extreme **II.** *Adv* extremely

hoch|halten *tr V unreg* ① to hold up *sep* ② (*ehren*) to uphold

H

Hochhaus *nt* high-rise [*or* AM multi-story] building

hoch|heben *tr V unreg* to lift up *sep*

hochkant ['ho:xkant] *Adv* on end

hoch|kommen *intr V unreg sein* to come up

Hochkonjunktur *f* [economic] boom

hoch|laden *tr V unreg* INET upload **Hochland** *nt* highland *usu pl* **Hochleistung** *f* top-class performance

hochmodern *Adj* ultra-modern; **~ sein** to be the latest fashion

hochmütig ['ho:xmy:tɪç] *Adj* (*pej*) arrogant

hochnäsig ['ho:xnɛ:zɪç] **I.** *Adj* (*pej fam*) snooty **II.** *Adv* snootily

Hochofen *m* blast furnace

Hochrechnung *f* projection

Hochsaison *f* ① (*Zeit stärksten Betriebes*) the busiest time ② (*Hauptsaison*) high season **Hochschule** ['ho:xʃu:lə] *f* ① (*Universität*) university ② (*Fachhochschule*) college **Hochschullehrer(in)** *m(f)* university/college lecturer

hochschwanger *Adj* in an advanced stage of pregnancy *pred*

Hochseefischerei *f* deep-sea fishing

hochsensibel <höchstsensibel> *Adj* highly sensitive

Hochsommer *m* midsummer **Hochspannung** *f* ① ELEK high voltage ② *kein Pl* (*Belastung*) enormous tension **Hochspannungsmast** *m* pylon **Hochsprung** *m* high jump

höchst [hø:çst] *Adv* most, extremely; **~ erfreut** extremely delighted

Hochstapler(in) <-s, -> ['ho:xʃta:plɐ] *m(f)* (*pej*) con man

Höchstbetrag *m* maximum amount

höchste(r, s) *attr* **I.** *Adj Superl von* **hoch** ① (*räumlich*) highest; *Baum, Mensch* tallest ② (*bedeutendste*) highest, most; *Ansprüche* most stringent; *Bedeutung* utmost **II.** *Adv* ① (*räumlich*) the highest ② (*in größtem Ausmaß*) the most, most of all

höchstens ['hø:çstn̩s] *Adv* ① (*bestenfalls*) at best ② (*außer*) except

Höchstform *f* top form **Höchstgeschwindigkeit** *f* ① (*mögliche Geschwindigkeit*) maximum speed ② (*zulässige Geschwindigkeit*) speed limit **Höchstgrenze** *f* upper limit **Höchstleistung** *f* maximum performance *no pl* **Höchstmaß** *nt* maximum amount **höchstpersönlich** *Adv* in person **höchstwahrscheinlich** ['hø:çstva:ɐ̯ˈʃainlɪç] *Adv* most likely

Hochtour *f Pl* **auf ~en laufen** to operate at full speed; (*fig*) to be in full swing

hochtrabend (*pej*) **I.** *Adj* pompous **II.** *Adv* pompously

Hochverrat *m* high treason *no pl, no art* **Hochwasser** *nt* ① (*Flut*) high tide ② (*überhoher Wasserstand*) high [level of] water; **~ führen** to be in flood **hochwertig** ['ho:xve:ɐ̯tɪç] *Adj* [of *pred*] high quality; *Lebensmittel* highly nutritious **Hochzahl** *f* exponent *spec*

Hochzeit <-, -en> ['ho:xtsait] *f* wedding

Hochzeitsfeier *f* wedding reception **Hochzeitsreise** *f* honeymoon *no pl* **Hochzeitstag** *m* ① wedding day ② (*Jahrestag*) wedding anniversary

hoch|ziehen *unreg tr V* to pull up *sep*

Hocke <-, -n> ['hɔkə] *f* **in die ~ gehen** to crouch down

hocken ['hɔkn̩] **I.** *intr V* ① *haben* (*in der Hocke sitzen*) to crouch, to squat ② *haben* (*fam: sitzen*) to sit **II.** *refl V* (*fam*) **sich ~** to sit down; **komm, hock dich, hier ist noch Platz!** come on, plonk yourself down, there's room for you here

Hocker <-s, -> *m* stool

Höcker <-s, -> ['hœkɐ] *m* hump

Hoden <-s, -> ['ho:dn̩] *m* testicle

Hodensack *m* scrotum

Hof <-[e]s, Höfe> [ho:f, *Pl:* 'hø:fə] *m* ① (*Innenhof*) courtyard; (*Schulhof*) schoolyard ② (*Bauernhof*) farm ③ (*Fürstensitz*) court; **am ~** at court ▶ **jdm den ~ machen** (*veraltend*) to woo sb

hoffen ['hɔfn̩] **I.** *intr V* to hope (**auf** for); **auf jdn ~** to put one's trust in sb **II.** *tr V* **etw ~** to hope for sth; **das will ich ~** I hope so

hoffentlich ['hɔfn̩tlɪç] *Adv* hopefully; **~ nicht** I/we hope not

Hoffnung <-, -en> ['hɔfnʊŋ] *f* hope (**auf** for/of); **es besteht noch ~** there is still hope; **sich** *Dat* **~en machen** to have hopes; **sich** *Dat* **keine ~en machen** to not hold out any hopes; **jdm ~ machen** to hold out hope to sb; **neue ~ schöpfen** to find fresh hope; **die ~ aufgeben** to give up hope; **guter ~ sein** (*euph*) to be expecting

hoffnungslos **I.** *Adj* hopeless **II.** *Adv* ① (*ohne Hoffnung*) without hope ② (*völlig*) hopelessly **Hoffnungsschimmer** *m* glimmer of hope

Hofhund *m* watchdog

höflich ['hø:flɪç] **I.** *Adj* polite **II.** *Adv* politely **Hoftor** *nt* courtyard gate

hohe(r, s) ['ho:ə, 'ho:ɐ, 'ho:əs] *Adj s.* **hoch**

Höhe <-, -n> ['hø:hə] *f* ① height; **aus der ~** from above; **auf halber ~** halfway up; **in einer ~ von** at a height of; **in die ~** into the air; **in die ~ wachsen** to grow tall ② (*Gipfel*) summit ③ (*Ausmaß*) amount; **die ~ des Schadens** the extent of the damage; **in die ~ gehen** *Preise* to rise ▶ **nicht ganz auf der ~ sein** to be a bit under the weather; **das ist doch die ~!** that's the limit!; **auf der ~ sein** to be in fine form; **~n und Tiefen** ups and downs

Hoheit <-, -en> ['ho:hait] *f* ① (*Person*) Highness; **Eure Königliche ~** Your Royal Highness ② *kein Pl* (*Staatsgewalt*) sovereignty

Hoheitsgebiet *nt* sovereign territory **Hoheitsgewässer** *Pl* territorial waters **Höhenmesser** *m* altimeter **Höhensonne** *f* ① (*im Gebirge*) mountain sun ② (*UV-Strahler*) sun lamp **Höhenunterschied** *m* difference in altitude

Höhepunkt *m* ① (*bedeutendster Teil*) highlight ② (*Gipfel*) height; **die Krise hatte ihren ~ erreicht** the crisis had reached its climax

höher ['hø:ɐ] **I.** *Adj Komp von* **hoch** ① higher ② (*größer*) greater; *Strafe* severer **II.** *Adv Komp von* **hoch** higher

hohl [ho:l] *Adj* ① hollow; **~e Wangen** sunken cheeks ② (*pej: nichts sagend*) empty

Höhle <-, -n> ['hø:lə] *f* ① (*Felshöhle*) cave ② (*Tierhöhle*) lair ③ (*Augenhöhle*) socket

Höhlenforscher(in) *m(f)* cave explorer, speleologist

Hohlraum *m* cavity **Hohlraumversiegelung** *f* AUTO cavity sealing **Hohlspiegel** *m* concave mirror **Hohlweg** *m* narrow pass [*or liter* defile]

Hohn <-[e]s> [ho:n] *m kein Pl* scorn *no art;* **das ist blanker ~!** this is utterly absurd

höhnisch ['hø:nɪʃ] **I.** *Adj* sneering **II.** *Adv* sneeringly

hold [hɔlt] *Adj* ① (*hum: lieb*) dear, beloved ② (*gewogen*) **jdm ~ bleiben** (*geh*) to be kind to sb

holen ['ho:lən] *tr V* ① (*hervorholen*) to get (**aus** out of, **von** from) ② (*herholen*) to fetch; **jdn ~ lassen** to send for sb; **Hilfe ~** to get help ③ (*krank werden*) **sich** *Dat* **etw ~** to catch sth; **bei dem kalten Wetter holst du dir eine Erkältung** you'll catch a cold in this chilly weather

Holland <-s> ['hɔlant] *nt* (*Niederlande*) the Netherlands *pl*

Holländer(in) <-s, -> ['hɔlɛndɐ] *m(f)* Dutchman *masc,* Dutchwoman *fem;* **die ~** the Dutch + *pl verb*

holländisch ['hɔlɛndɪʃ] *Adj* Dutch; *s. a.* **deutsch**

Holländisch ['hɔlɛndɪʃ] *nt dekl wie Adj* Dutch; *s. a.* **Deutsch**

Hölle <-, -n> ['hœlə] *f Pl selten* hell *no pl, no art;* **in die ~ kommen** to go to hell; **in der ~** in hell; **jdn zur ~ jagen** (*pej*) to tell sb to go to hell ▶ **die ~ auf Erden** hell on earth; **jdm die ~ heißmachen** (*fam*) to give sb hell; **die ~ ist los** (*fam*) all hell has broken loose

Höllenlärm ['hœlən'lɛrm] *m* hell of a noise *no def art*

höllisch ['hœlɪʃ] **I.** *Adj* ① *attr* infernal ② (*fam: fürchterlich*) terrible, hell *pred;* **eine ~e Angst haben** to be scared stiff **II.** *Adv* (*fam*) terribly, like hell

holperig ['hɔlpərɪç] *Adj* ① *Straße* bumpy, uneven ② *Sprache, Stil* clumsy

holpern ['hɔlpɐn] *intr V* to jolt

holprig ['hɔlprɪç] *Adj s.* **holperig**

Holunder <-s, -> [ho'lʊndɐ] *m* elder

Holunderbeere *f* elderberry
Holz <-es, Hölzer> [hɔlts, *Pl:* 'hœltsɐ] *nt* ❶ *kein Pl* wood *no art;* ~ **verarbeitend** wood-processing *attr;* **aus** ~ wooden; **massives** ~ solid wood ❷ (*Bauholz*) timber ▶ **aus dem gleichen** ~ **geschnitzt sein** to be cast in the same mould
hölzern ['hœltsɐn] *Adj* wooden
Holzfäller(in) <-s, -> *m(f)* woodcutter, lumberjack AM **holzfrei** *Adj* wood-free **Holzhammer** *m* mallet **Holzhammermethode** *f* (*fam*) sledgehammer approach **Holzhandel** *m* timber [*or* AM lumber] trade **Holzklotz** *m* wooden block **Holzkohle** *f* charcoal *no art* **Holzschuh** *m* clog **Holzstoß** *m* pile of wood **Holzwolle** *f* wood wool, excelsior *no pl, no art* AM **Holzwurm** *m* woodworm
Homo-Ehe *f* (*fam*) gay marriage
homogen [homo'ge:n] *Adj* homogen[e]ous
homogenisieren* [homogeni'zi:rən] *tr V* to homogenize
homöopathisch [homøo'pa:tɪʃ] *Adj* homeopathic
homosexuell [homozɛ'ksu̯ɛl] *Adj* homosexual
Homosexuelle(r) *f(m) dekl wie Adj* homosexual
Honduraner(in) <-s, -> [hɔndu'ra:nɐ] *m(f)* Honduran
honduranisch [hɔndu'ra:nɪʃ] *Adj* Honduran; *s. a.* **deutsch** ❶
Honduras <-> [hɔn'du:ras] *nt* Honduras
Honig <-s, -e> ['ho:nɪç] *m* honey *no art* ▶ **jdm ~ ums Maul schmieren** to butter up sb *sep*
Honigbiene *f* honeybee **Honigmelone** *f* honeydew melon **honigsüß** *Adj* ❶ as sweet as honey [*or* AM pie] ❷ (*pej: schmeichlerisch*) honeyed
Honorar <-s, -e> [hono'ra:ɐ̯] *nt* fee; *eines Autors* royalties *pl;* **gegen** ~ on payment of a fee
honorieren* [hono'ri:rən] *tr V* ❶ (*würdigen*) to appreciate ❷ (*bezahlen*) to pay
Hopfen <-s, -> ['hɔpfn̩] *m* hop ▶ **bei jdm ist ~ und Malz verloren** (*fam*) sb is a hopeless case
hoppla ['hɔpla] *Interj* [wh]oops!
hops [hɔps] **I.** *Interj* jump! **II.** *Adj* (*fam*) ~ **sein** to be lost
Hops <-es, -e> [hɔps] *m* (*fam*) short jump; (*auf einem Bein*) hop
hopsen ['hɔpsn̩] *intr V sein* (*fam*) to skip; (*auf einem Bein*) to hop
hörbar *Adj* audible
Hörbrille *f* hearing-aid glasses *pl* **Hörbuch** *nt* audiobook
horchen ['hɔrçn̩] *intr V* to listen; (*heimlich a.*) to eavesdrop (**an** at)
Horde <-, -n> ['hɔrdə] *f* horde
hören ['hø:rən] **I.** *tr V* ❶ (*vernehmen*) to hear; **sich gern reden** ~ to like the sound of one's own voice; **etw zu** ~ **bekommen** to [get to] hear about sth; **von jdm/etw** ~ to hear of [*or* about] sb/sth ❷ (*anhören*) to listen to ▶ **ich kann das nicht mehr ~!** I'm fed up with it!; **etwas/nichts von sich ~ lassen** to get/to not get in touch **II.** *intr V* ❶ (*zuhören*) to listen; **hör mal!** listen! ❷ (*gehorchen*) to listen (**auf** to) ▶ **na hör/~ Sie mal!** now look here!; **lass von dir ~!** keep in touch!; **man höre und staune!** would you believe it!; **gut/schlecht** ~ to have good/poor hearing
Hörensagen ['hørənza:gn̩] *nt* **vom** ~ from hearsay
Hörer <-s, -> *m* (*Telefonhörer*) receiver; **den ~ auflegen** to replace the receiver
Hörer(in) <-s, -> *m(f)* listener
Hörfunk *m* radio **Hörgerät** *nt* hearing aid
hörig ['hø:rɪç] *Adj* sexually dependent
Horizont <-[e]s, -e> [hori'tsɔnt] *m* horizon; **am** ~ on the horizon; **über jds ~ gehen** to be beyond sb
horizontal [horitsɔn'ta:l] *Adj* horizontal
Horizontale [horitsɔn'ta:lə] *f dekl wie Adj* horizontal [line]
Hormon <-s, -e> [hɔr'mo:n] *nt* hormone
Hörmuschel *f* TELEK earpiece
Horn <-[e]s, Hörner> [hɔrn, *Pl:* 'hœrnɐ] *nt* horn ▶ **sich** *Dat* **die Hörner abstoßen** (*fam*) to sow one's wild oats; **jdm Hörner aufsetzen** (*fam*) to cuckold sb
Hörnchen <-s, -> ['hœrnçən] *nt* ❶ (*Blätterteiggebäck*) croissant ❷ (*Hefegebäck*) *horn-shaped bread roll of yeast pastry*

Hornhaut *f* ① (*des Auges*) cornea ② (*der Haut*) callus
Hornisse <-, -n> [hɔr'nɪsə] *f* hornet
Hornochs[e] *m* (*fam*) stupid idiot
Horoskop <-s, -e> [horo'sko:p] *nt* horoscope
Hörsaal *m* lecture hall [*or* Brit theatre] **Hörspiel** *nt* radio play
Horst <-[e]s, -e> [hɔrst] *m* (*Nest*) eyrie
Hörsturz *m* sudden deafness
horten ['hɔrtn̩] *tr V* to hoard
Hörweite *f* **in/außer** ~ within/out of earshot
Höschenwindel *f* disposable nappy Brit [*or* Am diaper]
Hose <-, -n> ['ho:zə] *f* trousers *pl*, pants *pl* Am; **kurze ~[n]** shorts *pl*; **die ~n voll haben** (*fam*) to have pooed one's pants ▶ **jdm rutscht das Herz in die ~** (*fam*) sb's heart was in their mouth; **die ~n [gestrichen] voll haben** (*sl*) to be scared shitless; **tote ~** (*sl*) dead boring; **in die ~ gehen** to be a failure; **[sich *Dat*] in die ~[n] machen** to wet oneself
Hosenanzug *m* trouser suit **Hosenbund** *m* [trouser] waistband **Hosenschlitz** *m* flies *pl* **Hosentasche** *f* trouser [*or* Am pants] pocket **Hosenträger** *Pl* [a pair of] braces *pl* Brit, suspenders *pl* Am
Hospital <-s, -e *o* Hospitäler> [hɔspi'ta:l, *Pl:* hɔspi'tɛ:lɐ] *nt* DIAL hospital
Hostie <-, -n> ['hɔsti̯ə] *f* REL host
Hotel <-s, -s> [ho'tɛl] *nt* hotel
Hotelfachschule *f* school of hotel management
Hotelier <-s, -s> [hotɛ'li̯e:] *m* hotelier
Hotellerie <-> [hotɛlə'ri:] *f kein Pl* hospitality
HTML <-> [ha:te:ʔɛm'ʔɛl] *nt o f kein Pl* COMPUT *Abk von* **hypertext markup language** HTML
Hubraum *m* cubic capacity
hübsch [hʏpʃ] *Adj Aussehen* pretty; *Gegend* lovely; **sich ~ machen** to get all dressed up
Hubschrauber <-s, -> *m* helicopter
Hubschrauberlandeplatz *m* heliport, helipad
huckepack ['hʊkəpak] *Adv* piggy-back; **jdn ~ nehmen** to give sb a piggy-back [ride]
Huf <-[e]s, -e> [hu:f] *m* hoof
Hufeisen *nt* horseshoe
hufeisenförmig *Adj* horseshoe[-shaped]
Hüftbein *nt* hip bone
Hüfte <-, -n> ['hʏftə] *f* hip
Hüftgelenk *nt* hip joint
Hügel <-s, -> ['hy:gl̩] *m* hill; (*Erdhaufen*) mound
hügelig ['hy:gəlɪç] *Adj*, **hüglig** ['hy:glɪç] *Adj* hilly
Huhn <-[e]s, Hühner> [hu:n, *Pl:* 'hy:nɐ] *nt* ① chicken; (*Henne*) hen ② (*Frau*) **dummes ~!** (*pej fam*) silly idiot!; **ein verrücktes ~** a nutcase ▶ **ein blindes ~ findet auch einmal ein Korn** (*prov*) every dog has its day; **da lachen ja die Hühner!** (*fam*) you must be joking!
Hühnchen <-s, -> ['hy:çən] *nt Dim von* **Huhn** spring chicken ▶ **mit jdm ein ~ zu rupfen haben** (*fam*) to have a bone to pick with sb
Hühnerauge *nt* corn **Hühnerei** *nt* chicken egg **Hühnerstall** *m* hen coop **Hühnerstange** *f* chicken roost, hen roost, [henhouse] perch **Hühnersuppe** *f* chicken soup
huldigen ['hʊldɪgn̩] *intr V* (*geh*) ① (*anhängen*) **einer S.** *Dat* ~ to subscribe to sth ② (*veraltend: ehren*) **jdm ~** to pay homage to sb
Hülle <-, -n> ['hʏlə] *f* cover ▶ **die ~n fallen lassen** to strip off one's clothes; **in ~ und Fülle** in abundance
hüllenlos *Adj* ① (*nackt*) naked ② (*offen*) plain
Hülse <-, -n> ['hʏlzə] *f* ① BOT pod ② (*röhrenförmige Hülle*) capsule; (*Patronenhülse*) case
Hülsenfrucht ['hʏlzn̩-] *f meist Pl* pulse
human [hu'ma:n] *Adj* ① (*menschenwürdig*) humane; *Strafe* lenient ② (*Menschen betreffend*) human
humanitär [humani'tɛ:ɐ̯] *Adj* humanitarian
Hummel <-, -n> ['hʊml̩] *f* bumblebee
Hummer <-s, -> ['hʊmɐ] *m* lobster
Humor <-s, *selten* -e> [hu'mo:ɐ̯] *m* [sense of] humour; **etw mit ~ nehmen** to take sth good-humouredly; **[einen Sinn für] ~ haben** to have a sense of humour
humorlos *Adj* humourless
humorvoll *Adj* humorous
humpeln ['hʊmpl̩n] *intr V haben o sein* to hobble

H

Humpen <-s, -> ['hʊmpn̩] *m* tankard
Humus ['hu:mʊs] *m kein Pl* humus
Hund <-[e]s, -e> [hʊnt, *Pl:* 'hʊndə] *m* ① dog; **„[Vorsicht,] bissiger ~!"** 'Beware of the dog!' ② (*Mensch*) swine; **ein armer ~ sein** (*fam*) to be a poor soul ▶ **den Letzten beißen die ~e** the last one [out] has to carry the can BRIT; **bekannt sein wie ein bunter ~** (*fam*) to be known far and wide; **das ist ja ein dicker ~** (*sl*) that is absolutely outrageous; **vor die ~e gehen** (*sl*) to go to the dogs
hundeelend ['hʊndə'ʔe:lɛnt] *Adj* (*fam*) **jd fühlt sich ~** sb feels awful
Hundehütte *f* kennel **Hundeleben** *nt* (*pej*) dog's life **Hundeleine** *f* dog lead **hundemüde** ['hʊndə'my:də] *Adj präd* (*fam*) dog-tired
hundert ['hʊndɐt] *Adj* [a [*or* one]] hundred
Hundert[1] <-s, -e> ['hʊndɐt] *nt* (*Einheit von 100*) hundred; **mehrere ~** several hundred; **einige/viele ~e ...** a few/several hundred ...; **~e von ...** hundreds of ...; **zu ~en** in [their] hundreds
Hundert[2] <-, -en> ['hʊndɐt] *f* (*die Zahl 100*) [one [*or* a]] hundred
hundertprozentig ['hʊndɐtprotsɛntɪç] **I.** *Adj* ① one hundred percent; (*Alkohol*) pure ② (*fam: typisch*) **er ist ein ~er Bayer** he's a Bavarian through and through ③ (*fam: völlig*) absolute **II.** *Adv* (*fam: völlig*) absolutely; **du hast ~ recht** you're absolutely right
hundertste(r, s) ['hʊndɐtstə, -tɐ, -təs] *Adj* [one] hundredth; *s. a.* **achte(r, s)**
Hundertstel <-s, -> ['hʊndɐtstl̩] *nt* hundredth
Hundesteuer *f* dog licence [*or esp* AM -se] fee
Hündin ['hʏndɪn] *f* bitch
Hüne <-n, -n> ['hy:nə] *m* giant
hünenhaft *Adj* gigantic
Hunger <-s> ['hʊŋɐ] *m kein Pl* ① hunger; **~ bekommen/haben** to get/be hungry; **~ auf etw** *Akk* **haben** to feel like [eating] sth; **~ leiden** (*geh*) to starve; **seinen ~ stillen** to satisfy one's hunger; **vor ~ sterben** to die of hunger ② (*Hungersnot*) famine ③ (*starkes Verlangen*) thirst (**nach** for)
Hungerhilfe *f kein Pl* famine relief **Hungerlohn** *m* (*pej*) starvation wage; **für einen ~ arbeiten** to work for a pittance
hungern *intr V* ① to go hungry ② (*fam: fasten*) to fast ③ (*verlangen*) to thirst (**nach** after/for)
Hungersnot *f* famine
Hungerstreik *m* hunger strike; **in den ~ treten** to go on hunger strike
hungrig ['hʊŋrɪç] *Adj* hungry; **~ machen** to work up an appetite
Hupe <-, -n> ['hu:pə] *f* horn
hupen ['hu:pn̩] *intr V* to beep the horn
hüpfen ['hʏpfn̩] *intr V sein* to hop; *Ball* to bounce; **vor Freude ~** to jump for joy
Hürde <-, -n> ['hʏrdə] *f* ① SPORT hurdle; **110 Meter ~n laufen** to run the 110 metres hurdles ② (*Einzäunung*) fold, pen; **eine ~ nehmen** to overcome an obstacle
Hürdenlauf *m* hurdles *pl*
Hure <-, -n> ['hu:rə] *f* whore
huschen ['hʊʃn̩] *intr V sein* to scurry; *Licht* to flash
husten ['hu:stn̩] *intr V* to cough; **Schleim/Blut ~** to cough up mucus/blood
Husten <-s> ['hu:stn̩] *m kein Pl* cough; **~ stillend** cough-relieving
Hustenbonbon *m o nt* cough drop **Hustenmittel** *nt* cough medicine **Hustenreiz** *m* tickly throat **Hustensaft** *m* cough syrup
Hut[1] <-[e]s, Hüte> [hu:t, *Pl:* 'hy:tə] *m* hat; **den ~ aufsetzen/abnehmen** to put on/take off one's hat ▶ **ein alter ~ sein** (*fam*) to be old hat; **vor jdm/etw den ~ ziehen** to take one's hat off to sb/sth; **etw unter einen ~ bringen** (*fam*) to reconcile sth; **mit etw** *Dat* **nichts am ~ haben** (*fam*) to not go in for sth
Hut[2] <-> [hu:t] *f* **auf der ~ [vor etw** *Dat*] **sein** to be on one's guard [against sth]
Hutablage *f* hat shelf; (*im Auto*) rear parcel shelf
hüten ['hy:tn̩] **I.** *tr V* ① (*beaufsichtigen*) to look after ② (*geh: bewahren*) to keep **II.** *refl V* **sich vor etw** *Dat* **~** to be on one's guard against sth; **hüte dich vor unüberlegten Entscheidungen** beware of making rash decisions
Hutsche <-, -n> ['hʊtʃə] *f* SÜDD, ÖSTERR (*fam: Schaukel*) swing

Hütte <-, -n> ['hʏtə] *f* hut; (*ärmlich*) shack; (*Holzhütte*) cabin

Hüttenkäse *m* cottage cheese **Hüttenschuh** *m* slipper sock

Hyäne <-, -n> [hy̆ɛːnə] *f* hy[a]ena

Hyazinthe <-, -n> [hy̆a'tsɪntə] *f* hyacinth

Hybridantrieb [hy'briːt-] *m* hybrid drive **Hybridfahrzeug** *nt* hybrid vehicle

Hydrant <-en, -en> [hy'drant] *m* hydrant

hydraulisch [hy'draulɪʃ] *Adj* hydraulic

Hydrokultur *f* hydroponics + *sing verb*

Hygiene <-> [hy'gi̯eːnə] *f kein Pl* hygiene

hygienisch [hy'gi̯eːnɪʃ] *Adj* hygienic

Hymne <-, -n> ['hʏmnə] *f* ① (*Loblied*) hymn ② (*Nationalhymne*) national anthem

Hyperaktivität [hypɐaktivi'tɛt] *f* PSYCH, MED hyperactivity

Hyperbel <-, -n> [hy'pɛrbl̩] *f* MATH hyperbola

Hyperinflation [hypɐɪnfla'tsi̯oːn] *f* ÖKON hyperinflation

Hypnose <-, -n> [hʏp'noːzə] *f* hypnosis; **jdn in ~ versetzen** to put sb under hypnosis

hypnotisieren* [hʏpnoti'ziːrən] *tr V* to hypnotize

Hypothek <-, -en> [hypo'teːk] *f* mortgage; **eine ~ aufnehmen** to take out a mortgage

Hypothese <-, -n> [hypo'teːzə] *f* hypothesis; **eine ~ aufstellen/widerlegen** to advance/refute a hypothesis

hypothetisch [hypo'teːtɪʃ] *Adj* hypothetical

Hysterie <-, -n> [hʏste'riː] *f* hysteria

hysterisch [hʏs'teːrɪʃ] *Adj* hysterical

I

I, i <-, -> [iː] *nt* I, i; **ein großes I** a capital I; **ein kleines i** a small i; *s. a.* **A**

IC <-s, -s> [iː'tseː] *m Abk von* **Intercityzug**

ICE <-s, -s> [iːtseː'ʔeː] *m Abk von* **Intercity Express** *a high speed train*

ich <*Gen* meiner, *Dat* mir, *Akk* mich> [ɪç] *Personalpron, 1. pers* I, me; **~ bin es** it's me; **~ nicht!** not me!; **~ selbst** I myself

Ich <-[s], -s> [ɪç] *nt* ① (*das Selbst*) self ② (*Ego*) ego; **jds anderes ~** sb's alter self

Ich-AG *f* Me plc BRIT, Me, Inc. AM (*business start-up grant to promote self-employment among the unemployed*) **Ich-Erzähler(in)**, **Icherzähler(in)**[RR] *m(f)* LIT first-person narrator

IC-Zuschlag *m* Intercity surcharge

ideal [ide'aːl] *Adj* ideal

Ideal <-s, -e> [ide'aːl] *nt* ideal

idealistisch *Adj* idealistic

Idee <-, -n> [i'deː, *Pl:* i'deːən] *f* ① idea; **eine fixe ~** obsession; **jdn auf eine ~ bringen** to give sb an idea; **jdn auf andere ~n bringen** to take sb's mind off of sth/it ② (*Leitbild*) ideal ③ (*fam: ein wenig*) **eine ~ ...** a tad ...

ideenreich *Adj* imaginative

identifizieren* [idɛntifi'tsiːrən] **I.** *tr V* to identify (**als** as, **mit** with) **II.** *refl V* **sich mit jdm/etw ~** to identify oneself with sb/sth

identisch [i'dɛntɪʃ] *Adj* identical (**mit** to)

Ideologie <-, -n> [ideolo'giː, *Pl:* ideolo'giːən] *f* ideology

ideologisieren* [ideologi'ziːrən] *tr V* SOZIOL **jdn ~** to indoctrinate sb

idiomatisch [idi̯o'maːtɪʃ] *Adj* idiomatic

Idiot(in) <-en, -en> [i'di̯oːt] *m(f)* (*pej fam*) idiot

idiotisch [i'di̯oːtɪʃ] *Adj* (*fam*) idiotic

Idol <-s, -e> [i'doːl] *nt* idol

idyllisch [i'dʏlɪʃ] **I.** *Adj* idyllic **II.** *Adv* idyllically

Igel <-s, -> ['iːgl̩] *m* hedgehog

igitt[igitt] [i'gɪt(igɪt)] *Interj* ugh, yuk

Ignoranz <-> [ɪgno'rants] *f kein Pl* (*pej geh*) ignorance

ignorieren* [ɪgno'riːrən] *tr V* to ignore

ihm [iːm] *Personalpron, Dat von* **er, es**[1] ❶ [to] him; **das ist ein Freund von ~** he's a friend of his ❷ (*Sache o Tier*) [to] it

ihn [iːn] *Personalpron, Akk von* **er** ❶ him ❷ (*Sache o Tier*) it

ihnen [ˈiːnən] *Personalpron, Dat Pl von* **sie** [to] them

Ihnen [ˈiːnən] *Personalpron, Dat von* **Sie** [to] you

ihr[1] <*Gen* euer, *Dat* euch, *Akk* euch> [iːɐ̯] *Personalpron, 2. Pers Pl* you

ihr[2] [iːɐ̯] *Personalpron, Dat Sing von* **sie** ❶ (*weibl. Person*) [to] her ❷ (*Tier o Sache*) [to] it

ihr[3] [iːɐ̯] *Possessivpron, adjektivisch* ❶ (*sing, weibl. Person*) her; (*Tier o Sache*) its ❷ *Pl* their

Ihr [iːɐ̯] *Possessivpron, adjektivisch* your; **~ Brief hat mich sehr berührt** your letter was very touching; **wir freuen uns über ~ zahlreiches Erscheinen** we are pleased to see so many of you here today

ihre(r, s) *Possessivpron, substantivisch* ❶ *2. Pers Sing* hers; **das ist nicht sein Haus, sondern ~s** that isn't his house, it's hers; **der/die/das ~** hers ❷ *3. Pers Pl* theirs

Ihre(r, s)[1] *Possessivpron, substantivisch, auf Sie bezüglich* ❶ yours; **der/die/das ~** yours; **Sie haben alle das ~ getan** you have all done your bit ❷ (*Angehörige*) **der/[die] ~[n]** your loved one[s]

Ihre(r, s)[2] *Possessivpron, substantivisch, auf sie [Sing] bezüglich* ❶ (*Angehörige*) **der/[die] ~[n]** her loved one[s] ❷ (*Eigentum*) **das ~** hers, her things

Ihre(r, s)[3] *Possessivpron, substantivisch, auf sie [Pl] bezüglich* ❶ (*Angehörige*) **der/[die] ~[n]** their loved one[s] ❷ (*Eigentum*) **das ~** their things ❸ (*was ihnen zukommt*) **nun müssen die Mitarbeiter das ~ tun** now the workers have to do their bit

ihrer *Personalpron, Gen von* **sie** ❶ *3. Pers Sing fem* (*geh*) **wir werden ~ gedenken** we will remember her ❷ *3. pers Pl* (*geh*) **wir werden ~ gedenken** we will remember them; **es waren ~ sechs** there were six of them

Ihrer *Personalpron, Gen von* **Sie**: **wir werden ~ gedenken** we will remember you

ihrerseits [ˈiːrɐˈzaits] *Adv* ❶ *Sing* for her part ❷ *Pl* for their part

Ihrerseits [ˈiːrɐˈzaits] *Adv* for your part

ihresgleichen [ˈiːrəsˈglaiçn̩] *Pron* ❶ *Sing fem* her [own] kind ❷ *Pl* their [own] kind

Ihresgleichen [ˈiːrəsˈglaiçn̩] *Pron* people like you; **Sie umgeben sich nur mit ~** you are only surrounded by your own sort

ihretwillen [ˈiːrətˈvɪlən] *Adv* (*ihr zuliebe*) for her [sake]; (*ihnen zuliebe*) for their sake

Ihretwillen [ˈiːrətˈvɪlən] *Adv* for your sake

illegal [ˈɪlegaːl] *Adj* illegal

Illegale(r) <-n, [-n]> [ˈɪlegaːlə, ˈɪlegaːlɐ] *f(m) dekl wie Adj* illegal immigrant

illegitim [ˈɪlegitiːm, ɪlegiˈtiːm] *Adj* ❶ (*unrechtmäßig*) unlawful ❷ (*unehelich*) illegitimate

Illusion <-, -en> [ɪluˈzi̯oːn] *f* illusion; **sich** *Dat* **~en machen** to harbour illusions (**über** about); **sich** *Dat* **keine ~en machen** to not have any illusions

illusorisch [ɪluˈzoːrɪʃ] *Adj* illusory

Illustration <-, -en> [ɪlʊstraˈtsi̯oːn] *f* illustration

Illustrator(in) <-s, -toren> [ɪlʊsˈtraːtoɐ̯, *Pl:* ɪlʊstraˈtoːrən] *m(f)* illustrator

illustrieren* [ɪlʊsˈtriːrən] *tr V* to illustrate

Illustrierte <-n, -n> *f* magazine

Iltis <-ses, -se> [ˈɪltɪs] *m* polecat

im [ɪm] = **in dem** in; **etw ist ~ Kommen** sth is coming

Image <-[s], -s> [ˈɪmɪtʃ] *nt* image

Imageschaden [ˈɪmɪtʃ-] *m* damage to sb's [public] image

imaginär [imagiˈnɛːɐ̯] *Adj* (*geh*) imaginary

Imbiss[RR] <-es, -e> [ˈɪmbɪs] *m*, **Imbiß**[ALT] <-sses, -sse> *m* ❶ (*kleine Mahlzeit*) snack ❷ (*fam: Imbissstube, Imbissbude*) snack bar

Imbissbude[RR] *f*, **Imbissstube**[RR] *f* snack bar

imitieren* [imiˈtiːrən] *tr V* to imitate

Imker(in) <-s, -> [ˈɪmkɐ] *m(f)* bee-keeper

immatrikulieren* [ɪmatrikuˈliːrən] *tr, refl V* to register

immens [ɪˈmɛns] *Adj* (*geh*) immense

immer [ˈɪmɐ] **I.** *Adv* ❶ (*ständig*) always;

für ~ forever; **~ und ewig** for ever and ever; **wie ~** as usual; **~ mehr** more and more; **~, wenn** every time; **~ wieder** again and again; **etw ~ wieder tun** to keep on doing sth ❷ (*fam: jeweils*) **~ am vierten Tag** every fourth day **II.** *Part* **~ [noch] nicht** still [not]; **wann/was/wer/wie/wo [auch] ~** whenever/whatever/whoever/however/wherever

immergrün ['ɪmɐgry:n] *Adj attr* evergreen

Immergrün ['ɪmɐgry:n] *nt* evergreen

immerhin ['ɪmɐ'hɪn] *Adv* ❶ (*wenigstens*) at least ❷ (*schließlich*) after all

immerzu ['ɪmɐ'tsu:] *Adv* all the time

Immigrant(in) <-en, -en> [ɪmi'grant] *m(f)* immigrant

Immissionsschutz *m* ÖKOL protection against pollution

Immobilie <-, -n> [ɪmo'bi:li̯ə] *f meist Pl* real estate *no pl;* **~n** property *no pl*

Immobilienmakler(in) *m(f)* estate agent

immun [ɪ'mu:n] *Adj* immune (**gegen** to)

Immunabwehr *f* immune defence [system]

Immunisierung <-, -en> *f* immunization

Immunität <-, *selten* -en> [ɪmuni'tɛ:t] *f* immunity (**gegen** to)

Immunschwächekrankheit *f* immune deficiency syndrome

Immunsystem *nt* immune system

Imperativ <-s, -e> ['ɪmperati:f, *Pl:* -ti:ve] *m* LING imperative [form]

Imperfekt <-s, -e> ['ɪmpɛrfɛkt] *nt* imperfect [tense]

Imperialismus <-, *selten* -lismen> [ɪmperi̯a'lɪsmʊs] *m* imperialism

impfen ['ɪmpfn̩] *tr V* to inoculate (**gegen** against)

Impfpass^RR *m* vaccination card

Impfstoff *m* vaccine

Impfung <-, -en> *f* vaccination

implantieren [ɪmplan'ti:rən] *tr V* **etw ~** to implant sth

implizit [ɪmpli'tsi:t] *Adj* (*geh*) implicit

imponieren* [ɪmpo'ni:rən] *intr V* to impress

imponierend *Adj* impressive

Import <-[e]s, -e> [ɪm'pɔrt] *m* import

importieren* [ɪmpɔr'ti:rən] *tr V* to import

imposant [ɪmpo'zant] *Adj* impressive

impotent ['ɪmpotɛnt] *Adj* impotent

Impotenz <-> ['ɪmpotɛnts] *f kein Pl* impotence

imprägnieren* [ɪmprɛgni:rən] *tr V* ❶ (*wasserdicht machen*) to waterproof ❷ (*gegen Zerfall etc.*) to impregnate

Impressionismus <-> [ɪmprɛsi̯o'nɪsmʊs] *m* Impressionism

impressionistisch *Adj* Impressionist

improvisieren* [ɪmprovi'zi:rən] *intr, tr V* to improvise

Impuls <-es, -e> [ɪm'pʊls] *m* ❶ (*Anstoß, Antrieb*) impetus ❷ (*Drang*) impulse; **aus einem ~ heraus** on impulse ❸ PHYS, MED impulse

impulsiv [ɪmpʊl'zi:f] *Adj* impulsive

imstande *Adj präd,* **im Stande** [ɪm'ʃtandə] *Adj präd* **zu etw ~ sein** to be capable of doing sth; **~ sein, etw zu tun** to be able to do sth; **zu nichts mehr ~ sein** (*fam*) to be shattered

in[1] [ɪn] *Präp* ❶ +*Dat* (*wo?*) in; (*kleinere Ortschaft*) at; **~ Wirklichkeit** in reality ❷ +*Akk* (*wohin?*) into; **~ die Kirche/Schule gehen** to go to church/school ❸ +*Dat* (*wann?*) in; **~ diesem Jahr/Monat** this year/month; **~ diesem Augenblick** at the moment

in[2] [ɪn] *Adj* (*fam*) in; **~ sein** to be in

inadäquat ['ɪnadɛkva:t, ɪnadɛ'kva:t] *Adj* (*geh*) inadequate

Inbegriff ['ɪnbəgrɪf] *m kein Pl* epitome (of)

inbegriffen ['ɪnbəgrɪfn̩] *Adj präd* inclusive; **die Bedienung ist im Preis ~** service is included in the price

inbrünstig ['ɪnbrʏnstɪç] *Adj* (*geh*) ardent

Inbusschraube *f* Allen screw®

indem [ɪn'de:m] *Konj* ❶ (*dadurch, dass*) by; **ich halte mich gesund, ~ ich viel Sport treibe** I stay healthy by doing lots of sport ❷ (*während*) while

Inder(in) <-s, -> ['ɪndɐ] *m(f)* Indian

indes [ɪn'dɛs], **indessen** [ɪn'dɛsn̩] **I.** *Adv* ❶ (*inzwischen*) in the meantime, meanwhile ❷ (*jedoch*) however **II.** *Konj* (*geh*) ❶ (*während* (*temporal*)) while ❷ (*wohingegen*) while

Indianer(in) <-s, -> [ɪn'di̯a:nɐ] *m(f)* Indian *esp pej,* Native American

Indien <-s> ['ɪndi̯ən] *nt* India

Indikativ <-s, -e> ['ɪndikati:f] *m* indicative [mood]

indirekt ['ɪndirɛkt, ɪndi'rɛkt] *Adj* indirect
indisch ['ɪndɪʃ] *Adj* Indian; *s. a.* **deutsch** ①
Indisch ['ɪndɪʃ] *nt dekl wie Adj* Indian; *s. a.* **Deutsch**
indiskutabel ['ɪndɪskuta:bl̩] *Adj* (*geh*) unworthy of discussion
Individualisierung [ɪndividu̯ali'zi:rʊŋ] *f kein Pl* SOZIOL individualization
Individualist(in) <-en, -en> [ɪndividu̯a'lɪst] *m(f)* individualist
individualistisch *Adj* individualistic
individuell [ɪndivi'du̯ɛl] *Adj* individual
Individuum <-s, Individuen> [ɪndi'vi:duʊm, *Pl:* ɪndi'vidu̯ən] *nt* individual
Indiz <-es, -ien> [ɪn'di:ts, *Pl:* ɪn'di:tsi̯ən] *nt* ① JUR piece of circumstantial evidence ② (*Anzeichen*) **ein ~ für etw sein** to be evidence of sth
indogermanisch [ɪndogɛr'ma:nɪʃ] *Adj* Indo-European
Indonesien <-s> [ɪndo'ne:zi̯ən] *nt* Indonesia
indonesisch [ɪndo'ne:zɪʃ] *Adj* Indonesian; *s. a.* **deutsch**
Industrialisierung <-, -en> *f* industrialization
Industrie <-, -n> [ɪndʊs'tri:] *f* industry
Industrieerzeugnis *nt* industrial product **Industriegebiet** *nt* industrial area
industriell [ɪndʊstri'ɛl] *Adj* industrial
Industrielle(r) [ɪndʊstri'ɛlɐ, -'ɛlə] *f(m) dekl wie Adj* industrialist
Industrie- und Handelskammer *f* Chamber of Commerce **Industriezweig** *m* branch of industry
ineinander [ɪnʔai'nandɐ] *Adv* in each other; **~ verliebt sein** to be in love with one another; **~ übergehen** to merge
ineinander|greifen *intr V* to mesh
Infektion <-, -en> [ɪnfɛk'tsi̯o:n] *f* ① (*Ansteckung*) infection ② (*fam: Entzündung*) inflammation
Infektionskrankheit *f* infectious disease
infiltrieren* [ɪnfɪl'tri:rən] *tr V* (*geh*) to infiltrate
Infinitiv <-s, -e> ['ɪnfiniti:f] *m* infinitive
infizieren* [ɪnfi'tsi:rən] **I.** *tr V* to infect **II.** *refl V* **sich ~** to catch an infection
in flagranti [ɪn fla'granti] *Adv* (*geh*) in flagrante
Inflation <-, -en> [ɪnfla'tsi̯o:n] *f* ① ÖKON inflation ② (*starke Zunahme*) proliferation
Inflationsrate *f* ÖKON inflation rate, rate of inflation
Info <-s, -s> ['ɪnfo] *f* (*fam*) info *no pl*
infolge [ɪn'fɔlgə] **I.** *Präp +Gen* owing to **II.** *Adv* **~ von etw** as a result of sth
infolgedessen [ɪnfɔlgə'dɛsn̩] *Adv* consequently
Informatik <-> [ɪnfɔr'ma:tɪk] *f kein Pl* computing science
Informatiker(in) <-s, -> [ɪnfɔr'ma:tikɐ] *m(f)* computer specialist
Information <-, -en> [ɪnfɔrma'tsi̯o:n] *f* ① [a piece of] information *no pl;* **~en liefern/sammeln** to give/collect information ② (*das Informieren*) informing ③ (*Informationsstand*) information desk
Informationstafel *f* information board
informativ [ɪnfɔrma'ti:f] *Adj* (*geh*) informative
informieren* [ɪnfɔr'mi:rən] **I.** *tr V* to inform (**über** about); **gut informiert** well-informed **II.** *refl V* **sich ~** to inform oneself (**über** about)
Infrastruktur ['ɪnfraʃtrʊktu:ɐ̯] *f* infrastructure
Ingenieur(in) <-s, -e> [ɪnʒe'ni̯ø:ɐ̯] *m(f)* engineer
Ingenieurbüro *nt* engineering firm
Ingwer <-s> ['ɪŋvɐ] *m kein Pl* ginger
Inhaber(in) <-s, -> ['ɪnha:bɐ] *m(f)* ① (*Besitzer*) owner ② (*Halter*) holder; *eines Schecks* bearer
inhaftieren* [ɪnhaf'ti:rən] *tr V* to take into custody
inhalieren* [ɪnha'li:rən] *tr, intr V* to inhale
Inhalt <-[e]s, -e> ['ɪnhalt] *m* ① (*enthaltene Gegenstände*) contents *pl* ② (*Sinngehalt*) content ③ (*Bedeutung*) meaning ④ MATH (*Flächeninhalt*) area; (*Rauminhalt*) volume
inhaltlich **I.** *Adj* in terms of content **II.** *Adv* with regard to content
Inhaltsangabe *f* summary **Inhaltsverzeichnis** *nt* list of contents
Initiale <-, -n> [ini'tsi̯a:lə] *f* (*geh*) initial [letter]
Initiative <-, -n> [initsi̯a'ti:və] *f* ① initiative; **aus eigener ~** on one's own initiative; **die ~ ergreifen** to take the initiative; **auf jds ~ hin** on sb's initiative

❷ *(Bürgerinitiative)* pressure group ❸ SCHWEIZ *(Volksbegehren)* demand for a referendum

Injektion <-, -en> [ɪnjɛk'tsi̯oːn] *f* injection

Injektionsspritze *f* MED hypodermic needle [*or* BRIT *a.* syringe]

injizieren* [ɪnji'tsiːrən] *tr V (geh)* to inject

Inklusion <-, -en> [ɪnklu'zi̯oːn] *f* SOZIOL, PÄD inclusion, integration

inklusive [ɪnklu'ziːvə] **I.** *Präp +Gen* inclusive [of] **II.** *Adv* including; **vom 25. bis zum 28.** ~ from 25th to 28th inclusive

inkompetent ['ɪmkɔmpetɛnt] *Adj (geh)* incompetent (**in** in/at)

inkonsequent ['ɪnkɔnzekvɛnt, ɪnkɔnze'kvɛnt] *Adj (geh)* inconsistent

In-Kraft-TretenRR <-s> *nt kein Pl,* **Inkrafttreten** <-s> *nt kein Pl* coming into effect

Inkubationszeit *f* incubation period

Inland ['ɪnlant] *nt kein Pl* ❶ *(das eigene Land)* home ❷ *(Binnenland)* inland

Inlandflug *m* domestic flight

inländisch ['ɪnlɛndɪʃ] *Adj* domestic; *Industrie* home

Inlandsmarkt *m* home market

inmitten [ɪn'mɪtn̩] *präp +Gen (geh)* in the midst of

inne|haben ['ɪnə-] *tr V unreg (geh)* to hold

innen ['ɪnən] *Adv* ❶ on the inside; **nach** ~ inside; **die Tür geht nach** ~ **auf** the door opens inwards ❷ *bes* ÖSTERR *(drinnen)* inside

Innenansicht *f* interior view **Innenarchitekt(in)** *m(f)* interior designer **Innenaufnahme** *f* FILM interior shot **Innendienst** *m* office work **Innenleben** *nt kein Pl* ❶ *(fam: Seelenleben)* inner feelings *pl* ❷ *(fam: innere Struktur)* inner workings *pl* **Innenminister(in)** *m(f)* Minister [*or* AM Secretary] of the Interior, Home Secretary BRIT *a.* **Innenministerium** *nt* Ministry [*or* AM Department] of the Interior, Home Office BRIT *a.* **Innenpolitik** *f* home affairs *pl* BRIT, domestic policy AM **innenpolitisch** ['ɪnənpolitɪʃ] **I.** *Adj* concerning home affairs [*or* AM domestic policy] **II.** *Adv* with regard to home affairs [*or* AM domestic policy] **Innenraum** *m* interior **Innenseite** *f* inside **Innenspiegel** *m* AUTO rear-view mirror **Innenstadt** *f* city/town centre

innerbetrieblich **I.** *Adj* internal **II.** *Adv* internally

innere(r, s) ['ɪnərə, 'ɪnərɐ, 'ɪnərəs] *Adj* ❶ *räumlich* inner ❷ *(innewohnend) a.* MED, ANAT internal

Innere(s) ['ɪnərə, 'ɪnərəs] *nt* ❶ *(innerer Teil)* inside ❷ GEOL centre ❸ PSYCH heart

Innereien [ɪnər'aiən] *Pl* innards *pl*

innerhalb ['ɪnɐhalp] **I.** *Präp +Gen* ❶ *räumlich* inside ❷ *zeitlich* within **II.** *Adv* ~ **von etw** within sth

innerlich ['ɪnɐlɪç] **I.** *Adj* ❶ MED internal ❷ PSYCH inner **II.** *Adv* ❶ MED internally ❷ PSYCH inwardly; ~ **war er sehr aufgewühlt** he was in inner turmoil

Innerste(s) ['ɪnɐstə, 'ɪnɐstəs] *nt dekl wie Adj* core being; **tief in ihrem ~n wusste sie, dass er recht hatte** deep down inside she knew he was right

innert ['ɪnɐt] *Präp +Dat o Gen* ÖSTERR, SCHWEIZ ~ **eines gewissen Zeitraums** within a certain period of time; ~ **eines Jahres** within a year

inne|wohnen *intr V* **jdm/einer S.** ~ to be inherent in sb/a thing

innig ['ɪnɪç] **I.** *Adj* ❶ *(tief empfunden)* deep; *Dank* heartfelt ❷ *Beziehung* intimate **II.** *Adv* deeply

Innovation <-, -en> [ɪnova'tsi̯oːn] *f* innovation

innovativ [ɪnova'tiːf] *Adj* innovative

Innung <-, -en> ['ɪnʊŋ] *f* guild

inoffiziell *Adj* unofficial

in petto [ɪn 'pɛto] *Adv* **etw ~ haben** *(fam)* to have sth up one's sleeve

in puncto [ɪn 'pʊŋkto] *Adv (fam)* concerning

ins [ɪns] = **in das** *s.* **in**

Insasse, Insassin <-n, -n> ['ɪnzasə, 'ɪnzasɪn] *m, f* ❶ *(Fahrgast)* passenger ❷ *(Heimbewohner)* resident ❸ *(Gefängnisinsasse)* inmate

insbesondere [ɪnsbə'zɔndərə] *Adv* especially

Inschrift ['ɪnʃrɪft] *f* inscription

Insekt <-[e]s, -en> [ɪn'zɛkt] *nt* insect

Insektenstich *m* insect sting

Insektizid <-s, -e> [ɪnzɛkti'tsiːt] *nt* insecticide

Insel <-, -n> ['ɪnzl̩] *f* island

Inserat <-[e]s, -e> [ɪnze'ra:t] *nt* advertisement

Inserent(in) <-en, -en> [ɪnze'rɛnt] *m(f)* advertiser

inserieren* [ɪnze'ri:rən] *intr, tr V* to advertise

insgeheim [ɪnsgə'haim] *Adv* secretly

insgesamt [ɪnsgə'zamt] *Adv* ① (*alles zusammen*) altogether ② (*im Großen und Ganzen*) on the whole

insofern [ɪnzo'fɛrn, ɪn'zo:fɛrn] **I.** *Adv* in this respect; ~ **... als** in that **II.** *Konj* ÖSTERR (*falls*) if; ~ **als** in so far as

insoweit [ɪnzo'vait, 'ɪnzovait, ɪn'zovait] **I.** *Adv* in this respect **II.** *Konj bes* ÖSTERR ~ **als** if

in spe [ɪn 'spe:] *Adj* (*fam*) future; **das ist meine Braut** ~ this is my future bride

Inspektion <-, -en> [ɪnspɛk'tsi̯o:n] *f* inspection; AUTO service

Inspektor(in) <-s, -en> [ɪn'spɛkto:ɐ̯, *Pl:* ɪnspeɛk'to:rən] *m(f)* ADMIN executive officer; (*Kripo*) inspector

Inspirationsquelle *f Pl selten* (*geh*) source of inspiration

Installateur(in) <-s, -e> [ɪnstala'tø:ɐ] *m(f)* (*Elektroinstallateur*) electrician; (*Klempner*) plumber

installieren* [ɪnsta'li:rən] *tr V* ① to install ② *Programm* to load (**auf** onto)

instand *Adv,* **in Stand** [ɪn'ʃtant] *Adv* **etw ~ halten** to keep sth in good condition; **etw ~ setzen** to repair sth

inständig ['ɪnʃtɛndɪç] **I.** *Adj* urgent **II.** *Adv* urgently; ~ **um etw** *Akk* **bitten** to beg for sth

Instandsetzung <-, -en> *f* (*geh*) repair

Instanz <-, -en> [ɪn'stants] *f* ① (*Behörde*) authority ② JUR instance; **in erster/zweiter/oberster/letzter** ~ trial court/appellate court/supreme court of appeal/court of last instance

Instinkt <-[e]s, -e> [ɪn'stiŋkt] *m* instinct

instinktiv [ɪnstɪŋk'ti:f] **I.** *Adj* instinctive **II.** *Adv* instinctively

Institut <-[e]s, -e> *nt* institute

Institution <-, -en> [ɪnstitu'tsi̯o:n] *f* institution

Instrument <-[e]s, -e> [ɪnstru'mɛnt] *nt* ① instrument ② (*geh: Werkzeug*) tool

Instrumentalstück *nt* MUS instrumental piece

Insulaner(in) <-s, -> [ɪnzu'la:nɐ] *m(f)* islander

Insulin <-s> [ɪnzu'li:n] *nt kein Pl* insulin

inszenieren* [ɪnstse'ni:rən] *tr V* ① THEAT to stage ② (*pej*) to stage-manage

Inszenierung <-, -en> *f* ① MUS, THEAT production ② (*pej: Einfädelung*) engineering

intakt [ɪn'takt] *Adj* intact

Integralhelm *m* integral [*or* full-face] helmet

Integralrechnung *f kein Pl* MATH integral calculus

Integration <-, -en> [ɪntegra'tsi̯o:n] *f* integration

integrieren* [ɪnte'gri:rən] **I.** *tr V* to integrate (**in** into) **II.** *refl V* **sich** ~ to become integrated (**in** into)

Intellekt <-[e]s> [ɪntɛ'lɛkt] *m kein Pl* intellect

intellektuell [ɪntɛlɛk'tu̯ɛl] *Adj* intellectual

Intellektuelle(r) *f(m) dekl wie Adj* intellectual

intelligent [ɪntɛli'gɛnt] *Adj* intelligent

Intelligenz <-, -en> [ɪntɛli'gɛnts] *f* ① *kein Pl* intelligence ② *kein Pl* (*Schicht der Intellektuellen*) intelligentsia

Intelligenzquotient *m* intelligence quotient

Intendant(in) <-en, -en> [ɪntɛn'dant] *m(f)* THEAT artistic director; TV director-general

Intensität <-, *selten* -en> [ɪntɛnzi'tɛ:t] *f* intensity

intensiv [ɪntɛn'zi:f] **I.** *Adj* ① (*gründlich*) intensive ② (*eindringlich*) intense; *Duft, Schmerz* strong **II.** *Adv* ① (*gründlich*) intensively ② (*eindringlich*) strongly

intensivieren* [ɪntɛnzi'vi:rən] *tr V* to intensify

Intensivkurs *m* intensive course

Intensivstation *f* intensive care unit

inter|agieren* [ɪntɐʔa'gi:rən] *intr V* PSYCH, SOZIOL **mit jdm/etw** ~ to interact with sb/sth

Interaktion <-, -en> [ɪntɐak'tsi̯o:n] *f* PSYCH, SOZIOL interaction

interaktiv [ɪntɐʔak'ti:f] *Adj* interactive

Intercity <-s, -s> [ɪntɐ'sɪti] *m,* **Intercityzug**[RR] *m* inter-city [train]

interessant [ɪntərɛ'sant] *Adj* interesting; *Angebot* attractive

Interesse <-s, -n> [ɪntə'rɛsə] *nt* ① interest; ~ [**an jdm/etw**] **haben** to have an interest [in sb/sth]; **wir haben ~ an Ihrem Angebot** we are interested in your offer; **in jds ~ liegen** to be in sb's interest; [**für jdn**] **von ~ sein** to be of interest [to sb]; **aus ~** out of interest ② *Pl* (*Neigungen*) interests *pl*

interessehalber *Adv* out of [*or* AM *a.* for the sake of] interest

interesselos *Adj* indifferent

Interessengemeinschaft *f* community of interests

Interessent(in) <-en, -en> [ɪntərɛ'sɛnt] *m(f)* ① (*an einer Teilnahme Interessierter*) interested party ② (*an einem Kauf Interessierter*) potential buyer

interessieren* [ɪntərɛ'siːrən] **I.** *tr V* **jdn für etw ~** to interest sb in sth **II.** *refl V* **sich für jdn/etw ~** to be interested in sb/sth

Intermezzo <-s, -s *o* -mezzi> [ɪntɐ'mɛtso] *nt* intermezzo

intern [ɪn'tɛrn] **I.** *Adj* internal **II.** *Adv* internally

Internat <-[e]s, -e> [ɪntɐ'naːt] *nt* boarding-school

international [ɪntɐnatsi̯o'naːl] **I.** *Adj* international **II.** *Adv* internationally

Internet <-s> ['ɪntɐnɛt] *nt kein Pl* Internet; **im ~ surfen** to surf the Internet

> The most popular online news sites in Germany include those of the major German news magazines and daily newspapers as well as international online news services. As with other areas of IT technology, the increasing use of the **Internet** means that many English verbs have been taken over and conjugated in German: *downloaden, downgeloadet* (to download, downloaded), *posten, gepostet* (to post, posted), *chatten, gechattet* (to chat, chatted), *bloggen, gebloggt* (to blog, blogged), *tweeten, getweetet* (to tweet, tweeted), *scannen, gescannt* (to scan, scanned), *zoomen, gezoomt* (to zoom, zoomed).

Internetbrowser *m* Internet explorer **Internetcafé** *nt* Cybercafé, Internet café **Internetforum** ['ɪntɐnɛtfoːrʊm] *nt* INET Internet [*or* web] forum **Internetjargon** *m* netspeak **Internetserver** *m* Internet server **Internetsurfer** *m* Internet surfer **Internetzugang** *m* Internet access

Internist(in) <-en, -en> [ɪntɐ'nɪst] *m(f)* internist

Interpret(in) <-en, -en> [ɪntɐ'preːt] *m(f)* (*geh*) interpreter

interpretieren* [ɪntɐpre'tiːrən] *tr V* to interpret

Interpunktion <-, -en> [ɪntɐpʊŋk'tsi̯oːn] *f* punctuation

Intervall <-s, -e> [ɪntɐ'val] *nt* (*geh*) interval

Interview <-s, -s> ['ɪntɐvjuː, ɪntɐ'vjuː] *nt* interview

interviewen* [ɪntɐ'vjuːən, 'ɪntɐvjuːən] *tr V* to interview (**zu/über** about); **sich** [**von jdm**] **~ lassen** to give [sb] an interview

intim [ɪn'tiːm] *Adj* intimate (**mit** with)

Intimbereich *m* ① (*Geschlechtsorgane*) private parts *pl* ② *s.* **Intimsphäre**

Intimität <-, -en> [ɪntimi'tɛːt] *f* (*geh*) intimacy

Intimleben *nt* [private] sex life **Intimsphäre** *m* private life

intolerant ['ɪntolerant, ɪntole'rant] **I.** *Adj* (*geh*) intolerant **II.** *Adv* intolerantly

Intranet <-s, -s> ['ɪntranɛt] *nt* COMPUT intranet

intransitiv ['ɪntranzitiːf] *Adj* intransitive

Intrige <-, -n> [ɪn'triːgə] *f* (*pej geh*) conspiracy

introvertiert [ɪntrovɛr'tiːɐ̯t] *Adj* introverted

invalid [ɪnva'liːt], **invalide** [ɪnva'liːdə] *Adj* invalid

Invalide, Invalidin <-n, -n> [ɪnva'liːdə, ɪnva'liːdɪn] *m, f* invalid

Invasion <-, -en> [ɪnva'zi̯oːn] *f* invasion

Inventar <-s, -e> [ɪnvɛn'taːɐ̯] *nt* inventory

Inventur <-, -en> [ɪnvɛn'tuːɐ̯] *f* stocktaking; **~ machen** to stocktake

investieren* [ɪnvɛs'tiːrən] *tr V* to invest

Investition <-, -en> [ɪnvɛsti'tsi̯oːn] *f* investment

inwendig ['ɪnvɛndɪç] *Adv, Adj* inside

inwiefern [ɪnvi'fɛrn] *Adv* in what way

inwieweit [ɪnvi'vait] *Adv* how far

inzestuös [ɪntsɛs'tu̯øːs] *Adj Beziehung, Verhältnis* incestuous

I

Inzucht ['ɪntsʊxt] *f* inbreeding

inzwischen [ɪn'tsvɪʃn̩] *Adv* in the meantime

Ion <-s, -en> [i̯o:n] *nt* ion

Irak <-s> [i'ra:k] *m* **der** ~ Iraq

Iraker(in) <-s, -> [i'ra:kɐ] *m(f)* Iraqi

Iran <-s> [i'ra:n] *m* **der** ~ Iran

Iraner(in) <-s, -> [i'ra:nɐ] *m(f)* Iranian

irdisch ['ɪrdɪʃ] *Adj* earthly

Ire, Irin <-n, -n> ['i:rə, 'i:rɪn] *m, f* Irishman/Irishwoman; **die ~n** the Irish

irgend ['ɪrgn̩t] *Adv* at all; **wenn ~ möglich** if at all possible; **wer war am Apparat? – Ach, wieder ~ so ein Spinner!** who was that on the phone? — Oh, some lunatic or other again!

irgendein ['ɪrgn̩tʔain], **irgendeine(r, s)** ['ɪrgn̩tʔainə, -ainɐ, -ainəs], **irgendeins** ['ɪrgn̩tʔains] *unbest. Pron* ① *adjektivisch* (*was auch immer für ein*) some; **haben Sie noch irgendeinen Wunsch?** would you like anything else?; **nicht irgendein/e ...** *adjektivisch* not any [old] ... ② *substantivisch* (*ein Beliebiger*) any [old] one; *substantivisch;* **ich werde doch nicht irgendeinen einstellen** I'm not going to appoint just anybody **irgendetwas**[RR], **irgend etwas**[ALT] *unbest. Pron* something; (*bei Fragen, Bedingungssätzen, Verneinungen*) anything; **~ anderes** something else **irgendjemand**[RR] *pron,* **irgend jemand**[ALT] *unbest. Pron* somebody; (*bei Fragen, Bedingungssätzen, Verneinungen*) anyone; **~ anderer** somebody else **irgendwann** ['ɪrgn̩t'van] *Adv* some time or other **irgendwas** ['ɪrgn̩t'vas] *unbest. Pron* (*fam*) *s.* **irgendetwas** **irgendwie** ['ɪrgn̩t'vi:] *Adv* somehow [or other]; **Sie kommen mir ~ bekannt vor** I seem to know you somehow **irgendwo** ['ɪrgn̩t'vo:] *Adv* ① somewhere [or other] ② (*fam: irgendwie*) somehow [or other] **irgendwoher** ['ɪrgn̩tvo'he:ɐ̯] *Adv* [**von**] ~ from somewhere [or other] **irgendwohin** ['ɪrgn̩tvo'hɪn] *Adv* somewhere [or other]

Irin <-, -nen> ['i:rɪn] *f s.* **Ire** Irishwoman

Iris <-, -> ['i:rɪs] *f* (*Blume, Regenbogenhaut*) iris

irisch ['i:rɪʃ] *Adj* Irish; *s. a.* **deutsch**

Irland ['ɪrlant] *nt* Ireland

Ironie <-, *selten* -n> [iro'ni:, *Pl:* -i:ən] *f* irony

ironisch [i'ro:nɪʃ] **I.** *Adj* ironic[al] **II.** *Adv* ironically; **~ lächeln** to give an ironic smile

irr(e) [ɪrə] **I.** *Adj* ① (*verrückt*) crazy; **jdn ganz ~ machen** (*fam*) to drive sb crazy ② (*sl: toll*) fantastic ③ (*sl: ausgeflippt*) wacky **II.** *Adv* ① (*verrückt*) insanely; **wie ~** (*fam*) like mad ② (*sl: äußerst*) incredibly

irrational ['ɪratsi̯ona:l, ɪratsi̯o'na:l] *Adj* (*geh*) irrational

Irre(r) ['ɪrə, -rɐ] *f(m) dekl wie Adj* lunatic

Irre <-> ['ɪrə] *f* **in die ~ führen** to mislead

irreal ['ɪrea:l] *Adj* unreal

irre|führen *tr V* to mislead; **sich von jdm/etw ~ lassen** to be misled by sb/sth

irreführend *Adj* misleading

irrelevant ['ɪrelevant, ɪrele'vant] *Adj* irrelevant

irren[1] ['ɪrən] *intr V sein* (*herumirren*) to wander (**durch** through, **über** across)

irren[2] ['ɪrən] **I.** *intr V* (*geh*) (*sich täuschen*) to be wrong ▶ **Irren ist menschlich** (*prov*) to err is human **II.** *refl V* **sich ~** to be wrong (**in** about); **wenn ich mich nicht irre, ...** if I am not mistaken ...

Irrenanstalt *f* (*pej veraltend*) lunatic asylum **Irrenhaus** *nt* (*veraltet o pej*) lunatic asylum; **wie im ~** (*fam*) like a madhouse

Irrfahrt *f* odyssey

Irrgarten *m* maze

irrig ['ɪrɪç] *Adj* (*geh*) wrong

irritieren* [ɪri'ti:rən] *tr V* ① (*verwirren*) to confuse ② (*stören*) to annoy

Irrsinn ['ɪrzɪn] *m kein Pl* (*fam*) madness

irrsinnig ['ɪrzɪnɪç] **I.** *Adj* ① (*fam: völlig wirr*) mad ② (*fam: intensiv*) tremendous; *Kälte, Verkehr* incredible **II.** *Adv* (*fam: äußerst*) terribly

Irrtum <-[e]s, -tümer> ['ɪrtu:m, *Pl:* 'ɪrty:mɐ] *m* ① (*Gedanke*) error; [**schwer**] **im ~ sein** to be [badly] mistaken ② (*Handlung*) mistake; **einen ~ begehen** to make a mistake

irrtümlich ['ɪrty:mlɪç] **I.** *Adj attr* mistaken **II.** *Adv* mistakenly

ISBN <-, -s> [i:ʔɛsbe:'ʔɛn] *f Abk von* **Internationale Standardbuchnummer** ISBN

Ischias <-> ['ɪʃi̯as] *m o nt kein Pl* sciatica

ISDN <-s> [i:ʔɛsde:'ʔɛn] *nt kein Pl Abk von* **Integrated Services Digital Network** ISDN

Islam <-s> [ɪs'la:m, 'ɪslam] *m kein Pl* **der ~** Islam

islamisch [ɪs'la:mɪʃ] *Adj* Islamic

Island ['i:slant] *nt* Iceland

Isländer(in) <-s, -> ['i:slɛndɐ] *m(f)* Icelander

isländisch ['i:slɛndɪʃ] *Adj* Icelandic; *s. a.* **deutsch**

Isländisch ['i:slɛndɪʃ] *nt dekl wie Adj* Icelandic; *s. a.* **Deutsch**

Isolation <-, -en> [izola'tsi̯o:n] *f* ① (*Abdichtung*) insulation ② (*das Isolieren/Isoliertsein*) isolation (**von** from)

Isolationshaft *f* solitary confinement

Isolierband <-bänder> [izo'li:ɐ̯-] *nt* insulating tape

isolieren* [izo'li:rən] **I.** *tr V* ① TECH to insulate (**gegen** against) ② (*absondern*) to isolate (**von** from) **II.** *refl V* **sich ~** to isolate oneself (**von** from)

Isomatte *f* insulating underlay

Israel <-s> ['ɪsrae:l, 'ɪsraɛl] *nt* Israel

Israeli <-[s], -[s]> [ɪsra'e:li] *m*, **Israeli** <-, -[s]> *f* Israeli; *s. a.* **Deutsche(r)**

israelisch [ɪsra'e:lɪʃ] *Adj* Israeli; *s. a.* **deutsch**

Israelit(in) <-en, -en;> [israe'li:t, ɪsrae'li:t] *m(f)* Israelite

israelitisch *Adj* Israelite; *s. a.* **deutsch**

Istbestand^RR [ɪstbəʃtant], **Ist-Bestand** *m an Waren* actual stocks; *an Geld* ready cash

Istzustand^RR, **Ist-Zustand** *m* actual state

Italien <-s> [i'ta:li̯ən] *nt* Italy

Italiener(in) <-s, -> [ita'li̯e:nɐ] *m(f)* Italian

italienisch [ita'li̯e:nɪʃ] *Adj* Italian; *s. a.* **deutsch**

Italienisch [ita'li̯e:nɪʃ] *nt dekl wie Adj* Italian; *s. a.* **Deutsch**

IWF <-> [i:ve:'ʔɛf] *m kein Pl Abk von* **Internationaler Währungsfonds** IMF

J j

J, j <-, -> [jɔt] *nt* J, j; **ein großes J** a capital J; **ein kleines j** a small j; *s. a.* **A**

ja [ja:] *Part* ① yes; **aber ~!** yes, of course! ② (*fragend: tatsächlich?*) really? ③ (*warnend: bloß*) make sure; **geh ~ nicht dahin!** don't go there whatever you do! ④ (*abschwächend*) after all; **ich kann es ~ mal versuchen** I can try it of course ⑤ (*bekräftigend: allerdings*) **was Sie mir da berichten, ist ~ kaum zu glauben!** what you're telling me certainly is scarcely believable!; **Ihr Mann ist bei einem Flugzeugabsturz ums Leben gekommen? Das ist ~ entsetzlich!** your husband died in a plane crash? Why, that's just terrible!; **das ist ~ die Höhe!** that's the absolute limit! ⑥ (*na ja, nun*) well ⑦ (*nicht wahr?*) isn't it?; **es bleibt doch bei unserer Abmachung, ~?** our agreement does stand though, doesn't it? ▶ **~ und amen zu etw sagen** (*fam*) to give sth one's blessing; **wenn ~** if so

Ja <-s, -[s]> [ja:] *nt* yes

Jacht <-, -en> [jaxt] *f* yacht

Jacke <-, -n> ['jakə] *f* (*Stoffjacke*) jacket; (*Strickjacke*) cardigan

Jackett <-s, -s> [ʒa'kɛt] *nt* jacket

Jagd <-, -en> ['ja:kt] *f* ① (*das Jagen*) hunting; **auf der ~ sein** to be [out] hunting; **~ auf jdn/etw machen** to hunt for sb/sth ② (*Verfolgung*) hunt (**auf** for) ③ (*wildes Streben*) pursuit (**nach** of)

Jagdhund *m* hound **Jagdrevier** [-revi:ɐ̯] *nt* preserve **Jagdschein** *m* hunting licence

jagen ['ja:gn̩] **I.** *tr V haben* ① to hunt ② (*hetzen*) to pursue ③ (*fam: vertreiben*) to drive (**aus** out of, **in** into) **II.** *intr V* ① *haben* to hunt ② *sein* (*rasen*) to race (**durch** through)

Jäger(in) <-s, -> ['jɛːgɐ] *m(f)* hunter
Jaguar <-s, -e> ['jaːgu̯aːɐ̯] *m* jaguar
jäh ['jɛː] *Adj* (*geh*) ❶ (*abrupt*) abrupt; *Bewegung* sudden ❷ (*steil*) steep
Jahr <-[e]s, -e> ['jaːɐ̯] *nt* ❶ year; **die 20er-/30er-~e** the twenties/thirties + *sing/pl verb;* **anderthalb ~e** a year and a half; **ein dreiviertel ~** nine months; **ein halbes ~** six months; **ein viertel ~** three months; **das ganze ~ über** throughout the whole year; **~ für ~** year after year; **im ~e ...** in [the year] ...; **zweimal im ~** twice a year; **in diesem/im nächsten ~** this/next year; **vor einem ~** a year ago; **alle hundert ~e** every hundred years; **auf ~e hinaus** for years to come ❷ (*Lebensjahre*) **er ist zehn ~e alt** he's ten years old ▶ **in den besten ~en** [**sein**] [to be] in one's prime; **in die ~e kommen** (*fam*) to be getting on [in years]
jahrelang ['jaːrəlaŋ] **I.** *Adj attr* lasting for years; **das Ergebnis war die Frucht ~er Forschungen** the result was the fruits of years of research **II.** *Adv* for years; **es dauert ~(, bis ...)** it will take years (before ...)
Jahresbilanz *f* ÖKON, BÖRSE annual balance sheet **Jahrestag** *m* anniversary **Jahreswechsel** *m* turn of the year **Jahreszahl** *f* year **Jahreszeit** *f* season **jahreszeitlich** *Adj* seasonal
Jahrgang <-gänge> *m* ❶ (*Altersgruppe*) age-group; (*von Schülern*) [school] year ❷ (*Erntejahr*) vintage; (*Herstellungsjahr*) year
Jahrhundert <-s, -e> [jaːɐ̯'hʊndɐt] *nt* century
Jahrhundertwende *f* turn of the century
jährlich ['jɛːɐ̯lɪç] *Adj* annual
Jahrmarkt *m* [fun]fair
Jahrtausend <-s, -e> [jaːɐ̯'tauznt] *nt* millennium
Jahrzehnt <-[e]s, -e> [jaːɐ̯'tseːnt] *nt* decade
jähzornig *Adj* violent-tempered
Jalousie <-, -n> [ʒalu'ziː, *Pl:* -'ziːən] *f* venetian blind
jämmerlich ['jɛmɐlɪç] **I.** *Adj attr* ❶ (*beklagenswert*) wretched ❷ (*kummervoll*) sorrowful ❸ (*pej: mies*) miserable **II.** *Adv* ❶ (*elend*) miserably ❷ (*fam: erbärmlich*) awfully
jammern ['jamɐn] *intr V* to whine (**über/wegen** about)
jammerschade ['jamɐ'ʃaːdə] *Adj* (*fam*) **~** [**sein**], **dass/wenn/wie ...** to be a terrible pity that/if/how ...
Janker <-s, -> ['jaŋkɐ] *m* SÜDD, ÖSTERR ❶ (*dicke Strickjacke*) thick cardigan ❷ (*Trachtenjacke*) mountain jacket
Jänner <-s, -> ['jɛnɐ] *m* ÖSTERR January
Januar <-[s], -e> ['janu̯aːɐ̯] *m* January; *s. a.* **Februar**
Japan <-s> ['jaːpan] *nt* Japan
Japaner(in) <-s, -> [ja'paːnɐ] *m(f)* Japanese; **die ~** the Japanese
japanisch [ja'paːnɪʃ] *Adj* Japanese; *s. a.* **deutsch**
Japanisch [ja'paːnɪʃ] *nt dekl wie Adj* Japanese; *s. a.* **Deutsch 1**
Jargon <-s, -s> [ʒar'gõː] *m* ❶ (*Gruppensprache*) jargon ❷ (*saloppe Sprache*) slang
Jasmin <-s, -e> [jas'miːn] *m* jasmine
jäten ['jɛːtn̩] *intr, tr V* (*Garten*) to weed
Jauche <-, -n> ['jauxə] *f* liquid manure
Jauchegrube *f* liquid manure pit
jauchzen ['jauxtsn̩] *intr V* (*geh*) to shout with glee
jaulen ['jaulən] *intr V* to howl
Jawort *nt* **jdm das ~ geben** to consent to marry sb; (*bei Trauung*) to say I do
Jazz <-> [dʒɛs, jats] *m kein Pl* jazz
je ['jeː] **I.** *Adv* ❶ (*jemals*) ever ❷ (*jeweils*) each **II.** *Präp +Akk* (*pro*) per **III.** *Konj* **~ ..., desto ...** the ... the ...; **~ öfter du übst, desto besser kannst du dann spielen** the more you practice the better you will be able to play; **~ nachdem!** it [all] depends!; **~ nachdem, wann/wie/ob ...** depending on when/how/whether ...
Jeans <-, -> ['dʒiːnz] *f meist Pl* jeans *pl*
Jeansrock ['dʒiːnz-] *m* denim skirt
jede(r, s) ['jeːdə, 'jeːdɐ, 'jeːdəs] *unbest. Pron* ❶ *attr* (*alle einzelnen*) each; **~s Mal** every time ❷ (*jeweils der/die einzelne*) each [one]; **~(r, s) zweite/dritte/...** one in two/three ... ❸ *attr* (*jegliche*) any ❹ *substantivisch* everyone; **das weiß doch ~r** [*o* **ein ~r** *geh*]**!** everybody knows that!
jedenfalls ['jeːdn̩'fals] *Adv* ❶ (*immerhin*) anyhow, in any case ❷ (*auf jeden Fall*) definitely
jedermann ['jeːdɐman] *unbest. Pron,*

substantivisch everyone; (*jeder [beliebige]*) anyone

jederzeit ['je:dɐ'tsait] *Adv* ❶ (*zu jeder beliebigen Zeit*) at any time ❷ (*jeden Augenblick*) at any moment

jedesmalALT *Adv s.* **jede(r, s)** ❶

jedoch [je'dɔx] *Konj, Adv* however

jemals ['je:ma:ls] *Adv* ever

jemand ['je:mant] *unbest. Pron* somebody, someone; (*bei Fragen, Verneinung*) anybody, anyone

jene(r, s) ['je:nə, 'je:nɐ, 'je:nəs] *Demonstrativpron* (*geh*) that *sing,* those *pl*

jenseits ['je:nzaits] **I.** *Präp +Gen* (*auf der anderen Seite*) on the other side of **II.** *Adv* (*über ... hinaus*) ~ **von etw** beyond sth

Jenseits <-> ['je:nzaits] *nt kein Pl* hereafter

Jesuit <-en, -en> [jezu'i̯t] *m* Jesuit

Jesus <*Dat o Gen* Jesu, *Akk* Jesum> ['je:zʊs] *m* Jesus; ~ **Christus** Jesus Christ

jetzig ['jɛtsɪç] *Adj attr* current

jetzt ['jɛtst] *Adv* ❶ (*nun*) now; ~ **gleich** right now; ~ **oder nie!** [it's] now or never!; ~ **noch?** now?; ~ **schon?** already?; **bis** ~ so far; **wer ist das ~ schon wieder?** who on earth is that now? ❷ (*heute*) now[adays]

jeweilig ['je:'vailɪç] *Adj attr* prevailing

jeweils ['je:'vails] *Adv* ❶ (*jedes Mal*) each time; **die Miete ist ~ monatlich im Voraus fällig** the rent is due each month in advance ❷ (*zur entsprechenden Zeit*) at the time

jobben ['dʒɔbn̩] *intr V* (*fam*) to do casual work

Jobbörse ['dʒɔb-] *f* ÖKON job market; (*Veranstaltung für Hochschulabsolventen*) [graduate] job fair **Jobcenter** <-s, -> *nt* job centre [*or* center AM]

Joch <-[e]s, -e> ['jɔx] *nt* yoke

Jockei, Jockey <-s, -s> ['dʒɔke, 'dʒɔki] *m* jockey

Jod <-s> ['jo:t] *nt kein Pl* iodine

jodeln ['jo:dl̩n] *intr V* to yodel

Joga <-[s]> ['jo:ga] *m o nt kein Pl* yoga

joggen ['dʒɔgn̩] *intr V sein* to jog

Jogger(in) <-s, -> ['dʒɔgɐ] *m(f)* jogger

Jogginganzug ['dʒɔgɪŋ-] *m* tracksuit

Joghurt <-[s], -[s]>, **Jogurt**RR <-[s], -[s]> ['jo:gʊrt] *m o nt* yog[h]urt

Johannisbeere [jo'hanɪs-] *f* currant; **rote ~n** redcurrants; **schwarze ~n** blackcurrants

johlen ['jo:lən] *intr V* to yell

Jo-Jo <-s, -s> [jo'jo:] *nt* yo-yo

jonglieren* [ʒɔŋ'li:rən] *intr V* to juggle

Jordanien <-s> [jɔr'da:ni̯ən] *nt* Jordan

Jordanier(in) <-s, -> [jɔr'da:ni̯ɐ] *m(f)* Jordanian

jordanisch [jɔr'da:nɪʃ] *Adj* Jordanian; *s. a.* **deutsch**

Journal <-s, -e> [ʒʊr'na:l] *nt* journal

Journalist(in) <-en, -en> [ʒʊrna'lɪst] *m(f)* journalist

Jubeljahr *nt* (*Jubiläumsjahr*) jubilee ▶ **nur alle ~e [einmal]** (*fam*) once in a blue moon *fam*

jubeln ['ju:bl̩n] *intr V* to shout with joy; **eine ~de Menge** a cheering crowd

Jubiläum <-s, Jubiläen> [jubi'lɛ:ʊm, *Pl:* jubi'lɛ:ən] *nt* anniversary

jucken ['jʊkn̩] **I.** *intr V* (*Juckreiz erzeugen*) to itch **II.** *intr V unpers* to itch **III.** *tr V unpers* ❶ **es juckt jdn [irgendwo]** sb has an itch [somewhere]; **mich juckt's am Rücken** my back's itching ❷ (*fam: reizen*) **jdn juckt es, etw zu tun** sb's itching to do sth **IV.** *tr V* ❶ (*kratzen*) **das Unterhemd juckt mich** the vest makes me itch ❷ *meist verneint* (*fam: kümmern*) **jdn juckt etw [nicht]** sth is of [no] concern to sb **V.** *refl V* (*fam: sich kratzen*) **sich ~** to scratch

Juckreiz *m* itch[ing *no pl*]

Jude, Jüdin <-n, -n> ['ju:də, 'jy:dɪn] *m, f* Jew *masc,* Jewess *fem*

Judentum <-s> *nt* Jewry

Jüdin <-, -nen> *f s.* **Jude**

jüdisch ['jy:dɪʃ] *Adj* Jewish

Judo <-s> ['ju:do] *nt kein Pl* judo

Jugend <-> ['ju:gn̩t] *f kein Pl* ❶ youth; **in jds ~** in sb's youth; **von ~ an** from one's youth ❷ (*junge Leute*) **die ~** young people *pl;* **die europäische ~** the youth of Europe; **die heutige ~** young people today

Jugendfreund(in) *m(f)* childhood friend **Jugendhaft** *f kein Pl* JUR juvenile detention **Jugendherberge** *f* youth hostel

jugendlich ['ju:gn̩tlɪç] *Adj* ❶ (*jung*) young ❷ (*durch Jugend bedingt, jung wirkend*) youthful

Jugendliche(r) *f(m) dekl wie Adj* young person
Jugendzeit *f kein Pl* youth
Jugoslawien <-s> [jugo'sla:vi̯ən] *nt* (*hist*) Yugoslavia
jugoslawisch [jugo'sla:vɪʃ] *Adj* (*hist*) Yugoslav[ian]; *s. a.* **deutsch**
Juli <-[s], -s> ['ju:li] *m* July; *s. a.* **Februar**
jung <jünger, jüngste> ['jʊŋ] **I.** *Adj* young; ~ **und alt** young and old alike; **das hält ~!** it keeps you young! **II.** *Adv* young; ~ **heiraten/sterben** to marry/die young; **von ~ auf** from an early age
Junge <-n, -n> ['jʊŋə] *m* ① boy ② (*fam*) **Jungs** *Pl:* (*fam: Leute*) chaps *pl* BRIT, guys *pl* AM ▸ **mein ~!** (*fam*) my dear boy!; **~, ~!** (*fam*) boy oh boy!
Junge(s) ['jʊŋə(s)] *nt* ORN, ZOOL young
jünger ['jʏŋɐ] *Adj* ① *Komp von* **jung** younger ② (*noch nicht allzu alt*) youngish ③ *Zeit* recent
Jünger(in) <-s, -> ['jʏŋɐ] *m(f)* (*Anhänger, a. von Jesus*) disciple
Jungfrau ['jʊŋfrau] *f* ① (*Frau*) virgin ② ASTROL Virgo; ~ **sein** to be a Virgo
jungfräulich ['jʊŋfrɔylɪç] *Adj* (*geh*) virgin
Junggeselle, Junggesellin ['jʊŋgəzɛlə, -gəzɛlɪn] *m, f* bachelor/single woman
Jüngling <-s, -e> ['jʏŋlɪŋ] *m* (*geh*) youth
jüngst ['jʏŋst] *Adv* (*geh*) recently
jüngste(r, s) *Adj* ① *Superl von* **jung** youngest ② (*neueste*) latest
Juni <-[s], -s> ['ju:ni] *m* June; *s. a.* **Februar**
junior ['ju:ni̯o:ɐ̯] *Adj* (*geh*) junior
Junior(in) <-s, -en> ['ju:ni̯o:ɐ̯, ju'ni̯o:rɪn, *Pl:* ju'ni̯o:rən] *m(f)* ① (*Juniorchef*) son *masc*/daughter *fem* of the boss ② (*fam: Sohn*) junior ③ *Pl* SPORT juniors *pl*
Jupe <-s, -s> [ʒy:p] *m* SCHWEIZ (*Rock*) skirt
Jura[1] ['ju:ra] *kein art* (*Rechtswissenschaft*) law
Jura[2] <-s> ['ju:ra] *nt kein Pl* ① (*Schweizer Gebirge*) Jura Mountains *pl* ② (*Schweizer Kanton*) Jura
Jurist(in) <-en, -en> [juˈrɪst] *m(f)* ① (*Akademiker*) jurist ② (*fam: Jurastudent*) law student
juristisch [ju'rɪstɪʃ] **I.** *Adj* ① (*Jura betreffend*) legal; **~es Studium** law studies; **die ~e Fakultät** Faculty of Law ② (*die Rechtsprechung betreffend*) law *attr;* **ein ~es Problem** a juridical problem **II.** *Adv* ~ **betrachtet** seen from a legal point of view
Jury <-, -s> [ʒy'ri:, 'ʒy:ri, 'dʒu:ri] *f* jury
Jus <-> ['ju:s] *nt kein art* ÖSTERR (*Jura*) law
justierbar *Adj* TECH adjustable
justieren* [jʊs'ti:rən] *tr V* to adjust
Justiz <-> [jʊs'ti:ts] *f kein Pl* ① (*Gerichtsbarkeit*) justice *no pl* ② (*Justizbehörden*) legal authorities *pl*
Justizbeamte(r) *m dekl wie Adj,* **Justizbeamtin** *f* judicial officer **Justizminister(in)** *m(f)* Minister of Justice BRIT, Attorney General AM **Justizministerium** *nt* Ministry of Justice BRIT, Department of Justice AM
Juwel[1] <-s, -en> [ju've:l] *m o nt* ① (*Schmuckstein*) gem[stone], jewel ② *Pl* (*Schmuck*) jewellery *no pl*
Juwel[2] <-s, -e> [ju've:l] *nt* (*geschätzte Person/Sache*) gem; **ein ~ von einer Köchin sein** to be a gem of a cook
Jux <-es, -e> ['jʊks] *m* (*fam*) joke; **aus [lauter] ~ und Tollerei** (*fam*) out of sheer fun; **sich** *Dat* **einen ~ aus etw machen** to make a joke out of sth
juxig <-er, -ste> *Adj* funny
JVA <-, -s> [jɔtfau'a:] *f Abk von* **Justizvollzugsanstalt** JUR prison

Kk

K, k <-, -> [kaː] *nt* K, k; **ein großes K** a capital K; **ein kleines k** a small k; *s. a.* **A**

Kabarett <-s, -e *o* -s> [kaba'rɛt] *nt* cabaret

Kabel <-s, -> ['kaːbl̩] *nt* ① ELEK wire ② TELEK, TV cable

KabelanschlussRR *m* cable connection **Kabelfernsehen** *nt* cable TV

Kabeljau <-s, -e *o* -s> ['kaːbl̩jau] *m* cod

Kabelkanal *m* TV, RADIO cable channel

Kabine <-, -n> [ka'biːnə] *f* ① (*zum Umkleiden*) changing room ② NAUT cabin

Kabinett <-s, -e> [kabi'nɛt] *nt* cabinet

Kabinettsumbildung *f* cabinet reshuffle

Kabriolett <-s, -s> [kabrio'lɛt] *nt* ÖSTERR convertible

Kachel <-, -n> ['kaxl̩] *f* tile

Kachelofen ['kaxl̩ʔoːfn̩] *m* tiled stove

Kadaver <-s, -> [ka'daːvɐ] *m* carcass

Kader <-s, -> ['kaːdɐ] *m* cadre

Käfer <-s, -> ['kɛfɐ] *m* beetle

Kaff <-s, -s *o* -e> ['kaf] *nt* (*pej fam*) hole

Kaffee <-s, -s> ['kafe] *m* coffee; **~ mit Milch** white coffee; **schwarzer ~** black coffee; **~ trinken** to have [a] coffee

Kaffeebohne *f* coffee bean **Kaffeehaus** *nt* coffee-house **Kaffeekanne** *f* coffeepot **Kaffeelöffel** *m* coffee spoon **Kaffeemaschine** *f* coffee machine **Kaffeepause** *f* coffee break **Kaffeepad** <-s, -s> [-pɛt] *nt* coffee pod **Kaffeeservice** *nt* coffee set **Kaffeetasse** *f* coffee cup

Käfig <-s, -e> ['kɛːfɪç] *m* cage

Käfighaltung *f* caging

kahl [kaːl] **I.** *Adj* ① (*haarlos*) bald; **~ geschoren** shaven ② *Wand, Baum* bare **II.** *Adv* **etw ~ fressen** to strip sth bare; **jdn ~ scheren** to shave sb's head

Kahlkopf *m* bald head

kahlköpfig *Adj* bald-headed

Kahlschlag *m kein Pl* deforestation

Kahn <-[e]s, Kähne> [kaːn, *Pl:* 'kɛːnə] *m* (*Boot*) small boat; (*für Lasten*) barge

Kai <-s, -e *o* -s> [kai] *m* quay

Kaiser(in) <-s, -> ['kaizɐ] *m(f)* emperor *masc*/empress *fem*

Kaiserkrone *f* imperial crown

kaiserlich ['kaizɐlɪç] *Adj* imperial

Kaiserreich *nt* empire

> **Kaiserschmarren** is a type of pancake, commonplace in Austria, southern Germany and Switzerland, which is pulled to pieces and sprinkled with sugar, and sometimes contains raisins. Its origins can be traced back to the Empress Elisabeth of Austria.

Kaiserschnitt *m* Caesarean

Kajal <-[s]> [ka'jaːl] *nt kein Pl* kohl

Kajüte <-, -n> [ka'jyːtə] *f* cabin

Kakadu <-s, -s> *m* cockatoo

Kakao <-s, -s> [ka'kau] *m* cocoa

Kakerlake <-, -n> [kaːkɐ'laːkə] *f* cockroach

Kaktee <-, -n> [kak'teːə] *f*, **Kaktus** <-, Kakteen *o fam* -se> ['kaktʊs, *Pl:* kak'teːən, -ʊsə] *m* cactus

Kalb <-[e]s, Kälber> [kalp, *Pl:* 'kɛlbɐ] *nt* calf

kalben ['kalbn̩] *intr V* to calve

Kalbfleisch *nt* veal

Kalbsleder *nt* calfskin **Kalbsschnitzel** *nt* veal cutlet

Kalender <-s, -> ['kalɛndɐ] *m* calendar

Kalenderjahr *nt* calendar year

Kaliber <-s, -> [ka'liːbɐ] *nt* calibre

Kalifornien <-s> [kali'fɔrni̯ən] *nt* California

Kalium <-s> ['kaːli̯ʊm] *nt kein Pl* potassium

Kalk <-[e]s, -e> [kalk] *m* ① lime ② (*Kalzium*) calcium

Kalkboden *m* lime soil

kalkhaltig *Adj* chalky; (*Wasser*) hard

Kalkstein *m* limestone

Kalkulation <-, -en> [kalkula'tsi̯oːn] *f* calculation

kalkulierbar *Adj* calculable

kalkulieren* [kalku'liːrən] *intr, tr V* to calculate

Kalorie <-, -n> [kalo'riː, *Pl:* kalo'riːən] *f* calorie

kalorienarm *Adj, Adv* low-calorie

kalt <kälter, kälteste> [kalt] **I.** *Adj* cold; **mir ist ~** I'm cold **II.** *Adv* **~ duschen** to

K

have a cold shower; **sich ~ waschen** to wash in cold water

kaltblütig [kaltbly:tɪç] **I.** *Adj* cold-blooded **II.** *Adv* unscrupulously

Kälte <-> ['kɛltə] *f kein Pl* cold; **vor ~** with cold

kälteempfindlich *Adj* sensitive to cold *pred* **Kälteschutzmittel** *nt* antifreeze

kalt|lassen *tr V unreg* **jdn ~** to leave sb cold

Kaltluft *f* cold air **kaltschnäuzig** **I.** *Adj* callous **II.** *Adv* callously **Kaltstart** *m* cold start

Kalzium <-s> ['kaltsi̯ʊm] *nt kein Pl* calcium

Kamel <-[e]s, -e> [ka'me:l] *nt* camel

Kamelhaar *nt kein Pl* camel hair

Kamelie <-, -n> [ka'me:li̯ə] *f* camellia

Kamera <-, -s> ['kaməra] *f* camera

Kamerad(in) <-en, -en> [kamə'ra:t, *Pl:* -a:dn̩] *m(f)* comrade

kameradschaftlich **I.** *Adj* friendly **II.** *Adv* on a friendly basis

Kamerafrau *f* camerawoman **Kameraführung** *f* FILM, TV camera work **Kameramann, Kamerafrau** *m, f* cameraman *masc,* camerawoman *fem*

Kamerun <-s> ['kaməru:n] *nt* Cameroon

Kamille <-, -n> [ka'mɪlə] *f* camomile

Kamillentee *m* camomile tea

Kamin <-s, -e> [ka'mi:n] *m* ① fireplace ② (*Schornstein*) chimney

Kaminaufsatz *m* chimney pot **Kaminfeger(in)** <-s, -> *m(f),* **Kaminkehrer(in)** <-s, -> *m(f)* chimney sweep

Kamm <-[e]s, Kämme> [kam, *Pl:* 'kɛmə] *m* comb

kämmen [kɛmən] *tr V* to comb

Kammer <-, -n> ['kamɐ] *f* [small] room

Kampagne <-, -n> [kam'panjə] *f* campaign

Kampf <-[e]s, Kämpfe> [kampf, *Pl:* 'kɛmpfə] *m* ① fight ② MIL battle ③ (*das Ringen*) **der ~ ums Dasein** the struggle for existence ▸ **jdm/einer S. den ~ ansagen** to declare war on sb/sth

Kampfeinsatz *f* ① MIL [military] action *no pl, no indef art* ② SPORT (*Kampfgeist*) commitment *no pl*

kämpfen ['kɛmpfn̩] *intr V* ① to fight ② (*ringen*) **mit sich/einer S. ~** to struggle with oneself/sth

Kampfer <-s> *m kein Pl* camphor

kämpferisch *Adj* aggressive

Kampfhund *m* fighting dog **Kampfrichter(in)** *m(f)* referee **Kampfsport** *m kein Pl* martial arts *pl*

kampieren* [kam'pi:rən] *intr V* to camp [out]

Kanada <-s> ['kanada] *nt* Canada

Kanadier(in) <-s, -> [ka'na:di̯ɐ] *m(f)* Canadian

kanadisch [ka'na:dɪʃ] *Adj* Canadian; *s. a.* **deutsch**

Kanal <-s, Kanäle> [ka'na:l, *Pl:* ka'nɛlə] *m* ① canal ② (*Abwasser*) sewer ③ GEOG **der ~** (*Ärmelkanal*) the Channel ④ TV channel

Kanaldeckel *m* manhole cover **Kanalinseln** *Pl* **die ~** the Channel Islands

Kanalisation <-, -en> [kanaliza'tsi̯o:n] *f* sewerage system

Kanaltunnel *m* **der ~** the Channel Tunnel

Kanaren [ka'na:rən] *Pl s.* **Kanarische Inseln**

Kanarienvogel [ka'na:ri̯ənfo:gl̩] *m* canary

Kanarische Inseln *Pl* Canary Islands

Kandidat(in) <-en, -en> [kandi'da:t] *m(f)* candidate; **jdn als ~en aufstellen** to nominate sb

Kandidatur <-, -en> [kandida'tu:ɐ̯] *f* candidacy (**für** for)

kandidieren* [kandi'di:rən] *intr V* to stand (**für** for)

kandiert *Adj* candied

Kandis <-> ['kandɪs] *m,* **Kandiszucker** *m kein Pl* rock candy *no pl*

Känguru[RR] <-s, -s> *nt,* **Känguruh**[ALT] <-s, -s> ['kɛŋguru] *nt* kangaroo

Kaninchen <-s, -> [ka'ni:nçən] *nt* rabbit

Kanister <-s, -> [ka'nɪstɐ] *m* canister

Kännchen <-s, -> ['kɛnçən] *nt* ① jug ② (*im Café*) pot

Kanne <-, -n> ['kanə] *f* pot

Kannibale <-n, -n> [kani'ba:lə] *m* cannibal

Kanone <-, -n> [ka'no:nə] *f* cannon

Kanonenfutter *nt* (*sl*) cannon fodder

Kante <-, -n> ['kantə] *f* edge

kantig ['kantɪç] *Adj* angular

Kantine <-, -n> [kan'ti:nə] *f* canteen

Kanton <-s, -e> [kan'tɔ:n] *m* canton

Switzerland consists of 26 **Kantone** of which three are divided into *Halbkan-*

tone (demicantons) – Unterwalden, Basel and Appenzell. The cantons elect a total of 46 representatives to the *Ständerat*, one of the two chambers of the Swiss legislature. The largest cantons are Graubünden, Bern and Valais.

Kanu <-s, -s> ['ka:nu] *nt* canoe
Kanüle <-, -n> [ka'ny:lə] *f* cannula
Kanzel <-, -n> ['kantsl̩] *f* ① REL pulpit ② LUFT cockpit
Kanzlei <-, -en> [kants'lai] *f* office
Kanzler(in) <-s, -> ['kantslɐ] *m(f)* chancellor
Kanzleramt *nt* ① (*Büro*) chancellor's office ② (*Amt*) chancellorship
Kap <-s, -s> [kap] *nt* cape
Kapazität <-, -en> [kapatsi'tɛt] *f* ① *kein Pl* capacity ② (*Experte*) expert
Kapelle <-, -n> [ka'pɛlə] *f* ① REL chapel ② MUS orchestra
Kapellmeister(in) *m(f)* conductor
Kaper <-, -n> ['ka:pɐ] *f* caper
kapern ['ka:pɐn] *tr V* to seize
kapieren* [ka'pi:rən] (*fam*) **I.** *intr V* to get; **~, dass/was ...** to understand that/what ... **II.** *tr V* **etw ~** to get sth
Kapital <-s, -ien> [kapi'ta:l, *Pl:* -liən] *nt* capital; **~ aufnehmen** to take up credit; **~ aus etw schlagen** to cash in on sth
Kapitalanlage *f* capital investment **Kapitalanleger(in)** *m(f)* FIN investor **Kapitalertrag** *m* FIN yield on capital
Kapitalismus <-> [kapita'lɪsmʊs] *m kein Pl* capitalism
Kapitalist(in) <-en, -en> [kapita'lɪst] *m(f)* capitalist
kapitalistisch *Adj* capitalist
Kapitalverbrechen *nt* capital offence
Kapitän(in) <-s, -e> [kapi'tɛ:n] *m(f)* captain
Kapitel <-s, -> [ka'pɪtl̩] *nt* chapter
Kapitell <-s, -e> [kapi'tɛl] *nt* capital
Kapitulation <-, -en> [kapitula'tsi̯o:n] *f* capitulation
kapitulieren* [kapitu'li:rən] *intr V* to capitulate (**vor** to)
Kaplan <-s, Kapläne> [ka'pla:n, *Pl:* ka'plɛ:nə] *m* chaplain
Kappe <-, -n> ['kapə] *f* ① (*Mütze*) cap ② (*Deckel*) top
kappen ['kapn̩] *tr V* to cut
Kapsel <-, -n> ['kapsl̩] *f* ① PHARM, RAUM capsule ② (*kleiner Behälter*) small container
kaputt [ka'pʊt] *Adj* (*fam*) ① (*defekt*) broken ② (*beschädigt*) damaged ③ (*erschöpft*) shattered ④ (*ruiniert*) ruined
kaputt|gehen *intr V unreg sein* (*fam*) ① to break down ② (*beschädigt werden*) to become damaged ③ (*ruiniert werden*) to be ruined **kaputt|lachen** *refl V* (*fam*) **sich ~** to die laughing **kaputt|machen I.** *tr V* (*fam*) ① (*zerstören*) to break ② (*ruinieren*) to ruin ③ (*erschöpfen*) **jdn ~** to wear sb out **II.** *refl V* (*fam*) **sich ~** to wear oneself out
Kapuze <-, -n> [ka'pu:tsə] *f* hood
Karabiner <-s, -> [kara'bi:nɐ] *m* ① carbine ② (*Haken*) karabiner
Karaffe <-, -n> [ka'rafə] *f* decanter
Karambolage <-, -n> [karambo'la:ʒə] *f* pile-up
KaramelALT *m*, **Karamell**RR <-s> [kara'mɛl] *m kein Pl* caramel
Karat <-[e]s, -e *o* -> [ka'ra:t] *nt* carat
Karate <-[s]> [ka'ra:tə] *nt kein Pl* karate
Kardamom <-s> [karda'mo:m] *m o nt kein Pl* cardamom
Kardinal <-s, Kardinäle> [kardi'na:l, *Pl:* -nɛ:lə] *m* cardinal
Kardinalzahl *f* cardinal number
Kardiogramm <-s, -gramme> [kardi̯o'gram] *nt* cardiogram
Karfiol <-s> [kar'fi̯o:l] *m kein Pl* ÖSTERR cauliflower
Karfreitag [ka:ɐ̯'fraita:k] *m* Good Friday
karg [kark] *Adj* meagre
kärglich ['kɛrklɪç] *Adj* ① (*ärmlich*) shabby ② (*dürftig*) meagre
Karibik <-> [ka'ri:bɪk] *f* **die ~** the Caribbean
kariert [ka'ri:rt] *Adj* ① *Stoff* checked ② *Papier* squared
Karies <-> [ka:ri̯ɛs] *f kein Pl* tooth decay
Karikatur <-, -en> [karika'tu:ɐ̯] *f* caricature
karikieren* [kari'ki:rən] *tr V* to caricature
Karl <-s> [karl] *m* Charles; **~ der Große** Charlemagne
Karneval <-s, -e> ['karnəval] *m* carnival
Kärnten <-s> ['kɛrntn̩] *nt* Carinthia

K

Karo <-s, -s> ['ka:ro] *nt* ① check ② KARTEN diamonds *pl*

Karosse <-, -n> [ka'rɔsə] *f* ① state coach ② *s.* **Karosserie**

Karosserie <-, -n> [karɔsə'ri:, *Pl:* -'ri:ən] *f* bodywork

Karotte <-, -n> [ka'rɔtə] *f* carrot

Karpaten [kar'pa:tn̩] *Pl* **die** ~ the Carpathian Mountains *pl*

Karpfen <-s, -> ['karpfn̩] *m* carp

Karpfenteich *m* carp pond

karren ['karən] *tr V* (*fam: fahren*) to cart; **jdn irgendwohin** ~ to drive sb somewhere

Karren <-s, -> ['karən] *m* ① (*Schubkarre*) wheelbarrow ② (*offener Pferdewagen*) cart

Karriere <-, -n> [ka'ri̯e:rə] *f* career

Karrierefrau *f* career woman **Karrieremacher(in)** *m(f)*, **Karrierist(in)** <-en, -en> [kari̯'rɪst] *m(f)* (*pej*) careerist

K

Karte <-, -n> ['kartə] *f* ① card; (*Ansichtskarte*) [post]card; (*Eintritts-/Fahrkarte*) ticket ② (*Auto-/Landkarte*) map; **nach der** ~ according to the map ③ (*Speisekarte*) menu ④ KARTEN card; **die ~n mischen** to shuffle the cards

Kartei <-, -en> [kar'tai] *f* card index

Karteikarte *f* index card

Kartell <-s, -e> [kar'tɛl] *nt* cartel

Kartellamt *nt* monopolies [*or* AM antitrust] commission

Kartenspiel *nt* game of cards **Kartenspieler(in)** <-s, -> *m(f)* card player **Kartentelefon** *nt* cardphone **Kartenvorverkauf** *m* advance ticket sale

Kartoffel <-, -n> [kar'tɔfl̩] *f* potato

Kartoffelbrei *m kein Pl* mashed potatoes **Kartoffelchips** *Pl* crisps BRIT, chips AM **Kartoffelpuffer** <-s, -> *m* potato fritter **Kartoffelsalat** *m* potato salad **Kartoffelschale** *f* potato peel

Karton <-s, -s> [kar'tɔŋ] *m* ① cardboard box ② (*Pappe*) cardboard

kartoniert *Adj* paperback

Karussell <-s, -s *o* -e> [karʊ'sɛl] *nt* merry-go-round

karzinogen [kartsino'ge:n] *Adj* MED carcinogenic

Karzinogen [kartsino'ge:n] *nt* MED (*fachspr*) carcinogen

Karzinom <-s, -e> [kartsi'no:m] *nt* malignant growth

kaschieren* [ka'ʃi:rən] *tr V* to conceal

Kaschmir <-s, -e> ['kaʃmi:ɐ̯] *m* cashmere

Käse <-s, -> ['kɛ:zə] *m* ① cheese ② (*pej*) nonsense

Käsekuchen *m* cheesecake

Kasernenhof *m* MIL barrack square

käseweiß *Adj*, **käsig** ['kɛ:sɪç] *Adj* pasty

Kasino <-s, -s> [ka'zi:no] *nt* casino

Kaskoversicherung *f* fully comprehensive insurance

Kasper <-s, -> ['kaspɐ] *m*, **Kasperl** <-s, -[n]> ['kaspɐl] *m* ÖSTERR, **Kasperle** <-s, -> ['kaspɐlə] *m o nt* SÜDD Punch

Kaspertheater, **Kasperltheater** ÖSTERR, **Kasperletheater** *nt* SÜDD Punch and Judy show

Kaspertheater or **Kasperl[e]theater** is the German equivalent to a *Punch and Judy Show.* The traditional role of the *Kasper* or *Kasperl[e]* is more than 200 years old. However, Kasperl's adventures with his best friend *Seppel* and *Großmutter* were further made popular in one of the most famous German children's books by Otfried Preußler, *Der Räuber Hotzenplotz. Kasperl* and *Seppel,* along with *Polizeihauptwachtmeister Dimpfelmoser,* incessantly try to put a stop to the crooked doings of the *Hotzenplotz,* who lives in his robber's den in the woods.

Kasse <-, -n> ['kasə] *f* ① (*Zahlstelle*) cash desk; (*in Supermarkt*) check-out ② (*Registrierkasse*) cash register, till; **jdn zur ~ bitten** to ask sb to pay ③ (*fam*) **gut/schlecht bei ~ sein** (*fam*) to be well/badly off

Kassenautomat *m* automatic cash register **Kassenbeleg** *m*, **Kassenbon** *m* receipt **Kassengestell** *nt* (*fam*) ≈ National Health glasses (*spectacles frame paid for by the German equivalent of the National Health Service*) **Kassenpatient(in)** *m(f)* ≈ National Health patient BRIT, ≈ Medicaid patient AM **kassenpflichtig** ['kasənpflɪçtɪç] *Adj* MED, ÖKON *Medikament, Therapie* covered by statutory health insurance **Kassensturz** *m* cashing-up BRIT **Kassenzettel** *m* receipt

Kassette <-, -n> [ka'sɛtə] *f* (*Video*) video tape; (*Musik*) tape

Kassettendeck *nt* cassette deck **Kassettenrekorder** *m* cassette recorder

kassieren* [ka'siːrən] **I.** *tr V* ❶ to collect (**von** from) ❷ (*fam: einstreichen*) to pick up **II.** *intr V* **bei jdm ~** to hand sb the bill

Kassierer(in) <-s, -> [ka'siːrɐ] *m(f)* cashier

Kastanie <-, -n> [kas'taːni̯ə] *f* chestnut

Kastanienbaum *m* chestnut tree **kastanienbraun** *Adj* maroon

Kasten <-s, Kästen> ['kastn̩, *Pl:* 'kɛstn̩] *m* ❶ box ❷ ÖSTERR (*Schrank*) cupboard ▶ **etwas/nichts auf dem ~ haben** (*fam*) to be/not be on the ball

kastrieren* [kas'triːrən] *tr V* to castrate

Kasus <-, -> ['kaːzʊs] *m* case

Katalog <-[e]s, -e> [kata'loːk, *Pl:* -loːgə] *m* catalogue

Katalysator <-s, -en> [kataly'zaːtoːɐ̯, *Pl:* -za'toːrən] *m* ❶ catalyst ❷ AUTO catalytic converter

Katamaran <-s, -e> [katama'raːn] *m* NAUT catamaran

Katapult <-[e]s, -e> [kata'pʊlt] *nt o m* catapult

Katarr[RR], **Katarrh** <-s, -e> [ka'tar] *m* MED catarrh

katastrophal [katastro'faːl] *Adj* catastrophic

Katastrophe <-, -n> [kata'stroːfə] *f* catastrophe

Katastrophenhilfe *f* aid for disaster victims

Kategorie <-, -n> [katego'riː, *Pl:* -riːən] *f* category

kategorisch [kate'goːrɪʃ] **I.** *Adj* categorical **II.** *Adv* categorically

Kater <-s, -> ['kaːtɐ] *m* ❶ tomcat; **der Gestiefelte ~** Puss-in-Boots ❷ hangover; **einen ~ haben** to have a hangover

Kathedrale <-, -n> [kate'draːlə] *f* cathedral

Katheter <-s, -> [ka'teːtɐ] *m* catheter

Katholik(in) <-en, -en> [kato'liːk] *m(f)* Catholic

katholisch [ka'toːlɪʃ] *Adj* Roman Catholic

katzbuckeln ['katsbʊkl̩n] *intr V* (*pej*) to grovel (**vor** before)

Kätzchen[1] <-s, -> ['kɛtsçən] *nt Dim von* **Katze** kitten

Kätzchen[2] <-s, -> ['kɛtsçən] *nt* BOT catkin

Katze <-, -n> ['katsə] *f* cat ▶ **die ~ aus dem Sack lassen** (*fam*) to let the cat out of the bag; **die ~ im Sack kaufen** to buy a pig in a poke

Katzenauge *nt* (*am Fahrrad*) reflector **Katzenjammer** *m* the blues + *sing verb* **Katzensprung** *m* [**nur**] **einen ~ entfernt sein** to be [only] a stone's throw away **Katzenstreu** *f* cat litter **Katzenwäsche** *f* (*hum*) cat's lick

Katz-und-Maus-Spiel *nt* cat-and-mouse game

Kauderwelsch <-[s]> ['kaudɐvɛlʃ] *nt kein Pl* (*pej*) a hotchpotch (*of different languages*)

kauen ['kauən] *tr, intr V* to chew

kauern ['kauɐn] **I.** *intr V sein* to be huddled [up] **II.** *refl V haben* **sich hinter etw** *Akk* **~** to crouch behind sth

K

Kauf <-[e]s, Käufe> [kauf, *Pl:* 'kɔyfə] *m* ❶ (*das Kaufen*) buying; **etw zum ~ anbieten** to offer sth for sale ❷ (*Ware*) buy ▶ **etw in ~ nehmen** to put up with sth; **ein Risiko in ~ nehmen** to accept a risk

kaufen ['kaufn̩] **I.** *tr V* to buy **II.** *intr V* to shop

Käufer(in) <-s, -> ['kɔyfɐ] *m(f)* buyer

Kauffrau *f* businesswoman **Kaufhaus** *nt* department store **Kaufkraft** *f* spending power **Kaufladen** *m* (*Spielzeug*) toy shop [*or* AM *usu* store]

käuflich **I.** *Adj* ❶ (*zu kaufen*) for sale *pred* ❷ (*pej: bestechlich*) bribable **II.** *Adv* (*geh*) **~ erwerben** to purchase

Kaufmann, Kauffrau <-leute> ['kaufman] *m, f* businessman *masc,* businesswoman *fem*

kaufmännisch *Adj* commercial

Kaufpreis *m* purchase price **Kaufvertrag** *m* contract of sale

Kaugummi *m* chewing gum

Kaulquappe <-, -n> ['kaulkvapə] *f* tadpole

kaum [kaum] **I.** *Adv* hardly; [**wohl**] **~!** I don't think so!; **~ eine[r]** hardly anyone; **~ jemals** hardly ever **II.** *Konj* **~ dass ...** no sooner ... than

Kaution <-, -en> [kau'tsi̯oːn] *f* ❶ JUR bail ❷ (*für Mietwohnung*) deposit

Kautschuk <-s, -e> ['kautʃʊk] *m* india rubber

Kauz <-es, Käuze> [kauts, *Pl:* 'kɔytsə] *m* ① [tawny] owl ② (*Sonderling*) [odd] character

Kavalier <-s, -e> [kava'li:ɐ̯] *m* gentleman

Kavaliersdelikt *nt* petty offence

Kaviar <-s, -e> ['ka:vi̯ar] *m* caviar[e]

keck [kɛk] *Adj* cheeky

Kegel <-s, -> ['ke:gl̩] *m* ① SPORT skittle ② MATH cone

Kegelbahn *f* bowling alley **kegelförmig** *Adj* conical

kegeln ['ke:gl̩n] *intr V* to go bowling

Kehle <-, -n> ['ke:lə] *f* throat ▸ **sich** *Dat* **die ~ aus dem Hals schreien** (*fam*) to scream one's head off

Kehlkopf *m* larynx

Kehlkopfentzündung *f* MED laryngitis *no pl, no indef art*

kehren¹ ['ke:rən] **I.** *tr V* to turn; **kehre die Innenseite nach außen** turn it inside out; **in sich** *Akk* **gekehrt** introverted **II.** *refl V* ① (*geh*) **sich gegen jdn ~** to turn against sb ② (*kümmern*) **sich an etw** *Dat* **~** to care about sth

kehren² ['ke:rən] *tr, intr V* to sweep

Kehricht <-s> ['ke:rɪçt] *m o nt kein Pl* ① sweepings *pl* ② SCHWEIZ (*Müll*) refuse, AM *usu* garbage ▸ **jdn einen feuchten ~ angehen** (*sl*) not to be any of sb's [damned] business

Kehrmaschine *f* road-sweeper

Kehrschaufel *f* dustpan

Kehrseite *f* ① back ② (*Schattenseite*) downside ▸ **die ~ der Medaille** the other side of the coin

kehrt|machen *intr V* to turn back

Kehrwoche *f* SÜDD **die ~ machen** to carry out cleaning duties for a week

> **Die Kehrwoche** (the 'cleaning, or literally sweeping, week') is a Swabian invention. Residents in an apartment block take turns to clean the communal areas in and around their building, such as the stairwell and the pavement.

keifen ['kaifn̩] *intr V* (*pej*) to nag

Keil <-[e]s, -e> [kail] *m* wedge

keilen ['kailən] *refl V* DIAL (*fam: sich prügeln*) **sie ~ sich** they are scrapping

Keiler <-s, -> ['kailɐ] *m* wild boar

Keilerei <-, -en> [kailə'rai] *f* (*fam*) scrap

keilförmig *Adj* wedge-shaped

Keilriemen *m* V-belt

Keim <-[e]s, -e> [kaim] *m* ① BOT shoot ② (*Erreger*) germ ▸ **etw im ~[e] ersticken** to nip sth in the bud

keimen ['kaimən] *intr V* BOT to germinate

keimfrei *Adj* sterile; **etw ~ machen** to sterilize sth

Keimling <-s, -e> *m* BOT shoot

keimtötend *Adj* germicidal

kein [kain] **I.** *unbest. Pron, attr* ① (*nicht [irgend]ein, niemand*) no; **er sagte ~ Wort** he didn't say a word; **~ anderer/~e andere als ...** none other than ... ② (*nichts davon*) not ... any; **ich habe heute einfach ~e Lust, ins Kino zu gehen** I just don't fancy going to the cinema today ③ ([*kehrt das zugehörige Adjektiv ins Gegenteil*]) not; **das ist ~ dummer Gedanke** that's not a bad idea ④ (*fam:* [*vor Zahlwörtern*] *nicht ganz,* [*noch*] *nicht einmal*) not, less than; **die Reparatur dauert ~e fünf Minuten** it won't take five minutes to repair **II.** *unbest. Pron, substantivisch* ① (*niemand: von Personen*) nobody, no one; (*von Gegenständen*) none; **~(r, s) von beiden** neither [of them] ② ([*überhaupt*] *nicht*) any; **ich gehe zu der Verabredung, aber Lust hab' ich ~e** I'm going to keep the appointment, but I don't feel like going; **Lust habe ich schon, aber Zeit habe ich ~e** I'd like to, it's just that I don't have the time

keinerlei ['kainɐ'lai] *Adj attr* no ... at all

keinesfalls ['kainəs'fals] *Adv* under no circumstances

keineswegs ['kainəs've:ks] *Adv* not at all

Keks <-es, -e> [ke:ks] *m* biscuit BRIT, cookie AM ▸ **jdm auf den ~ gehen** (*sl*) to get on someone's wick

Kelch <-[e]s, -e> [kɛlç] *m* chalice

Kelle <-, -n> ['kɛlə] *f* ① (*Schöpflöffel*) ladle ② (*Maurerwerkzeug*) trowel

Keller <-s, -> ['kɛlɐ] *m* cellar

Kellerassel *f* woodlouse **Kellergeschoss**RR *nt* basement

Kellner(in) <-s, -> ['kɛlnɐ] *m(f)* waiter

Kelte, Keltin <-n, -n> ['kɛltə, 'kɛltɪn] *m, f* Celt

keltern ['kɛltɐn] *tr V* to press

Keltin <-, -nen> *f s.* **Kelte**

Kenia <-s> ['keːni̯a] *nt* Kenya

kennen <kannte, gekannt> ['kɛnən] *tr V* ① (*jdm bekannt sein*) to know; **kennst du das Buch/diesen Film?** have you read this book/seen this film?; **kennst du mich noch?** do you remember me?; **wie ich ihn kenne ...** if I know him ...; **so kenne ich dich gar nicht** I've never seen you like this; **jdn ~ lernen** to meet sb; **sich ~ lernen** to meet ② (*vertraut sein*) **etw ~** to be familiar with sth; **jdn/etw ~ lernen** to get to know sb/sth; **sich ~ lernen** to get to know one another

Kenner(in) <-s, -> ['kɛnɐ] *m(f)* expert

Kennnummer[RR] *f* code [*or* reference] number

Kenntnis <-ses, -se> ['kɛntnɪs] *f* knowledge *no pl;* **etw zur ~ nehmen** to take note of sth; **zur ~ nehmen, dass ...** to note that ...

Kennummer[ALT] *f s.* **Kennnummer**

Kennwort <-wörter> *nt* code name

Kennzeichen *nt* ① mark ② (*Nummernschild*) number plate BRIT, license plate AM

kennzeichnen ['kɛntsaiçnən] **I.** *tr V* ① to mark ② (*charakterisieren*) to characterize **II.** *refl V* **sich durch etw ~** to be characterized by sth

Kennziffer *f* box number

kentern ['kɛntɐn] *intr V sein* to capsize

Keramik <-> [ke'raːmɪk] *f kein Pl* ① (*Waren*) pottery ② (*Material*) fired clay

Kerbe <-, -n> ['kɛrbə] *f* notch

Kerbel <-s> ['kɛrbl̩] *m kein Pl* chervil

Kerbholz *nt* ▸ **etw auf dem ~ haben** (*fam*) to have blotted one's copybook

Kerl <-s, -e *o* -s> [kɛrl] *m* (*fam*) bloke

Kern <-[e]s, -e> [kɛrn] *m* ① *eines Apfels* pip; *einer Kirsche* stone; **einen wahren ~ haben** to contain a core of truth ② *eines Atoms, einer Zelle* nucleus ③ (*wichtigster Teil*) core

Kernfusion *f* nuclear fusion

kerngesund *Adj* fit as a fiddle *pred*

kernig ['kɛrnɪç] *Adj* (*markig*) robust

Kernkraft *f* nuclear power **Kernkraftwerk** *nt* nuclear power plant

kernlos *Adj* pipless; **~e Trauben** seedless grapes

Kernobst *nt* pomaceous fruit

Kernphysik *f* nuclear physics *+ sing verb, no art* **Kernreaktor** *m* nuclear reactor

Kernseife *f* washing soap

Kernspaltung *f* nuclear fission

Kernspeicher *m* ELEK core memory

Kernstück *nt* crucial part **Kernzeit** *f* core time

Kerosin <-s, -e> [kero'ziːn] *nt* kerosene

Kerze <-, -n> ['kɛrtsə] *f* candle

kerzengerade *Adv* as straight as a die **Kerzenhalter** *m* candle-holder **Kerzenlicht** *nt kein Pl* candlelight **Kerzenständer** *m* candlestick

kess[RR], **keß**[ALT] [kɛs] *Adj* (*pfiffig*) cheeky

Kessel <-s, -> ['kɛsəl] *m* kettle

Kesselstein *m kein Pl* scale, fur

Ketchup <-[s], -s> ['kɛtʃap], **Ketschup**[RR] <-[s], -s> ['kɛtʃap] *m o nt* ketchup

Kette <-, -n> ['kɛtə] *f* ① chain; (*Schmuck*) necklace; **einen Hund an die ~ legen** to put a dog on a chain; **jdn in ~n legen** to put sb in chains ② (*Reihe*) **eine ~ von Unglücksfällen** a series of accidents

Kettenfahrzeug *nt* tracked vehicle **Kettenglied** *nt* link **Kettenraucher(in)** *m(f)* chain-smoker **Kettenreaktion** *f* chain reaction

Ketzer(in) <-s, -> ['kɛtsɐ] *m(f)* heretic

ketzerisch *Adj* heretical

keuchen ['kɔyçn̩] *intr V* to pant

Keuchhusten *m* whooping cough

Keule <-, -n> ['kɔylə] *f* club

keusch [kɔyʃ] *Adj* chaste

Keyboard <-s, -s> ['kiːboːɐ̯t] *nt* keyboard

KI *f Abk von* **Künstliche Intelligenz** AI

Kichererbse ['kɪçɐʔɛrpsə] *f* chick-pea

kichern ['kɪçɐn] *intr V* to giggle

Kickertisch *m* table football BRIT, foosball table AM

kidnappen ['kɪtnɛpn̩] *tr V* to kidnap

Kiebitz <-es, -e> ['kiːbɪts] *m* lapwing

Kiefer[1] <-, -n> ['kiːfɐ] *f* pine [tree]

Kiefer[2] <-s, -> ['kiːfɐ] *m* ANAT jaw[-bone]

Kieferorthopäde, Kieferorthopädin <-n, -n> *m, f* orthodontist

Kiel <-[e]s, -e> [kiːl] *m* keel

K

Kielwasser *nt* wake; **in jds ~** *Dat* **segeln** to follow in sb's wake
Kieme <-, -n> ['ki:mə] *f* gill
Kies <-es> [ki:s] *m kein Pl* gravel
Kiesel <-s, -> ['ki:zl̩] *m s.* **Kieselstein**
Kieselerde *f* silica **Kieselstein** *m* pebble
Kilo <-s, -[s]> ['ki:lo] *nt* (*fam*) kilo
Kilobyte ['ki:lobait] *nt* kilobyte **Kilogramm** *nt* kilogramme **Kilohertz** *nt* kilohertz **Kilometer** [kilo'me:tɐ] *m* kilometre **Kilometerzähler** *m* mil[e]age counter **Kilowattstunde** [kilo'vat-, 'kilo-] *f* kilowatt-hour
Kind <-[e]s, -er> [kɪnt, *Pl:* kɪndɐ] *nt* child; **ein ~ bekommen** to be expecting a baby; **von ~ auf** from an early age ▶ **das ~ mit dem Bade ausschütten** to throw out the baby with the bathwater; **mit ~ und Kegel** (*hum*) with the whole family; **kein ~ von Traurigkeit sein** (*hum*) to be sb who enjoys life

K

Kinderarzt, **Kinderärztin** *m, f* paediatrician BRIT, pediatrician AM **Kinderfahrkarte** *f* child's ticket **Kinderfreibetrag** *m* child [*or* children's] allowance
Kindergarten *m* nursery school, kindergarten AM

> **Kindergärten** in Germany are public institutions which are usually run by the local authority. Children of preschool age are supervised by specially trained teachers for between four and six hours a day. Every three-year-old in Germany has a basic right to a place in a **Kindergarten**.

Kindergärtner(in) *m(f)* nursery-school [*or* AM kindergarten] teacher **Kindergeld** *nt* child benefit **Kinderkrankheit** *f* childhood disease **Kinderlähmung** *f* polio **kinderleicht** ['kɪndɐ'laiçt] *Adj* dead easy *fam;* **~ sein** to be child's play **kinderlieb** ['kɪndɐli:p] *Adj* fond of children *pred*
kinderlos *Adj* childless
Kindermädchen *f* nanny **kinderreich** *Adj* **eine ~e Familie** a large family **Kindersitz** *m* ① AUTO child safety seat ② (*fürs Rad*) child-carrier seat **Kinderspiel** *nt* children's game; **ein ~ sein** (*fig*) to be child's play **Kinderspielplatz** *m* playground **Kinderspielzeug** *nt* [children's [*or* child's]] toy **Kindertagesstätte** *f* nursery

> Next to traditional *Kindergarten,* more and more working parents are dependent on other forms of public childcare, with more flexible and/or longer opening hours. A *Krippe* (crêche) takes care of the under-threes. A **Kindertagesstätte**, or **Kita** (child daycare centre) looks after preschool children. Because school lessons in Germany often finish around lunchtime, most schools offer a *Hort* or *Kernzeitbetreuung,* where children, usually to the age of ten, are looked after until late afternoon.

Kinderteller *m* child portion **Kinderwagen** *m* pram BRIT, baby carriage AM **Kinderzimmer** *nt* children's room
kindgerecht *Adj* appropriate for children
Kindheit <-> *f kein Pl* childhood; **von ~ an** from childhood
kindisch ['kɪndɪʃ] *Adj* childish
kindlich ['kɪntlɪç] **I.** *Adj* childlike **II.** *Adv* **sich ~ verhalten** to behave in a childlike way
Kinn <-[e]s, -e> [kɪn] *nt* chin
Kinnhaken *m* hook to the chin **Kinnlade** *f* jaw
Kino <-s, -s> ['ki:no] *nt* cinema, AM [movie] theater
Kiosk <-[e]s, -e> ['ki:ɔsk] *m* kiosk
Kipfe(r)l <-s, -[n]> ['kɪpfl̩, -fɐl] *nt* ÖSTERR croissant
Kippe <-, -n> ['kɪpə] *f* (*fam*) (*Zigarettenstummel*) cigarette end; (*Zigarette*) fag BRIT *sl,* cigarette AM ▶ **auf der ~ stehen** to hang in the balance
kippen ['kɪpn̩] **I.** *tr V haben* ① (*schütten*) to tip ② (*schräg stellen*) to tilt **II.** *intr V sein* ① (*umfallen*) to topple over; [**von etw**] ~ to fall [off sth] ② *Ökosystem* to collapse
Kippwagen *m* BAHN tipper wagon
Kirche <-, -n> ['kɪrçə] *f* ① church ② (*Institution*) Church
Kirchenchor *m* church choir **Kirchenfest** *nt* religious festival [*or* AM holiday] **Kirchengemeinde** *f* parish **Kirchen-**

jahr *nt* ecclesiastical [*or* church] year **Kirchenlied** *nt* hymn **Kirchensteuer** *f* church tax

> **Kirchensteuer** (church tax) is equivalent to about eight per cent of earnings and is payable, in addition to income tax, by everyone who belongs to the Protestant or Catholic churches. It is usually forwarded directly to the relevant churches by the Inland Revenue.
> In Austria, the churches themselves collect the contributions in varying amounts and in Switzerland, church tax is regulated by cantonal law.

Kirchhof *m* (*veraltend*) church graveyard
kirchlich ['kɪrçlɪç] **I.** *Adj* church *attr;* **ein ~er Feiertag** a religious holiday **II.** *Adv* ~ **bestattet werden** to have a church funeral; **sich ~ trauen lassen** to get married in church
Kirchturm *m* steeple **Kirchweih** <-, -en> *f,* **Kirchweihe** *f* (*ländlicher Jahrmarkt*) [country] fair
Kirschbaum ['kɪrʃbaum] *m* cherry tree
Kirsche <-, -n> ['kɪrʃə] *f* cherry
Kirschwasser *nt* kirsch
Kissen <-s, -> ['kɪsn̩] *nt* (*Kopfpolster*) pillow; (*Zierkissen*) cushion
Kissenbezug *m* pillowcase
Kiste <-, -n> ['kɪstə] *f* box
Kitsch <-es> [kɪtʃ] *m kein Pl* kitsch
kitschig ['kɪtʃɪç] *Adj* kitschy
Kitt <-[e]s, -e> [kɪt] *m* putty
Kittchen <-s, -> ['kɪtçən] *nt* (*fam*) nick *sl*
Kittel <-s, -> ['kɪtl̩] *m* overall; **weißer ~** white coat
kitten ['kɪtn̩] *tr V* (*in Ordnung bringen*) **etw** [**wieder**] ~ to patch up sth [again]
Kitz <-es, -e> [kɪts] *nt* kid
kitzelig ['kɪtsəlɪç] *Adj* ticklish
kitzeln ['kɪts|n] *intr, tr V* ① to tickle ② (*reizen*) **es kitzelt mich sehr, da mitzumachen** I'm really itching to join in
Kiwi <-, -s> ['ki:vi] *f* kiwi [fruit]
klaffen ['klafn̩] *intr V* to yawn; *Wunde* to gape
kläffen ['klɛfn̩] *intr V* to yap
Klage <-, -n> ['kla:gə] *f* ① (*geh: Jammern*) lament ② (*Beschwerde*) complaint ③ JUR [legal] action; **eine ~ abweisen** to dismiss a suit; **eine ~ einreichen** to take legal action
klagen ['kla:gn̩] **I.** *intr V* ① (*jammern*) to moan ② (*sich beschweren*) to complain (**bei** to); **ich kann nicht ~** I can't complain; **ohne zu ~** without complaining ③ JUR (*prozessieren*) to take legal action (**gegen** against) **II.** *tr V* ÖSTERR (*verklagen*) **jdn** ~ to take legal action against sb
Kläger(in) <-s, -> *m(f)* plaintiff
klamm [klam] *Adj* ① *Finger* numb ② (*fam: knapp bei Kasse*) ~ **sein** to be hard up
Klammer <-, -n> ['klamɐ] *f* ① (*Wäscheklammer*) peg; (*Heftklammer*) staple ② (*Satzzeichen*) bracket; **eckige/runde/spitze ~n** square/round/pointed brackets; **geschweifte ~n** braces; **in ~n** in brackets
Klammeraffe *m* ① ZOOL spider monkey ② COMPUT at sign
klammheimlich ['klam'haimlɪç] *Adv* on the quiet
Klamotte <-, -n> [kla'mɔtə] *f meist Pl* (*fam*) clothes *pl*
klang [klaŋ] *Imp von* **klingen**
Klang <-[e]s, Klänge> [klaŋ, *Pl:* 'klɛŋə] *m* sound
klangvoll *Adj* sonorous
Klappbett *nt* folding bed
Klappe <-, -n> ['klapə] *f* ① flap ② (*sl: Mund*) trap; **halt die ~!** shut your trap!; **eine große ~ haben** to have a big mouth
klappen ['klapn̩] **I.** *tr V* to fold; **einen Deckel nach oben/unten ~** to lift up/lower a lid **II.** *intr V* (*fam: funktionieren*) to work out; **alles hat geklappt** everything went as planned
Klapper <-, -n> ['klapɐ] *f* rattle
klapperig ['klapərɪç] *Adj* (*fam*) rickety
Klapperkiste *f* (*pej*) boneshaker
klappern ['klapɐn] *intr V* to rattle
Klapperschlange *f* rattlesnake
Klappfahrrad *nt* folding bicycle **Klappmesser** *nt* flick-knife
klapprig ['klaprɪç] *Adj s.* **klapperig**
Klappsitz *m* folding seat **Klappstuhl** *m* folding chair
Klaps <-es, -e> [klaps] *m* smack ▶ **ei-**

K

nen ~ **haben** (*fam*) to have a screw loose

Klapse <-, -n> ['klapsə] *f* (*sl*) funny farm *fam or hum*

Klapsmühle *f* (*sl*) loony-bin

klar [klaːɐ̯] **I.** *Adj* ① (*eindeutig*) clear; **eine ~e Antwort** a straight answer; **jdm ~ sein** to be clear to sb ② (*ungetrübt*) clear; **eine ~e Nacht** a clear night **II.** *Adv* clearly; **~ und deutlich** clearly and unambiguously; **~ denkend** clear-thinking; **~ sehen** to see clearly **III.** *Interj* [**na**] **~!** of course!

Kläranlage *f* sewage-works

klären ['klɛrən] **I.** *tr V* (*aufklären*) to clear up *sep* **II.** *refl V* (*sich aufklären*) **sich ~** to be cleared up

klar|gehen *intr V unreg sein* to go OK

Klarinette <-, -n> [klari'nɛtə] *f* clarinet

klar|kommen *intr V unreg sein* [**mit etw**] **~** to manage [sth]; **mit jdm ~** to cope with sb

klar|machen *tr V* **jdm etw ~** to make sth clear to sb; **sich** *Dat* **~, dass ...** to realize that ...

Klarsichtfolie *f* cling film

Klarsichthülle *f* transparent folder

Klartext *m* plain text; **mit jdm ~ reden** to give sb a piece of one's mind

klasse ['klasə] *Adj* (*fam*) great

Klasse <-, -n> ['klasə] *f* ① SCHULE class; **eine ~ überspringen/wiederholen** to skip/repeat a year ② BAHN **erster ~ fahren** to travel first-class ▶ **große ~!** (*fam*) great!

Klassenarbeit *f* class test **Klassenbuch** *nt* [class] register **Klassenkamerad(in)** *m(f)* classmate **Klassenlehrer(in)** *m(f)* class teacher **Klassenzimmer** *nt* classroom

klassifizieren* [klasifi'tsiːrən] *tr V* to classify

Klassik <-> ['klasɪk] *f kein Pl* ① (*Epoche*) classical age ② (*Musik*) classical music

klassisch ['klasɪʃ] *Adj* ① classical ② (*ideal*) classic

Klatsch <-[e]s, -e> [klatʃ] *m kein Pl* (*pej*) tittle-tattle; **~ und Tratsch** gossip

klatschen ['klatʃn̩] *intr V* ① *haben* (*applaudieren*) to clap ② *sein* (*aufschlagen*) to splat; **die Regentropfen klatschten ihr ins Gesicht** the raindrops beat against her face ③ *haben* (*tratschen*) to gossip

Klatschmohn *m* [corn] poppy

klatschnass[RR] *Adj* (*fam*) soaking wet; **~ sein/werden** to be/get soaked

Klatschpresse *f kein Pl* (*fam*) MEDIA gossip press **Klatschspalte** *f* (*pej*) gossip column [*o* columns]]

Klaue <-, -n> ['klauə] *f* ① (*Krallen*) claw ② (*pej fam: Handschrift*) scrawl

klauen ['klauən] (*fam*) **I.** *tr V* [**jdm**] **etw ~** to pinch sth [from sb] **II.** *intr V* to pinch things

Klausel <-, -n> ['klauzl̩] *f* clause

Klausur <-, -en> [klau'zuːɐ̯] *f* SCHULE exam

Klavier <-s, -e> [kla'viːɐ̯] *nt* piano

Klavierspieler(in) *m(f)* pianist

kleben ['kleːbn̩] **I.** *intr V* to be sticky; **an jdm/etw ~ [bleiben]** to stick to sb/sth **II.** *tr V* to glue ▶ **jdm eine ~** (*fam*) to clock sb one

klebrig ['kleːbrɪç] *Adj* sticky

Klebstoff *m* adhesive

Klebstreifen *m* adhesive tape

kleckern ['klɛkɐn] *intr V* to make a mess

Klecks <-es, -e> ['klɛks] *m* blob

klecksen ['klɛksn̩] *intr V* ① (*kleckern*) to make a mess ② (*tropfen*) to blot; *Farbe* to drip

Klee <-s> [kleː] *m kein Pl* clover

Kleeblatt *nt* cloverleaf; **vierblättriges ~** four-leaf clover

Kleid <-[e]s, -er> [klait, *Pl:* 'klaidɐ] *nt* ① dress ② **Kleider** clothes *pl* ▶ **~er machen Leute** (*prov*) fine feathers make fine birds

kleiden ['klaidn̩] *tr V* ① (*anziehen*) to dress; **sich gut/schlecht ~** to dress well/badly; [**in etw** *Akk*] **gekleidet sein** to be dressed [in sth] ② (*jdm stehen*) **jdn ~** to suit sb

Kleiderbügel *m* coat-hanger **Kleiderbürste** *f* clothes brush **Kleiderhaken** *m* coat-hook **Kleiderkasten** *m* ÖSTERR, SCHWEIZ (*Kleiderschrank*) wardrobe **Kleiderordnung** *f* dress code **Kleiderschrank** *m* wardrobe **Kleiderzwang** *m* [strict] dress code

Kleidung <-> *kein Pl f* clothing

Kleidungsstück *nt* garment

Kleie <-, -n> ['klaiə] *f* bran

klein [klain] **I.** *Adj* ① (*nicht groß*) little;

K

(*Körpergröße*) small; (*kleinwüchsig*) short; **etw ~ hacken** to chop up sth *sep;* **~ gehackte Zwiebeln** finely chopped onions ❷ (*Kleidergröße*) small ❸ (*jung*) small; **von ~ auf** from childhood ❹ (*gering*) small; **die ~ste Bewegung** the slightest movement; **ein ~[es] bisschen** a little bit ❺ (*unbedeutend*) minor; **die ~en Leute** [the] ordinary people ❻ (*Detail*) **bis ins Kleinste** in minute detail **II.** *Adv* (*in kleiner Schrift*) **~ gedruckt** *attr* in small print *pred;* **etw ~ schreiben** to write sth in small letters ▶ **~ anfangen** (*fam*) to start at the bottom; **~ beigeben** to give in [quietly]

Kleinanzeige *f* small ad **Kleinasien** <-s> [klain'ʔaːzi̯ən] *nt* Asia Minor **Kleinformat** *nt* small format; **im ~** small-format **Kleingeld** *nt* change **Kleinholz** *nt kein Pl* chopped wood ▶ **~ aus jdm machen** (*fam*) to make mincemeat [out] of sb

Kleinigkeit <-, -en> ['klainɪçkait] *f* ❶ (*Bagatelle*) small matter; **eine/keine ~ sein** to be a/no simple matter; **wegen jeder ~** at every opportunity ❷ (*Einzelheit*) minor detail ❸ (*ein wenig*) **eine ~ zu hoch/tief** a little too high/low; **eine ~ essen** to have a bite to eat

kleinkariert *Adj* ❶ finely checked ❷ (*engstirnig*) narrow-minded

Kleinkind *nt* toddler **Kleinkram** *m* (*fam*) ❶ odds and ends ❷ (*Trivialitäten*) trivialities *pl*

klein|kriegen *tr V* (*fam*) **jdn ~** to bring sb into line

kleinlaut I. *Adj* sheepish **II.** *Adv* sheepishly; **~ fragen** to ask meekly; **etw ~ gestehen** to admit sth shamefacedly

kleinlich ['klainlɪç] *Adj* petty

Kleinod <-[e]s, -odien *o* -e> ['klainʔoːt, *Pl:* klainʔ'oːdi̯ən, 'klainʔoːdə] *nt* ❶ (*geh: Kostbarkeit*) jewel, gem ❷ (*veraltend: Schmuckstück*) jewel, gem

klein|schreiben *tr V unreg Wort* to write with small letters ▶ **kleingeschrieben werden** (*fam*) to count very little

Kleinstadt *f* small town

kleinstädtisch *Adj* ❶ small-town *attr* ❷ (*provinziell*) provincial

Kleinwagen *m* small car

Kleister <-s, -> ['klaistɐ] *m* paste

Klemme <-, -n> ['klɛmə] *f* ❶ (*Klammer*) clip ❷ (*schwierige Lage*) fix; **in der ~ sitzen** to be in a fix

klemmen ['klɛmən] **I.** *tr V* (*feststecken*) to stick **II.** *refl V* **sich** *Dat* **den Finger in der Tür ~** to get one's finger caught in the door **III.** *intr V* (*blockieren*) to jam

Klempner(in) <-s, -> ['klɛmpnɐ] *m(f)* plumber

Klepper <-s, -> ['klɛpɐ] *m* (*pej*) [old] nag

Klerus <-> ['kleːrʊs] *m kein Pl* clergy

Klette <-, -n> ['klɛtə] *f* BOT burdock; **an jdm wie eine ~ hängen** (*fam*) to cling to sb like a limpet

klettern ['klɛtɐn] *intr V* to climb; **auf einen Baum ~** to climb a tree; **aufs Dach ~** to climb onto the roof

Kletterpflanze *f* climbing plant

Klettverschluss®RR *m* Velcro® fastener

Klima <-s, -s *o* Klimata> ['kliːma] *nt* climate

Klimaanlage *f* air-conditioning *no pl*

Klimakterium <-s> [klimak'teːri̯ʊm] *nt kein Pl* menopause *no indef art, no pl*

klimatisiert *Adj* air-conditioned

Klimaveränderung *f* climate change

Klimmzug *m* pull-up; **Klimmzüge machen** to do pull-ups

klimpern ['klɪmpɐn] *intr V* ❶ (*Töne erzeugen*) **auf einer Gitarre ~** to twang away on a guitar ❷ (*klirren*) *Münzen* to jingle; (*Schlüssel*) to jangle

Klinge <-, -n> ['klɪŋə] *f* blade

Klingel <-, -n> ['klɪŋl̩] *f* bell

klingeln ['klɪŋl̩n] *intr V* to ring; **an der Tür ~** to ring the doorbell; **es hat geklingelt** somebody rang the bell

Klingelton *m* (*für Handys*) ringtone

klingen <klang, geklungen> ['klɪŋən] *intr V* ❶ (*ertönen*) *Glas* to clink; *Glocke* to ring; **dumpf/hell ~** to have a dull/clear ring ❷ (*widerhallen*) to sound; **die Wand klang hohl** the wall sounded hollow ❸ (*sich anhören*) **das klingt gut/interessant** that sounds good/interesting

Klinik <-, -en> ['kliːnɪk] *f* clinic

Klinikum <-s, Klinika *o* Kliniken> ['kliːnikʊm, *Pl:* 'kliːnika, 'kliːnikən] *nt* (*Universitätskrankenhaus*) university hospital

klinisch ['kliːnɪʃ] **I.** *Adj* clinical **II.** *Adv* clinically

Klinke <-, -n> ['klɪnkə] *f* handle

Klinker <-s, -> ['klɪnkɐ] *m* clinker [brick]

Klippe <-, -n> ['klɪpə] *f* cliff

klirren ['klɪrən] *intr V* ① *Gläser* to tinkle ② (*metallisch*) to jangle

Klistier <-s, -e> [klɪs'tiːɐ̯] *nt* enema *spec*

Klitsche <-, -n> ['klɪtʃə] *f* (*pej fam*) small-time outfit

klitschnass[RR] ['klɪtʃ'nas] *Adj* (*fam*) *s.* **klatschnass**

Klo <-s, -s> [kloː] *nt* (*fam*) loo BRIT, john AM

Kloake <-, -n> [klo'aːkə] *f* cesspool

klobig ['kloːbɪç] *Adj* bulky

klonen ['kloːnən] *tr V* to clone

klönen ['kløːnən] *intr V* (*fam*) to chat

klopfen ['klɔpfn̩] **I.** *intr V* ① (*pochen*) to knock (**an** at/on, **auf** on) ② (*mit der Hand*) to pat; (*mit dem Finger*) to tap **II.** *intr V unpers* **es klopft!** there's somebody knocking at the door! **III.** *tr V Teppich, Fleisch* to beat

klopffest *Adj* TECH antiknock

Klöppel <-s, -> ['klœpl̩] *m einer Glocke* clapper

kloppen ['klɔpn̩] (*fam*) **I.** *tr V* NORDD to hit **II.** *refl V* **sich** ~ to fight (**mit** with)

Klops <-es, -e> [klɔps] *m* meatball

Klosett <-s, -s> [klo'zɛt] *nt* toilet

Klosettpapier *nt* (*geh*) lavatory paper

Kloß <-es, Klöße> [kloːs, *Pl:* 'kløːsə] *m* dumpling

Kloster <-s, Klöster> ['kloːstɐ, *Pl:* 'kløːstɐ] *nt* (*für Mönche*) monastery; (*für Nonnen*) convent

Klotz <-es, Klötze> [klɔts, *Pl:* 'klœtsə] *m* block ▶ [**jdm**] **ein** ~ **am Bein sein** (*fam*) to be a millstone round sb's neck

klotzen ['klɔtsən] *intr V* (*fam: hart arbeiten*) to slog [away]

Klub <-s, -s> [klʊp] *m* club

Kluft[1] <-, Klüfte> [klʊft, *Pl:* 'klʏftə] *f* ① cleft ② (*Gegensatz*) gulf; **tiefe** ~ deep rift

Kluft[2] <-, -en> [klʊft] *f* (*hum*) uniform

klug <klüger, klügste> [kluːk] **I.** *Adj* intelligent; (*schlau*) clever; **es wäre klüger, ...** it would be more sensible ...; **da soll einer draus** ~ **werden** I can't make head [n]or tail of it **II.** *Adv* cleverly

klumpen ['klʊmpn̩] *intr V* to go lumpy

Klumpen <-s, -> ['klʊmpn̩] *m* lump; ~ **bilden** to go lumpy

Klumpfuß *m* club foot

Klüngel <-s, -> ['klʏŋl̩] *m* (*pej*) old boys' network BRIT

knabbern ['knabɐn] *intr, tr V* to nibble (**an** at)

Knabe <-n, -n> ['knaːbə] *m* (*geh*) boy; **na, alter ~!** (*fam*) well, old boy!

Knäckebrot *nt* crispbread

knacken [knakn̩] **I.** *tr V* ① (*aufbrechen*) to crack ② (*fam*) *Kode, Safe* to crack **II.** *intr V* to crack; *Diele* to creak; **es knackt** there's a crackling noise

Knacker <-s, -> *m* (*fam*) **ein alter** ~ an old codger

Knacki <-s, -s> ['knaki] *m* (*sl*) ex-con

Knackpunkt *m* (*fam*) crucial point

Knacks <-es, -e> [knaks] *m* ① crack; **einen** ~ **haben** *Ehe* to be in difficulties; *Freundschaft* to be suffering ② (*fam: psychischer Schaden*) psychological problem; **einen** ~ **haben** to have a screw loose

Knall <-[e]s, -e> [knal] *m* ① bang; *eines Korkens* pop; *einer Tür* bang ② (*fam: Krach*) trouble *no indef art, no pl* ▶ ~ **auf Fall** all of a sudden; **einen** ~ **haben** to be off one's rocker

Knalleffekt *m* (*fam*) surprising twist

knallen ['knalən] **I.** *intr V* ① *haben* to bang; **es knallt** there's a bang ② *haben* **mit der Tür** ~ to slam the door [shut]; **etw** ~ **lassen** to bang sth ③ *sein* (*fam*) **auf etw** *Akk*/**gegen etw** ~ to bang on/against sth **II.** *tr V* ① *Tür* to bang ② **etw irgendwohin** ~ to slam sth somewhere ③ (*fam*) **jdm eine** ~ to give sb a clout

Knallerbse *f* toy torpedo **knallhart** ['knal'hart] (*fam*) **I.** *Adj* really tough **II.** *Adv* quite brutally; **etw** ~ **sagen** to say sth straight out **knallrot** ['knal'roːt] *Adj* bright red

knapp [knap] **I.** *Adj* ① (*gering*) meagre; *Geld* tight; [**mit etw**] ~ **sein** to be short [of sth] ② (*eng anliegend*) tight ③ (*gerade ausreichend*) just enough; *Sieg* narrow ④ (*nicht ganz*) **in einer ~en Stunde** in just under an hour ⑤ (*kurz gefasst*) **in wenigen ~en Worten** in a few brief words **II.** *Adv* ① (*mäßig*) sparingly; ~ **bemessen sein** to be not very generous ② (*nicht ganz*) almost ③ (*haarscharf*) narrowly

Knarre <-, -n> ['knarə] *f* (*sl*) gun

knarren ['knarən] *intr V* to creak

Knast <-[e]s, Knäste> [knast, *Pl:* 'knɛstə] *m* (*sl*) prison; **im ~ sitzen** to do time

knattern ['knatɐn] *intr V Motorrad* to roar

Knäuel <-s, -> ['knɔyəl] *m o nt* ball

Knauf <-[e]s, Knäufe> [knauf, *Pl:* 'knɔyfə] *m eines Spazierstocks, einer Tür* knob

knauserig ['knauzərɪç] *Adj* (*pej*) stingy

knausern ['knauzɐn] *intr V* (*pej*) to be stingy (**mit** with)

knautschen ['knautʃn̩] *tr V* to crumple

Knautschzone *f* crumple zone

Knebel <-s, -> ['kne:bl̩] *m* gag

knebeln ['kne:bl̩n] *tr V* to gag

Knecht <-[e]s, -e> [knɛçt] *m* ① (*Landarbeiter*) farmhand ② (*pej: Untergebener*) minion

Knechtschaft <-, *selten* -en> *f* slavery

kneifen <kniff, gekniffen> ['knaifn̩] **I.** *tr V* to pinch **II.** *intr V* ① (*zwicken*) to pinch ② (*fam: zurückscheuen*) [**vor etw** *Dat*] ~ to chicken [out of] sth

Kneipe <-, -n> ['knaipə] *f* (*fam*) pub Brit, bar Am

Kneipentour *f* (*fam*) pub [*or* Am bar] crawl

Knete <-> ['kne:tə] *f kein Pl* ① (*sl: Geld*) dosh Brit ② *s.* **Knetgummi**

kneten ['kne:tn̩] **I.** *tr V* ① *Teig* to knead ② (*formen*) to model **II.** *intr V* to play with Plasticine® [*or* Am Play-Doh®]

Knetgummi *m o nt*, **Knetmasse** *f* Plasticine®, Play-Doh® Am

knicken ['knɪkn̩] **I.** *tr V haben* ① (*falten*) to fold ② (*brechen*) to snap **II.** *intr V sein* to snap

knickerig ['knɪkərɪç], **knickrig** ['knɪkrɪç] *Adj* dial (*knauserig*) mean, stingy *pej*

Knicks <-es, -e> [knɪks] *m* curts[e]y

Knie <-s, -> [kni:, *Pl:* 'kni:ə] *nt* knee; **in die ~ gehen** to sink to one's knees; **jdm zittern die ~** sb's knees are shaking [*or* knocking]; **jdn in die ~ zwingen** (*geh*) to force sb to his/her knees ▸ **weiche ~ bekommen** to go weak at the knees; **etw übers ~ brechen** to rush into sth; **in die ~ gehen** to give in

Kniebeuge *f* knee-bend **Kniegelenk** *nt* knee joint **Kniekehle** *f* back of the knee

knien [kni:n] **I.** *intr V* to kneel **II.** *refl V* ① **sich auf etw** *Akk* ~ to kneel [down] on sth ② (*fig: sich anstrengen*) **sich in etw** *Akk* ~ to get down to sth

Kniescheibe *f* kneecap **Kniestrumpf** *m* knee-length sock

kniff [knɪf] *Imp von* **kneifen**

Kniff <-[e]s, -e> [knɪf] *m* ① trick ② (*Zwicken*) pinch

kniffelig ['knɪfəlɪç] *Adj*, **knifflig** ['knɪflɪç] *Adj* (*fam*) fiddly

Knilch <-s, -e> [knɪlç] *m* (*pej sl*) bastard

knipsen ['knɪpsn̩] *tr V* (*fam*) **jdn/etw ~** to take a photo of sb/sth

Knirps <-es, -e> [knɪrps] *m* (*fam*) little fellow

knirschen ['knɪrʃn̩] *intr V* to crunch

knistern ['knɪstɐn] *intr V* ① (*Geräusch*) to crackle; **es knistert** there is a crackling noise ② (*Spannung*) **es knistert [zwischen jdm und jdm]** there is a feeling of tension [between sb and sb]

knitterfrei *Adj* non-crease

knittern ['knɪtɐn] *intr, tr V* to crease

knobeln ['kno:bl̩n] *intr V* (*würfeln*) to play dice (**um** for)

Knoblauch <-[e]s> *m kein Pl* garlic

Knoblauchzehe *f* clove of garlic

Knöchel <-s, -> ['knœçl̩] *m* ① (*Fußknöchel*) ankle ② (*Fingerknöchel*) knuckle

Knochen <-s, -> ['knɔxn̩] *m* bone ▸ **bis auf die ~ abgemagert sein** to be all skin and bone[s]

Knochenarbeit *f* (*fam*) backbreaking work **Knochenbau** *m kein Pl* bone structure **Knochenbruch** *m* fracture **Knochengerüst** *nt* skeleton **Knochenjob** [-dʒɔp] *m* (*pej fam*) tough job **Knochenmark** *nt* bone marrow

knochig ['knɔxɪç] *Adj* bony

Knödel <-s, -> ['knø:dl̩] *m* dumpling

Knolle <-, -n> ['knɔlə] *f* bot tuber

Knopf <-[e]s, Knöpfe> [knɔpf, *Pl:* 'knœpfə] *m* button

Knopfloch *nt* buttonhole **Knopfzelle** *f* round cell battery

Knorpel <-s, -> ['knɔrpl̩] *m* cartilage *no pl*

knorpelig ['knɔrpəlɪç] *Adj* kochk gristly

Knospe <-, -n> ['knɔspə] *f* bud; **~n treiben** to bud

knoten ['kno:tn̩] *tr V* to knot

Knoten <-s, -> ['kno:tn̩] *m* knot; **einen ~ machen** to tie a knot
Knotenpunkt *m* junction
knotig ['kno:tɪç] *Adj* knotty
knülle ['knʏlə] *Adj* (*fam: betrunken*) **~ sein** to be pie-eyed
Knüller <-s, -> ['knʏlɐ] *m* (*fam*) sensation
knüpfen ['knʏpfn̩] *tr V* to tie; *Netz* to mesh; *Teppich* to knot
Knüppel <-s, -> ['knʏpl̩] *m* cudgel, club; (*Polizeiwaffe*) truncheon BRIT, nightstick AM
Knüppelschaltung *f* floor[-mounted] gear change, stick shift AM
knurren ['knʊrən] *intr V* to growl
Knurren <-s> ['knʊrən] *nt kein Pl* growl[ing *no pl*]
knusperig ['knʊspərɪç], **knusprig** ['knʊsprɪç] *Adj* ❶ (*mit einer Kruste*) crisp[y] ❷ (*kross*) crusty
knutschen ['knu:tʃn̩] (*fam*) **I.** *tr V* to kiss **II.** *intr V* [**mit jdm**] **~** to smooch [with sb]
Knutschfleck *m* love bite
Koalition <-, -en> [koʔali'tsi̯o:n] *f* coalition
Koalitionsregierung *f* coalition government
Kobra <-, -s> ['ko:bra] *f* cobra
Koch, Köchin <-s, Köche> [kɔx, 'kœçɪn *Pl:* 'kœçə] *m, f* cook
Kochbuch *nt* cook[ery]book
kochen ['kɔxn̩] **I.** *intr V* ❶ to cook ❷ (*brodeln*) to boil; **etw zum Kochen bringen** to bring sth to the boil; **eine ~d heiße Suppe** a boiling hot soup ❸ (*fig*) **vor Wut ~** to seethe with rage **II.** *tr V* ❶ to cook; **Kaffee/Suppe ~** to make [some] coffee/soup ❷ *Wäsche* to boil
Kochfeld *nt* ceramic hob **Kochgelegenheit** *f* cooking facilities *pl* **Kochgeschirr** *nt bes* MIL mess tin
Köchin <-, -nen> *f s.* **Koch**
Kochlöffel *m* wooden spoon **Kochnische** *f* kitchenette **Kochplatte** *f* hotplate **Kochrezept** *nt* recipe **Kochsalz** *nt kein Pl* common salt **Kochtopf** *m* [cooking] pot; (*mit Stiel*) saucepan **Kochwäsche** *f* washing that can be boiled
Köder <-s, -> ['kø:dɐ] *m* bait
ködern ['kø:dɐn] *tr V* to lure; **jdn zu ~ versuchen** to woo sb
Kodex <- *o* -es> ['ko:dɛks, *Pl:* 'ko:ditse:s] *m kein Pl* (*Verhaltensregeln*) [moral] code
Koffein <-s> [kɔfe'i:n] *nt kein Pl* caffeine
koffeinfrei *Adj* decaffeinated
Koffer <-s, -> ['kɔfɐ] *m* [suit]case; **die ~** *Pl* the luggage [*or esp* AM baggage]; **den/die ~ packen** to pack [one's bags]
Kofferraum *m* boot BRIT, trunk AM
Kognak <-s, -s *o* -e> ['kɔnjak] *m* brandy
Kohl <-[e]s, -e> [ko:l] *m* cabbage
Kohle <-, -n> ['ko:lə] *f* ❶ coal *no pl* ❷ (*sl: Geld*) dosh BRIT ▶ **wie auf [glühenden] ~n sitzen** to be on tenterhooks
Kohlehydrat <-[e]s, -e> *nt* carbohydrate
Kohlendioxid *nt kein Pl* carbon dioxide **Kohlenhydrat** <-[e]s, -e> *nt* carbohydrate **Kohlensäure** *f* carbonic acid; **mit ~** fizzy; **ohne ~** still *attr*
Kohlmeise *f* great titmouse
kohlrabenschwarz ['ko:l'ra:bn̩'ʃvarts] *Adj* jet-black
Kohlrabi <-[s], -[s]> [ko:l'ra:bi] *m* kohlrabi *no pl*
Kohlsprosse *f* ÖSTERR (*Rosenkohl*) Brussels sprout
Koinzidenz <-, -en> [koɪntsi'dɛnts] *f* (*geh*) coincidence
Koje <-, -n> ['ko:jə] *f* NAUT bunk
Kojote <-n, -n> [ko'jo:tə] *m* coyote
Kokain <-s> [koka'i:n] *nt kein Pl* cocaine
kokett [ko'kɛt] *Adj* flirtatious
kokettieren* [kokɛ'ti:rən] *intr V* ❶ to flirt ❷ (*spielen*) **mit dem Gedanken ~** to toy with the idea
Kokosflocken *Pl* desiccated coconut **Kokosnuss**[RR] *f* coconut **Kokospalme** *f* coconut palm
Koks <-es> [ko:ks] *m kein Pl* coke
Kolben <-s, -> ['kɔlbn̩] *m* AUTO piston
Kolibri <-s, -s> ['ko:libri] *m* hummingbird
Kolik <-, -en> ['ko:lɪk] *f* colic *no pl;* **eine ~ haben** to have colic
Kollaps <-es, -e> ['kɔlaps] *m* collapse
Kollege, Kollegin <-n, -n> [kɔ'le:gə] *m, f* colleague

kollegial [kɔle'gi̯a:l] *Adj* considerate and friendly

Kollegium <-s, -gien> [kɔ'le:gi̯ʊm, *Pl:* -gi̯ən] *nt* group [of colleagues]

Kollegmappe *f* document case, portfolio

Kollekte <-, -n> [kɔ'lɛktə] *f* collection

kollidieren* [køli'di:rən] *intr V sein* to collide

Kollision <-, -en> [kɔli'zi̯o:n] *f* collision

Köln [kœln] *nt* Cologne

Kölnischwasser *nt,* **Kölnisch Wasser** ['kœlnɪʃvasɐ] *nt* cologne

Kolonie <-, -n> [kolo'ni:, *Pl:* -'ni:ən] *f* colony

kolonisieren* [koloni'zi:rən] *tr V* to colonize

Kolonne <-, -n> [ko'lɔnə] *f* ① (*Fahrzeuge*) convoy ② (*Arbeiter*) gang ③ (*Zahlenreihe*) column

Koloss^RR <-es, -e> *m,* **Koloß**^ALT <-sses, -sse> [ko'lɔs] *m* ① (*Mensch*) colossus ② (*Gebilde*) colossal thing

kolossal [kolɔ'sa:l] *Adj* colossal

Kolumbien <-s> [ko'lʊmbi̯ən] *nt* Colombia

Kolumne <-, -n> [ko'lʊmnə] *f* column

Kolumnist(in) <-en, -en> [kolʊm'nɪst] *m(f)* columnist

Koma <-s, -s *o* -ta> [ko:ma] *nt* coma; **im ~ liegen** to lie in a coma

Kombi <-s, -s> ['kɔmbi] *m* (*fam*) estate BRIT, station wagon AM

Kombination <-, -en> [kɔmbina'tsi̯o:n] *f* combination

kombinieren* [kɔmbi'ni:rən] *tr V* to combine

Kombiwagen *m s.* **Kombi**

Kombüse <-, -n> [kɔm'by:zə] *f* galley

Komet <-en, -en> [ko'me:t] *m* comet

Komfort <-s> [kɔm'fo:ɐ̯] *m kein Pl* comfort

komfortabel [kɔmfɔr'ta:bl̩] *Adj* ① luxurious ② (*bequem*) comfortable

Komiker(in) <-s, -> ['ko:mɪkɐ] *m(f)* comic

komisch ['ko:mɪʃ] **I.** *Adj* ① funny ② (*sonderbar*) strange **II.** *Adv* strangely; **sich ~ fühlen** to feel funny; **jdm ~ vorkommen** to seem funny to sb

Komitee <-s, -s> [komi'te:] *nt* committee

Komma <-s, -s *o* -ta> ['kɔma, *Pl:* -ta] *nt* comma

Kommandant(in) <-en, -en> [kɔman'dant] *m(f)* commanding officer

Kommanditgesellschaft [kɔman'di:tgəzɛlʃaft] *f* limited partnership

Kommando <-s, -s> [kɔ'mando] *nt* command; **etw auf ~ tun** to do sth on command; **das ~ haben** to be in command (**über** of)

Kommandobrücke *f* bridge

kommen <kam, gekommen> ['kɔmən] *intr V sein* ① to come; **als Erster/Letzter ~** to be the first/last to arrive; **den Arzt/ein Taxi ~ lassen** to send for the doctor/a taxi ② (*gelangen*) **irgendwohin ~** to get somewhere; **wie komme ich von hier zum Bahnhof?** how do I get to the station from here?; **ins Gefängnis/Krankenhaus ~** to go to prison/into hospital; **in die Schule ~** to start school; **ans Ziel ~** to reach the finishing [*or* AM finish] line ③ (*passieren*) **durch etw/einen Ort ~** to pass through sth/a place ④ (*an der Reihe sein*) to come; **wer kommt [jetzt]?** whose turn is it? ⑤ (*erlangen*) **zu Geld ~** to come into money; **zu Kräften ~** to gain strength; **zu sich** *Dat* **~** to regain consciousness ⑥ (*verlieren*) **um etw** *Akk* **~** to lose sth ⑦ (*hingehören*) **irgendwohin ~** to belong somewhere; **die Schuhe ~ unter das Bett** the shoes belong under the bed ⑧ (*herannahen*) to approach; (*geschehen*) to come about; **das kam doch anders als erwartet** it [*or* that] turned out differently than expected; **und so kam es, dass ...** and that's how it came about that ...; **wie kommt es, dass ...?** how come...?; **es musste ja so ~** that was bound to happen; **es hätte viel schlimmer ~ können** it could have been much worse; **was auch immer ~ mag** whatever happens; **so weit ~, dass ...** to get to the stage where ...; **das kommt davon, dass** [*o* **weil**] **...** that's because ...; **das kommt davon, wenn ...** that's what happens when ... ⑨ (*überkommen*) **über jdn ~** *Gefühl* to come over sb; **jdm ~ die Tränen** sb starts to cry ⑩ (*in Situation geraten*) **in Gefahr/Not ~** to get into danger/difficulty; **in Verlegenheit ~** to get embarrassed ⑪ (*sich an etw erinnern*) **auf**

etw *Akk* ~ to remember sth ⑫ (*etw herausfinden*) **hinter etw** *Akk* ~ to find out sth; **hinter ein Geheimnis** ~ to uncover a secret; **wie kommst du darauf?** what makes you think that? ⑬ (*Zeit finden*) **zu etw** ~ to get around to doing sth ⑭ (*ansprechen*) **auf etw** *Akk* [**zu sprechen**] ~ to get [a]round to [talking about] sth; **ich werde gleich darauf** ~ I'll come to that in a moment

kommend *Adj* (*künftig*) future; **in den ~en Jahren** in years to come

Kommentar <-s, -e> [kɔmɛn'ta:ɐ̯] *m* statement; **kein ~!** no comment!; **einen ~ zu etw abgeben** to comment [on] sth

kommentieren* [kɔmɛn'ti:rən] *tr V* **etw** ~ to comment on sth

Kommilitone, Kommilitonin <-n, -n> [kɔmili'to:nə, -nɪn] *m, f* fellow student

K

Kommissar(in) <-s, -e> [kɔmɪ'sa:ɐ̯] *m(f)* ① (*Polizei*) inspector ② ADMIN commissioner

Kommissär(in) <-s, -e> [kɔmɪ'sɛɐ̯] *m(f)* ÖSTERR *s.* **Kommissar 1.**

kommissarisch [kɔmɪ'sa:rɪʃ] *Adj* temporary

Kommission <-, -en> [kɔmɪ'si̯o:n] *f* ① committee ② **etw in ~ geben** to commission someone to sell sth

Kommode <-, -n> [kɔ'mo:də] *f* chest of drawers

kommunal [kɔmu'na:l] *Adj* municipal

Kommunalpolitik *f* local politics *pl*

Kommunalwahl *f* local [government] elections *pl*

Kommune <-, -n> [kɔ'mu:nə] *f* ① local authority ② (*WG*) commune

Kommunikation <-, -en> [kɔmunika'tsi̯o:n] *f* communication

Kommunikee[RR] <-s, -s> [kɔmyni'ke:] *nt s.* **Kommuniqué**

Kommunion <-, -en> [kɔmu'ni̯o:n] *f* Communion

Kommuniqué <-s, -s> [kɔmyni'ke:] *nt* communiqué

Kommunismus <-> [kɔmu'nɪsmʊs] *m kein Pl* communism

Kommunist(in) <-en, -en> [kɔmu'nɪst] *m(f)* communist

kommunistisch [kɔmu'nɪstɪʃ] *Adj* communist

Komödie <-, -n> [ko'mø:di̯ə] *f* comedy

kompakt [kɔm'pakt] *Adj* compact

Kompanie <-, -n> [kɔmpa'ni:, *Pl:* -'ni:ən] *f* company

Komparativ <-s, -e> ['kɔmparati:f] *m* comparative

Komparse, Komparsin <-n, -n> [kɔm'parzə] *m, f* extra

Kompass[RR] <-es, -e> *m,* **Kompaß**[ALT] <-sses, -sse> ['kɔmpas] *m* compass

kompatibel [kɔmpa'ti:bl̩] *Adj* compatible

kompensieren* [kɔmpɛn'zi:rən] *tr V* to compensate

kompetent [kɔmpe'tɛnt] *Adj* competent

komplett [kɔm'plɛt] **I.** *Adj* complete **II.** *Adv* completely

komplex [kɔmplɛks] *Adj* complex

Komplex <-es, -e> [kɔmplɛks] *m* complex

Komplikation <-, -en> [kɔmplika'tsi̯o:n] *f* complication

Kompliment <-[e]s, -e> [kɔmpli'mɛnt] *nt* compliment; **jdm ein ~ machen** to pay sb a compliment

Komplize, Komplizin <-n, -n> [kɔm'pli:tsə, kɔm'pli:tsɪn] *m, f* accomplice

kompliziert I. *Adj* complicated **II.** *Adv* in a complicated manner

Komplizin <-, -nen> *f s.* **Komplize**

Komplott <-[e]s, -e> [kɔm'plɔt] *nt* plot; **ein ~ schmieden** to hatch a plot

komponieren* [kɔmpo'ni:rən] *tr, intr V* to compose

Komponist(in) <-en, -en> [kɔmpo'nɪst] *m(f)* composer

Kompost <-[e]s, -e> [kɔm'pɔst] *m* compost *no pl*

kompostierbar *Adj* ÖKOL degradable

kompostieren* [kɔmpɔs'ti:rən] *tr V* to compost

Kompott <-[e]s, -e> [kɔm'pɔt] *nt* compote

Kompresse <-, -n> [kɔmprɛsə] *f* compress

komprimieren* [kɔmpri'mi:rən] *tr V* to compress

Kompromiss[RR] <-es, -e> *m,* **Kompromiß**[ALT] <-sses, -sse> [kɔmpro'mɪs] *m* compromise; **fauler** ~ false compromise; [**mit jdm**] **einen ~ schließen** to come to a compromise [with sb]

kompromisslos[RR] *Adj* uncompromising

kompromittieren* [kɔmpromɪ'ti:rən]

tr V to compromise; **sich ~** to compromise oneself

Kondensator <-s, -toren> [kɔndɛn'za:to:ɐ̯, *Pl:* -za'to:rən] *m* condenser

kondensieren* [kɔndɛn'zi:rən] *intr, tr V* to condense

Kondensmilch *f* condensed milk

Kondensstreifen *m* condensation trail

Konditor(in) <-s, -toren> [kɔn'di:to:ɐ̯, -'to:rɪn, *Pl:* -'to:rən] *m(f)* confectioner

Konditorei <-, -en> [kɔndito'rai] *f* confectioner's

Konditorwaren *Pl* confections *pl,* [cake and] pastry

Kondom <-s, -e> [kɔn'do:m] *m o nt* condom

Kondor <-s, -e> ['kɔndo:ɐ̯] *m* condor

Kondukteur(in) <-s, -e> [kɔndʊk'tø:ɐ̯] *m(f)* SCHWEIZ (*Schaffner*) conductor

Konfekt <-[e]s, -e> [kɔn'fɛkt] *nt* confectionery

Konfektionsgröße *f* size

Konfektionskleidung *f kein Pl* ready-to-wear [*or* BRIT *a.* off-the-peg] clothes *pl*

Konferenz <-, -en> [kɔnfe'rɛnts] *f* conference; **eine ~ anberaumen** to arrange a meeting

Konfession <-, -en> [kɔnfɛ'si̯o:n] *f* denomination

konfessionell [kɔnfɛsi̯o'nɛl] *Adj* denominational

konfessionslos *Adj* **~ sein** to not belong to any denomination

Konfetti <-s> [kɔn'fɛti] *nt kein Pl* confetti

Konfirmation <-, -en> [kɔnfɪrma'tsi̯o:n] *f* confirmation

konfiszieren* [kɔnfɪs'tsi:rən] *tr V* to confiscate

Konfitüre <-, -n> [kɔnfi'ty:rə] *f* preserve

Konflikt <-s, -e> [kɔn'flɪkt] *m* conflict; **mit dem Gesetz in ~ geraten** to clash with the law

konform [kɔn'fɔrm] *Adj* **mit jdm ~ gehen** to agree with sb

Konfrontation <-, -en> [kɔnfrɔnta'tsi̯o:n] *f* confrontation

konfrontativ [kɔnfrɔnta'ti:f] *Adj* confrontational

konfrontieren* [kɔnfrɔn'ti:rən] *tr V* to confront

konfus [kɔn'fu:s] *Adj* confused

KongressRR <-es, -e> *m,* **Kongreß**ALT <-sses, -sse> [kɔn'grɛs] *m* ① congress ② (*in USA*) **der ~** Congress *no art*

König(in) <-s, -e> ['kø:nɪç] *m(f)* king/queen

königlich ['kø:nɪklɪç] *Adj* royal

Königreich ['kø:nɪkraiç] *nt* kingdom; **das Vereinigte ~** the United Kingdom

Konjugation <-, -en> [kɔnjuga'tsi̯o:n] *f* conjugation

konjugieren* [kɔnju'gi:rən] *tr V* to conjugate

Konjunktion <-, -en> [kɔnjʊnk'tsi̯o:n] *f* conjunction

Konjunktiv <-s, -e> ['kɔnjʊŋkti:f] *m* subjunctive

Konjunktur <-, -en> [kɔnjʊnk'tʊ:ɐ̯] *f* state of the economy; **steigende/rückläufige ~** boom/slump

konkav [kɔn'ka:f] *Adj* concave

konkret [kɔn'kre:t] *Adj* concrete

konkretisieren* [kɔnkreti'zi:rən] *tr V* (*geh*) **etw ~** to clearly define sth

Konkurrent(in) <-en, -en> [kɔnkʊ'rɛnt] *m(f)* competitor

Konkurrenz <-, -en> [kɔnkʊ'rɛnts] *f* competition; **mit jdm in ~ stehen** to be in competition with sb; **außer ~** unofficially

konkurrenzlos I. *Adj* **~ sein** to have no competition **II.** *Adv* incomparably

konkurrieren* [kɔnkʊ'ri:rən] *intr V* to compete

Konkurs <-es, -e> [kɔn'kʊrs] *m* bankruptcy; **~ anmelden** to declare oneself bankrupt; **~ machen** to go bankrupt

Konkursmasse *f* bankrupt's estate

können ['kœnən] **I.** *tr V* <konnte, gekonnt> (*beherrschen*) to know; **eine Sprache ~** to speak a language; **nichts für etw/dafür ~** to not be able to do anything about sth/it ▶ **du kannst mich [mal]!** (*sl*) kiss my ass! **II.** *intr V* <konnte, gekonnt> to be able; **nicht mehr ~** (*erschöpft sein*) to not be able to go on; **noch ~** to be able to carry on; **wie konntest du nur!** how could you?! **III.** *Hilfsverb* <konnte, können> ① (*vermögen*) **etw tun ~** to be able to do sth ② (*dürfen*) **kann ich das Foto sehen?** can [*or* may] I see the photo? ③ (*möglicherweise sein*) **[ja,] kann sein** [yes,] that's possible; **könnte es nicht sein, dass ...?** could it not be that ...?

Können <-s> ['kœnən] *nt kein Pl* ability

K

konsequent [kɔnze'kvɛnt] **I.** *Adj* ❶ consistent ❷ (*unbeirrbar*) resolute **II.** *Adv* ❶ consistently ❷ resolutely

Konsequenz <-, -en> [kɔnze'kvɛnts] *f* ❶ (*Folge*) consequence; **die ~en tragen** to take the consequences; **die ~en ziehen** to take the necessary action ❷ *kein Pl* (*Unbeirrbarkeit*) resoluteness

konservativ ['kɔnzɛrvati:f] *Adj* conservative

Konserve <-, -n> [kɔn'zɛrvə] *f* preserved food *no pl*

Konservenbüchse *f*, **Konservendose** *f* tin BRIT, can AM

konservieren* [kɔnzɛr'vi:rən] *tr V* to preserve

Konservierungsmittel *nt* preservative

Konsonant <-en, -en> [kɔnzo'nant] *m* consonant

Konsortium <-s, -ien> [kɔn'zɔrtsiʊm, *Pl:* -tsiən] *nt* consortium

K

konstant [kɔn'stant] *Adj* constant

Konstante <-[n], -n> [kɔn'stantə] *f* constant

Konstitution <-, -en> [kɔnstitu'tsi̯o:n] *f* constitution

konstitutionell [kɔnstitutsi̯o'nɛl] *Adj* constitutional

konstruieren* [kɔnstru'i:rən] *tr V* ❶ construct ❷ (*entwerfen*) to design

Konstruktion <-, -en> [kɔnstrʊk'tsi̯o:n] *f* ❶ construction ❷ (*Entwurf*) design

konstruktiv [kɔnstrʊk'ti:f] **I.** *Adj* constructive **II.** *Adv* constructively

Konsul(in) <-s, -n> ['kɔnzʊl] *m(f)* consul

Konsulat <-[e]s, -e> [kɔnzʊ'la:t] *nt* consulate

konsultieren* [kɔnzʊl'ti:rən] *tr V* to consult (**wegen** about)

Konsum <-s> [kɔn'zu:m] *m kein Pl* consumption

Konsument(in) <-en, -en> [kɔnzu'mɛnt] *m(f)* consumer

Konsumgesellschaft *f* consumer society **Konsumgüter** *Pl* HANDEL consumer goods *pl*

konsumieren* [kɔnzu'mi:rən] *tr V* to consume

Konsumismus <-> [kɔnzu'mɪsmʊs] *m kein Pl* SOZIOL consumerism

Kontakt <-[e]s, -e> [kɔn'takt] *m* contact; **sexuelle ~e** sexual contact; **mit jdm ~ aufnehmen** to get in contact with sb; **mit jdm in ~ bleiben/stehen** to stay/be in contact with sb; **keinen ~ mehr zu jdm haben** to have lost contact with sb; **mit jdm in ~ kommen** to come into contact with sb

Kontaktbildschirm *m* touch screen **kontaktfreudig** *Adj* sociable **Kontaktlinse** *f* contact lens **Kontaktlinsenpflegemittel** *nt* contact lens solution

kontemplativ [kɔntɛmpla'ti:f] *Adj* (*geh*) contemplative

kontern ['kɔntɐn] *tr, intr V* to counter

Kontext <-[e]s, -e> ['kɔntɛkst] *m* context

Kontinent <-[e]s, -e> ['kɔntinɛnt] *m* continent

Kontinentalklima *nt* continental climate

Kontingent <-[e]s, -e> [kɔntɪŋ'gɛnt] *nt* MIL contingent

kontinuierlich [kɔntinu'i:ɐ̯lɪç] **I.** *Adj* continuous **II.** *Adv* continuously

Kontinuität <-> [kɔntinui'tɛt] *f kein Pl* (*geh*) continuity *no pl*

Konto <-s, Konten *o* Konti> ['kɔnto, *Pl:* 'kɔntn̩, 'kɔnti] *nt* account; **auf jds ~ gehen** (*von jdm bezahlt werden*) to be on sb; (*von jdm verantwortet werden*) to be sb's fault

Kontoauszug *m* bank statement **Kontoführung** *f* account management *no pl* **Kontoinhaber(in)** *m(f)* account holder **Kontonummer** *f* account number **Kontostand** *m* account balance

Kontrahent(in) <-en, -en> [kɔntra'hɛnt] *m(f)* adversary

Kontraindikation ['kɔntraʔɪndikatsi̯o:n] *f* contra-indication

konträr [kɔn'trɛ:ɐ̯] *Adj* contrary

Kontrast <-[e]s, -e> [kɔn'trast] *m* contrast; **im ~ zu etw stehen** to contrast with sth

Kontrastmittel *nt* contrast medium **Kontrastprogramm** *nt* alternative programme **kontrastreich** *Adj* rich in [*or* full of] contrast[s]

Kontrollabschnitt *m* stub

Kontrolle <-, -n> [kɔn'trɔlə] *f* ❶ (*Überprüfung*) check; **eine ~ durchführen** to conduct an inspection ❷ (*Überwachung*) monitoring; **etw unter ~ bringen** to bring sth under control; **jdn/etw unter ~ haben** to have sb/sth under control; **die ~ über etw/sich** *Akk* **verlieren** to lose control of sth/oneself

kontrollierbar *Adj* controllable

kontrollieren* [kɔntrɔ'li:rən] *tr V* ❶ (*überprüfen*) to check ❷ (*überwachen*) to monitor

KontrolllampeRR *f* indicator light **Kontrollturm** *m* control tower

Kontroverse <-, -n> [kɔntro'vɛrzə] *f* conflict

Kontur <-, -en> [kɔn'tu:ɐ̯] *f* contour

Konvention <-, -en> [kɔnvɛn'tsi̯o:n] *f* convention

Konventionalstrafe *f* fixed penalty

konventionell [kɔnvɛntsi̯o'nɛl] *Adj* conventional

Konvergenz <-, -en> [kɔnvɛr'gɛnts] *f* BIOL convergence

Konversation <-, -en> [kɔnvɛrza'tsi̯o:n] *f* (*geh*) conversation; **~ machen** to make conversation

konvertierbar *Adj* COMPUT convertible

konvertieren* [kɔnvɛr'ti:rən] *intr V* to convert (**zu** to)

konvex [kɔn'vɛks] *Adj* convex

Konvoi <-s, -s> ['kɔnvɔy] *m* convoy; **im ~ fahren** to travel in convoy

Konzentrat <-[e]s, -e> [kɔntsɛn'tra:t] *nt* concentrate

Konzentration <-, -en> [kɔntsɛntra'tsi̯o:n] *f* concentration (**auf** on)

Konzentrationsfähigkeit *f kein Pl* ability to concentrate **Konzentrationslager** *nt* concentration camp

konzentrieren* [kɔntsɛn'tri:rən] **I.** *refl V* **sich ~** to concentrate (**auf** on) **II.** *tr V* to concentrate (**auf** on)

Konzept <-[e]s, -e> [kɔn'tsɛpt] *nt* ❶ (*Entwurf*) draft; **als ~** in draft [form] ❷ (*Plan*) plan; **jdn aus dem ~ bringen** to put sb off; **aus dem ~ geraten** to lose one's train of thought

Konzern <-s, -e> [kɔn'tsɛrn] *m* group

Konzert <-[e]s, -e> [kɔn'tsɛrt] *nt* concert

Konzertflügel *m* concert grand

Classical music plays a vital role in the German **Konzertlandschaft** (concert scene) and predominates in the major opera houses in Germany. The term **Konzertlandschaft** not only refers to opera houses as physical buildings where concerts are held, but moreover to their importance as institutions. The most prestigious opera houses and concert halls include the *Berliner Philharmonie, Frankfurter Oper, Dresdner Semperoper, Stuttgarter Liederhalle* – as well as the famously yet to be completed *Hamburger Elbphilharmonie,* the elaborate architecture of which has meant several building delays to date.

Konzil <-s, -e *o* -ien> [kɔn'tsi:l, *Pl:* -li̯ən] *nt* council

konzipieren* [kɔntsi'pi:rən] *tr V* to plan (**als** as)

Kooperation <-, -en> [koʔopera'tsi̯o:n] *f* cooperation *no pl*

Koordination <-, -en> [koʔɔrdina'tsi̯o:n] *f* coordination

koordinieren* [koʔɔrdi'ni:rən] *tr V* to coordinate

K

Kopf <-[e]s, Köpfe> [kɔpf, *Pl:* 'kœpfə] *m* ❶ head; **von ~ bis Fuß** from head to toe; **einen roten ~ bekommen** to go red in the face; **jdm brummt der ~** (*fam*) sb's head is thumping; **den ~ einziehen** to lower one's head ❷ (*Gedanken*) **sich** *Dat* **etw durch den ~ gehen lassen** to mull sth over; **sich** *Dat* **den ~ zerbrechen** to rack one's brains ❸ (*Verstand, Wille*) mind; **seinen eigenen ~ haben** (*fam*) to have a mind of one's own; **seinen ~ durchsetzen** to get one's way; **sich** *Dat* **etw aus dem ~ schlagen** to get sth out of one's head ❹ (*wichtige Person*) head; **der ~ einer S.** *Gen* the person behind sth; **pro ~** per head ▸ **[bei etw ~ und Kragen riskieren** to risk life and limb [doing sth]; **den ~ in den Sand stecken** to bury one's head in the sand; **~ hoch!** chin up!; **jdn einen ~ kürzer machen** (*sl*) to chop sb's head off; **nicht auf den ~ gefallen sein** to not have been born yesterday; **jdn vor den ~ stoßen** to offend sb

Kopfball *m* header **Kopfbedeckung** *f* headgear *no indef art, no pl*

Köpfchen <-s, -> ['kœpfçən] *nt* ▸ **~ haben** (*fam*) to have brains

köpfen ['kœpfn̩] *tr V* to behead

Kopfende *nt* head

kopfgesteuert ['kɔpfgəʃtɔyɐt] *Adj* (*pej sl*) ruled by one's head [not one's heart]

Kopfhaut *f* scalp **Kopfhörer** *m* headphones *pl* **Kopfkissen** *nt* pillow

kopflos *Adj* confused

Kopfrechnen *nt* mental arithmetic

Kopfsalat *m* lettuce

Kopfschmerz *m meist Pl* headache; **jdm ~en machen** to give sb a headache; **~en haben** to have a headache **Kopfsprung** *m* header; **einen ~ machen** to take a header **Kopfstand** *m* headstand; **einen ~ machen** to do a headstand

Kopfsteinpflaster *nt* cobblestones *pl*

Kopfstütze *f* headrest **Kopftuch** *nt* headscarf **kopfüber** [kɔpfˈʔyːbɐ] *Adv* head first **Kopfweh** *nt s.* **Kopfschmerz**

Kopie <-, -n> [koˈpiː, *Pl:* koˈpiːən] *f* copy

kopieren* [koˈpiːrən] *tr V* ① (*fotokopieren*) to photocopy; (*pausen*) to trace ② FOTO, FILM (*Abzüge machen*) to print ③ (*Doppel herstellen*) to copy ④ (*nachahmen*) to imitate, to copy

Kopierer <-s, -> *m* (*fam*) *s.* **Kopiergerät**

Kopiergerät *nt* [photo]copier

Koppel <-, -n> [ˈkɔpl̩] *f* pasture

Koralle <-, -n> [koˈralə] *f* coral

Koran <-s> [koˈraːn] *m kein Pl* Koran

Koranvers *m* REL Koranic verse, sura

Korb <-[e]s, Körbe> [kɔrp, *Pl:* ˈkœrbə] *m* basket; **einen ~ erzielen** to score a goal ▶ [**von jdm**] **einen ~ bekommen** to be rejected [by sb]; **jdm einen ~ geben** to turn sb down

Korbball *m kein Pl* netball

Körbchengröße *f* MODE cup size

Korbstuhl *m* wicker chair

Kord <-[e]s, -e> [kɔrt] *m* corduroy

Kordhose *f* cord trousers *pl* BRIT, corduroy pants *pl* AM

Korea [koˈreːa] *nt* Korea

Koreaner(in) [koreˈaːnɐ] *m(f)* Korean

Koriander <-s, -> [koˈri̯andɐ] *m* coriander *no pl*

Korinthe <-, -n> [koˈrɪntə] *f* currant

Kork <-[e]s, -e> [kɔrk] *m* cork

Korken <-s, -> [ˈkɔrkn̩] *m* cork

Korkenzieher <-s, -> *m* corkscrew

Korn[1] <-[e]s, Körner> [kɔrn, *Pl:* ˈkœrnɐ] *nt* ① (*Samen*) grain ② (*hartes Teilchen*) grain ③ (*Getreide*) corn *no pl*

Korn[2] <-[e]s, - *o* -s> [kɔrn] *m* (*Schnaps*) schnapps

Korn[3] <-[e]s, -e> [kɔrn] *nt* **etw aufs ~ nehmen** to hit out at sth; **jdn aufs ~ nehmen** to have it in for sb

Kornblume *f* cornflower **Kornkreis** *m* crop circle

Körper <-s, -> [ˈkœrpɐ] *m* body; **am ganzen ~** all over

Körperbau *m kein Pl* physique **körperbehindert** *Adj* physically disabled **Körperbehinderte(r)** *f(m) dekl wie Adj* (*geh*) physically disabled person **Körpergewicht** *nt* weight **Körpergröße** *f* size

körperlich **I.** *Adj* ① ANAT physical ② (*stofflich*) material **II.** *Adv* physically; **~ [hart] arbeiten** to do [hard] physical work

Körperpflege *f* personal hygiene **Körpersprache** *f* body language **Körperteil** *m* part of the body **Körperverletzung** *f* bodily harm *no pl;* **schwere ~** grievous bodily harm

korpulent [kɔrpuˈlɛnt] *Adj* (*geh*) corpulent

korrekt [kɔˈrɛkt] **I.** *Adj* correct **II.** *Adv* correctly

Korrektur <-, -en> [kɔrɛkˈtuːɐ̯] *f* correction; [**etw**] **~ lesen** to proof-read [sth]

Korrekturtaste *f* correction key **Korrekturzeichen** *nt* proof-readers' mark

Korrespondent(in) <-en, -en> [kɔrɛspɔnˈdɛnt] *m(f)* correspondent

Korrespondenz <-, -en> [kɔrɛspɔnˈdɛnts] *f* correspondence *no pl*

korrespondieren* *intr V* to correspond

Korridor <-s, -e> [ˈkɔridoːɐ̯] *m* corridor

korrigieren* [kɔriˈgiːrən] *tr V* to correct; *Klassenarbeit* to mark

korrupt [kɔˈrʊpt] *Adj* corrupt

Korruption <-, -en> [kɔrʊpˈtsi̯oːn] *f* corruption

Korse, Korsin <-n, -n> [ˈkɔrzə, ˈkɔrzɪn] *m, f* Corsican

Korsett <-s, -s *o* -e> [kɔrˈzɛt] *nt* corset

Korsin <-, -nen> *f s.* **Korse**

koscher [ˈkoːʃɐ] *Adj* kosher ▶ **nicht [ganz] ~ sein** to be not [quite] on the level

Kosename *m* pet name

Kosewort *nt* term of endearment

Kosinus <-, -u *o* -se> [ˈkoːzinʊs] *m* cosine

Kosmetik <-> [kɔsˈmeːtɪk] *f kein Pl* cosmetics *pl*

Kosmetiker(in) <-s, -> [kɔsˈmeːtikɐ] *m(f)* beautician

Kosmetikkoffer *m* vanity case **Kosmetiktuch** *nt* tissue

kosmetisch [kɔsˈmeːtɪʃ] **I.** *Adj* cosmetic **II.** *Adv* cosmetically

kosmisch [ˈkɔsmɪʃ] *Adj* cosmic

Kosmopolit(in) <-en, -en> [kɔsmopoˈliːt] *m(f)* cosmopolitan

Kosmos <-> [ˈkɔsmɔs] *m kein Pl* **der ~** the cosmos

Kost <-> [kɔst] *f kein Pl* food; **[freie] ~ und Logis** [free] board and lodging; **geistige ~** intellectual fare

kostbar [ˈkɔstbaːɐ̯] *Adj* ① (*wertvoll*) valuable ② (*unentbehrlich*) precious

Kostbarkeit <-, -en> *f* ① (*Wert*) preciousness ② (*Gegenstand*) precious object

kosten¹ [ˈkɔstn̩] **I.** *tr V* ① *Ware* to cost ② (*erfordern*) **jdn etw ~** to take [up] sb's sth; **das kann uns viel Zeit ~** it could take us a [good] while ③ (*Verlust bedeuten*) **jdn etw ~** to cost sb sth ▶ **koste es, was es wolle** whatever the cost **II.** *intr V* to cost

kosten² [ˈkɔstn̩] *tr V* (*probieren*) to taste

Kosten [ˈkɔstn̩] *Pl* costs; **~ sparend** *adjektivisch* economical; *adverbial* economically; **auf seine ~ kommen** to get one's money's worth; **die ~ tragen** to bear the costs; **auf ~ einer Person/einer S.** *Gen* at the expense of sb/sth

kostendeckend *Adj* cost-effective

kostenlos *Adj* free [of charge]

Kostenvoranschlag *m* quotation

köstlich [ˈkœstlɪç] **I.** *Adj* delicious **II.** *Adv* **sich ~ amüsieren** to have a wonderful time

Kostprobe *f* ① taste ② (*Vorgeschmack*) sample

kostspielig *Adj* expensive

Kostüm <-s, -e> [kɔsˈtyːm] *nt* ① suit ② THEAT costume

Kostümfest *nt* fancy-dress ball **Kostümprobe** *f* THEAT dress rehearsal

Kot <-[e]s> [koːt] *m kein Pl* excrement

Kotelett <-s, -s> [kɔtˈlɛt] *nt* chop

Koteletten [kotəˈlɛtn̩] *Pl* sideburns *pl*

Köter <-s, -> [ˈkøːtɐ] *m* (*pej*) mutt

Kotflügel *m* wing

Kotzbrocken *m* (*pej*) slimeball

Kotze <-> [ˈkɔtsə] *f kein Pl* (*vulg*) puke

kotzen [ˈkɔtsn̩] *intr V* (*vulg*) to puke ▶ **das ist zum Kotzen!** (*sl*) it makes you sick!

Krabbe <-, -n> [ˈkrabə] *f* crab

krabbeln [ˈkrabl̩n] *intr V sein* to crawl

Krach <-[e]s, Kräche *o* -s> [krax, *Pl:* ˈkrɛçə] *m* ① *kein Pl* noise ② (*Streit*) quarrel; **~ haben** (*fam*) to have a row

krachen [ˈkraxn̩] **I.** *intr V* ① *haben* to crash; *Schuss* to ring out ② *sein* (*prallen*) to crash **II.** *intr V unpers haben* ① **es kracht** there is a crashing noise ② (*Unfall*) **auf der Kreuzung hat es gekracht** there's been a crash on the intersection

krächzen [ˈkrɛçtsn̩] *intr V Vogel* to caw; *Mensch* to croak

kraft [kraft] *Präp + Gen* **~ einer S.** by virtue of sth

Kraft <-, Kräfte> [kraft, *Pl:* ˈkrɛftə] *f* ① strength; **wieder zu Kräften kommen** to regain one's strength; **über jds Kräfte gehen** to be more than sb can cope with; **seine Kräfte sammeln** to gather one's strength; **mit aller ~** with all one's strength; **mit letzter ~** with one's last ounce of strength; **mit vereinten Kräften** with combined efforts ② (*Geltung*) force; **außer ~ sein** to be no longer in force; **in ~ sein** to be in force; **etw außer ~ setzen** to cancel sth; **in ~ treten** to come into force ③ PHYS (*Energie*) power; **aus eigener ~** by oneself; **mit frischer ~** with renewed energy ④ *meist Pl* (*Machgruppe*) force

Kraftakt *m* act of strength

Kraftfahrer(in) *m(f)* driver

Kraftfahrzeug *nt* motor vehicle

Kraftfahrzeugbrief *m* registration document **Kraftfahrzeugkennzeichen** *nt* vehicle registration **Kraftfahrzeugsteuer** *f* vehicle tax **Kraftfahrzeugversicherung** *f* car insurance

kräftig [ˈkrɛftɪç] **I.** *Adj* ① (*stark*) strong ② (*wuchtig*) powerful **II.** *Adv regnen* heavily

kraftlos **I.** *Adj* weak **II.** *Adv* feebly

Kraftprobe *f* test of strength **Kraftrad** *nt* motorcycle **Kraftstoff** *m* fuel **kraftvoll** **I.** *Adj* powerful **II.** *Adv* forcefully; **~ zubeißen** to take a hearty bite **Kraftwagen** *m* motor vehicle **Kraftwerk** *nt* power station **Kraftwerksbe-**

treiber *m* company running a power station

Kragen <-s, -> ['kra:gən, *Pl:* 'krɛ:gn̩] *m* collar ▸ **jdm <u>geht</u> es an den ~** sb is in for it; **etw <u>kostet</u> jdn den ~** sth is sb's downfall; **jdm <u>platzt</u> der ~** sb blows their top

Kragenknopf *m* collar button **Kragenweite** *f* MODE collar size ▸ **[genau] jds ~ <u>sein</u>** (*fam*) to be [just] sb's cup of tea

Krähe <-, -n> ['krɛ:ə] *f* crow

Krähenfüße *Pl* crow's feet

Krake <-n, -n> ['kra:kə] *m* octopus

krakeelen* [kra'ke:lən] *intr V* (*fam*) to make a racket

Kralle <-, -n> ['kralə] *f* claw

krallen ['kralən] *refl V* **sich an jdn/etw ~** to cling onto sb/sth

Kram <-[e]s> [kra:m] *m kein Pl* (*fam*) ❶ junk ❷ (*Angelegenheit*) affairs *pl;* **den ganzen ~ hinschmeißen** to pack the whole thing in; **jdm in den ~ passen** to suit sb fine; **jdm nicht in den ~ passen** to be a real nuisance to sb

Krämer(in) <-s, -> ['krɛmɐ] *m(f)* DIAL (*veraltet*) grocer's, general store

Krämerseele *f* ▸ **eine ~ <u>sein</u>** (*pej*) to be petty-minded

Kramladen *m* (*pej fam*) junk shop

Krampen <-s, -> *m* ÖSTERR (*Spitzhacke*) pickaxe

Krampf <-[e]s, Krämpfe> [krampf, *Pl:* 'krɛmpfə] *m* cramp

Krampfader *f* varicose vein

krampfhaft I. *Adj* desperate **II.** *Adv* desperately

Kran <-[e]s, Kräne *o* -e> [kra:n, *Pl:* 'krɛ:nə] *m* crane

Kranführer(in) *m(f)* crane operator

Kranich <-s, -e> ['kra:nɪç] *m* crane

krank <kränker, kränkste> [kraŋk] *Adj* ❶ ill, sick ❷ **~ vor etw** *Dat* **sein** to be sick with sth ▸ **jdn [mit etw] ~ <u>machen</u>** to get on sb's nerves [with sth]

Kranke(r) *f(m) dekl wie Adj* sick person

kränkeln ['krɛŋkl̩n] *intr V* to be unwell

kränken ['krɛŋkn̩] *tr V* **jdn ~** to hurt sb's feelings; **gekränkt sein** to feel hurt; **es kränkt jdn, dass ...** it hurts sb['s feelings], that ...; **~d** hurtful

Krankengeld *nt* sick pay **Krankengymnastik** *f* physiotherapy **Krankenhaus** *nt* hospital **Krankenkasse** *f* health insurance company **Krankenpflege** *f* nursing **Krankenpfleger(in)** *m(f)* [male] nurse **Krankenschwester** *f* nurse **Krankentransport** *m* ambulance service **Krankenversicherung** *f* health insurance

> The German public health system is largely funded by the many public **Krankenversicherungen** (national health insurances), which employee and employer pay into half-half. Self-employed and employees whose income exceeds a fixed threshold, may opt out of the national health insurance and join a private health insurance scheme.

Krankenwagen *m* ambulance

krank|feiern *intr V* (*fam*) to skive off work BRIT, to call in sick AM

krankhaft *Adj* morbid

Krankheit <-, -en> *f* illness; **wegen ~** due to illness

Krankheitserreger *m* pathogen

kränklich ['krɛŋklɪç] *Adj* sickly

krank|melden[RR] *refl V* **sich ~** to report sick **Krankmeldung** *f* notification of sickness **krank|schreiben**[RR] *tr V unreg* **jdn ~** to give sb a sick note

Kränkung <-, -en> *f* insult

Kranz <-es, Kränze> [krants, *Pl:* 'krɛntsə] *m* wreath

krass[RR], **kraß**[ALT] [kras] *Adj* ❶ (*auffallend*) glaring ❷ (*unerhört*) blatant

Krater <-s, -> ['kra:tɐ] *m* crater

Kratzbürste *f* (*pej*) prickly person

Krätze <-> ['krɛtsə] *f kein Pl* scabies

kratzen ['kratsn̩] **I.** *tr V* ❶ to scratch ❷ (*jucken*) **sich ~** to scratch oneself ❸ (*fam: kümmern*) **das kratzt mich nicht** I couldn't care less about that **II.** *intr V* ❶ (*jucken*) to scratch; **das Unterhemd kratzt** the vest is scratchy ❷ (*beeinträchtigen*) **an etw** *Dat* **~** to scratch away at sth

Kratzer <-s, -> ['kratsɐ] *m* scratch

kratzfest *Adj* scratch-resistant

kraulen ['kraulən] *intr V* (*schwimmen*) to do the crawl

kraus [kraus] *Adj Haar* frizzy

Kraut <-[e]s, Kräuter> [kraut, *Pl:* krɔytɐ] *nt* ❶ BOT herb ❷ *kein Pl* (*Kohl*) cabbage ▸ **wie ~ und <u>Rüben</u> durchei-**

nanderliegen (*fam*) to lie about all over the place
Kräutertee *m* herbal tea
Krautkopf *m* head of cabbage
Krawall <-s, -e> [kraˈval] *m* ① (*Tumult*) riot ② *kein Pl* (*fam: Lärm*) racket
Krawatte <-, -n> [kraˈvatə] *f* tie
Krawattennadel *f* tiepin
kraxeln [ˈkraksl̩n] *intr V sein* SÜDD, ÖSTERR to clamber
kreativ [kreaˈtiːf] *Adj* creative
Kreativdirektor(in) *m(f)* creative director
Kreativität <-> [kreativiˈtɛt] *f kein Pl* creativity
Krebs[1] <-es, -e> [kreːps] *m* ① crayfish ② *kein Pl* KOCHK crab ③ *kein Pl* ASTROL Cancer
Krebs[2] <-es, -e> [kreːps] *m* MED cancer; **~ erregend** carcinogenic
Krebsbehandlung *f* cancer treatment **Krebserreger** *m* MED carcinogen **Krebsfrüherkennung** *f* early cancer diagnosis **Krebsgeschwulst** *f* cancerous tumour **Krebsgeschwür** *nt* cancerous ulcer **Krebspatient(in)** *m(f)* cancer patient **Krebsvorsorgeuntersuchung** *f* cancer check-up
Kredit <-[e]s, -e> [kreˈdiːt] *m* credit; **einen ~ [bei jdm] aufnehmen** to take out a loan [with sb]; **auf ~** on credit
Kreditgeber(in) *m(f)* creditor **Kreditkarte** *f* credit card; **mit ~ bezahlen** to pay by credit card
Kreide <-, -n> [ˈkraidə] *f* chalk ▶ **bei jdm [tief] in der ~ stehen** (*fam*) to owe sb [a lot of] money
kreidebleich *Adj* as white as a sheet **kreideweiß** *Adj s.* **kreidebleich** **Kreidezeichnung** *f* chalk drawing
kreieren* [kreˈiːrən] *tr V* to create
Kreis[1] <-es, -e> [krais, *Pl:* ˈkraizə] *m* circle; **einen ~ um jdn bilden** to form a circle around sb; **sich im ~[e] drehen** to turn round in a circle; **im ~ gehen** to go round in circles; **im ~** in a circle ▶ **weite ~e** wide sections; **jdm dreht sich alles im ~e** sb's head is spinning
Kreis[2] <-es, -e> [krais, *Pl:* ˈkraizə] *m* ADMIN district
kreischen [ˈkraiʃn̩] *intr V* to shriek
Kreisel <-s, -> [ˈkraizl̩] *m* ① spinning top ② TRANSP roundabout
kreisen [ˈkraizn̩] *intr V* ① to revolve (**um** around) ② *Vogel, Flieger* to circle ③ (*zirkulieren*) to circulate (**in** through)
kreisförmig **I.** *Adj* circular **II.** *Adv* in a circle
Kreislauf *m* circulation
Kreislaufstörungen *Pl* circulatory disorder
Kreissäge *f* circular saw
Kreißsaal *m* delivery room
Kreisstadt *f* district principal town **Kreisverkehr** *m* roundabout
Krematorium <-s, -rien> [kremaˈtoːri̯ʊm, *Pl:* -ˈtoːri̯ən] *nt* crematorium
Krempe <-, -n> [ˈkrɛmpə] *f* brim
Krempel <-s> [ˈkrɛmpl̩] *m kein Pl* (*pej fam*) junk ▶ **den ganzen ~ hinwerfen** to chuck it all in
Kren <-s> [kreːn] *m kein Pl* BOT, KOCHK SÜDD, ÖSTERR horseradish
krepieren* [kreˈpiːrən] *intr V sein* (*sl*) to croak
Krepppapier[RR] *nt* crepe paper
Kreppsohle *f* crepe sole
Kresse <-, -n> [ˈkrɛsə] *f* cress
kreuz [krɔyts] *Adv* ▶ **~ und quer** all over [the place]
Kreuz <-es, -e> [krɔyts] *nt* ① cross; **jdn ans ~ schlagen** to crucify sb; **über[s] ~** crosswise ② (*Symbol*) crucifix; **das Rote ~** the Red Cross ③ ANAT lower back; **es im ~ haben** to have back trouble ④ *kein Pl* KARTEN clubs *pl* ▶ **jdn aufs ~ legen** (*fam*) to fool sb; **drei ~e machen** (*fam*) to be so relieved; **ein ~ mit jdm/etw sein** (*fam*) to be a constant bother with sb/sth
Kreuzer <-s, -> [ˈkrɔytsɐ] *m* NAUT cruiser
Kreuzfahrt *f* cruise; **eine ~ machen** to go on a cruise **Kreuzfeuer** *nt* crossfire **Kreuzgang** *m* cloister
kreuzigen [ˈkrɔytsɪgn̩] *tr V* to crucify
Kreuzigung <-, -en> *f* crucifixion
Kreuzotter *f* adder **Kreuzschlitzschraube** *f* Phillips screw **Kreuzschmerzen** *Pl* backache, lower back pain **Kreuzspinne** *f* cross spider
Kreuzung <-, -en> *f* ① (*Straßenkreuzung*) crossroads *pl* ② *kein Pl* BIOL (*das Kreuzen*) cross-breeding ③ (*Bastard*) mongrel
Kreuzverhör *nt* cross-examination; **jdn ins ~ nehmen** to cross-examine sb **Kreuzweg** [ˈkrɔytsveːk] *m* ▶ **am ~ ste-**

hen to be at the crossroads **Kreuzworträtsel** *nt* crossword **Kreuzzug** *m* crusade

kribbeln ['krɪbl̩n] *intr V* (*jucken*) **mir kribbelt es am Rücken** my back is itching

Kricket <-s, -s> ['krɪkət] *nt* SPORT cricket

kriechen <kroch, gekrochen> ['kriːçn̩] *intr V* ① *sein* to crawl ② *sein o haben* (*pej: unterwürfig sein*) [**vor jdm**] ~ to grovel [before sb]

Kriechspur *f* TRANSP crawler [*or* AM slow] lane

Krieg <-[e]s, -e> [kriːk, *Pl:* 'kriːgə] *m* war; **jdm/einem Land den ~ erklären** to declare war on sb/a country; **~ führen** to wage war (**gegen** on); **in den ~ ziehen** to go to war

kriegen[1] ['kriːgn̩] *tr V* (*fam*) ① to get; **ich kriege noch 20 Euro von dir** you still owe me 20 euros; **eine Krankheit ~** to get an illness; **etw zu sehen ~** to get to see sth ② (*noch erreichen*) **den Zug ~** to catch the train ③ (*erwischen*) **jdn ~** to catch sb ④ (*gebären*) **ein Kind ~** to have a baby ⑤ (*überreden*) **jdn dazu ~, etw zu tun** to get sb to do sth ⑥ (*schaffen*) **ich kriege das schon geregelt** I'll get it sorted ▸ **es mit jdm zu tun ~** to be in trouble with sb

kriegen[2] ['kriːgn̩] *intr V* (*Krieg führen*) to make war

Krieger(in) <-s, -> ['kriːgɐ] *m(f)* warrior

kriegerisch *Adj* ① (*kämpferisch*) warlike ② (*militärisch*) military

Kriegsausbruch *m* outbreak of war **Kriegsbeil** *nt* tomahawk ▸ **das ~ begraben** to bury the hatchet **Kriegsberichterstatter(in)** *m(f)* war correspondent **Kriegsbeschädigte(r)** *f(m) dekl wie Adj* war-disabled person **Kriegsdienstverweigerer** <-s, -> *m* conscientious objector **Kriegsgefangene(r)** *f(m) dekl wie Adj* prisoner of war **Kriegsgefangenschaft** *f* captivity; **in ~ geraten** to become a prisoner of war **Kriegsgericht** *nt* court martial **Kriegsschiff** *nt* war ship **Kriegsverbrecher(in)** *m(f)* war criminal

Krimi <-s, -s> ['krɪmi] *m* (*fam*) thriller

Kriminalbeamte(r) [krimi'naːl-] *m dekl wie Adj*, **Kriminalbeamtin** *f* detective

Kriminalität <-> [kriminali'tɛt] *f kein Pl* criminality

Kriminalpolizei *f* ① (*Institution*) Criminal Investigation Department BRIT, plainclothes police AM ② (*Beamte*) CID officers *pl* BRIT, plainclothes police officers *pl* AM **Kriminalroman** *m* detective novel

kriminell [krimi'nɛl] *Adj* criminal

Kriminelle(r) [krimi'nɛlə, -lɐ] *f(m) dekl wie Adj* criminal

Krimskrams <-es> ['krɪmskrams] *m kein Pl* (*fam*) junk

Kringel <-s, -> ['krɪŋl̩] *m* squiggle

Kripo <-, -s> ['kriːpo] *f* (*fam*) *kurz für* **Kriminalpolizei** ① (*Institution*) **die ~** the CID [*or* AM plainclothes police] ② (*Beamte*) CID [*or* AM plainclothes police] officers

Krippe <-, -n> ['krɪpə] *f* ① *a.* REL manger ② (*Kinderkrippe*) day nursery

Krippentod *m* MED cot [*or* AM crib] death

Krise <-, -n> ['kriːzə] *f* crisis

kriseln ['kriːzl̩n] *intr V unpers* **es kriselt** there's a crisis looming

krisenfest *Adj* crisis-proof

Krisenherd *m* trouble spot

Kristall <-s, -e> [krɪs'tal] *m* crystal

kristallen [krɪs'talən] *Adj* crystal

Kristallzucker *m* refined sugar

Kriterium <-s, -rien> [kri'teːriʊm, *Pl:* -'teːriən] *nt* criterion

Kritik <-, -en> [kri'tiːk] *f* ① *kein Pl* criticism (**an** of); **an jdm/etw ~ üben** to criticize sb/sth ② (*Rezension*) review ▸ **unter aller ~ sein** (*pej*) to be beneath contempt

Kritiker(in) <-s, -> ['kriːtikɐ] *m(f)* critic

kritiklos **I.** *Adj* uncritical **II.** *Adv* uncritically

kritisch ['kriːtɪʃ] **I.** *Adj* critical **II.** *Adv* critically

kritisieren* [kriti'ziːrən] *tr, intr V* to criticize

kritteln ['krɪtl̩n] *intr V* (*pej*) to find fault, to carp

Kritzelei <-, -en> [krɪtsə'lai] *f* scribble

kritzeln ['krɪtsl̩n] *intr, tr V* to scribble

Krokant <-s> [kro'kant] *m kein Pl* chopped and caramelized nuts

Krokette <-, -n> [kro'kɛtə] *f* croquette

Krokodil <-s, -e> [kroko'diːl] *nt* crocodile

Krokodilstränen *Pl* crocodile tears

Krokoleder *nt* crocodile leather

Krokus <-, - *o* -se> ['kro:kʊs, *Pl:* -ʊsə] *m* crocus

Krone <-, -n> ['kro:nə] *f* crown

krönen ['krø:nən] *tr V* to crown

Kronkorken *m* crown cap **Kronleuchter** *m* chandelier **Kronprinz, Kronprinzessin** *m, f* crown prince/princess

Krönung <-, -en> *f* ① coronation ② (*Höhepunkt*) high point ▶ **die ~ sein** (*fam*) to beat everything

Kropf <-[e]s, Kröpfe> [krɔpf, *Pl:* 'krœpfə] *m* MED goitre

Kröte <-, -n> ['krø:tə] *f* toad

Krötentunnel *m* toad tunnel (*providing a safe passage for toads and other migrating amphibians near busy roads*)

Krücke <-, -n> ['krʏkə] *f* crutch; **an ~n gehen** to walk on crutches

Krug <-[e]s, Krüge> [kru:k, *Pl:* 'kry:gə] *m* jug; (*Trinkgefäß*) tankard

Krümel <-s, -> ['kry:ml̩] *m* crumb

krümelig ['kry:məlɪç] *Adj* crumbly

krumm [krʊm] *Adj* ① (*nicht gerade*) *Straße* crooked; *Nase* hooked; *Rücken* hunched ② (*pej fam: unehrlich*) crooked ▶ **~ und schief** askew

krümmen ['krʏmən] **I.** *tr V* ① to bend; **den Rücken ~** to arch one's back; **die Schultern ~** to slouch one's shoulders ② MATH **gekrümmt** curved **II.** *refl V* ① **sich ~** *Fluss* to wind; *Straße* to bend ② (*sich beugen*) **sich ~** to bend ③ (*sich winden*) **sich vor Schmerzen ~** to writhe in pain

krumm|lachen *refl V* (*fam*) **sich ~** to fall about laughing ▶ **sich krumm- und schieflachen** to split one's sides laughing, to laugh one's head off

krumm|nehmen *tr V unreg* (*fam*) **etw ~** to take offence at sth; **jdm etw ~** to hold sth against sb

Krümmung <-, -en> *f* ① bend; (*Weg*) turn ② MED, MATH curvature

Kruste <-, -n> ['krʊstə] *f* crust

Krustentier *nt* crustacean

Kruzifix <-es, -e> ['kru:tsifɪks] *nt* crucifix

Krypta <-, Krypten> ['krʏpta, *Pl:* -tən] *f* crypt

Kuba <-s> ['ku:ba] *nt* Cuba

Kubaner(in) <-s, -> [ku'ba:nɐ] *m(f)* Cuban

Kübel <-s, -> ['ky:bl̩] *m* bucket

Kubikmeter [ku'bi:k-] *m o nt* cubic metre **Kubikzahl** *f* cube number **Kubikzentimeter** *m* cubic centimetre

Küche <-, -n> ['kʏçə] *f* kitchen

Kuchen <-s, -> ['ku:xn̩] *m* cake

Küchenabfall *m* kitchen waste *no pl* **Küchenchef(in)** *m(f)* chef

Kuchenform *f* baking tin

Küchenherd *m* range, cooker BRIT, stove AM **Küchenschabe** *f* cockroach **Küchenschrank** *m* kitchen cupboard **Küchentuch** *nt* kitchen cloth

Kuckuck <-s, -e> ['kʊkʊk] *m* cuckoo ▶ **[das] weiß der ~!** (*fam*) God only knows!; **zum ~ [noch mal]!** (*euph fam*) damn it!

Kuckucksuhr *f* cuckoo clock

Kuddelmuddel <-s> *m o nt kein Pl* (*fam*) muddle

Kufe <-, -n> ['ku:fə] *f* runner

Kugel <-, -n> ['ku:gl̩] *f* ① ball ② (*Geschoss*) bullet ③ MATH sphere ▶ **eine ruhige ~ schieben** (*fam*) to have a cushy time

Kugelblitz *m* METEO ball lightning **kugelförmig** *Adj* spherical **Kugellager** *nt* ball bearing

kugeln ['ku:gl̩n] *intr V sein* to roll ▶ **zum Kugeln sein** (*fam*) to be hilarious

kugelrund ['ku:gl̩'rʊnt] *Adj* ① **~ sein** to be round as a ball ② (*fam*) *Mensch* tubby **Kugelschreiber** *m* ballpoint **kugelsicher** *Adj* bullet-proof **Kugelstoßen** <-s> *nt kein Pl* shot put

Kuh <-, Kühe> [ku:, *Pl:* 'ky:ə] *f* cow

Kuhhandel *m* (*pej*) horse trade

kühl [ky:l] **I.** *Adj* cool; **draußen wird es ~** it's getting chilly outside **II.** *Adv* ① (*recht kalt*) **etw ~ lagern** to store sth in a cool place ② (*reserviert*) coolly

Kühlbox *f* cooler

kühlen ['ky:lən] *intr, tr V* to cool

Kühler <-s, -> ['ky:lɐ] *m* bonnet

Kühlergrill *m* AUTO radiator grille **Kühlerhaube** *f* bonnet BRIT, hood AM

Kühlraum *m* refrigerated storage room **Kühlschrank** *m* refrigerator **Kühltruhe** *f* freezer chest **Kühlwasser** *nt* coolant

kühn [ky:n] *Adj* ① brave ② (*gewagt*) bold

Kuhstall *m* cowshed

Küken <-s, -> ['ky:kn̩] *nt* chick

kulant [ku'lant] *Adj* obliging

Kuli <-s, -s> ['ku:li] *m* (*fam*) Biro® BRIT, Bic® AM
kulinarisch [kuli'na:rɪʃ] *Adj* culinary
Kulisse <-, -n> [ku'lɪsə] *f* THEAT scenery ▶ **hinter den ~n** behind the scenes; **nur ~ sein** (*pej*) to be merely a facade
kullern ['kʊlɐn] *intr V sein* to roll
Kult <-[e]s, -e> [kʊlt] *m* cult
Kultfigur *f* cult figure
kultig ['kʊltɪç] *Adj* (*sl*) cult
kultivieren* [kʊlti'vi:rən] *tr V* to cultivate
kultiviert [kʊlti'vi:ɐt] *Adj* ❶ (*gepflegt*) refined ❷ (*gebildet, feinsinnig*) **~ sein** to be cultured
Kultstätte *f* place of ritual worship
Kultur <-, -en> [kʊl'tu:ɐ̯] *f* culture
Kulturbanause *m* (*pej*) philistine **Kulturbeutel** *m* toilet [*or* AM toiletries] bag
kulturell [kʊltu'rɛl] **I.** *Adj* cultural **II.** *Adv* culturally
K
Kulturgeschichte *f kein Pl* cultural history
Kultusministerium *nt* Ministry of Education and the Arts BRIT, Department of Education and Cultural Affairs AM
Kümmel <-s, -> ['kʏml̩] *m* caraway
Kummer <-s> ['kʊmɐ] *m kein Pl* grief; **~ haben** to have worries; **jdm ~ machen** to cause sb trouble
kümmerlich ['kʏmɐlɪç] *Adj* ❶ (*armselig*) miserable ❷ (*schwächlich*) puny
kümmern ['kʏmɐn] **I.** *tr V* **jd/etw kümmert jdn** sb/sth concerns sb; **was kümmert mich das?** what concern is that of mine? **II.** *refl V* **sich um jdn/etw ~** to take care of sb/sth; **kümmere dich um deine eigenen Angelegenheiten** mind your own business; **sich darum ~, dass ...** to see to it that ...
Kumpan(in) <-s, -e> [kʊm'pa:n] *m(f)* (*fam*) pal
Kumpel <-s, -> *m* ❶ (*fam*) mate BRIT, buddy AM ❷ (*Bergmann*) miner
Kunde[1] <-> ['kʊndə] *f kein Pl* (*geh*) tidings *pl*
Kunde, Kundin[2] <-n, -n> ['kʊndə, 'kʊndɪn] *m, f* customer
Kundendienst *m kein Pl* after-sales service **Kundenkarte** *f* store card **Kundennummer** *f* customer account number **Kundenstock** *m* ÖSTERR customers *pl*
kund|geben *tr V unreg* to make known
Kundgebung <-, -en> *f* rally
kundig ['kʊndɪç] *Adj* knowledgeable
kündigen ['kʏndɪgn̩] **I.** *tr V Vertrag* to terminate **II.** *intr V* ❶ *Arbeitnehmer* [**jdm**] **~** to hand in one's notice [to sb] ❷ *Arbeitgeber* **jdm ~** to give sb his/her notice
Kündigung <-, -en> *f* ❶ JUR cancellation ❷ (*durch den Arbeitnehmer*) handing in one's notice; (*durch den Arbeitgeber*) dismissal
Kündigungsfrist *f* period of notice **Kündigungsschutz** *m* protection against unfair dismissal
Kundin <-, -nen> *f s.* **Kunde**
Kundschaft <-, -en> ['kʊntʃaft] *f* customers *pl*
künftig ['kʏnftɪç] **I.** *Adj* future **II.** *Adv* in future
Kunst <-, Künste> [kʊnst, *Pl:* 'kʏnstə] *f* art ▶ **keine ~ sein** (*fam*) to be easy
Kunstakademie *f* art college **Kunstausstellung** *f* art exhibit[ion] **Kunstdünger** *m* artificial fertilizer **Kunsterziehung** *f* (*geh*) art **Kunstfaser** *f* synthetic fibre **kunstfertig** *Adj* skilful **Kunstgegenstand** *m* objet d'art **Kunstgeschichte** *f kein Pl* art history **Kunstgewerbe** *nt kein Pl* arts and crafts **Kunstgriff** *m* trick **Kunsthandwerk** *nt kein Pl* craft[work] **Kunstleder** *nt* imitation leather
Künstler(in) <-s, -> ['kʏnstlɐ] *m(f)* artist
künstlerisch ['kʏnstlərɪʃ] *Adj* artistic
Künstlername *m* pseudonym
künstlich ['kʏnstlɪç] **I.** *Adj* artificial **II.** *Adv* (*gekünstelt*) affectedly
Kunstmaler(in) *m(f)* (*geh*) artist, painter **Kunstsammlung** *f* art collection **Kunstseide** *f* artificial silk **Kunststoff** *m* synthetic material **Kunststück** *nt* trick; **das ist doch kein ~!** there's nothing to it! **Kunstturnen** *nt* gymnastics + *sing verb* **Kunstwerk** *nt* work of art
kunterbunt ['kʊntɐbʊnt] *Adj* ❶ (*vielfältig*) varied ❷ (*bunt*) multi-coloured ❸ (*wahllos*) motley
Kupfer <-s> ['kʊpfɐ] *nt kein Pl* copper
Kuppe <-, -n> ['kʊpə] *f* ❶ (*Bergkuppe*) [rounded] hilltop ❷ (*Fingerkuppe*) tip
Kuppel <-, -n> ['kʊpl̩] *f* dome
kuppeln[1] ['kʊpl̩n] *intr V* to operate the clutch

kuppeln[2] ['kʊpl̩n] *tr V* **etw an etw** *Akk* ~ to couple sth to sth
Kupplung <-, -en> ['kʊplʊŋ] *f* ❶ clutch ❷ (*für Anhänger*) coupling
Kur <-, -en> [kuːɐ̯] *f* course of treatment; **in ~ fahren** to go to a health resort
Kür <-, -en> [kyːɐ̯] *f* free style
Kuratorium <-s, -rien> [kura'toːri̯ʊm, *Pl:* -ri̯ən] *nt* board of trustees
Kurbel <-, -n> ['kʊrbl̩] *f* crank
Kurbelwelle *f* crankshaft
Kürbis <-ses, -se> ['kʏrbɪs] *m* pumpkin
Kurgast *m* visitor to a health resort **Kurhaus** *nt* assembly rooms [at a health resort]
Kurier <-s, -e> [ku'riːɐ̯] *m* courier
Kurierdienst *m* courier service
kurieren* [ku'riːrən] *tr V* to cure (**von** of)
kurios [ku'ri̯oːs] *Adj* curious
Kuriosität <-, -en> [kuri̯ozi'tɛt] *f* curiosity
Kurort *m* health resort **Kurpfuscher(in)** *m(f)* (*pej*) quack
Kurs[1] <-es, -e> [kʊrs, *Pl:* 'kʊrzə] *m* ❶ (*Richtung*) course; **vom ~ abkommen** to deviate from one's course; **den ~ beibehalten** to maintain [one's] course; **jdn auf ~ bringen** to bring sb into line; **den ~ wechseln** to change course ❷ (*Wechselkurs*) exchange rate ❸ BÖRSE price; **im ~ fallen** to fall in price; **hoch im ~ [bei jdm] stehen** (*a. fig*) to be very popular [with sb]
Kurs[2] <-es, -e> [kʊrs, *Pl:* 'kʊrzə] *m* (*Lehrgang*) course
Kursbuch *nt* timetable
Kurseinbruch *f* slump in prices
kursieren* [kʊr'ziːrən] *intr V* to circulate
kursiv [kʊr'ziːf] **I.** *Adj* italic **II.** *Adv* in italics
Kursivschrift [kʊr'ziːf-] *f* italics
Kursnotierung *f* quoted price **Kursrückgang** *m* BÖRSE fall [*or* decline] in prices **Kursschwankung** *f* BÖRSE price fluctuation **Kurssturz** *m* BÖRSE collapse in rates
Kursteilnehmer(in) *m(f)* participant in a course
Kurswagen *m* BAHN through coach
Kurve <-, -n> ['kʊrvə] *f* ❶ (*Straßenkurve*) bend; **aus der ~ fliegen** (*fam*) to leave the road on the bend; **eine ~ machen** to bend ❷ (*gekrümmte Linie*) curve ▶ **die ~ kratzen** (*fam*) to clear off
kurvenreich *Adj* curvy
kurz <kürzer, kürzeste> [kʊrts] **I.** *Adj* ❶ (*räumlich und zeitlich*) short ❷ (*knapp*) brief ▶ **den Kürzeren ziehen** (*fam*) to come off worst **II.** *Adv* ❶ (*räumlich*) short; **etw kürzer machen** to shorten sth ❷ (*zeitlich*) for a short time; **sich ~ fassen** to be brief; **~ gesagt** in a word; **jdn ~ sprechen** to have a quick word with sb; **bis vor ~em** up until a short while ago; **vor ~em** a short while ago; **~ bevor** just before; **~ nachdem** shortly after; **über ~ oder lang** sooner or later ▶ **~ angebunden sein** (*fam*) to be abrupt; **~ entschlossen** without a moment's hesitation; **~ und gut** in a word; **zu ~ kommen** to lose out
Kurzarbeit *f kein Pl* short-time work
kurz|arbeiten *intr V* to work short-time
kurzärm[e]lig *Adj* short-sleeved **Kurzbrief** *m* brief memo
Kürze <-, *selten* -n> ['kʏrtsə] *f* shortness; **in aller ~** very briefly
kürzen ['kʏrtsn̩] *tr V* ❶ to shorten (**um** by) ❷ (*verringern*) to cut (**um** by, **auf** to)
kurzerhand ['kʊrtsɐ'hant] *Adv* there and then
Kurzfassung *f* abridged version **Kurzfilm** *m* short film **Kurzform** *f* shortened form **kurzfristig** ['kʊrtsfrɪstɪç] **I.** *Adj* ❶ (*innerhalb kurzer Zeit erfolgend*) at short notice ❷ (*für kurze Zeit geltend*) short-term **II.** *Adv* ❶ (*innerhalb kurzer Zeit*) within a short time ❷ (*für kurze Zeit*) briefly **Kurzgeschichte** *f* short story **kurzlebig** ['kʊrtsleːbɪç] *Adj* short-lived
kürzlich ['kʏrtslɪç] *Adv* not long ago
Kurznachrichten *Pl* news in brief + *sing verb*
Kurzschluss[RR] <-es, Kurzschlüsse> *m*, **Kurzschluß**[ALT] <-sses, Kurzschlüsse> *m* ELEK short-circuit **Kurzschlusshandlung**[RR] *f* knee-jerk reaction **kurzsichtig** *Adj* short-sighted **Kurzstreckenflug** *m* short-haul flight **Kurzstreckenrakete** *f* short-range missile
Kürzung <-, -en> *f* ❶ abridgement ❷ FIN cut

K

Kurzwaren *Pl* haberdashery BRIT, dry goods AM **kurzweilig** <-er, -ste> ['kʊrtsvailɪç] *Adj* (*veraltet*) entertaining **Kurzwelle** *f* short wave

Kurzzeitgedächtnis *m* short-term memory

kuscheln ['kʊʃl̩n] **I.** *refl V* (*fam*) **sich an jdn ~** to cuddle up to sb; **sich in etw** *Akk* **~** to snuggle up in sth **II.** *intr V* **mit jdm ~** to cuddle up to sb

Kuschelrock <-s, -> *m kein Pl* MUS soft rock

kuschen ['kʊʃn̩] *intr V* [**vor jdm**] **~** to obey [sb]

Kusine <-, -n> *f s.* **Cousin**

Kuss[RR] <-es, Küsse> *m*, **Kuß**[ALT] <-sses, Küsse> [kʊs, *Pl:* 'kʏsə] *m* kiss

küssen ['kʏsn̩] *tr, intr V* to kiss

Küste <-, -n> ['kʏstə] *f* coast

Küstengewässer *Pl* coastal waters **Küstenschifffahrt**[RR] *f*, **Küstenschiffahrt**[ALT] *f kein Pl* coastal shipping *no pl*

Küster(in) <-s, -> ['kʏstɐ] *m(f)* sexton

Kutsche <-, -n> ['kʊtʃə] *f* carriage

Kutte <-, -n> ['kʊtə] *f* habit

Kuttel <-, -n> ['kʊtl̩] *f meist Pl* tripe *sing*

Kutter <-s, -> ['kʊtɐ] *m* cutter

Kuvert <-s, -s *o* -[e]s, -e> [ku've:ɐ̯] *nt* envelope

Kuwait <-s> [ku:'vait] *nt* Kuwait

Kuwaiter(in) *m(f)* Kuwaiti

KZ <-s, -s> [ka:'tsɛt] *nt Abk von* **Konzentrationslager** concentration camp

L

L, l <-, -> [ɛl] *nt* L, l; **ein großes L** a capital L; **ein kleines l** a small l; *s. a.* **A**

labern ['la:bɐn] *intr V* (*pej*) to prattle on (**über** about)

labil [la'bi:l] *Adj* unstable

Labor <-s, -s *o* -e> [la'bo:ɐ̯] *nt* laboratory

Laborant(in) <-en, -en> [labo'rant] *m(f)* laboratory technician

Laborbefund *m* SCI [laboratory] test results

Labyrinth <-[e]s, -e> [laby'rɪnt] *nt* maze

Lache[1] <-, -n> ['laxə] *f* puddle

Lache[2] <-, -n> ['laxə] *f* (*pej fam*) laugh[ter]

lächeln ['lɛçl̩n] *intr V* to smile

Lächeln <-s> ['lɛçl̩n] *nt kein Pl* smile

lachen ['laxn̩] *intr V* to laugh (**über** at) ▶ **gut ~ haben** to be all right for sb to laugh; **wer zuletzt lacht, lacht am besten** (*prov*) he who laughs last, laughs longest

Lachen <-s> ['laxn̩] *nt kein Pl* laughter

lächerlich ['lɛçɐlɪç] *Adj* ridiculous; **jdn/sich ~ machen** to make a fool of sb/oneself

Lachfalten *Pl* laughter-lines *pl* **Lachgas** *nt* laughing gas

lachhaft *Adj* laughable

Lachs <-es, -e> [laks] *m* salmon

Lachsschinken *m cured and rolled filet of pork*

Lack <-[e]s, -e> [lak] *m* gloss paint; (*durchsichtig*) varnish

Lackel <-s, -> ['lakl̩] *m* SÜDD, ÖSTERR (*fam: Tölpel*) oaf

lackieren* [la'ki:rən] *tr V a. Fingernägel* to paint; *Holz* to varnish

Lackleder <-s> *nt* patent leather

Lackmuspapier *nt* litmus paper

Lackschuh *m* patent leather shoe

Ladegerät *nt* battery charger

laden[1] <lädt, lud, geladen> ['la:dn̩] *tr, intr V* ❶ to load (**auf** on[to], **in** in[to]); **etw aus etw ~** to unload sth from sth ❷ (*sich aufbürden*) **etw auf sich** *Akk* **~** to saddle oneself with sth ❸ ELEK to charge (**mit** with)

laden[2] <lädt, lud, geladen> ['la:dn̩] *tr V* JUR to summon

Laden[1] <-s, Läden> ['la:dn̩, *Pl:* 'lɛ:dn̩] *m* (*Geschäft*) shop, AM *usu* store ▶ **den ~ schmeißen** (*sl*) to run the [whole] show

Laden[2] <-s, Läden *o* -> ['la:dn̩, *Pl:* 'lɛ:dn̩] *m* shutter

Ladenbesitzer(in) *m(f)* shopkeeper

Ladendieb(in) *m(f)* shoplifter **Ladenhüter** *m* shelf warmer **Ladenkette** *f* chain of shops **Ladenpreis** *m* retail price **Ladenschluss**[RR] *m kein Pl* closing time **Ladenschlusszeit**[RR] *f* closing time **Laderampe** *f* loading ramp **Laderaum** *m* cargo space

lädieren* [lɛ'di:rən] *tr V* to damage

Ladung[1] <-, -en> *f* ❶ load ❷ ELEK charge

Ladung[2] <-, -en> *f* JUR summons + *sing verb*

Lage <-, -n> ['la:gə] *f* ❶ (*örtlich*) position ❷ (*Situation*) situation; **zu etw in der ~ sein** to be in a position to do sth; **sich in jds ~ versetzen** to put oneself in sb's position ❸ (*Schicht*) layer

Lageplan *m* survey map

Lager <-s, -> ['la:gɐ] *nt* ❶ HANDEL warehouse; **etw auf ~ haben** to have sth in stock; (*fig*) to have sth at the ready ❷ (*Unterkunft*) camp

Lagerfeuer *nt* campfire **Lagerhaltung** *f* storekeeping **Lagerhaus** *nt* warehouse

Lagerist(in) <-en, -en> [la:gə'rɪst] *m(f)* (*geh*) store supervisor

lagern ['la:gɐn] **I.** *tr V* to store **II.** *intr V* ❶ to be stored ❷ (*campieren*) to camp

Lagerraum *m* storeroom

Lagerung <-, -en> *f* warehousing

Lagerverwalter(in) *m(f)* storekeeper, store supervisor

Lagune <-, -n> [la'gu:nə] *f* lagoon

lahm [la:m] *Adj* ❶ (*gelähmt*) lame ❷ (*fam: langsam*) sluggish

Lahmarsch *m* (*sl*) slowcoach BRIT, slowpoke AM

lahmarschig *Adj* (*sl*) bloody idle BRIT, extremely slow AM

lahmen ['la:mən] *intr V* to be lame (**auf** in)

lähmen ['lɛ:mən] *tr V* to paralyse

lahm|legen *tr V* to bring to a standstill

Lahmlegung <-, -en> *f* paralysis

Lähmung <-, -en> *f* paralysis

Laib <-[e]s, -e> [laip, *Pl:* 'laibə] *m* loaf

Laich <-[e]s, -e> [laiç] *m* spawn

laichen ['laiçn̩] *intr V* to spawn

Laie, Laiin <-n, -n> ['laiə, 'laiɪn] *m, f* layman *masc,* laywoman *fem*

Lake <-, -n> ['la:kə] *f* brine

Laken <-s, -> ['la:kn̩] *nt* sheet

Lakritz <-es, -e> [la'krɪts] *m,* **Lakritze** <-, -n> [la'krɪtsə] *f* DIAL liquorice

lallen ['lalən] *intr, tr V* to slur

Lama <-s, -s> ['la:ma] *nt* ZOOL llama

Lamelle <-, -n> [la'mɛlə] *f* ❶ (*Plättchen*) slat ❷ BOT lamella

Lametta <-s> [la'mɛta] *nt kein Pl* tinsel

Lamm <-[e]s, Lämmer> [lam, *Pl:* 'lɛmɐ] *nt* lamb

Lammfell *nt* lambskin

Lampe <-, -n> ['lampə] *f* lamp

Lampenfieber *nt* stage fright **Lampenschirm** *m* lampshade

Lampion <-s, -s> [lam'pi̯ɔŋ, 'lampi̯ɔŋ] *m* Chinese lantern

lancieren* [lã'si:rən] *tr V* (*geh*) ❶ *Nachricht* to leak ❷ *Produkt* to launch

Land <-[e]s, Länder> [lant, *Pl:* 'lɛndɐ] *nt* ❶ *kein Pl* (*Festland*) land; **an ~ gehen** to go ashore ❷ *kein Pl* (*ländliche Gegend*) country; **auf dem ~[e]** in the country ❸ (*Staat*) country ❹ (*Bundesland*) federal state ▶ **andere Länder, andere Sitten** every country has its own customs

Landadel *m* [landed] gentry **Landarbeiter(in)** *m(f)* farm hand **Landbevölkerung** *f* rural population

Landebahn *f* runway

landeinwärts [lant'ʔainvɛrts] *Adv* inland

landen ['landn̩] **I.** *intr V sein* ❶ to land (**auf** on, **in** in) ❷ (*fam: hingelangen o enden*) to end up **II.** *tr V haben* to land

Landenge *f* isthmus

Ländereien [lɛndə'raiən] *Pl* estates

Länderspiel *nt* international [match]

Landesfarben *Pl* national colours **Landesgrenze** *f* ❶ frontier ❷ (*eines Bundeslandes*) federal state boundary **Landesinnere(s)** *nt dekl wie Adj* interior **Landesregierung** *f* state government

Landesteg *m* gangway, gangplank

Landesverrat *m* treason **Landeszentralbank** *f* regional central bank

Landflucht *f* rural exodus **Landfriedensbruch** *m* breach of the public peace **Landgericht** *nt* district court **Landgut** *nt* estate **Landhaus** *nt* country house **Landkarte** *f* map **Landkreis** *m* administrative district

landläufig *Adj* popular

Landleben *nt* country life

Ländler <-s, -> ['lɛntlɐ] *m* ÖSTERR *country dance*

ländlich ['lɛntlɪç] *Adj* rural

L

Landplage *f* plague **Landratte** *f* (*hum fam*) landlubber *dated*

Landschaft <-, -en> ['lantʃaft] *f* landscape

landschaftlich **I.** *Adj* scenic **II.** *Adv* scenically

Landschaftsgärtner(in) *m(f)* landscape gardener **Landschaftspflege** *f* AGR rural conservation

Landsmann, Landsmännin <-leute> *m, f* compatriot

Landstraße ['lantʃtra:sə] *f* secondary road **Landstreicher(in)** <-s, -> *m(f)* tramp

Landtag *m* federal state parliament

Landung <-, -en> *f* landing

Landungsbrücke *f* pier

Landvermessung *f* land surveying

Landwirt(in) *m(f)* farmer

Landwirtschaft *f kein Pl* agriculture

landwirtschaftlich *Adj* agricultural; **~er Betrieb** farm

Landwirtschaftsminister(in) *m(f)* minister of agriculture BRIT, agriculture secretary AM

Landzunge *f* headland

lang <länger, längste> [laŋ] **I.** *Adj* ❶ long ❷ *Mensch* tall **II.** *Adv* <länger, am längsten> ❶ (*eine lange Dauer*) long; **bleibst du noch ~ in Stuttgart?** are you staying in Stuttgart for long?; **wir können hier nicht länger bleiben** we can't stay here any longer; **wo bist du denn so ~e geblieben?** where have you been all this time?; **ich weiß das schon ~** I've known that for a long time ❷ (*für die Dauer von etw*) **einen Moment/eine Stunde ~** for a moment/an hour

langatmig *Adj* long-winded

lange ['laŋə] *Adv s.* **lang II.** ❶

Länge <-, -n> ['lɛŋə] *f* ❶ (*räumlich*) length; **ich brauche Pfähle von drei Metern ~** I need posts three metres in length; **in die ~ wachsen** to shoot up ❷ (*zeitlich*) length; **in voller ~** in its entirety; **sich in die ~ ziehen** to drag on

langen ['laŋən] **I.** *intr V* (*fam*) ❶ (*ausreichen*) [**jdm**] **~** to be enough [for sb] ❷ (*sich erstrecken*) to reach; **der Vorhang langt bis ganz zum Boden** the curtain reaches right down to the floor; **ich kann mit der Hand bis ganz unter den Schrank ~** I can reach right under the cupboard with my hand ❸ (*fassen*) **lange bloß nicht mit der Hand an die Herdplatte** make sure you don't touch the hotplate with your hand ❹ (*fam: genug sein*) **jetzt langt's aber!** I've just about had enough! **II.** *tr V* (*fam*) (*geben*) **jdm etw ~** to hand sb sth ▶ **jdm eine ~** (*fam*) to give sb a clip round the ear [*or* AM on the ears]

Längengrad *m* degree of longitude **Längenmaß** *nt* linear measure

längerfristig *Adj* fairly long-term

Langeweile <-> ['laŋəvailə] *f kein Pl* boredom; **~ haben** to be bored

langfädig *Adj* SCHWEIZ (*langatmig*) long-winded *pej*

Langfinger ['laŋfɪŋɐ] *m* pickpocket **langfristig** **I.** *Adj* long-term **II.** *Adv* on a long-term basis **langjährig** *Adj* long-standing **Langlauf** *m kein Pl* cross-country skiing **Langlaufski** *m* cross-country ski

langlebig *Adj* ❶ (*lange lebend*) long-lived ❷ (*lange haltbar*) long-lasting

Langlebigkeit <-> *f kein Pl* ❶ (*Anlage für langes Leben*) longevity ❷ (*lange Gebrauchsfähigkeit*) durability

länglich ['lɛŋlɪç] *Adj* longish

längs [lɛŋs] **I.** *Präp +Gen* **~ einer S.** *Gen* along sth **II.** *Adv* lengthways; **~ gestreift** with vertical stripes

Längsachse *f* longitudinal axis

langsam ['laŋza:m] **I.** *Adj* ❶ slow ❷ (*allmählich*) gradual **II.** *Adv* ❶ slowly ❷ gradually ▶ **~, aber sicher** slowly but surely

Langsamkeit <-> *f kein Pl* slowness

Langschläfer(in) *m(f)* late riser

längst [lɛŋst] *Adv* ❶ (*lange*) long since ❷ (*bei weitem*) **das ist ~ nicht alles** that's not everything by a long shot

längste(r, s) *Adj, Adv; Superl von* **lang**

längstens ['lɛŋstn̩s] *Adv* (*höchstens*) at the most

Langstreckenflug *m* long-haul flight

Languste <-, -n> [laŋ'gʊstə] *f* crayfish

langweilen ['laŋvailən] **I.** *tr V* to bore **II.** *intr V* to be boring **III.** *refl V* **sich ~** to be bored

langweilig ['laŋvailɪç] *Adj* boring

Langwelle *f* long wave

langwierig ['laŋvi:rɪç] *Adj* long-drawn-out

Langzeitarbeitslose(r) *f(m) dekl wie Adj* long-term unemployed person
Langzeitarbeitslosigkeit *f* long-term unemployment
Langzeitgedächtnis *nt* long-term memory **Langzeitmaßnahme** *f* long-term measure
Lanze <-, -n> ['lantsə] *f* lance
Laos <-> ['la:ɔs] *nt* Laos
Lapislazuli <-, -> [lapɪs'la:tsuli] *m* lapis lazuli
Lappalie <-, -n> [la'pa:li̯ə] *f* trifle
Lappen <-s, -> ['lapn̩] *m* rag ▶ **jdm durch die ~ <u>gehen</u>** (*fam*) to slip through sb's fingers
läppisch ['lɛpɪʃ] *Adj* (*lächerlich*) ridiculous
Lapsus <-, -> ['lapsʊs] *m* (*geh*) mistake
Laptop <-s, -s> ['lɛptɔp] *m* laptop
Lärche <-, -n> ['lɛrçə] *f* larch
Larifari <-s> [lari'fa:ri] *nt kein Pl* (*fam*) nonsense
Lärm <-[e]s> [lɛrm] *m kein Pl* noise; **~ machen** to make a noise ▶ **<u>viel</u> ~ um nichts [machen]** [to make] a lot of fuss about nothing
Lärmbelästigung *f* noise pollution **lärmempfindlich** *Adj* sensitive to noise
lärmen ['lɛrmən] *intr V* to make noise
Lärmpegel *m* noise level **Lärmschutz** *m* protection against noise **Lärmschutzwand** *f* noise barrier
Larve <-, -n> ['larfə] *f* ① ZOOL larva ② (*Maske*) mask
lasch [laʃ] *Adj* (*fam*) ① (*schlaff*) feeble ② (*nachsichtig*) lax
Lasche <-, -n> ['laʃə] *f* flap; (*Kleidung*) loop
Laser <-s, -> ['le:zɐ, 'leɪzə] *m* laser
Laserdrucker *m* laser printer
lassen <lässt, ließ, gelassen> ['lasn̩] **I.** *tr V* ① (*unterlassen*) to stop; **lass das!** stop it!; **wenn du keine Lust dazu hast, dann lass es doch** if you don't feel like it, then don't do it; **es nicht ~ können** not to be able to stop it ② (*zurücklassen*) **jdn/etw irgendwo ~** to leave sb/sth somewhere; **etw hinter sich** *Dat* ~ to leave sth behind one ③ (*überlassen*) **jdm etw ~** to let sb have sth ④ (*in einem Zustand lassen*) **jdn ohne Aufsicht ~** to leave sb unsupervised; **etw ~, wie es ist** to leave sth as it is ⑤ (*fam. loslassen*) **jdn/etw ~** to let sb/sth go; **lass den Hund nicht nach draußen** don't let the dog go outside ⑥ (*in Ruhe lassen*) **jdn ~** to leave sb alone ⑦ (*hineinlassen*) **frische Luft ins Zimmer ~** to let a bit of fresh air into the room ⑧ (*zugestehen*) **eines muss man ihm ~, er versteht sein Handwerk** you've got to give him one thing, he knows his job ▶ **<u>einen</u> ~** (*fam*) to let one rip **II.** *Hilfsverb, modal* <lässt, ließ, lassen> ① (*veranlassen*) **jdn etw tun ~** to have sb do sth; **sie wollen ihre Kinder studieren ~** they want their children to study; **jdn kommen ~** to send for sb; **~ Sie Herrn Braun hereinkommen** send Mr. Braun in; **etw machen ~** to have sth done; **etw reparieren ~** to have sth repaired; **ich lasse mir die Haare schneiden** I'm having my hair cut ② (*zulassen*) **jdn etw tun ~** to let sb do sth; **lass sie gehen!** let her go!; **lass mich doch bitte ausreden!** let me finish speaking, please!; **das lasse ich nicht mit mir machen** I won't stand for it! ③ (*Möglichkeit ausdrückend*) **das lässt sich machen!** that can be done!; **dieser Witz lässt sich nicht ins Deutsche übersetzen** this joke cannot be translated into German ④ *als Imperativ* **lass uns gehen** let's go **III.** *intr V* <lässt, ließ, gelassen> (*ablassen*) **sie ist so verliebt, sie kann einfach nicht von ihm ~** she is so in love, she simply can't part from him; **vom Alkohol ~** to give up alcohol
lässig ['lɛsɪç] **I.** *Adj* casual **II.** *Adv* ① casually ② (*fam: mit Leichtigkeit*) easily
Last <-, -en> [last] *f* ① (*was getragen wird*) load ② (*Gewicht*) weight ③ (*Bürde*) burden ④ *Pl* FIN burden; **zu jds ~en gehen** to be charged to sb ▶ **jdm zur ~ <u>fallen</u>** to become a burden on sb; **jdm etw zur ~ <u>legen</u>** to accuse sb of sth
lasten ['lastn̩] *intr V* **auf jdm ~** to rest with sb
Lastentaxi *nt* taxivan
Laster[1] <-s, -> ['lastɐ] *m* (*LKW*) lorry BRIT, truck AM
Laster[2] <-s, -> ['lastɐ] *nt* vice
lasterhaft *Adj* depraved
Lästermaul *nt* (*pej*) knocker

L

lästern ['lɛstɐn] *intr V* to make disparaging remarks (**über** about)

lästig ['lɛstɪç] *Adj* ① irritating ② (*aufdringlich*) annoying; **jdm ~ sein** to annoy sb

Lastkahn *m* barge

Lastkraftwagen *m s.* **Lastwagen**

Lastschrift *f* (*Abbuchung*) debit entry

Lastwagen *m* lorry BRIT, truck AM **Lastzug** *m* lorry with trailer

Lasur <-, -en> [la'zu:ɐ̯] *f* varnish

Latein <-s> [la'tain] *nt* Latin ▶ **mit seinem ~ am Ende sein** to be at one's wits' end

Lateinamerika *nt* Latin America

Lateinamerikaner(in) <-s, -> *m(f)* Latin American

lateinamerikanisch *Adj* Latin American

lateinisch *Adj* Latin

Lateinisch <-[s]> *nt* Latin; **auf ~** in Latin

Laterne <-, -n> [la'tɛrnə] *f* ① lantern ② (*Straßenlaterne*) streetlamp

Laternenpfahl *m* lamppost

Latex <-, Latizes> ['la:tɛks, *Pl:* 'la:titse:s] *m* latex

latschen ['la:tʃn̩] *intr V sein* (*fam*) to trudge

Latschen <-s, -> ['la:tʃn̩] *m* (*fam*) [worn-out] shoe ▶ **aus den ~ kippen** (*fam*) to be bowled over

Latschenkiefer *f* mountain pine

Latte <-, -n> ['latə] *f* slat ▶ **eine ganze ~ von etw** *Dat* (*fam*) a load of sth

Lattenrost *m* slatted frame **Lattenzaun** *m* picket fence

Latz <-es, Lätze> [lats, *Pl:* 'lɛtsə] *m* ① (*Hosenlatz*) flap ② (*Lätzchen*) bib

Latzhose *f* dungarees *pl*

lau [lau] *Adj* ① (*mild*) mild ② (*lauwarm*) lukewarm

Laub <-[e]s> [laup] *nt kein Pl* foliage

Laubbaum *m* deciduous tree

Laube <-, -n> ['laubə] *f* arbour

Laubfrosch *m* tree frog **Laubsäge** *f* fretsaw **Laubwald** *m* deciduous forest

Lauch <-[e]s, -e> [laux] *m* leek

Lauchzwiebel *f* spring onion

Lauer <-> ['lauɐ] *f* **auf der ~ liegen** to lie in wait

lauern ['lauɐn] *intr V* to lie in wait (**auf** for)

Lauf <-[e]s, Läufe> [lauf, *Pl:* 'lɔyfə] *m* ① *kein Pl* run ② *kein Pl eines Flusses* course ③ (*Verlauf*) course; **das ist der ~ der Dinge** that's the way things go; **seinen ~ nehmen** to take its course; **im ~e einer S.** *Gen* in the course of sth; **im ~e der Jahrhunderte** over the centuries ④ (*Gewehrlauf*) barrel ▶ **etw** *Dat* **freien ~ lassen** to give free rein to sth; **lasst eurer Fantasie freien ~** let your imagination run wild

Laufbahn *f* career

laufen <läuft, lief, gelaufen> ['laufn̩] *intr V sein* ① (*rennen*) to run ② (*fam: gehen*) to go, to walk ③ (*fließen*) to run; **das Blut lief ihm übers Gesicht** the blood ran down his face ④ (*funktionieren*) to work; *Maschine* to run; (*eingeschaltet sein*) to be on ⑤ *Film* to be on ⑥ (*seinen Gang gehen*) to go; **wie läuft es?** how's it going?; **läuft etwas zwischen euch?** is there anything going on between you? ⑦ (*geführt werden*) **auf jds Namen ~** to be issued in sb's name ⑧ (*gut verkäuflich sein*) **das neue Produkt läuft [nicht so] gut** the new product is [not] selling well ▶ **die Sache ist gelaufen** it's too late now; **das läuft bei mir nicht!** I'm not having that!

laufend **I.** *Adj attr* ① (*geh: derzeitig*) current ② (*ständig*) constant ▶ **jdn auf dem Laufenden halten** to keep sb up-to-date; **auf dem Laufenden sein** to be up-to-date **II.** *Adv* constantly

Läufer[1] <-s, -> ['lɔyfɐ] *m* SCHACH bishop

Läufer(in)[2] <-s, -> ['lɔyfɐ] *m(f)* runner

Lauffeuer *nt* ▶ **sich wie ein ~ verbreiten** to spread like wildfire **Laufgitter** *nt s.* **Laufstall**

läufig ['lɔyfɪç] *Adj* on heat

Laufkundschaft *f kein Pl* passing trade **Laufmasche** *f* ladder **Laufpass**[RR] <-es> *m*, **Laufpaß**[ALT] <-sses> *m kein Pl* ▶ **jdm den ~ geben** to give sb their marching orders **Laufschritt** *m* **im ~** MIL at the double **Laufstall** *m* playpen **Laufsteg** *m* catwalk **Laufvogel** *f* BIOL flightless bird, ratite **Laufwerk** *nt eines Computers* disc drive

Lauge <-, -n> ['laugə] *f* ① (*Seifenlauge*) soapy water ② CHEM lye

Laune <-, -n> ['launə] *f* mood; **gute/schlechte ~ haben** to be in a good/bad mood; **seine ~n an jdm auslassen** to take one's temper out on sb

launisch ['launɪʃ] *Adj* moody

Laus <-, Läuse> [laus, *Pl:* 'lɔyzə] *f* louse ▶ **jdm ist eine ~ über die Leber gelaufen** (*fam*) sb got out of the wrong side of bed

lauschen ['lauʃn̩] *intr V* ① to listen ② (*heimlich*) to eavesdrop

lauschig ['lauʃɪç] *Adj* snug

Lausejunge *m* (*fam*) rascal

lausen ['lauzn̩] *tr V* to delouse

lausig ['lauzɪç] *Adj* (*pej fam*) ① awful ② (*geringfügig*) measly

laut[1] [laut] **I.** *Adj* ① loud ② (*voller Lärm*) noisy **II.** *Adv* loudly; **sag das nicht ~!** don't let anyone hear you say that!; **kannst du das ~er sagen?** can you speak up?; **~ denken** to think out loud; **etw ~er stellen** to turn up sth *sep*

laut[2] [laut] *Präp +Gen o Dat* **~ Zeitungsberichten …** according to newspaper reports …

Laut <-[e]s, -e> [laut] *m* noise; **keinen ~ von sich** *Dat* **geben** to not make a sound

lauten ['lautn̩] *intr V* ① to read; **wie lautet der letzte Absatz?** how does the final paragraph go? ② (*ausgestellt sein*) **auf jdn** [*o* **jds Namen**] **~** to be in sb's name

läuten ['lɔytn̩] **I.** *intr V* to ring ▶ **ich habe davon ~ gehört, dass …** I have heard rumours that … **II.** *intr V unpers* **es läutet** the bell is ringing; **es hat geläutet** there was a ring at the door; **es läutet sechs Uhr** the clock's striking six

lauter ['lautɐ] *Adj* just; **das sind ~ Lügen** that's nothing but lies; **vor ~ …** because of …

lauthals ['lauthals] *Adv* at the top of one's voice *pred*

lautlich ['lautlɪç] *Adj* phonetic

lautlos ['lautlo:s] **I.** *Adj* noiseless **II.** *Adv* noiselessly

Lautschrift *f* phonetic alphabet

Lautsprecherbox *f* speaker

lautstark **I.** *Adj* loud **II.** *Adv* loudly

Lautstärke *f* volume; **bei voller ~** at full volume; **etw auf volle ~ stellen** to turn sth up to full volume

Lautstärkeregler *m* volume control

lauwarm ['lauvarm] *Adj* lukewarm

Lava <-, Laven> ['la:va, *Pl:* 'la:vən] *f* lava

Lavabo <-[s], -s> [la'va:bo] *nt* SCHWEIZ (*Waschbecken*) washbasin

Lavendel <-s, -> [la'vɛndl̩] *m* lavender

Lawine <-, -n> [la'vi:nə] *f* avalanche; **eine ~ ins Rollen bringen** to start an avalanche

Lawinengefahr *f kein Pl* risk of avalanches

lax [laks] *Adj* lax

Lazarett <-[e]s, -e> [latsa'rɛt] *nt* military hospital

LCD <-[s], -s> [ɛltse:'de:] *nt Abk von* **liquid-crystal display** LCD

Lebemann *m* (*pej*) playboy

leben ['le:bn̩] **I.** *intr V* ① to live; **er lebt** [**noch**] he's [still] alive; **lang lebe der/die/das …!** long live the …!; **mit etw** *Dat* **~ können/müssen** to be able to/have to live with sth; **getrennt ~** to live apart; **vegetarisch ~** to be vegetarian ② (*Lebensunterhalt bestreiten*) **wovon lebt der überhaupt?** whatever does he do for a living?; **vom Schreiben ~** to make a living as a writer ▶ **leb**[**e**] **wohl!** farewell! **II.** *tr V* **seinen Glauben/seine Ideale ~** to live according to one's beliefs/ideals **III.** *refl V unpers* **lebt es sich hier besser als dort?** is life better here than there?

Leben <-s, -> ['le:bn̩] *nt* ① (*Lebendigsein*) life; **am ~ sein** to be alive; **etw mit dem ~ bezahlen** to pay for sth with one's life; **mit dem ~ davonkommen** to escape with one's life; **jdn** [**künstlich**] **am ~ erhalten** to keep sb alive [artificially]; **ums ~ kommen** to die; **jdn am ~ lassen** to let sb live; **um sein ~ laufen** to run for one's life; **sich** *Dat* **das ~ nehmen** to take one's life; **jdm das ~ retten** to save sb's life ② (*Existieren*) life; **das tägliche ~** everyday life; **am ~ hängen** to love life; **jdm/sich das ~ schwer machen** to make life difficult for sb/oneself; **sich** [**mit etw**] **durchs ~ schlagen** to struggle to make a living [doing sth]; **etw ins ~ rufen** to establish sth; **nie im ~** never ▶ [**bei etw**] **sein ~ aufs Spiel setzen** to risk one's life [doing sth]; **es geht um ~ und Tod** it's a matter of life and death

lebend **I.** *Adj* living **II.** *Adv* alive

lebendig [le'bɛndɪç] **I.** *Adj* ① living; **~ sein** to be alive ② (*lebhaft*) lively

L

II. *Adv* **etw ~ schildern** to give a lively description of sth

Lebendigkeit <-> *f kein Pl* vividness

Lebensabend *m* twilight years *pl* **Lebensabschnitt** *m* chapter in one's life **Lebensarbeitszeit** *f* ÖKON working life **Lebensart** *f kein Pl* manners *pl* **Lebensbedingungen** *Pl* living conditions **Lebensdauer** *f* life **Lebenserfahrung** *f* experience of life **lebenserhaltend** *Adj* vital; *Geräte* life-support; **~e Maßnahmen** life-preserving measures **Lebenserwartung** *f* life expectancy **Lebensfreude** *f kein Pl* love of life **lebensfroh** *Adj* full of the joys of life *pred* **Lebensgefahr** *f* **es besteht ~** there is a risk of death; **jd ist in ~** sb's life is in danger; **jd ist außer ~** sb's life is no longer in danger **lebensgefährlich I.** *Adj* life-threatening **II.** *Adv* critically **Lebensgefährte, Lebensgefährtin** *m, f* partner **Lebensgefühl** *nt kein Pl* awareness of life **Lebenshaltungskosten** *Pl* cost of living **Lebenslage** *f* situation [in life] **lebenslänglich** ['le:bn̩slɛŋlɪç] **I.** *Adj* JUR life *attr,* for life *pred;* **„~" bekommen** (*fam*) to get 'life' **II.** *Adv* all one's life **Lebenslauf** *m* curriculum vitae **lebenslustig** *Adj s.* **lebensfroh Lebensmittel** *nt meist Pl* food **Lebensmittelgeschäft** *nt* grocer's **Lebensmittelverarbeitung** *f* food processing **Lebensmittelvergiftung** *f* food poisoning **Lebensqualität** *f kein Pl* quality of life **Lebensraum** *m* habitat **Lebensretter(in)** *m(f)* life-saver **Lebensstandard** *m kein Pl* standard of living **Lebensunterhalt** *m kein Pl* subsistence; **mit etw** *Dat*/**als etw seinen ~ verdienen** to earn one's keep by/as sth **Lebensversicherung** *f* life insurance **Lebensweise** *f* lifestyle **Lebensweisheit** *f* worldly wisdom **lebenswert** *Adj* worth living *pred* **lebenswichtig** *Adj* vital **Lebenszeichen** *nt* sign of life **Lebenszeit** *f* lifetime; **auf ~** for life

Leber <-, -n> ['le:bɐ] *f* liver ▶ **frei von der ~ weg reden** to speak frankly

Leberfleck *m* liver spot **Leberleiden** *nt* liver complaint **Leberpastete** *f* liver pâté **Lebertran** *m* cod-liver oil **Leberwurst** *f* liver sausage ▶ **die beleidigte ~ spielen** (*fam*) to get all in a huff

Lebewesen *nt* living thing

Lebewohl <-[e]s, -s> [le:bə'vo:l] *nt* (*geh*) farewell

lebhaft ['le:phaft] **I.** *Adj* ❶ lively ❷ (*anschaulich*) vivid **II.** *Adv* ❶ (*anschaulich*) vividly ❷ (*sehr stark*) intensely

Lebkuchen ['le:pku:xn̩] *m* gingerbread

leblos ['le:plo:s] *Adj* lifeless

Lebzeiten *Pl* **zu jds ~** in sb's lifetime

lechzen ['lɛçtsn̩] *intr V* **nach etw** *Dat* **~** to long for sth

Lecithin <-s> [letsi'ti:n] *nt kein Pl s.* **Lezithin**

leck [lɛk] *Adj* leaky

Leck <-[e]s, -s> [lɛk] *nt* leak

lecken[1] ['lɛkn̩] *intr V Tank* to leak

lecken[2] ['lɛkn̩] *intr, tr V* to lick; **an etw** *Dat* **~** to lick sth

lecker ['lɛkɐ] **I.** *Adj* delicious **II.** *Adv* deliciously

Leckerbissen *m* delicacy

leck|schlagen *intr V unreg sein* to be holed; **leckgeschlagen** holed

Leder <-s, -> ['le:dɐ] *nt* leather; **zäh wie ~** tough as old boots

Lederhandschuh *m* leather glove **Lederjacke** *f* leather jacket

ledern ['le:dɐn] *Adj* ❶ leather ❷ (*zäh*) leathery

Lederwaren *Pl* leather goods

ledig ['le:dɪç] *Adj* single

Ledige(r) ['le:dɪgə, -gɐ] *f(m) dekl wie Adj* single person

lediglich ['le:dɪklɪç] *Adv* merely

leer [le:ɐ̯] **I.** *Adj* ❶ empty; **etw ~ machen** to empty sth; **sich ~ fühlen** to feel empty inside ❷ *Seite* blank ❸ (*ausdruckslos*) vacant; **seine Augen waren ~** he had a vacant look in his eyes **II.** *Adv* **das Glas ~ trinken** to finish one's drink; **wie ~ gefegt sein** to be deserted ▶ **~ ausgehen** to go away empty-handed

Leere <-> ['le:rə] *f kein Pl* emptiness; **gähnende ~** a gaping void

leeren ['le:rən] **I.** *tr V* to empty **II.** *refl V* **sich ~** to empty

Leergewicht *nt* empty weight; **das ~ eines Fahrzeugs** the kerb weight of a vehicle

Leergut *nt kein Pl* empties

Leerlauf *m* AUTO neutral gear; **im ~** in neutral

Leertaste *f* space-bar

Leerung <-, -en> *f Post* collection
legal [le'ga:l] **I.** *Adj* legal **II.** *Adv* legally
legalisieren* [legali'zi:rən] *tr V* to legalize
Legalität <-> [legali'tɛ:t] *f kein Pl* legality
Legastheniker(in) <-s, -> [legas'te:nikɐ] *m(f)* dyslexic
Legebatterie ['le:gə-] *f* (*pej*) laying battery
legen ['le:gn̩] **I.** *tr V* ① **jdn/etw irgendwohin ~** to put sb/sth somewhere; **seinen Arm um jdn ~** to put one's arm around sb ② *Eier* to lay ③ (*verlegen, installieren*) **Kabel/Rohre/einen Teppich ~** to lay cables/pipes/a carpet **II.** *refl V* ① (*sich hinlegen*) **sich ~** to lie down; **sich ins Bett/in die Sonne/auf den Rücken ~** to go to bed/lay down in the sun/lie on one's back ② (*sich niederlassen*) **sich auf etw** *Akk* **~** to settle on sth ③ (*nachlassen*) **sich ~** to subside
legendär [legɛn'dɛ:ɐ̯] *Adj* legendary
Legende <-, -n> [le'gɛndə] *f* legend
leger [le'ʒe:ɐ, le'ʒɛ:ɐ] **I.** *Adj* casual **II.** *Adv* casually
Legierung <-, -en> *f* alloy
Legion <-, -en> [le'gi̯o:n] *f* legion
Legionär <-s, -e> [legi̯o'nɛ:ɐ̯] *m* legionary
Legislative <-n, -n> [legɪsla'ti:və] *f* legislative power
Legislaturperiode [legɪsla'tu:ɐ̯-] *f* legislative period
legitim [legi'ti:m] *Adj* legitimate
Lehm <-[e]s, -e> [le:m] *m* clay
lehmig ['le:mɪç] *Adj* clayey
Lehne <-, -n> ['le:nə] *f* ① (*Armlehne*) armrest ② (*Rückenlehne*) back
lehnen ['le:nən] **I.** *tr, intr V* to lean (**an/gegen** against) **II.** *refl V* **sich an jdn/etw ~** to lean on sb/sth; **sich aus dem Fenster ~** to lean out of the window
Lehnsessel *m* easy chair **Lehnstuhl** *m* armchair
Lehramt ['le:ɐ̯-] *nt* **das ~** the post of teacher
Lehrbeauftragte(r) *f(m) dekl wie Adj* temporary lecturer **Lehrberuf** *m* teaching profession
Lehre <-, -n> ['lerə] *f* ① (*Ausbildung*) apprenticeship; **eine ~ [als etw] machen** to serve an apprenticeship [as a/an sth] ② (*Erfahrung*) lesson; **jdm eine ~ erteilen** to teach sb a lesson ③ (*Theorie*) theory
lehren ['le:rən] *tr V* **etw ~** to teach sth; (*an der Uni*) to lecture in sth; **jdn [etw] ~** to teach sb [sth]
Lehrer(in) <-s, -> ['le:rɐ] *m(f)* teacher
Lehrfach *nt* subject
Lehrgang <-gänge> *m* course; **auf einem ~ sein** to be on a course **Lehrkörper** *m* teaching staff **Lehrkraft** *f* (*geh*) teacher
Lehrling <-s, -e> ['le:ɐ̯lɪŋ] *m* apprentice
Lehrmittel *nt* teaching aid **Lehrplan** *m* syllabus **lehrreich** *Adj* instructive **Lehrsatz** *m* theorem **Lehrstelle** *f* apprenticeship **Lehrstuhl** *m* chair **Lehrzeit** *f* apprenticeship
Leib <-[e]s, -er> [laip] *m* body; **am ganzen ~e zittern** to shake all over; **bei lebendigem ~e** alive; **jdm vom ~e bleiben** (*fam*) not to bother sb; **sich** *Dat* **jdn vom ~e halten** to keep sb at arm's length; **sich** *Dat* **etw** *Akk* **vom ~e halten** (*fig*) to avoid sth ▶ **mit ~ und Seele** whole-heartedly; **einer S.** *Dat* **zu ~e rücken** to tackle sth
Leibesübungen *Pl* physical education *no pl*
Leibgericht *nt* favourite meal
leibhaftig [laip'haftɪç] *Adj* real; **sie ist die ~e Sanftmut** she is gentleness personified
leiblich ['laiplɪç] *Adj* ① (*körperlich*) physical ② *Vater* natural; **jds ~e Verwandten** sb's blood relations
Leibwächter(in) *m(f)* bodyguard
Leiche <-, -n> ['laiçə] *f* corpse ▶ **über ~n gehen** (*pej*) to stop at nothing
leichenblass[RR] ['laiçn̩'blas] *Adj* deathly pale **Leichenhalle** *f* mortuary **Leichenöffnung** *f* JUR post-mortem examination, autopsy **Leichenschauhaus** *nt* mortuary, *esp* AM morgue **Leichenstarre** *f* rigor mortis **Leichenverbrennung** *f* cremation
Leichnam <-s, -e> ['laiçna:m] *m* (*geh*) corpse
leicht [laiçt] **I.** *Adj* ① light ② (*einfach*) easy; **nichts ~er als das!** no problem; **~e Lektüre** light reading ③ (*geringfügig*) minor **II.** *Adv* ① **~ bekleidet** dressed in light clothing ② (*einfach*) easily; **das ist ~er gesagt als getan** that's

easier said than done; **es [im Leben] ~ haben** to have it easy [in life]; **etw geht [ganz] ~** sth is [quite] easy; **es jdm/sich ~ machen** to make it easy for sb/oneself; **es fällt jdm ~[, etw zu tun]** it's easy for sb [to do sth] ③ *(nur wenig)* lightly; **~ verärgert sein** to be slightly annoyed ④ *(schnell)* easily; **~ zerbrechlich** easy to break; **das sagst du so ~!** that's easy for you to say!

Leichtathlet(in) *m(f)* athlete BRIT, track and field athlete AM **Leichtathletik** *f* athletics BRIT + *sing verb, no art,* track and field AM + *sing verb, no art*

leichtfertig **I.** *Adj* thoughtless **II.** *Adv* thoughtlessly **Leichtgewicht** *nt kein Pl* lightweight category **leichtgläubig** *Adj* gullible

leichthin ['laiçt'hɪn] *Adv* lightly

Leichtigkeit <-> *f* simplicity; **mit ~** effortlessly

leichtlebig *Adj* happy-go-lucky **Leichtmetall** *nt* light metal **leicht|nehmen** *tr V unreg* to take lightly **Leichtsinn** ['laiçtzɪn] *m kein Pl* carelessness **leichtsinnig** ['laiçtzɪnɪç] *Adj* careless

leid [lait] *Adj präd* **ich bin es ~** I'm tired of it

Leid <-[e]s> [lait] *nt kein Pl* ① *(Unglück)* sorrow; **jdm sein ~ klagen** to tell sb one's troubles ② *(Schaden)* harm

leiden <litt, gelitten> ['laidn̩] **I.** *intr V* to suffer (**an** from); **unter jdm ~** to suffer because of sb; **unter etw** *Dat* **~** to suffer from sth; **darunter ~, dass ....** to suffer as a result of ... **II.** *tr V* **jdn gut ~ können** to like sb

Leiden <-s, -> ['laidn̩] *nt* ① suffering *no pl* ② MED ailment

Leidenschaft <-, -en> ['laidn̩ʃaft] *f* passion; **ich bin Briefmarkensammler aus ~** I'm a passionate stamp collector; **mit ~** passionately

leidenschaftlich **I.** *Adj* passionate **II.** *Adv* passionately; **etw ~ gern tun** to be passionate about sth

leidenschaftslos **I.** *Adj* dispassionate **II.** *Adv* dispassionately

Leidensgenosse, Leidensgenossin *m, f* fellow-sufferer

leider ['laidɐ] *Adv* unfortunately; **ich habe das ~ vergessen** I'm sorry, I forgot about it

leidig ['laidɪç] *Adj attr (pej)* tedious

leidlich ['laitlɪç] *Adj attr* reasonable, fair, passable

Leidtragende(r) *f(m),* **Leid Tragende(r)** *f(m) dekl wie Adj* **der/die ~** the one to suffer

leid|tun *tr V unreg* **tut mir leid!** [I'm] sorry!; **jdm tut etw leid** sb is sorry about sth; **es tut jdm leid, dass ...** sb is sorry that ...

leidvoll *Adj (geh)* sorrowful

Leidwesen *nt kein Pl* **zu jds ~** much to sb's regret

Leier <-, -n> ['laiɐ] *f* lyre ▶ **es ist immer die alte ~** *(pej fam)* it's always the same old story

Leierkasten *m (fam)* barrel organ

Leiharbeit ['lai-] *f kein Pl* subcontracted employment *no pl*

Leihbibliothek *f* lending library

Leihbücherei *f* lending library

leihen <lieh, geliehen> ['laiən] *tr V* ① *(ausleihen)* to lend; **geliehen** borrowed ② **sich** *Dat* **etw ~** to borrow sth (**von** from)

Leihgabe *f* loan **Leihhaus** *nt* pawn shop **Leihmutter** *f* surrogate mother

leihweise *Adv* on loan

Leim <-[e]s, -e> [laim] *m* glue ▶ **jdm auf den ~ gehen** to fall for sb's tricks; **aus dem ~ gehen** to fall apart

leimen ['laimən] *tr V* to glue together

Leine <-, -n> ['lainə] *f* ① *(Seil)* rope ② *(Wäscheleine)* line ③ *(Hundeleine)* leash ▶ **~ ziehen** *(sl)* to beat it; **zieh ~!** piss off!

leinen ['lainən] *Adj* linen

Leinen <-s, -> ['lainən] *nt* linen; **aus ~** made of linen

Leinsamen *m* linseed **Leintuch** <-tücher> *nt* sheet **Leinwand** *f* ① FILM screen ② KUNST canvas

leise ['laizə] **I.** *Adj* ① quiet; **etw ~ stellen** to turn down sth *sep* ② *(gering)* slight; **es fiel ~r Regen** it was raining slightly ▶ **nicht im Leisesten** not at all **II.** *Adv* quietly

Leiste <-, -n> ['laistə] *f* ① *(schmale Latte)* strip ② ANAT groin

leisten ['laistn̩] **I.** *tr V* ① *(vollbringen)* **ganze Arbeit ~** to do a good job; **etw Bewundernswertes ~** to accomplish sth admirable; **[nicht] viel ~** to [not] get a lot done ② *Funktionsverb* **einen Eid ~** to swear an oath;

Hilfe ~ to render assistance; **eine Unterschrift** ~ to sign sth; **Wehrdienst** ~ to do one's military service; **Widerstand** ~ to offer resistance **II.** *refl V* **sich** *Dat* **etw** ~ ❶ (*sich gönnen*) to treat oneself to sth ❷ (*sich herausnehmen*) to permit oneself sth ❸ (*bezahlen können*) **sich** *Dat* **etw** ~ **können** to be able to afford sth

Leistenbruch *m* hernia **Leistengegend** *f* groin, inguinal region *spec*

Leistung <-, -en> *f* ❶ *kein Pl* performance ❷ (*geleistetes Ergebnis*) accomplishment; **eine hervorragende** ~ an outstanding piece of work; **schulische** ~**en** results at school ❸ TECH power ❹ FIN payment

Leistungsabfall *m* reduction in productivity **Leistungsbonus** *m* FIN incentive pay **Leistungsdruck** *m kein Pl* pressure to perform **Leistungsfach** *nt* SCHULE special subject **leistungsfähig** *Adj* ❶ (*effizient*) efficient ❷ (*produktiv*) productive ❸ *Motor* powerful

Leistungsfähigkeit *f kein Pl eines Menschen, einer Maschine* efficency; *eines Computernetzes* performance; **wirtschaftliche** ~ **eines Landes** economic capacity of a country **Leistungsgesellschaft** *f* meritocracy **Leistungskontrolle** *f* productivity [*or* performance] check **Leistungszulage** *f* ÖKON incentive payment

Leitartikel *m* leader

Leitbild *nt* [role] model

leiten ['laitn̩] *tr V* ❶ (*Geschäft*) to run; **eine Abteilung/Schule** ~ to be head of a department/school ❷ (*den Vorsitz führen*) to lead; *Sitzung* to chair ❸ TECH to conduct; **gut/schlecht** ~ to be a good/bad conductor ❹ (*führen*) **jdn** [**irgendwohin**] ~ to lead sb [somewhere]

leitend *Adj* ❶ leading ❷ ÖKON managerial; ~**er Angestellter** executive ❸ PHYS conductive

Leiter[1] <-, -n> ['laitɐ] *f* ladder

Leiter[2] <-s, -> ['laitɐ] *m* PHYS conductor

Leiter(in) <-s, -> ['laitɐ] *m(f)* ❶ (*leitend Tätiger*) head; ÖKON manager ❷ (*Sprecher*) leader; ~ **einer Diskussion** person chairing a discussion

Leitfaden *m* compendium **Leitgedanke** *m* central idea **Leithammel** *m* (*fam*) bellwether **Leitmotiv** *nt* leitmotiv **Leitplanke** *f* crash barrier

Leitung <-, -en> *f* ❶ *kein Pl* (*Führung*) leadership; ÖKON management ❷ (*Rohr*) pipe ❸ (*Kabel*) cable ❹ TELEK line; **die** ~ **ist gestört** it's a bad line ▸ **eine lange** ~ **haben** (*fam*) to be slow on the uptake

Leitungsrohr *nt* pipe **Leitungswasser** *nt* tap water

Leitzins *m* prime rate

Lektion <-, -en> [lɛk'tsi̯o:n] *f* lesson; **jdm eine** ~ **erteilen** to teach sb a lesson

Lektor(in) <-s, -en> ['lɛkto:ɐ̯, lɛk'to:rɪn, *Pl:* lɛk'to:rən] *m(f)* VERLAG editor

Lektüre <-, -n> [lɛk'ty:rə] *f* ❶ *kein Pl* (*das Lesen*) reading ❷ (*Lesestoff*) reading matter

Lende <-, -n> ['lɛndə] *f* loin

Lendenbraten *m* KOCHK roast loin **Lendengegend** *f* lumbar region **Lendenschurz** *m* loincloth **Lendenstück** *nt* tenderloin **Lendenwirbel** *m* ANAT lumbar vertebra

lenkbar ['lɛŋkba:ɐ̯] *Adj* **gut** ~ **sein** to be easy to steer

lenken ['lɛŋkn̩] *tr V* ❶ (*steuern*) to steer ❷ (*beeinflussen*) to control ❸ (*ausrichten*) **jds Aufmerksamkeit auf etw** *Akk* ~ to draw sb's attention to sth; **seinen Blick auf jdn/etw** ~ to turn one's gaze on sb/sth

Lenker <-s, -> *m* handlebars *pl*

Lenkrad *nt* steering-wheel

Lenkradschaltung *f* AUTO steering-column [gear]change [*or* AM gearshift] **Lenkradschloss**[RR] *nt* steering[-wheel] lock

Lenkstange *f* handlebars *pl*

Lenz <-es, -e> [lɛnts] *m* (*liter*) springtide ▸ **sich** *Dat* **einen faulen** ~ **machen** (*fam*) to take it easy

Leopard <-en, -en> [leo'part] *m* leopard

Lepra <-> ['le:pra] *f kein Pl* leprosy *no art*

Leprakranke(r) *f(m) dekl wie Adj* leper

Lerche <-, -n> ['lɛrçə] *f* lark

lernbehindert *Adj* ~ **sein** to have learning difficulties

lernen ['lɛrnən] **I.** *tr V* ❶ to learn ❷ (*als Lehrling*) **er hat Bäcker gelernt** he trained as a baker ▸ **gelernt ist gelernt** once learned, never forgotten;

L

etw will gelernt sein sth takes [a lot of] practice **II.** *intr V* ① to study ② (*als Lehrling*) [**bei jdm**] ~ to be apprenticed to sb

Lernerwörterbuch *nt* SCHULE, VERLAG learner's dictionary

Lernpensum *nt* work quota, study quota

lesbar ['le:sba:ɐ̯] *Adj* legible

Lesbe <-, -n> ['lɛsbə] *f* (*fam*), **Lesbierin** <-, -nen> ['lɛsbi̯ərɪn] *f* lesbian

lesbisch ['lɛsbɪʃ] *Adj* lesbian; ~ **sein** to be a lesbian

Lesebuch *nt* reader

Leselampe *f* reading lamp

lesen[1] <liest, las, gelesen> ['le:zn̩] **I.** *intr, tr V* to read **II.** *refl V* **etw liest sich leicht** sth is easy to read

lesen[2] <liest, las, gelesen> ['le:zn̩] *tr V* (*sammeln*) to pick

lesenswert *Adj* worth reading *pred*

Leseprobe *f* ① (*Buchausschnitt*) extract ② (*Theaterprobe*) reading

Leser(in) <-s, -> ['le:zɐ] *m(f)* reader

Leseratte *f* (*fam*) bookworm

Leserbrief *m* reader's letter

leserlich *Adj* legible

Lesesaal *m* reading room **Lesestoff** *m* reading matter **Lesezeichen** *nt* bookmark[er]

Lesung <-, -en> *f* ① reading ② REL lesson

Lette, Lettin <-n, -n> ['lɛtə, 'lɛtɪn] *m, f* Latvian

lettisch ['lɛtɪʃ] *Adj* Latvian; *s. a.* **deutsch**

Lettland ['lɛtlant] *nt* Latvia

letzte(r, s) *Adj* ① (*den Schluss bezeichnend*) last; **als Letzte(r) kommen/gehen** to arrive/leave last; **als Letzte(r) fertig werden** to finish last ② (*das zuletzt Mögliche bezeichnend*) last; *Versuch* final ③ SPORT **Letzte(r) werden** to finish [in] last [place] ④ TRANSP (*späteste*) last ⑤ (*restlich*) last ⑥ (*vergangen*) **im ~n Jahr** last year ⑦ (*neueste*) latest

letztendlich ['lɛtstʔɛntlɪç] *Adv* at the end of the day

letztens ['lɛtstn̩s] *Adv* recently

letztlich ['lɛtstlɪç] *Adv* in the end

Leuchtboje *f* light-buoy

Leuchte <-, -n> ['lɔyçtə] *f* standard lamp

leuchten ['lɔyçtn̩] *intr V* ① (*Licht ausstrahlen*) to shine ② (*Licht reflektieren*) to glow

leuchtend *Adj* ① bright ② *Farben* glowing

Leuchter <-s, -> *m* candlestick; (*mehrarmig*) candelabra

Leuchtfeuer *nt* beacon **Leuchtpistole** *f* flare pistol [*or* gun] **Leuchtrakete** *f* [rocket] flare **Leuchtreklame** *f* neon sign **Leuchtschrift** *f* neon letters *pl* **Leuchtstift** *m* highlighter **Leuchtturm** *m* lighthouse

leugnen ['lɔygnən] *tr V* to deny; **es ist nicht zu ~, dass ...** there is no denying the fact that ...

Leukämie <-, -n> [lɔykɛ'mi:, *Pl:* lɔykɛ'mi:ən] *f* leukaemia

Leumund ['lɔymʊnt] *m kein Pl* reputation

Leute ['lɔytə] *Pl* ① people *pl;* **alle/keine ~** everybody/nobody; **unter ~ gehen** to get out and about [a bit] ② (*fam: Kollegen*) folks *pl* ▶ **die kleinen ~** [the] ordinary people; **etw unter die ~ bringen** to spread sth around

leutselig *Adj* affable

Leviten [le'vi:tən] *Pl* ▶ **jdm die ~ lesen** (*fam*) to read sb the Riot Act

Lexikon <-s, Lexika> ['lɛksikɔn, *Pl:* 'lɛksika] *nt* encyclopaedia

Lezithin <-s> [letsi'ti:n] *nt kein Pl* lecithin

Libanese, Libanesin <-n, -n> [liba'ne:zə, liba'ne:zɪn] *m, f* Lebanese

libanesisch [liba'ne:zɪʃ] *Adj* Lebanese; *s. a.* **deutsch**

Libanon <-[s]> ['li:banɔn] *m* **der ~** the Lebanon

Libelle <-, -n> [li'bɛlə] *f* dragonfly

liberal [libe'ra:l] *Adj* liberal

liberalisieren* [liberali'zi:rən] *tr V* to liberalize

Liberia <-s> [li'be:ri̯a] *nt* Liberia

Libero <-s, -s> ['li:bero] *m* sweeper

Libyen <-s> ['li:bÿən] *nt* Libya

Libyer(in) <-s, -> ['li:bÿɐ] *m(f)* Libyan

libysch ['li:bʏʃ] *Adj* Libyan; *s. a.* **deutsch**

licht [lɪçt] *Adj* ① light ② *Haar* thin

Licht <-[e]s, -er> [lɪçt] *nt* light; **das ~ brennt** the light is on; **das ~ ausschalten** (*fam*) to turn out the light; **das ~ brennen lassen** to leave the light[s] on ▶ **das ~ [der Öffentlichkeit] scheuen**

to shun publicity; **das ~ der Welt erblicken** (*geh*) to [first] see the light of day; **etw erscheint in einem anderen ~** sth appears in a different light; **kein großes ~ sein** (*fam*) to be no great genius; **grünes ~ geben** to give the go-ahead; **etw ins rechte ~ rücken** to show sth in its correct light; **etw ans ~ bringen** to bring sth to light; **jdn hinters ~ führen** to take sb in

Lichtbild *nt* passport photograph **Lichtbildervortrag** *m* (*veraltend*) slide show **Lichtblick** *m* ray of hope **lichtdurchlässig** *Adj* translucent **lichtecht** *Adj* non-fading **lichtempfindlich** *Adj* FOTO photosensitive

lichten ['lɪçtn̩] *refl V* **sich ~** 1 *Haare* to [grow] thin 2 (*sich auflösen*) *Dunst, Nebel* to clear, to lift 3 (*klarer werden*) to be cleared up

lichterloh ['lɪçtɐ'lo:] *Adv* **~ brennen** to be ablaze

Lichtgeschwindigkeit *f* **mit ~** at the speed of light **Lichthof** *m* ARCHIT inner court **Lichthupe** *f* flash of the headlights **Lichtjahr** *nt* light year **Lichtmaschine** *f* generator **Lichtmess**[RR], **Lichtmeß**[ALT] *f* REL **Mariä ~** Candlemas **Lichtmesser** *m* PHYS photometer **Lichtpause** *f* blue print, cyanotype, diazo copy **Lichtquelle** *f* source of light **Lichtschacht** *m* light-well **Lichtschalter** *m* light switch **lichtscheu** *Adj* **~es Gesindel** shady characters *pl* **Lichtschutz** <-es> *m kein Pl* sun protection **Lichtschutzfaktor** *m* [sun] protection factor

lichtstark *Adj* PHYS light-intense **Lichtstrahl** *m* beam of light **lichtundurchlässig** *Adj* opaque

Lichtung <-, -en> *f* clearing

Lichtverhältnisse *Pl* lighting conditions *pl*

Lid <-[e]s, -er> [li:t] *nt* [eye]lid

Lidschatten *m* eye shadow **Lidstrich** *m* eyeliner

lieb [li:p] *Adj* 1 (*liebenswürdig*) kind; **seien Sie so ~ und ...** would you be so good as to ... 2 (*artig*) good; **sei ein ~es Kind!** be a good boy/girl! 3 (*geschätzt*) dear; **Lieber Karl, ~e Amelie!** (*in Briefen*) Dear Karl and Amelie,; [**mein**] **Liebes** [my] love 4 (*angenehm*) welcome; **jd/etw ist jdm ~** sb welcomes sb/sth; **ich mag Vollmilchschokolade am ~sten** my favourite is milk chocolate

liebäugeln ['li:pʔɔygl̩n] *intr V* **mit etw** *Dat* **~** to have one's eye on sth; **damit ~, etw zu tun** to toy with the idea of doing sth

Liebe <-, -n> ['li:bə] *f* love; **aus ~ zu jdm** out of love for sb; **aus ~ zu etw** *Dat* for the love of sth; **käufliche ~** (*geh*) prostitution

lieben ['li:bn̩] *tr V* to love; **sich ~** to love each other ▸ **was sich liebt, das neckt sich** (*prov*) lovers like to tease each other

liebenswert *Adj* lovable

liebenswürdig *Adj* kind

Liebenswürdigkeit <-, -en> *f* kindness

lieber ['li:bɐ] **I.** *Adj Komp von* **lieb**: **mir wäre es ~, wenn Sie nichts darüber verlauten ließen** I would prefer it if you didn't tell anybody about this **II.** *Adv* 1 *Komp von* **gern** rather; **etw ~ mögen** to prefer sth; **ich würde ~ in der Karibik als an der Ostsee Urlaub machen** I would rather take a holiday in the Caribbean than on the Baltic 2 (*besser*) better; **darüber schweige ich ~** I think it best to remain silent; **wir sollten ~ gehen** we'd better be going; **nichts ~ als das** I'd love to

Liebesbrief *m* love letter **Liebesdienst** *m* (*geh*) favour; **jdm einen ~ erweisen** to do sb a favour **Liebeserklärung** *f* declaration of love; **jdm eine ~ machen** to declare one's love to sb **Liebeskummer** *m* lovesickness; **~ haben** to be lovesick **Liebeslied** *nt* love song **Liebespaar** *nt* lovers *pl*

liebevoll **I.** *Adj* loving **II.** *Adv* 1 (*zärtlich*) affectionately 2 (*sorgfältig*) lovingly

lieb|haben *tr V unreg* to love

Liebhaber(in) <-s, -> ['li:pha:bɐ] *m(f)* 1 lover 2 (*Fan*) enthusiast

Liebhaberei <-, -en> [li:pha:bə'rai] *f* hobby

Liebhaberstück *nt* collector's piece

liebkosen* [li:p'ko:zn̩] *tr V* (*geh*) to caress

lieblich ['li:plɪç] **I.** *Adj* 1 lovely 2 *Wein* medium sweet **II.** *Adv* **~ duften/schmecken** to smell/taste sweet

Liebling <-s, -e> ['li:plɪŋ] *m* 1 (*Geliebte(r)*) darling 2 (*Favorit*) favourite

L

lieblos ['liːploːs] *Adj* ① unloving ② (*unsensibel*) unfeeling
Lieblosigkeit <-> *f kein Pl* lack of feeling
Liebschaft <-, -en> *f* love affair
liebste(r, s) ['liːpstə, 'liːpstɐ, 'liːpstəs] *Adj Superl von* **lieb** dearest; **das mag ich am ~n** I like that [the] best
Liebste(r) ['liːpstə, 'liːpstɐ] *f(m) dekl wie Adj* sweetheart
Lied <-[e]s, -er> [liːt] *nt* song ▶ **es ist immer das alte ~** (*fam*) it's always the same old story; **ein ~ von etw singen können** to be able to tell sb a thing or two about sth
Liederbuch *nt* songbook
liederlich ['liːdɐlɪç] *Adj* (*veraltend o pej*) slovenly
Liedermacher(in) *m(f)* singer-songwriter (*about topical subjects*)
Lieferabkommen *nt* ÖKON delivery contract
Lieferant(in) <-en, -en> [lifə'rant] *m(f)* ① (*Firma*) supplier ② (*Auslieferer*) deliveryman *masc*, deliverywoman *fem*
lieferbar *Adj* ① (*erhältlich*) available, in stock ② (*zustellbar*) **Ihre Bestellung ist leider erst später ~** we won't be able to meet your order until a later date
Lieferbedingungen *Pl* terms of delivery
liefern ['liːfɐn] **I.** *tr V* ① (*ausliefern*) [**jdm**] **etw ~** to deliver sth [to sb] ② *Beweis* to provide ③ (*erzeugen*) to yield ④ (*zeigen*) **die Boxer lieferten dem Publikum einen spannenden Kampf** the boxers put on an exciting bout for the crowd **II.** *intr V* to deliver
Lieferschein *m* delivery note BRIT, packing slip AM
Lieferung <-, -en> *f* delivery
Lieferwagen *m* delivery van
Liege <-, -n> ['liːgə] *f* ① daybed ② (*Liegestuhl*) [sun-]lounger
liegen <lag, gelegen> ['liːgn̩] *intr V haben o* SÜDD *sein* ① to lie; **~ bleiben** (*nicht aufstehen*) to stay in bed; (*nicht aufstehen*) to remain lying [down]; (*nicht verkauft werden*) to remain unsold; **etw ~ lassen** to leave sth [there] ② (*gelegen sein*) **irgendwo ~** to be somewhere; **ihr Haus liegt an einem See** their house is situated by a lake; **diese Wohnung liegt nach vorn zur Straße** this flat faces the street ③ AUTO **~ bleiben** to break down ④ (*verursacht sein*) **an jdm/etw ~** to be caused by sb/sth ⑤ (*wichtig sein*) **du weißt doch, wie sehr mir daran liegt** you know how important it is to me ⑥ (*zusagen*) **körperliche Arbeit liegt ihr nicht** she's not really cut out for physical work ⑦ (*nicht erledigt werden*) **~ bleiben** to be left undone ▶ **an mir soll es nicht ~!** don't let me stop you!
Liegeplatz *m* NAUT berth, moorings *pl*; (*für Hochseeschiffe*) deep-water berth **Liegesitz** *m* reclining seat **Liegestuhl** *m* [sun-]lounger **Liegewagen** *m* couchette car
Lift <-[e]s, -e *o* -s> [lɪft] *m* lift BRIT, elevator AM
Liga <-, Ligen> ['liːga, *Pl:* 'liːgn̩] *f* league
Lightprodukt ['lait-] *nt* low-fat product
Likör <-s, -e> [li'køːɐ̯] *m* liqueur
lila ['liːla] *Adj* purple
Lilie <-, -n> ['liːli̯ə] *f* lily
Liliputaner(in) <-s, -> [lilipu'taːnɐ] *m(f)* dwarf
Limonade <-, -n> [limo'naːdə] *f* lemonade
Limousine <-, -n> [limu'ziːnə] *f* saloon BRIT, sedan AM
Linde <-, -n> ['lɪndə] *f* lime [tree]

> Having celebrated its thousandth episode in January 2005, **Lindenstraße** is the longest-running TV soap opera in Germany. The popular series is aired on Sunday evenings by the *ARD* television group. .

lindern ['lɪndɐn] *tr V* to alleviate
Linderung <-> *f kein Pl* relief
Lineal <-s, -e> [line'aːl] *nt* ruler
Linie <-, -n> ['liːni̯ə] *f* ① line; **eine geschlängelte/gestrichelte ~** a wavy/broken line; **eine ~ ziehen** to draw a line ② (*Buslinie*) **die ~ 19** the number 19 ③ POL line; **auf der gleichen ~ liegen** to follow the same line ▶ **in vorderster ~ stehen** to be in the front line
Linienbus *m* regular [service] bus **Linienflug** *m* scheduled flight **Linienrichter** *m* FBALL referee's assistant **Linienschiff** *nt* liner, regular service ship **linientreu** *Adj* POL (*pej*) loyal to the party line *pred*

liniert *Adj* lined
link [lɪŋk] *Adj* (*fam*) shady
Link <-s, -s> [lɪŋk] *m o nt* INET link
Linke ['lɪŋkə] *f dekl wie Adj* ① (*linke Hand*) left [hand]; **zu deiner/seiner ~n** (*geh*) to your/his left ② POL **die ~** the left, the Left
linke(r, s) *Adj attr* ① left; *Fahrbahn, Spur* left-hand ② POL left-wing
linken ['lɪŋkn̩] *tr V* (*sl*) **jdn ~** to take sb for a ride *fam*
linkisch ['lɪŋkɪʃ] *Adj* clumsy
links [lɪŋks] **I.** *Adv* ① on the left; **sich ~ halten** to keep to the left; **~ oben/unten** in the top/bottom left-hand corner; **nach ~** [to the] left; **nach ~ gehen/abbiegen** to turn left; **sich ~ einordnen** to move into the left-hand lane; **von ~** from the left ② POL **~ eingestellt sein** to have left-wing tendencies; **~ stehen** to be left-wing ▶ **jdn ~ liegen lassen** to ignore sb; **mit ~** easily **II.** *Präp* +*Gen* **~ einer S.** to the left of sth
Linksaußen <-, -> [lɪŋks'ʔausn̩] *m* FBALL left wing **Linkshänder(in)** <-s, -> ['lɪŋkshɛndɐ] *m(f)* left-hander **linkshändig** ['lɪŋkshɛndɪç] *Adv* with one's left hand **Linkskurve** *f* left-hand bend **linksradikal** *Adj* radical left-wing *attr* **Linksverkehr** *m* driving on the left
Linoleum <-s> [li'noːleʊm, lino'leːʊm] *nt kein Pl* linoleum
Linse <-, -n> ['lɪnzə] *f* ① *meist Pl* BOT lentil ② ANAT, PHYS lens
Linsensuppe *f* lentil soup
Lippe <-, -n> ['lɪpə] *f* lip; **jdm etw von den ~n ablesen** to read sth from sb's lips ▶ **an jds ~n hängen** to hang on sb's every word
Lippenbekenntnis *nt* lip-service **Lippenpflege** *f kein Pl* lip care **Lippenpomade** *f* PHARM lip balm **Lippenstift** *m* lipstick
Liquidität <-> [likvidi'tɛːt] *f kein Pl* solvency
lispeln ['lɪspl̩n] *intr, tr V* to lisp
List <-, -en> [lɪst] *f* trick; **eine ~ anwenden** to use a little cunning ▶ **mit ~ und Tücke** with cunning and trickery
Liste <-, -n> ['lɪstə] *f* list ▶ **auf der schwarzen ~ stehen** to be on the blacklist
listig ['lɪstɪç] *Adj* cunning
Litanei <-, -en> [lita'nai] *f* litany
Litauen <-s> ['liːtauən] *nt* Lithuania
Litauer(in) <-s, -> ['liːtauɐ] *m(f)* Lithuanian
litauisch ['liːtauɪʃ, 'lɪtauɪʃ] *Adj* Lithuanian; *s. a.* **deutsch**
Litauisch ['liːtauɪʃ, 'lɪtauɪʃ] *nt dekl wie Adj* Lithuanian; *s. a.* **Deutsch**
Liter <-s, -> ['liːtɐ] *m o nt* litre
literarisch [lɪtə'raːrɪʃ] *Adj* literary
Literatur <-, -en> [lɪtəra'tuːɐ̯] *f* literature
Literaturangabe *f* bibliographical reference **Literaturpreis** *m* literary prize **Literaturwissenschaft** *f* literary studies *pl*
Litfaßsäule ['lɪtfaszɔylə] *f* advertising pillar
Litze <-, -n> ['lɪtsə] *f* ① MODE braid ② ELEK litz [*or* Litz] wire
live [laif] *Adj präd* live
LivesendungRR ['laif-] *f*, **Live-Sendung** *f* live broadcast **Livestream** <-s, -s> [-striːm] *m* INET live stream
Lizenz <-, -en> [li'tsɛnts] *f* licence
Lob <-[e]s> [loːp] *kein Pl nt* praise *no indef art*; **~ für etw bekommen** to be praised for sth
Lobby <-, -s> ['lɔbi] *f* lobby
loben ['loːbn̩] *tr, intr V* to praise
lobend *Adj* laudatory; **~e Worte** words of praise
lobenswert *Adj* commendable
löblich ['løːplɪç] *Adj* laudable
Loblied *nt* ▶ **ein ~ auf jdn/etw singen** to sing sb's praises/the praises of sth
Lobrede *f* eulogy; **eine ~ auf jdn halten** to eulogize sb
Loch <-[e]s, Löcher> [lɔx, *Pl:* 'lœçɐ] *nt* hole; **ein ~ im Reifen** a puncture; **schwarzes ~** ASTRON black hole ▶ **Löcher in die Luft starren** to stare into space; **auf dem letzten ~ pfeifen** (*erschöpft sein*) to be on one's last legs; **saufen wie ein ~** to drink like a fish
lochen ['lɔxn̩] *tr V* **etw ~** to punch holes in sth
Locher <-s, -> ['lɔxɐ] *m* [hole] punch
Locke <-, -n> ['lɔkə] *f* curl; **~n haben** to have curly hair
locken[1] ['lɔkn̩] *tr, refl V* [**sich**] **~** to curl
locken[2] ['lɔkn̩] *tr V* ① (*anlocken*) to lure ② (*verlocken*) to tempt; **Ihr Vorschlag könnte mich schon ~** I'm [very] tempted by your offer

L

Lockenstab *m* curling tongs *pl* **Lockenwickler** <-s, -> *m* roller

locker [ˈlɔkɐ] **I.** *Adj* ① (*nicht fest*) loose ② (*nicht gespannt*) slack; *Muskeln* relaxed ③ (*unverkrampft*) relaxed ▶ **ein ~es Mundwerk haben** (*fam*) to have a big mouth **II.** *Adv* ① (*nicht stramm*) loosely; **~ sitzen** to be loose ② (*fam: problemlos*) just like that

locker|lassen *intr V unreg* (*fam*) **nicht ~** to not give up **locker|machen** *tr V* (*fam*) to shell out

lockern [ˈlɔkɐn] **I.** *tr V* ① (*lösen*) to loosen ② *Muskeln* to loosen up *sep* ③ (*entspannen*) to relax **II.** *refl V* **sich ~** ① (*sich lösen*) to work loose ② SPORT to loosen up ③ (*sich entspannen*) **die Verkrampfung lockerte sich zusehends** the tension eased visibly

lockig [ˈlɔkɪç] *Adj Haar* curly; **mit ~em Haar** curly-headed

Lockruf *m* ORN call

Lockvogel *m* decoy

lodern [ˈloːdɐn] *intr V* to blaze

Löffel <-s, -> [ˈlœfl̩] *m* ① spoon ② (*Maßeinheit*) **ein ~ etw** a spoonful [of] sth ▶ **den ~ abgeben** (*sl*) to kick the bucket

Löffelbagger *m* excavator

Logarithmentafel [logaˈrɪtmən-] *f* MATH log[arithm] table

Loge <-, -n> [ˈloːʒə] *f* ① lodge ② THEAT box

Logik <-> [ˈloːgɪk] *f kein Pl* logic

Logis <-> [loˈʒiː] *nt kein Pl* lodgings *pl;* **Kost und ~** board and lodging

logisch [ˈloːgɪʃ] *Adj* ① logical ② (*fam*) [**ist doch**] **~!** of course!

logo [ˈloːgo] *Interj* (*sl*) you bet *fam*

Logo <-s, -s> [ˈloːgo] *nt* logo

Logopäde, Logopädin <-n, -n> [logoˈpɛːdə, -ˈpɛːdɪn] *m, f* speech therapist

Lohn <-[e]s, Löhne> [loːn, *Pl:* ˈløːnə] *m* ① wage, wages *pl* ② *kein Pl* (*Belohnung*) reward; **jds gerechter ~** sb's just deserts

Lohnabrechnung *f* payroll accounting **Lohnausgleich** *m* pay compensation **Lohnbüro** *nt* payroll [*or* wages] office

lohnen [ˈloːnən] **I.** *refl V* **sich** [**für jdn**] **~** to be worthwhile [for sb]; **unsere Mühe hat sich gelohnt** our efforts were worth it; **es lohnt sich, etw zu tun** it's worth doing sth **II.** *tr V* (*rechtfertigen*) to be worth **III.** *intr V* to be worth it

lohnend *Adj* worthwhile

Lohnerhöhung *f* pay rise **Lohnfortzahlung** *f* continued payment of wages **Lohnscheck** *m* FIN pay cheque **Lohnsteuer** *f* income tax **Lohnsteuerjahresausgleich** *m* annual adjustment of income tax **Lohnsteuerkarte** *f card showing income tax and social security contributions paid by an employee in any one year*

Loipe <-, -n> [ˈlɔypə] *f* SKI cross-country course, loipe

lokal [loˈkaːl] *Adj* local

Lokal <-s, -e> [loˈkaːl] *nt* (*Kneipe*) pub BRIT, bar AM; (*Restaurant*) restaurant

lokalisieren* [lokaliˈziːrən] *tr V* to locate

Lokalnachrichten *Pl* local news + *sing verb* **Lokalpatriotismus** *m* local patriotism **Lokalsender** *m* RADIO local station; TV local channel [*or* AM *a.* station]

Lokomotive <-, -n> [lokomoˈtiːvə, -fə] *f* locomotive

Lokomotivführer(in) *m(f)* train driver BRIT, engineer AM

Lokus <-, - *o* -ses, -se> [ˈloːkʊs, *Pl:* ˈloːkʊsə] *m* (*fam*) loo BRIT, john AM

lol [lɔl] INET (*fam*) *Abk von* **laughing out loud** lol, haha

Lorbeer <-s, -en> [ˈlɔrbeːɐ̯] *m* ① laurel ② (*Gewürz*) bay leaf ▶ **sich auf seinen ~en ausruhen** to rest on one's laurels

los [loːs] **I.** *Adj präd* ① (*abgetrennt*) **~ sein** to have come off ② (*gelockert*) **etw ist ~** sth is loose ③ (*losgeworden*) **jdn/etw ~ sein** to be shot of sb/sth; **er ist sein ganzes Geld ~** he's lost all his money ▶ **irgendwo ist etwas/viel/nichts ~** something/a lot/nothing is going on somewhere; **da ist immer viel ~** that's where the action always is; **was ist ~?** what's up?; **was ist denn hier ~?** what's going on here? **II.** *Adv* **~!** (*mach schon!*) come on!; (*voran!*) get moving!

Los <-es, -e> [loːs] *nt* ① (*Lotterielos*) [lottery] ticket; (*Kirmeslos*) [tombola [*or* AM raffle]] ticket ② (*für Zufallsentscheidung*) lot; **das ~ entscheidet** to be decided by drawing lots ③ *kein Pl* (*Schicksal*) lot ▶ **das große ~ ziehen** to hit the jackpot

los|binden *tr V unreg* to untie
los|brechen *unreg* **I.** *tr V haben* to break off **II.** *intr V sein* to break out
Löschblatt *nt* sheet of blotting-paper
löschen [ˈlœʃn̩] *tr V* ① *Feuer, Flammen* to extinguish; *Licht* to switch off ② (*tilgen*) *a.* COMPUT to delete ③ (*eine Aufzeichnung entfernen*) to erase
Löschfahrzeug *nt* fire engine **Löschgerät** *nt* fire extinguisher **Löschpapier** *nt* blotting paper **Löschtaste** *f* COMPUT delete key
lose [ˈloːzə] *Adj* loose ▸ **ein ~s Mundwerk haben** to have a big mouth
Lösegeld [ˈløːzə-] *nt* ransom
losen [ˈloːzn̩] *intr V* to draw lots
lösen [ˈløːzn̩] **I.** *tr V* ① (*ablösen*) to remove (**von** from) ② (*aufbinden*) to untie; *Knoten* to undo ③ *Schraube* to loosen ④ (*klären*) to solve; *Konflikt* to resolve ⑤ (*zergehen lassen*) to dissolve ⑥ *Fahrkarte* to buy **II.** *refl V* **sich ~** ① (*abgehen, sich ablösen*) to come off (**von** of) ② (*sich lockern*) to loosen; **langsam löste sich die Spannung** (*fig*) the tension faded away ③ (*sich trennen*) **sich von jdm ~** to free oneself of sb
los|fahren *intr V unreg sein* ① (*abfahren*) to leave ② (*in Richtung*) **auf jdn/etw ~** to drive towards sb/sth
los|gehen *unreg intr V sein* ① (*weggehen*) to leave ② (*beginnen*) to start; **jetzt geht's los** (*fam*) here we go ③ (*angreifen*) **auf jdn ~** to lay into sb ④ *Bombe* to go off
los|kommen *intr V unreg sein* (*fam*) ① (*wegkommen*) to get away (**aus/von** from) ② (*sich befreien*) **von jdm ~** to free oneself of sb; **von einer Sucht ~** to overcome an addiction
los|lassen *tr V unreg* ① (*gehen lassen*) **jdn/etw ~** to let sb/sth go ② (*aus dem Kopf gehen*) **der Gedanke lässt mich nicht mehr los** I can't get the thought out of my mind ③ (*fam: auf den Hals hetzen*) **jdn/etw auf jdn ~** to let sb/sth loose on sb
löslich [ˈløːslɪç] *Adj* soluble
los|machen *tr V* to untie (**von** from)
los|reißen *unreg haben* **I.** *tr V* to tear off **II.** *refl V* **sich ~** to tear oneself away (**von** from)
Losung <-, -en> [ˈloːzʊŋ] *f* ① (*Wahlspruch*) slogan ② MIL password
Lösung <-, -en> [ˈløːzʊŋ] *f* solution
Lösungsmittel *nt* solvent
los|werden *tr V unreg sein* to get rid of
los|ziehen *intr V unreg sein* ① to set off ② (*pej*) **über jdn ~** to pull sb to pieces
Lot <-[e]s, -e> [loːt] *nt* plumb line; **aus dem ~ sein** (*fig*) to be out of sorts; **im ~ sein** (*fig*) to be alright
löten [ˈløːtn̩] *tr V* to solder (**an** to)
Lothringen <-s> [ˈloːtrɪŋən] *nt* Lorraine
Lothringer(in) <-s, -> [ˈloːtrɪŋɐ] *m(f)* Lorrainer; HIST Lotharingian
lothringisch [ˈloːtrɪŋɪʃ] *Adj* Lotharingian, Lorrainese
Lotion <-, -en> [loˈtsi̯oːn] *f* lotion
Lötkolben [ˈløːt-] *m* soldering iron
Lotos <-, -> [ˈloːtɔs] *m* lotus
lotrecht *Adj* (*geh: senkrecht*) perpendicular, vertical
Lotse, Lotsin <-n, -n> [ˈloːtsə, ˈloːtsɪn] *m, f* pilot
lotsen [ˈloːtsn̩] *tr V* ① to pilot ② (*fam*) **jdn irgendwohin ~** to take sb somewhere
Lotsin <-, -nen> *f s.* **Lotse**
Lötstelle *f* soldered joint
Lotterie <-, -n> [lɔtəˈriː, *Pl:* -ˈriːən] *f* lottery
Lotterielos *nt* lottery ticket
lotterig <-er, -ste> [ˈlɔtərɪç] *Adj* (*pej*) sloppy, slovenly
Lotterleben *nt kein Pl* (*pej*) slovenly lifestyle
Lotto <-s, -s> [ˈlɔto] *nt* lotto
lottrig <-er, -ste> [ˈlɔtrɪç] *Adj s.* **lotterig**
Löwe [ˈløːvə] *m* ① lion ② ASTROL Leo
Löwenanteil *m* (*fam*) lion's share **Löwenmaul** *nt kein Pl,* **Löwenmäulchen** <-s, -> *nt* snapdragon **Löwenzahn** *m kein Pl* dandelion
Löwin *f* lioness
loyal [lo̯aˈjaːl] *Adj* loyal
Loyalität <-, *selten* -en> [lo̯ajaliˈtɛːt] *f* loyalty (**gegenüber** to)
Luchs <-es, -e> [lʊks] *m* lynx
Lücke <-, -n> [ˈlʏkə] *f* gap
Lückenbüßer(in) <-s, -> *m(f)* stopgap
lückenhaft **I.** *Adj* fragmentary; *Wissen* incomplete **II.** *Adv* fragmentarily
lückenlos *Adj* complete; *Kenntnisse*

thorough; **etw ~ beweisen** to prove sth conclusively

Luder <-s, -> ['lu:dɐ] *nt* (*pej*) crafty bitch

Luft <-, *liter* Lüfte> [lʊft, *Pl:* 'lʏftə] *f* air; **irgendwo ist dicke ~** (*fam*) there is a tense atmosphere somewhere; **die ~ ist rein** (*fam*) the coast is clear; **die ~ anhalten** to hold one's breath; **sich in ~ auflösen** to vanish into thin air; **keine ~ mehr bekommen** to not be able to breathe; **an die frische ~ gehen** to get some fresh air; [**tief**] **~ holen** to take a deep breath; **nach ~ schnappen** to gasp for breath; **jdm bleibt die ~ weg** sb is flabbergasted ▶ **aus der ~ gegriffen sein** to be completely made up; **in die ~ gehen** to explode; **es liegt etwas in der ~** there's sth in the air

Luftabwehr *f* air defence **Luftangriff** *m* air raid (**auf** on) **Luftballon** *m* balloon **Luftbefeuchter** *m* TECH humidifier **Luftblase** *f* bubble **Luftbrücke** *f* air bridge **luftdicht** *Adj* airtight **Luftdruck** *m kein Pl* air pressure

lüften ['lʏftn̩] **I.** *tr V* ① to air ② *Geheimnis* to disclose **II.** *intr V* to let some air in

Luftfahrt *f kein Pl* aviation **Luftfeuchtigkeit** *f* humidity **Luftfracht** *f* air freight **Luftgewehr** *nt* airgun **Luftgitarre** *f* (*hum fam*) air guitar

luftig ['lʊftɪç] *Adj* ① *Kleid* light ② *Höhe* dizzy

Luftkissenboot *nt*, **Luftkissenfahrzeug** *nt* hovercraft **Luftkurort** *m* *health resort with particularly good air* **luftleer** *Adj* vacuous **Luftlinie** *f* as the crow flies **Luftloch** *nt* (*in der Luftströmung*) air pocket **Luftmatratze** *f* inflatable mattress **Luftpost** *f* airmail **Luftpumpe** *f* pump **Luftraum** *m* airspace **Luftröhre** *f* windpipe **Luftschiff** *nt* airship **Luftschlange** *f* streamer **Luftschleuse** *f* TECH air lock **Luftschloss**RR *nt* castle in the air **Luftschutzbunker** *m* air raid bunker **Luftsprung** *m* jump; **Luftsprünge machen** to jump in the air **Luftstützpunkt** *m* airbase **Lufttemperatur** *f* air temperature

Lüftung <-, -en> *f* ventilation

Lüftungsschacht *m* ventilation shaft

Luftverkehr *m* air traffic **Luftverschmutzung** *f* air pollution **Luftwaffe** *f* air force **Luftweg** *m kein Pl* airway **Luftzufuhr** *f kein Pl* air supply **Luftzug** *m* draught

Lüge <-, -n> ['ly:gə] *f* lie; **jdm ~n auftischen** (*fam*) to tell sb lies ▶ **~n haben kurze Beine** (*prov*) the truth will out; **jdn ~n strafen** (*geh*) to give the lie to sb

lügen <log, gelogen> ['ly:gn̩] *intr V* to lie; **das ist** [**alles**] **gelogen** that's a [total] lie ▶ **~ wie gedruckt** to lie one's head off

Lügendetektor *m* lie detector

Lügner(in) <-s, -> ['ly:gnɐ] *m(f)* liar

Luke <-, -n> ['lu:kə] *f* ① NAUT hatch ② (*Dachlucke*) skylight; (*Kellerlucke*) trapdoor

lukrativ [lukra'ti:f] *Adj* lucrative

Lümmel <-s, -> ['lʏml̩] *m* (*pej*) lout

Lump <-en, -en> [lʊmp] *m* (*pej*) rat

lumpen ['lʊmpn̩] *tr V haben* ▶ **sich nicht ~ lassen** (*fam*) to splash out BRIT, to splurge AM

Lumpen ['lʊmpn̩] *Pl* (*pej*) rags

Lumpengesindel *nt* (*pej*) riffraff

Lunge <-, -n> ['lʊŋə] *f* lungs *pl* ▶ **sich** *Dat* **die ~ aus dem Leib schreien** (*fam*) to shout oneself hoarse

Lungenbraten *m* ÖSTERR (*Lendenbraten*) loin roast **Lungenentzündung** *f* pneumonia *no art* **Lungenflügel** *m* lung **lungenkrank** *Adj* suffering from a lung complaint *pred* **Lungenkrebs** *m kein Pl* lung cancer

Lupe <-, -n> ['lu:pə] *f* magnifying glass ▶ **jdn/etw unter die ~ nehmen** (*fam*) to examine sb/sth with a fine-tooth comb

Lurch <-[e]s, -e> [lʊrç] *m* amphibian

Lust <-, Lüste> [lʊst, *Pl:* 'lʏstə] *f* ① (*a. sexuell*) desire; **~ zu etw** *Dat* **haben** to feel like doing sth; **jdm die ~ an etw** *Dat* **nehmen** to put sb off sth; **da vergeht einem jegliche ~ an etw** *Dat* it's enough to make one lose interest in sth; **die ~ an etw** *Dat* **verlieren** to lose interest in sth ② (*Freude*) joy

Luster <-s, -> ['lʊstɐ] *m* ÖSTERR, **Lüster** <-s, -> ['lʏstɐ] *m* ① (*veraltend: Kronleuchter*) chandelier ② (*glänzender Überzug*) lustre ③ (*Stoff*) lustre

Lüsterklemme *f* ELEK luster terminal, porcelain insulator

lüstern ['lʏstɐn] *Adj* lustful
lustig ['lʊstɪç] *Adj* cheerful; *Abend* fun; **sich über jdn/etw ~ machen** to make fun of sb/sth
Lüstling <-, -e> ['lʏstlɪŋ] *m* (*pej*) debauchee
lustlos *Adj* listless
LustschlossRR *nt* summer residence
Lustspiel *nt* comedy
lutherisch ['lʊtərɪʃ] *Adj* Lutheran
lutschen ['lʊtʃn̩] *tr, intr V* to suck
Lutscher <-s, -> *m* lollipop
Lutschtablette *f* lozenge
Luxemburg <-s> ['lʊksmbʊrk] *nt* Luxembourg
Luxemburger(in) <-s, -> ['lʊksmbʊrgɐ] *m(f)* Luxembourger
luxemburgisch ['lʊksmbʊrgɪʃ] *Adj* Luxembourgian; *s. a.* **deutsch**
luxuriös [lʊksu'ri̯øːs] *Adj* luxurious
Luxus <-> ['lʊksʊs] *m kein Pl* luxury
Luxusartikel *m* luxury item **Luxusausführung** *f* de luxe model **Luxushotel** *nt* luxury hotel
Lymphdrainage ['lʏmfdrɛ'naːʒə] *f* MED lymphatic drainage
Lymphe <-, -n> ['lʏmfə] *f* lymph
Lymphknoten *m* lymph node
lynchen ['lʏnçn̩] *tr V* to lynch
Lyrik <-> ['lyːrɪk] *f kein Pl* lyric [poetry]

Mm

M, m <-, -> [ɛm] *nt* M, m; **ein großes M** a capital M; **ein kleines m** a small m; *s. a.* **A**
m *m kurz für* **Meter** m
Machart *f* style
machen ['maxn̩] **I.** *tr V* ① (*tun*) to do; **mach's gut** take care; **wie man's macht, ist es verkehrt** you [just] can't win; **was macht denn deine Frau?** how's your wife?; **mach nur!** go ahead!; **das ist zu ~** that's possible; **nichts zu ~!** nothing doing!; **wird gemacht!** no problem; **einen Besuch ~** to [pay sb a] visit; **eine Reise ~** to go on a journey ② (*erzeugen*) to make; **jdm Angst ~** to frighten sb; **jdm Hoffnung/Kopfschmerzen/Mut ~** to give sb hope/a headache/courage; **sich** *Dat* **Sorgen ~** to worry ③ (*herstellen*) to make; *Fotos* to take; **sich** *Dat* **die Haare ~ lassen** to have one's hair done ④ (*kosten*) **das macht zehn Euro** that's ten euros [please]; **was macht das zusammen?** what does that come to? ⑤ (*ausmachen*) **macht das was?** does it matter?; **macht nichts!** no problem!; **das macht [doch] nichts!** never mind! **II.** *intr V* ① (*werden lassen*) **Liebe macht blind** love makes you blind ② (*fam*) **mach [schon]!** get a move on!; **jdn [mal] ~ lassen** to leave sb to it **III.** *refl V* ① (*beginnen*) **sich an etw** *Akk* **~** to get on with sth; **sich an die Arbeit ~** to get down to work ② (*sich interessieren*) **sich** *Dat* **etwas/viel/wenig aus jdm/etw ~** to care/care a lot/not care much for sb/sth ③ (*sich ärgern*) **mach dir nichts d[a]raus!** don't worry about it! ④ (*sich entwickeln*) **die neue Sekretärin macht sich gut** the new secretary is doing well ⑤ (*passen*) **das Bild macht sich gut an der Wand** the picture looks good on the wall
Macher(in) <-s, -> *m(f)* doer
Macho <-s, -s> ['matʃo] *m* (*fam*) macho
Macht <-, Mächte> ['maxt, *Pl:* 'mɛçtə] *f* power; **an die ~ kommen** to gain power; **etw liegt in jds ~** sth is within sb's power
Machthaber(in) <-s, -> [-haːbɐ] *m(f)* ruler
mächtig *Adj* powerful
Machtkampf *m* power struggle
machtlos *Adj* powerless
Machtprobe *f* trial of strength
Macke <-, -n> ['makə] *f* (*fam*) ① defect ② (*Tick*) foible; **eine ~ haben** to have a screw loose
Mädchen <-s, -> ['mɛːtçən] *nt* girl ▸ **~ für alles** girl/man Friday

mädchenhaft *Adj* girlish **Mädchenname** *m* ① girl's name ② (*einer Ehefrau*) maiden name
Made <-, -n> ['maːdə] *f* maggot ▶ **wie die ~[n] im Speck leben** to live the life of Riley
madig ['maːdɪç] *Adj* worm-eaten
madig|machen *tr V* (*fam*) **jdm etw ~** to spoil sth for sb
Madonna <-, Madonnen> [ma'dɔna, *Pl:* ma'dɔnən] *f* Madonna
Magazin[1] <-s, -e> [maga'tsiːn] *nt* (*Patronenbehälter*) magazine; (*Behälter für Dias*) feeder
Magazin[2] <-s, -e> [maga'tsiːn] *nt* (*Zeitschrift*) magazine
Magaziner(in) <-s, -> [maga'tsiːnɐ] *m(f)* SCHWEIZ, **Magazineur(in)** <-s, -e> [magatsi'nøːɐ̯] *m(f)* ÖSTERR *s.* **Lagerverwalter**
Magd <-, Mägde> ['maːkt, *Pl:* 'mɛːkdə] *f* maid
Magen <-s, Mägen> ['maːgn̩, *Pl:* 'mɛːgn̩] *m* stomach; **auf nüchternen ~** on an empty stomach; **sich** *Dat* **den ~ verderben** to give oneself an upset stomach ▶ **jdm dreht sich der ~ um** sb's stomach turns; **etw schlägt jdm auf den ~** sth gets to sb
Magenbeschwerden *Pl* stomach trouble, indigestion **Magenbitter** <-s, -> *m* bitters *pl* **Magengeschwür** *nt* stomach ulcer **Magensäure** *f* hydrochloric acid **Magenschleimhaut** *f* stomach lining *no pl* **Magenschmerzen** *Pl* stomach ache **Magenverstimmung** *f* stomach upset
mager ['maːgɐ] *Adj* ① thin ② (*fettarm*) low-fat; **~es Fleisch** lean meat
Magermilch *f kein Pl* skimmed milk **Magerquark** *m kein Pl* low-fat curd cheese **Magersucht** *f kein Pl* anorexia
Magie <-> [ma'giː] *f* magic
Magier(in) <-s, -> ['maːgi̯ɐ] *m(f)* magician
magisch ['maːgɪʃ] *Adj* magic; **eine ~e Anziehungskraft haben** to have magical powers of attraction
Magistrat[1] <-[e]s, -e> [magɪs'traːt] *m* municipal council
Magistrat[2] <-en, -en> [magɪs'traːt] *m* SCHWEIZ federal councillor
Magnesium <-s> [ma'gneːzi̯ʊm] *kein Pl nt* magnesium

M

Magnet <-[e]s, -e[n]> [ma'gneːt] *m* magnet
Magnetfeld *nt* magnetic field
magnetisch [ma'gneːtɪʃ] *Adj* magnetic
Mahagoni <-s> [maha'goːni] *nt kein Pl* mahogany
Mähdrescher <-s, -> *m* combine harvester
mähen ['mɛːən] *tr V* to mow
Mahl <-[e]s, -e *o* Mähler> ['maːl, *Pl:* 'mɛːlɐ] *nt* meal
mahlen <mahlte, gemahlen> ['maːlən] *tr V* to grind; **gemahlener Kaffee** ground coffee
Mahlzeit ['maːltsait] *f* meal; **~!** (*fam*) ≈ [good] afternoon!
Mähne <-, -n> ['mɛːnə] *f* mane
mahnen ['maːnən] *tr V* ① to warn ② FIN to remind
Mahnung <-, -en> *f* ① warning ② FIN reminder
Mai <-[es], -e> ['mai] *m* May; *s. a.* **Februar**
Maiglöckchen *nt* lily of the valley **Maikäfer** *m* cockchafer
Mail <-, -s> [meːl] *f*, **Mail** <-s, -s> *nt* INET mail
Mailand <-s> ['mailant] *nt* Milan
Mailbox <-, -en> ['meːlbɔks] *f* mailbox
Mais <-es, -e> ['mais, *Pl:* 'maizə] *m* maize *no pl* BRIT, corn *no pl* AM
Maiskolben *m* corncob
Majestät <-, -en> [majɛs'tɛːt] *f* **Seine/Ihre/Eure ~** His/Her/Your Majesty
majestätisch [majɛs'tɛːtɪʃ] *Adj* majestic
Majonäse <-, -n> [majo'nɛːzə] *f* mayonnaise
Major(in) <-s, -e> [ma'joːɐ̯] *m(f)* major
Majoran <-s, -e> ['maːjoran] *m* marjoram
makaber [ma'kaːbɐ] *Adj* macabre
Makel <-s, -> ['maːkl̩] *m* flaw
makellos *Adj* perfect
mäkeln ['mɛːkl̩n] *intr V* to whinge
Make-up <-s, -s> [meːk'ʔap] *nt* make-up *no pl*
Makkaroni [maka'roːni] *Pl* macaroni
Makler(in) <-s, -> ['maːklɐ] *m(f)* broker
Makrele <-, -n> [ma'kreːlə] *f* mackerel
Makrone <-, -n> [ma'kroːnə] *f* macaroon
mal[1] ['maːl] *Adv* **drei mal drei ist neun** three times three is nine
mal[2] [maːl] *Adv* (*fam*) *kurz für* **einmal**

Mal <-[e]s, -e> ['ma:l, *Pl:* 'ma:lə] *nt* time; **zum ersten/letzten** ~ for the first/last time; **einige** ~**e** sometimes; **viele** ~**e** very often; **ein einziges** ~ once; **kein einziges** ~ not once; **das eine oder andere** ~ now and again ▸ **ein für alle** ~ once and for all

Malaria <-> [ma'la:ri̯a] *f kein Pl* malaria

Malaysia <-s> [ma'laizi̯a] *nt* Malaysia

Malbuch *nt* colouring book

malen ['ma:lən] *tr, intr V* to paint; **sich** ~ **lassen** to have one's portrait painted

Maler(in) <-s, -> ['ma:lɐ] *m(f)* painter

Malerei <-, -en> [malə'rai] *f* painting

malerisch *Adj* picturesque

Malheur <-s, -s *o* -e> [ma'lø:ɐ̯] *nt* mishap

Malta ['malta] *nt* Malta

Malteser(in) <-s, -> [mal'te:zɐ] *m(f)* Maltese + *sing/pl verb*

maltesisch [mal'te:zɪʃ] *Adj* Maltese

Malve <-, -n> ['malvə] *f* BOT mallow

Malz <-es> ['malts] *nt kein Pl* malt

Malzbier *nt* malt beer

Mama <-, -s> ['mama] *f* (*fam*) mummy

Mammografie, **Mammographie** <-, -n> [mamogra'fi:, *Pl:* mamogra'fi:ən] *f* mammography

man <*Dat* einem, *Akk* einen> ['man] *unbest. Pron* one *form*, you; **das hat** ~ **mir gesagt** that's what I was told; **so etwas tut** ~ **nicht** that just isn't done

Management <-s, -s> ['mɛnɪtʃmənt] *nt* management

Manager(in) <-s, -> ['mɛnɪdʒɐ] *m(f)* manager

manche(r, s) ['mançə] *unbest. Pron* ① *adjektivisch, mit Pl* (*einige*) some; ~ **Menschen sind einfach klüger als andere** some people are simply cleverer than others ② *adjektivisch, mit Sing* a lot of, many a

mancherlei ['mançɐ'lai] *Adj* various

manchmal ['mançma:l] *Adv* sometimes

Mandant(in) <-en, -en> [man'dant] *m(f)* client

Mandarine <-, -n> [manda'ri:nə] *f* mandarin

Mandat <-[e]s, -e> [man'da:t] *nt* ① POL seat ② JUR mandate

Mandel[1] <-, -n> ['mandl̩] *f* almond; **gebrannte** ~**n** sugared almonds

Mandel[2] <-, -n> ['mandl̩] *f meist Pl* ANAT tonsils *pl*

Mandelentzündung *f* tonsillitis

Manege <-, -n> [ma'ne:ʒə] *f* ring

Mangan <-s> [maŋ'ga:n] *nt kein Pl* manganese

Mangel[1] <-s, Mängel> ['maŋl̩, *Pl:* 'mɛŋl̩] *m* ① (*Fehler*) flaw ② *kein Pl* (*Knappheit*) lack (**an** of); **ein** ~ **an Vitamin C** vitamin C deficiency

Mangel[2] <-, -n> ['maŋl̩] *f* mangle

Mangelerscheinung *f* deficiency symptom

mangelhaft *Adj* (*fehlerhaft*) faulty

mangeln[1] ['maŋl̩n] *intr V* **es mangelt an etw** *Dat* there is a shortage of sth

mangeln[2] ['maŋl̩n] *tr V* to press

mangels ['maŋl̩s] *Präp Gen* due to the lack of sth

Mango <-, -s> ['maŋgo, *Pl:* maŋ'go:nən] *f* mango

Manie <-, -n> [ma'ni:, *Pl:* ma'ni:ən] *f* obsession

manierlich [ma'ni:ɐ̯lɪç] *Adj* respectable

Manifest <-[e]s, -e> [mani'fɛst] *nt* manifesto

Maniküre <-> [mani'ky:rə] *f kein Pl* manicure

Manipulation <-, -en> [manipula'tsi̯o:n] *f* manipulation

manipulieren* [manipu'li:rən] *tr V* to manipulate

Mann <-[e]s, Männer *o* Leute> ['man, *Pl:* 'mɛnɐ] *m* ① man; **Männer** men; **ein ganzer** ~ a real man; **jd ist ein gemachter** ~ sb has got it made ② (*Ehemann*) husband ③ (*Person*) **seinen** ~ **stehen** to hold one's own; **pro** ~ per head ④ (*Ausruf*) [**mein**] **lieber** ~**!** my God!; ~**, o** ~**!** oh boy!; ~**!** (*bewundernd*) wow! ▸ **etw an den** ~ **bringen** to get rid of sth

Mannequin <-s, -s> ['manəkɛ̃, manə'kɛ̃:] *nt* model

männlich ['mɛnlɪç] *Adj* male

Mannschaft <-, -en> *f* team

Mannschaftsführer(in) *m(f)* SPORT team captain

Manometer [mano'me:tɐ] *Interj* (*fam*) boy oh boy!

Manöver <-s, -> [ma'nø:vɐ] *nt* manoeuvre

Mansardenwohnung *f* attic flat [*or* AM apartment]

Manschettenknopf *m* cuff link

M

Mantel <-s, Mäntel> ['mantl̩, *Pl:* 'mɛntl̩] *m* coat

manuell [ma'nu̯ɛl] **I.** *Adj* manual **II.** *Adv* manually

Manuskript <-[e]s, -e> [manu'skrɪpt] *nt* manuscript

Mappe <-, -n> ['mapə] *f* ① folder ② (*Tasche*) briefcase

Maracuja <-, -s> [mara'ku:ja] *f* passion fruit

Marathon <-s, -s> ['ma:ratɔn] *m* marathon

Marathonlauf *m* marathon

Märchen <-s, -> ['mɛ:ɐ̯çən] *nt* fairytale

Märchenprinz, Märchenprinzessin *m, f* fairy prince *masc*, fairy princess *fem*

Marder <-s, -> ['mardɐ] *m* marten

Margarine <-, -> [marga'ri:nə] *f* margarine

Margerite <-, -n> [margə'ri:tə] *f* marguerite

Maria <-[s] *geh o* Mariä, -s> [ma'ri:a, *Pl:* ma'ri:ɛ] *f* REL (*Mutter Gottes*) Mary; **Mariä Empfängnis** the Immaculate Conception; **die Heilige ~** Holy Mary

Marienkäfer *m* ladybird BRIT, ladybug AM

Marihuana <-s> [mari'hu̯a:na] *nt kein Pl* marihuana

Marille <-, -n> [ma'rɪlə] *f* ÖSTERR apricot

Marine <-, -n> [ma'ri:nə] *f* navy; **bei der ~** in the navy

Marionette <-, -n> [mari̯o'nɛtə] *f* puppet

Mark[1] <-, -> ['mark] *Pl f* (*hist: Währung*) mark

Mark[2] <-[e]s> ['mark] *nt kein Pl* (*Inneres*) marrow

markant [mar'kant] *Adj* striking

Marke <-, -n> ['markə, *Pl:* 'markn̩] *f* ① (*Briefmarke*) stamp ② ÖKON brand

Markenartikel *m* branded article **Markeneinführung** *f* ÖKON brand launch **Markenzeichen** *nt* trademark

Marketing <-s> ['ma:rkətɪŋ] *nt kein Pl* marketing

markieren* [mar'ki:rən] *tr V* to mark

Markierstift *m* marker pen, highlighter

Markierung <-, -en> *f* marking

Markise <-, -n> [mar'ki:zə] *f* awning

Markstück *nt* [one-]mark piece

Markt <-[e]s, Märkte> ['markt, *Pl:* 'mɛrktə] *m* market; **auf dem ~** on the market; **etw auf den ~ bringen** to put sth on the market

Markteinführung *f* ÖKON [market] launch **Marktforschung** *f kein Pl* market research **Marktführer** *m* market leader **Marktlücke** *f* gap in the market **Marktplatz** *m* marketplace; **auf dem ~** in the marketplace **Marktwirtschaft** *f kein Pl* **die soziale ~** social market economy

Marmelade <-, -n> [marmə'la:də] *f* jam

Marmor <-s, -e> ['marmo:ɐ̯] *m* marble

Marokkaner(in) <-s, -> [marɔ'ka:nɐ] *m(f)* Moroccan

marokkanisch [marɔ'ka:nɪʃ] *Adj* Moroccan

Marokko <-s> [ma'rɔko] *nt* Morocco

Marone <-, -n> [ma'ro:nə] *f*, **Maroni** <-, -> [ma'ro:ni] *f* ÖSTERR [edible] chestnut

Marotte <-, -n> [ma'rɔtə] *f* quirk

Mars <-> ['mars] *m kein Pl* **der ~** Mars

marsch ['marʃ] *Interj* be off with you!

Marsch <-[e]s, Märsche> ['marʃ] *Pl m* march; **sich in ~ setzen** to move off

Marschall <-s, Marschälle> ['marʃal, *Pl:* 'marʃɛlə] *m* marshal

Marschflugkörper *m* cruise missile

marschieren* [mar'ʃi:rən] *intr V sein* to march

Marschmusik *f* marching music

Marter <-, -n> ['martɐ] *f* torture

martern ['martɐn] *tr V* to torture

Marterpfahl *m* HIST stake

Märtyrer(in) <-s, -> ['mɛrtyrɐ, 'mɛrtyrərɪn] *m(f)* martyr

Marxismus <-> [mar'ksɪsmʊs] *m kein Pl* **der ~** Marxism

Marxist(in) <-en, -en> [mar'ksɪst] *m(f)* Marxist

marxistisch [mar'ksɪstɪʃ] *Adj* Marxist

März <-[es], -e> ['mɛrts] *m* March; *s. a.* **Februar**

Marzipan <-s, -e> [martsi'pa:n] *nt o m* marzipan

Masche <-, -n> ['maʃə] *f* ① stitch ② ÖSTERR, SCHWEIZ (*Schleife*) bow ③ (*fam*) trick

Maschendraht *m* wire netting

Maschine <-, -n> [ma'ʃi:nə] *f* machine; **~ schreiben** to type

maschinell [maʃi'nɛl] **I.** *Adj* machine *attr* **II.** *Adv* by machine

Maschinenbau *m kein Pl* mechanical engineering **Maschinenbauinge-**

nieur(in) <-s, -e> [-ɪnʒeni̯øːɐ̯] *m(f)* mechanical engineer **Maschinengewehr** *nt* machine gun **maschinenlesbar** *Adj* machine-readable **Maschinenschlosser(in)** *m(f)* fitter
Masern ['maːzɐn] *Pl* **die** ~ the measles
Maserung <-, -en> *f* grain
Maske <-, -n> ['maskə] *f* mask
Maskenbildner(in) *m(f)* make-up artist
maskieren* [mas'kiːrən] **I.** *tr V* to disguise **II.** *refl V* **sich** ~ to dress up (**als** as)
Maskulinum <-s, Maskulina> ['maskuliːnʊm, *Pl:* 'maskuliːna] *nt* LING masculine noun
Masochist(in) <-en, -en> [mazɔ'xɪst] *m(f)* masochist
masochistisch *Adj* masochistic
maß ['maːs] *Imp von* **messen**
Maß[1] <-es, -e> ['maːs] *nt* ❶ (*Maßeinheit*) measure; **mit zweierlei** ~ **messen** to operate a double standard ❷ (*Abmessungen*) **Maße** measurements ❸ (*Ausmaß*) extent; **weder** ~ **noch Ziel kennen** to know no bounds; **in besonderem** ~[**e**] especially; **in großem** ~[**e**] to a great extent; **in** ~**en** in moderation ▸ **das** ~ **aller Dinge** the measure of all things; **das** ~ **ist voll** enough is enough
Maß[2] <-, -> ['mas] *f* SÜDD **eine** ~ **Bier** a litre of beer
Massage <-, -n> [ma'saːʒə] *f* massage
Massaker <-s, -> [ma'saːkɐ] *nt* massacre
massakrieren* [masa'kriːrən] *tr V* to massacre
Masse <-, -n> ['masə] *f* mass
Massekabel *nt* AUTO battery ground cable **Massenandrang** *m* crush **Massenarbeitslosigkeit** *f* mass unemployment **Massenblatt** *nt* (*Zeitung*) mass-circulation newspaper
massenhaft *Adv* in droves
Massenmedien *Pl* mass media + *sing/pl verb* **Massentierhaltung** *f* intensive livestock farming **Massentourismus** *m kein Pl* mass tourism **Massenvernichtungswaffen** *Pl* weapons of mass destruction
Masseur(in) <-s, -e> [ma'søːɐ̯] *m(f)* masseur *masc*, masseuse *fem*
Masseuse <-, -n> [ma'søːzə] *f* masseuse
maßgebend, **maßgeblich** ['maːsgeːplɪç] *Adj* significant
massieren* [ma'siːrən] *tr V* to massage
massig ['masɪç] *Adj* massive
mäßig ['mɛːsɪç] *Adj* moderate
mäßigen ['mɛːsɪgn̩] **I.** *tr V* to curb **II.** *refl V* **sich** ~ to restrain oneself
Massiv <-s, -e> [ma'siːf, *Pl:* ma'siːvə] *nt* massif
massiv [ma'siːf] *Adj* ❶ (*fest*) solid ❷ (*drastisch*) serious; ~**e Kritik** heavy criticism
maßlos **I.** *Adj* extreme; ~ [**in etw** *Dat*] **sein** to be immoderate [in sth] **II.** *Adv* extremely
Maßlosigkeit <-> *f kein Pl* lack of moderation
Maßnahme <-, -n> ['maːsnaːmə] *f* measure
Maßstab ['maːsʃtaːp] *m* ❶ scale; **im** ~ **1:250 000** on a scale of 1:250,000 ❷ (*Kriterium*) criterion; **Maßstäbe setzen** to set standards
maßstab[s]gerecht, **maßstab[s]getreu** *Adj* true to scale
maßvoll **I.** *Adj* moderate; ~**es Verhalten** moderation **II.** *Adv* moderately
Mast <-[e]s, -e[n]> ['mast] *m* ❶ NAUT mast ❷ (*Strommast*) pylon
Mastdarm *m* rectum
mästen ['mɛstn̩] *tr V* to fatten
masturbieren* [mastʊr'biːrən] *intr V* to masturbate
Matchball ['mɛtʃ-] *m* TENNIS match point
Material <-s, -ien> [mate'ri̯aːl, *Pl:* mate'ri̯aːli̯ən] *nt* material
Materialfehler *m* material defect
Materialismus <-> [materi̯a'lɪsmʊs] *m kein Pl* [**der**] ~ materialism
Materialist(in) <-en, -en> [materi̯a'lɪst] *m(f)* materialist
materialistisch [materi̯a'lɪstɪʃ] *Adj* materialist[ic *pej*]
Materialkosten *Pl* material costs **Materialverbrauch** *m* materials *pl* consumed
Materie <-> [ma'teːri̯ə] *f kein Pl* matter
materiell [mate'ri̯ɛl] **I.** *Adj* material **II.** *Adv* ❶ (*pej*) ~ **eingestellt sein** to be materialistic ❷ FIN ~ **abgesichert** financially secure
Mathematik <-> [matema'tiːk] *f kein Pl* [**die**] ~ mathematics + *sing verb*
Mathematiker(in) <-s, -> [mate'maːtikɐ] *m(f)* mathematician

mathematisch [mate'ma:tɪʃ] *Adj* mathematical
Matjes <-, -> ['matjəs], **Matjeshering** *m* young herring
Matratze <-, -n> [ma'tratsə] *f* mattress
Matrixdrucker *m* dot-matrix [printer]
Matrose <-n, -n> [ma'tro:zə] *m* sailor
Matsch <-[e]s> ['matʃ] *m kein Pl* ❶ (*schlammige Erde*) mud; (*Schneematsch*) slush ❷ (*breiige Masse*) mush
matschig ['matʃɪç] *Adj* muddy
matt ['mat] *Adj* ❶ (*schwach*) weak ❷ (*glanzlos*) matt ❸ *Licht* dim ❹ (*schachmatt*) [check]mate
Matte[1] <-, -n> ['matə] *f* mat
Matte[2] <-, -n> ['matə] *f* SCHWEIZ, ÖSTERR alpine meadow
Mattscheibe *f* TV (*fam*) screen
Matura <-> [ma'tu:ra] *f kein Pl* ÖSTERR, SCHWEIZ ≈ A level BRIT, ≈ SAT exam AM; **die ~ machen** ≈ to do one's A-levels/SAT exam
mau <-er, -[e]ste> ['mau] *Adj meist präd* (*fam*) ❶ (*unwohl*) queasy, poorly *pred* ❷ (*ungünstig*) bad; *Stimmung* lousy
Mauer <-, -n> ['mauɐ] *f* wall
mauern ['mauɐn] *tr, intr V* to build
Mauersegler *m* swift **Mauerwerk** *nt kein Pl* walls *pl*
Maul <-[e]s, Mäuler> ['maul, *Pl:* 'mɔylɐ] *nt* ❶ (*bei Tieren*) mouth ❷ (*derb: Mund*) trap; **jdm übers ~ fahren** to cut sb short; **halt's ~!** shut your face!; **jdm das ~ stopfen** to shut sb up ▸ **sich** *Dat* **das ~ über jdn/etw zerreißen** (*fam*) to bad-mouth sb/sth
Maulbeerbaum *m* mulberry [tree]
Maulesel ['maulʔe:zl̩] *m* mule
Maulkorb *m* muzzle
Maultaschen *Pl large pasta squares filled with meat or cheese*
Maultier *nt* mule
Maulwurf <-[e]s, -würfe> *m* mole
Maurer(in) <-s, -> ['maurɐ] *m(f)* bricklayer
Mauretanien <-s> [maure'ta:ni̯ən] *nt* Mauritania
Maus <-, Mäuse> ['maus, *Pl:* 'mɔyzə] *f* mouse
Mäusebussard *m* [common] buzzard
Mausefalle *f* mousetrap
Mausklick [-klɪk] *m* click of the/a mouse
Mauskursor [-kø:ɐ̯zɐ, -kœrzɐ] *m* COMPUT mouse pointer
Mauspad <-s, -s> [-pɛt] *m* COMPUT mouse pad
Maut <-, -en> ['maut] *f* toll
maximal [maksi'ma:l] **I.** *Adj* maximum **II.** *Adv* at maximum; **~ 25.000 Euro** 25,000 euros at most
Maximum <-s, Maxima> ['maksimʊm, *Pl:* 'maksima] *nt* maximum
Mayonnaise <-, -n> [majɔ'nɛ:zə] *f s.* **Majonäse**
Mazedonien <-s> [matse'do:ni̯ən] *nt* Macedonia
MB [ɛm'be:] *nt Abk von* **Megabyte** MB
Mechanik <-, -en> [me'ça:nɪk] *f* mechanics + *sing verb*
Mechaniker(in) <-s, -> [me'ça:nɪkɐ] *m(f)* mechanic
mechanisch [me'ça:nɪʃ] **I.** *Adj* mechanical **II.** *Adv* mechanically
Mechanismus <-, -nismen> [meça'nɪsmʊs, *Pl:* meça'nɪsmən] *m* mechanism
meckern ['mɛkɐn] *intr V* (*fam*) to bellyache (**über** about)
Medaille <-, -n> [me'daljə] *f* medal
Medien ['me:di̯ən] *Pl* **die ~** the media + *sing/pl verb;* **die digitalen ~** the digital media
Medikament <-[e]s, -e> [medika'mɛnt] *nt* medicine
Medikamentenmissbrauch[RR] *m* drug abuse
medikamentös [medikamɛn'tø:s] *Adv* **jdn ~ behandeln** to give sb medication
Meditation <-, -en> [medita'tsi̯o:n] *f* meditation
mediterran [meditɛ'ra:n] *Adj* Mediterranean
meditieren* [medi'ti:rən] *intr V* to meditate
Medizin <-, -en> [medi'tsi:n] *f kein Pl* medicine
Mediziner(in) <-s, -> [medi'tsi:nɐ] *m(f)* doctor
medizinisch [medi'tsi:nɪʃ] **I.** *Adj* ❶ (*ärztlich*) medical ❷ (*heilend*) medicinal, curative **II.** *Adv* ❶ (*ärztlich*) medically ❷ (*heilend*) medicinally
medizinisch-technische(r) Assistent(in) <-en, -en> *m(f)* medical technician
Medizinmann <-männer> [-man, *Pl:* -mɛnɐ] *m* medicine man

Medizinstudent(in) <-en, -en> *m(f)* medical student

Meer <-[e]s, -e> ['meːɐ̯] *nt* sea; **ans ~ fahren** to go to the seaside; **am ~** by the sea

Meerenge *f* strait[s *pl*]

Meeresalge *f* seaweed *no pl* **Meeresbiologie** *f* marine biology **Meeresfrüchte** *Pl* seafood *no pl* **Meeresspiegel** *m* **über/unter dem ~** above/below sea level

Meerkatze *f* meerkat

Meerrettich *m* horseradish

Meerschweinchen *nt* guinea pig

Meerwasser *nt* sea water

Megabyte [mega'bait, 'meːgabait] *nt* megabyte

Megahertz ['meːgahɛrts] *nt* megahertz

Mehl <-[e]s, -e> ['meːl] *nt* flour

mehlig ['meːlɪç] *Adj Kartoffeln* floury

Mehltau ['meːltau] *m kein Pl* BOT mildew

mehr ['meːɐ̯] **I.** *unbest. Pron, Komp von* **viel** more; **immer ~** more and more **II.** *Adv* **~ oder weniger** more or less; **nicht ~** not any longer; **nie ~** never again; **niemand ~** nobody else

Mehr <-[s]> ['meːɐ̯] *nt kein Pl* ❶ **mit einem [kleinem] ~ an Mühe** with a [little] bit more effort ❷ SCHWEIZ majority

mehrdeutig *Adj* ambiguous **mehrdimensional** *Adj* multidimensional **Mehreinnahme** *f* additional revenue *no pl*

mehrere ['meːrərə] *unbest. Pron* several

mehrfach ['meːɐ̯fax] **I.** *Adj* multiple; **~er Meister im Hochsprung** several-times champion in the pole vault **II.** *Adv* several times

Mehrfachfahrschein *m* multi-journey [*or* AM multi-ride] ticket **Mehrfachstecker** *f* multiple plug

Mehrfamilienhaus [-liən-] *nt* multiple dwelling

mehrfarbig *Adj* multicoloured

Mehrheit <-, -en> *f* majority

mehrjährig *Adj attr* of several years *pred*

Mehrkosten *Pl* additional costs

mehrmals ['meːɐ̯maːls] *Adv* repeatedly

Mehrparteiensystem *nt* multiparty system **Mehrplatzsystem** *nt* COMPUT shared logic system **Mehrpreis** *m* additional price **mehrsprachig** *Adj* multilingual **mehrstündig** *Adj* of several hours *pred* **mehrtägig** *Adj* lasting several days *pred* **Mehrwegflasche** *f* returnable bottle **Mehrwegverpackung** *f* ÖKON, ÖKOL re-usable [foodstuff] packaging

Mehrwertsteuer *f* value-added tax, VAT

mehrwöchig *Adj* lasting several weeks *pred*

Mehrzahl *f kein Pl* ❶ majority ❷ LING plural [form]

meiden <mied, gemieden> ['maidn̩] *tr V* to avoid

Meile <-, -n> ['mailə] *f* mile

Meilenstein *m* milestone **meilenweit** ['mailənvait] *Adv* for miles

mein ['main] *Possessivpron* my

meine(r, s) ['mainə] *Possessivpron* ❶ mine; **ist das dein Kugelschreiber oder ~?** is that your ballpoint or mine? ❷ *substantivisch* (*geh*) **der/die/das Meine** mine

Meineid ['main?ait] *m* perjury *no art*

meinen ['mainən] **I.** *intr V* ❶ (*annehmen*) to think; **ich würde ~, ...** I would think ...; **~ Sie?** [do] you think so? ❷ (*sagen*) to say; **ich meinte nur so** (*fam*) it was just a thought; **wenn Sie ~!** if you wish; **wie ~ Sie?** [I] beg your pardon?; **[ganz] wie Sie ~!** [just] as you wish **II.** *tr V* ❶ **~, [dass] ...** to think [that] ...; **und was ~ Sie dazu?** and what do you say? ❷ (*sagen wollen*) **was ~ Sie [damit]?** what do you mean [by that]? ❸ (*ansprechen*) **damit bist du gemeint** that means you ❹ (*beabsichtigen*) to mean; **ich meine es ernst** I'm serious [about it]; **so war das nicht gemeint** I didn't mean it like that; **es gut ~** to mean well; **es gut mit jdm ~** to do one's best for sb; **es nicht böse ~** to mean no harm; **es ~, wie man es sagt** to mean what one says

meiner ['mainɐ] *Personalpron, Gen von* **ich** (*geh*) of me

meinetwegen ['mainət've:gn̩] *Adv* ❶ (*mir zuliebe*) for my sake ❷ (*von mir aus*) as far as I'm concerned

Meinung <-, -en> ['mainʊŋ] *f* opinion; **ähnlicher/anderer ~ sein** to be of a similar/different opinion; **eine eigene ~ haben** to have an opinion of one's own; **die öffentliche ~** public opinion; **nach meiner ~** in my opinion; **seine ~ ändern** to change one's mind; **bei seiner ~ bleiben** to stick to one's opinion;

M

jdm die ~ sagen to give sb a piece of one's mind

Meinungsforschung *f kein Pl* opinion polling **Meinungsumfrage** *f* opinion poll **Meinungsverschiedenheit** *f* difference of opinion

Meise <-, -n> ['maizə] *f* tit ▶ **eine ~ haben** (*fam*) to have a screw loose

Meißel <-s, -> ['maisl̩] *m* chisel

meißeln ['maisl̩n] *intr, tr V* to chisel

meist ['maist] *Adv* ① *s.* **meistens** ② (*am häufigsten*) most; **~ inszeniert** most staged

meiste(r, s) **I.** *unbest. Pron Superl von* **viel** ① most; **das ~ Geld** (*die größte Summe*) the most money; (*der größte Anteil*) most of the money; **die ~n Leute, die ~n** most people; **die ~n von uns** most of us ② (*die größte Menge*) **das ~** most of it; (*der größte Anteil*) the most; **das ~ von dem, was ...** most of what ... **II.** *Adv Superl von* **sehr**: **am ~n** (*in stärkstem Maß*) most of all; (*am häufigsten*) [the] most; **eine der am ~n befahrenen Straßen** one of the most used roads

M

meistens ['maistn̩s] *Adv* mostly

Meister(in) <-s, -> ['maistɐ] *m(f)* ① master ② SPORT champion

meisterhaft **I.** *Adj* masterly **II.** *Adv* in a masterly manner

meistern ['maistɐn] *tr V* to master

Meisterprüfung *f* examination for the master[craftsman]'s diploma

Meisterschaft <-, -en> *f* ① *kein Pl* mastery ② SPORT championship

Melancholie <-, -n> [melaŋko'li:, *Pl:* melaŋko'li:ən] *f* melancholy

melancholisch [melaŋ'ko:lɪʃ] *Adj* melancholy

Melanzani [melan'tsa:ni] *Pl* ÖSTERR (*Aubergine*) aubergine BRIT, eggplant AM

Meldeamt *nt* (*fam*) registration office

melden ['mɛldn̩] **I.** *tr V* ① (*anzeigen*) **[jdm] etw ~** to report sth [to sb] ② TV to report **II.** *refl V* ① SCHULE **sich ~** to put one's hand up ② (*sich bereit erklären*) **sich zu etw** *Dat* **freiwillig ~** to volunteer for sth ③ (*antworten*) **sich am Telefon ~** to answer the telephone

Meldepflicht *f* obligation to report sth

meldepflichtig *Adj* notifiable

Meldung <-, -en> *f* ① (*Nachricht*) piece of news ② (*offizielle Mitteilung*) report

meliert [me'li:ɐ̯t] *Adj* ① *Haar* greying ② *Gewebe* flecked, mottled

Melisse <-, -n> [me'lɪsə] *f* [lemon] balm

melken <melkte, gemolken> ['mɛlkn̩] *tr, intr V* to milk

Melodie <-, -n> [melo'di:, *Pl:* melo'di:ən] *f* tune

melodisch [me'lo:dɪʃ] **I.** *Adj* melodic **II.** *Adv* melodically

Melone <-, -n> [me'lo:nə] *f* ① melon ② (*Hut*) bowler [hat]

Memoiren [me'mo̯a:rən] *Pl* memoirs

Menge <-, -n> ['mɛŋə] *f* ① (*bestimmtes Maß*) quantity; **in ausreichender ~** in sufficient quantities ② (*viel*) **eine ~ Geld** a lot of money; **eine ~ zu sehen** a lot to see ③ (*Menschenmenge*) crowd

Meniskus <-, Menisken> [me'nɪskʊs, *Pl:* menɪskən] *m* meniscus

Menopause [meno'pauzə] *f kein Pl* menopause *no pl*

Mensa <-, Mensen> ['mɛnza, *Pl:* 'mɛnzn̩] *f* canteen

Mensch <-en, -en> ['mɛnʃ] *m* ① (*Menschheit*) man; **die ~en** man *sing, no art,* human beings *pl* ② (*Persönlichkeit*) person; **ein anderer ~ werden** to become a different person; **als ~** as a person; **kein ~** no one ③ (*Leute*) **~en** people

Menschenaffe *m* ape **Menschenfresser(in)** <-s, -> *m(f)* cannibal **Menschenhandel** *m kein Pl* trade in human beings **Menschenkenner(in)** *m(f)* judge of character **Menschenkenntnis** *f kein Pl* ability to judge character **Menschenleben** *nt* lifetime **menschenleer** *Adj* deserted **menschenmöglich** ['mɛnʃn̩'mø:klɪç] *Adj* **alles, was ~ ist** all that is humanly possible; **alles Menschenmögliche tun** to do all that is/that was humanly possible **Menschenrecht** *nt meist Pl* JUR human right *usu pl* **Menschenrechtsverletzung** *f* violation of human rights **Menschenseele** ['mɛnʃn̩'ze:lə] *f* **keine ~** not a [living] soul

Menschenskind ['mɛnʃn̩skɪnt] *Interj* good grief

menschenunwürdig **I.** *Adj* inhumane **II.** *Adv* in an inhumane way **Menschenverstand** *m* **gesunder ~** common sense **Menschenwürde** *f kein Pl* human dignity *no art*

Menschheit <-> *f kein Pl* **die ~** mankind

menschlich ['mɛnʃlɪç] **I.** *Adj* ❶ human ❷ (*human*) humane **II.** *Adv* humanely

Menschlichkeit <-> *f kein Pl* humanity *no art*

Menstruation <-, -en> [mɛnstrua'tsi̯o:n] *f* menstruation *no art*

Menstruationsschmerzen *Pl* MED menstrual pains *pl* **Menstruationsstörungen** *Pl* MED menstrual disorder

Mentalität <-, -en> [mɛntali'tɛ:t] *f* mentality

Menu *nt*, **Menü** <-s, -s> [me'ny:] *nt* menu

menügesteuert *Adj* COMPUT menu-driven

merci [mɛr'si:] *Interj* (*hum*) merci *rare*

merken ['mɛrkn̩] **I.** *tr, intr V* ❶ (*spüren*) to feel; **es war kaum zu ~** it was scarcely noticeable ❷ (*wahrnehmen*) to notice; **das merkt keiner!** no one will notice!; **jdn etw ~ lassen** to let sb feel sth **II.** *refl V* **sich** *Dat* **etw ~** to remember sth; **leicht zu ~ sein** to be easy to remember

Merkmal <-s, -e> ['mɛrkma:l] *nt* feature

Merkur <-s> [mɛr'ku:ɐ̯] *m* **der ~** Mercury

merkwürdig *Adj* strange; **zu ~!** how strange!

messbar[RR] *Adj*, **meßbar**[ALT] *Adj* measurable

Messbecher[RR] *m* measuring jug

Messdiener(in)[RR] *m(f)* server

Messe[1] <-, -n> ['mɛsə] *f* REL mass *no pl;* **schwarze ~** Black Mass; **in die ~ gehen** to go to mass; **die ~ lesen** to say mass

Messe[2] <-, -n> ['mɛsə] *f* ÖKON [trade] fair; **auf der ~** at the fair

Messeausweis *m* ÖKON [trade] fair pass **Messehalle** *f* exhibition hall

messen <misst, maß, gemessen> [',ɛsn̩] **I.** *tr V* ❶ (*Maße nehmen*) to measure ❷ (*urteilen*) **gemessen an etw** *Dat* judging by sth **II.** *refl V* **sich mit jdm ~** to compete with sb

Messer <-s, -> ['mɛsɐ] *nt* knife ▸ **jdn ans ~ liefern** to shop sb; **bis aufs ~** to the bitter end

Messerspitze *f* knife point; **eine ~ Muskat** a pinch of nutmeg **Messerstich** *m* knife thrust **Messestand** *m* exhibition stand

Messias <-> [mɛ'si:as] *m* **der ~** the Messiah

Messing <-s> ['mɛsɪŋ] *nt kein Pl* brass

Messinstrument[RR] *nt* measuring instrument

Messwert[RR] *m* reading

Metall <-s, -e> [me'tal] *nt* metal

Metallarbeiter(in) *m(f)* metalworker

metallisch [me'talɪʃ] **I.** *Adj* metallic **II.** *Adv* like metal

Metallverarbeitung <-> *f kein Pl* metalworking *no pl*

Metapher <-, -n> [me'tafɐ] *f* metaphor

Metaphysik [metafy'zi:k] *f* metaphysics *no art, + sing verb*

Metastase <-, -n> [meta'sta:zə] *f* metastasis

Meteorologe, **Meteorologin** <-n, -n> [meteoro'lo:gə, -'lo:gɪn] *m, f* meteorologist

Meter <-s, -> ['me:tɐ] *m o nt* metre

Methode <-, -n> [me'to:də] *f* method

Methylalkohol *m kein Pl* methyl alcohol *no pl*, methanol *no pl*

Metropole <-, -n> [metro'po:lə] *f* metropolis

Metzger(in) <-s, -> ['mɛtsgɐ] *m(f)* butcher; **beim ~** at the butcher's

Metzgerei <-, -en> [mɛtsgə'rai] *f* butcher's BRIT, butcher shop AM; **aus der ~** from the butcher's

Meuchelmord *m* insidious murder

Meute <-, -n> ['mɔytə] *f* (*pej*) mob

Meuterei <-, -en> [mɔytə'rai] *f* mutiny

Meuterer <-s, -> *m* mutineer

meutern ['mɔytɐn] *intr V* to mutiny; **~d** mutinous

Mexikaner(in) <-s, -> [mɛksi'ka:nɐ] *m(f)* Mexican

mexikanisch [mɛksi'ka:nɪʃ] *Adj* Mexican; *s. a.* **deutsch**

Mexiko <-s> ['mɛksiko] *nt* Mexico

miauen* [mi'auən] *intr V* to miaou

mich [mɪç] **I.** *Personalpron, Akk von* **ich** me **II.** *Reflexivpron* myself

mick[e]rig ['mɪk(ə)rɪç] *Adj* ❶ (*sehr gering*) measly, paltry ❷ (*schwächlich*) puny ❸ (*zurückgeblieben*) stunted

Mief <-s> ['mi:f] *m kein Pl* (*fam*) fug

Miene <-, -n> ['mi:nə] *f* expression ▸ **ohne eine ~ zu verziehen** without turning a hair

mies ['miːs] *Adj* (*fam*) lousy; **~e Laune haben** to be in a foul mood
mies|machen *tr V* **jdn/etw ~** to run down sb/sth *sep*
Miesmuschel ['miːsmʊʃl̩] *f* mussel **Mietauto** *nt* hire car BRIT, rental car AM
Miete <-, -n> ['miːtə] *f* rent
Mieteinnahme *f meist Pl* rental income, income from rents
mieten ['miːtn̩] *tr V* to rent
Mieter(in) <-s, -> *m(f)* tenant
Mieterhöhung *f* rent increase
Mietshaus *nt* block of rented flats BRIT, apartment house AM
Mietvertrag *m* lease **Mietwagen** *m* rental car **Mietwohnung** *f* rented flat [*or* AM *a.* apartment]
Migräne <-, -n> [mi'grɛːnə] *f* migraine; **ich habe ~** I've got a migraine
Migrationshintergrund *m* POL migrant background
Mikrochip <-s, -s> [-tʃɪp] *m* microchip
Mikrofon <-s, -e> [mikro'foːn] *nt* microphone
Mikrophon <-s, -e> [mikro'foːn] *nt s.* **Mikrofon**
Mikroskop <-s, -e> [mikro'skoːp] *nt* microscope
mikroskopisch *Adj* microscopic
Mikrowelle ['miːkrovɛlə] *f* microwave
Milbe <-, -n> ['mɪlbə] *f* mite
Milch <-> ['mɪlç] *f kein Pl* milk
Milchflasche *f* milk bottle **Milchkaffee** *m* milky coffee **Milchprodukt** *nt* dairy product **Milchpulver** *nt* powdered milk **Milchreis** *m* rice pudding **Milchsäure** *f* BIOL, CHEM lactic acid *no pl* **Milchstraße** *f* **die ~** the Milky Way **Milchzahn** *m* milk tooth
mild ['mɪlt] *Adj* ❶ mild ❷ (*nachsichtig*) lenient; **jdn ~er stimmen** to encourage sb to be more lenient
mildern ['mɪldɐn] **I.** *tr V* ❶ (*abschwächen*) to moderate; **~de Umstände** mitigating circumstances ❷ (*lindern*) to alleviate **II.** *refl V* METEO **sich ~** to become milder
Milieu <-s, -s> [mi'li̯øː] *nt* environment
militant [mili'tant] *Adj* militant
Militär <-s> [mili'tɛːɐ̯] *nt kein Pl* military; **beim ~ sein** to be in the forces
Militärdiktatur *f* military dictatorship
militärisch [mili'tɛːrɪʃ] *Adj* military
Militärregierung *f* military government **Militärstützpunkt** *m* military base
Miliz <-, -en> [mi'liːts] *f* ❶ (*Bürgerwehr*) militia ❷ (*in sozialistischen Staaten: Polizei*) police
Millennium <-s, -ien> [mɪ'lɛni̯ʊm, *Pl:* mɪ'lɛni̯ən] *nt* (*geh*) millennium
Milliardär(in) <-s, -e> [mɪli̯ar'dɛːɐ̯] *m(f)* billionaire
Milliarde <-, -n> [mɪ'li̯ardə] *f* billion
Millimeter <-s, -> ['mɪlimeːtɐ] *m o nt* millimetre
Million <-, -en> [mɪ'li̯oːn] *f* million; **drei ~en Einwohner** three million inhabitants
Millionär(in) <-s, -e> [mɪli̯o'nɛːɐ̯] *m(f)* millionaire *masc*, millionairess *fem*
Millionenstadt *f* town with over a million inhabitants
Milz <-, -en> ['mɪlts] *f* spleen
Mimik <-> ['miːmɪk] *f kein Pl* facial expression
minder ['mɪndɐ] *Adv* less; **nicht ~** no less
minderbegabt *Adj* less gifted **minderbemittelt** *Adj* (*pej*) mentally deficient
Minderheit <-, -en> *f* minority
minderjährig ['mɪndɐjɛːrɪç] *Adj* underage
Minderjährige(r) *f(m) dekl wie Adj* minor
mindern ['mɪndɐn] *tr V* to reduce (**um** by)
minderwertig *Adj* inferior
Minderwertigkeit <-> *f kein Pl* inferiority
Minderwertigkeitsgefühl *nt* feeling of inferiority **Minderwertigkeitskomplex** *m* inferiority complex
Minderzahl *f kein Pl* minority; **in der ~ sein** to be in the minority
Mindestalter *nt* minimum age
Mindestbetrag *nt* minimum amount
mindeste(r, s) *Adj attr* **der/die/das ~ ...** the slightest ... ▸ **nicht im Mindesten** not in the least; **das wäre das Mindeste gewesen** that's the least he/she/they could have done
mindestens ['mɪndəstn̩s] *Adv* at least
Mindestgeschwindigkeit *f* minimum speed *no pl* **Mindestlohn** *m* ÖKON minimum wage
Mine <-, -n> ['miːnə] *f* MIL, BERGB mine

M

Mineral <-s, -e *o* -ien> [mine'ra:l, *Pl:* mine'ra:li̯ən] *nt* mineral

Mineralöl *nt* mineral oil **Mineralölsteuer** *f* tax on oil **Mineralwasser** *nt* mineral water

Minibar *f* minibar

Minigolf *nt kein Pl* minigolf

Minijob [-dʒɔp] *m*

> A **Minijob** refers to a minor form of employment, where a worker may earn up to 450 EUR per month tax free. Employers must register these workers, commonly known as **Minijobber**, to the *Minijobzentrale*, and pay a reduced contribution to national insurance and national health insurance. **Minijobs** are typically part-time jobs requiring little or no qualifications.

Minijobber(in) <-s, -> [-dʒɔbɐ] *m(f) person who does a part-time job that is paid less than 400 euros per month*

minimal [mini'ma:l] **I.** *Adj* minimal **II.** *Adv* minimally

Minimum <-s, Minima> ['mi:nimʊm, *Pl:* 'mi:nima] *nt* minimum (**an** of)

Minirock *m* miniskirt

Minister(in) <-s, -> [mi'nɪstɐ] *m(f)* minister

Ministerium <-s, -rien> [minɪs'te:ri̯ʊm, *Pl:* minɪs'te:ri̯ən] *nt* ministry

Ministerpräsident(in) *m(f)* minister-president

> The leader of a Bundesland is called the **Ministerpräsident(in)**.
> In Austria the prime minister of a province is called the *Landeshauptmann/Landeshauptfrau.*
> The head of the government of a Swiss canton is called the *Kantonalpräsident(in)* (president of a canton).

Minorität <-, -en> [minori'tɛ:t] *f* minority

minus ['mi:nʊs] **I.** *Präp* **200 Euro ~ 5 % Rabatt** 200 euro less 5 % discount **II.** *Konj* MATH minus; **15° C ~** 15° C below zero

Minus <-, -> ['mi:nʊs] *nt* FIN deficit; **~ machen** to make a loss

Minuszeichen *nt* minus sign

Minute <-, -n> [mi'nu:tə] *f* minute; **auf die ~** on the dot

Minutenzeiger *m* minute hand

Minze <-, -n> ['mɪntsə] *f* mint

mir ['mi:ɐ̯] *Personalpron, Dat von* **ich** [to] me; **sie ist eine alte Bekannte von ~** she's an old acquaintance of mine; **von ~ aus!** (*fam*) I don't mind! ▶ **~ nichts, dir nichts** (*fam*) just like that

Mirabelle <-, -n> [mira'bɛlə] *f* mirabelle

Mischbrot *nt* bread made from rye and wheat flour **Mischehe** *f* mixed marriage

mischen ['mɪʃn̩] **I.** *tr V* to mix; *Karten* to shuffle **II.** *refl V* ❶ (*nicht abseitsstehen*) **sich unter Leute ~** to mingle ❷ (*sich einmischen*) **sich in etw** *Akk* **~** to interfere in sth

Mischling <-s, -e> ['mɪʃlɪŋ] *m* half caste; (*Tier*) half-breed

Mischmasch <-[e]s, -e> ['mɪʃmaʃ] *m* (*fam*) mishmash

Mischmaschine *f* mixer **Mischpult** *nt* mixing desk

Mischung <-, -en> *f* mixture

miserabel [mizə'ra:bl̩] **I.** *Adj* dreadful **II.** *Adv* dreadfully; **das Bier schmeckt ~** the beer tastes awful

Misere <-, -n> [mi'ze:rə] *f* dreadful state

Mispel <-, -n> ['mɪspl̩] *f* BOT medlar

missachten*RR *tr V,* **mißachten***ALT [mɪs'ʔaxtn̩] *tr V* ❶ (*ignorieren*) to disregard ❷ (*gering schätzen*) to disdain

MissachtungRR *f,* **Mißachtung**ALT ['mɪsʔaxtʊŋ] *f* ❶ (*Ignorieren*) disregard ❷ (*Geringschätzung*) disdain *no pl*

missbehagen*RR *intr V,* **mißbehagen***ALT ['mɪsbəha:gn̩] *intr V* (*geh*) **etw missbehagt jdm** sth makes sb uneasy (**an** about)

MissbehagenRR <-s> *nt kein Pl,* **Mißbehagen**ALT ['mɪsbəha:gn̩] *nt* (*geh*) uneasiness

missbilligen*RR *tr V,* **mißbilligen***ALT ['mɪsbɪlɪgn̩] *tr V* **etw ~** to disapprove of sth

MissbilligungRR <-, *selten* -en> *f,* **Mißbilligung**ALT [mɪs'bɪlɪgʊŋ] *f* disapproval

MissbrauchRR *m,* **Mißbrauch**ALT ['mɪsbraux] *m* abuse

M

missbrauchen*[RR] *tr V,* **mißbrauchen***[ALT] [mɪsˈbraʊːxn̩] *tr V* to abuse; **jdn sexuell** ~ to sexually abuse sb

missen [ˈmɪsn̩] *tr V* **mein Telefon möchte ich nicht** ~ I wouldn't want to have to do without my phone

Misserfolg[RR] *m,* **Mißerfolg**[ALT] *m* failure

Missetäter(in) [ˈmɪsətɛːtɐ] *m(f)* (*hum*) culprit

missfallen*[RR] *intr V,* **mißfallen***[ALT] [mɪsˈfalən] *intr V unreg* **jdm missfällt etw** sb dislikes sth

Missfallen[RR] <-s> *nt,* **Mißfallen**[ALT] [ˈmɪsfalən] *nt kein Pl* displeasure *no pl*

Missgeburt[RR] *f,* **Mißgeburt**[ALT] [ˈmɪsgəbuːɐ̯t] *f* monster

Missgeschick[RR] *nt,* **Mißgeschick**[ALT] [ˈmɪsgəʃɪk] *nt* mishap

missglücken*[RR] *intr V,* **mißglücken***[ALT] [mɪsˈglʏkn̩] *intr V sein* to fail

missgönnen*[RR] *tr V,* **mißgönnen***[ALT] [mɪsˈgœnən] *tr V* **jdm seinen Erfolg** ~ to resent sb's success

Missgunst[RR] *f,* **Mißgunst**[ALT] [ˈmɪsgʊnst] *f kein Pl* envy

missgünstig[RR], **mißgünstig**[ALT] *Adj* resentful, envious

misshandeln*[RR] *tr V,* **mißhandeln***[ALT] [mɪsˈhandl̩n] *tr V* to mistreat

Misshandlung[RR] *f,* **Mißhandlung**[ALT] [mɪsˈhandlʊŋ] *f* mistreatment

Mission <-, -en> [mɪˈsi̯oːn] *f* mission; **in geheimer** ~ on a secret mission

Missionar(in) <-s, -e> [mɪsi̯oˈnaːɐ̯] *m(f)* missionary

missionarisch [mɪsi̯oˈnaːrɪʃ] *Adj* missionary

Missklang[RR] *m,* **Mißklang**[ALT] *m* dissonance *no pl*

Misskredit[RR] *m,* **Mißkredit**[ALT] *m kein Pl* **in** ~ **geraten** to become discredited

misslingen[RR] <misslang, misslungen> *intr V,* **mißlingen**[ALT] [mɪsˈlɪŋən] *intr V sein* to fail

Misslingen[RR] <-s> *nt kein Pl,* **Mißlingen**[ALT] [mɪslɪŋən] *nt* failure

Missmut[RR] *m,* **Mißmut**[ALT] [ˈmɪsmuːt] *m kein Pl* moroseness

missmutig[RR] *Adj,* **mißmutig**[ALT] *Adj* sullen

missraten*[RR], **mißraten***[ALT] [mɪsˈraːtn̩] *intr V unreg sein* (*geh*) to go wrong

Missstand[RR] *m,* **Mißstand**[ALT] *m* **soziale Missstände** social evils

misstrauen*[RR] *intr V,* **mißtrauen***[ALT] [mɪsˈtraʊən] *intr V* to mistrust

Misstrauensvotum[RR] *nt* vote of no confidence

misstrauisch[RR], **mißtrauisch**[ALT] [ˈmɪstraʊɪʃ] **I.** *Adj* mistrustful **II.** *Adv* mistrustfully

missverständlich[RR], **mißverständlich**[ALT] *Adj* unclear; [**zu**] ~ **sein** to be [too] liable to be misunderstood

Missverständnis[RR] <-ses, -se> *nt,* **Mißverständnis**[ALT] <-ses, -se> [ˈmɪsfɛɐ̯ʃtɛntnɪs] *nt* misunderstanding *no pl*

missverstehen*[RR] *tr V unreg,* **mißverstehen***[ALT] [ˈmɪsfɛɐ̯ʃteːən] *tr V* to misunderstand

Mist <-es> [mɪst] *m kein Pl* ❶ dung ❷ (*Quatsch*) nonsense ❸ (*Schund*) junk ▶ ~ **bauen** (*fam*) to screw up; **so ein ~!** (*fam*) damn!

Mistel <-, -n> [ˈmɪstl̩] *f* mistletoe *no pl*

Misthaufen *m* dung heap **Mistkäfer** *m* dung beetle **Miststück** *nt* (*fam*) bastard *masc,* bitch *fem*

mit [mɪt] **I.** *Präp +Dat* ❶ (*und*) with; **du ~ deiner ewigen Prahlerei** you and your constant boasting; **Kaffee ~ Milch** coffee with milk; ~ **jdm** [**zusammen**] [together] with sb ❷ (*per*) by; **mit der Bahn/dem Fahrrad/der Post** by train/bicycle/post ❸ *zeitlich* at; ~ **18** [**Jahren**] at [the age of] 18 **II.** *Adv* too, as well; ~ **dabei sein** to be there too; **sie gehört ~ zu den Besten** she is one of the best

Mitarbeit *f* collaboration; **unter ~ von jdm** in collaboration with sb

mit|arbeiten [ˈmɪtʔarbaitn̩] *intr V* to collaborate (**an** on)

Mitarbeiter(in) *m(f)* ❶ (*Beschäftigter*) employee; **neue ~ einstellen** to take on new staff; **freier** ~ freelance ❷ (*Kollege*) colleague

mit|bekommen* *tr V unreg* **etw** ~ to be aware of sth; **hast du etwas davon ~?** did you catch any of it?

mit|benutzen* *tr V,* **mit|benützen*** *tr V* SÜDD to share

mit|bestimmen* *intr V* to have a say (**bei** in)

Mitbestimmung *f* participation

Mitbewohner(in) *m(f)* housemate

mit|bringen ['mɪtʔbrɪŋən] *tr V unreg* to bring along
Mitbürger(in) *m(f)* fellow citizen
mit|denken *intr V unreg* **bei etw** *Dat* ~ to follow sth
miteinander [mɪtʔai'nandɐ] *Adv* ① (*einer mit dem anderen*) with each other; ~ **reden** to talk to each other ② (*zusammen*) together; **alle** ~ all together
Miteinander <-s> [mɪtʔai'nandɐ] *nt kein Pl* cooperation
mit|erleben* *tr V Ereignisse, Unglück* to experience, to witness; *Freude* to share; **eine Ära** ~ to live through an era; **sie haben den Zweiten Weltkrieg miterlebt** they went through the Second World War
Mitesser <-s, -> *m* blackhead
mit|fahren *intr V unreg sein* **jdn** ~ **lassen** to give sb a lift
Mitfahrer(in) *m(f)* fellow passenger
mit|fühlen *intr V* to sympathize (**mit** with)
mitfühlend *Adj* sympathetic
mit|geben *tr V unreg* **jdm etw** ~ to give sb sth
Mitgefühl *nt kein Pl* sympathy (**mit** for)
mit|gehen *intr V unreg sein* ① (*sich mitreißen lassen*) [**bei etw** *Dat*] ~ to respond [to sth] ② (*stehlen*) **etw** ~ **lassen** to walk off with sth
mitgenommen **I.** *PP von* **mitnehmen** **II.** *Adj* (*fam*) worn-out
Mitgift <-, -en> *f* dowry
Mitglied ['mɪtgli:t] *nt* member
mit|halten *intr V unreg* (*fam*) to keep up (**bei** with)
mit|helfen *intr V unreg* to help (**bei** with)
Mithilfe ['mɪthɪlfə] *f kein Pl* assistance; **unter jds** ~ with sb's help
mit|hören *tr, intr V* to listen in; **ein Gespräch** ~ to listen in on a conversation
mit|kommen *intr V unreg sein* **in der Schule gut** ~ to get on well at school; **da komme ich nicht mit** it's beyond me
mit|kriegen *tr V* (*fam*) *s.* **mitbekommen**
Mitläufer(in) *m(f)* (*pej*) fellow traveller
Mitleid ['mɪtlait] *nt kein Pl* sympathy; ~ **haben** to have sympathy (**mit** for); ~ **erregend** pitiful; **aus** ~ out of pity
Mitleidenschaft *f kein Pl* **jdn in** ~ **ziehen** to affect sb
mitleidig ['mɪtlaidɪç] *Adj* sympathetic
mit|machen **I.** *intr V* ① (*teilnehmen*) to take part (**bei** in); **bei einem Ausflug/Kurs** ~ to go on a trip/do a course ② (*günstig sein*) **wenn das Wetter mitmacht** if the weather cooperates **II.** *tr V* ① (*sich beteiligen*) to join in ② (*erleiden*) **viel** ~ to go through a lot
Mitmensch *m* fellow man
mitmenschlich *Adj attr Beziehungen, Kontakte* interpersonal
mit|nehmen *tr V unreg* ① to take with one; **zum Mitnehmen** (*kostenlos*) free; **Pizza zum Mitnehmen** pizza to take away, pizza to go AM ② (*mitfahren lassen*) **könnten Sie mich** ~**?** could you give me a lift? ③ (*erschöpfen*) to take it out of one; **mitgenommen** worn out
mit|reden *intr V* to have a say (**bei** in)
Mitreisende(r) *f(m) dekl wie Adj* fellow passenger
mit|reißen *tr V unreg* to get going
mit|schicken *tr V* (*im Brief*) to enclose
mit|schreiben *unreg intr V* to take notes
mitschuldig *Adj* **an etw** *Dat* ~ **sein** to be partly to blame for sth
Mitschuldige(r) *f(m) dekl wie Adj* JUR accomplice
Mitschüler(in) *m(f)* classmate
mit|singen *unreg intr V* to sing along
mit|spielen *intr V* ① to play (**bei** in); **in einer Mannschaft** ~ to play for a team ② FILM to act (**bei/in** in) ③ (*fam: günstig sein*) **das Wetter spielte nicht mit** the weather wasn't kind to us ④ (*beteiligt sein*) [**bei etw** *Dat*] ~ to play a part [in sth]
Mitspracherecht *nt kein Pl* right to have a say; **ein** ~ **bei etw** *Dat* **haben** to have a say in sth
Mittag <-[e]s, -e> ['mɪta:k, *Pl:* 'mɪta:gə] *m* midday; **gegen** ~ around midday; **zu** ~ **essen** to have lunch; ~ **haben** to be on one's lunch break
Mittagessen *nt* lunch
mittags ['mɪta:ks] *Adv* at midday
Mittagspause *f* lunch break **Mittagsschlaf** *m* **einen** ~ **machen** to take an after-lunch nap **Mittagszeit** *f kein Pl* lunchtime; **in der** ~ at lunchtime
Mittäter(in) *m(f)* accomplice

Mittäterschaft <-> *f kein Pl* complicity (**an** in)

Mitte <-, -n> ['mɪtə] *f* ① middle; **in der ~ zwischen ...** halfway between ...; **aus unserer ~** from our midst ② POL **die linke/rechte ~** the centre-left/centre-right ③ (*zeitlich*) **~ Januar** mid-January; **~ des Jahres** in the middle of the year; **sie ist ~ dreißig** she's in her mid-thirties ▶ **die goldene ~** the golden mean

mit|teilen ['mɪttailən] *tr V* to tell; **jdm ~, dass ...** to tell sb that ...

Mitteilung *f* notification

Mittel <-s, -> ['mɪtl̩] *nt* ① means *sing;* **~ und Wege finden** to find ways and means; **ein ~ zum Zweck** a means to an end; **als letztes ~** as a last resort; **mit allen ~n** by every means ② PHARM drug; **ein ~ gegen etw** a remedy for sth ③ *Pl* FIN funds ④ MATH average; **im ~** on average

Mittelalter ['mɪtl̩ʔaltɐ] *nt kein Pl* **das ~** the Middle Ages *pl*

mittelalterlich ['mɪtl̩ʔaltɐlɪç] *Adj* medieval

Mittelamerika ['mɪtl̩ʔa'me:rika] *nt* Central America **Mitteleuropa** ['mɪtl̩ʔɔy'ro:pa] *nt* Central Europe **mitteleuropäisch** ['mɪtl̩ʔɔyro'pɛ:ɪʃ] *Adj* Central European **Mittelfeld** *nt kein Pl* midfield **Mittelfinger** *m* middle finger

mittellos *Adj* destitute

mittelmäßig *Adj* mediocre

Mittelmäßigkeit <-> *f kein Pl* mediocrity

Mittelmeer ['mɪtl̩me:ɐ̯] *nt* **das ~** the Mediterranean [Sea] **Mittelohrentzündung** *f* inflammation of the middle ear **Mittelpunkt** *m* ① centre ② (*fig*) **im ~ stehen** to be the centre of attention

mittels ['mɪtl̩s] *Präp + Gen* by means of

Mittelstand *m* ÖKON small and medium-sized businesses *pl*

mittelständisch *Adj* medium-sized

Mittelstreckenrakete *f* medium-range missile **Mittelweg** *m* middle course **Mittelwelle** *f* medium wave

mitten ['mɪtn̩] *Adv* **~ aus etw** from the midst of sth; **~ durch etw** *Akk* right through [the middle of] sth; **~ auf der Straße** in the middle of the street; **~ unter Menschen** in the midst of people

Mitternacht ['mɪtɐnaxt] *f kein Pl* midnight *no art*

mittlere(r, s) ['mɪtlərə] *Adj attr* ① (*in der Mitte von zweien*) **der/die/das ~** the middle one ② (*durchschnittlich*) average *attr o pred* ③ *Größe* medium-sized ④ (*in einer Hierarchie*) middle

mittlerweile ['mɪtlɐ'vailə] *Adv* in the mean time

Mittwoch <-s, -e> ['mɪtvɔx] *m* Wednesday; *s. a.* **Dienstag**

mittwochs ['mɪtvɔxs] *Adv* [on] Wednesdays

mitverantwortlich *Adj* jointly responsible *pred*

Mitverantwortung *f* share of the responsibility

mit|wirken *intr V* to collaborate (**bei/an** on)

Mitwirkung *f kein Pl* collaboration; **unter ~ von** in collaboration with

mit|wollen ['mɪtvɔlən] *intr V* [**mit jdm**] **~** to want to come with sb

mit|zählen *tr V* to include

mixen ['mɪksn̩] *tr V* to mix

Mixer <-s, -> ['mɪksɐ] *m* ELEK blender

Mixtur <-, -en> [mɪks'tu:ɐ̯] *f* mixture

mm *m o nt Abk von* **Millimeter** mm

MMS <-, -> [ɛmɛm'ɛs] *f* TELEK *Abk von* **Multimedia Messaging Service** MMS

Mobbing <-s> ['mɔbɪŋ] *nt kein Pl* bullying in the workplace

Möbel ['mø:bl̩] *Pl* furniture

Möbelstück *nt* piece of furniture

mobil [mo'bi:l] *Adj* mobile; **jdn/etw ~ machen** to mobilize sb/sth

Mobilfunk *m* mobile communications *pl*

Mobiliar <-s> [mobi'li̯a:ɐ̯] *nt kein Pl* furnishings *pl*

Mobilität <-> [mobili'tɛ:t] *f kein Pl* mobility

Mobilitätszuschuss[RR] *m* ① (*bei Studienaustauschprogrammen*) cost of living allowance ② (*für Behinderte*) mobility allowance

Mobiltelefon *nt* mobile phone

möblieren* [mø'bli:rən] *tr V* to furnish

Modalität <-, -en> [modali'tɛ:t] *f* ① *meist Pl* (*geh: Art und Weise*) provision[s *pl*], condition[s *pl*] ② PHILOS, LING modality *no pl*

Mode <-, -n> ['mo:də] *f* fashion; **große ~ sein** to be very fashionable; **mit der ~ gehen** to follow fashion; **aus der/in ~**

kommen to go out of/come into fashion

Modell <-s, -e> [mo'dɛl] *nt* model

Modem <-s, -s> ['mo:dɛm] *nt o m* modem

Modenschau *f* fashion show

Moderator(in) <-s, -en> [mode'ra:toɐ̯, modera'to:rɪn, *Pl:* modera'to:rən] *m(f)* presenter

mod[e]rig ['mo:d(ə)rɪç] *Adj* musty

modern¹ ['mo:dɐn] *intr V sein o haben* to go mouldy

modern² [mo'dɛrn] *Adj* modern; **~ste Technik** state-of-the-art technology

modernisieren* [modɛrni'zi:rən] *tr V* to modernize

Modeschmuck *m* costume jewellery **Modeschöpfer(in)** *m(f)* fashion designer

modisch ['mo:dɪʃ] **I.** *Adj* fashionable **II.** *Adv* fashionably

Modus <-, Modi> ['mɔdʊs, *Pl:* 'mɔdi] *m* COMPUT mode

Mofa <-s, -s> ['mo:fa] *nt* moped

mogeln ['mo:gl̩n] *intr V* to cheat (**bei** at)

mögen ['mø:gn̩] **I.** *Modalverb* <mochte, hat ... mögen> + *Infin* ① (*wollen*) **etw tun ~** to want to do sth; **~ Sie noch ein Glas Bier trinken?** would you like another beer?; **ich möchte gerne kommen** I'd like to come; **ich mag nach Hause** I want to go home ② (*Vermutung*) **sie mag Recht haben** she may be right; **hm, das mag schon stimmen** hmm, that might [well] be true; **wie dem auch sein mag** be that as it may **II.** *tr V* <mochte, gemocht> ① (*gernhaben*) to like; (*lieben*) to love; **am liebsten mag ich Eintopf** stew is my favourite [meal] ② (*haben wollen*) to want; **ich möchte ein Stück Kuchen** I'd like a slice of cake; **was möchten Sie bitte?** what can I get for you?

möglich ['mø:klɪç] *Adj* possible; **[das ist] nicht ~!** [that's] impossible!; **schon ~** (*fam*) maybe; **es für ~ halten, dass ...** to think it possible that ...; **sein Möglichstes tun** to do everything in one's power; **alle ~en ...** all kinds of ...

möglicherweise *Adv* possibly

Möglichkeit <-, -en> *f* ① (*Gelegenheit*) opportunity ② (*Möglichsein*) possibility; **nach ~** if possible

möglichst *Adv* **~ bald** as soon as possible

Mohn <-[e]s, -e> ['mo:n] *m* poppy; (*Mohnsamen*) poppy seed

Möhre <-, -n> ['mø:rə] *f* carrot

Mokka <-s, -s> ['mɔka] *m* mocha

Molch <-[e]s, -e> ['mɔlç] *m* newt

Molekül <-s, -e> [molə'ky:l] *nt* molecule

molekular [moləku'la:ɐ̯] *Adj* molecular

Molke <-> ['mɔlkə] *f kein Pl* whey

Molkerei <-, -en> [mɔlkə'rai] *f* dairy

Moll <-, -> ['mɔl] *nt* minor [key]

mollig ['mɔlɪç] *Adj* (*fam: rundlich*) plump

Moment <-[e]s, -e> [mo'mɛnt] *m* moment; **im ~** at the moment; **im ersten ~** at first; **einen ~!** just a minute!; **jeden ~** [at] any moment; **~ mal!** hang on minute!

momentan [momɛn'ta:n] **I.** *Adj* ① (*jetzig*) present ② (*vorübergehend*) momentary **II.** *Adv* ① at present ② momentarily

Monarch(in) <-en, -en> [mo'narç] *m(f)* monarch

Monarchie <-, -n> [monar'çi:, *Pl:* monar'çi:ən] *f* monarchy

Monarchist(in) <-en, -en> [monar'çɪst] *m(f)* monarchist

Monat <-[e]s, -e> ['mo:nat] *m* month; **[im] kommenden/vorigen ~** next/last month; **im vierten ~ sein** to be four months pregnant; **im ~** a month

monatlich ['mo:natlɪç] *Adj, Adv* monthly

Monatsbinde *f* sanitary towel [*or* AM napkin] **Monatsblutung** *f* menstruation

Mönch <-[e]s, -e> ['mœnç] *m* monk

Mond <-[e]s, -e> ['mo:nt, *Pl:* 'mo:ndə] *m* moon; **der ~ nimmt ab/zu** the moon is waning/waxing ▶ **hinter dem ~ leben** to be out of touch

mondän [mɔn'dɛ:n] *Adj* (*geh*) fashionable, chic

Mondfinsternis *f* eclipse of the moon **Mondlandung** *f* moon landing **Mondrakete** *f* lunar rocket **Mondschein** *m* moonlight **Mondsichel** *f* (*geh*) crescent moon **mondsüchtig** *Adj* **~ sein** to be a sleepwalker

Mongole, Mongolin <-n, -n> [mɔŋ'go:lə, mɔŋ'go:lɪn] *m, f* Mongol

Mongolei <-> [mɔŋgo'lai] *f* **die ~** Mongolia

Mongolin <-, -nen> *f s.* **Mongole**

mongolisch [mɔŋ'goːlɪʃ] *Adj* Mongolian

Monitor <-s, -e> ['moːnitoːɐ̯, *Pl:* moni'toːrən] *m* monitor

Monolog <-[e]s, -e> [mono'loːk, *Pl:* mono'loːgə] *m* monologue; **einen ~ halten** to hold a monologue

Monopol <-s, -e> [mono'poːl] *nt* monopoly; **ein ~ auf etw** *Akk* **haben** to have a monopoly on sth

monoton [mono'toːn] **I.** *Adj* monotonous **II.** *Adv* monotonously; **~ klingen** to sound monotonous

Monotonie <-, -n> [monoto'niː, *Pl:* monoto'niːən] *f* monotony

Monster <-s, -> ['mɔnstɐ] *nt* monster

Monsun <-s, -e> [mɔn'zuːn] *m* monsoon

Montag <-s, -e> ['moːntaːk, *Pl:* 'moːntaːgə] *m* Monday; *s. a.* **Dienstag**

Montage <-, -n> [mɔn'taːʒə] *f* ① assembly ② KUNST montage

Monteur(in) <-s, -e> [mɔn'tøːɐ] *m(f)* fitter

montieren* [mɔn'tiːrən] *tr V* ① to assemble ② (*installieren*) to fit (**an/auf** to)

Monument <-[e]s, -e> [monu'mɛnt] *nt* monument

monumental [monumɛn'taːl] *Adj* monumental

Moor <-[e]s, -e> ['moːɐ̯] *nt* swamp

Moos <-es, -e> ['moːs, *Pl:* 'moːzə] *nt* moss

Moped <-s, -s> ['moːpɛt] *nt* moped

Mops <-es, Möpse> ['mɔps, *Pl:* 'mœpsə] *m* pug[-dog]

mopsen ['mɔpsn̩] *tr V* (*fam*) to pinch

Moral <-> [mo'raːl] *f kein Pl* morals *pl;* **eine doppelte ~ haben** to have double standards

moralisch [mo'raːlɪʃ] **I.** *Adj* moral **II.** *Adv* morally; **~ verpflichtet sein** to be duty-bound

Moralpredigt *f* homily; **jdm eine ~ halten** to deliver a homily to sb

Morchel <-, -n> ['mɔrçl̩] *f* morel

Mord <-[e]s, -e> ['mɔrt, *Pl:* 'mɔrdə] *m* murder; **einen ~ begehen** to commit a murder

Mordanschlag *m* attempt on sb's life **Morddrohung** *f* death threat

morden ['mɔrdn̩] *intr V* to murder

Mörder(in) <-s, -> ['mœrdɐ] *m(f)* murderer

mörderisch ['mœrdərɪʃ] *Adj* murderous

Mordfall *m* murder case **Mordkommission** *f* murder squad

Mordsglück *nt* **ein ~ haben** to be incredibly lucky

Mordskrach *m* terrible din

morgen ['mɔrgn̩] *Adv* tomorrow; **~ früh/Mittag** tomorrow morning/lunchtime; **bis ~!** see you tomorrow!

Morgen <-s, -> ['mɔrgn̩] *m* morning; **den ganzen ~ [über]** all morning; **guten ~!** good morning!; **der ~ dämmert** dawn is breaking; **zu ~ essen** SCHWEIZ to have breakfast; **am ~** in the morning; **eines ~s** one morning

morgendlich ['mɔrgn̩tlɪç] *Adj* morning

Morgenessen *nt* SCHWEIZ breakfast **Morgengrauen** <-s, -> *nt* daybreak **Morgenmuffel** <-s, -> *m* (*fam*) **ein ~ sein** to be grumpy in the mornings

morgens ['mɔrgn̩s] *Adv* in the morning; **von ~ bis abends** from morning till night

morgig ['mɔrgɪç] *Adj attr* tomorrow's; **der ~e Termin** the appointment tomorrow

Morphium <-s> ['mɔrfi̯ʊm] *nt kein Pl* morphine

morsch ['mɔrʃ] *Adj* rotten; **~es Holz** rotting wood

Morsealphabet *nt* Morse

Mörtel <-s, -> ['mœrtl̩] *m* mortar

Mosaik <-s, -e[n]> [moza'iːk] *nt* mosaic

Mosambik <-s> [mozam'biːk] *nt* Mozambique

Moschee <-, -n> [mo'ʃeː, *Pl:* mo'ʃeːən] *f* mosque

Moschus <-> ['mɔʃʊs] *m kein Pl* musk

Mosel <-> ['moːzl̩] *f* **die ~** the Moselle

Moskau <-s> ['mɔskau] *nt* Moscow

Moskito <-s, -s> [mos'kiːto] *m* mosquito

Moskitonetz *nt* mosquito net

Moslem, Moslemin <-s, -s> ['mɔslɛm, mɔs'lɛmɪn] *m, f* Muslim

moslemisch [mɔs'leːmɪʃ] *Adj attr* Muslim

Moslime <-, -n> [mɔs'liːmə] *f s.* **Moslem**

Most <-[e]s> ['mɔst] *m kein Pl* ① fruit juice ② SÜDD (*Obstwein*) cider

Motiv <-s, -e> [mo'tiːf, *Pl:* mo'tiːvə] *nt* motive

Motivation <-, -en> [motiva'tsi̯oːn] *f* motivation

motivieren* [moti'vi:rən] *tr V* **jdn [zu etw]** ~ to motivate sb [to do sth]

Motivierung <-, -en> [-'vi:-] *f (geh)* motivation

Motor <-s, -toren> ['mo:to:ɐ̯, *Pl:* mo'to:rən] *m* motor; AUTO engine

Motorboot *nt* motor boat **Motorhaube** *f* bonnet BRIT, hood AM **Motorleistung** *f* AUTO engine power [*or* performance] **Motorrad** ['motorat, mo'to:rat] *nt* motorbike **Motorradfahrer(in)** *m(f)* motorcyclist **Motorraum** *m* AUTO engine compartment **Motorroller** *m* [motor] scooter **Motorschaden** *m* engine breakdown **Motorsport** *m* motor sport

Motte <-, -n> ['mɔtə] *f* moth

Mottenkugel *f* mothball

Motto <-s, -s> ['mɔto] *nt* motto

motzen ['mɔtsn̩] *intr V (fam)* to moan

Mountainbike <-s, -s> ['mauntn̩baik] *nt* mountain bike

Mountainbiker(in) <-s, -> ['mauntn̩baikɐ] *m(f)* mountain biker

Möwe <-, -n> ['mø:və] *f* [sea]gull

Mücke <-, -n> [mʏkə] *f* mosquito ► **aus einer ~ einen <u>Elefanten</u> machen** to make a mountain out of a molehill

Mückenstich *m* mosquito bite

Mucks <-es, -e> ['mʊks] *m (fam)* **keinen ~ sagen** to not say a word

mucksmäuschenstill ['mʊksmɔysçən'ʃtɪl] *Adj (fam)* completely quiet; **~ sein** to not make a sound

müde ['my:də] *Adj* ① tired ② *(überdrüssig)* **einer S.** *Gen* **~ sein/werden** to be/grow tired of sth; **nicht ~ werden, etw zu tun** to never tire of doing sth

Müdigkeit <-> ['my:dɪçkait] *f kein Pl* tiredness

Muffel <-s, -> ['mʊfl̩] *m (fam)* grouch

muffig ['mʊfɪç] *Adj* ① musty; **~ riechen** to smell musty ② *Mensch* grumpy

Mühe <-, -n> ['my:ə] *f* trouble; **die ~ lohnt sich** it is worth the trouble; **mit ~ und Not** only just; **der ~ wert sein** to be worth the trouble; **sich** *Dat* **~ geben [, etw zu tun]** to take pains [to do sth]; **sich** *Dat* **keine ~ geben** to make no effort; **[jdm] ~ machen** to give [sb] trouble; **machen Sie sich keine ~!** [please] don't go to any trouble!

mühelos I. *Adj* easy **II.** *Adv* effortlessly

mühevoll *Adj (geh) s.* **mühsam**

Mühle <-, -n> ['my:lə] *f* ① mill ② *(Mühlespiel)* ≈ nine men's morris *no pl*

mühsam ['my:za:m] **I.** *Adj* arduous **II.** *Adv* laboriously

mühselig ['my:ze:lɪç] *Adj (geh) s.* **mühsam**

Mulatte, Mulattin <-n, -n> [mu'latə, mu'latɪn] *m, f* mulatto *masc,* mulatta *fem*

Mulde <-, -n> ['mʊldə] *f* hollow

Müll <-[e]s> ['mʏl] *m kein Pl* rubbish, garbage *esp* AM; **etw in den ~ werfen** to throw sth in the [dust]bin [*or* AM garbage [can]]

Müllabfuhr <-, -en> *f* **die ~** the dustcart BRIT, the garbage truck AM **Müllbeseitigung** *f kein Pl* waste [*or* AM garbage] collection **Mullbinde** *f* gauze bandage **Müllcontainer** [-kɔnte:nɐ] *m* rubbish [*or* AM garbage] container **Mülldeponie** *f* waste disposal site, garbage dump AM **Mülleimer** *m* dustbin BRIT, garbage can AM **Müllhaufen** *m* rubbish [*or esp* AM garbage] heap **Mülltonne** *f* dustbin BRIT, garbage can AM **Müllverbrennungsanlage** *f* refuse [*or* AM garbage] incineration plant **Müllwagen** *m* refuse [*or* AM garbage] collection vehicle

mulmig ['mʊlmɪç] *Adj (fam)* uneasy; **jdm ist ~ zumute** sb has an uneasy feeling

multiethnisch *Adj* SOZIOL *Gesellschaft, Schulklasse* multi-ethnic

Multiethnizität <-> [-ɛtnitsitɛ:t] *f kein Pl* SOZIOL *(geh)* multiethnicity

multikulti ['mʊlti'kʊlti] *Adj (fam)* multiculti, multicultural **multikulturell** *Adj* multicultural **multinational** [mʊltinatsi̯o'na:l] *Adj* multinational

Multiple Sklerose <-n -> [mʊl'ti:plə skle'ro:zə] *f kein Pl* MED multiple sclerosis

multiplizieren* [mʊltipli'tsi:rən] *tr V* to multiply (**mit** by)

Multivitaminpräparat *nt* PHARM, MED multivitamin preparation

Mumie <-, -n> ['mu:mi̯ə] *f* mummy

Mumm <-s> ['mʊm] *m kein Pl* guts *pl*

Mumps <-> ['mʊmps] *m kein Pl* MED [the] mumps + *sing/pl verb*

Mund <-[e]s, Münder> ['mʊnt, *Pl:* 'mʏndɐ] *m* mouth; **mit vollem ~e** with one's mouth full ► **den ~ [zu] <u>voll</u> nehmen** to talk [too] big; **jdm**

M

über den ~ fahren to cut sb short; **jd ist nicht auf den ~ gefallen** (*fam*) sb is never at a loss for words; **halt den ~!** shut up!; **jdm nach dem ~ reden** to say what sb wants to hear; **etw ist in aller ~e** sth is the talk of the town; **wie aus einem ~e** with one voice

Mundart ['mʊntʔaːɐ̯t] *f* dialect

munden ['mʊndn̩] *intr V* **sich** *Dat* **etw ~ lassen** to enjoy [eating] sth

münden ['mʏndn̩] *intr V sein o haben* **in etw** *Akk* **~** to flow into sth

Mundgeruch *m* bad breath

Mundharmonika *f* mouth organ

mündig ['mʏndɪç] *Adj* **~ sein/werden** to be/come of age

mündlich ['mʏntlɪç] **I.** *Adj* oral **II.** *Adv* orally

Mundpropaganda *f* word of mouth

Mundraub *m* petty theft [of food]

Mündung <-, -en> ['mʏndʊŋ] *f* GEOG mouth

Mundwasser *nt* mouthwash **Mundwerk** *nt* **ein freches/unverschämtes ~ haben** to be cheeky/ foul-mouthed **Mund-zu-Mund-Beatmung** *f* mouth-to-mouth resuscitation

Munition <-> [muni'ts̯i̯oːn] *f kein Pl* ammunition

Münster <-s, -> ['mʏnstɐ] *nt* cathedral

munter ['mʊntɐ] *Adj* ① lively ② (*wach*) **~ sein/werden** to be awake/wake up

Münzautomat *m* vending-machine

Münze <-, -n> ['mʏntsə] *f* coin ▶ **etw für bare ~ nehmen** to take sth at face value

Münzfernsprecher *m* pay phone

mürb[e] ['mʏrp, 'mʏrbə] *Adj* worn-out ▶ **jdn ~ machen** to wear sb down

Mürbeteig *m* short[-crust] pastry

murmeln ['mʊrml̩n] *intr, tr V* to murmur

Murmeltier ['mʊrml̩tiːɐ̯] *nt* marmot

mürrisch ['mʏrɪʃ] **I.** *Adj* grumpy **II.** *Adv* grumpily

Muschel <-, -n> ['mʊʃl̩] *f* ① (*Tier*) mussel ② (*Schale*) shell

Museum <-s, Museen> [mu'zeːʊm] *nt* museum

Musik <-, -en> [mu'ziːk] *f* music *no art, no pl;* **~ hören** to listen to music

musikalisch [muzi'kaːlɪʃ] **I.** *Adj* musical **II.** *Adv* **~ begabt sein** to be musically gifted

Musikant(in) <-en, -en> [muzi'kant] *m(f)* musician

Musiker(in) <-s, -> ['muːzikɐ] *m(f)* musician

Musikgarten *m* music kindergarden (*early music education*) **Musikhochschule** *f* college of music **Musikinstrument** *nt* instrument **Musikkapelle** *f* band **Musiklehrer(in)** *m(f)* music teacher **Musikunterricht** *m* music lessons *pl*

musizieren* [muzi'tsiːrən] *intr V* to play a musical instrument

Muskatnuss[RR] *f* nutmeg *no art, no pl*

Muskel <-s, -n> ['mʊskl̩] *m* muscle

Muskelkater *m kein Pl* muscle ache **Muskelprotz** <-es, -e> *m* (*fam*) muscleman **Muskelzerrung** *f* pulled muscle

Muskulatur <-, -en> [mʊskula'tuːɐ̯] *f* musculature

muskulös [mʊsku'løːs] *Adj* muscular

Müsli <-[s], -s> ['myːsli] *nt* muesli

muss ['mʊs] *1. und 3. Pers. Sing von* **müssen**

Muss[RR] <-> *nt kein Pl,* **Muß**[ALT] ['mʊs] *nt* must *fam;* **[k]ein ~ sein** to [not] be a must

Muße <-> ['muːsə] *f kein Pl* leisure

müssen ['mʏsn̩] *Hilfsverb, modal* <musste, müssen> ① (*gezwungen sein*) **etw tun ~** to have to [*or* must] do sth ② (*notwendig sein*) **muss das sein?** is that really necessary?; **wenn es [denn] sein muss** if it's really necessary; **etw [nicht] tun ~** to [not] need to do sth ③ *verneinend* (*brauchen*) **du musst das nicht tun** you don't have to do that ④ (*eigentlich sollen*) ought to; **jd/etw müsste etw tun** sb/sth should do sth ⑤ (*eine Wahrscheinlichkeit ausdrückend*) **es müsste jetzt acht Uhr sein** it must be eight o'clock now

müßig ['myːsɪç] (*geh*) **I.** *Adj* futile **II.** *Adv* (*untätig*) idly

Muster <-s, -> ['mʊstɐ] *nt* ① pattern ② (*Warenmuster*) sample

Musterknabe *m* (*iron*) paragon of virtue

mustern ['mʊstɐn] *tr V* to scrutinize

Musterung <-, -en> *f* MIL medical examination for military service

Mut <-[e]s> ['muːt] *m kein Pl* courage; **nur ~!** take heart!; **~ fassen** to take heart; **jdm [wieder] ~ machen** to encourage sb; **jdm den ~ nehmen** to discourage sb

mutig ['muːtɪç] **I.** *Adj* brave **II.** *Adv* bravely

mutlos *Adj* discouraged

Mutlosigkeit <-> *f kein Pl* discouragement

Mutter[1] <-, Mütter> ['mʊtɐ, *Pl:* 'mʏtɐ] *f* mother; **~ werden** to be having a baby

Mutter[2] <-, -n> ['mʊtɐ] *f* TECH nut

Muttergottes <-> [mʊtɐ'gɔtəs] *f kein Pl* Mother of God **Mutterleib** *m* womb

mütterlich ['mʏtɐlɪç] *Adj* motherly

Mutterliebe *f* motherly love

Muttermal *nt* birthmark

Muttermilch *f* mother's milk **Mutterschutz** *m legal protection of working mothers* **Muttersöhnchen** <-s, -> *nt* (*pej*) mummy's boy **Muttersprache** *f* mother tongue **Muttersprachler(in)** <-s, -> [-ʃpraːxlɐ] *m(f)* native speaker **Muttertag** *m* Mother's Day

Mutti <-, -s> ['mʊti] *f* (*fam*) mummy BRIT, mommy AM

Mütze <-, -n> ['mʏtsə] *f* cap

MwSt., **MWST.** *Abk von* **Mehrwertsteuer** VAT, Vat

mysteriös [mʏstə'ri̯øːs] *Adj* mysterious

Mystik <-> ['mʏstɪk] *f kein Pl* mysticism

mystisch ['mʏstɪʃ] *Adj* mystic[al]

Mythos ['myːtɔs], **Mythus** <-, Mythen> ['myːtʊs] *m* myth

Nn

N, **n** <-, -> [ɛn] *nt* N, n; **ein großes N** a capital N; **ein kleines n** a small n; *s. a.* **A**

N *Abk von* **Norden**

na [na] *Interj* (*fam*) well; **~ gut** all right; **~ ja** well; **~ so was!** well I never! ▶ **~ und?** so what?

Nabel <-s, -> ['naːbl̩] *m* navel

Nabelschnur *f* umbilical cord

nach [naːx] **I.** *Präp +Dat* ❶ (*bis zu*) to; **der Weg führt direkt ~ ...** this is the way to ... ❷ (*hinter*) behind ❸ (*zeitlich*) after; **~ wie vor** still ❹ (*gemäß*) according to; **~ Artikel 23** under article 23; **~ allem, was ich gehört habe** from what I've heard ❺ (*in Anlehnung an*) after **II.** *Adv* **~ und ~** little by little

nach|ahmen *tr V* to imitate

Nachahmung <-, -en> *f* imitation

Nachbar(in) <-n *o* -s, -n> ['naxbaːɐ̯] *m(f)* neighbour

Nachbarhaus *nt* house next door

Nachbarschaft <-, -en> *f* neighbourhood

Nachbarstaat *m* neighbouring state

Nachbestellung *f* (*wiederholt*) repeat order; (*nachträglich*) late order

nach|beten *tr V* (*pej fam*) [**jdm**] **etw ~** to parrot sth [sb says] *pej*

Nachbildung *f* reproduction

nachdem [naːx'deːm] *Konj* after

nach|denken *intr V unreg* to think (**über** about); **laut ~** to think out loud

nachdenklich ['naːxdɛŋklɪç] *Adj* pensive; **jdn ~ machen** to make sb think

Nachdruck[1] *m kein Pl* emphasis; **mit ~** with vigour; **etw mit ~ sagen** to say sth emphatically

Nachdruck[2] <-[e]s, -e> *m* (*Buch*) reprint

nachdrücklich ['naːxdrʏklɪç] *Adv* firmly

nach|eifern *intr V* **jdm ~** to emulate sb

nacheinander [naːxʔai'nandɐ] *Adv* one after another; **kurz ~** in quick succession

nach|empfinden* *tr V unreg* **etw ~ können** to be able to sympathize with sth

nach|erzählen* *tr V* to retell

Nacherzählung *f* account

nach|fahren *intr V unreg sein* **jdm ~** to follow sb

Nachfolge *f kein Pl* succession; **jds ~ antreten** to succeed sb

Nachfolger(in) <-s, -> *m(f)* successor

Nachforderung *f* additional demand

Nachforschung *f* inquiry; **~en anstellen** to make inquiries (**über** into)

Nachfrage *f* ❶ ÖKON demand (**nach**

for) ② (*Erkundigung*) inquiry; **danke der ~!** nice of you to ask!

nach|fragen *intr V* to inquire

nach|fühlen *tr V* [**jdm**] **etw ~** to sympathize with sb; **ich kann dir das ~** I know how you must feel

nach|füllen *tr V* to refill

Nachfüllpack <-s, -s> *m,* **Nachfüllpackung** *f* refill pack

nach|geben *unreg intr V* [**jdm/etw**] ~ to give way [to sb/sth]

Nachgeburt *f* afterbirth

nach|gehen *intr V unreg sein* ① (*folgen*) **jdm ~** to follow sb ② *Uhr* to be slow ③ (*ergründen*) **etw** *Dat* **nachgehen** to look into sth ④ (*ausüben*) **etw** *Dat* ~ *Tätigkeit* to practise sth; *Interessen* to pursue sth

nachgiebig ['na:xgi:bɪç] *Adj* [**jdm gegenüber**] **~ sein** to be soft [on sb]

nach|gucken *intr V* (*fam*) to [take a] look

nachhaltig ['na:xhaltɪç] *Adj* ① (*dauerhaft*) lasting ② ÖKOL sustainable

Nachhaltigkeit <-> *f kein Pl* ÖKOL sustainability

nach|helfen *intr V unreg* **jdm/etw ~** to give sb/sth a helping hand

nachher [na:x'he:ɐ, 'na:xhe:ɐ] *Adv* ① (*danach*) afterwards ② (*später*) later; **bis ~!** see you later!

Nachhilfe *f* private tuition [*or* AM tutoring]

Nachhilfestunde *f* private lesson

nach|holen *tr V* to make up for

nach|jagen *intr V sein* ① to chase after ② *Geld, Erfolg* to pursue

nach|kaufen *tr V* to buy later

Nachkomme <-n, -n> ['na:xkɔmə] *m* descendant

nach|kommen *intr V unreg sein* ① (*danach folgen*) to follow on ② (*Schritt halten*) to keep up (**mit** with) ③ (*erfüllen*) to fulfil ④ SCHWEIZ (*verstehen*) to follow

Nachkommenschaft <-, -en> *f* descendants *pl*

Nachkriegszeit *f* post-war period

Nachlass[RR] <-es, -e *o* -lässe> *m,* **Nachlaß**[ALT] <-lasses, -lasse *o* -lässe> ['na:xlas, *Pl:* 'na:xlɛsə] *m* ① *eines Verstorbenen* estate; *eines Autors* unpublished works *pl* ② (*Rabatt*) discount (**auf** on)

nach|lassen *unreg intr V* to diminish; *Druck, Schmerz* to ease off; *Gehör* to deteriorate; *Interesse* to wane; *Nachfrage* to drop [off]; *Sturm* to die down

nachlässig ['na:xlɛsɪç] **I.** *Adj* careless **II.** *Adv* carelessly

Nachlässigkeit <-> *f kein Pl* carelessness

nach|laufen *intr V unreg sein* **jdm ~** to run after sb

nach|lösen *tr V* **eine Fahrkarte ~** to buy a ticket on the train

nach|machen *tr V* ① to imitate ② (*fälschen*) to forge

nach|messen *unreg* **I.** *tr V* to measure sth again **II.** *intr V* to check

Nachmieter(in) *m(f)* next tenant *no indef art*

Nachmittag ['na:xmɪta:k] *m* afternoon; **am/bis zum ~** in the/until the afternoon

nachmittags *Adv* in the afternoon; (*jeden Nachmittag*) in the afternoons

Nachnahme <-, -n> ['na:xna:mə] *f* cash on delivery *no art, no pl;* **etw per ~ schicken** to send sth COD

Nachnahmegebühr *f* COD charge

Nachname *m* surname; **wie hießen Sie mit ~n?** what's your surname?

nach|prüfen *tr, intr V* to verify

Nachprüfung *f* ① (*das Nachprüfen*) verification ② SCHULE (*nachträgliche Prüfung*) resit

Nachrede *f* **üble ~** defamation

nach|reichen *tr V* [**jdm**] **etw ~** to hand sth [to sb] later

Nachricht <-, -en> ['na:xrɪçt] *f* news + *sing verb, no indef art;* **die ~en** the news + *sing verb;* **eine ~** a piece of news; **jdm ~ geben** to let sb know

Nachrichtenagentur *m* news agency **Nachrichtendienst** *m* intelligence service **Nachrichtensprecher(in)** *m(f)* newscaster

nach|rüsten **I.** *tr V* to upgrade **II.** *intr V* MIL to deploy new arms

nach|sagen *tr V* ① (*Behauptung verbreiten*) **jdm etw ~** to say sth of sb ② (*nachsprechen*) [**jdm**] **etw ~** to repeat sth [sb said]

Nachsaison [-zɛˌzõ:, -zɛˌzɔŋ] *f* off-season

nach|schauen **I.** *tr V* to look up *sep* **II.** *intr V* to have a look

nach|schicken *tr V* [**jdm**] **etw ~** to forward sth [to sb]; **jdm jdn** ~ to send sb after sb

nach|schlagen *unreg* **I.** *tr V* to look up *sep* **II.** *intr V* (*nachlesen*) [**in etw** *Dat*] ~ to consult sth

Nachschub <-[e]s, Nachschübe> ['na:xʃu:p, *Pl:* 'na:xʃy:bə] *m Pl selten* [new] supplies *pl*

nach|schwatzen, nach|schwätzen *tr V* SÜDD, ÖSTERR (*fam*) [**jdm**] **etw** ~ to parrot sth [sb says/said]

nach|sehen *unreg* **I.** *intr V* ① **jdm/etw** ~ to follow sb/sth with one's eyes ② (*nachschlagen*) to look it up ③ (*kontrollieren*) to [have a] look **II.** *tr V* ① (*kontrollieren*) to check ② (*geh: verzeihen*) **jdm etw** ~ to forgive sb for sth

Nachsehen *nt kein Pl* ▶ **das** ~ **haben** to be left empty-handed; (*keine Chance haben*) to not get a look-in

nach|senden *tr V unreg* **jdm etw** ~ to forward sth to sb

Nachsicht <-> *f kein Pl* leniency *no art;* [**mehr**] ~ **üben** (*geh*) to be [more] lenient; **ohne** ~ without mercy

nachsichtig **I.** *Adj* lenient **II.** *Adv* leniently

nach|sitzen *intr V unreg* SCHULE ~ **müssen** to have detention

Nachspeise *f* dessert; **als** ~ for dessert

Nachspiel *nt* consequences *pl;* **ein** ~ **haben** to have consequences

nach|spielen **I.** *tr V* to play **II.** *intr V* SPORT to play extra time [*or* AM overtime]

nach|sprechen *unreg tr V* [**jdm**] **etw** ~ to repeat sth [after sb]

nächst ['nɛ:çst] *Präp +Dat* (*geh: neben*) apart from

nächste(r, s) ['nɛ:çstə] *Adj Superl von* **nah(e)** ① *räumlich* (*zuerst folgend*) next; **im ~n Haus** next door ② (*eng verwandt, nahestehend*) *Angehörige* close ③ *temporal* (*darauffolgend*) next; **am ~n Tag** the next day; **als Nächstes** next

Nächste(r) *f(m) dekl wie Adj* ① **der/die** ~ next; **der ~, bitte!** next please! ② (*nahestehender Mensch*) neighbour

nach|stellen **I.** *tr V* (*neu einstellen*) to adjust **II.** *intr V* **jdm** ~ to follow sb

Nächstenliebe *f* compassion *no art*

nächstliegend *Adj attr* most plausible

Nacht <-, Nächte> ['naxt, *Pl:* 'nɛçtə] *f* night; ~ **sein/werden** to be/get dark; **bis weit in die** ~ far into the night; **bei** ~ at night; **in der** ~ at night; **über** ~ overnight; **über** ~ **bleiben** to stay the night; **diese/letzte** ~ tonight/last night ▶ **bei** ~ **und Nebel** at dead of night; **die** ~ **zum Tage machen** to stay up all night; **gute ~!** good night!; **zu** ~ **essen** SÜDD to have supper

Nachtarbeit *m* nightwork *no art, no pl;* (*Nachtschicht a.*) night shift

Nachteil <-[e]s, -e> ['na:xtail] *m* disadvantage; **jdm ~e bringen** to be disadvantageous to sb; **durch etw** *Akk* **~e haben** to lose out by sth; [**jdm gegenüber**] **im** ~ **sein** to be at a disadvantage [with sb]

nachteilig ['na:xtailɪç] **I.** *Adj* disadvantageous **II.** *Adv* unfavourably

nächtelang ['nɛçtəlaŋ] *Adv* for nights on end

Nachtessen *nt* SÜDD supper **Nachteule** *f* (*fam*) night owl **Nachtfrost** *m* night frost **Nachthemd** *nt* nightgown

Nachtigall <-, -en> ['naxtɪgal] *f* nightingale

Nachtisch *m* dessert; **als** [*o* **zum**] ~ for dessert

Nachtklub *m s.* **Nachtlokal** **Nachtleben** *nt* nightlife *no indef art, no pl* **Nachtlokal** *nt* nightclub

Nachtrag <-[e]s, -träge> ['na:xtra:k, *Pl:* -trɛ:gə] *m* supplement

nach|tragen *tr V unreg* **jdm etw** [**nicht**] ~ to [not] hold sth against sb; **jdm ~, dass ...** to hold it against sb that ...

nachtragend ['na:xtra:gn̩t] *Adj* unforgiving

nachträglich ['na:xtrɛ:klɪç] **I.** *Adj* belated **II.** *Adv* belatedly

nach|trauern *intr V* **jdm/etw** ~ to mourn after sb/sth

nachts ['naxts] *Adv* at night

Nachtschicht *f* ~ **haben** to be on night shift **Nachtschwester** *f* night nurse **Nachttisch** *m* bedside table **Nachttopf** *m* chamber pot **Nachtwache** *f* night duty *no art* **Nachtwächter(in)** *m(f)* ① night guard ② HIST [night] watch

Nachuntersuchung *f* follow-up examination

nachvollziehbar *Adj* comprehensible

nach|vollziehen* *tr V unreg* to understand

nach|weinen *intr V* **jdm/etw ~** to mourn after sb/sth
Nachweis <-es, -e> ['na:xvais, *Pl:* -vaizə] *m* proof *no art, no pl*
nachweisbar *Adj* provable
nach|weisen *tr V unreg* to establish proof of sth; **jdm etw ~** to prove that sb has done sth
Nachwelt *f kein Pl* **die ~** posterity
nach|werfen *tr V unreg* **jdm etw ~** to throw sth after sb
Nachwirkung *f* consequence
Nachwuchs *m kein Pl* ❶ *(fam)* offspring ❷ ÖKON young professionals *pl*
nach|zahlen *tr V* **jdm etw ~** to pay sb sth at a later date
Nachzahlung *f* back payment
nach|ziehen *unreg* **I.** *tr V* **etw ~** ❶ *Schraube* to tighten up sth *sep* ❷ **sich** *Dat* **die Augenbrauen ~** to pencil in one's eyebrows *sep* **II.** *intr V sein* *(gleichtun)* to follow (**mit** with)
Nachzügler(in) <-s, -> ['na:xtsy:klɐ] *m(f)* late arrival
Nacken <-s, -> ['nakn̩] *m* neck ▶ **jdm im ~ sitzen** to breathe down sb's neck
nackt ['nakt] *Adj* ❶ naked ❷ *(kahl)* bare
Nacktheit <-> *f kein Pl* nudity *no art*
Nadel <-, -n> ['na:dl̩] *f* needle
Nadelbaum *m* conifer **Nadeldrucker** *m* dot-matrix printer *spec*
Nagel[1] <-s, Nägel> ['na:gl̩, *Pl:* 'nɛ:gl̩] *m* nail ▶ **etw an den ~ hängen** to chuck [in] sth *sep;* **den ~ auf den Kopf treffen** to hit the nail on the head
Nagel[2] <-s, Nägel> ['na:gl̩, *Pl:* 'nɛ:gl̩] *m* *(Fingernagel)* nail ▶ **sich** *Dat* **etw unter den ~ reißen** *(sl)* to snaffle sth
Nagelfeile *f* nail file **Nagellack** *m* nail polish **Nagellackentferner** *m* nail polish remover
nageln ['na:gl̩n] *tr V* to nail (**an/auf** [on]to)
nagelneu ['na:gl̩'nɔy] *Adj (fam)* brand-new
nagen ['na:gn̩] *intr V* to gnaw (**an** at)
nagend ['na:gn̩t] *Adj* nagging
Nager <-s, -> *m,* **Nagetier** *nt* rodent
nah ['na:] *Adj* **von ~ und fern** from near and far
nahe <näher, nächste> ['na:ə] **I.** *Adj* ❶ *räumlich* nearby; **von ~m** from close up ❷ *zeitlich* near ❸ *(eng)* close; **jdm ~ sein** so be close to sb **II.** *Adv* ❶ *räumlich* close (to); **~ stehend** close ❷ *(eng)* closely; **einer S.** *Dat* **~ kommen** to come close to sth ▶ **~ daran sein, etw zu tun** to be close to doing sth **III.** *Präp* + *Dat* **~ einer S.** near to sth
Nähe <-> ['nɛ:ə] *f kein Pl* ❶ proximity *no pl form;* **aus der ~** from close up; **in der ~** near ❷ *(einer Person)* **jds ~** sb's closeness; **in jds ~** close to sb
nahebei ['na:ə'bai] *Adv* nearby
nahe|bringen *tr V* **jdm etw ~** to bring sth home to sb
nahe|kommen *intr, refl V* **jdm/einer S. zu ~** to get too close to sb/sth; **sich/einander** *Dat* **~** to become close
nahe|legen *tr V* **jdm etw ~** to suggest sth to sb
nahe|liegen *intr V* to suggest itself
naheliegend *Adj* natural
nahen ['na:ən] *intr V sein (geh)* to approach
nähen ['nɛ:ən] *tr V* ❶ to sew (**auf** onto) ❷ MED to stitch
näher ['nɛ:ɐ] **I.** *Adj Komp von* **nahe** ❶ *räumlich u. zeitlich* closer; *Zukunft* near ❷ *(detaillierter)* further *attr;* **die ~en Umstände** the precise circumstances ❸ *(enger)* closer; *Verwandte* immediate **II.** *Adv Komp von* **nahe** ❶ closer; **kommen Sie ~!** come closer! ❷ *(eingehender)* in more detail; **etw ~ untersuchen** to examine sth more closely; **sich ~ mit etw** *Dat* **befassen** to go into sth in greater detail ❸ *(enger)* closer; **jdn/eine Sache ~ kennen** to know sb/sth well; **jdn/eine Sache ~ kennen lernen** to get to know sb/sth better
Näherin <-, -nen> *f* seamstress
nähern ['nɛ:ɐn] *refl V* ❶ **sich** [**jdm/etw**] **~** to get closer [to sb/sth] ❷ *(zeitlich)* **sich etw** *Dat* **~** to get close to sth
nahe|treten *tr V* **jdm zu ~** to offend sb
nahe|stehen *tr V* **jdm/etw ~** to have close relations to sb/sth
nahezu ['na:ə'tsu:] *Adv* almost
Nähgarn *nt* cotton
Nahkampf *m* close combat
Nähmaschine *f* sewing machine
Nähnadel *f* [sewing] needle
nähren ['nɛ:rən] *tr V* to nourish
nahrhaft *Adj* nutritious
Nährstoff *m* nutrient
Nahrung <-> ['na:rʊŋ] *f kein Pl* food

N

Nahrungsmittel *nt* food
Nahrungsmittelindustrie *f* food industry
Nahrungsmittelintoleranz *f* MED food intolerance **Nahrungsmittelvergiftung** *f* food poisoning
Nährwert *m* nutritional value
Naht <-, Nähte> ['na:t, *Pl:* 'nɛ:tə] *f* ① seam ② MED suture
Nahverkehr *m* local traffic; **der öffentliche ~** local public transport
Nahverkehrszug *m* local train
naiv [na'i:f] *Adj* naive
Naivität <-> [naivi'tɛ:t] *f kein Pl* naivety
Name <-ns, -n> ['na:mə] *m* name; **auf jds ~n** in sb's name; **in jds ~n** on behalf of sb; **im ~n des Gesetzes** in the name of the law; **sich** *Dat* **einen ~n als etw machen** to make a name for oneself as sth
namenlos *Adj* nameless
namens ['na:məns] *Adv* by the name of
Namenstag *m* Saint's day
nämlich ['nɛ:mlɪç] *Adv* ① (*und zwar*) namely ② (*denn*) because
Napf <-[e]s, Näpfe> ['napf, *Pl:* 'nɛpfə] *m* bowl
Narbe <-, -n> ['narbə] *f* scar
Narkose <-, -n> [nar'ko:zə] *f* anaesthesia BRIT
Narr, Närrin <-en, -en> ['nar, 'nɛrɪn] *m, f* fool ▶ **jdn zum ~en halten** to make a fool of sb; **sich zum ~en machen** to make a fool of oneself
närrisch ['nɛrɪʃ] *Adj* mad; **[ganz] ~ auf jdn/etw sein** to be mad about sb/sth
Narzisse <-, -n> [nar'tsɪsə] *f* narcissus
NASA <-> ['na:za] *f kein Pl Abk von* **National Aeronautics and Space Administration: die ~** NASA
naschen ['naʃn̩] **I.** *intr V* to eat sweet things; **etwas zum Naschen** something sweet **II.** *tr V* to nibble
Naschkatze *f* (*fam*) person with a sweet tooth
Nase <-, -n> ['na:zə] *f* nose; **jds ~ läuft** sb has a runny nose; **sich** *Dat* **die ~ putzen** to blow one's nose ▶ **jdm etw auf die ~ binden** (*fam*) to tell sb sth; **sich an seine eigene ~ fassen** (*fam*) to blame oneself; **auf die ~ fliegen** (*fam*) to fall flat on one's face; **jdm eins auf die ~ geben** (*fam*) to punch sb on the nose; **sich** *Dat* **eine goldene ~ verdienen** to earn a fortune; **die ~ vorn haben** to be one step ahead; **jdn an der ~ herumführen** (*fam*) to lead sb on; **jdm auf der ~ herumtanzen** (*fam*) to walk all over sb; **seine ~ in alles hineinstecken** (*fam*) to stick one's nose into everything; **pro ~** (*hum*) per head; **die ~ von jdm/etw voll haben** (*fam*) to be fed up with sb/sth; **jdm etw aus der ~ ziehen** (*fam*) to get sth out of sb
Nasenbluten <-s> *nt* **~ haben** to have a nosebleed **Nasenspitze** *f* tip of the nose
naseweis ['na:zəvais] *Adj* (*fam: fragend*) nosey; *Kind bes* precocious
Naseweis <-es, -e> ['na:zəvais] *m* cheeky monkey BRIT
Nashorn *nt* rhino[ceros]
nassRR <-er *o* nässer, -este *o* nässeste> *Adj*, **naß**ALT <nasser *o* nässer, nasseste *o* nässeste> ['nas] *Adj* wet; **sich ~ machen** to get oneself wet; **~ geschwitzt** soaked with sweat *pred*
Nässe <-> ['nɛsə] *f kein Pl* wetness
nasskaltRR *Adj* cold and damp
Nastuch *nt* SÜDD, SCHWEIZ (*Taschentuch*) handkerchief
Nation <-, -en> [na'tsi̯o:n] *f* nation; **die Vereinten ~en** the United Nations
national [natsi̯o'na:l] *Adj* national
NationalbewusstseinRR *nt* nationalistic views *pl* **Nationalhymne** *f* national anthem
Nationalist(in) <-en, -en> [natsi̯ona'lɪst] *m(f)* nationalist
nationalistisch *Adj* nationalistic
Nationalität <-, -en> [natsi̯onali'tɛ:t] *f* nationality
Nationalmannschaft *f* national team
Nationalpark *m* national park

There are fourteen **Nationalparks** in Germany, famous for their individual nature landscapes and wildlife. They aim to preserve typical vegetation as well as the natural habitats of many rare animals. Most of the **Nationalparks**, such as the *Vorpommersche Boddenlandschaft, Sächsische Schweiz, Harz* and *Müritz* are in northern parts of Germany, the biggest being the *Schleswig-Holsteinisches*

N

Wattenmeer. Other **Nationalparks** include the Bayerischer Wald, Berchtesgaden and Eifel.

Nationalrat *m kein Pl* SCHWEIZ National Council; ÖSTERR National Assembly **Nationalsozialismus** [natsi̯o'na:lzotsi̯alɪsmʊs] *m* National Socialism

NATO <-> ['na:to] *f*, **Nato** *f kein Pl Abk von* **North Atlantic Treaty Organization** POL **die ~** NATO

Natrium <-s> ['na:triʊm] *nt kein Pl* sodium

Natron <-s> ['na:trɔn] *nt kein Pl* sodium bicarbonate

Natter <-, -n> ['natɐ] *f* adder

Natur <-, -en> [na'tu:ɐ̯, *Pl:* na'tu:rən] *f* ① nature; **von ~ aus** by nature ② *kein Pl* (*Landschaft*) countryside; **die freie ~** the open countryside

naturbelassen *Adj* natural; *Wald, Land* wild **Naturdenkmal** *nt* natural monument **Naturereignis** *nt* natural phenomenon **Naturerscheinung** *f* natural phenomenon **Naturfreund(in)** *m(f)* nature lover **naturgetreu** *Adj, Adv* true to life **Naturheilkunde** *f* natural healing **Naturkatastrophe** *f* natural disaster **Naturkostladen** *m* natural food shop **Naturkunde** *f* natural history

natürlich [na'ty:ɐ̯lɪç] **I.** *Adj* natural **II.** *Adv* naturally; **~!** of course!

Natürlichkeit <-> *f kein Pl* naturalness **Naturprodukt** *nt* natural product

Naturschutz *m* conservation; **unter ~ stehen** to be under conservation

Naturschutzbeauftragte(r) *f(m) dekl wie Adj* commissioner for nature conservation **Naturschutzbehörde** *f* ÖKOL, POL [nature] conservation authority **Naturschutzgebiet** *nt* nature reserve **Naturvolk** *nt* primitive people

Naturwissenschaft *f* natural sciences *pl*

Naturwissenschaftler(in) *m(f)* natural scientist

naturwissenschaftlich *Adj* natural-scientific

Navi <-s, -s> ['navi, 'na:vi] *nt* (*fam*) *kurz für* **Navigationsgerät** sat nav, satnav

Navigation <-> [naviga'tsi̯o:n] *f kein Pl* navigation

Navigationsgerät *nt* navigation system

Nazi <-s, -s> ['na:tsi] *m* Nazi

Nebel <-s, -> ['ne:bl̩] *m* fog; **bei ~** in foggy conditions

nebelig ['ne:bəlɪç] *Adj* foggy

Nebelscheinwerfer *m* fog-light **Nebelschlussleuchte**[RR] *f* AUTO rear fog-light

neben ['ne:bn̩] *Präp* ① *+Akk, Dat* beside ② *+Dat* (*außer*) apart from ③ *+Dat* (*verglichen mit*) compared to

nebenan [ne:bn̩'ʔan] *Adv* next-door

Nebenanschluss[RR] *m* extension **Nebenausgabe** *f meist Pl* additional expenses *pl*

nebenbei [ne:bn̩'bai] *Adv* ① (*nebenher*) on the side ② (*beiläufig*) incidentally; **~ [bemerkt]** by the way

Nebenberuf *m* second job **Nebenbeschäftigung** *f* sideline

Nebenbuhler(in) <-s, -> *m(f)* rival

Nebeneffekt *m* side effect

nebeneinander [ne:bn̩ʔai'nandɐ] *Adv* ① (*räumlich*) side by side ② (*zeitlich*) at the same time

Nebeneingang *m* side entrance **Nebeneinnahmen** *Pl* FIN additional income **Nebenfach** *nt* subsidiary [subject] **Nebenfluss**[RR] *m* tributary **Nebengebäude** *nt* outbuilding

nebenher [ne:bn̩'he:ɐ̯] *Adv* in addition

Nebenklage *f* ancillary suit **Nebenkosten** *Pl* additional costs **Nebenmann** <-es, -männer *o* -leute> *m* neighbour **Nebenniere** *f* ANAT suprarenal gland, adrenal body **Nebenprodukt** *nt* by-product **Nebenrolle** *f* supporting role **Nebensache** *f* trivial matter; **das ist ~** that's irrelevant

nebensächlich *Adj* irrelevant

Nebensaison *f* off-season **nebenstehend** ['ne:bn̩ʃte:ənt] *Adj* opposite; **aus ~er Zeichnung können die architektonischen Details entnommen werden** architectural details are shown in the illustration opposite **Nebenstelle** *f* ① TELEK extension ② (*Filiale*) branch **Nebenstraße** *f* side street **Nebenverdienst** *m* additional income **Nebenwirkung** *f* side effect **Nebenzimmer** *nt* next room

neblig ['ne:blɪç] *Adj* foggy

nebst ['ne:pst] *Präp +Dat* together with

Necessaire <-s, -s> [nesɛ'sɛ:ɐ̯] *nt* vanity bag

necken ['nɛkn̩] *tr V* to tease

N

Neffe <-n, -n> ['nɛfə] *m* nephew

negativ ['ne:gati:f] **I.** *Adj* negative **II.** *Adv* negatively

Negativ <-s, -e> ['ne:gati:f, *Pl:* 'ne:gati:və] *nt* negative

nehmen <nahm, genommen> ['ne:mən] *tr V* ① to take ② (*wegnehmen*) [**jdm**] **etw ~** to take sth [away] [from sb]; **jdm die Furcht/die Hoffnung ~** to take away sb's fear/hope ③ (*verwenden*) to use ④ (*annehmen*) to accept ⑤ (*verlangen*) **was nimmst du dafür?** what do you want for it? ⑥ (*geh: essen*) **etw zu sich** *Dat* **~** to partake of sth ▶ **etw auf sich** *Akk* **~** to take sth upon oneself; **jdn ~, wie er ist** to take sb as he is; **es sich** *Dat* **nicht ~ lassen, etw zu tun** to insist on doing sth; **jdn zu ~ wissen** to know how to take sb

Neid <-[e]s> ['naɪt] *m kein Pl* jealousy, envy (**auf** of); [**jds**] **~ erregen** to make sb jealous; **grün vor ~** green with envy; **vor ~ platzen können** to go green with envy

neiden ['naidn̩] *tr V* **jdm etw ~** to envy sb [for] sth

Neider(in) <-s, -> *m(f)* jealous person

neidig ['naidɪç] (*veraltet*) *s.* **neidisch**

neidisch ['naidɪʃ] **I.** *Adj* envious **II.** *Adv* enviously

Neige <-, -n> ['naigə] *f* ▶ **zur ~ gehen** to draw to an end

neigen ['naign̩] **I.** *refl V* ① **sich zu jdm ~** to lean over to sb; **sich nach hinten/rechts/zur Seite ~** to lean backwards/to the right/to the side ② (*schräg abfallen*) **etw neigt sich** sth slopes ③ (*kippen*) **sich ~** to tilt **II.** *tr V* (*beugen*) to bend **III.** *intr V* **zu etw ~** ① (*anfällig sein*) to be prone to sth ② (*tendieren*) to tend to sth

Neigung <-, -en> *f* ① (*Vorliebe*) inclination ② (*Tendenz*) tendency; **du hast eine ~ zur Ungeduld** you have a tendency to be impatient ③ (*Gefälle*) slope

nein ['nain] *Adv* no

Nein <-s> ['nain] *nt kein Pl* no

Neinstimme *f* no[-vote]

Nektar <-s, -e> ['nɛktar] *m* nectar

Nektarine <-, -n> [nɛkta'ri:nə] *f* nectarine

Nelke <-, -n> ['nɛlkə] *f* ① BOT carnation ② KOCHK clove

nennen <nannte, genannt> ['nɛnən] **I.** *tr V* ① to call; **wie nennt man das?** what do you call that? ② (*mitteilen*) [**jdm**] **jdn/etw ~** to name sb/sth [to sb]; **können Sie mir einen guten Anwalt ~?** can you give me the name of a good lawyer? **II.** *refl V* (*heißen*) **sich ~** to call oneself ▶ **und so was nennt sich ...!** (*fam*) and they call that a ...!

Nenner <-s, -> *m* denominator; **der kleinste gemeinsame ~** the lowest common denominator

Neofaschismus <-> ['ne:ofaʃɪsmʊs] *m kein Pl* neo-fascism

Neon <-s> ['ne:ɔn] *nt kein Pl* neon

Neonazi <-s, -s> ['ne:ona:tsi] *m* neo-Nazi **Neonazismus** <-> ['ne:onatsɪsmʊs] *m kein Pl* neo-Nazi[i]sm *no pl* **neonazistisch** *Adj* POL neo-nazi

Neonlicht *nt* neon light

Nerv <-s *o* -en, -en> ['nɛrf, *Pl:* 'nɛrfn̩] *m* nerve ▶ **die ~en behalten** to keep calm; **~en wie Drahtseile haben** (*fam*) to have nerves of steel; **jdm auf die ~en gehen** (*fam*) to get on sb's nerves

nerven ['nɛrfn̩] *tr V* (*fam*) to bug

nervenaufreibend *Adj* nerve-racking

Nervenbündel *nt* (*fam*) bundle of nerves **Nervenkrankheit** *f* disease of the nervous system **Nervensäge** *f* (*fam*) pain in the neck **Nervensystem** *nt* nervous system **Nervenzusammenbruch** *m* nervous breakdown

nervös [nɛr'vø:s] *Adj* nervous

Nervosität <-> [nɛrvozi'tɛ:t] *f kein Pl* nervousness

Nerz <-es, -e> ['nɛrts] *m* mink

Nessel <-, -n> ['nɛsl̩] *f* nettle ▶ **sich in die ~n setzen** (*fam*) to put one's foot in it

Nest <-[e]s, -er> ['nɛst] *nt* ① nest ② (*fam: Kaff*) hole ▶ **sich ins gemachte ~ setzen** (*fam*) to have got it made

Netiquette <-, -n> [nɛti'kɛtə] *f* INET netiquette

nett ['nɛt] *Adj* nice; **sei so ~ und ...** would you mind ...; **er war so ~ und hat mich nach Hause gebracht** he was so kind as to take me home

netto ['nɛto] *Adv* net

Nettoeinkommen *nt* net income **Nettogewicht** *nt* net weight **Nettolohn** *m* net salary

N

Netz <-es, -e> ['nɛts] *nt* ❶ net ❷ (*Spinnennetz*) web ❸ TELEK network; ELEK grid ❹ COMPUT network; **das ~** the Net ❺ TRANSP system ▶ **jdm ins ~ gehen** to fall into sb's trap; **das soziale ~** the social net

NetzanschlussRR *m* ❶ ELEK mains supply, power supply AM ❷ (*Internetanschluss*) internet connection **Netzhaut** *f* retina **Netzspannung** *f* line [*or* BRIT mains] voltage **Netzstecker** *m* mains plug, power plug AM **Netzteil** *nt* ELEK mains adapter BRIT, power supply unit AM; COMPUT power pack **Netzteilnehmer(in)** *m(f)* COMPUT, TELEK network user **Netzwerk** *nt* network **Netzzugang** *m* INET Internet access

neu ['nɔy] **I.** *Adj* ❶ new; **ein ~er Computer** a new computer; **ein ~er Tag** a new day; **das Neue [an etw** *Dat*] the new thing [about sth] ❷ (*aktuell*) new; **die ~este Mode** the latest fashion; **das Neueste** the latest [thing]; **seit ~[e]stem** [since] recently; **was gibt's Neues?** (*fam*) what's new? ❸ (*abermalig*) new; **einen ~en Anfang machen** to make a fresh start; **einen ~en Versuch machen** to have another try ▶ **das ist mir ~** to be news to me; **auf ein Neues!** here's to a fresh start!; **von ~em** all over again **II.** *Adv* ❶ (*von vorn*) **~ anfangen** to start all over again; **~ bearbeitet** revised; **etw ~ gestalten** to redesign ❷ (*erneut*) again ❸ (*unlängst*) **~ entwickelt** newly-developed; **~ eröffnet** newly opened

Neuankömmling <-, -e> *m* newcomer

Neuanschaffung *f* recent acquisition

neuartig ['nɔyʔaːɐ̯tɪç] *Adj* new; **ein ~es Heilverfahren** a new type of treatment

Neuauflage *f* new edition

Neubau <-bauten> ['nɔybau, *Pl:* -bautn̩] *m* new building

Neubaugebiet *nt* development area; (*schon bebaut*) area of new housing **Neubauwohnung** *f* newly-built flat [*or* AM apartment]

Neue(r) *f(m) dekl wie Adj* **der/die ~** the newcomer

Neueinsteiger *m* (*Neuling*) newcomer

neuerdings ['nɔyɐ'dɪŋs] *Adv* recently

Neuerscheinung *f* new publication

Neuerung <-, -en> ['nɔyərʊŋ] *f* reform

Neufundland [nɔy'fʊntlant] *nt* Newfoundland

neugeboren *Adj Kind* new born ▶ **wie ~** like a new man/woman

Neugeborene(s) *nt dekl wie Adj* newborn

Neugier(de) <-> ['nɔygiːɐ̯(də)] *f kein Pl* curiosity

neugierig **I.** *Adj* curious; **~ sein, ob/wie ...** to be curious to know, whether/how ... **II.** *Adv* curiously

Neuheide, Neuheidin *m, f* REL Druid

Neuheit <-, -en> ['nɔyhait] *f* novelty

Neuigkeit <-, -en> ['nɔyɪçkait] *f* news

Neujahr *nt kein Pl* New Year ▶ **prost ~!** here's to the New Year!

neulich ['nɔylɪç] *Adv* the other day

Neuling <-s, -e> ['nɔylɪŋ] *m* beginner

neumodisch **I.** *Adj* ❶ fashionable ❷ (*pej*) new-fangled **II.** *Adv* fashionably

Neumond *m kein Pl* new moon; **bei ~** at new moon

neun ['nɔyn] *Adj* nine; *s. a.* **acht**[1] **neunjährig, 9-jährig**RR ['nɔynjɛːrɪç] *Adj* ❶ (*Alter*) nine-year-old *attr,* nine years old *pred* ❷ (*Zeitspanne*) nine-year *attr*

neunte(r, s) ['nɔyntə(ɐ, s)] *Adj* ❶ ninth; *s. a.* **achte(r, s) 1** ❷ (*Datum*) ninth, 9th; *s. a.* **achte(r, s) 2**

neuntel ['nɔntl̩] *nt* ninth

neunzehn ['nɔyntseːn] *Adj* nineteen; *s. a.* **acht**[1]

neunzehnte(r, s) *Adj* nineteenth; *s. a.* **achte(r, s)**

neunzig ['nɔyntsɪç] *Adj* ninety; *s. a.* **achtzig**

neunzigste(r, s) ['nɔyntsɪgstə] *Adj* ninetieth; *s. a.* **achte(r, s)**

Neuralgie <-, -n> [nɔyral'giː, *Pl:* nɔyral'giːən] *f* neuralgia

neuralgisch [nɔy'ralgɪʃ] *Adj* MED neuralgic

Neurologe, Neurologin <-n, -n> [nɔyro'loːgə, -'loːgɪn] *m, f* neurologist

Neurose <-, -n> [nɔy'roːzə] *f* neurosis

Neurotiker(in) <-s, -> [nɔy'roːtikɐ] *m(f)* neurotic

neurotisch [nɔy'roːtɪʃ] *Adj* neurotic

Neuschnee *m* fresh snow

Neuseeland [nɔy'zeːlant] *nt* New Zealand

Neuseeländer(in) <-s, -> [nɔy'zeːlɛndɐ] *m(f)* New Zealander

N

neuseeländisch [nɔy'ze:lɛndɪʃ] *Adj* New Zealand *attr*
neutral [nɔy'tra:l] *Adj* neutral
Neutralität <-> [nɔytrali'tɛ:t] *f kein Pl* neutrality
Neutrum <-s, Neutra> ['nɔytrʊm, *Pl:* 'nɔytra, 'nɔytrən] *nt* neuter
neuwertig *Adj* as new
NGO <-, -s> [ɛndʒi:'ʔoʊ] *f Abk von* **Nichtregierungsorganisation** POL NGO
nicht [nɪçt] **I.** *Adv* not; **ich weiß** ~ I don't know; ~ **öffentlich** not open to the public *pred;* ~ **rostend** non-rusting; ~ [**ein**]**mal** not even; ~ **mehr** not any longer; ~ **mehr als** no more than; ~ **eine**[**r**] not one; [**bitte**] ~**!** [please] don't! **II.** *Part in Fragen* (*stimmt's?*) isn't that right; **sie schuldet dir doch noch Geld,** ~**?** she still owes you money, doesn't she?
Nichtangriffspakt [nɪçt'ʔangrɪfs,pakt] *m* non-aggression pact **Nichtbeachtung** *f,* **Nichtbefolgung** *f* non-compliance
Nichte <-, -n> ['nɪçtə] *f* niece
Nichteinhaltung *f kein Pl* JUR non-compliance *no pl* **Nichterscheinen** <-s> *nt kein Pl* failure to appear
nichtig ['nɪçtɪç] *Adj* ❶ (*belanglos*) trivial ❷ JUR invalid
Nichtigkeit <-, -en> *f meist Pl* triviality
Nichtraucher(in) *m(f)* non-smoker
nichts ['nɪçts] *unbest. Pron* not ... anything, nothing; **damit will ich** ~ **zu tun haben** I don't want anything to do with it; **es ist** ~ it's nothing; **hoffentlich ist es** ~ **Ernstes** I hope it's nothing serious; ~ **ahnend** unsuspecting; *adverbial* unsuspectingly; ~ **sagend** meaningless; ~ **als ...** nothing but ...; ~ **anderes als ...** nothing other than ... ▶ ~ **da!** (*fam*) no chance!; **für** ~ [**und wieder** ~] (*fam*) for nothing [at all]
Nichts <-, -e> ['nɪçts] *nt* ❶ nothing; **aus dem** ~ **auftauchen** to show up from out of nowhere ❷ (*leerer Raum*) void ▶ **vor dem** ~ **stehen** to be left with nothing
Nichtschwimmer(in) *m(f)* non-swimmer
nichtsdestoweniger [nɪçtsdɛsto've:nɪgɐ] *Adv* nevertheless
Nichtsnutz <-es, -e> ['nɪçtsnʊts] *m* (*pej*) good-for-nothing
Nickel <-s> ['nɪkl̩] *nt kein Pl* nickel
nicken ['nɪkn̩] *intr V* to nod; **zustimmend** ~ to nod in agreement
Nickerchen <-s, -> ['nɪkɐçən] *nt* (*fam*) nap; **ein** ~ **machen** to take a nap
nie ['ni:] *Adv* never; ~ **mehr** never again; ~ **und nimmer** never ever
nieder ['ni:dɐ] *Adv* down
nieder|drücken *tr V* (*geh*) ❶ (*herunterdrücken*) to press [*or* push] down *sep* ❷ (*deprimieren*) **jdn** ~ to depress sb **nieder|fallen** *intr V sein* (*geh*) **vor jdm/etw** ~ to fall down [on one's knees] before sb/sth
Niedergang <-[e]s> *m kein Pl* decline
nieder|gehen *intr V unreg sein* ❶ (*fallen*) *Regen* to fall; *Lawine* to descend; (*sich entladen*) *Gewitter* to break ❷ (*landen*) to touch down
niedergeschlagen [-gəʃla:gn̩] *Adj* downcast
Niedergeschlagenheit <-> *f kein Pl* despondency, depression
Niederlage *f* defeat
Niederlande ['ni:dɐlandə] *Pl* **die** ~ the Netherlands
Niederländer(in) <-s, -> ['ni:dɐlɛndɐ] *m(f)* Dutchman *masc,* Dutchwoman *fem*
niederländisch ['ni:dɐlɛndɪʃ] *Adj* Dutch; *s. a.* **deutsch**
Niederländisch ['ni:dɐlɛndɪʃ] *nt dekl wie Adj* Dutch; *s. a.* **Deutsch**
nieder|lassen *refl V unreg* **sich** ~ ❶ (*sich ansiedeln*) to settle down ❷ (*beruflich*) to establish oneself (**als** as)
Niederlassung <-, -en> *f* (*Zweigstelle*) branch
nieder|legen *tr V* ❶ (*hinlegen*) to put down *sep* ❷ *Amt* to resign; *Arbeit* to stop **Niederlegung** <-, -en> *f eines Amts* resignation (from) **Niederschlag** *m* ❶ (*Regen*) rainfall *no pl;* (*Schnee*) snowfall *no pl* ❷ CHEM sediment **nieder|schlagen** *unreg* **I.** *tr V* ❶ (*zu Boden schlagen*) to floor ❷ (*unterdrücken*) to crush ❸ *Augen* to lower **II.** *refl V* **sich** ~ ❶ (*kondensieren*) to condense (**an** on) ❷ CHEM to sediment ❸ (*zum Ausdruck kommen*) **sich in etw** *Dat* ~ to find expression in sth **niederschmetternd**

['niːdɐʃmɛtɐnt] *Adj* deeply distressing **niederǀstrecken** (*geh*) **I.** *tr V* (*schwer verletzen*) *mit einer Schusswaffe* to shoot down *sep; mit der Faust* to pummel to the ground **II.** *refl V* (*sich hinlegen*) **sich ~** to lie down

Niedertracht <-> *f kein Pl* malice

niederträchtig *Adj* (*pej*) contemptible

niederǀtreten *tr V unreg Gras, Blumen* to trample down *sep; Erde, Schnee* to tread down

niedlich ['niːtlɪç] **I.** *Adj* sweet **II.** *Adv* sweetly

niedrig ['niːdrɪç] *Adj* ① low ② *Betrag* small ③ *Herkunft* humble

Niedriglohnbereich *m*, **Niedriglohnsektor** *m* low-wage sector

niemals ['niːmaːls] *Adv* never

niemand ['niːmant] *unbest. Pron* nobody, no one; **ich will ~en sehen** I don't want to see anybody

Niemandsland ['niːmantslant] *nt kein Pl* no man's land

Niere <-, -n> ['niːrə] *f* kidney

Nierenbeckenentzündung *f* pyelitis *spec* **Nierenkolik** *f* renal colic *no pl* **Nierenleiden** *nt* kidney disease **Nierenschützer** *m* kidney belt **Nierenstein** *m* kidney stone **Nierenversagen** *nt kein Pl* kidney failure

nieseln ['niːzl̩n] *intr V unpers* **es nieselt** it's drizzling

Nieselregen ['niːzl̩-] *m* drizzle

niesen ['niːzn̩] *intr V* to sneeze

Niete[1] <-, -n> ['niːtə] *f* ① (*Los*) blank ② (*fam: Versager*) loser

Niete[2] <-, -n> ['niːtə] *f* TECH rivet

nieten ['niːtn̩] *tr V* to rivet

niet- und nagelfest ['niːtʔʊnt'naːgl̩fɛst] *Adj* ▶ **alles, was nicht ~ ist** (*fam*) everything that's not nailed down

Nikolaus <-, -e *o* -läuse> ['nɪkolaus, *Pl:* -lɔyzə] *m* St. Nicholas (*figure who brings children presents on 6th December*)

Nikotin <-s> [niko'tiːn] *nt kein Pl* nicotine

nikotinarm *Adj* low-nicotine *pred* **nikotinfrei** *Adj* nicotine-free **Nikotingehalt** *m* nicotine content

Nilpferd *nt* hippopotamus

nimmer ['nɪmɐ] *Adv* ① (*geh: niemals*) never ② SÜDD (*nicht mehr*) no longer

Nimmersatt <-[e]s, -e> ['nɪmɐzat] *m* (*fam*) glutton

nippen ['nɪpn̩] *intr V* to sip (**an** at, **von** from)

Nippes ['nɪpəs, 'nɪps, 'nɪp] *Pl* knick-knacks *pl*

Nippsachen *Pl* knick-knacks *pl*

nirgends ['nɪrgn̩ts] *Adv*, **nirgendwo** ['nɪrgn̩t'voː] *Adv* nowhere; **ich konnte ihn ~ finden** I couldn't find him anywhere

Nische <-, -n> ['niːʃə] *f* niche

nisten ['nɪstn̩] *intr V* to nest

Nistplatz *m* ORN nesting place

Nitrat <-[e]s, -e> [ni'traːt] *nt* nitrate

Nitrit <-s> [ni'triːt] *nt kein Pl* CHEM nitrite

Niveau <-s, -s> [ni'voː] *nt* ① (*Anspruch*) calibre; **~ haben** to have class; **kein ~ haben** to be lowbrow; **etw ist unter jds ~** sth is beneath sb ② (*Höhe*) level

niveaulos [ni'voː-] *Adj* primitive

niveauvoll *Adj* intellectually stimulating

Nixe <-, -n> ['nɪksə] *f* mermaid

nobel ['noːbl̩] **I.** *Adj* ① (*edel*) noble ② (*luxuriös*) luxurious **II.** *Adv* (*edel*) honourably

Nobelpreis [no'bɛlprais] *m* Nobel prize

Noblesse <-> [no'blɛs(ə)] *f* (*geh*) noble-mindedness

noch ['nɔx] **I.** *Adv* ① (*bis jetzt*) still; **bisher ist ~ niemand gekommen** nobody has arrived yet; **~ nicht** not yet; **~ immer** [**nicht**] still [not]; **~ nie** never ② (*irgendwann*) some time ③ (*nicht später als*) by the end of; **~ heute** today ④ (*zusätzlich*) **möchtest du ~ etwas essen?** would you like something more to eat?; **~ ein**(**e**) another; **möchten Sie ~ eine Tasse Kaffee?** would you like another cup of coffee? ⑤ *vor Komparativ* (*mehr als*) even [more] **II.** *Konj* **weder ... ~** neither ... nor

nochmalig ['nɔxmaːlɪç] *Adj attr* further

nochmals ['nɔxmaːls] *Adv* again

Nomade, Nomadin <-n, -n> [no'maːdə, no'maːdɪn] *m, f* nomad

Nominativ <-[e]s, -e> ['noːminatiːf, *Pl:* 'noːminatiːvə] *m* nominative

nominieren* [nomi'niːrən] *tr V* to nominate

Nonne <-, -n> ['nɔnə] *f* nun

Nonnenkloster *nt* convent [of nuns]

Non-Profit-Unternehmen [ˌnɒnˈprɒfɪt-] *nt* ÖKON not-for-profit organization

Nord <-[e]s, -e> [ˈnɔrt, *Pl:* ˈnɔrdə] *m kein art, kein Pl* north

Nordamerika [ˈnɔrtʔaˈmeːrika] *nt* North America

nordatlantisches Verteidigungsbündnis *nt* POL, MIL North Atlantic [*or* NATO] alliance

Norden <-s> [ˈnɔrdn̩] *m kein Pl* north; **im ~** in the north; **nach ~** to the north

Nordeuropa <-s> [ˈnɔrtʔɔyˈroːpa] *nt* northern Europe **Nordhalbkugel** *f* northern hemisphere **Nordirland** [ˈnɔrtˈʔɪrlant] *nt* Northern Ireland

nordisch [ˈnɔrdɪʃ] *Adj* Nordic

nördlich [ˈnœrtlɪç] **I.** *Adj* northern; **in ~e Richtung** northwards; **weiter ~ liegen** to lie further [to the] north **II.** *Adv* **~ von …** north of … **III.** *Präp +Gen* **~ der Alpen** [to the] north of the Alps

Nordosten [nɔrtˈʔɔstn̩] *m kein Pl* northeast **nordöstlich** [nɔrtˈʔœstlɪç] **I.** *Adj* northeastern **II.** *Adv* **~ von …** northeast of … **Nordpol** [ˈnɔrtpoːl] *m kein Pl* **der ~** the North Pole **Nordsee** [ˈnɔrtzeː] *f* **die ~** the North Sea; **an der ~** on the North Sea coast **Nordwesten** [nɔrtˈvɛstn̩] *m kein Pl* northwest **nordwestlich** [nɔrtˈvɛstlɪç] **I.** *Adj* northwestern **II.** *Adv* **~ von …** northwest of … **Nordwind** *m* north wind

Nörgelei <-, -en> *f* moaning

nörgeln [ˈnœrgl̩n] *intr V* to moan (**über** about)

Norm <-, -en> [ˈnɔrm] *f* ① norm ② (*festgelegte Größe*) standard

normal [nɔrˈmaːl] **I.** *Adj* normal **II.** *Adv* normally

Normalbenzin *nt* low-octane petrol [*or* AM gas] **Normalfall** *m* normal case **Normalverbraucher(in)** *m(f)* average consumer; **Otto ~** (*fam*) the man in the street

normen [ˈnɔrmən] *tr V,* **normieren*** [nɔrˈmiːrən] *tr V* to standardize

Normierung <-, -en> *f* standardization *no pl*

Normung <-, -en> *f* standardization

Norwegen <-s> [ˈnɔrveːgn̩] *nt* Norway

Norweger(in) <-s, -> [ˈnɔrveːgɐ] *m(f)* Norwegian

norwegisch [ˈnɔrveːgɪʃ] *Adj* Norwegian; *s. a.* **deutsch**

Norwegisch [ˈnɔrveːgɪʃ] *nt dekl wie Adj* Norwegian; *s. a.* **Deutsch**

Nostalgie <-> [nɔstalˈgiː] *f kein Pl* nostalgia

nostalgisch [nɔsˈtalgɪʃ] *Adj* nostalgic

Not <-, Nöte> [ˈnoːt, *Pl:* ˈnøːtə] *f* ① *kein Pl* (*Armut*) poverty ② (*Bedrängnis*) distress; **in ~ geraten** to get into difficulties ③ (*Mühe*) **mit knapper ~** just ▶ **~ macht erfinderisch** (*prov*) necessity is the mother of invention; **wenn ~ am Mann ist** in times of need; **aus der ~ eine Tugend machen** to make a virtue out of necessity; **zur ~** if need[s] be

Notar(in) <-s, -e> [noˈtaːɐ̯] *m(f)* notary

Notariat <-[e]s, -e> [notaˈri̯aːt] *nt* notary's office

Notarzt, Notärztin *m, f* ① casualty [*or* AM emergency] doctor ② (*Arzt im Notdienst*) doctor on call **Notaufnahme** *f* accident and emergency department, emergency room AM **Notausgang** *m* emergency exit **Notbremse** *f* emergency brake **Notdienst** *m* duty

Note <-, -n> [ˈnoːtə] *f* ① MUS note ② (*Zensur*) grade

Notebook <-s, -s> [ˈnoʊtbʊk] *nt* COMPUT notebook

Notenblatt *nt* sheet of music

Notendurchschnitt *m* grade point average, GPO AM

Notenschlüssel *m* clef

Notfall *m* emergency

notfalls [ˈnoːtfals] *Adv* if needs be

notgedrungen *Adv* willy-nilly

notieren* [noˈtiːrən] *tr V* ① to write down ② BÖRSE **notiert werden** to be quoted (**mit** at)

nötig [ˈnøːtɪç] *Adj* (*erforderlich*) necessary; **etw [bitter] ~ haben** to be in [urgent] need of sth; **er hat es nicht ~, sich anzustrengen** he doesn't need to try hard; **alles Nötige** everything necessary

nötigen [ˈnøːtɪgn̩] *tr V* to force

Nötigung <-, -en> *f* coercion

Notiz <-, -en> [noˈtiːts] *f* note ▶ **[keine] ~ nehmen** to take [no] notice (**von** of)

Notizblock <-blöcke> *m* notepad

Notlage *f* desperate situation

Notlandung *f* emergency landing **Notlösung** *f* stopgap [solution]

notorisch [noˈtoːrɪʃ] *Adj* (*geh*) notorious

Notruf *m* ❶ emergency call ❷ (*Notrufnummer*) emergency number
Notstand *m* JUR [state of] emergency **Notstandsgebiet** *nt* disaster area **Notstromaggregat** *nt* emergency generator
not|tun *intr V unreg* to be necessary; **das tut doch nicht not!** there's really no need! **Notunterkunft** *f* emergency accommodation **Notwehr** <-> *f kein Pl* self-defence; **aus/in ~** in self-defence
notwendig ['no:tvɛndɪç] *Adj* necessary
Notwendigkeit <-, -en> ['no:tvɛndɪçkait, not'vɛndɪçkait] *f* necessity
Nougat <-s, -s> ['nu:gat] *m o nt* nougat
November <-s, -> [no'vɛmbɐ] *m* November; *s. a.* **Februar**
Nu ['nu:] *m* **im ~** in a flash
nüchtern ['nʏçtɐn] *Adj* ❶ (*nicht betrunken*) sober ❷ (*ohne gegessen zu haben*) **auf ~en Magen** on an empty stomach ❸ (*realistisch*) down-to-earth
Nudel <-, -n> ['nu:dl̩] *f meist Pl* pasta *+ sing verb, no indef art;* (*in Suppe*) noodle *usu pl*
Nugat <-s, -s> *m o nt* nougat
nuklear [nukle'a:ɐ̯] *Adj* nuclear
N **Nuklearabfall** <-s, -abfälle> *m* nuclear waste **Nuklearindustrie** *f* nuclear industry **Nukleartest** *m* nuclear test
null ['nʊl] *Adj* zero ▶ **gleich ~ sein** (*fig*) to be nil; **in ~ Komma nichts** (*fam*) in a flash; **~ und nichtig sein** to be null and void; **die Stunde ~** zero hour
Null <-, -en> ['nʊl, *Pl:* 'nʊls] *f* ❶ zero ❷ (*fam: Versager*) nothing
Nulldiät *f* starvation diet **Nullpunkt** *m kein Pl* freezing point ▶ **auf den ~ sinken** to reach rock bottom
numerieren*ALT *tr V s.* **nummerieren**
NumerierungALT <-, -en> *f s.* **Nummerierung**
Numerus <-, Numeri> ['nu:merʊs, *Pl:* 'nu:meri] *m* **~ clausus** restricted entry

> Universities regulate the number of school leavers embarking on the most popular degree courses by means of the **Numerus clausus**. Only applicants with an average mark exceeding the **Numerus clausus** – which is usually set at *sehr gut* (very good) – are allowed onto the course.

Nummer <-, -n> ['nʊmɐ] *f* ❶ number ❷ MEDIA issue ❸ (*Größe*) size ❹ (*sl: Koitus*) fuck; **eine ~ schieben** (*sl*) to have it off BRIT [*or* AM get it on] ▶ **auf ~ Sicher gehen** (*fam*) to play it safe
nummerieren*RR [nʊmə'ri:rən] *tr V* to number
NummerierungRR <-, -en> *f* numbering
Nummernschild *nt* number [*or* AM license] plate
nun ['nu:n] *Adv* ❶ now ❷ (*na ja*) well ▶ **~ gut** alright; **es ist ~ [ein]mal so** that's the way it is
nur ['nu:ɐ̯] *Adv* ❶ (*lediglich*) only ❷ (*bloß*) just; **wie konnte ich das ~ vergessen!** how on earth could I forget that! ❸ (*warnend*) **lass das ~ niemanden wissen!** don't you [dare] tell anyone! ❹ (*ruhig*) just ▶ **warum/was/wie ... ~?** just why/what/how ...?; **~ zu!** come on then
nuscheln ['nʊʃl̩n] *intr, tr V* (*fam*) to mumble
NussRR <-, Nüsse> *f,* **Nuß**ALT <-, Nüsse> ['nʊs, *Pl:* 'nʏsə] *f* nut ▶ **dumme ~** (*fam*) silly twit
NussbaumRR *m* walnut tree
nussig [nʊsɪç] *Adj* KOCHK nutty
Nüster <-, -n> ['nʏstɐ, 'ny:stɐ] *f* nostril
Nutte <-, -n> ['nʊtə] *f* (*sl*) whore
nütze ['nʏtsə] *Adj präd* **zu etwas ~ sein** to be useful; **zu nichts ~ sein** to be good for nothing
nutzen ['nʊtsn̩], **nützen** ['nʏtsn̩] **I.** *intr V* **jdm ~** to be of use to sb; **jdm etwas ~** to be of use to sb; **jdm nichts nutzen** to be of no use to sb **II.** *tr V* ❶ to use ❷ (*ausnützen*) to exploit
Nutzen <-s> ['nʊtsn̩] *m kein Pl* benefit; **[jdm] ~ bringen** to be of advantage [to sb]; **[jdm] von ~ sein** to be of use [to sb]
Nutzerführung *f* INET, COMPUT navigation
nützlich ['nʏtslɪç] *Adj* ❶ (*nutzbringend*) useful ❷ (*hilfreich*) helpful
Nützlichkeit <-> *f kein Pl* advantage
nutzlos *Adj* useless
Nutzlosigkeit <-> *f kein Pl* uselessness
Nutzpflanze *f* useful plant
Nutzung <-, -en> *f* use
Nylon® <-[s]> ['nailɔn] *nt kein Pl* nylon
Nymphe <-, -n> ['nʏmfə] *f* nymph

Oo

O, o <-, -> [oː] *nt* O, o; **ein großes O** a capital O; **ein kleines o** a small o; *s. a.* **A**

o [oː] *Interj* oh

O *Abk von* **Osten** E

Oase <-, -n> [o'aːzə] *f* oasis

ob [ɔp] *Konj* ❶ whether; **~ er morgen kommt?** I wonder whether he'll come tomorrow? ❷ (*sei es dass*) **sie muss mitgehen, ~ es ihr passt oder nicht** she has to go whether she likes it or not

OB <-s, -s> [oː'beː] *m Abk von* **Oberbürgermeister**

Obdach <-[e]s> ['ɔpdax] *nt kein Pl* shelter

obdachlos *Adj* homeless

Obdachlose(r) *f(m) dekl wie Adj* homeless person

Obdachlosenasyl *nt,* **Obdachlosenheim** *nt* refuge for homeless persons

Obduktion <-, -en> [ɔpdʊk'tsi̯oːn] *f* post-mortem

O-Beine *Pl* bandy legs

oben ['oːbn̩] *Adv* ❶ at the top; **~ auf etw** *Dat o Akk* on top of sth; **dort ~** up there; **ganz ~** right at the top; **hier ~** up here; **hoch ~** high; **bis ~ [hin]** up to the top; **nach ~** up; **von ~** from above ❷ (*im oberen Stockwerk*) upstairs; **nach ~** upstairs; **von ~** from upstairs ❸ (*in einem Text*) above; **~ erwähnt** above-mentioned ▶ **jdn von ~ herab behandeln** to behave in a superior manner toward sb; **~ ohne** (*fam*) topless; **von ~ bis unten** from top to bottom

obenan ['oːbn̩'ʔan] *Adv* first

obenauf ['oːbn̩'ʔauf] *Adv* **~ sein** to be chirpy

obendrein ['oːbn̩'drain] *Adv* on top

Ober <-s, -> ['oːbɐ] *m* waiter

Oberarm *m* upper arm **Oberarzt, Oberärztin** *m, f* senior consultant **Oberbefehl** *m* **den ~ haben** to be in supreme command (**über** of) **Oberbefehlshaber(in)** *m(f)* commander-in-chief **Oberbegriff** *m* generic term **Oberbürgermeister(in)** ['oːbɐbʏrgɐmaistɐ] *m(f)* mayor, BRIT *a.* ≈ Lord Mayor

obercool ['oːbɐkuːl] *Adj* (*sl*) totally cool

obere(r, s) ['oːbərə, -rɐ, -rəs] *Adj attr* ❶ (*oben befindlich*) top ❷ (*rangmäßig*) higher ❸ (*höher gelegen*) upper

Obere ['oːbərə] *Pl* (*fam*) **die ~n** the powers that be

Oberfläche ['oːbɐflɛçə] *f* surface; **an die ~ kommen** to surface

oberflächlich ['oːbɐflɛçlɪç] **I.** *Adj* superficial **II.** *Adv* superficially

Oberflächlichkeit <-> *f kein Pl* superficiality

ObergeschossRR *nt* top floor

oberhalb ['oːbɐhalp] **I.** *Präp +Gen* above **II.** *Adv* above

Oberhaupt *nt* head **Oberhaus** *nt* POL upper house, House of Lords, BRIT *a.* Upper House

oberirdisch *Adj, Adj* overground

Oberkörper *m* torso; **mit bloßem ~** topless **Oberleutnant** ['oːbɐlɔytnant] *m* lieutenant BRIT, first lieutenant AM **Oberlippe** *f* upper lip

oberpeinlich ['oːbɐpainlɪç] *Adj* (*sl*) cringeworthy

Obers <-> ['oːbɐs] *nt kein Pl* ÖSTERR (*Sahne*) whipping cream

Oberschenkel *m* thigh **Oberschicht** *f* upper class **Oberseite** *f* top

Oberst <-en *o* -s, -e[n]> ['oːbɐst] *m* colonel

Oberstaatsanwalt, Oberstaatsanwältin *m, f* senior public prosecutor BRIT, attorney general AM

oberste(r, s) ['oːbɐstə, -tɐ, -təs] *Adj* ❶ (*ganz oben befindlich*) top ❷ (*rangmäßig am höchsten*) highest

Oberstufe *f* ≈ sixth form [*or* AM grade] **Oberverwaltungsgericht** [oːbɐfɛɐ̯'valtʊŋsgərɪçt] *nt* Higher Administrative Court

obgleich [ɔp'glaiç] *Konj* although

obige(r, s) ['oːbɪgə] *Adj attr* ❶ (*oben genannt*) above-mentioned ❷ (*zuvor abgedruckt*) above

Objekt <-[e]s, -e> [ɔp'jɛkt] *nt* object

objektiv [ɔpjɛk'tiːf] **I.** *Adj* objective **II.** *Adv* objectively

Objektiv <-s, -e> [ɔpjɛk'tiːf, *Pl:* ɔpjɛk'tiːvə] *nt* lens

Objektivität <-> [ɔpjɛktivi'tɛːt] *f kein Pl* objectivity

Oblate <-, -n> [o'bla:tə] *f* wafer
Obligation <-, -en> [obliga'tsi̯o:n] *f* FIN [debenture] bond; **~en aufrufen/tilgen** to call in/redeem bonds
obligatorisch [obliga'to:rɪʃ] *Adj* compulsory
Obst <-[e]s> ['o:pst] *nt kein Pl* fruit
Obstbaum *m* fruit tree **Obsternte** *f* ① *kein Pl* (*das Ernten von Obst, Früchten*) fruit-gathering [*or* -picking] *no pl, no indef art* ② (*geerntetes Obst*) fruit crop [*or* harvest] **Obsthandlung** *f* fruiterer's BRIT, fruit store AM
obstinat [ɔpsti'na:t] *Adj* (*geh*) obstinate
Obstkuchen *m* fruit flan **Obstsalat** *m* fruit salad **Obsttorte** *f* fruit flan [*or* tart]
obszön [ɔps'tsø:n] *Adj* obscene
Obszönität <-, -en> [ɔpstsøni'tɛ:t] *f* obscenity
obwohl [ɔp'vo:l] *Konj* although
Ochse <-n, -n> ['ɔksə] *m* ox
Ochsenschwanzsuppe *f* oxtail soup
öde ['ø:də] *Adj* ① (*verlassen*) desolate ② (*fade*) dull
Öde <-> ['ø:də] *f kein Pl* ① (*Verlassenheit*) desolation ② (*Leere*) dreariness
Ödem <-[e], -e> [ø'de:m] *nt* oedema BRIT, edema AM
oder ['o:dɐ] *Konj* ① or; **~ aber** or else ② (*sich vergewissernd*) **der Film hat dir auch gut gefallen, ~?** you liked the film too, didn't you?; **du traust mir doch, ~ [etwa] nicht?** you do trust me, don't you?

Ofen <-s, Öfen> ['o:fn̩, *Pl:* 'ø:fn̩] *m* ① stove ② (*Backofen*) oven ③ TECH furnace; (*Brennofen*) kiln ▶ **jetzt ist der ~ aus** (*fam*) that does it
Ofenheizung *f* stove heating *no art, no pl*
offen ['ɔfn̩] **I.** *Adj* ① open; **mit ~em Fenster** with the window open; **etw ~ lassen** to leave sth open; **für jdn ~ sein** to be open to sb ② (*freimütig*) open (**zu** with) **II.** *Adv* openly; **~ gestanden** to be honest
offenbar [ɔfn̩'ba:ɐ̯] **I.** *Adj* obvious **II.** *Adv* obviously
Offenheit <-> *f kein Pl* openness; **in aller ~** quite frankly
offenherzig *Adj* open **offenkundig** ['ɔfn̩kʊndɪç] *Adj* obvious **offensichtlich** ['ɔfn̩zɪçtlɪç] **I.** *Adj* obvious **II.** *Adv* obviously
öffentlich ['œfn̩tlɪç] **I.** *Adj* public **II.** *Adv* publicly
Öffentlichkeit <-> *f kein Pl* **die ~** the public; **in aller ~** in public; **etw an die ~ bringen** to make sth public; **die ~ scheuen** to shun publicity
offiziell [ɔfi'tsi̯ɛl] **I.** *Adj* ① official ② *Feier* formal **II.** *Adv* officially; **jdn ~ einladen** to give sb an official invitation
Offizier(in) <-s, -e> [ɔfi'tsi:ɐ̯] *m(f)* officer
OfflinebetriebRR <-[e]s> ['ɔflain-] *m kein Pl* off-line operation
öffnen ['œfnən] **I.** *tr V* to open **II.** *intr V* [**jdm**] ~ to open the door [for sb] **III.** *refl V* ① **sich ~** to open ② (*sich zuwenden*) **sich [jdm/etw] ~** to open up [to sb/sth]
Öffnung <-, -en> *f* opening
Öffnungszeiten *Pl* opening times; (*eines Geschäfts*) hours of business
oft <öfter, am öftesten> ['ɔft] *Adv* often
öfter[s] ['œftɐ(s)] *Adv* [every] once in a while
öfter ['œftɐ] *Adv Komp von* **oft** more often
oftmals *Adv* often
oh ['o:] *Interj* oh
ohne ['o:nə] **I.** *Präp +Akk* without; **sei ~ Furcht!** don't be afraid!; **~ mich!** count me out!; **~ Geld** without any money; **~ Schutz** unprotected **II.** *Konj* **~ etw zu tun** without doing sth; **~ dass etw geschieht** without sth happening; **~ dass jd etw tut** without sb doing sth
Ohnmacht <-, -en> ['o:nmaxt] *f* ① MED faint *no pl;* **in ~ fallen** to faint ② (*Machtlosigkeit*) powerlessness
ohnmächtig ['o:nmɛçtɪç] *Adj* ① MED unconscious; **~ werden** to faint ② (*machtlos*) powerless; *Wut* helpless
Ohr <-[e]s, -en> ['o:ɐ̯] *nt* ear; **sich die ~en zuhalten** to put one's hands over one's ears ▶ **es faustdick hinter den ~en haben** to be a crafty one; **ganz ~ sein** (*fam*) to be all ears; **viel um die ~en haben** (*fam*) to have a great deal on one's plate; **jdn übers ~ hauen** (*fam*) to pull a fast one on sb; **sich aufs ~ legen** (*fam*) to put one's head down; **jdm in den ~en liegen** to badger sb; **die ~en spitzen** to prick up one's ears; **seinen ~en nicht trauen** to not believe one's ears
Öhr <-[e]s, -e> ['ø:ɐ̯] *nt* eye

ohrenbetäubend *Adj* deafening **Ohrenschmerzen** *Pl* earache

Ohrfeige <-, -n> *f* box on the ears **ohrfeigen** *tr V* **jdn ~** to box sb's ears **Ohrläppchen** <-s, -> *nt* earlobe **Ohrring** *m* earring **Ohrstecker** *m* earstud, stud earring **Ohrstöpsel** *m* earplug

Ökologe, Ökologin <-n, -n> [øko'lo:gə, -'lo:gɪn] *m, f* ecologist

Ökologie <-> [økolo'gi:] *f kein Pl* ecology

Ökologin <-, -nen> *f s.* **Ökologe**

ökologisch [øko'lo:gɪʃ] **I.** *Adj* ecological **II.** *Adv* ecologically

Ökomode *f* eco fashion

Ökonom(in) <-en, -en> [øko'no:m] *m(f)* (*geh*) economist

Ökonomie <-, -n> [økono'mi:, *Pl:* -'mi:ən] *f* ① economy ② (*als Wissenschaft*) economics + *sing verb*

ökonomisch [øko'no:mɪʃ] **I.** *Adj* ① economic ② (*sparsam*) economical **II.** *Adv* economically

Ökosteuer[RR] *f,* **Öko-Steuer** *f* environmental tax **Ökosystem** *nt* ecosystem

Oktave <-, -n> [ɔk'ta:və] *f* octave

Oktober <-s, -> [ɔk'to:bɐ] *m* October; *s. a.* **Februar**

ökumenisch [øku'me:nɪʃ] *Adj* ecumenical *form*

Öl <-[e]s, -e> ['ø:l] *nt* oil; **in ~ malen** to paint in oils ▸ **~ ins Feuer gießen** to add fuel to the flames

Ölbild *nt* oil painting

Oldtimer <-s, -> ['o:lttaimɐ] *m* vintage car

ölen ['ø:lən] *tr V* to oil

Ölfarbe *f* ① oil-based paint ② KUNST oil paint; **mit ~n malen** to paint in oils **Ölgemälde** *nt* oil painting **Ölgewinnung** *f kein Pl* ÖKON oil extraction *no pl* **Ölheizung** *f* oil-fired heating

ölig ['ø:lɪç] *Adj* ① oily ② (*pej*) slimy

Olive <-, -n> [o'li:və] *f* olive

Olivenöl *nt* olive oil

olivgrün *Adj* olive-green

Ölleitung *f* oil pipeline **Ölpest** *f* oil pollution **Ölquelle** *f* oil well **Ölsardine** *f* sardine [in oil] ▸ **wie die ~n** (*fam*) like sardines **Ölschicht** *f* film of oil **Ölstand** *m kein Pl* oil level **Ölstandsmesser** *m* oil pressure gauge **Öltanker** *m* oil tanker **Ölwechsel** *m* oil change

Olympiade <-, -n> [olʏm'pi̯a:də] *f* Olympic Games *pl*

Olympiamannschaft *f* SPORT Olympic team **Olympiastadion** *nt* Olympic stadium

olympisch [o'lʏmpɪʃ] *Adj* Olympic

Oma <-, -s> ['o:ma] *f* (*fam*) gran[ny]

Omelett <-[e]s, -e *o* -s> *nt,* **Omelette** <-, -n> [ɔm(ə)'lɛt, *Pl:* ɔm(ə)'lɛtn̩] *f* SÜDD omelette

Omnibus ['ɔmnibʊs] *m* bus

Omnibushaltestelle *f* bus stop **Omnibuslinie** *m* (*veraltend*) bus route

Onkel <-s, -> ['ɔŋkl̩] *m* uncle

Onlinebank ['ɔnlain-] *f* FIN, INET Internet bank **Onlinebanking** ['ɔnlain-bɛŋkɪŋ] *nt* online banking **Onlinebetrieb** ['ɔnlain-] *m kein Pl* online operation *no pl* **Onlinedienst** ['ɔnlain-] *m* online service

Opa <-s, -s> ['o:pa] *m* (*fam*) grandad

Oper <-, -n> ['o:pɐ] *f* opera

Operateur(in) <-s, -e> [opəra'tø:ɐ̯] *m(f)* MED surgeon

Operation <-, -en> [opəra'tsi̯o:n] *f* operation

Operationssaal *m* operating theatre [*or* AM room]

operativ [opəra'ti:f] **I.** *Adj* MED operative; **~er Eingriff** surgery **II.** *Adv* MED surgically

Operette <-, -n> [opə'rɛtə] *f* operetta

operieren* [opə'ri:rən] *tr V* **jdn/etw ~** to operate on sb/sth; **sich** *Dat* **etw ~ lassen** to have sth operated on

Opernsänger(in) *m(f)* opera singer

Opfer <-s, -> ['ɔpfɐ] *nt* ① sacrifice; **~ bringen** to make sacrifices ② (*geschädigte Person*) victim; **jdm/einer S. zum ~ fallen** to fall victim to sb/sth

opfern ['ɔpfɐn] **I.** *tr V* ① **[jdm] jdn ~** to sacrifice sb [to sb]; **[jdm] etw ~** to offer up sth [to sb] ② (*aufgeben*) to sacrifice **II.** *refl V* **sich ~** to sacrifice oneself

Opiat <-[e]s, -e> [o'pi̯a:t] *nt* opiate

Opium <-s> ['o:pi̯ʊm] *nt kein Pl* opium

Opportunismus <-> [ɔpɔrtu'nɪsmʊs] *m kein Pl* opportunism

Opportunist(in) <-en, -en> [ɔpɔrtu'nɪst] *m(f)* opportunist

opportunistisch **I.** *Adj* opportunist[ic] **II.** *Adv* opportunistically

Opposition <-, -en> [ɔpozi'tsi̯o:n] *f* **die ~** the Opposition

O

Oppositionsführer(in) *m(f)* Leader of the Opposition
Optik <-, -en> ['ɔptɪk] *f* ❶(*Wissenschaft, Lehre*) **die** ~ optics + *sing verb* ❷(*optisches System*) lens system
Optiker(in) <-s, -> ['ɔptikɐ] *m(f)* optician
optimal [ɔpti'ma:l] **I.** *Adj* optimal **II.** *Adv* in the best possible way
optimieren* [ɔpti'mi:rən] *tr V* to optimize
Optimismus <-> [ɔpti'mɪsmʊs] *m kein Pl* optimism
Optimist(in) <-en, -en> [ɔpti'mɪst] *m(f)* optimist
optimistisch **I.** *Adj* optimistic **II.** *Adv* optimistically
optisch ['ɔptɪʃ] *Adj* optical
Orakel <-s, -> [o'ra:kl̩] *nt* oracle; **das ~ befragen** to consult the oracle
orange [o'rã:ʒə, o'raŋʒə] *Adj* orange
Orange <-, -n> [o'rã:ʒə, o'raŋʒə] *f* orange
orangefarben, orangefarbig [o'raŋʒ-] *Adj* orange[-coloured] **Orangenmarmelade** [o'rã:ʒn̩-] *f* orange marmalade **Orangensaft** [o'rã:ʒn̩-] *m* orange juice **Orangenschale** [o'rã:ʒn̩-] *f* orange peel

O

Orang-Utan <-s, -s> ['o:raŋ'ʔu:tan] *m* orang-utan
Orchester <-s, -> [ɔr'kɛstɐ, ɔr'çɛstɐ] *nt* orchestra
Orchidee <-, -n> [ɔrçi'de:ə] *f* orchid
Orden <-s, -> ['ɔrdn̩] *m* ❶decoration; **jdm einen ~ verleihen** to decorate sb ❷REL [holy] order
ordentlich ['ɔrdn̩tlɪç] **I.** *Adj* ❶tidy ❷(*fam: gehörig*) proper **II.** *Adv* ❶(*säuberlich*) neatly ❷(*fam: gehörig*) properly; **~ essen** to eat well ❸(*diszipliniert*) properly
ordinär [ɔrdi'nɛ:ɐ̯] *Adj* vulgar
ordnen ['ɔrdnən] *tr V* ❶(*sortieren*) to arrange; **etw neu ~** to rearrange sth ❷(*in Ordnung bringen*) to put sth in order
Ordner <-s, -> *m* (*Aktenordner*) file
Ordner(in) <-s, -> *m(f)* steward, marshal
Ordnung <-, -en> ['ɔrdnʊŋ] *f kein Pl* ❶order; **die öffentliche ~** public order; **etw in ~ bringen** to tidy sth up; **~ halten** to keep things tidy; **~ schaffen** to tidy things up ❷(*Gesetzmäßigkeit*) structure ❸(*Vorschrift*) rules *pl* ▶ **es in ~ finden, dass ...** to find it right that ...; **es nicht in ~ finden, dass ...** to not think it's right that ...; **geht in ~!** (*fam*) that's OK; **etwas ist mit jdm/etw nicht in ~** there's something wrong with sb/sth; **in ~ sein** (*fam*) to be OK; **nicht in ~ sein** to be not right; (*nicht funktionieren*) to not be working properly
Ordnungsamt *nt* regulatory agency (*municipal authority responsible for registration, licensing, and regulating public events*) **ordnungsgemäß** **I.** *Adj* according to the rules *pred* **II.** *Adv* in accordance with the regulations **Ordnungsstrafe** *f* fine **ordnungswidrig** **I.** *Adj* illegal **II.** *Adv* illegally **Ordnungswidrigkeit** *f* infringement **Ordnungszahl** *f* ordinal number
Organ <-s, -e> [ɔr'ga:n] *nt* organ
Organhandel <-s> *m kein Pl* trade in organs
Organisation <-, -en> [ɔrganiza'tsi̯o:n] *f* organization
Organisationstalent *nt* [person with a] talent for organization
organisatorisch [ɔrganiza'to:rɪʃ] *Adj* organizational
organisch [ɔr'ga:nɪʃ] *Adj* organic
organisieren* [ɔrgani'zi:rən] **I.** *tr, intr V* to organize; **er kann ausgezeichnet ~** he's an excellent organizer **II.** *refl V* **sich ~** to organize
Organismus <-, -nismen> [ɔrga'nɪsmʊs, *Pl:* ɔrga'nɪsmən] *m* organism
Organist(in) <-en, -en> [ɔrga'nɪst] *m(f)* organist
Organspende *f* organ donation **Organspender(in)** *m(f)* organ donor **Organtransplantation** *f*, **Organverpflanzung** *f* organ transplantation
Orgasmus <-, Orgasmen> [ɔr'gasmʊs, *Pl:* ɔr'gasmən] *m* orgasm
Orgel <-, -n> ['ɔrgl̩] *f* organ
Orgelkonzert *nt* MUS (*Musikstück*) organ concerto; (*Konzert*) organ recital
Orgie <-, -n> ['ɔrgi̯ə] *f* orgy
Orient <-s> ['o:riɛnt, o'riɛnt] *m kein Pl* ❶**der [Vordere] ~** the [Near and] Middle East ❷(*veraltet: Osten*) Orient
Orientale, Orientalin <-n, -n>

[ori̯ɛn'taːlə, -'taːlɪn] *m, f person from the Middle East*

orientalisch [ori̯ɛn'taːlɪʃ] *Adj* Middle Eastern

orientieren* [ori̯ɛn'tiːrən] *refl V* ① (*sich zurechtfinden*) **sich** ~ to take a bearing (**an** on) ② (*sich einstellen*) **sich an etw** *Dat* ~ to adapt oneself to sth

Orientierung <-, -en> [ori̯ɛn'tiːrʊŋ] *f* orientation; **die** ~ **verlieren** to lose one's bearings

Orientierungssinn *m kein Pl* sense of direction

original [origi'naːl] *Adj* ① (*echt*) genuine ② (*ursprünglich*) original

Original <-s, -e> [origi'naːl] *nt* original; **im** ~ in the original

Originalfassung *f* original [version]

originell [origi'nɛl] *Adj* original

Orkan <-[e]s, -e> [ɔr'kaːn] *m* hurricane

orkanartig *Adj* hurricane-force

Ornament <-[e]s, -e> [ɔrna'mɛnt] *nt* ornament

Ort <-[e]s, -e> ['ɔrt] *m* ① place; **der** ~ **der Handlung** the scene of the action ② (*Ortschaft*) village, [small] town ▶ **an** ~ **und Stelle** there and then; **vor** ~ on the spot

OrthografieRR <-, -n> *f s.* **Orthographie**

orthografischRR *Adj s.* **orthographisch**

Orthographie <-, -n> [ɔrtogra'fiː, *Pl:* -gra'fiːən] *f* spelling

orthographisch [ɔrto'graːfɪʃ] *Adj* orthographic[al]

Orthopäde, Orthopädin <-n, -n> [ɔrto'pɛːdə, -'pɛːdɪn] *m, f* orthopaedist

Orthopädie <-> [ɔrtopɛ'diː] *f kein Pl* orthopaedics + *sing verb*

orthopädisch [ɔrto'pɛːdɪʃ] *Adj* orthopaedic

örtlich ['œrtlɪç] **I.** *Adj* local **II.** *Adv* locally; **jdn** ~ **betäuben** to give sb a local anaesthetic

Ortsangabe *f* [name of] location **Ortsausgang** *m* end of a village [*or* town] **Ortsbesichtigung** *f* local survey, site inspection

Ortschaft <-, -en> *f* village, [small] town; **eine geschlossene** ~ a built-up area

Ortseingang *m* start of a village [*or* town] **ortsfremd** *Adj* non-local; ~ **sein** to be a stranger **Ortsgespräch** *nt* local call **Ortsname** *m* place name **Ortsnetzkennzahl** *f* dialling [*or* AM area] code **Ortsschild** *nt* place name sign **Ortstarif** *m* local rate **Ortsteil** *m* part of a village [*or* town] **Ortswechsel** *m* change of one's place of residence **Ortszeit** *f* local time

O-Saft [o'zaft] *m* KOCHK (*fam: Orangensaft*) OJ

Öse <-, -n> ['øːzə] *f* eye[let]

Ossi <-s, -s> *m*, **Ossi** <-, -s> ['ɔsi] *f* (*fam*) Easterner, East German

> With the fall of the Wall between East and West Germany, a new expression arose in colloquial German. **Ossi** is used pejoratively to describe Germans originating from the former East Germany.

Ost <-[e]s, -e> ['ɔst] *m kein Pl, kein Art* east

Ostafrika *nt* East Africa *no pl, no art*

> The term **Ostalgie** decribes a certain yearning for the 'good old times' in the former German Democratic Republic, which many people felt and still feel after the initial euphoria of freedom gave way to the realities of unemployment and the loss of identity in the West. **Ostalgie** often glorifies certain objects (for example the *Ampelmännchen* of GDR traffic lights, or the *Trabant®*, a popular GDR car) or ways of daily life, which would have been typical of the GDR.

Ostalgiker(in) <-s, -> [ɔs'talgikɐ] *m(f)* (*iron*) *someone who looks back nostalgically on the former GDR* **Ostasien** *nt* East[ern] Asia **Ostberlin** [-bɛrliːn] *nt* HIST East Berlin *no pl, no art hist* **Ostblock** *m* HIST Eastern bloc *no pl, no indef art hist* **ostdeutsch** ['ɔstdɔytʃ] *Adj* East German **Ostdeutschland** ['ɔstdɔytʃlant] *nt* East[ern] Germany

Osten <-s> ['ɔstn̩] *m kein Pl, kein indef art* east; **der Ferne/Nahe** ~ the Far/Middle East; **im** ~ in the east; **nach** ~ to the east

O

Osterei *nt* Easter egg **Osterglocke** *f* daffodil

Osterhase *m* Easter bunny

> The **Osterhase** comes at Easter and hides brightly decorated hard-boiled eggs (in their shells), Easter eggs and chocolate bunnies, and other presents round the house or garden, which the children then have to find.

österlich ['øːstɐlɪç] *Adj* Easter

Ostermarsch *m* Easter peace march **Ostermontag** ['oːstɐ'moːntaːk] *m* Easter Monday

Ostern <-, -> ['oːstɐn] *nt* Easter; **frohe ~!** Happy Easter!

Österreich <-s> ['øːstəraiç] *nt* Austria

Österreicher(in) <-s, -> ['øːstəraiçɐ] *m(f)* Austrian

österreichisch ['øːstəraiçɪʃ] *Adj* Austrian; *s. a.* **deutsch**

Ostersonntag ['oːstɐ'zɔntaːk] *m* Easter Sunday

Ost-Erweiterung *f kein Pl* EU eastward expansion [of the EU]

Osteuropa ['ɔstʔɔy'roːpa] *nt* East[ern] Europe **Ostfriese**, **Ostfriesin** <-n, -n> *m, f* East Frisian **ostfriesisch** ['ɔst'friːzɪʃ] *Adj* East Frisian **Ostfriesland** ['ɔst'friːslant] *nt* East Friesland

östlich ['œstlɪç] **I.** *Adj* eastern **II.** *Adv* **~ von ...** east of ... **III.** *Präp +Gen* **~ einer S.** [to the] east of sth

Östrogen <-s, -e> [œstro'geːn] *nt* oestrogen

Ostsee ['ɔstzeː] *f* **die ~** the Baltic [Sea] **Oststaaten** *Pl* (*in USA*) Eastern states *pl* **Ost-West-Beziehungen** ['ɔst'vɛst-] *Pl* East-West relations *pl*

oszillieren* [ɔstsɪ'liːrən] *intr V* PHYS to oscillate

Otter[1] <-, -n> ['ɔtɐ] *f* (*Schlange*) adder

Otter[2] <-s, -> ['ɔtɐ] *m* (*Fischotter*) otter

Ottomotor® *m* spark ignition engine

Outing <-s, -s> ['autɪŋ] *nt* coming out

Ouvertüre <-, -n> [uver'tyːrə] *f* overture

oval [o'vaːl] *Adj* oval

Oval <-s, -e> [o'vaːl] *nt* oval

Ovulationshemmer <-s, -> *m* ovulation inhibitor

Oxid <-[e]s, -e> [ɔ'ksiːt, *Pl:* ɔ'ksiːdə] *nt* oxide

Oxidation <-, -en> [ɔksida'tsi̯oːn] *f* oxidation *no art, no pl*

oxidieren* [ɔksi'diːrən] *intr, tr V sein o haben* to oxidize

Ozean <-s, -e> ['oːtseaːn] *m* ocean; **der Atlantische/Pazifische ~** the Atlantic/Pacific Ocean

Ozelot <-s, -e> ['oːtselɔt, 'ɔtselɔt] *m* ZOOL ocelot *spec*

Ozon <-s> [o'tsoːn] *nt o m, kein Pl* ozone

ozonarm *Adj* ÖKOL low-ozone *attr* **Ozonbelastung** *f* ÖKOL ozone build-up [in the lower atmosphere] *no pl* **Ozonloch** *nt* ÖKOL **das ~** the hole in the ozone layer **Ozonschicht** *f kein Pl* **die ~** the ozone layer **Ozonsmog** [o'tsoːnsmɔk] *m* ÖKOL ozone smog

O

Pp

P, p <-, -> [peː] *nt* P, p; **ein großes P** a capital P; **ein kleines p** a small p; *s. a.* **A**

paar [paːɐ̯] *Adj* **ein ~ ...** a few ...; **ein ~ Mal** a couple of times; **alle ~ Tage** every few days

Paar <-s, -e> [paːɐ̯] *nt* pair; (*Mann und Frau*) couple; **ein ~ neue Socken** a pair of new socks; **ein ~ Würstchen** a couple of sausages

paaren [paːrən] *refl V* **sich ~** to mate

Paarung <-, -en> *f* mating

paarweise *Adv* in pairs

Pacht <-, -en> [paxt] *f* ① (*Entgelt*) rent ② (*Pachtvertrag*) lease

pachten ['paxtn̩] *tr V* to lease

Pächter(in) <-s, -> ['pɛçtɐ] *m(f)* tenant

Pack[1] <-[e]s, -e *o* Päcke> [pak, *Pl:* 'pɛkə] *m* pack

Pack[2] <-s> [pak] *nt kein Pl* (*pej*) riff-raff + *pl verb*

Päckchen <-s, -> ['pɛkçən] *nt* ① (*Postversand*) small parcel ② (*Packung*) packet

packeln ['pakl̩n] *intr V* ÖSTERR (*fam*) *s.* **paktieren**

packen ['pakn̩] *tr V* ① (*ergreifen*) to grab (**an** by) ② (*vollpacken, verstauen*) to pack; **Gepäck in den Kofferraum ~** to put luggage in the boot; **ein Paket ~** to make up a parcel *sep* ③ (*überkommen*) to seize; **von Ekel gepackt** seized by revulsion ④ (*fam: bewältigen*) to manage

Packen <-s, -> ['pakn̩] *m* bundle

packend *Adj* thrilling

Packpapier *nt* wrapping paper

Packung <-, -en> *f* pack[et]; **eine ~ Pralinen** a box of chocolates

Packungsbeilage *f* PHARM *information leaflet included in medicine packets*

Pädagoge, Pädagogin <-n, -n> [pɛda'goːgə, pɛda'goːgɪn] *m, f* ① teacher ② (*Erziehungswissenschaftler*) educationalist

Pädagogik <-> [pɛda'goːgɪk] *f kein Pl* educational theory *no art, no pl*

Pädagogin <-, -nen> *f s.* **Pädagoge**

pädagogisch [pɛda'goːgɪʃ] *Adj* educational

Paddel <-s, -> ['padl̩] *nt* paddle

Paddelboot *nt* canoe

paddeln ['padl̩n] *intr V sein o haben* to paddle

Page <-n, -n> ['paːʒə] *m* page [boy]

Paket <-[e]s, -e> [pa'keːt] *nt* ① package ② (*Postsendung*) parcel

Paketannahme *f* parcels counter

Paketausgabe *f* parcels counter

Pakistan <-s> ['paːkɪstaːn] *nt* Pakistan

Pakt <-[e]s, -e> [pakt] *m* pact

paktieren* [pak'tiːrən] *intr V* **mit jdm ~** to make a pact with sb

Palast <-[e]s, Paläste> [pa'last, *Pl:* pa'lɛstə] *m* palace

Palästina <-s> [palɛs'tiːna] *nt* Palestine

Palästinenser(in) <-s, -> [palɛs-ti'nɛnzɐ] *m(f)* Palestinian

palästinensisch [palɛsti'nɛnzɪʃ] *Adj* Palestinian

Palm <-s, -s> [pɑːm] *m* COMPUT palmtop

Palme <-, -n> ['palmə] *f* palm [tree] ▶ **jdn auf die ~ bringen** (*fam*) to drive sb up the wall

Palmsonntag [palm'zɔntaːk] *m* Palm Sunday

Pampelmuse <-, -n> ['pampl̩muːzə, pampl̩'muːzə] *f* grapefruit

Pamphlet <-[e]s, -e> [pam'fleːt] *nt* (*pej geh*) defamatory pamphlet

Panama <-s> ['panama] *nt* Panama

Panamaer(in) <-s, -> ['panamaɐ̯] *m(f)* Panamanian

panieren* [pa'niːrən] *tr V* to bread

Paniermehl *nt* breadcrumbs *pl*

Panik <-, -en> ['paːnɪk] *f* panic *no pl;* **in ~ geraten** to panic

panisch ['paːnɪʃ] *Adj attr* panic-stricken

Panne <-, -n> ['panə] *f* TECH breakdown

Pannendienst <-es, -e> *m* breakdown service

Panorama <-s, Panoramen> [pano'raːma, *Pl:* -'raːmən] *nt* panorama

panschen ['panʃn̩] *tr, intr V* to adulterate, to water down *sep*

Panter[RR] *m s.* **Panther**

Panther <-s, -> ['pantɐ] *m* panther

Pantoffel <-s, -n> [pan'tɔfl̩] *m* slipper

Pantoffelheld *m* (*fam*) henpecked husband

P

pantschen ['pantʃn̩] *tr, intr V s.* **panschen**

Panzer <-s, -> ['pantsɐ] *m* ① MIL tank ② ZOOL shell

Panzerabwehr *f* anti-tank defence **Panzerabwehrkanone** *f* MIL anti-tank gun

panzern ['pantsɐn] *tr V* to armour-plate; **gepanzert** armour-plated

Papa <-s, -s> [pa'paː, 'papa] *m* (*fam*) dad

Papagei <-s, -en> [papa'gai] *m* parrot

Paperback <-s, -s> ['peːpɐbɛk] *nt* paperback

Papi <-s, -s> ['papi] *m* (*fam*) daddy

Papier <-s, -e> [pa'piːɐ̯] *nt* ① paper ② (*Ausweise*) **~e** papers *pl*

Papiergeld *nt* paper money **Papierkorb** *m* wastepaper basket **Papierkrieg** *m* (*fam*) tiresome exchange of letters **Papierstau** *m* paper jam **Papiertaschentuch** *nt* paper handkerchief **Papiertüte** *f* paper bag **Pappbecher** *m* paper cup

Pappe <-> ['papə] *f kein Pl* cardboard

Pappel <-, -n> ['papl̩] *f* poplar

pappig ['papɪç] *Adj* (*fam*) ① (*klebrig*) sticky ② (*breiig*) mushy

Pappkarton *m* cardboard box **Pappnase** *f* false [cardboard] nose **Pappschachtel** *f* cardboard box **Pappteller** *m* paper plate

Paprika <-s, -[s]> ['paprika] *m* ① (*Gemüse*) pepper ② *kein Pl* (*Gewürz*) paprika

Papst <-[e]s, Päpste> [paːpst, *Pl:* 'pɛpstə] *m* pope

päpstlich ['pɛpstlɪç] *Adj* papal

Parabolantenne [para'boːl-] *f* satellite dish

Paradebeispiel *nt* perfect example

Paradeiser <-s, -> [para'daizɐ] *m* ÖSTERR tomato

Paradies <-es, -e> [para'diːs, *Pl:* -'diːzə] *nt* paradise ▶ **das ~ auf Erden** heaven on earth

paradox [para'dɔks] *Adj* paradoxical

ParagrafRR *m s.* **Paragraph**

Paragraph <-en, -en> [para'graːf] *m* paragraph

Paraguay <-s> ['paːragvai] *nt* Paraguay

parallel [para'leːl] *Adj, Adv* parallel

Parallele <-, -n> [para'leːlə] *f* parallel

Parallelstraße *f* parallel street

paramilitärisch ['paːramilitɛrɪʃ] *Adj* paramilitary

ParanussRR *f* Brazil nut

Parasit <-en, -en> [para'ziːt] *m* (*a. fig*) parasite

parat [pa'raːt] *Adj* **etw ~ haben** to have sth ready

Parfüm <-s, -e *o* -s> [par'fyːm] *nt* perfume

Parfümerie <-, -n> [parfymə'riː, *Pl:* -'riːən] *f* perfumery

parfümieren* [parfy'miːrən] *tr V* to perfume; **sich ~** to put on perfume *sep*

Pariser <-s, -> [pa'riːzɐ] *m* (*sl: Kondom*) French letter *dated fam*

Pariser(in) <-s, -> [pa'riːzɐ] *m(f)* Parisian

Park <-s, -s> [park] *m* park

Parka <-[s], -s> ['parka] *m* parka

Parkbank *f* park bench

Parkdeck *nt* parking level

parken ['parkn̩] *intr, tr V* to park

Parkett <-s, -e> [par'kɛt] *nt* parquet [flooring]

Parkgebühr *f* parking fee **Parkhaus** *nt* multi-storey car park [*or* AM parking lot] **Parklicht** *nt* parking light **Parklücke** *f* parking space **Parkplatz** *m* ① car park BRIT, parking lot AM ② *s.* **Parklücke** **Parkplatznot** *f kein Pl* lack of parking spaces **Parkscheibe** *f* parking disc (*a plastic dial with a clockface that drivers place in the windscreen to show the time from when the car has been parked*) **Parkstreifen** *m* lay-by, parking bay **Parksünder(in)** *m(f)* parking offender **Parkuhr** *f* parking meter **Parkverbot** *nt* parking ban **Parkwächter(in)** *m(f)* car park [*or* AM parking lot] attendant

Parlament <-[e]s, -e> [parla'mɛnt] *nt* parliament

Parlamentarier(in) <-s, -> [parlamɛn'taːri̯ɐ] *m(f)* parliamentarian

parlamentarisch [parlamɛn'taːrɪʃ] *Adj* parliamentary

Parlamentsgebäude *nt* parliament building **Parlamentsmitglied** *nt* member of parliament **Parlamentssitzung** *f* sitting of parliament **Parlamentswahl** *f* POL parliamentary election

Parmesan[käse] <-s> [parme'zaːn-] *m kein Pl* Parmesan [cheese]

P

Parodontose <-, -n> [parodɔn'to:zə] *f* receding gums, periodontosis *spec*
Partei <-, -en> [par'tai] *f* party; **für/gegen jdn ~ ergreifen** to side with/against sb; **über den ~en stehen** to be impartial
Parteiapparat *m* party apparatus, party machine[ry] **Parteifreund(in)** *m(f)* fellow party member **Parteiführer(in)** *m(f)* party leader **Parteiführung** *f* party leadership **Parteigenosse, Parteigenossin** *m, f* party member
parteiisch [par'taiɪʃ] *Adj* biased
Parteilichkeit <-> *f kein Pl* partiality, bias
parteilos *Adj* independent
Parteimitglied *nt* party member **Parteiorgan** *nt* party organ **Parteipolitik** *f* party politics + *sing verb* **parteipolitisch** **I.** *Adj* party-political *attr* **II.** *Adv* from a party political point of view **Parteiprogramm** *nt* [party] manifesto **Parteitag** *m* party conference **Parteivorsitzende(r)** *f(m) dekl wie Adj* party chairman *masc*/party chairwoman *fem*
parterre [par'tɛr] *Adv* on the ground floor
Partie <-, -n> [par'ti:, *Pl:* -'ti:ən] *f* SPORT game; **eine ~ Schach** a game of chess ▸ **eine gute ~ machen** to marry well; **mit von der ~ sein** to be in on it
Partisanenkrieg *m* guerilla war
Partizip <-s, -ien> [parti'tsi:p, *Pl:* -'tsi:pi̯ən] *nt* participle
Partner(in) <-s, -> ['partnɐ] *m(f)* partner
Partnerschaft <-, -en> *f* partnership; **in einer ~ leben** to live with somebody
Partnerstadt *f* twin town
Party <-, -s> ['pa:ɐ̯ti] *f* party; **eine ~ geben** to have a party
Partykeller *m* cellar [*or* basement] suitable for parties **Partyservice** ['pa:ɐ̯ti-zø:ɐ̯vɪs] *m* party catering service, [outside] caterers
Pass[RR] *m*, **Paß**[ALT] <Passes, Pässe> [pas, *Pl:* 'pɛsə] *m* ❶ passport ❷ GEOG pass
Passage <-, -n> [pa'sa:ʒə] *f* passage
Passagier <-s, -e> [pasa'ʒi:ɐ̯] *m* passenger; **ein blinder ~** a stowaway
Passagierliste *f* passenger list
Passant(in) <-en, -en> [pa'sant] *m(f)* passer-by
Passat[wind] <-s, -e> [pa'sa:t-] *m* trade wind
Passbild[RR] *nt* passport photo[graph]
passen[1] ['pasn̩] *intr V* ❶ *Kleider* [**jdm**] **~** to fit [sb] ❷ (*harmonieren*) **zu jdm ~** to suit sb; **das passt zu dir!** that's typical of you!; **zu etw ~** to go well with sth; **gut zueinander ~** to be suited to each other ❸ (*gelegen sein*) **jdm ~** to suit sb; **der Termin passt mir zeitlich leider gar nicht** that date isn't at all convenient for me; **passt es Ihnen, wenn wir uns morgen treffen?** would it be OK to meet up tomorrow?; **das könnte dir so ~!** (*fam*) you'd like that wouldn't you! ❹ (*unangenehm sein*) **jdm passt etw nicht** sb doesn't like sth; **es passt ihm nicht, dass wir lachen** he doesn't like us laughing
passen[2] ['pasn̩] *intr V* (*aussetzen, nicht reagieren*) **~ müssen** to have to pass
passend *Adj* fitting; **ein ~er Anzug/Schlüssel** a suit/key that fits; **die ~en Worte finden** to know the right thing to say
Passfoto[RR] *nt* passport photo
passierbar *Adj* negotiable
passieren* [pa'si:rən] *intr V sein* ❶ to happen; **ist was passiert?** has something happened?; **... sonst passiert was!** (*fam*) ... or there'll be trouble!; **jdm ~** to happen to sb; **jdm ist etwas/nichts passiert** something/nothing has happened to sb ❷ (*durchgehen*) to pass; **jdn ~ lassen** to let sb pass
passioniert [pasi̯o'ni:ɐ̯t] *Adj* (*geh*) passionate
Passionsfrucht *f* passion fruit
passiv ['pasi:f] **I.** *Adj* passive **II.** *Adv* passively
Passiv <-s, -e> ['pasi:f] *nt* passive
Passivität <-> [pasivi'tɛ:t] *f kein Pl* passivity
Passivrauchen *nt* passive smoking
Passkontrolle[RR] *f* passport control
Passstraße[RR] *f* pass
Passwort[RR] <-es, -wörter> *nt* password
Paste <-, -n> ['pastə] *f* paste
Pastellfarbe *f* pastel colour
Pastete <-, -n> [pas'te:tə] *f* pâté; (*in einer Hülle*) pie
Pastor(in) <-s, -en> ['pastoːɐ̯, -'to:rɪn, *Pl:* -'to:rən] *m(f)* s. **Pfarrer**

Patchworkfamilie ['pɛtʃwøːɐ̯k-] *f* blended family, patchwork family

Pate, Patin <-n, -n> ['paːtə, 'paːtɪn] *m, f* REL godparent, godfather *masc*, godmother *fem*

Patenkind *nt* godchild **Patenonkel** *m* godfather

Patenschaft <-, -en> *f* ❶ REL godparenthood ❷ (*fig: finanzielle Unterstützung*) sponsorship

patent [pa'tɛnt] *Adj* top-notch

Patent <-[e]s, -e> [pa'tɛnt] *nt* patent

Patentamt *nt* Patent Office

Patentante *f* godmother

patentieren* [patɛn'tiːrən] *tr V* to patent; **sich** *Dat* **etw ~ lassen** to have sth patented

Patentrecht *nt* patent law **Patentrezept** *nt* patent remedy

Pater <-s, - *o* Patres> ['paːtɐ, *Pl:* 'patreːs] *m* Father

pathologisch [pato'loːgɪʃ] *Adj* pathological

Patient(in) <-en, -en> [pa'tsi̯ɛnt] *m(f)* patient; **stationärer ~** in-patient

Patin <-, -nen> ['paːtɪn] *f* godmother

Patriarch <-en, -en> [patri'arç] *m* patriarch

patriarchalisch [patriar'çaːlɪʃ] *Adj* patriarchal

Patriarchat <-[e]s, -e> [patriar'çaːt] *nt* patriarchy

Patriot(in) <-en, -en> [patri'oːt] *m(f)* patriot

patriotisch [patri'oːtɪʃ] *Adj* patriotic

Patriotismus <-> [patrio'tɪsmʊs] *m kein Pl* patriotism

Patrone <-, -n> [pa'troːnə] *f* cartridge

patrouillieren* [patrʊl'jiːrən, patrʊ'liːrən] *intr V* to patrol

patsch [patʃ] *Interj* splash

Patsche <-, -n> ['patʃə] *f* ▶ **jdm aus der ~ helfen** to get sb out of a tight spot; **in der ~ sitzen** to be in a tight spot

patschnassRR ['patʃnas] *Adj* (*fam*) soaking wet

Patzer <-s, -> *m* (*fam*) slip-up

patzig ['patsɪç] *Adj* (*fam*) snotty

Pauke <-, -n> ['paukə] *f* kettledrum ▶ **auf die ~ hauen** (*fam: angeben*) to blow one's own trumpet; (*feiern*) to paint the town red

pauken ['paukn̩] **I.** *intr V* (*fam*) to cram **II.** *tr V* (*fam*) **etw ~** to cram for sth

Pauker(in) <-s, -> ['paukɐ] *m(f)* (*fam*) teacher

pausbäckig ['pausbɛkɪç] *Adj* chubby-cheeked

pauschal [pau'ʃaːl] **I.** *Adj* FIN flat-rate **II.** *Adv* FIN at a flat rate; **~ bezahlen** to pay in a lump sum

Pauschalbetrag *m* lump sum

Pauschale <-, -n> [pau'ʃaːlə] *f* flat rate

Pauschalpreis *m* all-inclusive price **Pauschaltourist(in)** *m(f)* TOURISM package holiday tourist **Pauschalurlaub** *m* package holiday

Pause <-, -n> ['pauzə] *f* ❶ break; **[eine] ~ machen** to have a break ❷ (*kurzes Innehalten*) pause

pausenlos **I.** *Adj* continuous **II.** *Adv* continuously

Pavian <-s, -e> ['paːvi̯aːn] *m* baboon

Pay-TV <-s, -s> ['peːtiːviː] *nt* Pay-TV

Pazifik <-s> [pa'tsiːfɪk] *m* **der ~** the Pacific

Pazifismus <-> [patsi'fɪsmʊs] *m kein Pl* pacifism

Pazifist(in) <-en, -en> [patsi'fɪst] *m(f)* pacifist

pazifistisch *Adj* pacifist

PC <-s, -s> [peː'tseː] *m Abk von* **Personal Computer** PC

Pech <-[e]s, -e> [pɛç] *nt* (*fam*) bad luck; **~ haben** to be unlucky; **~ gehabt!** tough!; **so ein ~!** just my/our/... luck!

Pechvogel *m* (*fam*) walking disaster

Pedal <-s, -e> [pe'daːl] *nt* pedal

Pedant(in) <-en, -en> [pe'dant] *m(f)* pedant

pedantisch [pe'dantɪʃ] **I.** *Adj* pedantic **II.** *Adv* pedantically

peelen [piːlən] *intr V* to exfoliate

Pegel <-s, -> ['peːgl̩] *m* water level

peilen ['pailən] *intr V* (*fam*) to peek

Pein <-> [pain] *f kein Pl* (*geh*) agony

peinigen ['painɪgn̩] *tr V* to torment

peinlich ['painlɪç] **I.** *Adj* embarrassing; **es war ihr sehr ~** she was very embarrassed about it; **etwas Peinliches** something awful **II.** *Adv* ❶ (*unangenehm*) **jdn ~ berühren** to be awkward for sb ❷ (*gewissenhaft*) **~ befolgen** to follow diligently

Peitsche <-, -n> ['paitʃə] *f* whip

peitschen ['paitʃn̩] **I.** *tr V* to whip **II.** *intr V* **gegen etw ~** to lash against sth

Pekinese <-n, -n> [peki'ne:zə] *m* Pekinese

Pelikan <-s, -e> ['pe:lika:n] *m* pelican

Pelle <-, -n> ['pɛlə] *f* (*fam*) skin ▶ **jdm auf die ~ rücken** (*bedrängen*) to badger sb

pellen ['pɛlən] (*fam*) **I.** *tr V* to peel **II.** *refl V* **sich ~** to peel

Pellkartoffeln *Pl* potatoes boiled in their jackets

Pelz <-es, -e> [pɛlts] *m* fur

Pelzkragen *m* fur collar **Pelzmantel** *m* fur coat

Pendel <-s, -> ['pɛndl̩] *nt* pendulum

pendeln ['pɛndl̩n] *intr V* ① *haben* to swing ② *sein* TRANSP to commute

Pendelverkehr *m* ① (*Nahverkehrsdienst*) shuttle service ② (*Berufsverkehr*) commuter traffic

Pendler(in) <-s, -> ['pɛndlɐ] *m(f)* commuter

Pendlerpauschale *f* FIN *tax-deductible commuting expenses for employees*

penetrant [pene'trant] **I.** *Adj* ① (*durchdringend*) penetrating ② (*aufdringlich*) overbearing **II.** *Adv* penetratingly

peng [pɛŋ] *Interj* bang

penibel [pe'ni:bl̩] *Adj* (*geh*) meticulous

Penis <-, -se> ['pe:nɪs, *Pl:* 'pe:nɪsə] *m* penis

Penizillin <-s, -e> [penitsɪ'li:n] *nt* penicillin

pennen ['pɛnən] *intr V* (*fam*) to sleep

Penner(in) <-s, -> *m(f)* (*pej fam*) bum

Pension <-, -en> [pã'zi̯o:n, pɛn'zi̯o:n] *f* ① TOURISM guest house ② (*Ruhegehalt*) pension; **in ~ gehen** to go into retirement; **in ~ sein** to be retired

Pensionat <-[e], -e> [pãzi̯o'na:t, pɛnzi̯o'na:t] *nt* (*veraltet*) boarding school

pensionieren* [pãzi̯o'ni:rən, pɛnzi̯o'ni:rən] *tr V* **pensioniert werden** to be pensioned off; **sich ~ lassen** to retire

pensioniert *Adj* retired

Pensum <-s, Pensa *o* Pensen> ['pɛnzʊm, *Pl:* 'pɛnza, 'pɛnzən] *nt* work quota

Peperoni [pepe'ro:ni] *Pl* ① chillies *pl* ② SCHWEIZ (*Gemüsepaprika*) peppers *pl*

peppig ['pɛpɪç] *Adj* (*fam*) peppy

per [pɛr] *Präp* (*durch*) by ▶ **mit jdm ~ Du/~ Sie sein** (*fam*) to address sb with 'du'/'Sie'

perfekt [pɛr'fɛkt] **I.** *Adj* perfect **II.** *Adv* perfectly

Perfekt <-s, -e> ['pɛrfɛkt] *nt* perfect

Perfektion <-> [pɛrfɛk'tsi̯o:n] *f kein Pl* perfection

Pergamentpapier *nt* greaseproof paper

Periode <-, -n> [pe'ri̯o:də] *f* period

Periodensystem *nt* periodic table

periodisch [pe'ri̯o:dɪʃ] **I.** *Adj* periodic[al] **II.** *Adv* periodically

Peripherie <-, -n> [perife'ri:, *Pl:* -'ri:ən] *f* periphery

Perle <-, -n> ['pɛrlə] *f* ① (*Schmuckperle*) pearl ② (*Kügelchen, Tropfen*) bead ③ (*Luftbläschen*) bubble

perlen ['pɛrlən] *intr V* (*geh*) **auf etw** *Dat* **~** to form beads on sth; **von etw ~** to trickle from sth

Perlenkette *f* pearl necklace

Perlhuhn *nt* guinea fowl

Perlmuschel *f* pearl oyster **Perlmutt** <-s> ['pɛrlmʊt] *nt kein Pl* mother-of-pearl

Perlon® <-s> ['pɛrlɔn] *nt kein Pl* [type of] nylon

Permafrostboden ['pɛrma-] *m* GEOG permafrost

permanent [pɛrma'nɛnt] *Adj* permanent

perplex [pɛr'plɛks] *Adj* dumbfounded

Perser(in) <-s, -> ['pɛrzɐ] *m(f)* Persian

Perserteppich *m* Persian rug

Persien <-s> ['pɛrzi̯ən] *nt* Persia

persisch ['pɛrzɪʃ] *Adj* Persian

Person <-, -en> [pɛr'zo:n] *f* person; **juristische ~** JUR legal entity; **ich für meine ~** I myself

Personal <-s> [pɛrzo'na:l] *nt kein Pl* staff

Personalausweis *m* identity card **Personalberater(in)** *m(f)* ÖKON personnel consultant **Personal Computer** ['pə:sənəl-] *m* personal computer

Personalien [pɛrzo'na:li̯ən] *Pl* particulars

Personalpronomen *nt* personal pronoun **Personalvermittlung** *f* ÖKON employment agency

Personenaufzug *m* (*form*) passenger lift BRIT, AM elevator **Personengesellschaft** *f* ÖKON (*Partnerschaft*) [ordinary] partnership; (*geschlossene Gesellschaft*) close company [*or* AM corporation] **Personenkraftwagen** *m* (*form*)

motorcar **Personenverkehr** *m* passenger transport
persönlich [pɛr'zøːnlɪç] **I.** *Adj* personal **II.** *Adv* personally; ~ **erscheinen** to appear in person
Persönlichkeit <-, -en> *f* personality
Perspektive <-, -n> [pɛrspɛk'tiːvə] *f* ❶ perspective ❷ (*Aussichten*) prospect *usu pl*
perspektivlos <-er, -este> *Adj* without prospects
Peru <-s> [pe'ruː] *nt* Peru
Peruaner(in) <-s, -> [pe'ru̯aːnɐ] *m(f)* Peruvian
peruanisch [pe'ru̯aːnɪʃ] *Adj* Peruvian; *s. a.* **deutsch**
Perücke <-, -n> [pe'rʏkə] *f* wig
pervers [pɛr'vɛrs] *Adj* perverted
Perversion <-, -en> [pɛrvɛr'zi̯oːn] *f* perversion
Pessimismus <-> [pɛsi'mɪsmʊs] *m kein Pl* pessimism
Pessimist(in) <-en, -en> [pɛsi'mɪst] *m(f)* pessimist
pessimistisch [pɛsi'mɪstɪʃ] **I.** *Adj* pessimistic **II.** *Adv* pessimistically
Pest <-> [pɛst] *f kein Pl* plague ▶ **jdm die ~ an den Hals wünschen** to wish sb would drop dead; **wie die ~ stinken** to stink to high heaven; **jdn wie die ~ hassen** to hate sb's guts
Petersilie <-, -n> [petɐ'ziːli̯ə] *f* parsley
P
Petroleum <-s> [pe'troːleʊm] *nt kein Pl* paraffin
Petroleumlampe *f* paraffin lamp
petto ['pɛto] *Adv* ▶ **etw in ~ haben** (*fam*) to have sth up one's sleeve
petzen ['pɛtsn̩] *intr V* (*pej fam*) to tell
Pfad <-[e]s, -e> [pfaːt, *Pl:* 'pfaːdə] *m* path
Pfadfinder(in) <-s, -> *m(f)* [boy] scout *masc*/[girl] guide *fem*
Pfahl <-[e]s, Pfähle> [pfaːl, *Pl:* 'pfɛːlə] *m* stake
Pfalz <-, -en> [pfalts] *f* GEOG Palatinate
Pfand <-[e]s, Pfänder> [pfant, *Pl:* 'pfɛndɐ] *nt* deposit
Pfandbrief *m* mortgage bond
pfänden ['pfɛndn̩] *tr V* [**jdm**] **etw** ~ to impound [sb's] sth
Pfandflasche *f* returnable bottle
Pfanne <-, -n> ['pfanə] *f* pan ▶ **jdn in die ~ hauen** (*sl*) to do the dirty [*or* AM play a mean trick] on sb
Pfannkuchen *m* pancake
Pfarramt *nt* vicarage
Pfarrei <-, -en> ['pfa'rai] *f* ❶ (*Gemeinde*) parish ❷ *s.* **Pfarramt**
Pfarrer(in) <-s, -> ['pfarɐ] *m(f)* (*katholisch*) priest; (*evangelisch*) pastor; (*anglikanisch*) vicar
Pfau <-[e]s *o* -en, -en> [pfau] *m* peacock
Pfeffer <-s, -> ['pfɛfɐ] *m* pepper ▶ **hingehen, wo der ~ wächst** (*fam*) to go to hell
Pfefferkuchen *m* gingerbread
Pfefferminzbonbon *nt* peppermint
Pfefferminze *f kein Pl* peppermint
Pfefferminztee *m* peppermint tea
Pfeffermühle *f* pepper mill
pfeffern ['pfɛfɐn] *tr V* ❶ KOCHK **etw** ~ to season sth with pepper ❷ (*fam: werfen*) **etw irgendwohin** ~ to fling sth somewhere
Pfeife <-, -n> ['pfaifə] *f* ❶ pipe; ~ **rauchen** to smoke a pipe ❷ (*Trillerpfeife*) whistle ▶ **nach jds ~ tanzen** to dance to sb's tune
pfeifen <pfiff, gepfiffen> ['pfaifn̩] *intr V* ❶ to whistle ❷ (*fam: verzichten können*) **auf etw** *Akk* ~ not to give a damn about sth
Pfeifton *m* whistle
Pfeil <-s, -e> [pfail] *m* arrow; ~ **und Bogen** bow and arrow
Pfeiler <-s, -> ['pfailɐ] *m* pillar
Pfennig <-s, -e> ['pfɛnɪç] *m* (*hist*) pfennig; **keinen ~ wert sein** to be worth nothing ▶ **jeden ~ umdrehen** (*fam*) to think twice about every penny one spends
Pfennigfuchser(in) <-s, -> [-fʊksɐ] *m(f)* (*fam*) penny-pincher
Pferd <-[e]s, -e> [pfeːɐ̯t, *Pl:* -də] *nt* ❶ horse; **zu ~e** (*geh*) on horseback ❷ SCHACH knight ▶ **mit jdm ~e stehlen können** sb is game for anything
Pferderennbahn *f* racecourse **Pferderennen** *nt* horse-racing **Pferdeschwanz** *m* (*Frisur*) ponytail **Pferdestall** *m* stable **Pferdestärke** *f* horsepower
pfiff [pfɪf] *Imp von* **pfeifen**
Pfiff <-s, -e> [pfɪf] *m* whistle
Pfifferling <-[e]s, -e> ['pfɪfɐlɪŋ] *m* chanterelle ▶ **keinen ~ wert sein** to not be worth a thing

pfiffig ['pfɪfɪç] *Adj* smart
Pfingsten <-, -> ['pfɪŋstn̩] *nt* Whitsun
Pfingstfest *nt* (*geh*) *s.* **Pfingsten** **Pfingstmontag** *m* Whit Monday **Pfingstrose** *f* peony **Pfingstsonntag** *m* Whit Sunday
Pfirsich <-s, -e> ['pfɪrzɪç] *m* peach
Pflanze <-, -n> ['pflantsə] *f* plant
pflanzen ['pflantsn̩] *tr V* to plant
Pflanzenfresser *m* herbivore **Pflanzenschutzmittel** *nt* pesticide
pflanzlich *Adj* ① plant-based ② (*vegetarisch*) vegetarian
Pflaster <-s, -> ['pflastɐ] *nt* ① MED plaster ② BAU road surface ▶ **ein gefährliches ~** (*fam*) a dangerous place
Pflastermaler(in) *m(f)* pavement artist
pflastern ['pflastɐn] *tr V* to pave
Pflasterstein ['pflastɐ-] *m* paving stone
Pflaume <-, -n> ['pflaumə] *f* plum
Pflege <-> ['pfle:gə] *f kein Pl* ① care; (*Fellreinigung*) grooming ② MED nursing; **jdn/ein Tier [bei jdm] in ~ geben** to have sb/an animal looked after [by sb]; **jdn/ein Tier in ~ nehmen** to look after sb/an animal
pflegebedürftig *Adj* in need of care *pred* **Pflegeeltern** *Pl* foster parents **Pflegefall** *m* **jd ist ein ~** sb needs constant nursing care **Pflegeheim** *nt* nursing home **Pflegekind** *nt* foster child **Pflegekosten** *Pl* nursing fees *pl* **pflegeleicht** *Adj* easy-care *attr*
pflegen ['pfle:gn̩] **I.** *tr V* ① (*umsorgen*) **jdn ~** to care for sb ② *Garten* to tend ③ (*schützend behandeln*) to look after ④ (*kosmetisch*) to treat (**mit** with) ⑤ (*gewöhnlich tun*) **etw zu tun ~** to usually do sth ⑥ *Freundschaft, Kunst* to cultivate **II.** *refl V* **sich ~** (*Körperpflege*) to take care of one's appearance
Pfleger(in) <-s, -> *m(f)* [male] nurse *masc*/nurse *fem*
Pflegesatz *m* hospital charges *pl*
Pflegespülung *f* conditioner

National insurance in Germany is divided into two components: the *Rentenversicherung,* which is the public pension scheme, and the **Pflegeversicherung,** which covers the care of the elderly. Both are automatically deducted from an employee's monthly pay, along with the *Krankenversicherung* (health insurance).

pfleglich ['pfle:klɪç] **I.** *Adj* careful **II.** *Adv* carefully
Pflicht <-, -en> [pflɪçt] *f* duty; **die ~ ruft** duty calls; **nur seine ~ tun** to only do one's duty
pflichtbewusst[RR] *Adj* conscientious **Pflichtbewusstsein**[RR] *nt* sense of duty **Pflichtfach** *nt* compulsory subject **Pflichtgefühl** *nt kein Pl* sense of duty **pflichtgemäß** *Adv* dutifully **Pflichtteil** *m o nt* JUR statutory [minimum] portion (*of an inheritance*) **Pflichtübung** *f* compulsory exercise **Pflichtverteidiger(in)** *m(f)* court-appointed defence counsel
pflücken ['pflʏkn̩] *tr V* to pick
Pflug <-es, Pflüge> [pflu:k, *Pl:* 'pfly:gə] *m* plough, *esp* AM plow
pflügen *intr, tr V* to plough, *esp* AM to plow
Pforte <-, -n> ['pfɔrtə] *f* gate
Pförtner(in) <-s, -nen> ['pfœrtnɐ] *m(f)* porter
Pfosten <-s, -> ['pfɔstn̩] *m* post
Pfote <-, -n> ['pfo:tə] *f* paw
pfui [pfui] *Interj* yuck
Pfund <-[e]s, -e *o nach Zahlenangabe* -> [pfʊnt, *Pl:* 'pfʊndə] *nt* pound
pfuschen ['pfʊʃn̩] *intr V* to be sloppy
Pfuscherei <-, -en> [pfʊʃɛ'rai] *f* bungling, botching
Pfütze <-, -n> ['pfʏtsə] *f* puddle
Phänomen <-s, -e> [fɛno'me:n] *nt* phenomenon
phänomenal [fɛnome'na:l] *Adj* phenomenal
Phantasie <-, -n> [fanta'zi:, *Pl:* -'zi:ən] *f s.* **Fantasie**
Phantasiegebilde *nt s.* **Fantasiegebilde**
phantasielos *Adj s.* **fantasielos**
phantasieren* [fanta'zi:rən] *tr, intr V s.* **fantasieren**
phantasievoll *Adj s.* **fantasievoll**
Phantast(in) <-en, -en> [fan'tast] *m(f) s.* **Fantast**
Phantasterei <-, -en> [fantastə'rai] *f s.* **Fantasterei**
phantastisch [fan'tastɪʃ] *Adj s.* **fantastisch**

P

Phantom <-s, -e> [fan'to:m] *nt* phantom

Phantombild *nt* identikit® [picture] BRIT, composite sketch AM

Pharisäer <-s, -> [fari'zɛ:ɐ] *m* Pharisee

Pharmaindustrie *f* pharmaceutical industry

pharmazeutisch [farma'tsɔytɪʃ] *Adj* pharmaceutical

Pharmazie <-> [farma'tsi:] *f kein Pl* pharmacy

Philippinen [filɪ'pi:nən] *Pl* **die ~** the Philippines *pl*

Philippiner(in) <-s, -> [filɪ'pi:nɐ] *m(f)* Filipino

philippinisch [filɪ'pi:nɪʃ] *Adj* Philippine; *s. a.* **deutsch**

Philologe, Philologin <-n, -n> [filo'lo:gə, -'lo:gɪn] *m, f* philologist

Philologie <-, -n> [filolo'gi:, *Pl:* -'gi:ən] *f* philology

Philologin <-, -nen> *f s.* **Philologe**

Philosoph(in) <-en, -en> [filo'zo:f] *m(f)* philosopher

Philosophie <-, -n> [filozo'fi:, *Pl:* -'fi:ən] *f* philosophy

philosophieren* [filozo'fi:rən] *intr V* to philosophize

philosophisch [filo'zo:fɪʃ] *Adj* philosophical

Phobie <-, -n> [fo'bi:, *Pl:* -'bi:ən] *f* phobia

P

Phonetik <-> [fo'ne:tɪk] *f kein Pl* phonetics + *sing verb*

Phosphat <-[e]s, -e> [fɔs'fa:t] *nt* phosphate

Phosphor <-s> ['fɔsfo:ɐ̯] *m kein Pl* phosphorus

Photosynthese [fotozʏn'te:zə] *f s.* **Fotosynthese**

Phrase <-, -n> ['fra:zə] *f* (*pej*) empty phrase

Phrasendrescher(in) <-s, -> *m(f)* (*pej*) windbag

pH-Wert [pe'ha:-] *m* pH-value

Physik <-> [fy'zi:k] *f kein Pl* physics + *sing verb, no art*

physikalisch [fyzi'ka:lɪʃ] *Adj* physical

Physiker(in) <-s, -> ['fyzikɐ] *m(f)* physicist

Physiotherapeut(in) <-en, -en> [fyzi̯otera'pɔyt] *m(f)* physiotherapist

Physiotherapie [fyzi̯otera'pi:] *f kein Pl* physiotherapy

physisch ['fy:zɪʃ] *Adj* physical

Pi <-[s], -s> [pi:] *nt* pi

Pianist(in) <-en, -en> [pi̯a'nɪst] *m(f)* pianist

Piano <-s, -s> ['pi̯a:no] *nt* piano

Pickel <-s, -> ['pɪkl̩] *m* pimple

pickelig ['pɪkəlɪç] *Adj* spotty BRIT, pimply

picken ['pɪkn̩] **I.** *intr V Vogel* to peck (**nach** at) **II.** *tr V* **etw aus etw ~** to pick sth out of sth

picklig ['pɪklɪç] *Adj s.* **pickelig**

Picknick <-s, -s *o* -e> ['pɪknɪk] *nt* picnic

piepen ['pi:pn̩] *intr V* to peep ▸ **bei jdm piept es** (*fam*) sb is off his/her head

Pier <-s, -s *o* -e> [pi:ɐ̯] *m* pier

pietätlos [pie'tɛ:tlo:s] *Adj* (*geh*) irreverent

Pigment <-s, -e> [pɪg'mɛnt] *nt* pigment

Pik <-s, -> [pi:k] *nt* spade; **~ Ass** ace of spades

pikant [pi'kant] *Adj* spicy

Pike <-, -n> ['pi:kə] *f* ▸ **von der ~ auf lernen** to start at the bottom

pikiert [pi'ki:ɐ̯t] *Adv* (*geh*) peevishly

Pikkolo <-s, -s> ['pɪkolo] *m* (*fam*) mini bottle (*of sparkling wine*)

piksen ['pi:ksn̩] *tr, intr V* (*fam*) to prick

Pilger(in) <-s, -> ['pɪlgɐ] *m(f)* pilgrim

pilgern ['pɪlgɐn] *intr V sein* to make a pilgrimage (**nach** to)

Pille <-, -n> ['pɪlə] *f* pill; **die ~** (*Antibabypille*) the pill; **die ~ nehmen** to be on the pill; **die ~ danach** the morning-after pill ▸ **eine bittere ~ schlucken müssen** (*fam*) to have to swallow a bitter pill

Pillenknick *m* decline in the birth rate (*due to the pill*)

Pilot(in) <-en, -en> [pi'lo:t] *m(f)* pilot

Pils <-, -> [pɪls] *nt* pilsner

Pilz <-es, -e> [pɪlts] *m* ❶ fungus; (*Speisepilz*) mushroom ❷ MED fungal infection ▸ **wie ~e aus dem Boden schießen** to mushroom

Pilzerkrankung *f* fungal disease **Pilzvergiftung** *f* fungus poisoning *no art*

PIN <-, -s> [pɪn] *f Akr von* **personal identification number** pin

Pinguin <-s, -e> ['pɪŋgui:n] *m* penguin

Pinie <-, -n> ['pi:ni̯ə] *f* stone pine

pinkeln ['pɪŋkl̩n] *intr V* (*fam*) to pee

Pinnwand *f* pinboard

Pinscher <-s, -> [ˈpɪnʃɐ] *m* pinscher

Pinsel <-s, -> [ˈpɪnzl̩] *m* brush

pinseln [ˈpɪnzl̩n] *tr V* to paint; **etw irgendwohin ~** to daub sth somewhere

Pinte <-, -n> [ˈpɪntə] *f* (*fam*) pub BRIT, bar AM

Pinzette <-, -n> [pɪnˈtsɛtə] *f* tweezers *pl*

Pionier(in) <-s, -e> [pi̯oˈniːɐ̯] *m(f)* pioneer

Pioniergeist *m kein Pl* SOZIOL pioneering spirit

Pirat(in) <-en, -en> [piˈraːt] *m(f)* pirate

Pisse <-> [ˈpɪsə] *f kein Pl* (*derb*) piss

pissen [ˈpɪsn̩] *intr V* ① (*derb*) to piss ② (*sl: regnen*) **es pisst schon wieder** it's pissing down again

Pistazie <-, -n> [pɪsˈtaːtsi̯ə] *f* pistachio

Piste <-, -n> [ˈpɪstə] *f* ① (*Skipiste*) piste ② AUTO track ③ LUFT runway

Pistole <-, -n> [pɪsˈtoːlə] *f* pistol ▶ **jdm die ~ auf die Brust setzen** to hold a gun to sb's head; **wie aus der ~ geschossen** (*fam*) like a shot

Placebo <-s, -s> [plaˈtseːbo] *nt* MED, PSYCH placebo

Placeboeffekt *m* placebo effect

Plackerei <-, -en> [plakəˈrai] *f* (*fam*) grind *no pl*

plädieren* [plɛˈdiːrən] *intr V* ① JUR **auf schuldig/unschuldig ~** to plead guilty/not guilty ② (*sich einsetzen*) **für etw ~** to plead for sth; **dafür ~, dass ...** to plead, that ...

Plädoyer <-s, -s> [plɛdo̯aˈjeː] *nt* plea

Plage <-, -n> [ˈplaːgə] *f* nuisance

plagen [ˈplaːgn̩] **I.** *tr V* to bother **II.** *refl V* (*sich abrackern*) **sich [mit etw] ~** to slave away [over sth]

Plakat <-[e]s, -e> [plaˈkaːt] *nt* poster

Plakette <-, -n> [plaˈkɛtə] *f* badge

Plan <-[e]s, Pläne> [plaːn, *Pl:* ˈplɛːnə] *m* ① plan; **jds Pläne durchkreuzen** to thwart sb's plans; **nach ~ laufen** to go according to plan ② (*Karte*) map ▶ **jdn auf den ~ bringen/rufen** to bring sb on to the scene

Plane <-, -n> [ˈplaːnə] *f* tarpaulin

planen [ˈplaːnən] *tr V* to plan

Planet <-en, -en> [plaˈneːt] *m* planet

Planetarium <-s, -tarien> [planeˈtaːri̯ʊm, *Pl:* -ˈtaːri̯ən] *nt* planetarium

planieren* [plaˈniːrən] *tr V* to level [off]

Planierraupe *f* bulldozer

Planke <-, -n> [ˈplaŋkə] *f* plank

Plankton <-s> [ˈplaŋktɔn] *nt kein Pl* plankton

planlos *Adj* aimless

planmäßig *Adv* TRANSP as scheduled

Planschbecken *nt* paddling [*or* AM kiddie] pool

planschen [ˈplanʃn̩] *intr V* to splash

Planstelle *f* post

Plantage <-, -n> [planˈtaːʒə] *f* plantation

Planung <-, -en> *f* planning; **in der ~ befindlich** in [*or* at] the planning stage

Plappermaul *nt* (*pej fam*) chatterbox

plappern [ˈplapɐn] *intr V* to chatter

plärren [ˈplɛrən] *intr V* (*fam*) to bawl

Plasma <-s, Plasmen> [ˈplasma, *Pl:* ˈplasmən] *nt* plasma

Plastik¹ <-s> [ˈplastɪk] *nt kein Pl* plastic; **aus ~** plastic

Plastik² <-, -en> [ˈplastɪk] *f* KUNST sculpture

Plastikbecher *m* plastic cup **Plastikfolie** *f* plastic film **Plastikgeld** *nt* (*fam*) plastic money **Plastiktüte** *f* plastic bag

plastisch [ˈplastɪʃ] **I.** *Adj* ① (*räumlich*) three-dimensional ② (*anschaulich*) vivid ③ MED plastic **II.** *Adv* vividly

Platin <-s> [ˈplaːtiːn] *nt kein Pl* platinum

platonisch [plaˈtoːnɪʃ] *Adj* (*geh*) platonic

plätschern [ˈplɛtʃɐn] *intr V Brunnen* to splash; *Bach* to burble; *Regen* to patter

platt [plat] **I.** *Adj* ① (*flach*) flat ② (*geistlos*) dull ③ (*fam: verblüfft*) **~ sein** to be flabbergasted **II.** *Adv* flat; **~ drücken/fahren/walzen** to flatten

Platt <-[s]> [plat] *nt kein Pl* (*fam*) Low German

Plattdeutsch [ˈplatdɔytʃ] *nt* Low German

Platte <-, -n> [ˈplatə] *f* ① (*Steinplatte*) slab ② (*Metallplatte*) sheet ③ (*Schallplatte*) record

Plattencover <-[s], -> *nt* MUS record sleeve **Plattenfirma** *f* MUS, ÖKON record company **Plattenlabel** *nt* MUS ① (*Schallplattenetikett*) record label ② (*Schallplattenfirma*) record label **Plattenspieler** *m* record player **Plattform** *f* ① (*Fläche*) platform ② (*geh: Standpunkt*) basis

Platz <-es, Plätze> [plats, *Pl:*

'plɛtsə] *m* ❶ place ❷ (*in Stadt*) square ❸ (*Sitzplatz*) seat; ~ **nehmen** to take a seat ❹ (*freier Raum*) room ▶ **fehl am ~[e] sein** to be out of place; **in etw** *Dat* **keinen ~ haben** to have no place for sth; **auf die Plätze, fertig, los!** ready, steady, go!, on your marks, get set, go!; **~!** (*an einen Hund gerichtet*) sit!

Platzangst *f* (*fam*) claustrophobia; **~ bekommen** to get claustrophobic

Plätzchen <-s, -> ['plɛtsçən] *nt* ❶ *Dim von* **Platz** spot ❷ KOCHK biscuit BRIT, cookie AM

platzen ['platsn̩] *intr V sein* ❶ (*zerplatzen*) to burst ❷ (*aufplatzen*) to split ❸ (*nicht stattfinden*) **das Fest ist geplatzt** the party is off; **etw ~ lassen** to call sth off ❹ (*fig*) **vor Neid/Neugier/Wut ~** to be bursting with envy/curiosity/rage

platzieren*[RR] **I.** *tr V a.* MEDIA to place **II.** *refl V* ❶ (*geh*) **sich irgendwo ~** to take a seat somewhere ❷ SPORT **sich ~** to be placed; (*Tennis*) to be seeded

Platzkarte *f* seat reservation **Platzregen** *m* cloudburst **Platzreservierung** *f* reservation [of a seat] **Platzwunde** *f* laceration

Plauderei <-, -en> [plaudə'rai] *f* chat

plaudern ['plaudɐn] *intr V* to [have a] chat

plausibel [plau'zi:bl̩] *Adj* plausible; **jdm etw ~ machen** to explain sth to sb

Play-back[RR], **Playback** <-, -s> ['ple:bɛk] *nt* backing track

Playboy <-s, -s> ['ple:bɔy] *m* playboy

Plazenta <-, -s *o* Plazenten> [pla'tsɛnta, *Pl:* -tsɛntən] *f* placenta

plazieren*[ALT] [pla'tsi:rən] *tr, refl V s.* **platzieren**

pleite ['plaitə] *Adj* (*fam*) **~ sein** to be broke

Pleite <-, -n> ['plaitə] *f* (*fam*) ❶ bankruptcy; **~ machen** to go bust ❷ (*Reinfall*) flop

pleite|gehen *intr V* to go bust

Plenarsitzung *f* plenary session

Plenum <-s, Plena> ['ple:nʊm, *Pl:* ple:na] *nt* plenum

Plombe <-, -n> ['plɔmbə] *f* ❶ MED filling ❷ (*Bleisiegel*) lead seal

plombieren* [plɔm'bi:rən] *tr V* ❶ MED to fill ❷ (*versiegeln*) to seal

P

plötzlich ['plœtslɪç] **I.** *Adj* sudden **II.** *Adv* suddenly

plump [plʊmp] **I.** *Adj* ❶ (*schwerfällig*) ungainly ❷ (*dummdreist*) obvious **II.** *Adv* ❶ (*schwerfällig*) clumsily ❷ (*dummdreist*) crassly

Plunder <-s> ['plʊndɐ] *m kein Pl* junk

plündern ['plʏndɐn] *tr V* to plunder

Plural <-s, -e> [plu'ra:l] *m* plural

pluralistisch [plura'lɪstɪʃ] *Adj* (*geh*) pluralistic

plus [plʊs] *Präp, Adv* plus

Plus <-, -> [plʊs] *nt* ❶ plus ❷ ÖKON surplus; **im ~ sein** to be in the black

Plüsch <-[e]s, -e> [plʏʃ] *m* plush

Plüschtier *nt* soft-toy

Plusquamperfekt <-s, -e> ['plʊskvampɛrfɛkt] *nt* past perfect

Pneu <-s, -s> [pnɔy] *m bes* SCHWEIZ (*Reifen*) tyre

Po <-s, -s> [po:] *m* (*fam*) bottom

pochen ['pɔxn̩] *intr V* ❶ to knock (**auf** on) ❷ *Herz* to pound ❸ (*bestehen*) to insist (**auf** on)

Pocke <-, -n> ['pɔkə] *f* pock

Pocken *Pl* smallpox *no art*

Pockenimpfung *f*, **Pockenschutzimpfung** *f* smallpox vaccination

Podcast <-s, -s> ['pɔtka:st] *m* INET podcast

Podest <-[e]s, -e> [po'dɛst] *nt o m* rostrum

Poesie <-> [poe'zi:] *f kein Pl* poetry

Poet(in) <-en, -en> [po'e:t] *m(f)* poet

poetisch [po'e:tɪʃ] *Adj* poetic[al]

Pointe <-, -n> ['po̯ɛ̃:tə] *f eines Witzes* punch line; *einer Geschichte* point

pointiert [po̯ɛ̃'ti:ɐt] *Adj* (*geh*) pointed

Pokal <-s, -e> [po'ka:l] *m* cup

Pokalsieger *m* cup-winner

Poker <-s> ['po:kɐ] *nt kein Pl* poker

pokern ['po:kɐn] *intr V* to play poker

Pol <-s, -e> [po:l] *m* pole ▶ **der ruhende ~** the calming influence

polar [po'la:ɐ̯] *Adj* polar

Polarkreis *m* polar circle; **nördlicher/südlicher ~** Arctic/Antarctic circle **Polarstern** *m* Pole Star

Pole, Polin <-n, -n> ['po:lə, 'po:lɪn] *m, f* Pole

polemisch [po'le:mɪʃ] (*geh*) **I.** *Adj* polemical **II.** *Adv* polemically

Polen <-s> ['po:lən] *nt* Poland

polieren* [po'li:rən] *tr V* to polish

▸ **jdm die <u>Fresse</u> ~** (*sl*) to smash sb's face in

Polin <-, -nen> *f s.* **Pole**

Polio <-> ['poːli̯o] *f kein Pl* polio *no pl*

Politesse <-, -n> [poli'tɛsə] *f* [female] traffic warden Brit, meter maid Am

Politik <-, -en> [poli'tiːk] *f* ❶ *kein Pl* politics *+ sing verb, no art;* **in die ~ gehen** to go into politics ❷ (*Strategie*) policy; **eine bestimmte ~ verfolgen** to pursue a certain policy

Politiker(in) <-s, -> [po'liːtikɐ] *m(f)* politician

politisch [po'liːtɪʃ] **I.** *Adj* political **II.** *Adv* politically

Politologe, Politologin <-n, -n> [polito'loːgə, -'loːgɪn] *m, f* political scientist

Polizei <-, -en> [poli'tsai] *f* **die ~** the police *+ sing/pl verb* ▸ **<u>dümmer</u> als die ~ erlaubt** (*fam*) as thick as two short planks

Polizeibeamte(r) *m dekl wie Adj,* **Polizeibeamtin** *f* police officer **Polizeidienststelle** *f* police station **Polizeihund** *m* police dog

polizeilich **I.** *Adj* police **II.** *Adv* by the police; **~ gemeldet sein** to be registered with the police **Polizeipräsident(in)** *m(f)* chief constable Brit, chief of police Am **Polizeipräsidium** *nt* police headquarters *+ sing/pl verb* **Polizeirevier** *nt* ❶ police station ❷ (*Bezirk*) [police] district [*or* Am precinct] **Polizeischutz** *m* **unter ~ stehen** to be under police protection **Polizeistreife** *f* police patrol **Polizeistunde** *f* closing time

Polizist(in) <-en, -en> [poli'tsɪst] *m(f)* police officer

Polizze <-, -n> [po'lɪtsə] *f* österr (*Police*) [insurance] policy

Pollen <-s, -> ['pɔlən] *m* pollen

Pollenallergie *f* pollen allergy

Pollenflug *m kein Pl* pollen dispersal

polnisch ['pɔlnɪʃ] *Adj* Polish; *s. a.* **deutsch**

Polnisch ['pɔlnɪʃ] *nt dekl wie Adj* Polish; *s. a.* **Deutsch**

Polster <-s, -> ['pɔlstɐ] *nt o* österr *m* upholstery *no pl, no indef art*

Polstergarnitur *f* suite **Polstermöbel** *nt meist Pl* upholstered furniture *no pl* **Polstersessel** *m* [upholstered] armchair, easy chair

Polterabend ['pɔltɐ-] *m*

Celebrated with friends and relatives, a **Polterabend** is held on the eve of a wedding. Traditionally, crockery is smashed to bring good luck and the bridal couple are left to sweep away the mess.

poltern ['pɔltɐn] *intr V* (*rumpeln*) to bang

Polyester <-s, -> [poly'ʔɛstɐ] *m* polyester

Polygamie <-> [polyga'miː] *f kein Pl* polygamy

Polyp <-en, -en> [po'lyːp] *m* polyp

Pomade <-, -n> [po'maːdə] *f* pomade

Pomeranze <-, -n> [pomə'rantsə] *f* kochk Seville orange

Pommes ['pɔməs] *Pl* (*fam*), **Pommes frites** [pɔm'frɪt] *Pl* French fries

Pomp <-[e]s> [pɔmp] *m kein Pl* pomp

pompös [pɔm'pøːs] *Adj* grandiose

Pontius ['pɔntsi̯ʊs] *m* ▸ **von ~ zu <u>Pilatus</u> laufen** (*fam*) to run from pillar to post

Pony[1] <-s, -s> ['pɔni] *nt* (*Pferd*) pony

Pony[2] <-s, -s> ['pɔni] *m* fringe Brit, bangs *pl* Am

Popliteratur ['pɒp-] *f* pop literature

Popo <-s, -s> [po'poː] *m* (*fam*) bottom

populär [popu'lɛːɐ̯] *Adj* popular

Popularität <-> [populari'tɛːt] *f kein Pl* popularity

populärwissenschaftlich *Adj* popular scientific

Pore <-, -n> ['poːrə] *f* pore

Porno <-s, -s> ['pɔrno] *m* (*fam*) porn

Pornofilm *m* (*fam*) skin flick

Pornografie[RR] <-> [pɔrnogra'fiː] *f kein Pl* pornography

pornografisch[RR] [pɔrno'graːfɪʃ] *Adj* pornographic

Pornographie *f s.* **Pornografie**

pornographisch *Adj s.* **pornografisch**

porös [po'røːs] *Adj* porous

Portal <-s, -e> [pɔr'taːl] *nt* portal

Portemonnaie <-s, -s> [pɔrtmɔ'neː] *nt s.* **Portmonee**

Portier <-s, -s> [pɔr'ti̯eː] *m* porter Brit, doorman Am

Portion <-, -en> [pɔr'tsi̯oːn] *f* kochk portion ▸ **eine <u>halbe</u> ~** (*fam*) a half-pint

Portmonee <-s, -s> [pɔrtmɔ'neː] *nt* purse

P

Porto <-s, -s *o* Porti> ['pɔrto, *Pl:* pɔrti] *nt* postage *no pl*

portofrei *Adj* postage-prepaid **portopflichtig** *Adj* liable to postage *pred*

Porträt <-s, -s> [pɔr'trɛː] *nt* portrait

Portugal <-s> ['pɔrtugal] *nt* Portugal

Portugiese, **Portugiesin** <-n, -n> [portu'giːzə] *m, f* Portuguese

portugiesisch [pɔrtu'giːzɪʃ] *Adj* Portuguese; *s. a.* **deutsch**

Portugiesisch [pɔrtu'giːzɪʃ] *nt dekl wie Adj* Portuguese; *s. a.* **Deutsch**

Portwein ['pɔrtvain] *m* port

Porzellan <-s, -e> [pɔrtsɛ'laːn] *nt* china *no pl*

Posaune <-, -n> [po'zaunə] *f* trombone

Pose <-, -n> ['poːzə] *f* pose; **eine bestimmte ~ einnehmen** to take up a certain pose

Position <-, -en> [pozi'tsi̯oːn] *f* position

positiv ['poːzitiːf] **I.** *Adj* positive **II.** *Adv* positively; **etw ~ beeinflussen** to have a positive influence on sth; **sich ~ verändern** to change for the better

Positiv <-s, -e> ['poːzitiːf] *nt* positive

possierlich <-er, -ste> [pɔ'siːɐ̯lɪç] *Adj* sweet Brit, cute Am

Post <-> [pɔst] *f kein Pl* ① *(Institution)* Post Office; **etw mit der ~ schicken** to send sth by post [*or* by mail Am] ② *(Dienststelle)* post office ③ *(Briefe)* mail

Postamt *nt* post office **Postbeamte(r)** [krimi'naːl-] *m dekl wie Adj,* **Postbeamtin** *f* post office official **Postbote**, **Postbotin** *m, f* postman *masc*/postwoman *fem* Brit, mail carrier Am

posten [poʊstn̩] *tr V* inet to post

Posten <-s, -> ['pɔstn̩] *m* post ▶ **auf verlorenem ~ kämpfen** to be fighting a losing battle

Postfach *nt* post office [*or* PO] box **Postgeheimnis** *nt* postal secrecy

Postgiroamt [-ʒiːro-] *nt* Girobank **Postgirokonto** *nt* giro [*or* Am postal checking] account

Postkarte *f* postcard **postlagernd** *Adj* poste restante Brit, general delivery Am **Postleitzahl** *f* postcode Brit, zip code Am **Postpaket** *nt* parcel, [postal] packet **Postscheck** *m* giro cheque **Postsparkasse** *f* Post Office Giro [*or* Am postal savings] bank **Poststempel** *m* postmark

posttraumatisch [pɔsttrau'maːtɪʃ] *Adj* psych *(fachspr)* post-traumatic

Postüberweisung *f* Girobank transfer **Postzustellung** *f* postal delivery

Potenz <-, -en> [po'tɛnts] *f* potency

Pott <-[e]s, Pötte> [pɔt, *Pl:* 'pœtə] *m* *(fam)* pot

Powerfrau ['pauɐ-] *f (fam)* superwoman

Pracht <-> [praxt] *f kein Pl* splendour; **eine wahre ~ sein** *(fam)* to be [really] great

prächtig ['prɛçtɪç] *Adj* magnificent

Prädikat <-[e]s, -e> [prɛdi'kaːt] *nt* predicate

Prädikatsnomen *nt* ling predicative noun, complement

Präferenz <-, -en> [prɛfe'rɛnts] *f (geh)* preference

Präfix <-es, -e> ['prɛfɪks] *nt* prefix

Prag <-s> [praːk] *nt* Prague

prägen ['prɛːgn̩] *tr V* ① *Münzen* to mint; *Wort* to coin ② *(erinnern)* **sich** *Dat* **etw ins Gedächtnis ~** to engrave sth on one's mind ③ *(formen)* **[jdn] ~** to leave one's mark [on sb]

pragmatisch [prag'maːtɪʃ] **I.** *Adj* pragmatic **II.** *Adv* pragmatically

prägnant [prɛ'gnant] **I.** *Adj (geh)* succinct **II.** *Adv* **sich ~ ausdrücken** to be succinct

prähistorisch [prɛhɪs'toːrɪʃ] *Adj* prehistoric

prahlen ['praːlən] *intr V* to boast (**mit** about); **damit ~, dass ...** to boast that ...

Prahler(in) <-s, -> *m(f)* boaster

prahlerisch *Adj* boastful

Praktik <-, -en> ['praktɪk] *f meist Pl* practice

Praktikant(in) <-en, -en> [prakti'kant] *m(f) student or trainee working at a trade or occupation to gain work experience*

praktisch ['praktɪʃ] **I.** *Adj* practical; **~er Arzt** GP; **~ veranlagt sein** to be practical **II.** *Adv* practically; **etw ~ umsetzen** to put sth into practice

praktizieren* [prakti'tsiːrən] **I.** *tr V* **etw ~** to put sth into practice; **seinen Glauben ~** to practise one's religion

P

II. *intr V* to practise; **~der Arzt** practising doctor

Praline <-, -n> [pra'liːnə] *f*, **Praliné** <-s, -s> [prali'neː] *nt* chocolate [cream]

prall [pral] *Adj* ① (*straff, fest*) firm; *Schenkel, Waden* sturdy; *Brüste* well-rounded; **etw ~ aufblasen** to inflate sth to bursting point; **etw ~ füllen** to fill sth to bursting ② (*nicht abgeschirmt*) **in der ~en Sonne** in the blazing sun

prallen ['pralən] *intr V sein* ① to crash; *Ball* to bounce; [**mit dem Wagen**] **gegen etw ~** to crash [one's car] into sth; **mit dem Kopf gegen etw ~** to bang one's head on sth ② *Sonne* to blaze

prallvoll ['pral'fɔl] *Adj* (*fam*) bulging

Prämie <-, -n> ['prɛːmi̯ə] *f* ① (*zusätzliche Vergütung*) bonus ② FIN premium

Pranke <-, -n> ['praŋkə] *f* paw

Präparat <-[e]s, -e> [prɛpa'raːt] *nt* MED medicament

Präparator(in) <-s, -en> [prɛpa'raːtoːɐ̯, prɛparaː'toːrɪn] *m(f)* BIOL, SCI laboratory technician

Präposition <-, -en> [prɛpozi'tsi̯oːn] *f* preposition

Prärie <-, -n> [prɛ'riː, *Pl:* -'riːən] *f* prairie

Präsens <-> ['prɛːzɛns] *nt kein Pl* present tense

Präsentation <-, -en> [prɛzɛnta'tsi̯oːn] *f* presentation

präsentieren* [prɛzɛn'tiːrən] *tr V* [**jdm**] **etw ~** to present [sb with] sth; **jdn/sich** [**jdm**] **~** to present sb/oneself [to sb]

Präservativ <-s, -e> [prɛzɛrva'tiːf] *nt* condom

Präsident(in) <-en, -en> [prɛzi'dɛnt] *m(f)* president

Präsidium <-s, -Präsidien> [prɛ'ziːdi̯ʊm, *Pl:* -di̯ən] *nt* ① (*Vorstand, Vorsitz*) chairmanship; (*Führungsgruppe*) committee ② (*Polizeihauptstelle*) [police] headquarters + *sing/pl verb*

prasseln ['pras!n] *intr V Regen* to drum (**gegen** against, **auf** on)

präventiv [prɛvɛn'tiːf] *Adj* preventive

Praxis <-, Praxen> ['praksɪs, *Pl:* 'praksən] *f* ① (*Arztpraxis*) surgery BRIT, doctor's office AM ② *kein Pl* (*Erfahrung*) [practical] experience; **langjährige ~** many years of experience ③ *kein Pl* (*Tat*) practice *no art;* **etw in die ~ umsetzen** to put sth into practice

präzis [prɛ'tsiːs], **präzise** [prɛ'tsiːzə] *Adj* (*geh*) precise

präzisieren* [prɛtsi'ziːrən] *tr V* (*geh*) **etw ~** to state sth more precisely

Präzision <-> [prɛtsi'zi̯oːn] *f kein Pl* precision

Präzisionsbombe [prɛtsi'zi̯oːnsbɔmbə] *f* MIL smart bomb

predigen ['preːdɪgn̩] *tr, intr V* to preach

Prediger(in) <-s, -> *m(f)* preacher

Predigt <-, -en> ['preːdɪçt] *f* sermon; **eine ~ halten** to deliver a sermon

Preis <-es, -e> [prais] *m* ① price (**für** of); **einen hohen ~ für etw zahlen** (*fig*) to pay a high price for sth; **zum halben ~** at half-price ② (*Gewinnprämie*) prize ▶ **um jeden ~** at all costs

Preisabbau *m* price reduction **Preisanstieg** *m* price increase **Preisausschreiben** *nt* competition

Preiselbeere ['praiz|beːrə] *f* cranberry

Preisempfehlung *f* recommended price

preisen <pries, gepriesen> ['praizn̩] *tr V* (*geh*) to praise

Preiserhöhung *f* price increase, mark-up **Preisermäßigung** *f* price reduction **Preisfrage** *f* [prize] question

preis|geben ['praisgeːbn̩] *tr V unreg* (*geh*) ① (*verraten*) [**jdm**] **etw ~** to betray sth [to sb]; *Geheimnis* to divulge sth [to sb] ② (*ausliefern*) expose; **jdn der Lächerlichkeit ~** to expose sb to ridicule

preisgekrönt *Adj* award-winning

preisgünstig *Adj* inexpensive

Preis-Leistungs-Verhältnis *nt kein Pl* cost effectiveness **Preisliste** *f* price list **Preisnachlass**[RR] *m* discount **Preisrätsel** *nt* puzzle competition **Preisrückgang** *m* fall in prices **Preisschild** *nt* price tag **Preissenkung** *f* reduction in prices **Preissteigerung** *f* price increase

Preisträger(in) *m(f)* award winner

Preisunterschied *m* difference in price

preiswert *Adj* inexpensive

Prellung <-, -en> *f* contusion

Premiere <-, -n> [prə'mi̯eːrə] *f* première

Premierminister(in) [prə'mi̯eː-, pre'mi̯eː-] *m(f)* prime minister

Prepaidhandy ['priːpeit-] *nt* TELEK prepaid mobile **Prepaidkarte** *f* TELEK prepaid card

P

Presse <-, -n> ['prɛsə] *f* ❶ (*Gerät, Maschine*) press ❷ *kein Pl* (*Nachrichtenmedien*) **die ~** the press

Presseagentur *f* press agency **Pressebüro** *nt* press office **Pressefreiheit** *f kein Pl* freedom of the press **Pressekonferenz** *f* press conference **Pressemeldung** *f* press report

pressen ['prɛsn̩] *tr V* to press; *Saft* to squeeze; **mit gepresster Stimme** in a strained voice

Presserummel *m kein Pl* MEDIA (*fam*) feeding-frenzy in the press **pressescheu** *Adj* media-shy **Pressesprecher(in)** *m(f)* press officer **Pressezensur** *f* censorship of the press

Pressluft[RR], **Preßluft**[ALT] *f kein Pl* compressed air

Presslufthammer[RR] *m* pneumatic hammer

Prestige <-s> [prɛs'tiːʒə] *nt kein Pl* prestige

Prestigedenken [prɛs'tiːʒ-] *nt kein Pl* preoccupation with one's prestige **Prestigeverlust** *m kein Pl* loss of prestige

Preuße, **Preußin** <-n, -n> ['prɔysə, 'prɔysɪn] *m, f* Prussian

Preußen <-s> ['prɔysn̩] *nt kein Pl* Prussia

Preußin <-, -nen> *f s.* **Preuße**

preußisch ['prɔysɪʃ] *Adj* Prussian

prickeln ['prɪkl̩n] *intr V* ❶ to tingle; **ein Prickeln in den Beinen spüren** to have pins and needles in one's legs ❷ (*fam: erregen*) to thrill

prickelnd *Adj* tingling

Priester(in) <-s, -> ['priːstɐ] *m(f)* priest

Priesteramt *nt* priesthood

prima ['priːma] *Adj* (*fam*) great; **es läuft alles ~** everything is going really well

primär [pri'mɛːɐ̯] **I.** *Adj* primary **II.** *Adv* primarily

Primel <-, -n> ['priːml̩] *f* primrose

primitiv [primi'tiːf] *Adj* primitive; **ein ~er Kerl** a lout

Prinz <-en, -en> [prɪnts] *m* prince

Prinzessin <-, -nen> ['prɪn'tsɛsɪn] *f* princess

Prinzip <-s, -ien> [prɪn'tsiːp, *Pl:* 'prɪn'tsiːpi̯ən] *nt* principle; **aus/im ~** on/in principle

prinzipiell [prɪntsi'pi̯ɛl] **I.** *Adj* fundamental **II.** *Adv* on principle; (*im Prinzip*) in principle

Priorität <-, -en> [priori'tɛːt] *f* (*geh*) priority; **~en setzen** to set [one's] priorities

Prise <-, -n> ['priːzə] *f* pinch; **eine ~ Salz** a pinch of salt; **eine ~ Sarkasmus** a touch of sarcasm

privat [pri'vaːt] **I.** *Adj* private **II.** *Adv* privately; **jdn ~ sprechen** to speak to sb in private; **sich ~ versichern** to take out a private insurance

Privatadresse *f* home address **Privatangelegenheit** *f* private matter **Privatdetektiv(in)** *m(f)* private investigator **Privatgrundstück** *nt* private property **Privatleben** *nt kein Pl* private life **Privatpatient(in)** *m(f)* private patient **Privatrecht** *nt* JUR private [*or* civil] law **Privatschule** *f* private school **Privatsekretär(in)** <-s, -e> *m(f)* private secretary **Privatsphäre** *f kein Pl* **die ~ verletzen** to invade sb's privacy

Privileg <-[e]s, -ien> [privi'leːk, *Pl:* -'leːgi̯ən] *nt* privilege

privilegieren* [privile'giːrən] *tr V* **jdn ~** to grant privileges to sb

pro [proː] **I.** *Präp* per; **~ Kopf** a head; **~ Person** per person; **~ Stück** each **II.** *Adv* **sind Sie ~ oder kontra?** are you for or against it?

Pro <-> [proː] *nt kein Pl* **[das] ~ und [das] Kontra** (*geh*) the pros and cons *pl*

Probe <-, -n> ['proːbə] *f* ❶ (*Auswahl*) sample ❷ MUS, THEAT rehearsal ❸ (*Prüfung*) test; **jdn auf die ~ stellen** to put sb to the test; **auf ~** on probation; **zur ~** for a trial

Probealarm *m* practice alarm **Probeexemplar** *nt* specimen [copy], specimen [issue] **Probefahrt** *f* test drive

proben ['proːbn̩] *tr, intr V* to rehearse

Probezeit *f* probationary period

probieren* [pro'biːrən] **I.** *tr V* to try; **etw ~** to try sth out **II.** *intr V* ❶ (*kosten*) **[von etw] ~** to try some [of sth] ❷ (*versuchen*) **~, ob/was/wie ...** to try and see whether/what/how ... ▶ **Probieren geht über Studieren** (*prov*) the proof of the pudding is in the eating

Problem <-s, -e> [pro'bleːm] *nt* problem; **kein ~!** no problem!; **[nicht] jds ~ sein** to [not] be sb's business; **vor einem ~ stehen** to be faced with a problem

Problematik <-> [proble'maːtɪk] *f kein Pl* problematic nature

problematisch [proble'maːtɪʃ] *Adj* problematic[al]
problemlos *Adj* problem-free
Produkt <-[e]s, -e> [pro'dʊkt] *nt* product
Produktion <-, -en> [prodʊk'tsi̯oːn] *f* production
produktiv [prodʊk'tiːf] *Adj* productive
Produktivität <-> [prodʊktivi'tɛːt] *f kein Pl* productivity
Produzent(in) <-en, -en> [produ'tsɛnt] *m(f)* producer
produzieren* [produ'tsiːrən] **I.** *tr, intr V* to produce **II.** *refl V* (*pej fam*) **sich ~** to show off (**vor** in front of)
professionell [profɛsi̯o'nɛl] *Adj* professional
Professor(in) <-s, -en> [pro'fɛsoːɐ̯, -'soːrɪn, *Pl:* -'soːrən] *m(f)* professor; **Herr ~/Frau ~ in** Professor
Profi <-s, -s> ['proːfi] *m* (*fam*) pro
Profil <-s, -e> [pro'fiːl] *nt* ❶ *Reifen, Schuh* tread ❷ (*seitliche Ansicht*) profile; **jdn im ~ fotografieren** to photograph sb in profile ❸ (*Ausstrahlung*) image; **an ~ gewinnen** to improve one's image
profilieren* [profi'liːrən] *refl V* **sie hat sich als Künstlerin profiliert** she distinguished herself as an artist; **sich politisch ~** to make one's mark as a politician
profiliert *Adj* (*geh*) ❶ (*klar*) clear-cut ❷ (*hervorragend*) outstanding; (*hervorstechend*) distinctive
Profit <-[e]s, -e> [pro'fiːt] *m* profit; **~ bringend** profitable; **von etw ~/keinen ~ haben** to profit/not to profit from sth; **etw mit ~ verkaufen** to sell sth at a profit
profitabel [profi'taːbl̩] *Adj* profitable
Profiteur(in) <-s, -e> [profi'tøːɐ̯] *m(f)* (*pej*) profiteer
profitieren* [profi'tiːrən] *intr V* (*geh*) to make a profit (**bei/von** from)
pro forma [proː 'fɔrma] *Adv* (*geh*) pro forma
Prognose <-, -n> [pro'gnoːzə] *f* prognosis
Programm <-s, -e> [pro'gram] *nt* ❶ (*Ablauf*) programme; **ein volles ~ haben** to have a full day/week etc. ahead of one; **auf dem ~ stehen** to be on the programme; **was steht für heute auf dem ~?** what's the programme for today? ❷ TV (*Sender*) channel ❸ COMPUT program
Programmfehler *m* program error
programmieren* [progra'miːrən] *tr V* to program
Programmierer(in) <-s, -> *m(f)* programmer
Programmiersprache *f* programming language
progressiv [progrɛ'siːf] *Adj* (*geh*) progressive
Projekt <-[e]s, -e> [pro'jɛkt] *nt* project
Projektion <-, -en> [projɛk'tsi̯oːn] *f* projection **Projektleiter(in)** <-s, -> *m(f)* project leader
Projektor <-s, -toren> [pro'jɛktoːɐ̯, *Pl:* -'toːrən] *m* projector
projizieren* [proji'tsiːrən] *tr V* to project (**auf** onto)
proklamieren* [prokla'miːrən] *tr V* (*geh*) to proclaim
Pro-Kopf-Einkommen *nt* income per capita
Pro-Kopf-Verbrauch *m* per capita consumption *form*
Prokura <-, Prokuren> [pro'kuːra, *Pl:* -kuːrən] *f* (*form*) procuration *form;* JUR power of attorney
Prokurist(in) <-en, -en> [proku'rɪst] *m(f)* ÖKON authorized signatory
Prolet <-en, -en> [pro'leːt] *m* (*pej*) prole
Proletariat <-[e]s, -e> [proleta'ri̯aːt] *nt* **das ~** the proletariat
Proletarier(in) <-s, -> [prole'taːri̯ɐ] *m(f)* proletarian
proletarisch [prole'taːrɪʃ] *Adj* proletarian
Proll <-s, -s> [prɔl] *m* (*pej sl*) pleb *no pl*
prollig [prɔlɪç] *Adj* (*pej sl*) plebby, coarse
Prolog <-[e]s, -e> [pro'loːk, *Pl:* -'loːgə] *m* prologue
Promenade <-, -n> [promə'naːdə] *f* promenade
Promille <-[s], -> [pro'mɪlə] *nt* ❶ per mill[e] ❷ (*Alkoholpegel*) **0,5 ~** 50 millilitres alcohol level
Promillegrenze *f* legal [alcohol] limit
prominent *Adj* prominent
Prominente(r) *f(m) dekl wie Adj* celebrity

P

Prominenz <-> [promi'nɛnts] *f kein Pl* prominent figures *pl*

promovieren* [promo'vi:rən] *intr V* ① (*eine Dissertation schreiben*) to do a doctorate (**über** in) ② (*den Doktorgrad erwerben*) to obtain a doctorate

prompt [prɔmpt] **I.** *Adj* (*sofortig*) prompt **II.** *Adv* (*fam: erwartungsgemäß*) of course

Pronomen <-s, - *o* Pronomina> [pro'no:mən, *Pl:* -mina] *nt* pronoun

Propaganda <-> [propa'ganda] *f kein Pl* propaganda

propagieren* [propa'gi:rən] *tr V* (*geh*) to propagate

Propangas *nt kein Pl* propane [gas]

Propeller <-s, -> [pro'pɛlɐ] *m* propeller

proper ['prɔpɐ] *Adj* (*fam*) trim, neat; **ein ~es Zimmer** a [neat and] tidy room

Prophet(in) <-en, -en> [pro'fe:t] *m(f)* prophet

prophezeien* [profe'tsaiən] *tr V* to prophesy

Prophezeiung <-, -en> *f* prophecy

prophylaktisch [profy'laktɪʃ] *Adj* prophylactic

Proportion <-, -en> [propɔr'tsi̯o:n] *f* proportion

proportional [propɔrtsi̯o'na:l] *Adj* proportional (**zu** to)

proportioniert [propɔrtsi̯o'ni:ɐ̯t] *Adj* proportioned

P

Prosa <-> ['pro:za] *f kein Pl* prose

Prospekt <-[e]s, -e> [pro'spɛkt] *m* (*Broschüre*) brochure; (*Zettel*) leaflet

prost [pro:st] *Interj* cheers

Prostata <-, Prostatae> ['prɔstata, *Pl:* -tɛ] *f* prostate gland

Prostituierte(r) [prostitu'i:ɐ̯tə, -tɐ] *f(m) dekl wie Adj* prostitute

Prostitution <-> [prostitu'tsi̯o:n] *f kein Pl* prostitution

Protein <-s, -e> [prote'i:n] *nt* protein

Protektion <-, -en> [protɛk'tsi̯o:n] *f* (*geh*) patronage

Protektorat <-[e]s, -e> [protɛkto'ra:t] *nt* ① (*Schutzherrschaft über einen Staat*) protectorate; (*Staat unter Schutzherrschaft*) protectorate ② (*geh: Schirmherrschaft*) patronage

Protest <-[e]s, -e> [pro'tɛst] *m* protest

Protestant(in) <-en, -en> [protɛs'tant] *m(f)* Protestant

protestieren* [protɛs'ti:rən] *intr V* to protest

Prothese <-, -n> [pro'te:zə] *f* prosthesis

Protokoll <-s, -e> [proto'kɔl] *nt* ① record[s *pl*]; (*von Sitzung*) minutes *pl;* [**das**] **~ führen** to take the minutes ② *kein Pl* (*diplomatisches Zeremoniell*) protocol

protokollieren* [protokɔ'li:rən] *tr V* to record; (*bei einer Sitzung*) to enter sth in the minutes

protzen ['prɔtsn̩] *intr V* (*fam*) [**mit etw**] ~ to flaunt sth

protzig ['prɔtsɪç] *Adj* (*fam*) swanky

Proviant <-s> [pro'vi̯ant] *m kein Pl* supplies *pl*

Provinz <-, -en> [pro'vɪnts] *f* ① province ② *kein Pl* (*kulturell rückständige Gegend*) provinces *pl;* **in der ~ leben** to live [out] in the sticks

provinziell [provɪn'tsi̯ɛl] *Adj* provincial

Provision <-, -en> [provi'zi̯o:n] *f* commission; **auf ~ arbeiten** to work on a commission basis

provisorisch [provi'zo:rɪʃ] *Adj* provisional

Provisorium <-s, -rien> [provi'zo:ri̯ʊm, *Pl:* -ri̯ən] *nt* provisional solution

Provokation <-, -en> [provoka'tsi̯o:n] *f* provocation

provozieren* [provo'tsi:rən] *tr, intr V* to provoke

Prozedur <-, -en> [protse'du:ɐ̯] *f* procedure

Prozent <-[e]s> [pro'tsɛnt] *nt kein Pl* per cent

Prozentsatz *m* percentage

prozentual [protsɛn'tu̯a:l] *Adj* (*geh*) **~er Anteil/~e Beteiligung** percentage (**an** of)

Prozess[RR] *m,* **Prozeß**[ALT] <-sses, -sse> [pro'tsɛs] *m* ① JUR [court] case; **einen ~ [gegen jdn] führen** to take sb to court; [**mit jdm/etw**] **kurzen ~ machen** (*fam*) to make short work of sb/sth ② (*Vorgang*) process

Prozessgegner[RR] *m* adversary

prozessieren* [protsɛ'si:rən] *intr V* to go to law (**gegen** with)

Prozession <-, -en> [protsɛ'si̯o:n] *f* procession

Prozesskosten[RR] *Pl* court costs

Prozessor <-s, -soren> [pro'tsɛso:ɐ̯] *m* processor

prüde ['pry:də] *Adj* prudish

prüfen ['pry:fn̩] *tr V* ① (*examinieren*) to examine ② (*untersuchen*) to check (**auf** for)

Prüfer(in) <-s, -> ['pry:fɐ] *m(f)* ① (*Examensprüfer*) examiner ② TECH inspector

Prüfung <-, -en> *f* ① test; (*Examen*) exam[ination]; **mündliche/schriftliche ~** oral/written exam ② (*Überprüfung*) checking

Prüfungsangst *f* exam nerves *pl;* **~ haben** to suffer from exam nerves **Prüfungsaufgabe** *f* exam question **Prüfungsergebnis** *nt* exam[ination] results *pl* **Prüfungszeugnis** *nt* exam[ination] certificate

Prügel ['pry:gl̩] *Pl* thrashing; **jdm eine Tracht ~ verabreichen** to give sb a [good] hiding

Prügelei <-, -en> ['pry:gə'lai] *f* (*fam*) punch-up

Prügelknabe *m* whipping boy

prügeln ['pry:gl̩n] **I.** *tr, intr V* to beat **II.** *refl V* **sich ~** to fight

Prügelstrafe *f* **die ~** corporal punishment

Prunk <-s> [prʊnk] *m kein Pl* magnificence

prusten ['pru:stn̩] *intr V* (*fam*) to snort; **vor Lachen ~** to snort with laughter

Psalm <-s, -en> [psalm] *m* psalm

Pseudonym <-s, -e> [psɔydo'ny:m] *nt* pseudonym

pst [pst] *Interj* psst

Psyche <-, -n> ['psy:çə] *f* psyche

Psychiater(in) <-s, -> [psy'çi̯a:tɐ] *m(f)* psychiatrist

Psychiatrie <-, -n> [psyçi̯a'tri:, *Pl:* -'tri:ən] *f* ① *kein Pl* psychiatry *no art* ② (*fam: psychiatrische Abteilung*) psychiatric ward

psychiatrisch [psy'çi̯a:trɪʃ] *Adj* psychiatric

psychisch ['psy:çɪʃ] *Adj* psychological

Psychoanalyse [psyçoʔana'ly:zə] *f* psychoanalysis *no art*

Psychoanalytiker(in) [psyçoʔana'ly:tikɐ] *m(f)* psychoanalyst

Psychologe, Psychologin <-n, -n> [psyço'lo:gə, -'lo:gɪn] *m, f* psychologist

psychologisch [psyço'lo:gɪʃ] *Adj* psychological

Psychopath(in) <-en, -en> [psyço'pa:t] *m(f)* psychopath

Psychopharmaka [psyço'farmaka] *Pl von* **Psychopharmakon**

Psychose <-, -n> [psy'ço:zə] *f* psychosis

psychosomatisch [psyçozo'ma:tɪʃ] *Adj* psychosomatic

Psychotherapeut(in) [psyçotera'pɔyt] *m(f)* psychotherapist

Pubertät <-> [pubɛr'tɛ:t] *f kein Pl* puberty *no art*

publik [pu'bli:k] *Adj* **~ sein/werden** to be/become public knowledge; **etw ~ machen** to publicize sth

Publikation <-, -en> [publika'tsi̯o:n] *f* publication

Publikum <-s> ['pu:blikʊm] *nt kein Pl* audience

publizieren* [publi'tsi:rən] *tr V* to publish

Publizist(in) <-en, -en> [publi'tsɪst] *m(f)* journalist

Publizistik <-> [publi'tsɪstɪk] *f kein Pl* [**die**] ~ media studies *pl*

Publizität <-> [publitsi'tɛ:t] *f kein Pl* SOZIOL (*geh*) publicity

Pudding <-s, -s> ['pʊdɪŋ] *m* ≈ blancmange

Pudel <-s, -> ['pu:dl̩] *m* poodle

pudelwohl ['pu:dl̩'vo:l] *Adj* (*fam*) **sich ~ fühlen** to feel on top of the world

Puder <-s, -> ['pu:dɐ] *m o fam nt* powder

pudern ['pu:dɐn] *tr V* to powder

Puderzucker *m* icing sugar

Puff <-[e]s, -s> [pʊf] *Pl m* (*fam*) brothel

Puffer <-s, -> ['pʊfɐ] *m* ① BAHN buffer, bumper AM ② KOCHK potato fritter

Pullover <-s, -s> [pʊ'lo:vɐ] *m* pullover

Puls <-es, -e> [pʊls] *m* pulse

Pulsader *f* artery

pulsieren* [pʊl'zi:rən] *intr V* to pulsate

Pulsschlag *m* pulse-beat

Pult <-[e]s, -e> [pʊlt] *nt* lectern

Pulver <-s, -> ['pʊlvɐ] *nt* powder

Pulverkaffee *m* instant coffee **Pulverschnee** *m* powder[y] snow

Puma <-s, -s> ['pu:ma] *m* puma BRIT, cougar AM

pummelig ['pʊməlɪç], **pummlig** ['pʊmlɪç] *Adj* (*fam*) chubby

Pump <-[e]s> ['pʊmp] *m kein Pl* **auf ~** (*fam*) on tick

Pumpe <-, -n> ['pʊmpə] *f* pump

pumpen ['pʊmpn̩] *tr V* ① to pump

P

❷ (*fam*) **jdm etw ~** to lend sb sth; [**sich** *Dat*] **etw ~** to borrow sth (**bei** off)

Punker(in) <-s, -> ['paŋkɐ] *m(f)* punk

Punkt <-[e]s, -e> [pʊŋkt] *m* ❶ (*Stelle*) point; **bis zu einem gewissen ~** up to a [certain] point; **ein wunder ~** a sore point; **der springende ~** the crucial point ❷ SPORT **einen ~ bekommen/verlieren** to score/lose a point ❸ (*Satzzeichen: am Satzende*) full stop BRIT, period AM; (*sonst*) dot; **nun mach aber mal einen ~!** come off it!; **ohne ~ und Komma reden** to talk nineteen to the dozen ❹ (*genau*) **~ acht [Uhr]** on the stroke of eight

punktgenau I. *Adj* precise, exact **II.** *Adv* precisely, exactly

punktieren* [pʊŋk'ti:rən] *tr V* ❶ MED to puncture; **das Rückenmark ~** to do a spinal tap ❷ (*mit Punkten versehen*) to dot sth; **ein punktiertes Blatt** a spotted leaf

pünktlich ['pʏŋktlɪç] **I.** *Adj* punctual **II.** *Adv* punctually

Pünktlichkeit <-> *f kein Pl* punctuality

Punktrichter(in) *m(f)* judge **Punktzahl** *f* score

Punsch <-es, -e> [pʊnʃ] *m* [hot] punch

Pupille <-, -n> [pu'pɪlə] *f* pupil

Puppe <-, -n> ['pʊpə] *f* ❶ doll ❷ ZOOL pupa ▸ **die ~n tanzen lassen** to have a hell of a party

P

Puppentheater *nt* puppet theatre

pur [pu:ɐ̯] *Adj* ❶ pure; *Wahrheit* naked; *Wahnsinn* absolute; **etw ~ anwenden** to apply sth in its pure form; **etw ~ trinken** to drink sth neat ❷ (*fam: blank*) sheer

Püree <-s, -s> [py're:] *nt* purée

Puritaner(in) <-s, -> [puri'ta:nɐ] *m(f)* HIST Puritan

Purpur <-s> ['pʊrpʊr] *m kein Pl* purple

purpurn [pʊrpʊrn] *Adj* (*geh*) *s.* **purpurrot**

purpurrot *Adj* ❶ (*die Farbe des Purpurs aufweisend*) purple ❷ (*feuerrot*) scarlet, crimson

Purzelbaum ['pʊrts|-] *m* (*fam*) somersault; **Purzelbäume machen** to do somersaults

purzeln ['pʊrtsl̩n] *intr V sein* to tumble (**von** off, **in** into)

pusseln ['pʊsl̩n] *intr V* (*fam*) to fiddle

Puste <-> ['pu:stə] *f kein Pl* (*fam*) breath; **außer ~ sein** to be out of puff; **aus der ~ kommen** to get out of breath

Pustel <-, -n> ['pʊstl̩] *f* pimple

pusten ['pu:stn̩] **I.** *tr V* (*fam*) to blow **II.** *intr V* (*fam*) **pustend kam er die Treppe herauf** he came up the stairs puffing and panting

Puter <-s, -> ['pu:tɐ] *m* turkey [cock]

puterrot ['pu:tɐ'ro:t] *Adj* scarlet

Putsch <-[e]s, -e> [pʊtʃ] *m* coup [d'état]

putschen ['pʊtʃn̩] *intr V* to revolt (**gegen** against)

Putschist(in) <-en, -en> [pʊ'tʃɪst] *m(f)* rebel

Putz <-es> [pʊts] *m kein Pl* BAU plaster; (*außen*) rendering ▸ **auf den ~ hauen** (*fam: angeben*) to show off; (*ausgelassen sein*) to have a wild time [of it]; **~ machen** (*fam*) to cause aggro

putzen ['pʊtsn̩] **I.** *tr V* ❶ to clean; *Gemüse* to prepare; **die Brille ~** to clean one's glasses; **sich** *Dat* **die Nase ~** to blow one's nose; **ein Pferd ~** to groom a horse; **sich** *Dat* **die Zähne ~** to clean one's teeth; **sich ~** to wash oneself; *Vögel* to preen ❷ (*wischen*) **jdm/sich etw von etw ~** to wipe sth off sth **II.** *intr V* **~ gehen** to work as a cleaner

Putzfrau *f* cleaner

putzig ['pʊtsɪç] *Adj* (*fam*) sweet; **ein ~es Tier** a cute animal

Putzlappen *m* [cleaning] cloth **Putzmittel** *nt* cleaning things *pl*

Puzzle <-s, -s> ['pʊzl̩, 'pazl̩] *nt* jigsaw [puzzle]

Pyjama <-s, -s> [py'dʒa:ma] *m* pyjamas *pl*; **im ~** in his/her pyjamas

Pyramide <-, -n> [pyra'mi:də] *f* pyramid

Pyrenäen [pyre'nɛ:ən] *Pl* **die ~** the Pyrenees

Python <-, -s> ['py:tɔn] *m*, **Pythonschlange** *f* python

Qq

Q, q <-, -> [kuː] *nt* Q, q; **ein großes Q** a capital Q; **ein kleines q** a small q; *s. a.* **A**

Quadrat <-[e]s, -e> [kvaˈdraːt] *nt* square; **etw ins ~ erheben** to square sth

quadratisch *Adj* square

Quadratmeter *m* square metre

quaken [ˈkvaːkn̩] *intr V Frosch* to croak; *Ente* to quack

Qual <-, -en> [ˈkvaːl] *f* ❶ (*Anstrengung, Quälerei*) struggle ❷ *meist Pl* (*Pein*) agony *no pl* ▶ **die ~ der Wahl haben** (*hum*) to be spoilt for choice

quälen [ˈkvɛːlən] **I.** *tr V* ❶ (*piesacken*) to pester ❷ (*misshandeln*) **jdn ~** to be cruel to sb ❸ (*peinigen*) to torment **II.** *refl V* ❶ **sich ~** to suffer ❷ **sich mit etw** *Dat* **~** *Gedanken* to torment oneself with sth; *Arbeit* to struggle [hard] with sth

Quälerei <-, -en> [kvɛːləˈrai] *f* (*physisch*) torture; (*psychisch*) torment

Qualifikation <-, -en> [kvalifikaˈtsi̯oːn] *f* qualifications *pl*

qualifizieren* [kvalifiˈtsiːrən] **I.** *refl V* **sich ~** to qualify (**für/zu** for) **II.** *tr V* **jdn ~** to qualify sb (**für/zu** for)

Qualität <-, -en> [kvaliˈtɛːt] *f* quality

qualitativ [kvalitaˈtiːf] *Adj* qualitative

Qualitätserzeugnis *nt* quality product

Qualle <-, -n> [ˈkvalə] *f* jellyfish

Qualm <-[e]s> [ˈkvalm] *m kein Pl* [thick] smoke

qualmen [ˈkvalmən] **I.** *intr V* to smoke **II.** *tr V* (*fam*) to puff away at sth

qualvoll **I.** *Adj* agonizing **II.** *Adv* **~ sterben** to die in agony

Quäntchen[RR] <-s, -> *nt* **ein ~** a little bit (of); **kein ~** not one iota

Quantität <-, -en> [kvantiˈtɛːt] *f* quantity

quantitativ [ˈkvantitatiːf, kvantitaˈtiːf] *Adj* quantitative

Quarantäne <-, -n> [karanˈtɛːnə] *f* quarantine *no pl;* **unter ~** *Dat* **stehen** to be in quarantine; **jdn/etw unter ~** *Akk* **stellen** to place sb/sth under quarantine

Quark <-s> [ˈkvark] *m kein Pl* ❶ quark (*soft cheese made from skimmed milk*) ❷ (*fam: Quatsch*) nonsense

Quartal <-s, -e> [kvarˈtaːl] *nt* quarter

Quarte <-, -n> [ˈkvartə] *f* MUS fourth

Quartett <-[e]s, -e> [kvarˈtɛt] *nt a.* MUS quartet

Quartier <-s, -e> [kvarˈtiːɐ̯] *nt* ❶ (*Unterkunft*) accommodation *no indef art, no pl* ❷ SCHWEIZ (*Viertel*) district

Quarz <-es, -e> [ˈkvaːɐ̯ts] *m* quartz

Quarzuhr *f* quartz clock [*or* watch]

quasi [ˈkvaːzi] *Adv* almost

quasseln [ˈkvasl̩n] *intr V* (*fam*) to babble

Quasselstrippe <-, -n> *f* (*pej fam*) windbag

Quaste <-, -n> [ˈkvastə] *f* tassel

Quatsch <-es> [ˈkvatʃ] *m kein Pl* (*fam*) nonsense; **~ machen** to mess around

quatschen [ˈkvatʃn̩] **I.** *tr V* (*fam*) **dummes Zeug ~** to talk nonsense **II.** *intr V* (*fam*) ❶ (*labern*) to prattle on ❷ (*sich unterhalten*) to natter; **von etw ~** to talk about sth

Quatschkopf *m* (*pej fam*) babbling idiot

Quecksilber [ˈkvɛkzɪlbɐ] *nt* mercury

Quelle <-, -n> [ˈkvɛlə] *f* source

quellen <quoll, gequollen> [ˈkvɛlən] *intr V sein* ❶ [**aus etw**] **~** to pour out [of sth] ❷ (*aufquellen*) to swell [up]

Quellenangabe *f* reference

Quellwasser *nt* spring water

queng[e]lig [ˈkvɛŋ(ə)lɪç] *Adj* whining; **sei nicht so ~** stop whining

quengeln [ˈkvɛŋl̩n] *intr V* (*fam*) ❶ (*weinerlich sein*) to whine ❷ (*nörgeln*) to moan

Quentchen[ALT] <-s, -> [ˈkvɛntçən] *nt s.* **Quäntchen**

quer [ˈkveːɐ̯] *Adv* (*horizontal*) diagonally; **~ gestreift** horizontally striped; **~ durch/über etw** *Akk* straight through/across sth

Quere <-> [ˈkveːrə] *f kein Pl* ▶ **jdm in die ~ kommen** to get in sb's way

querfeldein [kveːɐ̯fɛltˈʔain] *Adv* across country

Querflöte *f* transverse flute **Querkopf** *m* (*fam*) awkward customer

quer|legen *refl V* (*fig fam*) **sich ~**

Q

to make difficulties **Querschnitt** *m* cross-section **Querstraße** *f* side-street

Querulant(in) <-en, -en> [kveru'lant] *m(f)* querulous person

Querverbindung *f* direct connection

quetschen ['kvɛtʃn̩] **I.** *tr V* to squeeze (**aus** out of), to crush (**an/gegen** against) **II.** *refl V* ① MED **sich ~** to bruise oneself; **ich habe mir den Fuß gequetscht** I've crushed my foot ② (*zwängen*) **sich in etw** *Akk* **~** to squeeze [oneself] into sth

Quetschung <-, -en> *f* MED ① *kein Pl* crushing ② (*verletzte Stelle*) bruise

quietschen ['kviːtʃn̩] *intr V* (*kurz*) to squeak; (*lang*) to squeal

quietschfidel ['kviːtʃfi'deːl], **quietschvergnügt** ['kviːtʃfɛɐ̯'gnyːkt] *Adj* (*fam*) as happy as a sandboy

Quinte <-, -n> ['kvɪntə] *f* MUS fifth

Quintett <-[e]s, -e> [kvɪn'tɛt] *nt a.* MUS quintet

Quirl <-s, -e> ['kvɪrl] *m* whisk

quitt ['kvɪt] *Adj* [**mit jdm**] **~ sein** (*finanziell*) to be quits [with sb]

Quitte <-, -n> ['kvɪtə] *f* quince

quittieren* [kvɪ'tiːrən] *tr V* ① [**jdm**] **etw ~** to give [sb] a receipt for sth; **sich** *Dat* **etw ~ lassen** to obtain a receipt for sth ② (*geh: reagieren*) **etw mit etw ~** to meet sth with sth

Quittung <-, -en> ['kvɪtʊŋ] *f* ① receipt; **jdm eine ~ ausstellen** to issue sb with a receipt; **gegen ~** on production of a receipt ② (*Folge*) **die ~ für etw** [the just] deserts for sth

Quiz <-, -> [kvɪs] *nt* quiz

Quizmaster(in) <-s, -> ['kvɪsmaːstɐ] *m(f)* quiz master

Quote <-, -n> ['kvoːtə] *f* ① (*Anteil*) proportion ② POL (*Quotenregelung*) quota system

Quotient <-en, -en> [kvo'tsi̯ɛnt] *m* quotient

Rr

R, r <-, -> [ɛr] *nt* R, r; **ein großes R** a capital R; **ein kleines r** a small r; **das R rollen** to roll the r; *s. a.* **A**

Rabatt <-[e]s, -e> [ra'bat] *m* discount

Rabe <-n, -n> ['raːbə] *m* raven

rabenschwarz ['raːbn̩'ʃvarts] *Adj* jet-black

rabiat [ra'bi̯aːt] **I.** *Adj* ruthless **II.** *Adv* ruthlessly

Rache <-> ['raxə] *f kein Pl* revenge; **~ nehmen** to take revenge (**an** on, **für** for); **aus ~** in revenge

Racheakt *m* act of revenge

Rachen <-s, -> ['raxn̩] *m* throat

rächen ['rɛçn̩] **I.** *tr V* **etw ~** to take revenge for sth; **jdn ~** to avenge sb **II.** *refl V* **sich ~** to take one's revenge

Rachenhöhle *f* ANAT [cavity of the] pharynx *spec*

Rachitis <-> [ra'xiːtɪs] *f kein Pl* rickets

Rachsucht *f* vindictiveness

rachsüchtig *Adj* vindictive

Rad[1] <-[e]s, Räder> [raːt, *Pl:* 'rɛːdɐ] *nt* ① AUTO wheel ② SPORT **ein ~ schlagen** to do a cartwheel ▶ **ein ~ ab haben** (*sl*) to have a screw loose

Rad[2] <-[e]s, Räder> [raːt, *Pl:* 'rɛːdɐ] *nt* bike; **~ fahren** to cycle; **mit dem ~** by bike

Radar <-s> [ra'daːɐ̯] *m o nt kein Pl* radar

Radarkontrolle *f* [radar] speed check

Radau <-s> [ra'dau] *m kein Pl* (*fam*) racket

radeln ['raːdl̩n] *intr V sein* (*fam*) to cycle

Rad|fahren *nt* cycling

Radfahrer(in) *m(f)* cyclist **Radfahrweg** *m* cycle path

Radi <-s, -> ['raːdi] *m* KOCHK SÜDD, ÖSTERR (*Rettich*) radish

radieren* [ra'diːrən] *tr V* to erase

Radiergummi <-s, -s> *m* rubber BRIT, eraser AM

Radieschen <-s, -> [ra'diːsçən] *nt* radish

radikal [radi'kaːl] *Adj* radical

Radio <-s, -s> ['raːdi̯o] *nt o* SCHWEIZ *m*

radio; ~ **hören** to listen to the radio; **im** ~ on the radio

radioaktiv [radi̯oʔak'tiːf] **I.** *Adj* radioactive **II.** *Adv* ~ **verseucht** contaminated by radioactivity **Radioaktivität** <-> [radi̯oʔaktivi'tɛːt] *f kein Pl* radioactivity **Radiogerät** *nt* radio set **Radiorekorder** <-s, -> *m* radio cassette recorder **Radiowecker** *m* radio alarm

Radium <-s> ['raːdi̯ʊm] *nt kein Pl* radium

Radius <-, Radien> ['raːdi̯ʊs, *Pl:* 'raːdiən] *m* radius

Radkappe *f* hub cap **Radrennen** *nt* cycle race **Radrennfahrer(in)** *m(f)* racing cyclist **Radsport** *m* cycling **Radtour** [-tuːɐ] *f* bicycle ride **Radwechsel** *m* wheel change

raffen ['rafn̩] *tr V* ❶ (*eilig greifen*) **etw** [**an sich** *Akk*] ~ to grab sth ❷ (*sl: begreifen*) to get

Raffgier *f* greed *no pl*

raffgierig *Adj* greedy

Raffinerie <-, -n> [rafinə'riː, *Pl:* -riːən] *f* refinery

Raffinesse <-, -n> [rafi'nɛsə] *f* cunning

raffiniert **I.** *Adj* ❶ (*durchtrieben*) cunning ❷ (*ausgeklügelt*) clever **II.** *Adv* cunningly

ragen ['raːgn̩] *intr V* **aus etw** ~ to rise up out of sth

Ragout <-s, -s> [ra'guː] *nt* ragout

Rahm <-[e]s> [raːm] *m kein Pl* cream

rahmen ['raːmən] *tr V* to frame

Rahmen <-s, -> ['raːmən] *m* ❶ frame ❷ (*Bereich*) framework; **im ~ des Möglichen** within the bounds of possibility; **in einem größeren/kleineren** ~ on a large/small scale; **aus dem ~ fallen** to stand out; **sich im ~ halten** to keep within reasonable bounds; **den ~ von etw sprengen** to go beyond the scope of sth

Rahmsoße *f* cream[y] sauce

Rakete <-, -n> [ra'keːtə] *f* rocket; MIL missile

Rallye <-, -s> ['rali, 'rɛli] *f* rally

RAM <-, -s> [ram] *nt Akr von* **random access memory** RAM

Rambazamba <-s> *nt kein Pl* (*fam*) fuss *no pl;* ~ **machen** to kick up a fuss

rammen ['ramən] *tr V* to ram (**in** into)

Rampe <-, -n> ['rampə] *f* ramp

Rampenlicht *nt* ▸ **im ~ stehen** to be in the limelight

ramponieren* [rampo'niːrən] *tr V* (*fam*) to ruin

Ramsch <-[e]s> [ramʃ] *m kein Pl* (*fam*) junk

Ramschladen *m* (*fam*) junk shop

Rand <-es, Ränder> [rant, *Pl:* 'rɛndɐ] *m* ❶ edge; *eines Glases, einer Wanne* rim; *eines Hutes* brim ❷ (*Grenze*) verge ❸ (*auf Papier*) margin ❹ (*Schatten, Spur*) mark; **dunkle Ränder um die Augen haben** to havee dark rings [a]round one's eyes ▸ **außer ~ und Band geraten** (*fam*) to be beside oneself; [**mit etw**] **zu ~e kommen** (*fam*) to cope [with sth]; **am ~e** in passing

rang [raŋ] *Imp von* **ringen**

Rang <-[e]s, Ränge> [raŋ, *Pl:* 'rɛŋə] *m* ❶ *kein Pl* status; **alles, was ~ und Namen hat** everybody who is anybody ❷ MIL rank ❸ SPORT place

Rangelei <-, -en> [raŋə'lai] *f* (*fam*) scrapping *no pl*

rangeln ['raŋl̩n] *intr V* (*fam*) [**mit jdm**] ~ to scrap [with sb]

rangieren* [rã'ʒiːrən] *intr V* (*Stellenwert haben*) to rank

Rangliste *f* ranking[s] list

Rangordnung *f* hierarchy

Ränke ['rɛŋkə] *Pl* (*geh*) intrigues

ranken ['raŋkn̩] *refl V* ❶ HORT **sich irgendwohin** ~ to climb somewhere ❷ **sich um jdn/etw** ~ *Sagen* to have grown up around sb/developed around sth

R

Ranzen <-s, -> ['rantsn̩] *m* satchel

ranzig ['rantsɪç] *Adj* rancid

Rap <-> [rɛp] *m kein Pl* MUS rap

rappelvoll *Adj* (*fam*) jam-packed

Raps <-es, -e> [raps] *m* rape[seed]

rar [raːɐ̯] *Adj* rare; ~ **sein/werden** to be/become hard to find

Rarität <-, -en> [rari'tɛːt] *f* rarity

rar|machen *refl V* (*fam*) **sich** ~ to make oneself scarce

rasant [ra'zant] **I.** *Adj* ❶ fast; *Beschleunigung* terrific; *Tempo* breakneck ❷ (*stürmisch*) rapid; *Zunahme* sharp **II.** *Adv* rapidly; ~ **fahren** to drive at breakneck speed; ~ **zunehmen** to increase sharply

rasch [raʃ] **I.** *Adj* quick **II.** *Adv* quickly

rascheln ['raʃl̩n] *intr V* [**mit etw** *Dat*] ~ to rustle [sth]
rasen ['raːzn̩] *intr V* ❶ *sein* to speed; **gegen etw** [*o* **in etw** *Akk*] ~ to crash into sth ❷ *sein Zeit* to fly [by] ❸ *haben* (*wütend sein*) **sie raste** [**vor Wut**] she was beside herself [with rage]
Rasen <-s, -> ['raːzn̩] *m* lawn
rasend *Adj* ❶ *Tempo* breakneck ❷ (*wütend*) furious; ~ **vor Wut sein** to be beside oneself with rage ❸ *Schmerz* excruciating; *Wut* blind
Rasenmäher <-s, -> *m* lawnmower
Raser(in) <-s, -> ['raːzɐ] *m(f)* (*fam*) speed merchant
Rasierapparat *m* shaver **Rasiercreme** *f* shaving cream
rasieren* [ra'ziːrən] *refl V* **sich** ~ to [have a] shave; **sich ~ lassen** to get a shave; **sich** *Dat* **die Beine** ~ to shave one's legs
Rasierklinge *f* razor blade **Rasierpinsel** *m* shaving brush **Rasierschaum** *m* shaving foam **Rasierseife** *f* shaving soap **Rasierwasser** *nt* aftershave
Raspel <-, -n> ['raspl̩] *f* rasp; KOCHK grater
raspeln ['raspl̩n] *tr V* to grate
Rasse <-, -n> ['rasə] *f* race
rasseln ['rasl̩n] *intr V* [**mit etw**] ~ to rattle [sth]
Rassendiskriminierung *f* racial discrimination **Rassenhass**RR *m* racial hatred *no pl* **Rassentrennung** *f kein Pl* racial segregation **Rassenunruhe** *f meist Pl* racial unrest *no pl, no indef art*
rassig ['rasɪç] *Adj* vivacious
Rassismus <-> [ra'sɪsmʊs] *m kein Pl* racism
Rassist(in) <-en, -en> [ra'sɪst] *m(f)* racist
rassistisch *Adj* racist
Rast <-, -en> [rast] *f* break; ~ **machen** to stop for a break
rasten ['rastn̩] *intr V* to have a break
Raster[1] <-s, -> ['rastɐ] *m* TYPO ❶ (*Glasplatte, Folie*) screen ❷ (*Rasterung*) screening
Raster[2] <-s, -> ['rastɐ] *nt* ❶ TV (*Gesamtheit der Bildpunkte*) raster ❷ (*geh: System von Kategorien*) category
Rasthof *m* service area
rastlos *Adj* ❶ (*unermüdlich*) tireless ❷ (*unruhig*) restless
Rastplatz *m* picnic area
Rasur <-, -en> [ra'zuːɐ̯] *f* ❶ (*das Rasieren*) shaving ❷ (*Resultat*) shave
Rat[1] <-[e]s> [raːt] *m kein Pl* advice; **jdn um ~ fragen** to ask sb for advice; **jdm einen ~ geben** to give sb some advice; **jdm den ~ geben, etw zu tun** to advise sb to do sth; **jdn/etw zu ~e ziehen** to consult sb/sth
Rat[2] <-[e]s, Räte> [raːt, *Pl:* 'rɛːtə] *m* POL council; **Großer** ~ [Swiss] cantonal parliament
Rat, Rätin <-[e]s, Räte> [raːt, 'rɛːtɪn, *Pl:* 'rɛːtə] *m, f* ❶ (*Stadtrat*) councillor ❷ ADMIN (*fam*) senior official
Rate <-, -n> ['raːtə] *f* instalment; **etw in ~n bezahlen** to pay for sth in instalments
raten <rät, riet, geraten> ['raːtn̩] **I.** *intr V* ❶ (*Ratschläge geben*) to advise ❷ (*schätzen*) to guess **II.** *tr V* ❶ **jdm etw raten** to advise sb to do sth ❷ (*erraten*) to guess
Ratenkauf *m* hire purchase BRIT, installment plan AM **Ratenzahlung** *f kein Pl* payment in instalments
Rathaus *nt* town hall
ratifizieren* [ratifi'tsiːrən] *tr V* to ratify
Rätin <-, -nen> *f s.* **Rat**
Ratingagentur ['reːtɪŋ-] *f* ÖKON, FIN rating agency
Ration <-, -en> [ra'tsi̯oːn] *f* ration
rational [ratsi̯o'naːl] *Adj* rational
rationalisieren* [ratsi̯onali'ziːrən] *tr, intr V* to rationalize
Rationalisierung <-, -en> *f* rationalization *no pl*
rationell [ratsi̯o'nɛl] *Adj* efficient
rationieren* [ratsi̯o'niːrən] *tr V* to ration
ratlos *Adj* helpless; **ich bin völlig** ~ I'm completely at a loss
Ratlosigkeit <-> *f kein Pl* helplessness
ratsam ['raːtzaːm] *Adj* ~ **sein, etw zu tun** to be advisable to do sth
Ratschlag <-s, Ratschläge> ['raːtʃlaːk, *Pl:* -ʃlɛːgə] *m* advice; **jdm einen ~ geben** to give sb a piece of advice
Rätsel <-s, -> ['rɛːtsl̩] *nt* ❶ (*Geheimnis*) mystery; **es ist** [**jdm**] **ein ~ warum ...** it is a mystery [to sb] why ... ❷ (*Denkaufgabe*) riddle; **des ~s Lösung** the answer to the riddle; **jdm ein ~ aufgeben** to pose a riddle for sb; **vor einem ~ ste-**

R

hen to be baffled ③ (*Kreuzworträtsel*) crossword [puzzle]
rätselhaft *Adj* mysterious; **es ist jdm ~, warum ...** it's a mystery to sb why ...
Ratsherr *m* councillor
Ratssitzung *f* council meeting
Rattan <-s, *selten* -e> ['ratan] *nt* rattan
Ratte <-, -n> ['ratə] *f* rat
rattern ['ratɐn] *intr V* to rattle
rau[RR] *Adj* ① (*spröde*) rough ② *Hals* sore; *Stimme* husky ③ (*unwirtlich; barsch*) harsh
Raub <-[e]s> [raup] *m kein Pl* ① (*Straftat*) robbery ② (*Raubgut, Beute*) booty
Raubbau *m kein Pl* over-exploitation
rauben ['raubn̩] *tr V* ① to rob ② (*entführen*) to abduct ③ (*geh: beanspruchen*) **das hat mir viel Zeit geraubt** this has cost me a lot of time
Räuber(in) <-s, -> ['rɔybɐ] *m(f)* robber
Räuberbande *f* bunch of crooks
Raubkatze *f* big cat **Raubkopie** *f* pirate[d] copy **Raubmord** *m* murder with robbery as a motive **Raubtier** *nt* predator **Raubüberfall** *m* robbery **Raubvogel** *m* bird of prey
Rauch <-[e]s> [raux] *m kein Pl* smoke; **sich in ~ auflösen** to go up in smoke
rauchen ['rauxn̩] *intr, tr V* to smoke; **sehr stark ~** to be a very heavy smoker; **darf man hier/bei Ihnen ~?** may I smoke [in] here/do you mind if I smoke?
Raucher(in) <-s, -> *m(f)* smoker
Räucheraal *m* smoked eel
Raucherabteil *nt* BAHN smoking compartment [*or* AM car] **Raucherecke** *f* smokers' corner
Räucherlachs *m* smoked salmon
räuchern [rɔyçɐn] *tr V* to smoke
rauchig ['rauxɪç] *Adj* smoky
Rauchsäule *f* column of smoke **Rauchschwaden** <-s, -> *m meist Pl* cloud of smoke **Rauchverbot** *nt* ban on smoking **Rauchvergiftung** *f* smoke poisoning **Rauchwolke** *f* cloud of smoke
räudig ['rɔydɪç] *Adj* mangy
raufen ['raufn̩] *intr, refl V* [**sich**] ~ to fight
rauh[ALT] [rau] *Adj s.* **rau**
Raum <-[e]s, Räume> [raum, *Pl:* 'rɔymə] *m* ① (*Zimmer, Platz*) room; **auf engstem ~** in a very confined space; **~ [für etw] schaffen** to make room [for sth] ② *kein Pl* PHYS, ASTRON space *no art* ③ (*Gebiet*) region; **im ~ Hamburg** in the Hamburg area ▸ **im ~[e] stehen** to be unresolved; **etw in den ~ stellen** to raise sth
räumen ['rɔymən] *tr V* ① to remove (**aus/von** from) ② (*verstauen*) to put away *sep* (**in** in) ③ (*frei machen*) *Wohnung* to vacate; *Straße* to clear ④ (*evakuieren*) to evacuate
Raumfähre *f* space shuttle **Raumfahrt** *f kein Pl* space travel *no art* **Räumfahrzeug** *nt* snowplough **Raumkapsel** *f* ① (*einer Raumfähre*) space capsule ② (*Sonde*) space probe
räumlich ['rɔymlɪç] **I.** *Adj* ① spatial ② (*dreidimensional*) three-dimensional **II.** *Adv* three-dimensionally
Raummangel *m* lack of room [*or* space] *no pl* **Raumpfleger(in)** *m(f)* cleaner **Raumschiff** *nt* spaceship **Raumstation** *f* space station
Räumung <-, -en> *f* ① *Straße* clearing; *Wohnung* vacation; (*zwangsweise*) eviction ② (*Evakuierung*) evacuation
Räumungsklage *f* action of ejectment **Räumungsverkauf** *m* clearance sale
raunen ['raunən] *intr, tr V* (*geh*) to murmur
Raupe[1] <-, -n> ['raupə] *f* ZOOL caterpillar
Raupe[2] <-, -n> ['raupə] *f* (*Planierraupe*) bulldozer
Raupenfahrzeug *nt* caterpillar®
raus|bekommen* *tr V unreg* (*fam*) *s.* **herausbekommen**
Rausch <-[e]s, Räusche> [rauʃ, *Pl:* 'rɔyʃə] *m* ① intoxication; **einen ~ haben** to be drunk; **seinen ~ ausschlafen** to sleep it off ② (*geh: Ekstase*) ecstasy
rauschen ['rauʃn̩] *intr V Meer* to roar; (*sanft*) to murmur; *Blätter* to rustle; *Lautsprecher* to hiss
rauschfrei *Adj* TELEK, MEDIA free of background noise
Rauschgift *nt* drug
Rauschgifthändler(in) <-s, -> *m(f)* drug dealer; (*international*) drug trafficker **rauschgiftsüchtig** *Adj* addicted to drugs *pred* **Rauschgiftsüchtige(r)** <-n, -n> *f(m) dekl wie Adj* drug addict
raus|ekeln ['rausʔeːkl̩n] *tr V* (*fam*) to freeze sb out *sep* (**aus** of)

R

raus|fliegen *intr V unreg sein* (*fam*) to be chucked out (**aus** of)
räuspern ['rɔyspɐn] *refl V* **sich ~** to clear one's throat
raus|schmeißen *tr V unreg* (*fam*) to chuck out
Rausschmeißer <-s, -> *m* (*fam*) bouncer
Razzia <-, Razzien> ['ratsi̯a, *Pl:* -tsiən] *f* raid
Reagenzglas *nt* test tube
reagieren* [rea'gi:rən] *intr V* to react (**auf** to)
Reaktion <-, -en> [reak'tsi̯o:n] *f* reaction (**auf** to)
Reaktor <-s, -toren> [re'akto:ɐ̯, *Pl:* reak'to:rən] *m* reactor
Reaktorunglück *nt* reactor accident
real [re'a:l] *Adj* real
realisierbar *Adj* (*geh*) realizable
realisieren* [reali'zi:rən] *tr V* to realize
realistisch [rea'lɪstɪʃ] *Adj* realistic
Realität <-, -en> [reali'tɛ:t] *f* reality
realitätsfern *Adj* unrealistic
realitätsnah *Adj* realistic
Realschule *f* ≈ secondary school BRIT, ≈ junior high school AM

> In terms of academic attainment, the **Realschule** lies somewhere between the *Hauptschule* (secondary modern) and the *Gymnasium* (grammar school). The school leaving certificate after Year 10 is called the *mittlere Reife* – roughly equivalent to GCSEs. School leavers usually go on to three years of vocational training, however students with very good marks also have the chance to continue their education at a *Gymnasium*.

Rebe <-, -n> ['re:bə] *f* [grape]vine
Rebell(in) <-en, -en> [re'bɛl] *m(f)* rebel
rebellieren* [rebɛ'li:rən] *intr V* to rebel
Rebellion <-, -en> [rebɛ'li̯o:n] *f* rebellion; *Studenten* revolt
rebellisch [re'bɛlɪʃ] *Adj* rebellious
Rebhuhn ['re:phu:n] *nt* partridge
rechen ['rɛçn̩] *tr V* to rake
Rechen <-s, -> ['rɛçn̩] *m* rake
Rechenaufgabe *f* arithmetic[al] problem **Rechenfehler** *m* arithmetic[al] error **Rechenmaschine** *f* calculator
Rechenschaft <-> *f kein Pl* account; **jdm ~ schulden** to be accountable to sb (**über** for); **jdn zur ~ ziehen** to call sb to account
Rechenschritt *m* COMPUT calculation
Recherche <-, -n> [re'ʃɛrʃə] *meist Pl f* investigation; **~n** [**über jdn/etw**] **anstellen** to investigate [sb/sth]
recherchieren* [reʃɛr'ʃi:rən] *intr, tr V* to investigate
rechnen ['rɛçnən] **I.** *tr V* ① MATH to calculate ② (*veranschlagen*) **zu hoch/niedrig gerechnet sein** to be an over-/underestimate ③ (*betrachten als*) **ich rechne ihn zu meinen besten Freunden** I count him amongst my best friends **II.** *intr V* ① MATH to do arithmetic; **er kann** [**nicht**] **gut ~** he is [not] good at arithmetic; **falsch ~** to make a mistake [in one's calculations]; **richtig ~** to calculate correctly ② (*vertrauen*) **auf jdn/etw ~** to count on sb/sth ③ (*erwarten*) **mit etw ~** to reckon on sth; **mit allem/dem Schlimmsten ~** to be prepared for anything/the worst **III.** *refl V* **sich ~** to be profitable
rechnergesteuert *Adj* COMPUT computer-controlled **rechnergestützt** *Adj* computer-aided
rechnerisch *Adj* arithmetic[al]
Rechnung <-, -en> *f* ① ÖKON bill; **das geht auf meine ~** I'm paying for this; **etw auf die ~ setzen** to put sth on the bill ② MATH calculation; **die ~ stimmt nicht** the sum just doesn't work ▶ **mit jdm eine** [**alte**] **~ zu begleichen haben** to have a[n old] score to settle with sb
Rechnungsdatum *nt* billing date, date of invoice **Rechnungsjahr** *nt* financial year **Rechnungsprüfer(in)** <-s, -> *m(f)* auditor **Rechnungswesen** <-s> *nt kein Pl* ÖKON accountancy *no pl*
recht [rɛçt] **I.** *Adj* ① right; **ganz ~!** quite right! ② (*passend*) **jdm ist etw ~** sth is all right with sb; **das soll mir ~ sein** that's fine by me; **ist Ihnen der Kaffee so ~?** is your coffee all right? ▶ **nach dem Rechten sehen** to see that everything's all right **II.** *Adv* ① (*richtig*) correctly; **höre ich ~?** am I hearing things?; **versteh mich bitte ~** please don't misunderstand me ② (*genau*) really; **nicht ~ wissen** to not really know

❸ (*ziemlich*) rather ❹ (*fam: gelegen*) **man kann es nicht allen ~ machen** you cannot please everyone; **jdm ~ geschehen** to serve sb right; **jdm gerade ~ kommen** to come just in time [for sb] ▶ **jetzt erst ~** now more than ever

Recht <-[e]s, -e> [rɛçt] *nt* ❶ *kein Pl* (*Rechtsordnung*) law; **alle ~e vorbehalten** all rights reserved ❷ (*Anspruch, Befugnis*) right (**auf** to); **jdm ~ geben** to agree with sb; **~ haben** to be [in the] right; **kein ~ haben, etw zu tun** to have no right to do sth; **im ~ sein** to be in the right; **mit ~** rightly; **mit welchem ~?** by what right?; **von ~s wegen** (*fam*) by rights

Rechte ['rɛçtə] *f dekl wie Adj* ❶ (*rechte Hand*) right [hand]; **zu deiner/seiner ~n** (*geh*) to your/his right ❷ POL **die ~** the right, the Right

Rechteck <-[e]s, -e> *nt* rectangle

rechteckig *Adj* rectangular

rechtfertigen **I.** *tr V* to justify (**gegenüber** to) **II.** *refl V* **sich ~** to justify oneself

Rechtfertigung *f* justification

rechthaberisch *Adj* (*pej*) dogmatic

rechtlich **I.** *Adj* legal **II.** *Adv* legally

rechtlos *Adj* without rights *pred*

rechtmäßig *Adj* legal; **nicht ~** illegal

rechts [rɛçts] **I.** *Adv* ❶ (*auf der rechten Seite*) on the right; **etw ~ von etw aufstellen** to put sth to the right of sth; **~ oben/unten** at the top/bottom on the right; **nach ~** to the right; **von ~** from the right ❷ POL right; **~ eingestellt sein** to lean to the right; **~ [von jdm/etw] stehen** to be on the right [of sb/sth] ▶ **nicht mehr wissen, wo ~ und links ist** (*fam*) to not know whether one is coming or going **II.** *Präp* **~ einer S.** + *gen* to [*or* on] the right of sth

Rechtsabteilung *f* legal department **Rechtsanwalt, Rechtsanwältin** *m, f* lawyer; **sich** *Dat* **einen ~ nehmen** to get a lawyer **Rechtsbeistand** *m* ❶ (*juristisch Sachkundiger*) legal adviser ❷ *kein Pl* (*juristische Sachberatung*) legal advice *no pl, no indef art* **Rechtsbruch** *m* breach of the law

rechtschaffen ['rɛçtʃafn̩] *Adj* upright

Rechtschreibfehler *m* spelling mistake

Rechtschreibung *f* spelling

Rechtsextremismus <-> *m kein Pl* right-wing extremism **Rechtsextremist(in)** *m(f)* right-wing extremist

rechtskräftig *Adj Urteil* final

Rechtskurve *f* **eine ~ machen** to [make a] bend to the right

Rechtslage *f* legal position **Rechtsnorm** *f* JUR legal rule, rule of law

Rechtsprechung <-, *selten* -en> *f kein Pl* dispensation of justice

rechtsradikal **I.** *Adj* extreme right-wing **II.** *Adv* **~ eingestellt sein** to have a tendency to the far-right **Rechtsschutzversicherung** *f* legal costs insurance **Rechtsstaat** *m* state under the rule of law **rechtsstaatlich** *Adj* founded on the rule of law *pred* **Rechtsstaatlichkeit** *f kein Pl* rule of law *no pl, no indef art* **Rechtsstreit** *m* lawsuit

Rechtsterrorismus *m* right-wing terrorism

Rechtsverkehr *m* driving on the right **rechtswidrig** *Adj* unlawful **rechtwinkelig, rechtwinklig** *Adj* right-angled

rechtzeitig **I.** *Adj* punctual **II.** *Adv* on time; **~ ankommen** to arrive just in time

recken ['rɛkn̩] *tr V* to stretch; **den Hals/Kopf [nach oben] ~** to crane one's neck [upwards]

Recycling <-s> [ri'saiklɪŋ] *nt kein Pl* recycling

Redakteur(in) <-s, -e> [redak'tøːɐ] *m(f)* editor

Redaktion <-, -en> [redak'tsi̯oːn] *f* (*Abteilung*) editorial department

Rede <-, -n> ['reːdə] *f* ❶ (*Ansprache*) speech; **eine ~ halten** to make a speech ❷ (*das Sprechen*) talk; **wovon ist die ~?** what's it [all] about?; **von jdm/etw ist die ~** there is talk of sb/sth; **die ~ kam auf jdn/etw** the conversation turned to sb/sth ▶ **[jdm] ~ und Antwort stehen** to account [to sb]; **jdn zur ~ stellen** to take sb to task; **langer Rede kurzer Sinn** (*fam*) in short; **nicht der ~ wert sein** to be not worth mentioning; **davon kann keine ~ sein** that's out of the question

redefaul *Adj* uncommunicative **redegewandt** *Adj* (*geh*) eloquent

reden ['reːdn̩] **I.** *intr V* ❶ (*sprechen*) to talk (**mit** to, **über** about); **du hast gut ~** it's easy for you to talk; **darüber lässt**

R

sich ~ that's a possibility; **mit jdm zu ~ haben** to need to speak to sb ② (*klatschen*) **es wird über uns geredet** we're being talked about; **schlecht von jdm ~** to speak ill of sb ③ (*eine Rede halten*) to speak (**über** about/on) **II.** *tr V* to talk **III.** *refl V* **sich in Rage/Wut ~** to talk oneself into a rage/fury; **sich heiser ~** to talk oneself hoarse

Redewendung *f* idiom

redlich ['reːtlɪç] **I.** *Adj* honest **II.** *Adv* really

Redner(in) <-s, -> ['reːdnɐ] *m(f)* speaker

Rednerbühne *f* platform, rostrum

redselig ['reːtzeːlɪç] *Adj* talkative

reduzieren* [redu'tsiːrən] *tr V* to reduce

Reeder(in) <-s, -> ['reːdɐ] *m(f)* shipowner

Reederei <-, -en> [reːdə'rai] *f* shipping company

reell [re'ɛl] *Adj* ① real ② (*angemessen*) *Angebot, Preis* fair

Referat <-[e]s, -e> [refe'raːt] *nt* [seminar] paper; (*in der Schule*) project; **ein ~ halten** to present a paper/project

Referendar(in) <-s, -e> [referɛn'daːɐ̯] *m(f)* ① SCHULE student teacher ② JUR articled clerk

Referent(in) <-en, -en> [refe'rɛnt] *m(f)* ADMIN head of an advisory department

Referenz <-, -en> [refe'rɛnts] *f meist Pl* reference

Reflation <-, -en> [refla'tsi̯oːn] *f* ÖKON reflation

reflektieren* [reflɛk'tiːrən] *tr, intr V* to reflect

Reflex <-es, -e> [re'flɛks] *m* ① MED reflex ② (*Lichtreflex*) reflection

Reflexbewegung *f* reflex [movement]

Reflexion <-, -en> [reflɛ'ksi̯oːn] *f* reflection

Reflexivpronomen *nt* reflexive pronoun

Reform <-, -en> [re'fɔrm] *f* reform

Reformation <-> [refɔrma'tsi̯oːn] *f kein Pl* **die ~** the Reformation

reformbedürftig *Adj* in need of reform *pred*

Reformhaus *nt* health food shop [*or* AM store]

reformieren* [refɔr'miːrən] *tr V* to reform

Reformkost *f* health food

Refrain <-s, -s> [re'frɛ̃ː, rə-] *m* refrain

Regal <-s, -e> [re'gaːl] *nt* shelves *pl;* **etw aus dem ~ nehmen** to take sth off the shelf; **etw ins ~ zurückstellen** to put sth back on the shelf; **in/auf dem ~ stehen** to stand on the shelf

Regatta <-, Regatten> [re'gata, *Pl:* re'gatən] *f* regatta

rege ['reːgə] *Adj* lively; *Beteiligung* active

Regel[1] <-, -n> ['reːgl̩] *f* rule; **sich** *Dat* **etw zur ~ machen** to make a habit of sth; **in der ~** as a rule

Regel[2] <-> ['reːgl̩] *f kein Pl* (*Menstruation*) period

Regelfall *m kein Pl* rule

regelmäßig **I.** *Adj* regular **II.** *Adv* regularly

Regelmäßigkeit <-> *f kein Pl* regularity

regeln ['reːgl̩n] **I.** *tr V* ① (*in Ordnung bringen*) to settle ② (*regulieren*) to regulate **II.** *refl V* **sich** [**von selbst**] **~** to sort itself out

regelrecht ['regl̩rɛçt] **I.** *Adj* real **II.** *Adv* really

Regelschmerzen *Pl* period pains *pl*

Regelschule *f* state school

Regelung <-, -en> ['reːgəlʊŋ] *f* ① (*Bestimmung*) ruling ② *kein Pl* (*das Regulieren*) regulation

regelwidrig **I.** *Adj* against the rules *pred* **II.** *Adv* against the rules

regen ['reːgn̩] *refl V* **sich ~** to stir

Regen <-s, -> ['reːgn̩] *m* rain; **bei/in strömendem ~** in [the] pouring rain ▸ **jdn im ~ stehen lassen** (*fam*) to leave sb in the lurch

regenarm *Adj* dry, with low precipitation *spec*, low rainfall *attr*

Regenbogen *m* rainbow **Regenbogenhaut** *f* ANAT iris **Regenmantel** *m* raincoat **regenreich** *Adj* wet, with high rainfall; **~ sein** to be rainy **Regenschauer** *m* shower [of rain] **Regenschirm** *m* umbrella

Regent(in) <-en, -en> [re'gɛnt] *m(f)* ruler

Regentropfen *m* raindrop **Regenwald** *m* rainforest **Regenwurm** *m* earthworm **Regenzeit** *f* rainy season

Regie <-, -n> [re'ʒiː, *Pl:* re'ʒiːən] *f* direction; [**bei etw**] **die ~ haben** to direct [sth]

regieren* [re'giːrən] *intr, tr V* to rule (**über** over)

Regierung <-, -en> [re'giːrʊŋ] *f* government; **die ~ antreten** to take power; **jdn an die ~ bringen** to put sb into power; **an der ~ sein** to be in power

Regierungsbeamte(r) [krimi'naːl-] *m dekl wie Adj,* **Regierungsbeamtin** *f* government official **Regierungschef(in)** *m(f)* head of [a/the] government **Regierungserklärung** *f* government statement **regierungsnah** [re'giːrʊŋs-] *Adj* POL close to the government *pred* **Regierungspartei** *f* ruling party **Regierungssprecher(in)** *m(f)* government spokesperson **Regierungswechsel** *m* change of government **Regierungszeit** *f* term of office

Regime <-s, -s> [re'ʒiːm] *nt* (*pej*) regime

Regiment[1] <-[e]s, -er> [regi'mɛnt] *nt* MIL regiment

Regiment[2] <-[e]s, -e> [regi'mɛnt] *nt* (*geh*) rule

regimetreu [re'ʒiːm-] *Adj* POL loyal to the regime *pred*

Region <-, -en> [re'gi̯oːn] *f* region

regional [regi̯o'naːl] *Adj* regional

Regionalteil [regi̯o'naːl-] *m* MEDIA local news section

Regisseur(in) <-s, -e> [reʒɪ'søːɐ̯] *m(f)* director

registrieren* [regɪs'triːrən] *tr V* to register

Regler <-s, -> ['reːglɐ] *m* ELEK regulator; AUTO governor

reglos ['reːkloːs] *Adj s.* **regungslos**

regnen ['reːgnən] **I.** *intr V* **es regnet** it's raining **II.** *tr V* **es regnet Beschwerden/Proteste** complaints/protests are pouring in

regnerisch *Adj* rainy

Regress[RR] *m,* **Regreß[ALT]** <-sses, -sse> [re'grɛs] *m* recourse

regresspflichtig[RR] *Adj* liable for compensation

regulär [regu'lɛːɐ̯] *Adj* regular

regulieren* [regu'liːrən] *tr V* to regulate

Regulierungsbehörde [regu'liːrʊŋs-] *f* ADMIN, ÖKON regulatory authority

Regung <-, -en> *f* ① movement ② (*Empfindung*) feeling; **menschliche ~** human emotion

regungslos *Adj* motionless

Reh <-[e]s, -e> [reː] *nt* roe deer

Rehabilitationszentrum *nt* rehabilitation centre

rehabilitieren* [rehabili'tiːrən] *tr V* to rehabilitate

Rehbock *m* [roe]buck **Rehbraten** *m* (*Fleisch*) joint of venison; (*gebraten*) roast venison

Reibe <-, -n> ['raibə] *f* grater

Reibekuchen *m* ≈ potato fritter BRIT, ≈ latke AM

reiben <rieb, gerieben> ['raibn̩] **I.** *tr V* ① to rub ② KOCHK to grate **II.** *refl V* ① (*mit Hand darüberfahren*) **sich** *Dat* **die Augen/Hände ~** to rub one's eyes/hands ② (*sich kratzen*) **sich ~** to rub oneself (**an** on/against)

Reibereien [raibə'raiən] *Pl* (*fam*) friction *no pl*

Reibung <-, -en> *f* friction

reibungslos **I.** *Adj* smooth **II.** *Adv* smoothly

reich [raiç] *Adj* ① rich (**an** in); **~ an Erfahrung sein** to have a wealth of experience ② *Ernte* abundant; *Mahlzeit* lavish ③ *Auswahl* large; *Leben* varied

Reich <-[e]s, -e> [raiç] *nt* ① POL empire; **das Römische ~** the Roman Empire; **das „Dritte ~"** the 'Third Reich' ② (*Bereich*) realm ▸ **das ~ Gottes** the Kingdom of God

> During the years of the German Reich, the **Reichstag** (sovereign assembly) was composed of representatives who were elected for four years according to the constitution of the Weimar Republic. After reunification, the parliament in Bonn took the decision to relocate to Berlin and in 1994, the **Reichstag** building in Berlin once again became the seat of federal Parliament in Germany.

reichen ['raiçn̩] **I.** *intr V* ① (*ausreichen*) to be enough; **die Vorräte ~ noch Monate** the stores will last for months still ② (*überdrüssig sein*) **etw reicht jdm** sth is enough for sb; **mir reicht's!** I've had enough!; **jetzt reicht's [aber]!**

[right, [*or* AM all right,]] that's enough! ③ (*sich erstrecken*) **bis zu etw** ~ to reach to sth **II.** *tr V* (*geh*) ① (*geben*) **jdm etw** ~ to pass sb sth ② (*Hände schütteln*) **sich** *Dat* **die Hand zur Versöhnung** ~ to join hands in reconciliation

reichhaltig ['raiçhaltɪç] *Adj* ① (*vielfältig*) wide ② (*üppig*) rich

reichlich ['raiçlɪç] **I.** *Adj* large **II.** *Adv* amply; ~ **Geld/Zeit haben** to have plenty of money/time

Reichtum <-[e]s, Reichtümer> ['raiçtu:m, *Pl:* -ty:mɐ] *m kein Pl* wealth; **zu ~ kommen** to get rich; **Reichtümer** riches *pl*

Reichweite *f* range

reif [raif] *Adj* ① *Frucht* ripe ② *Mensch* mature; **im ~en Alter von ...** at the ripe old age of ... ③ (*bereit*) ~ **für etw sein** to be ready for sth

Reif[1] <-[e]s> [raif] *m kein Pl* METEO hoar frost

Reif[2] <-[e]s, -e> [raif] *m* (*Armreif*) bracelet

Reife <-> ['raifə] *f kein Pl* ① *Frucht* ripeness ② *Mensch* maturity

reifen ['raifn̩] *intr V sein* ① *Frucht* to ripen ② *Mensch* to mature (**zu** into)

Reifen <-s, -> ['raifn̩] *m* tyre

Reifendruck *m* tyre pressure **Reifenpanne** *f* flat **Reifenwechsel** *m* tyre change

reiflich ['raiflɪç] *Adj* thorough; **nach ~er Überlegung** after careful consideration

Reihe <-, -n> ['raiə] *f* ① row; MIL file; **sich in ~n aufstellen** to form lines; **aus der ~ treten** to step out of line; **der ~ nach** in order ② (*Menge*) **eine ~ von zusätzlichen Informationen** a lot of additional information ▶ **[mit etw] an der ~ sein** to be next in line [for sth]; **du bist an der ~** it's your turn; **etw auf die ~ kriegen** (*fam: kapieren*) to get sth into one's head; **aus der ~ tanzen** (*fam*) to step out of line

Reihenfolge *f* order **Reihenhaus** *nt* terraced [*or* AM row] house **reihenweise** *Adv* by the dozen

Reiher <-s, -> ['raiɐ] *m* heron

reihum [rai'ʔʊm] *Adv* in turn; **etw ~ gehen lassen** to pass sth round [*or* AM around]

Reim <-[e]s, -e> [raim] *m* rhyme

reimen ['raimən] *refl, tr V* [**sich**] ~ to rhyme (**auf/mit** with)

rein[1] [rain] *Adv* (*fam*) into; **los, ~ mit dir!** come on, get in!

rein[2] [rain] **I.** *Adj* ① (*pur*) pure; *Wahrheit* plain; **das Kinderzimmer ist der ~ste Schweinestall!** the children's room is an absolute pigsty! ② (*völlig sauber*) clean ③ (*makellos*) clear ▶ **etw ins Reine bringen** to clear up sth; **mit jdm/sich selbst im Reinen sein** to have got things straightened out with sb/oneself **II.** *Adv* ① (*ausschließlich*) purely ② (*absolut*) absolutely

Reinfall ['rainfal] *m* (*fam*) disaster

rein|fallen *intr V unreg sein* (*fam*) ① (*hineinfallen*) [**irgendwo**] ~ to fall in [somewhere] ② (*hereingelegt werden*) to be taken in (**auf** by)

Reingewinn *m* net profit

The German **Reinheitsgebot** (beer purity regulation) is one of the oldest laws governing foodstuffs in Germany. Since 1514 it has stipulated that only barley malt, hops, water and recently yeast may be used in the production of beer.

reinigen ['rainɪgn̩] *tr V* to clean

Reinigung <-, -en> *f* ① *kein Pl* cleaning ② (*Geschäft*) cleaner's; **die chemische ~** the dry cleaner's

Reinigungskraft *f* (*form*) cleaner

reinlich *Adj* clean

reinrassig *Adj* thoroughbred

reinvestieren* [reʔɪnvɛs'ti:rən] *tr V* FIN to reinvest

Reis <-es> [rais] *m kein Pl* rice

Reise <-, -n> ['raizə] *f* journey; **gute ~!** have a good trip!; **auf ~n gehen** to travel; **eine ~ machen** to go on a journey

Reiseandenken *nt* souvenir **Reiseapotheke** *f* first aid kit **Reisebüro** *nt* travel agency **Reiseführer** *m* travel guide[book] **Reisegefährte, Reisegefährtin** *m, f* travel[ling] companion; (*Mitreisender*) fellow passenger **Reisegepäck** *nt* luggage **Reisegesellschaft** *f* party of tourists **Reisekosten** *Pl* travelling expenses *pl* **Reisekrankheit** *f kein Pl* travel [*or* motion] sickness *no pl*

Reiseleiter(in) *m(f)* guide **reiselustig** *Adj* fond of travelling

reisen ['raizn̩] *intr V sein* to travel

Reisende(r) *f(m) dekl wie Adj* passenger

ReisepassRR *m* passport **Reiseprospekt** *m* travel brochure **Reiseroute** *f* itinerary **Reisescheck** *m* traveller's cheque **Reisespesen** *Pl* travel expenses *pl* **Reisetasche** *f* holdall **Reiseveranstalter(in)** *m(f)* tour operator **Reiseverkehr** *m kein Pl* holiday traffic **Reiseversicherung** *f* travel insurance **Reiseziel** *nt* destination

Reisfeld *nt* paddy [field], rice paddy

Reißaus [rais'ʔaus] *m* ~ **nehmen** (*fam*) to run away (**vor** from)

reißen <riss, gerissen> ['raisn̩] **I.** *intr V* ① *sein Stoff* to tear; *Seil* to break ② *haben* (*zerren*) **an etw** *Dat* ~ to pull [on] sth **II.** *tr V haben* ① to tear (**von** from) ② (*Risse erzeugen*) to crack ③ (*entreißen*) **etw von jdm** ~ to snatch sth from sb ④ (*unterbrechen*) **das Klingeln des Telefons riss sie aus ihren Gedanken** the ringing of the telephone roused her from her thoughts ⑤ (*gewaltsam übernehmen*) **etw an sich** *Akk* ~ to seize sth ⑥ (*rasch an sich ziehen*) **jdn/etw an sich** *Akk* ~ to clutch sb/sth to one ⑦ (*erjagen und töten*) to kill **III.** *refl V haben* ① (*sich losreißen*) **sich aus etw** ~ to tear oneself out of sth ② (*fam*) **sich um jdn/etw** ~ to scramble to get sb/sth

reißend *Adj* ① *Fluss* raging ② (*fam: begehrt sein*) **die neuen Videospiele finden ~en Absatz** the new video games are selling like hot cakes

ReißverschlussRR *m* zip BRIT, zipper AM **Reißzwecke** <-, -n> *f* drawing pin

Reitanzug *m* riding outfit

reiten <ritt, geritten> ['raitn̩] **I.** *intr V sein* to ride; **im Galopp/Trab** ~ to gallop/trot **II.** *tr V haben* to ride

Reiter(in) <-s, -> ['raitɐ] *m(f)* rider

Reitpferd *nt* mount **Reitschule** *f* riding school **Reitstiefel** *m* riding-boot **Reitweg** *m* bridle-path

Reiz <-es, -e> [raits] *m* ① (*Verlockung*) appeal; **den ~ verlieren** to lose its appeal ② (*Stimulus*) stimulus

reizbar *Adj* irritable

reizen ['raitsn̩] *tr V* ① (*verlocken*) to tempt ② MED to irritate; **zum Husten** ~ to make one cough ③ (*provozieren*) to provoke (**zu** into)

reizend *Adj* attractive

reizlos *Adj* dull

Reizthema *nt* emotive subject **Reizüberflutung** *f* PSYCH overstimulation

Reizung <-, -en> *f* irritation

reizvoll *Adj* attractive

Reklamation <-, -en> [reklama'tsi̯oːn] *f* complaint

Reklame <-, -n> [re'klaːmə] *f* ① *kein Pl* advertising ② (*Prospekt*) advertising brochure

reklamieren* [rekla'miːrən] *tr V* **etw** ~ to complain about sth

rekonstruieren* [rekɔnstru'iːrən] *tr V* to reconstruct (**aus** from)

Rekord <-s, -e> [re'kɔrt] *m* record; **einen ~ brechen** to break a record

Rekordinhaber(in) *m(f)* record holder **Rekordzeit** *f* record time

Rekrut(in) <-en, -en> [re'kruːt] *m(f)* recruit

rekrutieren* [rekru'tiːrən] **I.** *tr V* to recruit **II.** *refl V* **sich aus etw** ~ to consist of sth

Rektor(in) <-s, -en> ['rɛktoːɐ̯, rɛk'toːrɪn, *Pl:* rɛk'toːrən] *m(f)* (*Schulleiter*) head teacher BRIT, principle AM

Relais <-, -> [rə'lɛː] *nt* ELEK relay

Relation <-, -en> [rela'tsi̯oːn] *f* (*geh: Verhältnismäßigkeit*) proportion; **in keiner ~ zu etw stehen** to bear no relation to sth

relativ [rela'tiːf] *Adj* relative

Relativitätstheorie <-> *f kein Pl* **die** ~ the theory of relativity

relaxed [ri'lɛkst] *Adv* (*fam*) chilled [out]

Relegationsspiel [relega'tsi̯oːns-] *f* FBALL relegation play-off match

relevant [rele'vant] *Adj* (*geh*) relevant

Religion <-, -en> [reli'gi̯oːn] *f* religion

Religionsfreiheit *f* freedom of worship **Religionsgemeinschaft** *f* religious community **Religionsunterricht** *m* religious education [*or* instruction]

religiös [reli'gi̯øːs] *Adj* religious

Relikt <-[e]s, -e> [re'lɪkt] *nt* (*geh*) relic

Reliquie <-, -n> [re'liːkvi̯ə] *f* relic

Renaissance <-> [rənɛ'sãːs] *f kein Pl* Renaissance

Rendezvous <-, -> [rãde'vuː, 'rãːdevu] *nt* rendezvous

Rennbahn *f* racetrack

rennen <rannte, gerannt> ['rɛnən] *intr V sein* ❶ to run ❷ (*stoßen*) **gegen etw ~** to bump into sth
Rennen <-s, -> ['rɛnən] *nt* race; **gut/schlecht im ~ liegen** (*fig*) to be in a good/bad position ▸ **das ~ ist gelaufen** (*fam*) the show is over; **das ~ machen** (*fam*) to make the running; **jdn ins ~ schicken** to put forward sb *sep*
Renner <-s, -> ['rɛnɐ] *m* (*fam*) big seller
Rennfahrer(in) *m(f)* ❶ AUTO racing [*or* AM racecar] driver ❷ (*Radrennen*) racing cyclist **Rennpferd** *nt* racehorse **Rennrad** *nt* racing bike **Rennsport** *m* ❶ AUTO motor racing *no pl* ❷ (*Radrennsport*) cycle racing ❸ (*Pferderennsport*) horse racing **Rennstrecke** *f* racetrack **Rennwagen** *m* racing [*or* AM race] car
renommiert *Adj* (*geh*) renowned
renovieren* [reno'vi:rən] *tr V* to renovate
Renovierung <-, -en> *f* renovation
rentabel [rɛn'ta:bl̩] *Adj* profitable
Rente <-, -n> ['rɛntə] *f* pension; **in ~ gehen** to retire
Rentenalter *nt* retirement age **Rentenanspruch** *m* right to a pension **Rentenempfänger(in)** *m(f)* (*geh*) pensioner **Rentenversicherung** *f* pension scheme BRIT, retirement insurance AM; *s. a.* **Pflegeversicherung Rentenversicherungsbeitrag** *m* pension contribution
Rentier ['rɛnti:ɐ̯] *nt* reindeer
rentieren* [rɛn'ti:rən] *refl V* **sich ~** to be worthwhile
R **Rentner(in)** <-s, -> *m(f)* pensioner
Reparatur <-, -en> [repara'tu:ɐ̯] *f* repair; **etw in ~ geben** to have sth repaired
reparaturbedürftig *Adj* in need of repair *pred*
reparieren* [repa'ri:rən] *tr V* to repair
Repertoire <-s, -s> [repɛr'to̯a:ɐ̯] *nt* repertoire
Reportage <-, -n> [repɔr'ta:ʒə] *f* report
Reporter(in) <-s, -> [re'pɔrtɐ] *m(f)* reporter
Repräsentant(in) <-en, -en> [reprɛzɛn'tant] *m(f)* representative
Repräsentantenhaus <-es> *nt kein Pl* (*in den USA*) House of Representatives
repräsentativ [reprɛzɛnta'ti:f] *Adj* representative
repräsentieren* [reprɛzɛn'ti:rən] **I.** *tr V* (*geh*) to represent **II.** *intr V* (*geh*) to perform official and social functions
Repressalie <-, -n> [reprɛ'sa:li̯ə] *f* (*geh*) reprisal *usu pl*
Reproduktion <-, -en> [reprodʊk'tsi̯o:n] *f* reproduction
reproduzieren* [reprodu'tsi:rən] *tr V* to reproduce
Reptil <-s, -ien> [rɛp'ti:l, *Pl:* -'ti:li̯ən] *nt* reptile
Republik <-, -en> [repu'bli:k] *f* republic
Republikaner(in) <-s, -> [republi'ka:nɐ] *m(f)* Republican
Requiem <-s, Requien> ['re:kviɛm, *Pl:* -viən] *nt* requiem
Requisit <-[e]s, -en> [rekvi'zi:t] *nt meist Pl* THEAT prop *usu pl*
Requisite <-, -e> [rekvi'zi:tə] *f* THEAT props room
resch [rɛʃ] *Adj* ÖSTERR ❶ (*knusprig*) crispy ❷ (*resolut*) determined
Reservat <-[e]s, -e> [rezɛr'va:t] *nt* reservation
Reserve <-, -n> [re'zɛrvə] *f* reserve; **jdn aus der ~ locken** to bring sb out of his/her shell
Reservekanister *m* spare can **Reserverad** *nt* spare wheel **Reservespieler(in)** *m(f)* substitute
reservieren* [rezɛr'vi:rən] *tr V* to reserve
reserviert *Adj* (*geh*) reserved
Reservist(in) <-en, -en> [rezɛr'vɪst] *m(f)* reservist
Residenz <-, -en> [rezi'dɛnts] *f* residence
resignieren* [rezɪ'gni:rən] *intr V* to give up
resolut [rezo'lu:t] *Adj* resolute
Respekt <-s> [re'spɛkt, rɛ-] *m kein Pl* respect; **bei allem ~!** with all due respect!; **vor jdm/etw ~ haben** to have respect for sb/sth; **sich** *Dat* [**bei jdm**] **~ verschaffen** to earn [sb's] respect; **voller ~** respectful
respektieren* [respɛk'ti:rən, rɛ-] *tr V* to respect
respektlos *Adj* disrespectful
respektvoll *Adj* respectful
Ressource <-, -n> [rɛ'sʊrsə] *f* resource
Rest <-[e]s, -e *o* SCHWEIZ *a.* -en> [rɛst] *m* rest; *Essen;* **der letzte ~** the last bit

▶ **jdm den ~ geben** (*fam*) to finish sb [off]

Restaurant <-s, -s> [rɛsto'rã:] *nt* restaurant

restaurieren* [restau'ri:rən, rɛ-] *tr V* to restore

restlich *Adj* remaining; **wo ist das ~e Geld?** where is the rest of the money?

Restmüll *m* general [*or* non-recyblable] rubbish **Restposten** *m* remaining stock

Resultat <-[e]s, -e> [rezʊl'ta:t] *nt* result

resultieren* [rezʊl'ti:rən] *intr V* (*geh*) to result (**aus** from, **in** in)

Retortenbaby [-be:bi] *nt* (*fam*) test-tube baby

Retourbillett ['rətu:ɐ̯bɪljɛt] *nt* SCHWEIZ (*Rückfahrkarte*) return ticket

Retourgeld ['rətu:ɐ̯-] *nt* SCHWEIZ change

retten ['rɛtn̩] **I.** *tr V* to save (**vor** from) ▶ **bist du noch zu ~?** (*fam*) are you out of your mind? **II.** *refl V* **sich ~** to save oneself; **rette sich, wer kann!** run for your lives!; **sich vor jdm/etw nicht mehr ~ können** to be swamped by sb/sth

Retter(in) <-s, -> *m(f)* rescuer

Rettich <-s, -e> ['rɛtɪç] *m* radish

Rettung <-, -en> *f* rescue; **du bist meine letzte ~** you're my last hope; **für jdn gibt es keine ~ mehr** sb is beyond help

Rettungsboot *nt* lifeboat **Rettungsinsel** *f* inflatable life-raft **Rettungsring** *m* lifebelt **Rettungsschirm** *m* POL, FIN euro rescue fund **Rettungswagen** *m* ambulance

Reue <-> ['rɔyə] *f kein Pl* remorse

reuen ['rɔyən] *tr V* (*geh*) **jdn ~** to be of regret to sb; **meine Aussage reut mich** I regret my statement

reumütig ['rɔymy:tɪç] **I.** *Adj* remorseful **II.** *Adv* remorsefully; **~ zu jdm zurückkommen** to come crawling back to sb

Revanche <-, -n> [re'vã:ʃə, re'vaŋʃə] *f* SPORT return match BRIT, rematch AM

revanchieren* [revã'ʃi:rən, revaŋ'ʃi:rən] *refl V* **sich** [**bei jdm**] **~** to return [sb] a favour

Revier <-s, -e> [re'vi:ɐ̯] *nt* ❶ (*Polizeirevier*) beat BRIT, precinct AM; (*Polizeidienststelle*) police station ❷ (*Jagdrevier*) shoot

Revision <-, -en> [revi'zi̯o:n] *f* ❶ JUR appeal ❷ (*Abänderung*) revision

Revolte <-, -n> [re'vɔltə] *f* revolt

Revolution <-, -en> [revolu'tsi̯o:n] *f* revolution

revolutionär [revolutsi̯o'nɛ:ɐ̯] *Adj* revolutionary

Revolutionär(in) <-s, -e> [revolutsi̯o'nɛ:ɐ̯] *m(f)* revolutionary

Revolver <-s, -> [re'vɔlvɐ] *m* revolver

Revue <-, -n> [re'vy:, rə'vy:, *Pl:* -'vy:ən] *f* revue ▶ **jdn/etw ~ passieren lassen** (*geh*) to recall sb/review sth

Rezension <-, -en> [retsɛn'zi̯o:n] *f* review

Rezept <-[e]s, -e> [re'tsɛpt] *nt* ❶ KOCHK recipe ❷ MED prescription; **auf ~** on prescription

Rezeption <-, -en> [retsɛp'tsi̯o:n] *f* reception

rezeptpflichtig *Adj* **~ sein** to be available only on prescription

Rhabarber <-s, -> [ra'barbɐ] *m* rhubarb plant

Rhein <-s> [rain] *m* **der ~** the Rhine; **am Rhein** on the Rhine

Rhesusfaktor *m* rhesus factor

rhetorisch [re'to:rɪʃ] *Adj* rhetorical

Rheuma <-s> ['rɔyma] *nt kein Pl* rheumatism

rheumatisch [rɔy'ma:tɪʃ] *Adj* rheumatic

Rheumatismus <-> [rɔyma'tɪsmʊs] *m kein Pl* rheumatism

Rhinozeros <-[ses], -se> [ri'no:tserɔs] *nt* rhinoceros

rhythmisch ['rʏtmɪʃ] *Adj* rhythmic[al]

Rhythmus <-, -Rhythmen> ['rʏtmʊs, *Pl:* 'rʏtmən] *m* rhythm

Ribisel <-, -n> ['ri:bi:zl̩] *f* DIAL, ÖSTERR *rote* redcurrant; *schwarze* blackcurrant

richten ['rɪçtn̩] **I.** *refl V* ❶ (*bestimmt sein*) **sich an jdn ~** to be directed at sb ❷ (*um Rat wenden*) **sich an jdn/etw ~** to consult sb/sth ❸ (*sich orientieren*) **sich nach etw ~** to comply with sth; **wir richten uns ganz nach Ihnen** we'll fit in with you **II.** *tr V* ❶ (*lenken*) to direct (**auf** towards/at); **seinen Blick auf etw** *Akk* **~** to [have a] look at sth ❷ (*adressieren*) to address (**an** to) ❸ (*reparieren*) to fix

Richter(in) <-s, -> ['rɪçtɐ] *m(f)* judge

Richtgeschwindigkeit *f* recommended speed limit

richtig ['rɪçtɪç] **I.** *Adj* ❶ right; **es war ~, dass du gegangen bist** you were right

R

to leave; **irgendwo/bei jdm ~ sein** to be at the right place/address ② *Lösung* correct ③ (*wirklich; echt*) real ④ (*fam: in Ordnung*) all right **II.** *Adv* ① (*korrekt*) correctly; **~, das war die Lösung** right, that was the solution; **sehr ~!** quite right! ② (*fam: regelrecht*) really

richtig|liegen *intr V unreg haben und sein* (*fam*) (*Recht haben*) to be right; **mit etw ~** to get it right with sth ▶ **bei jdm ~** (*an der richtigen Adresse sein*) to have come to the right person **richtig|stellen** *tr V* to correct

Richtlinie *f meist Pl* guideline *usu pl*

Richtung <-, -en> ['rɪçtʊŋ] *f* ① direction; **aus welcher ~ kam das Geräusch?** which direction did the noise come from?; **eine ~ einschlagen** to go in a direction ② (*Tendenz*) trend; **irgendwas in der ~** something along those lines

richtungweisend *Adj* pointing the way [ahead]

Richtwert *m* guideline

riechen <roch, gerochen> ['riːçn̩] **I.** *intr V* ① to smell (**nach** of); **das riecht hier ja so angebrannt** there's a real smell of burning here ② **an jdm/etw ~** to smell sb/sth; **hier, riech mal an den Blumen!** here, have a sniff of these flowers! **II.** *tr V* to smell; **riechst du nichts?** can't you smell anything? ▶ **etw ~ können** to know sth; **das konnte ich nicht riechen!** how was I supposed to know that!; **jdn nicht ~ können** not to be able to stand sb **III.** *intr V unpers* **es riecht ekelhaft** there's a disgusting smell; **es riecht nach etw** there's a smell of sth

Riegel <-s, -> ['riːgl̩] *m* ① (*Verschluss*) bolt ② (*Schokoriegel*) bar ▶ **einer S.** *Dat* **einen ~ vorschieben** to put a stop to sth

Riemen <-s, -> ['riːmən] *m* strap ▶ **den ~ enger schnallen** to tighten one's belt; **sich am ~ reißen** to get a grip on oneself

Riese, **Riesin** <-n, -n> ['riːzə, 'riːzɪn] *m, f* giant

rieseln ['riːzl̩n] *intr V sein* ① (*rinnen*) to trickle (**auf** onto) ② (*bröckeln*) **von etw ~** to flake off sth

Riesengewinn *m* huge profit **riesengroß** ['riːzn̩'groːs] *Adj* (*fam*) enormous

Riesenrad *nt* Ferris wheel **Riesenschlange** *f* (*fam*) boa

riesig ['riːzɪç] **I.** *Adj* ① gigantic ② (*gewaltig*) enormous **II.** *Adv* (*fam*) enormously

Riesin <-, -nen> *f s.* **Riese**

Riff <-[e]s, -e> [rɪf] *nt* reef

rigoros [rigo'roːs] *Adj* rigorous

Rille <-, -n> ['rɪlə] *f* groove

Rind <-[e]s, -er> [rɪnt] *nt* ① cow ② KOCHK beef *no pl*

Rinde <-, -n> ['rɪndə] *f* (*Borke*) bark *no pl*

Rinderbraten *m* roast beef **Rinderfilet** *nt* fillet of beef **Rinderwahnsinn** *m kein Pl* mad cow disease *no art*

Rindfleisch *nt* beef *no art* **Rindsleder** *nt* cowhide, leather **Rindvieh** <-viecher> *nt* ① *kein Pl* cattle *no art, + pl verb* ② (*sl: Dummkopf*) ass

Ring <-[e]s, -e> [rɪŋ] *m* ring

Ringelblume *f* marigold

Ringelnatter *f* grass snake

Ringelspiel *nt* ÖSTERR (*Karussell*) merry-go-round

ringen <rang, gerungen> ['rɪŋən] *intr V* ① (*im Ringkampf*) to wrestle ② (*im Zwiespalt sein*) **mit sich ~** to wrestle with oneself ③ (*mühsam Luft holen*) **nach Atem ~** to struggle for breath

Ringen <-s> ['rɪŋən] *nt kein Pl* wrestling *no art, no pl*

Ringer(in) <-s, -> *m(f)* wrestler

Ringfinger *m* ring finger

Ringkampf *m* wrestling match

ringsum ['rɪŋs'ʔʊm] *Adv* [all] around

Rinne <-, -n> ['rɪnə] *f* channel; (*Furche*) furrow

rinnen <rann, geronnen> ['rɪnən] *intr V sein* to run

Rinnstein *m* gutter

Rippchen <-s, -> ['rɪpçən] *nt* smoked rib [of pork]

Rippe <-, -n> ['rɪpə] *f* rib

Rippenfellentzündung *f* pleurisy

Risiko <-s, Risiken *o* ÖSTERR Risken> ['riːziko] *nt* risk; **auf jds ~** at sb's own risk

Risikogruppe *f* [high-]risk group **Risikoschwangerschaft** *f* high-risk pregnancy

riskant [rɪs'kant] *Adj* risky

riskieren* [rɪs'kiːrən] *tr V* to risk sth ② (*wagen*) **ich riskiere es!** I'll chance it!; **es ~, etw zu tun** to risk doing sth

riss[RR], **riß**[ALT] [rɪs] *Imp von* **reißen**
Riss[RR] *m*, **Riß**[ALT] <Risses, Risse> [rɪs] *m* crack; (*in Papier*) tear
rissig ['rɪsɪç] *Adj* cracked
ritt [rɪt] *Imp von* **reiten**
Ritt <-[e]s, -e> [rɪt] *m* ride
Ritter <-s, -> ['rɪtɐ] *m* knight
Ritterburg *f* knight's castle **Ritterkreuz** *nt* MIL Knight's Cross
ritterlich *Adj* chivalrous
Ritterrüstung *f* knight's armour
Ritual <-s, -e *o* -ien> [ri'tu̯a:l, *Pl:* ri'tu̯a:li̯ən] *nt* ritual
Ritz <-es, -e> ['rɪts] *m* ① (*Kratzer*) scratch ② *s.* **Ritze**
Ritze <-, -n> ['rɪtsə] *f* crack
ritzen ['rɪtsn̩] **I.** *tr V* to carve (**auf** on, **in** in) ▶ **geritzt sein** (*sl*) to be okay *fam* **II.** *refl V* **sich** ~ to scratch oneself (**an** on)
Rivale, Rivalin <-n, -n> [ri'va:lə, ri'va:lɪn] *m, f* rival
rivalisieren* [rivali'zi:rən] *intr V* (*geh*) **mit jdm** ~ to compete with sb (**um** for); ~**d** rival
Rivalität <-, -en> [rivali'tɛ:t] *f* rivalry
Rizinus <-, - *o* -se> ['ri:tsinʊs] *m* castor-oil [plant]
RNS <-> [ɛrʔɛn'ʔɛs] *f kein Pl Abk von* **Ribonukleinsäure** RNA *no art*
Roaminggebühr ['roʊmɪŋ-] *f meist Pl* TELEK roaming fee
Robbe <-, -n> ['rɔbə] *f* seal
Robe <-, -n> ['ro:bə] *f* robe[s *pl*]
Roboter <-s, -> ['rɔbɔtɐ] *m* robot
robust [ro'bʊst] *Adj* robust
röcheln ['rœçl̩n] *intr V* to breathe stertorously *form*
Rochen <-s, -> ['rɔxn̩] *m* ray
Rock[1] <-[e]s, Röcke> [rɔk, *Pl:* 'rœkə] *m* ① skirt ② SCHWEIZ (*Jacke*) jacket
Rock[2] <-[s], -[s]> [rɔk] *m kein Pl* MUS rock *no art*
Rockfestival *nt* rock festival
rockig ['rɔkɪç] *Adj* MUS rock, rocky
Rodel <-s *o* SÜDD, ÖSTERR -, - *o* SÜDD, ÖSTERR -n> ['ro:dl̩] *m o* SÜDD, ÖSTERR *f* sledge, toboggan
Rodelbahn *f* toboggan run
rodeln ['ro:dl̩n] *intr V sein o haben* to toboggan
Rodung <-, -en> *f* clearing
Rogen <-s, -> ['ro:gn̩] *m* roe *no art, no pl*
Roggen <-s> ['rɔgn̩] *m kein Pl* rye *no art*
Roggenbrot *nt* rye bread *no pl*
roh [ro:] *Adj* ① (*nicht zubereitet*) raw ② (*brutal*) rough ③ (*rüde*) coarse
Rohbau <-bauten> *m* shell
Roheit[ALT] <-, -en> *f kein Pl s.* **Rohheit**
Roherz *nt* BERGB virgin ore **Rohgewinn** *m* ÖKON gross profit
Rohheit[RR] <-, -en> ['ro:hait] *f kein Pl* coarseness *no art* **Rohkost** *f* uncooked vegetarian food *no art*
Rohling <-s, -e> ['ro:lɪŋ] *m* ① brute ② TECH blank
Rohöl *nt* crude oil
Rohr <-[e]s, -e> [ro:ɐ̯] *nt* pipe; (*dünn, flexibel*) tube
Rohrbruch *m* burst pipe
Röhre <-, -n> ['rø:rə] *f* tube ▶ **in die ~ gucken** (*fam*) to be left out
Rohrleitung *f* pipe, conduit **Rohrmöbel** <-s, -> *nt meist Pl* cane furniture *no pl* **Rohrstuhl** *m* cane chair **Rohrzucker** *m* cane sugar *no art*
Rohseide *f* raw silk *no art*
Rohstoff *m* raw material
Rohstoffmangel *m* shortage [*or* lack] of raw materials **Rohstoffpreis** *m* price of raw materials, commodity price
Rokoko <-[s]> ['rɔkoko, roko'ko] *nt kein Pl* (*Stil*) rococo
Rolladen[ALT] <-s, Rolläden *o* -> *m s.* **Rollladen**
Rollbahn *f* runway
Rolle[1] <-, -n> ['rɔlə] *f* ① *Draht etc.* roll ② (*Laufrad*) roller ③ (*Spule*) reel ④ SPORT roll; **eine ~ machen** to do a roll
Rolle[2] <-, -n> *f* FILM role; **eine ~ spielen** to play a part; **es spielt keine ~, ob/wie ...** it doesn't matter whether/how ... ▶ **aus der ~ fallen** to behave badly
rollen ['rɔlən] **I.** *intr, tr V sein* to roll ▶ **etw ins Rollen bringen** to set sth in motion **II.** *refl V* **sich** ~ to curl up
Rollenspiel *nt* SOZIOL role play
Roller <-s, -> ['rɔlɐ] *m* ① scooter ② ÖSTERR (*Rollo*) [roller] blind
Rollerblader(in) ['roʊləbleɪdɐ] *m(f)* in-line skater
Rollfeld *nt* runway
Rolli <-s, -s> ['rɔlli] *m* MODE (*fam*) polo neck, turtleneck AM
Rollkragen *m* polo neck, turtleneck AM

R

RollladenRR <-s, Rollläden *o* -> *m* shutter *usu pl*
Rollschuh *m* roller skate; ~ **laufen** to roller-skate
Rollstuhl *m* wheelchair
Rollstuhlfahrer(in) *m(f)* wheelchair user **rollstuhlgerecht** *Adj* suitable for wheelchairs
Rolltreppe *f* escalator
Rom <-s> [ro:m] *nt kein Pl* Rome
Roma [ro:ma] *Pl* Roma *pl*
Roman <-s, -e> [ro'ma:n] *m* novel
romanisch [ro'ma:nɪʃ] *Adj* ❶ LING, GEOG Romance ❷ SCHWEIZ (*rätoromanisch*) Rhaeto-Romanic *spec*
Romanistik <-> [roma'nɪstɪk] *f kein Pl* Romance studies
Romanschriftsteller(in) <-s, -> *m(f)* novelist
Romantik <-> [ro'mantɪk] *f kein Pl* ❶ romanticism *no art;* [**einen**] **Sinn für ~ haben** to have a sense of romance ❷ (*Epoche*) **die ~** the Romantic period
romantisch [ro'mantɪʃ] *Adj* ❶ (*gefühlvoll*) romantic ❷ Romantic
Römer(in) <-s, -> ['rø:mɐ] *m(f)* Roman
römisch ['rø:mɪʃ] *Adj* Roman
röntgen ['rœntgn̩] *tr V* to X-ray; **sich ~ lassen** to be X-rayed
Röntgenaufnahme *f* X-ray [photograph], radiograph, roentgenogram **Röntgenstrahlen** *Pl* X-rays
rosa ['ro:za] *Adj* pink
Rose <-, -n> ['ro:zə] *f* rose
Rosenkohl *m* [Brussels] sprouts *usu pl* **Rosenkranz** *m* rosary **Rosenmontag** *m Monday before Shrove Tuesday, climax of the German carnival celebrations* **Rosenstock** <-[e]s, -stöcke> *m* rose tree, standard rose
rosig ['ro:zɪç] *Adj* rosy
Rosine <-, -n> [ro'zi:nə] *f* raisin
Rosmarin <-s> ['ro:smari:n] *m kein Pl* rosemary *no art*
RosskastanieRR *f* [horse] chestnut
Rost1 <-[e]s> [rɔst] *m kein Pl* rust *no art*
Rost2 <-[e]s, -e> [rɔst] *m* ❶ (*Gitter*) grating ❷ (*Grillrost*) grill
rosten ['rɔstn̩] *intr V sein o haben* to rust
rösten ['rø:stn̩, 'rœstn̩] *tr V* to roast
rostfrei *Adj* stainless
Rösti ['rø:sti] *Pl* SCHWEIZ [sliced] fried potatoes *pl*
rostig ['rɔstɪç] *Adj* rusty

R

Rostschutzmittel *nt* rust prevention agent
rot <-er *o* röter, -este *o* röteste> [ro:t] **I.** *Adj* red; ~ **werden** to go red; (*aus Scham*) to blush **II.** *Adv* ~ **glühend** red-hot; ~ **sehen** (*fam*) to see red; **etw ~ unterstreichen** to underline sth in red **rotblond** *Adj* sandy **rotbraun** *Adj* reddish brown **Rotbuche** *f* [common] beech
Röteln ['rø:tl̩n] *Pl* rubella *no art, no pl*
röten ['rø:tn̩] *refl V* **sich ~** to turn red; *Wangen a.* to flush
rothaarig *Adj* red-haired; ~ **sein** to have red hair
rotieren* [ro'ti:rən] *intr V haben o sein* to rotate
Rotkäppchen <-s> *nt kein Pl* Little Red Ridinghood *no art* **Rotkehlchen** <-s, -> *nt* robin **Rotkohl** *m*, **Rotkraut** *nt* red cabbage *no art*
rötlich ['rø:tlɪç] *Adj* reddish
Rotlichtviertel *nt* red-light district
Rotschopf *m* redhead **Rotstift** *m* red pencil/crayon ▶ **den ~ ansetzen** to make cutbacks (**bei** in) **Rotwein** *m* red wine **Rotwild** *nt* red deer
Roulade <-, -n> [ru'la:də] *f* roulade
Roulette <-s, - *o* -s> [ru'lɛt] *nt* roulette *no art, no pl*
Route <-, -n> ['ru:tə] *f* route
Routine <-> [ru'ti:nə] *f kein Pl* routine
routiniert [ruti'ni:ɐt] *Adj* experienced
Rowdy <-s, -s> ['raudi] *m* hooligan
rubbeln ['rʊbl̩n] *tr V* **etw ~** to rub sth [hard]
Rübe <-, -n> ['ry:bə] *f* ❶ turnip; **Gelbe ~** carrot; **Rote ~** beetroot ❷ (*fam: Kopf*) nut
Rubel <-s, -> ['ru:bl̩] *m* rouble
Rubin <-s, -e> [ru'bi:n] *m* ruby
Rubrik <-, -en> [ru'bri:k] *f* category
ruck, zuck ['rʊk'tsʊk] *Interj* (*fam*) in no time
Ruck <-[e]s, -e> [rʊk] *m* jolt ▶ **sich** *Dat* **einen ~ geben** to pull oneself together
Rückantwort *f* reply, answer
ruckartig **I.** *Adj* jerky **II.** *Adv* with a jerk
rücken ['rʏkn̩] **I.** *intr V sein* [**irgendwohin**] ~ to move [somewhere]; **zur Seite ~** to move aside **II.** *tr V* **etw irgendwohin ~** to move sth somewhere; **seine Krawatte gerade ~** to straighten one's tie

Rücken <-s, -> ['rʏkn̩] *m* back; **jdm den ~ decken** to back up sb *sep;* **jdm den ~ zudrehen** to turn one's back on sb; **~ an ~** back to back; **auf dem ~** on one's back; **hinter jds ~** behind sb's back; **mit dem ~ zu jdm/etw** with one's back to sb/sth ▸ **mit dem ~ zur Wand stehen** to have one's back to the wall; **jdm läuft es [eis]kalt über den ~** cold shivers run down sb's spine; **jdm in den ~ fallen** to stab sb in the back; **jdm/sich den ~ freihalten** to keep sb's/one's options open; **jdm den ~ stärken** to give sb moral support

Rückenmark *nt* spinal cord *no pl* **Rückenschmerzen** *Pl* back pain *n sing* **Rückenschwimmen** *nt* backstroke *no pl* **Rückenwind** *m* tail wind **Rückerstattung** *f* refund **Rückfahrkarte** *f* return ticket **Rückfahrscheinwerfer** *m* reversing [*or* AM back-up] light **Rückfahrt** *f* return journey

Rückfall *m* ① MED relapse ② JUR subsequent offence

rückfällig *Adj* JUR recidivist *attr*

Rückfenster *nt* rear window

Rückflug *m* return flight

Rückflugticket *nt* return air [*or* AM roundtrip plane] ticket

Rückfrage *f* query

Rückgabe *f* return

Rückgang *m* decline, drop (**an** in); **im ~ begriffen sein** to be falling

rückgängig *Adj* **etw ~ machen** to cancel sth

Rückgrat <-[e]s, -e> *nt* ① ANAT spine ② *kein Pl* (*fig: Charakterstärke*) backbone; **ohne ~** spineless

Rückhalt *m* support *no art* ▸ **ohne ~** unreservedly

Rückhand *f kein Pl* backhand

Rückkehr <-> *f kein Pl* return

Rücklage *f* ① savings *pl* ② ÖKON reserve fund

rückläufig ['rʏklɔyfɪç] *Adj* declining

Rücklicht *nt* tail light

rücklings ['rʏklɪŋs] *Adv* ① (*von hinten*) from behind ② (*nach hinten*) backwards

Rückmeldung *f* ① SCHULE (*erneute Registrierung*) re-registration ② (*Reaktion*) reaction, response

Rückreise *f* return journey

Rucksack ['rʊkzak] *m* rucksack, backpack AM *usu*

Rückschau *f* review

Rückschlag *m* ① setback ② (*Rückstoß*) recoil *no pl*

Rückschritt *m* step backwards

Rückseite *f* ① *Seite, Stoff* reverse [side] ② (*hintere Seite*) rear

Rücksicht <-, -en> ['rʏkzɪçt] *f* consideration *no art, no pl;* **keine ~ kennen** to be ruthless; **~ [auf jdn] nehmen** to show consideration [for sb]; **~ auf etw** *Akk* **nehmen** to take sth into consideration

rücksichtslos I. *Adj* ① (*keine Rücksicht kennend*) inconsiderate ② (*schonungslos*) ruthless **II.** *Adv* ① inconsiderately ② ruthlessly

Rücksichtslosigkeit <-, -en> *f* thoughtlessness *no art, no pl*

rücksichtsvoll *Adj* considerate (**zu** towards)

Rücksitz *m* rear seat

Rückspiegel *m* rear mirror

Rückspiel *nt* return match BRIT, rematch AM

Rückstand[1] *m* ① *Pl* FIN outstanding payments ② SPORT deficit (**von** of)

Rückstand[2] *m* (*Abfallprodukt*) residue

rückständig ['rʏkʃtɛndɪç] *Adj* backward

Rückstrahler <-s, -> *m* reflector

Rücktaste *f* backspace [key]

Rücktritt *m* ① (*vom Amt*) resignation ② (*vom Vertrag*) withdrawal

Rücktrittbremse *f* back-pedal brake

Rückumschlag *m* self-addressed stamped envelope

Rückvergütung *f* refund

Rückwand *f* back [panel]

rückwärts ['rʏkvɛrts] *Adv* backwards; **~ einparken** to reverse into a parking space

Rückwärtsgang *m* reverse [gear]; **den ~ einlegen** to engage reverse

rückwärts|fahren *intr V unreg* to reverse

rückwärts|gehen *intr V unreg* to walk backwards

Rückweg *m* way back; **sich auf den ~ machen** to head back

rückwirkend I. *Adj* retrospective **II.** *Adv* retrospectively

Rückzahlung *f* repayment

Rückzieher <-s, -> *m* **einen ~ machen** to climb down

R

Rückzug *m* ① MIL retreat; **den ~ antreten** to retreat ② SCHWEIZ FIN withdrawal

rüde ['ry:də] *Adj* coarse

Rüde <-n, -n> ['ry:də] *m* [male] dog

Rudel <-s, -> ['ru:dl̩] *nt* herd; *von Wölfen* pack

Ruder <-s, -> ['ru:dɐ] *nt* ① (*Paddel*) oar ② (*Steuerruder*) helm

Ruderboot *nt* rowing boat, rowboat AM

Ruderer, **Ruderin** <-s, -> *m, f* rower

Ruderin <-, -nen> *f s.* **Ruderer**

rudern ['ru:dɐn] *intr, tr V* to row

Rüebli <-s, -> ['rʏəblɪ] *nt* SCHWEIZ carrot

Ruf <-[e]s, -e> [ru:f] *m* ① (*Ausruf*) shout; (*an jdn gerichtet*) call ② *kein Pl* (*Ansehen*) reputation; **jdn in schlechten ~ bringen** to get sb a bad reputation

rufen <rief, gerufen> ['ru:fn̩] **I.** *intr V* ① (*ausrufen*) to cry out ② (*fordern*) to call (**nach** for, **zu** to) **II.** *tr V* to call; **jdn zu sich ~** to summon sb [to one]; **jdn ~ lassen** to send for sb ▸ **[jdm] wie gerufen <u>kommen</u>** to come just at the right moment

Rufmord *m* character assassination **Rufname** *m* [fore]name **Rufnummer** *f* phone number

rügen ['ry:gn̩] *tr V* (*geh*) **etw ~** to censure sth; **jdn ~** to reprimand sb

Ruhe <-> ['ru:ə] *f kein Pl* ① (*Stille*) silence *no art;* **~!** quiet!; **~ geben** to be quiet ② (*Frieden*) peace *no art;* **jdm keine ~ gönnen** to not give sb a minute's peace; **jdn in ~ lassen** to leave sb in peace ③ (*Erholung*) rest; **sich** *Dat* **keine ~ gönnen** to not allow oneself any rest; **jdm keine ~ lassen** to not give sb a moment's rest ④ (*Gelassenheit*) calm[ness]; **immer mit der ~!** (*fam*) take things easy!; **[die] ~ bewahren** to keep calm; **jdn aus der ~ bringen** to disconcert sb; **in [aller] ~** [really] calmly ▸ **die ~ vor dem <u>Sturm</u>** the calm before the storm; **keine ~ <u>geben</u>, bis ...** to not rest until ...; **sich zur ~ <u>setzen</u>** to retire

Ruhelosigkeit <-> *f kein Pl* restlessness *no art*

ruhen ['ru:ən] *intr V* to rest; **nicht eher ~ werden, bis ...** to not rest until ...; **etw ~ lassen** to let sth rest; **die Vergangenheit ~ lassen** to forget the past

Ruhestand *m kein Pl* retirement *no art;* **in den ~ gehen** to retire; **im ~** retired

Ruheständler(in) <-s, -> ['ru:əʃtɛntlɐ] *m(f)* retired person

Ruhestörung *f* breach of the peace **Ruhetag** *m* day off; (*Feiertag*) day of rest

ruhig ['ru:ɪç] **I.** *Adj* ① (*still, geruhsam*) quiet ② (*bewegungslos*) calm ③ (*gelassen*) calm **II.** *Adv* (*gelassen*) calmly

Ruhm <-es> [ru:m] *m kein Pl* fame *no art*

rühmen ['ry:mən] **I.** *tr V* to praise **II.** *refl V* **sich einer S.** *Gen* **~** to boast about sth

rühmlich *Adj* praiseworthy

ruhmreich *Adj* (*geh*) glorious

Ruhr <-> [ru:ɐ̯] *f kein Pl* MED **die ~** dysentery

Rührei ['ry:ɐ̯ʔai] *nt* scrambled eggs *pl*

rühren ['ry:rən] **I.** *tr V* ① to stir ② (*beeindrucken*) **jdn ~** to move sb; **das kann mich nicht ~** that doesn't bother me **II.** *refl V* **sich ~** ① (*sich bewegen*) to move ② (*sich bemerkbar machen*) to be roused

rührend **I.** *Adj* touching **II.** *Adv* touchingly

rührselig *Adj* tear-jerking; **ein ~es Buch/~er Film** a tear jerker

Rührung <-> *f kein Pl* emotion *no art;* **vor ~** with emotion

Ruin <-s> [ru'i:n] *m kein Pl* ruin

Ruine <-, -n> [ru'i:nə] *f* ruin[s *pl*]

ruinieren* [rui'ni:rən] *tr V* to ruin

rülpsen ['rʏlpsn̩] *intr V* to belch

Rum <-s, -s> [rʊm] *m* rum *no art, no pl*

Rumäne, **Rumänin** <-n, -n> [ru'mɛ:nə, ru'mɛ:nɪn] *m, f* Romanian

Rumänien <-s> [ru'mɛ:ni̯ən] *nt* Romania

Rumänin <-, -nen> *f s.* **Rumäne**

rumdiskutieren *intr V* (*fam*) to blather [on]

rum|kriegen *tr V* (*sl*) **jdn [zu etw] ~** to talk sb into sth; **jdn dazu ~, etw zu tun** to talk sb into doing sth

Rummel <-s> ['rʊml̩] *m kein Pl* (*fam*) [hustle and] bustle *no art*

Rummelplatz *m* (*fam*) fairground

rumpeln ['rʊmpl̩n] *intr V* to rumble

Rumpf <-[e]s, Rümpfe> [rʊmpf, *Pl:* 'rʏmpfə] *m* ① torso ② TECH *eines Flugzeugs* fuselage; *eines Schiffs* hull

Rumpsteak ['rʊmpste:k, -ʃte:k] *nt* rump steak

rund [rʊnt] **I.** *Adj* round; **eine ~e Sum-**

me a round sum; **~e fünf Jahre** a good five years + *sing verb* **II.** *Adv* ① **~ um** around ② (*etwa*) around

Runde <-, -n> ['rʊndə] *f* ① (*Gesellschaft*) company ② (*Rundgang*) round; **seine ~ machen** to do one's rounds; *Polizist* to be on one's beat ③ SPORT lap; (*Boxen*) round ④ (*Bestellung*) round; **eine ~ spendieren** to get in a round ▶ **über die ~n kommen** (*fam*) to make ends meet

Rundfahrt *f* [sightseeing] tour **Rundflug** *m* [short] circular [sightseeing] flight

Rundfunk *m* radio

Rundfunkanstalt *f* broadcasting corporation **Rundfunksender** *m* radio station **Rundfunksendung** *f* radio programme

Rundgang *m* walk; (*zur Besichtigung*) tour

rundlich ['rʊntlɪç] *Adj* plump

Rundreise *f* tour (**durch** of)

Rundschreiben *nt* circular

Rundung <-, -en> *f* curve

Runzel <-, -n> ['rʊntsl̩] *f* wrinkle

runzelig <-er, -ste> ['rʊntsəlɪç] *Adj* wrinkled

runzeln ['rʊntsl̩n] **I.** *tr V* to wrinkle **II.** *refl V* **sich ~** to become wrinkled

Rüpel <-s, -> ['ry:pl̩] *m* lout

rupfen ['rʊpfn̩] *tr V* ① *Huhn* to pluck ② (*zupfen*) to pull up *sep* (**aus** out of)

ruppig ['rʊpɪç] **I.** *Adj* gruff **II.** *Adv* gruffly

Rüsche <-, -n> ['ry:ʃə] *f* frill

Ruß <-es> [ru:s] *m kein Pl* soot

Russe, Russin <-n, -n> ['rʊsə, 'rʊsɪn] *m, f* Russian

Rüssel <-s, -> ['rʏsl̩] *m* trunk

rußig ['ru:sɪç] *Adj* sooty

Russin <-, -nen> *f s.* **Russe**

russisch ['rʊsɪʃ] *Adj* Russian; *s. a.* **deutsch**

Russisch ['rʊsɪʃ] *nt dekl wie Adj* Russian; *s. a.* **Deutsch**

Russland[RR] *nt,* **Rußland**[ALT] <-s> ['rʊslant] *nt* Russia

rüsten ['rʏstn̩] **I.** *intr V* to arm **II.** *refl V* **sich zu etw ~** to prepare for sth

rüstig ['rʏstɪç] *Adj* sprightly

rustikal [rʊsti'ka:l] *Adj* rustic

Rüstung <-, -en> ['rʏstʊŋ] *f* ① *kein Pl* [re]armament ② (*Ritterrüstung*) armour

Rüstungsbegrenzung *f* arms limitation **Rüstungsexport** *m* export of arms **Rüstungsgegner(in)** *m(f)* supporter of disarmament **Rüstungsindustrie** *f* armament[s] industry **Rüstungskontrolle** *f* arms control **Rüstungsunternehmen** *nt* armaments concern

Rute <-, -n> ['ru:tə] *f* ① (*Gerte*) switch ② (*Angelrute*) [fishing] rod

Rutsch <-es, -e> [rʊtʃ] *m* **guten ~!** (*fam*) happy New Year!; **in einem ~** (*fam*) in one go

Rutschbahn *f* slide; **auf der ~ rutschen** to play on the slide

rutschen ['rʊtʃn̩] *intr V sein* ① (*ausrutschen*) to slip ② (*fam: rücken*) to move; **rutsch mal!** move over ③ (*gleiten*) to slide

rutschfest *Adj* non-slip

rutschig ['rʊtʃɪç] *Adj* slippery

rütteln ['rʏtl̩n] **I.** *tr V* to shake (**an** by) **II.** *intr V* **an etw** *Dat* **~** to shake sth; **daran ist nicht zu ~** there's no doubt about it

Ss

S, s <-, -> [ɛs] *nt* S, s; **ein großes S** a capital S; **ein kleines s** a small s; *s. a.* **A**

s. *Abk von* **siehe**

S *Abk von* **Süden** S

Saal <-[e]s, Säle> [zaːl, *Pl:* 'zɛːlə] *m* hall

Saat <-, -en> [zaːt] *f* ① *kein Pl* (*das Säen*) sowing ② (*Saatgut*) seed, seeds *pl* ③ (*sprießende Halme*) young crops *pl*

Sabbat <-s, -e> ['zabat] *m* **der ~** the Sabbath

Säbel <-s, -> ['zɛːbl̩] *m* sabre

Sabotage <-, -n> [zabo'taːʒə] *f* sabotage

Sachbearbeiter(in) *m(f)* specialist

Sachbeschädigung *f* vandalism

Sachbuch *nt* nonfiction book

Sache <-, -n> ['zaxə] *f* ① thing ② (*Angelegenheit*) matter; **er macht seine ~ gut** he's doing well; **eine gute ~** a good cause; **keine halben ~n machen** to not do things by halves; **jds ~ sein** to be sb's affair; **nicht jedermanns ~ sein** to be not everyone's cup of tea; **eine ~ für sich sein** to be a matter apart ③ (*Sachlage*) **sich** *Dat* **seiner ~ sicher sein** to be sure of one's ground; **zur ~ kommen** to come to the point; **bei der ~ sein** to give one's full attention; **nichts zur ~ tun** to be irrelevant

Sachgebiet *nt* [specialized] field

sachkundig *Adj* [well-]informed

sachlich ['zaxlɪç] *Adj* ① (*objektiv*) objective ② (*inhaltlich*) factual

Sachschaden *m* damage to property

Sachse, Sächsin <-n, -n> ['zaksə, 'zɛksɪn] *m, f* Saxon

Sachsen <-n, -n> ['zaksn̩] *nt* Saxony

sächsisch ['zɛksɪʃ] *Adj* Saxon

sacht [zaxt], **sachte** ['zaxtə] **I.** *Adj* gentle; **~e, ~e!** (*fam*) take it easy! **II.** *Adv* gently

Sachverständige(r) *f(m) dekl wie Adj* expert, specialist; (*vor Gericht*) expert witness; (*für Versicherung*) surveyor

Sachwert *m* commodity value

Sack <-[e]s, Säcke> [zak, *Pl:* 'zɛkə] *m* ① sack ② (*vulg: Hodensack*) balls *pl* ▸ **in ~ und Asche gehen** to wear sackcloth and ashes; **mit ~ und Pack** with bag and baggage

Sackgasse *f* dead end; **in einer ~ stecken** to have come to a dead end

Sadismus <-> [za'dɪsmʊs, *Pl:* za'dɪsmən] *m kein Pl* sadism

Sadist(in) <-en, -en> [za'dɪst] *m(f)* sadist

sadistisch **I.** *Adj* sadistic **II.** *Adv* sadistically

säen ['zɛːən] *tr, intr V* to sow

Safari <-, -s> [za'faːri] *f* safari

Safran <-s, -e> ['zafraːn] *m* saffron

Saft <-[e]s, Säfte> [zaft, *Pl:* 'zɛftə] *m* ① juice *no pl* ② (*Pflanzensaft*) sap *no pl*

saftig ['zaftɪç] *Adj* juicy

Sage <-, -n> ['zaːgə] *f* legend

Säge <-, -n> ['zɛːgə] *f* saw

sagen ['zaːgn̩] **I.** *tr V* ① (*äußern*) **etw [zu jdm] ~** to say sth [to sb]; **was ich noch ~ wollte, ...** just one more thing, ...; **das kann man wohl ~** you can say that again; **gesagt, getan** no sooner said than done; **leichter gesagt als getan** easier said than done ② (*mitteilen*) **das ist nicht gesagt** that is by no means certain; **jdm etw ~** to tell sb sth; **etwas/nichts zu ~ haben** to have the say/to have nothing to say ③ (*bedeuten*) **jdm etwas/nichts/wenig ~** to mean something/to not mean anything/to mean little to sb; **nichts zu ~ haben** to not mean anything **II.** *intr V imperativisch* **sag/~ Sie, ...** tell me, ...; **sag bloß!** you don't say!; **ich muss schon ~!** I must say!; **unter uns gesagt ...** between you and me ...; **genauer gesagt** or more precisely

sägen ['zɛːgn̩] *tr, intr V* to saw

Sahara <-> [za'haːra, 'zaːhara] *f kein Pl* **die ~** the Sahara

Sahne <-> ['zaːnə] *f kein Pl* cream; **saure/süße ~** sour/[fresh] cream

Sahnetorte *f* cream gateau

Saison <-, -s *o* SÜDD, ÖSTERR -en> [zɛ'zõː, zɛ'zɔŋ] *f* season; **außerhalb der ~** in the off-season

Saisonarbeiter(in) *m(f)* seasonal worker

Saite <-, -n> ['zaitə] *f* string ▸ **andere ~n aufziehen** to get tough

Saiteninstrument *nt* string[ed] instrument

Sakko <-s, -s> ['zako] *m o nt* sports jacket

Sakrament <-[e]s, -e> [zakra'mɛnt] *nt* sacrament

Sakrileg <-s, -e> [zakri'le:k] *nt* sacrilege

Sakristei <-, -en> [zakrɪs'tai] *f* sacristy

Salafist(in) <-en, -en> [zala'fɪst] *m(f)* REL Salafi

Salamander <-s, -> [zala'mandɐ] *m* salamander

Salami <-, -s> [za'la:mi] *f* salami

Salat <-[e]s, -e> [za'la:t] *m* salad ▶ **jetzt haben wir den ~!** now we're in a fine mess

Salatgurke *f* cucumber **Salatschüssel** *f* salad bowl **Salatsoße** *f* salad dressing

Salbe <-, -n> ['zalbə] *f* ointment

Salbei <-s> ['zalbai] *m kein Pl* sage

Saldo <-s, -s *o* Saldi *o* Salden> ['zaldo, *Pl:* 'zaldi, 'zaldn̩] *m* balance

Saline <-, -n> [za'li:nə] *f* ❶ saltworks + *sing/pl verb* ❷ MED salt collector

Salm <-[e]s, -e> [zalm] *m* salmon

Salmiakgeist <-s> *m kein Pl* [household] [liquid] ammonia

Salmonellenvergiftung *f* salmonella poisoning

Salon <-s, -s> [za'lõ:, za'lɔŋ] *m* salon

salopp [za'lɔp] **I.** *Adj* ❶ *Kleidung* casual ❷ *Sprache* slangy **II.** *Adv* **sich ~ ausdrücken** to use slang[y] expressions

Salpetersäure *f kein Pl* nitric acid

Salto <-s, -s *o* Salti> ['zalto, *Pl:* 'zalti] *m* somersault; **~ mortale** death-defying leap; **einen ~ machen** to somersault

salutieren* [zalu'ti:rən] *intr V* MIL to [give a] salute

Salz <-es, -e> [zalts] *nt* salt

salzarm **I.** *Adj* low-salt *attr* **II.** *Adv* **~ essen/kochen/leben** to eat low-salt food/to cook low-salt fare/to live on a low-salt diet

Salzburg <-s> ['zaltsbʊrk] *nt* Salzburg

> The **Salzburger Festspiele** (Salzburg Festival) was initiated in August 1920 and in the early years Max Reinhardt achieved great acclaim for his productions of Shakespeare. The *Everyman* performances on the steps of Salzburg cathedral have also become world famous.

salzen <salzte, gesalzen *o selten* gesalzt> ['zaltsn̩] *tr V* to salt

Salzgehalt *m* salt content

salzig ['zaltsɪç] *Adj* salty

Salzkartoffeln *Pl* boiled potatoes **Salzsäure** *f kein Pl* hydrochloric acid **Salzstange** *f* salt[ed] stick **Salzstreuer** <-s, -> *m* salt cellar BRIT, [salt] shaker AM **Salzwasser** *nt kein Pl* salt water

Samen <-s, -> ['za:mən] *m* seed

Sammelklage *f* JUR class-action lawsuit

sammeln ['zaml̩n] **I.** *tr V* ❶ to collect ❷ (*pflücken*) to pick ❸ (*aufsammeln*) to gather ❹ (*um sich scharen*) **Truppen ~** to gather troops **II.** *refl V* ❶ (*zusammenkommen*) **sich ~** to assemble ❷ (*sich anhäufen*) **sich in etw** *Dat* **~** to collect in sth ❸ (*sich konzentrieren*) **sich ~** to collect one's thoughts

Sammler(in) <-s, -> *m(f)* collector

Sammlerstück *nt* collector's item

Sammlung <-, -en> *f* collection

Sample <-s, -s> ['sɛmpl̩] *nt* MUS sample

Samstag <-[e]s, -e> ['zamsta:k] *m* Saturday; *s. a.* **Dienstag**

samstags *Adv* [on] Saturdays

samt [zamt] *Präp* along with

Samt <-[e]s, -e> [zamt] *m* velvet

sämtlich ['zɛmtlɪç] *Adj* all

Sanatorium <-, -rien> [zana'to:ri̯ʊm, *Pl:* -ri̯ən] *nt* sanatorium

Sand <-[e]s, -e> [zant] *m* sand *no pl* ▶ **jdm ~ in die Augen streuen** to throw dust in sb's eyes; **etw in den ~ setzen** to blow sth [to hell]; **im ~e verlaufen** to peter out

Sandale <-, -n> [zan'da:lə] *f* sandal

Sandbank <-bänke> *f* sandbank

Sanddorn *m* sea buckthorn

sandig ['zandɪç] *Adj* sandy

Sandkasten *m* sandpit BRIT, sandbox AM **Sandkorn** *nt* grain of sand **Sandkuchen** *m* KOCHK plain cake (*with lemon flavouring or chocolate coating*) **Sandmann** *m* sandman **Sandpapier** *nt* sandpaper **Sandstein** *m* sandstone **Sandstrand** *m* sandy beach **Sandsturm** *m* sandstorm

sanft [zanft] **I.** *Adj* gentle **II.** *Adv* gently

Sänfte <-, -n> ['zɛnftə] *f* litter

sanftmütig *Adj* gentle

S

Sänger(in) <-s, -> ['zɛŋɐ] *m(f)* singer
sanieren* [za'ni:rən] *tr V* ① to redevelop ② *Firma* to rehabilitate
Sanierung <-, -en> *f* ① redevelopment ② ÖKON *einer Firma* rehabilitation
sanitär [zani'tɛ:ɐ̯] *Adj attr* sanitary; **~e Anlagen** sanitation *no pl*
Sanitäter(in) <-s, -> [zani'tɛ:tɐ] *m(f)* first-aid attendant
Sanktion <-, -en> [zaŋk'tsi̯o:n] *f* sanction; **~en verhängen** to impose sanctions
sanktionieren* [zaŋktsi̯o'ni:rən] *tr V* to sanction
Saphir <-s, -e> ['za:fɪr, 'zafi:ɐ, za'fi:ɐ] *m* sapphire
Sardelle <-, -n> [zar'dɛlə] *f* anchovy
Sardellenpaste *f* anchovy paste
Sardine <-, -n> [zar'di:nə] *f* sardine
Sardinien <-s> [zar'di:ni̯ən] *nt* Sardinia
sardinisch [zar'di:nɪʃ], **sardisch** ['zardɪʃ] *Adj* Sardinian
Sarg <-[e]s, Särge> [zark, *Pl:* 'zɛrgə] *m* coffin
Sarkasmus <-, -men> [zar'kasmʊs, *Pl:* -'kasmən] *m kein Pl* sarcasm
sarkastisch [zar'kastɪʃ] **I.** *Adj* sarcastic **II.** *Adv* sarcastically
Sarkophag <-[e]s, -e> [zarko'fa:k, *Pl:* -'fa:gə] *m* sarcophagus
SARS [zars] *nt kein Pl* MED *Akr von* **severe acute respiratory syndrome** SARS
Satan <-s, -e> ['za:tan] *m kein Pl* Satan
satanisch [za'ta:nɪʃ] *Adj* satanic
Satellit <-en, -en> [zatɛ'li:t] *m* satellite
Satellitenantenne *f* satellite dish **Satellitenfernsehen** *nt kein Pl* satellite television **Satellitentelefon** *nt* TELEK satellite [tele]phone
Satin <-s, -s> [za'tɛ̃:] *m* satin
Satire <-, -n> [za'ti:rə] *f kein Pl* satire (**auf** on)
satt [zat] *Adj* (*nicht mehr hungrig*) full *fam;* **sich ~ essen** to eat one's fill; **~ machen** to be filling
Sattel <-s, Sättel> ['zatl̩, *Pl:* 'zɛtl̩] *m* saddle; **fest im ~ sitzen** (*a. fig*) to be firmly in the saddle
satt|haben *tr V unreg* (*fam*) **etw ~** to be fed up with sth
sättigen ['zɛtɪgn̩] **I.** *tr V* to satiate; **gesättigt sein** to be saturated **II.** *intr V* to be filling
sättigend *Adj* filling
Saturn <-s> [za'tʊrn] *m kein Pl* Saturn
Satz[1] <-es, Sätze> [zats, *Pl:* 'zɛtsə] *m* ① sentence; **mitten im ~** in mid-sentence ② (*Set*) set; **ein ~ Schraubenschlüssel** a set of spanners ③ SPORT set
Satz[2] <-es, Sätze> [zats, *Pl:* 'zɛtsə] *m* (*Sprung*) leap; **einen ~ machen** to leap
Satz[3] <-es> [zats] *m kein Pl* (*Kaffeerückstand*) grounds *pl*
Satzung <-, -en> ['zatsʊŋ] *f* constitution
satzungswidrig *Adj* JUR, ADMIN unconstitutional
Satzzeichen *nt* punctuation mark
Sau <-, Säue> [zau, *Pl:* 'zɔyə, 'zauən] *f* ① sow; SÜDD (*Schwein*) pig ② (*derb: Mensch*) filthy pig ▸ **die ~ rauslassen** to let it all hang out; **unter aller ~** it's enough to make me/you puke
sauber ['zaubɐ] **I.** *Adj* ① clean; **etw ~ halten** to keep sth clean ② (*sorgfältig*) neat **II.** *Adv* neatly
Sauberkeit <-> *f kein Pl* cleanliness
Sauberkeitsfimmel *m* (*pej fam*) mania for cleaning
säuberlich ['zɔybɐlɪç] **I.** *Adj* neat **II.** *Adv* neatly
säubern ['zɔybɐn] *tr V* to clean
Sauce <-, -n> ['zo:sə] *f* sauce
Saudi-Arabien ['zaudi-, za'u:di-] *nt* Saudi Arabia
saudi-arabisch ['zaudi- , za'u:di-] *Adj* Saudi, Saudi-Arabian; *s. a.* **deutsch**
sauer ['zauɐ] *Adj* ① sour; **~ eingelegt** pickled ② CHEM acid[ic] ③ (*verärgert*) mad; **~ werden** to get mad; **auf jdn/etw ~ sein** to be mad at sb/sth
Sauerampfer <-, -n> *m* sorrel **Sauerbraten** *m beef roast marinated in vinegar and herbs,* sauerbraten AM
Sauerei <-, -en> [zauə'rai] *f* (*sl*) ① (*schmutziger Zustand*) God-awful mess ② (*Skandal*) [downright] disgrace
Sauerkirsche *f* sour cherry **Sauerkohl** *m* DIAL *s.* **Sauerkraut** **Sauerkraut** *nt* sauerkraut **Sauermilch** *f* sour milk **Sauerstoff** ['zauɐʃtɔf] *m kein Pl* oxygen
Sauerstoffmangel *m kein Pl* lack of oxygen **Sauerstoffmaske** *f* oxygen mask
Sauerteig *m* sourdough

saufen <säuft, soff, gesoffen> ['zaufn̩] *tr, intr V (sl)* to drink

Säufer(in) <-s, -> ['zɔyfɐ] *m(f) (sl)* drunk[ard]

Sauferei <-, -en> [zaufə'rai] *f (sl)* booze-up

saugen <sog *o* saugte, gesogen *o* gesaugt> ['zaugn̩] *intr, tr V* to suck (**an** on)

säugen ['zɔygn̩] *tr V* to suckle; **sein Junges ~** to suckle its young

Sauger <-s, -> *m (auf Flasche)* teat

Säuger <-s, -> *m,* **Säugetier** *nt* mammal

Säugling <-s, -e> ['zɔyklɪŋ] *m* baby

Säuglingspflege *f kein Pl* baby care *no pl* **Säuglingsschwester** *f* baby nurse

Säule <-, -n> ['zɔylə] *f* column

Säulengang *m* colonnade **Säulenhalle** *f* columned hall

Saum <-[e]s, Säume> [zaum, *Pl:* 'zɔymə] *m* hem

säumen ['zɔymən] *tr V* ❶ *(Kleidung)* to hem ❷ *(fig: sich am Rand entlang befinden)* to line

säumig ['zɔymɪç] *Adj* **ein ~er Schuldner** a slow debtor

Sauna <-, -s *o* Saunen> ['zauna] *f* sauna; **in die ~ gehen** to go for a sauna

Säure <-, -n> ['zɔyrə] *f* acid

säurehaltig *Adj* acid[ic]

Saurier <-s, -> ['zauri̯ɐ] *m* dinosaur

säuseln ['zɔyzl̩n] *intr V* ❶ *Wind* to sigh ❷ *Mensch* to purr

sausen ['zauzn̩] *intr V* ❶ *haben Wind* to whistle ❷ *sein Kugel* to whistle ❸ *sein (flitzen)* to dash

Saustall *m* pigsty

Sauwetter *nt (sl)* bastard weather *no indef art*

Savanne <-, -n> [za'vanə] *f* savanna[h]

SaxofonRR *nt s.* **Saxophon**

Saxophon <-[e]s, -e> [zakso'fo:n] *nt* saxophone

SB [ɛs'be:] *Abk von* **Selbstbedienung** self-service

S-Bahn ['ɛs-] *f* suburban train

SB-Bank *f* self-service bank

scannen ['skɛnən] *tr V* COMPUT to scan

Scanner <-s, -> ['skɛnɐ] *m* COMPUT scanner

Schabe <-, -n> ['ʃa:bə] *f* cockroach

schaben ['ʃa:bn̩] *tr V* to scrape

Schabernack <-[e]s, -e> ['ʃa:bɐnak] *m* prank

schäbig ['ʃɛ:bɪç] *Adj* ❶ shabby ❷ *(gemein)* mean

Schablone <-, -n> [ʃa'blo:nə] *f* stencil

Schach <-s> [ʃax] *nt kein Pl* chess; **eine Partie ~** a game of chess; **~!** check!; **jdn in ~ halten** to keep sb in check

Schachbrett *nt* chessboard **Schachfigur** *f* chess piece **schachmatt** [ʃax'mat] *Adj* checkmate **Schachpartie** *f* game of chess **Schachspieler(in)** *m(f)* chess player

Schacht <-[e]s, Schächte> [ʃaxt, *Pl:* 'ʃɛçtə] *m* shaft

Schachtel <-, -n> ['ʃaxtl̩] *f* box; **eine ~ Zigaretten** a packet [*or* AM pack] of cigarettes

Schachzug *m* move

schade ['ʃa:də] *Adj präd* ❶ **wie ~!** what a pity; **ich finde es ~, dass ...** it's a shame that; **es ist ~ um jdn/etw** it's a shame about sb/sth ❷ *(zu gut)* **für etw zu ~ sein** to be too good for sth

Schädel <-s, -> ['ʃɛ:dl̩] *m* skull; **jdm den ~ einschlagen** to smash sb's skull in; **jdm brummt der ~** sb's head is throbbing

schaden ['ʃa:dn̩] *intr V* **jdm ~** to do harm to sb; **einer S. ~** to damage sth

Schaden <-s, Schäden> ['ʃa:dn̩, *Pl:* 'ʃɛ:dn̩] *m* damage *no indef art, no pl;* **einen ~ verursachen** to cause damage; **jdm ~ zufügen** to harm sb

Schadenfreude *f* malicious joy

schadenfroh I. *Adj* **~ sein** to delight in others' misfortunes **II.** *Adv* **~ grinsen** to grin with gloating

Schaden[s]ersatz *m* compensation

schädigen ['ʃɛ:dɪgn̩] *tr V* to harm (**durch** with)

schädlich ['ʃɛ:tlɪç] *Adj* harmful (**für** to)

Schädling <-s, -e> ['ʃɛ:tlɪŋ] *m* pest

Schädlingsbekämpfungsmittel *nt* pesticide

schadlos ['ʃa:tlo:s] *Adj* **sich an jdm ~ halten** to make sb pay

Schadstoff *m* pollutant

schadstoffarm *Adj* low-emission **Schadstoffbelastung** *f* pollution

Schaf <-[e]s, -e> [ʃa:f] *nt* sheep

Schafbock *m* ram

S

Schäfer(in) <-s, -> ['ʃɛ:fɐ] *m(f)* shepherd *masc*, shepherdess *fem*

Schäferhund *m* Alsatian, German shepherd AM

Schaffell *nt* sheepskin

schaffen¹ <schaffte, geschafft> ['ʃafn̩] **I.** *tr V* ① (*bewältigen*) to manage; **es ~, etw zu tun** to manage to do sth; **es ist geschafft** it's done ② (*bringen*) to bring ③ (*fam: erschöpfen*) **jdn ~** to take it out of sb; **geschafft sein** to be exhausted **II.** *intr V* SDEUTSCH (*arbeiten*) to work; **viel ~** to work a lot

schaffen² <schuf, geschaffen> ['ʃafn̩] *tr V* ① (*erschaffen*) to create ② (*herbeiführen*) to cause; **Frieden ~** to make peace ▸ **dafür bist du wie geschaffen** you're just made for it

schaffen³ <schaffte, geschafft> ['ʃafn̩] *intr V* DIAL (*arbeiten*) to work; **nichts mit jdm/etw zu ~ haben** to have nothing to do with sb/sth; **jdm zu ~ machen** to cause sb trouble

Schaffner(in) <-s, -> ['ʃafnɐ] *m(f)* guard BRIT, conductor AM

Schafgarbe <-, -n> *f* BOT [common] yarrow

Schafherde *f* flock of sheep

Schafott <-[e]s, -e> [ʃa'fɔt] *nt* scaffold

Schafskäse *m* sheep's milk cheese

Schafwolle *f* sheep's wool **Schafzüchter** *m* sheep breeder, sheep farmer

Schah <-s, -s> [ʃa:] *m* shah

Schakal <-s, -e> [ʃa'ka:l] *m* jackal

schal [ʃa:l] *Adj* stale

Schal <-s, -s *o* -e> [ʃa:l] *m* scarf

Schale¹ <-, -n> ['ʃa:lə] *f* ① shell ② (*Fruchtschale*) skin; (*abgeschält*) peel ▸ **sich in ~ werfen** to get dressed up

Schale² <-, -n> ['ʃa:lə] *f* bowl

schälen ['ʃɛ:lən] **I.** *tr V* to peel **II.** *refl V* **sich ~** to peel

Schall <-s, -e *o* Schälle> [ʃal, *Pl:* 'ʃɛlə] *m* sound

schalldämmend *Adj* noise-reducing, sound-absorbing **Schalldämmung** *f* sound-absorption **Schalldämpfer** <-s, -> *m* silencer **schalldicht** *Adj* soundproof

schallen ['ʃalən] *intr V* to resound

Schallgeschwindigkeit *f kein Pl* speed of sound **Schallplatte** *f* record **Schallwelle** *f* sound wave **Schaltbild** *nt s.* **Schaltplan** **Schaltbrett** *nt* switchboard, control panel

schalten ['ʃaltn̩] **I.** *intr V* AUTO to change gear **II.** *tr V* to switch (**auf** to)

Schalter <-s, -> ['ʃaltɐ] *m* ① ELEK switch ② ADMIN counter

SchalterschlussRR *m* close of business **Schalterstunden** *Pl* opening hours

Schaltgetriebe *nt* manual gearbox [*or* transmission]

Schaltjahr *nt* leap year

Schaltknüppel *m* gearstick

Schaltplan *m* circuit diagram

Schalttag *m* leap day

Schaltung <-, -en> *f* ① AUTO gears *pl* ② ELEK circuit

Scham <-> [ʃa:m] *f kein Pl* shame; **vor ~ in den Boden versinken** to die of embarrassment; **~ empfinden** to be ashamed

Schambein *nt* pubic bone

schämen ['ʃɛ:mən] *refl V* ① **sich [vor jdm] ~** to be ashamed [in front of sb]; **schäm dich!** shame on you! ② **sich ~, etw zu tun** to be embarrassed to do sth

Schamgefühl *nt kein Pl* sense of shame **Schamhaar** *nt* pubic hair

schamhaft *Adj* shy

Schamlippen *Pl* labia

schamlos *Adj* shameless

Schande <-> ['ʃandə] *f kein Pl* disgrace; **mach mir [nur] keine ~!** (*hum*) don't let me down!

schänden ['ʃɛndn̩] *tr V* (*entweihen*) to desecrate

SchänkeRR <-, -n> ['ʃɛŋkə] *f* pub; (*auf dem Land*) inn

Schanze <-, -n> ['ʃantsə] *f* ski jump

Schar <-, -en> [ʃa:ɐ̯] *f von Vögeln* flock; *von Menschen* crowd

scharen ['ʃa:rən] *refl V* **sich um jdn/etw ~** to gather around sb/sth

scharenweise *Adv* in hordes

scharf <schärfer, schärfste> [ʃarf] **I.** *Adj* ① sharp; **eine ~e Kurve** a hairpin bend ② KOCHK hot; **etw ~ würzen** to highly season sth ③ *Beobachtung* astute; *Verstand, Augen* keen ④ (*sl: aufreizend*) spicy; **auf jdn ~ sein** to fancy sb; **auf etw** *Akk* **~ sein** to be keen on sth **II.** *Adv* ① sharply ② (*präzise*) carefully; **~ beobachten** to observe carefully; **~ sehen** to have keen eyes

Schärfe <-, -n> ['ʃɛrfə] *f* ① sharpness

② *einer Kritik, Äußerung* harshness ③ *der Augen, des Verstands* keenness
schärfen [ˈʃɛrfn̩] *tr V* to sharpen
scharf|machen *tr V* (*fam*) ① (*abrichten*) *Hund* incite ② (*erregen*) **jdn ~** to turn sb on
Scharfrichter *m* executioner **Scharfschütze, Scharfschützin** *m, f* marksman *masc*/markswoman *fem*
Scharfsinn *m kein Pl* astuteness
scharfsinnig **I.** *Adj* astute **II.** *Adv* astutely
Scharlach[1] <-s> [ˈʃarlax] *m kein Pl* MED scarlet fever
Scharlach[2] <-> [ˈʃarlax] *nt kein Pl* scarlet
Scharlatan <-s, -e> [ˈʃarlatan] *m* charlatan
Scharnier <-s, -e> [ʃarˈniːɐ̯] *nt* hinge
Schaschlik <-s, -s> [ˈʃaʃlɪk] *nt* [shish] kebab
Schatten <-s, -> [ˈʃatn̩] *m* shade; (*a. fig*) shadow; **30° im ~** 30 degrees in the shade; **~ spenden** to afford shade; **lange ~ werfen** to cast long shadows ▶ **im ~ bleiben** to stay in the shade; **jdn/etw in den ~ stellen** to put sb/sth in the shade; **einen ~ [auf etw** *Akk*] **werfen** to cast a shadow [over sth]
Schattenmorelle *f* morello cherry **Schattenseite** *f* dark side **Schattenwirtschaft** *f kein Pl* POL black economy
schattig [ˈʃatɪç] *Adj* shady
Schatz <-es, Schätze> [ʃats, *Pl:* ˈʃɛtsə] *m* ① treasure ② (*fam: Liebling*) sweetheart; **ein ~ sein** (*fam*) to be a dear
Schätzchen <-s, -> [ˈʃɛtsçən] *nt* (*fam*) *Dim von* **Schatz 2.**
schätzen [ˈʃɛtsn̩] **I.** *tr V* ① (*einschätzen*) to guess; **ich schätze sein Gewicht auf circa hundert Kilo** I reckon he weighs about hundred kilos; **grob geschätzt** at a rough guess ② (*Wert angeben*) to assess (**auf** at) ③ (*würdigen*) **jdn ~** to hold sb in high esteem; **etw ~** to appreciate sth **II.** *intr V* to guess
Schätzung <-, -en> *f* estimate; **nach einer groben ~** at a rough estimate
schätzungsweise *Adv* approximately
Schau <-, -en> [ʃau] *f* ① (*Ausstellung*) exhibition; **etw zur ~ stellen** to display sth ② (*Show*) show ▶ **jdm die ~ stehlen** to steal the show from sb
Schaubild *nt* diagram
Schauder <-s, -> [ˈʃaudɐ] *m* shudder
schauderhaft *Adj* ghastly
schaudern [ˈʃaudɐn] **I.** *intr V* to shudder **II.** *tr V unpers* **es schaudert jdn bei etw** *Dat* sth makes sb shudder
schauen [ˈʃauən] *intr V* ① (*blicken*) to look; **auf die Uhr ~** to look at the clock ② (*sich kümmern*) **nach jdm/etw ~** to have a look at sb/sth ③ (*suchen*) **nach etw** *Dat* **~** to look for sth
Schauer <-s, -> [ˈʃauɐ] *m* ① (*Regenschauer*) shower ② *s.* **Schauder**
schauerlich *Adj* ghastly
Schaufel <-, -n> [ˈʃaufl̩] *f* shovel; (*Kehrrichtschale*) dustpan
schaufeln [ˈʃaufl̩n] *intr, tr V* to shovel
Schaufenster *nt* shop window
Schaufensterauslage *f* [shop] window display **Schaufensterpuppe** *f* mannequin
Schaukel <-, -n> [ˈʃaukl̩] *f* swing
schaukeln [ˈʃaukl̩n] *intr, tr V* to swing
Schaukelpferd *nt* rocking horse **Schaukelstuhl** *m* rocking chair
schaulustig *Adj* curious, gawping *pej fam*
Schaulustige(r) *f(m) dekl wie Adj* onlooker, spectator
Schaum <-s, Schäume> [ʃaum, *Pl:* ˈʃɔymə] *m* ① (*blasige Masse*) foam; (*auf einer Flüssigkeit*) froth ② (*Seife*) lather
Schaumbad *nt* bubble bath
schäumen [ˈʃɔymən] *intr V* to froth; *Seife* to lather
Schaumgummi *m* foam rubber
schaumig [ˈʃaumɪç] *Adj* frothy
Schaumschläger *m* (*Schneebesen*) whisk **Schaumstoff** *m* foam **Schaumwein** *m* sparkling wine **Schauplatz** *m* scene
schaurig [ˈʃaurɪç] *Adj* eerie
Schauspiel [ˈʃauʃpiːl] *nt* ① THEAT play ② (*geh*) spectacle
Schauspieler(in) [ˈʃauʃpiːlɐ] *m(f)* actor *masc*, actress *fem*
schauspielern [ˈʃauʃpiːlɐn] *intr V* to act
Schauspielhaus *nt* theatre **Schauspielkunst** *f kein Pl* dramatic art, drama **Schauspielschule** *f* drama school
Scheck <-s, -s> [ʃɛk] *m* cheque (**über** for); **einen ~ einlösen** to cash a cheque

S

Scheckheft *nt* chequebook **Scheckkarte** *f* cheque card **Schecknummer** *f* cheque number

Scheibe <-, -n> ['ʃaibə] *f* ① KOCHK slice ② (*dünnes Glasstück*) [piece of] glass; (*Fensterscheibe*) window pane, window ③ (*scheibenförmiger Gegenstand*) disc

Scheibenbremse *f* disc brake **Scheibenwischer** <-s, -> *m* windscreen wiper

Scheich <-s, -e> [ʃaiç] *m* sheikh

Scheide <-, -n> ['ʃaidə] *f* ① (*Hülle für Waffe*) scabbard ② ANAT vagina

scheiden <schied, geschieden> ['ʃaidn̩] **I.** *tr V haben* ① **sich** [**von jdm**] **~ lassen** to get divorced [from sb]; **geschieden** divorced ② (*trennen*) to separate (**von** from) **II.** *intr V sein* **aus einem Amt ~** to retire from a position

Scheidung <-, -en> *f* divorce; **die ~ einreichen** to start divorce proceedings; **in ~ leben** to be separated

Scheidungskind *nt* SOZIOL child from a broken home

Schein <-[e]s, -e> [ʃain] *m* ① *kein Pl* (*Lichtschein*) light ② *kein Pl* (*Anschein*) appearance; **etw zum ~ tun** to pretend to do sth ③ (*Geldschein*) [bank]note ④ (*Bescheinigung*) certificate ► **der ~ trügt** appearances are deceptive; **den ~ wahren** to keep up appearances

> In German universities, students have to gain **Scheine** (certificates) to progress from one year to the next. Only those students who attain a certain number or type of certificate(s) are allowed to enter for intermediate, and later degree, examinations.

S

scheinbar *Adj* apparent

scheinen <schien, geschienen> ['ʃainən] *intr V* ① to shine ② (*den Anschein haben*) to appear, to seem

Scheinfirma *f* bogus company

scheinheilig ['ʃainhailɪç] **I.** *Adj* hypocritical **II.** *Adv* hypocritically **scheintot** *Adj* apparently dead

Scheinwerfer *m* ① spotlight ② AUTO headlight

Scheinwerferlicht *nt* spotlight ► **im ~ stehen** to be in the public eye

Scheiß <-> [ʃais] *m kein Pl* (*sl*) ① (*Quatsch*) crap; **mach keinen ~!** don't be so bloody stupid! ② (*Fluchwort*) **so ein ~!** shit!

Scheiße <-> ['ʃaisə] *f kein Pl* (*sl*) shit; **~!** shit!; **~ bauen** to make a [complete] mess [of sth]; **~ sein** to be a load of crap ► **in der ~ sitzen** (*sl*) to be in the shit

scheißen <schiss, geschissen> ['ʃaisn̩] *intr V* ① (*vulg*) to shit ② (*sl*) **auf etw** *Akk* **~** to not give a damn about sth

Scheitel <-s, -> ['ʃaitl̩] *m* parting ► **vom ~ bis zur Sohle** from head to foot

Scheiterhaufen *m* stake

scheitern ['ʃaitɐn] *intr V sein* to fail (**an** because of)

schellen ['ʃɛlən] *intr V* to ring

Schellfisch *m* haddock

schelmisch *Adj* mischievous

Schelte <-, -n> ['ʃɛltə] *f* reprimand

schelten <schilt, schalt, gescholten> ['ʃɛltn̩] *tr V* to scold (**wegen** for)

Schema <-s, -ta *o* Schemen> ['ʃe:ma, *Pl:* 'ʃe:mata, 'ʃe:mən] *nt* scheme; **nach einem ~** according to a scheme

schematisch [ʃe'ma:tɪʃ] **I.** *Adj* schematic **II.** *Adv* schematically

Schemel <-s, -> ['ʃe:ml̩] *m* stool

Schenkel <-s, -> ['ʃɛŋkl̩] *m* thigh

schenken ['ʃɛŋkn̩] **I.** *tr V* ① **jdm etw ~** to give sb sth; **sie schenkte ihm ein Lächeln** she favoured him with a smile; **etw geschenkt bekommen** to get sth ② (*zuwenden*) **jdm Aufmerksamkeit ~** to pay attention to sb; **jdm Vertrauen ~** to trust sb ► **jdm wird nichts geschenkt** sb is spared nothing **II.** *refl V* (*sich sparen*) **sich** *Dat* **etw ~** to spare oneself sth

Scherbe <-, -n> ['ʃɛrbə] *f* [sharp] piece

Schere <-, -n> ['ʃe:rə] *f* scissors *pl*

scheren¹ <schor, geschoren> ['ʃe:rən] *tr V Schaf* to shear; *Hecke* to prune; **jdm eine Glatze ~** to shave sb's head

scheren² ['ʃe:rən] *refl V* **sich nicht um etw** *Akk* **~** to not bother about sth ► **jd kann sich zum Teufel ~** sb can go to hell

Schererei <-, -en> [ʃe:rə'rai] *f meist Pl* (*fam*) trouble *sing*

Scherz <-es, -e> [ʃɛrts] *m* joke; **einen ~ machen** to joke

scherzen ['ʃɛrtsn̩] *intr V* to crack a joke;

mit jdm ist nicht zu ~ sb is not to be trifled with
scherzhaft *Adj* jocular
scheu [ʃɔy] *Adj* shy
Scheu <-> [ʃɔy] *f kein Pl* shyness; **ohne jede ~** without holding back
scheuchen ['ʃɔyçn̩] *tr V* 1 (*treiben*) to drive 2 (*fam: jagen*) to chase
scheuen ['ʃɔyən] **I.** *tr V* [**etw**] ~ to fight shy [of sth] **II.** *intr V* [**vor etw** *Dat*] ~ to shy [at sth]
Scheuermittel *nt* scouring agent
scheuern ['ʃɔyɐn] **I.** *tr V* **etw** [**blank**] ~ to scour sth [clean] ▶ **jdm eine ~** (*sl*) to hit sb **II.** *intr V* to rub
Scheune <-, -n> ['ʃɔynə] *f* barn
scheußlich ['ʃɔyslɪç] *Adj* disgusting
Schicht <-, -en> [ʃɪçt] *f* 1 layer 2 (*Klasse*) class 3 (*Arbeitsschicht*) shift; ~ **arbeiten** to do shift work
Schichtarbeiter(in) *m(f)* shift worker
schichten ['ʃɪçtn̩] *tr V* to stack [up *sep*] (**auf** on/on top of)
Schichtwechsel [-vɛksl] *m* change of shift
schick [ʃɪk] **I.** *Adj* chic **II.** *Adv* fashionably
schicken ['ʃɪkn̩] **I.** *tr V* to send **II.** *intr V* **nach jdm** ~ to send for sb **III.** *refl V* **etw schickt sich** sth is suitable
Schickeria <-> [ʃɪkə'riːa] *f kein Pl* jet set
schicklich ['ʃɪklɪç] *Adj* seemly
Schicksal <-s, -e> ['ʃɪkzaːl] *nt* destiny; **Ironie des ~s** irony of fate; **ein hartes ~** a cruel fate; **sich in sein ~ ergeben** to be reconciled to one's fate; **jdn seinem ~ überlassen** to leave sb to their fate; **etw dem ~ überlassen** to leave sth to fate
Schicksalsschlag *m* stroke of fate
Schiebedach *nt* sun-roof
schieben <schob, geschoben> ['ʃiːbn̩] *tr V* 1 to push 2 (*stecken*) to put 3 (*abwälzen*) **etw auf jdn ~** to lay sth on sb; **die Schuld auf jdn ~** to lay the blame on sb; **etw auf etw** *Akk* ~ to blame sth for sth
Schiebetür *f* sliding door
Schiebung <-> *f kein Pl* 1 (*Begünstigung*) pulling strings 2 (*unehrliches Geschäft*) shady deal
Schiedsgericht *nt* JUR arbitration tribunal **Schiedsrichter(in)** *m(f)* SPORT referee
schief [ʃiːf] **I.** *Adj* crooked, not straight *pred* **II.** *Adv* **jdn ~ ansehen** to look askance at sb
Schiefer <-s, -> ['ʃiːfɐ] *m* slate
schief|gehen *intr V unreg* (*fam*) to go wrong ▶ [**es**] **wird schon ~!** (*iron*) it'll be OK!
schief|lachen *refl V* (*fam*) **sich ~** to split one's sides laughing ▶ **sich schief- und krummlachen** to split one's sides laughing, to laugh one's head off
schief|laufen *intr V unreg* (*fam: fehlschlagen*) to go wrong
schief|liegen *intr V unreg* (*fam*) to be on the wrong track
schielen ['ʃiːlən] *intr V* 1 to squint 2 (*heimlich schauen*) **nach etw** *Dat* ~ to steal a glance at sth
Schienbein ['ʃiːnbain] *nt* shinbone; **jdm gegen das ~ treten** to kick sb in the shin
Schiene <-, -n> ['ʃiːnə] *f* 1 rail *usu pl* 2 MED splint
schier[1] [ʃiːɐ̯] *Adj attr* sheer
schier[2] [ʃiːɐ̯] *Adv* SÜDD (*beinahe*) almost
Schießbude *f* shooting gallery
schießen <schoss, geschossen> ['ʃiːsn̩] *intr, tr V* to shoot (**auf** at)
Schießerei <-, -en> [ʃiːsə'rai] *f* shooting
Schießpulver *nt* gunpowder
Schiff <-[e]s, -e> [ʃɪf] *nt* ship
SchiffahrtALT *f s.* **Schifffahrt** **Schiffbau** *m kein Pl* shipbuilding **Schiffbruch** *m* shipwreck; ~ **erleiden** to be shipwrecked **Schifffahrt**RR ['ʃɪffaːɐ̯t] *f* shipping **Schiffsladung** *f* cargo **Schiffsrumpf** *m* [ship's] hull
Schikane <-, -n> [ʃi'kaːnə] *f* harassment *no indef art* ▶ **mit allen ~n** with all the modern conveniences
schikanieren* [ʃika'niːrən] *tr V* to harass
Schild[1] <-[e]s, -er> [ʃɪlt, *Pl:* 'ʃɪldɐ] *nt* (*Hinweisschild*) sign
Schild[2] <-[e]s, -e> [ʃɪlt, *Pl:* 'ʃɪldə] *m* shield ▶ **etw im ~e führen** to be up to sth
Schilddrüse *f* thyroid
Schilddrüsenüberfunktion *f* overactive [*or* hyperactive] thyroid [gland] **Schilddrüsenunterfunktion** *f* underactive [*or* hypoactive] thyroid [gland]
schildern ['ʃɪldɐn] *tr V* to describe
Schilderung <-, -en> *f* account

S

Schildkröte ['ʃɪltkrøːtə] *f* tortoise

Schilf <-[e]s, -e> [ʃɪlf] *nt* ① reed ② (*Röhricht*) reeds *pl*

schillernd *Adj* shimmering; *Persönlichkeit* flamboyant

Schimmel[1] <-s> ['ʃɪml̩] *m kein Pl* mould

Schimmel[2] <-s, -> ['ʃɪml̩] *m* ZOOL white horse

schimmelig ['ʃɪməlɪç] *Adj* mouldy

schimmeln ['ʃɪml̩n] *intr V sein o haben* to go mouldy

Schimmer <-s> ['ʃɪmɐ] *m kein Pl* shimmer ▶ **keinen blassen ~ haben** to not have the faintest idea (**von** about)

schimmern ['ʃɪmɐn] *intr V* to shimmer

schimmlig ['ʃɪmlɪç] *Adj* mouldy

Schimpanse <-n, -n> [ʃɪm'panzə] *m* chimpanzee

Schimpf <-[e]s> [ʃɪmpf] *m kein Pl* affront *dated form,* abuse *no indef art, no pl;* **mit ~ und Schande** (*geh*) in disgrace

schimpfen ['ʃɪmpfn̩] *intr V* ① (*fluchen*) to swear ② (*zurechtweisen*) **mit jdm ~** to scold sb

Schimpfwort *nt* swear word

schinden <schindete, geschunden> ['ʃɪndn̩] **I.** *refl V* **sich ~** to slave [away] **II.** *tr V* (*fam*) **Eindruck ~** to play to the gallery; **Zeit ~** to play for time

Schinken <-s, -> ['ʃɪŋkn̩] *m* ham

Schinkenspeck *m* bacon

Schirm <-[e]s, -e> [ʃɪrm] *m* umbrella

schiss[RR], **schiß**[ALT] [ʃɪs] *Imp von* **scheißen**

Schiss[RR] *m kein Pl,* **Schiß**[ALT] <-sses> [ʃɪs] *m kein Pl* (*sl*) **~ haben** to be shit-scared (**vor** of)

schizophren [ʃitso'freːn, sçitso'freːn] *Adj* schizophrenic

Schizophrenie <-, -n> [ʃitsofre'niː, sçitso-, *Pl:* -'niːən] *f* schizophrenia

Schlacht <-, -en> [ʃlaxt] *f* battle

schlachten ['ʃlaxtn̩] *tr, intr V* to slaughter

Schlachter(in) <-s, -> *m(f)* butcher; (*im Schlachthof*) slaughterman

Schlachtfeld *nt* battlefield **Schlachtfest** *nt* KOCHK *feast following the home-slaughtering of a farm animal* **Schlachthof** *m* slaughterhouse **Schlachtplan** *m* **einen ~ machen** to draw up a plan of action

Schlaf <-[e]s> [ʃlaːf] *m kein Pl* sleep; **einen festen/leichten ~ haben** to be a deep/light sleeper; **jdm den ~ rauben** to keep sb awake ▶ **nicht im ~ an etw** *Akk* **denken** to not dream of [doing] sth; **etw im ~ können** to be able to do sth in one's sleep

Schlafanzug *m* pyjamas *pl*

Schläfe <-, -n> ['ʃlɛːfə] *f* temple

schlafen <schlief, geschlafen> ['ʃlaːfn̩] *intr V* to sleep; **ein Kind ~ legen** to put a child to bed; **fest/tief ~** to sleep deeply/soundly; **~ gehen** to go to bed

schlaff [ʃlaf] **I.** *Adj* slack **II.** *Adv* slackly

Schlafgelegenheit *f* place to sleep **Schlaflosigkeit** <-> *f kein Pl* sleeplessness **Schlafmittel** *nt* sleep-inducing medication

schläfrig ['ʃlɛːfrɪç] *Adj* sleepy

Schlafsaal *m* dormitory **Schlafsack** *m* sleeping bag **Schlaftablette** *f* sleeping pill **Schlafwagen** *m* sleeper **Schlafwandler(in)** <-s, -> *m(f)* sleepwalker **Schlafzimmer** *nt* bedroom

Schlag <-[e]s, Schläge> [ʃlaːk, *Pl:* 'ʃlɛːgə] *m* ① (*Hieb*) blow; **Schläge bekommen** to get a beating; **jdm einen ~ versetzen** to deal sb a blow ② (*Hall*) thud; **ein ~ an der Tür** a bang on the door ③ (*Herzschlag*) beat ④ (*Schicksalsschlag*) blow ⑤ ÖSTERR (*Sahne*) [whipped] cream ⑥ (*Stromschlag*) shock; **einen ~ kriegen** to get an electric shock ⑦ (*Schlaganfall*) stroke; **einen ~ bekommen** to suffer a stroke ▶ **ein ~ ins Gesicht** a slap in the face; **ein ~ unter die Gürtellinie** a blow below the belt; **ein ~ ins Wasser** a washout; **jdn trifft der ~** sb is flabbergasted; **~ auf ~** in rapid succession

Schlagader *f* artery **Schlaganfall** *m* stroke **Schlagbohrmaschine** *f* hammer drill

schlagen <schlug, geschlagen> ['ʃlaːgn̩] **I.** *tr V haben* ① to hit; (*mit der Faust*) to punch; (*mit der Hand*) to slap; **die Hände vors Gesicht ~** to cover one's face with one's hands; **jdm auf die Schulter ~** to give sb a slap on the back; **etw in Stücke ~** to smash sth to pieces ② (*prügeln*) to beat; **jdn bewusstlos ~** to beat sb senseless ③ (*besiegen*) to defeat; SPORT to beat (**in** at); **jd ist nicht zu ~** sb is unbeatable; **sich ge~ geben**

to admit defeat ④ (*einschlagen*) **einen Nagel in die Wand ~** to knock a nail into the wall ⑤ (*legen*) **ein Bein über das andere ~** to cross one's legs **II.** *intr V* ① *haben* (*hauen*) to hit; **jdm in die Fresse ~** (*sl*) to punch sb in the face; [**mit etw** *Dat*] **um sich** *Akk* **~** to lash about [with sth]; **nach jdm ~** to hit out at sb ② *sein* (*auftreffen*) **an** [*o* **gegen**] **etw** *Akk* **~** to strike against sth ③ *haben* (*pochen*) to beat ④ *haben Uhr* to strike ⑤ *haben* (*Partei ergreifen*) **sich auf jds Seite ~** to take sb's side **III.** *refl V haben* ① **sich** [**mit jdm**] **~** to fight [sb]; **sich** [**um etw** *Akk*] **~** to fight [over sth] ② (*sich anstrengen*) **sich gut ~** to do well

Schlager <-s, -> ['ʃla:gɐ] *m* MUS [pop] song

Schläger <-s, -> ['ʃlɛ:gɐ] *m* (*Tennis*) racket; (*Golf*) golf club

Schlägerei <-, -en> [ʃlɛ:gə'rai] *f* brawl

schlagfertig *Adj* quick-witted

Schlaginstrument *nt* percussion instrument **Schlagloch** *nt* pothole **Schlagobers** ['ʃla:kʔo:bɐs] *nt* SÜDD, ÖSTERR, SCHWEIZ *s.* **Schlagrahm** **Schlagrahm** *m*, **Schlagsahne** *f* whipping cream; (*geschlagen*) whipped cream **Schlagwort** <-worte> *nt* slogan **Schlagwortkatalog** *m* library catalogue of keywords **Schlagzeile** *f* headline; **~n machen** to make headlines **Schlagzeug** <-[e]s, -e> *nt* drums *pl*; (*im Orchester*) percussion *no pl* **Schlagzeuger(in)** <-s, -> *m(f)* (*fam*), **Schlagzeugspieler(in)** <-s, -> *m(f)* drummer; (*im Orchester*) percussionist

Schlamassel <-s, -> [ʃla'masl̩] *m o nt* mess; **jetzt haben wir den ~!** now we're in a [right] mess!

Schlamm <-[e]s, -e *o* Schlämme> [ʃlam, *Pl:* 'ʃlɛmə] *m* mud

schlammig ['ʃlamɪç] *Adj* muddy

Schlammlawine *f* GEOG mudslide

Schlampe <-, -n> ['ʃlampə] *f* slut

schlampen ['ʃlampn̩] *intr V* (*fam*) to do a sloppy job

schlampig ['ʃlampɪç] **I.** *Adj* ① (*nachlässig*) sloppy ② (*ungepflegt*) unkempt **II.** *Adv* ① sloppily ② (*ungepflegt*) in an unkempt way

Schlange <-, -n> ['ʃlaŋə] *f* ① snake ② (*Reihe*) queue, line AM; **~ stehen** to queue up, to stand in line AM

schlängeln ['ʃlɛŋl̩n] *refl V* **sich ~** to meander

SchlangenbissRR *m* snake bite **Schlangengift** *nt* snake poison

schlank ['ʃlaŋk] *Adj* slim

Schlankheitskur *f* diet; **eine ~ machen** to be on a diet

schlapp [ʃlap] *Adj präd* worn out

Schlaraffenland [ʃla'rafn̩-] *nt* land of milk and honey

schlau [ʃlau] **I.** *Adj* ① clever ② (*gerissen*) crafty **II.** *Adv* ① cleverly ② (*gerissen*) craftily

Schlauch <-[e]s, Schläuche> [ʃlaux, *Pl:* 'ʃlɔyçə] *m* ① hose ② (*Reifenschlauch*) [inner] tube ▸ **auf dem ~ stehen** to be at a loss

Schlauchboot *nt* rubber dinghy

schlauchen ['ʃlauxn̩] *tr, intr V* to take it out of sb

Schlaufe <-, -n> ['ʃlaufə] *f* loop

Schlaukopf *m*, **Schlaumeier** *m* (*iron*) clever clogs, smart alec

schlecht [ʃlɛçt] **I.** *Adj* ① bad; **~e Augen** weak eyes; **ein ~es Gewissen haben** to have a bad conscience; **von ~er Qualität** of poor quality; **~e Zeiten** hard times; **noch zu ~** still not good enough ② MED **jdm ist ~** sb feels sick ▸ **es sieht ~ aus** things don't look good **II.** *Adv* ① (*nicht gut*) badly; **~ beraten** ill-advised; **~ gelaunt** bad-tempered ② MED **jdm geht es ~** sb feels unwell; **~ hören** to be hard of hearing; **~ sehen** to have poor eyesight ③ (*herabwerten*) **~ über jdn reden** to say bad things about sb ▸ **mehr ~ als recht** more or less; **auf jdn/etw ~ zu sprechen sein** to not want anything to do with sb/sth

schlechtgelaunt *Adj* bad-tempered

schlechtmachen *tr V* **jdn ~** to run sb down

Schleckermaul *nt* (*fam*) **ein ~ sein** to have a sweet tooth

Schlehe <-, -n> ['ʃle:ə] *f* sloe

schleichen <schlich, geschlichen> ['ʃlaiçn̩] *intr V sein* to creep

schleichend *Adj attr* insidious

Schleier <-s, -> ['ʃlaiɐ] *m* veil

Schleiereule *f* barn owl

schleierhaft *Adj* [**jdm**] **~ sein** to be a mystery [to sb]

Schleierkraut *nt* BOT gypsophila, baby's breath
Schleife <-, -n> ['ʃlaifə] *f* bow
schleifen[1] ['ʃlaifn̩] **I.** *tr V haben* (*ziehen*) to drag **II.** *intr V* ① *haben* (*reiben*) to rub (**an** against) ② *sein o haben* (*gleiten*) to slide ▸ **etw ~ lassen** (*fam*) to let sth slide
schleifen[2] <schliff, geschliffen> ['ʃlaifn̩] *tr V* ① (*schärfen*) to sharpen ② (*schmirgeln*) to sand
Schleifmaschine *f* sander
Schleim <-[e]s, -e> [ʃlaim] *m* ① slime ② MED mucus
Schleimhaut *f* mucous membrane
schleimig ['ʃlaimɪç] *Adj* slimy
schlemmen ['ʃlɛmən] *intr V* to have a feast
schlendern ['ʃlɛndɐn] *intr V sein* to stroll along
schlenkern ['ʃlɛŋkɐn] *intr V* to dangle; **mit den Beinen ~** to swing one's legs
Schleppe <-, -n> ['ʃlɛpə] *f* train
schleppen ['ʃlɛpn̩] **I.** *tr V* (*tragen*) to carry **II.** *refl V* **sich ~** ① (*sich fortbewegen*) to drag oneself ② (*sich hinziehen*) to drag on
schleppend **I.** *Adj* slow **II.** *Adv* slowly
Schleppkahn *m* lighter
Schlepplift *m* ski tow
Schlesien <-s> [ʃleːzi̯ən] *nt kein Pl* Silesia
Schlesier(in) <-s, -> ['ʃleːzi̯ɐ, 'ʃleːzi̯ərɪn] *m(f)* Silesian
schlesisch ['ʃleːzɪʃ] *Adj* Silesian
Schleuder <-, -n> ['ʃlɔydɐ] *f* ① (*Waffe*) catapult ② (*Wäscheschleuder*) spin drier
Schleudergefahr *f kein Pl* risk of skidding
schleudern ['ʃlɔydɐn] **I.** *tr V haben* ① to hurl ② (*zentrifugieren*) to spin **II.** *intr V sein* **ins Schleudern geraten** to go into a skid
Schleudersitz *m* ejector seat
schleunigst *Adv* straight away
Schleuse <-, -n> ['ʃlɔyzə] *f* lock
schlicht [ʃlɪçt] **I.** *Adj* simple **II.** *Adv* simply; **~ und einfach** [just] plain; **~ und ergreifend** plain and simple
schlichten ['ʃlɪçtn̩] **I.** *tr V* to settle **II.** *intr V* [**in etw** *Dat*] **~** to mediate [in sth]
Schlichtung <-, -en> *f* mediation

S

schließen <schloss, geschlossen> ['ʃliːsn̩] **I.** *intr V* to close **II.** *tr V* ① (*zumachen; beenden*) to close ② (*eingehen*) **ein Bündnis ~** to enter into an alliance; **Freundschaft ~** to become friends; **Frieden/einen Pakt ~** to make peace/a pact; **einen Kompromiss ~** to reach a compromise ③ (*schlussfolgern*) to conclude (**aus** from) ④ (*umarmen*) **jdn in die Arme ~** to take sb in one's arms
Schließfach *nt* ① (*Gepäckschließfach*) locker ② (*Bankschließfach*) safe-deposit box ③ (*Postfach*) post-office box
schließlich ['ʃliːslɪç] *Adv* ① (*endlich*) at last ② (*immerhin*) after all
schlimm [ʃlɪm] **I.** *Adj* ① (*schwerwiegend, schlecht*) *Verletzung, Ereignis, Nachricht* bad; **nicht** [**so**] **~ sein** to be not [so] bad; **etwas Schlimmes/Schlimmeres** sth dreadful/worse; **das Schlimmste** the worst; **es gibt nichts Schlimmeres als ...** there's nothing worse than ... ② (*ernst*) serious ▸ **etw ist halb so ~** sth is not as bad as all that; **ist nicht ~!** no problem!; **umso ~er!** so much the worse! **II.** *Adv* dreadfully; **wenn es ganz ~ kommt** if the worst comes to the worst; **es hätte ~er kommen können** it could have been worse; **~ genug, dass ...** it's bad enough that ...; **~ dran sein** (*fam*) to be in a bad way
schlimmstenfalls ['ʃlɪmstn̩'fals] *Adv* if the worst comes to the worst
Schlinge <-, -n> ['ʃlɪŋə] *f* loop
schlingen <schlang, geschlungen> ['ʃlɪŋən] **I.** *tr V* to wind (**um** about); **die Arme um jdn ~** to wrap one's arms around sb **II.** *refl V* **sich um etw** *Akk* **~** to wind itself around sth
Schlingpflanze *f* creeper
Schlips <-es, -e> [ʃlɪps] *m* tie ▸ **sich auf den ~ getreten fühlen** to feel offended by sb; **jdm auf den ~ treten** to tread on sb's toes
Schlitten <-s, -> ['ʃlɪtn̩] *m* sledge
Schlittschuh ['ʃlɪtʃuː] *m* skate; **~ laufen** to skate **Schlittschuhbahn** *f* ice rink **Schlittschuhläufer(in)** *m(f)* skater
Schlitz <-es, -e> [ʃlɪts] *m* ① slit ② (*Einsteckschlitz*) slot
Schlitzohr *nt* rogue

Schlögel <-s, -> ['ʃløːgl̩] *m* ÖSTERR leg; *vom Wild* haunch
schlossRR, **schloß**ALT [ʃlɔs] *Imp von* **schließen**
SchlossRR <-es, Schlösser> *nt*, **Schloß**ALT <-sses, Schlösser> [ʃlɔs, *Pl:* 'ʃlœsɐ] *nt* ❶ (*Palast*) palace ❷ (*Türschloss*) lock; **ins ~ fallen** to snap shut ❸ (*Vorhängeschloss*) padlock ▶ **jdn hinter ~ und Riegel bringen** to put sb behind bars
Schlosser(in) <-s, -> ['ʃlɔsɐ] *m(f)* (*Metallschlosser*) metalworker; (*Maschinenschlosser*) fitter
Schlosserei <-, -en> [ʃlɔsə'rai] *f* smith's shop
Schlot <-[e]s, -e> [ʃloːt] *m* chimney ▶ **rauchen wie ein ~** (*fam*) to smoke like a chimney
Schlucht <-, -en> [ʃlʊxt] *f* gorge
schluchzen ['ʃlʊxtsn̩] *intr V* to sob
Schluck <-[e]s, -e> [ʃlʊk] *m* gulp; (*kleiner*) sip; **einen ~ [von etw** *Dat*] **nehmen** to have a sip [of sth]; **in einem ~** in one swallow
Schluckauf <-s> ['ʃlʊkʔauf] *m kein Pl* hiccup; **den ~ haben** to have hiccups
schlucken ['ʃlʊkn̩] *tr, intr V* to swallow
Schluckimpfung *f* oral vaccination
schludrig ['ʃluːdrɪç] *Adj* (*fam*) *s.* **schlampig**
schlummern ['ʃlʊmɐn] *intr V* to slumber
Schlund <-[e]s, Schlünde> [ʃlʊnt, *Pl:* 'ʃlʏndə] *m* throat
schlüpfen ['ʃlʏpfn̩] *intr V sein* ❶ to slip ❷ (*aus dem Ei*) [**aus etw**] **~** to hatch out [of sth]
Schlüpfer <-s, -> ['ʃlʏpfɐ] *m* panties *pl*
schlürfen ['ʃlʏrfn̩] *tr, intr V* to slurp
SchlussRR *m*, **Schluß**ALT <Schlusses, Schlüsse> [ʃlʊs, *Pl:* 'ʃlʏsə] *m* ❶ *kein Pl* end; **~ [jetzt]!** that's enough!; **mit etw** *Dat* **ist ~** sth is over with; **zum ~ kommen** to finish; [**mit etw** *Dat*] **~ machen** (*fam*) to stop [sth]; **kurz vor ~** just before closing time; **zum ~** at the end ❷ (*Folgerung*) conclusion; **zu dem ~ kommen, dass ...** to come to the conclusion that ... ▶ [**mit jdm**] **~ machen** to break it off [with sb]
Schlüssel <-s, -> ['ʃlʏsl̩] *m* key; **der ~ zu etw** the key to sth
Schlüsselbein *nt* collar bone **Schlüsselblume** *f* cowslip **Schlüsselbund** *m o nt* bunch of keys **Schlüsselloch** *nt* keyhole
SchlussfolgerungRR <-, -en> *f*, **Schlußfolgerung**ALT <-, -en> *f* deduction; **eine ~ ziehen** to draw a conclusion (**aus** from)
SchlusslichtRR *nt* rear [*or* AM tail] light ▶ **das ~ [bei etw** *Dat*] **sein** to bring up the rear [of sth]
SchlussverkaufRR *m* sales *pl*
schmachtend *Adj* soulful
schmächtig ['ʃmɛçtɪç] *Adj* slight
schmackhaft *Adj* tasty ▶ **jdm etw ~ machen** to make sth tempting to sb
schmählich **I.** *Adj* (*geh*) shameful **II.** *Adv* shamefully
schmal <-er *o* schmäler, -ste *o* schmälste> [ʃmaːl] *Adj* narrow; (*schlank*) slim
schmälern ['ʃmɛːlɐn] *tr V* to belittle
Schmalfilm *m* 8/16mm [cine] film **Schmalfilmkamera** *f* 8/16mm [cine] camera **Schmalspur** *f* BAHN narrow gauge **Schmalspurdenken** *nt kein Pl* (*pej*) narrow mindedness
Schmalz[1] <-es, -e> [ʃmalts] *nt* dripping; (*Schweinefett*) lard
Schmalz[2] <-es> [ʃmalts] *m kein Pl* (*pej fam*) schmaltz
schmalzig ['ʃmaltsɪç] *Adj* (*pej fam*) schmaltzy
Schmarotzer <-s, -> *m* parasite
Schmarren <-s, -> ['ʃmarən] *m* ❶ KOCHK *pancake torn into small pieces* ❷ (*fam: Quatsch*) rubbish
schmatzen ['ʃmatsn̩] *intr V* to eat/drink noisily
schmecken ['ʃmɛkn̩] **I.** *intr V* to taste (**nach** of); **hat es geschmeckt?** did you enjoy it?; **das schmeckt aber gut** that tastes wonderful; **es sich** *Dat* **~ lassen** to enjoy one's food; **lasst es euch ~!** tuck in! **II.** *tr V* to taste
Schmeichelei <-, -en> [ʃmaiçə'lai] *f* flattery *no pl, no indef art*
schmeichelhaft *Adj* flattering; **~e Worte** kind words
schmeicheln ['ʃmaiçl̩n] *intr V* **jdm ~** to flatter sb; **es schmeichelt jdm, dass ...** sb is flattered that ...
schmeißen <schmiss, geschmissen> ['ʃmaisn̩] *tr, intr V* (*fam*) ❶ (*werfen*) to

S

throw ② (*sl: ausgeben*) **eine Runde ~** to stand a round
Schmeißfliege *f* blowfly
schmelzen <schmolz, geschmolzen> [ˈʃmɛltsn̩] **I.** *intr V sein* to melt **II.** *tr V haben* to melt
Schmelzkäse *m* cheese spread **Schmelzpunkt** *m* melting point **Schmelzwasser** *nt* meltwater
Schmerz <-es, -en> [ʃmɛrts] *m* ① pain; **~en haben** to be in pain ② (*Kummer*) anguish *no indef art*
schmerzempfindlich *Adj* sensitive [to pain *pred*]
schmerzen [ˈʃmɛrtsn̩] *intr V* to hurt; (*anhaltend*) to ache; **~d** painful
Schmerzensgeld *nt* compensation
schmerzhaft *Adj* painful
schmerzlich *Adj* painful
schmerzlos *Adj* painless ▶ **kurz und ~** short and sweet
Schmerzmittel *nt* painkiller **schmerzstillend** *Adj* painkilling **Schmerztablette** *f* painkiller
Schmetterling <-s, -e> [ˈʃmɛtɐlɪŋ] *m* butterfly
schmettern [ˈʃmɛtɐn] *tr V haben* ① to fling ② SPORT to smash
Schmied(in) <-[e]s, -e> [ʃmiːt, *Pl:* ˈʃmiːdə] *m(f)* smith
schmiedeeisern *Adj* wrought-iron
schmieden [ˈʃmiːdn̩] *tr V* ① to forge ② (*machen*) **einen Plan ~** to hammer out a plan
schmiegen [ˈʃmiːgn̩] *refl V* ① **sich an jdn ~** to cuddle up to sb ② (*eng anliegen*) **sich an etw** *Akk* **~** to hug sth
schmieren [ˈʃmiːrən] *tr V* ① (*streichen*) to spread; **Salbe auf eine Wunde ~** to apply cream to a wound ② (*fetten*) to lubricate ③ (*pej: malen*) to scrawl; **Parolen an die Häuser ~** to daub slogans on the walls of houses ④ (*fam: bestechen*) **jdn ~** to grease sb's palm ▶ **jdm eine ~** (*fam*) to give sb a thump; **wie geschmiert** (*fam*) like clockwork
Schmiergeld *nt* (*fam*) bribe
schmierig [ˈʃmiːrɪç] *Adj* ① greasy ② (*pej: schleimig*) slimy
Schmieröl *nt* lubricating oil **Schmierseife** *f* soft soap
Schmierzettel *m* notepaper
Schminke <-, -n> [ˈʃmɪŋkə] *f* make-up
schminken [ˈʃmɪŋkn̩] *tr V* to put make-up on; **sich ~** to put on make-up
Schmirgelpapier [ˈʃmɪrgl̩-] *nt* sandpaper
schmökern [ˈʃmɔːkɐn] *intr V* (*fam*) **in einem Buch ~** to bury oneself in a book
schmollen [ˈʃmɔlən] *intr V* to sulk
Schmollmund *m* **einen ~ machen** to pout
Schmorbraten [ˈʃmoːɐ̯-] *m* pot roast
schmoren [ˈʃmoːrən] *tr, intr V* ① KOCHK to braise ② (*schwitzen*) **in der Sonne ~** to roast in the sun
Schmuck <-[e]s> [ʃmʊk] *m kein Pl* ① jewellery ② (*Verzierung*) decoration
schmücken [ˈʃmʏkn̩] *tr V* ① to decorate ② **sich mit etw** *Dat* **~** to put on sth
schmuddelig [ˈʃmʊdəlɪç] *Adj* grubby; (*stärker*) filthy
Schmuddelwetter *nt* foul weather
schmuddlig [ˈʃmʊdlɪç] *Adj s.* **schmuddelig**
Schmuggel <-s> [ˈʃmʊgl̩] *m kein Pl* smuggling *no art*
schmuggeln [ˈʃmʊgl̩n] *tr V* to smuggle
Schmuggelware *f* contraband *no pl*
Schmuggler(in) <-s, -> [ˈʃmʊglɐ] *m(f)* smuggler
schmunzeln [ˈʃmʊntsl̩n] *intr V* to grin quietly to oneself
Schmunzeln <-s> [ˈʃmʊntsl̩n] *nt kein Pl* grin
schmusen [ˈʃmuːzn̩] *intr V* (*fam*) to cuddle
Schmutz <-es> [ʃmʊts] *m kein Pl* dirt ▶ **jdn/etw in den ~ ziehen** to blacken sb's name/sth's reputation
schmutzig [ˈʃmʊtsɪç] *Adj* dirty; **sich ~ machen** to get dirty
Schnabel <-s, Schnäbel> [ˈʃnaːbl̩, *Pl:* ˈʃnɛːbl̩] *m* ① beak ② (*fam: Mund*) trap ▶ **reden, wie einem der ~ gewachsen ist** to say what one thinks
schnackseln [ˈʃnaksl̩n] *intr V* SÜDD (*fam*) to screw *vulg*
Schnake <-, -n> [ˈʃnaːkə] *f* ① crane fly ② DIAL (*Stechmücke*) gnat
Schnalle <-, -n> [ˈʃnalə] *f* buckle
schnallen [ˈʃnalən] *tr V* to buckle up; **etw enger/weiter ~** to tighten/loosen sth; **sich** *Dat* **etw auf den Rücken ~** to strap sth onto one's back
Schnäppchen <-s, -> [ˈʃnɛpçən] *nt* bargain

Schnäppchenmarkt *m* ÖKON (*fam*) bargain basement
schnappen ['ʃnapn̩] **I.** *intr V* (*greifen*) to grab (**nach** for) **II.** *tr V* (*fam*) ❶ (*ergreifen*) to grab; **etwas frische Luft ~** to get a gulp of fresh air ❷ (*festnehmen*) to catch
Schnappschuss^RR *m* snapshot
Schnaps <-es, Schnäpse> [ʃnaps, *Pl:* 'ʃnɛpsə] *m* schnapps
schnarchen ['ʃnarçn̩] *intr V* to snore
Schnarchen <-s> *nt kein Pl* snoring
schnattern ['ʃnatɐn] *intr V* to cackle
schnauben <schnaubte, geschnaubt> ['ʃnaubn̩] *intr V* to snort (**vor** with)
schnaufen ['ʃnaufn̩] *intr V* to puff
Schnauzbart *m* [large] moustache
Schnauze <-, -n> ['ʃnautsə] *f* ❶ snout ❷ (*sl: Mund*) trap; **die ~ halten** to keep one's trap shut ▶ **frei** [**nach**] **~** (*sl*) as one thinks fit; **die ~** [**von etw**] **voll haben** (*sl*) to be fed up to the teeth [with sth]; **auf die ~ fallen** (*sl*) to fall flat on one's face
schnäuzen^RR ['ʃnɔytsn̩] *refl V* **sich ~** to blow one's nose
Schnecke <-, -n> ['ʃnɛkə] *f* snail; (*Nacktschnecke*) slug
Schneckenhaus *nt* snail shell **Schneckentempo** *nt* **im ~** at a snail's pace
Schnee <-s> [ʃneː] *m kein Pl* snow ▶ **~ von gestern** stale [news]
Schneeball *m* snowball **Schneeballschlacht** *f* snowball fight; **eine ~ machen** to have a snowball fight **Schneebesen** *m* whisk **Schneebrille** *f* snow goggles **Schneefall** *m* snowfall **Schneeflocke** *f* snowflake **Schneeglöckchen** <-s, -> *nt* snowdrop **Schneegrenze** *f* snowline **Schneekette** *f meist Pl* snow chain[s *pl*] **Schneemann** *m* snowman **Schneematsch** *m* slush **Schneepflug** *m* snowplough **Schneeregen** *m* sleet **Schneeschauer** *m* snow shower **Schneeschaufel** *f* snow shovel **Schneeschmelze** *f* thaw **Schneesturm** *m* snowstorm **Schneetreiben** *nt* snowstorm **Schneewittchen** <-s> [ʃneː'vɪtçən] *nt* Snow White
Schneid <-[e]s> [ʃnait] *m kein Pl* **~ haben** to have guts
schneiden <schnitt, geschnitten> ['ʃnaidn̩] **I.** *tr V* ❶ to cut ❷ FILM to edit ❸ (*meiden*) **jdn ~** to snub sb **II.** *refl V* **sich ~** ❶ to cut oneself; **sich in den Finger ~** to cut one's finger ❷ (*sich kreuzen*) to intersect
schneidend *Adj* biting
Schneider(in) <-s, -> ['ʃnaidɐ] *m(f)* tailor ▶ **aus dem ~ sein** to be in the clear
Schneidezahn *m* incisor
schneien ['ʃnaiən] *intr V unpers* **es schneit** it is snowing; **es hat geschneit** it has been snowing
Schneise <-, -n> ['ʃnaizə] *f* aisle
schnell [ʃnɛl] **I.** *Adj* ❶ (*mit hohem Tempo*) fast ❷ (*zügig*) prompt ❸ *attr* (*baldig*) swift **II.** *Adv* ❶ (*mit hohem Tempo*) fast ❷ (*zügig*) quickly; **~ gehen** to be done quickly; **~ machen** to hurry up
schnellen ['ʃnɛlən] *intr V sein* **in die Höhe ~** to shoot up
Schnellhefter *m* loose-leaf binder
Schnelligkeit <-, *selten* -en> *f* speed
Schnellimbiss^RR *m* takeaway **Schnellkochplatte** *f* high-speed ring **Schnellkochtopf** *m* pressure cooker **Schnellkurs** *m* crash course
schnellstens *Adv* as soon as possible
Schnellstraße *f* expressway **Schnellzug** *m* fast train
schneuzen^ALT ['ʃnɔytsn̩] *refl V s.* **schnäuzen**
schniefen ['ʃniːfn̩] *intr V* to sniffle
Schnippchen <-s> ['ʃnɪpçən] *nt* ▶ **jdm ein ~ schlagen** (*fam*) to put one over on sb
schnippisch ['ʃnɪpɪʃ] *Adj* saucy
Schnipsel <-s, -> ['ʃnɪpsl̩] *m o nt* shred
schnitt [ʃnɪt] *Imp von* **schneiden**
Schnitt <-[e]s, -e> [ʃnɪt] *m* ❶ cut ❷ (*Durchschnitt*) **im ~** on average
Schnittblumen *Pl* cut flowers *pl*
Schnitte <-, -n> ['ʃnɪtə] *f* ❶ (*Wurstschnitte*) slice ❷ (*Brotschnitte*) open sandwich
Schnittkäse *m* hard cheese **Schnittlauch** ['ʃnɪtlaux] *m kein Pl* chives *pl* **Schnittmenge** *f* intersection **Schnittmuster** *nt* [paper] pattern **Schnittpunkt** *m* intersection **Schnittstelle** *f* interface **Schnittwunde** *f* cut
Schnitzel <-s, -> ['ʃnɪtsl̩] *nt* KOCHK pork escalope
schnitzen ['ʃnɪtsn̩] *tr, intr V* to carve
Schnitzen <-s> *nt kein Pl* carving

S

Schnorchel <-s, -> ['ʃnɔrçl̩] *m* snorkel
schnorren ['ʃnɔrən] *intr, tr V* to scrounge
Schnorrer(in) <-s, -> *m(f)* scrounger
schnüffeln ['ʃnʏfl̩n] *intr V* ① to sniff ② (*fam: spionieren*) to nose around
Schnuller <-s, -> ['ʃnʊlɐ] *m* dummy
Schnulze <-, -n> ['ʃnʊltsə] *f* schmaltz
schnupfen ['ʃnʊpfn̩] **I.** *intr V* to sniff **II.** *tr V* **Kokain ~** to snort cocaine
Schnupfen <-s, -> ['ʃnʊpfn̩] *m* cold; [**einen**] **~ haben** to have a cold
schnuppern ['ʃnʊpɐn] *intr, tr V* to sniff (**an** at)
Schnur <-, Schnüre> [ʃnuːɐ̯, *Pl:* 'ʃnyːrə] *f* cord
schnüren ['ʃnyːrən] *tr V* to tie together (**zu** in); *Schuhe* to lace up
schnurlos *Adj* cordless
Schnurrbart ['ʃnʊrbaːɐ̯t] *m* moustache
schnurren ['ʃnʊrən] *intr V* ① to whirr ② *Katze* to purr
Schnürsenkel *m* shoelace
Schnürstiefel *m* laced boot
Schober <-s, -> ['ʃoːbɐ] *m* SÜDD, ÖSTERR (*Heuhaufen*) haystack
Schock <-[e]s, -s> [ʃɔk] *m* shock; **unter ~ stehen** to be in shock; **jdm einen ~ versetzen** to shock sb
schockieren* [ʃɔ'kiːrən] *tr V* to shock; **schockiert sein** to be shocked (**über** about)
Schöffe, Schöffin <-n, -n> ['ʃœfə, 'ʃœfɪn] *m, f* juror
Schokolade <-, -n> [ʃoko'laːdə] *f* chocolate
Scholle <-, -n> ['ʃɔlə] *f* ① ZOOL plaice ② (*Eisbrocken*) [ice] floe
schon [ʃoːn] **I.** *Adv* ① (*bereits*) already; **~ damals** even at that time; **~ lange** for a long time; **~ mal** ever; **~ oft** several times already ② (*allein*) **~ ...** ... alone; **~ aus dem Grunde** for that reason alone ③ (*irgendwann*) in the end; **es wird ~ noch klappen** it will work out in the end ④ (*durchaus*) well ⑤ (*gereizt*) **~ wieder** [once] again; **und wenn ~!** so what? **II.** *Part* ① (*auffordernd*) **gib ~ her!** come on, give it here!; **mach ~!** hurry up!; [**nun**] **sag ~!** go on, tell me! ② (*nur*) **wenn ich das ~ höre!** just hearing about it!
schön [ʃøːn] **I.** *Adj* ① beautiful ② (*angenehm*) good; **ich wünsche euch ~e Ferien** have a good holiday; **zu ~, um wahr zu sein** too good to be true ③ (*Einverständnis ausdrückend*) **ein ~es Stück Arbeit** quite a bit of work; [**das ist ja alles**] **~ und gut, aber ...** that's all very well, but ...; **na ~** all right then **II.** *Adv* ① well; **~ singen** to sing well ② (*ziemlich*) really; **das hat ganz ~ wehgetan!** that really hurt!
schonen ['ʃoːnən] **I.** *tr V* ① to take care of ② (*rücksichtsvoll behandeln*) **jdn ~** to spare sb **II.** *refl V* **sich ~** to take things easy
schonend **I.** *Adj* (*pfleglich*) careful **II.** *Adv* ① (*sorgfältig*) carefully ② (*rücksichtsvoll*) **jdm etw ~ beibringen** to break sth to sb gently
Schongang *m* ① AUTO, TECH (*Gang*) overdrive ② TECH (*Waschprogramm*) gentle action wash
Schönheit <-, -en> *f* beauty
Schönheitsfehler *m* blemish
Schonkost *f* special diet foods *pl*
schön|reden *tr V* **etw ~** to play sth down
Schönredner(in) *m(f)* (*pej*) apologist
Schonung <-> *f kein Pl* ① (*Entlastung*) care ② (*Schutz*) protection ③ (*Rücksichtnahme*) consideration ④ (*Verschonung*) mercy
schonungslos **I.** *Adj* merciless **II.** *Adv* mercilessly
Schopf <-[e]s, Schöpfe> [ʃɔpf, *Pl:* 'ʃœpfə] *m* shock of hair
schöpfen ['ʃœpfn̩] *tr V* ① to scoop (**aus** from) ② (*kreieren*) to create
Schöpfer(in) <-s, -> *m(f)* creator
schöpferisch ['ʃœpfərɪʃ] **I.** *Adj* creative **II.** *Adv* creatively
Schöpfung <-, -en> *f* creation
Schöpfungsgeschichte *f kein Pl* **die ~** the story of the Creation
Schöps <-es, -e> [ʃœps] *m* ÖSTERR (*Hammel*) mutton
Schorf <-[e]s, -e> [ʃɔrf] *m* scab
Schornstein ['ʃɔrnʃtain] *m* chimney
Schornsteinfeger(in) <-s, -> *m(f)* chimney sweep
schoss[RR], **schoß**[ALT] [ʃɔs] *Imp von* **schießen**
Schoß <-es, Schöße> [ʃɔs, *Pl:* 'ʃøːsə] *m* lap ▸ **im ~ der Familie** in the bosom of the family; **etw fällt jdm in den ~** sth falls into sb's lap

Schoßhund *m* lapdog

Schote <-, -n> ['ʃɔtə] *f* pod

Schotte, **Schottin** <-n, -n> ['ʃɔtə, 'ʃɔtɪn] *m, f* Scot, Scotsman/Scotswoman

Schottenrock *m* kilt

Schottin <-, -nen> *f s.* **Schotte**

schottisch ['ʃɔtɪʃ] *Adj* Scottish; *s. a.* **deutsch**

Schottland ['ʃɔtlant] *nt* Scotland

schraffieren* [ʃra'fi:rən] *tr V* to hatch

schräg [ʃrɛ:k] **I.** *Adj* sloping; (*Linien*) diagonal **II.** *Adv* askew, at a slant; **das Bild hängt ~** the picture is hanging askew ▸ **jdn ~ ansehen** to look askance at sb

Schräge <-, -n> ['ʃrɛ:gə] *f* slope

Schrägstrich *m* oblique

Schramme <-, -n> ['ʃramə] *f* ① (*Wunde*) graze ② (*Kratzer*) scratch

Schrank <-[e]s, Schränke> [ʃraŋk, *Pl:* 'ʃrɛŋkə] *m* cupboard

Schranke <-, -n> ['ʃraŋkə] *f* barrier; **jdn in seine ~n weisen** to put sb in their place

schrankenlos *Adj* unlimited

Schraube <-, -n> ['ʃraubə] *f* ① screw ② NAUT propeller ▸ **bei jdm ist eine ~ locker** (*fam*) sb has a screw loose

schrauben ['ʃraubn̩] *tr V* to screw (**auf** onto); **etw fester ~** to tighten sth

Schraubendreher <-s, -> *m s.* **Schraubenzieher** **Schraubenschlüssel** *m* spanner BRIT, wrench AM **Schraubenzieher** <-s, -> *m* screwdriver

Schrauber <-s, -> ['ʃraubɐ] *m* (*hum fam*) Saturday mechanic

SchraubverschlussRR *m* screw top

Schrebergarten ['ʃre:bɐ] *m* allotment

Schreck <-s> [ʃrɛk] *m kein Pl* fright; **einen ~ bekommen** to get a fright; **jdm einen ~ einjagen** to give sb a fright; **vor ~** with fright

schrecken ['ʃrɛkn̩] **I.** *tr V* <schreckte, geschreckt> *haben* to frighten **II.** *intr V* <schrak, geschrocken> *sein* to be startled (**aus** out of)

Schrecken <-s, -> ['ʃrɛkn̩] *m* fright; **~ erregend** terrifying; **mit dem ~ davonkommen** to escape with no more than a fright

Schreckgespenst *nt* bogey

schreckhaft *Adj* jumpy

schrecklich ['ʃrɛklɪç] **I.** *Adj* terrible **II.** *Adv* terribly

Schrei <-[e]s, -e> [ʃrai] *m* scream ▸ **der letzte ~** (*fam*) the latest style

Schreibblock <s, -blöcke> *m* writing pad

schreiben <schrieb, geschrieben> ['ʃraibn̩] **I.** *tr V* ① to write; **etwas zum Schreiben** something to write with ② (*buchstabieren*) to spell; **etw richtig/falsch ~** to spell sth right/wrongly **II.** *refl V* (*geschrieben werden*) **sich ~** to be spelt; **wie schreibt sich das Wort?** how do you spell that word?

Schreiben <-s, -> ['ʃraibn̩] *nt* ① *kein Pl* (*Tätigkeit*) **das ~** writing ② (*Schriftstück*) letter

Schreibkraft *f* typist **Schreibmaschine** *f* typewriter; **etw auf der ~ schreiben** to type sth [up] **Schreibtisch** *m* desk

Schreibung <-, -en> *f* spelling

Schreibwarenhandlung *f* stationer's

schreien <schrie, geschrie[e]n> ['ʃraiən] *intr V* ① to shout (**nach** for) ② *Tier* to cry ③ (*heftig verlangen*) **nach jdm/etw ~** to cry out for sb/sth

Schreihals *m* (*fam*) bawler

Schrein <-[e]s, -e> [ʃrain] *m* (*geh*) shrine

Schreiner(in) <-s, -> ['ʃrainɐ] *m(f)* carpenter

Schreinerei <-, -en> [ʃrainə'rai] *f* carpenter's workshop

schreiten <schritt, geschritten> ['ʃraitn̩] *intr V sein* ① to stride ② **zur Tat ~** to get down to action

Schrift <-, -en> [ʃrɪft] *f* ① (*Handschrift*) writing ② (*Schriftsystem*) script ③ TYPO (*Druckschrift*) type; (*Computer*) font ④ (*Abhandlung*) paper; **die Heilige ~** the [Holy] Scriptures *pl*

Schriftart *f* type[face] **Schriftdeutsch** *nt* standard German

schriftlich ['ʃrɪftlɪç] **I.** *Adj* written; **etwas Schriftliches** something in writing **II.** *Adv* in writing

Schriftsatz *m* JUR legal document **Schriftsetzer(in)** *m(f)* typesetter **Schriftsprache** *f* standard language **Schriftsteller(in)** <-s, -> ['ʃrɪftʃtɛlɐ] *m(f)* author **Schriftverkehr** *m* (*geh*) correspondence

schrill [ʃrɪl] **I.** *Adj* shrill **II.** *Adv* shrilly

schritt [ʃrɪt] *Imp von* **schreiten**

Schritt <-[e]s, -e> [ʃrɪt] *m* step; **auf ~**

S

und Tritt every move one makes; **~e machen** to take steps; [**mit jdm/etw**] **~ halten** to keep up [with sb/sth]; **~ für ~** step by step; **mit großen/kleinen ~en** in big strides/small steps

Schrittempo^ALT *nt s.* **Schritttempo**

Schrittgeschwindigkeit *f* walking speed **Schrittmacher** <-s, -> *m* pacemaker **Schritttempo**^RR *nt* **im ~ fahren** to drive at walking speed

schrittweise **I.** *Adj* gradual **II.** *Adv* gradually

schroff [ʃrɔf] **I.** *Adj* curt **II.** *Adv* curtly

Schrot <-[e]s, -e> [ʃroːt] *m o nt* ① *kein Pl* AGR coarsely ground wholemeal ② JAGD shot

Schrotflinte *f* shotgun

Schrott <-[e]s> [ʃrɔt] *m kein Pl* scrap metal

Schrotthändler(in) *m(f)* scrap dealer **Schrottplatz** *m* scrapyard **schrottreif** *Adj* fit for the scrap heap

schrubben [ˈʃrʊbn̩] *tr, intr V* to scrub

Schrubber <-s, -> [ˈʃrʊbɐ] *m* scrubbing brush

schrullig [ˈʃrʊlɪç] *Adj* (*fam*) quirky

schrumpfen [ˈʃrʊmpfn̩] *intr V sein* to shrink

Schubkarre *f*, **Schubkarren** *m* wheelbarrow

Schubkraft *f* thrust

Schublade <-, -n> [ˈʃuːplaːdə] *f* drawer

Schubs <-es, -e> [ʃʊps] *m* (*fam*) shove

schubsen [ˈʃʊpsn̩] *tr V* (*fam*) to shove

schüchtern [ˈʃʏçtɐn] *Adj* shy

Schüchternheit <-> *f kein Pl* shyness

Schuft <-[e]s, -e> [ʃʊft] *m* villain

schuften [ˈʃʊftn̩] *intr V* (*fam*) to slave away

Schufterei <-, -en> [ʃʊftəˈrai] *f* (*fam*) drudgery

Schuh <-[e]s, -e> [ʃuː] *m* shoe ▶ **wo drückt der ~?** what's bothering you?; **jdm etw in die ~e schieben** to put the blame for sth on sb

Schuhcreme *f* shoe polish **Schuhgeschäft** *nt* shoe shop **Schuhgröße** *f* shoe size **Schuhmacher(in)** <-s, -> [ˈʃuːmaxɐ] *m(f)* shoemaker **Schuhputzzeug** <-[e]s, -e> *nt meist Sing* shoe cleaning kit **Schuhsohle** *f* sole

Schukostecker® [ˈʃuːkoʃtɛkɐ] *m* safety plug

Schularbeit *f* SCHULE ① *meist Pl* (*Hausaufgaben*) homework *no pl* ② ÖSTERR (*Klassenarbeit*) [class] test **Schulaufgabe** *f* ① *Pl s.* **Schularbeit 1.** ② ÖSTERR *s.* **Schularbeit 2.** **Schulausflug** *m* school trip **Schulbildung** *f kein Pl* school education **Schulbuch** *nt* school book **Schulbus** *m* school bus

schuld [ʃʊlt] *Adj* **~ sein** to be to blame (**an** for)

Schuld <-> [ʃʊlt] *f kein Pl* ① (*Verschulden*) blame (**an** for); **jdm die ~** [**an etw** *Dat*] **geben** to blame sb [for sth]; **es ist jds ~, dass/wenn ...** it is sb's fault that/when ...; **die ~ auf sich** *Akk* **nehmen** to take the blame; **jdn trifft keine ~** sb is not to blame; **durch jds ~** due to sb's fault ② (*verschuldete Missetat*) guilt ③ *meist Pl* FIN debt; **~en machen** to go into debt

schuldbewusst^RR **I.** *Adj* guilt-ridden **II.** *Adv* guiltily

schulden [ˈʃʊldn̩] *tr V* **jdm etw ~** to owe sb sth

schuldenfrei *Adj* free of debt **Schuldenklemme** *f* debt crisis

Schuldenkrise *f* (*Staatschuldenkrise*) sovereign debt crisis **Schuldenlast** *f* JUR indebtedness; (*von Immobilien*) encumbrance

Schuldgefühl *nt* feeling of guilt

schuldig [ˈʃʊldɪç] *Adj* ① JUR guilty; **einer S.** *Gen* **~ sein** to be guilty of sth; **sich ~ bekennen** to plead guilty ② (*Schulden haben*) **jdm etw ~ sein** to owe sb sth

Schuldige(r) *f(m) dekl wie Adj* guilty person

schuldig|sprechen *tr V unreg* to find guilty

schuldlos **I.** *Adj* blameless **II.** *Adv* blamelessly

Schuldner(in) <-s, -> [ˈʃʊldnɐ] *m(f)* debtor

Schule <-, -n> [ˈʃuːlə] *f* school; **in die ~ gehen** to go to school; **in die ~ kommen** to start school; **in der ~** at school ▶ **~ machen** to catch on

schulen [ˈʃuːlən] *tr V* to train

Schüler(in) <-s, -> [ˈʃyːlɐ] *m(f)* pupil

Schüleraustausch *m* school exchange **Schülerausweis** *m* school identity card

Schulfach *nt* subject **Schulferien** *Pl* school holidays BRIT, summer vacation AM **schulfrei** *Adj* **~ haben** not to have school **Schulfreund(in)** *m(f)* school friend **Schulgeld** *nt* school fees *pl* **Schulheft** *nt* exercise book **Schulhof** *m* school playground **Schuljahr** *nt* school year **Schulkenntnisse** *Pl* SCHULE school knowledge *no pl* **Schulkind** *nt* schoolchild **Schulklasse** *f* class **Schulleiter(in)** *m(f)* headmaster *masc,* headmistress *fem* BRIT, principal AM **Schulmedizin** *f* orthodox medicine **Schulpflicht** *f kein Pl* compulsory school attendance **schulpflichtig** *Adj* **~ sein** to be required to attend school **Schulschluss**[RR] *m kein Pl* end of school **Schulschwänzer(in)** ['ʃu:lʃvɛntsɐ] *m(f)* SCHULE *(fam)* pupil who bunks off [*or* AM skips] school *fam* **Schulsprecher(in)** *m(f)* head boy *masc,* head girl *fem* BRIT

Schulter <-, -n> ['ʃʊltɐ] *f* shoulder; **mit hängenden ~n** with a slouch; **mit den ~n zucken** to shrug one's shoulders ▸ **jd zeigt jdm die kalte ~** sb gives sb the cold shoulder; **jd nimmt etw auf die leichte ~** sb takes sth very lightly

Schulterblatt *nt* shoulder blade **Schultergelenk** *nt* shoulder joint **schulterlang** *Adj* shoulder-length

Schulung <-, -en> *f* training

Schulunterricht *m kein Pl* school lessons **Schulverweis** *m* SCHULE exclusion; *(befristet)* suspension **Schulwanderung** *f* school hike **Schulweg** *m* way to school **Schulwesen** *nt kein Pl* school system **Schulzeit** *f kein Pl* schooldays *pl* **Schulzeugnis** *nt* school report BRIT, report card AM

schummeln ['ʃʊml̩n] *intr V (fam)* to cheat

schummerig ['ʃʊmərɪç], **schummrig** ['ʃʊmrɪç] *Adj* ❶ *(schwaches Licht gebend)* weak ❷ *(schwach beleuchtet)* dim

Schund <-[e]s> [ʃʊnt] *m kein Pl (pej)* trash

Schundroman *m* trashy novel

schunkeln ['ʃʊnkl̩n] *intr V* to sway rhythmically with linked arms

Schuppe <-, -n> ['ʃʊpə] *f* ❶ ZOOL scale ❷ *Pl* MED dandruff *no pl* ▸ **jdm fällt es wie ~n von den Augen** the scales fall from sb's eyes

schuppen ['ʃʊpn̩] *refl V* **sich ~** *Haut* to peel

Schuppen <-s, -> ['ʃʊpn̩] *m* shed

Schuppenflechte *f* psoriasis **Schuppentier** *nt* scaly anteater

schuppig ['ʃʊpɪç] *Adj* scaly; **~e Haare haben** to have dandruff

schüren ['ʃy:rən] *tr V* ❶ to poke ❷ *(fig: erregen)* to stir up

schürfen ['ʃʏrfn̩] **I.** *intr V* ❶ *(graben)* to dig (**nach** for) ❷ *(schleifen)* to scrape **II.** *tr V* to mine **III.** *refl V* to graze

Schürfwunde *f* graze

Schurke <-n, -n> ['ʃʊrkə] *m* scoundrel

Schurkenstaat *m* POL *(pej sl)* rogue state

Schurwolle *f* virgin wool

Schürze <-, -n> ['ʃʏrtsə] *f* apron

Schürzenjäger *m* philanderer

Schuss[RR] *m,* **Schuß**[ALT] <-sses, Schüsse> [ʃʊs, *Pl:* 'ʃʏsə] *m* shot ▸ **ein ~ in den Ofen** *(sl)* a dead loss; **weit vom ~ sein** *(fam)* to be miles away; **in ~** in top shape; **mit ~** with a shot *(of alcohol)*

Schüssel <-, -n> ['ʃʏsl̩] *f* bowl

Schussfahrt[RR] *f* SKI schuss **schusssicher**[RR] *Adj* bulletproof **Schusswaffe**[RR] *f* firearm[s *pl*] **Schusswechsel**[RR] *m* exchange of fire **Schusswunde**[RR] *f* gunshot wound

Schuster(in) <-s, -> ['ʃu:stɐ] *m(f)* shoemaker

Schutt <-[e]s> [ʃʊt] *m kein Pl* rubble ▸ **etw in ~ und Asche legen** to reduce sth to rubble; **in ~ und Asche liegen** to be in ruins

Schuttabladeplatz *m* [rubbish [*or* AM garbage]] dump [*or* BRIT tip]

Schüttelfrost *m* shivering fit

schütteln ['ʃʏtl̩n] **I.** *tr V* to shake **II.** *refl V* **sich vor Kälte ~** to shake with [the] cold **III.** *intr V unpers* **es schüttelt jdn** sb shudders

schütten ['ʃʏtn̩] **I.** *tr V* ❶ *(kippen)* to tip ❷ *(gießen)* to pour **II.** *intr V* **es schüttet** *unpers (fam)* it's pouring [down]

Schutz <-es, -e> [ʃʊts] *m kein Pl* protection (**vor** from, **gegen** against); **~ suchen** to seek refuge; **im ~ der Dunkelheit** under cover of darkness; **zu jds ~** for sb's own protection; **~ bieten** to offer protection; **jdn in ~ nehmen** to protect sb

Schutzanzug *m* protective clothes *pl*

schutzbedürftig *Adj* in need of protec-

S

tion *pred* **Schutzblech** *nt* mudguard **Schutzbrille** *f* protective goggles *pl*

Schütze, Schützin <-n, -n> ['ʃʏtsə, 'ʃʏtsɪn] *m, f* ① marksman *masc,* markswoman *fem* ② *kein Pl* ASTROL Sagittarius

schützen ['ʃʏtsn̩] **I.** *tr V* to protect (**vor** against/from); **Gott schütze dich!** may the Lord protect you!; **gesetzlich geschützt** registered [as a trade mark]; **urheberrechtlich geschützt** protected by copyright **II.** *intr V* [**vor etw** *Dat*] ~ to give protection [from sth]

schützend *Adj* protective

Schutzengel *m* guardian angel **Schutzfilm** *m* protective coat **Schutzgebühr** *f* token charge **Schutzgelderpressung** *f* JUR extortion [*or* protection] racket **Schutzhandschuh** *m* protective glove **Schutzhelm** *m* hard hat **Schutzimpfung** *f* vaccination

Schützin <-, -nen> *f s.* **Schütze**

Schützling <-s, -e> ['ʃʏtslɪŋ] *m* charge

schutzlos I. *Adj* defenceless **II.** *Adv* **jdm ~ ausgeliefert sein** to be at the mercy of sb

Schutzmarke *f* trademark **Schutzmaske** *f* protective mask **Schutzmaßnahme** *f* precaution **Schutzmechanismus** *m* protective mechanism **Schutzpatron(in)** <-s, -e> *m(f)* patron saint **Schutzumschlag** *m* dust jacket **Schutzvorrichtung** *f* safety device **Schutzweg** *m* TRANSP ÖSTERR pedestrian crossing **Schutzweste** *f* bulletproof vest

schwabbelig ['ʃvabəlɪç] *Adj* (*fam*) flabby

Schwabe, Schwäbin <-n, -n> ['ʃva:bə, 'ʃvɛ:bɪn] *m, f* Swabian

S

schwäbisch ['ʃvɛ:bɪʃ] *Adj* Swabian

schwach <schwächer, schwächste> [ʃvax] **I.** *Adj* ① weak ② *Sportler, Schüler* poor ③ (*leicht*) faint ▶ ~ **werden** (*kraftlos werden*) to grow weak; (*fam: schwankend werden*) to weaken; (*nachgeben*) to give in; **bei jdm/etw ~ werden** (*fam*) to be unable to refuse sb/sth **II.** *Adv* ① (*leicht*) faintly ② (*dürftig*) feebly; **die Mannschaft spielte ~** the team put up a feeble performance

Schwäche <-, -n> ['ʃvɛçə] *f* (*Kraftlosigkeit, Verführbarkeit*) weakness; **jds ~ ausnutzen** to exploit sb's vulnerability

Schwächeanfall *m* sudden feeling of faintness

schwächen ['ʃvɛçn̩] **I.** *tr V* to weaken; **geschwächt** weakened **II.** *intr V* to have a weakening effect

Schwachkopf *m* (*fam*) idiot

schwächlich ['ʃvɛçlɪç] *Adj* weakly

Schwächling <-s, -e> ['ʃvɛçlɪŋ] *m* weakling

schwach|machen *tr V* (*fam*) **mach mich nicht schwach!** come off it! *fam*

Schwachsinn *m kein Pl* (*fam*) rubbish *no art* BRIT, garbage AM; **so ein ~!** what a load of rubbish!

schwachsinnig *Adj* (*fam*) idiotic

Schwachstelle *f* weak spot

Schwachstrom *m* weak current

schwafeln ['ʃva:fl̩n] *intr V* (*pej fam*) to talk drivel

Schwager, Schwägerin <-s, Schwäger> ['ʃva:gɐ, 'ʃvɛ:gərɪn, *Pl:* 'ʃvɛ:gɐ] *m, f* brother-in-law *masc,* sister-in-law *fem*

Schwalbe <-, -n> ['ʃvalbə] *f* swallow

Schwall <-[e]s, -e> [ʃval] *m* ① (*Guss*) gush ② (*Flut*) torrent

schwamm [ʃvam] *Imp von* **schwimmen**

Schwamm <-[e]s, Schwämme> [ʃvam, *Pl:* 'ʃvɛmə] *m* ① sponge ② SÜDD (*Pilz*) mushroom ▶ ~ **drüber!** let's forget it!

schwammig ['ʃvamɪç] **I.** *Adj* ① spongy ② (*vage*) vague **II.** *Adv* vaguely

Schwan <-[e]s, Schwäne> [ʃva:n, *Pl:* 'ʃvɛ:nə] *m* swan

schwanen ['ʃva:nən] *intr V* **mir schwant, dass ...** I have a feeling that ...

schwanger ['ʃvaŋɐ] *Adj* pregnant; **sie ist im sechsten Monat ~** she's six months pregnant

Schwangere *f dekl wie Adj* pregnant woman

Schwangerschaft <-, -en> *f* pregnancy

Schwangerschaftsabbruch *m* abortion **Schwangerschaftsgymnastik** *f* MED antenatal exercises **Schwangerschaftstest** *m* pregnancy test

Schwank <-[e]s, Schwänke> [ʃvaŋk, *Pl:* 'ʃvɛŋkə] *m* ① THEAT farce ② (*Begebenheit*) amusing story

schwanken ['ʃvaŋkn̩] *intr V* ① *sein* (*wanken*) to stagger ② *haben* (*nicht stabil sein*) to fluctuate ③ *haben* (*unent-

schlossen sein) to be undecided; **zwischen zwei Dingen ~** to be torn between two things

schwankend *Adj Kurs, Preis* fluctuating

Schwankung <-, -en> *f* fluctuation

Schwanz <-es, Schwänze> [ʃvants, *Pl:* ˈʃvɛntsə] *m* ❶ tail ❷ (*sl: Penis*) cock ▶ **den ~ einziehen** (*fam*) to climb down

schwänzen [ˈʃvɛntsn̩] *tr, intr V* (*fam*) to skive off BRIT, to play hooky AM

Schwarm[1] <-[e]s, Schwärme> [ʃvarm, *Pl:* ˈʃvɛrmə] *m* swarm; *Fische* shoal

Schwarm[2] <-[e]s> [ʃvarm] *m* (*fam: verehrter Mensch*) heart-throb

schwärmen[1] [ˈʃvɛrmən] *intr V sein* to swarm

schwärmen[2] [ˈʃvɛrmən] *intr V haben* **für jdn ~** to be mad about sb; **für etw ~** to have a passion for sth

Schwärmerei <-, -en> [ʃvɛrməˈrai] *f* passion

Schwarte <-, -n> [ˈʃvartə, ˈʃvaːɐ̯tə] *f* ❶ KOCHK rind ❷ (*pej fam: Buch*) thick old book

schwarz <schwärzer, schwärzeste> [ʃvarts] **I.** *Adj* ❶ black ❷ *attr* (*fam: illegal*) illicit ▶ **~ auf weiß** in black and white; **sich ~ ärgern** (*fam*) to be hopping mad **II.** *Adv* ❶ black ❷ (*fam: illegal*) illicitly

Schwarz <-[es]> [ʃvarts] *nt kein Pl* black

Schwarzarbeit *f kein Pl* illicit work **schwarz|arbeiten** *intr V* to do illicit work **Schwarzarbeiter(in)** *m(f)* person doing illicit work **Schwarzbrot** *nt* brown bread

Schwarze(r) *f(m) dekl wie Adj* ❶ (*Mensch*) black [person] ❷ POL (*pej fam: Christdemokrat*) [German] Christian Democrat

schwärzen [ˈʃvɛrtsn̩] *tr V* to blacken

schwarz|fahren *intr V unreg sein* to dodge paying one's fare **Schwarzgeld** <-[e]s, -er> *nt* (*fam*) illegal earnings *pl* **schwarzhaarig** *Adj* black-haired **Schwarzhandel** *m kein Pl* black market (**mit** for) **Schwarzmarkt** *m* black market **Schwarzmarktpreis** *m* ÖKON black market price **schwarz|sehen** *intr V unreg* ❶ (*pessimistisch sein*) to be pessimistic; **für etw ~** to be pessimistic about sth ❷ (*Fernsehgebühren prellen*) to watch television without a licence **Schwarzwald** [ˈʃvartsvalt] *m* **der ~** the Black Forest

Schwarz-Weiß-Fernseher *m* black-and-white television **Schwarz-Weiß-Film** *m* FILM, FOTO black-and-white film **Schwarz-Weiß-Foto** *nt* black and white photo

Schwarzwild *nt* JAGD wild boars *pl* **Schwarzwurzel** *f* KOCHK black salsify

schwatzen [ˈʃvatsn̩], **schwätzen** [ˈʃvɛtsn̩] *intr V* SÜDD to chat

schwatzhaft *Adj* (*pej*) talkative

Schwebe <-> [ˈʃveːbə] *f kein Pl* **in der ~ sein** to be in the balance; **etw in der ~ lassen** to leave sth undecided

Schwebebahn *f* ❶ (*an Schienen*) overhead railway ❷ (*Seilbahn*) cable car **Schwebebalken** *m* [balance] beam

schweben [ˈʃveːbn̩] *intr V haben* to float; *Vogel* to hover

Schwede, Schwedin <-n, -n> [ˈʃveːdə, ˈʃveːdɪn] *m, f* Swede

Schweden <-s> [ˈʃveːdn̩] *nt* Sweden

Schwedin <-, -nen> *f s.* **Schwede**

schwedisch [ˈʃveːdɪʃ] *Adj* Swedish; *s. a.* **deutsch** ▶ **hinter ~en Gardinen sitzen** (*fam*) to be behind bars

Schwedisch [ˈʃveːdɪʃ] *nt dekl wie Adj* Swedish; *s. a.* **Deutsch 1**

Schwefel <-s> [ˈʃveːfl̩] *m kein Pl* sulphur ▶ **wie Pech und ~ sein** to be inseparable

Schwefeldioxid *nt* sulphur dioxide

schwefelhaltig *Adj* sulphur[e]ous

schweifen [ˈʃvaifn̩] *intr V sein* to roam; **seine Blicke ~ lassen** to let one's gaze wander

Schweigegeld *nt* hush money

Schweigeminute *f* minute's silence; **eine ~ einlegen** to hold a minute's silence

schweigen <schwieg, geschwiegen> [ˈʃvaign̩] *intr V* to keep quiet ▶ **ganz zu ~ von etw** quite apart from sth

Schweigen <-s> [ˈʃvaign̩] *nt kein Pl* silence; **das ~ brechen** to break the silence; **jdn zum ~ bringen** to silence sb

Schweigepflicht *f* **der ~ unterliegen** to be bound to maintain confidentiality

schweigsam [ˈʃvaikzaːm] *Adj* taciturn

Schweigsamkeit <-> *f kein Pl* quietness

Schwein <-s, -e> [ʃvain] *nt* ❶ pig

S

❷ *kein Pl* KOCHK pork ❸ (*pej fam: gemeiner Kerl*) bastard ❹ (*fam: bedauernswerter Mensch*) **[ein] armes ~** [a] poor devil ▶ **[großes] ~ haben** (*fam*) to be lucky; **kein ~** (*fam*) nobody

Schweinebraten *m* joint of pork **Schweinefleisch** *nt* pork **Schweinehund** *m* (*sl*) bastard ▶ **seinen inneren ~ überwinden** (*fam*) to overcome one's weaker self **Schweinekotelett** *nt* pork chop

Schweinerei <-, -en> [ʃvainəˈrai] *f* (*fam*) ❶ (*Verschmutzung*) mess ❷ (*Gemeinheit*) mean trick ❸ (*Skandal*) scandal

Schweineschmalz *nt* lard, dripping **Schweinestall** *m* [pig]sty **Schweinsleder** *nt* pigskin

Schweiß <-es> [ʃvais] *m kein Pl* sweat ▶ **im ~e seines Angesichts** (*geh*) in the sweat of one's brow

Schweißausbruch *m* sweating

schweißen [ˈʃvaisn̩] *tr, intr V* to weld

Schweißfuß *m meist Pl* sweaty foot **schweißgebadet** *Adj* bathed in sweat *pred* **Schweißstelle** *f* TECH weld, welding **schweißtreibend** *Adj* MED sudorific; (*fig, hum*) arduous **Schweißtropfen** *m* bead of sweat

Schweiz <-> [ʃvaits] *f* Switzerland; **die französische/italienische ~** French-speaking/Italian-speaking Switzerland

Schweizer [ˈʃvaitsɐ] *Adj attr* Swiss

Schweizer(in) <-s, -> [ˈʃvaitsɐ] *m(f)* Swiss

Schweizerdeutsch <-[s]> [ˈʃvaitsɐdɔytʃ] *nt dekl wie Adj* LING Swiss German; *s. a.* **Deutsch**

S

schweizerisch [ˈʃvaitsərɪʃ] *Adj* Swiss

Schwelbrand *m* smouldering fire

schwelgen [ˈʃvɛlgn̩] *intr V* (*geh*) **in etw** *Dat* **~** to over-indulge in sth; **in Erinnerungen ~** to wallow in memories

Schwelle <-, -n> [ˈʃvɛlə] *f* threshold ▶ **auf der ~ zu etw stehen** to be on the verge of sth

schwellen <schwoll, geschwollen> [ˈʃvɛlən] *intr V sein* to swell

Schwellenland *nt* POL threshold country, emerging country

Schwellung <-, -en> *f* swelling

Schwemme <-, -n> [ˈʃvɛmə] *f* glut

schwemmen [ˈʃvɛmən] *tr V* **an Land ~** to wash ashore

Schwengel <-s, -> [ˈʃvɛŋl̩] *m* (*Klöppel*) clapper

schwenken [ˈʃvɛŋkn̩] *tr V haben* ❶ (*wedeln*) to wave ❷ (*die Richtung verändern*) to swivel

schwer <schwerer, schwerste> [ʃveːɐ̯] **I.** *Adj* ❶ heavy; **20 kg ~ sein** to weigh 20 kg ❷ (*beträchtlich*) serious ❸ (*hart, schwierig*) hard **II.** *Adv* ❶ heavily; **~ bepackt sein** to be heavily laden ❷ (*hart*) hard; **es ~ haben** to have it hard; **jdm ~ zu schaffen machen** to give sb a hard time ❸ (*schwierig*) difficult; **ein ~ erziehbares Kind** a problem child; **~ verdaulich** indigestible; **~ verständlich** hard to understand *pred;* **jdm das Leben ~ machen** to make life difficult for sb ❹ (*ernstlich*) seriously; **~ behindert** severely handicapped; **~ verunglückt sein** to have had a bad accident

Schwerarbeit *f kein Pl* heavy work **Schwerbehinderte(r)** *f(m) dekl wie Adj* severely disabled person

schwerelos *Adj* weightless

schwer|fallen *intr V unreg* **etw fällt jdm schwer** sth is difficult for sb [to do]

schwerfällig <-er, -ste> **I.** *Adj* awkward **II.** *Adv* awkwardly

Schwerfälligkeit <-> *f kein Pl* ❶ (*körperlich*) heaviness ❷ (*geistig*) dullness ❸ (*Ungeschicktheit*) clumsiness

Schwergewicht *nt* SPORT heavyweight **schwerhörig** *Adj* hard of hearing *pred* **Schwerkraft** *f kein Pl* gravity **Schwerkranke(r)** *f(m) dekl wie Adj* MED seriously ill person

schwerlich *Adv* hardly

Schwermetall *nt* heavy metal

Schwermut <-> *f kein Pl* melancholy

schwermütig <-er, -ste> [ˈʃveːɐ̯myːtɪç] *Adj* melancholy

schwer|nehmen *tr V unreg* **etw ~** to take sth hard

Schwerpunkt *m* main emphasis; **auf etw** *Akk* **den ~ legen** to put the main emphasis on sth

Schwert <-[e]s, -er> [ʃveːɐ̯t] *nt* sword

Schwertfisch *m* swordfish **Schwertlilie** *f* iris

schwer|tun *refl V unreg* **sich mit etw ~** to have trouble with sth

Schwerverbrecher(in) *m(f)* serious offender **Schwerverletzte(r)** *f(m) dekl wie Adj* MED seriously injured person **Schwerverwundete(r)** *f(m) dekl wie Adj* MIL seriously wounded person

schwerwiegend *Adj* serious

Schwester <-, -n> ['ʃvɛstɐ] *f* ① sister ② (*Krankenschwester*) nurse ③ (*Nonne*) nun

Schwesterfirma *f* sister [*or* associate] company

Schwesternhelferin *f* nursing auxiliary BRIT

Schwiegereltern ['ʃviːgɐ-] *Pl* parents-in-law **Schwiegermutter** *f* mother-in-law **Schwiegersohn** *m* son-in-law **Schwiegertochter** *f* daughter-in-law **Schwiegervater** *m* father-in-law

Schwiele <-, -n> ['ʃviːlə] *f* callus

schwiemelig ['ʃviːməlɪç] *Adj* (*fam*) nasty

schwierig ['ʃviːrɪç] *Adj* difficult

Schwierigkeit <-, -en> *f* ① *kein Pl* difficulty ② *Pl* (*Probleme*) problems; **jdn in ~en bringen** to get sb into trouble; **in ~en geraten** to get into trouble; [**jdm**] **~en machen** to give sb trouble; **ohne ~en** without any difficulty

Schwimmbad *nt* swimming-pool, swimming bath[s *pl*] BRIT

Schwimmbecken *nt* [swimming] pool

schwimmen <schwamm, geschwommen> ['ʃvɪmən] *intr V* ① *sein* to swim; **~ gehen** to go swimming ② *haben Gegenstand* to float ▶ **mit/gegen den Strom** ~ to swim with/against the current

Schwimmer(in) <-s, -> ['ʃvɪmɐ] *m(f)* swimmer

Schwimmflosse *f* flipper **Schwimmlehrer(in)** *m(f)* swimming instructor **Schwimmvogel** *m* ORN waterfowl **Schwimmweste** *f* life jacket

Schwindel <-s> ['ʃvɪndl̩] *m kein Pl* ① swindle ② MED dizziness

Schwindelanfall *m* attack of dizziness **schwindelfrei** *Adj* **~ sein** to have a head for heights

schwindelig ['ʃvɪndəlɪç] *Adj präd* dizzy, giddy

schwindeln ['ʃvɪndl̩n] *intr V* ① to lie ② **jdm schwindelt** [**es**] sb feels dizzy; **in ~der Höhe** at a dizzy height

schwinden <schwand, geschwunden> ['ʃvɪndn̩] *intr V sein* ① (*abnehmen*) to dwindle ② (*vergehen*) to fade away

Schwindler(in) <-s, -> ['ʃvɪndlɐ] *m(f)* ① (*Betrüger*) swindler ② (*Lügner*) liar

schwindlig ['ʃvɪndlɪç] *Adj präd s.* **schwindelig**

Schwindsucht *f* consumption

schwindsüchtig *Adj* consumptive

schwingen <schwang, geschwungen> ['ʃvɪŋən] **I.** *tr V haben* to swing; *Fahne* to wave **II.** *intr V haben o sein* ① (*vibrieren*) to vibrate; **etw zum Schwingen bringen** to make sth vibrate ② (*pendeln*) to swing **III.** *refl V haben* **sich auf/in etw** *Akk* ~ to jump onto/into sth; **sich aufs Fahrrad** ~ to hop on one's bike

Schwingung <-, -en> *f* oscillation; [**etw**] **in ~ versetzen** to set [sth] swinging

Schwips <-es, -e> [ʃvɪps] *m* (*fam*) tipsiness *no indef art, no pl;* **einen ~ haben** to be tipsy

schwirren ['ʃvɪrən] *intr V sein* to buzz

Schwitzbad *nt* sweating bath

schwitzen ['ʃvɪtsn̩] *intr V* to sweat ▶ **Blut und Wasser** ~ to sweat blood

schwören <schwor, geschworen> ['ʃvøːrən] **I.** *intr V* to swear **II.** *tr V* **jdm etw** ~ to swear sth to sb

schwul [ʃvuːl] *Adj* (*fam*) gay

schwül [ʃvyːl] *Adj* sultry

Schwüle <-> ['ʃvyːlə] *f kein Pl* sultriness

Schwule(r) *m dekl wie Adj* (*fam*) gay [person]

schwülstig ['ʃvʏlstɪç] *Adj* (*pej*) bombastic

Schwung <-[e]s, Schwünge> [ʃvʊŋ, *Pl:* 'ʃvʏŋə] *m* ① swing; **~ holen** to build up momentum ② *kein Pl* (*Antriebskraft*) drive; **in ~ kommen** (*fam*) to get going; [**richtig**] **in ~ sein** (*fam*) to be in full swing

schwungvoll *Adj* lively

Schwur <-[e]s, Schwüre> [ʃvuːɐ̯] *m* vow; **einen ~ leisten** to take a vow

Schwurgericht *nt* court with a jury

sechs [zɛks] *Adj* six; *s. a.* **acht**[1]

Sechs <-, -en> [zɛks] *f* ① (*Zahl*) six ② SCHULE (*schlechteste Zensur*) bottom mark [*or* AM grade] ③ SCHWEIZ (*beste Zensur*) top mark [*or* AM grade]

S

Sechseck *nt* hexagon **sechshundert** ['zɛks'hʊndɐt] *Adj* six hundred
sechsjährig, 6-jährigRR ['zɛksjɛːrɪç] *Adj* ① (*Alter*) six-year-old *attr,* six years old *pred* ② (*Zeitspanne*) six-year *attr*
sechstausend ['zɛks'tauzn̩t] *Adj* six thousand
sechste(r, s) ['zɛkstə, 'zɛkstɐ, 'zɛkstəs] *Adj* sixth; *s. a.* **achte(r, s)**
sechstel ['zɛkstl̩] *Adj* sixth
Sechstel <-s, -> ['zɛkstl̩] *nt* sixth
sechstens ['zɛkstn̩s] *Adv* sixthly
sechzehn ['zɛçtseːn] *Adj* sixteen; *s. a.* **acht**[1]
sechzehnte(r, s) *Adj* sixteenth; *s. a.* **achte(r, s)**
sechzig ['zɛçtsɪç] *Adj* sixty; *s. a.* **achtzig**
Sechziger *Pl* **die** ~ the sixties [*or* 60s]
sechzigste(r, s) *Adj* sixtieth; *s. a.* **achte(r, s)**
Secondhandladen [zɛkn̩t'hɛnt-] *m* second-hand shop
sedieren* [ze'diːrən] *tr V* MED, PHARM **jdn** ~ to sedate sb
See[1] <-s, -n> [zeː] *m* lake
See[2] <-, -n> [zeː] *f* sea; **an der** ~ by the sea; **auf** ~ at sea; **auf hoher** ~ on the high seas; **in** ~ **stechen** to put to sea
Seeadler *m* sea eagle **Seefahrer** *m* seafarer **Seefahrt** *f kein Pl* seafaring *no art* **Seefisch** *m* saltwater fish **Seehandel** *m* maritime trade **Seehund** *m* common seal **Seeigel** *m* sea urchin **Seekarte** *f* sea chart **seekrank** *Adj* seasick **Seelachs** *m* coalfish
Seele <-, -n> ['zeːlə] *f* soul; **mit Leib und** ~ wholeheartedly; **aus tiefster** ~ from the bottom of one's heart; **jdm tut etw in der** ~ **weh** sth breaks sb's heart ▸ **ein Herz und eine** ~ **sein** to be inseparable; **sich** *Dat* **etw von der** ~ **reden** to get sth off one's chest; **jdm aus der** ~ **sprechen** to say exactly what sb is thinking
seelenruhig ['zeːlən'ruːɪç] *Adv* calmly
Seeleute *Pl von* **Seemann**
seelisch ['zeːlɪʃ] **I.** *Adj* psychological; ~**es Gleichgewicht** mental balance **II.** *Adv* ~ **bedingt sein** to have psychological causes
Seelöwe, Seelöwin <-n, -n> *m, f* sea lion
Seelsorge *f kein Pl* spiritual welfare
Seelsorger(in) <-s, -> ['zeːlzɔrgɐ] *m(f)* pastor
Seeluft *f kein Pl* sea air **Seemacht** *f* naval power **Seemann** <-leute> ['zeːman, *Pl:* -lɔytə] *m* sailor **Seemeile** *f* nautical mile **Seenot** *f kein Pl* distress [at sea] **Seenotruf** *m* nautical distress signal **Seepferd[chen]** *nt* sea horse **Seeräuber(in)** *m(f)* pirate **Seereise** *f* voyage; (*Kreuzfahrt*) cruise **Seerose** *f* BOT water lily **Seestern** *m* starfish **Seetang** *m* seaweed **Seeteufel** *m* monkfish **seetüchtig** *Adj* seaworthy **Seeufer** *nt* lakeside **Seevogel** *m* seabird **Seewarte** *f* naval [*or* marine] observatory **Seeweg** *m* sea route; **auf dem** ~ by sea **Seezunge** *f* sole
Segel <-s, -> ['zeːgl̩] *nt* sail
Segelboot *nt* sailing boat **segelfliegen** *intr V nur Infin* to glide **Segelflieger(in)** *m(f)* glider pilot **Segelflugzeug** *nt* glider **Segelklub** *m* sailing club
segeln ['zeːgl̩n] *intr V sein* to sail; **durch die Luft** ~ to sail through the air
Segeln <-s> ['zeːgl̩n] *nt kein Pl* sailing
Segelohren *Pl* (*pej fam*) mug ears **Segelregatta** *f* sailing regatta **Segelschiff** *nt* sailing ship **Segeltörn** *m* yacht cruise
Segen <-s, -> ['zeːgn̩] *m no Pl* blessing; **ein** ~ **für die Menschheit** a benefit for mankind; **ein wahrer** ~ **sein** to be a real godsend
Segler(in) <-s, -> ['zeːglɐ] *m(f)* yachtsman *masc,* yachtswoman *fem*
Segment <-[e]s, -e> [zɛ'gmɛnt] *nt* segment
segnen ['zeːgnən] *tr V* to bless
sehen <sah, gesehen> ['zeːən] **I.** *tr V* ① to see; **das muss man ge~ haben** one has to see it to believe it; **etw nicht gerne** ~ to not like sth; **gut/schlecht zu** ~ **sein** to be well/badly visible; **etw kommen** ~ to see sth coming; **sich** ~ **lassen können** to be something to be proud of; **so ge~** from that point of view ② (*ansehen, zusehen*) to watch **II.** *intr V* ① **gut/schlecht** ~ to have good/bad eyesight ② (*blicken*) to look; **aus dem Fenster** ~ to look out of the window; **auf das Meer** ~ to look at the sea ③ (*sich kümmern*) **nach jdm** ~ to go

and see sb; **nach etw** *Dat* ~ to check on sth **III.** *refl V* **sich ~ lassen** to show up
sehenswert *Adj* worth seeing
Sehenswürdigkeit <-, -en> *f* sight; **~en besichtigen** to do the sights
Sehfehler *m* visual defect **Sehkraft** *f kein Pl* [eye]sight
Sehne <-, -n> ['zeːnə] *f* sinew
sehnen ['zeːnən] *refl V* **sich nach jdm/etw ~** to long for sb/sth
Sehnenriss^RR *m* torn tendon
Sehnenzerrung *f* pulled tendon
Sehnerv *m* optic nerve
sehnig ['zeːnɪç] *Adj* sinewy
Sehnsucht <-, -süchte> ['zeːnzʊxt, *Pl:* -zʏçtə] *f* longing (**nach** for); **vor ~** with longing
sehnsüchtig ['zeːnzʏçtɪç] *Adj attr* longing
sehr <[noch] mehr, am meisten> ['zeːɐ̯] *Adv* ❶ *vor Adjektiv, Adverb* very ❷ *vor Verb* very much; **das will ich doch ~ hoffen** I very much hope so
Sehschärfe *f* visual acuity **Sehstörung** *f* visual defect **Sehtest** *m* eye test
seicht [zaiçt] *Adj* shallow
Seide <-, -n> ['zaidə] *f* silk
seiden ['zaidn̩] *Adj attr* silk
Seidenraupe *f* silkworm **seidenweich** ['zaidn̩'vaiç] *Adj* silky soft
seidig ['zaidɪç] *Adj* silky
Seife <-, -n> ['zaifə] *f* soap
Seifenoper *f* soap opera **Seifenwasser** *nt kein Pl* soapy water *no pl,* suds *pl*
Seil <-[e]s, -e> [zail] *nt* ❶ rope ❷ (*Drahtseil*) cable
Seilbahn *f* (*Gondel*) cable car **seil|hüpfen** *intr V sein s.* **seilspringen** **seil|springen** *intr V unreg, nur Infin und PP sein* to skip [rope] **Seiltänzer(in)** *m(f)* tightrope acrobat
sein^1 <bin, bist, ist, sind, seid, war, gewesen> [zain] **I.** *intr V sein* ❶ to be; **krank ~** to be ill; **ich bin wieder da** I'm back again; **ist da jemand?** is somebody there?; **was ist mit ihr?** what's the matter with her? ❷ (*zutreffen*) **dem ist so** that's right; **dem ist nicht so** that's not the case ❸ (*gehören*) **das Buch ist meins** the book is mine ❹ (*bestehen*) **aus etw ~** to be [made of] sth ❺ (*sich fühlen*) **jdm ist heiß/kalt** sb is hot/cold; **jdm ist übel** sb feels sick ❻ (*vorkommen*) **mir ist, als habe ich Stimmen gehört** I thought I heard voices ❼ *meist mit modalem Hilfsverb* (*passieren*) **das darf doch nicht wahr ~!** that can't be true!; **muss das ~?** do you have to?; **was ~ muss, muss ~** (*fam*) what will be will be; **etw ~ lassen** (*fam*) to stop [doing] sth ❽ *mit Infin + zu* (*Möglichkeit ausdrückend*) to be; **sie ist nicht zu sehen** she cannot be seen; **etw ist zu schaffen** sth can be done ❾ (*Notwendigkeit ausdrückend*) **etw ist zu erledigen** sth must be done **II.** *intr V unpers* **es ist so, [dass] ...** it's just that ...; **wie wäre es mit jdm/etw?** how about sb/sth? ▸ **es sei denn, dass ...** unless ...; **es war einmal ...** once upon a time ...; **wie dem auch sei** in any case
sein^2 [zain] *Possessivpron, adjektivisch* ❶ (*Mann*) his; (*Mädchen*) her; (*bei Dingen*) its ❷ *auf man bezüglich* one's; *auf jeder bezüglich* his; **jeder bekam ~ eigenes Zimmer** everyone got his own room
Sein <-s> [zain] *nt kein Pl* existence
seine(r, s) ['zainə, 'zainɐ, 'zainəs] *Possessivpron, substantivisch* (*geh*) ❶ *ohne Substantiv* his; **ist das dein Schal oder ~r?** is that your scarf or his?; **der/die/das ~** his ❷ (*Besitztum*) **das Seine** his [own] ❸ (*Angehörige*) **die Seinen** his family ▸ **jedem das Seine** each to his own
seinerseits ['zainɐ'zaits] *Adv* on his part
seinethalben ['zainət'halbn̩] *Adv* (*geh*), **seinetwegen** ['zainət'veːgn̩] *Adv* because of him **seinetwillen** ['zainət'vɪlən] *Adv* **um ~** for his sake
seinige ['zainɪgə] *Possessivpron,* (*geh*) *s.* **seine(r, s)**
Seismograf^RR <-en, -en> [zaismo'graːf], **Seismograph** <-en, -en> [zaismo'graːf] *m* GEOL seismograph
seit [zait] **I.** *Präp +Dat* ❶ (*Anfangspunkt*) since; **~ damals** since then; **~ wann?** since when?; **~ neuestem** recently ❷ (*Zeitspanne*) for; **~ einiger Zeit** for a while **II.** *Konj* (*seitdem*) since
seitdem [zait'deːm] **I.** *Adv* since then **II.** *Konj* since
Seite <-, -n> ['zaitə] *f* ❶ side; **die vordere/hintere/untere/obere ~** the front/back/bottom/top; **zur ~ gehen** to step aside; **etw auf die ~ legen** (*spa-*

S

ren) to put sth aside; **jdn zur ~ nehmen** to take sb aside; **zur ~** beside ② (*Buchseite*) page; **Gelbe Seiten®** Yellow Pages®; **eine ~ aufschlagen** to open at a page ③ (*Beistand*) **jdm zur ~ stehen** to stand by sb; **~ an ~** side by side ④ (*Aspekt*) **sich von seiner besten ~ zeigen** to show oneself at one's best; **von dritter ~** from a third party; **auf der einen ~..., auf der anderen** [~] ... on the one hand, ..., on the other [hand], ...; **von jds ~ aus** as far as sb is concerned; **jds starke ~ sein** (*fam*) to be sb's forte ⑤ (*Gruppe*) side; **jdn auf seine ~ bringen** to get sb on one's side; **auf jds ~ stehen** to be on sb's side; **die ~n wechseln** to change sides; **von allen ~n** from all sides

Seitenairbag [-ɛːrbɛg] *m* AUTO side airbag **Seitenangabe** *f* page reference **Seitenausgang** *m* side exit **Seiteneingang** *m* side entrance **Seitenhieb** *m* sideswipe; **jdm einen ~ versetzen** to sideswipe sb **seitenlang** *Adj* several pages long **Seitenlinie** *f* ① ZOOL lateral line ② FBALL touchline ③ TENNIS sideline

seitens ['zaitn̩s] *Präp +Gen* on the part of

Seitenschiff *nt* side aisle **Seitensprung** *m* (*fam*) bit on the side **Seitenstechen** *nt kein Pl* stitch; **~ haben** to have a stitch **Seitenstraße** *f* side street **Seitenstreifen** *m* hard shoulder **Seitenwechsel** *m* SPORT changeover; TYPO page change **Seitenwind** *m* crosswind **Seitenzahl** *f* number of pages

seither [zait'heːɐ̯] *Adv* since then

S

seitlich ['zaitlɪç] **I.** *Adj* side *attr* **II.** *Adv* at the side; **~ gegen etw prallen** to crash sideways into sth

seitwärts ['zaitvɛrts] *Adv* sideways

Sekret <-[e]s, -e> [ze'kreːt] *nt* secretion

Sekretär(in) <-s, -e> [zekre'tɛːɐ̯] *m(f)* secretary

Sekretariat <-[e]s, -e> [zekreta'ri̯aːt] *nt* secretary's office

Sekt <-[e]s, -e> [zɛkt] *m* sparkling wine

Sekte <-, -n> ['zɛktə] *f* sect

sekundär [zekʊn'dɛːɐ̯] *Adj* secondary

Sekunde <-, -n> [ze'kʊndə] *f* second; **auf die ~ genau** to the second

Sekundenzeiger *m* second hand

selbst [zɛlpst] **I.** *Demonstrativpron* ① (*persönlich*) myself/yourself/himself etc. ② (*alleine*) by oneself; **von ~** automatically; **etw versteht sich von ~** sth goes without saying **II.** *Adv* ① (*eigen*) self; **~ ernannt** self-appointed; **~ gemacht** home-made ② (*sogar*) even; **~ wenn** even if

Selbstachtung *f* self-respect

selbständig ['zɛlpʃtɛndɪç] *Adj* ① independent ② (*beruflich*) self-employed; **sich ~ machen** to start up one's own business

Selbständigkeit <-> *f kein Pl* ① independence ② (*beruflich*) self-employment

Selbstauslöser *m* delayed-action shutter release **Selbstbedienungsladen** *m* self-service shop **Selbstbefriedigung** *f* masturbation **Selbstbeherrschung** *f* self-control **Selbstbestimmungsrecht** *nt kein Pl* right to self-determination **Selbstbetrug** *m kein Pl* self-deception **selbstbewusst**RR *Adj* self-confident **Selbstbewusstsein**RR *nt* self-confidence **Selbstdisziplin** *f kein Pl* self-discipline **Selbsterhaltungstrieb** *m* survival instinct

selbstgefällig *Adj* self-satisfied

Selbstgespräch *nt* monologue; **Selbstgespräche führen** to talk to oneself **Selbsthilfegruppe** *f* self-help group **selbstklebend** *Adj* self-adhesive **Selbstkontrolle** *f kein Pl* self-restraint, self-control **Selbstkostenpreis** *m* cost price; **zum ~** at cost price **Selbstkritik** *f kein Pl* self-criticism; **~ üben** to criticize oneself

Selbstlaut *m* vowel

Selbstliebe *f* love for oneself **selbstlos** *Adj* selfless **Selbstmedikation** *f* MED self-medication **Selbstmitleid** *nt* self-pity **Selbstmord** *m* suicide; **~ begehen** to commit suicide **Selbstmörder(in)** *m(f)* suicidal person **Selbstmordversuch** *m* suicide attempt **Selbstschutz** *m* self-protection; **zum ~** for self-protection **selbstsicher** *Adj* self-confident

selbstständigRR *Adj s.* **selbständig**

SelbstständigkeitRR <-> *f s.* **Selbständigkeit**

selbstsüchtig <-er, -ste> *Adj* selfish, egoistic **Selbsttäuschung** *f* self-deception **Selbstüberschätzung** *f* over-esti-

mation of one's abilities **Selbstüberwindung** *f* self-discipline
selbstverständlich **I.** *Adj* natural; **das ist doch ~** don't mention it; **etw für ~ halten** to take sth for granted **II.** *Adv* of course
Selbstverständlichkeit <-, -en> *f* naturalness; **etw als ~ ansehen** to regard sth as a matter of course BRIT; **eine ~ sein** to be the least that could be done
Selbstverteidigung *f* self-defence
Selbstvertrauen *nt* self-confidence **Selbstverwaltung** *f* self-government **Selbstverwirklichung** *f* self-realization **Selbstwertgefühl** *nt* self-esteem **Selbstzerstörung** *f* self-destruction **Selbstzweck** *m kein Pl* end in itself
Selen <-s> [ze'le:n] *nt* selenium
selig ['ze:lɪç] *Adj* (*überglücklich*) overjoyed ▶ **wer's glaubt, wird ~** (*iron fam*) that's a likely story
Sellerie <-s, -[s]> ['zɛləri] *m* (*Knolle*) celeriac; (*Stange*) celery
selten ['zɛltn̩] *Adj* rare
Seltenheit <-, -en> *f* rarity
seltsam ['zɛltza:m] *Adj* strange; **ein ~es Gefühl haben** to have an odd feeling; **sich ~ benehmen** to behave in an odd way
Semester <-s, -> [ze'mɛstɐ] *nt* semester
Semikolon <-s, -s *o* -kola> [zemi'ko:lɔn, *Pl:* -'ko:la] *nt* semicolon
Seminar <-s, -e *o* ÖSTERR -ien> [zemi'na:ɐ̯, *Pl:* zemi'na:ri̯ən] *nt* ❶ seminar ❷ (*Institut*) department
Seminararbeit *f* seminar paper
Semit(in) <-en, -en> [ze'mi:t] *m(f)* Semite
semitisch [ze'mi:tɪʃ] *Adj* Semitic
Semmel <-, -n> [zɛml̩] *f* [bread] roll ▶ **wie warme ~n weggehen** (*fam*) to go [*or* sell] like hot cakes
Senat <-[e]s, -e> [ze'na:t] *m* senate
Senator, Senatorin <-s, -toren> [ze'na:to:ɐ̯, -'to:rɪn, *Pl:* -'to:rən] *m, f* senator
Sendebereich *m* transmission area
Sendegebiet *nt* transmission area
senden[1] ['zɛndn̩] *tr V* RADIO, TV to broadcast
senden[2] <sandte *o* sendete, gesandt *o* gesendet> ['zɛndn̩] *tr V* to send; **jdm etw ~** to send sth to sb
Sendepause *f* interval; **~ haben** (*fam*) to keep silent
Sender <-s, -> ['zɛndɐ] *m* ❶ TV channel; RADIO station ❷ (*Gerät*) transmitter
Sendeschluss[RR] *m* close down **Sendezeit** *f* broadcasting time; **zur besten ~** at prime time
Sendung[1] <-, -en> *f* (*tv, radio*) programme
Sendung[2] <-, -en> *f* (*Paketsendung*) parcel; (*Warensendung*) consignment
Senegal <-s> ['ze:negal] *nt kein Pl* Senegal
Senegalese, Senegalesin <-n, -n> [zenega'le:zə, -'le:zɪn] *m, f* Senegalese
senegalesisch [zenega'le:sɪʃ] *Adj* Senegalese; *s. a.* **deutsch**
Senf <-[e]s, -e> [zɛnf] *m* mustard
senil [ze'ni:l] *Adj* senile
senior ['ze:ni̯o:ɐ̯] *Adj* senior
Senior <-s, Senioren> ['ze:ni̯o:ɐ̯, *Pl:* ze'ni̯o:rən] *m meist Pl* senior citizen, OAP BRIT
Seniorenheim *nt* old people's home, home for the elderly
senken ['zɛŋkn̩] **I.** *tr V* ❶ *Preis* to reduce ❷ (*neigen*) **den Kopf ~** to bow one's head **II.** *refl V* **sich [auf etw** *Akk*] **~** to lower itself [onto sth]
senkrecht ['zɛŋkrɛçt] *Adj* vertical
Senkung <-, -en> *f* reduction
Senner(in) <-s, -> ['zɛnɐ] *m(f)* SÜDD, ÖSTERR Alpine dairyman
Sensation <-, -en> [zɛnza'tsi̯o:n] *f* sensation
sensationell [zɛnzatsi̯o'nɛl] *Adj* sensational
sensationslüstern *Adj* (*fig*) sensation-seeking
sensibel [zɛn'zi:bl̩] *Adj* sensitive
Sensibilität <-, -en> [zɛnzibili'tɛ:t] *f* sensitivity
Sensor <-s, -soren> ['zɛnzo:ɐ̯, *Pl:* zɛn'zo:rən] *m* sensor
Sensortaste *f* sensor control
sentimental [zɛntimɛn'ta:l] *Adj* sentimental
Sentimentalität <-, -en> [zɛntimɛntali'tɛ:t] *f* sentimentality
separat [zepa'ra:t] *Adj* separate
Separatismus <-> [zepara'tɪsmʊs] *m kein Pl* separatism
Separatist(in) <-en, -en> [zepara'tɪst] *m(f)* separatist

S

September <-[s], -> [zɛp'tɛmbɐ] *m* September; *s. a.* **Februar**
Serbe, **Serbin** <-n, -n> ['zɛrbə, 'zɛrbɪn] *m, f* Serb
Serbien <-s> ['zɛrbi̯ən] *nt* Serbia
serbisch ['zɛrbɪʃ] *Adj* Serbian; *s. a.* **deutsch**
Serbokroatisch [zɛrbokro'a:tɪʃ] *nt dekl wie Adj* Serbo-Croat; *s. a.* **Deutsch**
Serenade <-, -n> [zere'na:də] *f* serenade
Serie ['ze:ri̯ə] *f* ❶ series ❷ ÖKON line; **in ~ gehen** to go into production
serienmäßig *Adj* (*bereits eingebaut*) standard
Serienmord ['ze:ri̯ən-] *m meist Pl* JUR serial killing *usu pl* **Seriennummer** *f* serial number **Serientäter(in)** *m(f)* repeat offender **serienweise** ['ze:riən-] *Adv* in series; **etw ~ herstellen** to mass-produce sth
seriös [ze'ri̯ø:s] **I.** *Adj* ❶ (*ernst zu nehmend*) serious ❷ (*vertrauenswürdig*) respectable ❸ *Firma* reputable **II.** *Adv* respectably
Serpentine <-, -n> [zɛrpɛn'ti:nə] *f* winding road
Service[1] <-> ['zø:ɐ̯vɪs] *m kein Pl* service
Service[2] <-[s], -> [zɛr'vi:s] *nt* (*Essgeschirr*) dinner service; (*Kaffeegeschirr*) coffee service
Servicecenter[RR], **Service Center** <-s, -> ['zø:ɐ̯vɪsˌsɛntɐ] *nt* service centre
servieren* [zɛr'vi:rən] *tr V* [**jdm**] **etw ~** to serve sth [to sb]
Serviervorschlag *m* KOCHK serving suggestion **Servierwagen** *m* trolley
Serviette <-, -n> [zɛr'vi̯ɛtə] *f* napkin
Servolenkung *f* power steering
servus ['zɛrvʊs] *Interj* ÖSTERR, SÜDD (*hallo*) hello; (*tschüs*) [good]bye
Sessel <-s, -> ['zɛsl̩] *m* armchair
Sessellift *m* chairlift
sesshaft[RR] *Adj*, **seßhaft**[ALT] ['zɛshaft] *Adj* settled
setzen ['zɛtsn̩] **I.** *tr V* ❶ (*platzieren*) to put, to place ❷ (*festlegen*) to set; **eine Frist ~** to set a deadline ❸ (*bringen*) **etw in Betrieb ~** to set sth in motion; **jdn auf Diät ~** to put sb on a diet ❹ (*wetten*) **etw** [**auf jdn/etw**] **~** to put sth [on sb/sth]; **seine Hoffnung in jdn ~** to put one's hopes on sb ❺ TYPO to set **II.** *refl V* **sich ~** ❶ to sit [down]; **sich ins Auto ~** to get into the car; **sich zu jdm ~** to sit next to sb ❷ (*sich senken*) to settle
Setzer(in) <-s, -> *m(f)* typesetter
Seuche <-, -n> ['zɔyçə] *f* epidemic
Seuchenbekämpfung *f* epidemic control **Seuchenerreger** *m* epidemic agent
seufzen ['zɔyftsn̩] *intr V* to sigh
Seufzer <-s, -> *m* sigh; **einen ~ ausstoßen** to heave a sigh
Sex <-[es]> [zɛks] *m kein Pl* sex
Sexismus <-> [zɛ'ksɪsmʊs] *m kein Pl* sexism
Sexist(in) <-en, -en> [zɛ'ksɪst] *m(f)* sexist
sexistisch *Adj* sexist
Sexsymbol *nt* sex symbol
Sextett <-[e]s, -e> [zɛks'tɛt] *nt* sextet, sextette BRIT
Sextourismus [-turɪsmʊs] *m* (*fam*) sex tourism
Sexualität <-> [zɛksu̯ali'tɛ:t] *f kein Pl* sexuality
Sexualkunde *f kein Pl* sex education **Sexualleben** *nt kein Pl* sex[ual] life **Sexualmoral** *f* sex morals *pl*
sexuell [zɛ'ksu̯ɛl] *Adj* sexual; **~e Belästigung** sexual harassment
sezieren* [ze'tsi:rən] *tr, intr V* to dissect
Shampoo <-s, -s> ['ʃampu, 'ʃampo] *nt* shampoo
Shareware <-, -s> ['ʃɛ:ɐ̯vɛ:ɐ̯] *f* COMPUT shareware
Shetlandpony ['ʃɛtlant-, 'ʃɛtlənd-] *nt* Shetland pony, sheltie
Show <-, -s> [ʃo:] *f* show; **eine ~ abziehen** (*sl*) to put on a show *fam*
Showbusiness[RR], **Show-Business**[RR], **Showbusineß**[ALT] <-> ['ʃo:-'bɪznɪs] *nt kein Pl* show business
siamesisch [zi̯a'me:zɪʃ] *Adj* Siamese
Siamkatze *f* Siamese cat
Sibirien <-s> [zi'bi:ri̯ən] *nt* Siberia
sibirisch [zi'bi:rɪʃ] *Adj* Siberian
sich [zɪç] *Reflexivpron* ❶ oneself; **er/sie/es ... ~** he/she/it ... himself/herself/itself; **Sie ... ~** you ... yourself/yourselves; **sie ... ~** they ... themselves; **~ freuen** to be pleased; **~ gedulden** to be patient ❷ *dat* one's; **die Katze leckte ~ die Pfote** the cat licked its paw ❸ *Pl* (*einander*) each other, one another; **~ lieben** to love each other ❹ *un-*

S

persönlich **hier arbeitet es ~ gut** it's good to work here; **das Auto fährt ~ prima** the car drives well ⑤ *mit Präposition* **er denkt immer nur an ~** he only ever thinks of himself; **die Schuld bei ~** *Dat* **suchen** to blame oneself; **wieder zu ~** *Dat* **kommen** (*fam*) to come round; **etw von ~** *Dat* **aus tun** to do sth of one's own accord

Sichel <-, -n> ['zɪçl̩] *f* sickle

sicher ['zɪçɐ] **I.** *Adj* ① (*gewiss*) certain, sure; **~ sein** to be certain; **sich** *Dat* **~ sein, dass ...** to be sure that ...; **sich** *Dat* **einer S.** *Gen* **~ sein** to be sure of sth; **so viel ist ~** that much is certain ② (*ungefährdet*) safe (**vor** from); *Anlage* secure; **~ ist ~** you can't be too careful **II.** *Adv* surely; **du hast ~ Recht** you are certainly right; [**aber**] **~!** (*fam*) sure!

Sicherheit <-, -en> *f* ① *kein Pl* safety; **die öffentliche ~** public safety; **soziale ~** social security; **etw in ~ bringen** to get sth to safety; **in ~ sein** to be safe ② *kein Pl* (*Gewissheit*) certainty; **mit ~** for certain

Sicherheitsabstand *m* safe distance **Sicherheitsgurt** *m* seat belt **sicherheitshalber** *Adv* to be on the safe side **Sicherheitskette** *f* safety chain **Sicherheitskraft** *f meist Pl* member of security; **Sicherheitskräfte** security [staff] + *sing/pl verb* **Sicherheitsmaßnahme** *f* safety precaution **Sicherheitsnadel** *f* safety pin **Sicherheitsrat** *m kein Pl* security council **Sicherheitsschloss**[RR] *nt* safety lock **Sicherheitsvorschrift** *f meist Pl* safety regulation

sicherlich *Adv* surely

sichern ['zɪçɐn] *tr V* ① to secure; (*absichern*) to protect ② (*schützen*) to safeguard ③ COMPUT to save

sicher|stellen *tr V* JUR to confiscate

Sicherung <-, -en> *f* ① ELEK fuse; **die ~ ist durchgebrannt** the fuse has blown ② (*Schutzvorrichtung*) safety catch ③ COMPUT back-up ▸ **jdm brennt die ~ durch** (*fam*) sb blows a fuse

Sicherungskopie *f* COMPUT back-up copy

Sicht <-, *selten* -en> [zɪçt] *f* ① view; **eine gute/schlechte ~** a good/poor view; **auf kurze/mittlere/lange ~** in the short term /midterm /long term; **in ~ sein** to be in sight; **etw ist in ~** (*fig*) sth is on the horizon ② (*Meinung*) [point of] view; **aus jds ~** from sb's point of view

sichtbar *Adj* visible

sichten ['zɪçtn̩] *tr V* ① **etw ~** to sight sth; **jdn ~** to spot sb ② (*durchsehen*) **die Akten ~** to look through the files

sichtlich *Adv* **~ beeindruckt sein** to be visibly impressed

Sichtung <-, -en> *f* ① *kein Pl* (*das Sichten*) sighting ② (*Durchsicht*) sifting

Sichtverhältnisse *Pl* visibility *no pl;* **gute /schlechte ~** good/poor visibility

Sichtweite *f* visibility; **die ~ beträgt 100 Meter** visibility is 100 metres; **außer/in ~ sein** to be out of/in sight

sickern ['zɪkɐn] *intr V sein* to seep

Sickerwasser *nt kein Pl surface water seeping through the ground*

sie [ziː] *Personalpron, 3. pers* ① <*Gen* ihrer, *Dat* ihr, *Akk* sie> *Sing* she; **~ ist es!** it's her!; (*Sache od. weibl. Tier*) it ② <*Gen* ihrer, *Dat* ihnen, *Akk* sie> *Pl* they

Sie[1] <*Gen* Ihrer, *Dat* Ihnen, *Akk* Sie> [ziː] *Personalpron, 2. Pers Sing o Pl* (*förmliche Anrede*) you

Sie[2] [ziː] *f kein Pl* (*fam*) **eine ~** a female

Sieb <-[e]s, -e> [ziːp, *Pl:* 'ziːbə] *nt* sieve

sieben[1] ['ziːbn̩] *Adj* seven; *s. a.* **acht**[1]

sieben[2] ['ziːbn̩] *tr V* to sieve

Siebenbürgen <-s> [ziːbn̩'bʏrgn̩] *nt* Transylvania

siebenhundert ['ziːbn̩'hʊndɐt] *Adj* seven hundred

siebenjährig, 7-jährig[RR] ['ziːbn̩jɛːrɪç] *Adj* ① (*Alter*) seven-year-old *attr,* seven years old *pred* ② (*Zeitspanne*) seven-year *attr*

Siebenschläfer *m* fat dormouse

siebte(r, s) ['ziːptə, 'ziːptɐ, 'ziːptəs] *Adj* seventh; *s. a.* **achte(r, s)**

Siebtel <-s, -> ['ziːptl̩] *nt* seventh

siebtens ['ziːptn̩s] *Adv* seventhly

siebzehn ['ziːptseːn] *Adj* seventeen; *s. a.* **acht**[1]

siebzehnte(r, s) *Adj* seventeenth; *s. a.* **achte(r, s)**

Siebzehntel <-s, -> *nt* seventeenth; *s. a.* **Achtzehntel**

siebzig ['ziːptsɪç] *Adj* seventy; *s. a.* **achtzig**

siebzigste(r, s) *Adj* seventieth; *s. a.* **achte(r, s)**

S

siedeln ['ziːdl̩n] *intr V* to settle

sieden <siedete *o* sott, gesiedet *o* gesotten> ['ziːdn̩] *intr V* to boil; **~d heiß** boiling hot

Siedepunkt *m* boiling point

Siedler(in) <-s, -> ['ziːdlɐ] *m(f)* settler

Siedlung <-, -en> ['ziːdlʊŋ] *f* settlement

Sieg <-[e]s, -e> [ziːk, *Pl:* 'ziːgə] *m* victory

Siegel <-s, -> ['ziːgl̩] *nt* seal

Siegelring *m* signet ring

siegen ['ziːgn̩] *intr V* to win; **haushoch ~** to win hands down; **nur knapp ~** to scrape a win

Sieger(in) <-s, -> *m(f)* ① victor ② SPORT winner; **der zweite ~** the runner-up

Siegerehrung *f* presentation ceremony **Siegerurkunde** *f* winner's certificate

siegesgewissRR *Adj*, **siegessicher** *Adj* certain of victory *pred;* **ein ~es Lächeln** a confident smile **Siegeszug** *m* (*fig: großer Erfolg*) triumph

siegreich *Adj* ① victorious ② SPORT winning

sieh [ziː], **siehe** ['ziːə] (*geh*) *Imp Sing von* **sehen**

Signal <-s, -e> [zɪ'gnaːl] *nt* signal; **~e aussenden** to transmit signals

Signalanlage *f* signals *pl*

signalisieren* [zɪgnali'ziːrən] *tr V* to signal

Signalmast *m* signal mast [*or* post] **Signalwirkung** *f* signal

Signatur <-, -en> [zɪgna'tuːɐ̯] *f* ① (*in der Bibliothek*) shelf mark ② (*Unterschrift*) signature

signieren* [zɪ'gniːrən] *tr V* to sign

Silbe <-, -n> ['zɪlbə] *f* syllable; **etw mit keiner ~ erwähnen** not to mention sth at all

Silbentrennung *f* syllabification

Silber <-s> ['zɪlbɐ] *nt kein Pl* silver

silberfarben, **silberfarbig** *Adj* silver[-coloured] **Silberfischchen** *nt* silverfish **Silberfuchs** *m* silver fox **silberhaltig** *Adj* silver-bearing, argentiferous *spec* **Silberhochzeit** *f* silver wedding **Silbermedaille** *f* silver medal **Silbermünze** *f* silver coin

silbern ['zɪlbɐn] *Adj* silver

Silhouette <-, -n> [zi'lu̯ɛtə] *f* silhouette; *Stadt* skyline

Silizium <-s> [zi'liːtsi̯ʊm] *nt kein Pl* silicon

Silo <-s, -s> ['ziːlo] *m* silo

Silvester <-s, -> [zɪl'vɛstɐ] *m o nt* New Year's Eve

Simbabwe <-s> [zɪm'bapvə] *nt* Zimbabwe

simpel ['zɪmpl̩] **I.** *Adj* simple **II.** *Adv* simply

Sims <-es, -e> [zɪms] *m o nt* (*Fenstersims: innen*) [window]sill; (*Fenstersims: außen*) [window] ledge; (*Kaminsims*) mantelpiece

simsen ['zɪmzən] *tr, intr V* TELEK (*fam*) to text [*or* AM *usu* to send a text message]

Simulant(in) <-en, -en> [zimu'lant] *m(f)* malingerer

simulieren* [zimu'liːrən] **I.** *intr V* to malinger **II.** *tr V* COMPUT to [computer-]simulate

simultan [zimʊl'taːn] **I.** *Adj* simultaneous **II.** *Adv* simultaneously; **~ dolmetschen** to interpret simultaneously

Sinfonie <-, -n> [zɪnfo'niː, *Pl:* -fo'niːən] *f* symphony

Sinfoniekonzert *nt* symphony concert

Singapur <-s> ['zɪŋgapuːɐ̯] *nt* Singapore

singen <sang, gesungen> ['zɪŋən] *intr, tr V* to sing

Singular <-s, -e> ['zɪŋgulaːɐ̯] *m* singular

Singvogel *m* songbird

sinken <sank, gesunken> ['zɪŋkn̩] *intr V sein* ① to sink ② (*niedersinken*) to fall; **die Hände ~ lassen** to let one's hands fall ③ (*verlieren*) **den Mut ~ lassen** to lose courage

Sinn <-[e]s, -e> [zɪn] *m* ① *meist Pl* (*Wahrnehmungssinn*) sense; **der sechste ~** the sixth sense; **von ~en sein** to be out of one's mind ② *kein Pl* (*Bedeutung*) meaning; **im eigentlichen ~e** literally; **im übertragenen ~e** in the figurative sense; **in diesem ~e** in that respect ③ (*Zweck*) point; **der ~ des Lebens** the meaning of life; **einen bestimmten ~ haben** to have a particular purpose; **es hat keinen ~[, etw zu tun]** there's no point [in doing sth] ④ *kein Pl* (*Verständnis*) **~ für etw haben** to appreciate sth ⑤ (*Gedanke*) **in jds ~ handeln** to act according to sb's wishes; **etw [mit jdm/etw] im ~ haben** to have sth in mind [with sb/sth]; **jdm in den ~ kommen** to come to sb

sinnbildlich *Adj* symbolic

sinnen <sann, gesonnen> ['zɪnən] *intr V* **auf etw** *Akk* **~** to think of sth; **auf Rache ~** to plot revenge

Sinnenlust *f kein Pl* sensuality

sinnentleert *Adj* empty [*or* bereft] of content **sinnentstellend** *Adj* distorting

Sinnesorgan *nt* sense organ **Sinnestäuschung** *f* illusion **Sinneswahrnehmung** *f* sensory perception *no pl* **Sinneswandel** *m* change of heart

sinngemäß *Adv* **etw ~ wiedergeben** to give the gist of sth

sinngetreu *Adj* true to the sense [*or* meaning]; *Übersetzung* faithful

sinnlich *Adj* sensual

Sinnlichkeit <-> *f kein Pl* sensuality *no art*

sinnlos *Adj* senseless; *Geschwätz* meaningless; **das ist doch ~!** that's futile!

Sinnlosigkeit <-, -en> *f* senselessness *no pl*, meaninglessness *no pl*

sinnvoll I. *Adj* ❶ meaningful ❷ (*zweckmäßig*) practical **II.** *Adv* sensibly

Sintflut ['zɪntflu:t] *f* **die ~** the Flood ▶ **nach mir die ~** (*fam*) who cares when I'm gone?

Sippe <-, -n> ['zɪpə] *f* [extended] family

Sirene <-, -n> [zi're:nə] *f* siren

Sirup <-s, -e> ['zi:rʊp] *m* syrup

Sitte <-, -n> ['zɪtə] *f* ❶ custom; **es ist bei uns ~, ...** it is our custom ...; **nach alter ~** traditionally ❷ *meist Pl* (*Moral*) moral standards *pl* ▶ **andere Länder, andere ~n** other countries, other customs

Sittendezernat *nt* vice squad **Sittenlosigkeit** <-, -en> *f* immorality **sittenstreng** *Adj* (*veraltend*) highly moral, having high moral standards **Sittenstrolch** *m* (*pej*) sex fiend **Sittenverfall** *m kein Pl* decline in moral standards

Sittich <-s, -e> ['zɪtɪç] *m* parakeet

Sittlichkeitsverbrechen *nt* sex crime

Sittsamkeit <-> *f kein Pl* decorousness *no pl*, demureness *no pl*

Situation <-, -en> [zitu̯a'tsi̯o:n] *f* situation

Sitz <-es, -e> [zɪts] *m* seat

sitzen <saß, gesessen> ['zɪtsn̩] *intr V haben o* SÜDD, ÖSTERR, SCHWEIZ *sein* ❶ to sit; **[bitte] bleib/bleiben Sie ~!** [please] don't get up; **er sitzt im Vorstand** he has a seat on the management board ❷ (*arbeiten*) **an etw** *Dat* **~** to sit over sth ❸ (*fam: im Gefängnis*) to do time ❹ SCHULE **~ bleiben** (*fam*) to repeat a year ❺ *Ware* **auf etw** *Dat* **~ bleiben** to be left with sth ▶ **einen ~ haben** (*fam*) to have had one too many; **jdn ~ lassen** (*fam: im Stich lassen*) to leave sb in the lurch; **etw nicht auf sich** *Dat* **~ lassen** not to take sth

Sitzgelegenheit *f* seating [accommodation] **Sitzplatz** *m* seat

Sitzung <-, -en> *f* meeting

Sitzungsperiode *f* POL [parliamentary] session; JUR term **Sitzungssaal** *m* conference hall

Sitzwürfel *m* cube footstool [*or* AM *a.* ottoman]

Sizilien <-s> [zi'tsi:li̯ən] *nt* Sicily

Skala <-, Skalen *o* -s> ['ska:la, *Pl:* 'ska:lən] *f* scale

Skandal <-s, -e> [skan'da:l] *m* scandal

skandalös [skanda'lø:s] *Adj* scandalous

Skandinavien <-s> [skandi'na:vi̯ən] *nt* Scandinavia

skandinavisch [skandi'na:vɪʃ] *Adj* Scandinavian

Skat <-[e]s, -e> [ska:t] *m* KARTEN skat

Skateboard <-s, -s> ['ske:tbo:ɐ̯t] *nt* skateboard; **~ fahren** to skateboard

Skelett <-[e]s, -e> [ske'lɛt] *nt* skeleton

Skepsis <-> ['skɛpsɪs] *f kein Pl* scepticism

Skeptiker(in) <-s, -> ['skɛptikɐ] *m(f)* sceptic

skeptisch ['skɛptɪʃ] **I.** *Adj* sceptical **II.** *Adv* sceptically

Ski <-s, - *o* -er> [ʃi:, *Pl:* 'ʃi:ɐ] *m* ski; **~ laufen** to ski

Skianzug *m* ski suit **Skiausrüstung** *f* ski equipment **Skifahrer(in)** *m(f)* skier **Skihose** *f* ski pants *pl* **Skilauf** <-s> *m*, **Skilaufen** <-s> *nt kein Pl* skiing *no pl*, *no art* **Skiläufer(in)** *m(f)* skier **Skilift** *m* ski lift

Skinhead <-s, -s> ['skɪnhɛt] *m* skinhead

Skipiste *f* ski run **Skispringen** *nt kein Pl* ski jumping *no art* **Skistock** *m* ski stick

Skizze <-, -n> ['skɪtsə] *f* sketch

S

skizzieren* [skɪ'tsiːrən] *tr V* to sketch

Sklave, Sklavin <-n, -n> ['sklaːvə, -vɪn] *m, f* slave

Sklavenhandel *m kein Pl* slave trade **Sklaventreiber(in)** *m(f)* (*pej fam*) slave-driver

Sklaverei <-, -en> [sklaːvə'rai] *f* slavery *no art*

Skonto <-s, -s *o* Skonti> ['skɔnto, *Pl:* 'skɔnti] *nt o m* [cash] discount

Skorbut <-[e]s> [skɔr'buːt] *m kein Pl* scurvy *no pl*

Skorpion <-s, -e> [skɔr'pi̯oːn] *m* ❶ scorpion ❷ ASTROL Scorpio

Skrupel <-s, -> ['skruːpl̩] *m meist Pl* scruple; [**keine**] ~ **haben, etw zu tun** to have [no] qualms about doing sth

skrupellos **I.** *Adj* unscrupulous **II.** *Adv* without scruple

Skrupellosigkeit <-> *f kein Pl* unscrupulousness

Skulptur <-, -en> [skʊlp'tuːɐ̯] *f* sculpture

Slalom <-s, -s> ['slaːlɔm] *m* slalom

Slawe, Slawin <-n, -n> ['slaːvə, 'slaːvɪn] *m, f* Slav

slawisch ['slaːvɪʃ] *Adj* Slav[on]ic; *s. a.* **deutsch**

Slawist(in) <-en, -en> [sla'vɪst] *m(f)* Slav[onic]ist

Slawistik <-> [sla'vɪstɪk] *f kein Pl* Slavonic studies + *sing verb*

Slip <-s, -s> [slɪp] *m* panties *pl*

Slipeinlage *f* panty liner

Slowake, Slowakin <-n, -n> [slo'vaːkə, slo'vaːkɪn] *m, f* Slovak

Slowakei <-> [slova'kai] *f* **die** ~ Slovakia

Slowakin <-, -nen> *f s.* **Slowake**

slowakisch [slo'vaːkɪʃ] *Adj* Slovak[ian]; *s. a.* **deutsch**

Slowakisch [slo'vaːkɪʃ] *nt dekl wie Adj* Slovak; *s. a.* **Deutsch**

Slowenien <-s> [slo'veːni̯ən] *nt* Slovenia

Slum <-s, -s> [slam] *m* slum

Smaragd <-[e]s, -e> [sma'rakt] *m* emerald

Smartphone <-s, -s> ['smaːɐ̯tfoːn, 'smart-] *nt* smartphone

Smog <-[s], -s> [smɔk] *m* smog

Smogalarm *m* smog alert

Smoking <-s, -s> ['smoːkɪŋ] *m* dinner jacket

SMS <-, -> [ɛsʔɛm'ɛs] *f* MEDIA, TELEK *Abk von* **Short Message Service** text [message]

so [zoː] **I.** *Adv* ❶ *mit Adj und Adv* (*derart*) so; **es ist ~, wie du sagst** it is [just] as you say; ~ **viel wie** as much as; ~ **wenig wie möglich** as little as possible ❷ *mit Verb* (*derart*) **ich habe mich ~ über ihn geärgert!** I was so angry with him; ~ **sehr, dass ...** to such a degree that ... ❸ (*auf diese Weise*) [just] like this/that, this/that way; ~ **musst du es machen** this is how you must do it; **es ist besser ~** it's better that way; ~ **ist das nun mal** (*fam*) that's the way things are; ~ **ist es** that's right; ~ **oder ~** either way; **und ~ weiter** et cetera; ~ **genannt** so-called ❹ (*solch*) ~ **ein(e)** ... such a/an ...; ~ **etwas** such a thing **II.** *Konj* ❶ (*konsekutiv*) ~ **dass** so that ❷ (*obwohl*) ~ **leid es mir auch tut** as sorry as I am **III.** *Interj* (*also*) right; **~, jetzt gehen wir ...** right, let's go and ...

sobald [zo'balt] *Konj* as soon as

Socke <-, -n> ['zɔkə] *f* sock ▶ **sich auf die ~n machen** to get a move on; **von den ~n sein** to be flabbergasted

Sockel <-s, -> ['zɔkl̩] *m* plinth

sodann [zo'dan] *Adv* (*veraltend*) ❶ (*dann, darauf, danach*) thereupon *old form* ❷ (*ferner, außerdem*) further

sodass[RR] [zo'das] *Konj* so that

Sodawasser *nt* soda [water]

Sodbrennen [zoːt-] *nt* heartburn

soeben [zo'ʔeːbn̩] *Adv* just

Sofa <-s, -s> ['zoːfa] *nt* sofa

sofern [zo'fɛrn] *Konj* provided that

sofort [zo'fɔrt] *Adv* at once

Soforthilfe *f* emergency relief *no art*

sofortig [zo'fɔrtɪç] *Adj* immediate

Softie <-s, -s> ['zɔfti] *m* (*fam*) softie

Software <-, -s> ['sɔftvɛːɐ̯] *f* software

Softwarepaket *nt* software package

sogar [zo'gaːɐ̯] *Adv* even

sogleich [zo'glaiç] *Adv* (*geh*) immediately

Sohle <-, -n> ['zoːlə] *f* sole ▶ **auf leisen ~n** noiselessly

Sohn <-[e]s, Söhne> [zoːn, *Pl:* 'zøːnə] *m* son

Sojabohne *f* soybean

solang [zo'laŋ], **solange** [zo'laŋə] *Konj* as [*or* so] long as

Solarenergie *f* solar energy

S

Solarium <-s, -ien> [zo'laːri̯ʊm, *Pl:* -'lari̯ən] *nt* solarium
solch [zɔlç] *Adj* such; ~ **ein Mann** such a man
solche(r, s) *Adj* ① *attr* such; **er hatte ~ Angst** he was so afraid ② *substantivisch* (*diese Art Menschen*) such people, people like that; (*so jemand*) such a person, a person like this/that; **als ~(r, s)** as such, in itself
Sold <-[e]s> [zɔlt] *m kein Pl* pay
Soldat(in) <-en, -en> [zɔl'daːt] *m(f)* soldier
Soldatenfriedhof *m* military cemetery
Söldner(in) <-s, -> ['zœldnɐ] *m(f)* mercenary
solid [zo'liːt], **solide** [zo'liːdə] *Adj* solid
solidarisch [zoli'daːrɪʃ] *Adj* **eine ~e Haltung** an attitude of solidarity; **sich ~ erklären** to declare one's solidarity
solidarisieren* [zolidari'ziːrən] *refl V* **sich ~** to show [one's] solidarity
Solidarität <-> [zolidari'tɛːt] *f kein Pl* solidarity; **aus ~** out of solidarity
Solidaritätszuschlag *m* POL *surcharge on income tax to finance the economic rehabilitation of former East Germany*
Solidarpakt *m* POL solidarity pact
Solist(in) <-en, -en> [zo'lɪst] *m(f)* soloist
Soll <-[s], -[s]> [zɔl] *nt* ① FIN debit side; **~ und Haben** debit and credit ② (*Ziel*) target; **sein ~ erfüllen** to reach one's target
sollen ['zɔlən] **I.** *Hilfsverb, modal* <sollte, sollen> ① (*etw zu tun haben*) **du sollst herkommen, habe ich gesagt!** I said [you should] come here!; **was ~ wir machen?** what shall we do? ② *konditional* (*falls*) **sollte das passieren, ...** should that happen ... ③ *konjunktivisch* (*eigentlich müssen*) **du sollst dich schämen!** you should be ashamed [of yourself]; **was hätte ich tun ~?** what should I have done?; **so soll es sein** that's how it ought to be ④ (*angeblich sein*) **etw sein/tun ~** to be supposed to be/do sth; **was soll das heißen?** what's that supposed to mean? ⑤ (*dürfen*) **du hättest das nicht tun ~** you should not have done that **II.** *intr V* <sollte, gesollt> ① (*müssen*) **du sollst sofort nach Hause** you should go home at once ② (*bedeuten*) **was soll der Blödsinn?** what's all this nonsense about?; **was soll das?** what's that supposed to mean?; **was soll's?** who cares?
Solo <-s, Soli> ['zoːlo, *Pl:* 'zoːli] *nt* solo
Somalia <-> [zo'maːli̯a] *nt* Somalia
Somalier(in) <-s, -> *m(f)* Somali
somalisch *Adj* Somali; *s. a.* **deutsch**
somit [zo'mɪt] *Adv* therefore
Sommer <-s, -> ['zɔmɐ] *m* summer; **im nächsten ~** next summer
sommerlich *Adj* summer; **~es Wetter** summer weather **Sommersprosse** *f meist Pl* freckle *usu pl*
Sonate <-, -n> [zo'naːtə] *f* sonata
Sonde <-, -n> ['zɔndə] *f* probe
Sonderangebot *nt* special offer; **etw im ~ haben** to have sth on special offer **Sonderausführung** *f* custom-built model
sonderbar ['zɔndɐbaːɐ̯] **I.** *Adj* strange **II.** *Adv* strangely
Sonderbedingungen *Pl* special terms **Sonderbeilage** *f* MEDIA special supplement **Sonderfall** *m* special case **Sonderkommando** *nt* MIL, POL special unit
Sonderling <-s, -e> ['zɔndɐlɪŋ] *m* oddball
Sondermüll *m* hazardous waste
sondern ['zɔndɐn] *Konj* but
Sonderpreis *m* special price **Sonderregelung** *f* special provision **Sonderschule** *f* special school **Sonderstellung** *f* special position **Sonderurlaub** *m* special leave; (*im Todesfall*) compassionate leave BRIT **Sondervergütung** *f* ÖKON fringe [*or* supplementary] benefits *pl* **Sonderzug** *m* special train
sondieren* [zɔn'diːrən] *tr V* to sound out *sep*
Sonett <-[e]s, -e> [zo'nɛt] *nt* sonnet
Sonnabend ['zɔnʔaːbn̩t] *m* Saturday
sonnabends *Adv* on Saturday[s]
Sonne <-, -n> ['zɔnə] *f* sun; **die ~ geht auf/unter** the sun rises/sets
sonnen ['zɔnən] *refl V* ① **sich ~** to sun oneself ② (*genießen*) **sich in etw** *Dat* **~** to bask in sth
Sonnenaufgang *m* sunrise **Sonnenbad** *nt* sunbathing *no art, no pl;* **ein ~ nehmen** to sunbathe **Sonnenblume** *f* sunflower **Sonnenblumenöl** *nt* sunflower oil **Sonnenbrand** *m* sunburn *no art;* **einen ~ bekommen** to get sun-

S

burnt **Sonnenbrille** *f* sunglasses *pl* **Sonneneinstrahlung** *f* insolation **Sonnenenergie** *f* solar energy **Sonnenfinsternis** *f* solar eclipse **Sonnenlicht** *nt kein Pl* sunlight **Sonnenmilch** *f* suntan lotion **Sonnenöl** *nt* suntan oil **Sonnenschein** *m* sunshine; **bei strahlendem ~** in brilliant sunshine **Sonnenschirm** *m* sunshade **Sonnenschutzmittel** *nt* sun protection product **Sonnenstich** *m* sunstroke *no art;* **einen ~ haben** to have sunstroke **Sonnenstrahl** *m* sunbeam **Sonnensystem** *nt* solar system **Sonnenuntergang** *m* sunset

sonnig ['zɔnɪç] *Adj* sunny

Sonntag ['zɔntaːk] *m* Sunday; *s. a.* **Dienstag**

sonntäglich *Adj* Sunday *attr*

sonntags *Adv* on Sundays

Sonntagsdienst *m* Sunday duty

Sonn- und Feiertage *Pl* Sundays and bank holidays

sonst [zɔnst] *Adv* 1 (*andernfalls*) or [else] 2 (*gewöhnlich*) usually; **kälter als ~** colder than usual 3 (*außerdem*) **wer war ~ anwesend?** who else was present?; **~ noch etwas** something else; **~ keine(r/s)** nothing/nobody else

sonstig ['zɔnstɪç] *Adj attr* [all/any] other

Sopran <-s, -e> [zo'praːn] *m kein Pl* soprano

Sorge <-, -n> ['zɔrgə] *f* worry (**um** for); **keine ~!** (*fam*) don't [you] worry; **lassen Sie das meine ~ sein!** let me worry about that; **machen Sie sich deswegen keine ~n!** don't worry about that; **wir haben uns solche ~n gemacht!** we were so worried; **eine große ~** a serious worry; **~n haben** to have problems; **jdm ~n machen** to cause sb a lot of worry; **es macht jdm ~n, dass ...** it worries sb that ...; **mit ~** with concern

sorgen ['zɔrgn̩] **I.** *intr V* 1 (*sich kümmern*) **für jdn ~** to provide for sb 2 (*besorgen*) **für etw ~** to get sth; **dafür ~, dass ...** to see to it that; **dafür ist gesorgt** that's taken care of 3 (*bewirken*) **für Aufsehen ~** to cause a sensation **II.** *refl V* **sich um jdn/etw ~** to be worried about sb/sth

Sorgerecht *nt kein Pl* custody

Sorgfalt <-> ['zɔrkfalt] *f kein Pl* care

sorgfältig **I.** *Adj* careful **II.** *Adv* carefully

sorglos ['zɔrkloːs] **I.** *Adj* 1 (*achtlos*) careless 2 (*sorgenfrei*) carefree **II.** *Adv* 1 carelessly 2 free of care

Sorglosigkeit <-> *f kein Pl* carelessness; (*ohne Sorge*) carefreeness

sorgsam ['zɔrkzaːm] *Adj s.* **sorgfältig**

Sorte <-, -n> ['zɔrtə] *f* 1 (*Art*) kind 2 (*Marke*) brand

sortieren* [zɔr'tiːrən] *tr V* **etw [nach Farbe] ~** to sort sth [according to colour]; **etw [alphabetisch] ~** to arrange sth in alphabetical order

Sortiment <-[e]s, -e> [zɔrti'mɛnt] *nt* range [of goods]

Soße <-, -n> ['zoːsə] *f* sauce

Souffleur <-s, -e> [zu'fløːɐ̯] *m*, **Souffleuse** <-, -n> [zu'fløːzə] *f* prompter

Souterrain <-s, -s> [sutɛ'rɛ̃ː, 'zuːtɛrɛ̃] *nt* basement

Souvenir <-s, -s> [zuvə'niːɐ̯] *nt* souvenir

Souvenirladen *m* souvenir shop

souverän [zuvə'rɛːn] **I.** *Adj* 1 POL sovereign *attr* 2 (*überlegen*) superior **II.** *Adv* with superior ease

Souveränität <-> [zuvərɛni'tɛːt] *f kein Pl* 1 POL sovereignty 2 (*Überlegenheit*) superior ease

soviel [zo'fiːl] *Konj* as far as; **~ ich weiß** as far as I know; **~ ich auch trinke, ...** no matter how much I drink ...

soweit [zo'vait] *Konj* as far as

sowenig [zo'veːnɪç] *Konj* **~ ... auch** however little ...

sowie [zo'viː] *Konj* 1 (*sobald*) as soon as 2 (*und auch*) as well as

sowieso [zovi'zoː] *Adv* anyway

Sowjetunion [zɔ'vjɛtʔuni̯oːn] *f* **die ~** the Soviet Union

sowohl [zo'voːl] *Konj* **~ ... als auch ...** both ... and ...

sozial [zo'tsi̯aːl] **I.** *Adj* social **II.** *Adv* **~ schwach** socially deprived; **~ denken** to be social-minded

Sozialabgaben *Pl* social security contributions **Sozialamt** *nt* social security office BRIT, welfare department AM **Sozialarbeiter(in)** *m(f)* social worker **Sozialausgaben** *Pl* public expenditure **Sozialdemokrat(in)** [zo'tsi̯aːldemokraːt] *m(f)* social democrat **sozialdemokratisch** *Adj* social-democratic **Sozialgefüge** [zo'tsi̯aːl-] *nt* SOZIOL social welfare net **Sozialhilfe** *f kein Pl* income sup-

S

port, [social] welfare AM **Sozialhilfeempfänger(in)** *m(f)* person receiving income support

Sozialisation <-> [zotsi̯aliza'tsi̯o:n] *f kein Pl* SOZIOL, PSYCH socialization

Sozialismus <-> [zotsi̯a'lɪsmʊs] *m kein Pl* socialism

Sozialist(in) <-en, -en> [zotsi̯a'lɪst] *m(f)* socialist

sozialistisch [zotsi̯a'lɪstɪʃ] *Adj* socialist

Sozialkompetenz [zo'tsi̯a:lkɔmpetɛnts] *f* PSYCH, SOZIOL (*fachspr*) social competence **Sozialleistungen** *Pl* (*des Staates*) social services **Sozialpolitik** *f kein Pl* social policy **Sozialstaat** *m* welfare state **Sozialversicherung** *f* National Insurance BRIT, Social Security AM **Sozialwissenschaften** *Pl* social sciences **Sozialwohnung** *f* council house BRIT, [housing] project AM

Soziologe, **Soziologin** <-n, -n> [zotsi̯o'lo:gə, -'lo:gɪn] *m, f* sociologist

Soziologie <-> [zotsi̯olo'gi:] *f kein Pl* sociology

Soziologin <-, -nen> *f s.* **Soziologe**

Sozius, **Sozia** <-, Sozii> ['zo:tsi̯ʊs, 'zo:tsi̯a, *Pl:* 'zo:tsii] *m, f* ÖKON partner

sozusagen [zo:tsu'za:gn̩] *Adv* so to speak

Spachtel <-s, -> ['ʃpaxtl̩] *m* spatula

spachteln ['ʃpaxtl̩n] *intr V* (*fam: viel essen*) to tuck in

Spagetti[RR] *Pl s.* **Spaghetti**

Spaghetti [ʃpa'gɛti] *Pl* spaghetti + *sing verb*

spähen ['ʃpɛ:ən] *intr V* **aus dem Fenster** ~ to peer out of the window; **durch etw** *Akk* ~ to peep through sth

Spalier <-s, -e> [ʃpa'li:ɐ̯] *nt* (*Menschenreihe*) line; ~ **stehen** to form a line

Spalt <-[e]s, -e> [ʃpalt] *m* gap; (*Riss*) crack

Spalte <-, -n> ['ʃpaltə] *f* ① (*Öffnung*) fissure; (*in Fels a.*) crevice ② TYPO, MEDIA column

spalten ['ʃpaltn̩] **I.** *tr V* <*PP* gespalten *o* gespaltet> ① (*zerteilen*) to split; *Holz* to chop ② (*trennen*) to divide **II.** *refl V* **sich** ~ ① (*reißen*) to split ② (*sich teilen*) to divide

Spaltprodukt *nt* NUKL fission product

Spaltung <-, -en> *f* ① NUKL fission ② (*Aufspaltung*) division

Spammail, **Spam-Mail** ['spɛmme:l] *f o nt* INET spam [mail] **Spamfilter** *m* INET spam filter [*or* filtering], anti-spam check

Span <-[e]s, Späne> [ʃpa:n, *Pl:* 'ʃpɛ:nə] *m* shaving

Spanferkel ['ʃpa:nfɛrkl̩] *nt* sucking pig

Spange <-, -n> ['ʃpaŋə] *f* ① (*Haarspange*) hairslide BRIT, barrette AM ② (*Zahnspange*) [dental] brace

Spanien <-s> ['ʃpa:ni̯ən] *nt* Spain

Spanier(in) <-s, -> ['ʃpa:ni̯ɐ] *m(f)* Spaniard; **die** ~ the Spanish

spanisch ['ʃpa:nɪʃ] *Adj* Spanish ▶ **das kommt mir ~ vor** (*fam*) I don't like the look of it/this

Spanisch ['ʃpa:nɪʃ] *nt dekl wie Adj* Spanish; **auf** ~ in Spanish

spann [ʃpan] *Imp von* **spinnen**

Spann <-[e]s, -e> [ʃpan] *m* instep

Spannbetttuch[RR] *nt* fitted sheet

Spanne <-, -n> ['ʃpanə] *f* ÖKON margin

spannen ['ʃpanən] **I.** *tr V* ① (*straffen*) to tighten ② (*aufspannen*) to put up; **ein Seil zwischen etw** *Akk* ~ to stretch a rope between sth ③ (*anspannen*) **ein Tier vor etw** *Akk* ~ to harness an animal to sth **II.** *refl V* **sich** ~ to become taut

spannend *Adj* exciting; **mach's nicht so ~!** don't keep me in suspense

Spannkraft *f kein Pl* PHYS tension force

Spannung <-, -en> *f* ① *kein Pl* suspense; **etw mit ~ erwarten** to await sth full of suspense ② *meist Pl a.* PHYS (*Anspannung*) tension ③ ELEK voltage; **unter ~ stehen** to be live

Spannungsmesser <-s, -> *m* ELEK voltmeter

Spannweite *f* ① (*Vogel*) wingspan ② BAU span

Spanplatte *f* chipboard *no pl*

Sparbuch *nt* savings book

Sparbüchse *f* piggy bank

sparen ['ʃpa:rən] **I.** *tr V* ① to save ② (*ersparen*) **jdm/sich etw** ~ to spare sb/oneself sth **II.** *intr V* **auf etw** *Akk* ~ to save up for sth

Sparer(in) <-s, -> *m(f)* saver

Spargel <-s, -> ['ʃpargl̩] *m* asparagus *no pl*

Sparguthaben *nt* savings *pl*

Sparkasse *f* bank

spärlich ['ʃpɛ:ɐ̯lɪç] **I.** *Adj* sparse **II.** *Adv* sparsely; ~ **bekleidet** scantily clad

Sparmaßnahme *f* cost-cutting measure **Sparpreis** *m* budget [*or* economy] price
sparsam ['ʃpaːɐ̯zaːm] **I.** *Adj* economical **II.** *Adv* sparingly
Sparsamkeit <-> *f kein Pl* thriftiness
Sparschwein *nt* piggy bank **Spartarif** *m* TELEK, INET budget tariff BRIT, budget rate AM
Sparte <-, -n> ['ʃpartə] *f* ÖKON line of business
Spaß <-es, Späße> [ʃpaːs, *Pl:* 'ʃpɛːsə] *m* ① *kein Pl* (*Vergnügen*) fun; **viel ~!** have fun!; **~ haben** to have fun; **an etw** *Dat* **~ haben** to enjoy sth; [**nur**] **~ machen** to be [just] kidding; **es macht jdm ~, etw zu tun** sb enjoys doing sth; **jdm den ~ verderben** to spoil sb's fun ② (*Scherz*) joke; **~ muss sein** there's no harm in a joke; **keinen ~ verstehen** to not stand for any nonsense; **~ beiseite** joking apart ▸ **ein teurer ~ sein** to be an expensive business
Spaßbad *nt* waterpark
spaßen ['ʃpaːsn̩] *intr V* to joke; **mit etw** *Dat* **ist nicht zu ~** sth is no joking matter
Spaßgesellschaft *f* SOZIOL (*pej*) hedonistic society
spaßig ['ʃpaːsɪç] *Adj* funny
Spaßverderber(in) <-s, -> *m(f)* spoilsport **Spaßvogel** *m* joker
spät [ʃpɛːt] **I.** *Adj* late; **am ~en Abend** in the late evening; **~ sein/werden** to be/be getting late **II.** *Adv* late; **~ dran sein** to be late ▸ **wie ~** what time
Spaten <-s, -> ['ʃpaːtn̩] *m* spade
später ['ʃpɛːtɐ] **I.** *Adj* later **II.** *Adv* later [on]; **bis ~!** see you later!; **jdn auf ~ vertrösten** to put sb off; **~** [**ein**]**mal** at a later date; **nicht ~ als** not later than
spätestens ['ʃpɛːtəstn̩s] *Adv* at the latest
Spätlese *f* late vintage
Spätschaden <-s, -schäden> *m meist Pl* long-term damage *no pl, no indef art* **Spätschicht** *f* late shift **Spätvorstellung** *f* late show
Spatz <-en *o* -es, -en> [ʃpats] *m* sparrow
Spätzle ['ʃpɛtslə] *Pl* SÜDD spaetzle *+ sing/pl verb* (*small dough dumplings*)
spazieren* [ʃpa'tsiːrən] *intr V sein* to stroll; **den Hund ~ führen** to take the dog for a walk; **~ fahren/gehen** to go for a drive/walk
Spazierfahrt *f* drive; **eine ~ machen** to go for a drive **Spaziergang** <-gänge> *m* walk; **einen ~ machen** to go for a walk **Spaziergänger(in)** <-s, -> *m(f)* stroller **Spazierstock** *m* walking stick
Specht <-[e]s, -e> [ʃpɛçt] *m* woodpecker
Speck <-[e]s, -e> [ʃpɛk] *m* bacon *no pl*
speckig ['ʃpɛkɪç] *Adj* greasy
Speckschwarte *f* bacon rind *no pl*
Spediteur(in) <-s, -e> [ʃpedi'tøːɐ̯] *m(f)* haulage [*or* AM shipping] contractor
Spedition <-, -en> [ʃpedi'tsi̯oːn] *f* ÖKON, TRANSP haulage company
Speditionskosten *Pl* haulage costs *pl,* carrying charges *pl*
Speerwerfen *nt kein Pl* javelin
Speiche <-, -n> ['ʃpaiçə] *f* spoke
Speichel <-s> ['ʃpaiçl̩] *m kein Pl* saliva
Speichelprobe *f* MED, JUR saliva sample
Speicheltest *m* JUR, MED saliva test
Speicher <-s, -> ['ʃpaiçɐ] *m* ① (*Dachboden*) attic; **auf dem ~** in the attic ② (*Lagerhaus*) storehouse ③ COMPUT memory
speichern ['ʃpaiçɐn] *tr, intr V* ① to store ② COMPUT to save (**auf** on[to], **unter** as)
Speicherplatz *m* COMPUT memory space
Speicherung <-, -en> *f* COMPUT storage *no pl*
Speise <-, -n> ['ʃpaizə] *f meist Pl* meal
Speiseeis *nt* (*geh*) ice cream **Speisekarte** *f* menu
speisen ['ʃpaizn̩] *intr V* to dine
Speisenfolge *f* menu, order of the courses
Speiseöl *nt* culinary oil **Speiseröhre** *f* gullet **Speisewagen** *m* restaurant car
spektakulär [ʃpɛktaku'lɛːɐ̯] *Adj* spectacular
Spekulant(in) <-en, -en> [ʃpeku'lant] *m(f)* speculator
spekulieren* [ʃpeku'liːrən] *intr V* to speculate (**auf** *+Akk* on)
spendabel [ʃpɛn'daːbl̩] *Adj* generous
Spende <-, -n> ['ʃpɛndə] *f* donation
spenden ['ʃpɛndn̩] *tr, intr V* to donate (**für** to); *Blut* to give
Spender <-s, -> ['ʃpɛndɐ] *m* (*Behälter*) dispenser
Spender(in) <-s, -> ['ʃpɛndɐ] *m(f)*

S

❶ (*jd, der spendet*) donator ❷ MED donor

spendieren* [ʃpɛn'diːrən] *tr V* (*fam*) [**jdm**] **etw** ~ to get [sb] sth; **das Essen spendiere ich** the dinner's on me

Sperber <-s, -> ['ʃpɛrbɐ] *m* sparrowhawk

Sperling <-s, -e> ['ʃpɛrlɪŋ] *m* sparrow

Sperma <-s, Spermen> ['ʃpɛrma, 'spɛrma, *Pl:* -mata] *nt* sperm

Sperre <-, -n> ['ʃpɛrə] *f* barrier

sperren ['ʃpɛrən] **I.** *tr V* ❶ (*schließen*) to close off (**für** to) ❷ (*blockieren*) to block; *Konto* to freeze ❸ (*inhaftieren*) **jdn in etw** *Akk* ~ to lock sb up in sth ❹ SPORT to ban **II.** *refl V* **sich** ~ to back away (**gegen** from)

Sperrfrist *f* JUR, FIN qualifying period

Sperrgut *nt* (*geh*) bulky freight *no pl*

sperrig ['ʃpɛrɪç] *Adj* unwieldy

Sperrmüll *m* skip refuse

Sperrmüllabfuhr *f* bulky waste collection

Sperrstunde *f* closing time

Spesen ['ʃpeːzn̩] *Pl* expenses *pl;* **auf** ~ on expenses

Spezialausbildung *f* special[ized] training **Spezialgebiet** *nt* special field

spezialisieren* [ʃpetsi̯ali'ziːrən] *refl V* **sich** ~ to specialize (**auf** in)

Spezialisierung <-, -en> *f* specialization

Spezialist(in) <-en, -en> [ʃpetsi̯a'lɪst] *m(f)* specialist

Spezialität <-, -en> [ʃpetsi̯ali'tɛːt] *f* speciality

speziell [ʃpe'tsi̯ɛl] **I.** *Adj* special **II.** *Adv* especially

spezifisch [ʃpe'tsiːfɪʃ] *Adj* specific

Spezifizierung <-, -en> *f* (*geh*) specification

Sphäre <-, -n> ['sfɛːrə] *f* sphere

Sphinx <-, -e *o* Sphingen> [sfɪŋks, *Pl:* 'sfɪŋən] *f* sphinx

spicken ['ʃpɪkn̩] *tr V* ❶ KOCHK to lard; **gespickt** larded ❷ (*fig: durchsetzen*) to lard ❸ (*fam: abschreiben*) to crib

Spiegel <-s, -> ['ʃpiːgl̩] *m* mirror ▶ **jdm den ~ vorhalten** to hold up a mirror to sb

Spiegelbild *nt* mirror image **Spiegelei** *nt* fried egg

spiegeln ['ʃpiːgl̩n] **I.** *intr V* (*spiegelblank sein*) to gleam **II.** *refl V* **sich in etw** *Dat* ~ to be reflected in sth

Spiegelreflexkamera *f* reflex camera **Spiegelschrank** *m* mirrored cabinet/wardrobe

Spiel <-[e]s, -e> [ʃpiːl] *nt* ❶ game ❷ SPORT match; **die Olympischen ~e** the Olympic Games ▶ **ein abgekartetes ~** a set-up; **leichtes ~ haben** to have an easy job of it; **das ~ ist aus** the game is up; **jdn/etw aus dem ~ lassen** to keep sb/sth out of it; **etw aufs ~ setzen** to put sth on the line; **auf dem ~ stehen** to be at stake; **jdm das ~ verderben** to ruin sb's plans

Spielautomat *m* gambling machine **Spielbank** *f* casino

spielen ['ʃpiːlən] **I.** *tr V* to play ▶ **was wird hier gespielt?** what's going on here? **II.** *intr V* ❶ to play; (*Glücksspiel*) to gamble ❷ (*auftreten*) **in etw** *Dat* ~ to star in sth; **gut/schlecht ~** to play well/badly ❸ *Begebenheit* **irgendwann/irgendwo ~** to be set in some time/place

spielend *Adv* easily

Spieler(in) <-s, -> ['ʃpiːlɐ] *m(f)* ❶ player ❷ (*Glücksspieler*) gambler

Spielerei <-, -en> [ʃpiːlə'rai] *f meist Pl* (*Kinkerlitzchen*) knick-knacks *pl*

spielerisch **I.** *Adj* playful **II.** *Adv* playfully

Spielerwechsel *m* SPORT substitution

Spielfeld ['ʃpiːlfɛlt] *nt* playing field **Spielfilm** *m* film **Spielkamerad(in)** *m(f)* playmate **Spielkarte** *f* playing card **Spielkasino** *nt* casino **Spielleiter(in)** <-s, -> *m(f)* ❶ TV, FILM, THEAT director ❷ SPORT organizer **Spielplatz** *m* playground **Spielraum** *m* scope *no pl* **Spielregel** *f meist Pl* rules *pl* **Spielsachen** *Pl* toys **Spielsüchtige(r)** *dekl wie Adj f(m) dekl wie Adj* compulsive gambler **Spielverbot** *nt* SPORT ban **Spielverderber(in)** <-s, -> *m(f)* spoilsport **Spielzeit** *f* SPORT playing time **Spielzeug** *nt* toy

Spieß <-es, -e> [ʃpiːs] *m* KOCHK spit; (*kleiner*) skewer ▶ **den ~ umdrehen** to turn the tables

Spießbürger(in) *m(f) s.* **Spießer**

spießbürgerlich *Adj s.* **spießig**

spießen ['ʃpiːsn̩] *tr V* **etw auf etw** *Akk* ~ to skewer sth on sth

S

Spießer(in) <-s, -> ['ʃpiːsɐ] *m(f)* (*fam*) pedant
spießig ['ʃpiːsɪç] *Adj* (*fam*) pedantic
Spießigkeit <-> *f kein Pl* (*pej fam*) narrow-mindedness
Spinat <-[e]s> [ʃpi'naːt] *m kein Pl* spinach
spindeldürr ['ʃpɪndl̩'dʏr] *Adj* (*fam*) thin as a rake
Spinne <-, -n> ['ʃpɪnə] *f* spider
spinnen <spann, gesponnen> ['ʃpɪnən] **I.** *tr V Wolle* to spin **II.** *intr V* (*fam: verrückt sein*) to be mad; **du spinnst wohl!** you must be mad!
Spinner(in) <-s, -> ['ʃpɪnɐ] *m(f)* (*fam*) nutcase
Spinnerei <-, -en> [ʃpɪnə'rai] *f* (*fam*) nonsense *no pl*
Spinngewebe *nt* spider's web
Spion(in) <-s, -e> [ʃpi̯oːn] *m(f)* spy
Spionage <-> [ʃpi̯o'naːʒə] *f kein Pl* espionage
spionieren* [ʃpi̯o'niːrən] *intr V* to spy
Spirale <-, -n> [ʃpi'raːlə] *f* spiral
spiritistisch *Adj* spiritualistic
Spirituosen [ʃpiri'tu̯oːzn̩, sp-] *Pl* spirits
Spiritus <-> [ʃpiːritʊs] *m kein Pl* spirit
Spirituskocher *m* spirit stove
Spital <-s, Spitäler> [ʃpi'taːl, *Pl:* -'tɛːlɐ] *nt* hospital
spitz [ʃpɪts] *Adj* pointed
Spitzbart *m* goatee
spitz|bekommen* *tr V unreg* (*sl*) to cotton [*or* AM catch] on *fam;* **~, dass ...** to cotton on to the fact that ...
Spitzbube *m* scallywag
spitzbübisch **I.** *Adj* cheeky **II.** *Adv* cheekily
Spitze <-, -n> ['ʃpɪtsə] *f* ❶ point ❷ (*erster Platz*) top ❸ *Pl* (*führende Leute*) the top ▶ **~ sein** (*fam*) to be great; **etw auf die ~ treiben** to take sth to extremes
Spitzel <-s, -> ['ʃpɪtsl̩] *m* informer
spitzen ['ʃpɪtsn̩] *tr V* to sharpen
Spitzengehalt *nt* top salary **Spitzenkandidat(in)** *m(f)* POL top candidate **Spitzenklasse** *f* top-class **Spitzenleistung** *f* top performance **Spitzenqualität** *f* top quality *no pl* **Spitzenreiter** *m* top seller
spitzfindig *Adj* hair-splitting
Spitzname *m* nickname; **sie gaben ihm den ~n ...** they nicknamed him ...

S

spitzzüngig [ʃpɪts'tsʏŋɪç] *Adj* sharp-tongued
Splitter <-s, -> ['ʃplɪtɐ] *m* splinter
Sponsor(in) <-s, -soren> ['ʃpɔnzɐ, 'sp-, -'zoːrɪn, *Pl:* -'zoːrən] *m(f)* sponsor
spontan [ʃpɔn'taːn, sp-] *Adj* spontaneous
sporadisch [ʃpo'raːdɪʃ, sp-] *Adj* sporadic
Spore <-, -n> ['ʃpoːrə] *f* BIOL spore
Sport <-[e]s, *selten* -e> [ʃpɔrt] *m* sport *no pl;* **~ treiben** to do sport
Sportabzeichen *nt* sports certificate **Sportart** *f* discipline **Sportbericht** *m* sports report **Sportgeschäft** *nt* sports shop **Sporthalle** *f* sports hall **Sportlehrer(in)** *m(f)* PE teacher
Sportler(in) <-s, -> ['ʃpɔrtlɐ] *m(f)* sportsman *masc,* sportswoman *fem*
sportlich ['ʃpɔrtlɪç] **I.** *Adj* ❶ (*trainiert*) athletic ❷ (*fair*) sportsmanlike ❸ MODE casual **II.** *Adv* (*flott*) casually
Sportnachrichten *Pl* sports news **Sportplatz** *m* sports field **Sportveranstaltung** *f* sports event **Sportverein** *m* sports club **Sportwagen** *m* sports car
Spott <-[e]s> [ʃpɔt] *m kein Pl* mockery
spotten ['ʃpɔtn̩] *intr V* to mock; [**über jdn/etw**] ~ to make fun [of sb/sth]
spöttisch ['ʃpœtɪʃ] *Adj* mocking
sprachbegabt *Adj* **~ sein** to be good at languages
Sprache <-, -n> ['ʃpraːxə] *f* ❶ language ❷ *kein Pl* (*das Sprechen*) speech; **etw zur ~ bringen** to bring sth up; **zur ~ kommen** to come up ▶ **eine deutliche ~ sprechen** to speak for itself; **mit der ~ herausrücken** to come out with it; **jdm die ~ verschlagen** to leave sb speechless; **heraus mit der ~!** (*fam*) out with it!
Sprachfehler *m* speech impediment **Sprachförderung** *f* language training **Sprachkenntnisse** *Pl* language skills **Sprachkurs** *m* language course **Sprachlehre** *f* grammar **Sprachlehrer(in)** <-s, -> *m(f)* language teacher
sprachlos *Adj* speechless
Sprachstudium *nt* course of study in languages **Sprachwissenschaft** *f* linguistics + *sing verb*
Spray <-s, -s> [ʃpreː, spreː] *m o nt* spray
sprechen <spricht, sprach, gespro-

chen> [ˈʃprɛçn̩] **I.** *intr V* ❶ (*reden*) to speak (**mit** with), to talk (**mit** to); **sprich nicht so laut** don't talk so loud; **auf etw zu ~ kommen** to come to talk about sth; **für sich [selbst] ~** to speak for itself; **über etw** *Akk* **spricht man nicht** sth is not talked about; **mit sich** *Dat* **selbst ~** to talk to oneself ❷ (*empfehlen*) **für etw ~** to be in favour of sth; **gegen etw ~** to speak against sth **II.** *tr V* ❶ (*können*) **~ Sie Chinesisch?** can you speak Chinese? ❷ (*aussprechen*) **etw ~** to say sth; **sie konnte keinen vernünftigen Satz ~** she couldn't say a single coherent sentence ❸ (*sich unterreden*) **jdn ~** to speak to sb; **wir ~ uns noch!** you haven't heard the last of this! ▶ **nicht gut auf jdn zu ~ sein** to be on bad terms with sb; **für jdn/niemanden zu ~ sein** to be available for sb/not be available for anyone

Sprecher(in) <-s, -> *m(f)* ❶ (*Wortführer*) spokesperson ❷ RADIO, TV announcer

Sprechfunkgerät *nt* walkie-talkie **Sprechstunde** *f* surgery; **~ halten** to hold surgery **Sprechstundenhilfe** *f* receptionist **Sprechzimmer** *nt* consultation room

spreizen [ˈʃpraitsn̩] *tr V* to spread

sprengen[1] [ˈʃprɛŋən] *tr V* ❶ to blow up ❷ (*gewaltsam auflösen*) to break up

sprengen[2] [ˈʃprɛŋən] *tr V Rasen* to water

Sprengkörper *m* explosive device **Sprengkraft** *f kein Pl* explosive force **Sprengstoff** *m* explosive **Sprengstoffanschlag** *m* bomb attack

Sprengwagen *m* street sprinkler

Sprichwort <-wörter> [ˈʃprɪçvɔrt, *Pl:* -vœrtɐ] *nt* proverb

sprießen <spross *o* sprießte, gesprossen> [ˈʃpriːsn̩] *intr V sein* BOT to sprout; *Haare* to grow

Springbrunnen *m* fountain

springen[1] <sprang, gesprungen> [ˈʃprɪŋən] *intr V sein Vase* to crack

springen[2] <sprang, gesprungen> [ˈʃprɪŋən] *intr V sein* to jump; **er sprang hin und her** he leapt about ▶ **etw ~ lassen** (*fam*) to fork out sth

springend *Adj* **der ~e Punkt** the crucial [*or* salient] point

Springer <-s, -> [ˈʃprɪŋɐ] *m* SCHACH knight

Springflut *f* spring tide

Spritze <-, -n> [ˈʃprɪtsə] *f* ❶ (*Nadel*) syringe ❷ (*Injektion*) injection; **eine ~ bekommen** to have an injection

spritzen [ˈʃprɪtsn̩] **I.** *intr V* ❶ *haben* (*in Tropfen*) to spray ❷ *sein* (*im Strahl*) to spurt **II.** *tr V haben* ❶ to squirt (**auf** onto) ❷ (*bewässern*) to sprinkle ❸ MED to inject ❹ AGR to spray (**gegen** against)

Spritzer <-s, -> *m* splash

spritzig [ˈʃprɪtsɪç] *Adj* sparkling

spröde [ˈʃprøːdə] *Adj* ❶ brittle; (*Haut*) rough ❷ (*abweisend*) aloof

spross[RR], **sproß**[ALT] [ʃprɔs] *Imp von* **sprießen**

Spross[RR] *m*, **Sproß**[ALT] <-sses, -sse> [ʃprɔs] *m* ❶ BOT shoot ❷ (*Nachkomme*) scion

Sprosse <-, -n> [ˈʃprɔsə] *f* step

Sprössling[RR] *m*, **Sprößling**[ALT] <-s, -e> [ˈʃprœslɪŋ] *m* offspring

Sprotte <-, -n> [ˈʃprɔtə] *f* sprat

Spruch <-[e]s, Sprüche> [ʃprʊx, *Pl:* ˈʃprʏçə] *m* saying ▶ **Sprüche klopfen** (*fam*) to drivel

Sprudel <-s, -> [ˈʃpruːdl̩] *m* ❶ sparkling mineral water ❷ ÖSTERR (*Limo*) fizzy drink

sprudeln [ˈʃpruːdl̩n] *intr V* ❶ *haben Sekt* to fizz ❷ *sein* (*heraussprudeln*) to bubble

Sprühdose *f* aerosol

sprühen [ˈʃpryːən] *tr, intr V* to spray; **vor Begeisterung ~** to bubble with excitement

sprühend *Adj* sparkling

Sprung <-[e]s, Sprünge> [ʃprʊŋ, *Pl:* ˈʃprʏŋə] *m* ❶ leap; **einen ~ machen** to leap ❷ (*Riss*) crack ▶ **ein großer ~ nach vorn** a giant leap forwards; **jdm auf die Sprünge helfen** to give sb a helping hand; **auf dem ~ sein** to be about to leave

Sprungbrett *nt* ❶ (*ins Wasser*) diving board ❷ (*Turngerät*) springboard

sprunghaft *Adj* ❶ (*rasant*) rapid ❷ (*unstet*) volatile

Sprungschanze *f* ski jump **Sprungtuch** *nt* jumping blanket **Sprungturm** *m* diving platform

Spucke <-> [ˈʃpʊkə] *f kein Pl* spit ▶ **jdm bleibt die ~ weg** sb is flabbergasted

S

spucken ['ʃpʊkn̩] *intr, tr V* to spit
spuken ['ʃpu:kn̩] *intr V unpers* to haunt; **irgendwo spukt es** somewhere is haunted
Spüle <-, -n> ['ʃpy:lə] *f* [kitchen] sink
spülen ['ʃpy:lən] *intr, tr V* to wash up
Spülkasten *m* cistern **Spüllappen** *m* dishcloth **Spülmaschine** *f* dishwasher **Spülmittel** *nt* washing-up liquid, dish soap AM
Spülung <-, -en> *f* flush
Spülwasser *nt* dishwater, washing-up water BRIT
Spulwurm *m* roundworm
Spur <-, -en> [ʃpu:ɐ̯] *f* ❶ (*Fußspuren*) track[s *pl*] ❷ (*Anzeichen*) trace; **~en der Verwüstung** signs of devastation; **auf der falschen/richtigen ~ sein** to be on the wrong/right track; **eine heiße ~** a firm lead; **~en hinterlassen** to leave traces; **jdm auf die ~ kommen** to get onto sb; **jdm auf der ~ sein** to be on sb's trail ❸ (*kleine Menge*) trace ❹ (*Fahrspur*) lane; **aus der ~ geraten** to move out of lane
spüren ['ʃpy:rən] **I.** *tr V* ❶ (*körperlich*) to feel ❷ (*merken*) to sense; **etw zu ~ bekommen** to feel the force of sth **II.** *intr V* **~, dass ...** to sense that ...; **jdn ~ lassen, dass ...** to leave sb in no doubt that ...
spuren ['ʃpu:rən] *intr V* (*fam*) to toe the line
Spurenelement *nt* trace element
Spürhund *m* tracker dog
spurlos *Adv* without [leaving a] trace; **an jdm ~ vorübergehen** to not leave its mark on sb
Spurt <-s, -s *o* -e> [ʃpʊrt] *m* spurt
spurten ['ʃpʊrtn̩] *intr V sein* to spurt
Squash <-> [skvɔʃ] *nt* squash
Squashhalle *f* squash courts *pl*
Staat <-[e]s, -en> [ʃta:t] *m* ❶ state; **von ~s wegen** on the part of the [state] authorities ❷ (*Land*) country ❸ (*Bundesstaat*) **die Vereinigten ~en [von Amerika]** the United States [of America]
Staatenbund <-bünde> *m* confederation [of states]
staatlich **I.** *Adj* state *attr;* **~e Einrichtungen** state facilities **II.** *Adv* **~ anerkannt** state-approved; **~ gefördert** government-sponsored; **~ geprüft** [state-]certified; **~ subventioniert** state-subsidized
Staatsakt *m* state ceremony **Staatsangehörige(r)** *f(m) dekl wie Adj* citizen, national *form* **Staatsangehörigkeit** *f* nationality **Staatsanwalt, Staatsanwältin** *m, f* public prosecutor BRIT, District Attorney AM **Staatsausgaben** *Pl* public expenditure *no pl* **Staatsbeamte(r)** *m dekl wie Adj,* **Staatsbeamtin** *f* civil servant **Staatsbesitz** *m kein Pl* public ownership **Staatsbesuch** *m* state visit **Staatsbürger(in)** *m(f)* citizen **Staatsdienst** *m* civil service **Staatseigentum** *nt* state ownership
Staatsexamen *nt* state exam[ination]

> Some university courses in Germany, such as medicine, teaching and law, end with one or two sets of **Staatsexamen** (final examinations) carried out by government-approved examiners.

Staatsfinanzen *Pl* public finances **Staatsform** *f* form of government **Staatsgebiet** *nt* national territory **Staatshaushalt** *m* national budget **Staatskasse** *f* treasury, public purse BRIT **Staatskosten** *Pl* public expenses **Staatsminister(in)** <-s, -> *m(f)* secretary [*or* BRIT *a.* minister] of state **Staatsoberhaupt** *nt* head of state **Staatspräsident(in)** *m(f)* president **Staatsschuld** *f* FIN, POL national debt **Staatssekretär(in)** *m(f)* state secretary BRIT, undersecretary AM **Staatssicherheitsdienst** *m kein Pl* POL (*hist*) state security service **Staatsstreich** *m* coup
Stab <-[e]s, Stäbe> [ʃta:p, *Pl:* 'ʃtɛ:bə] *m* rod
Stabhochsprung *m* pole vault
stabil [ʃta'bi:l, st-] *Adj* ❶ (*strapazierfähig*) sturdy ❷ (*beständig*) stable ❸ (*nicht labil*) steady; *Gesundheit* sound
stabilisieren [ʃtabili'zi:rən] *tr V* to stabilize
Stabilität <-> [ʃtabili'tɛ:t, st-] *f kein Pl* stability
Stabschef(in) [-ʃɛf, -ʃɛfɪn] *m(f)* chief of staff
Stabsfeldwebel *m* MIL warrant officer 2nd class

Stabwechsel *m* SPORT baton change, changeover
Stachel <-s, -n> [ˈʃtaxl̩] *m* ① *Rose* thorn ② *Igel, Kaktus* spine ③ (*Giftstachel*) sting
Stachelbeere *f* gooseberry **Stacheldraht** *m* barbed wire **Stacheldrahtzaun** *m* barbed wire fence
stachelig [ˈʃtaxəlɪç] *Adj s.* **stachlig**
Stachelschwein *nt* porcupine
stachlig [ˈʃtaxlɪç] *Adj Rosen* thorny; *Kaktus, Tier* spiny
Stadel <-s, -> [ˈʃtaːdl̩] *m* SÜDD, ÖSTERR, SCHWEIZ barn
Stadion <-s, Stadien> [ˈʃtaːdi̯ɔn, *Pl:* ˈʃtaːdi̯ən] *nt* stadium
Stadium <-s, Stadien> [ˈʃtaːdi̯ʊm, *Pl:* ˈʃtaːdi̯ən] *nt* stage; **im letzten ~** MED at a terminal stage
Stadt <-, Städte> [ʃtat, *Pl:* ˈʃtɛːtə] *f* ① town; (*Großstadt*) city; **am Rande der ~** on the edge of [the] town ② (*Stadtverwaltung*) council
Stadtautobahn *f* urban motorway [*or* AM freeway] **Stadtbibliothek** *f* town/city [*or* municipal] library
Städtepartnerschaft *f* town twinning
Städter(in) <-s, -> [ˈʃtɛːtɐ] *m(f)* city/town dweller
Stadtgebiet *nt* municipal area
städtisch [ˈʃtɛːtɪʃ] *Adj* ① (*kommunal*) municipal ② (*urban*) urban
Stadtmauer *f* city/town wall **Stadtmitte** *f* city/town centre **Stadtplan** *m* [street] map **Stadtrand** *m* edge of [the] town, outskirts *pl* of the city **Stadtrat** *m* [city/town] council **Stadtrundfahrt** *f* sightseeing tour **Stadtstreicher(in)** *m(f)* city/town tramp **Stadtteil** *m* district **Stadttor** *nt* city/town gate **Stadtverkehr** *m* city/town traffic **Stadtverwaltung** *f* [city/town] council **Stadtviertel** *nt* district **Stadtwerke** *Pl* municipal services **Stadtzentrum** *nt* city/town centre
Staffel <-, -n> [ˈʃtafl̩] *f* SPORT [relay] team
Staffelei <-, -en> [ʃtafəˈlai] *f* easel
Staffellauf *m* relay [race]
staffeln [ˈʃtafl̩n] *tr V* (*einteilen*) to grade
Stagnation <-, -en> [ʃtagnaˈtsi̯oːn, st-] *f* stagnation
stagnieren* [ʃtaˈgniːrən, st-] *intr V* to stagnate
stahl [ʃtaːl] *Imp von* **stehlen**
Stahl <-[e]s, -e *o* Stähle> [ʃtaːl, *Pl:* ˈʃtɛːlə] *m* steel; **rostfreier ~** stainless steel
Stahlbeton *m* reinforced concrete **Stahlgerüst** *nt* steel scaffolding *no pl, no indef art* **stahlhart** [ˈʃtaːlˈhart] *Adj* (*a. fig*) [as] hard as steel *pred,* iron-hard *fig* **Stahlhelm** *m* steel helmet **Stahlindustrie** *f kein Pl* steel industry
staken [ˈʃtaːkn̩] *tr V Floß, Kahn* to pole, to punt
Stall <-[e]s, Ställe> [ʃtal, *Pl:* ˈʃtɛlə] *m* (*Hühnerstall*) coop; (*Kuhstall*) cowshed; (*Pferdestall*) stable; (*Schweinestall*) [pig]sty
Stallknecht *m* (*veraltend: für Pferde*) stable hand
Stamm <-[e]s, Stämme> [ʃtam, *Pl:* ˈʃtɛmə] *m* ① (*Baumstamm*) [tree] trunk ② (*Volksstamm*) tribe
Stammaktie *f* ordinary share, common stock AM **Stammbaum** *m* family tree **Stammbuch** *nt* family register
stammeln [ˈʃtaml̩n] *intr, tr V* to stammer
stammen [ˈʃtamən] *intr V* ① (*gebürtig sein*) **aus Berlin ~** to come from Berlin ② (*herrühren*) **aus dem 16. Jahrhundert ~** to date from the 16th century
Stammgast *m* regular [guest] **Stammhalter** *m* son and heir
stämmig [ˈʃtɛmɪç] *Adj* sturdy
Stammkapital *nt* ordinary share capital **Stammkunde, Stammkundin** *m, f* regular [customer] **Stammlokal** *nt* local restaurant/bar **Stammplatz** *m* regular seat
Stammtisch *m* regulars' table

> **Der Stammtisch** (a table reserved for regulars) can be found in most pubs and restaurants.

stampfen [ˈʃtampfn̩] *intr V* to stamp [one's foot]
Stampfer <-s, -> *m* (*Kartoffelstampfer*) [potato] masher
stand [ʃtant] *Imp von* **stehen**
Stand <-[e]s, Stände> [ʃtant, *Pl:* ˈʃtɛndə] *m* ① standing [position]; **einen sicheren ~ haben** to have a safe foothold ② (*Verkaufsstand*) stand ③ *kein Pl* (*Zustand*) state; **der ~ der Dinge** the [present] state of affairs; **der neu-**

este ~ **der Technik** state of the art; **auf dem neuesten ~ sein** to be up-to-date ▸ **aus dem ~ [heraus]** off the cuff

Standard <-s, -s> ['ʃtandart, 'st-] *m* standard

standardisieren* [ʃtandardi'zi:rən, st-] *tr V* to standardize

Ständchen <-s, -> ['ʃtɛntçən] *nt* serenade; **jdm ein ~ bringen** to serenade sb

Ständer <-s, -> ['ʃtɛndɐ] *m* stand

Standesamt *nt* registry office *esp* BRIT

standesamtlich *Adv* **sich ~ trauen lassen** to get married in a registry office, to be married by the Justice of the Peace AM

Standesbeamte(r) [krimi'na:l-] *m dekl wie Adj,* **Standesbeamtin** *f* registrar

standfest *Adj* steady

standhaft **I.** *Adj* steadfast **II.** *Adv* steadfastly

Standhaftigkeit <-> *f kein Pl* steadfastness

stand|halten ['ʃtanthaltn̩] *intr V unreg* [**etw** *Dat*] ~ ① (*widerstehen*) to hold out [against sth] ② (*aushalten*) to endure sth

ständig ['ʃtɛndɪç] **I.** *Adj* constant **II.** *Adv* constantly

Standlicht *nt kein Pl* sidelights *pl* BRIT, parking lights *pl* AM

Standort <-[e]s, -e> *m* location **Standpunkt** *m* [point of] view; **etw von einem anderen ~ aus betrachten** to see sth from a different point of view; **den ~ vertreten, dass ...** to take the view that ... **Standspur** *f* hard shoulder BRIT, shoulder AM **Standuhr** *f* grandfather clock

Stange <-, -n> ['ʃtaŋə] *f* pole; (*kürzer*) rod; (*Metallstange*) bar ▸ **eine [schöne] ~ Geld** (*fam*) a pretty penny; **bei der ~ bleiben** (*fam*) to stick at it; **jdn bei der ~ halten** (*fam*) to keep sb at it

StängelRR <-s, -> ['ʃtɛŋl̩] *m* stalk, stem

Stangenbrot *nt* French loaf

stänkern ['ʃtɛŋkɐn] *intr V* to stir things up

Stanniolpapier *nt* silver paper

stanzen ['ʃtantsn̩] *tr V* ① (*ausstanzen*) to press ② (*einstanzen*) **Löcher in etw** *Akk* ~ to punch holes in sth

Stapel <-s, -> ['ʃta:pl̩] *m* stack ▸ **etw vom ~ lassen** (*fam*) to come out with sth

Stapellauf *m* launch[ing]

stapeln ['ʃta:pl̩n] **I.** *tr V* to stack **II.** *refl V* **sich ~** to pile up

stapfen ['ʃtapfn̩] *intr V sein* **durch etw** *Akk* ~ to tramp through sth

Star1 <-[e]s, -e> [ʃta:ɐ̯, st-] *m* ① (*Vogel*) starling ② (*Augenleiden*) **grauer ~** grey cataract; **grüner ~** glaucoma

Star2 <-s, -s> [ʃta:ɐ̯] *m* star

stark <stärker, stärkste> [ʃtark] **I.** *Adj* ① (*kräftig; mächtig*) strong ② (*dick*) thick ③ *Hitze, Kälte* severe; *Regen* heavy ④ *Erkältung* bad ⑤ *Gefühle* intense ⑥ (*leistungsfähig*) powerful **II.** *Adv* ① (*heftig*) a lot; ~ **regnen** to rain heavily ② (*erheblich*) ~ **bluten** to bleed profusely; ~ **erkältet sein** to have a bad cold; ~ **gewürzt** highly spiced; ~ **übertreiben** to greatly exaggerate

Stärke <-, -n> ['ʃtɛrkə] *f* ① (*Kraft*) strength ② (*Macht*) power ③ (*Ausmaß*) size ④ (*Fähigkeit*) **jds ~ sein** to be sb's strong point ⑤ CHEM starch

stärken ['ʃtɛrkn̩] **I.** *tr V* to strengthen **II.** *refl V* **sich ~** to take some refreshment

stark|machen *refl V* (*fam*) **sich für jdn/etw ~** to stand up for sb/sth

Starkstrom *m* heavy current

Stärkung <-> *f kein Pl* strengthening

starr [ʃtar] *Adj* ① (*steif*) rigid ② (*erstarrt*) stiff; ~ **vor etw** *Dat* paralyzed with sth; ~ **vor Kälte** numb with cold; ~**er Blick** [fixed] stare

starren ['ʃtarən] *intr V* ① to stare ② **vor Dreck ~** to be thick with dirt

starrsinnig *Adj* stubborn

Start <-s, -s> [ʃtart, start] *m* ① start ② LUFT take-off; RAUM lift-off

Startbahn *f* [take-off] runway **startbereit** *Adj* ① LUFT ready for take-off *pred* ② SPORT ready to go *pred*

starten ['ʃtartn̩, 'st-] **I.** *intr V sein* ① to start ② LUFT to take off; RAUM to lift off **II.** *tr V haben* ① *Auto* to start; *Computer* to boot [up *sep*] ② *Rakete, Projekt* to launch

Starterlaubnis *f* clearance for take-off; **jdm ~ geben** to clear sb for take-off **Starthilfekabel** *nt* jump leads *pl,* jumper cables *pl* AM **Startkapital** *nt* starting

S

capital **Startschuss**RR *m* starting signal **Startsignal** *nt* starting signal

Startup <-s, -s> ['sta:tʌp] *nt* INET, ÖKON start-up

Statik <-> ['ʃta:tɪk, 'st-] *f kein Pl* ① stability ② PHYS statics + *sing verb*

Station <-, -en> [ʃta'tsi̯o:n] *f* ① station ② (*Haltestelle*) stop ③ MED ward

stationär [ʃtatsi̯o'nɛ:ɐ̯] **I.** *Adj* MED in-patient *attr;* **ein ~er Aufenthalt** a stay in [AM the] hospital **II.** *Adv* **jdn ~ behandeln** to treat sb in hospital

stationieren* [ʃtatsi̯o'ni:rən] *tr V* to station

Stationsschwester *f* ward sister BRIT, senior nurse AM

Statist(in) <-en, -en> [ʃta'tɪst] *m(f)* FILM extra

Statistik <-, -en> [ʃta'tɪstɪk] *f* statistics + *sing verb*

statistisch [ʃta'tɪstɪʃ] **I.** *Adj* statistical; **~e Zahlen** statistics **II.** *Adv* statistically; **etw ~ erfassen** to make a statistical survey of sth

Stativ <-s, -e> [ʃta'ti:f, *Pl:* ʃta'ti:və] *nt* tripod

statt [ʃtat] **I.** *Präp +Gen* instead of **II.** *Konj* **~ etw zu tun** instead of doing sth

Statt <-> [ʃtat] *f kein Pl* **an jds ~** in sb's place

Stätte <-, -n> ['ʃtɛtə] *f* place

statt|finden ['ʃtatfɪndn̩] *intr V unreg* to take place

stattlich ['ʃtatlɪç] *Adj* imposing

Statue <-, -n> ['ʃta:tu̯ə, 'st-] *f* statue

Statur <-, -en> [ʃta'tu:ɐ̯] *f* build; **von kräftiger ~ sein** to be of powerful stature

Status <-, -> ['ʃta:tʊs, 'st-] *m* status

Statussymbol *nt* status symbol

Stau <-[e]s, -e *o* -s> [ʃtau] *m* TRANSP traffic jam

Staub <-[e]s, -e *o* Stäube> [ʃtaup, *Pl:* 'ʃtɔybə] *m kein Pl* dust; **~ saugen** to vacuum; **~ wischen** to dust; **zu ~ werden** to turn to dust ▶ **~ aufwirbeln** (*fam*) to kick up a lot of dust; **sich aus dem ~ machen** (*fam*) to clear off

Staubecken *nt* reservoir

stauben ['ʃtaubn̩] *intr V* to make a lot of dust

staubig ['ʃtaubɪç] *Adj* dusty

staubsaugen <*PP* staubgesaugt>, **Staub saugen** <*PP* Staub gesaugt> *intr, tr V* to vacuum **Staubsauger** *m* vacuum [cleaner] **Staubtuch** *nt* duster **Staubwolke** *f* cloud of dust

Staudamm *m* dam

Staude <-, -n> ['ʃtaudə] *f* perennial [plant]

stauen ['ʃtauən] **I.** *tr V* to dam [up *sep*] **II.** *refl V* **sich ~** to collect

Staugefahr *f* risk of congestion; **„~"** 'Delays likely' **Staumauer** *f* dam wall

staunen ['ʃtaunən] *intr V* to be astonished (**über** at); **da staunst du, was?** you weren't expecting that, were you?

Stausee *m* reservoir

Stauung <-> *f kein Pl* build-up

Stechapfel *m* BOT thorn apple, AM *a.* jimson weed

stechen <sticht, stach, gestochen> ['ʃtɛçn̩] **I.** *intr V* ① (*pieksen*) to prick ② *Insekt* to sting; *Mücke* to bite ③ [**mit etw** *Dat*] **durch/in etw** *Akk* **~** to stick sth through/into sth **II.** *tr V* **jdn** [**mit etw** *Dat*] **~** to stab sb [with sth] **III.** *refl V* **sich ~** *Dat* to prick oneself (**an** on)

stechend *Adj* ① *Geruch* sharp ② *Blick* piercing

Stechginster *m* BOT gorse, furze **Stechkarte** *f* time [*or* BRIT clocking] card **Stechmücke** *f* gnat; ([*sub*]*tropisch*) mosquito **Stechpalme** *f* holly **Stechuhr** *f* time clock

Steckbrief *m* 'wanted' poster

Steckdose *f* socket, outlet AM

stecken ['ʃtɛkn̩] **I.** *intr V* <steckte *o geh* stak, gesteckt> ① (*festsitzen*) to be [sticking] in sth; **zwischen/in etw** *Dat* **~** to be [stuck] between/in sth; **~ bleiben** to get stuck; (*stocken*) to falter ② (*eingesteckt sein*) **den Schlüssel ~ lassen** to leave the key in the lock; **hinter/in/zwischen etw** *Dat* **~** to be behind/in/among sth ③ (*verantwortlich sein*) **hinter etw** *Dat* **~** to be behind sth ④ (*in unangenehmer Situation sein*) **in einer Krise ~** to be in the throes of a crisis; **in Schwierigkeiten ~** to be in difficulties **II.** *tr V* <steckte, gesteckt> ① **etw irgendwohin ~** to put somewhere; **sich** *Dat* **einen Ring an den Finger ~** to slip a ring on one's finger ② (*investieren*) **viel Zeit in etw** *Akk* **~** to devote a lot of time to sth

Stecker <-s, -> *m* plug

S

Stecknadel *f* pin ▶ **eine ~ im Heuhaufen suchen** to look for a needle in a haystack **Steckrübe** *f* swede, rutabaga AM **Steckschlüssel** *m* box spanner

Steg <-[e]s, -e> [ʃte:k] *m* ① footbridge ② (*Bootssteg*) jetty

stehen <stand, gestanden> ['ʃte:ən] **I.** *intr V haben o* SÜDD, ÖSTERR, SCHWEIZ *sein* ① to stand ② (*hingestellt sein*) to be; **~ lassen** to leave ③ (*geschrieben sein*) to be; **was steht in seinem Brief?** what does his letter say? ④ (*halten*) **warten, bis der Zug steht** to wait until the train comes to a stop ⑤ AUTO **auf/in etw** *Dat* **~** to be parked on/in sth; **~ bleiben** to stop ⑥ (*beeinflusst sein*) **unter Drogen ~** to be under the influence of drugs; **unter Schock ~** to be in a state of shock ⑦ (*passen*) **jdm [gut] ~** to suit sb [well]; **jdm nicht ~** to not suit sb ⑧ (*allein lassen*) **jdn ~ lassen** to walk out on sb ⑨ (*nicht im Stich lassen*) **zu jdm/etw ~** to stand by sb/sth ⑩ (*Meinung*) **wie ~ Sie dazu?** what are your views on it? ⑪ (*unterstützen*) **hinter jdm/etw ~** to be behind sb/sth ⑫ (*sl: gut finden*) **auf jdn ~** to be mad about sb; **stehst du auf Techno?** are you into techno? ▶ **mit jdm/etw ~ und fallen** to depend on sb/sth; **alles ~ und liegen lassen** to drop everything; **jdm steht etw bis hier** (*fam*) sb is fed up with sth **II.** *intr V unpers* **es steht gut um jdn/etw** things look good for sb/sth; **es steht schlecht um jdn/etw** things look bad for sb/sth

Stehen <-s> *nt kein Pl* ① (*stehende Haltung*) standing; **im ~ arbeiten** to work standing up ② (*Stillstand*) **zum ~ kommen** to come to a stop

stehend *Adj attr* stagnant

Stehkragen *m* stand-up collar **Stehlampe** *f* floor lamp **Stehleiter** *f* stepladder

stehlen <stahl, gestohlen> ['ʃte:lən] **I.** *tr, intr V* to steal ▶ **jdm die Zeit ~** to take up sb's time; **das kann mir gestohlen bleiben!** (*fam*) to hell with it! **II.** *refl V* **sich aus etw ~** to steal out of sth

Stehplatz *m* standing room; **es gab nur noch Stehplätze** there was standing room only

steif [ʃtaif] *Adj* stiff

Steifheit <-> *f kein Pl* stiffness *no pl*

Steigbügel ['ʃtaik-] *m* stirrup

Steigeisen *nt* ① (*für Schuhe*) climbing iron; (*Bergsteigen*) crampon ② (*an Mauern*) step iron, rung [set into a wall]

steigen <stieg, gestiegen> ['ʃtaign̩] **I.** *intr V sein* ① (*klettern*) to climb; **auf etw** *Akk* **~** to climb [up] sth ② (*besteigen*) **auf etw** *Akk* **~** to get on[to] sth ③ (*einsteigen*) **in etw** *Akk* **~** to get into sth; **in einen Zug ~** to get on a train ④ (*aussteigen*) **aus etw ~** to get out of sth; **aus einem Bus ~** to get off a bus ⑤ (*absteigen*) **von etw ~** to get off sth ⑥ (*sich aufwärts bewegen*) to rise [up]; **etw ~ lassen** to fly sth ⑦ *Preis, Wert* to increase; *Temperatur* to climb ⑧ (*sich intensivieren*) to increase **II.** *tr V sein* **Treppen ~** to climb [up] stairs

steigend *Adj* ① (*sich erhöhend*) *Preise, Löhne* rising, increasing ② (*sich intensivierend*) *Spannung, Ungeduld* mounting ③ *Flugzeug, Straße* climbing

steigern ['ʃtaigen] **I.** *tr V* ① (*erhöhen*) to increase (**auf** to, **um** by) ② (*verbessern*) to improve **II.** *refl V* **sich ~** ① to increase ② to improve

Steigerung <-, -en> *f* ① (*Erhöhung*) increase (+*Gen* in) ② (*Verbesserung*) improvement (+*Gen* to)

Steigung <-, -en> *f* ascent

steil [ʃtail] *Adj* steep

Steilhang *m* steep slope **Steilküste** *f* steep coast **Steilufer** *nt* steep bank

Stein <-[e]s, -e> [ʃtain] *m* stone ▶ **mir fällt ein ~ vom Herzen!** that's [taken] a load off my mind!; **keinen ~ auf dem anderen lassen** to leave no stone standing

Steinadler *m* golden eagle **Steinbock** *m* ① ibex ② ASTROL Capricorn **Steinbruch** *m* quarry **Steinbutt** *m* turbot **Steingut** *nt kein Pl* earthenware

steinig ['ʃtainɪç] *Adj* stony

steinigen ['ʃtainɪgn̩] *tr V* to stone

Steinkohle *f kein Pl* hard coal **Steinkohlenbergwerk** *nt* coal mine **Steinmarder** *m* ZOOL stone [*or* beech] marten **Steinpilz** *m* KOCHK porcino **steinreich** ['ʃtain'raiç] *Adj* stinking rich **Steinschlag** *m* rockfall **Steinzeit** *f kein Pl* **die ~** the Stone Age

Steißbein *nt* coccyx

Steißlage *f* MED breech presentation

Stelle <-, -n> ['ʃtɛlə] *f* ① (*Platz*) place; (*genauer*) spot; **an dieser ~** in this place; (*genauer*) on this spot; **sich nicht von der ~ rühren** to not move; **an anderer ~** elsewhere; **an erster/zweiter ~** in the first/second place ② MATH digit; **eine Zahl mit sieben ~n** a seven-digit number ③ (*Posten*) place; (*Lage*) position; **ich gehe an Ihrer ~** I'll go in your place; **an deiner ~ würde ich ...** in your position I would ...; **an jds ~ treten** to take sb's place; **an ~ von etw** *Dat* instead of sth ④ (*Arbeitsstelle*) job; **eine freie ~** a vacancy ▶ **zur ~ sein** to be on the spot; **auf der ~ treten** to not make any progress; **auf der ~** at once

stellen ['ʃtɛlən] **I.** *tr V* ① (*hinstellen, abstellen*) to put; **den Wein kalt ~** to chill the wine ② (*aufrecht hinstellen*) to stand [up] ③ (*einstellen*) **die Heizung höherstellen** to turn up the heating [*or* AM heater] *sep;* **den Fernseher lauter/leiser ~** to turn up/down the television; **den Wecker auf 7 Uhr ~** to set the alarm for 7 o'clock ④ (*konfrontieren*) **jdn vor etw** *Akk* **~** to confront sb with sth ⑤ (*beanspruchen*) **einen Antrag ~** to put forward a motion; **Forderungen ~** to make demands ▶ **auf sich** *Akk* **selbst gestellt sein** to have to fend for oneself **II.** *refl V* ① **sich ~** to take up position ② (*entgegentreten*) **sich jdm/einer S. ~** to face sb/sth ③ (*Position beziehen*) **sich gegen etw ~** to oppose sth; **sich hinter jdn ~** to support sb ④ (*sich melden*) **sich [jdm] ~** to turn oneself in [to sb] ⑤ (*so tun als ob*) **sich dumm ~** to act stupid [*or* AM dumb]; **sich tot ~** to pretend to be dead

Stellenabbau *m* job cuts *pl* **Stellenangebot** *nt* job offer; **jdm ein ~ machen** to offer sb a job **Stellenbeschreibung** *f* ÖKON job description **Stellengesuch** *nt* 'employment wanted' advertisement **Stellensuche** *f kein Pl* job search, job-hunt *fam* **Stellenvermittlung** *f* employment agency

Stellplatz *m* parking space

Stellung <-, -en> *f* ① position; **in ~ gehen** to take up position; **die ~ halten** to hold the fort ② (*Standpunkt*) **~ zu etw** *Dat* **nehmen** to express an opinion on sth

Stellungnahme <-, -n> *f* statement; **eine ~ abgeben** to make a statement (**zu** about)

stellvertretend **I.** *Adj attr* (*vorübergehend*) acting; (*Vize*) deputy **II.** *Adv* **~ für jdn** on sb's behalf; **~ für etw sein** to stand for sth

Stellvertreter(in) *m(f)* deputy

Stemmeisen *nt* chisel

stemmen ['ʃtɛmən] **I.** *tr V* ① (*hochdrücken*) to lift ② (*stützen*) **die Arme in die Seiten ~** to put one's hands on one's hips; **die Füße gegen etw ~** to brace one's feet against sth **II.** *refl V* **sich gegen etw ~** to brace oneself against sth

Stempel <-s, -> ['ʃtɛmpl̩] *m* ① stamp ② (*Punzierung*) hallmark ▶ **etw seinen ~ aufdrücken** to leave one's mark on sth

stempeln ['ʃtɛmpl̩n] *tr, intr V* to stamp

Stengel[ALT] <-s, -> ['ʃtɛŋl̩] *m s.* **Stängel**

Stenoblock <-[e]s, -s> *m* shorthand pad

Stenografie[RR] <-, -n> [ʃtenogra'fi:] *f* shorthand *no art, no pl,* stenography *no art, no pl* AM

stenografieren*[RR] [ʃtenogra'fi:rən] **I.** *tr V* to take down sth *sep* in shorthand **II.** *intr V* to do shorthand

Stenographie <-, -n> [ʃtenogra'fi:] *f s.* **Stenografie**

stenographieren* [ʃtenogra'fi:rən] *tr, intr V s.* **stenografieren**

Stenotypist(in) <-en, -en> [ʃteno-ty'pɪst] *m(f)* shorthand typist BRIT, stenographer AM

Steppdecke *f esp* BRIT duvet, comforter AM

Steppe <-, -n> ['ʃtɛpə] *f* steppe

steppen ['ʃtɛpn̩, 'st-] *intr V* to tap-dance

Sterbefall *m* death, fatality **Sterbehilfe** *f kein Pl* euthanasia *no art*

sterben <starb, gestorben> ['ʃtɛrbn̩] *intr V sein* to die (**an** of) ▶ **gestorben sein** (*aufgegeben worden sein*) to be shelved; **jd/etw ist für jdn gestorben** sb is finished with sb/sth

Sterberate *f* death [*or* mortality] rate **Sterbesakramente** *Pl* last rites *pl* **Sterbeurkunde** *f* death certificate

sterblich ['ʃtɛrplɪç] *Adj* mortal

Sterblichkeit <-> *f kein Pl* mortality

Stereo <-> ['ʃteːreo, 'st-] *nt kein Pl* stereo *no art*
Stereoanlage *f* stereo [system]
stereotyp [ʃtereo'tyːp, st-] *Adj* stereotypical
Stereotyp <-s, -e> [ʃtereo'tyːp, st-] *nt* stereotype
steril [ʃte'riːl, st-] *Adj* sterile
Sterilisation <-, -en> [ʃteriliza'tsi̯oːn, st-] *f* sterilization
sterilisieren* [ʃterili'ziːrən] *tr V* to sterilize; **sich ~ lassen** to get sterilized
Stern <-[e]s, -e> [ʃtɛrn] *m* star ▶ **nach den ~en greifen** to reach for the stars; **in den ~en stehen** to be written in the stars
Sternbild *nt* constellation
Sternenbanner *nt* **das ~** the Star-spangled Banner, the Stars and Stripes + *sing verb*
sternenklar *Adj* starry *attr*
Sterngucker(in) *m(f)* (*hum fam*) star-gazer **sternhell** *Adj* (*geh*) starlit, starry **Sternschnuppe** <-, -n> *f* shooting star **Sternsinger(in)** *m(f)* carol singer **Sternstunde** *f* **jds ~** sb's great moment **Sternwarte** *f* observatory
Stethoskop <-s, -e> [ʃteto'skoːp] *nt* stethoscope
stetig ['ʃteːtɪç] *Adj* steady
stets [ʃteːts] *Adv* at all times
Steuer[1] <-s, -> ['ʃtɔyɐ] *nt* ❶ AUTO wheel ❷ NAUT helm
Steuer[2] <-, -n> ['ʃtɔyɐ] *f* FIN tax
steuerbegünstigt *Adj* with tax privileges *pred* **Steuerbelastung** *f* tax burden **Steuerberater(in)** *m(f)* tax consultant **Steuerbescheid** *m* tax assessment
steuerbord ['ʃtɔyɐbɔrt] *Adv* starboard
Steuerbord ['ʃtɔyɐbɔrt] *nt kein Pl* starboard
Steuereinnahmen *Pl* FIN taxation revenue **Steuererhöhung** *f* tax increase **Steuererklärung** *f* tax return **Steuererlass**RR *m* FIN remission of tax **Steuerermäßigung** *f* FIN tax reduction **Steuererstattung** *f* FIN tax refund **Steuerfahndung** *f* (*Verfahren*) tax investigation; (*Abteilung*) office for tax investigation **steuerfrei** *Adj* exempt from tax *pred* **Steuerfreibetrag** *m* tax-free allowance **Steuergelder** *Pl* taxes
Steuergerät *nt* ❶ TECH controller, control unit ❷ RADIO receiver
Steuerhinterziehung *f* tax evasion *no art, no pl* **Steuerkarte** *f* tax card **Steuerklasse** *f* tax category
Steuerknüppel *m* joystick
Steuermann <-männer *o* -leute> ['ʃtɔyɐman, *Pl:* -mɛnɐ, -lɔytə] *m* helmsman
steuern ['ʃtɔyɐn] *tr V* ❶ (*Auto*) to steer ❷ (*regulieren*) to control
Steuerparadies *nt* tax haven **steuerpflichtig** *Adj* ❶ *Einkommen* taxable ❷ *Person* liable to [pay] tax *pred* **Steuerprüfer(in)** *m(f)* tax inspector [*or* AM auditor]
Steuerpult *nt* control desk
Steuerrad *nt* NAUT helm
Steuerruder *nt* rudder
Steuersatz *m* tax rate **Steuerschuld** *f* tax[es *pl*] owing **Steuersenkung** *f* tax cut **Steuertopf** *m* POL, FIN (*fam*) tax [*or* revenue] coffers *pl* **Steuerzahler(in)** *m(f)* taxpayer **Steuerzeichen** *nt* COMPUT control character
Steward <-s, -s> ['stjuːɐt] *m* steward
StewardessRR <-, -en> *f*, **Stewardeß**ALT <-, -ssen> ['stjuːɐdɛs] *f* stewardess *dated*
Stich <-[e]s, -e> [ʃtɪç] *m* ❶ (*Messerstich*) stab; (*Wunde*) stab wound ❷ (*Insektenstich*) sting; (*Mückenstich*) bite ❸ (*Schmerz*) stabbing pain ❹ KUNST engraving ▶ **jdn im ~ lassen** to let down sb
sticheln ['ʃtɪçl̩n] *intr V* to make nasty remarks
stichhaltig *Adj*, **stichhältig** *Adj* ÖSTERR *Argument* sound; *Beweis* conclusive; [**nicht**] **~ sein** to [not] hold water
Stichling <-s, -e> ['ʃtɪçlɪŋ] *m* stickleback
Stichprobe *f* spot check; **~n machen** to carry out a spot check **Stichpunkt** *m* note **Stichsäge** *f* compass saw *spec* **Stichtag** *m* fixed date **Stichwaffe** *f* stabbing weapon **Stichwort** ['ʃtɪçvɔrt] *nt* ❶ (*Schlüsselwort*) keyword ❷ (*als Gedächtnisstütze*) cue; **jdm das ~ geben** to give sb the lead-in **Stichwunde** *f* stab wound
sticken ['ʃtɪkn̩] *tr, intr V* to embroider
stickig ['ʃtɪkɪç] *Adj* stuffy; *Luft* stale
Sticknadel *f* embroidery needle

Stickoxid, **Stickoxyd** *nt* CHEM nitric oxide *no art, no pl* **Stickstoff** ['ʃtɪkʃtɔf] *m kein Pl* nitrogen

Stiefbruder ['ʃtiːf-] *m* stepbrother

Stiefel <-s, -> ['ʃtiːfl̩] *m* boot; **ein Paar ~** a pair of boots

Stiefeltern *Pl* step-parents **Stiefkind** *nt* stepchild **Stiefmutter** *f* stepmother **Stiefmütterchen** *nt* pansy **Stiefschwester** *f* stepsister **Stiefsohn** *m* stepson **Stieftochter** *f* stepdaughter **Stiefvater** *m* stepfather

Stieglitz <-es, -e> ['ʃtiːglɪts] *m* goldfinch

Stiel <-[e]s, -e> [ʃtiːl] *m* ① handle; *eines Besens* broomstick ② BOT stem

stier [ʃtiːɐ̯] *Adj* vacant

Stier <-[e]s, -e> [ʃtiːɐ̯] *m* ① bull ② ASTROL Taurus

stieren ['ʃtiːrən] *intr V* to stare vacantly (**auf** at)

Stierkampf *m* bullfight

Stift <-[e]s, -e> [ʃtɪft] *m* ① (*Stahlstift*) tack, pin ② (*zum Schreiben*) pen; (*Bleistift*) pencil

stiften ['ʃtɪftn̩] *tr V* ① [**jdm**] **etw ~** to donate sth [to sb] ② (*verursachen*) to cause; **Unruhe ~** to create unrest

Stifter(in) <-s, -> ['ʃtɪftɐ] *m(f)* ① (*Spender*) don[at]or ② (*Gründer*) founder

Stiftskirche *f* collegiate church

Stiftung <-, -en> *f* ① (*Organisation*) foundation ② (*Schenkung*) donation

> **Stiftung Warentest®** is a German consumer organization which regularly tests products of everyday use from foods and cosmetics to children's car seats and garden tools. The results are published regularly in the magazine *Test*, which is comparable to the British *Which?* magazine. Positive ratings by **Stiftung Warentest®** are highly desirable testimonials of a product's quality.

Stiftzahn *m* post crown

stigmatisieren [ʃtɪgmati'ziːrən] *tr V* SOZIOL (*geh*) to stigmatize

Stigmatisierung [ʃtɪgmati'ziːrʊŋ] *f* SOZIOL (*geh*) stigmatization

Stil <-[e]s, -e> [ʃtiːl, st-] *m* style ▶ **im großen ~** on a grand scale

stilbildend *Adj* SOZIOL, KUNST trendsetting

stilgetreu *Adj* true to the original style

stilisieren* [ʃtili'ziːrən, st-] *tr V* to stylize

still [ʃtɪl] *Adj* ① quiet; **eine ~e Stunde** a quiet time ② (*heimlich*) **im Stillen** in secret; **im Stillen hoffen** to secretly hope

Stille <-> ['ʃtɪlə] *f kein Pl* silence *no art;* **es herrschte ~** there was silence; **in aller ~** quietly

Stilleben^ALT *nt s.* **Stillleben**

stillegen^ALT *tr V s.* **stilllegen**

stillen ['ʃtɪlən] *tr V* ① (*säugen*) to breastfeed ② (*befriedigen*) to satisfy; **jds Durst ~** to quench sb's thirst

still|halten *intr V unreg* to keep still

Stillleben^RR ['ʃtɪlleːbn̩] *nt* still life

still|legen^RR <stillgelegt> *tr V* to close [down *sep*]

still|liegen^RR <stillgelegen> *intr V sein o haben* to be closed [down]

stillschweigend ['ʃtɪlʃvaignt] **I.** *Adj* tacit **II.** *Adv* tacitly

still|sitzen *intr V unreg sein o haben* to sit still

Stillstand *m kein Pl* standstill; **zum ~ kommen** to come to a standstill

still|stehen *intr V unreg sein o haben* to stand idle

Stilmöbel *nt meist Pl* period furniture

Stimmabgabe *f* vote **Stimmband** *nt meist Pl* ANAT vocal c[h]ord **stimmberechtigt** *Adj* entitled to vote *pred* **Stimmberechtigte(r)** *f(m) dekl wie Adj* voter; **die ~n** the electorate + *sing/pl verb* **Stimmbruch** *m* **er ist im ~** his voice is breaking

Stimme <-, -n> ['ʃtɪmə] *f* ① voice ② POL vote; **sich der ~ enthalten** to abstain [from voting]

stimmen[1] ['ʃtɪmən] *intr V* ① (*zutreffen*) to be right; **es stimmt, dass ...** it is true that ...; **stimmt!** right! ② (*korrekt sein*) to be correct; **da stimmt was nicht!** there's something wrong here!; **stimmt so!** keep the change!

stimmen[2] ['ʃtɪmən] *tr V* MUS to tune

Stimmengewirr *nt* babble of voices **Stimmengleichheit** *f* tie **Stimmenmehrheit** *f* majority of votes

Stimmenthaltung *f* abstention

Stimmenverlust *m* loss of votes

Stimmgabel *f* tuning fork

S

stimmig ['ʃtɪmɪç] *Adj* [**in sich**] ~ **sein** to be consistent

Stimmlage *f* voice

Stimmrecht *nt* right to vote

Stimmung <-, -en> *f* ❶ mood; **eine geladene** ~ a tense atmosphere; **in ~ kommen** to get in the [right] mood; **in der** ~ [**zu etw**] **sein** to be in the mood [for sth] ❷ (*öffentliche Meinung*) public opinion; ~ **für/gegen etw machen** to stir up [public] opinion for/against sth

Stimmungstief <-s, -s> *nt* PSYCH, POL (*fam*) low [period] **Stimmungsumschwung** *m* change of mood **stimmungsvoll** *Adj* sentimental *usu pej*

Stimmzettel *m* voting slip

stimulieren* [ʃtimu'liːrən] *tr V* to stimulate; **jdn** [**zu etw**] ~ to spur on sb *sep* [to sth]

stinken <stank, gestunken> ['ʃtɪŋkn̩] *intr V* to stink (**nach** of) ❷ (*sl*) **jdm stinkt etw** sb is fed up with sth

stinknormal ['ʃtɪŋknɔr'maːl] *Adj* (*fam*) perfectly normal [*or* ordinary]

Stinktier *nt* skunk

Stipendium <-s, -dien> [ʃti'pɛndi̯ʊm, *Pl:* -di̯ən] *nt* scholarship

Stirn <-, -en> [ʃtɪrn] *f* forehead; **die ~ runzeln** to frown ▶ **jdm die ~ bieten** to face up to sb

Stirnband <-bänder> *nt* headband

Stirnbein *nt* ANAT frontal bone

Stirnhöhle *f* sinus **Stirnhöhlenvereiterung** *f* MED sinusitis *no art, no pl spec* **Stirnrunzeln** <-s> *nt kein Pl* frown

stöbern ['ʃtøːbɐn] *intr V* **in etw** *Dat* ~ to rummage in sth (**nach** for)

stochern ['ʃtɔxɐn] *intr V* **in etw** *Dat* ~ to poke [around] in sth

S

Stock¹ <-[e]s, Stöcke> [ʃtɔk, *Pl:* 'ʃtœkə] *m* stick

Stock² <-[e]s, -> [ʃtɔk] *m* (*Stockwerk*) floor BRIT, story AM; **der erste** ~ the ground floor, the first floor AM; **im zweiten** ~ on the first floor, on the second floor AM

stockbesoffen ['ʃtɔkbə'zɔfn̩] *Adj* (*fam*) stinking drunk **stockdunkel** ['ʃtɔk'dʊŋkl̩] *Adj* pitch-black

Stöckelschuh *m* high heel

stocken ['ʃtɔkn̩] *intr V* to falter

stockend *Adj* ❶ (*mit Pausen*) *Unterhaltung* faltering, hesitant ❷ (*stehend*) *Verkehr* stop-start

Stockfisch *m* dried cod

stocksteif ['ʃtɔk'ʃtaif] *Adj, Adv* [as] stiff as a poker *pred*

Stockung <-, -en> *f* hold-up (+*Gen* in)

Stockwerk *nt s.* **Stock²**

Stoff <-[e]s, -e> [ʃtɔf] *m* ❶ (*Textil*) cloth ❷ (*Material*) material ❸ CHEM substance

Stofftier *nt* soft [*or* BRIT *a.* cuddly] toy

Stoffwechsel *m* metabolism *no art*

stöhnen ['ʃtøːnən] *intr V* to moan

Stollen <-s, -> ['ʃtɔlən] *m* ❶ BERGB **senkrechter/waagrechter** ~ shaft/gallery ❷ KOCHK stollen AM (*sweet bread made with dried fruit, eaten at Christmas*)

stolpern ['ʃtɔlpɐn] *intr V sein* to trip (**über** over)

stolz [ʃtɔlts] *Adj* proud (**auf** of)

Stolz <-es> [ʃtɔlts] *m kein Pl* pride *no art;* **jds ganzer ~ sein** to be sb's pride and joy

stolzieren* [ʃtɔl'tsiːrən] *intr V sein* to strut

stop [ʃtɔp] *Interj s.* **stopp**

StopALT <-s, -s> *m s.* **Stopp**

stopfen ['ʃtɔpfn̩] *tr V* ❶ (*hineinzwängen*) to stuff ❷ *Strumpf* to darn

Stopfgarn *nt* darning thread **Stopfnadel** *f* darning needle

stopp [ʃtɔp] *Interj* stop

StoppRR <-s, -s> [ʃtɔp] *m* stop; **ohne** ~ without stopping

Stoppelbart *m* stubbly beard

Stoppelfeld *nt* stubble field

stoppelig ['ʃtɔpəlɪç] *Adj* stubbly

stoppen ['ʃtɔpn̩] *tr, intr V* ❶ (*anhalten*) to stop ❷ (*Zeit nehmen*) to time

Stoppschild <-schilder> *nt* stop sign

Stoppuhr *f* stopwatch

Stöpsel <-s, -> ['ʃtœpsl̩] *m* stopper; (*für Badewanne*) plug

Stör <-[e]s, -e> [ʃtøːɐ̯] *m* sturgeon

Storch <-[e]s, Störche> [ʃtɔrç, *Pl:* 'ʃtœrçə] *m* stork

stören ['ʃtøːrən] **I.** *tr V* ❶ (*unterbrechen*) to disturb; **ich will nicht ~, aber ...** I hate to disturb you, but ...; **jdn bei der Arbeit** ~ to disturb sb at his/her work ❷ (*beeinträchtigen*) **jdn** ~ to bother sb ❸ (*unangenehm berühren*) **etw stört jdn** sth upsets sb; **stört es Sie, wenn ich ...?** do you mind if I ...?; **das stört mich nicht** that doesn't bother me **II.** *intr V* (*lästig sein*) to be irritating; **etw als ~d empfinden** to find sth irritating **III.** *refl V* **sich an etw** *Dat* **~** to let sth bother one

stornieren* [ʃtɔrˈniːrən] *tr V* to cancel

Stornierung <-, -en> *f* cancellation

störrisch [ˈʃtœrɪʃ] *Adj* stubborn

Störung <-, -en> *f* ① disturbance ② (*Defekt*) fault

Störungsdienst *m* TELEK faults service BRIT, repair service AM **störungsfrei** *Adj* TV, RADIO free from interference

Stoß <-es, Stöße> [ʃtoːs, *Pl:* ˈʃtøːsə] *m* ① push; (*mit Ellbogen*) dig; (*mit Faust*) punch; **jdm einen ~ versetzen** to give sb a push etc. ② (*Erschütterung*) bump ③ (*Stapel*) pile

Stoßdämpfer *m* shock absorber

stoßen <stößt, stieß, gestoßen> [ˈʃtoːsn̩] **I.** *tr V* ① to push (**aus** out of, **von** off) ② (*aufmerksam machen*) **jdn auf etw** *Akk* **~** to point out sth *sep* to sb **II.** *refl V* **sich ~** to hurt oneself (**an** on) **III.** *intr V* ① *sein* (*aufschlagen*) **an etw** *Akk* **~** to knock against sth; **mit dem Kopf an etw** *Akk* **~** to bang one's head on sth ② *sein* **auf etw** *Akk* **~** (*finden*) to find sth

Stoßstange *f* bumper **Stoßzeit** *f* TRANSP rush hour *no art, no pl*

stottern [ˈʃtɔtɐn] *intr V* to stutter

Strafandrohung *f* JUR warning of criminal proceedings **Strafanstalt** *f* penal institution **Strafanzeige** *f* [criminal] charge; **~ [gegen jdn] erstatten** to bring a criminal charge against sb **Strafarbeit** *f* SCHULE lines *pl* BRIT, extra work AM **Strafbank** *f* SPORT (*beim Handball, Eishockey*) penalty bench, sin bin *fam*

strafbar *Adj* punishable

Strafe <-, -n> [ˈʃtraːfə] *f* ① punishment *no pl;* **~ muss sein!** discipline is necessary!; **zur ~** as a punishment ② (*Geldstrafe*) fine; **~ zahlen** to pay a fine ③ (*Haftstrafe*) sentence; **seine ~ absitzen** to serve [out] one's sentence ▶ **die ~ folgt auf dem Fuße** [the] punishment follows swiftly

strafen [ˈʃtraːfn̩] *tr V* ① (*bestrafen*) to punish; **mit etw** *Dat* **gestraft sein** to suffer under sth ② (*behandeln*) **jdn mit Verachtung ~** to treat sb with contempt

Straferlass^RR *m* remission

straff [ʃtraf] **I.** *Adj* ① (*gespannt*) tight ② (*nicht schlaff*) firm **II.** *Adv* tightly

straffällig *Adj* criminal *attr;* **ein ~er Jugendlicher** a young offender; **~ werden** to become a criminal

Straffälligkeit *f kein Pl* JUR (*fachspr*) delinquency, criminal activity

straffen [ˈʃtrafn̩] *tr V* to tighten

straffrei *Adj* unpunished; **~ bleiben** to go unpunished **Straffreiheit** *f kein Pl* immunity from criminal prosecution **Strafgefangene(r)** *f(m) dekl wie Adj* prisoner **Strafgesetzbuch** *nt* penal code

sträflich [ˈʃtrɛːflɪç] *Adj* criminal *attr*

Sträfling <-s, -e> [ˈʃtrɛːflɪŋ] *m* prisoner

Strafmaß *nt* sentence **strafmildernd** *Adj* mitigating **Strafprozess**^RR *m* trial **Strafpunkt** *m* SPORT penalty point **Strafraum** *m* penalty area **Strafrecht** *nt* criminal law *no art* **strafrechtlich** *Adj* criminal **Strafregister** *nt* criminal records *pl* **Strafstoß** *m* penalty [kick] **Straftat** *f* offence **Strafverteidiger(in)** *m(f)* counsel for the defence BRIT, defending counsel AM **Strafvollzug** *m* penal system **Strafwurf** *m* SPORT penalty throw **Strafzettel** *m* ticket

Strahl <-[e]s, -en> [ʃtraːl] *m* ① (*Lichtstrahl*) ray [of light]; (*konzentriertes Licht*) beam ② (*Wasser*) jet

strahlen [ˈʃtraːlən] *intr V* ① (*leuchten*) to shine (**auf** on) ② (*radioaktiv*) to be radioactive ③ (*sich freuen*) to beam (**vor** with); **über das ganze Gesicht ~** to beam all over one's face ④ (*glänzen*) to shine

Strahlenbelastung *f* radioactive contamination

strahlend *Adj* ① (*sonnig*) glorious ② (*freudestrahlend*) beaming ③ (*radioaktiv verseucht*) radioactive

Strahlendosis *f* radiation exposure **Strahlenrisiko** *nt* risk of radiation **Strahlenschutz** *m kein Pl* radiation protection *no art* **Strahlentherapie** *f* radiotherapy *no art, no pl* **strahlenverseucht** *Adj* contaminated with radioactivity *pred*

Strahlung <-, -en> *f* radiation *no art, no pl;* **radioaktive ~** radioactivity

strahlungsarm *Adj* low-radiation

Strähne <-, -n> [ˈʃtrɛːnə] *f* strand

stramm [ʃtram] *Adj* (*straff*) tight; **etw ~ ziehen** to tighten sth ▶ **~er Max** *ham and fried eggs on toast*

S

stramm|stehen *intr V unreg* to stand to attention

strampeln ['ʃtramp|n] *intr V* to kick about

Strand <-[e]s, Strände> [ʃtrant, *Pl:* 'ʃtrɛndə] *m* beach; *eines Sees* shore; **am ~** on the beach

stranden ['ʃtrandn̩] *intr V sein* to run aground ▶ **irgendwo gestrandet sein** to be stranded somewhere

Strandkorb *m* ≈ beach chair

> **Strandkörbe** are a characteristic of the beaches on the North and Baltic Sea coasts. They are large, stable, two-seater wicker chairs with a hood and sides of wickerwork to protect the occupants from the sometimes strong, cold north wind, rain or powerful sunshine.

Strandläufer *m* ORN sandpiper

strangulieren* [ʃtraŋgu'liːrən] *tr V* to strangle

Strapaze <-, -n> [ʃtra'paːtsə] *f* stress *no art, no pl*

strapazieren* [ʃtrapa'tsiːrən] *tr V* ❶ (*stark beanspruchen*) to wear; (*abnutzen*) to wear out *sep* ❷ **jds Geduld ~** to tax sb's patience; **jds Nerven ~** to get on sb's nerves

strapazierfähig *Adj* hard-wearing

strapaziös [ʃtrapa'tsi̯øːs] *Adj* strenuous

Straps <-es, -e> [ʃtraps] *m meist Pl* suspender[s *pl*] BRIT, garter AM

Straße <-, -n> ['ʃtraːsə] *f* road; (*in Wohngebiet*) street ▶ **auf offener ~** in broad daylight; **auf die ~ gehen** to demonstrate; **jdn auf die ~ setzen** (*fam*) to throw out sb; **auf der ~ sitzen** (*fam*) to be [out] on the streets

S

Straßenbahn *f* tram BRIT, streetcar AM; **mit der ~ fahren** to go by tram

Straßenbahnhaltestelle *f* tram stop **Straßenbahnlinie** *f* tram route BRIT, streetcar line AM **Straßenbahnnetz** *nt* tram network

Straßenbau *m kein Pl* road construction *no art* **Straßenbelag** *m* road surface **Straßenbeleuchtung** *f* street lighting **Straßenbenutzungsgebühr** *f* FIN road toll **Straßenecke** *f* street corner **Straßengraben** *m* ditch **Straßenjunge** *m* (*pej*) street urchin **Straßenkampf** *m meist Pl* street fight[ing] **Straßenkarte** *f* road map **Straßenkreuzung** *f* crossroads + *sing verb* **Straßenlärm** *m* street [*or* road] noise **Straßenmarkierung** *f* road markings *pl* **Straßenmusikant(in)** *m(f)* street musician **Straßenreinigung** *f* street [*or* road] cleaning **Straßenschild** *nt* street sign **Straßensperre** *f* roadblock **Straßenüberführung** *f für Fußgänger* footbridge; *für Fahrzeuge* flyover BRIT, overpass AM **Straßenunterführung** *f für Fahrzeuge* underpass; *für Fußgänger* [pedestrian] subway, underpass *esp* AM **Straßenverkehr** *m* [road] traffic **Straßenverkehrsordnung** *f* road traffic act

Straßenverzeichnis *nt* street index

Strategie <-, -n> [ʃtrate'giː, st-, *Pl:* -'giːən] *f* strategy

strategisch [ʃtra'teːgɪʃ, st-] *Adj* strategic

sträuben ['ʃtrɔybn̩] *refl V* ❶ **sich [gegen etw] ~** to resist [sth] ❷ (*hochstehen*) **sich ~** *Haar* to stand on end

Strauch <-[e]s, Sträucher> [ʃtraux, *Pl:* 'ʃtrɔyçɐ] *m* shrub

Strauß¹ <-es, Sträuße> [ʃtraus, *Pl:* 'ʃtrɔysə] *m* bunch [of flowers]

Strauß² <-es, -e> [ʃtraus] *m* ostrich

Strebe <-, -n> ['ʃtreːbə] *f* strut

streben ['ʃtreːbn̩] *intr V* ❶ *haben* to strive (**nach** for) ❷ *sein* (*geh: eilen*) **zum Ausgang ~** to make for the exit

Streben <-s> ['ʃtreːbn̩] *nt kein Pl* striving (**nach** for)

Streber(in) <-s, -> ['ʃtreːbɐ] *m(f)* (*pej fam*) swot BRIT, grind AM

strebsam ['ʃtreːpzaːm] *Adj* assiduous

Strecke <-, -n> ['ʃtrɛkə] *f* distance; **auf halber ~** halfway; **über weite ~n** for long stretches ▶ **auf der ~ bleiben** (*fam*) to fall by the wayside; **jdn zur ~ bringen** to hunt sb down

strecken ['ʃtrɛkn̩] **I.** *tr V* to stretch; **den Finger ~** to raise one's finger **II.** *refl V* **sich ~** to [have a] stretch

StreckenstillegungALT *f s.* **Streckenstilllegung**

StreckenstilllegungRR *f* BAHN line closure

streckenweise *Adv* in parts

Streckmuskel *m* ANAT extensor [muscle]

Streckverband *m* MED traction bandage

Streich <-[e]s, -e> [ʃtraiç] *m* prank; **ein**

böser ~ a nasty trick; **jdm einen ~ spielen** to play a trick on sb

streicheln ['ʃtraiçl̩n] *tr V* to caress

streichen <strich, gestrichen> ['ʃtraiçn̩] **I.** *tr V haben* ① (*anmalen*) to paint ② (*schmieren*) to spread (**auf** on) ③ (*ausstreichen*) to delete **II.** *intr V* ① *haben* (*darüberfahren*) **über etw** *Akk* ~ to stroke sth ② *sein* (*streifen*) to prowl

Streichholz *nt* match **Streichholzschachtel** *f* matchbox **Streichinstrument** *nt* stringed instrument **Streichkäse** *m* cheese spread **Streichquartett** *nt* string quartet **Streichwurst** *f* sausage for spreading

streifen ['ʃtraifn̩] **I.** *tr V haben* ① (*berühren*) to touch ② (*erwähnen*) to touch on ③ (*überziehen*) **etw auf/über etw** *Akk* ~ to slip sth on/over sth **II.** *intr V sein* (*geh*) to roam

Streifen <-s, -> ['ʃtraifn̩] *m* ① (*Abschnitt*) stripe ② (*Stück*) strip

Streifenwagen *m* patrol car

StreifschussRR *m* graze

Streik <-[e]s, -s> [ʃtraik] *m* strike; **mit ~ drohen** to threaten strike action; **in den ~ treten** to come out on strike

Streikaufruf *m* call for strike action **Streikbrecher(in)** *m(f)* strike-breaker

streiken ['ʃtraikn̩] *intr V* ① to strike (**für** for) ② (*fam*) *Maschine* to pack up

Streikende(r) *f(m) dekl wie Adj* striker **Streikposten** *m* picket; **~ aufstellen** to mount a picket **Streikrecht** *nt kein Pl* right to strike

Streit <-[e]s, -e> [ʃtrait] *m* argument; **~ suchen** to be looking for an argument; **im ~** during an argument

streiten <stritt, gestritten> ['ʃtraitn̩] *intr, refl V* to argue (**über** about); **sich um etw** *Akk* **~** to argue over sth

Streiterei <-, -en> [ʃtraitə'rai] *f* (*fam*) arguing *no indef art, no pl*

Streitfall *m* dispute; **im ~** in case of dispute **Streitfrage** *f* [disputed] issue

streitig ['ʃtraitɪç] *Adj* **jdm etw ~ machen** to challenge sb's sth

Streitkräfte *Pl* forces **streitlustig** *Adj* pugnacious **streitsüchtig** *Adj* quarrelsome **Streitwert** *m* JUR amount in dispute

streng [ʃtrɛŋ] **I.** *Adj* ① (*auf Disziplin achtend*) strict ② (*unnachsichtig*) severe ③ *Geruch* pungent ④ *Winter* severe **II.** *Adv* ① (*unnachsichtig*) strictly; **~ durchgreifen** to take rigorous action ② (*durchdringend*) pungently

Strenge <-> ['ʃtrɛŋə] *f kein Pl* ① (*Unnachsichtigkeit*) strictness ② (*Härte*) severity

StressRR [ʃtrɛs, st-] *m*, **Streß**ALT <-sses, -sse> *m* stress; **im ~ sein/unter ~ stehen** to be under stress; **ich bin voll im ~** I am completely stressed out

stressen ['ʃtrɛsn̩] *tr V* to put under stress

stressfreiRR *Adj* stress-free

stressig ['ʃtrɛsɪç] *Adj* stressful

Streubombe ['ʃtrɔybɔmbə] *f* MIL cluster bomb

streuen ['ʃtrɔyən] *tr V* to spread

streunen *intr V sein* to roam about; **~de Hunde/Katzen** stray dogs/cats; **durch die Straßen ~** to roam the streets

Streusalz *nt* road salt

Streusand <-[e]s> *m kein Pl* ① (*für Straße*) grit *no pl, no indef art* ② (*veraltet: feiner Sand*) fine sand *no pl, no indef art*

Streuselkuchen *m* streusel [cake] *esp* AM, crumble

strich [ʃtrɪç] *Imp von* **streichen**

Strich <-[e]s, -e> [ʃtrɪç] *m* ① line; **einen ~ ziehen** to draw a line ② (*fam: Gegend mit Prostitution*) red-light district; **auf den ~ gehen** to go on the game BRIT, to become a streetwalker AM ▶ **nach ~ und Faden** (*fam*) good and proper; **jdm einen ~ durch die Rechnung machen** to mess up sb's plans; **jdm gegen den ~ gehen** (*fam*) to go against the grain; **unterm ~** (*fam*) at the end of the day

stricheln ['ʃtrɪçl̩n] *tr V* to sketch in; **gestrichelte Linie** dotted line

Stricher <-s, -> *m* (*sl*) rent boy

Strichjunge *m* (*fam*) rent boy **Strichmädchen** *nt* (*fam*) streetwalker **Strichpunkt** *m* semicolon **strichweise** *Adv* here and there

Strick <-[e]s, -e> [ʃtrɪk] *m* rope ▶ **jdm aus etw** *Dat* **einen ~ drehen** (*fam*) to use sth against sb; **wenn alle ~e reißen** (*fam*) if all else fails

stricken ['ʃtrɪkn̩] *intr, tr V* to knit

Strickgarn *nt* knitting wool **Strickjacke** *f* cardigan

S

Strickleiter *f* rope ladder **Stricknadel** *f* knitting needle **Strickwaren** *Pl* knitware *no pl*

striegeln [ˈʃtriːgl̩n] *tr V* to groom

strikt [ʃtrɪkt, st-] **I.** *Adj* strict **II.** *Adv* strictly; **~ gegen etw sein** to be totally against sth

Striplokal [ˈstrɪplokaːl] *nt* (*fam*) strip joint

strittig [ˈʃtrɪtɪç] *Adj* contentious; **~ sein** to be in dispute

Stroh <-[e]s> [ʃtroː] *nt kein Pl* straw

strohblond *Adj Haare* straw-coloured **Strohblume** *f* strawflower **Strohdach** *nt* thatched roof **Strohfrau** <-, -en> *f s.* **Strohmann** **Strohhalm** *m* straw **Strohhut** *m* straw hat **Strohmann**, **Strohfrau** *m, f* front man *masc,* front woman *fem* **Strohsack** *m* palliasse **Strohwitwer**, **Strohwitwe** *m, f* (*fam*) grass widower *masc,* grass widow *fem*

Strolch <-[e]s, -e> [ʃtrɔlç] *m* rascal

Strom <-[e]s, Ströme> [ʃtroːm, *Pl:* ˈʃtrøːmə] *m* ① ELEK electricity *no pl;* **elektrischer ~** electric current; **unter ~ stehen** to be live; **grüner ~** Green electricity ② (*Fluss*) [large] river ③ (*große Menge*) stream ▶ **es gießt in Strömen** it's pouring down; **mit dem ~ schwimmen** to swim with the current; **gegen den ~ schwimmen** to swim against the current

Stromabnehmer(in) <-s, -> *m(f)* ① TECH current collector ② (*Verbraucher*) electricity consumer

stromabwärts [ʃtroːmˈʔapvɛrts] *Adv* downstream

stromaufwärts [ʃtroːmˈʔaufvɛrts] *Adv* upstream

Stromausfall *m* power cut, power outage AM

strömen [ˈʃtrøːmən] *intr V sein* to stream (**aus** out of)

Stromerzeugung *f* generation of electricity **Stromkabel** *nt* power cable **Stromkreis** *m* [electric] circuit **Stromnetz** *nt* electricity supply system **Stromquelle** *f* power source **Stromrechnung** *f* electricity [*or* AM electric] bill **Stromstärke** *f* current [strength] **Stromstoß** *m* electric shock

Strömung <-, -en> *f* ① (*Wasser*) current ② (*Tendenz*) trend

Stromverbrauch *m* electricity consumption **Stromversorgung** *f* electricity supply **Stromzähler** *m* electricity meter

Strophe <-, -n> [ˈʃtroːfə] *f* verse

strotzen [ˈʃtrɔtsn̩] *intr V* **vor etw** *Dat* **~** to be bursting with sth

Strudel[1] <-s, -> [ˈʃtruːdl̩] *m* whirlpool; (*kleiner*) eddy

Strudel[2] <-s, -> [ˈʃtruːdl̩] *m* (*Gebäck*) strudel

Struktur [ʃtrʊkˈtuːɐ̯, strʊ-] *f* structure

strukturell [ʃtrʊktuˈrɛl] *Adj* structural

strukturschwach *Adj* economically underdeveloped

Strumpf <-[e]s, Strümpfe> [ʃtrʊmpf, *Pl:* ˈʃtrʏmpfə] *m* ① sock ② (*Damenstrumpf*) stocking

Strumpfband <-bänder> *nt,* **Strumpfhalter** <-s, -> *m* suspender, garter AM **Strumpfhose** *f* tights *pl,* pantyhose AM; **eine ~** a pair of tights **Strumpfwaren** *Pl* hosiery *no pl*

strunzdoof, **strunzendoof** *Adj* (*pej sl*) dense

struppig [ˈʃtrʊpɪç] *Adj* shaggy

Stube <-, -n> [ˈʃtuːbə] *f* living room

Stubenarrest *m* **~ haben** (*fam*) to be confined to one's room **Stubenhocker(in)** <-s, -> *m(f)* (*pej*) house mouse **stubenrein** *Adj* house-trained

Stuck <-[e]s> [ʃtʊk] *m kein Pl* stucco

Stück <-[e]s, -e *o nach Zahlenangabe* -> [ʃtʏk] *nt* ① piece; **ein ~ Kuchen** a piece of cake; **etw in ~e reißen** to tear sth to pieces; **am ~** in one piece; **aus einem ~** from one piece; **~ für ~** bit by bit; **das** [*o* **pro**] **~** each ② (*Abschnitt*) part ③ THEAT play ▶ **jds bestes ~** (*fam*) sb's pride and joy; **aus freien ~en** of one's own free will; **große ~e auf jdn halten** (*fam*) to think highly of sb; **ein starkes ~ sein** (*fam*) to be a bit much

Stückpreis *m* unit price **Stückzahl** *f* number of units

Student(in) <-en, -en> [ʃtuˈdɛnt] *m(f)* student

Studentenausweis *m* student card **Studentenheim** *nt* student hostel; (*auf dem Campus*) hall of residence

studentisch *Adj attr* student

Studie <-, -n> [ˈʃtuːdi̯ə] *f* study

Studienanfänger(in) *m(f)* first-year student, fresher BRIT, freshman AM **Studi-**

enbeihilfe *f* study grant **Studiendirektor(in)** *m(f)* deputy head teacher, vice-principal AM **Studienfach** *nt* subject **Studienfahrt** *f* study trip **Studiengebühren** *Pl* tuition fees *pl* **Studienrat, Studienrätin** *m, f* secondary-school teacher **Studienreise** *f* educational trip

studieren* [ʃtuˈdiːrən] *intr, tr V* to study; **sie studiert noch** she is still a student; **ich studiere derzeit im fünften/sechsten Semester** I'm in my third year [at university/college]

Studio <-s, -s> [ˈʃtuːdi̯o] *nt* studio

Studium <-, Studien> [ˈʃtuːdi̯ʊm, *Pl:* ˈʃtuːdi̯ən] *nt* ① studies *pl;* **ein ~ aufnehmen** to begin one's studies ② (*eingehende Beschäftigung*) study

Stufe <-, -n> [ˈʃtuːfə] *f* ① (*Treppenstufe*) step; **~ um ~** step by step ② (*Niveau*) level; **auf der gleichen ~ stehen** to be on the same level ③ (*Abschnitt*) stage

Stufenbarren *m* asymmetric bars *pl*

stufenlos *Adj* continuously variable

Stufenschnitt *m* layered cut

Stuhl <-[e]s, Stühle> [ʃtuːl, *Pl:* ˈʃtyːlə] *m* ① chair ② MED stool

Stuhlbein *nt* chair leg **Stuhllehne** *f* chair back

stülpen [ˈʃtʏlpn̩] *tr V* to put (**auf** on, **über** over)

stumm [ʃtʊm] *Adj* ① MED dumb ② (*schweigend*) silent; **~ werden** to go silent

Stummel <-s, -> [ˈʃtʊml̩] *m* stump

Stummfilm *m* silent movie

Stümper(in) <-s, -> [ˈʃtʏmpɐ] *m(f)* (*pej*) bungler

stümperhaft **I.** *Adj* (*pej*) amateurish **II.** *Adv* incompetently

stumpf [ʃtʊmpf] *Adj* ① blunt; **~ werden** to go blunt ② MATH **ein ~er Winkel** an obtuse angle

Stumpf <-[e]s, Stümpfe> [ʃtʊmpf, *Pl:* ˈʃtʏmpfə] *m* stump

stumpfsinnig *Adj* mindless

Stunde <-, -n> [ˈʃtʊndə] *f* ① hour; **die ~ der Wahrheit** the moment of truth; **jds große ~** sb's big moment; **jds letzte ~ hat geschlagen** sb's hour has come; **zu später ~** at a late hour; **in einer stillen ~** in a quiet moment; **eine halbe ~** half an hour; **anderthalb ~n** an hour and a half; **eine viertel ~** a quarter of an hour; **drei viertel ~n** three-quarters of an hour; **zu dieser ~** (*geh*) at the present time; **zu jeder ~** [at] any time ② (*Unterrichtsstunde*) lesson ▶ **die ~ Null** zero hour; **ein Mann/eine Frau der ersten ~** a prime mover

stunden [ˈʃtʊndn̩] *tr V* **jdm etw ~** to give sb time to pay sth

Stundenkilometer *Pl* kilometres per hour **stundenlang** *Adv* for hours **Stundenlohn** *m* hourly wage **Stundenplan** *m* timetable, schedule AM **Stundensatz** *m* hourly rate **stundenweise** *Adv* for an hour or two [at a time]

stündlich [ˈʃtʏntlɪç] *Adj, Adv* hourly

stupid [ʃtuˈpiːt, st-], **stupide** [ʃtuˈpiːdə, st-] *Adj* mindless

stupsen [ˈʃtʊpsn̩] *tr V* to nudge

Stupsnase *f* snub nose

stur [ʃtuːɐ̯] *Adj* stubborn; **sich ~ stellen** to dig one's heels in

Sturheit <-> *f kein Pl* stubbornness

Sturm <-[e]s, Stürme> [ʃtʊrm, *Pl:* ˈʃtʏrmə] *m* ① storm ② (*Andrang*) **ein ~ auf etw** *Akk* a rush for sth ▶ **gegen etw** *Akk* **~ laufen** to be up in arms against sth; **~ läuten** to lean on the [door]bell

Sturmangriff *m* MIL assault

stürmen [ˈʃtʏrmən] **I.** *intr V unpers haben* **es stürmt** a gale is blowing **II.** *intr V* ① *haben* SPORT to attack ② *sein* (*rennen*) to storm **III.** *tr V haben* **etw ~** to storm sth

Stürmer(in) <-s, -> [ˈʃtʏrmɐ] *m(f)* forward

Sturmflut *f* storm tide

stürmisch [ˈʃtʏrmɪʃ] *Adj* ① blustery; **~e See** rough sea ② (*vehement*) tumultuous; *Mensch* impetuous; **nicht so ~!** take it easy!

Sturmvogel *m* ORN fulmar **Sturmwarnung** *f* gale warning

Sturz <-es, Stürze> [ʃtʊrts, *Pl:* ˈʃtʏrtsə] *m* fall

stürzen [ˈʃtʏrtsn̩] **I.** *intr V sein* ① (*fallen*) to fall; **vom Dach ~** to fall off the roof; **schwer ~** to fall heavily ② (*rennen*) to rush **II.** *tr V haben* ① (*werfen*) **jdn/sich aus etw ~** to throw sb/oneself out of ② POL (*absetzen*) to bring down **III.** *refl V* ① **sich auf jdn ~** to pounce on sb; **die Gäste stürzten sich aufs kalte Büfett** the guests fell on the cold buffet ② (*fal-*

S

len lassen) **sich in die Tiefe ~** to plunge into the depths

Sturzflug *m* ORN steep dive **Sturzhelm** *m* crash helmet

Stute <-, -n> ['ʃtuːtə] *f* mare

Stütze <-, -n> ['ʃtʏtsə] *f* support

stutzen[1] ['ʃtʊtsn̩] *intr V* to hesitate

stutzen[2] ['ʃtʊtsn̩] *tr V* ① HORT to prune ② ZOOL to clip ③ (*kürzen*) to trim

stützen ['ʃtʏtsn̩] **I.** *tr V* ① to support ② **etw auf etw** *Akk* **~** to rest sth on sth; **die Ellbogen auf den Tisch ~** to rest one's elbows on the table **II.** *refl V* ① **sich auf jdn/etw ~** to lean on sb/sth ② (*basieren*) **sich auf etw** *Akk* **~** to be based on sth

stutzig ['ʃtʊtsɪç] *Adj* **jdn ~ machen** to make sb suspicious; **~ werden** to get suspicious

Stützmauer *f* retaining [*or* supporting] wall **Stützpunkt** *m* MIL base

Styropor® <-s> [ʃtyro'poːɐ̯] *nt kein Pl* polystyrene

Subjekt <-[e]s, -e> [zʊp'jɛkt] *nt* LING subject

subjektiv [zʊpjɛk'tiːf, 'zʊp-] *Adj* subjective

Subkultur ['zʊpkʊltuːɐ̯] *f* subculture

Substantiv <-s, -e> ['zʊpstantiːf] *nt* noun

Substanz <-, -en> [zʊp'stants] *f* ① substance ② *kein Pl* (*geh: Essenz*) essence; **[jdm] an die ~ gehen** (*fam*) to take it out of sb

subtrahieren* [zʊptra'hiːrən] *tr, intr V* to subtract (**von** from)

Subtraktion <-, -en> [zʊptrak'tsi̯oːn] *f* subtraction

S

subtropisch ['zʊptroːpɪʃ] *Adj* subtropical

Subunternehmer(in) <-s, -> ['zʊpʔʊntɐneːmɐ] *m(f)* subcontractor

Subvention <-, -en> [zʊpvɛn'tsi̯oːn] *f* subsidy

subventionieren* [zʊpvɛntsi̯o'niːrən] *tr V* to subsidize

Suche <-, -n> ['zuːxə] *f* search (**nach** for); **auf der ~ sein** to be looking (**nach** for)

suchen ['zuːxn̩] **I.** *tr V* to look for; (*intensiver*) to search for; **du hast hier nichts zu ~!** you have no right to be here! **II.** *intr V* to search (**nach** for); **such! such!** seek!

Suchfunktion *f* COMPUT search function **Suchgerät** *nt* locating equipment **Suchlauf** *m* COMPUT search process; RADIO, TV search **Suchmaschine** *f* INET search engine **Suchscheinwerfer** *m* searchlight

Sucht <-, Süchte> [zʊxt, *Pl:* 'zʏçtə] *f* addiction (**nach** to); **~ erzeugend** addictive

Suchtgefahr *f* danger of addiction

süchtig ['zʏçtɪç] *Adj* addicted *pred;* **~ machen** to be addictive; **nach etw ~ sein** to be hooked on sth

Süchtige(r) *f(m)*, **Suchtkranke(r)** <-n, -n> *f(m) dekl wie Adj* addict

Suchtmittel *nt* PSYCH addictive substance

Südafrika ['zyːt'ʔaːfrika] *nt* South Africa **Südafrikaner(in)** *m(f)* South African **südafrikanisch** ['zyːtʔafri'kaːnɪʃ] *Adj* South African **Südamerika** ['zyːtʔa'meːrika] *nt* South America **südamerikanisch** *Adj* South American

Sudan <-> [zu'daːn] *m* [the] Sudan

süddeutsch ['zyːtdɔytʃ] *Adj* South German **Süddeutsche(r)** *f(m) dekl wie Adj* South German **Süddeutschland** ['zyːtdɔytʃlant] *nt* South[ern] Germany

Süden <-s> ['zyːdn̩] *m kein Pl* south; **im ~** in the south; **nach ~** to the south

Südengland *nt* southern England, the south of England **Südfrucht** *f* [sub]tropical fruit **Südhalbkugel** *f* southern hemisphere

südlich ['zyːtlɪç] **I.** *Adj* southern **II.** *Adv* **~ von etw** [to the] south of sth **III.** *Präp* +*Gen* **~ einer S.** [to the] south of sth

Südosten [zyːt'ʔɔstn̩] *m kein Pl, kein indef art* south-east **südöstlich** [zyːt'ʔœstlɪç] **I.** *Adj* south-eastern **II.** *Adv* **~ [von etw]** [to the] southeast [of sth] **Südpol** ['zyːtpoːl] *m* **der ~** the South Pole **Südsee** ['zyːtzeː] *f kein Pl* **die ~** the South Pacific **Südstaaten** ['zyːtʃtaːtn̩] *Pl* (*in den USA*) Southern States

südwärts ['zyːtvɛrts] *Adv* southwards

Südwesten [zyːt'vɛstn̩] *m kein Pl* south-west **südwestlich** [zyːt'vɛstlɪç] **I.** *Adj* south-western **II.** *Adv* **~ [von etw]** [to the] south-west [of sth] **Südwind** *m* south wind

süffig ['zʏfɪç] *Adj* very drinkable

suggerieren* [zʊge'riːrən] *tr V* to suggest

Suggestivfrage *f* (*geh*) leading question

suhlen ['zu:lən] *refl V* **sich in etw** *Dat* ~ to wallow in sth

sühnen ['zy:nən] *tr V* **etw** ~ to atone for sth (**durch** with)

suizidgefährdet *Adj* PSYCH ~**e Menschen** people at risk of [committing] suicide

Sulfat <-[e]s, -e> [zʊl'fa:t] *nt* sulphate

Sultan(in) <-s, -e> ['zʊlta:n, 'zʊltanɪn, zʊl'ta:nɪn] *m(f)* sultan *masc*/sultana *fem*

Sultanine <-, -n> [zʊlta'ni:nə] *f* sultana

Sülze <-, -n> ['zʏltsə] *f* brawn

Summe <-, -n> ['zʊmə] *f* sum

summen ['zʊmən] *intr, tr V* to hum

summieren* [zʊ'mi:rən] *refl V* **sich** [**auf etw** *Akk*] ~ to mount up [to sth]

Sumpf <-[e]s, Sümpfe> [zʊmpf, *Pl:* 'zʏmpfə] *m* marsh; (*in den Tropen*) swamp

Sumpffieber *nt* malaria **Sumpfgebiet** *nt* marsh[land]; *in den Tropen* swamp[land]

sumpfig ['zʊmpfɪç] *Adj* marshy; (*in den Tropen*) swampy

Sumpfpflanze *f* marsh plant

Sünde <-, -n> ['zʏndə] *f* sin; **eine** ~ **begehen** to commit a sin

Sündenbock *m* scapegoat

Sünder(in) <-s, -> *m(f)* sinner

sündig ['zʏndɪç] *Adj* sinful

super ['zu:pɐ] *Adj* super

Super <-s> ['zu:pɐ] *nt kein Pl* AUTO four-star BRIT, premium AM

Superlativ <-[e]s, -e> ['zu:pɐlati:f] *m* superlative

Supermacht *f* superpower **Supermarkt** ['zu:pɐmarkt] *m* supermarket **Supermarktkette** ['zu:pɐ-] *f* ÖKON supermarket chain

superreich ['zu:pɐ-] *Adj* SOZIOL (*pej*) super-rich

Suppe <-, -n> ['zʊpə] *f* soup; **klare** ~ consommé ▶ **die ~ auslöffeln müssen** (*fam*) to have to face the music

Suppenfleisch *nt* meat for making soup/stews **Suppengrün** *nt* herbs and vegetables for making soup **Suppenhuhn** *nt* boiling chicken **Suppenschüssel** *f* soup tureen **Suppenteller** *m* soup plate

Surfbrett ['zø:ɐ̯f-] *nt* surfboard

surfen ['zø:ɐ̯fn̩] *intr V* **1** to surf **2** INET to surf; **im Internet** ~ to surf the Internet

Surfen <-s> ['zø:ɐ̯fn̩] *nt kein Pl a.* INET surfing *no pl, no indef art*

Surfer(in) <-s, -> *m(f)* surfer

surren ['zʊrən] *intr V* to buzz

Sushi <-s, -s> ['zu:ʃi] *nt* sushi

suspekt [zʊs'pɛkt] *Adj* (*geh*) suspicious; **jdm ~ sein** to look suspicious to sb

suspendieren* [zʊspɛn'di:rən] *tr V* to suspend (**von** from)

süß [zy:s] **I.** *Adj* sweet **II.** *Adv* sweetly

süßen ['zy:sn̩] *tr V* to sweeten

Süßigkeit <-, -en> ['zy:sɪçkait] *f meist Pl* sweet, candy AM

Süßkirsche *f* sweet cherry

süßlich *Adj* sickly sweet

süßsauer ['zy:s'zauɐ] *Adj* sweet-and-sour **Süßspeise** *f* dessert **Süßstoff** *m* sweetener **Süßwasser** *nt* fresh water

Sweatshop <-s, -s> ['svɛtʃɔp] *m* ÖKON, SOZIOL sweatshop

Symbol <-s, -e> [zʏmbo:l] *nt* symbol

symbolisch [zʏm'bo:lɪʃ] *Adj* symbolic

symbolisieren* [zʏmboli'zi:rən] *tr V* to symbolize

symmetrisch [zʏ'me:trɪʃ] *Adj* symmetrical

Sympathie <-, -n> [zʏmpa'ti:, *Pl:* -'ti:ən] *f* sympathy

Sympathisant(in) <-en, -en> [zʏmpati'zant] *m(f)* sympathizer

sympathisch [zʏm'pa:tɪʃ] *Adj* nice; **jdm ~ sein** to appeal to sb; **sie war mir gleich** ~ I liked her at once; [**jdm**] **nicht ~ sein** to be not very appealing [to sb]

Symphonie <-, -n> [zʏmfo'ni:, *Pl:* -'ni:ən] *f* symphony

Symptom <-s, -e> [zʏmp'to:m] *nt* symptom (**für** of)

symptomatisch [zʏmpto'ma:tɪʃ] *Adj* symptomatic (**für** of)

Synagoge <-, -n> [zyna'go:gə] *f* synagogue

synchronisieren* [zʏnkroni'zi:rən] *tr V* FILM to dub

Syndikat <-[e]s, -e> [zʏndi'ka:t] *nt* syndicate

Synergieeffekt *m* synergetic effect

Synode <-, -n> [zy'no:də] *f* synod

synonym [zyno'ny:m] *Adj* synonym

Synonym <-s, -e> [zyno'ny:m] *nt* synonym

Syntax <-, -en> ['zʏntaks] *f* syntax

S

Synthese <-, -n> [zʏn'teːzə] *f* synthesis
synthetisch [zʏn'teːtɪʃ] *Adj* synthetic; **eine ~e Faser** a man-made fibre
Syphilis <-> ['zyːfilɪs] *f kein Pl* syphilis
Syrer(in) <-s, -> ['zyːrɐ] *m(f)* Syrian
Syrien <-s> ['zyːri̯ən] *nt* Syria
syrisch ['zyːrɪʃ] *Adj* Syrian; *s. a.* **deutsch**
System <-s, -e> [zʏs'teːm] *nt* system; **~ in etw** *Akk* **bringen** to bring some order into sth; **mit ~** systematically
systematisch [zʏste'maːtɪʃ] *Adj* systematic
systembedingt *Adj* determined by the system **Systemfehler** *m* system error **Systemkritiker(in)** *m(f)* critic of the system
Szenario <-s, -s> [stse'naːri̯o] *nt* (*a. geh*) scenario
Szene <-, -n> ['stseːnə] *f* scene; **[etw] in ~ setzen** to stage sth; **sich in ~ setzen** to play to the gallery; **[jdm] eine ~ machen** to make a scene [in front of sb]
Szenekneipe *f* trendy bar **Szeneladen** *m* (*fam: Kneipe*) trendy bar; (*Disco oder Club*) trendy club
Szenenwechsel *m* change of scene

Tt

T, t <-, -> [teː] *nt* T, t; **ein großes T** a capital T; **ein kleines t** a small t; *s. a.* **A**
t *Abk von* **Tonne**
Tabak <-s, -e> ['taːbak, 'tabak] *m* tobacco
Tabaksteuer *f* duty on tobacco **Tabakwaren** *Pl* tobacco products
tabellarisch [tabɛ'laːrɪʃ] *Adj* tabular
Tabelle <-, -n> [ta'bɛlə] *f* table
Tabellenform *f* **in ~** in the form of a table [*or* chart] **Tabellenführer(in)** *m(f)* top of the league **Tabellenplatz** *m* SPORT league position **Tabellenstand** <-[e]s> *m kein Pl* SPORT [sport]league-position
Tabernakel <-s, -> [tabɛr'naːkl] *nt o m* tabernacle
Tablet <-s, -s> ['tɛblət] *nt* (*fam*) tablet [computer]
T
Tablet-Computer *m* tablet computer
Tablett <-[e]s, -s *o* -e> [ta'blɛt] *nt* tray
Tablette <-, -n> [ta'blɛtə] *f* pill
tabu [ta'buː] *Adj* taboo
Tabu <-s, -s> *nt* taboo
Tabubruch [ta'buː-] *m* SOZIOL, REL breaking of a taboo
Tachometer *m o nt* speedometer
Tadel <-s, -> ['taːdl̩] *m* reprimand; **jdm einen ~ erteilen** to reproach sb (**wegen** for)
tadellos **I.** *Adj* perfect **II.** *Adv* perfectly
tadeln *tr V* to reprimand
tadelnd *Adj Blick, Worte* reproachful
Tafel <-, -n> ['taːfl̩] *f* ❶ board ❷ (*Packung*) **eine ~ Schokolade** a bar of chocolate ❸ (*geh: Esstisch*) table
Tafelobst *nt kein Pl* dessert fruit
Täfelung <-, -en> *f* panelling
Tafelwasser *nt* table water **Tafelwein** *m* table wine
Taft <-[e]s, -e> [taft] *m* taffeta
Tag <-[e]s, -e> [taːk, *Pl:* taːgə] *m* ❶ day; **guten ~!** hello!; **ein freier ~** a day off; **den ganzen ~ [lang]** the whole day; **auf den ~ [genau]** [exactly] to the day; **eines ~es** one day; **~ für ~** every day; **von ~ zu ~** from day to day ❷ *pl* (*fam: Menstruation*) period ▶ **es ist noch nicht aller ~e Abend** it's not all over yet; **~ der offenen Tür** open day; **der ~ X** D-day; **von einem ~ auf den anderen** overnight; **in den ~ hinein leben** to live from day to day; **etw kommt an den ~** sth comes to light

The German Democratic Republic (GDR) or East Germany became part of the Federal Republic of Germany on 3rd October, 1990. The treaty on the final settlement of the German question was signed by the four victorious powers of the Second World War, the Federal Republic and the minister-president of the GDR in Moscow on 12th September. Since then, 3rd October has been celebrated as **der Tag der Deutschen Einheit** (the Day of German Unity).

Tagebau *m kein Pl* open-cast mining **Tagebuch** *nt* diary; **ein ~ führen** to keep a diary **tagelang** *Adv* for days **Tagelöhner(in)** <-s, -> ['taːgəløːnɐ] *m(f)* day labourer

tagen ['taːgn̩] **I.** *intr V Kongress* to meet **II.** *intr V unpers* **es tagt!** day is breaking!

Tagesablauf *m* daily routine **Tagesanbruch** *m* daybreak; **bei ~** at daybreak **Tagescreme** *f* day cream **Tagesgeschäft** *nt* daily business *no pl* **Tagesgeschehen** *nt* daily events *pl* **Tageskarte** *f* day ticket **Tageskurs** *m* FIN current rate **Tageslicht** *nt kein Pl* daylight; **bei ~** by [*or* in] daylight ▸ **etw ans ~ bringen** to bring sth to light **Tagesmutter** *f* childminder **Tagesordnung** *f* agenda; **auf der ~ stehen** to be on the agenda ▸ **[wieder] zur ~ übergehen** to carry on as usual **Tagespreis** *m* ÖKON current price **Tagesration** *f* daily ration **Tagessatz** *m* ① (*tägliche Kosten*) daily rate ② (*Geldstrafe*) *fine calculated from the daily rate of income* **Tageszeit** *f* time [of day] **Tageszeitung** *f* daily

täglich ['tɛːklɪç] *Adj, Adv* daily

tagsüber ['taːksʔyːbɐ] *Adv* during the day

tagtäglich ['taːk'tɛːklɪç] **I.** *Adj* daily **II.** *Adv* on a daily basis

Tagung <-, -en> *f* conference

Taifun <-s, -e> [tai'fuːn] *m* typhoon

Taille <-, -n> ['taljə] *f* waist

Takt <-[e]s, -e> [takt] *m* ① MUS bar ② *kein Pl* (*Rhythmus*) rhythm; **den ~ angeben** to beat time; **jdn aus dem ~ bringen** to make sb lose their rhythm; **im ~** in time (**mit** to) ③ *kein Pl* (*Taktgefühl*) tact

Taktgefühl *nt* tact

taktieren* [tak'tiːrən] *intr V* to use tactics

Taktik <-, -en> ['taktɪk] *f* tactics *pl*

taktisch ['taktɪʃ] *Adj* tactical

taktlos *Adj* tactless

Taktlosigkeit <-, -en> *f kein Pl* tactlessness

Taktstock *m* baton

taktvoll *Adj* tactful

Tal <-[e]s, Täler> [taːl, *Pl:* tɛːlɐ] *nt* valley

Talar <-s, -e> [ta'laːɐ̯] *m* gown

Talent <-[e]s, -e> [ta'lɛnt] *nt* talent

talentiert [talɛn'tiːɐ̯t] *Adj* talented

Talg <-[e]s, -e> ['talk, *Pl:* 'talgə] *m* ① suet ② ANAT sebum

Talgdrüse *f* sebaceous gland

Talisman <-s, -e> ['taːlɪsman] *m* lucky charm

Talkshow^RR <-, -s> *f,* **Talk-Show** <-, -s> ['tɔːkʃoː] *f* chat show BRIT, talk show

Talsperre *f* dam **Talstation** *f* valley station

talwärts ['taːlʔvɛrts] *Adv* down to the valley

Tampon <-s, -s> ['tampɔn] *m* tampon

Tang <-[e]s, -e> ['taŋ] *m* seaweed

Tangente <-, -n> [taŋ'gɛntə] *f* tangent

Tango <-s, -s> ['taŋgo] *m* tango

Tank <-s, -s> [taŋk] *m* tank

Tankdeckel *m* fuel cap

tanken ['taŋkn̩] **I.** *intr V* (*Auto*) to fill up; (*Flugzeug*) to refuel **II.** *tr V* ① **Benzin ~** to fill up with petrol [*or* AM gas] ② (*fam: aufnehmen*) **frische Luft/Sonne ~** to get some fresh air/sun

Tanker <-s, -> ['taŋkɐ] *m* tanker

Tankstelle *f* filling [*or* AM gas] station

Tankwart(in) *m(f)* petrol pump attendant BRIT, gas station attendant AM

Tanne <-, -n> ['tanə] *f* fir

Tannenbaum *m* Christmas tree **Tannenzapfen** *m* fir cone

Tansania <-> [tanza'niːa] *nt* Tanzania

Tansanier(in) <-s, -> [tan'zaːni̯ɐ] *m(f)* Tanzanian

tansanisch [tan'zaːnɪʃ] *Adj* Tanzanian; *s. a.* **deutsch 1, 2**

Tante <-, -n> ['tantə] *f* aunt

Tanz <-es, Tänze> ['tants, *Pl:* 'tɛntsə] *m* dance; **jdn zum ~ auffordern** to ask sb to dance

tanzen ['tantsn̩] *intr, tr V* to dance

Tänzer(in) <-s, -> ['tɛntsɐ] *m(f)* dancer

Tanzfläche *f* dance floor **Tanzkurs, Tanzkursus** *m* dance class **Tanzlokal** *nt* café with a dance floor **Tanzmusik** *f* dance music **Tanzschule** *f* dancing school **Tanzstunde** *f* dancing lesson; **~n nehmen** to have dancing lessons **Tanzturnier** *nt* dance tournament

Tapete <-, -n> [ta'peːtə] *f* wallpaper *no pl*

tapezieren* [tape'tsi:rən] *tr V* to wallpaper
tapfer ['tapfɐ] *Adj* brave
Tapferkeit <-> *f kein Pl* courage
tappen ['tapn̩] *intr V sein* to walk hesitantly
Tarantel <-, -n> [ta'rantl̩] *f* tarantula
Tarif <-[e]s, -e> [ta'ri:f] *m* ❶ (*Gehaltsvereinbarung*) pay scale ❷ (*Preis*) charge
Tarifgruppe *f* wage group **Tarifkampf** *m* [tense] wage negotiations *pl*
tariflich *Adj* negotiated
Tariflohn *m* standard wage **Tarifverhandlung** *f meist Pl* collective wage negotiations *pl* **Tarifvertrag** *m* collective wage agreement **Tarifzone** *f* fare zone
tarnen ['tarnən] *tr V* to camouflage
Tarnung <-, -en> *f* camouflage
Tasche <-, -n> ['taʃə] *f* ❶ bag; (*Einkaufstasche*) [shopping] bag; (*Aktentasche*) briefcase ❷ (*in Kleidern*) pocket ▶ **jdm auf der ~ liegen** to live off sb; **jdn in die ~ stecken** to be head and shoulders above sb; **in die eigene ~ wirtschaften** to line one's own pocket[s]
Taschenbuch *nt* paperback **Taschendieb(in)** *m(f)* pickpocket **Taschengeld** *nt* pocket money **Taschenkrebs** *m* crab **Taschenlampe** *f* torch **Taschenmesser** *nt* penknife **Taschenrechner** *m* pocket calculator **Taschenschirm** *m* telescopic umbrella **Taschenspiegel** *m* pocket mirror **Taschentuch** *nt* handkerchief **Taschenuhr** *f* pocket watch
Taskleiste ['ta:sk-] *f* COMPUT task bar
Tasse <-, -n> ['tasə] *f* cup; **eine ~ Tee** a cup of tea ▶ **nicht alle ~n im Schrank haben** not to be right in the head
T
Tastatur <-, -en> [tasta'tu:ɐ̯] *f* keyboard
Taste <-, -n> ['tastə] *f* key; (*Telefon*) button
tasten ['tastn̩] **I.** *intr, tr V* to feel (**nach** for) **II.** *refl V* **sich irgendwohin ~** to grope one's way to somewhere
Tastentelefon *nt* push-button telephone
Tastsinn *m kein Pl* sense of touch
tat [ta:t] *Imp von* **tun**
Tat <-, -en> [ta:t] *f* ❶ act; **eine gute ~** a good deed; **zur ~ schreiten** to proceed to action; **etw in die ~ umsetzen** to put sth into effect ❷ (*Straftat*) crime; **jdn auf frischer ~ ertappen** to catch sb red-handed ▶ **in der ~** indeed
Tatbestand *m* ❶ facts ❷ JUR elements of an offence
Tatbeteiligte(r) *f(m) dekl wie Adj* JUR accomplice
tatenlos *Adj* idle; **~ zusehen** to stand idly by
Täter(in) <-s, -> ['tɛ:tɐ] *m(f)* perpetrator
tätig ['tɛ:tɪç] *Adj* ❶ active ❷ (*beschäftigt*) employed; [**irgendwo**] **~ sein** to work [somewhere]
Tätigkeit <-, -en> *f* ❶ *kein Pl* activity ❷ (*Beschäftigung*) occupation
Tatkraft *f kein Pl* drive
tatkräftig *Adj* active
Tatort *m* scene of the crime
Tatortspur *f* JUR sample taken from a crime scene
tätowieren* [tɛto'vi:rən] *tr V* to tattoo
Tätowierung <-, -en> *f* tattoo
Tatsache ['ta:tzaxə] *f* fact; **~ ist, dass ...** the fact of the matter is that ... ▶ **den ~n ins Auge sehen** to face the facts
Tatsachenbericht *m* factual report
tatsächlich ['ta:tzɛçlɪç, ta:t'zɛçlɪç] **I.** *Adj attr* (*wirklich*) actual *attr,* real **II.** *Adv* ❶ (*in Wirklichkeit*) actually ❷ (*in der Tat*) really
tätscheln ['tɛ:tʃl̩n] *tr V* to pat
Tatze <-, -n> ['tatsə] *f* paw
Tau[1] <-[e]s> [tau] *m kein Pl* dew
Tau[2] <-[e]s, -e> [tau] *nt* (*Seil*) rope
taub [taup] *Adj* ❶ deaf; **sich ~ stellen** to turn a deaf ear ❷ (*gefühllos*) numb
Taube <-, -n> ['taubə] *f* pigeon
Taubheit <-> *f kein Pl* ❶ deafness ❷ (*Gefühllosigkeit*) numbness
taubstumm *Adj* deaf and dumb
Taubstumme(r) *f(m) dekl wie Adj* deaf mute
tauchen [tauxn̩] **I.** *intr V* ❶ *haben o sein* to dive ❷ *sein* (*hochkommen*) **aus dem Wasser ~** to surface **II.** *tr V haben* (*tunken*) to dip
Tauchen <-s> [tauxn̩] *nt kein Pl* diving
Taucher(in) <-s, -> [tauxɐ] *m(f)* diver
Taucheranzug *m* diving suit **Taucherausrüstung** *f* diving equipment **Taucherflosse** *f* flipper **Taucherkrankheit** *f* deep-sea sickness **Tauchermaske** *f* diving mask
Tauchsieder <-s, -> *m* immersion heater

tauen ['tauən] **I.** *intr V unpers haben* **es taut** it is thawing **II.** *intr V sein* to melt **III.** *tr V haben* to melt

Taufbecken *nt* font

Taufe <-, -n> ['taufə] *f* baptism

taufen ['taufn̩] *tr V* to baptize; (*benennen*) to christen

Taufpate, Taufpatin *m, f* godfather *masc/* godmother *fem*

taugen ['taugn̩] *intr V* ❶ (*wert sein*) **etwas/nichts ~** to be useful/useless ❷ (*geeignet sein*) to be suitable (**als** for)

tauglich ['tauklɪç] *Adj* ❶ suitable ❷ MIL fit

Taumel <-s> ['tauml̩] *m kein Pl* (*geh*) ❶ (*Schwindel*) dizziness ❷ (*Überschwang*) frenzy

taumeln ['taumln̩] *intr V sein* to stagger

Tausch <-[e]s, -e> [tauʃ] *m* swap; **im ~** in exchange (**gegen** for)

tauschen ['tauʃn̩] *tr, intr V* to swap (**gegen** for) ▶ **mit niemandem ~ wollen** not to wish to change places with sb

täuschen ['tɔyʃn̩] **I.** *tr V* to deceive **II.** *refl V* **sich ~** to be mistaken (**in** about); **darin täuschst du dich** you're wrong about that; **sich nicht ~ lassen** not to be fooled (**von** by) **III.** *intr V* to be deceptive

täuschend *Adj Ähnlichkeit* striking

Täuschung <-, -en> ['tɔyʃʊŋ] *f* ❶ (*Betrug*) deception ❷ (*Irrtum*) error; **optische ~** optical illusion

tausend ['tauzn̩t] *Adj* a [*or* one] thousand; **einige ~ Euro** several thousand euros

Tausend[1] <-s, -e> ['tauzn̩t, *Pl:* -n̩də] *nt* ❶ a thousand; **einer von ~** one in a thousand; **zehn von ~** ten out of every thousand ❷ *Pl* thousands (**von** of); **einige ~e ...** several thousand ...; **in die ~e gehen** to run into the thousands; **zu ~en** by the thousands

Tausend[2] <-, -en> ['tauzn̩t, *Pl:* -n̩dn̩] *f* thousand

Tausendfüßler <-s, -> ['tauzn̩tfy:slɐ] *m* centipede

Tausendstel ['tauzn̩tstl̩] *nt o* SCHWEIZ *m* thousandth

Tauwetter *nt* thaw

Taxi <-s, -s> ['taksi] *nt* cab, taxi

Taxifahrer(in) *m(f)* taxi driver

Taxistand *m* taxi rank

Team <-s, -s> [ti:m] *nt* team

Teamarbeit ['ti:m-] *f* teamwork

Technik <-, -en> ['teçnɪk] *f* ❶ technology ❷ (*Methode*) technique

Techniker(in) <-s, -> ['teçnɪkɐ] *m(f)* ❶ technician ❷ (*Ingenieur*) engineer

technisch ['teçnɪʃ] *Adj attr* technical; **~e Hochschule** college of technology

Technologie <-, -n> [tɛçnolo'gi:] *f* technology

Tee <-s, -s> [te:] *m* tea; **eine Tasse ~** a cup of tea; **~ kochen** to make some tea

Teebeutel *m* tea bag **Teeei**[RR], **Tee-Ei** *nt* tea infuser **Teefilter** *m* tea-strainer **Teekanne** *f* teapot **Teelöffel** *m* teaspoon

Teenie <-s, -s> ['ti:ni], **Teeny** <-s, -s> *m* (*fam*) young teenager

Teer <-[e]s, -e> [te:ɐ̯] *m* tar

Teeservice [-zɛrvi:s] *nt* tea service **Teesieb** *nt* tea strainer

Teich <-[e]s, -e> [taiç] *m* pond

Teig <-[e]s, -e> [taik] *m* dough

teigig [taigɪç] *Adj* doughy

Teigwaren *Pl* pasta + *sing verb*

Teil[1] <-[e]s, -e> [tail] *m* ❶ part; **zum ~** partly; **zum größten ~** for the most part ❷ (*Anteil*) share; **zu gleichen ~en** equally ▶ **sich** *Dat* **seinen ~ denken** (*fam*) to draw one's own conclusions; **ich für meinen ~** I, for my part

Teil[2] <-[e]s, -e> [tail] *nt* ❶ (*Bestandteil*) component ❷ (*sl: Ding*) thing

Teilabschnitt *m* section **Teilabschreibung** *f* ÖKON, ADMIN writedown

teilbar *Adj* divisible (**durch** by)

Teilchen <-s, -> *nt Dim von* **Teil**[1] **1** particle

teilen ['tailən] **I.** *tr V* ❶ (*aufteilen*) to share ❷ *a.* MATH to divide (**durch** by) ❸ (*trennen*) to separate **II.** *refl V* ❶ **sich ~** to split up (**in** into) ❷ **sich** *Dat* **etw ~** to share sth (**mit** with)

Teilerfolg *m* partial success

Teilhaber(in) <-s, -> *m(f)* partner

Teilnahme <-, -n> ['tailna:mə] *f* ❶ participation (**an** in) ❷ (*Mitgefühl*) sympathy

teilnahmslos *Adj* apathetic

teilnahmsvoll *Adv* compassionately

teil|nehmen *intr V unreg* ❶ (*anwesend sein*) [**an etw** *Dat*] **~** to attend [sth] ❷ (*sich beteiligen*) to participate (**an** in)

Teilnehmer(in) <-s, -> *m(f)* ❶ (*Anwesender*) person present ❷ (*Beteiligter*) participant (**an** in)

T

teils [tails] *Adv* partly; **~, ~** (*fam*) yes and no
Teilung <-, -en> *f* division
teilweise ['tailvaizə] **I.** *Adv* partly **II.** *Adj attr* partial
Teilzahlung *f* instalment **Teilzeitarbeit** *f* part-time work **Teilzeitkraft** *f* ÖKON part-timer
Teint <-s, -s> [tɛ̃:] *m* complexion
Telebanking ['te:ləbɛŋɪŋ] *nt* home banking
Telefon <-s, -e> ['te:lefo:n, tele'fo:n] *nt* [tele]phone
Telefonanruf *m* telephone call
Telefonat <-[e]s, -e> [te:lefo'na:t] *nt* telephone call
Telefonauskunft *f* directory enquiries *pl* **Telefonbuch** *nt* telephone book **Telefonbuchse** [tele'fo:n-] *f* TELEK telephone point [*or* AM jack] **Telefongespräch** *nt* telephone call; **ein ~ führen** to make a telephone call
telefonieren* [telefo'ni:rən] *intr V* [**mit jdm**] **~** to phone [sb]
telefonisch **I.** *Adj* telephone **II.** *Adv* by telephone
Telefonist(in) <-en, -en> [telefo'nɪst] *m(f)* switchboard operator
Telefonkarte *f* phonecard **Telefonleitung** *f* telephone line **Telefonnummer** *f* telephone number **Telefonrechnung** *f* [tele]phone bill **Telefonzelle** *f* pay phone
telegrafieren* [telegra:'fi:rən] *intr, tr V* to telegraph
Telegramm <-gramme> [tele'gram] *nt* telegram
Telekommunikation *f* telecommunication
Teleobjektiv *nt* telephoto lens
T **Telepathie** <-> [telepa'ti:] *f kein Pl* telepathy
Teleskop <-s, -e> [tele'sko:p] *nt* telescope
Telex <-, -e> ['te:lɛks] *nt* telex
Teller <-s, -> ['tɛlɐ] *m* ❶ plate; **flacher/tiefer ~** dinner/soup plate ❷ (*Portion*) **ein ~ Spaghetti** a plateful of spaghetti
Tellermine *f* MIL flat anti-tank mine
Tempel <-s, -> ['tɛmpl̩] *m* temple
Temperament <-[e]s, -e> [tɛmpəra'mɛnt] *nt* ❶ temperament ❷ *kein Pl* (*Lebhaftigkeit*) vivacity; **~ haben** to be very lively
temperamentvoll *Adj* lively
Temperatur <-, -en> [tɛmpəra'tu:ɐ̯] *f* temperature; [**die/jds**] **~ messen** to take sbs temperature; **~ haben** to have a temperature
Tempo[1] <-s, -s> ['tɛmpo, *Pl:* 'tempi] *nt* speed; **mit hohem ~** at high speed
Tempo®[2] <-s, -s> *nt* (*fam: Papiertaschentuch*) [paper] tissue, kleenex® AM
Tempolimit *nt* speed limit
temporär [tɛmpo'rɛɐ̯] *Adj* (*geh*) temporarily
Temposünder(in) <-s, -> *m(f)* speeder
Tendenz <-, -en> [tɛn'dɛnts] *f* ❶ trend ❷ (*Neigung*) tendency (**zu** to)
tendieren* [tɛn'di:rən] *intr V* to tend (**zu** towards); **dazu ~, etw zu tun** to tend to do sth
Tennis <-> ['tɛnɪs] *nt kein Pl* tennis
Tennishalle *f* indoor tennis court **Tennisplatz** *m* tennis court **Tennisschläger** *m* tennis racket **Tennisspiel** *nt* ❶ (*Sportart*) tennis ❷ (*Einzelspiel*) game of tennis
Tenor <-s, Tenöre> [te'no:ɐ̯, *Pl:* te'nø:rə] *m* tenor
Teppich <-s, -e> ['tɛpɪç] *m* carpet ▶ **etw unter den ~ kehren** to sweep sth under the carpet
Teppichboden *m* fitted carpet
Termin <-s, -e> [tɛr'mi:n] *m* ❶ (*Verabredung*) appointment; **einen ~ vereinbaren** to arrange an appointment; **einen ~ verpassen** to miss an appointment ❷ (*Auftragstermin*) deadline
Terminal <-s, -s> ['tøɐ̯minl̩] *nt* terminal
Terminbörse *f* FIN futures market **Terminkalender** *m* diary **Terminplan** *m* schedule **Terminplanung** *f* scheduling
Termite <-, -n> [tɛr'mi:tə] *f* termite
Terpentin <-s, -e> [tɛrpɛn'ti:n] *nt o* ÖSTERR *m* turpentine
Terrain <-s, -s> [tɛ'rɛ̃:] *nt* terrain
Terrasse <-, -n> [tɛ'rasə] *f* terrace
Terrine <-, -n> [tɛ'ri:nə] *f* tureen
Territorium <-s, -rien> [tɛri'to:ri̯ʊm, *Pl:* -ri̯ən] *nt* territory
Terror <-s> ['tɛro:ɐ̯] *m kein Pl* terror
Terroranschlag *m* terror[ist] attack **Terrorgruppe** *f* terrorist group
terrorisieren* [tɛrori'zi:rən] *tr V* to terrorize
Terrorismus <-> [tɛro'rɪsmʊs] *m kein Pl* terrorism

Terrorist(in) <-en, -en> [tɛro'rɪst] *m(f)* terrorist

terroristisch *Adj* terrorist

Terroropfer *nt* victim of terror[ism]

Terrorzelle *f* terrorist cell

Terzett <-[e]s, -e> [tɛr'tsɛt] *nt* trio

Tesafilm® ['te:zafɪlm] *m* Sellotape® BRIT, Scotch tape® AM

Test <-[e]s, -s *o* -e> [tɛst] *m* test

Testament <-[e]s, -e> [tɛsta'mɛnt] *nt* ① will ② REL **Altes/Neues ~** Old/New Testament

testamentarisch *Adj* testamentary

Testamentseröffnung *f* reading of the will

testen ['tɛstn̩] *tr V* to test (**auf** for)

Tetanus <-> ['te:tanʊs] *m kein Pl* tetanus *no pl*

teuer ['tɔyɐ] **I.** *Adj* ① expensive ② (*geschätzt*) dear **II.** *Adv* expensively ▶ **etw ~ bezahlen müssen** to pay a high price for sth; **~ erkauft** dearly bought; **jdn ~ zu stehen kommen** to cost sb dear

Teuerungsrate *f* rate of price increase

Teufel <-s, -> [tɔyfl̩] *m* devil; **der ~** the Devil ▶ **den ~ an die Wand malen** to imagine the worst; **geh zum ~!** (*fam*) go to hell!; **soll jdn [doch] der ~ holen** (*fam*) to hell with sb; **irgendwo ist der ~ los** (*fam*) all hell is breaking loose somewhere; **weiß der ~** (*fam*) who the hell knows

Teufelsaustreibung *f kein Pl* exorcism **Teufelskreis** *m* vicious circle

teuflisch ['tɔyflɪʃ] **I.** *Adj* diabolical **II.** *Adv* diabolically

Text <-[e]s, -e> [tɛkst] *m* text; (*Liedtext*) lyrics ▶ **jdn aus dem ~ bringen** (*fam*) to confuse sb

Texter(in) <-s, -> *m(f)* songwriter; (*Werbung*) copywriter

Textilien [tɛks'ti:li̯ən] *Pl* fabrics *pl*

Textilindustrie *f* textile industry

Textstelle *f* passage **Textverarbeitung** *f* word processing

Textverarbeitungsprogramm *nt* word processing programme **Textverarbeitungssystem** *nt* word processing system

Theater <-s, -> [te'atɐ] *nt* ① theatre; **~ spielen** to act; **nur ~ sein** (*fam*) to be only an act ② (*fam: Umstände*) fuss; **[ein] ~ machen** to make a fuss

Theateraufführung *f* theatre performance **Theaterbesuch** *m* theatre visit **Theaterbesucher(in)** <-s, -> *m(f)* theatregoer **Theaterkasse** *f* theatre box office

> The German **Theaterlandschaft** (theatre scene) comprises of more than 250 public and private theatres in 120 towns and cities in Germany. The most prominent theatres include in Hamburg the *Thalia* and the very traditional *Schauspielhaus,* in Berlin the *Berliner Ensemble* and the *Deutsches Theater,* in Frankfurt the *Schauspiel,* in Munich the *Münchner Kammerspiele* and in Stuttgart the *Stuttgarter Staatstheater.* The *Mannheimer Nationaltheater* is the oldest municipal theatre in the world, having been founded in 1779. *The English Theatre* in Frankfurt is the largest English-speaking theatre in Europe.

Theaterprobe *f* rehearsal **Theaterstück** *nt* play

theatralisch [tea'tra:lɪʃ] *Adj* theatrical

Theke <-, -n> ['te:kə] *f* counter; (*im Lokal*) bar

Thema <-s, Themen *o* -ta> ['te:ma, *Pl:* -mən, -ta] *nt* topic; (*eines Textes a.*) subject; **jdn vom ~ abbringen** to get sb off the subject; **beim ~ bleiben** to stick to the subject ▶ **ein/kein ~ sein** to be/to not be an issue

Thematik <-> [te'ma:tɪk] *f kein Pl* topic

Themenpark ['te:mən-] *m* TOURISM theme [*or* amusement] park

Theologe, Theologin <-n, -n> [teo'lo:gə, -'lo:gɪn] *m, f* theologian

Theologie <-, -n> [teolo'gi:, *Pl:* -'gi:ən] *f* theology

Theologin <-, -nen> *f s.* **Theologe**

theologisch [teo'lo:gɪʃ] *Adj* theological

theoretisch [teo're:tɪʃ] **I.** *Adj* theoretical **II.** *Adv* theoretically

Theorie <-, -n> [teo'ri:, *Pl:* -'ri:ən] *f* theory

Therapeut(in) <-en, -en> [tera'pɔyt] *m(f)* therapist

Therapie <-, -n> [tera'pi:, *Pl:* -'pi:ən] *f* therapy

therapieren [tera'pi:rən] *tr V* to treat

Thermalbad [tɛr'maːl-] *nt* thermal baths *pl* **Thermalquelle** *f* thermal spring
thermisch ['tɛrmɪʃ] *Adj attr* thermal
Thermometer <-s, -> [tɛrmo'meːtɐ] *nt* thermometer
Thermometerstand *m* temperature
Thermosflasche® ['tɛrmosflaʃə] *f* Thermos® [flask]
Thermostat <-[e]s *o* -en, -e *o* -en> [tɛrmo'staːt] *m* thermostat
These <-, -n> ['teːzə] *f* thesis
Thinktank <-s, -s> ['θɪŋktɛŋk] *m* POL, ÖKON (*sl*) think tank
Thrombose <-, -n> [trɔm'boːsə] *f* thrombosis
Thron <-[e]s, -e> [troːn] *m* throne
thronen ['troːnən] *intr V* to sit enthroned
Thronfolge *f* line of succession **Thronfolger(in)** <-s, -> *m(f)* heir to the throne
Thunfisch ['tuːnfɪʃ] *m* tuna [fish]
Thüringen <-s> ['tyːrɪŋən] *nt* Thuringia
Thüringer(in) <-s, -> ['tyːrɪŋɐ] *m(f)* Thuringian
thüringisch ['tyːrɪŋɪʃ] *Adj* Thuringian
Thymian <-s, -e> ['tyːmi̯aːn] BOT, GASTR *m* thyme
Tick <-[e]s, -s> [tɪk] *m* (*fam*) quirk
ticken ['tɪkn̩] *intr V* to tick ▸ **nicht richtig** ~ to be funny in the head
TiebreakRR <-s, -s> *m o nt*, **Tie-Break** <-s, -s> ['taibreːk] *m o nt* tie-break
tief [tiːf] **I.** *Adj* ❶ deep; **zwei Meter** ~ two metres deep ❷ (*niedrig*) low ❸ *Ton* low; *Stimme* deep ❹ (*intensiv empfunden*) intense ❺ (*inmitten*) **im ~sten Winter** in the depths of winter **II.** *Adv* ❶ deep; **er stürzte 350 Meter** ~ he fell 350 metres [deep]; ~ **greifend** far-reaching ❷ (*tönen*) low; **zu ~ singen** to sing flat; ~ **sprechen** to talk in a deep voice ❸ (*zutiefst, intensiv*) deeply; **etw ~ bedauern** to regret sth profoundly; ~ **schlafen** to sleep soundly ❹ (*niedrig*) low; ~ **liegend** low-lying; ~ **stehend** low-level
Tief <-[e]s, -e> [tiːf] *nt* low
Tiefbau *m kein Pl* civil engineering **Tiefdruckgebiet** *nt* low pressure area
Tiefe <-, -n> ['tiːfə] *f* depth
Tiefebene *f* lowland plain
Tiefenpsychologie *f* psychoanalysis
Tiefenschärfe *f kein Pl* depth of field
Tiefflieger *m* low-flying aircraft **Tiefflug** *m* low-altitude flight; **im** ~ at low altitude **Tiefgang** *m* ▸ ~ **haben** to have depth **tiefgekühlt** *Adj* frozen **tiefgreifend** *Adj* far-reaching
Tiefkühlfach *nt* freezer compartment **Tiefkühlkost** *f* frozen foods *pl* **Tiefkühltruhe** *f* freezer chest
Tiefland ['tiːflant] *nt* lowlands *pl* **Tiefpunkt** *m* low point **Tiefsee** *f* deep sea
tiefsinnig *Adj* profound
Tiefstand *m* low
Tier <-[e]s, -e> [tiːɐ̯] *nt* animal
Tierart *f* animal species + *sing verb* **Tierarzt**, **Tierärztin** *m, f* vet **Tierfabrik** *f* AGR (*pej fam*) factory farm **Tierheim** *nt* animal home
tierisch ['tiːrɪʃ] **I.** *Adj* ❶ ZOOL animal ❷ (*bestialisch*) bestial ❸ (*sl: heftig*) **einen ~en Hunger haben** to be hungry as hell **II.** *Adv* (*sl: heftig*) like hell
Tierkreis *m kein Pl* zodiac **Tierkreiszeichen** *nt* sign of the zodiac **Tierkunde** *f* zoology **tierlieb** *Adj* animal-loving *attr* **Tiermedizin** *f* veterinary medicine **Tiermehl** *nt* AGR meat and bone meal *no pl* **Tiernahrung** *f* animal food **Tierpark** *m* zoo **Tierquälerei** ['tːiɐ̯kvɛlərai] *f* cruelty to animals **Tierschutz** *m* protection of animals **Tierschützer(in)** *m(f)* animal conservationist **Tierschutzverein** *m* society for the prevention of cruelty to animals **Tierversuch** *m* animal experiment **Tierzucht** *f kein Pl* live-stock breeding *no pl*, animal husbandry *no pl*
Tiger <-s, -> [tiːgɐ] *m* tiger
tilgen ['tɪlgn̩] *tr V* ❶ FIN to pay off ❷ (*beseitigen*) to wipe out *sep*
Tilgung <-, -en> *f* FIN repayment
Tilgungsrate *f* FIN repayment instalment
Timing <-s> ['taimɪŋ] *nt* timing
Tinktur <-, -en> [tɪŋk'tuːɐ] *f* tincture
Tinte <-, -n> ['tɪntə] *f* ink ▸ **in der ~ sitzen** (*fam*) to be in a scrape
Tintenfisch *m* squid
Tintenstrahldrucker *m* ink-jet printer
TipALT *m s.* **Tipp**
TippRR <-s, -s> [tɪp] *m* tip
tippeln ['tɪpl̩n] *intr V sein* (*fam*) ❶ (*zu Fuß gehen*) to foot it ❷ (*kleine Schritte machen*) to trip
tippen1 [tɪpn̩] *intr V* ❶ (*raten*) to guess

T

❷ (*wetten*) **auf jdn/etw ~** to put one's money on sb/sth

tippen² [tɪpn̩] *intr V* ❶ (*fam: Maschine schreiben*) to type ❷ (*anstoßen*) to tap (**an/auf** on)

Tippfehler *m* typing mistake

Tirol <-s> [ti'ro:l] *nt* Tyrol

Tiroler(in) <-s, -> [ti'ro:lɐ] *m(f)* Tyrolean

Tisch <-[e]s, -e> [tɪʃ] *m* table; **am ~ sitzen** to sit at the table ▶ **reinen ~ machen** to sort things out; **unter den ~ fallen** to go by the board; **vom ~ sein** to be cleared up

Tischdecke *f* tablecloth **Tischgesellschaft** *f* dinner party **Tischlampe** *f* table lamp

Tischler(in) <-s -> ['tɪʃlɐ] *m(f)* carpenter

Tischlerei <-, -en> [tɪʃlə'rai] *f* carpenter's workshop

Tischnachbar(in) <-n, -n> *m(f)* table partner, neighbour [at table] **Tischplatte** *f* tabletop **Tischrede** *f* after-dinner speech **Tischtennis** *nt* table tennis **Tischtennisplatte** *f* table-tennis table **Tischtennisschläger** *m* table-tennis bat

Tischtuch <-tücher> *nt s.* **Tischdecke**

Titel <-s, -> ['ti:tl̩] *m* title

Titelbild *nt* cover [picture] **Titelblatt** *nt einer Zeitschrift* cover **Titelmädchen** *nt* cover girl **Titelseite** *f* front page; *einer Zeitschrift* cover **Titelverteidiger(in)** *m(f)* title holder

Toast¹ <-[e]s, -e> [to:st] *m kein Pl* (*Toastbrot*) toast; **eine Scheibe ~** a slice of toast

Toast² <-[e]s, -e> [to:st] *m* toast; **einen ~ ausbringen** to propose a toast (**auf** to)

Toaster <-s, -> *m* toaster

toben ['to:bn̩] *intr V* ❶ (*wüten*) to be raging (**vor** with) ❷ (*spielen*) to romp [around]

Tobsuchtsanfall *m* fit of rage

Tochter <-, Töchter> ['tɔxtɐ, *Pl:* 'tœçtɐ] *f* daughter

Tochtergesellschaft *f* subsidiary

Tod <-[e]s, -e> [to:t] *m* death; **etw mit dem ~ bezahlen** to pay for sth with one's life ▶ **sich zu ~e langweilen** to be bored to death; **sich zu ~e schämen** to be utterly ashamed; **zu ~e betrübt sein** to be deeply despaired

todernst ['to:t'ʔɛrnst] *Adj* deadly serious

Todesangst *f* (*fam*) mortal fear; **Todesängste ausstehen** to be scared to death **Todesanzeige** *f* obituary **Todesfall** *m* death **Todeskampf** *m* death throes **Todeskandidat(in)** *m(f)* doomed man **Todesopfer** *nt* casualty **Todesstrafe** *f* death penalty; **auf etw** *Akk* **steht die ~** sth is punishable by death **Todestag** *m* anniversary of sb's death **Todesursache** *f* cause of death **Todesurteil** *nt* death sentence

todkrank ['to:t'kraŋk] *Adj* terminally ill

tödlich ['tø:tlɪç] **I.** *Adj* deadly; **das ist mein ~er Ernst** I'm deadly serious **II.** *Adv* ❶ **~ verunglücken** to be killed in an accident ❷ (*fam: extrem*) **sich ~ langweilen** to be bored to death

Todsünde *f* deadly sin

toi, toi, toi ['tɔy 'tɔy 'tɔy] *Interj* (*fam*) ❶ (*ich drücke die Daumen*) good luck ❷ (*hoffentlich auch weiterhin*) touch [*or* AM knock on] wood

Toilette <-, -n> [twa'lɛtə] *f* toilet; **ich muss mal auf die ~** I need to go to the toilet; **öffentliche ~** public toilet

Toilettenpapier *nt* toilet paper

Tokio <-s> ['tokio] *nt* Tokyo

tolerant [tole'rant] *Adj* tolerant (**gegenüber** towards)

Toleranz <-, en> [tole'rants] *f kein Pl* tolerance (**gegenüber** towards)

tolerieren* [tole'ri:rən] *tr V* to tolerate

toll [tɔl] **I.** *Adj* (*fam*) great **II.** *Adv* (*fam*) very well

Tolle <-, -n> ['tɔlə] *f* quiff

Tollkirsche *f* deadly nightshade

tollkühn ['tɔlky:n] *Adj* daring

Tollpatsch^RR <-es, -e> ['tɔlpatʃ] *m* (*fam*) clumsy fool

Tollwut *f* rabies

Tolpatsch^ALT <-es, -e> *m s.* **Tollpatsch**

Tölpel <-s, -> ['tœlpl̩] *m* fool

Tomate <-, -n> [to'ma:tə] *f* tomato ▶ **~n auf den Augen haben** (*fam*) to be blind

Tomatenketchup *nt*, **Tomatenketschup^RR** *nt* [tomato] ketchup **Tomatenmark** *nt* tomato puree

Tombola <-, -s *o* Tombolen> ['tɔmbola, *Pl:* -bolən] *f* raffle

Tomografie^RR *f*, **Tomographie** <-, -n> [tomogra'fi:] *f* tomography

Ton¹ <-[e]s, -e> [to:n] *m* clay

T

Ton² <-[e]s, Töne> [to:n, *Pl:* tø:nə] *m* ① (*Klang*) sound ② (*Tonfall*) tone; **ich verbitte mir diesen ~!** I will not be spoken to like that!; **einen anderen ~ anschlagen** to change one's tune ③ (*Farbton*) tone ▶ **den ~ angeben** to set the tone; **keinen ~ herausbringen** to not be able to utter a word; **große Töne spucken** (*sl*) to brag about

tonangebend *Adj* **~ sein** to set the tone

Tonarm *m* pick-up arm **Tonart** *f* MUS key **Tonband** <-bänder> *nt* tape; **etw auf ~ aufnehmen** to tape sth **Tonbandaufnahme** *f* tape recording

tönen¹ ['tø:nən] *intr V* (*klingen*) to sound

tönen² ['tø:nən] *tr V* to tint; *Haare* to colour

Tonerde *f kein Pl* alumina

Tonfall *m* tone of voice **Tonfilm** *m* sound film **Tongeschirr** *nt* earthenware **Tonhöhe** *f* pitch **Tonkopf** *m* recording head **Tonlage** *f* pitch **Tonleiter** *f* scale **tonlos** *Adj* flat

Tonne <-, -n> ['tɔnə] *f* ① (*Behälter*) barrel; (*Mülltonne*) bin BRIT, can AM ② (*1000 kg*) ton

Tonsignal *nt* TELEK dial tone **Tonspur** *f s.* **Tonstreifen** **Tonstörung** *f* sound interference **Tonstreifen** *m* soundtrack

Tonsur <-, -en> [tɔn'zu:ɐ̯] *f* tonsure

Tontechniker(in) *m(f)* sound technician **Tonträger** *m* sound carrier

Tönung <-, -en> *f* ① (*das Tönen*) tinting ② (*Produkt für Haare*) hair colour ③ (*Farbton*) shade

Topact <-s, -s> ['tɔpɛkt] *m* MUS headline act

Topas <-es, -e> [to'pa:s] *m* topaz

Topf <-[e]s, Töpfe> [tɔpf, *Pl:* 'tœpfə] *m* pot ▶ **alles in einen ~ werfen** to lump everything together

Topfen <-s, -> ['tɔpfn̩] *m* SÜDD, ÖSTERR quark (*soft cheese made from skimmed milk*)

Töpferei <-, -en> [tœpfə'rai] *f* pottery

Töpferscheibe *f* potter's wheel **Töpferwaren** *Pl* pottery **Topflappen** *m* oven cloth BRIT, pot holder AM **Topfpflanze** *f* potted plant

Tor <-[e]s, -e> [to:ɐ̯] *nt* ① (*breite Tür*) gate; *Garage* door ② (*Torbau*) gateway ③ SPORT goal

Torbogen *m* archway

T

Torf <-[e]s, -e> [tɔrf] *m* peat

töricht ['tœrɪçt] *Adj* (*geh*) foolish

torkeln ['tɔrkl̩n] *intr V sein* to stagger

Torlinie *f* goal-line

Törn <-s, -s> [tœrn] *m* NAUT cruise

Tornado <-s, -s> [tɔr'na:do] *m* tornado

torpedieren* [tɔrpe'di:rən] *tr V* to torpedo

Torpedo <-s, -s> [tɔr'pe:do] *m* torpedo

Torpfosten *m* goalpost

Torschlusspanik[RR] *f* (*fam*) **~ haben** to be afraid of missing the boat

Torschütze, **Torschützin** *m, f* scorer

Torso <-s, -s *o* Torsi> ['tɔrzo, *Pl:* -zi] *m* torso

Torte <-, -n> ['tɔrtə] *f* gateau; (*Obsttorte*) flan

Torwart(in) *m(f)* goalkeeper

tosen ['to:zn̩] *intr V* to roar

tot [to:t] *Adj* dead; **sich ~ stellen** to play dead; **~ umfallen** to drop dead

total [to'ta:l] *Adj* total

totalitär [totali'tɛ:ɐ̯] *Adj* totalitarian

Totalschaden *m* write-off

Tote(r) ['to:tə] *f(m) dekl wie Adj* dead person; (*Todesopfer*) fatality

töten ['tø:tn̩] *tr V* to kill

Totenfeier *f* funeral ceremony **Totengräber(in)** <-s, -> *m(f)* gravedigger **Totenmaske** *f* death mask **Totenschein** *m* death certificate **Totenstille** ['to:tn̩'ʃtɪlə] *f* dead silence

tot|fahren *unreg tr V* **jdn/etw ~** to run over and kill sb/sth

Totgeburt *f* stillbirth

Toto <-s, -s> ['to:to] *nt o m* pools *pl* BRIT, pool AM

tot|schießen *tr V unreg* (*fam*) **jdn/etw ~** to shoot sb/sth dead **Totschlag** *m kein Pl* manslaughter **tot|schlagen** *tr V unreg* (*fam*) **jdn/etw ~** to beat sb/sth to death **Totschläger** *m* cosh BRIT, blackjack AM **tot|schweigen** *tr V unreg* ① (*etw*) to hush up ② **jdn ~** to keep quiet about sb

Tötung <-, *selten* -en> *f* killing; **fahrlässige ~** culpable manslaughter

Touchscreen <-s, -s> ['tatʃskri:n] *m* COMPUT touch screen

Toupet <-s, -s> [tu'pe:] *nt* toupee

toupieren* [tu'pi:rən] *tr V* **jdm/sich die Haare ~** to backcomb sb's/one's hair

Tour <-, -en> [tu:ɐ̯] *f* tour; **eine ~**

machen to go on a tour ▶ **in einer ~** non-stop

Tourenzahl *f* number of revolutions

Tourismus <-> [tu'rɪsmʊs] *m kein Pl* tourism

Tourist(in) <-en, -en> [tu'rɪst] *m(f)* tourist

Touristenklasse *f* tourist class **Touristenvisum** *nt* tourist visa

Tournee <-, -n *o* -s> [tʊr'ne:, *Pl:* -'ne:ən] *f* tour; **auf ~ gehen/sein** to go/be on tour

toxisch ['tɔksɪʃ] *Adj* toxic

Trab <-[e]s> [tra:p] *m kein Pl* trot; **im ~** at a trot ▶ **jdn auf ~ bringen** to make sb get a move on; **jdn in ~ halten** to keep sb on the go

Trabantenstadt *f* satellite town

traben ['tra:bn̩] *intr V haben o sein* to trot

Tracht <-, -en> [traxt] *f* [national] costume ▶ **eine ~ Prügel** (*fam*) a good hiding

> **Tracht** is the traditional costume or uniform worn in particular regions or professions.

trachten ['traxtn̩] *intr V* to strive (**nach** for); **danach ~, etw zu tun** to strive to do sth

trächtig ['trɛçtiç] *Adj* pregnant

Tradition <-, -en> [tradi'tsi̯o:n] *f* tradition; **aus ~** traditionally

traditionell [traditsi̯o'nɛl] *Adj* traditional

Tragbahre *f* stretcher

tragbar *Adj* portable

träge ['trɛ:gə] **I.** *Adj* lethargic **II.** *Adv* lethargically

tragen <trägt, trug, getragen> ['tra:gn̩] *tr V* ① to carry; **etw bei sich ~** to have sth on one ② *Kleider* to wear ③ (*stützen*) to support ④ *Schicksal, Kosten* to bear ▶ **an etw** *Dat* **schwer zu ~ haben** to have a heavy cross to bear with sth; **zum Tragen kommen** to come into effect

Träger <-s, -> *m* ① *meist Pl* (*Schulterträger*) strap ② BAU girder

Träger(in) <-s, -> *m(f)* ① (*Lastenträger*) porter ② (*Inhaber*) bearer

trägerlos *Adj* strapless

Tragetasche *f* [carrier] bag

Tragfähigkeit *f kein Pl* load-bearing capacity

Tragfläche *f* wing

Trägheit <-, *selten* -en> *f* sluggishness; (*Faulheit*) laziness

Tragik <-> ['tra:gɪk] *f kein Pl* tragedy

tragisch ['tra:gɪʃ] **I.** *Adj* tragic; **es ist nicht [so] ~** (*fam*) it's not the end of the world **II.** *Adv* tragically

Tragödie <-, -n> [tra'gø:di̯ə] *f* tragedy

Tragweite *f* (*fig*) consequence

Trainer <-s, -> ['trɛ:nɐ] *m* SCHWEIZ tracksuit

Trainer(in) <-s, -> ['trɛ:nɐ] *m(f)* trainer

trainieren* [trɛ'ni:rən] **I.** *tr V* ① to practice ② **jdn ~** to coach sb **II.** *intr V* (*sich vorbereiten*) to train

Training <-s, -s> ['trɛ:nɪŋ] *nt* training

Trainingsanzug *m* tracksuit

Trakt <-[e]s, -e> [trakt] *m* wing

Traktor <-s, -toren> ['trakto:ɐ̯, *Pl:* -'to:rən] *m* tractor

Tram <-s, -s> [tram] *f o nt* tramway

trampeln ['trampl̩n] *intr V* ① *haben* [**mit den Füßen**] **~** to stamp one's feet ② *sein* (*sich schwerfällig bewegen*) **irgendwohin ~** to stomp somewhere

trampen [trɛmpn̩] *intr V sein* to hitchhike

Trampolin <-s, -e> ['trampoli:n] *nt* trampoline

tranchieren* [trã'ʃi:rən] *tr V* to carve

Träne <-, -n> ['trɛ:nə] *f* tear; **in ~n aufgelöst** in tears; **den ~n nahe sein** to be close to tears; **jdm kommen die ~n** sb is starting to cry; **~n lachen** to laugh until one cries

Tränengas *nt* tear gas

Tränke <-, -n> ['trɛŋkə] *f* watering place

tränken ['trɛŋkn̩] *tr V* ① (*durchnässen*) to soak ② (*Wasser geben*) *Tier* to water

Transaktion [trans?ak'tsi̯o:n] *f* transaction

transatlantisch [trans?at'lantɪʃ] *Adj* (*geh*) transatlantic

transchieren* [tran'ʃi:rən] *tr V* ÖSTERR *s.* **tranchieren**

Transfer <-s, -s> [trans'fɛɐ̯] *m* transfer

Transformator <-s, -toren> [transfɔr'ma:to:ɐ̯, *Pl:* -ma'to:rən] *m* transformer

Transfusion <-, -en> [transfu'zi̯o:n] *f* transfusion

Transistor <-s, -toren> [tranˈzɪstoːɐ̯] *m* transistor

Transit <-s, -e> [tranˈziːt] *m* transit

Transitgüter *Pl* transit goods *pl*

transitiv [ˈtranzitiːf] *Adj* transitive

Transitverkehr *m* transit traffic **Transitvisum** *nt* transit visa

transparent [transpaˈrɛnt] *Adj* transparent

Transparent <-[e]s, -e> [transpaˈrɛnt] *nt* banner

transpirieren* [transpiˈriːrən] *intr V* to perspire

Transport <-[e]s, -e> [transˈpɔrt] *m* transport

transportabel [transpɔrˈtaːbl̩] *Adj* (*geh*) transportable **Transportband** *nt* conveyer belt

Transporter <-s, -> [transˈpɔrtɐ] *m* AUTO van

transportfähig *Adj* transportable

transportieren* [transpɔrˈtiːrən] *tr V* to transport

Transportkosten *Pl* transport[ation] costs *pl* **Transportmittel** *nt* means of transport **Transportunternehmen** *nt* haulage contractor **Transportunternehmer** *m* haulage contractor **Transportweg** *m* HANDEL (*Route*) transport route; (*Entfernung*) distance

transsexuell [transzeˈksu̯ɛl] *Adj* transsexual

Transsexuelle(r) *f(m) dekl wie Adj* transsexual

Transvestit <-en, -en> [transvɛsˈtiːt] *m* transvestite

Trapez <-es, -e> [traˈpeːts] *nt* trapeze

tratschen [ˈtraːtʃn̩] *intr V* (*fam*) to gossip

Traualtar *m* altar

Traube <-, -n> [ˈtraubə] *f meist Pl* grape *usu pl*

Traubensaft *m* grape juice **Traubenzucker** *m* glucose

trauen[1] [ˈtrauən] *tr V* **jdn ~** to join sb in marriage; **sich ~ lassen** to marry

trauen[2] [ˈtrauən] **I.** *intr V* **jdm ~** to trust sb **II.** *refl V* **sich ~, etw zu tun** to dare to do sth

Trauer <-> [ˈtrauɐ] *f kein Pl* grief

Traueranzeige *f* obituary, death notice **Trauerfall** *m* bereavement **Trauerkleidung** *f* mourning

trauern [ˈtrauɐn] *intr V* to mourn (**um** for)

Trauerweide *f* weeping willow

Traum <-[e]s, Träume> [traum, *Pl:* ˈtrɔymə] *m* dream ▸ **jdm fällt im ~ nicht ein, etw zu tun** sb wouldn't dream of doing sth

Trauma <-s, Traumen *o* -ta> [ˈtrauma, *Pl:* -mən, -mata] *nt* trauma

traumatisch [trauˈmaːtɪʃ] *Adj* traumatic

traumatisieren [traumaːtiˈsiːrən] *tr V* PSYCH, MED (*fachspr*) traumatize

Traumberuf *m* dream job

träumen [ˈtrɔymən] *intr V* ① to dream (**von** about); **schlecht ~** to have bad dreams ② (*im Wachzustand*) to daydream

Träumer(in) <-s, -> [ˈtrɔymɐ] *m(f)* [day]dreamer

träumerisch *Adj* dreamy

Traumprinz *m* (*iron fam*) handsome prince

traurig [ˈtraurɪç] **I.** *Adj* ① (*betrübt*) sad ② (*betrüblich*) sorry ③ (*bedauerlich*) [**es ist**] **~, dass ...** it's unfortunate that ... **II.** *Adv* sadly

Traurigkeit <-> *f kein Pl* sadness

Trauring *m* wedding ring

Trauung <-, -en> [ˈtrauʊŋ] *f* marriage ceremony

Trauzeuge, **Trauzeugin** *m, f* [marriage] witness

Treck <-s, -s> [trɛk] *m* trail, trek

Treff <-s, -s> [trɛf] *m* (*fam*) ① get-together ② (*Treffpunkt*) meeting point

treffen <trifft, traf, getroffen> [trɛfn̩] **I.** *tr V haben* ① to meet ② *Ziel* to hit ③ (*innerlich berühren*) to affect ④ *Maßnahmen* to take; *Entscheidung* to make **II.** *intr V* ① *sein* **auf jdn ~** to meet sb ② *haben Schuss, Schlag* to hit **III.** *refl V haben* **sich** [**mit jdm**] **~** to meet [sb]; **das trifft sich** [**gut**] that's [very] convenient

Treffen <-s, -> [trɛfn̩] *nt* meeting

treffend *Adj* appropriate

Treffer <-s, -> *m* (*Schuss*) hit

Treffpunkt *m* meeting point

Treibeis *nt* drift ice

treiben <trieb, getrieben> [ˈtraibn̩] **I.** *tr V haben* ① *Tiere* to drive ② (*drängen*) to drive (**zu** to); **jdn zur Eile ~** to rush sb; **jdn in den Wahnsinn ~** to drive sb mad ③ (*fortbewegen*) **jdn/etw irgendwohin ~** (*durch Wasser*) to wash sb/sth somewhere; (*durch Wind*) to blow sb/sth somewhere ❹ (*fam: anstellen*) **etw ~** to be up to sth ❺ (*ausüben*) **Handel ~** to trade ❻ (*fam: zu weit gehen*) **es zu bunt/wild ~** to go too far ❼ (*sl: Sex*) **es [mit jdm] ~** to do it [with sb] **II.** *intr V sein* (*sich fortbewegen*) to drift; **sich ~ lassen** to drift (**von** with)

Treiben <-s> ['traibn̩] *nt kein Pl* hustle and bustle

Treibgut *nt kein Pl* flotsam and jetsam *pl*

Treibhaus *nt* greenhouse

Treibhauseffekt *m kein Pl* **der ~** the greenhouse effect **Treibhausklima** *nt* ÖKOL global warming

Treibjagd *f* battue

Treibsand *m kein Pl* quicksand

Treibstoff *m* fuel

Treibstoffverbrauch *m kein Pl* fuel consumption

Trend <-s, -s> [trɛnt] *m* trend

Trendforscher(in) *m(f)* trend analyst

trendig *Adj* (*fam*) trendy

Trendscout <-s, -s> ['trɛntskaʊt] *m* ÖKON trendspotter

trennbar *Adj* separable

trennen ['trɛnən] **I.** *tr V* ❶ (*abtrennen*) **etw von etw ~** to cut sth off sth ❷ (*teilen, auseinanderbringen*) to separate (**von** from) **II.** *refl V* ❶ (*getrennt weitergehen*) **sich ~** to part company ❷ (*Beziehung beenden*) **sich von jdm ~** to split up with sb ❸ (*wegwerfen, weggeben*) **sich von etw ~** to part with sth

Trennung <-, -en> *f* separation; **in ~ leben** to be separated

Trennungsstrich *m* hyphen

Trennwand *f* partition [wall]

Treppe <-, -n> ['trɛpə] *f* stairs *pl*

Treppengeländer *nt* banister[s *pl*] **Treppenhaus** *nt* stairwell **Treppenstufe** *f* step

Tresen <-s, -> ['treːzn̩] *m* bar; (*Ladentisch*) counter

Tresor <-s, -e> [tre'zoːɐ̯] *m* safe

Tretboot *nt* pedal-boat

treten <tritt, trat, getreten> ['treːtn̩] **I.** *tr V haben* to kick **II.** *intr V* ❶ *haben* to kick; **nach jdm ~** to kick out at sb ❷ *sein* (*einen Schritt machen*) to step; **~ Sie bitte zur Seite** please step aside ❸ *sein o haben* (*den Fuß auf etw setzen*) to tread (**auf** on); **auf die Bremse ~** to brake ❹ *sein* (*hervorkommen*) **aus etw ~** to come out of sth

treu [trɔy] *Adj* faithful; **sich** *Dat* **selbst ~ bleiben** to remain true to oneself

Treue <-> ['trɔyə] *f kein Pl* ❶ loyalty ❷ (*sexuell*) fidelity *no pl;* **jdm die ~ halten** to be faithful to sb

Treuhänder(in) <-s, -> ['trɔyhɛndɐ] *m(f)* trustee

treuherzig I. *Adj* trustful **II.** *Adv* trustingly

treulos *Adj* disloyal; *Ehepartner* unfaithful

Triathlon <-n, -s> ['triːatlɔn] *m* triathlon

Tribüne <-, -n> [tri'byːnə] *f* stand

Trichine <-, -n> [trɪ'çiːnə] *f* ZOOL trichina, trichinella

Trichter <-s, -> ['trɪçtɐ] *m* funnel

Trick <-s, -s *o selten* -e> [trɪk] *m* trick; **keine faulen ~s!** (*fam*) no funny business!; **den ~ raushaben** (*fam*) to have [got] the knack

Trickbetrüger(in) *m(f)* confidence trickster **Trickfilm** *m* cartoon [film]

trieb [triːp] *Imp von* **treiben**

Trieb <-[e]s, -e> [triːp, *Pl:* 'triːbə] *m* ❶ BOT shoot ❷ PSYCH drive

triebhaft *Adj* driven by physical urges *pred* **Triebwerk** *nt* engine

triefen <triefte *o geh* troff, getrieft *o selten* getroffen> ['triːfn̩] *intr V* to be dripping (**vor** with); **vor Nässe ~** to be dripping wet

triftig ['trɪftɪç] *Adj* convincing

Trikot <-s, -s> [tri'koː, 'trɪko] *nt* jersey

trillern ['trɪlɐn] *intr V* to trill

Trillerpfeife *f* whistle

trimmen ['trɪmən] *tr V* (*trainieren*) to train (**auf** for)

trinkbar *Adj* drinkable

trinken <trank, getrunken> ['trɪŋkn̩] *tr, intr V* to drink; **etw zu ~** sth to drink; **einen ~ gehen** (*fam*) to go for a drink; **auf jdn/etw ~** to drink to sb/sth

Trinker(in) <-s, -> *m(f)* drunkard

Trinkflasche *f* sports bottle

Trinkgeld *nt* tip; **~ geben** to give a tip

Tipping is voluntary but is often expected, as the wages in the service sector are very low. If one is happy with the service, a **Trinkgeld** of five to ten per cent (around 15 per cent in Austria) is usual in cafés and restaurants.

T

Trinkspruch *m* toast; **einen ~ ausbringen** to propose a toast (**auf** to) **Trinkwasser** *nt* drinking water

Trinkwasseraufbereitung *f* drinking water purification **Trinkwasserknappheit** *f* drinking-water shortage **Trinkwasserversorgung** *f* drinking-water supply

Tripper <-s, -> ['trɪpɐ] *m* gonorrhoea *no art*

tritt [trɪt] *3. Pers Sing von* **treten**

Tritt <-[e]s, -e> [trɪt] *m* kick; **jdm/etw einen ~ geben** to kick sb/sth

Trittleiter *f* stepladder

Triumph <-[e]s, -e> [tri'ʊmf] *m* triumph

Triumphbogen *m* triumphal arch

triumphieren* [triʊm'fi:rən] *intr V* ① (*frohlocken*) to rejoice ② (*siegen*) to triumph (**über** over)

triumphierend *Adj* triumphant

trivial [tri'vi̯a:l] *Adj* banal

Trivialliteratur *f kein Pl* light fiction

trocken ['trɔkn̩] **I.** *Adj* dry; **im Trockenen** in the dry ▶ **auf dem Trockenen sitzen** (*fam*) to be broke **II.** *Adv* **~ aufbewahren** to keep in a dry place; **sich ~ rasieren** to use an electric razor

Trockenheit <-, *selten* -en> *f* ① *kein Pl* dryness ② (*Dürre*) drought **trocken|legen** *tr V* ① **ein Baby ~** to change a baby's nappy [*or* AM diaper] ② *Sumpf, Teich* to drain **Trockenmilch** *f* dried milk **Trockenperiode** ['trɔknn̩peri̯o:də] *f* METEO dry spell **Trockenspiritus** *m* fire lighter **Trockenzeit** *f* dry season

trocknen ['trɔknən] **I.** *intr V sein* to dry **II.** *tr V haben* to dry

Trödel <-s> ['trø:dl̩] *m kein Pl* (*fam*) junk

trödeln ['trø:dl̩n] *intr V* (*langsam sein*) to dawdle

Trödler(in) <-s, -> ['trø:dlɐ] *m(f)* second-hand dealer

Trommel <-, -n> ['trɔml̩] *f* drum

Trommelfell *nt* ear-drum

trommeln ['trɔml̩n] *intr V* to drum

Trompete <-, -n> [trɔm'pe:tə] *f* trumpet

Trompeter(in) <-s, -> *m(f)* trumpeter

Tropen ['tro:pn̩] *Pl* **die ~** the tropics

Tropenhelm *m* sun-helmet **Tropenkrankheit** *f* tropical disease

Tropf <-[e]s, Tröpfe> [trɔpf, *Pl:* 'trœpfə] *m* ▶ **armer ~** (*fam*) poor devil

tropfen ['trɔpfn̩] *intr V* to drip

Tropfen <-s, -> ['trɔpfn̩] *m* drop; **bis auf den letzten ~** [down] to the last drop ▶ **ein ~ auf den heißen Stein** a [mere] drop in the ocean; **ein guter ~** a good drop [of wine]

tropfnassRR *Adj* dripping wet

Tropfsteinhöhle *f* stalactite cave

Trophäe <-, -n> [tro'fɛ:ə] *f* trophy

tropisch ['tro:pɪʃ] *Adj* tropical

Trost <-[e]s> [tro:st] *m kein Pl* consolation; **ein schwacher ~ sein** to be of little consolation; **jdm ~ spenden** to comfort sb ▶ **nicht [ganz] bei ~ sein** (*fam*) to have taken leave of one's senses

trösten ['trø:stn̩] *tr V* to comfort; **etw tröstet jdn** sth is of consolation to sb

tröstlich *Adj* comforting

trostlos *Adj* ① (*deprimierend*) miserable ② (*öde*) desolate

Trostlosigkeit <-> *f kein Pl* ① (*deprimierende Art*) miserableness *no pl* ② (*triste Beschaffenheit*) desolateness *no pl* **Trostpreis** *m* consolation prize

Trott <-s> [trɔt] *m kein Pl* routine

Trottel <-s, -> ['trɔtl̩] *m* (*fam*) bonehead

trotten ['trɔtn̩] *intr V sein* to trudge [along]

Trottoir <-s, -s *o* -e> [trɔ'to̯a:ɐ̯] *nt* SÜDD, ÖSTERR, SCHWEIZ (*Bürgersteig*) pavement

trotz [trɔts] *Präp + Gen* despite

Trotz <-es> [trɔts] *m kein Pl* defiance; **aus ~** out of spite; **jdm/etw zum ~** in defiance of sb/sth

Trotzalter *nt* difficult age

trotzdem ['trɔtsde:m] *Adv* nevertheless

trotzen ['trɔtsn̩] *intr V* **jdm/etw ~** to defy sb/sth; **einer Herausforderung ~** to meet a challenge

trotzig ['trɔtsɪç] *Adj* awkward

Trotzreaktion *f* act of defiance

trübe ['try:bə] *Adj* ① *Tag, Wasser* murky ② *Licht, Augen, Erinnerung* dim ③ *Himmel* dull ④ *Stimmung* gloomy

Trubel <-s> ['tru:bl̩] *m kein Pl* hustle and bustle

trüben ['try:bn̩] **I.** *tr V* **etw ~** ① to make sth murky ② (*beeinträchtigen*) to cast a cloud over sth **II.** *refl V* **sich ~** to go murky

trübselig *Adj* gloomy

trübsinnig *Adj* gloomy

Trübung <-, -en> *f* clouding

Trüffel <-, -n> ['trʏfl̩] *f* truffle

Trugbild *nt* (*geh*) illusion

trügen <trog, getrogen> ['try:gn̩] **I.** *tr V* **wenn mich nicht alles trügt** unless I'm very much mistaken **II.** *intr V* to be deceptive

Truhe <-, -n> ['tru:ə] *f* chest

Trümmer ['try:mɐ] *Pl* rubble; **in ~n liegen** to lie in ruins

Trümmerfeld *nt* expanse of rubble

Trumpf <-[e]s, Trümpfe> [trʊmpf, *Pl:* 'trʏmpfə] *m* (*a. fig*) trump card; **seinen letzten ~ ausspielen** to play one's last trump card

Trunkenheit <-> *f kein Pl* drunkenness; **~ am Steuer** drunken driving

Trunksucht <-> *f kein Pl* alcoholism

Truppe <-, -n> ['trʊpə] *f* ① (*Gruppe*) company ② *kein Pl* MIL (*Fronteinheit*) combat unit

Truppenabzug *m* withdrawal of troops **Truppenführer** *m* MIL commander **Truppentransporter** *m* MIL troop carrier **Truppenübungsplatz** *m* military training area

Trust <-[e]s, -s *o* -e> [trast] *m* trust

Trute <-, -n> *f* SCHWEIZ (*Truthenne*) turkey[hen]

Truthahn ['tru:tha:n] *m* turkey

Truthenne *f* turkey[hen]

Tschad <-s> [tʃat] *nt* Chad

Tscheche, Tschechin <-n, -n> ['tʃɛçə, 'tʃɛçɪn] *m, f* Czech

tschechisch ['tʃɛçɪʃ] *Adj* Czech; *s. a.* **deutsch**

Tschechisch ['tʃɛçɪʃ] *nt dekl wie Adj* Czech; *s. a.* **Deutsch**

Tschechische Republik *f* Czech Republic

Tschechoslowakei [tʃɛçoslova'kai] *f* (*hist*) **die ~** Czechoslovakia *hist*

T-Shirt <-s, -s> ['ti:ʃø:ɐ̯t] *nt* T-shirt

Tsunami <-, -s> [tsu'na:mi] *m* tsunami

Tube <-, -n> ['tu:bə] *f* tube ▶ **auf die ~ drücken** (*fam*) to step on it

Tuberkulose <-, -n> [tubɛrku'lo:zə] *f* tuberculosis *no pl*

Tuch[1] <-[e]s, Tücher> [tu:x, *Pl:* 'ty:çɐ] *nt* (*Kopftuch*) [head]scarf; (*Halstuch*) scarf

Tuch[2] <-[e]s, -e> [tu:x,] *nt* (*Gewebe*) cloth

tüchtig ['tʏçtɪç] *Adj* ① capable ② (*fam: groß*) big; **eine ~e Tracht Prügel** a good hiding

Tücke <-, -n> ['tʏkə] *f* ① *kein Pl* (*Heimtücke*) malice ② (*Unwägbarkeiten*) **~n** *Pl* vagaries

tückisch ['tʏkɪʃ] *Adj* ① (*hinterhältig*) malicious ② (*gefährlich*) treacherous

tüfteln ['tʏftl̩n] *intr V* (*fam*) to fiddle about (**an** with)

Tugend <-, -en> ['tu:gn̩t] *f* virtue

tugendhaft *Adj* virtuous

Tüll <-s, -e> [tʏl] *m* tulle

Tulpe <-, -n> ['tʊlpə] *f* tulip

tummeln ['tʊml̩n] *refl V* **sich ~** to romp [about]

Tumor <-s, Tumoren> ['tu:mo:ɐ̯, tu'mo:ɐ̯, *Pl:* tu'mo:rən] *m* tumour

Tümpel <-s, -> ['tʏmpl̩] *m* [small] pond

Tumult <-[e]s, -e> [tu'mʊlt] *m kein Pl* commotion

tun <tat, getan> [tu:n] **I.** *tr V* ① (*machen*) to do; **was sollen wir bloß ~?** whatever shall we do?; **was tust du da?** what are you doing [there]?; **er tut nichts, als sich zu beklagen** he does nothing but complain; **so etwas tut man nicht!** you just don't do things like that!; **~ und lassen können, was man will** to do as one pleases; **noch viel ~ müssen** to have still got a lot to do ② (*unternehmen*) to do; **ich will versuchen, was sich da ~ lässt** I'll see what I can do [about it]; **etwas gegen ein Problem ~** to do sth about a problem; **etwas für jdn ~ können** to be able to do something for sb ③ (*fam: legen o stecken*) **etw irgendwohin ~** to put sth somewhere ▶ **was kann ich für Sie ~?** can I help you? **II.** *refl V unpers* **es tut sich etwas/nichts/einiges** something/nothing/quite a lot is happening **III.** *intr V* ① **so ~, als ob** to pretend that; **er ist doch gar nicht wütend, er tut nur so** he's not angry at all, he's [just] pretending [to be] ② **zu ~ haben** to be busy ▶ **es mit jdm zu ~ bekommen** to get into trouble with sb; **es mit jdm zu ~ haben** to be dealing with sb; **etwas/nichts mit jdm/etw zu ~ haben** to have something/nothing to do with sb/sth; **mit jdm/etw nichts zu ~ haben wollen** to want to have nothing to do with sb/sth **IV.** *Hilfsverb* DIAL **ich tu nur schnell den Bra-**

ten anbraten I'll just brown the joint [off]

Tun <-s> [tu:n] *nt kein Pl* action

tünchen ['tʏnçn̩] *tr V* to whitewash

Tuner <-s, -> ['tju:nɐ] *m* tuner

Tunesien <-s> [tu'ne:ziən] *nt* Tunisia

Tunesier(in) <-s, -> [tu'ne:ziɐ] *m(f)* Tunisian

tunesisch [tu'ne:zɪʃ] *Adj* Tunisian; *s. a.* **deutsch**

TunfischRR ['tu:nfɪʃ] *m* tuna [fish]

Tunichtgut <-[e]s, -e> ['tu:nɪçtgu:t] *m* good-for-nothing, ne'er-do-well *dated*

tunken ['tʊŋkən] *tr V* to dip (**in** into)

tunlichst *Adv* if possible

Tunnel <-s, - *o* -s> ['tʊnl̩] *m* tunnel

tüpfeln ['tʏpfl̩n] *tr V* **etw** ~ to spot sth

tupfen ['tʊpfn̩] *tr V* to dab

Tupfen <-s, -> ['tʊpfn̩] *m* dot

Tupfer <-s, -> *m* MED swab

Tür <-, -en> [ty:ɐ̯] *f* door ▶ **zwischen ~ und Angel** in passing; **mit der ~ ins Haus fallen** to blurt it [straight] out; **offene ~en einrennen** to be preaching to the converted; **jdm die ~ einrennen** to pester sb constantly; **vor der ~ sein** to be just [a]round the corner; **jdn vor die ~ setzen** to kick sb out

Türangel *f* [door-]hinge

Turbinenantrieb *m* turbine drive

turbulent [tʊrbu'lɛnt] *Adj* turbulent

Türgriff *m* door-handle

Türke, Türkin <-n, -n> ['tʏrkə, 'tʏrkɪn] *m, f* Turk

Türkei <-> [tʏr'kai] *f* **die ~** Turkey

Türkin <-, -nen> *f s.* **Türke**

türkis [tʏr'ki:s] *Adj* turquoise

Türkis <-es, -e> [tʏr'ki:s] *m* turquoise

türkisch ['tʏrkɪʃ] *Adj* Turkish; *s. a.* **deutsch**

Türkisch ['tʏrkɪʃ] *nt dekl wie Adj* Turkish; *s. a.* **Deutsch**

Türklinke *f* door-handle

Turm <-[e]s, Türme> [tʊrm, *Pl:* 'tʏrmə] *m* ① tower ② SCHACH castle

türmen1 ['tʏrmən] **I.** *tr V haben* to pile up (**auf** on) **II.** *refl V* **sich ~** to pile up

türmen2 ['tʏrmən] *intr V sein* (*fam*) to clear off; **aus dem Knast ~** to break out of jail

Turmspringen *nt kein Pl* high diving

turnen ['tʊrnən] *intr V* to do gymnastics

Turnen <-s> ['tʊrnən] *nt kein Pl* gymnastics + *sing verb*

Turner(in) <-s, -> ['tʊrnɐ] *m(f)* gymnast

Turnhalle *f* gymnasium **Turnhose** *f* gym shorts

Turnier <-s, -e> [tʊr'ni:ɐ̯] *nt* tournament

Turnierpferd *nt* show horse **Turnierreiter(in)** *m(f)* show-jumper

Turnlehrer(in) *m(f)* SCHULE PE teacher **Turnschuh** *m* trainer BRIT, sneaker AM **Turnstunde** *f* PE [*or* Physical Education] lesson **Turnübung** *f* gymnastic exercise **Turnunterricht** *m kein Pl* gymnastics + *sing verb* **Turnverein** *m* gymnastics club

Türöffner *m* automatic door-opener **Türrahmen** *m* door-frame **Türschild** *nt* name-plate **Türschnalle** *f* ÖSTERR (*Türklinke*) door-handle

Tusch <-es, -e> [tʊʃ] *m* flourish

Tusche <-, -n> ['tʊʃə] *f* Indian ink

tuscheln ['tʊʃl̩n] *intr V* to gossip secretly

Tüte <-, -n> ['ty:tə] *f* bag; **eine ~ Popcorn** a bag of popcorn ▶ **[das] kommt nicht in die ~!** (*fam*) no way!

tuten ['tu:tn̩] *intr V* to hoot; *Schiff* to sound its fog-horn ▶ **von Tuten und Blasen keine Ahnung haben** (*fam*) not to have a clue

TÜV <-s, -s> [tʏf] *m Akr von* **Technischer Überwachungsverein** ≈ MOT; **der ~ läuft ab** the MOT is about to run out

> **Der TÜV** is comparable to the MOT as far as cars, lorries, motorbikes and other vehicles are concerned. Every vehicle licensed to drive on a public highway must undergo a *TÜV-Untersuchung* (MOT inspection) first. If no defects are reported, a *TÜV-Plakette* (disc) valid for two years is attached to the vehicle's rear numberplate.

TÜV-Plakette *f* MOT certificate BRIT (*disc on numberplate showing that a car has a technical seal of approval*)

TV1 <-[s], -s> [te:'fau] *m Abk von* **Turnverein** sports club

TV2 <-[s], -s> [ti:'vi:] *nt Abk von* **Television** TV

Twen <-[s], -s> [tvɛn] *m* (*veraltend*) person in their twenties

Twist <-s, -s> [tvɪst] *m* (*Tanz*) twist *no pl*
twittern ['tvɪtɐn] *intr, tr V* INET to twitter, to tweet
Typ <-s, -en> [ty:p] *m* ① model; **dieser ~ Computer** this model of computer ② (*Art Mensch*) type [of person]; **jds ~ sein** (*fam*) to be sb's type ③ (*sl: Kerl*) guy
Typhus <-> ['ty:fʊs] *m kein Pl* typhoid
typisch ['ty:pɪʃ] **I.** *Adj* typical; **~ für jdn sein** to be typical of sb **II.** *Adv* **~ Frau/Mann!** typical woman/man!; **~ britisch/deutsch** typically British/German
TypografieRR <-, -n> [typogra'fi:] *f* typography
typografischRR [typo'gra:fɪʃ] *Adj* typographic[al]
Typographie <-, -n> *f s.* **Typografie**
typographisch *Adj s.* **typografisch**
Tyrann(in) <-en, -en> [ty'ran] *m(f)* tyrant
tyrannisch [ty'ranɪʃ] **I.** *Adj* tyrannical **II.** *Adv* tyrannically
tyrannisieren* *tr V* **jdn ~** to tyrannize sb; **sich ~ lassen** to [allow oneself to] be tyrannized (**von** by)

U u

U, u <-, -> [u:] *nt* U, u; **ein großes U** a capital U; **ein kleines u** a small u; *s. a.* **A**
u. *Konj Abk von* **und**
U-Bahn *f* ① underground BRIT, subway AM; **mit der ~ fahren** to go by underground ② (*Zug*) [underground] train
U-Bahnhof *m* underground [*or* AM subway] station
übel ['y:bl̩] **I.** *Adj* ① (*schlimm*) bad ② (*unangenehm*) nasty ③ MED **mir ist ~** I feel sick **II.** *Adv* ① (*unangenehm*) **was riecht hier so ~?** what's that nasty smell [in] here?; **das Zeug schmeckt aber ~!** that stuff tastes awful! ② (*schlecht*) **~ dran sein** (*fam*) to be in a bad way; **nicht ~** not so bad [at all] ③ (*gemein*) badly; **jdn ~ behandeln** to treat sb badly
Übel <-s, -> ['y:bl̩] *nt* evil ▶ **das kleinere ~** the lesser evil; **ein notwendiges ~** a necessary evil; **zu allem ~** to cap it all
Übelkeit <-, -en> *f* nausea **Übeltäter(in)** *m(f)* wrongdoer
üben ['y:bn̩] **I.** *tr, intr V* to practise **II.** *refl V* **sich in etw** *Dat* **~** to practise sth
über ['y:bɐ] **I.** *Präp +Dat* (*oberhalb von*) above **II.** *Präp +Akk* ① (*quer hinüber, darüber*) over ② (*höher als*) above ③ (*etw erfassend*) over; **ein Überblick ~ etw** *Akk* an overview of sth ④ (*betreffend*) about ⑤ (*durch jdn/etw*) through ⑥ TRANSP via ⑦ (*während*) over ⑧ RADIO, TV on; **~ Satellit empfange ich 63 Programme** I can receive 63 channels via satellite ▶ **~ alles** more than anything; **Fehler ~ Fehler!** nothing but mistakes! **III.** *Adv* ① (*älter als*) over ② (*mehr als*) more than ▶ **~ und ~** completely **IV.** *Adj* (*fam: übrig*) **~ sein** to be left
überall [y:bɐ'ʔal] *Adv* everywhere; (*an jeder Stelle*) all over [the place]; **sie hatte ~ am Körper blaue Flecken** she had bruises all over her body; **~ wo** wherever
überängstlich *Adj* over-anxious
überanstrengen* [y:bɐ'ʔanʃtrɛŋən] *tr V* **jdn/sich [bei etw] ~** to over-exert sb/oneself [doing sth]
überarbeiten* [y:bɐ'ʔarbaitn̩] **I.** *tr V* to revise **II.** *refl V* **sich ~** to overwork oneself
Überarbeitung <-, -en> [y:bɐ'ʔarbaitʊŋ] *f* MEDIA ① *kein Pl* revision ② (*bearbeitete Fassung*) revised version
überaus ['y:bɐʔaus] *Adv* extremely
überbacken* [y:bɐ'bakn̩] *tr V unreg* **etw [mit etw** *Dat*] **~** to top sth [with sth] and brown it
überbelasten* *tr V* **jdn/etw ~** to overload sb/sth

U

überbelegt *Adj* overcrowded
überbelichten* *tr V* to overexpose
überbesetzt *Adj* overstaffed
überbevölkert *Adj* overpopulated
überbewerten* *tr V* to overestimate
Überbezahlung *f* overpayment
überbieten* [yːbɐˈbiːtn̩] *unreg tr V* ① to better ② ÖKON to outbid (**um** by)
Überbleibsel <-s, -> [ˈyːbɐblaipsl̩] *nt meist Pl* ① (*Relikt*) relic ② (*Reste*) remnant
Überblick [ˈyːbɐblɪk] *m* ① (*Rundblick*) view (**über** of) ② (*Übersicht*) overview (**über** of); **den ~ [über etw** *Akk*] **verlieren** to lose track [of sth]; **sich** *Dat* **einen ~ verschaffen** to gain an overview
überblicken* [yːbɐˈblɪkn̩] *tr V* **etw ~** to have an overview of sth
überbringen* [yːbɐˈbrɪŋən] *tr V unreg* [**jdm**] **etw ~** to deliver sth [to sb]
Überbringer(in) <-s, -> *m(f)* bringer, bearer
überbrücken* [yːbɐˈbrʏkn̩] *tr V* to get through
überdenken* [yːbɐˈdɛŋkn̩] *tr V unreg* to think over *sep*
überdimensional *Adj* colossal
Überdosis *f* overdose (**an** of)
überdreht *Adj* over-excited
Überdruck *m* excess pressure
Überdruss[RR] <-es> *m kein Pl*, **Überdruß**[ALT] <-sses> [ˈyːbɐdrʊs] *m kein Pl* aversion; **bis zum ~** ad nauseam
überdrüssig [ˈyːbɐdrʏsɪç] *Adj* **jds/einer S. ~ sein/werden** to be/grow tired of sb/a thing
überdurchschnittlich I. *Adj* above-average *attr* **II.** *Adv* above average
übereifrig *Adj* overzealous
übereignen* [yːbɐˈʔaignən] *tr V* (*geh*) **jdm etw ~** to transfer sth to sb
übereilt I. *Adj* rash **II.** *Adv* rashly
übereinander [yːbɐʔaiˈnandɐ] *Adv* ① on top of each other ② (*fig*) about each other
übereinander|schlagen *tr V unreg* **die Beine ~** to cross one's legs
überein|kommen [yːbɐˈʔainkɔmən] *intr V unreg sein* to agree
Übereinkommen [yːbɐˈʔainkɔmən] *nt* agreement; **ein ~ erzielen** to reach an agreement (**in** on)
Übereinkunft <-, -künfte> [yːbɐˈʔainkʊnft, *Pl:* -kʏnftə] *f* agreement, understanding *no pl*
überein|stimmen [yːbɐˈʔainʃtɪmən] *intr V* ① to agree (**in** on); **mit jdm darin ~, dass ...** to agree with sb that ... ② (*sich gleichen*) [**mit etw**] ~ to match [sth]
Übereinstimmung *f* agreement (**in** on)
überempfindlich I. *Adj* hypersensitive (**gegen** to) **II.** *Adv* hypersensitively
überfahren* [yːbɐˈfaːrən] *tr V unreg* to run over *sep*
Überfahrt *f* NAUT crossing
Überfall <-s, Überfälle> *m* attack; (*Raubüberfall*) robbery
überfallen* [yːbɐˈfalən] *tr V unreg* ① to attack ② (*mit Raub*) to mug; *Bank* to rob ③ (*hum: bestürmen*) **jdn** [**mit etw** *Dat*] ~ to bombard sb [with sth]
überfliegen* [yːbɐˈfliːgn̩] *tr V unreg* **etw ~** ① to fly over sth ② *Text* to skim through sth
Überflieger(in) *m(f)* (*iron*) high-flyer
über|fließen [ˈyːbɐfliːsn̩] *intr V unreg sein* to overflow
Überfluss[RR] *m*, **Überfluß**[ALT] *m kein Pl* abundance; **im ~ vorhanden sein** to be in plentiful supply; **etw im ~ haben** to have plenty of sth ▶ **zu allem ~** to cap it all
Überflussgesellschaft[RR] *f* affluent society
überflüssig *Adj* superfluous
überfluten* [yːbɐˈfluːtn̩] *tr V* to flood
überfordern* [yːbɐˈfɔrdɐn] *tr V* to overtax; [**mit etw**] **überfordert sein** to be out of one's depth [with sth]
überfrieren [yːbɐˈfriːrən] *intr V* to freeze over
überführen* [yːbɐˈfyːrən] *tr V* ① to transfer ② JUR **jdn** [**einer S.** *Gen*] ~ to convict sb of sth
Überführung[1] [yːbɐˈfyːrʊŋ] *f* TRANSP bridge; (*über eine Straße*) overpass; (*für Fußgänger*) [foot-]bridge
Überführung[2] [yːbɐˈfyːrʊŋ] *f* (*das Überführen*) transferral
Überführung[3] [yːbɐˈfyːrʊŋ] *f* JUR conviction
überfüllt *Adj* overcrowded
Übergabe *f* ① handing over ② MIL surrender
Übergang <-gänge> *m* ① (*das Über-*

queren) crossing ❷ (*Wechsel*) transition ❸ (*Zwischenlösung*) interim solution

Übergangszeit *f* ❶ transition ❷ (*Zeit zwischen Hauptjahreszeiten*) in-between [*or* AM off] season

Übergardine *f* curtain

übergeben* [y:bɐˈge:bn̩] **I.** *tr V unreg* **[jdm] etw ~** to hand over *sep* sth [to sb] **II.** *refl V* MED **sich ~** to vomit

über|gehen¹ [ˈy:bɐge:ən] *intr V unreg sein* **dazu ~, etw zu tun** to go over to doing sth; **in anderen Besitz ~** to become sb else's property; **in Fäulnis/Verwesung ~** to begin to rot/decay; **ineinander ~** to merge into one another

übergehen*² [y:bɐˈge:ən] *tr V unreg* ❶ to pass over *sep* (**bei/in** in) ❷ (*ignorieren*) to ignore

übergeordnet *Adj* higher

Übergepäck *nt* excess luggage

Übergewicht *nt kein Pl* overweight; **~ haben** to be overweight

übergewichtig *Adj* overweight

überglücklich *Adj* overjoyed *pred*

über|greifen *intr V unreg* [**auf etw** *Akk*] **~** to spread [to sth]

übergreifend *Adj* comprehensive

Übergriff *m* infringement of [one's/sb's] rights

Übergröße *f* outsize

über|hängen [ˈy:bɐhɛŋən] **I.** *intr V unreg* (*hinausragen*) to hang over **II.** *tr V* **jdm/sich etw ~** to put sth round sb's/one's shoulders; **sich** *Dat* **eine Tasche ~** to hang a bag over one's shoulder

überhastet **I.** *Adj* overhasty, hurried **II.** *Adv* overhastily

überhäufen* [y:bɐˈhɔyfn̩] *tr V* **jdn mit etw** *Dat* **~** to heap sth [up]on sb

überhaupt [y:bɐˈhaupt] *Adv* **~ keiner** nobody at all; **~ kein Geld haben** to have no money at all; **~ nicht** not at all; **~ nichts** nothing at all; **und ~, ...?** and anyway, ...?; **wenn ~** if at all

überheblich [y:bɐˈhe:plɪç] *Adj* arrogant

Überheblichkeit <-, *selten* -en> *f* arrogance *no pl*

überhitzen* [y:bɐˈhɪtsn̩] *tr V* to overheat

überhöht *Adj* excessive; **mit ~er Geschwindigkeit fahren** to drive over the speed limit

überholen*¹ [y:bɐˈho:ln̩] **I.** *tr V* ❶ (*schneller vorbeifahren*) to overtake ❷ (*übertreffen*) to surpass **II.** *intr V* to pass

überholen*² [y:bɐˈho:ln̩] *tr V* to overhaul

Überholspur *f* fast [*or* BRIT overtaking] lane

überholt *Adj* outdated

Überholverbot *nt* restriction on passing [*or* BRIT overtaking]

überhören* [y:bɐˈhø:rən] *tr V* to not hear; (*absichtlich*) to ignore

über|kochen [ˈy:bɐkɔxn̩] *intr V sein* to boil over

überladen*¹ [y:bɐˈla:dn̩] *tr V unreg* to overload

überladen² [y:bɐˈla:dn̩] *Adj* ❶ overloaded ❷ *Stil* florid

überlassen* [y:bɐˈlasn̩] *tr V unreg* ❶ (*zur Verfügung stellen*) **jdm etw ~** to let sb have sth ❷ (*lassen*) **jdm etw ~** to leave sth to sb; **jdm ~ sein** to be up to sb; **das müssen Sie schon mir ~** you must leave that to me ❸ (*verantworten*) **jdn sich** *Dat* **selbst ~** to leave sb to his/her own devices

Überlastung <-, -en> *f* ❶ overstrain *no pl* ❷ ELEK overloading *no pl*

Überlauf *m* TECH overflow

über|laufen¹ [ˈy:bɐlaufn̩] *intr V unreg sein* ❶ to overflow ❷ (*überkochen*) to boil over ❸ MIL to desert

überlaufen² [y:bɐˈlaufn̩] *Adj* overrun

überleben* [y:bɐˈle:bn̩] *tr V* ❶ to survive ❷ (*länger leben*) **jdn ~** to outlive sb

Überlebende(r) *f(m) dekl wie Adj* survivor

Überlebenskünstler(in) *m(f)* (*euph fam*) [born] survivor

überlegen*¹ [y:bɐˈle:gn̩] **I.** *intr V* to think [about it]; **was gibt es denn da zu ~?** what's there to think about?; **ohne zu ~** without thinking **II.** *tr V* **sich** *Dat* **etw ~** to consider sth; **sich** *Dat* **etw reiflich ~** to give serious thought to sth; **ich will es mir noch einmal ~** I'll think it over again; **es sich** *Dat* **[anders] ~** to change one's mind

überlegen² [y:bɐˈle:gn̩] *Adj* superior; **jdm ~ sein** to be superior to sb

überlegt [y:bɐˈle:kt] **I.** *Adj* [well-]considered **II.** *Adv* with consideration

U

Überlegung <-, -en> *f* consideration *no indef art*
über|leiten *intr V* **zu etw** ~ to lead to sth
überliefern* [y:bɐˈli:fɐn] *tr V* to hand down *sep;* **überliefert sein** to have come down
Überlieferung *f* tradition; **mündliche** ~ oral tradition
überlisten* [y:bɐˈlɪstn̩] *tr V* to outwit
übermächtig *Adj* ① *Gegner* superior ② *Gefühl* overpowering
Übermaß *nt kein Pl* excess[ive amount] (**an/von** of); **im** ~ in excess
übermäßig **I.** *Adj* excessive **II.** *Adv* excessively; **sich** ~ **anstrengen** to try too hard
übermorgen [ˈy:bɐmɔrgn̩] *Adv* the day after tomorrow; ~ **Abend/früh** the day after tomorrow in the evening/morning
übermüdet [y:bɐˈmy:dət] *Adj* overtired
Übermut *m* high spirits *pl;* **aus** ~ just for the hell of it *fam*
übermütig [ˈy:bɐmy:tɪç] **I.** *Adj* high-spirited **II.** *Adv* boisterously
übernächste(r, s) [ˈy:bɐnɛ:çstə, -tɐ, -təs] *Adj attr* ~**s Jahr**/~ **Woche** the year/week after next; **der/die/das** ~ the next but one
übernachten* [y:bɐˈnaxtn̩] *intr V* **irgendwo/bei jdm** ~ to stay the night somewhere/at sb's place
Übernachtung <-, -en> *f* overnight stay; **mit zwei** ~**en in Bangkok** with two nights in Bangkok; ~ **mit Frühstück** bed and breakfast
Übernachtungsmöglichkeit *f* overnight accommodation *no pl*
Übernahme <-, -n> [ˈy:bɐna:mə] *f* ① (*Inbesitznahme*) taking possession *no pl* ② (*das Übernehmen*) assumption *no pl*
übernatürlich *Adj* supernatural
U
übernehmen* [y:bɐˈne:mən] *unreg* **I.** *tr V* ① (*in Besitz nehmen*) to take; *Geschäft* to take over *sep* ② (*auf sich nehmen*) to accept; **lassen Sie es, das übernehme ich** let me take care of it; *Auftrag, Verantwortung* to take on *sep; Kosten* to pay; *Verpflichtungen* to assume **II.** *refl V* **sich** [**mit etw**] ~ to take on too much [of sth]
überprüfen* [y:bɐˈpry:fn̩] *tr V* ① to check (**auf** for) ② (*bedenken*) to examine
überqueren* [y:bɐˈkve:rən] *tr V* to cross [over]
überragen*[1] [y:bɐˈra:gn̩] *tr V* ① to tower above (**um** by) ② (*übertreffen*) to outclass
über|ragen[2] [ˈy:bɐra:gn̩] *intr V* to project
überraschen* [y:bɐˈraʃn̩] *tr V* to surprise; **jdn bei etw** *Dat* ~ to surprise sb doing sth; **lassen wir uns ~!** (*fam*) let's wait and see [what happens]; **vom Regen überrascht werden** to get caught in the rain
überraschend **I.** *Adj* unexpected **II.** *Adv* unexpectedly
Überraschung <-, -en> *f kein Pl* surprise; **voller** ~ completely surprised; **eine** ~ **für jdn kaufen** to buy something as a surprise for sb; [**für jdn**] **eine** ~ **sein** to come as a surprise [to sb]
überreden* [y:bɐˈre:dn̩] *tr V* to persuade; **jdn zu etw** ~ to talk sb into sth
überregional *Adj* national
überreichen* [y:bɐˈraiçn̩] *tr V* **jdm etw** ~ to hand over *sep* sth to sb
überreif *Adj* overripe
Überrest *m meist Pl* remains *pl*
überrumpeln* [y:bɐˈrʊmp|n] *tr V* **jdn** ~ to take sb by surprise
Überschallflugzeug *nt* supersonic aircraft
Überschallgeschwindigkeit *f kein Pl* supersonic speed
überschätzen* [y:bɐˈʃɛtsn̩] **I.** *tr V* to overestimate **II.** *refl V* **sich** ~ to think too highly of oneself
überschlagen*[1] [y:bɐˈʃla:gn̩] *unreg refl V* **sich** ~ ① *Mensch* to fall head over heels; *Fahrzeug* to overturn ② *Ereignisse* to come thick and fast ③ *Stimme* to crack ④ (*fig*) **sich vor Freundlichkeit/Hilfsbereitschaft** ~ to fall over oneself to be friendly/helpful
über|schlagen[2] [ˈy:bɐʃla:gn̩] *unreg* **I.** *tr V haben* **die Beine** ~ to cross one's legs; **mit** ~**en Beinen** cross-legged **II.** *intr V sein* ① (*sich wandeln in*) **in etw** *Akk* ~ to turn into sth ② (*übergreifen*) to spread (**auf** to)
überschneiden* [y:bɐˈʃnaidn̩] *refl V unreg* **sich** ~ to overlap
überschreiten* [y:bɐˈʃraitn̩] *tr V unreg* ① (*geh: überqueren*) to cross [over]

2 (*über etw hinausgehen*) to exceed (**um** by)

Überschrift *f* title; *einer Zeitung* headline

ÜberschussRR *m,* **Überschuß**ALT *m* surplus *no pl* (**an** of)

überschüssig ['y:bɐʃʏsɪç] *Adj* surplus

überschwänglichRR ['y:bɐʃvɛŋlɪç] **I.** *Adj* effusive **II.** *Adv* effusively

überschwemmen* [y:bɐ'ʃvɛmən] *tr V* to flood

Überschwemmung <-, -en> *f* flood[ing *no pl*]

überschwenglichALT *Adj, Adv s.* **überschwänglich**

Übersee ['y:bɐze:] *kein art* **aus** ~ from overseas; **in** ~ overseas; **nach** ~ overseas

Überseehandel *m* overseas trade

übersehbar [y:bɐ'ze:ba:ɐ̯] *Adj* (*abschätzbar*) assessable

übersehen* [y:bɐ'ze:ən] *tr V unreg* 1 (*nicht erkennen*) to overlook 2 (*abschätzen*) to assess

übersenden* [y:bɐ'zɛndn̩] *tr V unreg* (*geh*) to send *form,* to dispatch

übersetzen*1 [y:bɐ'zɛtsn̩] *intr, tr V* to translate (**aus** from, **ins** into)

über|setzen2 ['y:bɐzɛtsn̩] *tr V haben* **jdn** ~ to ferry across *sep* sb

Übersetzer(in) *m(f)* translator

Übersetzung1 <-, -en> *f* TECH transmission ratio

Übersetzung2 <-, -en> *f* 1 (*übersetzter Text*) translation 2 *kein Pl* (*das Übersetzen*) translation *no pl*

Übersicht <-, -en> *f* 1 *kein Pl* (*Überblick*) overall view; **die** ~ **verlieren** to lose track of things 2 (*knappe Darstellung*) outline

übersichtlich I. *Adj* 1 (*rasch erfassbar*) clear 2 *Gegend* open *attr* **II.** *Adv* clearly

Übersiedler(in) *m(f)* migrant

übersinnlich *Adj* paranormal

überspannt *Adj* 1 (*übertrieben*) extravagant 2 (*exaltiert*) eccentric

überspitzt I. *Adj* exaggerated **II.** *Adv* in an exaggerated fashion

überspringen*1 [y:bɐ'ʃprɪŋən] *tr V unreg* 1 to jump 2 (*auslassen*) to skip [over]

über|springen2 ['y:bɐʃprɪŋən] *intr V unreg sein* (*übergreifen, sich übertragen*) to spread (**auf** to)

überstaatlich *Adj* supranational *form*

überstehen*1 [y:bɐ'ʃte:ən] *tr V* to come through; **die nächsten Tage** ~ to live through the next few days

über|stehen2 ['y:bɐʃte:ən] *intr V unreg haben o sein* (*herausragen*) to jut out

übersteigen* [y:bɐ'ʃtaign̩] *tr V unreg* to exceed

überstimmen* [y:bɐ'ʃtɪmən] *tr V* to outvote

Überstunde *f* ÖKON hour of overtime, extra hour; ~**n** overtime *no pl*

überstürzen* [y:bɐ'ʃtʏrtsn̩] **I.** *tr V* **etw** ~ to rush into sth **II.** *refl V* **sich** ~ to come thick and fast

überstürzt I. *Adj* overhasty **II.** *Adv* overhastily

übertölpeln* [y:bɐ'tœlpl̩n] *tr V* **jdn** ~ to dupe sb

übertragbar [y:bɐ'tra:kba:ɐ̯] *Adj* 1 MED communicable (**auf** to) 2 (*anwendbar*) to be applicable (**auf** to)

übertragen* [y:bɐ'tra:gn̩] *unreg* **I.** *tr V* 1 (*senden*) to broadcast 2 (*übersetzen*) to translate 3 MED to communicate (**auf** to) 4 (*übergeben*) **jdm die Verantwortung** ~ to entrust sb with the responsibility 5 *Besitz* to transfer (**auf** to) 6 (*anwenden*) to apply (**auf** to) **II.** *refl V* MED **sich** [**auf jdn**] ~ to be communicated [to sb]

übertreffen* [y:bɐ'trɛfn̩] *tr V unreg* to surpass (**an/in** in)

übertreiben* [y:bɐ'traibn̩] *unreg* **I.** *intr V* to exaggerate **II.** *tr V* to overdo; **ohne zu** ~ I'm not joking

Übertreibung <-, -en> *f* exaggeration

über|treten1 ['y:bɐtre:tn̩] *intr V unreg sein* (*konvertieren*) to convert (**zu** to)

übertreten*2 [y:bɐ'tre:tn̩] *tr V unreg Gesetz* to break

Übertretung <-, -en> [y:bɐ'tre:tʊŋ] *f* violation *no pl*

übertrieben I. *Adj* exaggerated **II.** *Adv* excessively

übertrumpfen* [y:bɐ'trʊmpfn̩] *tr V* **jdn/etw** ~ to outdo sb/surpass sth

über|tünchen* *tr V* **etw** ~ (*fig*) to whitewash sth; *Problem* to cover up sth *sep*

übervölkert [y:bɐ'fœlkɐt] *Adj* overpopulated

Übervölkerung <-> [y:bɐ'fœlkərʊŋ] *f kein Pl* overpopulation

übervoll *Adj* ① (*mehr als voll*) full to the brim ② (*überfüllt*) crowded

überwachen* [y:bɐˈva:xn̩] *tr V* ① to supervise; *mit Kamera* to monitor ② (*beschatten*) **jdn/etw ~** to keep sb/sth under surveillance

Überwachung <-> *f kein Pl* ① supervision; (*Kameraüberwachung*) monitoring ② (*Beschattung*) *eines Menschen* surveillance; *eines Telefons* bugging

überwältigen* [y:bɐˈvɛltɪgn̩] *tr V* to overwhelm

überwältigend *Adj* overwhelming

über|wechseln [ˈy:bɐvɛksl̩n] *intr V sein* ① (*die Seite wechseln*) to go over (**zu** to); **zu jdm ~** to go over to sb's side ② (*umsatteln*) **von etw zu etw ~** to change from sth to sth

überweisen* [y:bɐˈvaisn̩] *tr V unreg* ① FIN to transfer ② MED to refer (**an** to)

Überweisung <-, -en> *f* ① FIN transfer ② MED referral (**an** to)

Überweisungsauftrag *m* banker's order

überwiegend [y:bɐˈvi:gn̩t] **I.** *Adj* predominant **II.** *Adv* mainly

überwinden* [y:bɐˈvɪndn̩] *unreg* **I.** *tr V* ① to overcome ② *Gegner* to defeat **II.** *refl V* **sich ~** to overcome one's feelings/inclinations etc.; **sich zu etw ~** to force oneself to do sth

Überwindung <-> *f kein Pl* ① overcoming ② (*Selbstüberwindung*) conscious effort; **jdn ~ kosten[, etw zu tun]** to take sb a lot of will power [to do sth]

überwintern* [y:bɐˈvɪntɐn] *intr V* to winter

überwuchern* [y:bɐˈvu:xɐn] *tr V* to overgrow

Überzahl *f kein Pl* (*Mehrzahl*) the greatest number; **in der ~ sein** to be in the majority

überzeugen* [y:bɐˈtsɔygn̩] **I.** *tr V* to convince (**von** of) **II.** *intr V* to be convincing **III.** *refl V* **sich [selbst] ~** to convince oneself; **~ Sie sich selbst!** [go and] see for yourself

überzeugend **I.** *Adj* convincing **II.** *Adv* convincingly

Überzeugung <-, -en> [y:bɐˈtsɔygʊŋ] *f* conviction; **zu der ~ gelangen, dass ...** to become convinced that ...; **der [festen] ~ sein, dass ...** to be [firmly] convinced that ...

Überzeugungskraft *f kein Pl* persuasiveness

überziehen*1 [y:bɐˈtsi:ən] *unreg* **I.** *tr V* ① (*bedecken*) to cover ② FIN to overdraw (**um** by) ③ (*übertreiben*) **überzogen** exaggerated **II.** *intr V* (*Zeitlimit*) to overrun [one's allotted time] (**um** by)

über|ziehen² [ˈy:bɐtsi:ən] *tr V unreg* **[sich] etw ~** to put on *sep* sth

Überziehungskredit *m* overdraft provision

Überzug <-s, Überzüge> *m* ① (*Schicht*) coat[ing] ② (*Hülle*) cover

üblich [ˈy:plɪç] *Adj* usual; **es ist bei uns hier [so] ~** that's the custom with us here; **wie ~** as usual

U-Boot [ˈu:bo:t] *nt* submarine

übrig [ˈy:brɪç] *Adj* ① (*andere*) other ② (*restliche*) remaining; **~ sein** to be left [over]; **[jdm] etw ~ lassen** to leave sth [for sb]; **die Übrigen** the remaining ones; **das Übrige** the rest; **alles Übrige** all the rest ▶ **es wird ihm gar nichts anderes ~ bleiben** he won't have any choice

übrigens [ˈy:brɪgn̩s] *Adv* by the way

übrig|haben *tr V unreg* **etwas/viel für jdn ~** to be fond/very fond of sb; **für etw nichts ~** to be not at all interested in sth

Übung¹ <-> [ˈy:bʊŋ] *f kein Pl* (*Praxis*) practice; **aus der ~ sein** to be out of practice; **das ist alles nur ~** it [all] comes with practice; **zur ~** for practice ▶ **~ macht den Meister** (*prov*) practice makes perfect

Übung² <-, -en> [ˈy:bʊŋ] *f* ① (*das Einüben*) exercise (**an** on) ② (*Übungsstück*) exercise ③ (*Probeeinsatz*) drill

UdSSR <-> [u:de:ʔɛsʔɛsˈʔɛr] *f Abk von* **Union der Sozialistischen Sowjetrepubliken** HIST **die ~** the USSR

Ufer <-s, -> [ˈu:fɐ] *nt* (*Flussufer*) bank; (*Seeufer*) shore; **über die ~ treten** to break its banks; **am ~** on the waterfront

Ufo, UFO <-[s], -s> [ˈu:fo] *nt Abk von* **Unbekanntes Flugobjekt** UFO

Uganda <-> [uˈganda] *nt kein Pl* Uganda

Ugander(in) <-s, -> [uˈgandɐ] *m(f)* Ugandan

ugandisch [uˈgandɪʃ] *Adj* Ugandan; *s. a.* **deutsch**

Uhr <-, -en> [u:ɐ̯] *f* ① clock; (*Armband-*

uhr) watch; **nach jds ~** by sb's watch; **die ~ stellen** to set the clock/one's watch; **diese ~ geht nach/vor** this watch is slow/fast; **rund um die ~** round the clock ② (*Zeitangabe*) o'clock; **15 ~** 3 o'clock [in the afternoon], 3 pm; **7.30 ~** half past 7 [in the morning], 7.30 [am]; **8.25** 25 minutes past 8, eight twenty-five; **wie viel ~ ist es?** what time is it?; **um wie viel ~?** [at] what time?; **um zehn ~** at ten [o'clock]

Uhrzeiger *m* hand **Uhrzeigersinn** *m* **im ~** clockwise; **entgegen dem ~** anticlockwise, counterclockwise AM **Uhrzeit** *f* time [of day]

Uhu <-s, -s> ['u:hu] *m* eagle owl

Ukraine <-> [ukra'i:nə] *f* **die ~** [the] Ukraine

Ukrainer(in) <-s, -> [ukra'i:nɐ] *m(f)* Ukrainian

ukrainisch [ukra'i:nɪʃ] *Adj* Ukrainian; *s. a.* **deutsch 1**

Ukrainisch [ukra'i:nɪʃ] *nt dekl wie Adj* Ukrainian; *s. a.* **Deutsch**

ulkig ['ʊlkɪç] *Adj* (*fam*) funny

Ulme <-, -n> ['ʊlmə] *f* elm

Ultimatum <-s, -s *o* Ultimaten> [ʊlti'ma:tʊm, *Pl:* -ma:tən] *nt* ultimatum; **jdm ein ~ stellen** to give sb an ultimatum

Ultrakurzwelle [ʊltra'kʊrtsvɛlə] *f* ① (*Welle*) ultrashort wave ② (*Empfangsbereich*) ≈ very high frequency, VHF

Ultraschall ['ʊltraʃal] *m* ultrasound

Ultraschallbild *nt* ultrasound picture **Ultraschalluntersuchung** *f* ultrasound

ultraviolett [ʊltravi̯o'lɛt] *Adj* ultraviolet

um [ʊm] **I.** *Präp +Akk* ① (*etw umgebend*) **~ etw [herum]** around sth ② (*nach allen Richtungen*) **~ sich schlagen/treten** to hit/kick out in all directions ③ (*zeitlich*) **~ Ostern/den 15.des Monats [herum]** around Easter/the 15th of the month ④ *in Vergleichen* **~ einiges besser** quite a bit better; **~ nichts enger** no narrower; **~ einen Meter länger** one meter longer ⑤ (*für*) **~ eines Menschen willen** for a person's sake; **~ einer S.** *Gen* **willen** for the sake of sth ⑥ (*nach*) **Minute ~ Minute** minute by minute ⑦ (*vorüber*) **~ sein** to be over; *Zeit* to be up **II.** *Konj* **~ etw zu tun** [in order] to do sth **III.** *Adv* **~ die 80 Meter** about 80 metres

um|ändern *tr V* to alter

umarmen* [ʊm'ʔarmən] *tr V* to embrace; (*fester*) to hug

Umarmung <-, -en> *f* embrace; (*fester*) hug

um|bauen[1] ['ʊmbauən] **I.** *tr V* to convert **II.** *intr V* to renovate

umbauen*[2] [ʊm'bauən] *tr V* to enclose (**mit** with)

um|benennen* *tr V unreg* to rename

um|besetzen* *tr V* POL to reassign

um|biegen *unreg* **I.** *tr V haben* to bend **II.** *intr V sein* ① (*kehrtmachen*) to turn back ② (*abbiegen*) **nach links ~** to take the left road/path/etc.; *Weg* to bend to the left

um|bilden *tr V Kabinett* to reshuffle

um|binden ['ʊmbɪndn̩] *tr V unreg* **jdm etw ~** to tie sth around sb's neck; **sich** *Dat* **etw ~** to tie on *sep* sth

um|blättern *intr V* to turn over

um|blicken *refl V* **sich ~** to look back; **sich nach jdm/etw ~** to turn round to look at sb/sth; **sich nach links/rechts ~** to look to the left/right; **sich nach allen Seiten ~** to look in all directions

um|bringen *unreg* **I.** *tr V* to kill **II.** *refl V* **sich ~** to kill oneself

Umbruch ['ʊmbrʊx, *Pl:* 'ʊmbrʏçə] *m* radical change

um|buchen *tr V* ① (*terminlich*) to alter one's booking/reservation (**auf** for); **den Flug auf einen anderen Tag ~** to change one's flight reservation to another day ② *Geld* to transfer (**von** from, **auf** to)

um|definieren* [ʊmdefi'ni:rən] *tr V* to redefine

um|denken *intr V unreg* to change one's ideas/views

um|drehen I. *tr V haben* to turn; (*auf die andere Seite*) to turn over *sep* **II.** *refl V haben* **sich [nach jdm/etw] ~** to turn round [to look at sb/sth] **III.** *intr V haben o sein* to turn round

Umdrehungszahl *f* number of revolutions per minute/second

umeinander [ʊmʔai'nandɐ] *Adv* about each other; **wir haben uns nie groß ~ gekümmert** we never really had much to do with each other

U

um|fahren[1] ['ʊmfaːrən] *unreg tr V* (*fam*) ① (*überfahren*) to run over *sep* ② (*anfahren und abknicken*) to hit
umfahren*[2] [ʊm'faːrən] *tr V unreg* to drive around
um|fallen *intr V unreg sein* to fall over; **tot ~** to drop [down] dead
Umfang <-[e]s, Umfänge> *m* ① circumference ② (*Ausdehnung*) area ③ (*Ausmaß*) **in großem ~** on a large scale; **in vollem ~** completely
umfangreich *Adj* extensive
umfassen* [ʊm'fasn̩] *tr V* ① (*umschließen*) to clasp; (*umarmen*) to embrace ② (*aus etw bestehen*) to comprise
umfassend [ʊm'fasn̩t] *Adj* ① (*weitgehend*) extensive ② (*alles enthaltend*) full
Umfeld *nt* sphere
Umfrage *f* poll; **eine ~ machen** to hold a survey (**zu/über** on)
um|füllen *tr V* **etw [in etw** *Akk*] **~** to transfer sth [into sth]; **Wein in eine Karaffe ~** to decant wine
Umgang <-gänge> *m* ① (*Verkehr*) dealings *pl;* **kein ~ für jdn sein** to be not fit company for sb ② (*Beschäftigung*) **jds ~ mit etw** *Dat* sb's having to do with sth
umgänglich ['ʊmgɛŋlɪç] *Adj* friendly
Umgangsformen *Pl* manners *pl*
Umgangssprache *f* colloquial speech; **die griechische ~** colloquial Greek
Umgangston *m* tone
umgeben* [ʊm'geːbn̩] *unreg* **I.** *tr V* to surround; **etw von drei Seiten ~** to lie to three sides of sth **II.** *refl V* **sich mit jdm/etw ~** to surround oneself with sb/sth
Umgebung <-, -en> [ʊm'geːbʊŋ] *f* ① surroundings *pl; einer Stadt* environs *pl* ② (*Nachbarschaft*) vicinity
um|gehen[1] ['ʊmgeːən] *intr V unreg sein* ① (*behandeln*) to treat; **mit jdm nicht ~ können** to not know how to handle sb; **mit etw gleichgültig/vorsichtig ~** to handle sth indifferently/carefully ② *Gerücht* to circulate
umgehen*[2] [ʊm'geːən] *tr V unreg* (*vermeiden*) to avoid
Umgehung[1] <-, -en> [ʊm'geːʊŋ] *f* ① (*das Vermeiden*) avoidance *no pl* ② (*das Umgehen*) circumvention *no pl form*
Umgehung[2] <-, -en> [ʊm'geːʊŋ] *f,* **Umgehungsstraße** *f* bypass
umgekehrt I. *Adj* reverse *attr;* **in ~er Reihenfolge** in reverse order; *Richtung* opposite; **[es ist] gerade ~!** just the opposite! **II.** *Adv* the other way round
um|graben *tr V unreg* to dig over *sep*
umgucken *refl V* (*fam*) *s.* **umsehen**
Umhang <-[e]s, Umhänge> *m* cape
um|hängen ['ʊmhɛŋən] *tr V* (*umlegen*) **sich** *Dat* **etw ~** to put on *sep* sth; **jdm etw ~** to wrap sth around sb
Umhängetasche *f* shoulder bag
umher [ʊm'heːɐ̯] *Adv* around; **weit ~** all around
um|hören *refl V* **sich ~** to ask around (**nach** about)
umkehrbar *Adj* reversible; **nicht ~** irreversible
um|kehren *intr V sein* to turn back
um|kippen I. *intr V sein* ① to tip over ② (*sich ändern*) **in etw** *Akk* **~** to turn into sth **II.** *tr V haben* to tip over *sep*
umklammern* [ʊm'klamɐn] *tr V* **jdn ~** to cling [on] to sb; **etw ~** to hold sth tight
Umkleideraum *m* changing room
um|kommen *intr V unreg sein* to be killed
Umkreis *m* vicinity; **im ~ von hundert Metern** within a radius of hundred metres
umkreisen* [ʊm'kraizn̩] *tr V* ASTRON to orbit
um|krempeln *tr V* ① (*aufkrempeln*) to roll up *sep* ② (*fam: durchsuchen*) **etw ~** to turn sth upside down *fam* ③ (*fam: umgestalten*) **etw/jdn ~** to give sth/sb a good shake up
Umlage *f* ① FIN share of the cost ② KOCHK garnish
Umlauf ['ʊmlauf, *Pl:* -lɔyfə] *m* ① ASTRON rotation ② ADMIN **in ~ bringen** to circulate; *Geld* to put into circulation
Umlaufbahn *f* orbit
Umlaut *m* umlaut
um|legen ['ʊmleːgn̩] *tr V* ① **jdm/sich etw ~** to put sth around sb/oneself ② (*sl: umbringen*) to do in *sep*
um|leiten *tr V* to divert
Umleitung <-, -en> *f* diversion
um|lernen *intr V* to rethink, to change one's attitudes
um|packen[1] *tr V* to repack

U

umpacken*² *tr V* (*umfassen*) to embrace
um|pflügen ['ʊmpfly:gn̩] *tr V* to plough up *sep*
um|polen *tr V* ❶ PHYS, ELEK to reverse polarity ❷ (*fam: völlig ändern*) to convert
umrahmen* [ʊm'ra:mən] *tr V* to frame
umranden* [ʊm'randn̩] *tr V* to circle
um|räumen *intr, tr V* (*Möbel*) to rearrange
Umrechnungskurs *m* exchange rate
um|rennen *tr V unreg* **jdn/etw ~** to [run into and] knock sb/sth over
umringen* [ʊm'rɪŋən] *tr V* to surround; (*drängend umgeben*) to crowd around
UmrissRR *m*, **Umriß**ALT *m meist Pl* outline; **in Umrissen** in outline
um|rühren *intr, tr V* to stir
um|rüsten *tr V* ❶ MIL to re-equip ❷ TECH to reset
Umsatz *m* turnover
Umsatzbeteiligung *f* ÖKON commission **Umsatzrückgang** *m* HANDEL decline in sales, drop in turnover **Umsatzsteigerung** *f* increase in turnover **Umsatzsteuer** *f* sales tax
um|schalten **I.** *intr V* ❶ RADIO, TV to switch over; **auf einen anderen Sender ~** to change the station ❷ *Ampel* to change; **auf Rot/Grün ~** to turn red/green **II.** *tr V* RADIO, TV to switch (**auf** to)
Umschalttaste *f* COMPUT case change, shift key
um|schauen *refl V* (*geh*) *s.* **umsehen**
umschiffen* ['ʊmʃɪfn̩] *tr V* NAUT **etw ~** to sail around sth
Umschlag <-[e]s, -schläge> *m* ❶ (*Kuvert*) envelope ❷ (*Buchumschlag*) jacket ❸ *kein Pl* ÖKON transfer
Umschlagbahnhof *m* transfer station
um|schlagen ['ʊmʃla:gn̩] *unreg* **I.** *tr V haben* ❶ *Kragen* to turn down *sep*; *Ärmel* to turn up *sep* ❷ *Waren* to transfer **II.** *intr V sein Wetter* to change
umschließen* [ʊm'ʃli:sn̩] *tr V unreg* ❶ (*umgeben*) to enclose ❷ (*geh*) **jdn/etw mit den Armen ~** to take sb/sth in one's arms
umschlingen* [ʊm'ʃlɪŋən] *tr V unreg* (*geh*) to embrace; **jdn mit den Armen ~** to hold sb tightly in one's arms
um|schreiben¹ ['ʊmʃraibn̩] *tr V unreg* ❶ *Text* to rewrite ❷ *Vermögen* to transfer (**auf** to)
umschreiben*² [ʊm'ʃraibn̩] *tr V unreg* ❶ (*indirekt ausdrücken*) to talk around ❷ (*beschreiben*) to outline
Umschrift *f* ❶ LING (*Transkription*) transcription ❷ (*kreisförmige Beschriftung*) circumscription
Umschuldung <-, -en> *f* FIN rescheduling of debts
um|schulen *tr V* ❶ to retrain (**zu** as); **sich ~ lassen** to undergo retraining ❷ *Schüler* to transfer to another school
Umschulungskurs *m* SCHULE, ÖKON retraining course
um|schütten *tr V* ❶ (*verschütten*) to spill ❷ (*umwerfen*) to upset ❸ (*umfüllen*) to pour [out *sep*]
Umschwung *m* drastic change
um|sehen *refl V unreg* ❶ **sich irgendwo ~** to have [*or esp* AM take] a look around somewhere ❷ (*nach hinten blicken*) **sich ~** to look back [*or* BRIT round] ❸ (*suchen*) **sich nach jdm/etw ~** to look around for sb/sth
um|setzen ['ʊmzɛtsn̩] *tr V* ❶ (*verkaufen*) to turn over ❷ (*umwandeln*) to convert (**in** to); **etw [in die Praxis] ~** to put sth to practice
Umsicht *f kein Pl* prudence
umsichtig **I.** *Adj* prudent **II.** *Adv* prudently
Umsiedler(in) *m(f)* resettler, resettled person
umsonst [ʊm'zɔnst] *Adv* ❶ (*gratis*) for free; **~ sein** to be free [of charge] ❷ (*vergebens*) in vain; **nicht ~** not without reason
Umspanner *m* ELEK [voltage] transformer
Umstand <-[e]s, -stände> *m* ❶ (*Gegebenheit*) circumstance; **mildernde Umstände** JUR mitigating circumstances; **den Umständen entsprechend [gut]** [as good] as can be expected under the circumstances; **unter Umständen** possibly; **unter allen Umständen** at all costs ❷ *Pl* (*Schwierigkeiten*) trouble; **ohne große Umstände** without a great deal of fuss; **bitte keine Umstände!** please don't put yourself out! ▶ **in anderen Umständen sein** (*geh*) to be expecting
umständlich ['ʊmʃtɛntlɪç] **I.** *Adj* ❶ (*weitschweifig*) long-winded ❷ (*aufwändig*) laborious; **~ sein** to be inconvenient; **etw ist jdm zu ~** sth's too

U

much [of a] bother for sb ③ (*unpraktisch veranlagt*) ~ **sein** to be awkward **II.** *Adv* ① (*weitschweifig*) long-windedly ② (*aufwändig*) laboriously

Umstandskleidung *f* maternity wear

um|steigen *intr V unreg sein* ① TRANSP to change; **in Mannheim müssen Sie nach Frankfurt ~** in Mannheim you must change for Frankfurt ② (*überwechseln*) to switch [over] (**auf** to)

um|stellen¹ [ˈʊmʃtɛlən] **I.** *tr V* ① (*anders hinstellen*) to move ② (*anders anordnen*) to reorder ③ (*anders einstellen*) to switch over *sep* (**auf** to); **die Uhr ~** to turn the clock back/forward ④ (*auf etw anderes einstellen*) to convert (**auf** to); **die Ernährung ~** to change one's diet **II.** *refl V* **sich ~** to adapt (**auf** to)

umstellen*² [ʊmˈʃtɛlən] *tr V* (*umringen*) to surround

Umstellung *f* ① (*Übergang*) change (**auf** to) ② (*Anpassung*) adjustment

um|stimmen *tr V* **jdn ~** to change sb's mind; **sich ~ lassen** to let oneself be persuaded (**von** by)

um|stoßen *tr V unreg* to knock over *sep*

umstritten [ʊmˈʃtrɪtn̩] *Adj* controversial

Umstrukturierung *f* restructuring

Umsturz *m* coup [d'état]

um|stürzen **I.** *intr V sein* to fall **II.** *tr V haben* to knock over; POL to overthrow

Umtausch *m a.* FIN exchange (**gegen** for)

um|tauschen *tr V* ① to exchange (**in/gegen** for); **jdm etw ~** to exchange sth for sb ② *Währung* to change (**in** into)

Umwälzung <-, -en> *f* revolution

um|wandeln [ˈʊmvandl̩n] *tr V* to convert (**in** into); **wie umgewandelt sein** to be a changed person

um|wechseln [-ks-] *tr V* to change (**in** into); **könnten Sie mir 1.000 Euro in Dollar ~?** could you give me 1,000 euros in dollars please?

Umweg *m* detour

Umwelt [ˈʊmvɛlt] *f kein Pl* environment

Umweltbedingungen *Pl* environmental conditions *pl* **Umweltbelastung** *f* environmental damage **Umweltbewusstsein**RR *nt kein Pl* environmental awareness **Umwelteinflüsse** *Pl* environmental influences *pl* **umweltfeindlich** *Adj* harmful to the environment **umweltfreundlich** *Adj* environmentally friendly **Umweltgefährdung** *f* environmental threat **Umweltkatastrophe** *f* ecological disaster **Umweltpolitik** *f* environmental policy **Umweltschäden** *Pl* environmental damage **Umweltschutz** *m* conservation **Umweltschützer(in)** *m(f)* environmentalist **Umweltschutzgesetz** *nt* environmental protection law **Umwelttechnologie** [ˈʊmvɛlttɛçnologiː] *f* TECH, ÖKOL green technology **Umweltverschmutzung** *f* pollution **umweltverträglich** *Adj* environmentally friendly **Umweltvorschrift** *f* POL, ÖKOL environmental regulation *usu pl* **Umweltzerstörung** *f* destruction of the environment

umwerben* [ʊmˈvɛrbn̩] *tr V unreg* to woo

um|werfen *tr V unreg* ① to bowl over *sep* ② *Plan* to upset

um|ziehen¹ [ˈʊmtsiːən] *intr V unreg sein* to move [house]

um|ziehen² [ˈʊmtsiːən] *refl V unreg* **sich ~** to get changed

umzingeln* [ʊmˈtsɪŋl̩n] *tr V* to surround

Umzug *m* ① move ② (*Marsch*) parade

Umzugskarton *m* removal [*or* AM moving] box

unabhängig [ˈʊnʔaphɛŋɪç] *Adj* ① independent (**von** of) ② (*ungeachtet*) **~ von etw** regardless of sth; **~ davon, ob/wann ...** regardless of whether/when ...; **~ voneinander** separately

Unabhängigkeit *f kein Pl* independence (**von** of)

unabsehbar [ʊnʔapˈzeːbaːɐ̯] *Adj* unforeseeable

unabsichtlich [ʊnʔapzɪçtlɪç] **I.** *Adj* unintentional **II.** *Adv* accidentally

unachtsam [ˈʊnʔaxtzaːm] *Adj* careless

Unachtsamkeit *f* carelessness

unähnlich [ˈʊnʔɛːnlɪç] *Adj* dissimilar, unlike

unanfechtbar [ʊnʔanˈfɛçtbaːɐ̯] *Adj* irrefutable

unangebracht [ˈʊnʔangəbraxt] *Adj* misplaced

unangemeldet [ˈʊnʔangəmɛldət] *Adj, Adv* unannounced

unangemessen [ˈʊnʔangəmɛsn̩] **I.** *Adj* ① (*überhöht*) unreasonable ② (*nicht angemessen*) inappropriate **II.** *Adv* unreasonably

U

unangenehm ['ʊnʔangəne:m] **I.** *Adj* unpleasant; **jdm ist etw ~** sb feels bad about sth **II.** *Adv* unpleasantly

unangepasstRR ['ʊnʔangəpast] *Adj* non-conformist

unangetastet ['ʊnʔangətastət] *Adj* untouched

unangreifbar ['ʊnʔangraifba:ɐ̯] *Adj* irrefutable, unassailable

unannehmbar [ʊnʔan'ne:mba:ɐ̯] *Adj* unacceptable

Unannehmlichkeit ['ʊnʔanne:mlɪçkait] *f meist Pl* trouble; **~en bekommen/haben** to get into/be in trouble

unanschaulich [ʊnan'ʃaulɪç] *Adj* abstract

unanständig ['ʊnʔanʃtɛndɪç] **I.** *Adj* rude **II.** *Adv* rudely

unantastbar [ʊnʔan'tastba:ɐ̯] *Adj* sacrosanct

unappetitlich ['ʊnʔapeti:tlɪç] *Adj* ❶ (*nicht einladend*) unappetizing ❷ (*ekelhaft*) disgusting

Unart ['ʊnʔa:ɐ̯t] *f* terrible habit

unartig ['ʊnʔa:ɐ̯tɪç] *Adj* naughty

unästhetisch ['ʊnʔɛste:tɪʃ] *Adj* unappetizing

unauffällig ['ʊnʔauffɛlɪç] **I.** *Adj* discrete **II.** *Adv* discretely

unaufgefordert ['ʊnʔaufgəfɔrdɐt] **I.** *Adj* unsolicited **II.** *Adv* without having been asked

unaufhörlich [ʊnʔaufhø:ɐ̯lɪç] **I.** *Adj* constant **II.** *Adv* constantly

unaufmerksam ['ʊnʔaufmɛrkza:m] *Adj* inattentive

Unaufmerksamkeit *f kein Pl* inattentiveness

unaufrichtig ['ʊnʔaufrɪçtɪç] *Adj* insincere (**gegen**[**über**] towards)

unausgefüllt ['ʊnʔausgəfʏlt] *Adj* ❶ *Formular* blank ❷ *Mensch* unfulfilled

unausgeglichen ['ʊnʔausgəglɪçn̩] *Adj* (*Mensch*) moody

unauslöschlich [ʊnʔaus'lœʃlɪç] *Adj* (*geh*) indelible

unaussprechlich [ʊnʔaus'ʃprɛçlɪç] *Adj* inexpressible

unausstehlich [ʊnʔaus'ʃte:lɪç] *Adj* intolerable; *Mensch, Art a.* insufferable

unausweichlich [ʊnʔaus'vaiçlɪç] **I.** *Adj* inevitable **II.** *Adv* inevitably

unbändig ['ʊnbɛndɪç] **I.** *Adj* ❶ (*ungestüm*) boisterous ❷ (*heftig*) enormous **II.** *Adv* boisterously

unbarmherzig ['ʊnbarmhɛrtsɪç] **I.** *Adj* merciless **II.** *Adv* mercilessly

unbeabsichtigt ['ʊnbəʔapzɪçtɪçt] **I.** *Adj* unintentional **II.** *Adv* unintentionally

unbebaut ['ʊnbəbaut] *Adj* (*Land*) undeveloped; (*Grundstück*) vacant

unbedeckt *Adj* bare

unbedenklich ['ʊnbədɛŋklɪç] *Adj* harmless

unbedeutend ['ʊnbədɔytn̩t] **I.** *Adj* insignificant **II.** *Adv* insignificantly

unbedingt ['ʊnbədɪŋt] **I.** *Adj attr* absolute **II.** *Adv* (*auf jeden Fall*) really; **erinnere mich ~ daran, sie anzurufen** you mustn't forget to remind me to call her; **nicht ~** not necessarily; **~!** absolutely!

unbefangen ['ʊnbəfaŋən] **I.** *Adj* ❶ (*unvoreingenommen*) unbiased ❷ (*nicht gehemmt*) uninhibited **II.** *Adv* ❶ (*unvoreingenommen*) objectively; **etw ~ beurteilen** to judge sth impartially ❷ (*nicht gehemmt*) uninhibitedly

unbefriedigend ['ʊnbəfri:dɪgn̩t] **I.** *Adj* unsatisfactory (**für** to) **II.** *Adv* in an unsatisfactory way

unbefristet ['ʊnbəfrɪstət] **I.** *Adj* lasting for an indefinite period; **~ sein** to be [valid] for an indefinite period **II.** *Adv* indefinitely

unbefugt ['ʊnbəfu:kt] **I.** *Adj* unauthorized **II.** *Adv* without authorization

unbegabt ['ʊnbəga:pt] *Adj* untalented; **für Mathematik bin ich einfach ~** I'm absolutely useless at maths

unbegreiflich ['ʊnbəgraiflɪç] *Adj* incomprehensible

unbegrenzt ['ʊnbəgrɛntst] **I.** *Adj* unlimited **II.** *Adv* indefinitely

unbegründet ['ʊnbəgrʏndət] *Adj* unfounded

unbehaglich ['ʊnbəha:klɪç] **I.** *Adj* uneasy **II.** *Adv* uneasily

unbeholfen ['ʊnbəhɔlfn̩] **I.** *Adj* clumsy **II.** *Adv* clumsily

unbekannt ['ʊnbəkant] *Adj* unknown; **jdm ~ sein** to be unknown to sb

Unbekannte(r) *f(m) dekl wie Adj* stranger

unbekümmert ['ʊnbəkʏmɐt] **I.** *Adj* carefree; **sei/seien Sie** [**ganz**] **~** don't

U

upset yourself **II.** *Adv* in a carefree manner

unbelastet ['ʊnbəlastət] *Adj* **von etw ~ [sein]** [to be] free of sth

unbeleuchtet ['ʊnbəlɔyçtət] *Adj* unlit

unbeliebt ['ʊnbəli:pt] *Adj* unpopular

unbemannt ['ʊnbəmant] *Adj* unmanned

unbemerkt ['ʊnbemɛrkt] *Adj, Adv* unnoticed

unbenutzt ['ʊnbənʊtst] *Adj* unused; (*Kleidung*) unworn

unbeobachtet ['ʊnbəʔo:baxtət] *Adj* unnoticed

unbequem ['ʊnbəkve:m] *Adj* ❶ uncomfortable ❷ (*lästig*) awkward

unberechenbar [ʊnbə'rɛçn̩ba:ɐ̯] *Adj* unpredictable

unberührt ['ʊnbə'ry:ɐ̯t] *Adj* ❶ *Gegend* unspoiled ❷ (*nicht benutzt*) untouched

unbeschädigt ['ʊnbəʃɛ:dɪçt] *Adj* undamaged

unbeschränkt ['ʊnbəʃrɛŋkt] *Adj* unrestricted; (*Macht*) limitless

unbeschreiblich ['ʊnbɛʃraiplɪç] **I.** *Adj* ❶ indescribable ❷ (*maßlos*) tremendous **II.** *Adv* **sich ~ freuen** to be overjoyed

unbeschwert ['ʊnbəʃve:ɐ̯t] *Adj* carefree

unbesetzt *Adj* empty; *Platz* vacant, free; *Schalter* closed

unbesiegbar [ʊnbə'zi:kba:ɐ̯] *Adj* invincible

unbesiegt *Adj* ❶ MIL (*nicht besiegt*) undefeated ❷ SPORT (*ungeschlagen*) unbeaten

Unbesonnenheit <-, -en> *f* ❶ *kein Pl* (*unbesonnene Art*) impulsiveness ❷ (*unbesonnene Äußerung*) hasty remark ❸ (*unbesonnene Handlung*) rashness

unbesorgt ['ʊnbəzɔrkt] **I.** *Adj* unconcerned **II.** *Adv* without worrying

U

unbeständig ['ʊnbəʃtɛndɪç] *Adj* ❶ *Wetter* unsettled ❷ (*wankelmütig*) fickle

unbestechlich ['ʊnbɛʃtɛçlɪç] *Adj* ❶ incorruptible ❷ (*nicht zu täuschen*) unerring

unbestimmt ['ʊnbəʃtɪmt] *Adj* ❶ (*unklar*) vague ❷ (*nicht festgelegt*) indefinite

Unbestimmtheit <-> *f kein Pl* uncertainty

unbestritten ['ʊnbɛʃtrɪtn̩] *Adj* irrefutable

unbeteiligt ['ʊnbətailɪçt] *Adj* ❶ (*nicht beteiligt*) uninvolved ❷ (*desinteressiert*) indifferent

unbetont ['ʊnbəto:nt] *Adj* unstressed

unbewacht ['ʊnbəvaxt] *Adj* (*nicht bewacht: Person*) unguarded; *Parkplatz, Gepäck* unattended

unbewaffnet ['ʊnbəvafnət] *Adj* unarmed

unbeweglich ['ʊnbɛve:klɪç] *Adj* (*starr*) fixed; (*nicht bewegbar*) immovable

unbewohnt *Adj* uninhabited

unbewusst[RR] ['ʊnbəvʊst] **I.** *Adj* unconscious **II.** *Adv* unconsciously

unbezahlbar [ʊnbə'tsa:lba:ɐ̯] *Adj* ❶ (*zu teuer*) totally unaffordable ❷ (*wertvoll*) priceless

unbezahlt *Adj* ❶ (*noch nicht beglichen*) unsettled ❷ ÖKON, ADMIN (*nicht entlohnt*) unpaid

unblutig ['ʊnblu:tɪç] **I.** *Adj* bloodless **II.** *Adv* without bloodshed

unbrauchbar ['ʊnbrauxba:ɐ̯] *Adj* useless

unbürokratisch ['ʊnbyrokra:tɪʃ] **I.** *Adj* unbureaucratic **II.** *Adv* unbureaucratically

und [ʊnt] *Konj* and; **~ dann?** then what?; **na ~?** so what?

undankbar ['ʊndaŋkba:ɐ̯] *Adj* ungrateful

Undankbarkeit *f* ungratefulness, ingratitude *form*

undefinierbar ['ʊndefini:ɐ̯ba:ɐ̯] *Adj* indefinable

undenkbar [ʊn'dɛŋkba:ɐ̯] *Adj* unthinkable

undeutlich ['ʊndɔytlɪç] **I.** *Adj* ❶ (*nicht klar vernehmbar*) unclear; (*nicht klar sichtbar*) blurred; (*Schrift*) illegible ❷ (*vage*) vague **II.** *Adv* ❶ unclearly; **~ sprechen** to mumble ❷ (*vage*) vaguely

undicht ['ʊndɪçt] *Adj* (*luftdurchlässig*) not airtight; (*wasserdurchlässig*) not watertight

Unding ['ʊndɪŋ] *nt kein Pl* **ein ~ sein** to be absurd

undiszipliniert ['ʊndɪstsiplini:ɐ̯t] **I.** *Adj* undisciplined **II.** *Adv* in an undisciplined manner

undurchdacht [ʊn'dʊrçdaxt] *Adj* ill thought out

undurchlässig ['ʊndʊrçlɛsɪç] *Adj* impermeable
undurchsichtig ['ʊndʊrçzɪçtɪç] *Adj* ❶ opaque ❷ (*zwielichtig*) shadowy
uneben ['ʊnʔeːbn̩] *Adj* uneven
unecht ['ʊnʔɛçt] *Adj* ❶ (*imitiert*) fake *usu pej* ❷ (*unaufrichtig*) false
unehelich ['ʊnʔeːəlɪç] *Adj* illegitimate
unehrlich ['ʊnʔeːɐ̯lɪç] **I.** *Adj* dishonest **II.** *Adv* dishonestly
Unehrlichkeit *f* dishonesty
uneigennützig ['ʊnʔaign̩nʏtsɪç] *Adj* selfless
uneingeschränkt ['ʊnʔaingəʃrɛŋkt] **I.** *Adj* absolute **II.** *Adv* absolutely
uneinheitlich *Adj* non-uniform, varied
uneinig ['ʊnʔainɪç] *Adj* [**sich** *Dat*] **~ sein** to disagree (**über** about); [**sich** *Dat*] **mit jdm ~ sein** to disagree with sb
Uneinigkeit *f* disagreement; [**über etw** *Akk*] **herrscht ~** there are sharp divisions [over sth]
uneins ['ʊnʔains] *Adj präd s.* **uneinig**
unempfänglich ['ʊnʔɛmpfɛŋlɪç] *Adj* impervious (**für** to)
unempfindlich ['ʊnʔɛmpfɪntlɪç] *Adj* insensitive (**gegen** to)
unendlich [ʊn'ʔɛntlɪç] **I.** *Adj* ❶ infinite ❷ (*endlos*) endless **II.** *Adv* (*fam*) endlessly; **~ viele Leute** heaven knows how many people; **sich ~ freuen** to be terribly happy
Unendlichkeit *f kein Pl* infinity
unentbehrlich ['ʊnʔɛntbeːɐ̯lɪç] *Adj* indispensable
unentgeltlich ['ʊnʔɛntgɛltlɪç] **I.** *Adj* free of charge; **die ~e Benutzung von etw** *Dat* free use of sth **II.** *Adv* for free
unentschieden ['ʊnʔɛntʃiːdn̩] **I.** *Adj* ❶ undecided ❷ SPORT drawn **II.** *Adv* SPORT **~ ausgehen** to end in a draw; **~ spielen** to draw
Unentschieden <-s, -> ['ʊnʔɛntʃiːdn̩] *nt* SPORT draw
Unentschlossenheit *f* indecision
unentschuldbar ['unʔɛnt'ʃʊltbaːɐ̯] *Adj* inexcusable
unerbittlich [ʊnʔɛɐ̯'bɪtlɪç] *Adj* pitiless
unerfahren ['ʊnʔɛɐ̯faːrən] *Adj* inexperienced
unerfreulich ['ʊnʔɛɐ̯frɔylɪç] *Adj* unpleasant
unergiebig ['ʊnʔɛɐ̯giːbɪç] *Adj* unproductive; (*Ernte*) poor; (*Produkt*) uneconomical
unergründbar [ʊnʔɛɐ̯'grʏntbaːɐ̯] *Adj*, **unergründlich** [ʊnʔɛɐ̯'grʏntlɪç] *Adj* puzzling
unerhört ['ʊnɛɐ̯'høːɐ̯t] **I.** *Adj attr* ❶ (*skandalös*) outrageous ❷ (*außerordentlich*) incredible **II.** *Adv* ❶ (*skandalös*) outrageously ❷ (*außerordentlich*) incredibly
unerklärbar [ʊnʔɛɐ̯'klɛːɐ̯baːɐ̯] *Adj*, **unerklärlich** [ʊnʔɛɐ̯'klɛːɐ̯lɪç] *Adj* inexplicable; **jdm ist ~, warum/was ...** sb cannot understand why/what ...
unerlaubt ['ʊnʔɛɐ̯laupt] **I.** *Adj* ❶ (*unbefugt*) unauthorized ❷ JUR illegal **II.** *Adv* without permission
unermüdlich [ʊnʔɛɐ̯'myːtlɪç] **I.** *Adj* tireless **II.** *Adv* tirelessly
unerreichbar [ʊnʔɛɐ̯'raiçbaːɐ̯] *Adj* unattainable; (*telefonisch*) unavailable
unersättlich [ʊnʔɛɐ̯'zɛtlɪç] *Adj* insatiable
unerschöpflich [ʊnʔɛɐ̯'ʃœpflɪç] *Adj* inexhaustible
unerschütterlich [ʊnʔɛɐ̯'ʃʏtɐlɪç] *Adj* unshakable
unerschwinglich [ʊnʔɛɐ̯'ʃvɪŋlɪç] *Adj* exorbitant; **für jdn ~ sein** to be beyond sb's means
unersetzlich [ʊnʔɛɐ̯'zɛtslɪç] *Adj* irreplaceable
unerträglich [ʊnʔɛɐ̯'trɛːklɪç] **I.** *Adj* ❶ unbearable ❷ *Person* impossible **II.** *Adv* ❶ unbearably ❷ *sich verhalten* impossibly
unerwartet ['ʊnʔɛɐ̯vartət] **I.** *Adj* unexpected **II.** *Adv* unexpectedly
unerwünscht ['ʊnʔɛɐ̯vʏnʃt] *Adj* unwelcome
unfähig ['ʊnfɛːɪç] *Adj* ❶ incompetent ❷ (*nicht imstande*) **zu etw ~** [**sein**] [to be] incapable of sth; **~ sein, etw zu tun** to be incapable of doing sth
unfair ['ʊnfɛːɐ̯] **I.** *Adj* unfair (**gegen**[**über**] to[wards]) **II.** *Adv* unfairly
Unfall ['ʊnfal] *m* accident
Unfallarzt, **Unfallärztin** *m*, *f* [medical] specialist for accident injuries **Unfallflucht** *f* hit-and-run [driving] **Unfallschaden** *m* accident damage *no pl* **Unfallschutz** *m kein Pl* (*Maßnahmen*) prevention of accidents **Unfallversicherung** *f* accident insurance **Unfallwagen** *m* car involved in an accident

U

unfassbarRR *Adj,* **unfaßbar**ALT [ʊnˈfasbaːɐ̯] *Adj* ① incomprehensible; **jdm ~ sein, was/wie ...** to be incomprehensible to sb, what/how ... ② (*unerhört*) outrageous

unfehlbar [ʊnˈfeːlbaːɐ̯] *Adj* infallible

unförmig [ˈʊnfœrmɪç] *Adj* shapeless; (*Gesicht*) misshapen

unfrei [ˈʊnfrai] *Adj* ① (*nicht frei*) not free; (*gehemmt*) inhibited ② (*unfrankiert*) not prepaid

unfreiwillig [ˈʊnfraivɪlɪç] **I.** *Adj* ① (*gezwungen*) compulsory ② (*unbeabsichtigt*) unintentional **II.** *Adv* **etw ~ tun** to be forced to do sth

unfreundlich [ˈʊnfrɔyntlɪç] **I.** *Adj* ① *Mensch* unfriendly ② (*unangenehm*) unpleasant **II.** *Adv* **jdn ~ behandeln** to be unfriendly to sb

unfruchtbar [ˈʊnfrʊxtbaːɐ̯] *Adj* infertile

Unfruchtbarkeit *f kein Pl* ① MED infertility ② AGR barrenness

Unfug <-s> [ˈʊnfuːk] *m kein Pl* nonsense; **mach keinen ~!** stop that nonsense!

Ungar(in) <-n, -n> [ˈʊŋgar] *m(f)* Hungarian

ungarisch [ˈʊŋgarɪʃ] *Adj* Hungarian; *s. a.* **deutsch**

Ungarisch [ˈʊŋgarɪʃ] *nt dekl wie Adj* Hungarian; *s. a.* **Deutsch**

Ungarn <-s> [ˈʊŋgarn] *nt* Hungary

ungeachtet [ˈʊngəʔaxtət] *Präp +Gen* (*geh*) despite; **~ dessen, dass ...** in spite of the fact that ...

ungebeten [ˈʊngəbeːtn̩] *Adj* unwelcome

ungebildet [ˈʊngəbɪldət] *Adj* uneducated

ungeboren [ˈʊngəboːrən] *Adj* unborn

ungebräuchlich [ˈʊngəbrɔyçlɪç] *Adj* uncommon

U

ungebunden [ˈʊngəbʊndn̩] *Adj* unattached

ungedeckt [ˈʊngədɛkt] *Adj* FIN uncovered

Ungeduld [ˈʊngədʊlt] *f* impatience; **vor ~** with impatience; **voller ~** impatiently

ungeduldig [ˈʊngədʊldɪç] **I.** *Adj* impatient **II.** *Adv* impatiently

ungeeignet [ˈʊngəʔaignət] *Adj* unsuitable; **~ sein** to be unsuited (**für** for)

ungefähr [ˈʊngəfɛːɐ̯] **I.** *Adv* ① (*zirka*) approximately; **um ~ ...** by about ...; (*Zeit*) at about ... ② (*etwa*) **~ da** around there; **~ so** something like this/that ▸ **nicht von ~** not for nothing **II.** *Adj attr* approximate

ungefährlich [ˈʊngəfɛːɐ̯lɪç] *Adj* harmless

ungeheuer [ˈʊngəhɔyɐ] **I.** *Adj* ① (*enorm*) enormous ② (*sehr intensiv*) tremendous **II.** *Adv* ① (*äußerst*) terribly ② (*ganz besonders*) enormously

Ungeheuer <-s, -> [ˈʊngəhɔyɐ] *nt* monster

ungeheuerlich [ʊngəˈhɔyɐlɪç] *Adj* outrageous

ungehindert [ˈʊngəhɪndɐt] **I.** *Adj* unhindered **II.** *Adv* without hindrance

ungehobelt [ˈʊngəhoːbl̩t] *Adj* ① (*schwerfällig*) uncouth; (*grob*) coarse ② (*nicht glatt gehobelt*) unplaned

ungehörig [ˈʊngəhøːrɪç] **I.** *Adj* impertinent **II.** *Adv* impertinently

ungehorsam [ˈʊngəhoːɐ̯zaːm] *Adj* disobedient (**gegenüber** towards)

Ungehorsam [ˈʊngəhoːɐ̯zaːm] *m* disobedience

ungeklärt [ˈʊngəklɛːɐ̯t] *Adj* unsolved

ungekünstelt <-er, -este> [ˈʊngəkʏnstl̩t] *Adj* natural, unaffected

ungelegen [ˈʊngəleːgn̩] *Adj* inconvenient

ungelenk [ˈʊngəlɛŋk] **I.** *Adj* clumsy, awkward **II.** *Adv* clumsily, awkwardly

ungelernt [ˈʊngəlɛrnt] *Adj attr* unskilled

ungeliebt [ˈʊngəliːpt] *Adj* ① (*nicht geliebt*) unloved ② (*nicht gemocht*) loathed ③ *s.* **unbeliebt**

ungemütlich [ˈʊngəmyːtlɪç] *Adj* uncomfortable ▸ **~ werden** (*fam*) to become nasty

ungenau [ˈʊngənau] **I.** *Adj* ① (*vage*) vague ② (*inkorrekt*) inaccurate **II.** *Adv* ① (*vage*) vaguely ② (*inkorrekt*) incorrectly

Ungenauigkeit <-, -en> *f* ① *kein Pl* (*Vagheit*) vagueness ② *kein Pl* (*Inkorrektheit*) inaccuracy

ungenießbar [ˈʊngəniːsbaːɐ] *Adj* *Speise* inedible; *Getränk* undrinkable

ungenügend [ˈʊngənyːgn̩t] **I.** *Adj* ① insufficient ② (*Note*) unsatisfactory (*the lowest mark*) **II.** *Adv* insufficiently

ungenutzt [ˈʊngənʊtst] *Adj,* **unge-**

nützt ['ʊngənʏtst] *Adj* unused; (*Gelegenheit*) missed

ungepflegt ['ʊngəpfle:kt] *Adj* neglected; *Mensch* ungroomed

ungerade ['ʊngəra:də] *Adj* odd

ungerecht ['ʊngərɛçt] **I.** *Adj* unjust; ~ [**gegen jdn**] **sein** to be unfair [to sb] **II.** *Adv* unjustly, unfairly

Ungerechtigkeit <-, -en> *f* injustice

ungern ['ʊngɛrn] *Adv* reluctantly

ungeschickt ['ʊngəʃɪkt] *Adj* ❶ (*unbeholfen*) clumsy ❷ (*unbedacht*) careless

ungeschliffen ['ʊngəʃlɪfn̩] *Adj* ❶ *Messer* blunt ❷ (*pej: grob*) uncouth

ungeschminkt ['ʊngəʃmɪŋkt] *Adj* ❶ without make-up ❷ (*unbeschönigt*) unvarnished

ungeschoren ['ʊngəʃo:rən] *Adv* ~ **davonkommen** to get away with it

ungesellig ['ʊngəzɛlɪç] *Adj* unsociable

ungesetzlich ['ʊngəzɛtslɪç] *Adj* unlawful

ungestört ['ʊngəʃtø:ɐ̯t] **I.** *Adj* undisturbed; ~ **sein wollen** to want to be left alone **II.** *Adv* without being disturbed

ungestraft ['ʊngəʃtra:ft] *Adv* ~ **davonkommen** to get away scot-free

ungestüm ['ʊngəʃty:m] **I.** *Adj* impetuous **II.** *Adv* enthusiastically

ungesund ['ʊngəzʊnt] **I.** *Adj* unhealthy **II.** *Adv* unhealthily; **sich ~ ernähren** to not have a healthy diet

ungeübt ['ʊngəʔy:pt] *Adj* unpractised; ~ **sein** to be out of practice (**in** at)

ungewiss[RR] ['ʊngəvɪs] *Adj*, **ungewiß**[ALT] *Adj* uncertain

Ungewissheit[RR] <-, -en> *f* uncertainty

ungewöhnlich ['ʊngəvø:nlɪç] **I.** *Adj* unusual **II.** *Adv* unusually

ungewohnt ['ʊngəvo:nt] *Adj* unusual; **jdm ~ sein** to be unfamiliar to sb

ungewollt ['ʊngəvɔlt] **I.** *Adj* unintentional **II.** *Adv* unintentionally

Ungeziefer <-s> ['ʊngətsi:fɐ] *nt kein Pl* pests *pl*

ungezogen ['ʊngətso:gn̩] **I.** *Adj* naughty; *Bemerkung* impertinent; ~ [**von jdm**] **sein** to be ill-mannered [of sb] **II.** *Adv* impertinently; **sich ~ benehmen** to behave badly

ungezwungen ['ʊngətsvʊŋən] *Adj* informal

ungläubig ['ʊnglɔybɪç] *Adj* ❶ disbelieving; **ein ~es Kopfschütteln** an incredulous shake of the head ❷ REL unbelieving

unglaublich ['ʊnglauplɪç] **I.** *Adj* unbelievable **II.** *Adv* (*fam*) incredibly

unglaubwürdig ['ʊnglaupvʏrdɪç] *Adj* implausible

ungleich ['ʊnglaiç] **I.** *Adj* unequal; *Paar* odd; *Gegenstände* dissimilar **II.** *Adv* ❶ unequally ❷ *vor Komparativ* (*weitaus*) far

ungleichmäßig **I.** *Adj* ❶ (*unregelmäßig*) irregular ❷ (*nicht zu gleichen Teilen*) uneven **II.** *Adv* ❶ (*unregelmäßig*) irregularly ❷ (*nicht zu gleichen Teilen*) unevenly

Unglück <-glücke> ['ʊnglʏk] *nt* ❶ *kein Pl* (*Pech*) bad luck; **jdn ins ~ stürzen** to be sb's undoing; **zu allem ~** to make matters worse ❷ (*Katastrophe*) disaster

unglücklich ['ʊnglʏklɪç] **I.** *Adj* ❶ (*betrübt*) unhappy ❷ (*ungünstig*) unfortunate **II.** *Adv* unfortunately; ~ **verliebt sein** to be crossed in love

unglücklicherweise *Adv* unfortunately

Unglücksfall *m* ❶ (*Unfall*) accident ❷ (*unglückliche Begebenheit*) mishap

ungültig ['ʊngʏltɪç] *Adj* invalid; (*nichtig*) void; **eine ~e Stimme** a spoiled ballot-paper; **etw für ~ erklären** to declare sth null and void; **eine Ehe für ~ erklären** to annul a marriage

Ungültigkeit *f* invalidity

ungünstig ['ʊngʏnstɪç] *Adj* inconvenient

ungut ['ʊngu:t] *Adj* bad ▸ **nichts für ~!** no offence!

unhandlich ['ʊnhantlɪç] *Adj* unwieldy

Unheil ['ʊnhail] *nt* disaster; ~ **anrichten** (*fam*) to get up to mischief; **jdm droht ~** sth spells disaster for sb; **großes/viel ~ anrichten** to wreak havoc

unheilbar ['ʊnhailba:ɐ̯] **I.** *Adj* incurable **II.** *Adv* incurably; ~ **krank sein** to be terminally ill

unheimlich ['ʊnhaimlɪç] **I.** *Adj* ❶ eerie ❷ (*fam: sehr groß, sehr viel*) terrific; **~en Hunger haben** to die of hunger *fig* **II.** *Adv* (*fam*) incredibly

unhöflich ['ʊnhø:flɪç] *Adj* impolite

Unhöflichkeit *f kein Pl* impoliteness

unhygienisch ['ʊnhygi̯e:nɪʃ] *Adj* unhygienic

Uniform <-, -en> [uni'fɔrm, 'ʊnifɔrm] *f* uniform

U

uninteressant ['ʊnʔɪntərɛsant] *Adj* uninteresting

uninteressiert ['ʊnʔɪntərɛsiːɐ̯t] *Adj* disinterested

Universität <-, -en> [univɛrzi'tɛːt] *f* university; **an der ~ studieren** to study at university; **auf die ~ gehen** to go to university

Universum <-s, *selten* -sen> [uni'vɛrzʊm] *nt* universe

unkenntlich ['ʊnkɛntlɪç] *Adj* unrecognizable

Unkenntnis ['ʊnkɛntnɪs] *f kein Pl* ignorance; **etw aus ~ tun** to do sth out of ignorance

unklar ['ʊnklaːɐ̯] **I.** *Adj* ❶ (*ungeklärt, unverständlich*) unclear; [**sich** *Dat*] **im Unklaren sein** to be uncertain (**über** about) ❷ (*verschwommen*) indistinct; *Erinnerungen* vague **II.** *Adv* unclearly

Unklarheit <-> *f kein Pl* uncertainty

unklug ['ʊnkluːk] *Adj* unwise

unkompliziert ['ʊnkɔmplitsiːɐ̯t] *Adj* straightforward; *Mensch* uncomplicated

unkonzentriert ['ʊnkɔntsɛntriːɐ̯t] *Adj* unconcentrated

Unkosten ['ʊnkɔstn̩] *Pl* costs; **sich in ~ stürzen** to go to a lot of expense

Unkraut ['ʊnkraut] *nt* weed

unkündbar ['ʊnkʏntbaːɐ̯] *Adj Stellung* not subject to notice; *Vertrag* not subject to termination

unleserlich ['ʊnleːzɐlɪç] *Adj* illegible

unlogisch *Adj* illogical

unlösbar [ʊn'løːsbaːɐ̯] *Adj*, **unlöslich** [un'løːslɪç] *Adj a.* CHEM insoluble; *Problem* unsolvable

Unlust ['ʊnlʊst] *f kein Pl* reluctance

unmäßig ['ʊnmɛːsɪç] **I.** *Adj* excessive **II.** *Adv* excessively

Unmensch ['ʊnmɛnʃ] *m* monster

U

unmenschlich ['ʊnmɛnʃlɪç] *Adj* inhuman

unmerklich ['ʊnmɛrklɪç] *Adj* imperceptible

unmissverständlich[RR] ['ʊnmɪsfɛɐ̯ʃtɛntlɪç] *Adj*, **unmißverständlich**[ALT] *Adj* unequivocal

unmittelbar ['ʊnmɪt|baːɐ̯] **I.** *Adj* ❶ (*direkt*) direct ❷ (*nah bei-, aufeinander*) immediate; **ein ~er Nachbar** a next-door neighbour **II.** *Adv* ❶ (*sofort*) immediately ❷ (*ohne Umweg*) directly ❸ (*direkt*) **etw ~ erleben** to experience sth at first hand

unmöglich ['ʊnmøːklɪç] **I.** *Adj* impossible ▶ **das Unmögliche möglich machen** to make the impossible happen; **jdn/sich ~ machen** to make a fool of sb/oneself **II.** *Adv* (*fam*) not possibly; **das geht ~** that's out of the question

unmoralisch ['ʊnmoraːlɪʃ] *Adj* immoral

unmotiviert ['ʊnmotiviːɐ̯t] *Adj* unmotivated

unmündig ['ʊnmʏndɪç] *Adj* ❶ underage ❷ (*geistig unselbständig*) dependent

unmusikalisch ['ʊnmuzikaːlɪʃ] *Adj* unmusical

unnachahmlich ['ʊnnaːxʔaːmlɪç] *Adj* inimitable

unnachgiebig ['ʊnnaːxgiːbɪç] *Adj* intransigent

unnachsichtig ['ʊnnaːxzɪçtɪç] **I.** *Adj* strict, severe **II.** *Adv* mercilessly

unnahbar [ʊn'naːbaːɐ̯] *Adj* unapproachable

unnatürlich ['ʊnnaryːɐ̯lɪç] *Adj* unnatural; **ein ~es Lachen** a forced laugh

unnötig ['ʊnnøːtɪç] *Adj* unnecessary

unordentlich ['ʊnʔɔrdn̩tlɪç] **I.** *Adj* untidy **II.** *Adv* untidily; **~ arbeiten** to work carelessly

Unordnung ['ʊnʔɔrdnʊŋ] *f kein Pl* mess

unparteiisch ['ʊnpartaiɪʃ] *Adj* impartial

unpassend ['ʊnpasn̩t] *Adj* ❶ (*unangebracht*) inappropriate ❷ (*ungelegen*) inconvenient

unpersönlich ['ʊnpɛrzøːnlɪç] *Adj Mensch* distant; *Art* impersonal

unpraktisch ['ʊnpraktɪʃ] *Adj* impractical

unpünktlich ['ʊnpʏŋktlɪç] **I.** *Adj* unpunctual **II.** *Adv* late

unrasiert ['ʊnraziːɐ̯t] *Adj* unshaven

unrecht ['ʊnrɛçt] *Adj* ❶ wrong ❷ (*unpassend*) **jdm ~ sein** to disturb sb

Unrecht ['ʊnrɛçt] *nt kein Pl* wrong, injustice; **jdm ein ~ antun** to do sb an injustice; **~ haben** to be wrong; **im ~ sein** to be [in the] wrong; **zu ~** wrongly; **jdm ~ geben** to disagree with sb; **nicht zu ~** not without good reason

unrechtmäßig ['ʊnrɛçtmɛːsɪç] *Adj* illegal; **der ~e Besitzer** the unlawful owner

unregelmäßig ['ʊnreːgl̩mɛːsɪç] *Adj* irregular

unreif ['unraif] *Adj* ❶ AGR, HORT unripe ❷ (*Person*) immature

unrentabel ['ʊnrɛnta:bl̩] *Adj* unprofitable

unrichtig ['ʊnrɪçtɪç] *Adj* incorrect

Unruhe ['ʊnru:ə] *f* ❶ (*Ruhelosigkeit*) restlessness *no pl* ❷ (*Bewegung; Erregung*) agitation *no pl;* ~ **stiften** to cause trouble

unruhig ['ʊnru:ɪç] **I.** *Adj* ❶ (*ständig gestört*) restless; *Zeit* troubled ❷ (*laut*) noisy ❸ (*ruhelos*) agitated **II.** *Adv* ❶ (*ruhelos*) anxiously ❷ (*unter ständigen Störungen*) restlessly; ~ **schlafen** to sleep fitfully

uns [ʊns] **I.** *Personalpron* ❶ *Dat von* **wir** [to/for] us; **bei** ~ at our house ❷ *Akk von* **wir** us **II.** *Reflexivpron* ❶ *Akk o Dat von* **wir** ourselves ❷ (*einander*) each other

unsachgemäß ['ʊnzaxgəmɛ:s] **I.** *Adj* improper **II.** *Adv* improperly

unsachlich ['ʊnzaxlɪç] *Adj* unobjective

unsanft ['ʊnzanft] **I.** *Adj* rough **II.** *Adv* roughly; ~ **geweckt werden** to be rudely awoken

unsauber ['ʊnzaubɐ] **I.** *Adj* ❶ dirty ❷ (*nachlässig*) careless **II.** *Adv* carelessly

unschädlich ['ʊnʃɛ:tlɪç] *Adj* harmless; **jdn** ~ **machen** (*euph*) to eliminate sb

unscharf ['ʊnʃarf] *Adj* ❶ (*verwischt*) blurred ❷ (*unpräzise*) imprecise

unscheinbar ['ʊnʃainba:ɐ̯] *Adj* inconspicuous

unschlagbar [ʊn'ʃla:kba:ɐ̯] *Adj* unbeatable (**in** at)

unschlüssig ['ʊnʃlʏsɪç] *Adj* indecisive; **sich** *Dat* ~ **sein** to be undecided (**über** about)

Unschuld ['ʊnʃʊlt] *f* innocence

unschuldig ['ʊnʃʊldɪç] **I.** *Adj* innocent **II.** *Adv* innocently

unselbständig ['ʊnzɛlpʃtɛndɪç] *Adj* (*von anderen abhängig*) dependent on others; (*angestellt*) employed

Unselbständigkeit *f* lack of independence, dependence

unselbstständig[RR] ['ʊnzɛlpstʃtɛndɪç] *Adj s.* **unselbständig**

Unselbstständigkeit[RR] *f s.* **Unselbständigkeit**

unser ['ʊnzɐ] **I.** *Possessivpron* our; ~**er Meinung nach** in our opinion **II.** *Personalpron, Gen von* **wir** (*geh*) of us; **in** ~ **aller Interesse** in all our interests

unsere(r, s) ['ʊnzərə, -zərɐ, -zərəs] *Possessivpron, substantivisch* (*geh*) **der/die/das** ~ ours; **das Unsere** what is ours; **wir tun das Unsere** we're doing our part

unsereiner ['ʊnzɐʔainɐ], **unsereins** ['ʊnzɐʔains] *unbest. Pron* (*fam*) the likes of us

unseresgleichen ['ʊnzərəs'glaiçn̩] *unbest. Pron* people like us

unserige(r, s) ['ʊnzərɪgə, -zərɪgɐ, -zərɪgəs] *Possessivpron* ❶ **der/die/das** ~ ours ❷ (*geh: unsere Familie*) **die Unserigen** our family

unsertwegen ['ʊnzɐt've:gn̩] *Adv* ❶ (*wegen uns*) because of us ❷ (*von uns aus*) as far as we are concerned

unsicher ['ʊnzɪçɐ] **I.** *Adj* ❶ (*gefährlich*) unsafe ❷ (*gefährdet*) insecure ❸ (*nicht selbstsicher*) unsure; *Blick* uncertain; **sich** ~ **fühlen** to feel unsure of oneself; **jdn** ~ **machen** to make sb uncertain ❹ (*ungewiss*) uncertain ❺ (*nicht verlässlich*) unreliable **II.** *Adv* ~ **fahren** to drive with little confidence

Unsicherheit *f* ❶ *kein Pl* (*keine Selbstsicherheit*) insecurity ❷ *kein Pl* (*keine Verlässlichkeit*) unreliability ❸ *kein Pl* (*Ungewissheit*) uncertainty ❹ (*Gefährlichkeit*) dangers *pl*

Unsinn ['ʊnzɪn] *m kein Pl* nonsense; **lass den** ~**!** stop fooling around!; ~ **machen** to mess about; **mach keinen** ~**!** don't do anything stupid!; ~ **reden** to talk nonsense; **so ein** ~**!** what nonsense!

unsinnig ['ʊnzɪnɪç] *Adj* absurd

unsittlich ['ʊnzɪtlɪç] *Adj* indecent

unsozial ['ʊnzotsi̯a:l] *Adj* anti-social

unsportlich [ʊn'ʃpɔrtlɪç] *Adj* unathletic

U

unsre(r, s) ['ʊnzrə, -zrɐ, -zrəs] *Possessivpron s.* **unser**

unsresgleichen ['ʊnzrəs'glaiçn̩] *unbest. Pron s.* **unseresgleichen**

unsretwegen *Adv s.* **unsertwegen**

unsrige(r, s) ['ʊnzrɪgə, -zrɪgɐ, -zrɪgəs] *Possessivpron s.* **unserige(r, s)**

unsterblich ['ʊnʃtɛrplɪç] **I.** *Adj* immortal **II.** *Adv* (*fam*) **sich** ~ **verlieben** to fall madly in love

Unsterblichkeit *f* immortality

Unsummen ['ʊnzʊmən] *Pl* vast sums *pl* [of money]

unsympathisch ['ʊnzʏmpa:tɪʃ] *Adj* unpleasant

Untat ['ʊnta:t] *f* atrocity

untätig ['ʊntɛ:tɪç] **I.** *Adj* idle **II.** *Adv* idly; ~ **zusehen** to stand idly by

untauglich ['ʊntauklɪç] *Adj* ① unsuitable ② MIL unfit

unteilbar [ʊn'tailba:ɐ̯] *Adj* indivisible

unten ['ʊntn̩] *Adv* ① down, at the bottom; **dort** ~ down there; **hier** ~ down here; **weiter** ~ further down; **nach** ~ **zu** further down; **von** ~ from down below; **von** ~ [**her**] from the bottom up[wards]; ~ **an/in etw** *Dat* at/in the bottom of sth; ~ **links/rechts** [at the] bottom left/right ② (*Stockwerk*) downstairs; **nach** ~ downstairs; **der Aufzug fährt nach** ~ the lift is going down ③ (*im Text*) ~ **erwähnt** mentioned below *pred;* **siehe** ~ see below ▶ **bei jdm** ~ **durch sein** (*fam*) to be through with sb

unter ['ʊntɐ] **I.** *Präp* +*Dat* ① (*Ort, Position*) under[neath]; ~ **freiem Himmel** in the open air; **jdn** ~ **sich haben** to have sb under one ② (*zahlenmäßig kleiner als*) below; (*weniger als*) less than; (*jünger als*) under ③ (*inmitten*) among[st]; ~ **uns gesagt** between you and me; ~ **anderem** amongst other things; ~ **Menschen gehen** to get out ④ (*in einem best. Zustand*) under; ~ **Zwang** under duress; ~ **Lebensgefahr** at risk to one's life; ~ **Druck stehen** to be under pressure ⑤ (*während*) during; ~ **der Woche** during the week **II.** *Präp* +*Akk* (*Richtung*) under; **etw** ~ **ein Motto stellen** to put sth under a motto

U

Unterarm ['ʊntɐʔarm] *m* forearm

unterbelichtet *Adj* FOTO underexposed

unterbesetzt *Adj* **personell** ~ understaffed

Unterbewusstsein[RR] ['ʊntɐbəvʊstzain] *nt* **das/jds** ~ the/sb's subconscious; **im** ~ subconsciously

unterbrechen* [ʊntɐ'brɛçn̩] *tr V unreg* to interrupt

unter|bringen *tr V unreg* **jdn** ~ (*Unterkunft*) to put sb up; (*Anstellung*) to get sb a job; **etw** ~ to put sth somewhere

unterdessen [ʊntɐ'dɛsn̩] *Adv* meanwhile

unterdrücken* [ʊntɐ'drʏkn̩] *tr V* **jdn** ~ to oppress sb; **etw** ~ to suppress sth

Unterdrückung <-, -en> *f kein Pl Menschen* oppression; *Aufstand* suppression

untere(r, s) <unterste(r, s)> ['ʊntərə, -tərɐ, -tərəs] *Adj attr* lower

untereinander [ʊntɐʔai'nandɐ] *Adv* ① (*miteinander*) among yourselves/themselves etc; **sich** *Dat* ~ **helfen** to help each other ② (*räumlich*) one below the other

unterernährt *Adj* undernourished

Unterführung [ʊntɐ'fy:rʊŋ] *f* underpass

Untergang <-gänge> *m* ① *Schiff* sinking ② *Sonne* setting ③ *Kultur* decline

Untergebene(r) *f(m) dekl wie Adj* subordinate

unter|gehen *intr V unreg sein* ① (*versinken*) to sink ② *Sonne* to set ③ (*zugrunde gehen*) to be destroyed; **untergegangene Kulturen** lost civilizations

untergeordnet *Adj* subordinate

Untergeschoss[RR] *nt* basement

untergraben* [ʊntɐ'gra:bn̩] *tr V unreg* to undermine

Untergrund ['ʊntɐgrʊnt] *m kein Pl* underground; **in den** ~ **gehen** to go underground; **im** ~ underground

unterhalb ['ʊntɐhalp] **I.** *Präp* +*Gen* below **II.** *Adv* ~ **von etw** below sth

Unterhalt <-[e]s> ['ʊntɐhalt] *m kein Pl* ① (*Lebensunterhalt*) keep ② (*Instandhaltung*) upkeep

unterhalten*[1] [ʊntɐ'haltn̩] *tr V unreg* ① *Familie* to support ② TECH to maintain

unterhalten*[2] [ʊntɐ'haltn̩] *unreg* **I.** *tr V* (*die Zeit vertreiben*) to entertain **II.** *refl V* **sich** ~ ① (*sich vergnügen*) to keep oneself amused ② (*sprechen*) to talk (**mit** to); **wir müssen uns mal** ~ we must have a talk

unterhaltend [ʊntɐ'haltənt] *Adj*, **unterhaltsam** [ʊntɐ'haltza:m] *Adj* entertaining

Unterhaltspflicht *f* obligation to pay maintenance

Unterhaltung[1] <-> *f kein Pl* ① (*Instandhaltung*) maintenance ② (*Betrieb*) running

Unterhaltung[2] <-, -en> *f* ① (*Gespräch*) conversation ② *kein Pl* (*Zeitvertreib*)

entertainment; **gute ~!** enjoy yourselves!

Unterhändler(in) ['ʊntɐhɛndlɐ] *m(f)* negotiator

Unterhaus ['ʊntɐhaus] *nt* POL lower house; **das britische ~** the House of Commons

Unterhemd ['ʊntɐhɛmt] *nt* vest

Unterholz *nt kein Pl* undergrowth

Unterhose ['ʊntɐho:zə] *f* [under]pants

unterirdisch ['ʊntɐʔɪrdɪʃ] *Adj, Adv* underground

Unterkiefer ['ʊntɐki:fɐ] *m* lower jaw

unter|kriegen *tr V (fam)* **sich [von jdm/etw] ~ lassen** to allow sb/sth to get one down; **von einem kleinen Rückschlag darf man sich nicht ~ lassen** you shouldn't allow a trivial setback to get you down

Unterkühlung *f* hypothermia

Unterkunft <-, -künfte> ['ʊntɐkʊnft, *Pl:* -kʏnftə] *f* accommodation; **eine ~ suchen** to look for accommodation; **~ mit Frühstück** bed and breakfast; **~ und Verpflegung** board and lodging

Unterlage ['ʊntɐla:gə] *f* ① *(etw zum Unterlegen)* mat ② *meist Pl (Beleg)* document *usu pl*

unterlassen* [ʊntɐ'lasn̩] *tr V unreg* **etw ~** ① *(nicht ausführen)* to omit to do sth ② *(aufhören)* to refrain from doing sth

Unterlassung <-, -en> [ʊntɐ'lasʊŋ] *f* ① *(das Unterlassen)* omission ② JUR failure, negligence

unter|legen¹ ['ʊntɐle:gn̩] *tr V* **[jdm] etw ~** to put sth under[neath] [sb]

unterlegen² [ʊntɐ'le:gn̩] *Adj* ① inferior; **jdm ~ sein** to be inferior to sb; **zahlenmäßig ~ sein** to be outnumbered ② SPORT **jdm ~ sein** to be defeated by sb

Unterleib *m* abdomen

Unterleibsbeschwerden *f Pl* abdominal complaint

unterliegen* ['ʊntɐli:gn̩] *intr V unreg sein* **[jdm] ~** to lose [to sb]

Unterlippe *f* bottom lip

untermauern* [ʊntɐ'mauɐn] *tr V* to support

Untermenü *nt* COMPUT submenu

Untermiete ['ʊntɐmi:tə] *f* subtenancy; **zur ~ wohnen** *to rent a room from an existing tenant*

Untermieter(in) *m(f)* subtenant

unternehmen* [ʊntɐ'ne:mən] *tr V unreg* ① *(in die Wege leiten)* **etw/nichts ~** to take action/no action ② *(tun)* to do

Unternehmen <-s, -> [ʊntɐ'ne:mən] *nt* ① ÖKON firm ② *(Vorhaben)* venture

Unternehmensberater(in) *m(f)* management consultant **Unternehmensberatung** *f kein Pl* ÖKON management [*or* business] consultancy *no pl* **Unternehmensgründung** *f* HANDEL business start-up [*or* formation] **Unternehmensgruppe** *f* group [of companies], consortium

Unternehmer(in) <-s, -> [ʊntɐ'ne:mɐ] *m(f)* entrepreneur

unternehmerisch [ʊntɐ'ne:mərɪʃ] *Adj* entrepreneurial

Unternehmertum *nt kein Pl* ÖKON enterprise, entrepreneurship

Unternehmerverband *m* employer's association

unternehmungslustig *Adj* enterprising

Unteroffizier ['ʊntɐʔɔfitsi:ɐ̯] *m* non-commissioned officer

unter|ordnen I. *tr V* **etw einer S.** *Dat* **~** to subordinate sth to sth; **jdm/einer S. untergeordnet sein** to be [made] subordinate to sb/sth **II.** *refl V* **sich [jdm] ~** to take on a subordinate role [to sb]

unterprivilegiert ['ʊntɐprivilegi:ɐ̯t] *Adj (geh)* underprivileged

Unterricht <-[e]s, *selten* -e> ['ʊntɐrɪçt] *m* lesson; **theoretischer/praktischer ~** theoretical/practical classes; **im ~ sein** to be in a lesson; **heute fällt der ~ in Mathe aus** there will be no maths lesson today

unterrichten* [ʊntɐ'rɪçtn̩] *tr V* ① to teach; **jdn [in etw** *Dat*] **~** to teach sb/sth [sth] ② *(geh: informieren)* to inform (**über** about)

Unterrichtsstoff *m* SCHULE subject matter **Unterrichtsstunde** *f* lesson

Unterrock ['ʊntɐrɔk] *m* petticoat

untersagen* [ʊntɐ'za:gn̩] *tr V* **jdm etw ~** to forbid sb to do sth

Untersatz ['ʊntɐzats] *m* mat

unterschätzen* [ʊntɐʃɛtsn̩] *tr V* to underestimate

unterscheiden* [ʊntɐʃaidn̩] *unreg* **I.** *tr V* to distinguish (**zwischen** between); **etw [von etw] ~** to tell sth from sth; **Ich**

U

kann die beiden nie ~ I can never tell the difference between the two **II.** *refl V* **sich voneinander/von jdm/etw ~** to differ from sb/sth

Unterschenkel *m* lower leg

unterschieben*¹ [ʊntɐˈʃiːbn̩] *tr V unreg* (*fam: unterstellen*) **jdm etw ~** to attribute sth falsely to sb

unter|schieben² [ˈʊntɐʃiːbn̩] *tr V unreg* (*darunterschieben*) to push under[neath]

Unterschied <-[e]s, -e> [ˈʊntɐʃiːt] *m* difference; **einen/keinen ~ machen** to draw a/no distinction (**zwischen** between); **im ~ zu dir** unlike you; **ohne ~** indiscriminately

unterschiedlich [ˈʊntɐʃiːtlɪç] **I.** *Adj* different; **~er Auffassung sein** to have different views **II.** *Adv* differently

unterschiedslos *Adv* indiscriminately

unterschlagen* [ʊntɐˈʃlaːgn̩] *tr V unreg* ① *Geld* to embezzle ② (*vorenthalten*) [**jdm**] **etw ~** to withhold sth [from sb]

Unterschlagung <-, -en> [ʊntɐˈʃlaːgʊŋ] *f* embezzlement

unterschreiben* [ʊntɐˈʃraibn̩] *unreg intr, tr V* to sign

Unterschrift [ˈʊntɐʃrɪft] *f* ① signature ② (*Bildunterschrift*) caption

unterschwellig [ˈʊntɐʃvɛlɪç] *Adj* subliminal

Unterseite *f* underside

untersetzt [ʊntɐˈzɛtst] *Adj* stocky

unterste(r, s) [ˈʊntɐstə, -tɐstɐ, -tɐstəs] *Adj Superl von* **untere(r, s) das ~ Stockwerk** the bottom storey ▶ **das Unterste zuoberst kehren** (*fam*) to turn everything upside down

unterstehen* [ʊntɐˈʃteːən] *unreg* **I.** *intr V* **jdm/einer S. ~** to be subordinate to sb/sth; **jds Befehl ~** to be under sb's command **II.** *refl V* **untersteh dich!** don't you dare!

unterstellen*¹ [ʊntɐˈʃtɛlən] **I.** *tr V* ① (*unterordnen*) **jdm jdn/etw ~** to put sb in charge of sb/sth ② (*unterschieben*) **jdm etw ~** to imply that sb has said/done sth **II.** *intr V* **~,** [**dass**] ... to suppose [that] ...

unter|stellen² [ˈʊntɐʃtɛlən] **I.** *tr V* ① (*abstellen*) **etw irgendwo ~** to store sth somewhere ② (*darunter stellen*) **einen Eimer ~** to put a bucket underneath **II.** *refl V* **sich ~** to take shelter

Unterstellung *f* insinuation

unterstreichen* [ʊntɐˈʃtraiçn̩] *tr V unreg* ① to underline ② (*betonen*) to emphasize

Unterstufe *f* lower school

unterstützen* [ʊntɐˈʃtʏtsn̩] *tr V* to support

Unterstützung *f kein Pl* support

untersuchen* [ʊntɐˈzuːxn̩] *tr V* ① *a.* MED to examine (**auf** for) ② *Maschine* to check ③ *Fall* to investigate

Untersuchung <-, -en> *f* ① *a.* MED examination ② *eines Falles* investigation

Untersuchungshaft *f* custody; **in ~ sein** to be on remand **Untersuchungsrichter(in)** *m(f)* examining magistrate

Untertasse *f* saucer; **fliegende ~** (*fam*) flying saucer

unter|tauchen [ˈʊntɐtauxn̩] **I.** *tr V haben* **jdn ~** to duck [*or* AM dunk] sb's head under water **II.** *intr V sein* ① to dive [under] ② (*sich verstecken*) to go underground; **bei jdm ~** to hide out at sb's place; **im Ausland ~** to go underground abroad

Unterteilung <-, -en> *f* subdivision

Untertitel [ˈʊntɐtiːtl̩] *m* FILM subtitle

Untertreibung <-, -en> *f* understatement

untervermieten* *tr, intr V* to sublet

unterversorgt *Adj* undersupplied

Unterversorgung *f kein Pl* shortage

Unterwäsche <-, -n> [ˈʊntɐvɛʃə] *f kein Pl* underwear

unterwegs [ʊntɐˈveːks] *Adv* on the way; **für ~** for the journey

Unterwelt [ˈʊntɐvɛlt] *f kein Pl* underworld

unterwerfen* [ʊntɐˈvɛrfn̩] *unreg* **I.** *tr V* to subjugate **II.** *refl V* **sich jdm ~** to obey sb; **sich jds Willkür ~** to bow to sb's will

unterwürfig [ʊntɐˈvʏrfɪç] *Adj* (*pej*) servile

unterzeichnen* [ʊntɐˈtsaiçnən] *tr V* to sign

Unterzeichner(in) [ʊntɐˈtsaiçnɐ] *m(f)* signatory

unterziehen*¹ [ʊntɐˈtsiːən] *unreg* **I.** *tr V* **jdn/etw einer S.** *Dat* **~** to subject sb/sth to sth **II.** *refl V* **sich einer S.**

U

Dat ~ to undergo sth; **sich einer Operation ~** to have an operation

unter|ziehen² ['ʊntɐtsiːən] *tr V unreg* [**sich** *Dat*] **etw ~** to put on *sep* sth underneath

untragbar [ʊn'traːkbaːɐ̯] *Adj* ❶ (*unerträglich*) unbearable ❷ (*nicht tolerabel*) intolerable

untrennbar [ʊn'trɛnbaːɐ̯] *Adj* inseparable

untreu ['ʊntrɔy] *Adj* unfaithful; **jdm ~ sein/werden** to be unfaithful to sb; **sich** *Dat* **~ werden** to be untrue to oneself; **einer S.** *Dat* **~ werden** to be disloyal to sth

Untreue *f* unfaithfulness

untröstlich [ʊn'trøːstlɪç] *Adj* inconsolable

untypisch *Adj* untypical

unübersichtlich ['ʊnʔyːbɐzɪçtlɪç] *Adj* unclear; **eine ~e Kurve** a blind bend

unübertroffen [ʊnʔyːbɐ'trɔfn̩] *Adj* unsurpassed

unumstritten [ʊnʔʊm'ʃtrɪtn̩] **I.** *Adj* undisputed **II.** *Adv* undisputedly

ununterbrochen ['ʊnʔʊntɐbrɔxn̩] **I.** *Adj* incessant **II.** *Adv* incessantly

unveränderlich [ʊnfɛɐ̯'ʔɛndɐlɪç] *Adj* unchanging

unverändert ['ʊnfɛɐ̯ʔɛndɐt] **I.** *Adj* unchanged **II.** *Adv* **auch morgen ist es wieder ~ kalt** it will remain just as cold tomorrow

unverantwortlich [ʊnfɛɐ̯'ʔantvɔrtlɪç] **I.** *Adj* irresponsible **II.** *Adv* irresponsibly

unverbesserlich [ʊnfɛɐ̯'bɛsɐlɪç] *Adj* incorrigible

unverbindlich ['ʊnfɛɐ̯bɪntlɪç] **I.** *Adj* ❶ not binding *pred;* **ein ~es Angebot** a non-binding offer ❷ (*distanziert*) detached **II.** *Adv* without obligation

unverbleit ['ʊnfɛɐ̯blait] *Adj* unleaded

unverdaulich ['ʊnfɛɐ̯daulɪç] *Adj* indigestible

unverdorben ['ʊnfɛɐ̯dɔrbn̩] *Adj* unspoilt

unvereinbar [ʊnfɛɐ̯'ʔainbaːɐ̯] *Adj* incompatible

unvergänglich ['ʊnfɛɐ̯gɛŋlɪç] *Adj* ❶ *Gefühl* abiding ❷ (*ewig*) immortal

unvergessen ['ʊnfɛɐ̯gɛsn̩] *Adj* unforgotten

unvergesslich[RR] *Adj,* **unvergeßlich**[ALT] [ʊnfɛɐ̯'gɛslɪç] *Adj* unforgettable

unvergleichlich [ʊnfɛɐ̯'glaiçlɪç] **I.** *Adj* incomparable **II.** *Adv* incomparably

unverhältnismäßig ['ʊnfɛɐ̯hɛltnɪsmɛːsɪç] *Adv* excessively

unverheiratet ['ʊnfɛɐ̯hairaːtət] *Adj* unmarried

unverhofft ['ʊnfɛɐ̯hɔft] **I.** *Adj* unexpected **II.** *Adv* unexpectedly

unverhohlen ['ʊnfɛɐ̯hoːlən] **I.** *Adj* undisguised, unconcealed **II.** *Adv* openly

unverkäuflich ['ʊnfɛɐ̯kɔyflɪç] *Adj* not for sale *pred*

unverkennbar [ʊnfɛɐ̯'kɛnbaːɐ̯] *Adj* unmistakable; **~ sein, dass ...** to be clear that ...

Unverletzlichkeit [ʊnfɛɐ̯'lɛtslɪçkait] *f* JUR inviolability

unverletzt ['ʊnfɛɐ̯lɛtst] *Adj* unhurt

unvermeidlich [ʊnfɛɐ̯'maitlɪç] *Adj* unavoidable

unvermindert ['ʊnfɛɐ̯mɪndɐt] *Adj* undiminished

Unvermögen ['ʊnfɛɐ̯møːgn̩] *nt kein Pl* powerlessness; **jds ~, etw zu tun** sb's inability to do sth

unvermutet ['ʊnfɛɐ̯muːtət] *Adj* unexpected

unvernünftig ['ʊnfɛɐ̯nʏnftɪç] *Adj* stupid

unverschämt ['ʊnfɛɐ̯ʃɛːmt] **I.** *Adj* impudent **II.** *Adv* insolently

Unverschämtheit <-, -en> *f* impertinence; [**das ist eine**] **~!** that's outrageous!

unverschuldet ['ʊnfɛɐ̯ʃʊldət] *Adj, Adv* through no fault of one's own

unversöhnlich ['ʊnfɛɐ̯zøːnlɪç] *Adj* irreconcilable

unverständlich ['ʊnfɛɐ̯ʃtɛntlɪç] *Adj* ❶ (*akustisch*) unintelligible ❷ (*unbegreifbar*) incomprehensible; **jdm ~ sein** to be incomprehensible to sb

unversteuert ['ʊnfɛɐ̯ʃtɔyɐt] *Adj* FIN untaxed

unverträglich ['ʊnfɛɐ̯trɛːklɪç] *Adj* ❶ *Mensch* cantankerous ❷ *Essen* indigestible

unverwechselbar [ʊnfɛɐ̯'vɛks|baːɐ̯] *Adj* unmistakable

unverwundbar [ʊnfɛɐ̯'vʊntbaːɐ̯] *Adj* invulnerable

unverwüstlich [ʊnfɛɐ̯'vyːstlɪç] *Adj* robust

unverzeihlich [ʊnfɛɐ̯'tsailɪç] *Adj* inexcusable

U

unvollkommen ['ʊnfɔlkɔmən] *Adj* incomplete
unvollständig ['ʊnfɔlʃtɛndɪç] **I.** *Adj* incomplete **II.** *Adv* incompletely
unvorbereitet ['ʊnfo:ɐ̯bəraitət] **I.** *Adj* unprepared **II.** *Adv* without any preparation
unvoreingenommen ['ʊnfo:ɐ̯ʔaingənɔmən] **I.** *Adj* unbiased **II.** *Adv* impartially
unvorhergesehen ['ʊnfo:ɐ̯he:ɐ̯gəze:ən] *Adj* unforeseen
unvorsichtig ['ʊnfo:ɐ̯zɪçtɪç] **I.** *Adj* ❶ careless ❷ (*unbedacht*) rash **II.** *Adv* ❶ carelessly ❷ (*unbedacht*) rashly
unvorstellbar [ʊnfo:ɐ̯'ʃtɛlba:ɐ̯] **I.** *Adj* inconceivable **II.** *Adv* inconceivably
unwahr ['ʊnva:ɐ̯] *Adj* untrue
unwahrscheinlich ['ʊnva:ɐ̯ʃainlɪç] **I.** *Adj* ❶ unlikely ❷ (*fam: unerhört*) incredible **II.** *Adv* (*fam*) incredibly
unwegsam ['ʊnve:kza:m] *Adj* [almost] impassable
unweigerlich ['ʊnvaigɐlɪç] **I.** *Adj attr* inevitable **II.** *Adv* inevitably
unweit ['ʊnvait] *Präp* +*Gen* not far from
Unwesen ['ʊnve:zn̩] *nt kein Pl* **sein ~ treiben** to ply one's dreadful trade
Unwetter ['ʊnvɛtɐ] *nt* violent [thunder]storm
unwichtig ['ʊnvɪçtɪç] *Adj* unimportant
unwiderstehlich [ʊnvi:dɐ'ʃte:lɪç] *Adj* irresistible
unwillig ['ʊnvɪlɪç] **I.** *Adj* reluctant **II.** *Adv* reluctantly
unwillkommen ['ʊnvɪlkɔmən] *Adj* unwelcome
unwillkürlich ['ʊnvɪlky:ɐ̯lɪç] **I.** *Adj* involuntary **II.** *Adv* involuntarily
unwirklich ['ʊnvɪrklɪç] *Adj* unreal
unwirksam ['ʊnvɪrkza:m] *Adj* ineffective
unwirtschaftlich ['ʊnvɪrtʃaftlɪç] *Adj* uneconomic[al]
Unwissenheit <-> ['ʊnvɪsn̩thait] *f kein Pl* ignorance
unwohl ['ʊnvo:l] *Adj* **jdm ist ~** ❶ MED sb feels unwell [*or* AM *usu* sick] ❷ (*unbehaglich*) sb feels uneasy
Unwohlsein ['ʊnvo:lzain] *nt* [slight] nausea
Unwort *nt* **~ des Jahres** taboo [*or* worst] word of the year

U

unwürdig ['ʊnvʏrdɪç] *Adj* ❶ unworthy (+*Gen* of) ❷ (*schändlich*) disgraceful
unzählig [ʊn'tsɛ:lɪç] *Adj* countless; **~e Fans** huge numbers of fans; **~e Mal** time and again
Unze <-, -n> ['ʊntsə] *f* ounce
unzerbrechlich ['ʊntsɛɐ̯brɛçlɪç] *Adj* unbreakable
unzerkaut *Adj* unchewed
unzertrennlich [ʊntsɛɐ̯'trɛnlɪç] *Adj* inseparable
Unzucht ['ʊntsʊxt] *f kein Pl* illicit sexual relations *pl*
unzufrieden ['ʊntsufri:dn̩] *Adj* dissatisfied
Unzufriedenheit *f* dissatisfaction
unzugänglich ['ʊntsu:gɛŋlɪç] *Adj* ❶ *Gegend* inaccessible ❷ *Mensch* unapproachable
unzulänglich ['ʊntsu:lɛŋlɪç] **I.** *Adj* inadequate; *Erfahrungen, Kenntnisse* insufficient **II.** *Adv* inadequately
unzulässig ['ʊntsu:lɛsɪç] *Adj* inadmissible
unzumutbar ['ʊntsu:mu:tba:ɐ̯] *Adj* unreasonable
unzurechnungsfähig ['ʊntsu:rɛçnʊŋsfɛ:ɪç] *Adj* of unsound mind *pred;* **jdn für ~ erklären** to certify sb insane
unzureichend ['ʊntsu:raiçn̩t] *Adj s.* **unzulänglich**
unzusammenhängend ['ʊntsuzamənhɛŋənt] *Adj* incoherent
unzuverlässig ['ʊntsu:fɛɐ̯lɛsɪç] *Adj* unreliable
unzweifelhaft ['ʊntsvaifl̩haft] **I.** *Adj* (*geh*) unquestionable, undoubted **II.** *Adv* (*geh*) *s.* **zweifellos**
üppig ['ʏpɪç] *Adj* sumptuous
Urabstimmung *f* ballot [vote]
uralt ['u:ɐ̯ʔalt] *Adj Mensch, Tier* very old; *Tradition* ancient
Uran <-s> [u'a:n] *nt kein Pl* uranium
Uraufführung *f* première
Ureinwohner(in) *m(f)* native inhabitant **Urenkel(in)** ['u:ɐ̯ʔɛŋkl̩] *m(f)* great-grandchild, great-grandson *masc,* great-granddaughter *fem* **Urgeschichte** ['u:ɐ̯gəʃɪçtə] *f kein Pl* prehistory **Urgroßeltern** ['u:ɐ̯gro:sʔɛltɐn] *Pl* great-grandparents *pl* **Urgroßmutter** ['u:ɐ̯gro:smʊtə] *f* great-grandmother **Urgroßvater** *m* great-grandfather
Urheberrecht *nt* copyright (**an** on)

urheberrechtlich *Adv* ~ **geschützt** copyright[ed]
Urin <-s, -e> [u'ri:n] *m* urine
urinieren* [uri'ni:rən] *intr V* (*geh*) to urinate
Urintest *m* MED urine test
Urkunde <-, -n> ['u:ɐ̯kʊndə] *f* document
Urkundenfälschung *f* forgery of a document
URL <-, -s> [u:ʔɛr'ʔɛl] *f o m kein Pl* INET *Abk von* **Uniform Resource Locator** URL
Urlaub <-[e]s, -e> ['u:ɐ̯laup] *m* holiday BRIT, vacation AM; ~ **machen** to go on holiday [*or* AM vacation]; ~ **haben** to be on holiday [*or* AM vacation]
urlauben* ['u:ɐ̯laubən] *intr V* (*fam*) to [go on] holiday [*or* AM vacation]
Urlauber(in) <-s, -> *m(f)* holiday-maker BRIT, vacationer AM
Urlaubsgeld *nt* holiday pay **Urlaubszeit** *f* holiday season
Urne <-, -n> ['ʊrnə] *f* ❶ urn ❷ POL ballot-box
Ursache *f* (*Verursachung*) cause; (*Grund*) reason; ~ **und Wirkung** cause and effect ▶ **keine** ~! you're welcome!
Ursprung <-s, Ursprünge> ['u:ɐ̯ʃprʊŋ, *Pl:* -ʃprʏŋə] *m* origin
ursprünglich ['u:ɐ̯ʃprʏŋlɪç] **I.** *Adj attr* original **II.** *Adv* originally
Urteil <-s, -e> ['ʊrtail] *nt* ❶ JUR judgement; **ein** ~ **fällen** to pass a judgement ❷ (*Meinung*) opinion; **sich** *Dat* **ein** ~ **bilden** to form an opinion (**über** about); **ein** ~ **fällen** to pass judgement (**über** on); **nach jds** ~ in sb's opinion
urteilen ['ʊrtailən] *intr V* [**über jdn/etw**] ~ to judge [sb/sth]
Urteilsbegründung *f* reasons for [a/the] judgement *pl* **Urteilsvermögen** *nt kein Pl* power [*or* faculty] of judgement
Urwald ['u:ɐ̯valt] *m* primeval forest
urwüchsig *Adj* ❶ *Natur* unspoiled ❷ *Mensch* earthy
Urzeit *f kein Pl* **die** ~ primeval times *pl;* **seit** ~**en** (*fam*) for donkey's years; **vor** ~**en** (*fam*) donkey's years ago
Urzustand *m kein Pl* original state
Usus <-> ['u:zʊs] *m* custom *no pl*
Utensil <-s, -ien> [utɛn'zi:l, *Pl:* -li̯ən] *nt meist Pl* utensil
Utopie <-, -n> [uto'pi:, *Pl:* -pi:ən] *f* Utopia
utopisch [u'to:pɪʃ] *Adj* utopian
UV-Strahlen *Pl* UV-rays

U

V v

V, v <-, -> [fau] *nt* V, v; **ein großes V** a capital V; **ein kleines v** a small v; *s. a.* **A**

V *Abk von* **Volt** V

Vagabund(in) <-en, -en> [vaga'bʊnt, *Pl:* -bʊndn̩] *m(f)* vagabond

vage ['va:gə] **I.** *Adj* vague **II.** *Adv* vaguely

Vagina <-, Vaginen> [va'gi:na, 'va:gina] *f* ANAT vagina

Vakuum <-s, Vakuen *o* Vakua> ['va:kuʊm, 'va:kuən, 'va:kua] *nt* vacuum

vakuumverpackt *Adj* vacuum-packed

Valuta <-, Valuten> [va'lu:ta, *Pl:* -tən] *f* foreign currency

Vampir <-s, -e> [vam'pi:ɐ̯] *m* vampire

Vandale, Vandalin <-n, -n> [van'da:lə, van'da:lɪn] *m, f* vandal

Vandalismus <-> [vanda'lɪsmʊs] *m* *kein Pl* vandalism

Vanille <-, -> [va'nɪljə, va'nɪlə] *f* vanilla

Vanilleeis *nt* vanilla ice-cream **Vanillesauce** *f* vanilla sauce; (*mit Ei*) custard

variabel [va'ri̯a:bl̩] *Adj* variable

Variante <-, -n> [va'ri̯antə] *f* variant

VarieteeRR *nt,* **Varieté** <-s, -s> [vari̯e'te:] *nt* variety show

variieren* [vari'i:rən] *intr V* to vary

Vase <-, -n> ['va:zə] *f* vase

Vater <-s, Väter> ['fa:tɐ, *Pl:* 'fɛtɐ] *m* father

Vaterland ['fa:tɐlant] *nt* fatherland **Vaterlandsliebe** *f kein Pl* (*geh*) patriotism, love of one's country

väterlich ['fɛtɐlɪç] *Adj* paternal

väterlicherseits *Adv* on sb's father's side

vaterlos *Adj* fatherless **Vatermord** *m* patricide **Vaterschaftsklage** *f* paternity suit **Vaterunser** <-s, -> [fa:tɐ'ʔʊnzɐ] *nt* **das ~** the Lord's Prayer

Vati <-s, -s> ['fa:ti] *m* daddy

Vatikan <-s> [vati'ka:n] *m* Vatican

Vatikanstadt [vati'ka:n-] *f kein Pl* GEOG, REL **die ~** the Vatican City

V-Ausschnitt ['fau-] *m* V-neck; **ein Pullover mit ~** a V-neck jumper

Veganer(in) <-s, -> [ve'ga:nɐ] *m(f)* vegan

Vegetarier(in) <-s, -> [vege'ta:ri̯ɐ] *m(f)* vegetarian

vegetarisch [vege'ta:rɪʃ] **I.** *Adj* vegetarian **II.** *Adv* **sich ~ ernähren** to be a vegetarian

Vegetation <-, -en> [vegeta'tsi̯o:n] *f* vegetation

vegetativ [vegeta'ti:f] *Adj* vegetative

vegetieren* [vege'ti:rən] *intr V* to vegetate

Veilchen <-s, -> ['failçən] *nt* violet

Velo <-s, -s> ['ve:lo] *nt* SCHWEIZ bicycle

Velours[1] <-, -> [və'lu:ɐ̯] *nt* (*Veloursleder*) suede

Velours[2] <-, -> [və'lu:ɐ̯] *m* (*Stoff*) velour[s]

Vene <-, -n> ['ve:nə] *f* vein

Venenentzündung *f* phlebitis *no pl*

Venezuela <-s> [vene'tsu̯e:la] *nt* Venezuela

Ventil <-s, -e> [vɛn'ti:l] *nt* valve

Ventilator <-s, -toren> [vɛnti'la:to:ɐ̯, *Pl:* -'to:rən] *m* ventilator

verabreden* **I.** *refl V* **sich [mit jdm] ~** to arrange to meet [sb]; **[mit jdm] verabredet sein** to have arranged to meet [sb] **II.** *tr V* **etw [mit jdm] ~** to arrange sth [with sb]; **verabredet** agreed

Verabredung <-, -en> *f* ❶ (*Treffen*) date ❷ (*Vereinbarung*) arrangement; **eine ~ treffen** to come to an arrangement

verabscheuen* *tr V* to detest

verabschieden* **I.** *refl V* **sich [von jdm] ~** to say goodbye [to sb] **II.** *tr V* *Gesetz* to pass

verachten* *tr V* to despise

verächtlich [fɛɐ̯'ʔɛçtlɪç] **I.** *Adj* ❶ (*verachtend*) contemptuous ❷ (*zu verachten*) despicable **II.** *Adv* contemptuously

Verachtung *f* contempt; **jdn mit ~ strafen** to treat sb with contempt

verallgemeinern* *intr, tr V* **[etw] ~** to generalize [about sth]

veralten* [fɛɐ̯'ʔaltn̩] *intr V sein* to become obsolete; *Ansichten, Methoden* to become outdated

veraltet **I.** *PP von* **veralten** **II.** *Adj* old, obsolete

Veranda <-, Veranden> [ve'randa, *Pl:* -dən] *f* veranda

veränderlich *Adj* changeable

verändern* **I.** *tr V* to change **II.** *refl V* **sich ~** to change
Veränderung *f* change
verängstigt *Adj* frightened, scared
verankern* *tr V* to anchor
veranlagt [fɛɐ̯'ʔanla:kt] *Adj* **ein künstlerisch ~er Mensch** a person with an artistic disposition; **er ist praktisch ~** he is practically minded
Veranlagung <-, -en> *f* disposition; **eine bestimmte ~ haben** to have a certain bent
veranlassen* **I.** *tr V* ❶ to arrange ❷ (*dazu bringen*) **jdn zu etw ~** to induce sb to do sth **II.** *intr V* **~, dass etw geschieht** to see to it that sth happens
Veranlassung <-, -en> *f* ❶ **auf jds ~** at sb's instigation ❷ (*Anlass*) cause
veranschaulichen* [fɛɐ̯'ʔanʃaulɪçn̩] *tr V* [**jdm**] **etw ~** to illustrate sth [to sb]
veranstalten* [fɛɐ̯'ʔanʃtaltn̩] *tr V* to organize
Veranstalter(in) <-s, -> *m(f)* organizer
Veranstaltung <-, -en> *f* event
Veranstaltungskalender *m* calendar of events **Veranstaltungsort** *m* venue
verantworten* **I.** *tr V* **etw ~** to take responsibility for sth **II.** *refl V* **sich für etw ~** to answer for sth
verantwortlich *Adj* responsible
Verantwortung <-, -en> *f* responsibility; **jdn zur ~ ziehen** to call sb to account (**für** for); **die ~ tragen** to be responsible (**für** for); **die ~ übernehmen** to take responsibility (**für** for); **auf eigene ~** on one's own responsibility ▶ **sich aus der ~ stehlen** to dodge responsibility
verantwortungsbewusst[RR] **I.** *Adj* responsible **II.** *Adv* **~ handeln** to act responsibly **Verantwortungsbewusstsein**[RR] *nt* sense of responsibility **verantwortungslos** **I.** *Adj* irresponsible **II.** *Adv* **~ handeln** to act irresponsibly
verarbeiten* *tr V* to use; *Rohstoff* to process; **etw zu etw ~** to make sth into sth
verärgern* *tr V* to annoy
Verarmung <-> *f kein Pl* impoverishment
verarschen* [fɛɐ̯'ʔarʃn̩] *tr V* (*sl*) **jdn ~** to take the piss out of sb BRIT
verarzten* [fɛɐ̯'ʔa:ɐ̯tstn̩] *tr V* **jdn ~** to treat sb; [**jdm**] **etw ~** to fix [sb's] sth

Verätzung <-, -en> *f kein Pl* cauterization; (*Metall*) corrosion
verausgaben* [fɛɐ̯'ʔausga:bn̩] *refl V* **sich ~** to overexert
veräußern* *tr V* to sell
Verb <-s, -en> [vɛrp] *nt* verb
verbal [vɛr'ba:l] **I.** *Adj* verbal **II.** *Adv* verbally
Verband <-[e]s, Verbände> [fɛɐ̯'bant, *Pl:* -'bɛndə] *m* ❶ (*Bund*) association ❷ MED bandage
Verband[s]kasten *m* first-aid box **Verband[s]zeug** *nt* dressing material
Verbannung <-, -en> *f* banishment
verbauen *tr V* [**jdm**] **etw ~** to spoil sth [for sb]
verbergen* *tr V unreg* to hide
verbessern* **I.** *tr V* ❶ to improve ❷ (*korrigieren*) to correct **II.** *refl V* **sich ~** to improve
Verbesserung <-, -en> *f* ❶ improvement ❷ (*Korrektur*) correction
verbesserungsfähig *Adj* improvable, capable of improvement *pred*
verbeugen* *refl V* **sich ~** to bow (**vor** to)
Verbeugung *f* bow; **eine ~ machen** to bow
verbeult *Adj Auto, Hut* dented
verbiegen* *unreg* **I.** *tr V* to bend; **verbogen** bent **II.** *refl V* **sich ~** to bend
verbieten <verbot, verboten> *tr V* to forbid; **jdm ~, etw zu tun** to forbid sb to do sth; **es ist verboten, etw zu tun** it is forbidden to do sth
verbilligt **I.** *Adj* reduced **II.** *Adv* **etw ~ abgeben/anbieten** to sell sth/offer sth for sale at a reduced price
verbinden*[1] *tr V unreg* MED **jdn ~** to dress sb's wound[s]; **etw ~** to dress sth
verbinden*[2] *unreg* **I.** *tr V* ❶ to join (**mit** to) ❷ TELEK **jdn** [**mit jdm**] **~** to put sb through [*or* AM *usu* connect sb] [to sb]; **falsch verbunden!** wrong number! ❸ (*kombinieren*) to combine (**mit** with) ❹ (*assoziieren*) **etw mit etw ~** to associate sth with sth **II.** *refl V* CHEM **sich ~** to combine (**mit** with)
verbindlich [fɛɐ̯'bɪntlɪç] *Adj* ❶ *Zusage* binding ❷ (*freundlich*) friendly
Verbindung *f* ❶ CHEM compound ❷ (*Kontakt*) contact; **in ~ bleiben** to keep in touch; **sich mit jdm in ~ setzen** to contact sb; **~en haben** to have

V

good connections (**zu** with) ❸ TELEK, TRANSP connection ❹ (*Verknüpfung*) combining; **in ~ mit etw** in conjunction with sth ❺ (*Zusammenhang*) **jdn mit etw in ~ bringen** to connect sb with sth; **in ~ mit** in connection with

Verbindungsmann, Verbindungsfrau *m, f* intermediary **Verbindungsstück** *nt* connecting piece

verbissen **I.** *Adj* dogged **II.** *Adv* doggedly

verbitten* *refl V unreg* **sich** *Dat* **etw ~** not to tolerate sth

verbittert **I.** *Adj* embittered, bitter **II.** *Adv* bitterly

Verbitterung <-, *selten* -en> *f* bitterness

verblassen* *intr V sein* to pale

verbleichen *intr V unreg sein* to fade

verbleit *Adj* leaded

Verblendung *f* blindness

verblichen [fɛɐ̯'blɪçn̩] **I.** *PP von* **verbleichen** **II.** *Adj Farbe* faded

verblöden* [fɛɐ̯'bløːdn̩] *intr V sein* (*fam*) to turn into a zombie

verblüffen* [fɛɐ̯'blʏfn̩] *tr V* to astonish

verblühen* *intr V sein* to wilt

verbluten* *intr V sein* to bleed to death

verbohrt *Adj* obstinate

verborgen *Adj* hidden; **jdm ~ bleiben** to remain a secret to sb

Verbot <-[e]s, -e> [fɛɐ̯'boːt] *nt* ban

verboten [fɛɐ̯'boːtn̩] *Adj* prohibited; **~ sein, etw zu tun** to be prohibited to do sth; **jdm ist es ~ etw zu tun** sb is prohibited from doing sth

Verbotsschild *nt* sign [prohibiting something]

Verbrauch *m kein Pl* consumption; **sparsam im ~ sein** to be economical

verbrauchen* *tr V* to consume

Verbraucher(in) <-s, -> *m(f)* consumer

Verbraucherberatung *f* ÖKON consumer advice **verbraucherfreundlich** *Adj* consumer-friendly

V

Verbrauchsgüter *Pl* HANDEL consumer [*or* non-durable] goods *pl*

verbraucht *Adj* exhausted

verbrechen <verbrach, verbrochen> *tr V* (*fam*) **etw ~** to be up to sth

Verbrechen <-s, -> *nt* crime

Verbrecher(in) <-s, -> *m(f)* criminal

Verbrecherbande *f* gang of criminals

verbrecherisch *Adj* criminal

verbreiten* **I.** *tr V* to spread; **eine gute Stimmung ~** to radiate a good atmosphere **II.** *refl V* **sich ~** to spread (**in** through)

verbreitern* [fɛɐ̯'braitɐn] *tr V* to widen

verbreitet *Adj* popular; [**weit**] **~ sein** to be [very] widespread

Verbreitung <-, -en> *f* ❶ *kein Pl* (*das Verbreiten*) spreading ❷ MED spread

verbrennen* *unreg* **I.** *tr V haben* to burn **II.** *refl V haben* **sich** *Dat* **etw ~** to burn one's sth; **sich die Zunge ~** to scald one's tongue **III.** *intr V sein* to burn; **verbrannt** burnt

Verbrennung <-, -en> *f* ❶ MED burn ❷ TECH combustion

Verbrennungsmotor *m* combustion engine

verbrüdern* [fɛɐ̯'bryːdɐn] *refl V* **sich ~** to fraternize (**mit** with)

verbrühen* *tr V* to scald

verbuchen* *tr V* ❶ FIN to credit (**auf** to) ❷ (*verzeichnen*) to mark up *sep* (**als** as)

verbummeln* *tr V* (*fam*) to waste

verbunden* *Adj* (*geh*) **jdm ~ sein** to be obliged to sb

verbünden* [fɛɐ̯'bʏndn̩] *refl V* **sich ~** to form an alliance

Verbundenheit <-> *f kein Pl* closeness

Verbündete(r) *f(m) dekl wie Adj* ally

Verbundsteinpflaster *nt* plaster stone surface

Verbundwerkstoff *m* TECH composite material

verbürgen* **I.** *tr V* to guarantee **II.** *refl V* **sich für jdn/etw ~** to vouch for sb/sth

verbüßen* *tr V* to serve

verchromt *Adj* chrome-plated

Verdacht <-[e]s> [fɛɐ̯'daxt, *Pl:* -dɛçtə] *m kein Pl* suspicion; **~ erregen** to arouse suspicion; **jdn im ~ haben** to suspect sb; **~ schöpfen** to become suspicious (**gegen** of)

verdächtig [fɛɐ̯'dɛçtɪç] *Adj* suspicious; **jdm ~ vorkommen** to seem suspicious to sb; **sich ~ machen** to arouse suspicion

Verdächtige(r) *f(m) dekl wie Adj* suspect

verdächtigen* [fɛɐ̯'dɛçtɪgn̩] *tr V* to suspect (+*Gen* of)

Verdächtigung <-, -en> *f* suspicion

verdammen* [fɛɐ̯'damən] *tr V* to condemn; **zu etw verdammt sein** to be doomed to sth

verdammt *Adj* (*sl*) damned; **~!** damn!; **du ~er Idiot!** you bloody idiot!

verdampfen* *intr V sein* to evaporate

verdanken* *tr V* **jdm etw** ~ to have sb to thank for sth; **es ist jdm zu ~, dass/wenn ...** it is thanks to sb that/if ...

verdattert [fɛɐ̯'datɐt] **I.** *Adj* (*fam*) flabbergasted, stunned **II.** *Adv* (*fam*) in a daze

verdauen* [fɛɐ̯'dauən] *tr V* to digest

verdaulich *Adj* digestible; **gut** ~ easy to digest; **schwer** ~ difficult to digest

Verdauung <-> *f kein Pl* digestion

Verdauungsbeschwerden *Pl* indigestion **Verdauungstrakt** *m* digestive tract

Verdeck <-[e]s, -e> *nt* hood

verdecken* *tr V* to cover [up *sep*]

verdenken* *tr V unreg* **es jdm nicht ~ können, dass/wenn jd etw tut** not to be able to blame sb for doing/if sb does sth

verderben <verdarb, verdorben> [fɛɐ̯'dɛrbn̩] **I.** *tr V haben* ① (*moralisch*) to corrupt ② (*zunichtemachen*) to spoil ③ (*verscherzen*) **es sich** *Dat* **mit jdm** ~ to fall out with sb **II.** *intr V sein* to spoil

Verderben <-s> [fɛɐ̯'dɛrbn̩] *nt kein Pl* doom; **jdn ins ~ stürzen** to bring ruin upon sb

verderblich [fɛɐ̯'dɛrplɪç] *Adj* (*nicht lange haltbar*) perishable

verdeutlichen* [fɛɐ̯'dɔytlɪçn̩] *tr V* [**jdm**] **etw** ~ to explain sth [to sb]

verdichten* *refl V* **sich** ~ ① METEO to become thicker ② *Eindruck* to intensify ③ *Verkehr* to increase

verdienen* *tr V* ① (*als Verdienst*) to earn; **seinen Lebensunterhalt ~** to earn one's living ② (*Gewinn machen*) **etw** [**an etw** *Dat*] ~ to make sth [on sth] ③ (*zustehen*) to deserve; **es nicht besser ~** to not deserve anything better

Verdienst[1] <-[e]s, -e> [fɛɐ̯'di:nst] *m* FIN income

Verdienst[2] <-[e]s, -e> [fɛɐ̯'di:nst] *nt* **jds ~e** [**um etw** *Akk*] sb's credit [for sth]; **es ist sein ~, dass ...** it's thanks to him that ...

Verdienstausfall *m* loss of earnings

verdienstvoll *Adj* ① (*anerkennenswert*) commendable ② *s.* **verdient 2.**

verdient [fɛɐ̯'di:nt] *Adj* ① (*zustehend*) well-deserved ② (*Verdienste aufweisend*) of outstanding merit

verdientermaßen, **verdienterweise** *Adv* deservedly

verdoppeln* **I.** *tr V* to double **II.** *refl V* **sich** ~ to double

verdorben [fɛɐ̯'dɔrbn̩] **I.** *PP von* **verderben** **II.** *Adj* ① *Essen* bad ② (*moralisch*) corrupt

verdorren* [fɛɐ̯'dɔrən] *intr V sein* to wither

verdrahten* *tr V* **etw** ~ to wire up sth *sep*

verdrängen* *tr V* ① **jdn** [**aus etw**] ~ to drive sb out [of sth] ② (*unterdrücken*) to suppress

verdrehen* *tr V* ① to twist; *Augen* to roll ② *Tatsachen* to distort ▶ **jdm den Kopf** ~ to turn sb's head

verdreifachen* [fɛɐ̯'draifaxn̩] **I.** *tr V* to triple **II.** *refl V* **sich** ~ to triple

verdrießlich [fɛɐ̯'dri:slɪç] *Adj* (*geh*) sullen

verdrossen [fɛɐ̯'drɔsn̩] *Adj* sullen

verdrücken* **I.** *tr V* (*fam: essen*) to polish off *sep* **II.** *refl V* (*fam*) **sich** ~ to slip away

verdruckst [fɛɐ̯'drʊkst] *Adj* (*pej fam*) close-minded, hidebound

Verdruss[RR] <-es, -e> *m*, **Verdruß**[ALT] <-sses, -sse> [fɛɐ̯'drʊs] *m meist Sing* annoyance; **jdm ~ bereiten** to annoy sb

verdunkeln* **I.** *tr V* to darken **II.** *refl V* **sich** ~ to darken; **der Himmel verdunkelt sich** the sky is growing darker

Verdunkelung <-, -en> *f*, **Verdunklung** <-, -en> *f* black-out

verdünnen* [fɛɐ̯'dʏnən] *tr V* to dilute; **verdünnt** diluted

Verdünner <-s, -> *m* thinner

verdunsten* *intr V sein* to evaporate

Verdunster <-s, -> *m* humidifier

verdursten* *intr V sein* to die of thirst

verdutzt [fɛɐ̯'dʊtst] **I.** *Adj* (*fam*) baffled; **ein ~es Gesicht machen** to appear baffled **II.** *Adv* in bafflement

veredeln* [fɛɐ̯'ʔe:dl̩n] *tr V* to refine; **veredelt** refined

verehren* *tr V* to admire

Verehrer(in) <-s, -> *m(f)* admirer

Verehrung *f kein Pl* admiration

vereidigen* [fɛɐ̯'ʔaidɪgn̩] *tr V* **jdn** ~ to swear in sb *sep*

vereidigt [fɛɐ̯'ʔaidɪçt] *Adj* sworn; **gerichtlich** ~ certified before the court

Verein <-[e]s, -e> [fɛɐ̯'ʔain] *m* club; **aus**

V

einem ~ austreten to resign from a club; **in einen ~ eintreten** to join a club; **gemeinnütziger ~** charitable organization

vereinbar *Adj* compatible (**mit** with)

vereinbaren* [fɛɐ̯'ʔainba:rən] **I.** *tr V* to agree (**mit** with) **II.** *refl V* **sich ~ lassen** to be compatible (**mit** with)

vereinbart *Adj* agreed

Vereinbarung <-, -en> *f* agreement; **laut ~** as agreed; **nach ~** by arrangement

vereinen* *tr V* to unite

vereinfachen* [fɛɐ̯'ʔainfaxn̩] *tr V* to simplify

vereinheitlichen* [fɛɐ̯'ʔainhaitlɪçn̩] *tr V* to standardize

vereinigen* **I.** *tr V* to unite **II.** *refl V* **sich ~** to merge

vereinigt *Adj* united

Vereinigung <-, -en> *f* ① (*Organisation*) organization ② *kein Pl* (*Zusammenschluss*) amalgamation

vereinsamen* [fɛɐ̯'ʔainza:mən] *intr V sein* to become lonely

vereinsamt *Adj* ① (*einsam*) *Mensch* lonely ② (*abgeschieden*) *Gehöft* isolated

Vereinsamung <-> *f kein Pl* loneliness

Vereinsmitglied *nt* club member **Vereinssatzung** *f* club rules *pl,* a society's constitution

vereint *Adj* united

vereinzelt [fɛɐ̯'ʔaints|t] *Adj* occasional

vereisen* *intr V sein* to ice up; **die Straße ist vereist** there's ice on the road

vereiteln* [fɛɐ̯'ʔait|n] *tr V* to thwart

vereitern* *intr V sein* to go septic; **vereitert sein** to be septic

Vereiterung <-, -en> *f* sepsis *no pl*

vererben* *tr V* [**jdm**] **etw ~** ① to leave [sb] sth ② BIOL to pass on sth *sep* [to sb]

vererblich *Adj* hereditary

Vererbung <-, *selten* -en> *f* BIOL heredity *no pl, no art*

verewigen* [fɛɐ̯'ʔe:vɪgn̩] *refl V* **sich ~** to leave one's mark for posterity

verfahren*[1] [fɛɐ̯'ʔfa:rən] *intr V unreg sein* (*vorgehen*) to proceed

verfahren*[2] [fɛɐ̯'ʔfa:rən] *unreg refl V* **sich ~** to lose one's way

verfahren[3] [fɛɐ̯'ʔfa:rən] *Adj Situation* muddled

Verfahren <-s, -> [fɛɐ̯'ʔfa:rən] *nt* ① process ② JUR proceedings *pl;* **gegen jdn läuft ein ~** proceedings are being brought against sb

Verfahrenskosten *Pl* JUR costs *pl* [of proceedings] **Verfahrenstechnik** *f* TECH process engineering **Verfahrensweise** *f* procedure

Verfall [fɛɐ̯'fal] *m kein Pl* ① (*das Verfallen*) dilapidation ② (*geh*) decline; **der ~ der Moral** the decline in morals *pl*

verfallen[1] *intr V unreg sein* ① (*zerfallen*) to decay ② *Ticket* to expire

verfallen[2] *Adj* ① *Haus* dilapidated ② *Ticket* expired

Verfallsdatum *nt* use-by date

verfälschen* *tr V* to distort

verfangen* *unreg refl V* **sich ~** to become entangled (**in** in)

verfärben* *refl V* to change colour; **sich blau ~** to turn blue

verfassen* *tr V* to write

Verfasser(in) <-s, -> [fɛɐ̯'fasɐ] *m(f)* author

Verfassung *f* ① *kein Pl* condition; **in einer bestimmten ~ sein** to be in a certain state; **in guter ~** in good form ② POL constitution

verfassungsmäßig *Adj* constitutional, according to the constitution **Verfassungsschutz** *m* Office for the Protection of the Constitution **verfassungswidrig** *Adj* unconstitutional

verfaulen* *intr V sein* to rot; **verfault** rotten

Verfechter(in) *m(f)* advocate

verfehlen* *tr V* to miss; **nicht zu ~ sein** to be impossible to miss; **das Thema ~** to go completely off the subject

verfeinden* [fɛɐ̯'faindn̩] *refl V* **sich mit jdm ~** to fall out with sb; **verfeindet sein** to be enemies; **verfeindete Staaten** enemy states

verfeinern* [fɛɐ̯'fainɐn] *tr V* to improve

verfeuern* *tr V* ① (*verschießen*) to fire ② (*verbrennen*) to burn

Verfilmung <-> *f kein Pl* filming

verfilzt *Adj* (*fam*) interconnected; [**miteinander**] **~ sein** to be inextricably linked

verfinstern* [fɛɐ̯'fɪnstɐn] **I.** *tr V* to darken **II.** *refl V* **sich ~** to darken

verfliegen* *unreg intr V sein Gefühl* to pass; *Geruch* to evaporate

verfließen* *intr V unreg sein* ① (*verschwimmen*) to merge ② (*geh: vergehen*) to go by, to pass
verfluchen* *tr V* to curse
verflüssigen* [fɛɐ̯'flʏsɪgn̩] **I.** *tr V* to liquefy **II.** *refl V* **sich ~** to liquefy
verfolgen* *tr V* ① to follow; (*politisch*) to persecute ② (*zu erreichen suchen*) to pursue; **eine Absicht ~** to have sth in mind
Verfolger(in) <-s, -> *m(f)* pursuer
Verfolgte(r) [fɛɐ̯'fɔlktə, -tɐ] *f(m) dekl wie Adj* victim of persecution
Verfolgung <-, -en> *f* pursuit; (*politisch*) persecution
Verfolgungsjagd *f* pursuit
Verfolgungswahn *m* persecution mania
verformen* **I.** *tr V* to distort **II.** *refl V* **sich ~** to become distorted
Verfremdung <-, -en> *f* alienation
verfressen* *Adj* (*pej sl*) greedy
verfrüht *Adj* premature; **etw für ~ halten** to consider sth to be premature
verfügbar *Adj* available
verfügen* *intr V* **über etw** *Akk* **~** to have sth at one's disposal; **~ Sie über mich!** I am at your disposal!
Verfügung <-, -en> *f* ① (*Anordnung*) order; **einstweilige ~** temporary injunction ② (*Disposition*) **etw zur ~ haben** to have sth at one's disposal; **jdm zur ~ stehen** to be available to sb; **[jdm] etw zur ~ stellen** to make sth available [to sb]
verführen* *tr V* **jdn [zu etw] ~** to entice sb [into doing sth]; (*sexuell*) to seduce sb
verführerisch [fɛɐ̯'fy:rərɪʃ] *Adj* seductive
Verführung *f* seduction
Vergabe [fɛɐ̯'ga:bə] *f von Stellen* allocation; *eines Auftrags, Preises* award
vergammelt <-er, -este> *Adj* (*fam*) scruffy
vergangen *Adj* past
Vergangenheit <-> [fɛɐ̯'gaŋənhait] *f kein Pl* past; **die jüngste ~** the recent past; **eine bewegte ~ haben** to have an eventful past
Vergangenheitsbewältigung *f* coming to terms with the past
vergänglich [fɛɐ̯'gɛŋlɪç] *Adj* transient
Vergaser <-s, -> *m* carburettor
vergeben* *unreg tr V* **[jdm] etw ~** to forgive [sb] sth
vergebens [fɛɐ̯ge:bn̩s] *Adj präd, Adv* in vain
vergeblich [fɛɐ̯'ge:plɪç] **I.** *Adj* futile **II.** *Adv* in vain
Vergeblichkeit <-> *f kein Pl* futility *no pl, no indef art*
Vergebung <-, -en> *f* forgiveness; **[jdn] um ~ bitten** to ask for [sb's] forgiveness
vergehen* [fɛɐ̯'ge:ən] *unreg intr V sein* ① *Zeit* to go by ② (*schwinden*) to wear off ③ (*sich zermürben*) **[vor etw** *Dat*] **~** to die [of sth]
Vergehen <-s, -> [fɛɐ̯'ge:ən] *nt* offence
vergeistigt *Adj* spiritual
vergelten *tr V unreg* **[jdm] etw ~** to repay sb for sth
Vergeltung <-, -en> *f* revenge; **~ üben** to take revenge
Vergeltungsschlag *m* retaliatory strike
vergessen <vergisst, vergaß, vergessen> [fɛɐ̯'gɛsn̩] *tr V* to forget
vergesslichRR *Adj,* **vergeßlich**ALT [fɛɐ̯'gɛslɪç] *Adj* forgetful
vergeuden* [fɛɐ̯'gɔydn̩] *tr V* to waste
Vergeudung <-, -en> *f* waste *no pl,* squandering *no pl*
vergewaltigen* [fɛɐ̯gə'valtɪgn̩] *tr V* to rape
Vergewaltigung <-, -en> *f* rape
vergewissern* [fɛɐ̯gə'vɪsɐn] *refl V* **sich ~, dass ...** to make sure that ...
vergießen* *tr V unreg* ① (*verschütten*) to spill ② *Tränen, Blut* to shed
vergiften* **I.** *tr V* to poison **II.** *refl V* **sich ~** to be poisoned (**an** by)
Vergiftung <-, -en> *f* MED intoxication *no pl, no indef art*
vergilbt *Adj Foto, Papier* yellowed
VergissmeinnichtRR <-[e]s, -[e]> *nt,* **Vergißmeinnicht**ALT <-[e]s, -[e]> [fɛɐ̯'gɪsmainnɪçt] *nt* BOT forget-me-not
verglasen* *tr V* to glaze; **verglast** glazed
Vergleich <-[e]s, -e> [fɛɐ̯'glaiç] *m* comparison; **im ~** in comparison (**zu** with) ▶ **der ~ hinkt** that's a poor comparison
vergleichbar *Adj* comparable (**mit** to); **etwas Vergleichbares** something comparable
vergleichen* *unreg tr V* to compare (**mit** with/to)
vergleichsweise *Adv* comparatively
vergnügen* [fɛɐ̯'gny:gn̩] *refl V* **sich ~** to amuse oneself

V

Vergnügen <-s, -> [fɛɐ̯'gny:gn̩] *nt* (*Freude*) enjoyment *no pl;* (*Genuss*) pleasure *no pl;* ~ [**an etw** *Dat*] **finden** to find pleasure in sth; **es ist mir ein** ~ it is a pleasure; **kein** ~ **sein, etw zu tun** to not be exactly a pleasure doing sth; [**jdm**] ~ **bereiten** to give sb pleasure; **mit größtem** ~ with the greatest of pleasure ▸ **viel** ~**!** have a good time!

vergnügt [fɛɐ̯'gny:kt] **I.** *Adj* happy **II.** *Adv* happily

Vergnügungspark *m* amusement park **Vergnügungsreise** *f* pleasure trip **vergnügungssüchtig** *Adj* pleasure-seeking

vergönnen* *tr V* (*geh: gewähren*) **jdm etw** ~ to grant sb sth

vergöttern* [fɛɐ̯'gœtɐn] *tr V* to idolize

vergraben* *unreg tr V* to bury

vergreifen* *refl V unreg* **sich an etw** *Dat* ~ to misappropriate sth; **sich an jdm** ~ to assault sb

vergriffen *Adj Buch* out of print [OP] *pred*

vergrößern [fɛɐ̯'grø:sɐn] **I.** *tr V* ① *Fläche* to enlarge ② *Firma* to expand ③ (*optisch*) to magnify **II.** *refl V* **sich** ~ to become enlarged

Vergrößerung <-, -en> *f* enlargement, expansion, magnification

Vergrößerungsglas *m* magnifying glass

Vergünstigung <-, -en> *f* ① (*Vorteil*) perk ② (*Ermäßigung*) reduction

Vergütung <-, -en> *f* ① (*das Ersetzen*) refunding *no pl* ② (*Geld*) payment

verhaften* *tr V* to arrest; **Sie sind verhaftet!** you are under arrest!

Verhaftung <-, -en> *f* arrest

verhalten*[1] [fɛɐ̯'haltn̩] *refl V unreg* **sich irgendwie** ~ ① (*sich benehmen*) to behave [in a certain manner] ② (*beschaffen sein*) to be [a certain way]

verhalten[2] [fɛɐ̯'haltn̩] *Adj* restrained

Verhalten <-s> [fɛɐ̯'haltn̩] *nt kein Pl* behaviour

Verhaltensforschung *f kein Pl* behavioural research **verhaltensgestört** *Adj* disturbed **Verhaltensweise** *f* behaviour

Verhältnis <-ses, -se> [fɛɐ̯'hɛltnɪs] *nt* ① (*Relation*) ratio; **im** ~ in a ratio (**von** of, **zu** to) ② (*Beziehung*) relationship (**zu** with); (*Liebesverhältnis*) affair ③ *Pl* (*Bedingungen*) conditions *pl* ④ *Pl* (*Lebensumstände*) circumstances *pl;* **über seine** ~**se leben** to live beyond one's means; **unter anderen** ~**sen** under different circumstances

verhältnismäßig *Adv* relatively **Verhältniswahlrecht** *nt* [system of] proportional representation

verhandeln* **I.** *intr V* to negotiate (**über** about) **II.** *tr V* **etw** ~ ① to negotiate sth ② JUR to hear sth

Verhandlung *f* ① *meist Pl* negotiation; ~**en aufnehmen** to enter into negotiations ② JUR trial

verhandlungsbereit *Adj* ready [*or* prepared] to negotiate *pred*

Verhängnis <-, -se> [fɛɐ̯'hɛŋnɪs] *nt* disaster; [**jdm**] **zum** ~ **werden** to be sb's undoing

verhängnisvoll *Adj* fatal

verharmlosen* [fɛɐ̯'harmlo:zn̩] *tr V* to play down *sep*

verhärmt [fɛɐ̯'hɛrmt] *Adj* careworn

verharren* *intr V haben o sein* (*geh*) to pause

verhaspeln* *refl V* **sich** ~ to get into a muddle

verhasstRR *Adj*, **verhaßt**ALT [fɛɐ̯'hast] *Adj* hated (**wegen** for); [**jdm**] ~ **sein** to be hated [by sb]

verhätscheln *tr V* to pamper

verhauen* <verhaute, verhauen> **I.** *tr V* (*fam*) to beat up *sep;* **sich** ~ to have a fight **II.** *refl V* (*fam: Fehler machen*) **sich** ~ to slip up

verheben* *refl V unreg* **sich** *Akk* ~ to hurt oneself lifting sth

verheddern* [fɛɐ̯'hɛdɐn] *refl V* **sich** ~ to get tangled up

verheerend *Adj* devastating

verheilen* *intr V sein* to heal [up]

verheimlichen* [fɛɐ̯'haimlɪçn̩] *tr V* [**jdm**] **etw** ~ to conceal sth [from sb]; **jdm** ~**, dass ...** to conceal the fact from sb that ...; **etwas/nichts zu** ~ **haben** to have something/nothing to hide

verheiraten* *refl V* **sich** [**mit jdm**] ~ to marry [sb]; **verheiratet** married

Verheißung <-, -en> *f* promise

verheißungsvoll *Adj* promising

verhelfen* *intr V unreg* [**jdm**] **zu etw** ~ to help sb to get sth

verherrlichen* [fɛɐ̯'hɛrlɪçn̩] *tr V* to glorify

V

verhexen* *tr V* to bewitch; **wie verhext sein** to be jinxed
verhindern* *tr V* to prevent; **~, dass jd etw tut** to prevent sb from doing sth
verhöhnen* *tr V* to mock
Verhör <-[e]s, -e> [fɛɐ̯'hø:ɐ̯] *nt* interrogation
verhüllen* *tr V* to cover
verhungern* *intr V sein* to starve [to death]; **am Verhungern sein** to be starving
verhüten* *tr V* to prevent
Verhütung <-, -en> *f* ❶ prevention *no pl* ❷ (*Empfängnisverhütung*) contraception *no pl*
Verhütungsmittel *nt* contraceptive
verifizieren* [verifi'tsi:rən] *tr V* to verify
verinnerlichen* [fɛɐ̯'ʔɪnɐlɪçn̩] *tr V* to internalize
verirren* *refl V* **sich ~** to get lost
verjagen* *tr V* to chase away *sep*
verjährt *Adj* ❶ (*veraltend: sehr alt*) *Person* past it *pred fam* ❷ JUR statute-barred; *Ansprüche* in lapse
Verjährung <-, -en> *f* limitation
verkabeln* *tr V* to connect to the cable network
verkalken* *intr V sein* ❶ to fur [*or* AM clog] up; **verkalkt** furred up ❷ *Arterien* to become hardened ❸ (*senil*) **verkalkt** senile
Verkalkung <-, -en> *f* (*fam: Senilität*) senility *no pl*
verkatert [fɛɐ̯'ka:tɐt] *Adj* (*fam*) hungover *pred*
Verkauf <-s, Verkäufe> [fɛɐ̯'kauf, *Pl:* fɛɐ̯'kɔyfə] *m* sale; **etw zum ~ anbieten** to offer sth for sale; **zum ~ stehen** to be up for sale
verkaufen* *tr V* to sell (**an** to); **zu ~ sein** to be for sale; **das Buch verkauft sich gut** the book is selling well
Verkäufer(in) [fɛɐ̯'kɔyfɐ] *m(f)* sales assistant
verkäuflich *Adj* for sale *pred*
Verkaufsabteilung *f* sales department **Verkaufsangebot** *nt* sales offer **Verkaufsbedingungen** *Pl* HANDEL conditions of sale and delivery, terms and conditions **Verkaufserlös** *m* ÖKON sales revenue, proceeds *pl* of a/the sale **Verkaufsleiter(in)** *m(f)* sales manager **Verkaufspreis** *m* retail price
Verkehr <-[e]s> [fɛɐ̯'ke:ɐ̯] *m kein Pl* ❶ traffic ❷ (*Umgang*) contact ❸ (*Umlauf*) **etw in den ~ bringen** to put sth into circulation; **etw aus dem ~ ziehen** to withdraw sth from circulation
verkehren* *intr V* ❶ *haben o sein* (*fahren*) to run ❷ *haben* **bei jdm ~** to visit sb regularly
Verkehrsampel *f* traffic lights *pl* **Verkehrsaufkommen** *nt* volume of traffic **verkehrsberuhigt** *Adj* traffic-calmed **Verkehrschaos** *nt* road chaos **Verkehrsdurchsage** *f* traffic announcement **Verkehrsflugzeug** *nt* commercial aircraft **Verkehrsfluss**[RR] *m kein Pl* traffic flow **Verkehrsfunk** *m* radio traffic service **Verkehrsinsel** *f* traffic island **Verkehrsknotenpunkt** *m* traffic junction **Verkehrskontrolle** *f* spot check on the traffic **Verkehrsminister(in)** *m(f)* transport minister BRIT, Secretary of Transportation AM **Verkehrsmittel** *nt* means of transport; **öffentliche ~** public transport **Verkehrsnetz** *nt* transport system **Verkehrspolizist(in)** *m(f)* traffic policeman *masc*, policewoman *fem* **Verkehrsregel** *f* traffic regulation **Verkehrsregelung** *f* traffic control **verkehrsreich** *Adj* **~e Straße** busy street **Verkehrsschild** *nt* road sign **Verkehrssicherheit** *f kein Pl* road safety **Verkehrssünder(in)** *m(f)* traffic offender **Verkehrsteilnehmer(in)** *m(f)* road-user **Verkehrstote(r)** *f(m) dekl wie Adj* road fatality **Verkehrsunfall** *m* road accident **Verkehrsverbindung** *f* (*durch Verkehrswege*) route; (*durch Verkehrsmittel*) connection **Verkehrsverein** *m* tourist promotion agency **Verkehrswert** *m* HANDEL market value **verkehrswidrig** *Adj* contrary to road traffic regulations **Verkehrszeichen** *nt* road sign
verkehrt **I.** *Adj* wrong; **etwas Verkehrtes** the wrong thing **II.** *Adv* wrongly; **~ herum** the wrong way round
verklagen* *tr V* **jdn [wegen etw** *Dat*] **~** to take proceedings against sb [for sth]; **jdn [auf etw** *Akk*] **~** to sue sb [for sth]
Verklappung <-, -en> *f* dumping [in the sea]
verklärt <-er, -este> *Adj* transfigured
verkleben* **I.** *tr V haben* ❶ (*zukleben*) to cover ❷ (*zusammenkleben*) to stick

together ❸ (*festkleben*) to stick [down] **II.** *intr V sein* to stick together
verkleiden* **I.** *tr V* ❶ to dress up *sep* (**als** as) ❷ BAU to cover **II.** *refl V* **sich ~** to dress up
Verkleidung *f* ❶ disguise ❷ BAU lining
verkleinern* [fɛɐ̯'klainɐn] **I.** *tr V* to reduce **II.** *refl V* **sich ~** to be reduced in size (**um** by)
Verkleinerungsform *f* diminutive
verklemmt *Adj* uptight [about sex *pred*]
Verklemmtheit [fɛɐ̯'klɛmthait] *f* PSYCH (*fam*) uptightness
verklingen* *intr V unreg sein* to fade away
Verknappung *f* shortage
verkneifen* *tr V unreg* (*fam*) **sich** *Dat* **etw ~** to repress sth; **ich konnte mir ein Grinsen nicht ~** I couldn't help grinning
verkniffen *Adj* pinched
verknittern* *tr V* to crumple
verknoten* **I.** *tr V* to knot; **etw miteinander ~** to knot together sth *sep* **II.** *refl V* **sich ~** to get knotted
verknüpfen* *tr V* ❶ (*verknoten*) to tie [together *sep*] ❷ (*verbinden*) to combine (**mit** with) ❸ (*in Zusammenhang bringen*) to link (**mit** to)
verkohlen[1] *intr V sein* to turn to charcoal
verkohlen[2] *tr V* (*fam*) **jdn ~** to pull sb's leg
verkokst [fɛɐ̯'ko:kst] *Adj* (*pej sl*) coked-up
verkommen[1] *intr V unreg sein* to decay; **zu etw ~** to degenerate into sth
verkommen[2] *Adj* ❶ (*verwahrlost*) degenerate ❷ (*verfallen*) decayed
verkorkst <-er, -este> *Adj* screwed-up
verkörpern* [fɛɐ̯'kœrpɐn] *tr V* to personify
verkrachen* *refl V* (*fam*) **sich ~** to fall out (**mit** with)
verkraften* [fɛɐ̯'kraftn̩] *tr V* **etw ~** to cope with sth
verkrampft **I.** *Adj* tense **II.** *Adv* tensely; **~ wirken** to seem unnatural
verkriechen* *refl V unreg* **sich ~** to creep away
Verkrümmung <-, -en> *f* bend (+*Gen* in); *Finger* crookedness *no art, no pl; Holz* warp; *Rückgrat* curvature
verkrüppelt <-er, -este> *Adj* crippled
verkrustet *Adj* time-honoured
verkühlen* *refl V* **sich ~** to catch a cold
verkümmern* *intr V sein* MED to degenerate
verkürzen* **I.** *tr V* ❶ to shorten ❷ *zeitlich* to reduce **II.** *refl V* **sich ~** to become shorter
Verkürzung *f* ❶ shortening ❷ *zeitlich* reduction
verladen* *tr V unreg* to load
Verladerampe *f* loading ramp
Verlag <-[e]s, -e> [fɛɐ̯'la:k, *Pl:* -la:gə] *m* publishing house
verlagern* *tr V* to move
Verlagshaus *nt* publishing house
verlangen* **I.** *tr V* ❶ (*fordern*) to demand; *Preis* to ask ❷ (*erfordern*) to require **II.** *intr V* **nach jdm/etw ~** to ask for sb/sth
Verlangen <-s, -> *nt* ❶ (*Wunsch*) desire (**nach** for) ❷ (*Forderung*) demand; **auf ~** on demand; **auf jds ~ [hin]** at sb's request
verlängern* [fɛɐ̯'lɛŋɐn] **I.** *tr V* to extend **II.** *refl V* **sich ~** to be prolonged (**um** by)
Verlängerung <-, -en> *f* ❶ *kein Pl* extension ❷ SPORT extra time *no art, no pl*
Verlängerungskabel *nt*, **Verlängerungsschnur** *f* extension [cable]
verlangsamen* [fɛɐ̯'laŋza:mən] **I.** *tr V* ❶ *Tempo* to reduce ❷ (*aufhalten*) to slow down *sep* **II.** *refl V* **sich ~** to slow [down]
verlassen[1] *unreg* **I.** *tr V* ❶ (*im Stich lassen*) to abandon ❷ (*fortgehen*) to leave ❸ (*verschwinden*) **der Mut verließ ihn** he lost courage **II.** *refl V* **sich auf jdn ~** to rely [up]on sb
verlassen[2] *Adj* deserted
verlässlich[RR] *Adj*, **verläßlich**[ALT] [fɛɐ̯'lɛslɪç] *Adj* reliable
Verlauf [fɛɐ̯'lauf] *m* course; **im ~ einer S.** *Gen* in the course of sth; **einen bestimmten ~ nehmen** to take a particular course
verlaufen* *unreg* **I.** *intr V sein* (*sich erstrecken*) to run **II.** *refl V* (*sich verirren*) **sich ~** to get lost
Verlaufsform *f* LING continuous form
verlebt *Adj* ruined
verlegen*[1] [fɛɐ̯'le:gn̩] *tr V* ❶ *Schlüssel, etc* to mislay ❷ *Termin* to postpone (**auf** until) ❸ TECH to lay ❹ *Buch* to publish

V

verlegen² **I.** *Adj* embarrassed **II.** *Adv* in embarrassment

Verlegenheit <-, -en> *f kein Pl* embarrassment; **jdn in ~ bringen** to put sb in an embarrassing situation

Verleger(in) <-s, -> *m(f)* publisher

Verlegung <-, -en> *f* ① *Termin* postponement ② TECH laying *no art, no pl*

verleiden* *tr V* **jdm etw ~** to spoil [*or* ruin] sth for sb

Verleih <-[e]s, -e> [fɛɐ̯ˈlai] *m* (*Firma*) rental company

verleihen* *tr V unreg* ① (*leihen*) **etw** [**an jdn**] **~** to lend sth [to sb]; (*gegen Geld*) to rent out sth *sep* ② *Auszeichnung* [**jdm**] **etw ~** to award sth [to sb] ③ (*geben*) to give

verleiten* *tr V* **jdn** [**zu etw**] **~** to persuade sb [to do sth]

verlernen* *tr V* to forget; **das Tanzen ~** to forget how to dance

verletzbar *Adj* vulnerable

verletzen* [fɛɐ̯ˈlɛtsn̩] *tr V* ① to hurt; **sich ~** to hurt oneself ② *Gesetz* to violate

verletzend *Adj* hurtful

verletzlich *Adj* vulnerable

verletzt *Adj* injured, wounded

Verletzte(r) *f(m) dekl wie Adj* injured person

Verletzung <-, -en> *f* MED injury

verleugnen* *tr V* to deny

verleumden* [fɛɐ̯ˈlɔymdn̩] *tr V* **jdn ~** to slander sb

Verleumdung <-, -en> *f* slander

verlieben* *refl V* **sich ~** to fall in love (**in** with)

verliebt *Adj* loving; **~ sein** to be in love (**in** with)

verlieren <verlor, verloren> [fɛɐ̯ˈliːrən] *tr V* to lose; *Flüssigkeit, Gas* to leak

Verlierer(in) <-s, -> *m(f)* loser

Verlies <-es, -e> [fɛɐ̯ˈliːs, *Pl:* ˈliːzə] *nt* dungeon

ver|linken [fɛɐ̯ˈlɪŋkən] *tr V* INET **etw mit etw ~** to link sth to sth

verloben* *refl V* **sich ~** to get engaged (**mit** to)

Verlobte(r) *f(m) dekl wie Adj* fiancé *masc*/fiancée *fem*

Verlobung <-, -en> *f* engagement

verlockend *Adj* tempting

verlogen [fɛɐ̯ˈloːgn̩] *Adj* insincere

verloren [fɛɐ̯ˈloːrən] **I.** *PP von* **verlieren** **II.** *Adj* **~ sein** to be finished; **sich ~ fühlen** to feel lost; **~ gehen** to get lost

verlosen* *tr V* to raffle

Verlosung *f* raffle

verlottert *Adj* (*pej*) run-down, scruffy

Verlust <-[e]s, -e> [fɛɐ̯ˈlʊst] *m* loss; **~ bringend** loss-making; **~e machen** to make losses

Verlustmeldung *f* ① (*Anzeige*) report of the loss ② MIL casualty report

vermachen* *tr V* [**jdm**] **etw ~** to leave sth [to sb]

Vermächtnis <-ses, -se> [fɛɐ̯ˈmɛçtnɪs] *nt* legacy

vermählen* [fɛɐ̯ˈmɛːlən] *refl V* **sich** [**mit jdm**] **~** to marry [sb]; **frisch vermählt** newly married *attr*

vermarkten* *tr V* to market

vermasseln* [fɛɐ̯ˈmasl̩n] *tr V* [**jdm**] **etw ~** to mess up sth *sep* [for sb]

vermehren* *refl V* **sich ~** ① BIOL to reproduce ② (*zunehmen*) to increase

Vermehrung <-, -en> *f* ① BIOL reproduction ② (*Zunahme*) increase

vermeiden* *tr V unreg* to avoid; **sich nicht ~ lassen** to be inevitable

Vermerk <-[e]s, -e> [fɛɐ̯ˈmɛrk] *m* note

vermessen¹ [fɛɐ̯ˈmɛsn̩] *unreg tr V* to measure; *Land* to survey

vermessen² [fɛɐ̯ˈmɛsn̩] *Adj* presumptuous

vermieten* *tr V* to rent [out]

Vermieter(in) *m(f)* landlord *masc*/landlady *fem*

Vermietung <-, -en> *f* letting *no art, no pl*, renting out *no art, no pl; Auto, Boot* renting [*or* BRIT hiring] [out] *no art, no pl*

vermindern* **I.** *tr V* to reduce **II.** *refl V* **sich ~** to decrease

verminen* [fɛɐ̯ˈmiːnən] *tr V* **etw ~** to mine sth

vermischen* **I.** *tr V* to mix **II.** *refl V* **sich ~** to mix

vermissen* *tr V* to miss; **etw ~ lassen** to lack sth

Vermisste(r)^RR *f(m)*, **Vermißte(r)**^ALT *f(m) dekl wie Adj* missing person

vermitteln* **I.** *tr V* ① **jdm eine Stellung ~** to find sb a job ② (*weitergeben*) [**jdm**] **etw ~** to pass on *sep* sth [to sb] **II.** *intr V* [**in etw** *Dat*] **~** to mediate [in sth]

Vermittlung <-, -en> *f* ① *Stelle, Woh-*

V

nung finding *no art, no pl* ② (*Schlichtung*) mediation
vermögen [fɛɐ̯'møːgn̩] *tr V unreg* ~ **etw zu tun** to be capable of doing sth
Vermögen <-s, -> [fɛɐ̯'møːgn̩] *nt* FIN assets *pl*
vermögend [fɛɐ̯'møːgn̩t] *Adj* wealthy
Vermögensberater(in) *m(f)* FIN financial consultant **Vermögenssteuer** *f* net worth tax
vermummt *Adj* masked
vermuten* *tr V* to suspect
vermutlich **I.** *Adj attr* probable **II.** *Adv* probably
Vermutung <-, -en> *f* assumption
vernachlässigen* [fɛɐ̯'naxlɛsɪgn̩] *tr V* ① to neglect; **sich** ~ to be neglectful of oneself ② (*ignorieren*) to ignore
vernähen* *tr V* to sew together *sep*
vernarben* *intr V sein* to form a scar; **vernarbt** scarred
vernehmen* *tr V unreg* JUR to question
Vernehmen *nt* **dem** ~ **nach** from what one hears
Vernehmung <-, -en> *f* questioning
verneigen* *refl V* **sich** ~ to bow (**vor** to)
verneinen* [fɛɐ̯'nainən] *tr V* to say no to; **eine Frage** ~ to answer a question in the negative
Verneinung <-, -en> *f* ① **die** ~ **einer Frage** a negative answer to a question ② LING negative
vernetzen *tr V* to link up *sep;* **vernetzt sein** to be linked [up] (**mit** to)
ver|netzt *Adj* networked
Vernetzung <-, -en> *f* ① COMPUT networking *no art, no pl* ② (*Verflechtung*) network
vernichten* [fɛɐ̯'nɪçtn̩] *tr V* ① to destroy ② (*ausrotten*) to exterminate
vernichtend **I.** *Adj* devastating **II.** *Adv* **jdn** ~ **schlagen** to inflict a crushing defeat on sb
V
Vernichtung <-, -en> *f* ① destruction ② (*Ausrottung*) extermination
Vernichtungswaffe *f* destructive weapon
Vernunft <-> [fɛɐ̯'nʊnft] *f kein Pl* ① reason *no art* ② (*gesunder Menschenverstand*) common sense *no art;* ~ **beweisen** to show sense; **jdn zur** ~ **bringen** to make sb see sense; **zur** ~ **kommen** to see sense
vernünftig [fɛɐ̯'nʏnftɪç] *Adj* ① sensible ② (*fam: ordentlich*) proper
veröffentlichen* [fɛɐ̯'ʔœfn̩tlɪçn̩] *tr V* to publish
Veröffentlichung <-, -en> *f* publication
verordnen* *tr V* MED to prescribe
verpachten* *tr V* to lease (**an** to)
verpacken* *tr V* to pack [up *sep*]; (*als Geschenk*) to wrap [up *sep*]
Verpackung <-, -en> *f* packing *no art, no pl*
Verpackungskosten *Pl* HANDEL packaging charges **Verpackungsmaterial** *nt* packaging [material]
verpassen* *tr V* to miss
verpesten* [fɛɐ̯'pɛstn̩] *tr V* to pollute
verpetzen* *tr V* (*fam*) **jdn** ~ to tell on sb
verpfänden* *tr V* to pawn; *Haus* to mortgage
verpflanzen* *tr V* **jdm ein Organ** ~ to give sb an organ transplant
verpflegen* *tr V* **jdn** ~ to cater for sb
Verpflegung <-, *selten* -en> *f* ① *kein Pl* catering; **mit voller** ~ with full board ② (*Nahrung*) food
Verpflegungskosten *Pl* cost of food *no pl*
verpflichten* [fɛɐ̯'pflɪçtn̩] **I.** *tr V* **jdn** [**zu etw**] ~ to oblige sb to do sth **II.** *refl V* **sich zu etw** ~ to commit oneself to doing sth
Verpflichtung <-, -en> *f meist Pl* duty *usu pl;* **seinen ~en nachkommen** to do one's duties; **finanzielle ~en** financial commitments
verpfuschen* *tr V* **etw** ~ to make a mess of sth
verplappern* *refl V* **sich** ~ to blab
verplomben* [fɛɐ̯'plɔmbn̩] *tr V* **etw** ~ to seal [up *sep*] sth; **verplombt** sealed
verpönt [fɛɐ̯'pøːnt] *Adj* deprecated
verprassen* *tr V* to squander
verprügeln* *tr V* **jdn** ~ to beat up sb *sep*
Verputz *m* plaster
verputzen* *tr V* ① to plaster ② (*fam: essen*) to polish off *sep*
verqualmt <-er, -este> *Adj* smoke-filled *attr*
verquollen *Adj* swollen
Verrat <-[e]s> [fɛɐ̯'raːt] *m kein Pl* betrayal *no art;* ~ **an jdm üben** to betray sb
verraten <verriet, verraten> **I.** *tr V* ① (*ausplaudern*) to give away *sep*

② (*preisgeben*) to betray ③ (*erkennen lassen*) to show **II.** *refl V* **sich** ~ to give oneself away (**durch** with)

Verräter(in) <-s, -> [fɛɐ̯'rɛːtɐ] *m(f)* traitor

verrechnen* *refl V* **sich** ~ to miscalculate

Verrechnungsscheck *m* crossed cheque BRIT, voucher check AM

verregnet <-er, -este> *Adj* rainy

verreisen* *intr V sein* to go away

verrenken* *tr V* to twist; **sich** *Dat* **den Fuß** ~ to dislocate one's foot

Verrenkung <-, -en> *f* distortion; *Gelenk* dislocation

verrennen* *refl V unreg* **sich** ~ to get on the wrong track; **sich in eine Idee** ~ to be obsessed with an idea

verrichten* *tr V* to perform

verriegeln* *tr V* to bolt

verringern* [fɛɐ̯'rɪŋɐn] **I.** *tr V* to reduce (**um** by) **II.** *refl V* **sich** ~ to decrease

Verringerung <-> *f kein Pl* reduction

verrohen* [fɛɐ̯'roːən] **I.** *intr V sein* to become brutal[ized] **II.** *tr V* **jdn** ~ to brutalize sb

verrosten* *intr V sein* to rust; **verrostet** rusty

verrostet <-er, -este> *Adj* rusty

verrotten* [fɛɐ̯'rɔtn̩] *intr V sein* to rot

verrottet <-er, -este> *Adj* ① (*faul*) rotted ② (*verwahrlost*) decayed

verrucht [fɛɐ̯'ruːxt] *Adj* despicable

verrücken* *tr V* to move

verrückt [fɛɐ̯'rʏkt] *Adj* ① (*geisteskrank*) mad; ~ **sein/werden** to be/go nuts; **bist du ~?** are you out of your mind?; **jdn ~ machen** to drive sb crazy ② (*ausgefallen*) crazy ③ (*versessen*) ~ **nach etw/jdm sein** to be crazy about sth/sb ▸ **ich werd' ~!** (*fam*) well, I'll be damned

Verrückte(r) *f(m) dekl wie Adj* lunatic

Verrücktheit <-, -en> *f* madness *no art, no pl*

Verrücktwerden *nt* **es ist zum ~** (*fam*) it's enough to drive you up the wall

Verruf *m kein Pl* **in ~ kommen** to fall into disrepute

verrufen *Adj* disreputable

verrühren* *tr V* to stir

verrußt *Adj* sooted, sooty

verrutschen* *intr V sein* to slip

Vers <-es, -e> [fɛrs, *Pl:* 'fɛrzə] *m* verse

versagen* **I.** *intr V* to fail **II.** *tr V* **jdm etw** ~ to refuse sb sth

Versagen <-s> *nt kein Pl* failure *no art;* **menschliches** ~ human error

Versager(in) <-s, -> *m(f)* failure

versalzen* *tr V unreg* **etw** ~ to put too much salt in/on sth

versammeln* **I.** *refl V* **sich** ~ to gather **II.** *tr V* to call together

Versammlung *f* meeting

Versammlungsfreiheit *f kein Pl* JUR freedom of assembly

Versand <-[e]s> [fɛɐ̯'zant] *m kein Pl* despatch

Versandabteilung *f* despatch department **Versandanschrift** *f* dispatch address **Versandhandel** *m* mail-order selling *no art* **Versandhaus** *nt* mail-order company **Versandhauskatalog** *m* mail-order catalogue **Versandkosten** *Pl* shipping charges *pl* **Versandpapiere** *Pl* HANDEL transport [*or* shipping] documents

versäumen* *tr V* to miss

verschaffen* *tr V* **jdm/sich etw** ~ to get [hold of] sth for sb/oneself; **jdm eine Stellung** ~ to get sb a job; **sich** *Dat* **Gewissheit** ~ to make certain

Verschalung <-, -en> *f* TECH planking *no art, no pl*

verschämt [fɛɐ̯'ʃɛːmt] *Adj* shy

verschanzen* *refl V* **sich** ~ to take refuge

verschärfen* **I.** *refl V* **sich** ~ to get worse **II.** *tr V* (*zuspitzen*) to aggravate

verschenken* *tr V* to give (**an** to)

verscherzen* *refl V* **sich** *Dat* **etw** ~ to lose sth; **es sich** *Dat* **mit jdm** ~ to fall out with sb

verscheuchen* *tr V* to chase away *sep*

verschicken* *tr V* to send (**an** to)

Verschiebebahnhof *m* railway [*or* AM railroad] yard

verschieben* *unreg tr V* ① *Gegenstand* to move ② *Termin* to postpone (**auf** until)

Verschiebung *f* postponement

verschieden [fɛɐ̯'ʃiːdn̩] **I.** *Adj* ① (*unterschiedlich*) different ② *attr* (*einige*) ~**e** several *attr;* **Verschiedenes** various things *pl* **II.** *Adv* differently; ~ **lang** of different lengths

verschiedenartig *Adj* diverse

Verschiedenheit <-, -en> *f* (*Unter-*

V

schiedlichkeit) difference; (*Unähnlichkeit*) dissimilarity
verschiffen* *tr V* to ship
verschimmeln* *intr V sein* to go mouldy; **verschimmelt** mouldy
verschlafen[1] *unreg* **I.** *intr V* to oversleep **II.** *tr V* **etw ~** to miss sth
verschlafen[2] *Adj* sleepy
verschlagen[1] *tr V unreg* **jdm die Sprache ~** to leave sb speechless
verschlagen[2] *Adj* sly; **ein ~er Blick** a furtive look
verschlampen* *tr V* (*fam*) **etw ~** to manage to lose sth
verschlechtern* [fɛɐ̯ˈʃlɛçtɐn] **I.** *tr V* to make worse **II.** *refl V* **sich ~** to get worse
Verschlechterung <-, -en> *f* worsening
verschleiern* [fɛɐ̯ˈʃlaiɐn] *tr V* ① to cover with a veil ② (*verdecken*) to cover up *sep;* **die Tatsachen ~** to disguise the facts
verschleiert *Adj Blick* blurred; *Stimme* husky; *Himmel* misty; *Gesicht* veiled
Verschleiß <-es, -e> [fɛɐ̯ˈʃlais] *m* wear [and tear] *no art, no pl*
verschleißen <verschliss, verschlissen> *intr, tr V sein* to wear out
verschleppen* *tr V* ① to take away *sep* ② MED to delay treatment [of]
verschleudern* *tr V* to sell [off] cheaply
verschließbar *Adj* lockable
verschließen* *unreg* **I.** *tr V* to lock [up *sep*] **II.** *refl V* **sich einer S.** *Dat* **~** to ignore sth
verschlimmern* **I.** *tr V* to make worse **II.** *refl V* **sich ~** to get worse
Verschlimmerung <-, -en> *f* worsening
verschlingen **I.** *tr V unreg* to devour **II.** *refl V unreg* **sich** [**ineinander**] **~** to intertwine
verschlissen **I.** *PP von* **verschleißen** **II.** *Adj* worn-out
verschlossen [fɛɐ̯ˈʃlɔsn̩] *Adj* ① closed ② (*zurückhaltend*) reserved ▸ **jdm ~ bleiben** to be a mystery to sb
Verschlossenheit <-> *f kein Pl* reservedness *no art, no pl*
verschlucken* **I.** *tr V* to swallow **II.** *refl V* **sich ~** to choke
verschlungen *PP von* **verschlingen**
Verschluss[RR] *m*, **Verschluß**[ALT] *m* ① (*Schließvorrichtung*) clasp; *einer Tür* catch; **etw unter ~ halten** to keep sth under lock and key ② (*Deckel*) lid; *einer Flasche* top
verschlüsseln* [fɛɐ̯ˈʃlʏsl̩n] *tr V* to [en]code
Verschlüsselung, **Verschlüsslung**[RR] <-, -en> *f* ① (*Verschlüsseln*) [en]coding *no art, no pl* ② (*Kode*) cipher, encryption
verschmähen* *tr V* to reject
verschmelzen* *unreg intr V sein* to melt together
verschmieren* *tr V* ① (*verwischen*) to smear ② (*beschmieren*) to make dirty
verschmitzt [fɛɐ̯ˈʃmɪtst] **I.** *Adj* mischievous, roguish **II.** *Adv* mischievously, roguishly
verschmutzen* *tr V* ① to make dirty ② ÖKOL to pollute
verschmutzt *Adj* dirty, soiled
verschneit *Adj* snow-covered *attr;* **~ sein** to be covered in snow
verschnörkelt *Adj* adorned with flourishes; *Schrift* ornate
verschnupft [fɛɐ̯ˈʃnʊpft] *Adj* **~ sein** to have a cold
verschnüren* *tr V* to tie up *sep*
verschollen [fɛɐ̯ˈʃɔlən] *Adj* missing; **~ sein** to have gone missing
verschonen* *tr V* to spare; **von etw verschont bleiben** to escape sth
verschönern* [fɛɐ̯ˈʃøːnɐn] *tr V* to brighten up *sep*
verschränken* *tr V* **die Arme ~** to fold one's arms
verschreiben* *unreg* **I.** *tr V* **jdm etw ~** to prescribe sb sth (**gegen** for) **II.** *refl V* **sich ~** to make a mistake
verschreibungspflichtig *Adj* available only on prescription *pred*
verschroben [fɛɐ̯ˈʃroːbn̩] *Adj* eccentric, cranky *fam*
verschrotten* *tr V* to scrap
verschüchtert *Adj* intimidated
verschulden* **I.** *tr V* **etw ~** to be to blame for sth **II.** *intr V sein* **verschuldet sein** to be in debt **III.** *refl V* **sich ~** to get into debt (**bei** to)
Verschulden <-s> *nt kein Pl* fault; **ohne jds ~** through no fault of sb's [own]
verschuldet *Adj* indebted
Verschuldung <-> *f kein Pl* indebtedness

verschütten* [fɛɐ̯'ʃʏtən] *tr V* ❶ *Milch* to spill ❷ (*unter etw begraben*) to bury
verschwägert [fɛɐ̯'ʃvɛːgɐt] *Adj* related by marriage *pred*
verschweigen* *tr V unreg* to hide (**vor** from); *Informationen* to withhold; **jdm ~, dass ...** to keep from sb the fact that ...
verschweißen* *tr V* **etw ~** to weld sth together
verschwenden* *tr V* to waste
Verschwender(in) <-s, -> *m(f)* spendthrift
verschwenderisch *Adj* wasteful
Verschwendung <-, -en> *f* wasting *no art, no pl;* **so eine ~!** what a waste!
Verschwendungssucht *f kein Pl* prodigality *no art, no pl form*
verschwiegen [fɛɐ̯'ʃviːgn̩] *Adj* discreet
Verschwiegenheit <-> *f kein Pl* discretion *no art, no pl,* secrecy
verschwimmen* *intr V unreg sein* to become blurred
verschwinden* *intr V unreg sein* to disappear; **verschwunden** [**sein**] [to be] missing; **verschwinde!** clear off!
Verschwinden <-s> *nt kein Pl* disappearance
verschwommen *Adj* ❶ blurred ❷ (*unklar*) vague
verschwören* *refl V unreg* **sich gegen jdn ~** to conspire against sb; **sich zu etw ~** to conspire to do sth
Verschwörung <-, -en> *f* conspiracy
Verschwörungstheorie *f* conspiracy theory
versehen* [fɛɐ̯'zeːən] *unreg tr V* to provide (**mit** with)
Versehen <-s, -> [fɛɐ̯'zeːən] *nt* mistake; **aus ~** by mistake
versehentlich [fɛɐ̯'zeːəntlɪç] **I.** *Adj attr* inadvertent **II.** *Adv* inadvertently
versenden* *tr V unreg o reg* to send (**an** to)
versenken* *tr V* to sink
Versenkung *f* ▶ **aus der ~ auftauchen** to re[-]emerge on the scene; **in der ~ verschwinden** to vanish from the scene
versessen [fɛɐ̯'zɛsn̩] *Adj* **auf etw** *Akk* **~ sein** to be crazy about sth; **auf[s] Geld ~ sein** to be obsessed with money; **~ darauf sein, etw zu tun** to be dying to do sth
Versessenheit <-> *f kein Pl* keenness *no art, no pl* (**auf** on)
versetzen I. *tr V* ❶ *Beamten* to move ❷ *Schüler* to move up *sep* [to the next class] ❸ (*bringen*) **jdn in Begeisterung ~** to fill sb with enthusiasm; **eine Maschine in Bewegung ~** to set a machine in motion; **jdn in Panik ~** to send sb into a panic ❹ (*warten lassen*) **jdn ~** to stand up sb *sep* **II.** *refl V* **sich in jdn ~** to put oneself in sb's place
Versetzung <-, -en> *f* ❶ ADMIN transfer ❷ SCHULE moving up *no art, no pl*
verseuchen* [fɛɐ̯'zɔyçn̩] *tr V* to contaminate
Verseuchung <-, -en> *f* contamination
versichern*[1] *tr V* to insure (**gegen** against)
versichern*[2] **I.** *tr V* **jdm ~,** [**dass**] ... to assure sb [that] ... **II.** *refl V* **sich einer S.** *Gen* **~** to make sure of sth
Versicherte(r) *f(m) dekl wie Adj* insured
Versicherung *f* ❶ FIN insurance *no pl;* (*Firma*) insurance company ❷ (*Beteuerung*) assurance
Versicherungsbeitrag *m* insurance premium **Versicherungsdauer** *f* term of an insurance policy **Versicherungsfall** *m* insurance job **Versicherungspflicht** *f* compulsory [*or* statutory] insurance *no art, no pl* **Versicherungspolice** *f* insurance policy **Versicherungsprämie** *f* insurance premium **Versicherungsschutz** *m kein Pl* insurance cover **Versicherungssumme** *f* sum insured **Versicherungsvertreter(in)** *m(f)* insurance agent
versickern* *intr V sein* to seep away
versiegeln* *tr V* to seal [up *sep*]
versilbern* [fɛɐ̯'zɪlbɐn] *tr V* to silver-plate
versinken *intr V unreg sein* to sink; **versunken** sunken
versklaven* [fɛɐ̯'sklaːvn̩] *tr V* **jdn ~** to enslave sb
Versmaß *nt* metre
versöhnen* [fɛɐ̯'zøːnən] **I.** *refl V* **sich mit jdm ~** to make it up with sb **II.** *tr V* to reconcile
Versöhnung <-, -en> *f* reconciliation *no art, no pl*
versorgen* *tr V* ❶ (*betreuen*) to take care of ❷ (*versehen*) to supply; **sich mit**

etw ~ to provide oneself with sth; **sich selbst ~** to look after oneself ③ MED to treat

Versorgung <-> *f kein Pl* ① (*das Versorgen*) care *no art* ② (*das Ausstatten*) supply; **medizinische ~** provision of medical care

Versorgungsnetz *nt* ① (*Vertriebswege*) supply network ② (*Leitungsnetz für Wasser*) supply grid

verspannen* *refl V* **sich ~** to tense up

Verspannung *f* tenseness *no art, no pl*

verspäten* [fɛɐ̯ˈʃpɛːtn̩] *refl V* **sich ~** to be late

verspätet *Adj* ① (*zu spät eintreffend*) delayed ② (*zu spät erfolgend*) late

Verspätung <-, -en> *f* delay; **entschuldigen Sie bitte meine ~** I'm sorry I'm late; **~ haben** to be late; **mit einer Stunde ~ ankommen** to arrive an hour late

versperren* *tr V* **jdm den Weg ~** to bar sb's way

verspielen* *tr V* ① (*beim Glücksspiel*) to gamble away *sep* ② (*fig*) to squander

verspotten* *tr V* to mock

versprechen* *unreg* **I.** *tr V* [**jdm**] **etw ~** to promise [sb] sth **II.** *refl V* ① **sich** *Dat* **etw von jdm/etw ~** to hope for sth from sb/sth ② (*falsch sprechen*) **sich ~** to make a slip of the tongue

Versprechen <-s, -> *nt* promise

verspritzen* *tr V* to spray

verstaatlichen* [fɛɐ̯ˈʃtaːtlɪçn̩] *tr V* to nationalize; **verstaatlicht** nationalized

Verstaatlichung <-, -en> *f* nationalization *no art, no pl*

Verstädterung <-> [fɛɐ̯ˈʃtɛtərʊŋ] *f kein Pl* urbanization

verstand [fɛɐ̯ˈʃtant] *Imp von* **verstehen**

Verstand <-[e]s> [fɛɐ̯ˈʃtant] *m kein Pl* reason *no art;* **jdn um den ~ bringen** to drive sb out of his/her mind; **nicht bei ~ sein** to not be in one's right mind; **den ~ verlieren** to lose one's mind

verstandesmäßig *Adj* rational

verständig [fɛɐ̯ˈʃtɛndɪç] *Adj* sensible

verständigen* [fɛɐ̯ˈʃtɛndɪgn̩] *refl V* **sich ~** ① (*sich verständlich machen*) to communicate (**durch** by) ② (*sich einigen*) to reach an agreement (**über** about)

Verständigung <-> *kein Pl f* ① (*Benachrichtigung*) notification *no art* ② (*Einigung*) agreement

verständlich [fɛɐ̯ˈʃtɛntlɪç] *Adj* understandable; **jdm etw ~ machen** to make sb understand sth

Verständnis <-ses> [fɛɐ̯ˈʃtɛntnɪs] *kein Pl nt* understanding *no art;* **für etw ~ haben** to have sympathy for sth

verständnislos **I.** *Adj* uncomprehending; **ein ~er Blick** a blank look **II.** *Adv* uncomprehendingly

verständnisvoll *Adj* understanding

verstärken* **I.** *tr V* ① (*stärker machen*) to strengthen ② (*intensivieren*) to intensify ③ (*erhöhen*) to increase **II.** *refl V* **sich ~** to increase

Verstärker <-s, -> *m* amplifier

Verstärkung *f* ① (*das Verstärken*) strengthening *no art, no pl* ② (*Vergrößerung*) reinforcement *no art, no pl* ③ (*Intensivierung*) intensification *no art, no pl*

verstaubt *Adj* dusty; (*fig*) outmoded

verstauchen* *tr V* **sich** *Dat* **etw ~** to sprain one's sth

verstauen* *tr V* to pack [away *sep*]

Versteck <-[e]s, -e> [fɛɐ̯ˈʃtɛk] *nt* hiding place

verstecken* **I.** *tr V* to hide **II.** *refl V* **sich ~** to hide (**vor** from)

versteckt *Adj* ① hidden ② (*abgelegen*) secluded

verstehen <verstand verstanden> **I.** *tr V* ① (*hören*) to hear ② (*begreifen*) to understand; **jdm etw zu ~ geben** to make sb understand sth ③ (*können*) **ich verstehe kein Französisch** I don't know any French; **es ~, etw zu tun** to know how to do sth; **nichts von etw ~** to know nothing about sth **II.** *refl V* ① (*auskommen*) **sich mit jdm ~** to get on [*or* AM along] with sb; **wir ~ uns** we understand one another ② (*zu verstehen sein*) **etw versteht sich von selbst** sth goes without saying **III.** *intr V* **wenn ich recht verstehe** if I understand correctly; **verstehst du?** you know?

versteifen* *refl V* ① **sich ~** to harden ② (*auf etw beharren*) **sich auf etw** *Akk* **~** to insist on sth

versteigern* *tr V* to auction [off]

Versteigerung *f* auction

Versteinerung <-, -en> *f* fossil

verstellbar *Adj* adjustable
verstellen* **I.** *tr V* ① (*einstellen*) to adjust; **etw in der Höhe ~** to adjust sth for height ② (*woandershin stellen*) to move ③ (*blockieren*) to block ④ *Stimme* to disguise **II.** *refl V* **sich ~** to put on an act
versteuern* *tr V* to pay tax on; **zu ~d** taxable
Versteuerung *f* payment of tax
verstimmt *Adj* ① MUS out of tune ② (*verärgert*) **~ sein** to be put out
verstockt *Adj* obstinate
verstohlen [fɛɐ̯'ʃto:lən] **I.** *Adj* furtive **II.** *Adv* furtively; **jdn ~ ansehen** to give sb a furtive look
verstopfen* **I.** *tr V* to block up *sep* **II.** *intr V sein* to get blocked [up]
verstopft *Adj* blocked
Verstopfung <-, -en> *f* MED constipation *no art, no pl;* **~ haben** to be constipated
verstorben [fɛɐ̯'ʃtɔrbn̩] *Adj* deceased
Verstorbene(r) *f(m) dekl wie Adj* deceased
verstört [fɛɐ̯'ʃtø:ɐ̯t] **I.** *Adj* distraught **II.** *Adv* in distress
Verstoß [fɛɐ̯'ʃto:s] *m* violation (**gegen** of)
verstoßen* *unreg* **I.** *intr V* **gegen etw ~** to violate sth **II.** *tr V* **jdn ~** to expel sb
verstrahlt <-er, -este> *Adj* contaminated [by radiation]
verstreichen* *unreg intr V sein Zeit* to pass [by]; **eine Frist ~ lassen** to let a deadline pass
verstreuen* *tr V* ① (*ausstreuen*) to scatter ② (*versehentlich verschütten*) to spill
Verstümmelung <-, -en> *f* mutilation
Versuch <-[e]s, -e> [fɛɐ̯'zu:x] *m* ① attempt ② (*Experiment*) experiment; **einen ~ machen** to carry out an experiment
versuchen* **I.** *intr, tr V* to try; **es mit jdm/etw ~** to give sb/sth a try; **~, etw zu tun** to try to do sth **II.** *refl V* **sich in etw** *Dat* **~** to try one's hand at sth
Versuchsanlage *f* experimental plant **Versuchskaninchen** *nt* guinea pig **Versuchsreihe** *f* series of experiments **Versuchstier** *nt* laboratory animal
versuchsweise *Adv* on a trial basis
Versuchung <-, -en> *f* temptation *no art, no pl;* **jdn in ~ führen** to lead sb into temptation; **in ~ geraten** to be tempted
versunken [fɛɐ̯'zʊŋkn̩] *Adj* ① sunken *attr* ② (*vertieft*) **in etw** *Akk* **~ sein** to be absorbed in sth
versüßen* *tr V* to sweeten
vertagen* *tr V* to adjourn (**auf** until)
Vertagung *f* adjournment
vertauschen* *tr V* to switch; **etw mit etw** *Dat* **~** to exchange sth for sth
verteidigen* [fɛɐ̯'taidɪgn̩] *tr V* to defend
Verteidiger(in) <-s, -> *m(f)* ① JUR defence counsel ② SPORT defender
Verteidigung <-, -en> *f* defence
Verteidigungsminister(in) *m(f)* defence minister BRIT, secretary of defense AM **Verteidigungsministerium** *nt* Ministry of Defence BRIT, Department of Defense AM
verteilen* *tr V* to distribute (**an** to)
Verteilung *f* distribution *no pl*
verteuern* [fɛɐ̯'tɔyɐn] **I.** *tr V* to increase the price of **II.** *refl V* **sich ~** to become more expensive
Verteuerung *f* increase in price
verteufelt (*fam*) **I.** *Adj* devilish[ly tricky] **II.** *Adv* damned *fam,* devilishly
vertiefen* [fɛɐ̯'ti:fn̩] **I.** *tr V* ① to deepen ② (*festigen*) to reinforce **II.** *refl V* **sich in etw** *Akk* **~** to become absorbed in sth; **in Gedanken vertieft sein** to be deep in thought
Vertiefung <-, -en> *f* ① depression ② (*Festigung*) consolidation *no art, no pl*
vertikal [vɛrti'ka:l] **I.** *Adj* vertical **II.** *Adv* vertically
vertippen* *refl V* (*fam*) **sich ~** to make a typing error
Vertrag <-[e]s, Verträge> [fɛɐ̯'tra:k, *Pl:* -'trɛ:gə] *m* contract; (*international*) treaty; **jdn unter ~ nehmen** to contract sb
vertragen* *unreg* **I.** *tr V* (*aushalten*) to stand **II.** *refl V* ① (*verstehen*) **sich mit jdm ~** to get on with sb ② (*zusammenpassen*) **sich mit etw ~** to go with sth
vertraglich [fɛɐ̯'tra:klɪç] **I.** *Adj* contractual **II.** *Adv* by contract; **~ festgelegt werden** to be laid down in a contract
verträglich [fɛɐ̯'trɛ:klɪç] *Adj* ① *Mensch* good-natured ② *Essen* digestible; **gut ~** easily digestible; **schwer ~** indigestible

VertragsabschlussRR *m* completion of [a/the] contract **Vertragsbedingungen** *Pl* JUR terms [*or* conditions] of contract **Vertragsbruch** *m* breach of contract **Vertragsdauer** *f* ÖKON term [*or* life] of a contract **Vertragspartner(in)** *m(f)* party to a/the contract **Vertragsverletzung** *f* breach of contract **vertragswidrig** *Adj* contrary to the contract *pred*

vertrauen* *intr V* **jdm ~** to trust sb; **auf jdn ~** to trust in sb; **auf sein Glück ~** to trust to luck; **auf Gott ~** to put one's trust in God; **darauf ~, dass ...** to be confident that ...

Vertrauen <-s> *nt kein Pl* trust, confidence; **~ erweckend** trustworthy; **~ [zu jdm] haben** to have confidence [in sb]; **jdn ins ~ ziehen** to take sb into one's confidence; **im ~ auf etw** *Akk* trusting to sth

Vertrauensarzt, Vertrauensärztin *m, f* independent examining doctor **Vertrauensbruch** *m* breach of confidence **vertrauensvoll** **I.** *Adj* trusting **II.** *Adv* trustingly **vertrauenswürdig** *Adj* trustworthy

vertraulich *Adj* confidential; **streng ~** strictly confidential

verträumt *Adj* ❶ *Ort* sleepy ❷ *Mensch* dreamy

vertraut *Adj* familiar (**mit** with); **sich mit etw ~ machen** to familiarize oneself with sth

Vertraute(r) *f(m) dekl wie Adj* confidant *masc,* confidante *fem*

Vertrautheit <-> *f kein Pl* familiarity (**mit** with)

vertreiben* *tr V unreg* ❶ to drive away *sep* ❷ (*verkaufen*) to sell

Vertreibung <-, -en> *f* expulsion

vertretbar *Adj Ansicht* tenable; **nicht ~** untenable

vertreten[1] *tr V unreg* ❶ (*ersetzen*) **jdn ~** to stand in for sb; **durch jdn ~ werden** to be replaced by sb ❷ (*repräsentieren*) to represent ❸ *Meinung* to hold

vertreten[2] *refl V unreg* ▶ **sich** *Dat* **die Beine ~** to stretch one's legs

Vertreter(in) <-s, -> *m(f)* representative

Vertretung <-, -en> *f* ❶ (*Stellvertreter*) deputy ❷ ÖKON agency

Vertrieb <-[e]s> *m kein Pl* sales *pl*

Vertriebene(r) *f(m) dekl wie Adj* deportee

Vertriebsabteilung *f* sales department **Vertriebskosten** *Pl* marketing [*or* distribution] costs **Vertriebsleiter(in)** *m(f)* sales manager **Vertriebsnetz** *nt* network of distributors

vertrocknen* *intr V sein Vegetation* to dry out; *Lebensmittel* to dry up

vertrösten* *tr V* to put off *sep* (**auf** until)

vertuschen* *tr V* to hush up *sep*

verübeln* [fɛɐ̯'ʔy:bl̩n] *tr V* **jdm etw ~** to hold sth against sb

verulken* *tr V* **jdn ~** to make fun of sb

verunglücken* [fɛɐ̯'ʔʊnglʏkn̩] *intr V sein* to have an accident; **tödlich ~** to be killed in an accident

verunsichern* [fɛɐ̯'ʔʊnzɪçɐn] *tr V* **jdn ~** to make sb [feel] unsure

verunsichert <-er, -este> *Adj* uncertain

verunstalten* [fɛɐ̯'ʔʊnʃtaltn̩] *tr V* to disfigure

veruntreuen* [fɛɐ̯'ʔʊntrɔyən] *tr V* to embezzle

verursachen* [fɛɐ̯'ʔu:ɐ̯zaxn̩] *tr V* to cause

Verursacher(in) <-s, -> *m(f)* causal agent

verurteilen* *tr V* ❶ to convict; **jdn zu etw ~** to sentence sb to sth ❷ (*bestimmt sein*) **zu etw verurteilt sein** to be condemned to sth

Verurteilung <-, -en> *f* conviction

vervielfältigen* [fɛɐ̯'fi:lfɛltɪgn̩] *tr V* to duplicate

vervollständigen* [fɛɐ̯'fɔlʃtɛndɪgn̩] *tr V* to complete

Vervollständigung <-, -en> *f* completion *no art, no pl*

verwählen* *refl V* **sich ~** to dial the wrong number

verwahren* [fɛɐ̯'va:rən] *tr V* to keep safe; **etw in etw** *Dat* **~** to keep sth in sth

verwahrlost <-er, -este> *Adj* neglected

verwaist *Adj* orphaned; (*fig: verlassen*) deserted, abandoned

verwalten* *tr V* ❶ ADMIN to administer ❷ *Besitz, Daten* to manage

Verwalter(in) <-s, -> *m(f)* administrator

Verwaltung <-, -en> *f* ❶ *kein Pl* ADMIN administration *no art;* **städtische ~** municipal authority ❷ FIN, COMPUT management *no art*

V

Verwaltungsapparat *m* administrative machine[ry] *no pl*
Verwaltungsbeamte(r) [krimi'na:l-] *m dekl wie Adj,* **Verwaltungsbeamtin** *f* admin official **Verwaltungsbezirk** *m* administrative district, precinct AM **Verwaltungskosten** *Pl* admin[istrative] costs [*or* expenses] *pl*
verwandeln* **I.** *tr V* to turn (**in** into); **jd ist wie verwandelt** sb is a changed person **II.** *refl V* **sich in etw** *Akk* ~ to turn into sth
Verwandlung *f* transformation
verwandt[1] [fɛɐ̯'vant] *Adj* related (**mit** to)
verwandt[2] [fɛɐ̯'vant] *PP von* **verwenden**
Verwandte(r) *f(m) dekl wie Adj* relative
Verwandtschaft <-, -en> *f* ❶ (*die Verwandten*) relatives *pl;* **die nähere ~** close relatives *pl* ❷ (*Ähnlichkeit*) affinity (**mit** with)
verwandtschaftlich *Adj* family *attr*
Verwarnung *f* warning
verwechseln* [fɛɐ̯'vɛksln] *tr V* to mix up *sep;* **jdn/etw mit jdm/etw ~** to confuse sb/sth with sb/sth
Verwechslung <-, -en> [fɛɐ̯'vɛksluŋ] *f* confusion; **das muss eine ~ sein** there must be some mistake
verwegen [fɛɐ̯'ve:gn̩] *Adj* daring
verwehen* *tr V* ❶ (*auseinandertreiben*) to scatter ❷ (*verwischen*) to cover [over *sep*]
Verwehung <-, -en> *f* drift
Verweichlichung <-> *f kein Pl* softening *no art, no pl*
verweigern* *tr, intr V* to refuse; **einen Befehl ~** to refuse to obey an order; **den Kriegsdienst ~** to refuse to do military service
Verweigerung *f* refusal
verweint *Adj Augen* red from crying
Verweis <-es, -e> [fɛɐ̯'vais] *m* ❶ (*Tadel*) reprimand; **jdm einen ~ erteilen** to reprimand sb ❷ (*Hinweis*) reference (**auf** to)
verweisen* *unreg tr, intr V* to refer (**an/auf** to)
verwelken* *intr V sein* to wilt
verwendbar *Adj* usable
verwenden <verwendete *o* verwandte, verwendet *o* verwandt> *tr V* to use
Verwendung <-, -en> *f* use
Verwendungszweck *m* purpose
verwerflich *Adj* reprehensible
verwerten* *tr V* to use
Verwertung <-, -en> *f* utilization *no art, no pl*
verwesen* [fɛɐ̯'ve:zn̩] *intr V sein* to rot, to decompose; **verwest** decomposed
Verwestlichung <-> [fɛɐ̯'vɛstlɪçʊŋ] *f* SOZIOL Westernization
Verwesung <-> *f kein Pl* decomposition *no art*
verwickeln* **I.** *tr V* **jdn in etw** *Akk* **~** to involve sb in sth; **jdn in ein Gespräch ~** to engage sb in conversation **II.** *refl V* **sich ~** to get tangled up
verwickelt *Adj* complicated
verwildert *Adj* ❶ (*überwachsen*) *Garten* overgrown ❷ *Tier* feral; *Haustier* neglected ❸ (*fig: ungepflegt*) *Aussehen* unkempt
verwinkelt [fɛɐ̯'vɪŋkl̩t] *Adj* winding; *Gebäude* full of nooks and crannies
verwirklichen* [fɛɐ̯'vɪrklɪçn̩] **I.** *tr V* to realize **II.** *refl V* **sich ~** to fulfil oneself; **sich in etw** *Dat* **~** to find fulfilment in sth
verwirren* *tr V* to confuse
verwirrt <-er, -este> *Adj* confused
Verwirrung <-> *f kein Pl* confusion *no art*
verwitwet [fɛɐ̯'vɪtvət] *Adj* widowed
verwöhnen* [fɛɐ̯'vø:nən] *tr V* to spoil
verwöhnt *Adj* ❶ *Kind* spoilt ❷ (*anspruchsvoll*) discriminating
verworren [fɛɐ̯'vɔrən] *Adj* confused
verwundbar *Adj* vulnerable
verwunden* [fɛɐ̯'vʊndn̩] *tr V* to wound; **schwer verwundet** seriously wounded
verwunderlich *Adj* odd; **nicht ~ sein** to be not surprising
Verwunderung <-> *f kein Pl* amazement *no art*
verwundet *Adj* wounded
Verwundete(r) *f(m) dekl wie Adj* wounded person
Verwundung <-, -en> *f* wound
verwünschen* *tr V* to curse
verwurzelt *Adj* rooted
verwüsten* *tr V* to devastate
Verwüstung <-, -en> *f meist Pl* devastation *no art, no pl*
verzagt **I.** *Adj* despondent, disheartened **II.** *Adv* despondently
verzählen* *refl V* **sich ~** to miscount

V

verzaubern* *tr V* **jdn ~** ① to put a spell on sb; **jdn in etw ~** to turn sb into sth ② (*betören*) to enchant sb
verzehnfachen* [fɛɐ̯'tse:nfaxn̩] *tr, refl V* to increase tenfold
Verzehr <-[e]s> [fɛɐ̯'tse:ɐ̯] *m kein Pl* consumption
verzehren* *tr V* to consume
Verzeichnis <-ses, -se> *nt* list
verzeihen <verzieh, verziehen> *tr V* to excuse; **jdm etw ~** to forgive sb sth; **~ Sie!** excuse me!; **~ Sie, dass ich störe** excuse me for interrupting
verzeihlich *Adj* excusable
Verzeihung <-> *f kein Pl* forgiveness; [**jdn**] **um ~ bitten** to apologize [to sb]; **~!** sorry!; **~, darf ich mal hier vorbei?** excuse me, may I get past?
verzerren* **I.** *tr V* ① to distort ② MED to strain **II.** *refl V* **sich ~** to become contorted (**zu** in)
verzerrt <-er, -este> *Adj* ① (*verzogen, verändert*) distorted ② MED strained, pulled
Verzerrung *f* distortion
Verzicht <-[e]s, -e> [fɛɐ̯'tsɪçt] *m* renunciation (**auf** of)
verzichten* [fɛɐ̯'tsɪçtn̩] *intr V* to go without; **zu jds Gunsten ~** to do without in favour of sb; **auf etw** *Akk* **~** to do without sth; **auf sein Recht ~** to renounce one's right
verziehen*[1] *unreg* **I.** *intr V sein* (*umziehen*) to move **II.** *refl V haben* (*verschwinden*) **sich ~** to disappear
verziehen*[2] *unreg tr V* ① (*verzerren*) to twist; **das Gesicht ~** to pull a face ② *Kind* to bring up badly
verziehen[3] *PP von* **verzeihen**
verzieren* *tr V* to decorate
Verzierung <-, -en> *f* decoration
verzinsen* *tr V* to pay interest on; **die Bank verzinst dein Erspartes mit drei Prozent** the bank pays three percent on your savings
verzinslich *Adj* interest-bearing
verzogen [fɛɐ̯'tso:gn̩] *Adj Kind* spoilt
verzögern* **I.** *tr V* ① to delay ② (*verlangsamen*) to slow down **II.** *refl V* **sich ~** to be delayed (**um** by)
Verzögerung <-, -en> *f* delay; (*Verlangsamung*) slowing down
verzollen* *tr V* to pay duty on
Verzückung <-, -en> *f* (*geh*) ecstacy

V

Verzug <-[e]s> *m kein Pl* delay; **in ~ geraten** to fall behind
verzweifeln* *intr V sein* to despair (**an** of)
verzweifelt **I.** *Adj* ① (*verzagt*) despairing; **ein ~es Gesicht machen** to look despairingly; **ich bin völlig ~** I'm at my wits' end ② (*hoffnungslos*) desperate **II.** *Adv* despairingly
Verzweiflung <-> *f kein Pl* despair; **jdn zur ~ bringen** to drive sb to despair; **aus ~** out of desperation
Verzweiflungstat *f* act of desperation
verzweigen* [fɛɐ̯'tsvaign̩] *refl V* **sich ~** to branch out
verzweigt [fɛɐ̯'tsvaikt] *Adj* branched, having many branches
verzwickt [fɛɐ̯'tsvɪkt] *Adj* tricky
Veteran(in) <-en, -en> [vete'ra:n] *m(f)* veteran
Veto <-s, -s> ['ve:to] *nt* veto; **sein ~ einlegen** to exercise one's veto
Vetorecht *nt* right of veto
Vetter <-s, -n> ['fɛtɐ] *m* cousin
Vetternwirtschaft *f kein Pl* nepotism
VHS <-> [fauha:'ʔɛs] *f Abk von* **Volkshochschule** adult education centre
via ['vi:a] *Präp +Akk* ① (*über*) via ② (*durch*) by
Viadukt <-[e]s, -e> [via'dʊkt] *m o nt* viaduct
Vibration <-, -en> [vibra'ts̯io:n] *f* vibration
vibrieren* [vi'bri:rən] *intr V* to vibrate
Videoaufzeichnung *f* video recording **Videogerät** *nt s.* **Videorecorder** **Videokamera** *f* video camera **Videorecorder** <-s, -> *m* video [recorder], AM *usu* VCR **Videoschaltung** ['vi:deo-] *f* TELEK video link **Videothek** <-, -en> [video'te:k] *f* video shop
Vieh <-[e]s> [fi:] *nt kein Pl* ① AGR livestock ② (*fam: Tier*) animal
Viehfutter *nt* cattle feed [*or* fodder] **Viehhandel** <-s> *m kein Pl* livestock [*or* cattle] trade **Viehzucht** *f* livestock breeding
viel [fi:l] **I.** *Adj* <mehr, meiste> ① *Sing, adjektivisch* a lot of; **~ Geld** a lot of money; **der/die/das ~e ...** all this/that ... ② *substantivisch* a lot, much; **ich habe zu ~ zu tun** I have too much to do; **er weiß ~** he knows a lot ③ *Pl, adjektivisch* **~e** a lot of, many; **und ~e**

andere and many others ④ *Pl, substantivisch* (*Menschen*) **~e** a lot, many; **diese Ansicht wird von ~en vertreten** this view is held by many people; (*Dinge*) a lot **II.** *Adv* <mehr, am meisten> ① (*häufig*) a lot ② (*wesentlich*) **die Mütze ist ~ zu groß** the cap is far too big

vieldeutig *Adj* ambiguous

vielerlei *Adj* all kinds of

vielfach ['fi:lfax] **I.** *Adj* multiple **II.** *Adv* many times

Vielfalt <-> ['fi:lfalt] *f* diversity (**an** of)

vielfältig ['fi:lfɛltɪç] *Adj* diverse

vielleicht [fi'laiçt] *Adv* ① perhaps, maybe ② (*ungefähr*) **er ist ~ 30 Jahre alt** he is about 30 years old

vielmehr ['fi:lme:ɐ̯] *Adv* rather

vielseitig ['fi:lzaitɪç] *Adj* versatile

Vielzahl *f kein Pl* **eine ~ von etw** a large number of sth

vier [fi:ɐ̯] *Adj* four; *s. a.* **acht**[1] ► **ein Gespräch unter ~ Augen führen** to have a private conversation; **in den eigenen ~ Wänden wohnen** to live within one's own four walls

Vier <-, -en> [fi:ɐ̯] *f* ① four ② (*mäßige Zeugnisnote*) **er hat in Deutsch eine ~** he got a D in German ► **alle ~e von sich strecken** to stretch out; **auf allen ~en** on all fours

Viereck ['fi:ɐ̯ʔɛk] *nt* four-sided figure

viereckig ['fi:ɐ̯ʔɛkɪç] *Adj* rectangular

vierfach, **4fach** *Adj* fourfold; **die ~e Menge** four times the amount

Vierganggetriebe *nt* four-speed transmission [*or* BRIT gearbox]

vierhändig ['fi:ɐ̯hɛndɪç] *Adv* MUS as a duet

vierhundert ['fi:ɐ̯'hʊndɐt] *Adj* four hundred

vierjährig, **4-jährig**[RR] ['fi:ɐ̯jɛ:rɪç] *Adj* ① (*Alter*) four-year-old *attr,* four years old *pred* ② (*Zeitspanne*) four-year *attr*

Vierkanteisen *nt* square steel bar

viermal, **4-mal**[RR] ['fi:ɐ̯ma:l] *Adv* four times

Vierradantrieb *m* four-wheel drive

vierspurig *Adj* four-lane *attr*

vierstellig *Adj* four-figure *attr*

Viersternehotel *nt* 4-star hotel

Viertaktmotor *m* four-stroke engine

vierte(r, s) ['fi:ɐ̯tə, -tɐ, -təs] *Adj* fourth, 4th; *s. a.* **achte(r, s)**

vierteilig, **4-teilig**[RR] *Adj Film* four-part; *Besteck* four-piece

viertel ['fɪrtl̩] *Adj* quarter; **drei ~** three-quarters

Viertel[1] <-s, -> ['fɪrtl̩] *nt* district

Viertel[2] <-s, -> ['fɪrtl̩] *nt o* SCHWEIZ *m* quarter; **~ vor/nach eins** [a] quarter to/past one

Vierteljahr [fɪrtl̩'ja:ɐ̯] *nt* quarter of the year; **es dauerte ein ~** it lasted three months **vierteljährlich** [fɪrtl̩jɛ:ɐ̯lɪç] *Adj, Adv* quarterly **Viertelliter** *m o nt* quarter of a litre **Viertelstunde** [fɪrtl̩'ʃtʊndə] *f* quarter of an hour **viertelstündlich** ['fɪrtl̩ʃtʏndlɪç] *Adj attr* quarter-hour

Viertürer <-s, -> *m* four-door model

vierzehn ['fɪrtse:n] *Adj* fourteen; **~ Tage** a fortnight *esp* BRIT; *s. a.* **acht 1**

vierzehntägig *Adj* two-week *attr;* **eine ~e Reise** a two-week journey

vierzehnte(r, s) *Adj* fourteenth; *s. a.* **achte(r, s)**

vierzig ['fɪrtsɪç] *Adj* forty; *s. a.* **achtzig**

vierzigste(r, s) *Adj* fortieth; *s. a.* **achte(r, s)**

Vierzimmerwohnung *f* four-room flat [*or* AM apartment]

Vietnam <-s> [vi̯ɛt'na:m] *nt* Vietnam

Vietnamese, **Vietnamesin** <-n, -n> [vi̯ɛtna'me:zə, vi̯ɛtna'me:zɪn] *m, f* Vietnamese

vietnamesisch [vi̯ɛtna'me:zɪʃ] *Adj* Vietnamese; *s. a.* **deutsch**

Vikar(in) <-s, -e> [vi'ka:ɐ̯] *m(f)* curate

Villa <-, Villen> ['vɪla, *Pl:* 'vɪlən] *f* villa

violett [vi̯o'lɛt] *Adj* violet

Violine <-, -n> [vi̯o'li:nə] *f* violin

Viper <-, -n> ['vi:pɐ] *f* viper

Virenwarnung *f* INET, COMPUT virus warning

virtuell [vɪr'tuɛl] *Adj* virtual

Virus <-, Viren> ['vi:rʊs, *Pl:* 'vi:rən] *nt o m* virus

Viruskrankheit *f* viral disease

Visagist(in) <-en, -en> [viza'ʒɪst] *m(f)* make-up artist

Visier <-s, -e> [vi'zi:ɐ̯] *nt* ① (*an Waffe*) sight ② (*am Helm*) visor ► **etw ins ~ nehmen** to train one's sights on sth; **jdn/etw im ~ haben** to keep tabs on sb/sth

Vision <-, -en> [vi'zi̯o:n] *f* vision

Visite <-, -n> [vi'zi:tə] *f* MED round; **~ machen** to do one's round

Visitenkarte *f* business card
Viskose <-> [vɪs'ko:zə] *f kein Pl* viscose
visuell [vi'zu̯ɛl] *Adj* visual
Visum <-s, Visa *o* Visen> ['vi:zʊm, *Pl:* 'vi:za, 'vi:zən] *nt* visa
vital [vi'ta:l] *Adj* vigorous
Vitalität <-> [vitali'tɛt] *f kein Pl* vigour
Vitamin <-s, -e> [vita'mi:n] *nt* vitamin ▸ ~ **B** (*hum fam*) good contacts *pl*
Vitaminmangel *m* vitamin deficiency **vitaminreich** *Adj* rich in vitamins
Vitrine <-, -n> [vi'tri:nə] *f* display case
Vizepräsident(in) *m(f)* vice president
V-Mann <-leute> ['fau-] *m s.* **Verbindungsmann** intermediary
Vogel <-s, Vögel> ['fo:gl̩, *Pl:* 'fø:gl̩] *m* bird ▸ **einen ~ haben** to have a screw loose
Vogelbauer *nt o m* birdcage **Vogelbeere** *f* rowan berry **Vogelfutter** *nt* bird food **Vogelkirsche** *f* BOT gean **Vogelnest** *nt* bird's nest **Vogelscheuche** <-, -n> *f* scarecrow **Vogelwarte** *f* ornithological station
Vogerlsalat *m* ÖSTERR (*Feldsalat*) lamb's lettuce *no pl*
Vogesen <-> [vo'ge:zn̩] *Pl* Vosges *pl*
Vokabel <-, -n> [vo'ka:bl̩] *f* word; **~n** vocabulary *sing*
Vokabular <-s, -e> [vokabu'la:ɐ̯] *nt* vocabulary
Vokal <-s, -e> [vo'ka:l] *m* vowel
Volk <-[e]s, Völker> [fɔlk, *Pl:* 'fœlkɐ] *nt* ❶ people; **ein Mann aus dem ~** a man of the people ❷ *kein Pl* (*Menschenmenge*) masses *pl;* **das ~ aufwiegeln** to incite the masses; **sich unters ~ mischen** to mingle with the people
Völkerbund *m kein Pl* HIST League of Nations **Völkergemeinschaft** *f* international community **Völkerkunde** <-> *f kein Pl* ethnology **Völkermord** *m* genocide **Völkerrecht** *nt kein Pl* international law **Völkerverständigung** *f kein Pl* international understanding
Volksabstimmung *f* referendum **Volksbefragung** *f* referendum **Volksentscheid** *m* referendum
Volksfest *nt* fair

A **Volksfest** is a traditional fair lasting several days with various attractions such as a big wheel, rollercoaster and beer tents. One of the most famous is the *Oktoberfest* in Munich.

Volksheld(in) *m(f)* national hero/national heroine **Volkshochschule** *f* adult education centre

Volkshochschulen are autonomous, public institutions of further education. Their range of courses covers fields such as computing, languages, philosophy and dancing. They are intended for people from all walks of life and every age group, and are becoming increasingly recognized as providers of further vocational training.

Volkskunde *f* folklore **Volkslied** *nt* folk song **Volksschauspieler(in)** *m(f)* FILM, THEAT crowd-pleasing actor **Volksstamm** *m* tribe **Volkstanz** *m* folk dance **Volkstracht** *f* traditional costume
volkstümlich ['fɔlksty:mlɪç] *Adj* traditional
Volksvertreter(in) *m(f)* representative of the people **Volkswirt(in)** *m(f)* economist **Volkswirtschaft** *f* national economy **Volkszählung** *f* census
voll [fɔl] **I.** *Adj* ❶ (*gefüllt*) full; **das Glas ist ~ Wasser** the glass is full of water; **eine Hand ~ Reis** a handful of rice; **~ gepfropft** crammed full; **~ gestopft** stuffed full ❷ (*vollständig*) full, whole; **den ~en Preis bezahlen** to pay the full price; **ein ~er Erfolg** a total success; **ein ~es Jahr** a whole year; **jede ~e Stunde** every hour on the hour; **in ~er Größe** full-size ❸ (*fam: betrunken*) **~ sein** to be plastered ▸ **jdn nicht für ~ nehmen** not to take sb seriously; **aus dem Vollen schöpfen** to draw on plentiful resources **II.** *Adv* ❶ (*vollkommen*) completely ❷ (*uneingeschränkt*) fully; **nicht ~ da sein** to not be quite with it ❸ (*mit aller Wucht*) smack ▸ **~ und ganz** totally
vollautomatisch *Adj* fully automatic
Vollbad *nt* bath
Vollbart *m* full beard
Vollblut *nt* thoroughbred
Vollbremsung *f* emergency stop
vollbringen* *tr V unreg* to accomplish

Völlegefühl <-[e]s> *nt kein Pl* unpleasant feeling of fullness
vollenden* [fɔl'ʔɛndn̩] *tr V* to complete
vollendet *Adj* perfect
Vollendung <-, -en> [fɔl'ʔɛndʊŋ] *f* ❶ (*das Vollenden*) completion ❷ *kein Pl* (*Perfektion*) perfection
Volleyball ['vɔli-] *m* volleyball
vollführen* [fɔl'fy:rən] *tr V* to perform
voll|füllen *tr V* **etw ~** to fill up
Vollgas *nt kein Pl* full speed; **~ geben** to put one's foot down; **mit ~** at full throttle
völlig ['fœlɪç] **I.** *Adj* complete **II.** *Adv* completely; **Sie haben ~ recht** you're absolutely right
volljährig ['fɔljɛ:rɪç] *Adj* of age; **~ werden** to come of age
Volljährigkeit <-> *f kein Pl* majority
Vollkaskoversicherung *f* fully comprehensive insurance
vollklimatisiert *Adj* fully air-conditioned
vollkommen [fɔl'kɔmən] **I.** *Adj* ❶ (*perfekt*) perfect ❷ (*völlig*) complete **II.** *Adv* completely
Vollkommenheit <-> *f kein Pl* perfection
Vollkornbrot *nt* wholemeal [*or* AM whole-grain] bread
voll|labern *tr V* (*fam*) **jdn ~** to go on and on at sb
voll|laden *tr V unreg* **etw ~** to load sth up completely
voll|laufen *intr V unreg* to fill up; **etw ~ lassen** to fill sth [up] ▶ **sich ~ lassen** (*fam*) to get smashed
Vollmacht <-, -en> ['fɔlmaxt] *f* authorization; **jdm [die] ~ geben, etw zu tun** to authorize sb to do sth
Vollmilch *f* full-cream milk BRIT, whole milk AM
Vollmond *m kein Pl* full moon; **bei ~** when the moon is full
Vollpension *f kein Pl* full board; **mit ~** for full board
vollschlank *Adj* plump
vollständig ['fɔlʃtɛndɪç] **I.** *Adj* complete **II.** *Adv* completely
Vollständigkeit <-> *f kein Pl* completeness
Vollstreckung <-, -en> *f* execution
vollsynchronisiert *Adj* fully synchronized
voll|tanken *intr V* to fill up the fuel tank
voll|texten *tr V* (*fam*) **jdn ~** to go on and on at sb
Volltreffer *m* direct hit
Vollversammlung *f* general meeting
Vollwaschmittel *nt* laundry detergent
vollwertig *Adj* fully adequate; **jdn als ~ behandeln** to treat sb as an equal
Vollwertkost *f kein Pl* wholefoods *pl*
vollzählig ['fɔltsɛ:lɪç] *Adj* complete; **~ sein** to be all present
vollziehen* [fɔl'tsi:ən] *unreg tr V* to carry out *sep; Urteil* to execute
Vollzugsanstalt *f* penal institution
Volontär(in) <-s, -e> [volɔn'tɛ:ɐ̯] *m(f)* trainee
Volt <-[e]s, -> [vɔlt] *nt* volt
Volumen <-s, - *o* Volumina> [vo'lu:mən, *Pl:* -mina] *nt* volume
von [fɔn] *Präp +Dat* ❶ *räumlich* (*ab, herkommend*) from; **~ woher ...?** where ... from?, from where ...?; (*herab, heraus*) off; **er fiel ~ der Leiter** he fell off the ladder ❷ *räumlich* (*etw entfernend*) from, off; **die Wäsche ~ der Leine nehmen** to take the washing off the line; **Schweiß ~ der Stirn wischen** to wipe sweat from one's brow ❸ *zeitlich* from; **die Zeitung ~ gestern** yesterday's paper; **~ jetzt an** from now on; **~ wann ist der Brief?** when is the letter from? ❹ (*Ursache, Urheber*) **~ jdm gelobt werden** to be praised by sb; **müde ~ der Arbeit** tired of work; **~ wem ist dieser Roman?** who is this novel by?; **das war nicht nett ~ dir!** that was not nice of you! ❺ (*Zugehörigkeit*) of; **die Königin ~ England** the Queen of England; **keiner ~ uns** none of us ❻ (*bei Maßangaben*) of; **einen Abstand ~ zwei Metern** a distance of two metres ▶ **~ wegen!** no way!
voneinander [fɔnʔai'nandɐ] *Adv* from each other; **wir könnten viel ~ lernen** we could learn a lot from each other
vor [foɐ̯] **I.** *Präp* ❶ (*davor befindlich*) in front of; **sie ließ ihn ~ sich** *Dat* **her gehen** she let him go in front of her; **~ sich** *Akk* **hin summen** (*fam*) to hum to oneself ❷ (*eher*) before; **~ kurzem/hundert Jahren** a short time/hundred years ago; **es ist zehn ~ zwölf** it is ten to twelve; **~ jdm am Ziel sein** to get somewhere before sb else ❸ (*bedingt durch*) with; **starr ~ Schreck** rigid with

horror **II.** *Adv* forward; ~ **und zurück** backwards and forwards

vorab [foːɐ̯'ʔap] *Adv* first

Vorabend <-s, -e> ['foːɐ̯ʔaːbn̩t] *m* **am ~** [**einer S.** *Gen*] on the eve [of sth]

Vorahnung *f* premonition

voran [fo'ran] *Adv* ① (*vorn befindlich*) first; **der Lehrer geht ~** the teacher goes first ② (*vorwärts*) forwards

voran|bringen *tr V unreg* **etw ~** to advance sth; **jdn ~** to allow sb to advance, to help sb to make progress

voran|gehen *intr V unreg sein* ① (*an der Spitze gehen*) to go ahead; **den Kindern ~** to go ahead [*or* in front] of the children ② (*Fortschritte machen*) to make progress ③ (*einer Sache vorausgehen*) **dem Projekt gingen lange Planungsphasen voran** the project was preceded by long phases of planning **voran|kommen** *intr V unreg sein* ① to make headway ② (*Fortschritte machen*) to make progress **Voranmeldung** ['foːɐ̯ʔanmɛldʊŋ] *f* appointment

Voranschlag *m* estimate

Voranzeige *f* advance notice

Vorarbeiter(in) *m(f)* foreman *masc*/forewoman *fem*

voraus [fo'raus] *Adv* ahead; **jdm ~ sein** to be ahead of sb; **im Voraus** in advance

voraus|ahnen *tr V* **etw ~** to anticipate sth **voraus|gehen** [fo'rausgeːən] *intr V unreg sein* to go on ahead; **einem Unwetter geht meistens ein Sturm voraus** bad weather is usually preceded by a storm **vorausgesetzt** *Adj* **~,** [**dass**] ... provided [that] ... **Voraussage** <-, -n> *f* prediction **voraus|sagen** *tr V* to predict **voraussehbar** *Adj* foreseeable, predictable **voraus|setzen** *tr V* ① (*annehmen*) to assume ② (*erfordern*) to require **Voraussetzung** <-, -en> *f* precondition; **unter der ~, dass ...** on condition that ...; **unter bestimmten ~en** under certain conditions **Voraussicht** *f kein Pl* foresight; **in weiser ~** with great foresight; **aller ~ nach** in all probability **voraussichtlich** [fo'rauszɪçtlɪç] **I.** *Adj* expected **II.** *Adv* probably **Vorauszahlung** *f* advance payment

Vorbau <-[e]s, -bauten> ['foːɐ̯bau, *Pl:* -bautən] *m* porch

Vorbehalt <-[e]s, -e> ['foɐ̯bəhalt] *m* reservation (**gegen** about); **ohne ~** without reservation; **unter ~** with reservations

vorbehaltlich *Präp* ~ **einer S.** *Gen* subject to sth

vorbehaltlos **I.** *Adj* unreserved **II.** *Adv* unreservedly

Vorbehandlung *f* pre-treatment

vorbei [foːɐ̯'bai] *Adv* ① *örtlich* **an etw** *Dat* ~ past sth; **wir sind schon an München ~** we have already passed Munich ② *zeitlich* ~ **sein** to be over; **es ist drei Uhr ~** it's gone three o'clock

vorbei|fahren *unreg intr V sein* to drive past **vorbei|gehen** [foːɐ̯'baigeːən] *intr V unreg sein* ① (*vorübergehen*) [**an jdm/etw**] ~ to go past [sb/sth]; **im Vorbeigehen** in passing ② (*danebengehen*) to miss ③ (*vergehen*) **etw geht vorbei** sth passes **vorbei|kommen** *intr V unreg sein* ① (*passieren*) to pass ② (*besuchen*) [**bei jdm**] ~ to drop in [at sb's] **vorbei|lassen** *tr V unreg* **jdn/etw** [**an jdm**] ~ to let sb/sth past [sb]; **lassen Sie uns bitte vorbei!** let us through please! **vorbei|reden** *intr V* **am Thema ~** to miss the point; **aneinander ~** to be talking at cross purposes

vorbelastet *Adj* at a disadvantage; **erblich ~ sein** to have an inherited defect

Vorbemerkung *f* preface

vor|bereiten* **I.** *tr V* to prepare **II.** *refl V* **sich ~** to prepare oneself (**für/auf** for)

Vorbereitung <-, -en> *f* preparation; **~en treffen** to make preparations (**für** for)

Vorbesitzer(in) <-s, -> *m(f)* previous owner

vor|bestellen* *tr V* to order in advance; **ich möchte bitte zwei Karten ~** I'd like to book two tickets please

Vorbestellung *f* advance booking

vorbestraft *Adj* previously convicted (**wegen** for); **nicht ~ sein** to not have a criminal record

vor|beugen **I.** *intr V* **einer Krankheit/Gefahr ~** to prevent an illness/danger **II.** *refl V* **sich ~** to lean forward

vorbeugend *Adj* preventive

Vorbeugung <-, -en> *f* prevention; **zur ~** as a prevention

Vorbild <-[e]s, -er> ['foːɐ̯bɪlt] *nt* example; **nach dem ~ von ...** following the example set by ...; [**jdm**] **als ~ dienen** to serve as an example [for sb]

V

vorbildlich **I.** *Adj* exemplary **II.** *Adv* in an exemplary manner
Vorbildung *f kein Pl* educational background
Vorbote *m* harbinger
vor|bringen *tr V unreg* **etw** [**gegen etw**] ~ to have sth to say [about sth]; *Argument* to put forward
vorchristlich *Adj attr* pre-Christian
vor|datieren* [foːɐ̯datiːrən] *tr V* to post-date
Vorderachse *f* front axle **Vorderansicht** *f* front view **Vorderasien** <-s> *nt* Near East **Vorderbein** *nt* ZOOL foreleg
vordere(r, s) [ˈfɔrdərə, -rɐ, -rəs] *Adj* front
Vorderfront *f* frontage **Vordergrund** *m* foreground; **im ~ stehen** to be the centre of attention; **in den ~ treten** to come to the fore **Vordermann** *m* **jds ~** the person in front of sb ▶ **etw auf ~ bringen** (*fam*) to lick sth into shape **Vorderrad** *nt* front wheel **Vorderradantrieb** *m* front-wheel drive **Vorderschinken** *m* shoulder ham **Vorderseite** *f* front [side] **Vordersitz** *m* front seat
vorderste(r, s) [ˈfɔrdɐstə, -stɐ, -stəs] *Adj Superl von* **vordere(r, s)** foremost
Vorderteil [ˈfɔrdɐtail] *m o nt* front [part]
Vordiplom *nt* intermediate diploma
vor|drängeln *refl V*, **vor|drängen** *refl V* **sich ~** to push to the front
vor|dringen *intr V unreg sein* [**bis**] **irgendwohin ~** to reach somewhere
Vordruck <-drucke> *m* form
vorehelich *Adj attr* pre-marital
voreilig [ˈfoːɐ̯ʔailɪç] **I.** *Adj* rash **II.** *Adv* rashly
voreingenommen [ˈfoːɐ̯ʔaingənɔmən] *Adj* prejudiced (**gegenüber** against)
Vorentscheidung *f* preliminary decision
Vorentscheidungsrunde *f* preliminary round
vorerst [ˈfoːɐ̯ʔeːɐ̯st] *Adv* for the time being
Vorfahr(in) <-en, -en> [ˈfoːɐ̯faːɐ̯] *m(f)* ancestor
Vorfahrt [ˈfoːɐ̯faːɐ̯t] *f kein Pl* right of way; **jdm die ~ nehmen** to fail to give way to sb
vorfahrtsberechtigt *Adj* having the right of way **Vorfahrtsstraße** *f* main road
Vorfall *m* incident
vor|fallen *intr V unreg sein* to occur
vor|finden *tr V unreg* to find
Vorfreude *f* anticipation (**auf** of)
vor|führen *tr V* ❶ (*darbieten*) to perform ❷ (*bloßstellen*) **jdn ~** to show sb up
Vorführung *f* FILM showing
Vorgang <-gänge> *m* ❶ (*Geschehnis*) event ❷ (*Prozess*) process
Vorgänger(in) <-s, -> *m(f)* predecessor
Vorgarten *m* front garden
vor|geben *unreg intr V* ~ [**, dass ...**] to pretend [that ...]
Vorgebirge *nt* foothills *pl*
vorgefasstRR *Adj*, **vorgefaßt**ALT *Adj* preconceived
vorgefertigt *Adj* prefabricated
vorgeheizt **I.** *PP von* **vorheizen** **II.** *Adj* **im ~en Backofen** in a preheated oven
vor|gehen *intr V unreg sein* ❶ (*vorausgehen*) to go on ahead ❷ *Uhr* to be fast; **meine Uhr geht fünf Minuten vor** my watch is five minutes fast ❸ (*Vorrang haben*) to have priority ❹ (*agieren*) to take action (**gegen** against) ❺ (*sich abspielen*) to go on; **in jdm ~** to go on inside sb ❻ (*verfahren*) to proceed (**bei** in)
Vorgeschmack *m kein Pl* foretaste; **jdm einen ~ geben** to give sb a foretaste (**von** of)
Vorgesetzte(r) *f(m) dekl wie Adj* superior
vorgestern [ˈfoːɐ̯gɛstɐn] *Adv* the day before yesterday
vor|greifen *intr V unreg* to anticipate
vor|haben [ˈfoːɐ̯haːbn̩] *tr V unreg* **etw ~** to plan sth; **etw mit jdm ~** to have sth planned for sb
Vorhaben <-s, -> [ˈfoːɐ̯haːbn̩] *nt* plan
Vorhalle *f* entrance hall
vor|halten *unreg tr V* **jdm etw ~** to reproach sb for sth
Vorhand <-> [ˈfoːɐ̯hant] *f kein Pl* forehand
vorhanden [ˈfoːɐ̯ˈhandn̩] *Adj* ❶ (*verfügbar*) available ❷ (*existierend*) existing
Vorhang <-s, Vorhänge> [ˈfoːɐ̯haŋ, *Pl:* ˈfoːɐ̯hɛŋə] *m* curtain
VorhängeschlossRR *nt* padlock
Vorhaut *f* foreskin

V

vorheizen *tr V* to preheat
vorher [foːɐ̯ˈheːɐ̯] *Adv* beforehand
vorher|bestimmen* *tr V* to predetermine; **vorherbestimmt sein** to be predestined **vorher|gehen** [foːɐ̯ˈheːɐ̯geːən] *intr V sein unreg* to precede
vorherig [foːɐ̯ˈheːrɪç] *Adj attr* prior; (*Abmachung, Vereinbarung*) previous, prior
Vorherrschaft *f* [pre]dominance
vorherrschend *Adj* predominant, prevailing; (*weitverbreitet*) prevalent
Vorhersage [foːɐ̯ˈheːɐ̯zaːgə] *f* ① METEO forecast ② (*Voraussage*) prediction
vorher|sagen *tr V* to predict **vorhersehbar** *Adj* foreseeable **vorher|sehen** *tr V unreg* to foresee
vorhin [foːɐ̯ˈhɪn] *Adv* just [now]
Vorhof *m* forecourt
vorig [ˈfoːrɪç] *Adj attr* last
Vorjahr *nt* last year
Vorkehrung <-, -en> *f* precaution; **~en treffen** to take precautions
vor|kochen *tr V* KOCHK to partially cook
vor|kommen *intr V unreg sein* ① (*passieren*) to happen; **das kann [schon mal] ~** these things [can] happen; **das soll nicht wieder ~** it won't happen again ② (*vorhanden sein*) to be found ③ (*erscheinen*) to seem; **sich** *Dat* **[irgendwie] ~** to feel [somehow]
Vorkommen <-s, -> *nt meist Pl* BERGB deposit
Vorkriegszeit *f* pre-war period
Vorladung *f* JUR summons
Vorlage *f* (*Muster*) pattern
vor|lassen *tr V unreg* to let past
Vorläufer(in) *m(f)* precursor
vorläufig [ˈfoːɐ̯lɔyfɪç] **I.** *Adj* temporary; (*Ergebnis*) provisional **II.** *Adv* for the time being
vorlaut [ˈfoːɐ̯laut] *Adj* impertinent
vor|legen *tr V* **[jdm] etw ~** to present sth [to sb]
vor|lesen *unreg* **I.** *tr V* **[jdm] etw ~** to read out *sep* sth [to sb] **II.** *intr V* to read aloud (**aus** from)
Vorlesung *f* lecture; **eine ~ halten** to give a lecture (**über** on)
vorletzte(r, s) [ˈfoːɐ̯lɛtstə, -stɐ, -stəs] *Adj* last but one
Vorliebe [foːɐ̯ˈliːbə] *f* preference (**für** for); **eine ~ haben** to have a particular liking (**für** of)
vor|liegen *intr V unreg* ① (*eingereicht sein*) to have come in ② (*sein*) to be
vorliegend *Adj attr* available
vor|lügen *tr V unreg* **jdm etw ~** to lie to sb
vor|machen *tr V* ① (*täuschen*) **jdm etwas ~** to fool sb; **sich** *Dat* **etwas ~** to fool oneself; **machen wir uns doch nichts vor!** let's not kid ourselves! ② (*zeigen*) **jdm etw ~** to show sb [how to do] sth
vormalig [ˈfoːɐ̯maːlɪç] *Adj attr* former
vormals [ˈfoːɐ̯maːls] *Adv* (*geh*) in former times *form*, formerly
Vormarsch *m* advance; **auf dem ~ sein** to be advancing
vor|merken *tr V* **jdn [für etw] ~** to put sb's name down [for sth]
Vormittag [ˈfoɐ̯mɪtaːk] *m* morning; **am [frühen/späten] ~** [early/late] in the morning
vormittags [ˈfoɐ̯mɪtaːks] *Adv* in the morning
Vormund <-[e]s, -e o Vormünder> [ˈfoɐ̯mʊnt, *Pl:* -mʏndɐ] *m* guardian
Vormundschaft <-, -en> [ˈfoɐ̯mʊntʃaft] *f* guardianship
vorn [fɔrn] *Adv* at the front (**in** of); **nach ~** to the front; **nach ~ fallen** to fall forward; **von ~** from the front; (*von Anfang an*) from the beginning; **von ~ bis hinten** from beginning to end
Vorname *m* first name
vornehm [ˈfoːɐ̯neːm] *Adj* ① (*edel*) noble; **~ tun** to put on airs ② (*elegant*) distinguished
vor|nehmen *tr V unreg* ① (*einplanen*) **sich** *Dat* **etw ~** to plan sth ② (*fam*) **sich** *Dat* **jdn ~** to give sb a good talking-to ③ (*ausführen*) to carry out *sep;* **eine Untersuchung ~** to do an examination
vornherein [ˈfɔrnhɛrain] *Adv* **von ~** from the start
vornüber [fɔrnˈʔyːbɐ] *Adv* forwards
Vorort [ˈfoːɐ̯ʔɔrt] *m* suburb
Vorplatz *m* forecourt
vorprogrammiert *Adj* predetermined
Vorrang *m kein Pl* priority (**vor** over); **mit ~** as a matter of priority
vorrangig *Adj* priority *attr;* **~ sein** to have priority
Vorrat <-[e]s, Vorräte> [ˈfoːɐ̯raːt, *Pl:* ˈfoːɐ̯rɛːtə] *m* stocks *pl;* **etw auf ~ haben**

to have sth in stock; **etw auf ~ kaufen** to stock up on sth; **Vorräte anlegen** to lay in stock[s *pl*]; **solange der ~ reicht** while stocks last

vorrätig ['foːɐ̯rɛtɪç] *Adj* **etw ~ haben** to have sth in stock

Vorratsraum *m* store room

Vorraum *m* anteroom

Vorrecht *nt* privilege

Vorreiter(in) *m(f)* pioneer

Vorrichtung <-, -en> *f* device

vor|rücken **I.** *intr V sein* to move forward **II.** *tr V haben* **etw ~** to move sth forward

Vorruhestand *m* early retirement

Vorrunde *f* preliminary round

vor|sagen *tr V* [**jdm**] **etw ~** to whisper sth [to sb]

Vorsaison *f* low season

Vorsatz <-[e]s, Vorsätze> ['foːɐ̯zats, *Pl:* foːɐ̯zɛtsə] *m* resolution; **den ~ fassen, etw zu tun** to resolve to do sth

vorsätzlich ['foːɐ̯zɛtslɪç] **I.** *Adj* deliberate **II.** *Adv* deliberately

vor|schicken *tr V* **jdn ~** to send sb [on] ahead

vor|schieben *tr V unreg* ❶ (*vorschützen*) to use as an excuse ❷ (*nach vorn schieben*) to push forward

vor|schießen *tr V unreg* [**jdm**] **etw ~** to advance [sb] sth

Vorschlag *m* proposal; [**jdm**] **einen ~ machen** to make a suggestion [to sb]; **auf jds ~** [**hin**] on sb's recommendation

vor|schlagen *tr V unreg* [**jdm**] **etw ~** to propose sth [to sb]; **jdm ~, etw zu tun** to suggest that sb do sth

vorschnell **I.** *Adj* rash **II.** *Adv* rashly

vor|schreiben *tr V unreg* **jdm etw ~** to stipulate sth to sb; **jdm ~, was/wie ...** to tell sb what/how ...

Vorschrift *f* regulation; **~ sein** to be the regulation[s]; **jdm ~en machen** to tell sb what to do; **nach ~** to rule

vorschriftsmäßig *Adj, Adv* according to the regulations

Vorschulalter *nt kein Pl* **im ~ sein** to be of pre-school age

Vorschule *f* nursery school

> In Switzerland, every child has the right to spend at least one or two years at **Vorschule** which is voluntary and free. In most cantons the children are looked after for four to five hours a day and prepared for primary school.

Vorschuss[RR] <-es, Vorschüsse> *m*, **Vorschuß**[ALT] <-sses, Vorschüsse> ['foːɐ̯ʃʊs] *m* FIN advance

vor|schweben *intr V* **jdm schwebt etw vor** sb has sth in mind

vor|schwindeln *tr V* (*fam*) *s.* **vorlügen**

vor|sehen *unreg* **I.** *refl V* **sich** [**vor jdm**] **~** to watch out [for sb]; **sieh dich vor!** watch it! **II.** *tr V* **jdn ~** to designate sb (**für** for) **III.** *intr V* **~, dass/wie ...** to provide for the fact that/for how ...; **es ist vorgesehen,** [**dass ...**] it is planned [that ...]

Vorsehung <-> ['foːɐ̯zeːʊŋ] *f kein Pl* providence

vor|setzen *tr V* [**jdm**] **etw ~** to serve up *sep* sth [to sb]

Vorsicht <-> ['foːɐ̯zɪçt] *f kein Pl* care; **mit ~** carefully; **zur ~** as a precaution; **~!** watch out!

vorsichtig **I.** *Adj* careful **II.** *Adv* carefully

vorsichtshalber *Adv* as a precaution

Vorsichtsmaßnahme *f* precaution; **~n treffen** to take precautions

Vorsilbe *f* prefix

vor|singen *unreg tr V* [**jdm**] **etw ~** to sing sth [to sb]

Vorsitz ['foːɐ̯zɪts] *m* chairmanship; **den ~ haben** to be chairman/-woman; **den ~ bei etw** *Dat* **haben** to chair sth

Vorsitzende(r) *f(m) dekl wie Adj* chairman/-woman/-person

Vorsorge *f* provisions *pl;* **~ für etw treffen** to make provisions for sth

vor|sorgen *intr V* to provide (**für** for)

Vorsorgeuntersuchung *f* medical check-up

Vorspeise *f* starter

Vorspiegelung *f* **unter ~ von etw** under the pretence of sth

Vorspiel *nt* foreplay

vor|spielen *tr V* [**jdm**] **etw ~** ❶ MUS to play sth [for sb] ❷ (*heucheln*) to put on sth for sb

vor|springen *intr V unreg sein Fels* to project

vorspringend *Adj* prominent, protruding; *Backenknochen* prominent, high

Vorsprung *m* lead

Vorstadt *f* suburb

V

Vorstand *m* (*einer Firma*) board; (*Parteivorstand*) executive; (*Vereinsvorstand*) committee
Vorstandssitzung *f* board meeting
Vorsteher(in) <-s, -> ['fo:ɐ̯ʃte:ɐ] *m(f)* head
vor|stellen I. *tr V* ① **sich** *Dat* **etw** ~ to imagine sth ② (*mit etw verbinden*) **unter dem Namen Schlüter kann ich mir nichts** ~ the name Schlüter doesn't mean anything to me ③ (*bekannt machen*) **jdm jdn** ~ to introduce sb to sb ④ (*präsentieren*) **jdm etw** ~ to present sth to sb **II.** *refl V* ① **sich** [**jdm**] ~ to introduce oneself [to sb] ② (*vorstellig werden*) **sich** ~ to go for an interview
Vorstellung *f* ① idea; **in jds** ~ in sb's mind; **jds** ~ **entsprechen** to meet sb's requirements; **falsche** ~**en haben** to have false hopes ② THEAT performance; FILM showing
Vorstellungsgespräch *nt* interview **Vorstellungskraft** *f kein Pl*, **Vorstellungsvermögen** *nt kein Pl* imagination
Vorsteuer *f* FIN prior [turnover] tax, input tax BRIT
Vorstrafe *f* previous conviction
Vortag *m* **am** ~ the day before; **vom** ~ from yesterday
vor|täuschen *tr V Unfall* to fake; *Interesse* to feign
Vortäuschung *f* pretence; **unter** ~ **falscher Tatsachen** under false pretences
Vorteil <-s, -e> ['fo:ɐ̯tail] *m* advantage; **im** ~ **sein** to have an advantage (**gegenüber** over); **von** ~ **sein** to be advantageous (**für** to)
vorteilhaft *Adj* FIN favourable (**für** for); (*Geschäft*) lucrative
Vortrag <-[e]s, Vorträge> ['fo:ɐ̯tra:k, *Pl:* 'fo:ɐ̯trɛ:gə] *m* lecture; **einen** ~ **halten** to give a lecture (**über** on)
vor|tragen *tr V unreg* ① (*darlegen*) [**jdm**] **etw** ~ to present sth [to sb] ② *Gedicht* to recite; *Lied* to sing; *Musikstück* to play
vortrefflich [fo:ɐ̯'trɛflɪç] **I.** *Adj* excellent **II.** *Adv* excellently
vor|treten *intr V unreg sein* to step forward
Vortritt *m* precedence; **jdm den** ~ **lassen** to let sb go first
vorüber [fo'ry:bɐ] *Adv* ~ **sein** ① (*räumlich*) to have gone past; **wir sind an dem Geschäft sicher schon** ~ we must have already passed the shop ② (*zeitlich*) to be over
vorüber|gehen [fo'ry:bɐge:ən] *intr V unreg sein* ① **an jdm/etw** ~ to go past sb/sth; **im Vorübergehen** in passing ② (*zeitlich*) to pass; *Schmerz* to go
vorübergehend I. *Adj* temporary **II.** *Adv* for a short time
Vorübung *f* preliminary exercise
Vor- und Zuname *m* first name and surname
Voruntersuchung *f* JUR preliminary investigation
Vorurteil ['fo:ɐ̯ʔʊrtail] *nt* prejudice; ~**e haben** to be prejudiced (**gegen** against); **das ist ein** ~ that's prejudiced
vorurteilsfrei *Adj* unbiased; (*Gutachter*) unprejudiced
vorvergangen *Adj* (*vorletzt*) last but one; **in der** ~**en Woche** [in] the week before last
Vorverkaufsstelle *f* advance ticket office
vor|verlegen* *tr V* **etw** [**auf etw** *Akk*] ~ to bring sth forward [to sth]
Vorverstärker *f* TECH pre-amplifier
Vorverurteilung *f* SOZIOL, JUR rush to judgement; ~ **durch die Medien** trial by media
Vorwahl *f* TELEK area code
Vorwand <-[e]s, Vorwände> ['fo:ɐ̯vant, *Pl:* -vɛndə] *m* pretext; **unter einem** ~ on a pretext
vorwärts ['fo:ɐ̯vɛrts] *Adv* forward; ~! move! **Vorwärtsgang** <-gänge> *m* forward gear **vorwärts|kommen** *intr V unreg sein* to get on
Vorwäsche <-, -n> *f* pre-wash
vorweg|nehmen [fo:ɐ̯'vɛkne:mən] *tr V unreg* to anticipate
vorweihnachtlich *Adj Zeit, Stimmung* pre-Christmas; **die** ~**e Zeit** the holiday season
vor|weisen *tr V unreg* **etw** ~ **können** to have sth
vor|werfen *tr V unreg* **jdm etw** ~ to reproach sb for sth
vorwiegend *Adv* predominantly
vorwitzig *Adj* cheeky
Vorwort <-worte> *nt* foreword
Vorwurf <-[e]s, Vorwürfe> *m* reproach;

V

jdm Vorwürfe machen to reproach sb (**wegen** for)
vorwurfsvoll **I.** *Adj* reproachful **II.** *Adv* reproachfully
Vorzeichen *nt* omen
vorzeigbar *Adj* presentable
vor|zeigen *tr V* [**jdm**] **etw ~** to show [sb] sth
Vorzeigeobjekt *nt* showpiece
Vorzeit ['fo:ɐ̯tsait] *f* prehistoric times
vorzeitig ['fo:ɐ̯tsaitɪç] *Adj* early; *Tod* untimely
vor|ziehen *tr V unreg* (*bevorzugen*) to prefer; **etw** [**einer S.** *Dat*] **~** to prefer sth [to sth]; **ich ziehe es vor, spazieren zu gehen** I'd rather go for a walk
Vorzimmer *nt* secretariat
Vorzug <-[e]s, Vorzüge> ['fo:ɐ̯tsu:k, *Pl:* 'fo:ɐ̯tsy:gə] *m* ❶ (*gute Eigenschaft*) asset ❷ (*Vorteil*) advantage
vorzüglich [fo:ɐ̯'tsy:glɪç] **I.** *Adj* excellent **II.** *Adv* excellently
Vorzugspreis *m* concessionary [*or* AM discount] fare
Votum <-s, Voten *o* Vota> ['vo:tʊm, *Pl:* 'vo:tən, 'vo:ta] *nt* vote
vulgär [vʊl'gɛ:ɐ̯] **I.** *Adj* vulgar **II.** *Adv* **sich ~ ausdrücken** to use vulgar language
Vulkan <-[e]s, -e> [vʊl'ka:n] *m* volcano
Vulkanausbruch *m* volcanic eruption
vulkanisch [vʊl'ka:nɪʃ] *Adj* volcanic

W w

W, w <-, -> [ve:] *nt* W, w; **ein großes W** a capital W; **ein kleines w** a small w; *s. a.* **A**
W *Abk von* **Westen** W
Waage <-, -n> ['va:gə] *f* ❶ scales *pl* ❷ *kein Pl* ASTROL Libra
waagerecht ['va:gərɛçt] **I.** *Adj* horizontal **II.** *Adv* horizontally
Wabe <-, -n> ['va:bə] *f* honeycomb
wach [vax] *Adj* awake; **~ werden** to wake up
Wache <-, -n> ['vaxə] *f* ❶ *kein Pl* (*Wachdienst*) guard duty; **~ stehen** to be on guard duty ❷ (*Wachposten*) guard
wachen ['vaxn̩] *intr V* ❶ to keep watch ❷ (*auf etw achten*) **über etw** *Akk* **~** to ensure that sth is done
wachküssen *tr V* (*fig*) **jdn/etw ~** to breathe new life into sb/sth
Wacholder <-s, -> [va'xɔldɐ] *m* juniper
wach|rufen *tr V unreg* to evoke
Wachs <-es, -e> [vaks] *nt* wax
wachsam ['vaxza:m] *Adj* vigilant
wachsen[1] <wuchs, gewachsen> ['vaksn̩] *intr V sein* to grow; **in die Breite/Höhe ~** to grow broader/taller; **sich** *Dat* **einen Bart ~ lassen** to grow a beard ▶ **gut gewachsen** evenly-shaped
wachsen[2] ['vaksn̩] *tr V* (*mit Wachs*) to wax
Wachsfigurenkabinett *nt* waxworks *pl*
Wachstuch *nt* oilcloth
Wachstum <-[e]s> ['vakstu:m] *nt kein Pl* growth
wachstumsfördernd *Adj* BIOL growth-promoting **wachstumshemmend** *Adj* growth-inhibiting; ÖKON impeding growth *pred* **Wachstumsrate** *f* growth rate
Wächter(in) <-s, -> ['vɛçtɐ] *m(f)* ❶ guard ❷ (*Hüter*) guardian
Wachtmeister(in) *m(f)* constable BRIT, police officer AM
Wach[t]turm *m* watchtower
Wackelkontakt *m* loose connection
wackeln ['vakl̩n] *intr V* to wobble; **mit dem Kopf ~** to shake one's head
Wade <-, -n> ['va:də] *f* calf
Wadenkrampf *m* cramp in the [*or* one's] calf **Wadenwickel** *m* MED leg compress
Waffe <-, -n> ['vafə] *f* weapon; **zu den ~n greifen** to take up arms
Waffel <-, -n> ['vafl̩] *f* waffle
Waffengewalt *f kein Pl* armed force; **mit ~** by force of arms **Waffenhandel** *m* arms trade **Waffenhilfe** *f* MIL, POL arms shipments **Waffeninspektor(in)** *m(f)* MIL weapons inspector **Waffenruhe** *f* ceasefire **Waffenschein** *m* firearms licence **waffenstarrend** ['vafən-

ʃtarənd] *Adj* (*geh*) heavily armed **Waffenstillstand** *m* armistice

Wagemut *m* daring *no indef art*

wagemutig *Adj* daring

wagen ['vaːgn̩] **I.** *tr V* ❶ to risk ❷ (*sich getrauen*) **es ~, etw zu tun** to dare [to] do sth **II.** *refl V* **sich an etw** *Akk* **~** to venture to tackle sth

Wagen <-, Wagen *o* SÜDD, ÖSTERR Wägen> ['vaːgn̩, *Pl:* 'vɛːgn̩] *m* ❶ cart ❷ (*Pkw*) car ❸ (*Waggon*) carriage

Wagenheber <-s, -> *m* jack **Wagenladung** *f* truckload, BRIT *a.* lorryload **Wagenpark** *m s.* **Fuhrpark**

Waggon <-s, -s> [va'gɔŋ] *m* wag[g]on

waghalsig ['vaːkhalzɪç] *Adj* daring

Wagnis <-ses, -se> ['vaːknɪs] *nt* ❶ (*Vorhaben*) risky venture ❷ (*Risiko*) risk

Wagniskapital *nt* FIN, ÖKON venture capital

Wagon <-s, -s> [va'gõ, va'gɔŋ] *m s.* **Waggon**

Wahl <-, -en> [vaːl] *f* ❶ POL election; **zur ~ gehen** to vote ❷ *kein Pl* (*Auswahl*) choice; **eine ~ treffen** to make a choice; **jdm die ~ lassen** to let sb choose; **jdm keine ~ lassen** to leave sb [with] no alternative ❸ (*Klasse*) **erste ~** top quality; **zweite ~** second-class quality

wählbar *Adj* eligible

wahlberechtigt *Adj* entitled to vote *pred* **Wahlberechtigte(r)** *f(m) dekl wie Adj* person entitled to vote **Wahlbeteiligung** *f* turnout **Wahlbetrug** *m* vote rigging **Wahlbezirk** *m* ward

wählen ['vɛːlən] *tr, intr V* ❶ POL **[jdn/etw] ~** to vote [for sb/sth]; **jdn zu etw ~** to elect sb as sth ❷ (*auswählen*) to choose ❸ TELEK to dial

Wähler(in) <-s, -> *m(f)* voter

Wahlergebnis *nt* election result

wählerisch ['vɛːlərɪʃ] *Adj* particular

Wahlfach *nt* option **Wahlheimat** *f* adopted place of residence **Wahlhelfer(in)** *m(f)* POL polling officer **Wahlkabine** *f* polling booth **Wahlkampf** *m* election campaign **Wahlkreis** *m* constituency **Wahllokal** *nt* polling station

wahllos ['vaːlloːs] **I.** *Adj* indiscriminate **II.** *Adv* indiscriminately

Wahlniederlage *f* electoral defeat **Wahlplakat** *nt* election poster **Wahlprogramm** *nt* election manifesto **Wahlrecht** *nt kein Pl* [right to] vote **Wahlschein** *m* postal vote form BRIT, absentee ballot AM **Wahlsieg** *m* election victory **Wahlspruch** *m* motto

Wahlsystem *nt* POL electoral system

> The German **Wahlsystem** is a combination of the classic first-past-post system and proportional representation. The *Stimmzettel* (ballot) demands two votes to be cast – the first for the chosen candidate in the voter's electoral district *(Wahlbezirk)*, the second for the voter's preferred party. The parties are then awarded a certain number of seats per *Bundesland* depending on the proportion of votes they receive. The leader is chosen by the party – or coalition of parties if necessary – that holds the majority of seats in the *Bundestag*. The same voting principles apply to the *Landtagswahlen*, which take place every four years in each federal state.

Wählton *m* dialling tone

Wahlurne *f* ballot box **Wahlvolk** *nt* POL (*fam*) voting masses

wahlweise *Adv* as desired

Wahn <-[e]s> [vaːn] *m kein Pl* delusion; **in einem ~ leben** to labour under a delusion

Wahnsinn *m kein Pl* madness; **heller ~ sein** to be sheer madness; **jdn zum ~ treiben** to drive sb mad; **~!** wild!

wahnsinnig **I.** *Adj* ❶ mad; **jdn ~ machen** to drive sb mad ❷ (*wahnwitzig*) crazy ❸ *attr* (*gewaltig*) terrible **II.** *Adv* terribly; **~ viel** a heck of a lot

Wahnsinnige(r) *f(m) dekl wie Adj* madman *masc*, madwoman *fem*

wahr [vaːɐ̯] *Adj* ❶ (*zutreffend*) true ❷ (*wirklich*) real; **~ werden** to become a reality ▶ **das einzig Wahre** just the thing; **etw ~ machen** to carry out sth

während ['vɛːrənt] **I.** *Präp +Gen* during **II.** *Konj* ❶ *zeitlich* while ❷ (*wohingegen*) whereas

wahrhaben *tr V unreg* **etw nicht ~ wollen** not to want to admit sth

wahrhaft ['vaːɐ̯haft] *Adj attr* real

wahrhaftig ['vaːɐ̯'haftɪç] *Adj* real, true

W

Wahrheit <-, -en> ['vaːɐ̯hait] *f* truth *no pl;* **die ~ sagen** to tell the truth

wahrheitsgetreu *Adj* accurate

wahrnehmbar *Adj* perceptible

wahr|nehmen ['vaːɐ̯neːmən] *tr V unreg* to perceive

Wahrnehmung <-, -en> *f* perception *no pl*

wahr|sagen ['vaːɐ̯zaːgn̩] *intr V* to tell fortunes

Wahrsager(in) <-s, -> ['vaːɐ̯zaːgɐ] *m(f)* fortune teller

Wahrsagung <-, -en> *f* ❶ *kein Pl* (*das Wahrsagen*) predicting ❷ (*Prophezeiung*) prediction

wahrscheinlich [vaːɐ̯'ʃainlɪç] **I.** *Adj* probable **II.** *Adv* probably

Wahrscheinlichkeit <-, -en> *f* probability; **aller ~ nach** in all probability

Wahrscheinlichkeitsrechnung *f kein Pl* MATH probability calculus

Währung <-, -en> ['vɛːrʊŋ] *f* currency

Währungsfonds *m* monetary fund **Währungsreform** *f* currency reform **Währungsunion** *f* monetary union

Wahrzeichen ['vaːɐ̯tsaiçn̩] *nt* landmark

Waise <-, -n> ['vaizə] *f* orphan

Waisenhaus *nt* orphanage

Wal <-[e]s, -e> [vaːl] *m* whale

Wald <-[e]s, Wälder> [valt, *Pl:* 'vɛldɐ] *m* forest

Waldbrand *m* forest fire **Walderdbeere** *f* wild strawberry **Waldhorn** *nt* MUS French horn **Waldlehrpfad** *m* woodland nature trail

Waldmeister *m* woodruff

> The first **Waldorfschule** was founded by Rudolf Steiner in Stuttgart, when he was asked by the directors of the *Waldorf Astoria* cigarette factory to create a new school for the worker's children that would teach them according to Steiner's anthroposophical methods of education. This includes considering the child's development as a whole, as opposed to merely his or her academic achievement. Subjects typical of a Waldorf school include *Eurythmie* (eurythmics), a combination of dance and mimicry, where sounds have their corresponding movements.

Waldrand *m* edge of the woods [*or* forest]

waldreich *Adj* densely wooded

Waldsterben *nt* death of the forest[s] as a result of pollution **Waldweg** *m* forest path **Waldwirtschaft** *f kein Pl* forestry

Wales <-> [weɪlz] *nt* Wales

Waliser(in) <-s, -> [va'liːzɐ] *m(f)* Welshman *masc,* Welsh woman *fem*

walisisch [va'liːzɪʃ] *Adj* Welsh; *s. a.* **deutsch**

Walisisch [va'liːzɪʃ] *nt dekl wie Adj* Welsh; *s. a.* **Deutsch**

Wall <-[e]s, Wälle> [val, *Pl:* 'vɛlə] *m* embankment

Wallfahrer(in) *m(f)* pilgrim

Wallfahrt ['valfaːɐ̯t] *f* pilgrimage

WalnussRR ['valnʊs] *f,* **Walnuß**ALT *f* walnut

Walpurgisnacht [val'pʊrgɪs-] *f* **die ~** Walpurgis night

> The **Walpurgisnacht** is the eve of May 1st and according to ancient German folklore is the night of the witches' sabbath on the Blocksberg, a more recent name for the Brocken, the highest peak of the Harz mountains in central Germany.

WalrossRR *nt,* **Walroß**ALT ['valrɔs] *nt* walrus

walten ['valtn̩] *intr V* (*geh*) to reign; **Nachsicht ~ lassen** to show leniency

Walze <-, -n> ['valtsə] *f* roller

walzen ['valtsn̩] *tr V* to roll

wälzen ['vɛltsn̩] **I.** *tr V* to roll **II.** *refl V* **sich ~** to roll

Walzer <-s, -> ['valtsɐ] *m* waltz; **Wiener ~** Viennese waltz

Wälzer <-s, -> ['vɛltsɐ] *m* (*fam*) heavy tome *form*

Wampe <-, -n> ['vampə] *f* (*fam*) paunch

wand *Imp von* **winden**

Wand <-, Wände> [vant, *Pl:* 'vɛndə] *f* wall ▸ **spanische ~** folding screen; **in jds vier Wänden** within sb's own four walls

Wandbehang *m s.* **Wandteppich**

Wandel <-s> ['vandl̩] *m kein Pl* change; **einem ~ unterliegen** to be subject to change

W

wandelbar *Adj* ❶ (*geh*) changeable ❷ FIN convertible

wandeln¹ ['vandl̩n] **I.** *tr V* to change **II.** *refl V* **sich ~** to change

wandeln² ['vandl̩n] *intr V sein* (*geh: gehen*) to stroll

Wanderausstellung *f* travelling exhibition

Wanderer, **Wanderin** <-s, -> ['vandərɐ, 'vandərɪn] *m, f* hiker

Wanderkarte *f* map of walks

wandern ['vandɐn] *intr V sein* to hike

Wanderpokal *m* challenge cup **Wanderschaft** <-> *f kein Pl* travels *pl;* **auf ~ sein** to be on one's travels

Wanderung <-, -en> ['vandərʊŋ] *f* hike; **eine ~ machen** to go on a hike

Wandkarte *f* wall map

Wandschrank *m* built-in cupboard **Wandteppich** *m* tapestry **Wanduhr** *f* wall clock

Wange <-, -n> ['vaŋə] *f* cheek

Wankelmotor *m* rotary piston engine

wankelmütig ['vaŋkl̩my:tɪç] *Adj* inconsistent

wanken ['vaŋkn̩] *intr V* ❶ *haben* to sway; **ins Wanken geraten** to begin to sway ❷ *sein* (*wankend gehen*) to stagger

wann [van] *Adv* when; **bis ~** until when; **seit ~** since when; **~ [auch] immer** whenever

Wanne <-, -n> ['vanə] *f* tub

Wanst <-[e]s, Wänste> [vanst, *Pl:* 'vɛnstə] *m* paunch

Wanze <-, -n> ['vantsə] *f* bug

Wappen <-s, -> ['vapn̩] *nt* coat of arms

Wappenkunde *f kein Pl* heraldry *no pl*

wappnen ['vapnən] *refl V* **sich ~** to prepare oneself (**gegen** for)

Ware <-, -n> ['va:rə] *f* article ▶ **<u>heiße</u> ~** hot goods

Warenangebot *nt* range of goods on offer **Warenaufzug** *m* goods lift BRIT, freight elevator AM **Wareneingang** *m* ÖKON ❶ *kein Pl* (*Abteilung*) incoming goods department ❷ *meist Pl* (*eingehende, gelieferte Waren*) goods received **Warenhaus** *nt* department store **Warenkorb** *m* basket of goods **Warenprobe** *f* HANDEL commercial sample, sample of goods **Warensendung** *f* shipment **Warenzeichen** *nt* trade mark

Warlord <-s, -s> ['wɔ:lɔ:d] *m* MIL (*sl*) warlord *pej*

warm <wärmer, wärmste> [varm] *Adj* warm; **etw ~ halten** to keep sth warm; **etw ~ machen** to heat sth up; **es ~ haben** to be warm; **mir ist zu ~** I'm too hot ▶ **sich ~ <u>laufen</u>** to warm up

Wärme <-> ['vɛrmə] *f kein Pl* warmth

Wärmebrücke *f* BAU thermal bridge **Wärmedämmung** *f* heat insulation **wärmeempfindlich** *Adj* heat-sensitive **Wärmehaushalt** *m* heat regulation **Wärmeleiter** *m* heat conductor

wärmen ['vɛrmən] *tr V* to warm up

Wärmeregler *m* thermostat **Wärmespeicher** *m* thermal store

Wärmflasche *f* hot-water bottle

warm|halten *tr V unreg* (*fam*) **<u>sich</u>** *Dat* **jdn ~** to keep sb warm

warmherzig *Adj* warm-hearted **Warmluft** *f* warm air **Warmstart** *m* COMPUT soft reset **Warmwasserspeicher** *m* hot-water tank

warm|werden *intr V unreg sein* (*fam*) **<u>mit</u> jdm ~** to warm to sb

Warnblinkanlage *f* hazard warning lights *pl* **Warndreieck** *nt* hazard warning triangle

warnen ['varnən] *tr V* to warn (**vor** about)

Warnhinweis *m* warning label **Warnlicht** *nt* hazard warning light **Warnlichtschalter** *m* hazard warning switch **Warnschild** *nt* warning sign **Warnschuss**RR *m,* **Warnschuß**ALT *m* warning shot **Warnstreik** *m* token strike

Warnung <-, -en> *f* warning (**vor** about)

Warschau <-s> ['varʃau] *nt* Warsaw

Wartehalle *f* waiting room **Warteliste** *f* waiting list

warten¹ ['vartn̩] *intr V* to wait (**auf** for); **mit etw** *Dat* **~** to wait before doing sth; **auf sich ~ lassen** to be a long time [in] coming; **warte mal!** hold on!; **na warte!** just you wait!

warten² ['vartn̩] *tr V* to service

Wärter(in) <-s, -> ['vɛrtɐ] *m(f)* warder BRIT, guard AM

Warteraum *m* waiting room **Warteschlange** *f* queue, line AM **Wartezeit** *f* wait *no pl* **Wartezimmer** *nt* waiting room

Wartung <-, -en> *f* service

wartungsarm *Adj* low-maintenance

warum [va'rʊm] *Adv* why; ~ **nicht?** why not?

Warze <-, -n> ['vartsə] *f* wart

was [vas] *pron* ① what; ~ **ist?** what's the matter? ② (*etwas*) something, anything

Waschanlage *f* car wash

waschbar *Adj* washable

Waschbär *m* racoon

Waschbecken *nt* washbasin **Waschbeton** *m* exposed aggregate concrete

Wäsche <-, -n> *f kein Pl* washing; **etw in die ~ tun** to put sth in the wash

waschecht *Adj* ① genuine ② *Stoff* colourfast

Wäscheklammer *f* [clothes] peg **Wäschekorb** *m* laundry basket **Wäscheleine** *f* [clothes]line

waschen <wusch, gewaschen> ['vaʃn̩] *tr V* to wash

Wäscherei <-, -en> [vɛʃə'rai] *f* laundry

Wäscheschleuder *f* spin drier **Wäscheschrank** *m* linen cupboard **Wäscheständer** *m* clothes horse **Wäschetrockner** <-s, -> *m* drier

Waschküche *f* wash house **Waschlappen** *m* flannel **Waschmaschine** *f* washing machine **Waschmittel** *nt* detergent **Waschpulver** *nt* washing powder **Waschraum** *m* washroom **Waschsalon** *m* launderette BRIT, laundromat AM **Waschstraße** *f* car wash **Waschweib** *nt* (*fam*) gossip **Waschzettel** *m* blurb **Waschzeug** *nt* washing things *pl*

Wasser <-s, -> ['vasɐ, *Pl:* 'vɛsɐ] *nt* water *no pl;* ~ **abweisend** water-repellent; ~ **durchlässig** porous ▶ **jdm läuft das ~ im Mund zusammen** sb's mouth is watering; **fließend** ~ running water; **ins ~ fallen** to fall through; **sich über ~ halten** to keep oneself above water; ~ **lassen** to pass water; **etw unter ~ setzen** to flood sth; **unter ~ stehen** to be flooded; **zu ~** by sea

Wasseranschluss[RR] *m* water main connection **Wasseraufbereitungsanlage** *f* water treatment plant **Wasserball** *m kein Pl* (*Spiel*) water polo **Wasserbett** *nt* waterbed **Wasserdampf** *m* steam **wasserdicht** *Adj* watertight **Wasserfall** *m* waterfall **Wasserfarbe** *f* watercolour **Wasserflugzeug** *nt* seaplane **Wasserglas** *nt* tumbler **Wasserhahn** *m* [water] tap (*or* AM faucet) **Wasserhaushalt** <-[e]s> *m kein Pl* ① MED, BIOL water balance ② ÖKOL hydrologic balance

wässerig ['vɛsərɪç] *Adj s.* **wässrig**

Wasserkraft *f kein Pl* water power **Wasserkraftwerk** *nt* hydroelectric power station **Wasserkühlung** *f* water cooling *no pl* **Wasserlauf** *m* watercourse **Wasserleitung** *f* water pipe **Wassermann** ['vasɐman] *m* ASTROL Aquarius *no def art* **Wassermelone** *f* watermelon

wässern ['vɛsɐn] *tr V* to water

Wasserpflanze *f* aquatic plant **Wasserpistole** *f* water pistol **Wasserratte** *f* ① water rat ② (*fam*) keen swimmer **Wasserrohr** *nt* water pipe **wasserscheu** *Adj* scared of water **Wasserschutzgebiet** *nt* water protection area **Wasserski** *m kein Pl* waterskiing **Wasserspeicher** *m* reservoir **Wassersport** *m* water sports *pl* **Wasserstand** *m* water level

Wasserstoff *m* hydrogen

Wasserstoffbombe *f* hydrogen bomb **Wasserstoffverbrennungsmotor** *m* AUTO hydrogen[-fuelled] internal combustion engine

Wasserstrahl *m* jet of water **Wasserstraße** *f* waterway **Wasserturm** *m* water tower **Wasseruhr** *f* water meter **Wasserverbrauch** *m* water consumption **Wasserversorgung** *f* water supply **Wasserwaage** *f* spirit level **Wasserweg** *m* **auf dem ~** by water **Wasserwelle** *f* MODE shampoo and set **Wasserwerk** *nt* waterworks + *sing/pl verb* **Wasserzeichen** *nt* watermark

wässrig[RR] *Adj*, **wäßrig**[ALT] ['vɛsrɪç] *Adj* watery

waten ['va:tn̩] *intr V sein* to wade

watscheln ['va:tʃl̩n] *intr V sein* to waddle

Watt[1] <-s, -> [vat] *nt* PHYS watt

Watt[2] <-[e]s, -en> [vat] *nt* mudflats *pl* BRIT, tideland AM

Das Watt is a large area of tidal mudflats on the North Sea coast. At low tide one can walk on the sandy seabed; at high tide it lies several metres underwater and flat-bottomed coastal ships sail over it.

W

Watte <-, -n> ['vatə] *f* cotton wool *no pl*
Wattebausch *m* wad of cotton wool
Wattestäbchen *nt* cotton bud
wattieren* [va'ti:rən] *tr V* to pad
Web <-[s]> [wɛb] *nt kein Pl* INET web, Web
weben <webte *o geh* wob, gewebt *o geh* gewoben> ['ve:bn̩] *tr, intr V* to weave
Weberei <-, -en> [ve:bə'rai] *f* weaving mill
Weblog <-s, -s> [wɛb'lɔk] *m* INET blog **Webseite** *f* INET web page **Website** <-, -s> ['wɛb,saɪt] *f* INET web site **Web-Soap** <-, -s> [wɛb'soʊp] *f* TV, INET web-soap
Webstuhl *m* loom
Wechsel <-s, -> ['vɛksl̩] *m* ❶ *kein Pl* (*das Wechseln*) change; **in stündlichem ~** in hourly rotation ❷ SPORT (*Übergabe*) changeover
Wechselbeziehung *f* correlation
Wechselfälle *Pl* vicissitudes *pl*
Wechselgeld *nt* change **wechselhaft** *Adj* changeable **Wechseljahre** *Pl* menopause *no pl;* **in die ~ kommen** to reach the menopause **Wechselkurs** *m* exchange rate
wechseln ['vɛksl̩n] *tr, intr V* to change
wechselseitig *Adj* mutual **Wechselspiel** *nt* interplay **Wechselstrom** *m* alternating current **Wechselstube** *f* exchange booth **wechselweise** *Adv* alternately **Wechselwirkung** *f* interaction
wecken ['vɛkn̩] *tr V* **jdn ~** to wake sb [up]; **von Lärm geweckt werden** to be woken by noise
Wecker <-s, -> ['vɛkɐ] *m* alarm clock
wedeln ['ve:dl̩n] *intr V* **mit etw ~** to wave sth
weder ['ve:dɐ] *Konj* **~ ... noch ...** neither ... nor ...; **~ du noch er** neither you nor him; **~ noch** neither
weg [vɛk] *Adv* ❶ **~ sein** to have gone; **~ mit dir** away with you!; **von etw ~** from sth; **~ da!** [get] out of the way! ❷ (*fam*) **über etw** *Akk* **~ sein** to have got over sth
Weg <-[e]s, -e> [ve:k, *Pl:* 've:gə] *m* way; (*Pfad*) path ▸ **auf friedlichem ~e** by peaceful means; **vom rechten ~ abkommen** to wander from the straight and narrow; **geh mir aus dem ~!** get out of my way!; **jdm aus dem ~e gehen** to avoid sb; **auf dem ~ sein** to be on one's way; **jdm über den ~ laufen** to run into sb; **etw in die ~e leiten** to arrange sth; **sich auf den ~ machen** to set off; **etw aus dem ~ räumen** to remove sth; **sich jdm in den ~ stellen** to bar sb's way; **jdm nicht über den ~ trauen** not to trust sb an inch; **aus dem ~!** stand aside!
Wegbereiter(in) <-s, -> *m(f)* forerunner
weg|bleiben *intr V unreg sein* to stay away
weg|bringen *tr V unreg* to take away
weg|drücken *tr V* ❶ (*move aside*) to push away ❷ PSYCH (*fam*) *Angst, Gefühl, Erinnerung* to repress
wegen ['ve:gn̩] *Präp +Gen* because of
weg|fahren *unreg* **I.** *intr V sein* to leave **II.** *tr V haben* (*wegbringen*) to take away
weg|fallen *intr V unreg sein* to cease to apply
weg|fegen *tr V* to sweep away
weg|fliegen *intr V unreg sein* to fly away
weg|führen *tr, intr V* to lead away
weg|geben *tr V unreg* to give away *sep*
weg|gehen *intr V unreg sein* to go away
weg|jagen *tr V* to drive away
weg|kommen *intr V unreg sein* (*fam*) ❶ (*weggehen können*) to get away; **mach, dass du wegkommst!** clear off! ❷ (*abhandenkommen*) to disappear
weg|lassen *tr V unreg* ❶ (*auslassen*) to leave out *sep* ❷ (*gehen lassen*) to let go
weg|laufen *intr V unreg sein* to run away (**vor** from)
weg|legen *tr V* to put down
weg|müssen *intr V unreg* to have to go
weg|nehmen *tr V unreg* **etw** [**von etw**] **~** to take sth [off sth]; **jdm etw ~** to take away sth *sep* from sb
weg|räumen *tr V* to clear away *sep*
weg|schaffen *tr V* to remove
weg|scheren *refl V* (*fam*) **sich ~** to clear off
weg|schicken *tr V* ❶ *Post* to send off *sep* ❷ *Person* to send away
weg|schmeißen *tr V unreg* (*fam*) to throw away *sep*
weg|schütten *tr V* to pour away *sep*
weg|sehen *intr V unreg* to look away
weg|stecken *tr V* (*fig*) to get over
weg|stellen *tr V* to move out of the way

W

weg|stoßen *tr V unreg* to push [*or* shove] away
weg|tragen *tr V unreg* to carry away *sep*
weg|tun *tr V unreg* to put down *sep*
Wegweiser <-s, -> *m* signpost
weg|werfen *tr V unreg* to throw away *sep*
Wegwerfwindel *f* disposable nappy [*or* AM diaper]
weg|wischen *tr V* to wipe away *sep*
weg|ziehen *intr V unreg sein* to move away
Wegzoll *m* TRANSP, ADMIN [highway] toll
weh [veː] *Adj* sore
wehen ['veːən] *intr V* ① *Wind* to blow ② *Fahne* to flutter
wehklagen ['veːklaːgn̩] *intr V* to lament
wehleidig *Adj* oversensitive
wehmütig ['veːmyːtɪç] *Adj* (*geh*) melancholy
Wehr[1] [veːɐ̯] *f* **sich zur ~ setzen** to defend oneself
Wehr[2] <-[e]s, -e> [veːɐ̯] *nt* BAU weir
Wehrdienst *m kein Pl* military service; **den ~ verweigern** to refuse to do military service **Wehrdienstverweigerer** *m* conscientious objector
wehren ['veːrən] *refl V* **sich ~** to defend oneself (**gegen** against); **sich dagegen ~, etw zu tun** to resist doing sth
wehrlos *Adj* defenceless
Wehrmacht *f* ① armed forces ② HIST **die ~** the Wehrmacht **Wehrpflicht** *f kein Pl* compulsory military service **wehrpflichtig** *Adj* liable for military service **Wehrpflichtige(r)** *f(m) dekl wie Adj* person liable for military service **Wehrsportübung** *f* POL militia training **Wehrübung** *f* reserve duty training *no pl*
Weib <-[e]s, -er> [vaip, *Pl:* 'vaibɐ] *nt* woman
Weibchen <-s, -> ['vaipçən] *nt* female
Weiberheld *m* (*pej*) ladykiller
weibisch ['vaibɪʃ] *Adj* effeminate
weiblich ['vaiplɪç] *Adj* ① female ② (*feminin*) feminine
Weiblichkeit <-> *f kein Pl* femininity
Weibsbild *nt* SÜDD, ÖSTERR (*pej fam: Frau*) woman
weich [vaiç] *Adj* soft
Weiche <-, -n> ['vaiçə] *f* points *pl*
weichen <wich, gewichen> ['vaiçn̩] *intr V sein* ① (*nachgeben*) **einer S.** *Dat* **~** to give way to sth ② (*verschwinden*) to go; **er wich nicht von der Stelle** he didn't budge from the spot
weichherzig *Adj* soft-hearted
Weichkäse *m* soft cheese
weichlich *Adj* weak
Weichling <-s, -e> ['vaiçlɪŋ] *m* (*pej*) weakling
Weichsel <-> ['vaiksl̩] *f* GEOG **die ~** the Vistula
Weichspüler <-s, -> *m* fabric softener
weich|werden *intr V unreg sein* (*fig*) to weaken
Weide <-, -n> ['vaidə] *f* ① BOT willow ② AGR meadow
weiden ['vaidn̩] **I.** *intr V Kuh* to graze **II.** *refl V* **sich an etw** *Dat* **~** to revel in sth
Weidengeflecht *nt* wickerwork *no pl*
weigern ['vaigɐn] *refl V* **sich ~** to refuse
Weigerung <-, -en> *f* refusal
Weihe <-, -n> ['vaiə] *f* consecration *no pl;* **die ~n empfangen** to take orders
weihen ['vaiən] *tr V* ① to consecrate ② (*widmen*) **jdm geweiht sein** to be dedicated to sb
Weiher <-s, -> ['vaiɐ] *m* pond
Weihnachten <-, -> ['vainaxtn̩] *nt* Christmas; **fröhliche ~!** merry Christmas!
weihnachtlich *Adj* Christmassy
Weihnachtsabend *m* Christmas Eve **Weihnachtsbaum** *m* Christmas tree **Weihnachtsfeiertag** *m* **der erste ~** Christmas Day; **der zweite ~** Boxing Day **Weihnachtsfest** *nt kein Pl* Christmas **Weihnachtsgeld** *nt* Christmas bonus **Weihnachtsgeschenk** *nt* Christmas present **Weihnachtslied** *nt* carol **Weihnachtsmann** *m* Santa Claus
Weihnachtsmarkt *m* Christmas fair

> The most famous **Weihnachtsmarkt** in Germany is in Nürnberg (Nuremberg) but there are similar markets in most towns, where Christmas presents, Christmas decorations, special types of food and *Glühwein* are sold.

Weihrauch ['vairaux] *m* incense **Weihwasser** *nt* holy water
weil [vail] *Konj* because

W

Weile <-> ['vailə] *f kein Pl* while; **eine ganze ~** quite a while
weilen ['vailən] *intr V* (*geh*) **irgendwo ~** to stay somewhere
Weiler <-s, -> ['vailɐ] *m* hamlet
Wein <-[e]s, -e> [vain] *m* wine
Weinbeere *f* grape **Weinberg** *m* vineyard **Weinbergschnecke** *f* edible snail **Weinbrand** *m* brandy
weinen ['vainən] *intr V* to cry; **vor Freude ~** to cry with joy
weinerlich *Adj* tearful
Weinessig *m* wine vinegar **Weinfass**RR *nt* wine cask **Weinflasche** *f* wine bottle **Weinglas** *nt* wine glass **Weingut** *nt* wine-growing estate **Weinhandlung** *f* wine merchant's **Weinkarte** *f* wine list **Weinkeller** *m* wine cellar **Weinlese** *f* grape harvest **Weinprobe** *f* wine-tasting **Weinrebe** *f* grape[vine] **weinrot** *Adj* claret **Weinstock** *m s.* **Weinrebe** **Weinstube** *f* wine bar **Weintraube** *f* grape
weise ['vaizə] *Adj* wise
Weise <-, -n> ['vaizə] *f* way; **auf bestimmte ~** in a certain way; **auf diese ~** in this way; **in gewisser ~** in certain respects; **auf jds ~** in sb's own way
weisen <wies, gewiesen> ['vaizn̩] **I.** *tr V* **jdn aus etw ~** to expel sb from sth ► **etw von sich ~** to reject sth **II.** *intr V* **irgendwohin ~** to point somewhere
Weisheit <-> ['vaishait] *f kein Pl* wisdom; **eine alte ~ sein** to be a wise old saying ► **mit seiner ~ am Ende sein** to be at one's wits' end
Weisheitszahn *m* wisdom tooth
weis|machen *tr V* **jdm ~, dass ...** to lead sb to believe, that ...
weiß [vais] *Adj* white
Weiß <-[es]> [vais] *nt* [**ganz**] **in ~** dressed [all] in white
Weissagung <-, -en> *f* prophecy
Weißblech *nt* tin plate **Weißbrot** *nt* white bread
Weiße(r) *f(m) dekl wie Adj* white man/woman; **die ~n** white people
Weißglut *f* ► **jdn zur ~ bringen** to make sb livid with rage **Weißgold** *nt* white gold **Weißkohl** *m*, **Weißkraut** *nt* SÜDD, ÖSTERR white cabbage **Weißwein** *m* white wine

Weisung <-, -en> *f* instruction; **auf ~ [von jdm]** on [sb's] instructions
weit [vait] **I.** *Adj* ① (*lang*) long ② (*breit*) wide; *Kleidung* baggy; **~er werden** to widen **II.** *Adv* ① (*entfernt*) far; **am ~esten** furthest; **es noch ~ haben** to have a long way to go; **~ weg** far away; **von ~em** from afar; **von ~ her** from far away ② (*ganz*) wide; **etw ~ öffnen** to open sth wide ③ (*erheblich*) far; **~ besser** far better; **~ gehend** extensive[ly]; **~ hergeholt** far-fetched; **~ reichend** extensive; **~ verbreitet** widespread; **bei ~em** by far ④ *zeitlich* **~ zurückliegen** to be a long time ago ► **~ und breit** for miles around; **so ~, so gut** so far so good; **jdn so ~ bringen, dass er/sie etw tut** to bring sb to the point where he/she does sth; **es ~ gebracht haben** to have come a long way; **zu ~ gehen** to go too far; **das Weite suchen** to take to one's heels
weitab ['vait'ʔap] *Adv* far away; **~ von etw** far [away] from sth; **sie wohnen ~ vom Dorf** they live far [away] from the village
weitaus ['vait'ʔaus] *Adv* far
Weitblick *m kein Pl* vision
Weite <-, -n> ['vaitə] *f* ① (*weite Ausdehnung*) expanse ② (*Durchmesser, Breite*) width
weiten ['vaitn̩] **I.** *tr V* to widen **II.** *refl V* **sich ~** to widen
weiter ['vaitɐ] *Adv* further; **~ bestehen** to continue to exist; **nicht ~ wissen** not to know what [else] to do; **und so ~** and so on; **~!** keep going!
weiter|bilden *refl V* **sich in etw** *Dat* **~** to develop one's knowledge of sth **Weiterbildung** *f* further education **weiter|bringen** *tr V unreg* to help along **weiter|empfehlen*** *tr V unreg* [**jdm**] **etw ~** to recommend sth [to sb] **weiter|führen** *tr V* to continue **weiter|geben** *tr V unreg* to pass on *sep* (**an** to) **weiter|gehen** *intr V unreg sein* ① to walk on ② *Entwicklung* to go on **weiter|helfen** *intr V unreg* to help along
weiterhin ['vaitɐ'hɪn] *Adv* furthermore
weiter|kommen *intr V unreg sein* to get further (**mit** with) **weiter|machen** *intr V* to continue **Weiterreise** *f kein Pl* onward journey **weiter|sagen** *tr V* [**jdm**] **etw ~** to repeat sth [to sb]; **nicht ~!**

don't tell anyone! **Weiterverarbeitung** *f* [re]processing

weitgehend <weitgehender *o* ÖSTERR weitergehend, weitestgehend *o* weitgehendste(r, s)> **I.** *Adj* (*umfassend*) extensive **II.** *Adv* extensively, to a large extent

weither ['vait'he:ɐ̯] *Adv* (*geh*) from far away, from afar *form*

weithin ['vait'hɪn] *Adv* (*weitgehend*) to a large extent; **~ bekannt/beliebt/unbekannt** widely known/popular/largely unknown

weitläufig ['vaitlɔyfɪç] *Adj* ❶ (*ausgedehnt*) extensive ❷ (*entfernt*) distant

weitreichend *Adj* extensive **weitsichtig** ['vaitzɪçtɪç] *Adj* ❶ MED long-sighted BRIT, farsighted AM ❷ (*fig*) visionary **Weitsprung** *m kein Pl* long-jump **Weitwinkelobjektiv** *nt* wide-angle lens

Weizen <-s, -> ['vaitsn̩] *m* wheat

welch [vɛlç] *Pron* **~ [ein]** what [a]

welche(r, s) **I.** *Fragepron* which **II.** *Relativpron* (*Mensch*) who; (*Sache*) which

welk [vɛlk] *Adj* wilted

welken ['vɛlkn̩] *intr V sein* to wilt

Wellblech *nt* corrugated iron

Welle <-, -n> ['vɛlə] *f* wave

wellen ['vɛlən] *refl V* **sich ~** to be/become wavy

Wellenbrecher <-s, -> *m* breakwater **wellenförmig** *Adj* wavy **Wellenlänge** *f* ▶ **die gleiche ~ haben** to be on the same wavelength **Wellenlinie** *f* wavy line **Wellenreiten** *nt* surfing **Wellensittich** *m* budgerigar

wellig ['vɛlɪç] *Adj* wavy

WellnessRR <-> ['vɛlnɛs] *f kein Pl* ❶ (*Wohlbefinden*) well-being ❷ (*wohltuende Behandlung*) spa treatment

> When Germans talk about **Wellness**, they do not mean to refer to their state of health. The term **Wellness** refers to all kinds of spa treatments to improve one's general well-being such as massages, baths and aromatherapy. The growing trend of *Wellnessurlaub* (spa holiday) has created a whole industry of holistic and spa treatments, *Wellnesshotels* (spa hotels) and leisure centres.

WellnesshotelRR *nt* spa hotel **Wellnessurlaub**RR *m* spa holiday

Wellpappe *f* corrugated cardboard

Welpe <-n, -n> ['vɛlpə] *m* pup

Wels <-es, -e> [vɛls] *m* catfish

Welt <-, -en> [vɛlt] *f* world; **auf der ~** in the world; **in aller ~** all over the world ▶ **in seiner eigenen ~ leben** to live in a world of one's own; **jdn zur ~ bringen** to bring sb into the world; **auf die ~ kommen** to be born; **in einer anderen ~ leben** to live on another planet; **etw in die ~ setzen** to spread sth; **sie trennen ~en** they are worlds apart; **um nichts in der ~** not for the world; **alle ~** the whole world

weltabgewandt *Adj* SOZIOL insular, inward-looking

Weltall *nt kein Pl* universe **Weltanschauung** *f* philosophy of life **Weltausstellung** *f* world exhibition **Weltbank** *f kein Pl* **die ~** the World Bank **weltberühmt** *Adj* world-famous **Weltbevölkerung** *f kein Pl* world population **Weltbild** *nt* world view

Weltenbummler(in) *m(f)* globetrotter

Weltflucht *f kein Pl* SOZIOL escape from reality **weltfremd** *Adj* unworldly **Weltgeschichte** *f kein Pl* world history **Weltherrschaft** *f kein Pl* world domination **Weltkarte** *f* world map **Weltklima** *nt kein Pl* METEO global climate **Weltkrieg** *m* world war; **der Erste/Zweite ~** World War One/Two

Weltläufigkeit ['vɛltlɔyfɪgkait] *f kein Pl* SOZIOL global adaptability

weltlich ['vɛltlɪç] *Adj* worldly

Weltliteratur *f kein Pl* world literature **Weltmacht** *f* world power

weltmännisch *Adj* sophisticated

Weltmarkt *m* world market **Weltmeer** *nt* ocean **Weltmeister(in)** *m(f)* world champion (**in** at) **Weltmeisterschaft** *f* world championship **Weltoffenheit** *f kein Pl* cultural openness **Weltpremiere** *f* world premiere **Weltrangliste** *f* world rankings *pl*

Weltraum *m kein Pl* space

Weltraumfähre *f* space shuttle **Weltraumfahrt** *f kein Pl* space journey, journey into space **Weltraumforschung** *f kein Pl* space research

Weltreise *f* world trip; **eine ~ machen** to go on a journey around the world

Weltrekord *m* world record **Weltsicherheitsrat** *m* Security Council **Weltsprache** *f* world language **Weltstadt** *f* international city **Welttournee** *f* world tour **Weltuntergang** *m* end of the world

weltweit **I.** *Adj* global **II.** *Adv* globally

Weltwirtschaft *f* world economy **Weltwirtschaftsgipfel** *m* POL, ÖKON world economic summit **Weltwunder** *nt* **die sieben ~** the Seven Wonders of the World **Weltzeit** *f kein Pl* world time, universal time **Weltzeituhr** *f* world clock (*clock showing times around the world*)

wem [veːm] **I.** *Fragepron, Dat von* **wer** who ... to, to whom; **~ gehört dieser Schlüssel?** who does this key belong to?; **mit/von ~** with/from whom **II.** *Relativpron, Dat von* **wer**: **~ ...,** [**der**] the person who ... to

wen [veːn] **I.** *Fragepron, Akk von* **wer** who, whom; **an ~** who ... to; **für ~** who ... for **II.** *Relativpron, Akk von* **wer**: **~ ...,** [**der**] the person who

Wende <-, -n> ['vɛndə] *f* change

Wendefläche *f* turning area **Wendejacke** *f* reversible jacket **Wendekreis** *m* tropic **Wendeltreppe** *f* spiral staircase

wenden ['vɛndn̩] **I.** *refl V* <wendete *o geh* wandte, gewendet *o geh* gewandt> **sich irgendwohin ~** to turn to somewhere; **sich an jdn ~** to turn to sb; **sich gegen etw ~** to oppose sth **II.** *tr V* <wendete, gewendet> (*umdrehen*) to turn over *sep* **III.** *intr V* <wendete, gewendet> AUTO to turn

Wendepunkt *m* turning point

wendig ['vɛndɪç] *Adj* manoeuvrable

Wendung <-, -en> *f* ① turn ② (*Redewendung*) expression

wenig ['veːnɪç] **I.** *unbest. Pron* **~ sein** to be not [very] much; **~e** a few **II.** *Adv* little; **ein ~** a little; **nicht ~** more than a little; **zu ~** too little

weniger ['veːnɪɡɐ] *unbest. Pron, Komp von* **wenig** less

wenigste(r, s) **I.** *pron* **die ~n** very few; **das ~, was ...** the least that ... **II.** *Adv* **am ~n** least of all

wenigstens ['veːnɪçstn̩s] *Adv* at least

wenn [vɛn] *Konj* ① (*falls*) if; **~ das so ist** if that's the way it is ② (*sobald*) as soon as

wenngleich [vɛn'glaiç] *Konj* although

wer [veːɐ̯] **I.** *Fragepron* who; **~ von ...** which of ... **II.** *Relativpron* **~ ...,** [**der**] ... the person who ..., whoever ... **III.** *unbest. Pron* (*fam*) somebody

Werbeagentur *f* advertising agency **Werbebranche** *f* advertising **Werbefernsehen** *nt* commercials *pl* **Werbefilm** *m* promotional film **Werbefläche** *f* advertising space **Werbegeschenk** *nt* promotional gift **Werbekampagne** *f* advertising campaign **Werbekonzept** *nt* ÖKON advertising concept **Werbematerial** *nt* advertising material

werben <wirbt, warb, geworben> ['vɛrbn̩] *intr V* ① **für etw ~** to advertise sth ② (*zu erhalten suchen*) **um eine Frau ~** to woo a woman; **um neue Wähler ~** to try to attract new voters

Werbeprospekt *m* promotional brochure **Werberummel** *m* ÖKON (*oft pej fam*) advertising blitz **Werbeseite** *f* MEDIA, ÖKON full-page ad[vertisement] **Werbeslogan** *m* advertising slogan **Werbespot** *m* commercial **Werbestrategie** *f* ÖKON advertising strategy **Werbetext** *m* advertising [*or* publicity] copy *no pl, no indef art* **werbewirksam** *Adj* promotionally effective

Werbung <-> *f kein Pl* ① (*Branche*) advertising ② (*Reklame*) advertisement; **~ für etw machen** to advertise sth

Werdegang <*selten* -gänge> *m* career

werden ['veːɐ̯dn̩] **I.** *intr V* <wurde, geworden> *sein* ① (*sich zu etw ändern*) to become, to get; **alt ~** to get old; **kalt ~** to go cold; **es wird dunkel** it is getting dark; **sie ist gerade 90 geworden** she has just turned 90; **jdm wird heiß/übel** sb feels hot/sick ② (*Entwicklung*) **aus jdm wird etw** sb will turn out to be sth; **aus etw wird etw** sth turns into sth; **zu etw ~** to turn into sth **II.** *Hilfsverb* <wurde, worden> ① *Futur* **etw tun ~** to be going to do sth ② *Konjunktiv* **jd würde etw tun** sb would do sth ③ *in Bitten* **würde Sie sich bitte setzen?** would you please sit down? **III.** *Hilfsverb* <wurde, worden> (*bei der Bildung des Passivs*) **sie wurde entlassen** she was dismissed

Werden <-s> ['veːɐ̯dn̩] *nt kein Pl* development; **im ~ sein** to be in the making

werfen <wirft, warf, geworfen> ['vɛrfn̩] *tr V* to throw

Werft <-, -en> [vɛrft] *f* shipyard

Werk <-[e]s, -e> [vɛrk] *nt* ① work; **ans ~ gehen** to go to work ② (*Tat*) **ein gutes ~ tun** to do a good deed; **das ist sein ~** that's his doing ③ (*Fabrik*) factory

Werkbank <-bänke> *f* workbench **Werk(s)angehörige(r)** *f(m) dekl wie Adj* factory employee **Werksarzt, Werksärztin** <-es, -ärzte> *m, f* company doctor **werkseigen** *Adj* company[-owned] **Werksgelände** *nt* works premises *pl*

Werkstatt *f* workshop

Werkstoff *m* material

Werkstück *nt* workpiece

Werktag *m* workday

werktags *Adv* on workdays

werktätig ['vɛrktɛːtɪç] *Adj* **die ~e Bevölkerung** the working population

Werktreue *f kein Pl* FILM, MUS faithfulness to the original [version]

Werkzeug <-[e]s, -e> *nt* tool *usu pl*

Werkzeugkasten *m* toolbox **Werkzeugmacher(in)** *m(f)* toolmaker **Werkzeugmaschine** *f* machine tool **Werkzeugschrank** *m* tool cabinet

Wermut <-[e]s> ['veːɐ̯muːt] *m kein Pl* vermouth

wert [veːɐ̯t] *Adj* **[jdm] etw ~ sein** to be worth sth [to sb]

Wert <-[e]s, -e> [veːɐ̯t] *m* ① value; **im ~ steigen** to increase in value; **an ~ verlieren** to decrease in value; **im ~e von etw** worth sth ② (*Wichtigkeit*) **~ auf etw** *Akk* **legen** to attach value to sth; **~ darauf legen, etw zu tun** to find it important to do sth ▶ **das hat keinen ~** it's useless

wertbeständig *Adj* stable in value *pred*

Wertegemeinschaft *f* SOZIOL, POL society with common values **Wertekanon** ['veːɐ̯təkaːnɔn] *m* SOZIOL (*geh*) core values

werten *tr V* to rate

Wertesystem *nt* system of values

wertfrei *Adj* non-judgemental **Wertkartenhandy** [-hɛndi] *nt* TELEK *mobile phone using a payment card*

wertlos *Adj* worthless

Wertminderung *f* depreciation

Wertpapier *nt* bond

Wertpapierhandel *m kein Pl* BÖRSE stockbroking *no pl*

Wertschätzung *f* esteem **Wertschöpfung** *f* ÖKON increase in value, added value

Wertung <-, -en> *f* SPORT rating

Wertverlust *m* depreciation

wertvoll *Adj* valuable

Wertvorstellung *f* moral concept

Wertzuwachs *m* ÖKON capital appreciation

Wesen <-s, -> ['veːzn̩] *nt* ① being ② *kein Pl* (*Natur*) nature

Wesenszug *m* characteristic

wesentlich ['veːzn̩tlɪç] **I.** *Adj* essential; **das Wesentliche** the essential part; **im Wesentlichen** essentially **II.** *Adv* considerably

weshalb [vɛs'halp] *Adv* why

Wespe <-, -n> ['vɛspə] *f* wasp

wessen ['vɛsn̩] *Fragepron, Gen von* **wer** whose

Wessi <-s, -s> ['vɛsi] *m,* **Wessi** <-, -s> *f* (*fam*) West German

> The pejorarive term **Wessi** is the counterpart to *Ossi,* and was coined by East Germans after German Reunification to refer to West Germans and their perceived tendency to 'know it all'. This is taken further in the colloquial word *Besserwessi* – a pun on *Besserwisser* (know-all or smarty pants).

Weste <-, -n> ['vɛstə] *f* waistcoat

Westen <-s> ['vɛstn̩] *m kein Pl* west; **im ~** in the west; **nach ~** to the west

Westentasche *f* waistcoat pocket

Western <-[s], -> ['vɛstɐn] *m* western

Westfalen <-s> [vɛst'faːlən] *nt* Westphalia

westindisch ['vɛst'ʔɪndɪʃ] *Adj* West Indian **Westküste** *f* west coast

westlich ['vɛstlɪç] **I.** *Adj* western **II.** *Adv* **~ von etw** to the west of sth **III.** *Präp +Gen* **~ einer S.** [to the] west of sth

westwärts ['vɛstvɛrts] *Adv* westwards, to the west

weswegen [vɛs'veːgn̩] *Adv* why

Wettannahme *f* betting office, bookmaker's

W

Wettbewerb <-[e]s, -e> ['vɛtbəvɛrp] *m* competition

Wettbewerber(in) *m(f)* competitor

Wettbewerbsfähigkeit *f kein Pl* ÖKON competitiveness *no pl*

Wette <-, -n> ['vɛtə] *f* bet; **um die ~ laufen** to race each other; **eine ~ machen** to make a bet

wetteifern *intr V* **miteinander ~** to contend with each other

wetten ['vɛtn̩] *intr V* to bet (**auf** on); [**mit jdm**] **um etw** *Akk* ~ to bet [sb] sth; **um was wollen wir ~?** what shall we bet?; **~?** want to bet?

Wetter <-s, -> ['vɛtɐ] *nt kein Pl* weather; **bei jedem ~** in all kinds of weather

Wetteraussichten *Pl* weather outlook **Wetterbericht** *m* weather report **Wetterdienst** *m* weather service

wetterfühlig *Adj* sensitive to weather changes *pred*

Wetterhahn *m* weathercock **Wetterkarte** *f* weather chart **Wetterlage** *f* weather situation

wettern ['vɛtɐn] *intr V* [**gegen jdn/etw**] ~ to curse [sb/sth]

Wettersatellit *m* weather satellite **Wetterumschwung** *m* sudden change in the weather **Wettervoraussage** *f*, **Wettervorhersage** *f* weather forecast

Wettkampf *m* competition

Wettlauf *m* race

wettlaufen *intr V nur Infin* to run a race

wett|machen ['vɛtmaxn̩] *tr V* **etw ~** to make up for sth

Wettrennen *nt s.* **Wettlauf**

Wettrüsten <-s> *nt kein Pl* arms race

Wettstreit ['vɛtʃtrait] *m* competition, contest

wetzen ['vɛtsn̩] *tr V* (*schleifen*) to

WG <-, -s> [veː'geː] *f Abk von* **Wohngemeinschaft** flatshare

Whirlwanne *f* whirlpool

wichsen ['viksn̩] **I.** *intr V* (*vulg*) to jerk off, to wank BRIT **II.** *tr V Schuhe* to polish

Wicht <-[e]s, -e> [vɪçt] *m* (*fam*) wimp

wichtig ['vɪçtɪç] *Adj* important; **das Wichtigste** the most important thing; **sich** *Dat* **~ vorkommen** to be full of oneself

Wichtigmacher(in) *m(f)* ÖSTERR, **Wichtigtuer(in)** [-tuːɐ] *m(f)* stuffed shirt

wichtig|tun *refl V unreg* **sich ~** to act important

Wicke <-, -n> ['vɪkə] *f* vetch

Wickel <-s, -> ['vɪkl̩] *m* MED compress

Wickelkommode *f* [baby] changing table

wickeln ['vɪkl̩n] *tr V* ① to wrap (**um** round); **etw von etw ~** to unwrap sth from sth ② *Baby* to change

Wickelraum *m* babies' changing room

Widder <-s, -> ['vɪdɐ] *m* ① ram ② *kein Pl* ASTROL Aries

wider ['viːdɐ] *Präp +Akk* (*geh*) against

widerfahren* [viːdɐ'faːrən] *intr V unreg sein* **jdm ~** to befall sb

Widerhall <-s, -e> ['viːdɐhal] *m* echo ▸ **keinen ~ finden** to meet with no response

widerlegen* [viːdɐ'leːgn̩] *tr V* to refute

widerlich ['viːdɐlɪç] *Adj* disgusting

Widerpart <-[e]s, -e> *m* (*geh*) opponent, foe *liter*

widerrechtlich **I.** *Adj* unlawful **II.** *Adv* unlawfully

Widerrede ['viːdɐreːdə] *f* **ohne ~** without protest; **keine ~!** don't argue!

Widerruf ['viːdɐruːf] *m* revocation

widerrufen* [viːdɐ'ruːfn̩] *unreg intr, tr V* to recant

Widersacher(in) <-s, -> ['viːdɐzaxɐ] *m(f)* antagonist

Widerschein <-[e], -e> ['viːdɐʃain] *m* reflection

widersetzen* [viːdɐ'zɛtsn̩] *refl V* **sich jdm/einer S. ~** to resist sb/sth

widersinnig *Adj* absurd

widerspenstig ['viːdɐʃpɛnstɪç] *Adj* stubborn

wider|spiegeln ['viːdɐʃpiːgl̩n] **I.** *tr V* to mirror **II.** *refl V* **sich ~** to be reflected

widersprechen* [viːdɐ'ʃprɛçn̩] *unreg* **I.** *intr V* **jdm ~** to contradict sb **II.** *refl V* **sich** *Dat* ~ to be contradictory

Widerspruch ['viːdɐʃprʊx] *m* ① contradiction; **in ~ zu etw** *Dat* contrary to sth; **in ~ zu etw** *Dat* **stehen** to conflict with sth ② JUR **~ einlegen** to file an objection

widersprüchlich ['viːdɐʃprʏçlɪç] *Adj* contradictory

widerspruchslos *Adv* without protest

Widerstand <-[e]s> ['viːdɐʃtant, *Pl:* -ʃtɛndə] *m kein Pl* resistance; **~ leisten** to put up resistance

widerstandsfähig *Adj* resistant (**gegen** to) **Widerstandskraft** *f* robustness

widerstandslos *Adv* without resistance

widerstehen* [viːdɐˈʃteːən] *intr V unreg* to resist
widerstreben* [viːdɐˈʃtreːbn̩] *intr V* **jdm widerstrebt es, etw zu tun** sb is reluctant to do sth
Widerstreben <-s> [viːdɐˈʃtreːbn̩] *nt kein Pl* reluctance
widerstrebend *Adv* (*geh*) *s.* **widerwillig**
widerwärtig [ˈviːdɐvɛrtɪç] *Adj* disgusting
Widerwille [ˈviːdɐvɪlə] *m* distaste (**gegen** for)
widerwillig **I.** *Adj* reluctant **II.** *Adv* reluctantly
widmen [ˈvɪtmən] **I.** *tr V* **jdm etw** ~ to dedicate sth to sb **II.** *refl V* **sich einer S.** *Dat* ~ to devote oneself to sth
Widmung <-, -en> [ˈvɪtmʊŋ] *f* dedication
widrig [ˈviːdrɪç] *Adj* adverse
wie [viː] **I.** *Adv* how?; ~ **... auch [immer]** however; **wie heißt er?** what's his name?; ~ **bitte?** pardon?; ~ **geht es Ihnen?** how do you do?; ~ **geht's?** how are you?; ~ **wär's mit ...?** how about ...?; ~ **viel** how much; ~ **viele** how many; ~ **sehr** how much **II.** *Konj* ① (*vergleichend*) **so alt** ~ **sie** as old as her; **er ist genau** ~ **du** he's just like you ② (*z.B.*) like ③ (*fam*) ~ **wenn** as if
Wiedehopf <-[e]s, -e> [ˈviːdəhɔpf] *m* ORN hoopoe
wieder [ˈviːdɐ] *Adv* again; **etw** ~ **beleben** to revive; **etw** ~ **einführen** to reintroduce sth; **jdn** ~ **eingliedern** to reintegrate sb; **etw** ~ **gutmachen** to make good sth
Wiederaufbau <-bauten> [viːdɐˈʔaufbau] *m* reconstruction
wieder|auf|bauen *tr V Land, Staat* to reconstruct
Wiederaufnahmeverfahren *nt* JUR retrial, new trial
wieder|bekommen* *tr V unreg* to get back
wieder|beleben* *tr V* MED to resuscitate
Wiederbelebungsversuch *m meist Pl* attempt at resuscitation
Wiederbeschaffung *f* recovery
wieder|bringen [ˈviːdɐbrɪŋən] *tr V unreg* to bring back
wieder|einführenALT *tr V s.* **wieder**
Wiedereinführung *f* reintroduction
wieder|eingliedernALT *tr V s.* **wieder**
Wiedereingliederung *f* reintegration
wieder|erhalten* [ˈviːdɐʔɛɐ̯haltn̩] *tr V unreg* (*geh*) *s.* **wiederbekommen**
wieder|erkennen* *tr V unreg* to recognize; **nicht wiederzuerkennen sein** to be unrecognizable
wieder|erlangen* [ˈviːdɐʔɛɐ̯laŋən] *tr V* (*geh*) to regain
wieder|eröffnen* *tr V Geschäft, Restaurant* to reopen
Wiedereröffnung *f* reopening
wieder|finden *unreg refl V* **sich** ~ to turn up again
Wiedergabe [ˈviːdɐgaːbə] *f* (*Schilderung*) account
wieder|geben [ˈviːdɐgeːbn̩] *tr V unreg* **jdm etw** ~ to give sth back to sb
wieder|gewinnen* [ˈviːdɐgəvɪnən] *tr V unreg* to regain
wieder|gut|machen *tr V Fehler, Schaden, Unrecht* to compensate for
Wiedergutmachung <-, -en> *f* compensation
wieder|haben [ˈviːdɐhaːbn̩] *tr V unreg* (*fam*) **jdn/etw** ~ to have sb/sth back
wiederher|stellen [viːdɐˈheːɐ̯ʃtɛlən] *tr V* to restore
wiederholen*[1] [viːdɐˈhoːlən] **I.** *tr V* to repeat **II.** *refl V* **sich** ~ to repeat oneself
wieder|holen[2] [ˈviːdɐhoːlən] *tr V* to get [*or* fetch] back
wiederholt **I.** *Adj* repeated **II.** *Adv* repeatedly
Wiederholung <-, -en> [viːdɐˈhoːlʊŋ] *f* repetition
Wiederhören [ˈviːdɐhøːrən] *nt* [**auf**] ~**!** goodbye!
wieder|käuen [ˈviːdɐkɔyən] *tr, intr V* ZOOL to ruminate
Wiederkäuer <-s, -> *m* ruminant
Wiederkehr <-> [ˈviːdɐkeːɐ̯] *f kein Pl* (*geh*) return
wieder|kehren [ˈviːdɐkeːrən] *intr V sein* to return
wieder|kommen [ˈviːdɐkɔmən] *intr V unreg sein* to come back
wieder|sehen [ˈviːdɐzeːən] *tr V unreg* **jdn** ~ to see sb again; **sich** ~ to meet again
Wiedersehen <-s, -> [ˈviːdɐzeːən] *nt* reunion; [**auf**] ~ **sagen** to say goodbye; [**auf**] ~ goodbye
wiederum [ˈviːdərʊm] *Adv* ① again ② (*andererseits*) on the other hand

W

wieder|vereinigen* ['vi:dɐfɛɐ̯ʔaɪnɪgn̩] *refl V* **sich** ~ *Länder, Staaten* to reunify
Wiedervereinigung *f* reunification
wieder|verwerten* *tr V* recycle
Wiederverwertung *f* recycling
Wiederwahl ['vi:dɐva:l] *f* re-election
Wiederzulassung *f* readmission; AUTO relicensing
Wiege <-, -n> ['vi:gə] *f* cradle
wiegen[1] <wog, gewogen> ['vi:gn̩] *tr, intr V* to weigh
wiegen[2] *tr V Hüften* to sway
Wiegenlied *nt* lullaby, cradlesong
wiehern [vi:ɐn] *intr V* to neigh
Wien <-s> [vi:n] *nt* Vienna
Wiener ['vi:nɐ] *Adj attr* Viennese
Wiese <-, -n> [vi:zə] *f* meadow
Wiesel <-s, -> ['vi:zl̩] *nt* weasel
wieso [vi'zo:] *Adv* why
wild [vɪlt] **I.** *Adj* wild; **jdn ~ machen** to drive sb wild; **~ auf jdn/etw sein** to be crazy about sb/sth ► **halb so ~ sein** to not be important **II.** *Adv* ① wildly ② BIOL wild; **~ wachsen** to grow wild
Wild <-[e]s> [vɪlt] *nt kein Pl* ① wild animals ② KOCHK game
Wildbret <-s> ['vɪltbrɛt] *nt kein Pl* JAGD game *no pl,* venison
Wilde(r) ['vɪldə, -dɐ] *f(m) dekl wie Adj* savage
Wildente *f* ORN, KOCHK wild duck
Wilderer(in) <-s, -> ['vɪldərɐ] *m(f)* poacher
wildern ['vɪldɐn] *intr V* to poach
wildfremd ['vɪlt'frɛmt] *Adj* completely strange
Wildhüter(in) <-s, -> *m(f)* gamekeeper
Wildleder *nt* suede
Wildnis <-, -se> ['vɪltnɪs] *f* wilderness
Wildsau *f* wild sow **Wildschwein** *nt* wild boar
Wildwestfilm [vɪlt'vɛst-] *m* western
Wille <-ns> ['vɪlə] *m kein Pl* will; **seinen eigenen ~n haben** to have a mind of one's own; **der gute ~** good will; **jds letzter ~** sb's last will and testament; **seinen ~n durchsetzen** to get one's own way
willenlos *Adj* spineless
willens ['vɪləns] *Adj* **~ sein, etw zu tun** to be willing to do sth
Willenskraft *f kein Pl* willpower **willensschwach** *Adj* weak-willed **willensstark** *Adj* strong-willed
willentlich ['vɪləntlɪç] *Adj* deliberate
willig ['vɪlɪç] *Adj* willing
willkommen [vɪl'kɔmən] *Adj* welcome; [**jdm**] **~ sein** to be welcome [to sb]; **jdn ~ heißen** to welcome sb; **seid/seien Sie ~!** welcome!
Willkommen <-s, -> [vɪl'kɔmən] *nt* welcome
Willkür <-> ['vɪlky:ɐ̯] *f kein Pl* arbitrariness
willkürlich ['vɪlky:ɐ̯lɪç] **I.** *Adj* arbitrary **II.** *Adv* arbitrarily
wimmeln ['vɪml̩n] *intr V* **es wimmelt von etw** it is teeming with sth
wimmern ['vɪmɐn] *intr V* to whimper
Wimpel <-s, -> ['vɪmpl̩] *m* pennant
Wimper <-, -n> ['vɪmpɐ] *f* [eye]lash ► **ohne mit der ~ zu zucken** without batting an eyelid
Wimperntusche *f* mascara
Wind <-[e]s, -e> [vɪnt, *Pl:* 'vɪndə] *m* wind ► **bei ~ und Wetter** in all weathers; **viel ~ um etw** *Akk* **machen** to make a fuss about sth
Windbeutel *m* KOCHK cream puff
Winde <-, -n> ['vɪndə] *f* winch
Windel <-, -n> ['vɪndl̩] *f* napkin BRIT, diaper AM
Windelhöschen *nt* nappy [*or* AM diaper] pants **windelweich** *Adv* **jdn ~ schlagen** to beat sb black and blue
winden <wand, gewunden> ['vɪndn̩] *refl V* **sich ~** ① to wind ② (*sich krümmen*) to writhe (**vor** in)
Windenergie *f* wind energy
Windeseile *f* **in** [*o* **mit**] **~** in no time at all
windgeschützt *Adj* sheltered [from the wind]
Windhose *f* vortex **Windhund** *m* greyhound
windig ['vɪndɪç] *Adj* windy
Windjacke *f* windcheater **Windlicht** *nt* table lantern **Windmühle** *f* windmill **Windparkanlage** *f* wind power station
Windpocken *Pl* chickenpox
Windrad *nt* wind turbine
Windrichtung *f* wind direction **Windschatten** *m* slipstream **windschief** *Adj* crooked **Windschutzscheibe** *f* windscreen BRIT, windshield AM **Windstärke** *f* wind force **windstill** *Adj* windless; **~ sein** to be calm **Windstille** *f* calm **Windstoß** *m* gust of wind

Windung <-, -en> *f* meander
Wink <-[e]s, -e> [vɪŋk] *m* hint; **einen ~ bekommen** to receive a tip-off
Winkel <-s, -> ['vɪŋkl̩] *m* ① angle; **rechter/spitzer/stumpfer ~** a right/an acute/obtuse angle ② (*Ecke*) corner
Winkeleisen *nt* angle iron
winkelig ['vɪŋkəlɪç] *Adj s.* **winklig**
Winkelzug *m meist Pl* (*pej*) dodge, trick
winken <gewinkt *o* DIAL gewunken> ['vɪŋkn̩] **I.** *intr V* to wave; **mit etw ~** to wave sth; **einem Taxi ~** to hail a taxi **II.** *tr V* **jdn zu sich ~** to beckon sb over to one
winklig ['vɪŋklɪç] *Adj* full of nooks and crannies; *Gasse* twisty
winseln ['vɪnzl̩n] *intr V* to whimper; **um etw** *Akk* **~** to plead for sth
Winter <-s, -> ['vɪntɐ] *m* winter
Wintergarten *m* conservatory **Winterkleidung** *f* winter clothing
winterlich ['vɪntɐlɪç] *Adj* wintry; **~e Temperaturen** winter temperatures
Wintermantel *m* winter coat **Winterreifen** *m* winter tyre **Winterschlaf** *m* hibernation; **~ halten** to hibernate **Wintersport** *m* winter sport
Winzer(in) <-s, -> ['vɪntsɐ] *m(f)* wine-grower
winzig ['vɪntsɪç] *Adj* tiny; **~ klein** minute
Winzling <-s, -e> ['vɪntslɪŋ] *m* tiny thing
Wipfel <-s, -> ['vɪpfl̩] *m* treetop
Wippe <-, -n> ['vɪpə] *f* seesaw
wippen ['vɪpn̩] *intr V* to bob up and down (**auf** on)
wir <*Gen* unser, *Dat* uns, *Akk* uns> [viːɐ̯] *Personalpron* we; **~ nicht** not us
Wirbel <-s, -> ['vɪrbl̩] *m* ① ANAT vertebra ② (*Trubel*) turmoil
wirbellos *Adj* BIOL invertebrate
wirbeln ['vɪrbl̩n] *intr, tr V sein* to whirl
Wirbelsäule *f* spinal column
Wirbelsturm *m* whirlwind
Wirbeltier *nt* vertebrate
wirken ['vɪrkn̩] *intr V* ① (*Wirkung haben*) to have an effect; **etw auf sich ~ lassen** to take sth in ② (*scheinen*) to seem
wirklich ['vɪrklɪç] **I.** *Adj* real **II.** *Adv* really
Wirklichkeit <-, -en> *f* reality; **~ werden** to come true
wirksam ['vɪrkzaːm] *Adj* effective
Wirkstoff *m* active substance
Wirkung <-, -en> ['vɪrkʊŋ] *f* effect
Wirkungsbereich *m* area of activity, domain **wirkungslos** *Adj* ineffective **wirkungsvoll** *Adj* effective **Wirkungsweise** *f* [mode of] action, way sth works
wirr [vɪr] *Adj* ① confused ② (*unordentlich*) tangled
Wirren ['vɪrən] *Pl* confusion *sing*
Wirrkopf *m* (*pej*) scatterbrain
Wirrwarr <-s> ['vɪrvar] *m kein Pl* tangle
Wirt(in) <-[e]s, -e> [vɪrt] *m(f)* landlord *masc*, landlady *fem*
Wirtschaft <-, -en> ['vɪrtʃaft] *f* ① ÖKON economy; **er ist in der ~ tätig** he works in industry ② (*Gastwirtschaft*) pub BRIT, bar AM
wirtschaften ['vɪrtʃaftn̩] *intr V* to keep house; **sparsam ~** to economize
Wirtschafter(in) <-, -nen> *m(f)* housekeeper
wirtschaftlich ['vɪrtʃaftlɪç] *Adj* ① economic ② (*sparsam*) economical
Wirtschaftlichkeit <-> *f kein Pl* economy
Wirtschaftsabkommen *nt* economic agreement, trade convention **Wirtschaftsaufschwung** *m* economic upturn **Wirtschaftsbeziehungen** *Pl* economic [*or* trade] relations *pl* **Wirtschaftsdelikt** *nt* JUR, ÖKON economic crime **Wirtschaftsentwicklung** *f* ÖKON economic development **Wirtschaftsflüchtling** *m* economic refugee **Wirtschaftsgebäude** *nt meist Pl* AGR working quarters *pl* **Wirtschaftsgymnasium** *nt* SCHULE *grammar school where the emphasis is on business studies, economics and law* **Wirtschaftshilfe** *f* economic aid *no pl, no indef art* **Wirtschaftsjahr** *nt* FIN financial year **Wirtschaftskriminalität** *f* white-collar crime **wirtschaftskriminell** *Adj* JUR economic criminal *attr* **Wirtschaftslage** *f* economic situation **Wirtschaftsleben** *nt kein Pl* business life **Wirtschaftsminister(in)** *m(f)* Minister for Economic Affairs BRIT, Secretary of Commerce AM **Wirtschaftsministerium** *nt* Ministry of Trade and Commerce BRIT, Department of Commerce AM **Wirtschaftsordnung** *f* economic system **Wirtschaftspolitik** *f* economic policy **Wirtschaftsprüfer(in)** *m(f)* account-

ant **Wirtschaftsteil** *m* MEDIA business section **Wirtschafts- und Währungsunion** *f* economic and monetary union **Wirtschaftswachstum** *nt kein Pl* economic growth **Wirtschaftswissenschaft** *f meist Pl* economics *sing*
Wirtschaftswunder *nt* economic miracle

Triggered by the currency reform of 1948, the **Wirtschaftswunder** was a dramatic upturn in the German economy during the post-war years which secured the onset of a phase stability and prosperity in the FRG.

Wirtschaftszweig *m* branch of industry
Wirtshaus *nt* pub BRIT, bar AM
Wisch <-[e]s, -e> [vɪʃ] *m* (*pej fam*) piece of bumph
wischen ['vɪʃn̩] **I.** *tr V* (*säubern*) to wipe **II.** *intr V* COMPUT, INET (*rasche Handbewegung machen*) to flick
Wischerblatt *nt* AUTO wiper blade
Wischlappen *m* cloth
Wisent <-s, -e> ['vi:zɛnt] *nt* bison
wispern ['vɪspɐn] *tr, intr V* to whisper
wissbegierigRR *Adj*, **wißbegierig**ALT *Adj* eager to learn
wissen <wusste, gewusst> ['vɪsn̩] *tr V* ❶ (*kennen*) to know; **jdn etw ~ lassen** to let sb know sth; **wenn ich nur wüsste, ...** if only I knew ... ❷ (*als Kenntnisse besitzen*) **von nichts ~** to have no idea; **weißt du noch?** do you remember? ❸ (*können*) **etw zu schätzen ~** to appreciate sth; **sich zu helfen ~** to be resourceful ▶ **von jdm/etw nichts [mehr] ~ wollen** to not want to have anything more to do with sb/sth; **nicht mehr aus noch ein ~** to be at one's wits' end; **gewusst wie!** sheer brilliance!
Wissen <-s> ['vɪsn̩] *nt kein Pl* knowledge
W
Wissenschaft <-, -en> ['vɪsn̩ʃaft] *f* science
Wissenschaftler(in) <-s, -> *m(f)* scientist
wissenschaftlich ['vɪsn̩ʃaftlɪç] **I.** *Adj* scientific **II.** *Adv* scientifically
Wissenschaftsminister(in) *m(f)* POL Minister [*or* AM Secretary] of Science
Wissensdrang *m*, **Wissensdurst** *m* thirst for knowledge **Wissensgebiet** *nt* field of knowledge **wissenswert** *Adj* worth knowing
wissentlich ['vɪsn̩tlɪç] **I.** *Adj* deliberate **II.** *Adv* deliberately
wittern ['vɪtɐn] *tr V* to smell
Witterung <-, -en> *f* weather
Witterungsverhältnisse *Pl* weather conditions
Witwe <-, -n> ['vɪtvə] *f* widow; **~ werden** to be widowed
Witwenrente *f* widow's pension
Witwer <-s, -> ['vɪtvɐ] *m* widower; **~ werden** to be widowed
Witz <-es, -e> [vɪts] *m* joke
Witzbold <-[e]s, -e> *m* joker
witzeln ['vɪts|n] *intr V* [**über jdn/etw**] **~** to joke [about sb/sth]
witzig ['vɪtsɪç] *Adj* funny
WM <-, -s> *f Abk von* **Weltmeisterschaft** world championship
wo [vo:] *Adv* where
woanders [vo'ʔandɐs] *Adv* somewhere else
wobei [vo'bai] *Adv* how; **~ ist das passiert?** how did that happen?
Woche <-, -n> ['vɔxə] *f* week; **pro ~** a week; **unter der ~** during the week
Wochenarbeitszeit *f* working week **Wochenblatt** *nt* weekly **Wochenende** ['vɔxn̩ʔɛndə] *nt* weekend; **schönes ~!** have a nice weekend!; **am ~** at the weekend **Wochenkarte** *f* weekly season ticket **wochenlang** ['vɔxn̩laŋ] *Adj, Adv* for weeks **Wochentag** *m* weekday
wöchentlich ['vœçn̩tlɪç] *Adj, Adv* weekly
Wochenzeitschrift *f* MEDIA weekly [magazine] [*or* [periodical]]
Wöchnerin <-, -nen> ['vœçnərɪn] *f* *woman who has recently given birth*
wodurch [vo'dʊrç] *Adv* ❶ *interrog* how? ❷ *rel* which
wofür [vo'fy:ɐ̯] *Adv* ❶ *interrog* what ... for ❷ *rel* for which
Woge <-, -n> ['vo:gə] *f* wave
wogegen [vo'ge:gn̩] *Adv* against what; **~ hilft dieses Mittel?** what is this medicine for?
woher [vo'he:ɐ̯] *Adv* where ... from
wohin [vo'hɪn] *Adv* ❶ *interrog* where [to]? ❷ *rel* where
wohl1 [vo:l] *Adv* ❶ (*wahrscheinlich*)

probably; ~ **kaum** hardly ② (*durchaus*) well; **das ist ~ wahr** that is perfectly true

wohl² [voːl] *Adv* ① (*gut*) well; **sich ~ fühlen** to feel well; ~ **bekomm's!** your good health!; **jdm ~ bekannt sein** to be well-known to sb; ~ **geformt** well-formed; ~ **genährt** well-fed; ~ **überlegt** well thought out ② (*behaglich*) **sich irgendwo ~ fühlen** to feel at home somewhere ▸ ~ **oder übel** whether you like it or not; **leb** ~ farewell

Wohl <-[e]s> [voːl] *nt kein Pl* welfare; **auf jds ~ trinken** to drink to sb's health; **zum ~!** cheers!

wohlauf [voːlˈʔauf] *Adj* ~ **sein** to be well

Wohlbefinden <-s> *nt kein Pl* well-being

Wohlbehagen <-s> *nt kein Pl* feeling of well-being

wohlbehalten *Adv* safe and sound

Wohlergehen <-s> *nt kein Pl* welfare *no pl*

Wohlfahrtsstaat *m* welfare state

Wohlgefallen [voːlgəfalən] *nt* pleasure ▸ **sich in ~ auflösen** to vanish into thin air

wohlgemerkt [ˈvoːlgəmɛrkt] *Adv* mind you

wohlgeraten *Adj* (*gelungen*) successful

wohlgesinnt *Adj* **jdm ~ sein** to be well-disposed towards sb

wohlhabend *Adj* well-to-do

wohlig [ˈvoːlɪç] *Adj* pleasant

wohlmeinend *Adj* well-meaning

wohlriechend *Adj* fragrant

wohlschmeckend *Adj* palatable

Wohlstand *m kein Pl* affluence

Wohlstandsgesellschaft *f* affluent society

Wohltat *f* ① good deed ② *kein Pl* (*Erleichterung*) relief

Wohltäter(in) *m(f)* benefactor; **ein ~ der Menschheit** a champion of mankind

wohltätig *Adj* charitable

Wohltätigkeitsveranstaltung *f* charity event

wohltuend *Adj* agreeable

wohlverdient *Adj* well-earned; **seine ~e Strafe erhalten** to get one's just deserts

wohlweislich [ˈvoːlvaislɪç] *Adv* very wisely

Wohlwollen <-s> [ˈvoːlvɔlən] *nt kein Pl* goodwill

wohlwollend **I.** *Adj* benevolent; **jdm gegenüber ~ sein** to be kindly disposed towards sb **II.** *Adv* benevolently

Wohnanhänger *m* caravan BRIT, trailer AM **Wohnanlage** *f* housing development [*or* estate] **Wohnblock** *m* block of flats BRIT, apartment building AM

wohnen [ˈvoːnən] *intr V* to live

Wohnfläche *f* living space **Wohngebiet** *nt* residential area **Wohngeld** *nt* housing benefit **Wohngemeinschaft** *f* flatshare; [**mit jdm**] **in einer ~ leben** to share a house/flat with sb **Wohnhaus** *nt* residential building **Wohnheim** *nt* (*Studentenwohnheim*) hall of residence BRIT, dormitory AM; (*Arbeiterwohnheim*) hostel **Wohnküche** *f* kitchen-cum-living room **Wohnlage** *f* residential area

wohnlich [ˈvoːnlɪç] *Adj* cosy

Wohnmobil <-s, -e> *nt* camper **Wohnort** *m* place of residence **Wohnrecht** *nt* JUR right of residence **Wohnsilo** *m o nt* (*pej*) concrete monolith **Wohnsitz** *m* domicile; **erster ~** main place of residence

Wohnung <-, -en> *f* flat BRIT, apartment AM

Wohnungsbau *m kein Pl* house building; **sozialer ~** council houses **Wohnungsmangel** *m kein Pl* housing shortage **Wohnungsmarkt** *m* housing market **Wohnungsnot** *f kein Pl* serious housing shortage **Wohnungssuche** *f* **auf ~ sein** to be flat-hunting

Wohnviertel *nt* residential area **Wohnwagen** *m* caravan BRIT, trailer AM **Wohnzimmer** *nt* living room

wölben [ˈvœlbn̩] *refl V* **sich ~** to bend; **sich über etw** *Akk* ~ to arch over sth

Wolf <-[e]s, Wölfe> [vɔlf, *Pl:* ˈvœlfə] *m* wolf

Wolfram <-s> [ˈvɔlfram] *nt kein Pl* tungsten

Wolke <-, -n> [ˈvɔlkə] *f* cloud ▸ **aus allen ~n fallen** to be flabbergasted

Wolkenbruch *m* cloudburst **Wolkendecke** *f* cloud cover **Wolkenkratzer** *m* skyscraper **Wolkenkuckucksheim** *nt* (*iron*) cloud-cuckoo-land BRIT, fantasyland

wolkenlos *Adj* cloudless

wolkig [ˈvɔlkɪç] *Adj* cloudy

Wolldecke *f* [woollen] blanket

Wolle <-, -n> ['vɔlə] *f* wool

wollen¹ ['vɔlən] *Adj attr* woollen

wollen² ['vɔlən] **I.** *Hilfsverb, modal* <will, wollte, wollen> **etw tun ~** to want to do sth; **etw haben ~** to want [to have] sth; **etw gerade tun ~** to be [just] about to do sth **II.** *intr V* <will, wollte, gewollt> ❶ to want; **ob du willst oder nicht** whether you like it or not; **wenn du willst** if you like; **[ganz] wie du willst** just as you like ❷ (*gehen wollen*) **irgendwohin ~** to want to go somewhere ❸ (*wünschen*) **ich wollte, es wäre schon Weihnachten** I wish it were Christmas already ▶ **wenn man so will** as it were **III.** *tr V* <will, wollte, gewollt> **etw [von jdm] ~** to want sth [from sb]; **etw lieber ~** to prefer sth

Wolljacke *f* woollen cardigan

Wollstoff *m* woollen cloth [*or* material]

wollüstig ['vɔlʏstɪç] *Adj* lascivious

womit [vo'mɪt] *Adv* ❶ *interrog* what ... with ❷ *rel* with which

womöglich [vo'mø:klɪç] *Adv* possibly

wonach [vo'na:x] *Adv* what ... for; **~ suchst du?** what are you looking for?

Wonne <-, -n> ['vɔnə] *f* delight

woran [vo'ran] *Adv* ❶ *interrog* (*Gegenstand*) what ... on; **~ soll ich das befestigen?** what should I fasten this to?; (*Umstand*) what ... of; **~ denkst du?** what are you thinking of? ❷ *rel* (*Gegenstand*) on which; (*Umstand*) by which

worauf [vo'rauf] *Adv* ❶ *interrog* what ... on; **~ wartest du noch?** what are you waiting for? ❷ *rel* on which; (*woraufhin*) whereupon

woraus [vo'raus] *Adv* ❶ *interrog* what ... out of ❷ *rel* from which

worin [vo'rɪn] *Adv* ❶ *interrog* what ... in ❷ *rel* in which

Wort¹ <-[e]s, Wörter> [vɔrt, *Pl:* 'vœrtɐ] *nt* LING word; **im wahrsten Sinne des ~es** in the true sense of the word

W

Wort² <-[e]s, -e> *nt* ❶ *meist Pl* (*Äußerung*) word *usu pl;* **davon ist kein ~ wahr** not a word of it is true; **mit anderen ~en** in other words; **man kann sein eigenes ~ nicht verstehen** one can't hear oneself speak; **ein gutes ~ für jdn einlegen** to put in a good word for sb; **etw in ~e fassen** to put sth into words; **jdm fehlen die ~e** sb is speechless; **jdm kein ~ glauben** to not believe a word sb says; **kein ~ herausbringen** to not get a word out; **ein ernstes ~ mit jdm reden** to have a serious talk with sb; **kein ~ miteinander reden** to not say a word to each other; **etw mit keinem ~ erwähnen** to not say a [single] word about sth; **~e des Dankes** words of thanks ❷ *kein Pl* (*Ehrenwort*) **das ist ein ~!** [that's a] deal!; **sein ~ brechen/halten** to break/keep one's word; **das glaube ich dir aufs ~** I can well believe it; **jdn beim ~ nehmen** to take sb's word for it ❸ *kein Pl* (*Rede[erlaubnis]*) **jdm das ~ abschneiden** to cut sb short; **das ~ ergreifen** to begin to speak; **jdm das ~ erteilen** to allow sb to speak; **jdm ins ~ fallen** to interrupt sb; **zu ~ kommen** to get a chance to speak; **sich zu ~ melden** to ask to speak; **das ~ an jdn richten** to address sb ▶ **jdm das ~ im Munde herumdrehen** to twist sb's words

Wortart *f* part of speech

wortbrüchig *Adj* treacherous

Wörterbuch *nt* dictionary

wortgetreu *Adj Übersetzung* faithful **wortkarg** *Adj* taciturn **Wortklauberei** <-, -en> [vɔrtklaubə'rai] *f* (*pej*) hair-splitting *no pl* **Wortlaut** *m kein Pl* wording

wörtlich ['vœrtlɪç] **I.** *Adj* literal **II.** *Adv* word for word; **etw ~ nehmen** to take sth literally

wortlos I. *Adj* silent **II.** *Adv* without saying a word

Wortmeldung *f* request to speak

Wortschatz *m* vocabulary

Wortschwall <-[e]s> *m kein Pl* torrent of words **Wortspiel** *nt* pun **Wortwechsel** *m* verbal exchange **Wortwitz** *m* pun, wordplay

wortwörtlich ['vɔrt'vœrtlɪç] *Adj, Adv* word-for-word

worüber [vo'ry:bɐ] *Adv* ❶ *interrog* (*Thema*) what ... about; *räumlich* above which ❷ *rel* (*Thema*) what ... about; *räumlich* over which

worum [vo'rʊm] *Adv* ❶ *interrog* (*Thema*) what ... about; **~ handelt es sich?** what is this about?; (*Gegenstand*) what ... around ❷ *rel* (*Thema*) what ... about; (*Gegenstand*) around; **das Bein,**

~ **der Verband gewickelt ist, ist viel dünner** the leg the bandage is around is much thinner

worunter [vo'rʊntɐ] *Adv* ❶ *interrog* (*fig*) what ... from; ~ **leidet Ihre Frau?** what is your wife suffering from?; *räumlich* under what, what ... under; ~ **hattest du dich versteckt?** what did you hide under? ❷ *rel* under which; (*inmitten deren*) amongst which

wovon [vo'fɔn] *Adv* ❶ *interrog* (*Thema*) what ... about; (*Gegenstand*) what ... from ❷ *rel* (*Thema*) about which; (*Gegenstand*) from which

wovor [vo'fo:ɐ̯] *Adv* ❶ *interrog* (*fig*) what ... of; ~ **fürchtest du dich denn?** what are you afraid of?; *räumlich* in front of what ❷ *rel* (*fig*) what ... of; *räumlich* in front of which

wozu [vo'tsu:] *Adv* ❶ *interrog* why, what ... for; ~ **soll das gut sein?** what's the purpose of that?; ~ **hast du das gemacht?** what did you do that for? ❷ *rel* (*Zweck*) for which reason

Wrack <-[e]s, -s> [vrak] *nt* wreck

wringen <wrang, gewrungen> ['vrɪŋən] *tr V* to wring

Wucher <-s> ['vu:xɐ] *m kein Pl* extortion

wucherisch ['vu:xərɪʃ] *Adj* extortionate

wuchern ['vu:xɐn] *intr V* ❶ *sein o haben* HORT to grow rampant ❷ *sein* MED to proliferate

wuchernd *Adj Pflanzen* rampant, proliferous; *Bart* luxurious, untamed

Wucherpreis *m* (*pej*) extortionate price

Wucherung <-, -en> *f* MED growth

wuchs [vu:ks] *Imp von* **wachsen**[1]

Wuchs <-es> [vu:ks] *m kein Pl* ❶ growth ❷ (*Gestalt*) stature

Wucht <-> [vʊxt] *f kein Pl* force; **mit voller** ~ with full force; **eine ~ sein** (*fam*) to be smashing

wuchtig ['vʊxtɪç] *Adj* forceful

wühlen ['vy:lən] **I.** *intr V* **in etw** *Dat* ~ to rummage through sth (**nach** for) **II.** *refl V* (*fam*) **sich durch etw** *Akk* ~ to burrow one's way through sth

Wühlmaus *f* vole

Wühltisch *m* bargain counter

Wulst <-[e]s, Wülste> [vʊlst, *Pl:* 'vʏlstə] *m o f* bulge

wulstig ['vʊlstɪç] *Adj Lippen* thick

wund [vʊnt] *Adj* sore

Wunde <-, -n> ['vʊndə] *f* wound

Wunder <-s, -> ['vʊndɐ] *nt* miracle; ~ **tun** to work a miracle; **wie durch ein** ~ miraculously ▶ **sein blaues** ~ **erleben** to be in for a nasty surprise

wunderbar ['vʊndɐba:ɐ̯] **I.** *Adj* wonderful **II.** *Adv* wonderfully

wunderbarerweise *Adv* miraculously

Wunderkind *nt* child prodigy

wunderlich ['vʊndɐlɪç] *Adj* odd

wundern [vʊndɐn] **I.** *tr V* **jdn** ~ to surprise sb; **das wundert mich [nicht]** I'm [not] surprised at that; **es wundert mich, dass ...** I am surprised that ... **II.** *refl V* **sich** ~ to be surprised (**über** at); **du wirst dich ~!** you're in for a surprise

wunderschön ['vʊndɐ'ʃø:n] *Adj* wonderful

wundervoll *Adj s.* **wunderbar**

Wundsalbe *f* ointment

Wundstarrkrampf *m kein Pl* tetanus

Wunsch <-[e]s, Wünsche> [vʊnʃ, *Pl:* 'vʏnʃə] *m* wish; (*stärker*) desire; **jdm jeden ~ erfüllen** to grant sb's every wish; **haben Sie sonst noch einen ~?** would you like anything else?; **auf jds ~ [hin]** at/on sb's request; **mit besten Wünschen** best wishes

Wunschdenken *nt kein Pl* wishful thinking

Wünschelrute ['vʏnʃl̩ru:tə] *f* divining rod

wünschen ['vʏnʃn̩] **I.** *tr V* ❶ (*als Geschenk*) **sich** *Dat* **etw** ~ to ask for sth; **was wünschst du dir?** what would you like? ❷ (*erhoffen*) to wish; **ich wünschte, der Regen würde aufhören** I wish the rain would stop; **jdm etw** ~ to wish sb sth; **jdm zum Geburtstag alles Gute** ~ to wish sb a happy birthday; **jdm eine gute Nacht** ~ to wish sb good night; **~, dass ...** to hope for ... ❸ (*haben wollen*) **sich** *Dat* **etw** ~ to want sth; **jemand wünscht Sie zu sprechen** somebody would like to speak with you; **was ~ Sie?** how may I help you? **II.** *intr V* (*geh: wollen*) to want; **wenn Sie ~, kann ich ein Treffen arrangieren** if you want I can arrange a meeting; **wie Sie ~** just as you wish; **nichts/viel zu ~ übrig lassen** to leave nothing/much to be desired

wünschenswert *Adj* desirable
wunschgemäß **I.** *Adj* requested, desired **II.** *Adv* as requested; **das Projekt ist ~ verlaufen** the project went as planned
Wunschkind *nt* planned child **Wunschkonzert** *nt* musical request programme **Wunschtraum** *m* dream **Wunschzettel** *m* wish list
Würde <-, -n> ['vʏrdə] *f kein Pl* dignity
würdelos *Adj* undignified
Würdenträger(in) *m(f)* dignitary
würdevoll *Adj* dignified
würdig ['vʏrdɪç] **I.** *Adj* ① dignified ② (*wert, angemessen*) worthy; **ein ~er Vertreter** a worthy replacement; **einer S.** *Gen* [**nicht**] **~ sein** to be [not] worthy of sb/sth **II.** *Adv* with dignity
würdigen ['vʏrdɪgn̩] *tr V* to acknowledge; **etw zu ~ wissen** to appreciate sth
Wurf <-[e]s, Würfe> [vʊrf, *Pl:* 'vʏrfə] *m* throw
Würfel <-s, -> ['vʏrfl̩] *m* ① (*Spielwürfel*) dice ② (*Kubus*) cube; **etw in ~ schneiden** to dice sth ▶ **die ~ sind gefallen** the dice is cast
Würfelbecher *m* shaker **würfelförmig** *Adj* cube-shaped, cubic, cuboid **Würfelspiel** *nt* game of dice **Würfelzucker** *m kein Pl* sugar cube[s]
Wurfpfeil *m* dart
Wurfsendung *f* direct mail item
würgen ['vʏrgn̩] *tr V* **jdn ~** to throttle sb ▶ **mit Hängen und Würgen** by the skin of one's teeth
Wurm <-[e]s, Würmer> [vʊrm, *Pl:* 'vʏrmɐ] *m* worm ▶ **da ist der ~ drin** there's something fishy about it
wurmen ['vʊrmən] *tr V* (*fam*) to bug; **es wurmt mich sehr, dass ich verloren habe** it really bugs me that I lost
Wurmfortsatz *m* appendix
wurmstichig ['vʊrmʃtɪçɪç] *Adj* ① *Apfel* maggoty ② *Holz* full of woodworm
Wurst <-, Würste> [vʊrst, *Pl:* 'vʏrstə] *f* sausage ▶ **jdm ~ sein** to be all the same to sb
Würstchen <-s, -> ['vʏrstçən] *nt* [small] sausage; **Frankfurter/Wiener ~** frankfurter/wiener-wurst
Würstchenbude *f*, **Würstchenstand** *m* hot dog stand
wursteln ['vʊrstl̩n] *intr V* (*fam*) [**vor sich** *Akk* **hin**] ~ to muddle [along]
wurstig <-er, -ste> ['vʊrstɪç] *Adj* (*fam*) couldn't-care-less *attr*
Würze <-, -n> ['vʏrtsə] *f* seasoning
Wurzel <-, -n> ['vʊrtsl̩] *f* root; **~n schlagen** to put down roots; **die ~ allen Übels** the root of all evil; **etw mit der ~ ausrotten** to eradicate sth
Wurzelbehandlung *f* root treatment
wurzeln ['vʊrtsl̩n] *intr V* **in etw** *Dat* **~** to be rooted in sth
Wurzelzeichen *nt* radical sign
würzen ['vʏrtsn̩] *tr V* to season
würzig ['vʏrtsɪç] *Adj* tasty
Wust <-[e]s> [vʊst] *m kein Pl* (*fam*) pile; **ein ~ von Papieren** a pile of papers; **ein ~ von Problemen** a load of problems
wüst [vy:st] *Adj* ① (*öde*) waste ② (*unordentlich*) chaotic
Wüste <-, -n> ['vy:stə] *f* desert
Wüstling <-s, -e> ['vy:stlɪŋ] *m* (*pej*) lecher, debauchee
Wut <-> [vu:t] *f kein Pl* rage; **seine ~ an jdm/etw auslassen** to take one's anger out on sb/sth; **eine ~ bekommen** to get into a rage; **vor ~ kochen** to seethe with rage; **eine ~ haben** to be furious (**auf** with)
Wutausbruch *m* outburst of rage, tantrum **Wutbürger(in)** *m(f)* angry citizen
wüten ['vy:tn̩] *intr V* to rage
wütend **I.** *Adj* furious; **~ auf jdn sein** to be furious with sb **II.** *Adv* furiously
wutentbrannt *Adv* in a fury
wutschnaubend *Adv* in a mad fury
wutverzerrt *Adj* distorted with rage
WWW <-[s]> [ve:ve:'ve:] *nt* INET *Abk von* **World Wide Web** WWW

Xx

X, x <-, -> [ɪks] *nt* ① (*Buchstabe*) X, x; **ein großes X** a capital X; **ein kleines x** a small x; *s. a.* **A 1** ② (*unbekannter Name*) x; **Herr/Frau X** Mr/Mrs X; **der Tag X** the day X ③ (*unbestimmte Anzahl*) x amount of; **x Bücher** x number of books ④ MATH (*unbekannter Wert*) x

x-Achse *f* x-axis

Xanthippe <-, -n> [ksanˈtɪpə] *f* (*pej*) shrew

X-Beine [ˈɪksbainə] *Pl* knock-knees; **~ haben** to be knock-kneed

x-beinig *Adj* knock-kneed

x-beliebig [ɪksbəˈliːbɪç] *Adj* (*fam*) any old

xenophob [ksenoˈfoːp] *Adj* (*geh*) xenophobic

Xerografie[RR], **Xerographie** <-, -n> [kserograˈfiː] *f* TECH, TYPO xerography

Xerokopie <-, -n> [kserokoˈpiː] *f* TYPO xerox

x-mal [ˈɪksmaːl] *Adv* (*fam*) umpteen times

Xylofon[RR], **Xylophon** <-s, -e> [ksyloˈfoːn] *nt* xylophone

Yy

Y, y <-, -> [ˈʏpsilɔn] *nt* Y, y; **ein großes Y** a capital Y; **ein kleines y** a small y; *s. a.* **A**

y-Achse [ˈʏpsilɔnʔaksə] *f* y-axis

Yacht <-, -en> [jaxt] *f* yacht

Yoga <-[s]> [ˈjoːga] *m o nt* yoga

Ypsilon <-[s], -s> [ˈʏpsilɔn] *nt* upsilon

Yucca <-, -s> [ˈjʊka] *f* yucca

Yuppie <-s, -s> [ˈjʊpi] *m* yuppie

Zz

Z, z <-, -> [tsɛt] *nt* Z, z; **ein großes Z** a capital Z; **ein kleines z** a small z; *s. a.* **A**

zack [tsak] *Interj* (*fam*) zap; **~, ~!** chop-chop!

zackig [ˈtsakɪç] *Adj* ① jagged ② *Bewegungen* brisk

zagen [ˈtsaːgn̩] *intr V* (*geh*) to hesitate

zaghaft [ˈtsaːkhaft] *Adj* timid

zäh [tsɛː] *Adj* tough

zähflüssig *Adj* thick

Zahl <-, -en> [tsaːl] *f* number; **gerade/ungerade ~** even/odd number; **eine vierstellige ~** a four figure number; **arabische/römische ~en** Arabic/Roman numerals

zahlbar *Adj* payable

zahlen [ˈtsaːlən] *tr, intr V* to pay; **[bitte] ~!** the bill please!

zählen [ˈtsɛːlən] **I.** *tr V* ① to count ② (*dazurechnen*) **jdn zu etw ~** to regard sb as belonging to sth **II.** *intr V* ① count; **bis zehn ~** to count to ten; **falsch ~** to miscount ② (*gehören*) to belong (**zu** to) ③ (*sich verlassen*) **auf jdn ~** to count on sb

Zahlenfolge *f* numerical sequence

zahlenmäßig I. *Adj* numerical **II.** *Adv* in number **Zahlenreihe** *f s.* **Zahlenfolge** **Zahlenschloss**[RR] *nt* combination lock **Zahlenverhältnis** *nt* [numerical] ratio

Zähler <-s, -> *m* TECH meter
Zählerstand *m* meter reading
Zahlkarte *f* giro transfer form
zahllos *Adj* countless
zahlreich *Adj* numerous
Zahltag *m* payday
Zahlung <-, -en> *f* payment
Zählung <-, -en> *f* count; (*Volkszählung*) census
Zahlungsanweisung *f* giro transfer order **Zahlungsaufforderung** *f* request for payment **Zahlungsaufschub** *m* FIN respite, extension of time for payment **Zahlungsauftrag** *m* payment order **Zahlungsbefehl** *m* JUR (*veraltet*) order to pay **Zahlungsempfänger(in)** *m(f)* HANDEL payee **zahlungsfähig** *Adj* solvent **Zahlungsfrist** *f* deadline (*period allowed for payment*) **zahlungskräftig** *Adj* wealthy **Zahlungsmittel** *nt* means of payment + *sing verb* **zahlungspflichtig** *Adj* JUR obliged [*or* liable] to pay *pred* **Zahlungsschwierigkeiten** *Pl* financial difficulties *pl* **Zahlungsverkehr** *m* payment transactions *pl*
Zählwerk *nt* counter
Zahlwort <-wörter> *nt* numeral
zahm [tsa:m] *Adj* tame
zähmen ['tsɛ:mən] *tr V* to tame
Zähmung <-, -en> *f* taming
Zahn <-[e]s, Zähne> [tsa:n, *Pl:* tsɛ:nə] *m* tooth; **fauler ~** rotten tooth; **die zweiten Zähne** one's second set of teeth; **Zähne bekommen** to be teething; **mit den Zähnen knirschen** to grind one's teeth; **sich** *Dat* **die Zähne putzen** to brush one's teeth; **sich** *Dat* **einen ~ ziehen lassen** to have a tooth pulled ▶ **jdm auf den ~ <u>fühlen</u>** to grill sb
Zahnarzt, Zahnärztin *m, f* dentist **Zahnbehandlung** *f* dental treatment **Zahnbelag** *m kein Pl* plaque **Zahnbrücke** *f* bridge **Zahnbürste** *f* toothbrush
Zähneklappern *nt kein Pl* chattering of teeth
zahnen ['tsa:nən] *intr V* to teethe
Zahnersatz *m* dentures *pl* **Zahnfäule** *f kein Pl* tooth decay *no pl* **Zahnfleisch** *nt* gum[s *pl*] **Zahnfleischbluten** *nt kein Pl* bleeding of the gums **Zahnfüllung** *f* filling **Zahnklinik** *f* dental clinic **Zahnkrone** *f* crown
zahnlos *Adj* toothless
Zahnlücke *f* gap between the teeth **Zahnmedizin** *f kein Pl* dentistry *no pl* **Zahnpasta** *f* toothpaste **Zahnpflege** *f kein Pl* dental hygiene **Zahnprothese** *f* dentures *pl*
Zahnrad *nt* cogwheel
Zahnradbahn *f* rack railway
Zahnschmelz *m* enamel **Zahnschmerzen** *Pl* toothache *no pl* **Zahnseide** *f* dental floss **Zahnspange** *f* braces *pl* **Zahnstange** *f* TECH gear rack **Zahnstein** *m kein Pl* tartar **Zahnstocher** <-s, -> *m* toothpick **Zahntechniker(in)** *m(f)* dental technician **Zahnwurzel** *f* root [of a tooth]
Zange <-, -n> ['tsaŋə] *f* pliers *pl* ▶ **jdn in die ~ <u>nehmen</u>** to give sb the third degree
Zangengeburt *f* MED forceps delivery
Zank <-[e]s> [tsaŋk] *m kein Pl* quarrel
Zankapfel *m* bone of contention *fig*
zanken ['tsaŋkn̩] **I.** *intr V* to quarrel **II.** *refl V* **sich ~** to quarrel
zänkisch ['tsɛŋkɪʃ] *Adj* quarrelsome
Zäpfchen <-s, -> ['tsɛpfçən] *nt* ❶ ANAT uvula ❷ MED suppository
zapfen ['tsapfn̩] *tr V* to draw; **gezapftes Bier** draught beer
Zapfen <-s, -> ['tsapfn̩] *m* ❶ BOT cone ❷ (*Eiszapfen*) icicle
Zapfenstreich *m* last post BRIT, taps AM
Zapfhahn *m* tap **Zapfpistole** *f* petrol [*or* AM gas] nozzle **Zapfsäule** *f* petrol [*or* AM gas] pump
zappelig ['tsapəlɪç] *Adj* fidgety
zappeln ['tsapl̩n] *intr V* to wriggle; *Kind* to fidget; **mit etw ~** to fidget with sth ▶ **jdn ~ <u>lassen</u>** (*fam*) to keep sb in suspense
zappen ['tzɛpn̩, 'zɛpn̩] *intr V* TV (*fam*) to zap, to channel-hop
Zar(in) <-en, -en> [tsa:ɐ̯, 'tsa:rɪn] *m(f)* tsar/tsarina
zart [tsa:ɐ̯t] *Adj* ❶ delicate ❷ *Fleisch* tender
zartfühlend *Adj* ❶ (*taktvoll*) tactful ❷ (*empfindlich*) sensitive
zärtlich ['tsɛ:ɐ̯tlɪç] **I.** *Adj* tender **II.** *Adv* tenderly
Zärtlichkeit <-, -en> *f* ❶ *kein Pl* tenderness ❷ *Pl* (*Liebkosung*) caresses *pl*
Zauber <-s, -> ['tsaubɐ] *m* ❶ (*Magie*) magic; (*magische Wirkung*) spell; **fauler ~** humbug ❷ *kein Pl* (*Reiz*) charm

Zauberei <-, -en> [tsaubəˈrai] *f kein Pl* magic
Zauberer, **Zauberin** <-s, -> [ˈtsaubərɐ, ˈtsaubərɪn] *m, f* ❶ sorcerer/sorceress ❷ (*Zauberkünstler*) magician
zauberhaft *Adj* enchanting
Zauberin <-, -nen> *f s.* **Zauberer**
Zauberkünstler(in) *m(f)* magician
Zauberkunststück *nt* magic trick
zaubern [ˈtsaubɐn] **I.** *tr V* to conjure [up] **II.** *intr V Magier* to perform magic; *Zauberkünstler* to do magic tricks
Zauberspruch *m* magic spell **Zauberstab** *m* wand **Zaubertrank** *m* magic potion
Zauderer, **Zauderin** <-s, -> [ˈtsaudərɐ, ˈtsaudərɪn] *m, f* irresolute person, ditherer
zaudern [ˈtsaudɐn] *intr V* to hesitate
Zaum <-[e]s, Zäume> [tsaum, *Pl:* ˈtsɔymə] *m* bridle; **etw/jdn in ~ halten** to keep sth/sb in check
zäumen [ˈtsɔymən] *tr V* **ein Tier ~** to bridle an animal
Zaun <-[e]s, Zäune> [tsaun, *Pl:* ˈtsɔynə] *m* fence ▶ **etw vom ~ brechen** to provoke sth
Zaungast <-gäste> *m uninvited spectator*
Zaunkönig *m* wren
Zaunpfahl *m* [fence] post
z.B. *Abk von* **zum Beispiel** e.g.
Zebra <-s, -s> [ˈtseːbra] *nt* zebra
Zebrastreifen *m* zebra [*or* AM pedestrian] crossing
Zeche[1] <-, -n> [ˈtsɛçə] *f* BERGB coal mine
Zeche[2] <-, -n> [ˈtsɛçə] *f* (*Rechnung für Verzehr*) bill
zechen [ˈtsɛçn̩] *intr V* (*fam*) to booze
Zechgelage *nt* (*fam*) binge, booze-up BRIT
Zechtour *f* pub [*or* AM bar] crawl
Zecke <-, -n> [ˈtsɛkə] *f* tick
ZeckenbissRR *m* tick bite **Zeckenimpfung** *f* vaccination for tick bites
Zeder <-, -n> [ˈtseːdɐ] *f* BOT cedar
Zeh <-s, -en> [tseː] *m*, **Zehe** <-, -n> [ˈtseːə] *f* toe
Zehennagel *m* toenail **Zehenspitze** *f* tip of the toe; **auf [den] ~n gehen** to tiptoe; **sich auf die ~n stellen** to stand on tiptoe
zehn [tseːn] *Adj* ten; *s. a.* **acht**[1]
Zehn <-, -en> [tseːn] *f* ten
Zehner <-s, -> [ˈtseːnɐ] *m* MATH ten
Zehnerkarte *f* ten-journey ticket; (*Besucherkarte*) ten-visit ticket
Zehnerpackung *f* packet of ten
Zehnfingersystem <-s> [tseːnˈfɪŋɐzʏsteːm] *nt kein Pl* TYPO touch-typing method
zehnjährig, **10-jährig**RR [ˈtseːnjɛːrɪç] *Adj* ❶ (*Alter*) ten years old *pred,* ten year old *attr* ❷ (*Zeitspanne*) ten-year *attr*
Zehnkampf [ˈtseːnkampf] *m* decathlon
zehnmal, **10-mal**RR [ˈtseːnmaːl] *Adv* ten times
zehntausend [ˈtseːnˈtauzn̩t] *Adj* ten thousand; **Zehntausende von ...** tens of thousands of ...
zehnte(r, s) [ˈtseːntə, ˈtseːntɐ, ˈtseːntəs] *Adj* tenth, 10th; *s. a.* **achte(r, s)**
zehntel [ˈtseːntl̩] *Adj* tenth
Zehntel <-s, -> [ˈtseːntl̩] *nt o* SCHWEIZ *m* **ein ~** a tenth
zehren [ˈtseːrən] *intr V* ❶ **an jdm/etw ~** to wear sb/sth out; **an jds Nerven/Gesundheit ~** to ruin sb's nerves/health ❷ (*sich nähren*) **von etw ~** to live on sth
Zeichen <-s, -> [ˈtsaiçn̩] *nt* ❶ (*Symbol*) symbol ❷ (*Markierung*) sign; **ein ~ auf etw** *Akk* **machen** to make a mark on sth ❸ (*Hinweis*) sign ❹ (*Signal*) signal; **jdm ein ~ geben** to give sb a signal; **sich durch ~ verständigen** to communicate using signs; **ein ~ setzen** to set an example; **zum ~, dass ...** to show that ...
Zeichenblock *m* sketch pad **Zeichenbrett** *nt* drawing board **Zeichendreieck** *nt* setsquare BRIT, triangle AM
Zeichenerklärung *f* key
Zeichenlehrer(in) *m(f)* art teacher **Zeichenpapier** *nt* drawing paper
Zeichensetzung <-> *f kein Pl* punctuation
Zeichensprache *f* sign language
Zeichentisch *m* drawing table **Zeichentrickfilm** *m* cartoon **Zeichenunterricht** *m* art [lesson]
zeichnen [ˈtsaiçnən] *tr V* to draw
Zeichner(in) <-s, -> *m(f)* draughtsman *masc*/draughtswoman *fem*
Zeichnung <-, -en> *f* drawing
zeichnungsberechtigt *Adj* authorized to sign

Zeigefinger *m* index finger
zeigen ['tsaign̩] **I.** *tr V* to show; **zeig mal, was du kannst!** let's see what you can do!; **es jdm zeigen** (*fam*) to show sb **II.** *intr V* **auf jdn/etw ~** to point at sb/sth **III.** *refl V* **sich** [**jdm**] **~** to show oneself [to sb]; **sich von seiner besten Seite ~** to show oneself at one's best
Zeiger <-s, -> ['tsaigɐ] *m* (*Uhrzeiger*) hand; (*Messnadel*) needle
Zeigestock *m* pointer
Zeile <-, -n> ['tsailə] *f* line; **jdm ein paar ~n schrieben** to drop sb a line
Zeilenabstand *m* line spacing
Zeilenlänge *f* TYPO line length
zeit [tsait] *Präp + Gen* **~ meines/seines Lebens** all my/his life
Zeit <-, -en> [tsait] *f* ① (*zeitlicher Ablauf*) time; **mit der ~** in time; **~ raubend** time-consuming; **~ sparend** time-saving ② (*Zeitraum*) time; **eine ~ lang** for a while; **Vertrag auf ~** fixed-term contract; **die ganze ~** [**über**] the whole time; **in letzter ~** lately; **in nächster ~** in the near future; **auf unbestimmte ~** for an indefinite period; **einige/längere ~ dauern** to take some/a long time; **~ gewinnen** to gain time; **zwei Tage ~ haben** [**, etw zu tun**] to have two days [to do sth]; **haben Sie einen Augenblick ~?** have you got a moment to spare?; **sich** *Dat* [**mit etw**] **~ lassen** to take one's time [with sth]; **sich** *Dat* **~ für jdn/etw nehmen** to devote time to sb/sth; **~ schinden** to play for time; **jdm die ~ stehlen** to waste sb's time ③ (*Zeitpunkt*) time; **zu gegebener ~** in due course; **es ist höchste Zeit, dass wir die Tickets kaufen** it's high time we bought the tickets; **seit dieser ~** since then; **von ~ zu ~** from time to time; **zur ~** at the moment; **zu jeder ~** at any time ④ (*Epoche*) age; **mit der ~ gehen** to move with the times; **für alle ~en** for ever; **zu jener ~** at that time ⑤ LING tense ► **~ ist Geld** time is money; **ach du liebe ~!** (*fam*) goodness me!
Zeitalter *nt* age; **in unserem ~** nowadays **Zeitangabe** *f* (*Uhrzeit*) time; (*Datum*) date **Zeitansage** *f* RADIO time check **Zeitarbeit** *f kein Pl* temporary work **Zeitbombe** *f* time bomb **Zeitdruck** *m kein Pl* time pressure **Zeiteinteilung** *f* time management **Zeitgeist** *m kein Pl* Zeitgeist
zeitgemäß *Adj* up-to-date
Zeitgenosse, Zeitgenossin ['tsaitgənɔsə, -gənɔsɪn] *m, f* contemporary
zeitgenössisch ['tsaitgənœsɪʃ] *Adj* contemporary **Zeitgeschichte** *f kein Pl* contemporary history **Zeitgeschmack** *m kein Pl* prevailing taste
zeitig ['tsaitɪç] *Adj, Adv* early
Zeitkarte *f* monthly/weekly ticket
zeitlebens [tsait'le:bn̩s] *Adv* all one's life
zeitlich **I.** *Adj* chronological **II.** *Adv* **~ zusammenfallen** to coincide; **etw ~ abstimmen** to synchronize sth; **~ begrenzt** for a limited time
zeitlos *Adj* timeless; **~er Stil** style that doesn't date
Zeitlupe *f kein Pl* slow motion *no art* **Zeitlupentempo** *nt* **im ~** in slow motion; **sich im ~ bewegen** (*hum*) to move at a snail's pace **Zeitmangel** *m kein Pl* lack of time **Zeitplan** *m* schedule **Zeitpunkt** *m* time **Zeitraffer** <-s> *m kein Pl* time-lapse photography **Zeitraum** *m* period of time **Zeitrechnung** *f* calendar **Zeitschaltuhr** *f* time switch
Zeitschrift ['tsaitʃrɪft] *f* magazine
Zeitschriftenabonnement *nt* magazine subscription **Zeitschriftenbeilage** *f* pull-out section
Zeitsoldat *m* regular soldier (*serving for a fixed term*) **Zeitspanne** *f* period of time **Zeittafel** *f* chronological table **Zeittakt** *m* unit length
Zeitung <-, -en> ['tsaitʊŋ] *f* newspaper
Zeitungsanzeige *f* newspaper advertisement **Zeitungsartikel** *m* newspaper article **Zeitungsausschnitt** *m* newspaper cutting **Zeitungsausträger(in)** *m(f)* paper boy/girl **Zeitungsbeilage** *f* newspaper supplement **Zeitungsente** *f* (*fam*) canard, false newspaper report **Zeitungsjargon** [-ʒar'gõ:] *m* journalese **Zeitungsmeldung** *f* newspaper report **Zeitungspapier** *nt* newspaper **Zeitungsverkäufer(in)** *m(f)* person selling newspapers
Zeitverschiebung *f* time difference **Zeitverschwendung** *f kein Pl* waste of time **Zeitvertreib** <-[e]s, -e> *m* pastime; **zum ~** to pass the time
zeitweilig ['tsaitvailɪç] **I.** *Adj* ① (*gele-*

gentlich) occasional ② (*vorübergehend*) temporary **II.** *Adv s.* **zeitweise**

zeitweise *Adv* ① (*gelegentlich*) occasionally ② (*vorübergehend*) temporarily

Zeitwort *nt* verb **Zeitzeichen** *nt* time signal **Zeitzünder** *m* time fuse

zelebrieren* [tsele'bri:rən] *tr V* to celebrate

Zelle <-, -n> ['tsɛlə] *f* cell

Zellgewebe *nt* cell tissue **Zellkern** *m* nucleus **Zellstoff** ['tsɛlʃtɔf] *m* cellulose **Zellteilung** *f* cell division

Zellulitis <-, Zellulitiden> [tsɛlu'li:tɪs, *Pl:* -li'ti:dn̩] *f* MED cellulitis

Zellulose <-, -n> [tsɛlu'lo:zə] *f* cellulose

Zellwolle *f kein Pl* rayon

Zelt <-[e]s, -e> [tsɛlt] *nt* tent; **ein ~ aufschlagen** to pitch a tent

zelten ['tsɛltn̩] *intr V* to camp

Zelten <-s> ['tsɛltn̩] *nt* camping

Zeltlager *nt* camp **Zeltleinwand** *f kein Pl* canvas **Zeltstange** *f* tent pole

Zement <-[e]s, -e> [tse'mɛnt] *m* cement

zementieren* [tsemɛn'ti:rən] *tr V* to cement

Zenit <-[e]s> [tse'ni:t] *m kein Pl* zenith

zensieren* [tsɛn'zi:rən] *tr V* ① to censor ② SCHULE to mark

Zensor(in) <-s, -en> ['tsɛnzo:ɐ̯, tsɛn'zo:rɪn, *Pl:* tsɛn'zo:rən] *m(f)* censor

Zensur <-, -en> [tsɛn'zu:ɐ̯] *f* ① *kein Pl* censorship ② SCHULE grade

zensurieren* [tsɛnzu'ri:rən] *tr V* ÖSTERR, SCHWEIZ *s.* **zensieren**

Zentimeter [tsɛnti'me:tɐ] *m o nt* centimetre

Zentner <-s, -> ['tsɛntnɐ] *m* ① [metric] hundredweight, 50 kg ② ÖSTERR, SCHWEIZ 100 kg

Zentnerlast *f* (*geh*) heavy burden

zentnerweise *Adv* by the hundredweight

zentral [tsɛn'tra:l] **I.** *Adj* central **II.** *Adv* centrally

Zentralbank *f* FIN central bank

Zentrale <-, -n> [tsɛn'tra:lə] *f* ÖKON head office; (*Militär, Polizei*) headquarters + *sing/pl verb*

Zentraleinheit *f* COMPUT central processing unit **Zentralheizung** *f* central heating

zentralisieren* [tsɛntrali'zi:rən] *tr V* to centralize

Zentralregierung *f* central government **Zentralverriegelung** <-, -en> *f* central locking

zentrieren* [tsɛn'tri:rən] *tr V* to centre

Zentrifugalkraft *f* centrifugal force

Zentrifuge <-, -n> [tsɛntri'fu:gə] *f* centrifuge

Zentrum <-s, Zentren> ['tsɛntrʊm, *Pl:* 'tsɛntrən] *nt* centre

Zepter <-s, -> ['tsɛptɐ] *nt* sceptre

zerbeißen* [tsɛɐ̯'baisn̩] *tr V unreg* to chew [through *sep*]

zerbrechen* *unreg* **I.** *tr V haben* **etw ~** to break sth into pieces **II.** *intr V sein* ① to break into pieces ② (*seelisch*) **an etw** *Dat* **~** to be destroyed by sth

zerbrechlich *Adj* ① fragile ② (*zart*) frail

zerbröckeln* *intr, tr V* to crumble

zerdrücken* *tr V* to crush; *Kartoffeln* to mash

Zeremonie <-, -n> [tseremo'ni:, -'mo:ni̯ə, *Pl:* -mo'ni:ən, -'mo:ni̯ən] *f* ceremony

zeremoniell [tseremo'ni̯ɛl] *Adj* ceremonial

Zeremoniell <-s, -e> [tseremo'ni̯ɛl] *nt* ceremonial

zerfahren *Adj* scatty, distracted

Zerfall *m kein Pl* decay

zerfallen* *intr V unreg sein* to decay

Zerfallsprodukt *nt* NUKL daughter product **Zerfallsprozess**RR *m kein Pl* decomposition

zerfetzen* *tr V* **jdn/etw ~** to tear sb/sth to pieces

zerfetzt *Adj* ragged, torn [apart]

zerfleischen* [tsɛɐ̯'flaiʃn̩] **I.** *tr V* **jdn/ein Tier ~** to tear sb/an animal to pieces **II.** *refl V* **sich ~** to torture oneself

zerfließen* *intr V unreg sein* ① to run ② (*fig*) **vor Mitleid ~** to be overcome with compassion

zerfressen* *tr V unreg* ① to eat ② *Säure* to corrode

zergehen* *intr V unreg sein* to melt (**in** in)

zergliedern* *tr V* to dismember

zerhacken* *tr V* to chop up

zerkleinern* [tsɛɐ̯'klainɐn] *tr V* to cut up *sep*

zerknirscht [tsɛɐ̯'knɪrʃt] *Adj* remorseful

zerknittern* *tr V* to crease

zerknüllen* *tr V* to crumple up *sep*

zerkratzen* *tr V* to scratch

zerlassen* *tr V unreg* to melt
zerlegbar *Adj* able to be dismantled
zerlegen* *tr V* ❶ to take apart *sep* ❷ (*analysieren*) to break down *sep*
zerlumpt *Adj* tattered
zermalmen* *tr V* to crush
zermürben* [tsɛɐ̯ˈmʏrbn̩] *tr V* to wear down *sep*
zerquetschen* *tr V* ❶ *Bein* to squash ❷ *Kartoffeln* to mash
zerreden* *tr V* **etw ~** to flog sth to death
zerreiben* *tr V unreg* to crush
zerreißen* *unreg* **I.** *tr V haben* ❶ (*in Stücke*) **etw ~** to tear sth to pieces ❷ (*durchreißen*) to tear **II.** *intr V sein* to tear; *Seil* to break
Zerreißprobe *f* real test
zerren [ˈtsɛrən] **I.** *tr V* to drag **II.** *intr V* to tug (**an** at); **an den Nerven ~** to be nerve-racking **III.** *refl V* MED **sich** *Dat* **etw ~** to pull sth
zerrinnen* *intr V unreg sein* to melt away
Zerrung <-, -en> *f* MED pulled muscle
zerrütten* [tsɛɐ̯ˈrʏtn̩] *tr V* to destroy
zerschellen* *intr V sein* to be smashed to pieces
zerschlagen*[1] *unreg* **I.** *tr V* ❶ **etw ~** to smash sth to pieces ❷ (*fig*) to break up *sep; Angriff* to crush **II.** *refl V* **sich ~** to fall through
zerschlagen[2] *Adj präd* shattered
zerschmettern* *tr V* to shatter
zerschneiden* *tr V unreg* to cut up *sep*
zersetzen* **I.** *tr V* to corrode **II.** *refl V* **sich ~** to decompose
zersetzend *Adj* (*pej*) subversive
Zersetzungsprozess[RR] *m* decomposition; (*fig*) decline, decay
Zersiedelung <-, -en> *f*, **Zersiedlung** <-, -en> *f* ÖKOL urban sprawl, overdevelopment
zersplittern* **I.** *tr V haben* to shatter **II.** *intr V sein* to splinter
zerspringen* *intr V unreg sein* ❶ to shatter ❷ (*einen Sprung bekommen*) to crack
zerstampfen* *tr V* to crush; *Kartoffeln* to mash
zerstäuben* *tr V* to spray
Zerstäuber <-s, -> *m* atomizer
zerstechen* *tr V unreg* ❶ **etw ~** to lay into sth with a knife ❷ *Mücken* **jdn/etw ~** to bite sb/sth [all over]; *Bienen* to sting sb/sth [all over]
zerstören* *tr V* to destroy ▶ **am Boden zerstört sein** to be devastated
Zerstörer <-s, -> *m* NAUT destroyer
zerstörerisch *Adj* destructive
Zerstörung <-, -en> *f* ❶ *kein Pl* destruction ❷ (*Verwüstung*) devastation *no pl*
Zerstörungswut *f kein Pl* destructive frenzy
zerstreuen* **I.** *tr V* ❶ to scatter ❷ (*ablenken*) **jdn ~** to take sb's mind off sth ❸ *Sorgen* to dispel **II.** *refl V* **sich ~** ❶ *Menge* to disperse ❷ (*sich amüsieren*) to amuse oneself
zerstreut *Adj* ❶ (*gedankenlos*) absent-minded ❷ (*weit verteilt*) scattered
Zerstreuung <-, -en> *f* diversion
zerstückeln* *tr V* ❶ *Leiche* to dismember ❷ *Land* to carve up *sep*
zerteilen* *tr V* to cut up *sep* (**in** into)
zertrampeln* *tr V* to trample
zertreten* *tr V unreg* to crush
zertrümmern* [tsɛɐ̯ˈtrʏmɐn] *tr V* to smash
Zerwürfnis <-ses, -se> [tsɛɐ̯ˈvʏrfnɪs] *nt* (*geh*) row, disagreement
zerzaust *Adj* dishevelled, tousled
zetern [ˈtseːtɐn] *intr V* (*pej*) to nag
Zettel <-s, -> [ˈtsɛtl̩] *m* piece of paper
Zeug <-[e]s> [tsɔyk] *nt kein Pl* ❶ (*fam*) stuff; **altes ~** junk ❷ (*fam: Quatsch*) crap; **dummes ~ reden** to talk a load of nonsense; **dummes ~ treiben** to mess around ▶ **das ~ zu etw haben** to have [got] what it takes [to be/do sth]; **was das ~ hält** for all one is worth; **sich ins ~ legen** to work flat out
Zeuge, Zeugin <-n, -n> [ˈtsɔygə, ˈtsɔygɪn] *m, f* witness
zeugen[1] [ˈtsɔygn̩] *tr V* (*geh*) **jdn ~** to father sb
zeugen[2] [ˈtsɔygn̩] *intr V* **von etw ~** to show sth
Zeugenaussage *f* testimony **Zeugenstand** *m* witness box [*or* AM stand]
Zeugin <-, -nen> *f s.* **Zeuge**
Zeugnis <-ses, -se> [ˈtsɔyknɪs] *nt* ❶ SCHULE report ❷ (*Empfehlung*) certificate; (*Arbeitszeugnis*) reference
zeugungsfähig *Adj* fertile
zeugungsunfähig *Adj* sterile
z.H[d]. *Abk von* **zu Händen** attn.

zicken ['tsɪkən] *intr V* (*sl*) to kick up a fuss *fam*

Zickzack ['tsɪktsak] *m* zigzag; **im ~ gehen/fahren** to zigzag

zickzackförmig *Adj, Adv* zigzag

Ziege <-, -n> ['tsiːgə] *f* goat

Ziegel <-s, -> ['tsiːgl̩] *m* ① (*Ziegelstein*) brick ② (*Dachziegel*) tile

ziegelrot ['tsiːgl̩roːt] *Adj* brick-red **Ziegelstein** *m* brick **Ziegenbock** *m* billy goat **Ziegenkäse** *m* goat's cheese **Ziegenleder** *nt* kidskin **Ziegenpeter** <-s, -> ['tsiːgn̩peːtɐ] *m* (*fam*) mumps + *sing/pl verb*

ziehen <zog, gezogen> ['tsiːən] **I.** *tr V haben* ① to pull; **die Stirn in Falten ~** to knit one's brow; **jdn an den Haaren ~** to pull sb's hair; **jdn am Ärmel ziehen** to tug at sb's sleeve; **zieh bitte die Vorhänge vor die Fenster** please draw the curtains; **die Rollläden nach oben ~** to pull up the blinds ② (*herausziehen*) *Fäden, Zahn* to take out; *Los, Revolver* to draw ③ (*züchten*) *Pflanzen* to grow; *Tiere* to breed ④ *Linie* to draw ⑤ (*anziehen*) **etw auf sich ~** to attract sth; **jdn ins Gespräch ~** to draw sb into the conversation ⑥ (*zur Folge haben*) **etw nach sich** *Dat* **~** to have consequences **II.** *intr V* ① *haben* (*zerren*) to pull (**an** on) ② *sein* (*umziehen*) **nach München ~** to move to Munich; **sie zog zu ihrem Freund** she moved in with her boyfriend ③ *sein* (*irgendwohin gehen*) *Menschenmenge* to march; *Wanderer* to wander; *Gewitter* to move; **durch die Stadt ~** to wander through the city; **in den Krieg ~** to go to war ④ *haben* (*inhalieren*) **an der Zigarette ~** to pull on one's cigarette ⑤ *haben Tee* to brew ⑥ SCHACH to move **III.** *intr V unpers haben* **es zieht** there is a draught **IV.** *tr V unpers haben* **mich zieht es stark zu ihm** I feel very attracted to him **V.** *refl V haben* **sich ~** *Gespräch* to drag on

Ziehen <-s> ['tsiːən] *nt kein Pl* (*Schmerz*) ache

Ziehharmonika *f* concertina

Ziehung <-, -en> *f* draw

Ziel <-[e]s, -e> [tsiːl] *nt* ① goal; **am ~ sein** to be at one's destination; **sich** *Dat* **ein ~ setzen** to set oneself a goal ② SPORT, MIL target; **ins ~ treffen** to hit the target ③ (*Rennen*) finish; **durchs ~ gehen** to cross the finishing line ④ (*Reiseziel*) destination ▸ **über das ~ hinausschießen** to overshoot the mark

zielen ['tsiːlən] *intr V* ① to aim (**auf** at) ② (*gerichtet sein*) **auf jdn/etw ~** to be aimed at sb/sth

Zielfernrohr *nt* scope **Zielgerade** *f* finishing straight **zielgerichtet** *Adj* well mapped-out, purposeful **Zielgruppe** *f* target group

ziellos I. *Adj* aimless **II.** *Adv* aimlessly

Zielort *m* destination **Zielscheibe** *f* target **Zielsetzung** <-, -en> *f* target **zielsicher** *Adj* unerring **zielstrebig** ['tsiːlʃtreːbɪç] **I.** *Adj* single-minded **II.** *Adv* single-mindedly

ziemlich ['tsiːmlɪç] **I.** *Adj attr* considerable **II.** *Adv* ① (*weitgehend*) quite ② (*beinahe*) almost; **so ~** more or less; **so ~ alles** just about everything; **so ~ dasselbe** pretty much the same

Zierde <-, -n> ['tsiːɐ̯də] *f* decoration

zieren ['tsiːrən] **I.** *refl V* **sich ~** to make a fuss; *Mädchen* to act coyly; **ohne sich zu ~** without having to be pressed **II.** *tr V* to adorn

Zierleiste *f* edging

zierlich ['tsiːɐ̯lɪç] *Adj* dainty

Zierpflanze *f* ornamental plant

Ziffer <-, -n> ['tsɪfɐ] *f* (*Zahlzeichen*) digit; (*Zahl*) figure

Zifferblatt *nt* face

zig [tsɪç] *Adj* (*fam*) umpteen;

zigmal Adv (*fam*) umpteen times

Zigarette <-, -n> [tsiga'rɛtə] *f* cigarette

Zigarettenanzünder *m* cigarette lighter **Zigarettenautomat** *m* cigarette machine **Zigarettenpackung** *f* cigarette packet [*or* AM pack]

Zigarillo <-s, -s> [tsiga'rɪlo] *m o nt* cigarillo

Zigarre <-, -n> [tsi'garə] *f* cigar

Zigarrenkiste *f* cigar-box

Zigeuner(in) <-s, -> [tsi'gɔynɐ] *m(f)* (*pej*) Gypsy

Zikade <-, -n> [tsi'kaːdə] *f* cicada

Zimbabwe <-s> [tsɪm'bapvə] *nt* SCHWEIZ *s.* **Simbabwe**

Zimmer <-s, -> ['tsɪmɐ] *nt* room; **~ frei haben** to have vacancies

Zimmerantenne *f* indoor aerial [*or* AM *a.* antenna] **Zimmerdecke** *f* ceiling **Zimmerflucht** *f* suite [of rooms] **Zimmer-**

Z

kellner(in) *m(f)* room service waiter/waitress **Zimmermädchen** *nt* chambermaid **Zimmermann** <-leute> *m* carpenter

zimmern ['tsɪmɐn] *tr V* **etw ~** to make sth from wood

Zimmerpflanze *f* house plant **Zimmertemperatur** *f* room temperature **Zimmervermittlung** *f* accommodation [*or* AM accomodations] service

zimperlich ['tsɪmpɐlɪç] *Adj* prim; (*empfindlich*) [hyper]sensitive; **sei nicht so ~** don't be such a sissy

Zimt <-[e]s, -e> [tsɪmt] *m* cinnamon

Zink <-[e]s> [tsɪŋk] *nt kein Pl* zinc

Zinke <-, -n> ['tsɪŋkə] *f Rechen* tooth; *Gabel* prong

zinken ['tsɪŋkn̩] *tr V* KARTEN to mark

Zinn <-[e]s> [tsɪn] *nt kein Pl* tin

Zinnbecher *m* pewter tankard

zinnoberrot *Adj* vermilion

Zinnsoldat *m* tin soldier

Zinserhöhung *f* rise in interest rates **Zinsertrag** *m* interest yield **Zinseszins** *m* compound interest

Zinsfuß *m* JUR rate of interest

zinslos *Adj* interest free

Zinssatz *m* rate of interest

Zipfel <-s, -> ['tsɪpfl̩] *m* corner; *Hemd, Jacke* tail

Zipfelmütze *f* pointed cap

Zirbeldrüse ['tsɪrbl̩-] *f* ANAT pineal gland

zirka ['tsɪrka] *Adv* about

Zirkel <-s, -> ['tsɪrkl̩] *m* ① pair of compasses ② (*Gruppe*) group

Zirkulation <-, -en> [tsɪrkula'tsi̯oːn] *f* circulation

Zirkus <-, -se> ['tsɪrkʊs] *m* circus

Zirkuszelt *nt* big top

zischeln ['tsɪʃl̩n] *intr V* (*pej*) to whisper

zischen ['tsɪʃn̩] *intr V* to hiss

Zischen <-s> ['tsɪʃn̩] *nt kein Pl* hiss

Zitadelle <-, -n> [tsita'dɛlə] *f* citadel

Zitat <-[e]s, -e> [tsi'taːt] *nt* quotation

Zither <-, -n> ['tsɪtɐ] *f* zither

zitieren* [tsi'tiːrən] *tr V* to quote

Zitronat <-[e]s, -e> [tsitro'naːt] *nt* KOCHK candied lemon peel

Zitrone <-, -n> [tsi'troːnə] *f* lemon

Zitronenfalter *m* brimstone butterfly **Zitronenschale** *f* lemon peel

Zitrusfrucht ['tsiːtrʊs-] *f* citrus fruit

zitterig ['tsɪtərɪç] *Adj* shaky

zittern ['tsɪtɐn] *intr V* ① to tremble; **vor Angst ~** to quake with fear ② (*fam: fürchten*) [**vor jdm/etw**] ~ to be terrified [of sb/sth]

zittrig ['tsɪtrɪç] *Adj s.* **zitterig**

Zitze <-, -n> ['tsɪtsə] *f* teat

zivil [tsi'viːl] *Adj* civilian

Zivil <-s> [tsi'viːl] *nt kein Pl* civilian clothes *pl*

Zivilbevölkerung *f* civilian population **Zivilcourage** *f* courage [of one's convictions] **Zivildienst** *m kein Pl community service as alternative to military service* **Zivilisation** <-, -en> [tsiviliza'tsi̯oːn] *f* civilization **Zivilisationskrankheit** *f illness caused by civilization*

zivilisiert **I.** *Adj* civilized **II.** *Adv* civilly

Zivilist(in) <-en, -en> [tsivi'lɪst] *m(f)* civilian

Zivilprozess[RR] *m* civil action **Zivilrecht** *nt* civil law

Zobel <-s, -> ['tsoːbl̩] *m* sable

zocken ['tsɔkn̩] *intr V* (*sl*) to gamble

Zoff <-s> [tsɔf] *m kein Pl* (*sl*) trouble

zögern ['tsøːgɐn] *intr V* to hesitate; **~, etw zu tun** to hesitate before doing sth; **ohne zu ~** without hesitation

Zöliakie <-, -n> [tsøli̯a'kiː] *f* MED celiac disease

Zölibat <-[e]s, -e> [tsøli'baːt] *nt o m* celibacy *no pl*

Zoll[1] <-[e]s, -> [tsɔl] *m* (*Maß*) inch

Zoll[2] <-[e]s, Zölle> [tsɔl, *Pl:* 'tsœlə] *m* ① customs duty; **für etw ~ bezahlen** to pay duty on sth; **durch den ~ kommen** to come through customs ② *kein Pl* (*Zollverwaltung*) customs *pl*

Zollabfertigung *f* customs clearance

Zollamt *nt* customs office

Zollbeamte(r) [krimi'naːl-] *m dekl wie Adj,* **Zollbeamtin** *f* customs officer **Zollbegleitpapiere** *Pl* customs documents *pl* **Zollbehörde** *f* customs [authority]

zollen ['tsɔlən] *tr V* (*geh*) to give; **jdm Achtung ~** to respect sb

Zollerklärung *f* ÖKON customs declaration **Zollfahndung** *f* customs investigation department **zollfrei** *Adj* duty-free **Zollinhaltserklärung** *f* customs declaration **Zollkontrolle** *f* customs check

zollpflichtig *Adj* dutiable

Zollstock *m* ruler

Zombie <-[s], -s> ['tsɔmbi] *m* zombie

Zone <-, -n> ['tso:nə] *f* zone
Zoo <-s, -s> [tso:] *m* zoo
Zoologie <-> [tsoolo'gi:] *f kein Pl* zoology
Zoom <-s, -s> [zu:m, tso:m] *nt* zoom lens
zoomen ['zu:mən, 'tso:mən] *tr V* **jdn/etw ~** to zoom in on sb/sth
Zopf <-[e]s, Zöpfe> [tsɔpf, *Pl:* tsœpfə] *m* plait, AM *usu* braid
Zorn <-[e]s> [tsɔrn] *m kein Pl* anger; **in ~ geraten** to fly into a rage; **im ~** in anger
Zornesausbruch *m* fit of anger [*or* rage]
zornig ['tsɔrnɪç] *Adj* angry; **~ auf jdn sein** to be angry with sb
Zote <-, -n> ['tso:tə] *f* dirty joke
zottelig ['tsɔtəlɪç] *Adj* (*fam*) shaggy
zu [tsu:] **I.** *Präp +Dat* to ❶ (*wohin*) to; **ich muss ~m Arzt** I must go to the doctor's; **~ Fuß/Pferd** on foot/horseback; **~ Fuß gehen Sie etwa 20 Minuten** it will take you about 20 minutes on foot ❷ (*örtlich: Richtung*) **~m Meer/zur Stadtmitte hin** towards the sea/city centre; **~r Tür herein/hinaus** in/out the door; **~r Decke sehen** to look [up] at the ceiling ❸ (*neben*) **~ jdm/etw** next to sb/sth; **setz dich ~ uns** [come and] sit with us ❹ *zeitlich* at; **~ Ostern/Weihnachten** at Easter/Christmas; **bis ~m Montag** until Monday; **~m Monatsende kündigen** to give in one's notice for the end of the month ❺ (*anlässlich*) **etw ~m Geburtstag/~ Weihnachten bekommen** to get sth for one's birthday/for Christmas; **jdn ~m Essen einladen** to invite sb for a meal; **~ dieser Frage möchte ich Folgendes sagen** to this question I should like to say the following ❻ (*für etw bestimmt*) **Wasser ~m Trinken** drinking water; **das Zeichen ~m Aufbruch** the signal to leave ❼ *mit substantiviertem Infinitiv* **wir haben nichts ~m Essen** we have nothing to eat; **gib dem Kind doch etwas ~m Spielen** give the child something to play with ❽ (*Veränderung*) **~ etw werden** to turn into sth; **jdn/etw ~ etw machen** to make sb/sth into sth; **~m Kapitän befördert werden** to be promoted to captain ❾ (*Beziehung*) **Liebe ~ jdm** love for sb; **aus Freundschaft ~ jdm** because of one's friendship with sb ❿ (*Verhältnis*) **im Verhältnis 1 ~ 4** in the ratio of one to four; **unsere Chancen stehen 50 ~ 50** our chances are fifty-fifty ⓫ SPORT **sie gewannen mit 5 ~ 1** they won five-one ⓬ (*Zugehörigkeit*) **der Korken ~ der Flasche** the cork for this bottle; **der Schlüssel ~ dieser Tür** the key to this door ⓭ *bei Mengenangaben* **~ drei Prozent** at three percent; **sechs [Stück] ~ fünfzig Cent** six for fifty cents; **~m halben Preis** at half price; **wir sind ~ fünft in den Urlaub gefahren** five of us went on holiday together ⓮ (*örtlich: Lage*) in; **~ Hause** at home; **~ seiner Rechten/Linken** on his right/left [hand side] ⓯ (*in Wendungen*) **~m Beispiel** for example; **~r Belohnung** as a reward; **~m Glück** luckily; **~r Strafe/Warnung** as a punishment/warning **II.** *Adv* ❶ (*allzu*) too; **~ sehr** too much; **ich wäre ~ gern mitgefahren** I would have loved to have gone along ❷ (*geschlossen*) closed; **Tür ~!** shut the door!; **die Geschäfte haben sonntags ~** stores are closed on Sundays ❸ (*fam: betrunken sein*) **~ sein** to be pissed ❹ (*in Wendungen*) **nur ~!** go ahead; **mach ~** hurry up **III.** *Konj* ❶ *mit Infin* to; **etw ~ essen** sth to eat; **sie hat ~ gehorchen** she has to obey; **die Rechnung ist bis Freitag ~ bezahlen** the bill has to be paid by Friday; **ohne es ~ wissen** without knowing it ❷ *mit Partizip* **der ~ Prüfende** the candidate to be examined; **nicht ~ unterschätzende Probleme** problems [that are] not to be underestimated
zuallererst [tsu'ʔalɐʔe:ɐ̯st] *Adv* first of all
zuallerletzt [tsu'ʔalɐlɛtst] *Adv* last of all
Zubehör <-[e]s, -e> ['tsu:bəhø:ɐ̯] *nt o m* equipment *no pl*
zu|beißen *intr V unreg* to bite
zu|bereiten* *tr V* **[jdm] etw ~** to prepare sth [for sb]
Zubereitung <-, -en> *f* preparation
zu|billigen *tr V* **jdm etw ~** to grant sb sth
zu|binden *tr V unreg* to tie; **die Schuhe ~** to lace up shoes
zu|bringen *tr V unreg Zeit* to spend
Zubringer <-s, -> *m* (*Bus, Zug*) shuttle

Z

Zucchini <-, -> [tsʊ'ki:ni] *f meist Pl* courgette Brit, zucchini Am
Zucht <-> [tsʊxt] *f kein Pl* (*Pflanzenzucht*) cultivation; (*Tierzucht*) breeding
Zuchtbulle *m* breeding bull
züchten ['tsʏçtn̩] *tr V Pflanzen* to grow; *Tiere* to breed
Züchter(in) <-s, -> *m(f)* (*Tierzüchter*) breeder; (*Pflanzenzüchter*) grower
Zuchthaus *nt* HIST prison
Zuchthausstrafe *f* HIST [hard] prison sentence
Zuchthengst *m* stud horse
züchtigen ['tsʏçtɪgn̩] *tr V* (*geh*) to beat
Züchtigung <-, -en> *f* beating, thrashing, flogging
zucken ['tsʊkn̩] *intr V* ① to twitch; **mit den Achseln** ~ to shrug one's shoulders; **ohne mit der Wimper zu** ~ without batting an eyelid ② *Blitz* to flash
zücken ['tsʏkn̩] *tr V Messer* to draw
Zucker[1] <-s, -> ['tsʊkɐ] *m* sugar *no pl*
Zucker[2] <-s> ['tsʊkɐ] *m kein Pl* MED diabetes
Zuckeraustauschstoff *m* artificial sweetener **Zuckerdose** *f* sugar bowl **Zuckerguss**[RR] *m* icing *no art* **Zuckerhut** ['tsʊkɐhu:t] *m* sugarloaf
zuckerig ['tsʊkərɪç] *Adj* sugary
zuckerkrank *Adj* diabetic
Zuckerkranke(r) *f(m) dekl wie Adj* diabetic **Zuckerrohr** *nt* sugar cane *no art, no pl* **Zuckerrübe** *f* sugar beet *no art, no pl* **Zuckerstreuer** *m* sugar caster [*or* sprinkler] **zuckersüß** ['tsʊkɐ'zy:s] *Adj* as sweet as sugar *pred*
zuckrig ['tsʊkrɪç] *Adj s.* **zuckerig**
Zuckung <-, -en> *f meist Pl* twitch
zu|decken *tr V* to cover [up *sep*]
zudem [tsu'de:m] *Adv* (*geh*) furthermore
zu|drehen **I.** *tr V* ① (*verschließen*) to screw on *sep* ② (*abstellen*) to turn off *sep* ③ (*festdrehen*) to tighten ④ (*zuwenden*) **jdm den Rücken** ~ to turn one's back on sb **II.** *refl V* **sich jdm** ~ to turn to[wards] sb
zudringlich ['tsu:drɪŋlɪç] *Adj* pushy
zu|drücken *tr V* to press shut *sep*
zueinander [tsuʔai'nandɐ] *Adv* to each other; ~ **passen** *Menschen* to suit each other; *Farben, Kleider* to go well together
zu|erkennen* *tr V unreg* (*geh*) **jdm etw** ~ to award sth to sb
zuerst [tsu'ʔe:ɐ̯st] *Adv* ① (*als erster*) the first; (*als erstes*) first ② (*anfangs*) at first ③ (*erstmals*) for the first time
Zufahrt ['tsu:fa:ɐ̯t] *f* entrance
Zufahrtsstraße *f* (*zur Autobahn*) approach road
Zufall *m* coincidence; (*Schicksal*) chance; **das ist** ~ that's a coincidence; **etw dem** ~ **überlassen** to leave sth to chance; **etw durch** ~ **erfahren** to happen to learn of sth; **welch ein** ~**!** what a coincidence!
zu|fallen *intr V unreg sein* ① *Tür* to close ② (*zuteilwerden*) **jdm** ~ to go to sb
zufällig **I.** *Adj* chance **II.** *Adv* by chance; **rein** ~ by pure chance; **jdn** ~ **treffen** to happen to meet sb; **wissen Sie** ~**, ob ...?** do you happen to know whether ...?
Zufallsbekanntschaft *f* chance acquaintance
Zufallstreffer *m* fluke
Zuflucht <-, -en> ['tsu:flʊxt] *f* refuge ▶ **jds letzte** ~ **sein** to be sb's last resort
Zufluss[RR] *m*, **Zufluß**[ALT] *m* ① *kein Pl* inflow ② GEOG tributary
zu|flüstern *tr V* **jdm etw** ~ to whisper sth to sb
zufolge [tsu'fɔlgə] *Präp +Dat* (*geh*) according to
zufrieden [tsu'fri:dn̩] **I.** *Adj* (*befriedigt*) satisfied; (*glücklich*) contented; ~ **stellend** satisfactory **II.** *Adv* with satisfaction; (*glücklich*) contentedly; ~ **lächeln** to smile with satisfaction
zufrieden|geben *refl V unreg* **sich** ~ to be satisfied, to be content[ed]; **sich mit etw** ~ to be satisfied with sth, to be content[ed] with sth
Zufriedenheit <-> *f kein Pl* satisfaction *no art;* (*Glücklichsein*) contentedness *no art*
zufrieden|lassen *tr V unreg* **jdn** ~ to leave sb alone; **jdn mit etw** ~ to stop bothering sb with sth
zu|frieren *intr V unreg sein* to freeze [over]
zu|fügen *tr V* to cause; **jdm eine Verletzung** ~ to harm sb; **jdm Unrecht** ~ to do sb an injustice
Zufuhr <-, -en> ['tsu:fu:ɐ̯] *f* supply

zu|führen I. *tr V* to supply **II.** *intr V* **auf etw** *Akk* ~ to lead to sth
Zug[1] <-[e]s, Züge> [tsu:k] *Pl m* (*Bahn*) train ▸ **der ~ ist abgefahren** (*fam*) you've missed the boat
Zug[2] <-[e]s, Züge> [tsu:k, *Pl:* 'tsy:gə] *m* ❶ (*inhalierte Menge*) puff (**an** on/at); **einen ~ machen** to have a puff ❷ *kein Pl* (*Luftzug*) draught ❸ (*Spielzug*) move; **am ~ sein** to be sb's move ❹ (*Kolonne*) procession ❺ (*Gesichtszug*) feature ❻ (*Charakterzug*) characteristic ❼ (*Schritt*) **~ um ~** step by step; **in einem ~** in one stroke; **im ~e einer S.** *Gen* in the course of sth ❽ (*Umriss*) **in großen Zügen** in broad terms ▸ **etw in vollen Zügen genießen** to enjoy sth to the full
Zugabe ['tsu:ga:bə] *f* MUS encore
Zugabteil *nt* train compartment
Zugang <-[e]s, -gänge> ['tsu:gaŋ, *Pl:* 'tsu:gɛŋə] *m* ❶ (*Eingang*) entrance ❷ *kein Pl* (*Zutritt, Zugriff*) access (**zu** to)
zugänglich ['tsu:gɛŋlɪç] *Adj* ❶ accessible; **nicht ~** inaccessible ❷ *Mensch* approachable; **für etw ~ sein** to be receptive to sth
Zugbrücke *f* drawbridge
zu|geben *tr V unreg* to admit
zugegen [tsu'ge:gn̩] *Adj* (*geh*) **bei etw ~ sein** to be present at sth
zu|gehen *unreg intr V sein* ❶ *Tür* to shut ❷ (*zubewegen*) **auf jdn/etw ~** to approach sb/sth ❸ (*sich versöhnen*) **aufeinander ~** to become reconciled
zu|gehören* *intr V* (*geh*) **jdm/einer S. ~** to belong to sb/sth
zugehörig ['tsu:gəhø:rɪç] *Adj attr* accompanying
Zugehörigkeit <-> *f kein Pl* affiliation *no art* (**zu** to); **ein Gefühl der ~** a sense of belonging
zugeknöpft *Adj* ❶ *Hemd* buttoned-up ❷ *Mensch* reserved
Zügel <-s, -> ['tsy:gl̩] *m* reins *pl* ▸ **die ~ [fest] in der Hand halten** to keep a firm grip on things
zugelassen I. *PP von* **zulassen II.** *Adj* authorized; *Kfz* licensed; *Arzt* licensed, registered
zügellos *Adj* unrestrained
Zügellosigkeit *f* lack of restraint
zügeln ['tsy:gl̩n] *tr V* ❶ to rein in *sep* ❷ (*beherrschen*) to curb ❸ (*zurückhalten*) **jdn/sich ~** to restrain sb/oneself
Zugeständnis ['tsu:gəʃtɛntnɪs] *nt* concession
zu|gestehen* *tr V unreg* to grant
zugetan ['tsu:gəta:n] *Adj* (*geh*) **jdm/einer S. ~ sein** to be taken with sb/sth
Zugfahrkarte *f* train ticket
Zugführer(in) *m(f)* guard BRIT, conductor AM
zugig ['tsu:gɪç] *Adj* draughty
zugkräftig *Adj* appealing
zugleich [tsu'glaiç] *Adv* ❶ (*ebenso*) both ❷ (*gleichzeitig*) at the same time
Zugluft *f kein Pl* draught
Zugmaschine *f* traction engine
Zugpferd *nt* ❶ (*Tier*) draught horse ❷ (*besondere Attraktion*) crowd-puller
zu|greifen *intr V unreg* ❶ (*sich bedienen*) to help oneself ❷ COMPUT **auf etw** *Akk* ~ to access sth
Zugrestaurant *nt* dining car
Zugriffsberechtigung *f* COMPUT access authorization
zugrunde, zu Grunde[RR] [tsu'grʊndə] *Adv* **~ gehen** to be destroyed (**an** by); **jdn/etw ~ richten** to destroy sb/sth; **einer S.** *Dat* **~ liegen** to form the basis of sth
Zugschaffner(in) *m(f)* train conductor
zugunsten, zu Gunsten[RR] [tsu'gʊnstn̩] *Präp* +*Gen* in favour of
zugute|halten [tsu'gu:tə-] *tr V unreg* **jdm seine Unerfahrenheit ~** to make allowances for sb's lack of experience
zugute|kommen [tsu'gu:tə-] *intr V unreg* **jdm/einer S. ~** to be for the benefit of sb/sth
Zugverbindung *f* train connection
Zugvogel *m* migratory bird
zu|haben *intr V unreg* (*fam*) to be closed
zu|halten *unreg tr V* **etw ~** to hold sth closed; **jdm/sich den Mund ~** to hold one's hand over sb's/one's mouth; **sich** *Dat* **die Nase ~** to hold one's nose
Zuhälter(in) <-s, -> ['tsu:hɛltɐ] *m(f)* pimp
Zuhause <-s> [tsu'hauzə] *nt kein Pl* home *no art*
zu|hören *intr V* to listen (+*Dat* to)
Zuhörer(in) *m(f)* listener
zu|jubeln *intr V* to cheer
zu|knöpfen *tr V* to button up *sep;* **sich** *Dat* **etw ~** to button up *sep* one's sth

zu|kommen *intr V unreg sein* ① (*sich nähern*) **auf jdn/etw ~** to come towards sb/sth ② (*bevorstehen*) **auf jdn ~** to be in store for sb; **alles auf sich ~ lassen** to take things as they come ③ (*geben*) **jdm etw ~ lassen** (*geh*) to send sb sth

Zukunft <-> ['tsu:kʊnft] *f kein Pl* future; **in ferner/naher ~** in the distant/near future; **in die ~ schauen** to look into the future

zukünftig ['tsu:kʏnftɪç] **I.** *Adj* future **II.** *Adv* in future

Zukunftsaussichten *Pl* future prospects **Zukunftsfähigkeit** *f* forward compatibility **Zukunftsmusik** *f* ▶ **~ sein** (*fam*) to be a long way off **Zukunftsperspektive** *f meist Pl* future prospects *pl*

zu|lächeln *intr V* **jdm ~** to smile at sb

Zulage <-, -n> ['tsu:la:gə] *f* bonus [payment]

zu|langen *intr V* (*fam*) ① (*zugreifen*) to help oneself ② *Händler* to ask a fortune

zu|lassen *tr V unreg* ① (*dulden*) to allow ② (*fam*) *Tür* to keep shut *sep* ③ (*erlauben*) **jdn [zu etw] ~** to admit sb [to sth]; **jdn als etw ~** to register sb as sth ④ (*anmelden*) to register

zulässig ['tsu:lɛsɪç] *Adj* permissible

Zulassung <-, -en> *f* ① (*Lizenz*) licence; **die ~ entziehen** to revoke sb's licence ② (*Anmeldung*) registration

Zulassungsbedingungen *Pl* conditions of admission **Zulassungsbeschränkung** *f* restriction on admission[s] **Zulassungsprüfung** *f* ADMIN, SCHULE entrance exam **Zulassungsstelle** *f* registration office

Zulauf ['tsu:lauf] *m* inlet

zu|legen *refl V* (*fam*) **sich** *Dat* **etw ~** to get oneself sth

zuleide, zu Leide^RR^ [tsu'laidə] *Adv* **jdm etwas ~ tun** to harm sb

zu|leiten *tr V* ① (*geh: übermitteln*) **jdm etw ~** to forward sth to sb ② (*zufließen lassen*) to supply

Zuleitung *f* ① *kein Pl* (*geh*) forwarding *no art, no pl* ② (*zuleitendes Rohr*) supply pipe

zuletzt [tsu'lɛtst] *Adv* ① (*als Letzter*) **~ eintreffen** to be the last to arrive; **~ durchs Ziel gehen** to finish last ② (*endlich*) in the end; **bis ~** until the end ③ (*letztmalig*) last; **nicht ~** not least [of all]

zuliebe [tsu'li:bə] *Adv* **jdm/etw ~** for sb['s sake]

Zulieferer <-s, -> *m* supplier

Zulieferindustrie *f* HANDEL component supplying industry

Zulu <-[s], -[s]> ['tsu:lu] *m* Zulu

zum [tsʊm] = **zu dem** *s.* **zu**

zu|machen *tr, intr V* to close; **eine Flasche ~** to put the top on a bottle

zumal [tsu'ma:l] **I.** *Konj* particularly as **II.** *Adv* particularly

Zumba® <-s> ['tsʊmba] *nt kein Pl* Zumba®

zumeist [tsu'maist] *Adv* (*geh*) mostly

zumindest [tsu'mɪndəst] *Adv* at least

zumute, zu Mute^RR^ [tsu'mu:tə] *Adv* **mir ist so merkwürdig ~** I feel so strange

zu|muten ['tsu:mu:tn̩] *tr V* **jdm etw ~** to expect sth of sb; **jdm zu viel ~** to expect too much of sb; **sich** *Dat* **etw ~** to undertake sth

Zumutung *f* unreasonable demand; **das ist eine ~!** it's just too much!

zunächst [tsu'nɛçst] *Adv* ① (*anfangs*) initially ② (*vorerst*) for the moment

Zunahme <-, -n> ['tsu:na:mə] *f* increase

Zuname ['tsu:na:mə] *m* (*geh*) surname

zünden ['tsʏndn̩] *intr, tr V* TECH to fire ▶ **hat es bei dir endlich gezündet?** have you cottoned on?

zündend *Adj Rede* stirring

Zünder <-s, -> ['tsʏndɐ] *m* detonator

Zündholz <-es, -hölzer> *nt* match **Zündholzschachtel** *f* matchbox **Zündkabel** *nt* plug lead **Zündkerze** *f* spark plug **Zündschlüssel** *m* ignition key **Zündschnur** *f* fuse **Zündstoff** *m kein Pl* inflammatory stuff *no art*

Zündung <-, -en> *f* AUTO ignition *no pl*

Zündverteiler *m* AUTO [ignition *form*] distributor

zu|nehmen *unreg intr V* ① (*Gewicht*) to gain weight ② (*anwachsen*) to increase (**an** in)

zu|neigen I. *intr V* **einer S.** *Dat* **~** to be inclined towards sth; **der Ansicht ~, dass ...** to be inclined to think that ... **II.** *refl V* **sich dem Ende ~** to draw to a close

Zuneigung *f* affection

Zunft <-, Zünfte> [tsʊnft, *Pl:* 'tsʏnftə] *f* HIST guild

zünftig ['tsʏnftɪç] *Adj* (*fam*) proper

Zunge <-, -n> ['tsʊŋə] *f* tongue; **die ~ herausstrecken** to stick out one's tongue; **auf der ~ zergehen** to melt in one's mouth ▶ **eine böse/lose ~ haben** to have a malicious/loose tongue; **etw liegt jdm auf der ~** sth is on the tip of sb's tongue

züngeln ['tsʏŋl̩n] *intr V* to dart its tongue in and out

Zungenbelag *m* coating of the tongue **Zungenbrecher** <-s, -> *m* tongue twister **Zungenfertigkeit** *f kein Pl* eloquence *no pl* **Zungenkuss**[RR] *m* French kiss **Zungenspitze** *f* tip of the tongue

Zünglein ['tsʏŋlain] *nt* ▶ **das ~ an der Waage sein** POL to hold the balance of power

zunichte|machen [tsu'nɪçtə-] *tr V* to wreck; **jds Hoffnungen ~** to dash sb's hopes

zunutze, zu Nutze[RR] [tsu'nʊtsə] *Adv* **sich** *Dat* **etw ~ machen** to make use of sth

zu|ordnen ['tsuːʔɔrdnən] *tr V* **etw einer S.** *Dat* **~** to assign sth to sth

zu|packen *intr V* (*fam*) ① to grip ② (*helfen*) [**mit**] **~** to lend a [helping] hand

zupfen ['tsʊpfn̩] *tr V* **jdn an etw** *Dat* **~** to pluck at sb's sth; **etw aus etw/von etw ~** to pull sth out of/off sth

zur [tsuːɐ̯, tsʊr] = **zu der** *s.* **zu**

zurechnungsfähig *Adj* JUR responsible for one's actions *pred*

zurecht|finden [tsu'rɛçtfɪndn̩] *refl V unreg* **sich in einer Großstadt ~** to find one's way around a city

zurecht|kommen *intr V unreg sein* ① (*auskommen*) to get on (**mit** with) ② (*klarkommen*) to cope (**mit** with)

zurecht|legen *refl V* (*gedanklich*) **sich** *Dat* **etw ~** to work out *sep* sth

zurecht|machen **I.** *tr V* (*fam: vorbereiten*) [**jdm**] **etw ~** to get sth ready [for sb] **II.** *refl V* **sich ~** ① (*schminken*) to put on *sep* one's make-up ② (*sich schick machen*) to get ready

zurecht|weisen *tr V unreg* to reprimand

zu|reden ['tsuːreːdn̩] *intr V* **jdm** [**gut**] **~** to encourage sb

zu|richten ['tsuːrɪçtn̩] *tr V* **jdn übel ~** to beat up *sep* sb badly; **etw übel ~** to make a terrible mess of sth

Zurschaustellung *f* (*meist pej*) flaunting

zurück [tsu'rʏk] *Adv* ① back; [**von etw**] **~ sein** to be back [from sth] ② (*Rückfahrt, -flug*) return; **hin und ~ oder einfach?** single or return? ▶ **~!** go back!

zurück|bekommen* *tr V unreg* to get back *sep*

zurück|bezahlen* *tr V* to repay

zurück|bleiben *intr V unreg sein* ① to stay behind ② (*leistungsmäßig*) to fall behind

zurück|blicken *intr V* to look back (**auf** on)

zurück|bringen *tr V unreg* to bring back *sep*

zurück|denken *intr V unreg* to think back (**an** to)

zurück|drängen *tr V* to force back *sep*

zurück|erstatten* *tr V* [**jdm**] **etw ~** to refund [sb's] sth

zurück|fahren *unreg* **I.** *intr V sein* to go/come back **II.** *tr V* ① to drive back *sep* ② (*reduzieren*) to cut back *sep*

zurück|fallen *intr V unreg sein* ① **in etw** *Akk* **~** to lapse back into sth ② (*darunter bleiben*) **hinter etw** *Akk* **~** to fall short of sth ③ (*angelastet werden*) **auf jdn ~** to reflect on sb

zurück|finden *intr V unreg* to find one's way back

zurück|fordern *tr V* **etw** [**von jdm**] **~** to demand sth back [from sb]

zurück|führen *tr V* **etw auf etw** *Akk* **~** to attribute sth to sth; **das ist darauf zurückzuführen, dass ...** that is attributable to the fact that ...

zurück|geben *tr V unreg* [**jdm**] **etw ~** to return sth [to sb]

zurückgeblieben *Adj* slow

zurück|gehen *intr V unreg sein* ① to return ② (*abnehmen*) to go down ③ (*stammen*) **die Sache geht auf seine Initiative zurück** the matter was born of his initiative

zurückgezogen *Adj, Adv* secluded

zurück|greifen *intr V unreg* **auf etw** *Akk* **~** to fall back [up]on sth

zurück|halten *unreg* **I.** *refl V* **sich ~** ① (*sich beherrschen*) to restrain oneself ② (*reserviert sein*) to be reserved **II.** *tr V* ① (*aufhalten*) to hold up *sep* ② (*ab-*

halten) **jdn** [**von etw**] ~ to keep sb from doing sth
zurückhaltend *Adj* reserved
Zurückhaltung *f kein Pl* reserve *no art*
zurück|holen *tr V* ① to fetch back *sep* ② (*in seinen Besitz zurückbringen*) [**sich** *Dat*] **etw** ~ to get back *sep* sth
zurück|kehren *intr V sein* to return (**zu** to); **nach Hause** ~ to return home
zurück|kommen *intr V unreg sein* ① to return; **aus dem Ausland** ~ to return from abroad ② (*erneut aufgreifen*) **auf etw** *Akk* ~ to come back to sth; **auf jdn** ~ to get back to sb
zurück|lassen *tr V unreg* to leave behind *sep*
zurück|legen *tr V* ① to put back *sep* ② (*reservieren*) **jdm etw** ~ to put sth aside for sb ③ (*hinter sich bringen*) **man kann pro Tag leicht 35 Kilometer zu Fuß** ~ you can easily do 35 kilometres a day on foot ④ (*sparen*) to put away *sep*
zurück|liegen *intr V unreg* **sein Examen liegt vier Jahre zurück** it's four years since his exam
zurück|nehmen *tr V unreg* to take back *sep*
zurück|reisen *intr V sein* to travel back
zurück|rufen *unreg tr V* (*am Telefon*) to call back *sep*
zurück|schalten *intr V* **in den ersten Gang** ~ to change down into first gear
zurück|schauen *intr V* to look back (**auf** on)
zurück|schicken *tr V* to send back *sep*
zurück|schlagen *unreg* **I.** *tr V* ① to beat back ② (*umschlagen*) to turn back *sep* **II.** *intr V* **auf jdn/etw** ~ to have an effect on sb/sth
zurück|schrecken *intr V unreg sein* ① (*Bedenken vor etw haben*) to shrink (**vor** from); **vor nichts** ~ (*skrupellos sein*) to stop at nothing; (*keine Angst haben*) to not flinch from anything ② (*erschrecken*) to start back
zurück|sehnen *refl V* **sich nach Hause** ~ to long to return home
zurück|senden *tr V unreg* (*geh*) to send back *sep*
zurück|stecken **I.** *tr V* to put back *sep* **II.** *intr V* to back down
zurück|stehen *intr V unreg* [**hinter jdm/etw**] ~ to be behind [sb/sth]
zurück|stellen *tr V* ① to put back *sep* ② *Heizung* to turn down *sep* ③ *Uhr* to turn back *sep* ④ *Wünsche* to put aside
zurück|stufen *tr V* to downgrade
zurück|treten *intr V unreg sein* ① to step back ② (*vom Amt*) to resign
zurück|verlangen* *tr V* (*zurückfordern*) to demand back
zurück|versetzen* *refl V* **sich** ~ to be transported back
zurück|weichen *intr V unreg sein* [**vor etw** *Dat*] ~ to fall back [before sth]
zurück|weisen *tr V unreg* **jdn** ~ to turn away sb *sep*; **etw** ~ to reject sth
zurück|werfen *tr V unreg* ① to throw back *sep* ② (*verschlechtern*) **das wirft uns um Jahre zurück** that will set us back years
zurück|zahlen *tr V* [**jdm**] **etw** ~ to repay [sb] sth
zurück|ziehen *unreg* **I.** *tr V* ① to pull back *sep* ② (*widerrufen*) to withdraw **II.** *refl V* **sich** ~ to withdraw **III.** *intr V sein* **nach Hamburg** ~ to move back to Hamburg
zu|rufen *tr V unreg* **jdm etw** ~ to shout sth to sb
zurzeit [tsʊrˈtsait] *Adv* at present
Zusage [ˈtsuːzaːgə] *f* assurance
zu|sagen **I.** *tr V* to promise (+*Dat* to) **II.** *intr V* ① to accept ② (*gefallen*) **jdm** ~ to appeal to sb
zusammen [tsuˈzamən] *Adv* ① (*gemeinsam*) together (**mit** with); **mit jdm ~ sein** to be with sb ② (*ein Paar sein*) **~ sein** to be going out [with each other] ③ (*insgesamt*) altogether
Zusammenarbeit *f kein Pl* cooperation *no art*
zusammen|arbeiten *intr V* **mit jdm** ~ to work [together] with sb
zusammen|bauen *tr V* to assemble
zusammen|beißen *tr V* **die Zähne** ~ to grit one's teeth
zusammen|bleiben *intr V unreg sein* to stay together; **mit jdm** ~ to stay with sb
zusammen|brechen *intr V unreg sein* to collapse
zusammen|bringen *tr V unreg* ① (*anhäufen*) to amass ② (*in Kontakt bringen*) **jdn** [**mit jdm**] ~ to introduce sb [to sb]
Zusammenbruch *m* collapse

zusammen|drücken *tr V* ❶ (*zerdrücken*) to crush ❷ (*aneinanderdrücken*) to press together
zusammen|fahren *intr V unreg sein* to start
zusammen|fallen *intr V unreg sein* ❶ [**in sich**] ~ to collapse ❷ *Ereignisse* to coincide
zusammen|falten *tr V* to fold [up *sep*]
zusammen|fassen *tr V* ❶ to summarize; **etw in wenigen Worten** ~ to put sth in a nutshell ❷ (*vereinigen*) **jdn/etw in etw** *Dat* ~ to unite sb/sth into sth; **etw unter etw** *Dat* ~ to class[ify] sth under sth
Zusammenfassung *f* summary
zusammen|fügen *tr V* to assemble
zusammen|führen *tr V* to bring together; *Familie* to reunite
zusammen|gehören* *intr V* ❶ (*zueinander gehören*) to belong together ❷ (*ein Ganzes bilden*) to go together
Zusammengehörigkeit <-> *f kein Pl* unity
Zusammengehörigkeitsgefühl *nt kein Pl* sense of togetherness
zusammengesetzt *Adj* compound
zusammengestöpselt [tsuˈzamənɡəʃtœps|t] *Adj* (*pej fam*) [hastily] thrown together
zusammengewürfelt *Adj* mismatched
Zusammenhalt *m kein Pl* solidarity
zusammen|halten *unreg* **I.** *intr V* (*Freunde*) to stick together **II.** *tr V* to hold together
Zusammenhang <-[e]s, -hänge> *m* connection; (*Verbindung*) link (**zwischen** between); **keinen ~ sehen** to see no connection; **jdn/etw mit etw in ~ bringen** to connect sb/sth with sth; **etw aus dem ~ reißen** to take sth out of [its] context; **im ~ mit etw** in connection with sth; **im ~ mit etw stehen** to be connected with sth; **nicht im ~ mit etw stehen** to have no connection with sth
zusammen|hängen *intr V unreg* ❶ **mit etw** ~ (*in Zusammenhang stehen*) to be connected with sth ❷ (*verbunden sein*) to be joined [together]
zusammenhängend **I.** *Adj* coherent **II.** *Adv* coherently; **etw ~ berichten** to give a coherent account of sth
zusammenhang(s)los **I.** *Adj* incoherent **II.** *Adv* incoherently; **etw ~ darstellen** to give an incoherent account of sth
zusammenklappbar *Adj* folding *attr; Stuhl, Tisch* collapsible
zusammen|klappen **I.** *tr V haben* to fold up *sep* **II.** *intr V sein* (*a. fig fam*) to collapse
zusammen|kommen *intr V unreg sein* ❶ (*sich treffen*) to come together; **mit jdm** ~ to meet sb; **zu einer Besprechung** ~ to get together for a discussion ❷ (*sich akkumulieren*) to combine ❸ *Schulden* to mount up
zusammen|krachen *intr V sein* (*fam*) ❶ (*einstürzen*) *Brücke* to crash down; *Bett, Stuhl* to collapse with a crash; *Wirtschaft* to crash ❷ (*zusammenstoßen*) to smash together
zusammen|laufen *intr V unreg sein* ❶ *Flüsse* to flow together ❷ *Menschen* to gather
zusammen|leben *intr V* to live together
Zusammenleben *nt kein Pl* living together *no art*
zusammenlegbar *Adj* collapsible, foldable
zusammen|legen **I.** *tr V* ❶ (*zusammenfalten*) to fold [up *sep*] ❷ (*vereinen*) to join **II.** *intr V* (*Geld sammeln*) to club together
zusammen|nehmen *unreg* **I.** *tr V* to summon [up *sep*]; **seinen ganzen Mut** ~ to summon up all one's courage; **den Verstand** ~ to get one's thoughts together; **alles zusammengenommen** all in all **II.** *refl V* **sich** ~ to control oneself
zusammen|packen *tr V* (*packen*) to pack; (*abräumen*) to pack away
zusammen|passen *intr V* ❶ *Menschen* to suit each other; **gut/schlecht** ~ to be well-suited/ill-suited ❷ *Kleidungsstücke* to match
Zusammenprall *m* collision
zusammen|prallen *intr V sein* to collide
zusammen|pressen *tr V* to press together *sep;* **zusammengepresste Lippen** pinched lips
zusammen|rechnen *tr V* to add up *sep;* **alles zusammengerechnet** all in all
zusammen|reimen *refl V* **sich** *Dat* **etw** ~ to put two and two together from sth; **ich kann es mir einfach nicht** ~ I can't make head or tail of it

zusammen|reißen *unreg refl V* (*fam*) **sich ~** to pull oneself together

zusammen|rücken **I.** *intr V sein* to move up closer **II.** *tr V haben* **etw ~** to move sth closer together

zusammen|schlagen *unreg tr V unreg haben* ❶ (*verprügeln*) to beat up *sep* ❷ (*zertrümmern*) to smash [up *sep*]

zusammen|schließen *unreg refl V* **sich [zu etw] ~** to join together [to form sth]

Zusammenschluss[RR] *m*, **Zusammenschluß**[ALT] *m* union; *Firmen* merger

zusammen|schreiben *tr V unreg* **etw ~** (*als ein Wort schreiben*) to write sth as one word

zusammen|schrumpfen *intr V sein* to shrivel [up]

zusammen|schustern *tr V* (*pej fam*) to cobble together *sep*

Zusammensein <-s> *nt kein Pl* get-together; **ein geselliges ~** a social [gathering]

zusammen|setzen **I.** *tr V* to assemble **II.** *refl V* ❶ **sich ~** to sit together; (*um etw zu besprechen*) to get together ❷ (*bestehen*) **sich aus etw ~** to be composed of sth

Zusammensetzung <-, -en> *f* composition

Zusammenspiel *nt kein Pl* ❶ SPORT teamwork ❷ MUS ensemble playing ❸ THEAT ensemble acting ❹ (*fig: Wechselwirkung*) interplay

zusammen|stellen *tr V* ❶ (*aufstellen*) to compile; *Delegation* to assemble ❷ (*auf einen Fleck stellen*) **die Betten ~** to place the beds side by side

Zusammenstoß *m* ❶ collision ❷ (*Auseinandersetzung*) clash

zusammen|stoßen *intr V unreg sein* to collide; **mit jdm ~** to bump into sb

zusammen|stürzen *intr V sein* to collapse

zusammen|tragen *tr V unreg* to collect

zusammen|treffen *intr V unreg sein* ❶ (*sich treffen*) to meet; **mit jdm ~** to meet sb; (*unverhofft*) to encounter ❷ *Umstände* to coincide

Zusammentreffen *nt* ❶ (*Treffen*) meeting ❷ *Umstände* coincidence

zusammen|tun *unreg* **I.** *tr V* to put together **II.** *refl V* **sich [zu etw] ~** to get together [in sth]

Z

zusammen|wirken *intr V* ❶ (*gemeinsam tätig sein*) to work together ❷ (*vereint wirken*) to combine

zusammen|zählen *tr V* to add up *sep;* **alles zusammengezählt** all in all

zusammen|ziehen *unreg* **I.** *intr V sein* to move in together **II.** *refl V* **sich ~** ❶ (*sich verengen*) to contract ❷ *Sturm, Unheil* to be brewing; *Wolken* to gather **III.** *tr V* **die Augenbrauen ~** to knit one's brows

Zusatz ['tsu:zats] *m* ❶ (*zugefügter Teil*) appendix ❷ (*Nahrungszusatz*) additive; **ohne ~ von Farbstoffen** without the addition of artificial colouring

Zusatzgerät *nt* attachment; COMPUT peripheral [device] **Zusatzklausel** *f* additional clause **Zusatzkosten** *Pl* additional costs *pl*

zusätzlich ['tsu:zɛtslɪç] **I.** *Adj* additional **II.** *Adv* in addition

zu|schauen *intr V s.* **zusehen**

Zuschauer(in) <-s, -> *m(f)* ❶ SPORT spectator; TV viewer ❷ FILM, THEAT **die ~** the audience

Zuschauerraum *m* auditorium **Zuschauertribüne** *f* stands *pl* **Zuschauerzahl** *f* attendance figures *pl;* TV viewing figures *pl*

zu|schicken *tr V* to send; **sich** *Dat* **etw ~ lassen** to send for sth

Zuschlag <-[e]s, Zuschläge> *m* ❶ (*zum Preis*) supplementary charge ❷ (*zum Fahrpreis*) extra fare ❸ (*zusätzliches Entgelt*) bonus

zu|schlagen *unreg* **I.** *tr V haben* ❶ *Tür* to bang shut *sep; Buch* to close ❷ (*zum Preis*) to add **II.** *intr V* ❶ *haben* (*einen Hieb versetzen*) to strike; **das Schicksal hat erbarmungslos zugeschlagen** fate has dealt a terrible blow ❷ *sein Tür* to slam shut

zu|schließen *unreg tr V* to lock

zu|schneiden *tr V unreg* ❶ **etw ~** to cut sth to size; **Stoff ~** to cut out *sep* material ❷ (*fig*) **auf jdn [genau] zugeschnitten sein** to be cut out for sb

zu|schnüren *tr V* ❶ to lace up *sep* ❷ (*fig*) **die Angst schnürte ihr die Kehle zu** she was choked with fear

zu|schreiben *tr V unreg* **jdm etw ~** to ascribe sth to sb; **jdm/etw die Schuld an etw** *Dat* **~** to blame sb/sth for sth

Zuschrift *f* (*geh*) reply

zuschulden, **zu Schulden**[RR] [tsu-

'ʃʊldn̩] *Adv* **sich** *Dat* **etwas/nichts ~ kommen lassen** to do something/nothing wrong

ZuschussRR *m,* **Zuschuß**ALT <-sses, -schüsse> ['tsu:ʃʊs, *Pl:* 'tsu:ʃʏsə] *m* subsidy **Zuschussbetrieb**RR *m* subsidized business

zu|sehen *intr V unreg* ❶ to watch ❷ (*etw geschehen lassen*) **einer S.** *Dat* **~** to sit back and watch sth; **tatenlos musste er ~, wie ...** he could only stand and watch, while ... ❸ (*dafür sorgen*) **~, dass ...** to see [to it] that ...

zusehends ['tsu:ze:ənts] *Adv* noticeably

zu|senden *tr V unreg s.* **zuschicken**

zu|setzen I. *tr V* [**einer S.** *Dat*] **etw ~** to add sth [to sth] **II.** *intr V* (*bedrängen*) **jdm ~** to badger sb

zu|sichern *tr V* **jdm etw ~** to assure sb of sth; **jdm seine Hilfe ~** to promise sb one's help

zu|sperren *tr V* to lock

zu|spielen *tr V* ❶ **jdm den Ball ~** to pass the ball to sb ❷ (*zukommen lassen*) **etw der Presse ~** to leak sth [to the press]

zu|spitzen I. *refl V* **sich ~** to come to a head **II.** *tr V* to sharpen

zu|sprechen *unreg tr V* ❶ (*offiziell zugestehen*) **jdm etw ~** to award sth to sb; **jdm ein Kind ~** to award sb custody [of a child] ❷ (*geh*) **jdm Mut/Trost ~** to encourage/comfort sb ❸ (*zuerkennen*) **jdm/einer S. etw ~** to attribute sth to sb/sth

Zuspruch *m kein Pl* ❶ **sich großen ~s erfreuen** to be very popular ❷ (*Worte*) **ermutigender/tröstender ~** words of encouragement/comfort

Zustand <-[e]s, -stände> ['tsu:ʃtant, *Pl:* 'tsu:ʃtɛndə] *m* ❶ (*Verfassung*) state, condition; **im wachen ~** while awake ❷ *Pl* (*Verhältnisse*) conditions; **das ist doch kein ~!** it's a disgrace! ▶ **Zustände bekommen** (*fam*) to have a fit

zustande, zu StandeRR [tsu'ʃtandə] *Adv* **etw ~ bringen** to manage sth; **die Arbeit ~ bringen** to get the work done; **eine Einigung ~ bringen** to reach an agreement; **es ~ bringen, dass jd etw tut** to [manage to] get sb to do sth; **~ kommen** to materialize; (*stattfinden*) to take place; **nicht ~ kommen** to fail

zuständig ['tsu:ʃtɛndɪç] *Adj* responsible; **der ~e Beamte** the official in charge; **dafür ist er ~** that's his responsibility

Zuständigkeitsbereich *m* area of responsibility

zu|stecken *tr V* **jdm etw ~** to slip sb sth

zu|stehen *intr V unreg* **etw steht jdm zu** sb is entitled to sth; **es steht dir nicht zu, so über ihn zu reden** it's not for you to speak of him like that

zu|stellen *tr V* ❶ (*form: überbringen*) [**jdm**] **etw ~** to deliver sth [to sb] ❷ (*fam: blockieren*) to block

Zustellgebühr *f* delivery charge, portage *spec*

Zustellung <-, -en> *f* delivery

zu|stimmen *intr V* **jdm ~** to agree [with sb]; [**einer S.** *Dat*] **~** to agree [to sth]

Zustimmung *f* agreement

zu|stoßen *unreg* **I.** *intr V sein* **jdm ~** to happen to sb; **hoffentlich ist ihr kein Unglück zugestoßen!** I hope she hasn't had an accident! **II.** *tr V* **die Tür mit dem Fuß ~** to push the door shut with one's foot

Zustrom *m kein Pl* ❶ METEO inflow ❷ (*Zuwanderung*) influx

zutage, zu TageRR [tsu'ta:gə] *Adj* **etw ~ bringen** to bring sth to light; **~ treten** to come to light

zuteil|werden [tsu'tail-] *intr V unreg sein* (*geh*) **jdm wird etw zuteil** sb is given sth; **jdm etw ~ lassen** to grant sb sth

zu|teilen *tr V* **jdm etw ~** to assign sth to sb

zutiefst [tsu'ti:fst] *Adv* deeply; **~ verärgert** furious

zu|tragen *unreg* **I.** *tr V* (*geh*) **jdm etw ~** to report sth to sb **II.** *refl V* (*geh*) **sich ~** to happen

zuträglich ['tsu:trɛ:klɪç] *Adj* (*geh*) good (+*Dat* for), beneficial (+*Dat* to); **jdm/etw ~ sein** to be beneficial to sb/sth

zu|trauen *tr V* **sich** *Dat* **nichts ~** to have no self-confidence; **sich** *Dat* **zu viel ~** to take on too much; **das ist ihm zuzutrauen!** (*iron*) I wouldn't put it past him!; **das hätte ich dir nie zugetraut!** I would never have expected that from you!; **dem traue ich alles zu!** I wouldn't put anything past him!

Zutrauen <-s> *nt kein Pl* confidence (**zu** in)

zutraulich ['tsu:traulɪç] *Adj* trusting; *Hund* friendly

zu|treffen *intr V unreg* ❶ (*richtig sein*) to be correct; (*wahr sein*) to be true; **es trifft zu, dass ...** it is true that ... ❷ (*anwendbar sein*) **auf jdn/etw** [**nicht**] ~ to [not] apply to sb/sth

zutreffend **I.** *Adj* correct; **Zutreffendes bitte ankreuzen** tick [*or* AM mark] where applicable **II.** *Adv* correctly

Zutritt *m kein Pl* admission (**zu** to); [**keinen**] ~ **zu etw haben** to [not] be admitted to sth; ~ **verboten!** [*o* **kein** ~**!**] no admittance

Zutun *nt* **ohne jds** ~ (*Hilfe*) without sb's help; (*Schuld*) through no fault of sb's own

zuverlässig ['tsu:fɛɐ̯lɛsɪç] *Adj* reliable

Zuverlässigkeit <-> *f kein Pl* reliability

Zuversicht <-> ['tsu:fɛɐ̯zɪçt] *f kein Pl* confidence; **voller** ~ full of confidence

zuversichtlich *Adj* confident

zuvor [tsu'fo:ɐ̯] *Adv* before; (*zunächst*) beforehand; **im Jahr** ~ the year before; **noch nie** ~ never before

zuvor|kommen *intr V unreg sein* **jdm** ~ to beat sb to it; **einer S.** *Dat* ~ to forestall sth

zuvorkommend **I.** *Adj* (*gefällig*) accommodating; (*höflich*) courteous **II.** *Adv* obligingly, courteously

Zuvorkommenheit <-> *f kein Pl* courtesy

Zuwachs <-es, Zuwächse> ['tsu:vaks, *Pl:* 'tsu:vɛksə] *m* increase

zu|wachsen *intr V unreg sein* ❶ (*mit Pflanzen*) to become overgrown ❷ *Wunde* to heal [over]

Zuwachsrate *f* growth rate

Zuwanderer, **Zuwanderin** *m, f* POL immigrant

zu|wandern *intr V sein* to immigrate

zuwege, **zu Wege**[RR] [tsu've:gə] *Adv* **etw** ~ **bringen** to achieve sth; **es** ~ **bringen, dass jd etw tut** to [manage to] get sb to do sth

zuweilen [tsu'vailən] *Adv* (*geh*) occasionally

zu|weisen *tr V unreg* **jdm etw** ~ to assign sb sth

zu|wenden *unreg* **I.** *tr V* **jdm das Gesicht** ~ to turn one's face towards sb; **jdm den Rücken** ~ to turn one's back on sb; **einer S.** *Dat* **seine Aufmerksamkeit** ~ to turn one's attention to sth **II.** *refl V* **sich jdm/einer S.** ~ to devote oneself to sb/sth

Zuwendung *f* ❶ *kein Pl* (*Hinwendung*) love and care ❷ (*Geld*) contribution

zuwider[1] [tsu'vi:dɐ] *Adv* **jdm ist jd/etw** ~ sb loathes sb/sth

zuwider[2] [tsu'vi:dɐ] *Präp + Dat* **einer S.** ~ contrary to sth

zu|zahlen **I.** *tr V* **100 Euro** ~ to pay an extra 100 euros **II.** *intr V* to pay extra

zu|ziehen *unreg* **I.** *tr V haben* ❶ *Seil* to tighten ❷ *Gardinen* to draw; *Tür* to pull ❸ (*hinzuziehen*) to consult **II.** *refl V haben* ❶ **sich** *Dat* **eine Krankheit** ~ to catch an illness; **sich** *Dat* **eine Verletzung** ~ to sustain an injury; **sich** *Dat* **jds Zorn** ~ to incur sb's wrath ❷ (*sich zusammenziehen*) **sich** ~ to tighten **III.** *intr V sein* to move into the area

zuzüglich ['tsu:tsy:glɪç] *Präp + Gen* ~ **einer S.** plus sth

zwang ['tsvaŋ] *Imp von* **zwingen**

Zwang <-[e]s, Zwänge> [tsvaŋ, *Pl:* tsvɛŋə] *m* ❶ (*Gewalt*) force; (*Druck*) pressure; **gesellschaftliche Zwänge** social constraints; ~ **auf jdn ausüben** to exert pressure on sb; **unter** ~ under duress ❷ (*Notwendigkeit*) compulsion; **aus** ~ out of necessity ▶ **tu dir keinen** ~ **an** feel free [to do sth]

zwängen ['tsvɛŋən] *tr V* **etw in etw** *Akk* ~ to force sth into sth; **sich durch/in etw** *Akk* ~ to squeeze through/into sth; **sich durch die Menge** ~ to force one's way through the crowd

zwanglos **I.** *Adj* (*ungezwungen*) casual; (*ohne Förmlichkeit*) informal **II.** *Adv* casually, informally

Zwangsarbeit *f kein Pl* hard labour **Zwangsarbeiter(in)** *m(f)* sb sentenced to hard labour **Zwangsjacke** *f* straitjacket **Zwangslage** *f* predicament; **in eine** ~ **geraten** to get into a predicament

zwangsläufig **I.** *Adj* inevitable **II.** *Adv* inevitably

Zwangsräumung *f* eviction **Zwangsversteigerung** *f* compulsory sale

zwangsweise **I.** *Adj* compulsory **II.** *Adv* compulsorily

zwanzig ['tsvantsɪç] *Adj* twenty; *s. a.* **achtzig**

Z

zwanzigfach *Adj* twentyfold, twenty times; *s. a.* **achtfach**

zwanzigjährig, 20-jährig[RR] ['tsvantsɪçjɛːrɪç] *Adj* ① (*Alter*) twenty-year-old *attr,* twenty years old *pred* ② (*Zeitspanne*) twenty-year *attr*

zwanzigste(r, s) ['tsvantsɪçstə, -stɐ, -stəs] *Adj attr* twentieth; *s. a.* **achte(r, s)**

zwar [tsvaːɐ̯] *Adv* **sie ist ~ 47, sieht aber wie 30 aus** although she's 47, she looks like 30; **das mag ~ stimmen, aber ...** that may be true, but ...; **und ~** namely

Zweck <-[e]s, -e> [tsvɛk] *m* ① (*Verwendungszweck*) purpose; **ein guter ~** a good cause; **seinen ~ erfüllen** to serve its/one's purpose ② (*Absicht*) aim; **seinen ~ verfehlen** to fail to achieve its/one's object; **einem bestimmten ~ dienen** to serve a particular aim; **zu welchem ~?** for what purpose? ③ (*Sinn*) point; **das hat doch alles keinen ~!** there's no point in any of that ▸ **der ~ heiligt die <u>Mittel</u>** (*prov*) the end justifies the means

Zweckbündnis *nt* convenient alliance; (*zwischen politischen Parteien a.*) marriage of convenience **zweckdienlich** *Adj* useful

Zwecke <-, -n> ['tsvɛkə] *f* DIAL (*Nagel*) tack, nail; (*Reißzwecke*) drawing pin BRIT, thumbtack AM

zweckentfremden* *tr V* **etw als etw** *Akk* **~** to use sth as sth

zwecklos *Adj* futile

zweckmäßig *Adj* ① (*geeignet*) suitable ② (*sinnvoll*) appropriate

zwecks [tsvɛks] *Präp + Gen* (*geh*) **~ einer S.** for the purpose of sth

zwei [tsvai] *Adj* two; *s. a.* **acht**[1]

Zweibettzimmer *nt* double room **zweideutig** ['tsvaidɔytɪç] *Adj* ① ambiguous ② (*anrüchig*) suggestive **zweidimensional** *Adj* two-dimensional **Zweidrittelmehrheit** *f* two-thirds majority; **mit ~** with a two-thirds majority

zweierlei ['tsvaiɐ'lai] *Adj attr* two [different]; **mit ~ Maß messen** to apply double standards

zweifach, 2fach ['tsvaifax] *Adj* **die ~e Menge** twice as much; **in ~er Ausfertigung** in duplicate

Zweifamilienhaus [tsvaifa'miːli̯ən] *nt* two-family house

Zweifel <-s, -> ['tsvaifl̩] *m* doubt; **darüber besteht kein ~** there can be no doubt about that; **sich** *Dat* **[noch] im ~ sein** to be [still] in two minds; **jdm kommen ~** sb begins to doubt; **außer ~ stehen, dass ...** to be beyond [all] doubt that ...

zweifelhaft *Adj* ① doubtful ② (*pej: dubios*) dubious

zweifellos ['tsvaifl̩loːs] *Adv* undoubtedly

zweifeln ['tsvaifl̩n] *intr V* **an jdm/etw ~** to doubt sb/sth; **[daran] ~, ob ...** to doubt whether ...

Zweifelsfall *m* **im ~** if in doubt

Zweig <-[e]s, -e> [tsvaik] *m* ① (*Ast*) branch; (*kleiner*) twig ② (*Sparte*) branch ▸ **auf keinen <u>grünen</u> ~ kommen** (*fam*) to get nowhere

zweigleisig ['tsvaiglaizɪç] *Adj* double-track *attr*

Zweigniederlassung *f* HANDEL branch [establishment], subsidiary

Zweigstelle *f* branch office

zweihundert ['tsvai'hʊndɐt] *Adj* two hundred

zweijährig, 2-jährig[RR] ['tsvaijɛːrɪç] *Adj* ① (*Alter*) two-year-old *attr,* two years old *pred* ② (*Zeitspanne*) two-year *attr*

Zweikampf *m* duel

Zweiklassengesellschaft *f* SOZIOL, POL divided society

zweimal, 2-mal[RR] ['tsvaimaːl] *Adv* twice, two times; **sich** *Dat* **etw nicht ~ sagen lassen** to not need telling twice; **sich** *Dat* **etw ~ überlegen** to think over *sep* sth carefully

zweimalig ['tsvaimaːlɪç] *Adj* two times over

zweimotorig *Adj* twin-engined **Zweiparteiensystem** *nt* two-party system **zweipolig** *Adj* bipolar; *Schalter* double-pole; *Stecker* two-pin **Zweirad** *nt* [bi]cycle; (*Motorrad*) motorcycle **zweireihig** ['tsvairaiɪç] *Adj Anzug* double-breasted **zweischneidig** ['tsvaiʃnaidɪç] *Adj* two-edged ▸ **ein ~es <u>Schwert</u>** a double-edged sword **zweisprachig** ['tsvaiʃpraːxɪç] **I.** *Adj* bilingual **II.** *Adv* **~ erzogen sein** to be brought up speaking two languages **zweistufig** *Adj* two-stage; *Scheibenwischer* two-speed

zweit [tsvait] *Adv* **wir sind zu ~** there are two of us

Zweitakter <-s, -> *m* two-stroke engine

Zweitausfertigung <-, -en> *f* ❶ *kein Pl* (*das Ausfertigen*) duplication ❷ (*Ausgefertigtes*) duplicate
zweitbeste(r, s) ['tsvait'bɛstə, -'bɛstɐ, -'bɛstəs] *Adj* second best; **Zweitbeste(r) werden** to come second best
zweite(r, s) ['tsvaitə, 'tsvaitɐ, 'tsvaitəs] *Adj* second, 2nd; **die ~ Klasse** second form BRIT, second grade AM; *s. a.* **achte(r, s)**
zweitens ['tsvaitn̩s] *Adv* secondly
zweitklassig *Adj* (*pej*) second-rate **zweitrangig** *Adj s.* **zweitklassig Zweitschrift** *f* (*geh*) copy, duplicate copy *form* **Zweitstimme** *f* second vote **Zweitürer** *m* two-door car **Zweitwagen** *m* second car **Zweitwohnung** *f* second home **Zweiwegebox** *f* plastic container box
Zwerchfell ['tsvɛrçfɛl] *nt* diaphragm
Zwerg(in) <-[e]s, -e> [tsvɛrk, *Pl:* 'tsvɛrgə] *m(f)* dwarf
Zwergstaat *m* miniature state, ministate **Zwergwuchs** *m* dwarfism
Zwetschge <-, -n> ['tsvɛtʃgə] *f* damson
Zwetschgenwasser *nt* plum brandy
Zwickel <-s, -> ['tsvɪkl̩] *m* MODE gusset
zwicken ['tsvɪkn̩] **I.** *intr V* to pinch **II.** *tr V* **jdn [in etw** *Akk***]** ~ to pinch sb['s sth]
Zwickmühle *f* ▶ **in der ~ sein** (*fam*) to be in a dilemma
Zwieback <-[e]s, -e *o* -bäcke> ['tsvi:bak, *Pl:* -bɛkə] *m* rusk
Zwiebel <-, -n> ['tsvi:bl̩] *f* ❶ onion ❷ (*Blumenzwiebel*) bulb
Zwiebelsuppe *f* onion soup **Zwiebelturm** *m* onion dome, cupola
Zwiegespräch *nt* (*geh*) tête-à-tête
Zwielicht ['tsvi:lɪçt] *nt kein Pl* twilight; (*morgens a.*) half-light
zwielichtig *Adj* (*pej*) dubious
Zwiespalt ['tsvi:ʃpalt] *m kein Pl* (*geh*) conflict
zwiespältig ['tsvi:ʃpɛltɪç] *Adj* (*geh*) *Charakter* ambivalent; *Gefühle* mixed
Zwietracht <-> ['tsvi:traxt] *f kein Pl* discord
Zwillich <-s, -s> ['tsvɪlɪç] *m* ticking *no pl, no indef art*
Zwilling <-s, -e> ['tsvɪlɪŋ] *m* ❶ *meist Pl* twin; **eineiige ~e** identical twins; **siamesische ~e** Siamese twins; **zweieiige ~e** fraternal twins ❷ *Pl* ASTROL Gemini
Zwillingsbruder *m* twin brother **Zwillingsschwester** *f* twin sister
Zwinge <-, -n> ['tsvɪŋə] *f* [screw] clamp
zwingen <zwang, gezwungen> ['tsvɪŋən] **I.** *tr V* **jdn [zu etw]** ~ to force sb [do sth]; **gezwungen sein, etw zu tun** to be forced into [doing] sth **II.** *refl V* **sich zu etw** ~ to force oneself to do sth
zwingend I. *Adj* compelling **II.** *Adv* **sich ~ ergeben** to follow conclusively
Zwinger <-s, -> ['tsvɪŋɐ] *m* cage
zwinkern ['tsvɪŋkɐn] *intr V* to blink; **[mit einem Auge]** ~ to wink; **freundlich ~** to give [sb] a friendly wink
Zwirn <-s, -e> [tsvɪrn] *m* thread
zwischen ['tsvɪʃn̩] *Präp* ❶ +*Dat* (*Position: zwischen zwei Personen, Dingen*) between; (*zwischen mehreren: unter*) among[st] ❷ +*Akk* (*Richtung: zwischen zwei*) between; (*zwischen mehrere: unter*) among[st] ❸ +*Dat* (*zeitlich*) between
Zwischenaufenthalt *m* stopover **Zwischenbemerkung** *f* interjection **Zwischenbescheid** *m* provisional notification *no indef art* **Zwischenbilanz** *f* interim balance **Zwischendeck** *nt* 'tween decks *pl* **Zwischending** *nt* **ein ~ zwischen ... und ...** something between ... and ...
zwischendurch [tsvɪʃn̩'dʊrç] *Adv* in between times
Zwischenergebnis *nt* interim result; *Untersuchung a.* interim findings *pl* **Zwischenfall** *m* incident **Zwischengröße** *f* in-between size **Zwischenhandel** *m* ÖKON intermediate trade **Zwischenhändler(in)** *m(f)* middleman *masc,* middlewoman *fem* **Zwischenlagerung** *f* temporary storage; TYPO buffer [*or* intermediate] storage **Zwischenlandung** *f* stopover **Zwischenmahlzeit** *f* snack [between meals] **zwischenmenschlich** *Adj* interpersonal **Zwischenprüfung** *f* intermediate exam **Zwischenraum** *m* ❶ (*Lücke*) gap ❷ TYPO **ein ~ von anderthalb Zeilen** a space of one-and-a-half lines **Zwischenruf** *m* interruption; **~e** heckling **Zwischenspiel** *nt* interlude **Zwischenstation** *f* stop; **in einer Stadt ~ machen** to stop off in a town **Zwischenstück** *nt* connecting piece **Zwischenzeit** *f* **in der ~** [in the] meantime **zwischenzeit-**

Z

lich *Adv* meanwhile **Zwischenzeugnis** *nt* SCHULE end of term report

Zwist <-es, -e> [tsvɪst] *m* (*geh*) strife *no indef art*

zwitschern ['tsvɪtʃɐn] **I.** *intr V* to twitter **II.** *tr V* ▸ **einen ~** (*fam*) to have a drink

Zwitter <-s, -> ['tsvɪtɐ] *m* hermaphrodite

zwo [tsvo:] *Adj* (*fam*) two

zwölf [tsvœlf] *Adj* twelve; *s. a.* **acht**[1]

Zwölffingerdarm [tsvœlf'fɪŋɐdarm] *m* duodenum **Zwölfkampf** *m* SPORT twelve-exercise event

zwölfte(r, s) ['tsvœlftə, 'tsvœlftɐ, 'tsvœlftəs] *Adj attr* twelfth, 12th; **die ~ Klasse** sixth form BRIT, twelfth grade AM; *s. a.* **achte(r, s)**

Zwölftonmusik ['tsvœlfto:nmuzi:k] *f* twelve-tone music

Zyanid <-s, -e> [tsy̆a'ni:t] *nt* CHEM cyanide

Zyankali <-s> [tsy̆a:nka:li] *nt kein Pl* potassium cyanide

zyklisch ['tsy:klɪʃ] *Adj* cyclic, cyclical

Zyklon <-s, -e> [tsy'klo:n] *m* cyclone

Zyklus <-, Zyklen> ['tsy:klʊs, *Pl:* 'tsy:klən] *m* cycle; **ein ~ von Vorträgen** a series of lectures

Zylinder <-s, -> [tsi'lɪndɐ] *m* ❶ cylinder ❷ (*Hut*) top hat

Zylinderkopf *m* cylinder head **Zylinderkopfdichtung** *f* [cylinder] head gasket

Zyniker(in) <-s, -> ['tsy:nikɐ] *m(f)* cynic

zynisch ['tsy:nɪʃ] **I.** *Adj* cynical **II.** *Adv* cynically; **~ grinsen** to give a cynical grin

Zypern ['tsy:pɐn] *nt* Cyprus

Zypresse <-, -n> [tsy'prɛsə] *f* cypress

zyprisch ['tsy:prɪʃ] *Adj* Cypriot; *s. a.* **deutsch 1**

Zyste <-, -n> ['tsʏstə] *f* cyst

Anhang
Appendix

Englische Kurzgrammatik
A Brief English Grammar

Das Substantiv – Nouns

Das **Geschlecht** der Substantive stimmt im Englischen mit dem natürlichen Geschlecht überein. Da der Artikel immer gleich ist, erkennt man es nur an dem Pronomen (persönliches Fürwort).

the boy	**he**	er
the girl	**she**	sie
the book	**it**	es

Schiffsnamen sind meist weiblich. Auch Länder und Flugzeuge werden oft durch den Gebrauch der weiblichen Pronomen personifiziert.

Im **Plural** wird an den Singular eines Substantivs ein -**s** angehängt. Dieses **s** wird nach Vokalen und stimmhaften Konsonanten stimmhaft [z] gesprochen:

day**s**	Tage
dog**s**	Hunde
boy**s**	Jungen

Nach allen stimmlosen Konsonanten wird es stimmlos gesprochen:

book**s**	Bücher
hat**s**	Hüte

Bei Wörtern, die auf -**ce**, -**ge**, -**se**, -**ze** enden, wird das im Singular stumme -**e** wie [ɪ] ausgesprochen:

pie**ces**	Stücke
si**zes**	Größen

Auf einen Zischlaut – **s**, **ss**, **sh**, **ch**, **x**, **z** – endende Wörter bekommen -**es**, wie [ɪz] ausgesprochen, angehängt:

bo**xes**	Schachteln
bo**sses**	Chefs

Auslautendes **y**, dem ein Konsonant vorausgeht, wird im Plural zu -**ies** [ɪz]:

lad**y**	lad**ies**	Damen
bod**y**	bod**ies**	Körper

Auch Wörter, die auf einen Konsonaten plus -**o** enden, bekommen oft -**es**:

tomat**oes**	Tomaten
her**oes**	Helden

Einige auf -**f** oder -**fe** endende Wörter erhalten im Plural die Endung -**ves**:

Singular	Plural	
hal**f**	hal**ves**	Hälften
kni**fe**	kni**ves**	Messer
lea**f**	lea**ves**	Blätter
wi**fe**	wi**ves**	Ehefrauen

Andere ändern ihren Vokal bzw. ihre Vokale:

Singular	Plural	
f**oo**t	f**ee**t	Füße
m**a**n	m**e**n	Männer
wom**a**n	wom**e**n	Frauen

Unregelmäßige Pluralbildungen und solche auf -**ves**, -**oes** bzw. -**os** sind im englisch-deutschen Teil des Wörterbuchs angegeben.

Nominativ/Akkusativ/Dativ/Genitiv – Nominative/Accusative/Dative/Genitive

Nominativ und **Akkusativ** haben dieselbe Form. Der **Genitiv** wird meist mit Hilfe von ***of***, der **Dativ** mit ***to*** ausgedrückt.

- Der **Dativ** kann auch ohne ***to*** gebildet werden, wenn das Dativobjekt unbetont ist. Das Dativobjekt steht dann direkt hinter dem Verb:

	He gives the porter the ticket.
anstelle von:	He gives the ticket ***to*** the porter.

- Im Unterschied zum Deutschen wird auch bei folgenden Ausdrücken die Form des **Genitivs** mit ***of*** gebraucht:

a cup **of** coffee	eine Tasse Kaffee
the city **of** London	London
the Isle **of** Wight	die Insel Wight

- Der **sächsische Genitiv**, der häufig bei Personen und personifizierten Begriffen zur Bezeichnung des Besitzes verwendet wird und vor dem Substantiv steht, das er näher bestimmt, ist ähnlich wie im Deutschen: „Mutters Mantel“. Er wird im Singular durch **Apostroph und s** gekennzeichnet:

my sister**'s** room	das Zimmer meiner Schwester

  und im **Plural** durch den **Apostroph** allein:

my sisters**'** room	das Zimmer meiner Schwestern

  Wörter wie z.B. ***shop***, ***church***, ***cathedral*** werden nach dem sächsischen Genitiv oft weggelassen:

at the butcher**'s**	*statt:* at the butcher's shop	beim Metzger
St. Paul**'s**	*statt:* St. Paul's Cathedral	die St.-Pauls-Kathedrale

Das Adjektiv – Adjectives

Das Adjektiv bleibt nach Geschlecht und Zahl immer unverändert.

Die regelmäßige Steigerung

Bei der regelmäßigen Steigerung erhalten einsilbige Adjektive im Komparativ die Endung -**er** und im Superlativ -**est**.

great	great**er** (than)	great**est**
groß	größer (als)	am größten

- Bei Adjektiven, die auf -**e** enden, entfällt bei der Steigerung mit -**er**, -**est** ein **e**: fin**e**, fin**er**, fin**est**.
- Die Endbuchstaben **d**, **g**, **n** und **t** werden bei der Steigerung mit -**er**, -**est** verdoppelt, wenn ihnen ein kurzes, betontes *a, e, i* oder *o* vorausgeht: bi**g**, bi**gg**er, bi**gg**est.

Zwei- und mehrsilbige Adjektive werden im Komparativ mit ***more*** (mehr) und im Superlativ mit ***most*** (meist) gesteigert.

difficult	**more** difficult (than)	**most** difficult
schwierig	schwieriger (als)	am schwierigsten

Die unregelmäßige Steigerung

good	**better**	**best**
gut	besser	am besten
bad	**worse**	**worst**
schlecht	schlechter	am schlechtesten
much/many	**more**	**most**
viel/viele	mehr	am meisten

Unregelmäßige Steigerungsformen sind im englisch-deutschen Teil des Wörterbuchs angegeben.

Das Adverb – Adverbs

Adverbien werden gebildet, indem man an ein Adjektiv -**ly** anhängt

slow	slow**ly**	He speaks slowly.	Er spricht langsam.
quick	quick**ly**	He ate it up it quickly.	Er aß es schnell auf.

- Ein Sonderfall ist ***well***, das Adverb zu ***good*** (gut).

He speaks English **well**.	Er spricht gut Englisch.

Adverbien mit der Endung -**ly** werden mit ***more*** und ***most*** gesteigert.

slow**ly**	**more** slowly	**most** slowly
langsam	langsamer	am langsamsten

Das Verb – Verbs

Präsens

Infinitiv:		**to knock**	**to call**	**to go**	**to wash**	**to study**
(Grundform)		klopfen	rufen	gehen	waschen	studieren
I	(ich)	knock	call	go	wash	study
you	(du, Sie)	knock	call	go	wash	study
he she it	(er) (sie) (es)	knocks	calls	goes	washes	studies
we	(wir)	knock	call	go	wash	study
you	(ihr, Sie)	knock	call	go	wash	study
they	(sie)	knock	call	go	wash	study

Nur die 3. Person Singular wird verändert.

Das -**s** ist stimmlos nach stimmlosen Konsonanten (*he knocks*) und stimmhaft nach Vokalen (*he goes*) sowie stimmhaften Konsonanten (*he calls*).

Präteritum und Partizip Perfekt

Die Vergangenheitsform wird gebildet, indem man -**ed** an die Grundform des Verbs anhängt.

Infinitiv:	**to open**	**to arrive**	**to stop**	**to carry**
(Grundform)	öffnen	ankommen	anhalten	tragen
I, you, he, she, it, we, you, they	opened	arrived	stopped	carried

- Bei Verben, die auf -**e** enden, entfällt ein **e**: agr**ee**d, arriv**e**d.
- Ein auslautendes -**y** verwandelt sich in -**ied**.
- Auslautendes **b**, **d**, **g**, **m**, **n**, **p**, **s**, **t** wird verdoppelt, wenn es nach kurzem, betonten Vokal steht.
- Bei mehrsilbigen Verben, die auf **l** enden, wird im britischen Englisch dieses meist verdoppelt: trave**l**, trave**ll**ed.
- Das Partizip Perfekt ist gleich dem Präteritum:

open**ed**	arriv**ed**	stopp**ed**	carri**ed**
geöffnet	angekommen	angehalten	getragen

Die Formen der **unregelmäßigen Verben** sind in einer gesonderten Liste aufgeführt.

Die Hilfsverben – Auxiliary verbs

Präsens und Partizip Präsens

Infinitiv: (Grundform)	**to be** sein	**to have** haben	**to do** tun, machen
I	**am** ich bin	**have** ich habe	**do** ich tue
you	**are** du bist; Sie sind	**have** du hast; Sie haben	**do** du tust; Sie tun
he, she, it	**is** er, sie, es ist	**has** er, sie, es hat	**does** er, sie, es tut
we	**are** wir sind	**have** wir haben	**do** wir tun
you	**are** ihr seid; Sie sind	**have** ihr habt; Sie haben	**do** ihr tut; Sie tun
they	**are** sie sind	**have** sie haben	**do** sie tun
Partizip:	**being** seiend	**having** habend	**doing** tuend

Im gesprochenen Englisch werden häufig **Kurzformen** gebraucht:

am	→	'm	**I'm**
are	→	're	**you're**
is	→	's	**he's**
have	→	've	**I've**
has	→	's	**he's**

Verneinung		**Kurzform**
are not	→	are**n't**
is not	→	is**n't**
have not	→	have**n't**
has not	→	has**n't**
do not	→	do**n't**
does not	→	does**n't**

Präteritum und Partizip Perfekt

Infinitiv: (Grundform)	**to be** sein	**to have** haben	**to do** tun, machen
I	**was** ich war	**had** ich hatte	**did** ich tat
you	**were** du warst; Sie waren	**had** du hattest; Sie hatten	**did** du tatest; Sie taten
he, she, it	**was** er, sie, es war	**had** er, sie, es hatte	**did** er, sie, es tat
we	**were** wir waren	**had** wir hatten	**did** wir taten
you	**were** ihr wart; Sie waren	**had** ihr hattet; Sie hatten	**did** ihr tatet; Sie taten
they	**were** sie waren	**had** sie hatten	**did** sie taten
Partizip:	**been** gewesen	**had** gehabt	**done** getan
Kurzform:		**'d**	
Verneinung:	**wasn't** **weren't**	**hadn't**	**didn't**

Perfekt

Das Perfekt bildet man im Unterschied zum Deutschen immer mit ***have*** (haben) + Partizip Perfekt.

I **have** had	ich habe gehabt
I **have** been	ich bin gewesen
I **have** done	ich habe getan
I **have** called	ich habe gerufen
I **have** arrived	ich bin angekommen
I **have** gone	ich bin gegangen

Plusquamperfekt

Das Plusquamperfekt wird mit ***had*** (hatten) + Partizip Perfekt gebildet.

I **had** had	ich hatte gehabt
I **had** been	ich war gewesen
I **had** done	ich hatte getan
I **had** called	ich hatte gerufen
I **had** arrived	ich war angekommen
I **had** gone	ich war gegangen

Unselbstständige Hilfsverben

Unselbstständige Hilfsverben können nicht allein auftreten, sondern müssen immer von einem anderen Verb (im Infinitiv ohne ***to***) begleitet werden.

I, you, he, she, it we, you, they	**can**	**may**	**shall**	**will**	**must**
	können	dürfen	sollen werden	wollen	müssen
Verneinung:	**cannot**	**must not**	**shall not**	**will not**	**need not**
Kurzform:	**can't**	**mustn't**	**shan't**	**won't**	**needn't**

Diese Verben sind bei allen Personen gleich; die dritte Person Singular hat **kein -s.**

Präteritum		**Ersatz**	
could	konnte	to be able (to)	können, im Stande sein (zu)
might	könnte	to be allowed (to)	mögen, dürfen, können
would	würde	to want, to wish (to)	wollen, wünschen
should	sollte	to be obliged (to)	verpflichtet sein (zu)

Verneinung:	**could not**	**might not**	**would not**
Kurzform:	**couldn't**	**mightn't**	**wouldn't**

- Die Formen des Präteritums, die denen des Konditionals gleich sind, findet man oft in Höflichkeitswendungen:

Could you give me …?	Können Sie mir … geben?
Would you …, please?	Würden Sie bitte …
Would you like …?	Wollen/Möchten Sie …?

Futur und Konditional

Das Futur wird mit Hilfe von ***shall/will*** (1. Person Singular und Plural) und ***will*** in den übrigen Personen gebildet, das Konditional mit ***should/would*** (1. Person Singular und Plural) und ***would*** in den übrigen Personen. Heutzutage wird ***shall*** jedoch kaum noch verwendet, sodass für alle Personen ***will*** die gebräuchlichere Form ist. In der gesprochenen Sprache wird fast ausschließlich die Kurzform verwendet.

Futur		Konditional	
I **will**(/**shall**) go	ich werde gehen	I **should/would** go	ich würde gehen
you **will** go	du wirst gehen; Sie werden gehen	you **would** go	du würdest gehen; Sie würden gehen
he, she, it **will** go	er, sie, es wird gehen	he, she, it **would** go	er, sie, es würde gehen
we **will** (/**shall**) go	wir werden gehen	we **should/would** go	wir würden gehen
you **will** go	ihr werdet gehen; Sie werden gehen	you **would** go	ihr würdet gehen; Sie würden gehen
they **will** go	sie werden gehen	they **would** go	sie würden gehen
Kurzform:	I'**ll** go, you'**ll** go, he'**ll** go etc. I'**d** go, you'**d** go, he'**d** go etc.		

Frage und Verneinung mit do

Das Hilfsverb ***do*** wird zur Bildung der fragenden und der mit ***not*** verneinten Form der selbstständigen Verben verwendet.

Do you speak German?	Sprechen Sie Deutsch?
Does he know?	Weiß er es?
Did you call?	Haben Sie angerufen?
I **do not** (**don't**) speak German.	Ich spreche nicht Deutsch.
He **does not** (**doesn't**) know.	Er weiß es nicht.
I **did not** (**didn't**) call.	Ich habe nicht angerufen.
Didn't he come?	Ist er nicht gekommen?
Didn't she call?	Hat sie nicht angerufen?

- ***do*** wird nicht verwendet in Fragesätzen, in denen ein Fragewort selbst das Subjekt ist:

Who wrote the letter?	Wer schrieb den Brief?
Which of these trains goes to London?	Welcher dieser Züge fährt nach London?

In Fragesätzen mit den folgenden Hilfsverben kommt ***do*** ebenfalls nicht vor:

am, are, is, was, were, can, could, may, might, must, shall, should, will, would

Verlaufsform

Die Verlaufsform wird mit dem Hilfsverb ***be*** und dem Partizip Präsens (-**ing**) gebildet. Mit der Verlaufsform wird eine Handlung ausgedrückt, die gerade abläuft, noch andauert, noch nicht abgeschlossen ist, war oder sein wird.

I **am** work**ing**.	Ich arbeite gerade./Ich bin am Arbeiten.
I **was** work**ing**.	Ich arbeitete (gerade).
I **will** be work**ing**.	Ich werde arbeiten.
It **is** rain**ing**.	Es regnet.

- Bei Verben, die auf -**e** enden, entfällt dieser Vokal: arrive, arriv**ing**.
- Bei Verben, die auf -**ie** enden, verwandelt sich dies in **y**: lie, l**ying**.
- Für die Verdoppelung der Endkonsonanten gelten dieselben Regeln wie zur Bildung des Präteritums: stop, sto**pping**; travel, trave**lling**.
- Die Form ***be going to*** bezeichnet die gegenwärtige Gewissheit über eine beabsichtigte Handlung, die in naher Zukunft stattfinden wird.

I **am going to** go to London next week.	Ich werde nächste Woche nach London fahren.
I **am going to** buy a new dress.	Ich werde mir ein neues Kleid kaufen.

Gerundium

Das Gerundium (Verb + -**ing**) ist die substantivierte Form des Infinitivs.
Im Deutschen dagegen steht anstelle des Gerundiums der Infinitiv.

Smoking is dangerous.	Rauchen ist gefährlich.

Passiv

Zur Bildung des Passivs verwendet man das Hilfsverb ***be*** und das Partizip Perfekt.

The doctor examines Peter.	Peter **is examined** (by the doctor).
Der Arzt untersucht Peter.	Peter wird (vom Arzt) untersucht.
Somebody stole my bike.	My bike **was stolen**.
Jemand hat mein Fahrrad gestohlen.	Mein Fahrrad wurde gestohlen.

Die Personalpronomen – Personal pronouns

Subjektsfall		Objektsfall	
I	ich	**me**	mir/mich
you	du; Sie	**you**	dir/dich; Ihnen/Sie
he	er	**him**	ihm/ihn
she	sie	**her**	ihr/sie
it	es	**it**	ihm/es
we	wir	**us**	uns/uns
you	ihr; Sie	**you**	euch/euch; Ihnen/Sie
they	sie	**them**	ihnen/sie

- Im Objektsfall steht ***to*** (Dativ), wenn das Pronomen besonders hervorgehoben werden soll:

I gave the book **to** him.	Ich gab ihm (*betont*) das Buch.
anstatt: I gave him the book.	Ich gab ihm (*unbetont*) das Buch.

Die Possessivpronomen – Possessive pronouns

Das Possessivpronomen ist für Singular und Plural gleich. Es hat adjektivische und substantivische Formen.

Adjektivisch (verbunden)

my	book	mein Buch	**my**	books	meine Bücher
your	book	dein/Ihr Buch	**your**	books	deine/Ihre Bücher
his	book	sein Buch	**his**	books	seine Bücher
her	book	ihr Buch	**her**	books	ihre Bücher
its	book	sein Buch	**its**	books	seine Bücher
our	car	unser Auto	**our**	cars	unsere Autos
your	car	euer/Ihr Auto	**your**	cars	eure/Ihre Autos
their	car	ihr Auto	**their**	cars	ihre Autos

Substantivisch (allein stehend)

mine	meines/der, die, das meinige/die meinigen
yours	deines/Ihres; der, die, das deinige/Ihrige; die deinigen/ihrigen
his	seines/der, die, das seinige/die seinigen
hers	ihres/der, die, das ihrige/die ihrigen
ours	unseres/der, die, das unsrige/die unsrigen
yours	eures/Ihres; der, die, das eurige/ihrige; die eurigen/ihrigen
theirs	ihres/der, die, das ihrige/die ihrigen

It's not my book. It's **yours**.	Es ist nicht mein Buch. Es ist deines.

Die Demonstrativpronomen – Demonstrative pronouns

Singular:	**this**	dieser, diese, dieses	**Plural:**	**these**	diese
	that	jener, jene, jenes		**those**	jene

This is an English book and **that** is a German book.
Dies hier ist ein englisches Buch und das da ist ein deutsches Buch.

These pictures are nicer than **those**.
Diese Bilder sind schöner als jene.

Die Reflexivpronomen – Reflexive pronouns

myself	mich	**ourselves**	uns
yourself	dich; sich	**yourselves**	euch; sich
himself	sich	**themselves**	sich
herself	sich		
itself	sich		

I enjoy **myself**.	Ich amüsiere mich.
You enjoy **yourself**.	Du amüsierst dich./Sie amüsieren sich.
He enjoys **himself**.	Er amüsiert sich.
She enjoys **herself**.	Sie amüsiert sich.
We enjoy **ourselves**.	Wir amüsieren uns.
You enjoy **yourselves**.	Ihr amüsiert euch./Sie amüsieren sich.
They enjoy **themselves**.	Sie amüsieren sich.

Die Relativpronomen – Relative pronouns

	Personen	**Sachen**	**Personen und Sachen**
Nominativ (Wer? Was?)	**who**	**which**	**that**
Genitiv (Wessen)	**whose**	**of which**	
Dativ (Wem?)	**to whom**	**to which**	
Akkusativ (Wen? Was?)	**whom/who**	**which**	**that**

Das Relativpronomen hat im Singular und im Plural die gleiche Form.

- Im Akkusativ kann ***that*** auch wegfallen:

This is the strangest book (**that**) I've ever read.	Das ist das merkwürdigste Buch, das ich je gelesen habe.

Die Interrogativpronomen – Interrogative pronouns

Substantivisch (allein stehend)

who?	wer?	**Who** are you?	Wer sind Sie?
whose?	wessen?	**Whose** car is this?	Wessen Auto ist das?
whom?/who?	wem/wen?	**Who**(**m**) did you help?	Wem hast du geholfen?
		Who(**m**) did you see?	Wen hast du gesehen?
what?	was?	**What** is that?	Was ist das?
which?	welche	**Which** is the quickest way?	Welches ist der kürzeste Weg?
	welcher/welches?		

who/ whose/ whom fragen nach Personen, ***what*** nach Sachen und ***which*** nach Personen oder Sachen aus einer bestimmten Anzahl.

- Präpositionen im Fragesatz werden nachgestellt:

Where do you come **from**?	woher?
What are you looking **for**?	wonach?
What do you want this **for**?	wofür?
What are you laughing **at**?	worüber?
Who are you speaking **to**?	mit wem?

- Statt ***whom*** als Akkusativ- oder Dativobjekt wird heutzutage in Wort und Schrift ausschließlich ***who*** verwendet. ***Who*** kann nicht direkt nach einer Präposition stehen. In solchen Fällen wird die Präposition oft nachgestellt:

The man (**who**) he sold his car to. *anstatt:* The man to **whom** he sold his car.	Der Mann, dem er sein Auto verkauft hat.
Who did you buy the flowers for? *anstatt:* For **whom** did you buy the flowers?	Für wen hast du die Blumen gekauft?

Adjektivisch (verbunden)

What book?	Was für ein Buch?
What English songs?	Welche englischen Lieder?
Which book?	Welches Buch? (von mehreren Büchern)

Die Indefinitpronomen – Indefinite pronouns

1. some/somebody/someone/something

some und seine Zusammensetzungen stehen

1. in bejahenden Sätzen,
2. in Fragesätzen, wenn darauf eine bejahende Antwort erwartet wird.

1.	I'd like **some** strawberry jam.	Ich hätte gern die Erdbeermarmelade.
	Give me **some** stamps, please.	Bitte geben Sie mir ein paar Briefmarken.
	Somebody/Someone has stolen my purse.	Jemand hat meinen Geldbeutel gestohlen.
	I'd like **something** to drink.	Ich hätte gern etwas zu trinken.
2.	May I have **some** more tea, please? – Yes, of course.	Kann ich noch etwas Tee haben? – Aber selbstverständlich.

2. any/anybody/anyone/anything

any und seine Zusammensetzungen werden verwendet

1. in verneinten Sätzen,
2. in Fragesätzen, auf welche die Antwort ungewiss ist,
3. in Bedingungssätzen.

1.	I haven't got **any** friends in London.	Ich habe keine Freunde in London.
2.	Is there **anybody/anyone** who speaks German?	Spricht hier jemand Deutsch?
	Have you got **any** stamps?	Haben Sie vielleicht ein paar Briefmarken?
	Can I do **anything** for you?	Kann ich irgendetwas für Sie tun?
3.	If I had **any** stamps I would post the letter.	Wenn ich Briefmarken hätte, würde ich den Brief einwerfen.

Unregelmäßige englische Verben
Irregular English Verbs

Infinitiv Infinitive	Präteritum Preterite	Partizip Perfekt Past Participle
arise	arose	arisen
awake	awoke	awaked, awoken
be	was *sing*, were *pl*	been
bear	bore	borne
beat	beat	beaten
become	became	become
begin	began	begun
bend	bent	bent
beseech	besought	besought
bet	bet, betted	bet, betted
bid	bid	bid
bind	bound	bound
bite	bit	bitten
bleed	bled	bled
blow	blew	blown
break	broke	broken
breed	bred	bred
bring	brought	brought
build	built	built
burst	burst	burst
buy	bought	bought
can	could	–
cast	cast	cast
catch	caught	caught
choose	chose	chosen
cling	clung	clung
come	came	come
cost	cost	cost
creep	crept	crept
cut	cut	cut
deal	dealt	dealt
dig	dug	dug
do	did	done
draw	drew	drawn
dream	dreamed, dreamt	dreamed, dreamt
drink	drank	drunk
drive	drove	driven

Infinitiv Infinitive	Präteritum Preterite	Partizip Perfekt Past Participle
dwell	dwelt	dwelt
eat	ate	eaten
fall	fell	fallen
feed	fed	fed
feel	felt	felt
fight	fought	fought
find	found	found
flee	fled	fled
fling	flung	flung
fly	flew	flown
forbid	forbad(e)	forbidden
forget	forgot	forgotten
forsake	forsook	forsaken
freeze	froze	frozen
get	got	got, AM gotten
give	gave	given
go	went	gone
grind	ground	ground
grow	grew	grown
hang	hung, JUR hanged	hung, JUR hanged
have	had	had
hear	heard	heard
heave	heaved, hove	heaved, hove
hide	hid	hidden
hit	hit	hit
hold	held	held
hurt	hurt	hurt
keep	kept	kept
kneel	knelt	knelt
know	knew	known
lay	laid	laid
lead	led	led
lean	leaned, leant	leaned, leant
leap	leaped, leapt	leaped, leapt
learn	learned, learnt	learned, learnt
leave	left	left
lend	lent	lent
let	let	let
lie	lay	lain
light	lit, lighted	lit, lighted
lose	lost	lost
make	made	made

Infinitiv Infinitive	**Präteritum Preterite**	**Partizip Perfekt Past Participle**
may	might	–
mean	meant	meant
meet	met	met
mistake	mistook	mistaken
mow	mowed	mown, mowed
pay	paid	paid
put	put	put
quit	quit, quitted	quit, quitted
read	read	read
rend	rent	rent
rid	rid	rid
ride	rode	ridden
ring	rang	rung
rise	rose	risen
run	ran	run
saw	sawed	sawed, sawn
say	said	said
see	saw	seen
seek	sought	sought
sell	sold	sold
send	sent	sent
set	set	set
sew	sewed	sewed, sewn
shake	shook	shaken
shave	shaved	shaved, shaven
shear	sheared	sheared, shorn
shed	shed	shed
shine	shone	shone
shit *vulg*	shit, shat *vulg*	shit, shat *vulg*
shoot	shot	shot
show	showed	shown
shrink	shrank	shrunk
shut	shut	shut
sing	sang	sung
sink	sank	sunk
sit	sat	sat
sleep	slept	slept
slide	slid	slid
sling	slung	slung
slink	slunk	slunk
slit	slit	slit
smell	smelled, smelt	smelled, smelt

Infinitiv Infinitive	Präteritum Preterite	Partizip Perfekt Past Participle
sow	sowed	sowed, sown
speak	spoke	spoken
speed	speeded, sped	speeded, sped
spell	spelled, spelt	spelled, spelt
steal	stole	stolen
swell	swelled	swollen
swim	swam	swum
swing	swung	swung
take	took	taken
teach	taught	taught
tear	tore	torn
tell	told	told
think	thought	thought
thrive	throve, thrived	thriven, thrived
throw	threw	thrown
thrust	thrust	thrust
tread	trod	trodden
wake	woke, waked	woken, waked
wear	wore	worn
weave	wove	woven
weep	wept	wept
win	won	won
wind	wound	wound
wring	wrung	wrung
write	wrote	written

A Brief German Grammar

Deutsche Kurzgrammatik

Der Artikel – Articles

A German noun can be either **masculine, feminine** or **neuter**.
The **gender** of a noun can be recognized by its article: ***der, die*** or ***das.***

	Definite article				Indefinite article			
	m	**f**	**nt**	**pl**	**m**	**f**	**nt**	**pl**
Nominative	der	die	das	die	ein	eine	ein	–
Accusative	den	die	das	die	einen	eine	ein	–
Genitive	des	der	des	der	eines	einer	eines	–
Dative	dem	der	dem	den	einem	einer	einem	–

Das Substantiv – Nouns

In German the declension of nouns is characterized as strong, weak and mixed (compare the declension of adjectives).

1. Strong declension: masculine and neuter

	Plural with ~e	Plural with ⁻̈e	Plural with ~er	Plural with ⁻̈er
Singular				
Nominative	der Tag	der Traum	das Kind	das Dach
Accusative	den Tag	den Traum	das Kind	das Dach
Genitive	des Tag(e)s	des Traum(e)s	des Kind(e)s	des Dach(e)s
Dative	dem Tag(e)	dem Traum(e)	dem Kind(e)	dem Dach(e)
Plural				
Nominative	die Tage	die Träume	die Kinder	die Dächer
Accusative	die Tage	die Träume	die Kinder	die Dächer
Genitive	der Tage	der Träume	der Kinder	der Dächer
Dative	den Tagen	den Träumen	den Kindern	den Dächern

	Plural with ~s	Plural without any ending	
		~	Plural with ⁻̈
Singular			
Nominative	das Auto	der Tischler	der Vogel
Accusative	das Auto	den Tischler	den Vogel
Genitive	des Autos	des Tischlers	des Vogels
Dative	dem Auto	dem Tischler	dem Vogel

Plural			
Nominative	die Autos	die Tischler	die Vögel
Accusative	die Autos	die Tischler	die Vögel
Genitive	der Autos	der Tischler	der Vögel
Dative	den Autos	den Tischlern	den Vögeln

2. Strong declension: feminine

	Plural with ~̈e	Plural without any ending	Plural with ~s
Singular			
Nominative	die Wand	die Mutter	die Bar
Accusative	die Wand	die Mutter	die Bar
Genitive	der Wand	der Mutter	der Bar
Dative	der Wand	der Mutter	der Bar
Plural			
Nominative	die Wände	die Mütter	die Bars
Accusative	die Wände	die Mütter	die Bars
Genitive	der Wände	der Mütter	der Bars
Dative	den Wänden	den Müttern	den Bars

3. Weak declension: masculine

Singular			
Nominative	der Bauer	der Bär	der Hase
Accusative	den Bauern	den Bären	den Hasen
Genitive	des Bauern	des Bären	des Hasen
Dative	dem Bauern	dem Bären	dem Hasen
Plural			
Nominative	die Bauern	die Bären	die Hasen
Accusative	die Bauern	die Bären	die Hasen
Genitive	der Bauern	der Bären	der Hasen
Dative	den Bauern	den Bären	den Hasen

4. Weak declension: feminine

Singular				
Nominative	die Uhr	die Feder	die Gabe	die Ärztin
Accusative	die Uhr	die Feder	die Gabe	die Ärztin
Genitive	der Uhr	der Feder	der Gabe	der Ärztin
Dative	der Uhr	der Feder	der Gabe	der Ärztin

Plural				
Nominative	die Uhren	die Federn	die Gaben	die Ärztinnen
Accusative	die Uhren	die Federn	die Gaben	die Ärztinnen
Genitive	der Uhren	der Federn	der Gaben	der Ärztinnen
Dative	den Uhren	den Federn	den Gaben	den Ärztinnen

5. Mixed declension: masculine and neuter

Declined in the singular as a *strong* noun and in the plural as a *weak* noun.

Singular				
Nominative	das Auge	das Ohr	der Name	das Herz
Accusative	das Auge	das Ohr	den Namen	das Herz
Genitive	des Auges	des Ohr(e)s	der Namens	des Herzens
Dative	dem Auge	dem Ohr(e)	dem Namen	dem Herzen

Plural				
Nominative	die Augen	die Ohren	die Namen	die Herzen
Accusative	die Augen	die Ohren	die Namen	die Herzen
Genitive	der Augen	der Ohren	der Namen	der Herzen
Dative	den Augen	den Ohren	den Namen	den Herzen

6. Declension of adjectives

	Masculine	
Singular		
Nominative	der Reisende	ein Reisender
Accusative	den Reisenden	einen Reisenden
Genitive	des Reisenden	eines Reisenden
Dative	dem Reisenden	einem Reisenden
Plural		
Nominative	die Reisenden	Reisende
Accusative	die Reisenden	Reisende
Genitive	der Reisenden	Reisender
Dative	den Reisenden	Reisenden

	Feminine	
Singular		
Nominative	die Reisende	eine Reisende
Accusative	die Reisende	eine Reisende
Genitive	der Reisenden	einer Reisenden
Dative	der Reisenden	einer Reisenden

Plural		
Nominative	die Reisenden	Reisende
Accusative	die Reisenden	Reisende
Genitive	der Reisenden	Reisender
Dative	den Reisenden	Reisenden

	Neuter	
Singular		
Nominative	das Neugeborene	ein Neugeborenes
Accusative	das Neugeborene	ein Neugeborenes
Genitive	des Neugeborenen	eines Neugeborenen
Dative	dem Neugeborenen	einem Neugeborenen
Plural		
Nominative	die Neugeborenen	Neugeborene
Accusative	die Neugeborenen	Neugeborene
Genitive	der Neugeborenen	Neugeborener
Dative	den Neugeborenen	Neugeborenen

7. Declension of proper nouns

The genitive of proper nouns is determined by various rules:

Proper noun with an article	remains unchanged: des Aristoteles, des (schönen) Berlin	
Proper noun without any article	adds an -s: Maria**s** Auto, die Straßen Berlin**s**	
Proper noun ending in -s, -ß, -x, -z	adds an apostrophe: Aristoteles' Schriften, die Straßen Calais'	
Several proper nouns, one after the other	the last name adds an -s: Johann Sebastian Bach**s** Musik	
Proper noun with apposition	is declined like a noun:	Nominative: Karl **der Große** Accusative: Karl **den Großen** Genitive: Karls **des Großen** Dative: Karl **dem Großen**
Surnames add an -s in the plural:	die Schneider**s**	
If a surname ends in s, ß, x or z, -ens is added:	die Schmitz**ens**	

The proper names of streets, buildings, companies, ships, newspapers and organizations are always declined.

Das Adjektiv – Adjectives

When an adjective stands in front of a noun, the adjective has to agree with the **gender**, **case** and **number** of the noun. As with nouns, the declension of adjectives is characterized as ***strong***, ***weak*** and ***mixed***.

1. The strong form

- with adjective + noun combinations *without* any article
- when an adjective precedes a noun without indicating the gender
  e.g. mehrere liebe Kinder, manch guter Wein.
- after ***cardinal numbers***, as well as ***‚ein paar'***, ***‚ein bisschen'***
  e.g. Sie hörte zwei laute Schreie.
- Wir machen eine Reise mit ein paar guten Freunden.
- Mit einem bisschen guten Willen schaffst du das.

	m	f	nt
Singular			
Nominative	guter Wein	schöne Frau	liebes Kind
Accusative	guten Wein	schöne Frau	liebes Kind
Genitive	guten Wein(e)s	schöner Frau	lieben Kindes
Dative	gutem Wein(e)	schöner Frau	liebem Kind(e)
Plural			
Nominative	gute Weine	schöne Frauen	liebe Kinder
Accusative	gute Weine	schöne Frauen	liebe Kinder
Genitive	guter Weine	schöner Frauen	lieber Kinder
Dative	guten Weinen	schönen Frauen	lieben Kindern

2. The weak form

- with adjective + noun combinations with the definite article *der, die, das*
- and with pronouns which indicate the gender of the noun
  e.g. ***diese(r), folgende(r), jede(r), welche(r, s)***

	m	f	nt
Singular			
Nominative	der gute Wein	die schöne Frau	das liebe Kind
Accusative	den guten Wein	die schöne Frau	das liebe Kind
Genitive	des guten Wein(e)s	der schönen Frau	des lieben Kindes
Dative	dem guten Wein	der schönen Frau	dem lieben Kind
Plural			
Nominative	die guten Weine	die schönen Frauen	die lieben Kinder
Accusative	die guten Weine	die schönen Frauen	die lieben Kinder
Genitive	der guten Weine	der schönen Frauen	der lieben Kinder
Dative	den guten Weinen	den schönen Frauen	den lieben Kindern

3. The mixed form

- with adjective + noun combinations with the indefinite article *ein*, *kein* (with masculine and neuter nouns in the singular)
- and the possessive pronouns *mein*, *dein*, *sein*, *unser*, *euer*, *ihr*

	m	nt
Singular		
Nominative	ein guter Wein	ein liebes Kind
Accusative	einen guten Wein	ein liebes Kind
Genitive	eines guten Wein(e)s	eines lieben Kindes
Dative	einem guten Wein(e)	einem lieben Kind

4. Adjectives ending in -abel, -ibel, -el

When declined, these adjectives lose the **-e**.

	miserabel	penibel	heikel
Singular			
Nominative	ein miserabler Stil	eine penible Frau	ein heikles Problem
Accusative	einen miserablen Stil	eine penible Frau	ein heikles Problem
Genitive	eines miserablen Stils	einer peniblen Frau	eines heiklen Problems
Dative	einem miserablen Stil	einer peniblen Frau	einem heiklen Problem
Plural			
Nominative	miserable Stile	penible Frauen	heikle Probleme
Accusative	miserable Stile	penible Frauen	heikle Probleme
Genitive	miserabler Stile	penibler Frauen	heikler Probleme
Dative	miserablen Stilen	peniblen Frauen	heiklen Problemen

5. Adjectives ending in -er, -en

- normally retain the **e** in the declined form, but not in formal literary style
  e.g. finst**e**r → seine finstren Züge
- the same applies to adjectives whose origins are not German
  e.g. makab**e**r → eine makabre Geschichte
  integ**e**r → ein integrer Beamter

6. Adjectives ending in -auer, – euer

- normally drop the **e** in the declined form
  e.g. teu**e**r → ein teures Geschenk
  sau**e**r → saure Gurken

7. Adjectives ending in -ß

- keep the **ß** after a long vowel
  e.g. groß → mein großer Bruder
  bloß → eine bloße Freundschaft

8. Comparison of adjectives

	m	f	nt
Positive	schön	schöne	schönes
Comparative	schöner	schönere	schöneres
Superlative	der schönste	die schönste	das schönste

If you want to use the comparative/superlative forms in the accusative, genitive or dative, then the same rules apply as for an adjective in its base form before a noun.
e.g. der Garten mit den schönsten Blumen (dative, plural)
the garden with the prettiest flowers

Exceptions:

1. Adjectives and adverbs add an 'e' before the superlative endings when:

- they have only one syllable
- the last syllable is stressed
- the ending is -s, -ß, -st, -x, -z (always)
- the ending is -d, -t, -sch (usually)

e.g.	spitz	adjective	spitze(r, s)
		adverb	am spitzesten
	beliebt	adjective	beliebteste(r, s)
		adverb	am beliebtesten

This applies equally to compound adjectives and adverbs as well as those with a prefix, regardless of stress:

e.g.	unsanft	adjective	unsanfteste(r, s)
		adverb	am unsanftesten

2. Single syllable adjectives whose root vowel is 'a', 'o', 'u' add an umlaut in the comparative and superlative forms:

e.g.	**a**rm	ärmer	ärmste(r, s)
	gr**o**ß	größer	größte(r, s)
	kl**u**g	klüger	klügste(r, s)

3. The following groups of adjectives never have an umlaut in the comparative and superlative forms:

- those with the diphthong -au:

f**au**l	fauler	faulste(r, s)
kr**au**s	krauser	krauseste(r, s)
schl**au**	schlauer	schlaueste(r, s)

- those with the suffixes -**bar**, -**haft**, -**ig**, -**lich**, -**sam**:

dank**bar**	dankbarer	dankbarste(r, s)
schwatz**haft**	schwatzhafter	schwatzhafteste(r, s)
schatt**ig**	schattiger	schattigste(r, s)
statt**lich**	stattlicher	stattlichste(r, s)
sorg**sam**	sorgsamer	sorgsamste(r, s)

– adjectives which occur as participles:

überrascht	überraschter	überraschteste(r, s)

– adjectives of foreign origin:

banal	banaler	banalste(r, s)
interessant	interessanter	interessanteste(r, s)
grandios	grandioser	grandioseste(r, s)

– irregular comparative/superlative forms of adjectives and adverbs:

gut	besser	beste(r, s)
viel	mehr	meiste(r, s)
gern	lieber	am liebsten
bald	eher	am ehesten

Das Adverb – Adverbs

When an adjective is used as an adverb, it remains unchanged:

e.g. er singt gut
sie schreibt schön
er läuft schnell

The rules for the comparison of adverbs are the same as those for adjectives:

e.g. er singt besser
sie schreibt schöner
er läuft schneller

Most adverbs form the superlative after the pattern **am ...sten**:

e.g. er singt am besten
sie schreibt am schönsten
er läuft am schnellsten

Das Verb – Verbs

PRESENT TENSE

The present tense in German is used to express an act in the present, a general statement of fact or an event in the future:

e.g.	Was machst du? Ich lese.	What are you doing? I'm reading.
	Die Erde dreht sich um die Sonne.	The Earth revolves around the Sun.
	Morgen fliege ich nach Rom.	I'm flying to Rome tomorrow.

1. Regular verbs (weak conjugation)

	machen	**legen**	**sagen**	**sammeln**
ich	mache	lege	sage	sammle
du	machst	legst	sagst	sammelst
er sie es	macht	legt	sagt	sammelt
wir	machen	legen	sagen	sammeln
ihr	macht	legt	sagt	sammelt
sie	machen	legen	sagen	sammeln

Verbs with a stem ending in **s**, **ss**, **ß** and **z**:

	rasen	**passen**	**grüßen**	**reizen**
ich	rase	passe	grüße	reize
du	rast	passt	grüßt	reizt
er sie es	rast	passt	grüßt	reizt
wir	rasen	passen	grüßen	reizen
ihr	rast	passt	grüßt	reizt
sie	rasen	passen	grüßen	reizen

Verbs with a stem ending in **d** or **t**, or with a **consonant + m**, or a **consonant + n** add an **-e** in the 2nd person singular:

	reden	**wetten**	**atmen**	**trocknen**
ich	rede	wette	atme	trockne
du	redest	wettest	atmest	trocknest
er sie es	redet	wettet	atmet	trocknet
wir	reden	wetten	atmen	trocknen
ihr	redet	wettet	atmet	trocknet
sie	reden	wetten	atmen	trocknen

Verbs with a stem ending in an **unstressed -e** or **-er** drop the **-e** in the 1st person singular:

e.g. angeln – ich angle
zittern – ich zittre

2. Irregular verbs (strong conjugation) usually change their stem vowels.

	tragen	blasen	laufen	essen
ich	trage	blase	laufe	esse
du	trägst	bläst	läufst	isst
er sie es	trägt	bläst	läuft	isst
wir	tragen	blasen	laufen	essen
ihr	tragt	blast	lauft	esst
sie	tragen	blasen	laufen	essen

See also the irregular verbs in the main body of the dictionary and in the list on page 1162.

PAST SIMPLE (IMPERFECT) TENSE

The imperfect tense expresses a past event:

e.g. Letztes Jahr reisten wir nach Spanien. We went to Spain last year.

1. Regular verbs

	machen	sammeln	grüßen	reizen
ich	machte	sammelte	grüßte	reizte
du	machtest	sammeltest	grüßtest	reiztest
er sie es	machte	sammelte	grüßte	reizte
wir	machten	sammelten	grüßten	reizten
ihr	machtet	sammeltet	grüßtet	reiztet
sie	machten	sammelten	grüßten	reizten

Verbs with a stem ending in **d**, **t**, a **consonant + m** or a **consonant + n**:

	reden	**wetten**	**atmen**	**trocknen**
ich	redete	wettete	atmete	trocknete
du	redetest	wettetest	atmetest	trocknetest
er sie es	redete	wettete	atmete	trocknete
wir	redeten	wetteten	atmeten	trockneten
ihr	redetet	wettetet	atmetet	trocknetet
sie	redeten	wetteten	atmeten	trockneten

2. Irregular verbs usually change their stem vowels.

	tragen	**blasen**	**laufen**	**essen**
ich	trug	blies	lief	aß
du	trugst	bliest	liefst	aßt
er sie es	trug	blies	lief	aß
wir	trugen	bliesen	liefen	aßen
ihr	trugt	bliest	lieft	aßt
sie	trugen	bliesen	liefen	aßen

See also the irregular verbs in the main body of the dictionary and in the list on page 1162.

PERFECT TENSE

The perfect tense is used to express an isolated event or condition in the past:

e.g. Der Zug ist abgefahren. — The train has left.
Heute Nacht hat es geregnet. — It rained last night.

The perfect tense is formed with the present tense of the auxiliary verbs ***haben*** or ***sein*** and the past participle.

1. Verbs which express movement or a change of state, form the perfect tense with *sein*.

	radeln	**fahren**	**verstummen**	**sterben**
ich	bin geradelt	bin gefahren	bin verstummt	bin gestorben
du	bist geradelt	bist gefahren	bist verstummt	bist gestorben
er sie es	ist geradelt	ist gefahren	ist verstummt	ist gestorben
wir	sind geradelt	sind gefahren	sind verstummt	sind gestorben
ihr	seid geradelt	seid gefahren	seid verstummt	seid gestorben
sie	sind geradelt	sind gefahren	sind verstummt	sind gestorben

2. Transitive, reflexive and impersonal verbs form the perfect tense with *haben*, as do most intransitive verbs when they express a permanent condition.

	legen	sich freuen	regnen	leben
ich	habe gelegt	habe mich gefreut		habe gelebt
du	hast gelegt	hast dich gefreut		hast gelebt
er sie es	hat gelegt	hat sich gefreut	es hat geregnet	hat gelebt
wir	haben gelegt	haben uns gefreut		haben gelebt
ihr	habt gelegt	habt euch gefreut		habt gelebt
sie	haben gelegt	haben sich gefreut		haben gelebt

Forming the past participle: with or without *(-)ge-*:

Most past participles are formed by putting **ge-** in front of the verb stem and adding either **-t** (weak verbs) or **-en** (strong verbs). In the past participles of strong verbs, the vowel of the verb stem is usually changed:

e.g. bauen → **ge**bau**t**
hören → **ge**hör**t**
lesen → **ge**les**en**
singen → **ge**sung**en**

In compound German verbs formed with a 'separable' (and always stressed) adverbial prefix (indicated by a thin vertical line between prefix and verb, see below), the syllable *-ge-* is inserted between the prefix and the stem of the verb:

auf|bauen – auf**ge**baut
zu|hören – zu**ge**hört
vor|lesen – vor**ge**lesen

Important: A great number of verbs form the past participle without the prefix **ge-**. Most of these verbs (with very few exceptions) belong to two basic groups:

1. All verbs ending in -**ieren**:

marschieren marschierte (ist) marschiert
probieren probierte (hat) probiert

NB These verbs still form the past participle without **ge-** when they contain a 'separable' (stressed) prefix:

ab|marschieren marschierte ab (ist) abmarschiert
aus|probieren probierte aus (hat) ausprobiert

2. All verbs beginning with one of the following, always unstressed (and therefore 'inseparable') prefixes: **be-, emp-, ent-, er-, ge-, ver-, zer-**

bebauen bebaute (hat) bebaut
erhören erhörte (hat) erhört
gestalten gestaltete (hat) gestaltet
verlangen verlangte (hat) verlangt

Those verbs with an 'inseparable' (and also unstressed) prefix (indicated by the lack of a thin vertical line – see below) also belong to this group:

umgehen	umging	(hat) umgangen
untersuchen	untersuchte	(hat) untersucht
übersetzen	übersetzte	(hat) übersetzt

NB Again, these verbs still form the past participle without **ge-** when they have a 'separable' (stressed) prefix:

um|gestalten	gestaltete um	(hat) umgestaltet
ab|verlangen	verlangte ab	(hat) abverlangt
zurück|übersetzen	übersetzte zurück	(hat) zurückübersetzt

A very few verbs which do not belong to either of these two groups (e.g. *miauen*, *trompeten*, *stibitzen* – but note the stress!), also form their past participle without **ge-** and are accordingly so indicated in the dictionary.

THE PAST PERFECT (PLUPERFECT) TENSE

The past perfect tense is used to describe an event that had already finished when another event happened

It is formed with the past (imperfect) tense of ***haben*** or ***sein*** and the past participle.

e.g. Als er im Kino ankam, hatte der Film schon begonnen.
When he arrived at the cinema the film had already started.

	fahren	sterben	legen	leben
ich	war gefahren	war gestorben	hatte gelegt	hatte gelebt
du	warst gefahren	warst gestorben	hattest gelegt	hattest gelebt
er sie es	war gefahren	war gestorben	hatte gelegt	hatte gelebt
wir	waren gefahren	waren gestorben	hatten gelegt	hatten gelebt
ihr	wart gefahren	wart gestorben	hattet gelegt	hattet gelebt
sie	waren gefahren	waren gestorben	hatten gelegt	hatten gelebt

THE FUTURE TENSE

The future tense is used to express something that will happen in or refers to the future: e.g. advance notification, intentions, suppositions, promises.

It is formed with the present tense of the auxiliary verb ***werden*** and the infinitive of the main verb:

e.g.	Morgen wird es schneien.	It will (or is going to) snow tomorrow.
	Er wird noch im Urlaub sein.	He will still be on holiday.
	Ich werde dich immer lieben.	I will always love you.

	legen	fahren	sein	haben	können
ich	werde legen	werde fahren	werde sein	werde haben	werde können
du	wirst legen	wirst fahren	wirst sein	wirst haben	wirst können
er sie es	wird legen	wird fahren	wird sein	wird haben	wird können
wir	werden	werden	werden	werden	werden
	legen	fahren	sein	haben	können
ihr	werdet	werdet	werdet	werdet	werdet
	legen	fahren	sein	haben	können
sie	werden	werden	werden	werden	werden
	legen	fahren	sein	haben	können

THE PRESENT SUBJUNCTIVE

The present subjunctive is formed from the present stem of the verb with the endings: **-e**, -**est**, -**e**, -**en**, -**et**, -**en** added.

It is used to express indirect speech:

e.g. „Kannst du mir helfen?“ (Direkte Rede)
"Can you help me?" (Direct speech)
Er fragt sie, ob sie ihm helfen könne. (Indirekte Rede)
He asked her if she could help him. (Indirect speech)

Some irregular verbs add an umlaut to or change the vowel in the indicative but do not in the subjunctive:

e.g.	**Infinitive**	**Present Indicative**	**Present Subjunctive**
	fallen	du f**ä**llst	du fallest
	geben	du g**i**bst	du gebest

As well as in indirect speech, the present subjunctive is also used in a few set expressions:

e.g.	Er lebe hoch!	Three cheers for him!
	Gott sei Dank!	Thank God!
	Man nehme Salz, Mehl und Butter …	Take salt, flour and butter …

	legen	küssen	reden
ich	lege	küsse	rede
du	legst	küssest	redest
er sie es	lege	küsse	rede
wir	legen	küssen	reden
ihr	leget	küsset	redet
sie	legen	küssen	reden

Present subjunctive of the auxiliary verbs *sein*, *haben* and *werden*:

	sein	haben	werden
ich	sei	habe	werde
du	seist	habest	werdest
er sie es	sei	habe	werde
wir	seien	haben	werden
ihr	seiet	habet	werdet
sie	seien	haben	werden

Present subjunctive of the modal verbs:

	können	dürfen	mögen	müssen	sollen	wollen
ich	könne	dürfe	möge	müsse	solle	wolle
du	könnest	dürfest	mögest	müssest	sollest	wollest
er sie es	könne	dürfe	möge	müsse	solle	wolle
wir	können	dürfen	mögen	müssen	sollen	wollen
ihr	könn(e)t	dürf(e)t	mög(e)t	müss(e)t	soll(e)t	woll(e)t
sie	können	dürfen	mögen	müssen	sollen	wollen

THE IMPERFECT SUBJUNCTIVE

The imperfect subjunctive is formed from the past stem of the verb with the endings **-e**, **-(e)st**, **-e**, **-en**, **-(e)t**, **-en**. With regular verbs the imperfect subjunctive is identical to the past indicative; irregular verbs with **i** or **ie** in the forms of the past tense retain these spellings in the imperfect subjunctive.

The imperfect subjunctive is used to express hypothetical statements, comparisons and as an expression of politeness:

e.g. Wenn ich Zeit hätte, ginge ich mit dir ins Kino.
If I had time, I would come with you to the cinema.

Die Leiter schwankte so, als fiele sie gleich um.
The ladder was swaying so much it looked like it was about to fall.

Könnten Sie uns bitte eine Auskunft geben?
Could you give us some information, please?

	gehen/ging	rufen/rief	greifen/griff
ich	ginge	riefe	griffe
du	ging(e)st	rief(e)st	griff(e)st
er sie es	ginge	riefe	griffe
wir	gingen	riefen	griffen
ihr	ging(e)t	rief(e)t	griff(e)t
sie	gingen	riefen	griffen

Verbs with the vowels **a**, **o** and **u** in the past indicative add an umlaut in the imperfect subjunctive:

	singen/ sang	fliegen/ flog	fahren/ fuhr	sein/ war	haben/ hatte	werden/ wurde
ich	sänge	flöge	führe	wäre	hätte	würde
du	säng(e)st	flög(e)st	führ(e)st	wär(e)st	hättest	würdest
er sie es	sänge	flöge	führe	wäre	hätte	würde
wir	sängen	flögen	führen	wären	hätten	würden
ihr	säng(e)t	flög(e)t	führ(e)t	wär(e)t	hättet	würdet
sie	sängen	flögen	führen	wären	hätten	würden

Conditional clauses

A conditional clause often starts with 'if' or 'unless'; it is used to express something that might happen if certain conditions were met and is formed with the imperfect subjunctive of ***werden*** and the infinitive of the main verb.

e.g. Wenn ihr uns einladen würdet, würden wir kommen.
If you were to invite us, we would come.

	legen	fahren
ich	würde legen	würde fahren
du	würdest legen	würdest fahren
er sie es	würde legen	würde fahren
wir	würden legen	würden fahren
ihr	würdet legen	würdet fahren
sie	würden legen	würden fahren

THE IMPERATIVE

The imperative expresses a demand, command, request, warning or ban and is formed with either the 2nd person singular or plural.

1. Regular verbs add to the stem an **-e** in the singular and a **-t** in the plural. The plural form of the imperative is identical to the 2nd person plural, present indicative.

In the polite form using ***Sie***, the verb is inverted (i.e. predicate before subject):

e.g. Sie schreiben einen Brief. (eine Feststellung/Indikativ)
You are writing a letter. (a statement/indicative)
Schreiben Sie einen Brief! (eine Aufforderung/Imperativ)
Write a letter! (a command/imperative)

Infinitive	Singular	Plural	Polite form
schreiben	schreibe	schreibt	schreiben Sie
singen	singe	singt	singen Sie
trinken	trinke	trinkt	trinken Sie
atmen	atme	atmet	atmen Sie
reden	rede	redet	reden Sie

Exceptions: Verbs which end in **-eln**, **-ern** can drop the **-e** in the singular.

Infinitive	Singular	Plural	Polite form
sammeln	samm(e)le	sammelt	sammeln Sie
fördern	förd(e)re	fördert	fördern Sie
handeln	hand(e)le	handelt	handeln Sie

If the verb stem ends in **-m** or **-n** and is preceded by an **h**, **l**, **m**, **n** or **r**, the **-e** ending in the singular can be dropped.

Infinitive	Singular	Plural	Polite form
rühmen	rühm(e)	rühmt	rühmen Sie
qualmen	qualm(e)	qualmt	qualmen Sie
kämmen	kämm(e)	kämmt	kämmen Sie
rennen	renn(e)	rennt	rennen Sie
lernen	lern(e)	lernt	lernen Sie

If, however, the **-m** or **-n** is preceded by another consonant, the **-e** ending must be retained:

e.g. atme, rechne

2. Irregular verbs without a vowel change to **-i** or **-ie** in the present tense, form the imperative according to the same rules as regular verbs.

Vowel change to -i or -ie

Infinitive	Singular	Plural
lesen	lies	lest
werfen	wirf	werft
essen	iss	esst
sehen	sieh	seht

The auxiliary verbs *sein*, *haben* and *werden*

Infinitive	Singular	Plural
sein	sei	seid
haben	habe	habt
werden	werde	werdet

ACTIVE AND PASSIVE

In an active sentence the subject performs the stated action; in the passive, the subject is being acted upon

e.g. Die Parlamentarier wählen den Präsidenten. (Aktiv)
The members of Parliament elect the President. (Active)
Der Präsident wird von den Parlamentariern gewählt. (Passiv)
The President is elected by the members of Parliament. (Passive)

The passive is formed with ***werden*** and the past participle.

Present	ich werde geliebt	ich werde gelobt
Past	ich wurde geliebt	ich wurde gelobt

The auxiliary verbs *haben*, *sein* and *werden*

They are called auxiliary verbs because with their help, certain tenses (e.g. the perfect, pluperfect, future) and the passive are formed.

Present

	sein	haben	werden
ich	bin	habe	werde
du	bist	hast	wirst
sie es	ist	hat	wird
wir	sind	haben	werden
ihr	seid	habt	werdet
sie	sind	haben	werden

The Present Participle

The present participle is formed by adding **-d** to the infinitive of the verb:

e.g. *singend*, *lachend*, etc.

It expresses a shorter version of a subordinate clause:

e.g.	Er saß in der Badewanne und sang. He sat in the bath and sang.	Er saß *singend* in der Badewanne. He sat in the bath *singing*.
	Sie öffnete die Tür und lachte. She opened the door and laughed.	Sie öffnete *lachend* die Tür. She opened the door *laughing*.

The Past participle

The past participle of regular verbs is formed according to the following rule:

		Prefix	+	Stem	+	Ending
e.g.	machen	ge	+	mach	+	t

legen	gelegt
sagen	gesagt
vierteln	geviertelt
rasen	gerast
hassen	gehasst
küssen	geküsst
reizen	gereizt
reden	geredet
wetten	gewettet
trocknen	getrocknet

Verbs ending in **-ieren** omit the prefix **ge-**, as do those with the prefix **be-**, **em-**, **ent-**, **er-**, **ver-** and **zer-**. They are marked in the German-English part of the dictionary with an asterisk *.

The following rule applies:

		Stem	+	Ending
e.g.	manövrieren*	manövrier	+	t

empören*	empört
entgiften*	entgiftet
ersetzen*	ersetzt
vertrösten*	vertröstet
zerreden*	zerredet

Inseparable compound verbs also drop the **ge-**. These verbs are indicated as *insep* and are marked with an asterisk *.

übersetzen*	übersetzt
durchwaten*	durchwatet
unterlegen*	unterlegt
umarmen*	umarmt

The past participle of separable compound verbs (e.g. *durchmachen*) is formed according to the following rule:

Prefix Verb	+	**Prefix PP ge-**	+	**Verb Stem**	+	**Ending t**
durch	+	ge	+	mach	+	t

anbeten	angebetet
überschnappen	übergeschnappt
umdeuten	umgedeutet

Die Pronomen – Pronouns

Pronouns are declined in German just as articles, nouns, adjectives and adverbs are.

1. The personal pronoun

A personal pronoun denotes the person who is speaking or about whom someone is speaking.

Nominative	Accusative	Genitive	Dative
ich	mich	meiner	mir
du	dich	deiner	dir
er	ihn	seiner	ihm
sie	sie	ihrer	ihr
es	es	seiner	ihm
wir	uns	unser	uns
ihr	euch	euer	euch
sie	sie	ihrer	ihnen

2. The reflexive pronoun

A reflexive pronoun refers to the subject of a sentence and must agree with the subject in case and number.

e.g. **ich** wasche **mich**
du wäschst **dich**
er/sie/es wäscht **sich**
wir waschen **uns**
ihr wascht **euch**
sie waschen **sich**

3. The possessive pronoun

A possessive pronoun indicates belonging or ownership and agrees in case, gender and number with the noun to which it refers.

It may appear before a noun, like an adjective, or stand in place of a noun.

a) Used as an adjective

	m	f	nt	pl
1st person singular				
Nominative	mein	meine	mein	meine
Accusative	meinen	meine	mein	meine
Genitive	meines	meiner	meines	meiner
Dative	meinem	meiner	meinem	meinen
2nd person singular				
	dein	deine	dein declined like *mein*	deine
3rd person singular				
	sein	seine	sein declined like *mein*	seine
3rd person singular				
	ihr	ihre	ihr declined like *mein*	ihre
3rd person singular				
	sein	seine	sein declined like *mein*	seine
1st person plural				
Nominative	unser	uns(e)re	unser	uns(e)re
Accusative	uns(e)ren	uns(e)re unsern	unser	uns(e)re
Genitive	uns(e)res	uns(e)rer	uns(e)res	uns(e)rer
Dative	uns(e)rem	uns(e)rer unserm	uns(e)rem	uns(e)ren unserm
2nd person plural				
Nominative	euer	eure	euer	eure
Accusative	euren	eure	euer	eure
Genitive	eures	eurer	eures	eurer
Dative	eurem	eurer	eurem	euren
3rd person plural				
Nominative	ihr	ihre	ihr	ihre
Accusative	ihren	ihre	ihr	ihre
Genitive	ihres	ihrer	ihres	ihrer
Dative	ihrem	ihrer	ihrem	ihren

b) Used as a noun

	m	f	nt	pl
1. pers. sing.	meiner	meine	mein(e)s	meine
2. pers. sing	deiner	deine	dein(e)s	deine
3. pers. sing. m, nt	seiner	seine	sein(e)s	seine
3. pers. sing. f	ihrer	ihre	ihr(e)s	ihre
1. pers. pl.	uns(e)rer	uns(e)re	uns(e)res	uns(e)re
2. pers. pl.	eurer	eure	eures, euers	eure
3. pers. pl.	ihrer	ihre	ihr(e)s	ihre

4. The demonstrative pronoun

A demonstrative pronoun indicates the person or object to which one is referring.

	m	f	nt	Plural
Nominative	dieser	diese	dieses	diese
Accusative	diesen	diese	dieses	diese
Genitive	dieses	dieser	dieses	dieser
Dative	diesem	dieser	diesem	diesen
Nominative	jener	jene	jenes	jene
Accusative	jenen	jene	jenes	jene
Genitive	jenes	jener	jenes	jener
Dative	jenem	jener	jenem	jenen
Nominative	derjenige	diejenige	dasjenige	diejenigen
Accusative	denjenigen	diejenige	dasjenige	diejenigen
Genitive	desjenigen	derjenigen	desjenigen	derjenigen
Dative	demjenigen	derjenigen	demjenigen	denjenigen
Nominative	derselbe	dieselbe	dasselbe	dieselben
Accusative	denselben	dieselbe	dasselbe	dieselben
Genitive	desselben	derselben	desselben	derselben
Dative	demselben	derselben	demselben	denselben

The definite article ***der, die, das*** is also used as a demonstrative pronoun.

5. The relative pronoun

The most common relative pronouns are ***der, die, das***, less common are ***welcher, welche, welches***. All relative pronouns introduce a subordinate clause which supplements the main clause. Relative pronouns agree in gender and number with the word in the main clause to which they refer.

e. g. Er putzt sein neues Auto, das/welches er sich gekauft hat.
He is cleaning the new car that/which he bought.

	m	f	nt	Plural
Nominative	welcher	welche	welches	welche
Accusative	welchen	welche	welches	welche
Genitive	dessen	deren	dessen	deren
Dative	welchem	welcher	welchem	welchen

Wer and ***was*** can also be used as relative pronouns:

e.g. Wer das behauptet, lügt. — Whoever says that is lying.
Mach doch, was du willst! — Just do what you want!

6. The interrogative pronoun

An interrogative pronoun distinguishes between a person (***wer?***) and a thing (***was?***). It only occurs in the singular.

	Person	Thing
Nominative	*Wer* spielt mit?	*Was* ist das?
Accusative	*Wen* liebst du?	*Was* höre ich da?
Genitive	*Wessen* Haus ist das?	
Dative	*Wem* gehört das Haus?	

Nowadays the genitive of the interrogative pronoun: ***wessen*** (whose?) is frequently replaced by the dative ***wem***.

e.g. Wem gehört das Haus? (statt: Wessen Haus ist das?)
Whose house is that?

Was für ein(er)... (What sort of a ...) is used to ask about the particular nature of a person or thing:

e.g. Was für ein Mensch ist Peter eigentlich?
What sort of a person is Peter really?/What is Peter really like?

Was für einen Anzug möchten Sie?
What sort of suit would you like?

The interrogative pronouns ***welcher***, ***welche*** and ***welches*** are used to ask about one particular person or item among several:

e.g. Welche Schuhe soll ich nehmen? (die braunen oder die schwarzen?)
Which shoes should I take? (the brown or the black ones?)

Mit welchem Bus kommst du? (dem um 16 oder 17 Uhr?)
Which bus will you be on? (the 4 or 5 o'clock?)

Welches Eis schmeckt dir besser? (Erdbeer- oder Schokoladeneis?)
Which ice cream do you like better? (strawberry or chocolate?)

	m	f	nt	Plural
Nominative	welcher	welche	welches	welche
Accusative	welchen	welche	welches	welche
Genitive	welches	welcher	welches	welcher
Dative	welchem	welcher	welchem	welchen

Die Prepositionen – Prepositions

+ Accusative:	
bis	durch
für	gegen
je	ohne
pro	um
wider	

+ Dative:	
ab	aus
außer	bei
binnen	entgegen
entsprechend	gegenüber
gemäß	mit
nach	nächst
nahe	nebst
samt	seit
von	zu
zufolge	zuwider

+ Accusative/Dative*:	
an	auf
entlang	hinter
in	neben
über	unter
vor	zwischen

* With movement and change of direction the accusative is used (***wohin?*** – Where to?).

With details of location the dative is used (**wo?** – Where?):

e.g.	Er hängt die Uhr an die Wand. (wohin?)	He is hanging the clock on the wall.
	Die Uhr hängt an der Wand. (wo?)	The clock is hanging on the wall.

Some prepositions can be amalgamated with the correct form of the definite article to form a single word:

e.g.	an/in	+	dem	becomes	am/im
	bei	+	dem	becomes	beim
	von	+	dem	becomes	vom
	zu	+	dem/der	becomes	zum/zur
	an/in	+	das	becomes	ans/ins

Unregelmäßige deutsche Verben
Irregular German Verbs

Ableitungen und Zusammensetzungen sind unter dem Grundverb nachzuschlagen; **ab|brechen** unter **brechen**.

The preterite forms and past participles of compound verbs and derivations can be found by referring to the simple verb. In the case of **ab|brechen** for instance, see **brechen**.

Infinitiv infinitive	**Präteritum preterite**	**Partizip Perfekt past participle**
backen	backte *o alt* buk	gebacken
befehlen	befahl	befohlen
beginnen	begann	begonnen
beißen	biss	gebissen
bergen	barg	geborgen
bersten	barst	geborsten
bewegen	bewog	bewogen
biegen	bog	gebogen
bieten	bot	geboten
binden	band	gebunden
bitten	bat	gebeten
blasen	blies	geblasen
bleiben	blieb	geblieben
bleichen	bleichte *o alt* blich	gebleicht *o alt* geblichen
braten	briet	gebraten
brechen	brach	gebrochen
brennen	brannte	gebrannt
bringen	brachte	gebracht
denken	dachte	gedacht
dreschen	drosch	gedroschen
dringen	drang	gedrungen
dürfen	durfte	dürfen, gedurft
empfangen	empfing	empfangen
empfehlen	empfahl	empfohlen
empfinden	empfand	empfunden
essen	aß	gegessen
fahren	fuhr	gefahren
fallen	fiel	gefallen
fangen	fing	gefangen
fechten	focht	gefochten
finden	fand	gefunden
flechten	flocht	geflochten
fliegen	flog	geflogen

Infinitiv **infinitive**	**Präteritum** **preterite**	**Partizip Perfekt** **past participle**
fliehen	floh	geflohen
fließen	floss	geflossen
fressen	fraß	gefressen
frieren	fror	gefroren
gären	gärte *o* gor	gegärt *o* gegoren
gebären	gebar	geboren
geben	gab	gegeben
gedeihen	gedieh	gediehen
gefallen	gefiel	gefallen
gehen	ging	gegangen
gelingen	gelang	gelungen
gelten	galt	gegolten
genesen	genas	genesen
genießen	genoss	genossen
geraten	geriet	geraten
geschehen	geschah	geschehen
gestehen	gestand	gestanden
gewinnen	gewann	gewonnen
gießen	goss	gegossen
gleichen	glich	geglichen
gleiten	glitt	geglitten
glimmen	glimmte *o selten* glomm	geglimmt *o selten* geglom- men
graben	grub	gegraben
greifen	griff	gegriffen
haben	hatte	gehabt
halten	hielt	gehalten
hangen	hing	gehangen
hängen	hing (hängte)	gehangen, (gehängt)
heben	hob	gehoben
heißen	hieß	geheißen
helfen	half	geholfen
kennen	kannte	gekannt
klimmen	klimmte *o* klomm	geklommen *o* geklimmt
klingen	klang	geklungen
kneifen	kniff	gekniffen
kommen	kam	gekommen
können	konnte	können, gekonnt
kriechen	kroch	gekrochen
laden	lud	geladen
lassen	ließ	gelassen *nach Infinitiv* las- sen

Infinitiv **infinitive**	**Präteritum** **preterite**	**Partizip Perfekt** **past participle**
laufen	lief	gelaufen
leiden	litt	gelitten
leihen	lieh	geliehen
lesen	las	gelesen
liegen	lag	gelegen
lügen	log	gelogen
mahlen	mahlte	gemahlen
meiden	mied	gemieden
melken	melkte *o veraltend* molk	gemolken
messen	maß	gemessen
misslingen	misslang	misslungen
mögen	mochte	mögen, gemocht
nehmen	nahm	genommen
nennen	nannte	genannt
pfeifen	pfiff	gepfiffen
preisen	pries	gepriesen
quellen	quoll	gequollen
raten	riet	geraten
reiben	rieb	gerieben
reißen	riss	gerissen
reiten	ritt	geritten
rennen	rannte	gerannt
riechen	roch	gerochen
ringen	rang	gerungen
rinnen	rann	geronnen
rufen	rief	gerufen
salzen	salzte	gesalzen *o selten* gesalzt
saufen	soff	gesoffen
saugen	sog *o* saugte	gesogen *o* gesaugt
schaffen	schuf	geschaffen
schallen	schallte *o* scholl	geschallt
scheiden	schied	geschieden
scheinen	schien	geschienen
scheißen	schiss	geschissen
schelten	schalt	gescholten
scheren	schor	geschoren
schieben	schob	geschoben
schießen	schoss	geschossen
schinden	schindete	geschunden
schlafen	schlief	geschlafen
schlagen	schlug	geschlagen
schleichen	schlich	geschlichen

Infinitiv infinitive	Präteritum preterite	Partizip Perfekt past participle
schleifen	schliff	geschliffen
schließen	schloss	geschlossen
schlingen	schlang	geschlungen
schmeißen	schmiss	geschmissen
schmelzen	schmolz	geschmolzen
schnauben	schnaubte *o veraltet* schnob	geschnaubt *o veraltet* geschnoben
schneiden	schnitt	geschnitten
schrecken *vt* *vi*	schreckte schrak	geschreckt geschrocken
schreiben	schrieb	geschrieben
schreien	schrie	geschrie[e]n
schreiten	schritt	geschritten
schweigen	schwieg	geschwiegen
schwellen	schwoll	geschwollen
schwimmen	schwamm	geschwommen
schwinden	schwand	geschwunden
schwingen	schwang	geschwungen
schwören	schwor	geschworen
sehen	sah	gesehen
senden	sandte *o* sendete	gesandt *o* gesendet
sieden	siedete *o* sott	gesiedet *o* gesotten
singen	sang	gesungen
sinken	sank	gesunken
sinnen	sann	gesonnen
sitzen	saß	gesessen
sollen	sollte	sollen, gesollt
spalten	spaltete	gespalten *o* gespaltet
speien	spie	gespie[e]n
spinnen	spann	gesponnen
sprechen	sprach	gesprochen
sprießen	spross *o* sprießte	gesprossen
springen	sprang	gesprungen
stechen	stach	gestochen
stecken	steckte *o geh* stak	gesteckt
stehen	stand	gestanden
stehlen	stahl	gestohlen
steigen	stieg	gestiegen
sterben	starb	gestorben
stieben	stob *o* stiebte	gestoben *o* gestiebt
stinken	stank	gestunken
stoßen	stieß	gestoßen

Infinitiv infinitive	Präteritum preterite	Partizip Perfekt past participle
streichen	strich	gestrichen
streiten	stritt	gestritten
tragen	trug	getragen
treffen	traf	getroffen
treiben	trieb	getrieben
treten	trat	getreten
triefen	triefte *o geh* troff	getrieft *o geh* getroffen
trinken	trank	getrunken
trügen	trog	getrogen
tun	tat	getan
verbieten	verbot	verboten
verbrechen	verbrach	verbrochen
verderben	verdarb	verdorben
vergessen	vergaß	vergessen
verlieren	verlor	verloren
verraten	verriet	verraten
verstehen	verstand	verstanden
verwenden	verwendete *o* verwandte	verwendet *o* verwandt
verzeihen	verzieh	verziehen
wachsen	wuchs	gewachsen
waschen	wusch	gewaschen
weben	webte *o geh* wob	gewebt *o geh* gewoben
weichen	wich	gewichen
weisen	wies	gewiesen
wenden	wendete *o geh* gewandt	gewendet *o geh* gewandt
werben	warb	geworben
werden	wurde	worden, geworden
werfen	warf	geworfen
wiegen	wog	gewogen
winden	wand	gewunden
winken	winkte	gewinkt *o dial* gewunken
wissen	wusste	gewusst
wollen	wollte	wollen, gewollt
wringen	wrang	gewrungen
ziehen	zog	gezogen
zwingen	zwang	gezwungen

Falsche Freunde
False Friends

Bedeutung des englischen Ausdrucks:	English	Deutsch	Meaning of the German word:
eigentlich	**actual**	**aktuell**	topical
den ganzen Tag	**all day**	**alltäglich**	everyday
auch	**also**	**also**	so; (*Füllwort*) well
ankündigen	**announce**	**annoncieren**	to advertise
werden	**become**	**bekommen**	to get, to receive
Benzol	**benzene**	**Benzin**	petrol
blinzeln	**blink**	**blinken**	AUTO to signal, to indicate
mutig	**brave**	**brav**	(*Kind*) good, well-behaved
hell	**bright**	**breit**	broad; (*weit*) wide
Hütte	**cabin**	**(Umkleide)kabine**	changing room
Koch, Köchin	**chef**	**Chef**	boss
Pommes frites	**chips** BRIT	**Chips**	crisps
Begriff	**concept**	**Konzept**	(*für Aufsatz*) rough copy
zubereiten	**cook** *tr*	**kochen**	(*Wasser*) to boil
Getreide	**corn**	**Korn**	seed; (*Sand-*) grain
Handwerk	**craft**	**Kraft**	strength; force; power
Neugier	**curiosity**	**Kuriosität**	(*Merkwürdigkeit*) oddity
knapp; barsch	**curt**	**kurz**	short; (*bündig*) brief
schließlich	**eventually**	**eventuell**	**I.** *adj* possible; **II.** *adv* perhaps, possibly
Stoff	**fabric**	**Fabrik**	factory
Reisigbündel	**fag(g)ot**	**Fagott**	MUS bassoon
befestigen	**fasten**	**fasten**	to fast
schnalzen mit	**flick**	**flicken**	to mend
Fußboden	**floor**	**Flur**	hall
Formel	**formula**	**Formular**	form
Messgerät	**gage** AM	**Gage**	THEAT fee
heiter	**genial**	**genial**	(*fam*) brilliant
Heiterkeit	**geniality**	**Genialität**	brilliance
dienstbarer Geist	**genie**	**Genie**	genius

Bedeutung des englischen Ausdrucks:	English	Deutsch	Meaning of the German word:
Geschenk	**gift**	**Gift**	poison; (*Tier-*) venom
Blick	**glance** *n*	**Glanz**	shine; (*fig*) glory
kurz ansehen	**glance** *intr*	**glänzen**	to shine; (*fig*) to be brilliant
gütig	**gracious**	**graziös**	graceful
belanglos	**inconsequential**	**inkonsequent**	inconsistent
Insel	**island**	**Island**	Iceland
Art	**kind**	**Kind**	child
Arbeit	**labour** BRIT, **labor** AM	**Labor**	lab(oratory)
Mangel	**lack**	**Lack**	varnish; (*Auto-*) paint
Festland	**land**	**Land**	country
Zitrone	**lemon**	**Limone**	lime
Liste	**list**	**List**	cunning; (*Trick*) ruse, trick
Ortsansässige(r)	**local** *n*	**Lokal**	pub BRIT, bar AM; restaurant
Begierde	**lust**	**Lust haben**	to feel like, to fancy
Mann	**man**	**(Ehe)mann**	husband
Landkarte	**map**	**Mappe**	briefcase; (*Hefter*) folder
Orangenmarmelade	**marmalade**	**Marmelade**	jam
Masse; Messe	**mass**	**Maß**	measure; (*Aus-*) degree
Bedeutung	**meaning**	**Meinung**	opinion
Mitte	**middle**	**Mittel**	(*Hilfs-*) means
mittleren Alters	**middle-aged**	**mittelalterlich**	medieval
Dunst	**mist**	**Mist**	dung; (*fam*) rubbish
Art	**mode**	**Mode**	fashion
edel; adlig	**noble**	**nobel** (*fam*)	generous
Benachrichtigung	**notice**	**Notiz**	(*Vermerk*) note
Roman	**novel**	**Novelle**	novella
gewöhnlich	**ordinary**	**ordinär**	vulgar
Backofen	**oven**	**Ofen**	stove; (*Heiz-*) heater
zufällig hören	**overhear**	**überhören**	(*absichtlich*) to ignore
überwachen	**oversee**	**übersehen**	to fail to notice
Versehen	**oversight**	**Übersicht**	overview
offenkundig	**patent**	**patent**	ingenious
Mitleid erregend	**pathetic**	**pathetisch**	emotive
Benzin	**petrol**	**Petroleum**	paraffin

Bedeutung des englischen Ausdrucks:	English	Deutsch	Meaning of the German word:
Foto	**photograph**	**Fotograf**	photographer
Arzt/Ärztin	**physician**	**Physiker(in)**	physicist
eingelegtes Gemüse	**pickles** *pl*	**Pickel** *pl*	spots, pimples
Teller	**plate**	**(Schall)platte**	record
mollig	**plump**	**plump**	clumsy; (*roh*) crude
Beute	**plunder**	**Plunder**	junk
Polizei	**police**	**Police**	(insurance) policy
wichtigste(r, s)	**principal**	**prinzipiell**	on principle
Beförderung	**promotion**	**Promotion**	doctorate, PhD
Süßspeise	**pudding** BRIT	**Pudding**	blancmange
kündigen	**quit**	**quittieren**	to give a receipt for
voreilig	**rash**	**rasch**	speedy, swift
vernünftig	**rational**	**rationell**	efficient
echt	**real**	**reell**	solid; honest
Quittung	**receipt**	**Rezept**	MED prescription; KOCHK recipe
wiedergewinnen	**reclaim**	**reklamieren**	**I.** *tr.* to query; **II.** *intr.* to make a complaint
Wiedergewinnung	**reclamation**	**Reklamation**	complaint
mieten	**rent** *tr*	**(sich) rentieren**	to be worth it
rostig	**rusty**	**rüstig**	sprightly
Plan	**scheme**	**Schema**	(*Muster*) pattern
gewissenhaft	**scrupulous**	**skrupellos**	unscrupulous
Meer	**sea**	**See** (*m*)	lake
Geheimnis	**secret**	**Sekret**	MED secretion
vernünftig	**sensible**	**sensibel**	sensitive
ernst	**serious**	**seriös**	(*anständig*) respectable
scharf; spitz	**sharp**	**scharf**	(*gewürzt*) hot; (*streng*) severe
Schnitzer; Zettel	**slip**	**Slip**	briefs *pl*
Rauchen	**smoking**	**Smoking**	dinner-jacket, tuxedo AM
fest	**solid**	**solid(e)**	(*anständig*) respectable
Schraubenschlüssel	**spanner**	**Spanner**	(*pej*) peeping Tom
ausgeben	**spend (money)**	**spenden**	to donate
entdecken	**spot** *tr*	**spotten**	to mock
bleiben	**stay**	**stehen**	to stand; (*gut passen*) to suit
noch	**still** *adv*	**still**	quiet, silent
Hocker	**stool**	**Stuhl**	chair

Bedeutung des englischen Ausdrucks:	English	Deutsch	Meaning of the German word:
Strähne	**strand**	**Strand**	beach
Bach	**stream**	**Strom**	ELEK current
mitfühlend	**sympathetic**	**sympathisch**	pleasant, nice
Mitleid	**sympathy**	**Sympathie**	(*Zuneigung*) liking
Tablette	**tablet**	**Tablett**	tray
Geschmack	**taste**	**Taste**	key
Landstreicher(in)	**tramp**	**Tramper(in)**	hitchhiker
Leichenbestatter	**undertaker**	**Unterneh-mer(in)**	entrepreneur
gefühllos	**unsympathetic**	**unsympathisch**	unpleasant
Unterhemd	**vest** BRIT	**Weste**	(*Herren-*) waistcoat; (*Strick-*) cardigan
Lagerhaus	**warehouse**	**Warenhaus**	(department) store
sich fragen	**wonder**	**(sich) wundern**	to be surprised

Die Zahlwörter
Numerals

null	0	nought, zero
eins	1	one
zwei	2	two
drei	3	three
vier	4	four
fünf	5	five
sechs	6	six
sieben	7	seven
acht	8	eight
neun	9	nine
zehn	10	ten
elf	11	eleven
zwölf	12	twelve
dreizehn	13	thirteen
vierzehn	14	fourteen
fünfzehn	15	fifteen
sechzehn	16	sixteen
siebzehn	17	seventeen
achtzehn	18	eighteen
neunzehn	19	nineteen
zwanzig	20	twenty
einundzwanzig	21	twenty-one
zweiundzwanzig	22	twenty-two
dreiundzwanzig	23	twenty-three
dreißig	30	thirty
einunddreißig	31	thirty-one
zweiunddreißig	32	thirty-two
vierzig	40	forty
einundvierzig	41	forty-one
fünfzig	50	fifty
einundfünfzig	51	fifty-one
sechzig	60	sixty
einundsechzig	61	sixty-one
siebzig	70	seventy
einundsiebzig	71	seventy-one
achtzig	80	eighty
einundachtzig	81	eighty-one
neunzig	90	ninety
einundneunzig	91	ninety-one
hundert	100	a [*o* one] hundred
hundert(und)eins	101	hundred and one
hundert(und)zwei	102	hundred and two

hundert(und)zehn	110	hundred and ten
zweihundert	200	two hundred
dreihundert	300	three hundred
vierhundert(und)einundfünfzig	451	four hundred and fifty-one
tausend	1000	a [*o* one] thousand
zweitausend	2000	two thousand
zehntausend	10 000	ten thousand
eine Million	1 000 000	a [*o* one] million
zwei Millionen	2 000 000	two million
eine Milliarde	1 000 000 000	a [*o* one] billion
eine Billion	1 000 000 000 000	a [*o* one] trillion

Die Ordnungszahlen — Ordinal numbers

erste	1.	1st	first
zweite	2.	2nd	second
dritte	3.	3rd	third
vierte	4.	4th	fourth
fünfte	5.	5th	fifth
sechste	6.	6th	sixth
siebente	7.	7th	seventh
achte	8.	8th	eighth
neunte	9.	9th	ninth
zehnte	10.	10th	tenth
elfte	11.	11th	eleventh
zwölfte	12.	12th	twelfth
dreizehnte	13.	13th	thirteenth
vierzehnte	14.	14th	fourteenth
fünfzehnte	15.	15th	fifteenth
sechzehnte	16.	16th	sixteenth
siebzehnte	17.	17th	seventeenth
achtzehnte	18.	18th	eighteenth
neunzehnte	19.	19th	nineteenth
zwanzigste	20.	20th	twentieth
einundzwanzigste	21.	21st	twenty-first
zweiundzwanzigste	22.	22nd	twenty-second
dreiundzwanzigste	23.	23rd	twenty-third
dreißigste	30.	30th	thirtieth
einunddreißigste	31.	31st	thirty-first
vierzigste	40.	40th	fortieth
einundvierzigste	41.	41st	forty-first
fünfzigste	50.	50th	fiftieth
einundfünfzigste	51.	51st	fifty-first
sechzigste	60.	60th	sixtieth
einundsechzigste	61.	61st	sixty-first

siebzigste	70.	70th	seventieth
einundsiebzigste	71.	71st	seventy-first
achtzigste	80.	80th	eightieth
einundachtzigste	81.	81st	eighty-first
neunzigste	90.	90th	ninetieth
hundertste	100.	100th	(one) hundredth
hundertunderste	101.	101st	hundred and first
zweihundertste	200.	200th	two hundredth
dreihundertste	300.	300th	three hundredth
vierhundert(und)ein- undfünfzigste	451.	451st	four hundred and fifty-first
tausendste	1000.	1000th	(one) thousandth
tausend(und)einhun- dertste	1100.	1100th	thousand and (one) hundredth
zweitausendste	2000.	200th	two thousandth
einhunderttausendste	100 000.	$100\,000^{\text{th}}$	(one) hundred thousandth
millionste	1 000 000.	$1\,000\,000^{\text{th}}$	millionth
zehnmillionste	10 000 000.	$10\,000\,000^{\text{th}}$	ten millionth

Die Bruchzahlen — Fractions

ein halb	$^1/_2$		one [*o* a] half
ein drittel	$^1/_3$		one [*o* a] third
ein viertel	$^1/_4$		one [*o* a] quarter
ein fünftel	$^1/_5$		one [*o* a] fifth
ein zehntel	$^1/_{10}$		one [*o* a] tenth
ein hundertstel	$^1/_{100}$		one hundredth
ein tausendstel	$^1/_{1000}$		one thousandth
ein millionstel	$^1/_{1\,000\,000}$		one millionth
zwei drittel	$^2/_3$		two thirds
drei viertel	$^3/_4$		three quarters
zwei fünftel	$^2/_5$		two fifths
drei zehntel	$^3/_{10}$		three tenths
anderthalb	$1^1/_2$		one and a half
zwei(und)einhalb	$2^1/_2$		two and a half
fünf(und)dreiachtel	$5^3/_8$		five and three eighths
eins Komma eins	1,1	1.1	one point one
zwei Komma drei	2,3	2.3	two point three

Vervielfältigungszahlen — Multiples

einfach	single	vierfach	fourfold, quadruple
zweifach	double	fünffach	fivefold
dreifach	threefold, treble, triple	hundertfach	(one) hundredfold

Britische und amerikanische Maße und Gewichte
British and American Weights and Measures

Längenmaße – Linear measures

1 inch (in) 1″		= 2,54 cm
1 foot (ft) 1′	= 12 inches	= 30,48 cm
1 yard (yd)	= 3 feet	= 91,44 cm
1 furlong (fur)	= 220 yards	= 201,17 m
1 mile (m)	= 1760 yards	= 1,609 km
1 league	= 3 miles	= 4,828 km

Nautische Maße – Nautical measures

1 fathom	= 6 feet	= 1,829 m
1 cable	= 608 feet	= 185,31 m
1 nautical, sea mile	= 10 cables	= 1,853 km
1 sea league	= 3 nautical miles	= 5,550 km

Feldmaße – Surveyors' measures

1 link	= 7,92 inches	= 20,12 cm
1 rod, perch, pole	= 25 links	= 5,029 mb
1 chain	= 4 rods	= 20,12 m

Flächenmaße – Square measures

1 square inch		= 6,452 cm^2
1 square foot	= 144 sq inches	= 929,029 cm^2
1 square yard	= 9 sq feet	= 0,836 m^2
1 square rod	= 30,25 sq yards	= 25,29 m^2
1 acre	= 4840 sq yards	= 40,47 Ar
1 square mile	= 640 acres	= 2,59 km^2

Britische Hohlmaße
British Measures of Capacity

Flüssigkeitsmaße – Liquid measures of capacity

1 gill		= 0,142 l
1 pint (pt)	= 4 gills	= 0,568 l
1 quart (qt)	= 2 pints	= 1,136 l
1 gallon (gal)	= 4 quarts	= 4,546 l
1 barrel	= *(für Öl)* 35 gallons *(Bierbrauerei)* 36 gallons	= 159,106 l = 163,656 l

Trockenmaße – Dry measures of capacity

1 peck	= 2 gallons	= 9,092 l
1 bushel	= 4 pecks	= 36,368 l
1 quarter	= 8 bushels	= 290,935 l

Amerikanische Hohlmaße
American Measures of Capacity

Flüssigkeitsmaße – Liquid measures of capacity

1 gill		= 0,118 l
1 pint	= 4 gills	= 0,473 l
1 quart	= 2 pints	= 0,946 l
1 gallon	= 4 quarts	= 3,785 l
1 barrel	= *(für Öl)* 42 gallons	= 159,106 l

Handelsgewichte – Avoirdupois weights

1 grain (gr)		= 0,0648 g
1 dram (dr)	= 27,3438 grains	= 1,772 g
1 ounce (oz)	= 16 drams	= 28,35 g
1 pound (lb)	= 16 ounces	= 453,59 g
1 stone	= 14 pounds	= 6,348 kg
1 quarter	= 28 pounds	= 12,701 kg
1 hundredweight (cwt)	= *(Br long cwt)* 112 pounds *Am short cwt)* 100 pounds	= 50,8 kg = 45,36 kg
1 ton	= *(Br long ton)* 20 cwt *(Am short ton)* 2000 pounds	= 1016 kg = 907,185 kg

Deutsche Maße und Gewichte
German Weights and Measures

Längenmaße		Zeichen	Vielfaches der Einheit
Seemeile	*nautical mile*	sm	1852 m
Kilometer	*kilometre*	km	1000 m
Meter	*metre*	m	Grundeinheit
Dezimeter	*decimetre*	dm	0,1 m
Zentimeter	*centimetre*	cm	0,01 m
Millimeter	*millimetre*	mm	0,001 m
Flächenmaße			
Quadratkilometer	*square kilometre*	km^2	1 000 000 m^2
Hektar	*hectare*	ha	10 000 m^2
Ar	*are*	a	100 m^2
Quadratmeter	*square metre*	m^2	1 m^2
Quadratdezimeter	*square decimetre*	dm^2	0,01 m^2
Quadratzentimeter	*square centimetre*	cm^2	0,0001 m^2
Quadratmillimeter	*square millimetre*	mm^2	0,000 001 m^2
Kubik- und Hohlmaße			
Kubikmeter	*cubic metre*	m^3	1 m^3
Hektoliter	*hectolitre*	hl	0,1 m^3
Kubikdezimeter	*cubic decimetre*	dm^3	0,001 m^3
Liter	*litre*	l	
Kubikzentimeter	*cubic centimetre*	cm^3	0,000 001 m^3
Gewichte			
Tonne	*ton*	t	1000 kg
Doppelzentner	–	dz	100 kg
Kilogramm	*kilogramme*	kg	1000 g
Gramm	*gramme*	g	1 g
Milligramm	*milligramme*	mg	0,001 g

Temperaturumrechnung
Temperature Conversion Table

°F	°C		°C	°F
0	–17,8		–10	14
32	0		0	32
50	10		10	50
70	21,1		20	68
90	32,2		30	86
98.4	37		37	98.4
212	100		100	212

zur Umrechnung 32 abziehen und durch 1,8 teilen
to convert, subtract 32 and divide by 1.8

zur Umrechnung mit 1,8 multiplizieren und 32 addieren
to convert, multiply by 1.8 and add 32

Vereinigtes Königreich
United Kingdom

England

Grafschaft County	Abkürzung Abbreviation	Hauptstadt Administrative centre
Bedfordshire	Beds	Bedford
Berkshire	Berks	Reading
Buckinghamshire	Bucks	Aylesbury
Cambridgeshire	Cambs	Cambridge
Cheshire	Ches	Chester
Cornwall	Corn	Truro
Cumbria		Carlisle
Derbyshire	Derbs	Matlock
Devon		Exeter
Dorset		Dorchester
Durham	Dur	Durham
East Sussex	E. Sussex	Lewes
Essex		Chelmsford
Gloucestershire	Glos	Gloucester
Greater London		London
Greater Manchester		Manchester
Hampshire	Hants	Winchester
Hertfordshire	Herts	Hertford
Kent		Maidstone
Lancashire	Lancs	Preston
Leicestershire	Leics	Leicester
Lincolnshire	Lincs	Lincoln
Merseyside		Liverpool
Norfolk		Norwich
Northamptonshire	Northants	Northampton
Northumberland	Northd	Morpeth
North Yorkshire	N. Yorks	Northallerton
Nottinghamshire	Notts	Nottingham
Oxfordshire	Oxon	Oxford
Shropshire	Salop	Shrewsbury
Somerset	Som	Taunton
South Yorkshire	S. Yorks	Barnsley
Staffordshire	Staffs	Stafford

Grafschaft County	Abkürzung Abbreviation	Hauptstadt Administrative centre
Suffolk	Suff	Ipswich
Surrey		Kingston upon Thames
Tyne and Wear		Newcastle upon Tyne
Warwickshire	Warks	Warwick
West Midlands	W. Midlands	Birmingham
West Sussex	W. Sussex	Chichester
West Yorkshire	W. Yorks	Wakefield
Wiltshire	Wilts	Trowbridge
Worcestershire	Worcs	Worcester

Wales
Wales, *Welsh:* Cymru

Verwaltungsregion Unitary authority	Hauptstadt Administrative centre
Anglesey	Llangefni
Blaenau Gwent	Ebbw Vale
Bridgend	Bridgend
Caerphilly	Hengoed
Cardiff	Cardiff
Carmarthenshire	Carmarthen
Ceredigion	Aberaeron
Conwy	Conwy
Denbighshire	Ruthin
Flintshire	Mold
Gwynedd	Caernarfon
Merthyr Tydfil	Merthyr Tydfil
Monmouthshire	Cwmbran
Neath Port Talbot	Port Talbot
Newport	Newport
Pembrokeshire	Haverfordwest
Powys	Llandrindod Wells
Rhondda Cynon Taff	Clydach Vale
Swansea	Swansea
Torfaen	Pontypool
Vale of Glamorgan	Barry
Wrexham	Wrexham

Schottland
Scotland

Grafschaft County	Hauptstadt Administrative centre
Aberdeen City	
Aberdeenshire	Aberdeen
Angus	Forfar
Argyll and Bute	Lochgilphead
Clackmannanshire	Alloa
Dumfries and Galloway	Dumfries
Dundee City	
East Ayrshire	Kilmarnock
East Dunbartonshire	Kirkintilloch
East Lothian	Haddington
East Renfrewshire	Giffnock
Edinburgh City	
Falkirk	Falkirk
Fife	Glenrothes
Glasgow City	
Highland	Inverness
Inverclyde	Greenock
Midlothian	Dalkeith
Moray	Elgin
North Ayrshire	Irvine
North Lanarkshire	Motherwell
Orkney Islands	Kirkwall
Perth and Kinross	Perth
Renfrewshire	Paisley
Scottish Borders	Melrose
Shetland Islands	Lerwick
South Ayrshire	Ayr
South Lanarkshire	Hamilton
Stirling	Stirling
West Dunbartonshire	Dunbarton
Western Isles	Stornoway
West Lothian	Livingston

Nordirland
Northern Ireland

Grafschaft **County**	**Hauptstadt** **Principal town**
Antrim	Belfast
Armagh	Armagh
Down	Downpatrick
Fermanagh	Enniskillen
Londonderry	Londonderry
Tyrone	Omagh

Republik Irland
Republik of Ireland, *Gaelic:* Èire

Provinz und Grafschaften **Province and counties**	**Hauptstadt** **Principal town**
Connacht, *formerly:* **Connaught**	
Galway, *Gaelic:* Gaillimh	Galway
Leitrim, *Gaelic:* Liathdroma	Carrick-on-Shannon
Mayo, *Gaelic:* Mhuigheo	Castlebar
Roscommon, *Gaelic:* Ros Comáin	Roscommon
Sligo, *Gaelic:* Sligeach	Sligo
Leinster	
Carlow, *Gaelic:* Cheatharlach	Carlow
Dublin, *Gaelic:* Baile Átha Cliath	Dublin
Kildare, *Gaelic:* Chill Dara	Naas
Kilkenny, *Gaelic:* Chill Choinnigh	Kilkenny
Laois/Laoighis/Leix	Portlaoise
Longford, *Gaelic:* Longphuirt	Longford
Louth, *Gaelic:* Lughbhaidh	Dundalk
Meath, *Gaelic:* na Midhe	Navan
Offaly, *Gaelic:* Ua bhFailghe	Tullamore
Westmeath, *Gaelic:* na h-Iarmhidhe	Mullingar
Wexford, *Gaelic:* Loch Garman	Wexford
Wicklow, *Gaelic:* Cill Mhantáin	Wicklow

Provinz und Grafschaften Province and counties	Hauptstadt Principal town
Munster	
Clare, *Gaelic:* An Cláir	Ennis
Cork, *Gaelic:* Chorcaigh	Cork
Kerry, *Gaelic:* Chiarraighe	Tralee
Limerick, *Gaelic:* Luimneach	Limerick
Tipperary, *Gaelic:* Thiobrad Árann	Clonmel
Waterford, *Gaelic:* Phort Láirge	Waterford
Ulster	
Cavan, *Gaelic:* Cabháin	Cavan
Donegal, *Gaelic:* Dún na nGall	Lifford
Monaghan, *Gaelic:* Mhuineachain	Monaghan

Vereinigte Staaten von Amerika
United States of America

Bundesstaat Federal state	Hauptstadt Capital
Alabama	Montgomery
Alaska	Juneau
Arizona	Phoenix
Arkansas	Little Rock
California	Sacramento
Colorado	Denver
Connecticut	Hartford
Delaware	Dover
Florida	Tallahassee
Georgia	Atlanta
Hawaii	Honolulu
Idaho	Boise
Illinois	Springfield
Indiana	Indianapolis
Iowa	Des Moines
Kansas	Topeka
Kentucky	Frankfort
Louisiana	Baton Rouge
Maine	Augusta
Maryland	Annapolis

Bundesstaat **Federal state**	**Hauptstadt** **Capital**
Massachusetts	Boston
Michigan	Lansing
Minnesota	Saint Paul
Mississippi	Jackson
Missouri	Jefferson City
Montana	Helena
Nebraska	Lincoln
Nevada	Carson City
New Hampshire	Concord
New Jersey	Trenton
New Mexico	Santa Fe
New York	Albany
North Carolina	Raleigh
North Dakota	Bismarck
Ohio	Columbus
Oklahoma	Oklahoma City
Oregon	Salem
Pennsylvania	Harrisburg
Rhode Island	Providence
South Carolina	Columbia
South Dakota	Pierre
Tennessee	Nashville
Texas	Austin
Utah	Salt Lake City
Vermont	Montpelier
Virginia	Richmond
Washington	Olympia
West Virginia	Charleston
Wisconsin	Madison
Wyoming	Cheyenne

Kanada
Canada

Provinz Province	Hauptstadt Capital
Alberta	Edmonton
British Columbia	Victoria
Manitoba	Winnipeg
New Brunswick	Fredericton
Newfoundland	Saint John's
Novia Scotia	Halifax
Ontario	Toronto
Prince Edward Island	Charlottetown
Québec	Québec
Saskatchewan	Regina
Territorium **Territory**	**Hauptstadt** **Capital**
Northwest Territories	Yellowknife
Nunavut Territory (*since 1st April 1999*)	Iqaluit
Yukon Territory	Whitehorse

Australien
Australia

Staat State	Hauptstadt Capital
New South Wales	Sydney
Queensland	Brisbane
South Australia	Adelaide
Tasmania	Hobart
Victoria	Melbourne
Western Australia	Perth
Territorium **Territory**	**Hauptstadt** **Capital**
Australian Capital Territory	Canberra
Northern Territory	Darwin

Neuseeland
New Zealand

North Island
South Island
Weitere Inseln **Small outlying islands**
Auckland Islands
Kermadec Islands
Campbell Island
the Antipodes
Three Kings Islands
Bounty Island
Snares Island
Solander Island
Stewart Island
Chatham Islands
Schutzgebiete **Dependencies**
Tokelau Islands
Ross Dependency
Niue Island (free associate)
Cook Islands (free associates)

Bundesrepublik Deutschland
Federal Republic of Germany

Bundesländer (und ihre Hauptstädte)	Federal states (and their capitals)
Baden-Württemberg (Stuttgart)	Baden-Württemberg (Stuttgart)
Bayern (München)	Bavaria (Munich)
Berlin (Berlin)	Berlin (Berlin)
Brandenburg (Potsdam)	Brandenburg (Potsdam)
Bremen (Bremen)	Bremen (Bremen)
Hamburg (Hamburg)	Hamburg (Hamburg)
Hessen (Wiesbaden)	Hesse (Wiesbaden)
Mecklenburg-Vorpommern (Schwerin)	Mecklenburg-West Pomerania (Schwerin)
Niedersachsen (Hannover)	Lower Saxony (Hanover)
Nordrhein-Westfalen (Düsseldorf)	North Rhine-Westphalia (Düsseldorf)
Rheinland-Pfalz (Mainz)	Rhineland-Palatinate (Mainz)
Saarland (Saarbrücken)	Saarland (Saarbrücken)
Sachsen (Dresden)	Saxony (Dresden)
Sachsen-Anhalt (Magdeburg)	Saxony-Anhalt (Magdeburg)
Schleswig-Holstein (Kiel)	Schleswig-Holstein (Kiel)
Thüringen (Erfurt)	Thuringia (Erfurt)

Österreich
Austria

Bundesländer (und Hauptstädte)	Provinces (and capitals)
Burgenland (Eisenstadt)	Burgenland (Eisenstadt)
Kärnten (Klagenfurt)	Carinthia (Klagenfurt)
Niederösterreich (St. Pölten)	Lower Austria (St. Pölten)
Oberösterreich (Linz)	Upper Austria (Linz)
Salzburg (Salzburg)	Salzburg (Salzburg)
Steiermark (Graz)	Styria (Graz)
Tirol (Innsbruck)	Tyrol (Innsbruck)
Vorarlberg (Bregenz)	Vorarlberg (Bregenz)
Wien (Wien)	Vienna (Vienna)

Die Schweiz
Switzerland

Kantone (und Hauptorte)	Cantons (and capitals)
Aargau (Aarau)	Aargau (Aarau)
Appenzell Außerrhoden, *Swiss spelling:* Ausserrhoden (Herisau)	Appenzell Outer Rhodes (Herisau)
Appenzell Innerrhoden (Appenzell)	Appenzell Inner Rhodes (Appenzell)
Basel-Landschaft (Liestal)	Basel-Land (Liestal)
Basel-Stadt (Basel)	Basel-Stadt (Basel, Basle)

Kantone (und Hauptorte)	Cantons (and capitals)
Bern (Bern)	Bern (Bern)
Freiburg (Freiburg)	Fribourg (Fribourg)
Genf (Genf)	Geneva (Geneva)
Glarus (Glarus)	Glarus (Glarus)
Graubünden (Chur)	Graubünden, Grisons (Chur)
Jura (Delsberg)	Jura (Delémont)
Luzern (Luzern)	Lucerne (Lucerne)
Neuenburg (Neuenburg)	Neuchâtel (Neuchâtel)
Nidwalden (Stans)	Nidwalden (Stans)
Obwalden (Sarnen)	Obwalden (Sarnen)
Sankt Gallen (Sankt Gallen)	St. Gall(en) (St. Gall(en))
Schaffhausen (Schaffhausen)	Schaffhausen (Schaffhausen)
Schwyz (Schwyz)	Schwyz (Schwyz)
Solothurn (Solothurn)	Solothurn (Solothurn)
Tessin (Bellinzona)	Ticino (Bellinzona)
Thurgau (Frauenfeld)	Thurgau (Frauenfeld)
Uri (Altdorf)	Uri (Altdorf)
Waadt (Lausanne)	Vaud (Lausanne)
Wallis (Sitten)	Valais (Sion)
Zug (Zug)	Zug (Zug)
Zürich (Zürich)	Zürich (Zürich)

Notizen

Notizen

Notizen

Notizen

Notizen

Notizen

Notizen

Notizen

Ein Bild sagt mehr als 1.000 Worte!

Niveau A1 – B2

Für Anfänger (A1) und Fortgeschrittene (B2)

ISBN: 978-3-12-517896-0

[D] 9,99 € **[A]** 9,99 €

- **Alle Wörter, die Sie brauchen:** Über 15.000 Begriffe und Redewendungen aus den wichtigsten Lebensbereichen.
- **Richtig aussprechen:** Mit Lautschrift für jedes englische Wort.
- **Gesehen und einfach gemerkt:** Durch Bilder bleibt der Wortschatz besser haften.
- **Leicht gefunden:** Im zweisprachigen Register schnell das richtige Wort nachschlagen.
- **Plus App:** Mit dem Kapitel „Unterwegs" gratis zum Einstieg.

PONS

www.pons.de

Die neue visuelle PONS-Methode: Sehen – verstehen – gemerkt!

Niveau A1 – B2

Für Anfänger (A1) und Fortgeschrittene (B2)

ISBN: 978-3-12-562685-0
[D] 17,99 € **[A]** 18,50 €

- Grammatik kann schön sein! Gehen Sie angstfrei an Themen heran, von denen Sie immer dachten, dass Sie sie nie verstehen werden.
- Komplexe und „trockene“ Regeln werden übersichtlich und einfach dargestellt.
- Mit visuellen Darstellungen, z. B. Bildern und Grafiken, prägen sich selbst schwierige Themen ein.

PONS

www.pons.de

Das intelligente Online-Wörterbuch: 1x intelligent nachschlagen – 6-fach Wissen sammeln

Schlagen Sie im intelligenten Online-Wörterbuch nach und erfahren Sie alles zu dem von Ihnen gesuchten Begriff:

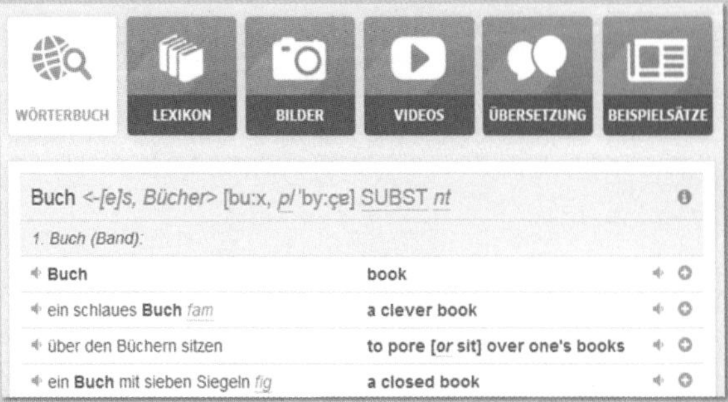

Schlagen Sie die richtige Übersetzung in der PONS Wörterbuchdatenbank nach. Lassen Sie sich alle Stichwörter und Beispielsätze vorlesen und trainieren Sie die englische Aussprache.

Mit ergänzenden Informationen aus Wikipedia® – so lernen Sie mit einem Klick alles über die Herkunft und die Bedeutung des Wortes und erfahren alle relevanten Hintergrundinformationen.

Mit veranschaulichenden Bildern zum gesuchten Begriff – so bleibt der Wortschatz besser haften.

Mit ergänzenden Videos aus Youtube® – so sehen Sie in bewegten Bildern alles über das von Ihnen gesuchte Wort.

Mit Übersetzerfunktion für ganze Texte – so sparen Sie Zeit bei der Übertragung vom Deutschen ins Englische und vom Englischen ins Deutsche.

Mit Beispielsätzen aus englischen Originaltexten – so erfahren Sie, wie Muttersprachler den von Ihnen gesuchten Begriff verwenden.

Viel Erfolg beim Nachschlagen wünscht Ihnen

Ihre
PONS-Redaktion

Treatment of the English–German entries

delegation [ˌdelɪˈgeɪʃᵊn] *n* Delegation *f* **delete** [dɪˈliːt] *tr verb* ① streichen … **delete key** *n* COMPUT Löschtaste *f*	The headwords are arranged in alphabetical order and printed in blue.
mole[1] [məʊl] *n* ZOOL Maulwurf *m a. fig* **mole**[2] [məʊl] *n* ANAT [kleines] Muttermal	Words with the same spelling but with different meanings (homographs) are indicated by a superscript Arabic numeral.
regain [rɪˈgeɪn] *tr verb* wiederbekommen, zurückbekommen; **to ~ one's footing** wieder Halt finden …	The swung dash replaces the headword in example sentences.
get <got, got *or* AM *usu* gotten> [get] **I.** *tr verb* ① (*obtain*) erhalten; … **good** [gʊd] **I.** *adj* <better, best> …	Irregular inflections of nouns, verbs and adjectives are given in angle brackets.
heaven [ˈhevᵊn] *n no pl* Himmel *m a. fig* ▶ ~ **forbid!** Gott bewahre!; **good ~s!** du lieber Himmel!; …	Idiom blocks are introduced by a grey triangle. The underlined guide words help you find your way through the block.
ask [ɑːsk] **I.** *tr* … ◆**ask after** *intr verb* **to ~ after sb** sich nach jdm erkundigen ◆**ask around** *intr verb* herumfragen *fam* …	Phrasal verbs are listed in a block at the end of the entry for the base verb. Each phrasal verb entry is marked with a diamond and written out in full.
howling [ˈhaʊlɪŋ] **I.** *adj* ① *animal, wind* heulend; *person* schreiend ② (*fam: great*) riesig; ~ **success** Riesenerfolg *m* **II.** *n no pl* Heulen *nt*	Roman numerals subdivide an entry into different parts of speech. Arabic numerals introduce different meanings of the headword.
	A number of different labels and glosses guide you to the correct translation:
start-up *n* ① COMM [Neu]gründung *f;* (*company*) Start-up[-Unternehmen] *nt* ② MECH Start *m,* Inbetriebnahme *f* …	• Field labels indicate the field in which a particular usage is common.
abandoned [əˈbændənd] *adj* ① (*discarded*) verlassen; *baby* ausgesetzt; *car* stehen gelassen ② (*empty*) *building* leer stehend; *property* herrenlos	• Sense glosses indicate which sense of the headword is being treated. • Context elements, also called collocates, are given in italics without brackets and guide you to the sense you are looking for.
goody-two-shoes *n* (*pej fam*) Tugendbold *m* **groovy** <-ie-> [ˈgruːvi] *adj* (*dated sl*) doll	• Usage labels, age labels and rhetoric labels provide information on style and register.
garbage collector *n* AM, CAN (*dustman*) Müllmann *m fam,* Kehrichtmann *m* SCHWEIZ	• Regional labels are used for both languages when the usage is restricted to a certain region.

So einfach können Sie jetzt zusätzlich im intelligenten Online-Wörterbuch nachschlagen:

1. Gehen Sie auf die Seite **www.pons.de/meinpons**
2. Geben Sie Ihren persönlichen Code ein und registrieren Sie sich mit Ihrem Benutzernamen, Ihrer E-Mail-Adresse und dem von Ihnen gewählten Passwort.
3. Danach erhalten Sie eine E-Mail mit dem Link für die Freischaltung Ihres persönlichen Zugangs zum Online-Wörterbuch.
4. Los geht's! Der Zugang ist jetzt für Sie freigeschaltet. Mit Ihrem Benutzernamen und Ihrem Passwort können Sie nun werbefrei in Ihrem persönlichen Wörterbuch nachschlagen: wann Sie wollen und von wo Sie wollen.

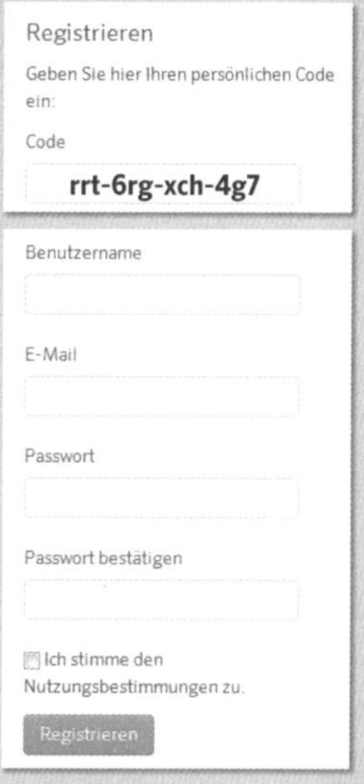
Registrieren
Geben Sie hier Ihren persönlichen Code ein:
Code
rrt-6rg-xch-4g7
Benutzername
E-Mail
Passwort
Passwort bestätigen
Ich stimme den Nutzungsbestimmungen zu.
Registrieren

Unsere Nutzungsbedingungen finden Sie im Impressum.

Viel Erfolg beim Nachschlagen wünscht Ihnen

Ihre
PONS-Redaktion

ONLINE-
WÖRTERBUCH

Treatment of the German–English entries

The headwords are arranged in alphabetical order and printed in blue.

Words with the same spelling but with different meanings (homographs) are indicated by a superscript Arabic numeral.

German spellings which have changed as a result of the 1996 spelling reforms are labelled ALT, while new spellings are marked with a superscript RR symbol.

The swung dash replaces the headword in example sentences.

A vertical line shows where a separable verb can be separated.

A superscript star (*) shows that the perfect participle is formed without *ge-*.

Irregular inflections of nouns, verbs and adjectives are given in angle brackets.

Idiom blocks are introduced by a grey triangle. The underlined guide words help you find your way through the block.

Roman numerals subdivide an entry into different parts of speech.

Arabic numerals introduce different meanings of the headword.

A number of different labels and glosses guide you to the correct translation:

- Field labels indicate the field in which a particular usage is common.

- Sense glosses indicate which sense of the headword is being treated.

- Context elements, also called collocates, are given in italics without brackets and guide you to the sense you are looking for.

- Usage labels, age labels and rhetoric labels provide information on style and register.